Direito do TRABALHO

PARA OS CONCURSOS DE TÉCNICO E ANALISTA DE TRIBUNAIS E MPU

Henrique Correia

Coleção
TRIBUNAIS E MPU

Coordenador
HENRIQUE CORREIA

Direito do TRABALHO

PARA OS CONCURSOS DE TÉCNICO E ANALISTA DE TRIBUNAIS E MPU

16ª EDIÇÃO
revista, atualizada e ampliada

2025

EDITORA JusPODIVM
www.editorajuspodivm.com.br

EDITORA *Jus*PODIVM
www.editorajuspodivm.com.br

Rua Canuto Saraiva, 131 – Mooca – CEP: 03113-010 – São Paulo – São Paulo
Tel: (11) 3582.5757
• Contato: https://www.editorajuspodivm.com.br/central-de-relacionamento

Diagramação: Equipe *Jus*PODIVM

Capa: Ana Caquetti

C824t Correia, Henrique
Tribunais e MPU - Direito do Trabalho - Para Analista / Henrique Correia. – 16. ed., rev., atual. e ampl. - São Paulo: Editora Juspodivm, 2025.

1480 p.

ISBN: 978-85-442-6310-5

1. Direito do Trabalho. I. Correia, Henrique. II. Título.

CDD 342.6

BIBLIOTECÁRIA RESPONSÁVEL

Ana Carolina Ribeiro Mois – CRB7 – RJ 007348/0

Dedico essa 16º edição aos milhares de ex-concurseiros
que foram aprovados com a ajuda desse livro, carinhosamente
chamado de vermelhinho nas redes sociais.

Dedico essa nova edição, também, aos futuros Analistas e
Técnicos do TRT que estão na árdua e angustiante caminhada dos
concursos públicos.

APRESENTAÇÃO DA COLEÇÃO

O objetivo da coleção é a preparação direcionada para os concursos de Técnico e Analista do TRT, TRE, TRF e Tribunais Superiores. Em todos os livros, o candidato irá encontrar teoria específica prevista nos editais, questões recentes comentadas e questões de concurso com gabarito fundamentado. A ideia da coleção surgiu em virtude das reivindicações dos estudantes, que almejavam por obras direcionadas para os concursos de Técnico e Analista dos Tribunais. As apostilas específicas mostram-se, na maioria das vezes, insuficientes para o preparo adequado dos candidatos diante do alto grau de exigência das atuais provas, o que ocorre também com as obras clássicas do direito, por abordarem inúmeras matérias diferentes ao concurso. Nesta coleção, o candidato encontrará desde as cinco matérias básicas exigidas em todos os concursos, como português, raciocínio lógico ou matemática, informática, direito constitucional e administrativo, até as matérias específicas de outras áreas (arquivologia e Administração Pública) e todas as matérias dos diferentes ramos do direito. Portanto, com os livros da coleção o candidato conseguirá uma preparação direcionada e completa para os concursos de Técnico e Analista do TRT, TRE, TRF e Tribunais Superiores.

Além da linguagem clara utilizada, os quadrinhos de resumo, esquemas e gráficos estão presentes em todos os livros da coleção, possibilitando ao leitor a memorização mais rápida da matéria. Temos certeza de que esta coleção irá ajudá-lo a alcançar o tão sonhado cargo público de Técnico ou Analista dos Tribunais.

Henrique Correia

Instagram: Prof_correia

Youtube: Henrique Correia

NOTA À 16ª EDIÇÃO

Inicialmente, gostaria de agradecer a todos os leitores pela confiança depositada neste livro, que permitiu o lançamento desta nova edição.

O livro apresenta os principais temas em Direito do Trabalho, com análise da jurisprudência trabalhista e das principais alterações legislativas recentes. A palavra de ordem nesta edição é **eficiência!**

Você notará que este livro é mais enxuto que um *Curso* ou *Manual* de Direito do Trabalho. Na verdade, esse é um padrão seguido em todos os exemplares da coleção. Eu e os demais autores nos reunimos com o pessoal da Editora Juspodivm para discutir uma forma de otimizar seus estudos. Então, decidimos por manter nas obras apenas o essencial, sempre de maneira aprofundada e completa, claro. Retirar da coleção todos os preciosismos que historicamente não são cobrados nos concursos para Analista do TRT. Assim, você estudará somente o necessário, tendo mais tempo para revisar, ler a lei seca e fazer exercício. Ah! Terá mais tempo para suas atividades particulares, afinal, **a vida não começa depois da posse!**

Não se preocupe! Menos não é sinônimo de pior. Como eu disse, estamos focados na eficiência. O clássico Vermelhinho continua com a profundidade que você conhece e espera, mas, agora, com foco total para seu concurso de Analista de TRT.

Aliás, aqui cabe uma ressalva: tanto para os cargos de Analista e Técnico do TRT (conforme Lei nº 14.456/22) quanto para os cargos de Analista e Técnico do MPU (conforme Lei nº 14.591/2023) é exigido diploma de conclusão de curso superior, em nível de graduação. A obra, então, já é estruturada levando em consideração o grau de dificuldade que as provas de nível superior costumam apresentar.

Para essa edição, fizemos algumas alterações e atualizações importantes na obra.

A mais significativa foi a inclusão de todas as teses vinculantes firmadas pelo TST em 2025, até o fim do mês de abril. São mais de 40 teses firmadas em sede de Incidente de Recurso de Revista Repetitivo em matéria de Direito do Trabalho, reafirmando entendimentos do Tribunal Superior do Trabalho que já estavam pacificados nas Turmas. Isso garante que você tenha em mãos um material atualizado e alinhado com o que efetivamente pode aparecer na sua prova.

Além disso, acrescentamos novos tópicos com base no conteúdo do último edital do concurso do MPU, como:

- Conflitos Coletivos do Trabalho;
- Trabalho Decente;
- Trabalho Escravo;
- Trabalho Infantil, com análise de seus conceitos, peculiaridades e as piores formas segundo os tratados internacionais.

Também incluímos um novo capítulo dedicado ao Direito Constitucional do Trabalho e aos Direitos Humanos do trabalho e da empresa, abordando temas como os artigos 7º, 8º, 9º, 10 e 11 da Constituição Federal de 1988, os Princípios de Ruggie, a Agenda 2030 da ONU e a noção de sustentabilidade.

Além disso, estruturamos um novo capítulo sobre Direito Internacional do Trabalho, no qual explicamos o que é a Organização Internacional do Trabalho (OIT), como funcionam suas convenções, e quais são seus elementos e características fundamentais.

O livro ainda conta com estudos de caso e questões dissertativas, especialmente elaborados com assuntos regulamentados ou modificados pela Reforma Trabalhista e pelas alterações legislativas ocorridas em tempos de pandemia. Dessa forma, o candidato terá acesso a um material completo para seu concurso do TRT, TST e MPU.

Ademais, foram comentadas as questões dos últimos concursos de Analista do TRT ocorridos desde o lançamento da última edição. Os capítulos de questões foram pensados para otimizar seus estudos e fornecer um material completo de preparação.

Em resumo, buscamos analisar as principais novidades legislativas e jurisprudenciais, além de enriquecer as discussões teóricas de diversos pontos do livro, o que facilitará seu estudo para as concorridas fases dos Concursos de Analista do TRT, TST e MPU.

Tendo em vista as modificações constantes da legislação e jurisprudência trabalhista, recomendamos que os leitores acompanhem nossas redes sociais para atualização diária com a disponibilização de vídeos e materiais gratuitos[1].

Aproveitamos para indicar os seguintes livros como bibliografia básica, também direcionados ao concurso do TRT:

- **REVISAÇO TRT.** O grande sucesso da Editora Juspodivm. Inclui questões comentadas de todas as matérias dos últimos concursos do TRT. Além das questões comentadas, os autores deixaram várias dicas para que o candidato possa responder a questões semelhantes e, ainda, toda a jurisprudência separada por tópicos para facilitar a memorização e a leitura. Livro perfeito para as semanas que antecedem o concurso – Editora Juspodivm.
- **Processo do Trabalho para Analista do TRT.** Esse livro, em parceria com o professor Élisson Miessa, foi desenvolvido exatamente nos mesmos moldes deste livro de Direito do Trabalho, com teoria, questões comentadas, questões de concursos, quadrinhos e esquemas de memorização – Editora Juspodivm.
- **Súmulas e Orientações Jurisprudenciais do TST comentadas e separadas por assuntos** – Editora Juspodivm.
- **Coleção Revisão Final** – Editora Juspodivm.

Por fim, espero que esta 16ª edição tenha a mesma aceitação das edições anteriores. Continuo à disposição para receber sugestões e críticas sobre o livro. Como se trata de uma obra "viva", estamos sempre aprendendo e corrigindo eventuais erros e posicionamentos. Você pode me contatar pelo Instagram: @profcorreia.

Maio de 2025

Henrique Correia

1. **Henrique Correia. Instagram:** Prof_correia / **YouTube:** Henrique Correia.

APRESENTAÇÃO

Este livro é voltado para o concurso de Analista do TRT, TST e do MPU. Abrange, inclusive, teoria e questões dos concursos de analista administrativo, analista judiciário e analista judiciário especializado em execução de mandados. A ideia deste trabalho surgiu em virtude das reivindicações dos meus alunos, que almejavam por uma obra direcionada para todos esses concursos de analista da Justiça do Trabalho e do Ministério Público da União. As apostilas específicas mostram-se, na maioria das vezes, insuficientes para o preparo adequado dos candidatos diante do alto grau de exigência das atuais provas, o que ocorre também com as obras clássicas do Direito do Trabalho, por abordarem inúmeras matérias diferentes às do concurso.

O edital exige o conhecimento apenas de questões objetivas (testes). O livro se direciona para essas questões. Importante frisar, entretanto, que o concurso para Analista do TRT, há tempos, vem exigindo profundos conhecimentos em Direito do Trabalho. Tentou-se, portanto, abordar todas as questões exigidas nos últimos anos como forma de possibilitar uma preparação completa do candidato.

Ressalta-se que, para fins de memorização da matéria, há necessidade de o candidato, além de fazer uma leitura atenta da teoria, resolver o maior número possível de exercícios. Por isso, optamos pela manutenção de algumas questões que não foram afetadas pela Reforma Trabalhista. Se houver dúvida em qualquer desses exercícios, é importante que se retorne à parte teórica, para buscar a resposta de forma mais detalhada.

Posteriormente, encontram-se os testes de memorização e as questões elaboradas pelo autor. Lembrar-se que anotar os erros também é recomendável. Ao resolver as lacunas deixadas para memorização, o candidato poderá não se lembrar dos exatos termos da lei. No entanto, o mais importante é completar o sentido e, principalmente, os prazos. Esse exercício, embora com alto grau de exigência, ajuda muito na fixação da teoria.

A matéria "Dos Direitos Constitucionais dos Trabalhadores (art. 7º da CF/88)" será abordada durante todo o livro e não em capítulo próprio, evitando-se, assim, a repetição dos assuntos.

Nota-se que, nos últimos concursos de Analista, tem-se exigido o conhecimento de muitas súmulas e orientações jurisprudenciais do Tribunal Superior do Trabalho relacionadas às matérias do edital. Diante disso, a jurisprudência presente nos últimos concursos estará transcrita ora nas notas de rodapé, ora no próprio corpo do texto. Recomenda-se que, durante a leitura, o candidato faça um resumo desses posicionamentos do TST. Atualmente, para obter bons resultados no concurso, é necessária a memorização dessa jurisprudência dominante do TST.

O cargo de Analista do TRT, por ser muito atrativo, possui altíssimo número de candidatos. Logo, faz-se necessário que, além de memorizar toda a legislação trabalhista prevista no edital, o candidato compreenda muito bem a matéria, porque tem sido exigida a resolução de casos práticos. Importante ficar atento aos exemplos e à teoria.

Importante, também, lembrar que o estudo com qualidade, em regra, é demorado, exige certo tempo na elaboração de resumos, na resolução de questões e na preparação de esquemas para a fixação da matéria. Leituras rápidas são indicadas apenas como revisão nas semanas que antecedem à prova.

Espera-se que este livro possa ajudá-lo a alcançar o tão sonhado cargo público de Analista do TRT.

Janeiro de 2010

O Autor

Preparação para Concurso Público

BREVE RELATO DA MINHA EXPERIÊNCIA DURANTE A PREPARAÇÃO PARA O CONCURSO

A decisão de prestar concurso público surgiu em 2001. Após dois anos fazendo estágio em um escritório de advocacia, decidi que não queria ser advogado, mas ingressar no serviço público. Coloquei a primeira meta (a primeira de muitas...), que era sair da faculdade já como oficial de justiça ou técnico judiciário. Comecei a fazer curso de português, fator decisivo para aprovação em qualquer concurso público.

O primeiro concurso que prestei foi para Técnico Judiciário do TRT da 15ª Região. Nessa época, era professor de inglês. Trabalhava todos os dias, o dia todo, frequentava o 4º ano da Faculdade de Direito de Franca, SP. Estudava durante os intervalos das aulas de inglês, nos intervalos do curso de direito e, principalmente, à noite, ao chegar em casa (estudava todos os dias até 1 ou 2 horas da manhã) e nos fins de semana.

Estudei bastante para esse concurso de técnico, havia, inclusive, matérias estranhas ao curso de direito, como matemática. Consegui minha primeira aprovação, fui classificado em 7º lugar, na área de Franca, interior de São Paulo. Não tive muita sorte, pois foram chamados 6 candidatos e o concurso prescreveu. E eu fiquei de fora...

Nesse meio tempo, eu já havia prestado muitos, muitos concursos em diversos locais do País. Verifiquei que estava estudando matérias muito diferentes. Ora estudava para polícia federal, ora estudava para AGU, analista do INSS etc. Decidi focar apenas na área de que mais gostava: carreiras trabalhistas. Comecei, então, a me inscrever apenas para Técnico e Analista do TRT, Auditor Fiscal do Trabalho, Juiz e Procurador do Trabalho.

De tanto prestar concursos, e em razão dos anos de experiência como professor de inglês, fui convidado por um amigo, hoje Procurador do Trabalho, Dr. Élisson Miessa dos Santos, para ministrar aulas de direito constitucional na Central de Cursos Professor Pimentel, em Ribeirão Preto, SP. Lecionava de manhã e à noite e prestava concursos quase todos os fins de semana, nos mais diferentes estados da Federação. Quando não estava trabalhando ou fazendo provas, estava sempre estudando.

Fiz inúmeros cursinhos preparatórios, participei de grupos de estudo na internet. Só para Juiz do Trabalho, prestei 26 concursos (vinte e seis, isso mesmo).

Fui aprovado no melhor cargo público do País: Ministério Público do Trabalho (MPT). Nesse concurso, eu era um dos mais jovens Procuradores do Trabalho do País. A aprovação veio após longo período de preparação e sacrifícios. Exatamente após 3 anos, 10 meses e 12 dias de estudo depois da graduação.

Além de o salário para Procurador do Trabalho ser muito atrativo, confesso que sou muitíssimo realizado com a atuação do Ministério Público na defesa da sociedade, em especial do trabalhador brasileiro, combatendo as fraudes trabalhistas, promovendo a erradicação do trabalho infantil e do trabalho escravo, nas investigações de órgãos públicos que violam o concurso público etc.

Consegui outras aprovações (Técnico Judiciário do TJ/SP, Analista Judiciário do TRT 3ª Região-MG e Procurador da Infraero), mas não assumi nenhum desses cargos, pois já era bem remunerado no cursinho e tinha decidido que iria ingressar ou na Justiça do Trabalho, como Juiz, ou no MPT.

Constam a seguir algumas dicas de uma preparação consciente. Se eu pudesse voltar atrás, faria tudo novamente. A conquista de um sonho compensa todo o esforço. Lembre-se de que o ingresso via concurso público é o meio mais democrático e transparente de admissão para o trabalho. A inscrição é pública, todos podem concorrer ao cargo. Depende apenas do seu esforço.

1. A DECISÃO

Ao decidir prestar concurso público, é imprescindível que o candidato se inscreva em um bom cursinho de português. O conhecimento razoável da norma culta da língua portuguesa (ortografia, regência, concordância verbal etc.) e de interpretação de texto não é suficiente para aprovação. Atualmente, exige-se que o candidato tenha profundos conhecimentos dessa matéria (acerto próximo de 90% das questões de português).

Outro ponto que considero importante: não desvie o foco do concurso. A preparação especializada, por exemplo, para a área trabalhista, gera resultados mais rápidos. Ao prestar para o TRT da 15ª, preste também para o TRT da 2ª e 3ª regiões e assim por diante. A matéria é, na maioria das vezes, igual.

Não se desespere. Se não tem como você se manter sem o trabalho, estude nos momentos em que tiver tempo. Ademais, ao decidir prestar o concurso, tenha em mente que a aprovação é um projeto de médio ou longo prazo. Portanto, faça as contas antes de largar emprego ou pedir ajuda aos familiares. A aprovação poderá vir após anos de estudo.

2. A PREPARAÇÃO

Colocar em prática o sonho do concurso é a fase mais difícil, pois os hábitos devem ser modificados. A preparação para o concurso público exige dedicação e muita, muita disciplina. Há necessidade de que os familiares, amigos, cônjuge ou namorado(a) tenham consciência de que você ficará, por algum tempo, afastado de eventos sociais. Concurso não combina com festas, cerveja e viagem. Lembre-se de que o sofrimento é temporário, mas o cargo é vitalício!

Outro ponto importantíssimo: seja organizado. Tenha sempre suas fontes pessoais de informação. Explico: durante o cursinho preparatório ou os estudos em casa, é necessário que se grife os livros, faça resumos e confeccione um excelente caderno de anotações em cada uma das matérias exigidas no edital. Existe uma grande chance de que você não passe no primeiro concurso. Os candidatos organizados reiniciam os estudos mais facilmente. Nesse ponto, se pudesse voltar atrás, eu mudaria na minha preparação. Não era organizado nos primeiros anos de estudo. Depois de várias provas verifiquei a necessidade de implementar esse hábito.

A organização consiste também em fazer um horário de estudos, ou seja, programação prévia de quais matérias serão estudadas em cada um dos dias da semana. Jamais vá para cama sem saber o que você vai estudar no outro dia.

O estudante deverá conviver bem com derrotas. Quem presta concurso, por vezes, tem péssimas notícias. Terá de tentar conviver bem com elas. Tenho colegas que se apegaram à religião, outros fizeram terapia com psicólogo. Indico as duas atitudes para preparação um pouco mais pacífica.

Aproveite cada minuto. Tenha um livro para todas as situações. Livro para deixar no carro, ou no aeroporto/rodoviária. No meu caso, já deixava livros e resumos na casa dos meus pais. Livro para esperar na fila do banco ou dentista. Estava sempre lendo e estudando.

Há necessidade de focar o máximo possível. No último ano de preparação, eu saí pouquíssimas vezes de casa. Gostava de ir ao cinema e, raramente, frequentava barzinhos.

Outro ponto que considero importantíssimo: não erre a mesma questão duas vezes. Após a realização de cada uma das provas, refaça-a atentamente. Anote seus erros, para evitar o mesmo engano. Diminua ao máximo as chances de erro. Tenha estratégia definida[2], isto é, analise em que matérias você ainda não está seguro. Priorize seus estudos dessas matérias e, claro, das matérias com maior peso na prova.

Pensamentos como "Será que irei conseguir?" e "Estou fazendo a coisa certa?" são comuns entre os estudantes de concurso. No meu caso, como era muito jovem, vivia com esses pensamentos. Achava que estava perdendo os melhores anos da minha vida. Natural pensar essas coisas, só não poderá deixar que esses pensamentos negativos tomem seu tempo de estudo. Outro pensamento ilusório é o de que somente os gênios passam.

Em resumo:

a) Escolha um excelente curso de português (gramática, redação e interpretação de textos).

b) Se puder, frequente um cursinho preparatório, principalmente no início da preparação, para pegar as dicas (livros, resumos, apostilas, melhores professores das matérias) e se acostumar com o ritmo de estudos.

c) Seja organizado com o material de estudo, sobretudo com seu caderno de anotações, resumos e esquemas de memorização.

d) Aproveite cada minuto de estudo. Não perca tempo!

e) Lembre-se de que a aprovação pode vir após alguns anos, logo, nesse período, podem surgir algumas derrotas. A retomada dos estudos, sem perder tempo com lamentações e arrependimentos, é imprescindível.

f) Não erre duas vezes a mesma questão. Refaça as provas já realizadas.

---

2. Tenho alguns alunos da magistratura e MPT que estudaram profundamente as mais diversas doutrinas do País, mas nunca passaram na primeira fase do concurso, cuja exigência é apenas a lei seca, súmulas e OJs. Falta, portanto, estratégia. Não há como ir diretamente ao nº 2 sem passar pelo nº 1.

3. A ESPERA PELA NOMEAÇÃO E A POSSE

Ocorre, com muita frequência, a aprovação em concurso e a demora, por anos, para iniciar os trabalhos. É a burocracia do serviço público. Na minha vida de concurseiro, acessava a internet, fóruns de bate-papo sobre concurso todos os dias. Demorava uma eternidade para a nomeação.

Importante não desanimar e não perder o foco durante essa etapa. Vários alunos, após obterem a aprovação, mesmo que distante do número das vagas previstas no edital, paralisavam os estudos, vivendo apenas de "esperança".

E por fim, a posse. Esse é um dos dias mais felizes da vida de quem se dedicou profundamente aos estudos e ao sonho de ingressar no cargo público. No meu caso, como estudei por muitos anos, confesso que foi um dia inesquecível. Ver a satisfação dos meus pais, familiares, amigos e namorada e a participar da comemoração realizada em razão da minha conquista foram fatos extremamente emocionantes. Jamais esquecerei esse dia. Valeu a pena cada minuto de esforço.

Bons estudos!

SUMÁRIO

EDITAL SISTEMATIZADO

(Para facilitar a pesquisa e otimizar seu estudo)

Caro candidato, desde a 1ª edição, essa obra foi especialmente redigida para você que pretende obter sucesso no Concurso Público para os cargos de Analista Judiciário dos TRTs – Área Judiciária, Área Judiciária com Especialidade em Execução de Mandados ou Área Administrativa.

Antes de mais nada, é importante que você tenha conhecimento de que, para que possa assumir o cargo, deverá comprovar, no ato da posse, os seguintes requisitos específicos, de acordo com os últimos editais publicados:

- **Analista Judiciário – Área Judiciária** (com ou sem Especialidade em Execução de Mandados): apresentação de diploma ou certificado (acompanhado de histórico escolar), devidamente registrado, de conclusão de curso de graduação de nível superior **em Direito**, fornecido por instituição de ensino superior reconhecida pelo Ministério da Educação (MEC);
- **Analista Judiciário – Área Administrativa:** apresentação de diploma ou certificado (acompanhado de histórico escolar), devidamente registrado, de conclusão de curso de graduação de nível superior **em qualquer área de formação,** fornecido por instituição de ensino superior reconhecida pelo Ministério da Educação (MEC).

Convém, ainda, saber quais são as atividades desempenhadas pelos Analistas Judiciários.

São atividades do Analista Judiciário – **Área Judiciária**[3]:

- Analisar petições e processos, confeccionar minutas de votos, emitir informações e pareceres;
- Proceder a estudos e pesquisas na legislação, na jurisprudência e na doutrina pertinente para fundamentar a análise de processo e emissão de parecer;
- Fornecer suporte técnico e administrativo aos magistrados, órgãos julgadores e unidades do Tribunal;
- Inserir, atualizar e consultar informações em base de dados;
- Verificar prazos processuais;
- Atender ao público interno e externo;
- Redigir, digitar e conferir expedientes diversos e executar outras atividades de mesma natureza e grau de complexidade.

3. Listagem elaborada com base no Edital nº 01/2025 de abertura de inscrições do Tribunal Regional do Trabalho da 2ª Região, publicado em abril de 2025, um dos mais recentes quando do fechamento desta obra. Disponível em: https://www.in.gov.br/en/web/dou/-/edital-n-1-de-11-de-abril-de-2025-624236220. Acesso em: 12/05/2025.

São atividades do Analista Judiciário – Área Judiciária – Especialidade Oficial de Justiça Avaliador Federal:

- Executar citações, notificações, intimações e demais ordens judiciais, certificando no mandado o ocorrido;
- Executar penhoras, avaliações, arrematações, praças e hastas públicas, remissões, adjudicações, arrestos, sequestros, buscas e apreensões, lavrando no local o respectivo auto circunstanciado;
- Redigir, digitar e conferir expedientes diversos e executar outras atividades de mesma natureza e grau de complexidade.

São atividades do Analista Judiciário – Área Administrativa:

- Realizar tarefas relacionadas à administração de recursos humanos, materiais, patrimoniais, orçamentários e financeiros, de desenvolvimento organizacional, licitações e contratos, contadoria e auditoria;
- Emitir informações e pareceres;
- Elaborar, analisar e interpretar dados e demonstrativos;
- Elaborar, implementar, acompanhar e avaliar projetos pertinentes à área de atuação;
- Elaborar e aplicar instrumentos de acompanhamento, avaliação, pesquisa, controle e divulgação referentes aos projetos desenvolvidos;
- Atender ao público interno e externo;
- Redigir, digitar e conferir expedientes diversos e executar outras atividades de mesma natureza e grau de complexidade.

O candidato encontrará na presente obra **os principais conteúdos** necessários para uma boa preparação ao concurso na área de Direito do Trabalho. Tomando-se por base os últimos editais, segue abaixo um Roteiro de Estudos que o auxiliará em seus estudos. Nos últimos concursos, os candidatos que utilizaram esse livro tiveram condições de fechar a prova de direito do trabalho, acertando todas as questões dessa matéria. Esse continua sendo nosso objetivo!

Bons estudos e sucesso em sua prova!

Henrique Correia

Itens dos editais	Onde encontrar no livro	Páginas
1. Direitos constitucionais dos trabalhadores	Cap. II, itens 2 e 3	97 e 117
2. Princípios e fontes do direito do trabalho	Cap. III, itens 2 e 4	139 e 152
2.1. Hierarquia das fontes do Direito do Trabalho	Cap. III, item 2.2.3	144
3. Flexibilização	Cap. III, item 5	164
4. Desregulamentação	Cap. III, Item 5	164
5. Relação de trabalho e relação de emprego: requisitos e distinção	Cap. IV, item 1.1 Cap. V, item 1	197 517
6. Relações de trabalho *lato sensu*	Cap. IV, item 4	337
6.1. Trabalho autônomo	Cap. IV, item 4.1	337
6.2. Trabalho eventual	Cap. IV, item 4.2	339
6.3. Trabalho temporário	Cap. IV, item 8	421
6.4. Trabalho avulso	Cap. IV, item 4.3	339
7. Sujeitos do contrato de trabalho *stricto sensu*	Cap. IV	197-457
7.1. Empregado (conceito e caracterização)	Cap. IV, itens 1, 3.1, 3.2 e 3.3	197, 223, 229, 264
7.2. Empregador (conceito e caracterização)	Cap. IV, item 5	355
7.2.1. Poderes do empregador no contrato de trabalho	Cap. IV, item 5.5	366
7.2.2. Grupo econômico e sua repercussão nas relações de emprego	Cap. IV, item 5.2	357
7.2.3. Sucessão de empregadores	Cap. IV, item 5.3	360
7.2.4. Responsabilidade solidária e subsidiária por créditos trabalhistas	Cap. IV, itens 5.3.1 e 5.4.1	362 e 365
8. Trabalho intermitente: regramento geral; características e peculiaridades	Cap. V, itens 4.7 e 4.8	543 e 547
9. Terceirização	Cap. IV, item 6	389
10. Contrato individual de trabalho (conceito)	Cap. V	517 580
10.1. Classificação	Cap. V, item 4	532
10.2. Características	Cap. V, itens 2 e 3	519 e 521
10.3. Alteração do contrato de trabalho: alteração unilateral e bilateral	Cap. V, item 5	555
10.3.1. Alteração bilateral	Cap. V, item 5	555
10.3.2. Alteração unilateral e *jus variandi*	Cap. V, item 5.1	556
10.3.3. Transferência do empregado: conceito, limitações e características	Cap. V, item 5.4	561
10.4. Suspensão e interrupção do contrato de trabalho: hipóteses, caracterização, distinção e reflexos no contrato de trabalho.	Cap. V, item 6	563

Itens dos editais	Onde encontrar no livro	Páginas
11. Rescisão do contrato de trabalho	Cap. X, item 2	1150
11.1. Justas causas	Cap. X, item 2.2.1	1165
11.2. Dispensa sem justa causa	Cap. X, item 2.1.2.2.	1155
11.3. Rescisão indireta	Cap. X, item 2.2.2	1171
11.4. Dispensa arbitrária	Cap. VIII, item 2	954
11.5. Culpa recíproca	Cap. X, item 2.2.3	1174
11.6. Rescisão por acordo mútuo	Cap. X, item 2.1.3	1160
11.7. Dispensa coletiva	Cap. XI, item 4.8	1331
11.8. Verbas rescisórias: formalidades, prazo para pagamento; quitação.	Cap. X, item 2.6	1191
11. Aviso-prévio	Cap. X, item 1	1139
12. Estabilidade e garantias provisórias de emprego	Cap. VIII, item 3 e 4	957 e 958
12.1. Espécies de estabilidade	Cap. VIII, item 3 e 4	957 e 958
12.2. Despedida e reintegração de emprego estável	Cap. VIII, item 3 e 4	957 e 958
13. Duração do trabalho	Cap. VI	581 - 737
13.1. Jornada de trabalho	Cap. VI, itens 1.1 a 1.3	581 - 600
13.2. Períodos de descanso	Cap. VI, item 3	673
13.2.1. Intervalo para repouso e alimentação	Cap. VI, item 3.1.1	674
13.2.2. Descanso semanal remunerado	Cap. VI, item 3.2	688
13.3. Trabalho noturno	Cap. VI, item 1.7	640
13.4. Trabalho extraordinário	Cap. VI, item 2	649
13.4.1. Sistema de compensação de horas e banco de horas	Cap. VI, item 2.3	654
13.5. Turnos ininterruptos de revezamento	Cap. VI, item 1.6	637
13.6. Jornada a tempo parcial	Cap. VI, item 1.5	627
13.6. Teletrabalho	Cap. VI, item 1.4.3	617
14. Salário mínimo: irredutibilidade e garantia	Cap. VII, item 1.2	835
15. Férias	Cap. VI, item 3.4	703
15.1. Direito a férias e duração	Cap. VI, itens 3.4.1 a 3.4.4	703 - 705
15.2. Períodos concessivo e aquisitivo de férias	Cap. VI, itens 3.4.2 e 3.4.6	704 - 707
15.3. Remuneração e abono de férias	Cap. VI, itens 3.4.7 a 3.4.10	708 - 714
15.4. Férias proporcionais	Cap. VI, item 3.4.11	715
15.5. Férias coletivas	Cap. VI, item 3.4.13	718
16. Salário e remuneração: conceito e distinções	Cap. VII, item 1	831
16.1. Composição do salário	Cap. VII, item 2	842
16.2. Modalidades de salário	Cap. VII, item 5	906

Itens dos editais	Onde encontrar no livro	Páginas
16.3. Formas e meios de pagamento do salário	Cap. VII, item 5	906
16.4. Adicionais salariais	Cap. VII, item 2.5	858
16.5. Gorjetas	Cap. VII, item 1.1	831
16.6. Décimo terceiro salário	Cap. VII, item 2.3	854
16.7. Parcelas indenizatórias	Cap. VII, item 3	885
16.8. Equiparação salarial (princípio da igualdade de salário)	Cap. VII, item 7	915
17. Desvio e acúmulo de função	Cap. VII, item 8	931
18. FGTS	Cap. VIII, item 5	981
19. PIS/PASEP	Cap. VII, item 3.6	895
20. Prescrição e decadência	Cap. X, item 3	1206
21. Segurança e medicina no trabalho	Cap. IX	1063 - 1137
21.1. CIPA	Cap. IX, item 1.5	1071
21.2. Atividades insalubres ou perigosas	Cap. VII, itens 2.5.4 e 2.5.5	865 e 874
21.3. PPRA e PCMSO	Cap. IX, item 1.4.2	1070
21.4. Doenças profissionais, doenças do trabalho e acidentes típicos do trabalho	Cap. IX, item 4	1117
21.5. Responsabilidade objetiva e subjetiva	Cap. IX, item 4.3.5.	1126
21.7. Assédio sexual, moral e eleitoral no trabalho	Cap. IX, item 2.7	1100
22. Proteção ao trabalho do menor	Cap. IV, item 3.4 e 3.5	277 - 289
22.1. Estatuto da Criança e do Adolescente (Lei nº 8.069/90 e alterações). Dos direitos de profissionalização e à proteção do trabalho	Cap. IV, item 3.4 e 3.5	227 - 289
23. Proteção ao trabalho da mulher	Cap. IV, item 3.7	295 - 329
23.1. Estabilidade da gestante	Cap. IV, item 3.7.2.3	308
	Cap. VIII, item 4.2	962
23.2. Licença maternidade e Lei nº 9.029/95 e alterações	Cap. IV, item 3.7.2.2	302
23.3. Programa Emprega + Mulheres	Cap. IV, item 3.7.3	317
24. Licença-paternidade	Cap. IV, item 3.7.2.2.3	307
25. Direitos difusos e coletivos	Cap. XI, item 8	1370
26. Direito coletivo do trabalho	Cap. XI	1239 - 1381
26.1. Liberdade sindical (Convenção nº 87 da OIT)	Cap. XI, item 2.1	1240
26.2. Organização sindical	Cap. XI, item 3	1248
26.2.1. Conceito de categoria	Cap. XI, item 3.1.1	1249
26.2.2. Categoria diferenciada	Cap. XI, item 3.1.1	1249
26.3. Convenções e acordos coletivos de trabalho	Cap. XI, item 4	1277

Itens dos editais	Onde encontrar no livro	Páginas
26.4. Direito de greve	Cap. XI, item 6	1350
26.4.1. Dos serviços essenciais	Cap. XI, item 6.4	1354
26.4.2. Greve do servidor público	Cap. XI, item 6.6	1357
26.4.3. Conflitos coletivos de trabalho	Cap. XI, item 5	1345
27. Comissões de conciliação prévia	Cap. III, item 7	178
28. Representação de empregados	Cap. XI, item 7	1362
29. Arbitragem	Cap. XI, item 5.2.3.1.	1349
30. Renúncia e transação	Cap. III, item 6	174
31. Dano moral e material nas relações de trabalho e Indenização	Cap. IX, item 2	1077
31. Cálculos trabalhistas	Cap. V, item 4.5	537
	Cap. VI, itens 3.2.1 e 3.2.2	690 e 691
	Cap. VI, item 3.4.7	708
	Cap. VII, item 2 (todos os subitens)	842 - 885
	Cap. X, item 1.2	1142
	Cap. X, item 2 (todos os subitens)	1150 - 1205
31. Ações afirmativas	Cap. II, item 4.5	133
32. Trabalho ilícito e trabalho proibido.	Cap. V, item 3.1	522
33. Trabalho decente: conceito e características	Cap. II, item 4.1	124
34. Trabalho escravo: conceito e características	Cap. IX, item 3	1107
35. Trabalho infantil: conceitos, características e piores formas	Cap. IV, item 3.4 e 3.5	277 - 289
36. Aprendizagem	Cap. IV, item 3.6	289
37. Trabalho Infantil artístico.	Cap. II, item 3.4.4.	281
38. Igualdade de oportunidades e combate à discriminação nas relações de trabalho (Este item é bastante abrangente. Indicaremos os pontos-chave, mas ele poderá ser encontrado ao longo de todo o livro)	Cap. II, item 4.5	133
	Cap. IV, item 3.7	295 - 329
	Cap. IV, Item 3.9	331
39. Inclusão de trabalhadores com deficiência no mercado de trabalho.	Cap IV, item 3.9	331
40. Direitos humanos do trabalho e empresas	Cap. II, item 4	124
40.1. Princípios de *Ruggie*	Cap. II, item 4.3	129
40.2. Agenda 2030. Sustentabilidade econômico social nas relações de trabalho	Cap. II, item 4.2.	126

Itens dos editais	Onde encontrar no livro	Páginas
40.3. OIT e ONU (Este item é bastante abrangente. Indicaremos os pontos-chave, mas ele poderá ser encontrado ao longo de todo o livro)	Cap. II, item 4	124
	Cap. II, item 4.2	126
	Cap. II, item 4.3	129
	Cap. XII	1383 - 1403
41. Principais convenções e tratados internacionais em matéria trabalhista (Este item é bastante abrangente. Indicaremos os pontos-chave, mas ele poderá ser encontrado ao longo de todo o livro)	Cap. II, item 4	124
	Cap. II, item 4.2	126
	Cap. II, item 4.3	129
	Cap. XII	1383 - 1403
42. Precedentes vinculantes do TST (Este item é bastante abrangente. Fizemos menção às teses firmadas pelo Pleno do TST nos temas a que cada uma se refere. Além disso, incluímos um anexo ao final do livro com o conteúdo de todas as teses fixadas pelo Tribunal até abril de 2025).	Anexo – Acompanhamento das Teses Vinculantes firmadas pelo TST	1461
43. Instruções e atos Normativos do TST em matéria de Direito do Trabalho (Item muito abrangente – foi citado ao longo dos capítulos do livro)	-	-
44. Teses de Repercussão Geral do Supremo Tribunal Federal relativas ao Direito do Trabalho (Item muito abrangente – foi citado ao longo dos capítulos do livro)	-	-
45. Súmulas Vinculantes do Supremo Tribunal Federal relativas ao Direito do Trabalho (Item muito abrangente – foi citado ao longo dos capítulos do livro)	-	-
46. Profissões regulamentadas (Item muito abrangente – foi citado ao longo dos capítulos do livro)	-	-
48. Súmulas da jurisprudência uniformizada do Tribunal Superior do Trabalho (Esse item é muito abrangente. Colocamos as súmulas e OJs mais importantes, separadas por temas, ao final dos capítulos, para tentar deixar a matérias mais didática)	Cap. III, item 9	194
	Cap. IV, item 10	455
	Cap. V, item 8	579
	Cap. VI, item 5	731
	Cap. VII, item 10	944
	Cap. VIII, item 7	1002
	Cap. IX, item 6	1137
	Cap. X, itens 1.7, 2.8 e 5	1148, 1205 e 1235
	Cap. XI, item 10	1380

Dicas para preparação específica ao cargo de Analista do TRT

1. INTRODUÇÃO

Os concursos para o cargo de Analista do TRT são muito desejados e concorridos em todo o País. O cargo possibilita o exercício de indispensáveis funções no auxílio à administração da justiça, seja na área de atuação judiciária, administrativa, seja como oficial de justiça avaliador federal. Trata-se de uma função extremamente importante para o País!

Além disso, é um cargo que possibilita uma excelente remuneração. O salário é superior a R$14.852,66, conforme dados retirados do edital do concurso do TRT da 2ª Região, publicado em abril/2025[4].

Portanto, para enfrentar essa fase prévia de preparação, antes da publicação do edital, é imprescindível que você se organize. Faça um plano mental e o coloque no papel. Assista a vídeos e depoimentos para retirar alguma base daqueles profissionais que já passaram por essa mesma experiência e saíram vitoriosos. Há vários desses vídeos no *YouTube*, *Facebook*, *sites* de concursos etc. Enfim, traçar uma estratégia minimamente organizada é imprescindível.

Seguem algumas dicas/sugestões que considero interessantes.

1.1. Plano infalível

Lembre-se de que as dicas adiante não são regras ou receitas infalíveis de sucesso. Não foram feitas para convencer ninguém do que é certo ou errado. O candidato ao cargo de Analista do TRT que não adotar nenhuma das técnicas ali descritas também tem plenas chances de ser aprovado em qualquer certame do País. Cada ser humano é diferente um do outro. A adaptação é a grande estratégia. Essa talvez seja a nossa maior riqueza e que nos fez dominar o mundo sobre os demais animais. Por isso, não acredite em um manual estático e único de conduta e preparação. Leia as mais diversas dicas e sugestões dos autores, professores e candidatos aprovados e veja a que melhor se adapta a você.

O melhor caminho é ser um bom **observador**. Saiba o que funciona bem ou não com o seu jeito de ser e seu estilo de vida. Gosto bastante da seguinte frase:

> "Não há só um método para estudar as coisas". (Aristóteles)

---

4. Edital nº 01/2025 de abertura de inscrições do Tribunal Regional do Trabalho da 2ª Região. Disponível em: https://www.in.gov.br/en/web/dou/-/edital-n-1-de-11-de-abril-de-2025-624236220. Acesso em: 25/04/2025.

1.2. O seu pior inimigo antes e durante a preparação

Nunca pensei que eu fosse ser membro do Ministério Público. Jamais pensei que teria um livro publicado. O meu sonho na época da faculdade era, um dia, alcançar o cargo de Oficial de Justiça do TJ/SP. Se eu contar para alguém, pode ser que a pessoa não acredite, mas por uns três anos, durante a graduação, eu pensava nesse sonho 24 horas por dia, de forma compulsiva. Os concursos de AFT, Magistratura e do MP eram para os gênios, os melhores alunos da classe. Eu, por outro lado, sempre pegava recuperação no fim do ano e carreguei algumas dependências no segundo e terceiro anos da faculdade.

Como na época o concurso para Oficial de Justiça demorou muito para sair, passei a estudar também para Analista do TRT. Com isso, memorizei a legislação seca. Logo após o término da graduação, alguns amigos me chamaram para prestar um concurso da Magistratura do TRT da 3ª Região/MG e eu decidi arriscar. Foi a grande sorte da minha vida. Passei na primeira fase (objetiva) e ganhei confiança. A partir daí achei que era capaz de passar no concurso de AFT, Juiz ou Procurador do Trabalho, um dia.

Em todos os cursinhos por que passei, sempre me achava o mais inferior dos alunos. As minhas perguntas eram as mais medíocres. Até evitava fazê-las.

Enfim, fui prestando concursos. Não queria viver com salário de professor e nem ser advogado. Tinha essas duas convicções. E acabou dando certo.

Disse tudo isso porque, se eu tivesse acreditado mais no meu potencial desde o início e tivesse tido mais autoconfiança, com toda certeza teria sido aprovado muito mais rápido. No início da preparação, por exemplo, respondia às perguntas dissertativas da 2ª fase achando que o examinador ia rir ao ler minhas respostas. Veja como isso é muito improdutivo: tive um estagiário no MPT, recentemente, que era simplesmente brilhante. Redigia de forma impecável. Um raciocínio jurídico fantástico. Mas dizia que nunca prestaria o concurso para Analista do TRT, AFT ou Magistratura porque não tinha condições de passar.

Enfim, você deve sempre acreditar no seu potencial. O que diferencia um candidato do outro é a organização e determinação. Nada mais.

> "Acredite que você pode, assim você já está no meio do caminho." (Theodore Roosevelt)

1.3. Exercícios físicos durante a preparação para o concurso

Temos uma obsessão durante a preparação para concursos públicos: não gastar tempo com nada e ninguém, exceto com os estudos, as viagens direcionadas aos concursos e as provas. Talvez esse seja um acerto inicial, mas um grande erro de estratégia no fim.

O corpo, com mais ou menos dias, acaba sentindo os efeitos colaterais de tanto tempo sentado, estresse etc. E isso pode nos custar um período longo afastado dos estudos. Algumas doenças psíquicas, oriundas da angústia, estresse e pressão, acabam refletindo no corpo, como gastrite, doenças de pele, dores nas costas e de cabeça etc.

Enfim, praticar uma atividade física é tão importante como a própria dedicação aos estudos.

No meu caso, nos primeiros anos de preparação, não praticava nenhum esporte. Vivia estressado e com alguns problemas de saúde, ora era insônia, ora alergia, ora dor de cabeça. Depois, com um pouco mais de experiência, passei a fazer caminhadas três vezes por semana, durante 1 hora. E na reta final, passei a praticar natação, esporte a que sempre fui ligado, desde a infância. Foi minha salvação. Acabou com as dores nas costas e melhorou muito meu ritmo de estudos. Nadava no Sesi, clube próximo da minha casa. Estava sempre bronzeado, porque nadava ao meio-dia. Parecia que tinha ido para praia e passava a ideia de que era uma pessoa com bastante tempo na vida.

Em resumo, o que todos nós já sabemos: a prática de qualquer atividade física é essencial para lidar com tamanha carga de estresse e angústia durante a árdua caminhada rumo à aprovação no concurso.

1.4. Sono, descanso e lazer

Um dos pontos mais sensíveis que tive que enfrentar foi o sono. A carga de estudos e o estresse, durante a minha preparação, foram desastrosos para minhas noites de sono. Tive muito problema com insônia, inclusive após minha aprovação. Até pouco tempo, sonhava que estava estudando ou ainda chegando atrasado para fazer as provas. Eram meus piores pesadelos. Isso demonstra como essa fase de preparação foi marcante na minha vida.

Nos últimos dois anos de preparação, acostumei a dormir após o almoço. Fazia-me muito bem esse soninho. Inicialmente, colocava despertador, 30 ou 40 minutos no máximo de sono. Mas aprendi, com o tempo, que nos dias em que não havia o despertador meus estudos rendiam muito mais. Aboli o despertador para o sono da tarde. Às vezes dormia 15 minutos, outras vezes, dormia 2 horas. Impressionante, ao ouvir as necessidades do meu corpo, houve um tremendo salto de qualidade no rendimento dos meus estudos.

Essa técnica de dormir à tarde, sem acordar com despertador, utilizo até hoje nos meus fins de semana e férias, quando estou escrevendo livros. Escrevo muito melhor quando deixo meu corpo decidir qual o melhor momento de acordar. Talvez isso não dê certo para as pessoas que tenham pouco tempo para estudar, mas, no meu caso, como tinha as tardes livres, funcionou muito bem.

Outro ponto que me ajudava bastante era ir ao cinema e assistir à TV. Como na época eu não tinha TV a cabo, assistia aos telejornais tradicionais e a filmes repetidos da TV Globo e do SBT. Tinha o hábito de ir ao cinema uma ou duas vezes por mês. Achava revigorante. Segundo Steve Jobs: *"As pessoas ligam a televisão quando querem desligar o cérebro"*.

Por fim, meu lazer era tomar cerveja com família e amigos e ouvir música sertaneja (também tomando cerveja). Descobri que demorava alguns dias para retomar os estudos todas as vezes que eu bebia um pouquinho além da conta. O resultado foi diminuir drasticamente o consumo de álcool, o meu passatempo favorito na época. Mesmo assim, uma vez por mês eu sempre saia para barzinhos ou ia a eventos da família e de amigos. Caso contrário, entraria em depressão profunda, o que não é nada saudável aos estudos. Um pouco mais de bom senso e moderação podem ajudar bastante nessa fase de concursos.

Após a aprovação, poderá retornar com todos os seus passatempos favoritos, alguns saudáveis, outros nem tanto.

2. PREPARAÇÃO ESPECÍFICA

2.1. Pergunta clássica: quantas horas diárias de estudo são necessárias para aprovação?

Talvez essa seja a pergunta mais frequente de todos os alunos. "Professor, até passar, o senhor estudava quantas horas por dia?"

De tanto receber o mesmo questionamento, hoje tenho uma resposta praticamente pronta: "Estudava por volta de três a quatro horas diárias". Essa resposta não é inteiramente verdade. Eu fiz uma média do meu tempo de estudos e deu mais ou menos esse tempo aí de 4 horas diárias.

Ocorre que eu estudava mais nos fins de semana, ou naqueles dias em que eu não trabalhava (era professor e lecionava em dois períodos). Portanto, nesses dias eu extrapolava um pouco as 4 horas de estudos. Na verdade, meu tempo de estudos oscilava muito.

Havia alguns dias em que eu caprichava. Estudava muito e meus estudos rendiam uma barbaridade. No outro dia me dava uma certa "ressaca" e eu não conseguia estudar quase nada. Entretanto, como já estava condicionado e preparado para estudar, era um atleta de ponta, todos os dias eu treinava sem maiores dificuldades. Mas é fato: alguns dias eu rendia bem mais que em outros.

Ainda sobre esse assunto de horas estudadas, acho importantíssimo, também, que se diferencie horas líquidas e horas brutas de estudo. Um estudante consegue estudar 12 horas por dia, desde que sejam horas brutas, ou seja, com interrupções, enrolações etc. Em termos de horas líquidas de estudo efetivo, penso que quatro a seis horas diárias é um tempo de estudo fantástico! Muito produtivo se conseguir estudar uma jornada de seis horas diárias.

Não acredito, sinceramente, que um ser humano normal consiga estudar oito horas diárias líquidas e produtivas.

Certa vez, durante a 3ª fase do concurso da Magistratura do Trabalho, estava me preparando com muita determinação para a sentença (prova prática). A duração da prova, nessa fase, é de 4 horas. Resolvi fazer 2 simulados por dia. Diante disso, colocava o cronômetro e fazia 2 sentenças, uma na parte da manhã (quando dava tempo) e outra na parte da tarde (ou à noite). Portanto, 8 horas diárias de estudo efetivo, elaborando sentença. No fim da primeira semana, fiquei doente. De cama. Acabou com as minhas estruturas física e psíquica. Perdi a semana seguinte para me recuperar.

Depois dessa experiência traumática, admiro as pessoas que afirmam que conseguem estudar 8 horas líquidas diárias. Eu, definitivamente, não consegui.

2.2. Planilha e organização de estudos

> "Com organização e tempo, acha-se o segredo de fazer tudo e bem feito." (Pitágoras)

As planilhas e a organização dos estudos são ferramentas indispensáveis para sua preparação. Saber o que vai estudar durante a semana ou, ainda, nos fins de semana é imprescindível.

Tão importante quanto fazer essa organização e delimitação do tempo é também estar consciente que não somos máquinas ou robôs programados para iniciar os estudos, pontualmente, às 8h e terminar às 11h, e assim por diante. Somos flexíveis, temos nossos problemas externos e internos, e essas planilhas devem ser utilizadas como norte e direção à nossa rotina, para que não percamos tempo. Não podem ser instrumentos de escravidão e tortura psíquica.

A planilha de estudos serve para que você não fique distante de algumas matérias por muitos dias, ou gaste tempo pensando em qual matéria deve ser estudada. E outro ponto importantíssimo: planilhas complexas, com muitos detalhes, mais atrapalham do que ajudam. Vejo alguns professores e autores com planilhas tão mirabolantes, baseados em estudos complexos, que colocá-la em prática se torna uma tarefa mais árdua do que o próprio estudo em si.

Para tentar ser realista, eu fiz apenas duas sugestões de planilhas. Além disso, na tentativa de ficar mais organizado, foram sugeridas planilhas diferentes: para quem se dedica exclusivamente aos estudos e para quem tem que dividir o tempo entre trabalho e estudos. Lembre-se sempre:

Jamais vá para a cama sem saber que matéria e assunto você deve estudar no dia seguinte!

Lembre-se de que você tem um encontro marcado com determinado assunto. A seguir, postei a **sugestão** de planilha para que você possa adequar ao seu dia e ao seu estilo de vida. Não deixe de adequá-la a sua rotina e ao seu estilo de vida. E por fim, antes de elaborar a sua rotina, leia a frase:

"A simplicidade é o último grau de sofisticação". (Leonardo da Vinci)

2.2.1. *Planilha – Dedicação exclusiva aos estudos*

DEDICAÇÃO EXCLUSIVA AOS ESTUDOS (O IDEAL SERIA ESTUDAR, NO MÍNIMO, 6 HORAS POR DIA)							
	SEGUNDA	TERÇA	QUARTA	QUINTA	SEXTA	SÁBADO	DOMINGO
8H ÀS 11H	Direito Constitucional (3 horas)	Direito Administrativo (3 horas)	Direito Individual e Coletivo do Trabalho (3 horas)	Português (3 horas)	Processo do Trabalho (3 horas)	Processo Civil (3 horas)	Dia livre
11H ÀS 13H	Almoço e descanso (2 horas)						
13H ÀS 16H	Regimento Interno / ou outra matéria específica do edital (3 horas)	Curso Preparatório (3 horas)	Regimento Interno / ou outra matéria específica do edital (3 horas)	Raciocínio Lógico (3 horas)	Direito Civil (3 horas)	Português (3 horas)	
16H ÀS 18H	Academia ou TV (2 horas)						
18H ÀS 20H	Revisaço TRT (resolver o máximo de questões de concursos) (1 a 2 horas)	Revisaço TRT (1 a 2 horas)	Revisaço TRT (1 a 2 horas)	Revisaço TRT (1 a 2 horas)	Revisaço TRT (1 a 2 horas)	Revisaço TRT (1 a 2 horas)	

Obs. 1: Os estudos devem ser encarados como trabalho, ou seja, em turnos fixos. Ideal é tentar, sempre, manter a rotina diária.

Obs. 2: Não deixe de praticar, pelo menos duas vezes por semana, alguma atividade física. Essa tática evitará problemas físicos e psíquicos.

Obs. 3: A desconexão, em 1 dia por semana, é muito interessante. Caso resolva estudar, pegue uma matéria com que tenha mais afinidade ou aquela que não pôde se dedicar durante a semana.

Obs. 4: Lembre-se de que você trabalha com a mente. Portanto, descanso/sono/TV são tão importantes quanto o estudo. Descanso não pode ser encarado, por você e muito menos por outras pessoas, como preguiça!

Obs. 5: Faça a sua planilha e deixe em um local sempre visível para poder verificar se está mesmo sendo cumprido ou se precisa de ajustes. Repito, a melhor de todas as planilhas é aquela fácil de ser executada.

Obs. 6: Livros específicos ao TRT – Coleção Tribunais – Ed. Juspodivm. Link: [https://www.editorajuspodivm.com.br/colecoes/tribunais-e-mpu-tecnico-e-analista?idtag=TodasColecoes].

Obs. 7: O melhor livro de português para TRT: Língua Portuguesa para Concursos. (2025, 11ª ed.), da querida e brilhante Duda Nogueira. Editora Juspodivm.

Obs. 8: O Revisaço TRT é, sem dúvida, a melhor ferramenta para o seu TRT.

Obs. 9: Atividades do dia a dia, aquelas de "pessoas normais", como consulta médica, ir ao banco, dentista etc., devem ser encaradas sem desespero ou estresse. Deixar de fazê-las poderá gerar problemas muito maiores.

Obs. 10: Os períodos de almoço e descanso você poderá utilizar para as atividades pessoais – levar filho à escola, ir ao banco etc.

2.2.2. Planilha – Divisão do tempo entre trabalho e estudos

<table>
<tr><th colspan="8">DIVISÃO DO TEMPO ENTRE TRABALHO E ESTUDOS
(O IDEAL SERIA DE 3 A 5 HORAS DIÁRIAS)</th></tr>
<tr><th></th><th>SEGUNDA</th><th>TERÇA</th><th>QUARTA</th><th>QUINTA</th><th>SEXTA</th><th>SÁBADO</th><th>DOMINGO</th></tr>
<tr><td>6H ÀS 8H</td><td>Português
(2 horas)</td><td>Direito Constitucional
(2 horas)</td><td>Direito Administrativo
(2 horas)</td><td>Direito do Trabalho
(2 horas)</td><td>Processo do Trabalho
(2 horas)</td><td>Direito Civil
+
Revisaço
(3 horas)</td><td rowspan="3">Dia livre</td></tr>
<tr><td>8H30 ÀS 18H</td><td colspan="5">Trabalho</td><td></td></tr>
<tr><td>19H ÀS 22H</td><td>Revisaço TRT
(2 horas)</td><td>Revisaço TRT
+
Curso / Aulas para TRT
(3 horas)</td><td>Revisaço TRT
(2 horas)</td><td>Revisaço TRT
+
Curso / Aulas para TRT
(3 horas)</td><td>Revisaço TRT
+
Raciocínio Lógico
(2 horas)</td><td>Processo Civil
+
Revisaço TRT
(3 horas)</td></tr>
</table>

Obs. 1: Os candidatos que dividem o tempo de estudos com o trabalho devem aproveitar cada minuto! Cada minuto mesmo – seja organizado!

Obs. 2: As mesmas observações da planilha 1 valem para essa rotina de estudos.

Obs. 3: Ideal seria acordar cedo e estudar, antes de ir ao trabalho.

Obs. 4: Pessoas com dificuldades de acordar de madrugada devem "forçar" estudo à noite ou em intervalos durante o trabalho.

Obs. 5: O Revisaço TRT é, sem dúvida, a melhor ferramenta para o seu TRT. Use-o o máximo que puder!

Obs. 6: Fins de semana, feriados e férias devem ser aproveitados ao máximo.

Obs. 7. Deixe o domingo para resolver provas ou matérias que você não teve condições de estudar durante a semana.

2.2.3. *Monte a sua própria planilha*

PLANILHA DE ESTUDOS PERSONALIZADA							
🕐	SEGUNDA	TERÇA	QUARTA	QUINTA	SEXTA	SÁBADO	DOMINGO
8H ÀS 11H							
11H ÀS 13H							
13H ÀS 16H							
16H ÀS 18H							
18H ÀS 20H							
20H ÀS 22H							

Obs. 1: Lembre-se de verificar, após 1 semana de estudos, se está conseguindo cumprir suas metas. Caso não esteja, faça as adequações necessárias para que a planilha seja viável para você. Para isso, é fundamental que as matérias sejam escritas a lápis para viabilizar as adequações na planilha

Obs. 2: Deixe essa planilha em um local sempre visível. Repito, a melhor de todas as planilhas é aquela fácil de ser executada.

Obs. 3: O ser humano não é uma máquina, portanto eventuais descumprimentos e oscilações de horários são totalmente naturais na preparação ao concurso.

2.3. Dedicação às matérias do concurso para Analista do TRT e as bancas examinadoras (CESPE e FCC)

Uma dúvida muito frequente é definir a que **matérias** o candidato deve se dedicar, em razão das constantes alterações do edital de Analista do TRT. Atualmente, existem 24 Tribunais Regionais do Trabalho e, portanto, não há uma padronização na escolha das bancas examinadoras. A FCC e a CESPE são frequentemente escolhidas pelos tribunais para a realização das provas e apresentam considerável diferença nas matérias e na maneira como formulam as questões da prova. É válido destacar, ainda, que existem diferenças com relação a concursos da mesma banca como é o caso do concurso de 2022/2023 do TRT da 18ª Região, realizado pela FCC, que exigiu a disciplina de Direito Civil para o cargo de Analista Judiciário – Área Judiciária[5]. Por sua vez, o concurso do TRT da 4ª Região, também de 2022 e organizado pela mesma banca, não exigiu essa matéria[6].

5. Edital nº 01/2022 de abertura de inscrições do Tribunal Regional do Trabalho da 18ª Região. Disponível em: https://www.concursosfcc.com.br/concursos/trt18122/edital_do_concurso_versao_final.pdf. Acesso em: 28/11/2023.
6. Edital nº 01/2022 de abertura de inscrições do Tribunal Regional do Trabalho da 4ª Região. Disponível em: https://www.concursosfcc.com.br/concursos/trt4r122/edital_de_abertura_trt4_-_versao_05_05_2022_-_final_-_v_15-53.pdf. Acesso em: 28/11/2023.

Diante disso, paira a dúvida, quando ainda não há o edital divulgado: a que matérias se deve dedicar? Não há uma resposta certa sobre esse ponto, mas penso que o candidato terá menos chance de errar na preparação daquelas matérias exigidas tradicionalmente. Se já estiver fluente nas principais matérias, ao se publicar o novo edital, o candidato terá condições de partir para o estudo dos temas inesperados, como foi o caso de Direito Penal nos TRTs 13[7] e 16[8].

Portanto, a dica é: concentre-se bem e faça um bom alicerce nas matérias a seguir, que sempre foram exigidas, seja FCC, seja CESPE, nos concursos de Analista do TRT:

Matérias comuns aos Concursos CESPE e FCC

- Língua portuguesa
- Raciocínio lógico
- Direito Constitucional
- Direito Administrativo
- Direito do Trabalho
- Processo do Trabalho
- Direito Civil
- Processo Civil

* *Obs.* As matérias ligadas à Redação e às questões dissertativas têm sido exigidas. Portanto, ler jornais e livros de atualidades, e ainda, redigir sobre temas atuais e tradicionais das matérias acima, deve se tornar um hábito.

2.4. Técnica de estudar em grupo – funciona?

Penso que o estudante deve ser, em primeiro lugar, um bom observador de si mesmo. Há regras clássicas e infalíveis, ditadas pelos "especialistas de concurso", que podem não servir em nada para você.

Para mim, o estudo em grupo, na maior parte das vezes em que tentei, não funcionou. Gosto muito de falar e acabava perdendo tempo de estudos nos grupos, com assuntos alheios às provas. Acabava me boicotando, porque é bem melhor bater papo que estudar. Aliás, vários assuntos abordados nesses grupos eu já tinha estudado sozinho. Enfim, para mim, estudo em grupo era uma perda de tempo.

Apenas uma única vez achei interessante estudar em grupo. Um Juiz do Trabalho de Ribeirão Preto-SP selecionou os cinco melhores alunos do cursinho. Ele era o responsável e administrador desse grupo de estudos. Reuníamo-nos uma vez por semana, às quintas-feiras, durante 2 horas. Decidíamos qual o tema específico sobre o qual íamos conversar, por exemplo, tutela antecipada ou, ainda, direito das obrigações. Havia sempre um dos membros que era escolhido para expor a matéria. E, em seguida, sabatinado

7. Edital nº 01/2022 do Tribunal Regional do Trabalho da 13ª Região. Disponível em: https://conhecimento.fgv.br/sites/default/files/concursos/edital_trt-13_retificado_05.09.pdf. Acesso em: 28/11/2023.
8. Edital nº 01/2022 do Tribunal Regional do Trabalho da 16ª Região. Disponível em: https://www.trt16.jus.br/sites/portal/files/fields/concurso/servidores-2022/2022-08-editais_id11168.pdf. Acesso em: 28/11/2023.

sobre o tema. Após alguns meses, o grupo foi perdendo força, o administrador do grupo começou a faltar, os colegas, a chegar atrasados, enfim, durou pouco tempo o estudo com qualidade.

Penso que o estudo voltado para as primeiras fases (provas objetivas) é, na maioria dos casos, um ato solitário.

Se você iniciar estudo em grupo e não estiver satisfeito com o seu desempenho, não hesite em abandonar as reuniões. Devemos valorizar o nosso tempo de estudos. Ficar preocupado em não magoar as pessoas do grupo, em razão da sua ausência, é um sentimento que você não pode ter. Use uma desculpa, ou melhor, seja sincero e pronto.

Hoje, com um pouco mais de experiência, para que o grupo de estudos dê certo, acho imprescindível:

- *Periodicidade*: reuniões, no máximo, uma vez por semana.
- *Participantes*: grupo deve ser homogêneo – pessoas com o mesmo nível de estudos.
- *Método*: selecionar o assunto (no máximo dois) com antecedência.
- *Método 2*: selecionar um membro do grupo para expor a matéria. Todos devem estudá-la antes da reunião e elaborar perguntas sobre o tema proposto.
- *Local das reuniões*: deve ser próximo ao seu, para que não perca tempo com trânsito etc.

2.5. Grupo de estudo virtual para troca de materiais e questionamentos nas últimas fases do concurso

Esse sim é um grupo de estudos em que acredito e que funcionou muito para mim. Quando fomos aprovados para o exame oral do MPT, formamos um grupo no *Yahoo*: MPT. Aprovados.12.Concurso. 2006.

Trocamos informações sobre a banca, materiais de estudo, dúvidas sobre as disciplinas exigidas no oral, além, é claro, de poder compartilhar nossas angústias e aflições pré-prova. Foi fantástico! Na posse, já era amigo de todos os novos procuradores e procuradoras do Trabalho, graças ao grupo formado.

Hoje vejo meus alunos aprovados nas últimas fases dos mais variados concursos da Magistratura e do MP, fazendo esses mesmos grupos no *Facebook* e, principalmente, no *WhatsApp*. Acho a iniciativa muito interessante.

Importante destacar que esses grupos específicos são formados por pessoas que estão no mesmo nível de estudos e querem exatamente a mesma coisa. Por isso, têm muita chance de dar certo.

Lembre-se de que não há concorrentes nessas últimas fases, portanto compartilhar materiais e informações só vai ajudá-lo e aos demais. Se você for o administrador, exclua os participantes que apenas sugam informações. Pessoas que não contribuem para o conhecimento em comum dos candidatos estão no lugar errado.

2.5.1. *Redes sociais e preparação para o concurso*

As redes sociais revolucionaram nossa comunicação. Ficamos mais perto daquelas pessoas que moram longe, como os colegas da época do colegial, da faculdade, familiares etc. Ao mesmo tempo, ficamos mais longe, isolados, das pessoas que estão próximas – filhos, marido, pais etc. Enfim... Há um lado positivo e outro negativo em utilizar o *Whatsapp, Facebook, Twitter, Instagram* etc. Mas um ponto é inegável: todos nós gostamos de frequentá-las e, muitas vezes, nos tornamos seus reféns.

Durante a preparação para o concurso, todo tempo de estudo é importante. Portanto, o ideal é reservar um horário na sua planilha para navegar, sem culpa, na internet.

Melhor ainda seria navegar em páginas que possam ajudá-lo a agregar conhecimento, como de dicas dos professores ou aquelas de órgãos públicos etc. Há conteúdos interessantes no Facebook que servem como boas ferramentas de estudo. Dentre elas, indico, por exemplo, a página de carreiras trabalhistas,[9] em que postamos dicas diárias de Direito e Processo do Trabalho e, ainda, o grupo da magistratura e MPT,[10] cujo conteúdo é postado durante todo o tempo pelos quase 30.000 membros.

Em resumo, utilize as redes sociais e os aplicativos disponíveis para otimizar seus estudos e, claro, como ninguém é de ferro, navegar e curtir os prazeres da internet, sempre lembrando que esse tempo deve ser reservado para que possa aproveitar, sem culpa, o momento de distração.

2.6. Cursos preparatórios

Frequentar um cursinho é imprescindível, sobretudo no início da preparação. A base feita durante a graduação ajuda, mas é insuficiente para enfrentar os concursos de Analista do TRT. Portanto, faça uma pesquisa dos melhores cursos da sua cidade, se existir cursos presenciais, ou ainda, os melhores cursos do País, se preferir frequentar cursos *on-line* e telepresenciais.

Hoje há uma infinidade de cursos para concursos públicos. Essa oferta de aulas e materiais, por um lado facilitou muito a vida de quem presta concursos; por outro, a concorrência aumentou de forma significativa, pois o ensino com qualidade, felizmente, tornou-se mais democrático.

A seguir, indico os pontos positivos e negativos dos cursos presenciais e a distância. Ressalta-se, entretanto, que em todos os cursos terão professores que vão gostar e outros nem tanto. Isso é totalmente natural. Por isso, o melhor é escolher cursinhos já consolidados no mercado, com experiência em concursos, para evitar que gaste dinheiro e tempo à toa.

Por fim, cito adiante alguns cursos para tentar deixar o livro mais útil aos leitores.

9. Carreiras trabalhistas no facebook: https://www.facebook.com/carreirastrabalhistascomElissoneHenrique/.
10. Link do grupo Magistratura e MPT: https://www.facebook.com/groups/MAGISTRATURAeMPT/.

2.6.1. *Cursos presenciais*

Os cursos presenciais já foram muito fortes na década de 1990 até por volta de 2005. Hoje esses cursos são raros e estão restritos às grandes cidades e capitais dos estados. Com o surgimento do ensino a distância (telepresenciais e *on-line*) os cursos presenciais foram diminuindo e em pouco tempo acredito que serão totalmente extintos, exceto cursos regionalizados ou, ainda, de especialização.

Alguns alunos alegam que só conseguem assistir às aulas se forem presenciais. Sem dúvida, a aula com o professor ao vivo é bem mais dinâmica, facilita o aprendizado e proporciona um contato direto com aquele profissional, para tirar dúvidas e trocar informações.

O ponto negativo é que nem sempre o cursinho consegue contratar os melhores profissionais do mercado. A estrutura é bem menor, o que pode comprometer a qualidade. Aliás, o tempo de deslocamento, além do gasto de dinheiro com gasolina, pagamento do "flanelinha" ou estacionamento, desgaste do carro etc. são pontos que devem ser ponderados para frequentar o curso presencial. Se levar, por exemplo, 30 minutos de percurso na ida e 30 no retorno casa-cursinho, no fim de um mês você terá gasto por volta de 28 horas. Esse período é muito valioso para seus estudos. Isso sem contar nos diversos intervalos dados entre as aulas, conversas com colegas de sala etc.

Portanto, se o curso presencial não proporcionar um aprendizado fantástico, não vale a pena, na minha opinião.

2.6.2. *Cursos telepresenciais e os novos cursos* on-line

Os cursos **telepresenciais** revolucionaram o ensino a distância. O LFG, quando o professor Luiz Flávio Gomes estava à frente da instituição, transformou a modo como o estudo para concursos era feito no País. Os alunos que moravam em cidades do interior passaram a ter acesso a ensino de qualidade e aos melhores professores e autores do País.

As aulas desses cursinhos são transmitidas ao vivo. O professor está num estúdio na capital e os alunos assistem a essa aula em tempo real nas diversas salas, espalhadas pelo País. As perguntas dos alunos são respondidas no fim da aula. Os dois pontos positivos desses cursos são, sem dúvida, o dinamismo dessa transmissão ao vivo e os excelentes profissionais. Aliás, para quem tem filhos ou não consegue estudar em casa, o horário marcado das aulas possibilita um compromisso diário, além de esses cursos possuírem uma área de estudo para os alunos.

Dentre os melhores cursos telepresenciais do País, destaco o Damásio e o LFG. Há muitos outros, mas penso que nesses dois cursos o aluno já encontrará uma estrutura bem consolidada de bons professores e materiais. Fiz parte, por alguns anos, da estrutura do LFG. Lecionava Direito do Trabalho em todas as turmas. Já foi o maior e melhor curso do País. Hoje perdeu um pouco do vigor e da excelência, na minha opinião.

O ponto negativo desses telepresenciais é exatamente a perda de tempo com o deslocamento até o estúdio. Hoje o trânsito, inclusive em cidades de grande ou médio porte, é uma realidade, além do gasto com combustível etc. Lembre-se de que seu tempo é muito precioso.

Houve uma drástica diminuição no número de cursos telepresenciais. Penso que, nos próximos anos, sobreviverão poucos cursinhos desse estilo, em razão do surgimento das aulas *on-line*.

Os **cursos *on-line*** surgiram há pouco tempo. Logo, tornaram-se uma febre entre os estudantes. Nesses cursinhos, o aluno assiste às aulas com excelentes professores no conforto de sua casa ou escritório. Como não há deslocamento ou gasto com transporte, as aulas saem por preços bem mais atrativos. O ganho com tempo é algo fantástico, pois o aluno tem a chance de parar a aula, anotar no caderno ou no *laptop* e continuar a assistir a ela. Pode ver a mesma aula várias vezes. Enfim, os cursos *on-line* revolucionaram o ensino a distância e devem dominar totalmente o mercado de cursos em pouquíssimo tempo.

Outro ponto que acho fantástico nos cursos *on-line* é assistir a determinada matéria que o candidato esteja com dificuldades. Por exemplo, se estiver precisando estudar Direito Administrativo, pode-se adquirir uma "isolada" dessa matéria apenas.

Há muitos cursos bons e *on-line* pelo País, alguns especializados em concursos da área federal e outros, também com ótima qualidade, a preços mais populares. Enfim, todos eles podem também ajudar bastante os candidatos. Basta fazer uma boa pesquisa e assistir a algumas aulas gratuitas no *youTube* ou no próprio cursinho.

3. BIBLIOGRAFIA BÁSICA PARA O CONCURSO DE ANALISTA DO TRT

A seguir indico um pacote básico que eu estudaria, caso fosse candidato ao concurso para Analista do TRT:

1) **Revisaço TRT**. Editora Juspodivm. Possui todas as matérias dos últimos editais. Uma ferramenta indispensável para seu concurso de Analista do TRT. Sucesso desde o lançamento, o livro é completo:
   - questões comentadas item a item;
   - teoria na forma de dicas;
   - jurisprudência (Súmulas e Orientações Jurisprudenciais dos Tribunais Superiores).
2) **Língua Portuguesa para Concursos.** Editora Juspodivm. Autora: Duda Nogueira.
3) **Português para os concursos de Técnico e Analista.** Editora Juspodivm. Autor: Ricardo do Amaral Erse.
4) **Processo do Trabalho para os concursos de Analista do TRT e MPU.** Editora Juspodivm – Autor: Élisson Miessa – Coleção Tribunais.
5) **Direito Constitucional para os concursos de Técnico e Analista.** Editora Juspodivm – Autor: Paulo Lépore – Coleção Tribunais.
6) **Direito Administrativo para os concursos de Analista.** Editora Juspodivm – Autor: Leandro Bortoleto – Coleção Tribunais.
7) **Direito Civil para os concursos de Técnico e Analista.** Editora Juspodivm – Autor: Vitor Bonini Toniello – Coleção Tribunais.
8) **Processo Civil para os concursos de Analista.** Editora Juspodivm – Autores: Luciano Alves Rossato – Coleção Tribunais.

4. MOMENTO EM QUE O ESTUDANTE DECIDE DESISTIR DO CONCURSO

> "Não deixe o barulho da opinião dos outros abafar sua voz interior. E mais importante, tenha a coragem de seguir seu coração e sua intuição. Eles de alguma forma já sabem o que você realmente quer se tornar. Tudo o mais é secundário." (Steve Jobs)

A ideia de desistir é algo que ronda a cabeça de todos nós que prestamos concursos. É óbvio que essa ideia vem com mais força em momentos de dificuldades e de reprovações.

No meu caso, tinha o grande sonho de ser juiz, e, ainda, como tenho um perfil metódico e compulsivo, adaptei-me bem à rotina pesada dos estudos e ao pensamento fixo na aprovação. Aliás, não me via advogando e nem gostaria de me manter financeiramente como professor ou ajudando meu pai na fazenda. Portanto, a minha única saída era ser aprovado num concurso.

Ocorre que temos que tomar decisões ainda muito jovens e imaturos. Logo, é possível que decidamos estudar para concursos influenciados por alguns amigos da faculdade ou até mesmo pensando apenas no salário e na estabilidade proporcionados pelo cargo público.

Assim como demais decisões que tomamos na vida, como o curso da faculdade, namoro ou casamento, comprar um carro ou um apartamento, determinado emprego etc., não vejo nenhum problema em mudar ou alterar drasticamente uma determinada decisão e seguir em outra totalmente diversa. Assim é o ser humano. Algo em constante mudança.

Durante a trajetória rumo à aprovação, alguns imprevistos naturais da vida podem ocorrer e mudar totalmente os planos. Uma morte trágica na família ou ainda doenças inesperadas no estudante ou em alguém próximo também podem, infelizmente, interferir nessa trajetória. Não há nada que possa ser feito contra esses fatores extraordinários da natureza humana.

É comum ver candidatos totalmente insatisfeitos e angustiados com a atual situação e com o futuro que os espera. O serviço público é, inevitavelmente, burocrático e muitas vezes com uma rotina maçante. Portanto, é natural que algumas pessoas não se adaptem ao perfil de candidatos (com rotina estática de estudos) ou, ainda, não se veja como auditores fiscais – com várias limitações na vida.

Ao decidir abandonar o estudo para concursos, saiba que algumas pessoas vão lhe cobrar "explicações". Lembre-se de que não há nenhum fracasso ou derrota em mudar os rumos da sua vida. E mais, a vida é sua, portanto quem vai vivê-la é você e não as outras pessoas. Não tome decisões pensando no que as pessoas vão pensar ou achar de você, pois não poderá mudar o que elas pensam. Aliás, quem vive na cabeça dos outros é piolho.

Por fim, é importante que se registre que o tempo de estudos jamais será perdido. Aliás, esse é um tempo precioso que você levará para o resto da vida. Será um grande diferencial na sua estrutura profissional.

Ressalto que tenho um amigo que, após quatro anos de estudos, decidiu, por motivos pessoais, dedicar-se à advocacia. Após algum tempo, especializou-se em tributário. Hoje é um advogado extremamente bem-sucedido no interior de São Paulo e ganha muito melhor do que Analistas do TRT, Auditores Fiscais, Juízes e membros do MP. É uma pessoa realizada e feliz. Outro exemplo que vejo, nesse contexto, é o de um ex-colega de cursinho que hoje atua na mesma região que a minha. Em razão da sólida base teórica, adquirida durante a preparação para concursos, é um dos jovens advogados trabalhistas mais respeitados entre seus pares.

Em resumo, enquanto estiver estudando, mergulhe intensamente nessa escolha. Aproveite cada momento para aprender e se dedicar; isso será marcante na sua vida profissional. Se após um determinado tempo e bastante reflexão sentir que concurso e serviço público não se encaixam no seu estilo de vida, tenha coragem de mudar e assumir uma nova direção. Repito, não há nada de fracasso ou vergonha em mudarmos algumas decisões.

Os melhores professores e advogados que conheço são aqueles que tiveram condições de formar uma base **teórica** sólida.

Espero que essas poucas palavras o tenham ajudado de algum modo. Essas técnicas, pensamentos e reflexões sempre estiveram dentro de mim. Agora, tive a oportunidade de dividir com você. Boa sorte, bons estudos e seja feliz!

> "Qualquer caminho é apenas um caminho... e não constitui insulto algum – para si mesmo ou para os outros – abandoná-lo quando assim ordena o seu coração. Olhe cada caminho com cuidado e atenção. Tente-o tantas vezes quantas julgar necessárias... Então, faça a si mesmo, e apenas a si mesmo, uma pergunta: possui esse caminho um coração? Em caso afirmativo, o caminho é bom. Caso contrário, esse caminho não possui importância alguma." (Carlos Castañeda)[11]

11. CASTAÑEDA, Carlos. Os ensinamentos de Don Juan. Citado no livro: de CAPRA, Fritjof. *O tão da física: uma análise dos paralelos entre física moderna e o misticismo oriental*. 2. ed. São Paulo: Cultrix, 2013.

CAPÍTULO I
A REFORMA TRABALHISTA

1. HISTÓRICO

Diante da importância do tema que proporcionou a maior e mais profunda alteração da legislação desde a criação da CLT em 1943, decidiu-se por manter, nesta nova edição, um capítulo sobre a Reforma Trabalhista, Lei nº 13.467/2017. O tema, aliás, é de extrema importância para o seu concurso de Analista e Técnico do TRT. Os Editais dos TRTs das 6ª, 24ª, 15ª, 1ª e 2ª Regiões[12], por exemplo, publicados em 2024 e 2025, trazem expressamente nas disciplinas Direito do Trabalho e Noções de Direito do Trabalho um tópico específico denominado "Reforma Trabalhista".

A Reforma Trabalhista tem impacto em todo o ordenamento jurídico trabalhista, uma vez que regulamenta diversos institutos jurídicos e apresenta as tendências legislativas em relação a esse ramo do Direito. Algumas alterações atingiram até a própria estrutura do Direito do Trabalho, como a ampliação significativa de acordos individuais e a grande possibilidade de negociação coletiva.

A princípio, foi apresentado pelo então Presidente da República o Projeto de Lei de nº 6.787 de 23/12/2016. Esse Projeto se tratava, em verdade, de uma minirreforma trabalhista, já que propunha a alteração de poucos artigos da CLT (quase 10 artigos), assim como alterava a Lei nº 6.019/1974, que versa sobre o trabalho temporário e a terceirização de serviços.

Em 26/04/2017, entretanto, o PL nº 6.787/2016 foi aprovado pela Câmara dos Deputados com muitas alterações (quase 100 artigos) em relação ao projeto original apresentado pelo Poder Executivo, modificando, acrescentando ou revogando diversos artigos da CLT e de legislações esparsas como a Lei do FGTS, a Lei nº 6.019/1974 e a Lei nº 8.212/1991.

Após a aprovação pela Câmara dos Deputados, o Projeto de Reforma Trabalhista foi enviado ao Senado Federal para apreciação e aprovação, passando a ser denominado PLC nº 38/2017. Com tramitação acelerada e fruto de calorosos debates entre parlamentares, o Projeto em questão não contou com apoio popular,[13] sendo, mesmo assim, votado em regime de urgência. Após votação tumultuada no Senado, em 11/07/2017, o Projeto foi aprovado com 50 votos a favor e apenas 26 contra, recebendo sanção sem vetos pelo Presidente da República no dia 13/07/2017.

Com isso, foi promulgada a Lei nº 13.467/2017, que alterou a Consolidação das Leis do Trabalho (CLT), e as Leis nºs 6.019, de 3 de janeiro de 1974, 8.036, de 11 de maio

12. A título de exemplo, citam-se os Editais de abertura de inscrição do TRTs das 6ª (Edital 01/2024), 2ª (Edital 01/2024), 15ª (Edital 01/2024), 1ª (Edital 01/2025), 2ª (Edital 01/2025).
13. A consulta popular realizada pelo Senado constatou que 172.163 pessoas eram contra a Reforma e 16.789, a favor. Disponível em: http://www25.senado.leg.br/web/atividade/materias/-/materia/129049.

de 1990, e 8.212, de 24 de julho de 1991, sob o argumento de adequar a legislação às novas relações de trabalho. A publicação da legislação no *Diário Oficial* ocorreu no dia 14/07/2017. Entretanto, foi estabelecida *vacatio legis* para a Reforma Trabalhista, que somente entrou em vigor depois de decorridos 120 dias de sua publicação oficial (art. 6º, Lei nº 13.467/2017), em 11/11/2017.

Após quatro dias da nova lei em plena vigência, na véspera do feriado da Proclamação da República, surge a MP 808/2017, numa edição extra do Diário Oficial da União, com diversas alterações no texto da Reforma Trabalhista. Tratava-se do cumprimento de acordo firmado entre o Presidente da República e os Senadores, para a aprovação sem ressalvas da nova legislação. Surgiu assim a "Reforma da Reforma".

Após a sua edição, a Medida Provisória entrou em vigor e passou a ser aplicada imediatamente com força de lei. No entanto, sua vigência tem limitação temporal e depende da conversão em lei pelo Congresso Nacional no prazo de 60 dias, prorrogáveis por igual período, para não perder eficácia. (os deputados e senadores tinham até o dia 23/04/2018 para votar a MP nº 808/2017, o que não ocorreu).

Dessa forma, a MP nº 808/2017 perdeu vigência e a Reforma passou a valer nos extados termos aprovados pelo Congresso Nacional na Lei nº 13.467/2017. O art. 62, § 3º, da CF/88 determina que compete ao Congresso Nacional disciplinar, por decreto legislativo, as relações jurídicas decorrentes da Medida Provisória.

Com a perda de eficácia dessa medida provisória, o Ministério do Trabalho e Emprego[14] editou a Portaria nº 349, de 23 de maio de 2018, regulamentando em parte aquilo que estava previsto na MP nº 808/2017. Em 2021, a referida portaria foi anulada por outro ato normativo infralegal do MTE, a Portaria MTP nº 671/2021. Tendo em vista que a portarias compreendem norma infralegal, pode surgir o questionamento quanto sua legalidade ao prever nova regulamentação para os dispositivos da Reforma Trabalhista. Ressalta-se, entretanto, que os atos normativos do Poder Executivo, desde que não criem novos direitos e obrigações, podem ser editados para esmiuçar as previsões legais existentes, permitindo a fiel execução da norma.

Entendemos que as Portarias nº 349/2018 e 671/2021 do Ministério do Trabalho e Emprego, ao tratar de temas reservados à legislação extrapolou seus limites. Entretanto, como os atos estatais gozam de presunção de legalidade e legitimidade, os dispositivos serão comentados nesse livro.

Vale destacar que essas diversas alterações na legislação trabalhista, com diversas leis e atos normativos vigendo em curtos períodos de tempo, trazem insegurança jurídica e diversos questionamentos que levarão anos até serem pacificados pelos tribunais.

Ressalta-se que a Reforma Trabalhista não modificou nenhum dispositivo da Lei dos Domésticos – LC nº 150/2015. Entretanto, há impactos indiretos da Lei nº 13.467/2017 à

14. Ao longo desta obra, o leitor irá se deparar com dispositivos legais, decisões judiciais e referências doutrinárias que fazem menção a Ministério do Trabalho, Ministério do Trabalho e Previdência, Ministério do Trabalho e Previdência Social e, até mesmo, Ministério da Economia. Tenha em mente que, hoje, essas atribuições estão concentradas no órgão que se chama **Ministério do Trabalho e Emprego** (conforme art. 17, XXVIII da Lei nº 14.600/2023). Quando, de fato, estivermos falando de atribuição que é de outro Órgão executivo, deixaremos claro no texto.

regulamentação dos direitos dos empregados domésticos, pois o art. 19 da LC nº 150/2015 estabelece a aplicação subsidiária da CLT naquilo que for compatível com as peculiaridades dessa relação de emprego.

2. VALORIZAÇÃO DO NEGOCIADO E IMPACTOS NO DIREITO E PROCESSO DO TRABALHO

O mote da Reforma Trabalhista consistiu na valorização dos instrumentos coletivos de trabalho. Em diversas hipóteses por ela previstas, verifica-se a prevalência do negociado sobre o legislado, o que assegura maior poder de negociação e representação dos trabalhadores pelos sindicatos. É nesse sentido, aliás, a tese fixada no Tema 1.046 da Repercussão Geral, em que o STF validou a prevalência do negociado sobre o legislado, sem a necessidade de contrapartida, ressalvados os direitos absolutamente indisponíveis.

Além disso, houve também ampliação significativa da flexibilização trabalhista no âmbito individual, através de novas hipóteses de acordos entre empregado e empregador, podendo-se negociar com maior liberdade. Nesse sentido, segue quadro com essas hipóteses trazidas pela nova legislação:

Hipóteses de acordo individual entre empregado e empregador previstas na Reforma Trabalhista
1) Compensação de jornada (art. 59, § 6º, CLT)
2) Banco de horas semestral (art. 59, § 5º, CLT)
3) Jornada 12 × 36 (art. 59-A, CLT)
4) Alteração do regime presencial para o teletrabalho (art. 75-C, § 1º, CLT)
5) Compra e manutenção de equipamentos necessários ao teletrabalho (art. 75-D, CLT)
6) Fracionamento das férias (art. 134, § 1º, CLT)
7) Intervalo para amamentação (art. 396, CLT)
8) Empregado "hipersuficiente" (arts. 444, parágrafo único, e 611-A da CLT)
9) Forma de pagamento das verbas rescisórias (art. 477, § 4º, I, da CLT)
10) Eficácia liberatória no Plano de Demissão Voluntária (art. 477-B, parte final, CLT)
11) Distrato (art. 484-A, CLT)
12) Celebração da cláusula compromissória de arbitragem (art. 507-A, CLT)
13) Quitação anual de obrigações trabalhistas (art. 507-B, CLT)

A Reforma alterou diversos dispositivos da CLT e restringiu a atuação da Justiça do Trabalho, e tem como principais pontos no Direito do Trabalho:

- Fim da contribuição sindical obrigatória[15];

15. No julgamento da **ADI 5794**, o STF reconheceu a constitucionalidade do fim da compulsoriedade da contribuição sindical prevista nos arts. 578 a 610 da CLT. A partir da entrada em vigor da Reforma Trabalhista, em 11/11/2017, é facultativa, e sua cobrança pelo sindicato somente pode ocorrer mediante prévia e expressa autorização do trabalhador ou do empregador, conforme o caso. Não confunda com o decidido pela Corte no julgamento do Tema 935, finalizado em 11 de setembro de 2023, em que se decidiu pela constitucionalidade da instituição, por acordo ou convenção coletiva de trabalho, de **contribuições assistenciais** (para o custeio das despesas com a negociação coletiva) a serem impostas a todos os empregados da categoria profissional, ainda que não sindicalizados, desde que assegurado o direito de oposição.

- Reajustes das multas administrativas;
- Prevalência do negociado sobre o legislado;
- Alteração no conceito de grupo econômico[16];
- Regulamentação do teletrabalho e sua exclusão do tópico duração do trabalho[17];
- Inclusão do trabalho intermitente;
- Responsabilidade do sócio retirante;
- Fim da previsão de horas *in itinere*;
- Fim da ultratividade em instrumentos coletivos[18];
- Permissão do trabalho da empregada grávida ou lactante em locais insalubres, desde que haja atestado médico permitindo[19];
- Permissão de fracionamento de férias em 3 períodos, sendo que um deles não pode ser inferior a 14 dias corridos;
- Previsão de prescrição intercorrente;
- Alteração da disciplina do trabalho a tempo parcial, com possibilidade de prestação de horas extras, abono pecuniário de férias e férias regida pelo art. 130 da CLT;
- Banco de horas estipulado por acordo escrito, com compensação em seis meses;
- Regime de compensação de jornada por acordo individual, tácito ou escrito para compensação no mês;
- Banco de horas semestral via acordo individual;
- Acordo individual escrito para o regime 12 x 36[20];

16. Nesse ponto, importante mencionar que, em decisão monocrática do Ministro Dias Toffoli no RE 1.387.795/MG, foi determinada a suspensão nacional de todas as execuções trabalhistas em que se discute a inclusão de empresa pertencente ao grupo econômico que não tenha participado do processo de conhecimento.
17. Nesse ponto, importante mencionar que, em 2 de setembro de 2022, foi publicada a Lei nº 14.442/2022 (fruto da conversão da Medida Provisória nº 1.108/2022), alterando estruturalmente o regime de teletrabalho. De acordo com a legislação vigente, no tocante à duração do trabalho, a Lei 14.442/2022 criou duas modalidades de teletrabalho: a) teletrabalho por jornada; e b) Teletrabalho por produção e tarefa (novidade). **Somente o teletrabalho por produção ou tarefa está excluído do controle de jornada (art. 62, III, da CLT).**
18. Esse entendimento foi reforçado pelo STF, com a declaração de inconstitucionalidade da Súmula nº 277 do TST no julgamento virtual da ADPF 323, finalizado no dia 27/05/2022. Assim, com a Reforma Trabalhista, fica vedada a integração das cláusulas normativas nos contratos de trabalho findo o prazo de vigência da norma coletiva. Após o prazo máximo de 2 anos, a convenção ou acordo coletivo estipulado passam a não ter mais efeito. Para mais informações, consulte o tópico 4.10. Vigência dos instrumentos coletivos (Reforma Trabalhista) no Capítulo XI Direito Coletivo do Trabalho.
19. No dia 29/05/2019, o plenário do STF, por maioria de 10 votos a 1, no julgamento da ADI 5.938, decidiu pela inconstitucionalidade de trechos do art. 394-A da CLT que previam, nos incisos II e III: "quando apresentar atestado de saúde, emitido por médico de confiança da mulher, que recomende o afastamento". De acordo com o relator, a proteção à maternidade e à criança não podem ser afastadas pela simples apresentação de atestado médico. Para mais informações, consulte o tópico 3.6.2.1. Afastamento de gestantes e lactantes de atividades insalubres (Reforma Trabalhista) no Capítulo IV.
20. Na **ADI 5994**, discutiu-se a constitucionalidade do art. 59-A, *caput*, da CLT, que dispõe sobre a possibilidade de celebração de acordo individual escrito entre empregado e empregador pactuando a jornada 12 x 36. O Supremo Tribunal Federal considerou que o dispositivo é constitucional e julgou improcedente a ação.

- Estabilidade dos representantes dos empregados nas empresas com mais de 200 empregados;
- Previsão de que os danos morais serão regidos apenas pela CLT[21];
- Tarifação do dano extrapatrimonial[22];
- Empregado "hipersuficiente" que pode estipular as condições do contrato de trabalho previstas no art. 611-A da CLT, com preponderância aos instrumentos coletivos, no caso de portador de diploma superior com salário igual ou maior a duas vezes o teto da Previdência Social;
- Trabalhador autônomo;
- Uniformes no local de trabalho;
- Quitação anual das verbas trabalhistas;
- Distrato;
- Possibilidade da dispensa em massa[23];
- Regulamentação do PDV – Programa de Demissão Voluntária;
- Prevalência do acordo coletivo sobre a convenção coletiva.

No processo do trabalho, os seguintes temas são considerados os principais afetados pela Lei nº 13.467/17 (Reforma Trabalhista)[24]:

- Exigência de litisconsórcio nas ações individuais ou coletivas que tenham como objeto a anulação de cláusulas de instrumentos coletivos de trabalho;
- Instituição de cláusula compromissória de arbitragem em determinados contratos individuais de trabalho;
- Restrições à criação e alteração de súmulas e orientações jurisprudenciais do TST e dos TRTs[25];

21. O Conselho Federal da OAB propôs a **ADI 6069/DF** contra os dispositivos da CLT que regulamentam o dano extrapatrimonial. Dentre os dispositivos impugnados, questionou a constitucionalidade do art. 223-A da CLT, que prevê que a reparação de danos de natureza extrapatrimonial decorrentes da relação de trabalho será regida *"apenas"* pelos dispositivos do Título II-A da CLT. O STF julgou improcedentes as ações, nesse aspecto, considerando constitucional o art. 223-A da CLT. A decisão da Suprema Corte, no entanto, não legitimou o tratamento diferenciado conferido pela literalidade do art. 223-A da CLT, tendo afastado a interpretação restritiva desse dispositivo, o que traz repercussões práticas ao julgado.
22. Segundo o STF, no julgamento da **ADI 6050/DF** (e das ADIs 6069/DF e 6082/DF, julgadas conjuntamente), o art. 223-B da CLT não impede a Justiça do Trabalho de fixar indenização por dano moral em favor de terceiros prejudicados pelo dano causado diretamente ao empregado, assim denominado dano indireto, reflexo ou em ricochete.
23. No julgamento do Tema 638 da Repercussão Geral, finalizado em 08/06/2022, o STF, por maioria, decidiu que a validade das dispensas em massa depende da participação do sindicato dos empregados nesse processo, mas não de sua autorização ou da celebração de acordo ou convenção coletiva de trabalho. Para mais informações, consulte tópico 4.8. Dispensa em massa (Reforma Trabalhista) no Capítulo X Direito Coletivo do Trabalho.
24. Para se manter atualizado em **Processo do Trabalho**, indico a **11ª edição do Curso de Direito Processual do Trabalho** do meu querido e brilhante amigo Élisson Miessa, pela Editora Juspodivm.
25. O STF, no Julgamento Virtual da **ADI 6188/DF**, finalizado em 21 de agosto de 2023, em controle concentrado de constitucionalidade, declarou a **inconstitucionalidade do art. 702, I, "f", e §§ 3º e 4º, da CLT**, dispositivos que estabeleciam exigências legais para a edição e alteração de súmulas e outros enunciados de jurisprudência uniforme no âmbito da Justiça do Trabalho. Apesar da votação apertada (6 a 5), a decisão é precedente de observância obrigatório e deve ser seguido por todos os tribunais do País.

- Processo de jurisdição voluntária para homologação de acordo extrajudicial;
- Contagem dos prazos em dias úteis;
- Limitação máxima do valor das custas processuais;
- Requisitos para a concessão do benefício da Justiça gratuita;
- Condenação aos honorários periciais[26];
- Condenação em honorários advocatícios por sucumbência;
- Litigância de má-fé;
- Multa por falso testemunho;
- Procedimento da exceção de incompetência territorial;
- Ônus da prova;
- Requisitos da petição inicial trabalhista;
- Desistência da ação;
- Figura do preposto;
- Consequências do não comparecimento das partes em audiência[27];
- Possibilidade de apresentação de defesa escrita;
- Aplicação do Incidente de desconsideração da personalidade jurídica;
- Execução das contribuições sociais;
- Restrição da execução *ex officio*;
- Momento e prazo para a impugnação da decisão de liquidação da sentença;
- Correção monetária dos créditos trabalhistas[28];
- Garantia da execução, com a possibilidade de apresentação de seguro-garantia judicial;
- Imposição de requisitos específicos ao protesto, inscrição do nome do executado em órgãos de proteção ao crédito ou no Banco Nacional de Devedores Trabalhistas (BNDT)[29];

26. "Quanto ao beneficiário da justiça gratuita o caput do art. 790-B e o § 4º autorizavam que ele seria condenado ao pagamento dos honorários periciais quando tivesse obtido em juízo, ainda que em outro processo, créditos capazes de suportar a despesa. No entanto, na ADI 5766, o STF declarou inconstitucional a expressão 'desde que não tenha obtido em juízo, ainda que em outro processo, créditos capazes de suportar a despesa', descrita no § 4º do art. 791-A da CLT, impossibilitando a condenação imediata do beneficiário da justiça gratuita ao pagamento dos honorários advocatícios e periciais pelo simples fato (critério objetivo) de receber créditos no processo ou em outro para suportar tais despesas." (MIESSA, Élisson; CORREIA, Henrique. **Direito e Processo do Trabalho** - Carreiras Trabalhistas - Volume Único. 4. ed., rev., atual. e ampl. São Paulo: Editora Juspodivm, 2024. p. 1297).
27. "Na ADI 5766, o STF declarou constitucional o art. 844, §§ 2º e 3º, da CLT." (MIESSA, Élisson; CORREIA, Henrique. **Direito e Processo do Trabalho** - Carreiras Trabalhistas - Volume Único. 4. ed., rev., atual. e ampl. São Paulo: Editora Juspodivm, 2024. p. 1238).
28. "(...) a Lei nº 13.467/17 (Reforma Trabalhista) simplesmente trouxe para o bojo da CLT que a 'atualização dos créditos decorrentes de condenação judicial seria feita pela Taxa Referencial (TR)' (art. 879, § 7º), provocando o E. STF a se manifestar sobre sua (in) constitucionalidade nas ADCs 58 e 59, bem como nas ADIs 5867 e 6021, o qual decidiu que: na fase pré-judicial incidirá o IPCA-E; na fase judicial aplicará a taxa Selic" (MIESSA, Élisson; CORREIA, Henrique. **Direito e Processo do Trabalho** - Carreiras Trabalhistas - Volume Único. 4. ed., rev., atual. e ampl. São Paulo: Editora Juspodivm, 2024. p. 1478).
29. No julgamento das ADIs 4716 e 4742, o STF validou a lei que criou a Certidão Negativa de Débito Trabalhista (CNDT) e passou a exigi-la das empresas que participem de licitações com órgãos públicos.

- Garantia ou penhora nos embargos à execução;
- Aplicação da prescrição intercorrente;
- Prequestionamento do recurso de revista;
- Revogação do incidente de uniformização trabalhista;
- Transcendência no recurso de revista;
- Regras referentes ao depósito recursal.

Quanto aos novos dispositivos que versam sobre a negociação coletiva, é importante destacar que o próprio STF, desde 2015, já vinha se manifestando pela valorização do negociado sobre o legislado nos julgamentos acerca da supressão das horas *in itinere*[30] e na previsão de eficácia liberatória geral do PDV[31]. É nesse sentido, aliás, a tese fixada no Tema 1046 da Repercussão Geral, em que o STF validou a prevalência do negociado sobre o legislado, sem a necessidade de contrapartida, ressalvados os direitos absolutamente indisponíveis.

Cumpre destacar que alguns artigos da Reforma Trabalhista já são objeto de ADI (Ação Direta de Inconstitucionalidade). Abaixo, listamos apenas algumas das principais discussões levadas à apreciação da Corte Constitucional:

1) **ADI 5938/DF**, que determina o afastamento de gestantes e lactantes de ambientes insalubres;
2) **ADI 5994/DF**, que validou a jornada 12x36 por acordo individual entre empregado e empregador;
3) **ADI 6050/DF**, que conferiu interpretação conforme à Constituição aos dispositivos da CLT que tratam sobre o dano extrapatrimonial e sua tarifação na Justiça do Trabalho;
4) **Tema 383 (RE 635.546/MG)**, que tratou sobre a impossibilidade de imposição de salário equivalente a terceirizados e empregados da contratante;
5) **Tema 725 (RE 958.252/MG). ADPF 324/DF. ADI 3961/DF. ADC 48/DF. ADI 5625/DF**, que confirmaram a possibilidade de terceirização da atividade-fim;
6) **ADI 5794/DF**, que validou o fim da compulsoriedade da contribuição sindical;
7) **ADPF 323/DF**, que validou o fim da ultratividade das normas coletivas (inconstitucionalidade da Súmula nº 277 do TST);
8) **Tema 638 (RE 999.435/SP)**, que estabeleceu a necessidade de participação do sindicato da categoria profissional para a dispensa em massa de trabalhadores;
9) **Tema 935 (ARE 1.018.459/PR)**, que declarou a constitucionalidade da instituição, por acordo ou convenção coletiva de trabalho, de contribuições assistenciais a serem impostas a todos os empregados da categoria profissional, ainda que não sindicalizados, desde que assegurado o direito de oposição;

30. RE nº 895759/PE – Relator Min. Teori Zavascki – Data de julgamento: 12/09/2016.
31. RE nº 590415/SC – Relator Min. Roberto Barroso – Data de julgamento: 30/04/2015.

10) **Tema 1046 (ARE 1.121.633/GO)**, que validou a prevalência do negociado sobre o legislado; etc.

11) **ADI 5826, 5829 e 6154**, que concluiu pela constitucionalidade do contrato de trabalho intermitente.

Ademais, as modificações trazidas pela Lei nº 13.467/2017 causaram impactos em mais de 50 súmulas e orientações jurisprudenciais, que precisarão ser revistas ou canceladas pelo TST, como se verifica pelo quadro a seguir:

SÚMULAS E OJS DO TST QUE SERÃO IMPACTADAS PELA REFORMA TRABALHISTA	ARTIGO DA REFORMA TRABALHISTA (FUNDAMENTO)
Súmula nº 6 do TST	Art. 461 da CLT
Súmula nº 51 do TST	Art. 611-A, VI, da CLT
Súmula nº 85 do TST	Arts. 59, 59-A e 59-B da CLT
Súmula nº 90 do TST	Art. 58, § 2º, da CLT
Súmula nº 101 do TST	Art. 457, §§ 1º e 2º, da CLT
Súmula nº 114 do TST	Art. 11-A da CLT
Súmula nº 115 do TST	Art. 457, § 1º, da CLT
Súmula nº 122 do TST	Art. 844, § 5º, da CLT
Súmula nº 127 do TST	Art. 461, § 2º, da CLT
Súmula nº 129 do TST	Art. 8º, § 2º, da CLT
Súmula nº 153 do TST	Art. 11-A, § 2º, da CLT
Súmula nº 202 do TST	Art. 611-A, VI, da CLT
Súmula nº 203 do TST	Art. 457, § 1º, da CLT
Súmula nº 219 do TST	Art. 791-A da CLT
Súmula nº 226 do TST	Art. 457, § 1º, da CLT
Súmula nº 241 do TST	Art. 457, § 2º, da CLT
Súmula nº 253 do TST	Art. 457, § 1º, da CLT
Súmula nº 268 do TST	Art. 11, § 3º, da CLT
Súmula nº 277 do TST[32]	Art. 614, § 3º, da CLT
Súmula nº 294 do TST	Art. 11, § 2º, da CLT
Súmula nº 318 do TST	Art. 457, §§ 1º e 2º, da CLT
Súmula nº 320 do TST	Art. 58, § 2º, da CLT
Súmula nº 329 do TST	Art. 791-A da CLT

32. No julgamento virtual da ADPF 323, finalizado no dia 27/05/2022, o STF, por maioria, decidiu pela inconstitucionalidade da Súmula nº 277 do TST e das decisões judiciais que interpretam o art. 114, §2º, CF/88, como autorização à aplicação do princípio da ultratividade das normas coletivas. Para mais informações, visite o item 4.10. Vigência dos instrumentos coletivos (Reforma Trabalhista) no Capítulo XI Direito Coletivo do Trabalho.

SÚMULAS E OJS DO TST QUE SERÃO IMPACTADAS PELA REFORMA TRABALHISTA	ARTIGO DA REFORMA TRABALHISTA (FUNDAMENTO)
Súmula nº 330 do TST	Arts. 477 e 507-B da CLT
Súmula nº 331 do TST	Arts. 4º-A, 4º-C, 5º-A, 5º-C e 5º-D da Lei nº 6.019/1974
Súmula nº 338 do TST	Art. 611-A, X, da CLT
Súmula nº 354 do TST	Art. 611-A, IX, da CLT
Súmula nº 366 do TST	Art. 4º, § 2º, da CLT
Súmula nº 372 do TST	Art. 468, § 2º, da CLT
Súmula nº 377 do TST	Art. 843, § 3º, da CLT
Súmula nº 426 do TST	Art. 899, § 4º da CLT
Súmula nº 428 do TST	Art. 611-A, VIII, da CLT
Súmula nº 429 do TST	Art. 8º, § 2º, da CLT
Súmula nº 432 do TST	Arts. 545, 578, 579, 582, 583, 587 e 602 da CLT
Súmula nº 437 do TST	Arts. 71, § 4º, e 611-A, III, ambos da CLT
Súmula nº 440 do TST	Art. 8º, § 2º, da CLT
Súmula nº 443 do TST	Art. 8º, § 2º, da CLT
Súmula nº 444 do TST	Art. 59-A, da CLT
Súmula nº 457 do TST	Art. 790-B da CLT
OJ nº 14 da SDI-I do TST	Art. 477, § 6º, da CLT
OJ nº 235 da SD-I do TST	Art. 611-A, IX, da CLT
OJ nº 261 da SD-I do TST	Art. 448 A, da CLT
OJ nº 270 da SDI-I do TST	Art. 477-B da CLT
OJ nº 322 da SDI-I do TST	Art. 614, § 3º, da CLT
OJ nº 355 da SDI-I do TST	Art. 71, § 4º, da CLT
OJ nº 356 da SDI-I do TST	Art. 477-B da CLT
OJ nº 383 da SDI-I do TST	Art. 4º-C, § 1º, Lei nº 6.019/1974
OJ nº 388 da SDI-I do TST	Art. 59-A da CLT
OJ nº 392 da SDI-I do TST	Art. 11, § 3º, da CLT
OJ nº 411 da SDI-I do TST	Art. 448-A da CLT
OJ nº 418 da SDI-I do TST	Art. 461, § 3º, da CLT
OJ nº 132 da SDI-II do TST	Art. 855-E da CLT

Ressalta-se que buscamos analisar neste livro as alterações promovidas pela Reforma Trabalhista e seus possíveis reflexos nos diversos institutos do Direito do Trabalho, apontando inclusive as possíveis modificações na jurisprudência consolidada do TST. Essas alterações serão extremamente importantes para todos os que operam o Direito do Trabalho, sejam procuradores do trabalho, juízes, advogados, Auditores-Fiscais, professores, estudantes, além de, certamente, serem objeto dos próximos concursos na área trabalhista.

3. REFORMA TRABALHISTA E DIREITO INTERTEMPORAL (EFICÁCIA TEMPORAL DA REFORMA TRABALHISTA) – (INCIDENTE DE RECURSOS DE REVISTA REPETITIVOS Nº 23 DO TST)

A Reforma Trabalhista (Lei nº 13.467/2017) promoveu mudanças profundas no Direito Individual e Coletivo do Trabalho, alterando institutos tradicionais, superando súmulas e orientações jurisprudenciais do TST, além de contrariar posições consolidadas na doutrina.

Inicialmente, o Projeto de Lei nº 6.787/2016, apresentado pelo Presidente da República, previa alterações pontuais na CLT e na Lei do Trabalho Temporário. No entanto, após tramitação na Câmara dos Deputados, o texto foi amplamente modificado, com alterações em quase 100 artigos da CLT e de legislações esparsas como a Lei do FGTS, a Lei nº 6.019/1974 e a Lei nº 8.212/1991.

O projeto foi aprovado no Senado em julho de 2017, mesmo diante de forte resistência social[33], sendo sancionado em 13/07/2017. A publicação da Lei ocorreu no dia 14/07/2017, com *vacatio legis* de 120 dias. Assim, as novas regras entraram em vigor em 11/11/2017.

Um dos temas mais relevantes e controversos foi a definição das regras de transição, ou seja, a forma como a Reforma se aplicaria aos contratos extintos e aos que ainda estavam em curso. Apesar da importância do tema, a Lei nº 13.467/2017 não trouxe qualquer regra sobre sua aplicação no tempo, gerando incertezas e insegurança jurídica.

Pelo princípio da irretroatividade das normas (art. 5º, XXXVI, CF), as normas trabalhistas não devem retroagir. Isso significa que relações de trabalho encerradas antes de 11/11/2017 devem ser regidas conforme a legislação anterior. O mesmo vale para os direitos adquiridos até aquela data. Por exemplo, se um empregador suprimiu o intervalo intrajornada antes da vigência da Reforma, o empregado terá direito ao pagamento integral do período, com natureza salarial. Após a Reforma, o pagamento passou a ter natureza indenizatória e se restringe apenas ao tempo suprimido, conforme o art. 71, § 4º, da CLT.

Nesse sentido, há precedente do TST, em recurso de revista, que reconhece a irretroatividade da Reforma Trabalhista, devendo ser aplicadas as normas de Direito Material do Trabalho ao tempo dos fatos, em respeito ao princípio da irretroatividade (art. 5º, XXXVI, da Constituição Federal) simbolizado pelo brocardo "tempus *regit actum*"[34].

Em relação aos processos em trâmite, como aqueles que discutem terceirização de atividade-fim ou prêmios com natureza salarial, a legislação aplicável será aquela vigente no momento da prestação dos serviços. A entrada em vigor da Reforma não anistiou irregularidades praticadas anteriormente.

Também deve ser respeitada a coisa julgada: decisões já transitadas em julgado, com base na legislação anterior, não podem ser alteradas por mudanças legais posteriores[35].

33. A consulta popular realizada pelo Senado constatou que 172.163 pessoas eram contra a Reforma e 16.789, a favor. Disponível em: http://www25.senado.leg.br/web/atividade/materias/-/materia/129049.
34. RR – 450685-02.2003.5.12.0027, Relator Desembargador Convocado: Altino Pedrozo dos Santos, Data de Julgamento: 21/03/2018, 7ª Turma, Data de Publicação: DEJT 23/03/2018.
35. SILVA, Homero Batista Mateus da. *Comentários à Reforma Trabalhista*. São Paulo: Revista dos Tribunais, 2017. p. 201.

O ponto mais debatido, contudo, dizia respeito aos contratos ainda em vigor na data da Reforma. Em tentativa de resolver esses conflitos, foi editada a MP nº 808/2017, poucos dias após a entrada em vigor da nova lei. A Medida previa, em seu art. 2º, a aplicação integral da Reforma aos contratos vigentes. No entanto, como a MP perdeu eficácia em abril de 2018, surgiu a dúvida sobre a continuidade dessa regra.

Em outras obras e edições, defendemos que aplicação imediata da Reforma Trabalhista deveria permanecer mesmo após a perda de eficácia da Medida Provisória, pois essa previsão decorre diretamente da Lei de Introdução às Normas do Direito Brasileiro, norma de metadireito que estabelece diversas regras a serem observadas sobre a vigência e aplicação das demais normas no ordenamento jurídico brasileiro:

> **Art. 6º, Lei de Introdução às Normas do Direito Brasileiro:** A Lei em vigor terá efeito imediato e geral, respeitados o ato jurídico perfeito, o direito adquirido e a coisa julgada.

Portanto, em nossa visão, a partir de 11/11/2017, todos os empregados contratados deveriam estar sujeitos às novas regras da Lei nº 13.467/2017.

Ocorre que é necessário estabelecer a situação dos empregados contratados antes da alteração da legislação nesse regime de trabalho. A Reforma Trabalhista é aplicada, também, a esses empregados, em razão da aplicação imediata das normas trabalhistas.

É importante destacar esses impactos causados e a origem do direito que estava sendo dado aos empregados:

1) Cláusula contratual:

Se o direito é concedido por meio de cláusula inserida no contrato de trabalho, não é permitida a supressão de seu pagamento aos empregados que já o recebiam. Pela aplicação do princípio da condição mais benéfica e da inalterabilidade contratual lesiva ao trabalhador, as cláusulas contratuais não podem ser alteradas para prejudicar o trabalhador, pois aderem ao contrato de forma permanente (art. 468 da CLT).

De acordo com o posicionamento de Homero Batista Mateus da Silva[36], com o qual concordamos, as normas que permitem a negociação direta entre o empregado "hipersuficiente" e seu empregador (art. 444, parágrafo único, CLT) e a possibilidade de estabelecimento de cláusula compromissória arbitral (art. 507-A da CLT) são duas hipóteses de cláusulas contratuais que não podem ser aplicadas aos contratos vigentes.

Da mesma forma, o trabalho intermitente exige disciplina contratual diversa daquela prevista nos contratos por prazo indeterminado. Portanto, diante da impossibilidade de alteração lesiva ao trabalhador (art. 468 da CLT), não é possível a adoção do trabalho intermitente aos contratos vigentes. Ressalta-se que a dispensa de trabalhadores em contrato por prazo indeterminado e sua recontratação como trabalhador intermitente pode configurar fraude[37] (art. 9º da CLT)

36. SILVA, Homero Batista Mateus da. *Comentários à Reforma Trabalhista*. São Paulo: Revista dos Tribunais, 2017. p. 200.
37. SILVA, Homero Batista Mateus da. *Comentários à Reforma Trabalhista*. São Paulo: Revista dos Tribunais, 2017. p. 200.

2) Instrumentos coletivos:

Se determinado direito for concedido por meio de norma coletiva, integrará o contrato de trabalho pelo prazo de vigência da norma coletiva. Com a aprovação da Reforma Trabalhista, é vedada a ultratividade das normas coletivas, que perderão seus efeitos com o término de sua vigência, sempre limitado ao prazo máximo de 2 anos:

> **Art. 614, § 3º, da CLT:** Não será permitido estipular duração de convenção coletiva ou acordo coletivo de trabalho superior a dois anos, sendo vedada a ultratividade.

Nesse mesmo sentido, aliás, decidiu o STF no julgamento virtual da ADPF 323, finalizado no dia 27/05/2022, a inconstitucionalidade da Súmula nº 277 do TST e as decisões judiciais que interpretam o art. 114, § 2º, CF/88, como autorização à aplicação do princípio da ultratividade das normas coletivas. Segundo o voto do Relator, Ministro Gilmar Mendes, a Súmula nº 277 do TST não é compatível com os princípios da legalidade, da separação dos Poderes e da segurança jurídica.

3) Direitos decorrentes de lei:

Já os direitos previstos unicamente em lei podem ser alterados por nova legislação, pois o contrato de trabalho é uma relação de trato sucessivo, ou seja, suas obrigações se renovam ao longo do tempo. Assim, a nova lei se aplica de forma imediata aos contratos em andamento, desde que não atinja direitos já adquiridos antes da mudança.

Antes da uniformização do entendimento, havia duas correntes sobre como aplicar essas mudanças. A primeira defendia a cessação imediata do pagamento, considerando que o direito dependia exclusivamente da legislação, que foi alterada. A segunda sugeria uma transição mais gradual, com base em analogia ao entendimento adotado pelo TST na Súmula nº 191 para os eletricitários[38]. Nesses casos, o Tribunal já havia reconhecido que empregados contratados sob a vigência da antiga Lei nº 7.369/1985 continuariam recebendo o adicional de periculosidade calculado sobre a totalidade das parcelas salariais (salário base + acréscimos).

Com a revogação da referida lei e a inclusão da atividade no art. 193 da CLT, o adicional de periculosidade passou a ser calculado apenas sobre o salário-base. Essa distinção foi formalizada na atual redação da Súmula nº 191 do TST, que separa os efeitos conforme a data de contratação do empregado. Se contratado na vigência da Lei nº 7.369/1985, o pagamento do adicional de periculosidade deve ser calculado sobre a totalidade das parcelas de natureza salarial (salário + acréscimos). Se contratados após a revogação da lei e inserção da energia elétrica como atividade perigosa, o cálculo do adicional de periculosidade para os eletricitários é realizado sobre o salário-base, ou seja, o cálculo não leva em conta outros acréscimos (art. 193, § 1º, CLT).

38. Esses trabalhadores, tradicionalmente, tiveram o adicional de periculosidade calculado sobre o salário + adicionais, por expressa previsão na revogada Lei nº 7.369/1985. Tendo em vista que a energia elétrica passou a ser prevista como atividade perigosa no art. 193, I, da CLT, surgiu a discussão se deveria ou não incidir sobre o salário-base ou sobre o complexo salarial. De acordo com o art. 193, § 1º da CLT, o adicional de periculosidade de 30% é sobre o salário-base, ou seja, o cálculo não leva em conta outros acréscimos.

Por aplicação analógica, o mesmo raciocínio da Súmula nº 191 do TST poderia ser estendido as alterações da Reforma Trabalhista. Por exemplo, nas horas *in itinere*, os empregados contratados antes da alteração realizada pela Reforma, permaneceriam com a possibilidade de cômputo das horas de trajeto caso o trabalho esteja localizado em local de difícil acesso e o transporte seja fornecido pelo empregador, seguindo as regras que eram previstas na redação anterior do § 2º do art. 58 da CLT.

No entanto, a jurisprudência do TST não era unificada. No processo E-RR-528-80.2018.5.14.0004, por exemplo, a SDI-1 chegou a formar maioria reconhecendo o direito às horas de trajeto mesmo após a vigência da Reforma, para contratos firmados antes de 11/11/2017. Os argumentos se baseavam na preservação do ato jurídico perfeito e no respeito ao direito adquirido. Porém, como havia decisões divergentes em diferentes Turmas, o caso foi remetido ao Pleno do TST, que o incluiu como paradigma do Tema 23 (Incidente de Recursos de Revista Repetitivos).

O julgamento foi concluído em 25/11/2024. Por maioria, o Pleno fixou a seguinte tese de observância obrigatória para toda a Justiça do Trabalho:

> "A Lei nº 13.467/2017 possui aplicação imediata aos contratos de trabalho em curso, passando a regular os direitos **decorrentes** de lei cujos fatos geradores tenham se efetivado a partir da sua vigência".

Com isso, consolidou-se o entendimento de que os contratos vigentes estão sujeitos à nova legislação a partir de 11/11/2017, mas apenas em relação aos fatos ocorridos dali em diante.

Segundo o voto do Ministro Aloysio Corrêa da Veiga, presidente do TST, *"nestes casos [direitos decorrentes de lei], a lei nova não afeta um verdadeiro ajuste entre as partes, mas apenas o regime jurídico imperativo, que independe da vontade daquelas e, por isso, se sujeita a eventuais alterações subsequentes"*.

A Corte Trabalhista, optou, assim, pela primeira corrente interpretativa, entendendo pela aplicação imediata e integral dos dispositivos da Reforma aos contratos vigentes quando da sua entrada em vigor, sem regra de transição.

Apesar de, em edições anteriores, defendermos a necessidade de regras de transição mais protetivas – especialmente nos casos em que a Reforma alterou a natureza jurídica de parcelas salariais (como prêmios, gratificações e diárias) – o TST firmou entendimento de que o princípio da irredutibilidade salarial protege apenas parcelas fixas e permanentes, não abrangendo aquelas que dependem de variáveis futuras. Também foram afastados princípios como o da norma mais favorável ou da condição mais benéfica, por entender-se que não se aplicam à sucessão de leis no tempo, mas apenas à coexistência de normas simultâneas[39].

Em resumo, quanto à eficácia temporal da Reforma Trabalhista, temos o seguinte:

39. Fonte: https://tst.jus.br/-/mudan%C3%A7as-da-reforma-trabalhista-valem-a-partir-de-sua-vig%C3%AAncia-para-contratos-em-curso. Acesso em 03/12/2024.

<table>
<tr><th colspan="3">EFICÁCIA TEMPORAL DA REFORMA TRABALHISTA (DIREITO INTERTEMPORAL) INCIDENTE DE RECURSOS DE REVISTA REPETITIVOS Nº 23 DO TST</th></tr>
<tr><td>Relações de trabalho extintas antes da entrada em vigor da Reforma Trabalhista</td><td colspan="2" rowspan="3">São regidas pela legislação vigente na época dos fatos. Em regra, a norma trabalhista não retroage, respeitando-se o princípio da irretroatividade das normas, previsto no art. 5º, XXXVI, CF/88.</td></tr>
<tr><td>Direitos adquiridos antes da entrada em vigor da Reforma Trabalhista</td></tr>
<tr><td>Fatos geradores consumados antes da entrada em vigor da Reforma Trabalhista</td></tr>
<tr><td rowspan="3">Contratos celebrados antes da entrada em vigor da Reforma Trabalhista e ainda vigentes\</td><td>Direito concedido por cláusula contratual</td><td>Não é permitida a supressão de seu pagamento aos empregados que já o recebiam (art. 468, CLT)</td></tr>
<tr><td>Direito concedido por norma coletiva</td><td>Integrará o contrato de trabalho pelo prazo de vigência da norma coletiva, limitado ao prazo máximo de 2 anos (art. 614, § 3º, CLT)</td></tr>
<tr><td>Direitos decorrentes de lei</td><td>Havendo alteração legislativa, o direito passará a ser concedido de acordo com a nova previsão legal (Tema 23 da tabela de Recursos de Revista Repetitivos)</td></tr>
<tr><td>Contratos celebrados após a entrada em vigor da Reforma Trabalhista</td><td colspan="2">Aplica-se a Lei nº 13.467/2017</td></tr>
</table>

4. IMPACTOS DAS DIVERSAS ALTERAÇÕES LEGISLATIVAS APÓS A REFORMA TRABALHISTA

Em 2017, com a Reforma Trabalhista, diversos dispositivos da CLT foram modificados, acrescentados ou revogados, além da alteração em legislações esparsas. A Reforma Trabalhista teve impacto em todo o ordenamento jurídico trabalhista, uma vez que regulamentou diversos institutos jurídicos e apresentou as tendências legislativas em relação a esse ramo do Direito.

Em 2019, o Direito do Trabalho passou por uma nova transformação com a promulgação da Lei nº 13.874/2019, fruto da conversão em lei da Medida Provisória nº 881/2019.

Em sua proposta original, a MP da Liberdade Econômica não alterava diretamente as normas da CLT. Durante a sua tramitação no Congresso Nacional, foram inseridas diversas emendas parlamentares, dentre as quais se previu a alteração de artigos da CLT.

A Lei nº 13.874/2019 instituiu a Declaração de Direitos de Liberdade Econômica, que, de acordo com seu art. 1º, estabelece normas de proteção à livre iniciativa e ao livre exercício de atividade econômica e disposições sobre a atuação do Estado como agente normativo e regulador. A legislação estabelece de forma expressa que o disposto na lei deverá ser observado na aplicação e na interpretação do direito civil, empresarial, econômico, urbanístico e do trabalho.

Além disso, são princípios que norteiam a Lei de Liberdade Econômica:

1) a liberdade como garantia no exercício de atividades econômicas;

2) a boa-fé do particular perante o poder público;

3) a intervenção subsidiária e excepcional do Estado sobre o exercício de atividades econômicas; e

4) o reconhecimento da vulnerabilidade do particular perante o Estado.

Um outro importante diploma legislativo de 2019 foi a Medida Provisória nº 905/2019 (MP do Contrato Verde e Amarelo). Essa MP foi editada em 11/11/2019 e criou nova modalidade de contratação de trabalhadores denominada Contrato de Trabalho Verde e Amarelo, além de modificar diversos dispositivos da CLT e da legislação esparsa trabalhista. Entretanto, a Medida Provisória não foi convertida em lei pelo Congresso Nacional. Diante da ausência de consenso entre os congressistas, o Presidente da República editou, no dia 20/04/2020, a MP nº 955/2020, que revogou expressamente a MP nº 905/2019. Curiosamente, a própria MP nº 955/2020 não foi votada pelo Congresso Nacional e também perdeu vigência no dia 19/08/2020. No entanto, como houve o transcurso do prazo, a MP nº 905/2019 perdeu vigência e não pode mais ser aplicada aos contratos de trabalho.

Em suma: A MP nº 905/2019 esteve vigente do dia 12/11/2019 até o dia 20/04/2020, quando foi revogada pela MP nº 955/2020, deixando de ser aplicada às relações de trabalho.

Já os anos de 2020 a 2022 foram marcados pelo enfrentamento mundial da pandemia de coronavírus. De acordo com informações do site do Ministério da Saúde, o novo agente do coronavírus foi descoberto em 31/12/19, após casos registrados na China, e é responsável pela doença chamada COVID-19. Com a declaração de pandemia pela Organização Mundial de Saúde (OMS) e do estado de calamidade pública no Brasil, diversas medidas foram adotadas para a contenção e tratamento da doença, que trouxeram consequências para as relações de trabalho. Nesse sentido, ganham destaque:

1) **Medida Provisória nº 927/2020:** previa medidas trabalhistas para enfrentamento do estado de calamidade pública decorrente da pandemia de coronavírus. Perdeu sua vigência por ausência de votação no dia 20/07/2020;

2) **Lei nº 13.979/2020**: dispôs sobre as medidas para enfrentamento da emergência de saúde pública de importância internacional decorrente do coronavírus responsável pelo surto de 2019, dentre elas o isolamento e a quarentena;

3) **Lei nº 14.020/2020 (Medida Provisória nº 936/2020) e a MP nº 1.045/2021 (rejeitada):** permitiram a redução de salários e de jornadas por acordo individual durante a pandemia da COVID-19. Para mais informações, consulte o tema no capítulo de remuneração;

4) **Lei nº 14.043/2020:** instituiu o Programa Emergencial de Suporte a Empregos;

5) **Lei nº 14.047/2020:** previu sobre medidas temporárias em resposta à pandemia decorrente da COVID-19 no âmbito do setor portuário; e

6) **Lei nº 14.297/2022:** dispunha sobre medidas de proteção asseguradas ao entregador que presta serviço por intermédio de empresa de aplicativo de entrega durante a vigência, no território nacional, da emergência de saúde pública decorrente do coronavírus responsável pela COVID-19. Essas medidas foram aplicadas enquanto perdurou esse estado de emergência de saúde pública.

O livro também conta com os principais impactos da Lei Geral de Proteção de Dados Pessoais (Lei nº 13.709/2018) no Direito do Trabalho. A legislação entrou em vigor no dia 17/09/2020 e obriga as empresas a adotarem medidas para evitar a responsabilização pelo tratamento indevido de dados pessoais.

No dia 10/11/2021, foi editado o Decreto 10.854/2021, o principal diploma normativo do Marco Regulatório Trabalhista Infralegal, que, de acordo com o site do Governo Federal[40], transformou mais de 1.000 decretos, portarias e instruções trabalhistas em 15 normas. A regulamentação por decretos e portarias é tema polêmico e poderá ensejar questionamentos quanto à legalidade e constitucionalidade das normas infralegais, especialmente no tocante à criação de direitos e obrigações a empregados e empregadores sem correspondente previsão legal. Os atos infralegais podem ser criados para a fiel execução das leis nos termos do art. 84, IV, da CF/88. Dessa forma, não se veda a regulamentação dos temas de Direito do Trabalho, desde que realizados com embasamento na legislação existente.

O ano de 2022 foi marcado pela retomada gradual das atividades econômicas e, consequentemente, do trabalho presencial. A Lei nº 14.311/2022, que determinou o retorno das gestantes às atividades presenciais em hipóteses específicas. Com a publicação da Portaria GM/MS nº 913/22, assinada pelo, então, Ministro da Saúde, Marcelo Queiroga, declarando o encerramento da Emergência em Saúde Pública de Importância Nacional (ESPIN) em decorrência da Infecção Humana pelo novo Coronavírus (2019-nCov), todas as empregadas grávidas afastadas das atividades presenciais durante a pandemia de COVID-19 puderam ser convocadas para o retorno aos trabalhos presenciais.

Além disso, é importante destacar outras alterações promovidas no âmbito legislativo, entre elas:

1) **Lei nº 14.437, de 15 de agosto de 2022 (fruto da conversão da Medida Provisória nº 1.109, de 2022):** autoriza o Poder Executivo federal a dispor sobre a adoção, por empregados e empregadores, de medidas trabalhistas alternativas e sobre o Programa Emergencial de Manutenção do Emprego e da Renda, para enfrentamento das consequências sociais e econômicas de estado de calamidade pública em âmbito nacional ou em âmbito estadual, distrital ou municipal reconhecido pelo Poder Executivo federal;

2) **Lei nº 14.438, de 24 de agosto de 2022 (fruto da conversão da Medida Provisória nº 1.107, de 2022):** promove alterações na gestão e nos procedimentos de recolhimento do Fundo de Garantia do Tempo de Serviço (FGTS) e institui multa ao empregador que não anotar a CTPS do empregado no prazo de 5 (cinco) dias úteis da data da admissão ou, então, fizer a anotação de maneira equivocada ou incompleta;

3) **Lei nº 14.442, de 2 de setembro de 2022 (fruto da conversão da Medida Provisória nº 1.108, de 2022):** dispõe sobre o pagamento de auxílio-alimentação e altera as estruturas do regime de teletrabalho;

4) **Lei nº 14.434, de 4 de agosto de 2022; EC nº 127, de 22 de dezembro de 2022; Lei nº 14.581, de 11 de maio de 2023; e Portaria GM/MS nº 597 de 11 de maio**

40. Disponível em: https://www.gov.br/trabalho-e-previdencia/pt-br/composicao/orgaos-especificos/secretaria-de-trabalho/inspecao/fiscalizacao-do-trabalho/marcoregulatorio. Acesso em 12/09/2022.

de 2023: que instituiu e viabilizaram o piso salarial nacional do Enfermeiro, do Técnico de Enfermagem, do Auxiliar de Enfermagem e da Parteira;

5) **Lei nº 14.540, de 3 de abril de 2023:** que institui o Programa de Prevenção e Enfrentamento ao Assédio Sexual e demais Crimes contra a Dignidade Sexual e à Violência Sexual no âmbito da administração pública, direta e indireta, federal, estadual, distrital e municipal;
6) **Lei nº 14.553, de 20 de abril de 2023:** que determina procedimentos e critérios de coleta de informações relativas à distribuição dos segmentos étnicos e raciais no mercado de trabalho;
7) **Lei nº 14.597, de 14 de junho de 2023:** a Lei Geral do Esporte;
8) **Lei nº 14.611, de 3 de julho de 2023:** que dispõe sobre a igualdade salarial e de critérios remuneratórios entre mulheres e homens; e altera a CLT;
9) **Lei nº 14.684, de 20 de setembro de 2023:** que incluiu o III ao art. 193 da CLT para considerar perigosas as atividades desempenhadas pelos agentes das autoridades de trânsito;
10) **Lei nº 14.766/2023:** que incluiu o § 5º ao art. 193 da CLT para estabelecer a não caracterização como perigosas das atividades ou operações que envolvam exposição às quantidades de inflamáveis contidas em tanques de combustíveis originais de fábrica e suplementares, na forma que especifica; e
11) **Lei nº 14.967/2024:** que instituiu o Estatuto da Segurança Privada e da Segurança das Instituições Financeiras, revogando a Lei nº 7.102, de 20 de junho de 1983.

Com isso, verifica-se que o Direito do Trabalho vem sofrendo profundas modificações ao longo dos últimos anos, o que demanda a constante atualização do profissional que atua na área trabalhista.

5. EXERCÍCIOS PARA MEMORIZAÇÃO – A REFORMA TRABALHISTA

Caro leitor,
Aproveite esse momento para memorizar os detalhes da Reforma Trabalhista. Você deverá saber cada um dos pontos modificados, para conseguir um bom desempenho nas provas objetivas.
Ainda, conforme acima expliquei, você deve estar atento aos novos entendimentos do STF em relação às alterações trazidas pela Reforma.
Bom treino!

5.1. Grupo Econômico

Art. 2º ....

§ 2º Sempre que uma ou mais empresas, tendo, embora, cada uma delas, personalidade jurídica própria, estiverem sob a direção, controle ou administração de outra, ou ainda quando, mesmo guardando cada uma sua autonomia, integrem grupo econômico, serão responsáveis ____________ pelas obrigações decorrentes da relação de emprego.

§ 3º Não caracteriza grupo econômico a mera ____________, sendo necessárias, para a configuração do grupo, a demonstração do interesse integrado, a efetiva comunhão de interesses e a atuação conjunta das empresas dele integrantes." (NR)

5.2. Tempo à disposição

"Art. 4º ....

§ 1º Computar-se-ão, na contagem de tempo de serviço, para efeito de indenização e estabilidade, os períodos em que o empregado estiver afastado do trabalho prestando serviço militar e por motivo de____________________.

§ 2º Por não se considerar tempo à disposição do empregador, não será computado como período extraordinário o que exceder a jornada normal, ainda que ultrapasse o limite de ____________ previsto no § 1º do art. 58 desta Consolidação, quando o empregado, por escolha própria, buscar proteção pessoal, em caso de insegurança nas vias públicas ou más condições climáticas, bem como adentrar ou permanecer nas dependências da empresa para exercer atividades particulares, entre outras:

I – práticas religiosas;

II – descanso;

III – lazer;

IV – estudo;

V – alimentação;

VI – atividades de relacionamento social;

VII – higiene pessoal;

VIII – troca de roupa ou uniforme, quando ____________ de realizar a troca na empresa." (NR)

5.3. Integração do direito do trabalho

"Art. 8º ....

§ 1º O direito comum será fonte subsidiária do direito do trabalho.

§ 2º Súmulas e outros enunciados de jurisprudência editados pelo Tribunal Superior do Trabalho e pelos Tribunais Regionais do Trabalho não poderão ____________ legalmente previstos nem criar obrigações que não estejam previstas em lei.

§ 3º No exame de convenção coletiva ou acordo coletivo de trabalho, a Justiça do Trabalho analisará exclusivamente a conformidade dos elementos essenciais do negócio jurídico, respeitado o disposto no art. 104 da Lei no 10.406, de 10 de janeiro de 2002 (Código Civil), e balizará sua atuação pelo________________________ ________________." (NR)

5.4. Sócio Retirante

"Art. 10-A. O sócio retirante responde subsidiariamente pelas obrigações trabalhistas da sociedade relativas ao período em que figurou como sócio, somente em ações ajuizadas até ____________ depois de averbada a modificação do contrato, observada a seguinte ordem de preferência:

I – ________________;

II – ________________; e

III – os sócios retirantes.

Parágrafo único. O sócio retirante responderá ____________ com os demais quando ficar comprovada fraude na alteração societária decorrente da modificação do contrato."

5.5. Prescrição

"Art. 11. A pretensão quanto a créditos resultantes das relações de trabalho prescreve em cinco anos para os trabalhadores urbanos e rurais, até o limite de dois anos após a extinção do contrato de trabalho.

....

§ 2º Tratando-se de pretensão que envolva pedido de prestações sucessivas decorrente de alteração ou descumprimento do pactuado, a prescrição é ________, exceto quando o direito à parcela esteja também assegurado por preceito de lei.

§ 3º A interrupção da prescrição somente ocorrerá pelo ajuizamento de reclamação trabalhista, mesmo que em____________, ainda que venha a ser extinta sem resolução do mérito, produzindo efeitos apenas em relação aos pedidos idênticos." (NR)

5.5.1. Prescrição Intercorrente

"Art. 11-A. Ocorre a prescrição intercorrente no processo do trabalho no prazo de ____________.

§ 1º A fluência do prazo prescricional intercorrente inicia-se quando o exequente deixa de cumprir determinação judicial no curso da execução.

§ 2º A declaração da prescrição intercorrente pode ser requerida ou declarada de ofício em qualquer grau de jurisdição."

5.6. Multa por ausência de registro

Art. 47. O empregador que mantiver empregado não registrado nos termos do art. 41 desta Consolidação ficará sujeito a multa no valor de ________________ por empregado não registrado, acrescido de igual valor em cada reincidência.

§ 1º Especificamente quanto à infração a que se refere o **caput** deste artigo, o valor final da multa aplicada será de R$ 800,00 (oitocentos reais) por empregado não registrado, quando se tratar de ________________________.

§ 2º A infração de que trata o **caput** deste artigo constitui exceção ao critério da ________________."

5.7. Multa por informações incompletas no registro de empregados

Art. 47-A. Na hipótese de não serem informados os dados a que se refere o parágrafo único do art. 41 desta Consolidação, o empregador ficará sujeito à multa de ____________________ por empregado prejudicado.

5.8. Horas *in itinere*

Art. 58, § 2º O tempo despendido pelo empregado desde a sua residência até a efetiva ocupação do posto de trabalho e para o seu retorno, caminhando ou por qualquer meio de transporte, inclusive o fornecido pelo empregador, ________________ na jornada de trabalho, por ________ tempo à disposição do empregador.

5.9. Regime de tempo parcial

Art. 58-A. Considera-se trabalho em regime de tempo parcial aquele cuja duração não exceda a ________________, sem a possibilidade de horas suplementares semanais, ou, ainda, aquele cuja duração não exceda a ________________, com a possibilidade de acréscimo de até ________ suplementares semanais.

§ 3º As horas suplementares à duração do trabalho semanal normal serão pagas com o acréscimo de ________________ sobre o salário-hora normal.

§ 4º Na hipótese de o contrato de trabalho em regime de tempo parcial ser estabelecido em número inferior a ________________ as horas suplementares a este quantitativo serão consideradas horas extras para fins do pagamento estipulado no § 3º, estando também limitadas a ________________ suplementares semanais.

§ 5º As horas suplementares da jornada de trabalho normal poderão ser compensadas diretamente até a semana imediatamente posterior à da sua execução, devendo ser feita a sua quitação na folha de pagamento do mês subsequente, caso não sejam compensadas.

§ 6º É ________________ ao empregado contratado sob regime de tempo parcial converter um terço do período de férias a que tiver direito em abono pecuniário.

§ 7º As férias do regime de tempo parcial são regidas pelo disposto no ________ desta Consolidação.

5.10. Compensação de jornada e banco de horas

"Art. 59. A duração diária do trabalho poderá ser acrescida de horas extras, em número não excedente de duas, por ________________, convenção coletiva ou acordo coletivo de trabalho.

§ 1º A remuneração da hora extra será, pelo menos, 50% (cinquenta por cento) superior à da hora normal.

....

§ 3º Na hipótese de rescisão do contrato de trabalho sem que tenha havido a compensação integral da jornada extraordinária, na forma dos §§ 2º e 5º deste artigo, o trabalhador terá direito ao pagamento ________________ ________________, calculadas sobre o valor da remuneração na data da rescisão.

§ 4º (Revogado).

§ 5º O banco de horas de que trata o § 2º deste artigo poderá ser pactuado por acordo individual escrito, desde que a compensação ocorra no período máximo de ________________.

§ 6º É lícito o regime de compensação de jornada estabelecido por acordo individual, tácito ou escrito, para a compensação no ________________." (NR)

5.11. Jornada 12x36

"Art. 59-A. Em exceção ao disposto no art. 59 desta Consolidação, é facultado às partes, mediante acordo individual escrito, convenção coletiva ou acordo coletivo de trabalho, estabelecer horário de trabalho de doze horas seguidas por trinta e seis horas ininterruptas de descanso, ________________ os intervalos para repouso e alimentação.

Parágrafo único. A remuneração mensal pactuada pelo horário previsto no **caput** deste artigo abrange os pagamentos devidos pelo descanso semanal remunerado e pelo ________________, e serão considerados compensados os feriados e as ________________ ________________, quando houver, de que tratam o art. 70 e o § 5º do art. 73 desta Consolidação."

5.12. Exigências legais da compensação e prestação de horas extras habituais

"Art. 59-B. O não atendimento das exigências legais para compensação de jornada, inclusive quando estabelecida mediante acordo tácito, não implica a repetição do pagamento das horas excedentes à jornada normal diária se não ultrapassada a duração máxima semanal, sendo devido apenas o respectivo adicional.

Parágrafo único. A prestação de horas extras habituais ________________ o acordo de compensação de jornada e o banco de horas".

5.13. Horas suplementares em atividades insalubres

"Art. 60. ....

Parágrafo único. Excetuam-se da exigência de licença prévia as jornadas de ________________ ________________."

5.14. Prorrogação de jornada de trabalho por necessidade imperiosa

"Art. 61. ....

§ 1º O excesso, nos casos deste artigo, pode ser exigido ________________ de convenção coletiva ou acordo coletivo de trabalho.

5.15. Empregados não submetidos à limitação de jornada

"Art. 62. Não são abrangidos pelo regime previsto neste capítulo:

I - os empregados que exercem atividade ________________, devendo tal condição ser anotada na Carteira de Trabalho e Previdência Social e no registro de empregados;

II - os gerentes, assim considerados os exercentes de cargos de gestão, aos quais se equiparam, para efeito do disposto neste artigo, os diretores e chefes de departamento ou filial;

III - os empregados em regime de teletrabalho que prestam serviço_______________. (Redação dada pela Lei nº 14.442, de 2022)

Parágrafo único - O regime previsto neste capítulo será aplicável aos empregados mencionados no inciso II deste artigo, quando o salário do cargo de confiança, compreendendo a gratificação de função, se houver, for inferior ao valor do respectivo salário efetivo acrescido de_______________".

5.16. Intervalo intrajornada

"Art. 71. ....

....

§ 4º A não concessão ou a concessão parcial do intervalo intrajornada mínimo, para repouso e alimentação, a empregados urbanos e rurais, implica o pagamento, de _______________, apenas do período suprimido, com acréscimo de 50% (cinquenta por cento) sobre o valor da remuneração da hora normal de trabalho".

5.17. Teletrabalho

'Art. 75-A. A prestação de serviços pelo empregado em regime de teletrabalho observará o disposto neste Capítulo.'

'Art. 75-B. Considera-se teletrabalho ou trabalho remoto a prestação de serviços fora das dependências do empregador, _______________, com a utilização de tecnologias de informação e de comunicação, que, por sua natureza, não configure trabalho externo. (Redação dada pela Lei nº 14.442, de 2022)

§ 1º O comparecimento, ainda que de modo habitual, às dependências do empregador para a realização de atividades específicas que exijam a presença do empregado no estabelecimento _______________ o regime de teletrabalho ou trabalho remoto. (Incluído pela Lei nº 14.442, de 2022)

§ 2º O empregado submetido ao regime de teletrabalho ou trabalho remoto poderá prestar serviços por jornada ou por produção ou tarefa. (Incluído pela Lei nº 14.442, de 2022)

§ 3º Na hipótese da prestação de serviços em regime de teletrabalho ou trabalho remoto _______________, não se aplicará o disposto no Capítulo II do Título II desta Consolidação. (Incluído pela Lei nº 14.442, de 2022)

§ 4º O regime de teletrabalho ou trabalho remoto não se confunde nem se equipara à ocupação de operador de telemarketing ou de teleatendimento. (Incluído pela Lei nº 14.442, de 2022)

§ 5º O tempo de uso de equipamentos tecnológicos e de infraestrutura necessária, bem como de softwares, de ferramentas digitais ou de aplicações de internet utilizados para o teletrabalho, fora da jornada de trabalho normal do empregado não constitui tempo à disposição ou regime de prontidão ou de sobreaviso, exceto se houver previsão em acordo individual ou em acordo ou convenção coletiva de trabalho. (Incluído pela Lei nº 14.442, de 2022)

§ 6º Fica permitida a adoção do regime de teletrabalho ou trabalho remoto para _______________. (Incluído pela Lei nº 14.442, de 2022)

§ 7º Aos empregados em regime de teletrabalho aplicam-se as disposições previstas na legislação local e nas convenções e nos acordos coletivos de trabalho relativas à base territorial do _______________. (Incluído pela Lei nº 14.442, de 2022)

§ 8º Ao contrato de trabalho do empregado admitido no Brasil que optar pela realização de teletrabalho fora do território nacional aplica-se a _______________, excetuadas as disposições constantes da Lei nº 7.064, de 6 de dezembro de 1982, salvo disposição em contrário estipulada entre as partes. (Incluído pela Lei nº 14.442, de 2022)

§ 9º Acordo individual poderá dispor sobre os horários e os meios de comunicação entre empregado e empregador, desde que assegurados os repousos legais.' (Incluído pela Lei nº 14.442, de 2022)

'Art. 75-C. A prestação de serviços na modalidade de teletrabalho deverá constar expressamente do instrumento de contrato individual de trabalho. (Redação dada pela Lei nº 14.442, de 2022)

§ 1º Poderá ser realizada a alteração entre regime presencial e de teletrabalho desde que haja _______________, registrado em aditivo contratual.

§ 2º Poderá ser realizada a alteração do regime de teletrabalho para o presencial por determinação do empregador, garantido prazo de transição mínimo de _______________, com correspondente registro em aditivo contratual.

§ 3º O empregador não será responsável pelas despesas resultantes do retorno ao trabalho presencial, na hipótese de o empregado optar pela realização do teletrabalho ou trabalho remoto fora da localidade prevista no contrato, salvo disposição em contrário estipulada entre as partes.' (Incluído pela Lei nº 14.442, de 2022)

'Art. 75-D. As disposições relativas à responsabilidade pela aquisição, manutenção ou fornecimento dos equipamentos tecnológicos e da infraestrutura necessária e adequada à prestação do trabalho remoto, bem como ao reembolso de despesas arcadas pelo empregado, serão previstas em contrato escrito.

Parágrafo único. As utilidades mencionadas no caput deste artigo não integram a remuneração do empregado.'

'Art. 75-E. O empregador deverá instruir os empregados, de maneira expressa e ostensiva, quanto às precauções a tomar a fim de evitar doenças e acidentes de trabalho.

Parágrafo único. O empregado deverá assinar termo de responsabilidade comprometendo-se a seguir as instruções fornecidas pelo empregador.'.

'Art. 75-F. Os empregadores deverão dar prioridade aos empregados com deficiência e aos empregados com filhos ou criança sob guarda judicial até 4 (quatro) anos de idade na alocação em vagas para atividades que possam ser efetuadas por meio do teletrabalho ou trabalho remoto.'. (Incluído pela Lei nº 14.442, de 2022)

5.18. Fracionamento das férias individuais

Art. 134. ....

§ 1º Desde que haja concordância do empregado, as férias poderão ser usufruídas em até __________, sendo que um deles não poderá ser inferior a __________________ e os demais não poderão ser inferiores a __________________, cada um.

§ 2º (Revogado).

§ 3º É vedado o início das férias no período de ________________________ que antecede feriado ou dia de repouso semanal remunerado."

5.19. Dano extrapatrimonial

'Art. 223-A. Aplicam-se à reparação de danos de natureza extrapatrimonial decorrentes da relação de trabalho ______________ os dispositivos deste Título.'

'Art. 223-B. Causa dano de natureza extrapatrimonial a ação ou omissão que ofenda a esfera moral ou existencial da pessoa física ou jurídica, as quais são as titulares ____________________ do direito à reparação.'

'Art. 223-C. A honra, a imagem, a intimidade, a liberdade de ação, a autoestima, a sexualidade, a saúde, o lazer e a integridade física são os bens juridicamente tutelados inerentes à pessoa física.'

'Art. 223-D. A imagem, a marca, o nome, o segredo empresarial e o sigilo da correspondência são bens juridicamente tutelados inerentes à pessoa jurídica.'

'Art. 223-E. São responsáveis pelo dano extrapatrimonial todos os que tenham colaborado para a ofensa ao bem jurídico tutelado, na proporção da ação ou da omissão.'

'Art. 223-F. A reparação por danos extrapatrimoniais pode ser pedida cumulativamente com a indenização por danos materiais decorrentes do mesmo ato lesivo.

§ 1º Se houver cumulação de pedidos, o juízo, ao proferir a decisão, discriminará os valores das indenizações a título de danos patrimoniais e das reparações por danos de natureza extrapatrimonial.

§ 2º A composição das perdas e danos, assim compreendidos os lucros cessantes e os danos emergentes, não interfere na avaliação dos danos extrapatrimoniais.'

'Art. 223-G. Ao apreciar o pedido, o juízo considerará:

I – a natureza do bem jurídico tutelado;

II – a intensidade do sofrimento ou da humilhação;

III – a possibilidade de superação física ou psicológica;

IV – os reflexos pessoais e sociais da ação ou da omissão;

V – a extensão e a duração dos efeitos da ofensa;

VI – as condições em que ocorreu a ofensa ou o prejuízo moral;

VII – o grau de dolo ou culpa;

VIII – a ocorrência de retratação espontânea;

IX – o esforço efetivo para minimizar a ofensa;

X – o perdão, tácito ou expresso;

XI – a situação social e econômica das partes envolvidas;

XII – o grau de publicidade da ofensa.

§ 1º Se julgar procedente o pedido, o juízo fixará a indenização a ser paga, a cada um dos ofendidos, em um dos seguintes parâmetros, vedada a acumulação:

I – ofensa de natureza leve, até ______________ o último salário contratual do ofendido;

II – ofensa de natureza média, até ______________ o último salário contratual do ofendido;

III – ofensa de natureza grave, até ______________ o último salário contratual do ofendido;

IV – ofensa de natureza gravíssima, até __________ o último salário contratual do ofendido.

§ 2º Se o ofendido for pessoa jurídica, a indenização será fixada com observância dos mesmos parâmetros estabelecidos no § 1º deste artigo, mas em relação ao salário contratual do ofensor.

§ 3º Na reincidência entre partes idênticas, o juízo poderá elevar ao dobro o valor da indenização.'"

5.20. Afastamento da gestante e da lactante de atividades insalubres

"Art. 394-A. Sem prejuízo de sua remuneração, nesta incluído o valor do adicional de insalubridade, a empregada deverá ser afastada de:

I – atividades consideradas insalubres em ______________________, enquanto durar a gestação;

II – atividades consideradas insalubres em ______________________, quando apresentar atestado de saúde, emitido por médico de confiança da mulher, que recomende o afastamento durante a gestação;

III – atividades consideradas insalubres em ______________________, quando apresentar atestado de saúde, emitido por médico de confiança da mulher, que recomende o afastamento durante a lactação.

§ 1º ....

§ 2º Cabe à ________________ pagar o adicional de insalubridade à gestante ou à lactante, efetivando-se a compensação, observado o disposto no art. 248 da Constituição Federal, por ocasião do recolhimento das contribuições incidentes sobre a folha de salários e demais rendimentos pagos ou creditados, a qualquer título, à pessoa física que lhe preste serviço.

§ 3º Quando não for possível que a gestante ou a lactante afastada nos termos do caput deste artigo exerça suas atividades em local salubre na empresa, a hipótese será considerada como gravidez de risco e ensejará a percepção de ________________, nos termos da Lei nº 8.213, de 24 de julho de 1991, durante todo o período de afastamento."

5.21. Intervalos para amamentação

"Art. 396. Para amamentar seu filho, inclusive se advindo de adoção, até que este complete 6 (seis) meses de idade, a mulher terá direito, durante a jornada de trabalho, a 2 (dois) descansos especiais de meia hora cada um.

§ 1º ....

§ 2º Os horários dos descansos previstos no caput deste artigo deverão ser definidos em ________________ entre a mulher e o empregador."

5.22. Trabalho autônomo

"Art. 442. Contrato individual de trabalho é o acordo tácito ou expresso, correspondente à relação de emprego.

§ 1º Qualquer que seja o ramo de atividade da ________________, não existe vínculo empregatício entre ela e seus associados, nem entre estes e os tomadores de serviços daquela. (Redação dada pela Lei nº 14.647, de 2023)

§ 2º Não existe vínculo empregatício entre ________________ de qualquer denominação ou natureza ou instituições de ensino vocacional e ________________, membros de instituto de vida consagrada, de congregação ou de ordem religiosa, ou quaisquer outros que a eles se equiparem, ainda que se dediquem parcial ou integralmente a atividades ligadas à administração da entidade ou instituição a que estejam vinculados ou estejam em formação ou treinamento. (Incluído pela Lei nº 14.647, de 2023)

§ 3º O disposto no § 2º não se aplica em caso de desvirtuamento da finalidade religiosa e voluntária.". (Incluído pela Lei nº 14.647, de 2023)"

"Art. 442-B. A contratação do autônomo, cumpridas por este todas as formalidades legais, com ou sem exclusividade, de forma contínua ou não, afasta a qualidade de ________________ prevista no art. 3º desta Consolidação."

5.23. Trabalho intermitente

"Art. 443. O contrato individual de trabalho poderá ser acordado tácita ou expressamente, verbalmente ou por escrito, por prazo determinado ou indeterminado, ou para prestação de trabalho intermitente.

....

§ 3º Considera-se como intermitente o contrato de trabalho no qual a prestação de serviços, com subordinação, não é contínua, ocorrendo com ________________ de prestação de serviços e de inatividade, determinados em horas, dias ou meses, independentemente do tipo de atividade do empregado e do empregador, exceto para os aeronautas, regidos por legislação própria."

5.24. Empregado "hipersuficiente"

"Art. 444. ....

Parágrafo único. A livre estipulação a que se refere o **caput** deste artigo aplica-se às hipóteses previstas no art. 611-A desta Consolidação, com a mesma eficácia legal e preponderância sobre os instrumentos coletivos, no caso de empregado portador de ________________ e que perceba salário mensal igual ou superior a ________________ o limite máximo dos benefícios do Regime Geral de Previdência Social."

5.25. Sucessão trabalhista

"Art. 448-A. Caracterizada a sucessão empresarial ou de empregadores prevista nos arts. 10 e 448 desta Consolidação, as obrigações trabalhistas, inclusive as contraídas à época em que os empregados trabalhavam para a empresa sucedida, são de responsabilidade do sucessor.

Parágrafo único. A empresa sucedida responderá ________________ com a sucessora quando ficar comprovada fraude na transferência."

5.26. Regulamentação do trabalho intermitente

"Art. 452-A. O contrato de trabalho intermitente deve ser celebrado ________________ e deve conter especificamente o valor da hora de trabalho, que não pode ser inferior ao valor horário do salário mínimo ou àquele devido aos demais empregados do estabelecimento que exerçam a mesma função em contrato intermitente ou não.

§ 1º O empregador convocará, por qualquer meio de comunicação eficaz, para a prestação de serviços, informando qual será a jornada, com, pelo menos, ________________ corridos de antecedência.

§ 2º Recebida a convocação, o empregado terá o prazo de ________________ para responder ao chamado, presumindo-se, no silêncio, a recusa.

§ 3º A recusa da oferta não descaracteriza a subordinação para fins do contrato de trabalho intermitente.

§ 4º Aceita a oferta para o comparecimento ao trabalho, a parte que descumprir, sem justo motivo, pagará à outra parte, no prazo de trinta dias, ________________ da remuneração que seria devida, permitida a compensação em igual prazo.

§ 5º O período de inatividade não será considerado tempo à disposição do empregador, podendo o trabalhador prestar serviços a outros contratantes.

§ 6º Ao final de cada período de prestação de serviço, o empregado receberá o pagamento imediato das seguintes parcelas:

I – remuneração;

II – férias proporcionais com acréscimo de um terço;

III – décimo terceiro salário proporcional;

IV – repouso semanal remunerado; e

V – adicionais legais.

§ 7º O recibo de pagamento deverá conter a discriminação dos valores pagos relativos a cada uma das parcelas referidas no § 6º deste artigo.

§ 8º O empregador efetuará o recolhimento da contribuição previdenciária e o depósito do Fundo de Garantia do Tempo de Serviço, na forma da lei, com base nos valores pagos no período mensal e fornecerá ao empregado comprovante do cumprimento dessas obrigações.

§ 9º A cada doze meses, o empregado adquire direito a usufruir, nos doze meses subsequentes, um mês de férias, período no qual não poderá ser convocado para prestar serviços pelo mesmo empregador."

5.27. Uniformes

"Art. 456-A. Cabe ao empregador definir o padrão de vestimenta no meio ambiente laboral, sendo ________ a inclusão no uniforme de logomarcas da própria empresa ou de empresas parceiras e de outros itens de identificação relacionados à atividade desempenhada.

Parágrafo único. A higienização do uniforme é de responsabilidade do ________, salvo nas hipóteses em que forem necessários procedimentos ou produtos diferentes dos utilizados para a higienização das vestimentas de uso comum."

5.28. Salário e remuneração

"Art. 457. ....

§ 1º Integram o salário a importância fixa estipulada, as gratificações legais e as ________ pagas pelo empregador.

§ 2º As importâncias, ainda que habituais, pagas a título de ajuda de custo, auxílio-alimentação, vedado seu pagamento em dinheiro, ________, prêmios e abonos não integram a remuneração do empregado, não se incorporam ao contrato de trabalho e não constituem base de incidência de qualquer encargo trabalhista e previdenciário.

....

§ 4º Consideram-se ________ as liberalidades concedidas pelo empregador em forma de bens, serviços ou valor em dinheiro a empregado ou a grupo de empregados, em razão de desempenho superior ao ordinariamente esperado no exercício de suas atividades."

5.29. Salário *in natura*

"Art. 458. ....

....

§ 5º O valor relativo à assistência prestada por serviço médico ou odontológico, próprio ou não, inclusive o reembolso de despesas com medicamentos, óculos, aparelhos ortopédicos, próteses, órteses, despesas médico-hospitalares e outras similares, mesmo quando concedido em diferentes modalidades de planos e coberturas, ________ o salário do empregado para qualquer efeito nem o salário de contribuição, para efeitos do previsto na alínea *q* do § 9º do art. 28 da Lei nº 8.212, de 24 de julho de 1991."

5.30. Equiparação salarial

"Art. 461. Sendo idêntica a função, a todo trabalho de igual valor, prestado ao mesmo empregador, no mesmo ________, corresponderá igual salário, sem distinção de sexo, etnia, nacionalidade ou idade.

§ 1º Trabalho de ________, para os fins deste Capítulo, será o que for feito com igual produtividade e com a mesma perfeição técnica, entre pessoas cuja diferença de tempo de serviço para o mesmo empregador não seja superior a ________ e a diferença de tempo na função não seja superior a ________.

§ 2º Os dispositivos deste artigo não prevalecerão quando o empregador tiver pessoal organizado em ________ ou adotar, por meio de norma interna da empresa ou de negociação coletiva, plano de cargos e salários, dispensada qualquer forma de homologação ou registro em órgão público.

§ 3º No caso do § 2º deste artigo, as promoções poderão ser feitas por merecimento e por antiguidade, ________, dentro de cada categoria profissional.

....

§ 5º A equiparação salarial só será possível entre empregados contemporâneos no cargo ou na função, ficando vedada a indicação de ________, ainda que o paradigma contemporâneo tenha obtido a vantagem em ação judicial própria.

§ 6º Na hipótese de discriminação por motivo de sexo, raça, etnia, origem ou idade, o pagamento das diferenças salariais devidas ao empregado discriminado não afasta seu direito de ação de ________, consideradas as especificidades do caso concreto. (Redação dada pela Lei nº 14.611, de 2023)

§ 7º Sem prejuízo do disposto no § 6º, no caso de infração ao previsto neste artigo, a multa de que trata o art. 510 desta Consolidação corresponderá a ______________ o valor do novo salário devido pelo empregador ao empregado discriminado, elevada ao dobro, no caso de reincidência, sem prejuízo das demais cominações legais. (Incluído pela Lei nº 14.611, de 2023)

5.31. Reversão e gratificação de função

"Art. 468. Nos contratos individuais de trabalho só é lícita a alteração das respectivas condições por mútuo consentimento, e ainda assim desde que não resultem, direta ou indiretamente, prejuízos ao empregado, sob pena de nulidade da cláusula infringente desta garantia.

§ 1º Não se considera alteração unilateral a determinação do empregador para que o respectivo empregado reverta ao cargo efetivo, anteriormente ocupado, deixando o exercício de função de confiança.

§ 2º A alteração de que trata o § 1º deste artigo, com ou sem justo motivo, ______________ ao empregado o direito à manutenção do pagamento da gratificação correspondente, que não será incorporada, independentemente do tempo de exercício da respectiva função."

5.32. Obrigações decorrentes do término do contrato de trabalho

"Art. 477. Na extinção do contrato de trabalho, o empregador deverá proceder à _________, comunicar a dispensa aos órgãos competentes e realizar o pagamento das verbas rescisórias no prazo e na forma estabelecidos neste artigo.

§ 1º (Revogado).

....

§ 3º (Revogado).

§ 4º O pagamento a que fizer jus o empregado será efetuado:

I – em dinheiro, depósito bancário ou cheque visado, conforme acordem as partes; ou

II – em dinheiro ou ___________________ quando o empregado for analfabeto.

....

§ 6º A entrega ao empregado de documentos que comprovem a comunicação da extinção contratual aos órgãos competentes bem como o pagamento dos valores constantes do instrumento de rescisão ou recibo de quitação deverão ser efetuados até ______________ contados a partir do término do contrato.

a) (revogada);

b) (revogada).

§ 7º (Revogado).

....

§ 10. A anotação da extinção do contrato na Carteira de Trabalho e Previdência Social é documento hábil para requerer o benefício do seguro-desemprego e a movimentação da conta vinculada no Fundo de Garantia do Tempo de Serviço, nas hipóteses legais, desde que a comunicação prevista no **caput** deste artigo tenha sido realizada." (NR)

5.33. Dispensa em massa

"Art. 477-A. As dispensas imotivadas individuais, plúrimas ou coletivas equiparam-se para todos os fins, ________________ necessidade de autorização prévia de entidade sindical ou de celebração de convenção coletiva ou acordo coletivo de trabalho para sua efetivação."

5.34. Plano de demissão voluntária

"Art. 477-B. Plano de Demissão Voluntária ou Incentivada, para dispensa individual, plúrima ou coletiva, previsto em convenção coletiva ou acordo coletivo de trabalho, enseja ______________________________ ______________ dos direitos decorrentes da relação empregatícia, salvo disposição em contrário estipulada entre as partes."

5.35. Dispensa por justa causa

Art. 482 – Constituem justa causa para rescisão do contrato de trabalho pelo empregador:

a) ato de improbidade;

b) incontinência de conduta ou mau procedimento;

c) negociação habitual por conta própria ou alheia sem permissão do empregador, e quando constituir ato de concorrência à empresa para a qual trabalha o empregado, ou for prejudicial ao serviço;

d) condenação criminal do empregado, passada em julgado, caso não tenha havido suspensão da execução da pena;

e) desídia no desempenho das respectivas funções;

f) embriaguez habitual ou em serviço;

g) violação de segredo da empresa;

h) ato de indisciplina ou de insubordinação;

i) abandono de emprego;

j) ato lesivo da honra ou da boa fama praticado no serviço contra qualquer pessoa, ou ofensas físicas, nas mesmas condições, salvo em caso de legítima defesa, própria ou de outrem;

k) ato lesivo da honra ou da boa fama ou ofensas físicas praticadas contra o empregador e superiores hierárquicos, salvo em caso de legítima defesa, própria ou de outrem;

l) prática constante de jogos de azar.

m) perda da habilitação ou dos requisitos estabelecidos em lei para o exercício da profissão, em decorrência de conduta ______________ do empregado.

5.36. Distrato

"Art. 484-A. O contrato de trabalho poderá ser extinto por acordo entre empregado e empregador, caso em que serão devidas as seguintes verbas trabalhistas:

I – ____________:

a) o aviso prévio, se indenizado; e

b) a indenização sobre o saldo do Fundo de Garantia do Tempo de Serviço, prevista no § 1º do art. 18 da Lei no 8.036, de 11 de maio de 1990;

II – na integralidade, as demais verbas trabalhistas.

§ 1º A extinção do contrato prevista no **caput** deste artigo permite a movimentação da conta vinculada do trabalhador no Fundo de Garantia do Tempo de Serviço na forma do inciso I-A do art. 20 da Lei no 8.036, de 11 de maio de 1990, limitada até ____________ do valor dos depósitos.

§ 2º A extinção do contrato por acordo prevista no **caput** deste artigo não autoriza o ingresso no Programa de Seguro-Desemprego."

5.37. Arbitragem individual

"Art. 507-A. Nos contratos individuais de trabalho cuja remuneração seja ____________ a duas vezes o limite máximo estabelecido para os benefícios do Regime Geral de Previdência Social, poderá ser pactuada cláusula compromissória de arbitragem, desde que por iniciativa do empregado ou mediante a sua concordância expressa, nos termos previstos na Lei no 9.307, de 23 de setembro de 1996."

5.38. Quitação anual de obrigações trabalhistas

"Art. 507-B. É ____________ a empregados e empregadores, na vigência ou não do contrato de emprego, firmar o termo de quitação anual de obrigações trabalhistas, perante o sindicato dos empregados da categoria.

Parágrafo único. O termo discriminará as obrigações de dar e fazer cumpridas mensalmente e dele constará a quitação anual dada pelo empregado, com eficácia liberatória das parcelas nele ____________."

5.39. Da representação dos empregados

'Art. 510-A. Nas empresas com mais de ____________, é assegurada a eleição de uma comissão para representá-los, com a finalidade de promover-lhes o entendimento direto com os empregadores.

§ 1º A comissão será composta:

I – nas empresas com mais de duzentos e até três mil empregados, por ______ membros;

II – nas empresas com mais de três mil e até cinco mil empregados, por ______ membros;

III – nas empresas com mais de cinco mil empregados, por ______ membros.

§ 2º No caso de a empresa possuir empregados em vários Estados da Federação e no Distrito Federal, será assegurada a eleição de uma comissão de representantes dos empregados por Estado ou no Distrito Federal, na mesma forma estabelecida no § 1º deste artigo.'

'Art. 510-B. A comissão de representantes dos empregados terá as seguintes atribuições:

I – representar os empregados perante a administração da empresa;

II – aprimorar o relacionamento entre a empresa e seus empregados com base nos princípios da boa-fé e do respeito mútuo;

III – promover o diálogo e o entendimento no ambiente de trabalho com o fim de prevenir conflitos;

IV – buscar soluções para os conflitos decorrentes da relação de trabalho, de forma rápida e eficaz, visando à efetiva aplicação das normas legais e contratuais;

V – assegurar tratamento justo e imparcial aos empregados, impedindo qualquer forma de discriminação por motivo de sexo, idade, religião, opinião política ou atuação sindical;

VI – encaminhar reivindicações específicas dos empregados de seu âmbito de representação;

VII – acompanhar o cumprimento das leis trabalhistas, previdenciárias e das convenções coletivas e acordos coletivos de trabalho.

§ 1º As decisões da comissão de representantes dos empregados serão sempre colegiadas, observada a maioria simples.

§ 2º A comissão organizará sua atuação de forma independente.'

'Art. 510-C. A eleição será convocada, com antecedência mínima de ____________, contados do término do mandato anterior, por meio de edital que deverá ser fixado na empresa, com ampla publicidade, para inscrição de candidatura.

§ 1º Será formada comissão eleitoral, integrada por cinco empregados, não candidatos, para a organização e o acompanhamento do processo eleitoral, vedada a interferência da empresa e do sindicato da categoria.

§ 2º Os empregados da empresa poderão candidatar-se, exceto aqueles com contrato de trabalho por ____________, com contrato suspenso ou que estejam em período de aviso prévio, ainda que indenizado.

§ 3º Serão eleitos membros da comissão de representantes dos empregados os candidatos mais votados, em votação secreta, vedado o voto por representação.

§ 4º A comissão tomará posse no primeiro dia útil seguinte à eleição ou ao término do mandato anterior.

§ 5º Se não houver candidatos suficientes, a comissão de representantes dos empregados poderá ser formada com número de membros inferior ao previsto no art. 510-A desta Consolidação.

§ 6º Se não houver registro de candidatura, será lavrada ata e convocada nova eleição no prazo de um ano.'

'Art. 510-D. O mandato dos membros da comissão de representantes dos empregados será de um ano.

§ 1º O membro que houver exercido a função de representante dos empregados na comissão não poderá ser candidato nos dois períodos subsequentes.

§ 2º O mandato de membro de comissão de representantes dos empregados não implica suspensão ou interrupção do contrato de trabalho, devendo o empregado permanecer no exercício de suas funções.

§ 3º Desde o registro da candidatura até ______ após o fim do mandato, o membro da comissão de representantes dos empregados não poderá sofrer ______, entendendo-se como tal a que não se fundar em motivo disciplinar, técnico, econômico ou financeiro.

§ 4º Os documentos referentes ao processo eleitoral devem ser emitidos em duas vias, as quais permanecerão sob a guarda dos empregados e da empresa pelo prazo de cinco anos, à disposição para consulta de qualquer trabalhador interessado, do Ministério Público do Trabalho e do Ministério do Trabalho.'"

5.40. Facultatividade da contribuição sindical

"Art. 545. Os empregadores ficam obrigados a descontar da folha de pagamento dos seus empregados, desde que por eles devidamente ______, as contribuições devidas ao sindicato, quando por este notificados.

...." (NR)

"Art. 578. As contribuições devidas aos sindicatos pelos participantes das categorias econômicas ou profissionais ou das profissões liberais representadas pelas referidas entidades serão, sob a denominação de contribuição sindical, pagas, recolhidas e aplicadas na forma estabelecida neste Capítulo, desde que ______." (NR)

"Art. 579. O desconto da contribuição sindical está condicionado à ______ dos que participarem de uma determinada categoria econômica ou profissional, ou de uma profissão liberal, em favor do sindicato representativo da mesma categoria ou profissão ou, inexistindo este, na conformidade do disposto no art. 591 desta Consolidação." (NR)

"Art. 582. Os empregadores são obrigados a descontar da folha de pagamento de seus empregados relativa ao mês de março de cada ano a contribuição sindical dos empregados que ______ o seu recolhimento aos respectivos sindicatos.

...." (NR)

"Art. 583. O recolhimento da contribuição sindical referente aos empregados e trabalhadores avulsos será efetuado no mês de abril de cada ano, e o relativo aos agentes ou trabalhadores autônomos e profissionais liberais realizar-se-á no mês de fevereiro, observada a exigência de ______ prevista no art. 579 desta Consolidação.

...." (NR)

"Art. 587. Os empregadores que optarem pelo recolhimento da contribuição sindical deverão fazê-lo no mês de janeiro de cada ano, ou, para os que venham a se estabelecer após o referido mês, na ocasião em que requererem às repartições o registro ou a licença para o exercício da respectiva atividade."

"Art. 602. Os empregados que não estiverem trabalhando no mês destinado ao desconto da contribuição sindical e que venham a autorizar ______ o recolhimento serão descontados no primeiro mês subsequente ao do reinício do trabalho.

5.41. Valorização do negociado

"Art. 611-A. A convenção coletiva e o acordo coletivo de trabalho têm prevalência sobre a lei quando, entre outros, dispuserem sobre:

I – pacto quanto à jornada de trabalho, observados os limites constitucionais;

II – banco de horas anual;

III – intervalo intrajornada, respeitado o limite mínimo de ______ para jornadas superiores a seis horas;

IV – adesão ao Programa Seguro-Emprego (PSE), de que trata a Lei no 13.189, de 19 de novembro de 2015;

V – plano de cargos, salários e funções compatíveis com a condição pessoal do empregado, bem como identificação dos cargos que se enquadram como funções de confiança;

VI – regulamento empresarial;

VII – representante dos trabalhadores no local de trabalho;

VIII – teletrabalho, regime de sobreaviso, e trabalho intermitente;

IX – remuneração por produtividade, incluídas as gorjetas percebidas pelo empregado, e remuneração por desempenho individual;

X – modalidade de registro de jornada de trabalho;

XI – troca do dia de feriado;

XII – enquadramento do ______;

XIII – prorrogação de jornada em ambientes insalubres, sem licença prévia das autoridades competentes do Ministério do Trabalho;

XIV – prêmios de incentivo em bens ou serviços, eventualmente concedidos em programas de incentivo;

XV – participação nos lucros ou resultados da empresa.

§ 1º No exame da convenção coletiva ou do acordo coletivo de trabalho, a Justiça do Trabalho observará o disposto no § 3º do art. 8º desta Consolidação.

§ 2º A inexistência de expressa indicação de contrapartidas recíprocas em convenção coletiva ou acordo coletivo de trabalho ______________ sua nulidade por não caracterizar um vício do negócio jurídico.

§ 3º Se for pactuada cláusula que reduza o salário ou a jornada, a convenção coletiva ou o acordo coletivo de trabalho deverão prever a proteção dos empregados ______________________________durante o prazo de vigência do instrumento coletivo.

§ 4º Na hipótese de procedência de ação anulatória de cláusula de convenção coletiva ou de acordo coletivo de trabalho, quando houver a cláusula compensatória, esta deverá ser igualmente anulada, sem repetição do indébito.

§ 5º Os sindicatos subscritores de convenção coletiva ou de acordo coletivo de trabalho deverão participar, como ______________, em ação individual ou coletiva, que tenha como objeto a anulação de cláusulas desses instrumentos."

5.42. Limites ao negociado

"Art. 611-B. Constituem ________________ de convenção coletiva ou de acordo coletivo de trabalho, exclusivamente, a supressão ou a redução dos seguintes direitos:

I – normas de identificação profissional, inclusive as anotações na Carteira de Trabalho e Previdência Social;

II – seguro-desemprego, em caso de desemprego involuntário;

III – valor dos depósitos mensais e da indenização rescisória do Fundo de Garantia do Tempo de Serviço (FGTS);

IV – salário mínimo;

V – valor nominal do décimo terceiro salário;

VI – remuneração do trabalho noturno superior à do diurno;

VII – proteção do salário na forma da lei, constituindo crime sua retenção dolosa;

VIII – salário-família;

IX – repouso semanal remunerado;

X – remuneração do serviço extraordinário superior, no mínimo, em 50% (cinquenta por cento) à do normal;

XI – número de dias de férias devidas ao empregado;

XII – gozo de férias anuais remuneradas com, pelo menos, um terço a mais do que o salário normal;

XIII – licença-maternidade com a duração mínima de cento e vinte dias;

XIV – licença-paternidade nos termos fixados em lei;

XV – proteção do mercado de trabalho da mulher, mediante incentivos específicos, nos termos da lei;

XVI – aviso prévio proporcional ao tempo de serviço, sendo no mínimo de trinta dias, nos termos da lei;

XVII – normas de saúde, higiene e segurança do trabalho previstas em lei ou em normas regulamentadoras do Ministério do Trabalho;

XVIII – adicional de remuneração para as atividades penosas, insalubres ou perigosas;

XIX – aposentadoria;

XX – seguro contra acidentes de trabalho, a cargo do empregador;

XXI – ação, quanto aos créditos resultantes das relações de trabalho, com prazo prescricional de cinco anos para os trabalhadores urbanos e rurais, até o limite de dois anos após a extinção do contrato de trabalho;

XXII – proibição de qualquer discriminação no tocante a salário e critérios de admissão do trabalhador com deficiência;

XXIII – proibição de trabalho noturno, perigoso ou insalubre a menores de dezoito anos e de qualquer trabalho a menores de dezesseis anos, salvo na condição de aprendiz, a partir de quatorze anos;

XXIV – medidas de proteção legal de crianças e adolescentes;

XXV – igualdade de direitos entre o trabalhador com vínculo empregatício permanente e o trabalhador avulso;

XXVI – liberdade de associação profissional ou sindical do trabalhador, inclusive o direito de não sofrer, sem sua expressa e prévia anuência, qualquer cobrança ou desconto salarial estabelecidos em convenção coletiva ou acordo coletivo de trabalho;

XXVII – direito de greve, competindo aos trabalhadores decidir sobre a oportunidade de exercê-lo e sobre os interesses que devam por meio dele defender;

XXVIII – definição legal sobre os serviços ou atividades essenciais e disposições legais sobre o atendimento das necessidades inadiáveis da comunidade em caso de greve;

XXIX – tributos e outros créditos de terceiros;

XXX – as disposições previstas nos arts. 373-A, 390, 392, 392-A, 394, 394-A, 395, 396 e 400 desta Consolidação.

Parágrafo único. Regras sobre ____________ não são consideradas como normas de saúde, higiene e segurança do trabalho para os fins do disposto neste artigo."

5.43. Ultratividade das normas coletivas

– "Art. 614. ....

....

§ 3º Não será permitido estipular duração de convenção coletiva ou acordo coletivo de trabalho superior a dois anos, sendo ________________ a ultratividade."

5.44. Prevalência do acordo coletivo sobre a convenção coletiva de trabalho

"Art. 620. As condições estabelecidas em acordo coletivo de trabalho ________________ sobre as estipuladas em convenção coletiva de trabalho."

5.45. Reajuste das multas administrativas

"Art. 634. ....

§ 1º ....

§ 2º Os valores das multas administrativas expressos em moeda corrente serão reajustados anualmente pela ________________, divulgada pelo Banco Central do Brasil, ou pelo índice que vier a substituí-lo."

5.46. Terceirização da atividade-fim

Art. 2º A Lei no 6.019, de 3 de janeiro de 1974, passa a vigorar com as seguintes alterações:

"Art. 4º-A. Considera-se prestação de serviços a terceiros a transferência feita pela contratante da execução de quaisquer de suas atividades, inclusive sua ________________, à pessoa jurídica de direito privado prestadora de serviços que possua capacidade econômica compatível com a sua execução.

"Art. 5º-A. Contratante é a pessoa física ou jurídica que celebra contrato com empresa de prestação de serviços relacionados a quaisquer de suas atividades, inclusive sua ________________.

5.47. Condições de trabalho e salário equivalente

"Art. 4º-C. São asseguradas aos empregados da empresa prestadora de serviços a que se refere o art. 4º-A desta Lei, quando e enquanto os serviços, que podem ser de qualquer uma das atividades da contratante, forem executados nas dependências da tomadora, as mesmas condições:

I – relativas a:

a) alimentação garantida aos empregados da contratante, quando oferecida em refeitórios;

b) direito de utilizar os serviços de transporte;

c) ________________________ existente nas dependências da contratante ou local por ela designado;

d) treinamento adequado, fornecido pela contratada, quando a atividade o exigir.

II – sanitárias, de medidas de proteção à saúde e de segurança no trabalho e de instalações adequadas à prestação do serviço.

§ 1º Contratante e contratada ________________ estabelecer, se assim entenderem, que os empregados da contratada farão jus a salário equivalente ao pago aos empregados da contratante, além de outros direitos não previstos neste artigo.

§ 2º Nos contratos que impliquem mobilização de empregados da contratada em número igual ou superior a 20% (vinte por cento) dos empregados da contratante, esta poderá disponibilizar aos empregados da contratada os serviços de alimentação e atendimento ambulatorial em outros locais apropriados e com igual padrão de atendimento, com vistas a manter o pleno funcionamento dos serviços existentes."

5.48. Quarentena da empresa de prestação de serviços a terceiros

"Art. 5º-C. Não pode figurar como contratada, nos termos do art. 4º-A desta Lei, a pessoa jurídica cujos titulares ou sócios tenham, nos últimos ________________, prestado serviços à contratante na qualidade de empregado ou trabalhador sem vínculo empregatício, exceto se os referidos titulares ou sócios forem aposentados.

5.49. Quarentena do empregado terceirizado

"Art. 5º-D. O ________________ que for demitido não poderá prestar serviços para esta mesma empresa na qualidade de empregado de empresa prestadora de serviços antes do decurso de prazo de ________________, contados a partir da demissão do empregado."

5.50. Lei do FGTS (Lei nº 8.036/90)

"Art. 15. Para os fins previstos nesta Lei, todos os empregadores ficam obrigados a depositar, até o ________________, em conta vinculada, a importância correspondente a ________________ paga ou devida, no mês anterior, a cada trabalhador, incluídas na remuneração as parcelas de que tratam os arts. 457 e 458 da Consolidação das Leis do Trabalho (CLT), aprovada pelo Decreto-Lei nº 5.452, de 1º de maio de 1943, e a Gratificação de Natal de que trata a Lei nº 4.090, de 13 de julho de 1962.". (Redação dada pela Lei nº 14.438, de 2022)

Art. 20. A conta vinculada do trabalhador no FGTS poderá ser movimentada nas seguintes situações:

(...)

I-A – extinção do contrato de trabalho prevista no ________________."

RESPOSTAS – EXERCÍCIOS MEMORIZAÇÃO DA REFORMA TRABALHISTA

1. Grupo Econômico
- solidariamente;
- identidade de sócios

2. Tempo à disposição
- acidente do trabalho
- cinco minutos
- não houver obrigatoriedade

3. Integração do direito do trabalho
- restringir direitos
- princípio da intervenção mínima na autonomia da vontade coletiva

4. Sócio Retirante
- dois anos
- a empresa devedora
- os sócios atuais
- solidariamente

5. Prescrição
- Total
- Juízo incompetente

5.1. Prescrição Intercorrente
- 2 anos

6. Multa por ausência de registro
- R$ 3.000,00 (três mil reais)
- microempresa ou empresa de pequeno porte
- dupla visita

7. Multa por informações incompletas no registro de empregados
- R$ 600,00 (seiscentos reais)

8. Horas *in itinere*
- não será computado
- não ser

9. Regime de tempo parcial
- trinta horas semanais
- vinte e seis horas semanais
- seis horas
- 50% (cinquenta por cento)
- vinte e seis horas semanais
- seis horas
- facultado
- art. 130

10. Compensação de jornada e banco de horas
- acordo individual
- das horas extras não compensadas
- seis meses
- mesmo mês

11. Jornada 12x36
- observados ou indenizados
- descanso em feriados
- prorrogações de trabalho noturno

12. Exigências legais da compensação e prestação de horas extras habituais
- não descaracteriza
- doze horas de trabalho por trinta e seis horas ininterruptas de descanso

13. Horas suplementares em atividades insalubres
- doze horas de trabalho por trinta e seis horas ininterruptas de descanso

14. Prorrogação de jornada de trabalho por necessidade imperiosa
- independentemente

15. Empregados não submetidos à limitação de jornada
- externa incompatível com a fixação de horário de trabalho
- por produção ou tarefa
- 40% (quarenta por cento)

16. Intervalo intrajornada
- natureza indenizatória

17. Teletrabalho
- de maneira preponderante ou não
- não descaracteriza
- por produção ou tarefa

- estagiários e aprendizes
- estabelecimento de lotação do empregado
- legislação brasileira
- mútuo acordo entre as partes
- quinze dias

18. Fracionamento das férias individuais
- três períodos
- quatorze dias corridos
- cinco dias corridos
- dois dias

19. Dano extrapatrimonial
- apenas
- exclusivas
- três vezes
- cinco vezes
- vinte vezes
- cinquenta vezes

20. Afastamento da gestante e da lactante de atividades insalubres
- grau máximo
- grau médio ou mínimo
- qualquer grau
- empresa
- salário-maternidade

21. Intervalos para amamentação
- acordo individual

22. Trabalho autônomo
- sociedade cooperativa
- entidades religiosas
- ministros de confissão religiosa
- empregado

23. Trabalho intermitente
- alternância de períodos

24. Empregado "hipersuficiente"
- diploma de nível superior
- duas vezes

25. Sucessão trabalhista
- solidariamente

26. Regulamentação do trabalho intermitente
- por escrito
- três dias
- um dia útil
- multa de 50% (cinquenta por cento)

27. Uniformes
- lícita
- trabalhador

28. Salário e remuneração
- comissões
- diárias para viagem
- prêmios

29. Salário *in natura*
- não integram

30. Equiparação salarial
- estabelecimento empresarial
- igual valor
- quatro anos
- dois anos
- quadro de carreira
- ou por apenas um destes critérios
- paradigmas remotos
- indenização por danos morais
- 10 (dez) vezes

31. Reversão e gratificação de função
- não assegura

32. Obrigações decorrentes do término do contrato de trabalho
- anotação na Carteira de Trabalho e Previdência Social
- depósito bancário
- dez dias

33. Dispensa em massa
- não havendo

34. Plano de demissão voluntária
- quitação plena e irrevogável

35. Dispensa por justa causa
- dolosa

36. Distrato
- por metade
- 80% (oitenta por cento)

37. Arbitragem individual
- superior

38. Quitação anual de obrigações trabalhistas
- facultado
- especificadas

39. Da representação dos empregados
- duzentos empregados
- três
- cinco
- sete
- trinta dias
- prazo determinado
- um ano
- despedida arbitrária

40. Facultatividade da contribuição sindical
- autorizados
- prévia e expressamente autorizadas
- autorização prévia e expressa
- autorizaram prévia e expressamente
- autorização prévia e expressa
- prévia e expressamente

41. Valorização do negociado
- trinta minutos
- grau de insalubridade
- não ensejará
- contra dispensa imotivada
- litisconsortes necessários

42. Limites ao negociado
- objeto ilícito
- duração do trabalho e intervalos

43. Ultratividade das normas coletivas
- vedada

44. Prevalência do acordo coletivo sobre a convenção coletiva de trabalho
- sempre prevalecerão

45. Reajuste das multas administrativas
- Taxa Referencial (TR)

46. Terceirização da atividade-fim
- atividade principal
- atividade principal

47. Condições de trabalho e salário equivalente
- atendimento médico ou ambulatorial
- poderão

48. Quarentena da empresa prestadora de serviços a terceiros
- dezoito meses

49. Quarentena do empregado terceirizado
- empregado
- dezoito meses

50. Lei do FGTS (Lei nº 8.036/90)
- vigésimo dia de cada mês
- 8% (oito por cento) da remuneração
- art. 484-A da Consolidação das Leis do Trabalho (CLT), aprovada pelo Decreto - Lei nº 5.452, de 1º de maio de 1943

6. QUESTÕES DISSERTATIVAS E ESTUDOS DE CASO

▶ **Treino e Padrão de respostas:**

Ao resolver uma questão dissertativa ou estudos de caso, é fundamental tentar escrever com clareza, sem erros e com letra legível, de modo que se torne uma leitura simples e fácil ao examinador. Lembre-se de que o examinador não ficará horas tentando decifrar códigos ininteligíveis, e, ainda, descartará questões com erros graves de ortografia, pontuação etc. Ele tem milhares de questões para corrigir, portanto, cause uma boa impressão logo no início do texto.

É muito importante que o candidato redija, com frequência e com antecedência, o máximo de questões sobre temas atuais e importantes do direito e do processo do trabalho. Treine sempre manualmente, evite digitar as respostas, pois não terá o computador ao seu lado no dia do concurso. Esse é o melhor treino e estudo para questões abertas.

Tente responder às questões seguintes antes de verificar o gabarito apresentado ou procurar a resposta na teoria. É uma forma de treinar seu cérebro às condições apresentadas na hora da prova. Lembre-se de que algumas questões não têm resposta certa ou errada. Portanto, a boa fundamentação é o caminho para a aprovação.

Cabe frisar, ainda, que não dará tempo de elaborar um rascunho detalhado prévio, na maior parte dos concursos. Portanto, antes de iniciar sua redação, coloque ao lado do próprio enunciado alguns pontos principais de que você precisará se lembrar durante a confecção da resposta. Essa técnica evitará que se esqueça de abordar assuntos importantes.

A indicação do número da lei, do artigo, da súmula ou orientação jurisprudencial somente deve ser colocada se você realmente souber, com exatidão, o número da norma ou se assim for exigido pela banca examinadora.

Por fim, a **Reforma Trabalhista**, aprovada em julho/2017, alterou muitos pontos do Direito e Processo do Trabalho. Dessa forma, é importante que o candidato tenha conhecimento da legislação vigente e disserte, de forma clara, sobre ela. O examinador valorizará as redações que estiverem com base nas inovações legislativas.

► **QUESTÃO DISSERTATIVA 01:**

Disserte sobre o Direito do Trabalho em tempos de pandemia e os impactos das inovações legislativas nas relações de trabalho.

RESPOSTA SUGERIDA PELO AUTOR:

Os anos de 2020 e 2021, que certamente entrarão para os manuais de história diante das inúmeras mudanças promovidas no padrão de vida da maioria das pessoas ao redor do mundo. Apesar de não ser novidade na história da humanidade, experenciamos a maior pandemia dos últimos 100 anos, comparada, em certa medida, com a pandemia da gripe espanhola que ocorreu entre 1918 e 1920.

A pandemia de coronavírus obrigou bilhões de pessoas a se manterem reclusas em suas casas, aguardando atônitos o desenvolvimento da doença. De acordo com o Ministério da Saúde, o novo agente do coronavírus foi descoberto em 2019 após casos registrados na China e é responsável pela doença chamada de COVID-19. Com o avanço da doença para diversas partes do mundo, a Organização Mundial da Saúde declarou a pandemia da COVID-19 no dia 11/03/2020.

A pandemia obrigou os governos da maioria dos países a declarar a necessidade de distanciamento social para reduzir o contágio. No Brasil, com a ampliação das taxas de mortalidade e com a superlotação de leitos hospitalares, especialmente os de Unidade de Terapia Intensiva (UTI), diversos Governadores de Estados decretaram a quarentena em seus territórios, o que levou ao fechamento do comércio e da paralisação de parte da produção. Além disso, no dia 20/03/2020, foi reconhecido pelo Congresso Nacional a ocorrência do estado de calamidade pública em decorrência da emergência de saúde pública de importância internacional relacionada ao coronavírus (COVID-19).

O desenvolvimento da COVID-19 e os profundos impactos nas relações econômicas e sociais geraram diversas consequências para o mundo do trabalho. Nesse sentido, no decorrer da pandemia, foram editadas leis, medidas provisórias e proferidas decisões judiciais que passaram a regulamentar as relações trabalhistas durante a pandemia. Dentre elas, destacam-se:

A) Medida Provisória nº 927/2020: previu medidas trabalhistas para enfrentamento do estado de calamidade pública decorrente da pandemia de coronavírus. Perdeu sua vigência por ausência de votação no dia 20/07/2020;

B) Lei nº 13.979/2020: dispõe sobre as medidas para enfrentamento da emergência de saúde pública de importância internacional decorrente do coronavírus responsável pelo surto de 2019, dentre elas o isolamento e a quarentena;

C) Lei nº 14.020/2020 (Medida Provisória nº 936/2020) e a MP nº 1.045/2021 (vigência encerrada): permitiram a redução de salários e de jornadas por acordo individual durante a pandemia da COVID-19. Para mais informações, consulte o tema no capítulo de remuneração;

D) Lei nº 14.043/2020: instituiu o Programa Emergencial de Suporte a Empregos;

E) Lei nº 14.047/2020: previu sobre medidas temporárias em resposta à pandemia decorrente da COVID-19 no âmbito do setor portuário; e

F) Lei nº 14.297/2022: dispunha sobre medidas de proteção asseguradas ao entregador que presta serviço por intermédio de empresa de aplicativo de entrega durante a vigência, no território nacional, da emergência de saúde pública decorrente do coronavírus responsável pela COVID-19. Essas medidas foram aplicadas enquanto perdurar esse estado de emergência de saúde pública.

O Direito do Trabalho tem como principal conteúdo a análise jurídica das relações de emprego e de determinados trabalhadores que foram legalmente favorecidos pelas normas trabalhistas. Dessa forma, caberá aos atores e intérpretes do Direito do Trabalho analisar cada caso concreto no dia a dia das relações de trabalho com base na nova regulamentação e as novas formas de trabalho, adaptadas à nova realidade do pós-pandemia.

▶ **QUESTÃO DISSERTATIVA 02:**
Disserte sobre os impactos causados pela Reforma Trabalhista no dia a dia dos trabalhadores do Brasil.

RESPOSTA SUGERIDA PELO AUTOR:

A Reforma Trabalhista teve impacto em todo o ordenamento jurídico trabalhista, uma vez que regulamenta diversos institutos jurídicos e apresenta as tendências legislativas em relação a esse ramo do Direito. Algumas alterações atingiram até a própria estrutura do Direito do Trabalho, como a ampliação significativa de acordos individuais e a grande possibilidade de negociação coletiva.

A princípio, foi apresentado pelo, então, Presidente da República, Michel Temer, o Projeto de Lei de nº 6.787/2016, que se tratava, em verdade, de uma minirreforma trabalhista, já que propunha a alteração de poucos artigos da CLT, assim como alterava a Lei nº 6.019/1974, que versa sobre o trabalho temporário e a terceirização de serviços. Em abril de 2017, entretanto, o PL nº 6.787/2016 foi aprovado pela Câmara dos Deputados com muitas alterações (quase 100 artigos) em relação ao projeto original apresentado pelo Poder Executivo, modificando, acrescentando ou revogando diversos artigos da CLT e de legislações esparsas como a Lei do FGTS, a Lei nº 6.019/1974 e a Lei nº 8.212/1991. O texto foi aprovado integralmente pelo Senado, em 11/07/2017, e sancionado pelo Presidente. A Lei nº 13.467/2017, então, entrou em vigor no dia 11/11/2017.

A Reforma Trabalhista causou impactos diretos na vida dos trabalhadores. Como exemplos das novidades trazidas pela nova Lei, destacam-se aquelas que tentavam diminuir o número de ações propostas perante a Justiça do Trabalho, como a possibilidade do distrato, a regulamentação do procedimento de homologação de acordo extrajudicial e a faculdade de quitação anual das verbas rescisórias. Dados recentes do CNJ, contudo, evidenciam que a litigiosidade trabalhista aumentou após a entrada em vigor da Reforma.

Outro mote da Reforma foi a flexibilização das normas trabalhistas, que se deu de forma individual e coletiva. De forma individual, há amplas possibilidades de o empregado negociar diretamente com o empregador, como é o caso do distrato, banco de horas, jornada 12x36 (possibilidade confirmada pelo STF na ADI 5994) etc. De forma coletiva, destaca valorização do negociado sobre o legislado, nos termos do art. 611-A da CLT (validado pelo STF no julgamento do Tema 1046 da repercussão geral).

Por fim, o argumento da Reforma era privilegiar a segurança jurídica, dar mais possibilidade ao empregador de novas contratações. Por outro lado, em muitos casos, ao flexibilizar a legislação, a Reforma deixou o trabalhador mais exposto às vontades do empregador.

▸ **QUESTÃO DISSERTATIVA 03:**
A Reforma Trabalhista, aprovada em 2017, afronta normas constitucionais? Fundamente.

RESPOSTA SUGERIDA PELO AUTOR:

O projeto de minirreforma trabalhista foi um projeto de iniciativa do Poder Executivo com modificação em poucos dispositivos da CLT e da legislação esparsa, mas que passou por várias alterações na Câmara dos Deputados. O Senado Federal apenas o homologou e o projeto foi sancionado pelo Presidente. As discussões em torno da reforma foram muito rápidas. Embora não haja nenhum vício do processo legislativo, pois o STF afastou as discussões a respeito de seu trâmite, o art. 7º da Constituição Federal, já em seu "caput", prevê um rol exemplificativo de direitos, sendo possível, portanto, novos direitos trabalhistas para a melhoria das condições de trabalho.

O próprio texto constitucional, prevê, expressamente, a possibilidade de flexibilização dos direitos trabalhistas em três pontos: duração do trabalho, turnos ininterruptos de revezamento e redução do salário. Esses três pontos poderão ser flexibilizados via norma coletiva. O STF, inclusive, já estava se posicionando pela prevalência do negociado nas relações de trabalho, como ocorreu em julgamento sobre a possibilidade de supressão das horas *in itinere* e a concessão de quitação plena e irrestrita na adesão ao plano de demissão voluntária – PDV. Mais recentemente, em 2022, foi além e fixou a tese de que acordos e convenções coletivas de trabalho podem restringir direitos trabalhistas não constitucionalmente assegurados, sem a necessidade de contrapartida, ressalvados os direitos absolutamente indisponíveis (Tema 1046 da Repercussão Geral).

Além do tema acima, a Corte Constitucional tem se manifestado acerca das alterações trazidas pela reforma:

1) ADI 5794/DF, na qual o STF validou o fim da contribuição sindical compulsória;

2) ADI 5938/ DF, na qual foi declara a inconstitucionalidade da exigência de atestado para o afastamento de gestantes e lactantes de locais insalubres;

3) ADPF nº 324 e o RE nº 958252, julgamento do STF que validou a terceirização nas atividades-fim;

4) Tema 638 da Repercussão Geral, que estabeleceu a necessidade de participação do sindicato da categoria profissional para a dispensa em massa de trabalhadores;

5) ADPF 323/DF, em que a Corte declarou a inconstitucionalidade da Súmula nº 277 do Tribunal Superior do Trabalho (ultratividade da norma coletiva);

6) Tema nº 935 Repercussão Geral, em que a Corte decidiu pela constitucionalidade da instituição, por acordo ou convenção coletiva de trabalho, de contribuições assistenciais (para o custeio das despesas com a negociação coletiva) a serem impostas a todos os empregados da categoria profissional, ainda que não sindicalizados, desde que assegurado o direito de oposição;

7) ADIs nºs 6050, 6069 e 6082/DF, que conferiram interpretação conforme a Constituição, de modo a estabelecer que as redações conferidas aos arts. 223-A e 223-B, da CLT, não excluem o direito à reparação por dano moral indireto ou dano em ricochete no âmbito das relações de trabalho;

8) ADI nº 5994/DF, na qual o STF considerou constitucional o art. 59-A da CLT, introduzido pela Reforma Trabalhista, que permite a pactuação da jornada 12 x 36 por acordo individual escrito entre empregado e empregador; e

9) ADI 6188/DF, na qual o STF declarou a inconstitucionalidade do art. 702, I, "f", e §§ 3º e § 4º, da CLT, que estabeleciam uma série de requisitos para o TST e os TRTs criarem e alterarem súmulas e outros enunciados de jurisprudência.

Portanto, percebe-se que a Suprema Corte, desde a entrada em vigor da Reforma Trabalhista, tem se manifestado sobre a constitucionalidade ou não das novidades trazidas pela Lei nº 13.467/2017. Em alguns casos, como a exigência de atestado para o afastamento de gestantes e lactantes de locais insalubres e a tarifação do dano extrapatrimonial, o Tribunal concluiu por violações a normas constitucionais. Em outros, como no fim da ultratividade da norma coletiva e na possibilidade de pactuação da jornada 12 x 36 por acordo individual escrito entre empregado e empregador, reconheceu-se a compatibilidade das mudanças com a Constituição Federal de 1998.

▶ **QUESTÃO DISSERTATIVA 04:**
Disserte sobre o tema: Direito do Trabalho e os direitos fundamentais. Proteção do hipossuficiente. Dirigismo contratual.

RESPOSTA SUGERIDA PELO AUTOR:

Os direitos fundamentais são indispensáveis como baliza para a interpretação e aplicação da nova legislação trabalhista. Em um primeiro momento, surgiram os direitos de primeira geração, em que o Estado deveria parar de intervir e dar mais liberdade ao trabalhador, com prevalência dos direitos individuais. Tais direitos geraram a exploração do homem pelo homem, em razão do excesso de liberdade. Quando o estado deixou de intervir, houve um aumento na exploração de trabalhadores, em especial de mulheres e adolescentes. Surge, então, a reinvindicação pelos direitos de segunda geração – os direitos sociais – que são marcados pela forte intervenção estatal, já que as partes têm pouca autonomia da vontade. Depois disso, surgem os direitos de terceira geração com os direitos de massa e direitos ambientais.

Na legislação civilista, há ampla liberdade de transação, pois estamos diante de partes iguais. O direito do trabalho, por sua vez, é caracterizado pela presença de sujeitos em posições desiguais, em que não há condições de livre negociação. Por esta razão, surgem princípios diferentes a este ramo, com uma legislação protetiva. O trabalhador na condição de hipossuficiente jurídico tem um rol protetivo trabalhista, assim como o consumidor também é tratado de forma protetiva pela legislação do consumidor.

O dirigismo contratual quer dizer que o Estado reduz a autonomia das partes. Com isso, o Direito do Trabalho, que é composto por normas de ordem pública, reduz a possibilidade de renúncia de direitos e transação entre empregado e empregador.

A Reforma Trabalhista, aprovada em 2017, amplia, significativamente, a possibilidade de negociação direta entre empregado e empregador, como ocorre no distrato, banco de horas, jornada 12x36, possibilidade de pagamento em dinheiro ou depósito em conta e tantas outras possibilidades. Amplia-se, assim, a liberdade de escolha entre partes desiguais.

Inclusive, a reforma trouxe a figura do empregado "hipersuficiente", termo trazido pelo relator da Reforma que contradiz a ideia clássica de hipossuficiente, que é aquele com nível superior e que recebe duas vezes o teto dos benefícios da Previdência Social. Este trabalhador poderá negociar livremente com o empregador com a mesma força da norma coletiva. Entretanto, por ainda permanecer a subordinação jurídica e a apreensão em perder o emprego, mesmo o empregado que receba altos salários, aceitará diversos acordos prejudiciais por não se encontrar em condições de igualdade para a negociação.

Em suma, os direitos sociais são imprescindíveis para uma vida digna do empregado. Esse rol protetivo criado para essa relação específica de emprego é imprescindível para que o trabalhador tenha melhores condições de trabalho, o que pode ser afetado pela ampliação da possibilidade de negociação individual e coletiva.

▸ **QUESTÃO DISSERTATIVA 05:**

Disserte sobre o tema: Direito do Trabalho em momentos de crise e a Reforma Trabalhista.

RESPOSTA SUGERIDA PELO AUTOR:

As fontes do direito do trabalho são divididas em fontes materiais e fontes formais. As fontes materiais são acontecimentos, reivindicações, movimentos sociais, culturais e políticos que podem influenciar o legislador. A Reforma Trabalhista tem sua origem nesses movimentos, como fruto de reinvindicações de empregadores.

As crises econômicas que se iniciaram em 2008 e o forte desemprego foram vitais para impulsionar a flexibilização e aprovação da nova legislação trabalhista. A redução de direitos e a flexibilização são notórias com a Reforma Trabalhista.

O argumento da nova legislação é no sentido de modernizar e proporcionar segurança jurídica aos empregadores e, com isso, gerar novos postos de trabalho. Entretanto, a flexibilização trazida pela Lei nº 13.467/2017 ocorre não apenas no âmbito coletivo, mas também no individual. Essa nova legislação possibilita a flexibilização individual em diversos pontos, ampliando a autonomia da vontade de partes desiguais como ocorre no banco de horas, jornada 12x36, distrato e amplia as hipóteses de negociação coletiva (art. 611-A da CLT), que têm prevalência sobre a legislação em, pelo menos, quinze itens dispostos em seus incisos. Nesse sentido, a flexibilização, da forma como foi feita pela Reforma Trabalhista, poderá causar precarização das relações de trabalho.

Em suma, momentos de crise e desemprego são fortes instrumentos de pressão sobre o legislador. Em várias partes do mundo, reformas trabalhistas têm sido aprovadas e não foi diferente no Brasil. Da forma como foi aprovada a legislação, ela altera partes estruturantes, basilares, fundantes do direito e do processo do trabalho, o que pode trazer inúmeros prejuízos aos trabalhadores e retrocesso social.

CAPÍTULO II

DIREITO CONSTITUCIONAL DO TRABALHO E DIREITOS HUMANOS DO TRABALHO

1. INTRODUÇÃO

Antes de iniciarmos o estudo deste capítulo, é importante que você compreenda o propósito da sua existência dentro da estrutura desta obra. Optamos por reunir aqui, de forma concentrada e sistematizada, os principais direitos constitucionais do trabalho, diante da frequente cobrança desse conteúdo em concursos públicos para analista e técnico, em todo o país[41].

Esses direitos, previstos nos artigos 7º, 8º, 9º, 10 e 11 da Constituição Federal de 1988, aparecem em questões objetivas, discursivas e, cada vez mais, como fundamento para a resolução de estudos de caso, especialmente nas provas dos TRTs, MPU e outras carreiras jurídicas e administrativas que exigem domínio da legislação constitucional aplicada às relações de trabalho.

A proposta deste capítulo é oferecer a você uma visão panorâmica, organizada e estratégica desses dispositivos constitucionais, facilitando a compreensão e a memorização do conteúdo, sem perder de vista a função introdutória e integradora deste momento do livro. Isso significa que vários dos temas abordados aqui serão aprofundados posteriormente, com análise doutrinária, jurisprudencial e legal nos capítulos específicos indicados ao longo do texto. Portanto, ao longo da leitura, fique atento às remissões internas, que lhe mostrarão onde o tema será retomado com mais profundidade.

Além disso, este capítulo traz inovações relevantes em relação à 15ª edição, incorporando conteúdos inéditos e atualizados com base nos editais mais recentes. É o caso dos tópicos sobre direitos humanos do trabalho e da empresa, trabalho decente, princípios de *Ruggie*, Agenda 2030 da ONU, desenvolvimento sustentável, igualdade de oportunidades e combate à discriminação, todos diretamente previstos no edital do último concurso do MPU e com potencial de cobrança em casos práticos ou questões interdisciplinares.

Portanto, este capítulo deve ser lido com atenção redobrada: ele é fundamental para sua base teórica, servirá de apoio para temas futuros e pode ser determinante para sua pontuação em provas objetivas e discursivas. Use-o como ponto de partida para consolidar os

41. A título de exemplo, citam-se os conteúdos previstos nos Editais de abertura de inscrição do TRTs das 10ª (Edital 01/2024), 15ª (Edital 01/2024), 1ª (Edital 01/2025), 2ª (Edital 01/2025), bem como o concurso para técnico e analista do MPU (Edital 01/2025).

fundamentos constitucionais do Direito do Trabalho, e como referência segura para revisões estratégicas ao longo da sua preparação.

2. DIREITOS CONSTITUCIONAIS DOS TRABALHADORES

O Direito do Trabalho é fortemente influenciado pelo reconhecimento do valor social do trabalho como um dos fundamentos da República (art. 1º, IV, da Constituição Federal), além de outros dispositivos constitucionais que asseguram a dignidade da pessoa humana e a promoção da justiça social. No entanto, é no art. 7º da Constituição que esses direitos se concretizam de forma sistemática, especialmente no que se refere às relações individuais de trabalho.

Esse artigo representa o principal repositório das garantias constitucionais conferidas aos trabalhadores empregados, estabelecendo um conjunto de direitos que compõem o patamar mínimo civilizatório das relações laborais, e que, não por acaso, têm sido constantemente exigidos nos principais concursos públicos para analista e técnico.

Para facilitar seu estudo, começaremos pela leitura da redação do art. 7º, em versão esquematizada e organizada. Em seguida, comentaremos cada direito previsto, sempre com indicações precisas dos capítulos e tópicos do livro em que esse conteúdo será aprofundado de maneira mais completa. Assim, você poderá entender o panorama geral da proteção constitucional e, ao mesmo tempo, saber exatamente onde retornar para revisar ou aprofundar cada ponto.

Trata-se, portanto, de um estudo estratégico e estruturado, que combina leitura direcionada da Constituição com orientação prática para sua preparação.

> **Art. 7º, I, da CF/88.** relação de emprego protegida contra despedida arbitrária ou sem justa causa, nos **termos** de lei complementar, que preverá indenização compensatória, dentre outros direitos.

O inciso I do art. 7º da Constituição assegura **proteção à relação de emprego contra despedida arbitrária ou sem justa causa**, prevendo, para esses casos, o pagamento de indenização compensatória. Contudo, até hoje, essa previsão não foi regulamentada por lei complementar.

Na prática, essa lacuna é suprida pelo art. 10, inciso I, do Ato das Disposições Constitucionais Transitórias (ADCT), que institui o **pagamento de multa de 40% sobre os depósitos do FGTS** realizados durante o vínculo empregatício em caso de dispensa sem justa causa.

Vale lembrar que:

- Na culpa recíproca, força maior ou distrato (art. 484-A da CLT), o percentual da multa cai para 20% sobre os depósitos do FGTS.
- Nos contratos por prazo determinado, em caso de rescisão antecipada pelo empregador, além da indenização prevista no art. 479 da CLT, também é devida a multa de 40% sobre o FGTS.
- Não há direito à multa nem ao saque do FGTS nas hipóteses de dispensa por justa causa ou pedido de demissão.

A LC nº 150/2015 trouxe regime específico para o empregado doméstico: em vez da multa de 40% ou 20%, o empregador deve recolher mensalmente 3,2% da remuneração do trabalhador a título de indenização por perda do emprego. Esse valor integra a conta vinculada do FGTS e poderá ser movimentado pelo empregado em caso de dispensa sem justa causa ou rescisão indireta. Já nas hipóteses de justa causa ou pedido de demissão, o valor é restituído ao empregador. Em caso de culpa recíproca, o montante é dividido entre as partes.

Caso queira aprofundar o estudo, confira o **item 5.8 do Capítulo VIII deste livro.**

Art. 7º, II, da CF/88. seguro-desemprego, em caso de desemprego involuntário.

O inciso II do art. 7º da Constituição assegura o direito ao seguro-desemprego como forma de proteção ao trabalhador em situação de desemprego involuntário. A previsão também se encontra no art. 201, III, da CF, que trata da previdência social, indicando o caráter previdenciário do benefício.

O seguro-desemprego está regulamentado pela Lei nº 7.998/1990 e tem natureza indenizatória, não compondo o salário do trabalhador. Seu objetivo é garantir uma renda temporária ao trabalhador desempregado sem justa causa, enquanto busca reinserção no mercado de trabalho.

Quem tem direito ao seguro-desemprego?

I. Empregado dispensado sem justa causa;
II. Empregado que requereu rescisão indireta (art. 483 da CLT);
III. Empregado com contrato suspenso para participação em curso de qualificação profissional (art. 476-A da CLT);
IV. Pescador profissional artesanal, durante o período do defeso (época em que a pesca é proibida para preservação das espécies);
V. Trabalhador resgatado de condição análoga à de escravo;
VI. Empregado doméstico, conforme previsão expressa da LC nº 150/2015, que garantiu o direito ao benefício.

Nos termos do art. 6º da Lei nº 7.998/1990, o seguro-desemprego é direito pessoal e intransferível, e pode ser requerido entre o 7º e o 120º dia após a dispensa.

Caso queira aprofundar o estudo, confira o **item 3.10 do Capítulo VII deste livro.**

Art. 7º, III, da CF/88. fundo de garantia do tempo de serviço;

O Fundo de Garantia do Tempo de Serviço (FGTS) foi criado pela Lei nº 5.107/1966 como alternativa à estabilidade decenal prevista na CLT, que, por onerar excessivamente o empregador, acabava desestimulando a formalização de vínculos duradouros. Assim, o FGTS surgiu como um mecanismo de indenização do tempo de serviço, associado também à política habitacional e de desenvolvimento social. Inicialmente opcional, o regime do FGTS passou a ser obrigatório com a Constituição de 1988, sendo atualmente regido pela Lei nº 8.036/1990 e pelo Decreto nº 99.684/1990.

O FGTS funciona como uma espécie de poupança compulsória em favor do empregado, formada exclusivamente por depósitos mensais realizados pelo empregado. Todo mês, este deve depositar 8% da remuneração do empregado em uma conta vinculada na Caixa Econômica Federal. Exemplo: se o salário for de R$ 2.000,00, o depósito mensal será de R$ 160,00. Não há qualquer desconto salarial para o empregado, pois se trata de obrigação exclusivamente patronal.

A Reforma Trabalhista (Lei nº 13.467/2017) vedou expressamente a negociação coletiva que vise suprimir ou reduzir o percentual do depósito mensal ou da multa rescisória do FGTS.

Caso queira aprofundar o estudo, confira o **item 5 do Capítulo VIII deste livro**.

> **Art. 7º, IV, da CF/88.** salário-mínimo, fixado em lei, nacionalmente unificado, capaz de atender a suas necessidades vitais básicas e às de sua família com moradia, 8745 alimentação, educação, saúde, lazer, vestuário, higiene, transporte e previdência social, com reajustes periódicos que lhe preservem o poder aquisitivo, sendo vedada sua vinculação para qualquer fim.

O salário mínimo possui definição e proteção constitucional, servindo como patamar mínimo de remuneração para todos os empregados, inclusive menores de 18 anos e aprendizes, e também para os servidores públicos, nos termos do art. 39, § 3º, da CF/88.

Esse direito foi consagrado de forma mais abrangente pela Constituição de 1988, superando o conceito previsto no art. 76 da CLT, razão pela qual é o texto constitucional que deve ser priorizado nos concursos públicos. A Constituição estabelece que o salário mínimo:

I. Deve ser fixado em lei;

II. Ter caráter nacionalmente unificado;

III. Ser suficiente para atender às necessidades vitais básicas do trabalhador e de sua família (como moradia, alimentação, educação, saúde, lazer, vestuário, higiene, transporte e previdência social);

IV. Ter reajustes periódicos, para preservação do poder aquisitivo;

V. Não pode ser vinculado a qualquer finalidade específica (Exemplo: contrato de aluguel ou mensalidade escolar prevê, como pagamento, o valor de 2 salários mínimos mensais. Nesse caso, ao elevar o valor do salário mínimo, gera-se o aumento de vários itens ligados ao valor do mínimo, como efeito cascata, alimentando o processo inflacionário).

Nada impede, porém, que os Estados fixem pisos salariais superiores ao salário mínimo nacional, o que ocorre, por exemplo, em algumas unidades da Federação com políticas salariais próprias. Importante destacar: caso o empregado seja contratado para jornada inferior à integral (8 horas diárias e 44 horas semanais), o salário mínimo será pago de forma proporcional, considerando-se o tempo efetivamente trabalhado.

Caso queira aprofundar o estudo, confira o **item 1.2 e os seguintes do Capítulo VII deste livro.**

> **Art. 7º, V, da CF/88.** piso salarial proporcional à extensão e à complexidade do trabalho.

O piso salarial é o menor valor que pode ser pago a um trabalhador dentro de determinada categoria profissional, sendo fixado com base na extensão (tempo e carga de trabalho) e na complexidade das atividades desempenhadas. Esse piso garante uma remuneração mínima diferenciada, superior ao salário mínimo, conforme as especificidades do ofício exercido.

Ao contrário do salário mínimo, o piso salarial varia conforme a categoria profissional, a região e as convenções coletivas firmadas entre sindicatos de trabalhadores e empregadores.

Importante: o piso salarial também se submete à regra da proporcionalidade, de modo que, em contratos com jornada reduzida, o valor pago poderá ser proporcional às horas trabalhadas, respeitada sempre a base mínima da categoria.

Caso queira aprofundar o estudo, confira o **item 1.2 e os seguintes do Capítulo VII deste livro.**

Art. 7º, VI, da CF/88. irredutibilidade do salário, salvo o disposto em convenção ou acordo coletivo;

É vedado ao empregador reduzir unilateralmente o salário do empregado. Trata-se de uma garantia constitucional que visa preservar a estabilidade financeira do trabalhador e sua dignidade, sendo regra geral a impossibilidade de redução salarial.

Contudo, a própria Constituição prevê exceção: a redução pode ocorrer por meio de negociação coletiva, isto é, mediante acordo ou convenção coletiva de trabalho.

Com a Reforma Trabalhista (Lei nº 13.467/2017), essa possibilidade foi regulada pelo art. 611-A, § 3º, da CLT, que exige, nesses casos, que o instrumento coletivo que autorizar a redução salarial preveja mecanismos de proteção contra dispensa imotivada durante sua vigência. A norma busca equilibrar os interesses da empresa e a segurança do trabalhador.

Importante destacar que a irredutibilidade garantida pelo inciso VI se refere apenas ao valor nominal do salário. Isso significa que, embora o valor contratual do salário não possa ser reduzido sem negociação coletiva, não há garantia constitucional de manutenção do poder de compra. Em outras palavras, a perda salarial decorrente da inflação não obriga o empregador a reajustar automaticamente o salário, salvo se houver previsão em norma coletiva ou legislação específica.

Caso queira aprofundar o estudo, confira o **item 6.1 do Capítulo VII deste livro.**

Art. 7º, VII, da CF/88. garantia de salário, nunca inferior ao mínimo, para os que percebem remuneração variável.

Este dispositivo constitucional garante que, mesmo quando o empregado for remunerado com base variável (como por comissão, tarefa ou produção) nunca receba valor inferior ao salário mínimo.

A regra aplica-se tanto a empregados com remuneração exclusivamente variável (como o comissionista puro) quanto àqueles que recebem de forma mista, ou seja, parte fixa e parte variável (comissionista misto). Um exemplo comum são os vendedores que recebem percentual sobre as vendas realizadas, conforme detalhado na Lei nº 8.716/1993.

Essa garantia assegura uma remuneração mínima mensal, mesmo que, em determinado período, não haja produção ou vendas. Assim, se o total das comissões ou percentagens apuradas em um mês não alcançar o valor do salário mínimo ou do piso da categoria, o empregador deverá complementar a diferença, garantindo o pagamento do valor mínimo legal.

Caso queira aprofundar o estudo, confira o **item 2.1 do Capítulo VII deste livro.**

> **Art. 7º, VIII, da CF/88.** décimo terceiro salário com base na remuneração integral ou no valor da aposentadoria.

O décimo terceiro salário possui natureza salarial, garantido constitucionalmente a todos os empregados urbanos, rurais, avulsos e também aos empregados domésticos. Também é assegurado pagamento do benefício aos aposentados, com base no valor da aposentadoria. Sua regulamentação se dá pela Lei nº 4.090/1962, e atualmente está consolidada no Decreto nº 10.854/2021, que revogou o Decreto nº 57.155/1965, sem trazer alterações relevantes sobre o tema.

O pagamento do décimo terceiro deve ocorrer até 20 de dezembro, e corresponde a 1/12 avos da remuneração devida em dezembro por mês trabalhado, ou por fração igual ou superior a 15 dias. Por exemplo, um empregado que tenha iniciado o contrato em agosto terá direito a 5/12 avos do salário em dezembro.

É obrigatório o adiantamento de metade do décimo terceiro entre os meses de fevereiro e novembro, com base na remuneração do mês anterior ao pagamento. Não há exigência de uniformidade: a empresa pode pagar a antecipação a empregados em meses diferentes. Também é possível antecipá-la juntamente com as férias, desde que o empregado requeira isso no mês de janeiro do respectivo ano.

O décimo terceiro é calculado com base na remuneração, o que significa que parcelas como horas extras habituais, adicionais ou comissões impactam diretamente no valor a ser pago. E, conforme o art. 611-B, V, da CLT, é vedada a negociação coletiva que vise à supressão ou redução do valor nominal do décimo terceiro, o que reafirma seu caráter de direito indisponível.

Caso queira aprofundar o estudo, confira o **item 2.3 do Capítulo VII deste livro.**

> **Art. 7º, IX, da CF/88.** remuneração do trabalho noturno superior à do diurno.

A Constituição garante que o trabalho prestado no período noturno seja remunerado de forma mais vantajosa em relação ao diurno. No entanto, o texto constitucional não define o percentual desse acréscimo, cabendo à legislação infraconstitucional essa regulamentação.

No caso dos empregados **urbanos**, o art. 73 da CLT estabelece um adicional noturno de, no mínimo, **20% sobre a hora diurna**, além da adoção da chamada hora noturna reduzida, que corresponde a 52 minutos e 30 segundos. Para os empregados **rurais**, a regra é diferente. De acordo com o art. 7º, parágrafo único, da Lei nº 5.889/1973:

- Na **pecuária**, considera-se trabalho noturno o realizado entre 20h e 4h.
- Na **lavoura**, entre 21h e 5h.
- Nesses casos, o adicional é de, no mínimo, 25% sobre a hora diurna, e não há redução da hora noturna, que permanece com 60 minutos.

O adicional noturno integra o salário, se pago com habitualidade, e deve ser calculado com base na hora diurna, independentemente do tipo de atividade do empregador.

Por fim, segundo o art. 611-B, VI, da CLT, incluído pela Reforma Trabalhista, é ilícita qualquer cláusula de convenção ou acordo coletivo que vise à supressão ou redução da remuneração do trabalho noturno superior à do diurno. Trata-se, portanto, de um direito indisponível para fins de negociação coletiva.

Caso queira aprofundar o estudo, confira o **item 2.5.2 do Capítulo VII deste livro.**

> **Art. 7º, X, da CF/88.** proteção do salário na forma da lei, constituindo crime sua retenção dolosa.

O inciso X do art. 7º da Constituição estabelece que o salário do empregado deve ser protegido na forma da lei, e que a sua retenção dolosa constitui crime. Trata-se de uma norma de eficácia limitada, que depende de regulamentação infraconstitucional para produzir todos os seus efeitos.

Contudo, até o presente momento, não há lei penal específica que tipifique a retenção dolosa de salário como crime. O Código Penal Brasileiro não trata expressamente dessa hipótese, o que tem levado a jurisprudência a reconhecer a atipicidade da conduta.

Em análise sobre o tema, o Superior Tribunal de Justiça[42] já decidiu que a retenção dolosa do salário não se enquadra no tipo penal de apropriação indébita (art. 168 do CP), uma vez que os valores devidos ao empregado ainda pertencem à empresa até o momento do pagamento, não caracterizando, portanto, "coisa alheia" exigida para a configuração do delito.

Dessa forma, apesar da previsão constitucional, a omissão legislativa persiste, e a conduta de reter dolosamente o salário do trabalhador, embora reprovável do ponto de vista ético e social, não constitui crime no ordenamento jurídico brasileiro, diante da ausência de lei penal específica.

Caso queira aprofundar o estudo, confira o **item 6 do Capítulo VII deste livro.**

> **Art. 7º, XI, da CF/88.** participação nos lucros, ou resultados, desvinculada da remuneração, e, excepcionalmente, participação na gestão da empresa, conforme definido em lei.

A participação nos lucros ou resultados (PLR) é um direito constitucional com natureza indenizatória, desvinculado da remuneração do empregado. Isso significa que, em regra, não integra o salário nem gera reflexos em outras verbas trabalhistas, conforme previsão expressa da Lei nº 10.101/2000. Para que o PLR seja implementado, é necessária negociação entre a empresa e os empregados, por meio de comissão interna ou por instrumento coletivo (acordo ou convenção).

A lei permite, no máximo, duas parcelas por ano, com intervalo mínimo de um trimestre. Se for paga mensalmente sem respaldo coletivo, a PLR perderá sua natureza indenizatória e será incorporada ao salário. No entanto, o TST admite o pagamento mensal se houver previsão expressa em norma coletiva, com base no princípio da autonomia coletiva da vontade (art. 7º, XXVI, da CF/88). A Reforma Trabalhista (Lei nº 13.467/2017) reforçou essa possibilidade, ao dispor no art. 611-A, XV, da CLT que o acordo ou convenção coletiva prevalece sobre a lei em matéria de PLR.

42. HABEAS CORPUS Nº 177.508 – PB, Relatora: Ministra Maria Thereza de Assis Moura, Data de julgamento: 15/08/2013.

Cabe, por fim, uma observação relevante sobre o outro aspecto do inciso XI do art. 7º da Constituição: a participação excepcional dos trabalhadores na gestão da empresa. Apesar da previsão constitucional, até hoje não foi regulamentado esse direito. Por conta dessa omissão, o Supremo Tribunal Federal, no julgamento da ADO 85/DF, reconheceu, em fevereiro de 2025, a omissão inconstitucional do Congresso Nacional quanto à regulamentação da participação dos trabalhadores urbanos e rurais na gestão empresarial.

O STF fixou o prazo de 24 meses, contados da publicação da ata do julgamento (20/02/2025), para que o Congresso Nacional edite a norma regulamentadora. O prazo se encerra, portanto, em 20/02/2027.

Caso queira aprofundar o estudo, confira o **item 3.1 e os seguintes do Capítulo VII deste livro.**

Art. 7º, XII, da CF/88. salário-família pago em razão do dependente do trabalhador de baixa renda nos termos da lei.

O salário-família é um benefício previdenciário pago ao empregado de baixa renda, em razão dos filhos menores de 14 anos ou inválidos de qualquer idade (arts. 65 a 70 da Lei nº 8.213/1991). Não possui natureza salarias e sua finalidade é auxiliar no custeio das despesas com os dependentes, sem natureza salarial.

Têm direito ao benefício:

- Empregados urbanos e rurais;
- Trabalhadores avulsos;
- Empregados domésticos, após a EC nº 72/2013 e regulamentação pela LC nº 150/2015.

Em 2025, o benefício é devido aos trabalhadores com remuneração mensal de até R$ 1.906,04. Acima desse limite, o direito não é concedido. O pagamento é feito:

- Pelo empregador ao empregado, com posterior compensação pelo INSS;
- Diretamente pelo INSS, no caso do trabalhador avulso.

Por ser benefício previdenciário pago pelo Estado, o salário-família não pode ser suprimido ou modificado por negociação coletiva, dependendo exclusivamente de lei para sua regulamentação.

Caso queira aprofundar o estudo, confira o **item 3.5 e os seguintes do Capítulo VII deste livro.**

Art. 7º, XIII, da CF/88. duração do trabalho normal não superior a 8 (oito) horas diárias e 44 (quarenta e quatro) horas semanais, facultada a compensação de horários e a redução da jornada, mediante acordo ou convenção coletiva de trabalho.

A limitação da jornada de trabalho é uma das maiores vitórias conquistadas pelos empregados. Atualmente, a duração máxima restringe-se a 8 horas diárias e 44 horas semanais, tanto aos homens quanto às mulheres.

Essa limitação não era aplicada aos **empregados domésticos**. Atualmente, com a nova redação do art. 7º, parágrafo único da CF, eles passaram a ter direito à jornada de 8 horas diárias e 44 horas semanais. Diante disso, caso um empregado doméstico trabalhe mais de 8 horas diárias terá direito a horas extras. Esse direito à limitação da jornada tem eficácia imediata.

Sobre o tema jornada de trabalho e flexibilização, cabe destacar as alterações promovidas pela Reforma Trabalhista que passa a permitir que o pacto sobre jornada de trabalho seja estipulado via acordo ou convenção coletiva, desde que respeitado o limite constitucional de 8 horas diárias e 44 horas semanais, nos termos do art. 611-A, I, da CLT:

> **Art. 611-A da CLT** (*inserido pela Reforma Trabalhista*): A convenção coletiva e o acordo coletivo de trabalho têm prevalência sobre a lei quando, entre outros, dispuserem sobre:
>
> I – pacto quanto à jornada de trabalho, observados os limites constitucionais.

Caso queira aprofundar o estudo, confira o Capítulo VI deste livro.

> **Art. 7º, XIV, da CF/88.** jornada de 6 (seis) horas para o trabalho realizado em turnos ininterruptos de revezamento, salvo negociação coletiva.

A Constituição estabelece que, nos turnos ininterruptos de revezamento, a jornada normal será de 6 horas diárias, salvo disposição diversa em negociação coletiva. Essa regra se aplica a atividades que exigem funcionamento contínuo, como em usinas, siderúrgicas ou hospitais, e demandam alternância de turnos entre os empregados. Exemplo: trabalhador presta serviços no horário **diurno** durante os primeiros 15 dias do mês de abril. Nos outros 15 dias, é transferido para o período **noturno**. Veja que não há obrigatoriedade de esse empregado laborar em todos os períodos disponíveis na empresa; a mera alternância – noturno e diurno – já caracteriza o turno ininterrupto[43].

Cabe ressaltar que ininterrupta é a atividade da empresa, e não o trabalho do empregado. Mesmo com a concessão de intervalos para refeição e descanso, o regime especial não é descaracterizado. Além da jornada reduzida de 6 horas, o empregado que presta serviço no período noturno também tem direito à hora noturna reduzida (52 minutos e 30 segundos).

Contudo, a própria Constituição admite flexibilização por meio de acordo ou convenção coletiva, o que permite a ampliação da jornada para até 8 horas, desde que negociada com a categoria, entendimento já consolidado na jurisprudência do TST.

Nessa jornada especial, se houver trabalho após a 6ª hora, será considerada hora extra. Excepcionalmente, a própria Constituição Federal autoriza que, via negociação coletiva (acordo ou convenção), essa jornada seja aumentada. Assim, de acordo com o TST, se houver

43. **Orientação Jurisprudencial nº 360 da SDI-I do TST.** "Faz jus à jornada especial prevista no art. 7º, XIV, da CF/1988 o trabalhador que exerce suas atividades em sistema de alternância de turnos, ainda que em dois turnos de trabalho, que compreendam, no todo ou em parte, o horário diurno e o noturno, pois submetido à alternância de horário prejudicial à saúde, sendo irrelevante que a atividade da empresa se desenvolva de forma ininterrupta."

negociação coletiva, há possibilidade da jornada de 8 horas[44] para os empregados que trabalhem em turnos ininterruptos de revezamento.

Caso queira aprofundar o estudo, confira o **item 1.6 do Capítulo VI deste livro.**

Art. 7º, XV, da CF/88. repouso semanal remunerado, preferencialmente aos domingos.

O descanso semanal remunerado (DSR) é garantido constitucionalmente aos trabalhadores urbanos, rurais e avulsos, devendo ser concedido, preferencialmente aos domingos, com duração mínima de 24 horas consecutivas. Mesmo quem trabalha menos de 8 horas por dia tem direito ao repouso integral de um dia por semana.

Durante o DSR, o contrato de trabalho é interrompido: não há prestação de serviço, mas há pagamento de salário. Esse direito não pode ser suprimido ou reduzido por acordo ou convenção coletiva, conforme o art. 611-B, IX, da CLT, incluído pela Reforma Trabalhista.

Para que o DSR seja remunerado, dois requisitos devem ser observados:

- Frequência: faltas injustificadas geram o desconto do DSR; faltas justificadas (ex.: doação de sangue) não.
- Pontualidade: atrasos injustificados também autorizam o desconto do DSR.

Caso os requisitos não sejam cumpridos, o trabalhador perde apenas a remuneração, mas mantém o direito ao repouso, pois esse é um direito indisponível ligado à saúde e à dignidade do empregado.

Caso queira aprofundar o estudo, confira o **item 3.2 do Capítulo VI deste livro.**

Art. 7º, XVI, da CF/88. remuneração do serviço extraordinário superior, no mínimo, em cinqüenta por cento à do normal.

Quando o empregado ultrapassa a jornada normal de 8 horas diárias ou 44 horas semanais, tem direito à remuneração da hora extra com acréscimo mínimo de 50%, conforme previsto no inciso XVI, art. 7º, CF e no art. 59, § 1º, da CLT.

O valor da hora extra é calculado com base na hora normal, acrescida do percentual adicional. O valor da hora normal, por sua vez, varia conforme a jornada contratada:

- No caso de jornada de 8 horas, o cálculo para se chegar à hora normal é feito dividindo o salário do empregado por 220[45].
- Para os empregados que trabalham 40 horas semanais, ou seja, aqueles que, em regra, trabalham de segunda a sexta-feira com jornada de 8 horas diárias, deve-se dividir o salário mensal por 200[46] (5 semanas x 40 horas).

---

44. **Súmula nº 423 do TST.** "Estabelecida jornada superior a seis horas e limitada a oito horas por meio de regular negociação coletiva, os empregados submetidos a turnos ininterruptos de revezamento não têm direito ao pagamento da 7ª e 8ª horas como extras."
45. O divisor 220 ocorre em razão de duração de 44 horas, multiplicadas por 5 semanas de trabalho.
46. **Súmula nº 431 do TST.** Para os empregados a que alude o art. 58, caput, da CLT, quando sujeitos a 40 horas semanais de trabalho, aplica-se o divisor 200 (duzentos) para o cálculo do valor do salário-hora.

- No caso de o empregado com jornada de 6 horas, o divisor será de 180[47].

Alcançado o valor da hora suplementar, é só multiplicar pelo número de horas efetivamente prestadas além do horário normal. A base de cálculo é a remuneração global, incluindo adicionais de natureza salarial (noturno, periculosidade, insalubridade, etc.), conforme dispõe a Súmula nº 264 do TST.

O pagamento habitual das horas extras gera reflexos em férias, 13º salário, FGTS, aviso-prévio e repouso semanal remunerado.

Com a Reforma Trabalhista, os empregados em regime de tempo parcial (26h semanais) passaram a poder prestar até 6 horas extras semanais, com adicional de 50%, conforme o art. 58-A, § 3º, da CLT.

Por fim, ressalta-se que constitui objeto ilícito da negociação coletiva a supressão ou redução da remuneração do serviço extraordinário superior a, no mínimo, 50% à remuneração do serviço norma.

Caso queira aprofundar o estudo, confira o **item 2.5.1 do Capítulo VII deste livro.**

Art. 7º, XVII, da CF/88. gozo de férias anuais remuneradas com, pelo menos, 1/3 (um terço) a mais do que o salário normal.

As férias são um direito constitucional que visa proteger a saúde e o bem-estar do empregado, evitando o cansaço excessivo. Durante esse período, há interrupção do contrato de trabalho: o empregado não trabalha, mas continua recebendo salário, acrescido de 1/3 constitucional, conforme previsto no art. 7º, XVII, da CF/88.

O direito às férias se adquire após 12 meses de trabalho, período chamado de período aquisitivo. A concessão ocorre dentro dos 12 meses seguintes, por ato do empregador (período concessivo), conforme o art. 134 da CLT. O empregado não escolhe a data, salvo exceções (estudante menor de 18 anos ou membros da mesma família na mesma empresa, se não houver prejuízo ao serviço).

A duração das férias depende das faltas injustificadas no período aquisitivo, conforme o art. 130 da CLT:

Duração das férias do empregado (art. 130)	
Número de faltas	**Dias de Férias**
Até 5 faltas	30 dias
6 a 14 faltas	24 dias
15 a 23 faltas	18 dias
24 a 32 faltas	12 dias
Acima de 32 faltas	Não há férias a usufruir

47. O divisor 180 surge da seguinte equação: 6 horas diárias multiplicadas por 30 dias (mês).

O direito às férias também pode ser perdido nas hipóteses do art. 133 da CLT, como licença remunerada ou benefício previdenciário por mais de 30 ou 6 meses, respectivamente.

O início das férias não pode coincidir com os dois dias que antecedem feriados ou o DSR, conforme o art. 134, § 3º, da CLT. Além disso, a empresa deve comunicar o empregado com 30 dias de antecedência. Por fim, durante o período de férias, o empregado não poderá prestar serviços a outro empregador, exceto se já estiver obrigado a fazê-lo em razão do vínculo empregatício anterior (art. 138 da CLT).

Caso queira aprofundar o estudo, confira o **item 3.4 e os seguintes do Capítulo VI deste livro.**

Art. 7º, XVIII, da CF/88. licença à gestante, sem prejuízo do emprego e do salário, com a duração de 120 (cento e vinte) dias.

A licença-maternidade é o afastamento remunerado e obrigatório da gestante por 120 dias, sem prejuízo do emprego ou do salário, conforme o art. 7º, XVIII da CF e os arts. 392 e 392-A da CLT.

Esse direito também é assegurado:

- Em caso de parto antecipado ou natimorto;
- À adotante ou à mulher que obtiver guarda judicial para fins de adoção, inclusive de adolescentes (Lei nº 13.509/2017).

A Reforma Trabalhista vedou, expressamente, qualquer tentativa de suprimir ou reduzir a licença por meio de acordo ou convenção coletiva (art. 611-B, XIII, da CLT).

Em 2022, o STF, ao julgar a ADI 6327/DF, alterou o marco inicial da licença: o prazo de 120 dias só começa a ser contado após a alta hospitalar da mãe e/ou do recém-nascido, o que ocorrer por último. Segundo o Tribunal, a licença deve garantir efetiva convivência familiar e descanso real, razão pela qual os dias de internação não podem ser incluídos no cômputo dos 120 dias.

Caso a internação exceda as duas semanas de prorrogação previstas na CLT, o prazo da licença deverá ser estendido, e o custeio da prorrogação cabe à Seguridade Social, sem prejuízo ao direito da empregada.

Caso queira aprofundar o estudo, confira o **item 3.7.2.2 e os seguintes do Capítulo IV deste livro.**

Art. 7º, XIX, da CF/88. licença-paternidade, nos termos fixados em lei.

A licença-paternidade é garantida pela Constituição, mas ainda carece de regulamentação por lei ordinária. Diante dessa omissão, aplica-se a regra provisória do art. 10, § 1º, do ADCT, que assegura ao pai 5 dias de licença, a contar do nascimento do filho. Esse prazo vale para pais casados ou solteiros, e deve ser gozado durante a primeira semana após o parto (art. 473, III, da CLT).

Com a Lei nº 13.257/2016 (Política Nacional da Primeira Infância), passou-se a permitir a prorrogação por mais 15 dias, totalizando 20 dias, para os trabalhadores de empresas participantes do Programa Empresa Cidadã (Lei nº 11.770/2008).

Por se tratar de direito fundamental com previsão constitucional, a licença-paternidade não pode ser suprimida ou flexibilizada por norma coletiva.

Diante da ausência de regulamentação legal, foi ajuizada a ADO nº 20 perante o STF, que reconheceu a mora inconstitucional do Congresso Nacional. Em decisão publicada em 8 de janeiro de 2024, o STF fixou prazo de 18 meses (até 8 de julho de 2025) para que o Legislativo regulamente o tema. Caso contrário, o próprio Tribunal definirá o novo prazo da licença-paternidade.

> **Art. 7º, XX, da CF/88.** proteção do mercado de trabalho da mulher, mediante incentivos específicos, nos termos da lei.

O legislador infraconstitucional conferiu ampla proteção ao trabalho da mulher, especialmente por meio dos arts. 389 a 400 da CLT. Para um exame aprofundado do tema, recomenda-se a leitura atenta do **item 3.7 "Proteção do trabalho da mulher" e seguintes, do Capítulo IV deste livro.**

De forma resumida, podem ser destacadas as principais medidas protetivas, como:

- Estabilidade gravídica;
- Licença-maternidade;
- Intervalos para amamentação;
- Direito a creche ou local apropriado para amamentação;
- Proibição de exigência de teste de gravidez ou esterilização como condição para admissão ou promoção;
- Direito à igualdade salarial.

Para os contratos firmados antes da Reforma Trabalhista, havia ainda a previsão de intervalo de 15 minutos antes do início da jornada extraordinária, conforme o revogado art. 384 da CLT.

> **Art. 7º, XXI, da CF/88.** aviso prévio proporcional ao tempo de serviço, sendo no mínimo de 30 (trinta) dias, nos termos da lei.

O aviso-prévio tem por finalidade assegurar previsibilidade na ruptura contratual, permitindo ao empregado buscar nova colocação e ao empregador reorganizar sua força de trabalho.

Conforme a Constituição, o aviso deve ser proporcional ao tempo de serviço, respeitando o mínimo de 30 dias. A regra foi regulamentada pela Lei nº 12.506/2011, que prevê:

- 30 dias para contratos com até 1 ano de serviço;
- Acréscimo de 3 dias por ano completo de vínculo, até o limite de 60 dias adicionais;
- Total possível: até 90 dias de aviso-prévio.

No tocante ao cálculo do aviso-prévio, importante destacar que será calculado com base no salário. Diante disso, as horas extras prestadas habitualmente, por exemplo, integram o valor do aviso (art. 487, § 5º, da CLT). As gorjetas não integram o valor do aviso-prévio (Súmula nº 354, TST). Ademais, sendo o salário variável (comissões, percentagens etc.), será feita uma média dos últimos doze meses de serviço (art. 487, § 3º, da CLT).

Por fim, a supressão ou redução do aviso-prévio proporcional é vedada por norma coletiva, conforme o art. 611-B, XVI, da CLT.

Caso queira aprofundar o estudo, confira o **item 1 do Capítulo X deste livro.**

> **Art. 7º, XXII, da CF/88.** redução dos riscos inerentes ao trabalho, por meio de normas de saúde, higiene e segurança.

A Constituição assegura aos empregados o direito à redução dos riscos no ambiente de trabalho, por meio de normas voltadas à saúde, higiene e segurança, com o objetivo de preservar a integridade física e mental do empregado.

Essa proteção está regulamentada nos arts. 154 a 200 da CLT, que compõem o capítulo de Segurança e Medicina do Trabalho. Trata-se de normas de ordem pública e natureza indisponível, que não podem ser suprimidas ou reduzidas por meio de convenção ou acordo coletivo, conforme prevê o art. 611-B, XVII, da CLT.

Para garantir a aplicação dessas diretrizes, o Ministério do Trabalho e Emprego (MTE) edita as chamadas Normas Regulamentadoras (NRs), que estabelecem parâmetros técnicos e operacionais para resguardar a segurança e a saúde dos empregados regidos pela CLT.

Com a Reforma Trabalhista (Lei nº 13.467/2017), contudo, o parágrafo único do art. 611-B da CLT excluiu expressamente as regras sobre duração do trabalho e intervalos do rol de normas de saúde, permitindo sua negociação.

Caso queira aprofundar o estudo, confira o **Capítulo IX deste livro.**

> **Art. 7º, XXIII, da CF/88.** adicional de remuneração para as atividades penosas, insalubres ou perigosas, na forma da lei.

O adicional de remuneração para as atividades penosas, insalubres ou perigosas está expressamente previsto no art. 7º, XXIII, da Constituição Federal, como direito fundamental dos trabalhadores urbanos e rurais. Trata-se de uma forma de compensação financeira destinada àqueles que, no exercício de suas funções, são expostos a condições mais gravosas, seja por risco à saúde (insalubridade), à integridade física (periculosidade) ou pelo desgaste excepcional decorrente da atividade (penosidade).

No entanto, embora o adicional de penosidade tenha previsão constitucional desde 1988, a ausência de lei regulamentadora impede sua efetiva aplicação. A Constituição exige que esse adicional seja disciplinado "na forma da lei", e, até o momento, não foram definidos os critérios objetivos para sua concessão, como base de cálculo, grau de exposição ou categorias abrangidas. Diante dessa omissão legislativa injustificada, o Supremo Tribunal Federal, no julgamento da ADO nº 74, ajuizada pela Procuradoria-Geral da República, reconheceu a mora inconstitucional do Congresso Nacional. A Corte, por unanimidade, julgou procedente a ação e estabeleceu o prazo de 18 meses, a partir da publicação da ata de julgamento, para que o Legislativo supra a lacuna normativa. O prazo de 18 meses conferido pelo STF ao Poder Legislativo termina no dia 11/12/2025.

Já os adicionais de insalubridade e periculosidade estão regulados nos arts. 189 a 194 da CLT e em diversas Normas Regulamentadoras (NRs) expedidas pelo Ministério do Trabalho e Emprego (MTE). As atividades insalubres são aquelas que expõem o empregado a agentes nocivos à saúde, como químicos (ex.: chumbo), físicos (ex.: ruído) ou biológicos (ex.: bactérias). As perigosas envolvem exposição a risco acentuado de acidentes graves, como ocorre com inflamáveis, explosivos e eletricidade, além de categorias incluídas posteriormente, como motociclistas profissionais, vigilantes armados e agentes de trânsito.

Todos esses adicionais, insalubridade, periculosidade e, futuramente, penosidade, são considerados normas de saúde e segurança do trabalho, de natureza cogente e de ordem pública, não podendo ser suprimidos ou reduzidos por convenção ou acordo coletivo, conforme o art. 611-B, XVII, da CLT.

Caso queira aprofundar o estudo, confira o **Capítulo IX e o item 2.5. do Capítulo VII deste livro.**

Art. 7º, XXIV, da CF/88. aposentadoria.

O direito à aposentadoria é assegurado constitucionalmente aos trabalhadores urbanos e rurais, sendo concretizado por meio dos regimes de previdência social existentes no país.

Atualmente, há dois regimes públicos de previdência:

- O Regime Geral de Previdência Social (RGPS), aplicado aos trabalhadores da iniciativa privada e servidores temporários (regidos pela CLT);
- O Regime Próprio de Previdência Social (RPPS), aplicável aos servidores ocupantes de cargo efetivo no serviço público.

Ambos os regimes são regulados pelas Leis nº 8.212/1991 e nº 8.213/1991, e encontram respaldo constitucional no art. 201 da CF/88. Por se tratar de benefício previdenciário de natureza pública, a aposentadoria não pode ser objeto de negociação coletiva entre empregadores e sindicatos. Trata-se de tema reservado à legislação e à gestão estatal, dada sua relevância fiscal e social.

Caso o empregador institua benefício de complementação de aposentadoria por meio de plano próprio, esse direito terá natureza contratual ou regulamentar e não se confunde com o benefício previdenciário oficial, conforme estabelece a Súmula nº 92 do TST.

Para aprofundamento, este tema é tratado em dois momentos específicos deste livro:

- No contexto do término do contrato de trabalho (item 2.4.4, Capítulo X);
- E na análise dos limites da negociação coletiva (item 4.6.19, Capítulo XI).

Art. 7º, XXV, da CF/88. assistência gratuita aos filhos e dependentes desde o nascimento até 5 (cinco) anos de idade em creches e pré-escolas.

A efetivação do direito à assistência em creches e pré-escolas depende da atuação conjunta do empregador e do Estado, especialmente quanto à disponibilização de local adequado para o acolhimento dos filhos dos empregados.

Como forma de incentivo, foi criado o Selo Emprega + Mulher, destinado a reconhecer empresas que se destacam na organização, manutenção ou provimento de creches e pré-escolas, bem como na adoção de boas práticas voltadas à promoção da igualdade de gênero no ambiente de trabalho.

Entre os critérios considerados estão o estímulo à contratação e à ascensão profissional de mulheres, a ocupação de cargos de liderança, a divisão equilibrada das responsabilidades parentais e a valorização da cultura da igualdade entre homens e mulheres.

Caso queira aprofundar o estudo sobre proteção do trabalho da mulher, confira o **item 3.7 e os seguintes do Capítulo IV deste livro.**

> **Art. 7º, XXVI, da CF/88.** reconhecimento das convenções e acordos coletivos de trabalho.

A Constituição Federal reconhece a negociação coletiva como fonte legítima de criação de normas trabalhistas, atribuindo aos sindicatos o poder de autorregulamentação – também chamado de princípio da criatividade jurídica da negociação coletiva. Esse poder permite a construção de normas mais adequadas às realidades regionais e setoriais, desde que observados os direitos mínimos constitucionais.

Esse princípio foi reforçado pela Reforma Trabalhista (Lei nº 13.467/2017). O novo art. 611-A da CLT consagrou a prevalência do negociado sobre o legislado, ampliando o protagonismo sindical e consolidando o reconhecimento das convenções e acordos coletivos de trabalho (art. 7º, XXVI, CF/88). Nesse contexto, o STF firmou o entendimento de que a intervenção do Poder Executivo nas negociações coletivas viola o princípio da liberdade sindical, ao desrespeitar a autonomia das partes.

Para que a negociação coletiva seja válida, é obrigatória a participação do sindicato dos trabalhadores (art. 8º, VI, CF/88). Além disso, Estados-Membros da OIT devem reconhecer efetivamente o direito à negociação coletiva, como previsto na Declaração da OIT sobre os Princípios e Direitos Fundamentais no Trabalho, ainda que não tenham ratificado as Convenções nº 87 e 98.

A provocação à negociação coletiva impede recusa das partes (art. 616 da CLT). Dessa negociação podem resultar dois instrumentos normativos:

- Acordo coletivo de trabalho (art. 611, § 1º, CLT): celebrado entre o sindicato da categoria profissional e uma ou mais empresas. Aplica-se aos trabalhadores da(s) empresa(s) envolvida(s), independentemente da filiação sindical.
- Convenção coletiva de trabalho (art. 611, caput, CLT): firmada entre o sindicato dos empregados e o sindicato patronal, com aplicação a todos os integrantes das respectivas categorias.

Por fim, a Reforma Trabalhista alterou o art. 620 da CLT para estabelecer que o acordo coletivo sempre prevalecerá sobre a convenção coletiva, assegurando maior efetividade à negociação direta entre sindicatos e empresas.

Caso queira aprofundar o estudo, confira o **item 4 do Capítulo XI deste livro.**

> **Art. 7º, XXVII, da CF/88.** proteção em face da automação, na forma da lei.

A Constituição de 1988 foi visionária ao prever a proteção do empregado diante dos efeitos da automação, ou seja, da introdução de novas tecnologias e máquinas nos processos produtivos. Essa proteção possui dupla dimensão:

- Proteção no emprego e no mercado de trabalho produtivo, diante da possível eliminação de postos de trabalho;

- Proteção à saúde e segurança do trabalhador, frente aos riscos de acidentes e doenças ocupacionais decorrentes do uso de equipamentos automatizados.

Apesar da importância do tema, o direito à proteção em face da automação ainda carece de regulamentação infraconstitucional específica. Assim, a efetivação dessa garantia depende de políticas públicas e de uma atuação coordenada entre Estado, empresas e sociedade civil, voltadas à qualificação profissional, requalificação de trabalhadores e transição justa no mercado de trabalho.

Essa previsão constitucional ganha ainda mais relevância diante do avanço da inteligência artificial, robótica e digitalização, que transformam de forma acelerada as relações de trabalho.

> **Art. 7º, XXVIII, da CF/88.** seguro contra acidentes de trabalho, a cargo do empregador, sem excluir a indenização a que este está obrigado, quando incorrer em dolo ou culpa.

A Constituição assegura ao trabalhador seguro contra acidentes de trabalho, cuja responsabilidade financeira recai sobre o empregador. O seguro de acidente do trabalho (SAT) ou Grau de incidência de incapacidade laborativa decorrente dos riscos ambientais do trabalho (GILRAT), trata-se de tributo que incide de forma proporcional em relação ao risco da atividade exercida[48]. É utilizado para financiar os benefícios previdenciários decorrentes dos riscos ambientais do trabalho[49].

Por se tratar de parcela destinada a custear benefícios previdenciários, não cabe negociação coletiva sobre seguro de acidente de trabalho.

Além da cobertura previdenciária, o art. 7º, XXVIII, estabelece que o empregador poderá ser responsabilizado civilmente, desde que comprovada a ocorrência de acidente de trabalho por dolo ou culpa, ou seja, responsabilidade subjetiva. Nesses casos, o empregado poderá pleitear indenização por danos morais, materiais e estéticos.

Contudo, em atividades de risco acentuado, aplica-se a responsabilidade objetiva, com base no art. 927, parágrafo único, do Código Civil, que prevê a obrigação de indenizar independentemente de culpa, quando a atividade, por sua natureza, expõe o trabalhador a risco diferenciado.

Exemplos de atividades de risco reconhecidas pela jurisprudência incluem:

- Condutores de motocicleta (motoboys);
- Coletores de lixo urbano;
- Carteiros que transportam mercadorias de valor em vias públicas;
- Empregados expostos a agentes tóxicos ou ao manejo de animais perigosos.

A discussão relativa à compatibilidade do art. 927 do CC com o art. 7º, XXVIII, da Constituição, foi pacificada pelo STF, quando, apreciando o Tema de 932 da Repercussão Geral, fixou a seguinte tese:

48. http://sachacalmon.com.br/wp-content/uploads/2010/12/Artigo-FAPSATRAT-Valter-Lobato.pdf.
49. MENEZES, Adriana. **Direito previdenciário:** para os concursos de Técnico, Analista e Perito do INSS e Analista dos Tribunais, Defensorias, Procuradorias, Delegado Federal e outros. Salvador: Juspodivm, 2016. P. 598.

> O artigo 927, parágrafo único, do Código Civil é compatível com o artigo 7º, XXVIII, da Constituição Federal, sendo constitucional a responsabilização objetiva do empregador por danos decorrentes de acidentes de trabalho, nos casos especificados em lei, ou quando a atividade normalmente desenvolvida, por sua natureza, apresentar exposição habitual a risco especial, com potencialidade lesiva e implicar ao trabalhador ônus maior do que aos demais membros da coletividade.

Assim, são duas as hipóteses de responsabilidade objetiva do empregador:

a) Quando houver previsão expressa em lei;

b) Quando a atividade normalmente desenvolvida representar risco habitual com potencialidade lesiva, exigindo do empregado ônus superior ao da média da coletividade.

Caso queira aprofundar o estudo, confira o **item 4.3.5. do Capítulo IX e o item 4.6.20. do Capítulo XI deste livro.**

> **Art. 7º, XXIX, da CF/88.** ação, quanto aos créditos resultantes das relações de trabalho, com prazo prescricional de 5 (cinco) anos para os trabalhadores urbanos e rurais, até o limite de 2 (dois) anos após a extinção do contrato de trabalho.

A Constituição Federal estabelece o direito de ação para créditos trabalhistas, fixando dois prazos prescricionais:

- Prescrição bienal: o trabalhador tem até 2 anos após a extinção do contrato para ajuizar a reclamação trabalhista;
- Prescrição quinquenal: ajuizada a ação dentro desse prazo de 2 anos, poderão ser cobrados os créditos relativos aos últimos 5 anos, contados do ajuizamento da ação.

Esse regime se aplica a trabalhadores urbanos e rurais, conforme unificado pelo art. 7º, XXIX, e foi incorporado também ao contrato de trabalho do empregado doméstico (art. 43 da LC nº 150/2015). Importante observar que o aviso-prévio (ainda que indenizado) integra o tempo de serviço, sendo considerado para o marco inicial da contagem do prazo.

Ainda, o empregado poderá pleitear os direitos trabalhistas dos **últimos 5 anos a contar do ajuizamento da reclamação.** Ressalta-se que o pedido dos últimos 5 anos não conta da extinção do contrato, mas do ingresso da reclamação trabalhista. Assim sendo, se demorar para ingressar com a ação judicial, consequentemente estará deixando escoar o período pleiteado.

Caso queira aprofundar o estudo, confira o **item 3 do Capítulo X deste livro.**

> **Art. 7º, XXX, da CF/88.** proibição de diferença de salários, de exercício de funções e de critério de admissão por motivo de sexo, idade, cor ou estado civil.

A Constituição veda expressamente tratamento discriminatório nas relações de trabalho, garantindo isonomia quanto a salário, função e critérios de admissão, independentemente de sexo, idade, cor ou estado civil. O objetivo é assegurar que empregados em situação equivalente recebam o mesmo tratamento jurídico, com base na igualdade material.

Essa vedação se estende, inclusive, aos trabalhadores estrangeiros, conforme interpretação do art. 461 da CLT e do RE 161.243/STF.

O tema é tratado em diferentes partes desta obra, dada sua importância. Para um aprofundamento mais detalhado sobre questões de trabalho infantil, trabalho do adolescente, aprendiz, proteção do trabalho da mulher e proteção do trabalho da pessoa com deficiência, recomenda-se a leitura do **item 3.4 ao item 3.9 do Capítulo IV.**

> **Art. 7º, XXXI, da CF/88.** proibição de qualquer discriminação no tocante a salário e critérios de admissão do trabalhador portador de deficiência.

A Constituição veda discriminação salarial e nos critérios de admissão de pessoas com deficiência, reforçando o direito à igualdade de oportunidades e inclusão profissional.

Nos termos do art. 2º da Lei 13.146/2015 (Estatuto da Pessoa com Deficiência), considera-se pessoa com deficiência aquela que **possui uma limitação de longo prazo de natureza física, mental, intelectual ou sensorial, que, em conjunto com uma ou mais barreiras, pode impedir sua plena e efetiva participação na sociedade em condições de igualdade com outras pessoas.** Essas barreiras podem ser físicas, tecnológicas, comunicacionais ou atitudinais, sendo estas últimas especialmente desafiadoras por refletirem preconceitos enraizados na cultura social.

Cabe ao empregador garantir ambientes acessíveis, adaptações razoáveis e recursos de tecnologia assistiva, nos termos dos arts. 34 e 37 do Estatuto. A inclusão também se dá por meio de ações afirmativas, como a cota prevista no art. 93 da Lei nº 8.213/1991, que obriga empresas com 100 ou mais empregados a preencher de 2% a 5% de seus cargos com pessoas com deficiência ou reabilitados. O percentual varia conforme o número de empregados da empresa.

Caso queira aprofundar o estudo, confira o **item 3.9 e os seguintes do Capítulo IV deste livro.**

> **Art. 7º, XXXII, da CF/88.** proibição de distinção entre trabalho manual, técnico e intelectual ou entre os profissionais respectivos.

A Constituição assegura que não deve haver qualquer forma de distinção entre os diversos tipos de trabalho, sejam eles manuais, técnicos ou intelectuais. Esse princípio da não discriminação está também refletido no art. 3º, parágrafo único, da CLT, que veda distinções com base na espécie de emprego ou condição do trabalhador, assegurando tratamento isonômico a todos os empregados.

Ainda segundo o caput do art. 3º da CLT, será considerado empregado toda pessoa física que prestar serviços de natureza não eventual a empregador, sob subordinação e mediante salário, independentemente da função desempenhada.

Contudo, a figura do empregado "hipersuficiente", inserida pela Reforma Trabalhista (Lei nº 13.467/2017), tem sido objeto de críticas por representar um desvio ao inciso XXXII, art. 7º da CF e ao parágrafo único, art. 3º da CLT. Previsto no parágrafo único do art. 444 da CLT, o hipersuficiente pode negociar diretamente com o empregador cláusulas do contrato, sem a intermediação sindical, desde que atendidos dois requisitos cumulativos:

- Diploma de nível superior;
- Salário igual ou superior a duas vezes o teto do INSS (em 2025, R$ 16.314,82).

Na prática, essa previsão fragiliza a proteção jurídica dos empregados, ao presumir plena capacidade negocial apenas com base no salário e escolaridade. No entanto, a subordinação e a desigualdade estrutural da relação de emprego persistem, independentemente da remuneração. A regra acaba por colocar o empregado em posição vulnerável, permitindo a renúncia de direitos em nome da autonomia contratual, muitas vezes apenas aparente.

Caso queira aprofundar o estudo, confira o **item 1 e os seguintes do Capítulo IV deste livro.**

> **Art. 7º, XXXIII, da CF/88.** proibição de trabalho noturno, perigoso ou insalubre a menores de 18 (dezoito) e de qualquer trabalho a menores de 16 anos, salvo na condição de aprendiz, a partir de 14 anos.

A Constituição estabelece regras protetivas específicas para o trabalho do adolescente, considerando sua condição peculiar de desenvolvimento físico, mental e social. O trabalho é permitido a partir dos 16 anos, mas com restrições: até os 18 anos, o adolescente não pode atuar em atividades noturnas, perigosas ou insalubres.

Exceção constitucional: o trabalho é permitido a partir dos 14 anos apenas na condição de aprendiz, conforme previsto no próprio art. 7º, XXXIII.

Para certas categorias, a legislação infraconstitucional impõe idades mínimas mais elevadas:

- Empregado doméstico: mínimo de 18 anos (art. 1º, parágrafo único, da LC nº 150/2015);
- Vigilante: mínimo de 21 anos (art. 28, II, da Lei 14.967/2024);
- Mãe social: mínimo de 25 anos (art. 9º, "a", da Lei nº 7.644/1987).

É importante mencionar que a emancipação não afasta a proteção constitucional. Mesmo que o adolescente seja emancipado, continua proibido o trabalho noturno, perigoso ou insalubre antes dos 18 anos.

Essas normas visam resguardar a saúde, segurança e dignidade do adolescente, em consonância com os princípios da proteção integral e da prioridade absoluta previstos no ordenamento jurídico.

Caso queira aprofundar o estudo, confira o **item 3.4 e os seguintes e o item 3.5 e os seguintes do Capítulo IV deste livro.**

> **Art. 7º, XXXIV, da CF/88.** igualdade de direitos entre o trabalhador com vínculo empregatício permanente e o trabalhador avulso.

A Constituição assegura isonomia de direitos entre o empregado com vínculo permanente e o trabalhador avulso, ainda que este não seja empregado no sentido clássico do art. 3º da CLT.

O trabalhador avulso é caracterizado pela prestação de serviços a diversos tomadores, com intermediação obrigatória do sindicato da categoria ou do Órgão Gestor de Mão de Obra (OGMO), especialmente em atividades portuárias. Por não haver pessoalidade nem subordinação direta contínua, ele não mantém vínculo empregatício, mas tem reconhecidos os mesmos direitos materiais dos empregados permanentes: férias, 13º salário, FGTS, proteção previdenciária, entre outros.

A Reforma Trabalhista (Lei nº 13.467/2017) reforçou essa proteção ao prever, no art. 611-B da CLT, que é ilícita a negociação coletiva que busque suprimir ou reduzir a igualdade de direitos entre trabalhador avulso e empregado formal.

Caso queira aprofundar o estudo, confira o **item 4.3 e os seguintes do Capítulo IV deste livro.**

> **Art. 7º, parágrafo único, da CF/88.** São assegurados à categoria dos trabalhadores domésticos os direitos previstos nos incisos IV, VI, VII, VIII, X, XIII, XV, XVI, XVII, XVIII, 8745 XIX, XXI, XXII, XXIV, XXVI, XXX, XXXI e XXXIII e, atendidas as condições estabelecidas em lei e observada a simplificação do cumprimento das obrigações tributárias, principais e acessórias, decorrentes da relação de trabalho e suas peculiaridades, os previstos nos incisos I, II, III, IX, XII, XXV e XXVIII, bem como a sua integração à previdência social.

Com a promulgação da Emenda Constitucional nº 72, em 2013, o ordenamento jurídico brasileiro avançou significativamente na proteção dos empregados domésticos. Essa emenda alterou o parágrafo único do art. 7º da Constituição Federal, passando a reconhecer, de forma expressa, uma série de direitos fundamentais a essa categoria, que historicamente esteve à margem da proteção integral conferida aos demais empregados.

A nova redação do dispositivo não equiparou por completo os trabalhadores domésticos aos urbanos e rurais, mas representou um passo relevante ao estender a eles diversos direitos constitucionais, como limitação de jornada, garantia de salário mínimo, adicional noturno, FGTS, proteção contra despedida arbitrária, entre outros. Alguns desses direitos passaram a ter aplicação imediata, enquanto outros dependiam de regulamentação.

Tal regulamentação chegou em 2015 com a edição da Lei Complementar nº 150, que revogou integralmente a antiga Lei nº 5.859/1972 e passou a disciplinar de forma específica e atualizada a relação de trabalho doméstico. Além de regulamentar os novos direitos previstos pela EC nº 72/2013, a LC nº 150 trouxe inovações relevantes e reforçou a necessidade de simplificação das obrigações fiscais e previdenciárias, compatibilizando-as com as particularidades desse tipo de vínculo.

A legislação também previu expressamente a aplicação subsidiária da CLT às relações de emprego doméstico, desde que respeitadas as peculiaridades desse tipo contratual.

Caso queira aprofundar o estudo, confira o **item 3.2 e os seguintes do Capítulo IV deste livro.**

3. DIREITOS CONSTITUCIONAIS DOS TRABALHADORES NAS SUAS RELAÇÕES COLETIVAS DE TRABALHO

O Direito Coletivo do Trabalho também encontra assento direto na Constituição Federal de 1988, refletindo o compromisso do constituinte com a promoção de uma ordem social justa e com a valorização do trabalho como fundamento da República. Se, no plano do Direito Individual, a proteção gira em torno da hipossuficiência do empregado frente ao empregador, no campo coletivo há uma lógica distinta: a relação jurídica é mediada por entidades sindicais, que atuam em nome da categoria profissional, conferindo maior equilíbrio de forças entre as partes.

Nesse contexto, os artigos 8º a 11 da Constituição Federal formam o núcleo essencial da disciplina constitucional do Direito Coletivo do Trabalho. Neles se estruturam as bases da organização sindical, da negociação coletiva, do direito de greve e da participação dos empregados nos colegiados das empresas, formando o alicerce normativo que rege a atuação coletiva no mundo do trabalho.

Ao contrário do que ocorre nas relações individuais, aqui há maior margem para negociação, sendo possível, inclusive, transacionar sobre direitos que seriam indisponíveis no plano individual. Esse mesmo raciocínio foi reforçado com a Reforma Trabalhista, que consagrou, no art. 611-A da CLT, a prevalência do negociado sobre o legislado, ampliando o protagonismo dos instrumentos coletivos e da atuação sindical.

Nos próximos tópicos, apresentaremos a leitura esquematizada dos dispositivos constitucionais, seguida de uma análise didática dos principais conceitos e institutos do Direito Coletivo. Também será indicado, sempre que necessário, o capítulo e o item desta obra onde cada tema será aprofundado. Trata-se, portanto, de um estudo orientado, voltado à construção de um panorama claro e aplicável do conteúdo constitucional coletivo.

> **Art. 8º da CF/88.** É livre a associação profissional ou sindical, observado o seguinte:
>
> I - a lei não poderá exigir autorização do Estado para a fundação de sindicato, ressalvado o registro no órgão competente, vedadas ao Poder Público a interferência e a intervenção na organização sindical.

O inciso I do art. 8º deixa claro que não se exige autorização do Estado para a fundação de sindicatos, sendo vedada qualquer interferência ou intervenção do Poder Público na organização sindical. Essa diretriz garante a liberdade de atuação das entidades sindicais, protegendo sua independência frente ao Estado.

Ainda assim, **admite-se a exigência de registro no órgão competente**, atualmente o Ministério do Trabalho e Emprego. Esse registro **não se confunde com autorização prévia**, mas funciona como um ato administrativo declaratório com finalidade de dar publicidade e reconhecimento à representação sindical. Segundo a Súmula nº 677 do STF, enquanto não houver regulamentação legal específica, cabe ao Ministério do Trabalho efetuar esse registro e zelar pela observância do princípio da unicidade sindical.

Importante destacar que o registro não envolve juízo de valor sobre a conveniência ou mérito da entidade, mas apenas a verificação objetiva de requisitos formais, como base territorial mínima, identificação da categoria representada e inexistência de outra entidade registrada para a mesma base e categoria. Eventuais falhas podem ser corrigidas, e, uma vez deferido, o registro confere à entidade a personalidade sindical plena, com todas as prerrogativas legais e constitucionais.

Caso queira aprofundar o estudo, confira o **item 3 e os seguintes do Capítulo XI deste livro.**

> **Art. 8º, II, da CF/88.** é vedada a criação de mais de uma organização sindical, em qualquer grau, representativa de categoria profissional ou econômica, na mesma base territorial, que será definida pelos trabalhadores ou empregadores interessados, não podendo ser inferior à área de um Município.

O inciso II do art. 8º consagra o chamado princípio da unicidade sindical. De acordo com esse princípio, é proibida a existência de mais de um sindicato representando a mesma categoria profissional (trabalhadores) ou econômica (empregadores) na mesma base territorial, a qual não pode ser inferior à extensão de um município.

Essa regra impõe três limites à liberdade sindical no Brasil: a obrigatoriedade de representação por categoria, a exigência de base territorial mínima municipal, e a vedação à pluralidade sindical dentro da mesma base. Esses elementos revelam que, embora o texto constitucional assegure autonomia para fundação e funcionamento das entidades sindicais, a liberdade sindical não é plena. Há, ainda, resquícios de um modelo sindical corporativista, herdado da estrutura autoritária do Estado Novo.

Na prática, a unicidade sindical restringe a liberdade de escolha dos empregados e empregadores, que ficam obrigados a se submeter à entidade já existente, independentemente de sua atuação ou legitimidade. Essa limitação também impede a formação de sindicatos mais representativos por linha ideológica, política ou por afinidade de interesses, como ocorre em sistemas que adotam o princípio do pluralismo sindical.

Importante destacar que o Brasil não ratificou a Convenção nº 87 da OIT, que consagra a liberdade sindical plena e é frequentemente invocada como parâmetro internacional para críticas ao nosso modelo.

Apesar disso, o Supremo Tribunal Federal tem entendido que a unicidade sindical é compatível com a Constituição, desde que respeitado o princípio da autonomia das entidades sindicais em sua estrutura interna e na sua organização.

Caso queira aprofundar o estudo, confira o **item 2.1 do Capítulo XI deste livro**.

> **Art. 8º, III, da CF/88.** ao sindicato cabe a defesa dos direitos e interesses coletivos ou individuais da categoria, inclusive em questões judiciais ou administrativas.

A Constituição Federal atribui ao sindicato a função de representação da categoria profissional ou econômica, legitimando-o para atuar na defesa dos interesses coletivos ou individuais dos empregados ou empregadores que representa. Essa atuação pode se dar tanto no plano extrajudicial, como na negociação de convenções e acordos coletivos, quanto na esfera judicial e administrativa, como nas ações coletivas ou na defesa dos direitos de membros da categoria perante órgãos públicos.

Os sindicatos, nesse contexto, não devem ser confundidos com associações civis como OAB, CREA ou CRM. Embora essas entidades também exerçam funções representativas, seu foco está voltado à fiscalização profissional e à defesa de seus associados, e não à negociação coletiva, tampouco seus dirigentes gozam da estabilidade sindical assegurada aos representantes das entidades sindicais propriamente ditas.

O sistema sindical brasileiro é organizado com base no critério da categoria, que pode ser profissional (empregados), econômica (empregadores) ou profissional diferenciada (profissões com regulamentação específica e condições de trabalho peculiares). Para identificar a qual sindicato o empregado está vinculado, leva-se em consideração a atividade preponderante da empresa.

Caso queira aprofundar o estudo, confira o **item 3.1 do Capítulo XI deste livro.**

> **Art. 8º, IV, da CF/88.** a assembleia geral fixará a contribuição que, em se tratando de categoria profissional, será descontada em folha, para custeio do sistema confederativo da representação sindical respectiva, independentemente da contribuição prevista em lei.

A contribuição confederativa tem por finalidade o custeio da estrutura sindical composta por sindicatos, federações e confederações. Prevista expressamente no art. 8º, IV, da Constituição Federal, essa contribuição é fixada por decisão da assembleia geral e pode ser descontada diretamente em folha de pagamento, desde que o empregado seja filiado ao sindicato.

Diferente da contribuição sindical prevista em lei, a contribuição confederativa nunca teve natureza tributária. Por isso, não pode ser cobrada de trabalhadores não associados ao sindicato, sob pena de violação à liberdade de associação sindical. Essa questão foi definitivamente pacificada com a Súmula Vinculante nº 40 do STF, segundo a qual a contribuição confederativa somente é exigível dos filiados à entidade sindical.

A jurisprudência do TST também reforça esse entendimento. A Orientação Jurisprudencial nº 17 da SDC considera nulas as cláusulas de instrumentos coletivos que determinem o desconto de contribuições de empregados não filiados, assegurando, inclusive, a possibilidade de devolução dos valores eventualmente descontados.

Cabe destacar, contudo, que uma vez filiado ao sindicato, o trabalhador estará sujeito às decisões da assembleia geral, inclusive quanto ao valor da contribuição confederativa, mesmo que tenha votado contra a sua instituição. A liberdade sindical, nesse caso, está preservada na possibilidade de associar-se ou não ao sindicato, mas não permite a recusa individual ao cumprimento das obrigações aprovadas democraticamente pelos seus membros.

Caso queira aprofundar o estudo, confira o **item 3.2.2 do Capítulo XI deste livro.**

> **Art. 8º, V, da CF/88.** ninguém será obrigado a filiar-se ou a manter-se filiado a sindicato.

O inciso V do art. 8º da Constituição consagra a liberdade sindical individual, assegurando ao empregado o direito de decidir se **deseja ou não integrar uma entidade sindical.** Essa liberdade pode se manifestar de forma **positiva**, quando o indivíduo opta por se filiar e permanecer no sindicato, ou de forma **negativa**, quando escolhe não se filiar ou se desfiliar da entidade.

Essa proteção constitucional reforça o princípio da liberdade sindical e afasta qualquer possibilidade de filiação automática, compulsória ou dificultada, sendo nulas as cláusulas convencionais que imponham esse tipo de obrigatoriedade ou obstáculo à desfiliação. O vínculo com o sindicato é, portanto, um ato de vontade do empregado.

O mesmo sentido é reforçado pela CLT, que, após a Reforma Trabalhista, passou a considerar como objeto ilícito de convenção ou acordo coletivo qualquer cláusula que suprima ou restrinja a liberdade de associação profissional ou sindical. Nos termos do art. 611-B, XXVI, da CLT, é vedada, inclusive, a imposição de cobranças ou descontos salariais sem a prévia e expressa autorização do empregado, ainda que previstos em instrumento coletivo.

Caso queira aprofundar o estudo, confira o **item 3.1.3 do Capítulo XI deste livro.**

> **Art. 8º, VI, da CF/88.** é obrigatória a participação dos sindicatos nas negociações coletivas de trabalho.

A Constituição Federal confere aos sindicatos papel essencial nas negociações coletivas, atribuindo-lhes o poder de construir normas jurídicas que busquem melhorar as condições de trabalho, considerando as realidades regionais e setoriais. Trata-se da chamada autorregulamentação coletiva, reconhecida como um dos fundamentos do Direito Coletivo do Trabalho.

Esse poder de negociação foi reforçado com a Reforma Trabalhista, especialmente por meio do art. 611-A da CLT, que passou a admitir, em diversas hipóteses, a prevalência do negociado sobre o legislado. Com isso, os instrumentos coletivos ganharam ainda mais centralidade, e o papel do sindicato na representação dos trabalhadores foi reforçado.

A obrigatoriedade da participação sindical nas negociações coletivas está expressamente prevista no art. 8º, VI, da CF/88, sendo reiterada também no art. 7º, XXVI, da CF/88, que reconhece os acordos e convenções coletivas de trabalho como fontes formais de direitos.

A relevância da negociação coletiva também é reconhecida pela Organização Internacional do Trabalho (OIT), que, mesmo para os países que ainda não ratificaram as Convenções nº 87 e 98, exige o respeito ao direito de negociação coletiva como princípio fundamental.

Nos termos do art. 616 da CLT, uma vez provocados, sindicatos e empresas não podem se recusar a negociar. Da negociação, podem resultar dois tipos de instrumentos normativos:

- Acordo coletivo de trabalho: firmado entre o sindicato dos empregados e uma ou mais empresas. Aplica-se a todos os empregados da(s) empresa(s) acordante(s), ainda que não filiados ao sindicato.
- Convenção coletiva de trabalho: firmada entre o sindicato da categoria profissional e o sindicato da categoria econômica. Aplica-se ao conjunto das respectivas categorias representadas, também alcançando os não filiados.

Caso queira aprofundar o estudo, confira o **item 4 do Capítulo XI deste livro.**

> **Art. 8º, VII, da CF/88.** o aposentado filiado tem direito a votar e ser votado nas organizações sindicais.

O princípio da liberdade sindical, além de garantir a autonomia na criação e organização interna dos sindicatos, assegura também o direito de livre filiação. Esse direito não se restringe aos trabalhadores em atividade: os aposentados filiados ao sindicato mantêm seu vínculo com a entidade e, por isso, têm garantido o direito de votar e ser votados nas eleições sindicais, conforme prevê o art. 8º, VII, da Constituição.

A escolha de manter-se filiado após a aposentadoria é uma manifestação legítima da liberdade sindical individual, e autoriza o exercício pleno dos direitos de participação na vida da entidade, inclusive o direito de concorrer a cargos de direção.

> **Art. 8º, VIII, da CF/88.** é vedada a dispensa do empregado sindicalizado a partir do registro da candidatura a cargo de direção ou representação sindical e, se eleito, ainda que suplente, até 1 ano após o final do mandato, salvo se cometer falta grave nos termos da lei.

A Constituição Federal assegura estabilidade provisória ao dirigente sindical, como forma de garantir a independência no exercício da representação da categoria. Essa proteção visa não apenas o empregado eleito, mas a própria coletividade que ele representa, proporcionando segurança no desempenho da atividade sindical.

A estabilidade inicia-se com o registro da candidatura ao cargo de direção ou representação sindical. Caso eleito, o empregado terá garantida a estabilidade durante o mandato e por mais um ano após seu término. O mandato, por sua vez, tem duração de três anos, conforme o art. 515, alínea "b", da CLT.

A estabilidade também se estende ao suplente do cargo de direção ou representação, observando-se o limite de até sete titulares e sete suplentes. A proteção, contudo, não abrange membros do conselho fiscal nem delegados sindicais.

Para a dispensa do dirigente sindical, é necessário inquérito judicial para apuração de falta grave, conforme art. 853 da CLT. O empregador terá 30 dias a partir do afastamento para ingressar com a ação.

Caso queira aprofundar o estudo, confira o **item 4.1 do Capítulo VIII deste livro.**

> **Art. 9º da CF/88.** É assegurado o direito de greve, competindo aos trabalhadores decidir sobre a oportunidade de exercê-lo e sobre os interesses que devam por meio dele defender.
>
> § 1º. A lei definirá os serviços ou atividades essenciais e disporá sobre o atendimento das necessidades inadiáveis da comunidade.
>
> § 2º. Os abusos cometidos sujeitam os responsáveis às penas da lei.

Greve consiste na paralisação coletiva[50], pacífica e temporária do trabalho com o objetivo de defender interesses profissionais. É uma arma poderosa de reivindicação dos direitos trabalhistas, sendo classificada também como forma de solução de conflitos, pois é um meio da pressão exercida sobre o empregador, para atender aos pedidos dos empregados e, consequentemente, colocar fim à discussão.

O art. 9º, *caput*, garante aos trabalhadores a autonomia para decidir a oportunidade e os interesses a serem defendidos por meio da greve. Embora cause prejuízos econômicos ao empregador, a greve não pode ser reprimida arbitrariamente, sendo protegida constitucionalmente como instrumento legítimo de reivindicação. O direito está regulamentado pela Lei nº 7.783/1989, cujo art. 2º apresenta sua definição legal.

Sob o aspecto do contrato individual de trabalho, a greve possui natureza de suspensão contratual: não há prestação de serviço, tampouco pagamento de salário. No entanto, se houver posterior acordo para pagamento dos dias parados, passa-se a considerar interrupção do contrato.

É possível, contudo, que a greve seja considerada abusiva, especialmente quando:

I. compromete necessidades inadiáveis da população (como paralisação total em hospitais);

50. A greve é um típico direito coletivo, sendo necessária a paralisação total ou, pelo menos, de setores da empresa. Portanto, não configura greve a suspensão individual da prestação de serviços. Caso ocorra essa paralisação individual o empregado poderá ser dispensado por justa causa, em razão de insubordinação.

II. não é precedida de tentativa de negociação coletiva;

III. mantém-se mesmo após acordo, convenção ou decisão normativa, salvo nos casos de descumprimento de cláusulas ou de fato novo superveniente.

Nos termos do § 1º do art. 9º, a lei deve indicar os serviços e atividades essenciais, nos quais a greve só será legítima se preservadas as necessidades inadiáveis da comunidade, especialmente aquelas ligadas à saúde, segurança e sobrevivência. O art. 10 da Lei de Greve elenca essas atividades essenciais.

A comunicação prévia da greve deve respeitar os prazos definidos na Lei nº 7.783/1989:

- 72 horas para atividades essenciais;
- 48 horas para as demais.

Caso queira aprofundar o estudo, confira o **item 6 e os seguintes do Capítulo XI deste livro.**

> **Art. 10 da CF/88.** É assegurada a participação dos trabalhadores e empregadores nos colegiados dos órgãos públicos em que seus interesses profissionais ou previdenciários sejam objeto de discussão e deliberação.

O art. 10 da Constituição Federal de 1988 estabelece que a participação dos empregados e empregadores será assegurada nos colegiados dos órgãos públicos em que se discutem interesses profissionais, econômicos e sociais. Trata-se da chamada composição **tripartite**, que visa garantir a gestão democrática desses espaços por meio da presença de representantes dos empregados, dos empregadores e do governo.

Um exemplo prático de colegiado com essa estrutura é o **Conselho Curador do FGTS.** A administração do Fundo de Garantia por Tempo de Serviço é orientada pelas normas e diretrizes definidas por esse conselho, formado por representantes dos empregados, dos empregadores e do governo, conforme previsto no art. 3º da Lei nº 8.036/1990.

As decisões do Conselho Curador são tomadas por **maioria simples**, sendo conferido ao presidente voto de qualidade em caso de empate. As reuniões ordinárias ocorrem a cada bimestre, por convocação do próprio presidente.

Caso queira aprofundar o estudo, confira o **item 5.3 e os seguintes do Capítulo VIII deste livro.**

> **Art. 11 da CF/88.** Nas empresas de mais de 200 empregados, é assegurada a eleição de um representante destes com a finalidade exclusiva de promover-lhes o entendimento direto com os empregadores.

O art. 11 da Constituição Federal de 1988 garante aos trabalhadores das empresas com mais de **200 empregados** o direito de **eleger um representante** com a finalidade exclusiva de promover o entendimento direto com os empregadores. Trata-se de uma medida voltada à democratização das relações de trabalho, criando um canal institucionalizado para o diálogo entre capital e trabalho no ambiente interno da empresa.

Apesar de expressamente previsto na Constituição, por muitos anos o dispositivo careceu de regulamentação infraconstitucional, o que limitava sua efetividade prática. Com a

Reforma Trabalhista (Lei nº 13.467/2017), a matéria foi disciplinada de forma mais concreta, estabelecendo garantia de emprego ao representante eleito, nos moldes da estabilidade já conferida aos membros da CIPA (art. 165 da CLT).

Essa estabilidade provisória é assegurada desde o registro da candidatura até um ano após o fim do mandato, protegendo o representante contra dispensa arbitrária. A legislação, no entanto, não menciona a eleição de suplentes.

Caso queira aprofundar o estudo, confira o **item 4.6 e os seguintes do Capítulo VIII deste livro.**

4. DIREITOS HUMANOS DO TRABALHO E DA EMPRESA

Nesta segunda parte do capítulo, reunimos de forma sistematizada os principais temas relacionados aos Direitos Humanos do Trabalho e à atuação das empresas diante dessa nova agenda global, com especial atenção às normas internacionais, aos princípios de responsabilidade empresarial e ao papel do Estado na promoção de condições laborais dignas e sustentáveis.

A inclusão deste conteúdo neste capítulo se justifica pela sua crescente relevância nos concursos públicos, especialmente após sua previsão expressa no edital do último concurso para os cargos de Analista e Técnico do MPU, o que reforça a necessidade de domínio conceitual e normativo do tema por parte dos candidatos. O assunto também poderá ser explorado em questões de estudos de caso dos mais diversos TRTs, exigindo do concurseiro não apenas a memorização da teoria, mas também a capacidade de aplicar os conceitos a situações práticas.

Alguns dos tópicos aqui abordados são inéditos nesta coleção, como os Princípios de *Ruggie*, a Agenda 2030 da ONU, o conceito de trabalho decente, os fundamentos do desenvolvimento sustentável e o papel da empresa na promoção dos direitos humanos. Tais conteúdos refletem o avanço das discussões sobre responsabilidade social, governança corporativa e inclusão no mundo do trabalho, e integram uma nova forma de compreensão jurídica das relações laborais em âmbito nacional e internacional.

Nos próximos itens, você encontrará um panorama introdutório e sistematizado de alguns dos temas mais relevantes e atuais ligados aos Direitos Humanos do Trabalho e à atuação empresarial responsável, especialmente aqueles com potencial de cobrança em concursos públicos. Embora não tratemos de todos os marcos e compromissos internacionais relacionados ao tema, a seleção realizada contempla conteúdos que dialogam diretamente com a realidade do mundo do trabalho e com os valores constitucionais e internacionais da dignidade, igualdade e inclusão.

Sempre que possível, indicaremos os capítulos e tópicos do livro em que o assunto será aprofundado, permitindo que você, futuro analista, estude com foco, estratégia e domínio normativo para enfrentar tanto questões objetivas quanto estudos de caso com segurança e consistência.

4.1. Trabalho decente

A agenda do trabalho decente foi consolidada pela Organização Internacional do Trabalho[51] (OIT) em 1999, tornando-se o eixo central de sua atuação no cenário internacional. Trata-

51. ORGANIZAÇÃO INTERNACIONAL DO TRABALHO (OIT). Conheça a OIT. Disponível em: https://www.ilo.org/pt-pt/regions-and-countries/americas/brasil/conheca-oit. Acesso em: 29 jan. 2025.

se de uma noção abrangente, que representa o ponto de convergência dos quatro objetivos estratégicos da OIT:

a) o respeito aos direitos no trabalho, especialmente aqueles definidos como fundamentais;

b) a promoção do emprego produtivo e de qualidade;

c) a ampliação da proteção social; e

d) e o fortalecimento do diálogo social.

A proposta do trabalho decente surge como resposta crítica ao discurso neoliberal da flexibilização indiscriminada das relações trabalhistas, que, nos anos 2000, ganhava força com a justificativa de reduzir custos e estimular a competitividade. A OIT, contrariamente a essa lógica, reafirmou que o trabalho não deve ser tratado como simples mercadoria ou fator de produção subordinado às regras do mercado. Ao contrário, é por meio do trabalho que se promove a inclusão social, se combate a pobreza e se fortalece a cidadania.

Nesse sentido, o Estado Democrático de Direito ocupa papel essencial na promoção de um modelo civilizado de relações de trabalho, sendo responsável por estabelecer parâmetros mínimos de proteção e garantir condições dignas de trabalho para todos.

A agenda do trabalho decente tem como objetivo difundir modelos de emprego que assegurem remuneração justa, proteção social adequada, respeito aos direitos fundamentais e condições seguras e igualitárias. Essa agenda também exige a eliminação do trabalho forçado, o combate ao trabalho infantil e às discriminações no mercado de trabalho, além da promoção do diálogo social entre governos, empregadores e trabalhadores.

De acordo com a OIT, o trabalho decente se estrutura a partir de diversas dimensões, entre as quais se destacam:

- acesso a oportunidades de emprego;
- remuneração adequada e trabalho produtivo;
- jornada compatível com os direitos do trabalhador;
- equilíbrio entre vida profissional, pessoal e familiar;
- estabilidade e segurança no vínculo empregatício;
- igualdade de oportunidades e tratamento;
- ambiente de trabalho saudável e seguro;
- acesso à seguridade social;
- diálogo social efetivo e representação coletiva.

Importante frisar que a simples formalização do vínculo de emprego não é suficiente para garantir trabalho decente. É necessário assegurar um patamar mínimo de direitos e fortalecer práticas democráticas nas relações laborais, promovendo a escuta e o respeito às vozes de todos os envolvidos.

4.2. Agenda 2030 da ONU e o compromisso com o trabalho decente[52]

A Agenda 2030 para o Desenvolvimento Sustentável, aprovada pela Organização das Nações Unidas (ONU) em 2015, consiste em um plano de ação global voltado à erradicação da pobreza, à proteção do meio ambiente e à promoção do bem-estar de todas as pessoas, em especial das populações mais vulneráveis. Seu objetivo central é viabilizar um modelo de desenvolvimento que seja, ao mesmo tempo, inclusivo, justo e sustentável.

Resultado de amplo processo de consulta pública internacional, a Agenda 2030 estrutura-se em 17 Objetivos de Desenvolvimento Sustentável (ODS) e 169 metas universais, que devem ser cumpridos por todos os países, respeitando as especificidades locais, mas com foco em compromissos comuns[53]:

O documento representa um esforço de articulação entre governos, empresas, trabalhadores e sociedade civil para enfrentar os principais desafios sociais, ambientais e econômicos da atualidade, com horizonte até o ano de 2030.

Os ODS têm como ponto de partida o conceito de desenvolvimento sustentável, definido no Relatório de Brundtland como o modelo de crescimento capaz de atender às necessidades do presente sem comprometer a possibilidade de as futuras gerações suprirem as suas. Segundo Raimundo Simão de Melo[54]:

52. ORGANIZAÇÃO DAS NAÇÕES UNIDAS. Agenda 2030 para o Desenvolvimento Sustentável. [S. l.], 2015. Disponível em: https://brasil.un.org/pt-br/91863-agenda-2030-para-o-desenvolvimento-sustent%C3%A1vel. Acesso em: Acesso em: 04 ago. 2023.
53. Fonte: ORGANIZAÇÃO DAS NAÇÕES UNIDAS. Agenda 2030 para o Desenvolvimento Sustentável. [S. l.], 2015. Disponível em: https://brasil.un.org/pt-br/91863-agenda-2030-para-o-desenvolvimento-sustent%C3%A1vel. Acesso em: Acesso em: 04 ago. 2023.
54. Melo, Raimundo Simão de. Direito Ambiental do Trabalho e a saúde do trabalhador. 4. ed. São Paulo: LTr, 2010, p. 58.

Desenvolvimento sustentável é a política desenvolvimentista que leva em conta a livre iniciativa, porém, de forma **convergente** com outras políticas de desenvolvimento social, cultural, humano e de proteção do meio ambiente (CF, art. 170).

Nesse sentido, o desenvolvimento sustentável assenta-se sobre três pilares fundamentais:

- Sustentabilidade ambiental (preservação dos recursos naturais e redução dos impactos ecológicos),
- Sustentabilidade econômica (crescimento equilibrado e geração de empregos e renda) e
- Sustentabilidade social (garantia de direitos, combate às desigualdades e promoção da justiça social).

A conjugação desses três eixos é o que caracteriza o chamado tripé da sustentabilidade.

Para a preparação dos concursos e o domínio do tema, é recomendável a leitura cuidadosa das metas específicas dos ODS 5, 8 e 10, dada sua relevância prática e jurídica para o Direito do Trabalho contemporâneo:

Objetivo 5. Alcançar a igualdade de gênero e empoderar todas as mulheres e meninas

5.1 Acabar com todas as formas de discriminação contra todas as mulheres e meninas em toda parte

5.2 Eliminar todas as formas de violência contra todas as mulheres e meninas nas esferas públicas e privadas, incluindo o tráfico e exploração sexual e de outros tipos

5.3 Eliminar todas as práticas nocivas, como os casamentos prematuros, forçados e de crianças e mutilações genitais femininas

5.4 Reconhecer e valorizar o trabalho de assistência e doméstico não remunerado, por meio da disponibilização de serviços públicos, infraestrutura e políticas de proteção social, bem como a promoção da responsabilidade compartilhada dentro do lar e da família, conforme os contextos nacionais

5.5 Garantir a participação plena e efetiva das mulheres e a igualdade de oportunidades para a liderança em todos os níveis de tomada de decisão na vida política, econômica e pública

5.6 Assegurar o acesso universal à saúde sexual e reprodutiva e os direitos reprodutivos, como acordado em conformidade com o Programa de Ação da Conferência Internacional sobre População e Desenvolvimento e com a Plataforma de Ação de Pequim e os documentos resultantes de suas conferências de revisão

5.a Realizar reformas para dar às mulheres direitos iguais aos recursos econômicos, bem como o acesso a propriedade e controle sobre a terra e outras formas de propriedade, serviços financeiros, herança e os recursos naturais, de acordo com as leis nacionais

5.b Aumentar o uso de tecnologias de base, em particular as tecnologias de informação e comunicação, para promover o empoderamento das mulheres

5.c Adotar e fortalecer políticas sólidas e legislação aplicável para a promoção da igualdade de gênero e o empoderamento de todas as mulheres e meninas em todos os níveis

Objetivo 8. Promover o crescimento econômico sustentado, inclusivo e sustentável, emprego pleno e produtivo e trabalho decente para todas e todos

8.1 Sustentar o crescimento econômico per capita de acordo com as circunstâncias nacionais e, em particular, um crescimento anual de pelo menos 7% do produto interno bruto [PIB] nos países menos desenvolvidos

8.2 Atingir níveis mais elevados de produtividade das economias por meio da diversificação, modernização tecnológica e inovação, inclusive por meio de um foco em setores de alto valor agregado e dos setores intensivos em mão de obra

8.3 Promover políticas orientadas para o desenvolvimento que apoiem as atividades produtivas, geração de emprego decente, empreendedorismo, criatividade e inovação, e incentivar a formalização e o crescimento das micro, pequenas e médias empresas, inclusive por meio do acesso a serviços financeiros

8.4 Melhorar progressivamente, até 2030, a eficiência dos recursos globais no consumo e na produção, e empenhar-se para dissociar o crescimento econômico da degradação ambiental, de acordo com o Plano Decenal de Programas sobre Produção e Consumo Sustentáveis, com os países desenvolvidos assumindo a liderança

8.5 Até 2030, alcançar o emprego pleno e produtivo e trabalho decente para todas as mulheres e homens, inclusive para os jovens e as pessoas com deficiência, e remuneração igual para trabalho de igual valor

8.6 Até 2020, reduzir substancialmente a proporção de jovens sem emprego, educação ou formação

8.7 Tomar medidas imediatas e eficazes para erradicar o trabalho forçado, acabar com a escravidão moderna e o tráfico de pessoas, e assegurar a proibição e eliminação das piores formas de trabalho infantil, incluindo recrutamento e utilização de crianças-soldado, e até 2025 acabar com o trabalho infantil em todas as suas formas

8.8 Proteger os direitos trabalhistas e promover ambientes de trabalho seguros e protegidos para todos os trabalhadores, incluindo os trabalhadores migrantes, em particular as mulheres migrantes, e pessoas em empregos precários

8.9 Até 2030, elaborar e implementar políticas para promover o turismo sustentável, que gera empregos e promove a cultura e os produtos locais

8.10 Fortalecer a capacidade das instituições financeiras nacionais para incentivar a expansão do acesso aos serviços bancários, de seguros e financeiros para todos

8.a Aumentar o apoio da Iniciativa de Ajuda para o Comércio [Aid for Trade] para os países em desenvolvimento, particularmente os países menos desenvolvidos, inclusive por meio do Quadro Integrado Reforçado para a Assistência Técnica Relacionada com o Comércio para os países menos desenvolvidos

8.b Até 2020, desenvolver e operacionalizar uma estratégia global para o emprego dos jovens e implementar o Pacto Mundial para o Emprego da Organização Internacional do Trabalho [OIT]

Objetivo 10. Reduzir a desigualdade dentro dos países e entre eles

10.1 Até 2030, progressivamente alcançar e sustentar o crescimento da renda dos 40% da população mais pobre a uma taxa maior que a média nacional

10.2 Até 2030, empoderar e promover a inclusão social, econômica e política de todos, independentemente da idade, gênero, deficiência, raça, etnia, origem, religião, condição econômica ou outra

10.3 Garantir a igualdade de oportunidades e reduzir as desigualdades de resultados, inclusive por meio da eliminação de leis, políticas e práticas discriminatórias e da promoção de legislação, políticas e ações adequadas a este respeito

10.4 Adotar políticas, especialmente fiscal, salarial e de proteção social, e alcançar progressivamente uma maior igualdade

10.5 Melhorar a regulamentação e monitoramento dos mercados e instituições financeiras globais e fortalecer a implementação de tais regulamentações

10.6 Assegurar uma representação e voz mais forte dos países em desenvolvimento em tomadas de decisão nas instituições econômicas e financeiras internacionais globais, a fim de produzir instituições mais eficazes, críveis, responsáveis e legítimas

10.7 Facilitar a migração e a mobilidade ordenada, segura, regular e responsável das pessoas, inclusive por meio da implementação de políticas de migração planejadas e bem geridas

10.a Implementar o princípio do tratamento especial e diferenciado para países em desenvolvimento, em particular os países menos desenvolvidos, em conformidade com os acordos da OMC

10.b Incentivar a assistência oficial ao desenvolvimento e fluxos financeiros, incluindo o investimento externo direto, para os Estados onde a necessidade é maior, em particular os países menos desenvolvidos, os países africanos, os pequenos Estados insulares em desenvolvimento e os países em desenvolvimento sem litoral, de acordo com seus planos e programas nacionais

10.c Até 2030, reduzir para menos de 3% os custos de transação de remessas dos migrantes e eliminar os corredores de remessas com custos superiores a 5%

4.3. Princípios de Ruggie e a responsabilidade empresarial em matéria de direitos humanos

Em 2011, o Conselho de Direitos Humanos da Organização das Nações Unidas (ONU) aprovou, por consenso, os Princípios Orientadores sobre Empresas e Direitos Humanos, elaborados pelo professor John Ruggie, representante especial da ONU para o tema. Esses princípios formam um marco importante na governança global dos direitos humanos, ao estabelecerem diretrizes internacionais para que Estados e empresas atuem com responsabilidade em suas práticas econômicas e sociais, especialmente diante dos impactos que suas atividades podem gerar sobre os direitos fundamentais[55].

Os Princípios de Ruggie são estruturados a partir do chamado Quadro "Proteger, Respeitar e Reparar", concebido com o intuito de lidar de forma mais eficaz com os desafios envolvendo empresas e direitos humanos no contexto da globalização econômica. Esse tripé estabelece, em linhas gerais[56]:

55. NAÇÕES UNIDAS NO BRASIL. Conselho de Direitos Humanos aprova Princípios Orientadores para empresas. Disponível em: https://brasil.un.org/pt-br/57150-conselho-de-direitos-humanos-aprova-princ%C3%ADpios-orientadores-para-empresas. Acesso em: 29 jan. 2025.

56. BRASIL. Ministério dos Direitos Humanos. Cartilha de Empresas e Direitos Humanos. Brasília, 2019. Disponível em: https://www.gov.br/mdh/pt-br/assuntos/noticias/2019/outubro/Cartilha_versoimpresso.pdf. Acesso em: 29 jan. 2025.

i. **Proteger:** Obrigações assumidas pelos Estados de respeitar, proteger e implementar os direitos humanos e as liberdades fundamentais;

ii. **Respeitar:** O papel das empresas como órgãos especializados da sociedade que desempenham funções especializadas e que devem cumprir todas as leis aplicáveis e respeitar os direitos humanos;

iii. **Reparar:** A necessidade de que os direitos e obrigações sejam providos de recursos adequados e eficazes, em caso de descumprimento.

Embora não possuam natureza vinculante, os Princípios de Ruggie integram o chamado *soft law* internacional, funcionando como diretrizes que influenciam diretamente a construção de normas internas e a formulação de políticas públicas e empresariais em matéria de direitos humanos e responsabilidade social corporativa. Como fonte material de direito, oferecem parâmetros importantes para a atuação ética e responsável das empresas, especialmente no que diz respeito à prevenção de abusos e à remediação de danos causados por suas operações.

Essa orientação normativa também influenciou diretamente a Declaração Tripartite de Princípios sobre Empresas Multinacionais e Política Social, adotada pela Organização Internacional do Trabalho (OIT). Essa declaração fornece diretrizes específicas sobre temas como emprego, qualificação profissional, condições de trabalho e relações laborais, voltadas não apenas às empresas, mas também a governos, organizações de trabalhadores e empregadores[57].

Por fim, os Princípios Orientadores da ONU estão plenamente alinhados com os compromissos da Agenda 2030 para o Desenvolvimento Sustentável, especialmente com os Objetivos de Desenvolvimento Sustentável de maior impacto no mundo do trabalho. Destacam-se, nesse sentido, o ODS 8 (trabalho decente e crescimento econômico), o ODS 12 (consumo e produção responsáveis) e o ODS 16 (paz, justiça e instituições eficazes), todos voltados à construção de um modelo de desenvolvimento centrado na dignidade humana, na governança ética e na sustentabilidade social.

4.4. Igualdade de oportunidade e combate à discriminação nas relações de trabalho

A promoção da igualdade e o combate à discriminação são pilares do Direito do Trabalho contemporâneo, em consonância com os fundamentos constitucionais da dignidade da pessoa humana, da valorização do trabalho e da construção de uma sociedade justa e solidária.

Ressaltamos, no entanto, que se trata de um tema amplo, o qual será aprofundado em tópicos específicos sobre a proteção ao trabalho da mulher (item 3.7 do Capítulo IV), infantil (item 3.4 do Capítulo IV), do adolescente (item 3.5 do Capítulo IV), da pessoa com deficiência (item 3.9 do Capítulo IV), reintegração e assédio nas relações de trabalho (item 2.6 do Capítulo IX).

A Constituição Federal de 1988 estabelece como objetivo fundamental da República promover o bem de todos, sem preconceitos de origem, raça, sexo, cor, idade ou quaisquer outras formas de discriminação (art. 3º, IV). No âmbito do Direito do Trabalho, o art. 7º

57. ORGANIZAÇÃO INTERNACIONAL DO TRABALHO (OIT). Responsible business conduct and decent work: key messages for enterprises. Genebra: OIT, 2017. Disponível em: https://www.ilo.org/sites/default/files/wcmsp5/groups/public/@ed_emp/@emp_ent/documents/publication/wcms_579899.pdf. Acesso em: 29 jan. 2025.

assegura a todos os trabalhadores urbanos e rurais diversos direitos fundamentais voltados à igualdade de tratamento:

> **Art. 7º, CF/88:** São direitos dos trabalhadores urbanos e rurais, além de outros que visem à **melhoria** de sua condição social: (...)
>
> XXX – proibição de diferença de salários, de exercício de funções e de critério de admissão por motivo de sexo, idade, cor ou estado civil;
>
> XXXI – proibição de qualquer discriminação no tocante a salário e critérios de admissão do trabalhador **portador** de deficiência;
>
> XXXII – proibição de distinção entre trabalho manual, técnico e intelectual ou entre os profissionais respectivos;

A compreensão precisa dos conceitos relacionados à discriminação é essencial para identificar e combater práticas desiguais no ambiente laboral. A seguir, destacam-se os principais:

Conceitos fundamentais[58-59-60], modalidades e hipóteses de discriminação	
Sexo	O conceito de sexo está relacionado aos aspectos biológicos que servem como base para a classificação de indivíduos entre machos, fêmeas e intersexuais. Em nossa sociedade, seres humanos são divididos nessas categorias – em geral, ao nascer – a partir de determinadas características anatômicas, como órgãos sexuais e reprodutivos, hormônios e cromossomos.
Gênero	Utilizamos a palavra gênero quando queremos tratar do conjunto de características socialmente atribuídas aos diferentes sexos. Ao passo que sexo se refere à biologia, gênero se refere à cultura. No que diz respeito ao trabalho, no Brasil, mulheres, em geral, ainda se dedicam muito mais a afazeres domésticos e a trabalhos maternos do que homens, o que faz com que eles ocupem postos laborais mais valorizados e mais bem pagos, e elas fiquem em situação de dependência financeira deles. Mesmo em trabalhos remunerados, muitas mulheres são levadas a ocupar cargos análogos ao trabalho doméstico.
Identidade de gênero	(...) muitas vezes, uma pessoa pode se identificar com um conjunto de características não alinhado ao seu sexo designado. Pessoas que não se conformam com o gênero a elas atribuído ao nascer foram e ainda são extremamente discriminadas no Brasil e no mundo, na medida em que a conformidade entre sexo e gênero continua a ser a expectativa dominante da sociedade.

58. Os conceitos sobre "Sexo", "Gênero", "Identidade de gênero" e "Sexualidade" foram retirados do Protocolo do CNJ de Julgamento com Perspectiva de Gênero: CONSELHO NACIONAL DE JUSTIÇA (BRASIL). Protocolo para julgamento com perspectiva de gênero. Brasília: Conselho Nacional de Justiça – CNJ; Escola Nacional de Formação e Aperfeiçoamento de Magistrados — Enfam, 2021. Disponível em: https://www.cnj.jus.br/wp-content/uploads/2021/10/protocolo-18-10-2021-final.pdf. Acesso em: 14/09/2022.
59. Os conceitos sobre "Orientação sexual", "Identidade de gênero", "Transgênero", "Intersexo" e "Homofobia, bifobia e transfobia" foram retirados de: UNITED NATIONS HUMAN RIGHTS. **Igualdade LGBTI: perguntas frequentes**. Disponível em: https://www.unfe.org/wp-content/uploads/2018/10/FAQs-PT.pdf. Acesso em 19/08/2022.
60. Os conceitos sobre "Raça", "Racismo" e "Etnia" foram retirados de: COMISSÃO DE DIREITOS HUMANOS. **Conceitos de raça, racismo e etnia**. Disponível em: https://edisciplinas.usp.br/mod/page/view.php?id=3010050, que resume artigo do antropólogo Kabengele Munanga.

Conceitos fundamentais[58-59-60], modalidades e hipóteses de discriminação	
Sexualidade	A sexualidade diz respeito às práticas sexuais e afetivas dos seres humanos. Em nossa sociedade, estabeleceu-se como "padrão" a heterossexualidade, enquanto orientações sexuais como a homossexualidade e a bissexualidade são consideradas "desviantes". A população LGBTQIA+ sofre discriminações de diversas ordens no Brasil.
LGBTIA+	Sigla para "lésbicas, gays, bissexuais, transgêneros e intersexo [e assexual]". Atualmente, fruto das lutas e debates em torno da identidade de gênero, a sigla vem ganhando novas letras e englobando novos públicos como as populações Queer/ Questionando, Assexuais/Arromânticas/Agênero, Pan/Poli, Não binárias e mais.
Orientação sexual	Atração física, romântica e/ ou emocional que uma pessoa sente em relação a outra. Homens gays e mulheres lésbicas são atraídos por indivíduos de seu sexo. Heterossexuais se sentem atraídos por pessoas diferentes de seu sexo. Bissexuais são pessoas que podem sentir atração por indivíduos de seu sexo ou de sexo diferente.
Identidade de gênero	A identidade de gênero reflete um sentimento e uma vivência profunda do próprio gênero. A identidade de gênero de uma pessoa é normalmente alinhada com o sexo que lhe foi atribuído no momento do nascimento. As pessoas transgênero têm uma identidade de gênero diferente do sexo que lhe foi atribuído no nascimento.
Transgênero	Pessoas transexuais, travestis, pessoas que se identificam como terceiro gênero ou outros termos não binários, e outros, cuja aparência e características são percebidas como atípicas do gênero. Algumas pessoas trans passam por cirurgias ou tomam hormônios para colocar seu corpo em harmonia com sua identidade de gênero; outras não.
Intersexo	Uma pessoa intersexo nasce com uma anatomia sexual, com órgãos reprodutivos ou padrões de cromossomos que não se encaixam na definição padrão masculino-feminino.
Homofobia, bifobia e transfobia	A homofobia é um medo irracional, ódio ou aversão em relação a lésbicas e gays; a bifobia é um medo irracional, ódio ou aversão às pessoas bissexuais; a transfobia é um medo irracional, ódio ou aversão às pessoas trans. O termo homofobia é algumas vezes usado para se referir ao medo, ódio e aversão a lésbicas, gays, bissexuais e pessoas trans em geral.
Raça	O conceito de raça tem origem na Botânica e na Zoologia para classificar espécies de seres vivos e também foi utilizada na Idade Medieval para designar classes sociais diferentes. No Iluminismo do século XVII (...), a palavra passou a ser utilizada para classificar a diversidade humana em grupos com características físicas em comum, inicialmente tendo a cor da pele como critério principal, dividindo a humanidade em três raças: branca, preta e amarela. Apenas na segunda metade do século XX, com o desenvolvimento da genética e da biologia molecular, ficou comprovado não haver diferenças biológicas entre os seres humanos que justifiquem a classificação por raças. Kabengele diz que o problema não está em classificar os seres humanos de acordo com a inegável variabilidade de características físicas, pois a classificação de elementos em grupos semelhantes contribui para a organização do pensamento e do conhecimento científico. No entanto, os europeus, pertencentes à raça branca, criaram esta classificação com caráter de hierarquização, colocando em uma escala de valor entre as raças, ou seja, afirmando que havia uma raça superior, no caso a branca, a outras. Atualmente, o conceito de raça não tem validade no campo das ciências naturais, mas estabeleceu-se como um conceito das ciências sociais para estudar, debater e criticar as desigualdades existentes entre as raças na sociedade.

Conceitos fundamentais[58-59-60], modalidades e hipóteses de discriminação	
Racismo	A crença de que é possível classificar os seres humanos em raças diferentes naturalmente hierarquizadas, não apenas por seus aspectos físicos, mas também por características morais, psicológicas, intelectuais e culturais, inerentes a esta "raça social".
Etnia	De acordo com Munanga, "uma etnia é um conjunto de indivíduos que, histórica ou mitologicamente, têm um ancestral comum; têm uma língua em comum, uma mesma religião ou cosmovisão; uma mesma cultura e moram geograficamente num mesmo território".
Sexismo	O sexismo é qualquer expressão (atitude, palavra, imagem, gesto) baseada no pressuposto de que algumas pessoas, maioritariamente mulheres, são inferiores devido ao seu sexo. O sexismo é prejudicial. Gera sentimentos de inutilidade e autocensura, leva à adoção de estratégias de afastamento, a mudanças de comportamento e à deterioração da saúde. O sexismo está na origem da desigualdade de gênero[61].
Intolerância religiosa	As liberdades religiosa e de consciência estão expressamente asseguradas na Contituição (Art. 5º, VI, VII e VIII). Contudo, fatores históricos, culturais, econômicos e sociais criram, irracionalmente, graus hierárquicos entre as diferentes religiões, considerando umas superiores a outras. As religiões historicamente estigmatizadas no Brasil, como as de matriz africana, não raro são alvo de agressões injustificadas, limitações descabidas e inverdades maliciosas, o que caracteriza a intolerância religiosa.
Discriminação algorítmica	A discriminação algorítmica é caracterizada quando aplicações digitais tomam decisões excludentes em relação a um grupo definido e identificável de seres humanos ou não considera suas particularidades na tomada de decisão. Isso se dá porque os algoritmos são desenvolvidos por pessoas e, muitas vezes, refletem os preconceitos de seus criadores e da sociedade. No mercado de trabalho, o tema ganha força com o processo da Uberização, em que "com muita frequência os algoritmos utilizam características de um grupo para avaliar a totalidade dos indivíduos, o que é uma forma de discriminação. Isso porque os agentes ainda precisam tomar grandes decisões quando do tratamento desses dados, e consequentemente tendem a utilizar características facilmente observáveis, como gênero, raça, orientação sexual.[62]"

4.5. Cotas destinadas a determinados empregados (ações afirmativas)

As **ações afirmativas** são medidas estatais temporárias, com finalidade de compensar situações historicamente desiguais. Possuem caráter educativo, pois preveem caráter de conscientização da população sobre a desigualdade histórica sofrida pelas minorias sócio-políticas. Essas ações positivas concretizam, em especial, o ingresso ou acesso ao mercado de trabalho para as mulheres, negros, pessoas com deficiência, LGBTQIA+ e populações indígenas.

61. HUMAN RIGHTS CAHNNEL (Council of Europe). *Sexismo: Repare nele. Fale dele.* Acabe com ele, 2020. Disponível em: https://human-rights-channel.coe.int/stop-sexism-pt.html. Acesso em: 19/08/2022.

62. BARBOSA, 2021 apud ALVES, Adriana Avelar; BEZERRA, Leandro Henrique Costa. DISCRIMINAÇÃO ALGORÍTMICA DE GÊNERO NO TRABALHO EM PLATAFORMAS DIGITAIS. *in* **Rev. TST, São Paulo, vol. 87, no 3**, 2021 Disponível em: https://juslaboris.tst.jus.br/bitstream/handle/20.500.12178/195297/2021_alves_adriana_discriminacao_algoritmica.pdf?sequence=1&isAllowed=y. Acesso em: 19/08/2022.

Pelo **princípio da máxima efetividade da Constituição e da igualdade material**, por meio das ações afirmativas, há concretização dos objetivos da Carta Constitucional, conforme art. 3º.

No âmbito do Direito do Trabalho, verifica-se que foram estabelecidas algumas ações afirmativas para compensar a vulnerabilidade apresentada por determinados empregados (minorias sociológicas-políticas). Essas cotas legais, felizmente, não foram impactadas pela Reforma Trabalhista. Nesse sentido:

a) **Mulher (art. 7º, inciso XX, CF/88):** Historicamente, o trabalho exercido pela mulher foi desprestigiado em relação ao homem com pagamento de menores salários e realizado em condições precárias com elevada jornada de trabalho. Para auxiliar na igualdade de tratamento e condições de trabalho, a Constituição Federal de 1988 apresentou diversas medidas tais como a isonomia salarial prevista no art. 7º, inciso XXX, CF/88 e a necessidade de proteção do mercado de trabalho da mulher por meio de incentivos específicos a serem criados por lei ordinária (art. 7º, inciso XX, CF/88). Contudo, este último dispositivo constitucional ainda não foi regulamentado para inserir ações afirmativas concretas para a proteção do trabalho da mulher. Entendemos que a negociação coletiva são boas ferramentas para previsão de ações afirmativas para proteção do mercado de trabalho da mulher[63]. Nesse ponto, importante mencionar que, em 08/03/2023, o Presidente da República em exercício, Luiz Inácio Lula da Silva, assinou uma série de normas que visam garantir o acesso e a manutenção da mulher no mercado de trabalho, dentre elas, podemos citar:

   i) **Mensagem ao Congresso Nacional** para iniciar o processo de ratificação das Convenções da OIT nº 190, sobre Assédio e Violência no trabalho, e nº 156, sobre Igualdade de Oportunidades e de Tratamento para Homens e Mulheres Trabalhadores: Trabalhadores com Encargos de Família; e

   ii) **Lei nº 14.611/2023**, que torna obrigatória igualdade salarial e de critérios remuneratórios entre homens e mulheres para a realização de trabalho de igual valor ou no exercício da mesma função. Além disso, altera a CLT para prever maior transparência remuneratória e ampliar a fiscalização e o combate à discriminação salarial. Referida lei foi regulamentada pelo Decreto nº 11.795/2023, mas ainda carece de detalhamento a ser expedido pelo Ministério do Trabalho e Emprego.

b) **Aprendiz (art. 429, CLT):** Como forma de incentivar a inserção de novos profissionais no mercado de trabalho, a CLT prevê a obrigatoriedade na contratação desses profissionais. As empresas estão obrigadas a contratar, no mínimo, 5% e, no máximo, 15% do quadro de trabalhadores, como aprendizes. Essa obrigatoriedade não se aplica aos empregadores sem fins lucrativos, às microempresas e às empresas de pequeno porte;

63. No âmbito dos partidos políticos, há previsão de cota gênero de 30%, de modo que devem ser indeferidos os registros de toda a chapa registrada que não respeite a divisão. Como são as mulheres que, historicamente, foram excluídas dos cargos eletivos, a lei objetiva garantir a participação delas na concorrência nas eleições.

c) **Pessoa com deficiência[64] (art. 93, Lei nº 8.213/1991):** A Lei nº 8.213/1991 também estabelece ações afirmativas às pessoas com deficiência e reabilitados, ou seja, empregados que se encontravam parcial ou totalmente incapazes para a atividade laborativa, como forma de inserção desses profissionais no mercado de trabalho. Nesse sentido, as empresas com 100 empregados ou mais deverão manter de 2% a 5% de seus cargos com pessoas com deficiência ou empregados reabilitados ao trabalho. O art. 93, da Lei nº 8.213/1991 estabelece a proporção desses empregados em relação ao número de empregados da empresa:

> **Art. 93.** A empresa com 100 (cem) ou mais empregados está obrigada a preencher de 2% (dois por cento) a 5% (cinco por cento) dos seus cargos com beneficiários reabilitados ou pessoas portadoras de deficiência, habilitadas, na seguinte proporção:
>
> I - até 200 empregados 2%;
>
> II - de 201 a 500 3%;
>
> III - de 501 a 1.000 4%;
>
> IV - de 1.001 em diante 5%.

Ademais, de acordo com o art. 93, § 3º, Lei nº 8.213/1991[65], incluído pelo Estatuto da Pessoa com Deficiência (Lei nº 13.146/2015), esse percentual destinado às pessoas com deficiência não pode levar em consideração o percentual de contratação de aprendizes com deficiência.

d) **Estagiários (art. 17, § 5º, Lei nº 11.788/2008):** Inicialmente, vale ressaltar que o contrato de estágio não forma relação de emprego. Nesse sentido, o leitor deve conferir o tópico *"4.6.6.3. Estagiário"* deste capítulo que aborda esse assunto. Contudo, destaca-se que a lei assegura percentual de 10% das vagas de estágio oferecidas a pessoas com deficiência;

e) **Concursos Públicos:** Aproveitando esse espaço destinado à análise de cotas dos empregados, entendemos que também é interessante abordar as cotas para os concursos públicos apesar de apenas parte dos funcionários públicos ser considerada como empregado (celetistas). As cotas nos concursos públicos são, atualmente, destinadas a pessoas com deficiência e a pessoas negras. O art. 1º, § 1º do Decreto nº 9.508/2018, editado em 24 de setembro de 2018, estabelece a necessidade de se assegurar percentual mínimo de 5% das vagas oferecidas para o provimento de cargos efetivos e para a contratação por tempo determinado para atender necessidade temporária de excepcional interesse público, no âmbito da administração pública federal direta e indireta, às pessoas com deficiência. Destaca-se que esse Decreto revogou os arts. 37 a 43 do Decreto nº 3.298/1999,

64. Com a promulgação da Lei nº 13.146/2015 (Estatuto da Pessoa com Deficiência) e sua entrada em vigor em janeiro de 2016, verificou-se mudança na terminologia adotada, uma vez que os termos "pessoa portadora de deficiência" e "pessoa com necessidades especiais" foram substituídos pelo termo mais apropriado "pessoa com deficiência".

65. **Art. 93, § 3º, Lei nº 8.213/1991:** "Para a reserva de cargos será considerada somente a contratação direta de pessoa com deficiência, excluído o aprendiz com deficiência de que trata a Consolidação das Leis do Trabalho (CLT), aprovada pelo Decreto-Lei no 5.452, de 1º de maio de 1943."

que disciplinavam o assunto. Ademais, podemos citar a Lei nº 12.990/2014, que instituiu a cota racial de 20% do total das vagas para negros em concursos públicos para provimento de cargo ou emprego público realizados pela Administração Pública Federal e os entes da Administração Indireta correlatos; e

f) **Cotas raciais para cargos em comissão e funções de confiança na Administração Pública Federal:** no dia 21 de março 2023, foi assinado pelo Presidente em exercício, Luiz Inácio Lula da Silva, o Decreto nº 11.443/2023, que dispõe sobre o preenchimento por pessoas negras de percentual mínimo de cargos em comissão e funções de confiança no âmbito da administração pública federal. Conforme determina o art. 3º do Decreto, os órgãos e as entidades da administração pública federal deverão, até o dia 31 de dezembro de 2025, preencher 30 % dos Cargos Comissionados Executivos - CCE e Funções Comissionadas Executivas - FCE com pessoas negras.

Em 8 de junho de 2017, na Ação Direta de Constitucionalidade (ADC) nº 41, o plenário do STF decidiu, por unanimidade, pela constitucionalidade da Lei nº 12.990/2014 e vai ao encontro com outros entendimentos já adotados pela Corte Suprema, no sentido de se admitir a instituição de cotas para deficientes e para afrodescendentes no ensino superior público.

5. A ESCOLHA DO NOVO PAPA LEÃO XIV EM MAIO DE 2025 E OS DIREITOS SOCIAIS

Em 8 de maio de 2025, a escolha de Robert Francis Prevost como novo pontífice da Igreja Católica, sob o nome de Leão XIV, reacendeu o debate sobre o papel das instituições religiosas na promoção dos direitos sociais. A adoção desse nome não foi meramente simbólica. Em seu primeiro discurso ao Colégio Cardinalício, o novo Papa declarou que sua decisão foi motivada por uma clara intenção de se alinhar ao legado social de Leão XIII, o Papa que, no final do século XIX, enfrentou os desafios impostos pela Revolução Industrial e a questão social por meio da célebre Encíclica Rerum Novarum. Esse documento inaugurou a doutrina social da Igreja e denunciou práticas laborais que desrespeitavam a dignidade humana, reivindicando limites à exploração do trabalho e propondo garantias mínimas quanto à jornada, às condições ambientais e ao respeito aos trabalhadores.

Segundo Leão XIV, vivemos hoje um cenário semelhante, ainda que com roupagem distinta: o avanço da tecnologia e da inteligência artificial vem colocando em xeque os direitos fundamentais dos trabalhadores, impondo novas formas de precarização e invisibilidade. Ao se colocar como herdeiro dessa tradição doutrinária, o novo pontífice busca recolocar as questões sociais, especialmente as do trabalho, no centro do debate global. Trata-se, portanto, de uma escolha com peso político relevante, especialmente em um mundo com mais de um 1.3 bilhão de católicos.

Essa contextualização é especialmente relevante para provas discursivas de concursos voltados aos cargos de técnico e analista dos Tribunais Regionais do Trabalho (TRTs) e do Ministério Público da União (MPU). A menção ao novo Papa e sua agenda social pode ser utilizada para ilustrar a relevância atual dos direitos sociais e do trabalho, conectando o conteúdo jurídico ao cenário contemporâneo.

CAPÍTULO III

Introdução ao Direito do Trabalho

1. INTRODUÇÃO AO DIREITO DO TRABALHO

O Direito do Trabalho compreende o ramo do Direito que estabelece as regras, princípios e institutos que regulamentam a relação de emprego e de outras figuras equiparadas no âmbito individual e coletivo. De acordo com Mauricio Godinho Delgado, o Direito do Trabalho pode ser conceituado como:

> "Princípios, regras e institutos jurídicos que regulam a relação empregatícia de trabalho e outras relações normativamente especificadas, englobando, também, os institutos, regras e princípios jurídicos concernentes Às relações coletivas entre trabalhadores e tomadores de serviços, em especial através de suas associações coletivas."[66]

O principal conteúdo do Direito do Trabalho consiste na análise jurídica das relações de emprego e do trabalho avulso. Note-se que diversos trabalhadores são excluídos da proteção das normas de Direito do Trabalho, que se volta essencialmente à figura do empregado. Ex.: trabalhador autônomo, os estagiários, servidores públicos estatutários, dentre outros.

O Direito do Trabalho pode ser dividido em 2 seguimentos distintos:

1) **Direito Individual do Trabalho:** o direito individual versa sobre os princípios, regras e institutos jurídicos que regulam a relação de emprego. São exemplos de regulamentação da relação individual, o estabelecimento da jornada de trabalho, dos períodos de descanso, da remuneração do empregado, etc. No direito individual do trabalho, em razão da subordinação do empregador, há aplicação dos princípios protetivos, como: princípio da condição mais benéfica, princípio da primazia da realidade, princípio da continuidade etc. Nessa relação jurídica, vivida entre empregado e empregador, há forte intervenção estatal, reduzindo a possibilidade de negociação entre as partes. A Reforma Trabalhista e as medidas excepcionais trabalhistas adotadas durante a pandemia do novo coronavírus inovaram em diversos artigos, possibilitando novas hipóteses de acordos individuais que serão tratados, detalhadamente, ao longo dos comentários.

2) **Direito Coletivo do Trabalho:** o direito coletivo versa sobre as relações de trabalho entre empregados e empregadores considerada a sua ação coletiva, realizada de forma autônoma ou por meio de suas entidades sindicais. O Direito Coletivo

66. DELGADO, Mauricio Godinho. *Curso de Direito do Trabalho*. 19. ed. São Paulo: LTr, 2019. p. 49.

é caracterizado pela equiparação entre os polos da relação jurídica, que podem negociar com mais liberdade das condições de trabalho. As modificações trazidas pela Reforma Trabalhista, deram mais força aos instrumentos coletivos de trabalho.

O Direito do Trabalho apresenta autonomia em relação aos demais ramos do Direito. A autonomia ocorre quando determinado ramo jurídico tem enfoques, princípios, regras, teorias e condutas metodológicas próprias de estruturação e dinâmica. O Direito do Trabalho é responsável por analisar a relação de emprego que possui característica próprias e exclusivas de estudo, que exige a formulação de princípios e institutos próprios para esse ramo do Direito.

Além disso, foram desenvolvidas teorias próprias e específicas que o diferencia dos demais ramos do direito, como exemplo, a hierarquia das normas com aplicação do princípio da norma mais favorável.

Por fim, há discussões quanto à natureza jurídica do Direito do Trabalho, se seria ramo do direito público ou do direito privado, pois há presença maior de normas imperativas (obrigatórias) em relação ao Direito Civil. Prevalece, contudo, o posicionamento de que o Direito do Trabalho integra o direito privado, pois o núcleo de seu objeto de estudo é a relação entre dois particulares, empregado e empregador.

1.1. Importância da CLT para o Direito do Trabalho

A CLT é uma sigla referente à Consolidação das Leis do Trabalho, aprovada pelo Decreto-Lei nº 5.452, de 1º de maio de 1943. Codificação não é sinônimo de Consolidação. Código pode ser definido como o "conjunto sistematizado de leis ou normas"[67]. Muitos ramos do Direito apresentam um código, que compreende a organização coordenada e sistematizada de diversas disposições legais orientadoras de determinada disciplina jurídica. Por exemplo, o Direito Civil é orientado pelas disposições presentes no Código Civil (Lei nº 10.406/2002), o Direito Penal tem suas balizas traçadas pelo Código Penal (Decreto-Lei nº 2.848/1940), dentre outros.

Por sua vez, a Consolidação é a reunião uniforme de leis esparsas em um só diploma legal. Diferentemente do código, a consolidação não exige a coordenação e a organização sistemática de seus dispositivos, bastando a junção uniforme de leis esparsas já existentes.

A CLT é uma consolidação, pois diversas leis trabalhistas existentes e novos dispositivos legais criados durante sua elaboração foram compilados em um só diploma legislativo, sendo que as normas que tratavam de um mesmo assunto foram inseridas conjuntamente para manter uniformidade ao texto. Assim, surgem as divisões temáticas da CLT nos capítulos de Duração do Trabalho, contrato individual de trabalho etc.

Além disso, a CLT compreende uma fonte formal heterônoma do Direito do Trabalho. Nesse contexto, a Consolidação das Leis do Trabalho – CLT, aprovada pelo Decreto-Lei nº 5.452, de 1º de maio de 1943, exerce importante relevância ao Direito do Trabalho, pois compreende o diploma legislativo que regulamentou diversos direitos trabalhistas

67. Houaiss, Antônio; VILLAR, Mauro de Salles. *Minidicionário Houaiss da Língua Portuguesa*. Rio de Janeiro: Objetiva, 2001. p. 97.

consagrados aos trabalhadores. A CLT surgiu como necessidade de organização da legislação trabalhista esparsa já existente e da criação de novos dispositivos viabilizando a aplicação dos direitos sociais pela Justiça do Trabalho, criada em 1939 e instalada em 1º de maio de 1941, sofrendo sua mais intensa alteração com a publicação da Lei nº 13.467/2017, denominada Reforma Trabalhista, que alterou mais de 100 artigos da CLT.

2. FONTES DO DIREITO DO TRABALHO

A fonte do direito do trabalho é o meio pelo qual nasce a norma jurídica. Algumas fontes são obrigatórias, ou seja, os membros da sociedade devem respeitá-las (são normas cogentes e imperativas). Outras fontes, porém, atuam como fase preliminar das normas obrigatórias, são os movimentos sociais.

Podem-se dividir as fontes em **fontes materiais e fontes formais.**

2.1. Fontes materiais

São fatores ou acontecimentos sociais, políticos, econômicos e filosóficos que inspiram o legislador (deputados e senadores) na elaboração das leis. Esses movimentos influenciam diretamente o surgimento ou a modificação das leis. Exemplo: as constantes reivindicações dos trabalhadores por mais direitos trabalhistas. Essas reivindicações também ocorrem por parte dos empregadores, na forma de pressões das empresas para reduzir ou flexibilizar os direitos trabalhistas.

Nas conjunturas econômica e social atuais, podem-se citar como exemplos de fontes materiais: a) a mobilização dos sindicatos e centrais sindicais para reduzir o limite da jornada de trabalho de 44 para 40 horas semanais; b) a reivindicação dos homens, maridos e companheiros de gestantes, para que eles adquiram o direito à estabilidade durante o período da gestação; c) no campo empresarial, a forte pressão, sobretudo em razão da crise mundial, para reduzir o rigor das leis trabalhistas e as constantes reivindicações para flexibilizar[68] os direitos trabalhistas.

O exemplo mais marcante que tivemos atualmente foi a reivindicação pela Reforma Trabalhista: enquanto o governo e empresários defendiam a necessidade de um novo marco regulatório trabalhista, outra parte da sociedade, como trabalhadores e sindicatos, era contrária a ela, o que resultou, inclusive em greves gerais. Note-se que em todos esses exemplos não há obrigatoriedade, mas sim uma pressão das classes sociais (empregados e empregadores) sobre o Congresso Nacional, com o objetivo de alterar a legislação.

É possível destacar ainda como fonte material do Direito do Trabalho os impactos causados pela pandemia do coronavírus nas relações de trabalho, que exerceu forte pressão ao Poder Executivo e Legislativo para a edição de leis e medidas provisórias para regulamentar o período e minimizar os índices de retração econômica e desemprego.

A fonte material (movimento de grupos sociais) é, portanto, uma fase prévia ao surgimento das fontes formais.

68. Flexibilização é o fenômeno de alteração do direito legislado pelo negociado, ou seja, diminuição do rigor da lei trabalhista para adequar o contrato de trabalho, via negociação coletiva, às realidades vividas pela empresa. Há um clamor, frequente, dos empresários para a reforma da legislação trabalhista.

2.2. Fontes formais

São a exteriorização das normas jurídicas, ou seja, as fontes formais são normas de observância obrigatória pela sociedade. Todos devem cumpri-las, pois são imperativas. Exemplo: convenção, acordo coletivo e leis.

As fontes formais podem ser elaboradas pelo Estado ou pelos próprios destinatários da norma, sem a participação do Estado. São divididas em fontes formais autônomas e fontes formais heterônomas.

2.2.1. *Fontes formais autônomas*

São discutidas e confeccionadas pelas partes diretamente interessadas pela norma. Há, portanto, a vontade expressa das partes em criar essas normas. Exemplo: uma determinada negociação coletiva entre sindicato e empresa resulta em um acordo coletivo. Esse acordo coletivo, elaborado pelas partes interessadas, terá força obrigatória para trabalhadores e empresa, como o dever da empresa de fornecer uma cesta básica, ou ainda a necessidade de esses trabalhadores usarem uniformes e equipamentos de proteção.

São espécies de fontes formais autônomas:

- **Convenção Coletiva** (art. 611 da CLT): acordo entre sindicato profissional (trabalhadores) e sindicato da categoria econômica (empregadores).
- **Acordo Coletivo**[69] (art. 611, § 1º, da CLT): acordo entre empresa e sindicato representante da categoria profissional.
- **Costume:** prática reiterada de uma conduta numa dada região ou empresa. Exemplo: ocorre com o pagamento de gorjetas e, ainda, há previsão expressa do costume no art. 460 da CLT.

Em 13 de julho de 2017 foi promulgada a Reforma Trabalhista, sob a Lei nº 13.467/2017. Com ela, foi inserido o art. 611-A, que prevê a valorização do negociado sobre o legislado. O rol apresentado pelo dispositivo é exemplificativo, sendo possível a prevalência da convenção e acordo coletivos de trabalho em outras hipóteses. Nesse sentido:

> **Art. 611-A da CLT** *(Inserido pela Reforma Trabalhista)*. A convenção coletiva e o acordo coletivo de trabalho têm prevalência sobre a lei quando, entre outros, dispuserem sobre:
>
> I – pacto quanto à jornada de trabalho, observados os limites constitucionais;
>
> II – banco de horas anual;
>
> III – intervalo intrajornada, respeitado o limite mínimo de trinta minutos para jornadas superiores a seis horas;
>
> IV – adesão ao Programa Seguro-Emprego (PSE), de que trata a Lei no 13.189, de 19 de novembro de 2015;
>
> V – plano de cargos, salários e funções compatíveis com a condição pessoal do empregado, bem como identificação dos cargos que se enquadram como funções de confiança;

69. Contrato coletivo de trabalho seria um terceiro instituto ao lado do acordo e da convenção coletiva, mas não é aplicado no Brasil. Essa terminologia, contrato coletivo, está prevista na CLT, entretanto os instrumentos da negociação coletiva são apenas: acordo coletivo e convenção coletiva.

VI - regulamento empresarial;

VII - representante dos trabalhadores no local de trabalho;

VIII - teletrabalho, regime de sobreaviso, e trabalho intermitente;

IX - remuneração por produtividade, incluídas as gorjetas percebidas pelo empregado, e remuneração por desempenho individual;

X - modalidade de registro de jornada de trabalho;

XI - troca do dia de feriado;

XII - enquadramento do grau de insalubridade;

XIII - prorrogação de jornada em ambientes insalubres, sem licença prévia das autoridades competentes do Ministério do Trabalho;

XIV - prêmios de incentivo em bens ou serviços, eventualmente concedidos em programas de incentivo;

XV - participação nos lucros ou resultados da empresa.

Nesse mesmo sentido, a tese fixada pelo STF no Tema 1.046 da Repercussão Geral valida a prevalência do negociado sobre o legislado, sem a necessidade de contrapartida, ressalvados os direitos absolutamente indisponíveis.

Também em decorrência da Reforma Trabalhista, o art. 620 da CLT sofreu alterações, passando a dispor que as condições estabelecidas em acordo coletivo prevalecerão sobre aquelas dispostas em convenção coletiva:

> **Art. 620 da CLT** *(Alterado pela Reforma Trabalhista)*: As condições estabelecidas em acordo coletivo de trabalho sempre prevalecerão sobre as estipuladas em convenção coletiva de trabalho.

O que se pretendeu com as mudanças foi estabelecer uma hierarquia estática, fixa, entre convenção e acordo coletivos de trabalho. Ainda que as normas contidas no acordo coletivo sejam prejudiciais ao trabalhador, deverão prevalecer sobre as disposições contidas em convenção coletiva, caso haja conflito entre as duas. Com isso, altera-se a sistemática trabalhista no sentido de aplicação do princípio da norma mais favorável ao trabalhador, que tem como decorrência as teorias aplicáveis em caso de conflitos entre fontes formais[70].

Há discussão, na doutrina, acerca do regulamento de empresa[71] como fonte formal. **Regulamento de empresa** é o conjunto de regras elaboradas pelo empregador para melhor organizar a empresa[72]. Será considerado fonte formal se as regras formuladas

---

70. Referido item é abordado no tópico 1.2.4. Conflito entre fontes formais.

71. O regulamento de empresa não é reconhecido, por alguns autores, como fonte formal do direito do trabalho, sob o argumento de que é elaborado de forma unilateral pelo empregador. Entretanto, se a questão do concurso previr que o regulamento da empresa atinge a todos os trabalhadores, de forma impessoal e genérica ou, ainda, que há a participação dos empregados na elaboração do regulamento, será fonte formal autônoma. De qualquer forma, a questão é polêmica, por isso não deveria ser exigida em questões objetivas (testes). Caberá recurso seja qual for o resultado dado pela organizadora do concurso. Para fundamentação do recurso, no sentido de afirmar regulamento como fonte formal, podem-se indicar os autores: Alice Monteiro de Barros; Sergio Pinto Martins; Gustavo Felipe Barbosa Garcia; Carlos Zangrando e Amauri Mascaro do Nascimento.

72. Súmula nº 51 do TST. I – As cláusulas regulamentares, que revoguem ou alterem vantagens deferidas anteriormente, só atingirão os trabalhadores admitidos após a revogação ou alteração do regulamento. II – Havendo

pelo empregador forem de caráter geral e impessoal, como concessão de prêmios para trabalhadores que atingirem certas metas, fixação de horários e utilização de EPIs ou, ainda, plano de cargos e salários etc. Destaca-se que a Reforma Trabalhista prevê que a convenção coletiva e acordo coletivo prevalecerão sobre a lei quando versarem sobre regulamento empresarial:

> **Art. 611-A da CLT** (*Inserido pela Reforma Trabalhista*). A convenção coletiva e o acordo coletivo de trabalho têm prevalência sobre a lei quando, entre outros, dispuserem sobre:
>
> (...)
>
> VI – regulamento empresarial;

2.2.2. *Fontes formais heterônomas*

Nas fontes heterônomas não há participação direta dos destinatários, ou seja, essas fontes possuem origem estatal (Legislativo, Executivo ou Judiciário).

São espécies de fontes formais heterônomas:

a) **Constituição Federal.** É a lei fundamental e suprema, que estabelece o funcionamento do Estado (organização dos Poderes, distribuição das competências e direitos e garantias individuais).

b) **Tratados e convenções internacionais.** Para que essas normas de direito internacional tenham vigência no ordenamento jurídico brasileiro, deverão ser previamente aprovadas pelo Congresso Nacional, conforme preveem o art. 49, I e art. 84, VIII, ambos da CF/88. Note-se que os tratados de direitos humanos são hierarquicamente superiores à lei, sendo que aqueles que forem incorporados segundo o rito do art. 5º, § 3º, da CF/88 são dotados de força constitucional.

No Brasil, a Convenção Internacional dos Direitos da Pessoa com Deficiência e seu Protocolo Facultativo foram ratificados seguindo o rito especial do art. 5°, § 3°, da Constituição Federal de 1988. Este procedimento exige aprovação em cada Casa do Congresso Nacional, em dois turnos, por três quintos dos votos, o que confere à Convenção e ao Protocolo o status de emenda constitucional. Dessa forma, os direitos e garantias previstos no tratado, que visam assegurar a inclusão, a acessibilidade e a não discriminação das pessoas com deficiência, possuem força normativa equivalente à das normas constitucionais no Brasil, reforçando a proteção constitucional a esses direitos fundamentais. Veja, nesse sentido, o disposto no Decreto nº 6.949/2009:

> **Decreto nº 6.949/2009:** Considerando que o Congresso Nacional aprovou, por meio do Decreto Legislativo no 186, de 9 de julho de 2008, conforme o procedimento do § 3º do art. 5º da Constituição, a Convenção sobre os Direitos das Pessoas com Deficiência e seu Protocolo Facultativo, assinados em Nova York, em 30 de março de 2007; (...)

---

a coexistência de dois regulamentos da empresa, a opção do empregado por um deles tem efeito jurídico de renúncia às regras do sistema do outro.

Além disso, outros 2 tratados internacionais foram internalizados com força de Emenda à Constituição, são eles: o Tratado de Marraqueche para Facilitar o Acesso a Obras Publicadas às Pessoas Cegas (Decreto nº 9.522, de 8 de outubro de 2018) e a Convenção Interamericana contra o Racismo, a Discriminação Racial e Formas Correlatas de Intolerância (Decreto nº 10.932, de 10 de janeiro de 2022).

As Convenções da OIT ratificadas pelo Brasil também são tratados internacionais de grande importância para o Direito do Trabalho, tendo em vista que são fontes formais heterônomas, de observância obrigatória. Nesse ponto, remetemos o leitor ao Capítulo XII – Direito Internacional do Trabalho (Convenções da OIT).

c) **Leis.** São elaboradas pelo Poder Legislativo. As leis trabalhistas são de competência da União, conforme art. 22, I, da CF/88. Há, entretanto, previsão na LC nº 103/2000, que autoriza os Estados a fixarem o piso estadual para os empregados que não tenham piso salarial definido em lei federal, convenção ou acordo coletivo de trabalho.

d) **Medida Provisória.** Ato editado pelo Poder Executivo – Presidente de República – com força de lei, expedido em situações de relevância e urgência, conforme previsto no art. 59 e art. 62, ambos da CF/88. Este recurso vem sendo muito utilizado na seara trabalhista, mesmo quando inexistente a relevância e urgência citadas.

e) **Decretos.** São atos do Poder Executivo para regulamentar ("explicar") as leis, conforme previsto no art. 84, IV, da CF/88. Esses atos não poderão inovar, ou seja, alterar o texto aprovado pelo legislativo.

f) **Sentenças Normativas.** Por meio da sentença normativa, os tribunais colocam fim ao conflito coletivo, criando novas condições de trabalho. É o chamado Poder Normativo da Justiça do Trabalho. Nesse caso, apesar de a sentença normativa ser ato emanado pelo Poder Judiciário, apresenta caráter normativo, uma vez que cria normas gerais, abstratas e impessoais aplicáveis às relações de emprego das categorias envolvidas no dissídio. Exemplo: inicia-se a greve dos motoristas de ônibus de Belo Horizonte. Sindicato e empresa não chegam a um acordo sobre reajuste salarial, jornada, plano de cargos e salários. Instaura-se, portanto, dissídio coletivo para que o Tribunal Regional do Trabalho da 3ª Região/MG solucione o impasse, criando novas condições de trabalho a todos os empregados da categoria profissional. O prazo de vigência dessa decisão é de, no máximo, quatro anos (art. 868, parágrafo único, da CLT).

A Reforma Trabalhista acrescentou o § 3º ao art. 8º da CLT, que estabeleceu uma limitação no controle do Poder Judiciário dos instrumentos coletivos de trabalho. De acordo com o dispositivo, no exame da convenção coletiva ou do acordo coletivo, a Justiça do Trabalho deve analisar exclusivamente a conformidade dos elementos essenciais do negócio jurídico, balizando sua atuação pelo princípio da intervenção mínima na autonomia da vontade coletiva:

> **Art. 8º, § 3º, CLT** *(acrescentado pela Lei nº 13.467/2017)*: No exame de convenção coletiva ou acordo coletivo de trabalho, a Justiça do Trabalho analisará exclusivamente a conformidade dos elementos essenciais do negócio jurídico, respeitado o disposto no art. 104 da Lei nº 10.406, de 10 de janeiro de 2002

(Código Civil), e balizará sua atuação pelo princípio da intervenção mínima na autonomia da vontade coletiva.

Importante ressaltar que a tese fixada pelo STF no julgamento do Tema 1046 não restringe a possibilidade de o Poder Judiciário exercer o controle da legalidade das normas coletivas, mas indica alguns limites a essa intervenção.

g) **Súmula Vinculante.** Posicionamento majoritário do Supremo Tribunal Federal para dar segurança jurídica a questões polêmicas (art. 103-A da CF/88). Essas súmulas têm efeito vinculante, ou seja, os demais juízes não poderão decidir de forma contrária a essas decisões sumuladas. Exemplo: súmula vinculante nº 4 do STF que veda a vinculação do salário mínimo como base de cálculo ao adicional de insalubridade.

h) **Recurso de Revista repetitivo:** Figura inserida pela Lei nº 13.015/14, consiste em julgamento por amostragem, em que o TST, diante de recursos de revista repetidos, escolhe alguns e forma tese jurídica a ser aplicada a processo em trâmite ou que serão ajuizados com o mesmo objeto[73].

i) **Incidente de assunção de competência:** O incidente de assunção de competência é admitido "quando o julgamento de recurso, de remessa necessária ou de processo de competência originária envolver relevante questão de direito, com grande repercussão social, sem repetição em múltiplos processos" (CPC/15, art. 947, caput). A tese firmada nesse incidente é considerada precedente obrigatório a ser observado pelos tribunais.

Tanto as fontes formais autônomas quanto as heterônomas possuem força obrigatória, diferentemente das fontes materiais, que tratam apenas de reivindicações dos trabalhadores e empregadores.

2.2.3. Hierarquia das fontes formais

Nos demais ramos do direito (direito constitucional, direito administrativo etc.) há uma rígida hierarquia das fontes formais (CF prevalece sobre as leis; leis são superiores aos decretos etc.). No Direito do Trabalho, por força do princípio da norma mais favorável, sempre prevaleceu o entendimento de que se aplicaria a fonte mais favorável aos trabalhadores, em caso de conflito entre as diferentes fontes formais.

Dessa forma, se a Constituição Federal entrar em conflito com um acordo coletivo, prevalecerá o acordo se este for mais benéfico ao trabalhador. Exemplo: a Constituição Federal prevê férias anuais acrescidas de ⅓. Se houver um acordo coletivo que institua adicional de férias de 100% do salário, prevalecerá o acordo sobre a Constituição Federal, pois ele é mais benéfico ao trabalhador.

2.2.3.1. Hierarquia dos instrumentos coletivos de trabalho (Reforma Trabalhista)

A aplicação do princípio da norma mais favorável no conflito entre as fontes continua sendo a regra no Direito do Trabalho. Portanto, se a previsão na legislação específica for mais benéfica que a Constituição Federal, ela deverá prevalecer sobre o texto constitucional.

73. MIESSA, Élisson. **Processo do trabalho para concursos.** 4ª ed. Salvador: Juspodivm, 2017. p. 785.

Contudo, a Reforma Trabalhista alterou a redação do art. 620 da CLT para prever que o acordo coletivo de trabalho **sempre** prevalecerá sobre a convenção coletiva de trabalho:

> **Art. 620 da CLT** *(Alterado pela Reforma Trabalhista).* As condições estabelecidas em acordo coletivo de trabalho **sempre** prevalecerão sobre as estipuladas em convenção coletiva de trabalho. (grifo nosso)

Antes da Reforma Trabalhista, o dispositivo em comento previa a prevalência da convenção coletiva caso fosse mais favorável do que o acordo coletivo:

> **Art. 620 da CLT** *(redação anterior à Reforma Trabalhista).* As condições estabelecidas em Convenção quando mais favoráveis, prevalecerão sobre as estipuladas em Acordo.

Removeu-se do texto do artigo a ressalva de que essa prevalência somente seria possível caso fosse mais favorável. Privilegiou, portanto, a negociação que está mais próxima do dia a dia da empresa. O que se pretendeu com as mudanças foi estabelecer uma hierarquia estática, fixa, entre convenção e acordo coletivos de trabalho. Ainda que as normas contidas no acordo coletivo sejam prejudiciais ao trabalhador, deverão prevalecer sobre as disposições contidas em convenção coletiva, caso haja conflito entre as duas.

Esse posicionamento consistiu em uma tentativa do legislador em violar o princípio da norma mais favorável. Assim, de acordo com a atual redação, o acordo coletivo sempre deverá prevalecer, não mais sendo aplicável o princípio da norma mais favorável quando estiverem em conflito acordo coletivo e convenção coletiva. Ainda que o acordo coletivo seja mais específico, a alteração pode ser extremamente prejudicial aos trabalhadores.

Além disso, a convenção e o acordo coletivo serão hierarquicamente superiores à lei quando versarem sobre os assuntos arrolados no art. 611-A da CLT[74], artigo também inserido pela Reforma Trabalhista. No caso em questão, o artigo – que não encontra correspondente na legislação anterior – faz prevalecer o negociado sobre o legislado. De acordo com a redação do "caput" dispositivo, os instrumentos coletivos de trabalho passam a ter "prevalência sobre a lei" em diversas hipóteses, pois apresenta rol exemplificativo de flexibilização trabalhista.

2.2.4. *Conflito entre fontes formais*

Ocorre, com frequência, o conflito entre fontes formais do direito. No caso do Direito do Trabalho, tendo em vista a existência de diversas fontes, inclusive formais autônomas, essa frequência pode ser ainda maior. Exemplo: um acordo coletivo que prevê adicional de férias mais elevado do que o previsto na CLT e uma convenção coletiva prevendo décimo quarto salário, mas é prejudicial no tocante às férias. Nesse caso, qual dessas fontes o intérprete deverá aplicar?

Após a promulgação da Lei nº 13.467/2017, a resposta dependerá das fontes que estiverem em conflito:

---

74. Para mais informações, confira o tópico de negociação coletiva do Capítulo de Direito Coletivo do Trabalho deste livro.

1) **Conflito entre convenção e acordo coletivo de trabalho:** Caso se trate de conflito entre acordo e convenção coletivos de trabalho, deverá prevalecer aquele, por expressa previsão do art. 620 da CLT:

> **Art. 620 da CLT** *(Alterado pela Reforma Trabalhista)*. As condições estabelecidas em acordo coletivo de trabalho **sempre** prevalecerão sobre as estipuladas em convenção coletiva de trabalho. (grifo nosso)

2) **Conflito entre instrumento coletivo de trabalho e a lei:** Ainda, caso se trate de conflito entre instrumentos coletivos de trabalho e a lei, aqueles deverão prevalecer, por determinação do art. 611-A da CLT, inserido pela Reforma Trabalhista. A Reforma Trabalhista foi pautada na valorização da negociação coletiva e na ampliação das hipóteses de flexibilização trabalhista. O art. 611-A da CLT ampliou significativamente as hipóteses em que a convenção e o acordo coletivo de trabalho prevalecem sobre a legislação, podendo inclusive prever condições prejudiciais aos trabalhadores. É nesse sentido, aliás, a tese fixada no Tema 1046 da Repercussão Geral, em que o STF validou a prevalência do negociado sobre o legislado, sem a necessidade de contrapartida, ressalvados os direitos absolutamente indisponíveis.

Ocorre que a negociação coletiva tem limites que devem ser observados. Os direitos assegurados pela Constituição Federal, excepcionadas as hipóteses que o próprio texto constitucional permite, não são passíveis de flexibilização por meio de negociação coletiva, pois a Reforma Trabalhista foi aprovada como lei ordinária, tendo status infraconstitucional. Além disso, o legislador da Reforma Trabalhista acrescentou o art. 611-B à CLT. Esse dispositivo é responsável por apresentar os direitos que não podem ser suprimidos ou reduzidos, pois constituem objeto ilícito de norma coletiva:

3) **Demais conflitos entre fontes formais do Direito do Trabalho:** Caso, entretanto, não estejam em conflito as normas citadas, deve-se recorrer às teorias a seguir expostas, sendo que a teoria do conglobamento é a mais aceita pela doutrina.

A **teoria do conglobamento** defende a aplicação de apenas uma fonte em sua totalidade. Assim sendo, o intérprete deverá analisá-la no conjunto. Se o acordo coletivo for o mais favorável ao trabalhador, será aplicado como um todo. Essa teoria é a majoritária na jurisprudência e doutrina[75].

A **teoria da acumulação**, por sua vez, é no sentido de que o intérprete deverá aplicar todas as fontes no caso concreto, utilizando-se ao mesmo tempo dos artigos e cláusulas que são favoráveis ao trabalhador, desprezando os dispositivos desfavoráveis. A aplicação dessa teoria onera o empregador e fragmenta o sistema jurídico. É, portanto, a teoria minoritária.

A **teoria do conglobamento mitigado**, por fim, estabelece a aplicação de normas que estejam agrupadas em um determinado **instituto jurídico**. Dessa forma, a análise não ocorrerá atomisticamente tal como prevê a teoria da acumulação ou sobre todo o

75. "A teoria do conglobamento é certamente a mais adequada à operacionalização do critério hierárquico normativo preponderante no Direito do Trabalho. A seu favor tem a virtude de não incorporar as apontadas distorções da teoria da acumulação, além de ser a única teoria a harmonizar a flexibilidade do critério hierárquico justrabalhista com a essencial noção de *sistema* inerente à ideia de Direito – e de ciência." DELGADO, Mauricio Godinho. *Curso do Direito do Trabalho*. 7. ed. São Paulo: LTr, 2008. p. 183.

instrumento coletivo como a teoria do conglobamento. A verificação da norma mais favorável ocorre sobre um conjunto de normas de determinado assunto.

- **Fontes**
  - **Materiais**
    - não são obrigatórias
    - fase prévia ao surgimento das normas
    - fatores sociais e econômicos que influenciam a elaboração das normas (reivindicação dos trabalhadores e das empresas)
  - **Formais** (Obrigatórias)
    - Autônomas
      - elaborada pelas partes interessadas
      - Exemplos: acordo e convenção coletiva
    - Heterônomas
      - origem estatal
      - Exemplos: CF, leis e decretos
  - Hierarquia das fontes formais: prevalece a norma mais favorável
  - Conflito das fontes formais
    - Teoria do conglobamento
    - Teoria da acumulação

Obs.: Os acordos coletivos sempre prevalecerão sobre as convenções coletivas de trabalho (art. 620 da CLT). Ademais, a Reforma Trabalhista ampliou as hipóteses em que a negociação coletiva prevalecerá sobre a Lei (art. 611-A, CLT e Tema 1.046 da repercussão geral do STF)

3. INTEGRAÇÃO

Diante da complexidade da sociedade contemporânea e de suas constantes mudanças, o legislador (deputados e senadores) não possui condições de prever todos os acontecimentos sociais e editar lei específica para todos os eventos que venham a ocorrer na sociedade. A fim de evitar que o conflito fique sem solução, surge a importante tarefa dos juristas de integrar o ordenamento jurídico. Portanto, **integrar significa completar as lacunas deixadas pelo legislador**.

Nesse sentido, duas importantes técnicas de integração são utilizadas para suprimir eventual lacuna na lei: a analogia e a equidade. A **analogia** ocorre quando uma lei semelhante é utilizada para regular o caso em que não há lei específica. Exemplo: o art. 72 da CLT prevê um intervalo de 10 minutos a cada 90 minutos de trabalho consecutivo para os serviços de mecanografia. O Tribunal Superior do Trabalho aplicou, por analogia, esse intervalo de 10 minutos aos digitadores:

> **Súmula nº 346 do TST:** Os digitadores, por aplicação analógica do art. 72 da CLT, equiparam-se aos trabalhadores nos serviços de mecanografia (datilografia, escrituração ou cálculo), razão pela qual têm direito a intervalos de descanso de 10 (dez) minutos a cada 90 (noventa) de trabalho consecutivo.

Por sua vez, a **equidade** deve ser entendida como a justiça aplicada com bom senso, com razoabilidade. Nesse caso, permite-se a criação de norma jurídica ao caso concreto pautada por critérios de justiça sem que haja nenhuma previsão legal a respeito[76].

76. GARCIA, Gustavo Filipe Barbosa. *Curso de Direito do Trabalho*. 7. ed. Rio de Janeiro: Forense, 2013. p. 71.

Se houver um caso ainda não previsto em lei, o juiz estará obrigado a julgá-lo, pois a função do magistrado é pacificar os conflitos, mesmo não existindo lei específica para aquele caso. O juiz utilizará, como forma de preencher a lacuna deixada pelo legislador, a analogia e a equidade. A CLT possui disposição específica para tratar da integração:

> **Art. 8º, "caput", da CLT.** As autoridades administrativas e a Justiça do Trabalho, na falta de disposições legais ou contratuais, decidirão, conforme o caso, pela **jurisprudência**[77], por **analogia**, por **equidade** e outros princípios e normas gerais de direito, principalmente do Direito do Trabalho, e ainda de acordo com os usos e costumes, o direito comparado, mas sempre de maneira que nenhum interesse de classe ou particular prevaleça sobre o interesse público. (grifos acrescidos)

Vale ressaltar que os **princípios** gerais de direito apresentam extrema importância no preenchimento das lacunas do ordenamento jurídico. De acordo com o Ministro Mauricio Godinho Delgado[78], os princípios exercem função normativa concorrente. Nesse sentido, o autor sustenta que os princípios devem ser compreendidos como comandos jurídicos instigadores, uma vez exercem função normativa em conjunto com o restante das normas jurídicas e não se contrapondo a elas. Diante da sua complexidade e relevância, os princípios serão abordados de forma separada no próximo capítulo dessa obra.

Os **costumes** compreendem a prática reiterada de uma conduta em dada região ou empresa, por exemplo, o costume em determinada atividade de pagar gorjetas. Assim, na ausência de dispositivo legal a respeito de determinado assunto e desde que não contrarie a Constituição Federal ou outra legislação, permite-se a utilização dos costumes para suprir a lacuna da lei trabalhista.

Além disso, a CLT traz como fonte de integração do Direito do Trabalho a possibilidade de utilização do **Direito Comparado**, que deve ser compreendido como o confronto das leis de diversos Estados em diversos momentos históricos para estabelecer diferenças e semelhanças entre ordens jurídicas. Assim, se verificada determinada lacuna no ordenamento brasileiro, é possível supri-la pela análise de outros ordenamentos quando for possível encontrar uma tendência para a solução de determinado assunto.

3.1. Direito comum como fonte subsidiária (Reforma Trabalhista)

O art. 8º, § 1º, da CLT prevê o direito comum como fonte subsidiária do Direito do Trabalho. Esse dispositivo compreende uma atualização legislativa em relação à redação anterior do parágrafo único, que previa a subsidiariedade, somente naquilo que não fosse incompatível com os princípios fundamentais desse ramo do Direito:

> **Art. 8º, parágrafo único, CLT** (*Redação anterior à Reforma Trabalhista*): O direito comum será fonte subsidiária do direito do trabalho, naquilo em que não for incompatível com os princípios fundamentais deste.

77. Jurisprudência é a decisão reiterada no mesmo sentido sobre a mesma matéria. Discute-se acerca da jurisprudência como fonte formal do direito e prevalece na doutrina e na jurisprudência apenas como forma de interpretação do direito. Entretanto, para as provas objetivas, exige-se o conhecimento do texto da lei, portanto indica-se a memorização nos exatos termos do art. 8º da CLT.

78. DELGADO, Mauricio Godinho. *Curso de Direito do Trabalho.* 14. ed. São Paulo: LTr, 2015. p. 193.

A **subsidiariedade** corresponde à aplicação do direito comum quando a legislação trabalhista não disciplina determinado instituto ou situação. Exemplo: No caso de acidente de trabalho, a responsabilização pelos danos causados pelo trabalhador busca seus fundamentos nos dispositivos do Código Civil.

Ocorre que a nova redação do dispositivo, agora como § 1º, não repetiu a parte final, que exigia a compatibilidade com os princípios do Direito do Trabalho para a aplicação do direito comum como fonte subsidiária:

> **Art. 8º, § 1º, da CLT** (*redação dada pela Lei nº 13.467/2017*): O direito comum será fonte subsidiária do direito do trabalho.

O Direito do Trabalho tem na CLT um de seus principais diplomas legislativos que regulamenta as relações individuais e coletivas de trabalho. Pode ocorrer, no entanto, de a CLT e leis esparsas não versarem sobre determinado tema. Nessa hipótese, aplica-se o direito comum, especialmente as normas do Código Civil.

Diante da omissão da compatibilidade com o Direito do Trabalho, deverá surgir posicionamentos que permitem a aplicação do Direito Comum ainda que em contrariedade com os princípios trabalhistas.

Contudo, acreditamos que toda norma inserida em um microssistema, necessariamente, deve ser compatível com ele, sob pena de quebrar a identidade e ideologia do sistema que está integrando a norma. Desse modo, não podemos afastar a necessidade de compatibilização com os princípios do Direito do Trabalho das normas do direito comum que lhe serão aplicadas.

3.2. Limitação à jurisprudência trabalhista (Reforma Trabalhista)

Deve-se ressaltar, ainda, o papel da **jurisprudência** como norma de integração. Na ausência de lei, o interprete poderá utilizá-la como norma? Há duas correntes sobre o tema. A primeira delas, tradicional e majoritária, defende que não, pois as decisões reiteradas dos Tribunais não têm força normativa. Servem apenas como meio de interpretação. Aliás, a OJ nº 25 da SDI – II, do TST[79], levava a essa interpretação. A segunda corrente é no sentido de que, com base no do artigo 8º da CLT, há possibilidade de utilização como norma. Aliás, na prática trabalhista, os juízes utilizam-se das súmulas e OJs do TST como forma de suprir as diversas lacunas deixadas pela CLT, que há anos necessita de uma atualização por completo. Nessa mesma linha, da jurisprudência como norma jurídica, prevê o art. 966, V, do CPC. Nesse novo dispositivo legal, as súmulas e OJs do TST passam a fundamentar o pedido de ação rescisória, por contrariedade à norma jurídica[80].

---

79. **OJ nº 25 da SDI – II, do TST.** Ação Rescisória. Expressão "lei" do art. 485, V, do CPC. Não inclusão do ACT, CCT, portaria, regulamento, súmula e orientação jurisprudencial de tribunal (nova redação em decorrência da incorporação da Orientação Jurisprudencial nº 118 da SBDI-II) – *DJ* 22.08.2005. Não procede pedido de rescisão fundado no art. 485, V, do CPC quando se aponta contrariedade à norma de convenção coletiva de trabalho, acordo coletivo de trabalho, portaria do Poder Executivo, regulamento de empresa e súmula ou orientação jurisprudencial de tribunal. (ex-OJ 25 da SDI-2, inserida em 20.09.00; e ex-OJ 118 da SDI-2, *DJ* 11.08.03).
80. O novo modelo processual previsto no CPC, aplicado subsidiariamente ao processo do trabalho, valoriza os precedentes judiciais como normas jurídicas, aproximando o sistema processual brasileiro do sistema do *common law*. Nesse contexto, passa a considerar os precedentes como fonte de direito, tornando-os obrigatórios.

O legislador da Reforma tentou excluir a jurisprudência como técnica de integração, dispondo que as Súmulas e outros enunciados de jurisprudência editados pelo TST e pelos TRTs não podem restringir ou criar obrigações que não estejam previstas em lei:

> **Art. 8º, § 2º da CLT** *(Inserido pela Reforma Trabalhista)* Súmulas e outros enunciados de jurisprudência editados pelo Tribunal Superior do Trabalho e pelos Tribunais Regionais do Trabalho não poderão restringir direitos legalmente previstos nem criar obrigações que não estejam previstas em lei.

Com isso, buscou-se restringir a atuação dos Tribunais do Trabalho, os quais editam inúmeras Súmulas e Orientações Jurisprudenciais com o intuito de consolidar um entendimento do tribunal. Entretanto, entendemos que o dispositivo não terá eficácia para afastar o preenchimento de lacunas, vez que o *caput* do dispositivo autoriza a jurisprudência e, consequentemente, as súmulas a regularem casos não previstos em lei.

Além disso, a previsão do artigo limita a função do julgador a mero reprodutor da lei, o que é vedado pelo art. 489, § 1º, I, do CPC, aplicável ao processo do trabalho (TST-IN 39, art. 3º, IX), que impede que o julgador simplesmente indique, reproduza ou parafraseie o ato normativo, impondo sua explicitação com a causa ou questão decidida, por meio da fundamentação. Portanto, entendemos que o art. 8º, § 2º é inconstitucional por violar, frontalmente, a separação dos poderes, restringindo a função típica do judiciário: julgar. Tanto é assim que, em todos os demais ramos do direito, não existe limitação para a interpretação do direito pelos juízes, pois essa é uma das principais funções da jurisdição.

3.2.1. Criação e alteração de súmulas e orientações jurisprudenciais do TST e dos TRTs

Além de trazer restrições quanto ao conteúdo das súmulas e OJs do TST, a Reforma Trabalhista também impôs novas regras para a formação e alteração dessa jurisprudência consolidada no art. 702 da CLT:

> **Art. 702 da CLT:** Ao Tribunal Pleno compete:
>
> I – em única instância:
>
> (...)
>
> f) estabelecer ou alterar súmulas e outros enunciados de jurisprudência uniforme, pelo voto de pelo menos dois terços de seus membros, caso a mesma matéria já tenha sido decidida de forma idêntica por unanimidade em, no mínimo, dois terços das turmas em pelo menos dez sessões diferentes em cada uma delas, podendo, ainda, por maioria de dois terços de seus membros, restringir os efeitos daquela declaração ou decidir que ela só tenha eficácia a partir de sua publicação no Diário Oficial;
>
> (...)
>
> § 3o As sessões de julgamento sobre estabelecimento ou alteração de súmulas e outros enunciados de jurisprudência deverão ser públicas, divulgadas com, no mínimo, trinta dias de antecedência, e deverão possibilitar a sustentação oral pelo Procurador-Geral do Trabalho, pelo Conselho Federal da Ordem dos Advogados do Brasil, pelo Advogado-Geral da União e por confederações sindicais ou entidades de classe de âmbito nacional.
>
> § 4o O estabelecimento ou a alteração de súmulas e outros enunciados de jurisprudência pelos Tribunais Regionais do Trabalho deverão observar o disposto

na alínea f do inciso I e no § 3o deste artigo, com rol equivalente de legitimados para sustentação oral, observada a abrangência de sua circunscrição judiciária.

Segundo a sistemática imposta pela Reforma, deveriam estar presentes os seguintes requisitos para que houvesse a alteração de súmulas e orientações jurisprudenciais pelo Tribunal Superior do Trabalho (e TRTs):

a) **voto de pelo menos 2/3 dos membros do tribunal pleno;**

b) **a matéria tiver sido decidida de forma idêntica por unanimidade em, no mínimo, 2/3 das turmas em pelo menos 10 sessões diferentes em cada uma delas.** Nesse caso, como há 8 turmas no TST, totalizaria o valor de 5,33 turmas, o que corresponderia a 6 turmas;

c) **sessões devem ser públicas e divulgadas com, no mínimo, 30 dias de antecedência e deverão possibilitar a sustentação oral pelo Procurador-Geral do Trabalho, pelo Conselho Federal da OAB, pelo Advogado Geral da União e por confederações sindicais e entidades de classe de âmbito nacional.**

Além disso, por 2/3 dos membros, o Tribunal Pleno poderia restringir os efeitos da declaração ou decidir que só tivesse eficácia a partir da publicação no Diário Oficial[81].

O mesmo procedimento foi previsto para a criação ou alteração de súmulas no âmbito dos tribunais regionais do trabalho. Essa sistemática tornou muito difícil, senão impossível, a criação e alteração da jurisprudência consolidada no âmbito do TST e dos TRTs, tanto que, desde a Reforma, o TST não havia alterado e / ou criado jurisprudência consolidada.

Esse cenário passa a mudar em 16/05/2022, quando o TST, em sua configuração plena, decidiu pela inconstitucionalidade do art. 702, I, alínea "f" e § 3º da CLT. Dessa forma, quando o Poder Legislativo estabelece exigências legais para a edição e alteração de súmulas e outros enunciados de jurisprudência uniforme no âmbito da Justiça do Trabalho, invade a competência do Judiciário Trabalhista, em violação ao princípio da separação dos Poderes (art. 2º da CF) e afronta a autonomia administrativa dos tribunais (arts. 96, I, e 99, "caput", da CF)[82]. Nesse processo, a declaração de inconstitucionalidade se deu de maneira incidental, ou seja, o TST recusou a aplicação do dispositivo em questão ao caso concreto, não afetando diretamente a eficácia da lei em relação a terceiros.

O STF, no Julgamento Virtual da ADI 6188/DF, finalizado em 21 de agosto de 2023, sim, fixou tese vinculante em relação ao tema: a Corte, em controle concentrado de constitucionalidade, declarou a **inconstitucionalidade do art. 702, I, "f", e §§ 3º e § 4º, da CLT.** Apesar da votação apertada (6 a 5), a decisão é precedente de observância obrigatório e deve ser seguido por todos os tribunais do País. Conforme entendimento da Corte[83], as decisões proferidas em controle concentrado de constitucionalidade adquirem força vinculante a partir da publicação da ata de julgamento de mérito na imprensa oficial.

81. MIESSA, Élisson. Parte II: Direito Processual do Trabalho. IN: MIESSA, Élisson; CORREIA, Henrique. *Manual da Reforma Trabalhista*. Salvador: Juspodivm, 2018. p. 641.

82. Informativo nº 254 do TST.

83. Conferir, por exemplo: Rcl 3473 AgR, Rel. Min. Carlos Velloso, Tribunal Pleno, julgado em 31.8.2005, DJ de 9.12.2005, PP-00005 EMENT VOL-02217-02 PP-00296 LEXSTF v. 28, n. 326, 2006, p. 239-243; ; Rcl 3632 AgR, Rel. Min. Marco Aurélio, Redator p/ Acórdão Min. Eros Grau, Tribunal Pleno, julgado em 2.2.2006, DJ de 18.8.2006

Portanto, a partir de 01/09/2023, a matéria volta a ser regulada pelos regimentos internos dos tribunais.

Nessa linha, **destaco a primeira modificação da jurisprudência consolidada do TST após a entra em vigor da Reforma Trabalhista**: a alteração da redação da OJ nº 394 da SDI-I do TST. Em sessão realizada no dia 20/03/2023, o Tribunal Superior do Trabalho decidiu, em sua configuração Plena e por maioria, em alterar a redação da OJ nº 394 da SDI-I, aprovando a seguinte tese jurídica para o Tema Repetitivo 9, que orientou a nova redação da OJ 394:

> REPOUSO SEMANAL REMUNERADO. INTEGRAÇÃO DAS HORAS EXTRAS. REPERCUSSÃO NO CÁLCULO DAS FÉRIAS, DÉCIMO TERCEIRO SALÁRIO, AVISO PRÉVIO E DEPÓSITOS DO FGTS.
>
> I. A majoração do valor do repouso semanal remunerado decorrente da integração das horas extras habituais deve repercutir no cálculo, efetuado pelo empregador, das demais parcelas que têm como base de cálculo o salário, não se cogitando de *bis in idem* por sua incidência no cálculo das férias, da gratificação natalina, do aviso prévio e do FGTS.
>
> II. O item I será aplicado às horas extras trabalhadas a partir de 20.03.2023.

4. PRINCÍPIOS DO DIREITO DO TRABALHO

A Reforma Trabalhista alterou inúmeros dispositivos da CLT. Entretanto, entendemos que a principiologia adotada pelo Direito do Trabalho não pode ser afetada por estas mudanças, haja vista consistir em sua base estruturante, conferindo diretrizes gerais ao operador do Direito. Dessa forma, a aplicação dos princípios é imprescindível para a tutela do trabalhador, pois é esta proteção a principal finalidade do Direito do Trabalho.

Os princípios representam a base do ordenamento jurídico. O Direito do Trabalho possui princípios específicos, que desempenham funções essenciais para a interpretação e aplicação das normas trabalhistas. Esses princípios servem de orientação para os aplicadores do direito (juízes, procuradores do trabalho, advogados etc.) e têm, ainda, a função de inspirar e orientar os legisladores (deputados e senadores) na elaboração das leis.

Além disso, os princípios do Direito do Trabalho têm função integrativa[84], ou seja, são aplicados para suprir a lacuna deixada pelo legislador. Exemplos:

a) João é contratado como autônomo, porém, durante o contrato, ficam configurados os requisitos da relação de emprego (pessoalidade, habitualidade, onerosidade e subordinação). Constatada a fraude, pela aplicação do princípio da primazia da realidade, ser-lhe-ão devidas as verbas trabalhistas decorrentes do contrato de emprego;

b) Empregado ingressa na Justiça do Trabalho pedindo o pagamento de aviso-prévio. Empregador alega que o contrato é de experiência, portanto não há direito ao

PP-00018, EMENT VOL-02243-01 PP-00116 RTJ VOL-00199-01 PP-00218 LEXSTF v. 28, n. 333, 2006, p. 247-249 e Rcl 6999 AgR, Rel. Min. Teori Zavascki, Tribunal Pleno, julgado em 17.10.2013, Dje nº 220, de 6.11.2013, publicado em 7.11.2013.

84. Integrar o sistema jurídico significa completar, suprir a lacuna deixada pelo legislador. Lembre-se de que o juiz não pode deixar de julgar, devendo utilizar dos métodos de integração, previstos em lei (art. 8º da CLT).

aviso. Entretanto, a empresa não apresenta o contrato escrito nem outra prova que demonstre a existência do contrato por prazo determinado, uma vez que o contrato de experiência deve ser expresso. Assim sendo, pelo princípio da continuidade da relação empregatícia, o juiz determinará o pagamento do aviso-prévio, pois o contrato de trabalho é, em regra, firmado por prazo indeterminado e, consequentemente, haverá a obrigatoriedade de conceder o aviso.

Não há consenso sobre quantos são os princípios do Direito do Trabalho, pois varia de um autor para outro. Cabe ressaltar, contudo, que os princípios que orientam o ordenamento jurídico brasileiro são aplicáveis ao Direito do Trabalho. De acordo com Mauricio Godinho Delgado[85], os princípios gerais de todo o Direito são aplicáveis ao Direito do Trabalho:

> São princípios que tendem a incorporar as diretrizes centrais da própria noção do Direito (ilustrativamente, os princípios da lealdade e boa-fé ou da não alegação da própria torpeza) ou as diretrizes centrais do conjunto dos sistemas jurídicos contemporâneos ocidentais (como, ilustrativamente, o princípio da inalterabilidade dos contratos). Tendem a ser, portanto, princípios que se irradiam por todos os seguimentos da ordem jurídica, cumprindo o relevante papel de assegurar organicidade e coerência integradas à totalidade do universo normativo de uma sociedade política.

Assim, tem plena aplicação ao Direito do Trabalho o princípio da razoabilidade[86], que compreende a análise de determina acontecimento por meio da verossimilhança, sensatez e ponderação das condutas humanas[87].

Além disso, o ordenamento trabalhista apresenta princípios próprios que orientam especificamente o ramo do Direito do Trabalho. Seguem, abaixo, os princípios mais importantes que norteiam o Direito do Trabalho e que aparecem, com frequência, nas provas de concurso.

4.1. Princípio da proteção ao trabalhador

A lei trabalhista estabelece normas de proteção ao trabalhador, ou seja, garante direitos mínimos ao hipossuficiente[88]. Esse princípio protetivo tem por finalidade estabelecer o equilíbrio que falta à relação de emprego, ou seja, o empregador possui situação econômica favorável, enquanto o empregado terá situação a seu favor na legislação trabalhista.

A necessidade do princípio protetor tem fundamento na subordinação exercida pelo empregador, limitando a autonomia da vontade. Explica-se: em um contrato de locação (contrato civil), por exemplo, as partes têm liberdade de recusar as propostas uma da outra. Assim, se o proprietário pedir um valor elevado pelo aluguel, o locatário poderá entregar o imóvel. Da mesma forma, se o locatário pedir ao proprietário que reforme todo

85. DELGADO, Mauricio Godinho. *Curso de Direito do Trabalho*. 15. ed. São Paulo: LTr, 2016. p. 196.
86. Ressalta-se que a aplicação do princípio da razoabilidade no Direito do Trabalho foi objeto do concurso para o cargo de Técnico do TRT da 8ª Região em 2016.
87. DELGADO, Mauricio Godinho. *Curso de Direito do Trabalho*. 15. ed. São Paulo: LTr, 2016. p. 197.
88. Hipossuficiente é a parte juridicamente mais fraca na relação jurídica trabalhista, isto é, o empregado.

o imóvel, ele provavelmente se recusará. Veja que nesse contrato civil (locação) há plena liberdade em contratar, pois as partes (locador e locatário) estão em pé de igualdade.

Por outro lado, imaginemos um contrato de trabalho em que o empregador solicite ao seu empregado que comece a trabalhar aos sábados no período da tarde, alertando que há muitas pessoas querendo aquele emprego. Esse empregado irá se recusar a trabalhar aos sábados? Claro que não. A mesma situação ocorre quando o empregador pede para que ele trabalhe além da jornada de 8 horas etc. Verifica-se, assim, que a liberdade em contratar é menor nas relações de trabalho, em virtude da subordinação, havendo a necessidade do princípio protetor.

4.1.1. Impactos da Reforma Trabalhista no princípio da proteção ao trabalhador

A Reforma Trabalhista acrescentou o parágrafo único ao art. 444 da CLT, que passou a abordar uma inovação controversa ao Direito do Trabalho: a figura do empregado "hipersuficiente", expressão utilizada pelo Relator da Reforma Trabalhista na Câmara dos Deputados, Rogério Marinho. De acordo com o dispositivo, esse empregado pode negociar livremente com o seu empregador as cláusulas do contrato de trabalho nas mesmas condições concedidas aos sindicatos no art. 611-A da CLT:

> **Art. 444, parágrafo único, CLT** *(incluído pela Reforma Trabalhista).* A livre estipulação a que se refere o caput deste artigo aplica-se às hipóteses previstas no art. 611-A desta Consolidação, com a mesma eficácia legal e preponderância sobre os instrumentos coletivos, no caso de empregado portador de diploma de nível superior e que perceba salário mensal igual ou superior a duas vezes o limite máximo dos benefícios do Regime Geral de Previdência Social.

Ao contrário dos demais trabalhadores que necessitam de seus sindicatos para negociar as hipóteses de prevalência do negociado sobre o legislado, esses empregados podem negociar individualmente com seus empregadores. As cláusulas negociadas terão a mesma eficácia e a mesma preponderância dos instrumentos coletivos.

Esse dispositivo é uma contradição ao que prevê o art. 3º da CLT que não permite o tratamento diferenciado em relação à espécie de emprego e à condição de trabalhador:

> **Art. 3º da CLT:** Considera-se empregado toda pessoa física que prestar serviços de natureza não eventual a empregador, sob a dependência deste e mediante salário.
>
> Parágrafo único – Não haverá distinções relativas à espécie de emprego e à condição de trabalhador, nem entre o trabalho intelectual, técnico e manual.

A legislação trabalhista deve ser aplicada de forma igualitária, sem a distinção decorrente da escolaridade do trabalhador, da atividade desenvolvida ou do salário recebido. É inegável que as pessoas com nível superior de escolaridade que recebam salário superior a R$ 16.314,82 têm melhores condições de conhecer seus direitos e de serem menos propensas às fraudes e exploração trabalhistas.

No entanto, não há nada que garanta que o valor recebido como salário tornará o empregado capaz de negociar todos os pontos trazidos pelo art. 611-A da CLT diretamente com o empregador. A subordinação, independentemente do valor do salário e do nível de escolaridade, é intrínseca ao vínculo de emprego. O empregado depende do trabalho realizado e cederá em todos os pontos para poder mantê-lo. A legislação, da forma como prevista, deixa o trabalhador completamente vulnerável.

Sobre o princípio da proteção, sustenta o Professor José Cairo Júnior:

> Pela regra do Direito Civil, todos são iguais perante a lei e devem ser tratados de forma igualitária por ela. Isso não ocorre no Direito Laboral. Reconhece-se que não existe uma igualdade entre empregados e empregadores, em face da superioridade econômica e jurídica destes últimos em relação aos primeiros. Para equilibrar a relação havida entre os atores sociais, o Direito do Trabalho procura proteger o empregado contra o desejo insaciável de lucro do empresário[89].

Desse princípio protetivo, decorrem outros três princípios:

4.1.2. In dubio pro operario

Quando houver várias interpretações sobre a mesma norma, o intérprete utilizará a interpretação mais favorável ao trabalhador. Ressalta-se que esse princípio foi superado pelo princípio da norma mais favorável. Ademais, não se aplica o princípio *in dubio pro operario* na área processual. No processo, as partes serão iguais, recebem o mesmo tratamento. Exemplo: prazo idêntico para apresentar razões finais e ingressar com recurso.

4.1.3. *Norma mais favorável*

Entre duas ou mais normas passíveis de aplicação, utiliza-se a mais favorável em relação ao trabalhador. Exemplo: a convenção coletiva prevê adicional de horas extras de 70% sobre o valor da hora normal. Este adicional deve prevalecer sobre o adicional de 50% previsto na Constituição Federal. O intérprete (juiz, advogado, procurador do trabalho) deve analisar qual a norma mais favorável ao empregado. Nesse sentido:

> **Súmula nº 202 do TST.** Existindo, ao mesmo tempo, gratificação por tempo de serviço outorgada pelo empregador e outra da mesma natureza prevista em acordo coletivo, convenção coletiva ou sentença normativa, o empregado tem direito a receber, exclusivamente, a que lhe seja mais benéfica.

O princípio da norma mais favorável ao trabalhador não é absoluto, isto é, não poderá ser aplicado quando existirem normas de ordem pública ou de caráter proibitivo. Essas normas não comportam interpretação ampliativa. Exemplo: empregado que ingressa com ação judicial após 2 anos do término do contrato de trabalho. Não caberá a aplicação do Código Civil para a utilização de prazos mais extensos, pois a prescrição trata de norma de ordem pública que visa à paz social. Além disso, o princípio não será aplicável aos casos dos arts. 611-A da CLT e 620 da CLT, o princípio da norma mais favorável não é aplicável conforme se verá no próximo tópico.

Havendo o conflito entre normas do acordo e convenção coletiva, a aplicação de uma, em detrimento da outra, no caso concreto, não gera nulidade automática daquela que não foi aplicada. Para que haja nulidade de uma cláusula é necessário constatação de ordem formal ou material[90].

89. CAIRO JÚNIOR, José. *Curso de Direito do Trabalho. Direito Individual e Direito Coletivo de Trabalho*. 4. ed. Salvador: Editora Juspodivm, 2009. p. 98.

90. Informativo nº 17 do TST.

4.1.3.1. Instrumentos coletivos de trabalho e princípio da norma mais favorável (Reforma Trabalhista)

A aplicação do princípio da norma mais favorável no conflito entre as fontes continua sendo a regra no Direito do Trabalho. Portanto, se a previsão na legislação específica for mais benéfica que a Constituição Federal, ela deverá prevalecer sobre o texto constitucional. Contudo, a Reforma Trabalhista alterou a redação do art. 620 da CLT para prever que o acordo coletivo de trabalho **sempre** prevalecerá sobre a convenção coletiva de trabalho:

> **Art. 620 da CLT** *(Alterado pela Reforma Trabalhista).* As condições estabelecidas em acordo coletivo de trabalho **sempre** prevalecerão sobre as estipuladas em convenção coletiva de trabalho. (grifo nosso)

Privilegiou, portanto, a negociação que está mais próxima do dia a dia da empresa. O que se pretendeu com as mudanças foi estabelecer uma hierarquia estática, fixa, entre convenção e acordo coletivos de trabalho. Ainda que as normas contidas no acordo coletivo sejam prejudiciais ao trabalhador, deverão prevalecer sobre as disposições contidas em convenção coletiva, caso haja conflito entre as duas.

Esse posicionamento consistiu em uma tentativa do legislador em violar o princípio da norma mais favorável. Além disso, a convenção e o acordo coletivo serão hierarquicamente superiores à lei quando versarem sobre os assuntos arrolados no art. 611-A da CLT, artigo também inserido pela Reforma Trabalhista. É nesse sentido, aliás, a tese fixada no Tema 1046 da Repercussão Geral, em que o STF validou a prevalência do negociado sobre o legislado, sem a necessidade de contrapartida, ressalvados os direitos absolutamente indisponíveis.

No caso em questão, o artigo – que não encontra correspondente na legislação anterior – faz prevalecer o negociado sobre o legislado. De acordo com a redação do "caput" dispositivo, os instrumentos coletivos de trabalho passam a ter "prevalência sobre a lei" em diversas hipóteses, pois apresenta rol exemplificativo de flexibilização trabalhista.

> **Art. 611-A** *(Inserido pela Reforma Trabalhista).* **A convenção coletiva e o acordo coletivo de trabalho têm prevalência sobre a lei** quando, entre outros, dispuserem sobre:
>
> I – pacto quanto à jornada de trabalho, observados os limites constitucionais;
>
> II – banco de horas anual;
>
> III – intervalo intrajornada, respeitado o limite mínimo de trinta minutos para jornadas superiores a seis horas;
>
> IV – adesão ao Programa Seguro-Emprego (PSE), de que trata a Lei no 13.189, de 19 de novembro de 2015;
>
> V – plano de cargos, salários e funções compatíveis com a condição pessoal do empregado, bem como identificação dos cargos que se enquadram como funções de confiança;
>
> VI – regulamento empresarial;
>
> VII – representante dos trabalhadores no local de trabalho;
>
> VIII – teletrabalho, regime de sobreaviso, e trabalho intermitente;
>
> IX – remuneração por produtividade, incluídas as gorjetas percebidas pelo empregado, e remuneração por desempenho individual;

X – modalidade de registro de jornada de trabalho;

XI – troca do dia de feriado;

XII – enquadramento do grau de insalubridade;

XIII – prorrogação de jornada em ambientes insalubres, sem licença prévia das autoridades competentes do Ministério do Trabalho;

XIV – prêmios de incentivo em bens ou serviços, eventualmente concedidos em programas de incentivo;

XV – participação nos lucros ou resultados da empresa. (grifo nosso)

4.1.4. *Condição mais benéfica*

Esse princípio assegura ao empregado as vantagens conquistadas durante o contrato de trabalho, conforme previsto no art. 468 da CLT. Diante disso, essas conquistas não poderão ser alteradas para pior. Exemplo: empregador fornece, todos os meses, uma cesta com produtos domésticos. Diante disso não poderá, simplesmente, cessar o fornecimento, pois o trabalhador já conquistou esse direito com base no princípio da condição mais benéfica. Nesse sentido:

Súmula nº 51 do TST.

I – As cláusulas regulamentares, que revoguem ou alterem vantagens deferidas anteriormente, só atingirão os trabalhadores admitidos após a revogação ou alteração do regulamento.

II – Havendo a coexistência de dois regulamentos da empresa, a opção do empregado por um deles tem efeito jurídico de renúncia às regras do sistema do outro.

4.1.4.1. *Impactos da Reforma Trabalhista no princípio da condição mais benéfica*

A Reforma Trabalhista alterou diversos dispositivos da CLT e passou a valorizar o negociado sobre o legislado. De acordo com o art. 611-A, VI, da CLT, a convenção e o acordo coletivo de trabalho prevalecem sobre a legislação quando dispuserem sobre o regulamento de empresa:

Art. 611-A, VI, da CLT: A convenção coletiva e o acordo coletivo de trabalho têm prevalência sobre a lei quando, entre outros, dispuserem sobre: regulamento empresarial

Contudo, o princípio da condição mais benéfica não tem aplicação no âmbito do Direito Coletivo do Trabalho, uma vez que a conquista de direitos trabalhistas formalizados em instrumentos coletivos vigora pelo prazo máximo de 2 anos, sendo vedada a ultratividade, nos termos do art. 614, § 3º, da CLT, com redação alterada pela Reforma Trabalhista.

Art. 614, § 3º *(Alterado pela Reforma Trabalhista)*: Não será permitido estipular duração de convenção coletiva ou acordo coletivo de trabalho superior a dois anos, sendo vedada a ultratividade.

Nesse sentido, no julgamento virtual da ADPF 323, finalizado no dia 27/05/2022, o STF, por maioria, decidiu pela inconstitucionalidade da Súmula nº 277 do TST e das decisões judiciais que interpretam o art. 114, § 2º, CF/88, como autorização à aplicação do princípio da ultratividade das normas coletivas. Segundo o voto do Relator, Ministro Gilmar Mendes, a Súmula nº 277 do TST não é compatível com os princípios da legalidade, da separação dos Poderes e da segurança jurídica.

Para o STF, a interpretação a ser conferida ao § 2º do art. 114 da Constituição Federal deve ser a de que a sentença normativa não pode estabelecer condição menos favorável àquela que era disposta em norma coletiva, caracterizando um limite ao poder normativo da Justiça do Trabalho, não se aplicando, todavia, à seara extrajudicial das convenções e acordos coletivos de trabalho.

Dessa forma, não há impedimento para que um benefício concedido por instrumento coletivo de trabalho deixe de ser aplicada ao contrato de trabalho após o fim da vigência norma coletiva. Lembre-se de que, após a Reforma Trabalhista, fica vedada a manutenção das cláusulas de acordo ou convenção coletiva após o fim de seu prazo (vedação à ultratividade).

4.2. Princípio da imperatividade das normas trabalhistas

No Direito do Trabalho prevalecem as regras cogentes, obrigatórias. Diante desse princípio, há restrição da autonomia das partes em modificar as cláusulas contratuais previstas no contrato de trabalho. Exemplo: as partes não poderão alterar a natureza do pagamento das horas extras, ou seja, essa parcela tem natureza salarial (reflete nas demais parcelas), não podendo ser paga a título indenizatório (sem que haja o reflexo). De acordo com Professor Mauricio Godinho Delgado[91]:

> Para esse princípio prevalece a restrição à autonomia da vontade no contrato trabalhista, em contraponto à diretriz civil de soberania das partes no ajuste das condições contratuais. Esta restrição é tida como instrumento assecuratório eficaz de garantias fundamentais ao trabalhador, em face do desequilíbrio de poderes inerente ao contrato de emprego.

4.2.1. Impactos das alterações legislativas recentes no princípio da imperatividade das normas trabalhistas

O princípio da imperatividade das normas trabalhistas foi flexibilizado pela Reforma Trabalhista. Com ela, as convenções e acordos coletivos passam a prevalecer sobre a lei, podendo as partes dispor acerca das matérias elencadas no art. 611-A da CLT. O mote da reforma trabalhista consistiu na valorização dos instrumentos coletivos de trabalho. Nesse caso, as próprias partes da relação jurídica coletiva podem transacionar com maior liberdade, pois, em um dos polos da relação jurídica está o sindicato da categoria profissional. Diferentemente do trabalhador individualmente considerado, cuja relação com seu empregador é marcada pela hipossuficiência jurídica do empregado, as relações coletivas de trabalho são regidas pelo princípio da equivalência dos contratantes. As partes têm a mesma força na negociação, pois de um lado, estará a empresa ou seu órgão de representação e, de outro, o sindicato da categoria profissional, representando um conjunto de trabalhadores.

A Reforma Trabalhista acrescentou o parágrafo único ao art. 444 da CLT, que passou a abordar uma inovação controversa ao Direito do Trabalho: a figura do empregado "hipersuficiente", expressão utilizada pelo Relator da Reforma Trabalhista na Câmara dos Deputados, Rogério Marinho. De acordo com o dispositivo, esse empregado pode

91. DELGADO. Mauricio Godinho. *Curso do Direito do Trabalho*. 7. ed. São Paulo: LTr, 2008. p. 201.

negociar livremente com o seu empregador as cláusulas do contrato de trabalho nas mesmas condições concedidas aos sindicatos no art. 611-A da CLT:

> **Art. 444, parágrafo único, CLT** *(incluído pela Reforma Trabalhista)*. A livre estipulação a que se refere o caput deste artigo aplica-se às hipóteses previstas no art. 611-A desta Consolidação, com a mesma eficácia legal e preponderância sobre os instrumentos coletivos, no caso de empregado portador de diploma de nível superior e que perceba salário mensal igual ou superior a duas vezes o limite máximo dos benefícios do Regime Geral de Previdência Social.

4.3. Princípio da primazia da realidade

A realidade se sobrepõe às disposições contratuais escritas. Deve-se, portanto, verificar se o conteúdo do documento coincide com os fatos. Exemplo: recibo assinado em branco no ato da contratação, posteriormente apresentado em juízo como prova de pagamento das verbas trabalhistas. É óbvio que esse documento não corresponde à verdade dos fatos. Outro exemplo: pagamento "por fora", empregado registrado em carteira com um salário mínimo, mas recebe mil reais, como forma de burlar o pagamento de encargos trabalhistas (INSS e FGTS). Em ambos os casos, há aplicação do princípio da primazia da realidade sobre a forma (documentos não representam a verdade dos fatos).

Outras hipóteses de aplicação do princípio da primazia da realidade:

a) Cortadores de cana com contrato de estágio escrito (estagiários não possuem direitos trabalhistas). Assim, esses "estagiários", que trabalham oito horas diárias, recebem oitocentos reais por mês e cumprem as ordens do empregador são, na verdade, empregados e não estagiários, pois não possuem nenhum aprendizado teórico. Diante do princípio da primazia da realidade, esses contratos de estágio são nulos de pleno direito, devendo ser reconhecido o vínculo empregatício e o pagamento de todos os direitos trabalhistas (hora extra, férias, 13º salário, depósitos do FGTS etc.).

b) Grande oficina mecânica que não possui nenhum empregado, apenas empresários lhe prestam serviços de mecânico. Esses "empresários" eram antigos empregados que constituíram empresas (pessoa jurídica) e continuaram exercendo a mesma jornada de trabalho, mesmo salário, recebendo as mesmas ordens etc. Nesse contexto, os mecânicos são, na verdade, empregados da oficina, diante da prevalência da realidade sobre a forma escrita.

4.3.1. Impactos da Reforma Trabalhista no princípio da primazia da realidade

A utilização deste princípio pelos aplicadores do Direito, diante do advento da Reforma Trabalhista, será essencial para a manutenção do sistema protetivo trabalhista, assim como para evitar a ocorrência de fraudes.

Dois exemplos de modificações trazidas pela Reforma Trabalhista, em que o princípio da primazia da realidade deverá, obrigatoriamente, ser observado, estão contidas no art. 4º, § 2º da CLT e art. 442-B da CLT:

> **Art. 4º, § 2º da CLT** *(Inserido pela Reforma Trabalhista)*: Por não se considerar tempo à disposição do empregador, não será computado como período

> extraordinário o que exceder a jornada normal, ainda que ultrapasse o limite de cinco minutos previsto no § 1º do art. 58 desta Consolidação, quando o empregado, por escolha própria, buscar proteção pessoal, em caso de insegurança nas vias públicas ou más condições climáticas, bem como adentrar ou permanecer nas dependências da empresa para exercer atividades particulares, entre outras:
>
> I – práticas religiosas;
>
> II – descanso;
>
> III – lazer;
>
> IV – estudo;
>
> V – alimentação;
>
> VI – atividades de relacionamento social;
>
> VII – higiene pessoal;
>
> VIII – troca de roupa ou uniforme, quando não houver obrigatoriedade de realizar a troca na empresa.
>
> **Art. 442-B da CLT** (*Inserido pela Reforma Trabalhista*): A contratação do autônomo, cumpridas por este todas as formalidades legais, com ou sem exclusividade, de forma contínua ou não, afasta a qualidade de empregado prevista no art. 3º desta Consolidação.

Assim, no caso do art. 4º, § 2º, deve-se verificar se se trata de atividade particular do empregado para que não se configure o tempo à disposição do empregador. Já no caso do art. 442-B, deve-se verificar a existência da subordinação entre "autônomo" e empregador, a fim de verificar se existe a relação de emprego.

Em resumo, o princípio da primazia da realidade serve para **afastar fraudes** nas relações trabalhistas, uma vez que se pretende a busca pela verdade dos fatos.

4.4. Princípio da inalterabilidade contratual lesiva ao empregado

No Direito do Trabalho, é vedada qualquer alteração contratual que seja lesiva ao empregado, mesmo se houver consentimento deste (artigo 468, *caput*, da CLT). Assim, conforme previsto no art. 2º da CLT, os riscos do empreendimento são suportados exclusivamente pelo empregador, não sendo permitido a ele dividir os prejuízos com seus trabalhadores.

> **Art. 468 da CLT.** Nos contratos individuais de trabalho só é lícita a alteração das respectivas condições, por mútuo consentimento, e, ainda assim, desde que não resultem, direta ou indiretamente, prejuízos ao empregado, sob pena de nulidade da cláusula infringente desta garantia.

4.4.1. Impactos das medidas trabalhistas excepcionais da pandemia no princípio da inalterabilidade contratual lesiva ao empregado

Durante o primeiro semestre de 2020, foram editadas as Medidas Provisórias nº 927 e 936, que versaram sobre medidas excepcionais de combate à pandemia do novo coronavírus.

A MP nº 927/2020 esteve vigente de 22/03/2020 até 19/07/2020 e não foi convertida em lei por ausência de votação no Senado Federal. No entanto, diversos de seus dispositivos estabeleceram a possibilidade de flexibilização de institutos trabalhistas com o intuito de permitir o funcionamento das empresas que foram atingidas pelas medidas de distanciamento social e quarentena. Nesse sentido, referida MP permitiu a adoção unilateral de teletrabalho, a antecipação de férias individuais ou a concessão de férias coletivas e até mesmo o estabelecimento de banco de horas antecipado.

Essas medidas, enquanto vigentes, impactaram o princípio da inalterabilidade contratual lesiva, pois permitiram que o contrato de trabalho fosse unilateralmente alterado, ainda que trouxesse prejuízos ao empregado, como o pagamento posterior das férias e do terço constitucional.

Além disso, a MP nº 936/2020, convertida na Lei nº 14.020/2020, passou a prever a possibilidade de redução de salários e de jornadas e a suspensão temporária do contrato de trabalho por acordo individual entre empregado e empregador. Essas medidas também impactaram diretamente o princípio em análise, pois foi permitida a alteração momentânea do contrato de trabalho, com a redução de direitos trabalhistas (jornadas e salário) por acordo escrito entre as partes da relação de emprego.

O STF, em análise liminar na ADI 6.363, manteve a aplicação integral dos dispositivos da MP nº 936/2020, especialmente no tocante às modificações realizadas por acordo individual escrito.

Nesse mesmo sentido, em agosto de 2022, o Congresso Nacional aprovou a MP nº 1.109/2022 (convertida na Lei nº 14.437/2022), que institucionaliza a autorização genérica para a adoção de medidas trabalhistas de enfrentamento a momentos de crise, dentre elas: o teletrabalho; a antecipação de férias individuais; a concessão de férias coletivas; o aproveitamento e a antecipação de feriados; o banco de horas; e a suspensão da exigibilidade dos recolhimentos do Fundo de Garantia do Tempo de Serviço (FGTS). Destacamos que essas medidas poderão ser implementadas por meio de acordo individual escrito ou de negociação coletiva.

A atual legislação de exceção, tal como suas antecessoras, também prevê a possibilidade de redução proporcional da jornada de trabalho e do salário e de suspensão temporária do contrato de trabalho. Basta, para tanto, a declaração de estado de calamidade pública em âmbito nacional ou em âmbito estadual, distrital ou municipal reconhecido pelo Poder Executivo federal.

Portanto, agora, mesmo superado o momento de crise ocasionado pela pandemia de COVID-19, no Direito do Trabalho, é possível que o empregador proceda com alterações contratuais lesivas sem efetivamente consultar os interesses do empregado. Ainda que reservada essa possibilidade aos períodos de reconhecida calamidade, temos sérias dúvidas quanto à constitucionalidade dessas normas, pois permissiva à alteração contratual unilateral e lesiva ao trabalhador, violando preceitos basilares da Constituição Federal, como a dignidade da pessoa humana (art. 1º, III) e o valor social do trabalho (art. 1º, IV, art. 7º e art. 170, *caput*).

4.5. Princípio da continuidade da relação de emprego

Em regra, o contrato de trabalho é firmado por tempo indeterminado, ou seja, não há prazo previamente fixado para seu fim. Aliás, é de interesse público que esses contratos sejam firmados para prazos de longa duração, pois, enquanto o empregado estiver trabalhando, haverá fonte de sustento, garantindo sua dignidade. Em razão desse princípio, a obrigação de provar a ruptura do contrato de trabalho é do empregador, isto é, em regra presume-se que o empregado não deu causa ao término do contrato de trabalho. Nesse sentido:

> **Súmula nº 212 do TST.** O ônus de provar o término do contrato de trabalho, quando negados a prestação de serviço e o despedimento, é do empregador, pois o princípio da continuidade da relação de emprego constitui presunção favorável ao empregado.

Ademais, por força do princípio da continuidade, há hipóteses em que não há prestação de serviços (interrupção e suspensão do contrato), mas o vínculo empregatício continua intacto. A exceção ocorre quando o contrato é firmado por prazo determinado, como nos casos de contrato de experiência, temporário, hipóteses previstas no art. 443 da CLT etc.

4.5.1. *Impactos da Reforma Trabalhista no princípio da continuidade da relação de emprego*

A Reforma Trabalhista acrescentou o § 3º ao art. 443 da CLT para prever nova hipótese de contrato de trabalho: a prestação de trabalho intermitente. Essa alteração causa profundos impactos na estrutura do Direito do Trabalho, pois cria nova modalidade contratual com disciplina jurídica própria, até então sem precedentes na área trabalhista.

De acordo com o dispositivo legal, o trabalho intermitente compreende o contrato de trabalho, cuja prestação dos serviços ocorre com subordinação, mas não é contínua, havendo alternância de períodos de prestação de serviços e de inatividade. A prestação dos serviços pode ser determinada em horas, dias ou meses, independentemente da atividade desenvolvida pelo empregado ou pelo empregador.

Essa nova modalidade contratual é uma hipótese de flexibilização do princípio da continuidade da relação de emprego, pois apesar de não haver termo final para o contrato, o contrato é marcado por períodos de inatividade do empregado, sem que haja remuneração e contagem do tempo de serviço.

4.6. Princípio da irrenunciabilidade ou indisponibilidade dos direitos trabalhistas

Na vigência do contrato de trabalho, os direitos trabalhistas são, em regra, irrenunciáveis, porque há presença da subordinação do empregado frente ao empregador. Assim sendo, mesmo que o ato seja bilateral (comum acordo entre as partes), se houver prejuízo ao empregado, esse ato deverá ser declarado nulo, pois o empregado não pode renunciar aos direitos e vantagens assegurados em lei. Exemplo: empregado não pode renunciar ao direito de receber seu décimo terceiro, aviso-prévio[92], ou usufruir de suas férias. Se houver tal renúncia, com base no princípio da irrenunciabilidade, o ato será nulo, invalidado.

Contudo, a Reforma Trabalhista ampliou significativamente a possibilidade de ajuste individual entre empregado e empregador.

Ao estudar o princípio da irrenunciabilidade, cabe destacar 2 princípios:

1) **Princípio da irredutibilidade salarial.** Veda-se a redução (diminuição) dos salários dos trabalhadores, exceto convenção ou acordo coletivo (artigo 7º, inciso VI, da Constituição Federal). Portanto, para que essa redução salarial seja válida, há necessidade da participação do sindicato dos trabalhadores. Caso seja pactuada

92. **Súmula nº 276 do TST**: "O direito ao aviso-prévio é irrenunciável pelo empregado. O pedido de dispensa de cumprimento não exime o empregador de pagar o respectivo valor, salvo comprovação de haver o prestador dos serviços obtido novo emprego".

cláusula que reduza o salário do empregado, deverá haver garantia de que ele não será dispensado sem justa causa no prazo de vigência do instrumento coletivo, nos termos do art. 611-A, § 3º, incluído pela Reforma Trabalhista:

> **Art. 611-A, § 3º da CLT (Inserido pela Reforma Trabalhista):** Se for pactuada cláusula que reduza o salário ou a jornada, a convenção coletiva ou o acordo coletivo de trabalho deverão prever a proteção dos empregados contra dispensa imotivada durante o prazo de vigência do instrumento coletivo.

Destaca-se que a Lei nº 14.020/2020 (conversão em lei da MP nº 936/2020) permitiu a redução de salários e de jornadas por acordo individual durante a pandemia de coronavírus.

Nesse mesmo sentido, em agosto de 2022, o Congresso Nacional aprovou a MP nº 1.109/2022 (convertida na Lei nº 14.437/2022), que institucionaliza autorização genérica para a adoção de medidas trabalhistas de enfrentamento a momentos de crise, dentre elas: a redução proporcional da jornada de trabalho e do salário; e a suspensão temporária do contrato de trabalho. Destacamos que essas medidas poderão ser implementadas por meio de acordo individual escrito ou de negociação coletiva. Dessa forma, agora, mesmo superado o momento de crise ocasionado pela pandemia de COVID-19, no Direito do Trabalho, é possível a redução de salários e a suspensão do contrato de trabalho por meio de acordo individual entre empregado e empregador. Ainda que reservada essa possibilidade aos períodos de reconhecida calamidade, temos sérias dúvidas quanto à constitucionalidade dessas normas, pois a Constituição Federal autoriza a redução salarial apenas por meio de convenção ou acordo coletivo de trabalho (art. 7º, VI).

2) **Princípio da intangibilidade salarial.** Vedam-se descontos no salário, exceto nos casos previstos em lei ou norma coletiva[93]. Esse princípio protege o trabalhador contra seus próprios credores, pois o salário é, em regra, impenhorável.

PRINCÍPIOS DO DIREITO DO TRABALHO

- **P**rotetivo
  - *in dubio pro operario*
  - norma mais favorável
  - condição mais benéfica
- **I**mperatividade
- **P**rimazia
- **I**nalterabilidade contratual lesiva
- **C**ontinuidade da relação de emprego
- **I**rrenunciabilidade
  - irredutibilidade salarial
  - intangibilidade salarial

93. **Orientação Jurisprudencial nº 251 da SDI – I do TST.** É lícito o desconto salarial referente à devolução de cheques sem fundos, quando o frentista não observar as recomendações previstas em instrumento coletivo.

5. FLEXIBILIZAÇÃO DO DIREITO DO TRABALHO

▶ **Art. 7º, incisos VI, XIII e XIV da CF/88**

Flexibilizar é diminuir a rigidez das leis trabalhistas pela negociação coletiva, ou seja, é dar ênfase ao negociado em detrimento do legislado. Na flexibilização permanecem as normas básicas de proteção ao trabalhador, mas permite-se maior amplitude dos acordos e convenções para adaptação das cláusulas contratuais às realidades econômicas da empresa e às realidades regionais. De acordo com Arnaldo Sussekind[94]:

> Com a flexibilização, os sistemas legais preveem fórmulas opcionais ou flexíveis de estipulação de condições de trabalho, seja pelos instrumentos da negociação coletiva, ou pelos contratos individuais de trabalho, seja pelos próprios empresários.

As empresas reivindicam a flexibilização para diminuir a forte intervenção do Estado na elaboração das leis trabalhistas. O argumento utilizado pelos empresários é que com a flexibilização haveria maior possibilidade de manter os empregos.

Deve-se destacar, entretanto, que no Brasil os sindicatos dos trabalhadores, muitas vezes, estão submissos ao poder econômico dos empregadores. Assim sendo, se diminuísse a proteção legislativa, acarretaria precarização das condições de trabalho dos empregados.

O ano de 2017 foi um ano de importantes modificações na legislação trabalhista, levando à flexibilização de direitos. Dentre os quais, podemos citar a Lei nº 13.419/2017, que regulamentou as gorjetas, a Lei nº 13.429/2017, que passou a dispor sobre a terceirização, dando abertura à terceirização em atividades-fim da empresa e a Lei nº 13.456/2017, que prorrogou o prazo de duração do Programa Seguro-Emprego.

Além disso, a Reforma Trabalhista (Lei nº 13.467/2017) foi responsável por promover a flexibilização de inúmeros direitos do trabalhador nas hipóteses do art. 611-A da CLT, conferindo amplo poder de negociação aos sindicatos. Além disso, o empregado que tenha ensino superior e receba uma quantia igual ou superior a duas vezes o limite máximo do Regime Geral de Previdência Social (empregado "hipersuficiente"), poderá estipular as condições do art. 611-A com maior liberdade, nos termos do art. 444, parágrafo único da CLT.

As medidas excepcionais adotadas durante a pandemia de COVID-19 também tiverem a função de flexibilizar momentaneamente algumas normas trabalhistas com o intuito de diminuir o impacto das regras de distanciamento social e de quarentena adotados em diversas municípios e estados brasileiros.

Nesse sentido, é possível destacar a MP nº 927/2020, que perdeu vigência em 19/07/2020 e que previa, dentre outras, a possibilidade de adoção de teletrabalho, a antecipação de férias individuais, a concessão de férias coletivas, a antecipação de férias e a adoção de banco de horas antecipado. Além disso, a Lei nº 14.020/2020 (conversão em lei da MP nº 936/2020) permitiu a redução de salários e de jornada e a suspensão temporária do contrato de trabalho durante o estado de calamidade pública em decorrência da pandemia de coronavírus.

Por sua vez, a **desregulamentação** ocorre quando há ausência total da legislação protetiva, isto é, substituição do legislado pelo negociado. Nesse caso, não haveria a

94. SUSSEKIND, Arnaldo. *et al. Instituições de Direito do Trabalho*. Vol. I. 21. ed. São Paulo: LTr. 2004. p. 202.

intervenção do Estado na elaboração das leis, deixando para as partes a elaboração das condições de trabalho.

5.1. Hipóteses de flexibilização

Para as questões objetivas, importante memorizar as principais hipóteses de flexibilização previstas na legislação e na jurisprudência do TST. Lembre-se de que o fenômeno da flexibilização já existe em nosso ordenamento jurídico, permitindo a adequação, via negociação coletiva, às realidades econômicas da empresa (possibilidade de aumento ou redução salarial, concessão de cesta básica, convênio médico etc.) e às realidades regionais (fixação do horário, alteração de feriados, etc.).

a) Constituição Federal de 1988 – art. 7º:

> VI – irredutibilidade do salário, **salvo o disposto em convenção ou acordo coletivo**; (grifos acrescidos)
>
> XIII – duração do trabalho normal não superior a oito horas diárias e quarenta e quatro semanais, facultada a compensação de horários e a redução da jornada, **mediante acordo ou convenção coletiva de trabalho**; (grifos acrescidos)
>
> XIV – jornada de seis horas para o trabalho realizado em turnos ininterruptos de revezamento, **salvo negociação coletiva;** (grifos acrescidos)

b) CLT:

– Regime por tempo parcial:

> Art. 58-A, § 2º. Para os atuais empregados, a adoção do regime de tempo parcial será feita mediante opção manifestada perante a empresa, na **forma prevista em instrumento decorrente de negociação coletiva**. (grifos acrescidos)

– Compensação de jornada (Reforma Trabalhista):

> **Art. 59.** A duração diária do trabalho poderá ser acrescida de horas extras, em número não excedente de duas, por acordo individual, convenção coletiva ou acordo coletivo de trabalho.
>
> (...)
>
> § 5º O banco de horas de que trata o § 2º deste artigo poderá ser pactuado por acordo individual escrito, desde que a compensação ocorra no período máximo de seis meses.
>
> § 6º É lícito o regime de compensação de jornada estabelecido por acordo individual, tácito ou escrito, para a compensação no mesmo mês.

– Jornada 12x36 (Reforma Trabalhista):

> **Art. 59-A.** Em exceção ao disposto no art. 59 desta Consolidação, é facultado às partes, mediante acordo individual escrito, convenção coletiva ou acordo coletivo de trabalho, estabelecer horário de trabalho de doze horas seguidas por trinta e seis horas ininterruptas de descanso, observados ou indenizados os intervalos para repouso e alimentação.

No julgamento da ADI 5994/DF, finalizado em 03/07/2023, a Corte considerou constitucional o art. 59-A da CLT, introduzido pela Reforma Trabalhista, que permite a pactuação da jornada 12 x 36 por acordo individual escrito entre empregado e empregador.

- **Intervalo intrajornada:**

Art. 71. Em qualquer trabalho contínuo, cuja duração exceda de 6 (seis) horas, é obrigatória a concessão de um intervalo para repouso ou alimentação, o qual será, no mínimo, de 1 (uma) hora e, **salvo acordo escrito ou contrato coletivo em contrário**, não poderá exceder de 2 (duas) horas. (grifos acrescidos)

(...)

§ 4º A não concessão ou a concessão parcial do intervalo intrajornada mínimo, para repouso e alimentação, a empregados urbanos e rurais, implica o pagamento, de natureza indenizatória, apenas do período suprimido, com acréscimo de 50% (cinquenta por cento) sobre o valor da remuneração da hora normal de trabalho.

- **Teletrabalho ou trabalho remoto (Reforma Trabalhista e Lei nº 14.442, de 2022):**

Art. 75-C. A prestação de serviços na modalidade de teletrabalho deverá constar expressamente do instrumento de contrato individual de trabalho. (Redação dada pela Lei nº 14.442, de 2022).

§ 1º. Poderá ser realizada a alteração entre regime presencial e de teletrabalho desde que haja mútuo acordo entre as partes, registrado em aditivo contratual.

§ 2º. Poderá ser realizada a alteração do regime de teletrabalho para o presencial por determinação do empregador, garantido prazo de transição mínimo de quinze dias, com correspondente registro em aditivo contratual.

- **Fracionamento das férias (Reforma Trabalhista):**

Art. 134, § 1º. Desde que haja concordância do empregado, as férias poderão ser usufruídas em até três períodos, sendo que um deles não poderá ser inferior a quatorze dias corridos e os demais não poderão ser inferiores a cinco dias corridos, cada um.

- **Intervalo para amamentação (Reforma Trabalhista):**

Art. 396, § 2º. Os horários dos descansos previstos no **caput** deste artigo deverão ser definidos em acordo individual entre a mulher e o empregador.

- **"Hipersuficiente" (Reforma Trabalhista):**

Art. 444, parágrafo único. A livre estipulação a que se refere o **caput** deste artigo aplica-se às hipóteses previstas no art. 611-A desta Consolidação, com a mesma eficácia legal e preponderância sobre os instrumentos coletivos, no caso de empregado portador de diploma de nível superior e que perceba salário mensal igual ou superior a duas vezes o limite máximo dos benefícios do Regime Geral de Previdência Social.

- **Plano de Demissão Voluntária (Reforma Trabalhista):**

Art. 477-B. Plano de Demissão Voluntária ou Incentivada, para dispensa individual, plúrima ou coletiva, previsto em convenção coletiva ou acordo coletivo de trabalho, enseja quitação plena e irrevogável dos direitos decorrentes da relação empregatícia, salvo disposição em contrário estipulada entre as partes.

– Distrato (Reforma Trabalhista):

Art. 484-A. O contrato de trabalho poderá ser extinto por acordo entre empregado e empregador, caso em que serão devidas as seguintes verbas trabalhistas:

I – por metade:

a) o aviso prévio, se indenizado; e

b) a indenização sobre o saldo do Fundo de Garantia do Tempo de Serviço, prevista no § 1º do art. 18 da Lei nº 8.036, de 11 de maio de 1990;

II – na integralidade, as demais verbas trabalhistas.

– Arbitragem (Reforma Trabalhista):

Art. 507-A. Nos contratos individuais de trabalho cuja remuneração seja superior a duas vezes o limite máximo estabelecido para os benefícios do Regime Geral de Previdência Social, poderá ser pactuada cláusula compromissória de arbitragem, desde que por iniciativa do empregado ou mediante a sua concordância expressa, nos termos previstos na Lei no 9.307, de 23 de setembro de 1996."

– Quitação anual das verbas trabalhistas (Reforma Trabalhista):

Art. 507-B. É facultado a empregados e empregadores, na vigência ou não do contrato de emprego, firmar o termo de quitação anual de obrigações trabalhistas, perante o sindicato dos empregados da categoria.

– Prevalência do negociado sobre o legislado (Reforma Trabalhista):

Art. 611-A. A convenção coletiva e o acordo coletivo de trabalho têm prevalência sobre a lei quando, entre outros, dispuserem sobre:

I – pacto quanto à jornada de trabalho, observados os limites constitucionais;

II – banco de horas anual;

III – intervalo intrajornada, respeitado o limite mínimo de trinta minutos para jornadas superiores a seis horas;

IV – adesão ao Programa Seguro-Emprego (PSE), de que trata a Lei no 13.189, de 19 de novembro de 2015;

V – plano de cargos, salários e funções compatíveis com a condição pessoal do empregado, bem como identificação dos cargos que se enquadram como funções de confiança;

VI – regulamento empresarial;

VII – representante dos trabalhadores no local de trabalho;

VIII – teletrabalho, regime de sobreaviso, e trabalho intermitente;

IX – remuneração por produtividade, incluídas as gorjetas percebidas pelo empregado, e remuneração por desempenho individual;

X – modalidade de registro de jornada de trabalho;

XI – troca do dia de feriado;

XII – enquadramento do grau de insalubridade;

XIII – prorrogação de jornada em ambientes insalubres, sem licença prévia das autoridades competentes do Ministério do Trabalho;

XIV – prêmios de incentivo em bens ou serviços, eventualmente concedidos em programas de incentivo;

XV – participação nos lucros ou resultados da empresa.

c) Jurisprudência do Tribunal Superior do Trabalho:

Seguem abaixo duas hipóteses em que são **admitidas** a flexibilização:

1. Turnos ininterruptos de revezamento – **Súmula nº 423:**

> Estabelecida jornada superior a seis horas e limitada a oito horas por meio de regular **negociação coletiva**, os empregados submetidos a turnos ininterruptos de revezamento não têm direito ao pagamento da 7ª e 8ª horas como extras. (grifos acrescidos)

2. Compensação de jornada por acordo individual – **Súmula nº 85:**

> II – O **acordo individual** para compensação de horas é válido, salvo se houver norma coletiva em sentido contrário. (grifos acrescidos)

5.2. *Lay off*

Diante de retrações no mercado e crises econômicas, é comum que empresas reduzam o número de empregados para viabilizar a continuação da atividade produtiva. Para evitar a ocorrência de demissões em massa de empregados e permitir maior qualificação profissional dos empregados, é necessário adotar medidas que garantam a manutenção dos contratos de trabalho mesmo em momentos de crise. Uma dessas hipóteses é o denominado *lay off*, que se refere ao afastamento temporário do empregado mediante recebimento de licença-remunerada.

Em janeiro de 2016, a empresa Samarco, que enfrentava profunda crise diante do desastre ambiental ocorrido com uma de suas barragens, propôs *lay off* para seus funcionários para evitar a demissão em massa de trabalhadores[95].

5.2.1. *Qualificação profissional (art. 476-A, CLT)*

Nesse sentido, o art. 476-A da CLT estabelece hipótese de qualificação profissional (*lay off*) com as seguintes características:

- **Prazo:** De 2 meses a 5 meses (esse prazo poderá ser prorrogado desde que, se previsto no acordo ou convenção coletiva, tenha o consentimento formal do empregado e a empresa se responsabilize pela bolsa de qualificação profissional).
- **Requisitos:**
  - previsão em acordo ou convenção coletiva;
  - consentimento formal do empregado.

95. Fonte: http://noticias.uol.com.br/cotidiano/ultimas-noticias/2016/01/11/samarco-oferece-lay-off-para-empregados-que-retornam-ao-trabalho-hoje.htm.

- **Formalidades especiais:**
  a) comunicação ao sindicato da categoria com 15 dias de antecedência;
  b) empregador poderá conceder ajuda compensatória, sem natureza salarial, neste período de suspensão. O FAT – Fundo de Amparo ao Trabalho – é o responsável pela concessão da bolsa de qualificação profissional;
  c) contrato não poderá ser suspenso mais de uma vez no período de 16 meses.
- **Dispensa do trabalhador:** O empregado não poderá ser dispensado no transcurso do período do curso e nos 3 meses subsequentes ao afastamento para qualificação profissional.

Se dispensado, o empregador deverá pagar multa ao empregado, conforme previsto no acordo ou convenção, sendo de, no mínimo, 100% sobre o valor da última remuneração mensal do empregado.

- **Fraude no curso de qualificação:** Se não houver curso ou o empregado continuar trabalhando, o período será de interrupção (pagamento do salário e demais verbas trabalhistas).

5.3. Hipóteses em que não se admite flexibilização das normas trabalhistas[96]

Antes da Reforma Trabalhista, o posicionamento majoritário da doutrina **não admitia** a possibilidade de flexibilização em normas que tratem sobre a saúde e segurança do trabalhador, ou seja, normas que preservam a dignidade da pessoa humana ou ainda que representam renúncia a direitos já conquistados. São chamadas, pelo Prof. Mauricio Godinho Delgado, de normas de indisponibilidade absoluta. As normas de Direito do Trabalho asseguradas constitucionalmente são cláusulas pétreas e não podem ser suprimidas diante da aplicação do princípio do não retrocesso social.

A Reforma Trabalhista alterou diversos dispositivos da CLT e da legislação esparsa, visando à flexibilização de direitos trabalhistas, especialmente na redação do art. 611-A.

As empresas reivindicam a flexibilização para diminuir a forte intervenção do Estado na elaboração das leis trabalhistas. O argumento utilizado pelos empresários é que com a flexibilização haveria maior possibilidade de manter os empregos. No Brasil, os sindicatos dos trabalhadores, muitas vezes, estão submissos ao poder econômico dos empregadores. Assim sendo, se a proteção legislativa diminuísse, haveria precarização das condições de trabalho dos empregados.

O art. 611-A da CLT estabelece em seus incisos um rol de direitos cuja regulamentação por instrumentos coletivos de trabalho tem prevalência sobre a legislação. Entretanto, um dos pontos mais polêmicos do artigo consistiu na introdução em seu "caput" da expressão **"entre outros"**. Portanto, o rol de direitos previstos é meramente **exemplificativo**. Além das 15 hipóteses elencadas – incisos I a XV, a Reforma Trabalhista permitiu que outros direitos possam prevalecer sobre a legislação.

96. Ao estudar a parte de **Direito Coletivo**, essa matéria deve ser revisada, sobretudo ao tratar de cláusulas permitidas e vedadas nos instrumentos coletivos.

Dessa afirmação, surge o questionamento: todos os direitos trabalhistas poderão ser transacionados por meio de negociação coletiva, tendo prevalência sobre a lei? A resposta é não. Os direitos assegurados pela Constituição Federal, excepcionadas as hipóteses que o próprio texto constitucional permite, não são passíveis de flexibilização por meio de negociação coletiva, pois a Reforma Trabalhista foi aprovada como lei ordinária, tendo status infraconstitucional. Além disso, o art. 611-B da CLT, também acrescentado pela Reforma Trabalhista, trouxe um rol de direitos que não podem ser suprimidos ou reduzidos por serem objetivo ilícito de convenção ou acordo coletivo de trabalho:

> **Art. 611-B, CLT.** Constituem objeto ilícito de convenção coletiva ou de acordo coletivo de trabalho, exclusivamente, a supressão ou a redução dos seguintes direitos:
>
> I – normas de identificação profissional, inclusive as anotações na Carteira de Trabalho e Previdência Social;
>
> II – seguro-desemprego, em caso de desemprego involuntário;
>
> III – valor dos depósitos mensais e da indenização rescisória do Fundo de Garantia do Tempo de Serviço (FGTS);
>
> IV – salário mínimo;
>
> V – valor nominal do décimo terceiro salário;
>
> VI – remuneração do trabalho noturno superior à do diurno;
>
> VII – proteção do salário na forma da lei, constituindo crime sua retenção dolosa;
>
> VIII – salário-família;
>
> IX – repouso semanal remunerado;
>
> X – remuneração do serviço extraordinário superior, no mínimo, em 50% (cinquenta por cento) à do normal;
>
> XI – número de dias de férias devidas ao empregado;
>
> XII – gozo de férias anuais remuneradas com, pelo menos, um terço a mais do que o salário normal;
>
> XIII – licença-maternidade com a duração mínima de cento e vinte dias;
>
> XIV – licença-paternidade nos termos fixados em lei;
>
> XV – proteção do mercado de trabalho da mulher, mediante incentivos específicos, nos termos da lei;
>
> XVI – aviso prévio proporcional ao tempo de serviço, sendo no mínimo de trinta dias, nos termos da lei;
>
> XVII – normas de saúde, higiene e segurança do trabalho previstas em lei ou em normas regulamentadoras do Ministério do Trabalho;
>
> XVIII – adicional de remuneração para as atividades penosas, insalubres ou perigosas;
>
> XIX – aposentadoria;
>
> XX – seguro contra acidentes de trabalho, a cargo do empregador;
>
> XXI – ação, quanto aos créditos resultantes das relações de trabalho, com prazo prescricional de cinco anos para os trabalhadores urbanos e rurais, até o limite de dois anos após a extinção do contrato de trabalho;
>
> XXII – proibição de qualquer discriminação no tocante a salário e critérios de admissão do trabalhador com deficiência;

> XXIII – proibição de trabalho noturno, perigoso ou insalubre a menores de dezoito anos e de qualquer trabalho a menores de dezesseis anos, salvo na condição de aprendiz, a partir de quatorze anos;
>
> XXIV – medidas de proteção legal de crianças e adolescentes;
>
> XXV – igualdade de direitos entre o trabalhador com vínculo empregatício permanente e o trabalhador avulso;
>
> XXVI – liberdade de associação profissional ou sindical do trabalhador, inclusive o direito de não sofrer, sem sua expressa e prévia anuência, qualquer cobrança ou desconto salarial estabelecidos em convenção coletiva ou acordo coletivo de trabalho;
>
> XXVII – direito de greve, competindo aos trabalhadores decidir sobre a oportunidade de exercê-lo e sobre os interesses que devam por meio dele defender;
>
> XXVIII – definição legal sobre os serviços ou atividades essenciais e disposições legais sobre o atendimento das necessidades inadiáveis da comunidade em caso de greve;
>
> XXIX – tributos e outros créditos de terceiros;
>
> XXX – as disposições previstas nos arts. 373-A, 390, 392, 392-A, 394, 394-A, 395, 396 e 400 desta Consolidação.
>
> Parágrafo único. Regras sobre duração do trabalho e intervalos não são consideradas como normas de saúde, higiene e segurança do trabalho para os fins do disposto neste artigo.

Conforme preveem os arts. 8º, § 3º e 611-A, § 1º, ambos da CLT, no exame da convenção ou acordo coletivo, a Justiça do Trabalho deverá pautar sua análise apenas no cumprimento dos requisitos de validade do negócio jurídico do art. 104 do Código Civil[97]. Entre esses requisitos está elencado o objeto lícito, possível, determinado ou determinável.

Caso o objeto do instrumento coletivo seja ilícito, a convenção ou acordo coletivo serão declarados nulos, nos termos do art. 166 do Código Civil:

> **Art. 166, CC/02:** É nulo o negócio jurídico quando:
>
> I – celebrado por pessoa absolutamente incapaz;
>
> II – for ilícito, impossível ou indeterminável o seu objeto;
>
> III – o motivo determinante, comum a ambas as partes, for ilícito;
>
> IV – não revestir a forma prescrita em lei;
>
> V – for preterida alguma solenidade que a lei considere essencial para a sua validade;
>
> VI – tiver por objetivo fraudar lei imperativa;
>
> VII – a lei taxativamente o declarar nulo, ou proibir-lhe a prática, sem cominar sanção.

Em seus incisos, o art. 611-B estabelece um rol de direitos que não podem ser suprimidos ou reduzidos via negociação ou acordo coletivo, os quais, em sua maioria, são

97. **Art. 104 do CC:** A validade do negócio jurídico requer:
I – agente capaz;
II – objeto lícito, possível, determinado ou determinável;
III – forma prescrita ou não defesa em lei.

mera repetição do rol exposto no art. 7º da Constituição Federal. Apesar de importante instrumento de pacificação dos conflitos trabalhistas, entendemos que é indispensável que sejam impostos limites aos direitos passíveis de negociação, pois sua redução ou supressão podem trazer prejuízos ao trabalhador.

A análise atenta a esses dois artigos – 611-A e 611-B – será imprescindível nas futuras negociações. Caso haja conflito entre eles, deve prevalecer o art. 611-B, para garantir princípios básicos constitucionais como da dignidade da pessoa humana e da máxima eficácia do texto constitucional.

Além disso, surge o questionamento quanto à extensão do rol previsto no dispositivo. Nesse ponto, importante ressaltar que o STF, no julgamento ARE 1121633, fixou- -se a seguinte tese:

> "São constitucionais os acordos e as convenções coletivos que, ao considerarem a adequação setorial negociada, pactuam limitações ou afastamentos de direitos trabalhistas, independentemente da explicitação especificada de vantagens compensatórias, desde que respeitados os direitos absolutamente indisponíveis" (Tema 1046 da repercussão geral).

Percebe-se, portanto, que o STF adotou expressamente a tese do Professor e Ministro Mauricio Godinho Delgado no sentido de não se admitir a flexibilização em normas que tratem sobre a saúde e segurança do trabalhador, ou seja, normas que preservam a dignidade da pessoa humana ou ainda que representam renúncia a direitos já conquistados – chamadas de normas de indisponibilidade absoluta.

Na mesma oportunidade, foi expresso ao vedar a flexibilização da cota de aprendizagem e de pessoas com deficiência. Segundo o voto do relator, Min. Gilmar Mendes, acompanhado pela maioria, a prevalência do negociado sobre o legislado não abrange políticas públicas de inclusão de pessoa com deficiência e dos jovens e adolescentes no mercado de trabalho.

Esse, também, é o entendimento adotado pela SDC do TST, concluindo que as cotas legais de aprendizagem ou de deficiente não podem sequer ser objeto de negociação coletiva, porquanto versam sobre interesses difusos – de titularidade de pessoas indeterminadas e ligadas por uma circunstância de fato, que, no caso, é a condição de aprendiz ou de deficiente. Assim, o sindicato não detém legitimidade para dispor sobre esses direitos[98].

Além disso, pode-se extrair do acórdão do STF no RE 1.121.633/GO, paradigma do Tema 1046 da Repercussão Geral, os seguintes direitos de indisponibilidade absoluta:

1) os direitos previstos na Constituição Federal;

2) os direitos previstos em tratados e convenções internacionais incorporados ao ordenamento jurídico brasileiro;

98. Ação Anulatória de Cláusulas Convencionais nº 1000585-78.2021.5.00.0000, ajuizada pelo MPT, com acórdão de relatoria Lelio Bentes Corrêa, Publicado(a) o(a) acórdão em 22/08/2022. No mesmo sentido, Processo TST-ROT-642-08.2022.5.17.000.

3) os direitos previstos em normas infraconstitucionais que assegurem garantias mínimas de cidadania aos trabalhadores;
4) cotas para aprendizes e deficientes;
5) direitos previstos no art. 611-B da CLT;
6) normas de saúde e segurança do trabalho;
7) direito antidiscriminatório;
8) salário-mínimo;
9) repouso semanal remunerado;
10) anotação da CTPS; e
11) liberdade de trabalho.

De acordo com a decisão do STF, a própria jurisprudência do Supremo e do TST devem ser usadas como parâmetro para a identificação de direitos disponíveis e indisponíveis.

Outro limite à negociação coletiva foi reconhecido pelo STF no dia anterior à fixação do Tema 1046 da Repercussão Geral (01/06/2022) no julgamento da ADPF nº 381. Na ação ajuizada pela Confederação Nacional dos Transportes, questionavam-se decisões da Justiça do Trabalho que invalidaram cláusulas de acordos e convenções coletivas pactuadas entre transportadoras e motoristas. As cláusulas discutidas enquadravam os motoristas ao regime do art. 62, I, da CLT, ou seja, na categoria de empregados não submetidos ao controle de jornada, por exercerem atividade externa incompatível com a fixação de horário. A Justiça do Trabalho passou a reconhecer a impossibilidade de aplicação dessas disposições ao caso concreto, já que havia meios para o efetivo controle de jornada do motorista profissional (depoimentos testemunhais, sistemas de rastreamento do veículo via satélite, aparelho celular, constantes contatos telefônicos, rotas preestabelecidas ou roteiros de viagens, relatórios de viagens com horários de saída da empresa, ficha de tráfego semanal). As empresas transportadoras, então, foram condenadas ao pagamento de horas extras e de horas de trabalho prestado em dias de descanso.

Mesmo não se tratando de direitos trabalhistas expressos na Constituição, o STF, por maioria de votos, manteve as decisões da Justiça do Trabalho. Segundo a Ministra Rosa Weber, as decisões questionadas não afastavam as normas coletivas, apenas concluíam que era possível o controle de jornada e, por isso, houve a condenação em horas extras.

Em síntese, no julgamento da ADPF 381, o STF entendeu possível a não aplicação de uma regra ajustada em norma coletiva (a aplicação do art. 62, I, da CLT aos motoristas profissionais) sem que isso significasse afronta à prevalência das convenções e acordos coletivos, tendo em vista que a realidade fática, provada durante a instrução dos casos concretos, demonstrou a inexistência do pressuposto adotado na norma coletiva (a inviabilidade do controle de jornada pelo empregador).

Depois da fixação da tese de repercussão geral, pelo STF, no julgamento do Tema 1046, o TST vem definindo alguns contornos à expressão "indisponibilidade absoluta".

Continuamos com o posicionamento de que a norma coletiva não pode restringir direitos trabalhistas constitucionais, direitos absolutamente indisponíveis ou, então, falsear a realidade para prejudicar trabalhadores.

FLEXIBILIZAÇÃO	
Flexibilização	- Atenuação do rigor das Leis Trabalhistas; - Ampliação das possibilidades de negociação entre empregados e empregadores; - Manutenção das normas básicas de proteção aos trabalhadores.
Desregulamentação	- Substituição da Legislação pela negociação entre as partes; - Ausência total da intervenção do Estado na proteção do trabalhador.

6. RENÚNCIA E TRANSAÇÃO

- Art. 9º, CLT
- Art. 444, CLT
- Art. 468, CLT
- Súmula nº 51 e 276 do TST
- Orientações Jurisprudenciais nº 270 e 356 da SDI-I do TST.

Em razão do Princípio da Irrenunciabilidade e da Indisponibilidade que vigora no direito do trabalho, há restrição da autonomia da vontade, isto é, limita-se a possibilidade de negociação de direitos trabalhistas entre empregado e empregador. Ressalta-se que nesse tópico não será tratada a negociação coletiva[99] (com participação do sindicato), pois nela há ampla possibilidade de transação, inclusive redução de direitos dos trabalhadores.

No entanto, a Reforma Trabalhista ampliou significativamente as possibilidades de **ajuste individual entre empregado e empregador**. Nesse sentido, segue quadro com essas hipóteses trazidas pela legislação:

Hipóteses de acordo individual entre empregado e empregador previstas na Reforma Trabalhista
A Reforma Trabalhista ampliou significativamente as possibilidades de ajuste entre empregados e empregadores em 13 hipóteses: 1) Compensação de jornada (art. 59, § 6º, CLT) 2) Banco de horas semestral (art. 59, § 5º, CLT) 3) Jornada 12 x 36 (art. 59-A, CLT) 4) Alteração do regime presencial para o teletrabalho (art. 75-C, § 1º, CLT) 5) Compra e manutenção de equipamentos necessários ao teletrabalho (art. 75-D, CLT) 6) Fracionamento das férias (art. 134, § 1º, CLT) 7) Intervalo para amamentação (art. 396, CLT) 8) Empregado "hipersuficiente" (art. 444, parágrafo único e 611-A da CLT) 9) Forma de pagamento das verbas rescisórias (art. 477, § 4º, I, da CLT)

99. O candidato deverá estar atento à pergunta do concurso de Analista do TRT. Se se tratar de transação individual, as hipóteses são restritas e limitadas. Por outro lado, a transação coletiva (acordo e convenção) possibilita ampla negociação, ampliando e reduzindo direitos trabalhistas. Sobre negociação coletiva consulte o capítulo XI deste livro.

Hipóteses de acordo individual entre empregado e empregador previstas na Reforma Trabalhista
10) Eficácia liberatória no Plano de Demissão Voluntária (art. 477-B, parte final, CLT)
11) Distrato (art. 484-A, CLT)
12) Celebração da cláusula compromissória de arbitragem (art. 507-A, CLT)
13) Quitação anual de obrigações trabalhistas (art. 507-B, CLT)

Importante destacar, ainda, a diferença entre direitos disponíveis e indisponíveis. Os **disponíveis** consistem em direitos cujos interesses são meramente particulares. Os direitos **indisponíveis** são marcados pela forte intervenção estatal, pois há interesse público envolvido, como é o caso do direito do trabalho. Nesse ramo do direito, em razão da presença do hipossuficiente (trabalhador), há restrição da autonomia da vontade, conforme previsto expressamente em alguns artigos da CLT:

> **Art. 9º.** Serão nulos de pleno direito os atos praticados com o objetivo de desvirtuar, impedir ou fraudar a aplicação dos preceitos contidos na presente Consolidação.
>
> **Art. 444.** As relações contratuais de trabalho podem ser objeto de livre estipulação das partes interessadas em tudo quanto não contravenha às disposições de proteção ao trabalho, aos contratos coletivos que lhes sejam aplicáveis e às decisões das autoridades competentes.
>
> **Art. 468.** Nos contratos individuais de trabalho só é lícita a alteração das respectivas condições por mútuo consentimento, e ainda assim desde que não resultem, direta ou indiretamente, prejuízos ao empregado, sob pena de nulidade da cláusula infringente desta garantia.

Cabe diferenciar os institutos da renúncia e transação. **Renúncia** é um ato unilateral que recai sobre direito certo e atual, por exemplo, o empregado conquistou o direito de férias após um ano de trabalho e abriria mão (renunciaria) desse direito já conquistado, o que não é válido no direito do trabalho[100] (conforme previsto no art. 9º da CLT).

Em razão do Princípio da Irrenunciabilidade, são raríssimos os casos de renúncia de direito na área trabalhista:

a) **Pedido de transferência do dirigente sindical:** Um exemplo de renúncia, prevista em lei, é o pedido de transferência para outra cidade, feito pelo dirigente sindical. Nesse caso, como ele foi eleito para desempenhar a função naquela localidade, perderia o (renunciaria ao) direito à estabilidade, conforme o art. 543, § 1º, da CLT[101].

b) **Audiência judicial:** outro exemplo de renúncia, citado por alguns autores, ocorre na audiência judicial, na presença do juiz do trabalho. Nesse caso, diante das explicações

100. "É inimaginável, portanto, que qualquer empregado (urbano, rural ou doméstico) renuncie direitos trabalhistas, tal qual o direito ao recebimento do salário-mínimo, à percepção de férias ou à percepção do décimo terceiro salário. O empregador que ingenuamente acreditar nesse ato de disponibilidade sofrerá prejuízos, uma vez que o empregado, desprezando a declaração de renúncia, poderá pleitear, com sucesso, o direito eventualmente renunciado." MARTINEZ, Luciano. *Curso de Direito do Trabalho: relações individuais, sindicais e coletivas do trabalho.* São Paulo: Saraiva, 2010. p. 85.

101. **Art. 543, § 1º, da CLT:** "O empregado perderá o mandato se a transferência for por ele solicitada ou voluntariamente aceita."

do juiz, o empregado poderia renunciar a direitos já conquistados[102]. A jurisprudência do TST[103] prevê, ainda, a possibilidade de o trabalhador renunciar ao aviso-prévio, se comprovar que já possui outro emprego, conforme transcrito a seguir:

> **Súmula nº 276 do TST:** O direito ao aviso-prévio é irrenunciável pelo empregado. O pedido de dispensa de cumprimento não exime o empregador de pagar o respectivo valor, salvo comprovação de haver o prestador dos serviços obtido novo emprego.

c) **Empregado "hipersuficiente":** A Reforma Trabalhista – Lei nº 13.467/2017 – acrescentou o parágrafo único do art. 444 da CLT para prever uma inovação controversa ao Direito do Trabalho: a figura do empregado "hipersuficiente", expressão utilizada pelo Relator da Reforma Trabalhista na Câmara dos Deputados, Rogério Marinho. De acordo com o dispositivo, esse empregado pode negociar livremente com o seu empregador as cláusulas do contrato de trabalho nas mesmas condições concedidas aos sindicatos no art. 611-A da CLT.

Ao contrário dos demais trabalhadores que necessitam de seus sindicatos para negociar as hipóteses de prevalência do negociado sobre o legislado, esses empregados podem negociar individualmente com seus empregadores. As cláusulas negociadas terão a mesma eficácia e a mesma preponderância dos instrumentos coletivos.

Entendemos que, apesar da ampliação da possibilidade de negociação do empregado "hipersuficiente", não deve ser admitida a renúncia a direitos já conquistados. A redução ou supressão de direitos em situações pretéritas traz insegurança jurídica às partes da relação de emprego, pois não saberão se, no futuro, as parcelas deixarão de ser devidas por mera disposição entre as partes.

d) **Regulamento de empresa:** Por fim, no caso de coexistência de dois regulamentos internos, caberá ao empregado optar por um deles. Ao fazer a escolha, o trabalhador **renuncia** aos direitos do outro regulamento. Nesse caso, de acordo com a jurisprudência do TST, não há alteração unilateral do contrato, pois a vontade partiu do próprio empregado:

> **Súmula nº 51 do TST.** Norma regulamentar. Vantagens e opção pelo novo regulamento. Art. 468 da CLT.
>
> I – As cláusulas regulamentares, que revoguem ou alterem vantagens deferidas anteriormente, só atingirão os trabalhadores admitidos após a revogação ou alteração do regulamento.
>
> **II – Havendo a coexistência de dois regulamentos da empresa, a opção do empregado por um deles tem efeito jurídico de renúncia às regras do sistema do outro.** (grifos acrescidos)

102. "Poderá, entretanto, o trabalhador renunciar a seus direitos se estiver em juízo, diante do juiz do trabalho, pois nesse caso não se pode dizer que o empregado esteja sendo forçado a fazê-lo. Estando o trabalhador ainda na empresa é que não se poderá falar em renúncia a direitos trabalhistas, pois poderia dar ensejo a fraudes." MARTINS, Sergio Pinto. *Direito do Trabalho.* 26. ed. São Paulo: Atlas, 2010. p. 69.

103. Há outras duas súmulas que preveem a possibilidade de renúncia. Súmula nº 51, II, do TST: "Havendo a coexistência de dois regulamentos da empresa, a opção do empregado por um deles tem efeito jurídico de **renúncia** às regras do sistema do outro" (grifo acrescido). Súmula nº 243 do TST: "Exceto na hipótese de previsão contratual ou legal expressa, opção do funcionário público pelo regime trabalhista implica a **renúncia** dos direitos inerentes ao regime estatutário" (grifo acrescido).

A **transação**, por sua vez, recai sobre direito duvidoso e requer um ato bilateral das partes, concessões recíprocas. Na transação há direitos disponíveis, cujos interesses são meramente particulares.

Antes da Reforma Trabalhista, a única possibilidade de transação individual extrajudicial, **prevista em lei**, estava no art. 625-A da CLT, que trata da Comissão de Conciliação Prévia. Nesse caso, é possível que o trabalhador, individualmente, transacione, diretamente com seu empregador, seus direitos trabalhistas. Se as partes aceitarem a conciliação realizada pela Comissão, o termo de conciliação terá **eficácia liberatória geral**, ou seja, o empregado não poderá rediscutir as matérias objeto de conciliação na Justiça do Trabalho, pois já houve acordo entre as partes. Há exceção, entretanto, no tocante às parcelas expressamente ressalvadas. Assim sendo, caso não haja ressalvas, o trabalhador terá dado quitação total[104] das parcelas do contrato. Ressalta-se que a quitação somente é aplicada às verbas trabalhistas propriamente ditas, não se estendendo, por exemplo, às diferenças em complementação de aposentadoria[105].

Com a promulgação da Lei nº 13.467/2017, foi criado procedimento de jurisdição voluntária para homologação de acordo extrajudicial (art. 855-B a 855-E da CLT). Na celebração do acordo extrajudicial, permite-se que as partes transacionem direitos trabalhistas. Ressalta-se que o controle do conteúdo firmado pelas partes será realizado na homologação pelo Juiz do Trabalho:

> **Art. 855-B.** O processo de homologação de acordo extrajudicial terá início por petição conjunta, sendo obrigatória a representação das partes por advogado.
>
> § 1º As partes não poderão ser representadas por advogado comum.
>
> § 2º Faculta-se ao trabalhador ser assistido pelo advogado do sindicato de sua categoria.
>
> **Art. 855-C.** O disposto neste Capítulo não prejudica o prazo estabelecido no § 6º do art. 477 desta Consolidação e não afasta a aplicação da multa prevista no § 8º art. 477 desta Consolidação.
>
> **Art. 855-D.** No prazo de quinze dias a contar da distribuição da petição, o juiz analisará o acordo, designará audiência se entender necessário e proferirá sentença.
>
> **Art. 855-E.** A petição de homologação de acordo extrajudicial suspende o prazo prescricional da ação quanto aos direitos nela especificados.
>
> Parágrafo único. O prazo prescricional voltará a fluir no dia útil seguinte ao do trânsito em julgado da decisão que negar a homologação do acordo.

Além das hipóteses acima, havia o posicionamento que considerava o Plano de Demissão Voluntária – PDV como hipótese de transação extrajudicial. O PDV tem por objetivo conceder uma vantagem pecuniária ao empregado que se desligar do trabalho voluntariamente. É utilizado para reduzir os quadros da empresa e também para colocar fim ao contrato de trabalho. Em resumo, o empregado pede demissão e recebe uma indenização, além das verbas rescisórias clássicas.

---

104. Informativos nº 22 e 29 do TST.

105. Informativo nº 33 do TST.

RENÚNCIA E TRANSAÇÃO
(Resumo)

- **Renúncia** { – Ato unilateral / – Direito certo e atual

a) Renúncia prevista em lei: perda da estabilidade, art. 543, § 1º, CLT
b) Renúncia prevista na Jurisprudência do TST: recusar o aviso-prévio, Súmula nº 276
c) Renúncia prevista na doutrina: perante o juiz do trabalho

- **Transação** { – Concessões recíprocas (ato bilateral) / – Direito duvidoso

a) Transação extrajudicial prevista em lei: Comissão de Conciliação Prévia, art. 625-E da CLT e Procedimento para homologação de acordo extrajudicial (arts. 855-B a 855-E, CLT)
b) Transação prevista na jurisprudência do TST: Programa de Demissão Voluntária, Orientações Jurisprudenciais nº 270 e 356 da SDI-I.

7. COMISSÃO DE CONCILIAÇÃO PRÉVIA (ARTIGOS 625-A ATÉ 625-H DA CLT)

▸ **Artigos 625-A até 625-H da CLT**

Inicialmente, cabe destacar que essa matéria poderá ser exigida tanto em Direito do Trabalho, como em Processo do Trabalho. Como o objetivo desse livro é tornar o estudo o mais completo possível para o candidato ao cargo de Analista do TRT, será abordado o tema nesse capítulo.

O objeto principal da Comissão de Conciliação Prévia é tentar a solução dos conflitos fora do Poder Judiciário, portanto de forma extrajudicial. Como não há presença do Estado nessa pacificação, pois o conflito é resolvido na própria empresa ou no sindicato, é chamada de **autocomposição** (solução pelas próprias partes envolvidas).

Ao tratar de renúncia e transação, alguns editais abordam o art. 625-A da CLT, que prevê as Comissões de Conciliação Prévia. Como havíamos tratado do Princípio da Irrenunciabilidade das normas trabalhistas, o tópico referente às Comissões será abordado nesta parte inicial, pois há possibilidade, segundo a CLT, de o empregado transacionar direitos trabalhistas perante a Comissão de Conciliação Prévia. Essa Comissão poderá conciliar apenas **conflitos individuais de trabalho**, ou seja, não tem atribuição para resolver conflitos coletivos, que serão solucionados por mediação, arbitragem, acordo ou convenção coletiva, ou ainda dissídio coletivo.

Aliás, juntamente com o processo de homologação de acordo extrajudicial criado pela Reforma Trabalhista (arts. 855-B a 855-E da CLT), as CCP são as únicas formas, previstas em lei, de transação individual (entre empregado e empregador) de verbas trabalhistas. Ademais, passou-se a admitir a resolução dos conflitos por arbitragem para o empregado cuja remuneração seja superior a duas vezes o limite máximo estabelecido para os benefícios do Regime Geral de Previdência Social (art. 507-A da CLT – Reforma Trabalhista). Para os demais empregados, permanece a impossibilidade de utilização da arbitragem como meio de solução de conflitos individuais.

Em resumo, portanto, as Comissões de Conciliação Prévia foram criadas como forma de tentar solucionar os conflitos existentes entre empregados e empregadores. Poderão[106] ser criadas pelas empresas ou pelos sindicatos e, caso existam, na mesma localidade e para a mesma categoria, Comissão de Empresas e Comissão Sindical, o interessado deve optar por uma delas. De acordo com o art. 625-A da CLT:

> **Art. 625-A da CLT.** As empresas e os sindicatos podem instituir Comissões de Conciliação Prévia, de composição paritária, com representantes dos empregados e dos empregadores, com a atribuição de tentar conciliar os conflitos individuais do trabalho.
>
> Parágrafo único. As Comissões referidas no caput deste artigo poderão ser constituídas por grupos de empresas ou ter caráter intersindical.

7.1. Composição da Comissão de Conciliação Prévia criada em âmbito da empresa

A composição dos membros da Comissão de Conciliação Prévia no âmbito da **empresa** será paritária, ou seja, o mesmo número de representantes dos trabalhadores e de representantes do empregador. O número de membros será de, no mínimo, 2 e, no máximo, 10 membros. O mandato, tanto de titulares como suplentes, é de 1 ano, permitida uma recondução (mandato com prazo máximo de 2 anos).

Importante destacar que os representantes dos trabalhadores serão eleitos em votação secreta[107]. Em razão disso, para que não haja perseguição, titulares e suplentes possuirão garantia provisória de emprego (estabilidade), desde a eleição até 1 ano após o fim do mandato, salvo se cometerem falta grave[108]. O art. 625-B, § 1º, da CLT não prevê essa estabilidade a partir do registro da candidatura. Portanto, nas provas objetivas, importante memorizar nos exatos termos da lei. De acordo com Sergio Pinto Martins:

> A garantia de emprego não se inicia com a candidatura, mas desde a posse, pois a lei nada menciona nesse sentido, como ocorre, por exemplo, com o parágrafo 3º do artigo 543 da CLT, no que diz respeito aos dirigentes sindicais[109].

Cabe destacar que os membros da Comissão representantes dos empregadores não gozam de estabilidade. Eles serão diretamente indicados pelo empregador.

Outro ponto importante, diz respeito ao período que o membro for convocado para atuar como conciliador. Nesse caso, durante a atuação na Comissão, será computado como tempo de trabalho efetivo, configurando, portanto, hipótese de **interrupção** do contrato de trabalho.

A composição da Comissão em **âmbito sindical** terá sua constituição e normas definidas em acordo ou convenção coletiva. Logo, as regras acima, como número de membros, eleição secreta etc., serão decididas em negociação coletiva.

106. Importante destacar que o empregador não está obrigado a criar essas Comissões. Trata-se de uma opção/faculdade.
107. O art. 625-B da CLT prevê escrutínio secreto, ou seja, forma de votação secreta.
108. Para as provas de Analista TRT, deve-se adotar o posicionamento no sentido de que não há necessidade de prévio Inquérito para apuração de falta grave (art. 853 a 855 da CLT) para os membros da CCP.
109. MARTINS, Sergio Pinto. *Comentários à CLT*. 13. ed. São Paulo: Atlas, 2009. p. 686.

COMISSÃO DE CONCILIAÇÃO PRÉVIA

- Constituição em **âmbito empresarial**: composição e funcionamento estão sujeitos às normas previstas na CLT (arts. 625-A a 625-H).
- Constituição em **âmbito sindical**: composição e funcionamento estão sujeitos à previsão em instrumentos coletivos (art. 625-C).

Obs. Prevenção: Em caso de existir CCP no âmbito empresarial e sindical, estará preventa a primeira que conhecer do pedido de conciliação.

7.2. Necessidade de submeter a demanda à Comissão de Conciliação Prévia

Nas localidades onde houver Comissão de Conciliação Prévia, a demanda será submetida à tentativa de conciliação antes de ingressar com a reclamação trabalhista na Justiça do Trabalho.

Havia discussão sobre a obrigatoriedade de submeter a demanda à Comissão de Conciliação Prévia, antes de ingressar na Justiça do Trabalho. O Supremo Tribunal Federal - STF[110] - proferiu decisão no sentido de que é **facultativo** ao trabalhador a tentativa de conciliação perante a CCP, ou seja, ele poderá ingressar diretamente na Justiça do Trabalho. Cabe frisar, entretanto, que nos concursos de Analista do TRT há exigência da memorização nos exatos termos da lei, isto é, a demanda "será submetida", lembrando a ressalva do entendimento do STF:

> **Art. 625-D.** Qualquer demanda de natureza trabalhista será submetida à Comissão de Conciliação Prévia se, na localidade da prestação de serviços, houver sido instituída a Comissão no âmbito da empresa ou do sindicato da categoria.

Antes dessa decisão do STF, caso o empregado ingressasse diretamente na Justiça sem a prévia tentativa de conciliação, se existisse a Comissão de Conciliação Prévia na empresa, o juiz não resolveria o mérito, com base no art. 485, VI do CPC. Nesse caso, o empregado não teria atendido uma das condições da ação expressamente previstas em lei (art. 625-D da CLT).

Hoje esse entendimento está superado. A presença na Comissão poderá ser feita sem a presença de advogado. Note-se que, nos termos do art. 625-D da CLT supramencionado, não há obrigatoriedade de selar o acordo, mas apenas a tentativa.

7.3. Consequências da conciliação firmada perante a CCP

Ao submeter a demanda à Comissão, há um prazo de 10 dias para realizar a sessão de tentativa de conciliação. Durante esse prazo, a prescrição ficará suspensa. Se **não houver conciliação,** será fornecida às partes declaração da tentativa conciliatória frustrada, que deverá ser juntada à futura reclamação trabalhista.

Se as partes **aceitarem a conciliação**, será lavrado termo de conciliação. Esse termo apresenta duas características de extrema importância para o Direito do Trabalho:

a) Terá **eficácia liberatória geral,** ou seja, o empregado não poderá rediscutir as matérias objeto de conciliação na Justiça do Trabalho, pois já houve acordo entre as

110. ADIN 2139-DF, Relator Ministro Marco Aurélio.

partes. Há exceção, entretanto, no tocante às parcelas expressamente ressalvadas. Assim sendo, caso não haja ressalvas, o trabalhador terá dado quitação total[111] das parcelas do contrato. Exemplo: durante a conciliação das verbas rescisórias, se as partes não chegaram ao consenso sobre o pagamento das horas extras, estas ficaram ressalvadas, no termo, como não conciliadas. Logo, as horas extraordinárias poderão ser objeto de futura ação judicial (reclamação trabalhista). Segue quadrinho com as principais informações a respeito da eficácia liberatória do empregador em relação à homologação das verbas trabalhistas:

EFICÁCIA LIBERATÓRIA DO CONTRATO

- **Comissão de Conciliação Prévia**: eficácia liberatória geral, com exceção das parcelas expressamente ressalvadas (art. 625-E, parágrafo único, CLT e Informativo 29 TST).
- **Programa de Demissão Voluntária (PDV)**: eficácia liberatória somente em relação às parcelas expressamente consignadas (OJ nº 270 da SDI-I do TST). Na existência de acordo ou convenção coletiva, terá eficácia liberatória geral (art. 477-B da CLT – acrescentado pela Lei nº 13.467/2017).
- **Quitação anual das verbas trabalhistas:** A celebração de termo de quitação anual das obrigações trabalhistas perante o sindicato profissional tem eficácia liberatória em relação às parcelas expressamente especificadas (art. 507-B da CLT).
- **Homologação em juízo:** De acordo com a OJ nº 132 da SDI-II do TST, é possível que, mediante acordo judicial, seja conferida eficácia liberatória geral das verbas trabalhistas. Nesse sentido, o acordo judicial em que o empregado daria plena e ampla quitação, sem nenhuma ressalva, alcançaria todos os direitos decorrentes do contrato de trabalho. Com a vigência da Lei nº 13.467/17, há necessidade de alteração dessa orientação jurisprudencial, uma vez que o art. 855-E prevê que apenas há a suspensão do prazo prescricional com relação aos **direitos nela especificados**. Assim, os direitos decorrentes do contrato de trabalho que não forem expressamente objeto do acordo extrajudicial não terão a prescrição suspensa, podendo, consequentemente, ser objeto de nova reclamação trabalhista. Possibilita-se, portanto, que a parte ingresse com reclamação trabalhista para a discussão dos direitos que não estiverem expressamente integrados ao acordo extrajudicial, sem que isso viole a coisa julgada.

Obs.:* *Recibo de quitação ou instrumento de rescisão: *O recibo de quitação deve especificar as parcelas paga ao empregado, sendo válida a quitação apenas quanto às parcelas especificadas (art. 477, § 2º, da CLT). Ressalta-se que, com a Reforma Trabalhista, não há mais homologação das verbas trabalhistas no final do contrato de trabalho. O recibo de quitação não assegura eficácia liberatória, podendo o empregado discutir em juízo os valores e as parcelas pagos.*

b) Será **título executivo extrajudicial**[112], isto é, poderá ser executado diretamente na Justiça do Trabalho. A título de exemplo, o termo de conciliação vale como "cheque" dado pelo empregador: se não for pago, será executado. Na reclamação trabalhista, há necessidade de juntar provas (documentos, testemunhas etc.), por isso o processo é mais demorado. Já na execução, o processo é rápido, pois a instrução é realizada com o título executivo.

111. Informativo nº 29 do TST.
112. O procedimento para impugnar esse termo de conciliação é **ação anulatória** e não ação rescisória.

Na área trabalhista, não raros os casos de título executivo extrajudicial. Diante da importância dessa matéria, para que o candidato lembre as outras hipóteses de títulos extrajudiciais, segue abaixo:

1. TAC – Termo de Ajustamento de Conduta firmado no Ministério Público do Trabalho;
2. Termo firmado na Comissão de Conciliação Prévia (art. 625-E da CLT);
3. Multa lavrada pelos Auditores Fiscais do Trabalho (art. 114 da CF/88);
4. Cheque e nota promissória emitidos em reconhecimento de dívida inequivocamente de natureza trabalhista (arts. 784, I, do NCPC e 13 da IN nº 39/2016 do TST); e
5. Ata de mediação (art. 36 do Decreto nº 10.854/2021 - Marco Regulatório Trabalhista Infralegal).

Comissão de Conciliação Prévia

- Objetivo de solucionar conflitos entre empregados e empregadores
- Podem ser criadas em âmbito empresarial ou sindical

→ **Composição da CCP:**

- composição paritária → Representantes dos empregados; Representante dos empregadores
- mínimo 2 e máximo 10
- eleição: representantes dos empregados
- estabilidade titulares e suplentes (representantes dos empregados)
- mandato de 1 ano permitida uma recondução

Obs.: Essa composição refere-se às Comissões de Conciliação Prévia em âmbito da empresa. A composição da comissão em âmbito sindical é definida em acordo ou convenção coletiva.

→ **Submeter a demanda à CCP:**

- Art. 625-D: demanda "será submetida"
- Posicionamento do STF: opção do trabalhador
- Prazo de 10 dias: tentativa de conciliação
- Termo de conciliação:
  a) Eficácia liberatória geral
  b) Título executivo extrajudicial

8. QUESTÕES DISSERTATIVAS E ESTUDOS DE CASO

► **Treino e Padrão de respostas:**

Ao resolver uma questão dissertativa ou estudos de caso em concursos para Analista do TRT, é fundamental tentar escrever com clareza, sem erros e com letra legível, de modo que se torne uma leitura simples e fácil ao examinador. Lembre-se que o examinador não ficará horas, tentando decifrar códigos ininteligíveis, e ainda, descartará questões com erros graves de ortografia, pontuação etc. Ele tem milhares de questões pra corrigir, portanto cause uma boa impressão logo no início do texto.

É muito importante que o candidato redija, com frequência e com antecedência, o máximo de questões sobre temas atuais e importantes do direito e do processo do trabalho. Treine sempre manualmente, evite digitar as respostas, pois não terá o computador ao seu lado no dia do concurso. Esse é o melhor treino e estudo para questões abertas.

Tente responder às questões seguintes **antes** de verificar o gabarito apresentado ou procurar a resposta na teoria. É uma forma de treinar seu cérebro às condições apresentadas na hora da prova. Lembre-se de que algumas questões não têm resposta certa ou errada. Portanto, a boa **fundamentação** é o caminho para a aprovação.

Cabe frisar, ainda, que não dará tempo de elaborar um rascunho detalhado prévio, na maior parte dos concursos. Portanto, antes de iniciar sua redação, coloque ao lado do próprio enunciado alguns pontos principais de que você precisará se lembrar durante a confecção da resposta. Essa técnica evitará que se esqueça de abordar assuntos importantes.

A indicação do número da lei, do artigo, da súmula ou orientação jurisprudencial somente deve ser colocada se você realmente souber, com exatidão, o número da norma ou se assim for exigido pela banca examinadora.

Por fim, como já dito ao longo dos capítulos, a **Reforma Trabalhista**, aprovada em julho/2017, alterou muitos pontos do Direito e Processo do Trabalho. Dessa forma, é importante que o candidato tenha conhecimento da legislação vigente e disserte, de forma clara, sobre ela. O examinador valorizará as redações que estiverem com base nas inovações legislativas.

Bom treino, bons estudos e boa sorte!

▶ **QUESTÃO DISSERTATIVA 01:**

Disserte sobre fontes do Direito do Trabalho e trace as eventuais regras para resolver os conflitos entre as fontes formais.

RESPOSTA SUGERIDA PELO AUTOR:

A fonte do direito do trabalho é o meio pelo qual nasce a norma jurídica. Algumas fontes são obrigatórias, ou seja, os membros da sociedade devem respeitá-las (são normas cogentes e imperativas). Outras fontes, porém, atuam como fase preliminar das normas obrigatórias, são os movimentos sociais. Podem-se dividir as fontes em fontes materiais e fontes formais.

*As **fontes materiais** são fatores ou acontecimentos sociais, políticos, econômicos e filosóficos que inspiram o legislador (deputados e senadores) na elaboração das leis. Esses movimentos influenciam diretamente o surgimento ou a modificação das leis. Têm-se, como exemplo, as constantes reivindicações dos trabalhadores por mais direitos trabalhistas. Essas reivindicações também ocorrem por parte dos empregadores, na forma de pressões das empresas para reduzir ou flexibilizar os direitos trabalhistas.*

*Por sua vez, as fontes **formais** são a exteriorização das normas jurídicas, ou seja, as fontes formais são normas de observância obrigatória pela sociedade. Todos devem cumpri-las, pois são imperativas. Exemplo: convenção, acordo coletivo e leis. As fontes formais podem ser elaboradas pelo Estado ou pelos próprios destinatários da norma, sem a participação do Estado. São divididas em fontes formais autônomas e fontes formais heterônomas.*

As **fontes formais autônomas** são discutidas e confeccionadas pelas partes diretamente interessadas pela norma. Há, portanto, a vontade expressa das partes em criar essas normas. É possível mencionar, como exemplo, uma determinada negociação coletiva entre sindicato e empresa que resulta em um acordo coletivo. Esse acordo coletivo, elaborado pelas partes interessadas, terá força obrigatória para trabalhadores e empresa, como o dever da empresa de fornecer uma cesta básica, ou ainda a necessidade de esses trabalhadores usarem uniformes e equipamentos de proteção. São espécies de fontes formais autônomas: a convenção coletiva (art. 611 da CLT), o Acordo Coletivo (art. 611, § 1º, CLT) e o costume, enquanto prática reiterada de determinada conduta numa dada região ou empresa. As fontes formais autônomas, em especial acordos e convenções coletivas, ganharam muita força com a aprovação da Reforma Trabalhista, pois prevalecem sobre a legislação.

Por outro lado, nas **fontes formais heterônomas**, não há participação direta dos destinatários, ou seja, essas fontes possuem origem estatal (Legislativo, Executivo ou Judiciário). São espécies: as normas contidas na Constituição Federal, nos tratados e convenções internacionais de que o Brasil seja signatário, nas leis, nas medidas provisórias, nos decretos do Poder Executivo, bem como as sentenças normativas, que são o instrumento utilizado pelos tribunais trabalhistas para por fim ao conflito coletivo, criando novas condições de trabalho, e as súmulas vinculantes, que expressam o posicionamento majoritário do Supremo Tribunal Federal para dar segurança jurídica a questões polêmicas (art. 103-A da CF/88).

Após a promulgação da Lei nº 13.467/2017, **Reforma Trabalhista**, a solução de conflitos entre fontes formais do Direito do Trabalho dependerá das fontes que estiverem em conflito:

1) Conflito entre convenção e acordo coletivo de trabalho: Nesse caso, deve prevalecer sempre o acordo coletivo de trabalho de acordo com a nova redação do art. 620 da CLT.

2) Conflito entre instrumento coletivo de trabalho e a lei: Ainda, caso se trate de conflito entre instrumentos coletivos de trabalho e a lei, aqueles deverão prevalecer, por determinação do art. 611-A da CLT, inserido pela Reforma Trabalhista. A Reforma Trabalhista foi pautada na valorização da negociação coletiva e na ampliação das hipóteses de flexibilização trabalhista. O art. 611-A da CLT ampliou significativamente as hipóteses em que a convenção e o acordo coletivo de trabalho prevalecem sobre a legislação, podendo inclusive prever condições prejudiciais aos trabalhadores. É nesse sentido, aliás, a tese fixada no Tema 1.046 da Repercussão Geral, em que, o STF validou a prevalência do negociado sobre o legislado, sem a necessidade de contrapartida, ressalvados os direitos absolutamente indisponíveis.

Ocorre que a negociação coletiva tem limites que devem ser observados. Os direitos assegurados pela Constituição Federal, excepcionadas as hipóteses que o próprio texto constitucional permite, não são passíveis de flexibilização por meio de negociação coletiva, pois a Reforma Trabalhista foi aprovada como lei ordinária, tendo status infraconstitucional. Além disso, o legislador da Reforma Trabalhista acrescentou o art. 611-B à CLT. Esse dispositivo é responsável por apresentar os direitos que não podem ser suprimidos ou reduzidos, pois constituem objeto ilícito de norma coletiva:

3) Demais conflitos entre fontes formais do Direito do Trabalho: Caso, entretanto, não estejam em conflito as normas citadas, deve-se recorrer às teorias a seguir expostas, sendo que a teoria do conglobamento é a mais aceita pela doutrina.

*A **teoria do conglobamento** defende a aplicação de apenas uma fonte em sua totalidade. Assim sendo, o intérprete deverá analisá-la no conjunto. Se o acordo coletivo for o mais favorável ao trabalhador, será aplicado como um todo. Essa teoria é a majoritária na jurisprudência e doutrina.*

*A **teoria da acumulação**, por sua vez, é no sentido de que o intérprete deverá aplicar todas as fontes no caso concreto, utilizando-se ao mesmo tempo dos artigos e cláusulas que são favoráveis ao trabalhador, desprezando os dispositivos desfavoráveis. A aplicação dessa teoria onera o empregador e fragmenta o sistema jurídico. É, portanto, a teoria minoritária.*

*A **teoria do conglobamento mitigado**, por fim, estabelece a aplicação de normas que estejam agrupadas em um determinado instituto jurídico. Dessa forma, a análise não ocorrerá atomisticamente tal como prevê a teoria da acumulação ou sobre todo o instrumento coletivo como a teoria do conglobamento. A verificação da norma mais favorável ocorre sobre um conjunto de normas de determinado assunto.*

▸ **QUESTÃO DISSERTATIVA 02:**
Disserte sobre as técnicas de integração no Direito do Trabalho. Dê exemplos. Reforma Trabalhista.

RESPOSTA SUGERIDA PELO AUTOR:

Diante da complexidade da sociedade contemporânea e de suas constantes mudanças, o legislador (deputados e senadores) não possui condições de prever todos os acontecimentos sociais e editar lei específica para todos os eventos que venham a ocorrer na sociedade. A fim de evitar que o conflito fique sem solução, surge a importante tarefa dos juristas de integrar o ordenamento jurídico. Portanto, integrar significa completar as lacunas deixadas pelo legislador.

O Direito do Trabalho tem regras específicas previstas para a solução de conflitos, diante da ausência de norma específica. São ferramentas de integração reconhecidas no art. 8º da CLT: a analogia, a equidade, o direito comum e o direito comparado. A analogia consiste na aplicação de lei semelhante para um caso específico: na ausência de lei específica, utiliza-se de lei semelhante. Equidade é a justiça aplicada com bom senso e razoabilidade. O direito comum também pode ser usado como fonte de integração, como é o caso do direito civil e do direito do consumidor. Ressalta-se que, antes da Reforma Trabalhista, o parágrafo único do art. 8º da CLT previa o direito comum como fonte subsidiária do Direito do Trabalho, somente naquilo que não fosse incompatível com os princípios fundamentais desse ramo do Direito. Ocorre que a nova redação do dispositivo, agora como § 1º, não repetiu a parte final, que exigia a compatibilidade com os princípios do Direito do Trabalho para a aplicação do direito comum como fonte subsidiária. Acreditamos, contudo, que toda norma inserida em um microssistema deve necessariamente ser compatível com ele, sob pena de quebrar a identidade e a ideologia do sistema que está integrando a norma.

Técnicas de integração servem para deixar o ordenamento jurídico completo. Todavia, a Reforma Trabalhista trouxe regra específica que tenta excluir a jurisprudência como técnica de integração. O legislador da Reforma deixou expresso que súmulas e OJs do TST e as Súmulas dos TRT não podem criar direitos ou restringir direitos previstos em lei. Segundo a redação atual do art. 8º, § 2º da CLT, na ausência de lei específica, a jurisprudência consolidada do TST e TRTs não poderiam ser utilizadas para completar as lacunas deixadas pelo legislador.

É importante destacar ainda, que o legislador, contrariando a evolução normativa, preocupou-se com as súmulas e as orientações jurisprudenciais, mas se esqueceu de que o CPC introduziu os precedentes obrigatórios, que não dependem da criação de súmulas e orientações jurisprudenciais. Os Tribunais, mesmo que obstados de expedir súmulas e Ojs que restrinjam direitos legalmente previstos ou criem obrigações que não estejam previstas em lei – caso entenda constitucional o § 2º do art. 8º da CLT–, não estarão impedidos de restringir ou criar direitos por meio de precedentes obrigatórios, como é o caso, por exemplo, do incidente de resolução de demandas repetitivas, da assunção de competência ou do recurso de revista repetitivo.

► **ESTUDO DE CASO 03:**

Luís Eduardo e Moacir trabalham como vendedores da empresa JJ Silva LTDA há 11 meses. Diante de problemas financeiros enfrentados pela empresa, o empregado Luís Eduardo foi dispensado sem justa causa. O empregador determinou que Luís Eduardo cumprisse o aviso-prévio trabalhando pelo período de 30 dias a que teria direito. Em protesto pela dispensa de Luís Eduardo, Moacir apresenta pedido de demissão e é informado pela empresa da desnecessidade de cumprimento do aviso-prévio. No mesmo dia da dispensa, Luís Eduardo recebeu proposta de emprego na empresa LL Sousa LTDA e aceitou, apresentando à empresa JJ Silva documento escrito comprovando o novo emprego adquirido. Diante do exposto, responda os itens a seguir:

a) A empresa JJ Silva LTDA deve pagar o período de aviso prévio de Luís Eduardo? Explique.

b) A renúncia ao aviso prévio de Moacir pela empresa JJ Silva é válida? Explique.

RESPOSTA SUGERIDA PELO AUTOR[113]:

Na vigência do contrato de trabalho, os direitos trabalhistas são, em regra, irrenunciáveis, porque há presença da subordinação do empregado frente ao empregador. Assim sendo, mesmo que o ato seja bilateral (comum acordo entre as partes), se houver prejuízo ao empregado, esse ato deverá ser declarado nulo, pois o empregado não pode renunciar aos direitos e vantagens assegurados em lei. Ressalta-se que a ***Reforma Trabalhista*** *ampliou significativamente as hipóteses de acordo individual entre empregado e empregador, permitindo a negociação de alguns direitos entre as próprias partes. No tocante ao caso apresentado, o período do aviso-prévio possibilita ao trabalhador procurar outro emprego. Trata-se, portanto, de norma protetiva do trabalhador, pois possibilita que, durante o período de 30 dias, ou mais, dependendo da duração do contrato, ele tenha chance de uma nova colocação no mercado de trabalho.*

O direito ao aviso-prévio é irrenunciável pelo empregado, logo, mesmo o aviso-prévio indenizado, não exime o empregador do respectivo pagamento. Excepcionalmente, segundo a Súmula nº 276 do TST, é admitido ao empregado renunciar ao aviso para assumir novo emprego. Nesse caso específico, o objetivo do aviso-prévio já foi atingido e exigir a permanência do trabalhador poderia, inclusive, prejudicá-lo.

113. Nas respostas dadas aqui, serão indicadas e/ou transcritas súmulas, orientações jurisprudências do TST e artigos de lei, mas na prova não há essa necessidade salvo quando expressamente previsto no edital do concurso.

Nesse caso, o empregador não pagará pelo restante do aviso-prévio, mas não haverá nenhum desconto nas verbas trabalhistas que o empregado receber.

Para que essa renúncia ao aviso-prévia seja válida, é necessário que a comprovação de que o empregado já possui um novo emprego seja feita por escrito. Assim, a empresa JJ Silva está dispensada do pagamento do aviso prévio do empregado Luís Eduardo, uma vez que foi apresentada prova da aquisição de novo emprego.

Contudo, a irrenunciabilidade dos direitos trabalhistas é aplicável tão somente ao empregado, uma vez que se encontra em condição de hipossuficiência em relação ao empregador. Portanto, quando se tratar de aviso-prévio concedido pelo empregado em decorrência de pedido de demissão, o empregador poderá livremente renunciar ao período do aviso-prévio. Dessa forma, é válida a renúncia ao aviso prévio do empregado Moacir pela empresa JJ Silva.

Cabe destacar que a ***Reforma Trabalhista****, trouxe uma nova hipótese de extinção do contrato, chamada de distrato (art. 484-A da CLT). A partir de agora, é possível que as partes, por comum acordo, coloquem fim ao contrato. Nesse caso, o aviso-prévio, se indenizado, será pago pela metade.*

As normas trabalhistas são normas de ordem pública, o que reduz os casos permitidos de renúncia e transação. Ocorre que a Reforma Trabalhista ampliou essas hipóteses, como é o caso do distrato. Além disso, flexibilizou alguns institutos considerados normas de ordem pública, permitindo o pagamento pela metade de aviso indenizado na celebração de distrato.

▶ **ESTUDO DE CASO 04:**

João Casto trabalha na empresa SJSilva LTDA há 4 anos. Desde sua admissão, o seu empregador lhe concedia uma cesta básica mensalmente, no valor aproximado de R$ 200,00. No contracheque do mês de março/2015 houve um desconto no seu salário, no valor de R$ 180,00, em razão de dano causado a equipamentos da empresa por dolo do empregado. E no último mês o empregador informou que não fornecerá mais a entrega da cesta básica, em virtude de crise econômica que a empresa passa atualmente.

Diante do caso apresentado, responda a questão fundamentando nos princípios que regem o direito do trabalho:

1. O empregador poderá efetuar o desconto no salário de João Castro?
2. O valor pago a título de alimentação possui natureza salarial?
3. Diante da gravíssima crise econômica vivida pelo país e pela empresa, é possível suspender vantagens e direitos dados pelo empregador?

RESPOSTA SUGERIDA PELO AUTOR:

A lei trabalhista estabelece normas de proteção ao trabalhador, ou seja, garante direitos mínimos ao empregado, parte mais fraca da relação trabalhista. O ***princípio protetivo*** *tem por finalidade estabelecer o equilíbrio que falta à relação de emprego, ou seja, o empregador possui situação econômica favorável, enquanto o empregado terá situação a seu favor na legislação trabalhista. Assim sendo, esse princípio da proteção é a base de todo o ordenamento jurídico trabalhista.*

No caso em questão, com base nos princípios da ***irredutibilidade e intangibilidade salarial****, vedam-se descontos no salário, exceto nos casos previstos em lei ou norma* *coletiva[114]. No caso de dano ao patrimônio do empregador, se ele foi cometido por dolo, ou seja, de forma intencional, o desconto é possível, em razão da falta de lealdade do trabalhador. Se cometido por culpa (sem intenção), o desconto será possível desde que previsto no contrato de trabalho ou norma coletiva[115] (ajuste feito entre as partes). Nesse sentido, prevê o art. 462 da CLT. Tendo em vista que João Castro causou o dano com dolo, é possível o desconto em seu salário.*

No tocante à alimentação, é importante destacar que a Reforma Trabalhista alterou completamente a natureza jurídica da parcela recebida a título de auxílio-alimentação. De acordo com a nova redação do art. 457, § 2º, da CLT, o auxílio-alimentação é parcela de natureza indenizatória. No entanto, o dispositivo veda seu pagamento em dinheiro. Se o empregador conceder auxílio alimentação, não haverá integração ao salário, desde não seja realizado o pagamento em dinheiro. Ressalta-se, portanto, que a inclusão do auxílio-alimentação como verba de natureza indenizatória, a alimentação deixa, na maioria das hipóteses, de ser considerada salário in natura e, consequentemente, somada ao valor do salário. Nesse sentido, deve ser modificada a Súmula nº 241 do TST, que parece superada.

Quando concedida por meio de auxílio-alimentação, repita-se, não integrará o salário. Permanece, contudo, como salário quando concedido o valor em dinheiro ou quando o empregador, por exemplo, oferece churrascos ou jantares aos empregados como contraprestação pelos serviços. Assim, o valor recebido por João Castro a título de cestas básicas não integra seu contrato de trabalho.

Com base nos princípios da alteridade e do princípio da condição mais benéfica, é assegurado ao empregado as vantagens conquistadas durante o contrato de trabalho. Diante disso, essas conquistas não poderão ser alteradas para pior. Nesse sentido prevê a jurisprudência, conforme súmula nº 51 do TST. Nesse sentido, os benefícios concedidos pelo empregador no contrato de trabalho não podem ser removidos mesmo diante de eventual crise econômica, uma vez que os riscos da atividade econômica devem ser suportados exclusivamente pelo empregador.

▸ **ESTUDO DE CASO 05:**

Abaixo, selecionamos interessante questão da 2ª fase do XIII Exame de Ordem da OAB.

Aproveitando a oportunidade conferida por seu empregador, Renan aderiu ao Programa de Demissão Voluntária ofertado pela empresa e recebeu 10 salários adicionais de indenização (um salário por cada ano trabalhado), além das verbas típicas da dispensa sem justa causa. No mesmo período, Renan dispensou sua empregada doméstica. Diante da situação, responda aos itens a seguir.

a) Haverá recolhimento de FGTS sobre a indenização de 10 salários adicionais? Justifique em qualquer hipótese.

b) Analise se, em eventual reclamação trabalhista movida pela empregada doméstica de Renan, poderia haver penhora da conta do FGTS do empregador para que os valores lá depositados sirvam para pagamento da doméstica na fase executória. Justifique.

114. **Súmula nº 342 do TST.** "Descontos salariais efetuados pelo empregador, com a autorização prévia e por escrito do empregado, para serem integrados em planos de assistência odontológica, médico-hospitalar, de seguro, de previdência privada, ou de entidade cooperativa, cultural ou recreativo-associativa de seus trabalhadores, em seu benefício e de seus dependentes, não afrontam o disposto no art. 462 da CLT, salvo se ficar demonstrada a existência de coação ou de outro defeito que vicie o ato jurídico."

115. Orientação Jurisprudencial nº 251 da SDI-I do TST. "É lícito o desconto salarial referente à devolução de cheques sem fundos, quando o frentista não observar as recomendações previstas em instrumento coletivo."

RESPOSTA SUGERIDA PELO AUTOR:

Note-se que a questão aborda mais de um tema de Direito do Trabalho: PDV e empregado doméstico. O Programa de Demissão Voluntária – PDV – ou programa de incentivo à demissão voluntária tem por objetivo conceder uma vantagem pecuniária ao empregado que se desligar do trabalho voluntariamente. É utilizado para reduzir os quadros da empresa e também para colocar fim ao contrato de trabalho. O PDV tem natureza indenizatória e, portanto, não há nenhum reflexo nas demais verbas de natureza trabalhista, inclusive o FGTS. No caso apresentado, o empregado terá direito tão somente ao recebimento do correspondente aos 10 salários-mínimos, não sendo devido o recolhimento dos depósitos do FGTS desse montante. Nesse sentido:

> **Art. 15, § 6º, Lei nº 8.036/1990:** Não se incluem na remuneração, para os fins desta Lei, as parcelas elencadas no § 9º do art. 28 da Lei nº 8.212, de 24 de julho de 1991.
>
> **Art. 28, § 9º, alínea "e", item 5, da Lei nº 8.212/1991:** "Não integram o salário-de-contribuição para os fins desta Lei, exclusivamente: as importâncias: recebidas a título de incentivo à demissão."

Portanto, não haverá recolhimento de FGTS sobre o valor recebido no PDV a título de incentivo à demissão (10 salários adicionais).

Importante destacar, ainda, que o TST tem posicionamento no sentido de que a indenização paga no PDV não pode substituir as verbas trabalhistas decorrentes do contrato de trabalho. Esse ponto não foi alterado pela Reforma Trabalhista.

> **Orientação Jurisprudencial nº 356 da SDI-I do TST.** Os créditos tipicamente trabalhistas reconhecidos em juízo não são suscetíveis de compensação com a indenização paga em decorrência de adesão do trabalhador a Programa de Incentivo à Demissão Voluntária (PDV).

Os efeitos da adesão ao PDV não eram determinados pela legislação. Suas consequências eram previstas pela jurisprudência do TST. De acordo com a regulamentação anterior, o empregado que aderisse ao PDV não concedia quitação geral do contrato. A Reforma Trabalhista passou a regulamentar o assunto. De acordo com a redação do novo art. 477-B da CLT, o plano de demissão voluntária ou incentivada, para dispensa individual, plúrima ou coletiva, enseja a quitação plena e irrevogável dos direitos da relação de emprego desde que previsto em convenção coletiva ou acordo coletivo de trabalho.

Trata se de mais um artigo que enfatiza a força dos instrumentos coletivos de trabalho. Essa previsão em acordo ou convenção coletiva de trabalho poderá levar à renúncia de direitos trabalhistas pelo empregado caso aceitem a adesão ao PDV. Ressalta-se que ainda prevalece, como regra, o previsto na OJ nº 270 da SDI-I do TST, pois causa ausente norma coletiva, somente haverá eficácia liberatória quanto às parcelas expressamente discriminadas:

> **Orientação Jurisprudencial nº 270 da SDI-I do TST.** A transação extrajudicial que importa rescisão do contrato de trabalho ante a adesão do empregado a plano de demissão voluntária implica quitação exclusivamente das parcelas e valores constantes do recibo.

A eficácia liberatória geral já era aceita pelo STF desde abril de 2015 **quando presente a negociação coletiva**. Por fim, o art. 477-B traz a ressalva de que o PDV não terá efeitos de quitação irrestrita caso haja "acordo entre empregado e empregador".

No tocante ao FGTS da empregada doméstica, destaca-se que esse fundo é uma "poupança forçada" suportada exclusivamente pelo empregador, e que se destina à indenização por tempo de serviço do empregado. Antes da promulgação da EC nº 72/2013, a concessão do FGTS era facultativa aos empregados domésticos. Com o advento da emenda constitucional mencionada, o FGTS passou a ser direito constitucional assegurado aos domésticos, mas que somente poderia ser exigido do empregado com a edição de lei regulamentando o assunto. Nesse sentido, o art. 34, inciso IV, LC nº 150/2015 passou a assegurar o depósito do valor de 8% da remuneração do empregado doméstico para o recolhimento do FGTS:

> *Art. 34, IV, LC nº 150/2015. O Simples Doméstico assegurará o recolhimento mensal, mediante documento único de arrecadação, dos seguintes valores: 8% (oito por cento) de recolhimento para o FGTS;*

A nova lei complementar condicionou a obrigação de inscrever e recolher o FGTS dos empregados domésticos à edição de um regulamento pelo Conselho Curador e pelo agente operador do fundo que se destine a disciplinar os aspectos técnicos dos depósitos, saques, devolução de valores e emissão de extratos, dentre outros. Nesse sentido, foi editada a Resolução CC/FGTS nº 780/2015 estabelecendo a obrigatoriedade na contribuição ao FGTS a partir de 1º de outubro de 2015[116]*. Com isso, passou a ser obrigatório que o empregador doméstico realize seu cadastro no portal eletrônico "eSocial"*[117] *para se efetuar o pagamento das contribuições do Simples Doméstico, inclusive dos depósitos de 8% do FGTS.*

O art. 2º, § 2º, Lei nº 8.036/1990 estabelece que as contas do FGTS são absolutamente impenhoráveis e não trazem nenhuma diferenciação em relação ao empregado doméstico. Nesse sentido, não é possível a penhora da conta do FGTS de Renan para pagamento das verbas trabalhistas em eventual reclamação trabalhista movida pela empregada doméstica.

► **QUESTÃO DISSERTATIVA 06:**

Disserte, em 20 linhas, sobre o tema proposto: "Flexibilização trabalhista. Conceito. Limites impostos pela lei, doutrina e jurisprudência". Impactos da Reforma Trabalhista.

RESPOSTA SUGERIDA PELO AUTOR:

Flexibilizar é diminuir a rigidez das leis trabalhistas pela negociação coletiva, ou seja, é dar ênfase ao negociado em detrimento do legislado. Na flexibilização permanecem as normas básicas de proteção ao trabalhador, mas permite-se maior amplitude dos acordos e convenções para adaptação das cláusulas contratuais às realidades

116. **Art. 1º, Resolução CC/FGTS nº 780/2015:** "O empregado doméstico, definido nos termos da Lei Complementar nº 150, de 1º de junho de 2015, terá direito ao regime do FGTS, obrigatoriamente, a partir de 1º de outubro de 2015."

117. Esse portal é responsável pelo cadastramento dos empregadores domésticos no Simples Doméstico e será por meio dele que as informações necessárias aos depósitos das contribuições devem acontecer, inclusive o depósito do montante de 8% relativos ao FGTS. Link de acesso: http://www.esocial.gov.br/. Segundo informações do próprio site da Caixa Econômica Federal (http://www.caixa.gov.br/empresa/fgts-empresas/FGTS-para-Empregador-Domestico/Paginas/default.aspx): "A partir de 26/10/2015, será disponibilizado no portal eSocial funcionalidade que permitirá a geração do DAE – Documento de Arrecadação do eSocial, guia única que consolidará todos os recolhimentos devidos pelo empregador doméstico, conforme definido no Art. 34 da Lei Complementar 150/2015."

econômicas da empresa e às realidades regionais. Não se confunde, portanto, com, desregulamentação que é a retirada completa do ordenamento jurídico protetivo.

As empresas reivindicam a flexibilização para diminuir a forte intervenção do Estado na elaboração das leis trabalhistas. O argumento utilizado pelos empresários é que com a flexibilização haveria maior possibilidade de manter os empregos. Deve-se destacar, entretanto, que no Brasil os sindicatos dos trabalhadores, muitas vezes, estão submissos ao poder econômico dos empregadores. Assim sendo, se diminuísse a proteção legislativa, acarretaria precarização das condições de trabalho dos empregados.

A Constituição Federal estabelece 3 hipóteses de flexibilização trabalhista que exigem a celebração de acordo ou convenção coletiva de trabalho para sua validade. Nesse sentido, permite-se a redução do salário (art. 7º, VI), aumento da jornada de trabalho (art. 7º, XIII) e aumento da jornada em turnos ininterruptos de revezamento (art. 7º, XIV) desde que realizada negociação coletiva de trabalho.

O ano de 2017 foi um ano de importantes modificações na legislação trabalhista, levando à flexibilização de direitos. Dentre os quais, podemos citar a Lei nº 13.419/2017, que regulamentou as gorjetas, a Lei nº 13.429/2017, que passou a dispor sobre a terceirização, dando abertura à terceirização em atividades-fim da empresa e a Lei nº 13.456/2017, que prorrogou o prazo de duração do Programa Seguro-Emprego.

Além disso, a **Reforma Trabalhista** (Lei nº 13.467/2017) foi responsável por promover a flexibilização de inúmeros direitos do trabalhador nas hipóteses do art. 611-A da CLT, conferindo amplo poder de negociação aos sindicatos. Além disso, o empregado que tenha ensino superior e receba uma quantia igual ou superior a duas vezes o limite máximo do Regime Geral de Previdência Social (empregado "hipersuficiente"), poderá estipular as condições do art. 611-A com maior liberdade, nos termos do art. 444, parágrafo único, da CLT.

O art. 611-A da CLT estabelece em seus incisos um rol de direitos cuja regulamentação por instrumentos coletivos de trabalho tem prevalência sobre a legislação. Entretanto, um dos pontos mais polêmicos do artigo consistiu na introdução em seu "caput" da expressão "entre outros". Portanto, o rol de direitos previstos é meramente exemplificativo. Além das 15 hipóteses elencadas – incisos I a XV, a Reforma Trabalhista permitiu que outros direitos possam prevalecer sobre a legislação.

Ressalta-se que os direitos assegurados pela Constituição Federal, excepcionadas as hipóteses que o próprio texto constitucional permite, não são passíveis de flexibilização por meio de negociação coletiva, pois a Reforma Trabalhista foi aprovada como lei ordinária, tendo status infraconstitucional.

O posicionamento majoritário da doutrina e da jurisprudência do TST não admite a possibilidade de flexibilização em normas que tratem sobre a saúde e segurança do trabalhador, ou seja, normas que preservem a dignidade da pessoa humana ou ainda que representem renúncia a direitos já conquistados. São chamadas pelo Prof. Mauricio Godinho Delgado de normas de indisponibilidade absoluta.

Além disso, o art. 611-B da CLT, também acrescentado pela Reforma Trabalhista, trouxe um rol de direitos que não podem ser suprimidos ou reduzidos por serem objetivo ilícito de convenção ou acordo coletivo de trabalho. A análise atenta a esses dois artigos – 611-A e 611-B da CLT – será imprescindível nas futuras negociações. Caso haja conflito entre eles, deve prevalecer o art. 611-B, para garantir princípios básicos constitucionais como da dignidade da pessoa humana e da máxima eficácia do texto constitucional.

Por fim, destaca-se que a flexibilização é importante para adequação do Direito do Trabalho à realidade econômica, mas há uma preocupação na área trabalhista com a ampla flexibilização promovida pela reforma, sobretudo em casos individuais.

▸ **QUESTÃO DISSERTATIVA 07:**

Segundo Mauricio Godinho Delgado, "para a Ciência do Direito os princípios conceituam-se como proposições fundamentais que informam a compreensão do fenômeno jurídico. São diretrizes centrais que se inferem de um sistema jurídico e que, após inferidas, a ele se reportam, informando-o". Sobre o tema narrado pelo autor acima, disserte:

1) Quais são as funções desempenhadas pelos princípios?
2) No que consiste o princípio da primazia da realidade? Dê exemplos de sua aplicação prática.
3) Discorra, por fim, sobre os impactos da Reforma Trabalhista nos princípios do direito do Trabalho.

RESPOSTA SUGERIDA PELO AUTOR:

Os princípios representam a base do ordenamento jurídico. O Direito do Trabalho possui princípios específicos, que desempenham funções essenciais para a interpretação e aplicação das normas trabalhistas. Os princípios jurídicos apresentam três importantes funções.

A primeira função é a interpretativa, uma vez que os princípios servem de orientação para os aplicadores do direito (juízes, procuradores do trabalho, advogados etc.) na busca do alcance e significado da norma jurídica a ser aplicada ao caso concreto.

Os princípios exercem, ainda, a função de inspirar e orientar os legisladores (deputados e senadores) na elaboração das leis.

Por fim, os princípios têm função integrativa, ou seja, são aplicados para suprir a lacunas das leis. Integrar o sistema jurídico significa completar, suprir a lacuna deixada pelo legislador. Lembre-se de que o juiz não pode deixar de julgar, devendo utilizar dos métodos de integração, previstos em lei (art. 8º da CLT).

O princípio da primazia da realidade tem a função de afastar fraudes trabalhistas. Segundo este princípio a realidade prevalece sobre as disposições contratuais escritas. Como exemplo, podemos citar a previsão em CTPS de que o salário do empregado é de um salário mínimo, mas, em realidade, ele recebe R$ 3000,00, assim como no caso de recibos em branco que são assinados.

Com o advento da Reforma Trabalhista, o princípio protetivo foi reduzido, pois se possibilitou a flexibilização ampla de questões individuais (jornada 12x36, distrato, PDV). Já o princípio da norma mais favorável também foi impactado pela prevalência do acordo sobre a convenção coletiva nos termos do art. 620 CLT e da prevalência do negociado sobre o legislado.

A Reforma Trabalhista alterou inúmeros dispositivos da CLT. Entretanto, entendemos que a principiologia adotada pelo Direito do Trabalho não pode ser afetada por estas mudanças, haja vista consistir em sua base estruturante, conferindo diretrizes gerais ao operador do Direito. Dessa forma, a aplicação dos princípios é imprescindível para a tutela do trabalhador, pois é esta uma das finalidades do Direito do Trabalho.

► **QUESTÃO DISSERTATIVA 08:**

Disserte sobre os eventuais pontos positivos e negativos das **Comissões de Conciliação Prévia (CCP)** no âmbito do Direito do Trabalho, sobre os efeitos do termo de conciliação, e por fim, a prevenção no caso de existência de duas Comissões na mesma base territorial.

RESPOSTA SUGERIDA PELO AUTOR:

O objeto principal da Comissão de Conciliação Prévia é tentar a solução dos conflitos fora do Poder Judiciário, portanto de forma extrajudicial. Trata-se da forma ideal de pacificação, chamada também de autocomposição (solução pelas próprias partes envolvidas).

*Essa Comissão poderá conciliar apenas **conflitos individuais de trabalho**, ou seja, não tem atribuição para resolver conflitos coletivos.*

Aliás, juntamente com o processo de homologação de acordo extrajudicial criado pela Reforma Trabalhista (arts. 855-B a 855-E da CLT), a CCP são as únicas formas, previstas em lei, de transação individual (entre empregado e empregador) de verbas trabalhistas. Ademais, passou-se a admitir a resolução dos conflitos por arbitragem para o empregado cuja remuneração seja superior a duas vezes o limite máximo estabelecido para os benefícios do Regime Geral de Previdência Social (art. 507-A da CLT – Reforma Trabalhista). Para os demais empregados, permanece a impossibilidade de utilização da arbitragem como meio de solução de conflitos individuais.

Em resumo, portanto, as Comissões de Conciliação Prévia foram criadas como forma de tentar solucionar os conflitos existentes entre empregados e empregadores. Poderão ser criadas pelas empresas ou pelos sindicatos e, caso existam, na mesma localidade e para a mesma categoria, Comissão de Empresas e Comissão Sindical, o interessado deve optar por uma delas.

Os principais pontos positivos da CCP são a aproximação das partes do conflito por meio da conciliação, o que pode trazer uma solução mais satisfatória às partes do que a via judicial. Além disso, é uma importante ferramenta para desafogar o judiciário ao se estabelecer hipótese de transação extrajudicial. Por fim, impõe aos sindicatos maior responsabilidade na solução dos conflitos trabalhistas quando a Comissão é criada no âmbito sindical.

Por outro lado, a Comissão de Conciliação Prévia apresenta alguns aspectos negativos como o aumento na precarização de direitos trabalhistas, uma vez que se permite a possibilidade de acordos com valor menor daquele que seria devido ao trabalhador. Ademais, observa-se a utilização da CCP, em diversos casos, para a prática de fraudes diante da atuação da comissão no âmbito interno das empresas sem a fiscalização estatal. É o que ocorre, por exemplo, quando há pressão do trabalhador para aceitar o acordo sob pena de não ser emitida carta de recomendação para novo emprego.

Caso as partes **aceitem a conciliação**, será lavrado termo de conciliação. Esse termo apresenta dois efeitos de extrema importância para o Direito do Trabalho.

O primeiro deles é a **eficácia liberatória geral**, ou seja, o empregado não poderá rediscutir as matérias objeto de conciliação na Justiça do Trabalho, pois já houve acordo entre as partes. Há exceção, entretanto, no tocante às parcelas expressamente ressalvadas. Assim sendo, caso não haja ressalvas, o trabalhador terá dado quitação total das parcelas do contrato.

O segundo efeito é a formação de **título executivo extrajudicial**, isto é, poderá ser executado diretamente na Justiça do Trabalho. A título de exemplo, o termo de conciliação vale como "cheque" dado pelo empregador: se não for pago, será executado. Na reclamação trabalhista, há necessidade de juntar provas (documentos, testemunhas etc.) e, por isso o processo é mais demorado. Já na execução, o processo é rápido, pois a instrução é realizada com o título executivo.

Caso sejam criadas CCP no âmbito da empresa e no sindicato, é possível que o empregado escolha aquela a que deseja submeter a demanda. Nesse caso, ocorrerá a prevenção naquela que for provocada primeiro. É o que estabelece a CLT:

> **Art. 625-D, § 4º, CLT:** Caso exista, na mesma localidade e para a mesma categoria, Comissão de empresa e Comissão sindical, o interessado optará por uma delas submeter a sua demanda, sendo competente aquela que primeiro conhecer do pedido.

9. SÚMULAS E ORIENTAÇÕES JURISPRUDENCIAIS DO TST

Resumo das Súmulas e Orientações Jurisprudenciais do TST citadas durante o capítulo. É importante que o candidato ao cargo de Analista TRT estude as Súmulas e Orientações Jurisprudenciais por matérias, para facilitar a memorização. Segue abaixo o quadrinho de resumo:

▶ CAPÍTULO III – INTRODUÇÃO AO DIREITO DO TRABALHO.
Fontes do Direito do Trabalho
Súmula nº 51 do TST[118]. I – As cláusulas regulamentares, que revoguem ou alterem vantagens deferidas anteriormente, só atingirão os trabalhadores admitidos após a revogação ou alteração do regulamento. II – Havendo a coexistência de dois regulamentos da empresa, a opção do empregado por um deles tem efeito jurídico de renúncia às regras do sistema do outro.
Súmula nº 277 do TST[119]. As cláusulas normativas dos acordos coletivos ou convenções coletivas integram os contratos individuais de trabalho e somente poderão ser modificadas ou suprimidas mediante negociação coletiva de trabalho.
Orientação Jurisprudencial nº 322 da SDI – I do TST[120]. Nos termos do art. 614, § 3º, da CLT, é de 2 anos o prazo máximo de vigência dos acordos e das convenções coletivas. Assim sendo, é inválida, naquilo que ultrapassa o prazo total de 2 anos, a cláusula de termo aditivo que prorroga a vigência do instrumento coletivo originário por prazo indeterminado.

118. Esta súmula poderá ser impactada pelo art. 611-A, VI da CLT acrescentado pela Reforma Trabalhista – Lei nº 13.467/2017.
119. No julgamento virtual da ADPF 323, finalizado no dia 27/05/2022, o STF, por maioria, decidiu pela inconstitucionalidade da Súmula nº 277 do TST e das decisões judiciais que interpretam o art. 114, §2º, CF/88, como autorização à aplicação do princípio da ultratividade das normas coletivas. Para mais informações, visite o item 4.10. Vigência dos instrumentos coletivos (Reforma Trabalhista) no Capítulo XI Direito Coletivo do Trabalho.
120. Esta orientação jurisprudencial será impactada pela nova redação dada ao art. 614, § 3º da CLT acrescentado pela Reforma Trabalhista – Lei nº 13.467/2017.

Integração do Direito do Trabalho
Súmula nº 346 do TST. Os digitadores, por explicação analógica do art. 72 da CLT, equiparam-se aos trabalhadores nos serviços de mecanografia (datilografia, escrituração e cálculo), razão pela qual têm direito a intervalos de descanso de 10 (dez) minutos a cada 90 (noventa) de trabalho consecutivo.
Princípios do Direito do Trabalho
Súmula nº 202 do TST[121]. Existindo, ao mesmo tempo, gratificação por tempo de serviço outorgada pelo empregador e outra da mesma natureza prevista em acordo coletivo, convenção coletiva ou sentença normativa, o empregado tem direito a receber, exclusivamente, a que lhe seja mais benéfica.
Súmula nº 288 do TST. I – A complementação dos proventos de aposentadoria, instituída, regulamentada e paga diretamente pelo empregador, sem vínculo com as entidades de previdência privada fechada, é regida pelas normas em vigor na data de admissão do empregado, ressalvadas as alterações que forem mais benéficas (art. 468 da CLT). II – Na hipótese de coexistência de dois regulamentos de planos de previdência complementar, instituídos pelo empregador ou por entidade de previdência privada, a opção do beneficiário por um deles tem efeito jurídico de renúncia às regras do outro. III – Após a entrada em vigor das Leis Complementares nº 108 e 109, de 29/05/2001, reger-se-á a complementação dos proventos de aposentadoria pelas normas vigentes na data da implementação dos requisitos para obtenção do benefício, ressalvados o direito adquirido do participante que anteriormente implementara os requisitos para o benefício e o direito acumulado do empregado que até então não preenchera tais requisitos. IV – O entendimento da primeira parte do item III aplica-se aos processos em curso no Tribunal Superior do Trabalho em que, em 12/04/2016, ainda não haja sido proferida decisão de mérito por suas Turmas e Seções.
Súmula nº 212 do TST. O ônus de provar o término do contrato de trabalho, quando negados a prestação de serviço e o despedimento, é do empregador, pois o princípio da continuidade da relação de emprego constitui presunção favorável ao empregado.
Súmula nº 276 do TST. O direito ao aviso-prévio é irrenunciável pelo empregado. O pedido de dispensa de cumprimento não exime o empregador de pagar o respectivo valor, salvo comprovação de haver o prestador dos serviços obtido novo emprego.
Orientação Jurisprudencial nº 251 da SDI – I do TST. É lícito o desconto salarial referente à devolução de cheques sem fundos, quando o frentista não observar as recomendações previstas em instrumento coletivo.
Flexibilização do Direito do Trabalho
Súmula nº 364 do TST. I – Tem direito ao adicional de periculosidade o empregado exposto permanentemente ou que, de forma intermitente, sujeita-se a condições de risco. Indevido, apenas, quando o contato dá-se de forma eventual, assim considerado o fortuito, ou o que, sendo habitual, dá-se por tempo extremamente reduzido. (ex-OJs da SBDI-1 nº 05 – inserida em 14.03.1994 – e 280 – DJ 11.08.2003)
II – Não é válida a cláusula de acordo ou convenção coletiva de trabalho fixando o adicional de periculosidade em percentual inferior ao estabelecido em lei e proporcional ao tempo de exposição ao risco, pois tal parcela constitui medida de higiene, saúde e segurança do trabalho, garantida por norma de ordem pública (arts. 7º, XXII e XXIII, da CF e 193, § 1º, da CLT).
Súmula nº 423 do TST. Estabelecida jornada superior a seis horas e limitada a oito horas por meio de regular negociação coletiva, os empregados submetidos a turnos ininterruptos de revezamento não tem direito ao pagamento da 7ª e 8ª horas como extras.

121. Esta súmula poderá ser impactada pelo art. 611-A, VI da CLT acrescentado pela Reforma Trabalhista – Lei nº 13.467/2017.

Súmula nº 85 do TST[122]**.**

I. A compensação de jornada de trabalho deve ser ajustada por acordo individual escrito, acordo coletivo ou convenção coletiva.

II. O acordo individual para compensação de horas é válido, salvo se houver norma coletiva em sentido contrário.

III. O mero não atendimento das exigências legais para a compensação de jornada, inclusive quando encetada mediante acordo tácito, não implica a repetição do pagamento das horas excedentes à jornada normal diária, se não dilatada a jornada máxima semanal, sendo devido apenas o respectivo adicional.

IV. A prestação de horas extras habituais descaracteriza o acordo de compensação de jornada. Nesta hipótese, as horas que ultrapassarem a jornada semanal normal deverão ser pagas como horas extraordinárias e, quanto àquelas destinadas à compensação, deverá ser pago a mais apenas o adicional por trabalho extraordinário.

V. As disposições contidas nesta súmula não se aplicam ao regime compensatório na modalidade "banco de horas", que somente pode ser instituído por negociação coletiva.

VI. Não é válido acordo de compensação de jornada em atividade insalubre, ainda que estipulado em norma coletiva, sem a necessária inspeção prévia e permissão da autoridade competente, na forma do art. 60 da CLT.

Súmula nº 437 do TST[123]**.**

I – Após a edição da Lei nº 8.923/94, a não concessão ou a concessão parcial do intervalo intrajornada mínimo, para repouso e alimentação, a empregados urbanos e rurais, implica o pagamento total do período correspondente, e não apenas daquele suprimido, com acréscimo de, no mínimo, 50% sobre o valor da remuneração da hora normal de trabalho (art. 71 da CLT), sem prejuízo do cômputo da efetiva jornada de labor para efeito de remuneração.

II – É inválida cláusula de acordo ou convenção coletiva de trabalho contemplando a supressão ou redução do intervalo intrajornada porque este constitui medida de higiene, saúde e segurança do trabalho, garantido por norma de ordem pública (art. 71 da CLT e art. 7º, XXII, da CF/1988), infenso à negociação coletiva.

III – Possui natureza salarial a parcela prevista no art. 71, § 4º, da CLT, com redação introduzida pela Lei nº 8.923, de 27 de julho de 1994, quando não concedido ou reduzido pelo empregador o intervalo mínimo intrajornada para repouso e alimentação, repercutindo, assim, no cálculo de outras parcelas salariais.

IV – Ultrapassada habitualmente a jornada de seis horas de trabalho, é devido o gozo do intervalo intrajornada mínimo de uma hora, obrigando o empregador a remunerar o período para descanso e alimentação não usufruído como extra, acrescido do respectivo adicional, na forma prevista no art. 71, *caput* e § 4º da CLT.

Súmula nº 449 do TST. A partir da vigência da Lei nº 10.243, de 27.6.2001, que acrescentou o § 1º ao art. 58 da CLT, não mais prevalece cláusula prevista em convenção ou acordo coletivo que elastece o limite de 5 minutos que antecedem e sucedem a jornada de trabalho para fins de apuração das horas extras.

Renúncia e Transação

Súmula nº 276 do TST. O direito ao aviso-prévio é irrenunciável pelo empregado. O pedido de dispensa de cumprimento não exime o empregador de pagar o respectivo valor, salvo comprovação de haver o prestador dos serviços obtido novo emprego.

Orientação Jurisprudencial nº 270 da SDI-I do TST[124]**.**

A transação extrajudicial que importa rescisão do contrato de trabalho ante a adesão do empregado a plano de demissão voluntária implica quitação exclusivamente das parcelas e valores constantes do recibo.

Orientação Jurisprudencial nº 356 da SDI-I do TST. Os créditos tipicamente trabalhistas reconhecidos em juízo não são suscetíveis de compensação com a indenização paga em decorrência de adesão do trabalhador a Programa de Incentivo à Demissão Voluntária (PDV).

Orientação Jurisprudencial nº 420 da SDI-I do TST. É inválido o instrumento normativo que, regularizando situações pretéritas, estabelece jornada de oito horas para o trabalho em turnos ininterruptos de revezamento.

---

122. Esta súmula poderá ser impactada pelos art. 59, 59-A e 59-B da CLT alterados pela Reforma Trabalhista – Lei nº 13.467/2017.

123. Esta súmula poderá ser impactada pela atual redação do art. 71, § 4º da CLT e pelo art. 611-A, III da CLT acrescentado pela Reforma Trabalhista – Lei nº 13.467/2017.

124. Esta orientação jurisprudencial poderá ser impactada pelo art. 477-B da CLT acrescentado pela Reforma Trabalhista – Lei nº 13.467/2017.

CAPÍTULO IV

SUJEITOS DA RELAÇÃO DE TRABALHO

1. EMPREGADO

▶ Art. 3º, CLT

A relação de emprego tem como principal característica a presença do empregado, parte mais fraca da relação jurídica. O Direito do Trabalho foi pensado e criado exatamente para proteger a figura desse trabalhador. Há necessidade, entretanto, de diferenciar o trabalhador em sentido amplo e o trabalhador com vínculo empregatício. A CLT e as demais normas trabalhistas são voltadas apenas à proteção dos direitos do empregado[125], ou seja, jornada de trabalho, FGTS, férias, descanso semanal remunerado, dentre outros direitos, são direcionados aos empregados, por isso a importância de diferenciá-los dos trabalhadores autônomos, eventuais, estagiários etc.

A Reforma Trabalhista criou a figura do trabalhador "hipersuficiente" que será estudado neste capítulo, tratando-se de verdadeira contradição à figura do art. 3º da CLT, que não permite o tratamento diferenciado em relação à espécie de emprego e à condição de trabalhador.

PROTEÇÃO PREVISTA NA CF/88 E NA CLT

Princípios protetivos:
- Salário-mínimo
- Limitação da jornada (8 horas diárias)
- Intervalos
- Descanso semanal e férias
- Estabilidade
- Demais direitos trabalhistas

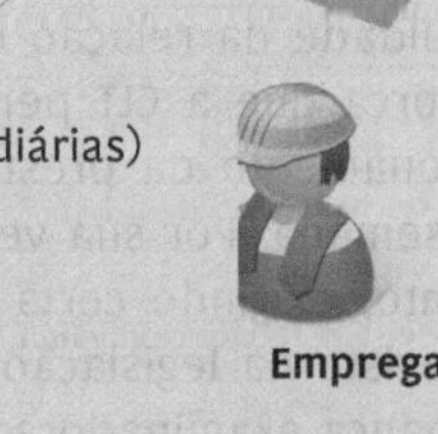

Empregado

Requisitos:
- Pessoa física (Pessoalidade)
- Não eventualidade
- Onerosidade
- Subordinação

**Importante diferenciá-lo dos demais trabalhadores, porque os direitos trabalhistas são direcionados ao empregado.*

1.1. Requisitos da relação empregatícia

De acordo com o art. 3º da CLT:

125. A Constituição Federal equiparou os direitos do trabalhador avulso aos direitos dos empregados. Embora o avulso não possua vínculo empregatício, ele terá todos os direitos do trabalhador com vínculo empregatício (férias, décimo terceiro, FGTS etc.).

> **Art. 3º, CLT:** Considera-se empregado toda pessoa física que prestar serviços de natureza não eventual a empregador, sob a dependência deste e mediante salário.

Há, portanto, quatro requisitos essenciais para configurar o vínculo empregatício. É imprescindível que o candidato ao cargo público saiba todos eles, assim será comentado a seguir cada um dos requisitos:

a) Pessoa física

O empregado é pessoa física ou natural. A lei trabalhista foi criada para proteger o ser humano. Assim, excluem-se da figura do empregado a pessoa jurídica (empresa, associação, cooperativa etc.) e a prestação de serviços por animais.

Dentro desse requisito, enquadra-se a pessoalidade na prestação de serviços[126]. O empregado é contratado em razão de suas qualidades pessoais (eficiência, lealdade, conhecimentos técnicos, moral etc.). Diante disso, não se pode fazer substituir por um terceiro. Exemplo: o empregado, quando estiver cansado, não pode mandar o irmão trabalhar em seu lugar. A pessoalidade é requisito essencial para configurar o empregado[127].

b) Não eventualidade

Para configurar o vínculo empregatício, é necessário que o trabalho realizado não seja eventual, ocasional. O contrato de trabalho é de trato sucessivo, ou seja, há continuidade no tempo. Logo, haverá expectativa de que o empregado retorne ao local de trabalho. A não eventualidade na prestação de serviços não se confunde com trabalho realizado diariamente. Exemplo: professor universitário que, há dois anos, presta serviços todas as segundas e quartas-feiras na universidade será empregado, pois há habitualidade na prestação de serviços.

Cabe ressaltar que a doutrina majoritária[128] sustenta que o termo "não eventualidade" não pode ser confundido com continuidade da relação de emprego. Para os autores, a utilização do termo não eventual reforça que a CLT permite que o reconhecimento do vínculo ocorra mesmo que haja fracionamento da prestação dos serviços, como exemplo, o trabalho apenas aos finais de semana. Por sua vez, o trabalho contínuo é aquele que não admite referido fracionamento, exigindo certa regularidade na prestação dos serviços. O trabalho contínuo está previsto na legislação do trabalho doméstico. Apesar desse posicionamento doutrinário, a banca examinadora Cespe utilizou no concurso para Técnico do TRT da 8ª Região em 2016, o termo não eventualidade como sinônimo de continuidade. Assim, recomenda-se que o candidato resolva questões passadas das bancas examinadoras para determinar o posicionamento a respeito do assunto.

---

126. Em questão para o concurso do TRT da 4ª Região (2015), a FCC trouxe a **infungibilidade** como característica do empregado. A infungibilidade é sinônima de pessoalidade, uma vez que ambas designam o fato de que o empregado não pode se fazer substituir na vigência do contrato de trabalho. Confira o conteúdo da questão no tópico de questões com gabarito comentado no próximo capítulo desta obra.
127. A pessoalidade não é um traço característico da figura do empregador.
128. DELGADO, Mauricio Godinho. *Curso de Direito do Trabalho*. 15. ed. São Paulo: LTr, 2016. p. 304.

No tocante ao trabalho doméstico, havia discussão doutrinária e jurisprudencial a respeito desse requisito de continuidade na relação de emprego. Contudo, o art. 1º, "caput", da LC nº 150/2015 pacificou o assunto ao estabelecer que somente será configurado o trabalho doméstico quando realizado por período superior a 2 dias por semana:

> **Art. 1º**: Ao empregado doméstico, assim considerado aquele que presta serviços de forma contínua, subordinada, onerosa e pessoal e de finalidade não lucrativa à pessoa ou à família, no âmbito residencial destas, **por mais de 2 (dois) dias por semana**, aplica-se o disposto nesta Lei. (grifos acrescidos)

Assim, não há dúvidas de que se os serviços forem prestados em 1 ou 2 dias por semana, ficará configurada a "faxineira" ou a "diarista", que representam trabalhadoras autônomas, sem direitos trabalhistas.

A Reforma Trabalhista acrescentou o § 3º ao art. 443 da CLT para prever nova hipótese de contrato de trabalho: a prestação de trabalho intermitente. Essa alteração causa profundos impactos na estrutura do Direito do Trabalho, pois cria nova modalidade contratual com disciplina jurídica própria, até então sem precedentes na área trabalhista:

> **Art. 443, § 3º, CLT**: Considera-se como intermitente o contrato de trabalho no qual a prestação de serviços, com subordinação, não é contínua, ocorrendo com alternância de períodos de prestação de serviços e de inatividade, determinados em horas, dias ou meses, independentemente do tipo de atividade do empregado e do empregador, exceto para os aeronautas, regidos por legislação própria.

De acordo com o dispositivo legal, o trabalho intermitente compreende o contrato de trabalho, cuja prestação dos serviços ocorre com subordinação, mas não é contínua, havendo alternância de períodos de prestação de serviços e de inatividade. A prestação dos serviços pode ser determinada em horas, dias ou meses, independentemente da atividade desenvolvida pelo empregado ou pelo empregador.

O legislador da Reforma Trabalhista valeu-se do termo ausência de continuidade da prestação dos serviços para justificar o contrato intermitente. Entretanto, mesmo para os trabalhadores que não tenham essa modalidade de contrato de trabalho, não se exige a continuidade na prestação dos serviços. O que diferencia o contrato de trabalho padrão por prazo indeterminado do contrato de trabalho intermitente não é a presença do requisito da continuidade, mas sim a alternância de períodos de prestação de serviços e de inatividade, somente presente nestes últimos.

c) Onerosidade

O contrato de trabalho é oneroso, como prevê o art. 3º da CLT: "mediante salário". Em regra, presume-se que a prestação de serviços é onerosa, pois de um lado o empregado assume a obrigação de prestar serviços, de outro, o empregador, a obrigação de pagar salário.

Ressalta-se que a forma de pagamento do salário é irrelevante para a configuração da onerosidade. Portanto, o empregado pode receber o salário fixo, variável, por comissão e percentagem ou mesmo in natura. Em todas as hipóteses, se o empregado receber contraprestação pelo trabalho prestado, estará configurada a onerosidade.

d) Subordinação

A característica mais importante da relação empregatícia é a subordinação ou, ainda, de acordo com o texto da CLT: "empregado trabalha sob a dependência do empregador". Se o empregador assume todos os riscos do empreendimento, ele terá o poder de organizar e dirigir a prestação de serviços. Dessa forma, o empregado fica subordinado às ordens do empregador.

Note que, na subordinação, o empregado fica sujeito às orientações dadas pelo empregador, como horário de trabalho, utilização de maquinário etc. Essa subordinação não alcança a vida pessoal do trabalhador.

A doutrina clássica identifica três teorias para explicar a subordinação, conforme a seguir descritas:

1. **Subordinação jurídica:** é a tese aceita atualmente. A subordinação do empregado decorre de lei. Assim, quando aceita trabalhar para o empregador, consequentemente aceitará as regras e orientações dadas para que a prestação de serviços seja realizada nos moldes previstos pelo empregador.
2. **Subordinação técnica:** segundo essa teoria, a subordinação existe porque o empregador detém todo o conhecimento técnico dos meios de produção, logo o empregado estaria subordinado tecnicamente ao empregador. Tal manifestação nem sempre se apresenta, pois em um cursinho preparatório para concursos, por exemplo, o empregador é professor de matemática e raciocínio lógico, não possuindo conhecimentos técnicos de Direito do Trabalho, mas, mesmo assim, existe a subordinação sobre o professor dessa matéria.
3. **Subordinação econômica:** essa teoria defende a subordinação em razão da dependência do salário para o empregado sobreviver. O critério é falho, pois nem sempre o trabalhador depende apenas daquele trabalho para sobreviver, podendo prestar serviços em outros locais que lhe paguem mais. Exemplo: o professor e juiz do trabalho que presta serviços em um cursinho. Nesse caso, o empregado poderá ter salário superior ao do empregador, mas, ainda assim, estará subordinado às regras impostas pelo cursinho (horário de trabalho, utilização do material didático etc.).

Dessa forma, presentes os requisitos do vínculo empregatício, ele será declarado, independentemente da terminologia que é aplicada para identificar o empregado, tais como: colaborador, funcionário, ajudante etc.[129] Uma vez presentes os requisitos da relação de emprego, o reconhecimento do vínculo de emprego é cogente. Não é permitido ao empregado optar ou não em ser empregado.

1.1.1. *Alteridade*

Além dos requisitos da pessoa física e pessoalidade, onerosidade, não eventualidade e subordinação, alguns autores[130] destacam a **alteridade** como requisito do vín-

129. Destaca-se que, uma vez reconhecido o vínculo de emprego, não é possível a renúncia do trabalhador à sua condição de empregado diante do princípio da irrenunciabilidade dos direitos trabalhistas.

130. MARTINS, Sergio Pinto. *Direito do Trabalho*. 30. ed. São Paulo: Atlas, 2014. p. 108.

culo empregatício. A alteridade obriga que todos os riscos do empreendimento sejam suportados exclusivamente pelo empregador. Assim sendo, em momentos de crise financeira mundial, os prejuízos da empresa serão exclusivos do empregador, não se podendo dividi-los com os trabalhadores. O salário deve ser pago, portanto, tendo a empresa lucros ou prejuízos.

A pandemia de COVID-19 impactou o princípio da alteridade no Direito do Trabalho. De acordo com informações do site do Ministério da Saúde, o agente do coronavírus foi descoberto em 31/12/19 após casos registrados na China e é responsável pela doença chamada de COVID-19. Com a declaração de pandemia pela Organização Mundial de Saúde (OMS) e de estado de calamidade pública no Brasil, surgiram diversas questões atinentes às medidas de contenção e tratamento da doença, que trouxeram consequências para as relações de trabalho.

Como visto, o princípio da alteridade prevê que os riscos do empreendimento devem ser suportados exclusivamente pelo empregador. Ocorre que diversos dispositivos das medidas provisórias de enfrentamento à pandemia deram mais forças ao empregador para alterações no contrato de trabalho, atingindo o princípio da alteridade.

Como exemplos, é possível mencionar a previsão do teletrabalho como hipótese de "jus variandi" sendo imposto de forma unilateral pelo empregador, antecipação de férias individuais e coletivas com pagamento posterior da remuneração e do terço constitucional, o banco de horas antecipado e redução de salários e de jornadas e suspensão contratual por acordo individual escrito.

Nesse mesmo sentido, em 15 de agosto de 2022, foi publicada a Lei nº 14.437/2022 (fruto da conversão da Medida Provisória nº 1.109, de 2022), que institucionaliza autorização genérica para a adoção de medidas trabalhistas de enfrentamento a momentos de crise, dentre elas: o teletrabalho; a antecipação de férias individuais; a concessão de férias coletivas; o aproveitamento e a antecipação de feriados; o banco de horas; a suspensão da exigibilidade dos recolhimentos do Fundo de Garantia do Tempo de Serviço – FGTS; a redução proporcional da jornada de trabalho e do salário; e a suspensão temporária do contrato de trabalho. Da mesma forma que as normativas do período pandêmico, tem-se, agora de forma permanente, no Direito do Trabalho, medidas que, em tempos de crise, possibilitam a transferência de parte do risco do empreendimento ao empregado.

1.1.2. *Empregado "hipersuficiente" (Reforma Trabalhista)*

Nos termos do art. 3º, parágrafo único, da CLT, não poderá haver distinção em razão da condição do trabalhador, nem entre trabalho intelectual e manual para a configuração da relação de emprego:

> **Art. 3º da CLT:** Considera-se empregado toda pessoa física que prestar serviços de natureza não eventual a empregador, sob a dependência deste e mediante salário.
>
> Parágrafo único – Não haverá distinções relativas à espécie de emprego e à condição de trabalhador, nem entre o trabalho intelectual, técnico e manual.

Assim, independentemente da função exercida, estando presentes seus elementos, estaria caracterizada a relação de emprego, aplicando-se, de forma indistinta, os preceitos da CLT a todos os empregados. Isso porque, segundo a teoria da subordinação jurídica, a subordinação do empregado decorre da lei, configurando sua hipossuficiência em relação ao empregador. Assim, nos ditames da teoria, não poderia o empregado, por si só, estabelecer condições que lhe sejam prejudiciais sem a assistência do sindicato, haja vista estar regido por um contrato de trabalho, que rege situações entre sujeitos desiguais, quais sejam, empregado e empregador.

Entretanto, figura inserida pela Reforma Trabalhista, o trabalhador "hipersuficiente" – expressão utilizada pelo Relator da Reforma Trabalhista na Câmara dos Deputados, Rogério Marinho –, disposta no parágrafo único do art. 444 da CLT, tratar-se-á de verdadeira contradição ao conceito de empregado elencado no art. 3º da CLT:

> **Art. 444 da CLT (Alterado pela Reforma Trabalhista):** As relações contratuais de trabalho podem ser objeto de livre estipulação das partes interessadas em tudo quanto não contravenha às disposições de proteção ao trabalho, aos contratos coletivos que lhes sejam aplicáveis e às decisões das autoridades competentes.
>
> Parágrafo único. A livre estipulação a que se refere o caput deste artigo aplica-se às hipóteses previstas no art. 611-A desta Consolidação, com a mesma eficácia legal e preponderância sobre os instrumentos coletivos, no caso de empregado portador de diploma de nível superior e que perceba salário mensal igual ou superior a duas vezes o limite máximo dos benefícios do Regime Geral de Previdência Social.

Ao contrário dos demais trabalhadores que necessitam de seus sindicatos para negociar as hipóteses de prevalência do negociado sobre o legislado, esses empregados podem negociar individualmente com seus empregadores. As cláusulas negociadas terão a mesma eficácia legal e preponderância sobre os instrumentos coletivos de trabalho. Para a caracterização do empregado "hipersuficiente", é necessário o preenchimento de dois requisitos:

a) **Nível de escolaridade**: empregado deve ser portador de diploma de nível superior. Portanto, os empregados com menor grau de escolaridade não tem direito a negociar as cláusulas contratuais com seu empregador, que serão realizadas pelo sindicato de sua categoria;

b) **Valor do salário:** empregado deve receber salário igual ou superior a duas vezes o limite máximo dos benefícios do Regime Geral de Previdência Social. Em 2025, o teto previdenciário passou a ser de R$ 8.157,41. Portanto, o empregado somente poderá negociar diretamente com seu empregador caso seu salário seja igual ou superior a R$ 16.314,82.

Entendemos que a legislação trabalhista deve ser aplicada de forma igualitária, sem a distinção decorrente da escolaridade do trabalhador, da atividade desenvolvida ou do salário recebido. É inegável que as pessoas com nível superior de escolaridade que recebam salário igual ou superior a R$ 16.314,82 têm melhores condições de conhecer seus direitos e de serem menos propensas às fraudes e exploração trabalhistas.

No entanto, não há nada que garanta que o valor recebido como salário tornará o empregado capaz de negociar todos os pontos do art. 611-A da CLT individualmente com o empregador. A subordinação, independentemente do valor do salário e do nível de escolaridade, é intrínseca ao vínculo de emprego. O empregado depende do trabalho realizado e cederá em todos os pontos para poder mantê-lo. A legislação, da forma como prevista, deixa o trabalhador completamente vulnerável.

Ocorre que a negociação coletiva e também agora a negociação do empregado "hipersuficiente" têm limites que devem ser observados, ainda que ampliadas significativamente as hipóteses de valorização do negociado. Os direitos assegurados pela Constituição Federal, excepcionadas as hipóteses que o próprio texto constitucional permite, não são passíveis de flexibilização por meio de negociação coletiva, pois a Reforma Trabalhista foi aprovada como lei ordinária, tendo status infraconstitucional.

Ainda na tentativa de traçar limites ao alcance da negociação coletiva, o legislador da Reforma Trabalhista acrescentou o art. 611-B à CLT. Esse dispositivo é responsável por apresentar os direitos que não podem ser suprimidos ou reduzidos, pois constituem objeto ilícito de norma coletiva. No mesmo sentido, não cabe negociação individual entre empregador e trabalhador "hipersuficiente" nas hipóteses traçadas no art. 611-B.

Em seus incisos, o art. 611-B estabelece um rol de direitos que não podem ser suprimidos ou reduzidos via negociação ou acordo coletivo, os quais, em sua maioria, são mera repetição do rol exposto no art. 7º da Constituição Federal. Apesar de importante instrumento de pacificação dos conflitos trabalhistas, entendemos que é indispensável que sejam impostos limites aos direitos passíveis de negociação, pois sua redução ou supressão podem trazer prejuízos ao trabalhador.

A análise atenta a esses dois artigos – 611-A e 611-B –, conjunto com o Tema 1046 da Repercussão Geral do STF, será imprescindível nas futuras negociações, seja em âmbito coletivo ou para o "hipersuficiente". Caso haja conflito entre eles, deve prevalecer o art. 611-B, para garantir princípios básicos constitucionais como da dignidade da pessoa humana e da máxima eficácia do texto constitucional.

Caso exista conflito entre as normas individuais, negociadas diretamente pelo "hipersuficiente" e o sindicato da categoria profissional, deverá prevalecer a mais favorável ao trabalhador.

Por fim, a arbitragem[131] era prevista tão somente para os conflitos coletivos, conforme prevê o art. 114, § 1º, da CF/88: "Frustrada a negociação coletiva, as partes poderão eleger árbitros". No entanto, o art. 507-A da CLT, introduzido pela Lei nº 13.467/2017, passa a admitir a arbitragem para os empregados que possuem remuneração superior a duas vezes o limite máximo estabelecido para os benefícios do Regime Geral de Previdência Social. Cria-se, nesse caso, a presunção de que tais trabalhadores, embora subordinados, têm capacidade de manifestar sua vontade de forma livre, ante seu padrão remuneratório.

Para a celebração de cláusula compromissória de arbitragem não é exigido o requisito de nível superior de escolaridade.

131. A nova regulamentação da arbitragem no Direito Individual do Trabalho, trazida pela Reforma Trabalhista, foi objeto de questionamento na prova para **Analista Judiciário – Oficial de Justiça Avaliador Federal – TRT 22/2022, pela FCC.**

1.2. Elementos não essenciais à configuração da relação de emprego

1.2.1. Exclusividade

Não há na CLT exigência de que o empregado preste serviços com exclusividade. Não é requisito para configurar o vínculo empregatício que ele trabalhe para apenas um único empregador. Há possibilidade de vários contratos de trabalho, com empresas diversas, simultaneamente. Exemplo: empregado presta serviços na padaria, pela manhã. À tarde, é empregado da central de telemarketing. Nesse caso, a Carteira de Trabalho será assinada pelos dois empregadores, possuindo, o empregado, dois contratos de trabalho ao mesmo tempo.

1.2.2. Local da prestação de serviços e Teletrabalho (Reforma Trabalhista)

O local da prestação de serviços também é irrelevante para configurar o vínculo empregatício. Veja, por exemplo, o trabalhador que presta serviços em domicílio desenvolvendo programas de computador; nessa situação, se houver a presença dos requisitos da relação empregatícia (pessoalidade, habitualidade, onerosidade e subordinação), será configurada a relação de emprego, com o pagamento de todos os direitos trabalhistas. Aliás, a CLT foi alterada, para prever o **teletrabalho**, ou seja, o trabalho executado, de maneira preponderante ou não, fora das dependências do empregador[132].

Teletrabalho ou trabalho remoto nada mais é do que uma espécie do gênero trabalho que pode ser realizado à distância. Nesse caso, se as ordens são passadas pelo celular ou *e-mail*, configura-se a subordinação e, consequentemente, o vínculo empregatício.

Além da possibilidade de reconhecimento do vínculo de emprego na hipótese de teletrabalho, a Reforma Trabalhista dedicou capítulo exclusivo ao tema no tocante à duração do trabalho (Capítulo II-A). De acordo com o art. 75-B da CLT, o teletrabalho podia ser definido como a prestação dos serviços preponderantemente fora das dependências do empregador com a utilização de tecnologias de informação e comunicação que não configuram o trabalho externo.

Contudo, em 2 de setembro de 2022, foi publicada a Lei nº 14.442/2022 (fruto da conversão da Medida Provisória nº 1.108, de 2022), que alterou estruturalmente o regime de teletrabalho, modificando, inclusive, seu conceito. De acordo com a atual redação do art. 75-B da CLT, teletrabalho ou trabalho remoto é a prestação de serviços fora das dependências do empregador, **de maneira preponderante ou não**, com a utilização de tecnologias de informação e de comunicação, que, por sua natureza, não configurem trabalho externo. Ressalta-se, ainda, que o comparecimento, ainda que de modo habitual, às dependências do empregador, não descaracteriza o regime de teletrabalho ou trabalho remoto:

> **Art. 75-B da CLT (redação dada pela Lei nº 14.442, de 2022).** Considera-se teletrabalho ou trabalho remoto a prestação de serviços fora das dependências do empregador, **de maneira preponderante ou não**, com a utilização

132. O conceito de teletrabalho foi alterado pela Lei nº 14.442, de 2022. A descrição ora apresentada já está de acordo com a atual regulamentação.

de tecnologias de informação e de comunicação, que, por sua natureza, não configure trabalho externo. (grifamos)

§ 1º (incluído pela Lei nº 14.442, de 2022). O comparecimento, **ainda que de modo habitual**, às dependências do empregador para a realização de atividades específicas que exijam a presença do empregado no estabelecimento **não descaracteriza** o regime de teletrabalho ou trabalho remoto. (grifamos)

Além disso, a Reforma Trabalhista havia excluído o teletrabalhador das regras relativas à duração do trabalho. No tocante à limitação da jornada, **a Lei nº 14.442/2022 criou duas modalidades de teletrabalho:**

1) **Teletrabalho por jornada:** nesse caso, com duração de 8h nos moldes tradicionais (intervalos, horas extras etc.); e

2) **Teletrabalho por produção e tarefa (novidade).**

Agora, somente o teletrabalho por produção ou tarefa está excluído do controle de jornada, não havendo, portanto, limitação da jornada em 8 horas diária ou 44 horas semanais, intervalos intra e interjornada, nem horas extras ou adicional noturno:

Art. 62 da CLT: Não são abrangidos pelo regime previsto neste capítulo

(...)

III - os empregados em regime de teletrabalho que prestam serviço por produção ou tarefa. (**Redação dada pela Lei nº 14.442, de 2022**)

A limitação da duração do trabalho em 8 horas diárias e 44 horas semanais não é aplicada aos empregados previstos no art. 62 da CLT. O ponto em comum desses empregados consiste na impossibilidade de fiscalização do horário. Não possuem jornada de 8 horas, consequentemente não têm direito a horas extras, intervalos e adicional noturno.

Caso **comprovado** que o empregador tinha condições efetivas de controlar e fiscalizar o trabalho realizado pelo empregado, pela utilização dos meios informatizados, como e-mails, *WhatsApp*, *Facebook*, GPS, telefones, dentre outros, é plenamente possível o controle da jornada de trabalho do empregado por aplicação do princípio da primazia da realidade. Não haveria, portanto, justificativa para a exclusão desses trabalhadores da jornada de trabalho, tendo direito à jornada limitada de 8 horas diárias e 44 horas semanais e ao recebimento dos adicionais de horas extras, intervalos e adicional noturno.

A Lei nº 13.467/2017 – Reforma Trabalhista – permite que sejam celebrados acordos ou convenções coletivas de trabalho com força de lei para versar, dentre outras hipóteses[133], sobre o teletrabalho:

Art. 611-A, CLT. A convenção coletiva e o acordo coletivo de trabalho têm prevalência sobre a lei quando, entre outros, dispuserem sobre:

(...)

VIII – teletrabalho, regime de sobreaviso, e trabalho intermitente.

133. O art. 611-A da CLT permite a celebração com prevalência sobre a lei de acordos e convenções coletivas para tratar de diversos assuntos, por exemplo, regulamento de empresa, planos de cargos e salários, fixação do grau de insalubridade, etc. Não deixe de conferir os comentários ao art. 611-A da CLT neste livro.

1.2.3. Profissionalidade

Além desses dois elementos anteriores, exclusividade e local da prestação de serviços, a profissionalidade é outro elemento não essencial à caracterização da relação de emprego[134]. Nesse sentido, será empregado tanto o trabalhador braçal como o alto executivo, artista, médico, advogado, desde que presentes os quatro requisitos do vínculo empregatício (pessoa física, habitualidade, onerosidade e subordinação). Conforme o art. 3º, parágrafo único da CLT:

> **Art. 3º, parágrafo único, CLT:** Não haverá distinções relativas à espécie de emprego e à condição de trabalhador, nem entre o trabalho intelectual, técnico e manual.

2. CARTEIRA DE TRABALHO E PREVIDÊNCIA SOCIAL[135]

▶ **Arts. 13 a 56 da CLT**

Não há formalidade específica para contratar o empregado, pois o contrato de trabalho poderá ser celebrado até mesmo de forma verbal. Há, entretanto, exigência de um documento obrigatório do empregado, chamado Carteira de Trabalho e Previdência Social – CTPS. Esse documento é utilizado para identificação do empregado, servindo como meio de prova na área trabalhista e previdenciária. No âmbito previdenciário, a CTPS é utilizada para comprovação do tempo de serviço para fins de obtenção de benefícios (auxílio-doença, aposentadoria por idade e tempo de contribuição etc.).

A falta de anotação da CTPS não afasta o vínculo empregatício, mas possibilita que a empresa seja autuada pela fiscalização. Uma vez presentes os quatro requisitos da relação de emprego, o vínculo será declarado, independentemente da anotação na CTPS. Do contrário, inúmeros empregadores deixariam de anotar as Carteiras de Trabalho, apenas para afastar a configuração do vínculo empregatício.

De acordo com o art. 611-B, I, da CLT, que traz limites ao negociado, constituem objeto ilícito de instrumento coletivo de trabalho a supressão ou a redução dos direitos relacionados à identificação profissional, inclusive as anotações na CTPS:

> **Art. 611-B da CLT.** Constituem objeto ilícito de convenção coletiva ou de acordo coletivo de trabalho, exclusivamente, a supressão ou a redução dos seguintes direitos:
>
> I – normas de identificação profissional, inclusive as anotações na Carteira de Trabalho e Previdência Social;

134. ZANGRANDO, Carlos. *Curso de Direito do Trabalho*. São Paulo: LTr, 2008. v. II, p. 457.

135. Desde a sua criação, em 1904, a carteira de trabalho passou por diversas alterações. O primeiro documento foi denominado Carteira de Trabalhador Agrícola, instituída por decreto nos anos de 1904 a 1906. Posteriormente, houve a publicação do Decreto nº 21.175/1932, regulamentado pelo Decreto nº 22.035/1932, que institui a Carteira Profissional. Apenas com o Decreto-lei nº 926, de 10 de outubro de 1969, é criada a Carteira de Trabalho e Previdência Social, nomenclatura que persiste até os dias atuais (**Carteira de Trabalho e Previdência Social**. Disponível em: <http://trabalho.gov.br/carteira-de-trabalho-e-previdencia-social-ctps>. Acesso em 16 jul. 2018).

Entendemos que o legislador acertou em excluir do âmbito da negociação coletiva as normas acerca da identificação do trabalhador, pois são dispositivos de ordem pública, cujas anotações não trazem impactos apenas no âmbito da relação de emprego. A anotação de acidentes de trabalho, por exemplo, é extremamente relevante para fins previdenciários. Além disso, a previsão em norma coletiva inviabilizaria a atuação da fiscalização do trabalho, pois as normas referentes ao assunto permitem a aplicação de multas na hipótese de descumprimento pelo empregador.

Se a empresa realizar processo seletivo prévio à contratação de empregados, por curto período de dias ou semana e com dinâmicas de grupo, demonstrações ou palestras ministradas, não há vínculo de emprego e, portanto, não há necessidade de anotação na CTPS. No caso, essa etapa prévia de seleção permite à empresa apresentar aos candidatos a dinâmica da rotina de trabalho. Se, finalizada a etapa de seleção, o candidato passar a efetivamente trabalhar na empresa desempenhando suas funções, é necessário registro imediato na CTPS, sendo devido o pagamento das verbas trabalhistas.

A legislação exige a emissão da CTPS não apenas ao empregado urbano, como também ao rural, ao empregado contratado por prazo determinado e ao trabalhador autônomo. A exigência da CTPS também é estendida aos empregados domésticos e ao trabalhador temporário, conforme previsto, respectivamente, na Lei do Doméstico e na Lei nº 6.019/1974.

De acordo com a atual redação do art. 13, § 2º da CLT, a emissão da CTPS deve atender aos modelos que o Ministério da Economia adotar. A antiga redação do dispositivo referia-se ao Ministério do Trabalho e Previdência Social. Note-se, portanto, que a modificação ocorreu tão somente para indicar que o Ministério da Economia passou a ser o órgão responsável pela emissão da CTPS. A Lei nº 14.261/2021 recriou o órgão executivo, que, atualmente, é chamada de Ministério do Trabalho e Emprego (conforme art. 17, XXVIII da Lei nº 14.600/2023), sendo sua a atribuição de regulamentar a emissão da CTPS, inclusive por meio eletrônico.

2.1. Carteira de Trabalho Digital

A Lei nº 13.874/2019 (Lei da Liberdade Econômica) alterou a redação do art. 14 da CLT para prever a emissão de CTPS em meio eletrônico. Antes dessa modificação legislativa, a emissão do documento era regulamentada pela Portaria nº 3 de 26 de janeiro de 2015, da Secretaria de Políticas Públicas de Emprego. As Superintendências, Gerências e Agências Regionais do Trabalho e Emprego eram responsáveis pela emissão da Carteira de Trabalho e Previdência Social e mediante acordos de cooperação técnica – regulamentados por normas específicas –, a emissão podia ser realizada por órgãos federais, estaduais ou municipais do Poder Executivo. O artigo em análise permitia também que os convênios fossem firmados com órgãos e entidades da Administração Pública direta e indireta. Note-se que a CTPS sempre foi emitida como documento físico e nos moldes previstos até então pelo Ministério do Trabalho.

A Lei da Liberdade Econômica modificou substancialmente a redação do art. 14 da CLT para prever que a CTPS deve ser emitida pelo Ministério da Economia[136] e, preferencial-

136. Atualmente, a atribuição de regulamentar a emissão da CTPS, inclusive por meio eletrônico, é do Ministério do Trabalho e Emprego (nomenclatura conforme art. 17, XXVIII da Lei nº 14.600/2023).

mente, em meio eletrônico. Note-se, portanto, que nem todas as CTPS serão digitais, pois o parágrafo único do dispositivo traz 3 órgãos e entidades legitimadas para a emissão em meio físico:

> I – nas unidades descentralizadas do Ministério da Economia que foram habilitadas para tanto;
>
> II – mediante convênio, por órgãos federais, estaduais e municipais da administração direta ou indireta; e
>
> III – mediante convênio com serviços notariais e de registro, sem custos para a administração, garantias as condições de segurança das informações.

A antiga redação do art. 14 da CLT já admitia a celebração de convênios com órgãos e entidades da administração direta ou indireta. Contudo, o parágrafo único do dispositivo permitia que fossem celebrados convênios com os sindicatos. Essa possibilidade foi revogada pela legislação vigente e substituída por convênios com Cartórios extrajudiciais, sem que haja custo à administração e desde que garantidas as condições de segurança das informações.

Tendo em vista que a contribuição sindical deixou de ser obrigatória para os sindicatos, a previsão de emissão de CTPS, importante documento do trabalhador, não poderia mais ser repassada para essas entidades, pois consiste em atividade vinculada à Administração Pública. É importante destacar que a função pública dos sindicatos deixou de existir com a promulgação da CF/88, que veda a intervenção e a interferência sindicais. Dessa forma, por serem entidades privadas, não podem ter a responsabilidade na emissão da CTPS.

Em que pese a Lei da Liberdade Econômica tenha estabelecido a preferência de emissão da CTPS em meio eletrônico, chamada de Carteira de Trabalho Digital[137], não traçou as hipóteses de exceção em que a emissão ocorrerá por meio físico. A atual redação do art. 15 da CLT prevê que os procedimentos para emissão da CTPS serão estabelecidos pelo Ministério da Economia em regulamento próprio, com privilégio para a emissão em formato eletrônico. Nesse sentido, até foi editada a Portaria nº 1.065, de 23/09/2019, do Ministério da Economia. Contudo, conforme já vimos, com a recriação do Ministério do Trabalho e Emprego, as atribuições referentes à CTPS (física) e Carteira de Trabalho Digital voltarem a ser suas. Dessa forma, em 08/11/2021, foi editada a Portaria MTP nº 671/2021, que anulou a portaria anterior do Ministério da Economia e, atualmente, regulamenta o assunto.

Em resumo, a regulação e gestão da CTPS, inclusive da Carteira de Trabalho Digital, é atribuição do Ministério do Trabalho e Emprego e está regulamentada pela Portaria MTP nº 671, de 8 de novembro de 2021.

Conforme dispõe o art. 2º, *caput* e parágrafo único, da Portaria MTP nº 671/2021, a CTPS é o documento onde estão registrados os dados relativos ao contrato de trabalho de um trabalhador, tendo como identificação única do trabalhador o número de inscrição no Cadastro de Pessoas Físicas - CPF.

---

137. **Art. 3º da Portaria MTP nº 671/2021**: A CTPS emitida em meio eletrônico, de que trata o art. 14 da Consolidação das Leis do Trabalho, aprovada pelo Decreto-Lei nº 5.452, de 1º de maio de 1943 - CLT, é denominada Carteira de Trabalho Digital.

Os arts. 3º e 4º da Portaria tratam da Carteira de Trabalho Digital, que é a CTPS emitida pelo meio eletrônico e que equivale, para todos os fins, ao documento físico. A Carteira de Trabalho Digital é previamente emitida a todos os inscritos no CPF, sendo necessária a habilitação pelo interessado em aplicativo específico, denominado Carteira de Trabalho Digital, disponibilizado gratuitamente para dispositivos telefones móveis ou serviço específico da Carteira de Trabalho Digital diretamente no portal acesso.gov.br.

De acordo com o art. 3º, § 3º, da Portaria MTP nº 671/2021, a Carteira de Trabalho Digital não se equipara aos documentos de identificação civis e, portanto, não poderá ser apresentada em substituição a eles.

A Portaria em comento, ainda, estabelece que a CPTS física poderá ser utilizada, em caráter excepcional, enquanto o empregador não for obrigado ao uso do eSocial[138].

Nesse ponto, vale ressaltar que nem todos os trabalhadores têm um telefone móvel, acesso à internet, ou conhecimento técnico para fazer o uso da Carteira de Trabalho Digital. Além disso, o documento físico ainda faz parte da cultura do brasileiro. Dessa forma, acreditamos que a CTPS física, apesar do que dispõe a Portaria, continuará sendo utilizada por alguns anos, até que os trabalhadores se acostumem com os documentos digitais e que todos tenham acesso aos meios necessários para obtenção desses documentos.

A CTPS digital tem o intuito de desburocratizar e de facilitar as anotações da CTPS dos empregados. Atualmente, diversos documentos públicos estão sendo emitidos em meios eletrônicos, o que facilita a consulta e a alteração das informações neles contidas. A emissão em meio eletrônico evita também a retenção ilegal da CTPS do trabalhador, o que muitas vezes impedia que o trabalhador conseguisse um novo emprego. Ademais, esse novo modelo de Carteira de Trabalho pode ainda contribuir para a fiscalização do trabalho ao permitir o acesso remoto aos documentos de empregados e verificar se o empregador está realizando as anotações corretamente.

2.2. Informações obrigatórias na CTPS

O art. 16 da CLT previa alguns elementos que a Carteira de Trabalho e Previdência Social – CTPS deveria conter. Eram eles:

> 1) número, série, data de emissão e folhas destinadas ao contrato de trabalho e de interesse da previdência social;
>
> 2) fotografia 3x4;
>
> 3) nome, filiação, data e lugar de nascimento e assinatura;
>
> 4) nome, idade e estado civil dos dependentes;
>
> 5) número do documento de naturalização ou chegada ao Brasil e demais elementos constantes da identidade de estrangeiro, quando for o caso.

138. O eSocial é um projeto do governo federal, instituído pelo Decreto nº 8.373, de 11 de dezembro de 2014, que tem por objetivo desenvolver um sistema de coleta de informações trabalhistas, previdenciárias e tributárias, armazenando-as em um Ambiente Nacional Virtual, a fim de possibilitar aos órgãos participantes do projeto, na medida da pertinência temática de cada um, a utilização de tais informações para fins trabalhistas, previdenciários, fiscais e para a apuração de tributos e da contribuição para o FGTS (**Manual de Orientação do eSocial Versão S-1.0**, disponível gratuitamente pelo site: https://www.gov.br/esocial/pt-br/documentacao-tecnica/manuais/mos-s-1-0-consolidada-ate-a-no-s-1-0-09-2021.pdf, p. 6.).

O documento possuía capa azul em material sintético mais resistente, confeccionado em papel de segurança e com plástico autoadesivo inviolável para proteção das informações relacionadas à identificação profissional e civil do empregado.

Além disso, o parágrafo único do dispositivo dispunha sobre os documentos que deveriam ser apresentados para a emissão da CTPS. Exigia-se duas fotos 3x4 e qualquer documento oficial de identificação pessoal do interessado, no qual pudessem ser colhidos dados sobre o nome completo, filiação, data e lugar de nascimento.

O art. 16 da CLT foi alterado pela Lei da Liberdade Econômica e passou a prever exclusivamente que a CTPS terá como identificação única do empregado o número de inscrição no Cadastro de Pessoas Físicas – CPF. Essa modificação é necessária para a implementação da Carteira de Trabalho Digital, uma vez que não serão necessários os mesmos documentos do trabalhador.

Por fim, a Carteira de Trabalho deixa de ter um número próprio e série de emissão, pois passará a ser vinculada exclusivamente ao CPF do empregado. Essa medida também é resultante da tentativa de desburocratização da emissão da CTPS, pois basta ao empregado fornecer seu CPF para que se possa ter acesso à CTPS.

2.3. Valor das anotações da CTPS

O art. 40 da CLT versa sobre o valor das anotações na CTPS do empregado ou trabalhador. De acordo com sua antiga redação, esse documento servia como prova nos atos que se exigem a apresentação de carteiras de identidade. Serviam, ainda, de prova para comprovação de salário, gozo de férias ou tempo de serviços nos casos de dissídio entre empresa e empregado e perante a Previdência Social, para prova de dependência e para cálculo de indenização por acidente de trabalho.

A atual redação do art. 40 da CLT, dada pela Lei da Liberdade Econômica, retirou duas hipóteses que a CTPS serve como prova e passou a estabelecer que poderá ser usada para:

> a) comprovação de salário, gozo de férias ou tempo de serviço nas reclamações trabalhistas; ou
>
> b) para o cálculo de indenização por acidente de trabalho ou moléstia profissional.

Note-se, portanto, que a CTPS deixa de ser documento hábil a ser apresentado em atos em que sejam exigidas carteiras de identidade. Essa hipótese deixou de ser possível, pois a CTPS passou a ser emitida preferencialmente em meio eletrônico e, portanto, não servirá como prova nos atos que dependam da apresentação de um documento de identidade em meio físico.

Além disso, a CTPS deixa de ser documento capaz de provar a dependência perante a Previdência Social, pois poderá não conter as informações necessárias ao INSS ou ainda impossibilitar sua análise por ser emitida em meio eletrônico.

Por outro lado, os valores recebidos pelos trabalhadores a título de salário, as datas de gozo de férias ou tempo de serviço poderão ser utilizadas como prova em reclamações trabalhistas e também para o cálculo de indenização por acidente de trabalho ou moléstia profissional.

De acordo com o art. 456 da CLT, as anotações nela presentes provam a existência do contrato individual de trabalho. As anotações colocadas na CTPS são, em regra, tomadas por verdadeiras, mas há a possibilidade de prova em contrário. Nesse sentido, a jurisprudência do TST:

> **Súmula nº 12 do TST:** "As anotações apostas pelo empregador na carteira profissional do empregado não geram presunção juris et de jure, mas apenas juris tantum."

Registre-se que as anotações são formuladas pelo empregador, o que significa que a presunção relativa inicialmente é direcionada ao empregado. Noutras palavras, sendo a anotação da CTPS um ato unilateral do empregador, pode o empregado a qualquer tempo a questionar, tendo, porém, o ônus de provar suas alegações. É evidente que o peso das anotações diante do empregador é maior, porquanto realizada por ele mesmo.

Em resumo, a modificação no art. 40 ocorreu basicamente para proibir que a CTPS seja utilizada como documento de identidade, mas permanece como documento hábil a provar os valores percebidos pelo empregado, bem como as datas de férias e de tempo de serviço.

IMPACTOS DA LEI DA LIBERDADE ECONCÔMICA

- **Carteira de Trabalho Digital.** A Lei da Liberdade Econômica alterou a redação dos art. 13, 14, 15, 16 e 40 da CLT, além de revogar os arts. 17, 20, 21, 25, 26, 30, 31, 32, 33, 34, 53, 54, 56, 141, 415, parágrafo único, 417, 419, 420, 421, 422 e 633 para prever que a CTPS será emitida preferencialmente em meio eletrônico. Vale ressaltar que é admitida a emissão em meio físico de forma excepcional por órgãos do Ministério do Trabalho e Emprego, por convênios com órgãos e entidades da administração pública direta ou indireta ou por convênios com Cartórios Extrajudiciais. As atuais regras sobre a emissão da CTPS estão regulamentadas na Portaria MTP nº 671/2021.
  - **Antes da Lei da Liberdade Econômica:** as antigas redações dos dispositivos estabeleciam que a CTPS deveria ser emitida em meio físico e previam as informações e documentos que o trabalhador deveria fornecer.
- **CTPS como meio de prova.** A legislação atual estabelece que a CTPS não pode ser utilizada como documentos de identidade. Entretanto, servirá como prova dos salários, férias e tempo de serviço, além do valor necessário para o cálculo de indenizações de acidente de trabalho e doenças do trabalho.
  - **Antes da Lei da Liberdade Econômica:** Além das hipóteses acima, a antiga redação do art. 40 da CLT estabelecia que a CTPS servia como documento de identidade e como prova para dependentes junto ao INSS.

2.4. Anotação em CTPS

De acordo com a antiga redação do art. 29, "caput", da CLT, o prazo para assinatura da carteira de trabalho era de **48 horas,** não se admitindo prorrogação, salvo motivo de força maior[139]. Ressalta-se que as demais anotações, durante o contrato de trabalho, como reajuste salarial, anotações das férias etc., também deveriam respeitar o prazo de

139. MOURA, Marcelo. **Consolidação das Lei do Trabalho para concursos:** doutrina, jurisprudência e questões de concursos. Salvador: Juspodivm, 2018. p. 106.

48 horas, sob pena de pagamento de multa. De acordo com o Precedente Normativo nº 98 do TST[140], o empregador que retiver a carteira de trabalho deverá pagar o valor de 1 dia de salário por dia de atraso:

> **Precedente Normativo nº 98 do TST:** "Será devida ao empregado a indenização correspondente a 1 (um) dia de salário, por dia de atraso, pela retenção de sua carteira profissional após o prazo de 48 horas."

O § 3º do art. 29 da CLT prevê que, na ausência de anotação da CTPS, deve ser lavrado auto de infração e comunicado à autoridade competente para instaure o procedimento de anotação. Além disso, não pode o empregador reter qualquer outro tipo de documento do trabalhador.

Ainda, há expressa vedação no art. 611-B, I, da CLT para que normas coletivas possam reduzir ou suprimir os direitos acerca da identificação profissional e das anotações da CTPS.

A Lei de Liberdade Econômica alterou a redação do "caput" do dispositivo para prever que o empregador tem o **prazo de 5 dias úteis para proceder à anotação da CTPS do trabalhador**. A alteração ocorre no sentido de desburocratizar o curto prazo de 48 horas previsto para a anotação na redação anterior.

A atual redação prevê também a possibilidade de adoção de sistema manual, mecânico ou eletrônico conforme instruções a serem expedidas pelo Ministério da Economia, hoje, Ministério do Trabalho e Emprego.

Já a regulamentação dada ao dispositivo no art. 13 da Portaria MPT nº 671/2021 determina que as anotações na Carteira de Trabalho Digital deverão ser realizadas pelo empregador por meio do eSocial. Portanto, a partir da Lei 13.854/2019, os empregadores têm o prazo de 5 dias úteis para a anotação na Carteira de Trabalho física ou digital.

No término do contrato de trabalho, a anotação da CTPS deve ser realizada no prazo de até 10 dias e devolvida ao trabalhador (art. 15, V, Portaria MTP 671/2021 e art. 477, § 6º, CLT).

2.4.1. *Anotações gerais e anotações especiais*

A CTPS traz as principais anotações da vida laboral do empregado ou trabalhador, nela constando anotações gerais e especiais. Dentre as anotações gerais, podemos citar: "a) nome, identificação (CNPJ se pessoa jurídica) e endereço do empregador; b) data de admissão, função, remuneração (inclusive o percentual a título de gorjetas ou de outra parcela variável); c) a conta do FGTS; d) o número do PIS"[141].

Dentre as anotações especiais, podemos citar: "a) contrato de trabalho temporário (Lei nº 6.019/1974); b) empregado externo (art. 62, I da CLT); c) concessão de benefícios

140. Importante fazer um rápido esclarecimento sobre **Precedentes Normativos**. Assim como as decisões reiteradas do TST em dissídios individuais dão origem às Súmulas e OJs da SDI-I e II do TST, as decisões reiteradas em dissídios coletivos formam as OJs da SDC e os Precedentes Normativos do TST. No tocante à importância desses precedentes ao direito individual, destaca-se que, apesar de não vinculativas, ou ainda, não servirem para fins de recurso de revista, as disposições previstas são importantes **fontes de interpretação**.

141. MOURA, Marcelo. **Consolidação das Leis do Trabalho para concursos.** 5. ed. Salvador: Juspodivm, 2015. p. 92.

previdenciários; d) para alguns o contrato de experiência (art. 443, "c" da CLT)"; e) condição de aprendiz (art. 46, I, Decreto nº 9.579/2018)[142].

A inexistência de anotações ou anotações inverídicas não descaracterizam a relação de trabalho ou de emprego, nem consistem em presunção absoluta de veracidade, nos termos da Súmula nº 12 do TST e da Súmula nº 225 do STF.

> **Súmula nº 12 do TST:** As anotações apostas pelo empregador na carteira profissional do empregado não geram presunção "juris et de jure", mas apenas "juris tantum".
>
> **Súmula nº 225 do STF:** Não é absoluto o valor probatório das anotações da carteira profissional.

Assim, caso haja anotação em CTPS de que o empregado recebia remuneração de R$ 1.500,00, mas na verdade sua remuneração era de R$ 2.300,00, prevalece a segunda, desde que o fato seja comprovado pelo empregado. Nesse caso, há aplicação do princípio da primazia da realidade, que privilegia a verdade dos fatos sobre aquilo que consta oficialmente em documentos.

Caso as anotações não tenham sido efetuadas, é possível que o empregado ingresse com ação declaratória, em especial para reconhecimento do tempo de serviço para fins previdenciários, nos termos da Súmula nº 242 do STJ:

> **Súmula nº 242 do STJ:** Cabe ação declaratória para reconhecimento de tempo de serviço para fins previdenciários.

2.4.2. *Anotações sobre a remuneração*

As anotações devem especificar a forma de remuneração do empregado, o salário, a estimativa da gorjeta e as utilidades concedidas pelo empregador.

Lembre-se de que, devido à má técnica legislativa, o legislador da Reforma Trabalhista revogou os dispositivos acerca da regulamentação das gorjetas (art. 457, § 5º ao 11 da CLT). Para rever essa situação, a MP nº 808/2017 havia trazido de volta as normas sobre o assunto. Com a perda de vigência da Medida Provisória no dia 23/04/2018, a CLT deixa de apresentar regulamentação específica sobre as gorjetas. Contudo, o rateio e a distribuição das gorjetas aos empregados devem se manter na forma dos usos e costumes, diante da ausência de previsão legal.

Ainda, tendo em vista a expressa previsão do §1º do artigo em comento, permanece a obrigatoriedade de anotação do salário fixo e da média dos valores das gorjetas referente aos últimos 12 meses. Veja, nesse sentido, a redação do § 8º do art. 457 da CLT, que se encontra revogado:

> **Art. 457, § 8º da CLT (com redação dada pela revogada MP nº 808/2017):** As empresas deverão anotar na Carteira de Trabalho e Previdência Social de seus empregados o salário fixo e a média dos valores das gorjetas referente aos últimos doze meses.

142. MOURA, Marcelo. **Consolidação das Leis do Trabalho para concursos.** 5. ed. Salvador: Juspodivm, 2015. p. 92.

2.4.3. Apresentação da CTPS

A Lei nº 13.874/2019 acrescentou o § 6º ao art. 29 da CLT para dispor que a comunicação pelo trabalhador do número de inscrição no CPF ao empregador equivale à apresentação da Carteira de Trabalho Digital, dispensado o empregado da emissão de recibo. Como vimos nos comentários do tópico anterior, a regra será a emissão de CTPS em meio eletrônico e o número de inscrição do CPF do trabalhador servirá como identificação única para fins de anotação na CTPS.

Novamente essa medida foi prevista com o intuito de facilitar a contratação de trabalhadores, não sendo mais exigida a apresentação do documento físico ou da necessidade de o empregador emitir recibo de devolução da CTPS.

2.4.4. Registros eletrônicos equivalentes às anotações

A Lei da Liberdade Econômica passou a prever também que os registros eletrônicos gerados pelo empregador nos sistemas informatizados da CTPS em meio digital equivalem às anotações a que se refere a CTPS. Tendo em vista a instituição da Carteira de Trabalho Digital, já nos termos do art. 13 da Portaria MPT nº 671/2021, as anotações da Carteira de Trabalho Digital passaram a ocorrer exclusivamente em meio eletrônico servindo como prova os registros no eSocial. Nos casos excepcionais em que o empregado e empregador ainda utilizam a CTPS física, as anotações continuarão a ser feitas mecanicamente.

Por fim, a redação do acrescido § 3º do art. 135 da CLT estabelece que as anotações das férias do empregado também devem ser feitas nos sistemas informatizados da Carteira de Trabalho Digital (eSocial).

2.4.5. Prazo para acesso às informações de anotação

O §8º do art. 29 da CLT estabeleceu que o trabalhador terá acesso às informações de sua CTPS no prazo de até 48 horas a partir de sua anotação. Portanto, o empregador terá 5 dias úteis para proceder à anotação da CTPS em meio digital. Feita a anotação, o trabalhador deverá ter acesso à CTPS atualizado em até 48 horas.

Com a implementação total do eSocial, essa obrigação prática tende a se adaptar, pois o sistema permite a transmissão direta de eventos de registro de dados trabalhistas, que passam a ser automaticamente integrados à Carteira de Trabalho Digital do trabalhador.

O eSocial é um sistema do governo federal que unifica o envio, por parte dos empregadores, de informações fiscais, previdenciárias e trabalhistas relacionadas aos seus empregados. Criado pelo Decreto nº 8.373/2014, ele faz parte do SPED e substitui a entrega de diversas obrigações acessórias, como GFIP, CAGED e RAIS. No eSocial são registrados dados como admissão, demissão, folha de pagamento, jornada, FGTS, INSS, afastamentos e eventos de saúde e segurança do trabalho (SST). É obrigatório para empresas, órgãos públicos, MEIs com empregados, empregadores domésticos e produtores rurais, visando simplificar obrigações, reduzir burocracia e melhorar a fiscalização.

Assim, após o envio pelo eSocial, as informações ficam disponíveis em tempo real, dispensando a necessidade de um registro adicional pelo empregador na CTPS digital. Esse avanço visa simplificar o processo de documentação e registro das relações trabalhistas, promovendo a atualização imediata e o acesso facilitado para o trabalhador, mas sem necessariamente revogar o prazo previsto na legislação, enquanto o sistema ainda se consolida.

2.4.6. Multa pelo descumprimento do dever de anotação

Em 24 de agosto de 2022, foi publicada a Lei nº 14.438/2022 (fruto da conversão da Medida Provisória nº 1.107, de 2022), que, entre outras providências, incluiu os arts. 29-A e 29-B à CLT, fixando valores de multa aos empregadores que não procederem com a anotação adequada da CTPS de seus empregados.

Conforme dispõe o § 1º do art. 29, o empregador tem o dever de, nas anotações concernentes à remuneração, especificar o salário, qualquer que seja sua forma de pagamento, seja ele em dinheiro ou em utilidades, bem como a estimativa da gorjeta. Descumprida essa obrigação, ficará sujeito à multa de R$ 3.000,00 por empregado prejudicado, acrescido de igual valor em cada reincidência. A multa será de R$ 800,00 no caso de microempresa ou de empresa de pequeno porte. Importante, ainda, ressaltar que essa infração constitui exceção ao critério da dupla visita.

Já o § 2º do dispositivo dispõe que as anotações na CTPS serão feitas: a) na data-base; b) a qualquer tempo, por solicitação do trabalhador; c) no caso de rescisão contratual; ou d) necessidade de comprovação perante a Previdência Social. Descumpridos os prazos para as anotações, o empregador estará sujeito à multa de R$ 600,00 por empregado prejudicado.

2.4.7. Vedação de anotações desabonadoras

De acordo com o § 4º do art. 29 da CLT, é vedado ao empregador a realização de anotações desabonadoras à conduta do empregado. A CTPS é um importante documento do empregador e a anotação de condutas desabonadoras, ainda que efetivamente tenham ocorrido, podem impedir que esse trabalhador obtenha novo empregado.

Por exemplo, o empregador não pode anotar a ocorrência de falta grave na CTPS do empregado, devendo apenas registrar a data do desligamento do trabalhador.

Além da impossibilidade de anotações desabonadoras, não pode o empregador adotar condutas contrárias à boa-fé contratual, como é o caso de cortar as pontas da CTPS para identificar o mau empregado ou o empregado inconveniente na visão da empresa[143].

Não se admite, também, a anotação da CTPS com alusão à determinação judicial em ação trabalhista, que constitui conduta ilegal, desabonadora e abusiva, tendo em vista promover a discriminação do empregado em sua recolocação no mercado de trabalho, configurando ofensa à sua honra[144].

Caso haja anotação da conduta desabonadora, o empregador poderá sofrer condenação em danos morais. Além disso, poderá ser autuado pela fiscalização do trabalho, estando sujeito à multa prevista no art. 52 da CLT:

143. MOURA, Marcelo. **Consolidação das Lei do Trabalho para concursos:** doutrina, jurisprudência e questões de concursos. Salvador: Juspodivm, 2018. p. 103.
144. RR - 1837-80.2012.5.02.0231, Relator Ministro: Walmir Oliveira da Costa, Data de Julgamento: 23/08/2017, 1ª Turma, Data de Publicação: DEJT 25/08/2017.

> **Art. 52 da CLT:** O extravio ou inutilização da Carteira de Trabalho e Previdência Social por culpa da empresa sujeitará esta à multa de valor igual a metade do salário mínimo regional.

Note-se que a multa era prevista em valores de salário-mínimo regional. Ressalta-se que, com a promulgação da CF/88, o salário mínimo tornou-se nacionalmente unificado. Dessa forma, os valores atuais dessa multa estão previstos no Anexo I da Portaria 66, de 2024, do Ministério do Trabalho e Emprego, no valor de R$ 208,09.

2.4.8. *Falta de anotação da CTPS e a não configuração de dano moral* in re ipsa *(Incidente de Recurso de Revista Repetitivo nº 60 do TST)*

Embora o descumprimento do dever legal de anotar a CTPS possa gerar sanções administrativas e consequências trabalhistas, o Tribunal Superior do Trabalho firmou entendimento de que esse descumprimento, por si só, não caracteriza automaticamente dano moral. Em fevereiro de 2025, o Pleno do TST, em sede de Incidente de Recurso de Revista Repetitivo, fixou a tese vinculante nº 60, a qual afirma que a ausência de anotação do vínculo de emprego na Carteira de Trabalho não configura dano moral *in re ipsa*, sendo necessária a demonstração do prejuízo efetivo para fins de reparação civil.

De acordo com a tese firmada:

> A ausência de anotação do vínculo de emprego na Carteira de Trabalho não caracteriza dano moral in re ipsa, sendo necessária a comprovação de constrangimento ou prejuízo sofrido pelo trabalhador em seu patrimônio imaterial para ensejar a reparação civil, nos termos dos arts. 186 e 927 do Código Civil (TST-RRAg-0020084-82.2022.5.04.0141, Relator: Ministro Aloysio Corrêa da Veiga, Tribunal Pleno, DJE: 14/03/2025).

A decisão se alinha ao disposto no art. 223-B da CLT, que exige, para a configuração do dano moral, ofensa concreta à esfera extrapatrimonial do empregado. Assim, ainda que o registro do contrato de trabalho na CTPS seja obrigatório – com prazo de até 5 dias úteis, nos termos do art. 29 da CLT – o simples inadimplemento dessa obrigação não gera automaticamente o dever de indenizar. O empregado deverá comprovar, por exemplo, que a omissão lhe causou constrangimento público, dificuldade de acesso a novos empregos ou prejuízos relevantes à sua dignidade pessoal ou profissional.

Dessa forma, o entendimento consolidado do TST é no sentido de que a ausência de anotação na CTPS não gera, por si só, o dano moral *in re ipsa*, ou seja, os prejuízos, nesses casos, não ocorrem automaticamente dos fatos comprovados.

IMPACTOS DA LEI DA LIBERDADE ECONÔMICA

- **Prazo para anotação da CTPS.** A Lei da Liberdade Econômica alterou a redação do art. 29 da CLT para prever que a CTPS deverá ser anotada em até 5 dias úteis.
  - **Antes da Lei da Liberdade Econômica:** A antiga redação do dispositivo estabelecia que a CTPS deveria ser anotada no prazo de 48 horas.
- **Forma de anotação da Carteira e Trabalho Digital.** A Lei da Liberdade Econômica estabeleceu que a Carteira de Trabalho deve ser emitida preferencialmente pelo meio digital. Com a regulamentação trazida pela Portaria MPT nº 671/2021, as anotações passam a ser feitas pelo eSocial.
  - **Antes da Lei da Liberdade Econômica:** Antes da implementação do eSocial e da Carteira de Trabalho Digital, as anotações eram feitas mecanicamente no documento físico do empregado.

2.5. CTPS do adolescente

De acordo com o Art. 4º, I, do Código Civil de 2002, são considerados relativamente incapazes os maiores de dezesseis e menores de dezoito anos, que podem praticar atos da vida civil apenas com a assistência de um representante legal, sob pena de nulidade. A Consolidação das Leis do Trabalho (CLT), em seu Art. 402, define o trabalhador menor como aquele com idade entre quatorze e dezoito anos. Assim, um trabalhador adquire capacidade plena para celebrar contratos de trabalho somente aos 18 anos, necessitando de autorização dos responsáveis legais até essa idade.

Diante dessa incapacidade relativa, competia aos representantes legais da pessoa com menos de 18 anos a responsabilidade de prestar declarações para a retirada da Carteira de Trabalho e Previdência Social – CTPS conforme o antigo art. 417, b, da CLT. Contudo, essa regra foi revogada pela Lei de Liberdade Econômica (Lei nº 13.874/2019). Com a implementação da Carteira de Trabalho Digital, a emissão é feita automaticamente para todos os inscritos no CPF, sendo necessário apenas habilitá-la, conforme o art. 3º, § 2º, da Portaria MTP nº 671/2021. Essa portaria regulamenta a Carteira de Trabalho Digital e proíbe sua emissão para pessoas com menos de 14 anos (art. 5º, § 1º). Assim, pode-se concluir que a CTPS dos adolescentes com 14 anos ou mais já está automaticamente emitida e vinculada aos seus CPFs, bastando sua habilitação, o que dispensa a assistência de representantes legais.

2.6. Registro de empregados

Diferentemente da CTPS, que é documento pessoal do trabalhador, o empregador é obrigado a efetuar o registro de seus empregados em livros, fichas ou sistemas eletrônicos, o que corresponde a documento interno da empresa (próprio do empregador). Nos termos do "caput" do art. 14 da Portaria MPT nº 671/2021, o registro de empregados é composto por dados relativos à admissão no emprego, duração e efetividade do trabalho, férias, acidentes e demais circunstâncias que interessem à proteção do trabalhador.

De acordo com o art. 41 da CLT:

> **Art. 41, CLT:** Em todas as atividades será obrigatório para o empregador o registro dos respectivos trabalhadores, podendo ser adotados livros, fichas ou sistema eletrônico, conforme instruções a serem expedidas pelo Ministério do Trabalho.
>
> **Parágrafo único:** Além da qualificação civil ou profissional de cada trabalhador, deverão ser anotados todos os dados relativos à sua admissão no emprego, duração e efetividade do trabalho, as férias, acidentes e demais circunstâncias que interessem à proteção do trabalhador.

A omissão ou a prestação de declaração falsa ou inexata será considerada infração, nos termos do § 3º do art. 29 e do art. 47 da CLT.

O art. 13, "caput", da Portaria MPT nº 671/2021, estabelece que o registro, em regra, deverá ser realizado pelo empregador por meio do eSocial. Contudo, conforme art. 17, o empregador já obrigado ao eSocial pode optar por não realizar o registro dos empregados por meio eletrônico, hipótese em que deverá anotar as informações necessárias em livro ou ficha de registro, que permanecerá no estabelecimento ao qual o trabalhador estiver vinculado.

A Portaria nº 3.626/1991 determinava que o empregador mantivesse o registro de empregados em cada estabelecimento. Entretanto, o art. 3º da Portaria nº 41/2007 possibilitava o controle único e centralizado do registro de empregados, desde que os trabalhadores utilizassem cartão de identificação ("crachá"), contendo seu nome completo, número de inscrição no PIS/PASEP, horário de trabalho e cargo ou função. Ambas foram anuladas pela Portaria MPT nº 671/2021.

A atual regulamentação, contudo, não é muito clara quanto à possibilidade de controle único e centralizado do registro de empregados para aqueles que o fazem em livros e fichas físicos. Conforme, art. 398 "caput", da Portaria MPT nº 671/2021, o empregador deve manter o registro de empregados em cada estabelecimento. Nesse caso, o registro dos empregados da empresa deve ser armazenado por período indeterminado, pois não há prazo previsto na legislação para a sua inutilização. Caso o empregado esteja registrado em livro ou ficha e trabalhe em local diverso do estabelecimento ao qual está vinculado, o empregador deverá fornecer "crachá" que contenha seu nome completo, número do CPF, cargo e matrícula.

Por fim, os empregadores eventualmente dispensados da obrigação do envio de informações pelo eSocial poderão efetuar o registro de empregados em sistema informatizado que garanta a segurança, a inviolabilidade, a manutenção e a conservação das informações, conforme dispõe o art. 22 da referida Portaria.

2.6.1. Multa administrativa por ausência do registro de empregados (Reforma Trabalhista)

A ausência de registro de empregados assegura a aplicação de multa pela fiscalização do trabalho. A Reforma Trabalhista alterou a redação do art. 47 da CLT para majorar a multa aplicada na ausência de registro de empregados:

> **Art. 47, CLT.** O empregador que mantiver empregado não registrado nos termos do art. 41 desta Consolidação ficará sujeito a multa no valor de R$ 3.000,00 (três mil reais) por empregado não registrado, acrescido de igual valor em cada reincidência.
>
> § 1º Especificamente quanto à infração a que se refere o caput deste artigo, o valor final da multa aplicada será de R$ 800,00 (oitocentos reais) por empregado não registrado, quando se tratar de microempresa ou empresa de pequeno porte.
>
> § 2º A infração de que trata o caput deste artigo constitui exceção ao critério da dupla visita.

A multa foi aumentada de pouco mais de R$ 400,00 na regulamentação anterior, para o valor de R$ 3.000,00 por empregado não registrado, com acréscimo de igual valor na hipótese de reincidência. Portanto, a atual redação do dispositivo determinou o aumento significativo no valor das autuações, o que ajudará a coibir a informalidade.

O art. 634, § 2º, da CLT, com redação dada pela Reforma Trabalhista, assegura o reajuste no valor das multas estabelecidas em moeda corrente de acordo com a Taxa Referencial divulga pelo Banco Central.

Tendo em vista que a Taxa Referencial não repõe o valor da inflação anual, os valores previstos às multas trabalhistas perderão valor real com o passar dos anos e passarão a ter cada vez menos impacto no caso de descumprimento pelo empregador.

Não sendo efetuado o pagamento da multa administrativa e finalizado o procedimento administrativo que permite o questionamento da autuação, é realizada a inscrição na dívida ativa da União para viabilizar a cobrança judicial. A certidão da dívida ativa constitui título executivo extrajudicial.

A cobrança da multa deve seguir as regras previstas para a Execução Fiscal na Lei nº 6.830/1980 e será proposta pelo órgão judicial de representação da União perante a Justiça do Trabalho[145]:

> **Art. 114. VII, CF/88:** Compete à Justiça do Trabalho processar e julgar: as ações relativas às penalidades administrativas impostas aos empregadores pelos órgãos de fiscalização das relações de trabalho;

A Reforma Trabalhista assegurou tratamento diferenciado às microempresas e empresas de pequeno porte no valor cobrado pela multa por ausência de registro de empregados. De acordo com a atual redação do § 1º do art. 47 da CLT, essas empresas estarão sujeitas à multa no valor de R$ 800,00 por empregado não registrado.

Os valores atuais dessa multa estão previstos no Anexo I da Portaria 66, de 2024, Ministério do Trabalho e Emprego, no valor de **R$ 3.101,73** por empregado não registrado, acrescido de igual valor em cada reincidência. No caso de Micro Empresas e Empresas de Pequeno Porte, a multa será de **R$ 827,13** por empregado não registrado, acrescido de igual valor em cada reincidência.

Multa por ausência de registro de empregados

- **Regra geral:** R$ 3.101,73 por empregado não registrado
  - Na hipótese de reincidência: R$ 6.203,46 por empregado
  - Reajuste: Taxa TR (art. 634, § 2º, CLT - Redação dada pela Reforma Trabalhista)
- **Microempresas e empresas de pequeno porte:** R$ 827,13 por empregado não registrado
  - Reajuste: Taxa TR
  - Na hipótese de reincidência: R$ 1.654,26 por empregado
  - Reajuste: Taxa TR (art. 634, § 2º, CLT - Redação dada pela Reforma Trabalhista)

Importante: microempresas têm receita bruta anual igual ou inferior a R$ 360.000,00. Já as empresas de pequeno porte têm receita anual superior a R$ 360.000,00 e igual ou inferior a 4.800.000,00.

Ademais, o § 2º do art. 47 da CLT, acrescentado pela Reforma Trabalhista, determinou expressamente a não aplicação do critério da dupla visita na hipótese de ausência de registro de empregados. Há casos expressamente previstos em lei em que o agente de inspeção não vai lavrar o auto de infração no momento imediato da constatação da infração à norma trabalhista. É o que se denomina **dupla visita**, ou seja, o Auditor-Fiscal do Trabalho constata uma irregularidade em uma primeira visita, mas garante a oportunidade da empresa se adequar às disposições legais e realiza em momento posterior uma segunda visita. Somente nesse momento e, se persistirem as irregularidades, o fiscal poderá lavrar o auto de infração.

145. MOURA, Marcelo. *Consolidação das Leis do Trabalho para concursos*. 5. ed. Salvador: Juspodivm, 2015. p. 697.

2.6.2. Multa decorrente de informações incompletas no registro de empregados (Reforma Trabalhista)

O art. 41, parágrafo único da CLT exige que constem algumas informações obrigatórias no registro dos empregados:

> **Art. 41, parágrafo único, da CLT:** Além da qualificação civil ou profissional de cada trabalhador, deverão ser anotados todos os dados relativos à sua admissão no emprego, duração e efetividade do trabalho, a férias, acidentes e demais circunstâncias que interessem à proteção do trabalhador.
>
> Dessa forma, é obrigatório constar no registro de cada um dos empregados os seguintes dados:
>
> a) Qualificação civil ou profissional;
>
> b) Admissão no emprego;
>
> c) Duração e efetividade do trabalho;
>
> d) Férias.
>
> e) Acidentes;
>
> f) Demais circunstâncias que interessem à proteção do trabalhador.

De acordo com o novo art. 47-A da CLT, se o empregador realizar o registro de seus empregados, mas não informar algum dos dados exigidos no parágrafo único do art. 41 da CLT ficará sujeito à multa no valor de R$ 600,00 por empregado prejudicado:

> **Art. 47-A.** Na hipótese de não serem informados os dados a que se refere o parágrafo único do art. 41 desta Consolidação, o empregador ficará sujeito à multa de R$ 600,00 (seiscentos reais) por empregado prejudicado.

A atual redação do art. 634, § 2º da CLT dada pela Reforma Trabalhista assegura o reajuste no valor das multas estabelecidas em moeda corrente de acordo com a Taxa Referencial divulga pelo Banco Central:

> **Art. 634, § 2º da CLT** (*Redação dada pela Lei de Reforma Trabalhista*): Os valores das multas administrativas expressos em moeda corrente serão reajustados anualmente pela Taxa Referencial divulgada pelo Banco Central do Brasil, ou pelo índice que vier a substituí-lo.

O valor atual dessa multa está previsto no Anexo I da Portaria 66, de 2024, Ministério do Trabalho e Emprego, sendo de **R$ 620,35** por empregado prejudicado.

CTPS	
Carteira de trabalho digital	**preferencialmente emitida por meio eletrônico (art. 14 da CLT).**
Identificação única do empregado	número de inscrição do empregado no CPF (desburocratização).
Apresentação da CTPS	**comunicação pelo trabalhador do número do CPF, dispensado o empregador da emissão de recibo**

CTPS	
Prazo para anotação da CTPS	**5 dias úteis (art. 29 da CLT)**
Registros eletrônicos gerados nos sistemas informatizados (eSocial)	equivalem às anotações da CTPS.
Acesso do trabalhador às informações no sistema	Em até 48 horas a partir de sua anotação
Perda de valor da anotação da CTPS	a) Deixa de ser documento hábil a ser apresentado em atos em que sejam exigidas carteiras de identidade. Modificação, pois será emitida em meio eletrônico. b) Deixa de ser documento capaz de provar a dependência perante a Previdência Social
Meio de prova	Permanece como meio de prova para: a) comprovação de salário, gozo de férias ou tempo de serviço nas reclamações trabalhistas; ou b) para o cálculo de indenização por acidente de trabalho ou moléstia profissional.
Multa pelo descumprimento do dever de anotação	a) R$ 3.000,00 (três mil reais) por empregado prejudicado no descumprimento do disposto no caput e no § 1º do art. 29 da CLT; • R$ 800,00 no caso de microempresa ou de empresa de pequeno porte. • Exceção ao critério da dupla visita. b) R$ 600,00 (seiscentos reais) por empregado prejudicado no descumprimento do disposto no caput e no § 2º do art. 29 da CLT.
Registro de empregados	
Documento obrigatório do empregador	Anotação de dados dos trabalhadores
Ausência de registro dos empregados	– **Regra geral:** R$ 3.000,00 por empregado não registrado › Na hipótese de reincidência: R$ 6.000,00 por empregado
	› Reajuste: Taxa TR (art. 634, § 2º, CLT – Redação dada pela Reforma Trabalhista) – **Microempresas e empresas de pequeno porte:** R$ 800,00 por empregado não registrado › Reajuste: Taxa TR
Ausência de informações no registro	multa no valor de R$ 600,00 por empregado prejudicado.

2.7. Exigência de experiência prévia (art. 442-A da CLT)

No ano de 2008, a CLT foi alterada para incentivar o ingresso de novos profissionais no mercado de trabalho. Como forma de proporcionar que trabalhadores, ainda sem experiência, possam ocupar novos postos de trabalho, o empregador está proibido de exigir do candidato comprovação de experiência prévia por tempo superior a 6 meses. De acordo com o art. 442-A da CLT:

> **Art. 442-A da CLT:** Para fins de contratação, o empregador não exigirá do candidato a emprego comprovação de experiência prévia por tempo superior a 6 (seis) meses no mesmo tipo de atividade.

É difícil, na prática, fiscalizar a conduta do empregador, pois não há necessidade de fundamentar o motivo da não contratação dos candidatos mais inexperientes. Entretanto, se comprovada a prática discriminatória, por meio de anúncio no jornal, por exemplo, a empresa pode ser autuada pela fiscalização do trabalho.

2.8. Exigência de certidão negativa de antecedentes criminais na contratação do empregado

Em março de 2015, o TST acolheu a proposta de Incidente de Recurso de Revista Repetitivo nos processos RR-243000-58.2013.5.13.0023 e RR-184400-89.2013.5.13.0008 referentes ao tema "Dano Moral. Exigência de Certidão Negativa de Antecedentes Criminais" a ser julgado pela SDI-I por meio de sorteio do recurso a um relator e revisor. Foi submetida a seguinte questão para julgamento: **"A exigência de apresentação de certidão de antecedentes criminais pelos candidatos ao emprego gera dano moral?"**.

No julgamento, o TST firmou a tese de que a exigência de antecedentes criminais que venha a configurar tratamento discriminatório do trabalhador ou que não se justifica em razão de previsão de lei, natureza do ofício ou do grau especial de fidúcia existente na relação de emprego configura dano moral, que será devido independentemente se o trabalhador foi ou não contratado pela empresa.

Por outro lado, se existir previsão legal, se assim demandar a natureza do ofício ou o grau especial de fidúcia, é possível que o empregador exija a Certidão de Antecedentes Criminais. Em caráter exemplificativo, o Tribunal elencou exemplos de profissões que permite a Certidão de Antecedentes pelo empregador:

> - Empregados domésticos, cuidadores de menores, idosos ou deficientes (em creches, asilos ou intuições afins);
> - Motoristas rodoviários de carga;
> - Empregados que laboram no setor da agroindústria no manejo de ferramentas de trabalho perfurocortantes,
> - Bancários e afins;
> - Trabalhadores que atuam com substâncias tóxicas, entorpecentes e armas;
> - Trabalhadores que atuam com informações sigilosas.

Ressalta-se que não há impedimento para que outras profissões também possam permitir a exigência de certidão de Antecedentes Criminais, pois a lista apresentada é apenas exemplificativa. Nesse sentido, entendemos que, por exemplo, os trabalhadores de transporte de valores, em razão da fidúcia especial inerente ao trabalho, também podem ser submetidos à apresentação dos antecedentes.

EXIGÊNCIA DE ANTECEDENTES CRIMINAIS

(Incidente de recurso de revista repetitivo do TST)

- **Tese firmada:** não é possível exigir antecedentes quando:
  1) Configurar tratamento discriminatório
  2) não se justificar em razão de previsão de lei, natureza do ofício ou do grau especial de fidúcia existente na relação de emprego
- **Direito a indenização por danos morais:** nesse caso, o TST decidiu que o trabalhador tem direito a danos morais, independentemente se o trabalhador foi ou não contratado pela empresa.
- **Exceções que permitem a exigência de antecedentes:**
  1) **Se existir previsão em lei.** Ex.: vigilante (art. 28, V, da Lei nº 14.967/2024)
  2) **Se a natureza do ofício desenvolvido exigir.** Ex.: transporte de valores;
  3) **Se houver grau especial de fidúcia** (confiança entre as partes). Ex.: empregada doméstica, babá, etc.

3. RELAÇÕES EMPREGATÍCIAS ESPECIAIS

Há empregados que possuem direitos peculiares em razão da atividade exercida, ou em razão da sua própria condição física. Em todos os casos tratados a seguir, há presença dos quatro requisitos essenciais da relação de emprego. O que irá diferenciar uma relação da outra será a ampliação ou redução de direitos trabalhistas.

3.1. Empregado rural

▸ **Lei nº 5.889/73**[146]

Inicialmente, o empregado rural não possuía os mesmos direitos dos empregados urbanos. Com a promulgação da Constituição Federal de 1988, ocorreu a equiparação de direitos entre empregados urbanos e rurais. Há, entretanto, algumas peculiaridades do meio rural, previstas na Lei nº 5889/73, que devem ser estudadas, pois são frequentes em provas de concurso público para o cargo de Analista do TRT.

Ressalta-se que a Reforma Trabalhista não modificou nenhum dispositivo da Lei do Rural – Lei nº 5.889/1973. Entretanto, haverá impactos indiretos da Lei nº 13.467/2017 à regulamentação dos direitos dos empregados rurais, pois a CLT tem aplicação naquilo em que não colidir com a legislação específica:

> **Art. 1º, Lei nº 5.889/1973:** As relações de trabalho rural serão reguladas por esta Lei e, no que com ela não colidirem, pelas normas da Consolidação das Leis do Trabalho, aprovada pelo Decreto-lei nº 5.452, de 01/05/1943.

146. O candidato deve estar atento para o fato de que, em outubro de 2015, o TST cancelou as Orientações Jurisprudenciais nº 315 e 419 da SDI-I do TST que versavam sobre a figura do empregado rural.

3.1.1. *Identificação da figura do empregado e empregador rural*

Empregado rural possui os mesmos requisitos dos demais para configurar o vínculo empregatício: pessoa física, não eventualidade, onerosidade e subordinação. O ponto essencial para identificar o trabalhador rural é prestar serviços ao empregador rural:

> **Art. 2º da Lei nº 5.889/73:** Empregado rural é toda pessoa física que, em propriedade rural ou prédio rústico, presta serviços de natureza não eventual a empregador rural, sob a dependência deste e mediante salário.

O elemento importante para identificar o trabalhador rural é definir quem é o **empregador rural**. De acordo com a lei, é a pessoa física ou jurídica que explore a atividade agroeconômica. Assim sendo, mesmo que o prédio esteja localizado em área urbana, se a sua destinação envolver exploração agrícola ou pecuária, o empregado será rural.

Deve-se ressaltar que o empregado que prestar serviços ao empregador rural em âmbito residencial, por exemplo, na sede da fazenda, é empregado doméstico, pois não está inserido em atividade lucrativa.

No campo, é frequente a figura do aliciador de trabalhadores, chamado de "gato", que funciona como intermediário de mão de obra. Ele contrata e fornece transporte aos trabalhadores rurais e os coloca à disposição do empregador. Nesse caso, a intermediação é ilícita e o vínculo empregatício será diretamente com o empregador rural. Nesse sentido:

> Os denominados gatos ou turmeiros, os quais ficam arregimentando trabalhadores para laborar em propriedades rurais, não são considerados empregadores, mas sim simples intermediários, formando-se o vínculo de emprego dos empregados rurais diretamente com a empresa rural[147].

Importante destacar que houve alteração do art. 7º, XXIX, da CF/88, e o prazo prescricional do trabalhador rural passou a ser o mesmo do urbano: dois anos para ingressar com a ação judicial, após a extinção do contrato, com possibilidade de pleitear os direitos trabalhistas, dos últimos cinco anos, a contar da propositura da ação. Em adequação à Constituição Federal, a Reforma Trabalhista modificou o "caput" do art. 11 da CLT e revogou seus incisos para prever a prescrição de 5 anos para trabalhadores urbanos e rurais, desde que a ação seja ajuizada até o limite de dois anos após a extinção do contrato de trabalho.

Antes da alteração do prazo prescricional pela EC nº 28/2000, o empregado rural poderia pleitear as verbas trabalhistas de todo o período trabalhado, pois não havia prescrição durante o curso da relação de emprego, como ocorria para o empregado urbano.

3.1.2. *Peculiaridades dos empregados rurais*

a) Aviso-prévio

O aviso-prévio é dado pela parte (empregado ou empregador) que decidir pôr fim à relação empregatícia. Se a iniciativa partir do empregador, a legislação trabalhista prevê a redução da jornada de trabalho, como forma de proporcionar ao trabalhador a busca por

147. SARAIVA, Renato. *Direito do Trabalho. Série Concurso Público*. 7. ed. São Paulo: Método, 2008. p. 60.

um outro emprego. O empregado rural notificado da dispensa sem justa causa tem direito à redução de um dia por semana para buscar novo emprego, sem prejuízo da sua remuneração.

> A título de comparação, o empregado urbano terá redução de duas horas diárias ou sete dias corridos, de acordo com o art. 488 da CLT.

b) Intervalo intrajornada

O intervalo concedido ao empregado rural para descanso e refeição, na jornada superior a seis horas, será de acordo com os usos e costumes da região. Cabe frisar, entretanto, que o TST posicionou no sentido de que o empregado rural que tenha jornada superior a seis horas diárias possui o direito ao **intervalo de, no mínimo, 1 hora**, conforme súmula nº 437 do TST.

Esta Súmula, no entanto, pode passar por alterações com o advento da Reforma Trabalhista. Isso porque, a Reforma Trabalhista possibilita a redução do intervalo intrajornada para o mínimo de 30 minutos, desde que prevista por instrumento coletivo.

> **Art. 611-A da CLT** *(Inserido pela Reforma Trabalhista):* A convenção coletiva e o acordo coletivo de trabalho têm prevalência sobre a lei quando, entre outros, dispuserem sobre:
>
> (...)
>
> III – intervalo intrajornada, respeitado o limite mínimo de trinta minutos para jornadas superiores a seis horas;

Além disso, caso este intervalo intrajornada mínimo não seja concedido ou seja concedido parcialmente, há o pagamento com adicional de 50% sobre o valor da hora normal, apenas, em relação ao período suprimido e essa parcela tem natureza indenizatória (art. 71, §4º da CLT).

c) Serviços intermitentes:

Outra particularidade diz respeito aos serviços intermitentes, em que há possibilidade de intervalos mais longos, como dos empregados que trabalham com gado leiteiro, que saem de madrugada para a primeira ordenha e voltam apenas no fim da tarde para a segunda. O Marco Regulatório Trabalhista Infralegal (Decreto 10.854/2021), que passou a regulamentar a Lei do Rural, traz o conceito para esses serviços:

> **Art. 91, parágrafo único, Decreto nº 10.854/2021:** Considera-se serviço intermitente aquele que, por sua natureza, seja normalmente executado em duas ou mais etapas diárias distintas, desde que haja interrupção da jornada de trabalho de, no mínimo, cinco horas, entre uma e outra parte da execução da tarefa.

Esses intervalos de, no mínimo, 5 horas (art. 91, parágrafo único, Decreto 10.854/2021), não são computados na jornada de trabalho do empregado rural, mas devem estar expressamente ressalvados na CTPS do rural[148].

148. **Art. 6º da Lei nº 5889/73.** "Nos serviços caracteristicamente intermitentes, não serão computados, como de efetivo exercício, os intervalos entre uma e outra parte da execução da tarefa diária, desde que tal hipótese seja expressamente ressalvada na Carteira de Trabalho e Previdência Social."

A título de comparação, não há nenhuma previsão na CLT de intervalos para serviços intermitentes. De acordo com o art. 71 da CLT, o empregado tem direito a um intervalo intrajornada de, no mínimo, 1 e, no máximo, 2 horas, salvo norma coletiva ou acordo individual em contrário. Com a Reforma Trabalhista, passou-se a admitir a redução do intervalo intrajornada até 30 minutos.

d) Trabalho noturno

O ser humano não possui hábitos noturnos. Assim sendo, o trabalho noturno deve conter aspectos mais protetivos e possuir remuneração superior à do diurno. O horário noturno será de acordo com a atividade desenvolvida: a) na pecuária inicia-se às 20 horas e termina às 4 horas; b) na agricultura, a jornada será das 21 horas às 5 horas. A hora noturna rural, ao contrário do trabalhador urbano, não é reduzida, ou seja, a hora terá duração de 60 minutos. Durante a jornada noturna há necessidade de pagamento de adicional noturno de, no mínimo, 25% a mais que a hora diurna.

A título de comparação, o horário noturno do empregado urbano é das 22 horas às 5 horas. A hora noturna é reduzida: 52 minutos e 30 segundos. E o adicional noturno de, no mínimo, 20% sobre a hora diurna, de acordo com art. 73 da CLT.

TRABALHO NOTURNO

Pecuária

- 20h
- Adicional 25%
- 4h

Agricultura

- 21h
- Adicional 25%
- 5h

e) Salário utilidade ou salário *in natura*

O salário poderá ser pago em dinheiro ou, ainda, em utilidades, como alimentação e moradia. Essa forma de pagamento é chamada de salário *in natura* ou utilidades. Há possibilidade de desconto do salário mínimo para o pagamento das utilidades, respeitando os seguintes percentuais: a) até 20%, moradia[149]; b) até 25%, pelo fornecimento de alimentação sadia e farta, atendidos os preços vigentes na região. Para esses descontos, há necessidade de prévia autorização do empregado rural; sem tal autorização essas deduções serão nulas de pleno direito.

A título de comparação, os limites máximos permitidos para os empregados urbanos são: 25% para habitação e 20% para alimentação; esses descontos

149. No tocante à moradia, art. 9º, § 2º e § 3º da Lei nº 5889/73: "Sempre que mais de um empregado residir na mesma moradia, o desconto de 20% será dividido proporcionalmente ao número de empregados, vedada, em qualquer hipótese, a moradia coletiva de famílias". "Rescindido ou findo o contrato de trabalho, o empregado será obrigado a desocupar a casa dentro de 30 dias."

serão sobre o salário contratual do empregado, de acordo com § 3º do art. 458 da CLT. Não há, na CLT, previsão de prévia autorização do trabalhador urbano.

Segue tabela para auxiliar na memorização das principais diferenças entre empregado urbano e rural:

	▸ EMPREGADO URBANO	▸ EMPREGADO RURAL
SALÁRIO-UTILIDADE	Alimentação limitada a 20%, e moradia a 25% do salário do empregado	Alimentação limitada a 25% e a 20% para a moradia do salário empregado
AVISO-PRÉVIO	Redução de 2 horas diárias ou 7 dias consecutivos	Redução de 1 dia por semana
INTERVALO INTRAJORNADA	Jornada superior a 6 horas: mínimo 1 hora e máximo 2 horas	Jornada superior a 6 horas: Usos e costumes da região. Mínimo de 1 hora (Súmula 437 do TST)
TRABALHO NOTURNO	22 horas às 5 horas Duração da hora noturna: 52 minutos e 30 segundos Adicional noturno: 20%	Pecuária das 20h às 4h/ Agricultura das 21h às 5h Duração da hora noturna: 60 minutos Adicional noturno: 25%

3.1.3. Contrato temporário rural (art. 14-A da Lei nº 5.889/73)

O art. 14-A da Lei nº 5.889/73 (incluído pela Lei nº 11.718/2008) prevê hipótese de contratação por prazo determinado do trabalhador rural para a prestação de serviços em atividades de natureza temporária. O dispositivo tem por objetivo a tentativa de formalizar as contratações dos "diaristas do campo". Apenas o empregador pessoa física poderá contratar sob essa modalidade.

Esse contrato será por prazo determinado, com duração máxima de dois meses dentro do período de um ano. Veja que esse contrato possibilita vários períodos descontínuos. Exemplo: contrata-se trabalhador rural por duas semanas; depois de um mês de intervalo, contrata-se novamente, por mais uma semana. Se ultrapassado o período máximo de dois meses, dentro do período de um ano, o contrato será transformado em prazo indeterminado.

O empregador rural é obrigado a recolher as contribuições previdenciárias e efetuar os depósitos do FGTS – Fundo de Garantia por Tempo de Serviço. Ademais, deverá anotar na CTPS – Carteira de Trabalho e Previdência Social – ou poderá fazer contrato escrito com o trabalhador rural.

O trabalhador rural contratado por curto período terá direito à remuneração equivalente à do trabalhador rural permanente, e todos os demais direitos de natureza trabalhista, relativos ao contrato por prazo determinado[150]. Essas parcelas serão calculadas dia a dia e pagas diretamente ao trabalhador.

150. O contrato previsto no art. 14-A é de prazo determinado. Logo, não há aviso-prévio, indenização do FGTS e nem direito à estabilidade, pois são direitos ligados ao contrato por prazo indeterminado.

Por fim, entendo que esse contrato de trabalho temporário rural será substituído na prática pela figura do trabalho intermitente criado pela Reforma Trabalhista. É importante destacar que o trabalho intermitente pode ser aplicado em âmbito rural, pois a Lei do Rural prevê a aplicação subsidiária da CLT e não há incompatibilidade de sua extensão às atividades rurais. Para mais informações sobre o trabalho intermitente, remetemos o leitor ao capítulo de Contrato de Trabalho.

3.1.4. *Terceirização e trabalho temporário no âmbito rural*

A antiga redação da Lei nº 6.019/1974 previa que o trabalho temporário somente poderia ser realizado por empresas urbanas. Portanto, não era permitido o trabalho temporário rural.

Ocorre que a nova redação da Lei nº 6.019/1974 deixou de prever essa restrição de contratação de trabalho temporário no trabalho rural. Portanto, será possível a contratação de trabalhador temporário no âmbito rural[151]:

> **Art. 4º da Lei nº 6.019/74 (Redação dada pela Lei nº 13.429/2017):** Empresa de trabalho temporário é a pessoa jurídica, devidamente registrada no Ministério do Trabalho, responsável pela colocação de trabalhadores à disposição de outras empresas temporariamente.

Além disso, a terceirização no âmbito rural já era possível nas atividades meio e, assim, deve ser ampliado para as atividades-fim com a nova redação dada pela Reforma Trabalhista.

EMPREGADO RURAL (Lei nº. 5.889/73)	
Empregado rural	– equiparação de direitos como os urbanos (art. 7º CF/88) – identificação: trabalha para empregador rural – prescrição: mesmo período dos trabalhadores urbanos (2 anos para ingressar na justiça/pedido dos últimos 5 anos)
Peculiaridades do trabalhador rural	– aviso-prévio → redução de 1 dia por semana (iniciativa do empregador) – intervalo: de acordo com usos e costumes da região – trabalho noturno (hora de 60 minutos): • pecuária 20h às 4h • agricultura 21h às 5h • adicional noturno: 25% – salário-utilidade (desconto sobre salário-mínimo): • 20% moradia • 25% alimentação • prévia autorização
Contrato temporário rural (art. 14-A Lei Rural)	– empregador: pessoa física – duração: 2 meses dentro do período de 1 ano – recolher FGTS e contribuições previdenciárias – mesmos direitos dos demais empregados permanentes

151. Nesse sentido, veja a exposição de motivos para a modificação da lei em questão em 1998, pelo Ministro do Trabalho: "Primeiramente. o conceito de empresa de trabalho temporário fica mais abrangente. permitindo-se sua aplicação ao meio rural, o que garante a este setor importante instrumento de contratação e proporciona ao trabalhador rural maiores garantias (ementa, art. 2º, art. 3º e art. 4º)".

3.2. Empregado doméstico

- **Lei Complementar nº 150/2015**
- **Art. 7º, parágrafo único, CF/88 (EC/72-2013)**

Em 2013, o Brasil deu um importante passo rumo à efetivação dos direitos fundamentais trabalhistas, reconhecendo direitos básicos dos empregados domésticos via EC nº 72/2013. Essa alteração do art. 7º, parágrafo único, da CF/88 trouxe diversas conquistas aos empregados domésticos como o reconhecimento de direitos básicos como a limitação da jornada de trabalho em 8 horas diárias. Não houve equiparação de direitos do doméstico em relação ao empregado urbano e rural, pois alguns direitos ainda não foram estendidos aos empregados domésticos. Além disso, faltava, entretanto, a regulamentação de outros direitos previstos nesse atual art. 7º, parágrafo único, da CF/88.

Em junho de 2015, foi promulgada a **Lei Complementar nº 150/2015**, que passou a regulamentar o trabalho doméstico a partir dos novos direitos assegurados pela EC nº 72/2013 e trouxe diversas mudanças na disciplina dessa relação de emprego. As alterações promovidas certamente serão objeto, nos próximos anos, dos concursos públicos vindouros na área trabalhista.

A antiga lei, que regulamentava o trabalho doméstico, Lei nº 5.859/1972, foi expressamente revogada por essa lei complementar.

Em resumo, a regulamentação do trabalho doméstico passou a ser regida pelas mudanças trazidas na EC nº 72/2013 e pela Lei dos Domésticos (LC nº 150/2015)[152]. Ainda no tocante à legislação incidente nos contratos de trabalho doméstico, cumpre destacar que o art. 19 da lei inovou ao prever a aplicação subsidiária da CLT à relação de emprego doméstico[153], respeitadas as peculiaridades inerentes a esses contratos.

A Reforma Trabalhista não modificou nenhum dispositivo da Lei dos Domésticos – LC nº 150/2015. Entretanto, há impactos indiretos da Lei nº 13.467/2017 à regulamentação dos direitos dos empregados domésticos, pois a CLT tem aplicação subsidiária naquilo que for compatível com as peculiaridades dessa relação de emprego.

Ademais, prevê a aplicação das Leis nº 605/1949 (que dispõe sobre o repouso semanal remunerado), nº 4.090/1962 e 4.749/1965 (que dispõem sobre o 13º salário) e nº 7.418 (que dispõe sobre o vale-transporte):

> **Art. 19.** Observadas as peculiaridades do trabalho doméstico, a ele também se aplicam as Leis nº 605, de 5 de janeiro de 1949, no 4.090, de 13 de julho de 1962, no 4.749, de 12 de agosto de 1965, e no 7.418, de 16 de dezembro de 1985, **e, subsidiariamente, a Consolidação das Leis do Trabalho (CLT),** aprovada pelo Decreto-Lei nº 5.452, de 1º de maio de 1943. (grifos acrescidos)

Em janeiro de 2018, mais um importante passo foi dado rumo à efetivação da dignidade dos trabalhadores domésticos: o Estado brasileiro ratificou os textos da Convenção

152. A legislação completa referente aos domésticos encontra-se no fim do capítulo. Ressalta-se que a leitura atenta e detalhada é muito importante para os próximos concursos!

153. Nesse sentido, é possível afirmar que o art. 7º, "a", da CLT, que proíbe a aplicação da CLT aos empregados domésticos, foi revogado tacitamente.

189 sobre o Trabalho Decente para as Trabalhadoras e os Trabalhadores Domésticos e a Recomendação 201 sobre o Trabalho Doméstico Decente, da Organização Internacional do Trabalho (OIT). A partir de então, esses documentos passaram a vigorar no âmbito jurídico externo para o Brasil.

Internamente, referidos documentos só passaram a vigorar em 1º de maio de 2024, quando o Presidente da República, Luiz Inácio Lula da Silva, promulgou o Decreto nº 12.009/2024. Assim, o país incorpora oficialmente esses compromissos ao seu ordenamento jurídico interno, reiterando a valorização e o respeito aos direitos das trabalhadoras e dos trabalhadores domésticos[154].

A Convenção 189 da OIT, entre outras medidas, assegura aos trabalhadores domésticos os direitos fundamentais no trabalho, a saber:

(a) a liberdade de associação e a liberdade sindical e o reconhecimento efetivo do direito à negociação coletiva;
(b) a eliminação de todas as formas de trabalho forçado ou obrigatório;
(c) a erradicação efetiva do trabalho infantil;
(d) a eliminação da discriminação em matéria de emprego e ocupação; e
(e) a segurança e saúde no trabalho[155].

Assim como os demais empregados, há nessa relação jurídica a presença dos quatro requisitos indispensáveis para configurar o vínculo empregatício (pessoa física, onerosidade, continuidade e subordinação). O empregado doméstico é aquele que presta serviços de natureza contínua, subordinada, pessoal, onerosa e de finalidade não lucrativa à pessoa ou à família em âmbito residencial por período superior a 2 dias por semana (art. 1º, *caput*, LC nº 150/2015). Verifica-se, assim, além dos requisitos da relação de emprego, a necessidade de 4 requisitos para identificar o empregado doméstico:

a) **Prestação de serviço para pessoa ou família.** Não há possibilidade de o empregado doméstico trabalhar em pessoa jurídica (empresa, associação, cooperativa, massa falida, condomínios, comunidades religiosas etc.). Exemplo: oficina mecânica contrata mulher para fazer os serviços de limpeza, de segunda a sexta-feira. Na CTPS, ela foi anotada como empregada doméstica, entretanto não se trata de trabalho doméstico, mas de vínculo empregatício regido pela CLT, porque a contratação foi realizada por pessoa jurídica (oficina mecânica). Além disso, há possibilidade de contratação de empregado doméstico por pessoa, como a república de estudantes, casal homossexual etc.

b) **Serviços prestados em âmbito residencial.** As atividades desenvolvidas pelo empregado doméstico devem ser prestadas em âmbito residencial, como: motorista, jardineiro, enfermeiras particulares etc. Quanto a esse tópico, duas observações são importantes:

154. Fonte: https://www.tst.jus.br/-/brasil-avan%C3%A7a-na-garantia-de-direitos-no-trabalho-dom%C3%A9stico-com-promulga%C3%A7%C3%A3o-de-decreto. Acesso em 29/10/2024.
155. Acrescentado em 2022, na 110ª Conferência Internacional do Trabalho.

1. Cabe ressaltar que a casa de campo/praia utilizada apenas para o lazer é considerada extensão da residência, portanto há possibilidade de contratar empregados domésticos para trabalhar nesses locais.

2. As atividades de empregado doméstico estão voltadas, em regra, a funções ligadas ao âmbito residencial, como cozinheiro, serviços de limpeza, babá etc. Entretanto, outras atividades de profissionais, inclusive com nível universitário, como professores e enfermeiras, educador físico, por exemplo, se prestadas em âmbito residencial a empregador doméstico, serão enquadradas como empregadas domésticas. Nesse sentido:

> É preciso lembrar que para ser doméstico basta trabalhar para empregador doméstico, independentemente da atividade que o empregado doméstico exerça, isto é, tanto faz se o trabalho é intelectual, manual ou especializado. Portanto, a função do doméstico pode ser de faxineira, cozinheira, motorista, piloto de avião, médico, professor, acompanhante, garçom do iate particular, segurança particular, caseiro, enfermeira etc. O essencial é que o prestador do serviço trabalhe para uma pessoa física que não explore a mão de obra do doméstico com intuito de lucro, mesmo que os serviços não se limitem ao âmbito residencial do empregador[156].

Cumpre ressaltar que a enfermagem é considerada categoria profissional diferenciada por estar inserida no Quadro de Atividades e Profissões de que trata o art. 577 da CLT e por ser regulamentada em estatuto profissional próprio – a Lei nº 7.498/86. Portanto, sujeita-se às normas coletivas previstas pelo sindicato profissional próprio. Não há vinculação à atividade econômica preponderante de seu empregador[157].

Contudo, se o trabalho da enfermeira ou da auxiliar de enfermagem for desenvolvido em âmbito residencial para pessoa ou família sem finalidade lucrativa por período superior a 2 vezes por semana, há o entendimento de que essa empregada é enquadrada como doméstica, uma vez que, no caso, está exercendo a função de cuidadora de pessoa enferma[158]. Cabe destacar, ainda, que a Lei nº 7.498/86 que regulamenta a profissão não traz nenhuma disposição quanto aos direitos trabalhistas referentes a esses trabalhadores, o que reforça a necessidade de aplicação das normas do trabalhador doméstico previstas na Lei Complementar nº 150/2015 e no art. 7º, parágrafo único, da Constituição Federal.

Em suma, o profissional de enfermagem que desenvolve sua atividade em âmbito residencial, para pessoa ou família, sem finalidade lucrativa e com continuidade, será empregado doméstica por preencher os requisitos do art. 1º da LC nº 150/2015.

c) **Finalidade não lucrativa.** O empregado doméstico não pode estar inserido na atividade lucrativa da família. Assim sendo, se a empregadora faz marmita para comercializar, e a empregada doméstica auxilia no preparo dos alimentos, descaracteriza-se a figura da empregada doméstica. O mesmo raciocínio é utilizado

156. CASSAR, Vólia Bomfim. *Direito do Trabalho*. 6. ed. Rio de Janeiro: Forense; São Paulo: MÉTODO, 2012. p. 363.
157. Para mais informações a respeito do enquadramento sindical, confira o tópico 3.1.1 do Capítulo de Direito Coletivo do Trabalho.
158. TRT-4 – RO: 00102544220125040271 RS 0010254-42.2012.5.04.0271, Relator: MARÇAL HENRI DOS SANTOS FIGUEIREDO, Data de Julgamento: 26/09/2012, Vara do Trabalho de Osório e TRT-4 – RO: 0001324-31.2011.5.04.0025, Relator: Angela Rosi Almeida Chapper. Data de Julgamento: 25/06/2013, 25ª Vara do Trabalho de Porto Alegre.

para o médico ou dentista que têm consultório em casa e a empregada doméstica faz a limpeza desses locais ou anota as consultas, estando ligada a uma atividade lucrativa da família.

d) **Trabalho realizado por período superior a 2 dias por semana**: A antiga lei dos domésticos (Lei nº 5.859/1972) apenas se utilizava do termo **natureza contínua**, em vez de não eventualidade prevista na CLT. Assim sendo, havia grande discussão na doutrina e jurisprudência sobre o período mínimo necessário para que se caracterizasse a continuidade na relação de emprego doméstico. Prevalecia, na doutrina e na jurisprudência do TST, a exigência de prestação de serviços contínuos (sem interrupções), no mínimo, 3 vezes ou 4 dias por semana, para configurar o vínculo empregatício doméstico. Contudo, o art. 1º, *caput*, da recém-promulgada LC nº 150/2015 estabelece que será configurado o trabalho doméstico quando realizado por período **superior a 2 dias**:

> **Art. 1º**: Ao empregado doméstico, assim considerado aquele que presta serviços de forma contínua, subordinada, onerosa e pessoal e de finalidade não lucrativa à pessoa ou à família, no âmbito residencial destas, **por mais de 2 (dois) dias por semana**, aplica-se o disposto nesta Lei. (grifos acrescidos)

Assim, não há dúvidas de que, se os serviços forem prestados em 1 ou 2 dias por semana, ficará configurada a "faxineira" ou a "diarista", que representam trabalhadoras autônomas, sem direitos trabalhistas.

Uma vez formado o vínculo de emprego, é necessária a anotação da CTPS do empregado doméstico no prazo máximo de 48 horas, contendo as informações quanto à data de admissão, remuneração e a contratação por prazo determinado se for o caso (art. 9º, LC nº 150/2015). Ademais, a LC nº 150/2015 estabelece expressamente a obrigação do empregador de arquivar os documentos comprobatórios do cumprimento das obrigações fiscais, trabalhistas e previdenciárias enquanto não estiverem prescritas (art. 42, LC nº 150/2015).

A idade mínima para o trabalho doméstico era também um importante ponto, alvo de discussão pela doutrina. Parte da doutrina defendia a idade mínima de 16 anos, em razão de o art. 7º da CF possibilitar o trabalho a partir dos 16 anos. Outros entendiam que, em razão da limitação de 18 anos prevista na Convenção nº 182 da OIT, era esse posicionamento que deveria prevalecer. Com o advento da LC nº 150/2015, a questão foi completamente pacificada. A idade mínima para contratação de trabalhadores domésticos é 18 anos:

> **Art. 1º, Parágrafo único:** É vedada a contratação de menor de 18 (dezoito) anos para desempenho de trabalho doméstico, de acordo com a Convenção no 182, de 1999, da Organização Internacional do Trabalho (OIT) e com o Decreto no 6.481, de 12 de junho de 2008.

3.2.1. *Direitos constitucionais assegurados ao empregado doméstico*

Os direitos constitucionais do doméstico estão previstos no art. 7º, parágrafo único, da Constituição Federal. O empregado em domicílio não se confunde com doméstico. Ele presta serviços na sua própria residência, nas mais diferentes funções, e possui todos os direitos trabalhistas previstos na CLT.

Já o empregado doméstico conquistou via EC/72-2013, direitos básicos, como limitação da jornada de 8 horas diárias, horas extras, adicional noturno, salário-família etc. Não pode ser afirmado, entretanto, que houve equiparação de direitos entre os empregados domésticos e demais empregados.

Na tentativa de tornar mais didática a matéria ligada ao empregado doméstico, vamos dividir o tema em **5 partes**. Isso tornará mais fácil a memorização para seu concurso público:

1. direitos clássicos previstos na CF e na Lei dos Domésticos antes da EC-72/2013;
2. novos direitos concedidos pela EC-72/2013, com aplicação imediata;
3. novos direitos concedidos, que agora são aplicados em razão da regulamentação efetuada pela Lei Complementar nº 150/2015;
4. direitos não estendidos aos domésticos;
5. discussão a respeito do instituto da prescrição; no entanto, com a LC nº 150/2015, a matéria está regulamentada.

1. DIREITOS CLÁSSICOS JÁ PREVISTOS ANTERIORMENTE À EC/72-2013, OU SEJA, ERAM ASSEGURADOS DESDE A PROMULGAÇÃO DA CONSTITUIÇÃO FEDERAL OCORRIDA EM 5.10.1988:

a) Salário mínimo
b) Irredutibilidade do salário
c) Décimo terceiro salário
d) Repouso semanal remunerado (regulamentado pela LC nº 150/2015)
e) Férias acrescidas de ⅓ a mais da remuneração (regulamentado pela LC nº 150/2015)
f) Licença-gestante de 120 dias (regulamentado pela LC nº 150/2015)
g) Licença-paternidade (5 dias)
h) Aviso-prévio (regulamentado pela LC nº 150/2015)
i) Aposentadoria

2. NOVOS DIREITOS, COM EFICÁCIA IMEDIATA DO EMPREGADO DOMÉSTICO PREVISTOS NO ART. 7º, PARÁGRAFO ÚNICO, DA CF/88:

A partir de 3.4.2013, já estão assegurados aos empregados domésticos os novos direitos a seguir:

a) jornada de trabalho de até 8 horas diárias e 44 horas semanais (regulamentado pela LC nº 150/2015);
b) horas extras remuneradas com adicional mínimo de 50% (regulamentado pela LC nº 150/2015);
c) garantia de salário mínimo para os que recebem salário variável;
d) proteção legal ao salário;
e) redução dos riscos inerentes ao trabalho por meio de normas de higiene, saúde e segurança;
f) reconhecimento das convenções e dos acordos coletivos de trabalho;
g) proibição de diferença de salários, de exercício de funções e de critérios de admissão por motivo de sexo, idade, cor ou estado civil;

h) proibição de discriminação no tocante a salário e critérios de admissão de portadores de deficiência[159];

i) proibição de trabalho noturno, insalubre e perigoso à pessoa com menos de 18 anos e de qualquer trabalho à pessoa com menos de 16 anos (regulamentado pela LC nº 150/2015).

3. OUTROS DIREITOS CONCEDIDOS AOS DOMÉSTICOS PELA EC/72-2013, QUE AGORA SE ENCONTRAM EM VIGOR EM RAZÃO DA REGULAMENTAÇÃO DA LC Nº 150/2015. SÃO ELES:

a) proteção da relação de emprego contra a dispensa arbitrária ou sem justa causa;

b) seguro-desemprego em caso de desemprego involuntário (regulamentado pela LC nº 150/2015);

c) obrigatoriedade do Fundo de Garantia do Tempo de Serviço (FGTS) – (regulamentado pela LC nº 150/2015);

d) remuneração do trabalho noturno superior à do diurno (regulamentado pela LC nº 150/2015);

e) salário-família;

f) assistência gratuita aos filhos e dependentes até 5 anos de idade em creches e pré escolas;

g) seguro contra acidentes do trabalho a cargo do empregador, sem excluir a indenização a que este está obrigado, quando incorrer em dolo ou culpa.

4. ALGUNS DIREITOS CONSTITUCIONALMENTE ASSEGURADOS AOS TRABALHADORES EM GERAL NÃO FORAM ESTENDIDOS À CATEGORIA DOS EMPREGADOS DOMÉSTICOS. SÃO ELES:

a) piso salarial proporcional à extensão e à complexidade do trabalho;

b) participação nos lucros ou resultados (já que a sua atividade não tem fim lucrativo);

c) jornada de 6 horas em turnos ininterruptos de revezamento (já que essa condição não ocorre na residência familiar);

d) proteção do mercado de trabalho da mulher mediante incentivos específicos nos termos da lei;

e) adicional de insalubridade, penosidade e periculosidade;

f) proteção em face da automação, na forma da lei;

g) proibição de distinção entre o trabalho manual, técnico e intelectual ou entre os profissionais respectivos.

5. EXISTIA A DISCUSSÃO SOBRE A APLICAÇÃO DO DIREITO A SEGUIR. NO ENTANTO, A LC Nº 150/2015 REGULAMENTOU A PRESCRIÇÃO APLICÁVEL AOS EMPREGADOS DOMÉSTICOS:

a) **PRESCRIÇÃO:** "ação quanto aos créditos resultantes das relações de trabalho, com prazo prescricional de 5 anos até o limite de 2 anos após a extinção do contrato de trabalho". Nesse caso, o instituto da prescrição, não se trata de direito trabalhista, mas norma ligada à paz social. O prazo prescricional, mesmo antes da EC/72-2013 era o previsto no art. 7º da CF. O art. 43 da LC nº 150/2015 pacificou a questão, uma vez que foram expressamente previstas as prescrições bienal e quinquenal para o empregado doméstico: "O direito de ação quanto a créditos resultantes das relações de trabalho prescreve em 5 (cinco) anos até o limite de 2 (dois) anos após a extinção do contrato de trabalho".

159. Com a promulgação da Lei nº 13.146/2015 (Estatuto da Pessoa com Deficiência) e sua entrada em vigor em janeiro de 2016, verificou-se mudança na terminologia adotada, uma vez que os termos "pessoa portadora de deficiência" e "pessoa com necessidades especiais" foram substituídos pelo termo mais apropriado "pessoa com deficiência".

3.2.2. Regulamentação dos direitos constitucionais assegurados aos domésticos – Lei Complementar nº 150/2015

Com a publicação da EC nº 72/2013, diversos direitos trabalhistas foram assegurados aos empregados domésticos. No entanto, parte dos direitos concedidos estava pendente de regulamentação. Após mais de 2 anos da publicação da Emenda Constitucional, o Congresso Nacional finalmente editou a Lei Complementar nº 150, de 1º de junho de 2015 (publicada no Diário Oficial da União no dia 2/6/2015), responsável por regulamentar os direitos assegurados aos domésticos.

Vale destacar que a promulgação da LC nº 150/2015 é um nítido avanço nas conquistas e garantias dos direitos sociais dos trabalhadores domésticos. É um importante instrumento desses empregados, uma vez que, com o respaldo legal e constitucional, poderão exigir melhores condições de trabalho. Além disso, consiste em medida de efetivação do texto da Constituição, em atendimento ao princípio da máxima efetividade do texto constitucional, uma vez que assegura que todos os direitos trabalhistas concedidos possam ser efetivamente exigidos e aplicados. Os novos direitos, portanto, passam a ser exigidos na realidade.

A LC nº 150/2015 põe fim também a algumas discussões que persistiam a respeito dos empregados domésticos. São elas:

a) critérios para a aferição da continuidade como requisito do vínculo, mais de 2 vezes por semana;

b) possibilidade de contratação de empregado doméstico por prazo determinado;

c) idade mínima para a contratação do empregado doméstico de, no mínimo, 18 anos;

d) estabelecimento de prazo prescricional idêntico aos demais empregados para os créditos trabalhistas resultantes do contrato de trabalho doméstico.

Tendo em vista as inúmeras modificações realizadas no âmbito das relações de trabalho doméstico e seus impactos em diversos institutos do Direito do Trabalho, vamos analisar as principais alterações por assunto.

3.2.2.1. Jornada de trabalho e compensação

A EC nº 72/2013 garantiu aos empregados domésticos o direito à limitação da jornada de trabalho em 8 horas diárias e 44 semanais (art. 7º, inciso XIII, CF/88) e a remuneração das horas extras em percentual não inferior a 50% (art. 7º, inciso XVI, CF/88). Nesse mesmo sentido, estabelece o art. 2º, *caput* e § 1º, da LC nº 150/2015:

> **Art. 2º:** A duração normal do trabalho doméstico não excederá 8 (oito) horas diárias e 44 (quarenta e quatro) semanais, observado o disposto nesta Lei.
>
> § 1º A remuneração da hora extraordinária será, no mínimo, 50% (cinquenta por cento) superior ao valor da hora normal.

Cabe ao empregador fiscalizar a jornada de trabalho de seus empregados. É obrigatória, inclusive, a anotação de entrada e saída, em registro manual, mecânico ou eletrônico (art. 12, LC nº 150/2015). Ressalta-se que, diferentemente, a nova redação do art. 74, § 2º, da CLT, alterada pela Lei de Liberdade Econômica (Lei nº 13.874/2019) apenas exige esse controle de jornada para empresas com mais de 20 empregados.

Ademais, foi prevista a possibilidade de compensação de jornada ao empregado doméstico com regras específicas. De acordo com a Lei dos Domésticos, é possível o estabelecimento de **acordo individual escrito de compensação** de jornada entre empregado e empregador para que o empregado trabalhe além da jornada normal em alguns dias para descansar em outros:

> **Art. 2º:** (...)
>
> § 4º Poderá ser dispensado o acréscimo de salário e instituído regime de compensação de horas, mediante acordo escrito entre empregador e empregado, se o excesso de horas de um dia for compensado em outro dia.
>
> § 5º No **regime de compensação** previsto no § 4º:
>
> I – será devido o pagamento, como horas extraordinárias, na forma do § 1º, das primeiras 40 (quarenta) horas mensais excedentes ao horário normal de trabalho;
>
> II – das 40 (quarenta) horas referidas no inciso I, poderão ser deduzidas, sem o correspondente pagamento, as horas não trabalhadas, em função de redução do horário normal de trabalho ou de dia útil não trabalhado, durante o mês;
>
> III – o saldo de horas que excederem as 40 (quarenta) primeiras horas mensais de que trata o inciso I, com a dedução prevista no inciso II, quando for o caso, será compensado no período máximo de 1 (um) ano.

Pelas novas regras estabelecidas, as **primeiras 40 horas extras** mensais deverão ser pagas como extraordinárias e, portanto, remuneradas com adicional de, no mínimo, 50% sobre o valor da hora normal. O pagamento dessas 40 horas excedentes poderá ser deduzido por eventuais dias úteis não trabalhados pelo empregado (folgas) ou pela redução do horário normal de trabalho (trabalhar menos que a jornada estabelecida). Portanto, em regra essas 40 horas suplementares deverão, inicialmente, ser pagas como extras, podendo, ainda, ser compensadas com folga (compensação).

Ademais, o saldo de horas extras que **ultrapassarem** as primeiras 40 horas mensais poderá ser compensado dentro do **prazo máximo de 1 ano**. Exemplificando: se um empregado realizar 50 horas extras em um determinado mês, terá direito ao recebimento das primeiras 40 horas como extras (hora normal + adicional de 50%) e as outras 10 horas restantes poderão ser compensadas (com folga) no período máximo de 1 ano. Em resumo, o que ultrapassar a 40 horas mensais pode ser utilizado para banco de horas.

Importante ressaltar que a compensação anual do doméstico é possível mediante simples acordo escrito entre empregado e empregador.

No caso dos demais empregados, a Reforma Trabalhista previu a possibilidade de celebração de banco de horas, por acordo escrito, desde que referida compensação se dê no prazo de seis meses. O banco de horas anual é permitido, mas se exige a realização de negociação coletiva.

Tendo em vista que a LC nº 150/2015 tem dispositivo próprio regulamentando o assunto, as regras acerca da compensação de jornada e do banco de horas modificadas pela Reforma Trabalhista não terão aplicação os empregados domésticos. Lembre-se de que a aplicação da CLT somente ocorre de forma subsidiária e quando compatível com as peculiaridades do trabalho doméstico.

Caso ocorra o término do contrato de trabalho antes de realizada a compensação, o empregado terá direito ao pagamento das horas extras não compensadas que deverão ser calculadas sobre o valor da remuneração na data da rescisão do contrato (art. 2º, § 6º, LC nº 150/2015).

Se houver trabalho no período de descanso semanal remunerado (domingos) e nos feriados e este não for compensado, haverá a necessidade de pagamento em dobro das horas trabalhadas, sem prejuízo da remuneração do repouso semanal (art. 2º, § 8º, LC nº 150/2015). Esse dispositivo está de acordo com a Súmula nº 146 do TST[160] aplicável aos demais empregados.

É válido destacar que a Lei dos Domésticos estabeleceu hipótese de **jornada 12 horas de trabalho por 36 horas de descanso.** Nesse sentido, é necessário apenas o estabelecimento de acordo escrito entre as partes e a necessidade de se respeitar **ou de indenizar os intervalos** para repouso e alimentação. No caso de trabalho em feriados ou de prorrogação de jornada noturna, eles serão considerados compensados e, portanto, não será necessário o pagamento:

> **Art. 10.** É facultado às partes, mediante acordo escrito entre essas, estabelecer horário de trabalho de 12 (doze) horas seguidas por 36 (trinta e seis) horas ininterruptas de descanso, observados ou indenizados os intervalos para repouso e alimentação.
>
> § 1º A remuneração mensal pactuada pelo horário previsto no caput deste artigo abrange os pagamentos devidos pelo descanso semanal remunerado e pelo descanso em feriados, e serão considerados compensados os feriados e as prorrogações de trabalho noturno, quando houver, de que tratam o art. 70 e o § 5º do art. 73 da Consolidação das Leis do Trabalho (CLT), aprovada pelo Decreto-Lei nº 5.452, de 1º de maio de 1943, e o art. 9º da Lei nº 605, de 5 de janeiro de 1949.

De forma semelhante à legislação do doméstico, a Reforma Trabalhista previu esta hipótese de jornada de 12 horas de trabalho por 36 horas de descanso aos demais empregados, sendo necessário, para isso, acordo individual ou instrumento coletivo[161]. A remuneração pactuada em razão deste horário abrange feriados e descanso semanal remunerado, à semelhança do que já ocorre com os domésticos.

Após a promulgação da EC nº 72/2013, o empregado doméstico passou a ter direito ao recebimento do **adicional noturno**, conforme previsto no art. 7º, parágrafo único, da CF/88. A regulamentação desse direito, realizada pela LC nº 150/2015, é a mesma prevista na CLT com hora reduzida de 52 minutos e 30 segundos para aqueles que trabalham das 22 horas de um dia até às 5 horas de outro, sendo devido o pagamento de adicional de, no mínimo, 20% sobre a hora normal (art. 14, LC nº 150/2015)[162].

---

160. Súmula nº 146 do TST: "O trabalho prestado em domingos e feriados, não compensado, deve ser pago em dobro, sem prejuízo da remuneração relativa ao repouso semanal".

161. No julgamento da ADI 5994/DF, finalizado em 03/07/2023, o STF considerou constitucional o art. 59-A da CLT, introduzido pela Reforma Trabalhista, que permite a pactuação da jornada 12 x 36 por acordo individual escrito entre empregado e empregador.

162. Para mais informações sobre o tema de adicional noturno, veja o tópico específico no capítulo "Duração do trabalho".

Por fim, destaca-se que a lei complementar trouxe uma novidade no tocante à jornada de trabalho e remuneração do empregado que acompanha o empregador doméstico em viagem (art. 11, LC nº 150/2015). O **acompanhamento do doméstico em viagem** somente é possível mediante prévio acordo escrito entre as partes. A Lei dos Domésticos prevê que somente serão consideradas como integrantes da jornada de trabalho as horas efetivamente trabalhadas e, se houver horas extras, é possível a compensação em outro dia.

No tocante à remuneração do período trabalhado em viagem, o art. 11, § 3º, LC nº 150/2015 estabelece o pagamento de hora de serviço com adicional de, no mínimo, **25% superior** ao valor da hora normal de trabalho. Contudo, é possível a conversão do acréscimo na remuneração em **banco de horas**, que poderá ser utilizado a critério do empregado.

3.2.2.2. Trabalho em regime de tempo parcial

Assim como passou a estabelecer a CLT, a Lei dos Domésticos prevê a possibilidade de contratação de empregados domésticos sob o **regime de tempo parcial** com a jornada de trabalho máxima de 25 horas semanais. Nesse caso, a adesão a esse regime não é automática para o doméstico, dependendo de prévio acordo das partes nesse sentido.

Para os demais empregados, houve importantes modificações ao art. 58-A da CLT, trazidas pela Reforma Trabalhista, que permitiu a prestação de horas extras pelo empregado em regime de tempo parcial:

> **Art. 58-A da CLT** (*Alterado pela Reforma Trabalhista*): Considera-se trabalho em regime de tempo parcial aquele cuja duração não exceda a trinta horas semanais, sem a possibilidade de horas suplementares semanais, ou, ainda, aquele cuja duração não exceda a vinte e seis horas semanais, com a possibilidade de acréscimo de até seis horas suplementares semanais.

Com a atual redação dada ao "caput" do artigo em análise, foram previstas duas modalidades distintas de regime de tempo parcial:

a) **Jornada de trabalho superior a 26 horas e limitada a 30 horas semanais:** Nessa hipótese, não é permitida a exigência de horas extras dos empregados.

b) **Jornada de trabalho até 26 horas semanais:** Se previstas jornadas de até 26 horas semanais, é possível a prestação de até 6 horas extras semanais.

Note-se, novamente, que a LC nº 150/2015 tem regulamentação própria acerca do trabalho em regime de tempo parcial. Portanto, as novas disposições trazidas pela Lei nº 13.467/2017 – Reforma Trabalhista – não terão aplicação aos empregados domésticos.

Para o empregado doméstico há uma novidade no tocante ao regime por tempo parcial, pois permite que haja 1 hora extra, desde que não ultrapasse 6 horas diárias. Exige-se apenas que haja acordo escrito entre as partes. Segue a atual legislação:

> **Art. 3º, LC nº 150/2015:** Considera-se trabalho em regime de tempo parcial aquele cuja duração não exceda 25 (vinte e cinco) horas semanais.
>
> § 1º O salário a ser pago ao empregado sob regime de tempo parcial será proporcional a sua jornada, em relação ao empregado que cumpre, nas mesmas funções, tempo integral.

> § 2º A duração normal do trabalho do empregado em regime de tempo parcial poderá ser acrescida de horas suplementares, em número não excedente a 1 (uma) hora diária, mediante acordo escrito entre empregador e empregado, aplicando-se-lhe, ainda, o disposto nos §§ 2º e 3º do art. 2º, com o limite máximo de 6 (seis) horas diárias.

Ademais, destaca-se que as **férias** do empregado doméstico contratado sob o regime de trabalho em tempo parcial serão concedidas na forma do art. 3º, § 3º da LC nº 150/2015. Mesmo com a Reforma Trabalhista, por ser regra específica da LC nº 150/2015, permanecem as normas acerca da concessão das férias dos empregados em regime de tempo parcial, na seguinte proporção:

DURAÇÃO DE FÉRIAS

REGIME POR TEMPO PARCIAL	
Duração das férias	**Duração semanal do trabalho**
18 dias	superior a 22h até 25h
16 dias	superior a 20h até 22h
14 dias	superior a 15h até 20h
12 dias	superior a 10h até 15h
10 dias	superior a 5h até 10h
8 dias	igual ou inferior a 5h

O empregado contratado sob o regime de tempo parcial que tiver mais de 7 faltas injustificadas ao longo do período aquisitivo terá o seu período de férias **reduzido à metade.**

Obs1: Para fins de duração das férias, serão considerados dias corridos, não suspendendo durante domingos e feriados.

Obs2. Se o empregado ficar doente durante as férias, não há suspensão do período, correndo normalmente.

Obs3. O adicional de ⅓ de férias é proporcional aos dias conquistados, ou seja, se o empregado tem apenas 12 dias férias, somente nesses 12 dias terá o adicional de ⅓.

3.2.2.3. *Períodos de descanso*

Os períodos de descanso têm como finalidade evitar o cansaço excessivo do empregado. São normas destinadas à proteção da saúde do trabalhador. Esses períodos de descanso serão estudados de forma gradativa: períodos menores de descanso, os intervalos, depois o descanso semanal remunerado (DSR) e os feriados, e, por fim, o período mais longo, que são as férias.

Períodos de descanso
- Intervalos
- DSR e feriados
- Férias

a) Intervalos

O **intervalo intrajornada** ocorre durante a jornada de trabalho. É o período destinado ao descanso e refeição. Em regra, os períodos destinados aos intervalos não são computados na jornada de trabalho, isto é, não são remunerados pelo empregador. De acordo com a atual regulamentação, o empregado doméstico tem direito à concessão de intervalo de mínimo de 1 hora e máximo de 2 horas. Existe previsão, no art. 13 da LC nº 150/2015, de **redução do intervalo** para 30 minutos desde que haja acordo escrito entre empregado e empregador. Não é exigida, portanto, negociação coletiva para a redução no intervalo. Trata-se de uma hipótese legal de flexibilização das normas trabalhistas, uma vez que as próprias partes, individualmente, poderão dispor acerca do intervalo intrajornada. Importante destacar que a Reforma Trabalhista possibilita a redução de intervalos intrajornada do empregado a trinta minutos, nos termos do art. 611-A, III da CLT:

> **Art. 611-A da CLT** *(Inserido pela Reforma Trabalhista)*: A convenção coletiva e o acordo coletivo de trabalho têm prevalência sobre a lei quando, entre outros, dispuserem sobre:
>
> (...)
>
> III – intervalo intrajornada, respeitado o limite mínimo de trinta minutos para jornadas superiores a seis horas.

Esse dispositivo acrescentado pela Lei nº 13.467/2017 pode ser aplicado ao empregado doméstico, pois para os domésticos é possível que a redução seja feita inclusive por acordo entre as partes, o que não impede a celebração de negociação coletiva prevendo essa redução de jornada.

Se o empregado residir no local de trabalho, é possível o **fracionamento do intervalo** intrajornada em 2 períodos, desde que cada um deles tenha, no mínimo, 1 hora até o limite de 4 horas diárias[163]. Portanto, para esses empregados domésticos, é possível a concessão de intervalo por período superior a 2 horas diárias. Se o empregador decidir por esse desmembramento, é necessária sua anotação no registro diário de horário, não sendo permitida sua prenotação.

Destaca-se que, diante da aplicação subsidiária da CLT prevista no art. 19 da LC nº 150/2015, a regulamentação do intervalo intrajornada da Lei dos Domésticos é aplicável às jornadas de trabalho superiores a 6 horas diárias. Para as demais jornadas, vale a regra prevista na CLT:

a) Jornada de até 4 horas: não há previsão em lei de intervalo intrajornada.

b) Jornada que excede 4 horas, com limite de 6 horas: intervalo de 15 minutos. Se o empregador exigir horas extras habituais, excedendo a jornada de 6 horas diárias, deverá conceder intervalo mínimo de 1 hora.

Por outro lado, o **intervalo interjornada** do doméstico é o mesmo aplicável aos demais empregados e corresponde ao tempo para descanso de 11 horas consecutivas (art. 15 da LC nº 150/2015).

---

163. Destaca-se que também é possível o fracionamento do intervalo do motorista no setor de transporte coletivo de passageiros, conforme previsto no art. 71, § 5º, da CLT. Para mais informações, confira o tópico de intervalo intrajornada no capítulo de Duração do Trabalho.

INTERVALO INTRAJORNADA DOS EMPREGADOS DOMÉSTICOS

Duração do intervalo:

- **Jornada de até 4 horas:** Não há concessão de intervalo.
- **Jornada superior a 4 horas até o limite de 6 horas:** Intervalo de 15 minutos.
  › Impossibilidade de redução ou fracionamento do intervalo.
- **Jornada superior a 6 horas:** Intervalo de, no mínimo, 1 hora e, no máximo, 2 horas.
  › Possibilidade de redução do intervalo intrajornada para 30 minutos desde que haja **acordo escrito** entre empregado e empregador. Hipótese legal de flexibilização dos direitos trabalhistas.
- **Empregado que reside no local de trabalho:**
  › Possibilidade de fracionamento do intervalo intrajornada em 2 períodos de, no mínimo, 1 hora cada um deles até o limite diário de 4 horas.
  › No caso de fracionamento, é vedada a prenotação do intervalo no registro diário de horário.

b) Descanso semanal remunerado e feriados

O descanso semanal remunerado[164] (DSR) ou repouso semanal remunerado (RSR) está previsto no art. 7º, XV, da CF, sendo garantido aos empregados urbanos e rurais, aos trabalhadores avulsos e empregados domésticos.

Esse período é de, no mínimo, vinte e quatro horas consecutivas, e será concedido ao doméstico pelo menos uma vez por semana, **preferencialmente** aos domingos. Independentemente da jornada do empregado (mesmo que trabalhe seis horas por dia), terá direito ao descanso de vinte e quatro horas consecutivas. Esse período de descanso corresponde à interrupção do contrato de trabalho, pois, embora não tenha prestação de serviços, há pagamento de salário. Também terá direito ao descanso remunerado em feriados. Destaca-se que a regulamentação do DSR prevista na Lei nº 605/1949 é aplicável ao doméstico conforme dispõe o art. 19 da LC nº 150/2015[165].

c) Férias

O último período de descanso a ser abordado é o direito às **férias**. Diferentemente da Reforma Trabalhista, que prevê a possibilidade de fracionamento de férias em até 3 períodos[166], a Lei do Doméstico restringe o fracionamento das férias a apenas 2 períodos. Assim, são garantidas aos trabalhadores domésticos férias, acrescidas de 1/3 sobre o salário normal, a cada 12 meses de trabalho prestado à mesma pessoa ou família.

No tocante às **férias proporcionais**, pagas no fim do contrato, antes de completar 12 meses de prestação de serviços, o art. 17, § 1º, LC nº 150/2015 pacifica a discussão em relação aos domésticos ao adotar o posicionamento assumido pelo TST nas Súmulas nº 171 e 261 do TST:

---

164. Também chamado de repouso hebdomadário.

165. Para mais informações sobre o DSR e feriados, veja o tópico específico no capítulo "Duração do trabalho".

166. **Art. 134, § 1º da CLT** *(Alterado pela Reforma Trabalhista):* Desde que haja concordância do empregado, as férias poderão ser usufruídas em até três períodos, sendo que um deles não poderá ser inferior a quatorze dias corridos e os demais não poderão ser inferiores a cinco dias corridos, cada um.

Súmula nº 171 do TST: Salvo na hipótese de dispensa do empregado por justa causa, a extinção do contrato de trabalho sujeita o empregador ao pagamento da remuneração das férias proporcionais, ainda que incompleto o período aquisitivo de 12 (doze) meses (art. 147 da CLT).

Súmula nº 261 do TST: O empregado que se demite antes de complementar 12 (doze) meses de serviço tem direito a férias proporcionais.

Nesse sentido, em qualquer hipótese de término do contrato de trabalho, salvo a dispensa por justa causa, por período inferior ou superior a 1 ano de trabalho, dá-se ao empregado e agora também ao empregado doméstico o direito ao recebimento das férias proporcionais.

Quanto às regras atinentes ao **fracionamento** do período de férias, a Lei dos Domésticos permitiu o fracionamento do período de férias em até 2 períodos a critério do empregador, desde que um dos períodos tenha, no mínimo, 14 dias corridos. Em resumo, não se exige mais a excepcionalidade, e o período mínimo de um dos períodos é de 14 dias. Por ter regulamentação específica, o fracionamento em até 3 períodos previsto pela Reforma Trabalhista não tem aplicação ao empregado doméstico, que deve seguir a regra da LC nº 150/2015.

Por fim, existem diferenças no tocante à concessão do **abono pecuniário**. Permite-se que o doméstico converta 1/3 do período de férias em abono pecuniário. No entanto, o pedido de conversão deve ser realizado até 30 dias antes do término do período aquisitivo. Na CLT, exige-se para os demais empregados a antecedência de, no mínimo, 15 dias antes do término do período aquisitivo.

3.2.2.4. Contrato individual de trabalho

O contrato de trabalho pode ser firmado de forma verbal, escrita, expressa ou tácita. Em regra é firmado por prazo indeterminado, ou seja, sem a fixação da data para o término. No contrato por prazo indeterminado, portanto, há necessidade de conceder aviso-prévio antes do término.

Cabe destacar que, excepcionalmente, é possível firmar contrato por prazo determinado ou também chamado de contrato a termo, conforme previsão expressa em lei. A seguir, trataremos dessa classificação de contrato.

a) Contrato por prazo determinado

A regra para contratação de empregados domésticos é o contrato por prazo indeterminado, isto é, se não houver prova de que o contrato foi celebrado por prazo certo, presume-se que se trata de contrato por prazo indeterminado. Antes da promulgação da nova lei, havia discussão a respeito da possibilidade de contratação de empregados domésticos por prazo determinado, uma vez que a Lei nº 5.859/1972 era silente sobre esse assunto. A LC nº 150/2015 pôs fim à discussão, uma vez que disciplinou as hipóteses em que se permite essa modalidade de contratação.

São 3 hipóteses trazidas pelo art. 4º da lei complementar para a contratação por prazo determinado:

1) **Contrato de experiência (art. 4º, I):** Assim como estabelece a CLT, a contratação de empregados domésticos em experiência somente poderá ocorrer pelo prazo máximo de 90 dias e é admitida apenas uma prorrogação desde que a soma dos 2 períodos não ultrapasse esse prazo de 90 dias. Caso ultrapassado o prazo máximo ou havendo continuidade no serviço sem a devida prorrogação, o contrato passará a vigorar por prazo indeterminado;
2) **Atendimento de necessidades familiares de natureza transitória (art. 4º, II);**
3) **Substituição temporária de empregado doméstico com contrato de trabalho interrompido (art. 4º, II).**

O prazo de duração desses dois contratos anteriores é de, no máximo, dois anos. Há possibilidade de ser estipulado prazo menor. A LC nº 150/2015 somente estabelece a possibilidade de prorrogação do contrato de experiência. Contudo, diante da aplicação subsidiária da CLT prevista no art. 19 da lei complementar, entendemos que é possível uma única prorrogação nesses contratos, desde que respeitado o limite de dois anos. Assim, pode-se ajustar contrato com duração de cinco meses, prorrogável por mais um ano ou, ainda, um ano prorrogado por mais um ano (não há necessidade, para fins de prorrogação, de prazo idêntico ao anterior). Se desrespeitado o limite máximo de dois anos ou se houver mais de uma prorrogação, o contrato será, automaticamente, transformado em prazo indeterminado.

A Lei dos Domésticos trouxe também as hipóteses de término antecipado do contrato de trabalho doméstico por prazo determinado (arts. 6º e 7º):

1) Término antecipado por iniciativa do **empregador (art. 6º):**

Nesse caso, estará obrigado a pagar, a título de indenização, a metade da remuneração a que o empregado teria direito até o fim do contrato de trabalho fixado anteriormente. Além dessa indenização prevista na LC nº 150/2015, deverá pagar as verbas rescisórias.

2) Término antecipado por iniciativa do **empregado**, ou seja, pedido de demissão antes do prazo previamente fixado **(art. 7º):**

Se o empregado der causa ao término do contrato, antes do prazo fixado, deverá pagar indenização ao empregador, pelos **prejuízos** que esse desligamento antecipado causar à empresa. O valor do prejuízo não poderá ultrapassar aquela indenização a que o empregado teria direito, prevista no art. 6º da LC nº 150/2015.

Ao contrário do estabelecido na CLT, no entanto, não há previsão na LC nº 150/2015 da **cláusula assecuratória de direito recíproco**. Nesse sentido, o art. 9º estabelece expressamente que, durante a vigência dos contratos por prazo determinado, não será devido aviso-prévio de nenhuma das partes da relação jurídica. Portanto, não se aplica subsidiariamente o art. 481 da CLT.

b) Regras para empregados domésticos que trabalham e residem no mesmo local

A Lei dos Domésticos trouxe algumas regras especiais ao contrato de trabalho dos empregados que trabalham e residem no mesmo local. É válido ressaltar que, mesmo para essa hipótese de contratação, a limitação da jornada de trabalho em 8 horas diárias e 44 semanais deve ser respeitada. Admite-se também, nesse caso, a contratação de jornada de 12 horas de trabalho por 36 horas de descanso, o que também é previsto aos domésticos.

Seguem as principais especificidades da lei para esses empregados que trabalham e residem no mesmo local:

1) **Intervalo intrajornada:** Se o empregado residir no local de trabalho, é possível o **fracionamento do intervalo** intrajornada em 2 períodos, desde que cada um deles tenha, no mínimo, 1 hora até o limite de 4 horas diárias. Portanto, para esses empregados domésticos, é possível a concessão de intervalo por período superior a 2 horas diárias (art. 13, § 1º, LC nº 150/2015).
2) **Férias:** Ainda que o empregado, no período das férias, não preste serviços à pessoa ou à família, permite-se a sua permanência no local de trabalho, uma vez que também é o local de sua residência (art. 17, § 5º, LC nº 150/2015).
3) **Despesas com moradia:** Tendo em vista que o empregado reside no local de trabalho para a prestação do serviço e não corresponde à remuneração pelo trabalho realizado, não é permitido o desconto do valor da moradia do salário do empregado (art. 18, § 1º, LC nº 150/2015).
4) **Direitos sobre a moradia:** O fornecimento da moradia pelo empregador doméstico na própria residência ou em morada anexa não gera nenhum direito de posse ou propriedade sobre a referida moradia (art. 18, § 4º, LC nº 15/2015). Nesse sentido, não há a possibilidade de se gerar aquisição do imóvel por usucapião.

3.2.2.4.1. Trabalho intermitente e empregado doméstico

Com o advento das alterações promovidas pela Reforma Trabalhista, surgem dúvidas acerca de sua aplicação aos empregados domésticos, os quais, embora regidos por lei própria (LC nº 150/2015), recebem aplicação subsidiária da CLT.

Nesse sentido, entendemos que as alterações promovidas pela Reforma Trabalhista trarão impactos indiretos à relação de trabalho doméstico, haja vista a especificidade da LC nº 150/2015 em detrimento da CLT.

A Reforma Trabalhista acrescentou o § 3º ao art. 443 da CLT para prever nova hipótese de contrato de trabalho: a prestação de trabalho intermitente. Essa alteração causa profundos impactos na estrutura do Direito do Trabalho, pois cria nova modalidade contratual com disciplina jurídica própria, até então sem precedentes na área trabalhista.

De acordo com o art. 443, § 3º, CLT, o trabalho intermitente compreende o contrato de trabalho, cuja prestação dos serviços ocorre com subordinação, mas não é contínua, havendo alternância de períodos de prestação de serviços e de inatividade. A prestação dos serviços pode ser determinada em horas, dias ou meses, independentemente da atividade desenvolvida pelo empregado ou pelo empregador.

Ocorre que o trabalho intermitente não pode ser aplicado aos domésticos. Para a configuração dessa relação de emprego, o art. 1º da LC nº 150/2015 estabelece a necessidade de prestação de serviços em período superior a 2 vezes por semana. Assim, a existência de períodos de inatividade é incompatível com a disciplina jurídica do trabalho doméstico.

Nota-se, assim, que um dos requisitos determinantes para a configuração do trabalho intermitente é a ausência de continuidade. *A contrario sensu*, para que haja relação de emprego doméstico, um dos requisitos para sua caracterização é a presença da continuidade, por meio da prestação de serviços pelo doméstico por mais de 2 dias na semana. Em razão disso, entendemos ser o trabalho intermitente incompatível com a disciplina da LC nº 150/2015.

3.2.2.5. Remuneração

Assim como os demais empregados, o doméstico sempre deve ter assegurado o recebimento do salário mínimo. Contudo, é importante destacar que alguns estados brasileiros – como São Paulo, Rio de Janeiro e o Rio Grande do Sul – adotam piso salarial regional[167] para as domésticas, com valor sempre superior ao mínimo nacional. Além disso, se houver instrumento coletivo, firmado com o sindicato dos empregados domésticos, deve ser observado o piso salarial estabelecido para a categoria.

A legislação dos domésticos estabeleceu as hipóteses em que se proíbe o desconto no salário do empregado. É válido destacar que a Lei nº 5.859/1972 já trazia algumas vedações de descontos que foram mantidas pela lei complementar (art. 18, *caput*, LC nº 150/2015). Nesse sentido, é proibido o desconto no salário do doméstico relacionado à alimentação, vestuário, higiene ou moradia. A novidade na lei diz respeito aos empregados que são acompanhantes em viagem, cujas despesas com transportes, hospedagem e alimentação também não poderão ser descontadas. Todas essas despesas não têm natureza salarial e não integram a remuneração do empregado doméstico.

Contudo, há 3 hipóteses em que se permite os descontos no salário do doméstico (art. 18, §§ 1º e 2º, LC nº 150/2015):

a) **Adiantamento salarial:** Assim como o empregado regido pela CLT, é possível o desconto no salário do empregado, independentemente de acordo escrito entre as partes, caso tenha recebido parte de seu salário antes da data de pagamento (até o dia 7 do mês subsequente à prestação dos serviços, conforme art. 35 da LC nº 150/2015).

b) **Acordo escrito entre as partes:** É possível a inclusão do empregado em plano de assistência médico-hospitalar e odontológica, de seguro e de previdência privada. Destaca-se que, nessa hipótese, é necessário o comum acordo para o desconto, limitado a 20% do salário do doméstico.

c) **Moradia em local diverso:** Essa hipótese já era prevista na Lei nº 5.859/1972 e diz respeito à possibilidade de desconto no salário referente aos gastos com moradia caso essa não coincida com o local da prestação dos serviços, desde que acordada entre as partes. Vale ressaltar que a Lei nº 13.699/2018 acrescentou como

167. A competência privativa para legislar sobre direito do trabalho é da União, conforme previsto no art. 22 da CF/88. Há, entretanto, previsão na LC nº 103/2000, que autoriza os Estados a fixarem o piso estadual: **Art. 1º** Os Estados e o Distrito Federal ficam autorizados a instituir, mediante lei de iniciativa do Poder Executivo, o piso salarial de que trata o inciso V do art. 7º da Constituição Federal para os empregados que não tenham piso salarial definido em lei federal, convenção ou acordo coletivo de trabalho.(...) § 2º O piso salarial a que se refere o *caput* poderá ser estendido aos empregados domésticos.

diretriz feral da política urbana a necessidade de garantia de condições dignas de acessibilidade, utilização e conforto nas dependências internas, inclusive nas destinadas à moradia e ao serviço dos trabalhadores domésticos:

> **Art. 2o, do Estatuto da Cidade:** A política urbana tem por objetivo ordenar o pleno desenvolvimento das funções sociais da cidade e da propriedade urbana, mediante as seguintes diretrizes gerais:
>
> XIX – garantia de condições condignas de acessibilidade, utilização e conforto nas dependências internas das edificações urbanas, inclusive nas destinadas à moradia e ao serviço dos trabalhadores domésticos, observados requisitos mínimos de dimensionamento, ventilação, iluminação, ergonomia, privacidade e qualidade dos materiais empregados.

Ademais, diante da aplicação subsidiária da CLT prevista no art. 19 da LC nº 150/2015, as hipóteses de desconto no salário por dano causado pelo empregado aplicam-se ao contrato de trabalho doméstico. Nesse caso, de acordo com o art. 462, § 1º, da CLT, se o dano foi cometido por dolo, ou seja, de forma intencional, o desconto é sempre possível, em razão da falta de lealdade do trabalhador. Se cometido por culpa (sem intenção), o desconto será possível desde que previsto no contrato de trabalho ou norma coletiva[168] (ajuste feito entre as partes).

Por fim, cabe ressaltar que o empregado doméstico terá direito ao recebimento do vale-transporte previsto na Lei nº 7.418/1985 conforme estabelece o art. 19 da LC nº 150/2015. Contudo, é permitido ao empregador substituir a aquisição dos vales-transportes, obrigação prevista no art. 4º da Lei nº 7.418/1985, pelo **pagamento em dinheiro**, mediante recibo, dos valores necessários para a aquisição das passagens utilizadas para o deslocamento da residência ao trabalho e para seu retorno:

> **Art. 19, Parágrafo único.** A obrigação prevista no art. 4º da Lei nº 7.418, de 16 de dezembro de 1985, poderá ser substituída, a critério do empregador, pela concessão, mediante recibo, dos valores para a aquisição das passagens necessárias ao custeio das despesas decorrentes do deslocamento residência-trabalho e vice-versa.

3.2.2.6. *Proteção do trabalho da mulher*

A licença-maternidade já era garantida às empregadas domésticas antes mesmo da promulgação da EC nº 72/2013, que ampliou os direitos constitucionais assegurados aos empregados domésticos. A legislação, no entanto, estabeleceu, de forma clara, que as domésticas terão os mesmos direitos referentes à licença-maternidade que possuem as empregadas regidas pela CLT, inclusive o prazo de 120 dias sem prejuízo do emprego e do salário.

No tocante à estabilidade da gestante, a empregada doméstica também terá direito à garantia de emprego desde a confirmação da gravidez até 5 meses após o parto, conforme

168. Orientação Jurisprudencial nº 251 da SDI-I do TST. "É lícito o desconto salarial referente à devolução de cheques sem fundos, quando o frentista não observar as recomendações previstas em instrumento coletivo."

estabelece o art. 10, II, "b", do ADCT, ainda que a gravidez ocorra durante o aviso-prévio trabalhado ou indenizado, aplicando também o disposto na Súmula nº 244 do TST:

> **Art. 25, parágrafo único.** A confirmação do estado de gravidez durante o curso do contrato de trabalho, ainda que durante o prazo do aviso prévio trabalhado ou indenizado, garante à empregada gestante a estabilidade provisória prevista na alínea "b" do inciso II do art. 10 do Ato das Disposições Constitucionais Transitórias.

3.2.2.7. FGTS

O FGTS[169] é uma "poupança forçada", suportada exclusivamente pelo empregador, que se destina à indenização do tempo de serviço do empregado. Antes da promulgação da EC nº 72/2013, a concessão do FGTS era facultativa aos empregados domésticos. Com o advento da emenda constitucional mencionada, o FGTS passou a ser direito constitucional assegurado aos domésticos, mas que somente poderia ser exigido do empregado com a edição de lei regulamentando o assunto. Nesse sentido, o art. 34, inciso IV, da LC nº 150/2015 passou a assegurar o depósito do valor de 8% da remuneração do empregado doméstico para o recolhimento do FGTS:

> **Art. 34.** O Simples Doméstico assegurará o recolhimento mensal, mediante documento único de arrecadação, dos seguintes valores:
>
> (...)
>
> IV – 8% (oito por cento) de recolhimento para o FGTS;

A própria Lei Complementar condicionou a operacionalização desses depósitos à regulamentação técnica por parte do Conselho Curador e do agente operador do FGTS. Para atender a essa exigência, foi editada a Resolução nº 780/2015 do Conselho Curador do FGTS, que determinou o início da obrigatoriedade dos depósitos a partir de 1º de outubro de 2015[170].

A partir dessa data, tornou-se obrigatório que o empregador doméstico realizasse seu cadastro no sistema eletrônico eSocial[171], por meio do qual são feitas as contribuições do chamado Simples Doméstico, incluindo os depósitos de 8% do FGTS.

---

169. "O FGTS é um depósito bancário destinado a formar uma poupança para o trabalhador, que poderá ser sacada nas hipóteses previstas na lei, principalmente quando é dispensado sem justa causa. Outrossim, servem os depósitos como forma de financiamento para aquisição de moradia pelo Sistema Financiamento da Habitação." MARTINS, Sergio Pinto. *Direito do Trabalho*. 24. ed. São Paulo: Atlas, 2008. p. 435.

170. **Art. 1º, Resolução CC/FGTS nº 780/2015:** "O empregado doméstico, definido nos termos da Lei Complementar nº 150, de 1º de junho de 2015, terá direito ao regime do FGTS, obrigatoriamente, a partir de 1º de outubro de 2015."

171. Esse portal é responsável pelo cadastramento dos empregadores domésticos no Simples Doméstico e será por meio dele que as informações necessárias aos depósitos das contribuições do Simples do doméstico devem acontecer, inclusive o depósito do montante de 8% relativos ao FGTS. Link de acesso: http://portal.esocial.gov.br/. Segundo informações do próprio site da Caixa Econômica Federal (http://www.caixa.gov.br/empresa/fgts-empresas/FGTS-para-Empregador-Domestico/Paginas/default.aspx): "A partir de 26/10/2015, será disponibilizado no portal eSocial funcionalidade que permitirá a geração do DAE – Documento de Arrecadação do eSocial, guia única que consolidará todos os recolhimentos devidos pelo empregador doméstico, conforme definido no Art. 34 da Lei Complementar 150/2015 (http://portal.esocial.gov.br/empregador-domestico/dae-documento-de-arrecadacao)."

Inicialmente, a LC nº 150/2015 previa que esses recolhimentos deveriam ser feitos até o dia 7 do mês seguinte ao da remuneração. Entretanto, a Lei nº 14.438/2022 alterou esse prazo, estabelecendo que o pagamento mensal deve ser efetuado até o dia 20 do mês seguinte à competência devida.

Assim, o recolhimento do Simples Doméstico – que inclui as contribuições previdenciárias do empregado e do empregador, o seguro contra acidentes, o FGTS e a indenização compensatória – deve ser realizado em um único documento de arrecadação até o dia 20 de cada mês. Caso essa data não seja um dia útil bancário, o pagamento deve ser antecipado para o último dia útil anterior.

a) Indenização compensatória da perda do emprego

Vale destacar que a LC nº 150/2015 trouxe uma inovação no tocante à indenização pela perda do emprego doméstico.

Aos demais empregados regidos pela CLT, se houver **dispensa sem justa causa**, terão direito à indenização de 40% sobre os depósitos efetuados do FGTS nesse período. Se houver culpa recíproca ou força maior, essa indenização será de 20% sobre o total de depósitos. Por fim, no caso de rescisão antecipada do contrato de trabalho por prazo determinado[172], além da indenização prevista no art. 479 da CLT, o empregado terá direito à indenização de 40% sobre os depósitos do FGTS.

A Reforma Trabalhista passou a admitir o distrato como forma de término do contrato de trabalho (Art. 484-A da CLT), sendo que o consenso entre as partes da relação de emprego é o requisito fundamental e indispensável dessa modalidade de término do contrato de trabalho. Na hipótese de celebração de distrato, os trabalhadores terão direito ao recebimento das seguintes verbas rescisórias:

- 50% do aviso prévio, se for indenizado. Na hipótese de aviso prévio trabalhado, terá direito ao recebimento de seu valor integral.
- 20% de multa sobre os depósitos do FGTS;
- Saldo de salário (dias efetivamente trabalhadores);
- Décimo terceiro salário proporcional;
- Férias + ⅓ vencidas, se houver;
- Férias + ⅓ proporcionais;

Cumpre ressaltar que o art. 20 da Lei nº 8.036/1990, que estabelece as hipóteses de saque dos depósitos do FGTS, foi alterado para prever o distrato como nova modalidade.

Entendemos que o distrato é uma modalidade de término do contrato de trabalho extensível ao empregado doméstico. Apesar de não haver previsão na lei complementar nº 150/15, não há incompatibilidade com esse contrato de trabalho do empregado doméstico, aplicando-se as disposições da CLT (art. 19 da LC nº 150/2015).

Ocorre que o art. 22 da LC nº 150/2015 estabeleceu que a multa de 40% (ou 20% no caso de culpa recíproca) sobre os depósitos do FGTS **não é devida para o empregado**

172. **Súmula nº 125 do TST.** O art. 479 da CLT aplica-se ao trabalhador optante pelo FGTS admitido mediante contrato por prazo determinado, nos termos do art. 30, § 3º, do Decreto nº 59.820, de 20.12.1966.

doméstico. Em vez disso, estabeleceu-se a necessidade de o empregador doméstico depositar mensalmente a quantia de 3,2% da remuneração devida ao empregado na conta vinculado do empregado doméstico em variação distinta dos depósitos do FGTS. Essa quantia terá a função de indenizar o empregado pela perda de seu emprego em caso de dispensa sem justa causa ou por culpa do empregador (rescisão indireta). Assim, caso ocorra o término do contrato de trabalho, é permitido ao empregado doméstico movimentar a conta e sacar os valores depositados.

Por outro lado, se ocorrer dispensa por justa causa, pedido de demissão, término do contrato por prazo determinado, aposentadoria e falecimento do doméstico, a indenização não será devida e os valores depositados poderão ser levantados pelo **próprio empregador**. Se verificada culpa recíproca no término do contrato de trabalho, metade dos valores será movimentada pelo empregado e a outra metade, pelo empregador.[173]

Em resumo, o levantamento da multa do FGTS vai depender da forma do término do contrato de trabalho do doméstico. Como forma de sistematizar o estudo, segue quadro abaixo:

RESUMO Hipóteses de saque da Multa de 3,2% do FGTS	
Forma do término do contrato de trabalho	**Responsável pelo levantamento dos depósitos**
Dispensa sem justa causa	Empregado doméstico (indenização devida)
Rescisão indireta	Empregado doméstico (indenização devida)
Término antecipado do contrato por prazo determinado por culpa do empregador	Empregado doméstico (indenização devida)
Pedido de demissão	Empregador
Dispensa por justa causa	Empregador
Término normal do contrato por prazo determinado	Empregador
Aposentadoria	Empregador
Falecimento do doméstico	Empregador
Culpa recíproca	½ Empregado e ½ Empregador

3.2.2.8. Seguro-desemprego

O seguro-desemprego é um **benefício previdenciário** que tem previsão constitucional, conforme os dispositivos a seguir:

> **Art. 7º** São direitos dos trabalhadores urbanos e rurais, além de outros que visem à melhoria de sua condição social:
>
> II – seguro-desemprego em caso de ***desemprego involuntário***. (grifos acrescidos)
>
> **Art. 201.** A previdência social será organizada sob a forma do Regime Geral de Previdência Social, de caráter contributivo e de filiação obrigatória, observados

173. O requerimento para reaver os valores depositados deve ser realizado na Caixa Econômica Federal (CEF).

> critérios que preservem o equilíbrio financeiro e atuarial, e atenderá, na forma da lei, a: (Redação dada pela Emenda Constitucional nº 103/2019)
>
> III – proteção ao trabalhador em situação de ***desemprego involuntário***. (grifos acrescidos)

O pagamento do seguro-desemprego ao empregado doméstico antes da promulgação da EC nº 72/2013 também era facultativo e condicionado à inscrição do empregado no FGTS. A partir da promulgação de referida emenda constitucional, esse benefício passou a ser assegurado aos domésticos com a ressalva de que a sua exigência somente seria possível com a edição de lei regulamentando o assunto. De acordo com o art. 26 da LC nº 150/2015, o empregado doméstico que for dispensado sem justa causa terá direito ao recebimento do seguro-desemprego no valor de 1 salário mínimo pelo período máximo de 3 meses, de forma contínua ou alternada.

Destaca-se que a regulamentação do benefício foi realizada pelo Conselho Deliberativo do Fundo de Amparo ao Trabalhador (Codefat) com a Resolução nº 754, de 26 de agosto de 2015. Referida resolução foi revogada pela Resolução Codefat nº 957/2022, que passou a dispor sobre o tema. Apesar modificação normativa, não houve alteração quanto ao valor e número de parcelas do benefício:

> **Art. 47 da Resolução Codefat nº 957/2022.** O valor do benefício do seguro--desemprego do empregado doméstico corresponderá a um salário-mínimo e será concedido por um período máximo de três meses, de forma contínua ou alternada a cada período aquisitivo de dezesseis meses, contados da data da dispensa que originou a habilitação.

Para o recebimento do benefício, é necessário que o empregado apresente ao órgão do Ministério do Trabalho e Emprego os documentos previstos no art. 28 da LC nº 150/2015[174].

O pedido para recebimento do seguro-desemprego deve ser realizado no prazo de 7 a 90 dias da data da dispensa e somente poderá ser novamente requerido com o cumprimento de novo período aquisitivo de 16 meses (art. 46 da Resolução Codefat nº 957/2022).

Por fim, a lei elenca ainda as hipóteses de cancelamento do benefício do segurado, que coincidem com aquelas previstas aos demais trabalhadores:

> **Art. 26, § 2º**: O benefício do seguro-desemprego será cancelado, sem prejuízo das demais sanções cíveis e penais cabíveis:
>
> I – pela recusa, por parte do trabalhador desempregado, de outro emprego condizente com sua qualificação registrada ou declarada e com sua remuneração anterior;

174. **Art. 28, LC nº 150/2015:** Para se habilitar ao benefício do seguro-desemprego, o trabalhador doméstico deverá apresentar ao órgão competente do Ministério do Trabalho e Emprego: I - Carteira de Trabalho e Previdência Social, na qual deverão constar a anotação do contrato de trabalho doméstico e a data de dispensa, de modo a comprovar o vínculo empregatício, como empregado doméstico, durante pelo menos 15 (quinze) meses nos últimos 24 (vinte e quatro) meses; II - termo de rescisão do contrato de trabalho; III - declaração de que não está em gozo de benefício de prestação continuada da Previdência Social, exceto auxílio-acidente e pensão por morte; e IV - declaração de que não possui renda própria de qualquer natureza suficiente à sua manutenção e de sua família.

> II – por comprovação de falsidade na prestação das informações necessárias à habilitação;
>
> III – por comprovação de fraude visando à percepção indevida do benefício do seguro-desemprego; ou
>
> IV – por morte do segurado.

3.2.2.9. Aviso-prévio

O aviso-prévio tem como finalidade indicar a data do término do contrato de trabalho. O período do aviso possibilita ao trabalhador procurar outro emprego, e, ainda, ao empregador buscar um substituto para o cargo vago. Dessa forma, torna-se possível que uma parte não seja surpreendida com a ruptura do contrato por ato unilateral da outra. Afasta-se, portanto, o evento surpresa. Em relação aos empregados domésticos, o aviso-prévio é direito constitucional assegurado desde a promulgação da Constituição Federal de 1988. Contudo, a lei complementar regulamentou o tema com maior precisão, trazendo inclusive a regra do aviso-prévio proporcional previsto na Lei nº 12.506/2011.

Nesse sentido, a parte que decidir colocar fim ao contrato deverá avisar a outra com **antecedência mínima de 30 dias.** Nesse sentido, estabelece o art. 7º, XXI, da CF/88:

> **Art. 7º, XXI, da CF/88:** São direitos dos trabalhadores urbanos e rurais além de outros que visem à melhoria de sua condição social: aviso-prévio proporcional ao tempo de serviço, **sendo no mínimo de 30 dias**, nos termos da lei.

De acordo com o art. 23, §§ 1º e 2º, da LC nº 150/2015, para empregados com até um ano de contrato o aviso-prévio será de 30 dias. A cada ano de contrato, serão acrescidos 3 dias na duração do aviso, até o limite de 60 dias. Assim sendo, a duração do aviso-prévio poderá ter até 90 dias (prazo mínimo de 30 dias + 60 dias do aviso proporcional).

a) Aviso-prévio concedido pelo empregador

Cabe frisar que o aviso-prévio é um dever recíproco das partes. Quando for dado pelo empregador, na dispensa sem justa causa, há necessidade de redução na duração do trabalho, possibilitando que o trabalhador procure outro emprego. O empregado poderá optar por:

- redução de duas horas diárias (art. 24, *caput*, LC nº 150/2015);
- redução de sete dias consecutivos (art. 24, § 1º, LC nº 150/2015).

Para os demais empregados, apesar de não haver prejuízo na remuneração com a redução de jornada no aviso-prévio, a CLT não é expressa a respeito do assunto. Por sua vez, a Lei dos Domésticos diz expressamente que a redução das horas de trabalho ou dos dias trabalhados **não prejudicará a remuneração do trabalhador,** que permanecerá a mesma. Ademais, o empregador não poderá substituir esse período reduzido por pagamento de horas correspondentes[175]. Se não for concedida a redução

---

175. Súmula nº 230 do TST: "É ilegal substituir o período que se reduz da jornada de trabalho, no aviso-prévio, pelo pagamento das horas correspondentes".

no horário de trabalho, considera-se que o aviso não foi dado, pois não se possibilitou ao empregado a busca de outro emprego. O empregador doméstico deverá pagá-lo novamente, portanto.

O aviso será trabalhado ou indenizado. A primeira hipótese ocorre quando o empregado cumprir o aviso prestando serviços ao empregador. Por outro lado, no **aviso-prévio indenizado** (art. 23, § 3º), o término do contrato será imediato, ou seja, serão pagos os trinta dias sem que o empregado preste serviços. O período do aviso é substituído por indenização pecuniária.

Importante destacar que, tanto no caso do aviso trabalhado quanto no aviso-prévio indenizado, **o tempo de serviço será projetado para todos os fins**, na contagem de férias, no décimo terceiro e nos depósitos do FGTS.

b) Aviso-prévio concedido pelo empregado

O empregado, ao efetuar seu pedido de demissão, também está obrigado a conceder aviso-prévio, possibilitando que o empregador procure um novo substituto. Se o empregado não conceder o aviso, possibilita o desconto no salário correspondente. Prevalece hoje o posicionamento de que proporcionalidade do aviso-prévio é voltada estritamente em benefício aos empregados urbanos, rurais, domésticos e trabalhadores avulsos, ou seja, o empregador não tem o direito de exigir que o empregado permaneça trabalhando mais de 30 dias, quando houver pedido de demissão.

Por fim, tendo em vista a aplicação subsidiária da CLT prevista no art. 19 da LC nº 150/2015, as disposições concernentes à reconsideração do aviso-prévio devem ser aplicadas à relação de trabalho doméstico. Reconsiderar o aviso é ato bilateral, isto é, depende do consentimento da outra parte.

Poderá ocorrer a reconsideração tácita ou expressa. No primeiro caso, o empregado continuará trabalhando após os trinta dias concedidos para aviso, sem recusa do empregador. Reconsideração expressa ocorre quando as partes, em comum acordo, afastam a hipótese do término do contrato. De acordo com a CLT:

> **Art. 489.** Dado o aviso-prévio, a rescisão torna-se efetiva depois de expirado o respectivo prazo, mas, se a parte notificante reconsiderar o ato, antes de seu termo, à outra parte é **facultado aceitar ou não a reconsideração**. (grifos acrescidos)
>
> Parágrafo único: Caso seja aceita a reconsideração ou continuando a prestação depois de expirado o prazo, o contrato continuará a vigorar, como se o aviso-prévio não tivesse sido dado.

3.2.2.10. Término do contrato de trabalho

No tocante às regras para o término do contrato de trabalho, é válido destacar que são permitidas todas as formas que põem fim ao contrato de trabalho doméstico. Nesse sentido, a fim de facilitar a identificação pelos candidatos das novidades trazidas pela LC nº 150/2015, vamos abordar as diferenças quanto às hipóteses de dispensa por justa causa ou rescisão indireta que não constam da CLT.

a) Dispensa por justa causa

O art. 27, inciso I, da LC nº 150/2015 estabeleceu, além das hipóteses previstas no art. 482 da CLT[176], uma nova conduta que justifica o término do contrato de trabalho doméstico por culpa do empregado (justa causa):

> **Art. 27, I:** submissão a maus-tratos de idoso, de enfermo, de pessoa com deficiência ou de criança sob cuidado direto ou indireto do empregado.

A relação de trabalho doméstico pressupõe um vínculo estreito de **confiança** entre o empregado e a família a que presta os serviços. Muitas vezes, são os empregados domésticos os responsáveis pelo cuidado e auxílio prestado a enfermos, pessoas idosas ou crianças (babá). Nesse sentido, a hipótese criada pela lei dos domésticos pretende reforçar o repúdio às condutas de maus-tratos a essas pessoas e justificar o término do contrato de trabalho por culpa do empregado.

Outra novidade presente no tocante à dispensa por justa causa diz respeito ao **abandono de emprego**. A CLT é omissa quanto ao lapso temporal necessário para configurar o abandono, o que é suprido pela Súmula nº 32 do TST[177]. A Lei dos Domésticos estabeleceu de forma clara o prazo de, pelo menos, 30 dias para que o abandono seja configurado. Ressalta-se que é o mesmo prazo que já era aplicado pelo TST, conforme a súmula mencionada.

Por fim, destaca-se que as hipóteses que dizem respeito ao resguardo da atividade econômica do empregador previstas na CLT não são reproduzidas na lei dos domésticos em razão da ausência de finalidade lucrativa inerente a essa relação de emprego. Nesse sentido, não configuram justa causa a negociação habitual e a negociação quando constituir ato de concorrência desleal à empresa e violação de segredo da empresa.

b) Rescisão indireta

Quanto à rescisão indireta, além dos casos previstos no art. 483 da CLT, a LC nº 150/2015 criou uma nova hipótese que justifica o término do contrato de trabalho doméstico por culpa do empregador:

> **Art. 27, parágrafo único, VII:** o empregador praticar qualquer das formas de violência doméstica ou familiar contra mulheres de que trata o art. 5º da Lei no 11.340, de 7 de agosto de 2006

Também em decorrência do estreito laço de confiança criado e pelo trabalho realizado na residência do empregador, é necessária a proteção das mulheres contra eventuais atos de violência contra a mulher elencados no art. 5º da Lei Maria da Penha:

> **Art. 5º** Para os efeitos desta Lei, configura violência doméstica e familiar contra a mulher qualquer ação ou omissão baseada no gênero que lhe cause morte, lesão, sofrimento físico, sexual ou psicológico e dano moral ou patrimonial:

---

176. Para mais informações a respeito das hipóteses de justa causa, recomenda-se a leitura do tópico 2.2.1 (Dispensa por justa causa) do capítulo X deste livro.

177. Súmula nº 32 do TST: "Presume-se o abandono de emprego se o trabalhador não retornar ao serviço no prazo de 30 (trinta) dias após a cessação do benefício previdenciário nem justificar o motivo de não o fazer".

> I – no âmbito da unidade doméstica, compreendida como o espaço de convívio permanente de pessoas, com ou sem vínculo familiar, inclusive as esporadicamente agregadas;
>
> II – no âmbito da família, compreendida como a comunidade formada por indivíduos que são ou se consideram aparentados, unidos por laços naturais, por afinidade ou por vontade expressa;
>
> III – em qualquer relação íntima de afeto, na qual o agressor conviva ou tenha convivido com a ofendida, independentemente de coabitação.

c) Distrato

É possível, ainda, o término do contrato de trabalho por resilição bilateral, também denominado distrato. Por esta, há o fim do contrato de trabalho por mútuo acordo entre as partes. Antes da Reforma Trabalhista, a legislação trabalhista não admitia o distrato, cabendo aos empregados apresentar pedido de demissão ou aos empregadores de realizar a dispensa sem justa causa.

A impossibilidade de realização de acordo entre empregado e empregador para pôr fim ao contrato de trabalho levava, em alguns casos, ao cometimento de atos pelos empregados ou pelos empregadores para "forçar" a outra parte a resilir unilateralmente o contrato de trabalho.

Além disso, era comum a ocorrência de acordo entre empregado e empregador para simular a dispensa sem justa causa. Nesse caso, o trabalhador podia levantar os depósitos do FGTS mesmo quando ele desejasse pôr fim ao contrato de trabalho. Se o trabalhador efetuasse o pedido de demissão não teria direito ao levantamento dos depósitos. Muitos empregados e empregadores efetuavam uma espécie de "distrato" do contrato de trabalho, pela qual o empregado era "dispensado sem justa causa", viabilizando o recebimento do FGTS e o trabalhador se comprometia a devolver a multa de 40% recebida ao empregador.

Essa prática configurava fraude ao FGTS, pois a dispensa sem justa causa somente é realizada para mascarar o pedido de demissão do trabalhador e permitir o levantamento dos depósitos do Fundo. Essa conduta atraia a atuação da fiscalização do trabalho na aplicação de multas e do MPT para exigir o retorno da multa de 40% ao empregado, que possui o direito à parcela, e a cessação da prática, evitando a reincidência na fraude por meio da tutela inibitória.

A LC nº 150/2015 se adiantou nesse sentido, pois, ao estabelecer a substituição da multa de 40% do FGTS pelo depósito mensal de 3,2% da remuneração do empregado a título de indenização pela perda do emprego, não permitiu que empregado e empregador combinassem a devolução do valor ao trabalhador, pois a quantia já era depositada mensalmente em conta vinculada ao trabalhador.

A Lei nº 13.467/2017 passou a admitir o distrato como forma de término do contrato de trabalho, o que deve prevenir o cometimento dessas fraudes na relação de trabalho. A regulamentação do distrato com o estabelecimento permite que as partes da relação de emprego tenham conhecimento dos limites para adoção dessa modalidade de extinção contratual:

Art. 484-A, CLT *(Inserido pela Reforma Trabalhista)*. O contrato de trabalho poderá ser extinto por acordo entre empregado e empregador, caso em que serão devidas as seguintes verbas trabalhistas:

I – por metade:

a) o aviso prévio, se indenizado; e

b) a indenização sobre o saldo do Fundo de Garantia do Tempo de Serviço, prevista no § 1º do art. 18 da Lei nº 8.036, de 11 de maio de 1990;

II – na integralidade, as demais verbas trabalhistas.

§ 1º. A extinção do contrato prevista no caput deste artigo permite a movimentação da conta vinculada do trabalhador no Fundo de Garantia do Tempo de Serviço na forma do inciso I-A do art. 20 da Lei nº 8.036, de 11 de maio de 1990, limitada até 80% (oitenta por cento) do valor dos depósitos.

§ 2º. A extinção do contrato por acordo prevista no caput deste artigo não autoriza o ingresso no Programa de Seguro-Desemprego.

Destaca-se que, nas justificativas dos legisladores para a inclusão dessa medida, apresenta a necessidade de se coibir o acordo informal, pelo qual era feita a dispensa sem justa causa para que o empregado pudesse receber o seguro-desemprego e o saldo do FGTS, seguido da devolução da multa de 40%.

A existência de consenso entre as partes da relação de emprego é o requisito fundamental e indispensável dessa modalidade de término do contrato de trabalho. A ausência de acordo ou o vício na manifestação de vontade dos trabalhadores inviabiliza o distrato e obriga o reconhecimento da dispensa sem justa causa.

Evita-se, portanto, que a previsão de acordo seja utilizada como instrumento de pressão do empregador para evitar a dispensa sem justa causa e reduzir as parcelas rescisórias devidas. Não deve ser admitida a prática de fraude pelo empregador, que não realiza a dispensa sem justa causa, mas os pressiona para a celebração de acordo "forçado".

A Reforma Trabalhista não alterou os princípios que regem as relações de trabalho, sendo plenamente aplicável à hipótese o princípio da primazia da realidade. Em sendo verificado que os documentos que atestam à existência de acordo não condizem com a realidade, o juiz pode determinar a nulidade do distrato e o pagamento de todas as verbas rescisórias decorrentes da dispensa imotivada.

Apesar de não disciplinar explicitamente essa hipótese de término do contrato de trabalho, a LC nº 150/2015, em seu artigo 19, *caput*, dispõe que, observadas as peculiaridades do trabalho doméstico, a ele também se aplicam as disposições da CLT. Assim, por compatibilidade com esse regime de emprego, entendemos que é extensível ao doméstico a hipótese de término do contrato de trabalho por acordo entre as partes, seguindo o mesmo tratamento previsto para os empregados sob o regime da CLT.

Nesse caso, assim como os demais empregados regidos pela CLT, o empregado doméstico terá direito às seguintes verbas:

- 50% do aviso prévio, se for indenizado. Na hipótese de aviso prévio trabalhado, terá direito ao recebimento de seu valor integral;

- 20% de multa sobre os depósitos do FGTS (**por analogia, ao doméstico, 50% do valor da indenização compensatória da perda do emprego**);

- Saldo de salário (dias efetivamente trabalhadores);
- Décimo terceiro salário proporcional;
- Férias + ⅓ vencidas, se houver;
- Férias + ⅓ proporcionais.

3.2.2.11. Homologação das verbas trabalhistas e multa do art. 477, § 8º, CLT

A Reforma Trabalhista revogou o art. 477, § 1º, CLT, que previa que o pedido de demissão ou recibo de quitação de rescisão do contrato de trabalho, firmado por empregado com **mais de um ano de serviço**, só seria válido quando feito com a assistência do respectivo sindicato ou perante a autoridade do Ministério do Trabalho e Emprego. A ausência de homologação das verbas trabalhistas foi a opção adotada pelo legislador da Reforma Trabalhista para desburocratizar o processo do término do contrato de trabalho.

A ausência de assistência na homologação das verbas rescisórias já não era devida ao empregado doméstico, independentemente da duração do contrato. Trata-se de um processo extremamente burocrático e de difícil acesso ao empregador doméstico[178], o que inviabilizaria a contratação dos próprios empregados domésticos.

Por sua vez, o prazo para pagamento das verbas rescisórias, previsto no art. 477, § 6º, CLT e a multa em decorrência de seu descumprimento são compatíveis com as peculiaridades da relação de trabalho doméstico, pois asseguram o recebimento em período razoável após o término do contrato, da mesma forma que os demais empregados. Com a Reforma Trabalhista, o **prazo** para o pagamento das verbas rescisórias foi unificado para dez dias, devendo ser contado a partir do término do contrato de trabalho.

Há discussão quanto à contagem do prazo de 10 dias na hipótese de concessão de aviso prévio indenizado: se deverá ser iniciado com a notificação da dispensa ou após o fim da projeção do aviso. Entendemos que o prazo deve ser contado a partir da notificação da dispensa, pois, caso fosse concedido apenas após a projeção do aviso, haveria uma postergação do pagamento das verbas rescisórias que pode trazer diversos prejuízos ao empregado. Ao invés de receber em 10 dias, o trabalhador receberia em 40 dias ou mais.

Se o empregador descumprir os prazos para pagamento das verbas rescisórias, será obrigado ao pagamento de **multa** no valor equivalente ao salário do empregado, exceto se, comprovadamente, foi o trabalhador quem deu causa ao atraso do pagamento. Importante ressaltar que essa multa, prevista no art. 477 da CLT, incide nos contratos por prazo determinado e indeterminado, inclusive nos casos em que a rescisão contratual tenha-se operado por justa causa do trabalhador.

3.2.2.12. Papel da fiscalização do Trabalho

De acordo com a atual legislação, passou a ser atribuição do Auditor-Fiscal do Trabalho verificar o cumprimento da legislação do trabalho doméstico no âmbito do domicílio do empregador. Para isso, foi criado o art. 11-A da Lei nº 10.593/2002, que determina o **agendamento** e entendimento prévios entre o fiscal e o empregador doméstico para

178. DELGADO, Mauricio Godinho. *Curso de Direito do Trabalho*. 15. ed. São Paulo: LTr, 2016. p. 428.

que se possa efetuar a fiscalização. Ademais, cumpre destacar que a fiscalização será prioritariamente orientadora com a observância do critério da dupla visita para lavratura do auto de infração, salvo quando for constatada infração grave por falta de anotação da CTPS, reincidência, resistência ou embaraços à fiscalização.

Apesar das alterações promovidas na Lei nº 10.593/2002, que dispõe sobre a carreira do Auditor-Fiscal do Trabalho, verifica-se extrema dificuldade na realização da fiscalização diante da inviolabilidade do lar, prevista no art. 5º, inciso XI, CF/88.

Assim, somente em caso de flagrante delito ou desastre seria possível admitir o ingresso na residência do empregador doméstico. Caso não haja consenso entre os órgãos de fiscalização e o empregador doméstico, será muito difícil realizar a fiscalização do cumprimento dos direitos assegurados pela EC nº 72/2013 e, agora, regulamentados pela LC nº 150/2015.

3.2.2.13. Reflexos da LC nº 150/2015 em outros ramos do Direito

a) Direito Coletivo do Trabalho

A EC nº 72/2013 garantiu aos domésticos o direito constitucional ao reconhecimento dos acordos e convenções coletivas de trabalho. Nesse sentido, não há dúvidas de que o Direito Coletivo do Trabalho deve ser aplicado aos domésticos para viabilizar a celebração dos instrumentos coletivos de trabalho à categoria dos empregados domésticos. Contudo, a LC nº 150/2015 Lei dos Domésticos não traz nenhuma disposição a respeito da disciplina do Direito Coletivo do Trabalho. Nesse sentido, deve haver aplicação subsidiária da CLT conforme dispõe o art. 19 da LC nº 150/2015 naquilo que for compatível com a relação de trabalho doméstico.

Além disso, entende-se que os arts. 611-A e 611-B, inseridos pela Reforma Trabalhista, devem ser aplicados ao empregado doméstico. O mote da reforma trabalhista, especialmente na redação do presente art. 611-A da CLT, consistiu na valorização dos instrumentos coletivos de trabalho. Nesse sentido, verifica-se a prevalência do negociado sobre o legislado, o que assegura maior poder de negociação e representação dos trabalhadores pelos sindicatos. As próprias partes da relação jurídica coletiva podem transacionar com maior liberdade, pois, em um dos polos da relação jurídica está o sindicato da categoria profissional.

A análise atenta aos arts. 611-A e 611-B será imprescindível nas futuras negociações. Caso haja conflito entre eles, deve sempre prevalecer o art. 611-B, que traz os limites à negociação coletiva. Dessa forma, asseguram-se princípios básicos constitucionais como a dignidade da pessoa humana e a máxima eficácia do texto constitucional.

b) Processo legislativo

A Lei dos Domésticos foi regulamentada na forma de lei complementar, mas essa não era a exigência prevista na Constituição Federal:

> **Art. 7º, Parágrafo único, CF/88.** São assegurados à categoria dos trabalhadores domésticos os direitos previstos nos incisos IV, VI, VII, VIII, X, XIII, XV, XVI, XVII, XVIII, XIX, XXI, XXII, XXIV, XXVI, XXX, XXXI e XXXIII e, **atendidas as condições estabelecidas em lei** e observada a simplificação do cumprimento das obrigações tributárias, principais e acessórias, decorrentes da relação de trabalho e suas

> peculiaridades, os previstos nos incisos I, II, III, IX, XII, XXV e XXVIII, bem como a sua integração à previdência social. (grifos acrescidos)

Contudo, algumas matérias reguladas pela LC nº 150/2015 exigiam expressamente a edição de lei complementar. A primeira hipótese é a indenização compensatória de 3,2%, que substituiu a multa de 40%, cujo art. 7º, I, CF/88 exige Lei complementar:

> **Art. 7º** São direitos dos trabalhadores urbanos e rurais, além de outros que visem à melhoria de sua condição social:
>
> I – relação de emprego protegida contra despedida arbitrária ou sem justa causa, **nos termos de lei complementar**, que preverá indenização compensatória, dentre outros direitos;

Além disso, para a instituição do Regime do Simples Doméstico, o art. 146, parágrafo único, da CF/88 exige o emprego desse diploma legislativo:

> **Art. 146.** Parágrafo único. **A lei complementar** de que trata o inciso III, d, também poderá instituir um **regime único de arrecadação dos impostos** e contribuições da União, dos Estados, do Distrito Federal e dos Municípios, observado que:
>
> I – será opcional para o contribuinte;
>
> II – poderão ser estabelecidas condições de enquadramento diferenciadas por Estado;
>
> III – o recolhimento será unificado e centralizado e a distribuição da parcela de recursos pertencentes aos respectivos entes federados será imediata, vedada qualquer retenção ou condicionamento;
>
> IV – a arrecadação, a fiscalização e a cobrança poderão ser compartilhadas pelos entes federados, adotado cadastro nacional único de contribuintes.

Assim, o art. 45 da Lei dos Domésticos estabelece que as matérias que não forem reservadas para Lei Complementar poderão ser disciplinadas por lei ordinária.

c) Processo do Trabalho

A Lei Complementar nº 150/15 também trouxe efeitos na área processual. De acordo com o art. 1º da Lei nº 8.009/1990, o devedor não pode ser privado de seu bem de família, o que o torna impenhorável. Contudo, a impenhorabilidade não poderia ser arguida em razão dos créditos de trabalhadores da própria residência e das respectivas contribuições previdenciárias conforme estabelecida o art. 3º, inciso I, da Lei nº 8.009/1990. Para os empregados domésticos, o bem de família era, portanto, penhorável. Com o advento da lei complementar, revogou-se o art. 3º, I, da Lei nº 8.009/1990 e, portanto, **o bem de família passou a ser impenhorável**, inclusive para os créditos de trabalhadores da própria residência e das respectivas contribuições previdenciárias.

Por fim, outra importante alteração na seara trabalhista diz respeito ao **ônus da prova quanto à realização de horas extras**. Tornou-se obrigatória a apresentação do registro da jornada de trabalho de todos os empregados domésticos, conforme dispõe o art. 12 da LC nº 150/2015. Caso o empregador não o apresente, haverá presunção relativa de veracidade da jornada de trabalho alegada pelo empregado doméstico. Para os demais empregadores, a necessidade de apresentação do registro da jornada somente é devida para as empresas com mais de 20 empregados (art. 74, § 2º, CLT, redação dada pela Lei nº 13.874/2019). Ademais, caso os cartões de ponto demonstrem horário de entrada e saída uniformes, haverá inversão do ônus da prova, que passará a ser do empregador doméstico (Súmula nº 338 do TST).

d) Aspectos previdenciários

De acordo com o art. 7º, parágrafo único, da CF/88, o empregado doméstico tem garantida sua integração à previdência, o que já era previsto mesmo antes da promulgação da EC nº 72/2013. De acordo com o art. 20 da lei complementar, o empregado doméstico é segurado obrigatório da Previdência Social e está sujeito ao regime previsto pela Lei nº 8.213/1991, atendendo às características próprias do doméstico.

Nesse sentido, é obrigação do empregador doméstico o recolhimento do percentual de 8% a 11% de contribuição previdenciária a cargo do segurado empregado doméstico. Uma novidade trazida pela lei consiste na obrigação de depositar 0,8% da remuneração do empregado a título de contribuição social para financiamento do seguro contra **acidentes do trabalho.**

Ademais, cumpre ressaltar que o conceito de acidente do trabalho previsto no art. 19 da Lei nº 8.213/1991 foi alterado para prever o acidente que ocorre no exercício do trabalho a empregador doméstico, o que inclui o empregado doméstico nas hipóteses de recebimento de auxílio-doença acidentário. Por fim, destaca-se a inclusão do empregado entre os segurados que terão direito ao recebimento do **salário-família,** em atendimento à ampliação de direitos assegurados a esses empregados promovida pela EC nº 72/2013.

e) Aspectos tributários

Em atendimento à exigência constitucional de simplificação das obrigações tributárias decorrentes da relação de trabalho doméstico, a Lei do Doméstico estabeleceu a criação do Simples Doméstico, disciplinado pela Portaria Interministerial MPS/MF nº 822/2015, Resolução do Conselho Curador do FGTS nº 780/2015 e Circular Caixa nº 694/2015[179]:

> **Art. 7º, Parágrafo único, CF/88.** São assegurados à categoria dos trabalhadores domésticos os direitos previstos nos incisos IV, VI, VII, VIII, X, XIII, XV, XVI, XVII, XVIII, XIX, XXI, XXII, XXIV, XXVI, XXX, XXXI e XXXIII e, atendidas as condições estabelecidas em lei e **observada a simplificação do cumprimento das obrigações tributárias, principais e acessórias, decorrentes da relação de trabalho e suas peculiaridades**, os previstos nos incisos I, II, III, IX, XII, XXV e XXVIII, bem como a sua integração à previdência social. (grifos acrescidos)
>
> **Art. 31, LC nº 150/2015.** É instituído o regime unificado de pagamento de tributos, de contribuições e dos demais encargos do empregador doméstico (Simples Doméstico), que deverá ser regulamentado no prazo de 120 (cento e vinte) dias a contar da data de entrada em vigor desta Lei.

O art. 34 da lei complementar já estabelecia as alíquotas das contribuições que o empregador doméstico é obrigado a recolher:

179. Disponível em: <http://www.caixa.gov.br/empresa/fgts-empresas/FGTS-para-Empregador-Domestico/Paginas/default.aspx>. Acesso em 26 jul. 2017.

Art. 34, LC nº 150/2015. O Simples Doméstico assegurará o recolhimento mensal, mediante documento único de arrecadação, dos seguintes valores:

I – 8% (oito por cento) a 11% (onze por cento) de contribuição previdenciária, a cargo do segurado empregado doméstico, nos termos do art. 20 da Lei nº 8.212, de 24 de julho de 1991;

II – 8% (oito por cento) de contribuição patronal previdenciária para a seguridade social, a cargo do empregador doméstico, nos termos do art. 24 da Lei nº 8.212, de 24 de julho de 1991;

III – 0,8% (oito décimos por cento) de contribuição social para financiamento do seguro contra acidentes do trabalho;

IV – 8% (oito por cento) de recolhimento para o FGTS;

V – 3,2% (três inteiros e dois décimos por cento), na forma do art. 22 desta Lei; e

VI – imposto sobre a renda retido na fonte de que trata o inciso I do art. 7º da Lei nº 7.713, de 22 de dezembro de 1988, se incidente.

Como forma de tentar deixar os estudos dessa matéria mais claro e didático segue abaixo um quadrinho de memorização:

	▸ EMPREGADO DOMÉSTICO (LC Nº 150/2015)	▸ DEMAIS EMPREGADOS (CLT)
Requisitos para configuração da relação de emprego	– Pessoalidade; – Subordinação; – Continuidade (mais de 2 vezes por semana); – Onerosidade; – Prestação de serviço para pessoa ou família; – Serviços prestados em âmbito residencial; – Finalidade não lucrativa.	– Pessoalidade; – Subordinação; – Não eventualidade; – Onerosidade.
Idade mínima para contratação	– 18 anos (art. 1º, parágrafo único).	– A partir de 16 anos (art. 7º, XXXIII, CF/88, e art. 403, CLT); – Exceção: aprendizes (maiores de 14 anos).
Hipóteses de contratação por prazo determinado	1) Contrato de experiência (art. 4º, I); 2) Atendimento de necessidades familiares de natureza transitória (art. 4º, II); 3) Substituição temporária de empregado doméstico com contrato de trabalho interrompido (art. 4º, II). Obs.: o contrato de trabalho intermitente não é aplicável ao empregado doméstico.	1) Contrato de experiência (art. 443, § 2º, III); 2) Atividades empresariais de caráter transitório (art. 443, § 2º, II); 3) Serviço cuja natureza ou transitoriedade justifique a predeterminação do prazo (art. 443, § 2º, I). Obs.: Reforma Trabalhista cria nova modalidade: trabalho intermitente (arts. 443, § 3º e 452-A da CLT).

	▶ EMPREGADO DOMÉSTICO (LC Nº 150/2015)	▶ DEMAIS EMPREGADOS (CLT)
Cláusula assecuratória de direito recíproco	- Não há previsão de pagamento de aviso-prévio no contrato por prazo determinado (art. 9º).	- Faculta às partes estabelecerem a cláusula asseguratória do direito recíproco de rescisão antes de expirado o termo ajustado (art. 481, CLT).
Controle de jornada	- Obrigatório o controle para todos empregados domésticos (art. 12).	- Empresas com mais de 20 empregados (art. 74, § 2º).
Compensação de jornada	- Acordo escrito entre as partes. (art. 2º, § 4º); - Primeiras 40 horas devem ser remuneradas como extras, salvo compensação em outro dia da semana (art. 2º, § 5º, I e III); - Horas excedentes às primeiras 40 horas extras devem ser compensadas no prazo máximo de 1 ano (art. 2º, § 5º, II).	Reforma Trabalhista: - Compensação de jornada pode ser realizada dentro do período de 1 mês por acordo tácito ou escrito. - Para o banco de horas, é exigida a compensação no prazo máximo de 6 meses, por acordo individual escrito; ou 1 ano por negociação coletiva.
Jornada de Trabalho 12X36	- Suficiente a realização de acordo escrito entre as partes (art. 10, *caput*); - Necessidade de se respeitar ou de indenizar os intervalos para repouso e alimentação; - Descanso de 36 horas compensa o trabalho no DSR e nos feriados. Não há pagamento em dobro.	- Admitido mediante acordo individual escrito, convenção coletiva ou acordo coletivo (Reforma Trabalhista). - Necessidade de respeitar ou indenizar os intervalos para repouso e alimentação (Reforma Trabalhista). - Descanso de 36 horas compensa o trabalho no DSR e nos feriados. Não há pagamento em dobro (Reforma Trabalhista).
Trabalho em regime de tempo parcial	- Possibilidade de realização de 1 hora extra diária, desde que respeitado o limite máximo de 6 horas diárias e mediante acordo escrito entre as partes (art. 3º, § 2º).	- Reforma Trabalhista: Possibilidade de realização de horas extras aos empregados que trabalharem entre 26 horas e 30 horas semanais (art. 58-A).
Intervalos	- Possibilidade de redução do intervalo intrajornada de 1 hora para 30 minutos mediante acordo escrito entre as partes (art. 13, caput); - Se o empregado residir no local de trabalho, é possível o fracionamento do intervalo intrajornada em 2 períodos de no mínimo 1 hora cada um (art. 13, § 1º); - Prenotação: Se houver fracionamento, é proibida a prenotação do intervalo no registro diário de horário (art. 13, § 2º).	- Reforma Trabalhista: Possibilidade de redução do intervalo intrajornada para trinta minutos, mediante **acordo coletivo ou convenção coletiva** (art. 611-A, III).

	▸ EMPREGADO DOMÉSTICO (LC Nº 150/2015)	▸ DEMAIS EMPREGADOS (CLT)
Fracionamento das férias	– Fracionamento em até 2 períodos, a critério do empregador, sendo que 1 deles não poderá ser inferior a 14 dias (art. 17, § 2º).	– Reforma Trabalhista: Mediante concordância do empregado, as férias poderão ser fracionadas em até 3 períodos (Art. 134, § 1º). – Um dos períodos não deve ser inferior a 14 dias e os demais não poderão ser inferiores a 5 dias cada um (Art. 134, § 1º).
Abono pecuniário de férias	– Deve ser requerido até 30 dias do término do período aquisitivo de férias (art. 17, § 4º).	– Deve ser requerido até 15 dias do término do período aquisitivo de férias (art. 143, § 1º).
Vale-transporte	– Permite o pagamento dos vales em dinheiro ao empregado mediante recibo (art. 19, parágrafo único).	– Não é possível o pagamento em dinheiro. É necessária a aquisição dos vales-transporte (art. 4º da Lei nº 7.418/1985).
Indenização compensatória da perda do emprego	– Obrigação do empregador doméstico de depositar mensalmente a quantia de 3,2% da remuneração devida ao empregado na conta vinculado do empregado doméstico em variação distinta dos depósitos do FGTS (art. 22). – Multa de 40% sobre os depósitos de FGTS não é devida ao doméstico.	– Pagamento de multa de 40% sobre os depósitos do FGTS nas hipóteses de dispensa sem justa causa ou rescisão indireta (art. 18, § 1º, Lei nº 8.036/1990); – Pagamento de multa de 20% para as hipóteses de término do contrato de trabalho por força maior, culpa recíproca e distrato (art. 484-A da CLT).
Dispensa por justa causa (falta grave do empregado)	– Nova hipótese de dispensa por justa causa que não é aplicada aos demais empregados diante da relação de estrita confiança do trabalho doméstico: 1) submissão a maus-tratos de idoso, de enfermo, de pessoa com deficiência ou de criança sob cuidado direto ou indireto do empregado (art. 27, I); – As hipóteses que dizem respeito ao resguardo da atividade econômica do empregador previstas na CLT não são reproduzidas na lei dos domésticos em razão da ausência de finalidade lucrativa inerente a essa relação de emprego.	– Art. 482, CLT. – Inserção de nova hipótese pela Reforma Trabalhista: • perda da habilitação ou dos requisitos estabelecidos em lei para o exercício da profissão, em decorrência de conduta dolosa do empregado (art. 482, m).

	▶ EMPREGADO DOMÉSTICO (LC Nº 150/2015)	▶ DEMAIS EMPREGADOS (CLT)
Seguro-Desemprego	– Tem direito ao recebimento do seguro-desemprego no valor de 1 salário-mínimo pelo período máximo de 3 meses, de forma contínua ou alternada a cada período aquisitivo de 16 meses (art. 26 da LC nº 150/2015 e arts. 46 e 47 da Resolução Codefat nº 957/2022).	– A quantidade de parcelas a ser concedida ao segurado é variável de acordo com o número de solicitações do benefício e a quantidade de meses trabalhados: 1) Se for a 1ª solicitação do benefício: a) o empregado tem direito a 4 parcelas caso tenha trabalhado, no mínimo, 12 e, no máximo, 24 meses; b) o empregado tem direito a 5 parcelas caso tenha trabalhado, no mínimo, 24 meses. 2) Se for a 2ª solicitação do benefício: a) o empregado tem direito a 3 parcelas caso tenha trabalhado, no mínimo, 9 meses e no máximo 11 meses; b) o empregado tem direito a 4 parcelas caso tenha trabalhado, no mínimo, 12 meses e no máximo 23 meses; c) o empregado tem direito a 5 parcelas caso tenha trabalhado, no mínimo, 24 meses; 3) A partir da 3ª solicitação do benefício: a) o empregado tem direito a 3 parcelas caso tenha trabalhado, no mínimo, 6 meses e, no máximo, 11 meses; b) o empregado tem direito a 4 parcelas caso tenha trabalhado, no mínimo, 12 e no máximo 23 meses; c) o empregado tem direito a 5 parcelas caso tenha trabalhado, no mínimo, 24 meses;

	▸ EMPREGADO DOMÉSTICO (LC Nº 150/2015)	▸ DEMAIS EMPREGADOS (CLT)
Seguro--Desemprego		- Valor pago[180]: 1) Salário de até R$ 2.138,76: multiplica-se o salário médio por 0.8 (80%). 2) Salário de R$ 2.138,77 até R$ 3.564,96: o que exceder a R$ 2.138,76 multiplica-se por 0,5 e soma-se com R$ 1.711,01. 3) Salário acima de R$ 3.564,96: o valor será invariável de R$ 2.424,11.
Rescisão indireta (falta grave do empregador)	- Nova hipótese de rescisão indireta que não é aplicada aos demais empregados: 1) o empregador praticar qualquer das formas de violência doméstica ou familiar contra mulheres (Lei Maria da Penha). Empregado Doméstico (LC nº 150/2015)	- Art. 483, CLT. Demais empregados (CLT)

3.3. Empregado público

Caro leitor, o tópico a seguir, muitas vezes, não consta nos editais dos concursos para Analista. Contudo, poderia ser cobrado em sua prova dentre de um item mais amplo, como "Sujeitos da relação de emprego: empregado e empregador". Por isso, optamos por manter nesta edição algumas considerações sobre empregado público.

3.3.1. Introdução

A administração pública direta, autárquica e fundacional de qualquer dos Poderes da União, dos Estados e dos Municípios poderá contratar empregados públicos, regidos pela CLT, ou servidores estatutários, regidos por estatuto próprio, disciplinados pelo direito administrativo.

Segundo definição de Hely Lopes Meirelles, servidores públicos em sentido amplo são os agentes públicos que se vinculam à Administração Pública direta ou indireta, abrangendo: a) agentes políticos; b) servidores públicos em sentido estrito ou estatutários; c) empregados públicos e d) contratados por tempo determinado[181].

180. Os valores tomam como referência o ano de 2025, conforme dados mais atualizados disponíveis na data de fechamento dessa edição. Disponível em: https://www.gov.br/trabalho-e-emprego/pt-br/noticias-e-conteudo/2025/janeiro/seguro-desemprego-2025-atualizacao-das-faixas-e-valores-do-beneficio.

181. MEIRELLES, Hely Lopes. *Direito Administrativo Brasileiro*. 26. ed. São Paulo: Malheiros, 2001. P. 384.

Em apertada síntese, os agentes políticos são aqueles que atuam no exercício da função política do Estado, quais sejam, os detentores de mandato eletivo e secretários e ministros de Estado[182].

Já os servidores públicos em sentido estrito são titulares de cargo efetivo ou em comissão, que são regidos pelo regime jurídico estatutário, sendo detentores e sujeitos ao regime próprio de previdência social[183].

Por sua vez, os empregados públicos são titulares de emprego público, estando sujeitos ao regime jurídico celestista, não sendo detentores de estabilidade e estando sujeitos ao regime geral de previdência social[184]. À exceção daqueles que exercem cargo em comissão, devem ser admitidos mediante concurso público e estão sujeitos às regras constitucionais de cumulação de cargos.

A contratação por tempo determinado destina-se a atender a necessidade temporária de excepcional interesse público, não podendo envolver cargos típicos de carreira, sob pena de contrariar a necessidade de concurso público para ingresso na função pública[185].

Para a investidura tanto em emprego como em cargo público é necessária a aprovação em concurso público de provas ou de provas e títulos, ressalvadas as nomeações para cargo em comissão. De acordo com o Texto Constitucional:

> **Art. 37, II:** A investidura em cargo ou emprego público depende de aprovação prévia em concurso público de provas ou de provas e títulos, de acordo com a natureza e a complexidade do cargo ou emprego, na forma prevista em lei, ressalvadas as nomeações para cargo em comissão declarado em lei de livre nomeação e exoneração;

Cabe destacar que a Justiça do Trabalho não tem competência para apreciar e julgar ações envolvendo servidor estatutário. Aliás, esse é o posicionamento do SFT (Adin 3395/6-DF). O Judiciário Trabalhista somente poderá apreciar causas envolvendo empregados públicos.

A seguir serão tratados temas ligados aos empregados públicos, como estabilidade, remuneração, dispensa etc.

3.3.2. Regime jurídico único (ADI 2135/DF)

Conforme comentamos no tópico acima, a administração pública direta, autárquica e fundacional de qualquer dos Poderes da União, dos Estados e dos Municípios poderá contratar empregados públicos, regidos pela CLT, ou servidores estatutários, regidos por estatuto próprio, disciplinados pelo direito administrativo.

Enquanto o regime estatutário oferece estabilidade e uma série de garantias específicas aos servidores, o regime celetista, regido pela Consolidação das Leis do Trabalho (CLT), se aplica ao setor privado e possui regras mais flexíveis para contratações e demissões.

182. CARVALHO, Matheus. *Manual de Direito Administrativo*. 4. ed. Salvador: Juspodivm, 2017. P. 771.
183. MEIRELLES, Hely Lopes. *Direito Administrativo Brasileiro*. 26. ed. São Paulo: Malheiros, 2001. P. 384.
184. MEIRELLES, Hely Lopes. *Direito Administrativo Brasileiro*. 26. ed. São Paulo: Malheiros, 2001. P. 384.
185. MEIRELLES, Hely Lopes. *Direito Administrativo Brasileiro*. 26. ed. São Paulo: Malheiros, 2001. P. 384.

Poderá, contudo, um mesmo ente federativo, contratar pessoal por dois regimes diferentes? A União, por exemplo, poderá contratar Auditores-Fiscais do Trabalho pelo regime jurídico administrativo (como servidores estatutários) e o pessoal técnico-administrativo do Ministério do Trabalho e Emprego pelo regime jurídico da CLT (como empregados públicos)? Há a necessidade de se respeitar um regime jurídico único?

Pois bem! Quando da promulgação da Constituição, em 1988, o Constituinte estabeleceu a necessidade de que a União, os Estados, o Distrito Federal e os Municípios respeitassem um regime jurídico único e planos de carreira para os servidores da administração pública direta, das autarquias e das fundações públicas. Veja, nesse sentido, a redação original do *caput* do art. 39 da CF/88:

> **Art. 39, CF/88 (redação original):** A União, os Estados, o Distrito Federal e os Municípios instituirão, no âmbito de sua competência, regime jurídico único e planos de carreira para os servidores da administração pública direta, das autarquias e das fundações públicas.

Dessa forma, os entes federativos deveriam optar um dos regimes jurídicos (estatutário ou celetista) quando da contratação de pessoal. A União, por meio da Lei nº 8.112/1990, escolheu pelo regime estatutário. Assim também aconteceu na maioria dos Estados, como é o caso de São Paulo (Lei nº 10.261/1968) e Rio de Janeiro (Decreto-Lei nº 220/1975). O regime celetista, quando adotado, quase sempre foi observado em Municípios.

Na década seguinte, no governo de Fernando Henrique Cardoso, sob o pretexto de modernização do Estado, foi aprovada a Emenda Constitucional 19/98, que ficou conhecida como Reforma Administrativa. Referida Emenda, dentre várias outras alterações, conferiu nova redação ao *caput* do art. 39 do Texto Constitucional:

> **Art. 39, CF/88 (com redação dada pela EC 19/98):** A União, os Estados, o Distrito Federal e os Municípios instituirão conselho de política de administração e remuneração de pessoal, integrado por servidores designados pelos respectivos Poderes.

Como é de se notar, a nova redação do dispositivo constitucional em nada trata sobre um regime jurídico único, permitindo, a partir de então, que um mesmo ente federativo contrate pessoal por regimes jurídicos distintos.

O tema, entretanto, era, e ainda é, polêmico e foi submetido ao Supremo Tribunal Federal para apreciação. Em 21 de dezembro de 1999, o Partido dos Trabalhadores (PT), o Partido Democrático Trabalhista (PDT), o Partido Comunista do Brasil (PCdoB) e o Partido Socialista Brasileiro (PSB) ajuizaram a ADI 2135, questionando a constitucionalidade de diversos dispositivos da Emenda Constitucional nº 19/98, entre eles a modificação do art. 39 da Constituição Federal. Essa alteração permitiu, justamente, a flexibilização do regime jurídico dos servidores públicos, rompendo com o regime jurídico único anteriormente vigente.

Na ADI, os autores argumentavam pela inconstitucionalidade formal da referida alteração, já que o texto promulgado não teria sido aprovado em dois turnos por 3/5 dos votos dos parlamentares na Câmara dos Deputados e no Senado Federal, procedimento necessário para alterar a Constituição.

Em 2007, o STF concedeu uma medida cautelar suspendendo a eficácia do novo texto do art. 39 da Constituição, reestabelecendo o regime jurídico único até que a ação fosse julgada definitivamente. Com isso, restaurou-se a validade do texto original.

Referida ação ficou aguardando o julgamento da Suprema Corte por 13 anos. Somente em 2020 o mérito da ADI começou a ser julgado, com o voto da relatora, ministra Cármen Lúcia, que entendeu pela inconstitucionalidade da alteração. Em 2021, o ministro Gilmar Mendes abriu divergência. Enquanto isso, permanecia a obrigatoriedade de adoção de regime jurídico único por força da liminar de 2007.

Finalmente, em 2024, o voto divergente do ministro Gilmar Mendes prevaleceu e o julgamento foi concluído. Em 06/11/2024, o Tribunal, por maioria, julgou improcedente o pedido formulado na ação direta e reconheceu a constitucionalidade da alteração do *caput* do art. 39 da Constituição pela EC 19/98. Para a corrente vencedora, não houve violação ao processo legislativo. O texto foi aprovado em dois turnos por 3/5 dos votos na Câmara dos Deputados e no Senado Federal, conforme exige a Constituição Federal.

Acompanharam esse entendimento os ministros Nunes Marques, Flávio Dino, Cristiano Zanin, André Mendonça, Alexandre de Moraes e Dias Toffoli. Ficaram vencidos os ministros Edson Fachin e Luiz Fux e a relatora, ministra Cármen Lúcia, que votaram pela inconstitucionalidade da norma.

Tendo em vista o longo período desde o deferimento da medida cautelar na ADI, o STF decidiu por modular os efeitos da decisão, atribuindo-lhe **eficácia *ex nunc***. Assim, as relações constituídas anteriormente à proclamação do resultado pela Corte Constitucional são válidas e acabadas. Ainda, o Tribunal frisou que é vedada a transmudação de regime dos atuais servidores, como medida de evitar tumultos administrativos e previdenciários.

Abaixo, elaboramos um esquema com a obrigatoriedade do regime jurídico único (RJU) ao longo dos anos:

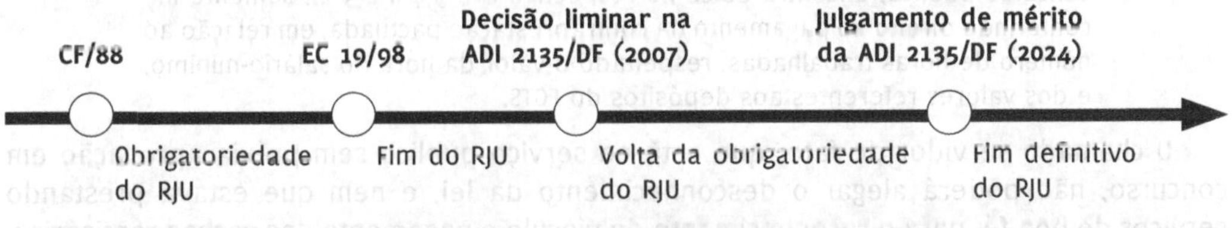

Professor Henrique Correia, então estamos chegando ao fim dos concursos públicos? E a estabilidade no serviço público também está com os dias contados? Calma! Com a validação da alteração do art. 39 da Constituição pelo STF, e a consequente flexibilização do regime jurídico único, os entes da federação (União, Estados, Distrito Federal e Municípios) agora têm a possibilidade de contratar pessoal tanto pelo regime jurídico administrativo quanto pelo celetista. Contudo, isso não significa que essa será a única ou principal forma de contratação. A adoção dessa flexibilidade dependerá das escolhas de cada ente federativo e de como as mudanças serão implementadas. Aliás, a adoção do regime celetista não é automática e depende da edição de lei por cada um dos entes.

Além disso, carreiras típicas de estado exigem estabilidade e proteção especial, devendo ser adotado regime estatutário. Essas carreiras são aquelas que se referem a atividades essenciais ao funcionamento do Estado e à realização de suas funções constitucionais, servindo o regime estatutário como garantia, inclusive à população, a prestação estatal isenta de vícios. Portanto, não podem ser ocupados por contratos temporários ou pelo regime da CLT.

Embora não haja uma lista exaustiva das carreiras típicas de Estado, é possível afirmar, com certo grau de certeza, que entre elas estão: magistratura, ministério público, defensoria pública, polícias, Auditores-Fiscais, diplomacia e as carreiras da Alta Administração (como servidores do Banco Central, ANVISA e outras agências reguladoras).

Apenas o tempo dirá o impacto de tal alteração no funcionalismo público brasileiro. Tendo a acreditar que apenas funções administrativas e burocráticas serão ofertadas pelo regime da CLT, permanecendo as demais no regime estatutário.

De toda a sorte, ainda será necessário, para o ingresso no serviço público, de aprovação em concurso público (art. 37, II, CF/88).

Vale lembrar que as Empresas Públicas e Sociedades de Economia Mista, como Banco do Brasil, Caixa Econômica Federal e Petrobras, sempre contrataram seu pessoal pelo regime da CLT e nem por isso colapsaram.

3.3.3. Contrato nulo. Contratação do servidor público sem prévio concurso público

Há casos em que mesmo presentes os quatro requisitos necessários para o reconhecimento do vínculo (pessoalidade, onerosidade, não eventualidade e subordinação), o contrato será declarado nulo, consequentemente, encerra-se a prestação de serviços ao empregador. No caso da contratação sem concurso, prevista na Súmula nº 363, trata-se de **trabalho proibido**:

> **Súmula nº 363 do TST.** Contrato nulo. Efeitos
> A contratação de servidor público, após a CF/1988, sem prévia aprovação em concurso público, encontra óbice no respectivo art. 37, II e § 2º, somente lhe conferindo direito ao pagamento da contraprestação pactuada, em relação ao número de horas trabalhadas, respeitado o valor da hora do salário-mínimo, e dos valores referentes aos depósitos do FGTS.

O chamado servidor de fato, que está no serviço público sem prévia aprovação em concurso, não poderá alegar o desconhecimento da lei, e nem que estava prestando serviços de boa-fé, para o reconhecimento do vínculo e pagamento das verbas rescisórias. A Constituição Federal, no art. 37, II e § 2º, veda, expressamente, a contratação sem o prévio concurso público com base nos princípios da legalidade, moralidade, impessoalidade e publicidade. Não há, portanto, aplicação do princípio da primazia da realidade e tampouco a possibilidade de contrato de trabalho tácito com a Administração Pública (art. 442 da CLT).

A Súmula nº 363 também gera reflexos na área processual. A decisão judicial que reconhece a contratação sem concurso público poderá ser rescindida.

O Tribunal Superior do Trabalho firmou o entendimento, com base no princípio da efetividade do texto constitucional, de que a falta do concurso gera a nulidade do contrato e, portanto, haverá apenas o pagamento do equivalente aos salários – na forma pactuada e respeitando-se o mínimo legal – dos dias efetivamente trabalhados. O fundamento para que haja o pagamento do trabalhador, mesmo que em condição ilegal, é evitar o enriquecimento ilícito do empregador – Administração Pública – e resguardar os fundamentos constitucionais da dignidade da pessoa humana. No tocante às horas extras, é necessário também que haja o pagamento porque possuem natureza contraprestativa do trabalho, cuja valorização jurídico-social acha-se consagrada no art. 1º, IV, da CF/88. Nesse sentido, a base de cálculo das horas extras será a remuneração pactuada no momento da contratação do trabalhador sem concurso público[186]. O pagamento abrangerá apenas os dias efetivamente trabalhados, devendo ser remunerados de forma simples, em razão de o adicional se constituir um *plus* salarial abrangido pela amplitude da nulidade[187].

Aliás, o TST decidiu[188] que a empregada gestante que tem seu contrato declarado nulo não terá direito às verbas relativas à estabilidade gestante, pois a ausência do prévio concurso público contamina todo o contrato de trabalho. Assim sendo, para o TST, mesmo que comprovadamente grávida no ato da rescisão, a empregada não terá direito à estabilidade ou nem mesmo à indenização substitutiva, em razão de ofensa expressa ao art. 37, II da CF/88. Terá apenas os direitos constantes na Súmula nº 363 do TST: salários e depósitos do FGTS.

Com o acréscimo, via medida provisória, do art. 19-A[189] da Lei nº 8.036/90, que regulamenta os depósitos do FGTS, esse servidor de fato passou a ter direito também aos depósitos do FTGS. Não há menção, entretanto, à multa dos 40% sobre o fundo. Essa alteração trouxe várias discussões. Nesse mesmo sentido, a jurisprudência do STJ:

> **Súmula nº 466 do STJ:** O titular da conta vinculada ao FGTS tem o direito de sacar o saldo respectivo quando declarado nulo seu contrato de trabalho por ausência de prévia aprovação em concurso público.

O juiz do trabalho, ao declarar o contrato nulo, deverá oficiar o Ministério Público do Trabalho (MPT), por força do art. 37, § 2º, da CF/88[190]. Caberá ao MPT a tentativa de solução extrajudicial, via Termo de Ajustamento de Conduta (TAC), para que o órgão da Administração rescinda os contratos e obste novas contratações ilícitas. Se houver recusa em firmar o TAC, o procurador do trabalho ingressará com ação civil pública com pedidos de obrigação de fazer (rescisão dos contratos irregulares em curso) e de não fazer (abster de contratar sem concurso) e indenização por danos morais coletivos, com fundamento no abuso de poder do administrador e lesão a direitos metaindividuais da sociedade[191].

186. Informativo nº 95 do TST.
187. TST, SBDI-II, RXOFROAR nº 47-2002-000-17-00, Rel. Min. Antônio José de Barros Levenhagem, DJU 10.10.2003.
188. AIRR-561-19.2010.5.18.0011. Relator ministro Luiz Philippe Viera de Mello Filho.
189. De acordo com o art. 19-A da Lei nº 8.036/90: "É devido o depósito do FGTS na conta vinculada do trabalhador cujo contrato de trabalho seja declarado nulo nas hipóteses previstas no art. 37, § 2º, da Constituição Federal, quando mantido o direito ao salário".
190. De acordo com o art. 37, II da CF/88: "A investidura em cargo ou emprego público depende de aprovação prévia em concurso público de provas ou de provas e títulos, de acordo com a natureza e a complexidade do cargo ou emprego, na forma prevista em lei, ressalvadas as nomeações para cargo em comissão declarado em lei de livre nomeação e exoneração". E de acordo com o art. 37, § 2º, da CF/88: "A não observância do disposto nos incisos II e III implicará a nulidade do ato e a punição da autoridade responsável, nos termos de lei".
191. Há excelente artigo sobre o tema: LOPES, Alpiano do Prado. Ausência de concurso público e o dano moral coletivo. Revista do Ministério Público do Trabalho, nº 33, p. 194, mar. 2007.

3.3.4. Impossibilidade de transposição de regime celetista para estatutário (ADPF 573/PI)

Na sessão virtual de 24/02 a 03/03/2023, o STF julgou o mérito da ADPF 573, considerando inconstitucionais dispositivos da Lei nº 4.546/1992, do Estado do Piauí, que previam a transposição de empregados públicos, admitidos antes de 05/10/1988 sem concurso público, para o regime estatutário (art. 5º, IV),[192] e incluíam no regime próprio de previdência do Estado os servidores contratados sem concurso público em qualquer período anterior à edição da lei (art. 9º)[193].

Para o Supremo Tribunal Federal, os empregados públicos (servidores celetistas) admitidos sem concurso público antes de 05/10/1988, data de promulgação da Constituição Federal, não mudam para o regime estatutário, a não ser que tenham sido admitidos há mais de 5 anos da promulgação da Constituição de 88, ou seja, apenas se forem detentores da estabilidade excepcional prevista no art. 19 do ADCT[194].

Mesmo com a edição de lei instituindo o regime estatutário, os servidores contratados pela CLT antes da Constituição Federal de 88 e que não detêm a estabilidade excepcional do art. 19 do ADCT continuarão a ter os seus contratos de trabalho regidos pela CLT, sendo destinatários, inclusive, das contribuições para o FGTS.

Portanto, a publicação de lei instituindo o regime jurídico estatutário em determinado ente público não transmuda de forma automática todos os servidores celetistas em estatutários. Apenas os empregados públicos admitidos por concurso público e aqueles detentores da estabilidade excepcional prevista no art. 19 do ADCT migram para o regime estatutário, tendo seus contratos de trabalho extintos a partir da vigência da lei instituidora do citado regime.

Os demais empregados precisam se submeter a concurso público para serem considerados estatutários. Até lá, continuam regidos pela CLT e legislação trabalhista extravagante.

3.3.5. Estabilidade do empregado público

O art. 41 da CF/88 foi alterado pela Emenda Constitucional nº 19/98 para garantir a estabilidade apenas ao detentor de cargo público (servidores públicos estatutários). Dessa

192. **Art. 5º, Lei nº 4.546/1992:** *Ficam submetidos ao regime do Estatuto dos Funcionários Públicos Civis do Estado do Piauí, na qualidade de servidores públicos e integrarão o Quadro Único de que trata o artigo anterior: (...) IV – os demais servidores admitidos no serviço público, em efetivo exercício, na data da publicação desta lei e cuja estabilidade somente será adquirida mediante concurso público, na forma do art. 41, da Constituição Federal.*

193. **Art. 9º, Lei nº 4.546/1992:** *Os servidores, antes submetidos ao regime trabalhista, passam a ser considerados segurados obrigatórios do Instituto de Assistência e Previdência do estado do Piauí – IAPEP, com a respectiva aposentadoria mantida pelo órgão ou entidade de origem do servidor.*

194. **Art. 19, ADCT:** *Os servidores públicos civis da União, dos Estados, do Distrito Federal e dos Municípios, da administração direta, autárquica e das fundações públicas, em exercício na data da promulgação da Constituição, há pelo menos cinco anos continuados, e que não tenham sido admitidos na forma regulada no art. 37, da Constituição, são considerados estáveis no serviço público. § 1º O tempo de serviço dos servidores referidos neste artigo será contado como título quando se submeterem a concurso para fins de efetivação, na forma da lei. § 2º O disposto neste artigo não se aplica aos ocupantes de cargos, funções e empregos de confiança ou em comissão, nem aos que a lei declare de livre exoneração, cujo tempo de serviço não será computado para os fins do "caput" deste artigo, exceto se se tratar de servidor. § 3º O disposto neste artigo não se aplica aos professores de nível superior, nos termos da lei.*

forma, para o direito administrativo, a estabilidade não se estende aos detentores de emprego público, chamados de celetistas. A exigência do concurso público, portanto, não é suficiente para garantir a estabilidade a esses empregados.

> **Art. 41 da CF.** São estáveis após 3 anos de efetivo exercício os servidores nomeados para **cargo** de provimento efetivo em virtude de concurso público. (grifo acrescido)

Assim sendo, com a mudança da redação, por força de Emenda Constitucional 19/98, passou a constar expressamente que a **garantia se dirige aos que são nomeados para cargo de provimento efetivo**. Nesse sentido é a **posição do Supremo Tribunal Federal**[195].

De acordo com o posicionamento manifestado nas decisões da Corte Constitucional[196], a estabilidade do art. 41 só se estende aos empregados celetistas da administração direta, autarquias e fundações públicas que ingressaram no serviço público antes da promulgação da Emenda 19/98, que se deu em 5/6/1998. Após essa data, só se aplica aos servidores titulares de cargo efetivo.

Portanto, a Súmula nº 390, adiante transcrita, aplica-se apenas a casos anteriores à essa modificação do art. 41.

> **Súmula nº 390 do TST.** I – "O servidor público celetista da administração direta, autárquica ou fundacional é beneficiário da estabilidade prevista no art. 41 da CF/88. II – Ao empregado de empresa pública ou de sociedade de economia mista, ainda que admitido mediante aprovação em concurso público, não é garantida a estabilidade prevista no art. 41 da CF/88."

Veja, abaixo, um resumo para facilitar a memorização:

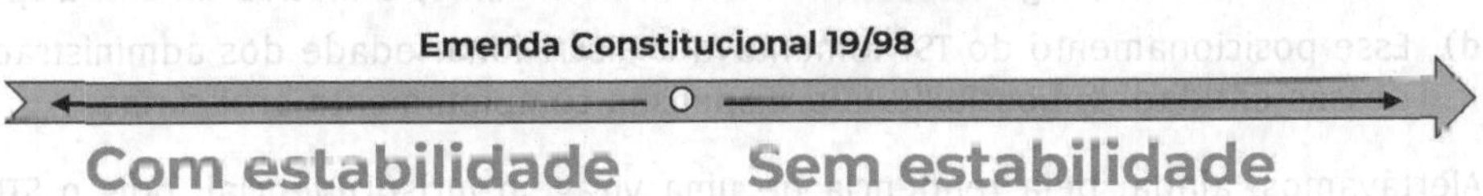

3.3.5.1. Dispensa sem justa causa do empregado público e necessidade de motivação (Tema 1022 de Repercussão Geral do STF)

Conforme visto acima, o art. 41 da CF/88 foi alterado para garantir a estabilidade apenas ao detentor de **cargo público** (servidores públicos estatutários). De acordo com a interpretação literal do dispositivo, a estabilidade no serviço público não se estende aos detentores de emprego público, chamados de celetistas.

195. Por exemplo: AI 465.780, AI 387.498, RE 242.069, RE 289.108, AI 323.246-4-Agr.
196. Nesse sentido, no AI 634.719, julgado em 26/4/2011, assentou o Min. Dias Tofolli que a "jurisprudência da Corte é firme no sentido de se estender ao empregado público celetista, admitido em período anterior ao advento da Emenda Constitucional nº 19/98, o direito à estabilidade prevista no artigo 41 da Constituição Federal". No mesmo sentido: AI 476.685, AI 628.888, AI 480.432-AgR, AI 472.685-5-AgR. Inclusive, no TST, podem ser conferidos o RR – 3007/2003-015-02-00 e o RR-208800-50.2003.5.02.0033, ambos relatados pela Min. Maria Cristina Irigoyen Peduzzi, sendo o último de 8/7/2011.

Dessa forma, a jurisprudência consolidada do TST evoluiu no sentido de reconhecer que empregado público, mesmo que devidamente admitido por concurso público, poderia ser dispensado sem justa causa (imotivadamente ou arbitrariamente), sem qualquer motivação:

> **Orientação Jurisprudencial nº 247 da SDI – I do TST.** Servidor público. Celetista concursado. Despedida imotivada. Empresa pública ou sociedade de economia mista. Possibilidade.
>
> I – A despedida de empregados de empresa pública e de sociedade de economia mista, mesmo admitidos por concurso público, independe de ato motivado para sua validade;

O fundamento utilizado pela Corte Trabalhista foi o de que essas entidades se equiparam às empresas privadas, conforme art. 173, § 1º, II, da CF/88.

Ao tempo de publicação do item I da OJ 247 da SDI-I do TST, já tecíamos duras críticas ao posicionamento da Corte:

a) Já se observava forte tendência, na iniciativa privada, da democratização da dispensa, via métodos claros e com possibilidade de defesa prévia do trabalhador antes da demissão, inclusive exigindo procedimentos prévios como inquéritos e sindicâncias antes de efetuar qualquer tipo de rescisão contratual;

b) As empresas públicas e sociedades de economia mista, por fazerem parte da administração indireta, não poderiam, sem justificativa, simplesmente dispensar o empregado, pois a administração necessita fundamentar todos os seus atos (teoria dos motivos determinantes);

c) Não há, na admissão de pessoal aos quadros das empresas estatais, uma contratação livre de trabalhadores, pois o empregado é devidamente admitido em concurso público, logo necessitaria saber, no mínimo, o motivo da sua dispensa;

d) Esse posicionamento do TST fomentava a discricionariedade dos administradores dessas entidades, possibilitando dispensas completamente arbitrárias.

Alertávamos, ainda, pela tendência de uma viragem jurisprudencial, pois o STF, em julgamento com repercussão geral, entendeu pela necessidade de motivação do ato de dispensa de empregados públicos:

> Empresa brasileira de correios e telégrafos – ECT. Demissão imotivada de seus empregados. Impossibilidade. Necessidade de motivação da dispensa. RE parcialmente provido. I – Os empregados públicos não fazem jus à estabilidade prevista no art. 41 da CF, salvo aqueles admitidos em período anterior ao advento da EC nº 19/1998. Precedentes. II – Em atenção, no entanto, aos princípios da impessoalidade e isonomia, que regem a admissão por concurso público, a dispensa do empregado de empresas públicas e sociedades de economia mista que prestam serviços públicos deve ser motivada, assegurando-se, assim, que tais princípios, observados no momento daquela admissão, sejam também respeitados por ocasião da dispensa. III – A motivação do ato de dispensa, assim, visa a resguardar o empregado de uma possível quebra do postulado da impessoalidade por parte do agente estatal investido do poder de demitir. IV – Recurso extraordinário parcialmente provido para afastar a aplicação, ao caso, do art. 41 da CF, exigindo-se, entretanto, a motivação para legitimar a rescisão unilateral do contrato de trabalho. (RE 589998/PI, rel. Min. Ricardo Lewandowski, 20.3.2013)

Questionada por meio de embargos de declaração, a Corte Constitucional esclareceu que o julgado acima somente se referia à Empresa Brasileira de Correios e Telégrafos e a tese deveria ser adstrita a esse julgamento. Aliás, essa era a posição também adotada pela TST no item II da OJ nº 247 da SDI-I:

> **Orientação Jurisprudencial nº 247 da SDI – I do TST.** Servidor público. Celetista concursado. Despedida imotivada. Empresa pública ou sociedade de economia mista. Possibilidade.
>
> II – A validade do ato de despedida do empregado da Empresa Brasileira de Correios e Telégrafos (ECT) está condicionada à motivação, por gozar a empresa do mesmo tratamento destinado à Fazenda Pública em relação à imunidade tributária e à execução por precatório, além das prerrogativas de foro, prazos e custas processuais.

Apesar da limitação do alcance da necessidade de motivação da dispensa aos empregados dos Correios, o próprio TST já passava a decidir, em alguns casos, pela necessidade de motivação na dispensa do empregado público em geral[197].

Como o posicionamento acima aplicava-se exclusivamente aos funcionários dos Correios, o tema continuou em discussão na Corte Constitucional. Reconhecida a repercussão geral da matéria, adotou-se o RE 688267 como paradigma para discutir, com efeito *erga omnes*, sobre a possibilidade de despedida sem motivação de empregado de empresa pública ou de sociedade de economia mista admitido por concurso público.

Finalmente, em 08 de fevereiro de 2024, o Tribunal, apreciando o Tema 1022 da repercussão geral, formou maioria para a fixação de tese no sentido de que empresas públicas e sociedades de economia mista **podem** dispensar seus empregados concursados sem justa causa, porém devem **motivar o ato de dispensa**. Em continuidade de julgamento, em 28 daquele mês, por maioria, fixou a seguinte tese (tema 1.022 da repercussão geral):

> As empresas públicas e as sociedades de economia mista, sejam elas presta doras de serviço público ou exploradoras de atividade econômica, ainda que em regime concorrencial, têm o dever jurídico de motivar, em ato formal, a demissão de seus empregados concursados, não se exigindo processo administrativo. Tal motivação deve consistir em fundamento razoável, não se exigindo, porém, que se enquadre nas hipóteses de justa causa da legislação trabalhista

Portanto, as empresas estatais (empresas públicas e as sociedades de economia mista), ainda que exploradoras da atividade econômica em regime concorrencial (art. 173, § 1º, II, da CF/88), tem o dever de **motivar, em ato formal, a dispensa de seus empregados concursados.** Conforme resta expresso na tese fixada, a validade da dispensa do empregado público concursado não depende da instauração de processo administrativo ou sindicância, tampouco fica limitada às hipóteses de justa causa elencadas na legislação trabalhista (principalmente no art. 482 da CLT). O que se tem, é a necessidade de fundamentação **razoável** do ato de dispensa, o que sugere a possibilidade de judicialização da dispensa irrazoável ou desproporcional e da não correspondência fática dos motivos expressados no ato administrativo.

197. TST-RO-219-22.2012.5.09.0000, SBDI-II, rel. Min. Cláudio Mascarenhas Brandão, 15.10.2013 (Informativo nº 63); e TST-E-ED-RR 64200-46.2006.5.02.0027, Tribunal Pleno, rel. Ministro Alberto Luiz Bresciani de Fontan Pereira, 29.9.2015. (Informativo nº 119 do TST).

Penso, aqui, em paralelo com a Doutrina Administrativa, que a justificação da dispensa do empregado público vincularia a validade do ato à verificação de seus motivos. Como bem explica Matheus Carvalho, "(...) a motivação é a exteriorização dos motivos e, uma vez realizada, passa a fazer parte do ato administrativo, vinculando, portanto, a validade do ato"[198]. Ainda, tal como leciona a **teoria dos motivos determinantes**, "os motivos apresentados como justificadores da prática do ato administrativo vinculam este ato e, caso os motivos apresentados sejam viciados, o ato será ilegal"[199].

Ou seja, as empresas estatais devem atuar com boa-fé, fundamentando o motivo do término do contrato de trabalho com o motivo real que o levou a dispensar o trabalhador. A justificativa apresentada pelo empregador vincula, amarra o ato de dispensa e, assim, caso seja um motivo falso, inválido, poderá haver a reintegração do empregado (ou pagamento de indenização).

Esse posicionamento levará o TST a rever o teor do item I da OJ nº 247 da SDI-I.

3.3.5.2. Estabilidade da gestante no serviço público (Tema 542 de Repercussão Geral do STF)

Tal como acontece na iniciativa privada, a contratação de pessoal no setor público pode se dar de diferentes maneiras. A principal delas, e que deve ser tomada como regra, nos termos do art. 37, II e § 2º, da Constituição Federal, é o acesso a cargos ou empregos públicos através da aprovação prévia em concurso público de provas ou de provas e títulos, a depender da natureza e a complexidade do cargo ou emprego. Trata-se de mecanismo de garantia e efetivação dos princípios constitucionais da legalidade, moralidade, impessoalidade, publicidade e eficiência.

O próprio texto Constitucional, contudo, traz exceções ao concurso público[200]:

a) **Funções públicas:** as funções públicas, sem cargo ou emprego, mais conhecidas por funções autônomas, limitam-se às funções temporárias (art. 37, IX, CF/88) e às funções de confiança (art. 37, V, CF/88);

b) **Cargos em comissão:** declarados em lei de livre nomeação e exoneração, desde que destinados às atribuições de direção, chefia e assessoramento (art. 37, II e V, CF/88); e

c) **Agentes comunitários de saúde e agentes de combate às endemias:** para que os gestores locais contratem referidos trabalhadores, exige-se apenas processo seletivo público – procedimento mais simples e rápido que um concurso público para o provimento de cargos ou empregos públicos (art. 198, § 4º, CF/88).

Esses trabalhadores, ingressando ou não aos quadros da Administração Pública (Direta e Indireta) pela via do concurso público, são designados, de maneira geral, como **servidores públicos:**

198. CARVALO, Matheus. **Manual de Direito Administrativo.** 11. ed. rev., atual. e ampl. São Paulo: Juspodivm, 2023, p. 297.

199. CARVALO, Matheus. **Manual de Direito Administrativo.** 11. ed. rev., atual. e ampl. São Paulo: Juspodivm, 2023, p. 298.

200. CUNHA JÚNIOR, Dirley da; NOVELINO, Marcelo. Constituição Federal para Concursos (CF). 14. ed., rev., atual., e ampl. São Paulo: Juspodivm, 2023, p. 191.

> São servidores públicos, em sentido amplo, as pessoas físicas que prestam serviços ao Estado e às entidades da Administração Indireta, com vínculo empregatício e mediante remuneração paga pelos cofres públicos.
>
> Compreendem:
>
> 1. os **servidores estatutários**, sujeitos ao regime estatutário e ocupantes de cargos públicos;
> 2. os **empregados públicos**, contratados sob o regime da legislação trabalhista e ocupantes de emprego público;
> 3. os **servidores temporários**, contratados por tempo determinado para atender à necessidade temporária de excepcional interesse público (art. 37, IX, da Constituição); eles exercem função, sem estarem vinculados a cargo ou emprego público[201].

A controvérsia que deu origem à tese de repercussão geral ora comentada dizia respeito ao alcance da licença-maternidade, assegurada no art. 7º, XVIII, da Constituição Federal, e da estabilidade da gestante, prevista na alínea "b" do inciso II do art. 10 do ADCT, em relação às servidoras públicas, especificamente às trabalhadoras gestantes contratadas pela Administração Pública por prazo determinado ou ocupantes de cargo em comissão demissíveis *ad nutum*.

Segundo entendimento da Corte, que conheceu do recurso extraordinário e negou-lhe provimento, "A trabalhadora gestante tem direito ao gozo de licença-maternidade e à estabilidade provisória, **independentemente do regime jurídico aplicável**, se contratual ou administrativo, **ainda que ocupe cargo em comissão ou seja contratada por tempo determinado**". O RE paradigma, aliás, tratava sobre o caso de uma professora contratada temporariamente pelo Estado.

Portanto, ao contrário do entendimento fixado pelo TST na tese nº 2 em Incidente de Assunção de Competência, de que é inaplicável ao regime de trabalho temporário, disciplinado pela Lei nº 6.019/74, a garantia de estabilidade provisória à empregada gestante, no setor público, todas as trabalhadoras, independentemente do regime jurídico aplicável, se celetista ou estatutário, ainda que ocupantes de cargo em comissão ou contratadas por tempo determinado, terão assegurada a garantia provisória no emprego desde a confirmação da gravidez até 5 meses após o parto.

Não confunda o regime de trabalho temporário estabelecido na Lei nº 6.019/74, aplicada ao setor privado, com a contratação temporária de trabalhadores pelo Estado, autorizada no art. 37, IX, da Constituição Federal.

No primeiro caso, o trabalho temporário é uma modalidade de terceirização expressamente prevista em lei. A intermediação de mão de obra está presente no trabalho temporário. Nela, a empresa prestadora de serviços possibilita que um trabalhador temporário preste serviços em outra empresa, denominada tomadora. Os direitos desse trabalhador estão previstos em legislação específica (Lei nº 6.019/1974).

Já no segundo caso, tem-se a contratação temporária de trabalhadores feita diretamente pela Administração Pública – sem a presença de empresa intermediadora de mão

201. PIETRO, Maria Sylvia Zanella Di. Direito Administrativo. 36. ed. [2. Reimp.]. Rio de Janeiro: Forense, 2024.

de obra –, respeitadas as seguintes condições: **a)** Serviço temporário: definido por meio de lei que deve especificar seus contornos, limites e características; **b)** Interesse público: devidamente justificado pela autoridade responsável pela contratação; e **c)** Caráter de excepcionalidade: a contratação não pode ser a regra de contratação do órgão ou da entidade pública[202].

Apesar da diferença gritante entre os 2 regimes de trabalho – uma relação é trilateral (espécie de terceirização) e a outra, bilateral (trabalhador-Estado) – há, nos dois casos, regramentos próprios e excepcionalíssimos que expressam as condições transitórias de contratação de trabalhadores. Portanto, nos dois casos, a trabalhadora, no momento de sua contratação, tem por acertado o prazo determinado da relação de trabalho, sem a expectativa de continuidade da prestação de serviços para além desse período.

Esse foi justamente o argumento utilizado pelo TST quando do afastamento da estabilidade no emprego às trabalhadoras gestantes contratadas no regime de trabalho temporário da Lei nº 6.019/1974. Essa ausência de expectativa de continuidade da prestação de serviços também é encontrada na contratação de trabalhadoras temporárias pelo Estado (art. 37, IX, CF/88) e, mesmo assim, o STF assegurou a elas o direito à garantia provisória no emprego (e ao gozo da licença-maternidade), por entender como direitos essenciais à proteção da maternidade e do nascituro.

A tese fixada pelo STF não vincula os tribunais trabalhistas a reconhecerem a garantia provisória no emprego à gestante contrata no regime de trabalho temporário, pois, como visto, não foi sobre isso que versou a Suprema Corte no tema 542 (*distinguishing*). Contudo, entendemos que a posição da Corte Trabalhista resta enfraquecida, pois o principal argumento utilizado para afastar a estabilidade nas contratações pelo regime de trabalho temporário (**ausência de expectativa de continuidade da relação de trabalho**) não foi adotado pelo STF, que privilegiou, com razão, a proteção à maternidade e ao nascituro.

Embora não tenha havido, até o momento, pronunciamento do STF acerca da estabilidade da gestante especificamente na hipótese de contratação temporária pela Lei 6.019/74, a tese fixada pela Suprema Corte no Tema 542 da Repercussão Geral é suficiente, em nossa compreensão, para justificar uma superação do entendimento do TST no IAC nº 2.

Ainda, com a tese fixada pelo STF, assegurando a todas trabalhadoras gestantes no serviço público o direito à garantia provisória no emprego (e ao gozo da licença-maternidade), instaura-se uma situação discriminatória, em violação aos arts. 5º, *caput*, e 7º, XX, da CF/88, na qual trabalhadoras contratadas por prazo determinado pelo Estado gozam de direitos e garantias que trabalhadoras temporárias no setor privado, também em regime de contratação com prazo determinado, não.

No âmbito da Justiça do Trabalho, a SBDI-I decidiu, por unanimidade, aprovar a instauração de **incidente de superação do entendimento firmado no julgamento do Incidente de Assunção de Competência nº TST-IAC-5639-31.2013.5.12.0051 (Tema nº 2 da Tabela de Incidentes de Assunção de Competência)** e determinou o encaminhamento dos autos para apreciação do Tribunal Pleno[203].

---

202. CARVALHO, Matheus. Manual de Direito Administrativo. 4. ed. Salvador: Juspodivm. 2017.
203. Informativo nº 289 do TST.

Esperamos que o TST reveja sua posição e, em consonância com a atual jurisprudência da Suprema Corte, reconheça às trabalhadoras gestantes contratadas sob o regime de trabalho temporário o direito à estabilidade no emprego desde a confirmação da gravidez até 5 meses após o parto.

Por fim, cumpre esclarecer que a servidora de fato, aquela admitida aos quadros da Administração de maneira irregular, sem prévia aprovação em concurso público e fora das exceções constitucionais e legais, não tem direito à estabilidade da gestante. Segundo o TST[204], a empregada gestante que tem seu contrato declarado nulo não terá direito às verbas relativas à estabilidade gestante, pois a ausência do prévio concurso público contamina todo o contrato de trabalho. Assim sendo, para o TST, mesmo que comprovadamente grávida no ato da rescisão, a empregada não terá direito à estabilidade ou nem mesmo à indenização substitutiva, em razão de ofensa expressa ao art. 37, II da CF/88. Terá apenas os direitos constantes na Súmula nº 363 do TST: salários e depósitos do FGTS.

3.4. Trabalho infantil

Este tópico foi incluído nesta edição em razão de sua expressa previsão no último edital do concurso para Técnico e Analista do MPU, além de também poder ser cobrado em concursos de tribunais do trabalho, especialmente no conteúdo relacionado ao trabalho do adolescente. O objetivo é oferecer ao leitor uma visão sistematizada sobre os principais marcos normativos e institucionais voltados à proteção contra o trabalho infantil, com destaque para a atuação do Ministério Público do Trabalho e para os instrumentos legais e constitucionais que asseguram o princípio da proteção integral e da prioridade absoluta à criança e ao adolescente.

O trabalho infantil é compreendido como toda atividade realizada por crianças e adolescentes com idade inferior a 16 anos, independentemente de haver ou não remuneração, com a finalidade de obtenção de ganho para si ou para a família[205].

Trata-se de uma prática vedada no ordenamento jurídico brasileiro, uma vez que compromete o desenvolvimento físico, mental e social do indivíduo em formação. A legislação nacional estabelece limites claros sobre a idade mínima para o ingresso no mercado de trabalho.

A Constituição Federal e a CLT estabelecem normas protetivas ao empregado com menos de 18 anos, em razão de sua condição peculiar de desenvolvimento. Tais normas visam assegurar o pleno desenvolvimento físico, mental e social do adolescente. No Brasil, o trabalho é permitido a partir dos 16 anos de idade, salvo na condição de aprendiz, em que é admitido a partir dos 14 anos. No caso do empregado doméstico, a Lei Complementar nº 150/2015 fixou a idade mínima em 18 anos:

> **Art. 1º, Parágrafo único:** É vedada a contratação de menor de 18 (dezoito) anos para desempenho de trabalho doméstico, de acordo com a Convenção nº 182, de 1999, da Organização Internacional do Trabalho (OIT) e com o Decreto nº 6.481, de 12 de junho de 2008.

204. Nesse sentido, confira o Informativo nº 156 do TST.
205. Disponível em: <https://www.mprs.mp.br/areas/infancia/arquivos/manual_erradicacao_trab_infantil.pdf>. Acesso em 29 abr. 2025.

A legislação brasileira impõe limites ao trabalho de adolescentes. Aos 16 anos, o trabalho já é permitido, mas com restrições: o jovem não pode exercer atividades consideradas noturnas, insalubres ou perigosas, pois essas só são autorizadas a partir dos 18 anos. Já a partir dos 14 anos, o trabalho só é admitido na condição de aprendiz, com foco na formação técnico-profissional. Essas regras estão previstas no texto constitucional e visam proteger o desenvolvimento integral do adolescente:

> **Art. 7º.** São direitos dos trabalhadores urbanos e rurais, além de outros que visem à melhoria de sua condição social:
>
> XXX – proibição de diferença de salários, de exercício de funções e de critério de admissão por motivo de sexo, **idade**[206], cor ou estado civil: (grifo acrescido)
>
> XXXIII – proibição de trabalho noturno, perigoso ou insalubre a menores de dezoito anos e de qualquer trabalho a menores de dezesseis anos, salvo na condição de aprendiz, a partir de quatorze anos.

A persistência do trabalho infantil em território nacional é fruto de causas estruturais profundas. A pobreza, a fome, a baixa escolaridade, a ausência de políticas públicas de saúde e saneamento básico formam um pano de fundo que favorece a perpetuação dessa violação de direitos. Além desses fatores econômicos e sociais, aspectos culturais também desempenham papel relevante. Mitos como "é melhor trabalhar do que ficar na rua" ou "o trabalho forma o caráter" ainda são reproduzidos, dificultando a conscientização da sociedade sobre os malefícios do trabalho precoce.

Essa situação é ainda mais grave quando se observa que crianças e adolescentes oriundos de grupos historicamente vulnerabilizados, como indígenas, quilombolas, migrantes, pessoas com deficiência e de religiões de matriz africana, estão mais expostos a formas precoces e degradantes de exploração. É nesse contexto que a educação antirracista surge como um instrumento essencial para enfrentar o problema em sua raiz estrutural.

Com o objetivo de combater o trabalho infantil, o Brasil instituiu o Programa de Erradicação do Trabalho Infantil (PETI), pensado em 1996 por meio de parceria entre o Governo Federal e a Organização Internacional do Trabalho. Inicialmente voltado para crianças exploradas em carvoarias de Mato Grosso do Sul, o programa foi expandido e, em 2011, incorporado à Lei Orgânica da Assistência Social (Lei nº 8.742/1993)[207]. Conforme o art. 24-C da LOAS:

> **Art. 24-C da LOAS.** Fica instituído o Programa de Erradicação do Trabalho Infantil (Peti), de caráter intersetorial, integrante da Política Nacional de Assistência Social, que, no âmbito do Suas, compreende transferências de renda, trabalho social com famílias e oferta de serviços socioeducativos para crianças e adolescentes que se encontrem em situação de trabalho.

Desde então, o PETI passou a integrar a Política Nacional de Assistência Social, com atuação baseada em três eixos: transferências de renda, acompanhamento familiar e oferta de serviços socioeducativos a crianças e adolescentes em situação de trabalho.

206. Há jurisprudência do TST no mesmo sentido: Orientação Jurisprudencial nº 26 da SDC: "Salário normativo. Menor empregado. Art. 7º, XXX, da CF/88. Violação. Os empregados menores não podem ser discriminados em cláusula que fixa salário mínimo profissional para a categoria."

207. Informações disponibilizadas pelo Ministério do Desenvolvimento e Assistência Social, Família e Combate à Fome. Disponível em: https://www.gov.br/mds/pt-br/acoes-e-programas/suas/servicos-e-programas/acao-estrategica-do-programa-de-erradicacao-do-trabalho-infantil. Acesso: 05/01/2024.

Paralelamente, o Estatuto da Criança e do Adolescente prevê em seu art. 88, IV, a criação do Fundo para a Infância e Adolescência (FIA), destinado ao financiamento de ações de proteção e promoção dos direitos desse público. Os recursos do fundo devem ser aplicados exclusivamente para beneficiar crianças e adolescentes, sob o monitoramento dos conselhos de direitos, em âmbito estadual e municipal.

3.4.1. Doutrina de proteção integral e da prioridade absoluta

A proteção da infância e da adolescência no Brasil está estruturada sobre a doutrina da proteção integral, expressamente adotada pelo art. 1º do Estatuto da Criança e do Adolescente (ECA) e consagrada nos arts. 227 e 228 da Constituição Federal e pela Convenção das Nações Unidas sobre Direitos da Criança, a qual foi promulgada no Brasil pelo Decreto nº 99.710/1990.

Essa doutrina representa um marco de ruptura com o antigo paradigma da "situação irregular", que condicionava a criança e o adolescente como meros objetos de interesse[208]. A partir da Constituição de 1988, crianças e adolescentes passaram a ser reconhecidos como **sujeitos plenos de direitos fundamentais**, em condição **peculiar de desenvolvimento**, titulares de garantias que devem ser promovidas com absoluta prioridade pela família, sociedade e Estado.

A proteção integral, portanto, não se limita a evitar danos, mas busca assegurar dignidade, oportunidades e o pleno desenvolvimento pessoal, social e profissional das pessoas em desenvolvimento.

O *caput* do art. 227 da Constituição explicita esse compromisso ao estabelecer que é dever da **família, da sociedade e do Estado** assegurar, com **absoluta prioridade**, os direitos à vida, à saúde, à alimentação, à educação, ao lazer, à profissionalização, à cultura, à dignidade, ao respeito, à liberdade e à convivência familiar e comunitária:

> **Art. 227 da CF/88.** É dever da família, da sociedade e do Estado assegurar à criança, ao adolescente e ao jovem, com absoluta prioridade, o direito à vida, à saúde, à alimentação, à educação, ao lazer, à **profissionalização**, à cultura, à dignidade, ao respeito, à liberdade e à convivência familiar e comunitária, além de colocá-los a salvo de toda forma de negligência, discriminação, exploração, violência, crueldade e opressão. (grifo nosso)

Essa prioridade absoluta impõe-se não apenas como princípio ético, mas como norma jurídica vinculante, que exige a articulação de políticas públicas eficazes, sustentadas por recursos orçamentários e ações integradas em todas as esferas federativas. A prioridade absoluta também esta prevista no art. 4º do Estatuto da Criança e do Adolescente:

> **Art. 4º do ECA.** É dever da família, da comunidade, da sociedade em geral e do poder público assegurar, com absoluta prioridade, a efetivação dos direitos referentes à vida, à saúde, à alimentação, à educação, ao esporte, ao lazer, à profissionalização, à cultura, à dignidade, ao respeito, à liberdade e à convivência familiar e comunitária.

208. CUNHA, Rogério Sanches. LÉPORE, Paulo Eduardo. ROSSATO, Luciano Alves. **Estatuto da criança e do adolescente comentado artigo por artigo**. 11. ed. 2019. São Paulo: Saraiva Educação. p. 278.

> Parágrafo único. A garantia de prioridade compreende:
>
> a) primazia de receber proteção e socorro em quaisquer circunstâncias;
>
> b) precedência de atendimento nos serviços públicos ou de relevância pública;
>
> c) preferência na formulação e na execução das políticas sociais públicas;
>
> d) destinação privilegiada de recursos públicos nas áreas relacionadas com a proteção à infância e à juventude.

3.4.2. Trabalho proibido

O trabalho realizado por crianças e por adolescentes com menos de 16 anos configura hipótese de trabalho proibido, sendo considerado uma forma de nulidade do contrato de trabalho.

Nessa situação, mesmo diante da invalidade contratual, a legislação trabalhista impõe o pagamento dos salários e demais verbas decorrentes da prestação dos serviços[209], como forma de evitar o enriquecimento ilícito do empregador e, ainda, diante da impossibilidade de se restituir ao trabalhador a força de trabalho já despendida. Essa medida visa assegurar todos os direitos trabalhistas àqueles que exerceram suas atividades em desconformidade com a legislação, evitando uma dupla penalização ao trabalhador. Assim, reconhece-se o vínculo empregatício e impõe-se o pagamento das verbas rescisórias correspondentes.

É importante destacar que a declaração de nulidade do contrato de trabalho em razão de trabalho proibido – diferentemente da lógica civilista – possui efeitos *ex nunc*, ou seja, o contrato produzirá efeitos até o momento da declaração de nulidade, sendo devidas todas as verbas trabalhistas correspondentes ao período de prestação de serviços[210]. Por fim, deve-se ressaltar que, uma vez reconhecida a condição de trabalho proibido, a criança ou o adolescente não poderá continuar exercendo suas funções, em respeito às normas mínimas de proteção ao trabalho infantil.

3.4.3. Piores formas de trabalho infantil

O Brasil ratificou a Convenção nº 182 da OIT, que visa à eliminação das piores formas de trabalho infantil, em caráter de urgência. Nesse sentido, o Decreto nº 6.481/2008 estabelece a Lista das Piores Formas de Trabalho Infantil (Lista TIP), que contém a classificação das atividades, locais e trabalhos prejudiciais à saúde, à segurança e à moral das pessoas com menos de 18 anos de idade. O art. 4º do referido Decreto estabelece os parâmetros da Convenção para as piores formas de trabalho infantil:

> **Art. 4º, Decreto nº 6.481/2008:** Para fins de aplicação das alíneas a, b e c do artigo 3º da Convenção nº 182, da OIT, integram as piores formas de trabalho infantil:

209. Há intensa discussão sobre a possibilidade de reconhecimento de vínculo empregatício nas hipóteses de trabalho proibido. Há autores que defendem o pagamento de **indenização** pelo trabalho prestado. Outros defendem apenas o pagamento de **salário** e os depósitos no FGTS. No nosso caso, defendemos a declaração de vínculo empregatício, com pagamento de todos os direitos trabalhistas. Entretanto, para as questões objetivas, importante saber que no **trabalho ilícito** não são reconhecidos quaisquer direitos. No **trabalho proibido**, por sua vez, há pagamento de salário ou indenização pelos serviços prestados.

210. DELGADO, Mauricio Godinho. Curso de Direito do Trabalho. 14. ed. São Paulo: LTr, 2015. P. 561.

I – todas as formas de escravidão ou práticas análogas, tais como venda ou tráfico, cativeiro ou sujeição por dívida, servidão, trabalho forçado ou obrigatório;

II – a utilização, demanda, oferta, tráfico ou aliciamento para fins de exploração sexual comercial, produção de pornografia ou atuações pornográficas;

III – a utilização, recrutamento e oferta de adolescente para outras atividades ilícitas, particularmente para a produção e tráfico de drogas; e

IV – o recrutamento forçado ou compulsório de adolescente para ser utilizado em conflitos armados.

3.4.4. *Trabalho infantil artístico*

Vale destacar, ainda. que é comum o trabalho artístico de pessoas com menos de 14 anos em programas de televisão e teatro. No entanto, esse trabalho somente pode ser autorizado judicialmente caso constatado que não haverá nenhum prejuízo ao adolescente. Assim, em respeito ao direito fundamental de liberdade de expressão previsto no art. 5º, IX, CF/88, permite-se o trabalho daqueles que ainda não atingiram a idade mínima quando comprovada a realização de uma atividade essencialmente artística e não um emprego propriamente dito[211].

Apesar do acima exposto, ainda é comum encontrarmos crianças e adolescentes trabalhando em desconformidade com a lei. Caso isso ocorra, estaremos diante da prestação de trabalho proibido, devendo ser pagas todas as verbas trabalhistas, além da imputação de multa ao empregador, prevista no art. 434 da CLT, no valor de 1 salário mínimo, aplicada quantas vezes forem às pessoas com menos de 18 anos empregados em desacordo com a lei.

A autorização para a realização do trabalho artístico, nesse caso, de ser feita de forma individualizada à crianças e ao adolescente, pela autoridade competente, nos termos do art. 8º da Convenção nº 138 da OIT, analisando-se o caso concreto e as condições em que a pessoa irá trabalhar[212].

No caso de autorização para trabalho artístico e configurados os requisitos da relação de emprego, deve haver anotação da CTPS, realização de exames admissionais e periódicos para que se avalie o estado de saúde do trabalhador e comprovação de continuidade das atividades escolares. Quanto à retribuição, deve-se determinar que ao menos 50% da remuneração seja depositada em caderneta de poupança de banco oficial, que só poderá ser movimentada quando o trabalhador completar 18 anos, ou antes dos 18 anos mediante análise pelo Ministério Público do Trabalho e autorização por alvará judicial.

Havia grande discussão acerca do órgão judicial competente para a autorização do trabalho de crianças e adolescentes. O tema foi pacificado pelo STF na ADI nº 5.326/DF. Após apreciar a ADI, o Tribunal, por maioria, decidiu que é competência da Justiça Comum apreciar pedido de autorização visando a participação de crianças e adolescentes e eventos de caráter artístico.

211. GARCIA, Gustavo Filipe Barbosa. *Curso de Direito do Trabalho*. 7. ed. Forense: Rio de Janeiro, 2013. p. 1.062.

212. Conforme jurisprudência do TST: PROCESSO Nº TST-AIRR-2034-08.2013.5.02.0067 – 8ª Turma – Ministra Relatora: Dora Maria da Costa – Data de Julgamento: 17/02/2016.

3.4.5. A atuação do Ministério Público do Trabalho

Nas ações que tramitam na Justiça do Trabalho e envolvem crianças e adolescentes não assistidos como parte, é obrigatória a intimação do MPT para que atue no feito como fiscal da ordem jurídica. A presença do MPT nesses processos tem por finalidade assegurar o respeito ao melhor interesse da criança e do adolescente, assegurando sua proteção integral frente a eventuais violações de direitos no âmbito do trabalho.

Por se tratar de uma questão de ordem pública e relacionado a direitos sociais fundamentais, o MPT possui legitimidade para atuar preventivamente ou repressivamente, inclusive fora do processo judicial. A partir de denúncias ou por iniciativa própria, pode instaurar investigações e adotar medidas extrajudiciais, como a celebração de termos de ajustamento de conduta (TACs) ou, quando necessário, promover ações civis públicas para impedir novas violações e proteger os direitos coletivos.

Assim, o MPT exerce papel essencial na tutela do trabalho protegido de crianças e adolescentes, tanto na esfera judicial quanto extrajudicial, em defesa de um dos públicos mais vulneráveis nas relações de trabalho.

3.5. Proteção do trabalho do Adolescente[213]

- **Art. 7º, XXIII, CF/88**
- **Art. 227, CF/88**
- **Arts. 402 a 441 (Capítulo IV), CLT**

A Reforma Trabalhista não impactou as normas de proteção do trabalho do adolescente, contidas na CLT e nem poderia ter sido diferente, haja vista a necessidade de sua tutela, que vem estampada, inclusive, no art. 227 da Constituição Federal:

> **Art. 227 da CF/88**. É dever da família, da sociedade e do Estado assegurar à criança, ao adolescente e ao jovem, com absoluta prioridade, o direito à vida, à saúde, à alimentação, à educação, ao lazer, **à profissionalização**, à cultura, à dignidade, ao respeito, à liberdade e à convivência familiar e comunitária, além de colocá-los a salvo de toda forma de negligência, discriminação, exploração, violência, crueldade e opressão. (grifo nosso)

Assim, vigora no país a "Doutrina de Proteção Integral e da Prioridade Absoluta", que consiste em prestigiar a prioridade da criança e do adolescente, a garantir seus direitos, com a destinação de recursos para a produção do bem comum desses sujeitos, a fim de que o orçamento prestigie e proteja os direitos assegurados pela lei[214].

---

213. É muito comum o uso do termo "menor" para se referir, de maneira genérica, a pessoas com menos de 18 anos de idade, tanto que essa expressão pode ser encontrada em diversas passagens da CLT (v.g. no Capítulo IV – Da Proteção do Trabalho do Menor). Contudo, a palavra "menor", quando utilizada para designar crianças e adolescentes, remonta à ideia de "menoridade legal", passando a falsa impressão de que essas pessoas em especial condição de desenvolvimento seriam incapazes de titularizar direitos e contrair obrigações. Além disso, há muitos anos, esse termo tem sido usado para referenciar o jovem infrator, quando da sua responsabilização civil e penal, adquirindo, assim, forte carga pejorativa. Dessa forma, em atenção a doutrina da proteção integral e da prioridade absoluta, optamos por não mais utilizar esse termo nesta obra.

214. MARQUES, Geny Helena Barroso; JOSVIAK, Mariane; BESSA, Sueli Teixeira. Aprendizagem e qualificação profissional de adolescentes em cumprimento de medidas socioeducativas em meio aberto e fechado. In: CARELLI,

Além disso, as normas de proteção legal de crianças e adolescentes não podem ser objeto de convenção e acordo coletivo de trabalho (art. 611-B, XXIV, da CLT).

Portanto, as normas de proteção do trabalho do adolescente prevista na CLT e nas legislações esparsas deverão sempre ser respeitadas pelo empregador, não sendo passíveis de flexibilização.

A Constituição Federal e a CLT possuem normas protetivas ao empregado adolescente em razão da sua condição peculiar de desenvolvimento. Essas normas têm a finalidade de lhe proporcionar o pleno desenvolvimento físico, mental e social. O trabalho, no Brasil, é permitido a partir dos 16 anos de idade. Para o empregado doméstico, de acordo com o parágrafo único da Lei Complementar nº 150/2015, a idade mínima de 18 anos.

Na idade de 16 anos, ainda há restrições, pois o adolescente não poderá prestar serviços em atividades noturnas, insalubres e perigosas. Para essas atividades em que há agressão à saúde, somente a partir dos 18 anos. Além disso, a partir dos 14 anos, poderá prestar serviços apenas como aprendiz de acordo com o texto constitucional:

> **Art. 7º** São direitos dos trabalhadores urbanos e rurais, além de outros que visem à melhoria de sua condição social:
>
> XXX – proibição de diferença de salários, de exercício de funções e de critério de admissão por motivo de sexo, **idade**[215], cor ou estado civil: (grifo acrescido)
>
> XXXIII – proibição de trabalho noturno, perigoso ou insalubre a menores de dezoito anos e de qualquer trabalho a menores de dezesseis anos, salvo na condição de aprendiz, a partir de quatorze anos.

Essa proteção, no tocante às atividades prejudiciais à saúde, ocorre em razão do estágio de desenvolvimento. Assim sendo, mesmo que o adolescente seja emancipado pelo casamento, por exemplo, persiste a proibição de prestar serviços em atividades insalubres, perigosas e em horário noturno.

Destaca-se que algumas profissões apresentam restrição de idade em razão das condições exigidas para o trabalho. Note-se que essas limitações são sempre para ampliar a idade mínima permitida e nunca permitindo trabalho com idade inferior à prevista pela Constituição Federal. Nesse sentido, a idade mínima para o empregado doméstico é de **18 anos** (art. 1º, parágrafo único, LC nº 150/2015), e **21 anos** para a profissão de vigilante (art. 28, II, Lei nº 14.967/2024) e **25 anos** para a atividade de Mãe Social (art. 9º, "a", Lei nº 7.644/1987).

3.5.1. *Jornada de trabalho do adolescente*

A jornada de trabalho do adolescente possui a mesma duração que a do trabalhador adulto, ou seja, limitada a 8 horas diárias e 44 horas semanais. A diferença consiste na proibição ao adolescente de prestar horas extras. Há, entretanto, duas exceções, em que é permitido o trabalho em regime extraordinário:

Rodrigo de Lacerda et al (Ed.). Revista do Ministério Público do Trabalho. Brasília: Procuradoria Geral do Trabalho, 2014. p. 262.

215. Há jurisprudência do TST no mesmo sentido: Orientação Jurisprudencial nº 26 da SDC: "Salário normativo. Menor empregado. Art. 7º, XXX, da CF/88. Violação. Os empregados menores não podem ser discriminados em cláusula que fixa salário mínimo profissional para a categoria".

a) **Compensação de jornada**, ou seja, trabalham-se mais alguns dias, máximo de duas horas extras diárias[216], para descansar em outros. Note-se que a compensação deve estar prevista em convenção ou acordo coletivo e, ainda, não poderá ultrapassar o limite máximo de 44 horas semanais. Dessa forma, não cabe o acordo individual, previsto na Súmula nº 85 do TST, e a compensação não poderá ser anual[217].

   Mesmo com o advento das alterações promovidas pela Reforma Trabalhista, a compensação de jornada ainda não será possível por acordo individual, tendo em vista que o art. 413, I, da CLT é norma específica e exige a celebração de negociação coletiva. Trata-se de norma protetiva que deve ser respeitada pelo empregador. Além disso, pensamos que não poderá haver compensação no período de seis meses, nos termos do art. 59, § 5º da CLT. No mesmo sentido, entendemos pela impossibilidade de acordo individual, seja ele tácito ou escrito, para a compensação no mesmo mês. Ou seja, não se aplicam as disposições da Reforma Trabalhista contidas no art. 59, §§ 5º e 6º, CLT à pessoa com menos de 18 anos.

b) **Força maior**, isto é, acontecimento extraordinário, alheio à vontade do empregador, como enchentes, incêndio etc. Nesse caso, o adolescente poderá prestar horas extras, acrescidas de adicional de, no mínimo, 50% sobre a hora normal, limitadas à totalidade de 12 horas (8 horas da jornada normal, acrescidas de 4 horas extras). O trabalho do adolescente deve ser imprescindível ao funcionamento da empresa. Vale ressaltar que a previsão de adicional de 25% prevista em lei não foi recepcionada pela CF/88 que exige a remuneração do trabalho extraordinário seja de, no mínimo, 50% do valor da hora normal.

Importante ressaltar que o art. 384 da CLT, que previa o intervalo para descanso, com duração de 15 minutos entre a jornada normal e as horas extraordinárias foi revogado pela Lei nº 13.467/2017 (Reforma Trabalhista), de forma que não mais deva ser gozado pelo empregado adolescente. O referido artigo referia-se especificamente ao trabalho extraordinário da mulher, mas era aplicado ao trabalho do adolescente por força do parágrafo único do art. 413 da CLT.

Ainda no tocante aos intervalos, a fiscalização trabalhista poderá proibir que o empregado adolescente goze dos períodos de repouso nos locais de trabalho, conforme previsto no art. 409 da CLT. De acordo com Sergio Pinto Martins[218]:

> A proteção em tela visa também que não haja nenhum prejuízo à formação moral do menor, pois pode haver brincadeiras no local de trabalho que viessem a causar prejuízo à sua formação.

216. Nesse caso, as horas extras trabalhadas não terão adicional de 50%, uma vez que o adolescente irá compensá-las com descanso em outro dia. Na compensação há redistribuição das horas trabalhadas, ou seja, embora ocorra a prestação de serviços além das 8 horas diárias, haverá descanso em outro dia.

217. "Não há permissão para o uso de banco de horas, assim entendido o sistema de compensação de jornada ao longo de um ano; faz todo sentido que a compensação anual, inserida para os adultos no art. 59 da CLT, fique afastada dos adolescentes diante do comprometimento inevitável com o rendimento escolar." SILVA, Homero Batista Mateus. *Curso de Direito do Trabalho Aplicado*, v. 3: *Segurança e Medicina do Trabalho. Trabalho da mulher e do menor.* Rio de Janeiro: Elsevier, 2009. p. 230.

218. MARTINS, Sergio Pinto. *Comentários à CLT*. 12. ed. São Paulo: Atlas, 2008. p. 344.

Finalmente, se o adolescente prestar serviços a mais de uma empresa, ou seja, contratos de trabalho simultâneos, as horas de trabalho em cada uma delas serão somadas, conforme previsto no art. 414 da CLT. Exemplo: empregado adolescente, 17 anos de idade, trabalha quatro horas diárias em um supermercado. Foi contratado para trabalhar em uma papelaria, à tarde. Poderá cumular os contratos, desde que tenha jornada, na papelaria, de até quatro horas diárias, pois não poderá ultrapassar as oito horas, somados os horários.

3.5.2. Prestação de serviços em locais prejudiciais à moralidade do adolescente

O trabalho é proibido às pessoas com menos de 16 anos, salvo na condição de aprendiz a partir de 14 anos:

> **Art. 7º, XXXIII da CF/88:** proibição de trabalho noturno, perigoso ou insalubre a menores de dezoito e de qualquer trabalho a menores de dezesseis anos, salvo na condição de aprendiz, a partir de quatorze anos.

Dentre os locais e atividades em que é vedado o trabalho do adolescente, em razão de serem considerados prejudiciais à moralidade, destacam-se os expressos no art. 405 da CLT e na Lista de Piores Formas de Trabalho Infantil (TIP), contida no Decreto nº 6.481/2008:

a) teatro de revista, cinemas, boates, cassinos, cabarés, *dancings* e estabelecimentos análogos;

b) empresas circenses, em funções de acrobata, saltimbanco, ginasta e outras semelhantes;

c) produção, composição, entrega ou venda de escritos impressos, cartazes, desenhos, gravuras, pinturas, emblemas, imagens e quaisquer outros objetos que possam, a juízo da autoridade competente, prejudicar sua formação moral;

d) venda, a varejo, de bebidas alcoólicas;

e) com exposição a abusos físicos, psicológicos ou sexuais.

Assim, inobstante a existência de quem defenda a ideia de que o ordenamento brasileiro admite ampla possibilidade de autorização para que crianças e adolescentes exerçam qualquer tipo de atividade, antes da idade mínima, entendemos que este posicionamento esbarra na disposição contida na Convenção nº 138, art. 8º da OIT, ratificada pelo Brasil[219], de que apenas seria possível a autorização para o trabalho às pessoas com menos de 14 anos, em atividades artísticas, desde que a representação tenha fim educativo e desde que não advenha nenhum prejuízo a sua formação moral, contrariando, em partes, o exposto no art. 406 da CLT que prevê a possibilidade de autorização para o trabalho em "boates, cassinos, cabarés, dancings e estabelecimentos análogos".

Apesar do art. 406 da CLT elencar como elemento de análise a ser levado em conta pelo Juiz, quando da autorização do trabalho da pessoa com menos de 18 anos, que "a

219. NOGUEIRA, Eliana dos Santos Alves. Autorizações para trabalho infanto-juvenil: da competência da Justiça do Trabalho. In: BARBOSA, Amanda; BUGALHO, Andréia Chiquini; SANTOS, Luiza de Oliveira Garcia Miessa dos (Org.). **Atualidades e tendências do Direito e Processo do Trabalho**. São Paulo: LTr, 2017. p. 69-79. p. 75.

ocupação do menor seja indispensável à própria subsistência ou à de seus pais, avós ou irmãos", pensamos que isso não é possível, haja vista o disposto no art. 227 da CF/88 e pelo "Doutrina de Proteção Integral e da Prioridade Absoluta" já citados.

Além disso, entendemos que a previsão contida no art. 405 da CLT, no sentido de que seria possível a autorização judicial para o trabalho realizado em ruas, praças e demais logradouros públicos, não foi recepcionada pela Constituição Federal/1988, o que é corroborado pelo Decreto nº 6.481/2009, que inseriu tais atividades na Lista das Piores Formas de Trabalho Infantil (Lista TIP)[220].

3.5.3. Do papel dos representantes legais do adolescente

De acordo com o Art. 4º, I, do Código Civil de 2002, são considerados relativamente incapazes os maiores de dezesseis e menores de dezoito anos, que podem praticar atos da vida civil apenas com a assistência de um representante legal, sob pena de nulidade. A Consolidação das Leis do Trabalho (CLT), em seu Art. 402, define o trabalhador menor como aquele com idade entre quatorze e dezoito anos. Assim, um trabalhador adquire capacidade plena para celebrar contratos de trabalho somente aos 18 anos, necessitando de autorização dos responsáveis legais até essa idade.

Diante dessa incapacidade relativa, competia aos representantes legais da pessoa com menos de 18 anos a responsabilidade de prestar declarações para a retirada da Carteira de Trabalho e Previdência Social – CTPS conforme o antigo art. 417, b, da CLT. Contudo, essa regra foi revogada pela Lei de Liberdade Econômica (Lei nº 13.874/2019). Com a implementação da Carteira de Trabalho Digital, a emissão é feita automaticamente para todos os inscritos no CPF, sendo necessário apenas habilitá-la, conforme o art. 3º, § 2º, da Portaria MTP nº 671/2021. Essa portaria regulamenta a Carteira de Trabalho Digital e proíbe sua emissão para pessoas com menos de 14 anos (art. 5º, § 1º). Assim, pode-se concluir que a CTPS dos adolescentes com 14 anos ou mais já está automaticamente emitida e vinculada aos seus CPFs, bastando sua habilitação, o que dispensa a assistência de representantes legais.

Além disso, para a assinatura do recibo de quitação das verbas rescisórias, há a necessidade de assistência dos representantes legais, sob pena de nulidade, conforme previsto no art. 439 da CLT. Contudo, lembre-se que é possível o pedido de **demissão** pelo adolescente sem a assistência dos pais.

É facultado, ainda, ao responsável legal do adolescente, pleitear a extinção do contrato de trabalho, desde que o serviço possa acarretar prejuízos de ordem física ou moral.

Por fim, é do responsável legal a legitimidade para pleitear a autorização para trabalho infantil artístico, nos termos do art. 18 do Código de Processo Civil[221].

220. NOGUEIRA, Eliana dos Santos Alves. Autorizações para trabalho infanto-juvenil: da competência da Justiça do Trabalho. In: BARBOSA, Amanda; BUGALHO, Andréia Chiquini; SANTOS, Luiza de Oliveira Garcia Miessa dos (Org.). Atualidades e tendências do Direito e Processo do Trabalho. São Paulo: LTr, 2017. p. 69-79. p. 76.

221. Foi o que ocorreu no Processo nº TST-AIRR-2034-08.2013.5.02.0067 – 8ª Turma – Ministra Relatora: Dora Maria da Costa – Data de Julgamento: 17/02/2016.

3.5.4. *Das férias*

Assim como o empregado adulto, o adolescente terá direito às férias anuais remuneradas, acrescidas de 1/3 a mais da remuneração. A duração das férias irá variar, de acordo com as faltas injustificadas ocorridas durante o período aquisitivo. A diferença, entretanto, consiste:

- no direito de o trabalhador menor que esteja estudando fazer coincidir as férias no trabalho com o período das férias escolares.

Anteriormente à Reforma Trabalhista não era possível o fracionamento das férias pelo trabalhador com menos de 18 anos e pelo maior de 50 anos. Entretanto, o art. 134, § 2º da CLT, que trazia essa disposição, foi revogado, de modo que, atualmente, será possível o fracionamento de férias a todos os empregados, inclusive do adolescente.

Ressalta-se, contudo, que não há nenhuma vedação à concessão de abono pecuniário de férias ao adolescente. Assim, é possível a conversão de 1/3 de suas férias em remuneração caso o pedido seja formalizado pelo jovem trabalhador.

3.5.5. *Do salário*

O art. 7º, inciso XXX, CF/88 proíbe que os trabalhadores com menos de 18 anos tenham salários diferentes no exercício de funções idênticas se comparado com o salário de um empregado adulto.

Além disso, a própria jurisprudência do TST[222] determina que não é possível a fixação de salário mínimo profissional diferenciado aos adolescentes.

Dessa forma, o art. 11, parágrafo único, Lei nº 5.889/1973 (empregado rural), que garante à pessoa com menos de 16 anos salário mínimo fixado em valor correspondente à metade do salário mínimo de um empregado adulto, foi revogado com a promulgação da Constituição Federal de 1988. Portanto, é assegurado a todos os empregados com menos de 18 anos o mesmo salário recebido por um empregado adulto no exercício da mesma função.

3.5.6. *Da prescrição*

Prescrição é o lapso temporal que o trabalhador possui para exigir, na Justiça do Trabalho, um direito que lhe foi violado. O prazo prescricional para o adolescente é o mesmo dos demais trabalhadores, ou seja, dois anos para ingressar com a ação judicial (reclamação trabalhista), após a extinção do contrato de trabalho, podendo pleitear os últimos cinco anos, a contar do ingresso da ação.

O que diferencia, entretanto, é o fato de que, contra as pessoas com menos de 18 anos, não corre prazo prescricional, ou seja, há uma causa impeditiva de contagem do prazo. Exemplo: o término do contrato ocorreu quando o trabalhador completou 17 anos de idade. Não correrá o prazo prescricional até que ele complete 18 anos. Ao completar

222. Orientação Jurisprudencial nº 26 da SDC do TST: Os empregados menores não podem ser discriminados em cláusula que fixa salário mínimo profissional para a categoria.

essa idade, inicia-se o prazo de dois anos para ingressar com a ação na Justiça do Trabalho. Ressalta-se que não é vedado ao adolescente ingressar com a reclamação trabalhista antes de completar 18 anos. Se preferir a espera da maioridade, não correrá prazo contra esse trabalhador. Por outro lado, se quiser ingressar antes da maioridade, deverá ser assistido por seus representantes legais.

Trabalho do menor

- Trabalho a partir dos 16 anos, exceto **N**oturno, **I**nsalubre, **P**erigoso
- A partir dos 14 anos somente como aprendiz
- Proibido trabalhar em horas extras, exceto:
  a) compensação – máximo 2 horas extras diárias
  b) força maior – até 12 horas
- Trabalho em mais de uma empresa: 8 horas somadas
- Representante legal: assistência na quitação das verbas rescisórias
- Férias: direito de coincidir férias no trabalho com as férias escolares

3.5.7. Meio Ambiente de Trabalho

As normas referentes ao meio ambiente de trabalho da mulher previstas na CLT são aplicadas subsidiariamente às pessoas com menos de 18 anos.

Entretanto, um dos dispositivos que tratava do tema foi revogado pela Reforma Trabalhista. Nesse sentido, o art. 384 da CLT, que estabelecia a necessidade de um descanso de 15 minutos entre o final da jornada e o início do período extraordinário, foi revogado.

Assim, prevaleceria em vigor apenas o disposto no art. 390 da CLT:

> **Art. 390.** Ao empregador é vedado empregar a mulher em serviço que demande o emprego de força muscular superior a 20 (vinte) quilos para o trabalho continuo, ou 25 (vinte e cinco) quilos para o trabalho ocasional.
>
> **Parágrafo único.** Não está compreendida na determinação deste artigo a remoção de material feita por impulsão ou tração de vagonetes sobre trilhos, de carros de mão ou quaisquer aparelhos mecânicos.

Nos termos da CLT, esse limite também se aplicaria às pessoas com menos de 18 anos.

> **Art. 405, § 5º:** Aplica-se ao menor o disposto no art. 390 e seu parágrafo único.

Contudo, como explica Homero Batista[223], a equiparação entre os limites de força muscular entre mulheres e adolescentes não mais se sustenta no Brasil. Em 2008, foi aprovado o Decreto nº 6.481/2008, que regulamenta a Convenção 182 da OIT. Conforme

223. SILVA, Homero Batista Mateus da. Direito do Trabalho aplicado: saúde do trabalho e profissões regulamentadas. São Paulo: Thomson Reuters Brasil, 2021, p. 224.

dispõe o item 80 de seu anexo, é vedado o levantamento, transporte, carga ou descarga manual de pesos, quando realizados raramente, superiores a 20 quilos, para o gênero masculino e superiores a 15 quilos para o gênero feminino; e superiores a 11 quilos para o gênero masculino e superiores a 7 quilos para o gênero feminino, quando realizados frequentemente.

3.6. Aprendiz

▶ **Arts. 428 a 433, CLT**

Em março/2017 foi promulgada a Lei nº 13.420/2017, que alterou a redação de diversos artigos da CLT sobre a aprendizagem. Ressalta-se que a Reforma Trabalhista não trouxe nenhuma modificação na disciplina da aprendizagem.

Inicialmente, é importante ressaltar que o aprendiz é empregado, logo estão presentes os requisitos essenciais da relação de emprego. A particularidade do contrato de aprendizagem consiste em permitir o trabalho a partir dos 14 anos. Para os maiores de 14 e menores de 16 anos, somente é permitido o trabalho na aprendizagem.

A idade permitida para o contrato de aprendizagem é do maior de 14 anos e do menor de 24 anos. Esse limite máximo, 24 anos, não se aplica aos aprendizes com deficiência.

A contratação de aprendizes deverá atender, prioritariamente, os adolescentes entre 14 e 18 anos. Atividades relacionadas à insalubridade, à periculosidade ou se incompatíveis com o desenvolvimento físico e moral dos adolescentes deverão ser ministradas para os jovens de 18 a 24 anos.

Além disso, a seleção de aprendizes deverá priorizar a inclusão de jovens e adolescentes em situação de vulnerabilidade ou risco social, conforme o rol elencado no art. 53, § 2º, do Decreto nº 9.579/2018:

> I – adolescentes egressos do sistema socioeducativo ou em cumprimento de medidas socioeducativas;
>
> II – jovens em cumprimento de pena no sistema prisional;
>
> III – jovens e adolescentes cujas famílias sejam beneficiárias de programas de transferência de renda;
>
> IV – jovens e adolescentes em situação de acolhimento institucional;
>
> V – jovens e adolescentes egressos do trabalho infantil;
>
> VI – jovens e adolescentes com deficiência;
>
> VII – jovens e adolescentes matriculados em instituição de ensino da rede pública, em nível fundamental, médio regular ou médio técnico, incluída a modalidade de educação de jovens e adultos; e
>
> VIII – jovens desempregados e com ensino fundamental ou médio concluído em instituição de ensino da rede pública.

Ao aprendiz, salvo condição mais favorável, será garantido o **salário mínimo hora**. Entende-se por condição mais favorável aquela fixada no contrato de aprendizagem ou prevista em convenção ou acordo coletivo:

> **Art. 428, § 2º da CLT** *(redação dada pela Lei nº 13.420/2017)*: Ao aprendiz, salvo condição mais favorável, será garantido o salário mínimo hora.

Ademais, é assegurado ao aprendiz o direito ao vale-transporte.

O contrato de aprendizagem previsto na CLT era regulamentado pelo Decreto nº 5.598/2005. Ocorre que, no dia 22 de novembro de 2018, o Presidente da República editou o Decreto nº 9.579/2018, que consolidou os atos normativos editados pelo Poder Executivo federal que dispõem sobre a temática do lactente, da criança e do adolescente e do aprendiz, e sobre o Conselho Nacional dos Direitos da Criança e do Adolescente, o Fundo Nacional para a Criança e o Adolescente e os programas federais da criança e do adolescente. Dessa forma, os dispositivos que antes constavam do Decreto nº 5.598/2005 foram compilados nos arts. 42 a 75 do Decreto nº 9.579/2018.

Em maio/2022, foram publicados os Decreto nº 11.061/2022 e nº 11.074/2022 e a MP nº 1.116/2022, que realizaram diversas alterações na regulamentação legal e infralegal da aprendizagem. Quando da aprovação da MP e sua conversão na Lei nº 14.457/2022, o Congresso Nacional suprimiu todas as alterações ao contrato de aprendizagem, de sorte que o Decreto nº 11.061/2022, que ajustava as normas infralegais ao texto alterado da CLT, perderam lastro de legalidade. Assim, com a mudança de poder no Governo Federal em 2023, foi publicado o Decreto nº 11.479/2023, que revogou quase todas as alterações promovida pelo Decreto nº 11.061/2022.

3.6.1. Contrato de trabalho especial

O primeiro requisito do contrato de aprendizagem é que seja escrito, isto é, a CTPS deverá estar devidamente anotada, constando a aprendizagem.

Outro requisito indispensável é a matrícula e frequência do aprendiz na escola, caso não tenha concluído o ensino médio. Ademais, a CLT foi alterada para admitir que nas localidades onde não houver oferta de ensino médio, a contratação do aprendiz poderá ocorrer sem a frequência à escola, desde que já tenha concluído o ensino fundamental.

Por fim, o terceiro requisito é a inscrição do aprendiz em programa de aprendizagem, com formação técnico-profissional, como os cursos oferecidos pelo Senac, Senai, entidades sem fins lucrativos etc.

O art. 428, § 8º, da CLT prevê que os aprendizes com deficiência com mais de 18 anos, não é necessária a comprovação de matrícula e frequência na escola. Permanece, no entanto, a necessidade de anotação na CTPS e curso em programa de aprendizagem.

Os requisitos acima estão previstos no art. 428 da CLT:

> **Art. 428.** Contrato de aprendizagem é o contrato de trabalho especial, ajustado por escrito e por prazo determinado, em que o empregador se compromete a assegurar ao **maior de 14** (quatorze) e **menor de 24** (vinte e quatro) anos inscrito em programa de aprendizagem formação técnico-profissional metódica, compatível com o seu desenvolvimento físico, moral e psicológico, e o aprendiz, a executar com zelo e diligência as tarefas necessárias a essa formação. (grifos acrescidos)

O descumprimento dos requisitos acima importará a nulidade do contrato de aprendizagem, nos termos do art. 9º da CLT, estabelecendo-se o vínculo empregatício diretamente com o empregador responsável pelo cumprimento da conta de aprendizagem, nos termos do art. 47 do Decreto nº 9.579/2018:

> **Art. 47 do Decreto nº 9.579/2018.** O descumprimento das disposições legais e regulamentares importará a nulidade do contrato de aprendizagem, nos termos do disposto no art. 9º da CLT, aprovada pelo Decreto-Lei nº 5.452, de 1943, situação em que fica estabelecido o vínculo empregatício diretamente com o empregador responsável pelo cumprimento da cota de aprendizagem.
>
> Parágrafo único. O disposto no **caput** não se aplica, quanto ao vínculo, a pessoa jurídica de direito público.

3.6.2. Prazo para o contrato de aprendizagem

O contrato de aprendizagem é por prazo determinado. Assim sendo, não poderá ser firmado por mais de dois anos, com o mesmo empregador. Se extrapolado o limite de dois anos, o contrato será automaticamente convertido em prazo indeterminado.

Esse limite máximo de dois anos não se aplica ao aprendiz com deficiência. Por fim, destaca-se que, em outubro de 2014, o TST decidiu que a aprendiz gestante também tem assegurado seu direito à estabilidade provisória[224-225].

3.6.3. FGTS

Os depósitos do FGTS – Fundo de Garantia por Tempo de Serviço – são suportados exclusivamente pelo empregador. A alíquota do aprendiz é de apenas 2% sobre a remuneração. O percentual dos demais empregados é de 8% sobre a remuneração.

3.6.4. Obrigatoriedade na contratação de aprendizes

Como forma de incentivar a inserção de novos profissionais no mercado de trabalho, a CLT prevê obrigatoriedade na contratação desses profissionais. As empresas estão obrigadas a contratar, no mínimo, 5% e, no máximo, 15% do quadro de trabalhadores, como aprendizes. De acordo com o art. 52 do Decreto nº 9.579/2018, com a redação dada pelo Decreto nº 11.479/2023, que regulamenta a aprendizagem, as funções consideradas para a base de cálculo da cota estão descritas na Classificação Brasileira de Ocupações do Ministério do Trabalho e Emprego.

Essa obrigatoriedade não se aplica aos empregadores sem fins lucrativos, às microempresas e às empresas de pequeno porte.

A Lei nº 13.420/2017 estabeleceu a possibilidade das empresas destinarem até 10% de sua cota de aprendizes à formação técnico-profissional metódica em diversas áreas da atividade desportivas (art. 429, § 1º-B, da CLT).

Além disso, entendo que não há possibilidade de flexibilização de referida cota, quando estiverem presentes os requisitos ensejadores de sua aplicação. Assim, mesmo nos casos de empresas que exerçam atividade de difícil contratação de aprendizes, deve-se cumprir a cota mínima de 5% e máxima de 15%, tendo em vista a previsão do art. 52, parágrafo único, do Decreto nº 9.579/2018. Nesse mesmo sentido, vasta jurisprudência do TST[226].

---

224. Note-se que este direito não é extensível ao estagiário, pois, nesse caso, não estamos diante de uma relação de emprego.
225. RR – 911-64.2013.5.23.0107 – Relatora: Ministra Dora Maria da Costa – 8ª Turma – Data de Publicação: 31/10/2014.
226. Informativos nº 167 e 143 do TST.

Importante ressaltar que o STF, no julgamento ARE 1121633, oportunidade em que fixou a tese de que acordos e convenções coletivas de trabalho podem restringir direitos trabalhistas não constitucionalmente assegurados (Tema 1046 da Repercussão Geral), foi expresso ao vedar a flexibilização da cota de aprendizagem e de pessoas com deficiência. Segundo o voto do relator, Min. Gilmar Mendes, acompanhado pela maioria, a prevalência do negociado sobre o legislado não abrange políticas públicas de inclusão de pessoa com deficiência e dos jovens e adolescentes no mercado de trabalho.

De acordo com o informativo nº 216 do TST[227], o descumprimento pela empresa do percentual mínimo de contratação de aprendizes é suficiente para a configuração do dano moral coletivo.

Nesse caso, a condenação pode ser aplicada ainda que a empresa regularize a situação após o ajuizamento da ação ou do inquérito civil do Ministério Público do Trabalho.

3.6.4.1. Inclusão de motoristas e cobradores no cálculo da cota de aprendizagem (Incidente de Recurso de Revista Repetitivo nº 66)

Com o objetivo de uniformizar sua jurisprudência, o TST firmou em fevereiro de 2025 a tese vinculante nº 66, que trata da inclusão das funções de motorista e cobrador de transporte coletivo na base de cálculo da cota de aprendizagem. A seguir, o conteúdo da tese vinculante:

> O número de trabalhadores que exercem as atividades de motorista e de cobrador de empresa de transporte coletivo deve integrar a base de cálculo a ser utilizada na apuração do cumprimento da cota de aprendizagem prevista no artigo 429 da CLT (TST-RRAg-1001634-27.2019.5.02.0435, Relator: Ministro Aloysio Corrêa da Veiga, Tribunal Pleno, DJE: 14/03/2025).

Segundo o TST, essas funções exigem habilitação específica, nos termos do Código de Trânsito Brasileiro, mas não se confundem com cargos de nível técnico ou superior, nem com cargos de direção ou confiança. Dessa forma, não se enquadram nas hipóteses de exclusão previstas no parágrafo único do art. 52 do Decreto nº 9.579/2018, incluído pelo Decreto nº 11.479/2023.

Além disso, tanto motorista quanto cobrador estão regularmente listados na Classificação Brasileira de Ocupações (CBO) do Ministério do Trabalho e Emprego, o que os qualifica para fins de formação profissional metódica, conforme exige a CLT.

Com base nesses fundamentos, o TST consolidou o entendimento de que essas ocupações devem ser obrigatoriamente consideradas no cálculo da cota de aprendizes.

3.6.5. Oferta de vagas a aprendizes usuários e dependentes de drogas

No dia 05/06/2019, foi promulgada a Lei nº 13.840/2019 que modificou diversos artigos da Lei nº 11.343/2006 (Lei de Drogas). Dentre as alterações realizadas, houve modificação no Sistema Nacional de Políticas Públicas sobre Drogas (SISNAD) e na oferta de vagas a aprendizes. Esse sistema tem o objetivo de prevenir o uso indevido das drogas, auxiliar na reinserção social de usuários e dependentes e na repressão da produção não autorizada e do tráfico ilícito de drogas. Com o objetivo de auxiliar a reinserção social dessas

227. Informativo nº 216 do TST.

pessoas, a Lei estabelece como um de seus princípios o estímulo à capacitação técnica e profissional e à edição de políticas voltadas à educação continuada e ao trabalho.

A Lei nº 13.840/2019 acrescentou o § 3º ao art. 429 da CLT para prever que as empresas poderão ofertar vagas de aprendizes a adolescentes usuários do Sistema Nacional de Políticas Públicas sobre Drogas - SISNAD por meio de instrumento de cooperação celebrados entre as empresas e os gestores responsáveis pela prevenção do uso indevido, atenção e reinserção social de usuários e dependentes de drogas.

3.6.6. *Jornada de trabalho do aprendiz*

A jornada de trabalho do aprendiz é reduzida, em regra, a 6 horas diárias. Excepcionalmente, poderá ser ampliada para 8 horas, se o aprendiz já tiver completado o ensino fundamental, e, ainda, se nessas horas forem computadas as horas destinadas à aprendizagem teórica.

De qualquer forma, é vedada a prorrogação da jornada (horas extras) e a compensação de horas aos aprendizes.

Quando o aprendiz, com menos de 18 anos, for empregado em mais de um estabelecimento, as horas de trabalho em cada um deles serão totalizadas.

Ainda, em 2 de setembro de 2022, foi publicada a Lei nº 14.442/2022 (fruto da conversão da Medida Provisória nº 1.108, de 2022), que alterou estruturalmente o regime de teletrabalho, modificando, inclusive, seu conceito. Foi acrescentado o § 6º ao art. 75-B para prever, expressamente, a possibilidade de adoção do regime de teletrabalho para estagiários e aprendizes.

Acontece que, no tocante à limitação da jornada, a Lei nº 14.442/2022 **criou duas modalidades de teletrabalho:**

1) **Teletrabalho por jornada:** nesse caso, com duração de 8h nos moldes tradicionais (intervalos, horas extras etc.); e
2) **Teletrabalho por produção e tarefa (novidade).**

Agora, somente o teletrabalho por produção ou tarefa está excluído do controle de jornada, conforme art. 62, III, CLT, não havendo, portanto, limitação da jornada em 8 horas diária ou 44 horas semanais, intervalos intra e interjornada, nem horas extras ou adicional noturno.

Como os estagiários e aprendizes possuem normas específicas acerca da jornada de trabalho, entendemos que não poderão ser admitidos para o teletrabalho por produção e tarefa, mas apenas por modalidade em que terão suas jornadas de trabalho efetivamente controladas.

3.6.7. *Vínculo empregatício do aprendiz*

O vínculo empregatício do aprendiz poderá ocorrer:

a) diretamente com a empresa para a qual ele presta serviços. Nesse caso, o estabelecimento assumirá a condição de empregador, devendo inscrever o aprendiz em programa de aprendizagem a ser ministrado pelos cursos dos Serviços Nacionais de Aprendizagem. Se não houver vagas suficientes nesses Serviços, é possível que o curso seja ministrado por:

1) Escolas Técnicas de Educação;
2) Entidades sem fins lucrativos, que tenham por objetivo a assistência ao adolescente e à educação profissional, registradas no Conselho Municipal dos Direitos da Criança e do Adolescente e;
3) Entidades de prática desportiva das diversas modalidades filiadas ao Sistema Nacional do Desporto e aos Sistemas de Desporto dos Estados, do Distrito Federal e dos Municípios. Essas entidades foram incluídas em 13/03/2017 pela Lei nº 13.420/2017.

b) Supletivamente, com as entidades sem fins lucrativos de que trata o Decreto ou por microempresas ou empresas de pequeno porte[228], simultaneamente ao desenvolvimento do programa de aprendizagem. Essas entidades atuam como intermediadoras de mão de obra, ou seja, embora formalmente empregadoras, os aprendizes prestam serviços (experiência prática) nas empresas tomadoras de serviços. Nesse caso, haverá contrato entre entidade sem fins lucrativos e empresa tomadora de serviços de aprendizagem. A Lei nº 13.420/2017 passou a prever que o contrato de aprendizagem também pode ser firmado, com as entidades de prática desportiva das diversas modalidades filiadas ao Sistema Nacional do Desporto e aos Sistemas de Desporto dos Estados, do Distrito Federal e dos Municípios.

3.6.8. Extinção do contrato de aprendizagem

A extinção poderá ocorrer normalmente, nos casos de término do prazo do contrato de dois anos, ou ainda se o aprendiz completar 24 anos conforme art. 428, *caput* e § 3º da CLT.

Ocorre, entretanto, a possibilidade de rescisão antecipada (art. 433, CLT), nos casos de:

I. desempenho insuficiente ou inadaptação do aprendiz, salvo para o aprendiz com deficiência quando desprovido de recursos de acessibilidade, de tecnologias assistivas e de apoio necessário ao desempenho de suas atividades (Redação dada pela Lei nº 13.146/2015);
II. falta disciplinar grave;
III. ausência injustificada à escola que implique perda do ano letivo;
IV. pedido do aprendiz.

Não se aplica ao contrato de aprendizagem as hipóteses de indenização previstas nos arts. 479 e 480 da CLT, ou seja, tanto o empregador quanto o aprendiz não estão obrigados a pagar indenização em razão do término antecipado do contrato.

---

228. **Art. 57, § 1º, do Decreto nº 9.579/2018 (Redação dada pelo Decreto nº 11.479, de 2023):** Na hipótese de impossibilidade de contratação direta pelo estabelecimento, para fins do cumprimento da cota referente ao número de aprendizes prevista no caput do art. 51, a contratação poderá ser feita, supletivamente, pelas entidades sem fins lucrativos a que se refere o inciso III do caput do art. 50, desde que haja prévia celebração de contrato com o estabelecimento.
Art. 50, III, do Decreto nº 9.579/2018 (Redação dada pelo Decreto nº 11.061, de 2022): as entidades sem fins lucrativos que tenham por objetivos a assistência ao adolescente e à educação profissional, registradas no conselho municipal dos direitos da criança e do adolescente.

Aprendiz

- Idade permitida: a partir de 14 anos até 24 anos, exceto deficiente
- Requisitos → contrato escrito; matrícula e frequência na escola; inscrição em programa de aprendizagem
- Prazo do contrato: 2 anos, exceto deficiente
- FGTS: 2%
- Obrigatoriedade na contratação → mínimo 5%; máximo 15% (Exceto: entidades sem fins lucrativos e pequenas e microempresas)
- Jornada: 6 horas, exceto se completou o ensino fundamental, 8 horas

3.7. Proteção do trabalho da Mulher

- ▶ **Arts. 372 a 401 (Capítulo III), CLT**
- ▶ **Súmula nº 244 do TST**
- ▶ **OJ nº 30 da SDC**

A igualdade de tratamento entre homens e mulheres é imposta pelo art. 5º, inciso I, da Constituição Federal. Há, entretanto, diferenças justificáveis que privilegiam o trabalho da mulher, sobretudo no tocante à proteção à maternidade e à condição física mais frágil das mulheres, se comparada à dos homens. Cumpre destacar que as normas do capítulo III da CLT que versam sobre a proteção do trabalho da mulher devem ser estendidas a todas as empregadas naquilo que forem compatíveis. Referidos dispositivos versam sobre normas protetivas ligadas à dignidade da mulher e, por isso, têm aplicação a todas elas.

3.7.1. Igualdade salarial (Lei nº 14.611/23)

Conforme acima comentamos, a igualdade de tratamento entre homens e mulheres é imposta pelo art. 5º, inciso I, da Constituição Federal. Especificamente à **igualdade salarial**, consta:

> **Art. 7º, CF/88:** São direitos dos trabalhadores urbanos e rurais, além de outros que visem à melhoria de sua condição social:
>
> XXX - proibição de diferença de salários, de exercício de funções e de critério de admissão por motivo de sexo, idade, cor ou estado civil;

Previsão similar também é encontrada na CLT:

> **Art. 461, CLT:** Sendo idêntica a função, a todo trabalho de igual valor, prestado ao mesmo empregador, no mesmo estabelecimento empresarial, corresponderá igual salário, sem distinção de sexo, etnia, nacionalidade ou idade.

Há, portanto, igualdade entre a remuneração percebidas por homens e por mulheres, certo? Não! Historicamente, em uma sociedade estruturada sobre o machismo e patriarcado, o trabalho foi negado às mulheres, restando a elas os cuidados com o lar e com a família. Aquelas que conseguem se inserir no mercado de trabalho, têm de cumprir dupla jornada. Ainda, o trabalho exercido pela mulher, ao longo da história, foi desprestigiado, com pagamento de salários menores e em condições mais precárias, além, ainda, da elevada jornada de trabalho, se comparado ao trabalho realizado pelos homens.

Para conferir igualdade de tratamento, a Constituição Federal de 1988 trouxe diversas medidas tais como a isonomia salarial prevista no art. 7º, inciso XXX, CF/88 e a necessidade de proteção do mercado de trabalho da mulher por meio de incentivos específicos a serem criados por *lei ordinária* (art. 7º, inciso XX, CF/88).

Apesar do esforço do Constituinte, a realidade se impõe ao texto. Conforme dados da Pesquisa Nacional por Amostra de Domicílios Contínua (Pnad) de 2019, o rendimento das mulheres representa, em média, 77,7% do rendimento dos homens (R$ 1.985 frente a R$ 2.555), mesmo sendo elas maioria na população. Quando analisamos os cargos de direção e gerência, constatamos que os salários das mulheres equivalem a 61,9% do que recebem os homens – o salário médio das mulheres é R$ 4.666, e o dos homens é R$ 7.542. Em relação às profissionais das ciências e intelectuais, as mulheres recebem 63,6% do rendimento dos homens[229].

Não basta, portanto, a mera positivação de direitos, sendo necessário mecanismos, no caso, rígidos para operacionalizá-los. Em relação à igualdade salarial entre os sexos, no dia 08/03/2023, o Presidente da República, Luiz Inácio Lula da Silva, assinou o Projeto de Lei 1085/23, posteriormente convertido na Lei nº 14.611/2023, tornando obrigatória igualdade salarial e de critérios remuneratórios entre homens e mulheres para a realização de trabalho de igual valor ou no exercício da mesma função. Além disso, referida Lei altera a CLT para prever maior transparência remuneratória e ampliar a fiscalização e o combate à discriminação salarial.

Conforme a redação dos novos §§ 6º e 7º do art. 461 da CLT, na hipótese de discriminação por motivo de sexo, raça, etnia, origem ou idade, o pagamento das diferenças salariais devidas ao empregado discriminado não afasta seu direito de ação de indenização por danos morais, consideradas as especificidades do caso concreto. Ainda, haverá a imposição de multa de 10 vezes o valor do novo salário devido pelo empregador ao empregado discriminado, elevada ao dobro, no caso de reincidência, sem prejuízo das demais cominações legais.

Para tanto, deverão ser tomadas as seguintes medidas (art. 4º, Lei nº 14.611/2023):

> I – estabelecimento de mecanismos de transparência salarial e de critérios remuneratórios;
>
> II – incremento da fiscalização contra a discriminação salarial e de critérios remuneratórios entre mulheres e homens;
>
> III – disponibilização de canais específicos para denúncias de discriminação salarial;
>
> IV – promoção e implementação de programas de diversidade e inclusão no ambiente de trabalho que abranjam a capacitação de gestores, de lideranças e de empregados a respeito do tema da equidade entre homens e mulheres no mercado de trabalho, com aferição de resultados; e

229. Dados disponíveis em: TST. Desigualdade salarial entre homens e mulheres evidencia discriminação de gênero no mercado de trabalho. Disponível em: <https://www.tst.jus.br/-/desigualdade-salarial-entre-homens-e-mulheres-evidencia-discrimina%C3%A7%C3%A3o-de-g%C3%AAnero-no-mercado-de-trabalho>. Acesso em: 18 jul. 2023.

V – fomento à capacitação e à formação de mulheres para o ingresso, a permanência e a ascensão no mercado de trabalho em igualdade de condições com os homens.

Ainda, as pessoas jurídicas de direito privado com 100 ou mais empregados ficam obrigadas à **publicação semestral de relatórios de transparência salarial e de critérios remuneratórios**, observada a proteção de dados pessoais de que a LGPD.

Nos referidos relatórios, os dados serão anonimizados[230], contendo informações que permitam a comparação objetiva entre salários, remunerações e a proporção de ocupação de cargos de direção, gerência e chefia preenchidos por mulheres e homens, acompanhados de informações que possam fornecer dados estatísticos sobre outras possíveis desigualdades decorrentes de raça, etnia, nacionalidade e idade.

Identificada a desigualdade salarial ou de critérios remuneratórios, a pessoa jurídica de direito privado apresentará e implementará **plano de ação** para mitigar a desigualdade, com metas e prazos, garantida a participação de representantes das entidades sindicais e de representantes dos empregados nos locais de trabalho.

Caso a empresa obrigada não publique o relatório mensal, será aplicada multa administrativa de até 3% da folha de salários do empregador, limitado a 100 salários mínimos, sem prejuízo das sanções aplicáveis aos casos de discriminação salarial e de critérios remuneratórios entre mulheres e homens.

Por fim, o Poder Executivo federal disponibilizará de forma unificada, em plataforma digital de acesso público, observada a proteção de dados pessoais de que trata LGPD, além das informações constantes dos relatórios, indicadores atualizados periodicamente sobre mercado de trabalho e renda desagregados por sexo, inclusive indicadores de violência contra a mulher, de vagas em creches públicas, de acesso à formação técnica e superior e de serviços de saúde, bem como demais dados públicos que impactem o acesso ao emprego e à renda pelas mulheres e que possam orientar a elaboração de políticas públicas.

Aqui, cumpre fazer um paralelo com a Lei 14.457/2022, que estabeleceu o Programa Emprega + Mulheres e conferiu uma nova atribuição à CIPA: combater o assédio, especialmente sexual, nas organizações. A Lei traz previsões muito similares, determinando, entre outras providências: a fixação de procedimentos para recebimento e acompanhamento de denúncias para casos de assédio sexual e a outras formas de violência no âmbito do trabalho; e a possibilidade de suspensão do contrato de trabalho da mulher para estimular a qualificação e o desenvolvimento de habilidades e de competências em áreas estratégicas ou com menor participação feminina.

Para viabilizar a aplicação das disposições acima comentadas, nos dias 23 e 24 de novembro de 2023, foram publicados o Decreto nº 11.795/2023 e a Portaria 3.714/2023, respectivamente.

230. **Art. 5º, LGPD:** Para os fins desta Lei, considera-se: (...)
III - dado anonimizado: dado relativo a titular que não possa ser identificado, considerando a utilização de meios técnicos razoáveis e disponíveis na ocasião de seu tratamento; (...)
XI - anonimização: utilização de meios técnicos razoáveis e disponíveis no momento do tratamento, por meio dos quais um dado perde a possibilidade de associação, direta ou indireta, a um indivíduo.

3.7.2. Proteção à maternidade

Os direitos que asseguram a maternidade tranquila não são voltados apenas para as gestantes, mas para toda a sociedade. Diante disso, a conduta da empresa em não admitir mulheres casadas ou gestantes configura ato discriminatório. Aliás, as normas que tratam da proteção à gestante não comportam transação, ou seja, o sindicato dos trabalhadores não poderá firmar acordo ou convenção coletiva para restringir direitos da empregada.

Durante a gravidez é garantida à empregada gestante a dispensa do horário de trabalho pelo tempo necessário para a realização de, no mínimo, seis consultas médicas e demais exames complementares. É assegurada, também, a transferência de função, quando as condições de saúde o exigirem, tendo garantida a retomada da função anteriormente exercida, logo após o retorno ao trabalho. E, ainda, mediante atestado médico, à mulher grávida ou lactante é facultado romper o compromisso resultante de qualquer contrato de trabalho, desde que seja prejudicial à saúde.

No caso de aborto não criminoso, devidamente comprovado por exame médico oficial, a mulher terá direito a um repouso remunerado de duas semanas, ficando-lhe assegurado o direito de retornar à função que ocupava antes de seu afastamento.

Ademais, a Lei nº 13.257/2016, que dispõe sobre as políticas públicas para a primeira infância, estabeleceu duas novas hipóteses de interrupção do contrato de trabalho[231] para permitir o acompanhamento da gestante em consultas médicas e exames complementares, bem como para as consultas médicas de filhos até os 6 anos de idade. Nesse sentido, seguem os prazos conferidos pela legislação atualizada:

> a) **pelo tempo necessário** para acompanhar sua esposa ou companheira em até 6 (seis) consultas médicas, ou em exames complementares, durante o período de gravidez (art. 473, X, CLT, com a redação dada pela Lei nº 14.457, de 2022);
>
> b) **1 dia por ano** – para acompanhar filho de até 6 anos em consulta médica e é válido tanto para o empregado como para a empregada (art. 473, XI, CLT). Lembre-se de que o empregado ou a empregada tem direito a 1 dia por ano para cada filho que tiver.

Ressalta-se que a norma coletiva da categoria é um forte instrumento de regulamentação que pode prever outros afastamentos para as empregadas além das garantias já previstas na legislação. Por exemplo, nada obsta que o acordo ou convenção coletiva preveja que a mulher afaste 1 vez por mês para levar seu filho ao médico, para acompanhamento a exames ou consultas durante a gestação etc.

Em 25/11/2016, foi promulgada a Lei nº 13.363/2016, que estipula direitos e garantias para a advogada gestante, lactante, adotante ou que der à luz e para o advogado que se tornar pai. De acordo com a nova legislação, são assegurados os seguintes direitos às advogadas:

231. Para mais informações a respeito das hipóteses de interrupção e suspensão do contrato de trabalho, consulte o capítulo V desse livro.

Gestante	Adotante	Lactante	Advogada que der à luz
- Entrada em tribunais sem ser submetida a detectores de metais e aparelhos de raios X - Reserva de vagas em garagens do fórum - Preferência na ordem das sustentações orais e das audiências	- Acesso a creche ou local adequado ao atendimento das necessidades do bebê - Preferência na ordem das sustentações orais e das audiências - suspensão de prazos processuais quando for a única patrona da causa, desde que haja notificação por escrito ao cliente. *Obs.: Os prazos são suspensos por 30 dias a contar da adoção. A suspensão também é aplicada ao pai pelo prazo de 8 dias.*	- Acesso a creche ou local adequado ao atendimento das necessidades do bebê - Preferência na ordem das sustentações orais e das audiências	- Acesso a creche ou local adequado ao atendimento das necessidades do bebê - Preferência na ordem das sustentações orais e das audiências - suspensão de prazos processuais quando for a única patrona da causa, desde que haja notificação por escrito ao cliente. *Obs.: Os prazos são suspensos por 30 dias a contar do parto. A suspensão também é aplicada ao pai pelo prazo de 8 dias.*

Em maio de 2016, foi promulgada e publicada a Lei nº 13.287/2016, que acrescentou o art. 394-A à CLT para proibir o trabalho da gestante ou lactante em atividades, operações ou locais insalubres. Este artigo foi alterado pela Reforma Trabalhista, para prever:

> **Art. 394-A, CLT (com redação dada pela Reforma Trabalhista):** Sem prejuízo de sua remuneração, nesta incluído o valor do adicional de insalubridade, a empregada deverá ser afastada de:
>
> I – atividades consideradas insalubres em grau máximo, enquanto durar a gestação;
>
> II – atividades consideradas insalubres em grau médio ou mínimo, quando apresentar atestado de saúde, emitido por médico de confiança da mulher, que recomende o afastamento durante a gestação;
>
> III – atividades consideradas insalubres em qualquer grau, quando apresentar atestado de saúde, emitido por médico de confiança da mulher, que recomende o afastamento durante a lactação.

Contudo, no dia 29 de maio de 2019, o plenário do STF, por maioria de 10 votos a 1, decidiu pela inconstitucionalidade de trecho do art. 394-A da CLT, que previa nos incisos II e III: "quando apresentar atestado de saúde, emitido por médico de confiança da mulher, que recomende o afastamento". De acordo com o relator, a proteção à maternidade e à criança não podem ser afastadas pela simples apresentação de atestado médico.

Ao apreciar a ADI 5938[232], o STF considerou inconstitucional a modificação trazida pela Reforma Trabalhista, firmando entendimento de que a permissão do trabalho da gestante e da lactante em ambiente insalubre viola o art. 6º (proteção à maternidade e à infância),

232. Para mais informações acerca da ADI nº 5938, confira o tópico acerca do afastamento de gestante e lactante de atividades insalubres ainda neste capítulo.

7º, incisos XX (proteção do mercado de trabalho da mulher, mediante incentivos específicos, nos termos da lei) e XXII (redução dos riscos inerentes ao trabalho, por meio de normas de saúde, higiene e segurança), e o art. 227 (dever de proteção da sociedade e do Estado quanto à saúde e à vida da criança), da Constituição Federal, além de afrontar o princípio da vedação ao retrocesso social[233].

Com a decisão na ADI 5938, as empregadas gestantes e lactantes sempre deverão ser afastadas das atividades insalubres independentemente do grau de insalubridade.

3.7.2.1. *Intervalos para amamentação (Reforma Trabalhista)*

De acordo com o art. 396 da CLT, até que a criança complete 6 meses de vida, a mulher terá direito a dois intervalos de ½ (meia) hora cada um deles. Em 22/11/2017, foi promulgada a Lei nº 13.509/2017 que prevê a possibilidade de intervalo para amamentação para a empregada adotante:

> **Art. 396, CLT** *(redação dada pela Lei nº 13.509/2017)* Para amamentar seu filho, inclusive se advindo de adoção, até que este complete 6 (seis) meses de idade, a mulher terá direito, durante a jornada de trabalho, a 2 (dois) descansos especiais de meia hora cada um.
>
> § 1º Quando o exigir a saúde do filho, o período de 6 (seis) meses poderá ser dilatado, a critério da autoridade competente.
>
> § 2º Os horários dos descansos previstos no caput deste artigo deverão ser definidos em acordo individual entre a mulher e o empregador.

O objetivo desses intervalos é propiciar a amamentação e permitir um maior contato da mãe com filho até que ele complete 6 meses de vida. É notório que a amamentação materna é extremamente saudável para os bebês. Antes da Reforma Trabalhista, já havia previsão desse intervalo para as mulheres.

Segue quadrinho com as modificações promovidas pela Lei nº 13.509/2017 quanto à proteção do trabalho da mulher:

NOVIDADES TRAZIDAS PELA LEI Nº 13.509/2017
PROTEÇÃO DO TRABALHO DA MULHER

- **Estabilidade provisória da adotante:** A nova lei acrescentou o parágrafo único ao art. 391-A da CLT para estender à adotante a estabilidade provisória da gestante prevista no art. 10, II, "b", do ADCT.
  - **Requisito:** guarda provisória para fins de adoção;
  - Início da estabilidade com a convivência familiar (guarda provisória, concessão de adoção, etc.)
- **Licença-maternidade na adoção de adolescentes:** A Lei nº 13.509/2017 passou a assegurar o direito ao recebimento de licença-maternidade na hipótese de adoção de crianças e de adolescentes. A antiga redação o art. 392-A da CLT previa esse direito apenas à adoção de crianças.

233. Esse foi o tema da questão discursiva do I Concurso Nacional Unificado – Bloco 4, que selecionou os novos Auditores-Fiscais do Trabalho.

a) **Criança:** Menos de 12 anos (art. 2º, ECA)
b) **Adolescentes:** Entre 12 e 18 anos (art. 2º, ECA)
› Ressalta-se que, diante da ausência de previsão em lei de pagamento de salário maternidade na adoção de adolescente, caberá à empresa o pagamento do salário do empregado afastado.

- **Intervalos para amamentação na adoção:** A nova redação do "caput" do art. 396 da CLT prevê o direito a dois intervalos de ½ hora cada um para amamentação do filho, inclusive se advindo de adoção.
› Esses intervalos devem ser concedidos independentemente do sexo do empregado adotante, diante da possibilidade de amamentação artificial.

Aliás, os estabelecimentos com pelo menos **30 mulheres com mais de 16 anos** de idade terão local apropriado onde seja permitido às empregadas guardar sob vigilância e assistência os seus filhos no período da amamentação. O empregador, entretanto, tem a opção de manter convênio com entidades públicas ou privadas para suprir a exigência da creche no próprio estabelecimento (art. 389, §§ 1º e 2º, da CLT). Além disso, esses locais devem ser equiparados com berçário, saleta de amamentação, cozinha dietética e instalação sanitária (art. 400, da CLT).

Nesse ponto, importante destacar que, em setembro de 2022, foi publicada a Lei nº 14.457/2022, que, entre outras providências, institui o **Programa Emprega + Mulheres,** altera a CLT e o Programa Empresa Cidadã. Dentre as medidas adotadas pela lei, está a possibilidade de instituição do **benefício de reembolso-creche**, destinado ao pagamento de creche ou de pré-escola de livre escolha da empregada ou do empregado que possua filhos com até 5 anos e 11 meses de idade, bem como ao ressarcimento de gastos com outra modalidade de prestação de serviços de mesma natureza, comprovadas as despesas realizadas. Se preenchidos os requisitos legais, o empregador que adotar referido benefício ficará desobrigado da instalação de local apropriado para a guarda e a assistência de filhos de empregadas no período da amamentação. Para isso, é necessário que se dê ciência da existência do benefício e dos procedimentos necessários à sua utilização e que se conceda o reembolso-creche a todos os empregados e empregadas que possuam filhos com até 5 anos e 11 (onze) de idade.

Há discussão doutrinária[234] acerca da remuneração desse intervalo e da inserção na jornada de trabalho da empregada. Prevalece o posicionamento de que esses dois intervalos são remunerados e inseridos na jornada de trabalho. Após a criança completar 6 meses de idade, a empregada perderá o direito ao gozo dos intervalos para amamentação. Ocorre que o § 1º do dispositivo permite a prorrogação desse período em razão do estado da saúde do filho, desde que autorizado a critério da autoridade competente. Nesse caso, o atestado de um médico particular não permite a prorrogação, somente sendo possível pela avaliação de médico da Previdência Social[235].

234. Posiciona-se contrário à remuneração do intervalo: MARTINS, Sergio Pinto. *Comentários à CLT*. 18. ed. São Paulo: Atlas, 2014. p. 358. Por outro lado, consideram intervalo remunerado e computado na jornada de trabalho da empregada: MOURA, Marcelo. *Consolidação das Leis do Trabalho para concursos*. 4. ed. Salvador: Juspodivm, 2014. p. 393; GARCIA, Gustavo Filipe Barbosa. *Manual de Direito do Trabalho*. 7. ed. São Paulo: Método, 2015. p. 592; e CASSAR, Vólia Bomfim. *Direito do Trabalho*. 8. ed. São Paulo: Método, 2013. p. 726-727.

235. MARTINS, Sério Pinto. *Comentários à CLT*. 18. ed. São Paulo: Atlas, 2014. p. 358.

É importante ressaltar que o empregado não pode dispor sobre direitos indisponíveis. O intervalo de amamentação, além de proteger a vida saudável das futuras gerações, é norma de saúde e segurança da própria empregada. Nesse caso, entendemos que será considerada inválida qualquer tentativa de alteração da natureza remuneratória da parcela e da duração do intervalo, pois não cabe ao empregado dispor ou transacionar esse intervalo.

A não concessão de intervalo para amamentação obriga o empregado ao pagamento de adicional de, no mínimo, 50% sobre a hora normal. Além disso, o sindicato da categoria profissional deve atuar na tutela dos interesses de seus representados pelo ajuizamento de ações coletivas. Caberá, ainda, a aplicação de multa pela fiscalização do trabalho. A infração praticada pelo empregador também poderá ensejar denúncia ao Ministério Público do Trabalho, que poderá celebrar TAC – Termo de Ajustamento de Conduta – com o infrator ou ajuizar ação civil pública para prevenir novas violações aos direitos da empregada, o que corresponde à tutela inibitória das infrações cometidas.

3.7.2.2. Licença-maternidade

A licença-maternidade compreende o afastamento remunerado da gestante[236], com duração de 120 dias. Esse direito é previsto no art. 7º da CF/88:

> **Art. 7º** São direitos dos trabalhadores urbanos e rurais, além de outros que visem à melhoria de sua condição social:
>
> (...)
>
> XVIII – licença à gestante, sem prejuízo do emprego e do salário, com a duração de cento e vinte dias;

Mesmo em caso de parto antecipado, a mulher terá direito à licença. Essa licença não está condicionada ao nascimento da criança com vida[237], porque, nesse caso, a empregada terá o repouso de 120 dias para se recuperar do trauma[238].

De acordo com os §§ 2º e 3º do art. 392 da CLT:

> **Art. 392, §2º, CLT:** A empregada deve, mediante atestado médico, notificar o seu empregador da data do início do afastamento do emprego, que poderá ocorrer entre o 28º (vigésimo oitavo) dia antes do parto e a ocorrência deste.

236. Prevalece na doutrina que a licença-maternidade é hipótese de interrupção do contrato de trabalho, pois a empregada continua recebendo salário (pago pela Previdência Social) e o tempo de serviço é contado para todos os fins.

237. Abortamento, conforme definição da Organização Mundial de Saúde (OMS), é a a interrupção da gravidez antes de 22 semanas ou com um feto até 500 gramas (g) ou de 16,5 cm (World Health Organization, 1977).

238. **Art. 358, Instrução Normativa nº INSS/Prev nº 128/2022:** O salário-maternidade é devido durante 120 (cento e vinte) dias, a contar das seguintes ocorrências, consideradas para fixação da data de início do benefício: I - parto, inclusive natimorto, podendo o início do benefício ser fixado na DAT caso o(a) segurado(a) tenha se afastado até 28 (vinte e oito) dias antes do nascimento da criança, exceto para os(as) segurados (as) em período de manutenção da qualidade de segurado para as quais o benefício será devido a partir do nascimento da criança; ou II - adoção do menor até 12 (doze) anos, a contar da data do trânsito em julgado da decisão judicial, ou havendo guarda judicial para fins de adoção, a contar da data do termo de guarda ou da data do deferimento da medida liminar nos autos de adoção. § 1º Em caso de aborto não criminoso, comprovado mediante atestado médico, a segurada terá direito ao salário-maternidade correspondente a 2 (duas) semanas, a partir da data do aborto.

> § 3º: Os períodos de repouso, antes e depois do parto, poderão ser aumentados de 2 (duas) semanas cada um, mediante atestado médico.

Destaca-se que a supressão ou redução da licença-maternidade não pode ser objeto de convenção ou acordo coletivo de trabalho nos termos do art. 611-B, XIII, CLT, acrescentado pela Reforma Trabalhista.

Além da empregada gestante, tem direito à licença-maternidade a empregada que adotar ou obtiver guarda judicial para fins de adoção. Em 22/11/2017, foi promulgada a Lei nº 13.509/2017, que prevê a possibilidade de licença-maternidade para a adotante de adolescentes:

> **Art. 392-A da CLT** (redação dada pela Lei nº 13.509/2017). À empregada que adotar ou obtiver guarda judicial para fins de adoção de criança ou adolescente será concedida licença-maternidade nos termos do art. 392 desta Lei.

Ressalta-se que essa licença somente será concedida mediante apresentação do termo judicial de guarda à adotante ou guardiã. Atualmente, a duração de licença para essa empregada será também de 120 dias. Destaca-se que o valor do benefício pago à empregada corresponde à remuneração devida no mês de seu afastamento, desde que respeitado o limite máximo de remuneração do funcionalismo público, que é o valor recebido pelos ministros do STF[239].

Ademais, a CLT foi alterada, trazendo algumas modificações muito interessantes. Se a guarda judicial for conjunta, apenas um dos adotantes terá direito à licença. Aliás, mesmo que o adotante seja do sexo masculino, passa a ter direito à licença remunerada de 120 dias. Lembre-se de que a jurisprudência do STF não permite nenhuma forma de discriminação entre casais do mesmo sexo (união homoafetiva). Logo, o empregado que adotar uma criança, qualquer que seja sua orientação sexual, solteiro ou casado, terá direito à licença-maternidade.

Ainda, em se tratando de um casal de mulheres em união homoafetiva, caso a mãe que engravidou não usufrua da licença maternidade por qualquer motivo – ausência de cobertura previdenciária, por exemplo – a outra mãe servidora ou trabalhadora não gestante terá direito ao gozo de licença-maternidade. Caso a companheira que engravidou tenha utilizado o benefício, a mãe não gestante terá direito à licença pelo período equivalente ao da licença-paternidade[240].

Caso a empregada venha a falecer no parto ou durante a licença-maternidade, o marido ou companheiro poderá usufruir da licença integralmente (120 dias) ou pelo período restante. Nesse caso, para que se tenha direito ao recebimento do benefício, é necessário o preenchimento dos seguintes requisitos[241]:

a) falecimento da segurada ou segurado que tiver direito ao salário-maternidade;

b) cônjuge ou companheiro deve ser segurado da Previdência Social; e

239. MENEZES, Adriana. Direito Previdenciário. 5ª ed. Salvador: Juspodivm, 2015. p. 342.

240. RE 1.211.446/SP, Rel. Min. Luiz Fux, Tribunal Pleno, julgado em 13/3/2024, Dje s/n, de 20/5/2024, publicado em 21/5/2024 (paradigma do Tema 1072 da repercussão geral).

241. MENEZES, Adriana. Direito Previdenciário. 5ª ed. Salvador: Juspodivm, 2015. p. 340.

c) cônjuge ou companheiro deve se afastar das atividades em seu trabalho para cuidar do filho.

De acordo com as alterações legislativas:

> **Art. 392-A da CLT** (redação dada pela Lei nº 13.509/2017). À empregada que adotar ou obtiver guarda judicial para fins de adoção de criança ou adolescente será concedida licença-maternidade nos termos do art. 392 desta Lei.
>
> (...)
>
> § 5º A adoção ou guarda judicial conjunta ensejará a concessão de licença-maternidade a apenas um dos adotantes ou guardiães empregado ou empregada. (NR)
>
> **Art. 392-B.** Em caso de morte da genitora, é assegurado ao cônjuge ou companheiro empregado o gozo de licença por todo o período da licença-maternidade ou pelo tempo restante a que teria direito a mãe, exceto no caso de falecimento do filho ou de seu abandono.
>
> **Art. 392-C.** Aplica-se, no que couber, o disposto no art. 392-A e 392-B ao empregado que adotar ou obtiver guarda judicial para fins de adoção.

Cabe ressaltar a possibilidade de prorrogação do período da licença-maternidade, por mais 60 dias, a partir do Programa Empresa Cidadã (Lei nº 11.770/2008). Nem todas as empregadas, entretanto, terão direito à prorrogação. Somente se preenchidos os dois requisitos a seguir:

I. empregada da pessoa jurídica que tenha aderido ao Programa da Empresa Cidadã;
II. pedido de prorrogação deve ser feito, pela empregada, até o fim do 1º mês após o parto.

Durante a prorrogação da licença, a empregada não poderá exercer atividade remunerada, e a criança não poderá ser mantida em creche, sob pena de perder o direito à prorrogação. Em contrapartida, as empresas tributadas com base no lucro real poderão deduzir do imposto devido o total da remuneração paga nos dias de prorrogação[242].

À empregada que adotar ou obtiver guarda judicial para fins de adoção será garantida a prorrogação da licença-maternidade, desde que preenchidos os dois requisitos anteriores.

Em regra, o benefício é pago pelo empregador e será reembolsado pela Previdência Social com o recolhimento das contribuições previdenciárias. Para as empregadas de microempreendedor individual e para as demais seguradas da Previdência Social, o benefício é pago diretamente pela Previdência Social[243].

A Lei nº 14.457/2022 promoveu alterações no Programa Empresa Cidadã, para estabelecer que essa prorrogação poderá ser compartilhada entre a empregada e o empregado, desde

242. **Art. 5º, Lei nº 11.770/2008:** A pessoa jurídica tributada com base no lucro real poderá deduzir do imposto devido, em cada período de apuração, o total da remuneração integral da empregada e do empregado pago nos dias de prorrogação de sua licença-maternidade e de sua licença-paternidade, vedada a dedução como despesa operacional.

243. MENEZES, Adriana; AVELINO, Filipe Luís. O novo Salário-Maternidade – uma conquista social. IN: CORREIA, Henrique; MIESSA, Élisson (org.). *Temas atuais de Direito e Processo do Trabalho*. Salvador: Juspodivm, 2014. p. 221-222.

que ambos sejam empregados de pessoa jurídica aderente ao Programa e que a decisão seja adotada conjuntamente. Essa prorrogação poderá ser usufruída pelo empregado da pessoa jurídica que aderir ao Programa somente após o término da licença-maternidade, desde que seja requerida com 30 (trinta) dias de antecedência. A Lei nº 14.457/2022, contudo, não estabeleceu detalhes sobre esse compartilhamento, sobre como se dará, como será operacionalizado, ou qual o período a ser usufruído por cada um dos pais. Tampouco o fez o Decreto nº 10.854, de 2021, que, em seu capítulo XIV, regulamenta o Programa. Aguardamos, assim, o detalhamento por ato do MTE.

Ainda, a empresa participante do Programa Empresa Cidadã fica autorizada a substituir o período de prorrogação da licença-maternidade pela redução de jornada de trabalho em 50% pelo período de 120 dias. Para tanto, dois são os requisitos:

I. pagamento integral do salário à empregada ou ao empregado pelo período de 120 dias; e

II. acordo individual firmado entre o empregador e a empregada ou o empregado interessados em adotar a medida.

Destaca-se que a licença-maternidade já era garantida às empregadas domésticas antes mesmo da promulgação da EC nº 72/2013, que ampliou os direitos constitucionais assegurados à categoria. A Lei dos Domésticos (art. 25, *caput*, LC nº 150/2015), no entanto, estabeleceu, de forma clara, que as domésticas terão os mesmos direitos referentes à licença-maternidade que possuem as empregadas regidas pela CLT, inclusive o prazo de 120 dias sem prejuízo do emprego e do salário.

A Reforma Trabalhista criou nova hipótese para percepção da licença-maternidade (salário-maternidade), quando da impossibilidade de transferência da gestante ou da lactante para atividade salubre. Exemplo: empregada que trabalha em atividade insalubridade de grau médio descobre sua gravidez. Nesse caso, deve ser imediatamente fastada da atividade. Se não for possível a transferência da empregada para atividade salubre, ela terá direito à percepção do salário maternidade durante todo o período de afastamento, desde a gravidez até o final da lactação.

Note-se que, diferentemente do prazo habitual da licença-maternidade de 120 dias, a Reforma Trabalhista criou uma espécie de "supersalário-maternidade", pois a empregada pode perceber o benefício durante os 9 meses de gestação além dos meses necessários à lactação da criança.

Por fim, terá discussão na área previdenciária sobre a prévia existência de fonte de custeio desse benefício criado pela Reforma Trabalhista. De qualquer forma, a melhor saída consiste no pagamento do benefício previdenciário, pois deixar o pagamento a cargo do empregador, desestimularia a contratação de mulheres.

3.7.2.2.1. Data de início da licença-maternidade (ADI Nº 6327/DF)

Conforme visto, a licença-maternidade é o afastamento remunerado da gestante, com duração de 120 dias. Esse direito é previsto tanto na CF/88 (art. 7º, XVIII), quanto na CLT (art. 392). Além da empregada gestante, tem direito à licença-maternidade a empregada que adotar ou obtiver guarda judicial para fins de adoção. A duração de licença para essas empregadas será também de 120 dias (art. 392-A, CLT).

Mas qual é a data de início da licença-maternidade? De acordo com a literalidade do art. 392, § 1º, da CLT, o início do afastamento do emprego poderá ocorrer entre o 28º dia antes do parto e ocorrência deste. Ainda, os períodos de repouso, antes e depois do parto, poderão ser aumentados de 2 (duas) semanas cada um, mediante atestado médico (art. 392, § 2º, da CLT).

Acontece que, em muitos casos, ainda que não se tenha complicações na hora do parto, a mulher ou o recém-nascido precisam estender sua estadia no hospital para os devidos cuidados médicos. Essa prolongação da internação dificulta que mãe e filho desenvolvam laços afetivos, bem como impede a convivência comunitária. Além disso, não se pode considerar o tempo em ambiente hospitalar como período de efetivo descanso e recuperação para a mãe.

Diante disso, em 24 de outubro de 2022, o Supremo Tribunal Federal, por unanimidade, julgou procedente a ADI 6327/DF, proposta pelo partido Solidariedade. A Corte conferiu interpretação conforme à Constituição ao art. 392, §1º, da CLT, ao art. 71 da Lei nº 8.213/91 e, por arrastamento, ao art. 93 do seu regulamento (Decreto nº 3.048/99), estabelecendo que o **termo inicial da licença-maternidade e do respectivo salário-maternidade deve ser a data da alta hospitalar da mãe e/ou do recém-nascido, o que ocorrer por último**.

Segundo o STF, a licença-maternidade deve ser compreendida como um período destinado **à efetiva convivência entre mãe e filho, razão pela qual os 120 dias devem ser "líquidos"**. Isso significa que os dias de internação, durante os quais **não há convivência plena**, não devem ser computados no período do benefício. Assim, o início da contagem do prazo de 120 dias deve coincidir com a alta hospitalar de ambos, momento que inaugura a proteção constitucional à maternidade, à infância e à convivência familiar.

Desse modo, nos casos em que houver necessidade de internação da mãe e/ou do recém-nascido, deve-se, inicialmente, aplicar a prorrogação de até duas semanas prevista no art. 392, §2º, da CLT e no art. 93, §3º, do Decreto nº 3.048/99. Caso esse período seja suficiente para a alta, os 120 dias começarão a ser contados a partir de então. No entanto, se a internação persistir após as duas semanas adicionais, o prazo da licença-maternidade deverá ser prorrogado além dos 120 dias, uma vez que esses somente podem ser contabilizados a partir da alta hospitalar.

Conforme o acórdão publicado em 7 de novembro de 2022, o benefício da licença-maternidade e sua fonte de custeio já existem, de modo que a eventual prorrogação deve ser arcada pela Seguridade Social.

3.7.2.2.2. Licença-maternidade da mãe não gestante (Tema 1072 da repercussão geral)

No caso concreto que deu origem ao Tema 1072 da repercussão geral, duas mulheres viviam em união estável homoafetiva e uma delas engravidou mediante inseminação artificial. No entanto, a mãe que engravidou não possuía cobertura previdenciária e, portanto, não teria direito a usufruir o benefício da licença-maternidade. Por outro lado, a outra mãe era servidora pública do Município de São Bernardo do Campo/SP e teria direito à licença-maternidade de acordo com o estatuto do servidor público municipal.

A mãe não grávida, servidora pública, pleiteou na justiça o benefício e ganhou em primeiro e segundo graus de jurisdição, o que levou o município a interpor recurso extraordinário ao STF. Em 13 de março de 2024, o Plenário do STF julgou o mérito do RE 1.211.446, paradigma do tema 1072 da repercussão geral, e fixou a seguinte tese:

> A mãe servidora ou trabalhadora não gestante em união homoafetiva tem direito ao gozo de licença-maternidade. Caso a companheira tenha utilizado o benefício, fará jus à licença pelo período equivalente ao da licença-paternidade.

Em seu julgamento, o Supremo Tribunal Federal enfatizou diversos julgados em que a Corte assentou a compreensão de que a concessão da licença-maternidade não está mais atrelada a aspectos biológicos, mas à imperiosa necessidade de convívio entre a mãe e o bebê nos primeiros meses de vida deste, em homenagem aos princípios da proteção integral e da prioridade absoluta, bem como à proteção à maternidade e à infância.

Para o STF, a licença-maternidade também se destina à proteção de mães não gestantes que, apesar de não sofrerem as alterações biológicas inerentes ao estado de gravidez, desempenham todos os demais compromissos decorrentes do nascimento do filho. Por isso, o art. 7º, XVIII, da Constituição Federal, que prevê o direito à licença-maternidade, deve ser interpretado em sintonia com os princípios da dignidade humana, da igualdade material, da liberdade reprodutiva, do melhor interesse da criança e da proporcionalidade, evitando-se a proteção deficiente do direito.

Embora o STF não tenha abordado a questão, entendemos que a empregada não gestante que usufrui da licença-maternidade terá direito à estabilidade na empresa, desde a confirmação da gravidez da sua companheira até cinco meses após o parto. Em nossa concepção, a estabilidade constitui meio para o efetivo gozo da licença-maternidade, de modo que a negativa da primeira impacta na efetividade da segunda, garantida pelo STF.

3.7.2.2.3. Tema correlato: Licença-paternidade (ADO nº 20/DF)

A licença-paternidade é prevista no art. 7º, XIX da CF/88 e será de 5 dias, nos termos do art. 10, § 1º do ADCT, pois ausente regulamentação em lei do dispositivo constitucional. Essa licença é válida tanto para o pai casado como para o solteiro, e deve ser gozada no decorrer da primeira semana após o parto[244] (art. 473 da CLT e art. 10, § 1º, ADCT). Com a promulgação da Lei de políticas públicas para a primeira infância (Lei nº 13.257/2016), foi introduzida a possibilidade de prorrogação da licença-paternidade em 15 dias na Lei nº 11.770/2008 (Programa Empresa Cidadã), totalizando o período de 20 dias. Por ter assento constitucional, a licença-paternidade não comporta flexibilização.

Importante mencionar que a Confederação Nacional dos Trabalhadores na Saúde – CNTS ajuizou Ação Declaratória de Inconstitucionalidade por Omissão (ADO) nº 20 perante o Supremo Tribunal Federal, sob o fundamento de omissão inconstitucional do Congresso Nacional na regulamentação do direito à licença-paternidade, previsto no art. 7º, XIX da CF/88. De acordo com a Confederação autora, o prazo estabelecido no § 1º do art. 10 do ADCT é provisório e não dispensa a edição de lei pelo Poder Legislativo.

No julgamento da ADO, o STF reconheceu a mora inconstitucional do Congresso Nacional e, acolhendo proposta do Ministro Edson Fachin, estipulou o prazo de 18 meses para o

244. JORGE NETO, Francisco Ferreira; CAVALCANTE, Jouberto de Quadros Pessoa. *Curso de Direito do Trabalho*. São Paulo: Atlas, 2009. p. 251.

Congresso Nacional regulamentar o direito à licença-paternidade. Decorrido o prazo de 18 meses sem a edição da lei regulamentadora, o prazo da licença-paternidade será fixado pelo STF. A ata de julgamento da ADO foi divulgada no Diário da Justiça Eletrônico de 19 de dezembro 2023, considerando-se publicada no dia 08 de janeiro de 2024. Portanto, o prazo de 18 meses do Congresso Nacional finda em 08 de julho de 2025.

3.7.2.3. Estabilidade da gestante

A estabilidade, ou garantia provisória de emprego, veda que o empregador dispense arbitrariamente ou sem justa causa a empregada gestante, desde a confirmação da gravidez até cinco meses após o parto. A confirmação da gravidez não se confunde com a comunicação ao empregador, pois, mesmo se ele não tiver conhecimento da gestação, não poderá dispensar a trabalhadora (Súmula nº 244, I, do TST e RE 629.053).

Aliás, a estabilidade da empregada é adquirida **automaticamente**, ou seja, se estiver grávida no ato da contratação, passa a ter estabilidade já no seu primeiro dia de trabalho. No caso da adotante, também é garantida a estabilidade, com o início do processo de adoção[245].

Nesse contexto, o Tribunal Superior do Trabalho firmou, em abril de 2025, em sede de Incidente Recurso de Revista Repetitivo, a tese vinculante nº 119, reconhecendo que a **dúvida razoável e objetiva quanto à data da concepção não afasta o direito à estabilidade**. De acordo com o entendimento consolidado, mesmo quando os elementos probatórios – especialmente os exames médicos – não permitem estabelecer com exatidão a data do início da gravidez, deve prevalecer a proteção à maternidade e ao nascituro.

A Corte considerou que a medicina não é uma ciência exata, e que a margem de erro natural na estimativa da concepção justifica o reconhecimento da garantia de emprego, sempre que houver compatibilidade entre o início provável da gestação e o período contratual.

É importante lembrar que a estabilidade provisória no emprego é um direito exclusivo da empregada gestante ou adotante, não se estendendo a outras relações de trabalho, como estagiárias e trabalhadoras autônomas.

A empregada somente perderá o direito à estabilidade se cometer falta grave, prevista no art. 482 da CLT[246]. Conforme jurisprudência majoritária[247], se constatada hipótese que justifique a dispensa por justa causa, não é exigida a instauração de inquérito para apuração de falta de grave.

A gestante poderá pedir **demissão** a qualquer momento. A estabilidade não exige que ela permaneça prestando serviços obrigatoriamente, o que contrariaria o direito

245. TST. RR-200600-19.2008.5.02.0085.

246. **Orientação Jurisprudencial nº 30 da SDC:** "Nos termos do art. 10, II, "a", do ADCT, a proteção à maternidade foi erigida à hierarquia constitucional, pois retirou do âmbito do direito potestativo do empregador a possibilidade de despedir arbitrariamente a empregada em estado gravídico. Portanto, a teor do artigo 9º da CLT, torna-se nula de pleno direito a cláusula que estabelece a possibilidade de renúncia ou transação, pela gestante, das garantias referentes à manutenção do emprego e salário".

247. TST – AIRR: 157740-06.2005.5.15.0001, Relator: Ives Gandra Martins Filho, Data de Julgamento: 11/06/2008.

de liberdade de trabalho. Nesse caso, receberá as verbas trabalhistas decorrentes do pedido de demissão. Lembre-se de que é direito potestativo do(a) empregado(a) pleitear a demissão a qualquer momento. Esse direito, portanto, não depende da vontade do empregador.

Contudo, ainda que o pedido de demissão da gestante ocorra em período inferior a um ano, será necessária a assistência do sindicato na homologação das verbas rescisórias, utilizando-se do entendimento previsto no art. 500 da CLT.

Esse foi o entendimento consolidado pelo Tribunal Superior do Trabalho, em fevereiro de 2025, no julgamento do Incidente de Recurso de Revista Repetitivo nº 55, que resultou na seguinte tese vinculante nº 55:

> A validade do pedido de demissão da empregada gestante, detentora da garantia provisória de emprego prevista no artigo 10, inciso II, alínea "b", do Ato das Disposições Constitucionais Transitórias (ADCT), está **condicionada** à assistência do sindicato profissional ou da autoridade local competente, nos termos do artigo 500 da CLT TST-RR-0000427-27.2024.5.12.0024, Relator: Ministro Aloysio Corrêa da Veiga, Tribunal Pleno, DJE: 14/03/2025).

A exigência da assistência tem por objetivo assegurar que a decisão seja livre, consciente e protegida contra eventuais pressões. Trata-se de uma medida protetiva que reforça a segurança jurídica da rescisão contratual e preserva a integridade do direito à estabilidade provisória.

Na ausência de sindicato ou em caso de recusa deste em prestar a assistência, admite-se a atuação de entidade sindical de grau superior (federação ou confederação), por analogia ao art. 617 da CLT. Também poderá haver homologação por meio do Ministério do Trabalho ou da Justiça do Trabalho, no caso de pedido judicial de acordo extrajudicial. Em caráter subsidiário, poderão atuar o Ministério Público do Trabalho ou a Defensoria Pública.

De acordo com o parágrafo único do art. 25 da LC nº 150/2015, a empregada doméstica também terá direito à garantia de emprego desde a confirmação da gravidez até 5 meses após o parto conforme estabelece o art. 10, II, *b*, do ADCT, ainda que a gravidez ocorra durante o aviso-prévio trabalhado ou indenizado.

Cumpre destacar que em junho de 2014, foi promulgada a Lei Complementar nº 146/2014, que estendeu o direito à estabilidade provisória do art. 10, inciso II, alínea *b*, do ADCT, no caso de falecimento da genitora, àquele que detiver a guarda de seu filho (independentemente de ser o pai ou companheiro da empregada).

3.7.2.3.1. Estabilidade da gestante em contratos por prazo determinado

De acordo com a atual jurisprudência do TST, a empregada gestante terá direito à estabilidade, mesmo se se tratar de contrato por prazo determinado, como o contrato de experiência:

> **Súmula nº 244, III, do TST:** A empregada gestante tem direito à estabilidade provisória prevista no art. 10, inciso II, alínea *b*, do ADCT, mesmo na hipótese de admissão mediante contrato por tempo determinado.

O TST passou a garantir, portanto, a estabilidade durante todo o período que vai desde a confirmação da gravidez até 5 meses após o parto.

O mesmo raciocínio do contrato por prazo determinado poderá ser utilizado para a gravidez que ocorre durante o prazo do aviso-prévio. Nesse caso, a empregada também terá estabilidade. O TST[248] já vinha decidindo que a constatação da gravidez, por exames laboratoriais, durante o período do aviso-prévio indenizado, gerava direito à garantia provisória de emprego. Os fundamentos utilizados para defender a garantia provisória são: 1. ampla projeção do aviso-prévio no contrato de trabalho; 2. proteção à maternidade; 3. proteção à criança e ao adolescente; 4. função social da empresa e 5. princípio da dignidade da pessoa humana.

Atualmente, se a gravidez ocorrer durante o aviso prévio, inclusive indenizado, também gerará direito à estabilidade[249]. Aliás, há expressa previsão na CLT para essas novas hipóteses de estabilidade:

> **Art. 391-A da CLT.** A confirmação do estado de gravidez advindo no curso do contrato de trabalho, ainda que durante o prazo do aviso prévio trabalhado ou indenizado, garante à empregada gestante a estabilidade provisória prevista na alínea *b* do inciso II do art. 10 do Ato das Disposições Constitucionais Transitórias.

Ademais, ressalta-se o posicionamento doutrinário que estabelece que as estabilidades subjetivas, que decorrem de condições pessoais do empregado, como é o caso de estabilidade da gestante e do acidentado não são afetadas pela extinção do estabelecimento. Assim, extinto o estabelecimento, a estabilidade desses empregados subsiste. Nesse sentido, o TST[250] decidiu pela manutenção da estabilidade da gestante no caso de transferência da empregada em razão de extinção do estabelecimento.

Destaca-se que, em outubro de 2014, o TST decidiu que a aprendiz gestante também tem assegurado seu direito à estabilidade provisória[251].

Em 2017[252], o TST estabeleceu que é válida cláusula de instrumento coletivo de trabalho que amplia o prazo para a estabilidade provisória da gestante admitidas por prazo indeterminado. De acordo com o tribunal, não há violação ao princípio da isonomia, pois a natureza do vínculo de trabalho entre prazo indeterminado e determinado é distinta.

3.7.2.3.1.1. Posicionamento da 4ª Turma do TST: fim da estabilidade em contratos por prazo determinado?

No dia 10/10/2018, o STF, negou provimento ao RE 629.053 e fixou a tese com repercussão geral (Tema nº 497): "A incidência da estabilidade prevista no art. 10, inc. II, do ADCT, somente exige a anterioridade da gravidez à dispensa sem justa causa".

248. RR-171/2005-004-12-00.1 / E-ED-RR- 249100-26.2007.5.12.0004.
249. Informativo nº 86 do TST.
250. Informativo nº 5 do TST.
251. RR-911-64.2013.5.23.0107 – Relatora: Ministra Dora Maria da Costa – 8ª Turma – Data de Publicação: 31/10/2014.
252. Informativo nº 160 do TST.

Dessa forma, o STF confirma o posicionamento do item I da Súmula nº 244 de que não é necessário que o empregador tenha conhecimento do estado gravídico da mulher, bastando que a gravidez tenha se dado no curso do contrato de trabalho.

Analisando a decisão do STF e a estabilidade em contratos por prazo determinado, a 4ª Turma do TST, no dia 04/08/2020, decidiu que o direito à estabilidade da gestante contratada por prazo determinado, na modalidade de contrato de aprendizagem, encontra-se superada em virtude da tese firmada pelo Supremo Tribunal Federal no Tema nº 497 de Repercussão Geral. De acordo com os Ministros da 4ª Turma, a tese do STF estabelece 2 requisitos para a estabilidade da gestante:

1) **Anterioridade da gravidez ao término do contrato de trabalho;** e
2) **dispensa sem justa causa:** afasta-se, portanto, a estabilidade das outras formas de terminação do contrato de trabalho.

Em suma: a 4ª Turma do TST entendeu que o STF excluiu da estabilidade provisória da gestante outras formas de terminação do contrato, como pedido de demissão, a dispensa por justa causa, a terminação do contrato por prazo determinado, entre outras. Vale ressaltar que essa não é a posição do TST, mas somente da 4ª Turma do órgão. No entanto, essa decisão reabrirá as discussões sobre a estabilidade da gestante contratada por prazo determinado.

3.7.2.3.2. Ausência de estabilidade da trabalhadora temporária

O trabalho temporário é uma modalidade de terceirização expressamente prevista em lei. A intermediação de mão de obra está presente no trabalho temporário. Nela, a empresa prestadora de serviços possibilita que um trabalhador temporário preste serviços em outra empresa, denominada tomadora. Os direitos desse trabalhador estão previstos em legislação específica (Lei nº 6.019/1974). Somente será admitida essa modalidade de prestação de serviços nas seguintes hipóteses:

1) **Necessidade de substituição transitória de pessoal permanente;**
2) **Demanda complementar de serviços:** somente será considerada como demanda complementar aquela que decorrer de: fatores imprevisíveis ou fatores previsíveis, mas que tenham natureza intermitente, periódica ou sazonal.

Houve questionamento no TST se a trabalhadora temporária teria direito à estabilidade provisória. Conforme Informativo nº 212, o TST firmou a seguinte tese em incidente de assunção de competência, precedente judicial obrigatório: "é inaplicável ao regime de trabalho temporário, disciplinado pela Lei n.º 6.019/74, a garantia de estabilidade provisória à empregada gestante, prevista no art. 10, II, b, do Ato das Disposições Constitucionais Transitórias".

Os principais argumentos que embasaram a tese foram o de que o contrato temporário tem regramento próprio e excepcionalíssimo que não se coaduna com a garantia de emprego da gestante e de que as decisões que embasaram a criação do item III da Súmula nº 244 do TST não guardam relação com essa modalidade de contratação.

A nosso ver, as condições transitórias de contratação de trabalhadoras temporárias guardam relação com as hipóteses de contratação por prazo determinado previstas na CLT. Apesar de a trabalhadora temporária não ser empregada da empresa tomadora, o vínculo é formado diretamente com a empresa de trabalho temporário e esta deveria ser responsável por assegurar o pagamento dos direitos decorrentes da estabilidade provisória.

A questão que, até então, parecia pacificada no âmbito dos tribunais, volta a ocupar a pauta pública quando o STF, no julgamento do Tema 542 da repercussão geral (RE 842844), **especificamente em relação às trabalhadoras do setor público (servidoras públicas *lato sensu*)**, fixou a tese de que "A trabalhadora gestante tem direito ao gozo de licença-maternidade e à estabilidade provisória, independentemente do regime jurídico aplicável, se contratual ou administrativo, ainda que ocupe cargo em comissão ou seja contratada por tempo determinado". Referida tese é comentada no tópico a seguir.

3.7.2.3.2.1. Estabilidade da gestante no serviço público (Tema 542 de Repercussão Geral do STF)

Tal como acontece na iniciativa privada, a contratação de pessoal no setor público pode se dar de diferentes maneiras. A principal delas, e que deve ser tomada como regra, nos termos do art. 37, II e § 2º, da Constituição Federal, é o acesso a cargos ou empregos públicos através da aprovação prévia em concurso público de provas ou de provas e títulos, a depender da natureza e a complexidade do cargo ou emprego. Trata-se de mecanismo de garantia e efetivação dos princípios constitucionais da legalidade, moralidade, impessoalidade, publicidade e eficiência.

O próprio texto Constitucional, contudo, traz exceções ao concurso público[253]:

a) **Funções públicas:** as funções públicas, sem cargo ou emprego, mais conhecidas por funções autônomas, limitam-se às funções temporárias (art. 37, IX, CF/88) e às funções de confiança (art. 37, V, CF/88);
b) **Cargos em comissão:** declarados em lei de livre nomeação e exoneração, desde que destinados às atribuições de direção, chefia e assessoramento (art. 37, II e V, CF/88); e
c) **Agentes comunitários de saúde e agentes de combate às endemias:** para que os gestores locais contratem referidos trabalhadores, exige-se apenas processo seletivo público – procedimento mais simples e rápido que um concurso público para o provimento de cargos ou empregos públicos (art. 198, § 4º, CF/88).

Esses trabalhadores, ingressando ou não aos quadros da Administração Pública (Direta e Indireta) pela via do concurso público, são designados, de maneira geral, como **servidores públicos:**

> São servidores públicos, em sentido amplo, as pessoas físicas que prestam serviços ao Estado e às entidades da Administração Indireta, com vínculo empregatício e mediante remuneração paga pelos cofres públicos.
> Compreendem:
> 1. os **servidores estatutários,** sujeitos ao regime estatutário e ocupantes de cargos públicos;

253. CUNHA JÚNIOR, Dirley da; NOVELINO, Marcelo. Constituição Federal para Concursos (CF). 14. ed., rev., atual., e ampl. São Paulo: Juspodivm, 2023, p. 191.

2. os **empregados públicos**, contratados sob o regime da legislação trabalhista e ocupantes de emprego público;

3. os **servidores temporários**, contratados por tempo determinado para atender à necessidade temporária de excepcional interesse público (art. 37, IX, da Constituição); eles exercem função, sem estarem vinculados a cargo ou emprego público[254].

A controvérsia que deu origem à tese de repercussão geral ora comentada dizia respeito ao alcance da licença-maternidade, assegurada no art. 7º, XVIII, da Constituição Federal, e da estabilidade da gestante, prevista na alínea "b" do inciso II do art. 10 do ADCT, em relação às servidoras públicas, especificamente às trabalhadoras gestantes contratadas pela Administração Pública por prazo determinado ou ocupantes de cargo em comissão demissíveis *ad nutum*.

Segundo entendimento da Corte, que conheceu do recurso extraordinário e negou-lhe provimento, "A trabalhadora gestante tem direito ao gozo de licença-maternidade e à estabilidade provisória, **independentemente do regime jurídico aplicável**, se contratual ou administrativo, **ainda que ocupe cargo em comissão ou seja contratada por tempo determinado**". O RE paradigma, aliás, tratava sobre o caso de uma professora contratada temporariamente pelo Estado.

Portanto, ao contrário do entendimento fixado pelo TST na tese nº 2 em Incidente de Assunção de Competência, de que é inaplicável ao regime de trabalho temporário, disciplinado pela Lei nº 6.019/74, a garantia de estabilidade provisória à empregada gestante, no setor público, todas as trabalhadoras, independentemente do regime jurídico aplicável, se celetista ou estatutário, ainda que ocupantes de cargo em comissão ou contratadas por tempo determinado, terão assegurada a garantia provisória no emprego desde a confirmação da gravidez até 5 meses após o parto.

Não confunda o regime de trabalho temporário estabelecido na Lei nº 6.019/74, aplicada ao setor privado, com a contratação temporária de trabalhadores pelo Estado, autorizada no art. 37, IX, da Constituição Federal.

No primeiro caso, o trabalho temporário é uma modalidade de terceirização expressamente prevista em lei. A intermediação de mão de obra está presente no trabalho temporário. Nela, a empresa prestadora de serviços possibilita que um trabalhador temporário preste serviços em outra empresa, denominada tomadora. Os direitos desse trabalhador estão previstos em legislação específica (Lei nº 6.019/1974).

Já no segundo caso, tem-se a contratação temporária de trabalhadores feita diretamente pela Administração Pública – sem a presença de empresa intermediadora de mão de obra –, respeitadas as seguintes condições: **a)** Serviço temporário: definido por meio de lei que deve especificar seus contornos, limites e características; **b)** Interesse público: devidamente justificado pela autoridade responsável pela contratação; e **c)** Caráter de excepcionalidade: a contratação não pode ser a regra de contratação do órgão ou da entidade pública[255].

Apesar da diferença gritante entre os 2 regimes de trabalho – uma relação é trilateral (espécie de terceirização) e a outra, bilateral (trabalhador-Estado) – há, nos dois casos,

254. PIETRO, Maria Sylvia Zanella Di. Direito Administrativo. 36. ed. [2. Reimp.]. Rio de Janeiro: Forense, 2024.
255. CARVALHO, Matheus. Manual de Direito Administrativo. 4. ed. Salvador: Juspodivm. 2017.

regramentos próprios e excepcionalíssimos que expressam as condições transitórias de contratação de trabalhadores. Portanto, nos dois casos, a trabalhadora, no momento de sua contratação, tem por acertado o prazo determinado da relação de trabalho, sem a expectativa de continuidade da prestação de serviços para além desse período.

Esse foi justamente o argumento utilizado pelo TST quando do afastamento da estabilidade no emprego às trabalhadoras gestantes contratadas no regime de trabalho temporário da Lei nº 6.019/1974. Essa ausência de expectativa de continuidade da prestação de serviços também é encontrada na contratação de trabalhadoras temporárias pelo Estado (art. 37, IX, CF/88) e, mesmo assim, o STF assegurou a elas o direito à garantia provisória no emprego (e ao gozo da licença-maternidade), por entender como direitos essenciais à proteção da maternidade e do nascituro.

A tese fixada pelo STF não vincula os tribunais trabalhistas a reconhecerem a garantia provisória no emprego à gestante contrata no regime de trabalho temporário, pois, como visto, não foi sobre isso que versou a Suprema Corte no tema 542 (*distinguishing*). Contudo, entendemos que a posição da Corte Trabalhista resta enfraquecida, pois o principal argumento utilizado para afastar a estabilidade nas contratações pelo regime de trabalho temporário (**ausência de expectativa de continuidade da relação de trabalho**) não foi adotado pelo STF, que privilegiou, com razão, a proteção à maternidade e ao nascituro.

Ainda, com a tese fixada pelo STF, assegurando a todas trabalhadoras gestantes no serviço público o direito à garantia provisória no emprego (e ao gozo da licença-maternidade), instaura-se uma situação discriminatória, em violação aos arts. 5º, *caput*, e 7º, XX, da CF/88, na qual trabalhadoras contratadas por prazo determinado pelo Estado gozam de direitos e garantias que trabalhadoras temporárias no setor privado, também em regime de contratação com prazo determinado, não.

Esperamos que o TST reveja sua posição e, em consonância com a atual jurisprudência da Suprema Corte, reconheça às trabalhadoras gestantes contratadas sob o regime de trabalho temporário o direito à estabilidade no emprego desde a confirmação da gravidez até 5 meses após o parto.

Por fim, cumpre esclarecer que a servidora de fato, aquela admitida aos quadros da Administração de maneira irregular, sem prévia aprovação em concurso público e fora das exceções constitucionais e legais, não tem direito à estabilidade da estante. Segundo o TST[256], a empregada gestante que tem seu contrato declarado nulo não terá direito às verbas relativas à estabilidade gestante, pois a ausência do prévio concurso público contamina todo o contrato de trabalho. Assim sendo, para o TST, mesmo que comprovadamente grávida no ato da rescisão, a empregada não terá direito à estabilidade ou nem mesmo à indenização substitutiva, em razão de ofensa expressa ao art. 37, II da CF/88. Terá apenas os direitos constantes na Súmula nº 363 do TST: salários e depósitos do FGTS.

3.7.2.3.3. Exigência de certidão de nascimento do filho

De acordo com o Informativo nº 217, a 5ª turma do TST decidiu pela desnecessidade de apresentação da certidão de nascimento para a garantia de estabilidade provisória da gestante[257].

256. Nesse sentido, confira o Informativo nº 156 do TST.
257. Informativo nº 217 do TST.

No caso abordado, ficou decidido que a reclamante estava grávida no momento de sua dispensa, o que, por si só, já é suficiente para assegurar a estabilidade provisória. Ressalta-se que o único requisito constitucionalmente exigido é a gravidez da empregada no momento da dispensa imotivada. Com isso, não é exigida a certidão de nascimento da criança para fins de estabilidade. Além disso, ressalta-se que obrigar a apresentação de certidão de nascimento inviabilizaria o ingresso de reclamações trabalhistas da gestante enquanto ainda estivesse grávida, pois, não houve ainda o parto e a emissão dessa certidão. Por fim, é importante destacar que a estabilidade da gestante é assegurada também na hipótese de parto de natimorto.

3.7.2.3.4. Efeitos da dispensa da gestante

Se dispensada durante o período da gestação, a empregada poderá pleitear a reintegração ao trabalho, pois essa dispensa será irregular. Após o período da estabilidade, a empregada receberá apenas as verbas e demais direitos trabalhistas. Exemplo: se dispensada no quinto mês de gravidez, e a ação não for julgada até o fim do período da estabilidade ou, ainda, se a empregada não ingressar com a ação judicial por algum motivo, terá direito apenas ao salário e demais direitos durante o período em que ficou afastada do trabalho, ou seja, a reintegração converte-se em pagamento relativo ao período da estabilidade; no exemplo, o pagamento seria a partir do quinto mês de gravidez até cinco meses após o parto.

Cabe ressaltar que, se a empregada exige somente a reintegração e seu período de estabilidade já terminou, é permitido ao juiz converter, de ofício, a reintegração em indenização conforme estabelece a Súmula nº 396, II, do TST.

Diante da importância do tema estabilidade da gestante, indico o posicionamento do TST a seguir. Não deixe de memorizar os três itens adiante!

> **Súmula nº 244 do TST.** Gestante. Estabilidade provisória
>
> I – O desconhecimento do estado gravídico pelo empregador não afasta o direito ao pagamento da indenização decorrente da estabilidade (art. 10, II, *b* do ADCT).
>
> II – A garantia de emprego à gestante só autoriza a reintegração se esta se der durante o período de estabilidade. Do contrário, a garantia restringe-se aos salários e demais direitos correspondentes ao período de estabilidade.
>
> III – A empregada gestante tem direito à estabilidade provisória prevista no art. 10, inciso II, alínea *b*, do ADCT, mesmo na hipótese de admissão mediante contrato por tempo determinado.

Há discussão sobre a conduta da mulher que aguarda o término do período da estabilidade para ingressar com a ação judicial. Nesse caso, o objetivo da empregada não seria a reintegração, mas tão somente o direito à indenização. Para alguns autores[258], essa conduta de deixar escoar o prazo da estabilidade configuraria abuso de direito da empregada, causando a perda da indenização. Ocorre que o TST já se posicionou sobre o assunto, entendendo que não há nenhum abuso de direito da empregada (Orientação Jurisprudencial nº 399 da SDI-I do TST).

258. MARTINS, Sergio Pinto. *Direito do Trabalho*. 30 ed. São Paulo: Atlas, 2014. p. 475.

3.7.2.3.5. Estabilidade da gestante na redução de salários e de jornada ou suspensão contratual (Lei nº 14.020/2020) e legislação de exceção

A Lei nº 14.020/2020 permitiu que as gestantes celebrem acordo de redução de salários e de jornada ou de suspensão contratual durante a pandemia. Nesse caso, a gestante terá estabilidade no emprego por período equivalente ao acordado para a redução da jornada de trabalho e do salário ou para a suspensão temporária, contado a partir do término do período da garantia provisória da gestante (gravidez até 5 meses após o parto). Em resumo, terá a estabilidade da gestante (até 5 meses após o parto) + estabilidade por período equivalente ao acordo para a redução da jornada e de salário ou para a suspensão contratual:

> **Art. 10 da Lei nº 14.020/2020:** Fica reconhecida a garantia provisória no emprego ao empregado que receber o Benefício Emergencial de Preservação do Emprego e da Renda, previsto no art. 5º desta Lei, em decorrência da redução da jornada de trabalho e do salário ou da suspensão temporária do contrato de trabalho de que trata esta Lei, nos seguintes termos:
>
> (...)
>
> III – no caso da empregada gestante, por período equivalente ao acordado para a redução da jornada de trabalho e do salário ou para a suspensão temporária do contrato de trabalho, contado a partir do término do período da garantia estabelecida na alínea "b" do inciso II do caput do art. 10 do Ato das Disposições Constitucionais Transitórias.

A mesma previsão é encontrada na legislação de exceção atual (Lei nº 14.437/2022, que institucionaliza autorização genérica para a adoção de medidas trabalhistas de enfrentamento a momentos de crise, dentre elas a redução da jornada de trabalho e do salário e a suspensão temporária do contrato de trabalho).

Conforme art. 32, III, estabelece que a empregada gestante que receber o BEm em decorrência da redução da jornada de trabalho e do salário ou da suspensão temporária do contrato de trabalho terá garantia provisória no emprego, por período equivalente ao acordado para a suspensão temporária do contrato de trabalho, contado da data do término do período da garantia estabelecida na alínea "b" do inciso II do caput do art. 10 do ADCT. Ou seja: após terminado o período de estabilidade provisório por conta da gravidez (5 meses após o parto), começa-se a contar a estabilidade provisória decorrente do recebimento do BEm (período equivalente ao acordado).

ESTABILIDADE DA GESTANTE

- **Duração:** inicia-se com a confirmação da gravidez e permanece até 5 meses após o parto.
- **Desconhecimento da gravidez pelo empregador:** não afasta o direito à estabilidade.
- **Contrato por prazo determinado:** adquire estabilidade (Súmula nº 244 do TST e art. 391-A da CLT), inclusive no contrato previsto na lei nº 9.601/98.
- **Gravidez durante o aviso-prévio, inclusive indenizado:** o TST já vinha decidindo que gerava estabilidade. Hoje a matéria está prevista no art. 391-A da CLT.
- Empregado adotante também tem direito à estabilidade provisória no emprego (Lei nº 13.509/2017).
- **Estabilidade remanescente:** no caso do falecimento da empregada, a pessoa que estiver com a guarda da criança passa a ter estabilidade no emprego.
- **Dispensa sem justa causa:**

  a) **reintegração:** somente se a decisão ocorrer durante o período estabilitário.

  b) **Indenização:** se a decisão for dada após o período estabilitário.

ESTABILIDADE
(Reintegração/Indenização/Abuso de direito)

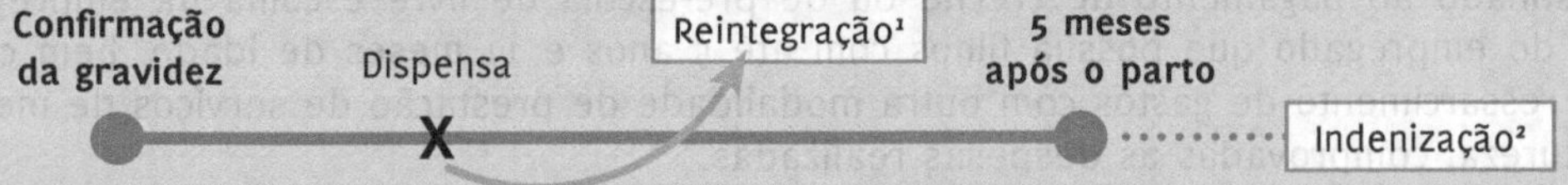

1. Somente ocorrerá a **reintegração** se a decisão ocorrer dentro do período estabilitário
2. Se a decisão ou ingresso da reclamação for posterior ao período de estabilidade, a empregada será **indenizada**
3. Não há **abuso de direito**, se a empregada ingressar com reclamação trabalhista após o período estabilitário (OJ 399)

3.7.3. Programa Emprega + Mulheres (Lei nº 14.457/2022)

No dia 4 de maio de 2022, foi editada, pelo Poder Executivo, a MP nº 1.116/2022, que dispunha sobre o Programa Emprega + Mulheres e Jovens e alterava o Programa Empresa Cidadã e a CLT. O texto original apresentado pelo Presidente da República alterava estruturalmente o contrato de aprendizagem, elastecendo o prazo máximo de contratação e flexibilizando a cota de aprendizagem. Essas mudanças ganharam grande e negativa repercussão social, sendo que, durante sua tramitação nas Casas do Congresso Nacional, a MP foi completamente alterada e o texto aprovado de nada tratou sobre a aprendizagem.

Após sanção do Presidente da República, no dia 21 de setembro de 2022, foi publicada a Lei nº 14.457/2022, que, entre outras providências, institui o **Programa Emprega + Mulheres**, altera a CLT e o Programa Empresa Cidadã. Conforme dispõe seu art. 1º, o Programa Emprega + Mulheres tem o objetivo de promover a inserção e a manutenção de mulheres no mercado de trabalho, dando especial atenção à parentalidade[259]. Por esse motivo, seus dispositivos serão comentados neste tópico.

A fim de promover a inserção e a manutenção de mulheres no mercado de trabalho, o Programa Emprega + Mulheres possibilita a implementação das seguintes medidas:

3.7.3.1. Do apoio à parentalidade na primeira infância

Inicialmente, cumpre destacar que, para efeitos legais, parentalidade é o vínculo socioafetivo maternal, paternal ou qualquer outro que resulte na assunção legal do papel de realizar as atividades parentais, de forma compartilhada entre os responsáveis pelo cuidado e pela educação das crianças e dos adolescentes (art. 1º, parágrafo único, Lei nº 14.457/2022). Dito isso, passamos à análise das medidas propostas pelo Programa.

259. **Art. 1º, parágrafo único, Lei nº 14.457/2022:** Para os efeitos desta Lei, parentalidade é o vínculo socioafetivo maternal, paternal ou qualquer outro que resulte na assunção legal do papel de realizar as atividades parentais, de forma compartilhada entre os responsáveis pelo cuidado e pela educação das crianças e dos adolescentes, nos termos do parágrafo único do art. 22 da Lei nº 8.069, de 13 de julho de 1990 (Estatuto da Criança e do Adolescente).

3.7.3.1.1. Reembolso-Creche

A Lei nº 14.457/2022 autoriza os empregadores a adotar benefício de reembolso-creche, destinado ao pagamento de creche ou de pré-escola de livre escolha da empregada ou do empregado que possua filhos com até 5 anos e 11 meses de idade, bem como ao ressarcimento de gastos com outra modalidade de prestação de serviços de mesma natureza, comprovadas as despesas realizadas.

Conforme art. 4º do diploma legal, os valores pagos a título de reembolso-creche não possuem natureza salarial, não se incorporam à remuneração para quaisquer efeitos, não constituem base de incidência de contribuição previdenciária ou do FGTS e não configuram rendimento tributável da empregada ou do empregado.

Por fim, nos termos do art. 5º, caput, Lei nº 14.457/2022 e art. 389, § 1º, da CLT, nos estabelecimentos em que trabalharem pelo menos 30 mulheres com mais de 16 anos de idade, os empregadores são obrigados à organização de local apropriado onde seja permitido às empregadas guardar sob vigilância e assistência os seus filhos no período da amamentação.

O empregador, contudo, ficará desobrigado da instalação de local apropriado para a guarda e a assistência de filhos de empregadas no período da amamentação caso adote o reembolso-creche.

3.7.3.1.2. Da Manutenção ou subvenção de instituições de educação infantil pelos serviços sociais autônomos

A Lei nº 14.457/2022 autoriza que Sesi (Serviço Social da Indústria), Sesc (Serviço Social do Comércio) e Sest (Serviço Social do Transporte) (serviços sociais autônomos) mantenham instituições de educação infantil destinadas aos dependentes dos empregados e das empregadas vinculados à atividade econômica a eles correspondente.

3.7.3.2. Do apoio à parentalidade por meio da flexibilização do regime de trabalho

A legislação traz diversas possibilidades de flexibilização do regime de trabalho: teletrabalho; regime de tempo parcial; regime especial de compensação de jornada de trabalho por meio de banco de horas; jornada 12 por 36; antecipação de férias individuais; e horários de entrada e de saída flexíveis.

Contudo, na maior parte dessas medidas, a Lei nº 14.457/2022 remete à regulamentação dada pela CLT, sem disciplinar maiores detalhes, o que nos leva a crer que não há nenhuma peculiaridade quando da adoção dessas medidas.

3.7.3.3. Das medidas para qualificação de mulheres

Conforme disposto na Lei, a norma pretende estimular a qualificação de mulheres e o desenvolvimento de habilidades e de competências em áreas estratégicas ou com menor participação feminina, tais como ciência, tecnologia, desenvolvimento e inovação.

Para tanto, poderá haver a suspensão do contrato de trabalho para qualificação profissional, que dependerá de requisição formal da empregada interessada e será formalizado por meio de acordo individual, de acordo coletivo ou de convenção coletiva de trabalho, nos termos do art. 476-A da CLT.

Durante o período de suspensão do contrato de trabalho para a realização de curso ou o programa de qualificação profissional oferecido pelo empregador, a empregada receberá bolsa de qualificação profissional de que trata o art. 2º-A da Lei nº 7.998/1990. Ainda, o empregador poderá conceder à empregada ajuda compensatória mensal, sem natureza salarial.

Se ocorrer a dispensa da empregada durante a suspensão do contrato ou nos 6 meses subsequentes ao seu retorno ao trabalho, o empregador pagará à empregada as parcelas indenizatórias, além de multa a ser estabelecida em convenção ou em acordo coletivo, que será de, no mínimo, 100% do valor da última remuneração mensal anterior à suspensão do contrato de trabalho.

3.7.3.4. Do apoio ao retorno ao trabalho após o término da licença-maternidade

Com o objetivo de possibilitar que os pais possam prestar cuidados e estabelecer vínculos com os filhos; acompanhar o desenvolvimento dos filhos; e apoiar o retorno ao trabalho de sua esposa ou companheira, o Programa Emprega + Mulheres possibilita a suspensão do contrato de trabalho de pais empregados, bem como realiza alterações no Programa Empresa Cidadã.

3.7.3.4.1. Da suspensão do contrato de trabalho de pais empregados

Tem-se a possibilidade de suspensão do contrato de trabalho de pais empregados. Essa hipótese de suspensão do contrato ocorrerá nos mesmos moldes da suspensão do contrato de trabalho da mulher para qualificação profissional, ou seja, (i) dependerá de requisição formal do empregado interessado; (ii) será formalizada por meio de acordo individual, de acordo coletivo ou de convenção coletiva de trabalho; (iii) ocorrerá nos termos do art. 476-A da CLT, inclusive com a concessão de bolsa de qualificação profissional; (iv) haverá a incidência de multa caso ocorra a dispensa do empregado durante a suspensão do contrato ou nos 6 meses subsequentes ao seu retorno ao trabalho etc.

A grande diferença está no momento em que se autoriza essa hipótese de suspensão do contrato de trabalho: após o término da licença-maternidade da esposa ou companheira do empregado. Percebe-se, portanto, que é uma medida protetiva à mulher, ao recém-nascido e à parentalidade, muito mais do que ao pai. Conforme consta da própria lei, seu objetivo é possibilitar que os pais possam prestar cuidados e estabelecer vínculos com os filhos; acompanhar o desenvolvimento dos filhos; e apoiar o retorno ao trabalho de sua esposa ou companheira.

3.7.3.4.2. Das alterações no Programa Empresa Cidadã

Com a promulgação da Lei nº 11.770/2008, o Programa Empresa Cidadã passou a autorizar a prorrogação do período da licença-maternidade (de 120 dias), por mais 60 dias. Nem todas as empregadas, entretanto, têm direito à prorrogação. Somente se preenchidos os dois requisitos a seguir:

I. empregada da pessoa jurídica que tenha aderido ao Programa da Empresa Cidadã; e

II. pedido de prorrogação deve ser feito, pela empregada, até o fim do 1º mês após o parto.

Se o empregador aderir ao Programa Empresa Cidadã, preenchidos certos requisitos legais, a empregada poderá requerer a prorrogação da licença-maternidade de 120 dias para 180 dias.

A Lei nº 14.457/2022 promove alterações no Programa Empresa Cidadã, para estabelecer que essa prorrogação poderá ser compartilhada entre a empregada e o empregado, desde que ambos sejam empregados de pessoa jurídica aderente ao Programa e que a decisão seja adotada conjuntamente. Essa prorrogação poderá ser usufruída pelo empregado da pessoa jurídica que aderir ao Programa somente **após** o término da licença-maternidade, desde que seja requerida com 30 (trinta) dias de antecedência. A Lei nº 14.457/2022, contudo, não estabeleceu detalhes sobre esse compartilhamento, sobre como se dará, como será operacionalizado, ou qual o período a ser usufruído por cada um dos pais. Tampouco o fez o Decreto nº 10.854, de 2021, que, em seu capítulo XIV, regulamenta o Programa. Aguardamos, assim, o detalhamento por ato do MTE.

Ainda, a empresa participante do Programa Empresa Cidadã autorizada a substituir o período de prorrogação da licença-maternidade pela redução de jornada de trabalho em 50% pelo período de 120 dias. Para tanto, dois são os requisitos:

I. pagamento integral do salário à empregada ou ao empregado pelo período de 120 dias; e

II. acordo individual firmado entre o empregador e a empregada ou o empregado interessados em adotar a medida.

3.7.3.5. Das medidas de prevenção e de combate ao assédio sexual e a outras formas de violência no âmbito do trabalho

Dentre as diversas providência adotadas pela Lei nº 14.457/2022, estão, ainda, medidas de prevenção e de combate ao assédio sexual e a outras formas de violência no âmbito do trabalho.

Com a publicação da Lei, a CIPA, que agora se chama Comissão Interna de Prevenção de Acidentes e de Assédio, tem mais uma atribuição: a promoção de um ambiente laboral sadio, seguro e que favoreça a inserção e a manutenção de mulheres no mercado de trabalho.

Para tanto, deverão ser adotas as seguintes medidas:

> I - inclusão de regras de conduta a respeito do assédio sexual e de outras formas de violência nas normas internas da empresa, com ampla divulgação do seu conteúdo aos empregados e às empregadas;
>
> II - fixação de procedimentos para recebimento e acompanhamento de denúncias, para apuração dos fatos e, quando for o caso, para aplicação de sanções administrativas aos responsáveis diretos e indiretos pelos atos de assédio sexual e de violência, garantido o anonimato da pessoa denunciante, sem prejuízo dos procedimentos jurídicos cabíveis;
>
> III - inclusão de temas referentes à prevenção e ao combate ao assédio sexual e a outras formas de violência nas atividades e nas práticas da CIPA; e
>
> IV - realização, no mínimo a cada 12 (doze) meses, de ações de capacitação, de orientação e de sensibilização dos empregados e das empregadas

> de todos os níveis hierárquicos da empresa sobre temas relacionados à violência, ao assédio, à igualdade e à diversidade no âmbito do trabalho, em formatos acessíveis, apropriados e que apresentem máxima efetividade de tais ações.

Essas medidas deverão ser adotas em até 180 da publicação da Lei, ou seja, até 20/03/2023.

Trata-se de uma medida importante para prevenir, nas empresas, as diversas formas de assédio, especialmente o assédio sexual, e outras formas de violências.

3.7.3.6. Do Selo Emprega + Mulher

Foi instituído o Selo Emprega + Mulher para reconhecer as empresas que se destaquem pela organização, pela manutenção e pelo provimento de creches e pré-escolas para atender às necessidades de suas empregadas e de seus empregados; e reconhecer as boas práticas de empregadores que visem, entre outros objetivos, estímulo à contratação, à ocupação de postos de liderança e à ascensão profissional de mulheres, divisão igualitária das responsabilidades parentais e promoção da cultura de igualdade entre mulheres e homens.

As empresas detentoras do Selo Emprega + Mulher poderão utilizá-lo para os fins de divulgação de sua marca, produtos e serviços, vedada a extensão do uso para grupo econômico ou em associação com outras empresas que não detenham o selo. Microempresas e as empresas de pequeno porte que receberem o Selo Emprega + Mulher serão beneficiadas com estímulos creditícios adicionais.

Ato do Ministro de Estado do Trabalho e Emprego disporá sobre o regulamento completo do Selo Emprega + Mulher.

3.7.3.7. Alterações na CLT

A Lei nº 14.457/2022 altera o art. 473 da CLT, que dispõe sobre as hipóteses de interrupção do contrato de trabalho, para prevê que o empregado poderá deixar de comparecer ao serviço sem prejuízo do salário por 5 dias consecutivos, em caso de nascimento de filho, de adoção ou de guarda compartilhada (adequação do texto da CLT ao disposto na Constituição Federal – art. 10, § 1º, do ADCT); e pelo tempo necessário para acompanhar sua esposa ou companheira em até 6 (seis) consultas médicas, ou em exames complementares, durante o período de gravidez.

3.7.4. Meio ambiente de trabalho

Cabe destacar, inicialmente, que é permitido às mulheres prestar serviços em locais insalubres e perigosos e no período noturno, assim como aos demais trabalhadores do sexo masculino. A proibição desses trabalhos, para as mulheres, não mais existe.

Importante frisar que é vedado qualquer tipo de discriminação em razão do sexo, cor, estado civil etc. A empregada, portanto, tem proteção pré-contratual, como a proibição da exigência de teste de gravidez enquanto requisito para preenchimento da vaga de emprego. E, ainda, a mulher terá direito à reintegração ou indenização no caso de dispensa discriminatória (Lei nº 9.029/1995[260]). No mesmo sentido, é vedada a discriminação quanto ao sexo no que toca à remuneração:

> **Art. 461 da CLT** *(Alterado pela Reforma Trabalhista)*: Sendo idêntica a função, a todo trabalho de igual valor, prestado ao mesmo empregador, no mesmo estabelecimento empresarial, corresponderá igual salário, sem distinção de sexo, etnia, nacionalidade ou idade.
>
> (...)
>
> § 6º. Na hipótese de discriminação por motivo de sexo, raça, etnia, origem ou idade, o pagamento das diferenças salariais devidas ao empregado discriminado não afasta seu direito de ação de indenização por danos morais, consideradas as especificidades do caso concreto. (Redação dada pela Lei nº 14.611/2023)
>
> § 7º. Sem prejuízo do disposto no § 6º, no caso de infração ao previsto neste artigo, a multa de que trata o art. 510 desta Consolidação corresponderá a 10 (dez) vezes o valor do novo salário devido pelo empregador ao empregado discriminado, elevada ao dobro, no caso de reincidência, sem prejuízo das demais cominações legais. (Incluído pela Lei nº 14.611/2023)

Há outra distinção no tocante ao **descanso semanal remunerado**. Havendo trabalho aos domingos, será organizada uma escala de revezamento quinzenal que favoreça o repouso dominical (semanal), conforme previsto no art. 386 da CLT.

O tema é polêmico e foi levado ao STF. Uma grande loja varejista do ramo têxtil, em reclamação trabalhista individual, interpôs recurso extraordinário (RE 1403904/SC), questionando à Corte, justamente, a constitucionalidade do art. 386 da CLT. Em placar apertado, de 3 a 2, prevaleceu na Primeira Turma do STF o entendimento da Min. Carmén Lúcia, no sentido de que a proteção diferenciada e concreta ao trabalho da mulher tem o objetivo de resguardar a saúde da trabalhadora, considerando suas condições específicas impostas pela realidade social e familiar, afastando qualquer ofensa ao princípio da isonomia.

Assim, foi reconhecida a constitucionalidade do referido dispositivo, não sendo aplicável às mulheres o art. 6º da Lei 10.101/2000, que estabelece a obrigatoriedade de o repouso semanal remunerado, nas atividades do comércio, coincidir com o domingo pelo menos uma vez a cada três semanas.

Finalmente, no tocante à forma muscular, há previsão específica no art. 390 da CLT:

> **Art. 390.** Ao empregador é vedado empregar a mulher em serviço que demande o emprego de força muscular superior a vinte (20) quilos, para o trabalho contínuo, ou vinte e cinco (25) quilos, para o trabalho ocasional.
>
> **Parágrafo único.** Não está compreendida na determinação deste artigo a remoção de material feita por impulsão ou tração de vagonetes sobre trilhos, de carros de mão ou quaisquer aparelhos mecânicos.

Nos termos da CLT, esse limite também se aplicaria às pessoas com menos de 18 anos.

> **Art. 405, § 5º:** Aplica-se ao menor o disposto no art. 390 e seu parágrafo único.

---

260. Não deixe de conferir o texto integral da legislação.

Contudo, como explica Homero Batista[261], a equiparação entre os limites de força muscular entre mulheres e adolescentes não mais se sustenta no Brasil. Em 2008, foi aprovado o Decreto nº 6.481/2008, que regulamenta a Convenção 182 da OIT. Conforme dispõe o item 80 de seu anexo, é vedado o levantamento, transporte, carga ou descarga manual de pesos, quando realizados raramente, superiores a 20 quilos, para o gênero masculino e superiores a 15 quilos para o gênero feminino; e superiores a 11 quilos para o gênero masculino e superiores a 7 quilos para o gênero feminino, quando realizados frequentemente.

3.7.4.1. Afastamento de gestantes e lactantes de atividades insalubres (Reforma Trabalhista)

Em maio de 2016, foi promulgada a Lei nº 13.287/2016, que acrescentou o art. 394-A à CLT para proibir o trabalho da gestante ou lactante em atividades, operações ou locais insalubres. O artigo está inserido na Seção V do Capítulo de Proteção do Trabalho da Mulher referente à proteção da maternidade.

Inicialmente, a Lei nº 13.287/2016 trouxe excelente proteção a todas as gestantes e lactantes, pois retirou todas as mulheres grávidas de atividades em ambientes insalubres, protegendo também as futuras gerações.

O tema, contudo, foi regulamentado novamente pela Lei nº 13.467/2017 – Reforma Trabalhista:

> **Art. 394-A, CLT** *(redação dada pela Lei nº 13.467/2017)*. Sem prejuízo de sua remuneração, nesta incluído o valor do adicional de insalubridade, a empregada deverá ser afastada de:
>
> I – atividades consideradas insalubres em grau máximo, enquanto durar a gestação;
>
> II – atividades consideradas insalubres em grau médio ou mínimo, quando apresentar atestado de saúde, emitido por médico de confiança da mulher, que recomende o afastamento durante a gestação;
>
> III – atividades consideradas insalubres em qualquer grau, quando apresentar atestado de saúde, emitido por médico de confiança da mulher, que recomende o afastamento durante a lactação.
>
> Parágrafo único. (VETADO).
>
> § 2º Cabe à empresa pagar o adicional de insalubridade à gestante ou à lactante, efetivando-se a compensação, observado o disposto no art. 248 da Constituição Federal, por ocasião do recolhimento das contribuições incidentes sobre a folha de salários e demais rendimentos pagos ou creditados, a qualquer título, à pessoa física que lhe preste serviço.
>
> § 3º Quando não for possível que a gestante ou a lactante afastada nos termos do caput deste artigo exerça suas atividades em local salubre na empresa, a hipótese será considerada como gravidez de risco e ensejará a percepção de salário maternidade, nos termos da Lei nº 8.213, de 24 de julho de 1991, durante todo o período de afastamento.

261. SILVA, Homero Batista Mateus da. Direito do Trabalho aplicado: saúde do trabalho e profissões regulamentadas. São Paulo: Thomson Reuters Brasil, 2021, p. 224.

De acordo com a redação do art. 394-A da CLT, o afastamento das atividades insalubres da gestante e lactante persiste, mas os efeitos seriam diversos em relação ao grau de insalubridade e entre empregada gestante e lactante:

▸ AFASTAMENTO EM ATIVIDADES INSALUBRES		
Empregada	**Grau de insalubridade**	**Afastamento**
Gestante	Insalubridade em grau máximo	Afastamento obrigatório
	Insalubridade em graus médio e mínimo	Afastamento com atestado de médico de confiança da mulher
Lactante	Qualquer grau de insalubridade	Afastamento com atestado de médico de confiança da mulher

Diferentemente da Lei nº 13.287/2016, a Reforma Trabalhista passou a admitir hipóteses em que a gestante e a lactante não seriam afastadas obrigatoriamente. Quando a atividade desenvolvida apresentasse grau médio e mínimo de insalubridade para a gestante ou em qualquer grau de insalubridade para a lactante, ocorreria o afastamento apenas se assim fosse recomendado pelo médico de confiança da empregada.

Somente seria obrigatório o afastamento na hipótese da empregada gestante em grau máximo de insalubridade[262]. Note-se que o atestado médico deveria ser emitido por médico de confiança da empregada gestante ou lactante, o que, em tese, evitaria a ocorrência de fraudes caso o atestado fosse emitido por médico da empresa.

No dia 29/05/2019, o plenário do STF, por maioria de 10 votos a 1, decidiu pela inconstitucionalidade de trecho do art. 394-A da CLT, que previa nos incisos II e III: "quando apresentar atestado de saúde, emitido por médico de confiança da mulher, que recomende o afastamento". De acordo com o relator, a proteção à maternidade e à criança não podem ser afastadas pela simples apresentação de atestado médico.

Ao apreciar a ADI 5938, o STF considerou inconstitucional a modificação trazida pela Reforma Trabalhista, firmando entendimento de que a permissão do trabalho da gestante e da lactante em ambiente insalubre viola o art. 6º (proteção à maternidade e à infância), 7º, incisos XX (proteção do mercado de trabalho da mulher, mediante incentivos específicos, nos termos da lei) e XXII (redução dos riscos inerentes ao trabalho, por meio de normas de saúde, higiene e segurança), e o art. 227 (dever de proteção da sociedade e do Estado quanto à saúde e à vida da criança), da Constituição Federal, além de afrontar o princípio da vedação ao retrocesso social[263].

Com a decisão na ADI 5.938, as empregadas gestantes e lactantes sempre deverão ser afastadas das atividades insalubres independentemente do grau de insalubridade.

262. A NR 15 do Ministério do Trabalho trata desse assunto ligado aos graus de insalubridade.

263. Esse foi o tema da questão discursiva do I Concurso Nacional Unificado – Bloco 4, que selecionou os novos Auditores-Fiscais do Trabalho.

Durante o afastamento da atividade insalubre é assegurado à empregada a manutenção de sua remuneração, bem como do valor referente ao adicional de insalubridade. O adicional em questão é uma das formas de salário-condição, ou seja, o empregado apenas receberá o adicional enquanto estiver prestando serviços em atividades insalubres. No entanto, a legislação abriu uma exceção, pois mesmo que a empregada seja afastada da atividade insalubre e passe a trabalhar em local salubre, manterá o direito ao adicional de insalubridade.

Em contraprestação, o atual § 2º do presente art. 394-A CLT estabeleceu que a empresa que pagar o adicional de insalubridade à gestante ou à lactante, tem direito a compensar o valor pago das contribuições incidentes sobre a folha de salários e demais rendimentos pagos ou creditados à pessoa física que lhe preste serviço. Portanto, apesar de o pagamento do adicional ser realizado pela empresa, o valor será reembolsado com a compensação nas contribuições devidas.

3.7.4.1.1. Salário-maternidade estendido

Na impossibilidade de transferir a gestante ou a lactante para atividade salubre na empresa, a empregada terá direito à percepção de salário maternidade, da confirmação da gravidez até o fim do período de lactação, pois a gravidez será considerada de risco. Nesse caso, durante todo o período de afastamento, a empregada perceberá o benefício previdenciário.

A licença-maternidade compreende o afastamento remunerado da gestante[264], com duração de 120 dias. Esse direito é previsto no art. 7º da CF/88:

> **Art. 7º** São direitos dos trabalhadores urbanos e rurais, além de outros que visem à melhoria de sua condição social:
> (...) XVIII – licença à gestante, sem prejuízo do emprego e do salário, com a duração de cento e vinte dias;

Portanto, a Reforma Trabalhista criou nova modalidade de licença-maternidade (salário-maternidade) no caso de impossibilidade de transferência da gestante ou da lactante para atividade salubre. Exemplo: Empregada que labora em atividades de insalubridade de grau médio descobre sua gravidez e seu médico de confiança recomenda seu afastamento em atestado. Nesse caso, se for impossível a transferência da empregada para atividade salubre, terá direito à percepção do salário maternidade durante todo o período de afastamento, desde a gravidez até o final da lactação.

Note-se que, diferentemente do prazo habitual da licença-maternidade de 120 dias, a Reforma Trabalhista criou uma espécie de "supersalário-maternidade", pois a empregada pode perceber o benefício durante os 9 meses de gestação além dos meses necessários à lactação da criança.

Por fim, terá discussão na área previdenciária sobre a prévia existência de fonte de custeio desse benefício criado pela Reforma Trabalhista. De qualquer forma, a melhor

264. Prevalece na doutrina que a licença-maternidade é hipótese de interrupção do contrato de trabalho, pois a empregada continua recebendo salário (pago pela Previdência Social) e o tempo de serviço é contado para todos os fins.

saída consiste no pagamento do benefício previdenciário, pois deixar o pagamento a cargo do empregador desestimularia a contratação de mulheres.

3.7.4.2. Afastamento de gestantes durante a pandemia de COVID-19 (Lei nº 14.151/2021, alterada pela Lei 14.311/2022)

No dia 12/05/2021, foi sancionada, pelo Presidente da República, a Lei nº 14.151/2021, que previu o afastamento obrigatório das empregadas gestantes de atividades presenciais durante a emergência de saúde pública de importância nacional decorrente do novo coronavírus.

Conforme dispunha a redação original do art. 1º, *caput* e parágrafo único, da referida Lei, durante a emergência de saúde pública de importância nacional decorrente do novo coronavírus, todas as a empregadas gestantes do país deveriam permanecer afastadas das atividades de trabalho presencial, sem prejuízo de sua remuneração. Era possibilitada a prestação de serviços em seu domicílio, por meio de teletrabalho, trabalho remoto ou outra forma de trabalho a distância.

Em alguns setores de atividades, como trabalhos manuais, empregadas domésticas, comércio, dentre tantos outros, o trabalho presencial é indispensável. Nesses casos, a gestante entraria em licença remunerada, ou seja, não trabalharia, mas receberia sua remuneração.

Contudo, no dia 10/03/2022, foi publicada a Lei nº 14.311/2022, que **determinou o retorno das gestantes às atividades presenciais** em hipóteses específicas. Em resumo, permaneciam afastadas das atividades presenciais as empregadas gestantes que ainda não tenham sido totalmente imunizadas contra a COVID-19, podendo, contudo, exercer as atividades em seu domicílio, por meio de teletrabalho, trabalho remoto ou outra forma de trabalho a distância, sem prejuízo de sua remuneração.

Por fim, é válido ressaltar que, em 22/04/2022, foi publicada a Portaria GM/MS nº 913/22, assinada pelo Ministro da Saúde, Marcelo Queiroga, declarando o encerramento da Emergência em Saúde Pública de Importância Nacional (ESPIN) em decorrência da Infecção Humana pelo novo Coronavírus (2019-nCov), de que tratava a Portaria GM/MS nº 188, de 3 de fevereiro de 2020 (revogada). Assim, com fim da emergência de saúde pública, todas as empregadas grávidas afastadas puderam ser convocadas para o retorno aos trabalhos presenciais.

3.7.4.3. Revistas íntimas

Outra questão que poderá ser cobrada no concurso é a possibilidade de revistas íntimas das empregadas. Há expressa previsão em lei vedando revistas íntimas nas mulheres, art. 373-A, VI, da CLT. Essa proibição à revista íntima tem sido estendida também aos empregados do sexo masculino, com fundamento no princípio da igualdade.

Em abril de 2016, foi promulgada a Lei nº 13.271/2016, que estabelece a proibição de revistas íntimas de funcionárias e clientes do sexo feminino por empresas privadas e órgãos e entidades da Administração Pública.

Com essa nova lei, acaba a discussão sobre a possibilidade de revistas íntimas em mulheres, em quaisquer atividades, inclusive no serviço público.

Há, ainda, a discussão sobre a possibilidade de revistas íntimas das **empregadas e servidoras públicas** que prestam serviços em sistemas prisionais. O art. 3º da Lei nº 13.271/2016 previa que a revista íntima em estabelecimentos prisionais seria permitida desde que realizada por servidoras do sexo feminino. Contudo, o dispositivo foi vetado pelo Chefe do Executivo. Além disso, entendemos que essa permissão somente seria aplicada às pessoas que fossem realizar **visitas ao presídio**[265]. Nesse caso, a medida se justifica diante da necessidade de garantir a segurança da sociedade e dos próprios detentos, pois evitaria o ingresso de armas, aparelhos celulares, drogas etc.

Entendemos, portanto, que a revista íntima das empregadas e servidoras públicas que trabalham nos presídios não é possível, uma vez que o art. 1º da Lei nº 13.271/2016 é expresso ao proibir essa forma de revista a todas as funcionárias da Administração Pública, o que inclui as funcionárias públicas do sistema prisional.

Para as demais atividades e empresas, repita-se que essa conduta não é admitida nem mesmo via instrumento coletivo. Registra-se que a alteração legislativa, acima transcrita, deveria ter ampliado a proibição de revistas íntimas também aos homens e às mulheres transexuais (evitando possíveis discussões).

Por fim, não nos parece razoável a proibição restrita apenas às mulheres e permitida aos homens.

Sobre esse assunto, interessante conferir a jurisprudência do TRT-RJ que proíbe a revista íntima a qualquer trabalhador de qualquer sexo:

> **Súmula nº 16 do TRT – 1ª Região.** Revista íntima. Dano moral. Limites dos poderes de direção e fiscalização. Violação à honra e à intimidade do trabalhador. Princípio da dignidade da pessoa humana (art. 1º, inc. III, CF).
>
> Cabe reparação por dano moral, por ferir o princípio da dignidade da pessoa humana, o ato patronal consubstanciado em revistas íntimas de trabalhadores de qualquer sexo, incluindo a vigilância por meio de câmeras instaladas em banheiros e vestiários.

Além disso, o Pleno do TST, no julgamento do Incidente de Recurso de Revista Repetitivo nº 58, firmou a tese vinculante nº 58 com a seguinte redação:

> **A realização de revista meramente visual nos pertences dos empregados, desde que procedida de forma impessoal, geral, sem contato físico** e exposição dos trabalhadores a situação humilhante ou vexatória, não configura ato ilícito apto a gerar indenização por dano moral (TST-RRAg-0020444-44.2022.5.04.0811, Relator: Ministro Aloysio Corrêa da Veiga, Tribunal Pleno, DJE: 14/03/2025).

Segundo o TST, a revista visual de bolsas, mochilas e pertences pessoais, se feita de forma generalizada, impessoal e sem contato físico, **não configura violação à intimidade e, portanto, não gera dever de indenizar**. Tal conduta é amparada pelo poder diretivo do empregador, conforme o art. 2º da CLT, e não se confunde com a revista íntima, que continua rigorosamente vedada.

265. Destaca-se, entretanto, que a Resolução nº 5/2014 do CNPCP – Conselho Nacional de Política Criminal e Penitenciária – recomenda que não seja realizada nenhuma forma de revista íntima nos presídios, nem mesmo dos visitantes, sendo permitida somente a revista pessoal desde que preservada a integridade física, moral e psicológica da pessoa revistada.

3.7.4.4. Fim do Intervalo para jornada extraordinária da mulher (Reforma Trabalhista)

O art. 384 da CLT, revogado pela Lei nº 13.467/2017 – Reforma Trabalhista, previa intervalo especial para as mulheres, que deveriam gozar de descanso de 15 minutos, no mínimo, antes do início da jornada extraordinária de trabalho. Portanto, caso a empregada mulher prestasse horas extras na empresa, deveria ser assegurado o direito ao descanso de 15 minutos antes do início do trabalho extraordinário.

Antes de sua revogação pela Reforma Trabalhista, havia muita discussão quanto a sua recepção ou não pela Constituição de 1988. Marcelo Moura[266], e Sergio Pinto Martins[267], por exemplo, entendiam que a previsão de 15 minutos antes do início da sobrejornada feminina violava o princípio da igualdade entre homens e mulheres. Para Mauro Schiavi[94], o dispositivo havia sido recepcionado pela Constituição de 1988, e seria aplicável tanto às mulheres quanto aos homens.

O dispositivo teve sua constitucionalidade contestada perante o STF, que decidiu, em novembro de 2014, pela recepção do intervalo de 15 minutos para as mulheres. Contudo, a decisão foi anulada por vício formal no julgamento.

Reapreciando a sobre jornada matéria em setembro de 2021, o Tribunal, por unanimidade, fixou a tese de que o art. 384 havia sido recepcionado pela Constituição Federal de 1988, aplicando-se a todas as mulheres trabalhadoras e empregados com menos de 18 anos:

> **Tema 528 da Repercussão Geral:** O art. 384 da CLT, em relação ao período anterior à edição da Lei n. 13.467/2017, foi recepcionado pela Constituição Federal de 1988, aplicando-se a todas as mulheres trabalhadoras.

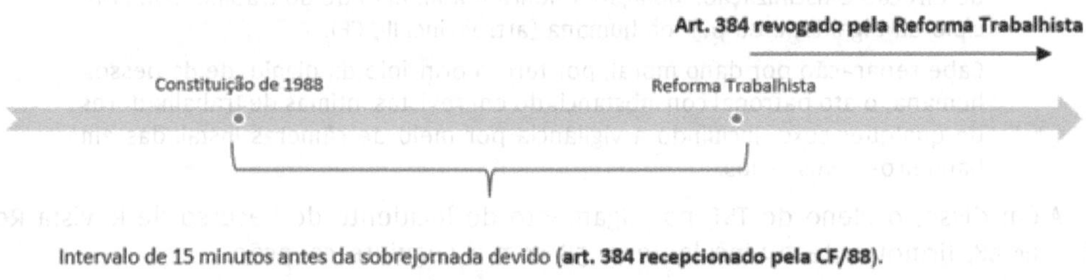

Em 2025, o Tribunal Superior do Trabalho, ao julgar o Incidente de Recurso de Revista Repetitivo, firmou a tese vinculante nº 63 no sentido de que **não há exigência de tempo mínimo de jornada extraordinária para que a mulher tenha direito ao intervalo do art. 384 da CLT**. A seguir, o conteúdo da tese vinculante:

> O descumprimento do intervalo previsto no art. 384 da CLT, no período anterior à vigência da Lei nº 13.467/17, enseja o pagamento de 15 minutos como labor extraordinário, não se exigindo tempo mínimo de **sobrejornada** como condição para concessão do intervalo à mulher (TST-RRAg-0000038-03.2022.5.09.0022, Relator: Ministro Aloysio Corrêa da Veiga, Tribunal Pleno, DJE: 14/03/2025).

266. Veja RE 658312-SC – Relator: Min. Dias Toffoli – Data de Julgamento: 27/11/2014.
267. Veja RE 658312-SC – Relator: Min. Dias Toffoli – Data de Julgamento: 27/11/2014.

No processo paradigma que deu origem à tese do TST, discutia-se a Súmula nº 22 do TRT da 9ª Região que condicionava esse intervalo especial à realização de pelo menos 30 minutos de trabalho extraordinário. O TST, porém, afastou esse critério restritivo.

Segundo o Pleno do TST, o direito ao intervalo decorre diretamente da previsão legal, e sua fruição não está condicionada à extensão da sobrejornada. Assim, mesmo se a hora extra durasse poucos minutos, a não concessão do intervalo configurava irregularidade e gerava o direito ao pagamento de 15 minutos como horas extras, nos moldes do art. 59 da CLT.

De qualquer forma, atualmente, o art. 384 da CLT se encontra revogado pela Reforma Trabalhista, não havendo mais que se falar em intervalo especial de 15 minutos para as mulheres e adolescentes antes do início da jornada extraordinária de trabalho.

PROTEÇÃO DO TRABALHO DA MULHER

Proteção à maternidade	- Empregada gestante terá direito à dispensa do horário para realização de, no mínimo, 6 consultas médicas - Transferência de função (motivo saúde) - Amamentação até 6 meses de idade: 2 intervalos de meia hora. - Aborto não criminoso: 2 semanas de repouso.
Licença-maternidade	- **Duração:** 120 dias - Prorrogação 60 dias: a) Pessoa jurídica que aderiu ao Programa Empresa Cidadã b) Pedido de Prorrogação até o final do 1º mês após o parto
Estabilidade	- **Duração:** início confirmação da gravidez até 5 meses após o parto - Terá direito à estabilidade, inclusive durante o contrato por prazo determinado (Súm. 244, TST e Art. 391-A da CLT). Empregado adotante também direito à estabilidade provisória no emprego (art. 391-A, parágrafo único, CLT - Lei nº 13.509/2017) - Se houver dispensa sem justa causa, a empregada terá direito à reintegração (Súmula nº 244 do TST)
Meio Ambiente do Trabalho	- Proibição de teste de gravidez na admissão e permanência no emprego - Afastamento da gestante em atividades insalubres

3.8. Mãe Social[268]

A atividade de Mãe Social é regulamentada pela Lei nº 7.644/1987 com o intuito de promover a assistência a crianças e adolescentes abandonados, visando propiciar-lhes

268. Esse tópico ainda não foi exigido nas provas de Analista do TRT, mas diante da dificuldade das últimas questões dos concursos, optou-se por inserir o assunto.

as condições necessárias para seu desenvolvimento e integração social. Nesse sentido, dispõe o art. 2º da lei:

> **Art. 2º, Lei nº 7.644/1987:** Considera-se mãe social, para efeito desta Lei, aquela que, dedicando-se à assistência ao menor abandonado, exerça o encargo em nível social, dentro do sistema de casas-lares.

Assim, a legislação permite que as instituições sem finalidades lucrativas, ou de utilidade pública de assistência a crianças e adolescentes abandonado (aqueles que se encontram em situação irregular, seja pela morte, abandono ou incapacidade dos pais) contratem mães sociais para que seja possível o funcionamento de casas-lares. Trata-se, portanto, de **empregada (vínculo empregatício)**, com proteção da legislação trabalhista[269]. A unidade residencial poderá abrigar até dez jovens, sob a guarda da mãe social.

Para a contratação de mães sociais, o art. 9º da Lei nº 7.644/1987 estabelece alguns requisitos:

a) idade mínima de 25 anos;

b) boa sanidade física e mental;

c) curso de primeiro grau, ou equivalente;

d) aprovada em treinamento e estágio exigidos pela Lei;

e) boa conduta social;

f) aprovação em teste psicológico específico.

Ademais, exige-se que a mãe social se dedique exclusivamente ao trabalho realizado na casa-lar, sendo responsável pela administração do lar, organizando e desenvolvendo as tarefas diárias. Deve orientar-se no sentido de proporcionar um ambiente familiar aos jovens sob seus cuidados.

Antes de sua contratação como mãe social, será submetida a um treinamento de conteúdo teórico e a um estágio de duração máxima de 60 dias. A estagiária não formará vínculo de emprego, mas terá direito a seguro contra acidentes pessoais, alimentação, habitação e bolsa para ajuda de vestuário e despesas pessoais. Findo o período de treinamento, será possível a contratação da mãe social como empregada. Portanto, frequentar o estágio é requisito prévio da contratação.

O art. 5º da Lei estabelece um rol de **direitos trabalhistas** que devem ser assegurados a essas prestadoras de serviços:

> **Art. 5º** – À mãe social ficam assegurados os seguintes direitos:
>
> I – anotação na Carteira de Trabalho e Previdência Social;
>
> II – remuneração, em valor não inferior ao salário mínimo;
>
> III – repouso semanal remunerado de 24 (vinte e quatro) horas consecutivas;
>
> IV – apoio técnico, administrativo e financeiro no desempenho de suas funções;
>
> V – 30 (trinta) dias de férias anuais remuneradas nos termos do que dispõe o capítulo IV, da Consolidação das Leis do Trabalho;

269. **Art. 19** – Às relações do trabalho previstas nesta Lei, no que couber, aplica-se o disposto nos capítulos I e IV do Título II, Seções IV, V e VI do Capítulo IV do Título III e nos Títulos IV e VII, todos da Consolidação das Leis do Trabalho – CLT.

VI – benefícios e serviços previdenciários, inclusive, em caso de acidente do trabalho, na qualidade de segurada obrigatória;

VII – gratificação de Natal (13º salário);

VIII – Fundo de Garantia do Tempo de Serviço ou indenização, nos termos da legislação pertinente.

Sobre as **penalidades** impostas aos empregados, a doutrina e a jurisprudência aceitam a aplicação da advertência verbal ou escrita, embora não tenha previsão expressa na CLT. Interessante notar que a lei que regulamenta esse belo trabalho desenvolvido pela mãe social prevê, como penalidade, a aplicação de advertência (art. 14).

Por fim, cumpre ressaltar que é obrigação da instituição que instituiu a casa-lar manter substitutas no caso de afastamento ou término do contrato de trabalho da mãe social. No caso de dispensa sem justa causa, terá direito ao recebimento das verbas trabalhistas devidas e ao levantamento dos depósitos do FGTS.

3.9. Proteção do trabalho da pessoa com deficiência

Nas últimas décadas, os direitos das pessoas com deficiência ganharam mais destaque, especialmente devido ao fortalecimento do Estado Democrático de Direito estabelecido pela Constituição de 1988. Nesse cenário, a sociedade civil, composta por indivíduos e instituições, incluindo as empresas, deve adotar uma postura democrática e **inclusiva**[270], promovendo a integração dessas pessoas e fortalecendo a democracia e a justiça social.

Inclusive, esse propósito é respaldado pela Convenção Internacional dos Direitos da Pessoa com Deficiência e seu Protocolo Facultativo, que foram ratificados pelo Brasil, seguindo o rito especial do art. 5º, § 3º, da Constituição Federal de 1988. Este procedimento exige aprovação em cada Casa do Congresso Nacional, em dois turnos, por três quintos dos votos, o que **confere à Convenção e ao Protocolo o *status* de emenda constitucional**. Dessa forma, os direitos e garantias previstos no tratado, que visam assegurar a inclusão, a acessibilidade e a não discriminação das pessoas com deficiência, possuem força normativa equivalente à das normas constitucionais no Brasil, reforçando a proteção constitucional a esses direitos fundamentais. Referido diploma, em seu art. 1º, reconhece que a **deficiência resulta da interação com barreiras no meio ambiente**.

Portanto, a proteção das pessoas com deficiência vai além de evitar discriminação. Busca-se a inclusão efetiva em múltiplas dimensões da vida, incluindo a participação social, o exercício da cidadania e o direito ao trabalho, garantindo condições reais para que essas pessoas possam exercer seus direitos de forma igualitária.

3.9.1. Quem é a pessoa com deficiência?

Nos termos do art. 2º da Lei 13.146/2015 (Estatuto da Pessoa com Deficiência), considera-se pessoa com deficiência aquela que **possui uma limitação de longo prazo de natureza física, mental, intelectual ou sensorial, que, em conjunto com uma ou mais barreiras, pode impedir sua plena e efetiva participação na sociedade em condições de igualdade com outras pessoas.**

270. Delgado, Maurício Godinho. Curso de Direito do Trabalho. 18. ed. São Paulo. São Paulo: LTr, 2019, p. 640.

Por barreiras, segundo o art. 3º, inviso IV, do Estatuto da Pessoa com Deficiência, considera-se **qualquer obstáculo, atitude ou comportamento que restrinja ou impeça a inclusão social da pessoa**, assim como o gozo, o exercício e o acesso aos seus direitos de acessibilidade, liberdade de movimento e expressão, comunicação, acesso à informação, compreensão e circulação segura, entre outros. Como exemplo de barreiras, podemos citar as urbanísticas, arquitetônicas, de transporte, de comunicação e informação e tecnológicas.

Ainda, merecem destaque as **barreiras atitudinais**, ou seja, as atitudes ou os comportamentos que impedem ou prejudicam a participação social da pessoa com deficiência em igualdade de condições e oportunidades com as demais pessoas. Essas barreiras representam uma visão da deficiência que desloca o foco da limitação individual para as falhas sociais em promover igualdade de condições e oportunidades. A sociedade preconceituosa e não inclusiva é apontada como a principal responsável pela exclusão, evidenciando que a solução passa pela conscientização, mudança cultural e implementação de políticas públicas de inclusão.

Ao retirar o estigma da deficiência como algo intrínseco ao indivíduo, o Estatuto da Pessoa com Deficiência reforça a abordagem do **modelo social da deficiência**, que enxerga a inclusão como uma responsabilidade coletiva. Assim, combater as barreiras atitudinais exige esforços educacionais e institucionais para transformar comportamentos e atitudes preconceituosas, promovendo uma sociedade mais inclusiva.

A avaliação da deficiência, quando necessária, será realizada de forma **biopsicossocial**, conduzida por uma equipe multiprofissional e interdisciplinar. Essa abordagem considera diferentes aspectos da vida da pessoa, incluindo os impedimentos nas funções e estruturas do corpo, os fatores socioambientais, psicológicos e pessoais, as limitações no desempenho de atividades e as restrições de participação.

É garantido à pessoa com deficiência o direito ao trabalho, de forma que seja permitida sua livre escolha. Exige-se também das pessoas jurídicas de direito público e privado a garantia de ambientes de trabalho acessíveis e inclusivos. O objetivo é promover uma colocação competitiva, assegurando igualdade de oportunidades em relação às demais pessoas, conforme previsto na legislação trabalhista e previdenciária. Para isso, é necessário assegurar o cumprimento das normas de acessibilidade, o fornecimento de recursos de tecnologia assistiva e a adaptação razoável, compreendida como as modificações e ajustes necessários que não resultem em ônus desproporcional ou indevido para quem as promove[271], no ambiente de trabalho, nos termos dos arts. 34 e 37 do Estatuto da Pessoa com Deficiência.

Em resumo, destaca-se que a deficiência é resultante da interação entre as limitações de longo prazo e as barreiras impostas pela sociedade[272]. Por isso, os aspectos ambientais e suas adaptações são tão importantes.

271. Gunça, Claiz. Diversidade e inclusão na sociedade. In: Correia, Henrique (coord). Revisão Final Auditor Fiscal do Trabalho. São Paulo: Editora JusPodivm, 2024, p. 203.

272. FILHO, Waldir Macieira da Costa Filho; LEITE, Flávia Piva Almeida.; RIBEIRO, Lauro Luiz Gomes. Comentários ao estatuto da pessoa com deficiência. 2nd ed. Rio de Janeiro: Saraiva Jur, 2019, p. 46.

3.9.2. As cotas para pessoas com deficiência e reabilitados (art. 93 da Lei nº 8.213/1991)

A Lei nº 8.213/1991 (Lei de Benefícios da Previdência Social) estabelece ações afirmativas destinadas às pessoas com deficiência e beneficiários de licença previdenciária em processo de reabilitação, ou seja, empregados que se encontram parcial ou totalmente incapazes para a atividade laborativa. Para tanto, o art. 93 da referida lei estabelece que empresas com 100 ou mais empregados deverão manter de 2% a 5% de seus cargos com pessoas com deficiência ou empregados reabilitados ao trabalho, conforme a seguinte proporção em relação ao número de empregados da empresa:

> **Art. 93, Lei nº 8.213/1991:** A empresa com 100 (cem) ou mais empregados está obrigada a preencher de 2% (dois por cento) a 5% (cinco por cento) dos seus cargos com beneficiários reabilitados ou pessoas portadoras de deficiência, habilitadas, na seguinte proporção:
>
> I – até 200 empregados 2%;
>
> II – de 201 a 500.......... 3%;
>
> III – de 501 a 1.000.......... 4%;
>
> IV – de 1.001 em diante.......... 5%.

Assim, a lei busca garantir a inclusão social e profissional das pessoas com deficiência e dos empregados reabilitados, estabelecendo uma política de cotas que obriga as empresas a contribuírem para a integração desses trabalhadores ao mercado de trabalho.

Por fim, conforme §3º do referido artigo, incluído pelo Estatuto da Pessoa com Deficiência (Lei nº 13.146/2015), os aprendizes com deficiência não serão considerados para o cumprimento da cota. Da mesma forma, empregados afastados por invalidez, auxílio-doença ou auxílio-doença acidentário[273], ainda que sejam pessoas com deficiência, também não poderão ser computados para esse fim.

3.9.3. Flexibilização da cota de pessoas com deficiência e reabilitados

Algumas empresas enfrentam maiores desafios para cumprir a cota legal destinada à contratação de pessoas com deficiência e reabilitados da Previdência Social. É o caso, por exemplo, de organizações que atuam em atividades de risco ou cujas funções exigem requisitos incompatíveis com determinadas condições biopsicossociais, como ocorre nas empresas de vigilância. Diante dessas dificuldades, é comum que empregadores busquem as entidades sindicais para negociar normas coletivas que flexibilizem o cumprimento da cota, excluindo certas funções da base de cálculo.

No passado, a Seção Especializada em Dissídios Coletivos (SDC) do TST chegou a admitir a exclusão de determinadas funções do cálculo da cota, como as exercidas por vigilantes[274]. Justificava-se que a atividade, por sua periculosidade e exigências específicas,

273. A 4ª Turma do TST em recente acórdão decidiu que não se deve incluir contratos de trabalho suspensos em razão de aposentadoria por invalidez ou auxílio-doença no cálculo do preenchimento das cotas destinadas a pessoas com deficiência ou reabilitadas pelo INSS. TST-Ag-AIRR - 20074-34.2013.5.04.0018. Relator(a). Min. Maria Cristina Irigoyen Peduzzi. Quarta Turma. Data de julgamento: 01/10/2024. Data de publicação: 04/10/2024.

274. RO-CSJT – 76-64-2016.5.10.0000, Relatora Ministra: Maria Cristina Irigoyen Peduzzi, Data de Julgamento 13.03.2017, Seção Especializada em Dissídios Coletivos, Data de Publicação: DEJT 11.04.2017.

previstas no art. 28 da Lei nº 14.967/2024, não seria compatível com a condição física de alguns candidatos PCD. Entre os requisitos legais para o exercício da função de vigilante estão: ser brasileiro, ter mais de 21 anos, ser considerado apto em exames de saúde física, mental e psicológica, e ter concluído curso de formação específico.

A tese era de que não seria razoável expor pessoas com deficiência física a situações de risco apenas para atender ao percentual legal. A própria Lei nº 8.213/1991, ao instituir a reserva legal, tem como objetivo garantir o acesso ao trabalho digno e compatível com a qualificação e condição dos trabalhadores com deficiência, promovendo sua inclusão real.

O tema, contudo, parece ter sido **pacificado pelo STF** no julgamento do Tema 1.046 da Repercussão Geral, que discutia a validade de normas coletivas de trabalho que limitam ou restringem direitos trabalhistas não assegurados constitucionalmente. Conforme o relator, Min. Gilmar Mendes, acompanhado pela maioria, a prevalência do negociado sobre o legislado **não abrange políticas públicas de inclusão de pessoa com deficiência e dos jovens e adolescentes no mercado de trabalho**. Dessa forma, vedou-se expressamente a flexibilização da cota de aprendizagem e de pessoas com deficiência.

Em sintonia com esse posicionamento, o TST também reformulou sua jurisprudência. Em decisões recentes[275], a SDC firmou entendimento de que as cotas legais não podem ser objeto de negociação coletiva, pois dizem respeito a direitos difusos, isto é, pertencentes a uma coletividade indeterminada de pessoas vinculadas por uma condição fática, como ser aprendiz ou pessoa com deficiência. Nessas hipóteses, o sindicato não detém legitimidade para transacionar tais direitos.

Conclui-se, portanto, que a reserva legal de vagas para pessoas com deficiência e reabilitados não admite flexibilização por meio de negociação coletiva. Trata-se de uma ação afirmativa essencial para assegurar a inclusão digna e efetiva desses trabalhadores no mercado de trabalho. Ainda que cada situação possa apresentar particularidades, o compromisso com a igualdade de oportunidades e a acessibilidade deve prevalecer, reafirmando o caráter vinculante e inegociável dessa política pública de inclusão.

3.9.4. Descumprimento da cota legal e o dano moral coletivo

O descumprimento da cota prevista no art. 93 da Lei nº 8.213/1991 pode resultar em **condenação por dano moral coletivo**[276]. Isso porque a inobservância dessa obrigação legal atinge não apenas os trabalhadores diretamente prejudicados, mas também compromete valores essenciais da coletividade, como inclusão, igualdade e cidadania.

A cota de contratação de pessoas com deficiência configura ação afirmativa destinada a promover a dignidade e garantir oportunidades equitativas no mercado de trabalho. Quando a empresa deixa de cumprir esse dever, viola o patrimônio moral da coletividade, perpetua práticas excludentes e fragiliza princípios constitucionais fundamentais, como a dignidade da pessoa humana e o valor social do trabalho. A reparação do dano, nesse

275. Ação Anulatória de Cláusulas Convencionais nº 1000585-78.2021.5.00.0000, ajuizada pelo MPT, com acórdão de relatoria Lelio Bentes Corrêa, Publicado(a) o(a) acórdão em 22/08/2022.

276. TST – RR: 00110080920185030042, Relator: Jose Pedro De Camargo Rodrigues De Souza, Data de Julgamento: 03/05/2023, 6ª Turma, Data de Publicação: 05/05/2023.

contexto, tem função não apenas compensatória, mas também pedagógica, incentivando condutas empresariais socialmente responsáveis.

O dano moral coletivo é a violação em dimensão transindividual dos direitos da personalidade. Como exemplo, podemos citar, além do descumprimento da cota de pessoas com deficiência e reabilitados, o excesso de jornada indiscriminado aos trabalhadores de uma determinada empresa, a submissão de trabalhadores a condições análogas a de escravo, a discriminação nas relações de trabalho, violação de normas de saúde e segurança no trabalho[277], reiterados acidentes de trabalho, descumprimento da cota de aprendizagem[278] etc.

Segundo Carlos Alberto Bittar Filho,

> O dano moral coletivo é a injusta lesão da esfera moral de uma dada comunidade, ou seja, é a violação antijurídica de um determinado círculo de valores coletivos. Quando se fala em dano moral coletivo, está-se fazendo menção ao fato de que o patrimônio valorativo de uma certa comunidade (maior ou menor), idealmente considerada, foi agredido de uma maneira absolutamente injustificável do ponto de vista jurídico... Como se dá na seara do dano moral individual, aqui também não há que se cogitar de prova de culpa, devendo-se responsabilizar o agente pelo simples fato da violação[279].

A reparação do dano moral coletivo deve, em regra, ser revertida em benefício da comunidade atingida, preferencialmente por meio de ações que reparem o bem jurídico violado. Os direitos coletivos são tutelados por ação civil pública, por meio da aplicação da Lei nº 7.347/85 e do Código de Defesa do Consumidor. No âmbito da Justiça do Trabalho[280], o art. 83, III da LC nº 75/93 prevê que compete ao Ministério Público do Trabalho "promover a ação civil pública no âmbito da Justiça do Trabalho, para defesa de interesses coletivos, quando desrespeitados os direitos sociais constitucionalmente garantidos."

3.9.4.1. O TST e a inaplicabilidade de multa ou dano moral coletivo em caso de comprovado esforço para o cumprimento da cota de pessoas com deficiência e reabilitados

No entanto, segundo a SDI-1 do TST[281], quando uma empresa demonstra ter realizado todos os esforços possíveis para contratar pessoas com deficiência, não é cabível a

---

277. TRT 23. PROCESSO nº 0000413-45.2020.5.23.0002. J. 14/09/2021.

278. (...) No caso, impossível afastar da conduta da ré no descumprimento da legislação trabalhista relacionada à obrigação de contratar aprendizes no número mínimo previsto no ordenamento jurídico, os prejuízos que traz ao sistema de formação técnico-profissional e contraria o direito fundamental à profissionalização, previsto no artigo 227, caput, da Constituição da República, sendo que seu desrespeito traz evidentes prejuízos de ordem moral, motivo pelo qual incorreta a decisão regional que excluiu da condenação a indenização por danos morais coletivos. Precedentes. Recurso de revista conhecido e provido (...) (6ª Turma do TST. PROCESSO Nº TST-RR-1432-91.2015.5.12.0059).

279. BITTAR FILHO, Carlos Alberto, Do Dano Moral Coletivo no Atual Contexto Jurídico Brasileiro", in Revista Direito do Consumidor, nº 12, out/dez/ 1994.

280. MIESSA, Élisson. **Processo do Trabalho:** para concursos. 4. ed. Salvador: Juspodivm, 2017. P. 1177.

281. Conforme o Informativo nº 136 do TST; e Processo nº TST-E-ED-RR-658200-89.2009.5.09.0670. Relator Ministro: João Batista Brito Pereira. Data de Julgamento 12.05.2016, Seção Especializada em Dissídios Individuais (SDI-1): "AÇÃO CIVIL PÚBLICA. VAGAS DESTINADAS A PESSOAS PORTADORAS DE DEFICIÊNCIA. PREENCHIMENTO. ART. 93 DA LEI 8.213/91. MULTA. INDENIZAÇÃO POR DANO MORAL COLETIVO. ABSOLVIÇÃO. PERSISTÊNCIA

aplicação de multa ou a condenação por dano moral coletivo caso o percentual mínimo exigido pela legislação não seja alcançado. Esses esforços incluem ampla divulgação em jornais, televisão, agências de emprego e outros meios de comunicação, além de busca ativa em entidades especializadas e programas de inclusão.

Essa posição do TST reconhece que, em algumas situações, a dificuldade de cumprir a cota legal pode não decorrer de omissão ou negligência da empresa, mas sim da falta de candidatos disponíveis no mercado de trabalho, especialmente em determinadas regiões ou setores econômicos. Ainda que possa parecer um contrassenso à ideia de impossibilidade de flexibilização da reserva legal, para o Tribunal, a ausência de aplicação de multa ou condenação por dano moral não exonera a empresa da obrigação de promover a admissão de pessoas com deficiência ou reabilitados, nos termos do art. 93 da Lei nº 8.213/1991.

3.9.5. Término do contrato de trabalho da pessoa com deficiência

A dispensa de uma pessoa com deficiência só pode ocorrer se o empregador contratar outro empregado com deficiência ou reabilitado[282], conforme o §1º do art. 93 da Lei nº 8.213/1991.

Parte da doutrina[283] e jurisprudência[284] defende que essa exigência representa uma garantia provisória de emprego para a pessoa com deficiência. Entendemos, porém, que essa regra visa assegurar a continuidade da ação afirmativa dentro da empresa, evitando a redução do número de pessoas com deficiência contratadas. Apesar disso, não há estabilidade para o empregado com deficiência, uma vez que, se a empresa já tiver contratado um novo trabalhador com deficiência, a dispensa do empregado atual pode ocorrer imediatamente. Nesse sentido, há um interessante julgamento do Tribunal Regional do Trabalho da 15ª Região[285] que estabelece que o art. 93 da Lei nº 8.213/1991 não configura uma hipótese de estabilidade, mas sim de dispensa condicionada.

Por fim, a SDI-1 do TST tem decisão no sentido de não exigir contratação de substituto nas mesmas condições do empregado com deficiência para que a dispensa imotivada seja válida quando a cota de pessoa com deficiência e reabilitado já se encontra cumprida[286].

DA OBRIGAÇÃO LEGAL. 1. Conquanto seja ônus da empregadora cumprir a exigência prevista no art. 93 da Lei 8.213/91, ela não pode ser responsabilizada pelo insucesso, quando ficou comprovado que desenvolveu esforços para preencher a cota mínima, sendo indevida a multa bem como não havendo falar em dano moral coletivo. 2. A improcedência do pedido de condenação da ré ao pagamento de multa e de indenização por dano moral coletivo fundada no fato de a empresa haver empreendido esforços a fim de preencher o percentual legal de vagas previsto no art. 93 da Lei 8.213/91, não a exonera da obrigação de promover a admissão de pessoas portadoras de deficiência ou reabilitados, nos termos da lei. Recurso de Embargos de que se conhece e a que se dá parcial provimento."

282. O TST já entendeu que o deficiente só poderia ser demitido se houvesse a contratação de outro deficiente para o mesmo cargo. TST. RR nº 231700-03.2009.5.02.0070. 1ª Turma do TST.
283. Nesse sentido, CASSAR, Vólia Bomfim. *Direito do Trabalho*. 11. ed. São Paulo: Método, 2015. p. 1.177.
284. TRT-15 Processo nº 0000799-37.2010.5.15.0103 da 5ª Câmara – 3ª Turma.
285. TRT-15 Processo nº 0011733-68.2014.5.15.0053 da 3ª Câmara – 2ª Turma.
286. E-RR-779-16.2012.5.03.0069, Relator Min. Breno Medeiros, Data do Julgamento 23.04.2020, Subseção I Especializada em Dissídios Individuais, Data da Publicação: 30.04.2020.

4. RELAÇÕES DE TRABALHO QUE NÃO CONFIGURAM VÍNCULO EMPREGATÍCIO

As relações jurídicas a seguir não são consideradas relações de emprego, pois não estão presentes todos os requisitos essenciais à configuração do vínculo. Logo, essas relações de trabalho, em sentido amplo, não possuem o sistema protetivo previsto na CLT.

Destaca-se que, após a Emenda Constitucional nº 45/2004, que alterou o art. 114 da CF/88, a Justiça do Trabalho teve sua competência ampliada para processar e julgar causas envolvendo relações de trabalho em sentido amplo. A competência da Justiça do Trabalho é matéria ligada ao processo do trabalho.

Cabe ressaltar que, no dia 28/09/2020, o STF reconheceu que a competência para julgamento das demandas envolvendo representantes comerciais é da Justiça Comum com a seguinte tese de repercussão geral: "Preenchidos os requisitos dispostos na Lei 4.886/65, compete à Justiça Comum o julgamento de processos envolvendo relação jurídica entre representante e representada comerciais, uma vez que não há relação de trabalho entre as partes". Embora essa decisão seja no âmbito do Processo do Trabalho e o livro trata de Direito Material, há reflexos importantes nas relações de trabalho que não configuram vínculo empregatício.

O TST tinha o posicionamento de que a competência da Justiça Comum se limitava às relações do representante comercial quando era organizado como pessoa jurídica. Se o representante era pessoa física e a empresa pessoa jurídica, a competência era da Justiça do Trabalho. O STF, nesse julgamento, alterou o posicionamento do TST, pois passou a entender que, mesmo sendo pessoa física, a relação do representante comercial com a empresa é sempre de competência da Justiça Comum por ser uma relação comercial regulada por legislação própria.

Essa decisão não impactará, entretanto, nas demais relações de trabalho, que permanecem sendo julgadas pela Justiça do Trabalho por força do art. 114 da CF/88. Outras interpretações entendendo que não há competência da Justiça do Trabalho para relações de trabalho "lato sensu" me parecem, com todo o respeito, equivocadas.

4.1. Trabalhador autônomo e a Reforma Trabalhista

O trabalhador autônomo é o prestador de serviços que atua como patrão de si mesmo[287], ou seja, é a pessoa física que presta serviços por conta própria, assumindo os riscos do empreendimento. Exemplos de trabalhadores autônomos: médico, pedreiro, taxista, veterinário, diarista etc.

Em geral, esse trabalhador é o dono das ferramentas e demais equipamentos indispensáveis para a realização das suas atividades, possui ampla liberdade para escolher o horário de trabalho e fixar o preço de seus serviços. Verifica-se, assim, que falta ao trabalhador autônomo o requisito da subordinação para que se configure a relação empregatícia.

Essa prestação de serviços por trabalhador autônomo poderá ser fungível (substituição por outra pessoa ou infungível). **Infungível**, portanto, é o trabalho que não pode ser repassado a outra pessoa, por exemplo, contrata-se o melhor pedreiro da cidade para

287. BARROS, Alice Monteiro. *Curso de Direito do Trabalho*. 2. ed. São Paulo: LTr, 2006. p. 204.

reforma do apartamento. Se ele enviar outro prestador de serviços, ficará inadimplente, pois o trabalho, nesse caso, não pode ser repassado a terceiros. Essa previsão deve constar no contrato. De acordo com o Ministro e Professor Mauricio Godinho Delgado[288]:

> Mesmo em se tratando de serviço pactuado com pessoa física, é muito comum o trabalho autônomo sem infungibilidade quanto ao prestador. Um serviço cotidiano de transporte escolar, por exemplo, pode ser contratado ao motorista do veículo, que se compromete a cumprir os roteiros e horários prefixados, ainda que se fazendo substituir eventualmente por outro(s) motorista(s).
>
> O autônomo pode, contudo, ser pactuado com cláusula de rígida pessoalidade – sem prejuízo da absoluta ausência de subordinação. É o que tende a ocorrer com a prestação de serviços contratada a profissionais de nível mais sofisticado de conhecimento ou habilidade, como médicos, advogados, artistas, etc.

Por fim, nada impede que um pedreiro ou taxista seja contratado como empregado, desde que estejam presentes os quatro requisitos da relação de emprego, em especial, a subordinação.

A Reforma Trabalhista inseriu o art. 442-B à CLT para prever:

> **Art. 442-B, CLT** (*acrescentado pela Lei nº 13.467/2017*). A contratação do autônomo, cumpridas por este todas as formalidades legais, com ou sem exclusividade, de forma contínua ou não, afasta a qualidade de empregado prevista no art. 3º desta Consolidação.

De acordo com a redação do art. 442-B da CLT, o trabalho autônomo pode ser pactuado com cláusula de exclusividade e continuidade. É o que tende a ocorrer com a prestação de serviços contratada com profissionais de nível mais sofisticado de conhecimento ou habilidade, como médicos, advogados, artistas etc.

Ocorre que não há como visualizar, na prática, a aplicação do dispositivo. Dificilmente, será afastado o requisito da subordinação do trabalhador que presta serviços todos os dias em uma mesma empresa com exclusividade. Apesar de a exclusividade não ser requisito para a configuração do vínculo de emprego, o trabalhador que prestar seus serviços de forma contínua a apenas uma empresa terá, provavelmente, verificada a subordinação jurídica.

O presente artigo, acrescentado pela Reforma Trabalhista, é inexequível e sua aplicação será afastada pelo art. 3º da CLT e pelo princípio da primazia da realidade, quando presentes os requisitos para a formação do vínculo de emprego.

O traço característico do contrato de autônomo é a ausência de subordinação jurídica, o que exclui a formação do vínculo de emprego. O art. 442-B da CLT, inserido pela Reforma Trabalhista estabelece que, cumpridas todas as formalidades legais, será afasta a qualidade de empregado ao trabalhador autônomo. Referido dispositivo gerará, durante anos, profundas discussões da doutrina, jurisprudência e no dia a dia das empresas. Em primeira análise, esse artigo foi apresentado para afastar o vínculo empregatício, pois somente se refere ao cumprimento de formalidades legais para a sua descaracterização.

288. DELGADO, Mauricio Godinho. *Curso de Direito do Trabalho*. 9ª Edição. São Paulo: LTr, 2010.

As formalidades legais, como a celebração de contrato, não são, por si sós, capazes de afastar os requisitos do vínculo. Por aplicação do princípio da primazia da realidade, a realidade se sobrepõe às disposições contratuais escritas. Deve-se, portanto, verificar se o conteúdo do documento coincide com os fatos. Aliás, um autônomo que trabalhe com total exclusividade e, ainda, de forma habitual em determinada empresa tem muita chance de ter declarado o vínculo empregatício, salvo se ficar devidamente comprovada a total ausência de subordinação.

4.2. Trabalhador eventual

O trabalhador eventual é aquele que presta serviços ocasionais, esporádicos. Ademais, outro critério para identificar o trabalhador eventual é que ele atue em atividades não permanentes da empresa. Exemplo: faculdade de direito contrata programador de sistemas por três dias, para atualização dos computadores. Veja que esse trabalho não é uma atividade permanente da faculdade, e, ainda, não há repetição das atividades desse profissional.

Verifica-se, no trabalho eventual, a ausência de expectativa de retorno ao local de trabalho, portanto falta o requisito da não eventualidade para configurar o vínculo empregatício.

4.3. Trabalhador avulso

► **Art. 7º, inciso XXXIV, CF/88**

A característica principal do trabalho avulso é a presença da intermediação de mão de obra, ou seja, o trabalhador avulso é colocado no local de trabalho com a intermediação do sindicato da categoria ou por meio do Órgão Gestor de Mão de Obra – OGMO.

Embora esse trabalhador não seja empregado, nem do sindicato, nem do OGMO, uma vez que exerce a atividade a diversos operadores portuários (ausência do requisito de pessoalidade), o art. 7º, XXXIV, da CF/88 estendeu a ele todos os direitos previstos aos empregados. Diante disso, o trabalhador avulso terá direito a férias, décimo terceiro salário, depósitos do FGTS etc., conforme previsto na Constituição Federal:

> **Art. 7º, XXXIV, CF/88:** São direitos dos trabalhadores urbanos e rurais, além de outros que visem à melhoria de sua condição social: a igualdade de direitos entre o trabalhador com vínculo empregatício permanente e o trabalhador avulso.

Reforça-se o direito à igualdade de direitos entre o trabalho avulso e o emprego, a proibição de celebração de convenção ou acordo coletivo que tenha como objeto suprimir ou reduzir essa igualdade, nos termos do art. 611-B da CLT, acrescentado pela Reforma Trabalhista.

4.3.1. Trabalhador avulso portuário[289] *(Lei nº 12.815/2013)*

Inicialmente, cabe destacar que a exploração dos portos é feita por meio de concessão de serviço público. Para facilitar a visualização da matéria, ressalta-se a presença de 3 pessoas envolvidas nessa relação:

289. A inserção dos novos tópicos de trabalhador avulso portuário e não portuário justifica-se em razão da exigência do tema nos últimos concursos para Analista do TRT. Nesse sentido, confira no capítulo de questões, os

1) **Operador Portuário**, responsável pela exploração da atividade ligada aos portos;

2) **Órgão Gestor de Mão de Obra (OGMO)**, que é o órgão criado pelo operador portuário, com a finalidade única e exclusiva de gerenciar e administrar a mão de obra. O operador portuário e o OGMO não se confundem com a figura de empregador[290].

3) **Trabalhador Avulso**[291], que não é empregado, mas uma espécie de trabalhador eventual, colocado no trabalho com a intermediação do OGMO.

Esse trabalhador se dirige até os portos para concorrer à escala de trabalho. Nem todos os dias conseguirá prestar serviços, pois há um rodízio entre eles. Cabe frisar que ele deverá receber vale-transporte mesmo nos dias em que não for escalado para o trabalho[292]. A escalação funciona da seguinte forma: **1.** o operador portuário requisita ao OGMO o número de trabalhadores necessários – aliás, o operador portuário é obrigado a requisitar trabalhadores apenas do OGMO, exceto se o porto for particular; **2.** o OGMO, de acordo com o rodízio igualitário, escala os trabalhadores entre os que estão presentes no dia; **3.** o pagamento é feito pelo operador portuário ao OGMO que, por sua vez, deve repassar em até **48 horas** aos trabalhadores avulsos.

Nessa escalação diária do trabalhador portuário avulso deverá sempre ser observado um **intervalo mínimo de 11 horas** consecutivas entre duas jornadas de trabalho, salvo em situações excepcionais, constantes de acordo ou convenção coletiva de trabalho.

Tanto o OGMO como o Operador Portuário são **solidariamente responsáveis pelos débitos trabalhistas** e pelas contribuições previdenciárias do Trabalhador Avulso. Aliás, cabe a eles cumprir as normas ligadas ao meio ambiente de trabalho, conforme previsto na NR nº 29 do MTE.

O trabalho portuário é, atualmente, regulado pela Lei nº 12.815/2013. A Lei nº 8.630/1993 foi revogada. A dinâmica dos portos funciona da seguinte forma: o operador portuário (pessoa jurídica responsável pelas atividades de movimentação de passageiros ou mercadorias nos portos) deve constituir um órgão gestor de mão de obra, cujas atribuições estão descritas no art. 32 da Lei nº 12.815/2013, conforme destacado abaixo:

> I – administrar o fornecimento da mão de obra do trabalhador portuário e do trabalhador portuário avulso;
>
> II – manter, com exclusividade, o cadastro do trabalhador portuário e o registro do trabalhador portuário avulso;
>
> III – treinar e habilitar profissionalmente o trabalhador portuário, inscrevendo-o no cadastro;
>
> IV – selecionar e registrar o trabalhador portuário avulso;

comentários referentes à prova para Analista Judiciário do TRT da 23ª Região realizado em fevereiro de 2016, que exigia o conhecimento da Lei nº 12.023/2009 (Trabalhador avulso não portuário).

290. Informativo nº 30 do TST.

291. De acordo com legislação previdenciária, o Trabalhador Avulso é definido como: "quem presta, a diversas empresas, sem vínculo empregatício, serviços de natureza urbana ou rural definidos no regulamento" (Art. 12, VI da Lei nº 8.212/91).

292. Informativo nº 61 do TST.

> V – estabelecer o número de vagas, a forma e a periodicidade para acesso ao registro do trabalhador portuário avulso;
>
> VI – expedir os documentos de identificação do trabalhador portuário; e
>
> VII – arrecadar e repassar aos beneficiários os valores devidos pelos operadores portuários relativos à remuneração do trabalhador portuário avulso e aos correspondentes encargos fiscais, sociais e previdenciários.

Nesse sentido, o OGMO é o responsável pela seleção do trabalhador portuário avulso para que possa exercer sua profissão. Essa função do OGMO na escalação dos trabalhadores avulsos portuários não pode ser afastada por norma coletiva. Portanto, nos portos organizados, a intermediação de mão de obra feita pelo OGMO substituiu a função que antes era desempenhada pelos sindicatos. Hoje, os sindicatos têm essa função restrita aos avulsos não portuários, como será tratado no tópico a seguir.

Ressalta-se que, de acordo com o art. 41, § 1º, Lei nº 12.815/2013, somente poderá exercer a atividade de trabalhador portuário avulso aquele que realizar a inscrição no cadastro do trabalhador portuário, a qual depende de prévia habilitação profissional do interessado com a realização de treinamento pelo OGMO. Além disso, a seleção para o trabalho deverá ser realizada de acordo com a disponibilidade de vagas e a ordem cronológica do cadastro.

Conforme salienta Vólia Bomfim[293], o trabalhador portuário não pode ser confundido com o marítimo, uma vez que este tem vínculo de emprego, normalmente mora na embarcação e executa serviços profissionais necessários à navegação. Já o portuário é o responsável pela movimentação de mercadorias nos portes decorrentes do transporte aquaviário.

Ademais, os trabalhadores avulsos portuários dividem-se em registrados e cadastrados. Os primeiros são aqueles que realmente são selecionados pelo OGMO para trabalhar para o operador portuário que o requisitar. Os cadastrados, por sua vez, apenas exercem a função de complementar a equipe quando não se alcançar número suficiente de registrados para o serviço[294].

Cumpre destacar que não apenas os trabalhadores avulsos portuários podem prestar serviços nos portos brasileiros. Com a redação do art. 40 da referida lei, verifica-se que é possível a contratação de empregado para o desempenho das mesmas funções dos avulsos:

> O trabalho portuário de capatazia, estiva, conferência de carga, conserto de carga, bloco e vigilância de embarcações, nos portos organizados, será realizado por trabalhadores portuários com vínculo empregatício por prazo indeterminado e por trabalhadores portuários avulsos.

No entanto, é válido destacar que a contratação de **trabalhadores portuários empregados** para as atividades de capatazia, bloco, estiva, conferência de carga, conserto de carga e vigilância de embarcações deve ser feita exclusivamente dentre os portuários avulsos registrados (art. 40, § 2º, Lei nº 12.815/2013).

---

293. CASSAR, Vólia Bomfim. *Direito do Trabalho*. 8. ed. São Paulo: Método, 2013. p. 284.
294. GARCIA, Gustavo Filipe Barbosa. *Curso de Direito do Trabalho*. 7. ed. Rio de Janeiro: Forense, 2013. 278.

De acordo com o Informativo nº 214 do TST[295], o TST confirmou expressamente que, após o advento da Lei nº 12.815/2013, os trabalhadores portuários somente podem ser contratados na condição de empregados dentre os trabalhadores avulsos registrados no Órgão Gestor de Mão de Obra. Para o tribunal, diante de interpretação literal, histórica e sistemática, há necessidade de se impor a exclusividade na contratação dos portuários registrados como empregados contratados por prazo indeterminado.

Além disso, o pagamento do salário desse empregado será feito exclusivamente pelo operador portuário, no caso seu empregador, enquanto o **avulso portuário** receberá o valor em forma de rateio após a arrecadação pelo OGMO. Não é o OGMO que paga o avulso portuário, mas é o responsável por arrecadar o valor pago pelos operadores, repassar aos trabalhadores em forma de rateio e providenciar o recolhimento dos demais encargos.

Os trabalhadores portuários, sejam empregados ou avulsos, são considerados como categorias profissionais diferenciadas, ou seja, a categoria é formada por estatuto profissional próprio[296].

É válido ressaltar que o prazo prescricional aplicável ao trabalhador avulso é o mesmo previsto aos trabalhadores urbanos e rurais conforme art. 7º, XIX, CF/88:

> **Art. 7º, XXIX, CF/88:** São direitos dos trabalhadores urbanos e rurais, além de outros que visem à melhoria de sua condição social: ação, quanto aos créditos resultantes das relações de trabalho, com prazo prescricional de cinco anos para os trabalhadores urbanos e rurais, até o limite de dois anos após a extinção do contrato de trabalho.

Veja que a Constituição Federal prevê o prazo de 2 anos para ingressar na Justiça do Trabalho. É chamada de prescrição bienal. Ainda de acordo com o texto constitucional, o empregado poderá pleitear os direitos trabalhistas dos últimos 5 anos a contar do ajuizamento da reclamação. Contudo, surge o questionamento acerca do início da contagem do prazo de prescrição bienal para o trabalhador avulso portuário. A OJ nº 384 da SDI-I do TST, atualmente cancelada, previa o início do prazo prescricional para ajuizamento da reclamação trabalhista com o término de cada prestação de serviço aos operadores portuários.

Com o cancelamento da OJ e mudança de posicionamento do TST[297], o início da prescrição bienal ocorre com o cancelamento do registro ou do cadastro do avulso junto ao OGMO. Corrobora esse posicionamento, a previsão do art. 37, § 4º, da Lei nº 12.815/2013:

> **Art. 37, § 4º, da Lei nº 12.815/2013:** As ações relativas aos créditos decorrentes da relação de trabalho avulso prescrevem em 5 (cinco) anos até o limite de 2 (dois) anos após o cancelamento do registro ou do cadastro no órgão gestor de mão de obra.

A Federação Nacional dos Operadores Portuários (Fenop) ingressou no STF (ADI nº 5.132) questionando a constitucionalidade do referido dispositivo. Segundo argumentava, a Constituição Federal estabelece o limite de dois anos para o exercício do direito de ação, a contar da extinção do contrato de trabalho, ou seja, do término da prestação

295. Informativo nº 214 do TST.
296. Sobre o tema, veja o título da Organização Sindical Brasileira no capítulo de Direito Coletivo do Trabalho.
297. Informativo nº 141 do TST.

de serviços. Dessa forma, ao definir o início do prazo prescricional para ajuizamento da reclamação trabalhista com o cancelamento do registro ou do cadastro do avulso junto ao OGMO, o art. 37, § 4º, da Lei nº 12.815/2013, estaria elastecendo o prazo constitucional (art. 7º, inciso XXXIV).

Em sessão virtual finalizada em 26/03/2021, o STF, por maioria dos votos, julgou improcedente a ADI nº 5.132, mantendo o início da contagem do prazo de prescrição bienal para o trabalhado avulso portuário com o término com o cancelamento do registro ou do cadastro do avulso junto ao OGMO.

Cabe ressaltar novamente que o **trabalhador avulso portuário** é aquele desenvolvido a partir da intermediação entre o órgão gestor de mão de obra e o tomador de serviços, uma vez que será responsável por recrutar, selecionar, treinar, cadastrar, registrar, organizar em escala e remunerar o trabalhador portuário[298]. Lembre-se de que o art. 7º, inciso XXXIV, CF/88 estendeu a esses trabalhadores os mesmos direitos assegurados aos empregados urbanos e rurais.

Conforme assevera Mauricio Godinho Delgado[299], a posição mais favorável dos avulsos no ordenamento justrabalhista deve-se principalmente ao fato de que houve grande organização e pressão dessa categoria profissional portuária, cujos entes sindicais sempre se destacaram por sua sólida organização coletiva.

4.3.2. Trabalhador avulso não portuário (Lei nº 12.023/2009)

É considerado como trabalhador avulso não portuário aquele cuja atividade não é intermediada pelo órgão gestor de mão de obra, mas pelo **sindicato** da categoria profissional respectiva. Esse trabalhador pode ou não ser sindicalizado. A intermediação feita pelo sindicato não o obriga à filiação automática, que é uma prática vedada no País (art. 8º, V, da CF/88).

Segundo Mauricio Godinho Delgado[300], as condições favoráveis para o fortalecimento da categoria profissional dos avulsos portuários não se verificaram nas regiões do interior, no campo ou na cidade. Assim, somente com a edição da Lei nº 12.023/2009, que dispõe sobre as atividades de movimentação de mercadorias em geral, foi possível viabilizar o fortalecimento dos avulsos não portuários.

Estabelece o art. 1º da Lei nº 12.023/2009:

> **Art. 1º, Lei nº 12.023/2009:** As atividades de movimentação de mercadorias em geral exercidas por trabalhadores avulsos, para os fins desta Lei, são aquelas desenvolvidas em áreas urbanas ou rurais sem vínculo empregatício, mediante intermediação obrigatória do sindicato da categoria, por meio de Acordo ou Convenção Coletiva de Trabalho para execução das atividades.

Ademais, é da atribuição desses sindicatos elaborar a escala de trabalho, respeitando o sistema de rodízio e as folhas de pagamento dos trabalhadores avulsos com a

298. RESENDE, Ricardo. *Direito do Trabalho esquematizado*. 3. ed. São Paulo: Método, 2013. p. 84.
299. DELGADO, Mauricio Godinho. *Curso de Direito do Trabalho*. 11. ed. São Paulo: LTr, 2012. p. 343.
300. DELGADO, Mauricio Godinho. *Curso de Direito do Trabalho*. 11. ed. São Paulo: LTr, 2012. p. 345.

indicação do tomador de serviços (art. 4º, *caput*, Lei nº 12.023/2009)[301]. O pagamento ao sindicato, dos valores devidos pelos serviços prestados, deve ser efetuado pelo tomador de serviços no **prazo máximo de 72 horas úteis**, contadas a partir do encerramento do trabalho requisitado. Referido valor deve ser repassado aos beneficiários pelos sindicatos também no prazo de 72 horas (art. 5º da Lei nº 12.023/2009). Os deveres do sindicato estão expressos no art. 5º da Lei nº 12.023/2009[302]:

> **Art. 5º** São deveres do sindicato intermediador:
>
> I – divulgar amplamente as escalas de trabalho dos avulsos, com a observância do rodízio entre os trabalhadores;
>
> II – proporcionar equilíbrio na distribuição das equipes e funções, visando à remuneração em igualdade de condições de trabalho para todos e a efetiva participação dos trabalhadores não sindicalizados;
>
> III – repassar aos respectivos beneficiários, no prazo máximo de 72 (setenta e duas) horas úteis, contadas a partir do seu arrecadamento, os valores devidos e pagos pelos tomadores do serviço, relativos à remuneração do trabalhador avulso;
>
> IV – exibir para os tomadores da mão de obra avulsa e para as fiscalizações competentes os documentos que comprovem o efetivo pagamento das remunerações devidas aos trabalhadores avulsos;
>
> V – zelar pela observância das normas de segurança, higiene e saúde no trabalho;
>
> VI – firmar Acordo ou Convenção Coletiva de Trabalho para normatização das condições de trabalho.

A **Justiça do Trabalho**, conforme previsto no art. 114 da CF, é competente para julgar os processos envolvendo trabalhadores avulsos, portuários e não portuários.

Por fim, existe ainda a figura dos chamados "chapas". Esses trabalhadores que, muitas vezes, ficam à beira das estradas, para carregar e descarregar caminhões, trabalham sem a intermediação de mão de obra e não possuem nenhuma proteção legal. Recebem por tarefa executada. São, portanto, autônomos.

4.4. Trabalhador voluntário

- **Lei nº 9.608/98**
- **Lei nº 14.370/2022**
- **Lei nº 14.647/2023**

No trabalho voluntário não há o requisito da onerosidade. Nesse caso, o prestador de serviços não tem a intenção em receber qualquer contraprestação pelo trabalho prestado. Logo, não há vínculo empregatício. Exemplo: pessoa que presta serviços num lar de pessoas idosas ou, ainda, a distribuição de remédios e alimentos para pessoas carentes. Nesse sentido, há a Lei nº 9.608/1998, que trata sobre o serviço voluntário:

> **Art. 1º.** Considera-se serviço voluntário, para os fins desta Lei, a atividade não remunerada prestada por pessoa física a entidade pública de qualquer

301. Informativo nº 124 do TST.

302. Em fevereiro de 2016, os deveres do sindicato na relação de trabalho avulso não portuário foram exigidos pela banca examinadora FCC no concurso para Analista Judiciário do TRT da 23ª Região (Mato Grosso).

> natureza ou a instituição privada de fins não lucrativos que tenha objetivos cívicos, culturais, educacionais, científicos, recreativos ou de assistência à pessoa. (Redação dada pela Lei nº 13.297/2016)
>
> **Parágrafo único.** O serviço voluntário não gera vínculo empregatício, nem obrigação de natureza trabalhista, previdenciária ou afim.

Vale ressaltar que é possível o ressarcimento ao trabalhador de eventuais despesas que comprovadamente realizou no trabalho voluntário. Essas despesas devem estar expressamente autorizadas pela entidade a que for prestado o serviço. Note-se que os valores recebidos não configuram contraprestação pelo serviço prestado (onerosidade), mas apenas ressarcimento de algumas despesas do trabalhador voluntário, o que não configura vínculo empregatício.

Além da disciplina acima, cumpre ressaltar a Lei nº 14.370/2022, que institui o Programa Nacional de Prestação de Serviço Civil Voluntário. Referido programa tem o objetivo de incentivar os Municípios e o Distrito Federal a ofertar atividades de interesse público, **sem vínculo empregatício ou profissional de qualquer natureza**, para jovens com idade entre 18 e 29 anos; pessoas com idade superior a 50 anos sem vínculo formal de emprego há mais de 24 meses; e pessoas com deficiência. O beneficiário do Programa receberá **auxílio pecuniário de natureza indenizatória**, a título de bolsa, pelo desempenho das atividades. Esse auxílio observará o valor do salário-mínimo por hora e corresponderá à soma das horas despendidas em cursos de formação inicial e continuada ou de qualificação profissional e em atividades de interesse público executadas no âmbito do Programa. Além disso, terá direito a vale-transporte ou outra forma de transporte gratuito.

Por fim, em 04 de agosto de 2023, foi publicada a Lei nº 14.647/2023, que alterou a CLT para estabelecer a inexistência de vínculo empregatício entre entidades religiosas ou instituições de ensino vocacional e seus ministros, membros ou quaisquer outros que a eles se equiparem:

> **Art. 442, § 2º, da CLT:** Não existe vínculo empregatício entre entidades religiosas de qualquer denominação ou natureza ou instituições de ensino vocacional e ministros de confissão religiosa, membros de instituto de vida consagrada, de congregação ou de ordem religiosa, ou quaisquer outros que a eles se equiparem, ainda que se dediquem parcial ou integralmente a atividades ligadas à administração da entidade ou instituição a que estejam vinculados ou estejam em formação ou treinamento.

Nos termos do § 3º do dispositivo, em caso de desvirtuamento da finalidade religiosa e voluntária, não se aplicará a exclusão da relação de emprego. Nesse mesmo sentido já determinava o art. 9º da CLT, que entende por nulos de pleno direito os atos praticados com o objetivo de desvirtuar, impedir ou fraudar a aplicação dos preceitos contidos na Consolidação. Assim, presentes os elementos caracterizadores da relação de emprego, deve-se reconhecer o vínculo entre o ministro e a entidade religiosa.

4.5. Cooperado

- **Art. 442, § 1º, CLT**
- **Lei nº 5.764/70 (Lei das Cooperativas)**
- **Lei nº 12.690/2012**

Cooperativa é uma sociedade de pessoas que reciprocamente se obrigam, com a união de esforços, a alcançar um objetivo comum. O próprio nome já diz, **cooperar** é atuar em conjunto. Exemplo: taxistas que se juntam para fundar uma cooperativa, com intuito de dinamizar suas atividades (prestar serviços de transporte para várias empresas e diminuir custos com novas tecnologias, como rádios, GPS etc.). Às cooperativas de trabalho se aplica a Lei nº 12.690/12 e, no que com esta não colidir, a Lei nº 5.764/70 e o Código Civil.

Entre cooperados não há qualquer subordinação. Dessa forma, não há vínculo empregatício entre cooperativa e cooperados. Eles assumem, assim, os riscos da atividade. Nesse sentido:

> **Art. 442, § 1º, CLT:** Qualquer que seja o ramo de atividade da sociedade cooperativa, não existe vínculo empregatício entre ela e seus associados, nem entre estes e os tomadores de serviços daquela. (Redação dada pela Lei nº 14.647, de 2023)

Para que a cooperativa seja lícita, é necessária:

a) a inexistência de subordinação entre membros da cooperativa, ou seja, os cooperados não são subordinados às ordens nem da cooperativa, nem dos demais cooperados, pois prestam serviços com autonomia;

b) a ausência de pessoalidade: uma empresa, ao contratar serviços da cooperativa (exemplo: transporte ou limpeza), não tem possibilidade de escolher determinada pessoa, pois houve a contratação apenas de serviços.

Ocorre, entretanto, que há cooperativas fraudulentas, criadas para burlar direitos trabalhistas. Exemplo: cooperativa dos colhedores de laranja. Há na verdade um "dono" da cooperativa, que admite, assalaria e coordena toda atividade desses colhedores/cooperados. Nesse caso, está presente a subordinação, aplicando-se ao caso o princípio da primazia da realidade. A consequência será a declaração de vínculo empregatício entre presidente da cooperativa fraudulenta e cooperados, que passarão a ser empregados, com todos os direitos previstos na CLT.

Para que se certifique não se tratar de cooperativa fraudulenta, devemos observar se há a presença de 2 princípios[303]:

> **a) Princípio da dupla qualidade:** o filiado à cooperativa deve ser, ao mesmo tempo, cooperado e cliente, sendo que o associado deve ser um dos beneficiários da atividade prestada pela cooperativa;
>
> **b) Princípio da retribuição pessoal diferenciada:** a reunião em cooperativa permite que o associado receba uma retribuição pessoal superior àquela que receberia caso não estivesse associado.

Cabe ressaltar que não há qualquer vedação para que a cooperativa (pessoa jurídica, com direitos e deveres) contrate empregados, como telefonistas, administradores, vendedores etc. Nesse caso, será equiparada às demais empresas para fins trabalhistas, devendo pagar todos os direitos laborais aos seus empregados.

303. DELGADO, Mauricio Godinho. Curso de Direito do Trabalho. 14. ed. São Paulo: LTr, 2015. p. 350-351.

A Lei nº 12.690/2012 disciplina a organização e o funcionamento das Cooperativas de Trabalho[304]. De acordo com referida legislação, considera-se cooperativa de trabalho a sociedade de trabalhadores constituída para o exercício das atividades laborativas ou profissionais com proveio comum, autonomia e autogestão com o intuito de obterem melhor qualificação, renda, situação econômica e condições de trabalho (art. 2º). A cooperativa somente poderá ser constituída com número mínimo de 7 sócios. Além disso, pode ser dividida em 2 grupos:

a) **Cooperativa de produção:** sócios contribuem com trabalho para a produção em comum de bens e a cooperativa detém os meios de produção;

b) **Cooperativa de serviço:** sócios prestam serviços especializados para terceiros sem a presença dos requisitos da relação de emprego. Note-se que, se presentes os requisitos da relação de emprego com o tomador, a cooperativa é fraudulenta e o vínculo deve ser reconhecido diretamente com o tomador. De acordo com o art. 5º da Lei nº 12.690/2012, "a Cooperativa de Trabalho não pode ser utilizada para intermediação de mão de obra subordinada".

Desse modo, as cooperativas de trabalho são pautadas pelos princípios da autonomia e da autogestão, o que impede a presença de vínculo de emprego entre os cooperados. Para se alcançar a autonomia prevista em lei, é necessária a fixação em Assembleia Geral das regras de funcionamento da cooperativa e a forma de execução dos trabalhos (art. 2º, § 1º, Lei nº 12.690/2012).

A legislação traça ainda os princípios e valores que devem estar presentes em toda cooperativa de trabalho (art. 3º):

PRINCÍPIOS E VALORES DA COOPERATIVA DE TRABALHO
- Adesão voluntária e livre; - Gestão democrática; - Participação econômica dos membros; - Autonomia e independência; - Educação, formação e informação; - Intercooperação; - Interesse pela comunidade; - Preservação dos direitos sociais, do valor social do trabalho e da livre iniciativa; - Não precarização do trabalho; - Respeito às decisões de assembleia; - Participação na gestão em todos os níveis de decisão de acordo com o previsto em lei e no Estatuto Social.

304. Note-se que a noção de estabilidade provisória garantida aos dirigentes de cooperativas regidos pela Lei nº 5.764/71 não é estendida a dirigentes das cooperativas de trabalho. Nesse sentido, vide processo nº 0010417-45.2016.5.03.0033 do TRT-3.

Por fim, é importante destacar os direitos assegurados aos cooperados previstos no art. 7º da Lei nº 12.690/2012, dentre outros que podem ser estabelecidos pela Assembleia Geral da Cooperativa:

- Retiradas não inferiores ao piso da categoria profissional e, na ausência deste, não inferiores ao salário mínimo, pago de forma proporcional às horas trabalhadas ou às atividades desenvolvidas;
- Duração do trabalho normal não superior a 8 horas diárias e 44 horas semanais, exceto quando a atividade, por sua natureza, demandar a prestação de trabalho por meio de plantões ou escalas. É permitida a compensação de horários;
- Repouso semanal remunerado, preferencialmente aos domingos;
- Repouso anual remunerado;
- Retirada para o trabalho noturno superior à do diurno;
- Adicional sobre a retirada para as atividades insalubres ou perigosas;
- Seguro de acidente de trabalho.

Ressalta-se que as normas de saúde e segurança do trabalho devem ser atendidas. No caso de cooperativas de serviços, o contratante responde de forma solidária pelo cumprimento dessas normas, quando os serviços forem prestados em seu estabelecimento ou em local por ele determinado (art. 9º).

4.6. Estagiário

▶ Lei nº 11.788/08

4.6.1. Introdução

Estágio tem por finalidade complementar a formação do estudante por meio de atividades práticas. Desse modo, o estudante tem a possibilidade de concretizar os ensinamentos teóricos recebidos na instituição de ensino, preparando-se para o ingresso no mercado de trabalho.

A relação jurídica entre parte concedente e estagiário representa verdadeira relação de trabalho em sentido amplo, porque há prestação de serviços executados por pessoa natural. O contrato de estágio possui todos os requisitos para formação da relação empregatícia, pois nele há pessoalidade, não eventualidade, onerosidade e subordinação. Entretanto, o legislador excluiu o estagiário da proteção celetista, para incentivar a formação de novos profissionais. Diante disso, não se aplica ao estagiário as normas protetivas da CLT (férias, 13º, hora extra etc.).

Importante diferenciar, ainda, o contrato de estágio do contrato de aprendizagem, uma vez que na aprendizagem há verdadeiro vínculo empregatício, previsto na CLT (arts. 424 até 433). Ademais, o aprendiz possui limitação na idade, entre 14 e 24 anos. Por fim, o aprendiz possuirá todo o sistema protetivo trabalhista e previdenciário, o que não ocorre com o estagiário.

O estágio não obrigatório é aquele desenvolvido como atividade opcional, acrescida à carga horária regular e obrigatória (art. 2º, § 2º). Nesse caso, a contraprestação e a concessão do vale-transporte são obrigatórias.

4.6.2. Alterações da Lei nº 11.788/2008 (Lei do Estágio)

A Lei nº 11.788/2008 revogou a lei anterior, Lei nº 6.494/1977. A partir da publicação desse novo sistema, a relação jurídica do estágio e as obrigações das instituições de ensino e a da parte concedente são reguladas inteiramente por essa lei.

4.6.3. Conceito de estágio

A definição de estágio está prevista no art. 1º:

> **Estágio** é o ato educativo escolar supervisionado e desenvolvido no ambiente de trabalho, que visa à preparação para trabalho produtivo de educandos que estejam frequentando o ensino regular em instituições:
>
> - de educação superior;
> - de educação profissional;
> - de ensino médio;
> - da educação especial; e
> - dos anos finais do ensino fundamental, na modalidade profissional da educação de jovens e adultos. (grifo acrescido)

A lei trouxe, ainda, duas formas de estágio: obrigatório e não obrigatório. Em ambos os casos, repita-se, não há vínculo empregatício. O primeiro é aquele definido como tal no projeto do curso, cuja carga horária é requisito para aprovação e obtenção de diploma (art. 2º, § 1º). No caso de estágio obrigatório, a remuneração é facultativa.

O estágio não obrigatório é aquele desenvolvido como atividade opcional, acrescida à carga horária regular e obrigatória (art. 2º, § 2º). Nesse caso, a contraprestação é obrigatória.

4.6.4. Requisitos para existência do estágio regular

Para a existência do contrato de estágio válido, há necessidade de preencher requisitos formais e materiais. Os requisitos **formais** são:

a) matrícula e frequência escolar atestados pela instituição de ensino;

b) termo de compromisso entre estagiário (educando), parte concedente e instituição de ensino.

Verifica-se assim que o contrato de estágio é solene, ou seja, exige-se forma especial; deve ser escrito.

Os requisitos **materiais** estão ligados à essência do estágio, isto é, a conexão da parte teórica com as atividades desenvolvidas pelo estagiário. Os requisitos previstos na lei são:

a) compatibilidade entre as atividades desenvolvidas no estágio e aquelas previstas no termo de compromisso[305];

b) acompanhamento efetivo pelo professor orientador da instituição de ensino e por supervisor da parte concedente.

---

305. Exemplo de compatibilidade: estudante de medicina deve estagiar no hospital; estudante de direito possui estágio na Justiça do Trabalho ou escritório de advocacia. Em resumo, o estudante deverá desempenhar atividades correlatas com a sua área de formação.

O descumprimento de qualquer dos requisitos formais ou materiais acarretará a formação de vínculo empregatício, bem como de todos os demais direitos trabalhistas (férias acrescidas de ⅓, 13º salário, FGTS, horas extras, adicional noturno etc.). A título de exemplo, o estudante de direito que presta serviços no escritório de advocacia, mas apenas atende telefone, serve café, faz a limpeza, será empregado e não estagiário, pois não há compatibilidade entre o estudo teórico e as atividades por ele desenvolvidas.

4.6.5. Agentes de integração

Há previsão na lei do estágio das agências de integração pública ou privada[306]. Esses serviços de integração estão ligados, por exemplo, ao cadastro de estudantes, indicação de oportunidades de estágio etc. (art. 5º). Essas agências têm por finalidade atuar como intermediadora entre estagiários e parte concedente. Deve-se destacar que esses serviços não podem ser cobrados do estagiário e, ainda, que não há obrigatoriedade em sua utilização para que o contrato de estágio seja formalizado.

4.6.6. Partes envolvidas no estágio

A relação jurídica desenvolvida é triangular[307], ou seja, há a presença de três pessoas: estagiário, instituição de ensino[308] e parte concedente. A seguir, algumas observações sobre as partes envolvidas no estágio.

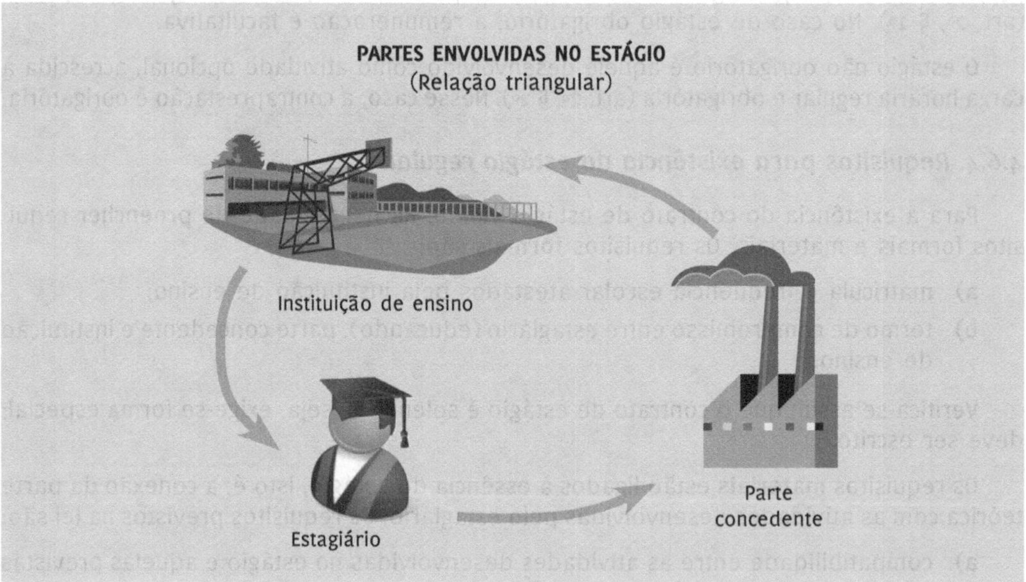

306. Essa intermediação é realizada, por exemplo, pelo CIEE – Centro de Integração Empresa-Escola.

307. A relação empregatícia é bilateral, pois envolve apenas empregado e empregador.

308. Sobre a relação entre as partes envolvidas, confira interessante julgado do STJ: "Compete à JUSTIÇA COMUM ESTADUAL (e não à Justiça do Trabalho) julgar ação de reparação de danos materiais e morais promovida por aluno universitário contra estabelecimento de ensino superior em virtude de danos ocorridos durante o estágio obrigatório curricular." (STJ. 2ª Seção. CC 131.195-MG, Rel. Min. Raul Araújo, julgado em 26/2/2014.

4.6.6.1. Instituição de ensino

A instituição de ensino intermedeia a relação de estágio. Dentre suas atribuições há necessidade de avaliar as instalações da parte concedente do estágio e sua adequação à formação cultural e profissional do educando (art. 7º). Verifica-se assim a responsabilidade da instituição de ensino em constatar as condições do meio ambiente de trabalho nas quais o estagiário prestará suas atividades.

Outra inovação da lei foi atribuir à instituição de ensino a necessidade de indicar professor orientador, da área a ser desenvolvida no estágio, como responsável pelo acompanhamento e avaliação das atividades, requisito material para validade do estágio.

Por fim, outra novidade interessante foi exigir do educando a apresentação periódica, em prazo não superior a seis meses, de relatório de atividades. Essa medida possibilitará a fiscalização e o aproveitamento do estagiário e permitirá à instituição de ensino excluir a parte concedente que se utilize do contrato de estágio apenas como exploração de mão de obra barata.

4.6.6.2. Parte concedente

A parte concedente é a responsável pela concessão de estágio. De acordo com a lei podem oferecer estágio:

1. pessoas jurídicas de direito privado (empresas, associações civis etc.);
2. órgãos da administração pública direta, autárquica e fundacional de qualquer dos poderes da União, dos Estados, do Distrito Federal e dos Municípios;
3. profissionais liberais de nível superior devidamente registrados em seus respectivos conselhos de fiscalização profissional.

Dentre as obrigações da parte concedente previstas no art. 9º está a necessidade de indicar funcionário de seu quadro pessoal, com formação ou experiência profissional na área de conhecimento desenvolvida no curso do estagiário, para orientar e supervisionar até dez estagiários simultaneamente. Ademais, deverá contratar seguro contra acidentes pessoais, tanto para estágio obrigatório quanto para o não obrigatório. E, ainda, a parte concedente deverá enviar à instituição de ensino, com periodicidade mínima de seis meses, relatório de atividades, com vistas obrigatórias ao estagiário.

4.6.6.3. Estagiário

A seguir, alguns direitos previstos para os estagiários.

a) Jornada do estagiário

A jornada de atividades do estágio será elaborada de comum acordo entre as partes, devendo ser compatível com as atividades escolares. A lei prevê, entretanto, limites[309] a esse acordo:

309. Há possibilidade de jornada inferior aos limites anteriores.

- Jornada máxima de **4 horas diárias e 20 horas semanais** para os estudantes da educação especial e nos anos finais do ensino fundamental, na modalidade de jovens e adultos.
- Jornada de **6 horas diárias e 30 horas semanais** para os estudantes do ensino superior, educação profissional e ensino médio.
- Jornada de **40 horas semanais** para os estudantes que alternam entre a teoria e a prática, nos períodos em que não estão programadas aulas presenciais. Essa jornada deverá estar prevista no projeto pedagógico do curso e da instituição de ensino.
- Redução da carga horária pelo **menos à metade**, nos períodos de avaliação[310], para o bom desempenho do estudante.

De qualquer maneira, se os limites anteriores forem excedidos, ou seja, se o estagiário prestar horas extras, ocorrerá desvirtuamento do estágio, consequentemente, ocorrerá vínculo empregatício com a parte concedente (art. 9º da CLT), e haverá a aplicação de multa administrativa.

Ainda, em 2 de setembro de 2022, foi publicada a Lei nº 14.442/2022 (fruto da conversão da Medida Provisória nº 1.108, de 2022), que alterou estruturalmente o regime de teletrabalho, modificando, inclusive, seu conceito. Foi acrescentado o § 6º ao art. 75-B para prever, expressamente, a possibilidade de adoção do regime de teletrabalho para estagiários e aprendizes:

> **Art. 75-B (redação dada pela Lei nº 14.442/2022).** Considera-se teletrabalho ou trabalho remoto a prestação de serviços fora das dependências do empregador, de maneira preponderante ou não, com a utilização de tecnologias de informação e de comunicação, que, por sua natureza, não configure trabalho externo.
>
> (...)
>
> § 6º Fica permitida a adoção do regime de teletrabalho ou trabalho remoto para estagiários e aprendizes.

Acontece que, no tocante à limitação da jornada, a Lei nº 14.442/2022 **criou duas modalidades de teletrabalho:**

1) **Teletrabalho por jornada:** nesse caso, com duração de 8h nos moldes tradicionais (intervalos, horas extras etc.); e

2) **Teletrabalho por produção e tarefa (novidade).**

Agora, somente o teletrabalho por produção ou tarefa está excluído do controle de jornada, não havendo, portanto, limitação da jornada em 8 horas diária ou 44 horas semanais, intervalos intra e interjornada, nem horas extras ou adicional noturno:

> **Art. 62 da CLT (alterado pela lei nº 14.442/2022):** Não são abrangidos pelo regime previsto neste capítulo
>
> (...)

310. Essa redução da jornada era uma reivindicação antiga dos estudantes, sobretudo daqueles que têm provas bimestrais durante vários dias seguidos.

III – os empregados em regime de teletrabalho que prestam serviço por produção ou tarefa.

Como os estagiários e aprendizes possuem normas específicas acerca da jornada de trabalho, entendemos que não poderão ser admitidos para o teletrabalho por produção e tarefa, mas apenas por modalidade em que terão suas jornadas de trabalho efetivamente controladas.

b) Duração do contrato de estágio

Inovação salutar da nova lei foi estabelecer o contrato por prazo determinado de, no máximo, **dois anos** para o estágio, com a mesma parte concedente. Esse prazo máximo de dois anos não se aplica aos estagiários com deficiência (art. 11).

c) Bolsa ou contraprestação

A contraprestação das atividades do estágio dependerá de acordo entre as partes. Será compulsória a contraprestação e o auxílio-transporte para o estágio **não obrigatório**.

Ademais, tanto no estágio obrigatório quanto no estágio não obrigatório, a eventual concessão de benefícios relacionados a transporte, alimentação e saúde, entre outros, não caracteriza vínculo empregatício (art. 12).

d) Recesso

Estágio igual ou superior a um ano terá direito ao recesso de trinta dias. Se o estágio tiver duração inferior a um ano, o recesso será proporcional.

O recesso será remunerado se o estagiário receber bolsa ou outra forma de contra prestação (art. 13). E, por fim, será usufruído preferencialmente durante as férias escolares.

e) Número de estagiários

A grande inovação da lei foi estabelecer limite ao número de estagiários, necessidade que há tempos era apontada pela doutrina[311]. Assim sendo, o número máximo de estagiários em relação ao quadro de pessoal das entidades concedentes será:

- de 1 a 5 empregados: até 1 estagiário;
- de 6 a 10 empregados: até 2 estagiários;
- de 11 a 25 empregados: até 5 estagiários;
- acima de 25 empregados: até 20% de estagiários.

Infelizmente, esses limites não são aplicados aos **estagiários de nível superior** ou de **nível médio profissional**. Entendemos que o artigo 17, § 4º, que exclui a aplicação dos percentuais para esses estagiários, servirá como campo fértil para fraudes trabalhistas.

311. "A formação de contratos de estágio só se justifica de forma excepcional no contexto do mercado de trabalho. Mesmo que não haja nenhuma lei prevendo tal limite, a fixação de um limite de 10% de estagiários para cada setor da empresa, com relação ao número de empregados efetivos, parece mais que razoável." SOUTO MAIOR, Jorge Luiz. *Curso de Direito do Trabalho. Relação de Emprego*. v. 2. São Paulo: LTr, 2008. p. 252.

Imaginemos a possibilidade de um escritório de advocacia contar com apenas dois advogados empregados e trinta estagiários, configurando verdadeira substituição da mão de obra.

A outra novidade salutar da lei foi a previsão de ação afirmativa[312], ou seja, cota de vagas para estagiários com deficiência, assegurando percentual de 10% das vagas oferecidas pela parte concedente. Nesse caso, a empresa que optar por contratar estagiários estará obrigada a garantir esse percentual de vagas, sob pena de multa administrativa[313] e atuação do Ministério Público do Trabalho.

Por fim, na hipótese da parte concedente possuir várias filiais, os limites previstos anteriormente para contratação de número máximo de estagiários serão aplicados a cada uma delas.

4.6.7. Fraude no estágio

Ocorrerá a fraude no estágio quando ausente um dos requisitos formais ou materiais. Assim sendo, mesmo que presentes os requisitos formais, se verificada a falta de compatibilidade entre a formação escolar do estudante e as atividades desenvolvidas na parte concedente, atrairá o art. 9º da CLT[314], bem como o princípio da primazia da realidade[315], formando vínculo empregatício entre estagiário e parte concedente.

Os efeitos do estágio fraudulento:

- vínculo empregatício, consequentemente o reconhecimento de todas as verbas trabalhistas, durante o período em que prestou serviços como "falso estagiário";
- aplicação de multa administrativa pelos auditores fiscais do trabalho e, se envolver interesse coletivo, atuação do Ministério Público do Trabalho.

Se a fraude no estágio ocorrer perante a Administração Pública, não acarretará formação de vínculo empregatício, por falta do requisito do concurso público. Exemplo: estagiários substituem o trabalho dos analistas administrativos na Justiça do Trabalho. Ou, ainda, estagiário de psicologia que presta serviços como telefonista no município. Em ambos os casos não será declarado o vínculo empregatício com os órgãos estatais, pois é necessária prévia aprovação em concurso para ocupar esses cargos.

Além disso, para a contratação de estagiários na Administração Pública deverá haver processo seletivo.

312. **Ações afirmativas** são medidas estatais temporárias, com finalidade de compensar situações historicamente desiguais. Possuem caráter educativo, pois preveem caráter de conscientização da população sobre a desigualdade histórica sofrida pelas minorias. Essas ações positivas concretizam, em especial, o ingresso ou acesso ao mercado de trabalho para as mulheres, negros, deficientes físicos, homossexuais e índios. Pelo **princípio da máxima efetividade da constituição e da igualdade material**, por meio das ações afirmativas, há concretização dos objetivos da Carta Constitucional, conforme art. 3º.

313. Multa aplicada pelos auditores fiscais do trabalho – Ministério do Trabalho e Emprego.

314. "Serão nulos de pleno direito os atos praticados com o objetivo de desvirtuar, impedir ou fraudar a aplicação dos preceitos contidos na presente Consolidação (art. 9º da CLT)".

315. "Princípio da primazia da realidade, em razão do qual a relação objetiva evidenciada pelos fatos define a verdadeira relação jurídica estipulada pelos contratantes, ainda que sob capa simulada, não correspondente à realidade." SUSSEKIND, Arnaldo. *et al. Instituições de Direito do Trabalho*. Vol. I. 21. ed. São Paulo: LTr. 2004. p. 145.

No tocante à fraude no estágio da administração pública, os efeitos são diferentes, pois não há o reconhecimento de vínculo empregatício, em razão da necessidade do concurso público para trabalhar na administração pública.

A consequência desse contrato fraudulento de estágio, ao invés de reconhecer o vínculo empregatício, bem como o pagamento de todas as verbas trabalhistas, será apenas o pagamento do saldo de salário e depósitos do FGTS, por força da Súmula nº 363 do TST.

> **Súmula nº 363 do TST:** A contratação de servidor público, após a CF/1988, sem prévia aprovação em concurso público, encontra óbice no respectivo art. 37, II e § 2º, somente lhe conferindo direito ao pagamento da contraprestação pactuada, em relação ao número de horas trabalhadas, respeitado o valor da hora do salário mínimo, e dos valores referentes aos depósitos do FGTS.

Em sendo configurada a fraude, seja em órgãos do Poder Executivo, do Legislativo ou do Judiciário, o Ministério Público do Trabalho possui atribuição para firmar Termo de Ajustamento de Conduta (TAC) ou, ainda, ingressar com ação civil pública para impedir que essa prática continue, bem como pleiteará indenização por danos morais coletivos para ressarcir a sociedade, do mal causado pela exploração do estagiário. Ademais, em todas essas atuações, o membro do MPT poderá ingressar com ação de improbidade administrativa na Justiça do Trabalho em face do administrador público.

Importante frisar que a instituição pública ou privada que reincidir na irregularidade ficará impedida de receber estagiários por dois anos, contados da data da decisão definitiva do processo administrativo (art. 15).

Por fim, a Justiça competente para solucionar conflitos envolvendo trabalho de estágio, bem como fraude nessa relação de trabalho é Justiça do Trabalho[316], conforme prevê o art. 114 da CF/88.

5. EMPREGADOR

O conceito de empregador, previsto no art. 2º da CLT, manteve-se inalterado pela Reforma Trabalhista:

> **Art. 2º, "caput", CLT:** Considera-se empregador a empresa, individual ou coletiva, que, assumindo os riscos da atividade econômica, admite, assalaria e dirige a prestação pessoal de serviços.

Importante destacar que a CLT trata do empregador não só como empresa, mas também a contratação de empregados por profissionais liberais, associações recreativas, entidades sem fins lucrativos etc. Utiliza-se do termo **empregador por equiparação**, ou seja, também são empregadores as igrejas, o advogado que contrata secretária, a cooperativa que contrata telefonista, o condomínio de apartamentos etc. De acordo com o § 1º do art. 2º da CLT:

> **Art. 2º, § 1º, CLT:** Equiparam-se ao empregador, para os efeitos exclusivos da relação de emprego, os profissionais liberais, as instituições de beneficência, as associações recreativas ou outras instituições sem fins lucrativos, que admitirem trabalhadores como empregados.

316. O prazo prescricional aplicável ao estagiário é o previsto no art. 7º, XXIX, da CF/88.

Seja o empregador enquanto empresa, seja o empregador por equiparação, fato é que a responsabilidade pelos prejuízos ou fracasso do empreendimento é exclusivamente sua. É o que chamamos de **princípio da alteridade**. Segundo esse princípio, o empregado **não** divide os riscos da atividade econômica com o empregador. Assim sendo, momentos de crise mundial, baixa produtividade, vendas abaixo das expectativas não autorizam, em regra, que o empregador reduza ou desconte os salários de seus empregados. Não poderia ser diferente, pois os empregadores não estão obrigados a dividir os lucros com seus trabalhadores, logo os prejuízos também não poderão ser repartidos.

Lembre-se de que a redução salarial não pode ser realizada de forma individual pelo empregador. No entanto, há possibilidade de redução da jornada de trabalho e do salário por acordo ou convenção coletiva. Nesse sentido o art. 7º, VI, da CF/88 e o art. 611-A, § 3º da CLT:

> **Art. 7º, VI, CF/88:** São direitos dos trabalhadores urbanos e rurais, além de outros que visem à melhoria de sua condição social: irredutibilidade do salário, salvo o disposto em convenção ou acordo coletivo;
>
> **Art. 611-A, § 3º da CLT** *(Inserido pela Reforma Trabalhista)*: Se for pactuada cláusula que **reduza o salário ou a jornada**, a convenção coletiva ou o acordo coletivo de trabalho deverão prever a proteção dos empregados contra dispensa imotivada durante o prazo de vigência do instrumento coletivo. (grifos acrescidos)

5.1. Empregador e princípio da alteridade durante a pandemia de coronavírus

A pandemia de COVID-19 impactou o princípio da alteridade no Direito do Trabalho. De acordo com informações do site do Ministério da Saúde, o novo agente do coronavírus foi descoberto em 31/12/2019 após casos registrados na China e é responsável pela doença chamada de coronavírus (COVID-19). Com a declaração de pandemia pela Organização Mundial de Saúde (OMS) e de estado de calamidade pública no Brasil, surgiram diversas questões atinentes às medidas de contenção e tratamento da doença, que trouxeram consequências para as relações de trabalho.

Nesse mesmo sentido, a Lei nº 14.437/2022 (fruto da conversão da Medida Provisória nº 1.109, de 2022), que institucionaliza autorização genérica para a adoção de medidas trabalhistas de enfrentamento a momentos de crise, possibilita a adoção de medidas, em tempos de crise, impliquem na transferência de parte do risco do empreendimento ao empregado.

Como exemplos, é possível mencionar a previsão do teletrabalho como hipótese de "*jus variandi*" sendo imposto de forma unilateral pelo empregador, antecipação de férias individuais e coletivas com pagamento posterior da remuneração e do terço constitucional, o banco de horas antecipado e redução de salários e de jornadas e suspensão contratual por acordo individual escrito.

Ao estudar a figura do empregador[317], é importante memorizar os seguintes institutos: grupo econômico, sucessão trabalhista, sócio retirante e poderes do empregador.

317. Destaca-se que a figura do empregador é determinante para identificar o empregado rural ou doméstico. Sobre as características desses empregados, veja o tópico 3.1 e 3.2. desse capítulo.

Empregador
- Grupo econômico
- Sucessão trabalhista
- Sócio retirante (Reforma Trabalhista)
- Poderes do empregador

5.2. Grupo econômico

- Art. 2º, § 2º, CLT
- Súmula nº 129 do TST

Ocorre grupo econômico quando as empresas estão ligadas entre si, ou seja, quando há "empresa-mãe e empresas-irmãs"[318]. Nesse caso, cada uma dessas empresas possui personalidade jurídica própria, isto é, CNPJ próprio, quadro de pessoal próprio etc.

Ressalta-se que a CLT não exige um documento ou prova específica para configuração do grupo econômico. Essa prova será feita levando em conta a análise do caso concreto, como utilização do mesmo imóvel, mesmo recursos humanos para contratação dos empregados etc.

5.2.1. Grupo econômico por subordinação e coordenação (Reforma Trabalhista)

Antes da Reforma Trabalhista, o § 2º do art. 2º da CLT, previa a necessidade de que uma das empresas estivesse no controle ou administração das demais, configurando caso de grupo econômico por subordinação. Nesse caso, era indispensável que se demonstrasse a relação de controle entre uma ou mais empresas em relação às demais integrantes. Nesse sentido:

> **Art. 2º, § 2º, CLT** *(Redação Antiga)*: Sempre que uma ou mais empresas, tendo, embora, cada uma delas, personalidade jurídica própria, estiverem sob a direção, controle ou administração de outra, constituindo grupo industrial, comercial ou de qualquer outra atividade econômica, serão, para efeitos da relação de emprego, solidariamente responsáveis a empresa principal e cada uma das subordinadas.

Com a aprovação da Reforma Trabalhista, a nova redação do § 2º do art. 2º da CLT estabelece o reconhecimento de duas formas de grupo econômico:

- **Grupo econômico por subordinação:** Essa modalidade já era prevista na redação anterior do dispositivo em apreço. No caso, o grupo pode ser formado na hipótese de existência de hierarquia entre as empresas. Para a prova de formação do grupo econômico por subordinação, é indispensável, portanto, demonstrar que há uma relação de controle entre uma ou mais empresas em relação às demais integrantes.

318. "No caso do grupo econômico, uma figura em ziguezague, quase em formato das árvores genealógicas que aprendemos com as ciências biológicas (empregado-empregador em linha reta e empregador com as empresas-irmãs e com a empresa-mãe, se houver, dele se ramificando)." SILVA, Homero Batista Mateus da. *Curso de Direito do Trabalho aplicado*, vol. 1: Parte Geral. Rio de Janeiro: Elsevier, 2009. p. 142.

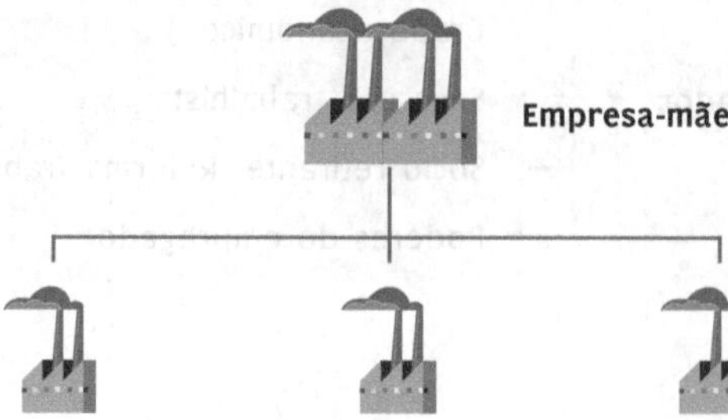

- **Grupo econômico por coordenação:** A Reforma Trabalhista inovou ao prever a possibilidade de formação de grupo econômico por coordenação. De acordo com o novo dispositivo, mesmo que as empresas guardem cada uma sua autonomia, estará configurado o grupo econômico.

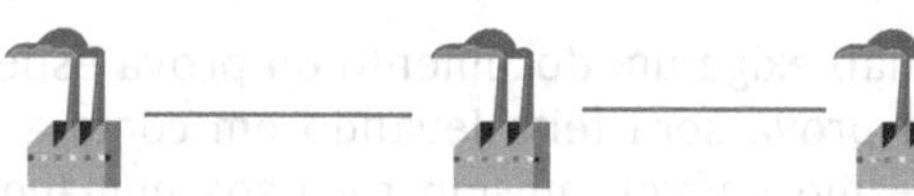

Ressalta-se que a Lei nº 5.889/1973 – Lei do Rural – já previa o grupo econômico rural, com redação similar à atual redação dada ao art. 2º, § 2º, da CLT. Já era possível, portanto, a formação de grupo econômico por subordinação e por coordenação na relação de emprego rural.

Contudo, conforme prevê o § 3º do artigo em apreço, não há caracterização do grupo econômico apenas pela mera identidade de sócios entre as empresas, sendo necessária a demonstração do preenchimento de três requisitos:

a) interesse integrado;
b) a efetiva comunhão de interesses; e
c) a atuação conjunta das empresas integrantes.

Note-se, portanto, que o grupo pode ser formado entre empresas que guardam autonomia em relação às outras, desde que seja demonstrada a coordenação, a atuação conjunta entre elas. Nesse mesmo sentido, o TST[319] já havia decidido que a presença de sócio comum entre empresas não é suficiente para a configuração do grupo econômico (Informativo nº 83 do TST).

▸ ANTES DA REFORMA	▸ APÓS A REFORMA	
GRUPO ECONÔMICO POR SUBORDINAÇÃO	**GRUPO ECONÔMICO POR SUBORDINAÇÃO**	**GRUPO ECONÔMICO POR COORDENAÇÃO**
Direção, controle ou administração de outra	*Direção, controle ou administração de outra*	*Ou ainda quando, mesmo guardando cada uma sua autonomia*

319. Informativo nº 83 do TST.

5.2.2. Consequências jurídicas do reconhecimento do grupo econômico

A consequência jurídica do reconhecimento do grupo econômico é a existência da responsabilidade solidária[320] entre as empresas, ou seja, se uma delas não quitar os débitos trabalhistas, as demais são responsáveis integralmente pela dívida.

Outro aspecto importante para caracterizar o grupo empresarial é a finalidade lucrativa, ou seja, o grupo deve exercer atividade econômica. Assim, a união de pessoas jurídicas que não explorem a atividade econômica, por exemplo, hospital universitário e faculdade de medicina, não acarretará a formação do grupo econômico[321] para fins trabalhistas, consequentemente não haverá a responsabilidade solidária entre elas.

GRUPO ECONÔMICO VERTICAL (art.2º, § 2º, da CLT)

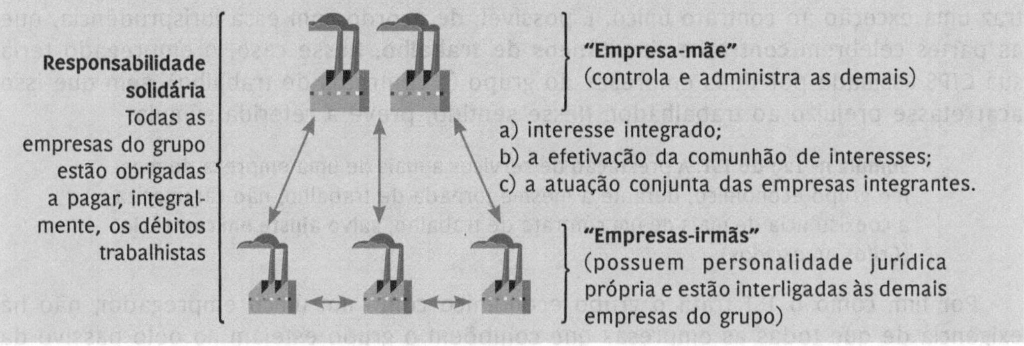

GRUPO ECONÔMICO HORIZONTAL

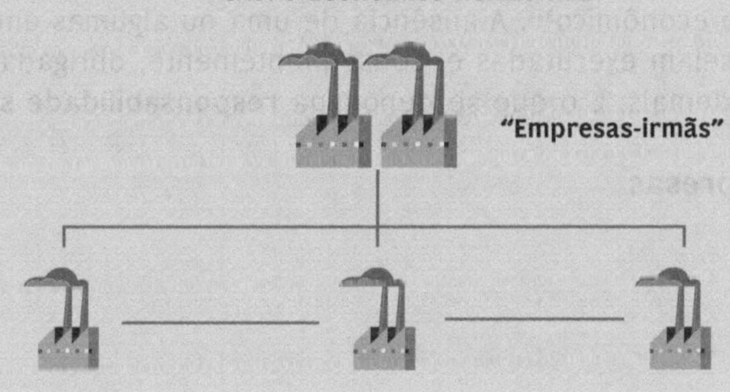

320. O candidato deve estar atento para não confundir responsabilidade solidária e responsabilidade subsidiária. Na primeira, todas as empresas são responsáveis integralmente pelo débito, podendo o trabalhador cobrar de apenas uma empresa ou de todas elas ao mesmo tempo; cabe ao empregado essa decisão. Na responsabilidade subsidiária, há uma ordem de preferência, isto é, aciona-se primeiro o devedor principal.

321. Existe discussão sobre o tema. Prevalece a interpretação literal do texto da CLT, exigindo a figura da empresa que explore atividade econômica. Logo, o candidato terá mais chances de acertar a questão objetiva se assinalar essa opção. Importante ressaltar, entretanto, que há autores que admitem a formação de grupo mesmo entre pessoas jurídicas que não exerçam atividade econômica, entre eles doutor Gustavo Felipe Barbosa Garcia e a professora Vólia Bomfim Cassar.

5.2.3. Contrato único

Ademais, se o empregado for contratado por uma das empresas, mas seu trabalho estiver sendo aproveitado pelas demais, por exemplo, no período da manhã trabalha para empresa A, e, à tarde, presta serviços para a empresa B, do mesmo grupo, terá um único contrato de trabalho, ou seja, sua carteira de trabalho não será assinada pelas duas empregadoras, mas apenas uma delas. Assim sendo, mesmo prestando serviços para duas empresas, a jurisprudência do TST tem entendido tratar-se de empregador único, ou seja, o grupo é o empregador[322]. Nesse mesmo sentido, se o empregado receber pagamento de outra empresa pertencente ao mesmo grupo, em razão de serviços executados durante a sua jornada de trabalho, o valor recebido deverá integrar a remuneração do trabalhador[323].

Importante ressaltar que a própria Súmula nº 129 do TST, no fim de sua redação, traz uma exceção ao contrato único. É possível, de acordo com essa jurisprudência, que as partes celebrem **contratos simultâneos de trabalho**. Nesse caso, o empregado teria sua CTPS assinada por duas empresas do grupo (2 contratos de trabalho), sem que isso acarretasse prejuízo ao trabalhador. Nesse sentido, prevê a referida súmula:

> **Súmula nº 129 do TST.** A prestação de serviços a mais de uma empresa do mesmo grupo econômico, durante a mesma jornada de trabalho, não caracteriza a coexistência de mais de um contrato de trabalho, **salvo ajuste em contrário.** (Grifos acrescidos)

Por fim, como o TST trata o grupo econômico como um único empregador, não há exigência de que todas as empresas que compõem o grupo estejam no polo passivo da ação judicial. O trabalhador, portanto, poderá cobrar seus créditos trabalhistas, integralmente, de empresas que não figuraram na reclamação trabalhista, desde que elas façam parte do mesmo grupo econômico[324]. A ausência de uma ou algumas empresas do grupo não impede que elas sejam executadas e, consequentemente, obrigadas a pagar os débitos trabalhistas das demais. É o que se denomina **responsabilidade solidária passiva.**

5.3. Sucessão de empresas

- **Art. 10, CLT**
- **Art. 10-A, CLT**
- **Art. 448, CLT**
- **Art. 448-A, CLT**
- **Orientação Jurisprudencial nº 261 da SDI-I do TST**

---

322. **Súmula nº 129 do TST.** "A prestação de serviços a mais de uma empresa do mesmo grupo econômico, durante a mesma jornada de trabalho, não caracteriza a coexistência de mais de um contrato de trabalho, salvo ajuste em contrário."
323. **Súmula nº 93 do TST.** "Integra a remuneração do bancário a vantagem pecuniária por ele auferida na colocação ou na venda de papéis ou valores mobiliários de empresas pertencentes ao mesmo grupo econômico, se exercida essa atividade no horário e no local de trabalho e com o consentimento, tácito ou expresso, do banco empregador".
324. Antigamente, o TST, via Súmula nº 205, defendia a necessidade de que todas as empresas que compusessem o grupo figurassem no polo passivo da reclamação trabalhista, possibilitando que participassem do contraditório. Com o entendimento de que as empresas do grupo formam um único empregador, a Súmula nº 205 foi cancelada, possibilitando a execução de empresa que não tenha participado da relação processual (fase de conhecimento).

Conforme visto anteriormente, empregador é a empresa individual ou coletiva que assume os riscos da atividade econômica. O contrato de trabalho não está vinculado à figura do empregador, mas sim à figura da empresa. Se, por um lado, a pessoalidade é requisito indispensável para configurar o empregado, por outro, a impessoalidade é traço marcante para o empregador, pois as mudanças na estrutura jurídica da empresa não afetam os contratos de trabalho em curso.

O fundamento legal da sucessão trabalhista está previsto nos seguintes artigos da CLT:

> **Art. 10.** Qualquer alteração na estrutura jurídica da empresa não afetará os direitos adquiridos por seus empregados.
>
> **Art. 448.** A mudança na propriedade ou na estrutura jurídica da empresa não afetará os contratos de trabalho dos respectivos empregados.

Para que seja configurada a sucessão trabalhista, é necessária a presença de dois requisitos:

a) **Transferência do estabelecimento:** há necessidade de transferência da parte produtiva (unidade econômico-jurídica), possibilitando que o sucessor (que adquiriu o estabelecimento) continue explorando a atividade econômica do sucedido. A transferência apenas de partes separadas da sucedida (venda de equipamentos isolados para diversos compradores, um carro para determinado comprador, equipamentos eletrônicos para outro etc.), sem que proporcione a continuidade da atividade, não configura a sucessão. A transferência da unidade produtiva ocorre com a cessão do ponto comercial e da clientela, equipamentos, marca, banco de dados etc. Essa transferência poderá ser realizada mediante venda, incorporação, arrendamento, cisão, fusão etc.

b) **Não ocorrência de paralisação da atividade:** após a sucessão, o sucessor deverá dar continuidade ao empreendimento, sem que fique paralisado por muito tempo[325].

SUCESSÃO TRABALHISTA

- Requisitos: a) Transferência do estabelecimento.
  b) Não ocorra paralisação da atividade.

- Fundamento legal: artigos 10, 448 e art. 448-A da CLT.

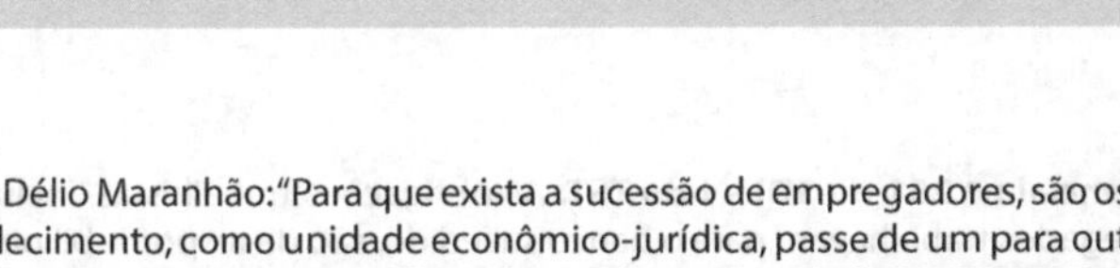

Sucedido

Sucessor
(assume os débitos trabalhistas)

325. De acordo com Délio Maranhão: "Para que exista a sucessão de empregadores, são os requisitos indispensáveis: **a)** que um estabelecimento, como unidade econômico-jurídica, passe de um para outro titular; **b)** que a prestação de serviço pelos empregadores não sofra solução de continuidade." SUSSEKIND, Arnaldo. *et al. Instituições de Direito do Trabalho.* Vol. I. 21. ed. São Paulo: LTr. 2004. p. 305.

5.3.1. Responsabilidade do sucessor (Reforma Trabalhista)

Com a Reforma Trabalhista, houve a inclusão do art. 448-A à CLT, para prever a responsabilidade do sucessor e do sucedido caso configurada a sucessão de empresas:

> **Art. 448-A da CLT** (*Inserido pela Reforma Trabalhista*): Caracterizada a sucessão empresarial ou de empregadores prevista nos arts. 10 e 448 desta Consolidação, as obrigações trabalhistas, inclusive as contraídas à época em que os empregados trabalhavam para a empresa sucedida, são de responsabilidade do sucessor.
>
> Parágrafo único. A empresa sucedida responderá solidariamente com a sucessora quando ficar comprovada fraude na transferência.

A Reforma Trabalhista acrescentou o presente artigo à CLT para prever a responsabilidade do sucessor e do sucedido caso configurada a sucessão trabalhista. Anteriormente, a responsabilidade das empresas era determinada pela doutrina e jurisprudência, que já estabelecia a responsabilidade do sucessor pelos débitos trabalhistas. O sucessor, portanto, assumia o bônus (riquezas produzidas pela empresa sucedida) e o ônus (débitos trabalhistas) decorrentes da sucessão.

De acordo com a redação do artigo em análise, as obrigações trabalhistas, inclusive aquelas contraídas à época em que os empregados trabalhavam para a empresa sucedida são de responsabilidade do sucessor. Portanto, o sucessor terá a responsabilidade sobre todos os débitos trabalhistas, ainda que a verba se refira ao momento de prestação dos serviços para o sucedido.

A empresa sucessora teve tempo para verificar a viabilidade do negócio, devendo, portanto, assumir os riscos dessa aquisição. A responsabilidade passiva deve ser total, ou seja, atingindo, os débitos referentes aos antigos, presentes e futuros empregados. O posicionamento doutrinário e jurisprudencial (OJ nº 261 da SDI-I do TST[326]) já reconhecia na sucessão de bancos a responsabilidade total do sucessor, o que agora passou a ser expressamente previsto a todos os empregadores no art. 448-A da CLT.

Inclusive, entendemos que não há mais discussão quanto à responsabilidade pelos débitos trabalhistas decorrentes de contratos extintos antes da sucessão, pois o sucessor responderá pelos débitos que tenham sido contraídos antes da sucessão, o que inclui os débitos de antigos empregados ainda não quitados (processos em trâmite na Justiça do Trabalho).

O parágrafo único do artigo 448-A da CLT estabelece uma única exceção para que haja responsabilidade tanto do sucessor como do sucedido. Ambos responderão solidariamente quando ficar constatada a **fraude na transferência das empresas**. Exemplo: se a empresa sucedida efetuar a transferência para evitar o pagamento dos débitos trabalhistas ou para dificultar sua exigência em juízo, responderá solidariamente com a empresa sucessora.

---

326. **Orientação Jurisprudencial nº 261 da SDI – I do TST.** As obrigações trabalhistas, inclusive as contraídas à época em que os empregados trabalhavam para o banco sucedido, são de responsabilidade do sucessor, uma vez que a este foram transferidos os ativos, as agências, os direitos e deveres contratuais, caracterizando típica sucessão trabalhista.

Entendemos que esse dispositivo traz maior segurança jurídica às relações de trabalho, pois permite ao empregado exigir todas as parcelas do sucessor e incluir o sucedido como solidariamente responsável caso comprovada a fraude na sucessão.

Ocorre, na prática, a celebração de contrato, chamado de contrato de exclusão de responsabilidade, prevendo que o comprador do estabelecimento não será responsável pelo passivo trabalhista, fiscal e previdenciário. O acordo entre sucessor e sucedido para exclusão de responsabilidades trabalhistas do novo empregador (sucessor) não tem efeito na Justiça do Trabalho, pois há expressa previsão em lei sobre a sucessão. Os artigos 10, 448 e agora 448-A, da CLT são imperativos, não cabendo transação entre as partes. É importante ressaltar que será possível o ajuizamento de ação de regresso por uma empresa em relação à outra. Essa ação deverá ser proposta perante a Justiça Comum.

5.3.2. Sucessão em grupo econômico

Como visto no tópico anterior, a formação do grupo econômico gera responsabilidade solidária entre as pessoas jurídicas que compõem o grupo. Desse modo, há discussão em torno da responsabilidade solidária entre o **sucessor** (novo empregador) que adquiriu apenas uma das empresas pertencentes ao grupo e o **grupo econômico**, por débitos de empresas não adquiridas. O TST entendeu que não há responsabilidade solidária do novo empregador com o grupo econômico, exceto se comprovada má-fé ou fraude na sucessão, conforme descrito a seguir:

> **Orientação Jurisprudencial nº 411 da SDI-I do TST.** O sucessor não responde solidariamente por débitos trabalhistas de empresa não adquirida, integrante do mesmo grupo econômico da empresa sucedida, quando, à época, a empresa devedora direta era solvente ou idônea economicamente, ressalvada a hipótese de má-fé ou fraude na sucessão.

5.3.3. Sucessão na Nova Lei de Falências

A Nova Lei de Falências[327] alterou, profundamente, o instituto da sucessão. Com sua entrada em vigor, a aquisição do estabelecimento em leilão ou hasta pública, seja no caso de recuperação judicial ou, ainda, na falência, não acarreta ônus ao comprador[328]. Assim sendo, com fundamento na segurança jurídica para os compradores e na continuidade dos postos de trabalho, quando a transferência do empreendimento tiver origem na falência ou na recuperação judicial, não se configura a sucessão trabalhista.

Diante da relevância e atualidade do tema, a responsabilidade solidária da empresa que não mais integra o grupo econômico foi julgado pelo TST em Recurso de Revista Repetitivo de nº 69700-28.2008.5.04.0008.

327. Lei nº 11.101/2005, ver artigo 60, parágrafo único, que trata da recuperação judicial e art. 141, II, que prevê a venda do estabelecimento na falência livre de qualquer ônus ao comprador.

328. O assunto é muito polêmico, gerando discussões doutrinárias e jurisprudenciais. Há posicionamento no sentido de que essa nova Lei de Falências privilegia a atividade econômica em detrimento dos direitos dos trabalhadores, incentivando práticas empresariais irresponsáveis. Nas questões objetivas, para Analista do TRT, recomenda-se a adoção do posicionamento majoritário: não há sucessão quando a transferência do estabelecimento ocorrer durante a recuperação judicial e a falência.

A Corte firmou a seguinte tese acerca da responsabilidade da TAP pelos débitos da VARIG:

> Nos termos dos artigos 60, parágrafo único, e 141, II, da Lei nº 11.101/2005, a TAP MANUTENÇÃO E ENGENHARIA BRASIL S.A. não poderá ser responsabilizada por obrigações de natureza trabalhista da VARIG S.A. pelo fato de haver adquirido a VEM S.A., empresa que compunha grupo econômico com a segunda".

5.3.4. Sucessão entre entes de Direito Público

Ressalta, ainda, não haverá sucessão trabalhista entre entes de Direito Público. Exemplo: no desmembramento de municípios, o novo município não assumirá os débitos trabalhistas decorrentes do desmembramento. Dessa forma, o antigo município é o responsável pelos direitos trabalhistas dos empregados que lhe prestavam serviços antes do desmembramento.

Cabe ressaltar que, nesse caso, o empregado público somente iniciará o novo contrato via aprovação em novo concurso público. Portanto, não há possibilidade de sucessão trabalhista.

De acordo com a jurisprudência do TST:

> **Orientação Jurisprudencial nº 92 da SDI-I do TST**: Em caso de criação de novo município, por desmembramento, cada uma das novas entidades responsabiliza-se pelos direitos trabalhistas do empregado no período em que figurarem como real empregador.

5.3.5. Sucessão em razão da privatização

A privatização ocorre quando uma empresa pública é adquirida pelo setor privado. Esse fenômeno também é conhecido por desestatização. O art. 2º, § 1º, Lei nº 9.491/1997, que regulamenta o Programa Nacional de Desestatização, estabelece o conceito para a privatização no âmbito federal:

> **Art. 2º, § 1º, Lei nº 9.491/1997**: Considera-se desestatização:
>
> a) a alienação, pela União, de direitos que lhe assegurem, diretamente ou através de outras controladas, preponderância nas deliberações sociais e o poder de eleger a maioria dos administradores da sociedade;
>
> b) a transferência, para a iniciativa privada, da execução de serviços públicos explorados pela União, diretamente ou através de entidades controladas, bem como daqueles de sua responsabilidade.
>
> c) a transferência ou outorga de direitos sobre bens móveis e imóveis da União, nos termos desta Lei.

Cabe destacar que ocorrerá sucessão quando ocorrer a **privatização** de empresa pública da Administração Indireta. A privatização ocorre quando uma empresa pública é adquirida pelo setor privado. Esse fenômeno também é conhecido por desestatização. Exemplos: Vale do Rio Doce foi adquirida e se tornou a empresa Vale; o banco Banespa foi comprado pelo Santander. Na hipótese de privatização, as antigas contratações sem o prévio concurso serão convalidadas, pois não se exige, na iniciativa privada, o requisito do concurso. Assim sendo, o servidor que antes estava trabalhando de forma irregular, por ausência do prévio concurso público, após a privatização, terá todos os direitos trabalhistas garantidos. Consequentemente, o novo adquirente (sucessor) assumirá todos os débitos trabalhistas do antigo proprietário (Estado). Deverá pagar os contratos de trabalho, inclusive dos empregados admitidos sem concurso público. Segue a nova Súmula do TST:

> **Súmula nº 430 do TST.** Convalidam-se os efeitos do contrato de trabalho que, considerado nulo por ausência de concurso público, quando celebrado originalmente com ente da Administração Pública Indireta, continua a existir após a sua privatização.

Cabe destacar que o empregado não terá direito à estabilidade em razão da privatização do ente estatal[329].

5.4. Sócio retirante (Reforma Trabalhista)

Em que pese a CLT não ter trazido o conceito de sócio retirante, é possível encontrar sua definição no Código Civil. Lembre-se de que as normas de direito comum têm aplicação subsidiária à CLT nos termos de seu art. 8º, § 1º.

De acordo com o art. 1029 do Código Civil, qualquer sócio pode retirar-se da sociedade. Se a sociedade for celebrada por prazo indeterminado, deve ser realizada a notificação dos demais sócios, com antecedência mínima de 60 dias. Por sua vez, se for de prazo determinado, deve ser demonstrada judicialmente justa causa para a sua retirada da sociedade.

Durante os 30 dias subsequentes à notificação, os demais sócios podem optar pela dissolução da sociedade. Essa dissolução pode ocorrer no caso de eventual inviabilidade na continuidade da exploração da atividade econômica sem o sócio retirante.

A possibilidade de se retirar da sociedade encontra fundamento no art. 5º, XX, CF/88, que determina que nenhuma pessoa é obrigada a se associar ou se manter associada.

Dessa forma, o sócio retirante é aquele que se retira da sociedade mediante notificação prévia aos demais sócios, devendo ocorrer alteração no contrato social da empresa. Nesse caso, salvo disposição contratual em sentido contrário, o valor de sua cota deve ser liquidado com base na situação patrimonial da sociedade à data da resolução.

5.4.1. Responsabilidade do sócio retirante

De acordo com o novo art. 10-A, CLT, acrescentado pela Reforma Trabalhista, o sócio retirante responde subsidiariamente pelas obrigações trabalhistas da sociedade relativas ao período em que figurou como sócio:

> **Art. 10-A, CLT** (*acrescentado pela Lei nº 13.467/2017*). O sócio retirante responde subsidiariamente pelas obrigações trabalhistas da sociedade relativas ao período em que figurou como sócio, somente em ações ajuizadas até dois anos depois de averbada a modificação do contrato, observada a seguinte ordem de preferência:
>
> I – a empresa devedora;
>
> II – os sócios atuais; e

329. Nesse sentido, o entendimento do TST em Recurso de Revista de nº 2201500-17.2002.5.09.0009.

III – os sócios retirantes.

Parágrafo único. O sócio retirante responderá solidariamente com os demais quando ficar comprovada fraude na alteração societária decorrente da modificação do contrato.

Para a responsabilização do sócio, é necessário que a reclamação trabalhista seja ajuizada no período de até 2 anos depois de averbada a modificação do contrato. A responsabilidade subsidiária é determinada por um benefício de ordem, ou seja, o empregado somente pode exigir dos sócios retirantes caso sigam a ordem de preferência exigida em lei:

1) **Empresa devedora:** Em primeiro lugar, deve ser cobrada a empresa devedora, pois é a empregadora.

2) **Atuais sócios da empresa devedora:** Caso não sejam encontrados bens suficientes para o pagamento dos débitos, é possível a cobrança dos atuais sócios da empresa, que são aqueles que permanecem na sociedade empresarial (desconsideração da personalidade jurídica).

3) **Sócios retirantes:** Os sócios retirantes devem ser os últimos a serem cobrados e a responsabilidade dessas pessoas somente ocorrerá se a ação for ajuizada em até 2 anos depois de averbada a modificação do contrato, contendo sua retirada da sociedade empresarial.

Portanto, antes de exigir o pagamento das verbas trabalhistas aos sócios retirantes, é necessário cobrar os valores da empresa devedora. Caso não sejam encontrados bens suficientes para a satisfação do crédito, é possível a cobrança dos atuais sócios da empresa e, por fim dos sócios retirantes, desde que, para esse último, a ação seja ajuizada em até 2 anos depois de averbada a modificação do contrato.

É importante destacar ainda que há discussão quanto à necessidade do sócio retirante constar no polo passivo da reclamação trabalhista desde a fase de conhecimento. De acordo com a jurisprudência do TST[330] acerca do tema, é possível a inclusão do sócio retirante apenas na fase de execução, pois assegura a prevalência dos princípios da simplicidade, da efetividade e da celeridade.

Haverá responsabilidade solidária, sem benefício de ordem, quando ficar comprovada fraude na alteração societária decorrente da modificação do contrato social da empresa. Da mesma forma que a sucessão de empresas, se houver fraude na alteração societária para impedir a cobrança de um de seus sócios, haverá responsabilização solidária dos sócios da empresa.

5.5. Poderes do empregador[331]

- **Art. 2º, CLT**
- **Art. 468, CLT**

---

330. Nesse sentido, o entendimento do TST no AIRR 0172100-87.2005.5.15.0148. Decisão extraída do livro: CORDEIRO, Wolney de Macedo. *Execução no processo do trabalho de acordo com a Lei nº 13.105, de 16 de março de 2015 Novo Código de Processo Civil.* 2ª ed. Salvador: Juspodivm, 2016. p. 147.

331. Verificar se esse tópico consta do edital do concurso. Alguns TRTs apontaram expressamente essa matéria. Recomenda-se a leitura, pois esse tópico está inserido dentro do estudo de empregador.

O poder do empregador está previsto no art. 2º da CLT, pois o empregador "dirige a prestação pessoal de serviços". Como ele assume, exclusivamente, os riscos da atividade econômica, há necessidade de organizar e controlar a prestação de serviços, mesmo que, para isso, seja necessária a aplicação de penalidades aos trabalhadores. Se de um lado há presença do poder de direção, por parte do empregado há também a presença da subordinação.

Importante frisar que esses poderes, conferidos ao empregador, não são absolutos. Há limites previstos na CLT e na CF/88, por exemplo, respeitar a intimidade e a dignidade do empregado. Aliás, se transmitida ordem ilegal (comprar entorpecentes, fazer sexo com clientes da empresa), alheia ao contrato (empregado contratado como professor de inglês, sendo exigido que transporte os filhos do empregador para escola e que faça suas compras de supermercado), ou desproporcional (trabalhar 18 horas por dia, ou sem equipamentos básicos de proteção, impedir o empregado de utilizar o banheiro para evitar interrupção na produção[332]), o empregado poderá se recusar[333] a cumprir a ordem dada. Nesse caso, ao exercer seu direito de resistência (*jus resistentiae*), o empregado não poderá ser punido pelo descumprimento da ordem.

O poder de direção[334] é dividido, pela doutrina, em três aspectos:

5.5.1. Poder de organização

Consiste na distribuição das tarefas aos empregados, fixação do horário de trabalho, utilização de uniformes etc.

Dentro desse poder de organização, pode-se acrescentar a possibilidade dada ao empregador de expedir ordens gerais, por meio do regulamento da empresa. Essa atribuição é chamada de Poder Regulamentar.

Esse regulamento é na verdade uma "lei interna" da empresa. Ele prevê regras ligadas às questões técnicas (forma de desempenhar as atividades, horário de trabalho, utilização de EPIs), disciplinares (hipóteses de aplicação da advertência e suspensão, instauração de inquérito para apuração da falta cometida[335]) e direitos dos empregados (adicional por produtividade ou tempo de serviços, plano de cargos e salários, forma da participação nos lucros e resultados da empresa). Essas regras estabelecidas pelo empregador não necessitam de prévia aprovação, ou qualquer formalidade especial.

O empregado está obrigado a respeitar o regulamento interno da empresa. Entretanto, se houver modificação desse regulamento, causando-lhe prejuízos, essa alteração será

332. Informativo nº 120 do TST.

333. De acordo com Délio Maranhão, o direito de resistência ou *Jus Resistentiae*: "A personalidade do empregado não se anula com o contrato de trabalho, razão pela qual lhe é reconhecido certo *jus resistentiae* no que respeita às determinações do empregador. Assim, pode ele, legitimamente, recusar-se ao cumprimento de uma ordem, por exemplo, que o coloque em grave risco, que fuja à natureza do trabalho contratado, que o humilhe ou diminua moralmente, ou seja ilícita, ilegal ou de execução extraordinariamente difícil".

334. "O poder de direção é a forma como o empregador define como serão desenvolvidas as atividades do empregado decorrentes do contrato de trabalho." MARTINS, Sergio Pinto. *Direito do Trabalho*. 24. ed.

335. Súmula nº 77 do TST. "Nula é a punição do empregado se não precedida de inquérito ou sindicância internos a que se obrigou a empresa por norma regulamentar".

nula, por força do art. 468 da CLT. Exemplo: há previsão no regulamento de adicional por tempo de serviço. Esse adicional foi retirado em razão de alterações no regulamento interno. A inovação prejudicial atingirá apenas os empregados contratados após a vigência das novas regras[336].

Atualmente, com o advento da Reforma Trabalhista, estabeleceu-se que convenção e acordo coletivo poderão dispor sobre regulamento empresarial:

> **Art. 611-A da CLT (Inserido pela Reforma Trabalhista):** A convenção coletiva e o acordo coletivo de trabalho têm prevalência sobre a lei quando, entre outros, dispuserem sobre:
>
> (...)
>
> VI – regulamento empresarial;

Em resumo, são diversas as matérias que podem ser tratadas no regulamento da empresa. De acordo com o novo dispositivo, caso previsto em acordo ou convenção coletiva, essas normas terão inclusive prevalência sobre a lei, o que amplia significativamente a importância do regulamento de empresa. Os sindicatos terão papel determinante no estabelecimento de normas que atendam aos interesses de seus representados, devendo conhecer as necessidades dos trabalhadores em cada empresa. O ideal seria a celebração de acordo coletivo para estabelecer as regras acerca do regulamento de empresa, pois as negociações diretas com determinada empresa podem atender melhor às particularidades do dia a dia dos trabalhadores.

5.5.1.1. Uso de logomarcas em uniformes (Reforma Trabalhista)

Como visto, dentre os aspectos do poder do empregador, insere-se o poder de organização, que consiste na distribuição das tarefas aos empregados, fixação do horário de trabalho, utilização de uniformes etc. Portanto, cabe ao empregador determinar o uniforme que o empregado deve utilizar, sempre no atendimento aos interesses de sua empresa. A jurisprudência do TST[337] tinha o posicionamento majoritário de que o uso de uniforme com marcas de fornecedores e propaganda de produtos configurava dano à imagem do empregado, sendo cabível indenização por danos morais ao trabalhador. Para o tribunal, as empresas utilizavam a imagem dos empregados indevidamente para a publicidade de marcas e produtos e, portanto, seria necessária a responsabilidade civil do empregador pelo dano causado por força do art. 5º, X, da Constituição Federal e do art. 186 do Código Civil:

> **Art. 5º da Constituição Federal:** Todos são iguais perante a lei, sem distinção de qualquer natureza, garantindo-se aos brasileiros e aos estrangeiros residentes no País a inviolabilidade do direito à vida, à liberdade, à igualdade, à segurança e à propriedade, nos termos seguintes:
>
> (...)

336. Súmula nº 51 do TST: "I – As cláusulas regulamentares, que revoguem ou alterem vantagens deferidas anteriormente, só atingirão os trabalhadores admitidos após a revogação ou alteração do regulamento. II – Havendo a coexistência de dois regulamentos da empresa, a opção do empregado por um deles tem efeito jurídico de renúncia às regras do sistema do outro".

337. Informativos nº 34, 62 e 146 do TST.

> X – são invioláveis a intimidade, a vida privada, a honra e a imagem das pessoas, assegurado o direito a indenização pelo dano material ou moral decorrente de sua violação;
>
> **Art. 186, CC/02:** Aquele que, por ação ou omissão voluntária, negligência ou imprudência, violar direito e causar dano a outrem, ainda que exclusivamente moral, comete ato ilícito.

De acordo com o novo art. 456-A da CLT, acrescentado pela Reforma Trabalhista, é direito do empregador definir o padrão de vestimenta no meio ambiente de trabalho, sendo lícita a inclusão no uniforme dos empregados de logomarcas da própria empresa ou de empresas parceiras e de outros itens de identificação relacionados à atividade desempenhada:

> **Art. 456-A, CLT** *(acrescentado pela Lei nº 13.467/2017)*. Cabe ao empregador definir o padrão de vestimenta no meio ambiente laboral, sendo lícita a inclusão no uniforme de logomarcas da própria empresa ou de empresas parceiras e de outros itens de identificação relacionados à atividade desempenhada.
>
> Parágrafo único. A higienização do uniforme é de responsabilidade do trabalhador, salvo nas hipóteses em que forem necessários procedimentos ou produtos diferentes dos utilizados para a higienização das vestimentas de uso comum.

Note-se, portanto, que o artigo regulamentou matéria que, ainda não havia sido pacificada pelos tribunais trabalhistas. Entretanto, tendo em vista o posicionamento do TST, o dispositivo choca-se com a jurisprudência majoritária sobre o assunto e gerará polêmicas acerca de sua constitucionalidade em relação ao direito de imagem do empregado previsto em dispositivo constitucional (art. 5º, X, CF/88).

Entendemos que a simples exigência de uso de logomarcas em uniformes não assegura o direito à indenização por danos morais ao empregado, pois a escolha do uniforme está inserida dentro do poder de organização do empregador. No entanto, nos casos em que a logomarca ou o símbolo utilizado afrontarem a religião, a liberdade de expressão do empregado, forem discriminatórios ou apresentarem conteúdos que desabonem a imagem do trabalhador, a exigência de seu uso pode configurar dano moral ao empregado pela ofensa causada pelo conteúdo da mensagem contida em seu uniforme.

Ademais, o uniforme do empregado não configura salário-utilidade, pois é utilizado como ferramenta de trabalho e não como contraprestação pelo serviço prestado. Se a utilidade fornecida é **para** o trabalho, ou seja, como ferramenta indispensável à realização dos serviços, não terá natureza salarial, mas sim de indenização. De acordo com o parágrafo único do art. 456-A da CLT, a higienização do uniforme é, em regra, de responsabilidade do trabalhador, salvo nas hipóteses em que forem necessários procedimentos ou produtos diferentes daqueles usados para a limpeza de vestimentas de uso comum.

5.5.1.2. Quando o empregador deve fundamentar suas decisões?

Tendo em vista que o empregador assume os riscos da atividade desenvolvida, ele possui a prerrogativa de dirigir e organizar a prestação de serviços sem a exigência de fundamentação de suas decisões. No setor privado, o empregador detém autonomia para implementar suas escolhas organizacionais, desde que respeite os limites legais e contratuais.

Essa dispensa de motivação permite que o empregador defina tarefas, horários, métodos de trabalho, remanejamentos internos e outras disposições sem a necessidade de justificar cada escolha. Tal prerrogativa decorre do poder de organização, que lhe confere liberdade para gerenciar o ambiente de trabalho e distribuir as atividades conforme as necessidades empresariais.

Contudo, há exceções legais e jurisprudenciais que impõem a necessidade de fundamentação por parte do empregador. Entre elas, destacam-se:

a) **Dispensa por justa causa**[338]: Para dispensar um empregado por justa causa, é necessário que o empregador fundamente sua decisão com base nas hipóteses previstas no art. 482 da CLT. Com base na transparência das relações trabalhistas, o ideal seria um documento fundamentado após oportunizar defesa do empregado. Essas obrigações podem estar previstas em instrumentos coletivos de trabalho ou no regimento interno da empresa. Lembre-se de que essa justificativa jamais poderá ser colocada na CTPS do empregado, sob pena de configurar anotação desabonadora.

b) **Transferências unilaterais**[339]: Para que o empregador realize a transferência unilateral de empregado, provisoriamente (art. 469, § 3º, CLT) ou de forma definitiva (art. 469, § 1º da CLT e Súmula nº 43 do TST[340]), exige-se a comprovação da real necessidade do serviço na nova localidade;

c) **Reversão:** A reversão do empregado ocupante de cargo de confiança para o cargo que ocupava anteriormente é lícita e possível a qualquer momento (art. 468, § 1º, CLT). Com a Reforma Trabalhista, o empregado não tem direito à manutenção da gratificação de função com a reversão ao cargo efetivo, independentemente do tempo de serviço (art. 468, § 2º, CLT). Com essa previsão, a Súmula nº 372 do TST deve passar por atualização[341].

d) **Contrato por prazo determinado:** O contrato por prazo determinado é uma exceção ao princípio da continuidade do contrato de trabalho, sendo permitido apenas em hipóteses específicas previstas em lei. Em quatro dessas hipóteses, o empregador deve justificar a escolha dessa modalidade contratual, apresentando o motivo para sua adoção. Entre essas situações, estão: atender demandas temporárias e excepcionais, como em períodos festivos (Natal, Dia das Mães, Páscoa); substituir empregados afastados por férias, licença-maternidade ou acidentes; e atender atividades empresariais transitórias, como em eventos pontuais (feiras agropecuárias e rodeios), conforme o art. 443, § 2º, da CLT. No caso de trabalhadores domésticos, esse contrato é permitido para necessidades transitórias familiares

338. Para mais informações acerca das hipóteses de justa causa, confira o tópico "dispensa por justa causa" no Capítulo de Término do Contrato de Trabalho.

339. Confira o tópico de "transferência de empregados" no capítulo de Contrato individual de trabalho.

340. Súmula nº 43 do TST: "Presume-se abusiva a transferência de que trata o § 1º do art. 469 da CLT, sem comprovação da necessidade do serviço."

341. Súmula nº 372 do TST: I – Percebida a gratificação de função por dez ou mais anos pelo empregado, se o empregador, sem justo motivo, revertê-lo a seu cargo efetivo, não poderá retirar-lhe a gratificação tendo em vista o princípio da estabilidade financeira. II – Mantido o empregado no exercício da função comissionada, não pode o empregador reduzir o valor da gratificação.

e para substituir temporariamente empregados afastados (art. 4º, II, da LC nº 150/2015).

e) **Prorrogação do contrato de trabalho temporário:** A prorrogação de um contrato de trabalho temporário exige uma justificativa sólida que demonstre a continuidade da necessidade transitória que motivou a contratação inicial[342]. O contrato de trabalho temporário é regulamentado pela Lei nº 6.019/1974, que define as condições para sua celebração e prorrogação, sendo utilizado para atender a necessidades passageiras da empresa, como substituição transitória de pessoal permanente ou à demanda complementar[343] de serviços. Para que a prorrogação seja válida, é necessário que haja uma razão concreta para a continuidade temporária do trabalho. Essa justificativa pode se basear, por exemplo, na persistência de um aumento inesperado de demanda ou na prolongada ausência de um trabalhador fixo. O contrato temporário pode inicialmente durar até 180 dias, e, se a necessidade temporária permanecer, é permitida uma prorrogação adicional de até 90 dias, totalizando o limite máximo de 270 dias, conforme disposto no art. 10 da Lei nº 6.019/74 com redação dada pela Lei nº 13.429/2017. É importante que a prorrogação observe rigorosamente esse limite de 270 dias e esteja sempre amparada pela justificativa temporária original. Além disso, a prorrogação do contrato deve ser formalizada por meio de um aditivo contratual, no qual devem constar a justificativa da extensão e o novo prazo de vigência do contrato.

f) **Dispensa em massa[344]:** A dispensa em massa, diferentemente das demissões individuais, demanda uma abordagem especial devido ao impacto expressivo sobre um grande contingente de trabalhadores, além da repercussão social e econômica que gera. Antes da Reforma Trabalhista, o Tribunal Superior do Trabalho (TST) entendia que tais dispensas exigiam uma negociação coletiva prévia, conforme estabelecido nos Informativos nº 17 e 34 do TST. No entanto, a Lei nº 13.467/2017 conferiu ao empregador o direito de realizar dispensas coletivas sem necessidade de negociação coletiva prévia. Apesar dessa alteração, a questão segue polêmica. O Supremo Tribunal Federal (STF), ao apreciar o **Tema 638 da Repercussão Geral**[345], derivado da demissão de 4.270 (quatro mil, duzentos e setenta) funcionários da Embraer em 2009, decidiu que, para a validade da dispensa em massa, é necessária a participação do sindicato dos trabalhadores, embora não seja obrigatória a sua autorização formal. Em seu voto, o Ministro Edson Fachin destacou que a Constituição de 1988, em conjunto com as Convenções nº 98 e 154 da OIT, exige a participação sindical em processos com grande impacto social, como as dispensas

342. § 2º, art. 10 da Lei nº 6.019/74: "O contrato poderá ser prorrogado por até noventa dias, consecutivos ou não, além do prazo estabelecido no § 1º deste artigo, quando comprovada a manutenção das condições que o ensejaram".

343. § 2º, art. 2º da Lei nº 6.019/74: "Considera-se complementar a demanda de serviços que seja oriunda de fatores imprevisíveis ou, quando decorrente de fatores previsíveis, tenha natureza intermitente, periódica ou sazonal.".

344. Para mais informações acerca da dispensa em massa, confira o tópico "Dispensa coletiva (Reforma Trabalhista)" no Capítulo de Direito Coletivo do Trabalho.

345. Tema 638 da Repercussão Geral do STF - Necessidade de negociação coletiva para a dispensa em massa de trabalhadores: "A intervenção sindical prévia é exigência procedimental imprescindível para a dispensa em massa de trabalhadores, que não se confunde com autorização prévia por parte da entidade sindical ou celebração de convenção ou acordo coletivo."

em massa. Portanto, ainda que em dispensas coletivas o empregador não precise justificar cada desligamento individualmente, o diálogo sindical é obrigatório. A ausência desse diálogo pode levar à nulidade da dispensa e à consequente reintegração dos trabalhadores.

g) **Demissão de estáveis:** A estabilidade é uma proteção assegurada a determinados trabalhadores[346], impedindo que sejam dispensados sem justa causa durante o período em que essa garantia vigora. Assim, gestantes, empregados afastados por acidente e amparados pelo INSS, membros da Comissão Interna de Prevenção de Acidentes (CIPA), dirigentes sindicais, entre outros[347], somente podem ter seu contrato de trabalho rescindido em caso de justa causa. Nesses casos, é necessário que o empregador fundamente sua decisão com base nas hipóteses previstas no art. 482 da CLT, que elenca as situações específicas que justificam a rescisão contratual por justa causa.

5.5.2. Poder de controle

Por meio do controle, o empregador fiscaliza as tarefas executadas, verifica o cumprimento da jornada de trabalho e protege seu patrimônio, mediante o controle de estoque, produtividade etc. Tendo em vista que a jurisprudência do TST é rica quanto aos limites do poder de controle do empregador, dividimos o tema de acordo com os principais assuntos discutidos nos tribunais trabalhistas:

a) Limitação do uso de banheiros;
b) Fiscalização do correio eletrônico;
c) Revistas íntimas;
d) Revistas pessoais;
e) Fiscalização por câmeras;
f) Uso de polígrafo (detector de mentiras);
g) Programas espiões de controle de atividade;
h) Restrições ao porte e uso do celular; e
i) Exigência de apresentação ao serviço com cabelo e barba aparados.

5.5.2.1. Limitação do uso de banheiros

Conforme previamente estabelecido, os poderes do empregador não são absolutos, encontrando limitação, entre outras, na dignidade do trabalhador. Nesse sentido, o TST entendeu que ocorre abuso do poder de direção quando o empregador impede o empregado de utilizar o banheiro para evitar interrupção na produção. De acordo com o tribunal, a limitação ao uso do banheiro, ainda que seja nas "linhas de produção", acarreta risco à saúde do empregado ao comprometer o atendimento às necessidades fisiológicas impostergáveis.

346. Para mais informações acerca da estabilidade, confira o capítulo "Estabilidade".
347. Confira o tópico "Garantias provisórias de emprego ou estabilidades provisórias" no capítulo de Estabilidade.

Conforme previsão na NR nº 36 do Ministério do Trabalho e Emprego, que apresenta normas de segurança e saúde no trabalho em empresas de abate e processamento de carnes e derivados, as saídas dos postos de trabalho para satisfação de necessidades fisiológicas devem ser asseguradas independentemente das pausas previstas para descanso:

> **NR nº 36.13.9** As saídas dos postos de trabalho para satisfação das necessidades fisiológicas dos trabalhadores devem ser asseguradas a qualquer tempo, independentemente da fruição das pausas.

No caso de restrição ao uso do banheiro poderá acarretar rescisão indireta e, ainda, pedido de indenização por danos morais. Nesse caso, o empregador será autuado pela fiscalização e o Ministério Público do Trabalho poderá atuar para coibir práticas idênticas nessa empresa.

Ainda, o uso do banheiro por transgêneros é um tema sensível e polêmico, pois são inúmeras as discussões religiosas, jurídicas, sociais e, atualmente, políticas envolvendo os transgêneros. No entanto, há necessidade de debate sobre o assunto, que não deve ser ignorado por preconceitos, discriminações ou posicionamentos estritamente religiosos.

É importante diferenciar os principais conceitos sobre o assunto. Para tanto, elaborei essa pequena tabela:

Conceitos fundamentais[348], modalidades e hipóteses de discriminação	
Sexo	O conceito de sexo está relacionado aos aspectos biológicos que servem como base para a classificação de indivíduos entre machos, fêmeas e intersexuais. Em nossa sociedade, seres humanos são divididos nessas categorias – em geral, ao nascer – a partir de determinadas características anatômicas, como órgãos sexuais e reprodutivos, hormônios e cromossomos.
Gênero	Utilizamos a palavra gênero quando queremos tratar do conjunto de características socialmente atribuídas aos diferentes sexos. Ao passo que sexo se refere à biologia, gênero se refere à cultura. No que diz respeito ao trabalho, no Brasil, mulheres, em geral, ainda se dedicam muito mais a afazeres domésticos e a trabalhos maternos do que homens, o que faz com que eles ocupem postos laborais mais valorizados e mais bem pagos, e elas fiquem em situação de dependência financeira deles. Mesmo em trabalhos remunerados, muitas mulheres são levadas a ocupar cargos análogos ao trabalho doméstico.

348. Os conceitos sobre "Sexo", "Gênero", "Identidade de gênero" e "Sexualidade" foram retirados do Protocolo do CNJ de Julgamento com Perspectiva de Gênero: CONSELHO NACIONAL DE JUSTIÇA (BRASIL). Protocolo para julgamento com perspectiva de gênero. Brasília: Conselho Nacional de Justiça – CNJ; Escola Nacional de Formação e Aperfeiçoamento de Magistrados — Enfam, 2021. Disponível em: https://www.cnj.jus.br/wp-content/uploads/2021/10/protocolo-18-10-2021-final.pdf. Acesso em: 14/09/2022. Os conceitos de "Orientação sexual", "Transgênero", "Intersexo", "Sexismo" e "Homofobia, bifobia e transfobia" foram retirados de: UNITED NATIONS HUMAN RIGHTS. Igualdade LGBTI: perguntas frequentes. Disponível em: https://www.unfe.org/wp-content/uploads/2018/10/FAQs-PT.pdf. Acesso em 19/08/2022. O conceito de sexismo, HUMAN RIGHTS CAHNNEL (Council of Europe). Sexismo: Repare nele. Fale dele. Acabe com ele, 2020. Disponível em: https://human-rights-channel.coe.int/stop-sexism-pt.html. Acesso em: 19/08/2022.

Conceitos fundamentais[348], modalidades e hipóteses de discriminação	
Identidade de gênero	(...) muitas vezes, uma pessoa pode se identificar com um conjunto de características não alinhado ao seu sexo designado. Pessoas que não se conformam com o gênero a elas atribuído ao nascer foram e ainda são extremamente discriminadas no Brasil e no mundo, na medida em que a conformidade entre sexo e gênero continua a ser a expectativa dominante da sociedade.
Sexualidade	A sexualidade diz respeito às práticas sexuais e afetivas dos seres humanos. Em nossa sociedade, estabeleceu-se como "padrão" a heterossexualidade, enquanto orientações sexuais como a homossexualidade e a bissexualidade são consideradas "desviantes". A população LGBTQIA+ sofre discriminações de diversas ordens no Brasil.
LGBTI	Sigla para "lésbicas, gays, bissexuais, transgêneros e intersexo". Atualmente, fruto das lutas e debates em torno da identidade de gênero, a sigla vem ganhando novas letras e englobando novos públicos como as populações: Queer/Questionando, Assexuais/Arromânticas/Agênero, Pan/Poli, Não binárias e mais.
Orientação sexual	Atração física, romântica e/ ou emocional que uma pessoa sente em relação a outra. Homens gays e mulheres lésbicas são atraídos por indivíduos de seu sexo. Heterossexuais se sentem atraídos por pessoas diferentes de seu sexo. Bissexuais são pessoas que podem sentir atração por indivíduos de seu sexo ou de sexo diferente.
Transgênero	Pessoas transexuais, travestis, pessoas que se identificam como terceiro gênero ou outros termos não binários, e outros, cuja aparência e características são percebidas como atípicas do gênero. Algumas pessoas trans passam por cirurgias ou tomam hormônios para colocar seu corpo em harmonia com sua identidade de gênero; outras não.
Intersexo	Uma pessoa intersexo nasce com uma anatomia sexual, com órgãos reprodutivos ou padrões de cromossomos que não se encaixam na definição padrão masculino-feminino.
Homofobia, bifobia e transfobia	A homofobia é um medo irracional, ódio ou aversão em relação a lésbicas e gays; a bifobia é um medo irracional, ódio ou aversão às pessoas bissexuais; a transfobia é um medo irracional, ódio ou aversão às pessoas trans. O termo homofobia é algumas vezes usado para se referir ao medo, ódio e aversão a lésbicas, gays, bissexuais e pessoas trans em geral.
Sexismo	O sexismo é qualquer expressão (atitude, palavra, imagem, gesto) baseada no pressuposto de que algumas pessoas, maioritariamente mulheres, são inferiores devido ao seu sexo. O sexismo é prejudicial. Gera sentimentos de inutilidade e autocensura, leva à adoção de estratégias de afastamento, a mudanças de comportamento e à deterioração da saúde. O sexismo está na origem da desigualdade de gênero.

O uso do banheiro por transgêneros, por sua vez, é tema controvertido, no que tange a qual banheiro devem utilizar: o feminino ou o masculino. O tema, ademais, ainda não é pacífico na jurisprudência brasileira.

Tramitava, no Supremo Tribunal Federal, o RE nº 845779, paradigma do Tema 778 de repercussão geral, no qual se discutia, à luz dos arts. 1º, III, 5º, V, X, XXXII, LIV e LV, e 93 da

Constituição Federal, se a abordagem de transexual para utilizar banheiro do sexo oposto ao qual se dirigiu configura ou não conduta ofensiva à dignidade da pessoa humana e aos direitos da personalidade, indenizável a título de dano moral.

O *leading case* chegou a contar com 2 votos a favor do uso do banheiro feminino por pessao transgênera identificada como mulher. O Ministro Luís Roberto Barroso chegou a propor a seguinte tese para repercussão geral: "Os transexuais têm direito a serem tratados socialmente de acordo com a sua identidade de gênero, inclusive na utilização de banheiros de acesso público".

Contudo, revisitando requisitos formais da ação, no dia 06/06/2024, o Tribunal, por maioria, negou seguimento ao recurso extraordinário, **cancelando o reconhecimento da repercussão geral** da matéria atinente ao Tema 778. Assim, não tivemos uma decisão conclusiva do STF.

O assunto ainda voltará ao STF, visto que a Associação Nacional de Travestis e Transexuais (Antra) ajuizou várias ADPFs (1169, 1170, 1171, 1172 e 1173) junto à Corte, questionando a constitucionalidade de leis municipais de Novo Gama (GO), Sorriso (MT), Cariacica (ES), Londrina (PR) e Juiz de Fora (MG) que proíbem a instalação, a adequação e o uso comum de banheiros por pessoas de sexo biológico diferente em todos os estabelecimentos públicos e privados.

No âmbito do MPU, em 12 de dezembro de 2018, foi acrescentado o art. 5º-A à Portaria nº 7/2018, que dispõe sobre o uso do nome social pelas pessoas transgêneros usuárias de serviços, membros servidores, estagiários e terceirizados:

> **Art. 5º-A:** É garantido o uso de banheiros, vestiários e demais espaços segregados por gênero, quando houver, de acordo com a identidade de gênero de cada sujeito no âmbito do Ministério Público da União".

Vale ressaltar que essa medida é destinada à Administração Pública e está restrita ao MPU.

5.5.2.2. Correio eletrônico

Há discussão sobre a possibilidade de fiscalizar o correio eletrônico (e-mail) do empregado. Prevalece o entendimento de que se o e-mail é da empresa (corporativo), utilizado como ferramenta de trabalho, há possibilidade de fiscalização, pois é responsabilidade da própria empresa verificar o conteúdo dessas mensagens. Nesse sentido, é o informativo nº 221 do TST[349] que estabelece que o e-mail corporativo tem natureza jurídica de ferramenta de trabalho:

Por essa razão, é permitido ao empregador monitorar e rastrear a atividade do empregador, checando as mensagens, seja do ponto de vista formal, como quantidade, horários de envio das mensagens, destinatários, seja do ponto de vista material ou de conteúdo.

Além disso, diante desse poder do empregador, é permitido o uso das informações coletas como prova no processo. O controle, entretanto, não pode recair sobre o correio eletrônico pessoal/particular do trabalhador, sob pena de configurar afronta à intimidade.

349. TST-RR-1347- 42.2014.5.12.0059, 4ª Turma, rel. Min. Alexandre Luiz Ramos, julgado em 23/6/2020.

5.5.2.3. Revistas íntimas

Outra questão que gera grandes debates sobre a extensão do poder de controle do empregador é a possibilidade de revistas íntimas e pessoais dos empregados. O(a) trabalhador(a) que lida com joias ou munição de armas poderá ser revistado? Há expressa previsão em lei vedando revistas íntimas nas mulheres, art. 373-A, VI, da CLT. Essa proibição à revista íntima tem sido estendida também aos empregados do sexo masculino, com fundamento no princípio da igualdade. Em abril/2016, foi promulgada a Lei nº 13.271/2016, que estabelece a proibição de revistas íntimas de funcionários e clientes do sexo feminino por empresas privadas e órgãos e entidades da Administração Pública:

> **Art. 1º.** As empresas privadas, os órgãos e entidades da Administração Pública, Direta e Indireta, ficam proibidos de adotar qualquer prática de revista íntima de suas funcionárias e de clientes do sexo feminino.
>
> **Art. 2º.** Pelo não cumprimento do art. 1º, ficam os infratores sujeitos a:
>
> I – multa de R$ 20.000,00 (vinte mil reais) ao empregador, revertidos aos órgãos de proteção dos direitos da mulher;
>
> II – multa em dobro do valor estipulado no inciso I, em caso de reincidência, independentemente da indenização por danos morais e materiais e sanções de ordem penal.

Com essa nova lei, acaba a discussão sobre a possibilidade de revistas íntimas em mulheres, em quaisquer atividades, inclusive no serviço público.

Há, ainda, a discussão sobre a possibilidade de revistas íntimas das **empregadas e servidoras públicas** que prestam serviços em sistemas prisionais. O art. 3º da Lei nº 13.271/2016 previa que a revista íntima em estabelecimentos prisionais seria permitida desde que realizada por servidoras do sexo feminino. Contudo, o dispositivo foi vetado pelo Chefe do Executivo. Além disso, entendemos que essa permissão somente seria aplicada às pessoas que fossem realizar **visitas ao presídio**[350]. Nesse caso, a medida se justifica diante da necessidade de garantir a segurança da sociedade e dos próprios detentos, pois evitaria o ingresso de armas, aparelhos celulares, drogas etc.

Entendemos, portanto, que a revista íntima das empregadas e servidoras públicas que trabalham nos presídios não é possível, uma vez que o art. 1º da Lei nº 13.271/2016 é claro ao proibir essa forma de revista a todas as funcionárias da Administração Pública, o que inclui as funcionárias públicas do sistema prisional.

Para as demais atividades e empresas, repita-se que essa conduta não é admitida nem mesmo via instrumento coletivo. Registra-se que a alteração legislativa acima transcrita deveria ter ampliado a proibição de revistas íntimas também aos homens, homossexuais e transexuais. Não nos parece razoável a proibição restrita apenas às mulheres e permitida aos homens.

350. Destaca-se, entretanto, que a Resolução nº 5/2014 do CNPCP – Conselho Nacional de Política Criminal e Penitenciária, recomenda que não seja realizada nenhuma forma de revista íntima nos presídios, nem mesmo dos visitantes, sendo permitida somente a revista pessoal desde que preservada a integridade física, moral e psicológica da pessoa revistada.

Sobre esse assunto, interessante conferir a jurisprudência do TRT-RJ que proíbe a revista íntima a qualquer trabalhador de qualquer sexo:

> **Súmula nº 16 do TRT – 1ª Região.** Revista íntima. Dano moral. Limites dos poderes de direção e fiscalização. Violação à honra e à intimidade do trabalhador. Princípio da dignidade da pessoa humana (art. 1º, inc. III, CF).
>
> Cabe reparação por dano moral, por ferir o princípio da dignidade da pessoa humana, o ato patronal consubstanciado em revistas íntimas de trabalhadores de qualquer sexo, incluindo a vigilância por meio de câmeras instaladas em banheiros e vestiários.

5.5.2.4. *Revistas pessoais*

As **revistas pessoais**, realizadas com razoabilidade, sem que envolvam nudez, têm sido admitidas[351], desde que a atividade exercida justifique esse controle. O TST[352] tem aceitado essas revistas pessoais, de bolsas, mochilas e sacolas, desde que não submeta o trabalhador a situação constrangedora. Aliás, a revista generalizada e impessoal desses pertences do empregado pode, segundo a jurisprudência do TST, ser realizada por pessoa do sexo oposto[353], por exemplo, segurança do sexo masculino fiscaliza a bolsa da empregada (sem que haja contato físico com a trabalhadora).

Esse entendimento foi consolidado pela tese vinculante nº 58 do TST, fixada em 24/02/2025:

> **A realização de revista meramente visual nos pertences dos empregados, desde que procedida de forma impessoal, geral, sem contato físico** e exposição dos trabalhadores a situação humilhante ou vexatória, não configura ato ilícito apto a gerar indenização por dano moral (TST-RRAg-0020444-44.2022.5.04.0811, Relator: Ministro Aloysio Corrêa da Veiga, Tribunal Pleno, DJE: 14/03/2025).

Para o TST, essa forma de revista não afronta os direitos da personalidade, sendo expressão legítima do poder de fiscalização do empregador (art. 2º da CLT). Contudo, caso a revista envolva contato físico ou exposição vexatória, há violação à intimidade do trabalhador, configurando dano moral indenizável.

É que se extrai, por exemplo, da decisão da 2ª Turma do TST (Informativo nº 210[354]), segundo a qual é cabível a indenização por danos morais em razão de revistas realizadas no armário do empregado sem o seu conhecimento. De acordo com o Tribunal, ainda que a revista não tenha ocorrido com contato físico, houve violação à intimidade e à dignidade do trabalhador ao se realizar a revista ao armário com os pertences sem o consentimento do empregado. Nesse caso, há abuso do poder fiscalizatório do empregador e merece reparação.

351. O tema é polêmico. Há corrente doutrinária que defende a impossibilidade, inclusive das revistas pessoais. A fiscalização exercida pelo empregador é possível mediante outros métodos, como câmeras, controle de estoque etc. Para as questões objetivas, que é a finalidade dessa obra, importante assinalar a opção que traga o posicionamento majoritário: revistas íntimas são vedadas, e as revistas pessoais, admitidas, desde que com cautela e razoabilidade.

352. Informativos nº 3 e 112 do TST.

353. Informativo nº 17 do TST.

354. Informativo nº 210 do TST.

5.5.2.5. *Fiscalização por câmeras*

O empregador pode usar o monitoramento por câmeras para fiscalizar o empregador durante a jornada de trabalho? O tema é polêmico, pois, de um lado, há o interesse do empregador de acompanhar a produtividade do trabalhador e de assegurar a preservação de seu patrimônio e, de outro, há o direito à intimidade e privacidade do trabalhador que poderão ser invadidas com a presença de uma câmera no ambiente de trabalho.

A 1ª Turma do TST decidiu, conforme Informativo nº 223[355], que o monitoramento do ambiente de trabalho por câmeras é possível, desde que não haja o cometimento de excessos como câmeras espiãs ou a instalação de câmeras que possam expor as partes íntimas dos empregados como banheiros ou vestiários ou em recintos destinados ao repouso.

Com isso, a 1ª Turma do Tribunal fixou o entendimento que a utilização de câmeras de vigilância insere-se no poder fiscalizatório do empregador, pois não gera constrangimento aos funcionários, nem revela tratamento abusivo quanto aos seus funcionários, já que o monitoramento é feito indistintamente. Diante da ausência de ilicitude da medida, é descabida a condenação do empregador à indenização por danos morais.

5.5.2.6. *Uso de polígrafo (detector de mentiras)*

Ainda sobre o poder de controle do empregador, o TST decidiu, no Informativo nº 170[356], que a utilização de polígrafo (detector de mentiras) nas relações de trabalho é ato ilícito do empregador, pois viola a dignidade humana e os direitos da personalidade do empregado, em especial, a honra, a vida privada e a intimidade. Nesse caso, o empregado submetido ao polígrafo tem direito à indenização por danos morais.

O Tribunal ressaltou ainda que a prática não é permitida nem mesmo na esfera penal, devendo prevalecer o direito aos acusados de permanecerem em silêncio com fundamento do no princípio de que ninguém é obrigado a produzir prova contra si mesmo. Além disso, o polígrafo não é considerado como meio de prova confiável por ausência de respaldo científico.

Conforme já mencionado, o empregado pode exercer o jus resistentiae e se recursar a se submeter à detecção de mentiras, pois a medida configura ordem ilegal do empregador. Vale destacar que, além do direito à indenização por danos morais, entendemos que a conduta enseja o direito à rescisão indireta do contrato de trabalho, com o pagamento de todas as verbas rescisórias ao trabalhador.

5.5.2.7. *Programas espiões de controle de atividade*

Programas espiões, também chamados de Bosswares, são programas de computador usados por alguns empregadores para o controle e a fiscalização das atividades de seus empregados durante a jornada de trabalho.

O uso dessa ferramenta de controle tem crescido na medida em que cresce, também, a quantidade de trabalhadores que prestam serviços fora das dependências da empresa (teletrabalho ou trabalho remoto).

---

355. RR-21162-51.2015.5.04.0014, 1ª Turma, rel. Min. Hugo Carlos Scheuermann, julgado em 26/08/2020.
356. TST-E-ED-RR–28140-17.2004.5.03.0092, SBDI-I, rel. Min. Cláudio Mascarenhas Brandão, 30/11/2017.

Os programas espiões permitem que o empregador tenha ciência dos sites visitados pelo empregado, dos horários de ativação e desativação, das tarefas concluídas no dia etc. Trata-se, assim, de uma importante ferramenta para que o empregador possa dirigir a prestação do trabalho remoto.

Contudo, essa ferramenta **não pode ser utilizada fora da jornada de trabalho**. Ainda, mesmo que durante a jornada de trabalho, os programas espiões **não podem invadir a privacidade e a intimidado do trabalhador**.

Ao empregado é assegurado o direito à vida privada, à intimidade e à privacidade (art. 5º, X, CF/88). O ideal é que só haja a instalação desses programas nos aparelhos fornecidos pela empresa e destinados exclusivamente para a prestação de serviços.

A utilização indiscriminada dessas tecnologias pode representar ofensa à vida privada e à dignidade dos trabalhadores. Conforme jurisprudência do TRT 2, a utilização, ainda que com a ciência do empregado, de programas espiões em computadores da empresa, com invasão da privacidade e intimidade dos empregados agride a dignidade humana (art. 1º, III, CF/88)[357].

5.5.2.8. Restrições ao porte e uso do celular

Vivemos em uma sociedade altamente dependente do uso de tecnologias, com destaque ao uso de aparelhos celulares. Muitas vezes, essa dependência pode afetar negativamente a realização das atividades do empregado, o que tem levado muitos empregadores a limitar seu porte e uso durante a jornada de trabalho e/ou dentro das dependências da empresa. Inicialmente, cumpre esclarecer que não há legislação específica sobre o tema. Resta, portanto, à doutrina e à jurisprudência estabelecerem os parâmetros sobre a proibição do porte e uso dos celulares no ambiente de trabalho.

Corrente minoritária defende que é direito do empregado permanecer na posse do celular durante a jornada de trabalho. Os motivos levantados são diversos:

> **Vida privada.** Hoje em dia, o celular é parte essencial na vida da maioria das pessoas, guardando informações pessoais e íntimas. Restringir a posse ou o uso do aparelho violaria o direito fundamental à vida privada (art. 5º, X);
>
> **Casos de urgência.** Atualmente, telefones móveis são a principal forma de comunicação que temos. Restrições em relação ao seu uso acabariam por isolar o empregado, durante a jornada de trabalho, do mundo externo. Imagine, por exemplo, o pai ou a mãe empregados que colocam os filhos pequenos em creches durante o expediente. Caso haja algum problema com a criança, precisam estar com o celular em mãos para atender ao chamado da escola;
>
> **Meio de proteção.** Os celulares representam uma proteção ao trabalhador, servindo como umas das principais ferramentas de produção de provas durante a contratualidade. Imagine, por exemplo, a situação de uma empregada que vem sofrendo assédio sexual de um superior hierárquico. Como sabemos, essas condutas costumam acontecer longe dos olhos dos demais empregados, em ambientes reservados, sem a presença de testemunhas e sem a fiscalização de

357. TRT-2 02197002020095020086 São Paulo - SP, Relator: RICARDO ARTUR COSTA E TRIGUEIROS, Data de Julgamento: 18/09/2012, 4ª Turma, Data de Publicação: 28/09/2012.

câmeras. O celular, nessa situação, se mostra como uma importante ferramenta de prova, para tirar fotos, gravar vídeos e áudio e, posteriormente, ajuizar reclamação trabalhista e realizar denúncias ao MPT.

Assim, caso o empregador venha a restringir a posse e uso do celular no ambiente de trabalho estaria configurada falta grave[358], autorizando a rescisão indireta do contrato de trabalho. Além disso, o empregado poderia pleitear indenização pelos danos morais sofridos, em razão da violação do seu direito à vida privada.

Já para a corrente majoritária, a restrição ao porte e ao uso do celular durante a jornada de trabalho e/ou nas dependências da empresa está dentro do poder de fiscalização e controle do empregador e, portanto, é permitido. Essa limitação, contudo, deve ser pautada pelos princípios da razoabilidade, proporcionalidade e boa-fé objetiva. O empregador deve esclarecer os motivos da proibição. Abaixo, listamos alguns fundamentos que justificam a proibições:

Serviços que exigem especial concentração do empregado. Muitas atividades econômicas exigem dos empregados uma especial atenção na realização de suas atribuições. Empregados que trabalham com caldeiras ou máquinas pesadas precisam manter o foco durante a jornada de trabalho, pois a desatenção às normas de saúde e segurança podem causar acidentes de trabalho e gerar sérios danos ao meio ambiente de trabalho. As atividades de caixas bancários e de supermercados envolvem o manuseio de grandes valores, sendo que pequenos erros podem gerar grandes prejuízos ao empregador. Ainda, médicos e socorristas que trabalham na UTI de um hospital devem manter foco total na realização de suas atividades, pois o mínimo erro pode significar a vida do paciente. Nesse sentido, com o intuito de evitar distrações, é justificável a limitação ao uso do aparelho;

Proteção de dados. Outro fundamento que justifica a proibição do uso de celular diz respeito aos dados pessoais[359] que são tratados pelo empregado durante sua jornada de trabalho. Instituições financeiras, serviços de proteção ao crédito e estabelecimentos médicos são exemplos de empregadores responsáveis pela guarda de dados pessoais, inclusive sensíveis[360], de terceiros. O uso do celular durante a jornada de trabalho e/ou dentro das dependências da empresa pode representar risco de vazamento desses dados;

Proibição legal. No caso dos motoristas profissionais, motoboys e outros trabalhadores que se utilizam de veículos para a prestação de serviços, o uso de celulares é expressamente proibido pelo Código de Trânsito Brasileiro (art. 252 da Lei nº 9.503/1997). Dessa forma, é possível que o empregador estabeleça restrições à posse do celular durante a jornada do trabalho.

---

358. **Art. 483 da CLT:** O empregado poderá considerar rescindido o contrato e pleitear a devida indenização quando: (...) b) for tratado pelo empregador ou por seus superiores hierárquicos com rigor excessivo; c) correr perigo manifesto de mal considerável.

359. **Art. 5º da LDPG:** Para os fins desta Lei, considera-se:
I - dado pessoal: informação relacionada a pessoa natural identificada ou identificável.

360. **Art. 5º da LDPG:** Para os fins desta Lei, considera-se: (...)
II - dado pessoal sensível: dado pessoal sobre origem racial ou étnica, convicção religiosa, opinião política, filiação a sindicato ou a organização de caráter religioso, filosófico ou político, dado referente à saúde ou à vida sexual, dado genético ou biométrico, quando vinculado a uma pessoa natural.

Entendemos que o meio adequado para o estabelecimento dessas restrições, sejam elas gerais ou setorizadas, é norma interna da empresa (regulamento da empresa) ou, então, norma coletiva (acordo ou convenção coletiva de trabalho).

5.5.2.9. Exigência de apresentação ao serviço com cabelo e barba aparados

Eu uma sociedade com traços marcadamente conservadores, era comum, até poucos anos, que empregadores ditassem regras em relação à aparência dos trabalhadores, como a proibição ou não contratação de pessoas com tatuagens. O estigma criado em torno dessas pessoas é tão grande e tão capilarizado na sociedade, que diversos editais para os mais diferentes cargos públicos passaram a estabelecer restrições às pessoas com tatuagens.

A polêmica foi levada ao Poder Judiciário, tendo o STF se manifestado sobre o assunto. No RE 898450 / SP, em que um candidato a soldado da Polícia Militar do Estado de São Paulo foi eliminado do certame por ter tatuagem na perna questionava a legalidade da medida, o Plenário do Supremo Tribunal Federal julgou **inconstitucional** a proibição de tatuagens a candidatos a cargo público estabelecida em leis e editais de concurso público.

Mas por que estamos falando sobre tatuagens no tópico sobre limites dos poderes do empregador? Porque foi nesse mesmo sentido que se posicionou a 3ª Turma do TST, no Informativo nº 250, quando entendeu que é discriminatória a exigência do empregador de que seus empregados se apresentem ao serviço com cabelo e barba aparados. Segundo a Corte, a restrição discriminatória quanto à imagem pessoal dos empregados do setor de vigilância contraria a conquista e afirmação da dignidade da pessoa humana, que não mais podem se restringir à sua liberdade e intangibilidade física e psíquica, envolvendo também a conquista e afirmação de sua individualidade no meio econômico e social, considerado o conjunto mais amplo e diversificado das pessoas, mediante o trabalho e, particularmente, o emprego. Dessa forma, está fora dos limites dos poderes do empregador a exigência de apresentação ao serviço com cabelo e barba aparados.

5.5.3. Poder disciplinar

Conforme visto, o empregado está subordinado às ordens dadas pelo empregador, como forma de dinamizar e organizar os trabalhos desenvolvidos na empresa. Se verificada a desobediência às regras impostas, caberão as seguintes penalidades:

a) **Advertência verbal ou escrita.** Embora a advertência não esteja prevista na CLT[361], é admitida pela doutrina e jurisprudência, pois é, dentre as penalidades, a mais benéfica ao empregado. Ressalta-se que a advertência não pode constar da CTPS – Carteira de Trabalho e Previdência Social, porque configurará anotação desabonadora.

b) **Suspensão disciplinar de, no máximo, 30 dias consecutivos (art. 474 da CLT).** Nesse caso, o empregado ficará afastado das suas atividades, e não receberá remuneração e nem terá contado seu tempo de serviço, para adquirir férias, por exemplo.

361. Ressalta-se que a advertência tem previsão expressa na lei que regulamenta o exercício da atividade de Mãe Social (Lei nº 7.644/1987): "Art. 14 – As mães sociais ficam sujeitas às seguintes penalidades aplicáveis pela entidade empregadora: **I – advertência**; II – suspensão; III – demissão." (grifos acrescidos)

Ademais, não há depósitos do FGTS durante esse período. Se a suspensão ultrapassar os 30 dias, é possível a rescisão indireta do contrato de trabalho.

c) **Dispensa por justa causa (art. 482 da CLT).** Essa é a penalidade mais grave, colocando fim ao contrato de trabalho. Se o empregado cometer alguma das condutas previstas no art. 482 da CLT (violar sigilo da empresa, agressão física, desídia etc.), será dispensado por justa causa.

Todas as 3 penalidades apresentadas acima são aceitas pela doutrina e jurisprudência. Contudo, somente as duas últimas, suspensão disciplinar e dispensa por justa causa, estão expressamente previstas na CLT.

Deve-se ressaltar que não há obrigatoriedade de uma passagem gradual entre as penalidades anteriores, ou seja, se o empregado estiver desviando dinheiro da empresa, ou agredir fisicamente seu empregador, não há necessidade de aplicação da advertência, em primeiro lugar. É facultado ao empregador dispensar, imediatamente, o trabalhador com base no art. 482 da CLT. Além disso, entre a aplicação da penalidade e a falta praticada pelo empregado não pode ocorrer longo período, sob pena de configurar o perdão tácito. E, por fim, é vedado ao empregador aplicar duas penalidades em razão da mesma falta cometida, por exemplo, suspende-se por 15 dias, e depois dispensa-se por justa causa.

5.5.3.1. *Multa por descumprimento do acordado em trabalho intermitente (Reforma Trabalhista)*

Antes da Reforma Trabalhista, não havia previsão na CLT de aplicação da multa como penalidade. Assim sendo, era vedada ao empregador a sua aplicação. A única exceção era **prevista na Lei nº 6.354/1976**[362], que estabelecia a possibilidade de aplicação de multa de até 40% do salário ao atleta profissional. Contudo, a Lei nº 6.354/1976 foi revogada com a promulgação da Lei nº 12.395/2011, e, portanto, não é mais permitida a aplicação de multa a nenhum empregado no ordenamento jurídico brasileiro.

No entanto, a Reforma Trabalhista criou hipótese de multa que pode ser aplicado ao empregado contratado para prestação de trabalho intermitente[363]. De acordo com o art. 443, § 3º, da CLT, o trabalho intermitente compreende o contrato de trabalho, cuja prestação dos serviços ocorre com subordinação, mas não é contínua, havendo alternância de períodos de prestação de serviços e de inatividade. A prestação dos serviços pode ser determinada em horas, dias ou meses, independentemente da atividade desenvolvida pelo empregado ou pelo empregador. A partir da vigência da Lei nº 13.467/2017, surge nova modalidade de penalidade ao empregado: **multa por descumprimento do acordado em trabalho intermitente.**

362. **Art. 15, Lei nº 6.354/1976 (REVOGADO):** "A associação empregadora e as entidades a que a mesma esteja filiada poderão aplicar ao atleta as penalidades estabelecidas na legislação desportiva, facultada reclamação ao órgão competente da Justiça e Disciplina desportivas. § 1º As penalidades pecuniárias não poderão ser superiores a 40% (quarenta por cento) do salário percebido pelo atleta, sendo as importâncias correspondentes recolhidas diretamente ao 'Fundo de Assistência ao Atleta Profissional – Faap', a que se refere o Artigo 9º da Lei nº 6.269, de 24 de novembro de 1975, não readquirindo o atleta condição de jogo, enquanto não comprovar, perante a Confederação, a Federação ou a Liga respectiva, o recolhimento, em cada caso."

363. Para mais informações, confira os comentários acerca do trabalho intermitente no capítulo IV desta obra.

Como visto, o trabalho intermitente compreende a modalidade de contratação do trabalho por horas, dias ou meses, havendo períodos alternados de prestação de serviços e de inatividade. Diante disso, os trabalhadores não têm certeza do momento que devem prestar os serviços ao empregador. Por essa razão, a Reforma Trabalhista estabeleceu um procedimento que deve ser observado para a convocação do empregado para a prestação dos serviços no novo art. 452-A da CLT. O empregador deve convocar o empregado para a prestação dos serviços com, pelo menos, 3 dias corridos de antecedência. Preenchidos os requisitos necessários para a convocação e recebida pelo empregado, o § 2º do art. 452-A da CLT assegura o prazo de 1 dia útil para que o empregado responda ao chamado.

Se a oferta de trabalho intermitente for aceita pelo empregado, é necessário o cumprimento do acordado por ambas as partes, empregado e empregador. Portanto, o trabalhador deve comparecer ao serviço nos dias acertados e o empregador deve permitir o trabalho durante esse período. A oferta de trabalho vincula o empregador e também o empregado, se a aceitar. Na hipótese de descumprimento do acordado, o art. 452-A, § 4º, da CLT estabelece que a parte que der causa ao inadimplemento contratual deve pagar à outra parte multa no valor de 50% da remuneração que seria devida.

Dessa forma, a legislação criou hipótese de **multa inédita** que pode ser aplicada tanto ao empregado como ao empregador caso não haja a prestação de serviços, que corresponde ao valor de 50% da remuneração devida no período. Exemplo: caso haja oferta para trabalho intermitente de 2 dias com remuneração de R$ 300,00 e houver aceitação do trabalhador, será necessário o pagamento à outra parte da relação empregatícia de multa no valor de R$ 150,00 (50% da remuneração devida) caso alguma das partes não cumpra o acordo. Assim, se o empregador desistir dos serviços ou o empregado não comparecer ao trabalho, estarão sujeitos ao pagamento da multa.

Se um empregado com contrato de trabalho intermitente aceitar a convocação do empregador, mas, no dia da prestação dos serviços, faltar de maneira **justificável**, com a apresentação de atestado médico ou com base em alguma das hipóteses do art. 473 da CLT, como o falecimento de familiar ou casamento, entendemos que a multa prevista no art. 452-A, § 4º, da CLT deverá ser afastada. Nesses casos, a ausência ocorre por motivos legítimos, razão pela qual a imposição da multa seria desproporcional.

Esse dispositivo altera as balizas do poder disciplinar do empregador, pois, até então, não havia penalidade de multa para o empregado. A legislação não estabelece os meios para a cobrança dessa multa pelas partes, o que viabiliza o desconto na remuneração do trabalhador nos próximos trabalhos prestados. Apesar de estabelecer a multa para ambas as partes da relação empregatícia, verifica-se que o dispositivo tem o potencial de trazer mais prejuízos aos trabalhadores do que ao empregador, pois a cobrança da multa pelo empregador pode ser realizada pelo desconto no valor da remuneração devida nos próximos trabalhados realizados, cabendo ao trabalhador ingressar com reclamação para reaver o valor que entenda descontado de forma ilegal.

Por sua vez, o trabalhador somente poderia cobrar a multa do empregador pelo ingresso com reclamação trabalhista, não tendo meios para exigir o valor caso o empregador se recuse a efetuar o pagamento. Esse dispositivo é muito prejudicial aos empregados, pois viabiliza o cometimento de fraudes trabalhistas com o desconto ilegal da multa, além de permitir o endividamento do trabalhador perante seu empregador, que poderá exigir novos trabalhos para pagamento das multas por ocasiões anteriores. Assim, o trabalhador poderia trabalhar por longos períodos sem recebimento de sua remuneração para quitar a dívida resultante da multa por descumprimento do acordo em trabalho intermitente.

Importante frisar que cabe à Justiça do Trabalho julgar apenas a validade da punição aplicada, ou seja, manter ou anular a punição. O Juiz do Trabalho não poderá interferir no poder diretivo do empregador, para reduzir ou ampliar a punição imposta. Exemplo: reduzir a pena de suspensão de 30 dias para advertência escrita.

Finalmente, a legislação brasileira proíbe as penalidades: redução salarial, transferência do empregado como modo de punição, e rebaixamento[364] do cargo.

EMPREGADOR

- **Princípio da alteridade:** empregador assume exclusivamente os riscos da atividade econômica. Não divide os prejuízos com os empregados.
- **Empregador por equiparação:** também são empregadores os profissionais liberais e outras instituições sem fins lucrativos.
- **Grupo econômico:**
  a) subordinação ou coordenação;
  b) consequência: responsabilidade solidária entre as empresas do grupo.
- **Sucessão trabalhista** (arts. 10 e 448 da CLT):
  a) transferência do estabelecimento;
  b) não ocorrência de paralisação das atividades;
  c) consequência: sucessor assume os débitos trabalhistas (art. 448-A, CLT).
- **Poderes do empregador:**
  a) poder de organização
    - poder regulamentar
  b) poder de controle
  c) poder disciplinar
    - advertência verbal ou escrita;
    - suspensão de até 30 dias;
    - dispensa por justa causa, art. 482 da CLT;
    - Multa por descumprimento do acordo em trabalho intermitente (art. 452-A, § 4º, CLT).

5.5.4. Reintegração

A reintegração do empregado é o retorno obrigatório do trabalhador ao seu cargo ou função original após uma dispensa considerada inválida ou ilegal. Essa medida ocorre por determinação judicial, com o objetivo de restaurar o vínculo empregatício e os direitos do empregado, como se a demissão nunca tivesse acontecido.

364. Rebaixamento não se confunde com reversão. A reversão ocorre quando o empregado, ocupante de função de confiança na empresa, não atende às expectativas do empregador, e retorna ao cargo efetivo. Essa alteração unilateral é permitida pela legislação, art. 468, parágrafo único, da CLT. No rebaixamento, o empregado que antes ocupava a função de vendedor, por exemplo, é colocado para desempenhar serviços de limpeza.

Com a reintegração, o trabalhador tem direito a receber **todos os salários retroativos ao período em que esteve afastado, abrangendo o salário-base e eventuais adicionais, como insalubridade ou periculosidade, se aplicáveis.** Além disso, o empregador deve pagar as **férias proporcionais e o 13º salário referentes ao período de afastamento**, garantindo que esses direitos não sofram qualquer prejuízo. Os **depósitos do FGTS também devem ser realizados retroativamente**, de modo a atualizar o saldo como se o vínculo nunca tivesse sido interrompido.

Os benefícios e direitos contratuais que o empregado possuía antes da demissão, tais como plano de saúde, vale-alimentação, vale-transporte e previdência privada, devem ser restabelecidos nas mesmas condições anteriores à rescisão. Caso a reintegração seja motivada por estabilidade, como no caso de gestantes, acidentados ou membros da CIPA, o trabalhador reintegrado continua a usufruir dessa proteção até o término do período previsto em lei. A título de exemplo, uma gestante reintegrada permanecerá estável até cinco meses após o parto, mesmo que esse prazo vá além da data de reintegração.

O período de dispensa conta ainda como **tempo de serviço para todos os efeitos legais**, incluindo aposentadoria, progressão na carreira e tempo de contribuição ao INSS para cálculo de benefícios previdenciários. Adicionalmente, o empregado reintegrado deve receber quaisquer reajustes salariais ou mudanças de função que teriam ocorrido em seu setor durante o período em que esteve afastado, retornando assim com os mesmos direitos e ajustes que seus colegas de cargo.

Em síntese, a reintegração corrige uma dispensa inválida, restabelecendo o vínculo de trabalho e garantindo os direitos do trabalhador como se a demissão não tivesse ocorrido.

5.5.4.1. *Estáveis e empregados com garantia provisória de emprego*[365]

A estabilidade no emprego é um mecanismo que protege o trabalhador contra demissões arbitrárias, assegurando-lhe maior segurança em períodos de vulnerabilidade, como durante a gravidez, após um acidente de trabalho ou no exercício de funções sindicais.

Alguns autores diferenciam os termos estabilidade e garantia provisória de emprego. Estabilidade refere-se ao direito conquistado pelo empregado de não perder o emprego, exceto se a dispensa for por justa causa. Estabilidade provisória ou especial ou, ainda, garantia de emprego, consiste em garantir provisoriamente o emprego enquanto presente uma das situações excepcionais previstas em lei (gestante, membro da CIPA etc.).

Cabe reiterar que o empregado portador de estabilidade ou garantia provisória de emprego não poderá ser dispensado sem justa causa. Se ocorrer a dispensa injusta, caberá ação judicial para reintegrá-lo ao emprego, inclusive com pedido liminar:

> **Súmula nº 396 do TST.** Estabilidade provisória. Pedido de reintegração. Concessão do salário relativo ao período de estabilidade já exaurido. Inexistência de julgamento *extra petita*.

365. Para mais informações, consulte o capítulo IX "Estabilidades".

I – Exaurido o período de estabilidade, são devidos ao empregado apenas os salários do período compreendido entre a data da despedida e o fim do período de estabilidade, não lhe sendo assegurada a reintegração no emprego.
II – Não há nulidade por julgamento *extra petita* da decisão que deferir salário quando o pedido for de reintegração, dados os termos do art. 496 da CLT.

De acordo com a Súmula nº 396 do Tribunal Superior do Trabalho (TST), a reintegração só é cabível dentro do período de estabilidade, sendo devido, fora desse período, apenas o pagamento dos salários correspondentes.

Os principais exemplos de estabilidade ou garantia provisória de emprego, nos quais, em caso de demissão sem justa causa, o trabalhador pode pleitear reintegração, incluem:

a) **Empregada gestante**[366]: Se dispensada durante o período da gestação, a empregada tem o direito à reintegração ao trabalho, pois a demissão será considerada irregular. Caso o período de estabilidade já tenha terminado, a empregada tem direito apenas às verbas e demais direitos trabalhistas[367] correspondentes ao período. O TST, por meio da OJ nº 399 da SDI-I[368], entende que a busca pela indenização após o término da estabilidade não configura abuso de direito, desde que observados os prazos prescricionais. Por outro lado, em 24/05/2019, a 8ª Turma do TST[369] decidiu que uma gestante que recusou, injustificadamente, três propostas de reintegração perdeu o direito à estabilidade.

b) **Dirigente sindical**[370]: Conforme o art. 8º, VIII, da Constituição Federal de 1988, o dirigente sindical não pode ser dispensado sem justa causa desde o registro de sua candidatura até um ano após o término do mandato. O mandato do dirigente sindical é de 3 anos, conforme o art. 515, b, da CLT. O número de dirigentes sindicais com estabilidade é limitado a 7 membros titulares e 7 membros suplentes[371]. A estabilidade abrange apenas os membros que atuam na defesa da categoria, excluindo, portanto, os membros do conselho fiscal[372] e delegados sindicais[373]. O dirigente sindical somente poderá ser dispensado por falta grave mediante a

366. Conferir o item 4.2 "Empregada gestante" do capitulo XIII "Estabilidades".

367. **Súmula nº 244, II, do TST.** Gestante. Estabilidade provisória: II – A garantia de emprego à gestante só autoriza a reintegração se esta se der durante o período de estabilidade. Do contrário, a garantia restringe-se aos salários e demais direitos correspondentes ao período de estabilidade.

368. **Orientação Jurisprudencial nº 399 da SDI-I do TST.** O ajuizamento de ação trabalhista após decorrido o período de garantia de emprego não configura abuso do exercício do direito de ação, pois este está submetido apenas ao prazo prescricional inscrito no art. 7º, XXIX, da CF/1988, sendo devida a indenização desde a dispensa até a data do término do período estabilitário.

369. Processo nº ARR-10538-05.2017.5.03.0012.

370. Conferir o item 4.1 "Dirigente sindical" do capitulo XIII "Estabilidades".

371. **Súmula nº 369, item II, do TST.** "O art. 522 da CLT, que limita a sete o número de dirigentes sindicais, foi recepcionado pela Constituição Federal."

372. **Orientação Jurisprudencial nº 365 do TST.** "Membro do conselho fiscal de sindicato não tem direito a estabilidade prevista nos arts. 543, § 3º, da CLT e 8º, VIII, da CF/88, porquanto não representa ou atua na defesa de direitos da categoria respectiva, tendo sua competência limitada à fiscalização da gestão financeira do sindicato."

373. **Orientação Jurisprudencial nº 369 da SDI-I do TST.** "O delegado sindical não é beneficiário da estabilidade provisória prevista no art. 8º, VIII, da CF/88, a qual é dirigida, exclusivamente, àqueles que exerçam ou ocupem cargos de direção nos sindicatos, submetidos a processo eletivo."

apuração em inquérito[374]. Caso não haja essa ação judicial, a dispensa é considerada nula, sendo possível sua reintegração.

c) **Empregado acidentado**[375]: A estabilidade acidentária é um direito do trabalhador que sofreu um acidente de trabalho típico ou equiparado[376]. Segundo o artigo 118 da Lei nº 8.213/1991, o empregado que sofreu um acidente de trabalho tem direito à estabilidade de 12 meses após a alta médica concedida pelo INSS. Para que o trabalhador tenha direito à estabilidade o acidente de trabalho deve ter resultado no afastamento por período superior a 15 dias e o empregado deve ter recebido o auxílio-doença acidentário. Durante o período de estabilidade, o trabalhador não pode ser demitido sem justa causa. Caso seja demitido injustamente, ele pode pleitear a reintegração ao trabalho.

d) **Empregado membro da comissão de conciliação prévia (CCP)**[377]: A Comissão de Conciliação Prévia tem por objetivo tentar a conciliação entre empregados e empregadores. A composição da CCP é feita de forma paritária, ou seja, representantes dos empregados (por meio de votação secreta) e dos empregadores (indicados). Apenas os representantes dos empregados, titulares e suplentes possuem garantia provisória de emprego, conforme o art. 625-B, § 1º, da CLT[378]. O início da estabilidade, de acordo com a CLT, ocorre com a eleição do empregado e se estende até um ano após o mandato. Caso sejam dispensados sem justa causa, podem ter direito a reintegração.

e) **Representante dos empregados**[379]: A Lei nº 13.467/2017 passou a prever de forma expressa a estabilidade do membro da comissão de representante dos empregados, que terá garantia contra despedida arbitrária desde o registro de sua candidatura até um ano após o fim do mandato. A despedida arbitrária, segundo o § 3º do art. 510-D da CLT, é aquela que não se baseia em motivo disciplinar, técnico, econômico ou financeiro. Ressalta-se que, diante da inexistência de previsão de eleição de suplentes, a estabilidade somente é aplicada aos membros titulares. Defendemos que, aos suplentes, também deve ser assegurada a estabilidade provisória, pois substituem os titulares no exercício das atribuições previstas e, por isso, não podem ter seus empregados ameaçados. Da mesma forma que os exemplos anteriores, se houver demissão sem justa causa durante o período de estabilidade, pode-se requerer em juízo a reintegração ao trabalho.

---

374. **Súmula nº 379 do TST.** "O dirigente sindical somente poderá ser dispensado por falta grave mediante a apuração em inquérito judicial, inteligência dos arts. 494 e 543, § 3º, da CLT."
375. Conferir o item 4.4 "Empregado acidentado" do capitulo XIII "Estabilidades".
376. A Lei nº 8.213/1991 estabelece o conceito de acidente de trabalho para fins previdenciários em seu art. 19, bem como um rol de hipóteses equiparadas ao acidente de trabalho, seja por doenças ocupacionais (art. 20) ou eventos acidentários que não são incluídos no conceito típico (art. 21). Para mais informações, conferir os itens 4.4.1.1 e 4.4.1.2, respectivamente, "Acidente de trabalho típico" e "Acidente de trabalho equiparado" do capitulo XIII "Estabilidades".
377. Conferir o item 4.5 "Empregado membro da Comissão de Conciliação Prévia – CCP" do capitulo XIII "Estabilidades".
378. Art. 625-B, § 1º, da CLT: É vedada a dispensa dos representantes dos empregados membros da Comissão de Conciliação Prévia, titulares e suplentes, até um ano após o final do mandato, salvo se cometerem falta grave, nos termos da lei.
379. Conferir o item 4.7 "Representante dos empregados (Reforma Trabalhista)" do capitulo XIII "Estabilidades".

5.5.4.2. Dispensa discriminatória (súmula 443 do TST)

A Súmula nº 443 do TST[380] presume que a dispensa de empregados portadores de HIV ou outras doenças graves é discriminatória, garantindo-lhes o direito à reintegração, salvo se o empregador comprovar que a demissão não foi motivada pela enfermidade. Assim, para a Subseção I Especializada em Dissídios Individuais (SBDI-I) do TST[381], uma vez que o empregador tome ciência da doença, presume-se que toda dispensa sem justa causa de empregados com doenças graves, como HIV, é discriminatória. Cabe, portanto, ao empregador provar que a dispensa não possui relação com a enfermidade, sendo uma presunção relativa.

Contudo, segundo o entendimento da SBDI-I[382], não será considerada discriminatória a dispensa motivada por reestruturação organizacional da empresa, especialmente se esta ocorrer anos após o conhecimento da doença, o que não configuraria ato discriminatório. Da mesma forma, conforme decisão da 1ª Turma do TST[383], não se configura dispensa discriminatória o término do contrato de trabalho de um empregado, ainda que portador de doença grave, quando decorrente da extinção do estabelecimento empresarial.

Ressalta-se que a Corte já reconheceu, nos termos da Súmula nº 443, a dispensa como discriminatória em casos de outras enfermidades, como tuberculose, neoplasia maligna (câncer)[384], hepatite C[385] e lúpus[386]. Além disso, a SBDI-I[387] também entende que a demissão decorrente do ajuizamento de reclamação trabalhista pelo empregado também é considerada discriminatória, pois tem o objetivo de dificultar o acesso à justiça. Nessas situações, deve ser garantida a reintegração do trabalhador ao emprego.

5.5.4.3. Dispensa por motivo de saúde (suspensão do contrato de trabalho)

Além da dispensa discriminatória em razão de doença grave e da de empregados com estabilidade decorrente de acidente de trabalho, há outra situação relacionada à saúde que pode justificar a reintegração do trabalhador demitido sem justa causa: a dispensa de um empregado que esteja em licença médica ou recebendo auxílio-doença comum. Nesses casos, o contrato de trabalho permanece suspenso, conforme o art. 476 da CLT, o que implica a suspensão temporária das principais obrigações entre empregador e empregado.

---

380. **Súmula nº 443 do TST.** Dispensa discriminatória. Presunção. Empregado portador de doença grave. Estigma ou preconceito. Direito à reintegração.
Presume-se discriminatória a despedida de empregado portador do vírus HIV ou de outra doença grave que suscite estigma ou preconceito. Inválido o ato, o empregado tem direito à reintegração no emprego.

381. Informativo nº 112 do TST.

382. Informativo nº 184 do TST.

383. TST – RR: 00101701720235150023, Relator: Amaury Rodrigues Pinto Junior, Data de Julgamento: 18/09/2024, 1ª Turma, Data de Publicação: 24/09/2024.

384. TST – RR: 17434120175120050, Relator: Jose Roberto Freire Pimenta, Data de Julgamento: 14/10/2020, 2ª Turma, Data de Publicação: 16/10/2020.

385. TST – RR: 9797120135020083, Relator: Aloysio Corrêa da Veiga, Data de Julgamento: 07/12/2016, 6ª Turma, Data de Publicação: DEJT 19/12/2016.

386. TST – Ag: 44080920105020000, Relator: Augusto Cesar Leite De Carvalho, Data de Julgamento: 04/09/2014, Subseção I Especializada em Dissídios Individuais, Data de Publicação: 12/09/2014.

387. Informativos nº 4 e 168 do TST.

O art. 471 da CLT assegura que o trabalhador afastado do serviço mantém, ao retornar, todas as vantagens atribuídas à sua categoria durante o período de ausência. A interpretação desse dispositivo tem levado ao entendimento de que é vedado ao empregador rescindir o contrato enquanto perdurar a suspensão ou interrupção do vínculo empregatício[388]. Isso ocorre porque o objetivo do art. 471 é garantir ao empregado o direito de retorno ao posto após o afastamento.

A 2ª Turma do Tribunal Superior do Trabalho[389] entende que é nula a rescisão de um trabalhador cujo contrato esteja suspenso. Por isso, a dispensa sem justa causa de alguém em licença médica ou recebendo auxílio-doença comum é considerada inválida, sendo possível requerer judicialmente sua reintegração.

6. TERCEIRIZAÇÃO[390]

6.1. Introdução

A terceirização foi um dos temas que mais sofreu modificações em 2017. Originalmente, surgiu como uma estratégia para dinamizar e especializar os serviços dentro das empresas. Ela ocorre quando uma empresa, em vez de executar determinadas atividades com seus próprios empregados, contrata outra empresa para realizá-las, utilizando pessoal que permanece sob responsabilidade da prestadora. Nesse modelo, o trabalhador é contratado pela intermediadora, mas presta serviços diretamente na empresa tomadora.

A primeira previsão em lei sobre a delegação de serviços secundários (terceirização) ocorreu com o art. 455 da CLT, que trata da subempreitada. Posteriormente, surgiu a Lei nº 6.019/74, que trata especificamente do trabalho temporário. O fenômeno da terceirização, entretanto, ganhou força nos anos 1980 e 1990 como forma de alcançar a excelência administrativa das empresas, pois elas passariam a se preocupar apenas com suas atividades principais, delegando a outras pessoas jurídicas os serviços periféricos. Hoje a terceirização é um fenômeno irreversível, adotado por grande parte das empresas brasileiras. Infelizmente, esse "modelo de excelência administrativa" mostra-se, na maior parte dos casos, uma ferramenta de precarização dos direitos trabalhistas.

Na terceirização, há três pessoas envolvidas na relação jurídica: trabalhador, empresa prestadora de serviços (intermediadora ou contratada) e empresa tomadora de serviços (contratante). Verifica-se, assim, que a relação é triangular[391]. O vínculo empregatício ocorre entre trabalhador e empresa prestadora de serviços a terceiros, embora o trabalhador preste serviços em outro local, na empresa contratante.

Ressalta-se que há diferenças entre a simples intermediação de mão de obra e a terceirização de serviços. A intermediação de mão de obra está presente no trabalho

388. TST – RR: 666003220095090092, Relator: Fernando Eizo Ono, Data de Julgamento: 06/02/2013, 4ª Turma, Data de Publicação: 15/03/2013.

389. TST – Ag-AIRR: 1003650920175010521, Relator: José Roberto Freire Pimenta, Data de Julgamento: 21/08/2019, 2ª Turma, Data de Publicação: DEJT 30/08/2019.

390. Em 2022, o tema foi objeto de questionamento na prova para Analista Judiciário – Oficial de Justiça Avaliador Federal – TRT 17, pela FCC.

391. A regra é a relação de emprego bilateral, ou seja, há presença apenas do empregado e empregador, sem intermediação de mão de obra.

temporário, que será abordado no final deste capítulo. Nela, a empresa prestadora de serviços possibilita que um trabalhador temporário preste serviços em outra empresa, denominada tomadora. O temporário presta os serviços ao lado de outro empregado da tomadora.

A terceirização, por sua vez, compreende a transferência de um serviço ou atividade específico de uma empresa a outra, ou seja, não se busca apenas um trabalhador para substituir outro que entrou em férias, por exemplo, mas, na terceirização, há verdadeira delegação de um setor da empresa para que outra possa atuar com seus próprios empregados terceirizados. Nesse sentido, surge a obrigação de que a empresa de prestação de serviços a terceiros preste serviços determinados e específicos.

Até o final de março de 2017, não havia regulamentação em lei acerca da terceirização. A disciplina jurídica era realizada pela Súmula nº 331 do TST. Portanto, coube ao Poder Judiciário estabelecer os parâmetros e limites para a terceirização de serviços:

> **Súmula nº 331 do TST:** Contrato de prestação de serviços. Legalidade.
>
> I – A contratação de trabalhadores por empresa interposta é ilegal, formando-se o vínculo diretamente com o tomador dos serviços, salvo no caso de trabalho temporário (Lei nº 6.019, de 03.01.1974).
>
> II – A contratação irregular de trabalhador, mediante empresa interposta, não gera vínculo de emprego com os órgãos da Administração Pública direta, indireta ou fundacional (art. 37, II, da CF/1988).
>
> III – Não forma vínculo de emprego com o tomador a contratação de serviços de vigilância (Lei nº 7.102, de 20.06.1983) e de conservação e limpeza, bem como a de serviços especializados ligados à atividade-meio do tomador, desde que inexistente a pessoalidade e a subordinação direta.
>
> IV – O inadimplemento das obrigações trabalhistas, por parte do empregador, implica a responsabilidade subsidiária do tomador dos serviços quanto àquelas obrigações, desde que haja participado da relação processual e conste também do título executivo judicial.
>
> V – Os entes integrantes da Administração Pública direta e indireta respondem subsidiariamente, nas mesmas condições do item IV, caso evidenciada a sua conduta culposa no cumprimento das obrigações da Lei nº 8.666, de 21.06.1993, especialmente na fiscalização do cumprimento das obrigações contratuais e legais da prestadora de serviço como empregadora. A aludida responsabilidade não decorre de mero inadimplemento das obrigações trabalhistas assumidas pela empresa regularmente contratada.
>
> VI – A responsabilidade subsidiária do tomador de serviços abrange todas as verbas decorrentes da condenação referentes ao período da prestação laboral.

Ocorre que, no dia 31 de março de 2017, foi promulgada a Lei nº 13.429/2017, que alterou e acrescentou diversos dispositivos à Lei nº 6.019/1974 para tratar sobre a terceirização. Portanto, há na mesma Lei nº 6.019/1974, a regulamentação do trabalho temporário e da terceirização em sentido estrito.

Entretanto, essa norma sofreu diversas críticas, pois, além de ser decorrência de um projeto de lei que tramitava há mais de 20 anos no Congresso Nacional, deixou omissos diversos pontos centrais, o que gerou insegurança jurídica.

Assim, a Lei nº 13.467/2017 – Reforma Trabalhista, promulgada em 13 de julho de 2017, alterou a regulamentação da terceirização de serviços, com o objetivo de sanar as omissões da Lei nº 13.429/2017 e criar algumas salvaguardas aos trabalhadores.

Lembre-se de que as empresas de trabalho temporário e de terceirização permanecem obrigadas a pagar todos os direitos trabalhistas previstos na Constituição Federal e na CLT, pois são, respectivamente, as reais empregadoras dos empregados temporários e terceirizados.

Tendo em vista as especificidades dos serviços de vigilância e transporte de valores e pela existência de legislação especial regulamentando o assunto, a Lei nº 6.019/1974 não será aplicada para essas relações de trabalho. Para os trabalhadores desse setor, permanece a aplicação da Lei nº 14.967/2024 e, subsidiariamente, da CLT (Art. 19-B, Lei nº 6.019/1974).

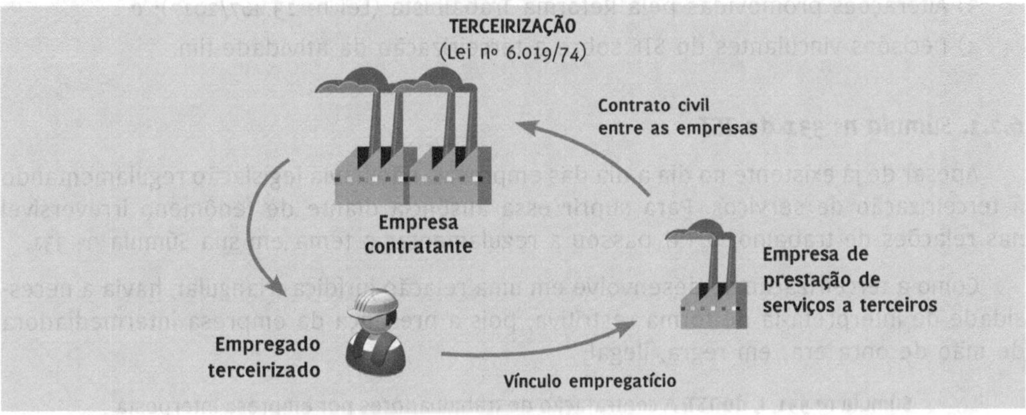

6.2. Terceirização das atividades-fim da empresa contratante e requisitos para a terceirização lícita (Reforma Trabalhista)

A Reforma Trabalhista alterou a redação dos arts. 4º-A e 5º-A da Lei nº 6.019/1974 para abordar a abrangência da terceirização de serviços, tema polêmico que gerou diversas discussões doutrinárias e jurisprudenciais.

Em 30 de agosto de 2018, o Plenário do Supremo Tribunal Federal julgou conjuntamente a ADPF 324/DF e o RE 958.252/MG (Tema 725 da Repercussão Geral), firmando o entendimento de que é constitucional a terceirização de atividades-fim. Nesse julgamento, foram fixadas as seguintes teses:

> **ADPF 324/DF**
>
> 1. É lícita a terceirização de toda e qualquer atividade, meio ou fim, não se configurando relação de emprego entre a contratante e o empregado da contratada.
>
> 2. Na terceirização, compete à contratante: i) verificar a idoneidade e a capacidade econômica da terceirizada; e ii) responder subsidiariamente pelo descumprimento das normas trabalhistas, bem como por obrigações previdenciárias, na forma do art. 31 da Lei 8.212/1993.

> **Tema 725 da Repercussão Geral (RE 958.252/MG)**
> É lícita a terceirização ou qualquer outra forma de divisão do trabalho entre pessoas jurídicas distintas, independentemente do objeto social das empresas envolvidas, mantida a responsabilidade subsidiária da empresa contratante.

Na concepção do STF, a Constituição não impõe a adoção de um modelo de produção específico e não impede o desenvolvimento de estratégias empresariais flexíveis, como a terceirização.

Para facilitar a compreensão do tema, apresentaremos o tratamento dispensado à terceirização da atividade-fim em quatro momentos distintos:

1) Regulamentação pela Súmula nº 331 do TST;
2) Regulamentação pela Lei nº 13.429/2017 (legislação do final de março de 2017);
3) Alterações promovidas pela Reforma Trabalhista (Lei nº 13.467/2017); e
4) Decisões vinculantes do STF sobre a terceirização da atividade-fim.

6.2.1. Súmula nº 331 do TST

Apesar de já existente no dia a dia das empresas, não havia legislação regulamentando a terceirização de serviços. Para suprir essa ausência diante de fenômeno irreversível nas relações de trabalho, o TST passou a regulamentar o tema em sua Súmula nº 331.

Como a terceirização se desenvolve em uma relação jurídica triangular, havia a necessidade de interpretá-la de forma restritiva, pois a presença da empresa intermediadora de mão de obra era, em regra, ilegal:

> **Súmula nº 331, I, do TST:** A contratação de trabalhadores por empresa interposta é ilegal, formando-se o vínculo diretamente com o tomador dos serviços, salvo no caso de trabalho temporário (Lei nº 6.019/74).

De acordo com a Súmula nº 331 do TST, o empregador que desejasse terceirizar serviços em sua empresa deveria observar os seguintes requisitos:

a) **Atividade-meio ou atividades secundárias da empresa.** Os serviços prestados pelos terceirizados deveriam ser ligados às atividades periféricas, secundárias, ou atividade-meio da empresa, como serviços de limpeza e vigilância. Exemplo: diante da impossibilidade de uma fábrica de chocolates treinar de forma adequada os empregados que fazem a vigilância, e como essa atividade não era a sua atividade principal, poderia terceirizar esses serviços ligados à segurança. O mesmo raciocínio era utilizado para o hospital que terceirizava a limpeza. Nesse sentido, prevê o item III da Súmula nº 331 do TST, que foi superado pela Reforma Trabalhista e pelas decisões do STF na ADPF 324/DF e no RE 958.252/MG (paradigma do Tema 725):

> **Súmula nº 331, III, do TST:** Não forma vínculo de emprego com o tomador a contratação de serviços de vigilância (Lei nº 7.102/83[392]) e de conservação e

392. No dia 9 de setembro de 2024, foi publicada a Lei nº 14.967, que instituiu o Estatuto da Segurança Privada e da Segurança das Instituições Financeiras, revogando a Lei nº 7.102, de 20 de junho de 1983.

limpeza, bem como a de serviços especializados ligados à atividade-meio do tomador, desde que inexistente a pessoalidade e a subordinação direta.

b) **Ausência de pessoalidade e subordinação.** Entre trabalhador e empresa tomadora (contratante) não há pessoalidade, ou seja, o trabalhador terceirizado não é contratado pela tomadora; esta contrata os **serviços de uma pessoa jurídica**, e não a pessoa física (empregado). Ademais, como o trabalhador é empregado da empresa intermediadora, é ela que possui poder de direção sobre os serviços. Logo, o empregado está subordinado à empresa intermediadora, e não à tomadora. Se a empresa que contratou os serviços (tomadora) estiver insatisfeita com o trabalho prestado, deverá se reportar à empresa intermediadora, e não ao trabalhador. **Esse requisito não foi alterado pela Reforma Trabalhista.**

Em resumo, a Súmula nº 331 do TST não permitia a terceirização das atividades-fim ou principais da empresa e determinava que não poderia haver pessoalidade e subordinação entre o trabalhador terceirizado e a empresa contratante (tomadora). Com as modificações trazidas pela Lei nº 13.429/2017 e pela Reforma Trabalhista, validadas pelas decisões vinculantes do STF na ADPF 324/DF e no RE 958.252/MG (paradigma do Tema 725), os itens I, III, IV e VI da Súmula nº 331 do TST restaram invalidades e não devem mais ser aplicados.

6.2.2. Regulamentação pela Lei nº 13.429/2017 (31/03/2017)

Há 20 anos tramitava no Congresso Nacional o Projeto de Lei nº 4.302/1998 que pretendia alterar os dispositivos da Lei nº 6.019/1974 para regulamentar a terceirização de serviços. Esse projeto, de autoria do Poder Executivo, já havia sido votado e aprovado pelo Senado Federal em 2002. No dia 22 de março de 2017, referido projeto de lei foi aprovado às pressas pela Câmara dos Deputados, por 231 a favor, 188 contra e 8 abstenções.

No dia 31 de março de 2017, foi promulgada a Lei nº 13.429/2017, que passou a disciplinar o **trabalho temporário e a terceirização**. A nova Lei nº 13.429/2017 alterou diversos dispositivos da Lei nº 6.019/1974, que versa sobre o trabalho temporário, e também passou a dispor sobre as relações de trabalho na empresa de prestação de serviços a terceiros (terceirização).

A legislação de março de 2017 adotou terminologia distinta para as partes envolvidas na terceirização e no trabalho temporário. É imprescindível que se memorize as expressões utilizadas para evitar a confusão entre os dois regimes, terceirização e trabalho temporário:

- ***Trabalho temporário:*** *Há presença de 3 partes na relação jurídica, o trabalhador temporário, a empresa de trabalho temporário (intermediadora de mão de obra temporária) e a empresa tomadora dos serviços.*
- ***Terceirização:*** *Da mesma forma, existe a formação de uma relação jurídica triangular, com trabalhador terceirizado, empresa de prestação de serviços a terceiros e a empresa contratante.*

A Lei nº 13.429/2017 não restringiu os serviços passíveis de terceirização apenas à atividade-meio da empresa, o que levou à interpretação de que havia sido autorizada a terceirização nas atividades-fim, inclusive pelos debates dos parlamentares que antecederam a votação do projeto. Apesar da ampla possibilidade de terceirização, a legislação era omissa quanto à possibilidade de terceirização da atividade-fim e a imprecisão da norma em admiti-la (ou não) gerava insegurança jurídica.

6.2.3. Reforma Trabalhista – Lei nº 13.467/2017

Com o objetivo de sanar a omissão da Lei de março de 2017, a Reforma Trabalhista (Lei nº 13.467/2017) alterou novamente a redação da Lei nº 6.019/1974 para prever **expressamente** a possibilidade de terceirização nas atividades-fim das empresas. Ela estabelece que a prestação de serviços a terceiros compreende a transferência de qualquer das atividades da contratante, inclusive sua atividade principal, à pessoa jurídica de direito privado prestadora de serviços. O objetivo da Reforma Trabalhista foi trazer clareza e não deixar dúvidas quanto à possibilidade de terceirização nas atividades-fim.

> **Art. 4º-A, "caput", Lei nº 6.019/1974** *(redação dada pela Reforma Trabalhista).* Considera-se prestação de serviços a terceiros a transferência feita pela contratante da execução de quaisquer de suas atividades, inclusive sua atividade principal, à pessoa jurídica de direito privado prestadora de serviços que possua capacidade econômica compatível com a sua execução.
>
> **Art. 5º-A, "caput", Lei nº 6.019/1974** *(redação dada pela Reforma Trabalhista).* Contratante é a pessoa física ou jurídica que celebra contrato com empresa de prestação de serviços relacionados a quaisquer de suas atividades, inclusive sua atividade principal.

Apesar de ser possível a terceirização nas atividades-fim da empresa, permanece intacto o requisito para terceirização lícita, que exige a ausência de pessoalidade e de subordinação, pois a empresa contratante (tomadora) contrata os **serviços**, e não a pessoa. Portanto, a parte final do item III da Súmula nº 331 do TST deverá permanecer aplicável.

De acordo com a regulamentação dada à terceirização pela Lei nº 13.429/2017 e pela Reforma Trabalhista, caso fique demonstrada a subordinação ou pessoalidade existente entre terceirizado e empresa contratante (tomadora de serviços), a terceirização será ilegal, e consequentemente será declarado vínculo direto entre contratante e terceirizado. Assim, não pode o empregador dispensar seus empregados e recontratá-los como pessoas jurídicas ("pejotização"), mantendo a subordinação e a pessoalidade, característicos da relação de emprego. A empresa prestadora de serviços é aquela que deve dirigira a prestação pessoal e subordinada dos serviços dos terceirizados.

Nesse sentido, aliás, dispõe a CLT:

> **Art. 9º, CLT:** Serão nulos de pleno direito os atos praticados com o objetivo de desvirtuar, impedir ou fraudar a aplicação dos preceitos contidos na presente Consolidação.

Por fim, destaca-se uma discussão relevante sobre a validade de cláusulas em instrumentos coletivos que proíbem a contratação de trabalhadores terceirizados por condomínios residenciais. A jurisprudência do TST apresenta posicionamentos divergentes sobre o tema.

No Informativo nº 174, o TST decidiu pela invalidade dessas cláusulas, por entender que elas restringem a iniciativa empresarial na busca de objetivos lícitos e regulares, em afronta ao princípio da livre concorrência.

Em contrapartida, o Informativo nº 180 registrou decisão que reconhece a validade de tais cláusulas, com fundamento no princípio da adequação setorial negociada. Nesse entendimento, não haveria violação à livre iniciativa, uma vez que as restrições estabelecidas por norma coletiva incidem apenas sobre a categoria econômica envolvida na negociação.

6.2.3.1. Decisões vinculantes do STF sobre a terceirização da atividade-fim (ADPF 324/DF e RE 958.252/MG – paradigma do Tema 725)

Em 30 de agosto de 2018, o Plenário do Supremo Tribunal Federal julgou conjuntamente a ADPF 324/DF e o RE 958.252/MG (Tema 725 da Repercussão Geral), firmando o entendimento de que é constitucional a terceirização de qualquer atividade, inclusive a atividade-fim.

Na ADPF 324/DF, o STF declarou lícita a terceirização de todas as atividades, inclusive as finalísticas, afastando a formação de vínculo de emprego entre o trabalhador da empresa prestadora e a tomadora de serviços. Fixou-se também que a empresa contratante deve verificar a idoneidade e a capacidade econômica da terceirizada, e poderá responder subsidiariamente pelas obrigações trabalhistas e previdenciárias, conforme o art. 31 da Lei nº 8.212/1993.

No RE 958.252/MG, o Supremo reiterou que é válida a terceirização ou qualquer outra forma de organização produtiva entre pessoas jurídicas, independentemente do objeto social das empresas envolvidas, mantendo-se a responsabilidade subsidiária da contratante. Para o STF, a Constituição não impõe um modelo rígido de organização do trabalho e permite estratégias empresariais que promovam maior eficiência econômica.

Do julgamento da Arguição de Descumprimento de Preceito Fundamental nº 324/DF e do Recurso Extraordinário nº 958.252 /MG (Tema nº 725), foram firmadas as seguintes teses:

> **TEMA 725**
>
> É lícita a terceirização ou qualquer outra forma de divisão do trabalho entre pessoas jurídicas distintas, independentemente do objeto social das empresas envolvidas, mantida a responsabilidade subsidiária da empresa contratante.
>
> (RE 958.252/MG, Rel. Min. Luiz Fux, Tribunal Pleno, julgado em 30/8/2018, Dje nº 199, de 12/9/2019, publicado em 13/9/2019)
>
> **ADPF 324/DF**
>
> 1. É lícita a terceirização de toda e qualquer atividade, meio ou fim, não se configurando relação de emprego entre a contratante e o empregado da contratada.
>
> 2. Na terceirização, compete à contratante: i) verificar a idoneidade e a capacidade econômica da terceirizada; e ii) responder subsidiariamente pelo descumprimento das normas trabalhistas, bem como por obrigações previdenciárias, na forma do art. 31 da Lei 8.212/1993.
>
> (ADPF 324/DF, Rel. Min. Roberto Barroso, Tribunal Pleno, julgado em 30/8/2018, Dje nº 194, de 5/9/2019, publicado em 6/9/2019)

Segundo os fundamentos do julgamento, a distinção entre atividade-meio e atividade-fim, feita pela jurisprudência da Justiça do Trabalho, era imprecisa e desatualizada diante das dinâmicas da economia moderna, centrada na especialização e descentralização produtiva. A terceirização estaria amparada nos princípios constitucionais da livre iniciativa e da livre concorrência, permitindo liberdade organizacional às empresas.

Além disso, o STF destacou diversos benefícios da terceirização, como ganho de eficiência, redução de custos, maior competitividade, especialização, transparência e flexibilidade, entre outros. Por fim, a Corte afirmou que a prática da terceirização já era válida no ordenamento jurídico brasileiro mesmo antes da edição das Leis nº 13.429/2017 e nº 13.467/2017, reconhecendo a inconstitucionalidade da Súmula nº 331 do TST por violação aos princípios da livre iniciativa e da liberdade contratual.

6.2.4. Direito intertemporal

Destaca-se que o TST se posicionou no sentido de que a terceirização celebrada antes da vigência da lei nº 13.429/2017 não permite a terceirização de atividade-fim[393].

O STF, contudo, rejeitou embargos de declaração pedindo pela modulação dos efeitos da decisão na ADPF 324/DF, que declarou a inconstitucionalidade dos os itens I, III, IV e VI da Súmula nº 331 do TST. Dessa forma, seria possível a aplicação retroativa da tese da licitude da terceirização da atividade-fim, o que possibilitaria, por exemplo, o ajuizamento de ações rescisórias contra decisões da Justiça do Trabalho já transitadas em julgado, que declararam a ilicitude da terceirização da atividade principal do tomador de serviços. No RE 958.252 (paradigma do Tema 725), a Corte Constitucional decidiu revisitar a matéria e, ainda que não tenha adotado expressamente o termo "modulação de efeitos", limitou parcialmente os efeitos retroativos de sua decisão vinculante, nos seguintes termos:

> Embargos de declaração parcialmente providos, para o fim de esclarecer que **os valores que tenham sido recebidos de boa-fé pelos trabalhadores não deverão ser restituídos**, ficando prejudicada a discussão relativamente à possibilidade de ajuizamento de ação rescisória, tendo em vista já haver transcorrido o prazo para propositura, cujo termo inicial foi o trânsito em julgado da ADPF 324.

Portanto, não são admissíveis ações rescisórias contra as condenações da Justiça do Trabalho, baseadas na ilicitude da terceirização de atividade-fim, que transitaram em julgado antes de 29 de setembro 2018 (data do trânsito em julgado da ADPF 324), pois já escoado o prazo decadencial de 2 anos (art. 975 do CPC). São admissíveis apenas as ações rescisórias que foram ajuizadas até 28 de setembro 2023, quando terminou o prazo de 2 anos do trânsito em julgado da ADPF 324. Ainda, em relação às ações ajuizadas no biênio acima indicado, não cabe a devolução de valores recebidos de boa-fé pelos trabalhadores.

6.2.5. Requisitos para terceirização lícita e a capacidade econômica da empresa prestadora de serviços

Apesar de ser possível a terceirização nas atividades-fim da empresa, permanece intacto o requisito para terceirização lícita que exige a ausência de pessoalidade e de subordinação, pois a empresa contratante (tomadora) contrata os **serviços**, e não a pessoa. Portanto, a parte final do item III da Súmula nº 331 do TST deverá permanecer aplicável.

393. Informativo nº 162 do TST.

Em verdade, conforme o acórdão prolatado no julgamento do RE 958.252/MG (tema 725), a Súmula 331 do TST teve seus incisos I, III, IV e VI declarados inconstitucionais. Contudo, especialmente em virtude da invalidação dos incisos IV e VI da Súmula 331 do TST, o STF incluiu na tese fixada na ADPF 324, a obrigação de a contratante *"verificar a idoneidade e a capacidade econômica da terceirizada"* e *"responder subsidiariamente pelo descumprimento das normas trabalhistas, bem como por obrigações previdenciárias, na forma do art. 31 da Lei 8.212/1993"*.

Segundo a Corte, essa explicitação era necessária para evitar o vácuo normativo deixado pela invalidação do verbete sumular. De toda forma, a responsabilidade subsidiária da empresa contratante já estava no art. 5º-A, § 5º, da Lei nº 6.019/1974 e o requisito à contratada de possuir capacidade econômica compatível com a execução dos serviços contratados, no art. 4º-A, *caput*, da Lei nº 6.019/1974.

De acordo com a regulamentação dada à terceirização pela Lei nº 13.429/2017 e pela Reforma Trabalhista, caso fique demonstrada a subordinação ou pessoalidade existente entre terceirizado e empresa contratante (tomadora de serviços), a terceirização será ilegal, e consequentemente será declarado vínculo direto entre contratante e terceirizado. Assim, não pode o empregador dispensar seus empregados e recontratá-los como pessoas jurídicas ("pejotização"), mantendo a subordinação e a pessoalidade, característicos da relação de emprego. A empresa prestadora de serviços é aquela que deve dirigir a prestação pessoal e subordinada dos serviços dos terceirizados.

Além disso, o inadimplemento das verbas trabalhistas por parte da empresa prestadora de serviços terceirizados evidencia a ausência do requisito da capacidade econômica, o que torna a terceirização ilícita. Eventuais discussões sobre a distinção terminológica entre capacidade financeira e capacidade econômica permanecem restritas ao campo acadêmico, uma vez que a comprovação do inadimplemento das obrigações trabalhistas já é, por si só, suficiente para caracterizar a inexistência desse requisito.

Aliás, será possível exigir a responsabilidade solidária entre as empresas contratante e prestadora por aplicação do art. 9º da CLT, pois houve o descumprimento de um dos requisitos para a validade do contrato de terceirização:

> **Art. 9º, CLT** – Serão nulos de pleno direito os atos praticados com o objetivo de desvirtuar, impedir ou fraudar a aplicação dos preceitos contidos na presente Consolidação.

Em resumo, com a Reforma Trabalhista, dois são os requisitos da terceirização lícita:

a) Ausência de pessoalidade e subordinação entre terceirizado e empresa contratante (tomadora); e

b) Capacidade econômica da empresa prestadora de serviços a terceiros.

6.2.6. Fraude na terceirização

Para que a terceirização seja lícita, é necessário que contratante e empresa de prestação de serviços observem os dois requisitos anteriores, ou seja: capacidade econômica da empresa prestadora e ausência de pessoalidade e subordinação.

Se esses requisitos não forem respeitados, a fraude na terceirização será declarada, com fundamento no princípio da primazia da realidade e no art. 9º da CLT. Exemplo: prestação de serviços para empresa contratante que dá ordens e controla o trabalho dos terceirizados. Nesse exemplo, será declarado o vínculo empregatício direto entre a empresa contratante e trabalhador terceirizado.

6.2.7. Críticas à nova legislação

A previsão de terceirização apenas nas atividades-meio ou secundárias da empresa constante na Súmula nº 331 do TST exercia importante função de preservar os empregos nas atividades principais das empresas, pois era vedada a terceirização na atividade-fim.

Com a promulgação da Lei nº 13.429/2017 e da Lei nº 13.467/2017, em 2017, e a validação, pelo STF, dessas alterações nos anos seguintes (ADPF 324/DF e RE 958.252/MG – paradigma do Tema 725), permitiu-se expressamente a contratação de empregados terceirizados em todas as funções da empresa. Essas modificações poderão ocasionar a perda de empregos em empresas que desejarem contratar empresas terceirizadas ao invés da contratação direta, bilateral, clássica. Além disso, estudos[394] apontam que nem mesmo os postos de trabalho nas empresas prestadoras de serviços estão garantidos, visto a taxa de rotatividade[395] (*turnover*) nessas empresas é o dobro da taxa de rotatividade em atividades nas quais não se tem terceirização. O tempo médio de duração dos vínculos formais de emprego nas atividades tipicamente terceirizadas e tipicamente contratantes também segue essa mesma proporção de 2 para 1. Esse modelo ocasiona a precarização das relações de trabalho, pois, para se assegurar lucro às duas empresas (empresa de prestação de serviços a terceiro e contratante) é necessário reduzir os salários dos trabalhadores.

6.2.8. Quarteirização

É importante ressaltar as consequências jurídicas do surgimento do fenômeno da "quarteirização". Trata-se da transferência de parte da gestão dos serviços de uma empresa terceirizada para uma outra empresa. Assim, além da relação que existe entre prestadora de serviço e tomadora (terceirização), verifica-se a transferência de um setor da empresa terceirizada para uma nova empresa ("quarteirizada"). De acordo com a jurisprudência trabalhista[396] antes da vigência da Lei nº 13.429/2017 (março de 2017), essa medida constituía fraude e acarretava a responsabilidade solidária das empresas.

Ocorre que a Lei nº 13.429/2017 passou a permitir, expressamente, a quarteirização, o que deve encerrar as discussões acerca do assunto:

---

394. DIEESE. **Nota Técnica 172:** Terceirização e precarização das condições de trabalho Condições de trabalho e remuneração em atividades tipicamente terceirizadas e contratantes. Disponíve em: https://www.dieese.org.br/notatecnica/2017/notaTec172Terceirizacao.pdf. Acesso em 24 jul. 2024.

395. Taxa média de saída de empregados (voluntárias e involuntárias) em relação ao número médio de empregados em determinado período.

396. TRT-15 – RO: 4283320125150126 SP Relator Helcio Dantas Lobo Junior, Data de Publicação: 12/04/2013 e TRT-1 – RO: 135002620065010017 RJ, Relator Giselle Bondim Lopes Ribeiro, Data de Julgamento: 24/09/2012, Terceira Turma, Data de Publicação: 03/10/2012.

> **Art. 4º-A, § 1º Lei nº 6.019/1974** *(Acrescentado pela Lei nº 13.429/2017)*: A empresa prestadora de serviços contrata, remunera e dirige o trabalho realizado por seus trabalhadores, **ou subcontrata outras empresas para realização desses serviços** (grifos acrescidos).

6.2.9. A Constitucionalidade de outras formas de contratação distintas da CLT (ADPF 324/DF, Tema 725, ADC 48/DF, ADI 3.961/DF e ADI 5.625/DF)

A partir de 2018, o Supremo Tribunal Federal passou a julgar uma série de casos envolvendo formas de contratação distintas da CLT. Em primeiro lugar, como já tratado anteriormente, o STF decidiu que é constitucional a terceirização de qualquer atividade da empresa, inclusive a atividade-fim, ou seja, aquela que representa o objeto principal do negócio. Segundo a Corte, a Constituição não impõe um modelo único de produção, sendo legítimas estratégias empresariais que promovam eficiência e livre iniciativa. Esse foi o conteúdo das decisões na ADPF 324 e no Tema 725 da Repercussão Geral.

Em 2020 o STF julgou conjuntamente a ADC 48/DF e a ADI 3961/DF, reconhecendo como válida a contratação de transportador autônomo de cargas, com natureza comercial e não trabalhista, mesmo na forma de pessoa física. Já em 2021, no julgamento da ADI 5625/DF, foi considerada constitucional a Lei do Salão Parceiro (Lei nº 13.352/2016), que permite contratos civis de parceria entre salões de beleza e profissionais do setor.

Para facilitar o estudo, seguem as teses pela Corte fixadas em cada um dos processos comentados:

> **TEMA 725**
> É lícita a terceirização ou qualquer outra forma de divisão do trabalho entre pessoas jurídicas distintas, independentemente do objeto social das empresas envolvidas, mantida a responsabilidade subsidiária da empresa contratante.
>
> (RE 958.252/MG, Rel. Min. Luiz Fux, Tribunal Pleno, julgado em 30/8/2018, Djc nº 199, de 12/9/2019, publicado em 13/9/2019)
>
> **ADPF 324/DF**
> 1. É lícita a terceirização de toda e qualquer atividade, meio ou fim, não se configurando relação de emprego entre a contratante e o empregado da contratada.
>
> 2. Na terceirização, compete à contratante: i) verificar a idoneidade e a capacidade econômica da terceirizada; e ii) responder subsidiariamente pelo descumprimento das normas trabalhistas, bem como por obrigações previdenciárias, na forma do art. 31 da Lei 8.212/1993.
>
> (ADPF 324/DF, Rel. Min. Roberto Barroso, Tribunal Pleno, julgado em 30/8/2018, Dje nº 194, de 5/9/2019, publicado em 6/9/2019)
>
> **ADC 48/DF e da ADI 3961/DF**
> 1 - A Lei nº 11.442/2007 é constitucional, uma vez que a Constituição não veda a terceirização, de atividade-meio ou fim.
>
> 2 - O prazo prescricional estabelecido no art. 18 da Lei nº 11.442/2007 é válido porque não se trata de créditos resultantes de relação de trabalho, mas de relação comercial, não incidindo na hipótese o art. 7º, XXIX, CF.

3 – Uma vez preenchidos os requisitos dispostos na Lei nº 11.442/2007, estará configurada a relação comercial de natureza civil e afastada a configuração de vínculo trabalhista.

(ADI 3961/DF, Rel. Min. Roberto Barroso, Tribunal Pleno, julgado em 15/4/2020, Dje nº 140, de 4/6/2020, publicado em 5/6/2020)

ADI 5625/DF

1) É constitucional a celebração de contrato civil de parceria entre salões de beleza e profissionais do setor, nos termos da Lei n. 13.352, de 27 de outubro de 2016;

2) É nulo o contrato civil de parceria referido, quando utilizado para dissimular relação de emprego de fato existente, a ser reconhecida sempre que se fizerem presentes seus elementos caracterizadores.

(ADI 5625/DF, Rel. Min. Edson Fachin, Rel. p/ Acórdão Min. Nunes Marques, Tribunal Pleno, julgado em 28/10/2021, Dje nº 59, de 28/3/2022, publicado em 29/3/2022)

Portanto, cada um desses precedentes se referia a formas específicas de organização produtiva: terceirização da atividade-fim, transporte rodoviário autônomo e contratos de parceria na área da beleza. Contudo, após a fixação dessas teses, o Supremo começou a receber um volume crescente de reclamações constitucionais ajuizadas contra decisões trabalhistas que reconheciam vínculo de emprego em situações de fraude. Tratavam-se, por exemplo, de casos em que advogados, médicos ou engenheiros eram contratados como autônomos ou sócios, mas atuavam com as características típicas da relação empregatícia: subordinação, pessoalidade, habitualidade e onerosidade.

Essas decisões da Justiça do Trabalho, que analisavam a realidade dos fatos e constatavam a simulação de contratos civis para encobrir relações de emprego, passaram a ser questionadas com base nos precedentes do STF, ainda que o conteúdo dessas decisões não tratasse de fraude e de declaração do vínculo de emprego em juízo.

A partir daí, a Corte iniciou um processo de **reinterpretação** das suas decisões vinculantes proferidas (ADPF 324, no Tema 725, na ADC 48, na ADI 3961 e na ADI 5625).

O Supremo Tribunal Federal passou a adotar o entendimento de que esses precedentes, **conjuntamente considerados**, conduzem à conclusão de que **são legítimas todas as formas de contratação distintas da CLT**, independentemente de se tratar de terceirização. Também passou a ser irrelevante o fato de a causa não tratar especificamente da contratação de transportador autônomo de cargas ou de profissionais da beleza. Trata-se de uma **"cesta"** de conteúdo único: **a constitucionalidade de qualquer forma de contratação distinta da CLT**.

Com base nessa reinterpretação, a Corte passou a entender que decisões da Justiça do Trabalho que reconhecem vínculo de emprego com fundamento na configuração de fraude violam os precedentes firmados pelo STF. Assim, mesmo quando as provas demonstram que a contratação como autônomo foi uma simulação e que o trabalhador atuava com pessoalidade, subordinação, onerosidade e não eventualidade, essas decisões da Justiça do Trabalho vêm sendo **cassadas pela maioria dos Ministros do Supremo Tribunal Federal**.

Há, contudo, exceções relevantes a esse entendimento, como os votos dos Ministros Edson Fachin e Flávio Dino, além de decisões pontuais do Ministro Dias Toffoli.

Essa consolidação jurisprudencial, ao priorizar a forma contratual em detrimento da realidade fática das relações de trabalho, gera efeitos relevantes sobre o sistema trabalhista brasileiro. Ao afastar o controle judicial da fraude nas relações de trabalho, compromete-se a aplicação do princípio da primazia da realidade, esvazia-se a proteção dos direitos fundamentais previstos no art. 7º da Constituição e fragiliza-se a atuação da Justiça do Trabalho como instância especializada na verificação das condições concretas de subordinação, pessoalidade, habitualidade e onerosidade. A continuidade desse entendimento pode abrir caminho para o uso indiscriminado de contratos civis e empresariais como meio de burlar à legislação trabalhista.

Para tentar facilitar a compreensão, segue uma tabela com os principais pontos dessa construção jurisprudencial:

Momento	Decisões e Conteúdo	Observações
1. Fixação das teses (2018-2021)	• ADPF 324 e Tema 725: constitucionalidade da terceirização da atividade-fim. • ADC 48 e ADI 3961: validade da contratação de transportadores autônomos de carga. • ADI 5625: validade de contratos de parceria em salões de beleza, desde que não fraudem vínculo de emprego.	**Precedentes tratam de formas de contratação específicas.** Não abordam hipóteses de fraude ou simulação de relações de trabalho.
2. Reinterpretação e formação da "cesta" de precedentes	• Reclamações constitucionais passam a ser usadas contra decisões da Justiça do Trabalho que reconhecem o vínculo de emprego em casos de fraude. • STF passa a reinterpretar seus precedentes, formando uma "cesta" de conteúdo único: **a constitucionalidade de qualquer forma de contratação distinta da CLT.**	Surge a **"cesta de precedentes"**. O STF passou a entender que todas as formas de contratação fora da CLT são legítimas, mesmo quando não envolvem terceirização ou as situações específicas tratadas nos precedentes, como transporte de cargas ou serviços de beleza.
3. Cassação de decisões da Justiça do Trabalho	STF passa a **cassar as decisões da Justiça do Trabalho** que reconhece o vínculo de emprego em situações de fraude.	Função da Justiça do Trabalho é esvaziada. Ignora-se o exame probatório sobre fraude.

6.2.10. *Tema 1389 e a suspensão de ações trabalhistas que discutem "pejotização" pelo STF*

O Supremo Tribunal Federal, por meio do Tema 1389 da repercussão geral, determinou, em decisão monocrática do Ministro Gilmar Mendes em 14 de abril de 2025, a **suspensão nacional de todos os processos trabalhistas que discutem a chamada "pejotização".**

Isso significa que ações nas quais trabalhadores alegam fraude em contratações civis ou comerciais (como contratos de pessoa jurídica, contratos de franquia ou representação comercial), sustentando que, na prática, existe uma relação de emprego, devem permanecer suspensas até decisão definitiva do STF no Tema 1389.

O tema surgiu no contexto do ARE 1.532.603, originado de um caso em que o Tribunal Regional do Trabalho reconheceu o vínculo empregatício diante do desvirtuamento de um contrato de franquia. A decisão foi reformada pelo Tribunal Superior do Trabalho, que validou o contrato com base nos precedentes da ADPF 324 e do Tema 725. O trabalhador interpôs recurso extraordinário, inicialmente rejeitado por Gilmar Mendes, que mais tarde reconsiderou e submeteu o caso ao Plenário, reconhecendo sua relevância.

O STF, então, reconheceu a repercussão geral desse caso, destacando três aspectos fundamentais que serão decididos:

I. Competência da Justiça do Trabalho para julgar alegações de fraude em contratos civis ou comerciais.

II. A licitude da contratação de autônomos ou pessoas jurídicas, considerando-se o entendimento firmado na ADPF 324 que validou diversas formas de organização produtiva.

III. O ônus da prova em relação à alegação de fraude ao vínculo empregatício.

A decisão do ministro Gilmar Mendes estabelece que todos os processos que envolvam alegações semelhantes devem ser suspensos nacionalmente, sem exceção. Segundo o Ministro, o expressivo volume de processos que chegam ao Supremo Tribunal Federal, especialmente por meio de reclamações constitucionais, tem origem em decisões da Justiça do Trabalho que, de alguma forma, restringem a liberdade de organização produtiva, contrariando a orientação firmada pelo STF. A reiterada recusa da Justiça do Trabalho, em seguir essa jurisprudência tem gerado insegurança jurídica, contribuindo para o aumento das demandas no STF, que, na prática, tem atuado como instância revisora dessas decisões. Esse cenário sobrecarrega a Corte e compromete a estabilidade do ordenamento jurídico.

Não é permitido continuar com instrução processual, audiências ou julgamentos desses casos. Caso a suspensão não seja cumprida, a parte prejudicada poderá ingressar diretamente no STF com reclamação constitucional, sem precisar esgotar as instâncias ordinárias. Além disso, o STF poderá anular retroativamente qualquer ato processual realizado em desobediência a essa decisão.

São obrigatoriamente suspensos processos em que se alegue fraude na contratação civil, comercial ou autônoma, casos em que a competência da Justiça do Trabalho seja questionada, ou ainda situações nas quais haja controvérsia sobre quem deve provar a existência ou inexistência dos elementos característicos do vínculo empregatício.

Na data de fechamento desta obra, o julgamento do Tema 1389 ainda não havia sido concluído, e seu desfecho permanecia incerto. Sabe-se, contudo, que a decisão do STF nesse tema terá impactos profundos sobre o mundo do trabalho, especialmente no que se refere à proteção contra fraudes na contratação e à própria competência da Justiça do Trabalho para julgar tais controvérsias. Trata-se de um julgamento com potencial para redefinir os limites entre a liberdade contratual e a efetivação dos direitos sociais assegurados pela Constituição.

6.3. Requisitos para funcionamento da empresa de prestação de serviços a terceiros

A Lei nº 13.429/2017 estabelece alguns requisitos para o funcionamento da empresa de prestação de serviços a terceiros, que contrata e fornece mão de obra terceirizada, como inscrição no CNPJ, registro na Junta Comercial e capital social mínimo de acordo com o número de trabalhadores:

> **Art. 4º-A, Lei nº 6.019/1974** *(Redação dada pela Lei nº 13.467/2017)*: Considera-se prestação de serviços a terceiros a transferência feita pela contratante da execução de quaisquer de suas atividades, inclusive sua atividade principal, à pessoa jurídica de direito privado prestadora de serviços que possua capacidade econômica compatível com a sua execução.
>
> **Art. 4º-B, Lei nº 6.019/1974** *(Acrescentado pela Lei nº 13.429/2017)*: São requisitos para o funcionamento da empresa de prestação de serviços a terceiros:
>
> I – prova de inscrição no Cadastro Nacional da Pessoa Jurídica (CNPJ);
>
> II – registro na Junta Comercial;
>
> III – capital social compatível com o número de empregados, observando-se os seguintes parâmetros:
>
> a) empresas com até dez empregados – capital mínimo de R$ 10.000,00 (dez mil reais);
>
> b) empresas com mais de dez e até vinte empregados – capital mínimo de R$ 25.000,00 (vinte e cinco mil reais);
>
> c) empresas com mais de vinte e até cinquenta empregados – capital mínimo de R$ 45.000,00 (quarenta e cinco mil reais);
>
> d) empresas com mais de cinquenta e até cem empregados – capital mínimo de R$ 100.000,00 (cem mil reais); e
>
> e) empresas com mais de cem empregados – capital mínimo de R$ 250.000,00 (duzentos e cinquenta mil reais).

Interessante notar que a empresa tomadora de serviços (contratante) não poderá transferir suas atividades, meio ou fim, para uma pessoa física. A Lei 6.019/74 exige expressamente que a contratada seja uma **empresa**, com CNPJ e inscrição perante a respectiva Junta Comercial. Nesse mesmo sentido, o MEI – Microempreendedor Individual – não pode figurar como empresa contratada, haja vista não ser efetivamente uma empresa. O MEI, apesar de possuir CNPJ, não é uma pessoa jurídica de direito privado, não tem contrato social e não pode ter sócio. O MEI é um Empresário Individual, que exerce atividade econômica em nome próprio[397], ou seja, é uma **pessoa física**. Aliás, nos termos da LC nº 123, o MEI pode contratar apenas um empregado. Não faria sentido colocar seu único empregado para prestar serviços a um terceiro.

6.4. Requisitos do contrato de terceirização

De acordo com a Lei nº 13.429/2017, é necessário atender a alguns requisitos para a celebração do contrato de prestação de serviços. Dessa forma, o contrato pode ser classificado como solene, pois exige uma forma estabelecida em lei para sua celebração. Os requisitos estarão previstos no art. 5º-B da Lei nº 6.019/1974:

397. Fonte: https://www.gov.br/empresas-e-negocios/pt-br/empreendedor/perguntas-frequentes/como-e-feita-a-formalizacao-do-mei/o-microempreendedor-individual-mei. Acesso: 26 jul. 2024.

> **Art. 5º-B, Lei nº 6.019/1974** (*Acrescentado pela Lei nº 13.429/2017*): O contrato de prestação de serviços conterá:
>
> I – qualificação das partes;
>
> II – especificação do serviço a ser prestado;
>
> III – prazo para realização do serviço, quando for o caso;
>
> IV – valor.

6.5. Responsabilidade da tomadora

A empresa contratante, como já visto, não é a empregadora, mas o trabalho realizado pelos terceirizados a beneficia diretamente. Logo, se a empresa prestadora de serviços não pagar aos trabalhadores, restará à tomadora os pagamentos dos encargos trabalhistas e previdenciários. Essa responsabilidade é chamada de subsidiária e ocorrerá apenas na hipótese de a empregadora (empresa prestadora de serviços) não honrar com o pagamento dos direitos trabalhistas de seus empregados (art. 5º-A, § 5º, Lei nº 6.019/1974).

Para que a tomadora de serviços seja obrigada a pagar os débitos remanescentes, é necessário que tenha tido oportunidade de manifestar-se no processo judicial, como forma de garantir o contraditório e a ampla defesa. Além disso, responderá por todas as verbas devidas ao empregado, ou seja, a sua **responsabilidade é total** (verbas salariais e indenizatórias). Esse entendimento era assegurado pela jurisprudência do TST, conforme itens IV e VI Súmula nº 331 do TST.

Mesmo com a invalidação dos itens acima mencionados no julgamento do RE 958.252 (Tema 725)[398], o entendimento permanece o mesmo. É que o STF incluiu, na tese fixada na ADPF 324, a obrigação de a contratante *"verificar a idoneidade e a capacidade econômica da terceirizada"* e *"responder subsidiariamente pelo descumprimento das normas trabalhistas, bem como por obrigações previdenciárias, na forma do art. 31 da Lei 8.212/1993"*. Segundo a Corte, essa explicitação era necessária para evitar o vácuo normativo deixado pela invalidação da Súmula 331.

Além disso, constou da ementa do acórdão da ADPF 324 a regra de que *"A responsabilização subsidiária da tomadora dos serviços pressupõe a sua participação no processo judicial, bem como a sua inclusão no título executivo judicial"*, em sintonia com a parte final do inciso IV da Súmula 331.

Aliás, mesmo as multas decorrentes do atraso do pagamento das verbas rescisórias, dos artigos 467 e 477, § 8º, da CLT, e as parcelas conexas ao contrato de trabalho, por exemplo, eventual indenização por danos morais, serão de responsabilidade do tomador.

---

398. (...) INSUBSISTENTÊNCIA DAS PREMISSAS DA PROIBIÇÃO JURISPRUDENCIAL DA TERCEIRIZAÇÃO. INCONSTITUCIONALIDADE DOS INCISOS I, III, IV E VI DA SÚMULA 331 DO TST. AFASTAMENTO DA RESPONSABILIDADE SUBSIDIÁRIA DA CONTRATATE POR OBRIGAÇÕES DA CONTRATADA. RECURSO EXTRAORDINÁRIO PROVIDO. (...) 22. Em conclusão, a prática da terceirização já era válida no direito brasileiro mesmo no período anterior à edição das Leis nº. 13.429/2017 e 13.467/2017, independentemente dos setores em que adotada ou da natureza das atividades contratadas com terceira pessoa, reputando-se inconstitucional a Súmula nº. 331 do TST, por violação aos princípios da livre iniciativa (artigos 1º, IV, e 170 da CRFB) e da liberdade contratual (art. 5º, II, da CRFB). (...)

Todas as verbas serão referentes apenas ao período em que o terceirizado prestou serviços ao tomador.

Importante destacar, ainda, a tese vinculante nº 81 do TST, firmada em sede de Incidente de Recurso de Revista Repetitivo, segundo a qual a prestação de serviços terceirizados a uma pluralidade de tomadores não afasta, por si só, a responsabilidade subsidiária de quem efetivamente se beneficiou do trabalho prestado. O Tribunal consolidou o entendimento de que o número de empresas tomadoras ou a simultaneidade do serviço não excluem a responsabilização de cada tomador em relação ao período em que usufruiu da força de trabalho do empregado.

Assim, mesmo que o trabalhador tenha prestado serviços a mais de uma empresa, caberá a cada tomadora responder subsidiariamente pelas obrigações trabalhistas relativas ao tempo em que dele se beneficiou, ainda que de forma compartilhada com outros tomadores.

6.5.1. A natureza comercial do transporte de cargas e a não responsabilização da contratante

Com o intuito de uniformizar entendimentos consolidados entre suas Turmas, o TST vem firmando, ao longo de 2025, diversas teses em sede de Incidente de Recurso de Revista Repetitivo. Dentre elas, destaca-se a tese vinculante nº 59, que trata da natureza comercial do contrato de transporte de mercadorias e da consequente inaplicabilidade da responsabilidade subsidiária, nos seguintes termos:

> A contratação dos serviços de transporte de mercadorias, por ostentar natureza comercial, não se enquadra na configuração jurídica de terceirização prevista na Súmula nº 331, IV, do TST e, por conseguinte, não enseja a responsabilização subsidiária das empresas tomadoras de serviços (TST-RRAg-0025331-72.2023.5.24.0005, Relator: Ministro Aloysio Corrêa da Veiga, Tribunal Pleno, DJE: 14/03/2025).

Para o Pleno do TST, quando uma empresa contrata uma transportadora rodoviária para o deslocamento de mercadorias, não se configura terceirização de mão de obra, mas sim contratação de uma atividade econômica especializada, com natureza puramente comercial. Trata-se de relação bilateral, distinta da estrutura triangular da terceirização prevista na Súmula nº 331 do TST.

Nesse tipo de relação, não há intermediação de trabalho humano subordinado, mas sim a prestação de um serviço autônomo, regulamentado, inclusive, por legislação própria (Lei nº 11.442/2007), que rege a atividade do Transportador Autônomo de Cargas (TAC) e das Empresas de Transporte Rodoviário de Cargas (ETC).

O art. 5º da referida lei dispõe expressamente que essas relações contratuais têm natureza comercial e não geram vínculo de emprego. Além disso, o § 3º do mesmo dispositivo atribui à Justiça Comum a competência para julgar as disputas decorrentes desses contratos. A constitucionalidade da norma foi confirmada pelo STF na ADC 48.

Dessa forma, consolidou-se no TST o entendimento de que o contrato de transporte de cargas não se confunde com terceirização de serviços, o que afasta a responsabilização subsidiária da empresa contratante, ainda que eventual inadimplemento venha a ocorrer por parte da transportadora.

6.5.2. Direito dos terceirizados

Os direitos previstos aos empregados terceirizados são aqueles pertencentes à categoria profissional da empresa prestadora de serviços. Assim sendo, em regra, não há possibilidade de um terceirizado requerer equiparação salarial indicando como parâmetro o salário do empregado da tomadora, pois se trata de empregadores diversos. Ademais, poderá ocorrer de o terceirizado possuir jornada de trabalho superior ao empregado regular, pois os empregadores e a categoria profissional são distintos.

Colocando de lado toda a discussão envolvendo a constitucionalidade de qualquer forma de contratação distinta da CLT, mantemos o posicionamento de que a constatação de **fraude na terceirização** gera as seguintes consequências trabalhistas, que serão distintas caso o trabalhador preste seus serviços em empresa privada ou em ente público:

a) **Prestação dos serviços em empresa privada:** Se a empresa tomadora de serviços for entidade privada e a terceirização for considerada ilícita, haverá reconhecimento do vínculo de emprego do terceirizado com a empresa tomadora. Exemplo: Caso se verifique fraude na contratação de "terceirizado por um banco privado, será reconhecido o vínculo de emprego com o tomador de serviços, devendo receber todas as verbas devidas aos bancários, e estará sujeito à jornada reduzida de 6 horas do bancário.

b) **Prestação dos serviços na Administração Pública:** O tema não é pacífico na jurisprudência. A ilicitude da terceirização na Administração Pública não produz o reconhecimento do vínculo de emprego diretamente com a tomadora dos serviços diante da exigência de concursos públicos (art. 37, II, CF/88, e Súmula nº 331, II, TST). No entanto, é importante ressaltar que todos os direitos trabalhistas devem ser pagos pela Administração Pública, que será responsabilizada solidária ou subsidiariamente a depender da corrente adotada.

Há precedente judicial no sentido de que, no caso de fraude na terceirização na Administração Pública, haverá a possibilidade de o terceirizado requerer o mesmo salário do empregado da tomadora, se constatada a igualdade de funções com o funcionário do ente público (OJ nº 383 da SDI-I do TST). Contudo, em março de 2021, o STF fixou a tese de repercussão geral que veda expressamente a equiparação de remuneração entre empregados da empresa tomadora e empregados da empresa contratada (nas terceirizações regulares/lícitas) – Tema 383. De acordo com o Tribunal, a equiparação salarial entre empregados de agentes econômicos distintos (tomadora e prestadora) viola o princípio da livre iniciativa.

Dessa forma, entendemos que a OJ nº 383 da SDI-I do TST poderá ser alterada para se adequar à nova jurisprudência do STF sobre o assunto. Confira a discussão completa no tópico sobre salário equivalente.

6.5.3. Condições de trabalho (Reforma Trabalhista)

A Reforma Trabalhista acrescentou o art. 4º-C à Lei nº 6.019/1974 para prever a garantia das condições de trabalho aos trabalhadores terceirizados.

A seguir, apresentaremos as **alterações promovidas pela Reforma Trabalhista** na disciplina da terceirização, indicando didaticamente como o tema era tratado em três momentos distintos:

1) Regulamentação pela Súmula nº 331 do TST;

2) Regulamentação pela Lei nº 13.429/2017 (legislação do final de março de 2017);

3) Alterações promovidas pela Reforma Trabalhista (Lei nº 13.467/2017).

6.5.3.1. Súmula nº 331 do TST

Conforme já destacado, apesar de já existente no dia a dia das empresas, não havia legislação regulamentando a terceirização de serviços. Para suprir essa ausência diante de fenômeno irreversível nas relações de trabalho, o TST passou a regulamentar o tema na Súmula nº 331.

Essa súmula não trazia nenhuma previsão acerca das condições de trabalho dos terceirizados. Não havia, portanto, obrigação à empresa tomadora em assegurar as condições de segurança, higiene e salubridades de todos os trabalhadores terceirizados, quando o trabalho fosse realizado em suas dependências ou em local convencionado em contrato. Além disso, não existia obrigação de fornecimento das mesmas condições de alimentação em refeitórios e de atendimento médico ou ambulatorial oferecidas aos empregados da tomadora.

Com a Súmula nº 331 do TST, não havia menção de mesmas condições de trabalho por se tratarem de empregadores diversos. O terceirizado estava sujeito às condições fornecidas pela empresa prestadora, enquanto que a tomadora dos serviços somente tinha obrigação de assegurar as condições de trabalho a seus próprios empregados.

6.5.3.2. Regulamentação pela Lei nº 13.429/2017 (31/03/2017)

A Lei nº 13.429/2017, de 31/03/2017, passou a estabelecer a responsabilidade da contratante dos serviços em garantir as condições de segurança, higiene e salubridades de todos os trabalhadores terceirizados, quando o trabalho fosse realizado em suas dependências ou em local convencionado em contrato. Essa previsão foi extremamente importante, pois o dever de garantir o meio ambiente de trabalho sadio pela contratante passou a ser ampliado também aos terceirizados:

> **Art. 5º-A, § 3º, Lei nº 6.019/1974** *(Acrescentado pela Lei nº 13.429/2017).*
> É responsabilidade da contratante garantir as condições de segurança, higiene e salubridade dos trabalhadores, quando o trabalho for realizado em suas dependências ou local previamente convencionado em contrato.

Por outro lado, a Lei nº 13.429/2017 foi totalmente imprecisa e discriminatória em relação à garantia aos terceirizados do mesmo atendimento médico, ambulatorial e de refeição que as empresas contratantes fornecem aos próprios empregados. Enquanto essa garantia era estendida aos trabalhadores temporários (espécie de terceirização expressamente prevista em lei), era dada apenas a faculdade das empresas contratantes estenderem os benefícios aos terceirizados. Entendíamos que essa diferenciação no tratamento entre terceirizado e temporário era discriminatória e inconstitucional. Veja a diferença na redação para os temporários e os terceirizados:

▸ TEMPORÁRIOS	▸ TERCEIRIZADOS
Art. 9º, § 2º, Lei nº 6.019/1974: A contratante **estenderá** ao trabalhador da empresa de trabalho temporário o mesmo atendimento médico, ambulatorial e de refeição destinado aos seus empregados, existente nas dependências da contratante, ou local por ela designado (grifo acrescido).	**Art. 5º-A, § 4º, Lei nº 6.019/1974** *(Redação dada pela Lei nº 13.429/2017)*: A contratante **poderá estender** ao trabalhador da empresa de prestação de serviços o mesmo atendimento médico, ambulatorial e de refeição destinado aos seus empregados, existente nas dependências da contratante, ou local por ela designado. (grifos acrescidos)

Em resumo, a Lei do final de março de 2017 deu o primeiro passo na garantia das mesmas condições de trabalho entre terceirizados e empregados da empresa contratante. No entanto, apenas assegurava a faculdade de concessão do mesmo atendimento médico, ambulatorial e de refeição.

Por fim, é importante mencionar o item III da tese fixada pelo STF no julgamento do Tema 1118 da Repercussão Geral. A Corte firmou entendimento que a **responsabilidade da Administração Pública pelas normas de saúde, higiene e segurança do trabalho é direta** – e não apenas subsidiária – quando as atividades forem realizadas em suas dependências ou em local definido no contrato. Esse entendimento tem por base o art. 5º-A, § 3º, da Lei nº 6.019/1974, acrescido pela Lei 13.429/2017. Assim, a Administração pode ser diretamente responsabilizada por falhas como a ausência de equipamentos de proteção, treinamentos ou exames médicos.

6.5.3.3. Reforma Trabalhista – Lei nº 13.467/2017

A Lei nº 13.467/2017 (Reforma Trabalhista) inseriu o art. 4º-C à Lei nº 6.019/1974 para prever a **obrigação** de a contratante assegurar aos terceirizados as seguintes condições que devem ser observadas quando e enquanto os serviços forem prestados nas dependências da tomadora de serviços:

1) Mesmas condições referentes à alimentação garantida aos seus empregados, quando oferecida em refeitórios;
2) Direito de utilizar os serviços de transporte;
3) Atendimento médico ou ambulatorial existente nas dependências da contratante ou local por ela designado;
4) Treinamento adequado fornecido pela contratada quando a atividade o exigir;
5) Garantia das mesmas condições sanitárias, de medidas de proteção à saúde e de segurança no trabalho e de instalações adequadas à prestação do serviço.

Note-se que o direito às mesmas condições de alimentação e ao atendimento ambulatorial são aplicados quando o serviço é prestado nas dependências da tomadora de serviços.

Por sua vez, conforme prevê o § 2º do art. 4º-C da Lei nº 6.019/1974, nos contratos que impliquem mobilização de terceirizados em número igual ou superior a 20% dos empregadores da contratante, devem ser asseguradas as mesmas condições de trabalho, mas os serviços de alimentação e atendimento ambulatorial podem ser disponibilizados em outro local para manter o pleno funcionamento dos serviços existentes.

Tendo em vista que a empresa contratante é **obrigada a fornecer as mesmas condições de alimentação em refeitórios e de atendimento médico ou ambulatorial** aos empregados terceirizados, há nítida contradição entre o disposto no art. 4º-C da Lei nº 6.019/1974, acrescentado pela Reforma Trabalhista e aquilo que prevê o art. 5º-A, § 4º, da Lei nº 6.019/1974:

> **Art. 5º-A, § 4º, Lei nº 6.019/1974** (acrescentado pela Lei nº 13.429/2017): A contratante **poderá estender** ao trabalhador da empresa de prestação de serviços o mesmo atendimento médico, ambulatorial e de refeição destinado aos seus empregados, existente nas dependências da contratante, ou local por ela designado. (grifos acrescidos)

Tendo em vista que a Reforma Trabalhista trouxe previsão específica das mesmas condições de trabalho, houve a revogação táctica do art. 5º-A, § 4º da Lei nº 6.019/1974, acrescentado pela Lei de março de 2017.

Além disso, pela utilização de critérios de antinomia que permite a solução de possíveis conflitos entre as normas jurídicas conforme art. 2º da LINDB, a lei posterior revoga a anterior naquilo que com ela for incompatível quando se tratarem de normas de mesma hierarquia. Dessa forma, entendemos que o novo art. 4º-C acrescentado pela Lei nº 13.467/2017 revogou o art. 5º-A, § 4º, da Lei nº 6.019/1974, pois com ele se tornou incompatível:

> **Art. 2º, § 1º, Lei de Introdução às normas do Direito Brasileiro:** A lei posterior revoga a anterior quando expressamente o declare, quando seja com ela incompatível ou quando regule inteiramente a matéria de que tratava a lei anterior.

Em resumo, o art. 4º-C, da Lei nº 6.019/1974 estabeleceu diversas condições de trabalho que devem ser **obrigatoriamente** observadas pela empresa contratante aos trabalhadores terceirizados, tais como condições de alimentação, atendimento médico ou ambulatorial, transporte e medidas de proteção à saúde e segurança no trabalho.

6.5.4. Salário equivalente

A Súmula nº 331 do TST que disciplinava a terceirização antes da aprovação das últimas leis que regulamentam o assunto, não fazia menção acerca do direito ao salário equivalente. A jurisprudência do TST, contudo, entendia pela a possibilidade de o terceirizado requerer o mesmo salário do empregado da tomadora, conforme expressamente previsto na OJ nº 383 do TST:

> **OJ nº 383 da SDI-I do TST:** A contratação irregular de trabalhador, mediante empresa interposta, não gera vínculo de emprego com ente da Administração Pública, não afastando, contudo, pelo princípio da isonomia, o direito dos empregados terceirizados às mesmas verbas trabalhistas legais e normativas asseguradas àqueles contratados pelo tomador dos serviços, desde que presente a igualdade de funções. Aplicação analógica do art. 12, "a", da Lei nº 6.019, de 3.1.1974.

Na regulamentação do assunto, a Reforma Trabalhista estabeleceu que cabe à contratante e à contratada, **se assim entenderem**, o estabelecimento de salário equivalente aos terceirizados para receberem o mesmo valor pago aos empregados da contratante.

Portanto, em regra, para que haja salário equivalente entre os empregados da tomadora e os terceirizados, é necessário que as empresas contratante e contratada assim acordem.

Nesse ponto, importante mencionar que, no dia 26/03/2021, no julgamento do RE 635546, paradigma do Tema nº 383 de repercussão geral, o STF a fixou que veda expressamente a equiparação de remuneração entre empregados da empresa tomadora e empregados da empresa contratada (terceirizadas):

> **Tema nº 383 de Repercussão Geral do STF:** "A equiparação de remuneração entre empregados da empresa tomadora de serviços e empregados da empresa contratada (terceirizada) fere o princípio da livre iniciativa, por se tratarem de agentes econômicos distintos, que não podem estar sujeitos a decisões empresariais que não são suas".

De acordo com o Tribunal, a equiparação salarial entre empregados de agentes econômicos distintos (tomadora e prestadora) viola o princípio da livre iniciativa.

A tese fixada pelo STF no Tema nº 383 de repercussão geral é vinculante, condicionado todo o Poder Judiciário brasileiro. Dessa forma, já se tem precedente do TST de que a OJ 383 foi superada a equiparação salarial entre terceirizado e empregado da tomadora não é mais possível[399].

Por fim, vale notar que a legislação atual passou a tratar de forma distinta os trabalhadores terceirizados e temporários, pois enquanto estes têm assegurado o direito ao salário equivalente no art. 12, "a", da Lei nº 6.019/1974, os terceirizados somente o terão caso as empresas assim entendam.

6.6. "QUARENTENA" E REFORMA TRABALHISTA

A Reforma Trabalhista passou a prever períodos de "quarentena", para assegurar que os empregados contratados por prazo indeterminado não fossem dispensados e, em seguida, seguidamente contratados como trabalhadores terceirizados ou como sócios de empresas que prestam serviços terceirizados à contratante.

6.6.1. Período de quarentena da empresa prestadora de serviços a terceiros

A Reforma Trabalhista trouxe inovação quanto à previsão de período de "quarentena" para que fosse possível celebrar contrato de terceirização com empresa prestadora, cujos sócios ou titulares tenham sido empregados ou trabalhadores sem vínculo empregatício da empresa contratante.

6.6.1.1. Súmula nº 331 do TST

Até março de 2017, não havia regulamentação legal da terceirização de serviços, tarefa essa que foi desempenhada pelo TST na Súmula nº 331. Essa jurisprudência consolidada não estabelecia período de quarentena para contratação de empresa prestadora de serviços

O item III da Súmula nº 331 do TST vedava a terceirização nas atividades-fim da empresa. Portanto, para essas atividades não era possível celebrar contrato com empresa prestadora para prestação de serviços a terceiros.

399. TST – ARR: 7739520155100008, Relator: Claudio Mascarenhas Brandao, Data de Julgamento: 18/08/2021, 7ª Turma, Data de Publicação: 27/08/2021.

Por sua vez, nas atividades-meio, onde era permitida a terceirização, não havia impedindo nenhum para que um empregado fosse dispensado da tomadora de serviços e passasse a integrar o quadro societário da empresa prestadora de serviços.

6.6.1.2. Regulamentação pela Lei nº 13.429/2017 (31/03/2017)

A Lei nº 13.429/2017, de 31/03/2017, que passou a regulamentar a terceirização, não estabeleceu nenhum requisito ou prazo para que o empregado ou o trabalhador sem vínculo empregatício da empresa contratante pudessem integrar a sociedade que forma a empresa prestadora de serviços. Dessa forma, era possível que o empregador dispensasse seus empregados ou os trabalhadores autônomos e, logo em seguida, celebrasse contrato de prestação de serviços a terceiros com empresa, cujos sócios ou titulares seriam seus próprios ex-empregados ou antigos trabalhadores autônomos.

Essa brecha na legislação poderia viabilizar o cometimento de fraudes na relação de trabalho, pois estaríamos diante da "pejotização", que consiste na criação de uma empresa, com personalidade jurídica própria pelo trabalhador para que a relação possa ser mascarada como uma prestação de serviços. Colocando de lado toda a discussão envolvendo a constitucionalidade de qualquer forma de contratação distinta da CLT, mantemos o posicionamento de que essa prática é vedada pela legislação trabalhista e, caso presentes os requisitos do art. 3º da CLT, o vínculo de emprego deve ser reconhecido.

6.6.1.3. Reforma Trabalhista – Lei nº 13.467/2017

Para evitar a dispensa dos trabalhadores e viabilizar a licitude da terceirização, a Reforma Trabalhista (Lei nº 13.467/2017) estabeleceu um prazo de **quarentena de 18 meses** para que os empregados ou trabalhadores sem vínculo empregatício possam figurar como sócios ou titulares da empresa contratada:

> **Art. 5º-C, Lei nº 6.019/1974** *(acrescentado pela Lei nº 13.467/2017).* Não pode figurar como contratada, nos termos do art. 4º-A desta Lei, a pessoa jurídica cujos titulares ou sócios tenham, nos últimos dezoito meses, prestado serviços à contratante na qualidade de empregado ou trabalhador sem vínculo empregatício, exceto se os referidos titulares ou sócios forem aposentados.

Exemplo: se um empregado for dispensado sem justa causa, somente poderá figurar como empresa contratada em eventual terceirização de serviços na empresa contratante após o decurso de 18 meses da data do término do contrato de trabalho.

A legislação não impede que esse antigo empregado integre, na condição de sócio ou titular, outra sociedade que preste serviços a terceiros, contanto que essa empresa não celebre contrato de terceirização com seu antigo empregador. A vedação, portanto, existe para evitar a "pejotização" da relação de emprego com a substituição da contratação pessoal dos serviços pela celebração de contrato com pessoa jurídica.

A única exceção ao período de quarentena é quanto ao empregado ou trabalhador que tenha se aposentado, que poderá integrar o quadro societário da pessoa jurídica contratada, independentemente da observância do prazo de 18 meses.

6.6.2. Período de quarentena do empregado terceirizado

A Reforma Trabalhista trouxe inovação quanto à previsão de período de quarentena para que empregado "demitido" possa prestar os serviços para a mesma empresa na condição de terceirizado, ou seja, como empregado da empresa prestadora de serviços.

6.6.2.1. Súmula nº 331 do TST

Até março de 2017, não havia regulamentação legal da terceirização de serviços, tarefa essa que foi desempenhada pelo TST na Súmula nº 331. Essa jurisprudência consolidada não estabelecia período de quarentena para que empregado dispensado da tomadora pudesse voltar a prestar serviços a essa empresa como terceirizado.

O item III da Súmula nº 331 do TST vedava a terceirização nas atividades-fim da empresa. Portanto, para essas atividades não era possível contratar trabalhador terceirizado para substituir empregado de seu próprio quadro.

Por sua vez, nas atividades-meio, onde era permitida a terceirização, não havia impedindo nenhum para que um empregado que fosse dispensado da tomadora de serviços, pudesse prestar serviços para essa empresa na condição de terceirizado.

6.6.2.2. Regulamentação pela Lei nº 13.429/2017 (31/03/2017)

A Lei nº 13.429/2017, que regulamentou a terceirização de serviços, não estabeleceu nenhum prazo ou requisito a ser observado para que os empregados dispensados da empresa contratante pudessem prestar novamente os serviços à empresa na condição de terceirizados. Com isso, os trabalhadores poderiam ser dispensados por seu empregador e serem contratados por outra empresa para prestarem seus serviços na condição de terceirizados para seus antigos empregadores.

Assim como nos comentários ao art. 5º-C da Lei nº 6.019/1974, essa brecha na legislação permitia a precarização das relações de trabalho, pois a empresa poderia ter o benefício de ter os mesmos trabalhadores prestando os serviços em suas dependências sem a necessidade de se assegurar a mesma remuneração, pois a nova empregadora – empresa prestadora de serviços – não tem o dever de assegurar o mesmo salário que era pago a esses empregados quando trabalhavam como empregados da contratante.

6.6.2.3. Quarentena na Reforma Trabalhista (Lei nº 13.467/2017)

Nesse sentido, a Reforma Trabalhista estabeleceu o prazo de **quarentena de 18 meses**, contados a partir de sua demissão, para que o empregado "demitido" possa prestar os serviços para a mesma empresa na condição de terceirizado, ou seja, como empregado da empresa prestadora de serviços.

É importante destacar que a legislação não foi técnica ao se utilizar do termo "empregado demitido", pois o pedido de demissão é aquele realizado pelo próprio empregado quando resile unilateralmente o contrato de trabalho. Por sua vez, a dispensa sem justa causa ocorre quando o empregador coloca fim unilateralmente ao contrato de trabalho. Diante da finalidade para qual a norma foi instituída, o correto seria a ampliação das hipóteses de quarentena para todas as formas de extinção do contrato de trabalho e não apenas para o "empregado demitido", pois evita o cometimento de novas fraudes pelo empregador no momento da dispensa do trabalhador.

Esse dispositivo, diferentemente do art. 5º-C, da Lei nº 6.019/1974, não prevê o período de quarentena ao trabalhador sem vínculo empregatício. Caso um trabalhador autônomo prestar serviços à empresa contratante, não há impedimento para sua contratação na condição de trabalhador terceirizado.

6.7. Terceirização na Administração Pública

Assim como ocorre na iniciativa privada, há possibilidade de a Administração Pública terceirizar serviços secundários, ou seja, sua atividade-meio. Exemplo: Justiça do Trabalho terceiriza os serviços de limpeza, telefonia e vigilância.

No entanto, a Lei nº 13.429/2017 (março/2017) e também a Reforma Trabalhista foram silentes quanto à possibilidade de terceirização das atividades-fim na Administração Pública, o que deve gerar diversas discussões. É importante salientar que o foco da nova disciplina jurídica da legislação é a regulamentação do trabalho temporário e da terceirização no setor privado. Portanto, as leis não foram criadas para aplicação na Administração Direta, autarquias e fundações públicas por não se equipararem às empresas privadas. Além disso, há previsão constitucional estabelecendo a necessidade de concurso público para provimento dos cargos e empregos públicos criados:

> **Art. 37, da Constituição Federal:** A administração pública direta e indireta de qualquer dos Poderes da União, dos Estados, do Distrito Federal e dos Municípios obedecerá aos princípios de legalidade, impessoalidade, moralidade, publicidade e eficiência e, também, ao seguinte:
>
> (...)
>
> II – a investidura em cargo ou emprego público depende de aprovação prévia em concurso público de provas ou de provas e títulos, de acordo com a natureza e a complexidade do cargo ou emprego, na forma prevista em lei, ressalvadas as nomeações para cargo em comissão declarado em lei de livre nomeação e exoneração.

Tendo em vista que a Constituição Federal é hierarquicamente superior à legislação ordinária, seja na forma quanto no seu conteúdo, as disposições da legislação do trabalho temporário e terceirizado não excluíram a necessidade de concurso público para a investidura em cargo ou emprego público.

Além disso, as atividades típicas e centrais do Estado não podem ser terceirizadas, como a segurança pública, cargos do Poder Judiciário, do Ministério Público, cargos de fiscalização, Tribunal de Contas e de agências reguladoras. Nesses casos, permanece, sem dúvidas, a exigência do concurso público e da relação direta com a Administração Pública. Em resumo, se já existe cargo ou emprego público criado por lei, não é possível a terceirização pela Administração Pública.

6.7.1. Fraude na terceirização da Administração Pública

Havendo fraude na terceirização realizada pela Administração Pública, os efeitos são diferentes daqueles observados na iniciativa privada. Exemplo: se o Banco do Brasil ou a

Caixa Econômica Federal terceirizarem os serviços de caixa, essa terceirização será ilícita, pois envolve sua atividade-fim. Nesses dois casos, não ocorrerá a formação de vínculo empregatício direto entre terceirizado e banco, pois trata-se de bancos estatais, em que há necessidade de concurso público para a investidura no cargo ou emprego público. De acordo com o item II da Súmula nº 331 do TST:

> A contratação irregular de trabalhador, mediante empresa interposta, não gera vínculo de emprego com os órgãos de Administração Pública Direta, Indireta ou fundacional (art. 37, II, da CF/1988).

Esse posicionamento do TST não foi impactado pela Lei nº 13.429/2017, pela Reforma Trabalhista ou pelas decisões vinculantes do STF sobre a terceirização da atividade-fim (ADPF 324/DF e RE 958.252/MG – paradigma do Tema 725) e segue sendo adotado pela jurisprudência trabalhista[400].

Entretanto, apesar de não haver reconhecimento do vínculo de emprego diretamente com a tomadora, **a Administração Pública deve responder pelo pagamento das verbas trabalhistas devidas ao trabalhador terceirizado.**

Há discussão no âmbito da jurisprudência do TST se a responsabilidade será solidária ou subsidiária. Algumas decisões do TST entendem pela impossibilidade de aplicação da responsabilidade solidária, devendo a Administração responder somente subsidiariamente nos termos da Súmula nº 331, IV, do TST e diante da vedação expressa de reconhecimento do vínculo empregatício[401]. Entretanto, a corrente majoritária mais recente do tribunal caminha para a possibilidade de responsabilidade solidária do Ente Público pelo pagamento de todas as verbas trabalhistas diante da ilicitude na terceirização[402].

Como visto, o tema não é pacífico na jurisprudência. Defendemos que a Administração deve responder solidariamente diante da ilicitude identificada na terceirização que não se confunde com a responsabilidade subsidiária diante do inadimplemento das obrigações trabalhistas.

Essa última hipótese será devidamente abordada no próximo tópico, em comentários ao item V da súmula nº 331 do TST. A responsabilidade subsidiária pode incidir mesmo em terceirizações lícitas.

Por sua vez, na hipótese de terceirização ilícita e diante da ausência de formação do vínculo direto de emprego, a Administração deve ser responsabilizada em maior grau, podendo ser cobrada diretamente pelo terceirizado ainda que o vínculo de emprego não seja formado.

---

400. TRT-1 - RO: 01023390420175010482 RJ, Relator: CESAR MARQUES CARVALHO, Data de Julgamento: 09/06/2021, Terceira Turma, Data de Publicação: 11/06/2021.

401. TST - RR: 2224820115150063, Relator: Marcio Eurico Vitral Amaro, Data de Julgamento: 26/11/2014, 8ª Turma, Data de Publicação: 28/11/2014; TST - AIRR: 3412220115150091, Relator: Arnaldo Boson Paes, Data de Julgamento: 15/10/2014, 7ª Turma, Data de Publicação: 17/10/2014.

402. TST - RR: 18524720105150008, Relator: Walmir Oliveira da Costa, Data de Julgamento: 08/08/2018, 1ª Turma, Data de Publicação: DEJT 10/08/2018; TST - RR: 1721920135040205, Relator: Márcio Eurico Vitral Amaro, Data de Julgamento: 19/04/2017, 8ª Turma, Data de Publicação: DEJT 24/04/2017 e TST - AIRR: 3412220115150091, Relator: Arnaldo Boson Paes, Data de Julgamento: 15/10/2014, 7ª Turma, Data de Publicação: 17/10/2014.

Em resumo, a ilicitude da terceirização na Administração Pública não produz o reconhecimento do vínculo de emprego diretamente com a tomadora dos serviços diante da exigência de concursos públicos (art. 37, II, da CF/88). No entanto, é importante ressaltar que todos os direitos trabalhistas devem ser pagos pela Administração Pública, que será responsabilizada solidária ou subsidiariamente a depender da corrente adotada.

6.7.2. Responsabilidade da Administração Pública pelo inadimplemento das obrigações trabalhistas

Deve-se ressaltar que, se a empresa intermediadora não pagar aos trabalhadores terceirizados, a Administração contratante não responde, em regra, pelo pagamento dos encargos trabalhistas, ou seja, a Administração não será a responsável subsidiária. Em decisão do Supremo Tribunal Federal, na Ação Direta de Constitucionalidade nº 16, foi reconhecida a constitucionalidade do art. 71 da Lei de Licitações. Os fundamentos dos defensores da tese de que o Estado não tem responsabilidade trabalhista consiste em:

a) o processo licitatório afasta a culpa do Estado;

b) a responsabilidade subsidiária representaria um duplo pagamento pelos encargos trabalhistas, uma vez que o Poder Público já havia pago pelos serviços prestados;

c) a Administração segue o princípio da legalidade, respeita o art. 71 da Lei de Licitações.

Assim, a Administração somente será responsável se comprovada culpa, isto é, se não fiscalizar o contrato de prestação de serviços (item V da Súmula nº 331 do TST).

No Informativo nº 220[403], o TST reforçou seu posicionamento ao manifestar que o mero inadimplemento das obrigações trabalhistas por parte do prestador de serviços não é suficiente para a responsabilizaçao do ente público tomador de serviços. No entanto, a responsabilidade subsidiária ocorrerá quando se verificar a conduta culposa da administração na correta fiscalização do cumprimento da legislação trabalhista.

Inclusive, o TST vinha aplicando a teoria dinâmica do ônus da prova, atribuindo esse dever ao ente público. Na decisão proferida em 22/05/2020[404], o Tribunal aplicou tal teoria com fundamento no art. 818, § 1º, da CLT, considerando que o ente público possui maior aptidão para a produção da prova. O Tribunal entendeu, ainda, que não se pode atribuir ao trabalhador o ônus de comprovar a fiscalização ou a ausência dela, tendo em vista a dificuldade, ou mesmo a impossibilidade, de acesso aos documentos necessários à comprovação[405].

Contudo, O STF, em reclamações constitucionais, já vinha cassando decisões da Justiça do Trabalho que atribuíram à Administração Pública responsabilidade subsidiária pelos débitos decorrentes da relação de emprego havida entre o trabalhador e a empresa prestadora de serviços com base na tese de que seria do Poder Público o ônus de

403. Informativo nº 220 do TST.

404. TST – E-RR-925-07.2016.5.05.0281, Subseção I Especializada em Dissídios Individuais, Relator Ministro Claudio Mascarenhas Brandao, DEJT 22/05/2020.

405. MIESSA, Élisson. **Curso de Processo do Trabalho**. 8. ed. Salvador: Juspodivm, 2020.

comprovar a efetiva fiscalização do contrato de trabalho[406]. Segundo a Corte, para a responsabilização da Administração Pública seria necessária a comprovação, por parte do trabalhador, de um real comportamento sistematicamente negligente do ente público.

A discussão foi afetada pelo STF para formação de tese vinculante, reconhecendo a repercussão geral no RE 1.298.647, *leading case* do Tema 1.118, o qual veremos na sequência.

6.7.3. Tema 1118 da Repercussão geral – ônus da prova na terceirização na administração pública

Na sessão de julgamento finalizada em 13 de fevereiro de 2025, a Corte, por maioria, fixou a seguinte tese:

1. Não há responsabilidade subsidiária da Administração Pública por encargos trabalhistas gerados pelo inadimplemento de empresa prestadora de serviços contratada, se amparada exclusivamente na premissa da inversão do ônus da prova, remanescendo imprescindível a comprovação, pela parte autora, da efetiva existência de comportamento negligente ou nexo de causalidade entre o dano por ela invocado e a conduta comissiva ou omissiva do poder público.
2. Haverá comportamento negligente quando a Administração Pública permanecer inerte após o recebimento de notificação formal de que a empresa contratada está descumprindo suas obrigações trabalhistas, enviada pelo trabalhador, sindicato, Ministério do Trabalho, Ministério Público, Defensoria Pública ou outro meio idôneo.
3. Constitui responsabilidade da Administração Pública garantir as condições de segurança, higiene e salubridade dos trabalhadores, quando o trabalho for realizado em suas dependências ou local previamente convencionado em contrato, nos termos do art. 5º-A, § 3º, da Lei nº 6.019/1974.
4. Nos contratos de terceirização, a Administração Pública deverá: (i) exigir da contratada a comprovação de capital social integralizado compatível com o número de empregados, na forma do art. 4º-B da Lei nº 6.019/1974; e (ii) adotar medidas para assegurar o cumprimento das obrigações trabalhistas pela contratada, na forma do art. 121, § 3º, da Lei nº 14.133/2021, tais como condicionar o pagamento à comprovação de quitação das obrigações trabalhistas do mês anterior.

No item I, o STF firmou o entendimento de que **não é válida a responsabilização subsidiária da Administração Pública quando fundamentada exclusivamente na inversão do ônus da prova**. Isso significa que a simples transferência ao ente público do ônus de comprovar a fiscalização do contrato não é suficiente para ensejar sua condenação. Conforme a tese fixada, cabe ao **trabalhador demonstrar a existência de ação comissiva, omissão ou negligência da Administração quanto à fiscalização das obrigações trabalhistas**.

Na prática, esse entendimento já vinha sendo adotado pelo STF em diversas reclamações constitucionais, nas quais a Corte tem cassado decisões do TST que impuseram condenações à Administração Pública com base apenas na inversão do ônus da prova.

---

406. Rcl 28.459 AgR, Relatora Min. ROSA WEBER, Redator p/ o acórdão Min. ALEXANDRE DE MORAES, Primeira Turma, DJe 7.2.2020; Rcl 58.669, Redator Min. ALEXANDRE DE MORAES, decisão monocrática proferida em 24 de março de 2023.

O item II estabelece que o comportamento **negligente da Administração na fiscalização estará configurado quando ela se mantiver inerte após receber notificação formal informando o descumprimento de obrigações trabalhistas pela empresa contratada.** Essa comunicação pode ser feita por diferentes meios e sujeitos, como o próprio trabalhador, sindicatos, o Ministério Público do Trabalho, a inspeção do trabalho ou outros canais oficiais, e não exige formalidade específica. É válida, por exemplo, a utilização de ouvidorias, e-mails, ofícios com aviso de recebimento ou qualquer meio idôneo.

O item III inova ao afirmar que a **responsabilidade da Administração Pública pelas normas de saúde, higiene e segurança do trabalho é direta** – e não apenas subsidiária – quando as atividades forem realizadas em suas dependências ou em local definido no contrato. Esse entendimento tem por base o art. 5º-A, §3º, da Lei nº 6.019/1974. Assim, a Administração pode ser diretamente responsabilizada por falhas como a ausência de equipamentos de proteção, treinamentos ou realização de exames médicos.

Já o item IV representa talvez a principal inovação da fixação da tese. O STF determinou que a Administração Pública **tem o dever**, e não apenas a faculdade, de exigir a comprovação, por parte da contratada, de **capital social compatível com o número de empregados**, conforme o art. 4º-B da Lei 6.019/1974, e de **adotar as medidas previstas no art. 121, § 3º, da nova Lei de Licitações (Lei nº 14.133/2021)** para assegurar o cumprimento das obrigações trabalhistas pela empresa terceirizada.

Essas medidas incluem, por exemplo:

- Exigência de caução, fiança bancária ou seguro garantia;
- Condicionamento do pagamento mensal à comprovação de quitação das verbas trabalhistas do mês anterior;
- Depósito de valores em conta vinculada para assegurar o pagamento dos trabalhadores;
- Pagamento direto das verbas trabalhistas em caso de inadimplemento, com posterior compensação junto à contratada.

Embora essas providências estivessem previstas na legislação como facultativas, o STF atribuiu a elas caráter **obrigatório**, tornando inconstitucional qualquer omissão da Administração Pública nesse sentido.

6.7.4. Terceirização na "Nova Lei de Licitações" (Lei nº 14.133/2021)

No dia 1º de abril de 2021, foi promulgada a Lei nº 14.133/2021, a "Nova Lei de Licitações e Contratos Administrativos". Por se tratar de legislação destinada especialmente ao Direito Administrativo, comentaremos somente os dispositivos que impactaram diretamente as relações de trabalho.

Os principais impactos trabalhistas da "Nova Lei de Licitações" referem-se à responsabilidade do Poder Público na terceirização de serviços, assumindo destaque os arts. 50 e 121 desse diploma legislativo.

De acordo com o art. 121, "caput" e § 1º, quando a Administração Pública celebrar contrato administrativo com particular, somente o contratado será responsável pelos encargos trabalhistas, previdenciários, fiscais e comerciais. Não há transferência dos encargos à Administração Pública na hipótese de inadimplência do particular.

Os §§ 2º e 3º do art. 121 regulamentam a responsabilidade da Administração Pública nos contratos de terceirização de serviços, que envolvem a **prestação de serviços contínuos** com regime de **dedicação exclusiva de mão de obra**. Nesse caso, há responsabilidade solidária pelos encargos previdenciários e **subsidiária** pelos encargos **trabalhistas** se comprovada falha na fiscalização do cumprimento das obrigações do contratado.

Note-se, portanto, que a Lei nº 14.133/2021 apenas consolidou o posicionamento que já estava expresso no item V da Súmula nº 331 do TST. A responsabilidade subsidiária não é automática e depende da falha da fiscalização do cumprimento das obrigações trabalhistas.

É importante ressaltar que a "Nova Lei de Licitações" trouxe regulamentação mais extensa sobre o assunto e passou a estabelecer expressamente medidas que a Administração Pública pode adotar para fiscalizar o cumprimento das obrigações trabalhistas.

Nas contratações envolvendo terceirização de serviços, o contrato deverá apresentar à Administração Pública, sob pena de multa, comprovação do cumprimento das obrigações trabalhistas e do FGTS. Ainda, para se resguardar e assegurar o cumprimento das obrigações trabalhistas, a Administração Pública pode exigir, desde que previsto em edital ou contrato, medidas como caução, fiança bancária ou contratação de seguro-garantia com cobertura para verbas rescisórias inadimplidas, condicionar o pagamento à comprovação de quitação das obrigações trabalhistas vencidas relativas ao contrato e, em caso de inadimplemento, efetuar diretamente o pagamento das verbas trabalhistas, que serão deduzidas do pagamento devido ao contratado.

Contudo, embora a lei trate como **faculdade** da Administração Pública a adoção de medidas para resguardar o cumprimento das obrigações trabalhistas pela empresa terceirizada, o item IV da tese fixada pelo STF no Tema 1188 da Repercussão Geral transforma essa possibilidade em dever da Administração Pública.

Em resumo, a Administração Pública somente responderá subsidiariamente pelas obrigações trabalhistas dos terceirizados se houver falha na fiscalização do cumprimento das obrigações trabalhistas. Os arts. 50 e 121, § 3º, da "Nova Lei de Licitações", elencam as medidas que devem ser adotadas pela Administração para essa fiscalização. Entendemos que, uma vez adotadas todas as medidas dispostas na lei, estará afastada a responsabilidade do Poder Público na terceirização pública.

A regulamentação trouxe mais segurança jurídica à Administração Pública, pois passou a conhecer expressamente as medidas que podem ser adotadas para impedir sua responsabilização futura. Entretanto, a medida exige diligência dos gestores e servidores no acompanhamento da execução do contrato para evitar a falha na fiscalização.

7. DONO DA OBRA E SUBEMPREITADA

Para fins didáticos, esses dois pontos serão estudados neste tópico de terceirização.

Durante a construção ou reforma de um imóvel, é comum que a empresa responsável pela construção do prédio, chamada de empreiteira, terceirize serviços de carpintaria, gesso, ferragens etc. Se ocorrer essa terceirização, estará configurada a **subempreitada**. Nesse caso, se o carpinteiro contratado para fazer os armários dos apartamentos não pagar aos seus empregados, o empreiteiro principal será responsável por esses débitos trabalhistas?

Sim, será responsável de forma subsidiária, ou seja, em havendo o inadimplemento do devedor principal (subempreiteiro – real empregador), a dívida recairá sobre o empreiteiro, pois foi ele o beneficiário dos serviços dos trabalhadores. A doutrina majoritária também considera subsidiária a responsabilidade do empreiteiro principal:

> Contém o artigo 455 da CLT hipótese de responsabilidade subsidiária, isto é, se o subempreiteiro deixar de pagar ao empregado, este pode exigir as obrigações trabalhistas do empreiteiro principal, pois não poderia ficar sem receber pelo serviço que prestou. Responsabilidade subsidiária é a residual. Não se trata de responsabilidade solidária, pois esta decorre da lei ou da vontade das partes (art. 265 do Código Civil). O artigo 455 da CLT não dispõe que o empregado pode exigir a obrigação dos dois ao mesmo tempo, mas apenas de um dos dois, e só poderá exigi-la do empreiteiro se o subempreiteiro deixar de pagar as verbas trabalhistas ou não tiver idoneidade financeira para suportá-las[407].

Nesse mesmo sentido, manifesta-se a jurisprudência majoritária do TST[408]. Destaca-se, contudo, que há decisões do TST, de forma minoritária, que aplicam a responsabilidade solidária na subempreitada entre o empreiteiro e o subempreiteiro[409].

Ademais, conforme art. 455 da CLT, o empreiteiro principal poderá, após o pagamento da dívida, ingressar com ação de regresso contra o devedor principal (subempreiteiro).

Outra questão que poderá surgir no concurso é: o proprietário de um imóvel, **dono da obra**, assume a responsabilidade pelos empregados da empreiteira ou construtora que lhe presta serviços?

Em regra, o dono da obra não assume qualquer responsabilidade pelos empregados da empreiteira. Há, entretanto, uma exceção. Se o dono da obra é empresa construtora ou incorporadora e exerce a construção com finalidade lucrativa, atividade-fim, terá responsabilidade subsidiária[410] pelos débitos trabalhistas. Nesse caso, se a empreiteira ou construtora, contratada para prestar serviços, não quitar as dívidas trabalhistas com seus empregados, o dono da obra será o responsável.

Vale ressaltar que, de acordo com o posicionamento do TST, se o dono da obra tiver envolvimento na execução dos serviços contratados e se verificar acidente de trabalho diante de omissão em relação à segurança do meio ambiente de trabalho, é reconhecida a responsabilidade solidária[411].

---

407. MARTINS, Sergio Pinto. Comentários à CLT. 19. ed. São Paulo: Atlas, 2015. p. 432.
408. AIRR: 1134820105030060, Relator: Fernando Eizo Ono, Data de Julgamento: 04/06/2014.
409. TST – RR: 8557920135030077, Relator: Emmanoel Pereira, Data de Julgamento: 04/02/2015.
410. **Orientação Jurisprudencial nº 191 da SDI-I do TST.** Diante da inexistência de previsão legal específica, o contrato de empreitada de construção civil entre o dono da obra e o empreiteiro não enseja responsabilidade solidária ou subsidiária nas obrigações trabalhistas contraídas pelo empreiteiro, salvo sendo o dono da obra uma empresa construtora ou incorporadora.
411. Informativos nº 31 e 124 do TST.

Ademais, se o dono da obra é pessoa física, que realiza a construção de imóveis para fins de locação, o TST[412] tem o entendimento de que não há nenhuma responsabilidade pelo pagamento das verbas trabalhistas, uma vez que a construção para locação não configura incorporação imobiliária.

No julgamento do Incidente de Recurso de Revista Repetitivo do Processo Paradigma nº 190-53.2015.5.03.0090, o TST entendeu que as empresas de médio e grande porte, assim como entes públicos, não são responsáveis pelas obrigações trabalhistas dos empregados da empreiteira ou construtora que lhe presta serviços. Segue a tese firmado pelo TST:

> **Incidente de Recursos de Revista Repetitivos nº 6 do TST.**
> Responsabilidade subsidiária – Dona da obra – Aplicação da OJ 191 da SBDI-1 limitada à pessoa física ou micro e pequenas empresas
>
> I) A exclusão de responsabilidade solidária ou subsidiária por obrigação trabalhista a que se refere a Orientação Jurisprudencial n.º 191 da SDI-1 do TST não se restringe à pessoa física ou micro e pequenas empresas, compreende igualmente empresas de médio e grande porte e entes públicos (decidido por unanimidade);
>
> II) A excepcional responsabilidade por obrigações trabalhistas prevista na parte final da Orientação Jurisprudencial n.º 191, por aplicação analógica do art. 455 da CLT, alcança os casos em que o dono da obra de construção civil é construtor ou incorporador e, portanto, desenvolve a mesma atividade econômica do empreiteiro (decidido por unanimidade);
>
> III) Não é compatível com a diretriz sufragada na Orientação Jurisprudencial n.º 191 da SDI-1 do TST jurisprudência de Tribunal Regional do Trabalho que amplia a responsabilidade trabalhista do dono da obra, excepcionando apenas "a pessoa física ou micro e pequenas empresas, na forma da lei, que não exerçam atividade econômica vinculada ao objeto contratado" (decidido por unanimidade);
>
> IV) Exceto ente público da Administração Direta e Indireta, se houver inadimplemento das obrigações trabalhistas contraídas por empreiteiro que contratar, sem idoneidade econômico-financeira, o dono da obra responderá subsidiariamente por tais obrigações, em face de aplicação analógica do art. 455 da CLT e culpa *in eligendo* (decidido por maioria, vencido o Exmo. Ministro Márcio Eurico Vitral Amaro).
>
> V) O entendimento contido na tese jurídica nº 4 aplica-se exclusivamente aos contratos de empreitada celebrados após 11 de maio de 2017, data do presente julgamento – ED-IRR – 190-53.2015.5.03.0090 – 9/8/2018.

O TST, nas teses IV e V do julgamento do recurso de revista repetitivo, estabeleceu a responsabilidade subsidiária do dono da obra na hipótese de inidoneidade econômico-financeira do empreiteiro contratado.

Nesse caso, houve ampliação da responsabilidade em relação ao que já era previsto na OJ nº 191 da SDI-I do TST. Entendemos que o dono da obra tem o dever de atestar a idoneidade do empreiteiro tanto no momento da contratação quanto durante a execução da obra.

412. Informativo nº 47 do TST.

8. TRABALHO TEMPORÁRIO[413]

▸ **Lei nº 6.019/74**

Inicialmente, cabe ressaltar que trabalhador temporário não se confunde com empregado contratado por prazo determinado, previsto no art. 443 da CLT. Destaca-se, inclusive, que a redação do art. 10, § 4º, Lei nº 6.019/1974 prevê que não se aplica o contrato de experiência ao trabalho temporário. O trabalho temporário está previsto na Lei nº 6.019/74[414]. Trata-se de modalidade de terceirização expressamente prevista em lei. Há, nesse caso, uma relação triangular de trabalho:

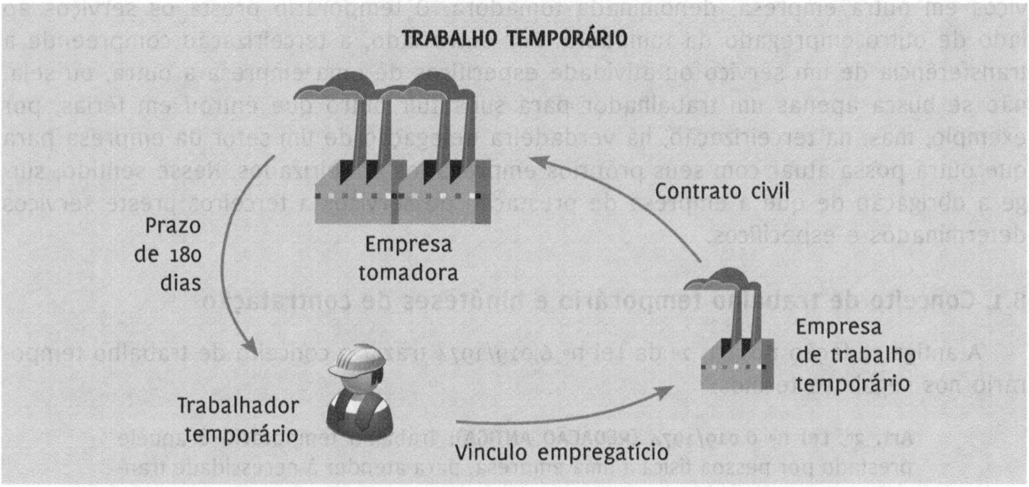

O trabalho temporário sempre foi regido pela Lei nº 6.019/1974. Ocorre que esse diploma legislativo sofreu profundas alterações com a promulgação das Leis nº 13.429/2017 e 13.467/2017. A Reforma Trabalhista modificou apenas dispositivos relacionados à terceirização, tendo relevância para o trabalho temporário apenas as modificações trazidas pela Lei nº 13.429/2017.

No dia 22/03/2017, foi aprovado pela Câmara dos Deputados o Projeto de Lei nº 4.302/1998, por 231 a favor, 188 contra e 8 abstenções, que passou a disciplinar o trabalho temporário e a terceirização. Esse projeto, de autoria do Poder Executivo, já havia sido votado e aprovado pelo Senado Federal em 2002. Portanto, seu texto foi encaminhado diretamente ao Presidente da República, que o sancionou. No dia 31/03/2017, foi promulgada a Lei nº 13.429/2017, que passou a regulamentar o assunto.

413. Em 2022, o tema foi objeto de questionamento nas provas para **Analista Judiciário – Oficial de Justiça Avaliador Federal – TRT 9** e **Analista Judiciário – Área Judiciária – TRT 14**, ambas pela FCC.

414. O contrato de trabalho temporário somente poderá ser utilizado para os empregados urbanos, conforme art. 4º dessa lei. Aliás, há expressa proibição para a contratação de trabalhador portuário empregado ou avulso como temporário: "**Art. 40, § 3º, Lei nº 12.815/2013**: O operador portuário, nas atividades a que alude o *caput*, não poderá locar ou tomar mão de obra sob o regime de trabalho temporário de que trata a Lei no 6.019, de 3 de janeiro de 1974."

A Lei nº 13.429/2017 alterou diversos dispositivos da Lei nº 6.019/1974, que versa sobre o trabalho temporário, e também passou a dispor sobre as relações de trabalho na empresa de prestação de serviços a terceiros (terceirização). Portanto, há na mesma lei, a regulamentação do trabalho temporário e da terceirização em sentido estrito. Lembre-se de que as empresas de trabalho temporário e de terceirização permanecem obrigadas a pagar todos os direitos trabalhistas previstos na Constituição Federal e na CLT, pois são, respectivamente, as reais empregadoras dos empregados temporários e terceirizados.

A intermediação de mão de obra está presente no trabalho temporário. Nela, a empresa prestadora de serviços possibilita que um trabalhador temporário preste serviços em outra empresa, denominada tomadora. O temporário presta os serviços ao lado de outro empregado da tomadora. Por outro lado, a terceirização compreende a transferência de um serviço ou atividade específicos de uma empresa a outra, ou seja, não se busca apenas um trabalhador para substituir outro que entrou em férias, por exemplo, mas, na terceirização, há verdadeira delegação de um setor da empresa para que outra possa atuar com seus próprios empregados terceirizados. Nesse sentido, surge a obrigação de que a empresa de prestação de serviços a terceiros preste serviços determinados e específicos.

8.1. Conceito de trabalho temporário e hipóteses de contratação

A antiga redação do art. 2º da Lei nº 6.019/1974 trazia o conceito de trabalho temporário nos seguintes termos:

> **Art. 2º, Lei nº 6.019/1974 (REDAÇÃO ANTIGA):** Trabalho temporário é aquele prestado por pessoa física a uma empresa, para atender à necessidade transitória de substituição de seu pessoal regular e permanente ou a acréscimo extraordinário de serviços.

A Lei nº 6.019/74 previa, portanto, duas hipóteses para a contratação de trabalhador temporário:

- **Necessidade transitória de substituição de seu pessoal regular e permanente.** Ocorre a contratação de trabalhadores temporários para substituir empregados permanentes da empresa tomadora de serviços. Essa substituição pode ocorrer pelos mais diversos motivos de afastamento do pessoal permanente, como: empregada em gozo de licença-maternidade, acidente de trabalho, férias etc.
- **Acréscimo extraordinário de serviços.** Nesse caso, a empresa tomadora de serviços contratará trabalhadores temporários para situações excepcionais, como nos períodos festivos, em que há maior volume de trabalho. Exemplo: fábrica de chocolates contrata trabalhadores temporários para os meses de fevereiro e março, próximos da Páscoa; ou, ainda, loja de roupas contrata trabalhadoras temporárias para época de Natal.

A atual redação do "caput" do art. 2º da Lei nº 6.019/1974 manteve a essência do conceito de trabalho temporário que já era previsto na legislação, trazendo de forma mais detalhada as hipóteses de contratação:

> **Art. 2º, Lei nº 6.019/1974:** Trabalho temporário é aquele prestado por pessoa física contratada por uma empresa de trabalho temporário que a coloca à disposição de uma empresa tomadora de serviços, para atender à necessidade de substituição transitória de pessoal permanente ou à demanda complementar de serviços.
>
> § 1º É proibida a contratação de trabalho temporário para a substituição de trabalhadores em greve, salvo nos casos previstos em lei.
>
> § 2º Considera-se complementar a demanda de serviços que seja oriunda de fatores imprevisíveis ou, quando decorrente de fatores previsíveis, tenha natureza intermitente, periódica ou sazonal.

De acordo com a atual regulamentação vigente, felizmente o trabalho temporário continua somente sendo prestado por **pessoa física**, ou seja, veda-se a prestação de trabalho temporário por meio de Pessoa Jurídica, fenômeno conhecido como "pejotização".

O trabalhador temporário é contratado por uma empresa de trabalho temporário para prestar serviços em outra empresa, denominada empresa tomadora de serviços. Entretanto, não é permitida a contratação indiscriminada de trabalhadores temporários, pois somente será admitida essa modalidade de prestação de serviços nas seguintes hipóteses:

1) **Necessidade de substituição transitória de pessoal permanente:** Não há nessa hipótese nenhuma novidade em relação ao que já era previsto na redação antiga do art. 2º da Lei nº 6.019/1974. Diante de afastamento do pessoal permanente, é possível a contratação de trabalhadores temporários para substituí-los e permitir que a empresa continue operando normalmente.

2) **Demanda complementar de serviços:** Apesar dessa hipótese de contratação não estar prevista no conceito anterior de trabalho temporário, guarda relação com a expressão "acréscimo extraordinário de serviços". Ocorre que, diferentemente da antiga previsão legal, o § 2º do art. 2º da Lei nº 6.019/1974, traz o conceito de demanda complementar de serviços, o que assegura maior segurança jurídica. Somente será considerada como demanda complementar aquela que decorrer de:

   - **Fatores imprevisíveis:** será possível a contratação de temporários quando se verificar a ocorrência de eventos que não eram previstos pela empresa tomadora de serviços e que exijam a contratação temporária de mão de obra. Por exemplo, uma empresa que se vê obrigada a acelerar a produção de um determinado produto em decorrência de um evento da natureza, poderia em razão da imprevisibilidade do evento, se utilizar de mão de obra temporária por meio de contrato com empresa de trabalho temporário para evitar prejuízos em sua produção. Essa situação guarda estreita relação com a ocorrência de eventos de força maior, cujo conceito está previsto no art. 501 da CLT: "**Art. 501, CLT:** Entende-se como força maior todo acontecimento inevitável, em relação à vontade do empregador, e para a realização do qual este não concorreu, direta ou indiretamente".

   - **Fatores previsíveis, mas que tenham natureza intermitente, periódica ou sazonal:** é possível a contratação de empresa de trabalho temporário mesmo quando o fator que exija complementação da mão de obra seja previsível, desde que tenham natureza intermitente, periódica ou sazonal. Trata-se da hipótese de contratação quando ocorre um aumento no volume de trabalho em determinadas épocas do ano. Por exemplo, a contratação de mais vendedores no período natalino, pois o número de vendas aumenta consideravelmente nesse período do ano.

Em suma, a Lei nº 13.429/2017 manteve a essência do conceito de trabalho temporário, enquanto modalidade de intermediação de mão de obra, que permite que um trabalhador contratado por uma empresa de trabalho temporário preste serviços por prazo determinado a uma tomadora de serviços desde que esta última respeite as hipóteses expressamente previstas para essa contratação.

8.2. Trabalho temporário e a contratação no período de greve

Além de trazer o conceito de trabalho temporário, a atual redação do art. 2º da Lei nº 6.019/1974 proíbe expressamente a contratação de trabalhador temporário durante o movimento grevista, salvo nos casos previstos em lei. Trata-se de uma importante previsão, pois deixa claro que o movimento grevista, ainda que imprevisível, não é fator que assegura o direito à contratação de empresa de trabalho temporário para utilização de mão de obra temporária.

O direito de greve está previsto na Constituição Federal e consiste na paralisação coletiva, total ou parcial, pacífica e temporária do trabalho com o objetivo de defender interesses profissionais. É uma arma poderosa de reivindicação dos direitos trabalhistas, sendo classificada também como forma de solução de conflitos, pois é um meio da pressão exercida sobre o empregador para atender aos pedidos dos trabalhadores e, consequentemente, colocar fim à discussão – autotutela.

Dessa forma, se fosse possível a contratação de trabalhador temporário haveria grande prejuízo ao exercício do direito de greve e os trabalhadores não exerceriam pressão em seus empregadores por melhores condições de trabalho, pois bastaria a substituição da mão de obra regular por uma temporária até o final do movimento paredista.

Ocorre que o art. 2º, § 1º, da Lei nº 6.019/1974 admite essa contratação nos casos expressamente previstos em lei. Todas as hipóteses de contratação de substitutos durante a greve estão previstas na Lei de Greve.

Assim, são duas as hipóteses previstas na Lei de Greve que admitem a contratação de trabalhos substitutos, inclusive de temporários:

- **Dever de manutenção do maquinário:** a lei estabelece o dever do sindicato ou trabalhadores de manter funcionando os maquinários da empresa cuja paralisação resulte em prejuízo ao empregador. No entanto, se descumprida a determinação, o empregador poderá contratar novos empregados para cumprir essa tarefa.
- **Abusividade do movimento grevista:** o direito de greve não é absoluto e, portanto, deverá ser exercido dentro dos limites estabelecidos pelo ordenamento jurídico brasileiro. Assim, é necessário que sejam cumpridos os requisitos previstos na Lei nº 7.783/1989 para que a greve não seja declarada abusiva. Por exemplo, se não são mantidas as necessidades básicas da população, a greve deve ser declarada abusiva e é permitida a contratação de trabalhadores substitutos caso os grevistas não retornem ao trabalho.

8.3. Empresa de trabalho temporário

De acordo com a atual redação do art. 4º da Lei nº 6.019/1974, a empresa de trabalho temporário, intermediadora de mão de obra temporária, somente pode ser constituída por **pessoa jurídica.**

Trata-se de interessante inovação em relação à antiga redação que permitia que pessoas físicas fossem consideradas como empresa de trabalho temporário.

Assim como ocorre no caso empresa prestadora de serviços na terceirização, no trabalho temporário o MEI – Microempreendedor Individual – não pode figurar como empresa de trabalho temporário. O MEI, apesar de possuir CNPJ, não é uma pessoa jurídica de direito privado, não tem contrato social e não pode ter sócio. O MEI é um Empresário Individual, que exerce atividade econômica em nome próprio[415], ou seja, é uma **pessoa física**. Aliás, nos termos da LC nº 123, o MEI pode contratar apenas um empregado. Não faria sentido colocar seu único empregado para prestar serviços a um terceiro.

As pessoas físicas não podem realizar a intermediação de mão de obra entre a empresa tomadora e o trabalhador temporário. Além disso, a empresa deve ser registrada no Ministério do Trabalho e Emprego para poder atuar na colocação de trabalhadores à disposição de outras empresas temporariamente.

Há, ainda, outra alteração na redação do art. 4º da Lei nº 6.019/1974 acerca da possibilidade de trabalho temporário no trabalho rural. A redação original do dispositivo previa que o trabalho temporário somente poderia ser realizado por empresas urbanas. Não era permitido o trabalho temporário rural. Ocorre que a redação dada pela Lei nº 13.429/2017 deixou de prever essa restrição de contratação de trabalho temporário no trabalho rural.

Portanto, há o entendimento de que é possível a contratação de trabalhador temporário no âmbito rural. Essa alteração é extremamente prejudicial a esses trabalhadores, pois o trabalho rural sofre diversas vezes pela falta de fiscalização de suas atividades, o que permitirá a utilização do trabalho temporário como forma de fraudar o pagamento de seus direitos trabalhistas.

8.3.1. Requisitos para o funcionamento da empresa de trabalho temporário

Conforme salientado, para o funcionamento da empresa de trabalho temporário, é necessário o registro no Ministério do Trabalho e Emprego. Para realizar esse registro, a antiga redação do art. 6º da Lei do Temporário exigia a apresentação de diversos requisitos, inclusive da relação de trabalhadores, de capital social mínimo, de recolhimento da contribuição sindical obrigatória, como forma de prevenção a fraudes na criação de uma empresa de trabalho temporário.

A Lei nº 13.429/2017 revogou os documentos previstos nas alíneas "a" a "f" e o parágrafo único do art. 6º da Lei nº 6.019/1974 para estabelecer apenas três requisitos para o funcionamento e registro da empresa de trabalho temporário no Ministério do Trabalho e Emprego. São eles:

415. Fonte: https://www.gov.br/empresas-e-negocios/pt-br/empreendedor/perguntas-frequentes/como-e-feita-a-formalizacao-do-mei/o-microempreendedor-individual-mei. Acesso: 26 jul. 2024.

I – prova de inscrição no Cadastro Nacional da Pessoa Jurídica (CNPJ);

II – prova do competente registro na Junta Comercial da localidade em que tenha sede;

III – prova de possuir capital social de, no mínimo, R$ 100.000,00.

Houve, portanto, redução das exigências para o registro da empresa de trabalho temporário, bastando possuir CNPJ, registro na Junta Comercia e capital social mínimo de R$ 100.000,00. Para a prevenção contra as fraudes na relação de trabalho temporário, prevalece apenas a exigência do capital mínimo, o que impede a criação de empresas que não possam honrar as obrigações trabalhistas.

8.4. Empresa tomadora de serviços

A antiga legislação do trabalho temporário não estabelecia o conceito de empresa tomadora de serviços. Contudo, a definição estava presente no art. 14 do Decreto nº 73.841/1974, que regulamentava a Lei nº 6.019/1974:

> **Art. 14 do Decreto nº 73.841/1974:** Considera-se empresa tomadora de serviço ou cliente, para os efeitos deste Decreto; **a pessoa física ou jurídica** que, em virtude de necessidade transitória de substituição de seu pessoal regular e permanente ou de acréscimo extraordinário de tarefas, contrate locação de mão-de-obra com empresa de trabalho temporário (grifos acrescidos).

De acordo com o Decreto (revogado), a empresa tomadora de serviço seria a pessoa física ou jurídica que contrata locação de mão de obra com empresa de trabalho temporário na hipótese de necessidade transitória de substituição de seu pessoal regular e permanente ou de acréscimo extraordinário de serviço.

Diferentemente da legislação anterior, a atual redação do art. 5º da Lei nº 6.019/1974, dada pela Lei nº 13.429/2017, passou a prever o conceito de empresa tomadora de serviços no âmbito do trabalho temporário:

> **Art. 5º, Lei nº 6.019/1974:** Empresa tomadora de serviços é a pessoa jurídica ou entidade a ela equiparada que celebra contrato de prestação de trabalho temporário com a empresa definida no art. 4º desta Lei.

A tomadora dos serviços é aquela que celebra contrato de prestação de trabalho temporário com a empresa de trabalho temporário. Nesse caso, o trabalhador temporário prestar seus serviços na empresa tomadora, mas é empregado da empresa de trabalho temporário.

O atual texto do art. 5º da Lei nº 6.019/1974 prevê que a empresa tomadora de serviços deve ser pessoa jurídica ou entidade a ela equiparada. A utilização da expressão "entidade" elimina a possibilidade de se expandir o trabalho temporário às pessoas físicas. Esse termo refere-se às figuras despersonalizadas, tais como os condomínios e a massa falida[416], que não se constituem como pessoa jurídica, mas a ela podem ser equiparadas, inclusive para fins trabalhistas.

416. MIZIARA, Raphael. *Quem é a empresa tomadora de serviços segundo o PL da Terceirização?*. Disponível em: http://ostrabalhistas.com.br/quem-e-empresa-tomadora-de-servicos-segundo-o-pl-da-terceirizacao/. Acesso em: 27 mar. 2017.

Portanto, não se admite que pessoa física celebre contrato com empresa de trabalho temporário para que seja disponibilizada mão de obra temporária. Para as pessoas físicas, resta apenas a contratação direta por prazo determinado nas hipóteses previstas no art. 443, § 2º da CLT.

É por esse motivos que defendemos a impossibilidade do MEI – Microempreendedor Individual – figurar como empresa tomadora de serviços. O MEI, apesar de possuir CNPJ, não é uma pessoa jurídica de direito privado, não tem contrato social e não pode ter sócio. O MEI é um Empresário Individual, que exerce atividade econômica em nome próprio[417], ou seja, é uma **pessoa física**. Aliás, nos termos da LC nº 123, o MEI pode contratar um empregado. Para os casos de afastamento legal do único empregado do MEI, a Lei autoriza a contratação de outro empregado, inclusive por prazo determinado, até que cessem as condições do afastamento. Não há, contudo, autorização para contratação de trabalhador temporário.

8.5. Requisitos do contrato entre a empresa de trabalho temporário e a empresa tomadora de serviços

A redação original do art. 9º da Lei nº 6.019/74 exigia que o contrato entre a empresa de trabalho temporário e a empresa tomadora de serviço ou cliente fosse obrigatoriamente escrito e dele constasse expressamente o motivo justificador da demanda de trabalho temporário, assim como as modalidades de remuneração da prestação de serviço. Tratava-se, portanto, de um contrato formal e solene.

A Lei nº 13.429/2017 reformulou completamente o art. 9º da Lei do Temporário, mantendo, contudo, o contrato entre a empresa de trabalho temporário e a tomadora como solene, pois exige-se a forma escrita para que fique à disposição da autoridade fiscalizadora no estabelecimento da tomadora. A grande inovação nesse ponto em relação ao modelo anterior diz respeito à necessidade de disposições acerca da segurança e saúde do trabalhador, independentemente do local da prestação dos serviços, seja na sede da tomadora ou em outro local estipulado em contrato:

> **Art. 9º, Lei nº 6.019/74:** O contrato celebrado pela empresa de trabalho temporário e a tomadora de serviços será por escrito, ficará à disposição da autoridade fiscalizadora no estabelecimento da tomadora de serviços e conterá:
>
> I – qualificação das partes;
>
> II – motivo justificador da demanda de trabalho temporário;
>
> III – prazo da prestação de serviços;
>
> IV – valor da prestação de serviços;
>
> V – disposições sobre a segurança e a saúde do trabalhador, independentemente do local de realização do trabalho.
>
> § 1º É responsabilidade da empresa contratante garantir as condições de segurança, higiene e salubridade dos trabalhadores, quando o trabalho for realizado em suas dependências ou em local por ela designado.

417. Fonte: https://www.gov.br/empresas-e-negocios/pt-br/empreendedor/perguntas-frequentes/como-e-feita-a-formalizacao-do-mei/o-microempreendedor-individual-mei. Acesso: 26 jul. 2024.

> § 2º A contratante estenderá ao trabalhador da empresa de trabalho temporário o mesmo atendimento médico, ambulatorial e de refeição destinado aos seus empregados, existente nas dependências da contratante, ou local por ela designado.
>
> § 3º O contrato de trabalho temporário pode versar sobre o desenvolvimento de atividades-meio e atividades-fim a serem executadas na empresa tomadora de serviços

Verificado o descumprimento do avençado, especialmente no tocante à saúde e segurança dos trabalhadores, será possível a aplicação de multa à tomadora de serviços (art. 19-A, Lei nº 6.019/1974).

8.6. Condições de trabalho

Conforme salientado, a garantia de um meio ambiente do trabalho sadio para todos os empregados, inclusive os temporários, passou a ser requisito do contrato entre a empresa de trabalho temporário e a empresa tomadora de serviços. Nesse sentido, o § 1º do art. 9º da Lei nº 6.019/1974 prevê a responsabilidade da contratante dos serviços em garantir as condições de segurança, higiene e salubridade de todos os trabalhadores temporários, quando a prestação dos serviços ocorrer em suas dependências ou em local convencionado em contrato. Essa previsão é extremamente importante, pois o dever de garantir o meio ambiente de trabalho sadio foi ampliado para todos que prestarem serviços à tomadora.

Todas as normas de segurança e medicina do trabalho dispostas na CLT e nas Normas Regulamentadores do antigo Ministério do Trabalho devem ser atendidas pela tomadora dos serviços para evitar o prejuízo à saúde do trabalhador e a ocorrência de doenças ocupacionais e acidentes de trabalho. O descumprimento dessas normas sujeita a empresa tomadora à autuação e à aplicação de multas pela fiscalização do trabalho.

Assume relevante papel a atuação do Ministério Público do Trabalho, no tocante à tutela inibitória, para impedir que as empresas voltem a infringir as normas de proteção ao meio ambiente do trabalho. A tutela inibitória trata-se de um provimento via TAC – Termo de Ajustamento de Conduta, firmado espontaneamente no MPT, ou ainda, através de processo judicial, evitando o ajuizamento de diversas ações individuais futuras pela mesma causa.

Além disso, a legislação prevê que o mesmo atendimento médico, ambulatorial e de refeição destinado aos empregados da tomadora devem ser estendidos aos trabalhadores temporários (art. 9º, § 2º, Lei nº 6.019/1974 – incluído pela Lei nº 13.429/2017). Essa previsão assegura maior igualdade no tratamento entre empregados e trabalhadores temporários, evitando tratamento discriminatório na rotina de trabalho.

8.7. Abrangência de atividades do trabalho temporário

A antiga redação Lei nº 6.019/1974 não previa em quais atividades da tomadora dos serviços seria permitida a contratação de empresa prestadora de trabalho temporário. Prevalecia o posicionamento de que o trabalhador temporário poderia prestar seus serviços tanto na atividade-meio, como serviços de limpeza da tomadora de serviços, quanto na atividade-fim. Assim, na hipótese de substituição de pessoal regular e permanente da empresa, o temporário poderia não apenas substituir os empregados da atividade-meio, como também aqueles que exerciam a atividade-fim. Nesse sentido, já previa o art. 5º da Instrução Normativa nº 114/2014 do Ministério do Trabalho.

A Lei nº 13.429/2017 passou a prever a possibilidade do contrato de trabalho temporário versa sobre as atividades meio e fim das empresas tomadoras de serviços, o que traz mais segurança jurídica à relação de trabalho. Portanto, nos termos do art. 9º, § 3º, Lei nº 6.019/1974, é permitida a contratação de empresa de trabalho temporário diante da necessidade de substituição transitória de pessoal permanente da tomadora ou de demanda complementar de serviços.

8.8. Ausência de vínculo de emprego do trabalhador temporário com a tomadora dos serviços

O "caput" do art. 10 da Lei nº 6.019/1974 estabelece que, independentemente do ramo da empresa tomadora de serviços não haverá relação de emprego entre ela e os trabalhadores temporários contratados pela empresa de trabalho temporário. Nesse sentido, verifica-se que a legislação não previu nenhuma restrição quanto à atividade da tomadora dos serviços para a contratação de trabalhadores temporários.

Entretanto, é importante ressaltar que o art. 19-B, Lei nº 6.019/1974, acrescentado pela Lei nº 13.429/2017, determina o referido diploma não terá aplicação às empresas de vigilância e transporte de valores, estando sujeitas à legislação específica – Lei nº 14.967/2024 – e, subsidiariamente, às regras previstas na CLT.

Colocando de lado toda a discussão envolvendo a constitucionalidade de qualquer forma de contratação distinta da CLT, mantemos o posicionamento de que, verificada fraude na contratação de empresa de trabalho temporário, haverá reconhecimento do vínculo de emprego diretamente com a tomadora dos serviços. Por exemplo, se a tomadora dos serviços celebrar contrato com empresa de trabalho temporário em hipótese não permitida na Lei nº 6.019/1974, o vínculo de emprego com a tomadora de serviços deve ser reconhecido por se tratar de utilização fraudulenta dessa modalidade de intermediação de mão de obra. Somente nas hipóteses de necessidade de substituição transitória de pessoal permanente da tomadora ou de demanda complementar de serviços é possível o desenvolvimento do trabalho temporário.

Além disso, se não forem observadas as formalidades legais para formação do contrato de trabalho entre empresa de trabalho temporário e tomadora de serviços ou, ainda, se a empresa de trabalho temporário não preencha os requisitos legais de funcionamento do art. 6º da Lei nº 6.019/1974, o vínculo de emprego também deve ser reconhecido por se tratar de intermediação fraudulenta de mão de obra.

Nesse caso, exerce importante função os órgãos de proteção ao trabalhador, pois caberá à fiscalização do trabalho a verificação "in loco" do motivo da contratação, do cumprimento dos requisitos do contrato e de funcionamento da empresa de trabalho temporário. Igualmente, assume relevante papel a atuação do Ministério Público do Trabalho, no tocante à tutela inibitória, para impedir que as empresas voltem a infringir as normas de contratação previstas na Lei nº 6.019/1974. A tutela inibitória trata-se de um provimento via TAC – Termo de Ajustamento de Conduta, firmado espontaneamente no MPT, ou ainda, através de processo judicial, evitando o ajuizamento de diversas ações individuais futuras pela mesma causa.

8.9. Prazo do trabalho temporário

Uma das principais alterações da Lei nº 13.429/2017 na disciplina do contrato de trabalho temporário consistiu na ampliação do prazo do contrato entre a empresa de trabalho temporário e a tomadora de serviços.

A antiga redação do art. 10 da Lei nº 6.019/1974 previa a contratação de trabalho temporário por prazo certo de duração do contrato de, no máximo, **3 meses.** Havia a possibilidade de prorrogação dependendo da hipótese de contratação do temporário:

> – **Por até 9 meses** no caso de substituição transitória de pessoal regular e permanente, desde que expressamente autorizada pelo Ministério do Trabalho e Emprego (conforme art. 17, XXVIII da Lei nº 14.600/2023);
>
> – **Por até 6 meses** no caso de acréscimo extraordinário de serviços, desde que se mantido o motivo que justificou a contratação do temporário.

O contrato em relação ao mesmo trabalhador temporário poderia ser realizado até o prazo de 3 meses, prorrogáveis por mais 3 ou 6 meses a depender da hipótese contratada.

A atual redação dos §§ 1º e 2º do art. 10 da Lei nº 6.019/1974, acrescentados pela Lei nº 13.429/2017, estabelece que o contrato de trabalho temporário com relação ao mesmo empregador não poderá ser superior a 180 dias, podendo ser prorrogado por até 90 dias, consecutivos ou não, quando comprovada a manutenção das condições que o ensejaram.

Verifica-se, portanto, uma ampliação considerável nessa modalidade de contratação, podendo um mesmo trabalhador temporário prestar serviços em uma tomadora de serviços pelo período de até 270 dias. Essa ampliação no prazo pode ocasionar a redução nas contratações diretas de empregados, pois nos períodos que exijam demanda complementar de serviços, é suficiente a contratação do temporário ainda que as vendas ou produção permaneçam em alta.

Felizmente, o § 3º do art. 10 da Lei nº 6.019/1974 foi vetado pelo Presidente da República. Esse dispositivo que possibilitava que o prazo de 180 dias fosse alterado por meio de acordo ou convenção coletiva. Essa ampliação do prazo, via instrumento coletivo, seria algo prejudicial aos trabalhadores, pois uma empresa poderia contratar indefinidamente trabalhadores temporários com a prorrogação do prazo mediante acordo ou convenção coletiva de trabalho.

O trabalhador que cumprir o período de prestação de serviços por 180 dias, prorrogáveis por até 90 dias, somente poderá ser colocado à disposição da mesma tomadora de serviços em novo contrato temporário após decorridos 90 dias do término do contrato anterior. Caso a tomadora se utilize da mesma mão de obra, haverá fraude no contrato de trabalho temporário com reconhecimento do vínculo diretamente coma empresa tomadora.

8.10. Vínculo empregatício do trabalhador temporário e proibição de cláusula de reserva

O vínculo empregatício ocorre entre trabalhador temporário e empresa de trabalho temporário. De acordo com Sergio Pinto Martins[418]:

418. MARTINS, Sergio Pinto. *Direito do Trabalho*. 30. ed. São Paulo: Atlas, 2014. p. 170.

> É o trabalhador temporário subordinado à empresa de trabalho temporário, embora preste serviços à empresa tomadora de serviços ou cliente, recebendo sua remuneração também da empresa tomadora dos serviços. Não é, portanto, empregado da empresa tomadora dos serviços.

Há, no entanto, posicionamento[419] que sustenta a existência de subordinação entre a empresa tomadora dos serviços e o trabalhador temporário. Nesse sentido, a transferência do poder de direção à tomadora dos serviços seria permitida pela legislação diante da própria natureza do contrato de trabalho temporário. De acordo com esse entendimento, a empresa prestadora continua com a direção sobre a prestação dos serviços do temporário, mas é também permitido à tomadora o exercício, em alguns aspectos, do poder de direção, especialmente quanto ao âmbito disciplinar.

De nossa parte, nos filiamos à primeira corrente, que entende pela manutenção da subordinação com a empresa de trabalho temporário. No atual cenário jurídico trabalhista, não vislumbramos hipótese válida de trabalho subordinado sem que haja, entre subordinado e subordinante, vínculo de emprego. Assim, se a empresa tomadora tiver que reclamar sobre a prestação de serviços de trabalhador temporário, deve fazê-la à empresa de trabalho temporário, que, se julgar necessário, adotará as medidas pertinentes.

Ademais, o contrato de trabalho entre empresa prestadora de mão de obra e cada um de seus assalariados também deverá ser escrito e descrever os direitos que lhes são conferidos, conforme o art. 11 da Lei nº 6.019/74.

Destaca-se que, conforme art. 11, parágrafo único, Lei nº 6.019/1974, será considerada nula qualquer cláusula de reserva que proíba a contratação de trabalhador temporário pela empresa tomadora dos serviços quando ocorrer o fim do prazo do contrato de trabalho temporário.

8.11. Responsabilidade do tomador dos serviços

No tocante à responsabilidade do tomador de serviços, o art. 16, Lei nº 6.019/1974 da Lei do Trabalho Temporário estabelece que, em caso de falência da empresa de trabalho temporário, a tomadora dos serviços responde **solidariamente** pelo recolhimento das contribuições previdenciárias, pela remuneração do empregado e pelo recebimento de indenização. Contudo, verifica-se que o alcance da norma é restrito quanto às parcelas devidas e somente viável na hipótese de falência da prestadora dos serviços.

Por sua vez, nas demais hipóteses de inadimplemento das obrigações trabalhistas, prevalece a previsão do art. 10, § 7º, Lei nº 6.019/1974, da Súmula nº 331, IV, do TST e do decidido pelo STF quanto à terceirização da atividade-fim (ADPF 324/DF e RE 958.252/MG – paradigma do Tema 725), que prevê a responsabilidade subsidiária da tomadora dos serviços.

Assim, na hipótese prevista no art. 16 da Lei nº 6.019/1974, é aplicada a responsabilidade solidária do tomador, e nas demais, deve-se reconhecer a responsabilidade subsidiária.

Antes da promulgação da Lei nº 13.429/2017, ganhava força o posicionamento pela responsabilidade solidária na terceirização, independentemente do reconhecimento de

---

419. GARCIA, Gustavo Filipe Barbosa. *Curso de Direito do Trabalho*. 9. ed. Rio de Janeiro: Forense, 2015. p. 232.

falência. Tendo em vista o estabelecimento, em lei e na jurisprudência, da responsabilidade subsidiária, esse posicionamento não deve persistir.

Por fim, se constatada fraude no trabalho temporário, por exemplo, a contratação fora das duas hipóteses previstas em lei ou, ainda, a extrapolação do prazo máximo de 180 dias, prorrogáveis por até 90 dias, será declarado vínculo direto do trabalhador temporário com a empresa tomadora. Nesse caso, a empresa tomadora responde solidariamente pelo pagamento das verbas ao temporário[420].

8.12. Direitos assegurados aos trabalhadores temporários

O Projeto de Lei nº 4.302/1998, que deu origem à Lei nº 13.429/2017, previa alterações nos direitos dos trabalhadores temporários. Felizmente, diante do veto presidencial, à alteração no art. 12 da Lei nº 6.019/1974, permanecem vigentes todos os direitos dos trabalhadores temporários. São eles:

a) remuneração equivalente, ou seja, esse trabalhador temporário irá receber a mesma quantia paga ao empregado regular da tomadora de serviços;

b) jornada de 8 horas, remuneradas as horas extraordinárias não excedentes de duas, com acréscimo de 50%;

c) férias proporcionais acrescidas de adicional ⅓;

d) repouso semanal remunerado;

e) adicional por trabalho noturno;

f) indenização por dispensa sem justa causa ou término normal do contrato correspondente a 1/12 (um doze avos) do pagamento recebido. Há discussão se essa indenização ainda está em vigor. De acordo com Vólia Bomfim[421], a indenização foi substituída pelo regime de FGTS e, portanto, não teria mais aplicação. No caso, sustenta que devem ser aplicados os arts. 479 e 480 da CLT. Por outro lado, Mauricio Godinho Delgado afirma que não há incompatibilidade entre a indenização da Lei do Trabalho Temporário e o regime do FGTS, assim como a indenização por extinção antecipada do contrato de trabalho por prazo determinado também continua vigente. De acordo com a jurisprudência do TST, **a indenização é compatível com o regime do FGTS**[422];

g) seguro contra acidente do trabalho; e

h) proteção previdenciária.

Não consta na relação anterior o direito ao décimo terceiro salário, mas como há previsão constitucional, a doutrina e a jurisprudência têm reconhecido esse direito ao trabalhador temporário. E, tendo em vista que o contrato é por tempo determinado (prazo máximo de 270 dias), não há direito ao aviso-prévio, pois as partes já sabem previamente a data do término. Além disso, de acordo com o TST[423], o trabalhador tem-

420. GARCIA, Gustavo Filipe Barbosa. *Curso de Direito do Trabalho*. 9. ed. Rio de Janeiro: Forense, 2015. p. 232.

421. CASSAR, Vólia Bomfim. *Direito do Trabalho*. 3. ed. Niterói: Impetus, 2009. p. 402.

422. TST – RR: 336300-43.2003.5.01.0481, Relator: Maria de Assis Calsing, Data de Julgamento: 26/11/2008, 4ª Turma, Data de Publicação: DJ 12/12/2008.

423. Informativo nº 105 do TST.

porário não terá direito ao recebimento da indenização prevista no art. 479 da CLT[424] no caso de rescisão antecipada do contrato de trabalho por culpa do empregador, uma vez que esse empregado está submetido a legislação especial (Lei nº 6.019/1974), e não às disposições da CLT.

8.12.1. *Ausência de estabilidade da trabalhadora temporária*

O trabalho temporário é uma modalidade de terceirização expressamente prevista em lei. A intermediação de mão de obra está presente no trabalho temporário. Nela, a empresa prestadora de serviços possibilita que um trabalhador temporário preste serviços em outra empresa, denominada tomadora. Os direitos desse trabalhador estão previstos em legislação específica (Lei nº 6.019/1974). Somente será admitida essa modalidade de prestação de serviços nas seguintes hipóteses:

1) **Necessidade de substituição transitória de pessoal permanente;**

2) **Demanda complementar de serviços:** somente será considerada como demanda complementar aquela que decorrer de: fatores imprevisíveis ou fatores previsíveis, mas que tenham natureza intermitente, periódica ou sazonal.

Houve questionamento no TST se a trabalhadora temporária teria direito à estabilidade provisória. Conforme Informativo nº 212, o TST firmou a seguinte tese em incidente de assunção de competência, precedente judicial obrigatório: "é inaplicável ao regime de trabalho temporário, disciplinado pela Lei n.º 6.019/74, a garantia de estabilidade provisória à empregada gestante, prevista no art. 10, II, b, do Ato das Disposições Constitucionais Transitórias".

Os principais argumentos que embasaram a tese foram o de que o contrato temporário tem regramento próprio e excepcionalíssimo que não se coaduna com a garantia de emprego da gestante e de que as decisões que embasaram a criação do item III da Súmula nº 244 do TST não guardam relação com essa modalidade de contratação.

A nosso ver, as condições transitórias de contratação de trabalhadoras temporárias guardam relação com as hipóteses de contratação por prazo determinado previstas na CLT. Apesar de a trabalhadora temporária não ser empregada da empresa tomadora, o vínculo é formado diretamente com a empresa de trabalho temporário e esta deveria ser responsável por assegurar o pagamento dos direitos decorrentes da estabilidade provisória.

A questão que, até então, parecia pacificada no âmbito dos tribunais, volta a ocupar a pauta pública quando o STF, no julgamento do Tema 542 da repercussão geral (RE 842844), **especificamente em relação às trabalhadoras do setor público (servidoras públicas *lato sensu*)**, fixou a tese de que "A trabalhadora gestante tem direito ao gozo de licença-maternidade e à estabilidade provisória, independentemente do regime jurídico aplicável, se contratual ou administrativo, ainda que ocupe cargo em comissão ou seja contratada por tempo determinado". Referida tese é comentada no tópico a seguir.

424. **Art. 479, *caput*, da CLT:** "Nos contratos que tenham termo estipulado, o empregador que, sem justa causa, despedir o empregado será obrigado a pagar-lhe, a título de indenização, e por metade, a remuneração a que teria direito até o termo do contrato."

8.12.1.1. Estabilidade da gestante no serviço público (Tema 542 de Repercussão Geral do STF)

A controvérsia que deu origem à tese de repercussão geral ora comentada dizia respeito ao alcance da licença-maternidade, assegurada no art. 7º, XVIII, da Constituição Federal, e da estabilidade da gestante, prevista na alínea "b" do inciso II do art. 10 do ADCT, em relação às servidoras públicas, especificamente às trabalhadoras gestantes contratadas pela Administração Pública por prazo determinado ou ocupantes de cargo em comissão demissíveis *ad nutum*.

Segundo entendimento da Corte, que conheceu do recurso extraordinário e negou-lhe provimento, "A trabalhadora gestante tem direito ao gozo de licença-maternidade e à estabilidade provisória, **independentemente do regime jurídico aplicável**, se contratual ou administrativo, **ainda que ocupe cargo em comissão ou seja contratada por tempo determinado**". O RE paradigma, aliás, tratava sobre o caso de uma professora contratada temporariamente pelo Estado.

Portanto, ao contrário do entendimento fixado pelo TST na tese nº 2 em Incidente de Assunção de Competência, de que é inaplicável ao regime de trabalho temporário, disciplinado pela Lei nº 6.019/74, a garantia de estabilidade provisória à empregada gestante, no setor público, todas as trabalhadoras, independentemente do regime jurídico aplicável, se celetista ou estatutário, ainda que ocupantes de cargo em comissão ou contratadas por tempo determinado, terão assegurada a garantia provisória no emprego desde a confirmação da gravidez até 5 meses após o parto.

Embora não tenha havido, até o momento, pronunciamento do STF acerca da estabilidade da gestante especificamente na hipótese de contratação temporária pela Lei 6.019/74, a tese fixada pela Suprema Corte no Tema 542 da Repercussão Geral é suficiente, em nossa compreensão, para justificar uma superação do entendimento do TST no IAC nº 2.

Ainda, com a tese fixada pelo STF, assegurando a todas trabalhadoras gestantes no serviço público o direito à garantia provisória no emprego (e ao gozo da licença-maternidade), instaura-se uma situação discriminatória, em violação aos arts. 5º, *caput*, e 7º, XX, da CF/88, na qual trabalhadoras contratadas por prazo determinado pelo Estado gozam de direitos e garantias que trabalhadoras temporárias no setor privado, também em regime de contratação com prazo determinado, não.

No âmbito da Justiça do Trabalho, a SBDI-I decidiu, por unanimidade, aprovar a instauração de **incidente de superação do entendimento firmado no julgamento do Incidente de Assunção de Competência nº TST-IAC-5639-31.2013.5.12.0051 (Tema nº 2 da Tabela de Incidentes de Assunção de Competência)** e determinou o encaminhamento dos autos para apreciação do Tribunal Pleno[425].

8.13. Diferenças entre terceirização e trabalho temporário

Principais diferenças existentes entre terceirização e trabalho temporário após as alterações promovidas na Lei nº 6.019/1974.

425. Informativo nº 289 do TST.

▸ TERCEIRIZAÇÃO	▸ TRABALHO TEMPORÁRIO
- não há prazo determinado para a realização dos serviços	- prazo do trabalho temporário: 180 dias Obs.: O prazo poderá ser prorrogado por 90 dias consecutivos ou não.
- A contratação é livre, não havendo hipóteses legais que permitem a contratação. Obs.: trabalhador terceirizado presta serviços na atividade-meio ou na atividade-fim da empresa contratante	- A contratação somente poderá ocorrer nas 2 hipóteses expressamente previstas em lei. Obs.: trabalhador temporário presta serviços na atividade-fim ou na atividade-meio da empresa tomadora
- **Reforma Trabalhista:** contratante e contratada **poderão** estabelecer que os empregados da contratada farão jus a salário equivalente ao pago aos empregados da contratante, além de outros direitos, que também podem ser previstos.	- salário equivalente ao percebido pelos empregados que trabalham na mesma função ou cargo da tomadora

9. QUESTÕES DISSERTATIVAS E ESTUDOS DE CASO

Ao resolver uma questão dissertativa ou estudos de caso em concursos para Analista do TRT, é fundamental tentar escrever com clareza, sem erros e com letra legível, de modo que se torne uma leitura simples e fácil ao examinador. Lembre-se que o examinador não ficará horas, tentando decifrar códigos ininteligíveis, e ainda, descartará questões com erros graves de ortografia, pontuação etc. Ele tem milhares de questões pra corrigir, portanto cause uma boa impressão logo no início do texto.

É muito importante que o candidato redija, com frequência e com antecedência, o máximo de questões sobre temas atuais e importantes do direito e do processo do trabalho. Treine sempre manualmente, evite digitar as respostas, pois não terá o computador ao seu lado no dia do concurso. Esse é o melhor treino e estudo para questões abertas.

Tente responder às questões seguintes **antes** de verificar o gabarito apresentado ou procurar a resposta na teoria. É uma forma de treinar seu cérebro às condições apresentadas na hora da prova. Lembre-se de que algumas questões não têm resposta certa ou errada. Portanto, a boa **fundamentação** é o caminho para a aprovação.

Cabe frisar, ainda, que não dará tempo de elaborar um rascunho detalhado prévio, na maior parte dos concursos. Portanto, antes de iniciar sua redação, coloque ao lado do próprio enunciado alguns pontos principais de que você precisará se lembrar durante a confecção da resposta. Essa técnica evitará que se esqueça de abordar assuntos importantes.

A indicação do número da lei, do artigo, da súmula ou orientação jurisprudencial somente deve ser colocada se você realmente souber, com exatidão, o número da norma ou se assim for exigido pela banca examinadora.

Por fim, como já dito ao longo dos capítulos, a Reforma Trabalhista, aprovada em julho/2017, alterou muitos pontos do Direito e Processo do Trabalho. Dessa forma, é importante que o candidato tenha conhecimento da legislação vigente e disserte, de forma clara, sobre ela. O examinador valorizará as redações que estiverem com base nas inovações legislativas.

Bom treino, bons estudos e boa sorte!

► **QUESTÃO DISCURSIVA 01:**

Disserte sobre os requisitos do vínculo empregatício, seus elementos essenciais e elementos não essenciais para sua caracterização.

RESPOSTA SUGERIDA PELO AUTOR:

O Direito do Trabalho foi pensado e confeccionado para a proteção do empregado. Uma vez identificada a figura do empregado, recaem sobre ele todos os direitos previstos na legislação. Sua identificação é crucial para podermos diferenciar esta figura daquelas que não possuem direitos previstos na legislação.

De acordo com o artigo 3º da CLT, há quatro requisitos essenciais para configurar o vínculo empregatício. O primeiro requisito é o da pessoa física. O empregado é pessoa física ou natural. A lei trabalhista foi criada para proteger o ser humano. Dentro desse requisito, enquadra-se a pessoalidade na prestação de serviços. O empregado é contratado em razão de suas qualidades pessoais (eficiência, lealdade, conhecimentos técnicos, moral etc.). Diante disso, não se pode fazer substituir por um terceiro. Exemplo: o empregado, quando estiver cansado, não pode mandar o irmão trabalhar em seu lugar. A pessoalidade é requisito essencial para configurar o empregado.

O segundo requisito do vínculo empregatício é a não eventualidade. Para configurar o vínculo empregatício, é necessário que o trabalho realizado não seja eventual, ocasional. O contrato de trabalho é de trato sucessivo, ou seja, há continuidade no tempo. Logo, haverá expectativa de que o empregado retorne ao local de trabalho.

O terceiro requisito é a onerosidade. O contrato de trabalho é oneroso, como prevê o art. 3º da CLT: "mediante salário". Em regra, presume-se que a prestação de serviços é onerosa, pois de um lado o empregado assume a obrigação de prestar serviços, de outro, o empregador, a obrigação de pagar salário.

Por fim, o quarto e último requisito essencial é a subordinação. A característica mais importante da relação empregatícia é a subordinação ou, ainda, de acordo com o texto da CLT: "empregado trabalha sob a dependência do empregador". Se o empregador assume todos os riscos do empreendimento, ele terá o poder de organizar e dirigir a prestação de serviços. Dessa forma, o empregado fica subordinado às ordens do empregador.

Além dos requisitos da pessoa física e pessoalidade, onerosidade, não eventualidade e subordinação, alguns autores destacam a alteridade como requisito do vínculo empregatício. A alteridade obriga que todos os riscos do empreendimento sejam suportados exclusivamente pelo empregador. Assim sendo, em momentos de crise financeira mundial, os prejuízos da empresa serão exclusivos do empregador, não podendo dividi-los com os trabalhadores. O salário deve ser pago, portanto, tendo a empresa lucros ou prejuízos.

Note-se que a Reforma Trabalhista não alterou os requisitos para a configuração do vínculo de emprego. Destaca-se que, além desses requisitos essenciais, há também elementos não essenciais à configuração do vínculo de emprego, ou seja, são irrelevantes para determinar a figura do empregado. O primeiro deles é a exclusividade. Não há na CLT exigência de que o empregado preste serviços com exclusividade. O local da prestação de serviços também é irrelevante para configurar o vínculo empregatício. Veja, por exemplo, o trabalhador que presta serviços em domicílio desenvolvendo programas de computador; nessa situação, se houver a presença dos requisitos da relação empregatícia (habitualidade, onerosidade e subordinação), será configurada a relação de emprego, com o pagamento de todos os direitos trabalhistas.

▶ **QUESTÃO DISCURSIVA 02:**

Disserte sobre a o "empregado "hipersuficiente", previsto no art. 444 da CLT.

RESPOSTA SUGERIDA PELO AUTOR:

Para a configuração do vínculo de emprego, é necessário o preenchimento dos seguintes requisitos: subordinação, não eventualidade, onerosidade e pessoalidade. Uma vez identificados esses requisitos, o empregado goza de todos os direitos previstos na CLT e na Constituição Federal. Esse ramo do direito é tratado de forma diferente em razão da desigualdade entre as partes.

O hipossuficiente é tratado pela CLT. O "hipersuficiente", novidade trazida pela Reforma Trabalhista, é o empregado com possibilidade de negociação direta com o empregador, tendo sido dado a ele a possibilidade de negociação nas mesmas condições de seu sindicato profissional nos termos do art. 611-A da CLT.

Para a caracterização do empregado "hipersuficiente", é necessário que o trabalhador seja portador de diploma de nível superior e que receba salário superior a duas vezes o limite máximo dos benefícios do Regime Geral de Previdência Social.

Por fim, destaca-se que, antes da Reforma Trabalhista, não havia distinção entre empregados, o que é corroborado pelo texto constitucional. Com a Reforma, entretanto, isso é modificado com a criação da figura do "hipersuficiente". Não há nada que garanta que o valor recebido como salário tornará o empregado capaz de negociar todos os pontos do art. 611-A da CLT diretamente com o empregador. A subordinação, independentemente do valor do salário e do nível de escolaridade, é intrínseca ao vínculo de emprego. O empregado depende do trabalho realizado e cederá em todos os pontos para poder mantê-lo. A legislação, da forma como prevista, pode deixar o trabalhador vulnerável.

▶ **ESTUDO DE CASO 03:**

Rita apresentou seu currículo para trabalhar como caixa bancária de uma agência de um banco privado. Na ocasião, o gerente do banco José exigiu que Rita apresentasse seu atestado de antecedentes criminais. Com dúvidas sobre a legalidade da medida, Rita procura um advogado para orientar sobre seus direitos. Nesse caso, responda fundamentadamente às questões seguir:

1) O banco pode exigir o atestado de antecedentes criminais de Rita?

2) Considerando a jurisprudência do TST, quais são os critérios para se exigir a apresentação de antecedentes criminais dos empregados?

RESPOSTA SUGERIDA PELO AUTOR[426]:

O período pré-contratual que antecede a contratação do empregado enseja diversos direitos e obrigações de empregado e empregador. Dessa forma, há regras na CLT atinentes à exigência de experiência prévia do trabalhador. De acordo com o art. 442-A da CLT, como forma de proporcionar que trabalhadores, ainda sem experiência, possam ocupar novos postos de trabalho, o empregador está proibido de exigir do candidato comprovação de experiência prévia por tempo superior a 6 meses.

Por sua vez, diante da ausência de previsão em lei, havia dúvidas quanto à possibilidade de se exigir antecedentes criminais dos empregados no momento da contratação. O tema encontrava-se em discussão no âmbito do TST na condição de Recurso de Revista repetitivo.

*Em março de 2015, o TST acolheu a proposta de Incidente de Recurso de Revista Repetitivo nos processos RR-243000-58.2013.5.13.0023 e RR-184400-89.2013.5.13.0008 referentes ao tema "Dano Moral. Exigência de Certidão Negativa de Antecedentes Criminais" a ser julgado pela SDI-I por meio de sorteio do recurso a um relator e revisor. Foi submetida a seguinte questão para julgamento: **"A exigência de apresentação de certidão de antecedentes criminais pelos candidatos ao emprego gera dano moral?"**.*

No julgamento, o TST firmou a tese de que a exigência de antecedentes criminais que venha a configurar tratamento discriminatório do trabalhador ou que não se justifica em razão de previsão de lei, natureza do ofício ou do grau especial de fidúcia existente na relação de emprego configura dano moral, que será devido independentemente se o trabalhador foi ou não contratado pela empresa.

Por outro lado, se existir previsão legal, se assim demandar a natureza do ofício ou o grau especial de fidúcia, é possível que o empregador exija a Certidão de Antecedentes Criminais. Em caráter exemplificativo, o Tribunal elencou exemplos de profissões que permite a Certidão de Antecedentes pelo empregador:

- *Empregados domésticos, cuidadores de crianças e adolescentes, pessoas idosas ou pessoas com deficiência (em creches, asilos ou intuições afins);*
- *Motoristas rodoviários de carga;*
- *Empregados que laboram no setor da agroindústria no manejo de ferramentas de trabalho perfurocortantes;*
- *Bancários e afins;*
- *Trabalhadores que atuam com substâncias tóxicas, entorpecentes e armas;*
- *Trabalhadores que atuam com informações sigilosas.*

Ressalta-se que não há impedimento para que outras profissões também possam permitir a exigência de certidão de Antecedentes Criminais, pois a lista apresentada é apenas exemplificativa. Nesse sentido, entendemos que, por exemplo, os trabalhadores de transporte de valores, em razão da fidúcia especial inerente ao trabalho,

426. Nas respostas dadas aqui, serão indicadas e/ou transcritas súmulas, orientações jurisprudências do TST e artigos de lei, mas na prova não há essa necessidade salvo quando expressamente previsto no edital do concurso.

também podem ser submetidos à apresentação dos antecedentes. Segue a tese firmada pelo TST sobre o assunto:

I) não é legítima e caracteriza lesão moral a exigência de Certidão de Antecedentes Criminais de candidato a emprego quando traduzir tratamento discriminatório ou não se justificar em razão de previsão de lei, da natureza do ofício ou do grau especial de fidúcia exigido. Vencidos parcialmente os Exmos. Ministros João Oreste Dalazen, Emmanoel Pereira e Guilherme Augusto Caputo Bastos;

II) a exigência de Certidão de Antecedentes Criminais de candidato a emprego é legítima e não caracteriza lesão moral quando amparada em expressa previsão legal ou justificar-se em razão da natureza do ofício ou do grau especial de fidúcia exigido, a exemplo de empregados domésticos, cuidadores de menores, idosos ou deficientes (em creches, asilos ou intuições afins), motoristas rodoviários de carga, empregados que laboram no setor da agroindústria no manejo de ferramentas de trabalho perfurocortantes, bancários e afins, trabalhadores que atuam com substâncias tóxicas, entorpecentes e armas, trabalhadores que atuam com informações sigilosas. Vencidos parcialmente os Exmos. Ministros Augusto César de Carvalho, relator, Aloysio Corrêa da Veiga, Walmir Oliveira da Costa e Cláudio Mascarenhas Brandão, que não exemplificavam;

III) a exigência de Certidão de Antecedentes Criminais, quando ausente alguma das justificativas de que trata o item II, supra, caracteriza dano moral in re ipsa, passível de indenização, independentemente de o candidato ao emprego ter ou não sido admitido. Vencidos, parcialmente, os Exmos. Ministros João Oreste Dalazen, Emmanoel Pereira e Guilherme Augusto Caputo Bastos e, totalmente, os Exmos. Ministros Aloysio Corrêa da Veiga, Renato de Lacerda Paiva e Ives Gandra Martins Filho.

Dessa forma, o banco tem legitimidade para exigir os antecedentes criminais de Rita, pois a trabalhadora ficará responsável por lidar com valores depositados e sacados das agências bancárias na condição de caixa.

► **QUESTÃO DISCURSIVA 04:**
Disserte sobre o trabalhador autônomo, previsto no novo art. 442-B da CLT.

RESPOSTA SUGERIDA PELO AUTOR:

A Constituição Federal inovou e trouxe um capítulo específico para tratar dos direitos sociais, dando ainda, a possibilidade de sua ampliação (expressão "dentre outros"), havendo um rol protetivo de direitos voltados aos empregados. Por isso, é importante identificar a figura do empregado e do vínculo empregatício. Os trabalhadores autônomos não têm direitos trabalhistas, pois não há o requisito específico da subordinação. Portanto, o rol protetivo dos direitos sociais a ele não é aplicado. O trabalhador autônomo é o prestador de serviços que atua como patrão de si mesmo, ou seja, é a pessoa física que presta serviços por conta própria, assumindo os riscos do empreendimento.

A Reforma Trabalhista inovou em um ponto sensível e preocupante ao tratar da formação do contrato de trabalho autônomo. De acordo com a redação do art. 442-B da CLT, o trabalho autônomo pode ser pactuado com cláusula de exclusividade e continuidade. É o que tende a ocorrer com a prestação de serviços contratada com profissionais de nível mais sofisticado de conhecimento ou habilidade, como médicos, advogados, artistas etc.

Conforme salientado, o traço característico do contrato de autônomo é a ausência de subordinação jurídica, o que exclui a formação do vínculo de emprego. O art. 442-B da CLT, inserido pela Reforma Trabalhista estabelece que, cumpridas todas as formalidades legais, será afasta a qualidade de empregado ao trabalhador autônomo.

Essa possibilidade, mesmo que cumpridas as exigências formais, não afasta, com base no princípio protetivo e da primazia da realidade, a incidência do vínculo de emprego quando presentes os requisitos do art. 3º da CLT. Uma norma infraconstitucional que prevê o afastamento do rol protetivo de direitos sociais da Constituição Federal é flagrantemente inconstitucional. Este artigo, ainda, poderá ser utilizado de má-fé por empresas para mascarar e afastar vínculos empregatícios, podendo gerar prejuízos aos trabalhadores.

Essa inovação legislativa causou muita discussão, pois o objetivo aparente é o de afastar vínculo empregatício e será, por muito tempo, objeto de discussão. Porém, durante esse período muitos trabalhadores serão atingidos por esta modificação. Os órgãos de proteção aos trabalhadores devem atuar na tentativa de barrar fraudes ocasionadas pela nova previsão legal.

▸ **ESTUDO DE CASO 05:**

A empresa KLContabilidade contratou Bruno, pessoa com deficiência, na condição de aprendiz de contador. Bruno, que completou 25 anos uma semana antes de sua contratação, foi inscrito em programa de aprendizagem, com formação técnico-profissional e teve sua CTPS anotada na condição de aprendiz. Foi celebrado contrato especial de trabalho pelo período de 4 anos com o recebimento de metade do salário mínimo hora, mesmo valor pago aos estagiários da empresa. A KLContabilidade não apresenta recursos de acessibilidade suficientes para que o aprendiz com deficiência desenvolva corretamente suas tarefas. Após 4 meses de execução do contrato, o contrato de aprendizagem de Bruno foi extinto por inaptidão do aprendiz. Diante do exposto, responda às questões a seguir:

a) A contratação de Bruno na condição de aprendiz foi regular? Explique com base nos requisitos para formação do contrato de aprendizagem, na duração do contrato e na remuneração ajustada.

b) É válida a extinção do contrato de aprendizagem de Bruno? Explique.

RESPOSTA SUGERIDA PELO AUTOR[427]:

Inicialmente, cabe ressaltar que o aprendiz é empregado, logo estão presentes os requisitos essenciais da relação de emprego. A idade permitida para o contrato de aprendizagem é do maior de 14 anos e do menor de 24 anos. Esse limite máximo,

427. Nas respostas aqui oferecidas, serão indicadas e/ou transcritas súmulas, orientações jurisprudências do TST e artigos de lei, mas na prova não há essa necessidade – salvo quando expressamente previsto no edital do concurso.

24 anos, não se aplica aos aprendizes com deficiência. Portanto, apesar de Bruno ter 25 anos, é possível a contratação na condição de aprendiz por ser pessoa com deficiência.

Além disso, o contrato de aprendizagem é um contrato de trabalho especial que obriga sua realização na forma escrita, isto é, a CTPS deverá estar devidamente anotada, constando a aprendizagem. Além disso, exige-se a inscrição do aprendiz em programa de aprendizagem, com formação técnico-profissional, como os cursos oferecidos pelo Senac, Senai, entidades sem fins lucrativos etc.

Ao aprendiz, salvo condição mais favorável, será garantido o salário mínimo hora. Entende-se por condição mais favorável aquela fixada no contrato de aprendizagem ou prevista em convenção ou acordo coletivo. Nesse caso, não é possível a contratação de Bruno com pagamento de meio salário mínimo hora da mesma forma como são remunerados os estagiários da empresa. O legislador excluiu o estagiário da proteção celetista, para incentivar a formação de novos profissionais. Diante disso, não se aplica ao estagiário as normas protetivas da CLT, inclusive o direito ao salário mínimo.

No tocante ao prazo máximo de duração da aprendizagem, não poderá ser firmado por mais de 2 anos com o mesmo empregador. Esse limite máximo de 2 anos não se aplica ao aprendiz com deficiência. Com isso, verifica-se que é possível a contratação de Bruno pelo período de 4 anos.

Em resumo, a contratação de Bruno na condição de aprendiz não foi regular, uma vez que, apesar de respeitados os requisitos formais do contrato, a idade e o prazo de duração, Bruno recebe salário inferior ao mínimo, o que é vedado pela CLT.

A extinção antecipada da aprendizagem somente pode ocorrer nas hipóteses previstas na CLT, sendo que é possível a dispensa do aprendiz por desempenho insuficiente ou inadaptação do aprendiz, salvo para o aprendiz com deficiência quando desprovido de recursos de acessibilidade, de tecnologias assistivas e de apoio necessário ao desempenho de suas atividades conforme prevê o art. 433, I, CLT.

Assim, diante da ausência de recursos de acessibilidade para Bruno, não é possível a extinção de seu contrato de aprendizagem sob o argumento de inaptidão do aprendiz.

Cabe destacar que a **Reforma Trabalhista** *não alterou, felizmente, as normas ligadas à aprendizagem.*

► **ESTUDO DE CASO 06:**

Raquel acaba de saber que está grávida. Trabalha há mais de 15 anos na mesma empresa. Resolveu pedir demissão. Nesse caso, seu pedido é válido? Há algum requisito para que ele seja aceito? Fundamente.

RESPOSTA SUGERIDA PELO AUTOR:

Cabe destacar, inicialmente, que a **Reforma Trabalhista** *não alterou, as normas ligadas à estabilidade gestante. Os dispositivos ligados à proteção do trabalho da* *mulher não poderiam ser modificados por norma infraconstitucional e, ainda, não podem sofrer flexibilização (art. 611-B da CLT).*

A estabilidade, ou garantia provisória de emprego, veda que o empregador dispense arbitrariamente ou sem justa causa a empregada gestante, desde a confirmação da gravidez até cinco meses após o parto. A confirmação da gravidez não se confunde com a comunicação ao empregador, pois, mesmo se ele não tiver conhecimento da gestação, não poderá dispensar a trabalhadora.

A empregada somente perderá o direito à estabilidade se cometer falta grave, prevista no art. 482 da CLT. Conforme jurisprudência majoritária, se constatada hipótese que justifique a dispensa por justa causa, não é exigida a instauração de inquérito para apuração de falta de grave. Cabe destacar que a gestante poderá pedir demissão a qualquer momento. A estabilidade não exige que ela permaneça prestando serviços obrigatoriamente. Nesse caso, receberá as verbas trabalhistas decorrentes do pedido de demissão. Lembre-se de que é direito potestativo do(a) empregado(a) pleitear a demissão a qualquer momento. Esse direito, portanto, não depende da vontade do empregador. Contudo, ainda que o pedido de demissão da gestante ocorra em período inferior a 1 ano, será necessária a assistência do sindicato na homologação das verbas rescisórias (art. 500, CLT). Esse entendimento, inclusive, se encontra na tese vinculante nº 55 do TST, firmado pelo Pleno do Tribunal em 2025.

▸ **QUESTÃO DISCURSIVA 07:**

O que é estabilidade remanescente? Há previsão em lei?

RESPOSTA SUGERIDA PELO AUTOR:

A estabilidade, ou garantia provisória de emprego, veda que o empregador dispense arbitrariamente ou sem justa causa a empregada gestante, desde a confirmação da gravidez até cinco meses após o parto. A confirmação da gravidez não se confunde com a comunicação ao empregador, pois, mesmo se ele não tiver conhecimento da gestação, não poderá dispensar a trabalhadora.

A estabilidade remanescente refere-se à possibilidade de extensão da estabilidade provisória da gestante, prevista no art. 10, II, alínea "b", ADCT, à pessoa que detiver a guarda do filho no caso de falecimento da genitora. Referida estabilidade está prevista no art. 1º da Lei Complementar nº 146/2014:

> *Art. 1º da LC nº 146/2014: O direito prescrito na alínea b do inciso II do art. 10 do Ato das Disposições Constitucionais Transitórias, nos casos em que ocorrer o falecimento da genitora, será assegurado a quem detiver a guarda do seu filho.*

Note-se que a estabilidade provisória será concedida a qualquer pessoa que passe a ter a guarda do filho da genitora ao passo que a licença-maternidade remanescente prevista no art. 392-B da CLT somente é concedida ao cônjuge ou companheiro da segurada que recebia o benefício previdenciário. Além disso, para recebimento da licença-maternidade exige-se que o cônjuge ou companheiro seja segurado da Previdência Social.

▶ **ESTUDO DE CASO 08:**

O presente estudo de caso foi retirado da prova de Analista Judiciário – Área Judiciária do TRT da 3ª Região/MG realizada em 2015.

Maria das Couves foi contratada para prestar serviços domésticos à família Silva, no âmbito residencial, durante três dias na semana. Foi acordado entre a família Silva e Maria das Couves que além dos trabalhos domésticos, ela atenderia todas as ligações telefônicas dirigidas ao escritório da Dra. Fabiana Silva (advogada), instalado no mesmo endereço da residência da família e serviria café aos clientes que lá comparecessem. Durante o período de experiência, Maria das Couves comunicou à família que estava grávida.

Nesta hipótese, responda, fundamentadamente:

a) Maria das Couves será considerada uma trabalhadora autônoma (faxineira/diarista), empregada doméstica ou empregada urbana? Por quê?

b) É necessário o registro em CTPS do contrato de trabalho por experiência? Qual é o prazo máximo de contratação? Este contrato pode ser prorrogado? Se possível, por quantas vezes?

c) A gravidez de Maria das Couves lhe garante algum tipo de estabilidade? Se afirmativa a resposta qual o período de estabilidade e em que hipótese poderia ocorrer a rescisão do contrato de trabalho?

RESPOSTA SUGERIDA PELO AUTOR:

Em 2013, o Brasil deu um importante passo rumo à efetivação dos direitos fundamentais trabalhistas, reconhecendo direitos básicos do empregado domésticos via EC nº 72/2013. Essa alteração do art. 7º, parágrafo único, da CF/88 trouxe diversas conquistas aos empregados domésticos como a limitação da jornada de trabalho em 8 horas diárias. Faltava, entretanto, a regulamentação de outros direitos previstos nesse novo art. 7º, parágrafo único, da CF/88.

Em junho de 2015, foi promulgada a ***Lei Complementar nº 150/2015****, que passou a regulamentar o trabalho doméstico a partir dos novos direitos assegurados pela EC nº 72/2013 e trouxe diversas mudanças na disciplina dessa relação de emprego.*

Assim como os demais empregados, há nessa relação jurídica a presença dos quatro requisitos indispensáveis para configurar o vínculo empregatício (pessoa física, onerosidade, continuidade e subordinação). O empregado doméstico é aquele que presta serviços de natureza contínua, subordinada, pessoal, onerosa e de finalidade não lucrativa à pessoa ou à família em âmbito residencial por período superior a 2 dias por semana (art. 1º, caput, LC nº 150/2015). Verifica-se, assim, além dos requisitos da relação de emprego, a necessidade de 4 requisitos para identificar o empregado doméstico: a) prestação de serviço para pessoa ou família; b) serviços prestados em âmbito residencial; c) finalidade não lucrativa; e d) trabalho realizado por período superior a 2 dias por semana.

Maria das Couves não é empregada doméstica, uma vez que está inserida na ***atividade lucrativa*** *da família Silva. A finalidade não lucrativa é requisito indispensável para a configuração do trabalho doméstico e foi, inclusive, reproduzido no art. 1º da LC nº 150/2015. Assim, ao receber as ligações telefônicas dirigidas ao escritório da Dra. Fabiana Silva e servir café aos clientes, Maria está exercendo serviços ligados a uma atividade lucrativa da família. Portanto, Maria das Couves é empregada urbana regida pela CLT.*

No tocante às anotações na CTPS da empregada, ressalta-se que o empregador deverá anotar, obrigatoriamente, as seguintes informações: a data de admissão do trabalhador, a remuneração e as condições especiais, se houver. Nesse sentido, o contrato de experiência deve ser anotado por se tratar de condição especial de contratação.

O prazo máximo do contrato de experiência é de 90 dias de acordo com o art. 445, parágrafo único da CLT. De acordo com a Súmula nº 188 do TST, é possível apenas uma prorrogação do contrato, desde que respeitado os 90 dias.

Tendo em vista a gravidez de Maria das Couves, há estabilidade provisória da gestante desde a confirmação da gravidez até cinco meses após o parto (art. 10, II, "b", ADCT). De acordo com a Súmula nº 244, III, do TST, a empregada gestante tem estabilidade mesmo durante a contratação por prazo determinado, cujo contrato de experiência é uma espécie. A empregada somente perderá o direito à estabilidade se cometer falta grave, prevista no art. 482 da CLT. Note-se que foi editada a Lei nº 13.509/2017, que estendeu referida estabilidade ao empregado adotante ao qual tenha sido concedida guarda provisória para fins de adoção.

A Reforma Trabalhista não causou impactos diretos no trabalho do doméstico, não modificou o contrato de experiência, nem modificou a estabilidade da gestante. Aliás, a estabilidade da gestante é expressamente prevista na Constituição Federal. Entretanto, a Reforma trouxe uma regulamentação específica para mulheres em ambientes insalubres, proibindo o trabalho em atividades insalubres em grau máximo, médio e mínimo, desde que haja apresentação de atestado de médico de confiança.

▶ **QUESTÕES DISCURSIVA 09:**

Disserte sobre a proibição do trabalho de gestantes e lactantes em ambientes insalubres (art. 394-A da CLT)

RESPOSTA SUGERIDA PELO AUTOR:

O ideal de uma sociedade é que não houvesse trabalho em condições insalubres, perigosas e realização de horas extras. Entretanto, isso não é possível, pois há atividades envolvendo trabalho com energia elétrica, hospitais, explosivos, etc. As gestantes devem ser afastadas de atividades insalubres para preservação das vidas futuras e da integridade física da empregada naquele período.

Em maio de 2016, foi promulgada a Lei nº 13.287/2016, que acrescentou o art. 394-A à CLT para proibir o trabalho da gestante ou lactante em atividades, operações ou locais insalubres. O artigo está inserido na Seção V do Capítulo de Proteção do Trabalho da Mulher referente à proteção da maternidade. Essa legislação entrou em vigor na data de sua publicação e, portanto, o dispositivo que determinava o afastamento da empregada gestante ou lactante dos locais e atividades insalubres já deveria ser obedecido por todos os empregadores do país.

O tema foi regulamentado novamente pela Lei nº 13.467/2017 – Reforma Trabalhista. De acordo com a nova redação do art. 394-A da CLT, o afastamento das atividades insalubres da gestante e lactante persiste, mas os efeitos são diversos em relação ao grau de insalubridade e entre empregada gestante e lactante.

Diferentemente da Lei nº 13.287/2016, a Reforma Trabalhista passou a admitir hipóteses em que a gestante e a lactante não seriam afastadas obrigatoriamente. Quando a atividade desenvolvida apresentasse grau médio e mínimo de insalubridade para a gestante ou em qualquer grau de insalubridade para a lactante, ocorrereria o afastamento apenas se assim fosse recomendado pelo médico de confiança da empregada.

Somente seria obrigatório o afastamento na hipótese da empregada gestante em grau máximo de insalubridade[428]. Note-se que o atestado médico deveria ser emitido por médico de confiança da empregada gestante ou lactante, o que, em tese, evitaria a ocorrência de fraudes caso o atestado fosse emitido por médico da empresa.

No dia 29/05/2019, o plenário do STF, por maioria de 10 votos a 1, decidiu pela inconstitucionalidade de trecho do art. 394-A da CLT, que previa nos incisos II e III: "quando apresentar atestado de saúde, emitido por médico de confiança da mulher, que recomende o afastamento". De acordo com o relator, a proteção à maternidade e à criança não podem ser afastadas pela simples apresentação de atestado médico.

Com a decisão na ADI 5.938, as empregadas gestantes e lactantes sempre deverão ser afastadas das atividades insalubres independentemente do grau de insalubridade.

Durante o afastamento da atividade insalubre é assegurado à empregada a manutenção de sua remuneração, bem como do valor referente ao adicional de insalubridade. O adicional em questão é uma das formas de salário-condição, ou seja, o empregado apenas receberá o adicional enquanto estiver prestando serviços em atividades insalubres. No entanto, a legislação abriu uma exceção, pois mesmo que a empregada seja afastada da atividade insalubre e passe a trabalhar em local salubre, manterá o direito ao adicional de insalubridade.

Em contraprestação, o novo § 2º do presente art. 394-A CLT estabeleceu que a empresa que pagar o adicional de insalubridade à gestante ou à lactante, tem direito a compensar o valor pago das contribuições incidentes sobre a folha de salários e demais rendimentos pagos ou creditados à pessoa física que lhe preste serviço. Portanto, apesar de o pagamento do adicional ser realizado pela empresa, o valor será reembolsado com a compensação nas contribuições devidas.

▶ **QUESTÕES DISCURSIVA 10:**
Disserte sobre: Proteção do trabalho da mulher e as modificações causadas pela Reforma Trabalhista.

RESPOSTA SUGERIDA PELO AUTOR:

Pelo princípio da igualdade, homens e mulheres devem ser tratados de forma igual, inclusive na legislação trabalhista. Há, entretanto, diferenças justificáveis que privilegiam o trabalho da mulher, sobretudo no tocante à proteção à maternidade e no meio ambiente de trabalho.

Historicamente, o trabalho exercido pela mulher foi desprestigiado, com pagamento de salários menores e em condições mais precárias, além, ainda, da elevada

428. A NR 15 do Ministério do Trabalho trata desse assunto ligado aos graus de insalubridade.

jornada de trabalho, se comparado ao trabalho realizado pelos homens. Para conferir igualdade de tratamento, a Constituição Federal de 1988 trouxe diversas medidas tais como a isonomia salarial prevista no art. 7º, inciso XXX, CF/88 e a necessidade de proteção do mercado de trabalho da mulher por meio de incentivos específicos a serem criados por lei ordinária (art. 7º, inciso XX, CF/88). Contudo, este último dispositivo constitucional ainda não foi regulamentado. A Constituição Federal tem expressa previsão de ações afirmativas no tocante às mulheres. Ações afirmativas são medidas protetivas que preveem privilégios temporários para compensar uma situação historicamente desigual.

A CLT também tem rol de direitos de proteção do trabalho da mulher, tais como a proibição de exigência de atestado de gravidez na contratação, não pode haver diferença de salário em razão do sexo, etc. Nesses aspectos protetivos, há obrigatoriedade da atuação dos órgãos de proteção ao trabalhador: sindicato da categoria, Auditor Fiscal do Trabalho com verificação in loco e Ministério Público do Trabalho têm dever funcional de atuar em casos em que as mulheres são discriminadas ou que as normas protetivas não são respeitadas.

A Reforma Trabalhista alterou, de forma significativa, alguns aspectos ligados à proteção das mulheres: afastamento da gestante e da lactante de locais insalubres, intervalos para amamentação e fim do intervalo especial da mulher em jornada extraordinária.

De acordo com a nova redação do art. 394-A da CLT, há diferença de tratamento jurídica no afastamento da gestante, a depender do grau de insalubridade a que estiver exposta. Se trabalhar em atividades de grau máximo, o afastamento será obrigatório. Por outro lado, para as atividades de grau médio e mínimo, haverá afastamento caso apresentado atestado de saúde de médico de confiança da trabalhadora. Por outro lado, quanto às lactantes, o afastamento, em qualquer grau de insalubridade somente ocorre com a apresentação de atestado médico. Caso constatada a impossibilidade de transferência para atividade salubre, há gravidez de riscos e a emprega terá direito ao recebimento de salário maternidade no período.

No dia 29/05/2019, o plenário do STF, por maioria de 10 votos a 1, decidiu pela inconstitucionalidade de trecho do art. 394-A da CLT, que previa nos incisos II e III: "quando apresentar atestado de saúde, emitido por médico de confiança da mulher, que recomende o afastamento". De acordo com o relator, a proteção à maternidade e à criança não podem ser afastadas pela simples apresentação de atestado médico.

No tocante ao intervalo para amamentação, a redação do § 2º do art. 396 da CLT determina que os horários de concessão dos 2 intervalos de meia hora para amamentação deve ser estabelecimento por meio de acordo individual entre empregador e empregada. O intervalo de 15 minutos concedido entre o final da jornada normal e o início da jornada extraordinária, previsto no art. 384 da CLT, foi revogado pela Lei nº 13.467/2017.

Em suma, o legislador da Reforma Trabalhista flexibilizou as normas proteção às mulheres, sobretudo em ambientes insalubres e em regras de intervalo. No tocante à amamentação também houve flexibilização já que será tratada de forma direta entre empregada e empregador.

▸ **QUESTÕES DISSERTATIVA 11:**

O presente estudo de caso foi retirado da prova de Analista Judiciário - Área Judiciária do TRT da 14ª Região realizada em 2016.

Disserte sobre o tema: **Lei Complementar nº 150/2015:** O trabalho extraordinário do empregado doméstico e a compensação e jornada de trabalho.

RESPOSTA SUGERIDA PELO AUTOR[429]:

A EC nº 72/2013 garantiu aos empregados domésticos o direito à limitação da jornada de trabalho em 8 horas diárias e 44 semanais (art. 7º, inciso XIII, CF/88) e a remuneração das horas extras em percentual não inferior a 50% (art. 7º, inciso XVI, CF/88). De acordo com a Nova Lei dos Domésticos, é possível o estabelecimento de acordo individual escrito de compensação de jornada entre empregado e empregador para que o empregado trabalhe além da jornada normal em alguns dias para descansar em outros.

Pelas novas regras estabelecidas, as primeiras 40 horas extras mensais deverão ser pagas como extraordinárias e, portanto, remuneradas com adicional de, no mínimo, 50% sobre o valor da hora normal. Como exceção, é possível que o pagamento dessas primeiras 40 horas excedentes seja deduzido por eventuais dias úteis não trabalhados pelo empregado (folgas) ou pela redução do horário normal de trabalho (trabalhar menos que a jornada estabelecida).

Ademais, o saldo de horas extras que ultrapassarem as primeiras 40 horas mensais será compensado dentro do prazo máximo de 1 ano. Assim o que ultrapassar as 40 horas mensais será utilizado para banco de horas. Exemplificando: se um empregado realizar 50 horas extras em um determinado mês, terá direito ao recebimento das primeiras 40 horas como extras (hora normal + adicional de 50%) e as outras 10 horas restantes poderão ser compensadas (com folga) no período máximo de 1 ano. Em resumo, o que ultrapassar a 40 horas mensais pode ser utilizado para banco de horas.

Caso ocorra o término do contrato de trabalho antes de realizada a compensação, o empregado terá direito ao pagamento das horas extras não compensadas que deverão ser calculadas sobre o valor da remuneração na data da rescisão do contrato (art. 2º, § 6º, LC nº 150/2015).

Se houver trabalho no período de descanso semanal remunerado (domingos) e nos feriados e ele não for compensado, haverá a necessidade de pagamento em dobro das horas trabalhadas, sem prejuízo da remuneração do repouso semanal (art. 2º, § 8º, LC nº 150/2015). Esse dispositivo está de acordo com a Súmula nº 146 do TST[430] aplicável aos demais empregados.

---

429. Nas respostas aqui no livro, serão indicadas e/ou transcritas súmulas, orientações jurisprudências do TST e artigos de lei, mas na prova não há essa necessidade, salvo quando expressamente previsto no edital do concurso ou exigido pelo examinador.

430. Súmula nº 146 do TST: "O trabalho prestado em domingos e feriados, não compensado, deve ser pago em dobro, sem prejuízo da remuneração relativa ao repouso semanal".

▶ **QUESTÃO DISSERTATIVA 12:**

Disserte, em 20 linhas, sobre grupo econômico e suas consequências para o contrato individual de trabalho.

RESPOSTA SUGERIDA PELO AUTOR[431]:

Ocorre grupo econômico quando as empresas estão ligadas entre si, ou seja, quando há "empresa-mãe e empresas-irmãs"[432]. Nesse caso, cada uma dessas empresas possui personalidade jurídica própria, isto é, CNPJ próprio, quadro de pessoal próprio, exercem atividades econômicas diversas etc. Ressalta-se que a CLT não exige um documento ou prova específica para configuração do grupo econômico. Essa prova será feita levando em conta a análise do caso concreto, como utilização do mesmo imóvel, mesmo recursos humanos para contratação dos empregados etc.

Antes da **Reforma Trabalhista**, o § 2º do art. 2º da CLT, previa a necessidade de que uma das empresas estivesse no controle ou administração das demais, configurando caso de grupo econômico por subordinação. Nesse caso, era indispensável que se demonstrasse a relação de controle entre uma ou mais empresas em relação às demais integrantes.

Com a aprovação da **Reforma Trabalhista**, a nova redação do § 2º do art. 2º da CLT estabelece o reconhecimento de duas formas de grupo econômico: a) grupo econômico por subordinação e; b) grupo econômico por coordenação.

O grupo econômico por subordinação já era previsto na redação anterior do dispositivo em apreço. No caso, o grupo pode ser formado na hipótese de existência de hierarquia entre as empresas. Para a prova de formação do grupo econômico por subordinação, é indispensável, portanto, demonstrar que há uma relação de controle entre uma ou mais empresas em relação às demais integrantes.

A **Reforma Trabalhista** inovou ao prever a possibilidade de formação de grupo econômico por coordenação. De acordo com o novo dispositivo, mesmo que as empresas guardem cada uma sua autonomia, estará configurado o grupo econômico. Contudo, conforme prevê o § 3º do artigo em apreço, não há caracterização do grupo econômico apenas pela mera identidade de sócios entre as empresas, sendo necessária a demonstração do preenchimento de três requisitos:

a) interesse integrado;

b) a efetiva comunhão de interesses; e

c) a atuação conjunta das empresas integrantes.

Note-se, portanto, que o grupo pode ser formado entre empresas que guardam autonomia em relação às outras, desde que seja demonstrada a coordenação, a

431. Nas respostas aqui no livro, serão indicadas e/ou transcritas súmulas, orientações jurisprudências do TST e artigos de lei, mas na prova não há essa necessidade salvo quando expressamente previsto no edital do concurso.

432. "No caso do grupo econômico, uma figura em ziguezague, quase em formato das árvores genealógicas que aprendemos com as ciências biológicas (empregado-empregador em linha reta e empregador com as empresas-irmãs e com a empresa-mãe, se houver, dele se ramificando)." SILVA, Homero Batista Mateus da. *Curso de Direito do Trabalho aplicado*, vol. 1: Parte Geral. Rio de Janeiro: Elsevier, 2009. p. 142.

atuação conjunta entre elas. Uma vez comprovado o grupo, a consequência é a mesma: responsabilidade solidária entre as empresas do grupo.

Outro aspecto importante para caracterizar o grupo empresarial é a finalidade lucrativa, ou seja, o grupo deve exercer atividade econômica. Assim, a união de pessoas jurídicas que não explorem a atividade econômica, por exemplo, hospital universitário e faculdade de medicina, não acarretará a formação do grupo econômico para fins trabalhistas, consequentemente não haverá a responsabilidade solidária entre elas.

Se o empregado for contratado por uma das empresas, mas seu trabalho estiver sendo aproveitado pelas demais, por exemplo, no período da manhã trabalha para empresa A, e, à tarde, presta serviços para a empresa B, do mesmo grupo, terá um único contrato de trabalho, ou seja, sua carteira de trabalho não será, em regra, assinada pelas duas empregadoras, mas apenas uma delas. Assim sendo, mesmo prestando serviços para duas empresas, a jurisprudência do TST tem entendido tratar-se de empregador único, ou seja, o grupo é o empregador. Aliás, essa qualidade de considerar o grupo como empregador único é chamada, por alguns autores, de **responsabilidade solidária ativa**. Nesse mesmo sentido, se o empregado receber pagamento de outra empresa pertencente ao mesmo grupo, em razão de serviços executados durante a sua jornada de trabalho, o valor recebido deverá integrar a remuneração do trabalhador.

Como o TST trata o grupo econômico como um único empregador, não há exigência de que todas as empresas que compõem o grupo estejam no polo passivo da ação judicial. O trabalhador, portanto, poderá cobrar seus créditos trabalhistas, integralmente, de empresas que não figuraram na reclamação trabalhista, desde que elas façam parte do mesmo grupo econômico[433]. A ausência de uma ou algumas empresas do grupo não impede que elas sejam executadas e, consequentemente, obrigadas a pagar os débitos trabalhistas das demais. É o que se denomina **responsabilidade solidária passiva**.

► **ESTUDO DE CASO 13:**

Disserte sobre o instituto da Sucessão Trabalhista e as modificações da Reforma Trabalhista.

RESPOSTA SUGERIDA PELO AUTOR:

Um dos traços marcantes para identificação do empregado é a pessoalidade. No entanto, o contrato de trabalho não está vinculado à figura do empregador, mas sim à figura da empresa. Se, por um lado, a pessoalidade é requisito indispensável para configurar o empregado, por outro, a impessoalidade é traço marcante para o empregador, pois as mudanças na estrutura jurídica da empresa não afetam os contratos de trabalho em curso.

433. Antigamente, o TST, via Súmula nº 205, defendia a necessidade de que todas as empresas que compusessem o grupo figurassem no polo passivo da reclamação trabalhista, possibilitando que participassem do contraditório. Com o entendimento de que as empresas do grupo formam um único empregador, a Súmula nº 205 foi cancelada, possibilitando a execução de empresa que não tenha participado da relação processual (fase de conhecimento).

O fenômeno da sucessão trabalhista significa que a mudança na estrutura da empresa não interfere em direitos já conquistados pelos trabalhadores. Para que se configure a sucessão trabalhista, devem estar presentes dois requisitos: transferência do estabelecimento, que pode ser a título oneroso ou gratuito e que o estabelecimento continue em funcionamento naquela atividade. Uma vez presentes os requisitos, o sucessor assume o passivo trabalhista.

O TST já tinha posicionamento de que as dívidas antigas, presentes e futuras do ex-proprietário são transmitidas ao sucessor. A Reforma Trabalhista prevê, expressamente no art. 448-A da CLT, que a totalidade dos débitos será de responsabilidade do novo proprietário. De acordo com a redação do novo dispositivo, as obrigações trabalhistas, inclusive aquelas contraídas à época em que os empregados trabalhavam para a empresa sucedida são de responsabilidade do sucessor. Portanto, o sucessor terá a responsabilidade sobre todos os débitos trabalhistas, ainda que a verba se refira ao momento de prestação dos serviços para o sucedido.

Prevê, ainda, que se constatada a fraude, será considerada responsabilidade solidária entre sucessor e sucedido. Importante destacar que eventuais discussões entre sucessor e sucedido não são de competência da Justiça do Trabalho, mas da Justiça Comum. Enfim, nesse ponto, a Reforma Trabalhista beneficiou os trabalhadores ao prever que dívidas contraídas antes da sucessão são de responsabilidade do sucessor.

▶ **ESTUDO DE CASO 14:**

Uma grande rede de lojas de roupa revista suas empregadas ao final de jornada. A revista consiste em fiscalizar bolsas, sacolas e demais pertences das vendedoras. Essa conduta empresarial é lícita? Fundamente.

RESPOSTA SUGERIDA PELO AUTOR:

O poder do empregador está previsto no art. 2º da CLT, pois o empregador "dirige a prestação pessoal de serviços". Como ele assume, exclusivamente, os riscos da atividade econômica, há necessidade de organizar e controlar a prestação de serviços, mesmo que, para isso, seja necessária a aplicação de penalidades aos trabalhadores. Se de um lado há presença do poder de direção, por parte do empregado há também a presença da subordinação.

Importante frisar que esses poderes, conferidos ao empregador, não são absolutos. Há limites previstos na CLT e na CF/88, por exemplo, respeitar a intimidade e a dignidade do empregado. Aliás, se transmitida ordem ilegal (comprar entorpecentes, fazer sexo com clientes da empresa), alheia ao contrato (empregado contratado como professor de inglês, sendo exigido que transporte os filhos do empregador para escola e que faça suas compras de supermercado), ou desproporcional (trabalhar 18 horas por dia, ou sem equipamentos básicos de proteção), o empregado poderá se recusar[434] a cumprir a ordem dada. Nesse caso, ao exercer

434. De acordo com Délio Maranhão, o direito de resistência ou *Jus Resistentiae:* "A personalidade do empregado não se anula com o contrato de trabalho, razão pela qual lhe é reconhecido certo *jus resistentiae* no que

seu direito de resistência (jus resistentiae), o empregado não poderá ser punido pelo descumprimento da ordem.

Uma das formas de manifestar o poder direção do empregador é o denominado ***poder de controle****. Por meio do controle, o empregador fiscaliza as tarefas executadas, verifica o cumprimento da jornada de trabalho e protege seu patrimônio, mediante o controle de estoque, produtividade etc. Surge, portanto, a questão da legalidade nas revistas realizadas pelo empregador nas bolsas e sacolas de seus empregados. As* ***revistas pessoais****, realizadas com razoabilidade, sem que envolvam nudez, têm sido admitidas*[435]*, desde que a atividade exercida justifique esse controle. A empresa do caso mencionado lida diariamente com diversas peças de roupa, o que justifica a possibilidade de revista nos empregados. O TST*[436] *tem aceitado essas revistas pessoais, de bolsas, mochilas e sacolas, desde que não submeta o trabalhador à situação constrangedora. O Pleno do Tribunal, inclusive, firmou em 2025 a Tese Vinculante nº 58, fixando o entendimento de que revistas meramente visuais não configuram ato ilícito apto a gerar indenização por dano moral.*

A ***Reforma Trabalhista*** *não alterou nenhum aspecto ligado às revistas íntimas ou pessoais.*

► **ESTUDO DE CASO 15**[437]**:**

Felipe Homem de Sorte foi contratado pela empresa Piratininga Comércio de Metais Ltda., para exercer a função de auxiliar administrativo. Após um ano de serviços prestados, sem que tivesse praticado qualquer ato desabonador de sua conduta, recusou-se a cumprir ordem manifestamente legal de seu superior hierárquico, por discordar de juízo de mérito daquele, em relação à tomada de uma decisão administrativa. De pronto foi verbalmente admoestado, alertado para que o ato não se repetisse e sobre a gravidade do ilícito contratual cometido. No mesmo dia, ao final do expediente, foi chamado à sala de Diretor da empresa, que lhe comunicou a decisão de lhe impor suspensão contratual por 20 (vinte) dias, em virtude da falta cometida. Em face da situação acima, responda, de forma fundamentada, aos seguintes itens:

a) São válidas as punições aplicadas pelo empregador?

b) Se a ordem original fosse ilegal, o que poderia o empregado fazer?

respeita às determinações do empregador. Assim, pode ele, legitimamente, recusar-se ao cumprimento de uma ordem, por exemplo, que o coloque em grave risco, que fuja à natureza do trabalho contratado, que o humilhe ou diminua moralmente, ou seja ilícita, ilegal ou de execução extraordinariamente difícil".

435. O tema é polêmico. Há corrente doutrinária que defende a impossibilidade, inclusive das revistas pessoais. A fiscalização exercida pelo empregador é possível mediante outros métodos, como câmeras, controle de estoque etc. Para as questões objetivas, que é a finalidade dessa obra, importante assinalar a opção que traga o posicionamento majoritário: revistas íntimas são vedadas, e as revistas pessoais, admitidas desde que com cautela e razoabilidade.

436. Informativo nº 3 do TST.

437. Essa questão foi retirada de questão da 2ª fase do VII Exame de Ordem da OAB.

RESPOSTA SUGERIDA PELO AUTOR[438]:

O poder do empregador está previsto no art. 2º da CLT, pois o empregador "dirige a prestação pessoal de serviços". Como ele assume, exclusivamente, os riscos da atividade econômica, é preciso organizar e controlar a prestação de serviços, mesmo que, para isso, seja necessária a aplicação de penalidades aos trabalhadores. Se de um lado há presença do poder de direção, por parte do empregado há também a presença da subordinação.

Se verificada a desobediência às regras impostas, caberão as seguintes penalidades: advertência verbal ou escrita, suspensão disciplinar de, no máximo, 30 dias consecutivos conforme art. 474 da CLT e dispensa por justa causa nos termos do art. 482 da CLT. Antes da ***Reforma Trabalhista****, não havia previsão na CLT de aplicação da multa como penalidade. Assim sendo, era vedada ao empregador a sua aplicação.*

No entanto, a ***Reforma Trabalhista*** *criou hipótese de multa que pode ser aplicado ao empregado contratado para prestação de trabalho intermitente. A partir da vigência da Lei nº 13.467/2017, surge nova modalidade de penalidade ao empregado: multa por descumprimento do acordado em trabalho intermitente. Se a oferta de trabalho intermitente for aceita pelo empregado, é necessário o cumprimento do acordado por ambas as partes, empregado e empregador.*

Portanto, o trabalhador deve comparecer ao serviço nos dias acertados e o empregador deve permitir o trabalho durante esse período. A oferta de trabalho vincula o empregador e também o empregado, se a aceitar. Na hipótese de descumprimento do acordado, o art. 452-A, § 4º, da CLT estabelece que a parte que der causa ao inadimplemento contratual deve pagar à outra parte multa no valor de 50% da remuneração que seria devida. Tendo em vista que Felipe Homem de Sorte não foi contratado para trabalho intermitente, não é possível a aplicação de multa como penalidade.

Assim, é plenamente válida a aplicação de advertência verbal a Felipe por descumprir ordem manifestamente legal. Contudo, é vedado ao empregador aplicar duas penalidades em razão da mesma falta cometida pelo empregado. Assim, é inválida a aplicação de sanção pelo período de 20 dias ao empregado, uma vez que se trata de nova sanção para a mesma falta realizada.

É importante frisar que os poderes de direção, conferidos ao empregador, não são absolutos. Há limites previstos na CLT e na CF/88, por exemplo, respeitar a intimidade e a dignidade do empregado. Se transmitida ordem ilegal (comprar entorpecentes, fazer sexo com clientes da empresa), alheia ao contrato (empregado contratado como professor de inglês, sendo exigido que transporte os filhos do empregador para escola e que faça suas compras de supermercado), ou desproporcional (trabalhar 18 horas por dia, ou sem equipamentos básicos de proteção, ou impedir o empregado de utilizar o banheiro para evitar interrupção na produção), o empregado poderá se recusar a cumprir a ordem dada. Nesse caso, ao exercer seu direito de resistência (jus resistentiae), o empregado não poderá ser punido pelo descumprimento da ordem.

Assim, se a ordem dada a Felipe fosse ilegal, seria possível a recusa do trabalhador em cumprir a ordem, sem que esse ato importasse em punição ao empregado.

438. Nas respostas aqui oferecidas, serão indicadas e/ou transcritas súmulas, orientações jurisprudências do TST e artigos de lei, mas na prova não há essa necessidade – salvo quando expressamente previsto no edital do concurso.

► **QUESTÃO DISSERTATIVA 16:**

Disserte sobre os requisitos da terceirização lícita e a responsabilidade da Administração Pública pelo inadimplemento das obrigações trabalhistas do terceirizado.

RESPOSTA SUGERIDA PELO AUTOR[439]:

A terceirização compreende a transferência de um serviço ou atividade específico de uma empresa a outra, ou seja, não se busca apenas um trabalhador para substituir outro que entrou em férias, por exemplo, mas, na terceirização, há verdadeira delegação de um setor da empresa para que outra possa atuar com seus próprios empregados terceirizados. Nesse sentido, surge a obrigação de que a empresa de prestação de serviços a terceiros preste serviços determinados e específicos.

Até o final de março de 2017, não havia regulamentação em lei acerca da terceirização. A disciplina jurídica era realizada pela Súmula nº 331 do TST. Portanto, coube ao Poder Judiciário estabelecer os parâmetros e limites para a terceirização de serviços. Ocorre que, no dia 31/03/2017, foi promulgada a Lei nº 13.429/2017, que alterou e acrescentou diversos dispositivos à Lei nº 6.019/1974 para tratar sobre a terceirização. Essa lei corresponde, portanto, à primeira legislação a regulamentar o assunto. Entretanto, essa norma sofreu diversas críticas, pois, além de ser decorrência de um projeto de lei que tramitava há mais de 20 anos no Congresso Nacional, deixou omissos diversos pontos centrais, o que gerou insegurança jurídica.

A Lei nº 13.467/2017 – **Reforma Trabalhista**, promulgada em 13/07/2017, alterou a regulamentação da terceirização de serviços, com o objetivo de sanar as omissões da Lei nº 13.429/2017 e criar algumas salvaguardas aos trabalhadores.

Como a terceirização se desenvolve em uma relação jurídica triangular, havia a necessidade de interpretá-la de forma restritiva, pois a presença da empresa intermediadora de mão de obra era ilegal. Nesse sentido, a Súmula nº 331, III, do TST, previa que o empregador que desejasse terceirizar serviços em sua empresa deveria observar os seguintes requisitos:

a) Atividade-meio ou atividades secundárias da empresa. Os serviços prestados pelos terceirizados deveriam ser ligados às atividades periféricas, secundárias, ou atividade-meio da empresa, como serviços de limpeza e vigilância.

b) Ausência de pessoalidade e subordinação. Entre trabalhador e empresa tomadora não há pessoalidade, ou seja, o trabalhador terceirizado não é contratado pela tomadora; esta contrata os serviços, e não a pessoa. Ademais, como o trabalhador é empregado da empresa intermediadora, é ela que possui poder de direção sobre os serviços. Logo, o empregado está subordinado à empresa intermediadora, e não à tomadora.

Em resumo, a Súmula nº 331 do TST não permitia a terceirização das atividades-fim ou principais da empresa e determinava que não poderia haver pessoalidade e subordinação entre o trabalhador terceirizado e a empresa contratante (tomadora). Com as modificações trazidas pela Lei nº 13.429/2017 e, agora, com a **Reforma Trabalhista**, a Súmula nº 331 do TST deverá ser, em breve, cancelada ou revista pelo TST.

A Lei nº 13.429/2017 não restringiu os serviços passíveis de terceirização apenas à atividade-meio da empresa, o que levou à interpretação de que havia sido

439. Nas respostas aqui oferecidas, serão indicadas e/ou transcritas súmulas, orientações jurisprudências do TST e artigos de lei, mas na prova não há essa necessidade – salvo quando expressamente previsto no edital do concurso.

autorizada a terceirização nas atividades-fim das empresas, inclusive pelos debates dos parlamentares que antecederam a votação do projeto. Apesar da ampla possibilidade de terceirização, a legislação era omissa quanto à possibilidade de terceirização da atividade-fim e gerava insegurança jurídica, pois a imprecisão da norma em admitir (ou não) a terceirização em atividade-fim levava à discussão sobre sua permissão ou não no ordenamento jurídico.

Com o objetivo de sanar a omissão da Lei de março de 2017, a **Reforma Trabalhista** *(Lei nº 13.467/2017) alterou novamente a redação da Lei nº 6.019/1974 para prever expressamente a possibilidade de terceirização nas atividades-fim das empresas. Ela estabelece que a prestação de serviços a terceiros compreende a transferência de qualquer das atividades da contratante, inclusive sua atividade principal, à pessoa jurídica de direito privado prestadora de serviços.*

No dia 30/08/2018, o STF julgou a ADPF nº 324 e o Recurso Extraordinário em repercussão geral nº 958252, que versavam sobre a possibilidade de terceirização em todas as atividades da empresa. Por maioria de 7 votos contra 4 contrários, o Tribunal julgou que é lícita a terceirização em todas as etapas do processo produtivo, sejam elas em atividades-meio ou fim. Nesse sentido, a modificação realizada pela Reforma Trabalhista passa a ser reconhecida pelo STF, cuja decisão tem efeito vinculante para todo o Poder Judiciário.

Apesar de ser possível a terceirização nas atividades-fim da empresa, permanece intacto o requisito para terceirização lícita que exige a ausência de pessoalidade e de subordinação, pois a empresa contratante (tomadora) contrata os serviços, e não a pessoa. Portanto, a parte final do item III da Súmula nº 331 do TST deverá permanecer aplicável.

Caso fique demonstrada a subordinação ou pessoalidade existente entre terceirizado e empresa contratante (tomadora de serviços), a terceirização será ilegal e consequentemente declarado vínculo direto entre contratante e terceirizado.

A **Reforma Trabalhista** *trouxe novo requisito para a terceirização de serviços no "caput" do art. 4º-A da Lei nº 6.019/1974: capacidade econômica da empresa prestadora de serviços compatível com a sua execução.*

A ausência desse requisito, leva ao reconhecimento de vínculo direto com a empresa contratante. Assim, o inadimplemento das verbas trabalhistas pela empresa prestadora de serviços a terceiros demonstra que não possui o requisito da capacidade econômica, devendo a terceirização ser considerada ilícita. Eventuais discussões acerca das distinções terminológicas acerca de capacidade financeira e econômica ficarão restritas apenas ao âmbito acadêmico, pois a prova de inadimplemento das obrigações trabalhistas será suficiente para comprovação de ausência do presente requisito.

No tocante à responsabilidade da Administração Pública, deve-se ressaltar que, se a empresa intermediadora não pagar aos trabalhadores terceirizados, a Administração contratante não responde, em regra, pelo pagamento dos encargos trabalhistas, ou seja, a Administração não será a responsável subsidiária. Em decisão do Supremo Tribunal Federal, na Ação Direta de Constitucionalidade nº 16, o STF reconheceu a constitucionalidade do art. 71 da Lei de Licitações, que estabelece a não transferência de encargos trabalhistas para a Administração Pública. Assim, de acordo com a Súmula nº 331, V, do TST, que não deve ser impactada pelas Lei nº 13.429/2017 e Lei nº 13.467/2017, a Administração somente será responsável se comprovada culpa, isto é, se não fiscalizar o contrato de prestação de serviços.

10. SÚMULAS E ORIENTAÇÕES JURISPRUDENCIAIS DO TST

▶ CAPÍTULO IV – SUJEITOS DA RELAÇÃO DE TRABALHO
Carteira de Trabalho e Previdência Social
Súmula nº 12 do TST. As anotações apostas pelo empregador na carteira profissional do empregado não geram presunção "juris et de jure", mas apenas "juris tantum".
Trabalhador rural
Orientação Jurisprudencial nº 315 da SDI – I do TST. É considerado trabalhador rural o motorista que trabalha no âmbito de empresa cuja atividade é predominantemente rural, considerando que, em modo geral, não enfrenta o trânsito das estradas e cidades. (**OJ CANCELADA**)
Orientação Jurisprudencial nº 419 da SDI – I do TST. Considera-se rurícola empregado que, a despeito da atividade exercida, presta serviços a empregador agroindustrial (art. 3º, § 1º, da Lei nº 5.889, de 08.06.1973), visto que, neste caso, é a atividade preponderante da empresa que determina o enquadramento. (**OJ CANCELADA**)
Orientação Jurisprudencial nº 417 da SDI-I do TST. Não há prescrição total ou parcial da pretensão do trabalhador rural que reclama direitos relativos a contrato de trabalho que se encontrava em curso à época da promulgação da Emenda Constitucional nº 28, de 26.05.2000, desde que ajuizada a demanda no prazo de cinco anos de sua publicação, observada a prescrição bienal.
Trabalho do adolescente
Súmula nº 85 do TST[440] I. A compensação de jornada de trabalho deve ser ajustada por acordo individual escrito, acordo coletivo ou convenção coletiva. II. O acordo individual para compensação de horas é válido, salvo se houver norma coletiva em sentido contrário. III. O mero não atendimento das exigências legais para a compensação de jornada, inclusive quando encetada mediante acordo tácito, não implica a repetição do pagamento das horas excedentes à jornada normal diária, se não dilatada a jornada máxima semanal, sendo devido apenas o respectivo adicional. IV. A prestação de horas extras habituais descaracteriza o acordo de compensação de jornada. Nesta hipótese, as horas que ultrapassarem a jornada semanal normal deverão ser pagas como horas extraordinárias e, quanto àquelas destinadas à compensação, deverá ser pago a mais apenas o adicional por trabalho extraordinário. V. As disposições contidas nesta súmula não se aplicam ao regime compensatório na modalidade "banco de horas", que somente pode ser instituído por negociação coletiva. VI – Não é válido acordo de compensação de jornada em atividade insalubre, ainda que estipulado em norma coletiva, sem a necessária inspeção prévia e permissão da autoridade competente, na forma do art. 60 da CLT.
Orientação Jurisprudencial nº 26 da SDC do TST. Os empregados menores não podem ser discriminados em cláusula que fixa salário mínimo profissional para a categoria.
Trabalho da mulher
Orientação Jurisprudencial nº 399 da SDI-I do TST. O ajuizamento de ação trabalhista após decorrido o período de garantia de emprego não configura abuso do exercício do direito de ação, pois este está submetido apenas ao prazo prescricional inscrito no art. 7º, XXIX, da CF/1988, sendo devida a indenização desde a dispensa até a data do término do período estabilitário.
Súmula nº 244 do TST. I – O desconhecimento do estado gravídico pelo empregador não afasta o direito ao pagamento da indenização decorrente da estabilidade (art. 10, II, "b" do ADCT). II – A garantia de emprego à gestante só autoriza a reintegração se esta se der durante o período de estabilidade. Do contrário, a garantia restringe-se aos salários e demais direitos correspondentes ao período de estabilidade. III – A empregada gestante tem direito à estabilidade provisória prevista no art. 10, inciso II, alínea b, do ADCT, mesmo na hipótese de admissão mediante contrato por tempo determinado.

440. Esta súmula poderá ser impactada pelos arts. 59, 59-A e 59-B da CLT alterados pela Reforma Trabalhista – Lei nº 13.467/2017.

Orientação Jurisprudencial nº 30 da SDC do TST. Nos termos do art. 10, II, "b", do ADCT, a proteção à maternidade foi erigida à hierarquia constitucional, pois retirou do âmbito do direito potestativo do empregador a possibilidade de despedir arbitrariamente a empregada em estado gravídico. Portanto, a teor do artigo 9º, da CLT, torna-se nula de pleno direito a cláusula que estabelece a possibilidade de renúncia ou transação, pela gestante, das garantias referentes à manutenção do emprego e salário.
Terceirização
Súmula nº 331 do TST[441] I – A contratação de trabalhadores por empresa interposta é ilegal, formando-se o vínculo diretamente com o tomador dos serviços, salvo no caso de trabalho temporário (Lei nº 6.019, de 03.01.1974). II – A contratação irregular de trabalhador, mediante empresa interposta, não gera vínculo de emprego com os órgãos da administração pública direta, indireta ou fundacional (art. 37, II, da CF/1988). III – Não forma vínculo de emprego com o tomador a contratação de serviços de vigilância (Lei nº 7.102, de 20.06.1983) e de conservação e limpeza, bem como a de serviços especializados ligados à atividade-meio do tomador, desde que inexistente a pessoalidade e a subordinação direta. IV – O inadimplemento das obrigações trabalhistas, por parte do empregador, implica a responsabilidade subsidiária do tomador dos serviços, quanto àquelas obrigações, desde que hajam participado da relação processual e constem também do título executivo judicial (art. 71 da Lei nº 8.666, de 21.06.1993). V – Os entes integrantes da administração pública direta e indireta respondem subsidiariamente, nas mesmas condições do item IV, caso evidenciada a sua conduta culposa no cumprimento das obrigações da Lei nº 8.666/93, especialmente na fiscalização do cumprimento das obrigações contratuais e legais da prestadora de serviço como empregadora. A aludida responsabilidade não decorre de mero inadimplemento das obrigações trabalhistas assumidas pela empresa regularmente contratada. VI – A responsabilidade subsidiária do tomador de serviços abrange todas as verbas decorrentes da condenação referentes ao período da prestação laboral.
Orientação Jurisprudencial nº 383 da SDI – I do TST[442]**.** A contratação irregular de trabalhador, mediante empresa interposta, não gera vínculo de emprego com ente da Administração Pública, não afastando, contudo, pelo princípio da isonomia, o direito dos empregados terceirizados às mesmas verbas trabalhistas legais e normativas asseguradas àqueles contratados pelo tomador dos serviços, desde que presente a igualdade de funções. Aplicação analógica do art. 12, "a", da Lei nº 6.019, de 03.01.1974.
Orientação Jurisprudencial nº 191 da SDI-I do TST. Diante da inexistência de previsão legal específica, o contrato de empreitada de construção civil entre o dono da obra e o empreiteiro não enseja responsabilidade solidária ou subsidiária nas obrigações trabalhistas contraídas pelo empreiteiro, salvo sendo o dono da obra uma empresa construtora ou incorporadora.
Estágio
OJ nº 366 da SDI-I do TST: Ainda que desvirtuada a finalidade do contrato de estágio celebrado na vigência da Constituição Federal de 1988, é inviável o reconhecimento do vínculo empregatício com ente da Administração Pública direta ou indireta, por força do art. 37, II, da CF/1988, bem como o deferimento de indenização pecuniária, exceto em relação às parcelas previstas na Súmula nº 363 do TST, se requeridas.
Súmula nº 363 do TST: A contratação de servidor público, após a CF/1988, sem prévia aprovação em concurso público, encontra óbice no respectivo art. 37, II e § 2º, somente lhe conferindo direito ao pagamento da contraprestação pactuada, em relação ao número de horas trabalhadas, respeitado o valor da hora do salário mínimo, e dos valores referentes aos depósitos do FGTS.
Empregador
Súmula nº 129 do TST[443]. A prestação de serviços a mais de uma empresa do mesmo grupo econômico, durante a mesma jornada de trabalho, não caracteriza a coexistência de mais de um contrato de trabalho, salvo ajuste em contrário.

441. Esta súmula poderá ser impactada pela regulamentação do assunto pelas Leis nº 13.429/2017 e 13.467/2017.
442. Esta orientação jurisprudencial poderá ser impactada pela regulamentação do assunto pelas Leis nº 13.429/2017 e 13.467/2017.
443. Esta súmula poderá ser impactada pelo art. 8º, § 2º da CLT acrescentado pela Reforma Trabalhista – Lei nº 13.467/2017.

Orientação Jurisprudencial nº 225 da SDI - I do TST. Celebrado contrato de concessão de serviço público em que uma empresa (primeira concessionária) outorga a outra (segunda concessionária), no todo ou em parte, mediante arrendamento, ou qualquer outra forma contratual, a título transitório, bens de sua propriedade:

I - em caso de rescisão do contrato de trabalho após a entrada em vigor da concessão, a segunda concessionária, na condição de sucessora, responde pelos direitos decorrentes do contrato de trabalho, sem prejuízo da responsabilidade subsidiária da primeira concessionária pelos débitos trabalhistas contraídos até a concessão;

II - no tocante ao contrato de trabalho extinto antes da vigência da concessão, a responsabilidade pelos direitos dos trabalhadores será exclusivamente da antecessora.

Orientação Jurisprudencial nº 261 da SDI - I do TST[444]. As obrigações trabalhistas, inclusive as contraídas à época em que os empregados trabalhavam para o banco sucedido, são de responsabilidade do sucessor, uma vez que a este foram transferidos os ativos, as agências, os direitos e deveres contratuais, caracterizando típica sucessão trabalhista.

Orientação Jurisprudencial nº 411 da SDI - I do TST[445]**.** O sucessor não responde solidariamente por débitos trabalhistas de empresa não adquirida, integrante do mesmo grupo econômico da empresa sucedida, quando, à época, a empresa devedora direta era solvente ou idônea economicamente, ressalvada a hipótese de má-fé ou fraude na sucessão.

Súmula nº 430 do TST. Convalidam-se os efeitos do contrato de trabalho que, considerado nulo por ausência de concurso público, quando celebrado originalmente com ente da Administração Pública Indireta, continua a existir após a sua privatização.

Orientação Jurisprudencial nº 92 da SDI - I do TST. Em caso de criação de novo município, por desmembramento, cada uma das novas entidades responsabiliza-se pelos direitos trabalhistas do empregado no período em que figurarem como real empregador.

Súmula nº 77 do TST. Nula é a punição de empregado se não precedida de inquérito ou sindicância internos a que se obrigou a empresa por norma regulamentar.

Súmula nº 51 do TST[446]

I - As cláusulas regulamentares, que revoguem ou alterem vantagens deferidas anteriormente, só atingirão os trabalhadores admitidos após a revogação ou alteração do regulamento.

II - Havendo a coexistência de dois regulamentos da empresa, a opção do empregado por um deles tem efeito jurídico de renúncia às regras do sistema do outro.

Orientação Jurisprudencial nº 191 da SDI - I do TST. Diante da inexistência de previsão legal específica, o contrato de empreitada de construção civil entre o dono da obra e o empreiteiro não enseja responsabilidade solidária ou subsidiária nas obrigações trabalhistas contraídas pelo empreiteiro, salvo sendo o dono da obra uma empresa construtora ou incorporadora.

444. Esta orientação jurisprudencial poderá ser impactada pelo art. 448-A da CLT acrescentado pela Reforma Trabalhista - Lei nº 13.467/2017.

445. Esta súmula poderá ser impactada pelo art. 448-A da CLT acrescentado pela Reforma Trabalhista - Lei nº 13.467/2017.

446. Esta súmula poderá ser impactada pelo art. 611-A, VI da CLT acrescentado pela Reforma Trabalhista - Lei nº 13.467/2017.

QUESTÕES
CAPÍTULOS III E IV

1. QUESTÕES COM GABARITO COMENTADO

01. (FCC – Analista Judiciário – Área Judiciária – TRT 17/2022) Conforme previsão legal, o juiz do trabalho, ao analisar uma convenção coletiva de trabalho juntada no processo para embasar determinado pedido formulado pelo reclamante, deverá se pautar pelo princípio de

(A) intervenção mínima na autonomia da vontade coletiva.

(B) observância irrestrita dos princípios que regem o Direito do Trabalho.

(C) respeito às normas de direito comum, desde que não colidam com princípios do direito laboral.

(D) salvaguarda dos interesses do trabalhador hipossuficiente.

(E) intocabilidade da autonomia da vontade coletiva.

COMENTÁRIOS

Nota do autor: A questão aborda as fontes do direito do trabalho e, mais do que isso, a alteração trazida pela Reforma Trabalhista no tocante à análise de convenções e acordos coletivos pela Justiça do Trabalho e na edição e alteração de súmulas pelos tribunais do trabalho.

Comentário serve para todas as alternativas, uma vez que versam sobre o mesmo assunto. "No exame de convenção coletiva ou acordo coletivo de trabalho, a Justiça do Trabalho analisará exclusivamente a conformidade dos elementos essenciais do negócio jurídico, respeitado o disposto no art. 104 da Lei no 10.406, de 10 de janeiro de 2002 (Código Civil), e balizará sua atuação pelo **princípio da intervenção mínima na autonomia da vontade coletiva**" (art. 8º, §3º da CLT – grifos acrescidos).

Vê-se, portanto, que a redação do § 3º do art. 8º da CLT restringiu consideravelmente a atuação dos juízes na interpretação das normas coletivas, obrigando o Poder Judiciário a analisar tão somente a conformidade da norma coletiva aos requisitos de validade do negócio jurídico e ao respeito da autonomia da vontade coletiva, nos termos do art. 104 do Código Civil. De nossa parte, entendemos que essa alteração viola os princípios constitucionais da inafastabilidade da jurisdição e do acesso à Justiça previstos no art. 5º, XXXV, da CF/88.

Alternativa correta: "a".

02. (FCC – Técnico Judiciário – Área Administrativa – TRT 4/2022) De acordo com a Consolidação das Leis do Trabalho, no exame de uma convenção ou acordo coletivo, a Justiça do Trabalho balizará sua atuação pelo princípio da

(A) intervenção mínima na autonomia da vontade coletiva.

(B) interpretação mais favorável ao empregado.

(C) estrita legalidade, em detrimento da autonomia privada coletiva.

(D) condição mais benéfica ao empregado, hipossuficiente na relação.

(E) primazia da realidade.

COMENTÁRIOS

Nota do autor: A questão aborda as fontes do direito do trabalho e, mais do que isso, a alteração trazida pela Reforma Trabalhista no tocante à análise de convenções e acordos coletivos pela Justiça do Trabalho e na edição e alteração de súmulas pelos tribunais do trabalho.

Comentário serve para todas as alternativas, uma vez que versam sobre o mesmo assunto. "No exame de convenção coletiva ou acordo coletivo de trabalho, a Justiça do Trabalho analisará exclusivamente a conformidade dos elementos essenciais do negócio jurídico, respeitado o disposto no art. 104 da Lei no 10.406, de 10 de janeiro de 2002 (Código Civil), e balizará sua atuação pelo **princípio da intervenção mínima na autonomia da vontade coletiva**" (art. 8º, §3º da CLT – grifos acrescidos).

Vê-se, portanto, que a redação do § 3º do art. 8º da CLT restringiu consideravelmente a atuação dos juízes na interpretação das normas coletivas, obrigando o Poder Judiciário a analisar tão somente a conformidade da norma coletiva aos requisitos de validade do negócio jurídico e ao respeito da autonomia da vontade coletiva, nos termos do art. 104 do Código Civil. De nossa parte, entendemos que essa alteração viola os princípios constitucionais da inafastabilidade da jurisdição e do acesso à Justiça previstos no art. 5º, XXXV, da CF/88.

Alternativa correta: "a".

03. (FCC – Analista Judiciário – Área Judiciária – TRT 2/2018) Acerca das fontes do Direito do Trabalho, considere:

I. As autoridades administrativas e a Justiça do Trabalho, na falta de disposições legais ou contratuais, decidirão, conforme o caso, apenas pela jurisprudência, por analogia, por equidade, pelo direito comparado e outros princípios e normas gerais de direito, admitindo-se, excepcionalmente, que um interesse de classe ou particular prevaleça sobre o interesse público.

II. Súmulas e outros enunciados de jurisprudência editados pelo Tribunal Superior do Trabalho e pelos Tribunais Regionais do Trabalho não poderão restringir direitos legalmente previstos nem criar obrigações que não estejam previstas em lei.

III. No exame de convenção coletiva ou acordo coletivo de trabalho, a Justiça do Trabalho, além de analisar a conformidade dos elementos essenciais do negócio jurídico (agente capaz, objeto lícito, possível, determinado ou determinável e forma prescrita ou não defesa em lei), poderá anular cláusulas coletivas com base em juízos de valor sobre o pactuado, balizando sua atuação pelo princípio da intervenção adequada na autonomia da vontade coletiva.

Está correto o que se afirma APENAS em

(A) I.
(B) II.
(C) II e III.
(D) I e III.
(E) I e II.

COMENTÁRIOS

Nota do autor: A questão aborda as fontes do direito do trabalho e, mais do que isso, a alteração trazida pela Reforma Trabalhista no tocante à análise de convenções e acordos coletivos pela Justiça do Trabalho e na edição e alteração de súmulas pelos tribunais do trabalho. Todos os itens encontram respaldo no art. 8º da CLT.

Alternativa correta: "b". Está correto o que se afirma no item II.

Assertiva I. Incorreta. "As autoridades administrativas e a Justiça do Trabalho, na falta de disposições legais ou contratuais, decidirão, conforme o caso, pela jurisprudência, por analogia, por eqüidade e outros princípios e normas gerais de direito, principalmente do direito do trabalho, e, ainda, de acordo com os **usos e costumes**, o direito comparado, mas sempre de maneira que **nenhum interesse de classe ou particular prevaleça sobre o interesse público**" (art. 8º da CLT).

Assim, em caso de lacuna no ordenamento jurídico, deverão ser utilizadas técnicas de integração elencadas no art. 8º da CLT, de forma a completar as lacunas deixadas pelo legislador. Note-se que poderão ser utilizados os usos e costumes que não constam no enunciado. Além disso, o interesse de classe ou particular não prevalece o interesse público.

Assertiva II. Correta. "Súmulas e outros enunciados de jurisprudência editados pelo Tribunal Superior do Trabalho e pelos Tribunais Regionais do Trabalho não poderão restringir direitos legalmente previstos nem criar obrigações que não estejam previstas em lei" (Art. 8º, §2º da CLT). Nota-se, assim, que o § 2º do art. 8º da CLT alterou profundamente o alcance das Súmulas e OJs do TST e das Súmulas dos TRTs, impondo que elas não podem restringir direitos legalmente previstos, nem mesmo criar obrigações que não estejam previstas em lei. Pensamos que o art. 8º, § 2º, é inconstitucional por violar frontalmente a separação dos poderes, restringindo a função típica do judiciário: julgar. Tanto é assim que, em todos os demais ramos do direito, não existe limitação para a interpretação do direito pelos juízes, pois essa é uma das principais funções da jurisdição. Para uma prova objetiva, recomendo que o candidato fique atento ao texto legal da CLT.

Assertiva III. Incorreta. "No exame de convenção coletiva ou acordo coletivo de trabalho, a Justiça do Trabalho analisará **exclusivamente** a conformidade dos elementos essenciais do negócio jurídico, respeitado o disposto no art. 104 da Lei no 10.406, de 10 de janeiro de 2002 (Código Civil), e balizará sua atuação pelo princípio da intervenção mínima na autonomia da vontade coletiva" (art. 8º, §3º da CLT – grifos acrescidos).

Vê-se, portanto, que a redação do § 3º do art. 8º da CLT restringiu consideravelmente a atuação dos juízes na interpretação das normas coletivas, obrigando o Poder Judiciário a analisar tão somente a conformidade da norma coletiva aos requisitos de validade do negócio jurídico e ao respeito da autonomia da vontade coletiva,

▶ QUESTÕES DE CONCURSOS

nos termos do art. 104 do Código Civil. De nossa parte, entendemos que essa alteração viola os princípios constitucionais da inafastabilidade da jurisdição e do acesso à Justiça previstos no art. 5º, XXXV, da CF/88.

04. (FCC – Técnico Judiciário – Área Judiciária – TRT 15/2018) No Direito do Trabalho, as sentenças normativas da Justiça do Trabalho, os costumes e a Convenção Coletiva de Trabalho são classificados, respectivamente, como fontes:

(A) formal autônoma, material heterônima e formal autônoma.
(B) material autônoma, formal heterônima e formal autônoma.
(C) formal autônoma, material heterônima e material heterônima.
(D) material heterônima, formal autônoma e material heterônima.
(E) formal heterônima, formal autônoma e formal autônoma.

COMENTÁRIOS

Nota do autor: A questão aborda o tema fontes do Direito do Trabalho e é considerada de nível fácil. Sabendo os conceitos de fontes materiais e fontes formais (autônomas e heterônomas) você responderá com mais facilidade as perguntas sobre esse tema.

Alternativa correta: "e". *Comentário serve para as demais alternativas, uma vez que versam sobre o mesmo assunto.*

Fontes materiais são fatores ou acontecimentos sociais, políticos, econômicos e filosóficos que inspiram o legislador (deputados e senadores) na elaboração das leis. Esses movimentos influenciam diretamente o surgimento ou a modificação das leis. Exemplo: as constantes reivindicações dos trabalhadores por mais direitos trabalhistas. Essas reivindicações também ocorrem por parte dos empregadores, na forma de pressões das empresas para reduzir ou flexibilizar os direitos trabalhistas.

Fontes formais são a exteriorização das normas jurídicas, ou seja, as fontes formais são normas de observância obrigatória pela sociedade. Todos devem cumpri-las, pois são imperativas. Exemplo: convenção, acordo coletivo e leis. As fontes formais são divididas em fontes formais autônomas e heterônomas.

As fontes formais autônomas são discutidas e confeccionadas pelas partes diretamente interessadas pela norma. Há, portanto, a vontade expressa das partes em criar essas normas. Já nas fontes formais heterônomas não há participação direta dos destinatários, ou seja, essas fontes possuem origem estatal (Legislativo, Executivo ou Judiciário).

Diante da explicação exposta, chegamos à resposta da questão:

I) Sentença normativa: **Fonte formal heterônoma**. Por meio da sentença normativa, os tribunais colocam fim ao conflito coletivo, criando novas condições de trabalho.

II) Costumes: **Fonte formal autônoma**. Costume é a prática reiterada de uma conduta numa dada região ou empresa. Note-se que o costume é desenvolvido pelas próprias partes envolvidas na relação de trabalho, não sendo imposto pelo Estado.

III) Convenção coletiva: **Fonte formal autônoma.** É o acordo entre sindicato profissional (trabalhadores) e sindicato da categoria econômica (empregadores).

05. (FCC – Técnico Judiciário – Área Administrativa – TRT 6/2018) O artigo 8º da Consolidação das Leis do Trabalho elenca algumas fontes subsidiárias ou supletivas do Direito do trabalho, NÃO se incluindo

(A) direito comparado.
(B) jurisprudência.
(C) analogia.
(D) usos e costumes.
(E) convenção coletiva de trabalho.

COMENTÁRIOS

Nota do autor: na ausência de legislação ou disposição contratual, a Justiça do Trabalho e as autoridades administrativas poderão se valer de técnicas de integração. Se houver um caso ainda não previsto em lei, o juiz estará obrigado a julgá-lo, pois a função do magistrado é pacificar os conflitos, mesmo não existindo lei específica para aquele caso. O juiz utilizará, como forma de preencher a lacuna deixada pelo legislador, as técnicas de integração previstas no art. 8º da CLT.

Alternativa correta: "e". *Comentário serve para as demais alternativas, uma vez que versam sobre o mesmo assunto. Nos termos do art. 8º da CLT:* "As autoridades administrativas e a Justiça do Trabalho, na falta de disposições legais ou contratuais, decidirão, conforme o caso, pela **jurisprudência**, por **analogia**, por eqüidade e outros princípios e normas gerais de direito, principalmente do direito do trabalho, e, ainda, de acordo com os **usos e costumes**, o **direito comparado**, mas sempre de maneira que nenhum interesse de classe ou particular prevaleça sobre o interesse público".

Note, dessa forma que as convenções coletivas de trabalho não são elencadas como fontes de integração, tratando-se de verdadeiras fontes formais autônomas do Direito do Trabalho (já que produzidas pelas próprias partes e não por um terceiro estranho à relação de emprego, como se dá com as fontes formais heterônomas). Por sua vez, a jurisprudência, a analogia, os usos e costumes e o direito comparado estão expressamente previstos no rol do art. 8º da CLT como fontes de integração do Direito do Trabalho.

06. (FUMARC - Técnico Judiciário - TRT 3/2022) Os atos praticados com o objetivo de desvirtuar, impedir ou fraudar a aplicação dos preceitos trabalhistas são:

(A) Anuláveis.

(B) Lícitos, se feitos com a anuência do empregado.

(C) Nulos de pleno direito.

(D) Válidos, se causados por agentes diversos da pessoa empregadora.

(E) Válidos, se expressarem costumes arraigados no âmbito da prestação do serviço.

COMENTÁRIOS

Nota do autor: A questão trata sobre o princípio da primazia da realidade. No Direito Individual do Trabalho, a realidade se sobrepõe às disposições contratuais escritas. Deve-se, portanto, verificar se o conteúdo do documento coincide com os fatos. Exemplo: recibo assinado em branco no ato da contratação, posteriormente apresentado em juízo como prova de pagamento das verbas trabalhistas. É óbvio que esse documento não corresponde à verdade dos fatos. Outro exemplo: pagamento "por fora", empregado registrado em carteira com um salário-mínimo, mas recebe mil reais, como forma de burlar o pagamento de encargos trabalhistas (INSS e FGTS). Em ambos os casos, há aplicação do princípio da primazia da realidade sobre a forma (documentos não representam a verdade dos fatos).

Apesar da importância e abrangência do tema, exigia tão somente o conhecimento da legislação e apresentava baixo nível de complexidade, o que não é habitual nas provas de Analista e Técnico de TRTs. Aliás, todas as provas desse concurso, de maneira geral, apresentaram um grau de complexidade abaixo do esperado.

Comentário serve para todas as alternativas, uma vez que versam sobre o mesmo assunto. "Serão nulos de pleno direito os atos praticados com o objetivo de desvirtuar, impedir ou fraudar a aplicação dos preceitos contidos na presente Consolidação." (art. 9º, CLT).

Alternativa correta: "c".

07. (FUMARC – Técnico Judiciário – TRT 3/2022) Acerca dos princípios trabalhistas, NÃO é correto afirmar:

(A) O princípio da boa-fé indica que o empregado e o empregador não podem negociar parcelas remuneratórias e condições de trabalho no curso do contrato de trabalho.

(B) O princípio da inalterabilidade contratual lesiva indica que o empregador não pode alterar o contrato de emprego, a fim de piorar as condições impostas contratualmente ao empregado.

(C) O princípio da irredutibilidade salarial informa que o poder de compra do salário do trabalhador não pode ser diminuído.

(D) O princípio da primazia da realidade sobre a forma indica que o dia a dia laboral é mais importante do que aquilo que está meramente colocado em contrato.

(E) O princípio da proteção indica que o Direito do Trabalho é um ramo jurídico especial, voltado para a proteção da parte hipossuficiente das relações de emprego, notadamente o trabalhador.

COMENTÁRIOS

Nota do autor: A questão trata sobre os princípios do Direito do Trabalho. Os princípios representam a base do ordenamento jurídico. O Direito do Trabalho possui princípios específicos, que desempenham funções essenciais para a interpretação e aplicação das normas trabalhistas. Esses princípios servem de orientação para os aplicadores do direito (juízes, procuradores do trabalho, advogados etc.) e têm, ainda, a função de inspirar e orientar os legisladores (deputados e senadores) na elaboração das leis.

Trata-se de uma excelente questão para relembrarmos alguns dos princípios que iluminam este ramo do Direto.

Alternativas "a" e "b": corretas. O princípio da boa-fé contratual é considerado como cláusula geral, devendo ser observado em todos os contratos, inclusive nos contratos de trabalho. Nesse sentido:

> **Art. 422 do CC/2002:** Os contratantes são obrigados a guardar, assim na conclusão do

QUESTÕES DE CONCURSOS

contrato, como em sua execução, os princípios de probidade e boa-fé.

Nesse sentido, dada a condição de hipossuficiência do empregado frente ao empregador, as partes não podem negociar parcelas remuneratórias e condições de trabalho no curso do contrato de trabalho. Aliás, no Direito do Trabalho, é vedada qualquer alteração contratual que seja lesiva ao empregado, mesmo se houver consentimento deste:

> **Art. 468 da CLT.** Nos contratos individuais de trabalho só é lícita a alteração das respectivas condições, por mútuo consentimento, e, ainda assim, desde que não resultem, direta ou indiretamente, prejuízos ao empregado, sob pena de nulidade da cláusula infringente desta garantia.

Alternativa "c": incorreta. O **Princípio da irredutibilidade salarial** veda a redução (diminuição) dos salários dos trabalhadores, exceto convenção ou acordo coletivo (artigo 7º, inciso VI, da Constituição Federal). Portanto, para que essa redução salarial seja válida, há necessidade da participação do sindicato dos trabalhadores. Caso seja pactuada cláusula que reduza o salário do empregado, deverá haver garantia de que ele não será dispensado sem justa causa no prazo de vigência do instrumento coletivo, nos termos do art. 611-A, § 3º, CLT, incluído pela Reforma Trabalhista,

Alternativa "d": correta. No Direito Individual do Trabalho, a realidade se sobrepõe às disposições contratuais escritas. Deve-se, portanto, verificar se o conteúdo do documento coincide com os fatos. Exemplo: recibo assinado em branco no ato da contratação, posteriormente apresentado em juízo como prova de pagamento das verbas trabalhistas. É óbvio que esse documento não corresponde à verdade dos fatos. Outro exemplo: pagamento "por fora", empregado registrado em carteira com um salário-mínimo, mas recebe mil reais, como forma de burlar o pagamento de encargos trabalhistas (INSS e FGTS). Em ambos os casos, há aplicação do princípio da primazia da realidade sobre a forma (documentos não representam a verdade dos fatos).

Alternativa "e": correta. A lei trabalhista estabelece normas de proteção ao trabalhador, ou seja, garante direitos mínimos ao hipossuficiente. Esse princípio protetivo tem por finalidade estabelecer o equilíbrio que falta à relação de emprego, ou seja, o empregador possui situação econômica favorável, enquanto o empregado terá situação a seu favor na legislação trabalhista. A necessidade do princípio protetor tem fundamento na subordinação exercida pelo empregador, limitando a autonomia da vontade. Explica-se: em um contrato de locação (contrato civil), por exemplo, as partes têm liberdade de recusar as propostas uma da outra. Assim, se o proprietário pedir um valor elevado pelo aluguel, o locatário poderá entregar o imóvel. Da mesma forma, se o locatário pedir ao proprietário que reforme todo o imóvel, ele provavelmente se recusará. Veja que nesse contrato civil (locação) há plena liberdade em contratar, pois as partes (locador e locatário) estão em pé de igualdade.

Alternativa incorreta: "c".

08. (INSTITUTO AOCP – Analista Judiciário – Área Judiciária – TRT 1/2018) No que diz respeito aos princípios do direito material do trabalho, assinale a alternativa INCORRETA.

(A) O direito comum é fonte subsidiária do direito do trabalho.

(B) Em razão da vigência do princípio da proteção no direito do trabalho, é correto afirmar que, em havendo a coexistência de dois regulamentos em determinada empresa, a opção do empregado por um deles tem efeito jurídico de renúncia às regras do sistema do outro.

(C) Em razão da vigência do princípio da proteção e da norma mais favorável no direito do trabalho, é correto afirmar que, em havendo a coexistência de dois regulamentos em determinada empresa, o empregado poderá aderir às regras mais benéficas de um ou de outro, não estando obrigado a fazer opção por apenas um deles.

(D) O princípio da aplicação da norma mais favorável é um desdobramento do princípio da proteção.

(E) O princípio da proteção pressupõe a proibição de alterações contratuais lesivas ao empregado, razão pela qual as cláusulas de regulamento de empresa que revoguem ou alterem vantagens deferidas anteriormente somente atingirão os trabalhadores admitidos após a revogação ou alteração respectiva.

COMENTÁRIOS

Nota do autor: A questão aborda o tema princípios do direito do trabalho, assim como as fontes subsidiárias desse ramo do direito. Para respondê-la, além do conhecimento das disposições sumuladas sobre o assunto, o candidato deveria conhecer aspectos doutrinários do princípio, em especial do princípio protetivo.

Alternativa correta: "c". "Havendo a coexistência de dois regulamentos da empresa, a opção do empregado por um deles tem efeito jurídico

▸ QUESTÕES DE CONCURSOS

de renúncia às regras do sistema do outro" (Súmula nº 51, II do TST). De modo diverso do que sustenta a alternativa, a opção por um dos regulamentos, mesmo que prejudicial ao empregado, implica renúncia às regras do outro regulamento.

Alternativa "a". "O direito comum será fonte subsidiária do direito do trabalho" (Art. 8º, §1º da CLT). Esse dispositivo foi modificado pela Reforma Trabalhista. Note-se, dessa forma, que não há mais disposição no sentido de que deveria haver compatibilidade entre direito comum e os princípios fundamentais do direito do trabalho.

Alternativa "b". "Havendo a coexistência de dois regulamentos da empresa, a opção do empregado por um deles tem efeito jurídico de renúncia às regras do sistema do outro" (Súmula nº 51, II do TST).

Alternativa "d". O princípio protetor é diretriz aplicada ao Direito do Trabalho. A lei trabalhista estabelece normas de proteção ao trabalhador, ou seja, garante direitos mínimos ao hipossuficiente[447]. Esse princípio protetivo tem por finalidade estabelecer o equilíbrio que falta à relação de emprego, ou seja, o empregador possui situação econômica favorável, enquanto o empregado terá situação a seu favor na legislação trabalhista. A necessidade do princípio protetor tem fundamento na subordinação exercida pelo empregador, limitando a autonomia da vontade.

Este princípio se desdobra em outros três: princípio da norma mais favorável, princípio do *in dubio pro operario* e princípio da condição mais benéfica.

Alternativa "e". "As cláusulas regulamentares, que revoguem ou alterem vantagens deferidas anteriormente, só atingirão os trabalhadores admitidos após a revogação ou alteração do regulamento" (Súmula nº 51, I do TST). Segundo o princípio da condição mais benéfica, empregado tem assegurada as vantagens conquistadas durante o contrato de trabalho, conforme previsto no art. 468 da CLT. Diante disso, essas conquistas não poderão ser alteradas para pior. Além disso, de acordo com princípio da inalterabilidade contratual lesiva, a alteração do contrato de trabalho somente é possível, em regra, sem que haja prejuízos diretos ou indiretos ao empregado.

09. (FCC – Analista Judiciário – Área Judiciária – TRT 6/2018) Invocando a regra da condição mais benéfica ao empregado, que se insere no princípio da proteção peculiar ao Direito do Trabalho, é correto afirmar:

(A) Havendo conflito entre duas normas jurídicas, prevalece a mais favorável ao empregado.

(B) Havendo dúvida quanto ao alcance da norma tutelar, julga-se a favor do empregado.

(C) As normas legais não prevalecem diante de normas instituídas por convenção ou acordo coletivo, por terem estas destinação mais específica.

(D) A supressão de direitos trabalhistas instituídos por regulamento de empresa só alcança os empregados admitidos posteriormente.

(E) As condições estabelecidas em convenção coletiva de trabalho, quando mais favoráveis, prevalecem sobre as estipuladas em acordo.

COMENTÁRIOS

Nota do autor: A questão aborda o princípio da condição mais benéfica. Você deve estar atento ao que solicita a questão, pois o princípio protetor abrange 3 princípios: a) princípio da norma mais favorável, segundo o qual, em havendo conflito entre as normas, aplicaríamos aquela mais benéfica ao trabalhador; b) *in dubio pro operario*, segundo o qual, em caso de várias interpretações possíveis da norma aplicaríamos aquela mais favorável ao empregado e c) condição mais benéfica, que assegura ao empregado as vantagens conquistadas durante o contrato de trabalho.

Alternativa correta: "d". "As cláusulas regulamentares, que revoguem ou alterem vantagens deferidas anteriormente, só atingirão os trabalhadores admitidos após a revogação ou alteração do regulamento" (Súmula nº 51, I do TST). Dessa forma, há aplicação do princípio da condição mais benéfica nessa Súmula do TST, pois as vantagens conquistadas pelos empregados devem ser mantidas mesmo com a alteração no regulamento da empresa. As novas disposições regulamentares atingem somente os novos empregados.

Alternativa "a". O exposto na alternativa dispõe sobre o princípio da norma mais favorável. Assim, entre duas ou mais normas passíveis de aplicação, utiliza-se a mais favorável em relação ao trabalhador. Referido princípio foi mitigado pelo advento da Reforma Trabalhista, tendo em vista a inserção dos arts. 620 e 611-A à CLT.

447. Hipossuficiente é a parte juridicamente mais fraca na relação jurídica trabalhista, isto é, o empregado.

Segundo o art. 620 da CLT, prevalece o disposto no acordo coletivo, sejam as disposições nele contidas mais favoráveis ou não àquelas constantes na convenção coletiva.

Já o art. 611-A da CLT estabelece casos em que o disposto em convenção ou acordo coletivo prevalecerão sobre a lei.

Alternativa "b". A alternativa trata da aplicação do princípio *in dubio pro operario*. Quando houver várias interpretações sobre a mesma norma, o intérprete utilizará a interpretação mais favorável ao trabalhador. Ressalta-se que esse princípio foi superado pelo princípio da norma mais favorável. Ademais, não se aplica o princípio *in dubio pro operario* na área processual. No processo, as partes serão iguais, recebem o mesmo tratamento. Exemplo: prazo idêntico para apresentar razões finais e ingressar com recurso.

Alternativa "c". Segundo o princípio da norma mais favorável, entre duas ou mais normas passíveis de aplicação, utiliza-se a mais favorável em relação ao trabalhador. Este critério foi, todavia, mitigado pela previsão contida nos arts. 620 e 611-A da CLT.

Alternativa "e". A alternativa trata do princípio da norma mais favorável. Ademais, ao contrário do afirmado, o acordo coletivo é que prevalece sobre a convenção coletiva de trabalho:

> **Art. 620 da CLT (com redação dada pela Reforma Trabalhista):** As condições estabelecidas em acordo coletivo de trabalho sempre prevalecerão sobre as estipuladas em convenção coletiva de trabalho.

10. (INSTITUTO AOCP – Analista Judiciário – Oficial de Just. Avaliador Federal – TRT 1/2018) Os princípios estão situados no ordenamento jurídico cumprindo uma função integrativa de lacunas, partindo das leis para atingir as regras gerais que delas derivam. Com base nessa premissa, assinale a alternativa correta.

(A) O princípio da proteção, que busca conferir ao trabalhador uma equidade processual, subdivide-se em 3 (três) outros princípios: in dubio pro societa, da aplicação da norma mais favorável e da condição mais benéfica.

(B) Segundo o princípio da primazia da realidade no Direito do Trabalho, predomina a verdade real em face da verdade formal, ou seja, predomina a verdade da forma em face da verdade dos fatos.

(C) Em relação ao princípio da aplicação da norma mais favorável, a Teoria do Conglobamento defende que através da comparação das diversas regras sobre cada instituto ou matéria, respeitando-se o critério da especialização, deve ser buscada a norma mais favorável ao caso.

(D) O princípio da inalterabilidade contratual veda a possibilidade de alterações no contrato de trabalho, lesivas ou benéficas ao trabalhador.

(E) O princípio da vedação à redução Salarial não sofre qualquer tipo de mitigação, não podendo Acordo Coletivo de Trabalho ou Convenção Coletiva de Trabalho dispor sobre redução salarial.

COMENTÁRIOS

Nota do autor: Os princípios representam a base do ordenamento jurídico. O Direito do Trabalho possui princípios específicos, que desempenham funções essenciais para a interpretação e aplicação das normas trabalhistas. Esses princípios servem de orientação para os aplicadores do direito (juízes, procuradores do trabalho, advogados etc.) e têm, ainda, a função de inspirar e orientar os legisladores (deputados e senadores) na elaboração das leis.

Alternativa correta: "c". A **teoria do conglobamento** defende a aplicação de apenas uma fonte em sua totalidade. Assim sendo, o intérprete deverá analisá-la no conjunto. Essa teoria é a majoritária na jurisprudência e doutrina.

Alternativa "a". O princípio da proteção, que busca conferir ao trabalhador uma equidade processual, subdivide-se em 3 (três) outros princípios: *in dubio pro operario,* da aplicação da norma mais favorável e da condição mais benéfica.

Alternativa "b". Pelo princípio da primazia da realidade, a realidade se sobrepõe às disposições contratuais escritas. Deve-se, portanto, verificar se o conteúdo do documento coincide com os fatos. Exemplo: recibo assinado em branco no ato da contratação, posteriormente apresentado em juízo como prova de pagamento das verbas trabalhistas. É óbvio que esse documento não corresponde à verdade dos fatos.

Alternativa "d". No Direito do Trabalho, é vedada qualquer alteração contratual que seja lesiva ao empregado, mesmo se houver consentimento deste (artigo 468, *caput*, da CLT). Alterações benéficas, portanto, são permitidas.

Alternativa "e". A redução salarial poderá ser pactuada via negociação coletiva, nos termos do art. 7º, VI da CF/88. Trata-se de espécie de flexibilização prevista na Constituição Federal. Caso seja pactuada cláusula que reduza o salário, o art. 611-A, §3º da CLT prevê a proteção dos empregados contra dispensa imotivada durante o prazo de vigência do instrumento coletivo.

11. (Cespe – Técnico Judiciário – Área Administrativa – TRT 8/2022) Diz-se comumente que a relação de trabalho é gênero (alcançando toda modalidade de trabalho humano), ao passo que a relação de emprego (relação de trabalho subordinado) é espécie. Por esse motivo, toda relação de emprego é relação de trabalho, mas nem toda relação de trabalho é relação de emprego.

Ricardo Resende. Direito do trabalho. 8.a ed. Rio de Janeiro: Forense, 2020 (com adaptações).

Na relação de emprego, para que seja configurada a existência de vínculo empregatício, pressupõe-se que

(A) a jornada de trabalho seja definida unicamente pelo prestador de serviços, de acordo com o seu interesse.

(B) empregado e empregador sejam pessoas jurídicas.

(C) a subordinação e a pessoalidade sejam observadas, ainda que o trabalho seja eventual.

(D) exista a onerosidade na prestação dos serviços, a partir da contraprestação salarial.

(E) a prestação do serviço seja realizada de forma não eventual, ainda que inexista a pessoalidade.

COMENTÁRIOS

Nota do autor: Exigiu-se do candidato o conhecimento acerca dos requisitos caracterizadores da relação de emprego. Por oportuno, pontuo que não são elementos essenciais à relação de emprego:

Exclusividade. Não há, na CLT, exigência de que o empregado preste serviços com exclusividade. Não é requisito para configurar o vínculo empregatício que ele trabalhe para apenas um único empregador. Há possibilidade de vários contratos de trabalho, com empresas diversas, simultaneamente.

Local da prestação de serviços. O local da prestação de serviços também é irrelevante para configurar o vínculo empregatício. Veja, por exemplo, o trabalhador que presta serviços em domicílio desenvolvendo programas de computador; nessa situação, se houver a presença dos requisitos da relação empregatícia (habitualidade, onerosidade e subordinação), será configurada a relação de emprego, com o pagamento de todos os direitos trabalhistas.

Comentário serve para todas as alternativas, uma vez que versam sobre o mesmo assunto. São requisitos para a caracterização da relação de emprego (art. 3º da CLT):

Pessoa física. O empregado é pessoa física ou natural. A lei trabalhista foi criada para proteger o ser humano. Assim, excluem-se da figura do empregado a pessoa jurídica (empresa, associação, cooperativa etc.) e a prestação de serviços por animais. Dentro desse requisito, enquadra-se a pessoalidade na prestação de serviços. O empregado é contratado em razão de suas qualidades pessoais (eficiência, lealdade, conhecimentos técnicos, moral etc.). Diante disso, não se pode fazer substituir por um terceiro.

Não eventualidade. Para configurar o vínculo empregatício, é necessário que o trabalho realizado não seja eventual, ocasional. O contrato de trabalho é de trato sucessivo, ou seja, há continuidade no tempo. Logo, haverá expectativa de que o empregado retorne ao local de trabalho.

Onerosidade. O contrato de trabalho é oneroso, como prevê o art. 3º da CLT: "mediante salário". Em regra, presume-se que a prestação de serviços é onerosa, pois de um lado o empregado assume a obrigação de prestar serviços; de outro, o empregador, a obrigação de pagar salário.

Subordinação. A característica mais importante da relação empregatícia é a subordinação ou, ainda, de acordo com o texto da CLT: "empregado trabalha sob a dependência do empregador". Se o empregador assume todos os riscos do empreendimento, ele terá o poder de organizar e dirigir a prestação de serviços. Dessa forma, o empregado fica subordinado às ordens do empregador. Note que, na subordinação, o empregado fica sujeito às orientações dadas pelo empregador, como horário de trabalho, utilização de maquinário etc. Essa subordinação não alcança a vida pessoal do trabalhador.

Alternativa correta: "d".

12. (FGV – Analista Judiciário – Área Judiciária – TRT 13/2022) Os primos Ruy e Antenor foram contratados em 5 de setembro de 2022 pela sociedade empresária Riacho Calmo S.A., localizada no Município de Baraúna/PB, e encaminhados ao setor de Recursos Humanos da empresa. Ambos possuem CTPS digital, sendo que a carteira de Ruy foi assinada pelo novo empregador no 5ºdia útil após a admissão e a de Antenor, no 7º dia útil após o seu ingresso na empresa.

Considerando a situação apresentada e os termos da CLT, assinale a afirmativa correta.

(A) As CTPS's foram assinadas no prazo legal de 10 dias úteis, daí porque não existe qualquer irregularidade administrativa.

(B) Não existe na Lei prazo específico para a assinatura da CTPS, havendo recomendação para que não ultrapasse os primeiros 30 dias do contrato, sob pena de multa.

(C) A CTPS de Ruy foi assinada no prazo legal, mas a de Antenor não, gerando multa administrativa para a empresa de R$ 3.000,00 por ser sociedade anónima.

(D) Com o advento da CTPS digital, o empregador ficou desonerado de prazo para assinatura porque agora isso deve ser feito pelo próprio empregado, com validação posterior da empresa.

(E) Uma vez que o prazo para assinatura das carteiras é de 48 horas, a empresa descumpriu a norma para ambos os empregados e receberá duas multas de R$ 800,00 cada.

COMENTÁRIOS

Nota do autor: A questão aborda um dos temas mais polêmicos alterados pela Reforma Trabalhista: o afastamento de gestantes e lactantes de atividades insalubres;

Comentário serve para todas as alternativas, uma vez que versam sobre o mesmo assunto. Nos termos do art. 29, caput, CLT: "O empregador terá o prazo de 5 (cinco) dias úteis para anotar na CTPS, em relação aos trabalhadores que admitir, a data de admissão, a remuneração e as condições especiais, se houver, facultada a adoção de sistema manual, mecânico ou eletrônico, conforme instruções a serem expedidas pelo Ministério da Economia[448]".

Em 24 de agosto de 2022, foi publicada a Lei nº 14.438/2022 (fruto da conversão da Medida Provisória nº 1.107, de 2022), que, entre outras providências, incluiu os arts. 29-A e 29-B à CLT, fixando valores de multa aos empregadores que não procederem com a anotação adequada da CTPS de seus empregados.

Conforme dispõe o § 1º do art. 29, o empregador tem o dever de, nas anotações concernentes à remuneração, especificar o salário, qualquer que seja sua forma de pagamento, seja ele em dinheiro ou em utilidades, bem como a estimativa da gorjeta. Descumprida essa obrigação, ficará sujeito à multa de R$ 3.000,00 por empregado prejudicado, acrescido de igual valor em cada reincidência. A multa será de R$ 800,00 no caso de microempresa ou de empresa de pequeno porte. Importante, ainda, ressaltar que essa infração constitui exceção ao critério da dupla visita.

Como a CPTS de Ruy foi assinada pelo novo empregador no 5°dia útil após a admissão, não há a aplicação de multa. Contudo, no caso de Antenor, em que a CTPS foi assinada tão somente no 7° dia útil após o seu ingresso na empresa, haverá a incidência da multa administrativa de R$ 3.000,00 prevista no art. 29-A da CLT.

Alternativa correta: "c".

13. (FCC – Analista Judiciário – Área Judiciária – TRT 4/2022) Mirtes foi contratada como empregada doméstica para prestar serviços de acompanhante de idoso, de segunda a sábado. Na residência do seu empregador há um tanque de óleo diesel para fazer funcionar um gerador que alimenta o aparelho que o idoso necessita, em caso de faltar energia elétrica. Nessa condição, com base no que prevê a Constituição Federal de 1988, Mirtes

(A) poderá vir a perceber adicional de insalubridade em grau médio, à base de 25% do salário mínimo, após laudo pericial que ateste a agressividade do ambiente.

(B) deverá perceber o competente adicional de periculosidade, no percentual de 30% do seu salário básico.

(C) deverá perceber o competente adicional de periculosidade, no percentual de 30% da sua remuneração, composta pelo salário acrescido de outras verbas salariais.

(D) poderá vir a perceber adicional de insalubridade em grau médio, à base de 30% do salário mínimo, após laudo pericial que ateste a agressividade do ambiente.

(E) não fará jus ao adicional de periculosidade, em face de ser trabalhadora doméstica.

COMENTÁRIOS

Nota do autor: A questão aborda a temática do empregado doméstico. Em relação ao empregado doméstico, é importante que o candidato saiba que seus direitos estão listados no art. 7º, parágrafo único, da Constituição. Dessa forma, é indispensável a leitura atenta do art. 7º e seus incisos.

Comentário serve para todas as alternativas, uma vez que versam sobre o mesmo assunto. O Brasil deu um importante passo rumo à efetivação dos direitos fundamentais trabalhistas, reconhecendo direitos básicos do empregado doméstico via EC-72 – 2013. Apesar do gigantesco avanço social que representou a EC 72/2013, não houve equiparação de direitos do

448. Atualmente, referida atribuição é do Ministério do Trabalho e Emprego, conforme nomenclatura dada pelo art. 17, XXVIII da Lei nº 14.600, de 19 de junho de 2023.

doméstico em relação ao empregado urbano e rural, pois alguns direitos ainda não foram estendidos aos empregados domésticos:

> **Art. 7º, parágrafo único, CF/88.** São assegurados à categoria dos trabalhadores domésticos os direitos previstos nos incisos IV, VI, VII, VIII, X, XIII, XV, XVI, XVII, XVIII, XIX, XXI, XXII, XXIV, XXVI, XXX, XXXI e XXXIII e, atendidas as condições estabelecidas em lei e observada a simplificação do cumprimento das obrigações tributárias, principais e acessórias, decorrentes da relação de trabalho e suas peculiaridades, os previstos nos incisos I, II, III, IX, XII, XXV e XXVIII, bem como a sua integração à previdência social. (Redação dada pela Emenda Constitucional nº 72, de 2013)

Dentre os direitos que não estão constitucionalmente assegurados ao empregado doméstico, está o direito ao adicional de remuneração para as atividades penosas, insalubres ou perigosas, previsto no inciso XXIII do art. 7º da Constituição.

Alternativa correta: "e".

14. (FUMARC – Técnico Judiciário – TRT 3/2022) Os direitos garantidos aos trabalhadores pelo Art. 7° da Constituição vigente alcançam:

(A) Apenas trabalhadores urbanos.

(B) Homens e mulheres, vedada qualquer distinção, ainda que positiva.

(C) Qualquer pessoa física remunerada pela prestação de serviço.

(D) Relações de trabalho em geral.

(E) Trabalhadores rurais e urbanos, incluindo os domésticos.

COMENTÁRIOS

Nota do autor: A questão aborda a temática do Direito Constitucional do Trabalho. Como a alternativa correta faz menção empregado doméstico e esse é um tema que ainda gera confusão, optamos por mantê-la neste tópico.

Comentário serve para todas as alternativas, uma vez que versam sobre o mesmo assunto. Em relação ao empregado doméstico, é importante que o candidato saiba que seus direitos estão listados no art. 7º, parágrafo único, da Constituição. Dessa forma, é indispensável a leitura atenta do art. 7º e seus incisos.

O Brasil deu um importante passo rumo à efetivação dos direitos fundamentais trabalhistas, reconhecendo direitos básicos do empregado doméstico via EC-72 – 2013. Apesar do gigantesco avanço social que representou a EC 72/2013, não houve equiparação de direitos do doméstico em relação ao empregado urbano e rural, pois alguns direitos ainda não foram estendidos aos empregados domésticos:

> **Art. 7º, parágrafo único, CF/88.** São assegurados à categoria dos trabalhadores domésticos os direitos previstos nos incisos IV, VI, VII, VIII, X, XIII, XV, XVI, XVII, XVIII, XIX, XXI, XXII, XXIV, XXVI, XXX, XXXI e XXXIII e, atendidas as condições estabelecidas em lei e observada a simplificação do cumprimento das obrigações tributárias, principais e acessórias, decorrentes da relação de trabalho e suas peculiaridades, os previstos nos incisos I, II, III, IX, XII, XXV e XXVIII, bem como a sua integração à previdência social. (Redação dada pela Emenda Constitucional nº 72, de 2013)

Portanto, os direitos garantidos aos trabalhadores pelo art. 7°da Constituição alcançam, além dos empregados urbanos e rurais, também os empregados domésticos. Contudo, é importante ressaltar que **não houve equiparação de direitos**. Dentre os direitos que não estão constitucionalmente assegurados ao empregado doméstico, por exemplo, está o direito ao adicional de remuneração para as atividades penosas, insalubres ou perigosas, previsto no inciso XXIII do art. 7º da Constituição.

Alternativa correta: "e".

15. (FCC – Técnico Judiciário – Área Administrativa – TRT 18/2023) Vênus encerrou seu período de licença-maternidade e deverá retornar ao trabalho na Metalúrgica Ferro e Fogo, onde prestava serviços em área de contagem de material, local considerado insalubre em grau mínimo. Vênus encontra-se em período de lactação e, nessa situação, ao retornar ao trabalho, conforme previsão na Consolidação das Leis do Trabalho, seu empregador

(A) deverá afastá-la do local insalubre até o final da lactação, mas nessa hipótese a empregada receberá apenas metade do adicional de insalubridade em grau mínimo que percebia antes do afastamento.

(B) deverá afastá-la do local insalubre até o final da lactação, mas a empregada continuará recebendo o adicional de insalubridade em grau mínimo que percebia antes do afastamento.

(C) poderá mantê-la no mesmo local de trabalho, eis que o afastamento da lactante se dá apenas nas hipóteses de local insalubre em grau máximo.

(D) poderá mantê-la no mesmo local de trabalho, eis que o afastamento da lactante se dá apenas nas hipóteses de local insalubre em graus médio e máximo.

(E) deverá afastá-la do local insalubre até o final da lactação, mas nessa hipótese a empregada não receberá o adicional de insalubridade em grau mínimo que percebia antes do afastamento.

COMENTÁRIOS

Nota do autor: A questão aborda um dos temas mais polêmicos alterados pela Reforma Trabalhista: o afastamento de gestantes e lactantes de atividades insalubres;

Comentário serve para todas as alternativas, uma vez que versam sobre o mesmo assunto. Em maio de 2016, foi promulgada a Lei nº 13.287/2016, que acrescentou o art. 394-A à CLT para proibir o trabalho da gestante ou lactante em atividades, operações ou locais insalubres.

Em 2017, contudo, foi promulgada a Lei nº 13.467/2017 – Reforma Trabalhista, que passou a admitir hipóteses em que a gestante e a lactante não seriam afastadas obrigatoriamente. Quando a atividade desenvolvida apresentasse grau médio e mínimo de insalubridade para a gestante ou em qualquer grau de insalubridade para a lactante, ocorreria o afastamento apenas se assim fosse recomendado pelo médico de confiança da empregada:

> **Art. 394-A, CLT** (redação dada pela Lei nº 13.467/2017). Sem prejuízo de sua remuneração, nesta incluído o valor do adicional de insalubridade, a empregada deverá ser afastada de:
>
> I – atividades consideradas insalubres em grau máximo, enquanto durar a gestação;
>
> II – atividades consideradas insalubres em grau médio ou mínimo, quando apresentar atestado de saúde, emitido por médico de confiança da mulher, que recomende o afastamento durante a gestação;
>
> III – atividades consideradas insalubres em qualquer grau, quando apresentar atestado de saúde, emitido por médico de confiança da mulher, que recomende o afastamento durante a lactação.
>
> § 1º. (VETADO).
>
> § 2º. Cabe à empresa pagar o adicional de insalubridade à gestante ou à lactante, efetivando-se a compensação, observado o disposto no art. 248 da Constituição Federal, por ocasião do recolhimento das contribuições incidentes sobre a folha de salários e demais rendimentos pagos ou creditados, a qualquer título, à pessoa física que lhe preste serviço.
>
> § 3º. Quando não for possível que a gestante ou a lactante afastada nos termos do caput deste artigo exerça suas atividades em local salubre na empresa, a hipótese será considerada como gravidez de risco e ensejará a percepção de salário maternidade, nos termos da Lei nº 8.213, de 24 de julho de 1991, durante todo o período de afastamento.

Somente seria obrigatório o afastamento na hipótese da empregada gestante em grau máximo de insalubridade.

No dia 29/05/2019, o plenário do STF, por maioria de 10 votos a 1, decidiu pela inconstitucionalidade de trecho do art. 394-A da CLT, que previa nos incisos II e III: "quando apresentar atestado de saúde, emitido por médico de confiança da mulher, que recomende o afastamento". De acordo com o relator, a proteção à maternidade e à criança não podem ser afastadas pela simples apresentação de atestado médico. Com a decisão na ADI 5.938, as empregadas gestantes e lactantes sempre deverão ser afastadas das atividades insalubres independentemente do grau de insalubridade.

Durante o afastamento da atividade insalubre é assegurado à empregada a manutenção de sua remuneração, bem como do valor referente ao adicional de insalubridade. O adicional em questão é uma das formas de salário-condição, ou seja, o empregado apenas receberá o adicional enquanto estiver prestando serviços em atividades insalubres. No entanto, a legislação abriu uma exceção, pois mesmo que a empregada seja afastada da atividade insalubre e passe a trabalhar em local salubre, manterá o direito ao adicional de insalubridade.

Em contraprestação, o § 2º do presente art. 394-A CLT estabeleceu que a empresa que pagar o adicional de insalubridade à gestante ou à lactante tem direito a compensar o valor pago das contribuições incidentes sobre a folha de salários e demais rendimentos pagos ou creditados à pessoa física que lhe preste serviço. Portanto, apesar de o pagamento do adicional ser realizado pela empresa, o valor será reembolsado com a compensação nas contribuições devidas.

Por fim, na impossibilidade de transferir a gestante ou a lactante para atividade salubre na empresa, a empregada terá direito à percepção de salário maternidade, da confirmação da gravidez até o fim do período de lactação, pois a gravidez será considerada de risco. Nesse caso, durante todo o período de afastamento, a empregada perceberá o benefício previdenciário.

Alternativa correta: "b".

16. (FCC – Analista Judiciário – Área Judiciária – TRT 16/2022) Maria, que trabalha numa empresa em Açailândia/MA, engravidou, teve o seu bebê, e saiu em licença maternidade em junho de 2022. Após 120 dias, retornou à empresa. Considerando a situação apresentada, assinale a opção que contempla o intervalo especial para amamentação a que Maria terá direito e o seu tempo de duração.

(A) Durante 1 ano Maria terá direito a um intervalo de 1 hora corrida para amamentação.

(B) Para amamentar seu bebê, Maria terá um intervalo diário de 30 minutos até 6 meses após o seu retorno à empresa.

(C) Uma vez que a licença maternidade foi aproveitada após a reforma trabalhista, no retorno não haverá direito a qualquer intervalo especial, salvo previsão em norma coletiva.

(D) Maria terá direito a quantos intervalos forem necessários para manter o bem-estar de seu bebê, não havendo na Lei um limite.

(E) Maria terá direito a dois intervalos especiais de meia hora cada um até 6 meses de idade do filho.

COMENTÁRIOS

Nota do autor: A questão aborda o tema trabalho da mulher, exigindo o conhecimento da CLT para que fosse respondida.

Comentário serve para todas as alternativas, uma vez que versam sobre o mesmo assunto. De acordo com o art. 396 da CLT, até que a criança complete 6 meses de vida, a mulher terá direito a dois intervalos de ½ (meia) hora cada um deles. Em 22/11/2017, foi promulgada a Lei nº 13.509/2017 que prevê a possibilidade de intervalo para amamentação para a empregada adotante:

> Art. 396, CLT (redação dada pela Lei nº 13.509/2017) Para amamentar seu filho, inclusive se advindo de adoção, até que este complete 6 (seis) meses de idade, a mulher terá direito, durante a jornada de trabalho, a 2 (dois) descansos especiais de meia hora cada um.
>
> § 1º Quando o exigir a saúde do filho, o período de 6 (seis) meses poderá ser dilatado,
> a critério da autoridade competente.
>
> § 2º Os horários dos descansos previstos no caput deste artigo deverão ser definidos em acordo individual entre a mulher e o empregador.

O objetivo desses intervalos é propiciar a amamentação e permitir um maior contato da mãe com filho até que ele complete 6 meses de vida. É notório que a amamentação materna é extremamente saudável para os bebês. Antes da Reforma Trabalhista, já havia previsão desse intervalo para as mulheres.

Alternativa correta: "e".

17. (FUMARC – Técnico Judiciário – TRT 3/2022) A opção que define CORRETAMENTE o empregador é:

(A) Empresa, apenas coletiva, que, assumindo os riscos da atividade econômica, admite, assalaria e dirige a prestação pessoal de serviço.

(B) Empresa, individual ou coletiva, que firme contrato de trabalho.

(C) Empresa, individual ou coletiva, que, ainda que não assuma os riscos da atividade econômica, admite e remunera a prestação pessoal de serviço.

(D) Empresa, individual ou coletiva, que, assumindo os riscos da atividade econômica, admite, assalaria e dirige a prestação pessoal de serviço.

(E) Empresa, individual ou coletiva, que, assumindo os riscos da atividade econômica, admite, assalaria e dirige a prestação pessoal de serviço, desde que não o faça como pessoa física.

COMENTÁRIOS

Nota do autor: A questão aborda a temática Empregador. Exigia tão somente o conhecimento da legislação e apresentava baixo nível de complexidade, o que não é habitual nas provas de Analista e Técnico de TRTs. Aliás, todas as provas desse concurso, de maneira geral, apresentaram um grau de complexidade abaixo do esperado.

Comentário serve para todas as alternativas, uma vez que versam sobre o mesmo assunto. "Considera-se empregador a empresa, individual ou coletiva, que, assumindo os riscos da atividade econômica, admite, assalaria e dirige a prestação pessoal de serviço." (art. 2º, *caput*, CLT).

Alternativa correta: "d".

18. (FUMARC – Técnico Judiciário – TRT 3/2022) Profissionais liberais podem ser empregadores?

(A) Não, a figura do empregador não admite equiparação.

(B) Não, por expressa previsão legal.

(C) Sim, desde que o façam por contratos formais.

(D) Sim, equiparam-se a empregadores se presentes os requisitos do emprego.

(E) Sim, por requisitos próprios.

COMENTÁRIOS

Nota do autor: A questão aborda a temática Empregador. Exigia tão somente o conhecimento da legislação e apresentava baixo nível de complexidade, o que não é habitual nas provas de Analista e Técnico de TRTs. Aliás, todas as provas desse concurso, de maneira geral, apresentaram um grau de complexidade abaixo do esperado.

Comentário serve para todas as alternativas, uma vez que versam sobre o mesmo assunto. "Equiparam-se ao empregador, para os efeitos exclusivos da relação de emprego, os profissionais liberais, as instituições de beneficência, as associações recreativas ou outras instituições sem fins lucrativos, que admitirem trabalhadores como empregados." (art. 2º, § 1º, CLT).

Alternativa correta: "d".

19. **(INSTITUTO AOCP – Técnico Judiciário – Área Administrativa – TRT 1/2018)** Joaquim foi contratado para trabalhar na Instituição de Beneficência "Rede de Combate ao Câncer em Jovens" na função de psicólogo, realizando acompanhamento psíquico e emocional aos enfermos cadastrados no programa, que é de cunho gratuito aos seus usuários. A instituição em questão vive de doações para a manutenção do local. Em relação às peculiaridades da relação de trabalho e emprego e os sujeitos no contrato de trabalho, assinale a alternativa correta.

(A) A "Rede de Combate ao Câncer em Jovens", por ser uma instituição beneficente, não pode figurar como empregadora de Joaquim.

(B) Poderá haver uma relação de emprego entre a "Rede de Combate ao Câncer em Jovens" e Joaquim, desde que estejam presentes os elementos caracterizadores: pessoalidade, gratuidade e subordinação de caráter não eventual.

(C) Caso Joaquim opte pela abertura de uma empresa individual para a prestação de seus serviços como psicólogo, poderá ser contratado como empregado na "Rede de Combate ao Câncer em Jovens".

(D) Joaquim poderá ser contratado como empregado na Instituição de Beneficência, ora mencionada, desde que estejam presentes os elementos caracterizadores: pessoalidade, pessoa física, onerosidade, subordinação e não eventualidade.

(E) Joaquim, obrigatoriamente, será um trabalhador voluntário na "Rede de Combate ao Câncer em Jovens", pois a instituição se mantém com doações e, portanto, recebe importâncias financeiras variáveis mensalmente.

COMENTÁRIOS

Nota do autor: A questão exigia o conhecimento do art. 2º da CLT, que estabelece os empregadores por equiparação, sabendo distingui-lo da ideia de trabalhador voluntário.

Alternativa correta: "d". A CLT trata do empregador não só como empresa, mas também possibilita a contratação de empregados por profissionais liberais, associações recreativas, entidades sem fins lucrativos etc. A CLT utiliza-se do termo **empregador por equiparação**, ou seja, também são empregadores as igrejas, o advogado que contrata sua secretária, a cooperativa que contrata telefonista, o condomínio de apartamentos que contrata um zelador, etc. De acordo com a CLT:

> **Art. 2º, § 1º, CLT:** Equiparam-se ao empregador, para os efeitos exclusivos da relação de emprego, os profissionais liberais, as instituições de beneficência, as associações recreativas ou outras instituições sem fins lucrativos, que admitirem trabalhadores como empregados.

Dessa forma, previstos os requisitos da relação de emprego, quais sejam: pessoa física, pessoalidade, onerosidade, habitualidade e subordinação, Joaquim poderá ser considerado como empregado.

Alternativa "a". Não há óbices para que entidades beneficentes figurem como empregadores, nos termos do art. 2º, §1º da CLT mencionado nos comentários à alternativa "d".

Alternativa "b". De fato, poderá haver relação de emprego entre Joaquim e a Instituição de Beneficência, mas os requisitos indispensáveis para que isso ocorra não abrangem a gratuidade e subordinação de caráter não eventual. Isso porque, para que exista relação de emprego, devem estar presentes: pessoa física, pessoalidade, onerosidade, habitualidade e subordinação. Assim, o empregado deve ter a expectativa de receber contraprestação pecuniária pela prestação dos serviços.

Alternativa "c". Empregado é toda pessoa física, que presta serviços de forma habitual a empregador, sob sua dependência e mediante salário (art. 3º da CLT). Dessa forma, Joaquim não poderá ser contratado como empregado pessoa jurídica, pois isto configuraria fraude trabalhista (art. 9º da CLT).

Alternativa "e". O simples fato de Joaquim trabalhar para uma instituição de beneficência não significa que seu trabalho não será remunerado. Somente na prestação de atividades não remunerada, poderá ser considerado trabalhador voluntário:

> **Art. 1º da Lei nº 9.608/1998:** Considera-se serviço voluntário, para os fins desta Lei, a atividade não remunerada prestada por pessoa física a entidade pública de qualquer natureza ou a instituição privada de fins não lucrativos que tenha objetivos cívicos, culturais, educacionais, científicos, recreativos ou de assistência à pessoa.

20. **(FCC – Técnico Judiciário – Área Administrativa – TRT 6/2018)** O requisito essencial previsto em lei para caracterizar uma relação como sendo de

emprego e que não precisa se verificar em qualquer relação de trabalho é a

(A) exclusividade.
(B) ausência de onerosidade.
(C) subordinação jurídica.
(D) boa-fé contratual objetiva.
(E) autonomia privada coletiva.

COMENTÁRIOS

Nota do autor: A questão exigia que o candidato conhecesse os requisitos da relação de emprego, sendo considerada de nível fácil. Não se esqueça de que são requisitos da relação de emprego: pessoa física, onerosidade, habitualidade e subordinação.

Alternativa correta: "c". A subordinação do empregado decorre de lei. Assim, quando aceita trabalhar para o empregador, consequentemente aceitará as regras e orientações dadas para que a prestação de serviços seja realizada nos moldes previstos pelo empregador. Trata-se de traço caracterizador da relação de emprego, não sendo exigido para as demais relações de trabalho.

Alternativa "a". Não há na CLT exigência de que o empregado preste serviços com exclusividade. Não é requisito para configurar o vínculo empregatício que ele trabalhe para apenas um único empregador. Há possibilidade de vários contratos de trabalho, com empresas diversas, simultaneamente.

Alternativa "b". Ao contrário do que estabelece a alternativa, a onerosidade é requisito essencial da relação de emprego, estando presente em casos que configurem relação de trabalho, como, por exemplo, no caso do trabalhador autônomo.

Alternativa "d". A boa-fé contratual deve estar presente em qualquer relação contratual e não apenas na relação de emprego.

Alternativa "e". A autonomia privada coletiva autoriza que os próprios interlocutores sociais criem normas, mediante concessões recíprocas, inclusive com a possibilidade de eventual supressão de direitos patrimoniais disponíveis dos empregados, em prol de algum outro benefício. É um princípio que não se relaciona diretamente com a formação do vínculo de emprego.

21. (FCC – Analista Judiciário – Área Judiciária – TRT 15/2018) O Estatuto da Criança e do Adolescente (Lei nº 8.069/1990) prevê normas relativas ao direito à profissionalização e à proteção no trabalho, entre as quais,

(A) ao adolescente empregado, aprendiz, em regime familiar de trabalho, aluno de escola técnica, assistido em entidade governamental ou não governamental, é vedado trabalho noturno, realizado entre as vinte horas de um dia e as cinco horas do dia seguinte.
(B) ao adolescente até dezesseis anos de idade é assegurada bolsa de aprendizagem, após o que, na condição de aprendiz, passa a receber salário.
(C) a formação técnico-profissional obedecerá aos seguintes princípios: garantia de acesso e frequência obrigatória ao ensino regular; atividade compatível com o desenvolvimento do adolescente; horário especial para o exercício das atividades.
(D) o programa social que tenha por base o trabalho educativo, sob responsabilidade de entidade governamental ou não governamental com fins lucrativos, deverá assegurar ao adolescente que dele participe condições de capacitação para o exercício de atividade regular remunerada.
(E) no trabalho educativo o adolescente não pode receber qualquer valor a título de remuneração pelo trabalho efetuado ou pela participação na venda dos produtos de seu trabalho, sob pena de desvirtuamento da finalidade e descaracterização do trabalho educativo.

COMENTÁRIOS

Nota do autor: A prova de Analista do TRT15 foi bem atípica, com questões que, muitas vezes, não eram cobradas em provas anteriores. No caso, para responder à questão o candidato deveria conhecer o disposto no ECA. Os artigos indicados no Estatuto da Criança e do Adolescente sobre direitos de profissionalização e proteção do trabalho são: artigos 60 a 69.

O candidato ao ler esses artigos deve ficar atento:

a) a idade mínima do aprendiz é 14 anos. Não se admite aprendiz menor de 14 anos, conforme previ**sto na CF;**

b) proibição do trabalho penoso a menores de 18 anos;

c) previsão do trabalho educativo em que as condições pedagógicas devem prevalecer sobre o aspecto produtivo.

Alternativa correta: "c". Trata-se do exposto no art. 63 do ECA:

> Art. 63 do ECA. "A formação técnico-profissional obedecerá aos seguintes princípios:
> I - garantia de acesso e frequência obrigatória ao ensino regular;
> II - atividade compatível com o desenvolvimento do adolescente;
> III - horário especial para o exercício das atividades."

▶ QUESTÕES DE CONCURSOS

Alternativa "a": "Ao adolescente empregado, aprendiz, em regime familiar de trabalho, aluno de escola técnica, assistido em entidade governamental ou não-governamental, é vedado trabalho: noturno, realizado entre as **vinte e duas horas** de um dia e as cinco horas do dia seguinte;" (Art. 67, I do ECA – grifos acrescidos).

Alternativa "b". "Ao adolescente **até quatorze anos** de idade é assegurada bolsa de aprendizagem" (Art. 64 do ECA). Referido artigo não foi recepcionado pela CF/88 que proíbe o trabalho do menor de 16 anos, salvo na condição de aprendiz a partir dos 14 anos (art. 7º, XXXIII da CF/88 – grifos acrescidos).

Alternativa "d". O programa social que tenha por base o trabalho educativo, sob responsabilidade de entidade governamental ou não-governamental **sem fins lucrativos**, deverá assegurar ao adolescente que dele participe condições de capacitação para o exercício de atividade regular remunerada (art. 68 do ECA – grifos acrescidos).

Alternativa "e". Trabalho educativo pode ser ministrado por entidades governamentais ou não governamentais sem fins lucrativos, com intuito de assegurar capacitação do adolescente para atividade regular remunerada. Ao contrário do que afirma a alternativa, a "remuneração que o adolescente recebe pelo trabalho efetuado ou a participação na venda dos produtos de seu trabalho **não** desfigura o caráter educativo" (Art. 68, §2º do ECA – grifos acrescidos).

22. **(FCC – Analista Judiciário – Oficial de Just. Avaliador Federal – TRT 2/2018)** A respeito da proteção do trabalho do menor, de acordo com a legislação vigente,

(A) ao menor não será permitido o trabalho em locais ou serviços prejudiciais à sua moralidade e em locais perigosos, havendo possibilidade de autorização do Juiz do Trabalho para o trabalho em serviços insalubres, desde que se certifique ser a ocupação do menor indispensável à própria subsistência ou à de seus pais, avós ou irmão.

(B) contrato de aprendizagem é o contrato de trabalho especial, ajustado verbalmente ou por escrito, sempre sujeito a prazo determinado de 2 anos, em que o empregador se compromete a assegurar ao maior de 14 e menor de 24 anos inscrito em programa de aprendizagem formação técnico-profissional metódica, compatível com o seu desenvolvimento físico, moral e psicológico, e o aprendiz, a executar com zelo e diligência as tarefas necessárias a essa formação.

(C) a validade do contrato de aprendizagem pressupõe, tão somente, anotação na Carteira de Trabalho e Previdência Social e matrícula do aprendiz na escola, caso não haja concluído o ensino fundamental, e inscrição em programa de aprendizagem desenvolvido sob orientação de entidade qualificada em formação técnico-profissional metódica.

(D) considera-se prejudicial à moralidade do menor, entre outros, o trabalho de produção, composição, entrega ou venda de escritos, impressos, cartazes, desenhos, gravuras, pinturas, emblemas, imagens e quaisquer outros objetos que possam, a juízo da autoridade competente, prejudicar sua formação moral.

(E) verificado pela autoridade competente que o trabalho executado pelo menor é prejudicial à sua saúde, ao seu desenvolvimento físico ou à sua moralidade, poderá ela obrigá-lo a abandonar o serviço, não se admitindo à empresa, em nenhuma hipótese, a mudança das funções do menor.

COMENTÁRIOS

Nota do autor: A questão aborda o tema trabalho do menor e é considerada difícil, por exigir do candidato o conhecimento do exposto no decreto nº Decreto nº 6.481/2008, que traz a lista de trabalhos considerados nocivos ao menor.

Alternativa correta: "d". O trabalho é proibido aos menores de 16 anos, salvo na condição de aprendiz a partir de 14 anos:

> **Art. 7º, XXXIII da CF/88:** proibição de trabalho noturno, perigoso ou insalubre a menores de dezoito e de qualquer trabalho a menores de dezesseis anos, salvo na condição de aprendiz, a partir de quatorze anos.

Dentre os locais e atividades em que é vedado o trabalho do adolescente, em razão de serem considerados prejudiciais à moralidade, destacam-se os expressos no art. 405 da CLT e na Lista de Piores Formas de Trabalho Infantil (TIP), contida no Decreto nº 6.481/2008:

> **a)** teatro de revista, cinemas, boates, cassinos, cabarés, *dancings* e estabelecimentos análogos;
>
> b) empresas circenses, em funções de acrobata, saltimbanco, ginasta e outras semelhantes;
>
> c) produção, composição, entrega ou venda de escritos impressos, cartazes, desenhos, gravuras, pinturas, emblemas, imagens e quaisquer outros objetos que possam, a juízo da autoridade competente, prejudicar sua formação moral;
>
> d) venda, a varejo, de bebidas alcoólicas.
>
> e) com exposição a abusos físicos, psicológicos ou sexuais.
>
> **Art. 405, § 3º, "c", da CLT:** Considera-se prejudicial à moralidade do menor o trabalho: de produção, composição, entrega ou venda de escritos, impressos, cartazes, desenhos, gravuras, pinturas, emblemas, imagens e quaisquer

▶ QUESTÕES DE CONCURSOS

outros objetos que possam, a juízo da autoridade competente, prejudicar sua formação moral.

Alternativa "a". Ao menor, não será permitido, em nenhuma hipótese, o trabalho em locais insalubres (art. 405, I da CLT e art. 7º, XXXIII da CF/88).

Alternativa "b". O contrato de aprendizagem é contrato solene, devendo ser pactuado na forma escrita entre empregador e aprendiz. "Contrato de aprendizagem é o contrato de trabalho especial, ajustado por escrito e por prazo determinado, em que o empregador se compromete a assegurar ao maior de 14 (quatorze) e menor de 24 (vinte e quatro) anos inscrito em programa de aprendizagem formação técnico-profissional metódica, compatível com o seu desenvolvimento físico, moral e psicológico, e o aprendiz, a executar com zelo e diligência as tarefas necessárias a essa formação" (art. 428 da CLT).

Alternativa "c". "A validade do contrato de aprendizagem pressupõe anotação na Carteira de Trabalho e Previdência Social, matrícula e frequência do aprendiz na escola, caso não haja concluído o **ensino médio**, e inscrição em programa de aprendizagem desenvolvido sob orientação de entidade qualificada em formação técnico-profissional metódica" (art. 428, §1º da CLT – grifos acrescidos).

Alternativa "e". "Verificado pela autoridade competente que o trabalho executado pelo menor é prejudicial à sua saúde, ao seu desenvolvimento físico ou a sua moralidade, poderá ela obrigá-lo a abandonar o serviço, **devendo a respectiva empresa, quando for o caso, proporcionar ao menor todas as facilidades para mudar de funções**" (Art. 407 da CLT – grifos acrescidos). A legislação, ao contrário do disposto na alternativa, recomenda a mudança de função do adolescente cujo trabalho é prejudicial à sua saúde.

23. (FCC – Analista Judiciário – Área Administrativa – TRT 15/2018) No tocante ao trabalho do menor,

(A) o empregado estudante, menor de 18 anos, terá direito a fazer coincidir suas férias com as férias escolares, sendo vedado seu fracionamento.

(B) considera-se menor o trabalhador de 12 até 18 anos, sendo vedado o trabalho aos menores de 16 anos de idade, salvo na condição de aprendiz, a partir dos 12 anos.

(C) ao menor não será permitido o trabalho nos locais e serviços perigosos ou insalubres, exceto quando houver autorização expressa do responsável legal.

(D) a remuneração que o adolescente receber pelo trabalho efetuado ou a participação na venda dos produtos de seu trabalho desfigura o caráter educativo da aprendizagem, posto que o aspecto produtivo prevalecerá sobre as exigências pedagógicas relativas ao desenvolvimento pessoal e social do educando.

(E) a formação técnico-profissional garantirá ao menor aprendiz acesso e frequência obrigatória ao ensino regular, atividade compatível com o desenvolvimento do adolescente e horário especial para o exercício das atividades.

COMENTÁRIOS

Nota do autor: o trabalho educativo consiste no desenvolvimento de atividades em que as exigências pedagógicas prevalecem sobre o aspecto produtivo, sendo que o recebimento de remuneração não modifica sua natureza e **não gera vínculo empregatício**[449]. Importante destacar que esse artigo 68 do ECA, que prevê o trabalho educativo, não foi regulamentado. Portanto, todas as definições, parâmetros de jornada, remuneração, formalidade e eventuais atividades desenvolvidas são delineados pela doutrina. Assim, essa ausência de parâmetros legais dificulta a sua adoção prática. Não se deve confundir o trabalho educativo com a aprendizagem, uma vez que, na aprendizagem, há formação de vínculo de emprego e o trabalho pode ser realizado em empresas.

Alternativa correta: "e". "A formação técnico-profissional obedecerá aos seguintes princípios: I - garantia de acesso e freqüência obrigatória ao ensino regular; II - atividade compatível com o desenvolvimento do adolescente; III - horário especial para o exercício das atividades" (Art. 63 da Lei nº 8.069/1990 – ECA).

Alternativa "a". De fato, o empregado menor de 18 anos terá direito de gozar férias no período das férias escolares:

> **Art. 136, §2º da CLT:** "O empregado estudante, menor de 18 (dezoito) anos, terá direito a fazer coincidir suas férias com as férias escolares.

Todavia, com o advento da Reforma Trabalhista, não há mais que se falar na vedação ao seu

449. ROSSATO, Luciano Alves; LÉPORE, Paulo Eduardo; CUNHA, Rogério Sanches. Estatuto da criança e do adolescente comentado artigo por artigo. 7. ed. São Paulo: Saraiva, 2015, p. 237.

fracionamento, tendo em vista a revogação do art. 134, §2º da CLT.

Alternativa "b". O trabalho, no Brasil, é permitido a partir dos 16 anos, salvo na condição de aprendiz, quando a idade mínima será de 14 anos:

> **Art. 7º, XXXIII da CF/88:** São direitos dos trabalhadores urbanos e rurais, além de outros que visem à melhoria de sua condição social: (...) proibição de trabalho noturno, perigoso ou insalubre a menores de dezoito e de qualquer trabalho a menores de dezesseis anos, salvo na condição de aprendiz, a partir de quatorze anos.

Alternativa "c". Nos termos do art. 7º, XXXIII da CF, não é permitido o trabalho noturno, perigoso ou insalubre ao menor de 18 anos, independentemente de autorização dos responsáveis legais.

Alternativa "d". "A remuneração que o adolescente recebe pelo trabalho efetuado ou a participação na venda dos produtos de seu trabalho não desfigura o caráter educativo" (Art. 68, §2º da Lei nº 8.069/1990 – ECA). Lembre-se de que não se deve confundir o trabalho educativo com a aprendizagem, uma vez que, na aprendizagem, há formação de vínculo de emprego e o trabalho pode ser realizado em empresas.

24. (INSTITUTO AOCP – Analista Judiciário – Área Administrativa – TRT 1/2018) Guilherme tem 17 anos e possui ensino fundamental completo. De posse de sua CTPS e buscando seu primeiro emprego, apresentou currículo e fez entrevista na empresa Brinquedos e Cia Ltda., loja do comércio varejista de brinquedos, para preencher a vaga de auxiliar administrativo. A jornada de trabalho a ser cumprida é das 8h às 17h, com 1 hora de intervalo para repouso e alimentação, de segunda-feira a sexta- feira. Considerando as disposições legais aplicáveis à espécie, é correto afirmar que

(A) Guilherme poderá ser contratado, com a devida anotação em CTPS, para exercer a função disponibilizada, posto que é maior de 16 anos, podendo, nesse caso, assinar os recibos de pagamento bem como a rescisão do contrato de trabalho, se esta vier a ocorrer antes que ele complete 18 anos.

(B) Guilherme poderá ser contratado somente na condição de aprendiz, com a devida anotação do contrato em sua CTPS.

(C) Guilherme poderá ser contratado, com a devida anotação em CTPS, para exercer a função disponibilizada, posto que é maior de 16 anos, podendo, nesse caso, assinar os recibos de pagamento. É, ainda, permitida a prorrogação da jornada de trabalho por até mais 2 (duas) horas, independentemente de acréscimo salarial, desde que tal possibilidade seja prevista por convenção ou acordo coletivo de trabalho, devendo ser o excesso de horas em um dia compensado pela diminuição em outro, observado o limite máximo de 48 horas semanais.

(D) Guilherme poderá ser contratado, com a devida anotação em CTPS, para exercer a função disponibilizada, posto que é maior de 16 anos, podendo, nesse caso, assinar os recibos de pagamento. Não será permitida a prorrogação de jornada de trabalho, em qualquer hipótese.

(E) Guilherme poderá ser contratado, com a devida anotação em CTPS, para exercer a função disponibilizada, posto que é maior de 16 anos, podendo, nesse caso, assinar os recibos de pagamento. É, ainda, permitida a prorrogação da jornada de trabalho por até mais 2 (duas) horas, independentemente de acréscimo salarial, desde que haja autorização dos pais ou responsáveis e seja respeitado o horário das aulas.

COMENTÁRIOS

Nota do autor: A questão trata do trabalho do adolescente, abordando diversos aspectos relacionados ao tema. A Reforma Trabalhista não impactou as normas de proteção do trabalho do adolescente, contidas na CLT e nem poderia ter sido diferente, haja vista a necessidade de sua tutela, que vem estampada, inclusive, no art. 227 da Constituição Federal.

Alternativa correta: "c". A alternativa traz a literalidade da lei (art. 413, I da CLT)[450], que, entretanto, foi parcialmente recepcionada pela CF/88, tendo em vista a estipulação de jornada de 8 horas diárias e 44 semanais em seu art. 7º, XIII.

A jornada de trabalho do menor possui a mesma duração que a do trabalhador adulto, ou seja, limitada a 8 horas diárias e 44 horas semanais. A diferença consiste na proibição ao menor de prestar horas extras. Há, entretanto, duas exceções, em que é permitido o trabalho em regime extraordinário:

450. **Art. 413 da CLT:** É vedado prorrogar a duração normal diária do trabalho do menor, salvo: (...) I - até mais 2 (duas) horas, independentemente de acréscimo salarial, mediante convenção ou acôrdo coletivo nos têrmos do Título VI desta Consolidação, desde que o excesso de horas em um dia seja compensado pela diminuição em outro, de modo a ser observado o limite máximo de 48 (quarenta e oito) horas semanais ou outro inferior legalmente fixada.

1) Compensação de jornada, ou seja, trabalha-se mais alguns dias, com o máximo de duas horas extras diárias[451], para descansar em outros. Note-se que a compensação deve estar prevista em convenção ou acordo coletivo e, ainda, não poderá ultrapassar o limite máximo de 44 horas semanais. Dessa forma, não cabe o acordo individual, previsto na Súmula nº 85 do TST, e a compensação não poderá ser anual[452]

2) Força maior, isto é, acontecimento extraordinário, alheio à vontade do empregador, como enchentes, incêndio etc. Nesse caso, o menor poderá prestar horas extras, acrescidas de adicional de, no mínimo, 50% sobre a hora normal, limitadas à totalidade de 12 horas (8 horas da jornada normal, acrescidas de 4 horas extras). O trabalho do menor deve ser imprescindível ao funcionamento da empresa.

Alternativa "a". De fato, Guilherme poderá ser contratado para desempenhar a atividade em questão, sendo lícito ao menor firmar recibo pelo pagamento dos salários. Entretanto, para a assinatura do recibo de quitação das verbas rescisórias, há a necessidade de assistência dos representantes legais, sob pena de nulidade, conforme previsto no art. 439 da CLT.

Alternativa "b". O trabalho, no Brasil, é permitido a partir dos 16 anos de idade. Nessa idade, 16 anos, ainda há restrições, pois o adolescente não poderá prestar serviços em atividades noturnas, insalubres e perigosas. Para essas atividades em que há agressão à saúde, somente a partir dos 18 anos. Além disso, a partir dos 14 anos poderá prestar serviços apenas como aprendiz (art. 7º, XXXIII da CF/88).

Alternativa "d". Conforme dito nos comentários às alternativas anteriores, Guilherme poderá exercer a função, sendo possível firmar recibo pelo pagamento dos salários (art. 439 da CLT). Todavia, a sua jornada poderá ser prorrogada em casos excepcionais, no caso de compensação de jornada e força maior, nos termos dos comentários feitos na alternativa "c".

Alternativa "e". Novamente destaca-se a possibilidade de prorrogação da jornada de trabalho de Guilherme nos termos apresentados nos comentários à alternativa "c" para compensação de jornada e por motivo de força maior.

25. (FCC – Analista Judiciário – Área Judiciária – TRT 7/2024) A Consolidação das Leis do Trabalho contém disposições especificas que visam à proteção do trabalho da mulher, especialmente em relação à questão da maternidade. Uma destas normas prevê um período de descanso especial em caso de mãe em período de amamentação, para que possa proceder ao respectivo aleitamento. Referido período, durante a jornada de trabalho, é de

(A) dois descansos especiais de quarenta e cinco minutos cada um, até que a criança complete 6 meses de idade.

(B) dois descansos especiais de meia hora cada um, até que a criança complete 6 meses de idade.

(C) três descansos especiais de uma hora cada um, até que a criança complete 1 ano de idade.

(D) dois descansos especiais de meia hora cada um, até que a criança complete 1 ano de idade.

(E) três descansos especiais de meia hora cada um, até que a criança complete 6 meses de idade.

COMENTÁRIOS

Nota do autor: A questão aborda o tema da proteção do trabalho da mulher, mais especificamente a pausa para amamentação. *Comentário serve para as demais alternativas, uma vez que versam sobre o mesmo assunto.*

Alternativa correta: "b". O art. 396, caput, da CLT prevê que a mulher, inclusive adotante, tem direito, durante a jornada de trabalho, a dois descansos especiais de 30 minutos cada, para amamentar seu filho, até que este complete seis meses de idade. A norma tem por finalidade garantir condições mínimas de cuidado com o recém-nascido, sem prejuízo da remuneração da trabalhadora.

Assim, para a resolução da questão, era necessário ter em mente que:

- A mulher tem direito a 2 (dois) descansos especiais de 30 (trinta) minutos cada um;
- As pausas serão devidas até que a criança complete 6 (seis) meses de idade.

451. Nesse caso, as horas extras trabalhadas não terão adicional de 50%, uma vez que o adolescente irá compensá-las com descanso em outro dia. Na compensação há redistribuição das horas trabalhadas, ou seja, embora ocorra a prestação de serviços além das 8 horas diárias, haverá descanso em outro dia.

452. "Não há permissão para o uso de banco de horas, assim entendido o sistema de compensação de jornada ao longo de um ano; faz todo sentido que a compensação anual, inserida para os adultos no art. 59 da CLT, fique afastada dos adolescentes diante do comprometimento inevitável com o rendimento escolar." SILVA, Homero Batista Mateus. Curso de Direito do Trabalho aplicado, v. 3: Segurança e Medicina do Trabalho. Trabalho da mulher e do menor. Rio de Janeiro: Elsevier, 2009. p. 230.

26. (FCC - Analista Judiciário - Área Administrativa - TRT 2/2018) De acordo com a Consolidação das Leis do Trabalho, à empregada que adotar ou obtiver guarda judicial para fins de adoção de criança ou adolescente será concedida licença-maternidade

(A) de 180 dias mediante apresentação da Certidão de Nascimento da criança e do termo judicial de guarda à adotante ou guardiã, sendo que a adoção ou guarda judicial conjunta ensejará a concessão de licença-maternidade a apenas um dos adotantes ou guardiães empregado ou empregada.

(B) de 120 dias mediante apresentação do termo judicial de guarda à adotante ou guardiã, sendo que a adoção ou guarda judicial conjunta ensejará a concessão de licença-maternidade aos dois adotantes ou guardiães empregado ou empregada.

(C) de 120 dias mediante apresentação do termo judicial de guarda à adotante ou guardiã, sendo que a adoção ou guarda judicial conjunta ensejará a concessão de licença-maternidade a apenas um dos adotantes ou guardiães empregado ou empregada.

(D) dependendo da idade da criança que poderá variar de 30 a 180 dias, independentemente da apresentação do termo judicial de guarda à adotante ou guardiã, sendo que a adoção ou guarda judicial conjunta ensejará a concessão de licença- maternidade a apenas um dos adotantes ou guardiães empregado ou empregada.

(E) dependendo da idade da criança que poderá variar de 30 a 180 dias, mediante a apresentação do termo judicial de guarda à adotante ou guardiã, sendo que a adoção ou guarda judicial conjunta ensejará a concessão de licença-maternidade aos dois adotantes ou guardiães empregado ou empregada.

COMENTÁRIOS

Nota do autor: A questão aborda o tema licença-maternidade, que consiste no afastamento remunerado da gestante, com duração de 120 dias. Esse direito é previsto no art. 7º, XVIII da CF/88. Não se confunde, portanto, com o período estabilitário, que se dá desde a confirmação da gravidez até 5 meses após o parto.

Alternativa correta: "c". *Comentário serve para as demais alternativas, uma vez que versam sobre o mesmo assunto.* Além da empregada gestante, tem direito à licença-maternidade a empregada que adotar ou obtiver guarda judicial para fins de adoção. Ressalta-se que essa licença somente será concedida mediante apresentação do termo judicial de guarda à adotante ou guardiã. A duração de licença para essa empregada será também de 120 dias. Destaca-se que o valor do benefício pago à empregada corresponde à remuneração devida no mês de seu afastamento, desde que respeitado o limite máximo de remuneração do funcionalismo público, que é o valor recebido pelos ministros do STF. Nesse sentido, o disposto na CLT:

> **Art. 392 da CLT.** A empregada gestante tem direito à licença-maternidade de 120 (cento e vinte) dias, sem prejuízo do emprego e do salário.
>
> Art. 392-A da CLT. À empregada que adotar ou obtiver guarda judicial para fins de adoção de criança ou adolescente será concedida licença-maternidade nos termos do art. 392 desta Lei.
>
> (...) § 4] A licença-maternidade só será concedida mediante apresentação do termo judicial de guarda à adotante ou guardiã.
>
> § 5º A adoção ou guarda judicial conjunta ensejará a concessão de licença-maternidade a apenas um dos adotantes ou guardiães empregado ou empregada.

27. (FCC - Analista Judiciário - Área Judiciária - TRT 5/2022) Cícero será empregado registrado em CTPS e por força do exercício da sua função de vendedor na loja de departamentos Tem de Tudo necessitará utilizar uniforme da empresa, consistente em calça preta e camisa branca, vestimentas de uso comum. Nessa situação, com base no que prevê a Consolidação das Leis do Trabalho,

(A) é do poder diretivo do empregador exigir do empregado a utilização de uniforme da empresa, inclusive com a sua logo- marca, bem como de empresas parceiras, mas nesse caso pode exigir uma indenização pelo uso da imagem, cabendo ao empregado a sua higienização, sem ônus ao empregador.

(B) é direito do empregador exigir do empregado a utilização de uniforme da empresa, inclusive com a sua logomarca, bem como de empresas parceiras, cabendo ao empregado a sua higienização, sem ônus ao empregador.

(C) é lícito ao empregador exigir do empregado a utilização de uniforme da empresa, inclusive com a sua logomarca, bem como de empresas parceiras, mas nesse último caso pode o empregado exigir gratificação especial, cabendo ao empregado a sua higienização, sem ônus ao empregador.

(D) deverá haver mútuo acordo entre empregado e empregador para a utilização de uniforme da empresa, inclusive com a sua logomarca, bem como de empresas parceiras, mas nesse último caso pode o empregado exigir gratificação especial, cabendo ao empregador custear a sua higienização.

(E) deverá haver mútuo acordo entre empregado e empregador para a utilização de uniforme da empresa, inclusive com a sua logomarca, bem como de empresas parceiras, cabendo ao empregador custear a sua higienização.

COMENTÁRIOS

Nota do autor: A questão aborda o tema poderes do empregador e exigia do candidato o

QUESTÕES DE CONCURSOS

conhecimento de dispositivo específico da CLT, que trata especificamente sobre a definição do padrão de vestimenta no ambiente laboral.

Comentário serve para todas as alternativas, uma vez que versam sobre o mesmo assunto. "Cabe ao empregador definir o padrão de vestimenta no meio ambiente laboral, sendo lícita a inclusão no uniforme de logomarcas da própria empresa ou de empresas parceiras e de outros itens de identificação relacionados à atividade desempenhada." (art. 456-A, *caput*, CLT).

"Parágrafo único. A higienização do uniforme é de responsabilidade do trabalhador, salvo nas hipóteses em que forem necessários procedimentos ou produtos diferentes dos utilizados para a higienização das vestimentas de uso comum." (art. 456-A, parágrafo único, CLT).

Como, no caso apresentado, o uniforme é vestimenta comum, consistente em calça preta e camisa branca, não necessita de procedimentos ou produtos diferentes e, assim, sua higienização é de responsabilidade do trabalhador.

Alternativa correta: "b".

28. (FCC – Analista Judiciário – Área Judiciária – TRT 6/2018) Visando apurar desvios que estão ocorrendo no setor de compras da empresa, o Gerente responsável contrata empresa de auditoria e a autoriza a utilizar um polígrafo (detector de mentiras) para apurar quais empregados estavam prestando informações erradas à investigação. A situação concreta apontada.

(A) inclui-se no poder de direção do empregador, mais especificamente no poder de controle, sendo autorizada pelo ordenamento jurídico, desde que não exponha os empregados a situação vexatória.

(B) inclui-se no poder de direção do empregador, mais especificamente no poder disciplinar, sendo autorizada pelo ordenamento jurídico de forma ampla.

(C) inclui-se no poder de direção do empregador, mais especificamente no poder de organização, mas somente terá validade se os questionamentos realizados por meio do polígrafo restringirem-se a questões de trabalho, não abrangendo questionamentos sobre a vida privada dos empregados.

(D) viola a intimidade e a vida privada dos empregados, tendo em vista que a utilização do polígrafo está sendo feita por terceiro, alheio à relação de emprego, a quem não é atribuído o poder de direção, que é inerente à figura do empregador.

(E) viola a intimidade e a vida privada dos empregados, causando danos à sua honra e à sua imagem, uma vez que a utilização do polígrafo extrapola o exercício do poder diretivo do empregador, por não ser reconhecido pelo ordenamento jurídico brasileiro como forma de controle de empregados.

COMENTÁRIOS

Nota do autor: A questão aborda o tema poderes do empregador e exigia do candidato o raciocínio no sentido de que este poder não é ilimitado, encontrando barreiras nos direitos fundamentais do empregado, por exemplo.

Alternativa correta: "e". *Comentário serve para as demais alternativas, uma vez que versam sobre o mesmo assunto.* O poder do empregador está previsto no art. 2º da CLT, pois o empregador "dirige a prestação pessoal de serviços". Como ele assume, exclusivamente, os riscos da atividade econômica, há necessidade de organizar e controlar a prestação de serviços, mesmo que, para isso, seja necessária a aplicação de penalidades aos trabalhadores. Se de um lado há presença do poder de direção, por parte do empregado há também a presença da subordinação. O poder de direção do empregador encontra seu fundamento na própria existência do contrato de trabalho. Importante frisar que esses poderes, conferidos ao empregador, não são absolutos. Há limites previstos na CLT e na CF/88, por exemplo, respeitar a intimidade e a dignidade do empregado.

Dessa forma, haverá abuso do poder de direção caso o empregador se utilize de polígrafo para apurar quais empregados estariam mentindo no decorrer da investigação, por haver ofensa à intimidade e à vida privada dos empregados.

29. (FCC – Técnico Judiciário – Área Administrativa – TRT 15/2025) Considere as seguintes situações hipotéticas:

I. A empresa 'Z' possui personalidade jurídica própria, mas está sob a direção da empresa "X".

II. Entre a empresa "G" e a empresa "L" há apenas a mera identidade de sócios.

Nestas hipóteses, de acordo com a Consolidação das Leis do Trabalho,

(A) não há caracterização de grupo econômico entre as empresas "7" e "X", mas há caracterização de grupo econômico entre as empresas "G' e 'L".

(B) não há caracterização de grupo econômico dentre as empresas "Z" e "X", bem como entre as empresas "G' e "L".

(C) A empresa 'Z' será responsável subsidiariamente pelas obrigações decorrentes das relações de emprego da empresa "X', havendo, também, a caracterização de grupo econômico entre as empresas "G' e "L".

(D) as empresas "Z' e "Xº serão responsáveis solidariamente pelas obrigações decorrentes da relação de emprego, havendo, também, a caracterização de grupo econômico entre as empresas "G' e "L".

(E) as empresas "Z" e "X" serão responsáveis solidariamente pelas obrigações decorrentes da relação de emprego e não há caracterização de grupo econômico entre as empresas "G" e 'L".

COMENTÁRIOS

Nota do autor: A questão exigia do candidato o conhecimento do instituto do grupo econômico, alterado pela Reforma Trabalhista. Não deixe de ler os arts. 2º da CLT!

Comentário serve para todas as alternativas, uma vez que versam sobre o mesmo assunto. Ocorre grupo econômico quando as empresas estão ligadas entre si, ou seja, quando há "empresa-mãe e empresas-irmãs"[453]. Nesse caso, cada uma dessas empresas possui personalidade jurídica própria, isto é, CNPJ próprio, quadro de pessoal próprio, exercem atividades econômicas diversas etc.

Sobre "Z" e "X":

A atual redação do § 2º do art. 2º da CLT estabelece o reconhecimento de duas formas de grupo econômico:

– **Grupo econômico por subordinação:** Essa modalidade já era prevista na redação anterior do dispositivo em apreço. No caso, o grupo pode ser formado na hipótese de existência de hierarquia entre as empresas. Para a prova de formação do grupo econômico por subordinação, é indispensável, portanto, demonstrar que há uma relação de controle entre uma ou mais empresas em relação às demais integrantes.

– **Grupo econômico por coordenação:** A Reforma Trabalhista inovou ao prever a possibilidade de formação de grupo econômico por coordenação. De acordo com esse dispositivo, mesmo que as empresas guardem cada uma sua autonomia, estará configurado o grupo econômico.

Sobre "G" e "L":

Conforme prevê o § 3º do art. 2º da CLT, não há caracterização do grupo econômico apenas pela mera identidade de sócios entre as empresas, sendo necessária a demonstração do preenchimento de três requisitos:

a) interesse integrado;

b) a efetiva comunhão de interesses; e

c) a atuação conjunta das empresas integrantes.

Por fim, configurado o grupo econômico, a responsabilidade pelas verbas trabalhistas será solidária:

> **Art. 2º, § 2º da CLT (com redação dada pela Reforma Trabalhista):** § 2º Sempre que uma ou mais empresas, tendo, embora, cada uma delas, personalidade jurídica própria, estiverem sob a direção, controle ou administração de outra, ou ainda quando, mesmo guardando cada uma sua autonomia, integrem grupo econômico, serão responsáveis solidariamente pelas obrigações decorrentes da relação de emprego.

Alternativa correta: "e".

30. (FCC – Analista Judiciário – Área Judiciária – TRT 5/2022) Considere:

I. Empresa A é controlada administrativamente pela Empresa B.

II. Empresa C e Empresa D, autônomas entre si, possuem os mesmos sócios, não atuando de forma conjunta.

III. Empresa E e Empresa F possuem sócios em comum, atuam comprovadamente com interesse integrado, em conjunto, com efetiva comunhão de interesses.

IV. Empresa G e Empresa H são dirigidas pela Empresa J.

Conforme a Consolidação das Leis do Trabalho, há responsabilidade solidária pelos direitos decorrentes da relação de emprego dos seus empregados APENAS em

(A) I e II.

(B) I, III e IV.

(C) II e III.

(D) II e IV.

(E) I e III.

COMENTÁRIOS

Nota do autor: A questão exigia do candidato o conhecimento do instituto do grupo econômico, alterado pela Reforma Trabalhista. Não deixe de ler os arts. 2º da CLT!

Comentário serve para todas as alternativas, uma vez que versam sobre o mesmo assunto. Ocorre grupo econômico quando as empresas estão ligadas entre si, ou seja, quando há

453. "No caso do grupo econômico, uma figura em ziguezague, quase em formato das árvores genealógicas que aprendemos com as ciências biológicas (empregado-empregador em linha reta e empregador com as empresas-irmãs e com a empresa-mãe, se houver, dele se ramificando)." SILVA, Homero Batista Mateus da. *Curso de Direito do Trabalho aplicado*, vol. 1: Parte Geral. Rio de Janeiro: Elsevier, 2009. p. 142.

"empresa-mãe e empresas-irmãs"[454]. Nesse caso, cada uma dessas empresas possui personalidade jurídica própria, isto é, CNPJ próprio, quadro de pessoal próprio, exercem atividades econômicas diversas etc. Com a aprovação da Reforma Trabalhista, a atual redação do § 2º do art. 2º da CLT estabelece o reconhecimento de duas formas de grupo econômico:

– **Grupo econômico por subordinação:** Essa modalidade já era prevista na redação anterior do dispositivo em apreço. No caso, o grupo pode ser formado na hipótese de existência de hierarquia entre as empresas. Para a prova de formação do grupo econômico por subordinação, é indispensável, portanto, demonstrar que há uma relação de controle entre uma ou mais empresas em relação às demais integrantes.

– **Grupo econômico por coordenação:** A Reforma Trabalhista inovou ao prever a possibilidade de formação de grupo econômico por coordenação. De acordo com esse dispositivo, mesmo que as empresas guardem cada uma sua autonomia, estará configurado o grupo econômico.

Contudo, conforme prevê o § 3º do art. 2º da CLT, não há caracterização do grupo econômico apenas pela mera identidade de sócios entre as empresas, sendo necessária a demonstração do preenchimento de três requisitos:

a) interesse integrado;

b) a efetiva comunhão de interesses; e

c) a atuação conjunta das empresas integrantes.

Assim, configurado o grupo econômico, a responsabilidade pelas verbas trabalhistas será solidária:

> **Art. 2º, §2º da CLT (com redação dada pela Reforma Trabalhista):** § 2º Sempre que uma ou mais empresas, tendo, embora, cada uma delas, personalidade jurídica própria, estiverem sob a direção, controle ou administração de outra, ou ainda quando, mesmo guardando cada uma sua autonomia, integrem grupo econômico, serão responsáveis solidariamente pelas obrigações decorrentes da relação de emprego.

Alternativa correta: "b".

31. (FCC – Analista Judiciário – Oficial de Justiça Avaliador Federal – TRT 23/2022) Euclides presta serviços na empresa Alfa, Beta & Gama Estruturas Metálicas Ltda., a qual registrou o contrato de trabalho, que tem como sócios ZEUS e ARQUIMEDES. Referidos sócios também possuem as empresas Lua Nova Incorporações Ltda. e Fast Entregas a Domicílio Ltda., sendo que Lua Nova administra as três empresas, embora cada qual tenha personalidade jurídica própria. Nessa situação, à luz do que prevê a Consolidação das Leis do Trabalho,

(A) as três empresas são solidariamente responsáveis pelas obrigações trabalhistas da empregadora de Euclides, por possuírem sócios em comum, constituindo, por esse motivo, grupo econômico.

(B) apenas as empresas Fast e Alfa Beta & Gama são solidariamente responsáveis pelas obrigações trabalhistas da empregadora de Euclides, por possuírem sócios em comum, constituindo, por esse motivo, grupo econômico.

(C) todas são solidariamente responsáveis pelas obrigações trabalhistas da empregadora de Euclides, por possuírem administração única.

(D) apenas a empregadora responde pelas obrigações contratuais de Euclides porque não forma nessa hipótese grupo econômico trabalhista.

(E) somente a empregadora responde pelas obrigações contratuais de Euclides porque não há nessa hipótese grupo econômico trabalhista, respondendo a empresa administradora de forma subsidiária.

COMENTÁRIOS

Nota do autor: A questão exigia do candidato o conhecimento do instituto do grupo econômico, alterado pela Reforma Trabalhista. Não deixe de ler os arts. 2º da CLT!

Comentário serve para todas as alternativas, uma vez que versam sobre o mesmo assunto. Ocorre grupo econômico quando as empresas estão ligadas entre si, ou seja, quando há "empresa-mãe e empresas-irmãs"[455]. Nesse

454. "No caso do grupo econômico, uma figura em ziguezague, quase em formato das árvores genealógicas que aprendemos com as ciências biológicas (empregado-empregador em linha reta e empregador com as empresas-irmãs e com a empresa-mãe, se houver, dele se ramificando)." SILVA, Homero Batista Mateus da. *Curso de Direito do Trabalho aplicado*, vol. 1: Parte Geral. Rio de Janeiro: Elsevier, 2009. p. 142.

455. "No caso do grupo econômico, uma figura em ziguezague, quase em formato das árvores genealógicas que aprendemos com as ciências biológicas (empregado-empregador em linha reta e empregador com as

caso, cada uma dessas empresas possui personalidade jurídica própria, isto é, CNPJ próprio, quadro de pessoal próprio, exercem atividades econômicas diversas etc. Com a aprovação da Reforma Trabalhista, a atual redação do § 2º do art. 2º da CLT estabelece o reconhecimento de duas formas de grupo econômico:

– **Grupo econômico por subordinação:** Essa modalidade já era prevista na redação anterior do dispositivo em apreço. No caso, o grupo pode ser formado na hipótese de existência de hierarquia entre as empresas. Para a prova de formação do grupo econômico por subordinação, é indispensável, portanto, demonstrar que há uma relação de controle entre uma ou mais empresas em relação às demais integrantes.

– **Grupo econômico por coordenação:** A Reforma Trabalhista inovou ao prever a possibilidade de formação de grupo econômico por coordenação. De acordo com esse dispositivo, mesmo que as empresas guardem cada uma sua autonomia, estará configurado o grupo econômico.

Contudo, conforme prevê o § 3º do art. 2º da CLT, não há caracterização do grupo econômico apenas pela mera identidade de sócios entre as empresas, sendo necessária a demonstração do preenchimento de três requisitos:

a) interesse integrado;
b) a efetiva comunhão de interesses; e
c) a atuação conjunta das empresas integrantes.

Assim, configurado o grupo econômico, a responsabilidade pelas verbas trabalhistas será solidária:

> **Art. 2º, §2º da CLT (com redação dada pela Reforma Trabalhista):** § 2º Sempre que uma ou mais empresas, tendo, embora, cada uma delas, personalidade jurídica própria, estiverem sob a direção, controle ou administração de outra, ou ainda quando, mesmo guardando cada uma sua autonomia, integrem grupo econômico, serão responsáveis solidariamente pelas obrigações decorrentes da relação de emprego.

Alternativa correta: "c".

32. (FCC – Técnico Judiciário – Área Administrativa – TRT 9/2022) Ermelinda trabalha na empresa C.A.S.A. Construções Ltda., que tem os mesmos sócios das empresas Bom Gosto Distribuidora de Alimentos Ltda. e Autoposto Roda Bem Ltda. Ermelinda foi dispensada e não recebeu suas verbas rescisórias. Nesse caso,

(A) a mera identidade de sócios não caracteriza grupo econômico, sendo necessário, para a sua configuração, que Ermelinda tenha trabalhado em favor de todas as empresas.

(B) apesar de estar configurado o grupo econômico, tendo em vista que todos os requisitos legais estão presentes, a responsabilidade solidária dos seus integrantes não abrange as verbas rescisórias, que somente podem ser cobradas do efetivo empregador.

(C) considerando que, em razão da identidade de sócios, existe grupo econômico, todas as empresas são responsáveis solidárias pelo pagamento das verbas rescisórias de Ermelinda.

(D) considerando que, em razão da identidade de sócios, existe grupo econômico, todas as empresas são responsáveis subsidiárias pelo pagamento das verbas rescisórias de Ermelinda.

(E) a mera identidade de sócios não caracteriza grupo econômico, sendo necessária, para a configuração do mesmo, a demonstração do interesse integrado, a efetiva comunhão de interesses e a atuação conjunta das empresas dele integrantes.

COMENTÁRIOS

Nota do autor: A questão exigia do candidato o conhecimento do instituto do grupo econômico, alterado pela Reforma Trabalhista. Não deixe de ler os arts. 2º da CLT!

Comentário serve para todas as alternativas, uma vez que versam sobre o mesmo assunto. Ocorre grupo econômico quando as empresas estão ligadas entre si, ou seja, quando há "empresa-mãe e empresas-irmãs"[456]. Nesse caso, cada uma dessas empresas possui personalidade jurídica própria, isto é, CNPJ próprio, quadro de pessoal próprio, exercem atividades econômicas diversas etc. Com a aprovação da Reforma Trabalhista, a atual redação do § 2º do art. 2º da CLT estabelece o reconhecimento de duas formas de grupo econômico:

---

empresas-irmãs e com a empresa-mãe, se houver, dele se ramificando)." SILVA, Homero Batista Mateus da. *Curso de Direito do Trabalho aplicado*, vol. 1: Parte Geral. Rio de Janeiro: Elsevier, 2009. p. 142.

456. "No caso do grupo econômico, uma figura em ziguezague, quase em formato das árvores genealógicas que aprendemos com as ciências biológicas (empregado-empregador em linha reta e empregador com as empresas-irmãs e com a empresa-mãe, se houver, dele se ramificando)." SILVA, Homero Batista Mateus da. *Curso de Direito do Trabalho aplicado*, vol. 1: Parte Geral. Rio de Janeiro: Elsevier, 2009. p. 142.

– **Grupo econômico por subordinação:** Essa modalidade já era prevista na redação anterior do dispositivo em apreço. No caso, o grupo pode ser formado na hipótese de existência de hierarquia entre as empresas. Para a prova de formação do grupo econômico por subordinação, é indispensável, portanto, demonstrar que há uma relação de controle entre uma ou mais empresas em relação às demais integrantes.

– **Grupo econômico por coordenação:** A Reforma Trabalhista inovou ao prever a possibilidade de formação de grupo econômico por coordenação. De acordo com esse dispositivo, mesmo que as empresas guardem cada uma sua autonomia, estará configurado o grupo econômico.

Contudo, conforme prevê o § 3º do art. 2º da CLT, não há caracterização do grupo econômico apenas pela mera identidade de sócios entre as empresas, sendo necessária a demonstração do preenchimento de três requisitos:

a) interesse integrado;
b) a efetiva comunhão de interesses; e
c) a atuação conjunta das empresas integrantes.

Assim, configurado o grupo econômico, a responsabilidade pelas verbas trabalhistas será solidária:

> **Art. 2º, §2º da CLT (com redação dada pela Reforma Trabalhista):** § 2º Sempre que uma ou mais empresas, tendo, embora, cada uma delas, personalidade jurídica própria, estiverem sob a direção, controle ou administração de outra, ou ainda quando, mesmo guardando cada uma sua autonomia, integrem grupo econômico, serão responsáveis solidariamente pelas obrigações decorrentes da relação de emprego.

Alternativa correta: "e

33. (FCC – Analista Judiciário – Oficial de Justiça Avaliador Federal – TRT 22/2022) Conforme a legislação e a jurisprudência dominante do TST, quanto à sucessão e grupo econômico, considere:

I. A prestação de serviços a mais de uma empresa do mesmo grupo econômico, durante a mesma jornada de trabalho, caracteriza a coexistência de mais de um contrato de trabalho, salvo ajuste em contrário.

II. O sucessor não responde solidariamente por débitos trabalhistas de empresa não adquirida, integrante do mesmo grupo econômico da empresa sucedida, quando, à época, a empresa devedora direta era insolvente, inidônea economicamente, ou na hipótese de má-fé ou fraude na sucessão.

III. Sempre que uma ou mais empresas, tendo, embora, cada uma delas, personalidade jurídica própria, estiverem sob a direção, controle ou administração de outra, ou ainda quando, mesmo guardando cada uma sua autonomia, integrarem grupo econômico, serão responsáveis solidariamente pelas obrigações decorrentes da relação de emprego.

IV. Caracterizada a sucessão empresarial ou de empregadores, as obrigações trabalhistas, inclusive as contraídas à época em que os empregados trabalhavam para a empresa sucedida, são de responsabilidade do sucessor, respondendo a empresa sucedida subsidiariamente quando comprovada a fraude na transferência.

V. Não caracteriza grupo econômico a mera identidade de sócios, sendo necessárias, para a sua configuração, a demonstração do interesse integrado, a efetiva comunhão de interesses e a atuação conjunta das empresas dele integrantes.

Está correto o que se afirma APENAS em

(A) I, III e IV.
(B) II e IV.
(C) II, III e V.
(D) III, IV e V.
(E) I, II e V.

COMENTÁRIOS

Nota do autor: A questão exigia do candidato o conhecimento de dois institutos alterados pela Reforma Trabalhista: grupo econômico e sucessão empresarial. Não deixe de ler os arts. 2º e 448-A da CLT!

Assertiva I: errada. "A prestação de serviços a mais de uma empresa do mesmo grupo econômico, durante a mesma jornada de trabalho, não caracteriza a coexistência de mais de um contrato de trabalho, salvo ajuste em contrário." (Súmula nº 129 do TST). Se o empregado for contratado por uma das empresas, mas seu trabalho estiver sendo aproveitado pelas demais, por exemplo, no período da manhã trabalha para empresa A, e, à tarde, presta serviços para a empresa B, do mesmo grupo, terá um único contrato de trabalho, ou seja, sua carteira de trabalho não será assinada pelas duas empregadoras, mas apenas uma delas. Assim sendo, mesmo prestando serviços para duas empresas, a Súmula nº 129 do TST tem entendido tratar-se de empregador único, ou seja, o grupo é o empregador.

Assertiva II: correta. "O sucessor não responde solidariamente por débitos trabalhistas de empresa não adquirida, integrante do mesmo grupo econômico da empresa sucedida, quando, à época, a empresa devedora direta era solvente ou idônea economicamente, ressalvada a hipótese de má-fé ou fraude na sucessão" (OJ nº 411 da SDI-I do TST).

Assertiva III: correta. A Reforma Trabalhista inovou ao prever a possibilidade de formação de grupo econômico por coordenação. De acordo com esse dispositivo, mesmo que as empresas guardem cada uma sua autonomia, estará configurado o grupo econômico:

> **Art. 2º, §2º da CLT:** Sempre que uma ou mais empresas, tendo, embora, cada uma delas, personalidade jurídica própria, estiverem sob a direção, controle ou administração de outra, ou ainda quando, mesmo guardando cada uma sua autonomia, integrem grupo econômico, serão responsáveis solidariamente pelas obrigações decorrentes da relação de emprego. (Redação dada pela Lei nº 13.467, de 2017)

Assertiva IV: errada. Comprovada a fraude na sucessão empresarial, a empresa sucedida responderá **solidariamente** com a sucessora pelas obrigações trabalhistas, inclusive as contraídas à época em que os empregados trabalhavam para a empresa sucedida:

> **Art. 448-A, CLT:** Caracterizada a sucessão empresarial ou de empregadores prevista nos arts. 10 e 448 desta Consolidação, as obrigações trabalhistas, inclusive as contraídas à época em que os empregados trabalhavam para a empresa sucedida, são de responsabilidade do sucessor
>
> Parágrafo único. A empresa sucedida responderá **solidariamente** com a sucessora quando ficar comprovada fraude na transferência.

Assertiva V: correta. Conforme prevê o § 3º do art. 2º da CLT, não há caracterização do grupo econômico apenas pela mera identidade de sócios entre as empresas, sendo necessária a demonstração do preenchimento de três requisitos:

a) interesse integrado;
b) a efetiva comunhão de interesses; e
c) a atuação conjunta das empresas integrantes.

Alternativa correta: "c".

34. (FCC – Técnico Judiciário – Área Administrativa – TRT 4/2022) Homero foi sócio da empresa Verdes Mares Comércio de Pescados Ltda., no período de setembro de 2010 a novembro de 2018. Zeus foi empregado da referida empresa de 2012 a abril de 2022, tendo sido dispensado, entendendo ser credor de verbas trabalhistas, contratuais e rescisórias. Em eventual ação trabalhista a ser proposta por Zeus logo após a sua dispensa, o sócio-retirante Homero

(A) poderá responder de forma solidária por eventuais direitos inadimplidos de Zeus, apenas na hipótese de não ter averbada sua retirada no contrato social da empresa.

(B) não responderá em nenhuma hipótese por verbas trabalhistas de Zeus, eis que sua saída se deu há mais de dois anos do ajuizamento da ação trabalhista.

(C) poderá responder de forma subsidiária por eventuais direitos inadimplidos de Zeus, apenas na hipótese de não ter averbada sua retirada no contrato social da empresa.

(D) não responderá em nenhuma hipótese por verbas trabalhistas de Zeus, eis que sua saida se deu há mais de um ano do ajuizamento da ação trabalhista, prazo que extingue a responsabilidade do sócio-retirante.

(E) poderá responder de forma subsidiária por eventuais direitos inadimplidos de Zeus, ainda que tenha averbada sua retirada no contrato social da empresa, sendo sua responsabilidade limitada ao período que figurou como sócio.

COMENTÁRIOS

Nota do autor: o sócio retirante é aquele que se retira da sociedade mediante notificação prévia aos demais sócios, devendo ocorrer alteração no contrato social da empresa. O tema recebeu regulamentação no que toca à sua responsabilidade, conforme será visto na análise da questão.

Comentário serve para todas as alternativas, uma vez que versam sobre o mesmo assunto. De acordo com o art. 10-A, CLT, acrescentado pela Reforma Trabalhista, o sócio retirante responde **subsidiariamente** pelas obrigações trabalhistas da sociedade relativas ao período em que figurou como sócio:

> **Art. 10-A, CLT** (acrescentado pela Lei nº 13.467/2017). O sócio retirante responde subsidiariamente pelas obrigações trabalhistas da sociedade relativas ao período em que figurou como sócio, somente em ações ajuizadas até dois anos depois de averbada a modificação do contrato, observada a seguinte ordem de preferência:
>
> I – a empresa devedora;
> II – os sócios atuais; e
> III – os sócios retirantes.
>
> Parágrafo único. O sócio retirante responderá solidariamente com os demais quando ficar comprovada fraude na alteração societária decorrente da modificação do contrato.

Para a responsabilização do sócio, é necessário que a reclamação trabalhista seja ajuizada no período de até 2 anos **depois de averbada a modificação do contrato**. A responsabilidade subsidiária é determinada por um benefício de ordem, ou seja, o empregado somente pode exigir dos sócios retirantes caso sigam a ordem de preferência exigida em lei:

▸ QUESTÕES DE CONCURSOS

I – Empresa devedora;
II – Sócios atuais;
III – Sócios retirantes.

Caso não tenha sido averbada a retirada do sócio Homero no contrato social da empresa, este poderá responder de forma subsidiária por eventuais direitos inadimplidos de Zeus.

Alternativa correta: "c".

35. (FCC – Técnico Judiciário – Área Administrativa – TRT 14/2022) Timóteo pretende se retirar da sociedade que mantém, com outros dois amigos, no restaurante Tomates Fritos, desejando seguir outros caminhos profissionais. De acordo com a Consolidação das Leis do Trabalho, Timóteo se manterá responsável por eventuais direitos trabalhistas dos funcionários, de forma

(A) subsidiária até o período de 1 ano.
(B) solidária até o período de 2 anos.
(C) solidária até o período de 3 anos.
(D) subsidiária até o período de 2 anos.
(E) solidária até o período de 1 ano.

COMENTÁRIOS

Nota do autor: o sócio retirante é aquele que se retira da sociedade mediante notificação prévia aos demais sócios, devendo ocorrer alteração no contrato social da empresa. O tema recebeu regulamentação no que toca à sua responsabilidade, conforme será visto na análise da questão.

Comentário serve para todas as alternativas, uma vez que versam sobre o mesmo assunto. De acordo com o art. 10-A, CLT, acrescentado pela Reforma Trabalhista, o sócio retirante responde **subsidiariamente** pelas obrigações trabalhistas da sociedade relativas ao período em que figurou como sócio:

> **Art. 10-A, CLT** (acrescentado pela Lei nº 13.467/2017). O sócio retirante responde subsidiariamente pelas obrigações trabalhistas da sociedade relativas ao período em que figurou como sócio, somente em ações ajuizadas até dois anos depois de averbada a modificação do contrato, observada a seguinte ordem de preferência:
> I – a empresa devedora;
> II – os sócios atuais; e
> III – os sócios retirantes.
> Parágrafo único. O sócio retirante responderá solidariamente com os demais quando ficar comprovada fraude na alteração societária decorrente da modificação do contrato.

Para a responsabilização do sócio, é necessário que a reclamação trabalhista seja ajuizada no período de até 2 anos **depois de averbada a modificação do contrato**. A responsabilidade subsidiária é determinada por um benefício de ordem, ou seja, o empregado somente pode exigir dos sócios retirantes caso sigam a ordem de preferência exigida em lei:

I – Empresa devedora;
II – Sócios atuais;
III – Sócios retirantes.

Alternativa correta: "d".

36. (FUMARC – Técnico Judiciário – TRT 3/2022) O sócio retirante responde subsidiariamente pelas obrigações trabalhistas da sociedade?

(A) Não, o sócio é responsável solidário.
(B) Não, tal possibilidade é vedada em Lei.
(C) Sim, quanto às relativas ao período em que figurou como sócio, somente em ações ajuizadas até dois anos depois de averbada a modificação do contrato, sem ordem de preferência.
(D) Sim, quanto às relativas ao período em que figurou como sócio, por ações ajuizadas a qualquer tempo, observada a ordem de legal de preferência.
(E) Sim, quanto às relativas ao período em que figurou como sócio, somente em ações ajuizadas até dois anos depois de averbada a modificação do contrato, observada a ordem legal de preferência.

COMENTÁRIOS

Nota do autor: A questão aborda a temática Sócio-Retirante. Exigia tão somente o conhecimento da legislação e apresentava baixo nível de complexidade, o que não é habitual nas provas de Analista e Técnico de TRTs. Aliás, todas as provas desse concurso, de maneira geral, apresentaram um grau de complexidade abaixo do esperado.

Comentário serve para todas as alternativas, uma vez que versam sobre o mesmo assunto. De acordo com o art. 10-A, CLT, acrescentado pela Reforma Trabalhista, o sócio retirante responde **subsidiariamente** pelas obrigações trabalhistas da sociedade relativas ao período em que figurou como sócio:

> **Art. 10-A, CLT** (acrescentado pela Lei nº 13.467/2017). O sócio retirante responde subsidiariamente pelas obrigações trabalhistas da sociedade relativas ao período em que figurou como sócio, somente em ações ajuizadas até dois anos depois de averbada a modificação do

contrato, observada a seguinte ordem de preferência:

I – a empresa devedora;

II – os sócios atuais; e

III – os sócios retirantes.

Parágrafo único. O sócio retirante responderá solidariamente com os demais quando ficar comprovada fraude na alteração societária decorrente da modificação do contrato.

Para a responsabilização do sócio, é necessário que a reclamação trabalhista seja ajuizada no período de até 2 anos **depois de averbada a modificação do contrato**. A responsabilidade subsidiária é determinada por um benefício de ordem, ou seja, o empregado somente pode exigir dos sócios retirantes caso sigam a ordem de preferência exigida em lei:

I – Empresa devedora;

II – Sócios atuais;

III – Sócios retirantes.

Alternativa correta: "e".

37. (FCC – Analista Judiciário – Oficial de Just. Avaliador Federal – TRT 2/2018) Luiz, empregado da empresa Alfa, ingressou com reclamação trabalhista contra a mesma e também contra as empresas Beta e Gama, que não estão sob a direção, controle ou administração de outra, ao argumento de que integram grupo econômico, pois possuem identidade de sócios. Na mesma reclamação trabalhista, Luiz pede o reconhecimento de sucessão por parte da empresa Delta. Neste caso, nos termos da lei vigente,

(A) caracterizada a sucessão empresarial ou de empregadores, as obrigações trabalhistas, salvo as contraídas à época em que os empregados trabalhavam para a empresa sucedida, são de responsabilidade do sucessor. A empresa sucedida responderá solidariamente com a sucessora quando ficar comprovada fraude na transferência.

(B) a mera identidade de sócios, por si só, caracteriza grupo econômico, independentemente da demonstração do interesse integrado, efetiva comunhão de interesses e atuação conjunta das empresas dele integrantes.

(C) não é possível o reconhecimento de existência de grupo econômico se as empresas não estiverem sob a direção, controle ou administração de outra.

(D) as empresas integrantes do mesmo grupo econômico sempre serão responsáveis subsidiariamente pelas obrigações decorrentes da relação de emprego.

(E) sempre que uma ou mais empresas, tendo, embora, cada uma delas, personalidade jurídica própria, estiverem sob a direção, controle ou administração de outra, ou ainda quando, mesmo guardando cada uma sua autonomia, integrem grupo econômico, serão responsáveis solidariamente pelas obrigações decorrentes da relação de emprego.

COMENTÁRIOS

Nota do autor: A questão exigia do candidato o conhecimento de dois institutos alterados pela Reforma Trabalhista: grupo econômico e sucessão empresarial. Não deixe de ler os arts. 2º e 448-A da CLT! A opção pela inserção nesse tópico se deu em razão de o gabarito apresentar resposta relacionada à ocorrência de grupo econômico e suas consequências.

Alternativa correta: "e". Ocorre grupo econômico quando as empresas estão ligadas entre si, ou seja, quando há "empresa-mãe e empresas-irmãs"[457]. Nesse caso, cada uma dessas empresas possui personalidade jurídica própria, isto é, CNPJ próprio, quadro de pessoal próprio, exercem atividades econômicas diversas etc. Com a aprovação da Reforma Trabalhista, a nova redação do § 2º do art. 2º da CLT estabelece o reconhecimento de duas formas de grupo econômico:

– Grupo econômico por subordinação: Essa modalidade já era prevista na redação anterior do dispositivo em apreço. No caso, o grupo pode ser formado na hipótese de existência de hierarquia entre as empresas. Para a prova de formação do grupo econômico por subordinação, é indispensável, portanto, demonstrar que há uma relação de controle entre uma ou mais empresas em relação às demais integrantes.

– Grupo econômico por coordenação: A Reforma Trabalhista inovou ao prever a possibilidade de formação de grupo econômico por coordenação. De acordo com o novo dispositivo, mesmo que as empresas guardem cada uma sua autonomia, estará configurado o grupo econômico.

Contudo, conforme prevê o § 3º do art. 2º da CLT, não há caracterização do grupo econômico apenas pela mera identidade de sócios entre

457. "No caso do grupo econômico, uma figura em ziguezague, quase em formato das árvores genealógicas que aprendemos com as ciências biológicas (empregado-empregador em linha reta e empregador com as empresas-irmãs e com a empresa-mãe, se houver, dele se ramificando)." SILVA, Homero Batista Mateus da. *Curso de Direito do Trabalho aplicado*, vol. 1: Parte Geral. Rio de Janeiro: Elsevier, 2009. p. 142.

as empresas, sendo necessária a demonstração do preenchimento de três requisitos:

a) interesse integrado;

b) a efetiva comunhão de interesses; e

c) a atuação conjunta das empresas integrantes.

Assim, configurado o grupo econômico, a responsabilidade pelas verbas trabalhistas será solidária:

> **Art. 2º, §2º da CLT (com redação dada pela Reforma Trabalhista):** § 2º Sempre que uma ou mais empresas, tendo, embora, cada uma delas, personalidade jurídica própria, estiverem sob a direção, controle ou administração de outra, ou ainda quando, mesmo guardando cada uma sua autonomia, integrem grupo econômico, serão responsáveis solidariamente pelas obrigações decorrentes da relação de emprego.

Alternativa "a". No caso de sucessão empresarial, as obrigações trabalhistas, **inclusive** as contraídas à época em que os empregados trabalhavam para a empresa sucedida, são de responsabilidade do sucessor (art. 448-A da CLT). Caso comprovada fraude na transferência, a empresa sucedida responderá solidariamente com a sucessora (art. 448-A, parágrafo único da CLT – grifos acrescidos).

Alternativa "b". "**Não** caracteriza grupo econômico a mera identidade de sócios, sendo necessárias, para a configuração do grupo, a demonstração do interesse integrado, a efetiva comunhão de interesses e a atuação conjunta das empresas dele integrantes" (art. 2º, §3º da CLT – grifos acrescidos).

Alternativa "c". A Reforma Trabalhista inovou ao prever a possibilidade de formação de grupo econômico por coordenação. De acordo com o novo dispositivo, mesmo que as empresas guardem cada uma sua autonomia, estará configurado o grupo econômico (art. 2º, §2º da CLT).

Alternativa "d". Uma das consequências do reconhecimento do grupo econômico é a configuração da responsabilidade **solidária** (e não subsidiária como afirma a alternativa) das empresas pelas obrigações decorrentes da relação de emprego (art. 2º, §2º da CLT).

38. (FCC – Técnico Judiciário – Área Administrativa – TRT 6/2018) Sobre a situação do grupo econômico e a sucessão de empregadores, e suas implicações no contrato individual de trabalho, conforme dispositivos contidos na Consolidação das Leis do Trabalho:

(A) a mera identidade de sócios caracteriza o grupo econômico que gera a responsabilidade comum de todas as empresas deste grupo, havendo apenas a vinculação ao valor do capital social de cada empresa.

(B) a empresa principal será responsável subsidiária em relação às subordinadas em caso de formação de grupo econômico para os efeitos da relação de emprego.

(C) caracterizada a sucessão empresarial ou de empregadores, as obrigações trabalhistas contraídas à época em que os empregados trabalhavam para a empresa sucedida continuarão por conta desta empresa, não se transferindo para a responsabilidade do sucessor.

(D) se uma ou mais empresas estiverem sob a direção, controle ou administração de outra, de forma a integrarem um grupo econômico, serão responsáveis solidariamente pelas obrigações decorrentes da relação de emprego.

(E) o sócio retirante responde subsidiariamente com os demais sócios quando ficar comprovada fraude na alteração societária decorrente de modificação do contrato.

COMENTÁRIOS

Nota do autor: A questão aborda temas alterados pela Reforma Trabalhista, estando abrangidas no tema "empregador". Veja quadro que facilita a memorização sobre o tema:

EMPREGADOR	
Princípio da alteridade:	Empregador assume exclusivamente os riscos da atividade econômica. Não divide os prejuízos com os empregados.
Empregador por equiparação	Também são empregadores os profissionais liberais e outras instituições sem fins lucrativos.
Grupo econômico:	a) duas ou mais empresas estiverem sobre o comando único ou coordenadas; b) consequência: responsabilidade solidária entre as empresas do grupo.

Sucessão trabalhista (arts. 10 e 448 da CLT):	a) transferência do estabelecimento; b) não ocorrência de paralisação das atividades; c) consequência: sucessor assume os débitos trabalhistas (art. 448-A, da CLT).
Poderes do empregador:	a) poder de organização: - poder regulamentar. b) poder de controle; c) poder disciplinar: - advertência verbal ou escrita; - suspensão de até 30 dias; - dispensa por justa causa, art. 482 da CLT.

Alternativa correta: "d". Esse instituto foi alterado pela Reforma Trabalhista – Lei nº 13.467/2017. Ocorre grupo econômico quando as empresas estão ligadas entre si, ou seja, quando há "empresa-mãe e empresas-irmãs".[458] Nesse caso, cada uma dessas empresas possui personalidade jurídica própria, isto é, CNPJ próprio, quadro de pessoal próprio, exerce atividades econômicas diversas etc. Ressalta-se que a CLT não exige um documento ou prova específica para configuração do grupo econômico. Essa prova será feita levando em conta a análise do caso concreto, como utilização do mesmo imóvel, mesmo recursos humanos para contratação dos empregados etc.

A consequência jurídica do reconhecimento do grupo econômico é a existência da responsabilidade solidária entre as empresas, ou seja, se uma delas não quitar os débitos trabalhistas, as demais são responsáveis integralmente pela dívida.

Com a aprovação da Reforma Trabalhista, a nova redação do § 2º do art. 2º da CLT estabelece o reconhecimento de duas formas de grupo econômico:

– Grupo econômico por subordinação: Essa modalidade já era prevista na redação anterior do dispositivo em apreço. No caso, o grupo pode ser formado na hipótese de existência de hierarquia entre as empresas. Para a prova de formação do grupo econômico por subordinação, é indispensável, portanto, demonstrar que há uma relação de controle entre uma ou mais empresas em relação às demais integrantes.

– Grupo econômico por coordenação: A Reforma Trabalhista inovou ao prever a possibilidade de formação de grupo econômico por coordenação. De acordo com o novo dispositivo, mesmo que as empresas guardem cada uma sua autonomia, estará configurado o grupo econômico.

Conforme prevê o § 3º do artigo em apreço, contudo, não há caracterização do grupo econômico apenas pela mera identidade de sócios entre as empresas, sendo necessária a demonstração do preenchimento de três requisitos:

a) interesse integrado;

b) a efetiva comunhão de interesses; e

c) a atuação conjunta das empresas integrantes.

Alternativa "a". Não há caracterização do grupo econômico apenas pela mera identidade de sócios entre as empresas, sendo necessária a demonstração do preenchimento de três requisitos:

a) interesse integrado;

b) a efetiva comunhão de interesses; e

c) a atuação conjunta das empresas integrantes.

Ademais, a responsabilidade no caso de inadimplemento de verbas trabalhistas será de natureza solidária.

Alternativa "b". A consequência jurídica do reconhecimento do grupo econômico é a existência da responsabilidade solidária entre as empresas, ou seja, se uma delas não quitar os débitos trabalhistas, as demais são responsáveis integralmente pela dívida (art. 2º, §2º da CLT).

458. "No caso do grupo econômico, uma figura em ziguezague, quase em formato das árvores genealógicas que aprendemos com as ciências biológicas (empregado-empregador em linha reta e empregador com as empresas-irmãs e com a empresa-mãe, se houver, dele se ramificando)." SILVA, Homero Batista Mateus da. **Curso de Direito do Trabalho aplicado**, v. 1: **Parte Geral**. Rio de Janeiro: Elsevier, 2009. p. 142.

Alternativa "c". "Caracterizada a sucessão empresarial ou de empregadores prevista nos arts. 10 e 448 desta Consolidação, as obrigações trabalhistas, inclusive as contraídas à época em que os empregados trabalhavam para a empresa sucedida, são de **responsabilidade do sucessor**" (art. 448-A da CLT).

Alternativa "e". "O sócio retirante responderá **solidariamente** com os demais quando ficar comprovada fraude na alteração societária decorrente da modificação do contrato" (art. 10-A, parágrafo único da CLT).

39. (INSTITUTO AOCP – Analista Judiciário – Área Administrativa – TRT 1/2018) Antônio foi admitido, com registro em CTPS, na função de entregador, na empresa Roupa Bonita Confecções Ltda. em 1 de dez. de 2017 e foi demitido, sem justa causa, em 30 de mar. de 2018. Cumpria horário das 8h às 18h. Não recebeu as verbas rescisórias e outros direitos trabalhistas. Os sócios da empregadora são Paulo e Pedro, os quais também são sócios da empresa Roupa Bonita Tecelagem Ltda. A qual fabrica e fornece os tecidos para a Roupa Bonita Confecções. Paulo e Pedro são sócios, também, da Livraria Boa Leitura Ltda. e Delícia Bolos e da Doces Finos Ltda. Dessa última empresa, fazem parte do quadro social, também, José e João. Ocorre que Antônio prestava serviços com registro em CTPS para a empresa Roupa Bonita Confecções Ltda., mas, diariamente, desde o início do pacto laboral, auxiliava o entregador da Roupa Bonita Tecelagem Ltda. das 18h15 às 20h15. Diante do exposto, assinale a alternativa que apresenta quais empresas são legítimas para integrar o polo passivo da reclamatória trabalhista ajuizada pelo ex-empregado, bem como com qual ou quais empresas este poderá ver declarado o vínculo empregatício.

(A) As empresas Roupa Bonita Confecções e Roupa Bonita Tecelagem serão responsáveis solidárias pelo crédito perseguido na reclamatória trabalhista. Nesse caso, Antônio terá direito à declaração de vínculo empregatício também em face da Roupa Bonita Tecelagem, pois o fato de que este, habitualmente, prestou serviços a essa empresa gerou a existência de um segundo contrato de trabalho, coexistente com o primeiro.

(B) As quatro empresas listadas no enunciado, tendo em vista que Pedro e Paulo integram o quadro social de todas, serão responsáveis solidárias pelo crédito perseguido na reclamatória trabalhista. Nesse caso, Antônio não terá direito à declaração de vínculo empregatício em face da Roupa Bonita Tecelagem.

(C) As empresas Roupa Bonita Confecções e Roupa Bonita Tecelagem serão responsáveis solidárias pelo crédito perseguido na reclamatória trabalhista. Todavia, Antônio não terá direito à declaração de vínculo empregatício em face da empresa Roupa Bonita Tecelagem, pois a prestação de serviços a mais de uma empresa do mesmo grupo econômico não caracteriza a coexistência de mais de um contrato de trabalho.

(D) As quatro empresas listadas no enunciado, tendo em vista que Pedro e Paulo integram o quadro social de todas. Nesse caso, Antônio terá direito à declaração de vínculo empregatício também em face da Roupa Bonita Tecelagem, pois o fato de que este, habitualmente, prestava serviços para essa empresa gerou a existência de um segundo contrato de trabalho.

(E) As empresas Roupa Bonita Confecções e Roupa Bonita Tecelagem e Livraria Boa Leitura serão responsáveis solidárias, tendo em vista que Pedro e Paulo integram o quadro social de todas. Nesse caso, Antônio não terá direito à declaração de vínculo empregatício também em face da Roupa Bonita Tecelagem, pois o fato de que este, habitualmente, prestava serviços para essa empresa gerou a existência de um segundo contrato de trabalho.

COMENTÁRIOS

Nota do autor: A questão exigia que o candidato identificasse a existência de grupo econômico entre as empresas citadas. Para tanto, era indispensável o conhecimento de seus requisitos e de suas consequências.

Alternativa correta: "a". *Comentário serve para as demais alternativas, uma vez que versam sobre o mesmo assunto. Haverá formação de grupo econômico entre as empresas* Roupa Bonita Confecções e Roupa Bonita Tecelagem.

Inicialmente, cumpre ressaltar que a mera identidade de sócios não é suficiente para a configuração do grupo econômico, "sendo necessárias, para a configuração do grupo, a demonstração do interesse integrado, a efetiva comunhão de interesses e a atuação conjunta das empresas dele integrantes" (Art. 2º, §3º da CLT). Nesse sentido, a empresa Roupa Bonita Tecelagem Ltda fabrica e fornece os tecidos para a Roupa Bonita Confecções.

A consequência jurídica do reconhecimento do grupo econômico é a existência da responsabilidade solidária entre as empresas, ou seja, se uma delas não quitar os débitos trabalhistas, as demais são responsáveis integralmente pela dívida.

O candidato deve estar atento para não confundir responsabilidade solidária e responsabilidade subsidiária. Na primeira, todas as empresas são responsáveis integralmente pelo débito, podendo o trabalhador cobrar de apenas uma empresa ou de todas elas ao mesmo tempo; cabe ao empregado essa decisão. Na responsabilidade subsidiária, há uma ordem de preferência, isto é, aciona-se primeiro o devedor principal.

40. (FCC – Analista Judiciário – Oficial de Just. Avaliador Federal – TRT 15/2018) A empresa Marco Inicial Engenharia Ltda. foi vendida em agosto de 2017. Por ocasião da venda, a empresa estava em situação financeira difícil e, há mais de um ano, não recolhia o FGTS dos empregados, estando também atrasado o pagamento do 13º salário de 2016. Havia, ainda, muitas horas extras sem pagamento e sem a devida compensação. Os novos proprietários que assumiram a direção da empresa não quitaram os direitos anteriores dos trabalhadores e, pior, passaram a atrasar o pagamento dos salários, sendo que desde janeiro de 2018 deixaram de quitar os salários. Alguns trabalhadores resolveram ingressar em juízo pleiteando a rescisão indireta dos contratos de trabalho, cobrando os direitos não quitados e, buscando informações sobre os novos proprietários e sobre a venda da empresa, verificaram que estes não têm qualquer patrimônio pessoal, o que os levou a suspeitar de fraude na transferência da empresa. A responsabilidade pelos direitos trabalhistas, nesse caso, é dos

(A) antigos proprietários, que, na condição de empregadores originais, poderão cobrar dos novos proprietários as obrigações contraídas após a sucessão da empresa.

(B) novos proprietários, mas de forma parcial, pois, na condição de sucessores, respondem pelas obrigações trabalhistas contraídas após a aquisição da empresa, sendo que os direitos anteriores à venda são de responsabilidade dos sucedidos.

(C) antigos proprietários, pois, havendo fraude na transferência da empresa, não há que se falar em sucessão.

(D) novos proprietários, na condição de sucessores, sendo que os antigos proprietários, sucedidos, têm responsabilidade solidária com os sucessores se ficar comprovada fraude na transferência.

(E) novos proprietários, na condição de sucessores, sendo que os antigos proprietários, sucedidos, têm responsabilidade subsidiária com os sucessores se ficar comprovada fraude na transferência.

COMENTÁRIOS

Nota do autor: A questão trata da sucessão trabalhista, caso de alteração subjetiva do contrato de trabalho. Lembre-se de que, enquanto o empregado tem por requisito essencial a pessoalidade, o empregador poderá ser substituído a qualquer tempo, sem prejuízos, via de regra, ao contrato de trabalho.

Alternativa correta: "d". *Comentário serve para as demais alternativas, pois versam sobre o mesmo assunto.* A Reforma Trabalhista acrescentou o art. 448-A à CLT para prever a responsabilidade do sucessor e do sucedido caso configurada a sucessão trabalhista. Anteriormente, a responsabilidade das empresas era determinada pela doutrina e jurisprudência, que já estabelecia a responsabilidade do sucessor pelos débitos trabalhistas. O sucessor, portanto, assumia o bônus (riquezas produzidas pela empresa sucedida) e o ônus (débitos trabalhistas) decorrentes da sucessão.

> **Art. 448-A da CLT.** Caracterizada a sucessão empresarial ou de empregadores prevista nos arts. 10 e 448 desta Consolidação, as obrigações trabalhistas, inclusive as contraídas à época em que os empregados trabalhavam para a empresa sucedida, são de responsabilidade do sucessor.
>
> Parágrafo único. A empresa sucedida responderá solidariamente com a sucessora quando ficar comprovada fraude na transferência.

De acordo com a redação do art. 448-A da CLT, as obrigações trabalhistas, inclusive aquelas contraídas à época em que os empregados trabalhavam para a empresa sucedida são de responsabilidade do sucessor. Portanto, o sucessor terá a responsabilidade sobre todos os débitos trabalhistas, ainda que a verba se refira ao momento de prestação dos serviços para o sucedido.

O parágrafo único do artigo 448-A da CLT estabelece uma única exceção para que haja responsabilidade tanto do sucessor como do sucedido. Ambos responderão solidariamente quando ficar constatada a **fraude na transferência das empresas**. Exemplo: se a empresa sucedida efetuar a transferência para evitar o pagamento dos débitos trabalhistas ou para dificultar sua exigência em juízo, responderá solidariamente com a empresa sucessora.

41. (FCC – Analista Judiciário – Área Administrativa – TRT 6/2018) Lucas vendeu sua parte na sociedade Posto de Gasolina Boa Viagem Ltda. em 17/02/2017, data em que foi feita a averbação da modificação do contrato. Tendo em vista a responsabilidade do sócio retirante e esgotados os meios de execução da pessoa jurídica e dos sócios atuais, responde

(A) subsidiariamente pelas obrigações trabalhistas da sociedade relativas ao período em que figurou como sócio, somente em ações ajuizadas até dois anos depois de averbada a modificação do contrato.

(B) solidariamente pelas obrigações trabalhistas da sociedade relativas ao período em que figurou como sócio, somente em ações ajuizadas até dois anos depois de averbada a modificação do contrato.

(C) subsidiariamente pelas obrigações trabalhistas da sociedade relativas ao período dos últimos dois anos em que figurou como sócio, somente em ações ajuizadas até dois anos depois de averbada a modificação do contrato.

(D) solidariamente pelas obrigações trabalhistas da sociedade relativas ao período dos últimos dois anos em que figurou como sócio, somente em ações

QUESTÕES DE CONCURSOS

ajuizadas até dois anos depois de averbada a modificação do contrato.

(E) subsidiariamente pelas obrigações trabalhistas da sociedade relativas ao período em que figurou como sócio, somente em ações ajuizadas até cinco anos depois de averbada a modificação do contrato.

COMENTÁRIOS

Nota do autor: o sócio retirante é aquele que se retira da sociedade mediante notificação prévia aos demais sócios, devendo ocorrer alteração no contrato social da empresa. O tema recebeu regulamentação no que toca à sua responsabilidade, conforme será visto na análise da questão.

Alternativa correta: "a". *Comentário serve para as demais alternativas, uma vez que versam sobre o mesmo assunto.* De acordo com o novo art. 10-A, CLT, acrescentado pela Reforma Trabalhista, o sócio retirante responde subsidiariamente pelas obrigações trabalhistas da sociedade relativas ao período em que figurou como sócio:

> **Art. 10-A, CLT (acrescentado pela Lei nº 13.467/2017).** O sócio retirante responde **subsidiariamente** pelas obrigações trabalhistas da sociedade relativas ao período em que figurou como sócio, **somente em ações ajuizadas até dois anos depois de averbada a modificação do contrato**, observada a seguinte ordem de preferência:
> I – a empresa devedora;
> II – os sócios atuais; e
> III – os sócios retirantes.
> Parágrafo único. O sócio retirante responderá solidariamente com os demais quando ficar comprovada fraude na alteração societária decorrente da modificação do contrato.

Para a responsabilização do sócio, é necessário que a reclamação trabalhista seja ajuizada no período de até 2 anos depois de averbada a modificação do contrato. A responsabilidade subsidiária é determinada por um benefício de ordem, ou seja, o empregado somente pode exigir dos sócios retirantes caso sigam a ordem de preferência exigida em lei:

> I – Empresa devedora;
> II – Sócios atuais;
> III – Sócios retirantes.

42. (FCC – Analista Judiciário – Área Administrativa – TRT 15/2018) Sobre grupo econômico e implicações no contrato de trabalho, considere:

I. As empresas que integram um grupo econômico respondem solidariamente pelas obrigações decorrentes da relação de emprego, quando, mesmo guardando cada uma delas personalidade jurídica própria, estiverem sob a direção, controle ou administração de outra, exceto se possuírem cada uma sua autonomia.

II. Para a configuração do grupo econômico, é necessário que haja identidade de sócios, independentemente da demonstração de interesse integrado, comunhão de interesses e a atuação conjunta das empresas dele integrantes.

III. O sócio retirante responde subsidiariamente pelas obrigações trabalhistas da sociedade relativas ao período em que figurou como sócio, somente em ações ajuizadas até dois anos depois de averbada a modificação do contrato, observada a ordem de preferência.

IV. O sócio retirante responderá subsidiariamente com os demais quando ficar comprovada fraude na alteração societária decorrente da modificação do contrato.

Está correto o que consta de

(A) II, apenas.
(B) I e III, apenas.
(C) I e IV, apenas.
(D) III, apenas.
(E) I, II, III e IV.

COMENTÁRIOS

Nota do autor: A questão aborda tanto o tema grupo econômico quanto sócio retirante, ambos alterados pela Reforma Trabalhista. Dessa forma, para responder à questão, o candidato deveria estar atento à nova redação dos arts. 2º e 10-A da CLT.

Alternativa correta: "d". Está correto o que se afirma no item III.

Assertiva I. Incorreta. "Sempre que uma ou mais empresas, tendo, embora, cada uma delas, personalidade jurídica própria, estiverem sob a direção, controle ou administração de outra, ou ainda quando, **mesmo guardando cada uma sua autonomia**, integrem grupo econômico, serão responsáveis solidariamente pelas obrigações decorrentes da relação de emprego" (art. 2º, §2º da CLT – grifos acrescidos). Assim, mesmo que se trate de grupo econômico por coordenação, estará configurada a responsabilidade solidária entre as empresas.

Assertiva II. Incorreta. "Não caracteriza grupo econômico a mera identidade de sócios, **sendo necessárias**, para a configuração do grupo, a demonstração do interesse integrado, a efetiva comunhão de interesses e a atuação conjunta das empresas dele integrantes" (art. 2º, §3º da CLT – grifos acrescidos).

Assertiva III. Correta. De acordo com o novo art. 10-A, CLT, acrescentado pela Reforma

Trabalhista, o sócio retirante responde subsidiariamente pelas obrigações trabalhistas da sociedade relativas ao período em que figurou como sócio. Para a responsabilização do sócio, é necessário que a reclamação trabalhista seja ajuizada no período de até 2 anos depois de averbada a modificação do contrato. A responsabilidade subsidiária é determinada por um benefício de ordem, ou seja, o empregado somente pode exigir dos sócios retirantes caso sigam a ordem de preferência exigida em lei:

I – Empresa devedora;
II – Sócios atuais;
III – Sócios retirantes.

Assertiva IV. Incorreta. "O sócio retirante responderá **solidariamente** com os demais quando ficar comprovada fraude na alteração societária decorrente da modificação do contrato" (art. 10-A, parágrafo único – grifos acrescidos).

43. (FCC – Analista Judiciário – Área Judiciária – TRT 9/2022) Quanto ao trabalho temporário,

(A) é proibida a contratação de trabalho temporário para a substituição de trabalhadores em greve, salvo previsão legal.

(B) o contrato de trabalho temporário, com relação ao mesmo empregador, não poderá exceder ao prazo de 90 dias, consecutivos ou não.

(C) no caso de falência ou recuperação judicial da empresa de trabalho temporário, a empresa tomadora ou cliente é solidariamente responsável pelo recolhimento das contribuições previdenciárias.

(D) a empresa tomadora ou cliente poderá contratar o empregado da empresa de trabalho temporário, ao fim do prazo em que este tenha sido colocado à sua disposição, salvo se houver cláusula expressa que proíba a contratação.

(E) a empresa de trabalho temporário poderá descontar do trabalhador contratado, a título de mediação para a prestação de serviços na empresa tomadora, o valor de até 30% de seu salário.

COMENTÁRIOS

Nota do autor: A questão aborda o trabalho temporário, exigindo o conhecimento da Lei nº 6.019/74, que rege o tema. Importa destacar que a lei passou por alterações no ano de 2017!

Alternativa "a": correta. "É proibida a contratação de trabalho temporário para a substituição de trabalhadores em greve, salvo nos casos previstos em lei." (art. 2º, § 1º, Lei nº 6.019/74).

Alternativa "b": incorreta. "O contrato de trabalho temporário, com relação ao mesmo empregador, não poderá exceder ao prazo de cento e oitenta dias, consecutivos ou não." (art. 10, § 1º, Lei nº 6.019/74).

Alternativa "c": incorreta. "No caso de falência da empresa de trabalho temporário, a empresa tomadora ou cliente é solidariamente responsável pelo recolhimento das contribuições previdenciárias, no tocante ao tempo em que o trabalhador esteve sob suas ordens, assim como em referência ao mesmo período, pela remuneração e indenização previstas nesta Lei." (art. 16, Lei nº 6.019/74).

Alternativa "d": incorreta. "Será nula de pleno direito qualquer cláusula de reserva, proibindo a contratação do trabalhador pela empresa tomadora ou cliente ao fim do prazo em que tenha sido colocado à sua disposição pela empresa de trabalho temporário." (art. 11, parágrafo único, Lei nº 6.019/74).

Alternativa "e": incorreta. "É vedado à empresa do trabalho temporário cobrar do trabalhador qualquer importância, mesmo a título de mediação, podendo apenas efetuar os descontos previstos em Lei." (art. 18, Lei nº 6.019/74).

Alternativa correta: "a".

44. (FCC – Analista Judiciário – Oficial de Justiça Avaliador Federal – TRT 23/2022) Cícero foi contratado para a prestação de serviços junto à empresa de Transportes Gira Mundo Ltda., visando suprir necessidade de substituição de mão de obra. A situação em questão se enquadra nos moldes do contrato

(A) de trabalho autônomo.

(B) temporário.

(C) intermitente.

(D) de trabalho eventual.

(E) de trabalho avulso.

COMENTÁRIOS

Nota do autor: A questão exige que o candidato identifique a relação de trabalho no caso concreto apresentado. Note-se que esta é uma tendência cada vez mais comum em provas da FCC.

Alternativa "a": incorreta. O trabalhador autônomo é o prestador de serviços que atua como patrão de si mesmo[459], ou seja, é a pessoa física que presta serviços por conta própria,

459. BARROS, Alice Monteiro. *Curso de Direito do Trabalho*. 2. ed. São Paulo: LTr, 2006. p. 204.

QUESTÕES DE CONCURSOS

assumindo os riscos do empreendimento. Exemplos de trabalhadores autônomos: médico, pedreiro, taxista, veterinário, diarista etc. Nesse sentido, o art.442-B da CLT, acrescentado pela Reforma Trabalhista:

> **Art. 442-B da CLT** (com redação dada pela Reforma Trabalhista): A contratação do autônomo, cumpridas por este todas as formalidades legais, com ou sem exclusividade, de forma contínua ou não, afasta a qualidade de empregado prevista no art. 3o desta Consolidação.

Alternativa "b": correta. O trabalho temporário foi modificado pela Lei nº 13.429/2017. O trabalhador temporário é contratado por uma empresa de trabalho temporário para prestar serviços em outra empresa, denominada empresa tomadora de serviços. Entretanto, não é permitida a contratação indiscriminada de trabalhadores temporários, pois somente será admitida essa modalidade de prestação de serviços nas seguintes hipóteses conforme atual redação do art. 2º da Lei nº 6.019/1974, conferida pela Lei nº 13.429/2017:

> 1) Necessidade de substituição transitória de pessoal permanente;
>
> 2) Demanda complementar de serviços, considerada aquela que decorrer de:
>
> a) fatores imprevisíveis;
>
> b) fatores previsíveis, mas que tenham natureza intermitente, periódica ou ocasional. Apesar dessa hipótese de contratação não estar prevista no conceito anterior de trabalho temporário, guarda relação com o termo "acréscimo extraordinário de serviços".

A Lei nº 13.429/2017 ampliou o prazo para contratação de trabalhador temporário de 3 meses para 180 dias, prorrogáveis por mais 90 dias (art. 10, §1º da Lei nº 6.019/74).

Além disso, a Lei nº 13.429/2017 trouxe outros requisitos para a configuração do contrato de trabalho temporário, previstos no art. 9º da Lei nº 6.019/2017. São eles:

> a) qualificação das partes;
>
> b) motivo justificador da demanda de trabalho;
>
> c) prazo da prestação de serviços;
>
> d) valor da prestação de serviços;
>
> e) disposição sobre segurança e saúde do trabalhador.

Alternativa "c": incorreta. A Reforma Trabalhista acrescentou o § 3º ao art. 443 da CLT para prever nova hipótese de contrato de trabalho: a prestação de trabalho intermitente. Essa alteração causa profundos impactos na estrutura do Direito do Trabalho, pois cria nova modalidade contratual com disciplina jurídica própria, até então sem precedentes na área trabalhista:

> **Art. 443, § 3º, da CLT:** Considera-se como intermitente o contrato de trabalho no qual a prestação de serviços, com subordinação, não é contínua, ocorrendo com alternância de períodos de prestação de serviços e de inatividade, determinados em horas, dias ou meses, independentemente do tipo de atividade do empregado e do empregador, exceto para os aeronautas, regidos por legislação própria.

Alternativa "d": incorreta. O trabalhador eventual é aquele que presta serviços ocasionais, esporádicos. Ademais, outro critério para identificar o trabalhador eventual é que ele atue em atividades não permanentes da empresa.

Alternativa "e": incorreta. A característica principal do trabalho avulso é a presença da intermediação de mão de obra, ou seja, o trabalhador avulso é colocado no local de trabalho com a intermediação do sindicato da categoria ou por meio do Órgão Gestor de Mão de Obra – OGMO.

Alternativa correta: "b".

45. (FGV – Técnico Judiciário – Área Administrativa – TRT 16/2022) Lívia foi empregada da sociedade empresária Jardins Lindos Ltda. E, nesta condição, trabalhava como terceirizada na empresa de cosméticos Unhas Maravilhosas Ltda., cuidando da manutenção e limpeza dos vastos jardins desta empresa. Lívia foi dispensada sem justa causa em 2022, mas não recebeu as verbas pela sua saída e, por isso, ajuizou reclamação trabalhista contra as empresas Jardins Lindos Ltda. (o ex-empregador), Jardins Perfeitos Ltda. (empresa do mesmo grupo económico do ex- empregador) e Unhas Maravilhosas Ltda.. Caso Lívia tenha sucesso, assinale, de acordo com a norma de regência, a afirmativa correta em relação à espécie de responsabilidade das empresas Jardins Perfeitos Ltda. e Unhas Maravilhosas Ltda..

(A) Jardins Perfeitos Ltda. terá responsabilidade solidária e Unhas Maravilhosas Ltda., subsidiária.

(B) Ambas as empresas terão responsabilidade solidária juntamente com o ex-empregador.

(C) Unhas Maravilhosas Ltda. terá responsabilidade solidária e Jardins Perfeitos Ltda., subsidiária.

(D) Ambas as empresas terão responsabilidade subsidiária juntamente com o ex-empregador.

(E) As empresas Jardins Perfeitos Ltda. e Unhas Maravilhosas Ltda. não terão qualquer responsabilidade.

COMENTÁRIOS

Nota do autor: A questão exigia do candidato o conhecimento de dois institutos alterados pela Reforma Trabalhista: grupo econômico e terceirização. Não deixe de ler o art. 2º da CLT e as normas relativas à terceirização, dispostas na Lei nº 6.019/74!

Comentário serve para todas as alternativas, uma vez que versam sobre o mesmo assunto. Para facilitar a compreensão, vamos analisar a responsabilidade de cada empresa separadamente:

Jardins Perfeitos Ltda. (empresa do mesmo grupo económico do ex-empregador). Nos termos do art. 2º, § 2º, CLT, a consequência jurídica do reconhecimento do grupo econômico é a existência da responsabilidade solidária entre as empresas, ou seja, se uma delas não quitar os débitos trabalhistas, as demais são responsáveis integralmente pela dívida:

> **Art. 2º, §2º da CLT:** Sempre que uma ou mais empresas, tendo, embora, cada uma delas, personalidade jurídica própria, estiverem sob a direção, controle ou administração de outra, ou ainda quando, mesmo guardando cada uma sua autonomia, integrem grupo econômico, serão responsáveis solidariamente pelas obrigações decorrentes da relação de emprego. (Redação dada pela Lei nº 13.467, de 2017)

Portanto, a empresa Jardins Perfeitos Ltda. responderá de maneira solidária com a Jardins Lindos Ltda. pelas verbas rescisórias de Lívia.

Unhas Maravilhosas Ltda. (empresa tomadora de serviços). Na terceirização, há três pessoas envolvidas na relação jurídica: trabalhador, empresa prestadora (ou intermediadora) de serviços e empresa contratante (tomadora de serviços). Verifica-se, assim, que a relação é triangular. O vínculo empregatício ocorre entre trabalhador e empresa prestadora de serviços a terceiros, embora o trabalhador preste serviços em outro local, na empresa contratante. A empresa contratante, portanto, não é a empregadora, mas o trabalho realizado pelos terceirizados a beneficia diretamente. Logo, se a empresa prestadora de serviços não pagar aos trabalhadores, restará à tomadora os pagamentos dos encargos trabalhistas. Essa responsabilidade é chamada de subsidiária e ocorrerá apenas na hipótese de a empregadora não honrar com o pagamento dos direitos trabalhistas de seus empregados. De acordo com a legislação:

> **Art. 5º-A, § 5º, da Lei nº 6.019/1974 (Incluído pela Lei nº 13.429/2017):** A empresa contratante é subsidiariamente responsável pelas obrigações trabalhistas referentes ao período em que ocorrer a prestação de serviços, e o recolhimento das contribuições previdenciárias observará o disposto no art. 31 da Lei no 8.212, de 24 de julho de 1991.

Alternativa correta: "c".

46. (FCC – Analista Judiciário – Área Administrativa – TRT 6/2018) Marcela, supervisora do setor de embalagens da Empresa de Lâmpadas CTMR Ltda. foi injustamente dispensada, sendo contratada uma empresa de serviços terceirizados. Marcela foi contratada imediatamente como empregada da empresa terceirizada. Neste caso, é correto afirmar que Marcela

(A) não poderá prestar serviços para sua antiga empregadora na qualidade de empregada da empresa prestadora de serviços terceirizados, podendo, entretanto, prestar serviços para outras tomadoras de serviços da terceirizada.

(B) não poderá prestar serviços para sua antiga empregadora na qualidade de empregada da empresa prestadora de serviços terceirizados, em hipótese alguma, sob pena de configuração de fraude às leis trabalhistas.

(C) poderá prestar serviços para a Empresa de Lâmpadas, na qualidade de empregada da empresa prestadora de serviços terceirizados, desde que cumpra o prazo de carência de doze meses, contados a partir de sua demissão.

(D) poderá prestar serviços para a Empresa de Lâmpadas, na qualidade de empregada da empresa prestadora de serviços terceirizados, desde que cumpra o prazo de carência de dezoito meses, contados a partir de sua demissão.

(E) poderá prestar serviços para a Empresa de Lâmpadas, mas não na qualidade de empregada da empresa prestadora de serviços terceirizados, e, sim, através de pessoa jurídica própria, abrindo uma empresa.

COMENTÁRIOS

Nota do autor: A terceirização foi regulamentada pelas Leis nº 13.429/2017 e nº 13.467/2017, as quais promoveram várias alterações no entendimento até então vigente sobre o tema, que era tratado na Súmula nº 331 do TST. Uma das modificações que devem ser destacadas é terceirização da atividade-fim da empresa, que passa a ser possível por expressa previsão legal contida nos arts. 4º-A e 5º-A da Lei nº 6.019/1974.

Alternativa correta: "d". "O empregado que for demitido não poderá prestar serviços para esta mesma empresa na qualidade de empregado de empresa prestadora de serviços antes do decurso de prazo de dezoito meses, contados a partir da demissão do empregado" (Art. 5º-D da Lei nº 6.019/1974). Trata-se do período de quarentena, inserido na Lei nº 6.019/1974 para evitar a dispensa dos trabalhadores e viabilizar a licitude da terceirização.

Alternativa "a". Marcela poderá prestar serviços à antiga empregadora na qualidade de empregada da empresa prestadora de serviços após o decurso do prazo de **18 meses**, contados a partir de sua dispensa.

Alternativa "b". Como visto o prazo de "quarentena" é de 18 meses, contados a partir de sua dispensa. Depois de cumprido o prazo, poderá prestar os serviços normalmente à sua antiga empregadora.

Alternativa "c". Ao contrário do que sustenta a alternativa, o prazo é de 18 meses contados de sua dispensa.

Alternativa "e". Empregado é **pessoa física** que presta serviços de forma onerosa, habitual e mediante subordinação. Dessa forma, Marcela poderá prestar serviços para a Empresa de Lâmpadas na qualidade de empregada da empresa prestadora de serviços terceirizados, após o decurso de 18 meses de sua dispensa.

47. (FCC – Analista Judiciário – Área Administrativa – TRT 15/2018) Quanto à terceirização,

(A) considera-se prestação de serviços a terceiros a transferência feita pela contratante da execução de quaisquer de suas atividades, exceto sua atividade principal, à pessoa jurídica de direito privado prestadora de serviços que possua capacidade econômica compatível com a sua execução.

(B) o capital social mínimo exigido para o funcionamento de empresa de prestação de serviços a terceiros, com mais de vinte e até cinquenta empregados, é de R$ 25.000,00.

(C) são asseguradas aos empregados da empresa prestadora de serviços a terceiros, quando e enquanto os serviços, que podem ser de qualquer uma das atividades da contratante, forem executados nas dependências da tomadora, as mesmas condições relativas à alimentação garantidas aos empregados da contratante, desde que não oferecida em refeitórios.

(D) o empregado que for demitido não poderá prestar serviços para esta mesma empresa na qualidade de empregado de empresa prestadora de serviços antes do decurso de prazo de dezoito meses, contados a partir da demissão do empregado.

(E) nos contratos que impliquem mobilização de empregados da contratada em número igual ou superior a 25% dos empregados da contratante, esta poderá disponibilizar aos empregados da contratada os serviços de alimentação e atendimento ambulatorial em outros locais apropriados e com igual padrão de atendimento, com vistas a manter o pleno funcionamento dos serviços existentes.

COMENTÁRIOS

Nota do autor: A terceirização foi um dos temas que sofreu maior modificação em 2017. A terceirização surgiu como forma de dinamizar e especializar os serviços nas empresas. Ocorre a terceirização quando uma empresa, em vez de executar serviços diretamente com seus empregados, contrata outra empresa para que esta os realize, com o seu pessoal sob a sua responsabilidade. O empregado é contratado pela empresa intermediadora (empregadora), mas presta serviços em outro local (empresa tomadora).

Alternativa correta: "d". "O empregado que for demitido não poderá prestar serviços para esta mesma empresa na qualidade de empregado de empresa prestadora de serviços antes do decurso de prazo de dezoito meses, contados a partir da demissão do empregado" (Art. 5º-D da Lei nº 6.019/1974). Trata-se do período de quarentena, inserido na Lei nº 6.019/1974 para evitar a dispensa dos trabalhadores e viabilizar a licitude da terceirização.

Alternativa "a". "Considera-se prestação de serviços a terceiros a transferência feita pela contratante da execução de quaisquer de suas atividades, **inclusive sua atividade principal**, à pessoa jurídica de direito privado prestadora de serviços que possua capacidade econômica compatível com a sua execução" (art. 4º-A da Lei nº 6.019/1974 – grifos acrescidos).

Alternativa "b". "São requisitos para o funcionamento da empresa de prestação de serviços a terceiros: (...) empresas com mais de vinte e até cinquenta empregados - **capital mínimo de R$ 45.000,00 (quarenta e cinco mil reais)**" (art. 4º-B, "c" da Lei nº 6.019/1974 – grifos acrescidos).

Alternativa "c". "São asseguradas aos empregados da empresa prestadora de serviços a que se refere o art. 4º-A desta Lei, quando e enquanto os serviços, que podem ser de qualquer uma das atividades da contratante, forem executados nas dependências da tomadora, as mesmas condições: (...) alimentação garantida aos empregados da contratante, **quando oferecida em refeitórios**;" (art. 4º-C, I, "a" da Lei nº 6.019/1974 – grifos acrescidos).

Alternativa "e". "Nos contratos que impliquem mobilização de empregados da contratada em número igual ou superior a **20% (vinte por cento)** dos empregados da contratante, esta poderá disponibilizar aos empregados da contratada os serviços de alimentação e atendimento ambulatorial em outros locais apropriados e com igual padrão de atendimento, com vistas a manter o pleno funcionamento dos serviços existentes" (art. 4º-C, §2º da Lei nº 6.019/1974 – grifos acrescidos).

48. (FCC – Analista Judiciário – Área Judiciária – TRT 14/2022) A partir do ano 2000 a legislação trabalhista passou a prever as comissões de conciliação prévia como órgãos que podem ser instituídos pelas empresas e pelos sindicatos com a atribuição de conciliar os conflitos individuais de trabalho. Especificamente em relação à comissão de conciliação prévia instituída pelas empresas, o legislador prevê que

(A) a mesma será composta de, no mínimo, 2 e, no máximo, 10 membros, com composição paritária, ou seja, a metade dos membros deve ser indicada pelo empregador e a outra metade será eleita pelos empregados, em escrutínio secreto e que deve ser fiscalizado pelo sindicato da categoria profissional.

(B) haverá na comissão dois suplentes, um para a representação titular dos empregados e outro para a representação titular do empregador.

(C) a duração do mandato dos membros da comissão deverá ser prevista nos estatutos instituidores da mesma.

(D) o representante dos empregados na comissão será afastado de seu trabalho normal na empresa, para que possa se dedicar integralmente às suas atribuições de conciliação dos conflitos de trabalho surgidos.

(E) é vedada a dispensa dos representantes dos empregados membros titulares da comissão durante o exercício do mandato.

COMENTÁRIOS

Nota do autor: A questão aborda o tema Comissão de Conciliação Prévia. Antes da Reforma Trabalhista, a única possibilidade de transação individual extrajudicial, **prevista em lei**, estava no art. 625-A da CLT, que trata da Comissão de Conciliação Prévia. Com a promulgação da Lei nº 13.467/2017, foi criado procedimento de jurisdição voluntária para homologação de acordo extrajudicial (art. 855-B a 855-E da CLT). Na celebração do acordo extrajudicial, permite-se que as partes transacionem direitos trabalhistas.

Alternativa "a": correta. "As empresas e os sindicatos podem instituir Comissões de Conciliação Prévia, de composição paritária, com representante dos empregados e dos empregadores, com a atribuição de tentar conciliar os conflitos individuais do trabalho. Parágrafo único. As Comissões referidas no caput deste artigo poderão ser constituídas por grupos de empresas ou ter caráter intersindical." (art. 625-A, CLT).

Alternativa "b": incorreta. "Haverá na Comissão tantos suplentes quantos forem os representantes titulares" (art. 625-B, II da CLT).

Alternativa "c": incorreta. "O mandato dos seus membros, titulares e suplentes, é de um ano, permitida uma recondução" (art. 625-B, III da CLT).

Alternativa "d": incorreta. "O representante dos empregados desenvolverá seu trabalho normal na empresa afastando-se de suas atividades apenas quando convocado para atuar como conciliador, sendo computado como tempo de trabalho efetivo o despendido nessa atividade" (art. 625-B, §2º da CLT).

Alternativa "e": incorreta. "É vedada a dispensa dos representantes dos empregados membros da Comissão de Conciliação Prévia, titulares e suplentes, até um ano após o final do mandato, salvo se cometerem falta grave, nos termos da lei." (art. 625-B, §1º da CLT).

Alternativa correta: "a".

49. (FUMARC – Técnico Judiciário – TRT 3/2022) Sobre a conciliação trabalhista, NÃO é correto afirmar:

(A) A criação das comissões de conciliação prévia é obrigatória, e estas devem ser criadas no âmbito das empresas ou dos sindicatos, e terão o mesmo número de representantes dos empregados e dos empregadores.

(B) As comissões de conciliação prévia são órgãos criados no âmbito dos sindicatos ou das empresas, com a finalidade de resolução do conflito individual trabalhista por meio da autocomposição. Trata-se de um meio alternativo, extrajudicial, de solução do conflito que tem por finalidade propiciar maior celeridade à resolução da lide, sem burocracia do Poder Judiciário Trabalhista.

(C) Na Justiça do Trabalho, o termo de conciliação vale como decisão irrecorrível.

(D) O trabalhador e a empresa não estão obrigados a passar pelas comissões de conciliação prévia para o ajuizamento de processo trabalhista.

COMENTÁRIOS

Nota do autor: A questão aborda o tema Comissão de Conciliação Prévia. Antes da Reforma Trabalhista, a única possibilidade de transação individual extrajudicial, **prevista em lei**, estava no art. 625-A da CLT, que trata da Comissão de

Conciliação Prévia. Com a promulgação da Lei nº 13.467/2017, foi criado procedimento de jurisdição voluntária para homologação de acordo extrajudicial (art. 855-B a 855-E da CLT). Na celebração do acordo extrajudicial, permite-se que as partes transacionem direitos trabalhistas.

Alternativa "a": incorreta. "As empresas e os sindicatos **podem** instituir Comissões de Conciliação Prévia, de composição paritária, com representante dos empregados e dos empregadores, com a atribuição de tentar conciliar os conflitos individuais do trabalho. Parágrafo único. As Comissões referidas no caput deste artigo poderão ser constituídas por grupos de empresas ou ter caráter intersindical." (art. 625-A, CLT).

Alternativa "b": correta. A alternativa está correta. O objeto principal da Comissão de Conciliação Prévia é tentar a solução dos conflitos fora do Poder Judiciário, portanto de forma extrajudicial. Como não há presença do Estado nessa pacificação, pois o conflito é resolvido na própria empresa ou no sindicato, é chamada de autocomposição (solução pelas próprias partes envolvidas).

Alternativa "c": correta. Ao submeter a demanda à Comissão, há um prazo de 10 dias para realizar a sessão de tentativa de conciliação. Durante esse prazo, a prescrição ficará suspensa. Se não houver conciliação, será fornecida às partes declaração da tentativa conciliatória frustrada, que deverá ser juntada à futura reclamação trabalhista.

Se as partes **aceitarem a conciliação**, será lavrado termo de conciliação. Esse termo apresenta duas características de extrema importância para o Direito do Trabalho:

a) Terá eficácia liberatória geral, ou seja, o empregado não poderá rediscutir as matérias objeto de conciliação na Justiça do Trabalho, pois já houve acordo entre as partes. Há exceção, entretanto, no tocante às parcelas expressamente ressalvadas. Assim sendo, caso não haja ressalvas, o trabalhador terá dado quitação total das parcelas do contrato. Exemplo: durante a conciliação das verbas rescisórias, se as partes não chegaram ao consenso sobre o pagamento das horas extras, estas ficaram ressalvadas, no termo, como não conciliadas. Logo, as horas extraordinárias poderão ser objeto de futura ação judicial (reclamação trabalhista).

b) Será título executivo extrajudicial, isto é, poderá ser executado diretamente na Justiça do Trabalho. A título de exemplo, o termo de conciliação vale como "cheque" dado pelo empregador: se não for pago, será executado. Na reclamação trabalhista, há necessidade de juntar provas (documentos, testemunhas etc.), por isso o processo é mais demorado. Já na execução, o processo é rápido, pois a instrução é realizada com o título executivo.

Alternativa "d": correta. Havia discussão sobre a obrigatoriedade de submeter a demanda à Comissão de Conciliação Prévia, antes de ingressar na Justiça do Trabalho. O Supremo Tribunal Federal, na ADIN 2139-DF, proferiu decisão vinculante no sentido de que é facultativo ao trabalhador a tentativa de conciliação perante a CCP, ou seja, ele poderá ingressar diretamente na Justiça do Trabalho.

Alternativa incorreta: "a".

50. (FCC – Analista Judiciário – Área Administrativa – TST/2017) As Comissões de Conciliação Prévia têm como atribuição tentar conciliar os conflitos individuais de trabalho, podendo ser constituídas por grupos de empresas ou ter caráter intersindical. Quanto à Comissão instituída no âmbito da empresa,

(A) será composta de, no mínimo, 4 e, no máximo, 12 membros.

(B) haverá na Comissão tantos suplentes quantos forem os representantes titulares.

(C) todos os membros da Comissão serão eleitos pelos trabalhadores da empresa, sendo a eleição fiscalizada pelo sindicato da categoria profissional.

(D) o mandato dos membros da Comissão, titulares e suplentes, é de dois anos, permitida uma recondução.

(E) o representante dos empregados ficará afastado de suas atividades normais para poder exercer as atribuições na Comissão.

COMENTÁRIOS

Nota do autor: A questão aborda o tema Comissão de Conciliação Prévia. Antes da Reforma Trabalhista, a única possibilidade de transação individual extrajudicial, **prevista em lei**, estava no art. 625-A da CLT, que trata da Comissão de Conciliação Prévia. Com a promulgação da Lei nº 13.467/2017, foi criado procedimento de jurisdição voluntária para homologação de acordo extrajudicial (art. 855-B a 855-E da CLT). Na celebração do acordo extrajudicial, permite-se que as partes transacionem direitos trabalhistas.

Alternativa correta: "b". "Haverá na Comissão tantos suplentes quantos forem os representantes titulares" (art. 625-B, II da CLT).

Alternativa "a". "A Comissão instituída no âmbito da empresa será composta de, no mínimo, dois e, no máximo, dez membros, e observará as seguintes normas" (art. 625-B, *caput*, da CLT).

Alternativa "c". "A metade de seus membros será indicada pelo empregador e outra metade eleita pelos empregados, em escrutínio, secreto, fiscalizado pelo sindicato de categoria profissional" (art. 625-B, I da CLT).

Alternativa "d". "O mandato dos seus membros, titulares e suplentes, é de um ano, permitida uma recondução" (art. 625-B, III da CLT).

Alternativa "e". "O representante dos empregados desenvolverá seu trabalho normal na empresa afastando-se de suas atividades apenas quando convocado para atuar como conciliador, sendo computado como tempo de trabalho efetivo o despendido nessa atividade" (art. 625-B, §2º da CLT).

51. (FCC - Analista Judiciário - Área Judiciária - TRT 21/2017) Considerando as regras de proteção ao trabalho do menor, em relação ao contrato de aprendizagem,

(A) para os fins do contrato de aprendizagem, a comprovação da escolaridade de aprendiz com deficiência é dispensável.

(B) considerada como formação técnico profissional metódica, a aprendizagem pode ser desenvolvida entre os 14 e os 18 anos, sendo que a validade do contrato de aprendizagem pressupõe anotação na Carteira de Trabalho e Previdência Social, matrícula e frequência do aprendiz na escola.

(C) os estabelecimentos poderão destinar o equivalente a até 10% de sua cota de aprendizes à formação técnico-profissional metódica em áreas relacionadas a práticas de atividades desportivas, à prestação de serviços relacionados à infraestrutura, incluindo as atividades de construção, ampliação, recuperação e manutenção de instalações esportivas e à organização e promoção de eventos esportivos.

(D) a duração do trabalho do aprendiz não excederá de oito horas diárias, sendo vedadas a prorrogação e a compensação de jornada.

(E) o contrato de aprendizagem extinguir-se-á no seu termo ou quando o aprendiz completar 18 anos, ou no caso de desempenho insuficiente ou inadaptação do aprendiz, salvo para o aprendiz com deficiência quando desprovido de recursos de acessibilidade, de tecnologias assistivas e de apoio necessário ao desempenho de suas atividades.

COMENTÁRIOS

Nota do autor: A questão abrange o tema aprendizagem. Em março/2017 foi promulgada a Lei nº 13.420/2017, que alterou a redação de diversos artigos da CLT sobre a aprendizagem. Ressalta-se que a Reforma Trabalhista não trouxe nenhuma modificação na disciplina da aprendizagem.

Alternativa correta: "c". "Os estabelecimentos a que se refere o **caput** poderão destinar o equivalente a até 10% (dez por cento) de sua cota de aprendizes à formação técnico-profissional metódica em áreas relacionadas a práticas de atividades desportivas, à prestação de serviços relacionados à infraestrutura, incluindo as atividades de construção, ampliação, recuperação e manutenção de instalações esportivas e à organização e promoção de eventos esportivos" (art. 429, §1º-B da CLT).

Alternativa "a". "Para os fins do contrato de aprendizagem, a comprovação da escolaridade de aprendiz com deficiência deve considerar, sobretudo, as habilidades e competências relacionadas com a profissionalização" (art. 428, §6º da CLT).

Alternativa "b". "Contrato de aprendizagem é o contrato de trabalho especial, ajustado por escrito e por prazo determinado, em que o empregador se compromete a assegurar ao maior de 14 (quatorze) e menor de 24 (vinte e quatro) anos inscrito em programa de aprendizagem formação técnico-profissional metódica, compatível com o seu desenvolvimento físico, moral e psicológico, e o aprendiz, a executar com zelo e diligência as tarefas necessárias a essa formação" (art. 428, *caput*, da CLT).

Alternativa "d". "A duração do trabalho do aprendiz não excederá de seis horas diárias, sendo vedadas a prorrogação e a compensação de jornada" (art. 462, *caput*, da CLT).

Alternativa "e". "O contrato de aprendizagem extinguir-se-á no seu termo ou quando o aprendiz completar 24 (vinte e quatro) anos, ressalvada a hipótese prevista no § 5º do art. 428 desta Consolidação, ou ainda antecipadamente nas seguintes hipóteses: desempenho insuficiente ou inadaptação do aprendiz, salvo para o aprendiz com deficiência quando desprovido de recursos de acessibilidade, de tecnologias assistivas e de apoio necessário ao desempenho de suas atividades" (art. 433, I da CLT);

52. (FCC - Analista Judiciário - Área Judiciária - TRT 21/2017) Considerando as diversas hipóteses de responsabilização pelos direitos trabalhistas dos empregados, previstas em lei,

(A) o sócio retirante responde subsidiariamente pelas obrigações trabalhistas da sociedade relativas ao período em que figurou como sócio, somente em ações ajuizadas até dois anos depois de averbada a modificação do contrato, observada a ordem de preferência estabelecida em lei: a empresa devedora, os sócios atuais e os sócios retirantes.

(B) as empresas integrantes do grupo econômico, por se caracterizarem como empregador único, com interesses e atuação conjunta, têm responsabilidade solidária pelas obrigações decorrentes da relação de emprego.

(C) a empresa contratante é subsidiariamente responsável pelas obrigações trabalhistas dos empregados da contratada, desde que os serviços terceirizados sejam determinados e específicos.

(D) o sócio retirante responderá de forma exclusiva quando comprovada fraude na alteração societária para sua saída, ainda que tenha havido a correta averbação da modificação do contrato.

(E) a empresa sucedida responderá subsidiariamente com a empresa sucessora, quando ficar comprovada fraude na transferência da empresa.

COMENTÁRIOS

Nota do autor: A questão aborda os temas: grupo econômico, sócio retirante e responsabilidade do sucessor. Todos eles foram objeto de modificação pela Reforma Trabalhista. Não deixe de ler os arts. 2º, §2º, 10-A e 448-A da CLT!

Alternativa correta: "a". Trata-se da literalidade do art. 10-A da CLT:

> **Art. 10-A da CLT (inserido pela Lei nº 13.467/2017):** O sócio retirante responde subsidiariamente pelas obrigações trabalhistas da sociedade relativas ao período em que figurou como sócio, somente em ações ajuizadas até dois anos depois de averbada a modificação do contrato, observada a seguinte ordem de preferência:
>
> I – a empresa devedora;
>
> II – os sócios atuais; e
>
> III – os sócios retirantes.

O sócio retirante é aquele que se retira da sociedade mediante notificação prévia aos demais sócios, devendo ocorrer alteração no contrato social da empresa. Ele responde subsidiariamente pelas obrigações trabalhistas da sociedade relativas ao período em que figurou como sócio. Para a responsabilização do sócio, é necessário que a reclamação trabalhista seja ajuizada no período de até 2 anos depois de averbada a modificação do contrato.

Alternativa "b". "Sempre que uma ou mais empresas, tendo, embora, cada uma delas, personalidade jurídica própria, estiverem sob a direção, controle ou administração de outra, ou ainda quando, mesmo guardando cada uma sua autonomia, integrem grupo econômico, serão responsáveis solidariamente pelas obrigações decorrentes da relação de emprego" (art. 2º, §2º da CLT). Neste caso, o erro da alternativa está em salientar a necessidade das empresas atuarem em conjunto, quando essa hipótese está presente somente no grupo por coordenação. Por sua vez, o grupo econômico por subordinação há verdadeira relação de hierarquia entre as empresas integrantes.

Alternativa "c". "Considera-se prestação de serviços a terceiros a transferência feita pela contratante da execução de quaisquer de suas atividades, inclusive sua atividade principal, à pessoa jurídica de direito privado prestadora de serviços que possua capacidade econômica compatível com a sua execução" (art. 4º-A da Lei nº 6.019/1974) e

"Contratante é a pessoa física ou jurídica que celebra contrato com empresa de prestação de serviços relacionados a quaisquer de suas atividades, inclusive sua atividade principal" (art. 5º-A da Lei nº 6.019/1974).

Logo, é cabível a terceirização em qualquer atividade da empresa: atividade-meio e atividade-fim. Aliás, para que a terceirização seja lícita, devem-se observar os seguintes requisitos:

> **a) Ausência de pessoalidade e subordinação.** Entre trabalhador e empresa tomadora não há pessoalidade, ou seja, o trabalhador terceirizado não é contratado pela tomadora; esta contrata os serviços, e não a pessoa.
>
> **b) capacidade econômica da empresa prestadora de serviços.** O inadimplemento das verbas trabalhistas pela empresa prestadora de serviços a terceiros demonstra que não possui o requisito da capacidade econômica, devendo a terceirização ser considerada ilícita.

Alternativa "d". "O sócio retirante responderá solidariamente com os demais quando ficar comprovada fraude na alteração societária decorrente da modificação do contrato" (art. 10-A, parágrafo único da CLT).

Alternativa "e". "A empresa sucedida responderá solidariamente com a sucessora quando ficar comprovada fraude na transferência" (art. 448-A, parágrafo único da CLT).

Note que, em regra, as obrigações trabalhistas, inclusive aquelas contraídas na época em que os empregados trabalhavam para a empresa sucedida, são de responsabilidade do sucessor:

> **Art. 448-A da CLT:** Caracterizada a sucessão empresarial ou de empregadores prevista nos arts. 10 e 448 desta Consolidação, as obrigações trabalhistas, inclusive as contraídas à época em que os empregados trabalhavam para a empresa sucedida, são de responsabilidade do sucessor.

53. (FCC – Analista Judiciário – Área Judiciária – TRT 24/2017) O advogado Hércules pretende fundamentar uma tese na petição inicial de reclamatória trabalhista utilizando o ditame segundo o qual, ainda que haja mudanças vertiginosas no aspecto de propriedade ou de alteração da estrutura jurídica da empresa, não pode haver afetação quanto ao contrato de trabalho já estabelecido. Tal valor está previsto no princípio de Direito do Trabalho denominado

(A) razoabilidade.
(B) disponibilidade subjetiva.
(C) responsabilidade solidária do empregador.
(D) asserção empresarial negativa.
(E) continuidade da relação de emprego.

COMENTÁRIOS

Nota do autor: A questão exige que o candidato interprete de forma correta os princípios do Direito do Trabalho, conforme o enunciado da questão. Lembre-se de que o trabalho intermitente, acrescentado pela Reforma Trabalhista no art. 443, § 3º e 452-A da CLT, é uma hipótese de flexibilização do princípio da continuidade da relação de emprego, pois apesar de não haver termo final para o contrato, o contrato é marcado por períodos de inatividade do empregado, sem que haja remuneração e contagem do tempo de serviço.

Alternativa correta: "e". *Comentário serve para as demais alternativas, uma vez que versam sobre o mesmo assunto.* Em regra, o contrato de trabalho é firmado por tempo indeterminado, ou seja, não há prazo previamente fixado para seu fim. Aliás, é de interesse público que esses contratos sejam firmados para prazos de longa duração, pois, enquanto o empregado estiver trabalhando, haverá fonte de sustento, garantindo sua dignidade. Assim, caso haja sucessão trabalhista, por exemplo, havendo a transferência do estabelecimento assim como a não ocorrência de paralisação de atividade, o contrato estabelecido não é afetado, em razão do princípio da continuidade da relação de emprego.

54. (FCC – Analista Judiciário – Oficial de Just. Avaliador – TRT 24/2017) No estudo da Teoria Geral do Direito do Trabalho é correto afirmar que na hipótese de um instrumento coletivo de trabalho dispor sobre norma prevista na Consolidação das Leis do Trabalho – CLT, porém com determinação de multa com valor superior em caso de infração, é de se aplicar aquela norma em detrimento desta, com fundamento no princípio da

(A) primazia da realidade.
(B) boa-fé contratual objetiva.
(C) intangibilidade contratual objetiva.
(D) aplicação da norma mais favorável.
(E) leal contraprestação.

COMENTÁRIOS

Nota do autor: A questão exige o conhecimento dos princípios do Direito do Trabalho. A aplicação dos princípios trabalhistas será de muita importância com o advento da Reforma Trabalhista.

Alternativa correta: "d". De acordo com o princípio da norma mais favorável, caso existam duas ou mais normas passíveis de aplicação, utiliza-se a mais favorável em relação ao trabalhador. Com a promulgação da Lei nº 13.467/2017 (Reforma Trabalhista), a aplicação do princípio da norma mais favorável no conflito entre as fontes continua sendo a regra no Direito do Trabalho. Portanto, se a previsão na legislação específica for mais benéfica que a Constituição Federal, ela deverá prevalecer sobre o texto constitucional. Contudo, a Reforma Trabalhista alterou a redação do art. 620 da CLT para prever que o acordo coletivo de trabalho sempre prevalecerá sobre a convenção coletiva de trabalho.

Assim, de acordo com a nova redação, o acordo coletivo sempre deverá prevalecer, não mais sendo aplicável o princípio da norma mais favorável quando estiverem em conflito acordo coletivo e convenção coletiva. Ainda que o acordo coletivo seja mais específico, a alteração pode ser extremamente prejudicial aos trabalhadores.

IMPACTOS DA REFORMA TRABALHISTA

- **Prevalência do estipulado em Acordo Coletivo.** A Reforma Trabalhista alterou a redação do art. 620 da CLT para prever que as condições estabelecidas em acordo coletivo sempre prevalecerão sobre as condições expostas em convenção coletiva.
  - **Antes da Reforma Trabalhista:** A antiga redação do dispositivo estabelecia que as condições em convenção coletiva prevaleceriam sobre as condições do acordo coletivo, quando mais favoráveis ao trabalhador.

Além disso, com a Reforma Trabalhista, a convenção e o acordo coletivo serão hierarquicamente superiores à lei quando versarem sobre os assuntos arrolados no art. 611-A da CLT. O

▶ QUESTÕES DE CONCURSOS

artigo em questão – que não encontra correspondente na legislação anterior – faz prevalecer o negociado sobre o legislado. De acordo com a redação do "caput" dispositivo, os instrumentos coletivos de trabalho passam a ter "prevalência sobre a lei" em diversas hipóteses, pois apresenta rol exemplificativo de flexibilização trabalhista.

Art. 611-A da CLT (Inserido pela Reforma Trabalhista). A convenção coletiva e o acordo coletivo de trabalho têm prevalência sobre a lei quando, entre outros, dispuserem sobre:

I – pacto quanto à jornada de trabalho, observados os limites constitucionais;

II – banco de horas anual;

III – intervalo intrajornada, respeitado o limite mínimo de trinta minutos para jornadas superiores a seis horas;

IV – adesão ao Programa Seguro-Emprego (PSE), de que trata a Lei no 13.189, de 19 de novembro de 2015;

V – plano de cargos, salários e funções compatíveis com a condição pessoal do empregado, bem como identificação dos cargos que se enquadram como funções de confiança;

VI – regulamento empresarial;

VII – representante dos trabalhadores no local de trabalho;

VIII – teletrabalho, regime de sobreaviso, e trabalho intermitente;

IX – remuneração por produtividade, incluídas as gorjetas percebidas pelo empregado, e remuneração por desempenho individual;

X – modalidade de registro de jornada de trabalho;

XI – troca do dia de feriado;

XII – enquadramento do grau de insalubridade;

XIII – prorrogação de jornada em ambientes insalubres, sem licença prévia das autoridades competentes do Ministério do Trabalho;

XIV – prêmios de incentivo em bens ou serviços, eventualmente concedidos em programas de incentivo;

XV – participação nos lucros ou resultados da empresa.

Alternativa "a". Pelo princípio da primazia da realidade, a realidade se sobrepõe às disposições contratuais escritas. Deve-se, portanto, verificar se o conteúdo do documento coincide com os fatos.

Alternativa "b". O princípio da boa-fé contratual é considerado como cláusula geral, devendo ser observado em todos os contratos. Nesse sentido:

Art. 422 do CC/2002: Os contratantes são obrigados a guardar, assim na conclusão do contrato, como em sua execução, os princípios de probidade e boa-fé.

Alternativa "c". Pelo princípio da intangibilidade contratual objetiva, o conteúdo do contrato empregatício não pode ser modificado, mesmo em caso de mudança do sujeito empresarial[460] (sucessão trabalhista).

Alternativa "e". Pelo princípio da leal contraprestação o empregado se compromete a exercer sua atividade com lealdade e boa-fé.

55. (FCC – Analista Judiciário – Oficial de Just. Avaliador – TRT 24/2017) A doutrina considera como uma das inovações marcantes da Constituição Federal do Brasil de 1988 em relação às anteriores a previsão no seu artigo 7º de um rol de direitos dos trabalhadores que visam à melhoria de sua condição social, dentre os quais:

(A) prazo prescricional trintenário para reclamação de FGTS; seguro-desemprego para situações gerais de desemprego.

(B) prevalência do negociado sobre o legislado; piso salarial desvinculado da extensão e da complexidade do trabalho.

(C) décimo terceiro salário com base na remuneração integral ou no valor da aposentadoria; proteção em face da automação, na forma da lei.

(D) liberdade sindical mitigada; seguro contra acidentes de trabalho, a cargo do empregador, como excludente da indenização a que este estaria obrigado, quando incorresse em dolo ou culpa.

(E) igualdade de direitos entre o trabalhador com vínculo empregatício permanente e o trabalhador avulso desde que sindicalizado; possibilidade de distinção entre trabalho manual, técnico e intelectual ou entre os profissionais respectivos.

COMENTÁRIOS

Nota do autor: A questão exigia o conhecimento do art. 7º da CF/88, que traz os direitos constitucionais dos trabalhadores.

Alternativa correta: "c". O décimo terceiro salário é uma gratificação salarial obrigatória prevista na CF/88 e na Lei nº 4.090/1962. São destinatários dessa gratificação empregados urbanos e rurais, os trabalhadores avulsos e os empregados domésticos. De acordo com o art. 7º, VIII, da CF/88:

Art. 7º, VIII, CF/88: São direitos dos trabalhadores urbanos e rurais, além de outros que visem à melhoria de sua condição social: décimo

460. DELGADO, Mauricio Godinho. **Curso de Direito do Trabalho.** 14. ed. São Paulo: LTr, 2015. P. 209.

terceiro salário com base na remuneração integral ou no valor da aposentadoria.

Além disso, a CF/88 assegura, em seu art. 7º, XVII, a proteção em face da automação, nos termos da lei. Cumpre ressaltar que este direito não foi estendido ao empregado doméstico, nos termos do art. 7º, parágrafo único da CF/88. Até o momento, não há legislação de caráter geral estabelecendo essa proteção constitucional.

Alternativa "a". De acordo com o art. 7º da CF/88: "Art. 7º São direitos dos trabalhadores urbanos e rurais, além de outros que visem à melhoria de sua condição social: (...) II – seguro-desemprego, em caso de desemprego involuntário; III – fundo de garantia do tempo de serviço". Por sua vez, o prazo de prescrição trintenário para o FGTS não está previsto na CF/88, que somente traz a regra geral de prescrição quinquenal e bienal das obrigações trabalhistas:

> **Art. 7º, CF/88:** São direitos dos trabalhadores urbanos e rurais, além de outros que visem à melhoria de sua condição social:
>
> (...)
>
> XXIX – ação, quanto aos créditos resultantes das relações de trabalho, com prazo prescricional de cinco anos para os trabalhadores urbanos e rurais, até o limite de dois anos após a extinção do contrato de trabalho;

Ressalta-se que a antiga redação da Súmula nº 362 do TST dispunha que, se observado o prazo de 2 anos para ingresso com a reclamação trabalhista, o trabalhador poderia pleitear os últimos 30 anos. Era a chamada prescrição trintenária. Cabe ressaltar, entretanto, que em novembro/2014, o STF[461] julgou, por maioria de votos, pela redução do prazo de prescrição dos depósitos do FGTS para 5 anos. Abandonou-se, portanto, a tese da prescrição trintenária. diante da nova posição assumida pelo STF, o TST alterou, emjunho/2015, o teor da Súmula nº 362 do TST, para também prever a prescrição quinquenal (5 anos) para o direito de reclamar o não recolhimento dos depósitos do FGTS:

> **Súmula nº 362 do TST**: FGTS. Prescrição.
>
> I – Para os casos em que a ciência da lesão ocorreu a partir de 13.11.2014, é quinquenal a prescrição do direito de reclamar contra o não recolhimento de contribuição para o FGTS, observado o prazo de dois anos após o término do contrato;
>
> II – Para os casos em que o prazo prescricional já estava em curso em 13.11.2014, aplica-se o prazo prescricional que se consumar primeiro: trinta anos, contados do termo inicial, ou cinco anos, a partir de 13.11.2014 (STF-ARE-709212/DF).

Alternativa "b". "São direitos dos trabalhadores urbanos e rurais, além de outros que visem à melhoria de sua condição social: (...) V – piso salarial proporcional à extensão e à complexidade do trabalho; (...) XXVI – reconhecimento das convenções e acordos coletivos de trabalho" (art. 7º, V e XXVI, CF/88). A Constituição Federal não reconhece a prevalência do negociado sobre o legislado, pois apenas assegura a necessidade de reconhecimento das convenções e acordos coletivos de trabalho.

Cumpre destacar que o mote da reforma trabalhista, especialmente na redação do art. 611-A da CLT, consistiu na valorização dos instrumentos coletivos de trabalho. Nesse sentido, verifica-se a prevalência do negociado sobre o legislado, o que assegura maior poder de negociação e representação dos trabalhadores pelos sindicatos. As próprias partes da relação jurídica coletiva podem transacionar com maior liberdade, pois, em um dos polos da relação jurídica está o sindicato da categoria profissional.

Alternativa "d". "São direitos dos trabalhadores urbanos e rurais, além de outros que visem à melhoria de sua condição social: seguro contra acidentes de trabalho, a cargo do empregador, **sem excluir a indenização** a que este está obrigado, quando incorrer em dolo ou culpa" (art. 7º, XXVIII, CF/88 – grifos acrescidos). A previsão de seguro contra acidentes de trabalho não exclui a indenização a que o empregador está obrigado, por dolo ou culpa.

Além disso, a liberdade sindical é garantida pelo art. 8º da CF/88. É necessário, contudo, ressaltar que a liberdade sindical não é plena no Brasil, uma vez que ainda é aplicado o princípio da unicidade sindical, com a existência de um único sindicato representativo de categoria profissional ou econômica em uma mesma base territorial, nunca inferior ao limite de um município.

Alternativa "e". Não se exige a sindicalização do trabalhador avulso para que seja reconhecida a igualdade de direitos com o empregado. Além disso, não pode haver distinção entre o trabalho técnico, manual e intelectual:

> **Art. 7º, CF/88:** São direitos dos trabalhadores urbanos e rurais, além de outros que visem à melhoria de sua condição social:

461. Ver ARE 709.212/DF. Relator: Ministro Gilmar Mendes. Data de Julgamento: 13/11/2014.

(...)

XXXII – proibição de distinção entre trabalho manual, técnico e intelectual ou entre os profissionais respectivos;

(...)

XXXIV – igualdade de direitos entre o trabalhador com vínculo empregatício permanente e o trabalhador avulso.

56. (FCC – Analista Judiciário – Área Judiciária – TST/2017) Sobre a legislação que regula o trabalho doméstico:

a) é lícita a contratação por prazo determinado de empregado para substituir temporariamente outro com contrato interrompido ou suspenso, não podendo ser firmado por prazo superior a 1 ano.

b) o acompanhamento do empregador em viagem pelo seu empregado deve ser previamente pactuado por escrito entre eles, sendo que a remuneração do salário-hora em viagem será de, no mínimo, 50% do salário-hora normal.

c) o período de férias poderá, desde que haja acordo escrito entre empregado e empregador, ser fracionado em até 2 períodos, sendo 1 deles de, no mínimo, 14 dias corridos.

d) é facultado ao empregador efetuar descontos no salário do empregado, mediante acordo escrito entre as partes, para a inclusão do empregado em planos de previdência privada, não podendo a dedução ultrapassar 30% do salário.

e) poderão ser descontadas do salário do empregado as despesas com moradia quando essa se referir a local diverso da residência em que ocorrer a prestação de serviço, desde que essa possibilidade tenha sido expressamente acordada entre as partes.

COMENTÁRIOS

Nota do autor: A questão exigia o conhecimento da LC nº 150/2015, que regulamenta o trabalho do doméstico no país. A Reforma Trabalhista não afetou referida lei de forma direta, entretanto, tendo em vista a aplicação subsidiária da CLT à LC nº 150/2015, haverá impactos indiretos na lei de regência dos domésticos.

Alternativa correta: "e". "Poderão ser descontadas as despesas com moradia de que trata o caput deste artigo quando essa se referir a local diverso da residência em que ocorrer a prestação de serviço, desde que essa possibilidade tenha sido expressamente acordada entre as partes" (art. 18, §2º da LC nº 150/2015).

Alternativa "a". "É facultada a contratação, por prazo determinado, do empregado doméstico: (...) para atender necessidades familiares de natureza transitória e para substituição temporária de empregado doméstico com contrato de trabalho interrompido ou suspenso". Nesse caso, a duração do contrato de trabalho é limitada ao término do evento que motivou a contratação, obedecido o limite máximo de 2 (dois) anos. (art. 4º, II e parágrafo único da LC nº 150/2015).

Alternativa "b". "A remuneração-hora do serviço em viagem será, no mínimo, 25% (vinte e cinco por cento) superior ao valor do salário-hora normal" (art. 11, §2º da LC nº 150/2015).

Alternativa "c". "O período de férias poderá, a critério do empregador, ser fracionado em até 2 (dois) períodos, sendo 1 (um) deles de, no mínimo, 14 (quatorze) dias corridos" (art. 17, §2º da LC nº 150/2015).

Alternativa "d". "É facultado ao empregador efetuar descontos no salário do empregado em caso de adiantamento salarial e, mediante acordo escrito entre as partes, para a inclusão do empregado em planos de assistência médico-hospitalar e odontológica, de seguro e de previdência privada, não podendo a dedução ultrapassar 20% (vinte por cento) do salário" (art. 18, §1º da LC nº 150/2015).

57. (FCC – Analista Judiciário – Área Administrativa – TST/2017) Os sócios das empresas Turismo Maravilha Ltda. e Festa de Arromba Promoções e Eventos Ltda. são os mesmos. A primeira delas é sediada em Maceió e a segunda tem sede em Belo Horizonte, desenvolvendo suas atividades exclusivamente nessas cidades. Em todos os eventos realizados pela Festa de Arromba são sorteados pacotes turísticos da Turismo Maravilha, sendo esse o meio encontrado pelos sócios para o desenvolvimento das atividades dessa última, que foi inaugurada há pouco tempo. Essa integração tem se mostrado muito importante para o desenvolvimento da Turismo Maravilha, sendo os sorteios a única forma de divulgação e publicidade da empresa. Em relação à situação descrita,

(A) as empresas não integram grupo econômico, tendo em vista que exercem atividades completamente distintas, não havendo integração entre as mesmas, sendo que a mera identidade de sócios não é suficiente para caracterizar grupo econômico.

(B) não há formação de grupo econômico pois, além das atividades das empresas serem completamente distintas, as mesmas localizam-se em cidades diferentes, não havendo interesses integrados.

(C) embora as empresas tenham atividades distintas, a identidade de sócios, aliada ao interesse integrado, à efetiva comunhão de interesses e a atuação conjunta das mesmas, leva à caracterização do grupo econômico.

(D) há formação de grupo econômico, tendo em vista que a simples existência de sócios em comum é fator suficiente para tal caracterização.

▸ QUESTÕES DE CONCURSOS

(E) há formação de grupo econômico em razão da existência de sócios comuns e de interesses integrados, sendo que as empresas são subsidiariamente responsáveis pelas obrigações decorrentes da relação de emprego.

COMENTÁRIOS

Nota do autor: A questão aborda o tema grupo econômico, que foi alterado pela Reforma Trabalhista, tendo em vista a inclusão da figura do grupo econômico por coordenação ao art. 2º, §2º da CLT.

Alternativa correta: "c". *Comentário serve para as demais alternativas, uma vez que versam sobre o mesmo assunto.* "Sempre que uma ou mais empresas, tendo, embora, cada uma delas, personalidade jurídica própria, estiverem sob a direção, controle ou administração de outra, ou ainda quando, mesmo guardando cada uma sua autonomia, integrem grupo econômico, serão responsáveis solidariamente pelas obrigações decorrentes da relação de emprego" (art. 2º, §2º da CLT). E, ainda:

"Não caracteriza grupo econômico a mera identidade de sócios, sendo necessárias, para a configuração do grupo, a demonstração do interesse integrado, a efetiva comunhão de interesses e a atuação conjunta das empresas dele integrantes" (art. 2º, §3º da CLT).

Com a aprovação da Reforma Trabalhista, a nova redação do § 2º do art. 2º da CLT estabelece o reconhecimento de duas formas de grupo econômico:

- **Grupo econômico por subordinação:** Essa modalidade já era prevista na redação anterior do dispositivo em apreço. No caso, o grupo pode ser formado na hipótese de existência de hierarquia entre as empresas. Para a prova de formação do grupo econômico por subordinação, é indispensável, portanto, demonstrar que há uma relação de controle entre uma ou mais empresas em relação às demais integrantes.
- **Grupo econômico por coordenação:** A Reforma Trabalhista inovou ao prever a possibilidade de formação de grupo econômico por coordenação. De acordo com o novo dispositivo, mesmo que as empresas guardem cada uma sua autonomia, estará configurado o grupo econômico.

Conforme prevê o § 3º do art. 2º da CLT, contudo, não há caracterização do grupo econômico apenas pela mera identidade de sócios entre as empresas, sendo necessária a demonstração do preenchimento de três requisitos:

a) interesse integrado;

b) a efetiva comunhão de interesses; e

c) a atuação conjunta das empresas integrantes.

58. (FCC - Analista Judiciário - Área Judiciária - TST/2017) A respeito da terceirização de serviços, conforme legislação vigente:

(A) não se configura vínculo empregatício entre os trabalhadores, ou sócios das empresas prestadoras de serviços e a empresa contratante, desde que os serviços contratados sejam ligados à atividade-meio da contratante.

(B) o capital social da empresa prestadora de serviços constitui requisito para o seu regular funcionamento, não bastando somente que a mesma esteja devidamente inscrita no CNPJ e registrada na Junta Comercial.

(C) empresa prestadora de serviços a terceiros é a pessoa jurídica de direito privado destinada a prestar à contratante serviços determinados e específicos, não sendo permitida a subcontratação para empresas diversas.

(D) a contratante deverá estender ao trabalhador da empresa de prestação de serviços o mesmo atendimento médico, ambulatorial e de refeição destinado aos seus empregados, existente nas dependências da contratante, ou local por ela designado.

(E) é lícita a celebração de contrato geral de prestação de serviços entre a tomadora e a empresa prestadora de serviços, não sendo exigido que no termo esteja determinado expressa e especificamente os serviços a serem desempenhados.

COMENTÁRIOS

Nota do autor: A questão aborda o tema terceirização. Até o final de março de 2017, não havia regulamentação em lei acerca da terceirização. A disciplina jurídica era realizada pela Súmula nº 331 do TST. Ocorre que, no dia 31/03/2017, foi promulgada a Lei nº 13.429/2017, que alterou e acrescentou diversos dispositivos à Lei nº 6.019/1974 para tratar sobre a terceirização. Portanto, há na mesma Lei nº 6.019/1974, a regulamentação do trabalho temporário e da terceirização em sentido estrito. Lembre-se de que as empresas de trabalho temporário e de terceirização permanecem obrigadas a pagar todos os direitos trabalhistas previstos na Constituição Federal e na CLT, pois são, respectivamente, as reais empregadoras dos empregados temporários e terceirizados.

Por fim, a Lei nº 13.467/2017 - Reforma Trabalhista, promulgada em 13/07/2017, alterou a regulamentação da terceirização de serviços, com o objetivo de sanar as omissões da Lei nº 13.429/2017 e criar algumas salvaguardas aos trabalhadores.

Alternativa correta: "b". De acordo com o art. 4º-B da Lei nº 6.019/74, são requisitos para o funcionamento da empresa de prestação de serviços a terceiros:

> **Art. 4º-B da Lei nº 6.019/1974 (com redação dada pela Lei nº 13.429/2017)** São requisitos para o funcionamento da empresa de prestação de serviços a terceiros:
>
> I – prova de inscrição no Cadastro Nacional da Pessoa Jurídica (CNPJ);
>
> II – registro na Junta Comercial;
>
> III – capital social compatível com o número de empregados, observando-se os seguintes parâmetros:
>
> a) empresas com até dez empregados – capital mínimo de R$ 10.000,00 (dez mil reais);
>
> b) empresas com mais de dez e até vinte empregados – capital mínimo de R$ 25.000,00 (vinte e cinco mil reais);
>
> c) empresas com mais de vinte e até cinquenta empregados – capital mínimo de R$ 45.000,00 (quarenta e cinco mil reais);
>
> d) empresas com mais de cinquenta e até cem empregados – capital mínimo de R$ 100.000,00 (cem mil reais); e
>
> e) empresas com mais de cem empregados – capital mínimo de R$ 250.000,00 (duzentos e cinquenta mil reais).

Alternativa "a". Com o advento da Reforma Trabalhista, a terceirização pode se dar na atividade-fim da empresa contratante. Com a Reforma Trabalhista, dois são os requisitos da terceirização lícita:

> a) Ausência de pessoalidade e subordinação entre terceirizado e empresa contratante (tomadora); e
>
> b) Capacidade econômica da empresa prestadora de serviços a terceiros.

Alternativa "c". "A empresa prestadora de serviços contrata, remunera e dirige o trabalho realizado por seus trabalhadores, ou subcontrata outras empresas para realização desses serviços" (art. 4º-A, §1º da Lei nº 6.019/1974). Permite-se, portanto, o fenômeno da quarteirização com a transferência de parte dos serviços contratados a outra empresa.

Alternativa "d". "A contratante poderá estender ao trabalhador da empresa de prestação de serviços o mesmo atendimento médico, ambulatorial e de refeição destinado aos seus empregados, existente nas dependências da contratante, ou local por ela designado." (art. 5º-A, § 4º, Lei nº 6.019/1974). Apesar de ter sido mantido pela Reforma Trabalhista, entendemos que esse dispositivo foi tacitamente revogado pela nova legislação.

A Lei nº 13.467/2017 (Reforma Trabalhista) inseriu o art. 4º-C à Lei nº 6.019/1974 para prever a obrigação de a contratante assegurar aos terceirizados as seguintes condições que devem ser observadas quando e enquanto os serviços forem prestados nas dependências da tomadora de serviços:

> 1) Mesmas condições referentes à alimentação garantida aos seus empregados, quando oferecida em refeitórios;
>
> 2) Direito de utilizar os serviços de transporte;
>
> 3) Atendimento médico ou ambulatorial existente nas dependências da contratante ou local por ela designado;
>
> 4) Treinamento adequado fornecido pela contratada quando a atividade o exigir;
>
> 5) Garantia das mesmas condições sanitárias, de medidas de proteção à saúde e de segurança no trabalho e de instalações adequadas à prestação do serviço.

Note-se que o direito às mesmas condições de alimentação e ao atendimento ambulatorial são aplicados quando o serviço é prestado nas dependências da tomadora de serviços. Tendo em vista que a empresa contratante é obrigada a fornecer as mesmas condições de alimentação em refeitórios e de atendimento médico ou ambulatorial aos empregados terceirizados, há nítida contradição entre o disposto no art. 4º-C da Lei nº 6.019/1974, acrescentado pela Reforma Trabalhista e aquilo que prevê o art. 5º-A, § 4º, da Lei nº 6.019/1974.

A Lei nº 13.429/2017, de 31/03/2017, foi totalmente imprecisa e discriminatória em relação à garantia aos terceirizados do mesmo atendimento médico, ambulatorial e de refeição que as empresas contratantes fornecem aos próprios empregados. Enquanto essa garantia foi estendida aos trabalhadores temporários, foi dada apenas a faculdade das empresas contratantes estenderem os benefícios aos terceirizados. Entendemos que essa diferenciação no tratamento entre terceirizado e temporário é discriminatória e inconstitucional.

Tendo em vista que a Reforma Trabalhista trouxe previsão específica das mesmas condições de trabalho, houve a revogação táctica do art. 5º-A, § 4º da Lei nº 6.019/1974, acrescentado pela Lei de março de 2017.

Alternativa "e". Os requisitos do contrato de prestação de serviços vêm expressos no art. 5º-B da Lei nº 6.019/1974:

Art. 5º-B da Lei nº 6.019/1974 (com redação dada pela Lei nº 13.429/2017): O contrato de prestação de serviços conterá:

I – qualificação das partes;

II – especificação do serviço a ser prestado;

III – prazo para realização do serviço, quando for o caso;

IV – valor. (grifos acrescidos)

59. (FCC – Analista Judiciário – Área Administrativa – TST/2017) Gosto Bom Ltda., indústria alimentícia, terceirizou os serviços do setor de embalagens dos seus produtos e, para tanto, contratou a empresa Pacote Forte Embalagens Ltda., de propriedade de seu antigo gerente industrial, que pediu demissão exatamente para fundar esta empresa. Esse é o primeiro contrato de prestação de serviços firmado pela Pacote Forte Embalagens Ltda., quatro meses depois de iniciar suas atividades. No contrato de prestação de serviços pactuado restou previsto que os empregados da contratada farão jus a salário equivalente ao pago aos empregados da contratante. Os serviços contratados são executados nas dependências da tomadora. Considerando as regras legais sobre terceirização de serviços,

a) a embalagem dos produtos faz parte da cadeia de produção da empresa, caracterizando-se como atividade fim e, portanto, é ilegal a terceirização realizada.

b) a pactuação de salário para os empregados da contratada igual ao que é pago aos empregados da contratante descaracteriza a terceirização, tornando-a ilegal e levando à formação do vínculo de emprego diretamente com a contratante.

c) o fato de a empresa Pacote Forte Embalagens Ltda. ser de propriedade de um antigo gerente e de a contratação ter ocorrido apenas quatro meses após o início das atividades dessa empresa, não implica em ilegalidade da terceirização realizada.

d) os empregados da Pacote Forte Embalagens Ltda. que prestam serviços à Gosto Bom Ltda. têm asseguradas as mesmas condições relativas a atendimento médico ou ambulatorial existente nas dependências da contratante ou local por ela designado.

e) o contrato de prestação de serviços conterá a qualificação das partes, a especificação do serviço a ser prestado, o prazo para realização do serviço, quando for o caso, e a indicação expressa do nome de cada um dos empregados da contratada que irão prestar os serviços, não podendo haver substituição até final duração do contrato.

COMENTÁRIOS

Nota do autor: A questão aborda o tema terceirização. Na terceirização, há três pessoas envolvidas na relação jurídica: trabalhador, empresa prestadora (ou intermediadora) de serviços e empresa contratante (tomadora de serviços). Verifica-se, assim, que a relação é triangular[462]. O vínculo empregatício ocorre entre trabalhador e empresa prestadora de serviços a terceiros, embora o trabalhador preste serviços em outro local, na empresa contratante. No dia 31/03/2017, foi promulgada a Lei nº 13.429/2017, que alterou e acrescentou diversos dispositivos à Lei nº 6.019/1974 para tratar sobre a terceirização. A Lei nº 13.467/2017 – Reforma Trabalhista, promulgada em 13/07/2017 – alterou a regulamentação da terceirização de serviços, com o objetivo de sanar as omissões da Lei nº 13.429/2017 e criar algumas salvaguardas aos trabalhadores.

Alternativa correta: "d". "São asseguradas aos empregados da empresa prestadora de serviços a que se refere o art. 4o-A desta Lei, quando e enquanto os serviços, que podem ser de qualquer uma das atividades da contratante, forem executados nas dependências da tomadora, as mesmas condições: (...) atendimento médico ou ambulatorial existente nas dependências da contratante ou local por ela designado" (art. 4º-C, "c" da Lei nº 6.019/1974).

Alternativa "a". A Reforma Trabalhista alterou a redação dos art. 4º-A e 5º-A da Lei nº 6.019/1974 para abordar a abrangência da terceirização de serviço, permitindo a terceirizaçao em atividade-fim da empresa:

> **Art. 4º-A, Lei nº 6.019/1974** *(Redação dada pela Lei nº 13.467/2017)*. Considera-se prestação de serviços a terceiros a transferência feita pela contratante da execução de quaisquer de suas atividades, inclusive sua atividade principal, à pessoa jurídica de direito privado prestadora de serviços que possua capacidade econômica compatível com a sua execução.
>
> **Art. 5º-A, Lei nº 6.019/1974** *(Redação dada pela Lei nº 13.467/2017)*. Contratante é a pessoa física ou jurídica que celebra contrato com empresa de prestação de serviços relacionados a quaisquer de suas atividades, inclusive sua atividade principal.

Alternativa "b". "Contratante e contratada poderão estabelecer, se assim entenderem, que os empregados da contratada farão jus a salário equivalente ao pago aos empregados da contratante, além de outros direitos não

462. A regra é a relação de emprego bilateral, ou seja, há presença apenas do empregado e empregador, sem intermediação de mão de obra.

▶ QUESTÕES DE CONCURSOS

previstos neste artigo" (art. 4º-C, §1º da Lei nº 6.019/1974).

Alternativa "c". "O empregado que for demitido não poderá prestar serviços para esta mesma empresa na qualidade de empregado de empresa prestadora de serviços antes do decurso de prazo de dezoito meses, contados a partir da demissão do empregado" (art. 5º-D da Lei nº 6.019/1974).

Alternativa "e". "O contrato de prestação de serviços conterá: I – qualificação das partes; II – especificação do serviço a ser prestado; III – prazo para realização do serviço, quando for o caso; IV – valor" (art. 5º-B da Lei nº 6.019/1974).

60. (FGV - Analista Judiciário - Área Judiciária - TRT 12/2017) Thiago é empregado em estabelecimento bancário, exercendo função de gerência (gerente de relacionamento). Apesar da existência de cláusula coletiva prevendo o pagamento de gratificação de função no valor de 50% do salário do cargo efetivo, a empresa paga uma gratificação de função no valor de um terço do respectivo salário.

Considerando que Thiago trabalha oito horas diárias, é correto afirmar, à luz da legislação e da jurisprudência do TST, que:

(A) Thiago não será considerado ocupante de cargo de confiança por faltar o elemento objetivo, e assim terá direito ao pagamento da 7ª e 8ª horas como extras;

(B) desde que presente o elemento subjetivo, o empregado ocupa cargo de confiança, independentemente do salário auferido;

(C) o empregado em questão não deixará de ser caracterizado exercente de função de confiança, cabendo ao juiz, de ofício, determinar o pagamento da diferença da gratificação;

(D) não se cogita do pagamento de horas extras porque o gerente ocupa cargo de confiança e, assim, não tem limite de jornada;

(E) não há direito ao pagamento da 7ª e 8ª horas como extras, em razão de o empregado ocupar cargo de confiança bancário, percebendo gratificação não inferior ao terço legal.

COMENTÁRIOS

Nota do autor: A questão aborda o tema cargo de confiança no caso do empregado bancário, exigindo o conhecimento da CLT e do entendimento sumulado do TST sobre o assunto. Ressalta-se que a Reforma Trabalhista não alterou nenhum dispositivo específico relacionado aos bancários.

Alternativa correta: "e". *Comentário serve para as demais alternativas, uma vez que versam sobre o mesmo assunto.* O empregado bancário, por expressa previsão legal, tem duração do trabalho de 6 horas, perfazendo uma jornada de 30 horas semanais (art. 224 da CLT).

Entretanto, ao empregado bancário que exerça função de confiança não são aplicadas as regras de duração do trabalho, desde que o valor da gratificação não seja inferior a 1/3 do salário do cargo efetivo (art. 224, § 2º da CLT).

No caso de Thiago, este percebe gratificação de função de 50% do salário efetivo, ou seja, o valor da gratificação é maior do que 1/3 do salário do cargo efetivo, de forma que não há que se falar na prestação de horas extras pelo empregado, em questão. Além disso, a jornada de Thiago é de oito horas, devendo ser consideradas como extras apenas as excedentes à 8ª hora. Ademais, Thiago somente terá direito às diferenças de gratificação de função se postuladas. No mesmo sentido, é a súmula nº 102 do TST:

> **Súmula nº 102, IV e VII, do TST:** IV – O bancário sujeito à regra do art. 224, § 2º, da CLT cumpre jornada de trabalho de 8 (oito) horas, sendo extraordinárias as trabalhadas além da oitava.
>
> VII – O bancário exercente de função de confiança, que percebe a gratificação não inferior ao terço legal, ainda que norma coletiva contemple percentual superior, não tem direito às sétima e oitava horas como extras, mas tão somente às diferenças de gratificação de função, se postuladas.

61. (FCC – Analista Judiciário – Área administrativa – TRT 11/2017) Matias é motorista da família Silva prestando seus serviços três dias da semana, no qual leva e busca as crianças na escola. Felícia é jardineira exercendo suas atividades para a família Silva quatro vezes por semana. Gilberto faz faxina na residência da família Silva uma vez por semana. E, por fim, Deise é acompanhante da matriarca da família Silva duas vezes por semana. Nestes casos, observando-se o requisito temporal e considerando que os demais requisitos legais estão presentes, tratam-se de empregados domésticos

(A) Matias e Felícia, apenas.

(B) Matias, Felícia e Deise, apenas.

(C) Matias, e Deise, apenas.

(D) Matias, Felícia, Gilberto, apenas

(E) Matias, Felícia, Gilberto e Deise.

COMENTÁRIOS

Nota do autor: A questão exigia o conhecimento dos requisitos para a configuração do trabalho doméstico. Note-se que a Reforma Trabalhista não trouxe impactos diretos ao doméstico.

Entretanto, deve-se ressaltar que a CLT é aplicada de forma subsidiária à LC nº 150/2015.

Alternativa correta: "a". *Comentário serve para as demais alternativas, uma vez que versam sobre o mesmo assunto.* O empregado doméstico tem os 4 requisitos "clássicos" para configurar o vínculo empregatício (pessoa física, onerosidade, subordinação e *continuidade*). Entretanto, para esse trabalhador há duas particularidades que o candidato deve sempre lembrar:

> **1) Finalidade não lucrativa:** é vedado que o empregado doméstico esteja inserido em uma atividade lucrativa da família;
>
> **2) Trabalho contínuo:** o art. 1º, caput, da recém-promulgada LC nº 150/2015 estabelece que será configurado o trabalho doméstico quando realizado por período superior a 2 dias.

No caso em questão, apenas Matias e Felícia trabalhavam mais de dois dias na semana e, por esta razão, são considerados empregados domésticos.

62. (FGV - Analista Judiciário - Área Administrativa - TRT 12/2017) Gabriel, com 17 anos, foi contratado para prestar serviços como caseiro, três vezes por semana, na casa de veraneio de Mario Sérgio e sua família. Além de arrumar a casa, o respectivo empregado também cultiva uma horta destinada à subsistência do grupo familiar.

À luz da legislação trabalhista, é correto afirmar que:

(A) o contrato é válido porque Gabriel tem mais de 16 anos, idade mínima para a contratação;

(B) uma vez que Gabriel não comparece todos os dias à casa de Mario Sérgio, não pode ser considerado empregado nos moldes da CLT;

(C) a situação retrata modalidade de trabalho proibido para menor de dezoito anos;

(D) o empregado está acumulando as funções de empregado doméstico e agricultor, tendo assim direito a um acréscimo salarial;

(E) o trabalho realizado por Gabriel é ilícito e não gera direito a qualquer parcela ou indenização.

COMENTÁRIOS

Nota do autor: A questão exigia do candidato a percepção de que o trabalho de Gabriel se trata de trabalho doméstico. Além disso, importa destacar a necessidade de atenção à idade do empregado em questão.

Alternativa correta: "c". *Comentário serve para as demais alternativas, uma vez que versam sobre o mesmo assunto.* O empregado doméstico tem os 4 requisitos "clássicos" para configurar o vínculo empregatício (pessoa física, onerosidade, subordinação e continuidade). Entretanto, para esse trabalhador há duas particularidades que o candidato deve sempre lembrar:

> **1) Finalidade não lucrativa.** É vedado que o empregado doméstico esteja inserido em uma atividade lucrativa da família, ou seja, não poderá prestar serviços a terceiros, mas apenas à família.
>
> **2) Trabalho contínuo.** Para que haja continuidade, o empregado doméstico deverá trabalhar por mais de 2 vezes na semana.

Dessa forma, é claro que o trabalho prestado por Gabriel se trata de trabalho doméstico, o qual é vedado a menores de 18 anos, conforme previsão legal:

> **Art. 1º, parágrafo único da LC nº 150/2015:** É **vedada a contratação de menor de 18 (dezoito) anos para desempenho de trabalho doméstico**, de acordo com a Convenção no 182, de 1999, da Organização Internacional do Trabalho (OIT) e com o Decreto no 6.481, de 12 de junho de 2008. (grifo nosso)

Trata-se de hipótese de trabalho proibido, que é aquele prestado em condições que agridem a saúde e a segurança do trabalhador, ou seja, desrespeita normas de proteção trabalhista. Nesse caso, o trabalhador tem direito ao recebimento das verbas decorrentes da prestação dos serviços, mas não poderá continuar trabalhando.

63. (FGV - Analista Judiciário - Área Administrativa - TRT 12/2017) Fabíola, empregada da empresa Casamento Feliz S.A., adotou uma criança de dois anos de idade.

À luz da legislação trabalhista, é correto afirmar que:

(A) sendo a lei omissa a respeito, caberá a utilização analógica das garantias devidas à mulher que engravida;

(B) Fabíola não terá direito ao afastamento nem ao recebimento do benefício previdenciário, porque não gerou a criança;

(C) caso Fabíola seja casada ou tenha união estável, poderá requerer o benefício previdenciário de salário-maternidade;

(D) haverá direito à garantia provisória no emprego de até 5 (cinco) meses após a adoção, conforme previsto em Lei;

(E) a empregada adotante tem direito à licença-maternidade de 120 (cento e vinte) dias, sem prejuízo do emprego e do salário.

COMENTÁRIOS

Nota do autor: A questão aborda o tema licença-maternidade e poderia ser exigida tanto em Direito do Trabalho como em Direito

▸ QUESTÕES DE CONCURSOS

Previdenciário. É indispensável a leitura dos art. 392 a 392-C da CLT.

Alternativa correta: "e". Além da empregada gestante, tem direito à licença-maternidade a empregada que adotar ou obtiver guarda judicial para fins de adoção. Ressalta-se que essa licença somente será concedida mediante apresentação do termo judicial de guarda à adotante ou guardiã, sendo a licença-maternidade de 120 dias:

> **Art. 392-A da CLT (inserido pela Lei nº 13.509/2017).** À empregada que adotar ou obtiver guarda judicial para fins de adoção de criança ou adolescente será concedida licença-maternidade nos termos do art. 392 desta Lei.

Destaca-se que o valor do benefício pago à empregada corresponde à remuneração devida no mês de seu afastamento, desde que respeitado o limite máximo de remuneração do funcionalismo público, que é o valor recebido pelos ministros do STF.

Alternativa "a". Ao contrário do que afirma a assertiva, a legislação não é omissa a respeito das garantias da empregada adotante. Nesse sentido:

> **Art. 391-A da CLT.** A confirmação do estado de gravidez advindo no curso do contrato de trabalho, ainda que durante o prazo do aviso prévio trabalhado ou indenizado, garante à empregada gestante a estabilidade provisória prevista na alínea b do inciso II do art. 10 do Ato das Disposições Constitucionais Transitórias.
>
> Parágrafo único. O disposto no caput deste artigo aplica-se ao empregado adotante ao qual tenha sido concedida guarda provisória para fins de adoção.
>
> **Art. 392-A da CLT:** À empregada que adotar ou obtiver guarda judicial para fins de adoção de criança ou adolescente será concedida licença-maternidade nos termos do art. 392 desta Lei.

Alternativa "b". A licença-maternidade é direito da gestante e da adotante, nos termos do art. 392-A da CLT:

> **Art. 392-A da CLT:** À empregada que adotar ou obtiver guarda judicial para fins de adoção de criança ou adolescente será concedida licença-maternidade nos termos do art. 392 desta Lei.

Alternativa "c". O estado civil não é relevante para a concessão da licença-maternidade. Para que tenha direito, basta que o requerente seja o responsável pela adoção ou gestação (arts. 392 e 392-A da CLT).

Alternativa "d". Incorreta à época do concurso. Quando o concurso foi realizado, a Lei nº 13.509/2017 ainda não havia sido editada, de forma que não havia previsão legal sobre a estabilidade da adotante. Com o advento da Lei, a alternativa passa a estar correta:

> **Art. 391-A da CLT.** A confirmação do estado de gravidez advindo no curso do contrato de trabalho, ainda que durante o prazo do aviso prévio trabalhado ou indenizado, garante à empregada gestante a estabilidade provisória prevista na alínea b do inciso II do art. 10 do Ato das Disposições Constitucionais Transitórias.
>
> Parágrafo único. O disposto no **caput** deste artigo aplica-se ao empregado adotante ao qual tenha sido concedida guarda provisória para fins de adoção.

64. (FCC – Analista Judiciário – Área Judiciária – TRT 24/2017) Atenas foi empregada da empresa Delta Operadora Cambial que é dirigida, administrada e controlada pela empresa Delta Empreendimentos S/A, situação esta que caracteriza a existência de grupo econômico para fins trabalhistas. Após dois anos de contrato de trabalho Atenas foi dispensada sem justa causa, mas não recebeu as verbas rescisórias devidas. Nessa situação, conforme previsão contida na Consolidação das Leis do Trabalho, a responsabilidade pelo pagamento será

(A) das empresas Delta Operadora Cambial e Delta Empreendimentos S/A de forma solidária.

(B) da empresa empregadora Delta Operadora Cambial e subsidiariamente da empresa controladora Delta Empreendimentos S/A.

(C) da empresa controladora Delta Empreendimentos S/A e subsidiariamente da empresa empregadora Delta Operadora Cambial.

(D) apenas da empresa Delta Operadora Cambial porque era a efetiva empregadora.

(E) apenas a empresa Delta Empreendimentos S/A porque é a principal, que dirige, administra e controla.

COMENTÁRIOS

Nota do autor: A questão aborda o tema grupo econômico, exigindo que se conhecesse a responsabilidade pelas verbas trabalhistas no caso de sua configuração. Nesse ponto, não houve alterações pela Reforma Trabalhista, que apenas reconheceu a existência de grupo econômico por coordenação.

Alternativa correta: "a". *Comentário serve para as demais alternativas, uma vez que versam sobre o mesmo assunto.* Ocorre grupo econômico quando as empresas estão ligadas entre si, ou seja, quando há "empresa-mãe e

▶ QUESTÕES DE CONCURSOS

empresas-irmãs"[463]. Nesse caso, cada uma dessas empresas possui personalidade jurídica própria, isto é, CNPJ próprio, quadro de pessoal próprio, exercem atividades econômicas diversas etc. Com a aprovação da Reforma Trabalhista, a nova redação do § 2º do art. 2º da CLT estabelece o reconhecimento de duas formas de grupo econômico:

– **Grupo econômico por subordinação:** Essa modalidade já era prevista na redação anterior do dispositivo em apreço. No caso, o grupo pode ser formado na hipótese de existência de hierarquia entre as empresas. Para a prova de formação do grupo econômico por subordinação, é indispensável, portanto, demonstrar que há uma relação de controle entre uma ou mais empresas em relação às demais integrantes.

– **Grupo econômico por coordenação:** A Reforma Trabalhista inovou ao prever a possibilidade de formação de grupo econômico por coordenação. De acordo com o novo dispositivo, mesmo que as empresas guardem cada uma sua autonomia, estará configurado o grupo econômico.

Contudo, conforme prevê o § 3º do artigo em apreço, não há caracterização do grupo econômico apenas pela mera identidade de sócios entre as empresas, sendo necessária a demonstração do preenchimento de três requisitos:

a) interesse integrado;

b) a efetiva comunhão de interesses; e

c) a atuação conjunta das empresas integrantes.

Assim, configurado o grupo econômico, a responsabilidade pelas verbas trabalhistas será solidária:

> **Art. 2º, § 2º da CLT (com redação dada pela Reforma Trabalhista):** § 2º Sempre que uma ou mais empresas, tendo, embora, cada uma delas, personalidade jurídica própria, estiverem sob a direção, controle ou administração de outra, ou ainda quando, mesmo guardando cada uma sua autonomia, integrem grupo econômico, serão responsáveis solidariamente pelas obrigações decorrentes da relação de emprego.

65. (FCC – Analista Judiciário – Área Judiciária – TRT 24/2017) A empresa Ajax Produções contratou os serviços de dois operadores de som para atender à necessidade transitória de substituição de seu pessoal regular e permanente, optando pelo regime de trabalho temporário. Conforme legislação que regula o trabalho temporário,

(A) o contrato entre a empresa de trabalho temporário e a empresa tomadora ou cliente, com relação a um mesmo empregado, não poderá exceder de um ano, sujeito a apenas uma prorrogação por igual período.

(B) fica assegurada ao trabalhador temporário remuneração equivalente à percebida pelos empregados de mesma categoria da empresa tomadora ou cliente, calculada à base horária, garantida, em qualquer hipótese, a percepção do salário mínimo regional.

(C) entre a empresa de trabalho temporário e a empresa tomadora ou cliente deverá haver obrigatoriamente contrato escrito, mas entre a empresa de trabalho temporário e cada um dos assalariados colocados à disposição de uma empresa tomadora o contrato poderá ser verbal.

(D) no caso de falência da empresa de trabalho temporário, a empresa tomadora ou cliente é subsidiariamente responsável pela remuneração, indenização trabalhista e recolhimento das contribuições previdenciárias, no tocante ao tempo em que o trabalhador esteve sob suas ordens.

(E) a empresa de trabalho temporário poderá cobrar do trabalhador a importância máxima de 2% sobre o valor do primeiro salário a título de mediação, bem como efetuar os descontos previstos em Lei.

COMENTÁRIOS

Nota do autor: A questão aborda o trabalho temporário, exigindo o conhecimento da Lei nº 6.019/74, que rege o tema. Importa destacar que a lei passou por alterações no ano de 2017. O candidato deve estar atento às modificações introduzidas pela Lei nº 13.429/2017!

Alternativa correta: "b". De acordo com o art. 12 da Lei nº 6.019/74, é garantido ao trabalhador temporário, dentre outros, o direito à remuneração equivalente à percebida pelos empregados da mesma categoria da empresa tomadora, garantindo-se, em todo caso, o recebimento do salário mínimo regional.

Alternativa "a". A Lei nº 13.429/2017 ampliou o prazo para contratação de trabalhador temporário de 3 meses para 180 dias, prorrogáveis por mais 90 dias (art. 10, § 1º da Lei nº 6.019/74). No entanto, a alternativa permanece errada ao prever o prazo de 1 ano.

Alternativa "c". De acordo com o art. 11 da Lei nº 6.019/74, o contrato entre a empresa de trabalho

463. "No caso do grupo econômico, uma figura em ziguezague, quase em formato das árvores genealógicas que aprendemos com as ciências biológicas (empregado-empregador em linha reta e empregador com as empresas-irmãs e com a empresa-mãe, se houver, dele se ramificando)." SILVA, Homero Batista Mateus da. *Curso de Direito do Trabalho aplicado*, vol. 1: Parte Geral. Rio de Janeiro: Elsevier, 2009. p. 142.

temporário e seus assalariados deverá ser firmado por escrito, dele devendo constar os direitos conferidos aos trabalhadores. Além disso, o contrato entre empresa de trabalho temporário e tomadora de serviços também deverá ser firmado por escrito, nos termos do art. 9º da Lei nº 6.019/74.

Alternativa "d". "No caso de falência da empresa de trabalho temporário, a empresa tomadora ou cliente é solidariamente responsável pelo recolhimento das contribuições previdenciárias, no tocante ao tempo em que o trabalhador esteve sob suas ordens, assim como em referência ao mesmo período, pela remuneração e indenização previstas nesta Lei." (art. 16 da Lei nº 6.019/74).

Alternativa "e". "É vedado à empresa do trabalho temporário cobrar do trabalhador qualquer importância, mesmo a título de mediação, podendo apenas efetuar os descontos previstos em Lei." (art. 18 da Lei nº 6.019/74).

2. EXERCÍCIOS PARA MEMORIZAÇÃO

▶ FONTES

01. As fontes ______ referem-se aos fatores sociais, econômicos e políticos que influenciam na criação das normas jurídicas. Exemplo dessas fontes: movimentação dos trabalhadores por melhores condições de trabalho (duração do trabalho de 40 horas semanais ou estabilidade para maridos de gestantes etc.).

02. As fontes formais são a exteriorização das normas jurídicas. As fontes formais são classificadas como autônomas e heterônomas. As fontes formais ______ ______ são aquelas produzidas pelos próprios destinatários de normas, como acordos e convenções coletivas. Já as fontes formais ______ são aquelas de origem estatal, como: Constituição Federal, leis, decretos, sentenças normativas etc.

▶ PRINCÍPIOS

03. De acordo com o princípio da ______ da relação empregatícia, os contratos de trabalho são firmados, em regra, por prazo indeterminado.

04. A realidade sobrepõe-se às disposições contratuais escritas. Assim sendo, conforme o princípio da ______ ______, deve-se buscar a verdade real, a verdadeira situação jurídica existente, mesmo que documentos indiquem outro sentido.

05. O art. 468 da CLT somente permite a alteração das cláusulas e condições fixadas no contrato do trabalho em caso de mútuo consentimento, e desde que não cause, direta ou indiretamente, prejuízo ao empregado, sob pena de nulidade da cláusula que modificou o contrato. Esse artigo trata do princípio da ______.

▶ SUJEITOS DA RELAÇÃO DE EMPREGO

Empregado

06. Considera-se ______ toda pessoa física que prestar serviços de natureza não eventual a empregador, sob a dependência deste e mediante salário. Não haverá ______ relativas à espécie de emprego e à condição de trabalhador, nem entre o trabalho intelectual, técnico e manual.

RESUMO – EMPREGADO

Requisitos para configurar o vínculo empregatício:

a) ______

b) ______

c) ______

d) ______

e) Exclusividade: ______

f) Local da prestação de serviços: ______

07. Considera-se como de ______ ______ o período em que o empregado esteja à disposição do empregador, aguardando ou executando ordens, salvo disposição especial expressamente consignada.

08. Qualquer alteração na ______ ______ da empresa não afetará os direitos adquiridos por seus empregados.

Empregado Rural

09. Para os efeitos do trabalho rural, considera-se trabalho noturno o executado entre as ______ horas de um dia e as ______ horas do dia seguinte, na lavoura, e entre as ______ horas de um dia e as ______ horas do dia seguinte, na atividade pecuária. Todo trabalho noturno será acrescido de ______ sobre a remuneração normal.

10. Em qualquer trabalho contínuo de duração superior a seis horas, será obrigatória a concessão de um intervalo para repouso ou alimentação observados os ______ da região, não se computando este intervalo na duração do trabalho. Entre duas jornadas de trabalho haverá um período mínimo de onze horas consecutivas para descanso.

11. O produtor rural pessoa **física** poderá realizar contratação de trabalhador rural por pequeno prazo para

▶ QUESTÕES DE CONCURSOS

o exercício de atividades de natureza temporária. A contratação de trabalhador rural por pequeno prazo que, dentro do período de 1 (um) ano, superar _______________ fica convertida em contrato de trabalho por prazo_____________________, observando-se os termos da legislação aplicável.

Empregado doméstico

12. Ao empregado doméstico, assim considerado aquele que presta serviços de forma contínua, subordinada, onerosa e pessoal e de finalidade ____ ____________ à pessoa ou à família, no âmbito residencial destas, por mais de 2 (dois) dias por semana, aplica-se o disposto nesta Lei.

13. O empregado doméstico terá direito a férias anuais remuneradas de _________ dias com, pelo menos, ⅓ (um terço) a mais que o salário normal, após cada período de 12 (doze) meses de trabalho, prestado à mesma pessoa ou família. Após a EC nº 72/2013 e LC nº 150/2015, é _____________ a inclusão do empregado doméstico no Fundo de Garantia do Tempo de Serviço – FGTS.

14. É vedada a dispensa arbitrária ou sem justa causa da empregada doméstica gestante desde a _____________ da gravidez até _____ meses após o parto.

Na tentativa de tornar mais fácil a memorização – seguem novos quadrinhos abaixo

1. Direitos clássicos previstos na CF e na Lei dos Domésticos antes da EC-72/2013;
2. Novos direitos concedidos pela EC-72/2013, com aplicação imediata;
3. Novos direitos concedidos que agora são aplicados em razão da regulamentação efetuada pela Lei Complementar nº 150/2015;
4. Direitos não estendidos aos domésticos;
5. Havia discussão a respeito do instituto da prescrição. No entanto, com a LC nº 150/2015, a matéria está regulamentada.

1. DIREITOS CLÁSSICOS JÁ PREVISTOS ANTERIORMENTE À EC/72-2013, OU SEJA, ERAM ASSEGURADOS DESDE A PROMULGAÇÃO DA CONSTITUIÇÃO FEDERAL OCORRIDA EM 05.10.1988:

a)____________________
b)____________________
c)____________________
d)____________________
e)____________________
f)____________________
g)____________________
h)____________________
i)____________________

2. NOVOS DIREITOS, COM EFICÁCIA IMEDIATA DO EMPREGADO DOMÉSTICO PREVISTOS NO ART. 7º, PARÁGRAFO ÚNICO DA CF/88:

a)____________________
b)____________________
c)____________________
d)____________________
e)____________________
f)____________________
g)____________________
h)____________________
i)____________________

3. OUTROS DIREITOS CONCEDIDOS AOS DOMÉSTICOS PELA EC/72-2013, QUE AGORA SE ENCONTRAM EM VIGOR EM RAZÃO DA REGULAMENTAÇÃO DA LC Nº 150/2015. SÃO ELES:

a)____________________
b)____________________
c)____________________
d)____________________
e)____________________
f)____________________
g)____________________

4. ALGUNS DIREITOS CONSTITUCIONALMENTE ASSEGURADOS AOS TRABALHADORES EM GERAL NÃO FORAM ESTENDIDOS À CATEGORIA DOS EMPREGADOS DOMÉSTICOS. SÃO ELES:

a)____________________
b)____________________
c)____________________
d)____________________
e)____________________
f)____________________
g)____________________

Trabalho do Adolescente. Aprendiz.

15. Contrato de aprendizagem é o contrato de trabalho especial, ajustado por escrito e por prazo determinado, em que o empregador se compromete a assegurar ao maior de ____________ e menor de ____________ anos, inscrito em programa de aprendizagem, formação técnico-profissional metódica, compatível com o seu desenvolvimento físico, moral e psicológico, e o aprendiz, a executar com zelo e diligência as tarefas necessárias a essa formação.

16. Nas localidades onde não houver oferta de ensino médio, a contratação do **aprendiz** poderá ocorrer sem a frequência à escola, desde que ele já tenha concluído o ____________ ____________.

17. O contrato de **aprendizagem** não poderá ser estipulado por mais de __________ anos, exceto quando se tratar de aprendiz portador de deficiência.

18. Os estabelecimentos de qualquer natureza são obrigados a empregar e matricular nos cursos dos Serviços Nacionais de Aprendizagem número de aprendizes equivalente a ______ por cento, no mínimo, e ______ por cento, no máximo, dos trabalhadores existentes em cada estabelecimento, cujas funções demandem formação profissional.

19. É lícito ao menor firmar recibo pelo pagamento dos salários. Tratando-se, porém, de ____________ do contrato de trabalho, é vedado ao menor de 18 (dezoito) anos dar, sem assistência dos seus responsáveis legais, quitação ao empregador pelo recebimento da indenização que lhe for devida.

20. Contra os menores de ____________ anos não corre nenhum prazo de prescrição.

Trabalho da mulher

21. A empregada gestante tem direito à licença-maternidade de ____________ dias, sem prejuízo do emprego e do salário. A empregada deve, mediante atestado médico, notificar o seu empregador da data do início do afastamento do emprego, que poderá ocorrer entre o 28º (vigésimo oitavo) dia antes do parto e ocorrência deste. Os períodos de repouso, antes e depois do parto, poderão ser aumentados de __________ semanas cada um, mediante atestado médico.

22. Em caso de aborto não criminoso, comprovado por atestado médico oficial, a mulher terá um repouso remunerado de ____________, ficando-lhe assegurado o direito de retornar à função que ocupava antes de seu afastamento. Para amamentar seu filho, inclusive se advindo de adoção, até que este complete 6 (seis) meses de idade, a mulher terá direito, durante a jornada de trabalho, a 2 (dois) descansos especiais, de __________ cada um. Os horários dos descansos previstos no deverão ser definidos em ______________ entre a mulher e o empregador.

23. Ao empregador é vedado empregar a mulher em serviço que demande o emprego de força muscular superior a __________ quilos para o trabalho contínuo, ou __________ quilos para o trabalho ocasional. Não está compreendida nessa vedação a remoção de material feita por impulsão ou tração de vagonetes sobre trilhos, de carros de mão ou quaisquer aparelhos mecânicos.

24. Durante a jornada de trabalho, será concedido à empregada um período para refeição e repouso não inferior a ____ nem superior a 2 (duas) horas.

RESUMO: EMPREGADA – ESTABILIDADE

a) Início: ______________

b) Fim: ______________

c) Contrato por prazo determinado

____

____

d) Dispensa sem justa causa ______________

____

▶ RELAÇÕES DE TRABALHO – SEM VÍNCULO EMPREGATÍCIO

Estágio

25. A **jornada de atividade** em estágio será definida de ______________ entre a instituição de ensino, a parte concedente e o aluno estagiário ou seu representante legal, devendo constar do termo de compromisso ser compatível com as atividades escolares e não ultrapassar:

I. ______________ diárias e ______________ semanais, no caso de estudantes de educação especial e dos anos finais do ensino fundamental, na modalidade profissional de educação de jovens e adultos;

II. ______________ diárias e ______________ semanais, no caso de estudantes do ensino superior, da educação profissional de nível médio e do ensino médio regular.

III. O estágio relativo a cursos que alternam teoria e prática, nos períodos em que não estão programadas aulas presenciais, poderá ter jornada de até ____________ horas semanais, desde que isso esteja previsto no projeto pedagógico do curso e da instituição de ensino.

26. A duração do estágio, na mesma parte concedente, não poderá exceder ____________ ____________, exceto quando se tratar de estagiário portador de deficiência.

27. É assegurado ao estagiário, sempre que o estágio tenha duração igual ou superior a ____________ ano, período de **recesso** de ________ dias, a ser gozado preferencialmente durante suas férias escolares. O recesso de que trata este artigo deverá ser remunerado quando o estagiário receber bolsa ou outra forma de contraprestação. Os dias de recesso previstos neste artigo serão concedidos de maneira ______________, nos casos de o estágio ter duração inferior a 1 (um) ano.

28. A instituição privada ou pública que reincidir na irregularidade ficará impedida de receber estagiários por __________, contados da data da decisão definitiva do processo administrativo correspondente. Essa penalidade limita-se à filial ou agência em que for cometida a irregularidade.

29. O **número máximo de estagiários** em relação ao quadro de pessoal das entidades concedentes de estágio deverá atender às seguintes proporções:

I. de 1 (um) a 5 (cinco) empregados: __________ estagiário;

II. de 6 (seis) a 10 (dez) empregados: até ______ estagiários;

III. de 11 (onze) a 25 (vinte e cinco) empregados: até _______ estagiários;

IV. acima de 25 (vinte e cinco) empregados: até ________ de estagiários.

V. Não se aplica o limite máximo aos estágios de __________ e de nível __________.

VI. Fica assegurado às pessoas portadoras de deficiência o percentual de __________ das vagas oferecidas pela parte concedente do estágio.

▶ **Empregador**

30. Considera-se __________ a empresa, individual ou coletiva, que, assumindo os ________ da atividade econômica, admite, assalaria e dirige a prestação pessoal de serviço.

31. ______________ ao empregador, para os efeitos exclusivos da relação de emprego, os profissionais liberais, as instituições de beneficência, as associações recreativas ou outras ______________ sem fins lucrativos, que admitirem trabalhadores como empregados.

32. Sempre que uma ou mais empresas, tendo, embora, cada uma delas, personalidade jurídica própria, estiverem sob a __________, __________ ou __________ de outra, ou ainda quando, mesmo guardando cada uma sua ________, integrem grupo econômico, serão responsáveis __________ pelas obrigações decorrentes da relação de emprego.

33. A mudança na __________ ou na estrutura jurídica da empresa não afetará os contratos de trabalho dos respectivos empregados.

RESUMO – EMPREGADOR

a) Consequência do reconhecimento do grupo econômico: __________

b) Requisitos para configurar a sucessão trabalhista:

1 – __________

2 – __________

3 – Quem responde pelos débitos trabalhistas? __________

c) Poder disciplinar (aplicar sanções):

1 – __________

2 – __________

3 – __________

3. GABARITOS

3.1. Exercícios de memorização

01. Fonte material.

02. Fonte formal autônoma; fonte formal heterônoma.

03. Princípio da continuidade da relação empregatícia.

04. Princípio da primazia da realidade.

05. Princípio da inalterabilidade contratual lesiva.

06. Empregado; distinções – art. 3º da CLT.

RESUMO – EMPREGADO

Requisitos:
- a) Pessoa física (pessoalidade).
- b) Não eventualidade.
- c) Onerosidade.
- d) Subordinação.
- e) Não há exigência para que o empregado preste serviços com exclusividade. Logo, poderá ter vários contratos de trabalho simultâneos.
- f) O local de prestação de serviços é irrelevante para configurar o vínculo (art 6º, CLT).

07. Serviço efetivo – art. 4º da CLT.

08. Estrutura jurídica – art. 10 da CLT.

09. Lavoura: das 21 às 5 horas / pecuária: das 20 às 4 horas; adicional noturno 25% (vinte e cinco por cento) – art. 7º da Lei do Rural (Lei nº 5889/73).

10. Usos e costumes – art. 5º da Lei do Rural (Lei nº 5889/73).

11. 2 (dois) meses, indeterminado – art. 14-A da Lei do Rural (Lei nº 5889/73).

12. Finalidade não lucrativa – art. 1º da Nova Lei do Doméstico (LC nº 150/2015).

13. Férias de 30 dias; facultada – art. 17 e art. 21 da Nova Lei do Doméstico (LC nº 150/2015).

14. Confirmação; 5 meses – art. 25, parágrafo único da Nova Lei do Doméstico (LC nº 150/2015).

1. DIREITOS CLÁSSICOS JÁ PREVISTOS ANTERIORMENTE À EC/72-2013, OU SEJA, ERAM ASSEGURADOS DESDE A PROMULGAÇÃO DA CONSTITUIÇÃO FEDERAL OCORRIDA EM 05.10.1988:

a) Salário-mínimo

b) Irredutibilidade do salário

c) Décimo terceiro salário

d) Repouso semanal remunerado (regulamentado pela LC nº 150/2015)

e) Férias acrescidas de ⅓ a mais da remuneração (regulamentado pela LC nº 150/2015)

f) Licença-gestante de 120 dias (regulamentado pela LC nº 150/2015)

g) Licença-paternidade (5 dias)

h) Aviso-prévio (regulamentado pela LC nº 150/2015)

i) Aposentadoria

2. NOVOS DIREITOS, COM EFICÁCIA IMEDIATA DO EMPREGADO DOMÉSTICO PREVISTOS NO ART. 7º, PARÁGRAFO ÚNICO DA CF/88:

A partir de 03.04.2013, já estão assegurados aos empregados domésticos os novos direitos a seguir:

a) jornada de trabalho de até 8 horas diárias e 44 horas semanais; (regulamentado pela LC nº 150/2015)

b) horas extras remuneradas com adicional mínimo de 50%; (regulamentado pela LC nº 150/2015)

c) garantia de salário-mínimo para os que recebem salário variável;

d) proteção legal ao salário;

e) redução dos riscos inerentes ao trabalho por meio de normas de higiene, saúde e segurança;

f) reconhecimento das convenções e dos acordos coletivos de trabalho;

g) proibição de diferença de salários, de exercício de funções e de critérios de admissão por motivo de sexo, idade, cor ou estado civil;

h) proibição de discriminação no tocante a salário e critérios de admissão de portadores de deficiência;

i) proibição de trabalho noturno, insalubre e perigoso ao menor de 18 anos e de qualquer trabalho ao menor de 16 anos. (regulamentado pela LC nº 150/2015)

3. OUTROS DIREITOS CONCEDIDOS AOS DOMÉSTICOS PELA EC/72-2013, QUE AGORA SE ENCONTRAM EM VIGOR EM RAZÃO DA REGULAMENTAÇÃO DA LC Nº 150/2015. SÃO ELES:

a) proteção da relação de emprego contra a dispensa arbitrária ou sem justa causa;

c) obrigatoriedade do Fundo de Garantia do Tempo de Serviço (FGTS) - (regulamentado pela LC nº 150/2015)

d) remuneração do trabalho noturno superior à do diurno (regulamentado pela LC nº 150/2015)

e) salário-família;

f) assistência gratuita aos filhos e dependentes até 5 anos de idade em creches e pré-escolas;

g) seguro contra acidentes do trabalho a cargo do empregador, sem excluir a indenização a que este está obrigado, quando incorrer em dolo ou culpa.

4. ALGUNS DIREITOS CONSTITUCIONALMENTE ASSEGURADOS AOS TRABALHADORES EM GERAL NÃO FORAM ESTENDIDOS À CATEGORIA DOS EMPREGADOS DOMÉSTICOS. SÃO ELES:

a) piso salarial proporcional à extensão e à complexidade do trabalho;

b) participação nos lucros ou resultados (posto que a sua atividade não tem fim lucrativo);

c) jornada de 6 horas em turnos ininterruptos de revezamento (posto que esta condição não ocorre na residência familiar);

d) proteção do mercado de trabalho da mulher mediante incentivos específicos nos termos da lei;

e) adicional de insalubridade, penosidade e periculosidade;

f) proteção em face da automação, na forma da lei;

g) proibição de distinção entre o trabalho manual, técnico e intelectual ou entre os profissionais respectivos.

15. Maior de 14 (quatorze) e menor de 24 (vinte e quatro) anos – art. 428 da CLT.

16. Ensino Fundamental – art. 428, § 7º da CLT.

17. 2 anos – art. 428, § 3º da CLT.

18. Mínimo 5% e máximo 15% – art. 429 da CLT.

19. Rescisão do contrato – art. 439 da CLT.

20. 18 anos – art. 440 da CLT.

21. 120 dias; 2 semanas – art. 392 da CLT.

22. 2 semanas; meia hora cada um; acordo individual – art. 395 e 396 da CLT (Reforma Trabalhista).

23. 20 quilos e 25 quilos ocasionais – art. 390 da CLT.

24. 1 hora – art. 71 da CLT

RESUMO - EMPREGADA

Estabilidade: veda que o empregador dispense arbitrariamente ou sem justa causa a empregada gestante (Súmula nº 244 do TST)

a) Desde a confirmação da gravidez;

b) Até 5 meses após o parto;

c) Inclusive durante o contrato por prazo determinado;

d) Gera direito a reintegração.

25. Comum acordo – art. 10 da Lei do Estágio nº 11.778/2008

I – 4 (quatro) horas e 20 horas;

II – 6 (seis) horas e 30 horas semanais;

III – 40 (quarenta) horas semanais.

26. 2 anos – art. 11 da Lei do Estágio nº 11.778/2008.

27. 1 ano – recesso de 30 dias; proporcional – art. 13 da Lei do Estágio nº 11.778/2008.

28. 2 (dois) anos – art. 15 da Lei do Estágio nº 11.778/2008.

29. Art. 17 da Lei do Estágio nº 11.778/2008.

I – 1 estagiário;

II – 2 estagiários;

III – 5 estagiários;

IV – 20% de estagiários;

V – nível superior; médio profissional.

VI – 10% (dez por cento) das vagas.

30. Empresa / riscos – art. 2º da CLT.

31. Equiparam-se ao empregador / instituições – art. 2º, § 1º, da CLT.

32. Direção, controle ou administração / autonomia / solidariamente – art. 2º, § 2º, da CLT (Reforma Trabalhista).

33. Propriedade – art. 448 da CLT.

RESUMO – EMPREGADOR

A) Responsabilidade solidária

B) 1 – Transferência do estabelecimento;

2 – Paralisação das atividades;

3 – Sucessor responderá pelos débitos trabalhistas (art. 448-A da CLT).

C) Sanções permitidas:

1 – Advertência verbal ou escrita;

2 – Suspensão até 30 dias;

3 – Dispensa por justa causa (art. 482 CLT).

Obs.: Multa por descumprimento do acordado em trabalho intermitente (art. 452-A, § 4º, CLT)

CAPÍTULO V

CONTRATO INDIVIDUAL DE TRABALHO

1. TERMINOLOGIA: RELAÇÃO DE TRABALHO X RELAÇÃO DE EMPREGO

Tecnicamente, há diferença entre relação de trabalho e relação de emprego.

O termo **relação de trabalho** é utilizado como gênero e trata da relação de trabalho de forma ampla. Todo trabalho humano (pessoa física) prestado ao tomador de serviços (pessoa física ou jurídica) é uma relação de trabalho. Exemplo: trabalho autônomo, atividade de estágio, trabalho eventual, temporário e o próprio vínculo empregatício.

Por outro lado, **relação de emprego** é uma das espécies do gênero relação de trabalho. A característica principal daquela relação consiste na presença da subordinação jurídica exercida sobre a figura do empregado. A CLT e demais leis trabalhistas foram criadas para proteger o empregado, que trabalha sob subordinação. Verifica-se, assim, que toda relação de emprego corresponde a uma relação de trabalho, mas nem toda relação de trabalho é uma relação de emprego.

Portanto, relação de emprego é aquela que se forma entre um empregado e um empregador, regendo-se pelos artigos 2º e 3º da CLT, mas muitas vezes, na prática, em provas de concursos e livros doutrinários, a terminologia utilizada é a expressão relação de trabalho para tratar de vínculo empregatício. Em resumo, o candidato deverá estar atento, pois, se exigida a diferença entre relação de trabalho e de emprego, a primeira é gênero, a segunda é específica. Entretanto, se a questão mencionar relação de trabalho para tratar de jornada, remuneração, estabilidade, etc., entenda que o examinador se refere a vínculo empregatício, ou seja, uma relação de emprego.

Para identificar uma relação de emprego é formado o contrato de emprego. A expressão, entretanto, consagrada na prática e nos concursos públicos é **contrato de trabalho** (sinônimos: contrato de trabalho *stricto senso*, vínculo empregatício e relação de emprego). Assim sendo, o contrato de trabalho é o ajuste verbal ou escrito, tácito ou expresso, firmado entre o empregado, que assume a obrigação de prestar serviços não eventuais e subordinados, e o empregador, que assume a obrigação de pagar salário. Quanto ao objeto do contrato de trabalho[464], ressalta-se que o objeto imediato do contrato de trabalho é a prestação dos serviços, enquanto que o objeto mediato (remoto) do contrato é o próprio trabalho em si[465].

---

464. A diferenciação entre objeto mediato e imediato do contrato de trabalho foi exigida no concurso para Técnico do TRT da 8ª Região em 2016.

465. GARCIA, Gustavo Filipe Barbosa. *Curso de Direito do Trabalho*. 9. ed. Rio de Janeiro: Forense, 2015. p. 147.

Cabe frisar, ainda, que há exigência, em alguns editais para o cargo de Analista para TRT, da diferenciação do contrato de trabalho e dos contratos afins a seguir destacados:

a) **Prestação de serviços**[466]. O contrato de prestação de serviços pode abranger toda espécie de trabalho lícito, material ou imaterial, mediante retribuição, conforme previsto no art. 594 do Código Civil. A prestação de serviços que não estiver sujeita à CLT ou outra norma específica, será regida pelos artigos 593 e seguintes do Código Civil. Esse contrato é utilizado pelos trabalhadores autônomos. Aliás, a autonomia na prestação dos serviços é o que diferencia do contrato de trabalho, que corresponde ao serviço prestado mediante ordens diretas do tomador, configurando a subordinação.

b) **Empreitada**[467]. No contrato de empreitada, o empreiteiro assume a obrigação de realizar certa obra e entregá-la pronta ao beneficiário. É o empreiteiro quem assume todos os riscos do empreendimento. O beneficiário, portanto, tem interesse no resultado do trabalho, que no fim do contrato deverá ser entregue acabado. Já no contrato de trabalho, quem dirige (subordinação) a prestação de serviços é o empregador e é ele quem assume os riscos do empreendimento. O interesse do empregador é a atividade, ou seja, o trabalho diário prestado pelo trabalhador.

c) **Representação comercial.** O representante comercial presta serviços de forma autônoma, comercializando produtos ou serviços. O contrato de representação comercial é previsto na Lei nº 4.886/65. Em vários aspectos esse contrato assemelha-se ao contrato de trabalho, como: a possibilidade de cláusula de exclusividade, contrato oneroso e não eventual. O elemento que os distingue está na subordinação jurídica, presente apenas na relação de emprego.

d) **Mandato**. O contrato de mandato está previsto no art. 653 e seguintes do Código Civil. Nesse contrato, o mandante confere poderes ao mandatário para a prática de atos jurídicos em seu nome ou para administrar interesses. O contrato de mandato é, em regra, gratuito e materializa-se por meio da procuração. Diferencia-se do contrato de trabalho em dois pontos principais[468]: primeiro, porque neste a onerosidade é a regra; segundo, que no contrato de trabalho a prestação de serviços é, como já dito, subordinada.

e) **Sociedade**. O contrato de sociedade ocorre quando uma pessoa ou mais associa-se, contribuindo com bens ou serviços para exploração de uma atividade econômica[469]. Nesse contrato, há distribuição de lucros e divisão dos prejuízos. Aliás, não

466. Antigamente era chamada de locação de serviços, conforme art. 1.216 do Código Civil 1916.

467. A Emenda Constitucional nº 45-2004, ampliou a competência da Justiça do Trabalho, alterando o art. 114 da CF/88. Ocorre que, mesmo antes dessa modificação, o Judiciário Trabalhista já era competente para julgar conflitos resultantes de contratos de empreitadas em que o empreiteiro fosse operário ou artífice, conforme previsto no art. 652, III, da CLT.

468. O professor Mauricio Godinho Delgado defende outra diferença entre esses contratos: "Em terceiro lugar, a representação é nota característica indissociável do mandato, ao passo que é elemento meramente circunstancial no contrato empregatício. Nestes, ela tende a comparecer apenas nos contratos envolventes a altos empregados, sendo estranha à larga massa de contratos de emprego que caracteriza o mercado de trabalho". DELGADO, Mauricio Godinho. *Curso do Direito do Trabalho*. 9. ed. São Paulo: LTr, 2010. p. 560.

469. A união de interesses dos sócios e seus objetos comuns é chamado de *affetio societatis*.

há entre os sócios relação de hierarquia, existindo uma posição de igualdade. Por outro lado, no contrato de trabalho, além de presente a subordinação, o empregador assume, exclusivamente, os riscos da atividade econômica.

f) **Parceria.** O contrato de parceria é uma forma de contrato de sociedade que ocorre, em regra, na agricultura e pecuária (art. 96, Estatuto da Terra – Lei nº 4.504/1964). Nesse contrato, as partes dividem o lucro e assumem, conjuntamente, prejuízos do negócio. Entre os parceiros não há nenhuma subordinação, aspecto que diferencia esse contrato da relação de emprego (contrato de trabalho).

g) **Autônomo.** O trabalhador autônomo é o dono das ferramentas e demais equipamentos indispensáveis para a realização das suas atividades, possui ampla liberdade para escolher o horário de trabalho e fixar o preço de seus serviços. Verifica-se, assim, que falta ao trabalhador autônomo o requisito da subordinação para que se configure a relação empregatícia.

h) **Facção.** O contrato de facção é um contrato de natureza civil ou comercial, pelo qual o contratante pactua com um terceiro o fornecimento de produtos prontos e acabados sem qualquer interferência na produção[470]. Difere da relação de emprego, pois aquele que fornece os produtos não apresenta nenhum vínculo de subordinação com o contratante, que apenas pagará o valor pelos produtos finais.

Em resumo, o traço marcante do contrato de trabalho é a subordinação jurídica e é essa característica que o diferencia dos demais contratos analisados anteriormente. Importante destacar que, uma vez comprovada a fraude, por exemplo, o contrato foi celebrado como empreitada ou prestação de serviços, mas na prática (princípio da primazia da realidade) o trabalho era desenvolvido com subordinação, esse contrato é nulo (art. 9º da CLT) e o vínculo empregatício será declarado pela Justiça do Trabalho, que concederá ao trabalhador todos os direitos previstos na CLT.

Note que a Reforma Trabalhista trouxe importante dispositivo (art. 442-B da CLT) no que toca à contratação do trabalhador autônomo, prevendo que não estará configurada da relação de emprego quando cumpridas as formalidades legais. No entanto, importa ressaltar que, prevista a subordinação, o vínculo de emprego estará configurado, em respeito ao princípio da primazia da realidade.

2. CARACTERÍSTICAS DO CONTRATO DE TRABALHO

Dentre as características principais do contrato de trabalho, pode-se destacar que esse contrato é:

a) **contrato de Direito Privado:** trata-se de relação entre sujeitos privados, envolvendo interesses privados. Destaca-se, entretanto, que, no Direito do Trabalho, prevalecem as regras cogentes, obrigatórias. Diante desse princípio, há restrição da autonomia das partes em modificar as cláusulas contratuais previstas no contrato de trabalho.

470. GARCIA, Gustavo Filipe Barbosa. Contrato de facção e responsabilidade por terceirização de serviços. Disponível em: <http://gustavogarcia.adv.br/contrato-de-faccao-e-responsabilidade-por-terceirizacao-de-servicos/>.

b) **bilateral ou sinalagmático**: envolve obrigações para ambas as partes. O empregado está obrigado a prestar serviços, o empregador possui a obrigação de pagar salário.

c) **consensual** (art. 443 da CLT): não há forma especial para o contrato de trabalho, podendo ser celebrado de forma tácita[471] ou expressa. Lembre-se de que contrato tácito ocorre quando as partes, embora não tenham mencionado uma à outra, de forma clara, a situação de empregado e empregador, há presença dos quatro requisitos da relação empregatícia. Importante ressaltar que há contratos de trabalho que exigem formalidade especial, ou seja, o contrato deve ser escrito.

Nesse sentido, confira os principais exemplos:

CONTRATOS SOLENES NO DIREITO DO TRABALHO
1) **Aprendiz** (art. 428, da CLT); 2) **Trabalho temporário** (art. 11 da Lei nº 6.019/1974); 3) **Trabalhador intermitente** (art. 452-A, "caput", CLT); 4) **Contrato de estágio** (art. 3º, II, Lei nº 11.788/2008); 5) **Contrato por prazo determinado:** não há um dispositivo expresso que determine a obrigatoriedade do contrato escrito. No entanto, a jurisprudência trabalhista entende que, por se tratar de espécie excepcional de contrato, é necessária sua formalização em contrato escrito ou, ao menos, o registro dessa condição na CTPS do empregado; 6) **Atleta profissional** (art. 30 da Lei nº 9.615/1998); 7) **Artista profissional** (art. 9º da Lei nº 6.533/1978).

d) **trato sucessivo**: continuidade no tempo, ou seja, não se esgota em um único ato, como contrato de compra e venda, por exemplo. Na relação de trabalho há um débito permanente, uma parte em prestar serviços e outra em pagar salário.

e) **oneroso**: no contrato de trabalho há necessidade de pagar contraprestação em virtude dos serviços prestados.

f) **comutativo**: as partes (empregado e empregador) conseguem verificar, no momento da contratação, as vantagens e os sacrifícios que terão de enfrentar durante a vigência do contrato de trabalho.

g) **personalíssimo ou *intuito personae***: essa característica é voltada apenas para o empregado, que foi contratado em razão das suas virtudes pessoais (eficiência, confiança, moral etc.). Lembre-se de que a prestação de serviços é personalíssima, ou seja, o empregado não poderá enviar seu irmão para prestar serviços em seu lugar e, quando o empregado morrer, o posto de trabalho não se transmite por herança. Importante ressaltar que o contrato de trabalho não é personalíssimo para a figura do empregador, pois a mudança na estrutura jurídica da empresa não afeta os contratos de trabalho em vigor (arts. 10 e 448 da CLT).

---

471. "Ajuste tácito, caracterizado pela inexistência de palavras escritas ou verbais, depreendido em decorrência de um comportamento, daí por que será a prestação de serviços de alguém, sem oposição de outro para quem é dirigida, o comportamento do qual serão tiradas as conclusões indicadas de que há um vínculo de emprego." NASCIMENTO. Amauri Mascaro. *Iniciação ao Direito do Trabalho*. 34. ed. São Paulo: LTr, 2009. p. 153.)

Ao estudar o contrato individual de trabalho, é importante memorizar os seguintes institutos que constam nos editais de concurso: elementos, classificação, alteração e suspensão e interrupção do contrato de trabalho.

CONTRATO INDIVIDUAL DE TRABALHO
(PRINCIPAIS PONTOS)

Contrato Individual de Trabalho
- Elementos
- Classificação
- Alteração
- Suspensão e interrupção

3. ELEMENTOS DO CONTRATO DE TRABALHO

A CLT não menciona os elementos do contrato de trabalho, havendo necessidade de aplicação subsidiária do Código Civil, conforme previsto no art. 8º da CLT. De acordo com o art. 104 do Código Civil, para a celebração do contrato são necessários os seguintes elementos:

a) **Agente capaz**: a capacidade do empregado para o exercício dos direitos e deveres decorrentes do contrato de trabalho está prevista no art. 7º, XXXIII, da CF e art. 402 da CLT. No tocante ao empregador, não há especificidades, rege-se inteiramente pelo Código Civil.

A capacidade plena do empregado ocorre aos 18 anos, pois nessa idade o empregado poderá prestar serviços em todas as atividades.

A incapacidade relativa ocorre entre os maiores de 16 e menores de 18 anos. Esses adolescentes estão autorizados a trabalhar, exceto nas atividades insalubres, perigosas e no horário noturno. Ademais, não podem assinar recibo de quitação das verbas rescisórias sem a assistência do representante legal (art. 439 da CLT). Por fim, ocorre a incapacidade relativa, ao maior de 14 e menor de 16 anos, nos contratos de aprendizagem.

Será absolutamente incapaz a pessoa com menos de 14 anos, para todo e qualquer trabalho.

b) **Forma prescrita e não defesa em lei**: para a celebração do contrato de trabalho, em regra, não há formalidade especial. Poderá ocorrer de forma escrita ou verbal, ou ainda, de forma tácita, em que evidencia apenas um comportamento entre empregado e empregador, sem que haja qualquer menção das partes ao vínculo empregatício.

c) **Objeto lícito**: somente será válido o contrato de trabalho se a prestação de serviços não envolver ilícito penal.

Além dos elementos essenciais ao contrato de trabalho, destaca-se a presença de **elementos naturais**[472], que são aqueles que decorrem da própria natureza do contrato e

472. CASSAR, Vólia Bomfim. *Direito do Trabalho*. 11. ed. São Paulo: Método, 2015. p. 569.

que não necessitam estar expressamente mencionados no contrato. Tem-se, por exemplo, como hipótese de elementos naturais os direitos mínimos previstos na legislação que não podem ser violados, como a pagamento da hora extra em, no mínimo, 50% do valor da hora normal, jornada de 8 horas diárias e 44 horas semanais etc.

Por fim, verifica-se a presença dos **elementos acidentais** do contrato de trabalho[473], que, como o próprio nome sugere, são cláusulas facultativas e acessórias acrescentadas ao contrato de trabalho. Os elementos acidentais são:

a) **Termo:** refere-se a um **evento futuro e certo** que pode ocasionar o fim ou o início de um negócio jurídico. Na relação de emprego, o termo pode estar presente na celebração de contrato por prazo determinado, uma vez que é estabelecido determinado evento futuro e certo para que o contrato termine. Assim, o contrato de experiência pode ser celebrado até o prazo de 90 dias. Com o final desse prazo, ocorre o evento que põe fim à relação de emprego.

b) **Condição:** refere-se a cláusula que subordina o efeito do negócio jurídico a **evento futuro e incerto**. Assim, ao contrário do termo, a condição não consegue estabelecer se o evento vai ocorrer ou não. Podemos citar como exemplo a contratação do empregado somente após a realização de certa qualificação ou curso, indispensável para a realização dos serviços. Assim sendo, caso o empregado venha a concluir sua qualificação, será contratado.

3.1. Nulidades do contrato de trabalho

Conforme visto anteriormente, para que o contrato de trabalho se desenvolva de forma válida, é necessário que a prestação de serviços seja lícita e, ainda, não contrarie normas de proteção à saúde e à segurança do trabalhador. Ao estudar o tema de nulidades, deve-se diferenciar o trabalho ilícito do trabalho proibido.

3.1.1. Trabalho proibido

Trabalho proibido é aquele prestado em condições que agridem a saúde e a segurança do trabalhador, ou seja, desrespeitam normas de proteção trabalhista. A lei proíbe que esse tipo de trabalho se desenvolva de forma válida. Exemplo: trabalho da criança, com 13 anos de idade, em carvoaria ou oficina mecânica.

Como forma de evitar o enriquecimento ilícito do empregador e, ainda, diante da impossibilidade de devolver ao trabalhador a mão de obra já despendida, há necessidade, no caso de trabalho proibido, de pagamento dos salários e demais verbas trabalhistas[474].

473. CASSAR, Vólia Bomfim. *Direito do Trabalho.* 11. ed. São Paulo: Método, 2015. p. 569.

474. Há intensa discussão sobre a possibilidade de reconhecimento de vínculo empregatício nas hipóteses de trabalho proibido. Há autores que defendem o pagamento de **indenização** pelo trabalho prestado. Outros defendem apenas o pagamento de **salário** e os depósitos no FGTS. No nosso caso, defendemos a declaração de vínculo empregatício com pagamento de todos os direitos trabalhistas. Entretanto, para o concurso de Analista do TRT, importante saber que no **trabalho ilícito** não são reconhecidos quaisquer direitos. No **trabalho proibido**, por sua vez, há pagamento de salário ou indenização pelos serviços prestados.

Isso possibilita que todos os direitos trabalhistas sejam pagos ao empregado que esteja laborando em situação contrária à legislação. Interpretação contrária a essa causaria dupla punição ao trabalhador.

Desse modo, o vínculo empregatício é declarado e serão pagas as verbas rescisórias do contrato. Ressalta-se que o trabalhador não poderá continuar prestando serviços nesses locais, pois é contrário às normas mínimas de proteção.

Ademais, os Auditores Fiscais do Trabalho irão multar o empregador que estiver contrário às normas de saúde e segurança.

Cabe ressaltar, ainda, que alguns autores apontam a hipótese de contratação de **servidor ou empregado sem concurso** como hipótese de trabalho proibido. Outros doutrinadores defendem que essa contratação desrespeita a forma prevista em lei. Enfim, o desrespeito ao concurso público acarretará a nulidade do ato jurídico. Dessa forma, o trabalhador contratado de forma irregular, nos termos do que prevê a Súmula nº 363 do TST, receberá apenas o saldo de salário pelas horas trabalhadas e os valores relativos aos depósitos do FGTS.

Ademais, caso o estrangeiro se encontre em situação irregular no país, sua contratação não é permitida e também será considerado como trabalho proibido.

Por fim, também será considerado trabalho proibido o do **policial militar**. Em razão dos baixíssimos salários recebidos pelos policiais militares, é comum que haja prestação de serviços desses servidores públicos às empresas privadas, oferecendo serviços ligados à segurança privada. A execução desses serviços gera reflexos na espera administrativa, ou seja, o servidor poderá sofrer penalidade disciplinar. Como visto, o trabalho proibido, diferentemente do trabalho ilícito, gera efeitos na esfera trabalhista[475]. No caso específico do policial militar, a Justiça do Trabalho irá declarar o vínculo desde que presentes os requisitos do art. 3º da CLT, reconhecendo, portanto, todos os direitos trabalhistas para o militar que presta serviços à empresa privada.

3.1.2. Trabalho ilícito

No trabalho ilícito, a prestação de serviços afronta a lei penal. Exemplos: jogo do bicho[476], o matador de aluguel, médico em clínica de abordo clandestino, contrabando do Paraguai, tráfico de drogas etc.

Em todos esses casos, o contrato será declarado nulo, ou seja, o vínculo não será declarado, e não haverá pagamento de verbas rescisórias. Mesmo se presentes os quatro requisitos do vínculo empregatício, o vínculo não será reconhecido.

475. **Súmula nº 386 do TST.** Preenchidos os requisitos do art. 3º da CLT, é legítimo o reconhecimento de relação de emprego entre policial militar e empresa privada, independentemente do eventual cabimento de penalidade disciplinar prevista no Estatuto do Policial Militar.

476. **Orientação Jurisprudencial nº 199 da SDI-I do TST.** Jogo do bicho. Contrato de trabalho. Nulidade. Objeto ilícito. Arts. 82 e 145 do Código Civil.

Contrato de trabalho

- Relação de trabalho: gênero
  Relação de emprego: espécie (vínculo empregatício)
- **Características:**
  - Bilateral
  - Consensual
  - Trato sucessivo
  - Oneroso
  - Comutativo
  - Personalíssimo
- **Elementos:**
  - Agente capaz
  - Forma prescrita e não defesa em lei
  - Objetivo lícito:
    - trabalho proibido
    - trabalho ilícito

3.2. Lei Geral de Proteção de Dados nas relações de trabalho

Os meios telemáticos e informatizados de comunicação alteraram profundamente a relação e a comunicação pessoal e profissional na sociedade atual. O compartilhamento de informações pessoais nos *sites*, redes sociais e *e-mails* passou a ser atividade rotineira e o uso comercial desses dados ganhou relevância e elevado valor econômico. De acordo com declaração famosa de Clive Humby, matemático especializado em ciência de dados, em tradução livre: "Dados são o novo petróleo". Nesse sentido, diversas empresas trabalham no tratamento e refinamento desses dados para oferecê-los a diversas outras empresas, que farão uso econômicos deles.

O uso indiscriminado dos dados pessoais, especialmente em ambientes digitais, deu origem a escândalos de vazamentos, como o caso Facebook-Cambridge Analytica, no qual se constatou a coleta de informações pessoalmente identificáveis de até 87 milhões de usuários do Facebook. Esses dados foram usados para influenciar a opinião de eleitores em vários países, ajudando grupos políticos definidos em seus respectivos pleitos[477]. A utilização abusiva das informações ligou o alerta mundial quanto à necessidade de maior proteção jurídica a ser conferida a essas informações.

Os dados pessoais são expressão da personalidade da pessoa natural. Dessa forma, o direito passa a se preocupar com o uso desses dados que possa causar danos ao ser explorado comercial. Para se evitar prejuízos aos titulares, devem ser traçados limites aos controladores de dados.

A Europa já apresentava uma Diretiva de Proteção de Dados nº 46 desde 1995. No entanto, o tema foi substituído pela aprovação do Regulamento Geral de Proteção de dados (em inglês GDPR - General Data Protection Regulation), que entrou em vigor em 25/05/2018[478].

477. **Fonte:** https://www.theguardian.com/technology/2018/apr/04/facebook-cambridge-analytica-user-data-latest-more-than-thought.

478. Fonte: https://ec.europa.eu/info/law/law-topic/data-protection/data-protection-eu_pt.

Seguindo a regulamentação europeia, o Brasil promulgou a Lei nº 13.709, de 14 de agosto de 2018, que, atualmente, recebe o nome de Lei Geral de Proteção de Dados Pessoais (LGPD), nomenclatura conferida pela Lei nº 13.853/2019. Ressalta-se, ainda, que, agora, é expressa a previsão do direito à proteção dos dados pessoais, inclusive nos meios digitais, no rol de direitos fundamentais, por meio da inclusão do inciso LXXIX ao art. 5º da Constituição de 1988 com a promulgação da EC 115/2022.

De acordo com o art. 1º da LGPD, esta legislação é voltada ao tratamento de dados pessoais, inclusive nos meios digitais, por pessoa natural ou por pessoa jurídica de direito público ou privado, com o objetivo de proteger os direitos fundamentais de liberdade e de privacidade e o livre desenvolvimento da personalidade da pessoa natural.

Originalmente, a Lei previa *vacatio legis* de 24 meses em relação à maioria de seus dispositivos, o que terminaria em agosto de 2020. No entanto, no dia 29/04/2020, o Poder Executivo editou a Medida Provisória nº 959, que prorrogava a entrada em vigor da LGPD para o dia 03/05/2021. Durante a apreciação do projeto de conversão em lei, esse trecho que prorrogava o prazo de *vacatio legis* foi retirado e a convertida Lei nº 14.058/2020 nada versou sobre o assunto. Dessa forma, a LGPD entrou em vigor no dia 18/09/2020.

Ressalta-se que as sanções administrativas previstas pelo descumprimento da LGPD somente entraram em vigor no dia 1º de agosto de 2021 por expressa previsão da Lei nº 14.010/2020.

3.2.1. LGPD e sua aplicação no âmbito trabalhista

A LGPD não traz nenhum dispositivo expresso que se refere especificamente à proteção de dados pessoais nas relações de trabalho, o que poderia suscitar discussões quanto ao seu alcance na seara trabalhista. No entanto, o próprio art. 1º da LGPD deixa claro que a lei é voltada para proteger os dados pessoais de pessoas naturais que sejam tratados por pessoas físicas ou jurídica de direito público ou privado:

> **Art. 1º da LGPD:** Esta Lei dispõe sobre o tratamento de dados pessoais, inclusive nos meios digitais, por pessoa natural ou por pessoa jurídica de direito público ou privado, com o objetivo de proteger os direitos fundamentais de liberdade e de privacidade e o livre desenvolvimento da personalidade da pessoa natural.

De acordo com o art. 5º, X, da LGPD, tratamento de dados corresponde a toda operação realizada com dados pessoais, como as que se referem a coleta, produção, recepção, classificação, utilização, acesso, reprodução, transmissão, distribuição, processamento, arquivamento, armazenamento, eliminação, avaliação ou controle da informação, modificação, comunicação, transferência, difusão ou extração.

Na rotina das relações de trabalho, há constantemente o tratamento de dados dos empregados e demais prestadores de serviços em todas as fases da contratação[479]:

a) **Pré-contratação:** com a obtenção de dados de identificação, currículo, referências do candidato à vaga de emprego, dentre outros;

479. CALEGARI, Luiz Fernando. A influência da LGPD nas Relações de Trabalho: a necessidade de as empresas se adequarem à nova legislação. **Síntese.** V. 31, n. 375, 2020. p. 21-24.

b) **Durante o contrato de trabalho:** dados para registro de empregados, dados bancários para pagamento de salários, filiação sindical, dados relativos à saúde como exames ocupacionais, atestados médicos, dentre outros;

c) **Após o término do contrato de trabalho:** com o armazenamento das informações dos antigos empregados para fins trabalhistas, previdenciários e para disponibilização aos órgãos públicos de fiscalização.

Entendemos, portanto, que a LGPD deve ser aplicada também às relações de trabalho para proteção dos dados pessoais dos empregados e eventuais terceiros. Note-se que, de acordo com a legislação, o empregado é titular dos dados pessoais que serão objeto de tratamento e o empregador corresponde ao controlador, que é a pessoa natural ou jurídica, de direito público ou privado, a quem competem as decisões referentes ao tratamento de dados pessoais[480].

3.2.2. Hipóteses de tratamento de dados

Uma das grandes preocupações da nova legislação foi a de elencar os requisitos e hipóteses necessárias para que os dados pessoais possam ser devidamente utilizados pelos controladores, no nosso caso, aplicável às empresas (bases legais para o tratamento de dados pessoais).

Aplicando as hipóteses do art. 7º da LGPD às relações de emprego, sustentamos que são bases legais legítimas, que autorizam o tratamento de dados pessoais dos empregados, nas seguintes hipóteses:

1) **Cumprimento de obrigação legal (art. 7º, II):** por determinação legal, a empresa necessita de diversos dados pessoais de seus empregados, como informações para constar no registro de empregados (qualificação civil do trabalhador, dados sobre a relação de emprego, férias, acidentes de trabalho etc.), dados sobre exames de saúde ocupacional, dados sobre a remuneração do empregado dentre outras. Essas informações poderão ser obtidas independentemente de consentimento prévio do trabalhador;

2) **Dados necessários para a execução do contrato a pedido do empregado (art. 7º, V):** por essa hipótese, a empresa poderá usar os dados do empregado quando for por ele autorizado para a execução do contrato de trabalho;

3) **Interesses legítimos do controlador (art. 7º, IX):** nesse caso, o empregador poderá obter dados pessoais sem o consentimento quando houver um interesse legítimo do controlador no uso desses dados, desde que não haja violação de direitos e liberdades fundamentais do titular que exijam a proteção dos dados. Há discussão quanto ao alcance da expressão "interesses legítimos" por se tratar de conceito vago e abstrato. Entendemos que são exemplos de interesses legítimos no âmbito trabalhista, por exemplo, a exigência de comprovantes de diárias para viagem em hotéis e restaurantes, o consumo de internet paga pela empresa em "homeoffice", o consumo das ligações em telefones da empresa, dentre outros.

480. ALVES, Amauri Cesar; ESTRELA, Catarina Galvão. Consentimento do trabalhador para o tratamento de seus dados pelo empregador: análise da subordinação jurídica, da higidez da manifestação de vontade e da vulnerabilidade do trabalhador no contexto da LGPD. **Síntese**. V. 31, n. 375, 2020. p. 25-39.

Além das 3 hipóteses acima, entendo que os dados pessoais somente poderão ser tratados pela empresa com o expresso consentimento do trabalhador, preferivelmente realizado por meio escrito para resguardar a empresa de eventuais discussões quanto a sua utilização.

Note-se que a legislação confere, ainda, tratamento especial aos dados pessoais denominados sensíveis. De acordo com o art. 5º, II, são dados sensíveis:

> II - dado pessoal sensível: dado pessoal sobre origem racial ou étnica, convicção religiosa, opinião política, filiação a sindicato ou a organização de caráter religioso, filosófico ou político, dado referente à saúde ou à vida sexual, dado genético ou biométrico, quando vinculado a uma pessoa natural;

Sobre os dados sensíveis, há grande discussão quanto a sua exigência especialmente nas denominadas organizações de tendência[481], que são instituições que se destinam à difusão de uma determinada ideologia pela manifestação de um interesse coletivo. Assim, surge o questionamento se um colégio confessional estaria autorizado a obter dados pessoais sensíveis dos empregados no tocante à convicção religiosa.

Especificamente quanto aos trabalhadores que são adventistas, haveria o questionamento quanto à obtenção das informações religiosas do empregado, pois, por motivos religiosos, eles não trabalham no período compreendido entre o pôr do sol de sexta-feira e o pôr do sol de sábado. A obtenção desse dado pode ser relevante para a análise de viabilidade de contratação desses trabalhadores a depender da rotina da empresa.

Sobre o tema, o TST[482] já decidiu que a ausência do empregado em plantões na empresa entre sexta-feira e sábado trouxe prejuízos aos demais trabalhadores e não deveria ser admitido pela empresa.

Por outro lado, há decisão do TST[483] no sentido de que o empregador deveria admitir que o descanso semanal remunerado de empregado adventista coincida com o período entre 17:30 de sexta-feira e 17:30 de sábado, pois decisão contrária poderia violar o princípio da liberdade religiosa do trabalhador. Nesse sentido, em uma harmonização entre os princípios constitucionais de livre iniciativa e da liberdade religiosa, deveria ser admitida a folga durante o período da prática religiosa.

Diante da maior restrição ao uso desses dados sensíveis, a empresa somente poderá exigi-los do empregado quando houver expressa previsão em lei como é o caso da filiação sindical para desconto de contribuições sindicais, confederativa e assistencial ou quando houver expresso consentimento do trabalhador, permitindo o seu uso.

É válido ressaltar que a autorização do empregado não poderá conter vícios de consentimento, pois, como sabemos, a relação de emprego é caracterizada pela presença da subordinação jurídica, o que torna o empregado suscetível a aceitar qualquer pedido feito por seus empregados[484]. Dessa forma, entendemos que, especialmente quanto aos dados

---

481. Sobre esse tema, indicamos aos leitores o artigo sobre as organizações de tendência de autoria do Professor Henrique Correia: https://drive.google.com/file/d/1_15hB10SQP2vAbh_L1Ec1SAbaqL8lROJ/view.
482. Recurso de Revista nº 51400-80.2009.5.21.0017. Relator Min. Hugo Carlos Scheuermann. Data de Julgamento: 24 de junho de 2015.
483. Recurso de Revista nº 548-89.2019.5.09.0069. Julgado em: 04 de dezembro de 2018.
484. ALVES, Amauri Cesar; ESTRELA, Catarina Galvão. Consentimento do trabalhador para o tratamento de seus dados pelo empregador: análise da subordinação jurídica, da higidez da manifestação de vontade e da vulnerabilidade do trabalhador no contexto da LGPD. **Síntese**. V. 31, n. 375, 2020. p. 25-39.

sensíveis, a empresa deve evitar o seu tratamento para não incorrer em ilegalidades e abusos diante de manifestação viciada de vontade de seus empregados.

3.2.3. Tratamento de dados de empregados adolescentes

A LGPD dedicou tópico específico acerca do tratamento de dados de crianças e adolescentes. De acordo com o art. 14 da lei, os dados de criança e adolescentes devem ser tratados sem em seu melhor interesse. Além disso, é indispensável que haja consentimento específico e em destaque dados por pelo menos um dos pais ou responsável legal. É dispensado o consentimento somente para que seja possível, uma única vez e sem armazenamento, para que o controlador entre em contato com os pais ou representantes legais.

Aplicando essa disposição às relações de emprego, entendemos que a empresa deverá buscar o consentimento dos representantes legais dos empregados adolescentes sobre o uso dos dados pessoais desses trabalhadores sempre possível. Dessa forma, na contratação, o fornecimento dos dados de qualificação pessoal deve ser acompanhado de autorização expressa dos pais ou de seus representantes.

Note-se que a CLT já traz diversos dispositivos acerca da necessidade de participação dos representantes legais dos adolescentes. Inicialmente, compete aos representantes legais do trabalhador com menos de 18 anos prestar declarações para a retirada da Carteira de Trabalho e Previdência Social - CTPS. Além disso, para a assinatura do recibo de quitação das verbas rescisórias, há a necessidade de assistência dos representantes legais, sob pena de nulidade, conforme previsto no art. 439 da CLT.

Contudo, lembre-se que é possível o pedido de **demissão** pelo trabalhador sem a assistência dos pais ou representantes legais. É facultado, ainda, ao responsável legal do adolescente, pleitear a extinção do contrato de trabalho, desde que o serviço possa acarretar prejuízos de ordem física ou moral. Por fim, é do responsável legal a legitimidade para pleitear a autorização para trabalho infantil artístico, nos termos do art. 18 do Código de Processo Civil[485].

3.2.4. Análise de situações concretas de aplicação da LGPD nas relações de trabalho

A aplicação da LGPD nas relações de trabalho traz impactos práticos no dia a dia dos trabalhadores e exigirá a adaptação das empresas.

É indispensável que haja treinamento dos empregados que ficarão responsáveis pelo tratamento dos dados pessoais dos trabalhadores, especialmente nos setores de recursos humanos (RH) das empresas. Além da previsão de confidencialidade, é preciso estabelecer as consequências da utilização incorreta dos dados pelo empregado responsável[486]. Nesse sentido, as empresas podem se valer de técnicas de "compliance" com o treinamento dos empregados no correto tratamento de dados pessoais[487].

485. Foi o que ocorreu no Processo nº TST-AIRR-2034-08.2013.5.02.0067 - 8ª Turma - Ministra Relatora: Dora Maria da Costa - Data de Julgamento: 17/02/2016.
486. VASCONCELLOS JUNIOR, Carlos Augusto Pinto de; FERREIRA, Victor Silva. Impactos da Lei Geral de Proteção de Dados Pessoais nas relações de trabalho: a necessidade de implantação do programa de compliance. **Síntese**. V. 31, n. 375, 2020. p. 25-39.
487. Sobre o compliance, indicamos o artigo do Professor Henrique Correia: https://drive.google.com/file/d/1E62D-C_5iMpGX6hKm_vk_ZOXwBWdy-t3e/view.

Seguem algumas situações que, após a vigência da nova lei, passaram a ser demandar novo tratamento pelos empregadores.

3.2.4.1. *Tratamento de dados na fase pré-contratual*

Diante da exigência de profissionais cada vez mais capacitados nas empresas, é comum a realização de processos seletivos para a escolha dos novos empregados. Nesse caso, podem ser realizadas entrevistas, dinâmicas de grupo, análise de currículos, busca por referências profissionais, dentre outras.

Ainda nessa fase pré-contratual, surgem dúvidas quanto à proteção dos dados pessoais contidos nos currículos dos candidatos à vaga de emprego. Com a nova lei, as empresas devem exigir o consentimento do candidato quanto à possibilidade de manutenção de seu currículo na base de dados da empresa ou a necessidade de sua eliminação[488].

Ressalta-se que a empresa não pode utilizar os dados presentes nos currículos, como a comercialização ou transferência para terceiros, sem o consentimento expresso do titular ainda que seja autorizado o seu armazenamento na empresa.

3.2.4.2. *Tratamento de dados na vigência do contrato de trabalho*

Outro tema que pode gerar grandes discussões no âmbito trabalhista é o uso da biometria dos empregados na empresa. Como visto, o art. 5º, II, da LGPD os dados biométricos são considerados dados pessoais sensíveis e devem ter tratamento especial pelas empresas.

Nesse sentido, o registro de ponto eletrônico pelo uso de biometria depende de autorização prévia e expressa de cada trabalhador, que deverá ser exigida pelas empresas de forma cautelosa para evitar questionamentos futuros[489].

Os dados biométricos são, muitas vezes, obrigatórios para o acesso à empresa. Nesses casos, é necessário destacar que o seu uso deve se restrito somente ao fim a que se destina, sendo vedada a utilização para outra finalidade sem o consentimento expresso do trabalhador.

Também são considerados dados sensíveis as informações de saúde dos trabalhadores e que podem ser transmitidos à empresa por meio de atestados médicos ocupacionais e planos de saúde empresariais. Na primeira hipótese de exames ocupacionais, entendemos que não há exigência de consentimento do trabalhador por se tratar de obrigação legal do empregador previsto na CLT. Apesar de dispensar a autorização, os dados devem ser armazenados de modo a não violar a intimidade do trabalhador. Por sua vez, o repasse de informações médicas dos empregados para fornecimento de planos de saúde empresariais demanda autorização expressa do trabalhador[490].

488. VASCONCELLOS JUNIOR, Carlos Augusto Pinto de; FERREIRA, Victor Silva. Impactos da Lei Geral de Proteção de Dados Pessoais nas relações de trabalho: a necessidade de implantação do programa de compliance. **Síntese**. V. 31, n. 375, 2020. p. 25-39.

489. CALEGARI, Luiz Fernando. A influência da LGPD nas Relações de Trabalho: a necessidade de as empresas se adequarem à nova legislação. **Síntese**. V. 31, n. 375, 2020. p. 21-24.

490. CALEGARI, Luiz Fernando. A influência da LGPD nas Relações de Trabalho: a necessidade de as empresas se adequarem à nova legislação. **Síntese**. V. 31, n. 375, 2020. p. 21-24.

3.2.4.3. Tratamento de dados após o término do contrato de trabalho

No tocante às obrigações da nova lei após o término do contrato de trabalho, há discussão quanto ao armazenamento dos dados do empregado após a extinção do contrato. De acordo com o art. 15, III, da LGDP, o tratamento dos dados pessoais ocorrerá na hipótese de comunicação do titular, solicitando que os dados sejam eliminados.

Poderiam os empregados solicitarem a eliminação de seus dados pessoais que constem na empresa? Tendo em vista que a maioria dos dados mantidos na empresa (holerites, informe de rendimentos, dados no registro de empregados, dentre outros) são informações obrigatórias exigidas por lei e que não podem ser eliminadas sob pena de multas e sanções pela fiscalização do trabalho ou, ainda, ausência de documentos que comprovem a relação de emprego em eventuais ações trabalhistas e previdenciárias.

Note-se que a maioria desses dados devem ser armazenados por prazo indeterminado, pois poderão ser requeridos em eventuais fiscalizações das condições de trabalho pelos Auditores-Fiscais do Trabalho ou no âmbito de reclamações trabalhistas, inclusive a pedido do Ministério Público do Trabalho.

É importante destacar alguns prazos de preservação de documentos trabalhistas e previdenciários que devem ser observados pelas empresas. Os dados que envolvam atas da Comissão Interna de Prevenção de Acidentes e Assédio (CIPA), o registro de empregados e o livro de Inspeção do Trabalho devem ser armazenados por prazo indeterminado. Por sua vez, dados envolvendo a relação de emprego como acordos de compensação, recibos de férias, de pagamento de salário, dentre outros, devem ser armazenados pelo período de 5 anos, prazo correspondente à prescrição trabalhista.

Nesse sentido, amparado pelo art. 16, I, da LGPD, o empregador poderá manter os dados dos empregados com a função de cumprimento de obrigação legal ou regulatória pelo controlador, ainda que haja pedido de eliminação pelo trabalhador. A manutenção desses dados não autoriza a sua divulgação para terceiros, especialmente se puder trazer prejuízos ao titular. Cita-se como exemplo os dados envolvendo dispensa por justa causa que não poderá ser transmitido a terceiros sob pena de trazer prejuízos ao empregado que busca se reposicionar no mercado de trabalho.

3.2.5. Norma coletiva e uso de dados pessoais

Há o questionamento sobre a possibilidade de regulamentação do uso de dados pessoais por norma coletiva. Poderia o sindicato estabelecer em negociação coletiva os dados dos empregados que ficarão disponíveis às empresas? O tema não é pacífico e não encontra previsão expressa em lei.

A Reforma Trabalhista teve como mote a valorização do negociado com a ampliação significativa das hipóteses em que a convenção coletiva e o acordo coletivo prevalecem sobre a legislação. Dessa forma, os sindicatos possuem mais força para negociar diversos temas da relação de emprego.

No entanto, entendemos que as entidades sindicais não podem versar sobre o tratamento de dados sensíveis dos trabalhadores nos instrumentos coletivos de trabalho, pois essas informações versam sobre direitos fundamentais dos trabalhadores (intimidade, privacidade, dentre outros). O seu uso depende da autorização individual de cada empregado, respeitando a vontade de cada trabalhador quanto aos seus dados.

Em regra, no Direito do Trabalho, a manifestação coletiva prevalece sobre a vontade individual do trabalho. No entanto, existem 3 exceções atualmente em que a manifestação individual prevalece sobre o coletivo: a) filiação sindical; b) autorização para desconto de contribuição sindical após Reforma Trabalhista; e c) tratamento de dados pessoais sensíveis do trabalhador.

3.2.6. Uso indevido de dados pessoais e papel dos órgãos de fiscalização do trabalho

O uso indevido de dados pessoais acarreta diversas consequências às empresas em âmbito administrativo com a aplicação de multas e em âmbito judicial com as indenizações em ações trabalhistas. Note-se que a Justiça do Trabalho já se debruça há alguns anos sobre o tema do uso indevido de dados dos empregados e as principais consequências pelo uso indevido de dados pessoais permanecem inalteradas após a promulgação da LGPD.

A primeira consequência do uso indevido de dados pessoais, especialmente se houver exposição de dados íntimos e sensíveis que tragam prejuízos aos direitos de personalidade do empregado, é possível o reconhecimento da rescisão indireta do contrato de trabalho por violação das obrigações contratuais. Lembre-se de que a rescisão indireta é reconhecida em reclamação trabalhista.

Ademais, em sendo identificado o prejuízo ao trabalhador, o empregado terá direito à indenização por danos morais em decorrência da violação de seu direito fundamental à privacidade e intimidade.

Quando identificada repercussão social que traga prejuízo à coletividade dos trabalhadores, haverá atuação do MPT, por meio de tutela inibitória da conduta lesiva ao trabalhador, com o estabelecimento de Termo de Ajustamento de Condutas com os infratores ou o ajuizamento de ação civil pública para se evitar o cometimento de novas práticas que prejudiquem os trabalhadores.

Além disso, os Procuradores do Trabalho podem pleitear a indenização por danos morais coletivos para ressarcir a sociedade, do mal causado pelo tratamento indevido e prejudicial de dados pessoais dos trabalhadores.

No âmbito administrativo, o empregador estará sujeito às sanções previstas pela LGPD que são aplicadas pela Autoridade Nacional de Proteção de Dados, que é o responsável por zelar, implementar e fiscalizar o cumprimento da Lei em todo o território nacional. As sanções variam desde advertência ao controlador dos dados, aplicação de multas diárias, multas de até 2% do faturamento da empresa (limitada a 50 milhões de reais) até a proibição total no tratamento dos dados.

Inicialmente, a ANPD era órgão integrante da Presidência da República e de natureza transitória, podendo ser transformada pelo Poder Executivo em entidade da administração pública federal indireta, submetida a regime autárquico especial e vinculada à Presidência da República (art. 55-A, § 1º, da LGPD). Eis que, no dia 25 de outubro de 2022, foi publicada a Lei nº 14.460/2022, que, entre outras providências, transformou a Autoridade Nacional de Proteção de Dados (ANPD) em autarquia de natureza especial.

Nos termos da atual redação do art. 55-A da LGPD (dada pela Lei nº 14.460, de 2022) a Autoridade Nacional de Proteção de Dados (ANPD), autarquia de natureza especial, dotada de autonomia técnica e decisória, com patrimônio próprio e com sede e foro no Distrito Federal.

Tendo em vista que a lei é silente, surge a dúvida se seria possível a aplicação das multas pelos Auditores-Fiscais do Trabalho. O tema ainda é incipiente e, apesar de os Auditores-Fiscais do Trabalho serem os responsáveis pela fiscalização das irregularidades trabalhistas, entendemos que aquele que tomar conhecimento das infrações à LGPD deverá oficiar a autoridade nacional para que sejam adotadas as sanções por ela previstas.

4. CLASSIFICAÇÃO DOS CONTRATOS DE TRABALHO

O contrato de trabalho será, em regra, firmado por prazo indeterminado. Dessa forma, com base no princípio da continuidade da relação de emprego, não há data certa para o fim do vínculo empregatício. Excepcionalmente, nas hipóteses expressamente previstas em lei, é possível o contrato firmado por prazo determinado. Além disso, a Reforma Trabalhista permitiu o contrato individual de trabalho para prestação de trabalho intermitente. De acordo com o art. 443 da CLT:

> **Art. 443, CLT.** O contrato individual de trabalho poderá ser acordado tácita ou expressamente, verbalmente ou por escrito, por prazo determinado ou indeterminado, ou para prestação de trabalho intermitente.

Veja de forma esquematizada[491]:

ARTIGO 443 DA CLT		
PRAZO INDETERMINADO	**PRAZO DETERMINADO**	**INTERMITENTE**
REGRA GERAL	**EXCEÇÃO**	**EXCEÇÃO**
	a) de serviço cuja natureza ou transitoriedade justifique a predeterminação do prazo; b) de atividades empresariais de caráter transitório; c) de contrato de experiência.	Prestação de serviços, com subordinação, não é contínua, ocorrendo com alternância de períodos de prestação de serviços e de inatividade, determinados em horas, dias ou meses, independentemente do tipo de atividade do empregado e do empregador, exceto para os aeronautas, regidos por legislação própria.

Importante ressaltar que o contrato expresso é aquele que não deixa dúvidas para as partes envolvidas. Poderá ser firmado expressamente de forma verbal ou escrita. Já o

491. A tabela foi retirada do livro *Reforma Trabalhista – Questões Objetivas e Discursivas*. Autores: Gustavo Bezerra Muniz de Andrade, Henrique Silveira Melo e Rodrigo Peixoto Medeiros. Coordenação: Henrique Correia e Élisson Miessa. 2017. Editora Juspodivm.

contrato tácito, como já dito, decorre de um comportamento entre as partes envolvidas. E, ainda, o contrato poderá ser firmado por prazo indeterminado (regra), determinado (exceção) ou intermitente. O próximo tópico tratará do contrato por prazo determinado[492], previsto na CLT.

4.1. Contrato por prazo determinado

Como visto, a regra é o contrato por prazo indeterminado, isto é, se não houver prova de que o contrato foi celebrado por prazo certo, presume-se que se trata de contrato por prazo indeterminado.

A vantagem para empregador do contrato por prazo determinado consiste:

a) na impossibilidade, em regra, de o empregado adquirir estabilidade[493];

b) na não necessidade, em regra, de conceder o aviso-prévio;

c) no não pagamento, em regra, da indenização de 40% sobre os depósitos do FGTS.

4.2. Hipóteses previstas na CLT

De acordo com o art. 443, § 2º, da CLT, há três hipóteses do contrato por prazo determinado:

a) **Serviços** cuja natureza ou transitoriedade justifique a predeterminação do prazo. Nesse caso, em virtude de situações excepcionais na empresa, houve a contratação de empregados apenas para realizar serviços transitórios. Esse tipo de contratação é muito comum em épocas festivas, como Natal, Dia das Mães, Páscoa etc. Além dessas situações, há possibilidade desse contrato para substituição de pessoal permanente da empresa. Exemplo: períodos de férias, licença gestante, afastamento em razão de acidentes etc.

b) **Atividades** empresariais de caráter transitório. Nessa hipótese, é a própria atividade empresarial que é transitória, ou seja, houve a contratação de trabalhadores para evento específico. Exemplo: feiras agropecuárias, festas de rodeio etc.

O prazo de duração desses dois contratos anteriores é de, no máximo, dois anos. Há possibilidade de ser estipulado prazo menor. A CLT possibilita, ainda, uma única prorrogação, desde que respeitado o limite de dois anos. Assim, pode-se ajustar contrato com duração de cinco meses, prorrogável por mais um ano ou, ainda, um ano prorrogado por mais um ano (não há necessidade, para fins de prorrogação, de prazo idêntico ao anterior).

Se desrespeitado o limite máximo de dois anos ou se houver mais de uma prorrogação, o contrato será, automaticamente, transformado em prazo indeterminado.

492. Essa matéria, contrato por prazo determinado, é cobrada com muita frequência nos concursos da área trabalhista, inclusive no de Analista do TRT.

493. Há duas situações que o empregado adquire estabilidade, mesmo durante o contrato por prazo determinado: 1. Gestante (Súmula nº 244, III, do TST) e 2. Decorrente de acidente do trabalho (Súmula nº 378, III, do TST).

c) Contrato de **experiência**. O contrato de experiência é outra hipótese de contrato por prazo determinado, previsto na CLT. Esse contrato tem por finalidade uma avaliação recíproca[494] entre as partes envolvidas. De um lado o empregador poderá verificar as qualidades pessoais do trabalhador (eficiência, lealdade etc.). De outro, o empregado terá chance de analisar se aquele emprego corresponde às suas expectativas (meio ambiente de trabalho, condições de pagamento etc.).

O prazo desse contrato será de 90 dias, havendo possibilidade de apenas uma prorrogação, desde que respeitado os 90 dias[495]. Desse modo, o empregado contratado por 30 dias poderá ter seu contrato de experiência prorrogado por até 60 dias. Note-se que não há obrigatoriedade de prazos iguais como: 45 + 45 dias. Se extrapolado o prazo de 90 dias, ou efetuada mais de uma prorrogação, o contrato se tornará, automaticamente, por prazo indeterminado (art. 451 da CLT).

Deve-se diferenciar contrato de experiência, previsto no art. 443, § 2º, "c", da CLT, com prazo de até 90 dias, conforme visto anteriormente, do período de experiência previsto no art. 478, § 1º, da CLT[496]. Esse período de experiência, correspondente ao primeiro ano do contrato por prazo indeterminado, era utilizado para os antigos empregados que não eram optantes pelo FGTS, antes da Constituição Federal de 1988. Portanto, esse artigo, 478, § 1º, não possui mais efeito prático.

De acordo com o a OJ nº 25 da SDC, o TST tem o entendimento de que é possível o estabelecimento de salário normativo, seja ele em sentido estrito ou salário convencional, diverso para os empregados em contrato de experiência. O art. 7º, inciso XXX, da CF/88 estabelece o princípio da isonomia salarial, que pode ser entendido como a proibição de diferenças salariais para atividades idênticas.

Tendo em vista que os trabalhadores em contrato de experiência ainda estão em processo de avaliação e, por isso, não apresentam as mesmas condições de produtividade e "performance" daqueles já adaptados na empresa, o tratamento salarial diferenciado é justificado e não viola o princípio da isonomia salarial[497].

Ademais, o fator tempo de serviço não está mencionado como critério de discriminação salarial pela Constituição Federal. Entendemos, com base nessa OJ 25, que é possível o pagamento em valor inferior, para os empregados que estão em contrato de experiência. Aliás, mesmo para esses empregados em período de prova, deve ser garantido parcelas salariais (horas extras, adicional noturno etc.) e indenizatórias (vale-transporte, cesta básica etc.) pagos aos demais empregados da empresa.

494. "O contrato de experiência é modalidade de ajuste a termo, de curta duração, que propicia às partes uma avaliação subjetiva recíproca: possibilita ao empregador verificar as aptidões técnicas e o comportamento do empregado, e, a este último, analisar as condições de trabalho". BARROS, Alice Monteiro. *Curso de Direito do Trabalho*. 5. ed. São Paulo: LTr, 2009. p. 484.

495. **Súmula nº 188 do TST.** "O contrato de experiência pode ser prorrogado, respeitado o limite máximo de 90 dias".

496. **Art. 478, § 1º, CLT:** "O primeiro ano de duração do contrato por prazo indeterminado é considerado como período de experiência, e, antes que se complete, nenhuma indenização será devida."

497. PINTO, Raymundo Antonio Carneiro; BRANDÃO, Cláudio. *Orientação Jurisprudenciais do TST comentadas*. 2. ed. São Paulo: LTr, 2010. p. 263.

O TST[498] decidiu que o empregador não poderá excluir os empregados em contrato de experiência do recebimento de cestas básicas pela aplicação do princípio da não discriminação expresso na Constituição Federal de 1988[499]".

4.2.1. *Hipóteses previstas na LC nº 150/2015 (Lei dos Domésticos)*

Antes da promulgação da LC nº 150/2015, havia discussão a respeito da possibilidade de contratação de empregados domésticos por prazo determinado, uma vez que a Lei nº 5.859/1972 era silente sobre esse assunto. A LC nº 150/2015 pôs fim à discussão, uma vez que disciplinou as hipóteses em que se permite essa modalidade de contratação.

São três hipóteses trazidas pelo art. 4º da nova lei complementar para a contratação por prazo determinado:

a) **Contrato de experiência (art. 4º, I):** Assim como estabelece a CLT, a contratação de empregados domésticos em experiência somente poderá ocorrer pelo prazo máximo de 90 dias e é admitida apenas uma prorrogação desde que a soma dos 2 períodos não ultrapasse esse prazo de 90 dias. Caso ultrapassado o prazo máximo ou havendo continuidade no serviço sem a devida prorrogação, o contrato passará a vigorar por prazo indeterminado;
b) **Atendimento de necessidades familiares de natureza transitória (art. 4º, II);**
c) **Substituição temporária de empregado doméstico com contrato de trabalho interrompido (art. 4º, II).**

O prazo de duração desses dois contratos anteriores é de, no máximo, dois anos. Há possibilidade de ser estipulado prazo menor. A LC nº 150/2015 somente estabelece a possibilidade de prorrogação do contrato de experiência. Contudo, diante da aplicação subsidiária da CLT prevista no art. 19 da lei complementar[500], entendo que é possível uma única prorrogação nesses contratos, desde que respeitado o limite de dois anos. Assim, pode se ajustar contrato com duração de cinco meses, prorrogável por mais um ano ou, ainda, um ano prorrogado por mais um ano (não há necessidade, para fins de prorrogação, de prazo idêntico ao anterior). Se desrespeitado o limite máximo de dois anos ou se houver mais de uma prorrogação, o contrato será, automaticamente, transformado em prazo indeterminado.

4.3. Estabilidade no curso do contrato a prazo determinado

Dentre as vantagens para empregador do contrato a termo, está a impossibilidade, em regra, de o empregado adquirir estabilidade. Assim sendo, se ocorrer as hipóteses de estabilidade (empregado eleito para membro da Cipa ou da Comissão de Conciliação

498. Informativo nº 25 do TST.
499. **Art. 3º, IV, CF/88:** "Constituem objetivos fundamentais da República Federativa do Brasil: promover o bem de todos, sem preconceitos de origem, raça, sexo, cor, idade e quaisquer outras formas de discriminação."
500. **Art. 19.** "Observadas as peculiaridades do trabalho doméstico, a ele também se aplicam as Leis nº 605, de 5 de janeiro de 1949, no 4.090, de 13 de julho de 1962, no 4.749, de 12 de agosto de 1965, e no 7.418, de 16 de dezembro de 1985, e, subsidiariamente, a Consolidação das Leis do Trabalho (CLT), aprovada pelo Decreto-Lei nº 5.452, de 1º de maio de 1943."

Prévia ou dirigente sindical) no curso do contrato por prazo determinado, o empregado não terá direito a permanecer no emprego no fim do prazo previamente fixado, exceto se houver consentimento do empregador.

Cabe ressaltar, entretanto, que em dois casos o TST entende que o empregado adquire estabilidade, mesmo durante o contrato por prazo determinado. Trata-se da estabilidade gestante e do empregado que sofre acidente do trabalho. Nesse sentido, prevê a jurisprudência do TST[501].

De acordo com o art. 391-A da CLT, a gestante tem direito à estabilidade durante o contrato por prazo determinado e durante o aviso-prévio, inclusive se o aviso for indenizado.

4.4. Nova contratação

O contrato por prazo determinado deve ser interpretado restritivamente, pois se trata de uma exceção. Assim sendo, se extrapolados os prazos previstos em lei ou, ainda, se prorrogado mais de uma vez, o contrato será automaticamente transformado em contrato por prazo indeterminado.

De acordo com o art. 452 da CLT:

> **Art. 452, CLT:** Considera-se por prazo indeterminado todo contrato que suceder, dentro de seis meses, a outro contrato por prazo determinado, salvo se a expiração deste dependeu da execução de serviços especializados ou da realização de certos acontecimentos.

Existe a possibilidade de **nova contratação** por prazo determinado, desde que respeitado o interstício de **seis meses** entre as contratações a termo. Não se trata de prorrogação, mas de novo contrato. Excepcionalmente, esse intervalo não precisa ser respeitado, ou seja, há duas possibilidades de nova contratação antes mesmo do espaço de tempo de seis meses:

a) **Execução de serviços especializados.** Nesse caso, houve a necessidade de nova contratação por prazo determinado para a realização de serviços especializados[502], como realização de novos consertos em máquinas que demandem alto conhecimento técnico etc.

b) **Realização de certos acontecimentos.** Exemplo: contrato de safra ou, ainda, contratação de empregados em hotéis, em virtude do grande número de turistas na alta temporada[503].

---

501. **Súmula nº 244 do TST.** Gestante. Estabilidade provisória
III – A empregada gestante tem direito à estabilidade provisória prevista no art. 10, inciso II, alínea b, do ADCT, mesmo na hipótese de admissão mediante contrato por tempo determinado.
Súmula nº 378 do TST. Estabilidade provisória. Acidente do trabalho.
III – O empregado submetido a contrato de trabalho por tempo determinado goza da garantia provisória de emprego, decorrente de acidente de trabalho, prevista no art. 118 da Lei nº 8.213/1991.

502. "Isso ocorre, por exemplo, no caso da contratação do empregado para montar determinada máquina, ou realizar um treinamento com os empregados da empresa; terminada a atividade pactuada, permite-se uma nova contratação a prazo certo, para uma nova instalação de maquinário específico, ou um novo treinamento, mesmo antes de seis meses do término da primeira pactuação". GARCIA, Gustavo Felipe Barbosa. *Curso de Direito do Trabalho*. São Paulo: Método, 2007. p. 119.

503. Em questão da Fundação Carlos Chagas para o cargo de Analista Judiciário especializado em execução de mandados do TRT da 19ª região, o exemplo dado para justificar certos acontecimentos foi o seguinte: a primeira

A possibilidade de nova contratação restringe-se às duas primeiras hipóteses do art. 443, § 2º, da CLT, ou seja, **serviços** cuja natureza ou transitoriedade justifiquem a predeterminação do prazo, e **atividades** empresariais de caráter transitório. Em regra, embora não tenha proibição expressa na CLT, é vedada a nova contratação, pelo mesmo empregador, para o contrato de **experiência**[504].

A contratação do mesmo empregado por experiência é, em regra, vedada, pois o empregador já teve a oportunidade de conhecê-lo. **A CLT não prevê essa vedação**, portanto há quem defenda a possibilidade de novo contrato de experiência, desde que se cumpra o interstício de 6 meses entre os contratos. Entretanto, não nos parece que essa seja a melhor interpretação do texto legal. Ora, se o empregador já teve a oportunidade de avaliar o trabalho e demais características do empregado, não há motivo para recontratá-lo, novamente a título de experiência. Em duas situações, excepcionais, seria possível admitir um novo contrato de experiência:

a) para desempenhar atividades completamente diferentes na empresa. O primeiro contrato foi para trabalhar como garçom. Já no segundo, o empregado desenvolveria o trabalho de cozinheiro;

b) Caso decorra tempo razoável entre a primeira e a segunda contratação. Nesse caso, temos a opinião de que o empregado contratado há mais 2 anos, poderia ser submetido a um novo contrato de experiência, como forma de verificar se continua capaz de exercer as tarefas repassadas.

Aliás, o TST[505] decidiu que o empregado contratado como temporário, não pode ser contratado de forma subsequente a título de experiência, porquanto a prestação de serviços anterior já cumpriu a finalidade para qual instituída essa modalidade de contrato. Essa discussão, sobre a nova contratação do mesmo empregado a título de experiência, pode ser exigida na prova de Analista do TRT em questões dissertativas.

4.5. Término do contrato por prazo determinado

O término do contrato por prazo determinado poderá ocorrer de duas formas. A primeira delas ocorre no momento previamente fixado pelas partes, chamada de **extinção normal**. Nesse caso, não há necessidade de pagamento de indenização, nem mesmo de conceder aviso-prévio. O empregador deverá pagar as verbas rescisórias referentes ao período de trabalho. São elas:

- *Saldo de salário dos dias trabalhados.*
- *13º salário proporcional ao tempo trabalhado.*

---

contratação por prazo determinado foi para Natal e Ano Novo (dois meses). A segunda contratação, também por prazo determinado (um mês), ocorreu já no Carnaval seguinte, portanto não respeitou o interstício de seis meses, em razão de certos acontecimentos.

504. Alguns autores admitem nova contratação para o contrato de experiência, desde que em outra função da empresa. Nesse sentido: "Terminado o contrato de experiência, não é possível fazer novo contrato de experiência logo em seguida. Deve-se observar o prazo de seis meses para ser celebrado novo contrato de experiência. Entretanto, o empregado não poderá ser testado para a mesma função, pois já foi observado para esse fim. Deverá ser testado para outra função". MARTINS, Sergio Pinto. *Comentários à CLT*. 12. ed. São Paulo: Atlas, 2008. p. 390.

505. Informativo nº 64 do TST.

- *Férias + ⅓ proporcional ao tempo trabalhado.*

Obs.: *Nesse caso, o empregado terá direito de levantar os depósitos do FGTS.*

A segunda forma de término do contrato poderá ocorrer de maneira **antecipada**, ou seja, antes do prazo fixado pelas partes. Nesse caso, há pagamento de indenização. Para o pagamento dessa indenização, será necessário verificar quem deu causa ao desligamento.

a) Término antecipado por iniciativa do empregador, previsto no art. 479 da CLT:

> **Art. 479, CLT:** Nos contratos que tenham termo estipulado, o empregador que, sem justa causa, despedir o empregado, será obrigado a pagar-lhe, a título de indenização, e por metade, a remuneração a que teria direito até o termo do contrato.

Nesse caso, estará obrigado a pagar, a título de indenização, a metade da remuneração a que o empregado teria direito até o fim do contrato de trabalho fixado anteriormente. O TST decidiu que o trabalhador temporário não tem direito ao recebimento dessa indenização prevista no art. 479 da CLT, uma vez que essa modalidade de contratação é regida por legislação específica (Lei nº 6.019/1974)[506]. Para os demais empregados, além dessa indenização prevista na CLT, deverá pagar as verbas rescisórias, acrescidas da multa de 40% sobre os depósitos do FGTS[507] (art. 14 do Decreto nº 99.684/90[508]), conforme demonstrado a seguir:

- *Saldo de salário.*
- *13º salário proporcional ao tempo trabalhado.*
- *Férias + ⅓ proporcional ao tempo trabalhado.*
- *Direito de levantar os depósitos do FGTS + **multa de 40%** sobre os depósitos efetuados.*
- ***Indenização** prevista no art. 479 da CLT (metade da remuneração que teria direito até o fim do contrato por prazo determinado).*

b) Término antecipado por iniciativa do empregado, ou seja, pedido de demissão antes do prazo previamente fixado, previsto no art. 480 da CLT:

> **Art. 480.** Havendo termo estipulado, o empregado não se poderá desligar do contrato, sem justa causa, sob pena de ser obrigado a indenizar o empregador dos prejuízos que desse fato lhe resultarem.
>
> § 1º. A indenização, porém, não poderá exceder àquela a que teria direito o empregado em idênticas condições.

Se o empregado der causa ao término do contrato, antes do prazo fixado, deverá pagar indenização ao empregador, pelos **prejuízos** que esse desligamento antecipado

506. Informativo nº 105 do TST.
507. Súmula nº 125 do TST. O art. 479 da CLT aplica-se ao trabalhador optante pelo FGTS admitido mediante contrato por prazo determinado, nos termos do art. 30, § 3º, do Decreto nº 59.820, de 20.12.1966.
508. Art. 14 do Decreto nº 99.684/90. "No caso de contrato a termo, a rescisão antecipada, sem justa causa ou com culpa recíproca, equipara-se às hipóteses previstas nos §§ 1º e 2º do art. 9º, respectivamente, sem prejuízo do disposto no art. 479 da CLT."

causar à empresa. O valor do prejuízo não poderá ultrapassar àquela indenização que o empregado teria direito, prevista no art. 479 da CLT. Nesse caso, conforme demonstrado a seguir, o trabalhador **não** terá direito de levantar os depósitos do FGTS, sendo devidos:

- *Saldo de salário.*
- *13º salário proporcional ao tempo trabalhado.*
- *Férias + ⅓ proporcional ao tempo trabalhado.*

***Obs.**: Caberá ao empregado o pagamento de indenização pelos **prejuízos** que o pedido da demissão causar à empresa.*

Destaca-se que não se aplica ao contrato de aprendizagem as hipóteses de indenização previstas nos arts. 479 e 480 da CLT, ou seja, tanto o empregador quanto o aprendiz não estão obrigados a pagar indenização em razão do término antecipado do contrato.

Ainda no tocante ao término do contrato por prazo determinado, há previsão no art. 481 da CLT da **cláusula assecuratória de direito recíproco**:

> **Art. 481, CLT:** Aos contratos por prazo determinado, que contiverem cláusula assecuratória do direito recíproco de rescisão antes de expirado o termo ajustado, aplicam-se, caso seja exercido tal direito por qualquer das partes, os princípios que regem a rescisão dos contratos por prazo indeterminado.

O contrato que possui essa cláusula obriga a parte (empregado ou empregador) que decidir terminar o contrato antes do prazo fixado a conceder o aviso-prévio. Lembre-se de que não há, no contrato por prazo determinado, a necessidade de conceder o aviso-prévio, exceto se as partes estipularem a cláusula assecuratória de direito recíproco (cláusula de aviso-prévio). Além disso, o aviso-prévio somente será devido se houver o término antecipado do contrato por prazo determinado. Cabe destacar que é possível estabelecer a cláusula assecuratória inclusive em contrato de experiência. Nesse caso, se faltar menos de 30 dias para o término do contrato, o aviso-prévio será inferior a 30 dias. É a única hipótese de aviso inferior a 30 dias prevista no ordenamento jurídico.

Dessa forma, o **empregado** que decidir colocar fim ao contrato antes do prazo (pedido de demissão) deverá prestar serviços por mais 30 dias, sob pena de ver seu salário descontado nesse período. Neste caso, não estará obrigado a pagar a indenização pelos prejuízos causados (art. 480 da CLT), e receberá as verbas a seguir:

- *Saldo de salário.*
- *13º salário proporcional ao tempo trabalhado.*
- *Férias + ⅓ proporcional ao tempo trabalhado.*

***Obs.**: Empregado estará obrigado a conceder o aviso-prévio, ou seja, deverá permanecer trabalhando por 30 dias.*

No mesmo sentido, o **empregador**, ao dispensar o empregado antes do prazo final, deverá conceder-lhe aviso-prévio de 30 dias e, nesse caso, as verbas rescisórias serão iguais ao contrato por prazo indeterminado[509]. Importante ressaltar que a presença dessa

509. **Súmula nº 163 do TST.** "Cabe o aviso-prévio nos contratos de experiência, na forma do art. 481 da CLT."

cláusula não transforma o contrato por prazo determinado em prazo indeterminado, mas, se houver rescisão antecipada, será nos moldes do contrato por prazo indeterminado, sem a multa prevista no art. 479 (pagamento de metade da remuneração), conforme a seguir demonstrado:

- ***Pagamento do aviso-prévio*** *(trabalhado ou indenizado).*
- *Saldo de salário.*
- *13º salário proporcional ao tempo trabalhado.*
- *Férias + ⅓ proporcional ao tempo trabalhado.*
- *Direito de levantar os depósitos do FGTS* ***+ multa de 40%*** *sobre os depósitos efetuados.*

Obs.: *Nesse caso, não há pagamento da multa prevista no art. 479 da CLT (metade da remuneração).*

Por fim, entendemos que não é cabível a utilização do distrato para o término dos contratos de trabalho por prazo determinado, já que o art. 484-A toma por base as consequências jurídicas próprias do contrato por prazo indeterminado, como é o caso de concessão de aviso-prévio e do pagamento de multa sobre os depósitos do FGTS. Lembre-se de que os arts. 479 e 480 da CLT preveem outras consequências para o término antecipado do contrato por prazo determinado. Nesse caso, apenas seria possível se valer do distrato na hipótese de se ter pactuado cláusula assecuratória de direito recíproco.

4.5.1. Término do contrato por prazo determinado na legislação dos domésticos (LC nº 150/2015)

A Lei dos Domésticos trouxe também as hipóteses de término antecipado do contrato de trabalho doméstico por prazo determinado (arts. 6º e 7º):

1) Término antecipado por iniciativa do **empregador (art. 6º)**:

> Nesse caso, estará obrigado a pagar, a título de indenização, a metade da remuneração a que o empregado teria direito até o fim do contrato de trabalho fixado anteriormente. Além dessa indenização prevista na LC nº 150/2015, deverá pagar as verbas rescisórias.

2) Término antecipado por iniciativa do **empregado (art. 7º)**, ou seja, pedido de demissão antes do prazo previamente fixado:

> Se o empregado der causa ao término do contrato, antes do prazo fixado, deverá pagar indenização ao empregador, pelos prejuízos que esse desligamento antecipado causar à empresa. O valor do prejuízo não poderá ultrapassar àquela indenização que o empregado teria direito, prevista no art. 6º da LC nº 150/2015.

No entanto, ao contrário do previsto na CLT, não há previsão na nova lei da **cláusula assecuratória de direito recíproco**. Nesse sentido, o art. 9º estabelece expressamente que, durante a vigência dos contratos por prazo determinado, não será devido aviso-prévio de nenhuma das partes da relação jurídica. Portanto não se aplica subsidiariamente o art. 481 da CLT.

4.5.2. Término antecipado do contrato de aprendizagem (art. 433 da CLT)

A extinção do contrato de aprendizagem poderá ocorrer normalmente nos casos de término do prazo do contrato de 2 anos ou, ainda, se o aprendiz completar 24 anos – conforme art. 428, *caput* e § 3º da CLT:

> **Art. 428, CLT:** Contrato de aprendizagem é o contrato de trabalho especial, ajustado por escrito e por prazo determinado, em que o empregador se compromete a assegurar ao maior de 14 (quatorze) e menor de 24 (vinte e quatro) anos inscrito em programa de aprendizagem formação técnico-profissional metódica, compatível com o seu desenvolvimento físico, moral e psicológico, e o aprendiz, a executar com zelo e diligência as tarefas necessárias a essa formação.
>
> (...) § 3º: O contrato de aprendizagem não poderá ser estipulado por mais de 2 (dois) anos, exceto quando se tratar de aprendiz portador de deficiência.

Ocorre, entretanto, a possibilidade de **rescisão antecipada** (art. 433, CLT), nos casos de:

I. desempenho insuficiente ou inadaptação do aprendiz, salvo para o aprendiz com deficiência quando desprovido de recursos de acessibilidade, de tecnologias assistivas e de apoio necessário ao desempenho de suas atividades (Redação dada pela Lei nº 13.146/2015);

II. falta disciplinar grave;

III. ausência injustificada à escola que implique perda do ano letivo;

IV. pedido do aprendiz.

Importante reiterar que não se aplica ao contrato de aprendizagem as hipóteses de indenização previstas nos arts. 479 e 480 da CLT, ou seja, tanto o empregador quanto o aprendiz não estão obrigados a pagar indenização em razão do término antecipado do contrato.

Contrato por prazo determinado

- **Hipóteses previstas na CLT:**
  a) Serviços cuja natureza justifique a predeterminação do prazo (prazo máximo: 2 anos);
  b) Atividades empresariais de caráter transitório (2 anos);
  c) Contrato de experiência (90 dias).
- **Hipóteses previstas na legislação do doméstico (LC nº 150/2015):**
  a) Atendimento de necessidades familiares de natureza transitória (2 anos);
  b) Substituição temporária de empregado doméstico com contrato de trabalho interrompido (2 anos);
  c) Contrato de experiência (90 dias).
- **Prorrogação:** apenas uma única vez dentro do período máximo
- **Estabilidade:** não há, em regra, direito à estabilidade no contrato por prazo determinado (exceto: gestante e acidente do trabalho)
- **Nova contratação:** respeitar prazo de 6 meses, exceto:
  a) execução de serviços especializados;
  b) realização de certos acontecimentos.

- **Términos do contrato por prazo determinado na CLT:**

  a) Extinção normal: não há pagamento de indenização;

  b) Extinção antecipada:

  1) Iniciativa **empregador**: pagamento de indenização no valor da **metade da remuneração** (art. 479 da CLT);

  2) Iniciativa **empregado**: indenização dos **prejuízos** que esse desligamento causar à empresa (art. 480 da CLT).

  c) Cláusula assecuratória de direito recíproco

  1) rescisão antecipada será de acordo com os contratos por prazo indeterminado;

  2) as partes ficam obrigadas a conceder aviso-prévio, se houver término antecipado.

- **Término do contrato por prazo determinado na legislação do doméstico:**

  a) Extinção antecipada:

  1) Iniciativa **empregador doméstico**: indenização no valor da **metade da remuneração** (art. 6º da LC nº 150/2015)

  2) Iniciativa **empregado doméstico**: indenização dos prejuízos que causar ao empregador doméstico (art. 7º da LC nº 150/2015)

  b) Impossibilidade de celebração de cláusula assecuratória de direito recíproco: segundo a LC não há direito ao recebimento de aviso-prévio nos contratos a termo (art. 9º da LC nº 150/2015)

- **Término antecipado do contrato de aprendizagem:**

  a) desempenho insuficiente ou inadaptação do aprendiz, salvo para o aprendiz com deficiência quando desprovido de recursos de acessibilidade, de tecnologias assistivas e de apoio necessário ao desempenho de suas atividades (Redação dada pela Lei nº 13.146/2015);

  b) falta disciplinar grave;

  c) ausência injustificada à escola que implique perda do ano letivo;

  d) pedido do aprendiz.

4.6. Contrato por prazo determinado – Lei nº 9.601/98

Essa forma de contrato a termo, prevista na Lei nº 9.601/98[510], teve o objetivo de aumentar a contratação de mão de obra nas empresas. Houve, na verdade, uma flexibilização do contrato por prazo determinado, ampliando as hipóteses previstas na CLT.

Para que a admissão nos moldes da lei seja lícita, há necessidade de preencher dois requisitos:

a) As contratações devem representar acréscimo no número de empregados da empresa.

b) Necessidade de convenção ou acordo coletivo. Sem a prévia negociação coletiva é vedado o contrato por prazo determinado nos moldes dessa lei.

Fica o empregador obrigado a anotar, na CTPS do empregado, a sua condição de contratado por prazo determinado, com indicação do número da lei. Veja que esse contrato exige formalidade especial, ou seja, deverá ser escrito.

510. A questão do concurso deverá trazer expressamente o número dessa lei, para que fique claro ao candidato que não se trata do contrato por prazo determinado previsto na CLT.

4.6.1. *Características*

O prazo máximo desse contrato é de dois anos. Entretanto, há possibilidade de sucessivas prorrogações, isto é, não se aplica o art. 451[511] da CLT. Exemplo: empregado contratado por dois meses poderá ter seu contrato prorrogado por mais três meses, depois seis meses e assim sucessivamente até completar os dois anos.

Outra novidade da lei foi possibilitar a contratação em qualquer atividade desenvolvida pela empresa, desde que represente acréscimo no número de empregados. Dessa forma, não se aplica o § 1º do art. 443 da CLT, que restringe em apenas três hipóteses a contratação por prazo determinado.

Se houver término antecipado do contrato, seja por iniciativa do empregado, seja do empregador, a indenização a ser paga será aquela prevista na negociação coletiva. A lei afasta expressamente as indenizações dos arts. 479 e 480, ambos da CLT.

Por fim, há uma inovação importante sobre a estabilidade durante o contrato por prazo determinado. De acordo com a lei, há possibilidade de o empregado adquirir estabilidade provisória durante a vigência do contrato nos casos de gestante, representante da Cipa, acidente de trabalho e dirigente sindical. Diante disso, é vedado ao empregador dispensar o empregado, sem justa causa, antes do prazo estipulado pelas partes.

CONTRATO POR PRAZO DETERMINADO
(Lei nº 9.601/98)

- **Requisitos:**

a) Acréscimo no número de empregados
b) Necessidade de acordo ou convenção

- **Características:**

a) Prazo máximo: dois anos
b) Permissão de sucessivas prorrogações
c) Contratação em qualquer atividade desenvolvida pela empresa
d) Término antecipado dará direito a indenização prevista na negociação coletiva
e) Possibilidade de adquirir estabilidade durante o contrato

4.7. Trabalho intermitente (Reforma Trabalhista)[512]

A Reforma Trabalhista acrescentou o § 3º ao art. 443 da CLT para prever nova hipótese de contrato de trabalho: a prestação de trabalho intermitente. Essa alteração causa profundos impactos na estrutura do Direito do Trabalho, pois cria nova modalidade contratual com disciplina jurídica própria, até então sem precedentes na área trabalhista:

> **Art. 443, § 3º, da CLT:** Considera-se como intermitente o contrato de trabalho no qual a prestação de serviços, com subordinação, não é contínua,

---

511. **Art. 451 da CLT:** "O contrato por prazo determinado que, tácita ou expressamente, for prorrogado mais de uma vez, passará a vigorar sem determinação de prazo".

512. Somente no ano de 2022, esse tema foi objeto de **8 QUESTÕES**, em **7 TRTs diferentes** (TRT 4, TRT 5, TRT 9, TRT 16, TRT 17, TRT 22 e TRT23). **Atente-se às provas da FCC, esse tema sempre é exigido pela banca! Se você quiser ser aprovado, tem que decorar os arts. 443, § 3º, e 452-A, ambos da CLT!**

> ocorrendo com alternância de períodos de prestação de serviços e de inatividade, determinados em horas, dias ou meses, independentemente do tipo de atividade do empregado e do empregador, exceto para os aeronautas, regidos por legislação própria.

4.7.1. Antecedentes do trabalho intermitente: jornada móvel ou variável

A questão acerca do trabalho intermitente já era discutida pela jurisprudência trabalhista ao abordar a **jornada de trabalho variável ou móvel**, que consiste no estabelecimento de uma jornada organizada por hora de trabalho e com o pagamento apenas das horas efetivamente trabalhadas. Essa modalidade de jornada de trabalho foi idealizada para o segmento de restaurantes e buffets, cuja demanda aumenta durante alguns períodos e diminui em outros. Assim, a depender da necessidade da empresa, o empregado pode ser chamado para trabalhar com jornada de durações diferentes a cada dia ou semana.

Em 2005, o Ministério Público do Trabalho ajuizou ação civil pública questionando a adoção da jornada móvel ou variável pelo McDonald's, pois considerou a prática ilegal e lesiva ao trabalhador ao sujeitar ao arbítrio do empregador o estabelecimento da jornada de trabalho. O empregado não teria conhecimento de sua jornada de trabalho ou de sua remuneração mensal.

Em 2015, a SDI-I do TST[513], ao julgar o processo, decidiu que é válido o estabelecimento de jornada móvel pelo McDonald's, não superior ao limite de 44 horas e inferior ao mínimo de 8 horas, com o pagamento apenas das horas efetivamente trabalhadas. O Tribunal entendeu que não havia vedação expressa à jornada móvel. Além disso, tendo em vista a garantia de pagamento do salário mínimo proporcional à duração do trabalho, pois o valor do salário-hora é fixo, o tribunal sustentou o cumprimento do disposto no item I da OJ nº 358 da SDI-I do TST:

> **Orientação Jurisprudencial nº 358, I, da SDI-I do TST:** Havendo contratação para cumprimento de jornada reduzida, inferior à previsão constitucional de oito horas diárias ou quarenta e quatro semanais, é lícito o pagamento do piso salarial ou do salário mínimo proporcional ao tempo trabalhado.

De nossa parte, tínhamos o posicionamento de que somente seria possível o estabelecimento da jornada móvel caso fosse respeitado o limite diário de 8 horas e 44 horas semanais. Além disso, o empregado não poderia ficar sujeito ao arbítrio do empregador, tendo dúvidas sobre a quantidade de horas que trabalharia e a remuneração que receberia no mês. Portanto, somente seria possível o estabelecimento da jornada variável se dado ao trabalhador o conhecimento prévio, no início do mês, sobre as horas que seriam trabalhadas.

4.7.2. Conceito de trabalho intermitente

De acordo com o art. 443, § 3º da CLT, o trabalho intermitente compreende o contrato de trabalho, cuja prestação dos serviços ocorre com subordinação, mas não é contínua,

513. Processo nº TST-E-ED-RR-9891900-16.2005.5.09.0004, Relator: Ministro Renato de Lacerda Paiva, data de julgamento: 26/11/2015.

havendo alternância de períodos de prestação de serviços e de inatividade. A prestação dos serviços pode ser determinada em horas, dias ou meses, independentemente da atividade desenvolvida pelo empregado ou pelo empregador.

Vale destacar que não há consenso na jurisprudência trabalhista respeito das atividades que estarão sujeitas ao trabalho intermitente. No dia 29/10/2018, o TRT da 3ª Região[514] considerou nula a contratação de trabalhador intermitente para trabalhar como assistente de loja em uma rede de magazines. De acordo com o tribunal, a contratação em regime de trabalho intermitente deve ser feita somente em caráter excepcional, diante da precarização dos direitos do trabalhador, e para atender demanda intermitente em pequenas empresas.

O assunto ainda gerará discussão no âmbito dos tribunais trabalhistas, pois a Reforma Trabalhista não traz expressamente a vedação dessa modalidade de contratação em atividades de demanda permanente, contínua ou regular da empresa.

Diante das peculiaridades do trabalho intermitente, surgirão, ainda, questionamentos quanto à sua classificação, se pode ser considerado contrato de trabalho por prazo determinado ou por prazo indeterminado. O contrato de trabalho intermitente é realizado sem a fixação de um termo final. Contudo, a prestação dos serviços é marcada por períodos de prestação de serviços e de inatividade. O empregado é convocado pelo empregador para a prestação de serviços em período determinado, que pode ser por horas, dias ou até mesmo meses, o que se assemelha ao contrato por prazo determinado.

Entendemos que o contrato de trabalho intermitente corresponde a uma nova figura contratual que não pode ser classificada simplesmente no binômio prazo determinado ou indeterminado, pois guarda características inerentes a cada uma dessas duas figuras. Os períodos de inatividade corresponderiam a hipóteses de suspensão do contrato de trabalho, pois o trabalhador, além de não prestar os serviços, não será remunerado e não terá o tempo de serviço computado.

Para configurar o vínculo empregatício, há necessidade de se observar o requisito da não eventualidade, que exige que o trabalho realizado não seja eventual, ocasional. O contrato de trabalho é de trato sucessivo, ou seja, há continuidade no tempo. Logo, haverá expectativa de que o empregado retorne ao local de trabalho. A não eventualidade na prestação de serviços não se confunde com trabalho realizado diariamente. Exemplo: professor universitário que, há 2 anos, presta serviços todas as segundas e quartas-feiras na universidade, será empregado, pois há habitualidade na prestação de serviços.

Cabe ressaltar que a doutrina majoritária[515] sustenta que o termo "não eventualidade" não pode ser confundido com continuidade da relação de emprego. Para os autores, a utilização do termo "não eventual" reforça que a CLT permite que o reconhecimento do vínculo ocorra mesmo que haja fracionamento da prestação dos serviços, como, por exemplo, o trabalho apenas aos finais de semana. Por sua vez, o trabalho contínuo é aquele que não admite referido fracionamento, exigindo certa regularidade na prestação dos serviços. O trabalho contínuo está previsto na legislação do trabalho doméstico.

514. Para mais informações, confira o Processo nº 0010454-06.2018.5.03.0097 – Relator: José Eduardo de Resende Chaves Júnior – Data de julgamento: 29/10/2018.
515. DELGADO, Mauricio Godinho. *Curso de Direito do Trabalho*. 15. ed. São Paulo: LTr, 2016. p. 304.

O legislador da Reforma Trabalhista valeu-se do termo ausência de continuidade da prestação dos serviços para justificar o contrato intermitente. Entretanto, mesmo para os trabalhadores que não tenham essa modalidade de contrato de trabalho, não se exige a continuidade na prestação dos serviços. O que diferencia o contrato de trabalho padrão por prazo indeterminado do contrato de trabalho intermitente não é a presença do requisito da continuidade, mas sim a alternância de períodos de prestação de serviços e de inatividade, somente presente nestes últimos.

4.7.3. *Exclusão dos aeronautas e questão das categorias diferenciadas*

Por pressão do Sindicato Nacional dos Aeronautas, que ameaçaram entrar em greve, a redação do § 3º do presente artigo foi alterada para prever que os aeronautas estão excluídos do trabalho intermitente, que serão regidos por legislação própria. Estes trabalhadores argumentaram que a possibilidade de contratação por meio de trabalho intermitente afetaria a segurança de voo, pois os profissionais necessitam do exercício periódico da profissão para manter sua proficiência.

Entendemos que a exclusão dos aeronautas do trabalho intermitente da CLT permite que outras categorias profissionais diferenciadas busquem a exclusão dessa modalidade contratual caso comprovado que as peculiaridades inerentes ao trabalho desenvolvido não permitem a contratação intermitente por horas, dias ou meses. Essa exclusão poderá ser feita via instrumento coletivo – art. 611-A, CLT.

Em 28 de agosto de 2017, foi promulgada a Lei nº 13.475/2017, que passou a regulamentar o exercício da profissão de tripulante de aeronave, denominada aeronauta. De acordo com art. 26 dessa legislação, a prestação dos serviços dos tripulantes empregados deve respeitar períodos de folga e repousos e será determinada por meio de escala mensal, sendo vedado o estabelecimento de situações de trabalho e de horários não definidos.

4.7.4. *Principais impactos do trabalho intermitente nos direitos dos trabalhadores*

O trabalho intermitente consistiu na legalização dos "bicos", onde o trabalhador era contratado para a prestação e determinado serviço por um período determinado de tempo, não formando o vínculo de emprego. O trabalho intermitente tem como principal característica a **imprevisibilidade** ao empregado, pois este somente tem conhecimento sobre o momento da prestação dos serviços e de sua duração total – horas, dias ou meses – quando for convocado para prestar os serviços.

Por sua vez, o trabalho intermitente não pode ser aplicado aos domésticos. Para a configuração dessa relação de emprego, o art. 1º da LC nº 150/2015 estabelece a necessidade de prestação de serviços em período superior a 2 vezes por semana. Assim, a existência de períodos de inatividade é incompatível com a disciplina jurídica do trabalho doméstico.

De acordo com Vólia Bomfim[516], a jornada de trabalho variável traz imprevisibilidade à prestação dos serviços e repassa os riscos do empreendimento ao empregado.

O trabalho intermitente é prejudicial aos trabalhadores, pois traz insegurança financeira ao empregado, que não tem conhecimento da quantidade de dias que trabalhará durante o

516. CASSAR, Vólia Bomfim. *Reforma Trabalhista – Comentários ao substitutivo do Projeto de Lei nº 6.787/2016*. Disponível em: https://drive.google.com/file/d/0BxLfUqyUbMSXM2NXUThxNHhVY1lRdlBycmhxMTdTMG12RFNn/view.

mês e nem mesmo de sua remuneração mensal. Em meses de baixa demanda de serviços, a quantidade de horas ou dias trabalhados no mês será menor e o trabalhador receberá remuneração menor, o que pode prejudicar a sua subsistência e a de sua família.

A instituição do trabalho intermitente foi realizada com o argumento de que traria um aumento no emprego formal, com maior número de trabalhadores registrados e diminuição da economia informal. Apesar da possibilidade de aumento do número de contratações, o trabalho intermitente mantém uma das maiores fragilidades da economia informal, a imprevisibilidade quanto à remuneração recebida ao final do mês, que pode ser agravada em momentos de crises econômicas.

4.7.5. *Constitucionalidade do trabalho intermitente (ADIs 6154, 5826 e 5829)*

Tendo em vista que se trata de modalidade contratual que gera insegurança e instabilidade financeira ao empregado, surgiram diversos questionamentos quanto à sua constitucionalidade. Nesse contexto, foram ajuizadas no STF as ADIs 6154, 5826 e 5829, que discutiam a compatibilidade dos arts. 443, § 3º, e 452-A da CLT com os princípios da dignidade da pessoa humana e do valor social do trabalho. As ações foram julgadas conjuntamente, apensadas à ADI 5826, proposta pela FENEPOSPETRO.

O principal argumento da ação era o de que o contrato intermitente precariza a relação de trabalho ao permitir períodos prolongados de inatividade sem remuneração mínima garantida, violando direitos fundamentais como a dignidade da pessoa humana e promovendo retrocesso social. A autora da ação também alegou afronta aos princípios da isonomia e da função social do trabalho, além de comprometer direitos previdenciários e trabalhistas básicos assegurados no art. 7º da Constituição.

O relator, Ministro Edson Fachin, votou pela inconstitucionalidade do contrato intermitente, destacando que a ausência de previsibilidade quanto à remuneração e à jornada compromete a dignidade do trabalhador e afronta diversos princípios constitucionais. Seu voto foi acompanhado pelas Ministras Cármen Lúcia e Rosa Weber, mas restou vencido.

Prevaleceu o voto divergente do Ministro Nunes Marques, que considerou o contrato de trabalho intermitente constitucional. Para o Ministro, o contrato intermitente não representa supressão de direitos, mas sim uma forma de ampliar a formalização de vínculos e garantir proteção mínima a trabalhadores que antes estavam à margem da legislação. Argumentou, ainda, que a modalidade assegura os direitos do art. 7º da Constituição de forma proporcional e atende à realidade de setores que demandam mão de obra eventual. Os Ministros Gilmar Mendes, Luís Roberto Barroso, Dias Toffoli, André Mendonça e Alexandre de Moraes acompanharam o entendimento do Ministro Nunes Marques.

Assim, por maioria, em sessão virtual realizada entre os dias 6 e 13 de dezembro, o STF julgou improcedente a ADI 5826 e concluiu pela constitucionalidade dos dispositivos da CLT que regulam o contrato intermitente.

4.8. Regulamentação do trabalho intermitente

O art. 452-A foi inserido pela Reforma Trabalhista e regulamenta o trabalho intermitente, apresentando suas especificidades e seus efeitos na relação de emprego:

Art. 452-A, CLT (acrescentado pela Lei nº 13.467/2017). O contrato de trabalho intermitente deve ser celebrado por escrito e deve conter especificamente o valor da hora de trabalho, que não pode ser inferior ao valor horário do salário mínimo ou àquele devido aos demais empregados do estabelecimento que exerçam a mesma função em contrato intermitente ou não.

§ 1º O empregador convocará, por qualquer meio de comunicação eficaz, para a prestação de serviços, informando qual será a jornada, com, pelo menos, três dias corridos de antecedência.

§ 2º Recebida a convocação, o empregado terá o prazo de um dia útil para responder ao chamado, presumindo-se, no silêncio, a recusa.

§ 3º A recusa da oferta não descaracteriza a subordinação para fins do contrato de trabalho intermitente.

§ 4º Aceita a oferta para o comparecimento ao trabalho, a parte que descumprir, sem justo motivo, pagará à outra parte, no prazo de trinta dias, multa de 50% (cinquenta por cento) da remuneração que seria devida, permitida a compensação em igual prazo.

§ 5º O período de inatividade não será considerado tempo à disposição do empregador, podendo o trabalhador prestar serviços a outros contratantes.

§ 6º Ao final de cada período de prestação de serviço, o empregado receberá o pagamento imediato das seguintes parcelas:

I – remuneração;

II – férias proporcionais com acréscimo de um terço;

III – décimo terceiro salário proporcional;

IV – repouso semanal remunerado; e

V – adicionais legais.

§ 7º O recibo de pagamento deverá conter a discriminação dos valores pagos relativos a cada uma das parcelas referidas no § 6º deste artigo.

§ 8º O empregador efetuará o recolhimento da contribuição previdenciária e o depósito do Fundo de Garantia do Tempo de Serviço, na forma da lei, com base nos valores pagos no período mensal e fornecerá ao empregado comprovante do cumprimento dessas obrigações.

§ 9º A cada doze meses, o empregado adquire direito a usufruir, nos doze meses subsequentes, um mês de férias, período no qual não poderá ser convocado para prestar serviços pelo mesmo empregador.

O "caput" do dispositivo estabelece algumas formalidades que devem ser observados na celebração do contrato de trabalho. O trabalho intermitente é um contrato de trabalho solene, pois deve ser necessariamente firmado por escrito e deve conter o valor da hora de trabalho, que não pode ser inferior ao valor horário do salário mínimo ou àquele devido aos demais empregados do estabelecimento que exerçam a mesma função em contrato intermitente ou não.

O **salário mínimo** é o patamar mais baixo que um empregado pode ganhar. Lembre-se de que esse patamar é estendido também aos trabalhadores com menos de 18 anos, inclusive aprendizes. E ainda, de acordo com o art. 39, § 3º, da CF, os servidores públicos terão direito ao salário mínimo. Se o trabalhador for contratado para trabalhar em jornada inferior à duração normal de 8 horas diárias e 44 horas semanais, ele receberá o **salário mínimo proporcional** ou o piso salarial proporcional às horas trabalhadas (item I da Orientação Jurisprudencial nº 358 da SDI-I do TST).

O posicionamento firmado pela jurisprudência consolidada do TST permanece aplicável ao empregado em contrato de trabalho intermitente, não podendo receber o valor da hora de trabalho inferior ao salário mínimo ou piso da categoria.

Felizmente, a legislação foi além para prever que o empregado deve necessariamente receber o salário pago aos demais empregados que exerçam a mesma função no estabelecimento, sejam eles intermitentes ou não. Essa medida assegura a isonomia salarial, pois não é permitido ao empregador o pagamento diferenciado para o trabalhador em contrato por prazo indeterminado e aquele contratado em trabalho intermitente.

Contudo, é importante destacar que, no trabalho intermitente, o empregador não é obrigado a convocar o trabalhador para prestar os serviços, o que pode reduzir significativamente a remuneração desse empregado, ainda que seja proporcionalmente igual ao valor recebido pelos demais empregados. Novamente, ressalta-se a insegurança financeira que essa modalidade de contratação gerou no Direito do Trabalho.

A ausência de preenchimento dessas formalidades enseja a conversão do contrato de trabalho intermitente em contrato por prazo indeterminado por aplicação do princípio da continuidade da relação de emprego.

O período de inatividade, enquanto o empregado não é convocado para prestar os serviços à empresa, não é considerado tempo à disposição do empregador. Durante o período de inatividade, o empregado não receberá seu salário e também não haverá prestação de serviços. Não haverá, ainda, a contagem de tempo de serviço para fins previdenciários. Entretanto, todo o período do contrato, inclusive o período de inatividade, será computado para o cálculo do período de férias.

Tendo em vista que o empregado não está à disposição do empregador, a legislação permite que o trabalhador preste serviços a outros contratantes. Dessa forma, é possível a celebração de inúmeros contratos de trabalho intermitente, pois o empregado somente estará à disposição do empregador no período que prestar seus serviços, podendo trabalhar para vários empregadores. Trata-se da simultaneidade de contratos de trabalho intermitente.

Por fim, destaca-se que o trabalho intermitente não tem compatibilidade com o serviço público, seja em razão da ausência de lei permitindo essa modalidade de contratação seja pela própria estrutura do serviço público, que não admite períodos de inatividade e de prestação e serviços.

4.8.1. Normas ligadas à convocação do trabalhador

Como visto, o trabalho intermitente compreende a modalidade de contratação do trabalho por horas, dias ou meses, havendo períodos alternados de prestação de serviços e de inatividade. Diante disso, os trabalhadores não têm certeza do momento que devem prestar os serviços ao empregador. Por essa razão, a Reforma Trabalhista estabeleceu um procedimento que deve ser observado para a convocação do empregado para a prestação dos serviços.

De acordo com o § 1º do art. 452-A da CLT, o empregador deve convocar o empregado para a prestação dos serviços com, pelo menos, 3 dias corridos de antecedência. A comunicação pode ser realizada por qualquer meio de comunicação eficaz. Entendemos que, para evitar a discussão quanto ao não recebimento de comunicação, é interessante que essa comunicação seja realizada por escrito, podendo ser utilizados meios eletrônicos, como e-mail, *WhatsApp*, *Facebook*, etc.

Além disso, na própria convocação do empregado deve ser informada a jornada de trabalho que será realizada pelo trabalhador na ocasião de sua prestação de serviços. É importante ressaltar que a jornada não pode ultrapassar o limite constitucional de 8 horas diárias ou 44 horas semanais, ainda que o empregado venha a trabalhar apenas por alguns dias.

Preenchidos os requisitos necessários para a convocação e recebida pelo empregado, o § 2º do art. 452-A da CLT assegura o prazo de 1 dia útil para que o empregado responda ao chamado. Caso permaneça em silêncio e não se manifeste quanto à convocação, há presunção da recusa na prestação dos serviços.

Por sua vez, o § 3º do artigo determina que a recusa da oferta pelo empregado não descaracteriza a subordinação para fins do contrato de trabalho intermitente. Portanto, ainda que o empregado recuse a prestação de serviços, a subordinação permanece, assim como o vínculo de empregado entre as partes. Outro efeito decorrente é a impossibilidade de dispensa por justa causa do empregado por ato de insubordinação diante da recusa na prestação dos serviços, pois é direito do trabalhador recusar sem que haja violação à subordinação. A Lei não menciona as recusas reiteradas, portanto seriam admitidas sucessivas recusas do trabalhador sem a configuração de justa causa.

Por fim, o art. 34 da Portaria MTP nº 671/2021 prevê que se houver a prestação dos serviços pelo empregado estarão cumpridos os requisitos de convocação do art. 452-A da CLT. Nesse caso, há a presunção acerca da convocação e da aceitação do trabalho pelo trabalhador intermitente.

Em resumo, podemos sistematizar as regras acerca da convocação do trabalhador intermitente da seguinte forma:

1) A convocação do trabalhador intermitente deve ocorrer com, pelo menos, 3 dias corridos de antecedência. A comunicação pode ser feita de qualquer forma, mas entendo que a melhor forma seja a por escrito, podendo ser utilizados meios eletrônicos como *e-mail*, *WhatsApp* etc.

2) Na convocação do empregado deverá ser informado sobre a jornada de trabalho a ser realizada pelo trabalhador, não podendo ultrapassar o limite de 8 horas diárias e 44 horas semanais.

3) Assegura-se o prazo de 1 dia útil para que o empregado responda ao chamado. Caso permaneça em silêncio e não se manifeste quanto à convocação, haverá presunção da recusa na prestação dos serviços.

4.8.2. Multa por descumprimento do acordado

Se a oferta de trabalho intermitente for aceita pelo empregado, é necessário o cumprimento do acordado por ambas as partes, empregado e empregador. Portanto, o trabalhador deve comparecer ao serviço nos dias acertados e o empregador deve permitir o trabalho durante esse período. A oferta de trabalho vincula o empregador e também o empregado, se a aceitar. Na hipótese de descumprimento do acordado, o art. 452-A, § 4º, da CLT estabelece que a parte que der causa ao inadimplemento contratual deve pagar à outra parte multa no valor de 50% da remuneração que seria devida.

Dessa forma, a legislação criou hipótese de **multa inédita** que pode ser aplicada tanto ao empregado como ao empregador caso não haja a prestação de serviços, que corresponde ao valor de 50% da remuneração devida no período. Exemplo: caso haja oferta para trabalho intermitente de 2 dias com remuneração de R$ 300,00 e houver aceitação do trabalhador, será necessário o pagamento à outra parte da relação empregatícia de multa no valor de R$ 150,00 (50% da remuneração devida) caso alguma das partes não cumpra o acordo. Assim, se o empregador desistir dos serviços ou o empregado não comparecer ao trabalho, estarão sujeitos ao pagamento da multa.

Se um empregado com contrato de trabalho intermitente aceitar a convocação do empregador, mas, no dia da prestação dos serviços, faltar de maneira **justificável**, com a apresentação de atestado médico ou com base em alguma das hipóteses do art. 473 da CLT, como o falecimento de familiar ou casamento, entendemos que a multa prevista no art. 452-A, § 4º, da CLT, deverá ser afastada. Nesses casos, a ausência ocorre por motivos legítimos, razão pela qual a imposição da multa seria desproporcional.

Esse dispositivo altera as balizas do poder disciplinar do empregador, pois, até então, não havia penalidade de multa para o empregado. O empregado está subordinado às ordens dadas pelo empregador, como forma de dinamizar e organizar os trabalhos desenvolvidos na empresa. Se verificada a desobediência às regras impostas, eram cabíveis as seguintes penalidades:

a) **Advertência verbal ou escrita.** Embora a advertência não esteja prevista na CLT[517], é admitida pela doutrina e jurisprudência, pois é, entre as penalidades, a mais benéfica ao empregado. Ressalta-se que a advertência não pode constar da CTPS – Carteira de Trabalho e Previdência Social, porque configurará anotação desabonadora.

b) **Suspensão disciplinar de, no máximo, 30 dias consecutivos (art. 474 da CLT).** Nesse caso, o empregado ficará afastado das suas atividades, não receberá remuneração nem terá contado seu tempo de serviço, para adquirir férias, por exemplo. Ademais, não há depósitos do FGTS durante esse período. Se a suspensão ultrapassar os 30 dias, é possível a rescisão indireta do contrato de trabalho.

c) **Dispensa por justa causa (art. 482 da CLT).** Essa é a penalidade mais grave, colocando fim ao contrato de trabalho. Se o empregado cometer alguma das condutas previstas no art. 482 da CLT (violar sigilo da empresa, agressão física, desídia etc.), será dispensado por justa causa.

A aplicação de multa ao empregado era vedada. A única exceção era prevista na Lei nº 6.354/1976[518], que estabelecia a possibilidade de aplicação de multa de até 40% do

517. Ressalta-se que a advertência tem previsão expressa na lei que regulamenta o exercício da atividade de Mãe Social (Lei nº 7.644/1987): "Art. 14. As mães sociais ficam sujeitas às seguintes penalidades aplicáveis pela entidade empregadora: **I – advertência**; II – suspensão; III – demissão" (grifos acrescidos).

518. **Art. 15, Lei nº 6.354/1976 (REVOGADO):** "A associação empregadora e as entidades a que a mesma esteja filiada poderão aplicar ao atleta as penalidades estabelecidas na legislação desportiva, facultada reclamação ao órgão

salário ao atleta profissional. Contudo, a Lei nº 6.354/1976 foi revogada com a promulgação da Lei nº 12.395/2011, e, portanto, não é mais permitida a aplicação de multa a nenhum empregado no ordenamento jurídico brasileiro.

A Reforma Trabalhista estabelece, portanto, hipótese de multa ao empregado e ao empregador pelo descumprimento da prestação de serviços em trabalho intermitente após a aceitação da oferta pelo trabalhador. A legislação salienta, entretanto, que a multa somente será devida caso o descumprimento ocorra sem justo motivo. *A contrario sensu*, se houver justo motivo, não será necessário o pagamento da multa de 50%.

Ocorre que a lei não trouxe o conceito do justo motivo que exime as partes do pagamento da multa de 50% da remuneração devida. A determinação do motivo dependerá da análise casuística pela jurisprudência trabalhista. Entendemos que todas as hipóteses de faltas justificadas e também a ocorrência de força maior exime as partes do pagamento da multa de 50%. Por exemplo, o empregado que adoece após a aceitação da proposta, tem justo motivo caracterizado que justifica a inaplicabilidade da multa. Ademais, um evento da natureza que ocorreu independentemente da ação do empregador e que impede a prestação dos serviços também justificaria o não pagamento da multa pelo empregador.

A legislação não estabelece os meios para a cobrança dessa multa pelas partes, o que viabiliza o desconto na remuneração do trabalhador nos próximos trabalhos prestados. Apesar de estabelecer a multa para ambas as partes da relação empregatícia, verifica-se que o dispositivo tem o potencial de trazer mais prejuízos aos trabalhadores do que ao empregador, pois a cobrança da multa pelo empregador pode ser realizada pelo desconto no valor da remuneração devida nos próximos trabalhados realizados, cabendo ao trabalhador ingressar com reclamação para reaver o valor que entenda descontado de forma ilegal.

Por sua vez, o trabalhador somente poderia cobrar a multa do empregador pelo ingresso com reclamação trabalhista, não tendo meios para exigir o valor caso o empregador se recuse a efetuar o pagamento. Esse dispositivo é muito prejudicial aos empregados, pois viabiliza o cometimento de fraudes trabalhistas com o desconto ilegal da multa, além de permitir o endividamento do trabalhador perante seu empregador, que poderá exigir novos trabalhos para pagamento das multas por ocasiões anteriores. Assim, o trabalhador poderia trabalhar por longos períodos sem recebimento de sua remuneração para quitar a dívida resultante da multa por descumprimento do acordo em trabalho intermitente.

4.8.3. Direitos do empregado em trabalho intermitente

Tendo em vista a existência de vínculo empregatício, o empregado tem direito ao recebimento dos direitos trabalhistas previstos no art. 7º da Constituição Federal. O § 6º do art. 452-A da CLT dispõe o rol de direitos que devem ser pagos ao trabalhador logo ao final de cada período de prestação de serviço:

---

competente da Justiça e Disciplina desportivas. § 1º As penalidades pecuniárias não poderão ser superiores a 40% (quarenta por cento) do salário percebido pelo atleta, sendo as importâncias correspondentes recolhidas diretamente ao 'Fundo de Assistência ao Atleta Profissional – Faap', a que se refere o Artigo 9º da Lei nº 6.269, de 24 de novembro de 1975, não readquirindo o atleta condição de jogo, enquanto não comprovar, perante a Confederação, a Federação ou a Liga respectiva, o recolhimento, em cada caso."

- Remuneração;
- Férias proporcionais com acréscimo de um terço;
- 13º salário proporcional;
- Repouso semanal remunerado;
- Adicionais legais.

O recibo de pagamento deverá conter a discriminação dos valores pagos relativos a cada uma das parcelas devidas ao final de cada prestação dos serviços. Note-se que o trabalhador receberá os valores referentes ao período de férias e ao 13º salário quando terminar a prestação dos serviços. Ao contrário, os demais empregados recebem os valores referentes às férias no momento de seu gozo durante o período concessivo. Dessa forma, o trabalhador presta os serviços durante 12 meses e passa a ter o direito ao gozo de férias, cuja remuneração deve ser acrescida do 1/3 constitucional.

De modo diverso, o empregado em trabalho intermitente recebe o valor das férias proporcionais ao período trabalhado ao final de cada período de trabalho, acrescido de 1/3. Por sua vez, de acordo com o § 9º do artigo em análise, a cada 12 meses, o empregado tem o direito de gozar de 1 mês de férias nos 12 meses subsequentes, período em que não poderá ser convocado pelo mesmo empregador para prestar os serviços. O pagamento é realizado de forma prévia, mas o gozo das férias ocorre durante o período concessivo, não podendo trabalhar durante o período de 1 mês.

Ressalta-se que a legislação refere-se ao transcurso do prazo de 12 meses e não de 12 meses de atividade, o que leva ao entendimento de que o período de inatividade também deve ser considerado para o cálculo das férias.

Exemplo: empregado é contratado para trabalhar 1 mês com remuneração de R$ 1.200,00. Ao final da prestação de serviço, esse trabalhador tem direito a 1/12 de férias proporcionais no valor de R$ 100,00, acrescido de 1/3, totalizando R$ 133,33 que devem ser pagos junto com sua remuneração. Em resumo, no momento do gozo das férias o empregado não receberá remuneração, pois o valor deve ser pago ao final de cada período de prestação de serviços.

De acordo com o art. 31 da Portaria MTP nº 671/2021, o empregado em regime de trabalho intermitente pode fracionar o período de férias nos termos do art. 134, §§ 1º a 3º da CLT. Para que o fracionamento seja válido, foram estabelecidos alguns requisitos:

a) **Concordância do empregado:** Para o fracionamento das férias individuais exige-se que o empregado concorde com a medida. A nova redação do art. 134, § 1º, da CLT não prevê, contudo, a forma como deve ser apresentada essa concordância. Entendemos, contudo, que é recomendável a formalização em documento escrito da manifestação de vontade do empregado para a prevenção de eventual alegação de vício no consentimento do trabalhador.

b) **Fracionamento em até três períodos:** Diferentemente do modelo anterior, as férias podem ser fracionadas em até três períodos, sem necessidade de justificativa. Basta a concordância de empregado e empregador. Note-se, portanto, que a lei não exige obrigatoriamente a concessão em 3 vezes das férias, podendo ser concedida em um ou dois períodos.

c) **Um dos períodos não pode ser inferior a 14 dias corridos e os demais não podem ser inferiores a 5 dias corridos.** A legislação exige, portanto, que o empregado obrigatoriamente usufrua, ao menos, 14 dias corridos de férias para se assegurar tempo de descanso e recuperação física e mental do trabalhador, indispensável para a dignidade do trabalhador. Por outro lado, os demais dias de férias não podem ser inferiores a 5 dias corridos.

Igualmente o pagamento do 13º salário ocorre de modo diverso dos demais empregados, cujo pagamento deve ocorrer até o dia 20 de dezembro, e corresponde a um doze avos da remuneração devida em dezembro, por mês trabalhado ou fração igual ou superior a quinze dias. Para o empregado em trabalho intermitente, o valor será pago ao final da prestação de serviços e de forma proporcional. No exemplo mencionado anteriormente, o trabalhador com remuneração de R$ 1.200,00, deverá receber R$ 100,00 referente ao seu 13º salário proporcional.

No tocante ao recolhimento do FGTS e da contribuição previdenciária, o § 8º do art. 452-A da CLT e o art. 38 da Portaria MTP nº 671/2021 preveem a obrigação de o empregador realizar o pagamento de acordo com os valores da remuneração paga no período mensal, devendo fornecer ao empregado comprovante de cumprimento dessas obrigações.

Vejamos, agora, uma revisão geral do contrato intermitente para fins de fixação[519]:

20 CARACTERÍSTICAS DO TRABALHO INTERMITENTE
1. Existência de subordinação;
2. Não há continuidade;
3. Alternância de períodos de prestação de serviços e inatividade;
4. Divisão dos períodos em horas, dias ou meses;
5. Qualquer tipo de atividade, exceto aeronautas;
6. Contrato escrito;
7. Obrigatoriedade de cláusula contendo o valor da hora de trabalho;
8. A hora de trabalho não pode ser inferior ao valor horário do salário mínimo ou ser inferior à hora de trabalho dos demais empregados (intermitente ou não);
9. Exigência de convocação através de meio de comunicação eficaz por parte do empregador;
10. Exigência de confirmação da convocação pelo empregado intermitente em um dia útil;
11. Caso não confirmado, presume-se a recusa por parte do empregado intermitente;
12. Caso aceita a oferta e, posteriormente houver a recusa em cumprir a avença, sem justo motivo, será cobrada multa de 50% do valor devido a título de remuneração;
13. A multa é devida por quem descumpriu o acordo: empregador ou empregado;
14. O período de inatividade não represente tempo à disposição do empregador;
15. No período de inatividade o empregado pode prestar serviços a terceiros;

519. A tabela foi retirada do livro **Reforma Trabalhista – Questões Objetivas e Discursivas.** Autores: Gustavo Bezerra Muniz de Andrade, Henrique Silveira Melo e Rodrigo Peixoto Medeiros. Coordenação: Henrique Correia e Élisson Miessa. 2017. Editora Juspodivm.

16. O pagamento será realizado mediante recibo, no qual necessariamente deverá constar: remuneração, férias proporcionais com acréscimo de um terço, décimo terceiro salário proporcional, repouso semanal remunerado e adicionais legais;
17. Obrigatoriedade de empregador efetuar o recolhimento da contribuição previdenciária;
18. Obrigatoriedade de empregador efetuar o depósito do Fundo de Garantia do Tempo de Serviço;
19. Direito a férias após o período de 12 meses;
20. No período de gozo de férias o empregado não pode ser convocado pelo mesmo empregador. Ou seja, pode trabalhar para outro empregador.

5. ALTERAÇÃO DO CONTRATO DE TRABALHO

O contrato de trabalho possui normas de caráter imperativo que não comportam transação entre as partes. Limita-se, assim, a autonomia da vontade, para garantir o mínimo de dignidade ao empregado. Devem-se respeitar os princípios da inalterabilidade contratual lesiva e da condição mais benéfica. Esse último assegura ao empregado as vantagens conquistadas durante o contrato de trabalho, que não poderão ser alteradas para pior.

Cabe destacar que as cláusulas contratuais se diferenciam das cláusulas coletivas. O que foi ajustado entre empregado e empregador não pode ser alterado para prejudicar o empregado, conforme art. 468 da CLT. Exceção a esta impossibilidade se encontra disposta no art. 444, parágrafo único da CLT, que permite que o empregado "hipersuficiente" negocie livremente as hipóteses previstas no art. 611-A da CLT. Nesse sentido:

> **Art. 444, parágrafo único da CLT** *(inserido pela Reforma Trabalhista)*: A livre estipulação a que se refere o caput deste artigo aplica-se às hipóteses previstas no art. 611-A desta Consolidação, com a mesma eficácia legal e preponderância sobre os instrumentos coletivos, no caso de empregado portador de diploma de nível superior e que perceba salário mensal igual ou superior a duas vezes o limite máximo dos benefícios do Regime Geral de Previdência Social.

Já em relação às normas coletivas, há maior possibilidade de negociação em razão da paridade existente entre os entes coletivos (empresas e sindicatos), inclusive com possibilidade de alteração prejudicial aos empregados, como a redução salarial, prevista expressamente no Texto Constitucional. Caso pactuada cláusula que reduza o salário do empregado, no entanto, o instrumento coletivo deverá prever proteção do empregado contra dispensa imotivada, nos termos do art. 611-A, § 3º da CLT, inserido pela Reforma Trabalhista:

> **Art. 611-A, § 3º da CLT** *(inserido pela Reforma Trabalhista)*: Se for pactuada cláusula que reduza o salário ou a jornada, a convenção coletiva ou o acordo coletivo de trabalho deverão prever a proteção dos empregados contra dispensa imotivada durante o prazo de vigência do instrumento coletivo.

No âmbito individual, há necessidade de observar dois requisitos para que a alteração do contrato de trabalho seja válida (art. 468 da CLT):

a) Consentimento do empregado.

b) Essa alteração não pode acarretar prejuízos diretos ou indiretos ao trabalhador.

Lembre-se de que apenas o consentimento não é o suficiente para possibilitar a alteração do contrato, pois está sempre presente a subordinação do trabalhador. É necessário, ainda, que essa alteração não acarrete prejuízos diretos, como redução do salário, mudança do turno diurno para noturno etc., e também não acarrete prejuízos indiretos, como redução da jornada de trabalho para o empregado que ganha por hora. Se a alteração causar prejuízos ao empregado, será nula.

A alteração do horário é um exemplo frequente nas questões de concurso para Analista do TRT. Se o empregado foi contratado para trabalhar 4 horas, o empregador, em regra, não poderá ampliar essa jornada, porque essa alteração é prejudicial ao trabalhador. Outro exemplo é o empregado que trabalhava 8 horas, mas, durante o contrato, o seu horário foi reduzido para 6 horas. Nesse caso, o empregador não poderá exigir a jornada anterior, sob pena de afrontar o art. 468 da CLT e o princípio da condição mais benéfica. Essa proibição de retorno à jornada inicialmente contratada não se aplica ao servidor público[520], pois seu horário é definido em lei[521].

Por fim, o tema da alteração contratual também foi objeto de uniformização pelo Tribunal Superior do Trabalho em sede de Incidente de Recurso de Revista Repetitivo. Na tese vinculante nº 83, firmada pelo Pleno do TST em março de 2025, fixou-se que a cobrança de mensalidades e de coparticipação no plano de saúde "Correios Saúde", instituída por acordo coletivo, não configura alteração contratual lesiva nem afronta direito adquirido, ainda que envolva novo custo ao empregado.

A tese teve como base a cláusula 28 do Acordo Coletivo de Trabalho 2017/2018, revisada no Dissídio Coletivo Revisional nº 1000295-05.2017.5.00.0000, no qual se reconheceu a necessidade de reequilíbrio do modelo de custeio diante do risco de inviabilidade do plano. A Seção de Dissídios Coletivos autorizou, então, a cobrança dos empregados, ativos e aposentados, para viabilizar a continuidade do benefício.

Com base nesse julgamento, o Pleno do TST, ao fixar a tese vinculante nº 83, consolidou o entendimento de que a cobrança dessas parcelas não configura alteração contratual unilateral ou lesiva, nos termos do art. 468 da CLT, tampouco afronta o direito adquirido dos empregados. Trata-se, em verdade, de modificação autorizada por decisão judicial em sede de dissídio coletivo, com o objetivo de garantir a manutenção do benefício, razão pela qual não pode ser considerada ilegal.

5.1. *Jus variandi* – Alteração unilateral do contrato de trabalho[522]

Com fundamento no poder diretivo, art. 2º da CLT, cabe ao empregador efetuar algumas alterações para melhor organizar a atividade empresarial. Aliás, como é o empregador

520. "Existindo um horário de trabalho previsto em lei ou em contrato, às vezes os governos, por alguma conveniência de ordem pública, reduzem a carga horária por certo período. Por meio da OJ nº 308, o TST deixa claro que, caso seja determinado que o servidor volte a cumprir a jornada primitiva, esse ato do poder público não constitui ofensa ao disposto no art. 468 da CLT." PINTO, Raymundo Antônio Carneiro; BRANDÃO, Cláudio Mascarenhas. *Orientações jurisprudenciais do TST comentadas*. São Paulo: LTr, 2009. p. 152.

521. **Orientação Jurisprudencial nº 308 da SDI-I do TST:** "O retorno do servidor público (administração direta, autárquica e fundacional) à jornada inicialmente contratada não se insere nas vedações do art. 468 da CLT, sendo a sua jornada definida em lei e no contrato de trabalho firmado entre as partes".

522. Somente no ano de 2022, esse tema foi objeto de **4 QUESTÕES**, em **4 TRTs diferentes** (TRT 4, TRT 9, TRT 14 e TRT 17). **Atente-se às provas da FCC, esse tema sempre é exigido pela banca!** O principal ponto abordado pela banca é **TRANSFERÊNCIA DE EMPREGADOS. Se você quiser ser aprovado, tem que decorar o art. 469 da CLT!**

que assume os riscos da atividade econômica, nada mais justo que exerça algumas modificações no contrato de trabalho. Essas alterações promovidas pelo empregador são chamadas de *jus variandi*.

O *jus variandi* representa modificação unilateral do contrato. Há corrente doutrinária que divide o *jus variandi* em ordinário e extraordinário[523]. Entende-se por *jus variandi* ordinário a alteração unilateral do contrato de trabalho realizada no dia a dia da empresa como forma de organizar a prestação de serviços independentemente de autorização legal ou jurisprudencial. Exemplo: alteração do horário de entrada e saída da empresa, obrigatoriedade de usar uniforme, alteração da data do pagamento, desde que respeitado o 5º dia útil do mês[524-525];

Por outro lado, o *jus variandi* extraordinário representa alteração unilateral **excepcional** que exige a previsão em lei ou jurisprudência. É o caso da transferência do período noturno para diurno[526], permitida expressamente pela jurisprudência do TST. Nessa modalidade admite-se, inclusive, alteração prejudicial ao empregado como, por exemplo, a reversão ao cargo efetivo do empregado que exercia função de confiança (art. 468, § 1º, CLT).

A Reforma Trabalhista trouxe nova hipótese de *jus variandi*. De acordo com o art. 75-C, § 2º, CLT, acrescentado pela Reforma Trabalhista, a alteração do regime de teletrabalho para o presencial pode ocorrer por determinação do empregador, desde que garantido o prazo mínimo de 15 dias de transição e que a alteração conste em aditivo contratual. Não se exige, portanto, a concordância do empregado para essa alteração.

Diferentemente, a alteração do regime presencial para o teletrabalho, conforme art. 75-C, § 1º, CLT, demanda a concordância do empregado.

Esse poder de modificar o contrato de trabalho, *jus variandi*, deverá ser exercido dentro dos limites impostos por lei, sob pena de configurar alteração abusiva. Nesse caso, o empregado tem o direito de não cumprir[527] a determinação imposta pelo empregador, e ainda poderá pleitear rescisão indireta, com fundamento no art. 483 da CLT.

Há discussão sobre a possibilidade de redução do número de aulas do **professor**, em razão da diminuição do número de alunos. O TST, conforme Orientação Jurisprudencial nº 244 da SDI – I do TST, tem o entendimento de que, se preservado o valor da hora-aula, é

523. Em 2014, a FCC exigiu no concurso para Analista Judiciário – Área Judiciária do TRT da 16ª Região que o candidato tivesse conhecimento da diferenciação entre as formas de *jus variandi*.

524. Em fevereiro de 2016, a alteração da data de pagamento dos salários foi objeto do concurso do TRT da 23ª Região.

525. Orientação Jurisprudencial nº 159 da SDI-I do TST: "Diante da inexistência de previsão expressa em contrato ou em instrumento normativo, a alteração de data de pagamento pelo empregador não viola o art. 468, desde que observado o parágrafo único, do art. 459, ambos da CLT."
Art. 459, § 1º, CLT: Quando o pagamento houver sido estipulado por mês, deverá ser efetuado, o mais tardar, até o quinto dia útil do mês subsequente ao vencido.

526. **Súmula nº 265 do TST:** "A transferência para o período diurno de trabalho implica a perda do direito ao adicional noturno".

527. "Abusando o empregador do exercício do *jus variandi*, poderá o empregado opor-se às modificações implementadas, pleiteando, se for o caso, a rescisão indireta do contrato (CLT, art. 483). É o chamado *jus resistentiae* do empregado." SARAIVA. Renato. *Direito do Trabalho. Série Concursos Públicos*. 7. ed. São Paulo: Editora Método, 2008. p. 134.

possível a redução do número de aulas. Tal mudança no contrato de trabalho não afronta o art. 468 da CLT, pois o valor da hora-aula não foi alterado.

Jus variandi

- **Definição:** modificações no contrato de trabalho para melhor organizar a atividade empresarial.
- **Principais hipóteses:**
› Alteração da data de pagamento do salário, desde que respeitado o 5º dia útil;
› Alteração do horário de entrada e saída da empresa;
› Obrigatoriedade de utilização de uniforme;
› Transferência do período noturno para o diurno;
› Alteração do regime de teletrabalho para o presencial;
› Redução da carga horária do professor, mantido valor da hora-aula;
› Reversão;
› Transferência unilateral.

5.2. Reversão

A reversão, disciplinada no § 1º do art. 468 da CLT, determina que o empregado que ocupa cargo de confiança poderá ser revertido ao cargo anterior, com a retirada da gratificação de função, sem que essa reversão acarrete nulidade. Nesse caso, quando o trabalhador não corresponde às expectativas do empregador e como envolve função de confiança, há previsão na própria lei, que autoriza o retorno à função anterior, sem que esse ato seja nulo.

Ressalta-se que a reversão não se confunde com outros termos comumente utilizados nas hipóteses de alteração do contrato de trabalho. Nesse sentido, é importante ressaltar as diferenças entre os termos "rebaixamento", "promoção" e "remoção"[528]:

- **Rebaixamento:** É o retorno do empregado ao cargo efetivo anterior com caráter punitivo, sendo que o trabalhador ocupava cargo efetivo mais alto. Essa medida é ilícita, pois viola o princípio da inalterabilidade contratual lesiva do trabalhador previsto no artigo em apreço.
- **Promoção:** É o ato pelo qual o empregado é transferido em caráter permanente para um cargo superior com o recebimento de efetivas vantagens. Caso prevista em regulamento de empresa, é obrigação do empregado aceitar a promoção, salvo hipóteses justificáveis para permanecer em cargo inferior.
- **Remoção:** Configura-se com a alteração do local de trabalho do empregado, sendo exigida sua mudança de domicílio. A transferência será possível desde que tenha, em regra, anuência do empregado.

A reversão, disciplinada nos §§ 1º e 2º do art. 468 da CLT, **pressupõe que o empregado, antes de exercer a função de confiança, ocupava outro cargo na empresa**. Portanto, não há rebaixamento do trabalhador para cargo inferior, mas apenas o retorno do empregado ao seu cargo efetivo anterior, deixando de exercer função de confiança[529].

528. DELGADO, Mauricio Godinho. *Curso de Direito do Trabalho*. 16. ed. São Paulo: LTr, 2017. p. 1.167 e 1.170.
529. Esse aspecto da reversão foi explorado pela FGV na prova objetiva para Juiz do Trabalho em 2023.

5.3. Reversão e gratificação de função (Reforma Trabalhista)

5.3.1. Conceito de gratificação

A gratificação é paga em razão de condições especiais, como tempo de serviço ou função de confiança. Essa parcela não é prevista em lei, portanto é paga de forma espontânea pelo empregador. Em razão da habitualidade no pagamento, a gratificação possui natureza salarial, refletindo nas demais parcelas, como férias, 13º, FGTS e aviso-prévio.

A gratificação de função corresponde a uma parcela paga enquanto o trabalhador exerce função de confiança na empresa. Configura-se, portanto, salário-condição, ou seja, o empregado somente irá receber a gratificação enquanto estiver exercendo a função de confiança na empresa. Portanto, não se incorpora ao patrimônio jurídico do trabalhador.

5.3.2. Disciplina anterior à Reforma Trabalhista acerca da gratificação de função e a reversão

Antes da promulgação da Lei nº 13.467/2017, o tema era tratado pela Súmula nº 372 do TST. De acordo com o posicionamento sumulado do tribunal, se revertido ao cargo anteriormente ocupado, o empregador poderia retirar a gratificação sem que essa conduta afrontasse a legislação trabalhista. Essa decisão de modificar o contrato de trabalho era lícita e estava inserida dentro do poder dado ao empregador de dirigir seu empreendimento (*jus variandi*).

O TST tinha o entendimento no sentido de que o empregado que exerce função de confiança há 10 ou mais anos na empresa não poderia ter a gratificação retirada, sem justo motivo. Após o período de 10 anos, a gratificação incorporaria definitivamente o salário do empregado. Embora não houvesse previsão legal específica nesse sentido, o TST entendia que a conduta do empregador em retirar a gratificação afrontava o princípio da estabilidade financeira do trabalhador. Caso o trabalhador cometesse conduta que contrariasse a confiança nele depositada, poderia ser retirada a gratificação, pois o empregador teria, nesse caso, justo motivo.

A Súmula nº 372, I, do TST previa, portanto, a incorporação do salário-condição, em situação sequer prevista em lei, embora fosse benéfica ao trabalhador. Não nos parece justo ou razoável que o empregado receba gratificação de função sem ocupar o cargo respectivo. Por fim, defendíamos que a redação do art. 468, parágrafo único, previa a possibilidade de reversão independentemente do tempo despendido na função de confiança.

5.3.3. Regulamentação da retirada da gratificação de função pela Reforma Trabalhista

O § 2º do art. 468 da CLT, acrescentado pela Reforma Trabalhista, passou a disciplinar a hipótese de supressão da gratificação de função. O texto do dispositivo é oposto à Súmula nº 372 do TST que disciplinava o assunto:

> **Art. 468, § 2º, CLT** (*acrescentado pela Lei nº 13.467/2017*): A alteração de que trata o § 1º deste artigo, com ou sem justo motivo, não assegura ao empregado o direito à manutenção do pagamento da gratificação correspondente, que não será incorporada, independentemente do tempo de exercício da respectiva função.

Nesse sentido, a Reforma Trabalhista passou a prever que a reversão do empregado, com ou sem justo motivo, não assegura ao empregado o direito de manter o pagamento da gratificação de função. O valor não será, em hipótese alguma, incorporado ao salário do empregado, **independentemente do tempo de exercício da função**. Portanto, ainda que o empregado trabalhe por períodos superiores a 10 anos em função de confiança, não terá direito à incorporação da gratificação de função recebida caso for revertido ao cargo efetivo anteriormente ocupado.

O mesmo raciocínio é utilizado para outros adicionais, como adicional de insalubridade, periculosidade, horas extras e adicional noturno. Em todos esses casos, uma vez cessada a condição geradora do adicional, a quantia poderá ser retirada, ocasionando a redução salarial. Exemplo: Se o empregado deixa de prestar serviços à noite, perde o direito ao recebimento do adicional noturno.

Por fim, o item II da Súmula nº 372 do TST permanece aplicado e não deve sofrer alteração. A **redução** no valor da gratificação durante o exercício da função de confiança não pode ocorrer, pois afronta o princípio da irredutibilidade salarial (art. 7º, VI, da CF/88) e o princípio da inalterabilidade contratual lesiva ao trabalhador, previsto no "caput" do presente dispositivo, que veda alterações prejudicais ao empregado. Lembremos que a gratificação tem natureza salarial, logo não poderá ser reduzida.

A legislação não estabelece, contudo, regra referente aos empregados que já recebiam gratificação de função incorporada ao seu salário após a reversão ao cargo efetivo.

Outra importante discussão quanto à gratificação é em relação aos empregados em cargo de confiança que completaram o período de 10 anos na função antes da entrada em vigor da Reforma Trabalhista.

Em relação aos primeiros, que já recebiam gratificação de função incorporada ao seu salário após a reversão ao cargo efetivo, defendíamos a necessidade de sua manutenção, vez que a alteração somente poderia atingir os ocupantes de cargo de confiança que não foram revertidos até a entrada em vigor da Reforma Trabalhista.

Para os segundos, que haviam completado o período de 10 anos na função antes da entrada em vigor da Reforma Trabalhista, sustentávamos que teriam direito à integração do adicional de função ao salário. Nesse sentido, aliás, caminhava a jurisprudência do TST. Nos termos dos informativos nº 243 e nº 252 do TST, a novidade trazida no art. 468, § 2º, da CLT, pela Lei 13.467/2017, não poderia ser aplicada de forma retroativa, sob pena de violar ato jurídico perfeito. Dessa forma, se o empregado, em 11/11/2017 (data de entrada em vigor da Reforma), já contava com 10 anos no exercício de função de confiança, a gratificação não poderia ser suprimida, ainda que fosse revertido ao cargo efetivo.

Finalmente, para pacificar o assunto, o TST, na apreciação do Tema 23 da tabela de Incidentes de Recursos de Revista Repetitivos, fixou tese acerca da eficácia temporal da Reforma Trabalhista:

> A Lei nº 13.467/2017 possui aplicação imediata aos contratos de trabalho em curso, passando a regular os direitos decorrentes de lei cujos fatos geradores tenham se efetivado a partir de sua vigência.

Portanto, segundo a tese de observância obrigatória em toda a Justiça do Trabalho, a Reforma Trabalhista (Lei 13.467/2017) tem aplicação imediata aos contratos de trabalho em curso, mas apenas em relação aos fatos que forem ocorrendo a partir de sua vigência, em 11/11/2017.

Para os trabalhadores que já recebiam a gratificação de função incorporada ao salário após a reversão ou, então, que já haviam preenchido o requisito para sua incorporação ao tempo de entrada em vigor da Reforma Trabalhista, deve prevalecer a sistemática anterior à Lei 13.467/2017.

Só não terão direito à incorporação da gratificação de função aqueles trabalhadores que não haviam completado 10 anos no exercício da função de confiança até 11/11/2017, ou que foram contratados após essa data.

ALTERAÇÃO DO CONTRATO

1. A alteração é permitida apenas:
   a) com consentimento do empregado
   b) se não acarretar prejuízos diretos e indiretos
2. Possibilidade de reversão (art. 468, § 1º, CLT): cargo de confiança ao cargo anteriormente ocupado, é permitido por lei. Essa modificação não é considerada ilegal. Independentemente do tempo de ocupação da função, a gratificação não será incorporada ao salário do empregado (art. 468, § 2º, CLT).
3. *Jus variandi* – alteração unilateral do contrato
   Hipóteses de alteração unilateral do contrato (*jus variandi*):
   a) Transferência do horário noturno para o diurno (Súm. 265)
   b) Alteração da data do pagamento, desde que respeitado o 5º dia útil (OJ nº 159)
   c) Transferência, desde que observados os limites impostos em lei (art. 469)
   d) Alteração do regime de teletrabalho para o presencial (art. 75-C, § 2º, CLT – Reforma Trabalhista)

5.4. Transferência de empregados

Dentre as possibilidades do *jus variandi*, está a transferência de empregados. Em regra, a transferência unilateral é vedada. Essa transferência será possível desde que tenha anuência do empregado. Para configurar transferência, é necessário que acarrete mudança de domicílio do empregado.

É vedada a transferência do empregado eleito para dirigente sindical, conforme previsto no art. 543 da CLT.

Excepcionalmente, poderá ocorrer a transferência unilateral do empregado, se respeitados os limites impostos por lei. A seguir, as hipóteses admitidas:

a) **Empregados que exerçam cargos de confiança.** Inclusive para esses empregados, é necessário que o empregador demonstre a necessidade do serviço[530], ou seja,

530. **Súmula nº 43 do TST:** "Presume-se abusiva a transferência de que trata o § 1º do art. 469 da CLT, sem comprovação da necessidade do serviço."

fundamente a transferência para evitar abusos e perseguições. Empregados de confiança são aqueles previstos no art. 62, II, da CLT.

b) **Empregados cujo contrato tenham como condição implícita ou explícita a necessidade de transferência.** Também nessa hipótese será necessário comprovação de real necessidade de serviço, no mesmo sentido da hipótese anterior. Exemplo de condição **implícita**: empregados do circo. Condição **explícita**: no ato da contratação fica expresso que é condição, na prestação de serviços, a possibilidade de transferência do empregado, como ocorre em alguns bancos e em empresas com diversas filiais.

c) **Extinção do estabelecimento.** Nesse caso, a transferência unilateral é permitida para evitar o término do contrato de trabalho. E, se o empregado se negar a essa transferência, ocorrerá o pedido de demissão. Exemplo: empregado trabalhava em Belo Horizonte, mas nessa cidade o estabelecimento foi extinto. Diante desse acontecimento, o trabalhador foi transferido para a unidade da empresa em Juiz de Fora, MG, sendo lícita essa transferência.

d) **Transferência provisória por necessidade de serviço.** Nesse caso, com fundamento no princípio da lealdade contratual, caberá ao empregado colaborar com a empresa. Há necessidade, entretanto, de que essa necessidade seja fundamentada na real necessidade de serviço.

No caso de transferência provisória por necessidade de serviço, mesmo em se tratando de cargo de confiança e condição implícita ou explícita no contrato, o empregador ficará obrigado a pagar adicional de, no mínimo, 25%, dos salários que o empregado recebia na localidade de origem, enquanto durar a transferência. A jurisprudência majoritária defende o pagamento desse adicional somente no caso de transferência provisória[531]. Assim sendo, se ocorrer transferência definitiva, o empregado não terá direito ao adicional.

Importante ressaltar que esse adicional possui **natureza salarial**, portanto reflete nas demais verbas trabalhistas. Enquanto receber esse adicional de transferência, a remuneração das férias, do 13º salário e os depósitos do FGTS serão acrescidos (reflexo salarial).

Por fim, há previsão no art. 470 da CLT da ajuda de custo para o pagamento das despesas resultantes da transferência[532]. Nesse caso, essas despesas serão suportadas pelo empregador, e o valor reembolsado ao trabalhador terá **natureza indenizatória**. Portanto, não há reflexo da ajuda de custo nas demais verbas trabalhistas.

Transferência

Possibilidades de transferência:

- Desde que tenha consentimento (anuência) do empregado
- Transferência unilateral (necessidade de comprovar a necessidade de serviço)
  a) Cargo de confiança

531. **Orientação Jurisprudencial nº 113 da SDI-I do TST:** "O fato de o empregado exercer cargo de confiança, e a existência de previsão de transferência no contrato de trabalho, não exclui o direito ao adicional. O pressuposto legal apto a legitimar a percepção do mencionado adicional é a transferência provisória".

532. **Súmula nº 29 do TST:** "Empregado transferido, por ato unilateral do empregador, para local mais distante de sua residência, tem direito a suplemento salarial correspondente ao acréscimo da despesa de transporte".

b) Contrato que tenha condição implícita ou explícita
c) Extinção do estabelecimento
d) Necessidade de serviço

- **Adicional de transferência** (art. 469 § 3º, da CLT)
  a) Apenas para transferências provisórias
  b) Empregados que exercem cargo de confiança também têm direito ao adicional
  c) Esse adicional possui natureza salarial
- **Ajuda de custo** (art. 470 da CLT)
  a) Despesas resultantes da transferência
  b) Natureza indenizatória

6. SUSPENSÃO E INTERRUPÇÃO[533]

De acordo com o princípio da continuidade do contrato de trabalho, há situações em que, mesmo não havendo prestação de serviços pelo trabalhador, o vínculo empregatício fica mantido. São as hipóteses de interrupção e suspensão do contrato de trabalho.

A **interrupção** do contrato de trabalho consiste na ausência provisória da prestação de serviços, em que são devidos o pagamento de salário e a contagem do tempo. Cessa a obrigação do empregado, mas persiste a obrigação da empresa[534].

Por outro lado, a **suspensão** do contrato de trabalho é a ausência provisória da prestação de serviços, sem que haja o pagamento de salário, nem a contagem do tempo. Nesse caso, cessa a obrigação tanto da empresa como do empregado[535].

Durante os afastamentos, ou seja, nas hipóteses de interrupção e suspensão, o empregador não poderá colocar fim ao contrato de trabalho[536].

A principal diferença existente entre interrupção e suspensão consiste no pagamento dos salários. Na interrupção, repita-se, o empregador deverá pagar salário ao trabalhador.

533. Somente no ano de 2022, esse tema foi objeto de **6 QUESTÕES**, em **6 TRTs diferentes** (TRT 3, TRT 4, TRT 8, TRT 17, TRT 22 e TRT 23), em provas realizadas por **3 bancas diferente** (Cespe, FCC e FUMARC). Portanto, **muita atenção! Se você quiser ser aprovado, tem que decorar o art. 473 da CLT!**

534. Segue dica enviada por alunos que pode facilitar a **memorização** das diferenças entre suspensão e interrupção do contrato de trabalho:

INTERRUPÇÃO	
IN	clui salário
IN	clui contagem de tempo de serviço

535. Segue dica enviada por alunos que pode facilitar a **memorização** das diferenças entre suspensão e interrupção do contrato de trabalho:

Na palavra SuSpenSão, existem 3 letras S de "Sem":	
S	em trabalho
S	em salário
S	em contagem de tempo

536. "Outro traço comum entre os dois institutos jurídicos é a impossibilidade de o empregador dissolver o contrato de trabalho, durante a cessão temporária da obrigação de trabalhar, mesmo que arque com as reparações devidas, salvo em se tratando de justa causa cometida pelo obreiro e reconhecida pela Justiça do Trabalho ou de extinção da empresa, que impossibilite a continuidade da relação jurídico-laboral." BARROS, Alice Monteiro. *Curso de Direito do Trabalho*. 5. ed. São Paulo: LTr, 2009. p. 868.

Em ambos os casos, serão asseguradas, ao empregado afastado, as vantagens que, em sua ausência, tenham sido atribuídas à categoria, conforme previsto no art. 471 da CLT.

Ademais, é possível acordo entre empregado e empregador, para desprezar o tempo de afastamento, nos contratos por prazo determinado. Dessa forma, as hipóteses de interrupção e suspensão não seriam computadas no período do contrato por prazo certo. Exemplo: empregado contratado para prestar serviços por cinco meses. Durante esse período, fica afastado por um mês em razão de acidente de trabalho. No fim, o contrato será prorrogado por mais um mês, pois o tempo de afastamento não será computado, em razão do acordo entre as partes (art. 472, § 2º, da CLT).

Cabe ressaltar que, em regra, o tempo de afastamento é computado nos contratos por prazo determinado, não afetando a contagem do prazo. Assim sendo, mesmo ocorrendo hipóteses de suspensão e de interrupção, não há prorrogação no fim do contrato.

6.1. Hipóteses de interrupção

Lembre-se de que, nas hipóteses de interrupção, embora não tenha prestação de serviços, haverá pagamento de salário e contagem do tempo de serviço. Em outras palavras, apenas o trabalhador ficará livre de suas obrigações.

Para as provas de concurso, imprescindível que sejam memorizadas as hipóteses de interrupção do contrato, elencadas a seguir:

a) **2 dias consecutivos** – no caso de falecimento do cônjuge, ascendente (pais e avós), descendente (filhos e netos), irmão ou pessoa que, declarada em sua CTPS, viva sob sua dependência;

b) **3 dias consecutivos** – em virtude de casamento[537];

O professor terá nove dias – no caso de falecimento ou casamento (art. 320, § 3º, da CLT);

c) **1 dia a cada doze meses** – para doação voluntária de sangue;

d) **2 dias consecutivos ou não** – para fim de alistamento eleitoral;

e) **pelo tempo necessário para acompanhar sua esposa ou companheira em até 6 (seis) consultas médicas, ou em exames complementares, durante o período de gravidez** (art. 473, X, CLT, com a redação dada pela Lei nº 14.457, de 2022)[538];

f) **1 dia por ano** – para acompanhar filho de até 6 anos em consulta médica e é válido tanto para o empregado como para a empregada – Hipótese acrescida

537. Casamento civil.

538. Originalmente, o inciso X do art. 473 da CLT, incluído pela Lei nº 13.257/2016, previa que o empregado poderia deixar de comparecer ao serviço sem prejuízo do salário por até 2 (dois) dias para acompanhar consultas médicas e exames complementares durante o período de gravidez de sua esposa ou companheira. Contudo, conforme recomendação da Organização Mundial da Saúde (OMS), o número mínimo adequado é de 6 consultas durante o pré-natal. De acordo com a legislação de 2016, o pai somente conseguiria acompanhar a esposa ou companheira em duas consultas, reforçando a cultura de que os cuidados da criança são de responsabilidade exclusiva da mulher. Para corrigir essa distorção, em setembro de 2022, foi publicada a Lei nº 14.457, de 2022 (fruto da conversão da Medida Provisória nº 1.116, de 2022), que entre outras providências, alterou a redação do inciso X do art. 473 da CLT, estabelecendo que o empregado poderá deixar de comparecer ao serviço sem prejuízo do salário pelo tempo necessário para acompanhar sua esposa ou companheira em até 6 (seis) consultas médicas, ou em exames complementares, durante o período de gravidez.

ao art. 473 da CLT em razão da promulgação da Lei de políticas públicas para a primeira infância (Lei nº 13.257/2016);

g) **3 dias a cada 12 meses – para realização de exames preventivos de câncer devidamente comprovada.** Essa hipótese foi acrescida ao art. 473 da CLT pela Lei nº 13.767/2018, promulgada no dia 18/12/2018;

h) pelo período necessário:

h.1) cumprimento das exigências do serviço militar;

h.2) provas de exame vestibular;

h.3) comparecimento em juízo[539] (testemunha, júri etc.);

h.4) para o representante de entidade sindical que estiver participando de reunião oficial de organismo internacional do qual o Brasil seja membro[540].

i) durante a **paralisação da empresa** por motivos acidentais ou não, como no caso de **embargo**[541] ou **interdição**[542];

j) afastamento do empregado, por doença ou acidente, nos **primeiros 15 dias**[543];

k) redução da jornada de trabalho de **2 horas diárias ou 7 dias consecutivos**, quando o aviso-prévio for dado pelo empregador. Ou, ainda, **1 dia por semana**, para o trabalhador rural;

l) **férias;**

m) **descanso semanal remunerado e feriados;**

n) **intervalos intrajornadas remunerados:** mecanografia; frigoríficos; minas de subsolo e amamentação. Ademais, os intervalos intrajornadas concedidos pelo empregador, não previstos em lei, representam tempo à disposição do empregador, remunerados como serviço extraordinário, se acrescidos no fim da jornada, conforme prevê a Súmula nº 118 do TST;

o) **licença-paternidade de 5 dias**[544].[545] Essa licença é válida tanto para o pai casado como para o solteiro, e deve ser gozada no decorrer da primeira semana após

539. **Súmula nº 155 do TST.** "As horas em que o empregado faltar ao serviço para comparecimento necessário como parte na Justiça do Trabalho não serão descontadas de seu salário."

540. As hipóteses apontadas até a letra "e", acima, estão previstas no art. 473 da CLT.

541. **Item 3.2.2.1, NR 3:** O embargo implica a paralisação parcial ou total da obra.

542. **Item 3.2.2.2, NR 3:** O A interdição implica a paralisação parcial ou total da atividade, da máquina ou equipamento, do setor de serviço ou do estabelecimento.

543. Vale ressaltar que o prazo para a interrupção do contrato de trabalho na hipótese de afastamento por doença ou acidente permanece em 15 dias. A MP nº 664/2014, que ampliava para 30 dias esse prazo, foi convertida na Lei nº 13.135/2015. A nova lei revogou a previsão de 30 dias. Em resumo, aplica-se o prazo de 15 dias.

544. Há posicionamento doutrinário no sentido de que essa licença configura hipótese de suspensão do contrato. Esse posicionamento, entretanto, é minoritário. De acordo com Sergio Pinto Martins: "Dessa forma, não há obrigação legal de o empregador pagar os dias de licença-paternidade do empregado, nem de computá-la como tempo de serviço. Assim, a licença-paternidade vem a ser hipótese de suspensão do contrato de trabalho". (MARTINS, Sergio Pinto. *Direito do Trabalho*. 25. ed. São Paulo: Atlas, 2009. p. 332). Se a alternativa da questão do concurso de Analista do TRT identificar como correta a hipótese de suspensão, sem indicar o autor, o candidato poderá ingressar com recurso. Para fundamentação de eventual recurso, pode-se destacar alguns autores que defendem a tese majoritária, da interrupção: Mauricio Godinho Delgado, Amauri Mascaro do Nascimento e Alice Monteiro de Barros.

545. Este tema foi exigido no concurso para Analista do TRT da 21ª Região realizado em 2017.

o parto[546] (art. 473 da CLT e art. 10, § 1º, ADCT). Com a promulgação da Lei de políticas públicas para a primeira infância (Lei nº 13.257/2016), foi introduzida a possibilidade de **prorrogação da licença-paternidade em 15 dias** na Lei nº 11.770/2008 (Programa Empresa Cidadã), totalizando o período de 20 dias. Para se ter direito à prorrogação, é necessário o preenchimento de alguns requisitos:

1) Empregador deve integrar o Programa Empresa Cidadã[547];
2) Benefício de prorrogação deve ser requerido no prazo de até 2 dias úteis após o parto;
3) Comprovação de participação em programa ou atividade de orientação sobre paternidade responsável;
4) Proibição de exercer atividade remunerada durante o período.

p) tempo necessário para a empregada gestante realizar **consultas médicas** (no mínimo 6 consultas) e demais **exames complementares**;

q) Afastamento do empregado para participar das **Comissões de Conciliação Prévia**: "será computado como tempo de trabalho efetivo o despendido nessa atividade" (art. 625-B, § 2º, da CLT);

r) **prontidão e sobreaviso**. Nesses dois casos, o empregado permanece à disposição do empregador, recebendo salário. Logo, há hipótese de interrupção;

s) ***lockout***. É a paralisação das atividades, por iniciativa do empregador, com o objetivo de frustrar negociação ou dificultar o atendimento de reivindicações dos empregados. Há expressa previsão no art. 17 da Lei de Greve nº 7.783/89. Nessa hipótese, o empregado receberá o salário durante o período da paralisação;

t) **participação do empregado em atividade do Conselho Curador do FGTS.** As ausências ao trabalho dos representantes dos trabalhadores decorrentes das atividades desse órgão serão computadas como jornada efetivamente trabalhada, conforme previsto no art. 3º, § 7º, da Lei nº 8.036, de 11 de maio de 1990;

u) demais hipóteses previstas em **negociação coletiva** (acordo e convenção coletiva).

6.2. Hipóteses de suspensão

Na suspensão do contrato de trabalho não há prestação de serviços pelo trabalhador. Nesse caso, não ocorre o pagamento de salário e a contagem do tempo de serviço do empregado. Veja que, na suspensão, as obrigações assumidas, tanto do empregado (fazer) como do empregador (dar), ficam paralisadas, mas o vínculo empregatício fica mantido.

Hipóteses de suspensão:

a) **Encargo público**. Exemplo: mandato eletivo, empregado eleito para prefeito da cidade. Entretanto, durante os 90 primeiros dias de afastamento, o empregado em questão continuará recebendo remuneração (art. 472, § 5º da CLT). Nesse caso, haverá hipótese de interrupção do contrato de trabalho.

546. JORGE NETO, Francisco Ferreira e CAVALCANTE, Jouberto de Quadros Pessoa. *Curso de Direito do Trabalho*. São Paulo: Atlas, 2009. p. 251.

547. Para mais informações acerca desse Programa, confira o tópico de licença-maternidade no tópico de Proteção do Trabalho da Mulher.

b) **Mandato sindical.** Exemplo: empregado eleito diretor de sindicato. Em regra, o contrato de trabalho fica suspenso. Excepcionalmente, é possível que ocorra a interrupção desde que prevista em convenção ou acordo coletivo.

c) **Suspensão disciplinar**[548]. Lembre-se de que o prazo máximo dessa suspensão é de trinta dias. A suspensão do empregado por mais de trinta dias consecutivos importa na rescisão injusta (rescisão indireta) do contrato de trabalho, conforme previsto no art. 474 da CLT.

d) **Greve.** Em regra, o período de greve é hipótese de suspensão. Entretanto, se no fim do movimento grevista houver previsão, no acordo ou convenção coletiva, de pagamento dos salários durante o período da paralisação, transforma-se em hipótese de interrupção.

e) Empregado em gozo de **benefícios previdenciários.** Exemplo: durante aposentadoria por invalidez, auxílio-doença etc. Cabe ressaltar, ainda, que durante a suspensão do contrato, decorrente de acidente de trabalho, o empregador continuará obrigado à manutenção de plano de saúde ou de assistência médica. Para o TST, o empregador não manteve um ambiente seguro e saudável ao empregado[549].

f) Empregado eleito para ocupar o cargo de **Diretor de S/A**, salvo se permanecer a subordinação inerente à relação de emprego[550].

g) **Intervalos intrajornadas e interjornadas.** Em regra, durante o período para descanso e refeição (intervalo intrajornada) e o descanso entre uma jornada e outra de 11 horas consecutivas, não há remuneração.

h) **Ausência do empregado por motivo de prisão.** De acordo com Alice Monteiro de Barros[551]: "O período em que o empregado ficou afastado, aguardando julgamento na Justiça Comum ou Militar ou respondendo a inquérito, é de suspensão contratual"[552]. Importante frisar que, se houver condenação criminal transitada em julgado, caberá a dispensa por justa causa, com fundamento no art. 482, d, da CLT.

i) **Violência doméstica** (art. 9º, § 2º, II, da Lei nº 11.340/06 – Lei Maria da Penha). O juiz poderá determinar, para preservar a integridade física e psicológica da mulher, o afastamento do local de trabalho com a manutenção do vínculo empregatício, por até 6 meses. Como não há previsão na lei que obrigue o empregador ao pagamento de salário, prevalece o entendimento de que se trata de suspensão contratual.

548. Se a suspensão disciplinar for arbitrária e declarada nula pelo Judiciário Trabalhista, o período em que o empregado ficou afastado será convertido em interrupção.

549. **Súmula nº 440 do TST.** Assegura-se o direito à manutenção de plano de saúde, ou de assistência médica, oferecido pela empresa ao empregado, não obstante suspenso o contrato de trabalho em virtude de auxílio-doença acidentário ou de aposentadoria por invalidez.

550. **Súmula nº 269 do TST.** "O empregado eleito para ocupar cargo de diretor tem o respectivo contrato de trabalho **suspenso**, não se computando o tempo de serviço desse período, salvo se permanecer a subordinação jurídica inerente à relação de emprego". (grifo acrescido)

551. BARROS, Alice Monteiro de. *Curso de Direito do Trabalho*. 5. ed. rev. e ampl. São Paulo: LTr, 2009. p. 879.

552. Essa questão caiu no concurso do TRT da 15ª Região/2009, de acordo com afirmativa: "É hipótese de suspensão do contrato o período em que o empregado ficou afastado do emprego em prisão aguardando julgamento da justiça comum em razão da prática de crime".

j) **Inquérito para apuração de falta grave**[553] **(art. 495 da CLT).** Durante essa ação judicial (inquérito para apuração de falta grave), o contrato do dirigente sindical ficará suspenso. Se o inquérito for julgado improcedente, e, consequentemente, a falta grave não ficar comprovada, o período de afastamento terá natureza de interrupção do contrato[554].

k) **Qualificação profissional** (art. 476-A da CLT). Em razão da crise econômica mundial, as empresas têm se utilizado dessa hipótese de suspensão para evitar demissões em massa ("lay off"). Características:

Prazo: de 2 meses a 5 meses (esse prazo poderá ser prorrogado desde que, se previsto no acordo ou convenção coletiva, tenha o consentimento formal do empregado e a empresa se responsabilize pela bolsa de qualificação profissional).

Requisitos:

- previsão em acordo ou convenção coletiva;
- consentimento formal do empregado.

Formalidades especiais:

- comunicação ao sindicato da categoria com quinze dias de antecedência;
- empregador poderá conceder ajuda compensatória, sem natureza salarial, neste período de suspensão. O FAT – Fundo de Amparo ao Trabalho – é o responsável pela concessão da bolsa de qualificação profissional;
- contrato não poderá ser suspenso mais de uma vez no período de 16 meses.

Dispensa do trabalhador: O empregado não poderá ser dispensado no transcurso do período do curso e nos três meses subsequentes ao afastamento para qualificação profissional. Se dispensado, o empregador deverá pagar multa ao empregado conforme previsto no acordo ou convenção, sendo de, no mínimo, 100% sobre o valor da última remuneração mensal do empregado.

Fraude no curso de qualificação: Se não houver curso ou o empregado continuar trabalhando, o período será de interrupção (pagamento do salário e demais verbas trabalhistas).

l) **Períodos de inatividade no trabalho intermitente:** O trabalho intermitente é uma nova modalidade contratual inserida pela Reforma Trabalhista, caracterizada pela alternância entre períodos de prestação de serviços e de inatividade. Durante os períodos de inatividade, não há recebimento de salário e contagem do tempo de serviço, pois não configura tempo à disposição do empregador. Portanto, trata-se de hipótese de suspensão do contrato de trabalho.

---

553. Para mais detalhes do inquérito para apuração de falta grave, consulte o Capítulo VII, item 4.

554. **Art. 495 da CLT**: "Reconhecida a inexistência de falta grave praticada pelo empregado, fica o empregador obrigado a readmiti-lo no serviço e a pagar-lhe os salários a que teria direito no período de suspensão".

m) **Suspensão temporária do contrato de trabalho durante a pandemia de coronavírus e legislação de exceção:** A Lei nº 14.020/2020 (conversão em lei da MP nº 936/2020) permitiu a suspensão temporária do contrato de trabalho durante a pandemia de coronavírus. Nesse mesmo sentido, em agosto de 2022, o Congresso Nacional aprovou a MP nº 1.109/2022 (convertida na Lei nº 14.437/2022), que institucionaliza autorização genérica para a adoção de medidas trabalhistas de enfrentamento a momentos de crise, dentre elas: a suspensão temporária do contrato de trabalho.

n) **Programa Emprega + Mulheres – suspensão do contrato de trabalho da mulher para qualificação profissional:** no dia 21 de setembro de 2022, foi publicada a Lei nº 14.457/2022, que, entre outras providências, institui o Programa Emprega + Mulheres. A fim de promover a inserção e a manutenção de mulheres no mercado de trabalho, o Programa Emprega + Mulheres possibilita a suspensão do contrato de trabalho para qualificação profissional, que dependerá de requisição formal da empregada interessada e será formalizado por meio de acordo individual, de acordo coletivo ou de convenção coletiva de trabalho, nos termos do art. 476-A da CLT. Durante o período de suspensão do contrato de trabalho para a realização de curso ou o programa de qualificação profissional oferecido pelo empregador, a empregada receberá bolsa de qualificação profissional de que trata o art. 2º-A da Lei nº 7.998/1990. Ainda, o empregador poderá conceder à empregada ajuda compensatória mensal, sem natureza salarial.

o) **Programa Emprega + Mulheres – suspensão do contrato de trabalho de pais empregados:** Com o objetivo de possibilitar que os pais possam prestar cuidados e estabelecer vínculos com os filhos; acompanhar o desenvolvimento dos filhos; e apoiar o retorno ao trabalho de sua esposa ou companheira, O Programa Emprega + Mulheres possibilita a suspensão do contrato de trabalho de pais empregados. Essa hipótese de suspensão do contrato ocorrerá nos mesmos moldes da suspensão do contrato de trabalho da mulher para qualificação profissional, ou seja, (i) dependerá de requisição formal do empregado interessado; (ii) será formalizada por meio de acordo individual, de acordo coletivo ou de convenção coletiva de trabalho; (iii) ocorrerá nos termos do art. 476-A da CLT, inclusive com a concessão de bolsa de qualificação profissional; (iv) haverá a incidência de multa caso ocorra a dispensa do empregado durante a suspensão do contrato ou nos 6 meses subsequentes ao seu retorno ao trabalho etc. A grande diferença está no momento em que se autoriza essa hipótese de suspensão do contrato de trabalho: após o término da licença-maternidade da esposa ou companheira do empregado.

6.3. Casos controvertidos

Lembre-se de que a principal diferença entre suspensão e interrupção consiste no pagamento de salário, para as hipóteses de interrupção. Há 4 situações que geram discussão na doutrina:

a) **Licença-maternidade.** A licença-maternidade é um benefício previdenciário pago durante o período de 120 dias. Nesse período, o pagamento de salário é efetuado pelo empregador, mas será reembolsado, posteriormente, pela Previdência Social. O tempo de serviço é contado para todos os fins, como se a empregada estivesse trabalhando.

Cabe ao empregador efetuar os depósitos do FGTS. Em razão dessa obrigatoriedade, há discussão se o afastamento em razão da licença-maternidade é hipótese de suspensão ou interrupção. Prevalece o entendimento de que é causa de **interrupção**[555], pois a empregada continua recebendo salário (pago pela Previdência Social) e o tempo de serviço é contado para todos os fins.

b) **Aborto não criminoso.** Abortamento, conforme definição da Organização Mundial de Saúde (*World Health Organization*, 1977), é a interrupção da gravidez antes de 22 semanas ou com um feto até 500 gramas (g) ou de 16,5 cm. Em qualquer um desses casos, não se considera que a gestante teve um parto prematuro, ou que o feto seja natimorto. Dessa forma, não haverá certidão de óbito e, então, a mulher não gozará de licença maternidade. A CLT, em seu art. 395, contudo, prevê o afastamento em razão do aborto não criminoso – que consiste em um benefício previdenciário pago durante o período de duas semanas. Nesse período há pagamento de salário à empregada, efetuado pelo empregador, posteriormente reembolsado pela Previdência Social. O tempo de serviço é contado para todos os fins, como se a empregada estivesse trabalhando.

Cabe ao empregador efetuar os depósitos do FGTS. Em razão dessa obrigatoriedade, há discussão se o afastamento em razão do aborto não criminoso é hipótese de suspensão ou interrupção. Prevalece o entendimento de que é hipótese de **interrupção**, pois a empregada continua recebendo salário (pago pela Previdência Social) e o tempo de serviço é contado para todos os fins.

c) **Serviço militar obrigatório.** Durante a prestação de serviço militar obrigatório, o empregador não está obrigado a pagar salário, mas a obrigatoriedade dos depósitos do FGTS persiste. Em razão dessa obrigatoriedade, há discussão se esse afastamento configura hipótese de suspensão ou interrupção. Prevalece o entendimento que defende hipótese de **suspensão** do contrato de trabalho, porque o empregado não recebe salário (art. 4º, parágrafo único, e art. 472, ambos da CLT).

Ainda de acordo com a hipótese anterior, conforme o art. 472, § 1º, da CLT, para que o empregado tenha direito a voltar a exercer o cargo do qual se afastou, é indispensável que notifique o empregador dessa intenção, por telegrama ou carta registrada, dentro do **prazo máximo de trinta dias**, contados da data em que se verificar a respectiva baixa.

Importante registrar que o empregado afastado para cumprir as exigências do serviço militar, como apresentação anual de reservista, será hipótese de interrupção do contrato,

555. À questão que abordar esse tema controvertido, qualquer que seja a resposta, caberá recurso. Caso venha como opção correta a hipótese de **suspensão** (corrente doutrinária minoritária), o candidato deverá entrar com recurso para anular a questão. Lembre-se de citar alguns doutrinadores que defendem a licença-maternidade como hipótese de interrupção, dentre eles: Mauricio Godinho Delgado, *Curso de Direito do Trabalho*. 7. ed. Editora LTr, Gustavo Felipe Barbosa Garcia, *Curso de Direito do Trabalho*. Editora Método e Sergio Pinto Martins, *Direito do Trabalho*. 24. ed. Editora Atlas.

prevista no art. 473, VI, da CLT. Ademais, o tempo em que o empregado estiver incorporado ao serviço militar por motivo de convocação para manobras, exercícios, manutenção da ordem interna ou guerra também é hipótese de interrupção, pois cabe ao empregador pagar 2/3 da remuneração, conforme prevê o art. 61, *caput*, Lei nº 4.375/64.

SERVIÇO MILITAR

- Serviço militar obrigatório: suspensão
- Prazo de 30 dias para notificar o empregador da intenção de voltar ao emprego
- Exigências do serviço militar: interrupção
- Convocação para a manutenção da ordem interna ou guerra: interrupção

d) **Doença profissional ou acidente de trabalho.** Quando verificado um desses dois casos, os quinze primeiros dias consistem em hipótese de interrupção, pois cabe ao empregador o pagamento de salário. A discussão consiste no afastamento **após** os quinze primeiros dias, em que o empregado ficará em gozo de benefício previdenciário. Nesse período não há pagamento de salário, mas o empregador ficará obrigado ao pagamento do FGTS[556]. Em razão dessa obrigatoriedade, há discussão se esse afastamento configura hipótese de suspensão ou interrupção. O posicionamento doutrinário dominante defende a hipótese de **suspensão** do contrato de trabalho, porque o empregado não recebe salário, mas benefício previdenciário.

e) **Isolamento social:** Com as medidas de distanciamento social, muitas discussões surgiram sobre a suspensão ou interrupção do contrato de trabalho do empregado que fica impedido de trabalhar. No dia 06/02/2020, foi promulgada a Lei nº 13.979/2020, que dispõe sobre as medidas para enfrentamento da emergência de saúde pública de importância internacional decorrente do coronavírus responsável pelo surto de 2019.

De acordo com a legislação e desde que autorizado ou determinado pelo Ministério da Saúde, foi possível a adoção de medidas de isolamento e quarentena pelos gestores de saúde **(art. 3º da Lei nº 13.979/2019)**.

De acordo com o art. 3º, § 3º dessa lei, a ausência do empregado no trabalho pela quarentena foi considerada falta justificada ao trabalho. Nesse caso, o empregado deveria receber a remuneração normalmente, configurando hipótese de interrupção do contrato de trabalho. Coube, portanto, ao empregador o pagamento dos salários.

Apesar dessa previsão legal, permanecem dúvidas, que serão elencadas: 1) Empresa interrompe suas atividades em razão das medidas de quarentena e a atividade não pode ser desenvolvida em teletrabalho; 2) Empregado teve contato com alguém contaminado, mas não recebeu ainda o resultado do exame; 3) A pessoa tem sintomas da doença,

556. Caso haja aposentadoria por invalidez torna-se indevido o recolhimento do FGTS, conforme informativo nº 10 do TST.

mas aguarda o resultado do exame. Nos próximos anos, esses casos serão discutidos se poderão ser considerados hipóteses de interrupção ou suspensão do contrato de trabalho. No entanto, se houver atestado médico, será hipótese de interrupção pelos 15 primeiros dias de responsabilidade da empresa e suspensão a partir do 16º dia com o pedido de auxílio-doença no INSS.

Por fim, cumpre ressaltar que o período de mandato dos membros da comissão de representantes de empregados, que será de um ano, não configura hipótese de suspensão ou interrupção do contrato de trabalho, nos termos do art. 510-D da CLT, acrescentado pela Reforma Trabalhista.

Hipóteses de interrupção (pagamento de salário)	Hipóteses de suspensão (não há pagamento de salário)
• 2 dias – falecimento • 3 dias – casamento • 9 dias – professor (casamento e falecimento) • 1 dia a cada 12 meses – doação de sangue • 2 dias – alistamento eleitoral • Pelo tempo necessário – acompanhar sua esposa ou companheira em até 6 (seis) consultas médicas, ou em exames complementares, durante o período de gravidez[557] • 1 dia por ano – acompanhar filho de até 6 anos em consulta médica – válido para o empregado ou empregada • 3 dias a cada 12 meses – para realização de exames preventivos de câncer devidamente comprovada • Tempo necessário: – serviço militar – vestibular – comparecimento em juízo – reunião/organismo internacional (dirigente sindical) • Paralisação da empresa • Acidente nos primeiros 15 dias • Férias • RSR e Feriados • Intervalos intrajornadas remunerados. • Licença-paternidade – 5 dias para todos os empregados. E ainda, com possibilidade de prorrogação por mais 15 dias (total de 20 dias) se o Empregador aderir ao Programa Empresa Cidadã • Gestante: consultas médicas • Participação nas comissões de conciliação prévia	• Encargo público • Mandato Sindical • Greve • Suspensão disciplinar • Benefícios previdenciários • Diretor de S/A (não empregado – Súm. nº 269 do TST) • Intervalos • Prisão (sem trânsito em julgado) • Violência doméstica • Inquérito para apuração de falta grave • Qualificação profissional (art. 476-A da CLT) • Períodos de inatividade no trabalho intermitente • Suspensão temporária do contrato de trabalho durante a pandemia de coronavírus e legislação de exceção • Programa Emprega + Mulheres – suspensão do contrato de trabalho da mulher para qualificação profissional • Programa Emprega + Mulheres – suspensão do contrato de trabalho de pais empregados

557. Informativo nº 64 do TST.

Hipóteses de interrupção (pagamento de salário)	Hipóteses de suspensão (não há pagamento de salário)
• Prontidão e sobreaviso • *Lockout* • Participação no Conselho Curador do FGTS	
Casos controvertidos	
a) Licença-maternidade (interrupção) b) Aborto não criminoso (interrupção) c) Serviço militar obrigatório (suspensão) d) Acidente do trabalho após 15 primeiros dias (suspensão) e) Isolamento social	

7. QUESTÕES DISSERTATIVAS E ESTUDOS DE CASO

▶ **Treino e Padrão de respostas:**

Ao resolver uma questão dissertativa ou estudos de caso em concursos para Analista do TRT, é fundamental tentar escrever com clareza, sem erros e com letra legível, de modo que se torne uma leitura simples e fácil ao examinador. Lembre-se que o examinador não ficará horas, tentando decifrar códigos ininteligíveis, e ainda, descartará questões com erros graves de ortografia, pontuação etc. Ele tem milhares de questões pra corrigir, portanto cause uma boa impressão logo no início do texto.

É muito importante que o candidato redija, com frequência e com antecedência, o máximo de questões sobre temas atuais e importantes do direito e do processo do trabalho. Treine sempre manualmente, evite digitar as respostas, pois não terá o computador ao seu lado no dia do concurso. Esse é o melhor treino e estudo para questões abertas.

Tente responder às questões seguintes **antes** de verificar o gabarito apresentado ou procurar a resposta na teoria. É uma forma de treinar seu cérebro às condições apresentadas na hora da prova. Lembre-se de que algumas questões não têm resposta certa ou errada. Portanto, a boa **fundamentação** é o caminho para a aprovação.

Cabe frisar, ainda, que não dará tempo de elaborar um rascunho detalhado prévio, na maior parte dos concursos. Portanto, antes de iniciar sua redação, coloque ao lado do próprio enunciado alguns pontos principais de que você precisará se lembrar durante a confecção da resposta. Essa técnica evitará que se esqueça de abordar assuntos importantes.

A indicação do número da lei, do artigo, da súmula ou orientação jurisprudencial somente deve ser colocada se você realmente souber, com exatidão, o número da norma ou se assim for exigido pela banca examinadora.

Por fim, como já dito ao longo dos capítulos, a Reforma Trabalhista, aprovada em julho/2017, alterou muitos pontos do Direito e Processo do Trabalho. Dessa forma, é importante que o candidato tenha conhecimento da legislação vigente e disserte, de forma clara, sobre ela. O examinador valorizará as redações que estiverem com base nas inovações legislativas.

Bom treino, bons estudos e boa sorte!

▶ **ESTUDO DE CASO 01:**

Carlos foi contratado como trabalhador temporário na empresa JMCarvalho por três meses. Após 1 ano, Carlos foi contratado, pela mesma empresa, a título de experiência, por mais 2 meses. Disserte: Essa contratação é lícita? É possível a contratação do mesmo empregado, de forma reiterada, via contrato de experiência?

RESPOSTA SUGERIDA PELO AUTOR:

O contrato de experiência é uma hipótese de contrato por prazo determinado, previsto na CLT. Esse contrato tem por finalidade uma avaliação recíproca entre as partes envolvidas. De um lado, o empregador poderá verificar as qualidades pessoais do trabalhador (eficiência, lealdade etc.). De outro, o empregado terá chance de analisar se aquele emprego corresponde às suas expectativas (meio ambiente de trabalho, condições de pagamento etc.).

O prazo desse contrato será de 90 dias, havendo possibilidade de apenas uma prorrogação, desde que respeitado os 90 dias[558]. Desse modo, o empregado contratado por 30 dias poderá ter seu contrato de experiência prorrogado por até 60 dias.

A nova contratação de Carlos por contrato de experiência não é lícita, uma vez que a finalidade dessa contratação já foi atingida, tendo em vista que empregado e empregador já tiveram a possibilidade de avaliação recíproca durante a vigência do contrato de trabalho temporário[559]. Destaca-se, inclusive, que a redação do art. 10, § 4º, Lei nº 6.019/1974 prevê que não se aplica o contrato de experiência ao trabalho temporário:

> *Art. 10, § 4º, Lei nº 6.019/1974 (redação dada pela Lei nº 13.429/2017): Não se aplica ao trabalhador temporário, contratado pela tomadora de serviços, o contrato de experiência previsto no parágrafo único do art. 445 da Consolidação das Leis do Trabalho (CLT), aprovada pelo Decreto-Lei nº 5.452, de 1º de maio de 1943.*

Assim, não é possível a contratação reiterada via contrato de experiência, uma vez que fere a própria essência do contrato que é a avaliação entre as partes.

▶ **ESTUDO DE CASO 02:**

Marcos e Ana são empregados da empresa XYZ Ltda. Marcos foi contratado para trabalhar no período das 22 horas às 5 horas, com 1 hora de intervalo intrajornada, recebendo o pagamento do adicional noturno de 20% sobre o valor da hora diurna. Ocorre que a empresa XYZ interrompeu todos os trabalhos no período noturno e estabeleceu que Marcos deve trabalhar no período das 8 horas às 17 horas sem o recebimento do valor do adicional noturno. Por sua vez, Ana, trabalhadora experiente na empresa, recebeu seu salário todos os meses no primeiro dia útil do mês pelo período total de 10 anos. Contudo, a empresa XYZ decidiu que o pagamento a todos os empregados, inclusive o de Ana, deve ser feito até o 4º dia útil do mês subsequente à prestação dos serviços. Diante do exposto, responda fundamentadamente às questões a seguir:

558. Súmula nº 188 do TST: "O contrato de experiência pode ser prorrogado, respeitado o limite máximo de 90 dias".
559. Informativo nº 64 do TST.

a) Discorra sobre os requisitos para a alteração do contrato de trabalho e o *ius variandi*.
b) A transferência de Marcos para o período noturno com a supressão do respectivo adicional é válida? Explique.
c) A alteração na data de pagamento dos salários de Ana é válida? Explique.

RESPOSTA SUGERIDA PELO AUTOR[560]:

O contrato de trabalho possui normas de caráter imperativo que não comportam transação entre as partes. Limita-se, assim, a autonomia da vontade, para garantir a dignidade ao empregado. No âmbito individual, há necessidade de observar dois requisitos para que a alteração do contrato de trabalho seja válida, conforme previsto no art. 468 da CLT: consentimento do empregado e ausência de prejuízos diretos ou indiretos ao trabalhador.

Note-se que com a Reforma Trabalhista o adicional de gratificação de função, que se incorporava ao salário do empregado após 10 anos de recebimento, deixa de ser devido, independentemente do tempo em que o empregado exerceu a respectiva função (art. 468, § 2º da CLT).

Contudo, com fundamento no poder diretivo, art. 2º da CLT, cabe ao empregador efetuar algumas alterações para melhor organizar a atividade empresarial. Aliás, como é o empregador que assume os riscos da atividade econômica, nada mais justo que exerça algumas modificações no contrato de trabalho. Essas alterações promovidas pelo empregador, sem o prévio consentimento do empregado, são chamadas de jus variandi.

Insere-se dentro do jus variandi do empregador a possibilidade de transferência do empregado do período noturno para o diurno. Tendo em vista que o adicional noturno somente é devido enquanto é prestada a atividade noturna, com a transferência para o período diurno, o empregado perde o direito ao recebimento do adicional noturno conforme estabelece a Súmula nº 265 do TST. O período noturno é prejudicial à saúde do trabalhador, pois o ser humano não possui hábitos noturnos. Assim, apesar da perda do adicional noturno, há o entendimento majoritário da doutrina e do TST de que a alteração unilateral no contrato de trabalho de Marcos é lícita.

Além disso, é válida a alteração na data de pagamento do salário de Ana para o 4º dia útil do mês. De acordo com o art. 459, § 1º, CLT, é possível o pagamento do salário do empregado até o 5º dia útil do mês subsequente à prestação dos serviços. Nesse sentido, a alteração da data de pagamento, caso não exista expressa previsão contratual ou instrumento coletivo prevendo data específica, é possível se respeitado o prazo máximo do 5º dia útil.

560. Nas respostas aqui oferecidas, serão indicadas e/ou transcritas súmulas, orientações jurisprudências do TST e artigos de lei, mas na prova não há essa necessidade salvo quando expressamente previsto no edital do concurso.

▸ **QUESTÃO DISSERTATIVA 03:**

Disserte sobre os requisitos para a transferência de empregados e as hipóteses de transferência unilateral.

RESPOSTA SUGERIDA PELO AUTOR

Dentre as possibilidades do *jus variandi*, que consiste em alterações unilaterais para melhor organizar a atividade empresarial, está a transferência de empregados. Em regra, a transferência unilateral é vedada. Essa transferência será possível desde que haja anuência do empregado. Para configurar transferência, é necessário que acarrete mudança de domicílio do empregado.

Excepcionalmente, poderá ocorrer a transferência unilateral do empregado, se respeitados os limites impostos por lei. A primeira hipótese prevista em lei refere-se aos empregados que exerçam cargos de confiança. Inclusive para esses empregados, é necessário que o empregador demonstre a necessidade do serviço, ou seja, fundamente a transferência para evitar abusos e perseguições.

Além disso, é possível a transferência unilateral dos empregados cujo contrato tenham como condição implícita ou explícita a necessidade de transferência. Também nessa hipótese será necessário comprovação de real necessidade de serviço, no mesmo sentido da hipótese anterior. Tem-se como exemplo de condição implícita, os empregados do circo que devem se mudar constantemente e condição explícita quando, no ato da contratação, fica expresso que é condição, na prestação de serviços, a possibilidade de transferência do empregado, como ocorre em alguns bancos e em empresas com diversas filiais.

Outra hipótese ocorre com a extinção do estabelecimento. Nesse caso, a transferência unilateral é permitida para evitar o término do contrato de trabalho. E, se o empregado se negar a essa transferência, ocorrerá o pedido de demissão. Por exemplo, o empregado trabalhava em Belo Horizonte, mas nessa cidade o estabelecimento foi extinto. Diante desse acontecimento, o trabalhador foi transferido para a unidade da empresa em Juiz de Fora, MG, sendo lícita essa transferência.

Por fim, é possível a transferência provisória por necessidade de serviço. Nesse caso, com fundamento no princípio da lealdade contratual, caberá ao empregado colaborar com a empresa. Há necessidade, entretanto, de que essa necessidade seja fundamentada na real necessidade de serviço. Na hipótese de **transferência provisória**, mesmo em se tratando de cargo de confiança e condição implícita ou explícita no contrato, o empregador ficará obrigado a pagar adicional de, no mínimo, 25%, dos salários que o empregado recebia na localidade de origem, enquanto durar a transferência. De acordo com a jurisprudência majoritária, se ocorrer transferência definitiva, o empregado não terá direito ao adicional.

Importante ressaltar que esse adicional possui natureza salarial, portanto reflete nas demais verbas trabalhistas. Enquanto receber esse adicional de transferência, a remuneração das férias, do 13º salário e os depósitos do FGTS serão acrescidos (reflexo salarial).

► **ESTUDO DE CASO 04:**

João acabou de aderir ao movimento grevista. Ângela acabou de retirar sua licença maternidade. E Pedro está preso temporariamente, aguardando decisão da justiça. De acordo com esse caso. Responda:

a) Quais os pontos em comum e as diferenças básicas entre suspensão e interrupção?

b) Quais são as situações dos 3 empregados acima?

c) Durante a suspensão do contrato de trabalho, há necessidade de depósitos do FGTS e pagamento do plano de saúde pelo empregador?

RESPOSTA SUGERIDA PELO AUTOR:

De acordo com o princípio da continuidade do contrato de trabalho, há situações em que, mesmo não havendo prestação de serviços pelo trabalhador, o vínculo empregatício fica mantido. São as hipóteses de interrupção e suspensão do contrato de trabalho.

A **interrupção** do contrato de trabalho consiste na ausência provisória da prestação de serviços, em que são devidos o pagamento de salário e a contagem do tempo. Cessa a obrigação do empregado, mas persiste a obrigação da empresa. Por outro lado, a **suspensão** do contrato de trabalho é a ausência provisória da prestação de serviços, sem que haja o pagamento de salário, nem a contagem do tempo. Nesse caso, cessa a obrigação tanto da empresa como do empregado.

João tem o contrato de trabalho suspenso. Em regra, o período de greve é hipótese de suspensão. Entretanto, se no fim do movimento grevista houver previsão, no acordo ou convenção coletiva, de pagamento dos salários durante o período da paralisação, transforma se em hipótese de interrupção.

Ademais, prevalece na doutrina que Ângela tem o contrato de trabalho interrompido. A licença-maternidade é um benefício previdenciário pago durante o período de 120 dias. Nesse período, o pagamento de salário é efetuado pelo empregador, mas será reembolsado, posteriormente, pela Previdência Social. O tempo de serviço é contado para todos os fins, como se a empregada estivesse trabalhando. Nessa hipótese, cabe ao empregador efetuar os depósitos do FGTS. Em razão dessa obrigatoriedade, há discussão se o afastamento em razão da licença-maternidade é hipótese de suspensão ou interrupção. Prevalece o entendimento de que é causa de **interrupção**, pois a empregada continua recebendo salário (pago pela Previdência Social) e o tempo de serviço é contado para todos os fins.

O contrato de trabalho de Pedro está suspenso, uma vez que a prisão sem condenação criminal transitada em julgado ocasiona a suspensão do contrato de trabalho diante da impossibilidade na prestação dos serviços.

Para as hipóteses de suspensão por serviço militar obrigatório e acidente de trabalho após os 15 primeiros dias, há necessidade dos depósitos do FGTS. Para as demais hipóteses, como a greve e a prisão antes do trânsito em julgado de sentença condenatória, não há essa obrigação. Por fim, cabe ressaltar que, durante a suspensão do contrato, decorrente de acidente de trabalho, o empregador continua obrigado à manutenção de plano de saúde ou de assistência médica nos termos da Súmula nº 440 do TST.

► **QUESTÃO DISCURSIVA 05:**

Disserte sobre: Trabalho intermitente. Características principais. Impactos causados pela Reforma Trabalhista.

RESPOSTA SUGERIDA PELO AUTOR:

A questão acerca do trabalho intermitente já era discutida pela jurisprudência trabalhista ao abordar a jornada de trabalho variável ou móvel, que consiste no estabelecimento de uma jornada organizada por hora de trabalho e com o pagamento apenas das horas efetivamente trabalhadas. O contrato de trabalho clássico firmado por prazo indeterminado ou determinado exige a não eventualidade. O contrato de trabalho é firmado por prazo indeterminado e excepcionalmente, de acordo com previsão expressa em lei é possível prazo determinado.

Essa modalidade de jornada de trabalho foi idealizada para o segmento de restaurantes e buffets, cuja demanda aumenta durante alguns períodos e diminui em outros. Assim, a depender da necessidade da empresa, o empregado pode ser chamado para trabalhar com jornada de durações diferentes a cada dia ou semana.

De acordo com o art. 443, § 3º da CLT, o trabalho intermitente compreende o contrato de trabalho, cuja prestação dos serviços ocorre com subordinação, mas não é contínua, havendo alternância de períodos de prestação de serviços e de inatividade. A prestação dos serviços pode ser determinada em horas, dias ou meses, independentemente da atividade desenvolvida pelo empregado ou pelo empregador.

Com a previsão do trabalho intermitente, houve a legalização da jornada de trabalho variável ou móvel. Assim, a depender da necessidade da empresa, o empregado pode ser chamado para trabalhar com jornada de durações diferentes a cada dia. O trabalho intermitente consistiu na legalização dos "bicos", onde o trabalhador era contratado para a prestação e determinado serviço por um período determinado de tempo, não formando o vínculo de emprego.

O trabalho intermitente tem como principal característica a imprevisibilidade ao empregado, pois este somente tem conhecimento sobre o momento da prestação dos serviços e de sua duração total – horas, dias ou meses – quando for convocado para prestar os serviços. Como salientado, essa modalidade de contratação foi originalmente pensada para restaurantes, bares e buffets, pois a demanda de serviços é variável ao longo dos dias e das semanas. No entanto, a Lei nº 13.467/2017 não fez essa distinção, o que permite a aplicação do trabalho intermitente em todos os ramos de atividade. Ressalta-se que a Reforma excluiu expressamente os aeronautas do trabalho intermitente.

O trabalho intermitente é prejudicial aos trabalhadores, pois traz insegurança financeira ao empregado, que não tem conhecimento da quantidade de dias que trabalhará durante o mês e nem mesmo de sua remuneração mensal. Em meses de baixa demanda de serviços, a quantidade de horas ou dias trabalhados no mês será menor e o trabalhador receberá remuneração menor, o que pode prejudicar a sua subsistência e a de sua família.

No trabalho intermitente, deve haver convocação do empregado com 3 dias de antecedência. Caso aceite, ele se compromete a comparecer no dia e hora combinados.

Importante ressaltar que há multa inédita na CLT para empregado que não comparece na data pactuada, com valor de 50% da remuneração do que receberia no dia. Se o empregado comparece e empregador não oferece o serviço prometido, o empregador também está sujeito à multa de 50%.

Da forma como aprovado e sancionado o trabalho intermitente, há críticas sobre seu regime, pois não há limite sobre o prazo em que o trabalhador não será convocado. Além disso, há insegurança no tocante à sua formalização. Por fim, o trabalho intermitente é reinvindicação dos empresários há muitos anos para formalizar os trabalhos que ficavam na informalidade. Mas sua aprovação irrestrita gerará, por anos, muita insegurança por parte dos trabalhadores.

8. SÚMULAS E ORIENTAÇÕES JURISPRUDENCIAIS DO TST

▶ CAPÍTULO V – CONTRATO INDIVIDUAL DE TRABALHO
Trabalho proibido
Súmula nº 363 do TST. A contratação de servidor público, após a CF/1988, sem prévia aprovação em concurso público, encontra óbice no respectivo art. 37, II e § 2º, somente lhe conferindo direito ao pagamento da contraprestação pactuada, em relação ao número de horas trabalhadas, respeitado o valor da hora do salário mínimo, e dos valores referentes aos depósitos do FGTS.
Súmula nº 386 do TST. Preenchidos os requisitos do art. 3º da CLT, é legítimo o reconhecimento de relação de emprego entre policial militar e empresa privada, independentemente do eventual cabimento de penalidade disciplinar prevista no Estatuto do Policial Militar.
Trabalho ilícito
Orientação Jurisprudencial nº 199 da SDI – I do TST. É nulo o contrato de trabalho celebrado para o desempenho de atividade inerente à prática do jogo do bicho, ante a ilicitude de seu objeto, o que subtrai o requisito de validade para a formação do ato jurídico.
Contrato por prazo determinado
Orientação Jurisprudencial nº 25 da SDC do TST. Salário normativo. Contrato de experiência. Limitação. Tempo de serviço. Possibilidade. Não fere o princípio da isonomia salarial (art. 7º, XXX, da CF/88) a previsão de salário normativo tendo em vista o fator tempo de serviço.
Súmula nº 188 do TST. O contrato de experiência pode ser prorrogado, respeitado o limite máximo de 90 dias.
Súmula nº 244 do TST. I – O desconhecimento do estado gravídico pelo empregador não afasta o direito ao pagamento da indenização decorrente da estabilidade (art. 10, II, "b" do ADCT).
II – A garantia de emprego à gestante só autoriza a reintegração se esta se der durante o período de estabilidade. Do contrário, a garantia restringe-se aos salários e demais direitos correspondentes ao período de estabilidade. III – A empregada gestante tem direito à estabilidade provisória prevista no art. 10, inciso II, alínea b, do ADCT, mesmo na hipótese de admissão mediante contrato por tempo determinado.
Súmula nº 163 do TST. Cabe aviso prévio nas rescisões antecipadas nos contratos de experiência, na forma do art. 481 da CLT.
Súmula nº 125 do TST. O art. 479 da CLT aplica-se ao trabalhador optante pelo FGTS admitido mediante contrato por prazo determinado, nos termos do art. 30, § 3º, do Decreto nº 59.820, de 20.12.1966.

Alteração no contrato de trabalho
Súmula nº 51 do TST[561].   **I.** As cláusulas regulamentares, que revoguem ou alterem vantagens deferidas anteriormente, só atingirão os trabalhadores admitidos após a revogação ou alteração do regulamento.   **II.** Havendo a coexistência de dois regulamentos da empresa, a opção do empregado por um deles tem efeito jurídico de renúncia às regras do sistema do outro.
Orientação Jurisprudencial nº 308 da SDI – I do TST. O retorno do servidor público (administração direta, autárquica e fundacional) à jornada inicialmente contratada não se insere nas vedações do art. 468 da CLT, sendo a sua jornada definida em lei e no contrato de trabalho firmado entre as partes.
Súmula nº 265 do TST. A transferência para o período diurno de trabalho implica a perda do direito ao adicional noturno.
Orientação Jurisprudencial nº 159 da SDI – I do TST. Diante da inexistência de previsão expressa em contrato ou em instrumento normativo, a alteração da data de pagamento pelo empregador não viola o art. 468, desde que observado o parágrafo único do art. 459, ambos da CLT.
Súmula nº 372 do TST[562].   I. Percebida a gratificação de função por dez ou mais anos pelo empregado, se o empregador, sem justo motivo, revertê-lo a seu cargo efetivo, não poderá retirar-lhe a gratificação tendo em vista o princípio da estabilidade financeira.   II. Mantido o empregado no exercício da função comissionada, não pode o empregador reduzir o valor da gratificação.
Orientação Jurisprudencial nº 244 da SDI-I do TST. A redução da carga horária do professor, em virtude da diminuição do número de alunos, não constitui alteração contratual, uma vez que não implica redução do valor da hora-aula.
Transferência de empregados
Súmula nº 29 do TST. Empregado transferido, por ato unilateral do empregador, para local mais distante de sua residência, tem direito a suplemento salarial correspondente ao acréscimo da despesa de transporte.
Súmula nº 43 do TST. Presume-se abusiva a transferência de que trata o § 1º do art. 469 da CLT, sem comprovação da necessidade do serviço.
Orientação Jurisprudencial nº 113 da SDI-I do TST. O fato de o empregado exercer cargo de confiança ou a existência de previsão de transferência no contrato de trabalho não exclui o direito ao adicional. O pressuposto legal apto a legitimar a percepção do mencionado adicional é a transferência provisória.
Suspensão e interrupção do contrato de trabalho
Súmula nº 155 do TST. As horas em que o empregado falta ao serviço para comparecimento necessário, como parte, à Justiça do Trabalho não serão descontadas de seus salários.
Súmula nº 160 do TST. Cancelada a aposentadoria por invalidez, mesmo após cinco anos, o trabalhador terá direito de retornar ao emprego, facultado, porém, ao empregador, indenizá-lo na forma da lei
Súmula nº 118 do TST. Os intervalos concedidos pelo empregador na jornada de trabalho, não previstos em lei, representam tempo à disposição da empresa, remunerados como serviço extraordinário, se acrescidos ao final da jornada.
Súmula nº 269 do TST. O empregado eleito para ocupar cargo de diretor tem o respectivo contrato de trabalho suspenso, não se computando o tempo de serviço desse período, salvo se permanecer a subordinação jurídica inerente à relação de emprego.
Súmula nº 440 do TST[563]. Assegura-se o direito à manutenção de plano de saúde, ou de assistência médica, oferecido pela empresa ao empregado, não obstante suspenso o contrato de trabalho em virtude de auxílio-doença acidentário ou de aposentadoria por invalidez.

561. Esta súmula poderá ser impactada pelo art. 611-A, VI da CLT acrescentado pela Reforma Trabalhista – Lei nº 13.467/2017.
562. Esta súmula poderá ser impactada pelo art. 468, § 2º da CLT acrescentado pela Reforma Trabalhista – Lei nº 13.467/2017.
563. Esta súmula poderá ser impactada pelo art. 8º, § 2º da CLT acrescentado pela Reforma Trabalhista – Lei nº 13.467/2017.

CAPÍTULO VI

DURAÇÃO DO TRABALHO

1. DURAÇÃO DO TRABALHO

1.1. Introdução: limitação da jornada, tempo à disposição e controle de ponto

A limitação da jornada de trabalho é uma das maiores vitórias conquistadas pelos empregados. Atualmente, a duração máxima restringe-se a 8 horas diárias e 44 horas semanais, tanto aos homens quanto às mulheres. Esse limite, chamado de "jornada normal", é previsto no art. 7º, XIII, da Constituição Federal:

> **Art. 7º, XIII, CF/88:** São direitos dos trabalhadores urbanos e rurais, além de outros que visem à melhoria de sua condição social: duração do trabalho normal não superior a oito horas diárias e quarenta e quatro semanais, facultadas a compensação de horários e a redução da jornada, mediante acordo ou convenção coletiva de trabalho.

A limitação de horário não era aplicada aos **empregados domésticos**. Atualmente, com a nova redação do art. 7º, parágrafo único da CF, eles passaram a ter direito à jornada de 8 horas diárias e 44 horas semanais. Diante disso, caso um empregado doméstico trabalhe mais de 8 horas diárias terá direito a horas extras. Esse direito à limitação da jornada tem eficácia imediata.

Veja quadrinho com as principais alterações promovidas pela Reforma Trabalhista quanto ao tema duração do trabalho:

PRINCIPAIS NOVIDADES TRAZIDAS PELA REFORMA TRABALHISTA
- pacto quanto à jornada de trabalho; - tempo à disposição do empregador; - horas *in itinere*; - compensação de jornada; - banco de horas; - férias e parcelamento das férias; - jornada de trabalho por tempo parcial; - jornada 12 x 36.

Sobre o tema jornada de trabalho e flexibilização, cabe destacar as alterações promovidas pela Reforma Trabalhista – que serão detalhadas ao longo do capítulo –, que passa a permitir que o pacto sobre jornada de trabalho seja estipulado via acordo ou convenção coletiva, desde que respeitado o limite constitucional de 8 horas diárias e 44 horas semanais, nos termos do art. 611-A, I da CLT:

Art. 611-A da CLT (*inserido pela Reforma Trabalhista*): A convenção coletiva e o acordo coletivo de trabalho têm prevalência sobre a lei quando, entre outros, dispuserem sobre:

I – pacto quanto à jornada de trabalho, observados os limites constitucionais;

1.1.1. Jornada móvel ou variável e o trabalho intermitente (Reforma Trabalhista)

A questão acerca do trabalho intermitente já era discutida pela jurisprudência trabalhista ao abordar a **jornada de trabalho variável ou móvel**, que consiste no estabelecimento de uma jornada organizada por hora de trabalho e com o pagamento apenas das horas efetivamente trabalhadas. Essa modalidade de jornada de trabalho foi idealizada para o segmento de restaurantes e buffets, cuja demanda aumenta durante alguns períodos e diminui em outros. Assim, a depender da necessidade da empresa, o empregado pode ser chamado para trabalhar com jornada de durações diferentes a cada dia ou semana.

Em 2005, o Ministério Público do Trabalho ajuizou ação civil pública questionando a adoção da jornada móvel ou variável pelo McDonald's, pois considerou a prática ilegal e lesiva ao trabalhador ao sujeitar ao arbítrio do empregador o estabelecimento da jornada de trabalho. O empregado não teria conhecimento de sua jornada de trabalho ou de sua remuneração mensal.

Em 2015, a SDI-I do TST[564], ao julgar o processo, decidiu que é válido o estabelecimento de jornada móvel pelo McDonald's, não superior ao limite de 44 horas e inferior ao mínimo de 8 horas, com o pagamento apenas das horas efetivamente trabalhadas. O Tribunal entendeu que não havia vedação expressa à jornada móvel. Além disso, tendo em vista a garantia de pagamento do salário mínimo proporcional à duração do trabalho, pois o valor do salário-hora é fixo, o tribunal sustentou o cumprimento do disposto no item I da OJ nº 358 da SDI-I do TST[565].

De nossa parte, tínhamos o posicionamento de que somente seria possível o estabelecimento da jornada móvel caso fosse respeitado o limite diário de 8 horas e 44 horas semanais. Além disso, o empregado não poderia ficar sujeito ao arbítrio do empregador, tendo dúvidas sobre a quantidade de horas que trabalharia e a remuneração que receberia no mês. Portanto, somente seria possível o estabelecimento da jornada variável se dado ao trabalhador o conhecimento prévio, no início do mês, sobre as horas que seriam trabalhadas.

De acordo com o art. 443, § 3º da CLT, o trabalho intermitente compreende o contrato de trabalho, cuja prestação dos serviços ocorre com subordinação, mas não é contínua, havendo alternância de períodos de prestação de serviços e de inatividade. A prestação dos serviços pode ser determinada em horas, dias ou meses, independentemente da atividade desenvolvida pelo empregado ou pelo empregador.

Diante das peculiaridades do trabalho intermitente, surgirão questionamentos quanto à sua classificação, se pode ser considerado contrato de trabalho por prazo determinado

---

564. Processo nº TST-E-ED-RR-9891900-16.2005.5.09.0004, Relator: Ministro Renato de Lacerda Paiva, data de julgamento: 26/11/2015.
565. **Orientação Jurisprudencial nº 358, I, da SDI-I do TST:** Havendo contratação para cumprimento de jornada reduzida, inferior à previsão constitucional de oito horas diárias ou quarenta e quatro semanais, é lícito o pagamento do piso salarial ou do salário mínimo proporcional ao tempo trabalhado.

ou por prazo indeterminado. O contrato de trabalho intermitente é realizado sem a fixação de um termo final. Contudo, a prestação dos serviços é marcada por períodos de prestação de serviços e de inatividade. O empregado é convocado pelo empregador para a prestação de serviços em período determinado, que pode ser por horas, dias ou até mesmo meses, o que se assemelha ao contrato por prazo determinado.

Entendemos que o contrato de trabalho intermitente corresponde a uma nova figura contratual que não pode ser classificada simplesmente no binômio prazo determinado ou indeterminado, pois guarda características inerentes a cada uma dessas duas figuras. Os períodos de inatividade corresponderiam a hipóteses de suspensão do contrato de trabalho, pois o trabalhador, além de não prestar os serviços, não será remunerado e não terá o tempo de serviço computado.

Com a previsão do trabalho intermitente, houve a legalização da **jornada de trabalho variável ou móvel.** Assim, a depender da necessidade da empresa, o empregado pode ser chamado para trabalhar com jornada de durações diferentes a cada dia. O trabalho intermitente consistiu na legalização dos "bicos", onde o trabalhador era contratado para a prestação e determinado serviço por um período determinado de tempo, não formando o vínculo de emprego.

O trabalho intermitente tem como principal característica a **imprevisibilidade** ao empregado, pois este somente tem conhecimento sobre o momento da prestação dos serviços e de sua duração total - horas, dias ou meses - quando for convocado para prestar os serviços. Como salientado, essa modalidade de contratação foi originalmente pensada para restaurantes, bares e buffets, pois a demanda de serviços é variável ao longo dos dias e das semanas. No entanto, a Lei nº 13.467/2017 não fez essa distinção, o que permite a aplicação do trabalho intermitente em todos os ramos de atividade.

O trabalho intermitente é prejudicial aos trabalhadores, pois traz insegurança financeira ao empregado, que não tem conhecimento da quantidade de dias que trabalhará durante o mês e nem mesmo de sua remuneração mensal. Em meses de baixa demanda de serviços, a quantidade de horas ou dias trabalhados no mês será menor e o trabalhador receberá remuneração menor, o que pode prejudicar a sua subsistência e a de sua família.

1.1.2. *Tempo à disposição do empregador*[566]

É importante ressaltar que a jornada de trabalho do empregado abrange o tempo em que está à **disposição do empregador**, executando serviços ou aguardando ordens, de acordo com art. 4º da CLT. Segundo o § 2º do artigo em questão, não serão considerados tempo à disposição os minutos que excedem à hora normal de trabalho quando o empregado buscar proteção pessoal, por escolha própria ou quando permanecer na empresa para exercer atividades pessoais[567].

566. Esse é um dos temas mais cobrados nas provas de TRTs. Normalmente, as bancas costumam cobrá-lo juntamente com questões envolvendo compensação de jornada (art.59 da CLT) e limites de tolerância (art. 58, § 1º, CLT). Levando em consideração esses três assuntos, somente em 2022, foram **8 QUESTÕES** exigidas em provas de TRT. **A leitura e memorização dos arts. 4º, 58 e 59, todos da CLT, é imprescindível para sua aprovação.**

567. O tema será melhor discorrido no tópico 2 do presente capítulo.

Sobre tempo à disposição é importante que se destaque que, em 3 momentos, a própria CLT flexibiliza o recebimento integral do período que o empregado está aguardando, são eles: **1)** tempo de espera do motorista (inconstitucional), **2)** prontidão e **3)** sobreaviso.

O denominado **tempo de espera** (art. 235-C, § 8º, CLT) do motorista correspondia ao período em que o motorista profissional ficava aguardando carga ou descarga do veículo, bem como o período gasto com a fiscalização da mercadoria transportada. Esse período não era computado na jornada de trabalho e não era devido como horas extraordinárias. As horas relativas ao tempo de espera eram **indenizadas** na proporção de 30% (trinta por cento) do salário-hora normal.

Contudo, no julgamento da ADI nº 5322, de autoria da Confederação Nacional dos Trabalhadores em Transportes – CNTT, o STF entendeu pela inconstitucionalidade do tempo de espera. Aqui, há de se reverenciar a brilhante argumentação trazida pelo relator, Alexandre de Moraes, com a qual concordamos integralmente. Segundo o Ministro, o "tempo de espera", tal como disposto na CLT, além de trazer prejuízos diretos ao trabalhador, acaba por descaracterizar a própria relação de trabalho, criando hipótese de prestação de serviço que não é computada na jornada diária normal de trabalho e nem como jornada extraordinária. Portanto, se o motorista profissional presta serviços em prol do sucesso do empreendimento, mas não é remunerado por isso, está, na verdade, dividindo os riscos da atividade econômica com o empregador.

Em resumo, as horas em que o motorista profissional empregado ficar aguardando carga ou descarga do veículo nas dependências do embarcador ou do destinatário e o período gasto com a fiscalização da mercadoria transportada em barreiras fiscais ou alfandegárias (tempo de espera) deverão ser computadas como jornada de trabalho e, ultrapassados os limites legais, deverão ser remuneradas horas extraordinárias.

Na sessão virtual realizada entre os dias 4 e 11/10/2024, a Corte decidiu modular os efeitos da decisão de mérito na ADI 5322, atribuindo-lhe efeitos *ex nunc* (não retroativos), a contar da data de publicação da ata de julgamento de mérito, que ocorreu em 12/07/2023. Portanto, os dispositivos declarados inconstitucionais na referida ação, incluindo aqueles que tratam sobre o tempo de espera, foram considerados constitucionais até o dia 11/07/2023. A partir do dia 12/07/2023, eles são inválidos.

Nas chamadas horas de **prontidão**, o empregado permanece nas dependências da empresa aguardando ordens. Nesse caso, o trabalhador não prestará serviços, mas receberá 2/3 do horário normal em razão do tempo à disposição. Poderá permanecer em prontidão por, no máximo, 12 horas.

Há ainda as horas de **sobreaviso** que consistem na possibilidade de o empregado permanecer em sua residência ou outro local combinado aguardando ordens da empresa. Nesse caso, receberá apenas ⅓ da hora normal e poderá ficar nesse regime por, no máximo, 24 horas.

O TST, embora não haja previsão em lei, trouxe uma inovação importante ao prever que **deslocamento do trabalhador** entre a portaria da empresa e o local de trabalho pode ser considerado tempo à disposição do empregador caso supere o limite de 10 minutos diários. A interpretação dada pelo TST tem como fundamento o princípio da razoabilidade, conforme previsto a seguir:

> **Súmula nº 429 do TST.** Considera-se à disposição do empregador, na forma do art. 4º da CLT, o tempo necessário ao deslocamento do trabalhador entre a portaria da empresa e o local de trabalho, desde que supere o limite de 10 minutos diários.

Ocorre que a Súmula nº 429 do TST pode passar por alterações em razão da previsão contida no art. 8º, § 2º da CLT no sentido de que os Tribunais superiores não poderão criar obrigações que não estejam previstas em lei.

A Reforma Trabalhista acrescentou o § 2º ao art. 4º da CLT para prever duas hipóteses em que o limite de tolerância de 5 minutos previsto no art. 58, § 1º, da CLT pode ser ultrapassado sem que o período seja considerado como tempo à disposição do empregador:

a) **Proteção pessoal:** Caso o empregado permaneça no local de trabalho, por escolha própria, para buscar proteção pessoal em caso de insegurança nas vias públicas ou más condições climáticas, o tempo que ultrapassar o limite de tolerância não será considerado como tempo à disposição do empregador. Exemplo: Na hipótese de alagamentos nas grandes cidades que impede o deslocamento do trabalhador com segurança para sua residência, é possível a permanência na empresa. No entanto, esse período não será computado como horas extras. Cabe destacar, que por aplicação do princípio da primazia da realidade, as horas extras serão devidas caso comprovado que o empregado permaneceu na empresa e continuou prestando serviços ao empregador. Nesse caso, o empregado não está apenas buscando proteção pessoal, mas se encontra à disposição da empresa.

b) **Atividades particulares.** Se o trabalhador adentrar ou permanecer na empresa para o desenvolvimento de atividades particulares, o período também não será considerado como tempo à disposição do empregador. Vale destacar que o legislador trouxe um rol exemplificativo das hipóteses consideradas como atividades particulares do empregado. Portanto, é fundamental para a caracterização da atividade como particular a análise concreta da natureza dessa atividade. Pela aplicação do princípio da primazia da realidade, independentemente se o empregador considerar a atividade como particular ou não, será analisado se o empregado permanece aguardando ou executando ordens. As atividades elencadas exemplificativamente são as seguintes:

I – práticas religiosas;

II – descanso;

III – lazer;

IV – estudo;

V – alimentação;

VI – atividades de relacionamento social;

VII – higiene pessoal;

VIII – troca de roupa ou uniforme, quando não houver obrigatoriedade de realizar a troca na empresa.

Caso o empregado permaneça nas dependências da empresa para o desenvolvimento de estudo ligado aos fins da empresa, o tempo será considerado à disposição do empregado no período que ultrapassar o limite diário de 10 minutos. Lembre-se de que, no Direito do Trabalho, prevalece o princípio da primazia da realidade. Portanto, é indispensável que as atividades sejam essencialmente particulares e digam respeito exclusivamente ao empregado. Se comprovado que o empregado não desenvolvida atividade particular, ainda que o período fosse assim declarado, será considerado como tempo à disposição do empregador.

1.1.3. Controle de jornada e registro de ponto[568]

A Lei nº 13.874/19 (Lei de Liberdade Econômica) alterou o art. 74, § 2º, da CLT para prever que os estabelecimentos com mais de 20 empregados têm a obrigação de manter a anotação de entrada e saída de seus empregados, em registro manual, mecânico ou eletrônico. A redação anterior do dispositivo previa essa obrigação aos estabelecimentos que possuíssem mais de 10 empregados.

Importante ressaltar que havia discussão quanto o real significado da norma em comento: o legislador, de fato, se referiu a "estabelecimentos" ou sua intenção foi impor às "empresas / empregadores" com mais de 10 empregados a obrigação de realizar o controle da jornada por meio de registro de ponto?

Ainda no tempo da redação antiga do art. 74, § 2º da CLT, o TST já tinha entendimento no sentido de que bastava **o empregador** ter mais de 10 empregados, independentemente do número de empregados em cada estabelecimento[569].

Já defendi, em outras edições e obras, que, com a alteração legislativa promovida pela Lei de Liberdade Econômica, o legislador ordinário teve a oportunidade de corrigir eventual equívoco quanto ao termo "estabelecimento" e, mesmo assim, não o fez. Dessa forma, entendi que se tratava de uma "não alteração" intencional para, de fato, deixar claro que a obrigação deveria ser imposta aos estabelecimentos com mais de 20 empregados, não aos empregadores.

Assim, se uma empresa possui uma sede e três filiais, cada estabelecimento com 10 empregados, não teria a obrigação de realizar o controle de jornada por meio do registro de cartão de ponto, pois, apesar de possuir 40 empregados, nenhum estabelecimento ultrapassava o limite máximo de 20 trabalhadores.

Contudo, fui interpelado pelo meu amigo e brilhante processualista Élisson Miessa. Depois de ouvir seus argumentos e melhor refletir sobre a questão, reformulei meu posicionamento sobre o assunto.

---

568. Este tópico foi retirado do Capítulo do Professor Élisson Miessa no livro em co-autoria: CORREIA, Henrique; MIESSA, Élisson. Nova Reforma Trabalhista: comentários à MP 905/2019 e à Lei 13.874/2019. Salvador: Juspodivm, 2019. p. 87-95.

569. A decisão é anterior à Lei nº (MP), portanto, ainda faz referências às empresas com mais de 10 empregados: TST- E-ED-RR 1073/2005-702-04-00.0. Primeira Subseção de Dissídios Individuais. Rel. Min. Augusto César Leite de Carvalho. DEJT 4.6.2010.

No ramo do Direito Individual do Trabalho, há presumida desigualdade de forças entre empregado e empregador. Essa desigualdade, que surge por razões econômicas, impacta a toda a relação de trabalho. Como forma de equilibrar a relação empregado/empregador, impera o princípio da proteção.

Esse princípio protetivo tem por finalidade estabelecer o equilíbrio que falta à relação de emprego, ou seja, o empregador possui situação econômica favorável, enquanto o empregado terá situação a seu favor na legislação trabalhista.

É com fundamento e com amparo no princípio da proteção que temos que interpretar toda a legislação trabalhista.

Nesse sentido, não se deve realizar uma interpretação meramente literal, gramatical da redação do § 2º do art. 74 da CLT dada pela Lei de Liberdade Econômica. Entender que a obrigação de anotar a jornada deva ser imposta aos estabelecimentos com mais de 20 empregados, não aos empregadores, importa medida restritiva severa aos empregados, ao passo que o controle de jornada é norma de ordem pública, diretamente relacionada à saúde e segurança no trabalho, e deve ser dispensado em casos excepcionais.

Além disso, não é obrigação gravosa ou custosa às empresas com mais de 20 empregados a imposição do registro a jornada dos trabalhadores, ainda que haja menos de que 20 trabalhadores lotados em determinado estabelecimento. Esses empregadores, certamente, dispõem de estrutura e recursos para instalarem um sistema de registro de ponto.

Concluindo, a partir da intepretação lógico-sistemática e teleológica do art. 74, § 2º, da CLT, se uma empresa possui uma sede e três filiais, cada estabelecimento com 10 empregados, estará obrigada a realizar o controle de jornada por meio do registro de cartão de ponto em cada um dos estabelecimentos, pois ultrapassa o limite máximo de 20 trabalhadores. Esse é o posicionamento adotado pelo TST há tempos e deve ser mantido assim, mesmo com a alteração promovida pela Lei de Liberdade Econômica.

De qualquer forma, o candidato deve se atentar à literalidade do texto legal, pois é geralmente assim que as bancas de concurso cobram o assunto. Então, para sua prova, lembre-se:

> **Art. 74, § 2º da CLT:** Para os estabelecimentos com mais de 20 (vinte) trabalhadores será obrigatória a anotação da hora de entrada e de saída, em registro manual, mecânico ou eletrônico, conforme instruções expedidas pela Secretaria Especial de Previdência e Trabalho do Ministério da Economia, permitida a pré-assinalação do período de repouso.

Quando se tratar de pequeno empregador (com menos de 20 empregados), não há a exigência de procedimento especial para o controle da jornada de trabalho. Cabe consignar que, embora o art. 51 da LC nº 123/2006 não exija que pequenas e microempresas fixem o quadro de horários em lugar visível, elas permanecem obrigadas a manter o controle de horários se contarem com mais de 20 empregados, aplicando-se a previsão celetista.

O registro de trabalho, de acordo com o dispositivo celetista, poderá ser manual, mecânico ou eletrônico.

O registro manual é o consistente em livro ou folha de ponto. O registro mecânico, por sua vez, é o cartão de ponto, marcado em relógio de ponto. O registro eletrônico ocorre pela marcação por cartão magnético pessoal do trabalhador ou crachá, sendo os dados armazenados digitalmente em *software* específico.[570]

A obrigação trazida pelo dispositivo em relação aos empregadores com mais de vinte empregados, traz impactos tanto no âmbito do direito material do trabalho quanto no âmbito processual. Permite, por exemplo, o controle das folgas, férias, descansos, adicional de assiduidade, acidente de trabalho, doenças profissionais, atrasos e faltas, ou seja, questões atinentes ao vínculo de emprego e à própria despedida do empregado (por desídia, por ex.) podem ser comprovadas por meio do registro da jornada de trabalho.[571]

No direito processual do trabalho, a obrigação de controle de jornada faz com que o empregador tenha maior aptidão para a prova, ou seja, é ele quem possuirá maiores condições de demonstrar os controles, pois lidará com a fiscalização de entrada e saída dos trabalhadores, ficando sob sua incumbência demonstrar o registro da jornada do trabalhador.

Assim, não apresentando os controles de jornada, sem que haja justificativa, gera a presunção de veracidade da jornada alegada na inicial. Trata-se, porém, de presunção relativa, o que significa que pode o empregador afastá-la. Nesse sentido, é a previsão da Súmula nº 338, I, do TST, ainda com referência à redação anterior do dispositivo (mais de 10 empregados):

> **Súmula nº 338 do TST.** Jornada de trabalho. Registro. Ônus da prova
>
> I – É ônus do empregador que conta com mais de 10 (dez) empregados o registro da jornada de trabalho na forma do art. 74, § 2º, da CLT. A não-apresentação injustificada dos controles de frequência gera presunção relativa de veracidade da jornada de trabalho, a qual pode ser elidida por prova em contrário.

Com a Lei 13.874/19, referida súmula deverá ser alterada, sendo adaptada à nova redação, passando a prever o ônus do registro da jornada de trabalho na empresa que contar com mais de 20 empregados.

Observa-se que, independentemente de decisão judicial, incumbe à empresa com mais de 20 empregados apresentar os cartões de ponto com a contestação, sob pena de prevalecer a jornada da inicial. Nas palavras do doutrinador Sergio Pinto Martins:

> A não apresentação injustificada dos controles de ponto seria na primeira audiência, pois é neste momento que a empresa deve juntar documentos para provar suas alegações (art. 845 da CLT).[572]

Além disso, o posicionamento do TST deixa claro que há presunção apenas **relativa** de veracidade. Logo, o empregador poderá fazer prova em sentido contrário. Atente-se, porém, para o fato de que a **não apresentação deve ser justificada**, como indica corretamente o referido item sumular, sob pena de sepultar a obrigatoriedade de anotação disposta no art. 74, § 2º, da CLT. Desse modo, o empregador poderá não apresentar os cartões de ponto quando, por exemplo:

---

570. MARTINS, Sergio Pinto. *Comentários à CLT*. 17. ed. São Paulo: Atlas, 2013. p. 138.

571. SEVERO, Valdete Souto. In: SOUZA, Rodrigo Trindade de (org.). *CLT comentada pelos juízes do trabalho da 4ª região*. 2. ed. São Paulo: LTr, 2017. p. 103.

572. MARTINS, Sergio Pinto. *Comentários às Súmulas do TST*. 8. ed. São Paulo: Atlas, 2010. p. 224.

a) comprovar que o trabalhador prestava serviços externos incompatível com a fixação de horário de trabalho, conforme art. 62 da CLT;

b) comprovar que não os apresentou por motivo de força maior, como enchente, incêndio etc.

Aliás, não gerarão presunção relativa de veracidade os fatos que "não parecem verossímeis segundo o que ordinariamente acontece ou fora do padrão médio da sociedade, e também os fatos impossíveis ou pouco prováveis"[573], tal como prevê o art. 844, § 4º, IV, da CLT. Seria, por exemplo, o fato de o empregado ter trabalhado durante quatro anos, vinte horas por dia, sem um único intervalo. Nesse caso, entende-se que, mesmo diante da ausência dos cartões, não haverá presunção de veracidade nas declarações do empregado.

1.1.4. *Controle de jornada pelo empregador doméstico e pelo empregador do motorista profissional*

O art. 12 da LC nº 150/15 declina que "é obrigatório o registro do horário de trabalho do empregado doméstico por qualquer meio manual, mecânico ou eletrônico, desde que idôneo". Vê-se por tal dispositivo que, independentemente do número de empregados, o legislador impôs ao empregador doméstico o dever de documentação.

Isso se justifica, porque inexistindo a anotação da jornada, como regra, estar-se-á diante de uma prova diabólica, entendida como aquela que é impossível ou muito difícil de ser realizada. A prova será diabólica tanto para o empregado quanto para o empregador.

Para o empregado essa prova é muito difícil porque, em regra, trabalha sozinho. Além disso, as pessoas que frequentam a residência pertencem ao círculo social do empregador, não apresentando simpatia ao pleito obreiro para prestar testemunho com isenção[574].

Por outro lado, o empregador terá dificuldades porque as testemunhas serão, em regra, suspeitas ou impedidas, podendo, no máximo, serem ouvidas como informantes.

Reconhecendo essa dificuldade, o legislador passa a prever o dever de documentação, impondo ao empregador a necessidade de anotar a jornada do obreiro, afastando assim a prova diabólica e conferindo ao empregador melhor aptidão para a produção da prova.

Ademais, esse entendimento deverá ser estendido aos motoristas profissionais, em decorrência do art. 2º, V, "b", da Lei nº 13.103/15 que estabelece como direito dos motoristas empregados "ter jornada de trabalho controlada e registrada de maneira fidedigna mediante anotação em diário de bordo, papeleta ou ficha de trabalho externo, ou sistema e meios eletrônicos instalados nos veículos, a critério do empregador".

1.1.5. *Cartões britânicos*

Em regra, a prova de que houve trabalho extraordinário fica a cargo do trabalhador, pois se trata de fato constitutivo de seu direito.

573. SCHIAVI, Mauro. Provas no processo do trabalho. 3. ed. rev. e ampl. São Paulo: LTr, 2013. p. 17.

574. CESÁRIO, João Humberto. *Provas no processo do trabalho – de acordo com o Novo Código de Processo Civil.* Cuiabá: Instituto JHC, 2015. p. 140.

No entanto, em duas hipóteses, o TST confere ao empregador o ônus de provar a jornada do obreiro, sob pena de prevalecer a alegada na inicial.

A primeira é aquela em que o empregador possui mais de 20 empregados, conforme obrigação prevista no art. 74, § 2º, da CLT.

A segunda ocorre quando os cartões de ponto demonstrem horários de entrada e saída uniformes. Nesse caso, há o chamado "horário britânico", que consiste na ausência de variação no horário da entrada e saída dos trabalhadores, levando à conclusão de que os cartões são forjados/fabricados, pois é praticamente impossível um trabalhador, por exemplo, chegar exatamente às 8h e sair pontualmente às 17h durante anos em que permaneceu na empresa. Nesse caso, como dito, prevalecerá o horário indicado pelo empregado na petição inicial, caso o empregador não se desincumba por outro meio de prova. Nesse sentido, prevê a Súmula nº 338, item III, do TST:

> III – Os cartões de ponto que demonstram horários de entrada e saída uniformes são inválidos como meio de prova, invertendo-se o ônus da prova, relativo às horas extras, que passa a ser do empregador, prevalecendo a jornada da inicial se dele não se desincumbir.

1.1.6. Registro de ponto por exceção

Algumas empresas começaram a adotar um modelo diferenciado de controle de jornada, denominado pela jurisprudência de "controle de ponto por exceção". Assim, apenas exigem que seus empregados anotem sua jornada quando houver fatos excepcionais, como a realização de horas extraordinárias, atrasos[575], afastamentos etc. Noutras palavras, não se anota a jornada regular, mas tão somente as exceções.

Diante dessa prática, começou a se questionar na jurisprudência se essa forma de controle de jornada seria válida. A Portaria nº 1.120/95 do então Ministério do Trabalho e Emprego, posteriormente revogada pela Portaria nº 373/2011, já previa a possibilidade de adoção de sistemas alternativos de controle da jornada de trabalho, desde que houvesse a autorização por Convenção ou Acordo Coletivo de Trabalho. Esses sistemas alternativos não poderiam restringir a marcação do ponto ou marcá-lo de forma automática.

Diante desse entendimento, o TST, majoritariamente, entendia que o controle de ponto por exceção, ainda que houvesse previsão em norma coletiva, era inválido, por violar o art. 74, § 2º, da CLT, considerado norma de ordem pública, relacionada com a fiscalização do cumprimento de regras que limitam a jornada diária e semanal de trabalho. Além disso, não permitiria o aferimento do labor em sobrejornada de forma inequívoca, presumindo-se uma jornada pré-fixada, incompatível com a realidade que aponta uma variação de horário, ainda que de minutos.[576]

575. É importante frisar que as variações não excedentes a 5 minutos, observado o limite máximo de 10 minutos, não serão descontadas nem consideradas jornada extraordinária (art. 58, § 1º, da CLT) – Súmula nº 366 do TST.

576. Nesse sentido, destacam-se os seguintes julgados: RO-21040-17.2014.5.04.0000, Seção Especializada em Dissídios Coletivos, Relatora Ministra Maria de Assis Calsing, DEJT 04/03/2016; ED-AIRR-1738-93.2011.5.18.0007, 4ª Turma, Relatora Ministra Maria de Assis Calsing, DEJT 29/11/2013; RR-35-03.2012.5.04.0551, 8ª Turma, Relator Desembargador Convocado João Pedro Silvestrin, DEJT 04/04/2014; RR-10385-18.2015.5.03.0084, 8ª Turma, Relatora Ministra Maria Cristina Irigoyen Peduzzi, DEJT 05/08/2016; AIRR-10759-34.2015.5.03.0084, 3ª Turma,

Essa discussão, contudo, foi retomada com a previsão do art. 611-A, X, da CLT, com redação dada pela Lei nº 13.467/17 (Reforma Trabalhista), que autoriza a prevalência das normas coletivas com relação à modalidade de registro de jornada de trabalho em relação às disposições legais. Assim, coloca-se em questionamento se, a previsão do controle de ponto por exceção em acordo coletivo ou convenção coletiva de trabalho prevaleceria diante da obrigatoriedade do registro de ponto prevista no art. 74, § 2º, da CLT.

Alguns julgados do TST passaram a permitir esse sistema de controle alternativo de jornada, no qual apenas as horas extraordinárias são marcadas. Nesse sentido, a SDC, por maioria, considerou válida a cláusula de acordo coletivo que estabelecia a modalidade de controle de ponto por exceção.[577]

De todo modo, **com a Lei nº 13.874/19** passa a ser aceito de forma expressa no § 4º do art. 74 o sistema de controle de jornada por exceção, não apenas mediante previsão em negociação coletiva (acordo coletivo ou convenção coletiva), mas também por meio de acordo individual escrito, o que gerará indagações acerca do ônus da prova.

Caso o empregador junte cartão de ponto que contenha exceções, ou seja, que aparentemente seja anotado com regularidade, as marcações realizadas terão presunção relativa de veracidade, podendo ser afastadas por outras provas, aplicando-se o mesmo entendimento quanto à previsão em instrumento normativo, nos termos da Súmula nº 338, II.

Nesse caso, o ônus da prova de que o cartão anexado não exprime a realidade será do empregado, que deverá produzir provas que demonstrem a invalidade dos cartões juntados.

Pode acontecer, porém, de o **cartão de ponto não apresentar nenhuma exceção**, o que significa que o empregado não teria realizado nenhuma hora extra. Na prática, o cartão, constará em todos os dias a expressão "sem exceção".

Nesse caso, alguns indicam que será ônus do empregado demonstrar que os cartões não estão corretos, incumbindo-o de desconstituir os cartões e provar a jornada real realizada.

De nossa parte, pensamos que a ausência integral de exceção, ou seja, da realização de horas extras, afastamentos, faltas etc., torna o cartão de ponto inválido, fazendo incidir o item III da Súmula nº 338 do TST:

Relator Ministro Alberto Luiz Bresciani de Fontan Pereira, DEJT 03/06/2016; RR-2418-03.2013.5.03.0015, 8ª Turma, Relatora Ministra Dora Maria da Costa, DEJT 01/04/2016; AIRR-2286-78.2014.5.03.0186, 3ª Turma, Relator Ministro Mauricio Godinho Delgado, DEJT 22/03/2016; RR-131300-85.2002.5.01.0059, 1ª Turma, Relator Ministro Walmir Oliveira da Costa, DEJT 28/06/2019; RR-613-43.2013.5.04.0029, 2ª Turma, Relatora Ministra Maria Helena Mallmann, DEJT 28/06/2019; RR-2012-24.2013.5.03.0098, 6ª Turma, Relator Ministro Augusto César Leite de Carvalho, DEJT 31/05/2019.

577. Ação anulatória. Acordo coletivo de trabalho. Sistema de registro de ponto por exceção.Validade.A SDC, por maioria, deu provimento a recurso ordinário para considerar válida cláusula constante de acordo coletivo de trabalho que estabeleceu sistema de controle de jornada por exceção, no qual o empregado anota no registro de ponto somente situações excepcionais, como faltas, saídas antecipadas, atrasos, licenças e horas extras. Prevaleceu o entendimento de que o art. 74, §2º, da CLT, ao atribuir ao empregador a obrigação de formar prova pré-constituída a respeito da jornada de trabalho de seus empregados, possui natureza eminentemente processual. Não se trata, portanto, de matéria de ordem pública, que asseguraria ao trabalhador determinado regime de marcação de ponto. Assim, não há óbice a que os sujeitos coletivos negociem a forma pela qual o controle será realizado, desde que garantida aos empregados a verificação dos dados inseridos no sistema. Vencidos os Ministros Mauricio Godinho Delgado, relator, e Aloysio Corrêa da Veiga. TST-AIRO277-95.2015.5.17.0000, SDC, rel. Min. Mauricio Godinho Delgado, red. p/ acórdão Min. Ives Gandra da Silva Martins Filho, 8.4.2019 (Informativo nº 194 do TST).

> III – Os cartões de ponto que demonstram horários de entrada e saída uniformes são inválidos como meio de prova, invertendo-se o ônus da prova, relativo às horas extras, que passa a ser do empregador, prevalecendo a jornada da inicial se dele não se desincumbir.

Isso porque, estará configurado o chamado "horário britânico", que consiste na ausência de variação na jornada do obreiro.

Nesse caso, o ônus da prova de demonstrar a jornada de trabalho será do empregador, de modo que, caso não se desincumba por outro meio de prova, prevalecerá o horário indicado pelo empregado na petição inicial.

Outra situação ainda mais clara da anotação britânica será quando o cartão de ponto apresentar exceções iguais como, por exemplo, anotar que o trabalhador sempre fez 1 hora extra por dia. Nesse caso, também pensamos que ele será invalido como meio de prova, valendo a jornada da inicial, caso a empresa não demonstre a correta jornada do obreiro.

Enfim, a anotação por exceção provocará diversas discussões sobre o ônus da prova, tornando instável a comprovação da jornada, seja para o trabalhador, seja para o empregador.

1.2. Horas *in itinere* (Reforma Trabalhista)[578]

O art. 58, § 2º da CLT, juntamente com a Súmula nº 90 do TST, traziam as principais balizas acerca das horas *in itinere*. Nos termos da redação anterior do art. 58 da CLT, o tempo despendido entre o local de trabalho e seu retorno, por qualquer meio de transporte, não era, **em regra**, computado na jornada de trabalho. Essas horas de percurso, chamadas *in itinere*, não estavam, em regra, inseridas no tempo "à disposição do empregador". Excepcionalmente, o dispositivo previa a possibilidade das horas *in itinere* estarem inseridas na jornada, se preenchidos dois requisitos:

a) **Local de difícil acesso.** A lei considerava local de difícil acesso aquele onde não houvesse transporte público disponível[579] aos trabalhadores. De acordo com a jurisprudência do TST[580], para fins de reconhecimento de horas *in itinere*, deveria ser considerada apenas a localização da empresa, ou seja, se o local em que a empresa estava situada possuísse transporte público disponível aos trabalhadores. O fato de o **empregado** residir em local de difícil acesso ou não servido de transporte público não garantia o direito ao cômputo das horas *in itinere*.

b) **Condução fornecida pelo empregador.** O transporte era concedido como uma ferramenta indispensável ao trabalho, beneficiando o próprio empreendimento,

---

578. Apesar do fim das horas *in* itinere, o tema continua sendo cobrado nas provas de TRTs. Normalmente, as questões são simples e exigem do candidato o conhecimento de que a Reforma Trabalhista extinguiu tal direito. No ano de 2022, esse tema foi objeto de **5 QUESTÕES**, em **4 TRTs diferentes** (TRT 4, TRT 8, TRT 17 e TRT23). Muita atenção ao art. 58, § 2º, da CLT. Com ele, você será capaz de responder praticamente todas as questões sobre o tema.

579. **Súmula nº 90 do TST, item IV.** "Se houver transporte público em parte do trajeto percorrido em condução da empresa, as horas *in itinere* remuneradas limitam-se ao trecho não alcançado pelo transporte público".

580. TST – RR 7491820125120008, Relator: Alexandre de Souza Agra Belmonte, Data de Julgamento: 03/06/2015, 3ª Turma, Data de Publicação: DEJT 12/06/2015.

pois sem o fornecimento desse transporte dificilmente o empregador iria conseguir mão de obra para prestação dos serviços.

Nesse caso, se preenchidos os requisitos anteriores, o tempo gasto era computado na jornada de trabalho, e, se excedesse às 8 horas diárias[581], deveria ser remunerado como horas extraordinárias, com adicional de, no mínimo, 50% (cinquenta por cento), nos termos da redação anterior à Reforma Trabalhista do art. 58, § 2º, CLT.

A Reforma Trabalhista alterou significativamente a disciplina jurídica das horas *in itinere*. De acordo com a nova redação do § 2º do artigo em comento, o tempo despendido pelo empregado desde sua residência até a efetiva ocupação do posto de trabalho e para o seu retorno **não será computado na jornada de trabalho**, ainda que o empregador forneça o transporte, por não ser tempo à disposição do empregador.

Vale destacar que é possível que a negociação coletiva preveja o cômputo das horas *in itinere*.

O atual dispositivo passou a prever que as horas *in itinere* não têm relevância para fins de cômputo da jornada de trabalho e remuneração de horas extras. Mesmo que o empregador, para viabilizar seu próprio empreendimento, forneça o transporte dos trabalhadores até o local de trabalho como uma ferramenta indispensável ao trabalho, beneficiando o próprio empreendimento, não deverá computar o período do deslocamento na jornada de trabalho, que somente se iniciará quando o trabalhador estiver em seu posto de trabalho.

Essa medida é prejudicial aos trabalhadores, pois ainda que levem horas até o local de trabalho, que se encontre em local de difícil acesso em condução fornecida pelo empregador, o período do deslocamento e o seu retorno não serão considerados tempo à disposição do empregador.

Todas as discussões doutrinárias e jurisprudenciais que envolviam a configuração e a remuneração das horas *in itinere* devem ser superadas com a atual redação do dispositivo. As Súmulas nº 90 e 320 do TST, que apresentavam o entendimento pacífico do TST sobre o assunto, poderão ser canceladas, ou modificadas para tratar, apenas, de situações pretéritas.

Além disso, a alteração do § 2º do artigo em análise também pode trazer reflexos no cômputo do período de deslocamento da portaria da empresa até o local de trabalho. Embora não houvesse previsão em lei, a jurisprudência consolidada do TST trouxe uma inovação importante ao prever que o deslocamento do trabalhador entre a portaria da empresa e o posto de trabalho seria considerado tempo à disposição do empregador caso supere o limite de 10 minutos diários. A interpretação dada pelo TST tinha como fundamento o princípio da razoabilidade:

> **Súmula nº 429 do TST.** Tempo à disposição do empregador. Art. 4º da CLT. Período de deslocamento entre a portaria e o local de trabalho.

581. **Súmula nº 90 do TST, item V.** "Considerando que as horas *in itinere* são computáveis na jornada de trabalho, o tempo que extrapola a jornada legal é considerado como extraordinário e sobre ele deve incidir o adicional respectivo."

> Considera-se à disposição do empregador, na forma do art. 4º da CLT, o tempo necessário ao deslocamento do trabalhador entre a portaria da empresa e o local de trabalho, desde que supere o limite de 10 minutos diários.

Ocorre que a atual redação do dispositivo ora analisado estabelece que o tempo despendido desde a residência **até a efetiva ocupação do posto de trabalho** e para o seu retorno, caminhando ou por qualquer meio de transporte, não será computado na jornada de trabalho. Portanto, a partir da entrada em vigor da Reforma Trabalhista, resta excluída a possibilidade de remuneração do período de deslocamento, pois todo o período inclusive aquele entre a portaria da empresa até a efetiva ocupação do posto de trabalho, não será computado na jornada de trabalho, ainda que os contratos de trabalho tenham sido firmados antes de sua vigência.

1.2.1. Reforma Trabalhista e Direito intertemporal (eficácia temporal da Reforma Trabalhista – Incidente de Recursos de Revista Repetitivos nº 23)

A Reforma Trabalhista (Lei nº 13.467/2017) promoveu mudanças profundas no Direito Individual e Coletivo do Trabalho, alterando institutos tradicionais, superando súmulas e orientações jurisprudenciais do TST, além de contrariar posições consolidadas na doutrina.

Inicialmente, o Projeto de Lei nº 6.787/2016, apresentado pelo Presidente da República, previa alterações pontuais na CLT e na Lei do Trabalho Temporário. No entanto, após tramitação na Câmara dos Deputados, o texto foi amplamente modificado, com alterações em quase 100 artigos da CLT e de legislações esparsas como a Lei do FGTS, a Lei nº 6.019/1974 e a Lei nº 8.212/1991.

O projeto foi aprovado no Senado em julho de 2017, mesmo diante de forte resistência social[582], sendo sancionado em 13/07/2017. A publicação da Lei ocorreu no dia 14/07/2017, com *vacatio legis* de 120 dias. Assim, as novas regras entraram em vigor em 11/11/2017.

Um dos temas mais relevantes e controversos foi a definição das regras de transição, ou seja, a forma como a Reforma se aplicaria aos contratos extintos e aos que ainda estavam em curso. Apesar da importância do tema, a Lei nº 13.467/2017 não trouxe qualquer regra sobre sua aplicação no tempo, gerando incertezas e insegurança jurídica.

Pelo princípio da irretroatividade das normas (art. 5º, XXXVI, CF), as normas trabalhistas não devem retroagir. Isso significa que relações de trabalho encerradas antes de 11/11/2017 devem ser regidas conforme a legislação anterior. O mesmo vale para os direitos adquiridos até aquela data. Por exemplo, se um empregador suprimiu o intervalo intrajornada antes da vigência da Reforma, o empregado terá direito ao pagamento integral do período, com natureza salarial. Após a Reforma, o pagamento passou a ter natureza indenizatória e se restringe apenas ao tempo suprimido, conforme o art. 71, § 4º, da CLT.

582. A consulta popular realizada pelo Senado constatou que 172.163 pessoas eram contra a Reforma e 16.789, a favor. Disponível em: http://www25.senado.leg.br/web/atividade/materias/-/materia/129049.

Nesse sentido, há precedente do TST, em recurso de revista, que reconhece a irretroatividade da Reforma Trabalhista, devendo ser aplicadas as normas de Direito Material do Trabalho ao tempo dos fatos, em respeito ao princípio da irretroatividade (art. 5º, XXXVI, da Constituição Federal) simbolizado pelo brocardo "tempus *regit actum*"[583].

Em relação aos processos em trâmite, como aqueles que discutem terceirização de atividade-fim ou prêmios com natureza salarial, a legislação aplicável será aquela vigente no momento da prestação dos serviços. A entrada em vigor da Reforma não anistiou irregularidades praticadas anteriormente.

Também deve ser respeitada a coisa julgada: decisões já transitadas em julgado, com base na legislação anterior, não podem ser alteradas por mudanças legais posteriores[584].

O ponto mais debatido, contudo, dizia respeito aos contratos ainda em vigor na data da Reforma. Em tentativa de resolver esses conflitos, foi editada a MP nº 808/2017, poucos dias após a entrada em vigor da nova lei. A Medida previa, em seu art. 2º, a aplicação integral da Reforma aos contratos vigentes. No entanto, como a MP perdeu eficácia em abril de 2018, surgiu a dúvida sobre a continuidade dessa regra.

Em outras obras e edições, defendemos que aplicação imediata da Reforma Trabalhista deveria permanecer mesmo após a perda de eficácia da Medida Provisória, pois essa previsão decorre diretamente da Lei de Introdução às Normas do Direito Brasileiro, norma de metadireito que estabelece diversas regras a serem observadas sobre a vigência e aplicação das demais normas no ordenamento jurídico brasileiro:

> **Art. 6º, Lei de Introdução às Normas do Direito Brasileiro:** A Lei em vigor terá efeito imediato e geral, respeitados o ato jurídico perfeito, o direito adquirido e a coisa julgada.

Portanto, em nossa visão, a partir de 11/11/2017, todos os empregados contratados deveriam estar sujeitos às novas regras da Lei nº 13.467/2017.

Ocorre que é necessário estabelecer a situaçao dos empregados contratados antes da alteração da legislação nesse regime de trabalho. A Reforma Trabalhista é aplicada, também, a esses empregados, em razão da aplicação imediata das normas trabalhistas.

É importante destacar esses impactos causados e a origem do direito que estava sendo dado aos empregados:

1) Cláusula contratual:

Se o direito é concedido por meio de cláusula inserida no contrato de trabalho, não é permitida a supressão de seu pagamento aos empregados que já o recebiam. Pela aplicação do princípio da condição mais benéfica e da inalterabilidade contratual lesiva ao trabalhador, as cláusulas contratuais não podem ser alteradas para prejudicar o trabalhador, pois aderem ao contrato de forma permanente (art. 468 da CLT).

583. RR – 450685-02.2003.5.12.0027, Relator Desembargador Convocado: Altino Pedrozo dos Santos, Data de Julgamento: 21/03/2018, 7ª Turma, Data de Publicação: DEJT 23/03/2018.

584. SILVA, Homero Batista Mateus da. *Comentários à Reforma Trabalhista*. São Paulo: Revista dos Tribunais, 2017. p. 201.

De acordo com o posicionamento de Homero Batista Mateus da Silva[585], com o qual concordamos, as normas que permitem a negociação direta entre o empregado "hipersuficiente" e seu empregador (art. 444, parágrafo único, CLT) e a possibilidade de estabelecimento de cláusula compromissória arbitral (art. 507-A da CLT) são duas hipóteses de cláusulas contratuais que não podem ser aplicadas aos contratos vigentes.

Da mesma forma, o trabalho intermitente exige disciplina contratual diversa daquela prevista nos contratos por prazo indeterminado. Portanto, diante da impossibilidade de alteração lesiva ao trabalhador (art. 468 da CLT), não é possível a adoção do trabalho intermitente aos contratos vigentes. Ressalta-se que a dispensa de trabalhadores em contrato por prazo indeterminado e sua recontratação como trabalhador intermitente pode configurar fraude[586] (art. 9º da CLT).

2) Instrumentos coletivos:

Se determinado direito for concedido por meio de norma coletiva, integrará o contrato de trabalho pelo prazo de vigência da norma coletiva. Com a aprovação da Reforma Trabalhista, é vedada a ultratividade das normas coletivas, que perderão seus efeitos com o término de sua vigência, sempre limitado ao prazo máximo de 2 anos:

> **Art. 614, § 3º, da CLT:** Não será permitido estipular duração de convenção coletiva ou acordo coletivo de trabalho superior a dois anos, sendo vedada a ultratividade.

Nesse mesmo sentido, aliás, decidiu o STF no julgamento virtual da ADPF 323, finalizado no dia 27/05/2022, a inconstitucionalidade da Súmula nº 277 do TST e as decisões judiciais que interpretam o art. 114, § 2º, CF/88, como autorização à aplicação do princípio da ultratividade das normas coletivas. Segundo o voto do Relator, Ministro Gilmar Mendes, a Súmula nº 277 do TST não é compatível com os princípios da legalidade, da separação dos Poderes e da segurança jurídica.

3) Direitos decorrentes de lei:

Já os direitos previstos unicamente em lei podem ser alterados por nova legislação, pois o contrato de trabalho é uma relação de trato sucessivo, ou seja, suas obrigações se renovam ao longo do tempo. Assim, a nova lei se aplica de forma imediata aos contratos em andamento, desde que não atinja direitos já adquiridos antes da mudança.

Antes da uniformização do entendimento, havia duas correntes sobre como aplicar essas mudanças. A primeira defendia a cessação imediata do pagamento, considerando que o direito dependia exclusivamente da legislação, que foi alterada. A segunda sugeria uma transição mais gradual, com base em analogia ao entendimento adotado pelo TST na Súmula nº 191 para os eletricitários[587]. Nesses casos, o Tribunal já havia reconhecido que empregados contratados sob a vigência da antiga Lei nº 7.369/1985 continuariam

585. SILVA, Homero Batista Mateus da. *Comentários à Reforma Trabalhista*. São Paulo: Revista dos Tribunais, 2017. p. 200.

586. SILVA, Homero Batista Mateus da. *Comentários à Reforma Trabalhista*. São Paulo: Revista dos Tribunais, 2017. p. 200.

587. Esses trabalhadores, tradicionalmente, tiveram o adicional de periculosidade calculado sobre o salário + adicionais, por expressa previsão na revogada Lei nº 7.369/1985. Tendo em vista que a energia elétrica passou a

recebendo o adicional de periculosidade calculado sobre a totalidade das parcelas salariais (salário base + acréscimos).

Com a revogação da referida lei e a inclusão da atividade no art. 193 da CLT, o adicional de periculosidade passou a ser calculado apenas sobre o salário-base. Essa distinção foi formalizada na atual redação da Súmula nº 191 do TST, que separa os efeitos conforme a data de contratação do empregado. Se contratado na vigência da Lei nº 7.369/1985, o pagamento do adicional de periculosidade deve ser calculado sobre a totalidade das parcelas de natureza salarial (salário + acréscimos). Se contratados após a revogação da lei e inserção da energia elétrica como atividade perigosa, o cálculo do adicional de periculosidade para os eletricitários é realizado sobre o salário-base, ou seja, o cálculo não leva em conta outros acréscimos. (art. 193, § 1º, CLT).

Por aplicação analógica, o mesmo raciocínio da Súmula nº 191 do TST poderia ser estendido as alterações da Reforma Trabalhista. Por exemplo, nas horas *in itinere*, os empregados contratados antes da alteração realizada pela Reforma, permaneceriam com a possibilidade de cômputo das horas de trajeto caso o trabalho esteja localizado em local de difícil acesso e o transporte seja fornecido pelo empregador, seguindo as regras que eram previstas na redação anterior do § 2º do art. 58 da CLT.

No entanto, a jurisprudência do TST não era unificada. No processo E-RR-528-80.2018.5.14.0004, por exemplo, a SDI-1 chegou a formar maioria reconhecendo o direito às horas de trajeto mesmo após a vigência da Reforma, para contratos firmados antes de 11/11/2017. Os argumentos se baseavam na preservação do ato jurídico perfeito e no respeito ao direito adquirido. Porém, como havia decisões divergentes em diferentes Turmas, o caso foi remetido ao Pleno do TST, que o incluiu como paradigma do Tema 23 (Incidente de Recursos de Revista Repetitivos).

O julgamento foi concluído em 25/11/2024. Por maioria, o Pleno fixou a seguinte tese de observância obrigatória para toda a Justiça do Trabalho:

> "A Lei nº 13.467/2017 possui aplicação imediata aos contratos de trabalho em curso, passando a regular os direitos **decorrentes** de lei cujos fatos geradores tenham se efetivado a partir da sua vigência".

Com isso, consolidou-se o entendimento de que os contratos vigentes estão sujeitos à nova legislação a partir de 11/11/2017, mas apenas em relação aos fatos ocorridos dali em diante. No caso concreto, ficou definido que os empregados fazem jus a horas *in itinere* apenas até a data de 10/11/17, até a proclamação da Reforma.

Segundo o voto do Ministro Aloysio Corrêa da Veiga, presidente do TST, *"nestes casos [direitos decorrentes de lei], a lei nova não afeta um verdadeiro ajuste entre as partes, mas apenas o regime jurídico imperativo, que independe da vontade daquelas e, por isso, se sujeita a eventuais alterações subsequentes"*.

---

ser prevista como atividade perigosa no art. 193, I, da CLT, surgiu a discussão se deveria ou não incidir sobre o salário-base ou sobre o complexo salarial. De acordo com o art. 193, § 1º da CLT, o adicional de periculosidade de 30% é sobre o salário-base, ou seja, o cálculo não leva em conta outros acréscimos.

A Corte Trabalhista, optou, assim, pela primeira corrente interpretativa, entendendo pela aplicação imediata e integral dos dispositivos da Reforma aos contratos vigentes quando da sua entrada em vigor, sem regra de transição.

Apesar de, em edições anteriores, defendermos a necessidade de regras de transição mais protetivas – especialmente nos casos em que a Reforma alterou a natureza jurídica de parcelas salariais (como prêmios, gratificações e diárias) – o TST firmou entendimento de que o princípio da irredutibilidade salarial protege apenas parcelas fixas e permanentes, não abrangendo aquelas que dependem de variáveis futuras. Também foram afastados princípios como o da norma mais favorável ou da condição mais benéfica, por entender-se que não se aplicam à sucessão de leis no tempo, mas apenas à coexistência de normas simultâneas[588].

Em resumo, quanto à eficácia temporal da Reforma Trabalhista, temos o seguinte:

<table>
<tr><th colspan="3">EFICÁCIA TEMPORAL DA REFORMA TRABALHISTA (DIREITO INTERTEMPORAL)
INCIDENTE DE RECURSOS DE REVISTA REPETITIVOS Nº 23 DO TST</th></tr>
<tr><td>Relações de trabalho extintas antes da entrada em vigor da Reforma Trabalhista</td><td colspan="2" rowspan="3">São regidas pela legislação vigente na época dos fatos. Em regra, a norma trabalhista não retroage, respeitando-se o princípio da irretroatividade das normas, previsto no art. 5º, XXXVI, CF/88.</td></tr>
<tr><td>Direitos adquiridos antes da entrada em vigor da Reforma Trabalhista</td></tr>
<tr><td>Fatos geradores consumados antes da entrada em vigor da Reforma Trabalhista</td></tr>
<tr><td rowspan="3">Contratos celebrados antes da entrada em vigor da Reforma Trabalhista e ainda vigentes\</td><td>Direito concedido por cláusula contratual</td><td>Não é permitida a supressão de seu pagamento aos empregados que já o recebiam (art. 468, CLT)</td></tr>
<tr><td>Direito concedido por norma coletiva</td><td>Integrará o contrato de trabalho pelo prazo de vigência da norma coletiva, limitado ao prazo máximo de 2 anos (art. 614, § 3º, CLT)</td></tr>
<tr><td>Direitos decorrentes de lei</td><td>Havendo alteração legislativa, o direito passará a ser concedido de acordo com a nova previsão legal (Tema 23 da tabela de Recursos de Revista Repetitivos)</td></tr>
<tr><td>Contratos celebrados após a entrada em vigor da Reforma Trabalhista</td><td colspan="2">Aplica-se a Lei nº 13.467/2017</td></tr>
</table>

1.2.2. *Tempo médio das horas* in itinere

O § 3º do art. 58 da CLT foi revogado pela Lei de Reforma Trabalhista e permitia que as microempresas e empresas de pequeno porte pudessem fixar, via acordo ou convenção coletiva, o **tempo médio** das horas *in itinere*, bem como a forma e a natureza da remuneração.

588. Fonte: https://tst.jus.br/-/mudan%C3%A7as-da-reforma-trabalhista-valem-a-partir-de-sua-vig%C3%AAncia-para-contratos-em-curso. Acesso em 03/12/2024.

Exemplo: empregado gasta 1 hora de ida e mais 1 hora de volta de percurso para o trabalho em local de difícil acesso e condução fornecida pelo empregador. Nesse caso, se houvesse acordo ou convenção coletiva, prefixando as horas de percurso em apenas 45 minutos de ida e 45 minutos de volta, o trabalhador não teria computado o tempo de 2 horas de efetiva jornada, mas apenas do valor estabelecido no instrumento coletivo, ou seja, 1 hora e 30 minutos. Note-se que os valores não podiam ser muito diferentes do tempo efetivamente gasto.

Sobre a fixação das horas *in itinere* por tempo médio, o TST havia decidido que todas as empresas poderiam fixá-las, ainda que não enquadradas como micro e pequenas empresas.

Tendo em vista que as horas *in itinere* não são mais computadas na jornada de trabalho, não há necessidade de fixação de seu tempo médio, o que levou à revogação do dispositivo ora analisado.

É importante destacar que, em 12/09/2016, o STF, no julgamento do RE nº 895759/PE, já havia decidido pela possibilidade de supressão do pagamento das horas *in itinere* por meio de instrumento coletivo de trabalho. Nesse sentido, em decisão monocrática, o Relator Teori Zavascki ressaltou que o acordo coletivo celebrado determinou a supressão no pagamento das horas *in itinere*, mas assegurou, em contrapartida, diversos benefícios aos empregados como cestas básicas, seguro de vida e acidentes além do obrigatório, pagamento de abono anual, salário-família acima do limite legal, entre outros. A decisão fundamenta-se na aplicação do princípio da autonomia da vontade no âmbito do Direito Coletivo do Trabalho.

Essa discussão também está superada, pois não é necessária previsão em instrumento coletivo de trabalho para a ausência de pagamento das horas *in itinere*. Esse período não é computado na jornada de trabalho.

1.2.3. Horas In Itinere e petroleiros (Incidente de Recurso de Revista Repetitivo nº 50 do TST)

Ainda sobre os aspectos gerais das horas *in itinere*, resta uma observação sobre interessante precedente vinculante no TST.

Com o objetivo de uniformizar a jurisprudência no âmbito do Tribunal, o TST vem firmando, ao longo de 2025, diversas teses jurídicas sobre temas já pacificados entre suas Turmas. Dentre elas, destaca-se a tese vinculante nº 50 que trata da **impossibilidade de reconhecimento das horas *in itinere* aos petroleiros submetidos ao regime previsto na Lei nº 5.811/72**, tendo a seguinte redação:

> Não são devidas horas in itinere aos empregados enquadrados no regime do art. 1º da Lei nº 5.811/1972, uma vez que o art. 3º, inciso IV, do referido diploma legal determina o fornecimento de transporte gratuito (TST-R-RAg-0001101-51.2015.5.05.0012, Relator: Ministro Aloysio Corrêa da Veiga, Tribunal Pleno, DJE: 14/03/2025).

Os petroleiros, principalmente aqueles que trabalham embarcados em plataformas marítimas, têm um regime de trabalho diferenciado, conforme a Lei nº 5.811/1972 que regula essa atividade. O regime de trabalho é caracterizado por:

a) Turnos ininterruptos de revezamento: alternância de jornadas entre turnos diurnos e noturnos.

b) Jornada especial: 14 dias de trabalho seguidos por 14 dias de descanso.

c) Turnos de 8 ou 12 horas: dependendo da atividade desempenhada.

d) Transporte custeado pelo empregador: devido à dificuldade de acesso às plataformas.

A logística de transporte para plataformas *offshore* se dá exclusivamente por embarcações ou helicópteros, o que torna inviável qualquer outro meio de deslocamento. Por isso, a própria Lei nº 5.811/1972 obriga o empregador a fornecer transporte gratuito aos petroleiros, conforme o art. 3º, inciso IV:

> **Art. 3º.** Durante o período em que o empregado permanecer no regime de revezamento em turno de 8 (oito) horas, ser-lhe-ão assegurados os seguintes direitos:
> IV – Transporte gratuito para o local de trabalho;

Dessa forma, o fornecimento de transporte não é um benefício concedido pela empresa, mas sim uma imposição legal, o que afasta a aplicação das horas *in itinere*. O Pleno do TST, ao firmar a tese vinculante, consolidou o entendimento de que o regime jurídico especial dos petroleiros e a obrigatoriedade legal do transporte gratuito **afastam a incidência das horas *in itinere***. Por esse motivo, o tempo de percurso não deve ser computado na jornada, pois já está embutido na estrutura organizacional da atividade.

1.3. Sobreaviso e prontidão

Conforme visto anteriormente, considera-se jornada de trabalho o tempo que o empregado está à disposição do empregador, aguardando ou executando ordens (art. 4º da CLT). Há, entretanto, 2 situações em que a própria CLT flexibiliza ou ameniza esse tempo à disposição.

No primeiro caso, chamado horas de **prontidão**, o empregado permanece nas dependências da empresa aguardando ordens. Nesse caso, o trabalhador não prestará serviços, mas receberá 2/3 do horário normal em razão do tempo à disposição. Poderá permanecer em prontidão por, no máximo, 12 horas.

Há ainda as horas de **sobreaviso** que consistem na possibilidade de o empregado permanecer em sua residência ou outro local combinado aguardando ordens da empresa. Nesse caso, receberá apenas ⅓ da hora normal e poderá ficar nesse regime por, no máximo, 24 horas. A utilização de aparelhos eletrônicos (telefone celular, *pager*, *bip* etc.), por si só, não configura as horas de sobreaviso. Entretanto, configura, horas de sobreaviso se esses instrumentos informatizados: a) mantiverem o empregado sob o controle do empregador; b) deixarem o trabalhador conectado e ligado à empresa, como responder *e-mails* durante a noite *etc.* e c) submeterem o empregado a regime de plantão[589], podendo ser acionado a qualquer momento.

589. Dessa forma, se ficar comprovado que o empregado não apenas utiliza o aparelho celular, mas fica constatado que ele permanecia efetivamente à disposição do empregador fora do horário normal de trabalho, em escala de atendimento, caracteriza o regime de sobreaviso. Veja o informativo nº 19 do TST.

De acordo com a jurisprudência do TST:

> **Súmula nº 428 do TST. Sobreaviso**
>
> I – O uso de instrumentos telemáticos ou informatizados fornecidos pela empresa ao empregado, por si só, não caracteriza regime de sobreaviso.
>
> II – Considera-se em sobreaviso o empregado que, à distancia e submetido a controle patronal por instrumentos telemáticos ou informatizados, permanecer em regime de plantão ou equivalente, aguardando a qualquer momento o chamado para o serviço durante o período de descanso.

Aliás, durante as horas que o empregado estiver em sobreaviso, não receberá adicional de periculosidade e nem adicional de insalubridade, porque não estará submetido a risco ou agente nocivo a sua saúde[590].

Esses regimes, prontidão e sobreaviso, eram direcionados apenas ao ferroviário[591] (art. 244 da CLT), mas atualmente são aplicados, por analogia, a outros trabalhadores.

Nas duas hipóteses anteriores, se convocado para trabalhar, haverá o pagamento da hora normal, ajustadas no contrato (piso da categoria profissional ou do contrato de trabalho). Por outro lado, se o empregado permanecer em sobreaviso ou prontidão por período superior ao permitido em lei, 24 horas para o sobreaviso e 12 horas para a prontidão, não será devido adicional de horas extras por ausência de previsão legal. Nesse caso, o empregador somente está sujeito à multa aplicada pela fiscalização do trabalho[592].

Conforme a jurisprudência do TST, o pernoite de motorista profissional no seu veículo não configura sobreaviso ou tempo à disposição do empregador[593].

Por fim, destaca-se que a convenção e o acordo coletivo poderão versar sobre o regime de sobreaviso, tendo prevalência sobre a lei, nos termos do art. 611-A, VIII da CLT.

De acordo com o inciso VIII do artigo em análise, o regime de sobreaviso pode ter nova disciplina jurídica, inclusive com prazo de duração e remuneração ampliados ou reduzidos, o que pode trazer prejuízos ao trabalhador.

Entendemos que o limite de 24 horas deve ser respeitado, pois o aumento do período aguardando ordens pode trazer prejuízos ao trabalhador, que sempre estará vinculado à empresa para ser chamado ao serviço. Seria ideal que os instrumentos coletivos previssem os procedimentos e os meios para comunicação do sobreaviso ao trabalhador.

1.4. Empregados não submetidos à limitação da jornada

A limitação da duração do trabalho em 8 horas diárias e 44 horas semanais não é aplicada aos empregados previstos no art. 62 da CLT. O ponto em comum desses três empregados consiste na impossibilidade de fiscalização do horário. Não possuem

590. **Súmula nº 132 do TST, item II** – Durante as horas de sobreaviso, o empregado não se encontra em condições de risco, razão pela qual é incabível a integração do adicional de periculosidade sobre as mencionadas horas.
591. **Súmula nº 229 do TST:** "As horas de sobreaviso dos eletricitários, por aplicação analógica do art. 244, § 2º, da CLT, são remuneradas à razão de 1/3 sobre as parcelas de natureza salarial".
592. Informativo nº 87 do TST.
593. Informativo nº 158 do TST.

jornada de 8 horas, consequentemente não têm direito às horas extras, intervalos e adicional noturno.

1.4.1. Gerentes com poderes de gestão

Não será aplicada a limitação de jornada de trabalho de 8 horas diárias e 44 horas semanais aos gerentes que exerçam cargos de gestão e recebam gratificação de função não inferior a 40% do respectivo salário efetivo. Há necessidade de o gerente exercer poderes de gestão, por exemplo, contratar e dispensar empregados, dar ordens, contratar financiamento em banco, fazer reuniões com fornecedores etc. Em resumo, poderes de gestão é representar a figura do próprio empregador.

É importante ressaltar que algumas empresas estabelecem cargos de gerente para seus empregados sem que, de fato, exerçam poderes de gestão. A mera nomenclatura da função exercida não dispensa a aplicação da limitação de jornada de 8 horas diárias e 44 horas semanais (art. 9º da CLT). Poder de gestão compreende os poderes próprios do empregador, com a capacidade de decidir o funcionamento e o futuro da empresa.

Além disso, o número de subordinados vinculados ao trabalhador é irrelevante para a configuração de cargo de gestão. Por exemplo, o empregado que tem mais de 50 subordinados, mas que recebe ordens de um superior hierárquico, que determina suas ações e decisões, não exerce cargo de gestão. Para a configuração do gerente com poderes de gestão, repita-se, é indispensável a tomada de decisões com poderes do próprio empregador.

A lei equipara ao gerente, para exclusão da limitação de jornada, os diretores e chefes de departamento e/ou filial. Cabe ressaltar que é incompatível com o cargo de gerente a fiscalização do horário. Portanto, esses empregados devem ter ampla liberdade nos horários de chegada, saída etc. Para os gerentes que exerçam poderes de gestão não há limite de 8 horas, logo não terão direito a horas extras, adicional noturno e intervalos.

O TST tem o entendimento de que o gerente-geral de agência não tem direito ao recebimento de horas extras pela realização de cursos pela internet e a distância fora do horário de trabalho[594]. Além disso, o TST tem o posicionamento de que a presença de controle de frequência do empregado não altera, por si só, a característica de autoridade máxima do gerente-geral de agência, desde que não haja controle de horário[595].

As consequências do desvirtuamento do cargo de gestão pela simples nomenclatura de gerente geram o direito ao recebimento de horas extras pelo trabalhador e submete o empregador às multas pela fiscalização do trabalho. Assume relevante papel a atuação do Ministério Público do Trabalho, no tocante à tutela inibitória, para impedir que as empresas voltem a realizar novas violações ao direito constitucional de limitação à jornada de trabalho. A tutela inibitória trata-se de um provimento via TAC – Termo de Ajustamento de Conduta, firmado espontaneamente no MPT, ou, ainda, por meio judicial, evitando o ajuizamento de diversas ações individuais futuras pela mesma causa.

594. Informativo nº 22 do TST.
595. Informativo nº 181 do TST.

Em 17/11/2016, o TST[596] decidiu que o empregado que exerce cargo de gestão e não está submetido ao controle de jornada (art. 62, II, CLT) deve ter assegurados o gozo do repouso semanal remunerado e da folga em feriados. Caso o empregado não usufrua desse direito ou não haja folga compensatória, deve receber a remuneração em dobro dos dias trabalhados. De acordo com o tribunal, o objetivo do art. 62, II, CLT é excluir o pagamento de horas extras ao trabalhador ocupante de cargo de confiança, mas isso não retira o direito constitucionalmente assegurado ao repouso semanal remunerado.

1.4.2. *Atividade externa*

Aos empregados que exercem atividade externa incompatível com a fixação de horário de trabalho não há limite de 8 horas de trabalho, logo não terão direito a horas extras, adicional noturno e intervalos. É válido ressaltar que essa condição deve ser anotada na CTPS e no registro de empregados. Essa exclusão existe diante da impossibilidade de fiscalização da jornada. Ressalta-se que, se fiscalizado ou controlado o horário de trabalho, por qualquer meio, o trabalhador terá direito à limitação da jornada.

A exclusão desses empregados que exerçam funções externas da limitação de jornada, será aplicada apenas em casos excepcionais, como por exemplo, o biólogo que se encontra em pesquisa no meio da selva e que não há meios telemáticos disponíveis para o controle de sua jornada.

Ademais, há um antigo posicionamento do TST no sentido de que alguns ferroviários também não teriam limitação da jornada de trabalho. Ressalta-se que será citado esse posicionamento para evitar eventuais surpresas ao candidato no concurso de Analista do TRT. Nas **estações ferroviárias do interior**, onde há pouco movimento, o empregado não terá direito às horas extras, sob o fundamento de que ele não trabalharia de forma contínua durante as 8 horas diárias. De acordo com o TST:

> **Súmula nº 61 do TST.** Aos ferroviários que trabalham em estação do interior, assim classificada por autoridade competente, não são devidas horas extras (art. 243 da CLT).

1.4.2.1. *Motoristas profissionais*

Esse tópico foi impactado, consideravelmente, por decisão do STF, em julho de 2023, como se verá a seguir.

Antes da Lei nº 12.619/2012, os motoristas eram citados como exemplos de empregados sem direito à jornada de trabalho, em razão da prestação de serviços externos, art. 62 da CLT. Por isso, trataremos desses trabalhadores nesse tópico. Destaca-se que a Reforma Trabalhista não modificou a disciplina jurídica dos motoristas profissionais.

Entretanto, em 2012 foi promulgada a Lei nº 12.619, que dispunha sobre o exercício da profissão de motorista. Essa legislação havia modificado a CLT para prever a jornada de trabalho e o tempo de direção do motorista profissional. A Lei nº 12.619/2012 foi questionada por limitar a jornada de trabalho dos motoristas profissionais e a discussão sobre o assunto voltou a ser debatida pelo Congresso Nacional.

596. Informativo nº 149 do TST.

Em março/2015, foi promulgada a Lei dos Motoristas Profissionais – Lei nº 13.103/2015 –, que alterou a regulamentação da profissão, especialmente no tocante à jornada de trabalho. Contudo, dois meses após sua promulgação, a Confederação Nacional dos Trabalhadores em Transportes – CNTT propôs, perante o STF, a ADI nº 5322[597], cujo objetivo era a declaração da inconstitucionalidade da Lei nº 13.103/15, que, entre outras providências, alterou a redação da Seção IV-A – Do Serviço do Motorista Profissional Empregado (arts. 235-A a 235-H).

Segundo a entidade representativa da categoria dos trabalhadores, as alterações trazidas pela Lei nº 13.103/15 violavam os valores sociais do trabalho (art. 1º, IV, CF/88), a liberdade de trabalho (art. 5º, XIII, CF/88), o princípio da irredutibilidade do salário (art. 7º, VI, CF/88), a saúde e segurança do trabalhador (art. 7º, XXII, CF/88) e a igualdade entre o trabalhador com vínculo empregatício permanente e o trabalhador avulso (art. 7º, XXXIV, CF/88). Além disso, traziam prejuízos à segurança viária (art. 144, § 10, I, CF/88) e à ordem econômica e social fundadas, respectivamente, na valorização do trabalho humano (art. 170, CF/88) e no primado do trabalho (art. 193, CF/88).

Em manifestação, o PGR à época, Rodrigo Janot, opinou pelo conhecimento parcial da ação.

Em seu voto, 8 anos após o ajuizamento da ADI, em julho de 2023, o Ministro Alexandre de Moraes, relator, julgou a ação parcialmente procedente, declarando como inconstitucionais diversas passagens do diploma legal, como a expressão "sendo facultados o seu fracionamento e a coincidência com os períodos de parada obrigatória na condução do veículo estabelecida pela Lei nº 9.503, de 23 de setembro de 1997 - Código de Trânsito Brasileiro, garantidos o mínimo de 8 (oito) horas ininterruptas no primeiro período e o gozo do remanescente dentro das 16 (dezesseis) horas seguintes ao fim do primeiro período", prevista na parte final do § 3º do art. 235-C, e a expressão "não sendo computadas como jornada de trabalho e nem como horas extraordinárias", prevista na parte final do § 8º do art. 235-C. Acompanhado pelos Ministros Marco Aurélio, Nunes Marques, Gilmar Mendes, Roberto Barroso, Luiz Fux e pela Ministra Cármen Lúcia, seu voto se sagrou vencedor no Julgamento Virtual finalizado no dia 05/07/2023.

Na referida ADI, o STF declarou a inconstitucionalidade de 11 dispositivos trazidos ou alterados pela Lei nº 13.103/2015, que alteraram tanto a CLT quanto o Código de Trânsito Brasileiro. Em alguns casos, o dispositivo inteiro foi declarado inconstitucional. Em outros, apenas um trecho. Os argumentos levantados pelo Relator giram em torno do comprometimento da segurança nas estradas e do reconhecimento de que os descansos e intervalos configuram norma de saúde e segurança no trabalho, portanto, indisponíveis.

Na Sessão Virtual de 4 a 11/10/2024, o STF decidiu modular os efeitos da decisão de mérito na ADI 5322, julgada na Sessão Virtual de 23 a 30/06/2023, em que houve a declaração de inconstitucionalidade de dispositivos da CLT e do Código de Trânsito Brasileiro – CTB (Lei nº 9.503/1997) relacionados à atividade do motorista profissional, atribuindo-lhe efeitos *ex nunc* (não retroativos), a contar da data de publicação da ata de julgamento

597. ADI 5322. Disponível em: https://portal.stf.jus.br/processos/detalhe.asp?incidente=4778925. Acesso em 03/10/2023.

de mérito, que ocorreu em 12/07/2023. Portanto, os dispositivos declarados inconstitucionais pela Corte são considerados constitucionais até o dia 11/07/2023. A partir do dia 12/07/2023, eles são inválidos.

Ainda, foi reconhecida a constitucionalidade de outros dispositivos. No quadrinho abaixo, selecionei aqueles de maior relevância para o Direito do Trabalho:

▶ PRINCIPAIS DISPOSITIVOS JULGADOS CONSTITUCIONAIS PELO STF

Art. 71, § 5º, CLT: O intervalo expresso no caput poderá ser reduzido e/ou fracionado, e aquele estabelecido no § 1o poderá ser **fracionado**, quando compreendidos entre o término da primeira hora trabalhada e o início da última hora trabalhada, desde que previsto em convenção ou acordo coletivo de trabalho, ante a natureza do serviço e em virtude das condições especiais de trabalho a que são submetidos estritamente os motoristas, cobradores, fiscalização de campo e afins nos serviços de operação de veículos rodoviários, empregados no setor de transporte coletivo de passageiros, mantida a remuneração e concedidos intervalos para descanso menores ao final de cada viagem.

Art. 168, § 6º, CLT: Serão exigidos **exames toxicológicos**, previamente à admissão e por ocasião do desligamento, quando se tratar de motorista profissional, assegurados o direito à contraprova em caso de resultado positivo e a confidencialidade dos resultados dos respectivos exames.
Art. 168, § 7º, CLT: Para os fins do disposto no § 6º, será obrigatório exame toxicológico com janela de detecção mínima de 90 (noventa) dias, específico para substâncias psicoativas que causem dependência ou, comprovadamente, comprometam a capacidade de direção, podendo ser utilizado para essa finalidade o exame toxicológico previsto na Lei no 9.503, de 23 de setembro de 1997 - Código de Trânsito Brasileiro, desde que realizado nos últimos 60 (sessenta) dias.

Art. 235-A, CLT: Os preceitos especiais desta Seção aplicam-se ao motorista profissional empregado:
I - de transporte rodoviário coletivo de passageiros;

II - de transporte rodoviário de cargas.

Art. 235-C, *caput*, CLT: A jornada diária de trabalho do motorista profissional será de 8 (oito) horas, admitindo-se a sua prorrogação por até 2 (duas) horas extraordinárias ou, mediante previsão em convenção ou acordo coletivo, por até **4 (quatro) horas extraordinárias**. (...)
Art. 235-C, § 13, CLT: Salvo previsão contratual, a jornada de trabalho do motorista empregado não tem horário fixo de início, de final ou de intervalos.

Art. 235-D, § 3º, CLT: O motorista empregado, em viagem de longa distância, que ficar com o veículo parado após o cumprimento da jornada normal ou das horas extraordinárias fica dispensado do serviço, exceto se for **expressamente autorizada** a sua permanência junto ao veículo pelo empregador, hipótese em que o tempo será considerado de espera.
Art. 235-D, § 6º, CLT: Em situações excepcionais de inobservância justificada do limite de jornada de que trata o art. 235-C, devidamente registradas, e desde que não se comprometa a segurança rodoviária, a duração da jornada de trabalho do motorista profissional empregado poderá ser elevada pelo tempo necessário até o veículo chegar a um local seguro ou ao seu destino.
Art. 235-D, § 7º, CLT: Nos casos em que o motorista tenha que acompanhar o veículo transportado por qualquer meio onde ele siga embarcado e em que o veículo disponha de cabine leito ou a embarcação disponha de alojamento para gozo do intervalo de repouso diário previsto no § 3º do art. 235-C, esse tempo será considerado como **tempo de descanso**.
Art. 235-D, § 8º, CLT: Para o transporte de cargas vivas, perecíveis e especiais em longa distância ou em território estrangeiro poderão ser aplicadas regras conforme a especificidade da operação de transporte realizada, cujas condições de trabalho serão fixadas em convenção ou acordo coletivo de modo a assegurar as adequadas condições de viagem e entrega ao destino final.

Art. 235-F, CLT: Convenção e acordo coletivo poderão prever jornada especial de **12 (doze) horas de trabalho por 36 (trinta e seis) horas de descanso** para o trabalho do motorista profissional empregado em regime de compensação.

Art. 235-G, CLT: É permitida a **remuneração do motorista** em função da distância percorrida, do tempo de viagem ou da natureza e quantidade de produtos transportados, inclusive mediante oferta de comissão ou qualquer outro tipo de vantagem, desde que essa remuneração ou comissionamento não comprometa a segurança da rodovia e da coletividade ou possibilite a violação das normas previstas nesta Lei.

Art. 67-C, CTB: É vedado ao motorista profissional dirigir por mais de **5 (cinco) horas e meia ininterruptas veículos** de transporte rodoviário coletivo de passageiros ou de transporte rodoviário de cargas.
§ 1º Serão observados 30 (trinta) minutos para descanso dentro de cada 6 (seis) horas na condução de veículo de transporte de carga, sendo facultado o seu fracionamento e o do tempo de direção desde que não ultrapassadas 5 (cinco) horas e meia contínuas no exercício da condução.
§ 1º-A. Serão observados 30 (trinta) minutos para descanso a cada 4 (quatro) horas na condução de veículo rodoviário de passageiros, sendo facultado o seu fracionamento e o do tempo de direção.

Diante da complexidade que assume o tema e da dificuldade de se entender o panorama normativo vigente, vou abordar o assunto em tópicos, explicando se houve, ou não, alteração com a Decisão proferida pelo STF. Ainda, ao final, fiz um quadrinho com os dispositivos impactados pela ADI e com uma breve explicação de como ficou o respectivo ponto depois da Decisão.

1.4.2.1.1. Jornada de trabalho do motorista profissional

Os artigos que tratam sobre a jornada de trabalho do motorista profissional tiveram sua constitucionalidade reconhecida pelo STF no julgamento da ADI 5322. A regulamentação, portanto, permanece a mesma e, dessa forma, não dividiremos o tópico. Quando pertinente, faremos comentários ao que foi decidido pelo STF.

De acordo com a redação do art. 235-C da CLT, a jornada do **motorista profissional** é de 8 horas diárias, sendo permitida a prorrogação por até 2 horas extras. Se for celebrado acordo ou convenção coletiva, é possível a realização de até 4 horas extras diárias:

> **Art. 235-C, CLT.** A jornada diária de trabalho do motorista profissional será de 8 (oito) horas, admitindo-se a sua prorrogação por até 2 (duas) horas extraordinárias ou, mediante previsão em convenção ou acordo coletivo, por até 4 (quatro) horas extraordinárias.

Na ADI 5322, o STF entendeu pela constitucionalidade do referido dispositivo, inclusive em relação à prorrogação da jornada, mediante norma coletiva, por até 4 horas extraordinária. Conforme voto vencedor, o trabalho extraordinário tem natureza excepcional e sua prorrogação, na forma apresentada, depende de negociação coletiva, o que está de acordo com o reconhecimento das convenções e acordos coletivos de trabalho (art. 7º, XXVI, da Constituição).

Interessante notar que, desde o estabelecimento da jornada de trabalho, primeiro com a Lei nº 12.619/2012 e, depois, com a Lei nº 13.103/2015, os motoristas profissionais deixaram de se submeter ao art. 62, I, da CLT e têm assegurados os direitos decorrentes da limitação de jornada, como horas extras, adicional noturno e intervalos.

A jornada de trabalho diária prevista no referido *caput* do art. 235-C da CLT pode ser ultrapassada em situações excepcionais e justificadas, desde que não comprometa a segurança rodoviária até que o veículo chegue a um local seguro ou ao seu destino. Nesse sentido:

> **Art. 235-D, § 6º, CLT:** Em situações excepcionais de inobservância justificada do limite de jornada de que trata o art. 235-C, devidamente registradas, e desde que não se comprometa a segurança rodoviária, a duração da jornada de trabalho do motorista profissional empregado poderá ser elevada pelo tempo necessário até o veículo chegar a um local seguro ou ao seu destino.

Esse foi outro dispositivo questionado pela CNTT na ADI nº 5322. Conforme explicou o Ministro Alexandre de Moraes, a prorrogação da jornada para alcançar um local seguro ou, até mesmo, para se chegar ao destino não é autorização genérica de elastecimento indefinido da jornada, mas medida excepcional que deve ser registrada. Além disso, essa prorrogação deve respeito às normas de segurança viária. Em verdade, trata-se de medida de proteção do trabalhador (e da sociedade), que não terá, por exemplo, que parar o veículo em local perigoso para usufruir do intervalo interjornada. Reconheceu-se, assim, a constitucionalidade do dispositivo.

As horas extras prestadas devem ser remuneradas com adicional de, no mínimo, 50% sobre o valor da hora normal, ou compensadas por meio de banco de horas[598], previsto no art. 59, § 2º, da CLT:

> **Art. 59, § 2º, CLT:** Poderá ser dispensado o acréscimo de salário se, por força de acordo ou convenção coletiva de trabalho, o excesso de horas em um dia for compensado pela correspondente diminuição em outro dia, de maneira que não exceda, no período máximo de um ano, à soma das jornadas semanais de trabalho previstas, nem seja ultrapassado o limite máximo de dez horas diárias.

Além disso, o motorista profissional tem direito ao recebimento de adicional noturno de, no mínimo, 20% sobre o valor da hora diurna para o trabalho executado das 22 horas de um dia até às 5 horas do dia seguinte, e hora reduzida de 52 minutos e 30 segundos, por aplicação expressa do art. 73 da CLT (art. 235-C, § 6º, CLT).

O estabelecimento de jornada de 12 horas de trabalho por 36 horas de descanso é expressamente previsto aos motoristas, desde que haja instrumento coletivo autorizando essa jornada de trabalho:

> **Art. 235-F, CLT.** Convenção e acordo coletivo poderão prever jornada especial de 12 (doze) horas de trabalho por 36 (trinta e seis) horas de descanso para o trabalho do motorista profissional empregado em regime de compensação.

A Reforma Trabalhista passou a prever a possibilidade de estabelecimento de jornada 12 x 36 por meio de acordo individual[599] ou instrumento coletivo de trabalho, nos termos do art. 59-A da CLT:

598. Sobre a compensação e banco de horas, confira o tópico de trabalho extraordinário nesse capítulo.

599. No julgamento da ADI 5994/DF, finalizado em 03/07/2023, a Corte considerou constitucional o art. 59-A da CLT, introduzido pela Reforma Trabalhista, que permite a pactuação da jornada 12 x 36 por acordo individual escrito entre empregado e empregador.

> **Art. 59-A, CLT** *(acrescentado pela Lei nº 13.467/2017)*. Em exceção ao disposto no art. 59 desta Consolidação, é facultado às partes, mediante acordo individual escrito, convenção coletiva ou acordo coletivo de trabalho, estabelecer horário de trabalho de doze horas seguidas por trinta e seis horas ininterruptas de descanso, observados ou indenizados os intervalos para repouso e alimentação.

Para os motoristas profissionais deve prevalecer, contudo, o dispositivo específico do art. 235-F da CLT que exige a celebração de acordo ou convenção coletiva de trabalho. Esse artigo é mais benéfico ao empregado e deve ser aplicado aos motoristas. Aliás, no julgamento da ADI 5322, o STF entendeu pela constitucionalidade do art. 235-F da CLT.

Um dos argumentos levantado pelo Ministro Alexandre de Mores, é que o próprio ordenamento não permite que o motorista profissional trabalhe 12 horas seguidas na direção de um veículo, limitando o trabalho ininterrupto a 5 horas e meia, além de estabelecer períodos de descanso durante a jornada de trabalho (art. 7º da Lei nº 13.103/2015, na parte em que alterou o art. 67-C do CTB).

Tendo em vista o estabelecimento de jornada de trabalho para esses profissionais, verifica-se que o art. 62, inciso I, CLT tornou-se incompatível com supramencionado art. 235-C, *caput*, CLT. Nesse sentido, o controle da jornada de trabalho passou a ser direito assegurado ao motorista empregado:

> **Art. 2º, V, *b*, Lei nº 13.103/2015:** São direitos dos motoristas profissionais de que trata esta Lei, sem prejuízo de outros previstos em leis específicas: se empregados: ter jornada de trabalho controlada e registrada de maneira fidedigna mediante anotação em diário de bordo, papeleta ou ficha de trabalho externo, ou sistema e meios eletrônicos instalados nos veículos, a critério do empregador.

1.4.2.1.2. Tempo de espera do motorista

O denominado "tempo de espera", que já era previsto na Lei nº 12.619/2012, foi mantido pela Lei nº 13.103/2015 e correspondia ao período em que o motorista profissional ficava aguardando carga ou descarga do veículo, bem como o período gasto com a fiscalização da mercadoria transportada. Esse tema foi fortemente impactado pela ADI 5322, de tal que sorte que iremos abordá-lo em dois períodos: antes e depois da referida ADI.

1.4.2.1.2.1. Tempo de espera do motorista **antes** da ADI 5322

Nos termos da lei, o "o tempo de espera" não é computado na jornada de trabalho e não é remunerado como horas extraordinárias. As horas relativas ao tempo de espera devem ser **indenizadas** na proporção de 30% (trinta por cento) do salário-hora normal. Houve, portanto, flexibilização do tempo à disposição do empregador, pois o trabalhador não receberia a hora integral e, ainda, esse período sequer seria computado na sua jornada.

Em razão da importância do tema, seguem os artigos relativos ao "tempo de espera", conforme previsto na da CLT:

> **Art. 235-C, § 1º, CLT:** Será considerado como trabalho efetivo o tempo em que o motorista empregado estiver à disposição do empregador, excluídos os intervalos para refeição, repouso e descanso e o **tempo de espera.**
>
> **Art. 235-C, § 8º, CLT:** São considerados tempo de espera as horas em que o motorista profissional empregado ficar aguardando carga ou descarga do veículo nas dependências do embarcador ou do destinatário e o período gasto com a fiscalização da mercadoria transportada em barreiras fiscais ou alfandegárias, **não sendo computados como jornada de trabalho e nem como horas extraordinárias.**
>
> **Art. 235-C, § 9º, CLT: As horas relativas ao tempo de espera serão indenizadas na proporção de 30% (trinta por cento) do salário-hora normal.**
>
> **Art. 235-C, § 12, CLT:** Durante o tempo de espera, o motorista poderá realizar movimentações necessárias do veículo, **as quais não serão consideradas como parte da jornada de trabalho, ficando garantido, porém, o gozo do descanso de 8 (oito) horas ininterruptas aludido no § 3º.**

1.4.2.1.2.2. Tempo de espera do motorista **depois** da ADI 5322

O "tempo de espera", contudo, foi julgado **inconstitucional** pelo Supremo Tribunal Federal na ADI 5322. Nos dispositivos acima transcritos, para facilitar a compreensão, **grifamos,** propositalmente, as passagens declaradas inconstitucionais pelo STF.

Aqui, há de se reverenciar a brilhante argumentação trazida pelo relator, Alexandre de Moraes, com a qual concordamos integralmente. Segundo o Ministro, o "tempo de espera", tal como disposto na CLT, além de trazer prejuízos diretos ao trabalhador, acaba por descaracterizar a própria relação de trabalho, criando hipótese de prestação de serviço que não é computada na jornada diária normal de trabalho e nem como jornada extraordinária. Portanto, se o motorista profissional presta serviços em prol do sucesso do empreendimento, mas não é remunerado por isso, está, na verdade, dividindo os riscos da atividade econômica com o empregador.

Conclui, então, o Ministro, acompanhado pela maioria, ao negar o caráter salarial da contraprestação do "tempo de espera", a norma viola o disposto no art. 7º, VI, da CF (irredutibilidade salarial) e art. 1º, IV, também da CF (valor social do trabalho). Portanto, referidos dispositivos foram declarados inconstitucionais.

Em resumo, as horas em que o motorista profissional empregado ficar aguardando carga ou descarga do veículo nas dependências do embarcador ou do destinatário e o período gasto com a fiscalização da mercadoria transportada em barreiras fiscais ou alfandegárias (tempo de espera) deverão ser computadas como jornada de trabalho e, ultrapassados os limites legais, deverão ser remuneradas horas extraordinárias.

1.4.2.1.3. Períodos de descanso do motorista

Da mesma forma que o "tempo de espera", o descanso do motorista profissional foi fortemente impactado pela decisão do STF na ADI 5322, tanto em relação ao intervalo interjornada, quando em relação ao descanso semanal remunerado. Por esse motivo, também decidimos dividir o estudo em dois momentos: antes e depois da referida ADI.

1.4.2.1.3.1. Períodos de descanso do motorista antes da ADI

O motorista profissional tem direito a intervalo intrajornada mínimo de 1 hora, que pode coincidir com o tempo de parada obrigatória na condução do veículo previsto no Código de Trânsito brasileiro[600], conforme prevê o art. 235-C, § 2º, CLT.

É válido ressaltar que a Lei nº 13.103/2015 alterou a CLT para prever a possibilidade de redução e fracionamento do intervalo intrajornada dos motoristas do setor de transporte coletivo de passageiros, desde que o intervalo seja concedido entre o término da primeira hora trabalhada e o início da última hora de trabalho e desde que previsto em convenção ou acordo coletivo de trabalho.

Os dispositivos mencionados acima não foram impactados pela ADI 5322, sendo considerados constitucionais pelo STF.

Se o tempo de espera do motorista for superior a 2 horas ininterruptas e for exigida a presença do motorista junto ao veículo, o período será computado como intervalo intrajornada do motorista, sem prejuízo do recebimento de indenização pelo tempo de espera.

Além disso, o art. 235-C, § 3º prevê a necessidade de concessão de intervalo interjornada de 11 horas a cada dia de trabalho. Conforme consta do dispositivo, seria possível seu fracionamento desde que garantidos o mínimo de 8 horas ininterruptas no primeiro período do fracionamento e o gozo do restante dentro das 16 horas seguintes ao final do primeiro período:

> **Art. 235-C, § 3º, CLT:** Dentro do período de 24 (vinte e quatro) horas, são asseguradas 11 (onze) horas de descanso, **sendo facultados o seu fracionamento e a coincidência com os períodos de parada obrigatória na condução do veículo estabelecida pela Lei nº 9.503, de 23 de setembro de 1997 – Código de Trânsito Brasileiro, garantidos o mínimo de 8 (oito) horas ininterruptas no primeiro período e o gozo do remanescente dentro das 16 (dezesseis) horas seguintes ao fim do primeiro período.**

Em se tratando de viagens de longa duração, aquelas em que o empregado permanece fora da base da empresa ou de sua residência por período superior a 24 horas, seria possível o gozo do intervalo interjornada dentro do veículo ou alojamento fornecido pelo empregador ou contratante do serviço:

> **Art. 235-D, § 5º, CLT: Nos casos em que o empregador adotar 2 (dois) motoristas trabalhando no mesmo veículo, o tempo de repouso poderá ser feito com o veículo em movimento, assegurado o repouso mínimo de 6 (seis) horas consecutivas fora do veículo em alojamento externo ou, se na cabine leito, com o veículo estacionado, a cada 72 (setenta e duas) horas.**

600. **Art. 67-C, Código de Trânsito Brasileiro:** "É vedado ao motorista profissional dirigir por mais de 5 (cinco) horas e meia ininterruptas veículos de transporte rodoviário coletivo de passageiros ou de transporte rodoviário de cargas.§ 1º Serão observados 30 (trinta) minutos para descanso dentro de cada 6 (seis) horas na condução de veículo de transporte de carga, sendo facultado o seu fracionamento e o do tempo de direção desde que não ultrapassadas 5 (cinco) horas e meia contínuas no exercício da condução.§ 1º-A Serão observados 30 (trinta) minutos para descanso a cada 4 (quatro) horas na condução de veículo rodoviário de passageiros, sendo facultado o seu fracionamento e o do tempo de direção.

> **Art. 235-E, III, CLT: nos casos em que o empregador adotar 2 (dois) motoristas no curso da mesma viagem, o descanso poderá ser feito com o veículo em movimento, respeitando-se os horários de jornada de trabalho, assegurado, após 72 (setenta e duas) horas, o repouso em alojamento externo ou, se em poltrona correspondente ao serviço de leito, com o veículo estacionado.**

Ademais, vale ressaltar que, no caso de viagens de longa distância, é assegurado o repouso semanal remunerado de 24 horas. Haveria, nos termos da CLT, a possibilidade **adiamento, fracionamento e cumulação** do DSR:

> **Art. 235-D.** Nas viagens de longa distância com duração superior a 7 (sete) dias, o repouso semanal será de 24 (vinte e quatro) horas por semana ou fração trabalhada, sem prejuízo do intervalo de repouso diário de 11 (onze) horas, totalizando 35 (trinta e cinco) horas, **usufruído no retorno do motorista à base (matriz ou filial) ou ao seu domicílio, salvo se a empresa oferecer condições adequadas para o efetivo gozo do referido repouso.**
>
> **§ 1º. É permitido o fracionamento do repouso semanal em 2 (dois) períodos, sendo um destes de, no mínimo, 30 (trinta) horas ininterruptas, a serem cumpridos na mesma semana e em continuidade a um período de repouso diário, que deverão ser usufruídos no retorno da viagem.**
>
> **§ 2º, CLT: A cumulatividade de descansos semanais em viagens de longa distância de que trata o caput fica limitada ao número de 3 (três) descansos consecutivos.**

Por fim, o tempo de repouso do motorista poderia ser realizado com o veículo em movimento quando o empregador adotasse dois motoristas trabalhando no mesmo veículo, desde que assegurado o repouso mínimo de 6 horas consecutivas fora do veículo em alojamento ou na cabine leito com o veículo estacionado a cada 72 horas:

> **Art. 235-D, § 5º, CLT: Nos casos em que o empregador adotar 2 (dois) motoristas trabalhando no mesmo veículo, o tempo de repouso poderá ser feito com o veículo em movimento, assegurado o repouso mínimo de 6 (seis) horas consecutivas fora do veículo em alojamento externo ou, se na cabine leito, com o veículo estacionado, a cada 72 (setenta e duas) horas.**
>
> **Art. 235-E, III, CLT: nos casos em que o empregador adotar 2 (dois) motoristas no curso da mesma viagem, o descanso poderá ser feito com o veículo em movimento, respeitando-se os horários de jornada de trabalho, assegurado, após 72 (setenta e duas) horas, o repouso em alojamento externo ou, se em poltrona correspondente ao serviço de leito, com o veículo estacionado.**

1.4.2.1.3.2. Períodos de descanso do motorista <u>**depois**</u> da ADI

Novamente, **grifamos** os trechos declarados inconstitucionais pelo STF.

Segundo a Corte, é inconstitucional o fracionamento do intervalo interjornada, ainda que garantidos o mínimo de 8 horas ininterruptas no primeiro período do fracionamento e o gozo do restante dentro das 16 horas seguintes ao final do primeiro período, previsto no art. 235-C, § 3º, da CLT.

Mais uma vez, ressalto a contundência e importância do voto vencedor do Ministro Alexander de Moraes para a área trabalhista, que, expressamente, reconhece as normas de duração do trabalho como **normas de ordem pública**, pois dizem respeito à própria saúde física e mental do empregado, ao contrário do que disciplina o parágrafo único do art. 611-B da CLT:

> **Art. 611-B, parágrafo único, CLT:** Regras sobre duração do trabalho e intervalos não são consideradas como normas de saúde, higiene e segurança do trabalho para os fins do disposto neste artigo.

Além disso, os períodos de descanso permitem a recuperação do trabalhador, corpo e mente, diminuindo os níveis de *stress* e cansaço, importando em maior segurança rodoviária. Permitem, também, ao trabalhador, usufruir de momentos de lazer e convívio social e familiar. Assim, fracionar esse período contraria frontalmente a garantia dos direitos sociais dos trabalhadores.

Também são inválidas as normas do art. 235-D, *caput*, e §§ 1º e 2º da CLT, que preveem, respectivamente, o adiamento do DSR; o fracionamento do DSR e a cumulação de DSRs. Com exceção da previsão de repouso semanal de 24 horas por semana ou fração trabalhada, sem prejuízo do intervalo de repouso diário de 11 horas, totalizando 35 horas, nas viagens de longa distância com duração superior a 7 dias, referidos dispositivos foram declarados inconstitucionais em sua integralidade.

O descanso semanal remunerado é direito social indisponível, pois ligado diretamente à dignidade e saúde do trabalhador, não admitindo flexibilização tendente a diminui-lo ou impedi-lo.

Finalmente, foi reconhecida a inconstitucionalidade do gozo dos períodos de repouso com o veículo em movimento. A norma estabelecida nos arts. 235-D, § 5º, e 235-E, III, ambos da CLT, determina que, em se tratando de longa viagem, aquela em que o empregado permanece fora da base da empresa ou de sua residência por período superior a 24 horas, seria possível o gozo do intervalo interjornada dentro do veículo ou alojamento fornecido pelo empregador ou contratante do serviço.

Contudo, como explicou o relator, tal possibilidade contrária o estabelecido pela Constituição no tocante à saúde e segurança do trabalhador, pois não há como se imaginar o devido descanso com um veículo em movimento.

1.4.2.1.4. Modulação de efeitos da Decisão

Na Sessão Virtual de 4 a 11/10/2024, o STF decidiu **modular os efeitos da decisão** de mérito na ADI 5322, julgada na Sessão Virtual de 23 a 30/6/2023, em que houve a declaração de inconstitucionalidade de dispositivos da CLT e do Código de Trânsito Brasileiro – CTB (Lei nº 9.503/1997) relacionados à atividade do motorista profissional, atribuindo-lhe efeitos *ex nunc* (não retroativos), a contar da data de publicação da ata de julgamento de mérito, que ocorreu em 12/7/2023.

Dispositivos declarados inconstitucionais no julgamento de 23 a 30/6/2023:

1) Art. 235-C, § 3º, da CLT (intervalo interjornadas);
2) Art. 67-C, § 3º, do CTB (intervalo interjornadas);
3) Art. 235-C, § 1º, da CLT (jornada x tempo de espera);

4) Art. 235-C, § 8º, da CLT (jornada x tempo de espera);

5) Art. 235-C, § 9º, da CLT (remuneração x tempo de espera);

6) Art. 235-C, § 12, da CLT (jornada x tempo de espera);

7) Art. 235-D, caput, da CLT (adiamento do dsr);

8) Art. 235-D, § 1º, da CLT (fracionamento do dsr);

9) Art. 235-D, § 2º, da CLT (acumulação de dsr);

10) Art. 235-D, § 5º, da CLT (gozo do intervalo com veículo em movimento); e

11) Art. 235-E, III, da CLT (gozo do intervalo com veículo em movimento).

Os dispositivos acima são considerados constitucionais até o dia 11/7/2023. A partir do dia 12/7/2023, eles são inválidos.

1.4.2.1.5. O que mudou com a ADI 5322?

Como forma de resumir toda a discussão acima e tentar facilitar a compreensão da matéria, elaborei esse quadrinho com os dispositivos impactados pela ADI 5322 e a nova sistemática estabelecida a partir dessa Decisão:

► IMPACTADOS DA ADI 5322 AOS DIREITOS TRABALHISTAS DO MOTORISTA PROFISSIONAL

	Dispositivo impactado	Como ficou depois da ADI 5322?
Tempo de espera	**Art. 235-C, § 1º, CLT:** Será considerado como trabalho efetivo o tempo em que o motorista empregado estiver à disposição do empregador, excluídos os intervalos para refeição, repouso e descanso e o **tempo de espera.**	O STF declarou **inconstitucional** as partes grifadas dos dispositivos. Portanto, é inconstitucional a exclu são das horas em que o motorista profissional empregado fica aguardando carga ou descarga do veículo nas dependências do embarcador ou do destinatário e o período gasto com a fiscalização da mercadoria transportada em barreiras fiscais ou alfandegárias (tempo de espera) da sua jornada de trabalho. Essas horas deverão ser computadas como tempo à disposição do empregador e deverão ser regulamente remuneradas.
	Art. 235-C, § 8º, CLT: São considerados tempo de espera as horas em que o motorista profissional empregado ficar aguardando carga ou descarga do veículo nas dependências do embarcador ou do destinatário e o período gasto com a fiscalização da mercadoria transportada em barreiras fiscais ou alfandegárias, **não sendo computados como jornada de trabalho e nem como horas extraordinárias.**	
	Art. 235-C, § 9º, CLT: As horas relativas ao tempo de espera serão indenizadas na proporção de 30% (trinta por cento) do salário-hora normal.	
Movimentações necessárias durante o tempo de espera	**Art. 235-C, § 12, CLT:** Durante o tempo de espera, o motorista poderá realizar movimentações necessárias do veículo, **as quais não serão consideradas como parte da jornada de trabalho, ficando garantido, porém, o gozo do descanso de 8 (oito) horas ininterruptas aludido no § 3º.**	O STF declarou **inconstitucional** a parte grifada do dispositivo. Portanto, é inconstitucional a exclusão do tempo gasto com movimentações necessárias do veículo, durante o tempo de espera, da jornada de trabalho.

Fracionamento do interjornada (11h)	**Art. 235-C, § 3º, CLT:** Dentro do período de 24 (vinte e quatro) horas, são asseguradas 11 (onze) horas de descanso, **sendo facultados o seu fracionamento e a coincidência com os períodos de parada obrigatória na condução do veículo estabelecida pela Lei nº 9.503, de 23 de setembro de 1997 - Código de Trânsito Brasileiro, garantidos o mínimo de 8 (oito) horas ininterruptas no primeiro período e o gozo do remanescente dentro das 16 (dezesseis) horas seguintes ao fim do primeiro período.**	O STF declarou **inconstitucional** as partes grifadas dos dispositivos. Portanto, é inconstitucional fracionar o intervalo interjornada ou fazê-lo coincidir com os períodos de parada obrigatória na condução do veículo estabelecidos no Código de Trânsito Brasileiro.
	Art. 67-C, § 3º, CTB: O condutor é obrigado, dentro do período de 24 (vinte e quatro) horas, a observar o mínimo de 11 (onze) horas de descanso, **que podem ser fracionadas, usufruídas no veículo e coincidir com os intervalos mencionados no § 1º, observadas no primeiro período 8 (oito) horas ininterruptas de descanso.**	
Gozo do interjornada com o veículo em movimento	**Art. 235-D, § 5º, CLT: Nos casos em que o empregador adotar 2 (dois) motoristas trabalhando no mesmo veículo, o tempo de repouso poderá ser feito com o veículo em movimento, assegurado o repouso mínimo de 6 (seis) horas consecutivas fora do veículo em alojamento externo ou, se na cabine leito, com o veículo estacionado, a cada 72 (setenta e duas) horas.**	O STF declarou **inconstitucional** as partes grifadas dos dispositivos. Portanto, é inconstitucional o gozo do intervalo interjornada no interior do veículo em movimento.
	Art. 235-E, III, CLT: nos casos em que o empregador adotar 2 (dois) motoristas no curso da mesma viagem, o descanso poderá ser feito com o veículo em movimento, respeitando-se os horários de jornada de trabalho, assegurado, após 72 (setenta e duas) horas, o repouso em alojamento externo ou, se em poltrona correspondente ao serviço de leito, com o veículo estacionado.	
Adiamento do DSR	**Art. 235-D, *caput*, CLT:** Nas viagens de longa distância com duração superior a 7 (sete) dias, o repouso semanal será de 24 (vinte e quatro) horas por semana ou fração trabalhada, sem prejuízo do intervalo de repouso diário de 11 (onze) horas, totalizando 35 (trinta e cinco) horas, **usufruído no retorno do motorista à base (matriz ou filial) ou ao seu domicílio, salvo se a empresa oferecer condições adequadas para o efetivo gozo do referido repouso.**	O STF declarou **inconstitucional** a parte grifada do dispositivo. Portanto, é inconstitucional adiar o DSR do motorista profissional para que o gozo se dê no retorno do motorista à base ou ao seu domicílio.

Fracionamento do DSR	**Art. 235-D, § 1º, CLT: É permitido o fracionamento do repouso semanal em 2 (dois) períodos, sendo um destes de, no mínimo, 30 (trinta) horas ininterruptas, a serem cumpridos na mesma semana e em continuidade a um período de repouso diário, que deverão ser usufruídos no retorno da viagem.**	O STF declarou **inconstitucional** a parte grifada do dispositivo. Portanto, é inconstitucional fracionar o DSR do motorista profissional.
Cumulação de DSRs	**Art. 235-D, § 2º, CLT: A cumulatividade de descansos semanais em viagens de longa distância de que trata o caput fica limitada ao número de 3 (três) descansos consecutivos.**	O STF declarou **inconstitucional** a parte grifada do dispositivo. Portanto, é inconstitucional cumular DSRs em viagens de longa distância.

Ainda, segue um quadro de memorização:

	▶ MOTORISTA PROFISSIONAL ▶ (ARTS. 235-A A 235-G DA CLT E ADI 5322 – STF)	▶ DEMAIS EMPREGADOS (CLT)
Jornada de trabalho	- 8 horas diárias com possibilidade prorrogação em (art. 235-C, *caput*): a) 2 horas extras; ou b) 4 horas extras, desde que celebrado acordo ou convenção coletiva de trabalho.	- 8 horas diárias e 44 horas semanais (art. 7º, XIII, CF/88), sendo possível a prorrogação em, no máximo, 2 horas diárias (art. 59, *caput*).
Flexibilização do tempo à disposição do empregador	- **Tempo de espera (INCONSTITUCIONAL):** - **Art. 235-C, § 9º, CLT:** considerava-se tempo de espera aquele dispendido com carga ou descarga do veículo, bem como com fiscalização da mercadoria transportada. Era indenizado na proporção de 30% do salário-hora normal e não era computado na jornada de trabalho. - ADI 5322: passa a integrar a jornada de trabalho por ser tempo à disposição do empregador. Dessa forma, é remunerado como salário e, extrapolado os limites legais, será remunerado como hora extra.	- **Sobreaviso:** aguardando ordens do empregador em casa ou em outro local combinado. Recebimento de 1/3 da hora normal. Duração máxima de 24 horas. - **Prontidão:** aguardando ordens na empresa. Recebimento de 2/3 da hora normal. Duração máxima de 12 horas.
Jornada 12 x 36	- Previsão expressa dessa modalidade com o requisito de que seja instituído mediante acordo ou convenção coletiva (art. 235-F, CLT).	- Possibilidade de instituição mediante acordo individual escrito, acordo coletivo ou convenção coletiva (art. 59-A da CLT – Reforma Trabalhista). Obs.: **Doméstico:** *possibilidade de instituição mediante acordo escrito entre as partes.*

	▸ MOTORISTA PROFISSIONAL ▸ (ARTS. 235-A A 235-G DA CLT E ADI 5322 – STF)	▸ DEMAIS EMPREGADOS (CLT)
Redução e fracionamento do Intervalo intrajornada	– Redução e fracionamento do intervalo intrajornada de 1 hora dos motoristas do setor de transporte coletivo de passageiros desde que o intervalo seja concedido entre o término da primeira hora trabalhada e o início da última hora de trabalho (art. 71, § 5º, CLT).	– Possibilidade de redução do intervalo intrajornada para 30 minutos, mediante acordo ou convenção coletiva. – Obs.: **Empregados domésticos**: *possibilidade de redução do intervalo de 1 hora para 30 minutos por acordo escrito entre as partes (art. 13,* caput, *LC nº 150/2015).* *Se o empregado doméstico residir no local de trabalho, é possível o fracionamento do intervalo em 2 períodos desde que cada um deles tenha, no mínimo, 1 hora até o limite de 4 horas diárias (art. 13, § 1º, LC nº 150/2015).*
Intervalo interjornada	– Art. 235-C, § 3º, CLT: Intervalo interjornada de 11 horas. Era possível seu fracionamento desde que garantidos o mínimo de 8 horas ininterruptas no primeiro período do fracionamento e o gozo do restante dentro das 16 horas seguintes ao final do primeiro período. – **ADI 5322: inconstitucionalidade** do fracionamento do intervalo interjornada.	– Intervalo interjornada de 11 horas consecutivas, sendo vedados os fracionamento e redução (art. 66 da CLT).
DSR	– Repouso semanal remunerado de 24 horas. – Art. 235-D, *caput*, CLT: permitia o adiamento do DSR, para que fosse usufruído no retorno do motorista à base (matriz ou filial) ou ao seu domicílio. – Art. 235-D, § 1º, CLT: permitia o fracionamento do DSR em 2 períodos, sendo um destes de, no mínimo, 30 horas ininterruptas, a serem cumpridos na mesma semana e em continuidade a um período de repouso diário, que deverão ser usufruídos no retorno da viagem. – Art. 235-D, § 2º, CLT: permitia cumulatividade de descansos semanais em viagens de longa distância, limitada ao número de 3 descansos consecutivos. – **ADI 5322: inconstitucionalidade** do adiamento, do fracionamento e da cumulação do DSR.	– Repouso semanal remunerado de 24 horas concedido preferencialmente aos domingos (art. 7º, XV, CF/88). – Impossibilidade de redução ou fracionamento do DSR. – Pagamento em dobro se não concedido DSR ou se concedido após o 7º dia (Súmula nº 146 do TST e OJ nº 410 da SDI-I do TST).

1.4.3. *Teletrabalho ou trabalho remoto*[601]

A CLT foi alterada pela Lei nº 12.551/2011 para prever o teletrabalho. Essa modalidade de trabalho é uma espécie do gênero trabalho a distância, diferenciando-se desta pelo fato de que o teletrabalho exige a utilização de recursos de eletrônica, informática e de comunicação.

Além da possibilidade de reconhecimento do vínculo de emprego na hipótese de teletrabalho, a Reforma Trabalhista dedicou capítulo exclusivo ao tema no tocante à duração do trabalho. De acordo com a redação original do art. 75-B da CLT, o teletrabalho era definido como a prestação dos serviços preponderantemente fora das dependências do empregador com a utilização de tecnologias de informação e comunicação que não configuram o trabalho externo.

O inciso III do art. 62 da CLT, acrescentado pela Reforma Trabalhista, previa que os empregados em regime de teletrabalho não tinham direito à limitação de jornada. Não possuíam jornada de 8 horas, consequentemente não tinham direito a horas extras, intervalos e adicional noturno. Portanto, ainda que estivessem sujeitos ao controle de jornada por meios informatizados e de telemática, o legislador havia os excluído do direito à limitação de jornada:

Acontece que, no dia 02 de setembro de 2022, foi publicada a Lei nº 14.442/2022 (fruto da conversão da MP 1.108/2022), que, entre outras providências, alterou significativamente a regulamentação do regime de teletrabalho. Segundo a disciplina atual, "teletrabalho" ou "trabalho remoto" é a prestação de serviços fora das dependências do empregador, **de maneira preponderante ou não,** com a utilização de tecnologias de informação e de comunicação, que, por sua natureza, não se configure como trabalho externo, ressaltando-se que o comparecimento do empregado às dependências da empresa, ainda que de modo habitual, não descaracteriza o regime de teletrabalho:

> **Art. 75-B da CLT (Redação dada pela Lei nº 14.442, de 2022).** Considera-se teletrabalho ou trabalho remoto a prestação de serviços fora das dependências do empregador, de maneira preponderante ou não, com a utilização de tecnologias de informação e de comunicação, que, por sua natureza, não configure trabalho externo.
>
> § 1º O comparecimento, ainda que de modo habitual, às dependências do empregador para a realização de atividades específicas que exijam a presença do empregado no estabelecimento não descaracteriza o regime de teletrabalho ou trabalho remoto.

Ainda, no tocante ao controle de jornada, a Lei nº 14.442/2022 criou duas modalidades de teletrabalho:

601. Esse foi o tema campeão de incidência em provas de TRTs no ano de 2022. Foram **12 QUESTÕES TRATANDO SOBRE TELETRABALHO.** A maioria das perguntas giravam em torno da nova regulamentação do teletrabalho trazida pela Lei nº 14.442/2022. Nesse ponto, assim como em tantos outros, **a leitura e memorização da legislação é imprescindível para sua aprovação! Os candidatos ao cargo de Analista do TRT têm que decorar os arts. 75-A a 75-F da CLT.**

1) **Teletrabalho por jornada:** nesse caso, com duração de 8h nos moldes tradicionais (intervalos, horas extras etc.); e

2) **Teletrabalho por produção e tarefa** (novidade).

Somente o teletrabalho por produção ou tarefa está excluído do controle de jornada, não havendo, portanto, limitação da jornada em 8 horas diária ou 44 horas semanais, intervalos intra e interjornada, nem horas extras ou adicional noturno:

> **Art. 62 da CLT (Redação dada pela Lei nº 14.442, de 2022).** Não são abrangidos pelo regime previsto neste capítulo:
>
> (...)
>
> III - os empregados em regime de teletrabalho que prestam serviço por produção ou tarefa.

Dessa forma, para facilitar o estudo da matéria e permitir que o leitor entenda com profundida as alterações trazidas pela Lei de setembro de 2022, vamos tratar o teletrabalho em dois momentos: 1) regulamentação dada pela Reforma Trabalhista; e 2) Regulamentação dada pela Lei nº 14.442/2022.

Ademais, a Reforma Trabalhista permite que sejam celebrados acordos ou convenções coletivas de trabalho com força de lei para versar sobre teletrabalho:

> **Art. 611-A da CLT.** convenção coletiva e o acordo coletivo de trabalho têm prevalência sobre a lei quando, entre outros, dispuserem sobre:
>
> (...)
>
> VIII – teletrabalho, regime de sobreaviso, e trabalho intermitente.

1.4.3.1. *Caracterização do teletrabalho*

1.4.3.1.1. Caracterização do teletrabalho pela Reforma Trabalhista

De acordo com a redação original do art. 75-B da CLT, incluído pela Reforma Trabalhista, o teletrabalho era configurado quando o empregado prestasse serviços preponderantemente fora das dependências do empregador, com a utilização de tecnologias de informação e de comunicação. O emprego dessas tecnologias não deveria se constituir, por natureza, como trabalho externo:

> **Art. 75-B, CLT (redação antiga).** Considera-se teletrabalho a prestação de serviços preponderantemente fora das dependências do empregador, com a utilização de tecnologias de informação e de comunicação que, por sua natureza, não se constituam como trabalho externo.
>
> Parágrafo único. O comparecimento às dependências do empregador para a realização de atividades específicas que exijam a presença do empregado no estabelecimento não descaracteriza o regime de teletrabalho.

1.4.3.1.2. Caracterização do teletrabalho pela Lei nº 14.442/2022

A Lei nº 14.442/2022 (fruto da conversão da MP nº 1.108/2022), alterou significativamente a disciplina do teletrabalho na CLT, modificando, inclusive, o conceito de teletrabalho. A atual redação do *caput* do art. 75-B da CLT dispõe que "teletrabalho" ou "trabalho remoto" é a prestação de serviços fora das dependências do empregador, de maneira preponderante ou não, com a utilização de tecnologias de informação e de comunicação, que, por sua natureza, não se configure como trabalho externo:

> **Art. 75-B, CLT (Redação dada pela Lei nº 14.442, de 2022).** Considera-se teletrabalho ou trabalho remoto a prestação de serviços fora das dependências do empregador, de maneira preponderante ou não, com a utilização de tecnologias de informação e de comunicação, que, por sua natureza, não configure trabalho externo.

Assim, de forma confusa, a Lei nº 14.442/2022 criou uma espécie de **"trabalho híbrido"**, alterando o conceito de teletrabalho e unificando-o com o conceito de trabalho remoto. Ressalta-se, ainda, que o comparecimento do empregado às dependências da empresa, **ainda que de modo habitual**, não descaracteriza o regime de teletrabalho:

> **Art. 75-B, § 1º, CLT (incluído pela Lei nº 14.442/2022).** O comparecimento, ainda que de modo habitual, às dependências do empregador para a realização de atividades específicas que exijam a presença do empregado no estabelecimento não descaracteriza o regime de teletrabalho ou trabalho remoto.

Dessa forma, as principais características do teletrabalho ou do trabalho remoto passam a ser as seguintes:

a) Trabalho prestado fora das dependências do empregador, de maneira preponderante ou não;

b) Utilização de tecnologias de informação e de comunicação; e

c) Não configuração do trabalho externo.

Ainda no tocante à caracterização do teletrabalho, a nova regulamentação esclarece que a à ocupação de operador de *telemarketing* ou de teleatendimento não se confunde nem se equipara com o regime de teletrabalho:

> **Art. 75-B, § 4º, CLT (incluído pela Lei nº 14.442/2022).** regime de teletrabalho ou trabalho remoto não se confunde nem se equipara à ocupação de operador de telemarketing ou de teleatendimento.

1.4.3.2. Solenidade para o teletrabalho

1.4.3.2.1. Solenidade para o teletrabalho na Reforma Trabalhista

Para a contratação de empregado na modalidade de teletrabalho, a legislação exige solenidade, pois a condição de teletrabalhador deve constar expressamente do contrato individual de trabalho. Além disso, havia exigência para que o empregador especificasse detalhadamente as atividades que o empregado deve exercer.

Lembre-se de que o trabalhador em regime de teletrabalho é empregado, pois preenche todos os requisitos da relação de emprego, inclusive no tocante à subordinação jurídica. Portanto, é indispensável apresentar as atividades que serão exercidas para que o poder de direção do empregador seja direcionado ao controle e fiscalização do cumprimento dessas atividades. Nesse sentido:

> **Art. 75-C da CLT (redação antiga):** A prestação de serviços na modalidade de teletrabalho deverá constar expressamente do contrato individual de trabalho, que especificará as atividades que serão realizadas pelo empregado.
>
> § 1º. Poderá ser realizada a alteração entre regime presencial e de teletrabalho desde que haja mútuo acordo entre as partes, registrado em aditivo contratual.
>
> § 2º. Poderá ser realizada a alteração do regime de teletrabalho para o presencial por determinação do empregador, garantido prazo de transição mínimo de quinze dias, com correspondente registro em aditivo contratual.

1.4.2.2.2. Solenidade para o teletrabalho na Lei nº 14.442/2022

A Lei nº 14.442/2022 não alterou a necessidade de formalização do regime de teletrabalho em contrato individual de trabalho. Portanto, permanece a exigência de solenidade, pois a condição de teletrabalhador deve constar expressamente do contrato individual de trabalho.

Contudo, a legislação de setembro de 2022 alterou a redação do *caput* do art. 75-C da CLT, excluindo a parte final do dispositivo, que estabelecia a necessidade de o empregador especificar detalhadamente as atividades que o empregado deveria exercer.

> **Art. 75-C da CLT (Redação dada pela Lei nº 14.442, de 2022).** A prestação de serviços na modalidade de teletrabalho deverá constar expressamente do instrumento de contrato individual de trabalho.

Os §§ 1º e 2º do art. 75-C da CLT não foram impactados pela Lei nº 14.442/2022.

1.4.3.3. Alteração do regime presencial para teletrabalho

A legislação permite que o trabalhador em regime presencial passe a trabalhar em teletrabalho desde que sejam atendidos dois requisitos:

a) **Mútuo acordo entre as partes:** Somente com a concordância entre empregado e empregador, é possível a alteração do trabalho presencial para o teletrabalho. Surge o questionamento acerca da validade dessa previsão em face do princípio da inalterabilidade contratual lesiva ao trabalhador prevista no art. 468 da CLT. Há argumentos que sustentam a inviabilidade de alteração, pois o teletrabalho compromete o direito à limitação de jornada, o que traz prejuízos ao trabalhador. É importante destacar que o acordo individual é uma flexibilização perigosa ao trabalhador, pois as partes são desiguais e mesmo assim devem negociar as condições do contrato. Entendemos que, se houver prejuízos ao emprego com a alteração, há violação ao art. 468 da CLT e, portanto, a alteração não é válida. Por outro lado, é importante ressaltar que a alteração do regime presencial para o de teletrabalho já é realizado com frequência no âmbito do serviço público, não ocasionando a nulidade da alteração. Nesse sentido, as Resoluções nº 157, de 31 de janeiro de 2017, do Conselho Nacional do Ministério Público do Trabalho e nº 227, de 156/06/2016, do Conselho Nacional de Justiça, regulamentam o teletrabalho dos servidores da Justiça do Trabalho e do MPT.

b) **Acordo escrito em aditivo contratual:** A legislação exige ainda que seja realizado aditivo no contrato de trabalho para constar a nova condição de teletrabalhador.

Para a alteração por meio de aditivo contratual, é indispensável que o acordo entre as partes seja formalizado de forma escrita, especificando as atividades.

É importante destacar que a redação do § 1º do art. 75-C da CLT não é clara, pois não explicita a alteração do regime presencial para o teletrabalho, apenas mencionando "alteração entre regime presencial e de teletrabalho", o que poderia levar ao entendimento de que a alteração do teletrabalho para o presencial também segue os mesmos preceitos. No entanto, conforme veremos no próximo comentário, a alteração do regime de teletrabalho para o presencial independe de acordo entre as partes e pode ser realizado unilateralmente pelo empregador.

Por fim, importante ressaltar que esse ponto não foi impactado pela Lei nº 14.442/2022.

1.4.3.4. Alteração do regime de teletrabalho para o presencial

Quanto à alteração do regime de teletrabalho para o regime presencial, há novo caso de *jus variandi*, independendo de prévio acordo entre as partes, já que pode ser realizada por ato unilateral do empregador. A Reforma Trabalhista prevê que a alteração para o regime presencial não traz prejuízo ao trabalhador, pois é possível a alteração unilateral do empregador como forma de melhor organizar sua atividade econômica. Para essa alteração ser válida, é necessário o atendimento dos seguintes requisitos:

a) **Prazo de transição mínimo de 15 dias:** O empregador pode determinar unilateral a alteração do regime de teletrabalho para o presencial, mas deverá conceder o prazo mínimo de 15 dias para o trabalhador realizar a modificação. A definição de um prazo de transição é excelente, pois não deixa o trabalhador surpreendido e permite que se adapte à necessidade de se deslocar até a empresa, como a aquisição de vales-transportes;

b) **Aditivo contratual:** A alteração somente será válida caso conste em aditivo ao contrato de trabalho. Exige-se, portanto, a formalidade escrita para evitar o cometimento de abusos em relação ao trabalhador. Novamente, destaca-se que, para essa modalidade, não é necessário o acordo entre empregado e empregador.

Se o empregador quiser retornar ao regime de teletrabalho, será necessário acordo escrito entre as partes com novo aditivo contratual nos moldes do § 1º do art. 75-C.

É possível que haja prejuízos ao trabalhador com a alteração para o regime presencial, pois o empregado em regime de teletrabalho teria de voltar a se deslocar até o local de trabalho, o que pode ser dispendioso especialmente em cidades grandes. Nesse caso, haveria conflito com o art. 468 da CLT que veda a alteração prejudicial do contrato de trabalho.

Por fim, importante ressaltar que esse ponto não foi impactado pela Lei nº 14.442/2022.

1.4.3.5. Responsabilidade pela aquisição de equipamentos e infraestrutura necessária ao trabalho remoto

A Reforma Trabalhista lei acrescentou o art. 75-D à CLT para prever a possibilidade de firmar acordo escrito que estabeleça a responsabilidade do empregado pela aquisição, manutenção ou fornecimento dos equipamentos tecnológicos e da infraestrutura necessária e adequada à prestação do trabalho remoto, além do reembolso de despesas arcadas pelo trabalhador.

> **Art. 75-D da CLT (incluído pela Reforma Trabalhista):** As disposições relativas à responsabilidade pela aquisição, manutenção ou fornecimento dos equipamentos tecnológicos e da infraestrutura necessária e adequada à prestação do trabalho remoto, bem como ao reembolso de despesas arcadas pelo empregado, serão previstas em contrato escrito.
>
> Parágrafo único. As utilidades mencionadas no caput deste artigo não integram a remuneração do empregado.

Portanto, o artigo em análise estabelece que o empregado pode ser responsável pela compra dos recursos necessários para o desenvolvimento de seu trabalho, podendo ou não ser reembolsado pelo empregador desde que previsto em acordo escrito. A legislação não estabelece a obrigação do empregador em arcar com esses gastos, nem mesmo de reembolsar o trabalhador pelas despesas efetuadas.

Pela aplicação do princípio da alteridade, todos os riscos do empreendimento devem ser suportados exclusivamente pelo empregador. Assim sendo, em momentos de crise financeira mundial, os prejuízos da empresa serão exclusivos do empregador, não se podendo dividi-los com os trabalhadores. O salário deve ser pago, portanto, tendo a empresa lucros ou prejuízos. O empregado arcar com as despesas vai contra todos os princípios do Direito do Trabalho e, portanto, é incompatível com esse ramo do Direito.

As utilidades fornecidas para o desenvolvimento do trabalho remoto mencionadas no "caput" do dispositivo não integram o salário do empregado. O recebimento dos equipamentos e infraestrutura não configura hipótese de salário-utilidade ou salário *in natura*.

Importante ressaltar que esse ponto não foi impactado pela Lei nº 14.442/2022.

Por fim, a Lei nº 14.442/2022 acrescentou o § 3º ao art. 75-C, dispondo que o empregador não será responsável pelas despesas resultantes do retorno ao trabalho presencial, na hipótese de o empregado **ter optado** pela realização do teletrabalho ou trabalho remoto fora da localidade prevista no contrato, salvo disposição em contrário estipulada entre as partes.

1.4.3.6. Meio ambiente do trabalho no regime de teletrabalho

Um dos pontos mais sensíveis do teletrabalho diz respeito ao meio ambiente de trabalho. O legislador da Reforma Trabalhista já retirou desses empregados a previsão de direitos básicos decorrentes da duração de trabalho ao prever que não estão sujeitos à limitação de jornada. No tocante às normas de saúde e segurança do trabalho, o art. 75-E da CLT prevê a obrigação do empregador de instruir seus empregados quanto às precauções que devem ser tomadas como forma de evitar doenças e acidentes de trabalho:

> **Art. 75-E da CLT (incluído pela Reforma Trabalhista):** O empregador deverá instruir os empregados, de maneira expressa e ostensiva, quanto às precauções a tomar a fim de evitar doenças e acidentes de trabalho.
>
> Parágrafo único. O empregado deverá assinar termo de responsabilidade comprometendo-se a seguir as instruções fornecidas pelo empregador.

Tendo em vista que o trabalho é prestado fora do estabelecimento do empregador e, muitas vezes, na própria residência do trabalhador, o controle dos riscos da atividade desenvolvida torna-se mais difícil. A residência do empregado é inviolável, o que torna o local inacessível ao empregador para o controle quanto ao uso dos equipamentos de segurança necessários para o desenvolvimento da atividade.

Além disso, a inviolabilidade do lar dificulta a fiscalização exercida pelos Auditores-Fiscais do Trabalho, situação semelhante à enfrentada pelos empregados domésticos. No caso de teletrabalho, somente em caso de flagrante delito ou desastre seria possível admitir o ingresso na residência. Ou ainda, por analogia ao empregado doméstico, é possível o agendamento e entendimento prévios entre o fiscal e o empregador para que se possa efetuar a fiscalização. Apesar dessa dificuldade na fiscalização, permanece a obrigação de que o empregador deverá instruir os empregados, de maneira expressa e ostensiva, quanto às precauções a tomar a fim de evitar doenças e acidentes de trabalho.

O parágrafo único do artigo 75-E da CLT determina que o empregado assine termo de responsabilidade, pela qual se compromete a seguir as instruções fornecidas pelo empregador.

Essa previsão e a do "caput" do art. 75-E têm boa intenção, no sentido de prevenir a ocorrência de acidentes e doenças do trabalho. Entretanto, terão pouca aplicação prática, diante da impossibilidade de fiscalização do ambiente de trabalho se o trabalho for realizado na residência do empregado. Assim, na hipótese de descumprimento, o Auditor-Fiscal do Trabalho não terá meios para aplicar a multa.

Importante ressaltar que esse ponto não foi impactado pela Lei nº 14.442/2022.

1.4.3.7. *Outras novidades trazidas pela Lei nº 14.442/2022*

Conforme acima comentado, a Lei nº 14.442/2022 (fruto da conversão da MP nº 1.108/2022), alterou significativamente a disciplina do teletrabalho na CLT. Além de alterar o conceito de teletrabalho e as exigências formais para sua pactuação (solenidade), a atual legislação trouxe algumas novidades. Nos próximos tópicos, abordaremos essas novidades.

1.4.3.7.1. Controle de jornada do teletrabalho (Lei nº 14.442/2022)

Nos termos da atual redação do § 2º do art. 75-B da CLT, o empregado submetido ao regime de teletrabalho ou trabalho remoto poderá prestar serviços por jornada ou por produção ou tarefa, sendo que somente esse último está excluído das normas sobre a Duração do Trabalho (art. 62, III, CLT e art. 75-B, § 3º, CLT – redação dada pela Lei nº 14.442/2022).

> **Art. 75-B, § 2º, CLT (incluído pela Lei nº 14.442, de 2022).** O empregado submetido ao regime de teletrabalho ou trabalho remoto poderá prestar serviços por jornada ou por produção ou tarefa.
>
> § 3º Na hipótese da prestação de serviços em regime de teletrabalho ou trabalho remoto por produção ou tarefa, não se aplicará o disposto no Capítulo II do Título II desta Consolidação.
>
> **Art. 62 da CLT (Redação dada pela Lei nº 14.442, de 2022).** Não são abrangidos pelo regime previsto neste capítulo:

(...)

III - os empregados em regime de teletrabalho que prestam serviço por produção ou tarefa.

Dessa forma, somente o teletrabalho por produção ou tarefa está excluído do controle de jornada, não havendo, portanto, limitação da jornada em 8 horas diária ou 44 horas semanais, intervalos intra e interjornada, nem horas extras ou adicional noturno.

O § 5º do art. 75-B da CLT (acrescentado pela Lei nº 14.442/2022) é claro, ainda, ao dispor que o tempo de uso dos equipamentos tecnológicos e de infraestrutura utilizados para o teletrabalho, fora da jornada de trabalho normal do empregado, não constitui tempo à disposição, regime de prontidão ou de sobreaviso, exceto se houver previsão em acordo individual ou em acordo ou convenção coletiva de trabalho.

Os horários e os meios de comunicação entre empregado e empregador poderão ser regulados por acordo individual, desde que assegurados os repousos legais (§ 9º do art. 75-B da CLT).

1.4.3.7.2. Possibilidade de adoção do teletrabalho para estagiários e aprendizes (Lei nº 14.442/2022)

Importante ressaltar que, esclarecendo algumas dúvidas que ficaram quando da adoção forçada do trabalho remoto por diversas empresas durante a pandemia de COVID-19, agora há **expressa autorização para que aprendizes e estagiários trabalhem em regime de teletrabalho**.

> **Art. 75-B, § 6º, CLT (incluído pela Lei nº 14.442/2022).** Fica permitida a adoção do regime de teletrabalho ou trabalho remoto para estagiários e aprendizes.

Nesse ponto, contudo, vale uma ressalva: entendemos que, como há regras específicas sobre a jornada de trabalho dos aprendizes e estagiários (art. 432 da CLT e art. 10 da Lei nº 11.788/2008), não poderão ser excluídos da duração do trabalho (teletrabalho por produção ou tarefa).

1.4.3.7.3. Eficácia espacial da norma trabalhista ao teletrabalhador (Lei nº 14.442/2022)

Ao tratar sobre a **eficácia espacial das normas trabalhistas**, estuda-se o direito internacional do trabalho, ou seja, a norma que será aplicada ao empregado, contratado no Brasil, para prestar serviços no exterior.

Nesses casos, de acordo com o art. 3º da Lei nº 7.064/82, aplica-se, independentemente da legislação do local da prestação de serviços, a lei brasileira quando mais favorável no conjunto de normas em relação a cada matéria. Assim sendo, com base no princípio da norma mais favorável (art. 7º, *caput*, da CF/88), o juiz do trabalho, como forma de decidir o conflito, aplicará a legislação do país que for mais benéfica ao trabalhador[602]. Serão

602. "A aplicação da norma mais favorável objetiva evitar que o empregador imponha ao empregado no contrato de trabalho norma menos vantajosa, que seria um abuso na forma de contratação." MARTINS, Sergio Pinto. **Comentários às Súmulas do TST.** 7. ed. São Paulo: Atlas, 2010. p. 122.

garantidos, portanto, aos empregados contratados no Brasil para prestarem serviços no exterior, os direitos da legislação trabalhista brasileira, desde que mais favorável.

Cabe frisar ainda que será respeitada também a Teoria do Conglobamento Mitigado ou Conglobamento por Institutos, pois o intérprete aplicará, no conjunto, cada um dos institutos jurídicos previsto na legislação. Se, por exemplo, o direito de férias é mais benéfico no estrangeiro, aplicar-se-á apenas a lei estrangeira quanto às férias (art. 3º, II, da Lei nº 7.064/82).

O atual estágio de desenvolvimento das tecnologias da informação e comunicação, contudo, permite situação diversa da tratada pela legislação acima. Seria o caso do trabalhador contratado em regime de teletrabalho para prestar serviços no Brasil, mas que **opta espontaneamente pela realização de teletrabalho fora do território nacional.** Esse caso específico, que não era tratado pela Lei nº 7.064/82, passou a ser regulamentado pela Lei nº 14.442/2022.

Em relação à eficácia espacial das normas trabalhista, foi incluído o § 8º ao art. 75-B da CLT para prever que ao contrato de trabalho do empregado admitido no Brasil que **optar** pela realização de teletrabalho fora do território nacional aplica-se a legislação brasileira, salvo estipulação em contrário.

Conforme se abstrai da leitura desse dispositivo, a legislação trabalhista brasileira é aplicada ao teletrabalhador que optar, isto é, escolher a realização de suas atividades laborais fora do território nacional. Portanto, não se trata de uma transferência (nem provisória, nem permanente), não sendo, nesse caso, aplicadas as disposições da Lei nº 7.064/82. Nesse sentido, confira o texto incluído:

> **Art. 75 B, § 8º (incluído pela Lei nº 14.442/2022).** Ao contrato de trabalho do empregado admitido no Brasil que optar pela realização de teletrabalho fora do território nacional aplica-se a legislação brasileira, excetuadas as disposições constantes da Lei nº 7.064, de 6 de dezembro de 1982, salvo disposição em contrário estipulada entre as partes.

Concordamos com o entendimento expressado pelo legislador. Apesar do princípio da alteridade, que determina ser do empregador os riscos do empreendimento, o caso retratado é decorrência de uma opção livre e pessoal do trabalhador, não podendo ser o empregador surpreendido com a eventual aplicação de legislação mais protetiva ao empregado. Se assim fosse, muitos trabalhadores contratados para o trabalho remoto realizariam suas atividades da Europa, onde em alguns países, como na Alemanha e na Dinamarca, a jornada de trabalho ordinária é menor e o salário mínimo é proporcionalmente maior.

Outra questão interessante em relação à eficácia espacial das normas trabalhistas em relação ao teletrabalho refere-se à aplicação das normas coletivas. Imagine a seguinte situação: um trabalhador é contatado, em regime de teletrabalho, por uma empresa com sede em São Paulo, Capital, mas presta serviços de Teresina (PI). Qual a convenção coletiva ou acordo coletivo de trabalho deve ser aplicado?

Pois bem. No mesmo sentido da regulamentação em relação ao trabalhador que opta por prestar serviços fora do território nacional, a Lei nº 14.442/2022 estabeleceu que se aplicam ao empregado em teletrabalho as regras locais e as convenções e acordos coletivos de trabalho relativas à base territorial do estabelecimento de lotação do empregado, ou seja, do local onde foi contratado. No exemplo acima, seriam aplicadas ao empregado as regras estipuladas nos acordos e convenções coletivas de São Paulo, e não de Teresina. Veja a redação do art. 75-B, § 7º da CLT:

> **Art. 75-B, § 7º (incluído pela Lei nº 14.442/2022).** Aos empregados em regime de teletrabalho aplicam-se as disposições previstas na legislação local e nas convenções e nos acordos coletivos de trabalho relativas à base territorial do estabelecimento de lotação do empregado.

1.4.3.7.4. Priorização de vagas de teletrabalho (Lei nº 14.442/2022)

A Lei nº 14.442/2022 determina que as empresas deverão priorizar as vagas de teletrabalho para os empregados com deficiência e empregados e empregadas com filhos ou criança sob guarda judicial até quatro anos de idade:

> **Art. 75-F (incluído pela Lei nº 14.442/2022).** Os empregadores deverão conferir prioridade aos empregados com deficiência e aos empregados e empregadas com filhos ou criança sob guarda judicial até quatro anos de idade na alocação em vagas para atividades que possam ser efetuadas por meio do teletrabalho ou trabalho remoto.

Apesar da boa intenção do legislador, no sentido de proporcionar aos pais e mães empregados mais tempo em casa e, consequentemente, mais tempo para cuidar e estabelecer laços com seus filhos, a legislação não prevê incentivos ou punições aos empregadores que não priorizarem a distribuição de vagas de trabalho remoto aos empregados e empregadas com filhos pequenos. Assim, parece-nos que essa preferência ficará a cargo do bom senso e da boa vontade de cada empregador.

Por fim, ressaltamos que, no dia 21 de setembro de 2022, foi publicada a Lei nº 14.457/2022, que, entre outras providências, institui o Programa Emprega + Mulheres. Com o objetivo apoiar a parentalidade[603], uma das medidas que integram o Programa Emprega + Mulheres é a flexibilização do regime de trabalho por meio da adoção do teletrabalho.

Nos termos da lei em comento, para o preenchimento de vagas que possam ser efetuadas por meio de teletrabalho, trabalho remoto ou trabalho a distância, os empregadores deverão dar prioridade às empregadas e aos empregados com filho, enteado ou criança sob guarda judicial com até 6 anos de idade ou com deficiência, sem limite de idade (art. 7º da Lei nº 14.457/2022).

Nesse caso, diferentemente da disposição celetista, há um incentivo ao empregador para a distribuição dos postos de trabalho a distância: o Selo Emprega + Mulheres. As empresas detentoras do Selo Emprega + Mulher poderão utilizá-lo para os fins de divulgação de sua marca, produtos e serviços, vedada a extensão do uso para grupo econômico ou em associação com outras empresas que não detenham o selo. Microempresas e as

603. **Art. 1º, parágrafo único, Lei nº 14.457/2022:** Para os efeitos desta Lei, parentalidade é o vínculo socioafetivo maternal, paternal ou qualquer outro que resulte na assunção legal do papel de realizar as atividades parentais, de forma compartilhada entre os responsáveis pelo cuidado e pela educação das crianças e dos adolescentes, nos termos do parágrafo único do art. 22 da Lei nº 8.069, de 13 de julho de 1990 (Estatuto da Criança e do Adolescente).

empresas de pequeno porte que receberem o Selo Emprega + Mulher serão beneficiadas com estímulos creditícios adicionais.

1.5. Regime de tempo parcial (Reforma Trabalhista) (art. 58-A da CLT)[604]

▶ Arts. 58-A e 59, CLT.

O Regime de trabalho por tempo parcial foi inserido na CLT pela Medida Provisória nº 2.164-41/2001, como forma de incentivar o aumento dos postos de trabalho. De acordo com a antiga redação do artigo em análise, admitia-se a contratação por regime em tempo parcial, com duração máxima de 25 horas semanais, contanto que o empregador não exigisse que o empregado prestasse horas extraordinárias. As horas suplementares iriam contra o espírito da lei, pois seu objetivo era aumentar o número de contratações em razão da necessidade de dois turnos de trabalho.

Apesar de existir essa vedação ao trabalho extraordinário, se prestadas horas extras, o empregador estava obrigado ao pagamento, pois os empregados não poderiam ser lesados. Ademais, a empresa iria incorrer em multa aplicada pela fiscalização do trabalho.

A Reforma Trabalhista alterou profundamente a disciplina do assunto com a modificação do art. 58-A da CLT:

> **Art. 58-A, CLT** *(acrescentado pela Lei nº 13.467/2017)*. Considera-se trabalho em regime de tempo parcial aquele cuja duração não exceda a trinta horas semanais, sem a possibilidade de horas suplementares semanais, ou, ainda, aquele cuja duração não exceda a vinte e seis horas semanais, com a possibilidade de acréscimo de até seis horas suplementares semanais.
>
> § 1º O salário a ser pago aos empregados sob o regime de tempo parcial será proporcional à sua jornada, em relação aos empregados que cumprem, nas mesmas funções, tempo integral.
>
> § 2º Para os atuais empregados, a adoção do regime de tempo parcial será feita mediante opção manifestada perante a empresa, na forma prevista em instrumento decorrente de negociação coletiva.
>
> § 3º As horas suplementares à duração do trabalho semanal normal serão pagas com o acréscimo de 50% (cinquenta por cento) sobre o salário-hora normal.
>
> § 4º Na hipótese de o contrato de trabalho em regime de tempo parcial ser estabelecido em número inferior a vinte e seis horas semanais, as horas suplementares a este quantitativo serão consideradas horas extras para fins do pagamento estipulado no § 3º, estando também limitadas a seis horas suplementares semanais.
>
> § 5º As horas suplementares da jornada de trabalho normal poderão ser compensadas diretamente até a semana imediatamente posterior à da sua execução, devendo ser feita a sua quitação na folha de pagamento do mês subsequente, caso não sejam compensadas.
>
> § 6º É facultado ao empregado contratado sob regime de tempo parcial converter um terço do período de férias a que tiver direito em abono pecuniário.

604. Esse tema foi cobrado nas provas para **Analista Judiciário – Área Judiciária – TRT 5/2022**, pela FCC, e **Analista Judiciário – Área Judiciária – TRT 3/2022**, pela FUMARC.

§ 7º As férias do regime de tempo parcial são regidas pelo disposto no art. 130 desta Consolidação.

Com a redação dada ao "caput" do artigo, foram previstas duas modalidades distintas de regime de tempo parcial:

a) **Jornada de trabalho superior a 26 horas e limitada a 30 horas semanais:** Nessa hipótese, não é permitida a exigência de horas extras dos empregados. Note-se que houve ampliação da jornada de trabalho para a configuração do regime de tempo parcial, passando de 25 horas semanais para o limite de até 30 horas. Se houver trabalho, acima das 30 horas semanais permitidas, o empregador está obrigado ao pagamento do valor da hora normal acrescida do respectivo adicional de, no mínimo, 50%, pois os empregados não podem sofrer o prejuízo. Ademais, a empresa deverá ser multada pela fiscalização do trabalho por descumprimento da legislação trabalhista.

b) **Jornada de trabalho até 26 horas semanais:** Se previstas jornadas de até 26 horas semanais, é possível a prestação de até 6 horas extras semanais. Exemplo: Empregado é contratado para prestar 24 horas extras semanais e, poderá em uma mesma semana, prestar 6 horas extras. Perceba que as horas extras poderão ser prestadas inclusive se a jornada for inferior a 26 horas.

Entendemos que a previsão de horas extras aos empregados submetidos a regime de trabalho por tempo parcial vai contra o espírito da lei que deu origem a essa modalidade de contratação. O regime de tempo parcial existia para assegurar o aumento nas contratações, impulsionando o número de empregos formais. Da forma como previsto atualmente, viabiliza-se a contratação de empregado com menores salários, podendo exigir horas extras sempre que necessárias aos interesses da empresa.

De acordo com Vólia Bomfim[605], a autorização de prestação de 6 horas extras semanais sem a limitação diária pode gerar o questionamento quanto à possibilidade de prestação dessas 6 horas suplementares em apenas um dia.

Entendemos que as normas referentes à duração do trabalho configuram normas de indisponibilidade absoluta, pois versam sobre a saúde e a segurança do trabalhador. Dessa forma, mesmo diante da omissão legislativa quanto à limitação diária de realização das horas extras, o trabalhador não pode, exceto nas hipóteses expressamente previstas em lei (12 x 36, força maior etc.), prestar serviço extraordinário além das 2 horas extras permitidas pela CLT (art. 59 da CLT).

Por outro lado, destaca-se que, mesmo antes das alterações promovidas pela Reforma Trabalhista, já era permitida a contratação de trabalhadores em jornadas inferiores às 44 horas semanais previstas na Constituição Federal que não se caracterizam como regime de tempo parcial. Nesse caso, é possível, por exemplo, a contratação de um empregado com jornada de trabalho de 20 horas semanais fora do regime de tempo parcial. Esse empregado pode prestar até 2 horas extras diárias, assim como os demais empregados. Com o entendimento pacífico do TST, é possível o pagamento de seu salário proporcional à jornada reduzida, ainda que inferior ao salário mínimo (OJ nº 358 da SDI-I do TST).

A autorização de prestação de horas extras ao regime de tempo parcial seria, portanto, desnecessária, pois o TST já permite a contratação de trabalhador em jornadas inferiores

605. CASSAR, Vólia Bomfim. *Direito do Trabalho*. 11. ed. Rio de Janeiro: Forense, 2015.

às 8 horas diárias e 44 horas semanais, com recebimento de salário proporcional ao tempo efetivamente trabalhado.

1.5.1. *Salário proporcional*

A remuneração dos empregados submetidos a regime de tempo parcial será proporcional à remuneração recebida pelos empregados que cumprem, nas mesmas funções, tempo integral. O § 1º do art. 58-A da CLT não sofreu alterações pela Reforma Trabalhista. A utilização do trabalho em regime de tempo parcial pode ser uma medida efetiva no combate ao desemprego, por proporcionar o aumento na contratação diante da redução da jornada de trabalho.

Contudo, é importante ressaltar que esse regime de trabalho seria extremamente prejudicial aos trabalhadores caso não fosse assegurado o recebimento de salário proporcional àqueles que exercem a mesma função em tempo integral, pois permitiria a contratação de trabalhador em jornada inferior aos demais, com remuneração proporcionalmente inferior aos demais. Essa situação configuraria hipótese de precarização das relações de trabalho.

Ressalta-se que a previsão de salário proporcional não é exclusiva dos trabalhadores em regime de tempo parcial. De acordo com a OJ nº 358 da SDI-I do TST, se o empregado for contratado para trabalhar em jornada inferior à duração normal de 8 horas diárias e 44 horas semanais, ele receberá o salário mínimo proporcional ou o piso salarial proporcional aos dias (1/30) ou às horas trabalhadas (1/220 para jornada de 8 h ou 1/180 para jornada de 6 horas). Importante ressaltar que o TST tem posicionamento no sentido de que o pagamento do salário mínimo proporcional somente é válido se houver ajuste prévio e expresso entre as partes.[606]

Portanto, se o empregado for contratado para jornada inferior a 8 horas diárias e 44 horas semanais, pode receber salário proporcional à jornada trabalhada, desde que assegurado o recebimento de piso salarial ou salário mínimo proporcional.

Ocorre, entretanto, uma exceção referente aos empregados públicos da administração direta, autárquica e fundacional, pois, ainda que cumpram jornada reduzida, tem direito ao recebimento de remuneração nunca inferior ao salário mínimo. Nos termos dos arts. 7º, IV, e 39, §3º, CF/88; do Item II da OJ nº 358 da SDI-I do TST; e da tese fixada pelo STF no julgamento do Tema 900 da repercussão geral, a remuneração do servidor público não pode ser inferior ao salário mínimo, ainda que trabalhe em jornada reduzida:

> **Tema nº 900 da Repercussão Geral do STF**: É defeso o pagamento de remuneração em valor inferior ao salário mínimo ao servidor público, ainda que labore em jornada reduzida de trabalho.

1.5.2. *Adesão dos empregados atuais ao regime de tempo parcial*

O § 2º do art. 58-A da CLT traz interessante previsão que permite que os atuais empregados da empresa possam aderir ao regime de tempo parcial desde que sejam atendidos dois requisitos:

606. RR 567703/1999.

> **a) Consentimento do empregado:** A adesão ao regime de tempo parcial deve ser precedida de manifestação do trabalhador optando pela alteração de seu regime de trabalho. A legislação não exige nenhuma formalidade para essa opção. Entretanto, para se evitar fraudes ou a alegação de vícios de consentimento, entendemos que é recomendável registrar a solicitação do trabalhador de forma escrita;
>
> **b) Precedida de negociação coletiva:** De acordo com o princípio da irredutibilidade salarial previsto no art. 7º, IV, CF/88, é vedada a redução (diminuição) dos salários dos trabalhadores, exceto por convenção ou acordo coletivo. Tendo em vista que a adesão ao regime de tempo parcial deve ocasionar o recebimento proporcional do salário com a redução de jornada, é indispensável a participação do sindicato dos trabalhadores em negociação coletiva autorizando a alteração de regime.

A previsão que permite a adesão dos atuais empregados tem a função de evitar que os empregados já contratados sejam dispensados diante da impossibilidade de alteração de seu regime de trabalho. Dessa forma, o empregador não necessita contratar novos trabalhadores para exercer as mesmas funções com jornada de trabalho limitada a 25 horas semanais.

1.5.3. Adicional de horas extras

De acordo com o § 3º inserido no art. 58-A da CLT, as horas extras prestadas em regime de tempo parcial devem ser remuneradas com adicional de 50% sobre o salário-hora normal. É importante destacar que essa previsão inexistia antes da Reforma Trabalhista, pois o empregador não poderia exigir de seus trabalhadores a prestação de horas extras.

Com a alteração da jornada dos empregados submetidos a regime de tempo parcial, é possível a prestação de 6 horas extras para os empregados contratados em jornadas de até 26 horas semanais. As horas devem ser remuneradas com adicional de 50% sobre o valor da hora normal de trabalho.

Surge o questionamento se a previsão de adicional calculado sobre o salário-hora normal implicaria a impossibilidade de cálculo das horas extras sobre a globalidade salarial nos termos previstos na Súmula nº 264 do TST:

> **Súmula nº 264 do TST.** A remuneração do serviço suplementar é composta do valor da hora normal, integrado por parcelas de natureza salarial e acrescido do adicional previsto em lei, contrato, acordo, convenção coletiva ou sentença normativa.

O primeiro passo para se chegar ao valor das horas extras é calcular o valor da hora normal. Se o salário é pago por hora, acrescenta-se apenas o adicional de 50% no valor da hora trabalhada. No caso de jornada de 8 horas, o cálculo para se chegar à hora normal é feito dividindo o salário do empregado por 220. No caso do empregado com jornada de 6 horas, o divisor será de 180. Se o salário for estipulado por semana, o divisor será 44 horas.

O segundo passo é verificar quantas horas extras foram efetivamente prestadas no mês. É claro que somente sobre essas horas que ultrapassaram o limite normal é que incidirá o adicional de horas extras.

O terceiro e último passo está previsto na súmula nº 264 do TST, ou seja, o cálculo desse adicional deve ser realizado sobre a globalidade salarial, isto é, as horas extras são calculadas com base na hora normal, acrescida de adicional previsto em lei, contrato ou norma coletiva. Exemplo: valor da hora normal é R$ 10,00, acrescido do adicional noturno, 20% sobre a hora diurna, chega-se a R$ 12.00 (valor da hora normal + adicional). Após, acrescenta-se o adicional de, no mínimo 50%, chegando-se ao valor total de R$ 18,00 a hora extra. Esse valor de R$ 18,00 será multiplicado pelo número de horas extras prestado no mês. Se o empregado prestou 10 horas extras no mês, receberá R$ 180,00 reais de horas extras.

Em resumo, a Súmula nº 264 do TST prevê que o adicional de hora extra somente será calculado após o cálculo do salário mais adicionais. Veja, portanto, que há incidência de adicional de hora extra sobre os outros adicionais (adicional + adicional). Reitera-se que o adicional de hora suplementar é o último a ser calculado.

Entendemos que a previsão de cálculo das horas extras sobre o salário-hora normal não trará impactos na Súmula nº 264 do TST, devendo o adicional de horas extras ser calculado sobre a globalidade salarial e não apenas sobre o valor do salário do trabalhador.

Para os empregados com jornada de 30 horas semanais, permanece a proibição aos empregadores de exigir horas extras de seus trabalhadores. Embora exista essa vedação ao trabalho extraordinário para os trabalhadores com jornada de até 30 horas semanais, se forem prestadas as horas extras, o empregador estará obrigado ao pagamento com adicional de 50%, pois os empregados não poderão ser lesados. Ademais, a empresa irá incorrer em multa aplicada pela fiscalização do trabalho.

A previsão legal de adicional de horas extras está em conformidade com a previsão constitucional de remuneração das horas extras. De acordo com o art. 7º, XVI, da Constituição, o trabalho que ultrapassar a jornada normal será remunerado com adicional de, no mínimo, 50% sobre a hora normal:

> **Art. 7º, XVI, CF/88:** São direitos dos trabalhadores urbanos e rurais, além de outros que visem à melhoria de sua condição social: remuneração do serviço extraordinário superior, no mínimo, em cinquenta por cento à do normal.

Apesar de a legislação se referir ao adicional de 50% sobre o valor do salário-hora, é possível o estabelecimento de percentual superior ao adicional por meio de negociação coletiva de trabalho, pois a Constituição apenas trouxe o mínimo de adicional de que devem ser remuneradas as horas extras e não seu máximo.

É importante destacar ainda o disposto no § 4º do art. 58-A da CLT. A jornada de trabalho em regime de tempo parcial que permite a prestação de horas é limitada a 26 horas semanais conforme já afirmado. Ocorre que nada impede que o empregador estabeleça jornada inferior a esse limite. Por exemplo: O empregador contrata um empregado em regime de tempo parcial com jornada de 20 horas semanais.

De acordo com a redação do § 4º do dispositivo, as horas que excedam à jornada estipulada em número inferior a 26 horas semanais serão limitadas a 6 horas semanais com o adicional de 50% sobre o valor do salário-hora normal. Portanto, se o empregado é contratado para jornada de 20 horas semanais, poderá prestar, no máximo, 6 horas extras, que deverão ser remuneradas com adicional de 50%.

Em resumo, a jornada que for fixada em período igual ou inferior a 26 horas semanais em regime de tempo parcial possibilita a prestação de 6 horas extras por semana, que devem ser remuneradas com adicional de 50% sobre a hora normal. Se a jornada for superior a 26 horas e limitada a 30 horas extras, o empregador não pode exigir a prestação de horas extras.

1.5.4. Compensação de jornada

Outra novidade trazida pela Reforma Trabalhista consistiu na possibilidade de compensação de jornada no regime de tempo parcial. Nesse regime, o empregado trabalhará além da jornada normal em alguns dias, para descansar em outros. Exemplo: trabalha-se uma hora a mais de segunda a quinta-feira para descansar no sábado. Note-se que, na compensação, há verdadeira redistribuição de horas, não sendo devido o adicional de 50%, pois o trabalho prestado além do horário normal será compensado com descanso.

De acordo com o § 5º do art. 58-A da CLT, as horas extras realizadas em regime de tempo parcial poderão ser compensadas até a semana imediatamente posterior à sua execução. Portanto, se o empregado prestar horas extras em uma terça-feira, terá até a terça-feira seguinte para compensar essas horas suplementares. O limite para a compensação também deve ser limitado a 6 horas extras semanais.

Lembre-se de que apenas será válido o regime de compensação de jornada para os empregados com jornada de até 26 horas semanais. Empregados submetidos a jornadas superiores a esse período e limitadas a 30 horas semanais, repita-se, não podem prestar horas extras e, portanto, não podem se valer da compensação de jornada.

Nessa hipótese, a compensação deve ser semanal. Caso o período trabalhado não for compensado dentro de uma semana, o empregado deverá receber os valores como horas extras acrescidos do adicional de 50%, que deverão ser quitados no mês subsequente.

Para os demais empregados, exige-se a formalização de acordo escrito entre as partes para a adoção da compensação de jornada. O dispositivo é silente quanto ao assunto no regime de tempo parcial. De acordo com Gustavo Filipe Barbosa Garcia, a compensação semanal prevista a esses trabalhadores não necessita de acordo formal entre as partes, pois já existe expressa previsão legal permitindo essa compensação[607]. Dessa forma, caberia apenas ao empregador a determinação para a prestação das horas extras e para a compensação semanal de jornada.

Em que pese a ausência de previsão legal que determine a necessidade de acordo entre empregado e empregador, entendemos que, diante da aplicação do princípio da norma mais favorável e da proteção ao trabalhador, é plenamente possível e recomendável para a segurança e transparência das partes a existência de acordo escrito para formalizar a situação jurídica e impedir o abuso do empregador no regime de prestação de horas extras e compensação de jornada.

---

607. GARCIA, Gustavo Filipe Barbosa. *Reforma Trabalhista*. Salvador: Juspodivm, 2017. p. 22.

1.5.5. *Férias dos empregados em regime de tempo parcial*

O descanso durante o período de férias tem como objetivo evitar o cansaço excessivo e preservar a saúde do trabalhador. Nesse período de descanso prolongado, não há prestação de serviços, mas há pagamento de salário e o período de afastamento é contado para todos os efeitos. Aliás, é vedado o início das férias no período de dois dias que antecede feriado ou dia de repouso semanal remunerado (art. 134, § 3º – acrescentado pela Reforma Trabalhista). Corresponde, portanto, a uma hipótese de interrupção do contrato de trabalho. Esse direito tem previsão constitucional, art. 7º, XVII:

> **Art. 7º, XVII, CF/88:** São direitos dos trabalhadores urbanos e rurais, além de outros que visem à melhoria de sua condição social: gozo de férias anuais remuneradas com, pelo menos, um terço a mais do que o salário normal.

A todos os empregados deve ser assegurado o direito às férias. Para que o empregado tenha direito às férias, é necessário que preste doze meses de serviços. Após esse período terá adquirido o direito de férias. Esse intervalo de doze meses para aquisição do direito de férias é chamado período aquisitivo.

Na modalidade de regime por tempo parcial, o tempo de descanso das férias estava ligado à duração da jornada de trabalho, conforme previsto no revogado art. 130-A da CLT. De acordo com o **antigo dispositivo**, os empregados tinham direito às férias na seguinte proporção:

DURAÇÃO DE FÉRIAS

REGIME POR TEMPO PARCIAL	
Duração das férias	**Duração semanal do trabalho**
18 dias	superior a 22h até 25h
16 dias	superior a 20h até 22h
14 dias	superior a 15h até 20h
12 dias	superior a 10h até 15h
10 dias	superior a 5h até 10h
8 dias	igual ou inferior a 5h

O empregado contratado sob o regime de tempo parcial que tiver mais de 7 faltas injustificadas ao longo do período aquisitivo terá o seu período de férias **reduzido à metade**.

Obs1: Para fins de duração das férias, serão considerados dias corridos, não suspendendo durante domingos e feriados.
Obs2. Se o empregado ficar doente durante as férias, não há suspensão do período, correndo normalmente.
Obs3. O adicional de ⅓ de férias é proporcional aos dias conquistados, ou seja, se o empregado tem apenas 12 dias férias, somente nesses 12 dias terá o adicional de ⅓.

No entanto, a Reforma Trabalhista revogou o art. 130-A da CLT e estabeleceu que as férias do empregado em regime de tempo parcial sujeitam-se à mesma duração dos demais empregados. A duração das férias estará intimamente ligada às faltas injustificadas cometidas pelo empregado ao longo do período aquisitivo. A proporção de faltas e do período de descanso está prevista no art. 130 da CLT, conforme demonstrado a seguir:

Duração das férias do empregado (art. 130)	
Número de faltas	**Dias de Férias**
Até 5 faltas	30 dias
6 a 14 faltas	24 dias
15 a 23 faltas	18 dias
24 a 32 faltas	12 dias
Acima de 32 faltas	Não há férias a usufruir

Note-se que o desconto referente às faltas injustificadas ocorrerá na semana em que houver a ausência injustificada, descontando, inclusive, o descanso semanal remunerado daquela semana[608]. Esses descontos, em dinheiro, não ocorrerão nas férias. Importante frisar que a duração é proporcional às **faltas injustificadas**. Faltas previstas em lei, em instrumentos coletivos, ou simplesmente faltas aceitas pelo empregador, portanto **justificadas**, não causam nenhum tipo de desconto.

1.5.6. Abono pecuniário de férias

O dispositivo a seguir foi inserido pela Reforma Trabalhista:

> **Art. 58-A, § 6º** – É facultado ao empregado contratado sob regime de tempo parcial converter um terço do período de férias a que tiver direito em abono pecuniário.

O empregado tem o direito de converter ⅓ de férias em abono pecuniário, no valor da remuneração que lhe seria devida nos dias correspondentes. Na prática, esse direito do empregado é chamado "vender as férias". É importante frisar que o abono pecuniário não se confunde com o adicional de ⅓ previsto na Constituição.

Ressalta-se que a conversão das férias em abono pecuniário é direito do empregado e não pode ser imposto pelo empregador. A imposição tem como consequência o pagamento em dobro do período não usufruído como medida de coibir a prática do ato lesivo ao trabalhador[609].

O empregador não poderá se opor ao pagamento do abono pecuniário, desde que solicitado dentro do prazo de até **15 dias** antes do término do período aquisitivo. O pagamento das férias, bem como do abono pecuniário, deverá ocorrer em até 2 dias antes

608. **Súmula nº 46 do TST:** "As faltas ou ausências decorrentes de acidente do trabalho não são consideradas para os efeitos de duração de férias e cálculo da gratificação natalina". Nesse mesmo sentido a **Súmula nº 89 do TST:** "Se as faltas já são justificadas pela lei, consideram-se como ausências legais e não serão descontadas para o cálculo do período de férias."

609. Informativo nº 186 do TST.

do início das férias. Para os empregados domésticos, a LC nº 150/2015 também previu a possibilidade de conversão de 1/3 das férias. No entanto, o pedido de conversão deve ser realizado até 30 dias antes do término do período aquisitivo.

Os empregados que trabalham no regime de tempo parcial não tinham o direito ao abono de férias, pois o período de descanso desses trabalhadores era reduzido. Era o que previa o art. 143, § 3º da CLT.

Como vimos no comentário anterior, a Reforma Trabalhista igualou o período de férias entre os empregados em regime de tempo parcial e os demais trabalhadores. Dessa forma, também passou a admitir a conversão de 1/3 das férias a que teria direito o empregado em regime de tempo parcial em abono pecuniário.

Entendemos que a possibilidade de conversão das férias em abono pecuniário não causa prejuízos ao trabalhador, pois passou a ser assegurado período maior de férias a esses empregados após as alterações promovidas pela Reforma Trabalhista.

Cabe ressaltar, ainda, que o abono pecuniário, previsto no art. 144 da CLT, é diferente do abono em questão. Para que tenha direito ao abono previsto no art. 144 da CLT, há necessidade de constar negociação coletiva (acordo ou convenção coletiva), ou ainda ser concedido pela empresa. Nesse sentido:

> **Art. 144, CLT:** O abono de férias de que trata o artigo anterior, bem como o concedido em virtude de cláusula do contrato de trabalho, do regulamento da empresa, de convenção ou acordo coletivo, desde que não excedente de vinte dias do salário, não integrarão a remuneração do empregado para os efeitos da legislação do trabalho.

1.5.7. Direito intertemporal

As alterações promovidas pela Reforma Trabalhista têm aplicação imediata para todos os trabalhadores contratados após sua vigência. Portanto, a partir de 11/11/2017, todos os empregados contratados estão sujeitos às novas regras referentes ao regime de tempo parcial. Ocorre que é necessário estabelecer a situação dos empregados contratados antes da alteração da legislação nesse regime de trabalho.

É importante destacar, inicialmente, as diferenças entre as modificações que podem sofrer determinados direitos e seus impactos para os trabalhadores que já os vinham recebendo:

1) Cláusula contratual: Se o direito é concedido por meio de cláusula inserida no contrato de trabalho, não é permitida a supressão de seu pagamento aos empregados que já o recebiam. Pela aplicação do princípio da condição mais benéfica e da inalterabilidade contratual lesiva ao trabalhador, as cláusulas contratuais não podem ser alteradas para prejudicar o trabalhador, pois aderem ao contrato;
2) Instrumentos coletivos: Se determinado direito for concedido por meio de norma coletiva, integrará o contrato de trabalho pelo prazo de vigência da norma coletiva. Ressalta-se que, com a aprovação da Reforma Trabalhista, é vedada a ultratividade das normas coletivas, que perderão seus efeitos com o término de sua vigência, sempre limitado a 2 anos[610];

610. Para mais informações, visite o item 4.12 do capítulo XXI desta obra.

> **Art. 614, § 3º, da CLT:** Não será permitido estipular duração de convenção coletiva ou acordo coletivo de trabalho superior a dois anos, sendo vedada a ultratividade.

3) **Direitos decorrentes de lei:** Se o direito é concedido ao empregado por força de lei, havendo alteração legislativa, o direito passará a ser concedido de acordo com a nova previsão legal. Essa característica acompanha o contrato de trabalho diante de sua característica de trato sucessivo, cujas obrigações se renovam no tempo. A lei, entretanto, não poderá retroagir.

Em edições anteriores, já defendíamos que, por se tratar de direito decorrente de lei, o impacto nos contratos firmados sob regime por tempo parcial era imediato e permitia que o empregador exigisse a realização de horas extras caso o empregado tivesse jornada de até 26 horas semanais.

Nesse mesmo sentido, no dia 25/11/2024, o pleno do TST, por maioria, entendeu que a Reforma Trabalhista (Lei 13.467/2017) se aplica a contratos firmados antes de sua vigência. No caso concreto analisado, ficou definido que trabalhadores fazem jus a horas *in itinere* apenas até a data de 10/11/17, até a proclamação da Reforma. A Corte analisou questão de direito intertemporal, para determinar se o empregador permanece obrigado a cumprir disposições alteradas ou revogadas por legislações criadas após o início do contrato de trabalho. Ao final do julgamento, foi fixada a seguinte tese:

> "A Lei nº 13.467/2017 possui aplicação imediata aos contratos de trabalho em curso, passando a regular os direitos **decorrentes** de lei cujos fatos geradores tenham se efetivado a partir da sua vigência".

Em resumo, segundo a tese de observância obrigatória em toda a Justiça do Trabalho, a Reforma Trabalhista (Lei 13.467/2017) tem aplicação imediata aos contratos de trabalho em curso, mas apenas em relação aos fatos que forem ocorrendo a partir de sua vigência, em 11/11/2017.

Segundo o voto do Ministro Aloysio Corrêa da Veiga, presidente do TST, "nestes casos [direitos decorrentes de lei], a lei nova não afeta um verdadeiro ajuste entre as partes, mas apenas o regime jurídico imperativo, que independe da vontade daquelas e, por isso, se sujeita a eventuais alterações subsequentes".

1.5.8. Empregado doméstico

A Reforma Trabalhista não modificou nenhum dispositivo da Lei dos Domésticos – LC nº 150/2015. Entretanto, haverá impactos indiretos da Lei nº 13.467/2017 à regulamentação dos direitos dos empregados domésticos, pois o art. 19 da LC nº 150/2015 estabelece a aplicação subsidiária da CLT naquilo que for compatível com as peculiaridades dessa relação de emprego. Tendo em vista a regulamentação própria do regime de tempo parcial, aplica-se apenas a LC nº 150/2015 ao regime de tempo parcial.

A Lei dos Domésticos, em seu art. 3º, prevê a possibilidade de contratação de empregados domésticos sob o **regime de tempo parcial**, com a jornada de trabalho máxima de 25 horas semanais. Nesse caso, a adesão a esse regime não é automática para o doméstico, dependendo de prévio acordo das partes nesse sentido. Além disso, permite que haja 1 hora extra, desde que não ultrapasse 6 horas diárias. Exige-se apenas que haja acordo escrito entre as partes.

Ademais, destaca-se que as férias do empregado doméstico contratado sob o regime de trabalho de tempo parcial (art. 3º, § 3º, LC nº 150/2015) serão concedidas na mesma proporção prevista aos demais empregados **antes** da reforma trabalhista:

Duração das férias do empregado doméstico submetido a regime de tempo parcial	
Duração do trabalho	**Férias**
Superior a 22 horas até 25 horas	18 dias
Superior a 20 horas até 22 horas	16 dias
Superior a 15 horas até 20 horas	14 dias
Superior a 10 horas até 15 horas	12 dias
Superior a 5 horas até 10 horas	10 dias
Igual ou inferior a 5 horas	8 dias

1.6. Turnos ininterruptos de revezamento

Algumas empresas trabalham 24 horas todos os dias da semana, exemplo ocorre em algumas usinas de açúcar e álcool e siderúrgicas[611]. Como, nessas empresas, o desligamento das máquinas poderá acarretar grandes prejuízos, há necessidade de trabalhadores durante 24 horas, ou durante grande parte desse período. Nessa situação, poderá ocorrer turno ininterrupto de revezamento, ou seja, a **alternância de horários** dos empregados. Exemplo: trabalhador presta serviços no horário **diurno** durante os primeiros 15 dias do mês de abril. Nos outros 15 dias, é transferido para o período **noturno**. Veja que não há obrigatoriedade de esse empregado laborar em todos os períodos disponíveis na empresa; a mera alternância – noturno e diurno – já caracteriza o turno ininterrupto[612].

Cabe ressaltar que ininterrupta é a atividade da empresa, e não o trabalho do empregado. Dessa forma, a concessão de intervalo para descanso e refeição não descaracteriza essa jornada especial[613]. Caso o empregado trabalhe em turnos ininterruptos de revezamento, no período noturno, terá direito à jornada reduzida de 6 horas e também

611. "É certo que o referido regime de trabalho é mais comum em indústrias e siderúrgicas. No entanto, independentemente do ramo da atividade do empregador, se o empregado tem de prestar serviços em turnos de revezamento, ou seja, nos períodos da manhã, tarde e noite (ou mesmo de dia e de noite), os quais são alterados após certo período (como semanalmente, quinzenalmente, mensalmente), passando ao turno seguinte, de forma alternada, tem-se a incidência da regra em questão." GARCIA, Gustavo Felipe Barbosa. *Curso de Direito do Trabalho*. São Paulo: Método, 2007. p. 565.

612. **Orientação Jurisprudencial nº 360 da SDI-I do TST.** "Faz jus à jornada especial prevista no art. 7º, XIV, da CF/1988 o trabalhador que exerce suas atividades em sistema de alternância de turnos, ainda que em dois turnos de trabalho, que compreendam, no todo ou em parte, o horário diurno e o noturno, pois submetido à alternância de horário prejudicial à saúde, sendo irrelevante que a atividade da empresa se desenvolva de forma ininterrupta."

613. **Súmula nº 360 do TST.** "A interrupção do trabalho destinada a repouso e alimentação, dentro de cada turno, ou o intervalo para repouso semanal, não descaracteriza o turno de revezamento com jornada de 6 (seis) horas previsto no art. 7º, XIV, da CF/1988."

à hora reduzida de 52 minutos e 30 segundos. Portanto, são compatíveis jornada reduzida de 6h + hora reduzida noturna 52m30s[614].

Os empregados submetidos ao turno ininterrupto de revezamento têm desgaste biológico maior. Ademais, o convívio social e familiar fica diretamente prejudicado, em razão dessa alternância no horário. Diante disso, para esses trabalhadores há jornada reduzida de 6 horas. Ressalta-se que a Reforma Trabalhista não alterou a disciplina dos turnos ininterruptos de revezamento, inclusive porque a jornada de trabalho tem previsão constitucional, no art. 7º, XIV:

> **Art. 7º, XIV, CF/88:** São direitos dos trabalhadores urbanos e rurais, além de outros que visem à melhoria de sua condição social: jornada de seis horas para o trabalho realizado em turnos ininterruptos de revezamento, salvo negociação coletiva.

Nessa jornada especial, se houver trabalho após a 6ª hora, será considerada hora extra. Excepcionalmente, a própria Constituição Federal autoriza que, via negociação coletiva (acordo ou convenção), essa jornada seja aumentada. Assim, de acordo com o TST, se houver negociação coletiva, há possibilidade da jornada de 8 horas[615] para os empregados que trabalhem em turnos ininterruptos de revezamento.

Aliás, independentemente da forma de remuneração do empregado, seja pagamento diário, quinzenal, mensal, ou mesmo, **horista**[616], se laborar em turnos ininterruptos de revezamento, terá direito à jornada reduzida de 6 horas, exceto se houver negociação coletiva ampliando para 8 horas.

O TST[617] decidiu que o empregado submetido a turnos ininterruptos de revezamento com jornada de 8 horas, decorrente de negociação coletiva, **não pode prestar serviços após essa jornada (8 horas) para fins de compensação.** Portanto, é inválida cláusula de instrumento normativo que estipula jornada superior a 8 horas. Lembre-se que a alternância de horários a que são submetidos esses empregados é particularmente gravosa, causando-lhes prejuízos à saúde, à vida social e à organização de atividades extraprofissionais.

Nesse mesmo sentido, não cabe a fixação, via norma coletiva, do **regime de 12x36** para turnos ininterruptos de revezamento[618]. Caso fixado o sistema 12x36, a empresa será condenada a pagar horas extras e reflexos a partir da 9a hora trabalhada. Importante frisar, novamente, que a prorrogação da jornada em turnos ininterruptos de revezamento somente é possível até o limite de 8 horas diárias.

614. **Orientação Jurisprudencial nº 395 da SDI-I do TST.** "O trabalho em regime de turnos ininterruptos de revezamento não retira o direito à hora noturna reduzida, não havendo incompatibilidade entre as disposições contidas nos arts. 73, § 1º, da CLT e 7º, XIV, da Constituição Federal."

615. **Súmula nº 423 do TST.** "Estabelecida jornada superior a seis horas e limitada a oito horas por meio de regular negociação coletiva, os empregados submetidos a turnos ininterruptos de revezamento não têm direito ao pagamento da 7ª e 8ª horas como extras."

616. **Orientação Jurisprudencial nº 275 da SDI – I do TST.** Turno ininterrupto de revezamento. Horista. Horas extras e adicional. Devidos Inexistindo instrumento coletivo fixando jornada diversa, o empregado horista submetido a turno ininterrupto de revezamento faz jus ao pagamento das horas extraordinárias laboradas além da 6ª, bem como ao respectivo adicional.

617. Informativo nº 42 do TST.

618. Informativo nº 90 do TST.

O empregador poderá alterar o contrato de trabalho, transferindo o empregado que trabalha com alternância de turnos (6 horas) para turnos fixos (8 horas), sem que isso configure alteração ilícita do contrato. Essa modificação é benéfica ao trabalhador e, portanto, permitida. Cabe ressaltar que essa alteração do turno ininterrupto de revezamento para turno fixo de 8 horas, em tese, é benéfica aos empregados, pois a alternância entre turnos diurnos e noturnos é notoriamente gravosa à saúde e à vida social. Entretanto, a referida modificação é inválida e configura abuso do *jus variandi* do empregador quando levada a efeito unilateralmente, sem a observância dos princípios da isonomia e da proporcionalidade, e com o fim de **retaliar os empregados** em razão da não aceitação da proposta de prorrogação do acordo coletivo autorizando o trabalho em turnos ininterruptos de 8 horas[619].

Importante frisar, por fim, que o acordo ou convenção coletiva, não tem o poder de dar quitação retroativa ao empregador que não pagou, corretamente, horas extras decorrentes da jornada reduzida (6h) do turno ininterrupto de revezamento. Nesse sentido prevê a Orientação Jurisprudencial nº 420 da SDI-I.

Vale destacar que, em 14/05/2018, a Seção de Dissídios Coletivos (SDC) do TST proferiu decisão[620] contrária à OJ nº 420 da SDI-I do TST. O Tribunal considerou válida as cláusulas de termo aditivo em acordo coletivo de trabalho que formalizou a jornada de 8 horas para turnos ininterruptos de revezamento. Além disso, estabeleceu transação extrajudicial para a quitação das 7ª e 8ª horas como extras relativas ao período pretérito. O TST alegou que a norma coletiva assegurou benefícios importantes para a categoria, havendo efetiva transação coletiva sindical que redundou na concretização de uma das principais funções do Direito Coletivo do Trabalho, qual seja, a pacificação de conflitos de natureza sociocoletiva.

DURAÇÃO DO TRABALHO

- **Limitação da jornada prevista no CF/88**
  - 8 horas diárias
  - 44 horas semanais
- **Controle da jornada**
  - Obrigatório nas empresas com mais de 20 empregados e para todos os empregadores domésticos independentemente do número de empregados
  - Presunção relativa de veracidade nas declarações do empregado (Súmula nº 338 do TST):

    a) empresas e empregadores domésticos não apresentam os controles de frequência

    b) horários de entrada e saída uniformes
  - Prevalência do negociado sobre o legislado quando a convenção ou acordo coletivo dispuserem sobre modalidade de registo de jornada de trabalho (art. 611-A, X CF).
  - Permitida a adoção de registro de ponto por exceção por acordo individual escrito ou negociação coletiva.

619. Informativo nº 57 do TST.
620. Informativo nº 178 do TST.

- **Prontidão**
  - Empregado permanece nas dependências da empresa
  - Receberá 2/3 do horário normal
  - Máximo de 12 horas
- **Sobreaviso**
  - Permanece em sua residência, aguardando ordens
  - Receberá ⅓ do horário normal
  - Máximo de 24 horas
  - Utilização de aparelhos informatizados – em regra – não caracteriza o regime de sobreaviso. Se estiver submetido a controle patronal em regime de plantão, configura-se o sobreaviso (Súmula nº 428 do TST)
- **Não possuem limitação ou jornada (art. 62 da CLT)**
  - Atividade externa e incompatível com a fiscalização
  - Gerentes com poderes de gestão e gratificação 40%
  - Teletrabalhador

  Diante da fixação e controle de jornada do motorista profissional, esses trabalhadores não estão mais inseridos no art. 62 da CLT.
- **Regime tempo parcial**
  - 2 hipóteses de contratação:

    a) Duração máxima de 30 horas semanais, sem prestação de horas extras;

    b) Duração máxima de 26 horas, com a possibilidade de 6 horas suplementares.
  - Possibilidade de abono pecuniário de férias.

  Atuais empregados – negociação coletiva.

  Domésticos: possibilidade de realização de 1 hora extra diária desde que não se ultrapasse a jornada de 6 horas.
- **Turnos ininterruptos de revezamento (alternância de horários)**
  - Jornada reduzida de 6 horas, exceto negociação coletiva (8 horas)
  - A mera alternância entre o período diurno e noturno gera a jornada reduzida de 6 horas (OJ 360).
  - Jornada reduzida de 6 horas é compatível com hora noturna reduzida de 52m30s (OJ 395)
  - Impossibilidade de quitação retroativa: instrumento coletivo que fixa jornada de 8 horas não pode dar quitação retroativa ao empregador que não pagou as horas extras da jornada reduzida de 6 horas.
  - Impossibilidade de acordo de compensação de jornada caso seja estabelecida jornada de 8 horas para turnos ininterruptos de revezamento

1.7. Trabalho noturno

O ser humano não possui hábitos noturnos. Assim, o trabalho realizado nesse período requer do trabalhador mais esforço físico e mental para ser executado. Lembre-se de que o empregado com menos de 18 anos de idade, mesmo que emancipado, não poderá trabalhar nesse horário. Há previsão de adicional noturno como forma de compensar o trabalho desenvolvido nesse período, de acordo com o art. 7º, IX, da CF:

> **Art. 7º, IX, CF/88:** São direitos dos trabalhadores urbanos e rurais, além de outros que visem à melhoria de sua condição social: remuneração do trabalho noturno superior a do diurno.

Além disso, segundo o art. 611-B, VI, acrescentado pela Reforma Trabalhista, a supressão ou redução da remuneração do trabalho noturno superior à do diurno constitui objeto ilícito da negociação coletiva ou acordo coletivo.

Relevante ponto trazido pela Reforma Trabalhista diz respeito à ausência de adicional noturno aos empregados sujeitos à escala 12 x 36. O empregado submetido à jornada de 12 horas de trabalho por 36 de descanso, que compreenda a totalidade do período noturno, tinha direito ao adicional noturno, relativo às horas trabalhadas após as 5 horas da manhã e à hora reduzida de 52 minutos e 30 segundas.

Com a alteração promovida pela Reforma Trabalhista, as prorrogações de horário noturno já são consideradas compensadas. Portanto, o empregado não terá direito ao adicional noturno e à hora reduzida caso preste serviços durante o período noturno e continue prestando após as 5 horas da manhã.

Considera-se noturno o trabalho executado entre as 22 horas de um dia e as 5 horas do dia seguinte[621]. Durante esse período, o empregado receberá adicional de, no mínimo, 20% sobre a hora diurna. Esse adicional possui natureza salarial, portanto reflete nas demais verbas trabalhistas. Por exemplo, o adicional noturno integra a base de cálculo das horas extras prestadas no período noturno[622].

O adicional em questão é uma das formas de salário-condição, ou seja, o empregado apenas receberá o adicional enquanto estiver prestando serviços no horário noturno. A transferência do empregado para o horário diurno, embora acarrete redução salarial, pois perderá o direito ao adicional de 20%, não configura alteração ilícita do contrato de trabalho, porque é benéfica à saúde do trabalhador[623].

A hora noturna para o trabalhador urbano é reduzida, ou seja, uma hora noturna será computada como de 52 minutos e 30 segundos[624]. A hora noturna reduzida também é devida ao vigia noturno[625]. Os empregados rurais e os petroleiros não têm direito à hora reduzida[626].

---

621. **Orientação Jurisprudencial nº 60 da SDI-I do TST:** "I – A hora noturna no regime de trabalho no porto, compreendida entre dezenove horas e sete horas do dia seguinte, é de sessenta minutos".
622. **Orientação Jurisprudencial nº 97 da SDI-I do TST.**
623. **Súmula nº 265 do TST.** "A transferência para o período diurno de trabalho implica a perda do direito ao adicional noturno."
624. Verifica-se que após 8 períodos de 52m30s o empregado terá trabalhado o equivalente a 7 horas (das 22h às 5h). Lembre-se de que o trabalhador rural não possui essa redução na hora noturna.
625. **Súmula nº 65 do TST:** "O direito à hora reduzida de 52 minutos e 30 segundos aplica-se ao vigia noturno." O posicionamento sumulado do TST acerca do vigia noturno foi exigido no concurso para o TRT da 8ª Região em 2016.
626. **Súmula nº 112 do TST:** "O trabalho noturno dos empregados nas atividades de exploração, perfuração, produção e refinação do petróleo, industrialização do xisto, indústria petroquímica e transporte de petróleo e seus derivados, por meio de dutos, é regulado pela Lei nº 5.811/72, não se lhe aplicando a hora reduzida de 52 (cinquenta e dois) minutos e 30 (trinta) segundos do art. 73, § 2º, da CLT".

No tocante ao rural, a jornada noturna inicia-se às 20h e termina às 4h na pecuária. Na lavoura, será das 21h até as 5h. Adicional noturno é de, no mínimo, 25% superior à hora diurna.

Ademais, a jornada noturna do advogado empregado será entre 20h até 5h. O adicional noturno desse empregado é de, no mínimo, 25% superior ao valor da hora diurna, conforme art. 20, § 3º da Lei nº 8.906/94.

Por fim, o **empregado doméstico** passou a ter direito ao recebimento do adicional noturno, conforme previsto no art. 7º, parágrafo único, da CF/88. A regulamentação desse direito realizada pela LC nº 150/2015 é a mesma prevista na CLT com jornada reduzida de 52 minutos e 30 segundos para aqueles que trabalham das 22 horas de um dia até às 5 horas de outro, sendo devido o pagamento de adicional de, no mínimo, 20% sobre a hora normal (art. 14, LC nº 150/2015).

1.7.1. *Horários mistos*

Ocorrerá o horário misto[627] quando o empregado prestar serviços no período diurno e noturno. Exemplo: inicia o trabalho às 20 horas e vai até às 4 horas. Veja que nesse caso, o período entre 20 h e 22 h será pago como hora diurna. Ao ultrapassar as 22 horas, incide o adicional noturno e a redução da hora para 52 minutos e 30 segundos.

1.7.2. *Prorrogação do horário noturno*

A prorrogação, por sua vez, ocorre quando houver a continuidade da prestação de serviços além do limite previsto em lei, ou seja, 5 horas da manhã. Nesse caso, o empregado continuará recebendo o adicional noturno e terá direito à hora reduzida[628].

Conforme já sustentado, o empregado submetido à jornada 12 x 36 não terá direito à prorrogação do horário noturno, que já será considerada compensadas na remuneração:

> **Art. 59-A da CLT** *(com redação dada pela Reforma Trabalhista)* Em exceção ao disposto no art. 59 desta Consolidação, é facultado às partes, mediante acordo individual escrito, convenção coletiva ou acordo coletivo de trabalho, estabelecer horário de trabalho de doze horas seguidas por trinta e seis horas ininterruptas de descanso, observados ou indenizados os intervalos para repouso e alimentação.
>
> Parágrafo único. A remuneração mensal pactuada pelo horário previsto no caput deste artigo abrange os pagamentos devidos pelo descanso semanal remunerado e pelo descanso em feriados, e **serão considerados compensados os feriados e as prorrogações de trabalho noturno**, quando houver, de que tratam o art. 70 e o § 5º do art. 73 desta Consolidação. (grifo nosso)

---

627. "Os horários mistos são os que começam em períodos diurnos e terminam em períodos considerados pela lei como noturnos. Exemplo: trabalho inicia-se às 21 horas e termina às 4 horas. Não será considerado pela lei como horário misto o que se inicia em período noturno e termina em período diurno, como das 23 às 6 horas." MARTINS, Sergio Pinto. *Comentários à CLT*. 12 ed. São Paulo: Atlas, 2008. p. 127.

628. **Súmula nº 60, item II, do TST.** "Cumprida integralmente a jornada no período noturno e prorrogada esta, devido é também o adicional quanto às horas prorrogadas."

Aliás, mesmo que a jornada tenha se iniciado um pouco após às 22 horas, mas preponderantemente trabalhada à noite (das 23:10 às 07:10), é devido o adicional noturno quanto às horas que se seguem no período diurno[629].

TRABALHO NOTURNO

- **Empregado com menos de** de 18 anos não poderá trabalhar em jornada noturna
- **Advogado** - adicional noturno de 25% (Jornada entre 20h - 5h)
- **Empregado urbano**
  - 22h:
    - Hora reduzida e 52 minutos e 30 segundos
    - Adicional de 20% sobre a hora diurna
  - 5h
- **Empregado rural**
  - Pecuária: 20h até às 4h
  - Lavoura: 21h até às 5h
  - Adicional: 25% sobre a hora diurna
  - Hora noturna de 60 minutos
- **Horários mistos:** trabalho prestado no período diurno e noturno
- Caso o empregado seja transferido ao período diurno, perderá o adicional noturno (Súm. 265)
- **Prorrogação do horário**
  - Empregado continua trabalhando após o término do período noturno
  - Continua recebendo adicional noturno e a hora é reduzida

1.8. Jornada do bancário

A execução das atividades bancárias possui aspectos peculiares, quanto à natureza e à responsabilidade, exigindo dos empregados atenção constante no exercício de suas funções[630]. Assim sendo, o empregado bancário conquistou ao longo do tempo o direito à jornada reduzida de **6 horas diárias e 30 horas semanais**, conforme previsto no art. 224 da CLT. A duração normal do trabalho ficará compreendida entre 7 e 22 horas, assegurando-se ao empregado um intervalo de 15 minutos para alimentação.

O bancário ocupante de cargo de confiança específica, ou seja, que exerça função de gerência, chefia, ou ainda cargo de confiança não terá direito à jornada reduzida de 6 horas e 30 horas semanais. Para configurar essa confiança específica, o gerente deverá preencher 2 requisitos cumulativos:

a) exercer funções de direção, gerência, fiscalização, chefia e equivalentes ou desempenhar cargo de confiança; e

b) receber gratificação não inferior a ⅓ do salário do cargo efetivo.

629. Informativo nº 24 do TST.

630. BARROS, Alice Monteiro de. *Contratos e regulamentações especiais de trabalho: peculiaridades, aspectos controvertidos e tendências*. 3. ed. rev. e ampl. São Paulo: LTr, 2008. p. 143.

Uma vez preenchidos esses 2 requisitos, o gerente terá jornada de trabalho de 8 horas diárias e 40 horas semanais, conforme previsto no art. 224, § 2º, da CLT.

De acordo com Informativo nº 193 do TST, o empregador (banco) tem a obrigação de realizar o controle de frequência dos gerentes bancários regidos pelo art. 224, § 2º da CLT e a ausência de apresentação dos cartões de ponto enseja o direito ao pagamento de horas extras ao trabalhador.

Por outro lado, se se tratar de **gerente-geral de agência bancária**[631], cujos poderes equiparam-se ao próprio empregador – toma decisões importantes para o andamento da empresa, contratar e dispensar empregados, por exemplo – não terá nenhuma limitação de jornada, aplicando-se o art. 62, II, da CLT. Assim, ainda que for determinada a realização de cursos fora do expediente, não será devido pagamento de adicional de horas extras[632]. O gerente-geral, como visto, possui confiança excepcional, sendo a "autoridade máxima" dentro da agência.

Cabe frisar que tanto o bancário em geral como o gerente não trabalham aos sábados, conforme previsto no art. 224 da CLT. O sábado é considerado **dia útil não trabalhado**[633], de acordo com o posicionamento do TST.

Por fim, como a definição de bancário é importante para fins de jornada reduzida, o candidato ao cargo de Analista do TRT deverá estar atento para os empregados que são considerados bancários e, consequentemente, gozam de jornada de 6 horas. São considerados bancários para fins de jornada reduzida:

a) Empregados de empresa de processamento de dados que pertencem ao mesmo grupo econômico e prestam serviços exclusivos ao banco (Súmula nº 239 do TST[634]);

b) Empregados de financeiras (Súmula nº 55 do TST[635]); e

c) Empregados contratados diretamente pelo banco para prestar serviços de limpeza e portaria, conforme art. 226 da CLT[636].

Por outro lado, **não** são considerados bancários:

a) Empregados de corretoras de títulos e valores mobiliários (Súmula nº 119 do TST[637]);

---

631. **Súmula nº 287 do TST.** Jornada de trabalho. Gerente bancário: "A jornada de trabalho do empregado de banco gerente de agência é regida pelo art. 224, § 2º, da CLT. Quanto ao gerente-geral de agência bancária, presume-se o exercício de encargo de gestão, aplicando-se-lhe o art. 62 da CLT".

632. Informativo nº 22 do TST.

633. **Súmula nº 113 do TST.** Bancário. Sábado. Dia útil: "O sábado do bancário é dia útil não trabalhado, não dia de repouso remunerado. Não cabe a repercussão do pagamento de horas extras habituais em sua remuneração".

634. **Súmula nº 239 do TST.** É bancário o empregado de empresa de processamento de dados que presta serviço a banco integrante do mesmo grupo econômico, exceto quando a empresa de processamento de dados presta serviços a banco e a empresas não bancárias do mesmo grupo econômico ou a terceiros.

635. **Súmula nº 55 do TST.** As empresas de crédito, financiamento ou investimento, também denominadas financeiras, equiparam-se aos estabelecimentos bancários para os efeitos do art. 224 da CLT.

636. **Art. 226 do CLT.** O regime especial de 6 (seis) horas de trabalho também se aplica aos empregados de **portaria** e de **limpeza**, tais como porteiros de mesa, contínuos e serventes, empregados em bancos e casas bancárias. (grifos acrescidos).

637. **Súmula nº 119 do TST.** Os empregados de empresas distribuidoras e corretoras de títulos e valores mobiliários não têm direito à jornada especial dos bancários.

b) Empregados de cooperativas de crédito (OJ nº 379[638]);

c) Empregados pertencentes a categorias diferenciadas (Súmula nº 117 do TST[639]); e

d) Vigilantes (Súmula nº 257 do TST[640]).

1.8.1. A jornada de trabalho do gerente-geral de agência da Caixa Econômica Federal e o precedente vinculante do TST (Incidente de Recurso de Revista Repetitivo nº 53 do TST)

Em complemento ao que foi exposto, merece destaque o entendimento consolidado recentemente pelo Pleno do TST quanto à jornada do gerente-geral das agências da Caixa Econômica Federal. Trata-se da tese vinculante nº 53, firmada em sede de incidente de recurso de revista repetitivo, em 24 de fevereiro de 2025, com o objetivo de uniformizar jurisprudência sobre tema já pacificado nas Turmas.

Segundo o TST, a norma interna da Caixa Econômica Federal (PCS/1989), que prevê jornada de seis horas para determinados gerentes, não se aplica ao gerente-geral da agência, que está submetido ao regime do art. 62, II, da CLT. Nessa condição, não há limitação de jornada, tampouco direito a horas extras, ainda que a norma da empresa estabeleça regras mais benéficas a outros empregados. A seguir, a tese firmada pelo Pleno:

> O gerente-geral de agência da Caixa Econômica Federal - CEF não tem direito à jornada de seis horas prevista no PCS de 1989, sendo indevidas horas extraordinárias, nos termos da exceção do art. 62, II, da CLT e da parte final da Súmula nº 287 do TST (TST-RRAg-0000375-02.2020.5.09.0009, Relator: Ministro Aloysio Corrêa da Veiga, Tribunal Pleno, DJE: 14/03/2025).

Conforme já visto, o § 2º do art. 224 da CLT permite a ampliação da jornada para oito horas nos casos de bancários que exerçam cargos de confiança específica, como gerentes de contas. A norma interna da CEF (PCS/1989) conferiu um benefício adicional a esses empregados, mantendo a jornada de seis horas mesmo quando preenchidos os requisitos do § 2º.

Contudo, o TST entendeu que esse benefício não alcança o gerente-geral, cuja posição se enquadra na exceção do art. 62, II. A Súmula nº 287 reforça esse entendimento ao presumir, salvo prova em contrário, que o gerente-geral exerce encargo de gestão incompatível com controle de jornada.

Assim, mesmo diante de norma interna mais favorável, o TST decidiu que não há direito à jornada reduzida para o gerente-geral de agência da CEF, em virtude da natureza diferenciada de seu cargo e da amplitude de suas funções. A tese vinculante nº

---

638. **Orientação jurisprudencial nº 379 da SDI-I do TST**. Os empregados de cooperativas de crédito não se equiparam a bancário, para efeito de aplicação do art. 224 da CLT, em razão da inexistência de expressa previsão legal, considerando, ainda, as diferenças estruturais e operacionais entre as instituições financeiras e as cooperativas de crédito. Inteligência das Leis nºs 4.594, de 29.12.1964, e 5.764, de 16.12.1971.

639. **Súmula nº 117 do TST**. Não se beneficiam do regime legal relativo aos bancários os empregados de estabelecimento de crédito pertencentes a categorias profissionais diferenciadas.

640. **Súmula nº 257 do TST**. O vigilante, contratado diretamente por banco ou por intermédio de empresas especializadas, não é bancário.

53, portanto, reforça a interpretação restritiva da norma interna da empresa e garante segurança jurídica à jurisprudência já consolidada.

1.8.2. A jornada dos tesoureiros da Caixa Econômica Federal e a tese vinculante nº 86 (Incidente de Recurso de Revista Repetitivo nº 86)

Outro precedente importante do TST, também firmado em 2025, diz respeito à jornada dos empregados da Caixa Econômica Federal que exercem as funções de tesoureiro executivo ou tesoureiro de retaguarda. Em sede de Incidente de Recurso de Revista Repetitivo nº 86, o Pleno do TST firmou a tese vinculante nº 86, com o seguinte conteúdo:

> Os empregados da Caixa Econômica Federal que exercem função de tesoureiro de retaguarda ou tesoureiro executivo desempenham atribuições técnicas que não configuram fidúcia especial apta a enquadrá-los como ocupantes de cargo de confiança bancária a que alude o art. 224, § 2º, da CLT (TST-RRAg - 1000803-77.2022.5.02.0433, Relator: Ministro Aloysio Corrêa da Veiga, Tribunal Pleno, DJE: 08/04/2025).

De acordo com esse entendimento, tais empregados não se enquadram como detentores de cargo de confiança para fins de ampliação da jornada, motivo pelo qual têm direito à jornada reduzida de seis horas diárias e trinta semanais, conforme regra geral do caput do art. 224 da CLT.

Embora exerçam funções relevantes no setor operacional da agência, os tesoureiros não possuem autonomia decisória, poder de comando sobre outros empregados, nem participam de decisões estratégicas, como concessão de crédito ou representação institucional. Por isso, o Tribunal concluiu que não há fidúcia especial suficiente para afastar o regime de jornada reduzida.

1.8.3. Divisor da hora de salário do bancário

Inicialmente, cabe destacar que encontrar o valor da hora normal de trabalho é imprescindível para fazer o cálculo das horas extraordinárias (hora normal + adicional de 50%). Como a jornada do bancário é reduzida, e ainda, há discussão sobre a natureza jurídica do sábado do bancário, decidiu-se colocar esse tópico específico.

A jurisprudência do TST, tradicionalmente, considerou o sábado do bancário como dia útil não trabalhado. Portanto, foi essa a regra adotada na prática trabalhista. Assim sendo, o pagamento de horas extras e do adicional noturno não repercutem nos sábados, mas apenas no DSR. Nesse sentido, prevê a Súmula nº 113 do TST.

O cálculo para se chegar à hora normal, para os empregados que trabalham 8 horas, é feito dividindo o salário do empregado por 220[641]. Para o empregado bancário mensalista, cujo sábado não é considerado como dia útil trabalhado, aplica-se a regra prevista na Súmula nº 124, II, do TST:

> **Súmula nº 124, II, do TST** – Nas demais hipóteses, aplicar-se-á o divisor:

641. O divisor 220 ocorre em razão de duração de 44 horas, multiplicadas por 5 semanas de trabalho. Para maior segurança jurídica, há presunção de que todos os meses têm 30 dias e 5 semanas de duração.

a) 180, para os empregados submetidos à jornada de seis horas prevista no caput do art. 224 da CLT;

b) 220, para os empregados submetidos à jornada de oito horas, nos termos do § 2º do art. 224 da CLT.

Assim, aquele que trabalha 6 horas diárias, deverá utilizar o **divisor 180** (30 dias x 6 horas diárias), considerando, portanto, os dias remunerados do mês e não os efetivamente trabalhados. O sábado do bancário, nesse caso, é dia útil não trabalhado. Veja que há uma contagem fictícia, pois o bancário não trabalha os 30 dias, mas lhe são pagos todos os 30 dias do mês (5 dias úteis, sábado dia útil não trabalhado e o DSR). Alcançado o valor da hora suplementar, é só multiplicar pelo número de horas efetivamente prestadas além do horário normal e acrescentar o adicional de, no mínimo, 50%.

Ademais, o cálculo desse adicional deve ser realizado sobre a globalidade salarial, ou seja, as horas extras são calculadas com base na hora normal, acrescida de adicional noturno, de insalubridade, de periculosidade etc., conforme previsto na Súmula nº 264 do TST[642].

O divisor 180 deve ser utilizado apenas para o bancário que possui jornada normal de 6 horas. O gerente ou empregado que ocupa cargo de confiança tem jornada de 8 horas e 40 horas semanais, portanto o divisor para fins de hora extra será 220. Importante repetir que o gerente bancário não trabalha 44 horas semanais, pois o sábado é dia útil não trabalhado.

No entanto, em setembro de 2013, o TST alterou a redação da Súmula nº 124 do TST para prever que a divisão para a contagem das horas trabalhadas levasse em conta o sábado como descanso semanal remunerado e não como dia útil não trabalhado. Desse modo, o pagamento de horas extras e do adicional noturno repercutia também nos sábados.

Para que o sábado fosse considerado como descanso remunerado (e não apenas dia útil não trabalhado, Súmula nº 113), era necessária a **previsão expressa em acordo individual, acordo coletivo ou convenção coletiva.** Uma vez fixado o sábado como DSR, o divisor para o cálculo das horas trabalhadas era, de acordo com o texto da Súmula nº 124, I, do TST:

a) 150, para os empregados submetidos à jornada de 6 horas, prevista no caput do art. 224 da CLT.

Nesse caso, o cálculo era de 6 horas diárias de trabalho, multiplicado por 5 dias por semana: total de 30 horas. Posteriormente, essas 30 horas mensais eram multiplicadas por 5 semanas: total de 150 horas.

b) 200, para os empregados submetidos à jornada de 8 horas, nos termos do § 2º do art. 224 da CLT.

Nesse caso, o cálculo era de 8 horas diárias de trabalho multiplicado por 5 dias por semana: total de 40 horas. Posteriormente, essas 40 horas mensais eram multiplicadas por 5 semanas: total de 200 horas.

642. **Súmula nº 264 do TST:** "A remuneração do serviço suplementar é composta do valor da hora normal, integrado por parcelas de natureza salarial e acrescido do adicional previsto em lei, contrato, acordo, convenção coletiva ou sentença normativa".

Contudo, em novembro de 2016, o TST[643] decidiu, em incidente de recurso de revista repetitivo, que a alteração do sábado para dia de repouso semanal remunerado **não acarreta a alteração no divisor** utilizado para o cálculo de horas extras tal como previsto na Súmula nº 124 do TST. Os ministros sustentaram que a alteração de dia útil não trabalhado para repouso semanal remunerado não reduz o número de horas semanais, trabalhadas e de repouso.

Com esse novo posicionamento, a Súmula nº 124 do TST teve sua redação alterada, para prever:

> **Súmula nº 124 do TST:** I – o divisor aplicável para o cálculo das horas extras do bancário será:
>
> a) 180, para os empregados submetidos à jornada de seis horas prevista no caput do art. 224 da CLT;
>
> b) 220, para os empregados submetidos à jornada de oito horas, nos termos do § 2º do art. 224 da CLT.
>
> II – Ressalvam-se da aplicação do item anterior as decisões de mérito sobre o tema, qualquer que seja o seu teor, emanadas de Turma do TST ou da SBDI-I, no período de 27/09/2012 até 21/11/2016, conforme a modulação aprovada no precedente obrigatório firmado no Incidente de Recursos de Revista Repetitivos nº TST-IRR-849-83.2013.5.03.0138, DEJT 19.12.2016.

Lembre-se de que, para encontrar o divisor do empregado mensalista leva-se em conta: número total das horas trabalhadas por semana, multiplicado por 5 semanas (duração do mês). Esse divisor é essencial para se chegar ao valor da hora normal. Uma vez alcançado o valor da hora normal, será fácil calcular o valor da hora extra, pois é só multiplicar pelo número de horas efetivamente prestadas além do horário normal e acrescentar o adicional de, no mínimo, 50%.

Como forma de assegurar respeito à coisa julgada e à segurança jurídica, todas as decisões de mérito proferidas entre 27/09/2012 a 21/11/2016 devem seguir a redação anterior, que trazia divisor diferente caso o sábado fosse dia útil não trabalhado ou dia de repouso semanal remunerado.

Em suma, com o atual posicionamento do TST, a alteração do sábado do bancário em dia de DSR não afeta o cálculo do divisor da hora de salário, que será determinado em 180 ou 220, para as jornadas de 6 ou 8 horas, respectivamente.

Bancário (Resumo)
1. Jornada: 6 horas diárias e 30 horas semanais. Intervalo de 15 minutos não remunerado
2. Sábado: dia útil não trabalhado
3. Gerente: entre 8 e 40 horas semanais, desde que a) poderes de chefia/cargo de confiança b) receber gratificação não inferior a ⅓
4. Gerente-geral de agência: não tem limitação de jornada
5. Caixa: jornada de 6 horas

643. Informativo nº 149 do TST.

Bancário (Resumo)	
Equiparados aos bancários (6h)	**Não são equiparados aos bancários**
• Empregados do mesmo grupo econômico (Súm. 239) • Empregados de financeiras (Súm. 55) • Empregados de portaria e limpeza contratados diretamente pelo banco (art. 226, CLT)	• Empregados de corretoras de títulos e valores mobiliários (Súm. 119) • Empregados de cooperativas de crédito (OJ 379) • Vigilante (Súm. 257) • Categoria diferenciada (Súm. 117)

2. TRABALHO EXTRAORDINÁRIO (REFORMA TRABALHISTA): HIPÓTESES DE PRORROGAÇÃO

▸ **Art. 7º, XVI, CF/88**

▸ **Arts. 59 a 61, CLT**

▸ **Súmula nº 85 do TST (Compensação de jornada)**

Conforme visto anteriormente, o trabalho que ultrapassar a jornada normal será remunerado com adicional de, no mínimo, 50% sobre a hora normal. Está previsto no art. 7º, XVI, da Constituição Federal:

> **Art. 7º, XVI, CF/88:** São direitos dos trabalhadores urbanos e rurais, além de outros que visem à melhoria de sua condição social: remuneração do serviço extraordinário superior, no mínimo, em cinquenta por cento à do normal.

Na redação anterior à Reforma Trabalhista, a CLT estabelecia o adicional de 20% sobre o valor da hora normal de trabalho para o caso de prestação de horas extras. Com a Reforma Trabalhista, o artigo 59, § 1º da CLT foi alterado apenas para se adequar à previsão constitucional acerca do adicional de hora extraordinária. O pagamento da hora extraordinária será a hora normal acrescida de adicional de, no mínimo, 50%:

> **Art. 59 da CLT (com redação dada pela Reforma Trabalhista):** A duração diária do trabalho poderá ser acrescida de horas extras, em número não excedente de duas, por acordo individual, convenção coletiva ou acordo coletivo de trabalho.
>
> § 1º A remuneração da hora extra será, pelo menos, 50% (cinquenta por cento) superior à da hora normal.

As possibilidades de trabalho extraordinário devem ser interpretadas restritivamente, porque, se prestadas habitualmente, agridem a saúde do trabalhador. Aliás, não pode ser estabelecido, via norma coletiva, um valor fixo mensal para pagamento das horas extras, pois elas devem ser recebidas na sua totalidade, correspondendo ao que o empregado efetivamente trabalhou em sobrejornada[644]. O valor recebido é chamado de salário-condição, pois o empregado receberá adicional apenas quando prestar serviços além do horário normal[645].

644. Informativo nº 20 do TST.

645. A supressão das horas extras não configura alteração unilateral ilícita. Embora ocorra a redução nos ganhos do empregado, essa alteração promovida pelo empregador é benéfica à saúde do trabalhador. O mesmo raciocínio é utilizado quando o empregado é transferido do período noturno (cessa o adicional noturno) para o período diurno.

O valor das horas extras prestadas reflete nas demais verbas trabalhistas[646], mas não integra, de forma definitiva[647], a sua remuneração.

Por fim, conforme o precedente vinculante do Tribunal Superior do Trabalho firmado na tese vinculante nº 85 (Incidente de Recurso de Revista Repetitivo nº 85), a supressão do intervalo intrajornada e o não pagamento das horas extras configuram falta grave do empregador, nos termos do art. 483, "d", da CLT, dando causa a rescisão indireta:

> O descumprimento contratual contumaz relativo à ausência do pagamento de horas extraordinárias e a não concessão do intervalo intrajornada autoriza a rescisão indireta do contrato de trabalho, na forma do artigo 483, "d", da CLT (TST- RRAg - 1000642-07.2023.5.02.0086, Relator: Ministro Aloysio Corrêa da Veiga, Tribunal Pleno, DJE: 08/04/2025).

Em outras palavras, o descumprimento reiterado dessas obrigações do contrato de trabalho torna insustentável a continuidade do vínculo e autoriza a sua ruptura por "justa causa do empregador", com o recebimento de todas as verbas rescisórias devidas na dispensa sem justa causa.

2.1. Limite de tolerância (Reforma Trabalhista)

Cabe frisar que as variações no registro de ponto não excedentes a 5 minutos, observado o limite máximo de 10 minutos, não serão descontadas nem consideradas jornada extraordinária (art. 58, § 1º, da CLT). Assim sendo, em razão do grande número de empregados para marcar o cartão de ponto, poderão ocorrer variações no horário de entrada e saída. Desde que respeitados os limites anteriores, o empregador não estará obrigado a remunerar esses minutos excedentes como extras. Se ultrapassados os 10 minutos, serão remunerados como hora suplementar em sua totalidade.

Entendemos que, mesmo após a Reforma Trabalhista, esse limite de tolerância de 10 minutos, previsto no art. 58, § 1º, da CLT, não poderá ser ampliado, nem mesmo se houver previsão em negociação coletiva. A cláusula em acordo coletivo, por exemplo, que fixa em 30 minutos de tolerância, não será válida, pois fixaria uma nova jornada legal, contrariando o Texto Constitucional (que limita em 8h diárias e 44h semanais). Nesse sentido, permanece a aplicação da jurisprudência consolidada do TST:

> **Súmula nº 449 do TST.** A partir da vigência da Lei nº 10.243, de 27.06.2001, que acrescentou o § 1º ao art. 58 da CLT, não mais prevalece cláusula prevista em convenção ou acordo coletivo que elastece o limite de 5 minutos que antecedem e sucedem a jornada de trabalho para fins de apuração das horas extras.

---

646. **Súmula nº 376 do TST, item II.** "O valor das horas extras habitualmente prestadas integra o cálculo dos haveres trabalhistas, independentemente da limitação prevista no *caput* do art. 59 da CLT."
647. **Súmula nº 291 do TST.** "A supressão, pelo empregador, do serviço suplementar prestado com habitualidade, durante pelo menos 1 (um) ano, assegura ao empregado o direito à indenização correspondente ao valor de 1 (um) mês das horas suprimidas para cada ano ou fração igual ou superior a seis meses de prestação de serviço acima da jornada normal. O cálculo observará a média das horas suplementares efetivamente trabalhadas nos últimos 12 (doze) meses, multiplicada pelo valor da hora extra do dia da supressão."

De acordo com a Súmula nº 366 do TST, independentemente das atividades a serem desenvolvidas pelo empregado, se ultrapassado o limite de 10 minutos diários será devido o pagamento de horas extras.

Ocorre que esse entendimento deve ser alterado em breve em decorrência da inserção do § 2º do art. 4º da CLT pela Reforma Trabalhista, tendo em vista a parte final do dispositivo:

> **Art. 4º, § 2º, CLT** *(acrescentado pela Reforma Trabalhista)*: Por não se considerar tempo à disposição do empregador, não será computado como período extraordinário o que exceder a jornada normal, ainda que ultrapasse o limite de cinco minutos previsto no § 1º do art. 58 desta Consolidação, quando o empregado, por escolha própria, buscar proteção pessoal, em caso de insegurança nas vias públicas ou más condições climáticas, bem como adentrar ou permanecer nas dependências da empresa para exercer atividades particulares, entre outras:
>
> I – práticas religiosas;
>
> II – descanso;
>
> III – lazer;
>
> IV – estudo;
>
> V – alimentação;
>
> VI – atividades de relacionamento social;
>
> VII – higiene pessoal;
>
> VIII – troca de roupa ou uniforme, quando não houver obrigatoriedade de realizar a troca na empresa.

O artigo em questão apresenta duas hipóteses em que o limite de tolerância de 5 minutos previsto no art. 58, § 1º, da CLT pode ser ultrapassado sem que o período seja considerado tempo à disposição do empregador:

a) **Proteção pessoal:** Caso o empregado permaneça no local de trabalho, por escolha própria, para buscar proteção pessoal em caso de insegurança nas vias públicas ou más condições climáticas, o tempo que ultrapassar o limite de tolerância não será considerado tempo à disposição do empregador. Exemplo: Na hipótese de alagamentos nas grandes cidades que impede o deslocamento do trabalhador com segurança para sua residência, é possível a permanência na empresa. No entanto, esse período não será computado como horas extras. Cabe destacar, que por aplicação do princípio da primazia da realidade, as horas extras serão devidas caso comprovado que o empregado permaneceu na empresa e continuou prestando serviços ao empregador. Nesse caso, o empregado não está apenas buscando proteção pessoal, mas se encontra à disposição da empresa.

b) **Atividades particulares.** Se o trabalhador adentrar ou permanecer na empresa para o desenvolvimento de atividades particulares, o período também não será considerado tempo à disposição do empregador. Vale destacar que o legislador trouxe um rol exemplificativo das hipóteses consideradas atividades particulares do empregado. Portanto, é fundamental para a caracterização da atividade como particular a análise concreta da natureza dessa atividade. Pela aplicação do princípio da primazia da realidade, deve-se verificar se o empregado permanece aguardando ordens do empregador. As atividades elencadas exemplificativamente são as seguintes:

I – práticas religiosas;

II – descanso;

III – lazer;

IV – estudo;

V – alimentação;

VI – atividades de relacionamento social;

VII – higiene pessoal;

VIII – troca de roupa ou uniforme, quando não houver obrigatoriedade de realizar a troca na empresa.

Caso o empregado permaneça nas dependências da empresa para o desenvolvimento de estudo ligado aos fins da empresa, o tempo será considerado à disposição do empregado no período que ultrapassar o limite diário de 10 minutos. Portanto, é indispensável que as atividades sejam essencialmente particulares e digam respeito exclusivamente ao empregado.

Em resumo, as variações no registro de ponto não excedentes a 5 minutos, observado o limite máximo de 10 minutos, não serão descontadas nem consideradas jornada extraordinária. Se ultrapassado esse limite, o empregado tem o direito ao recebimento de horas extras, exceto quando permanecer na empresa para proteção pessoal contra insegurança nas vias públicas e más condições climáticas ou quando estiver exercendo atividades de natureza particular.

2.1.1. *Limite de tolerância no intervalo intrajornada*[648]

Há discussão se o período de tolerância pode ser estendido ao intervalo intrajornada, permitindo a redução ou a ampliação desse intervalo sem que haja consequências jurídicas à relação de emprego. No julgamento do incidente de Recurso de Revista Repetitivo nº 14 (Processo nº 0001384-61.2012.5.04.0512 – Data de julgamento: 25/03/2019), precedente judicial obrigatório, o TST firmou a tese vinculante nº 14, na qual a redução eventual e ínfima do intervalo intrajornada é admitida desde que limitada até 5 minutos no total, somados os início e término do intervalo, não importa no pagamento do período suprimido com adicional de 50%. Segue a tese firmada no incidente:

> A redução eventual e ínfima do intervalo intrajornada, assim considerada aquela de até 5 (cinco) minutos no total, somados os do início e término do intervalo, decorrentes de pequenas variações de sua marcação nos controles de ponto, não atrai a incidência do artigo 71, § 4º, da CLT. A extrapolação desse limite acarreta as consequências jurídicas previstas na lei e na jurisprudência

648. Esse é um dos temas mais cobrados nas provas de TRTs. Normalmente, as bancas costumam cobrá-lo juntamente com questões envolvendo compensação de jornada (art.59 da CLT) e tempo à disposição do empregador (art. 4º, § 2º, CLT). Levando em consideração esses três assuntos, somente em 2022, foram **8 QUESTÕES** exigidas em provas de TRT. **A leitura e memorização dos arts. 4º, 58 e 59, todos da CLT, é imprescindível para sua aprovação.**

Pela análise da tese jurídica firmada, o limite de tolerância do intervalo intrajornada será válido se atender aos seguintes requisitos:

a) A variação do intervalo deve ser limitada até 5 minutos no total;

b) A variação não pode ultrapassar os 10 minutos diários permitido para variações de registro de ponto;

c) a variação somente será válida se realizada de forma eventual.

Essa decisão traz consequências diferentes nas relações jurídicas ocorridas antes e após a Reforma Trabalhista. Antes da Reforma, se houvesse supressão do intervalo intrajornada, seria devido o pagamento integral do intervalo com adicional de horas extras. Nesse caso, se a redução do intervalo foi limitada até 5 minutos, o empregado não terá direito ao pagamento do período. Vale ressaltar que esse entendimento será aplicado a todas as variações de registro do intervalo intrajornada antes da vigência da Reforma Trabalhista, ou seja, antes de 11/11/2017.

Após a Reforma Trabalhista, se houver supressão do intervalo intrajornada, ultrapassando o limite de 5 minutos, será devido apenas o período suprimido com adicional de 50% que terá natureza indenizatória. Para mais informações, confira o tópico de intervalo intrajornada neste capítulo.

2.2. Rescisão indireta por supressão do intervalo intrajornada e ausência de pagamento das horas extras (Incidente de Recurso de Revista Repetitivo nº 85)

Com o objetivo de uniformizar a jurisprudência no âmbito do Tribunal, o TST vem firmando, ao longo de 2025, diversas teses jurídicas sobre temas já pacificados entre suas Turmas. Dentre elas, destaca-se a tese vinculante nº 85 (Incidente de Recurso de Revista Repetitivo nº 85) que trata da rescisão indireta do contrato de trabalho e fixa o entendimento de que a supressão injustificada do intervalo intrajornada e o não pagamento das horas extras configuram **falta grave do empregador**, nos termos do art. 483, "d", da CLT, tendo a seguinte redação:

> O descumprimento contratual contumaz relativo à ausência do pagamento de horas extraordinárias e a não concessão do intervalo intrajornada autoriza a rescisão indireta do contrato de trabalho, na forma do artigo 483, "d", da CLT (TST- RRAg - 1000642-07.2023.5.02.0086, Relator: Ministro Aloysio Corrêa da Veiga, Tribunal Pleno, DJE: 08/04/2025).

Em outras palavras, o descumprimento reiterado dessas obrigações do contrato de trabalho torna insustentável a continuidade do vínculo e autoriza a sua ruptura por "justa causa do empregador", com o recebimento de todas as verbas rescisórias devidas na dispensa sem justa causa.

A título de contextualização, a rescisão indireta ocorre quando o empregador pratica faltas que violam de forma grave as obrigações do contrato de trabalho. Nesses casos, é o empregado quem busca a extinção contratual, mas com os mesmos direitos que teria se tivesse sido dispensado imotivadamente: saldo de salário, aviso prévio, férias proporcionais acrescidas de 1/3, 13º salário, saque do FGTS com a multa de 40% e acesso ao seguro-desemprego.

Entre as hipóteses de rescisão indireta previstas no art. 483 da CLT, destaca-se a alínea "d", que reconhece a possibilidade de rompimento contratual quando o empregador "não cumprir as obrigações do contrato". A jurisprudência do TST vinha entendendo, de forma reiterada, que a violação habitual da jornada legal, sobretudo pela não concessão do intervalo intrajornada e pelo inadimplemento de horas extras, representa descumprimento grave das obrigações patronais, legitimando o pedido de rescisão indireta por parte do empregado[649].

Com a fixação da tese vinculante nº 85, esse entendimento passou a ser um precedente vinculante. A supressão do intervalo e o não pagamento de horas extras, quando reiterados, tornam inviável a continuidade da relação de emprego. Nesses casos, a conduta do empregador é suficientemente grave para autorizar a rescisão indireta, sem a necessidade de outras faltas adicionais.

2.3. Acordo de prorrogação (Reforma Trabalhista)

Nesse caso, para que a prestação de horas extraordinárias seja lícita, há necessidade de dois requisitos (art. 59, § 1º, da CLT):

a) **Acordo de prorrogação.** A antiga redação do "caput" do art. 59 da CLT estabelecia que o acordo de prorrogação de jornada seria permitido desde que realizado por **acordo escrito ou por contrato coletivo de trabalho.**

   No tocante ao acordo escrito entre empregado e empregador, a Reforma Trabalhista alterou a redação do "caput" do artigo em comento para prever a necessidade de acordo individual. Surge, portanto, o questionamento se a substituição do termo "acordo escrito" para apenas "acordo individual" possibilitaria a celebração de acordo tácito de prorrogação de jornada.

   Entendemos que o acordo de prorrogação de jornada **não pode ser firmado de forma tácita.** A celebração de acordo tácito gera insegurança às partes, dificulta a prova e, muitas vezes, lesa o trabalhador.

   Contudo, para aqueles que se posicionam pela possibilidade de acordo tácito, destacamos que a adoção dessa prática não é recomendável também aos empregadores, pois a ausência de prova que demonstre a aceitação do trabalhador em se submeter à prestação de horas extras habituais pode levar ao questionamento acerca da ausência de consentimento ou ainda de eventual vício no consentimento do trabalhador.

   Em suma, após a Reforma Trabalhista, o acordo de prorrogação de jornada pode ser realizado de forma individual ou por meio de acordo ou convenção coletiva de trabalho. Não cabe a celebração de acordo tácito, sendo possível, nesse caso, a aplicação de multa pela fiscalização do trabalho.

649. TST- Ag-AIRR-1000416-75.2021.5.02.0052, 3ª Turma, Relator Ministro Jose Roberto Freire Pimenta, DEJT 29/09/2023; TST - RRAg-AIRR-10543-32.2020.5.18.0003, 4ª Turma, Relator Ministro Alexandre Luiz Ramos, DEJT 02/06/2023; TST - Ag-ED-ARR-10759-40.2015.5.03.0179, 5ª Turma, Relator Ministro Douglas Alencar Rodrigues, DEJT 24/02/2025; TST - Ag-RR-1001348-40.2020.5.02.0071, 7ª Turma, Relator Ministro Claudio Mascarenhas Brandao, DEJT 15/12/2023.

b) **Prorrogação máxima de duas horas diárias.** Essa previsão não sofreu alterações com a Reforma Trabalhista. O empregado pode prestar horas extras desde que não ultrapasse o valor de 2 horas diárias. Destaca-se que é possível a prorrogação de jornada dos motoristas profissionais em até 4 horas diárias se houver previsão em acordo ou convenção coletiva, conforme estabelece o art. 235-C, *caput*, CLT[650].

Se houver prestação de horas suplementares sem a observância do acordo de prorrogação ou, ainda, além das duas horas diárias, a empresa será autuada pela fiscalização. Mesmo nesses casos em que há descumprimento desses requisitos formais, o empregador continua obrigado ao pagamento das horas extras trabalhadas:

> **Súmula nº 376, I, do TST.** A limitação legal da jornada suplementar a duas horas diárias não exime o empregador de pagar todas as horas trabalhadas.

2.4. Compensação (Reforma Trabalhista)[651]

Nesse regime o empregado trabalhará além da jornada normal em alguns dias, para descansar em outros (art. 59, § 2º, da CLT). Exemplo: trabalha-se uma hora a mais de segunda a quinta-feira para descansar no sábado. Note-se que, na compensação, há verdadeira redistribuição de horas, não sendo devido o adicional de 50%, pois o trabalho prestado além do horário normal será compensado com descanso. Para que a compensação seja lícita, é necessário o cumprimento dos seguintes requisitos:

a) **Acordo individual tácito ou escrito.** Conforme previsto na Constituição Federal, é permitida a compensação mediante "acordo ou convenção coletiva". Antes da Reforma Trabalhista, já se admitia, além da negociação coletiva, o acordo individual **escrito**, firmado diretamente entre empregado e empregador. Nesse sentido, estabelece a Súmula nº 85, I, do TST.

Ocorre que o § 6º do artigo em análise, acrescentado pela Reforma Trabalhista, prevê a possibilidade de o regime de compensação ser estabelecido por **acordo individual tácito** ou escrito entre empregado e empregador. Note-se, portanto, que, ainda que as partes não tenham formalizado documento permitindo a compensação de jornada, é possível o reconhecimento da validade da compensação de jornada caso o acordo tenha ocorrido de forma tácita. Trata-se de hipótese de flexibilização das normas atinentes à duração do trabalho.

Entendemos que a adoção dessa prática **não** é recomendável nem aos empregadores e nem aos trabalhadores, pois haverá insegurança e dificuldade em pagar efetivamente as horas trabalhadas. A ausência de prova que demonstre a aceitação do trabalhador em se submeter à compensação de jornada pode levar

650. Importante mencionar que, no julgamento da ADI nº 5322, de autoria da Confederação Nacional dos Trabalhadores em Transportes – CNTT, o STF reconheceu a constitucionalidade do dispositivo, por entender que a possibilidade de prorrogação da jornada da categoria dos motoristas profissionais por até 4 horas extraordinárias, mediante previsão em norma coletiva, é condição excepcional e em consonância com o reconhecimento das convenções e acordos coletivos de trabalho (art. 7º, XXVI, CF).

651. Esse é um dos temas mais cobrados nas provas de TRTs. Normalmente, as bancas costumam cobrá-lo juntamente com questões envolvendo tempo à disposição do empregador (art. 4º, § 2º, CLT) e limites de tolerância (art. 58, § 1º, CLT). Levando em consideração esses três assuntos, somente em 2022, foram **8 QUESTÕES** exigidas em provas de TRT. **A leitura e memorização dos arts. 4º, 58 e 59, todos da CLT, é imprescindível para sua aprovação.**

ao questionamento acerca da ausência de consentimento ou ainda de eventual vício no consentimento do trabalhador.

b) **Observância do limite máximo de 10 horas diárias.** Permanece a vedação às jornadas superiores a 10 horas diárias na hipótese de compensação de jornada. Ainda que o empregado descanse o período trabalhado, os valores que ultrapassarem as 10 horas diárias serão devidos como horas extras.

c) **Compensação das horas trabalhadas no período de, no máximo, um mês.** Antes da Reforma Trabalhista, havia discussão acerca do prazo para a compensação de jornada, se deveria ocorrer no período máximo de uma semana ou de um mês. Com a inclusão do § 6º do artigo em comento, é possível a compensação individual dentro do período máximo de um mês. Dessa forma, a redistribuição de horas deverá respeitar o limite de 220 horas mensais. A prestação de trabalho extraordinário acima do limite permitido não desconfigura o sistema de compensação de acordo com o atual posicionamento do art. 59-B, parágrafo único da CLT.

Atenção!
A Reforma Trabalhista alterou o regime de tempo parcial, permitindo a prestação de 6 horas extras mensais na hipótese de jornadas de até 26 horas semanais. Além disso, permitiu-se a compensação de jornada nesse regime. De acordo com o § 5º do art. 58-A da CLT, as horas extras realizadas em regime de tempo parcial poderão ser compensadas até a semana imediatamente posterior à sua execução. Portanto, se o empregado prestar horas extras em uma terça-feira, terá até a terça-feira seguinte para compensar essas horas suplementares. O limite para a compensação também deve ser limitado a 6 horas extras semanais. Para o regime de tempo parcial, não cabe a compensação mensal ou a celebração de banco de horas previstos no art. 59 da CLT.

2.4.1. *Não atendimento das exigências legais para a compensação de jornada*

Se ausente alguma das solenidades exigidas, como a inexistência de acordo entre as partes ou que a compensação ultrapasse o período de um mês, haverá consequências ao empregador. A primeira delas é que será autuado pela fiscalização do trabalho, por descumprir norma expressa prevista em lei. A segunda consequência está prevista no artigo 59-B da CLT, que tem o mesmo conteúdo previsto na Súmula nº 85, III, do TST[652]:

> **Art. 59-B da CLT** (*com redação dada pela Reforma Trabalhista*): O não atendimento das exigências legais para compensação de jornada, inclusive quando estabelecida mediante acordo tácito, não implica a repetição do pagamento das horas excedentes à jornada normal diária se não ultrapassada a duração máxima semanal, sendo devido apenas o respectivo adicional.
>
> Parágrafo único. A prestação de horas extras habituais não descaracteriza o acordo de compensação de jornada e o banco de horas.

652. **Súmula nº 85, III, do TST:** O mero não atendimento das exigências legais para a compensação de jornada, inclusive quando encetada mediante acordo tácito, não implica a repetição do pagamento das horas excedentes à jornada normal diária, se não dilatada a jornada máxima semanal, sendo devido apenas o respectivo adicional.

Terá de pagar a hora excedente à jornada normal com adicional de 50%. Importante frisar que as horas excedentes observaram o limite de 44 horas semanas, isto é, ocorreu a distribuição de horas, mas manteve a jornada normal, prevista na CF/88. Outro ponto importante é que não serão pagas horas extras (hora + 50%), pois ocorreu a folga compensatória. Houve, portanto, o descanso. Será pago apenas o adicional de 50%, em razão da ausência do cumprimento dos requisitos legais (folga + 50%).

Esse dispositivo contém, entretanto, uma contradição do legislador da Reforma Trabalhista no tocante ao acordo individual tácito. Conforme salientado nos comentários ao § 5º do art. 59 da CLT, o acordo individual tácito para a compensação de jornada passou a ser admitido pelas alterações promovidas pela Reforma. Contudo, no presente dispositivo, o legislador sustenta: "o não atendimento das exigências legais para compensação de jornada, inclusive quando estabelecida mediante acordo tácito", o que leva ao entendimento de que o estabelecimento de acordo tácito viola as exigências legais para a compensação de jornada.

Portanto, para que haja coerência e harmonia entre os dispositivos da CLT, é necessária a alteração de um dos artigos da CLT, seja para vedar o acordo tácito na compensação de jornada, o que seria o mais adequado, seja para alterar o presente artigo e remover a menção do acordo tácito como hipótese de não atendimento das exigências legais atinentes à compensação.

2.4.2. Prestação de horas extras habituais em regime de compensação de jornada

De acordo com o posicionamento do TST[653] anterior à Reforma Trabalhista, a prestação de trabalho extraordinário acima do limite permitido desconfigurava o sistema de compensação.

Nesse caso, as horas extraordinárias que eram realizadas além da 8ª hora diária, mas que tivessem sido compensadas com descanso, seriam pagas apenas acrescidas do adicional de 50% (descanso + adicional de 50%). Por outro lado, as horas que ultrapassassem a jornada semanal de 44 horas semanais ou 220 horas mensais seriam pagas como horas extras. Nessa última hipótese, seria paga a hora normal acrescida do adicional de 50%. Além disso, a prestação de trabalho extraordinário acima do limite de 10 horas diárias também desconfigurava o sistema de compensação.

Com a redação do parágrafo único do artigo em análise, a prestação de horas extras não desconfigura o regime de compensação de jornada ou a realização de banco de horas pelos trabalhadores. Dessa forma, ainda que prestadas horas extras que ultrapassem a jornada mensal de 220 horas mensais, não há necessidade de pagamento do adicional de horas extras para a jornada diária que ultrapassa a 8ª hora diária, pois o sistema de compensação ou o banco de horas firmado continuam vigentes.

653. **Súmula nº 85, IV, do TST:** A prestação de horas extras habituais descaracteriza o acordo de compensação de jornada. Nesta hipótese, as horas que ultrapassarem a jornada semanal normal deverão ser pagas como horas extraordinárias e, quanto àquelas destinadas à compensação, deverá ser pago a mais apenas o adicional por trabalho extraordinário.

Em suma, com a alteração promovida pela Reforma Trabalhista, houve 2 mudanças estruturais nas horas extras em compensação de jornada e banco de horas:

a) As horas destinadas à compensação e que efetivamente foram compensadas pelo trabalhador não serão pagas com adicional de 50%, pois o trabalhado extraordinário de um dia foi compensado em outro. Em resumo, retirou-se o adicional de 50% nas horas já compensadas;

b) As horas que ultrapassam o limite permitido para a compensação mensal ou para o banco de horas semestral e anual serão devidas como horas extras, isto é, paga-se o valor das horas acrescido do adicional de horas extras. Pagam-se as horas extras sem desconfigurar o acordo de compensação.

Cabe ressaltar que o adicional de horas extras deve corresponder a, no mínimo, 50% do valor da hora normal de trabalho por expressa previsão no art. 7º, XVI, da CF/88.

Ainda sobre o tópico da compensação, cabe destacar que o empregado **com menos de 18 anos** poderá prestar serviços além das 8 horas para fins de compensação de jornada (art. 413, I, CLT). Nesse caso, é exigida norma coletiva para que o ajuste seja válido, não sendo admitido acordo individual segundo entendemos.

Importante salientar, também, que o TST admite a chamada **semana espanhola**[654], em que há alternância de 40 horas de trabalho numa semana e 48 horas na semana seguinte. Esse sistema de compensação é utilizado para que o empregado não trabalhe aos sábados, desde que seja celebrado por acordo ou convenção coletiva de trabalho.

2.4.3. Banco de horas (Reforma Trabalhista)

O banco de horas sofreu alterações Reforma Trabalhista. Importante frisar que havia posicionamento jurisprudencial do TST defendendo que os termos compensação e banco de horas eram diferentes. Na compensação, o descanso deveria ocorrer na mesma semana, respeitando o módulo semanal de 44 horas ou, no máximo, dentro de um mesmo mês, respeitando as 220 horas mensais. Nesse caso, a formalização poderia ocorrer individualmente, entre empregado e empregador, incidindo a Súmula nº 85 do TST.

No tocante ao banco de horas (também chamado de compensação anual), a folga compensatória seria concedida até um ano a contar da prestação de serviços. Aliás, por se tratar de situação mais gravosa ao trabalhador, haveria a necessidade, no banco de horas, de formalização via negociação coletiva, portanto com a participação obrigatória do sindicato dos trabalhadores.

Com a Reforma trabalhista e a consequente modificação do artigo 59 da CLT, o legislador deixou clara a diferença existente entre os dois institutos. Conforme já sustentamos, a compensação pode ser realizada entre empregado e empregador em acordo de

654. **Orientação Jurisprudencial nº 323 da SDI – I do TST.** É válido o sistema de compensação de horário quando a jornada adotada é a denominada "semana espanhola", que alterna a prestação de 48 horas em uma semana e 40 horas em outra, não violando os arts. 59, § 2º, da CLT, e 7º, XIII, da CF/88 o seu ajuste mediante acordo ou convenção coletiva de trabalho.

compensação tácito ou escrito, devendo ser realizada dentro do período de um mês. Portanto, a **compensação de jornada é mensal.** Por sua vez, os §§ 2º, 3º e 5º do art. 59 da CLT estabelecem a disciplina jurídica direcionada especificamente ao banco de horas, que foi dividido em duas modalidades: banco de horas anual e semestral:

a) **Banco de horas anual:** Para o estabelecimento dessa modalidade de banco de horas, o § 2º do artigo em apreço prevê a necessidade de previsão em acordo ou convenção coletiva de trabalho, desde que o excesso de horas em um dia seja compensado em outro, de modo que a soma das jornadas semanais de trabalho seja respeitada no período máximo de 1 ano. Além disso, é necessário o respeito ao limite de 10 horas diárias de trabalho. Por ser mais gravosa, exigia-se (e ainda se exige) a formalização por instrumento coletivo de trabalho.

b) **Banco de horas semestral:** A novidade trazida pela Reforma Trabalhista consistiu na possibilidade de se estabelecer banco de horas por meio de acordo individual escrito entre empregado e empregador. Nesse caso, o prazo máximo para a compensação é de 6 meses. Portanto, além de permitir a compensação individual tácita mensal, a legislação passou a admitir a previsão de banco de horas individual desde que conste em acordo escrito e realizado no prazo máximo de 6 meses.

A crítica que se faz ao banco de horas é que o trabalho prestado nesse momento será "pago" com descanso após longo período. Com essa nova possibilidade de acordo individual, banco de horas semestral, deve aumentar essa modalidade de contratação, pois não há necessidade de prévia negociação coletiva.

Essa nova modalidade levanta a discussão sobre a afronta do próprio Texto Constitucional. O art. 7º da CF/88 ao prever a flexibilização da jornada exigiu acordo ou convenção coletiva. O legislador da Reforma Trabalhista ampliou, significativamente, as possibilidades de acordo individual, sobretudo no tocante a esse novo instituto – banco de horas semestral.

Na hipótese de término do contrato de trabalho sem que tenha ocorrido a compensação integral da jornada extraordinária estabelecida por meio de banco de horas, o trabalhador tem o direito assegurado ao pagamento das horas extras que não foram compensadas, acrescidas do adicional de 50% sobre o valor da hora normal de trabalho. Além disso, essas horas extras devem ser calculadas de acordo com o valor da remuneração do empregado na data de rescisão. Nada impede, contudo, que o banco de horas seja compensado durante o aviso prévio, afinal, nos termos da OJ 82 da SDI-I do TST, o aviso prévio projeta o término do contrato de trabalho para todos os fins.

Além disso, essas horas extras devem ser calculadas de acordo com o valor da remuneração do empregado na data de rescisão.

Com a redação do parágrafo único do artigo 59-B da CLT, a prestação de horas extras **não desconfigura** o regime de compensação de jornada ou a realização de banco de horas pelos trabalhadores.

2.4.4. Prorrogação de jornada em atividade insalubre (Reforma Trabalhista)

De acordo com o art. 60 da CLT, para a prorrogação da jornada de trabalho em atividades insalubres deve-se obter a prévia **autorização da autoridade competente** em matéria de segurança e higiene do trabalho, no caso, o Ministério do Trabalho e Emprego[655]. Aliás, prevê que "quaisquer prorrogações" nessas atividades insalubres somente poderão ser acordadas mediante prévia autorização.

Havia a discussão sobre se o art. 60 da CLT tinha ou não sido recepcionado pela art. 7º, XIV, da CF/88, que exige como requisito para compensação apenas a existência de acordo ou convenção coletiva. O TST, de acordo com a antiga Súmula nº 349, entendia que a simples existência de norma coletiva que autorizasse a compensação em atividade insalubre supria a autorização do Ministério do Trabalho e Emprego.

Ocorre que, em maio de 2011, o TST cancelou a Súmula que admitia a compensação de jornada sem prévia autorização do Ministério do Trabalho. A Súmula nº 349 tratava especificamente da **compensação**. Nesse regime, o empregado trabalha além da jornada normal em alguns dias, para descansar em outros. Trata-se, portanto, de uma espécie de prorrogação da jornada. Com o cancelamento da súmula, passou-se a defender a necessidade de prévia autorização do MTE.

Depois do cancelamento da Súmula nº 349 e antes mesmo da Reforma Trabalhista, em 2016, o TST pacificou o assunto ao editar a Súmula nº 85, que prevê ser **indispensável a realização da inspeção prévia e da autorização da autoridade competente** para que seja válido o acordo de compensação de jornada em atividade insalubre. Assegurou-se, portanto, a constitucionalidade do art. 60 da CLT em relação ao art. 7º, XIII, CF/88:

> **Súmula nº 85, VI, do TST:** Não é válido acordo de compensação de jornada em atividade insalubre, ainda que estipulado em norma coletiva, sem a necessária inspeção prévia e permissão da autoridade competente, na forma do art. 60 da CLT.

A Reforma Trabalhista, nesse ponto conflitante com a jurisprudência sumulada do TST, acrescentou à CLT o art. 611-A, inciso XIII, para prever que a prorrogação da jornada e o regime de compensação passam a ser admitidos em atividades insalubres **independentemente da autorização dos órgãos fiscalizatórios competentes se existir instrumento coletivo.** Tal entendimento, como dito, choca-se com o conteúdo da Súmula nº 85, VI do TST:

> **Art. 611-A da CLT.** A convenção coletiva e o acordo coletivo de trabalho têm prevalência sobre a lei quando, entre outros, dispuserem sobre:
> (...) XIII – prorrogação de jornada em ambientes insalubres, sem licença prévia das autoridades competentes do Ministério do Trabalho;

Diante dessa alteração legislativa, a Súmula nº 85, VI do TST pode ser alterada em breve para prever a possibilidade de supressão da licença prévia da autoridade competente na hipótese de trabalho extraordinário em atividade insalubre, retornando-se ao antigo posicionamento da Súmula nº 349 do TST (cancelada).

A necessidade de autorização pelo Ministério do Trabalho e Emprego para que houvesse prorrogação e compensação de jornada representava salvaguarda àquele que trabalha em condições prejudiciais à sua segurança e saúde. A alteração promovida pela Reforma Trabalhista, nesse sentido, é, sem dúvidas, prejudicial ao trabalhador e reduz o

655. Nomenclatura atual dada pelo art. 17, XXVIII da Lei nº 14.600, de 2023.

papel fiscalizatório do Ministério do Trabalho. Caberá ao Sindicato da Categoria defender os interesses dos trabalhadores.

Em resumo, a partir das alterações promovidas pela Reforma Trabalhista, há duas hipóteses em que a prorrogação da jornada em atividades insalubres será considerada lícita:

a) Haja inspeção prévia e permissão da autoridade competente, isto é, do Ministério do Trabalho e Emprego, na forma do art. 60 da CLT; **ou**

b) Haja convenção coletiva e o acordo coletivo de trabalho dispondo sobre prorrogação de jornada em ambientes insalubres, nesse caso, sendo dispensável a licença prévia das autoridades competentes do Ministério do Trabalho.

Sem autorização do Ministério do Trabalho ou instrumento coletivo, não é permitido exigir horas extras em ambientes insalubres.

2.4.4.1. Jornada de trabalho 12 x 36 e atividades insalubres

A regra geral do art. 60, "caput", da CLT determina a obrigação de inspeção prévia pela autoridade competente para a prorrogação de jornada em atividades insalubres.

Contudo, a legislação excepciona dessa regra os empregados submetidos a jornada 12 x 36, talvez porque considere que não há horas extras no final da jornada semanal. De acordo com a atual redação do parágrafo único do art. 60, da CLT, o empregado que trabalha em jornada de 12 horas de trabalho por 36 horas de descanso está dispensado de obter a licença prévia para essa compensação de jornada em atividades insalubres:

> **Art. 60, parágrafo único, da CLT.** Excetuam-se da exigência de licença prévia as jornadas de doze horas de trabalho por trinta e seis horas ininterruptas de descanso.

Entendemos que o parágrafo único do art. 60 da CLT demonstra uma contradição do legislador, uma vez que, para os trabalhadores que prestam horas extras além da 8ª diária, é exigida a licença prévia da autoridade competente, pois a atividade insalubre é prejudicial à saúde do trabalhador. Lembre-se de que, para esses casos, somente poderá ser dispensada a licença prévia por meio de acordo ou convenção coletiva de trabalho conforme estabelece o art. 611-A, XIII, da CLT.

No entanto, a legislação é expressa em permitir o trabalho extraordinário em atividade insalubre nas jornadas 12 x 36. Independentemente da previsão em instrumento coletivo de trabalho, não há necessidade de licença prévia para prestação de horas extras ou compensação de jornada em atividades insalubres. Em resumo, segue o novo posicionamento da Reforma Trabalhista acerca da exigência de licença prévia para atividades insalubres:

Prorrogação de jornada em atividades insalubres
– **Para horas extras em atividades insalubres, é necessário:** 1) Autorização do Ministério do Trabalho e Emprego (art. 60, "caput", CLT); ou 2) Negociação pelo sindicato da categoria profissional (art. 611-A, XIII)
– **Jornada 12 x36** – Sempre podem prestar horas extras. Não se enquadram nas exigências supra (art. 60, parágrafo único, CLT)

2.5. Jornada 12 x 36 (Reforma Trabalhista)[656]

No regime denominado compensação, o empregado trabalhará além da jornada normal em alguns dias, para descansar em outros. Como já visto, na compensação, há verdadeira redistribuição de horas, não sendo devido o adicional de 50%, pois o trabalho prestado além do horário normal será compensado com descanso.

A jornada 12 x 36 é uma modalidade de compensação de jornada. Nesse sistema, o empregado trabalha além das 8 horas permitidas, ficando 12 horas prestando serviços. Por outro lado, goza de um descanso bastante prolongado de 36 horas consecutivas.

A própria CF/88 limita a prestação de serviços a 8 horas diárias. A CLT limita a 2 horas extras diárias que devem, em regra, ser pagas ou compensadas. Logo, verifica-se que o trabalhador que prestar serviços ao longo de 12 horas diárias ultrapassa, e muito, os limites constitucionais e legais.

De acordo com o art. 7º da CF, se ultrapassadas 8 horas diárias, será necessário pagamento do adicional de hora extra de, no mínimo, 50% do valor da hora normal. Para fins de compensação somente poderá ultrapassar 2 horas diárias. Logo, no sistema 12 x 36 havia a discussão sobre a necessidade de pagamento de horas extras, pois se trabalham 4 horas além do limite normal (8 horas).

Antes da Reforma Trabalhista não havia regulamentação na CLT sobre o tema. Para suprir essa lacuna do legislador, o TST "regulamentou" o tema. O regime 12 x 36 era admitido apenas **excepcionalmente**, por exemplo, nas atividades de vigilância e na área hospitalar. Aliás, para que fosse válido, era necessária a previsão em lei ou em instrumento coletivo (convenção ou acordo coletivo). Nesse sentido, prevê a jurisprudência sumulada do TST, que parece superada:

> **Súmula nº 444 do TST.** Jornada de trabalho. Escala 12 x 36. Validade
>
> É valida, em caráter excepcional, a jornada de 12 horas de trabalho por trinta e seis de descanso, prevista em lei ou ajustada exclusivamente mediante acordo coletivo de trabalho ou convenção coletiva de trabalho, assegurada a remuneração em dobro dos feriados trabalhados. O empregado não tem direito ao pagamento de adicional referente ao labor prestado na décima primeira e décima segunda horas.

O fundamento básico para admitir esse sistema consistia na flexibilização da jornada, via compensação, e na força normativa dada aos acordos e convenções coletivas, conforme o artigo 7º, XXVI e o artigo 8º, VI, ambos da CF/88:

> **Art. 7º, CF/88:** São direitos dos trabalhadores urbanos e rurais, além de outros que visem à melhoria de sua condição social:
>
> (...)
>
> XXVI – reconhecimento das convenções e acordos coletivos de trabalho;
>
> **Art. 8º, CF/88:** É livre a associação profissional ou sindical, observado o seguinte:
>
> (...)

656. Esse tema foi cobrado na prova para **Analista Judiciário – Oficial de Justiça Avaliador Federal – TRT 9/2022**, pela FCC.

VI – é obrigatória a participação dos sindicatos nas negociações coletivas de trabalho;

Com a Reforma Trabalhista, deu-se a regulamentação legal da jornada 12 x 36:

> **Art. 59-A, CLT** *(acrescentado pela Lei nº 13.467/2017)*. Em exceção ao disposto no art. 59 desta Consolidação, é facultado às partes, mediante acordo individual escrito, convenção coletiva ou acordo coletivo de trabalho, estabelecer horário de trabalho de doze horas seguidas por trinta e seis horas ininterruptas de descanso, observados ou indenizados os intervalos para repouso e alimentação.
> Parágrafo único. A remuneração mensal pactuada pelo horário previsto no caput deste artigo abrange os pagamentos devidos pelo descanso semanal remunerado e pelo descanso em feriados, e serão considerados compensados os feriados e as prorrogações de trabalho noturno, quando houver, de que tratam o art. 70 e o § 5º do art. 73 desta Consolidação.

Diferentemente do estabelecido pelo TST, esse sistema pode ser estabelecido por:

a) **acordo individual escrito**; e

b) **instrumentos coletivos de trabalho** (convenção coletiva ou acordo coletivo de trabalho).

A novidade consistiu na possibilidade de empregado e empregador estabelecerem a jornada 12 x 36 por meio de acordo individual escrito. Portanto, a Reforma Trabalhista ampliou significativamente a possibilidade de ajuste individual entre empregado e empregador, podendo-se negociar livremente diversos pontos, entre eles essa jornada especial de 12 horas.

Outro ponto em que a regulamentação da CLT diverge em relação ao posicionamento do TST na Súmula nº 444 diz respeito à excepcionalidade da medida. Tendo em vista que o art. 59-A da CLT tão somente exige o acordo entre as partes para a fixação da jornada, **o critério de excepcionalidade deixa de ser aplicado**, podendo ser ajustada a jornada 12 x 36 **para todos os empregados**.

A possibilidade de previsão em acordo individual enfrentava resistência por parte da doutrina, que sustentava a necessidade de negociação coletiva com participação obrigatória do sindicato para a fixação desse regime aos trabalhadores. Entendemos que a previsão de acordo individual escrito para a aplicação da jornada de 12 horas de trabalho por 36 horas de descanso não traz proteção ao trabalhador, de quem pode ser exigido prestar longas jornadas, comprometendo sua saúde e segurança.

Nesse ponto, a Confederação Nacional dos Trabalhadores na Saúde (CNTS) ajuizou a ADI 5994/DF, para que fosse declarada a incompatibilidade com a Constituição Federal da expressão "acordo individual escrito" contida no art. 59-A da CLT. De acordo com Parecer do PGR (03/06/2020): inconstitucionalidade da previsão de acordo individual escrito para jornada 12 x 36 por excluir a possibilidade de resistência coletiva e de exigência de contrapartidas e por instituir restrição irrazoável do âmbito normativo do direito constitucional dos trabalhadores.

No julgamento da ADI 5994/DF, finalizado em 03/07/2023, a Corte considerou constitucional o art. 59-A da CLT, introduzido pela Reforma Trabalhista, que permite a pactuação da jornada 12 x 36 por acordo individual escrito entre empregado e empregador. Na referida ADI, o art. 59-A da CLT foi confrontado com o art. 7º, XIII, da CF/88:

> **Art. 7º, CF/88:** São direitos dos trabalhadores urbanos e rurais, além de outros que visem à melhoria de sua condição social: (...)
>
> XIII - duração do trabalho normal não superior a oito horas diárias e quarenta e quatro semanais, facultada a compensação de horários e a redução da jornada, mediante acordo ou convenção coletiva de trabalho;

Segundo o STF, referido dispositivo constitucional não proíbe a jornada 12 x 36, tratando de outro tema. Apenas estabelece que a jornada de 8 horas diárias e 44 horas semanais pode ser relativizada por meio de **acordo ou negociação coletiva** (compensação de jornada).

Ademais, existe previsão da jornada de 12 horas de trabalho por 36 horas de descanso também para o motorista profissional (Lei nº 13.103/2015) e o bombeiro civil (Lei nº 11.901/2009):

> **Art. 5º da Lei nº 11.901/2009:** A jornada do Bombeiro Civil é de 12 (doze) horas de trabalho por 36 (trinta e seis) horas de descanso, num total de 36 (trinta e seis) horas semanais.
>
> **Art. 235-F, CLT.** Convenção e acordo coletivo poderão prever jornada especial de 12 (doze) horas de trabalho por 36 (trinta e seis) horas de descanso para o trabalho do motorista profissional empregado em regime de compensação.

Note-se que, diferentemente do dispositivo trazido pela Reforma Trabalhista, a jornada de 12 horas de trabalho por 36 horas de descanso ao motorista profissional exige a celebração de convenção e acordo coletivo de trabalho. Nesse caso, deve prevalecer a norma específica do art. 235-F da CLT, pois é mais benéfica ao empregado. Aliás, no julgamento da ADI 5322, o STF entendeu pela constitucionalidade do art. 235-F da CLT.

De acordo com o TST, como o trabalhador goza de um descanso bastante prolongado de 36 horas consecutivas, não há pagamento de horas extras. Essas 36 horas de descanso compensariam o excesso de horas trabalhadas.

Por fim, de acordo com a atual redação do parágrafo único do art. 60, da CLT, o empregado que trabalha em jornada de 12 horas de trabalho por 36 horas de descanso está dispensado de obter a licença prévia para essa compensação de jornada em atividades insalubres. A regra geral do art. 60, "caput", da CLT determina a obrigação de inspeção prévia pela autoridade competente para a prorrogação de jornada em atividades insalubres. Contudo, a legislação excepciona dessa regra os empregados submetidos à jornada 12 x 36, talvez porque considere que não há horas extras no final da jornada semanal:

> **Art. 60, parágrafo único, da CLT.** Excetuam-se da exigência de licença prévia as jornadas de doze horas de trabalho por trinta e seis horas ininterruptas de descanso.

2.5.1. Intervalo intrajornada em jornada 12 x 36

O ser humano não é máquina, sendo necessária a concessão de intervalo para descanso e refeição durante a prestação de 12 horas de trabalho. A ausência de intervalo intrajornada traz diversos malefícios à saúde e aumenta a possibilidade de ocorrência de acidentes de trabalho.

De acordo com a regulamentação anterior da jornada 12 x 36 prevista pelo TST, o intervalo intrajornada de, no mínimo, 1 hora deveria ser obrigatoriamente concedido. Ocorre que a redação do "caput" do artigo em análise estabelece que o intervalo intrajornada pode ser concedido ou **indenizado** pelo empregador.

Dessa forma, o empregado poderia prestar 12 horas de trabalho continuamente sem nenhuma pausa para descanso, recebendo posteriormente uma verba de natureza indenizatória pelo intervalo não concedido. O art. 59-A da CLT é extremamente prejudicial à saúde dos trabalhadores, pois impede o descanso necessário durante longas jornadas de trabalho.

A medida demonstra uma contradição do legislador. Para os demais empregados, a CLT impõe como regra a concessão do intervalo para almoço e descanso de, no mínimo, 1 hora nas jornadas superiores a 6 horas diárias. Logo, a não concessão ou redução do intervalo a esses empregados submetidos ao sistema 12 x 36 causa efeitos desastrosos no organismo.

Na prática, principalmente entre os vigilantes, é muito comum que eles permaneçam prestando serviços de forma ininterrupta. As empresas alegam que a presença de um outro empregado, chamado de "almocista" apenas para substituir 1 hora de almoço ou 1 hora de jantar, dificulta muito a logística do empreendimento.

A ausência de intervalos vai de encontro a todo rol protetivo de normas de saúde e segurança do trabalhador.

2.5.2. Trabalho no DSR e feriados

O DSR – Descanso Semanal Remunerado é um dos direitos básicos de todos os empregados urbanos e rurais, inclusive empregados domésticos (art. 7º, parágrafo único, CF/88 e art. 19, "caput", LC nº 150/2015). Esse descanso não pode ser concedido após 7 dias de trabalho, sob pena de ser pago em dobro.

No caso do sistema 12 x 36, como o descanso é prolongado de 36 horas, o DSR já está incluído nessas 36 horas. Esse entendimento já era previsto na Súmula nº 444 do TST e foi reproduzido no parágrafo único do presente artigo. Portanto, se o trabalho coincidir com o domingo, não há pagamento em dobro.

Com relação aos **feriados**, houve alteração de tratamento jurídico com a Reforma Trabalhista. A Súmula nº 444 do TST estabelecia a necessidade de respeitar os feriados. Se coincidisse o trabalho com o feriado, o empregador deveria conceder folga compensatória em outro dia ou pagá-lo em dobro.

Todavia, a Reforma Trabalhista passou a prever a desnecessidade de se conceder o descanso ao empregado caso o dia de sua escala de trabalho coincidisse com dia de feriado.

Conforme redação do novo dispositivo, os feriados, assim como o DSR, já são considerados compensados e, portanto, não implicam a concessão de descanso ao empregado.

Em suma, se o trabalhador em regime de jornada 12 x 36 trabalhar no DSR e, agora também, no feriado não terá direito à folga compensatória, pois os dias já são considerados compensados e a remuneração recebida já engloba o trabalho nesses dias. Mais uma alteração prejudicial aos empregados, promovida pela Reforma Trabalhista.

2.5.3. Trabalho noturno em jornada 12 x 36

De acordo com o posicionamento do TST[657] anterior à Reforma Trabalhista, persistia o pagamento do adicional noturno ao empregado que trabalhasse no sistema 12 x 36 no período noturno e continuasse prestando serviços após as 5 horas da manhã.

Com a alteração promovida pela Reforma Trabalhista, as prorrogações de horário noturno já são consideradas compensadas. Portanto, o empregado não terá direito ao adicional noturno e à hora reduzida caso preste serviços durante o período noturno e continue prestando após as 5 horas da manhã.

> **Art. 59-A da CLT (Incluído pela Lei nº 13.467, de 2017).** Em exceção ao disposto no art. 59 desta Consolidação, é facultado às partes, mediante acordo individual escrito, convenção coletiva ou acordo coletivo de trabalho, estabelecer horário de trabalho de doze horas seguidas por trinta e seis horas ininterruptas de descanso, observados ou indenizados os intervalos para repouso e alimentação.
>
> Parágrafo único. A remuneração mensal pactuada pelo horário previsto no caput deste artigo abrange os pagamentos devidos pelo descanso semanal remunerado e pelo descanso em feriados, e serão considerados compensados os feriados e as prorrogações de trabalho noturno, quando houver, de que tratam o art. 70 e o § 5º do art. 73 desta Consolidação.

Cuidado para não se confundir. Nosso entendimento sobre o dispositivo acima é o seguinte: 1) o trabalhador em regime de 12 x 36 tem direito ao adicional noturno e à hora reduzida; 2) caso a jornada de trabalho ultrapasse o período definido em lei como trabalho noturno (5h), não serão devidos o adicional noturno e nem a hora reduzida, conforme parágrafo único do art. 59-A da CLT.

A doutrina majoritária entende que, a supressão da redução da hora noturna prevista no art. 73 da CLT causa prejuízos ao trabalhador ao deixar o trabalho ainda mais extenuante. Entendemos que essa medida também é prejudicial aos trabalhadores em jornadas de 12 horas de trabalho por 36 horas de descanso e demonstra uma contradição do legislador no tratamento da matéria.

---

657. **Orientação jurisprudencial nº 388 da SDI – I do TST**. Jornada 12 x 36. Jornada mista que compreenda a totalidade do período noturno. Adicional noturno. Devido.
O empregado submetido à jornada de 12 horas de trabalho por 36 de descanso, que compreenda a totalidade do período noturno, tem direito ao adicional noturno, relativo às horas trabalhadas após as 5 horas da manhã.

Para os demais trabalhadores com jornadas de até 8 horas diárias, a prorrogação do trabalho noturno é mantida e são assegurados o adicional noturno e a hora reduzida, enquanto os empregados que trabalham em jornadas muito superiores, com 12 horas de duração, não têm assegurados esses direitos.

Ressalta-se que o TST[658], mesmo antes da Reforma Trabalhista, já permitia que a norma coletiva deixasse de considerar como trabalho noturno as prorrogações após as 5:00 por respeito à autonomia privada coletiva.

Por fim, as horas prestados no período das 22:00 de um dia até às 5:00 do dia seguinte serão consideradas horas noturnas reduzidas e deverão obrigatoriamente ser remuneradas com adicional noturno.

2.5.4. Jornada 12 x 36 na legislação do doméstico

Não houve modificações da Reforma Trabalhista na legislação do doméstico. Somente haverá impactos nas partes omissas da LC nº 150/2015 e quando houver compatibilidade com as peculiaridades do trabalho doméstico, pois a CLT, nos termos do art. 19 da Lei dos Domésticos, é aplicada subsidiariamente.

É válido destacar que a Lei dos Domésticos – LC nº 150/2015 estabeleceu hipótese de jornada 12 horas de trabalho por 36 horas de descanso. Nesse sentido, é necessário apenas o estabelecimento de acordo escrito entre as partes e a necessidade de respeitar ou de **indenizar** os intervalos para repouso e alimentação. No caso de trabalho em feriados ou de prorrogação de jornada noturna, eles serão considerados compensados e, portanto, não será necessário o pagamento:

> **Art. 10, LC nº 150/2015.** É facultado às partes, mediante acordo escrito entre essas, estabelecer horário de trabalho de 12 (doze) horas seguidas por 36 (trinta e seis) horas ininterruptas de descanso, observados ou indenizados os intervalos para repouso e alimentação.
>
> § 1º A remuneração mensal pactuada pelo horário previsto no *caput* deste artigo abrange os pagamentos devidos pelo descanso semanal remunerado e pelo descanso em feriados, e serão considerados compensados os feriados e as prorrogações de trabalho noturno, quando houver, de que tratam o art. 70 e o § 5º do art. 73 da Consolidação das Leis do Trabalho (CLT), aprovada pelo Decreto-Lei nº 5.452, de 1º de maio de 1943, e o art. 9º da Lei no 605, de 5 de janeiro de 1949.

Note-se como os dispositivos da CLT e da LC nº 150/2015 abordam a matéria da mesma forma atualmente. O regime estabelecido pela lei do doméstico era diverso daquele previsto para os demais empregados quando da aplicação da Súmula nº 444 do TST. Com a Reforma Trabalhista, a mesma disciplina jurídica da jornada 12 x 36, prevista na LC nº 150/2015, foi estendida aos demais empregados regidos pela CLT.

658. Informativo nº 170 do TST.

2.5.5. A jornada 12 x 36 como regra nas futuras contratações e os impactos malignos na sociedade

Diante da possibilidade de previsão de jornada 12 x 36 em acordo individual, muitos contratos de trabalho passarão a adotar essa jornada de trabalho. Dessa forma, o empregador evitará a necessidade de pagamento de horas extras, DSR e feriados. Além disso, o período de intervalos poderá ser indenizado ao trabalhador sem que haja descanso. Assim, em uma loja de *shopping center*, que funciona das 10:00 às 22:00, bastará a contratação de empregados em jornada 12 x 36, sem a necessidade de contratação de substitutos para os períodos de intervalo, DSR, feriados e horas extras.

Além disso, há uma "ilusão" no descanso de 36 horas, pois nada impede que o trabalhador, como forma de complementar sua renda, tenha novo emprego em jornada 12 x 36. Dessa forma, o empregado estará sempre em regime de trabalho 12 x 12 sem nenhum descanso por intervalos, DSR ou feriados.

Essa modificação trazida pela Reforma Trabalhista é extremamente prejudicial aos trabalhadores e trará impacto social. A exigência de trabalho ininterrupto de 12 horas sem pausas e descansos semanais, aumentará o número de acidentes de trabalho e de doenças ocupacionais. O principal efeito disso é o impacto na Previdência Social que deverá arcar com os afastamentos por auxílio-doença e aposentadoria por invalidez dos trabalhadores submetidos à jornada 12 x 36. O prejuízo dessa medida, além de afetar cada um dos empregados, será repassado para toda sociedade para viabilizar o aumento nos custos da Previdência.

COMPENSAÇÃO DE JORNADA (RESUMO)

1) **Compensação de jornada:**

- ***Conceito***: o empregado trabalhará além da jornada normal (8 horas) em alguns dias, para descansar em outros. Não há, portanto, o pagamento do adicional de, no mínimo, 50% sobre o valor da hora normal.
- ***Prestação de horas extras habituais*** (que ultrapassem as 44 horas semanais ou 220 mensais) não descaracteriza o acordo de compensação (Art. 59-B, parágrafo único).
- **Requisitos para a validade do acordo de compensação (art. 59, § 6º da CLT):**

  a) Mediante acordo individual tácito ou escrito ou negociação coletiva.

  b) Máximo 10 horas diárias.

  c) Compensação/folga no mesmo mês respeitando sempre o módulo de 220 horas mensais).

Obs.: Se ocorrer o **término do contrato antes da compensação**: ocorrerá o pagamento das horas extras não compensadas (hora + adicional de 50%) (art. 59, § 3º da CLT)

2) **Banco de horas:**

- ***Conceito***: trabalho além da jornada normal com possibilidade de descanso em período de até um ano a contar da prestação dos serviços. Não há, portanto, o pagamento do adicional de, no mínimo, 50% sobre o valor da hora normal.
- ***Requisitos para a validade do banco de horas:***

  a) Mediante negociação coletiva para o banco de horas cuja compensação ocorra em até 1 ano.

  b) Mediante acordo individual escrito caso a compensação ocorra no período máximo de 6 meses.

  c) Máximo de 10 horas diárias.

Obs.: Término do contrato antes de usufruir do descanso: pagamento das horas extras não compensadas (hora + adicional de 50%).

3) **Compensação prevista para empregados domésticos – LC nº 150/2015:**

- **Primeiras 40 horas extras mensais:**

  a) Pagamento do valor das horas com adicional de, no mínimo, 50% sobre a hora normal; ou

  b) Compensação com folga na mesma semana ou, no máximo, 1 mês (art. 19 da LC nº 150/2015 – aplicação subsidiária do art. 59, § 2º, da CLT).

- **Demais horas extras realizadas (após as primeiras 40 horas):**

  a) Possibilidade de compensação no período de 1 ano (banco de horas);

  b) Pode ser realizado por acordo individual entre empregado e empregador doméstico;

  c) Término do contrato antes da compensação: pagamento das horas extras não compensadas com adicional de 50% calculado sobre o valor da remuneração na dará da rescisão do contrato.

4) **Compensação para o adolescente (art. 413, I, CLT):**

- Somente mediante negociação coletiva (não cabe acordo individual);
- Deve respeitar o limite de 44 horas semanais;
- Compensação não pode ser anual (banco de horas).

5) **Semana espanhola (OJ nº 323 da SDI-I do TST):**

- Conceito: Alternância de 40 horas de trabalho numa semana e 48 horas na semana seguinte. Esse sistema de compensação é utilizado para que o empregado não trabalhe aos sábados. Trata-se de uma construção jurisprudencial.
- Para que seja válido, há necessidade de instrumento coletivo.

6) **Jornada 12 x 36 (Art. 59-A da CLT):**

- ***Conceito***: o empregado trabalha além das 8 horas permitidas. Serão 12 horas prestando serviços (o intervalo intrajornada de, no mínimo, 1 hora deve ser concedido ou indenizado). Por outro lado, goza de um descanso bastante prolongado de 36 horas consecutivas, em razão disso não há pagamento de horas extras, após a 8º hora e o DSR é já está inserido nessa compensação de 36 horas.
- O DSR e o feriado já estão inseridos no descanso de 36 horas do empregado. Se o trabalho coincidir com o domingo ou feriado, não há pagamento em dobro.
- Admitida mediante acordo individual escrito, convenção coletiva ou acordo coletivo de trabalho.
- **ADI 5994/DF:** o STF considerou constitucional o art. 59-A da CLT, que permite a pactuação da jornada 12 x 36 por acordo individual escrito entre empregado e empregador.
- ***Domésticos:*** admite estabelecimento da jornada 12 x 36 por acordo individual.
- ***Motoristas profissionais:*** admite estabelecimento da jornada 12 x 36 somente por norma coletiva de trabalho (art. 235-F, declarado constitucional pela ADI 5322).

2.6. Prorrogação por necessidade imperiosa (Reforma Trabalhista)

A CLT prevê ainda hipótese de prorrogação da jornada de trabalho por necessidade imperiosa. De acordo com a doutrina[659], necessidade imperiosa é considerada gênero, do

659. Nesse sentido: CASSAR, Vólia Bomfim. *Direito do Trabalho*. 11. ed. São Paulo: Método, 2015. p. 680; GARCIA, Gustavo Filipe Barbosa. *CLT comentada*. São Paulo: Método, 2015. p. 91; e MARTINS, Sergio Pinto. *Comentários à CLT*. 19. ed. São Paulo: Atlas, 2015. p. 103.

qual são espécies prorrogação por motivo de força maior e prorrogação para conclusão de serviços inadiáveis ou cuja inexecução possa acarretar prejuízos ao empregador:

> **Art. 61, CLT:** Ocorrendo necessidade imperiosa, poderá a duração do trabalho exceder do limite legal ou convencionado, seja para fazer face a motivo de força maior, seja para atender à realização ou conclusão de serviços inadiáveis ou cuja inexecução possa acarretar prejuízo manifesto.

2.6.1. *Força maior*

Uma das espécies do gênero necessidade imperiosa é a força maior. Entende-se por força maior todo acontecimento inevitável, imprevisível em relação à vontade do empregador, e para cuja realização este não concorreu, seja direta ou indiretamente. Exemplo: enchentes, incêndio etc. Nesse sentido, prevê a CLT:

> **Art. 501, CLT:** Entende-se como força maior todo acontecimento inevitável, em relação à vontade do empregador, e para a realização do qual este não concorreu, direta ou indiretamente.

A ocorrência de força maior pode levar a três importantes consequências jurídicas à relação jurídica trabalhista[660]:

a) extinção do contrato de trabalho do empregado diante do fechamento da empresa.

b) Paralisação momentânea da atividade da empresa.

c) Prejuízo sofrido pela empresa sem que houvesse paralisação de sua atividade.

Na hipótese de ocorrência de força maior que tenha trazido prejuízos à empresa sem a paralisação de sua atividade, o empregado prestará horas extras, independentemente de acordo ou convenção coletiva, porque não há como prever a necessidade do trabalho além do limite normal. Essas horas trabalhadas, além da duração normal, serão remuneradas como extras, com adicional em valor nunca inferior a 50%. Ademais, não há limitação de jornada para fins de força maior. Contudo, há posicionamento[661] que defende a possibilidade de aplicação analógica do período máximo de 12 horas diárias aplicado à conclusão de serviço inadiável, hipótese que será abordada detalhadamente no tópico a seguir.

O § 1º do artigo 61 da CLT foi alterado pela Reforma Trabalhista. De acordo com a antiga redação do dispositivo, as horas extras prestadas por necessidade imperiosa poderiam ser exigidas independentemente de acordo ou convenção coletiva de trabalho desde que houvesse comunicação ao Ministério do Trabalho no prazo de 10 dias ou, antes desse prazo, quando a justificativa fosse necessária no momento da fiscalização.

Com a alteração da Reforma Trabalhista, removeu-se a exigência de comunicação prévia à autoridade em matéria de trabalho. Além disso, permanece a desnecessidade de acordo ou convenção coletiva de trabalho para a prestação de horas extras nas hipóteses elencadas no art. 61 da CLT.

Em resumo, o empregador poderá exigir a prestação de horas extras na hipótese de força maior e para a conclusão de serviços inadiáveis ou cuja inexecução possa acarretar

660. CASSAR, Vólia Bomfim. *Direito do Trabalho*. 11. ed. São Paulo: Método, 2015. p. 680.

661. GARCIA, Gustavo Filipe Barbosa. *CLT comentada*. São Paulo: Método, 2015. p. 92.

prejuízos sem que seja necessária a comunicação ao Ministério do Trabalho. Nesse sentido, a redação do art. 61, § 1º da CLT, dada pela Reforma Trabalhista:

> **Art. 61, CLT** *(com redação dada pela Reforma Trabalhista)*: Ocorrendo necessidade imperiosa, poderá a duração do trabalho exceder do limite legal ou convencionado, seja para fazer face a motivo de força maior, seja para atender à realização ou conclusão de serviços inadiáveis ou cuja inexecução possa acarretar prejuízo manifesto.
>
> § 1º O excesso, nos casos deste artigo, pode ser exigido independentemente de convenção coletiva ou acordo coletivo de trabalho.

Destaca-se que o dispositivo modificado pela Reforma não exime o empregador do dever de comprovar, em eventual fiscalização, de que aquelas horas extras foram prestadas em razão de força maior. Aliás, recomenda-se que a empresa tenha essa comprovação e documentação organizada para evitar futuras autuações. O mero pagamento das horas suplementares não retira o dever de justificá-las. A prestação dessas horas deve ser, como próprio nome diz, excepcionais.

Cabe ressaltar que o adolescente poderá prestar horas extras na hipótese de ocorrência de força maior, acrescidas de adicional de, no mínimo, 50% sobre a hora normal, limitadas à totalidade de 12 horas (8 horas da jornada normal, acrescidas de 4 horas extras). Para que a prorrogação seja viabilizada, o trabalho da pessoa com menos de 18 anos deve ser imprescindível ao funcionamento da empresa:

> **Art. 413, II, CLT:** É vedado prorrogar a duração normal diária do trabalho do menor, salvo: excepcionalmente, por motivo de força maior, até o máximo de 12 (doze) horas, com acréscimo salarial de, pelo menos, 25% (vinte e cinco por cento)[662] sobre a hora normal e desde que o trabalho do menor seja imprescindível ao funcionamento do estabelecimento.

De acordo com Mauricio Godinho Delgado e Sergio Pinto Martins, a comunicação à autoridade competente, nos casos envolvendo trabalho do adolescente e das mulheres, deve ser realizada no prazo máximo de 48 horas[663].

2.6.2. Conclusão de serviços inadiáveis ou cuja inexecução possa acarretar prejuízos

A outra hipótese de necessidade imperiosa é a prorrogação decorrente da inexecução dos serviços que acarretará grave prejuízo ao empregador. Exemplo: descarregar o caminhão com produtos perecíveis é trabalho que não pode aguardar o dia seguinte. A jornada, nesse caso, é limitada a 12 horas diárias (8 horas normais acrescidas de 4 horas extras), independentemente de prévio acordo ou convenção coletiva:

> **Art. 61, § 2º, CLT:** Nos casos de excesso de horário por motivo de força maior, a remuneração da hora excedente não será inferior à da hora normal. Nos demais casos de excesso previstos neste artigo, a remuneração será, pelo menos, 25% (vinte e cinco por cento) superior à da hora normal, e o **trabalho não poderá**

662. Os percentuais de horas extras, inferiores a 50%, previstos na CLT, não foram recepcionados pela atual Constituição Federal. O texto constitucional fixou como patamar mínimo o adicional de 50%.

663. O fundamento utilizado por esses dois autores, ao defenderem o prazo de 48 horas para comunicação das horas extras, à superintendência regional do trabalho, é o artigo 376 da CLT, que hoje encontra-se revogado. Fontes: DELGADO, Mauricio Godinho. *Curso de Direito do Trabalho*. Editora LTR. 15ª ed., 2016. p. 1.027. MARTINS, Sergio Pinto. *Curso de Direito do Trabalho*. Editora Atlas. 30ª ed., 2013. p. 585.

> **exceder de 12 (doze) horas, desde que a lei não fixe expressamente outro limite** (grifos acrescidos).

Lembre-se de que, após a CF/88, as horas extras devem ser remuneradas com adicional de, no mínimo, 50% sobre a hora normal. Assim, o adicional de 25% previsto na CLT não foi recepcionado pela Constituição Federal. Igualmente, a Reforma Trabalhista removeu a obrigação de comunicação ao Ministério do Trabalho e Emprego da prestação de horas extras para conclusão de serviços inadiáveis ou cuja inexecução possa acarretar prejuízos:

> **Art. 61, § 1º, CLT** *(redação dada pela Reforma Trabalhista)*: O excesso, nos casos deste artigo, pode ser exigido independentemente de convenção coletiva ou acordo coletivo de trabalho.

Por fim, destaca-se que a CLT não permite a prorrogação do trabalho do adolescente na hipótese de conclusão de serviços inadiáveis ou que causem prejuízos à empresa. Nesse sentido, somente é possível a sua prorrogação de jornada na hipótese de compensação ou força maior.

2.7. Recuperação de horas

Ocorrerá a prestação de serviços além do horário normal, para recuperação de horas, em razão da paralisação da empresa resultante de causas acidentais ou de força maior. Nesse caso específico, a prestação de horas extras será de, no máximo, 2 horas diárias, durante os dias indispensáveis à recuperação do tempo perdido. Esse período não poderá ser superior a 45 dias por ano. Não há necessidade de prévio acordo ou convenção coletiva. De acordo com o art. 61, § 3º, da CLT, há necessidade de **prévia autorização** (e não simplesmente comunicação) do Ministério do Trabalho e Emprego:

> **Art. 61, § 3º, CLT:** Sempre que ocorrer interrupção do trabalho, resultante de causas acidentais, ou de força maior, que determinem a impossibilidade de sua realização, a duração do trabalho poderá ser prorrogada pelo tempo necessário até o máximo de 2 (duas) horas, durante o número de dias indispensáveis à recuperação do tempo perdido, desde que não exceda de 10 (dez) horas diárias, em período não superior a 45 (quarenta e cinco) dias por ano, sujeita essa recuperação à prévia autorização da autoridade competente.

Fora das hipóteses anteriores, o empregado poderá se recusar a prestar horas extras. Nesse sentido:

> O empregado pode negar-se a prestar horas extras, porém, se tiver pactuado a prorrogação com o empregador e em casos de necessidade imperiosa ou força maior (art. 61 da CLT), estará obrigado a fazê-las[664].

Em resumo, verifica-se a necessidade de acordo individual ou coletivo para as duas primeiras hipóteses de prestação de serviços suplementares (acordo de prorrogação e compensação). Nos demais casos (força maior e serviços inadiáveis, não há obrigatoriedade do acordo, nem há necessidade de comunicação ao Ministério do Trabalho e Emprego. No caso de recuperação de horas há necessidade de prévia autorização do Ministério do Trabalho e Emprego. Por fim, exceto na compensação, deverá ocorrer o pagamento de horas extras (hora normal acrescida de adicional de, no mínimo, 50%).

---

664. MARTINS, Sergio Pinto. *Comentários à CLT*. 12. ed. São Paulo: Atlas, 2008. p. 86.

Trabalho Extraordinário: hipóteses
(Adicional, no mínimo, 50% sobre a hora normal)

1) **Acordo de prorrogação**
   - Acordo escrito.
   - Máximo 2 horas diárias.
   - Pagamento de adicional de, no mínimo, 50%.
2) **Compensação**
   - Mediante acordo individual ou negociação coletiva.
   - Máximo 10 horas diárias.
   - Compensação/folga no mesmo mês.
   - Não há pagamento de adicional.

   Obs. 1: Banco de horas (compensação anual) necessidade de norma coletiva. No caso de compensação em seis meses, poderá ser pactuado por acordo individual.

   Obs. 2: Regime 12 x 36 por acordo individual ou negociação coletiva (art. 59-A da CLT).

   Obs. 3: Possibilidade de Regime 12 x 36 ao doméstico (acordo individual escrito).
3) **Força maior**
   - Não há limite de jornada (CLT).
   - Pagamento de adicional, no mínimo, 50%.
4) **Conclusão de serviços inadiáveis**
   - Máximo 12 horas.
   - Pagamento adicional, no mínimo, 50%.
5) **Recuperação de horas**
   - Máximo 2 horas diárias.
   - Período de 45 dias.
   - Prévia autorização do Ministério do Trabalho e Emprego.
   - Pagamento de adicional, no mínimo, 50%.

3. PERÍODO DE DESCANSO

Os períodos de descanso têm como finalidade evitar o cansaço excessivo do empregado. São normas destinadas à proteção da saúde do trabalhador. Esses períodos de descanso serão estudados de forma gradativa: períodos menores de descanso, os intervalos, depois o descanso semanal remunerado (DSR) e os feriados, e, por fim, o período mais longo, que são as férias.

Importante destacar que, com a Reforma Trabalhista, as regras sobre intervalos não são mais consideradas como normas de segurança, higiene e saúde do trabalho, podendo ser pactuadas via negociação coletiva:

> **Art. 611-B da CLT** *(inserido pela Reforma Trabalhista)*: Constituem objeto ilícito de convenção coletiva ou de acordo coletivo de trabalho, exclusivamente, a supressão ou a redução dos seguintes direitos: (...) Parágrafo único. Regras sobre duração do trabalho e intervalos não são consideradas como normas de saúde, higiene e segurança do trabalho para os fins do disposto neste artigo.

Antes da Reforma Trabalhista, essas regras eram consideradas tanto pela doutrina como pela jurisprudência, como normas de segurança e saúde no trabalho, de ordem cogente e de natureza absoluta, podendo-se afirmar que a alteração produzida pela Reforma é prejudicial aos trabalhadores, implicando em ofensa ao princípio da progressividade.

A limitação de jornada a 8 horas diárias e 44 horas semanais, assim como os períodos de intervalo – sejam eles intrajornada ou interjornada – são importantes garantias de que o trabalhador não ficará à disposição do empregador por tempo indeterminado, haja vista a necessidade de convívio social e familiar, descanso, lazer, entre outros fatores.

Nesse sentido, de acordo com Mauricio Godinho Delgado, as regras sobre intervalos e jornada são assuntos correlatos, por dizerem respeito à duração do trabalho, de forma que a reflexão sobre a limitação de jornada, assim como a concessão de períodos adequados de intervalos consistem em medidas profiláticas, de grande relevância para a medicina do trabalho[665].

Corroborando com este entendimento, temos que as regras sobre duração do trabalho encontram-se limitadas pela Constituição Federal, em seu art. 7º incisos XIII, XIV, XV, XVII, XXXIII, tratando-se de importantes conquistas históricas dos trabalhadores.

Por se tratar de norma de caráter de ordem pública e, cuja inobservância pode acarretar sérios prejuízos à saúde do trabalhador, não seria possível admitir a supressão ou redução de direitos relacionados à duração do trabalho ou aos intervalos.

Períodos de descanso	– Intervalos – DSR e feriados – Férias

3.1. Intervalos[666]

- **Art. 66, CLT**
- **Arts. 71 e 72, CLT**

3.1.1. Intervalo intrajornada

O intervalo intrajornada ocorre durante a jornada de trabalho. É o período destinado ao descanso e refeição. Em regra, os períodos destinados aos intervalos não são computados na jornada de trabalho, isto é, não são remunerados pelo empregador.

JORNADA NORMAL (8 horas diárias)		
4 horas de trabalho +	no mínimo, 30 minutos (desde que previsto por negociação coletiva) no máximo, 2h de **intervalo** (não é remunerado)	+ **4 horas de trabalho**

665. DELGADO, Mauricio Godinho. **Curso de Direito do Trabalho.** 15. ed. São Paulo: LTr, 2015. P. 1017.

666. Esse tema foi cobrado nas provas para **Analista Judiciário – Oficial de Justiça Avaliador Federal – TRT 17/2022, Técnico Judiciário – Área Administrativa – TRT 9/2022, Técnico Judiciário – Área Administrativa – TRT 14/2022** todas pela FCC, e para **Analista Judiciário – Área Judiciária – TRT 13/2022,** pela FGV. Tema muito importante e que merece atenção redobrada dos candidatos.

Tempo destinado ao intervalo para descanso e refeição:

a) **Jornada de até 4 horas:** não há previsão em lei de intervalo intrajornada.

b) **Jornada que excede 4 horas, com limite de 6 horas:** intervalo de 15 minutos. Se o empregador exigir horas extras habituais, excedendo a jornada de 6 horas diárias, deverá conceder intervalo mínimo de 1 hora.

c) **Jornada que excede 6 horas:** mínimo de 1 hora e máximo de 2 horas. Existe previsão no art. 71 da CLT de intervalo superior a 2 horas, mas haverá necessidade de prévia negociação coletiva (acordo ou convenção coletiva). Assim, antes da Reforma Trabalhista, nem mesmo via negociação coletiva (convenção ou acordo coletivo) era possível reduzir os intervalos intrajornada. Desse modo, seria inválida a cláusula do acordo ou convenção coletiva que suprimisse ou reduzisse o intervalo para descanso e alimentação. É o que prevê a Súmula nº 437, II, do TST.

Ocorre que o art. 611-A, III da CLT, acrescentado pela Reforma Trabalhista prevê a possibilidade de redução do intervalo intrajornada por meio de acordo ou convenção coletiva de trabalho desde que respeitado o limite mínimo de 30 minutos:

> **Art. 611-A da CLT** *(acrescentado pela Reforma Trabalhista)*. A convenção coletiva e o acordo coletivo de trabalho têm prevalência sobre a lei quando, entre outros, dispuserem sobre:
>
> (...) III – intervalo intrajornada, respeitado o limite mínimo de trinta minutos para jornadas superiores a seis horas.

d) **Intervalos não previstos em lei:** serão considerados como tempo efetivo à disposição do empregador[667]. Nesse caso, se a empresa conceder intervalo de 15 minutos no período da manhã, e mais 15 minutos no período da tarde, e extrapolar as 8 horas em que o trabalhador está à disposição do empregador, o tempo referente aos intervalos concedidos, 30 minutos, deverá ser remunerado como hora extraordinária, acrescido do pagamento de adicional de, no mínimo, 50% sobre a hora normal.

De acordo com o entendimento do TST[668], é inválida cláusula de instrumento coletivo de trabalho que estabeleça a concessão de intervalo intrajornada apenas ao final da jornada de trabalho, permitindo que o empregado vá emborra mais cedo para casa. O repouso para descanso e alimentação constitui-se como norma de higiene, saúde e proteção do trabalhador ao assegurar reparação do desgaste físico e intelectual do trabalhador **durante a prestação de serviços**. Portanto, é norma de indisponibilidade absoluta, insuscetível à negociação. Ademais, a concessão do intervalo apenas ao final da jornada não atende à finalidade da norma, que é a de reparar o desgaste físico e intelectual do trabalhador durante a prestação de serviços[669].

667. **Súmula nº 118 do TST.** "Os intervalos concedidos pelo empregador na jornada de trabalho, não previstos em lei, representam tempo à disposição da empresa, remunerados como serviço extraordinário, se acrescidos ao final da jornada."

668. Informativo nº 36 do TST.

669. Ressalta-se que a Reforma Trabalhista alterou a redação do art. 396 da CLT, para admitir a possibilidade de acordo individual entre empregada empregador acerca dos horários de concessão dos intervalos para amamentação. Dessa forma, seria possível a concessão no início e no final da jornada de trabalho. Para mais informações, confira o capítulo de proteção do trabalho da mulher.

O art. 384 da CLT, revogado pela Lei nº 13.467/2017 – Reforma Trabalhista, previa intervalo especial para as mulheres, que deveriam gozar de descanso de, no mínimo, 15 minutos, antes do início da jornada extraordinária de trabalho. Portanto, caso a empregada mulher prestasse horas extras na empresa, deveria ser assegurado o direito ao descanso de 15 minutos antes do início do trabalho extraordinário. Lembre-se também que, conforme o precedente vinculante do TST (tese vinculante nº 63), não há qualquer exigência legal de tempo mínimo de sobrejornada para que a empregada tenha direito ao intervalo de 15 minutos. Assim, períodos anteriores a Reforma Trabalhista, existindo trabalho extraordinário, independentemente de sua duração, o intervalo era devido.

Com a revogação do dispositivo pela Reforma Trabalhista, o intervalo de 15 minutos das mulheres e do adolescente deixa de existir, podendo as horas extras ser realizadas sem a exigência da pausa obrigatória.

Ocorre que a Reforma Trabalhista estabelece que as normas referentes à duração do trabalho e ao intervalo intrajornada não são consideradas normas de saúde, higiene e segurança do trabalho:

> **Art. 611-B, parágrafo único, CLT** *(inserido pela Reforma Trabalhista).* Regras sobre duração do trabalho e intervalos não são consideradas como normas de saúde, higiene e segurança do trabalho para os fins do disposto neste artigo.

Nesse sentido, deve surgir o questionamento quanto à previsão que impede a concessão do intervalo no início ou no final da jornada pelo argumento de indisponibilidade das normas referentes à saúde e segurança do trabalho. Apesar da previsão do art. 611-B, parágrafo único, CLT entendemos que as normas referentes à jornada de trabalho e aos intervalos são indispensáveis à dignidade da pessoa humana do trabalhador e devem ser tratadas como normas de indisponibilidade absoluta. Não é possível admitir que um trabalhador seja privado de um descanso em sua jornada de trabalho, pois essa prática pode trazer sérios riscos à saúde e à segurança do trabalhador.

3.1.1.1. Redução e fracionamento do intervalo intrajornada (Reforma Trabalhista)

Em regra, é vedada a redução do intervalo para descanso e refeição, cabendo à empresa observar os limites mínimos citados anteriormente (15 minutos e 1 hora). Entretanto, com o advento da Reforma Trabalhista, passou-se a permitir a redução do intervalo intrajornada até o limite mínimo de 30 minutos por meio de negociação coletiva:

> **Art. 611-A da CLT.** A convenção coletiva e o acordo coletivo de trabalho têm prevalência sobre a lei quando, entre outros, dispuserem sobre:
>
> (...) III – intervalo intrajornada, respeitado o limite mínimo de trinta minutos para jornadas superiores a seis horas.

Portanto, para as jornadas superiores a 6 horas, permite-se a redução do intervalo intrajornada para 30 minutos por meio de negociação coletiva. Entendemos que o intervalo de 15 minutos destinado aos empregados com jornada superior a 4 horas até o limite de 6 horas deve sempre ser respeitado, não sendo possível sua redução ou fracionamento.

Caso previsto intervalo intrajornada de 30 minutos em instrumento coletivo de trabalho, sua aplicação será imediata e independe da manifestação individual de vontade das próprias partes. Portanto, não se exige a aceitação do trabalhador para que haja a redução de seu intervalo, exceto se essa exigência estiver contida na convenção ou no acordo coletivo de trabalho.

Note-se que a SDC do TST, no Informativo nº 208[670], considerou como válida a redução do intervalo intrajornada por meio de negociação coletiva, inclusive pela previsão do art. 611-B, parágrafo único, da CLT que não considera as normas de duração do trabalho e intervalos como normas de saúde, higiene e segurança do trabalho.

É importante destacar, no entanto, que, para parcela da doutrina, o intervalo intrajornada é norma de segurança e saúde do trabalhador, sendo que sua diminuição para 30 minutos, independentemente da verificação do cumprimento dos requisitos do art. 71, § 3º da CLT[671], pode trazer prejuízos ao trabalhador. No mesmo sentido, o entendimento do Procurador-Geral Ronaldo Curado Fleury, para quem o descanso é fisiológico, tendo em vista o processo digestivo induzir ao sono, aumentando os riscos[672].

Apesar da permissão para a redução do intervalo intrajornada, defendemos que o seu fracionamento não deve ser permitido.

Vale destacar, contudo, que há posicionamento que considera a redução do intervalo intrajornada benéfica para os empregados, pois podem deixar o trabalho mais cedo. O tema é muito discutido, com argumentos favoráveis e contrários, mas da forma como constou na Reforma Trabalhista, terá impacto imediato na Súmula nº 437, II, do TST[673].

Além dessa nova previsão trazida pela Reforma Trabalhista, há três casos que permitem a redução do intervalo, duas delas previstas na CLT.

a) **Motoristas do setor de transporte coletivo de passageiros:** A Lei nº 13.103/2015 passou a permitir o fracionamento e a redução do intervalo intrajornada 1 hora desses trabalhadores desde que o intervalo seja concedido entre o término da 1ª hora trabalhada e o início da última hora de trabalho e haja previsão em norma coletiva de trabalho:

> **Art. 71, § 5º, CLT:** O intervalo expresso no *caput* poderá ser **reduzido e/ou fracionado**, e aquele estabelecido no § 1º poderá ser **fracionado**, quando compreendidos entre o término da primeira hora trabalhada e o início da última hora trabalhada, desde que previsto em convenção ou acordo coletivo de trabalho, ante a natureza do serviço e em virtude das condições especiais de trabalho a que são submetidos estritamente os motoristas, cobradores, fiscalização de campo e afins nos serviços de operação de veículos rodoviários, empregados no setor de transporte coletivo de passageiros, mantida a remuneração e concedidos **intervalos para descanso menores ao final de cada viagem**. (grifos acrescidos)

670. Informativo nº 208 do TST.

671. **Art. 71, § 3º da CLT:** O limite mínimo de uma hora para repouso ou refeição poderá ser reduzido por ato do Ministro do Trabalho, Indústria e Comércio, quando ouvido o Serviço de Alimentação de Previdência Social, se verificar que o estabelecimento atende integralmente às exigências concernentes à organização dos refeitórios, e quando os respectivos empregados não estiverem sob regime de trabalho prorrogado a horas suplementares.

672. Disponível em: <http://g1.globo.com/politica/noticia/presidente-do-tst-avalia-como-razoavel-intervalo-de--30-minutos-para-almoco.ghtml>. Acesso em 15 mai. 2017.

673. **Súmula nº 437, II, do TST** – É inválida cláusula de acordo ou convenção coletiva de trabalho contemplando a supressão ou redução do intervalo intrajornada porque este constitui medida de higiene, saúde e segurança do trabalho, garantido por norma de ordem pública (art. 71 da CLT e art. 7º, XXII, da CF/1988), infenso à negociação coletiva.

O intervalo intrajornada mínimo de 1 hora pode ser reduzido e/ou fracionado, enquanto o intervalo de 15 minutos somente pode ser fracionado, não sendo permitida sua redução. O dispositivo permite que, entre o término da primeira hora de trabalho e o início da última hora de trabalho, o intervalo seja reduzido ou fracionado diante das condições especiais de trabalho a que são submetidos os motoristas, cobradores, fiscalização de campo e afins nos serviços de operação de veículos rodoviários, empregados no setor de transporte coletivo de passageiros.

Para a validade dessa redução e fracionamento, exige-se a celebração de acordo ou convenção coletiva de trabalho, devendo ser mantida a remuneração dos profissionais.

b) **Autorização do Trabalho e Emprego:** o art. 71, § 3º, da CLT estabelece a possibilidade de reduzir o intervalo de 1 hora (redução do intervalo de 15 minutos não é permitida) desde que observados três requisitos:

1) estabelecimento deve atender integralmente às exigências acerca de refeitórios;

2) empregados não estiverem prestando horas extraordinárias. Sobre o assunto, o TST[674] decidiu que a prestação de horas extras sem habitualidade quando houver autorização do Ministério do Trabalho assegura o direito ao recebimento de horas extras decorrentes dessa redução limitados aos dias em que efetivamente houve prestação de horas extras;

3) prévia autorização do Ministério do Trabalho e Emprego.

De acordo com o TST[675], preenchidos os requisitos do art. 71, § 3º, da CLT é desnecessário que seja juntado aos autos a prova da publicação oficial da Portaria do Ministério do Trabalho que autorizou a redução.

c) **Empregados domésticos:** Além dessas duas hipóteses, previstas na CLT, a LC nº 150/2015 trouxe hipótese de redução e fracionamento do intervalo intrajornada dos **empregados domésticos**. De acordo com a atual regulamentação, o empregado doméstico cuja jornada diária é superior a 6 horas tem direito ao intervalo de, no mínimo, 1 hora e, no máximo, 2 horas. Contudo, existe previsão no art. 13 da LC nº 150/2015 de **redução do intervalo** para 30 minutos desde que haja acordo escrito entre empregado e empregador. Não é exigida, portanto, negociação coletiva para a redução no intervalo. Trata-se de uma hipótese legal de flexibilização das normas trabalhistas, uma vez que as próprias partes, individualmente, poderão dispor acerca do intervalo intrajornada.

Além disso, se o empregado doméstico residir no local de trabalho, é possível o **fracionamento do intervalo** intrajornada em dois períodos, desde que cada um deles tenha, no mínimo, 1 hora até o limite de 4 horas diárias. Portanto, para esses empregados domésticos, é possível a concessão de intervalo por período superior a 2 horas diárias.

Por fim, destaca-se que o TST[676] permite o fracionamento do intervalo intrajornada do trabalhador rural desde que essa medida atende aos usos e costumes regionais do meio rural.

674. Informativo nº 179 do TST.

675. Informativo nº 163 do TST.

676. Informativo nº 158 do TST.

O ideal seria que esse fracionamento, com as mudanças causadas pela Reforma Trabalhista, fosse feito via instrumento coletivo com o sindicato da categoria profissional. Com isso, afastaria discussões e incertezas sobre o fracionamento e a concessão do intervalo intrajornada.

REDUÇÃO DO INTERVALO ANTES DA REFORMA TRABALHISTA
Havia apenas três exceções que possibilitam a redução do intervalo para almoço: 1) **Motoristas do setor de transporte coletivo de passageiros**: art. 71, § 5º, CLT. 2) **Autorização do Ministério do Trabalho e Emprego**: art. 71, § 3º, CLT. - Nesse caso, deve-se atender a três requisitos: **a)** estabelecimento atenda às exigências dos refeitórios. **b)** empregador não exija horas extras. **c)** autorização do Ministério do Trabalho e Emprego. 3) **Lei dos Domésticos (LC nº 150/2015):** Redução do intervalo de 1 hora para 30 minutos por acordo escrito entre as partes; 4) Agora, com a **Reforma Trabalhista**, o art. 611-A, III, da CLT admite a redução do intervalo intrajornada de 1 hora para 30 minutos por meio de negociação coletiva de trabalho.

3.1.1.2. *Consequências da supressão ou redução do intervalo intrajornada (Reforma Trabalhista)*

De acordo com a redação anterior do § 4º do art. 71 da CLT e o posicionamento sumulado do TST, a supressão total ou parcial do intervalo, mesmo que via negociação coletiva, acarretaria duas consequências ao empregador. A primeira delas, multa administrativa imposta pela fiscalização do trabalho. Na segunda consequência, o empregador ficaria obrigado a pagar todo o período do intervalo (e não apenas o suprimido) com adicional de 50%. Caso o adicional de horas extras fosse fixado em valor superior em norma coletiva, por exemplo 80% do valor da hora normal, todo esse percentual iria incidir para fins de cálculo do intervalo suprimido[677]. Esse adicional possuía natureza salarial, isto é, haveria reflexo nas demais verbas trabalhistas:

> **Art. 71, § 4º, da CLT (REDAÇÃO ANTIGA):** Quando o intervalo para repouso e alimentação, previsto neste artigo, não for concedido pelo empregador, este ficará obrigado a remunerar o período correspondente com um acréscimo de no mínimo 50% (cinquenta por cento) sobre o valor da remuneração da hora normal de trabalho.
>
> **Súmula nº 437[678], III, do TST:** Possui natureza salarial a parcela prevista no art. 71, § 4º, da CLT, com redação introduzida pela Lei no 8.923, de 27 de julho de 1994, quando não concedido ou reduzido pelo empregador o intervalo mínimo intrajornada para repouso e alimentação, repercutindo, assim, no cálculo de outras parcelas salariais.

A Reforma Trabalhista promoveu duas grandes alterações no § 4º do presente artigo, uma no tocante à natureza da parcela devida na hipótese de supressão ou redução do intervalo e a outra no que se refere ao período devido em razão dessa supressão:

---

677. Informativo nº 18 do TST.
678. Em breve o TST deverá alterar a redação da Súmula nº 437 para adequar ao novo texto da Reforma Trabalhista.

a) **Natureza indenizatória:** Com a atual redação do dispositivo, retirou-se a natureza salarial do valor pago em razão da supressão ou redução indevida do intervalo intrajornada. Dessa forma, paga-se como multa, sem reflexos em outras parcelas. Essa modificação causa espanto, pois o empregado prestará serviços durante o período que deveria ser de descanso e esse **tempo trabalhado será pago como indenizatório.**

b) **Pagamento apenas do período suprimido:** De acordo com a redação anterior, se o empregador apenas concedesse parcialmente o intervalo intrajornada, seria devido como horas extras todo o período do intervalo e não apenas aquilo que foi suprimido. Exemplo: Empregado tem direito a 1 hora de intervalo intrajornada, mas foram concedido apenas 30 minutos. Pelo posicionamento anterior, seria devido como hora extra, todo o período de 1 hora do intervalo, acrescido com adicional de 50%. Trata-se de uma hora extra ficta.

Pela redação vigente do artigo, somente o período suprimido deve ser pago com adicional de 50% sobre o valor da hora normal de trabalho. Portanto, no exemplo anterior, o empregado teria direito à remuneração correspondente a 30 minutos acrescido do adicional de 50%. Lembre-se de que esse valor não apresenta mais natureza salarial.

Entendemos que essa disposição é prejudicial ao trabalhador, pois a redação anterior impunha ao empregador uma punição mais severa no caso de descumprimento do intervalo intrajornada. O novo posicionamento permite ao empresário calcular se compensa suprimir o intervalo intrajornada, pois somente pagará pelo período suprimido, sem que haja reflexo nas demais verbas salariais. Incentiva-se, portanto, o descumprimento da legislação. Aliás, a Súmula 437 do TST, citada acima, será fortemente impactada pelo texto legal:

> **Art. 71, § 4º, CLT** *(redação dada pela Lei nº 13.467/2017):* A não concessão ou a concessão parcial do intervalo intrajornada mínimo, para repouso e alimentação, a empregados urbanos e rurais, implica o pagamento, de natureza indenizatória, apenas do período suprimido, com acréscimo de 50% (cinquenta por cento) sobre o valor da remuneração da hora normal de trabalho.

A atuação dos órgãos de proteção aos trabalhadores continua intacta. A fiscalização do trabalho (Ministério do Trabalho e Emprego) deverá impor multa administrativa na empresa que não respeita os intervalos. E cabe ao MPT instaurar inquérito para investigação da conduta empresarial. Caso comprovado que vem descumprindo, reiteradamente, a legislação, deverá firmar Termo de Ajustamento de Conduta, ou ingressar com Ação Civil Pública para coibir futuras irregularidades (tutela inibitória). Essa atuação do MTE e MPT independe se a empresa já pagou o período suprimido / reduzido ao empregado. Esse pagamento é direito individual e não se confunde com a atuação estatal.

Consequências da supressão ou da redução indevida do intervalo intrajornada (Reforma Trabalhista)
Em resumo:
- Cobrança de multa de 50% (natureza indenizatória);
- Pagamento apenas do período suprimido;
- Aplicação de multa administrativa pela fiscalização do trabalho e instauração de inquérito pelo MPT.

Por fim, conforme o precedente vinculante do Tribunal Superior do Trabalho firmado na tese vinculante nº 85 (Incidente de Recurso de Revista Repetitivo nº 85), a supressão do intervalo intrajornada e o não pagamento das horas extras configuram falta grave do empregador, nos termos do art. 483, "d", da CLT, dando causa a rescisão indireta:

> O descumprimento contratual contumaz relativo à ausência do pagamento de horas extraordinárias e a não concessão do intervalo intrajornada autoriza a rescisão indireta do contrato de trabalho, na forma do artigo 483, "d", da CLT (TST- RRAg - 1000642-07.2023.5.02.0086, Relator: Ministro Aloysio Corrêa da Veiga, Tribunal Pleno, DJE: 08/04/2025).

Em outras palavras, o descumprimento reiterado dessas obrigações do contrato de trabalho torna insustentável a continuidade do vínculo e autoriza a sua ruptura por "justa causa do empregador", com o recebimento de todas as verbas rescisórias devidas na dispensa sem justa causa.

3.1.1.3. Limite de tolerância no intervalo intrajornada

Há discussão se o período de tolerância pode ser estendido ao intervalo intrajornada, permitindo a redução ou a ampliação desse intervalo sem que haja consequências jurídicas à relação de emprego. No julgamento do incidente de Recurso de Revista Repetitivo nº 14 (Processo nº 0001384-61.2012.5.04.0512 – Data de julgamento: 25/03/2019), precedente judicial obrigatório, o TST firmou a tese vinculante nº 14, na qual a redução eventual e ínfima do intervalo intrajornada é admitida desde que limitada até 5 minutos no total, somados os início e término do intervalo, não importa no pagamento do período suprimido com adicional de 50%. Segue a tese firmada no incidente:

> A redução eventual e ínfima do intervalo intrajornada, assim considerada aquela de até 5 (cinco) minutos no total, somados os do início e término do intervalo, decorrentes de pequenas variações de sua marcação nos controles de ponto, não atrai a incidência do artigo 71, § 4º, da CLT. A extrapolação desse limite acarreta as consequências jurídicas previstas na lei e na jurisprudência.

Pela análise da tese jurídica firmada, o limite de tolerância do intervalo intrajornada será válido se atender aos seguintes requisitos:

a) A variação do intervalo deve ser limitada até 5 minutos no total;

b) A variação não pode ultrapassar os 10 minutos diários permitido para variações de registro de ponto;

c) a variação somente será válida se realizada de forma eventual.

Essa decisão traz consequências diferentes nas relações jurídicas ocorridas antes e após a Reforma Trabalhista. Antes da Reforma, se houvesse supressão do intervalo intrajornada, seria devido o pagamento integral do intervalo com adicional de horas extras. Nesse caso, se a redução do intervalo foi limitada até 5 minutos, o empregado não terá direito ao pagamento do período. Vale ressaltar que esse entendimento será aplicado a todas as variações de registro do intervalo intrajornada antes da vigência da Reforma Trabalhista, ou seja, antes de 11/11/2017.

Após a Reforma Trabalhista, se houver supressão do intervalo intrajornada, ultrapassando o limite de 5 minutos, será devido apenas o período suprimido com adicional de 50% que terá natureza indenizatória.

3.1.1.4. Intervalos remunerados

Esses intervalos estão inseridos na jornada de trabalho, como se o empregado estivesse realizando serviços. Esses intervalos são remunerados. Dentre eles, pode-se destacar[679]:

a) **Serviço de mecanografia e digitação**[680] (art. 72 da CLT). Cada período de 90 minutos de trabalho contínuo corresponderá a um intervalo de 10 minutos. Esse intervalo será remunerado. De forma correlata ao intervalo de digitação do art. 72 da CLT, podemos citar também a tese vinculante nº 51 do TST firmada em sede de Incidente de Recurso de Revista Repetitivo. No precedente vinculante, o Pleno do TST reconheceu que os caixas da Caixa Econômica Federal têm direito a um intervalo de 10 minutos a cada 50 minutos trabalhados, mesmo que a digitação não seja desempenhada de forma exclusiva ou preponderante. Esse intervalo em questão foi previsto, inicialmente, em norma interna da CEF, sendo posteriormente integrado em instrumentos coletivos firmados com os sindicatos da categoria.

b) **Serviços de frigoríficos e câmaras frias** (art. 253 da CLT). Tendo em vista que a mudança de temperatura é prejudicial à saúde do trabalhador, após 1 hora e 40 minutos de trabalho contínuo, o empregado terá direito ao intervalo de 20 minutos, computado como tempo efetivo de trabalho. Para que o empregado tenha direito a esse intervalo não é necessário que exerça suas atividades necessariamente em frigoríficos, mas fique comprovada a existência de ambiente frio. Nesse sentido, prevê a jurisprudência do TST:

> **Súmula nº 438 do TST.** O empregado submetido a trabalho contínuo em ambiente artificialmente frio, nos termos do parágrafo único do art. 253 da CLT, ainda que não labore em câmara frigorífica, tem direito ao intervalo intrajornada previsto no caput do art. 253 da CLT.

Em relação ao intervalo do art. 253 da CLT, em março de 2025, o Tribunal Superior do Trabalho firmou a tese vinculante nº 80, em sede de incidente de recurso de revista repetitivo, assentando que o trabalho realizado no interior de câmaras frigoríficas ou em

---

679. Segue dica enviada por alunos que pode facilitar a **memorização** dos principais intervalos intrajornada remunerados:

d	igitadores (a cada 90 min. de trabalho, descansam 10 min.)
a	mbiente frio (a cada 100 min. de trabalho, descansam 20 min.)
m	ineração subsolo (A cada 3h de trabalho, descansam 15 min.)
a	mamentação (2 intervalos de meia hora)

680. **Súmula nº 346 do TST.** "Os digitadores, por explicação analógica do art. 72 da CLT, equiparam-se aos trabalhadores nos serviços de mecanografia (datilografia, escrituração e cálculo), razão pela qual têm direito a intervalos de descanso de 10 (dez) minutos a cada 90 (noventa) de trabalho consecutivo."

ambiente artificialmente frio, sem a concessão da pausa para recuperação térmica prevista no art. 253 da CLT, gera direito ao adicional de insalubridade, ainda que fornecidos os equipamentos de proteção individual.

Isso porque o uso dos EPIs não elimina totalmente os riscos decorrentes do frio, especialmente pela constante inalação de ar gelado. Nessas condições, a ausência do intervalo legal mantém a exposição ao agente insalubre e impõe ao empregador o dever de pagar o respectivo adicional.

c) **Pausas em empresas de abate e processamento de carnes e derivados (NR 36):** além das pausas previstas no art. 253 da CLT, os trabalhadores da indústria de abate e processamento de carnes e derivados destinados ao consumo humano têm direito às seguintes interrupções, que devem ser computadas como trabalho efetivo (item 36.13.4, NR 36):

I. Para o trabalho realizado exclusivamente em pé, devem ser atendidos os seguintes requisitos mínimos: (...) existência de assentos ou bancos próximos ao local de trabalho para as pausas permitidas pelo trabalho, atendendo no mínimo 50% do efetivo que usufruirá dessas pausas (item 36.2.7, alínea *a*, NR 36).

II. A duração e a frequência da tarefa de carregamento manual de cargas que possa comprometer a segurança e saúde do trabalhador devem ser limitadas, devendo-se efetuar alternância com outras atividades ou pausas adequadas, entre períodos não superiores a duas horas, ressalvadas outras disposições legais (item 36.5.4, NR 36).

III. Devem ser adotados rodízios ou pausas ou outras medidas preventivas para minimizar a exposição dos trabalhadores nas atividades de segurar e degolar animais sejam efetuadas de modo a permitir a movimentação adequada e segura dos trabalhadores (item 36.6.7.1, NR 36).

IV. Para os trabalhadores que desenvolvem atividades exercidas diretamente no processo produtivo, ou seja, desde a recepção até a expedição, onde são exigidas repetitividade e/ou sobrecarga muscular estática ou dinâmica do pescoço, ombros, dorso e membros superiores e inferiores, devem ser asseguradas pausas psicofisiológicas distribuídas, no mínimo, de acordo com o seguinte quadro (item 36.13.2, NR 36):

Quadro 1

JORNADA DE TRABALHO	Tempo de tolerância para aplicação da pausa	TEMPO DE PAUSA
até 6h	Até 6h20	20 MINUTOS
até 7:20	Até 7h40	45 MINUTOS
até 8:48	Até 9h10	60 MINUTOS

d) **Minas de subsolo** (art. 298 da CLT). Em razão das atividades peculiares, o empregado terá direito, após 3 horas consecutivas de trabalho, a um intervalo de 15 minutos.

e) **Amamentação** (art. 396 da CLT). Até que a criança complete 6 meses de vida, a mulher terá direito a dois intervalos de ½ (meia) hora cada um deles.

A Lei nº 13.509/2017, promulgada em 22/11/2017, passou a prever que o intervalo para amamentação também é devido no caso de adoção. Nesse sentido, confira a atual redação do "caput" do art. 396 da CLT:

> **Art. 396, da CLT** (redação dada pela Lei nº 13.509/2017). Para amamentar seu filho, inclusive se advindo de adoção, até que este complete 6 (seis) meses de idade, a mulher terá direito, durante a jornada de trabalho, a 2 (dois) descansos especiais de meia hora cada um.

Esse período de 6 meses poderá ser prorrogado em razão do estado da saúde do filho. Há discussão doutrinária[681] acerca da remuneração desse intervalo e da inserção na jornada de trabalho da empregada. Prevalece o posicionamento de que esses dois intervalos são remunerados e inseridos na jornada de trabalho[682]. Se o intervalo não fosse computado na jornada de trabalho, haveria verdadeiro prejuízo à empregada, que teria que, além de gozar os dois intervalos de 30 minutos, trabalhar toda a jornada de 8 horas, o que exigiria permanência na empresa por prazo superior aos demais empregados.

Com a Reforma Trabalhista, passou-se a permitir que os horários de amamentação sejam definidos em acordo individual entre empregada e empregador, nos termos do art. 396, § 2º da CLT.

Note-se, entretanto, que referido intervalo não poderá ser suprimido, por se tratar de norma protetiva à criança.

f) **Pausas ergonômicas (item 17.4.3.1, da NR 17):** a Norma Regulamentadora 17 (Ergonomia) prevê, dentre as medidas de prevenção que devem ser adotadas pelas organizações, a adoção de pausas para propiciar a recuperação psicofisiológica dos trabalhadores, que devem ser computadas como tempo de trabalho efetivo. A Norma não trata sobre a duração e / ou periodicidade das referidas pausas, que variarão a depender da atividade desempenhada pelo trabalhador, mas e clara ao disciplinar que essas pausas são integradas à jornada.

g) **Pausas em atividades de teleatendimento/telemarketing (item 6.4, do Anexo II da NR 17): O Anexo II da NR 17 estabelece os** requisitos para o trabalho em atividades de teleatendimento/telemarketing nas diversas modalidades desse serviço, de modo a proporcionar o máximo de conforto, segurança, saúde e desempenho eficiente. De acordo com seu item 6.4:

> **Item 6.4** ara prevenir sobrecarga psíquica e muscular estática de pescoço, ombros, dorso e membros superiores, a organização deve permitir a fruição de pausas de descanso e intervalos para repouso e alimentação aos trabalhadores.

681. Posicionam-se contrários à remuneração e computo do intervalo na jornada de trabalho: SARAIVA, Renato. *Direito do Trabalho*. 7 ed. São Paulo: Método, 2008. p. 213; MARTINS, Sergio Pinto. *Comentários à CLT*. 18 ed. São Paulo: Atlas, 2014. p. 358. Por outro lado, consideram como intervalo remunerado e computado na jornada de trabalho da empregada: MOURA, Marcelo. *Consolidação das Leis do Trabalho para concursos*. 4 ed. Salvador: Juspodivm, 2014. p. 393; GARCIA, Gustavo Filipe Barbosa. *Manual de Direito do Trabalho*. 7 ed. São Paulo: Método, 2015. p. 592; CASSAR, Vólia Bomfim. *Direito do Trabalho*. 8 ed. São Paulo: Método, 2013. p. 726-727.

682. TRT-3 – RO: 0000550-09.2011.5.03.0096, Relator: Emerson Jose Alves Lage, Primeira Turma, Data de Publicação: 16/03/2012.

6.4.1 As pausas devem ser concedidas:

a) fora do posto de trabalho;

b) em 02 (dois) períodos de 10 (dez) minutos contínuos; e

c) após os primeiros e antes dos últimos 60 (sessenta) minutos de trabalho em atividade de teleatendimento/telemarketing.

6.4.1.1 A instituição de pausas não prejudica o direito ao intervalo obrigatório para repouso e alimentação previsto no §1° do art. 71 da CLT. (...)

6.4.3 Para tempos de trabalho efetivo de teleatendimento/telemarketing de até 4 (quatro) horas diárias, deve ser observada a concessão de 1 (uma) pausa de descanso contínua de 10 (dez) minutos.

6.4.4 As pausas para descanso devem ser consignadas em registro impresso ou eletrônico. (...)

h) **Pausas para descanso no meio rural (NR 31):** a Norma Regulamentadora 31 (Segurança e Saúde no Trabalho na Agricultura, Pecuária, Silvicultura, Exploração Florestal e Aquicultura) prevê as seguintes pausas:

I. Para as atividades que forem realizadas necessariamente em pé, devem ser garantidas pausas para descanso (item 31.8.6);

II. Nas atividades que exijam sobrecarga muscular estática ou dinâmica, devem ser incluídas pausas para descanso e outras medidas organizacionais e administrativas (item 31.8.7).

De acordo com o glossário da Norma, pausas para descanso são interrupções da jornada de trabalho determinada pelo empregador, com o objetivo de o trabalhador recuperar-se da fadiga acumulada durante a execução das atividades laborais realizadas em pé e/ou nas atividades que exijam sobrecarga muscular estática ou dinâmica.

Assim como a NR 17, a NR 31 não define duração e / ou periodicidade dessas pausas, remetendo esse detalhamento ao PGRTR (Programa de Gerenciamento de Riscos no Trabalho Rural).

Na ausência de definição da pausa para descanso no PGRTR, deve-se aplicar, por analogia, a pausa prevista no artigo 72 da CLT, ou seja, a cada período de 90 minutos de trabalho contínuo corresponderá a um intervalo de 10 minutos. É nesse sentido a jurisprudência iterativa e atual do Tribunal Superior do Trabalho[683]. Entendemos que este deverá ser o padrão mínimo de duração e periodicidade das pausas para descanso, não podendo o PGRTR prever pausas inferiores ou com periodicidade maior

A não concessão de intervalo nas atividades anteriores terá dois efeitos ao empregador. O primeiro deles, multa aplicada pelos Auditores-Fiscais do Trabalho. O segundo, pagamento de adicional de, no mínimo, 50% sobre a hora normal.

INTERVALO INTRAJORNADA

- Ocorre durante a jornada de trabalho
- Intervalo não é inserido na jornada de trabalho (suspensão do contrato)

683. TST - Ag-ED-RRAg: 0000412-44.2016.5.09.0017, Relator: Amaury Rodrigues Pinto Junior, Data de Julgamento: 08/11/2023, 1ª Turma, Data de Publicação: 13/11/2023.

- **Duração do intervalo dependerá da jornada:**
  a) jornada de até 6 horas: no mínimo, 15 minutos
  b) jornada superior a 6 horas: no mínimo, 1 hora; no máximo, 2 horas. Pode ser reduzido a 30 minutos por meio de convenção ou acordo coletivo.
- Intervalo não previsto em lei: tempo à disposição do empregador (Súmula nº 118 do TST)
- **Redução do intervalo intrajornada:**
  a) aos empregados submetidos à jornada superior a 6 horas, pode ser reduzida para 30 minutos, mediante negociação coletiva.
  b) a não concessão ou concessão parcial do intervalo interjornada mínimo implica o pagamento do período suprimido, com acréscimo de 50% sobre o valor da remuneração da hora normal de trabalho, com natureza indenizatória (art. 71, § 4º da CLT).
  c) Há outros três casos em que se possibilita a redução do intervalo para almoço:
    1) **Motoristas do setor de transporte coletivo de passageiros:** art. 71, § 5º, CLT.
    2) **Autorização do Ministério do Trabalho:** art. 71, § 3º, CLT.
       - Necessário atender a três requisitos:
       a) estabelecimento atenda às exigências dos refeitórios.
       b) empregador não exija horas extras.
       c) autorização do Ministério do Trabalho e Emprego.
    3) **Lei dos Domésticos (LC nº 150/2015):** Redução do intervalo de 1 hora para 30 minutos por acordo escrito entre as partes;
  c) se houver a redução ou supressão do intervalo, fora das exceções anteriores, haverá duas consequências:
    1) empregador deverá pagar todo o período correspondente como hora extra.
    2) esse pagamento tem natureza salarial.
- **Intervalos intrajornada remunerados**
  a) mecanografia e digitação (10 minutos).
  b) frigoríficos (20 minutos).
  c) Empresas de abate e processamento de carnes e derivados (NR 36).
  d) minas de subsolo (15 minutos).
  e) amamentação (dois intervalos de meia hora cada um deles) Horários de concessão devem ser negociados entre empregada e empregador (art. 396, § 2º, CLT).
  f) ergonômicas (item 17.4.3.1, da NR 17).
  g) Teleatendimento/telemarketing (item 6.4, do Anexo II da NR 17).
  h) Meio rural (NR 31).

3.1.2. *Intervalo interjornada*

Intervalo interjornada é o tempo para descanso de onze horas consecutivas, entre duas jornadas de trabalho, conforme previsto no art. 66 da CLT:

> **Art. 66 da CLT:** Entre duas jornadas de trabalho haverá um período mínimo de onze horas consecutivas para descanso.

Esse período de onze horas não é remunerado, ou seja, não está inserido na jornada de trabalho.

Deve-se ressaltar, entretanto, que, não sendo usufruído pelo trabalhador, acarretará o pagamento das horas subtraídas, como horas extraordinárias. Com a alteração da redação do art. 71, § 4º da CLT pela Reforma Trabalhista, deve ser pago apenas o período suprimido com adicional de 50%, cuja natureza será indenizatória. Nesse sentido, a OJ nº 355 da SDI-I do TST, deve ser alterada de acordo com a atual redação do dispositivo da CLT:

> **Orientação Jurisprudencial nº 355 da SDI-I do TST:** O desrespeito ao intervalo mínimo interjornadas previsto no art. 66 da CLT acarreta, por analogia, os mesmos efeitos previstos no § 4º do art. 71 da CLT e na Súmula nº 110 do TST, devendo-se pagar a integralidade das horas que foram subtraídas do intervalo, acrescidas do respetivo adicional.
>
> **Art. 71, § 4º, CLT** *(redação dada pela Reforma Trabalhista):* A não concessão ou a concessão parcial do intervalo intrajornada mínimo, para repouso e alimentação, a empregados urbanos e rurais, implica o pagamento, de natureza indenizatória, apenas do período suprimido, com acréscimo de 50% (cinquenta por cento) sobre o valor da remuneração da hora normal de trabalho.

Possibilitará, ainda, multa administrativa, aplicada pela fiscalização. A redução desse intervalo também é vedada, seja por ato unilateral do empregador, seja via negociação coletiva, pois se trata de norma ligada à higidez física e mental do trabalhador. Ocorre que a Reforma Trabalhista estabelece que as normas referentes à duração do trabalho e ao intervalo intrajornada não são consideradas normas de saúde, higiene e segurança do trabalho:

> **Art. 611-B, parágrafo único, CLT** *(inserido pela Reforma Trabalhista).* Regras sobre duração do trabalho e intervalos não são consideradas como normas de saúde, higiene e segurança do trabalho para os fins do disposto neste artigo.

Nesse sentido, deve surgir o questionamento quanto à previsão que impede a redução do intervalo interjornada por meio de negociação coletiva. Apesar da previsão do art. 611-B, parágrafo único, CLT entendemos que as normas referentes à jornada de trabalho e aos intervalos são indispensáveis à dignidade da pessoa humana do trabalhador e devem ser tratadas como normas de indisponibilidade absoluta. Não é possível admitir que um trabalhador seja privado de um descanso entre duas jornadas de trabalho, pois essa prática pode trazer sérios riscos à saúde e à segurança do trabalhador.

Como se trata de intervalo mínimo de 11 horas consecutivas, não poderá ser dividido em 2 períodos, sob pena de ter de iniciar um novo período.

Uma vez por semana, o empregado irá descansar 35 horas consecutivas[684], pois serão 11 horas referentes ao intervalo interjornada, somadas ao descanso semanal remunerado de 24 horas consecutivas (11 + 24 = 35 horas). Se o empregado retornar ao trabalho antes das 35 horas, caberá o pagamento de horas extras.

É interessante mencionar, ainda, a duração de intervalos interjornadas especiais previstos na CLT para algumas profissões:

- **Cabineiros (ferroviário):** 14 horas (245 da CLT).
- **Jornalista:** 10 horas (art. 308, CLT).

---

684. **Súmula nº 110 do TST:** "No regime de revezamento, as horas trabalhadas em seguida ao repouso semanal de 24 horas, com prejuízo do intervalo mínimo de onze horas consecutivas para descanso entre jornadas, devem ser remuneradas como extraordinárias, inclusive com o respectivo adicional".

- **Operadores cinematográficos:** 12 horas (art. 235, § 2º, CLT).
- **Telefonista:** 17 horas (art. 229, *caput*, CLT).
- **Aeronauta** (art. 48, Lei nº 13.475/2017):
  - 12 horas de repouso, após jornada de até 12 horas;
  - 16 horas de repouso, após jornada de mais de 12 horas e até 15 horas;
  - 24 horas de repouso, após jornada de mais de 15 horas.

O intervalo interjornada do motorista profissional é de 11 horas. A Lei nº 13.103/2015 trouxe a possibilidade de fracionamento do período, desde que garantidos o mínimo de 8 horas ininterruptas no primeiro período do fracionamento e o gozo do restante dentro das 16 horas seguintes ao final do primeiro período (art. 235-C, § 3º, CLT). Contudo, no julgamento da ADI nº 5322, de autoria da Confederação Nacional dos Trabalhadores em Transportes – CNTT, o STF entendeu pela inconstitucionalidade do dispositivo. Segundo o voto vencedor do Ministro Alexander de Moraes, as normas de duração do trabalho como **normas de ordem pública**, pois dizem respeito à própria saúde física e mental do empregado, ao contrário do que disciplina o parágrafo único do art. 611-B da CLT. Dessa forma, não é mais permitido o fracionamento do intervalo interjornada para a categoria dos motoristas profissionais.

Na Sessão Virtual de 4 a 11/10/2024, a Corte decidiu modular os efeitos da decisão de mérito na ADI 5322, julgada na Sessão Virtual de 23 a 30/6/2023, atribuindo-lhe efeitos *ex nunc* (não retroativos), a contar da data de publicação da ata de julgamento de mérito, que ocorreu em 12/7/2023. Portanto, referido dispositivo é considerado constitucional até o dia 11/7/2023. A partir do dia 12/7/2023, é inválido.

Lembre-se de que o intervalo interjornada não se confunde com o descanso semanal remunerado, com duração de 24 horas consecutivas, como se verá a seguir.

INTERVALO INTERJORNADA

- Descanso entre duas jornadas (art. 66 do CLT)
- Período de, no mínimo, 11 horas consecutivas
- Se não for usufruído integralmente, gera o pagamento de horas extras (O.J. nº 355 do TST)

3.2. DSR – Descanso semanal remunerado e feriado (Lei nº 605/49)[685]

O descanso semanal remunerado[686] (DSR), ou repouso semanal remunerado (RSR), está previsto no art. 7º, XV, da CF, sendo garantido aos empregados urbanos e rurais e aos trabalhadores avulsos:

> **Art. 7º, XV, CF/88:** São direitos dos trabalhadores urbanos e rurais, além de outros que visem à melhoria de sua condição social: repouso semanal remunerado, preferencialmente aos domingos.

685. Esse tema foi cobrado nas provas para **Analista Judiciário – Área Judiciária – TRT 5/2022**, pela FCC, e **Técnico Judiciário – Área Administrativa – TRT 16/2022**, pela FGV.

686. Também chamado de repouso hebdomadário.

De acordo com o art. 611-B, IX, da CLT, acrescentado pela Reforma Trabalhista, constitui objeto ilícito de convenção e acordo coletivos de trabalho a supressão ou redução do descanso semanal remunerado:

> **Art. 611-B, CLT** *(acrescentado pela Reforma Trabalhista)*. Constituem objeto ilícito de convenção coletiva ou de acordo coletivo de trabalho, exclusivamente, a supressão ou a redução dos seguintes direitos:
>
> (...) IX – repouso semanal remunerado;

Esse período é de, no mínimo, 24 horas consecutivas, e será concedido pelo menos uma vez por semana, **preferencialmente** aos domingos. Independentemente da jornada do empregado (mesmo que trabalhe 6 horas por dia), terá direito ao descanso de 24 horas consecutivas. Esse período de descanso corresponde a uma interrupção[687] do contrato de trabalho, pois, embora não tenha prestação de serviços, há pagamento de salário.

O trabalhador que trabalhe em turnos ininterruptos de revezamento[688] também possui direito ao descanso semanal remunerado, sem que esse repouso descaracterize o sistema do turno ininterrupto.

Após a promulgação a Lei nº 13.103/2015, o motorista profissional que realizasse viagens de longa distância teria a possibilidade de fracionamento, em dois períodos, do repouso semanal remunerado de 24 horas, sendo um deles de, no mínimo, 30 horas ininterruptas, a serem cumpridos na mesma semana e em continuidade a um período de intervalo interjornada de 11 horas (art. 235-D, *caput* e § 1º, da CLT). Contudo, no julgamento da ADI nº 5322, de autoria da Confederação Nacional dos Trabalhadores em Transportes – CNTT, o STF entendeu pela inconstitucionalidade do dispositivo. Segundo o voto vencedor do Ministro Alexander de Moraes, o descanso semanal remunerado é direito social indisponível, pois ligado diretamente à dignidade e saúde do trabalhador, não admitindo flexibilização tendente a diminuí-lo ou impedi-lo.

Na Sessão Virtual de 4 a 11/10/2024, a Corte decidiu modular os efeitos da decisão de mérito na ADI 5322, julgada na Sessão Virtual de 23 a 30/6/2023, atribuindo-lhe efeitos *ex nunc* (não retroativos), a contar da data de publicação da ata de julgamento de mérito, que ocorreu em 12/7/2023. Portanto, referido dispositivo é considerado constitucional até o dia 11/7/2023. A partir do dia 12/7/2023, é inválido.

Para ter direito à remuneração durante o descanso semanal, é necessário que o empregado preencha dois requisitos:

a) **Frequência** no trabalho, na semana em que ocorrer o descanso. Assim sendo, faltas injustificadas possibilitam o desconto do dia em que houve a falta e do DSR. Faltas justificadas, como doação de sangue, comparecimento a audiência judicial, falecimento do cônjuge, não autorizam nenhum desconto.

b) **Pontualidade** do empregado. Atrasos injustificados durante a semana possibilitam o não pagamento do DSR.

687. Sobre interrupção e suspensão do contrato de trabalho ver capítulo VIII, item 7.

688. **Súmula nº 360 do TST:** "A interrupção do trabalho destinada a repouso e alimentação, dentro de cada turno, ou o intervalo para repouso semanal, não descaracteriza o turno de revezamento com jornada de 6 (seis) horas previsto no art. 7º, XIV, da CF/1988."

Os empregados que não cumprirem os requisitos anteriores perdem o direito apenas à remuneração. Contudo, o gozo do descanso semanal de 24 horas consecutivas fica mantido, ou seja, o repouso/descanso independe dos requisitos pontualidade e frequência.

3.2.1. Atestados médicos no Direito do Trabalho

No tocante às faltas justificadas em razão de enfermidade que impedem o desconto do DSR, destaca-se que o atestado médico será a prova de que o empregado estava impossibilitado de comparecer ao trabalho. Esse atestado deveria, em tese, seguir a ordem prevista em lei. Atualmente a ordem de apresentação dos atestados está prevista no art. 60, § 4º, da Lei nº 8.213/1991[689].

Há autores que estabelecem que a ordem de preferência, atualmente, é: a) atestados médicos de serviços mantidos pela empresa ou serviços conveniados; b) médicos mantidos pelo sindicato da categoria; c) rede pública de saúde; d) médico particular do empregado; e e) previdência social quando ultrapassar 15 dias de afastamento. Contudo, entendemos que é plenamente possível a apresentação de atestado sem a consideração da ordem recém-exposta. O atestado fornecido pelo empregado garante presunção relativa de veracidade das informações contidas e, portanto, deve ser considerado válido mesmo na hipótese de não ser observada a ordem de preferência. O atestado somente deve ser rejeitado caso seja comprovada a fraude no documento.

Discussão interessante ocorre, com frequência, quando há conflitos entre atestados médicos. Exemplo: médico psiquiatra do SUS sugere afastamento por 10 dias. Já o médico mantido pela empresa sugere afastamento por não mais de 5 dias. Nesse caso, qual atestado será o aplicado para o afastamento?

Entendemos que somente poderá ser desconsiderado o atestado se comprovada fraude do documento ou, ainda, se for analisado por junta médica da empresa[690], e que a decisão contrária ao período fixado anteriormente seja devidamente fundamentada. Caso contrário, o atestado emitido por médico é documento válido. A Súmula nº 15 apresenta apenas uma ordem de preferência dos atestados médicos, não excluindo os demais:

> **Súmula nº 15 do TST.** Atestado médico.
>
> A justificação da ausência do empregado motivada por doença, para a percepção do salário-enfermidade e da remuneração do repouso semanal deve observar a ordem preferencial dos atestados médicos estabelecida em lei.

Além disso, surge a discussão acerca do prazo de entrega dos atestados médicos ao empregador. Tendo em vista que não há na legislação nenhum prazo estabelecido para a entrega desses atestados, o instrumento coletivo de trabalho assume importante papel

689. **Art. 60, § 4º, Lei nº 8.213/1991.** "A empresa que dispuser de serviço médico, próprio ou em convênio, terá a seu cargo o exame médico e o abono das faltas correspondentes ao período referido no § 3º, somente devendo encaminhar o segurado à perícia médica da Previdência Social quando a incapacidade ultrapassar 15 (quinze) dias."

690. **Súmula nº 282 do TST.** "Ao serviço médico da empresa ou ao mantido por esta última mediante convênio compete abonar os primeiros 15 (quinze) dias de ausência ao trabalho."

de regulamentação ao fixar a data limite para sua apresentação. Em junho de 2016, o TST decidiu que o prazo para a entrega do atestado somente pode se iniciar após o final da licença, uma vez que o empregado está se recuperando no período prescrito pelo médico. No caso julgado, a norma coletiva determinava a entrega em 72 horas a partir do início da licença. Contudo, foi dada interpretação à norma para que o atestado pudesse ser apresentado em até 72 horas após o final da licença[691].

Na ausência de norma coletiva, entendemos que o empregado deve seguir o prazo estipulado no regulamento da empresa. Caso inexista dispositivo interno que determine o prazo de entrega, sustentávamos que, com base no princípio da proporcionalidade e razoabilidade, o empregado deveria apresentar o atestado no prazo máximo de 48 horas após o final da licença médica, por aplicação analógica do prazo para devolução da CTPS pelo empregador (art. 29 da CLT – redação antiga).

Contudo, a Lei nº 13.874/2019, conhecida como Lei de Liberdade Econômica, alterou o prazo de anotação da CTPS para cinco dias úteis, o que tornou essa analogia menos razoável. Dado o cenário atual e as facilidades proporcionadas pelos meios digitais (e-mail, WhatsApp), considera-se mais prático e recomendável que o empregado informe seu empregador imediatamente sobre o afastamento, enviando uma cópia digital do atestado médico assim que possível.

Independentemente do envio do atestado físico, é fundamental que o empregado dê ciência ao empregador sobre sua condição de saúde e a necessidade de ausência tão logo receba orientação médica, de forma a garantir transparência e permitir que a empresa se organize durante o período de afastamento

Outra discussão relevante é se há um número máximo de atestados que o trabalhador pode apresentar. A resposta é negativa. Não há, no ordenamento jurídico trabalhista, limitação ao número de atestados que podem ser apresentados pelo empregado. Dessa forma, o empregador não pode recusar aceitar o documento do empregado e, consequentemente, abonar sua falta ao serviço sob a justificativa de excesso de atestados.

3.2.2. Trabalho no DSR e feriados

O trabalho em dias de repouso semanal remunerado e em feriados é excepcional, apenas podendo ocorrer nos casos em que a execução do serviço seja imposta por exigências técnicas da empresa, nos termos do art. 8º da Lei nº 605/1949.

O tema era regulamentado por uma série de decretos e outros atos infralegais, que versavam sobre autorizações permanentes e provisórias, mas que foram expressamente anuladas ou revogadas em 2021. Aqui, é interessante uma breve contextualização.

No ano de 2018, o Sr. Jair Messias Bolsonaro foi eleito Presidente do Brasil. Uma de suas principais bandeiras era a do liberalismo econômico (neoliberalismo), sustentada pelo seu time de Ministros de Estado, principalmente o da Economia, Sr. Paulo Guedes.

691. Processo nº TST-RR-1360-50.2013.5.04.0010 – Relatora Ministra Kátia Magalhães Arruda – 6ª Turma – Data de julgamento: 15/06/2016.

Essa onda neoliberalista fez com que, em 2019 (Lei nº 13.844/2019), o mais antigo Ministério até então – Ministério do Trabalho – fosse extinto e suas atribuições repartidas entre os Ministérios da Economia, da Justiça e Segurança Pública e da Cidadania. A ideia do Governo era uma atuação integrada entre o Trabalho e a Economia, de sorte a tornar mais simples a atividade empreendedora no País.

Em 2021, o Ministério do Trabalho é recriado (Lei nº 14.261, de 16 de dezembro de 2021), sem, contudo, deixar de lado a ideologia neoliberal que lhe levou à extinção anos antes. Com o objetivo de desburocratizar, trazer modernidade, praticidade e celeridade ao dia a dia do trabalho, sem perda de direitos trabalhistas (conforme o site do Ministério do Trabalho), em 10 de novembro de 2021, o, então, Presidente Bolsonaro assinou 15 normas infralegais que compõem o Marco Regulatório Trabalhista Infralegal. Dentre essas normas, a principal é o Decreto nº 10.854/2021, o qual chamaremos, genericamente, por Marco Regulatório Trabalhista.

O Decreto nº 10.854/2021, como as normas que substituiu, deixa algumas matérias abertas à posterior regulamentação e detalhamento pelo Ministério do Trabalho. Essa disciplina veio, dentre outras, com a Portaria MTP nº 671/2021. Um dos temas que ganhou regulamentação atualizada foi trabalho no DSR e em feriados. Atualmente, portanto, o tema é regulamentado por essas duas normas:

a) **o Decreto nº 10.854**, de 10 de novembro de 2021, intitulado pelo governo de Marco Regulatório Trabalhista Infralegal; e

b) **a Portaria MTP nº 671**, de 11 de novembro de 2021.

Apesar da anulação e revogação de diversas portarias e decretos que regulamentavam o tema, bem como da publicação dos novos diplomas infralegais, não houve mudança substancial na matéria. Assim, tal como já ocorria com a regulamentação anterior, é possível a seguinte divisão entre as autorizações para trabalho no DSR e feriados:

1) **Autorização para trabalho em feriados e DSR de caráter transitório** – disciplinada pela Portaria MTP nº 671/2021[692], no caso de atividades em geral;

2) **Autorização para trabalho em feriados e DSR de caráter permanente** – estabelecidas no Anexo IV da Portaria MTP nº 671/2021[693], no caso de atividades em geral;

3) **Já o trabalho em domingos e feriados no comércio** é regido pela Lei nº 10.101/2000, que não foi (e nem poderia ser) impactada pelas alterações infralegais, conforme será visto a seguir.

Note que são 3 (três) as modalidades de autorizações para o trabalho aos domingos e feriados, sendo que duas dessas modalidades (transitória e permanente) referem-se a **atividades gerais**, enquanto a outra, relativa ao **comércio em geral**, desde que preenchidos os requisitos legais é sempre permanente, pois decorre da lei:

---

692. O art. 400, CXI, da Portaria MTP nº 671/2021 revogou a Portaria nº 945/2015 do Ministério do Trabalho, que regulamentava o tema.

693. A autorização permanente para atividades em geral, antes, levava em consideração as atividades dispostas no Anexo do Decreto nº 27.048/1949. O Decreto nº 27.048/1949, contudo, foi revogado pelo Marco Regulatório Trabalhistas (art. 187, I).

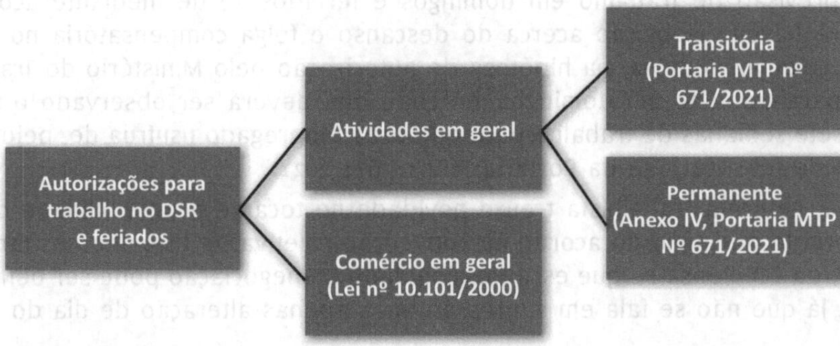

3.2.2.1. Autorização para o trabalho em domingos e feriados em atividades em geral

O trabalho em domingos e feriados recebe regulamentação distinta a depender da atividade exercida pelo empregador, podendo a autorização se dar de forma permanente ou transitória:

1) **Autorização permanente:** Caso a atividade econômica do empregador esteja elencada no Anexo IV da Portaria MPT nº 671/2021, a autorização para o trabalho será permanente. Nesse em um período máximo de sete semanas de trabalho, cada empregado deve usufruir de, pelo menos, um domingo de folga.

2) **Autorização transitória:** Caso a atividade não conste no Anexo IV da Portaria MTP nº 671/2021, o trabalho em domingos e feriados poderá ocorrer por meio de autorização provisória, que deverá obedecer ao previsto nos artigos 56 a 61 da Portaria MPT nº 671/2021. Essa autorização pode ocorrer:

   a) ocorrer motivo de **força maior**;

   b) para atender à realização ou conclusão de **serviços inadiáveis** ou **necessidade imperiosa** de serviço ou quando a inexecução das atividades puder acarretar prejuízo manifesto, desde que a empresa obtenha autorização prévia do Ministério do Trabalho e Emprego, mediante fundamentação técnica pela realização ou conclusão de serviços inadiáveis ou cuja inexecução possa acarretar prejuízo manifesto à requerente.

Veja, portanto, que não há mais previsão expressa nas normas que detalham o art. 68 da CLT acerca da possibilidade de autorização transitória mediante acordo coletivo específico firmado entre empregadores e entidade representativa da categoria profissional de empregados, como havia na regulamentação anterior (Portaria nº 945/2015 do Ministério do Trabalho).

De qualquer forma, a Reforma Trabalhista trouxe novas hipóteses de flexibilização das normas sobre a duração do trabalho, como a possibilidade de norma coletiva dispor sobre jornada de trabalho, banco de horas, intervalos intrajornada, prorrogação de jornada em ambientes insalubres, sem licença prévia das autoridades competentes do Ministério do Trabalho e Emprego. Portanto, entendemos ser possível a autorização transitória para trabalho aos domingos e feriados nas atividades em geral por meio de acordo coletivo específico firmado entre empregadores e entidade representativa da categoria profissional.

Caso a previsão de trabalho em domingos e feriados se dê mediante acordo coletivo, deverá haver disposição acerca do descanso e folga compensatória no próprio instrumento coletivo. Todavia, na hipótese de autorização pelo Ministério do Trabalho e Emprego o para trabalho em domingos, entendo que deverá ser observado o período máximo de sete semanas de trabalho para que cada empregado usufrua de, pelo menos, um domingo de folga (art. 58 da Portaria MPT nº 671/2021).

Por fim, a Reforma Trabalhista trouxe novidade no tocante à possibilidade de troca do dia de feriado por meio de acordo ou convenção coletiva de trabalho nos termos do art. 611-A, XI, da CLT. Pensa-se que essa possibilidade de negociação pode ser benéfica ao trabalhador, já que não se fala em supressão, mas apenas alteração de dia do feriado.

> **Art. 611-A da CLT** (Inserido pela Reforma Trabalhista): A convenção coletiva e o acordo coletivo de trabalho têm prevalência sobre a lei quando, entre outros, dispuserem sobre: (...) XI – troca do dia de feriado;

O Brasil é criticado pela quantidade de feriados previstos. O dispositivo foi criado para que os feriados prolongados possam ser suprimidos. Por exemplo, feriado que ocorre em uma terça-feira é transferido para a segunda-feira, evitando a redução do serviço prestado caso houvesse o prolongamento na segunda e na terça-feira.

3.2.2.1.1. Autorização transitória

O procedimento para solicitar a autorização transitória está disciplinado no artigo 58 da Portaria MTP nº 671/2021. O artigo em questão prevê a necessidade de instruir o requerimento com lado técnico fundamentado, que leve à conclusão da necessidade do trabalho aos domingos e feriados. Exige, ainda, escala de revezamento, mensalmente organizada e sujeita à fiscalização, de modo que o repouso semanal remunerado coincida, pelo menos uma vez no período máximo de sete semanas, com o domingo. Ressalta-se, por fim, que, nas atividades do comércio em geral, o período máximo para que o repouso semanal recaia no domingo é de três semanas.

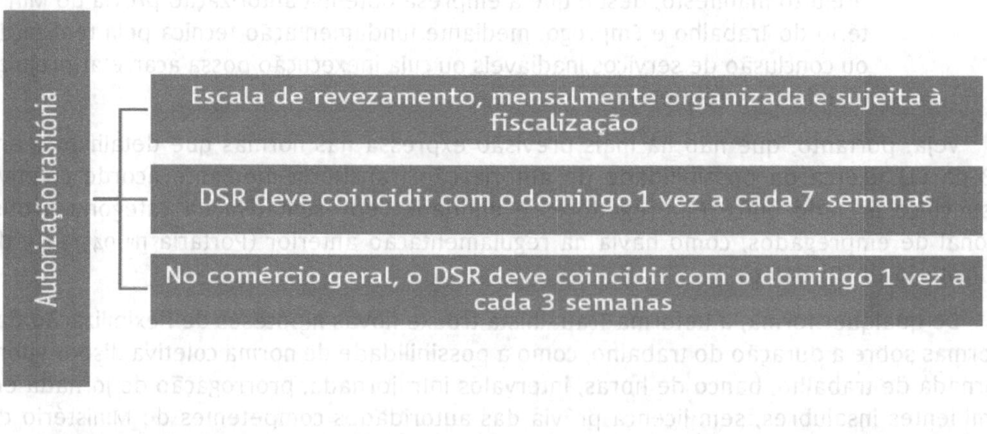

A autorização transitória poderá ser concedida pelo prazo de até sessenta dias a cada vez (art. 57 da Portaria MTP nº 671/2021 e art. 155, II, do Decreto nº 10.854/2021).

3.2.2.1.2. Autorização permanente

Caso elencada no Anexo IV da Portaria MTP nº 671/2021, a autorização para o trabalho será permanente.

As regras procedimentais exigidas para a concessão da autorização transitória pelo MTE aplicam-se aos requerimentos de autorização permanente. Dessa forma, há a exigência de escala de revezamento mensal e do descanso semanal remunerado coincidir com o domingo a cada, no máximo, sete semanas nas atividades gerais e três semanas nas atividades de comércio em geral, conforme art. 63 da Portaria MTP nº 671/2021:

> **Art. 63 da Portaria MTP nº 671/2021.** Os § 1º, § 2º e § 3º do art. 58 também se aplicam à autorização permanente para trabalho aos domingos e feriados.

Em 13 de novembro de 2023, o Ministério do Trabalho e Emprego publicou a Portaria 3.665/2023, que revoga a autorização permanente para o trabalho aos domingos e feriados a diversos setores do comércio:

a) Comércio varejista de peixe;

b) Comércio varejista de carnes frescas e caça;

c) Comércio varejista de frutas e verduras;

d) Comércio varejista de aves e ovos;

e) Comércio varejista de produtos farmacêuticos (farmácias, inclusive manipulação de receituário);

f) Comércio de artigos regionais nas estâncias hidrominerais;

g) Comércio em portos, aeroportos, estradas, estações rodoviárias e ferroviárias;

h) Comércio em hotéis;

i) Comércio em geral;

j) Atacadistas e distribuidores de produtos industrializados;

k) Revendedores de tratores, caminhões, automóveis e veículos similares; e

l) Comércio varejista em geral.

Para essas atividades, o trabalho aos domingos e feriados dependerá de autorização em convenção coletiva de trabalho com o sindicato da categoria profissional, observada a legislação municipal.

A medida não foi bem recepcionada pelo setor econômico, que temia pela perda de faturamento, principalmente em virtude da proximidade das festas de final de ano. O Congresso Nacional, aliás, começou a se movimentar para a aprovação de uma autorização legal para o trabalho aos domingos e feriados ao terceiro setor. Pressionado, o Ministros de Estado do Trabalho e Emprego, Luiz Marinho, adiou sucessivas vezes a entrada em vigor da Portaria para que a Mesa Nacional de Negociação tripartite (composta por representante dos Governo, empregadores e trabalhadores) pudesse dialogar e chegar a um acordo. Ao tempo de fechamento desta edição, a entrada em vigor da Portaria MTE 3.665/2023 está prevista para o dia 1º de março de 2026, conforme Portaria MTE nº 1.066, de 17 de junho de 2025.

3.2.2.2. Trabalho em domingos e feriados no comércio em geral

As disposições acima citadas, todavia, não se aplicam aos empregados do comércio em geral, tendo em vista a existência de regulamentação específica a tais trabalhadores. Esse é o entendimento que vem se consolidando no TST[694].

Assim, as atividades de comércio em geral têm autorização legal (Art. 6º da Lei nº 10.101/2000) para funcionar no domingo, desde que: a) observada a legislação municipal; e b) o DSR coincida, pelo menos uma vez no período máximo de três semanas, com o domingo. Esse período de três semanas poderá ser modificado desde que haja instrumento coletivo (convenção ou acordo coletivo):

> **Art. 6º** da Lei nº 10.101/2000: Fica autorizado o trabalho aos domingos nas atividades do comércio em geral, observada a legislação municipal, nos termos do art. 30, inciso I, da Constituição.
>
> Parágrafo único. O repouso semanal remunerado deverá coincidir, pelo menos uma vez no período máximo de três semanas, com o domingo, respeitadas as demais normas de proteção ao trabalho e outras a serem estipuladas em negociação coletiva

Já nos casos de trabalho em feriados no comércio em geral, é necessária expressa autorização em convenção coletiva, ou seja, negociação ajustada entre os sindicatos representativos dos trabalhadores e empregadores (art. 6º-A da Lei nº 10.101/2000).

Antes do art. 6º-A da Lei nº 10.101/2000, inserido pela Medida Provisória n° 388/2007, convertida na Lei n° 11.603/07, com base no princípio da proteção, o TST adotava entendimento no sentido de que o trabalho em feriados não poderia ser autorizado por acordo coletivo[695].

3.2.2.3. Escala de revezamento quinzenal para empregadas mulheres

Cabe destacar, ainda, que há previsão de revezamento quinzenal para mulheres quando houver trabalho no domingo para que seja fornecido o descanso semanal remunerado:

> **Art. 386 da CLT:** Havendo trabalho aos domingos, será organizada uma escala de revezamento quinzenal, que favoreça o repouso dominical.

Nesse ponto, há intenso debate acerca da recepção ou não deste artigo pela Constituição Federal de 1988. Para o Ministro e Professor Sergio Pinto Martins[696], esse preceito é discriminatório em relação ao homem, que não goza da mesma proteção.

694. TST - Ag-RO - 22061-23.2017.5.04.0000, Relatora Ministra: Delaíde Miranda Arantes, Data de Julgamento: 05/06/2018, Subseção II Especializada em Dissídios Individuais, Data de Publicação: DEJT 22/06/2018; TST - RR - 112101- 85.2008.5.05.0017, Relator Ministro: Hugo Carlos Scheuermann, Data de Julgamento: 26/04/2017, 1ª Turma, Data de Publicação: DEJT 28/04/2017.

695. Informativo nº 17 do TST.

696. MARTINS, Sergio Pinto. **Comentários à CLT.** 19. ed. São Paulo: Atlas, 2015, p. 342.

Há posicionamento doutrinário[697] que entende por justificável a discriminação entre homens e mulheres exposta neste artigo diante do relevante papel da mulher na manutenção dos laços familiares e pelas peculiaridades do seu trabalho.

O tema é polêmico e foi levado ao STF. Uma grande loja varejista do ramo têxtil, em reclamação trabalhista individual, interpôs recurso extraordinário (RE 1403904/SC), questionando à Corte, justamente, a constitucionalidade do art. 386 da CLT. Em placar apertado, de 3 a 2, prevaleceu na Primeira Turma do STF o entendimento da Min. Carmén Lúcia, no sentido de que a proteção diferenciada e concreta ao trabalho da mulher tem o objetivo de resguardar a saúde da trabalhadora, considerando suas condições específicas impostas pela realidade social e familiar, afastando qualquer ofensa ao princípio da isonomia.

Assim, foi reconhecida a constitucionalidade do referido dispositivo, não sendo aplicável às mulheres o art. 6º da Lei 10.101/2000, que estabelece a obrigatoriedade de o repouso semanal remunerado, nas atividades do comércio, coincidir com o domingo pelo menos uma vez a cada três semanas.

Essa decisão não constitui um precedente vinculante e não, no RE analisado, não houve fixação de tese de repercussão geral. Os demais órgãos do Poder Judiciário não estão obrigados a seguir o entendimento adotado pela Turma, mas, certamente, servirá de base para tantas outras reclamações trabalhistas que envolvem o revezamento quinzenal para empregadas mulheres.

3.2.3. Consequências do trabalho no DSR

O descanso semanal foi criado para evitar o cansaço excessivo, constituindo norma de proteção à saúde do trabalhador. Assim sendo, se houver trabalho no dia destinado ao repouso, há necessidade de folga compensatória em outro dia da semana. Se o empregado descansar em outro dia, não há pagamento de nenhuma indenização.

Na ausência da folga compensatória, o empregador estará obrigado a pagar remuneração em dobro[698], ou seja, além da remuneração normal, já contratada, deverá pagar a hora trabalhada mais adicional de 100%. Essa regra é aplicada ao trabalho no DSR e também nos **feriados**. Aliás, se o descanso for concedido após o sétimo dia consecutivo de trabalho, também haverá pagamento em dobro[699].

Em novembro de 2016, o TST[700] decidiu que o empregado que exerce cargo de gestão e não está submetido ao controle de jornada (art. 62, II, CLT) deve ter assegurado o gozo do repouso semanal remunerado e da folga em feriados. Caso o empregado não usufrua desse direito ou não haja folga compensatória, deve receber a remuneração em dobro dos dias trabalhados. De acordo com o tribunal, o objetivo do art. 62, II, CLT é excluir o pagamento de horas extras ao trabalhador ocupante de

697. SCHIAVI, Mauro. Consolidação das Leis do Trabalho comentada. São Paulo: Juspodivm, 2021, p. 386, p. 394.

698. **Súmula nº 146 do TST.** "O trabalho prestado em domingos e **feriados**, não compensado, deve ser pago em dobro, sem prejuízo da remuneração relativa ao repouso semanal." (grifo acrescido)

699. **Orientação Jurisprudencial nº 410 da SDI-I do TST**: "Viola o art. 7º, XV, da CF a concessão de repouso semanal remunerado após o sétimo dia consecutivo de trabalho, importando no seu pagamento em dobro".

700. Informativo nº 149 do TST.

cargo de confiança, mas isso não retira o direito constitucionalmente assegurado ao repouso semanal remunerado.

TRABALHO NO DESCANSO SEMANAL

- Se houver folga compensatória, não há pagamento de qualquer indenização
- Se não concedido descanso em outro dia, ou se concedido após o sétimo dia consecutivo de trabalho, há pagamento em dobro (Súmula nº 146, TST e OJ nº 410, TST):

DSR e feriados	Dobra	
 Pagamento já incluído na remuneração mensal	 Dia de trabalho	 Adicional 100%
Obs.: O pagamento corresponderá, portanto, a três dias de trabalho.		

Importante alteração promovida pela Reforma Trabalhista, diz respeito à jornada 12 x 36. Segundo o art. 59-A da CLT, a remuneração do empregado sujeito a este regime abrange os pagamentos devidos pelo descanso semanal remunerado:

> **Art. 59-A da CLT** *(com redação dada pela Reforma Trabalhista)*: Em exceção ao disposto no art. 59 desta Consolidação, é facultado às partes, mediante acordo individual escrito, convenção coletiva ou acordo coletivo de trabalho, estabelecer horário de trabalho de doze horas seguidas por trinta e seis horas ininterruptas de descanso, observados ou indenizados os intervalos para repouso e alimentação.
>
> Parágrafo único. A remuneração mensal pactuada pelo horário previsto no caput deste artigo abrange os pagamentos devidos pelo descanso semanal remunerado e pelo descanso em feriados, e serão considerados compensados os feriados e as prorrogações de trabalho noturno, quando houver, de que tratam o art. 70 e o § 5º do art. 73 desta Consolidação.

3.2.4. Remuneração do DSR

A remuneração do DSR está prevista no art. 7º da Lei nº 605/1949. Para os empregados que recebem o salário por mês ou por quinzena, consideram-se já remunerados os dias do DSR. Ademais, o adicional de insalubridade já remunera os dias do DSR[701]. O mesmo raciocínio é utilizado para os empregados que recebem gratificação mensal, pois o valor do DSR já estará incluído nessa parcela[702].

Quanto às horas extras habitualmente prestadas e a integração do seu adicional no DSR, é preciso um debate maior, motivo pelo qual abordaremos o tema em tópico apartado. De qualquer sorte, cumpre esclarecer que as horas extras, habitualmente prestadas,

701. **Orientação Jurisprudencial nº 103 da SDI-I**. "O adicional de insalubridade já remunera os dias de repouso semanal e feriados."

702. **Súmula nº 225 do TST**: "As gratificações por tempo de serviço e produtividade, pagas mensalmente, não repercutem no cálculo do repouso semanal remunerado".

refletem-se no valor do DSR[703]. Assim, se o trabalhador presta horas suplementares, terá acrescido o valor do descanso. Ainda, conforme explicado no tópico seguintes, esse valor do DSR, acrescido das horas extras, repercute nas férias, décimo terceiro, aviso e FGTS, não havendo que se falar em dupla incidência de adicionais[704]. O adicional de hora extra reflete-se diretamente nas demais parcelas como: férias, aviso etc.

Para os empregados que trabalham por tarefa ou peça (salário por produção), o DSR corresponderá ao salário recebido durante a semana, em razão das peças e tarefas executadas, no horário normal de trabalho, divididos pelos dias efetivamente prestados ao empregador. Exemplo: cortador de cana-de-açúcar que recebe por produção, ganha em média R$ 50,00 por dia, durante 6 dias por semana. Nesse caso, o DSR será de R$ 50,00 (R$ 300,00 dividido por 6 dias trabalhados).

O professor que receber salário mensal à base de hora-aula, portanto recebe salário por produção, tem direito ao acréscimo de 1/6 a título de DSR, considerando para esse fim o mês de 4 semanas e meia, conforme previsto na Súmula nº 351 do TST[705]. Lembre-se de que esse acréscimo de 1/6 não será dado ao professor que ganha salário mensal fixo.

Verifica-se, assim, que, independentemente da forma do pagamento, seja por tempo, seja por comissão, é devida a remuneração do DSR[706]. Nesse sentido, ensina Sergio Pinto Martins:

> A Lei nº 605/49 traz exceções ao dispositivo, mas não ocorre em relação ao comissionista. Todos têm o direito à remuneração do repouso semanal remunerado e dos feriados. A lei não faz distinção em relação à forma de remuneração do empregado. Não importa, portanto, se o trabalhador recebe à base de comissões, se trabalha numa certa praça (pracista) ou se não tem controle de presença ou de horário de trabalho[707].

E ainda, para o empregado em domicílio, o DSR corresponde ao quociente da divisão por 6 seis da importância total da sua produção na semana. Exemplo: empregado trabalhou 4 dias na semana. Soma-se o valor recebido nesses dias trabalhados e depois divide-se por 6, que são os dias úteis da semana. O resultado será o valor do DSR.

Importante frisar que as gorjetas têm natureza remuneratória (não salarial), por isso não há repercussão no cálculo do DSR, ou seja, trabalhador que é pago por meio de gorjetas não terá reflexo dessa parcela sobre o DSR[708].

---

703. **Súmula nº 172 do TST.** "Computam-se no cálculo do repouso semanal remunerado as horas extras habitualmente prestadas."

704. **Orientação Jurisprudencial nº 394 da SDI-I do TST:**
REPOUSO SEMANAL REMUNERADO. INTEGRAÇÃO DAS HORAS EXTRAS. REPERCUSSÃO NO CÁLCULO DAS FÉRIAS, DÉCIMO TERCEIRO SALÁRIO, AVISO PRÉVIO E DEPÓSITOS DO FGTS.
I. A majoração do valor do repouso semanal remunerado decorrente da integração das horas extras habituais deve repercutir no cálculo, efetuado pelo empregador, das demais parcelas que têm como base de cálculo o salário, não se cogitando de bis in idem por sua incidência no cálculo das férias, da gratificação natalina, do aviso prévio e do FGTS.
II. O item I será aplicado às horas extras trabalhadas a partir de 20.03.2023.

705. **Súmula nº 351 do TST:** O professor que recebe salário mensal à base de hora-aula tem direito ao acréscimo de 1/6 a título de repouso semanal remunerado, considerando-se para esse fim o mês de quatro semanas e meia.

706. **Súmula nº 27 do TST:** "É devida a remuneração do repouso semanal e dos dias feriados ao empregado comissionista, **ainda que pracista**". (grifo acrescido)

707. MARTINS, Sergio Pinto. *Comentários às Súmulas do TST*. 6. ed. São Paulo: Atlas, 2009. p. 24.

708. **Súmula nº 354 do TST.** "As gorjetas, cobradas pelo empregador na nota de serviço ou oferecidas espontaneamente pelos clientes, integram a remuneração do empregado, não servindo de base de cálculo para as parcelas de aviso-prévio, adicional noturno, horas extras e repouso semanal remunerado."

3.2.4.1. Integração do adicional de horas extras no DSR e a alteração da OJ nº 394 da SDI-I do TST

Conforme acima comentado, as horas extras, se pagas com habitualidade, refletem nas demais verbas trabalhistas. Assim sendo, o valor das horas extraordinárias vai integrar o valor do DSR (salário básico + média das horas extras prestadas). Nesse sentido prescreve a Súmula nº 172 do TST, que, em verdade, já poderia ter sido cancelada, pois a própria legislação já prevê a integração das horas extraordinárias ao DSR. De acordo com o art. 7º da Lei nº 605/49:

> **Art. 7º**: A remuneração do repouso semanal corresponderá:
>
> a) para os que trabalham por dia, semana, quinzena ou mês, à de um dia de serviço, **computadas as horas extraordinárias habitualmente prestadas**; (grifos acrescidos)
>
> b) para os que trabalham por hora, à de sua jornada normal de trabalho, **computadas as horas extraordinárias habitualmente prestadas**; (grifos acrescidos)

Em 2010, o TST publicou a OJ nº 394, prevendo que o valor acrescido ao DSR, em razão do reflexo das horas extras, não repercutiria no cálculo das férias, do décimo terceiro, do aviso-prévio e do FGTS, pois configuraria duplo pagamento (*bis in idem*):

> **Orientação Jurisprudencial nº 394 da SDI – I do TST (REDAÇÃO ANTIGA).** Repouso semanal remunerado – RSR. Integração das horas extras. Não repercussão no cálculo das férias, do décimo terceiro salário, do aviso-prévio e dos depósitos do FGTS.
>
> A majoração do valor do repouso semanal remunerado, em razão da integração das horas extras habitualmente prestadas, não repercute no cálculo das férias, da gratificação natalina, do aviso-prévio e do FGTS, sob pena de caracterização de *bis in idem*.

Por outro lado, a jurisprudência do TRT da 5ª Região estabelece que a repercussão das horas extras habituais no DSR incide no cálculo das demais parcelas da remuneração do trabalhador sem a incidência de *"bis in idem"*:

> **Súmula nº 19 do TRT da 15ª Região**: Repouso semanal remunerado. Diferenças decorrentes das horas extras em outros consectários legais. Integração. Inexistência de bis in idem.
>
> Deferida a repercussão das horas extras habituais no repouso semanal remunerado, na forma autorizada na súmula n. 172 do C. TST, a incidência das diferenças daí advindas na remuneração obreira é direito inquestionável, tratando-se, na verdade, de consequência reflexa lógica, pois, se a base de cálculo da parcela do repouso semanal se modifica, a composição da remuneração também deverá sofrer a mesma alteração, sem que se cogite, nesse procedimento, de bis in idem.

Diante do conflito de posicionamentos entre a jurisprudência do TST e a Súmula do TRT da 5ª Região, o tema foi levado à discussão no âmbito do TST na condição de recurso de revista repetitivo[709].

Em 09/02/2017, o TST acolheu a proposta de Incidente de Recurso de Revista Repetitivo no processo RR – 10169-57.2013.5.05.0024, referente à tese: "Repouso semanal remunerado – RSR – integração das horas extraordinárias habituais – repercussão nas demais parcelas salariais – bis in idem – edição de Súmula do TRT da 5ª Região contrária a jurisprudência iterativa e notória do Tribunal Superior do Trabalho (Orientação Jurisprudencial 394 da SBDI-1 do TST."

No julgamento da matéria, a SDI-I estava formando maioria de julgamento no sentido de não considerar *"bis in idem"* a repercussão nas demais parcelas salariais do valor das horas extras integradas no DSR. Tendo em vista que a decisão é oposta à OJ nº 394 da SDI-I do TST, o julgamento foi suspenso e remetido ao Tribunal Pleno para decidir acerca do cancelamento ou manutenção de referida orientação.

Em sessão realizada no dia 20/03/2023, o Tribunal Superior do Trabalho decidiu, em sua configuração Plena e por maioria, em alterar a redação da OJ nº 394 da SDI-I, aprovando a seguinte tese jurídica para o Tema Repetitivo 9, que orientou a nova redação da OJ 394:

> **OJ nº 394 da SDI1 do TST (NOVA REDAÇÃO): REPOUSO SEMANAL REMUNERADO. INTEGRAÇÃO DAS HORAS EXTRAS. REPERCUSSÃO NO CÁLCULO DAS FÉRIAS, DÉCIMO TERCEIRO SALÁRIO, AVISO PRÉVIO E DEPÓSITOS DO FGTS.**
>
> I. A majoração do valor do repouso semanal remunerado decorrente da integração das horas extras habituais deve repercutir no cálculo, efetuado pelo empregador, das demais parcelas que têm como base de cálculo o salário, não se cogitando de bis in idem por sua incidência no cálculo das férias, da gratificação natalina, do aviso prévio e do FGTS.
>
> II. O item I será aplicado às horas extras trabalhadas a partir de 20.03.2023.

Restou vencedora a tese a tese do relator do IRR, Min. Amaury Rodrigues (que substituiu o Min. Márcio Eurico Vitral Amaro na relatoria do processo e adotou integralmente o seu voto), de que o valor majorado do DSR, decorrente da integração das horas extras habituais, deve repercutir no cálculo das demais parcelas que têm como base de cálculo o salário. Conforme explicou, as horas extras habituais e as respectivas diferenças de DSR são parcelas autônomas, que compõe o complexo remuneratório do trabalhador. Por isso, as duas devem ser individualmente consideradas no cálculo de parcelas que têm como base a remuneração.

Apesar de ter votado pela manutenção da redação original da OJ 394, caso restasse vencido, o que de fato se verificou, o Min. Sergio Pinto Martins propôs que a decisão de alteração da OJ somente eficácia a partir de 20/03/2023, data do julgamento do IRR pelo Pleno.

---

709. A Lei nº 13.015/14 introduziu o recurso de revista repetitivo (CLT, arts. 896-B e 896-C). Trata-se de um julgamento por amostragem, já que o C. TST escolhe alguns processos e forma uma tese jurídica a ser aplicada aos demais processos idênticos ou semelhantes. Antigamente, essa aplicação era obrigatória apenas para os processos que estavam em curso. Com o CPC/2015, tal decisão é considerada um precedente obrigatório, de modo a ser observado para os julgamentos futuros (art. 15, I, "a", Instrução Normativa nº 39 do TST).

Acolhida proposta de modulação de efeitos, a majoração do valor do repouso semanal remunerado decorrente da integração das horas extras habituais só passa a repercutir no cálculo das demais parcelas que têm como base de cálculo o salário a partir de 20/03/2023.

3.3. Feriados

A Constituição Federal não fez menção aos feriados, entretanto esse instituto é regulamentado pela mesma lei do DSR (nº 605/49) e pelo art. 70 da CLT. Consiste no período de 24 horas em que não há prestação de serviços, mas o empregador fica obrigado a pagar a remuneração. Em regra, é proibido o trabalho nos feriados nacionais e feriados religiosos.

A sistemática é a mesma do descanso semanal remunerado – DSR. Se houver trabalho no feriado sem que haja folga compensatória, há necessidade de pagamento em dobro, sem prejuízo da remuneração do feriado. Ademais, os requisitos para que o feriado seja remunerado são os mesmos: frequência e pontualidade.

Com a Reforma Trabalhista, previu-se que a remuneração mensal pactuada no regime 12 x 36 abrange os pagamentos devidos pelo descanso em feriados, nos termos do art. 59-A, parágrafo único da CLT. Além disso, a jornada pode ser pactuada por acordo individual sem que haja necessidade de excepcionalidade da atividade desenvolvida. Com isso, a Súmula nº 444 do TST parece superada:

> **Súmula nº 444 do TST:** É valida, em caráter excepcional, a jornada de doze horas de trabalho por trinta e seis de descanso, prevista em lei ou ajustada exclusivamente mediante acordo coletivo de trabalho ou convenção coletiva de trabalho, assegurada a remuneração em dobro dos feriados trabalhados. O empregado não tem direito ao pagamento de adicional referente ao labor prestado na décima primeira e décima segunda horas.

É importante destacar que o art. 5º, "a", da Lei nº 605/49 excluía o direito ao repouso remunerado nos feriados dos empregados domésticos. Esse artigo foi revogado, estendendo aos empregados domésticos o direito aos feriados remunerados. Atualmente, o art. 2º, § 8º, LC nº 150/2015 estabelece expressamente o pagamento em dobro no trabalho realizado em feriados e não compensados:

> **Art. 2º, § 8º, LC nº 150/2015:** O trabalho não compensado prestado em domingos e feriados deve ser pago em dobro, sem prejuízo da remuneração relativa ao repouso semanal.

A troca do dia de feriados também poderá ser objeto de instrumento coletivo. Essa possibilidade de negociação não trará prejuízos diretos ao trabalhador, já que não se fala em supressão, mas apenas alteração de dia do feriado:

> **Art. 611-A, XI, da CLT:** A convenção coletiva e o acordo coletivo de trabalho têm prevalência sobre a lei quando, entre outros, dispuserem sobre: troca do dia de feriado.

Lembre-se de que o feriado trabalhado, mas não compensado, deve ser pago em dobro, nos termos da Súmula nº 146 do TST, que continua válida:

> **Súmula nº 146 do TST.** O trabalho prestado em domingos e feriados, não compensado, deve ser pago em dobro, sem prejuízo da remuneração relativa ao repouso semanal.

O Brasil é criticado pela quantidade de feriados previstos. O dispositivo foi criado para que os feriados prolongados possam ser suprimidos. Por exemplo, feriado que ocorre em uma terça-feira é transferido para a segunda-feira, evitando a redução do serviço prestado caso houvesse o prolongamento na segunda e na terça-feira. Dessa nossa opinião, é saudável que o dia de folga seja acordado pelas próprias partes da relação de emprego.

De acordo com o TST[710], somente é possível o trabalho em feriados no comércio caso previsto em convenção coletiva. Não se admite a previsão em acordo coletivo para essa prestação de serviços.

3.4. Férias[711]

- **Art. 7º, inciso XVII, CF/88**
- **Arts. 129 a 141, CLT**
- **Súmula nº 46 do TST**
- **Súmula nº 328 do TST**
- **Súmula nº 450 do TST**

3.4.1. *Introdução*

O descanso durante o período de férias tem como objetivo evitar o cansaço excessivo e preservar a saúde do trabalhador. Nesse período de descanso prolongado, não há prestação de serviços, mas há pagamento de salário e o período de afastamento é contado para todos os efeitos. Corresponde, portanto, a uma hipótese de interrupção do contrato de trabalho. Esse direito tem previsão constitucional, art. 7º, XVII:

> **Art. 7º, XVII, CF/88:** São direitos dos trabalhadores urbanos e rurais, além de outros que visem à melhoria de sua condição social: gozo de férias anuais remuneradas com, pelo menos, um terço a mais do que o salário normal.

3.4.2. *Período aquisitivo*

Para que o empregado tenha direito às férias, é necessário que preste doze meses de serviços. Após esse período terá adquirido o direito de férias. Esse intervalo de doze meses para aquisição do direito de férias é chamado de período aquisitivo.

3.4.3. *Duração do período de férias*

A duração das férias estará intimamente ligada às faltas injustificadas cometidas pelo empregado ao longo do período aquisitivo. A proporção de faltas e do período de descanso está prevista no art. 130 da CLT, conforme demonstrado a seguir. Note-se que o desconto referente às faltas injustificadas ocorrerá na semana em que houver a ausência injustificada, descontando, inclusive, o descanso semanal remunerado daquela

710. Informativo nº 17 do TST.
711. Esse é um dos temas mais cobrados nas provas de TRTs. Somente em 2022, foram **9 QUESTÕES** sobre o tema, em **7 TRTs diferentes** (TRT 3, TRT 8, TRT 9, TRT 14, TRT17, TRT 18 e TRT 22), em provas realizadas por (Cesp FCC e FUMARC). Portanto, muita atenção. Os pontos mais questionados pelas bancas referem-se à duração das férias, fracionamento de férias e às hipóteses de perda do direito de férias. Não deixe de conferir os arts. 130, 133 e 134, todos da CLT.

semana[712]. Esses descontos, em dinheiro, não ocorrerão nas férias. Importante frisar que a duração é proporcional às **faltas injustificadas**. Faltas previstas em lei, em instrumentos coletivos, ou simplesmente faltas aceitas pelo empregador, portanto **justificadas**, não causam nenhum tipo de desconto.

Na modalidade de regime por tempo parcial, o tempo de descanso das férias estava ligado à duração da jornada de trabalho, conforme previsto no revogado art. 130-A da CLT. De acordo com o **antigo dispositivo**, os empregados tinham direito às férias na seguinte proporção:

DURAÇÃO DE FÉRIAS

JORNADA NORMAL	
Duração das férias	**Faltas injustificadas**
30 dias	5 faltas
24 dias	de 6 a 14 faltas
18 dias	de 15 a 23 faltas
12 dias	de 24 a 32 faltas

REGIME POR TEMPO PARCIAL	
Duração das férias	**Duração semanal do trabalho**
18 dias	superior a 22h até 25h
16 dias	superior a 20h até 22h
14 dias	superior a 15h até 20h
12 dias	superior a 10h até 15h
10 dias	superior a 5h até 10h
8 dias	igual ou inferior a 5h

O empregado contratado sob o regime de tempo parcial que tiver mais de 7 faltas injustificadas ao longo do período aquisitivo terá o seu período de férias **reduzido à metade**.

Obs1: Para fins de duração das férias, serão considerados dias corridos, não suspendendo durante domingos e feriados.

Obs2. Se o empregado ficar doente durante as férias, não há suspensão do período, correndo normalmente.

Obs3. O adicional de ⅓ de férias é proporcional aos dias conquistados, ou seja, se o empregado tem apenas 12 dias férias, somente nesses 12 dias terá o adicional de ⅓.

No entanto, a Reforma Trabalhista revogou o art. 130-A da CLT e estabeleceu que as férias do empregado em regime de tempo parcial sujeitam-se à mesma duração dos demais empregados. A duração das férias estará intimamente ligada às faltas injustificadas cometidas pelo empregado ao longo do período aquisitivo. A proporção de faltas e do período de descanso está prevista no art. 130 da CLT, conforme demonstrado a seguir:

712. **Súmula nº 46 do TST:** "As faltas ou ausências decorrentes de acidente do trabalho não são consideradas para os efeitos de duração de férias e cálculo da gratificação natalina". Nesse mesmo sentido, **a Súmula nº 89 do TST:** "Se as faltas já são justificadas pela lei, consideram-se como ausências legais e não serão descontadas para o cálculo do período de férias".

Duração das férias do empregado (art. 130)	
Número de faltas	**Dias de Férias**
Até 5 faltas	30 dias
6 a 14 faltas	24 dias
15 a 23 faltas	18 dias
24 a 32 faltas	12 dias
Acima de 32 faltas	Não há férias a usufruir

Por fim, ressalta-se que, após 32 faltas injustificadas, o empregado perde o direito às férias e ao terço constitucional, uma vez que o período de descanso do empregado já foi, inclusive, superior ao máximo de dias a que teria direito caso não houvesse nenhuma falta – 30 dias.

3.4.4. Perda do direito de férias

Há 4 hipóteses previstas no art. 133 da CLT em que o empregado perderá o direito de férias. Após a perda do direito de férias em razão de uma das hipóteses a seguir, iniciar-se-á novo período aquisitivo tão logo o empregado retorne ao trabalho.

1) Recebimento de benefício previdenciário por mais de 6 meses, embora descontínuos.
2) Paralisação da empresa por mais de trinta dias. Nesse caso, o empregador continua obrigado a pagar o adicional de ⅓ de férias.[713]
3) Gozo de licença remunerada por mais de trinta dias.
4) Saída do emprego sem nova admissão em sessenta dias.
5) Mais de 32 faltas injustificadas no período concessivo (essa hipótese não está prevista no art. 133 da CLT, mas é decorrência do que dispõe o art. 130 da CLT acerca da duração de férias).

3.4.5. Período concessivo

Período concessivo é o ato exclusivo de o empregador determinar quando o trabalhador terá direito a gozar de suas férias, conforme art. 134 da CLT:

> **Art. 134, CLT:** As férias serão concedidas por ato do empregador, em um só período, nos 12 (doze) meses subsequentes à data em que o empregado tiver adquirido o direito.

713. Informativo nº 10 do TST.

12 meses de trabalho

Período aquisitivo

12 meses seguintes

Período concessivo

- Empregado irá desfrutar das férias
- A época de concessão será a que melhor consulte os interesses do empregador

Conforme previsto anteriormente, o empregado não tem o direito de escolher o período de suas férias. Há, entretanto, exceção no tocante ao empregado estudante com menos de 18 anos de idade que terá **direito** de fazer coincidir suas férias com as férias escolares. Já os membros da mesma família que trabalharem na mesma empresa terão direito de gozar as férias no mesmo período, desde que não resulte prejuízo para o serviço. Note que, no caso do adolescente, há direito independentemente da vontade do empregador; no caso de empregados da mesma família, haverá necessidade de conciliar interesses da empresa.

A época de férias deverá ser comunicada ao empregado, com antecedência **mínima de trinta dias.** Essa comunicação prévia, por escrito, tem o objetivo de possibilitar ao trabalhador programar melhor suas férias. Ademais, o empregado deverá fornecer recibo de que foi devidamente comunicado.

Durante o período de férias, o empregado não poderá prestar serviços a outro empregador, exceto se já estiver obrigado a fazê-lo em razão do vínculo empregatício anterior (art. 138 da CLT).

Além disso, antes da Reforma Trabalhista, não havia dispositivo regulamentando a data de início das férias. De acordo com o Precedente Normativo nº 100 do TST[714], as férias não poderiam ser iniciadas no sábado, domingo, DSR ou no dia em que houver feriado.

A Reforma Trabalhista passou a regulamentar a matéria e determina que as férias não podem ser iniciadas no período de dois dias que antecedem o feriado ou dia de repouso semanal remunerado. Por exemplo, se o DSR coincidir com o domingo, as férias do trabalhador somente podem se iniciar até quinta-feira:

> **Art. 134 da CLT** *(com redação dada pela Reforma Trabalhista)*: As férias serão concedidas por ato do empregador, em um só período, nos 12 (doze) meses subsequentes à data em que o empregado tiver adquirido o direito. (...) § 3º É vedado o início das férias no período de dois dias que antecede feriado ou dia de repouso semanal remunerado.

714. Importante fazer um rápido esclarecimento sobre Precedentes Normativos. Assim como as decisões reiteradas do TST em dissídios individuais dão origem às Súmulas e OJs da SDI-I e II do TST, as decisões reiteradas em dissídios coletivos formam as OJs da SDC e os Precedentes Normativos do TST. No tocante à importância desses precedentes ao direito individual, destaca-se que, apesar de não vinculativas, ou, ainda, não servirem para fins de recurso de revista, as disposições previstas são importantes fontes de interpretação.

3.4.6. Fracionamento de férias individuais (Reforma Trabalhista)

A data da concessão do período de férias é ato do empregador. Sobre esse poder do empregador em conceder as férias no momento que melhor atenda os interesses da empresa, a Reforma Trabalhista não alterou.

Em regra, as férias individuais sempre foram concedidas em um único período, conforme estabelece o "caput" do artigo em comento. De acordo com a antiga redação do § 1º do art. 134 da CLT, somente em casos excepcionais era possível o fracionamento em dois períodos, e desde que um desses períodos não fosse inferior a 10 dias.

O objetivo do dispositivo, ao estabelecer que as férias deveriam ser concedidas em um só período e que, somente em situações excepcionais, seria possível o seu parcelamento, era permitir ao trabalhador a reposição de sua energia física e mental após longo período de prestação de serviços. Destaca-se, contudo, que não havia definição clara sobre o que se considerava caso excepcional para viabilizar o fracionamento, o que trazia insegurança jurídica ao trabalhador. Assim, entendíamos que era suficiente a apresentação de declaração de próprio punho pelo trabalhador elencando a hipótese que justificasse o fracionamento, tais como viagens programadas pelo empregado, acompanhamento e cuidado pelo empregado de pessoa enferma etc.

De acordo com a jurisprudência do TST, as férias somente poderiam ser concedidas em dois períodos em casos excepcionais, tal como previsto pela CLT. Aliás, se não houvesse justificativa, haveria a necessidade de pagamento de férias em dobro[715].

A dinâmica das relações sociais e de trabalho alterou-se com o tempo desde a criação da CLT. Havia necessidade de adaptação desse dispositivo para se adequar à realidade atual. Além disso, a lei que estabelece o regime jurídico dos servidores públicos federais permite o fracionamento das férias dos empregados em três períodos:

> **Art. 77, § 3º, Lei nº 8.112/1990:** As férias poderão ser parceladas em até três etapas, desde que assim requeridas pelo servidor, e no interesse da Administração Pública.

No mesmo sentido, a Reforma Trabalhista alterou a redação do § 1º do artigo em comento e passou a permitir o fracionamento das férias do empregado **sem o caráter excepcional** previsto na redação anterior do dispositivo. Para isso, foram estabelecidos alguns requisitos necessários ao parcelamento:

a) **Concordância do empregado:** Para o fracionamento das férias individuais, é exigido que o empregado concorde com a medida. A atual redação do dispositivo não prevê, contudo, a forma como deve ser apresentada essa concordância. Entendemos, contudo, que é recomendável a formalização em documento escrito da manifestação de vontade do empregado para a prevenção de eventual alegação de vício no consentimento do trabalhador.

b) **Fracionamento em até três períodos**: Diferentemente do modelo anterior, as férias podem ser fracionadas em até três períodos, sem necessidade de justificativa.

715. Informativo nº 11 do TST.

Basta a concordância de empregado e empregador. Note-se, portanto, que a lei não exige obrigatoriamente a concessão em 3 vezes das férias, podendo ser concedida em um ou dois períodos.

c) **Um dos períodos não pode ser inferior a 14 dias corridos e os demais não podem ser inferiores a 5 dias corridos.** A legislação exige, portanto, que o empregado obrigatoriamente usufrua, ao menos, 14 dias corridos de férias para se assegurar tempo de descanso e recuperação física e mental do trabalhador, indispensável para a dignidade do trabalhador. Por outro lado, os demais dias de férias não podem ser inferiores a 5 dias corridos. De acordo com o posicionamento de Vólia Bomfim[716], com o qual concordamos, o período mínimo de 5 dias é prejudicial ao trabalhador que trabalha 6 dias na semana, por exemplo, de segunda-feira a sábado, pois não terá o período completo de descanso, devendo, ao final do 5º dia, retornar ao trabalho. O ideal, portanto, seria a previsão mínima de 6 dias de descanso ao empregado.

3.4.6.1. Empregados menores de 18 anos e maiores de 50 anos

De acordo com a redação antiga do § 2º do art. 134 da CLT, era proibido o fracionamento das férias dos empregados menores de 18 anos e maiores de 50 anos. Portanto, para esses trabalhadores, as férias deveriam ser concedidas em uma única vez.

Referido dispositivo foi revogado pela Reforma Trabalhista. Portanto, o fracionamento das férias em até 3 períodos passa a ser permitido a todos os empregados indistintamente.

É importante destacar que ainda permanece válida a regra que determina o direito do empregado estudante com menos de 18 de idade de fazer coincidir suas férias com as férias escolares:

> **Art. 136, § 2º, da CLT:** O empregado estudante, menor de 18 (dezoito) anos, terá direito a fazer coincidir suas férias com as férias escolares

Já os membros da mesma família que trabalharem na mesma empresa terão direito de gozar as férias no mesmo período, desde que não resulte prejuízo para o serviço. Note que, no caso do menor, há direito independentemente da vontade do empregador; no caso de empregados da mesma família, haverá necessidade de conciliar interesses da empresa.

Ademais, nada obsta que adolescentes possam converter parte das suas férias em dinheiro (abono pecuniário de férias). Essa possibilidade já existia antes da Reforma e não foi alterada por ela.

3.4.7. Remuneração das férias

O empregado receberá, durante as férias, a remuneração devida na data de sua concessão, e não aquela que recebia quando da aquisição do direito. O pagamento das

716. CASSAR, Vólia Bomfim. *Reforma Trabalhista – Comentários ao substitutivo do Projeto de Lei nº 6.787/2016*. Disponível em: https://drive.google.com/file/d/0BxLfUqyUbMSXM2NXUThxNHhVY1lRdlBycmhxMTdTMG12RFNn/view.

férias vem acompanhado do adicional de 1/3 previsto na Constituição Federal. Assim, se o empregado possui salário de R$ 1.800,00, no mês das férias receberá R$ 2.400,00 (R$ 1.800,00 de salário acrescidos de 1/3 constitucional de R$ 600,00).

Esse adicional de um terço constitucional incidirá em todos os casos: nas férias gozadas (em que ocorrer o efetivo descanso), nas férias indenizadas (pagas no término do contrato), nas férias integrais (período aquisitivo completo) e nas proporcionais (período aquisitivo incompleto)[717].

Quando o salário for variável, será feita a média do período aquisitivo de férias, aplicando-se o valor da remuneração na data da concessão das férias. Contudo, se o salário é pago em percentagem, o salário é calculado pela média dos 12 meses que antecedem a concessão das férias e não do período aquisitivo como nos demais casos de salário variável. Nesse sentido:

> **Art. 142, CLT** – O empregado perceberá, durante as férias, a remuneração que lhe for devida na data da sua concessão.
>
> § 1º – Quando o salário for pago por hora com jornadas variáveis, apurar-se-á a média do período aquisitivo, aplicando-se o valor do salário na data da concessão das férias.
>
> § 2º – Quando o salário for pago por tarefa tomar-se-á por base a media da produção no período aquisitivo do direito a férias, aplicando-se o valor da remuneração da tarefa na data da concessão das férias.
>
> § 3º – Quando o salário for pago por percentagem, comissão ou viagem, apurar-se-á a média percebida pelo empregado nos 12 (doze) meses que precederem à concessão das férias.
>
> **Súmula nº 149 do TST:** A remuneração das férias do tarefeiro deve ser calculada com base na média da produção do período aquisitivo, aplicando-se-lhe a tarifa da data da concessão

Se o empregado receber adicionais legais como hora extra, adicional noturno, adicional de insalubridade e periculosidade, eles irão refletir no valor das férias. Se, no momento das férias, o empregado já não estiver mais recebendo o adicional ou, ainda, se o adicional não for uniforme, será feita a média dos doze meses do período aquisitivo.

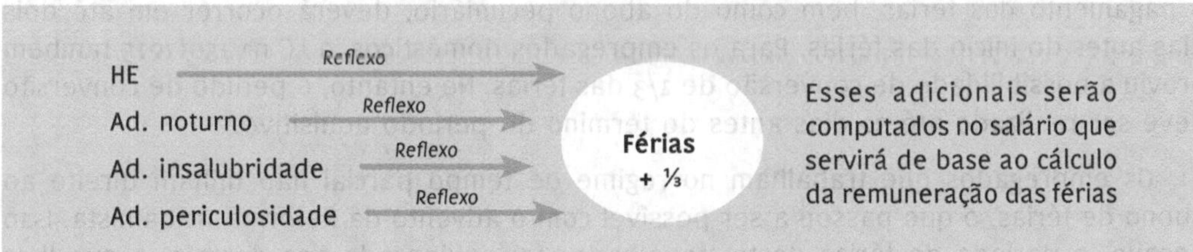

Na hipótese de o trabalhador receber parte de seu salário em dinheiro e parte em utilidades (alimentação, moradia etc.), a parte paga em utilidades será calculada para o pagamento das férias e do adicional de ⅓.

717. **Súmula nº 328 do TST.** "O pagamento das férias, integrais ou proporcionais, gozadas ou não, na vigência da CF/88, sujeita-se ao acréscimo do terço previsto no respectivo art. 7º, XVII."

Como forma de possibilitar que o empregado realmente usufrua das férias, há necessidade do pagamento antes que elas se iniciem. O prazo para o pagamento das férias é de até **2 dias antes** do início dela. O empregado dará o recibo do pagamento, juntamente com a indicação do início das férias, conforme previsto no art. 145 da CLT.

Por fim, no julgamento do Recurso Extraordinário nº 1.072.485/PR, paradigma do Tema 985 da Repercussão Geral, em Sessão Virtual realizada de 21 a 28 de agosto de 2020, o STF considerou constitucional a incidência da contribuição previdenciária patronal sobre o terço constitucional de férias previsto no inciso XVII do art. 7º da Constituição Federal:

> **Tema 985 da Repercussão Geral:** É legítima a incidência de contribuição social sobre o valor satisfeito a título de terço constitucional de férias.

Embora não tenha constado da tese, a ementa do acórdão traz a indicação expressa de que a incidência do INSS ocorrerá quando o terço constitucional for pago sobre a remuneração de férias **"gozadas"**. Não incide a contribuição previdenciária patronal, prevista no art. 195, I, "a", da Constituição Federal, sobre o terço de férias indenizadas. Nessa hipótese, aplica-se o disposto no art. 28, § 9º, "d", da Lei nº 8.212/1991, que afasta essa verba indenizatória do salário-de-contribuição. Em 12/06/2024 o STF modulou a decisão de mérito para atribuir efeitos *ex nunc* à tese de repercussão geral fixada na Sessão Virtual de 21 a 28 de agosto de 2020, de modo que ela seja aplicada apenas a partir da publicação da ata de julgamento do mérito, ressalvadas as contribuições já pagas e não impugnadas judicialmente até a referida data, as quais não serão devolvidas pela União.

3.4.8. Abono pecuniário de férias

O empregado tem o direito de converter ⅓ de férias em abono pecuniário, no valor da remuneração que lhe seria devida nos dias correspondentes. Na prática, esse direito do empregado é chamado de "vender as férias". É importante frisar que o abono pecuniário não se confunde com o adicional de ⅓, previsto na Constituição.

O empregador não poderá se opor ao pagamento do abono pecuniário, desde que solicitado dentro do prazo de até **quinze dias** antes do término do período aquisitivo. O pagamento das férias, bem como do abono pecuniário, deverá ocorrer em até dois dias antes do início das férias. Para os empregados domésticos, a LC nº 150/2015 também previu a possibilidade de conversão de 1/3 das férias. No entanto, o pedido de conversão deve ser realizado até 30 dias antes do término do período aquisitivo.

Os empregados que trabalham no regime de tempo parcial não tinham direito ao abono de férias, o que passou a ser possível com o advento da Reforma Trabalhista. Isso porque, o período de férias deste trabalhador foi equiparado aos demais, o que lhes confere um período maior de descanso (art. 58-A, § 6º, da CLT).

Importa destacar, igualmente, que nada impede que o empregado menor de 18 anos e o empregado com mais de 50 anos convertam 1/3 das férias a que tiverem direito em abono pecuniário.

Lembre-se de que o abono pecuniário, previsto no art. 144 da CLT, é diferente do abono em questão. Para que tenha direito ao abono previsto no art. 144 da CLT, há necessidade de constar negociação coletiva (acordo ou convenção coletiva), ou ainda ser concedido pela empresa. Nesse sentido:

> **Art. 144, CLT:** O abono de férias de que trata o artigo anterior, bem como o concedido em virtude de cláusula do contrato de trabalho, do regulamento da empresa, de convenção ou acordo coletivo, desde que não excedente de vinte dias do salário, não integrarão a remuneração do empregado para os efeitos da legislação do trabalho.

Segue quadro com o resumo das principais alterações sobre as férias na Reforma Trabalhista:

IMPACTOS DA REFORMA TRABALHISTA
RESUMO – FÉRIAS

1) Fracionamento das férias (art. 134, § 1º, CLT):

- Em até 3 períodos;
- Um dos períodos não pode ser inferior a 14 dias corridos e os demais não podem ser inferiores a 5 dias corridos;
- Fracionamento depende de concordância do empregado.

2) Férias para menores de 18 anos e maiores de 50 anos (revogação do § 2º do art. 134, CLT):

- Fim da obrigação de concessão de férias em único período para menores de 18 anos e maiores de 50 anos.
- Férias podem ser fracionadas da mesma forma que os demais empregados

3) Início das férias (art. 134, § 3º, CLT):

- Proibição de início das férias no período de 2 (dois) dias que antecede feriado ou dia de repouso semanal remunerado

4) Férias no regime de tempo parcial (art. 58-A, §§ 6º e 7º):

- Mesma duração de férias dos demais empregados (art. 130, CLT);
- Possibilidade de conversão em abono pecuniário de férias também para os empregados em regime de tempo parcial.

3.4.9. Férias concedidas após o período concessivo

Conforme visto anteriormente, o empregador possui o prazo de doze meses, após o período aquisitivo, para conceder as férias ao empregado. Se as férias não forem concedidas dentro desse prazo, o empregador é obrigado a pagar as **férias em dobro**.

Mesmo que ultrapassados apenas alguns dias[718] do período concessivo, haverá dobra salarial nesses dias que extrapolaram o prazo de doze meses. Aliás, se as férias não forem pagas com **antecedência de 2 dias** antes do seu início, conforme previsto no art. 145 da CLT, o empregador deverá pagá-las em dobro[719], mesmo que o trabalhador tenha

718. **Súmula nº 81 do TST:** "Os dias de férias gozados após o período legal de concessão deverão ser remunerados em dobro".

719. **Súmula nº 450 do TST:** "É devido o pagamento em dobro da remuneração de férias, incluído o terço constitucional, com base no art. 137 da CLT, quando, ainda que gozadas na época própria, o empregador tenha descumprido o prazo previsto no art. 145 do mesmo diploma legal".

usufruído do descanso. Isso porque a falta do pagamento impossibilita que o empregado desfrute integralmente de suas férias.

Importante salientar que, se o empregador não teve possibilidade de conceder as férias – em razão de afastamento do empregado, por exemplo, auxílio-doença ou licença-maternidade –, não há incidência da dobra. As férias deverão ser concedidas quando houver o retorno do empregado.

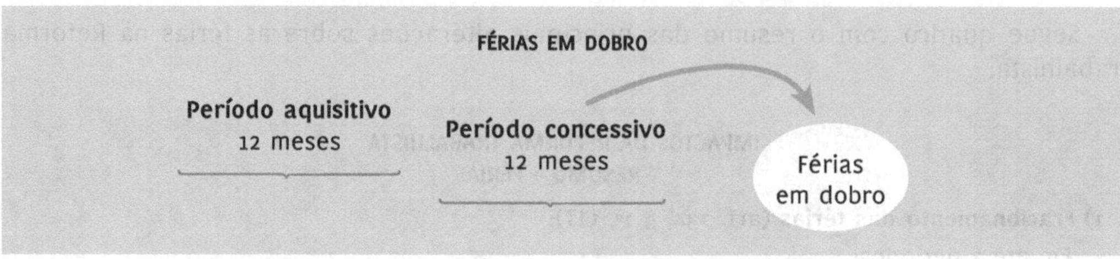

Se não concedidas dentro do prazo, o empregado poderá ingressar com ação judicial para obrigar o empregador a conceder as férias. O juiz fixará pena diária de 5% do salário mínimo, até que as férias sejam concedidas. Ademais, a sentença transitada em julgado será enviada ao Ministério do Trabalho e Emprego para que se aplique a multa administrativa.

No tocante aos domésticos, é importante ressaltar que a revogada Lei nº 5.859/1972 era omissa a respeito do tema e que os artigos da CLT não eram aplicáveis a esses empregados. Contudo, prevalecia o posicionamento que defendia o direito de os empregados domésticos receberem em dobro os valores referentes às suas férias não gozadas, pois a CF/88 garante a todos os empregados, urbanos, rurais e domésticos, a fruição de férias com a mesma periodicidade e com o mesmo adicional. Essa discussão deve terminar diante da publicação da Lei dos Domésticos, que passou a regulamentar diversos direitos previstos aos domésticos após a publicação da EC nº 72/2013. De acordo com a legislação vigente:

> **Art. 17, § 6º, LC nº 150/2015:** As férias serão concedidas pelo empregador nos 12 (doze) meses subsequentes à data em que o empregado tiver adquirido o direito.

Em que pese a nova legislação não estabelecer expressamente o pagamento em dobro em caso de férias gozadas após o período legal, há previsão de aplicação subsidiária da CLT no caso de omissão da legislação dos domésticos (Art. 19, LC nº 150/2015).

Dessa forma, é plenamente possível a aplicação subsidiária do art. 137 da CLT[720] que prevê o pagamento em dobro no caso de concessão das férias após o período concessivo, pois o empregador inadimplente não pode ser beneficiado com sua conduta irregular. Logo, uma vez garantido o direito de férias e o prazo de concessão de 12 meses após a aquisição do direito, deve-se aplicar, por analogia, as normas da CLT como forma de regulamentá-lo.

720. **Art. 137, CLT:** "Sempre que as férias forem concedidas após o prazo de que trata o art. 134, o empregador pagará em dobro a respectiva remuneração."

3.4.9.1. ADPF 501/SC: Inconstitucionalidade da Súmula nº 450 do TST

A Súmula nº 450 do TST, publicada em maio de 2014, prevê que a concessão das férias, sem o devido pagamento do salário e do adicional de 1/3, com dois dias de antecedência, além de ensejar multa administrativa, leva ao pagamento da dobra do valor das férias, mesmo que o trabalhador tenha usufruído do descanso. Isso porque a falta do pagamento impossibilita que o empregado desfrute integralmente de suas férias.

O tema é polêmico e gera discussão na área trabalhista, sendo questionado no Judiciário. Na ADPF 501 (controle abstrato de constitucionalidade), o Governador do Estado de Santa Catarina ingressou no STF impugnado a constitucionalidade dessa Súmula.

De um lado, os que defendiam a constitucionalidade do verbete sumular, sustentavam que o art. 137, que prevê a dobra, combinado com o art. 145 da CLT, que prevê o prazo de 2 dias, impunham a obrigação do pagamento das férias no prazo de 2 dias sob pena de pagamento em dobro. Eis que o pagamento realizado com atraso impediria que o trabalhador usufruísse, integralmente, seu descanso. Nesse período, não se pode esquecer, há maior necessidade financeira do trabalhador com viagens e lazer.

De outro lado, os que defendiam sua inconstitucionalidade, sustentavam que a Súmula nº 450 do TST violaria os princípios constitucionais da legalidade e da separação dos poderes, por criar sanção ao empregador sem correspondente previsão legal.

Em seu parecer opinativo, apesar de se manifestar pela ilegitimidade de Governador de Estado para impugnar, em controle abstrato de constitucionalidade, súmula do TST, o Procurador Geral da República, Augusto Aras, opinou pela inconstitucionalidade da Súmula nº 450 do TST por violar a separação e poderes e o princípio da legalidade ao ampliar os efeitos do art. 137 da CLT para incidir em situação por ele não prevista.

Nesse mesmo sentido decidiu o Plenário do STF, por 7 votos a 4, no julgamento virtual finalizado em 05/08/2022. Segundo o Relator, Min. Alexandre de Moraes, que reconheceu a legitimidade do Governador para propor a ação, o verbete sumular é inconstitucional por violar os princípios da legalidade e da separação dos poderes, já que, ao seu entender, não há previsão legal impondo tal sanção.

Acompanhado pela maioria, a ADPF 501 foi julgada procedente para:

(a) declarar a **inconstitucionalidade da Súmula 450 do Tribunal Superior do Trabalho**; e

(b) **invalidar decisões judiciais não transitadas em julgado** que, amparadas no texto sumular, tenham aplicado a sanção de pagamento em dobro com base no art. 137 da CLT.

Perceba que ao declarar a inconstitucionalidade da Súmula 450 do TST, o STF decidiu também *"invalidar decisões judiciais não transitadas em julgado"*. Essa invalidação, como explicou o Ministro Gilmar Mendes em decisão proferida na Reclamação nº 65.567/SP, em 1º de abril de 2024, decorre do art. 10, § 1º, da Lei 9.882/99, o qual prevê que as decisões proferidas em ADPF possuem eficácia imediata, independentemente da lavratura do acórdão, alcançando de imediato todos os processos ainda em curso.

Portanto, a partir da publicação da ata de julgamento da decisão de mérito do STF na ADPF 501, em 15 de agosto de 2022, todas as decisões judiciais que condenaram empregadores ao pagamento da dobra da remuneração das férias em razão do pagamento intempestivo do direito ao trabalhador, fundamentadas na Súmula 450 do TST, que não **transitaram em julgado** antes do julgamento da arguição de inconstitucionalidade (8/8/2022), estão automaticamente destituídas de efeitos, invalidadas.

Em relação às decisões que tinham transitado em julgado antes de 8/8/2022, sua invalidação depende do manejo da ação rescisória, nos termos do art. 525, § 15, do CPC. Portanto, o STF não modulou a decisão proferida na ADPF 501. A análise da jurisprudência recente da Corte revela que as condenações não transitadas em julgado anteriormente ao julgamento de mérito da arguição foram invalidadas pelo próprio STF e as condenações transitadas em julgado anteriormente puderam ser desconstituídas por ação rescisória[721]. Devemos observar, contudo, que o prazo para ajuizamento da ação rescisória em questão já esgotou. O prazo para ingressar com as ações rescisórias findou em 16 de setembro de 2024 (art. 525, § 15, do CPC).

Atenção para não se confundir! A dobra pela não concessão das férias no período correto (durante o período concessivo correspondente) continua válida, nos termos do art. 137 da CLT. O que foi julgado inconstitucional pelo STF é a dobra pelo não pagamento da remuneração de férias com dois dias de antecedência, prevista na Súmula 450 do TST.

3.4.10. Férias do professor

Há expressa previsão constitucional, no art. 7º, XVII, da CF/88[722], de que todos os empregados terão direito a férias anuais remuneradas com adicional de 1/3. Logicamente, o professor também possui o direito às férias. Aliás, em razão das suas atividades intensas durante o ano, esse profissional goza de 2 descansos anuais, geralmente em julho e janeiro.

O TST tem jurisprudência específica sobre o tema. A Súmula nº 10 do TST, abaixo transcrita, trata do **recesso**. Durante esse período, também chamado de férias escolares, o professor terá um afastamento remunerado, recebendo apenas sua remuneração. Por outro lado, durante as férias, receberá remuneração + 1/3. De acordo com a súmula:

> **Súmula nº 10 do TST.** Professor. Dispensa sem justa causa. Término do ano letivo ou no curso de férias escolares. Aviso-prévio
>
> O direito aos salários do período de férias escolares assegurado aos professores (art. 322, caput e § 3º, da CLT) não exclui o direito ao aviso prévio, na hipótese de dispensa sem justa causa ao término do ano letivo ou no curso das férias escolares.

Na hipótese de ser dispensado sem justa causa no início das férias escolares, terá direito ao pagamento do salário desse período, conforme § 3º do art. 322 da CLT e interpretação dada pela Súmula nº 10. Para ter direito ao pagamento do período do recesso, é

721. Nesse sentido, as decisões proferidas nas seguintes reclamações: Rcl nº 67.719, Primeira Turma do STF, Rcl 64.355, Rel. Min. Edson Fachin, DJe de 19/3/2024; Rcl 65.568, Rel. Min. Cármen Lúcia, Dje de 15/2/2024; Rcl 65.567, Rel. Min. Gilmar Mendes, Dje de 2/4/2024; Rcl 66.065, Rel. Min. Flávio Dino, DJe de 25/4/2024; e Rcl 64.355, Rel. Min. Edson Fachin, DJe de 19/3/2024.

722. **Art. 7º, XVII, CF/88**: "São direitos dos trabalhadores urbanos e rurais, além de outros que visem à melhoria de sua condição social: gozo de férias anuais remuneradas com, pelo menos, um terço a mais do que o salário normal."

necessário que a dispensa seja no fim do ano letivo ou no curso dessas férias escolares. Se dispensado durante o ano, por exemplo, em setembro, não terá direito ao pagamento. Também não terá direito se dispensado por justa causa ou pedir demissão.

Importante destacar que o pagamento do aviso-prévio não substitui o pagamento do recesso. São verbas, portanto, distintas[723]. Se o professor for dispensado no início ou durante as férias escolares, receberá o aviso-prévio e a verba que teria direito durante o recesso.

De acordo com o art. 322, § 2º, da CLT, o professor poderá ser chamado ao trabalho para a realização de exames durante as férias escolares (recesso), o que não poderá ocorrer durante as suas férias individuais.

Ademais, o TST[724] tem posicionamento no sentido de que o **instrutor de idiomas,** que desempenha a atividade de docente, é enquadrado na categoria profissional dos professores, ainda que ausente as formalidades do artigo 317 da CLT[725].

Por fim, o TST[726] decidiu, que o período de **intervalo para recreio** entre as aulas é considerado tempo à disposição do empregador, uma vez que permanece dentro do estabelecimento aguardando ordens.

3.4.11. Término do contrato de trabalho e pagamento das férias proporcionais

As férias cujo período aquisitivo já esteja completo são sempre devidas na rescisão, pois já fazem parte do patrimônio do empregado. Note-se que mesmo que esse empregado seja dispensado por justa causa (furtou a empresa, agrediu empregador, violou segredo etc.), o pagamento das férias vencidas será devido.

No tocante às **férias proporcionais**, ou seja, quando o período aquisitivo ainda não estava completo e houve o término do contrato de trabalho, o cálculo será feito de um doze avos por mês ou fração superior a quatorze dias trabalhado. Assim sendo, se o empregado trabalhou 7 meses, incluído o período de aviso-prévio, receberá 7/12 de férias. Exemplo:

- Salário do empregado: R$ 1.800,00.
- Tempo de trabalho, incluído o aviso: 7 meses.
- Férias proporcionais: 7/12 avos.
- Cálculo: 12 meses dividido pelo salário mensal R$ 1.800,00. Resultado: R$ 150,00 por mês + 1/3 constitucional = 50,00. Terá direito a R$ 200,00 de férias por cada 1/12. Logo, terá direito a R$ 1.400,00 de férias proporcionais.

É importante chamar a atenção do candidato para 2 posicionamentos diferentes, no tocante à forma como ocorreu o término e o tempo de serviço:

723. RR-44640-87.2006.5.01.0014.
724. Informativo nº 48 do TST.
725. **Art. 317 da CLT** – O exercício remunerado do magistério, em estabelecimentos particulares de ensino, exigirá apenas habilitação legal e registro no Ministério da Educação.
726. Informativo nº 88 do TST.

a) Posicionamento de acordo com a *CLT:* empregado **com mais de doze meses** de tempo de serviço terá direito às férias proporcionais em qualquer situação de término do contrato, exceto na dispensa por justa causa (violação de sigilo, ofensas físicas, consumo de bebidas em serviço etc.). Exemplo: empregado trabalhou apenas 4 meses e pediu demissão no quarto mês. Nesse caso, de acordo com art. 146 da CLT, não terá direito às férias proporcionais, porque não tem os doze meses de tempo de serviço. Outro exemplo: empregado trabalhou 1 ano e 4 meses e pediu demissão. Nesse exemplo, o empregado terá direito às férias proporcionais de quatro doze avos, pois já completou mais de doze meses de serviço. De acordo com a CLT:

> **Art. 146, parágrafo único:** Na cessação do contrato de trabalho, após 12 (doze) meses de serviço, o empregado, desde que não haja sido demitido por justa causa, terá direito à remuneração relativa ao período incompleto de férias, de acordo com o art. 130 da CLT, na proporção de 1/12 (um doze avos) por mês de serviço ou fração superior a 14 (quatorze) dias.

Ademais, na hipótese de dispensa sem justa causa ou, ainda, no término regular do contrato por prazo determinado, o empregado terá direito às férias proporcionais, mesmo que não tenha completado período mínimo de 12 meses. Exemplo: se empregado trabalhou 2 meses e foi dispensado sem justa causa, terá direito a 3/12 de férias (2 meses de trabalho e 1 mês referente ao aviso-prévio). Ou ainda, celebrou contrato por prazo determinado de 6 meses. No fim do contrato, terá direito a seis doze avos de férias proporcionais. De acordo com a CLT:

> **Art. 147.** O empregado que for despedido sem justa causa, ou cujo contrato de trabalho se extinguir em prazo predeterminado, antes de completar 12 meses de serviço, terá direito à remuneração relativa ao período incompleto de férias, de conformidade com o disposto no artigo anterior.

b) Posicionamento de acordo com o **TST**[727]: mesmo que o empregado tenha trabalhado período inferior a doze meses, terá direito às férias proporcionais[728], na proporção de um doze avos por mês trabalhado. Somente será excluído esse direito na dispensa por justa causa. Exemplo: empregado trabalha 4 meses e pede demissão[729]. Terá direito a 4/12 avos de férias proporcionais (se houver aviso-prévio, terá direito a 5/12 avos).

Em suma, a CLT não prevê a concessão de férias proporcionais do empregado que trabalha menos de um ano e pede demissão e, claro, na hipótese de dispensa por justa causa. Sobre o assunto, o TST reforçou seu posicionamento no sentido de que as férias proporcionais não são devidas aos empregados dispensados por justa causa tendo em vista o entendimento pacificado pelo Tribunal na Súmula nº 171. Além disso, ressaltou-se

---

727. O candidato deverá estar atento ao enunciado da questão do concurso público. Na prática, as súmulas do TST têm sido aplicadas. Assim sendo, a questão deve ser clara, no tocante ao posicionamento da CLT ou TST. Se a questão for omissa, caberá recurso.

728. **Súmula nº 171 do TST.** "Salvo na hipótese de dispensa do empregado por justa causa, a extinção do contrato de trabalho sujeita o empregador ao pagamento da remuneração das férias proporcionais, ainda que incompleto o período aquisitivo de 12 (doze) meses."

729. **Súmula nº 261 do TST.** "O empregado que se demite antes de completar 12 (doze) meses de serviço tem direito a férias proporcionais."

que a Convenção nº 132 da OIT, que versa sobre o direito de férias, não traz expressamente o cabimento de férias proporcionais na dispensa por justa causa[730].

No tocante aos **empregados domésticos**, o art. 17, § 1º, LC nº 150/2015, pacifica a discussão em relação às hipóteses em que será devido o pagamento de férias proporcionais ao adotar o posicionamento assumido pelo TST nas Súmulas nº 171 e 261:

> **Súmula nº 171 do TST:** Salvo na hipótese de dispensa do empregado por justa causa, a extinção do contrato de trabalho sujeita o empregador ao pagamento da remuneração das férias proporcionais, ainda que incompleto o período aquisitivo de 12 (doze) meses (art. 147 da CLT)
>
> **Súmula nº 261 do TST:** O empregado que se demite antes de complementar 12 (doze) meses de serviço tem direito a férias proporcionais.

Nesse sentido, em qualquer hipótese de término do contrato de trabalho, salvo a dispensa por justa causa, por período inferior ou superior a 1 ano de trabalho, dá-se ao empregado e agora também ao empregado doméstico o direito ao recebimento das férias proporcionais:

> **Art. 17, 1º, LC nº 150/2015:** Na cessação do contrato de trabalho, o empregado, desde que não tenha sido demitido por justa causa, terá direito à remuneração relativa ao período incompleto de férias, na proporção de um doze avos por mês de serviço ou fração superior a 14 (quatorze) dias.

Se ocorrer hipótese de culpa recíproca[731], em que empregado e empregador tiveram parcela de culpa pelo término, há necessidade de pagamento de 50% das férias proporcionais.

De acordo com a Súmula nº 7 do TST, a indenização pelo não deferimento das férias no tempo oportuno será calculada com base na remuneração devida ao empregado na época da reclamação ou, se for o caso, na da extinção do contrato.

Finalmente, serão computadas como tempo de serviço do empregado apenas as férias gozadas, conforme prevê o art. 130, § 2º, da CLT. As férias indenizadas, pagas no ato da rescisão, não serão computadas como tempo efetivo[732], pois não foram usufruídas pelo trabalhador.

Por fim, ressalta-se que o pagamento das férias proporcionais aos empregados que foram dispensados por justa causa encontrava-se em discussão no TST na condição de incidente de assunção de competência. Referido incidente, entretanto, não foi admitido pelo TST, pela ausência do requisito "sem repetição em múltiplos processos". Acerca do tema, segue interessante dica de Processo do Trabalho:

---

730. TST – RR nº 214-43.2015.5.04.0611 – Relator: João Batista Brito Pereira – Data de julgamento: 06/06/2018.

731. **Súmula nº 14 do TST.** "Reconhecida a culpa recíproca na rescisão do contrato de trabalho (art. 484 da CLT), o empregado tem direito a 50% (cinquenta por cento) do valor do aviso-prévio, do décimo terceiro salário e das férias proporcionais."

732. "Quando concedidas, as férias se caracterizam em interrupção do contrato de trabalho, computando para todos os fins no tempo de serviço do empregado (art. 130, § 2º, da CLT). Porém, quando indenizadas no término do contrato não têm natureza salarial, nem são computadas como tempo de serviço." CASSAR, Vólia Bomfim. *Direito do Trabalho*. 3. ed. Niterói: Impetus, 2009. p. 611.

3.4.12. Prescrição

Após o período aquisitivo, o empregado terá direito de usufruir suas férias. O empregador deverá, nos 12 meses seguintes, conceder as férias ao trabalhador. Se não o fizer, dentro do período concessivo, violará um direito do empregado, nascendo a pretensão de exigir o direito de férias em juízo. O lapso temporal para exigir esse direito é chamado de prescrição.

A contagem do prazo prescricional inicia-se com fim do período concessivo. Assim sendo, se o contrato de trabalho estiver em curso, o prazo será de 5 anos a contar do término do período concessivo. Em ocorrendo o término do contrato, o prazo será de 2 anos para pleitear o direito de férias em juízo.

Deve-se ressaltar, por fim, que não corre prazo prescricional contra o menor de 18 anos. Assim que completar a maioridade, inicia-se a contagem do prazo prescricional.

3.4.13. Férias coletivas

As férias coletivas poderão ser concedidas a todos os empregados da empresa ou apenas a setores da empresa, nos termos do art. 139 da CLT. Verifica-se que o empregador é quem decidirá sobre a concessão ou não das férias coletivas. Não há obrigatoriedade nessa forma de concessão. Note-se que quanto a tal ponto, não houve alteração promovida pela Reforma Trabalhista, que continua a prever a possibilidade de fracionamento em 2 períodos anuais, desde que nenhum deles seja inferior a 10 dias corridos:

> **Art. 139 da CLT:** Poderão ser concedidas férias coletivas a todos os empregados de uma empresa ou de determinados estabelecimentos ou setores da empresa.
> § 1º – As férias poderão ser gozadas em 2 (dois) períodos anuais desde que nenhum deles seja inferior a 10 (dez) dias corridos.

O prazo para o pagamento, 2 dias antes do início das férias, bem como a obrigatoriedade do adicional de um terço constitucional, segue a mesma sistemática das férias individuais.

Há, ainda, a possibilidade de fracionamento das férias coletivas. Nesse caso, nenhum dos períodos poderá ser inferior a 10 dias.

O abono pecuniário de férias ("venda das férias"), de até ⅓ do período, deverá ser tratado entre a empresa e o sindicato que representa a categoria profissional (trabalhadores), via acordo coletivo. O que for decidido no acordo coletivo prevalecerá sobre a vontade individual de cada trabalhador[733].

A comunicação das férias também é realizada de forma diversa. Para férias coletivas, é necessário comunicação prévia, no **prazo de quinze dias**, ao atual Ministério do Trabalho e Emprego. Nessa comunicação, a empresa deverá informar as datas de início e fim das férias e quais estabelecimentos ou setores serão abrangidos pela medida. Nesse mesmo prazo

733. **Art. 143, § 2º, da CLT:** "Tratando-se de férias coletivas, a conversão em abono pecuniário deverá ser objeto de **acordo coletivo** entre o empregador e o sindicato representativo da categoria profissional, independendo de requerimento individual a concessão do abono". (grifos acrescidos)

de quinze dias, o empregador deverá comunicar o sindicato representativo da categoria profissional (sindicato dos trabalhadores) e afixar avisos nos locais de trabalho. Destaca-se que as microempresas e empresas de pequeno porte estão dispensadas da comunicação ao MTE da concessão de férias coletivas conforme estabelece o art. 51 da LC nº 123/2006:

> **Art. 51, LC nº 123/2006.** As microempresas e as empresas de pequeno porte são dispensadas:
>
> (...) V – de comunicar ao Ministério do Trabalho e Emprego a concessão de férias coletivas.

Os empregados admitidos a menos de doze meses gozarão férias *proporcionais* com os demais trabalhadores da empresa. Neste caso, o empregado terá direito ao pagamento do salário acrescido do adicional constitucional de um terço, apenas nos dias em que já conquistou o direito às férias. Nos demais, o empregador pagará salário normal, tornando-se licença remunerada ao trabalhador. Exemplo: férias coletivas de trinta dias. Empregado só possui direito a 10 dias de férias. Esses 10 dias serão remunerados com salário + um terço constitucional. Nos demais vinte dias, ficará afastado do trabalho e receberá normalmente o salário, sem o acréscimo das férias.

Elaboramos um quadrinho com os principais prazos relacionados às férias para facilitar seus estudos:

Férias –
Memorização dos prazos

- Comunicação das férias: antecedência de 30 dias
  É vedado o início das férias no período de 2 dias que antecede feriado ou DSR.
- Prazo para pagamento das férias: 2 dias antes do seu início
- Prazo para pagamento do abono de férias: 2 dias antes do início
- Prazo para requerer o abono pecuniário: 15 dias antes de terminado o período aquisitivo
- Férias coletivas – comunicação prévia: 15 dias
- Fracionamento das férias:
  a) Individuais: fracionamento em até 3 períodos, sendo que um deles não poderá ser inferior a 14 dias e os demais não poderão ser inferiores a 5 dias.
  b) Coletivas: fracionamento em até 2 períodos, sendo que nenhum poderá ser inferior a 10 dias.

4. QUESTÕES DISSERTATIVAS E ESTUDOS DE CASO

▶ **Treino e Padrão de respostas:**

Ao resolver uma questão dissertativa ou estudos de caso em concursos para Analista do TRT, é fundamental tentar escrever com clareza, sem erros e com letra legível, de modo que se torne uma leitura simples e fácil ao examinador. Lembre-se de que o examinador não ficará horas tentando decifrar códigos ininteligíveis e, ainda, descartará questões com erros graves de ortografia, pontuação etc. Ele tem milhares de questões para corrigir, portanto cause uma boa impressão logo no início do texto.

É muito importante que o candidato redija, com frequência e com antecedência, o máximo de questões sobre temas atuais e importantes do direito e do processo do trabalho.

Treine sempre manualmente, evite digitar as respostas, pois não terá o computador ao seu lado no dia do concurso. Esse é o melhor treino e estudo para questões abertas.

Tente responder às questões seguintes **antes** de verificar o gabarito apresentado ou procurar a resposta na teoria. É uma forma de treinar seu cérebro às condições apresentadas na hora da prova. Lembre-se de que algumas questões não têm resposta certa ou errada. Portanto, a boa **fundamentação** é o caminho para a aprovação.

Cabe frisar, ainda, que não dará tempo de elaborar um rascunho detalhado prévio, na maior parte dos concursos. Portanto, antes de iniciar sua redação, coloque ao lado do próprio enunciado alguns pontos principais de que você precisará se lembrar durante a confecção da resposta. Essa técnica evitará que se esqueça de abordar assuntos importantes.

A indicação do número da lei, do artigo, da súmula ou orientação jurisprudencial somente deve ser colocada se você realmente souber, com exatidão, o número da norma ou se assim for exigido pela banca examinadora.

Por fim, como já dito ao longo dos capítulos, a Reforma Trabalhista, aprovada em julho/2017, alterou muitos pontos do Direito e Processo do Trabalho. Dessa forma, é importante que o candidato tenha conhecimento da legislação vigente e disserte, de forma clara, sobre ela. O examinador valorizará as redações que estiverem com base nas inovações legislativas.

Bom treino, bons estudos e boa sorte!

► **ESTUDO DE CASO 01:**

Maria foi convocada, por e-mail, para participar dos cultos religiosos na empresa após o horário de trabalho. José aguardava a chegada do ônibus para retornar à sua casa nas dependências da empresa por questões de segurança. E Mário, participava regularmente dos cursos de qualificação profissional oferecidos pela empresa. Diante disso, pergunta-se: O tempo despedindo por esses três empregados, ou de algum deles, nas atividades descritas, deve ser remunerado? Disserte levando-se em conta as inovações inseridas pela Reforma Trabalhista.

RESPOSTA SUGERIDA PELO AUTOR:

A limitação da jornada de trabalho é uma das maiores vitórias conquistadas pelos trabalhadores. A duração máxima é limitada a 8 horas diárias e 44 horas semanais, tanto aos homens quanto às mulheres. Esse limite, chamado de "jornada normal", é previsto no art. 7º, XIII, da Constituição Federal. É importante ressaltar que a jornada de trabalho do empregado abrange o tempo em que está à disposição do empregador, executando serviços ou aguardando ordens, de acordo com o caput do artigo 4º da CLT.

O trabalho que ultrapassar a jornada normal será remunerado com adicional de, no mínimo, 50% sobre a hora normal. Cabe frisar que as variações no registro de ponto não excedentes a 5 minutos, observado o limite máximo de 10 minutos, não serão descontadas nem consideradas jornada extraordinária (art. 58, § 1º, da CLT). Assim sendo, em razão do grande número de empregados para marcar o cartão de ponto, poderão ocorrer variações no horário de entrada e saída. Desde que respeitados os limites anteriores, o empregador não estará obrigado a remunerar esses minutos excedentes como extras. Se ultrapassados os 10 minutos, serão remunerados como hora suplementar em sua totalidade.

De acordo com a Reforma Trabalhista, há duas hipóteses em que o limite de tolerância de 5 minutos previsto no art. 58, § 1º, da CLT pode ser ultrapassado sem que o período seja considerado tempo à disposição do empregador: proteção pessoal e desenvolvimento de atividades particulares.

No tocante à proteção pessoal, caso o empregado permaneça no local de trabalho, por escolha própria, para buscar proteção pessoal em caso de insegurança nas vias públicas ou más condições climáticas, o tempo que ultrapassar o limite de tolerância não será considerado tempo à disposição do empregador. Cabe destacar que, por aplicação do princípio da primazia da realidade, as horas extras serão devidas caso comprovado que o empregado permaneceu na empresa e continuou prestando serviços ao empregador. Nesse caso, o empregado não está apenas buscando proteção pessoal, mas se encontra à disposição da empresa. É a hipótese de José, que não terá o tempo que aguarda a chegada do ônibus por razões de segurança considerada à disposição do empregado. Portanto, o período não será remunerado.

Por sua vez, se o trabalhador adentrar ou permanecer na empresa para o desenvolvimento de atividades particulares, o período também não será considerado tempo à disposição do empregador. Vale destacar que o legislador trouxe um rol exemplificativo das hipóteses consideradas atividades particulares do empregado. Desse modo, é fundamental para a caracterização da atividade como particular a análise concreta da natureza dessa atividade. Pela aplicação do princípio da primazia da realidade, independentemente se o empregador considerar a atividade particular ou não, será analisado se o empregado permanece aguardando ou executando ordens. As atividades elencadas exemplificativamente são as seguintes:

I – práticas religiosas;

II – descanso;

III – lazer;

IV – estudo;

V – alimentação;

VI – atividades de relacionamento social;

VII – higiene pessoal;

VIII – troca de roupa ou uniforme, quando não houver obrigatoriedade de realizar a troca na empresa.

Tendo em vista que Maria era convocada pela empresa e Mário participava de cursos de qualificação profissional oferecidos pela empresa não é possível o enquadramento dessas atividades como atividades particulares, pois, pela aplicação do princípio da primazia da realidade, estavam exercendo atividades por determinação da empresa. Portanto, esses períodos despendidos devem ser remunerados.

▶ **QUESTÃO DISCURSIVA 02:**

Disserte sobre: Teletrabalho e as mudanças causadas pela Reforma Trabalhista e pela Lei nº 14.442/2022.

RESPOSTA SUGERIDA PELO AUTOR:

A CLT foi alterada pela Lei nº 12.551/2011 para prever o teletrabalho. Essa modalidade de trabalho é uma espécie do gênero trabalho a distância, diferenciando-se desta pelo fato de que o teletrabalho exige a utilização de recursos de eletrônica, informática e de comunicação.

Além da possibilidade de reconhecimento do vínculo de emprego na hipótese de teletrabalho, a Reforma Trabalhista dedicou capítulo exclusivo ao tema no tocante à duração do trabalho. De acordo com a redação original do art. 75-B da CLT, o teletrabalho era definido como a prestação dos serviços preponderantemente fora das dependências do empregador com a utilização de tecnologias de informação e comunicação que não configuram o trabalho externo.

O inciso III do art. 62 da CLT, acrescentado pela Reforma Trabalhista, previa que os empregados em regime de teletrabalho não tinham direito à limitação de jornada. Não possuíam jornada de 8 horas, consequentemente não tinham direito a horas extras, intervalos e adicional noturno. Portanto, ainda que estivessem sujeitos ao controle de jornada por meios informatizados e de telemática, o legislador havia os excluído do direito à limitação de jornada.

Acontece que, no dia 02 de setembro de 2022, foi publicada a Lei nº 14.442/2022 (fruto da conversão da MP 1.108/2022), que, entre outras providências, alterou significativamente a regulamentação do regime de teletrabalho. Segundo a disciplina atual, "teletrabalho" ou "trabalho remoto" é a prestação de serviços fora das dependências do empregador, de maneira preponderante ou não, com a utilização de tecnologias de informação e de comunicação, que, por sua natureza, não se configure como trabalho externo, ressaltando-se que o comparecimento do empregado às dependências da empresa, ainda que de modo habitual, não descaracteriza o regime de teletrabalho:

> **Art. 75-B da CLT (Redação dada pela Lei nº 14.442, de 2022).** Considera-se teletrabalho ou trabalho remoto a prestação de serviços fora das dependências do empregador, de maneira preponderante ou não, com a utilização de tecnologias de informação e de comunicação, que, por sua natureza, não configure trabalho externo.
>
> § 1º O comparecimento, ainda que de modo habitual, às dependências do empregador para a realização de atividades específicas que exijam a presença do empregado no estabelecimento não descaracteriza o regime de teletrabalho ou trabalho remoto.

Ainda, no tocante ao controle de jornada, a Lei nº 14.442/2022 criou duas modalidades de teletrabalho:

> **1) Teletrabalho por jornada:** nesse caso, com duração de 8h nos moldes tradicionais (intervalos, horas extras etc.); e
>
> **2) Teletrabalho por produção e tarefa** (novidade).

Para a contratação de empregado na modalidade de teletrabalho, a legislação exige solenidade, pois a condição de teletrabalhador deve constar expressamente do contrato individual de trabalho. Além disso, havia exigência para que o empregador especificasse detalhadamente as atividades que o empregado deve exercer. Contudo, a legislação de setembro de 2022 alterou a redação do caput do art. 75-C da CLT, excluindo a parte final do dispositivo, que estabelecia a necessidade de o empregador especificar detalhadamente as atividades que o empregado deveria exercer. Os §§ 1º e 2º do dispositivo, que tratam sobre o procedimento de alteração do regime presencial para teletrabalho e vice-versa não foram alterados.

A Reforma Trabalhista lei acrescentou o art. 75-D à CLT para prever a possibilidade de firmar acordo escrito que estabeleça a responsabilidade do empregado pela aquisição, manutenção ou fornecimento dos equipamentos tecnológicos e da infraestrutura necessária e adequada à prestação do trabalho remoto, além do reembolso de despesas arcadas pelo trabalhador. Esse ponto também não foi impactado pela Lei nº 14.442/2022. Ressalta-se, contudo, que a Lei nº 14.442/2022 acrescentou o § 3º ao art. 75-C, dispondo que o empregador não será responsável pelas despesas resultantes do retorno ao trabalho presencial, na hipótese de o empregado ter optado pela realização do teletrabalho ou trabalho remoto fora da localidade prevista no contrato, salvo disposição em contrário estipulada entre as partes.

Um dos pontos mais sensíveis do teletrabalho diz respeito ao meio ambiente de trabalho. O legislador da Reforma Trabalhista já retirou desses empregados a previsão de direitos básicos decorrentes da duração de trabalho ao prever que parcela deles que não está sujeita à limitação de jornada. No tocante às normas de saúde e segurança do trabalho, o art. 75-E da CLT prevê a obrigação do empregador de instruir seus empregados quanto às precauções que devem ser tomadas como forma de evitar doenças e acidentes de trabalho. O empregado, em contrapartida, deve assinar termo de responsabilidade, pela qual se compromete a seguir as instruções fornecidas pelo empregador. Esse é outro ponto que não foi alterado pela Lei nº 14.442/2022.

Além disso, a legislação de 2022 trouxe várias novidades quanto à regulamentação do teletrabalho: (i) agora há expressa autorização para que aprendizes e estagiários trabalhem em regime de teletrabalho (art. 75-B, § 6º, CLT); (ii) esclarecendo dúvidas sobre a eficácia espacial da norma trabalhista no teletrabalho, a atual regulamentação dispõe que a legislação trabalhista brasileira é aplicada ao teletrabalhador que optar, isto é, escolher a realização de suas atividades laborais fora do território nacional e que se aplicam ao empregado em teletrabalho as regras locais e as convenções e acordos coletivos de trabalho relativas à base territorial do estabelecimento de lotação do empregado, ou seja, do local onde foi contratado; (iii) determinou-se a priorização as vagas de teletrabalho para os empregados com deficiência e empregados e empregadas com filhos ou criança sob guarda judicial até quatro anos de idade; etc.

▸ **ESTUDO DE CASO 03:**

João trabalha em uma empresa que funciona durante todo o dia até às 4 horas da manhã. Ele alterna, com frequência quinzenal, seu turno entre os períodos noturno e diurno. Não há norma coletiva que trate sobre jornada de trabalho. Diante disso:

a) Qual a duração do trabalho no caso acima? Há concessão de intervalos e DSR?
b) Existe a possibilidade de ampliação de jornada?
c) Como são tratadas as regras de proteção ao trabalho noturno nesse caso?

RESPOSTA SUGERIDA PELO AUTOR[734]:

Algumas empresas trabalham 24 horas todos os dias da semana, exemplo ocorre em algumas usinas de açúcar e álcool e siderúrgicas. Como, nessas empresas, o desligamento das máquinas poderá acarretar grandes prejuízos, há necessidade de trabalhadores durante 24 horas, ou durante grande parte desse período. Nessa situação, poderá ocorrer turno ininterrupto de revezamento, ou seja, a alternância de horários dos empregados. É o denominado turno ininterrupto de revezamento.

Tendo em vista a ***alternância no horário de trabalho****, João terá direito à jornada de empregados em turnos ininterruptos de revezamento. Além do desgaste físico maior, o convívio social e familiar fica diretamente prejudicado, em razão dessa alternância no horário. Diante disso, para esses trabalhadores há jornada reduzida de 6 horas, conforme previsto no art. 7º, XIV, da Constituição Federal:*

> *São direitos dos trabalhadores urbanos e rurais, além de outros que visem à melhoria de sua condição social: jornada de seis horas para o trabalho realizado em turnos ininterruptos de revezamento, salvo negociação coletiva.*

Os intervalos intrajornada e interjornada devem ser respeitados nos turnos ininterruptos de revezamento. Tendo em vista a jornada de 6 horas diárias, via de regra, será concedido intervalo de 15 minutos ao empregado (art. 71, § 1º, CLT). Excepcionalmente, a própria Constituição Federal autoriza que, via negociação coletiva (acordo ou convenção), essa jornada seja aumentada. Assim, de acordo com o TST[735], se houver negociação coletiva, há possibilidade de ampliar a jornada para 8 horas diárias, a esses empregados que trabalham em turnos ininterruptos de revezamento. Nesse caso, deve ser concedido intervalo intrajornada de 1 hora (art. 71, "caput", CLT), sendo possível sua redução para 30 minutos por acordo ou convenção coletiva (Art. 611-A, III da CLT), nos termos da Reforma Trabalhista. Destaca-se, ainda, que o descanso semanal remunerado é direito dos empregados e deve ser assegurado ao trabalhador em turno ininterrupto de revezamento preferencialmente aos domingos.

O empregado que trabalha em turnos ininterruptos de revezamento como João, no período noturno, terá direito à jornada reduzida de 6 horas e também à hora reduzida de 52 minutos e 30 segundos[736]. Portanto, são compatíveis jornada reduzida de 6h, e ainda, a hora reduzida noturna 52:30. Além disso, terá direito ao recebimento do adicional noturno nas horas trabalhadas no período noturno[737].

As normas ligadas a turnos ininterruptos de revezamento não sofreram modificação direta pela Reforma Trabalhista. Por fim, como já dito ao longo dos capítulos, a Reforma Trabalhista, aprovada em julho/2017, alterou muitos pontos do Direito e Processo do Trabalho. Dessa forma, é importante que o candidato tenha conhecimento da nova

---

734. Nas respostas aqui oferecidas, serão indicadas e/ou transcritas súmulas, orientações jurisprudências do TST e artigos de lei, mas na prova não há essa necessidade salvo quando expressamente previsto no edital do concurso.

735. **Súmula nº 423 do TST.** "Estabelecida jornada superior a seis horas e limitada a oito horas por meio de regular negociação coletiva, os empregados submetidos a turnos ininterruptos de revezamento não têm direito ao pagamento da 7ª e 8ª horas como extras."

736. **Orientação Jurisprudencial nº 395 da SDI-I do TST.** "O trabalho em regime de turnos ininterruptos de revezamento não retira o direito à hora noturna reduzida, não havendo incompatibilidade entre as disposições contidas nos arts. 73, § 1º, da CLT e 7º, XIV, da Constituição Federal."

737. Para mais informações sobre turnos ininterruptos de revezamento, confira o tópico específico no Capítulo de Duração do Trabalho.

legislação e disserte, de forma clara, sobre ela. O examinador valorizará as redações que estiverem com base nas inovações legislativas.

▸ **ESTUDO DE CASO 04:**

Márcio trabalhou no domingo, dia destinado à sua folga. Não houve compensação em outro dia da semana. *João* trabalha no hospital. Ajuda no tratamento de pessoas com HIV. E, por fim, *Rafael* que trabalha no comércio e há 5 semanas, tem seu DSR, mas sem que o descanso coincida com o domingo.

Diante disso, responda:

a) O DRS configura interrupção ou suspensão do contrato?

b) Qual a consequência para o empregador e ao contrato de trabalho de Márcio?

c) João terá direito ao reflexo do Adicional de Insalubridade no seu DSR?

d) Os empregados que trabalham no comércio em geral, tem direito a coincidir o DSR com o domingo?

e) Qual a consequência de um empregado que falta injustificadamente, para fins de DSR?

RESPOSTA SUGERIDA PELO AUTOR:

A interrupção do contrato de trabalho consiste na ausência provisória da prestação de serviços, em que são devidos o pagamento de salário e a contagem do tempo. Cessa a obrigação do empregado, mas persiste a obrigação da empresa. Por outro lado, a suspensão do contrato de trabalho é a ausência provisória da prestação de serviços, sem que haja o pagamento de salário, nem a contagem do tempo. Nesse caso, cessa a obrigação tanto da empresa como do empregado.

Como o próprio nome sustenta, o descanso semanal remunerado configura hipótese de interrupção do contrato de trabalho, uma vez que, apesar de não haver prestação de serviços, é devido o pagamento do dia correspondente.

O DSR foi criado para evitar o cansaço excessivo, constituindo norma de proteção à saúde do trabalhador. Assim sendo, se houver trabalho no dia destinado ao repouso, há necessidade de folga compensatória em outro dia da semana. Se o empregado descansar em outro dia, não há pagamento de nenhuma indenização.

No entanto, Márcio não teve folga compensatória. Assim, o empregador está obrigado a pagar remuneração em dobro, ou seja, além da remuneração normal, já contratada, deverá pagar a hora trabalhada mais adicional de 100%. Essa regra é aplicada ao trabalho no DSR e também nos feriados. Aliás, se o descanso for concedido após o sétimo dia consecutivo de trabalho, também haverá pagamento em dobro.

Deve-se ressaltar que no caso do empregado submetido à jornada 12x36, a remuneração mensal pactuada já abrange os pagamentos devidos pelo DSR e pelo descanso em feriados, sendo considerados compensados os feriados e prorrogações de trabalho noturno, quando houver (art. 59-A da CLT)[738]. Essa alteração ocorreu em virtude da Reforma Trabalhista.

Atividades insalubres são aquelas que expõem o empregado a agentes nocivos à sua saúde e que ultrapassam o seu limite de tolerância. Exemplo: agentes ***químicos*** *(chumbo),* ***biológicos*** *(bactérias) e* ***físicos*** *(ruídos). Para a obtenção do adicional de insalubridade, há necessidade de preencher dois requisitos:*

738. Com esta alteração legal, a Súmula nº 444 do TST deverá passar por alterações.

> a) Atividade nociva deverá ser constatada via perícia por profissional habilitado, médico ou engenheiro do trabalho.
>
> b) É necessário que o agente nocivo à saúde esteja incluído na relação oficial do Ministério do Trabalho e Emprego (conforme art. 17, XXVIII, da Lei nº 14.600/2023).

Se presente esses requisitos, João terá direito ao recebimento do adicional de insalubridade. Contudo, de acordo com a Orientação Jurisprudencial nº 103 da SDI-I do TST, o adicional de insalubridade já remunera os dias do DSR. Portanto, não serão devidos reflexos do adicional no DSR de João.

Ademais, as atividades de **comércio em geral** têm autorização legal (Lei nº 10.101/2000) para funcionar no domingo, desde que: **a)** observada a legislação municipal e **b)** o DSR coincida, pelo menos uma vez no período máximo de 3 semanas, com o domingo. Esse período de 3 semanas poderá ser modificado desde que haja instrumento coletivo (convenção ou acordo coletivo).

Para ter direito à remuneração durante o descanso semanal, é necessário que o empregado preencha dois requisitos:

> a) Frequência no trabalho, na semana em que ocorrer o descanso. Assim sendo, faltas injustificadas possibilitam o desconto do dia em que houve a falta e do DSR. Faltas justificadas, como doação de sangue, comparecimento a audiência judicial, falecimento do cônjuge, não autorizam nenhum desconto.
>
> b) Pontualidade do empregado. Atrasos injustificados durante a semana possibilitam o não pagamento do DSR.

Importante frisar que os empregados que não cumprirem os requisitos anteriores perdem o direito apenas à remuneração. Contudo, o gozo do descanso semanal de vinte e quatro horas consecutivas fica mantido, ou seja, o repouso/descanso independe dos requisitos pontualidade e frequência.

▸ **QUESTÃO DISCURSIVA 05:**

Como ficou o instituto da Compensação de Jornada com a aprovação da Reforma Trabalhista?

RESPOSTA SUGERIDA PELO AUTOR:

Uma das maiores conquistas dos trabalhadores foi a limitação da jornada de trabalho em 8 horas diárias e 44 horas semanais, o que está intimamente ligado à saúde, segurança e higidez dos trabalhadores. A própria Constituição Federal prevê, expressamente, a possibilidade de flexibilização da jornada.

A compensação é instituto em que o excesso de horas de um dia é compensado com folga em outro dia, sem o pagamento de horas extras. Na compensação clássica, o excesso de horas de um dia deve ser compensado dentro de um mês. A compensação pode ser feita de forma individual ou coletiva, no máximo de 10 horas.

De acordo com o art. 59, § 6º, da CLT, acrescentado pela Reforma Trabalhista, o regime de compensação pode ser firmado por acordo individual tácito ou escrito entre empregado e empregador. Note-se, portanto, que, ainda que as partes não tenham formalizado documento permitindo a compensação de jornada, é possível o reconhecimento da validade da compensação de jornada caso o acordo tenha ocorrido de forma tácita. Trata-se de hipótese de flexibilização das normas atinentes à duração do trabalho.

Antes da Reforma Trabalhista, havia discussão acerca do prazo para a compensação de jornada, se deveria ocorrer no período máximo de uma semana ou de um mês. Com a inclusão do § 6º do art. 59 da CLT, é possível a compensação individual dentro do período máximo de um mês.

Com a Reforma Trabalhista, o legislador deixou clara a diferença existente entre os institutos da compensação de jornada e do banco de horas. No tocante ao banco de horas, houve uma mudança significativa, pois com a Reforma Trabalhista, é possível o banco de horas semestral, em que o excesso de horas de um dia pode ser compensado em até seis meses. A possibilidade do banco de horas semestral pode ser feita por acordo individual. Por sua vez, o banco de horas anual, para que seja autorizado, precisa de previsão em instrumento coletivo.

Na hipótese de término do contrato de trabalho sem que tenha ocorrido a compensação integral da jornada extraordinária estabelecida por meio de banco de horas, o trabalhador tem o direito assegurado ao pagamento das horas extras que não foram compensadas, acrescidas do adicional de 50% sobre o valor da hora normal de trabalho. Além disso, essas horas extras devem ser calculadas de acordo com o valor da remuneração do empregado na data de rescisão.

▸ QUESTÃO DISCURSIVA 06:

Disserte sobre a jornada 12 X 36 e as modificações da Reforma Trabalhista

RESPOSTA SUGERIDA PELO AUTOR:

Uma das maiores conquistas dos trabalhadores foi a limitação da jornada de trabalho e os períodos de descaso. Aliás, a Constituição Federal, em seu art. 7º prevê expressamente a limitação de 8 horas diárias e 44 horas semanais. Em regra, o trabalho extraordinário, para além do limite constitucional, é vedado, pois pode trazer sérios prejuízos à saúde do trabalhador.

Embora a Constituição Federal traga os limites normais da duração do trabalho, verifica-se, na sociedade, o excesso de jornada, o que acarreta uma doença comum no dia a dia, denominada síndrome de "Burnout", que leva a um desagaste físico e psíquico do trabalhador. Há estudos que comprovam que a maioria dos acidentes de trabalho ocorrem em jornada suplementar. Quem trabalha em jornada extraordinária tende a se afastar com maior frequência, onerando a Previdência Social, além de contar com menor tempo de convivência social.

A jornada 12 x 36 é uma modalidade de compensação de jornada. Nesse sistema, o empregado trabalha além das 8 horas permitidas, ficando 12 horas prestando serviços. Por outro lado, goza de um descanso bastante prolongado de 36 horas consecutivas. Esse regime sempre foi alvo de discussões, pois não havia previsão constitucional. Entretanto, na prática, sobretudo em áreas hospitalar e de segurança, passou-se a adotar referida jornada. O TST publicou a súmula nº 444 que regulamentou o tema. Nesse caso, somente seria possível seu estabelecimento **por meio de lei ou de negociação coletiva** e somente em **casos excepcionais**. Além disso, havia a necessidade de concessão de intervalo intrajornada e os feriados trabalhados e não compensados eram pagos em dobro.

A Reforma Trabalhista alterou profundamente a disciplina jurídica da jornada 12x36, ampliando as possibilidades da sua concessão. É possível que o estabelecimento da jornada se dê por **acordo individual entre empregado e empregador**. Trata-se de hipótese de flexibilização dos direitos trabalhistas no âmbito individual.

Sobre o tema, a Confederação Nacional dos Trabalhadores na Saúde (CNTS) ajuizou a ADI 5994/DF, para que fosse declarada a incompatibilidade com a Constituição Federal da expressão "acordo individual escrito" contida no art. 59-A da CLT. No julgamento, finalizado em 03/07/2023, o STF considerou constitucional o art. 59-A da CLT, introduzido pela Reforma Trabalhista, que permite a pactuação da jornada 12 x 36 por acordo individual escrito entre empregado e empregador.

Além dessa alteração, os feriados, assim como já o era com o DSR, não serão pagos em dobro caso não compensados. Na hipótese de trabalho noturno, o período após às 5 horas do dia seguinte ao início da prestação dos serviços não será considerado prorrogação do horário noturno. Portanto, não há pagamento do adicional noturno após 5 horas da manhã. Outra novidade diz respeito à concessão do intervalo intrajornada, que, antes da Reforma Trabalhista, era obrigatório. De acordo com a nova previsão do art. 59-A da CLT, o intervalo pode ser concedido ou indenizado ao empregado. Essa disciplina já era prevista na LC nº 150/2015 aos empregados domésticos.

Diante da possibilidade de previsão de jornada 12 x 36 em acordo individual, muitos contratos de trabalho passarão a adotar essa jornada de trabalho. Dessa forma, o empregador evitará a necessidade de pagamento de horas extras, DSR e feriados.

▶ **QUESTÃO DISCURSIVA 07:**

Os períodos de descanso são considerados normas de indisponibilidade absoluta. A Reforma Trabalhista alterou esse aspecto? Fundamente.

RESPOSTA SUGERIDA PELO AUTOR:

Sobre o tema, é importante tecer algumas considerações acerca dos direitos sociais, econômicos e culturais. Esses direitos são considerados como direitos humanos, ao lado dos direitos civis, tendo como algumas de suas características a indivisibilidade, indisponibilidade e exigibilidade. Além disso, os direitos sociais possuem como característica a sua progressividade, que nada mais é do que sua evolução no tempo, de forma que os retrocessos sejam evitados ou minimizados.

De acordo com o parágrafo único do art. 611-B da CLT, as regras sobre duração do trabalho e intervalos não são consideradas normas de saúde, higiene e segurança do trabalho. Antes da Reforma Trabalhista, essas regras eram consideradas tanto pela doutrina como pela jurisprudência, como normas de segurança e saúde no trabalho, de ordem cogente e de natureza absoluta, podendo-se afirmar que a alteração produzida pela Reforma é prejudicial aos trabalhadores, implicando em ofensa ao princípio da progressividade.

A limitação de jornada a 8 horas diárias e 44 horas semanais, assim como os períodos de intervalo – sejam eles intrajornada ou interjornada – são importantes *garantias de que o trabalhador não ficará à disposição do empregador por tempo indeterminado, haja vista a necessidade de convívio social e familiar, descanso, lazer, entre outros fatores.*

Por se tratar de norma de caráter de ordem pública e, cuja inobservância pode acarretar sérios prejuízos à saúde do trabalhador, não seria possível admitir a supressão ou redução de direitos relacionados à duração do trabalho ou aos intervalos. A desconsideração histórica pelo legislador da Reforma Trabalhista da importância dos intervalos como normas de saúde e segurança do trabalho, permite a flexibilização de direito trabalhista.

Nesse ponto, é importante ressaltar que a alteração reformista não pode ser lida de maneira isolada e tomada como uma verdade absoluta. Há de se realizar uma interpretação lógico-sistêmico-teleológica de todo o ordenamento jurídico e concluir que os direitos relacionados à duração do trabalho, especialmente os períodos destinados ao descanso, são, sim, normas de indisponibilidade absoluta.

Toma-se, como exemplo, o brilhante (e vencedor) voto do Ministro Alexandre de Moraes no julgamento da ADI nº 5322, de autoria da Confederação Nacional dos Trabalhadores em Transportes – CNTT, oportunidade na qual o STF entendeu pela inconstitucionalidade do tempo de espera do motorista profissional. Aqui, há de se reverenciar a brilhante argumentação trazida pelo relator. Segundo o Ministro, o "tempo de espera", tal como disposto na CLT, além de trazer prejuízos direitos ao trabalhador, viola o disposto no art. 7º, VI, da CF (irredutibilidade salarial) e art. 1º, IV, também da CF (valor social do trabalho).

Ainda, sobre os períodos de descanso dos motoristas, a Corte concluiu pela inconstitucionalidade do fracionamento do intervalo interjornada, ainda que garantidos o mínimo de 8 horas ininterruptas no primeiro período do fracionamento e o gozo do restante dentro das 16 horas seguintes ao final do primeiro período, previsto no art. 235-C, § 3º, da CLT. Conforme argumentou Alexander de Moraes, as normas de duração do trabalho são normas de ordem pública, pois dizem respeito à própria saúde física e mental do empregado, ao contrário do que disciplina o parágrafo único do art. 611-B da CLT.

▸ **ESTUDO DE CASO 08:**

Aurora é empregada da empresa XYZ Ltda há mais de 5 anos. Em 2023, sua empregadora decidiu conceder férias fracionadas a Aurora sem antes consultá-la. Com base na decisão unilateral da empresa, as férias seriam concedidas da seguinte forma:

10 dias seriam gozados entre os dias 04/03/2023 e 13/03/2023;
10 dias seriam gozados entre os dias 08/04/2023 e 17/04/2023; e
10 dias seriam gozados entre os dias 29/04/2023 e 09/05/2023.

Além disso, o início do último período de férias (29/04/2023) ocorreu em um sábado, um dia antes do descanso semanal remunerado de Aurora. Cumpre ressaltar que a empregada acumulou 4 faltas injustificadas ao longo do período aquisitivo de férias.

Sobre o caso apresentado e considerando as alterações promovidas pela Reforma Trabalhista, responda fundamentadamente às questões a seguir:

A) O fracionamento de férias de Aurora é válido? Justifique.
B) O último período de férias de Aurora poderia ter sido iniciado no sábado? Justifique.
C) Quantos dias de férias Aurora tinha direito em 2023? Justifique.

RESPOSTA SUGERIDA PELO AUTOR[739]:

A data da concessão do período de férias é ato do empregador. Sobre esse poder do empregador em conceder as férias no momento que melhor atenda os interesses da empresa, a Reforma Trabalhista não alterou.

Em regra, as férias individuais sempre foram concedidas em um único período, conforme estabelece o "caput" do artigo em comento. De acordo com a antiga redação do § 1º do art. 134 da CLT, somente em casos excepcionais era possível o fracionamento em dois períodos, e desde que um desses períodos não fosse inferior a 10 dias.

O objetivo do dispositivo, ao estabelecer que as férias deveriam ser concedidas em um só período e que, somente em situações excepcionais, seria possível o seu parcelamento, era permitir ao trabalhador a reposição de sua energia física e mental após longo período de prestação de serviços. Destaca-se, contudo, que não havia definição clara sobre o que se considerava caso excepcional para viabilizar o fracionamento, o que trazia insegurança jurídica ao trabalhador. Assim, entendíamos que era suficiente a apresentação de declaração de próprio punho pelo trabalhador elencando a hipótese que justificasse o fracionamento, tais como viagens programadas pelo empregado, acompanhamento e cuidado pelo empregado de pessoa enferma etc.

A Reforma Trabalhista alterou a redação do § 1º do artigo em comento e passou a permitir o fracionamento das férias do empregado sem o caráter excepcional previsto na redação anterior do dispositivo. Para isso, foram estabelecidos alguns requisitos necessários ao parcelamento:

***a) Concordância do empregado:** Para o fracionamento das férias individuais, é exigido que o empregado concorde com a medida. A nova redação do dispositivo não prevê, contudo, a forma como deve ser apresentada essa concordância. Entendemos, contudo, que é recomendável a formalização em documento escrito da manifestação de vontade do empregado para a prevenção de eventual alegação de vício no consentimento do trabalhador.*

***b) Fracionamento em até três períodos:** Diferentemente do modelo anterior, as férias podem ser fracionadas em até três períodos, sem necessidade de justificativa. Basta a concordância de empregado e empregador. Note-se, portanto, que a lei não exige obrigatoriamente a concessão em 3 vezes das férias, podendo ser concedida em um ou dois períodos.*

***c) Um dos períodos não pode ser inferior a 14 dias corridos e os demais não podem ser inferiores a 5 dias corridos.** A legislação exige, portanto, que o empregado obrigatoriamente usufrua, ao menos, 14 dias corridos de férias para se assegurar tempo de descanso e recuperação física e mental do trabalhador, indispensável para a dignidade do trabalhador. Por outro lado, os demais dias de férias não podem ser inferiores a 5 dias corridos.*

Assim, o fracionamento das férias de Aurora não foi realizado de acordo com a lei, pois descumpriu os requisitos previstos pela Reforma Trabalhista ao estabelecer

739. Nas respostas dadas aqui, serão indicadas e/ou transcritas súmulas, orientações jurisprudências do TST e artigos de lei, mas na prova não há essa necessidade salvo quando expressamente previsto no edital do concurso.

o período das férias sem que um dos períodos tivesse pelo menos 14 dias corridos e também não houve consentimento da empregada para o fracionamento.

Com relação ao início das férias, A Reforma Trabalhista previu que as férias não podem ser iniciadas no período de dois dias que antecedem o feriado ou dia de repouso semanal remunerado. Por exemplo, se o DSR coincidir com o domingo, as férias do trabalhador somente podem se iniciar até quinta-feira. Assim, o início do terceiro período de férias de Aurora foi feito de forma incorreta ao ser iniciado em um dia antes do DSR.

Por fim, a duração das férias estará intimamente ligada às faltas injustificadas cometidas pelo empregado ao longo do período aquisitivo. A proporção de faltas e do período de descanso está prevista no art. 130 da CLT. Note-se que o desconto referente às faltas injustificadas ocorrerá na semana em que houver a ausência injustificada, descontando, inclusive, o descanso semanal remunerado daquela semana. Até 5 faltas justificadas como é o caso de Aurora, é assegura a previsão e 30 dias de férias.

5. SÚMULAS E ORIENTAÇÕES JURISPRUDENCIAIS DO TST

▶ CAPÍTULO VI – DURAÇÃO DO TRABALHO
Introdução
Súmula nº 338 do TST[740]. I – É ônus do empregador que conta com mais de 10 (dez) empregados o registro da jornada de trabalho na forma do art. 74, § 2º, da CLT. A não apresentação injustificada dos controles de frequência gera presunção relativa de veracidade da jornada de trabalho, a qual pode ser elidida por prova em contrário. II – A presunção de veracidade da jornada de trabalho, ainda que prevista em instrumento normativo, pode ser elidida por prova em contrário. III – Os cartões de ponto que demonstram horários de entrada e saída uniformes são inválidos como meio de prova, invertendo-se o ônus da prova, relativo às horas extras, que passa a ser do empregador, prevalecendo a jornada da inicial se dele não se desincumbir.
Súmula nº 90 do TST[741] I – O tempo despendido pelo empregado, em condução fornecida pelo empregador, até o local de trabalho de difícil acesso, ou não servido por transporte público regular, e para o seu retorno é computável na jornada de trabalho. II – A incompatibilidade entre os horários de início e término da jornada do empregado e os do transporte público regular é circunstância que também gera o direito às horas *in itinere*. III – A mera insuficiência de transporte público não enseja o pagamento de horas *in itinere* IV – Se houver transporte público regular em parte do trajeto percorrido em condução da empresa, as horas *in itinere* remuneradas limitam-se ao trecho não alcançado pelo transporte público. V – Considerando que as horas *in itinere* são computáveis na jornada de trabalho, o tempo que extrapola a jornada legal é considerado como extraordinário e sobre ele deve incidir o adicional respectivo.
Súmula nº 429 do TST. Considera-se à disposição do empregador, na forma do art. 4º da CLT, o tempo necessário ao deslocamento do trabalhador entre a portaria da empresa e o local de trabalho, desde que supere o limite de 10 minutos diários.

740. Esta súmula poderá ser impactada pelo art. 611-A, X da CLT acrescentado pela Reforma Trabalhista – Lei nº 13.467/2017.

741. Esta súmula poderá ser impactada pelo art. 58, § 2º da CLT modificado pela Reforma Trabalhista – Lei nº 13.467/2017.

Súmula nº 320 do TST[742]. O fato de o empregador cobrar, parcialmente ou não, importância pelo transporte fornecido, para local de difícil acesso ou não servido de transporte regular, não afasta o direito à percepção das horas *in itinire*.

Sobreaviso e prontidão

Súmula nº 229 do TST. As horas de sobreaviso dos eletricitários, por aplicação analógica do art. 244, § 2º da CLT, são remuneradas à razão de ⅓ sobre as parcelas de natureza salarial.

Súmula nº 428 do TST[743].

I – O uso de instrumentos telemáticos ou informatizados fornecidos pela empresa ao empregado, por si só, não caracteriza regime de sobreaviso.

II – Considera-se em sobreaviso o empregado que, à distância e submetido a controle patronal por instrumentos telemáticos ou informatizados, permanecer em regime de plantão ou equivalente, aguardando a qualquer momento o chamado para o serviço durante o período de descanso.

Súmula nº 132 do TST.

I – O adicional de periculosidade, pago em caráter permanente, integra o cálculo de indenização e de horas extras.

II – Durante as horas de sobreaviso, o empregado não se encontra em condições de risco, razão pela qual é incabível a integração do adicional de periculosidade sobre as mencionadas horas.

Empregados não submetidos à limitação da jornada

Súmula nº 61 do TST. Aos ferroviários que trabalham em estação do interior, assim classificada por autoridade competente, não são devidas horas extras (art. 243 da CLT).

Orientação Jurisprudencial nº 332 da SDI – I do TST. O tacógrafo, por si só, sem a existência de outros elementos, não serve para controlar a jornada de trabalho de empregado que exerce atividade externa.

Turno ininterrupto de revezamento

Súmula nº 360 do TST. A interrupção do trabalho destinada a repouso e alimentação, dentro de cada turno, ou o intervalo para repouso semanal, não descaracteriza o turno de revezamento com jornada de 6 (seis) horas previsto no art. 7º, XIV, da CF/1988.

Orientação Jurisprudencial nº 360 da SDI – I do TST. Faz jus à jornada especial prevista no art. 7º, XIV, da CF/1988 o trabalhador que exerce suas atividades em sistema de alternância de turnos, ainda que em dois turnos de trabalho, que compreendam, no todo ou em parte, o horário diurno e o noturno, pois submetido à alternância de horário prejudicial à saúde, sendo irrelevante que a atividade da empresa se desenvolva de forma ininterrupta.

Orientação Jurisprudencial nº 275 da SDI-I do TST. Inexistindo instrumento coletivo fixando jornada diversa, o empregado horista submetido a turno ininterrupto de revezamento faz jus ao pagamento das horas extraordinárias laboradas além da 6ª, bem como ao respectivo adicional.

Orientação Jurisprudencial nº 395 da SDI – I do TST. O trabalho em regime de turnos ininterruptos de revezamento não retira o direito à hora noturna reduzida, não havendo incompatibilidade entre as disposições contidas nos arts. 73, § 1º, da CLT e 7º, XIV, da Constituição Federal.

Súmula nº 423 do TST. Estabelecida jornada superior a seis horas e limitada a oito horas por meio de regular negociação coletiva, os empregados submetidos a turnos ininterruptos de revezamento não têm direito ao pagamento da 7ª e 8ª horas como extras.

Orientação Jurisprudencial nº 420 da SDI – I. É inválido o instrumento normativo que, regularizando situações pretéritas, estabelece jornada de oito horas para o trabalho em turnos ininterruptos de revezamento.

Trabalho extraordinário

Súmula nº 449 do TST. A partir da vigência da Lei nº 10.243, de 27.06.2001, que acrescentou o § 1º ao art. 58 da CLT, não mais prevalece cláusula prevista em convenção ou acordo coletivo que elastece o limite de 5 minutos que antecedem e sucedem a jornada de trabalho para fins de apuração das horas extras.

742. Esta súmula poderá ser impactada pelo art. 58, § 2º da CLT modificado pela Reforma Trabalhista – Lei nº 13.467/2017.

743. Esta súmula poderá ser impactada pelo art. 611-A, VIII da CLT acrescentado pela Reforma Trabalhista – Lei nº 13.467/2017.

Súmula nº 85 do TST[744] I – A compensação de jornada de trabalho deve ser ajustada por acordo individual escrito, acordo coletivo ou convenção coletiva. II – O acordo individual para compensação de horas é válido, salvo se houver norma coletiva em sentido contrário. III – O mero não atendimento das exigências legais para a compensação de jornada, inclusive quando encetada mediante acordo tácito, não implica a repetição do pagamento das horas excedentes à jornada normal diária, se não dilatada a jornada máxima semanal, sendo devido apenas o respectivo adicional. IV – A prestação de horas extras habituais descaracteriza o acordo de compensação de jornada. Nesta hipótese, as horas que ultrapassarem a jornada semanal normal deverão ser pagas como horas extraordinárias e, quanto àquelas destinadas à compensação, deverá ser pago a mais apenas o adicional por trabalho extraordinário. V – As disposições contidas nesta súmula não se aplicam ao regime compensatório na modalidade "banco de horas", que somente pode ser instituído por negociação coletiva. VI – Não é válido acordo de compensação de jornada em atividade insalubre, ainda que estipulado em norma coletiva, sem a necessária inspeção prévia e permissão da autoridade competente, na forma do art. 60 da CLT.
Súmula nº 444 do TST[745]**.** É valida, em caráter excepcional, a jornada de 12 horas de trabalho por trinta e seis de descanso, prevista em lei ou ajustada exclusivamente mediante acordo coletivo de trabalho ou convenção coletiva de trabalho, assegurada a remuneração em dobro dos feriados trabalhados. O empregado não tem direito ao pagamento de adicional referente ao labor prestado na décima primeira e décima segunda horas.
Orientação Jurisprudencial nº 323 da SDI – I do TST. É válido o sistema de compensação de horário quando a jornada adotada é a denominada "semana espanhola", que alterna a prestação de 48 horas em uma semana e 40 horas em outra, não violando os arts. 59, § 2º, da CLT e 7º, XIII, da CF/88 o seu ajuste mediante acordo ou convenção coletiva de trabalho.
Súmula nº 60 do TST. I – O adicional noturno pago com habitualidade integra o salário do empregado para todos os efeitos. II – Cumprida integralmente a jornada no período noturno e prorrogada esta, devido é também o adicional quanto às horas prorrogadas.
Súmula nº 366 do TST[746]**.** Não serão descontadas nem computadas como jornada extraordinária as variações de horário do registro de ponto não excedentes de cinco minutos, observado o limite máximo de dez minutos diários. Se ultrapassado esse limite, será considerada como extra a totalidade do tempo que exceder a jornada normal, pois configurado tempo à disposição do empregador, não importando as atividades desenvolvidas pelo empregado ao longo do tempo residual (troca de uniforme, lanche, higiene pessoal etc.).
Súmula nº 376 do TST. I – A limitação legal da jornada suplementar a duas horas diárias não exime o empregador de pagar todas as horas trabalhadas. II – O valor das horas extras habitualmente prestadas integra o cálculo dos haveres trabalhistas, independentemente da limitação prevista no "caput" do art. 59 da CLT.
Súmula nº 291 do TST[747]**.** A supressão total ou parcial, pelo empregador, do serviço suplementar prestado com habitualidade, durante pelo menos 1 (um) ano, assegura ao empregado o direito à indenização correspondente ao valor de 1 (um) mês das horas suprimidas, total ou parcialmente, para cada ano ou fração igual ou superior a seis meses de prestação de serviço acima da jornada normal. O cálculo observará a média das horas suplementares efetivamente trabalhadas nos últimos 12 (doze) meses, anteriores à mudança, multiplicada pelo valor da hora extra do dia da supressão.
Trabalho noturno
Orientação jurisprudencial nº 60 da SDI – I do TST. I – A hora noturna no regime de trabalho no porto, compreendida entre dezenove horas e sete horas do dia seguinte, é de sessenta minutos.

744. Esta súmula poderá ser impactada pelos art. 59 e 59-B da CLT alterados pela Reforma Trabalhista – Lei nº 13.467/2017.

745. Esta súmula poderá ser impactada pelo art. 59-A da CLT acrescentado pela Reforma Trabalhista – Lei nº 13.467/2017.

746. Esta súmula poderá ser impactada pelo art. 4º, § 2º da CLT acrescentado pela Reforma Trabalhista – Lei nº 13.467/2017.

747. Esta súmula poderá ser impactada pelo art. 8º, § 2º da CLT acrescentado pela Reforma Trabalhista – Lei nº 13.467/2017.

II – Para o cálculo das horas extras prestadas pelos trabalhadores portuários, observar-se-á somente o salário básico percebido, excluídos os adicionais de risco e produtividade.
Orientação Jurisprudencial nº 97 da SDI – I do TST. O adicional noturno integra a base de cálculo das horas extras prestadas no período noturno.
Súmula nº 265 do TST. A transferência para o período diurno de trabalho implica a perda do direito ao adicional noturno.
Súmula nº 112 do TST. O trabalho noturno dos empregados nas atividades de exploração, perfuração, produção e refinação do petróleo, industrialização do xisto, indústria petroquímica e transporte de petróleo e seus derivados, por meio de dutos, é regulado pela Lei nº 5.811/72, não se lhe aplicando a hora reduzida de 52 (cinquenta e dois) minutos e 30 (trinta) segundos do art. 73, § 2º, da CLT.
Orientação Jurisprudencial nº 388 da SDI-I do TST[748]. O empregado submetido à jornada de 12 horas de trabalho por 36 de descanso, que compreenda a totalidade do período noturno, tem direito ao adicional noturno, relativo às horas trabalhadas após as 5 horas da manhã.
Bancário
Súmula nº 102 do TST. Bancário. Cargo de confiança I – A configuração, ou não, do exercício da função de confiança a que se refere o art. 224, § 2º, da CLT, dependente da prova das reais atribuições do empregado, é insuscetível de exame mediante recurso de revista ou de embargos. II – O bancário que exerce a função a que se refere o § 2º do art. 224 da CLT e recebe gratificação não inferior a um terço de seu salário já tem remuneradas as duas horas extraordinárias excedentes de seis. III – Ao bancário exercente de cargo de confiança previsto no artigo 224, § 2º, da CLT são devidas as 7ª e 8ª horas, como extras, no período em que se verificar o pagamento a menor da gratificação de 1/3. IV – O bancário sujeito à regra do art. 224, § 2º, da CLT cumpre jornada de trabalho de 8 (oito) horas, sendo extraordinárias as trabalhadas além da oitava. V – O advogado empregado de banco, pelo simples exercício da advocacia, não exerce cargo de confiança, não se enquadrando, portanto, na hipótese do § 2º do art. 224 da CLT. VI – O caixa bancário, ainda que caixa executivo, não exerce cargo de confiança. Se perceber gratificação igual ou superior a um terço do salário do posto efetivo, essa remunera apenas a maior responsabilidade do cargo e não as duas horas extraordinárias além da sexta. VII – O bancário exercente de função de confiança, que percebe a gratificação não inferior ao terço legal, ainda que norma coletiva contemple percentual superior, não tem direito às sétima e oitava horas como extras, mas tão somente às diferenças de gratificação de função, se postuladas.
Súmula nº 287 do TST. A jornada de trabalho do empregado de banco gerente de agência é regida pelo art. 224, § 2º, da CLT. Quanto ao gerente-geral de agência bancária, presume-se o exercício de encargo de gestão, aplicando-se-lhe o art. 62 da CLT.
Súmula nº 124 do TST. Bancário. Salário-hora. Divisor. I – o divisor aplicável para o cálculo das horas extras do bancário será: a) 180, para os empregados submetidos à jornada de seis horas prevista no caput do art. 224 da CLT; b) 220, para os empregados submetidos à jornada de oito horas, nos termos do § 2º do art. 224 da CLT. II – Ressalvam-se da aplicação do item anterior as decisões de mérito sobre o tema, qualquer que seja o seu teor, emanadas de Turma do TST ou da SBDI-I, no período de 27/09/2012 até 21/11/2016, conforme a modulação aprovada no precedente obrigatório firmado no Incidente de Recursos de Revista Repetitivos nº TST-IRR-849-83.2013.5.03.0138, DEJT 19.12.2016.
Súmula nº 226 do TST[749]. A gratificação por tempo de serviço integra o cálculo das horas extras.

Súmula nº 247 do TST. A parcela paga aos bancários sob a denominação "quebra de caixa" possui natureza salarial, integrando o salário do prestador de serviços, para todos os efeitos legais.
Súmula nº 257 do TST. O vigilante, contratado diretamente por banco ou por intermédio de empresas especializadas, não é bancário.
Súmula nº 239 do TST. É bancário o empregado de empresa de processamento de dados que presta serviço a banco integrante do mesmo grupo econômico, exceto quando a empresa de processamento de dados presta serviços a banco e a empresas não bancárias do mesmo grupo econômico ou a terceiros.

748. Esta orientação jurisprudencial poderá ser impactada pelo art. 59-A, parágrafo único da CLT acrescentado pela Reforma Trabalhista – Lei nº 13.467/2017.

749. Esta súmula poderá ser impactada pela nova redação dada ao art. 457, § 1º da CLT pela Reforma Trabalhista – Lei nº 13.467/2017.

Súmula nº 119 do TST. Os empregados de empresas distribuidoras e corretoras de títulos e valores mobiliários não têm direito à jornada especial dos bancários.
Súmula nº 55 do TST. As empresas de crédito, financiamento ou investimento, também denominadas financeiras, equiparam-se aos estabelecimentos bancários para os efeitos do art. 224 da CLT.
Orientação Jurisprudencial nº 178 da SDI-I do TST. Não se computa, na jornada do bancário sujeito a seis horas diárias de trabalho, o intervalo de quinze minutos para lanche ou descanso.
Orientação jurisprudencial nº 379 da SDI-I do TST. Os empregados de cooperativas de crédito não se equiparam a bancário, para efeito de aplicação do art. 224 da CLT, em razão da inexistência de expressa previsão legal, considerando, ainda, as diferenças estruturais e operacionais entre as instituições financeiras e as cooperativas de crédito. Inteligência das Leis nºs 4.595, de 31.12.1964, e 5.764, de 16.12.1971.
Súmula nº 109 do TST. O bancário não enquadrado no § 2º do art. 224 da CLT, que receba gratificação de função, não pode ter o salário relativo a horas extraordinárias compensado com o valor daquela vantagem.
Súmula nº 117 do TST. Não se beneficiam do regime legal relativo aos bancários os empregados de estabelecimento de crédito pertencentes a categorias profissionais diferenciadas.
Súmula nº 113 do TST. O sábado do bancário é dia útil não trabalhado, não dia de repouso remunerado. Não cabe a repercussão do pagamento de horas extras habituais em sua remuneração.
Súmula nº 199 do TST. I – A contratação do serviço suplementar, quando da admissão do trabalhador bancário, é nula. Os valores assim ajustados apenas remuneram a jornada normal, sendo devidas as horas extras com o adicional de, no mínimo, 50% (cinquenta por cento), as quais não configuram pré-contratação, se pactuadas após a admissão do bancário. II – Em se tratando de horas extras pré-contratadas, opera-se a prescrição total se a ação não for ajuizada no prazo de cinco anos, a partir da data em que foram suprimidas.
Súmula nº 431 do TST. Para os empregados a que alude o art. 58, caput, da CLT, quando sujeitos a 40 horas semanais de trabalho, aplica-se o divisor 200 (duzentos) para o cálculo do valor do salário-hora.
Intervalo intrajornada e intervalo interjornada
Súmula nº 437 do TST[750]. Intervalo intrajornada para repouso e alimentação. Aplicação do art. 71 da CLT. *(conversão das Orientações Jurisprudenciais nºs 307, 342, 354, 380 e 381 da SBDI-1)* I – Após a edição da Lei nº 8.923/94, a não concessão total ou a concessão parcial do intervalo intrajornada mínimo, para repouso e alimentação a empregados urbanos e rurais, implica o pagamento total do período correspondente, e não apenas daquele suprimido, com acréscimo de, no mínimo, 50% sobre o valor da remuneração da hora normal de trabalho (art. 71 da CLT), sem prejuízo do cômputo da efetiva jornada de labor para efeito de remuneração. II – É inválida cláusula de acordo ou convenção coletiva de trabalho contemplando a supressão ou redução do intervalo intrajornada porque este constitui medida de higiene, saúde e segurança do trabalho, garantida por norma de ordem pública (art. 71 da CLT e art. 7º, XXII, da CF/1988), infenso à negociação coletiva. III – Possui natureza salarial a parcela prevista no art. 71, § 4º, da CLT, com redação introduzida pela Lei no 8.923, de 27 de julho de 1994, quando não concedido ou reduzido pelo empregador o intervalo mínimo intrajornada para repouso e alimentação, repercutindo, assim, no cálculo de outras parcelas salariais. IV – Ultrapassada habitualmente a jornada de seis horas de trabalho, é devido o gozo do intervalo intrajornada mínimo de uma hora, obrigando o empregador a remunerar o período para descanso e alimentação não usufruído como extra, acrescido do respectivo adicional, na forma prevista no art. 71, caput e § 4º, da CLT."
Súmula nº 118 do TST. Os intervalos concedidos pelo empregador na jornada de trabalho, não previstos em lei, representam tempo à disposição da empresa, remunerados como serviço extraordinário, se acrescidos ao final da jornada.
Súmula nº 346 do TST. Os digitadores, por explicação analógica do art.72 da CLT, equiparam-se aos trabalhadores nos serviços de mecanografia (datilografia, escrituração e cálculo), razão pela qual têm direito a intervalos de descanso de 10 (dez) minutos a cada 90 (noventa) de trabalho consecutivo.
Súmula nº 438 do TST. O empregado submetido a trabalho contínuo em ambiente artificialmente frio, nos termos do parágrafo único do art. 253 da CLT, ainda que não labore em câmara frigorífica, tem direito ao intervalo intrajornada previsto no caput do art. 253 da CLT.
Súmula nº 446 do TST[751]. A garantia ao intervalo intrajornada, prevista no art. 71 da CLT, por constituir-se em medida de higiene, saúde e segurança do empregado, é aplicável também ao ferroviário maquinista integrante da categoria "c" (equipagem de trem em geral), não havendo incompatibilidade entre as regras inscritas nos arts. 71, § 4º, e 238, § 5º, da CLT.

750. Esta súmula poderá ser impactada pela nova redação do art. 71, § 4º da CLT e pelo art. 611-A, III da CLT acrescentado pela Reforma Trabalhista – Lei nº 13.467/2017.

751. Esta súmula poderá ser impactada pelo art. 611-B, parágrafo único da CLT acrescentado pela Reforma Trabalhista – Lei nº 13.467/2017.

Orientação Jurisprudencial nº 355 da SDI – I do TST[752]. O desrespeito ao intervalo mínimo interjornadas previsto no art. 66 da CLT acarreta, por analogia, os mesmos efeitos previstos no § 4º do art. 71 da CLT e na Súmula nº 110 do TST, devendo-se pagar a integralidade das horas que foram subtraídas do intervalo, acrescidas do respectivo adicional.
Súmula nº 110 do TST. No regime de revezamento, as horas trabalhadas em seguida ao repouso semanal de 24 horas, com prejuízo do intervalo mínimo de 11 horas consecutivas para descanso entre jornadas, devem ser remuneradas como extraordinárias, inclusive com o respectivo adicional.
Descanso semanal remunerado
Súmula nº 146 do TST. O trabalho prestado em domingos e feriados, não compensado, deve ser pago em dobro, sem prejuízo da remuneração relativa ao repouso semanal.
Orientação Jurisprudencial nº 410 da SDI – I do TST. Viola o art. 7º, XV, da CF a concessão de repouso semanal remunerado após o sétimo dia consecutivo de trabalho, importando no seu pagamento em dobro.
Súmula nº 351 do TST. O professor que recebe salário mensal à base de hora-aula tem direito ao acréscimo de 1/6 a título de repouso semanal remunerado, considerando-se para esse fim o mês de quatro semanas e meia.
Súmula nº 360 do TST. A interrupção do trabalho destinada a repouso e alimentação, dentro de cada turno, ou o intervalo para repouso semanal, não descaracteriza o turno de revezamento com jornada de 6 (seis) horas previsto no art. 7º, XIV, da CF/1988.
Súmula nº 172 do TST. Computam-se no cálculo do repouso semanal remunerado as horas extras habitualmente prestadas.
Súmula nº 225 do TST. As gratificações por tempo de serviço e produtividade, pagas mensalmente, não repercutem no cálculo do repouso semanal remunerado.
Orientação Jurisprudencial nº 103 da SDI – I do TST. O adicional de insalubridade já remunera os dias de repouso semanal e feriados.
Súmula nº 27 do TST. É devida a remuneração do repouso semanal remunerado e dos dias feriados ao empregado comissionista, ainda que pracista.
Súmula nº 15 do TST. A justificação da ausência do empregado motivada por doença, para a percepção do salário-enfermidade e da remuneração do repouso semanal, deve observar a ordem preferencial dos atestados médicos estabelecida em lei.
Orientação Jurisprudencial nº 394 da SDI – I do TST[753]**.** Repouso semanal remunerado. Integração das horas extras. Repercussão no cálculo das férias, décimo terceiro salário, aviso prévio e depósitos do FGTS I. A majoração do valor do repouso semanal remunerado decorrente da integração das horas extras habituais deve repercutir no cálculo, efetuado pelo empregador, das demais parcelas que têm como base de cálculo o salário, não se cogitando de bis in idem por sua incidência no cálculo das férias, da gratificação natalina, do aviso prévio e do FGTS. II. O item I será aplicado às horas extras trabalhadas a partir de 20.03.2023.
Férias
Súmula nº 7 do TST. A indenização pelo não deferimento das férias no tempo oportuno será calculada com base na remuneração devida ao empregado na época da reclamação ou, se for o caso, na da extinção do contrato.
Súmula nº 450 do TST. É devido o pagamento em dobro da remuneração de férias, incluído o terço constitucional, com base no art. 137 da CLT, quando, ainda que gozadas na época própria, o empregador tenha descumprido o prazo previsto no art. 145 do mesmo diploma legal.

Súmula nº 354 do TST. As gorjetas, cobradas pelo empregador na nota de serviço ou oferecidas espontaneamente pelos clientes, integram a remuneração do empregado, não servindo de base de cálculo para as parcelas de aviso-prévio, adicional noturno, horas extras e repouso semanal remunerado.
Súmula nº 81 do TST. Os dias de férias gozados após o período legal de concessão deverão ser remunerados em dobro.
Súmula nº 89 do TST. Se as faltas já são justificadas pela lei, consideram-se como ausências legais e não serão descontadas para o cálculo do período de férias.

752. Esta súmula poderá ser impactada pela nova redação do art. 71, § 4º da CLT dada pela Reforma Trabalhista – Lei nº 13.467/2017.

753. A tese jurídica do Tema Repetitivo 9 alterou a redação da OJ nº 394 da SDI-I do TST. Consulte os comentários no tópico 3.2.4.1. deste Capítulo.

Súmula nº 10 do TST. Professor. Dispensa sem justa causa. Término do ano letivo ou no curso de férias escolares. Aviso-prévio O direito aos salários do período de férias escolares assegurado aos professores (art. 322, caput e § 3º, da CLT) não exclui o direito ao aviso prévio, na hipótese de dispensa sem justa causa ao término do ano letivo ou no curso das férias escolares.
Precedente Normativo nº 100 do TST[754]. O início das férias, coletivas ou individuais, não poderá coincidir com sábado, domingo, feriado ou dia de compensação de repouso semanal.
Súmula nº 46 do TST. As faltas ou ausências decorrentes de acidente do trabalho não são consideradas para os efeitos de duração de férias e cálculo da gratificação natalina.
Súmula nº 328 do TST. O pagamento das férias, integrais ou proporcionais, gozadas ou não, na vigência da CF/88, sujeita-se ao acréscimo do terço previsto no respectivo art. 7º, XVII.
Súmula nº 171 do TST. Salvo na hipótese de dispensa do empregado por justa causa, a extinção do contrato de trabalho sujeita o empregador ao pagamento da remuneração das férias proporcionais, ainda que incompleto o período aquisitivo de 12 (doze) meses.
Súmula nº 261 do TST. O empregado que se demite antes de completar 12 (doze) meses de serviço tem direito a férias proporcionais.
Súmula nº 14 do TST. Reconhecida a culpa recíproca na rescisão do contrato de trabalho (art. 484 da CLT), o empregado tem direito a 50% (cinquenta por cento) do valor do aviso prévio, do décimo terceiro salário e das férias proporcionais.
Súmula nº 149 do TST. A remuneração das férias do tarefeiro deve ser calculada com base na média da produção do período aquisitivo, aplicando-se-lhe a tarifa da data da concessão

754. Este precedente poderá ser impactado pelo art. 134, §3 da CLT, acrescentado pela Reforma Trabalhista – Lei nº 13.467/2017.

QUESTÕES

CAPÍTULOS V E VI

1. QUESTÕES COM GABARITO COMENTADO

01. (FCC – Analista Judiciário – Área Judiciária – TRT 9/2022) Quanto ao contrato de trabalho,

(A) quando por prazo determinado que, tacitamente, for prorrogado mais de uma vez, passará a vigorar sem determinação de prazo, desde que esta alteração seja feita por escrito.

(B) o intermitente deve ser celebrado por escrito e deve conter especificamente o valor da hora de trabalho, que não pode ser inferior ao valor horário do salário-mínimo ou àquele devido aos demais empregados do estabelecimento que exerçam a mesma função em contrato intermitente ou não.

(C) é ilícita a inclusão no uniforme de logomarcas da própria empresa ou de empresas parceiras e de outros itens de identificação relacionados à atividade desempenhada, mesmo quando houver autorização contratual expressa do empregado.

(D) caracterizada a sucessão empresarial ou de empregadores, as obrigações trabalhistas, com exceção das contraídas à época em que os empregados trabalhavam para a empresa sucedida, são de responsabilidade do sucessor.

(E) na vigência do contrato de trabalho, as invenções do empregado, quando decorrentes de sua contribuição pessoal e da instalação ou equipamento fornecidos pelo empregador, serão de sua propriedade exclusiva, salvo se o contrato de trabalho tiver por objeto, implícita ou explicitamente, pesquisa científica.

COMENTÁRIOS

Nota do autor: A questão aborda diversos assuntos relacionados ao contrato de trabalho.

Alternativa "a": incorreta. "O contrato de trabalho por prazo determinado que, **tácita ou expressamente**, for prorrogado mais de uma vez passará a vigorar sem determinação de prazo." (Art. 451, CLT). Conforme dispositivo legal, não é necessária a referida alteração seja feita por escrito.

Alternativa "b": correta. "O contrato de trabalho intermitente deve ser celebrado por escrito e deve conter especificamente o valor da hora de trabalho, que não pode ser inferior ao valor horário do salário mínimo ou àquele devido aos demais empregados do estabelecimento que exerçam a mesma função em contrato intermitente ou não." (Art. 452-A, CLT).

Alternativa "c": incorreta. "Cabe ao empregador definir o padrão de vestimenta no meio ambiente laboral, sendo lícita a inclusão no uniforme de logomarcas da própria empresa ou de empresas parceiras e de outros itens de identificação relacionados à atividade desempenhada." (Art. 456, CLT).

Alternativa "d": incorreta. "Caracterizada a sucessão empresarial ou de empregadores prevista nos arts. 10 e 448 desta Consolidação, as obrigações trabalhistas, **inclusive** as contraídas à época em que os empregados trabalhavam para a empresa sucedida, são de responsabilidade do sucessor." (Art. 448-A, CLT).

Alternativa "e": incorreta. "Na vigência do contrato de trabalho, as invenções do empregado, quando decorrentes de sua contribuição pessoal e da instalação ou equipamento fornecidos pelo empregador, serão de propriedade comum, em partes iguais, salvo se o contrato de trabalho tiver por objeto, implícita ou explicitamente, pesquisa científica. Parágrafo único. Ao empregador caberá a exploração do invento, ficando obrigado a promovê-la no prazo de um ano da data da concessão da patente, sob pena de reverter em favor do empregado da plena propriedade desse invento." (Art. 454, CLT).

Alternativa correta: "b".

02. (FCC – Analista Judiciário – Oficial de Justiça Avaliador Federal – TRT 22/2022) A cláusula compromissória de arbitragem pode, conforme previsão na legislação vigente:

(A) ser imposta pelo empregador para dirimir conflitos decorrentes do contrato de trabalho com empregados, cuja remuneração não ultrapasse a duas vezes o limite máximo estabelecido para os benefícios do Regime Geral de Previdência Social.

(B) convencionar que a arbitragem se realize com base nos princípios gerais de direito, mas não com fundamento nos usos e costumes, mesmo que haja autorização expressa das partes nesse sentido.

(C) ser pactuada pela Administração pública direta e indireta, nos contratos individuais de trabalho, para dirimir conflitos relativos a direitos patrimoniais disponíveis e indisponíveis dos empregados.

(D) ser proposta por iniciativa do empregado ou mediante sua concordância expressa, nos contratos individuais de trabalho, cuja remuneração seja superior a duas vezes o limite máximo estabelecido para os benefícios do Regime Geral de Previdência Social.

(E) ser utilizada para dirimir conflitos decorrentes do contrato de trabalho, mas as regras de direito aplicadas não podem ser escolhidas livremente pelas partes.

COMENTÁRIOS

Nota do autor: A questão aborda a arbitragem no Direito Individual do Trabalho. O tema é recente e foi regulamentado pela Reforma Trabalhista. É um assunto, até hoje, pouco explorado nas provas de TRTs.

Comentário serve para todas as alternativas, uma vez que versam sobre o mesmo assunto. A arbitragem era prevista tão somente para os conflitos coletivos, conforme prevê o art. 114, § 1º, da CF/88: "Frustrada a negociação coletiva, as partes poderão eleger árbitros". No entanto, o art. 507-A da CLT, introduzido pela Lei nº 13.467/2017, passa a admitir a arbitragem para os empregados que possuem remuneração superior a duas vezes o limite máximo estabelecido para os benefícios do Regime Geral de Previdência Social. Cria-se, nesse caso, a presunção de que tais trabalhadores, embora subordinados, têm capacidade de manifestar sua vontade de forma livre, ante seu padrão remuneratório:

> **Art. 507-A, CLT (acrescentado pela Lei nº 13.467/2017).** Nos contratos individuais de trabalho cuja remuneração seja superior a duas vezes o limite máximo estabelecido para os benefícios do Regime Geral de Previdência Social, poderá ser pactuada cláusula compromissória de arbitragem, desde que por iniciativa do empregado ou mediante a sua concordância expressa, nos termos previstos na Lei nº 9.307, de 23 de setembro de 1996.

Alternativa correta: "d".

03. (Cespe – Técnico Judiciário – Área Administrativa – TRT 8/2022) Marina, empregada celetista na sociedade empresária Delta Ltda., apresentou atestado de afastamento de sete dias em razão de doença não relacionada com sua atividade laboral.

Nessa situação hipotética, de acordo com as regras de suspensão e interrupção do contrato de trabalho, o contrato de trabalho de Marina será

A) interrompido, ela receberá a verba salarial correspondente aos dias de afastamento e o período de sete dias não será computado como tempo de serviço.

B) interrompido, e ela não receberá a verba salarial correspondente aos dias de afastamento, mas o período de sete dias será computado como tempo de serviço.

C) interrompido, ela receberá a verba salarial correspondente aos dias de afastamento e o período de sete dias será computado como tempo de serviço.

D) suspenso, ela receberá a verba salarial correspondente aos dias de afastamento e o período de sete dias será computado como tempo de serviço.

E) suspenso, ela não receberá a verba salarial correspondente aos dias de afastamento e o período de sete dias será computado como tempo de serviço.

COMENTÁRIOS

Nota do autor: A questão trata sobre os efeitos da apresentação de atestado médico no contrato de trabalho. Leia os comentários abaixo para entender a questão. Por ora, gostaria de te lembrar da Súmula nº 15 do TST: "A justificação da ausência do empregado motivada por doença, para a percepção do salário-enfermidade e da remuneração do repouso semanal, deve observar a ordem preferencial dos atestados médicos estabelecida em lei".

Comentário serve para todas as alternativas, uma vez que versam sobre o mesmo assunto. A **interrupção** do contrato de trabalho consiste na ausência provisória da prestação de serviços, em que são devidos o pagamento de salário e a contagem do tempo. Cessa a obrigação do empregado, mas persiste a obrigação da empresa. Por outro lado, a **suspensão** do contrato de trabalho é a ausência provisória da prestação de serviços, sem que haja o pagamento de salário nem a contagem do tempo. Nesse caso, cessa a obrigação tanto da empresa como do empregado. O caso narrado no enunciado, doença

▶ QUESTÕES DE CONCURSOS

não relacionada ao trabalho comprovada por atestado médico, é hipótese de falta justificada ao serviço, situação em que não haverá trabalho, mas será devida remuneração ao trabalhador e o período de afastamento será computado como tempo de serviço (interrupção do contrato de trabalho):

> **Art. 6º da Lei nº 605/49:** Não será devida a remuneração quando, sem motivo justificado, o empregado não tiver trabalhado durante toda a semana anterior, cumprindo integralmente o seu horário de trabalho.
>
> § 1º São motivos justificados: (...)
>
> f) a doença do empregado, devidamente comprovada. (...)
>
> § 2º A doença será comprovada mediante atestado de médico da instituição da previdência social a que estiver filiado o empregado, e, na falta dêste e sucessivamente, de médico do Serviço Social do Comércio ou da Indústria; de médico da emprêsa ou por ela designado; de médico a serviço de representação federal, estadual ou municipal incumbido de assuntos de higiene ou de saúde pública; ou não existindo êstes, na localidade em que trabalhar, de médico de sua escôlha.

Alternativa correta: "c".

04. (FCC – Analista Judiciário – Área Judiciária – TRT 4/2022) Zeus foi convocado e compareceu para ser testemunha em processo judicial, tendo ficado no fórum entre 10h e 14h no dia da audiência em 26/05/2022; Hipócrates, no mesmo dia 26/05/2022, doou sangue, pela segunda vez no ano; Mercúrio, também no dia 26/05/2022, acompanhou sua filha de 8 anos em consulta médica. Considerando que os três trabalhadores regidos pela CLT se ausentaram do trabalho no dia 26/05/2022, à luz do que prevê o ordenamento jurídico trabalhista vigente,

(A) apenas Mercúrio terá o dia de ausência remunerado.

(B) todos terão o dia de ausência remunerado.

(C) nenhum dos três terá o dia de ausência remunerado.

(D) apenas Hipócrates e Zeus terão o dia de ausência remunerado.

(E) apenas Mercúrio e Zeus terão o dia de ausência remunerado.

COMENTÁRIOS

Nota do autor: A questão aborda hipóteses de interrupção do contrato do trabalho, situações que configuradas garantem ao empregado a percepção da remuneração correspondente, ainda que não tenha a prestação de serviço.

Comentário serve para todas as alternativas, uma vez que versam sobre o mesmo assunto. Para facilitar a compreensão da questão, vamos analisar a situação de cada empregado.

Zeus: "Art. 473, VIII, CLT: O empregado poderá deixar de comparecer ao serviço sem prejuízo do salário: pelo tempo que se fizer necessário, quando tiver que comparecer a juízo.". Logo, Zeus não terá o dia de ausência remunerado, mas tão somente o período em tenha ficado no fórum, ou seja, o período das 10h e 14h no dia da audiência em 26/05/2022.

Hipócrates: "Art. 473, IV, CLT: O empregado poderá deixar de comparecer ao serviço sem prejuízo do salário: por um dia, em cada 12 (doze) meses de trabalho, em caso de doação voluntária de sangue devidamente comprovada". Logo, Hipócrates não terá o dia de ausência remunerado, pois é a segunda vez, num período de 12 meses, que se ausenta do serviço para doação de sangue.

Mercúrio: "Art. 473, XI, CLT: O empregado poderá deixar de comparecer ao serviço sem prejuízo do salário: por 1 (um) dia por ano para acompanhar filho de até 6 (seis) anos em consulta médica.". Logo, Mercúrio não terá o dia de ausência remunerado, pois sua filha tem 8 (oito) anos de idade.

Alternativa correta: "c".

05. (FCC – Analista Judiciário – Área Judiciária – TRT 23/2022) Rosa é empregada da Lanchonete Pão e Tal e teve o falecimento do seu avô materno ocorrido numa terça-feira; Camélia é dirigente sindical e participará de uma reunião da OIT que ocorrerá na última semana de julho, de segunda a sexta-feira; Begônia tem um filho de 5 anos e agendou consultas médicas em especialista para a próxima semana na segunda, quarta e sexta-feira. Considerando o que prevê a Consolidação das Leis do Trabalho,

(A) Rosa e Begônia poderão se ausentar do trabalho sem prejuízo do seu salário, a primeira por até 3 dias e a segunda pelos dias de consulta.

(B) Camélia e Rosa poderão se ausentar do trabalho sem prejuízo do seu salário, a primeira pelos 5 dias de evento e a segunda apenas no dia seguinte ao do falecimento.

(C) apenas Begônia poderá se ausentar pelos dias de consulta sem prejuízo do salário, sendo que Rosa e Camélia em caso de ausência terão os dias descontados do salário.

(D) as três poderão se ausentar do trabalho sem prejuízo do salário, sendo Rosa por até 2 dias, Camélia pelos 5 dias do evento e Begônia por apenas 1 dia de consulta médica.

(E) nenhuma das três empregadas poderá faltar sem prejuízo do salário, por não se enquadrarem nas hipóteses legais de interrupção do contrato de trabalho.

COMENTÁRIOS

Nota do autor: A questão envolve casos de **interrupção do contrato de trabalho**. Lembre-se de que, na interrupção do contrato de trabalho, o empregado não trabalho, mas há recebimento do salário e o tempo de serviço é contado para todos os fins.

Comentário serve para todas as alternativas, uma vez que versam sobre o mesmo assunto. As principais hipóteses de interrupção do contrato de trabalho estão listadas no art. 473 da CLT. Para as provas de TRTs, os candidatos precisam decorar esse artigo!!

> **Art. 473, CLT:** O empregado poderá deixar de comparecer ao serviço sem prejuízo do salário:
>
> I - **até 2 (dois) dias consecutivos, em caso de falecimento** do cônjuge, **ascendente**, descendente, irmão ou pessoa que, declarada em sua carteira de trabalho e previdência social, viva sob sua dependência econômica; ***[Rosa - falecimento do seu avô materno]***
>
> II - até 3 (três) dias consecutivos, em virtude de casamento;
>
> III - por 5 (cinco) dias consecutivos, em caso de nascimento de filho, de adoção ou de guarda compartilhada; (Redação dada pela Lei nº 14.457, de 2022)
>
> IV - por um dia, em cada 12 (doze) meses de trabalho, em caso de doação voluntária de sangue devidamente comprovada;
>
> V - até 2 (dois) dias consecutivos ou não, para o fim de se alistar eleitor, nos têrmos da lei respectiva.
>
> VI - no período de tempo em que tiver de cumprir as exigências do Serviço Militar referidas na letra "c" do art. 65 da Lei nº 4.375, de 17 de agosto de 1964 (Lei do Serviço Militar).
>
> VII - nos dias em que estiver comprovadamente realizando provas de exame vestibular para ingresso em estabelecimento de ensino superior.
>
> VIII - pelo tempo que se fizer necessário, quando tiver que comparecer a juízo.
>
> IX - **pelo tempo que se fizer necessário**, quando, na qualidade de representante de entidade sindical, estiver participando de reunião oficial de organismo internacional do qual o Brasil seja membro. ***[Camélia, dirigente sindical que participará de uma reunião da OIT]***
>
> X - pelo tempo necessário para acompanhar sua esposa ou companheira em até 6 (seis) consultas médicas, ou em exames complementares, durante o período de gravidez; (Redação dada pela Lei nº 14.457, de 2022)
>
> XI - **por 1 (um) dia por ano** para acompanhar filho de **até 6 (seis) anos em consulta médica.** ***[Begônia, que tem um filho de 5 anos e agendou consultas médicas]***
>
> XII - até 3 (três) dias, em cada 12 (doze) meses de trabalho, em caso de realização de exames preventivos de câncer devidamente comprovada.
>
> Parágrafo único. O prazo a que se refere o inciso III do caput deste artigo será contado a partir da data de nascimento do filho. (Incluído pela Lei nº 14.457, de 2022)

Alternativa correta: "d".

06. (FCC – Técnico Judiciário – Área Administrativa – TRT 17/2022) Minerva é trabalhadora regida pela CLT e, desde o início do ano de 2022, doou voluntariamente sangue por duas oportunidades, teve o falecimento de seu pai e levou seu filho de 8 anos a três consultas médicas. Conforme previsão da CLT, Minerva pôde ter se ausentado do trabalho, sem prejuízo do salário, por

(A) 3 dias.

(B) 4 dias.

(C) 6 dias.

(D) 5 dias.

(E) 7 dias.

COMENTÁRIOS

Nota do autor: A questão envolve casos de **interrupção do contrato de trabalho**. Lembre-se de que, na interrupção do contrato de trabalho, o empregado não trabalho, mas há recebimento do salário e o tempo de serviço é contado para todos os fins.

Comentário serve para todas as alternativas, uma vez que versam sobre o mesmo assunto. As principais hipóteses de interrupção do contrato de trabalho estão listadas no art. 473 da CLT. Para as provas de TRTs, os candidatos precisam decorar esse artigo!!

> **Art. 473, CLT:** O empregado poderá deixar de comparecer ao serviço sem prejuízo do salário:
>
> I - **até 2 (dois) dias consecutivos, em caso de falecimento** do cônjuge, **ascendente**, descendente, irmão ou pessoa que, declarada em sua carteira de trabalho e previdência social, viva sob sua dependência econômica; ***[O pai de Minerva faleceu]***
>
> II - até 3 (três) dias consecutivos, em virtude de casamento;
>
> III - por 5 (cinco) dias consecutivos, em caso de nascimento de filho, de adoção ou de guarda

▶ QUESTÕES DE CONCURSOS

compartilhada; (Redação dada pela Lei nº 14.457, de 2022)

IV - **por um dia, em cada 12 (doze) meses de trabalho**, em caso de doação voluntária de sangue devidamente comprovada; ***[Minerva doou sangue voluntariamente por duas vezes]***

V - até 2 (dois) dias consecutivos ou não, para o fim de se alistar eleitor, nos têrmos da lei respectiva.

VI - no período de tempo em que tiver de cumprir as exigências do Serviço Militar referidas na letra "c" do art. 65 da Lei nº 4.375, de 17 de agosto de 1964 (Lei do Serviço Militar).

VII - nos dias em que estiver comprovadamente realizando provas de exame vestibular para ingresso em estabelecimento de ensino superior.

VIII - pelo tempo que se fizer necessário, quando tiver que comparecer a juízo.

IX - pelo tempo que se fizer necessário, quando, na qualidade de representante de entidade sindical, estiver participando de reunião oficial de organismo internacional do qual o Brasil seja membro.

X - pelo tempo necessário para acompanhar sua esposa ou companheira em até 6 (seis) consultas médicas, ou em exames complementares, durante o período de gravidez; (Redação dada pela Lei nº 14.457, de 2022)

XI - **por 1 (um) dia por ano** para acompanhar filho de **até 6 (seis) anos em consulta médica**. ***[Minerva levou seu filho, de 8 anos, a 3 consultas médicas]***

XII - até 3 (três) dias, em cada 12 (doze) meses de trabalho, em caso de realização de exames preventivos de câncer devidamente comprovada.

Parágrafo único. O prazo a que se refere o inciso III do caput deste artigo será contado a partir da data de nascimento do filho. (Incluído pela Lei nº 14.457, de 2022)

Com o falecimento de seu pai, Minerva poderá se ausentar dos serviços, sem prejuízo do salário, até 2 (dois) dias consecutivos (art. 473, I, CLT). Apesar de ter doado sangue, durante o ano de 2022, por duas vezes, a norma do art. 473, IV, CLT justifica apenas um dia de ausência em cada 12 (doze) meses de trabalho. Por fim, as faltas para levar o filho ao médico serão consideradas injustificadas, pois o art. 473, XI, CLT somente libera o trabalhador por 1 (um) dia por ano para acompanhar filho de até 6 (seis) anos em consulta médica, e o filho de Minerva tem 8 anos de idade.

Finalmente, são 3 as faltas justificadas: 2 pelo falecimento do pai e 1 pela doação voluntária de sangue.

Alternativa correta: "a".

07. (FCC – Técnico Judiciário – Área Administrativa – TRT 22/2022) Marivaldo celebrou contrato de experiência com a empresa Aroma Bom Indústria e Comércio de Essências Ltda., com duração de 30 dias, para exercício das funções de auxiliar de estoque. Ao término do prazo fixado, o contrato de experiência foi prorrogado por mais 30 dias. Ao final desse segundo período, novamente o contrato foi prorrogado por mais 60 dias. As prorrogações realizadas são, nos termos da legislação consolidada e jurisprudência sumulada do TST,

(A) inválidas, porque o contrato de experiência não admite prorrogação.

(B) inválidas, porque a prorrogação do contrato de experiência somente pode se dar por períodos iguais ao inicial.

(C) inválidas, porque o contrato de experiência somente pode ser prorrogado uma única vez e desde que respeitado o limite máximo de 90 dias.

(D) válidas, porque o contrato de experiência somente não pode ser prorrogado para empregados que exercem cargo de confiança.

(E) válidas, porque as prorrogações foram inferiores a 90 dias cada uma.

COMENTÁRIOS

Nota do autor: A questão envolve casos de **interrupção do contrato de trabalho**. Lembre-se de que, na interrupção do contrato de trabalho, o empregado não trabalho, mas há recebimento do salário e o tempo de serviço é contado para todos os fins.

Comentário serve para todas as alternativas, uma vez que versam sobre o mesmo assunto. O contrato de experiência é contrato por prazo determinado previsto na CLT. Esse contrato tem por finalidade uma avaliação recíproca entre as partes envolvidas, podendo ser firmado pelo prazo máximo de 90 dias (art. 445, parágrafo único, CLT). Ainda, nos termos do art. 451 da CLT, não poderá ser prorrogado mais de uma vez, sob pena de ser considerado como por tempo indeterminado.

Alternativa correta: "c".

08. (FUMARC – Analista Judiciário – Área Judiciária – TRT 3/2022) É CORRETO afirmar que o empregado poderá deixar de comparecer ao serviço, sem prejuízo do salário,

(A) até 2 (dois) dias consecutivos, em caso de falecimento do cônjuge, ascendente, descendente, irmão ou pessoa que, declarada em sua carteira de trabalho e previdência social, viva sob sua dependência econômica.

(B) até 2 (dois) dias, em cada 12 (doze) meses de trabalho, em caso de realização de exames preventivos de câncer, devidamente comprovada.

(C) até 5 (cinco) dias consecutivos, em virtude de casamento.

(D) por 3 (três) dias, por ano, para acompanhar filho de até 6 (seis) anos em consulta médica.

(E) por 4 (quatro) dias, em cada 12 (doze) meses de trabalho, em caso de doação voluntária de sangue, devidamente comprovada.

COMENTÁRIOS

Nota do autor: A questão envolve casos de **interrupção do contrato de trabalho.** Lembre-se de que, na interrupção do contrato de trabalho, o empregado não trabalho, mas há recebimento do salário e o tempo de serviço é contado para todos os fins.

Comentário serve para todas as alternativas, uma vez que versam sobre o mesmo assunto. As principais hipóteses de interrupção do contrato de trabalho estão listadas no art. 473 da CLT. Para as provas de TRTs, os candidatos precisam decorar esse artigo!!

> **Art. 473, CLT:** O empregado poderá deixar de comparecer ao serviço sem prejuízo do salário:
>
> I - **até 2 (dois) dias consecutivos, em caso de falecimento do cônjuge, ascendente, descendente, irmão ou pessoa que, declarada em sua carteira de trabalho e previdência social, viva sob sua dependência econômica;**
>
> II - até 3 (três) dias consecutivos, em virtude de casamento;
>
> III - por 5 (cinco) dias consecutivos, em caso de nascimento de filho, de adoção ou de guarda compartilhada; (Redação dada pela Lei nº 14.457, de 2022)
>
> IV - por um dia, em cada 12 (doze) meses de trabalho, em caso de doação voluntária de sangue devidamente comprovada;
>
> V - até 2 (dois) dias consecutivos ou não, para o fim de se alistar eleitor, nos têrmos da lei respectiva.
>
> VI - no período de tempo em que tiver de cumprir as exigências do Serviço Militar referidas na letra "c" do art. 65 da Lei nº 4.375, de 17 de agosto de 1964 (Lei do Serviço Militar).
>
> VII - nos dias em que estiver comprovadamente realizando provas de exame vestibular para ingresso em estabelecimento de ensino superior.
>
> VIII - pelo tempo que se fizer necessário, quando tiver que comparecer a juízo.
>
> IX - pelo tempo que se fizer necessário, quando, na qualidade de representante de entidade sindical, estiver participando de reunião oficial de organismo internacional do qual o Brasil seja membro.
>
> X - pelo tempo necessário para acompanhar sua esposa ou companheira em até 6 (seis) consultas médicas, ou em exames complementares, durante o período de gravidez; (Redação dada pela Lei nº 14.457, de 2022)
>
> XI - por 1 (um) dia por ano para acompanhar filho de até 6 (seis) anos em consulta médica.
>
> XII - até 3 (três) dias, em cada 12 (doze) meses de trabalho, em caso de realização de exames preventivos de câncer devidamente comprovada.
>
> Parágrafo único. O prazo a que se refere o inciso III do caput deste artigo será contado a partir da data de nascimento do filho. (Incluído pela Lei nº 14.457, de 2022)

Alternativa correta: "a".

09. (FCC – Analista Judiciário – Área Judiciária – TRT 5/2022) Belarmino é empregado na empresa Flor de Lotus, mediante contrato intermitente. Por ter cumprido o período aquisitivo, no próximo mês o referido empregado poderá gozar de férias. Com base na Consolidação das Leis do Trabalho, nessa situação, o descanso em férias será

(A) de vinte dias corridos, embora possa ser convocado pelo mesmo empregador para prestar serviços, dada a peculiaridade do contrato intermitente.

(B) de um mês, embora possa ser convocado pelo mesmo empregador para prestar serviços, dada a peculiaridade do contrato intermitente.

(C) de um mês, não podendo ser convocado pelo mesmo empregador para prestar serviços.

(D) vinte dias úteis, embora possa ser convocado pelo mesmo empregador para prestar serviços, dada a peculiaridade do contrato intermitente.

(E) proporcional à quantidade de dias trabalhados durante o período aquisitivo, limitada a vinte dias corridos, não podendo ser convocado pelo mesmo empregador para prestar serviços.

COMENTÁRIOS

Nota do autor: A questão aborda aspectos do contrato de trabalho intermitente, figura inserida à CLT pela Reforma Trabalhista. Não deixe de ler o art. 452-A da CLT sobre o assunto!

Comentário serve para todas as alternativas, uma vez que versam sobre o mesmo assunto. A Reforma Trabalhista acrescentou o § 3º ao art. 443 da CLT para prever nova hipótese de contrato de trabalho: a prestação de trabalho intermitente. Essa alteração causa profundos impactos na estrutura do Direito do Trabalho, pois cria nova modalidade contratual com disciplina jurídica própria, até então sem precedentes na área trabalhista:

> **Art. 443, § 3º, da CLT:** Considera-se como intermitente o contrato de trabalho no qual a prestação de serviços, com subordinação, não é contínua, ocorrendo com alternância de períodos de prestação de serviços e de inatividade, determinados em horas, dias ou meses, independentemente do tipo de atividade do empregado e do empregador, exceto para os aeronautas, regidos por legislação própria.

Em relação às férias do intermitente, assim dispõe a legislação:

> **Art. 452-A, § 9º, CLT:** A cada doze meses, o empregado adquire direito a usufruir, nos doze meses subsequentes, um mês de férias, período no qual não poderá ser convocado para prestar serviços pelo mesmo empregador.

Alternativa correta: "c".

10. (FCC – Analista Judiciário – Área Judiciária – TRT 17/2022) Considere as assertivas abaixo.

I. Ausência de subordinação.

II. Descontinuidade na prestação dos serviços.

III. Convocação prévia de trabalhadores por meio eficaz de comunicação.

IV. Período de inatividade considerado como tempo à disposição.

V. Silêncio como manifestação de vontade.

Conforme a Consolidação das Leis do Trabalho, encaixa-se como característica do contrato de trabalho intermitente o que está descrito APENAS em

(A) I, III e IV.
(B) II, III e V.
(C) I, II e IV.
(D) III e V.
(E) I e IV.

COMENTÁRIOS

Nota do autor: A questão aborda aspectos do contrato de trabalho intermitente, figura inserida à CLT pela Reforma Trabalhista. Não deixe de ler o art. 452-A da CLT sobre o assunto!

A Reforma Trabalhista acrescentou o § 3º ao art. 443 da CLT para prever nova hipótese de contrato de trabalho: a prestação de trabalho intermitente. Essa alteração causa profundos impactos na estrutura do Direito do Trabalho, pois cria nova modalidade contratual com disciplina jurídica própria, até então sem precedentes na área trabalhista.

Assertiva I: incorreta. / Assertiva II: correta. "Considera-se como intermitente o contrato de trabalho no qual a prestação de serviços, **com subordinação [assertiva I]**, **não é contínua [assertiva III]**, ocorrendo com alternância de períodos de prestação de serviços e de inatividade, determinados em horas, dias ou meses, independentemente do tipo de atividade do empregado e do empregador, exceto para os aeronautas, regidos por legislação própria." (art. 443, § 3º, da CLT, grifos acrescidos).

Assertiva III: correta. "O empregador convocará, **por qualquer meio de comunicação eficaz**, para a prestação de serviços, informando qual será a jornada, com, pelo menos, três dias corridos de antecedência." (art. 452-A, § 1º, da CLT, grifos acrescidos).

Assertiva IV: incorreta. "O período de inatividade **não será considerado tempo à disposição** do empregador, podendo o trabalhador prestar serviços a outros contratantes." (art. 452-A, § 5º, da CLT, grifos acrescidos).

Assertiva V: correta. "Recebida a convocação, o empregado terá o prazo de um dia útil para responder ao chamado, **presumindo-se, no silêncio, a recusa**." (art. 452-A, § 2º, da CLT, grifos acrescidos).

Alternativa correta: "b".

11. (FCC – Analista Judiciário – Área Judiciária – TRT 23/2022) Considere as assertivas abaixo a respeito do contrato de trabalho intermitente.

I. O contrato de trabalho intermitente, por ser uma modalidade extraordinária e informal, pode ser celebrado de forma tácita, desde que haja algum meio eficaz de manifestação de vontade do empregado.

II. Apenas a categoria dos aeronautas é excluída da possibilidade de celebração de contrato de trabalho intermitente, por contar com legislação própria que regulamenta a profissão.

III. O silêncio do empregado após a oferta de trabalho feita pelo empregador é considerada recusa após 1 dia útil, sendo hipótese de descaracterização da subordinação jurídica.

IV. O prazo de antecedência que o empregador deve obedecer para a convocação do empregado ao trabalho é de 5 dias corridos.

V. Em caso de aceite da oferta para comparecer ao trabalho, a parte que descumprir, sem justo motivo, pagará à outra, no prazo de 30 dias, multa de 50% da remuneração devida.

Conforme previsão da Consolidação das Leis do Trabalho, está correto o que se afirma APENAS em

▶ QUESTÕES DE CONCURSOS

(A) i, iii e v.

(B) ii e v.

(C) iii e iv.

(D) i, ii e iv.

(E) iii e v.

COMENTÁRIOS

Nota do autor: A questão aborda aspectos do contrato de trabalho intermitente, figura inserida à CLT pela Reforma Trabalhista. Não deixe de ler o art. 452-A da CLT sobre o assunto!

A Reforma Trabalhista acrescentou o § 3º ao art. 443 da CLT para prever nova hipótese de contrato de trabalho: a prestação de trabalho intermitente. Essa alteração causa profundos impactos na estrutura do Direito do Trabalho, pois cria nova modalidade contratual com disciplina jurídica própria, até então sem precedentes na área trabalhista.

Assertiva I: incorreta. "O contrato de trabalho intermitente **deve ser celebrado por escrito** e deve conter especificamente o valor da hora de trabalho, que não pode ser inferior ao valor horário do salário mínimo ou àquele devido aos demais empregados do estabelecimento que exerçam a mesma função em contrato intermitente ou não." (art. 452-A, *caput*, da CLT, grifos acrescidos).

Assertiva II: correta. "Considera-se como intermitente o contrato de trabalho no qual a prestação de serviços, com subordinação, não é contínua, ocorrendo com alternância de períodos de prestação de serviços e de inatividade, determinados em horas, dias ou meses, independentemente do tipo de atividade do empregado e do empregador, **exceto para os aeronautas, regidos por legislação própria**." (art. 443, § 3º, da CLT, grifos acrescidos).

Assertiva III: incorreta. "Recebida a convocação, o empregado terá o prazo de um dia útil para responder ao chamado, **presumindo-se, no silêncio, a recusa**." (art. 452-A, § 2º, da CLT, grifos acrescidos); "A recusa da oferta **não descaracteriza a subordinação** para fins do contrato de trabalho intermitente." (art. 452-A, § 3º, da CLT, grifos acrescidos).

Assertiva IV: incorreta. "O empregador convocará, por qualquer meio de comunicação eficaz, para a prestação de serviços, informando qual será a jornada, **com, pelo menos, três dias corridos de antecedência**." (art. 452-A, § 1º, da CLT, grifos acrescidos).

Assertiva V: correta. "Aceita a oferta para o comparecimento ao trabalho, a parte que descumprir, sem justo motivo, pagará à outra parte, **no prazo de trinta dias, multa de 50% (cinquenta por cento) da remuneração que seria devida**, permitida a compensação em igual prazo." (art. 452-A, § 4º, da CLT, grifos acrescidos).

Alternativa correta: "b".

12. **(FCC – Analista Judiciário – Oficial de Justiça Avaliador Federal – TRT 17/2022)** Sócrates celebrou contrato intermitente com a Casa de Eventos Balada's, em 01/01/2022, para a prestação de serviços como Barman. Conforme previsão da Consolidação das Leis do Trabalho, uma vez convocado para o serviço, Sócrates terá o prazo de resposta de I, sendo que a partir de 02/01/2023 poderá usufruir de férias II.

Preenchem, correta e respectivamente, as lacunas I e II:

(A) 2 dias úteis - de 1 mês

(B) 3 dias úteis - proporcionais aos dias trabalhados nos últimos 12 meses

(C) 1 dia útil - de 1 mês

(D) 2 dias corridos - proporcionais aos dias trabalhados nos últimos 12 meses

(E) 1 dia corrido - 20 dias

COMENTÁRIOS

Nota do autor: A questão aborda aspectos do contrato de trabalho intermitente, figura inserida à CLT pela Reforma Trabalhista. Não deixe de ler o art. 452-A da CLT sobre o assunto!

A Reforma Trabalhista acrescentou o § 3º ao art. 443 da CLT para prever nova hipótese de contrato de trabalho: a prestação de trabalho intermitente. Essa alteração causa profundos impactos na estrutura do Direito do Trabalho, pois cria nova modalidade contratual com disciplina jurídica própria, até então sem precedentes na área trabalhista.

Prazo para resposta do trabalhador: "Recebida a convocação, o empregado terá o prazo de **um dia útil** para responder ao chamado, presumindo-se, no silêncio, a recusa." (art. 452-A, § 2º, da CLT, grifos acrescidos).

Férias no contrato de trabalho intermitente: "A cada doze meses, o empregado adquire direito a usufruir, nos doze meses subsequentes, **um mês de férias**, período no qual não poderá ser convocado para prestar serviços pelo mesmo empregador." (art. 452-A, § 9º, da CLT, grifos acrescidos).

Alternativa correta: "c".

13. (FCC – Analista Judiciário – Oficial de Justiça Avaliador Federal – TRT 22/2022) Paulo firmou contrato de trabalho intermitente, em 12/01/2022, para prestar serviços de entregas ao restaurante Gosto Bom, especialmente nas oportunidades em que o empregador realizava promoções com a redução de 50% dos valores constantes no cardápio.

Assim, o restaurante Gosto Bom, ao definir a semana do mês em que realizaria as promoções, convocava Paulo, com ao menos cinco dias úteis de antecedência, para realizar as entregas, sendo que este respondia imediatamente, confirmando sua presença.

Em maio/2022, ao ser novamente convocado e confirmar a prestação do serviço, Paulo não compareceu para realizar as entregas na semana acordada.

No trabalho intermitente, a

(A) ausência de comparecimento, após a confirmação de presença, obriga o empregado ao pagamento, no prazo de trinta dias, de multa de 50% da remuneração que seria devida, permitida a compensação em igual prazo.

(B) recusa injustificada configura ato de insubordinação com a rescisão do contrato de trabalho por justa causa, independentemente da prática de faltas graves anteriores.

(C) ausência de comparecimento, após a confirmação de presença, obriga o empregado ao pagamento, no prazo de trinta dias, de multa de 25% da remuneração que seria devida, permitida a compensação em igual prazo.

(D) recusa injustificada e a ausência de comparecimento, após a confirmação de presença, não caracterizam faltas graves ou ensejam qualquer penalidade ao empregado, em razão das peculiaridades do contrato de trabalho intermitente.

(E) recusa injustificada configura ato de indisciplina com a rescisão do contrato de trabalho por justa causa, independentemente da prática de faltas graves anteriores.

COMENTÁRIOS

Nota do autor: A questão aborda aspectos do contrato de trabalho intermitente, figura inserida à CLT pela Reforma Trabalhista. Não deixe de ler o art. 452-A da CLT sobre o assunto!

A Reforma Trabalhista acrescentou o § 3º ao art. 443 da CLT para prever nova hipótese de contrato de trabalho: a prestação de trabalho intermitente. Essa alteração causa profundos impactos na estrutura do Direito do Trabalho, pois cria nova modalidade contratual com disciplina jurídica própria, até então sem precedentes na área trabalhista.

Alternativas "a" e "c". "Aceita a oferta para o comparecimento ao trabalho, a parte que descumprir, sem justo motivo, pagará à outra parte, **no prazo de trinta dias, multa de 50% (cinquenta por cento) da remuneração que seria devida**, permitida a compensação em igual prazo." (art. 452-A, § 4º, da CLT, grifos acrescidos).

Alternativas "b", "d" e "e". "A recusa da oferta **não descaracteriza a subordinação** para fins do contrato de trabalho intermitente." (art. 452-A, § 3º, da CLT, grifos acrescidos).

Alternativa correta: "a".

14. (FCC – Técnico Judiciário – Área Administrativa – TRT 4/2022) O contrato de trabalho intermitente, conforme previsão da Consolidação das Leis do Trabalho, pode ser considerado um contrato atípico, por ausência de

(A) subordinação.

(B) remuneração mensal

(C) continuidade.

(D) onerosidade.

(E) previsibilidade.

COMENTÁRIOS

Nota do autor: A questão aborda aspectos do contrato de trabalho intermitente, figura inserida à CLT pela Reforma Trabalhista. Não deixe de ler o art. 452-A da CLT sobre o assunto!

A Reforma Trabalhista acrescentou o § 3º ao art. 443 da CLT para prever nova hipótese de contrato de trabalho: a prestação de trabalho intermitente. Essa alteração causa profundos impactos na estrutura do Direito do Trabalho, pois cria nova modalidade contratual com disciplina jurídica própria, até então sem precedentes na área trabalhista.

Comentário serve para todas as alternativas, uma vez que versam sobre o mesmo assunto. Particularmente, achei a referida questão muito mal formulada e ambígua. Acredito e, quando da aplicação da prova assim me posicionei, que deveria ser anulada pela banca. Mas não foi. De qualquer forma, decidi comentá-la para explicar os motivos dessa minha posição.

A **alterativa "a"**, de fato, está incorreta, pois, no contrato de trabalho intermitente, há a presença de subordinação. Concordo com o gabarito, ao considerar como correta a **alternativa "c"**, pois, de fato, no contrato de trabalho intermitente, podemos observar a ausência de continuidade na prestação de serviços, sendo seu traço característico a alternância entre períodos de atividade e períodos de inatividade:

> **Art. 443, § 3º, da CLT:** Considera-se como intermitente o contrato de trabalho no qual a prestação de serviços, **com subordinação [alternativa "a"], não é contínua [alternativa "c"]**, ocorrendo com alternância de períodos de prestação de serviços e de inatividade, determinados em horas, dias ou meses, independentemente do tipo de atividade do empregado e do empregador, exceto para os aeronautas, regidos por legislação própria. (grifos acrescidos).

Ainda, apesar da ausência de continuidade, não se trata de uma modalidade de trabalho voluntário, havendo legítima expectativa, por parte do empregado, de recebimento de salário pelos serviços prestados. Portanto, há a presença de onerosidade e, assim, a **alternativa "d"** está errada.

Minhas duas objeções em relação à questão são as alternativas "b" e "e", as duas consideradas incorretas pela banca. No caso da **alternativa "b"**, pelo entendimento da banca, haveria, no contrato de trabalho intermitente "remuneração mensal". Discordo! Segundo o texto da CLT, a remuneração não será mensal, mas será paga ao término de cada período de prestação de serviços. A periodicidade mensal é usada tão somente para definir o valor dos depósitos fundiários (FGTS) a ser recolhido pelo empregador:

> **Art. 452-A, CLT:** (...)§ 6º Ao final de cada período de prestação de serviço, o empregado receberá o pagamento imediato das seguintes parcelas:
>
> I - remuneração;
>
> II - férias proporcionais com acréscimo de um terço;
>
> III - décimo terceiro salário proporcional;
>
> IV - repouso semanal remunerado; e
>
> V - adicionais legais.
>
> § 7 º O recibo de pagamento deverá conter a discriminação dos valores pagos relativos a cada uma das parcelas referidas no § 6o deste artigo.
>
> § 8 º O empregador efetuará o recolhimento da contribuição previdenciária e o depósito do Fundo de Garantia do Tempo de Serviço, na forma da lei, com base nos valores pagos no período mensal e fornecerá ao empregado comprovante do cumprimento dessas obrigações.

Portanto, no meu entender, a alternativa "b" está certa, isto é, o contrato de trabalho intermitente pode ser considerado um contrato atípico por ausência de remuneração mensal.

Também em desacordo com o entendimento da banca, considero que o contrato de trabalho intermitente pode ser considerado um contrato atípico por ausência de previsibilidade (**alternativa "e"**). Como defendo em minhas obras, o trabalho intermitente é caracterizado, justamente, pela imprevisibilidade da prestação do trabalho, em razão dos períodos de atividade e inatividade a que o empregado estará submetido.

De qualquer forma, a banca não anulou referida questão e considerou como correta a:

Alternativa correta: "c".

15. (FCC – Técnico Judiciário – Área Administrativa – TRT 9/2022) Luna foi contratada como empregada pela empresa Festa Festou Eventos Ltda., para prestação de serviços não contínuos, definida em períodos de dias com trabalho e períodos de inatividade. Considerando as peculiaridades dessa modalidade de contratação,

(A) sendo convocada para a prestação de serviços, Luna não pode recusar, sob pena de restar descaracterizada a subordinação típica da relação de emprego.

(B) Luna somente terá direito a férias se, no período de doze meses, prestar serviços por, pelo menos, oito meses ao empregador, contínuos ou não.

(C) os períodos de inatividade, nos quais não há trabalho a ser executado, não são considerados tempo à disposição da empregadora, podendo Luna prestar serviços a outros contratantes.

(D) durante os períodos de inatividade, embora não haja trabalho a ser executado, Luna pode ser chamada a qualquer momento para o trabalho pela empregadora, razão pela qual tem direito ao recebimento, para esses períodos, de parcela indenizatória equivalente a 20% da remuneração pactuada.

(E) a empregadora pode convocar Luna para o trabalho, por qualquer meio de comunicação eficaz, informando qual será a jornada de trabalho, com pelo menos quarenta e oito horas de antecedência.

COMENTÁRIOS

Nota do autor: A questão aborda aspectos do contrato de trabalho intermitente, figura inserida à CLT pela Reforma Trabalhista. Não deixe de ler o art. 452-A da CLT sobre o assunto!

A Reforma Trabalhista acrescentou o § 3º ao art. 443 da CLT para prever nova hipótese de contrato de trabalho: a prestação de trabalho intermitente. Essa alteração causa profundos impactos na estrutura do Direito do Trabalho, pois cria nova modalidade contratual com disciplina jurídica própria, até então sem precedentes na área trabalhista.

Alternativas "a". "A recusa da oferta **não descaracteriza a subordinação** para fins do contrato de trabalho intermitente." (art. 452-A, § 3º, da CLT, grifos acrescidos).

Alternativas "b". "A cada doze meses, o empregado adquire direito a usufruir, nos doze meses subsequentes, **um mês de férias**, período no qual não poderá ser convocado para prestar serviços pelo mesmo empregador." (art. 452-A, § 9º, da CLT, grifos acrescidos).

Alternativas "c" e "d". "O período de inatividade **não será considerado tempo à disposição** do empregador, podendo o trabalhador prestar serviços a outros contratantes." (art. 452-A, § 5º, da CLT, grifos acrescidos).

Alternativa "e". "O empregador convocará, por qualquer meio de comunicação eficaz, para a prestação de serviços, informando qual será a jornada, **com, pelo menos, três dias corridos de antecedência**." (art. 452-A, § 1º, da CLT, grifos acrescidos).

Alternativa correta: "c".

16. (FGV – Técnico Judiciário – Área Administrativa – TRT 16/2022) Pedro tem um contrato intermitente com uma sociedade empresária que realiza festas em Chapadinha/MA, sendo chamado quando há serviço. Em 29 de outubro de 2022, a empresa realizaria uma grande festa e convocou Pedro, no dia 25 de outubro de 2022, para nela trabalhar. Pedro recusou de plano a oferta porque já havia se comprometido com outra sociedade empresária para trabalhar naquele dia como garçom. Diante da situação retratada e dos termos da CLT, assinale a afirmativa correta.

(A) No caso de impasse entre as partes quanto à aceitação da prestação do serviço, a Justiça do Trabalho deverá ser acionada.

(B) A empresa está errada porque a convocação deveria ter ocorrido com 7 dias de antecedência.

(C) Pedro agiu de forma insubordinada e por isso poderia ser dispensado por justa causa.

(D) É direito de Pedro não aceitar o trabalho e isso não poderá ocasionar qualquer punição.

(E) O empregado agiu com indisciplina e poderia ser dispensado por justa causa.

COMENTÁRIOS

Nota do autor: A questão aborda aspectos do contrato de trabalho intermitente, figura inserida à CLT pela Reforma Trabalhista. Não deixe de ler o art. 452-A da CLT sobre o assunto!

A Reforma Trabalhista acrescentou o § 3º ao art. 443 da CLT para prever nova hipótese de contrato de trabalho: a prestação de trabalho intermitente. Essa alteração causa profundos impactos na estrutura do Direito do Trabalho, pois cria nova modalidade contratual com disciplina jurídica própria, até então sem precedentes na área trabalhista.

Comentário serve para todas as alternativas, uma vez que versam sobre o mesmo assunto. Conforme dispõe a CLT, "A recusa da oferta **não descaracteriza a subordinação** para fins do contrato de trabalho intermitente." (art. 452-A, § 3º, da CLT, grifos acrescidos). Dessa forma, é direito de Pedro não aceitar o trabalho e isso não poderá ocasionar qualquer punição.

Alternativa correta: "c".

17. (FCC – Analista Judiciário – Área Judiciária – TRT 14/2022) Em razão do aumento das vendas durante o período de festividades de final de ano, a empresa Adega D'Ouro pretende contratar trabalhadores temporários. Considerando as regras legais sobre o trabalho temporário, a Adega D'Ouro

(A) não pode realizar a contratação pretendida, pois, a despeito da demanda complementar de serviços no período, ela não decorre de fator imprevisível, que seria a única hipótese autorizada para a contratação de trabalhadores.

(B) não pode realizar a contratação pretendida, pois os serviços a serem realizados inserem-se no âmbito de sua atividade fim, o que não é permitido.

(C) será solidariamente responsável pelas obrigações trabalhistas referentes ao período em que ocorrer o trabalho temporário.

(D) pode realizar a contratação pretendida, pelo prazo máximo de 180 dias, consecutivos ou não, em relação ao mesmo empregador.

(E) pode realizar a contratação pretendida mediante contrato de experiência, tendo em vista o curto período da contratação.

COMENTÁRIOS

Nota do autor: A questão aborda o trabalho temporário, exigindo o conhecimento da Lei nº 6.019/74, que rege o tema. Importa destacar que a lei passou por alterações no ano de 2017.

Comentário serve para todas as alternativas, uma vez que versam sobre o mesmo assunto. O trabalho temporário foi modificado pela Lei nº 13.429/2017. O trabalhador temporário é contratado por uma empresa de trabalho temporário para prestar serviços em outra empresa, denominada empresa tomadora de serviços. Entretanto, não é permitida a contratação indiscriminada de trabalhadores temporários, pois somente será admitida essa modalidade de prestação de serviços nas seguintes hipóteses, conforme atual redação do art. 2º da Lei nº 6.019/1974, conferida pela Lei nº 13.429/2017:

> 1) Necessidade de substituição transitória de pessoal permanente;
>
> 2) Demanda complementar de serviços, considerada aquela que decorrer de:
>
> a) fatores imprevisíveis;
>
> b) fatores previsíveis, mas que tenham natureza intermitente, periódica ou ocasional.

A Lei nº 13.429/2017 ampliou o prazo para contratação de trabalhador temporário de 3 meses para **180 dias**, consecutivos ou não, prorrogáveis por mais 90 dias:

> **Art. 10 da Lei nº 6.019/74:** Qualquer que seja o ramo da empresa tomadora de serviços, não existe vínculo de emprego entre ela e os trabalhadores contratados pelas empresas de trabalho temporário.
>
> § 1º O contrato de trabalho temporário, com relação ao mesmo empregador, não poderá exceder ao prazo de cento e oitenta dias, consecutivos ou não.
>
> § 2º O contrato poderá ser prorrogado por até noventa dias, consecutivos ou não, além do prazo estabelecido no § 1o deste artigo, quando comprovada a manutenção das condições que o ensejaram.

Alternativa correta: "d".

18. (FCC – Analista Judiciário – Oficial de Justiça Avaliador Federal – TRT 9/2022) Antonieta é contratada da empresa Auxilius Serviços Temporários, sendo que atualmente está prestando serviços na empresa Potência Máquinas e Equipamentos Ltda. que, em razão de uma demanda complementar de serviços, contratou a Auxilius para suprir a necessidade de mão de obra. É requisito para a validade dessa contratação que

(A) a demanda de serviços seja oriunda de fatores imprevisíveis ou, quando decorrente de fatores previsíveis, tenha natureza intermitente, periódica ou sazonal.

(B) a Auxilius tenha registro no Ministério do Trabalho e possua capital social de, no mínimo, R$ 150.000,00.

(C) o contrato de trabalho temporário de Antonieta, em relação ao mesmo empregador, não exceda o prazo de 120 dias, consecutivos ou não.

(D) o contrato de trabalho temporário de Antonieta contenha cláusula prevendo proibição de contratação da mesma pela Potência Máquinas e Equipamentos ao fim do prazo em que foi colocada à sua disposição.

(E) o contrato firmado entre Antonieta e a Auxilius seja registrado no Ministério do Trabalho.

COMENTÁRIOS

Nota do autor: A questão aborda o trabalho temporário, exigindo o conhecimento da Lei nº 6.019/74, que rege o tema. Importa destacar que a lei passou por alterações no ano de 2017.

Alternativa "a". O trabalho temporário foi modificado pela Lei nº 13.429/2017. O trabalhador temporário é contratado por uma empresa de trabalho temporário para prestar serviços em outra empresa, denominada empresa tomadora de serviços. Entretanto, não é permitida a contratação indiscriminada de trabalhadores temporários, pois somente será admitida essa modalidade de prestação de serviços nas seguintes hipóteses, conforme atual redação do art. 2º da Lei nº 6.019/1974, conferida pela Lei nº 13.429/2017:

> 1) Necessidade de substituição transitória de pessoal permanente;
>
> 2) Demanda complementar de serviços, considerada aquela que decorrer de:
>
> a) fatores imprevisíveis;
>
> b) fatores previsíveis, mas que tenham natureza intermitente, periódica ou sazonal.

Alternativa "b". De acordo com o art. 6º da Lei nº 6.019/74, alterado pela Lei nº 13.429/2017:

> **Art. 6º, Lei nº 6.019/74:** São requisitos para funcionamento e registro da empresa de trabalho temporário no Ministério do Trabalho: (Redação dada pela Lei nº 13.429, de 2017)
>
> I - prova de inscrição no Cadastro Nacional da Pessoa Jurídica (CNPJ), do Ministério da Fazenda;
>
> II - prova do competente registro na Junta Comercial da localidade em que tenha sede;
>
> III - **prova de possuir capital social de, no mínimo, R$ 100.000,00 (cem mil reais)**. (grifos acrescidos)

Alternativa "c". A Lei nº 13.429/2017 ampliou o prazo para contratação de trabalhador temporário de 3 meses para **180 dias**, consecutivos ou não, prorrogáveis por mais 90 dias:

> **Art. 10 da Lei nº 6.019/74:** Qualquer que seja o ramo da empresa tomadora de serviços, não existe vínculo de emprego entre ela e os trabalhadores contratados pelas empresas de trabalho temporário.

§ 1º O contrato de trabalho temporário, com relação ao mesmo empregador, não poderá exceder ao prazo de cento e oitenta dias, consecutivos ou não.

§ 2º O contrato poderá ser prorrogado por até noventa dias, consecutivos ou não, além do prazo estabelecido no § 1o deste artigo, quando comprovada a manutenção das condições que o ensejaram.

Alternativa "d". Nos termos do parágrafo único do art. 11 da Lei nº 6.019/74, **é nula de pleno direito qualquer cláusula de reserva**, proibindo a contratação do trabalhador pela empresa tomadora ou cliente ao fim do prazo em que tenha sido colocado à sua disposição pela empresa de trabalho temporário.

§ 1º O contrato de trabalho temporário, com relação ao mesmo empregador, não poderá exceder ao prazo de cento e oitenta dias, consecutivos ou não.

§ 2º O contrato poderá ser prorrogado por até noventa dias, consecutivos ou não, além do prazo estabelecido no § 1º deste artigo, quando comprovada a manutenção das condições que o ensejaram.

Alternativa "e". Não há imposição legal de registro do contrato de trabalho firmado entre o trabalhador temporário e a empresa de trabalho temporário perante o Ministério do Trabalho e Emprego.

Alternativa correta: "a".

19. (FCC – Analista Judiciário – Oficial de Justiça Avaliador Federal – TRT 17/2022) Prisco foi empregado da empresa Caminho do Mar Transportes Aquáticos Ltda. de 10/10/2012 a 31/08/2022, tendo exercido a função de Barqueiro. Por ter sido um bom profissional, a empresa pretende recontratar Prisco, mediante contrato de prestação de serviços com a empresa Prt Barqueiro-Me, da qual Prisco é sócio. Com base no que prevê a legislação federal vigente, a empresa

(A) poderá fazê-lo após decorridos 18 meses contados a partir da dispensa do empregado.

(B) desde a ruptura contratual, eis que se trata de relação contratual diversa da empregatícia.

(C) deverá aguardar 12 meses a partir da rescisão do contrato de trabalho.

(D) não poderá recontratá-lo como pessoa jurídica, eis que nessa hipótese a contratação é por lei presumidamente fraudulenta.

(E) necessita esperar o decurso do prazo mínimo de 24 meses.

COMENTÁRIOS

Nota do autor: A terceirização foi um dos temas que sofreu maior modificação em 2017. A terceirização surgiu como forma de dinamizar e especializar os serviços nas empresas. Ocorre a terceirização quando uma empresa, em vez de executar serviços diretamente com seus empregados, contrata outra empresa para que esta os realize, com o seu pessoal sob a sua responsabilidade. O empregado é contratado pela empresa intermediadora (empregadora), mas presta serviços em outro local (empresa tomadora).

Comentário serve para todas as alternativas, uma vez que versam sobre o mesmo assunto. A Lei nº 13.429/2017, que regulamentou a terceirização de serviços, não estabeleceu nenhum prazo ou requisito a ser observado para que os empregados dispensados da empresa contratante pudessem prestar novamente os serviços à empresa na condição de terceirizados. Com isso, os trabalhadores poderiam ser dispensados por seu empregador e serem contratados por outra empresa para prestarem seus serviços na condição de terceirizados para seus antigos empregadores.

Contudo, a **Reforma Trabalhista estabeleceu o prazo de quarentena de 18 meses**, contados a partir de sua demissão, para que o empregado "demitido" possa prestar os serviços para a mesma empresa na condição de terceirizado, ou seja, como empregado da empresa prestadora de serviços:

> **Art. 5º-C, Lei nº 6.019/74 (incluído pela Reforma Trabalhista).** Não pode figurar como contratada, nos termos do art. 4º-A desta Lei, a pessoa jurídica cujos titulares ou sócios tenham, nos últimos dezoito meses, prestado serviços à contratante na qualidade de empregado ou trabalhador sem vínculo empregatício, exceto se os referidos titulares ou sócios forem aposentados.

Dessa forma, a empresa Caminho do Mar Transportes Aquáticos Ltda somente poderá recontratar Pisco após decorridos 18 meses contados da sua dispensa.

Alternativa correta: "a".

20. (FCC – Técnico Administrativo – Área Administrativa – TRT 11/2024) Diante do que estabelece a Consolidação das Leis do Trabalho sobre a alteração do contrato individual de trabalho:

(A) quando a alteração do contrato individual do trabalho decorrer de mútuo consentimento, admite-se que esta resulte em prejuízo direto ou indireto ao empregado.

(B) considera-se alteração unilateral do contrato individual de trabalho a determinação do empregador

QUESTÕES DE CONCURSOS

para que o respectivo empregado reverta ao cargo efetivo, anteriormente ocupado, deixando o exercício de função de confiança.

(C) ainda quando ocorra extinção do estabelecimento em que trabalhar o empregado é vedada a sua transferência, sem o seu consentimento, diante do princípio da alteridade.

(D) é lícito ao empregador, unilateralmente, transferir empregado que exerça cargo de confiança e aquele cujo contrato tenha como condição, implícita ou explícita, a transferência, quando esta decorra de real necessidade de serviço.

(E) as despesas resultantes de eventual transferência para localidade diversa daquela firmada no contrato individual de trabalho, quando por mútuo consentimento, correrão, equitativamente, por conta do empregado e do empregador.

COMENTÁRIOS

Nota do autor: A questão aborda o tema de alteração do contrato de trabalho e transferência do empregado.

Alternativa "a". Incorreta. Nos termos do art. 468, caput, da CLT, a alteração do contrato de trabalho somente será válida se houver mútuo consentimento e, mesmo assim, desde que não acarrete prejuízo direto ou indireto ao empregado. Assim, ainda que as partes concordem, a modificação contratual será nula se resultar em qualquer forma de prejuízo ao trabalhador.

Alternativa "b". Incorreta. A reversão do empregado ocupante de cargo de confiança para o cargo que ocupava anteriormente é lícita e possível a qualquer momento (art. 468, § 1º, CLT). Com a Reforma Trabalhista, o empregado não tem direito à manutenção da gratificação de função com a reversão ao cargo efetivo, independentemente do tempo de serviço (art. 468, § 2º, CLT).

Alternativa "c". Incorreta. A transferência do empregado, quando ocorrer extinção do estabelecimento, é considerada lícita e pode ser realizada de forma unilateral, conforme expressamente autorizado pelo art. 469, §2º, da CLT. Nessa hipótese, busca-se evitar a dispensa do empregado.

Alternativa "d". Correta. O art. 469, § 1º, da CLT autoriza a transferência unilateral do empregado quando ele exerce cargo de confiança ou quando o contrato prevê, expressamente ou de forma implícita, a possibilidade de transferência. Contudo, em ambos os casos, exige-se que a transferência decorra de real necessidade de serviço.

Alternativa "e". Incorreta. Conforme o art. 470 da CLT, as despesas com a transferência do empregado correm por conta exclusiva do empregador, ainda que a mudança ocorra por mútuo consentimento. Assim, não há repartição dos custos entre as partes, como sugere a alternativa.

Alternativa correta: "d".

21. (FCC – Analista Judiciário – Área Judiciária – TRT 17/2022) Begônia é empregada do Cemitério Eterna Morada, com sede em Vitória-ES, e devido à necessidade de serviço para a implantação de uma outra unidade no município de Guarapari-ES, sua empregadora a está transferindo para aquela localidade com a finalidade de acompanhar a instalação. Begônia, residente e domiciliada em Vitória, permanecerá em Guarapari de terça a quinta-feira, retornando para sua casa às sextas-feiras para o convívio da família, voltando a Guarapari na terça-feira seguinte. Nessa situação, com base no que prevê a CLT, a trabalhadora

(A) deverá receber adicional de transferência à base de 20% do seu salário vigente, de forma a custear as despesas em Guarapari.

(B) faz jus a adicional de transferência à base de 30% do seu salário vigente, de forma a custear as despesas em Guarapari.

(C) não é credora de adicional de transferência na hipótese, eis que não houve mudança de domicílio, requisito legal indispensável na hipótese.

(D) poderá exigir adicional de transferência de, no mínimo, 25% do salário vigente, o qual perdurará pelo prazo máximo de 12 meses.

(E) deverá receber adicional de transferência à base de 25% do seu salário vigente, de forma a custear as despesas em Guarapari, pelo prazo máximo de 12 meses.

COMENTÁRIOS

Nota do autor: A questão aborda os temas da alteração do contrato de trabalho e da transferência de empregados. Quanto aos itens mencionados, não houve impactos pela Reforma Trabalhista, permanecendo atual a questão.

Comentário serve para todas as alternativas, uma vez que versam sobre o mesmo assunto. Entre as possibilidades do *jus variandi* está a transferência de empregados. Em regra, a transferência unilateral é vedada. Essa transferência será possível desde que tenha anuência do empregado. Importante mencionar que a legislação considera como transferência tão somente aquele que acarrete, necessariamente, a mudança de domicílio do empregado:

Art. 469 da CLT: Ao empregador é vedado transferir o empregado, sem a sua anuência, para localidade diversa da que resultar do contrato, **não se considerando transferência a que não acarretar necessariamente a mudança do seu domicílio.** (grifos acrescidos)

No caso em tela, Begônia não precisou mudar de domicílio, passando mais da metade da semana com sua família, em Vitória/ES. Não há que se falar, portanto, em adicional de transferência.

Aliás, referido adicional seria devido tão somente na transferência provisória, enquanto durasse essa situação:

Art. 469, § 3º, da CLT: Em caso de necessidade de serviço o empregador poderá transferir o empregado para localidade diversa da que resultar do contrato, não obstante as restrições do artigo anterior, mas, nesse caso, ficará obrigado a um **pagamento suplementar, nunca inferior a 25% (vinte e cinco por cento) dos salários** que o empregado percebia naquela localidade, **enquanto durar essa situação.** (grifos acrescidos)

Alternativa correta: "c".

22. (FCC – Técnico Judiciário – Área Administrativa – TRT 4/2022) Afrodite é empregada da empresa Céu de Atenas S/A e ocupa cargo de confiança na referida empresa há 12 anos, recebendo gratificação de função. Por deliberação do Conselho da empresa, sem justo motivo, Afrodite retornará ao seu cargo efetivo a partir do próximo mês. Conforme o que prevê a Consolidação das Leis do Trabalho, Afrodite

(A) deverá permanecer recebendo a gratificação de função, eis que ultrapassado o prazo mínimo de 5 anos de recebimento, incorporando-se ao seu patrimônio jurídico.

(B) deverá permanecer recebendo a gratificação de função, eis que ultrapassado o prazo mínimo de 10 anos de recebimento, incorporando-se ao seu patrimônio jurídico.

(C) deverá permanecer recebendo a gratificação de função, eis que após 2 anos de recebimento, apenas por justo motivo o empregado nessas condições perde o direito à gratificação de função.

(D) perderá o direito à gratificação de função, eis que essa reversão, com ou sem justo motivo, não assegura ao empregado o direito à manutenção do pagamento da gratificação correspondente.

(E) continuará percebendo 50% da gratificação de função, eis que essa reversão, sem justo motivo, decorrido o mínimo de 10 anos, assegura ao empregado o direito à manutenção do pagamento de 50% da gratificação correspondente.

COMENTÁRIOS

Nota do autor: A questão aborda o tema alteração do contrato do trabalho, envolvendo o poder de organização do empregador (*jus variandi*). *Comentário serve para todas as alternativas, uma vez que versam sobre o mesmo assunto.* O *jus variandi* representa modificação unilateral do contrato, pode ser ordinário ou extraordinário:

1) *jus variandi* ordinário: a alteração unilateral do contrato de trabalho realizada no dia a dia da empresa como forma de organizar a prestação de serviços, independentemente de autorização legal ou jurisprudencial.

2) *jus variandi* extraordinário: representa alteração unilateral excepcional que exige a previsão em lei ou jurisprudência. É o caso da reversão, apresentada no caso.

A reversão do empregado ocupante de cargo de confiança para o cargo que ocupava anteriormente é lícita e possível a qualquer momento (art. 468, § 1º, CLT). Com a Reforma Trabalhista, o empregado não tem direito à manutenção da gratificação de função com a reversão ao cargo efetivo, independentemente do tempo de serviço (art. 468, § 2º, CLT). Com essa previsão, a Súmula nº 372 do TST deve passar por atualização[755].

Alternativa correta: "d".

23. (FCC – Técnico Judiciário – Área Administrativa – TRT 9/2022) Adrian, empregado bancário, trabalha como escriturário em agência situada na cidade de Cascavel. O contrato escrito, celebrado entre empregado e empregador, contém cláusula que prevê a possibilidade de transferência do empregado para qualquer agência do território nacional. O empregado recebeu ordem escrita de transferência, devendo apresentar-se na agência da cidade de Paranaguá, para prestar os mesmos serviços, por um período de seis meses, sendo que no documento não há qualquer menção da necessidade que levou o empregador a alterar o local de trabalho. Considerando as disposições legais, Adrian

755. **Súmula nº 372 do TST**: I – Percebida a gratificação de função por dez ou mais anos pelo empregado, se o empregador, sem justo motivo, revertê-lo a seu cargo efetivo, não poderá retirar-lhe a gratificação tendo em vista o princípio da estabilidade financeira.
II – Mantido o empregado no exercício da função comissionada, não pode o empregador reduzir o valor da gratificação.

(A) não está obrigado a aceitar a transferência pois, sendo a mesma provisória, a ordem de transferência deveria indicar o valor do adicional de transferência que o empregador pretende pagar.

(B) está obrigado a aceitar a transferência porque trata-se de transferência provisória, com duração inferior a um ano, não sendo exigível a comprovação de real necessidade de serviço e nem de pagamento de adicional de transferência.

(C) está obrigado a aceitar a transferência, tendo em vista que há cláusula expressa em seu contrato de trabalho prevendo tal possibilidade.

(D) está obrigado a aceitar a transferência porque a mesma se dará entre cidades do mesmo Estado.

(E) não está obrigado a aceitar a transferência porque, mesmo havendo cláusula expressa em seu contrato de trabalho prevendo a sua possibilidade, é necessário que esta decorra de real necessidade de serviço.

COMENTÁRIOS

Nota do autor: A questão aborda o tema transferência do empregado. Para responder a essas questões o candidato deve estar atento aos requisitos para a configuração de transferência abusiva.

Comentário serve para todas as alternativas, uma vez que versam sobre o mesmo assunto. Entre as possibilidades do *jus variandi* está a transferência de empregados. Em regra, a transferência unilateral é vedada. Essa transferência será possível desde que tenha anuência do empregado. Para configurar transferência, é necessário que acarrete mudança de domicílio do empregado.

Excepcionalmente, poderá ocorrer a transferência unilateral do empregado, se respeitados os limites impostos por lei. A seguir, as hipóteses admitidas:

1) Empregados que exerçam cargos de confiança. Inclusive para esses empregados, é necessário que o empregador demonstre a necessidade do serviço, ou seja, fundamente a transferência para evitar abusos e perseguições. Empregados de confiança são aqueles previstos no art. 62, II, da CLT.

2) Empregados cujo contrato tenham como condição implícita ou explícita a necessidade de transferência. Também nessa hipótese **será necessária comprovação de real necessidade de serviço**, no mesmo sentido da hipótese anterior. Exemplo de condição implícita: empregados do circo. Condição explícita: no ato da contratação fica expresso que é condição, na prestação de serviços, a possibilidade de transferência do empregado, como ocorre em alguns bancos e em empresas com diversas filiais.

3) Extinção do estabelecimento. Nesse caso, a transferência unilateral é permitida para evitar o término do contrato de trabalho. E, se o empregado se negar a essa transferência, ocorrerá o pedido de demissão. Exemplo: empregado trabalhava em Belo Horizonte, mas nessa cidade o estabelecimento foi extinto. Diante desse acontecimento, o trabalhador foi transferido para a unidade da empresa em Juiz de Fora, MG, sendo lícita essa transferência.

4) Transferência provisória por necessidade de serviço. Nesse caso, com fundamento no princípio da lealdade contratual, caberá ao empregado colaborar com a empresa. Há necessidade, entretanto, de que essa necessidade seja fundamentada na real necessidade de serviço.

No caso, Adrian se enquadra na hipótese 2 acima descrita. Apesar de seu contrato de trabalho conter cláusula que prevê a possibilidade de transferência do empregado para qualquer agência do território nacional, não há qualquer menção, no documento de comunicação da transferência, acerca da necessidade que levou o empregador a alterar o local de trabalho. Logo, trata-se de transferência ilícita e o empregado não está obrigado a aceita-la.

Alternativa correta: "e".

24. (FCC – Técnico Judiciário – Área Administrativa – TRT 14/2022) Arquimedes foi transferido pelo seu empregador para localidade diversa do contrato de trabalho, para realização de serviços específicos, o que provocou a mudança de seu domicílio, sendo que a previsão é para que esse trabalho dure aproximadamente 1 ano. Nesse período, Arquimedes, de acordo com a CLT, fará jus ao adicional de transferência no percentual equivalente a

(A) 25% do salário.

(B) 30% do salário.

(C) 40% do salário.

(D) 20% do salário.

(E) 50% do salário.

COMENTÁRIOS

Nota do autor: A questão aborda o tema transferência do empregado. Para responder a essas questões o candidato deve estar atento aos requisitos para a configuração de transferência abusiva.

Comentário serve para todas as alternativas, uma vez que versam sobre o mesmo assunto. Entre as possibilidades do *jus variandi* está a transferência de empregados. Em regra, a transferência unilateral é vedada. Essa transferência será possível desde que tenha anuência do empregado. Para configurar transferência, é necessário que acarrete mudança de domicílio do empregado.

Excepcionalmente, poderá ocorrer a transferência unilateral do empregado, se respeitados os limites impostos por lei. A seguir, as hipóteses admitidas:

> **1) Empregados que exerçam cargos de confiança.** Inclusive para esses empregados, é necessário que o empregador demonstre a necessidade do serviço, ou seja, fundamente a transferência para evitar abusos e perseguições. Empregados de confiança são aqueles previstos no art. 62, II, da CLT.
>
> **2) Empregados cujo contrato tenham como condição implícita ou explícita a necessidade de transferência.** Também nessa hipótese **será necessária comprovação de real necessidade de serviço**, no mesmo sentido da hipótese anterior. Exemplo de condição implícita: empregados do circo. Condição explícita: no ato da contratação fica expresso que é condição, na prestação de serviços, a possibilidade de transferência do empregado, como ocorre em alguns bancos e em empresas com diversas filiais.
>
> **3) Extinção do estabelecimento.** Nesse caso, a transferência unilateral é permitida para evitar o término do contrato de trabalho. E, se o empregado se negar a essa transferência, ocorrerá o pedido de demissão. Exemplo: empregado trabalhava em Belo Horizonte, mas nessa cidade o estabelecimento foi extinto. Diante desse acontecimento, o trabalhador foi transferido para a unidade da empresa em Juiz de Fora, MG, sendo lícita essa transferência.
>
> **4) Transferência provisória por necessidade de serviço.** Nesse caso, com fundamento no princípio da lealdade contratual, caberá ao empregado colaborar com a empresa. Há necessidade, entretanto, de que essa necessidade seja fundamentada na real necessidade de serviço.

No caso, a transferência de Arquimedes é transitória / temporária, motivo pelo qual terá direito ao adicional de transferência, nunca inferior a 25% (vinte e cinco por cento) dos salários que o empregado percebia naquela localidade, enquanto durar essa situação (art. 469, § 3º, CLT).

Alternativa correta: "a".

25. (FCC – Analista Judiciário – Oficial de Just. Avaliador Federal – TRT 2/2018) A respeito do contrato individual de trabalho e de acordo com a legislação vigente, considere:

I. Considera-se por prazo indeterminado todo contrato que suceder, dentro de 6 meses, a outro contrato por prazo determinado, salvo se a expiração deste dependeu da execução de serviços especializados ou da realização de certos acontecimentos.

II. Para fins de contratação, o empregador não exigirá do candidato a emprego comprovação de experiência prévia por tempo superior a 3 meses no mesmo tipo de atividade, ou por tempo superior a 6 meses em outro tipo de atividade.

III. Apenas quando o empregado for despedido por falta grave, no caso de readmissão, não serão computados no tempo de serviço os períodos, contínuos ou não, em que tiver trabalhado anteriormente na empresa.

Está correto o que se afirma APENAS em

(A) II e III.
(B) I e II.
(C) I.
(D) II.
(E) III.

COMENTÁRIOS

Nota do autor: A questão aborda o tema contrato individual de trabalho, abordando diversos assuntos como exigência de experiência prévia, sucessão contratual e cômputo do tempo de serviço. Para respondê-la, bastava o conhecimento das previsões contidas na CLT.

Alternativa correta: "c". Está correto o que se afirma apenas no item I.

Assertiva I. Correta. Existe a possibilidade de **nova contratação** por prazo determinado, desde que respeitado o interstício de **seis meses** entre as contratações a termo. Não se trata de prorrogação, mas de novo contrato. Excepcionalmente, esse intervalo não precisa ser respeitado, ou seja, há duas possibilidades de nova contratação antes mesmo do espaço de tempo de seis meses, nos termos do art. 452 da CLT:

> **a) Execução de serviços especializados.** Nesse caso, houve a necessidade de nova contratação por prazo determinado para a realização de serviços especializados[756], como realização de

756. "Isso ocorre, por exemplo, no caso da contratação do empregado para montar determinada máquina, ou realizar um treinamento com os empregados da empresa; terminada a atividade pactuada, permite-se uma nova contratação a prazo certo, para uma nova instalação de maquinário específico, ou um novo treinamento, mesmo antes de seis meses do término da primeira pactuação". GARCIA, Gustavo Felipe Barbosa. *Curso de Direito do Trabalho*. São Paulo: Método, 2007. p. 119.

novos consertos em máquinas que demandem alto conhecimento técnico etc.

b) Realização de certos acontecimentos. Exemplo: contrato de safra ou, ainda, contratação de empregados em hotéis, em virtude do grande número de turistas na alta temporada.

Caso não seja respeitado o prazo de 6 meses ou, caso não se enquadre nas exceções acima citadas, o contrato será considerado por prazo indeterminado.

Assertiva II. Incorreta. Como forma de proporcionar que trabalhadores, ainda sem experiência, possam ocupar novos postos de trabalho, o empregador está proibido de exigir do candidato comprovação de experiência prévia por tempo **superior a seis meses**. De acordo com o art. 442-A da CLT:

> **Art. 442-A da CLT:** Para fins de contratação, o empregador não exigirá do candidato a emprego comprovação de experiência prévia por tempo superior a 6 (seis) meses no mesmo tipo de atividade.

Assertiva III. Incorreta. Não serão computados no tempo de serviço os períodos em que tiver trabalhado anteriormente na empresa em caso de dispensa por falta grave e indenização legal. Lembre-se de que a aposentadoria espontânea não é mais hipótese de término do contrato de trabalho:

> **Art. 453 da CLT:** "No tempo de serviço do empregado, quando readmitido, serão computados os períodos, ainda que não contínuos, em que tiver trabalhado anteriormente na empresa, salvo se houver sido despedido por falta grave, recebido indenização legal ou se aposentado espontaneamente".

26. (FCC – Técnico Judiciário – Área Administrativa – TRT 6/2018) O liame que se estabelece entre o empregador e seu empregado possui natureza jurídica contratual. Conforme previsões contidas na Consolidação das Leis do Trabalho sobre o contrato individual de trabalho e os sujeitos que o compõem,

(A) considera-se empregado toda pessoa física ou jurídica que prestar serviços de natureza não eventual a empregador, sob a dependência deste e mediante pagamento de valor fixo mensal.

(B) diante do princípio da tutela ao trabalhador a lei prevê que o contrato somente será válido se for acordado expressamente e por escrito.

(C) para configuração do contrato de trabalho distingue-se entre o trabalho realizado no estabelecimento do empregador e o executado no domicílio do empregado, ainda que presentes os pressupostos da relação de emprego.

(D) para fins de contratação, o empregador não exigirá do candidato a emprego comprovação de experiência prévia por tempo superior a seis meses no mesmo tipo de atividade.

(E) o contrato de trabalho por prazo determinado não poderá ser estipulado por mais de um ano, admitindo-se, dentro deste prazo, até duas prorrogações, sob pena de passar a vigorar sem determinação de prazo.

COMENTÁRIOS

Nota do autor: Tecnicamente, há diferença entre relação de trabalho e relação de emprego. O termo **relação de trabalho** é utilizado como gênero e trata da relação de trabalho de forma ampla. Todo trabalho humano (pessoa física) prestado ao tomador de serviços (pessoa física ou jurídica) é uma relação de trabalho. Exemplo: trabalho autônomo, atividade de estágio, trabalho eventual, temporário e o próprio vínculo empregatício.

Por outro lado, **relação de emprego** é uma das espécies do gênero relação de trabalho. A característica principal daquela relação consiste na presença da subordinação jurídica exercida sobre a figura do empregado. A CLT e demais leis trabalhistas foram criadas para proteger o empregado, que trabalha sob subordinação. Verifica-se, assim, que toda relação de emprego corresponde a uma relação de trabalho, mas nem toda relação de trabalho é uma relação de emprego. Entretanto, já se consolidou o uso do termo contrato de trabalho para identificar a relação de emprego, regida pela CLT.

Alternativa correta: "d". Como forma de proporcionar que trabalhadores, ainda sem experiência, possam ocupar novos postos de trabalho, o empregador está proibido de exigir do candidato comprovação de experiência prévia por tempo superior a 6 meses (art. 442-A da CLT). Portanto, o período máximo de experiência prévia que pode ser exigida do empregado é de 6 meses.

Alternativa "a". Ao contrário do que afirma a alternativa, empregado não poderá ser pessoa jurídica, mas apenas pessoa física (Art. 3º da CLT). A pejotização, contratação de pessoa jurídica, configura fraude à relação de emprego e terá como consequência o reconhecimento do vínculo de emprego direto entre o empregador e o trabalhador que prestou os serviços em nome da pessoa jurídica contratada.

Alternativa "b". O contrato de trabalho é consensual e, via de regra, não depende de forma escrita. Pode, desse modo, ser celebrado de forma tácita ou expressa. Lembre-se de que contrato tácito ocorre quando as partes, embora não tenham mencionado uma à outra, de forma clara, a situação de empregado e empregador, há presença dos quatro requisitos da relação empregatícia. Importante ressaltar que há contratos de trabalho que exigem formalidade especial, ou seja, o contrato deve ser escrito. Exemplo: aprendiz (art. 428, CLT), temporário (art. 11, Lei nº 6.019/1974), profissional de futebol (art. 30, Lei nº 9.615/1998) etc.

Alternativa "c". "**Não** se distingue entre o trabalho realizado no estabelecimento do empregador, o executado no domicílio do empregado e o realizado a distância, desde que estejam caracterizados os pressupostos da relação de emprego" (art. 6º da CLT). De acordo com esse dispositivo da CLT, portanto, o local da prestação de serviços é irrelevante para configurar o vínculo empregatício.

Alternativa "e". O prazo de duração do contrato por prazo determinado em caso de serviços cuja natureza ou transitoriedade justifique a predeterminação do prazo ou atividades empresariais de caráter transitório é de, no máximo, **2 anos.** Há possibilidade de ser estipulado prazo menor. A CLT possibilita, ainda, **uma única prorrogação**, desde que respeitado o limite de 2 anos. Assim, pode-se ajustar contrato com duração de 5 meses, prorrogável por mais 1 ano ou, ainda, 1 ano prorrogado por mais 1 ano (não há necessidade, para fins de prorrogação, de prazo idêntico ao anterior) (Art. 443, §§1º e 2º da CLT).

27. (FCC – Analista Judiciário – Oficial de Just. Avaliador Federal – TRT 15/2018) Gerson foi contratado em 19/02/2018 pela empresa Oba Oba Festas e Eventos Ltda., na modalidade de trabalho intermitente. Por se tratar de forma nova de contratação, Gerson tem dúvidas em relação às consequências caso recuse a oferta de trabalho pelo empregador. Considerando o que prevê a Lei nº 13.467/2017, a

(A) recusa da oferta não descaracteriza a subordinação para fins do contrato de trabalho intermitente.

(B) possibilidade de recusa da oferta demonstra inexistir subordinação em tal modalidade de contrato, razão pela qual Gerson não é considerado empregado, mas sim mero trabalhador intermitente.

(C) recusa da oferta de trabalho não é permitida pelo legislador, restando descaracterizado o contrato de trabalho intermitente caso isso ocorra.

(D) recusa da oferta representa modalidade de justa causa específica para o contrato de trabalho intermitente.

(E) recusa da oferta de trabalho deve ser motivada por Gerson, pois o empregador, ao celebrar o contrato de trabalho intermitente, conta com o trabalho do empregado sempre que precisar, somente sendo possível, portanto, a recusa nas hipóteses expressamente autorizadas por lei.

COMENTÁRIOS

Nota do autor: A questão aborda aspectos do contrato de trabalho intermitente, figura inserida à CLT pela Reforma Trabalhista. Não deixe de ler o art. 452-A da CLT sobre o assunto!

Alternativa correta: "a". *Comentário serve para as demais alternativas, pois versam sobre o mesmo assunto.* A Reforma Trabalhista acrescentou o § 3º ao art. 443 da CLT para prever nova hipótese de contrato de trabalho: a prestação de trabalho intermitente. Essa alteração causa profundos impactos na estrutura do Direito do Trabalho, pois cria nova modalidade contratual com disciplina jurídica própria, até então sem precedentes na área trabalhista:

> **Art. 443, § 3º, da CLT:** Considera-se como intermitente o contrato de trabalho no qual a prestação de serviços, com subordinação, não é contínua, ocorrendo com alternância de períodos de prestação de serviços e de inatividade, determinados em horas, dias ou meses, independentemente do tipo de atividade do empregado e do empregador, exceto para os aeronautas, regidos por legislação própria.

O trabalho intermitente compreende a modalidade de contratação do trabalho por horas, dias ou meses, havendo períodos alternados de prestação de serviços e de inatividade. Diante disso, os trabalhadores não têm certeza do momento que devem prestar os serviços ao empregador. Por essa razão, a Reforma Trabalhista estabeleceu um procedimento que deve ser observado para a convocação do empregado para a prestação dos serviços:

- o empregador deve convocar o empregado para a prestação dos serviços com, pelo menos, 3 dias corridos de antecedência. A comunicação pode ser realizada por qualquer meio de comunicação eficaz.
- preenchidos os requisitos necessários para a convocação e recebida pelo empregado, o § 2º do art. 452-A da CLT, sob a vigência da MP nº 808/2017 com a vigência já encerrada,

▶ QUESTÕES DE CONCURSOS

previa o prazo de 24 horas para responder ao chamado. Com a Lei nº 13.467/2017 em vigor, o prazo volta a ser de 1 dia útil. Caso permaneça em silêncio e não se manifeste quanto à convocação, há presunção da recusa na prestação dos serviços.

Importa destacar, nos termos da questão, que a recusa da oferta pelo empregado Gerson não descaracteriza a subordinação para fins do contrato de trabalho intermitente:

Art. 452-A, § 3º da CLT: A recusa da oferta não descaracteriza a subordinação para fins do contrato de trabalho intermitente.

Vejamos, agora, uma revisão geral do contrato intermitente para fins de fixação:

20 CARACTERÍSTICAS DO TRABALHO INTERMITENTE
1. Existência de subordinação;
2. Não há continuidade;
3. Alternância de períodos de prestação de serviços e inatividade;
4. Divisão dos períodos em horas, dias ou meses;
5. Qualquer tipo de atividade, exceto aeronautas;
6. Contrato escrito;
7. Obrigatoriedade de cláusula contendo o valor da hora de trabalho;
8. A hora de trabalho não pode ser inferior ao valor horário do salário mínimo ou ser inferior à hora de trabalho dos demais empregados (intermitente ou não);
9. Exigência de convocação através de meio de comunicação eficaz por parte do empregador;
10. Exigência de confirmação da convocação pelo empregado intermitente em um dia útil;
11. Caso não confirmado, presume-se a recusa por parte do empregado intermitente;
12. Caso aceita a oferta e, posteriormente houver a recusa em cumprir a avença, sem justo motivo, será cobrada multa de 50% do valor devido a título de remuneração;
13. A multa é devida por quem descumpriu o acordo: empregador ou empregado;
14. O período de inatividade não represente tempo à disposição do empregador;
15. No período de inatividade o empregado pode prestar serviços a terceiros;
16. O pagamento será realizado mediante recibo, no qual necessariamente deverá constar: remuneração, férias proporcionais com acréscimo de um terço, décimo terceiro salário proporcional, repouso semanal remunerado e adicionais legais;
17. Obrigatoriedade de empregador efetuar o recolhimento da contribuição previdenciária;
18. Obrigatoriedade de empregador efetuar o depósito do Fundo de Garantia do Tempo de Serviço;
19. Direito a férias após o período de 12 meses;
20. No período de gozo de férias o empregado não pode ser convocado pelo mesmo empregador. Ou seja, pode laborar para outro empregador.

28. (FCC – Analista Judiciário – Área Judiciária – TRT 2/2018) Márcia ingressou com reclamação trabalhista contra sua ex-empregadora, pessoa jurídica Luz Nova Ltda., com pedido de indenização por danos morais, ao argumento de que restou prejudicado o seu direito ao lazer, pois era obrigada a trabalhar em períodos extensos, fazendo horas extras diariamente, o que lhe impossibilitava o convívio social e familiar. Luz Nova Ltda. contestou a ação e apresentou reconvenção, com pedido de indenização por danos morais, argumentando que Márcia havia violado a imagem da empresa, ao publicar ofensas contra ela nas redes sociais. Neste caso, nos termos da lei trabalhista vigente que regula o dano extrapatrimonial,

(A) o lazer não é bem juridicamente tutelado inerente ao empregado, pois se trata de direito fundamental oponível apenas contra o Estado e não contra o empregador.

(B) a pessoa jurídica não é titular do direito à reparação, pois a sua esfera moral não é tutelável.

(C) a imagem, a marca, o nome, o segredo empresarial e o sigilo da correspondência são bens juridicamente tutelados inerentes à pessoa jurídica.

(D) a Consolidação das Leis do Trabalho não prevê a reparação de danos de natureza extrapatrimonial decorrentes da relação de trabalho, sendo utilizada a lei civil, subsidiariamente sempre.

(E) ao apreciar o pedido de reparação por danos extrapatrimoniais, o juízo não considerará os reflexos sociais da ação ou omissão e a situação social das partes envolvidas, mas, apenas, os reflexos pessoais da ação ou omissão e a situação econômica das partes.

COMENTÁRIOS

Nota do autor: A questão aborda o tema dano extrapatrimonial, regulamentado pela Reforma Trabalhista, que inseriu os arts. 223-A a 223-G à CLT. Lembre-se de que é plenamente possível que a pessoa jurídica sofra danos morais, nos termos do art. 223-B da CLT e da Súmula nº 227 do STJ.

Nesse ponto, é importante mencionar que o STF, no julgamento das ADIs 6050 (processo principal), 6069 e 6082 (apensos), que questionavam, justamente, a constitucionalidade do art. 223-G, §1º, I, II, III e IV da CLT, inserido pela Reforma Trabalhista, conferiu interpretação conforme à Constituição, de modo a estabelecer que:

> 1) As redações conferidas aos arts. 223-A e 223-B da CLT, não excluem o direito à reparação por dano moral indireto ou dano em ricochete no âmbito das relações de trabalho, a ser apreciado nos termos da legislação civil; e
>
> 2) Os critérios de quantificação de reparação por dano extrapatrimonial previstos no art. 223-G, caput e § 1º, da CLT deverão ser observados pelo julgador como critérios orientativos de fundamentação da decisão judicial.

Restou decidido, porém, que é constitucional o arbitramento judicial do dano em valores superiores aos limites máximos dispostos nos incisos I a IV do § 1º do art. 223-G, quando consideradas as circunstâncias do caso concreto e os princípios da razoabilidade, da proporcionalidade e da igualdade. Tudo nos termos do voto do Relator, Ministro Gilmar Mendes.

Alternativa correta: "c". "A imagem, a marca, o nome, o segredo empresarial e o sigilo da correspondência são bens juridicamente tutelados inerentes à pessoa jurídica" (Art. 223-D da CLT). Entendo que o rol de bens tutelados elencado pela CLT, tanto no caso de pessoa física como de pessoa jurídica é exemplificativo.

Alternativa "a". "A honra, a imagem, a intimidade, a liberdade de ação, a autoestima, a sexualidade, a saúde, o **lazer** e a integridade física são os bens juridicamente tutelados inerentes à pessoa física" (Art. 223-C da CLT). Note, dessa forma, que o lazer é elencado no rol de bens juridicamente tutelados da pessoa física.

Alternativa "b". "Causa dano de natureza extrapatrimonial a ação ou omissão que ofenda a esfera moral ou existencial da pessoa física ou **jurídica**, as quais são as titulares exclusivas do direito à reparação" (Art. 223-B da CLT). Apesar da previsão expressa na CLT no sentido de que caberia reparação por dano extrapatrimonial em face da pessoa jurídica, o STJ já adotava entendimento nesse sentido, na Súmula nº 227:

> **Súmula nº 227 do STJ:** A pessoa jurídica pode sofrer dano moral.

Alternativa "d". Com o advento da Reforma Trabalhista, a CLT passou a contar com dispositivos próprios sobre o dano extrapatrimonial. Deve-se ressaltar a previsão contida no art. 223-A da CLT, que estabelece a aplicação apenas dos dispositivos do Título II-A à reparação de danos extrapatrimoniais. Entretanto, entendo que a melhor interpretação a ser dada ao dispositivo se dá no sentido de admitir a aplicação das normas de direito comum de forma subsidiária ou, até mesmo, sobreposta caso se trate de norma mais favorável ao empregado.

Essa, aliás, foi a conclusão do STF no julgamento das ADIs 6050 (processo principal), 6069 e 6082 (apensos). Apesar da não declaração da inconstitucionalidade do dispositivo, a Corte concluiu pela impossibilidade de afastar, do âmbito das relações de trabalho, outros dispositivos que regulamentam a reparação do dano.

Alternativa "e". Ao apreciar o pedido, o juiz considerará os elementos indicados no art. 223-G da CLT, dentre os quais os reflexos sociais da ação e a situação social e econômica das partes envolvidas:

> **Art. 223-G da CLT** (grifos acrescidos). Ao apreciar o pedido, o juízo considerará:
>
> I - a natureza do bem jurídico tutelado;
>
> II - a intensidade do sofrimento ou da humilhação;
>
> III - a possibilidade de superação física ou psicológica;
>
> IV - **os reflexos pessoais e sociais da ação ou da omissão**;
>
> V - a extensão e a duração dos efeitos da ofensa;
>
> VI - as condições em que ocorreu a ofensa ou o prejuízo moral;
>
> VII - o grau de dolo ou culpa;
>
> VIII - a ocorrência de retratação espontânea;
>
> IX - o esforço efetivo para minimizar a ofensa;
>
> X - o perdão, tácito ou expresso;
>
> XI - **a situação social e econômica das partes envolvidas**;
>
> XII - o grau de publicidade da ofensa.

29. (FCC – Analista Judiciário – Área Judiciária – TRT 2/2018) Mauro trabalha na sede da empresa Cristal Ltda, localizada em São Paulo, e ocupa o cargo de Gerente de Produtos, enquadrado como cargo de confiança. O setor em que Mauro trabalha será totalmente desativado e passará a ser desenvolvido na filial da empresa, localizada na cidade de Campinas, interior do Estado de São Paulo. Nesse caso, nos termos da lei trabalhista vigente e do entendimento sumulado do TST, é correto afirmar que a empresa Cristal Ltda

(A) poderá transferir Mauro e qualquer outro empregado da empresa, unilateralmente, pois a transferência de empregado para outra localidade diversa da que resultar o contrato sempre será permitida, ainda que não haja anuência do empregado.

(B) não poderá, apesar de Mauro exercer cargo de confiança, unilateralmente, transferi-lo para a cidade de Campinas, ainda que haja comprovação da necessidade do serviço, pois não houve extinção do estabelecimento.

(C) poderá transferir Mauro, unilateralmente, para a cidade de Campinas, visto que exerce cargo de confiança, desde que haja comprovação da necessidade do serviço.

(D) somente poderá transferir Mauro para a cidade de Campinas/SP, unilateralmente, se houver previsão explícita no contrato de trabalho.

(E) poderá transferir Mauro, unilateralmente, para a cidade de Campinas, pois exerce cargo de confiança, independentemente da comprovação da necessidade do serviço.

COMENTÁRIOS

Nota do autor: A questão borda um dos casos de alteração objetiva do contrato de trabalho, que, no caso, ocorre com a mudança do local de prestação de serviços por empregado que exerce cargo de gestão. Não deixe de ler o art. 469 da CLT, pois ele é muito cobrado em provas de concursos.

Alternativa correta "c". *Comentário serve para as demais alternativas, uma vez que versam sobre o mesmo assunto.* A alteração do local de trabalho, em regra, depende da anuência do empregado. Há casos, todavia, em que se admite a alteração unilateral do contrato, sem que haja necessidade de referida anuência, como é o caso da questão.

Mauro exerce cargo de gestão e, por esta razão, poderia ser transferido unilateralmente, desde que comprovada a necessidade de serviço pelo empregador. Nesse sentido, o art. 469 da CLT e da Súmula nº 43 do TST:

> ***Art. 469 da CLT:*** Ao empregador é vedado transferir o empregado, sem a sua anuência, para localidade diversa da que resultar do contrato, não se considerando transferência a que não acarretar necessariamente a mudança do seu domicílio. § 1º - Não estão compreendidos na proibição deste artigo: os **empregados que exerçam cargo de confiança** e aqueles cujos contratos tenham como condição, implícita ou explícita, a transferência, quando esta decorra de real necessidade de serviço.
>
> **Súmula nº 43 do TST:** Presume-se abusiva a transferência de que trata o § 1º do art. 469 da CLT, sem **comprovação da necessidade do serviço.**

30. (INSTITUTO AOCP – Analista Judiciário – Área Judiciária – TRT 1/2018) Em relação à sistemática de alteração do contrato de trabalho contida na legislação laboral, é correto afirmar que

(A) por *jus variandi* entende-se a faculdade do empregador de alterar unilateralmente as condições de trabalho do empregado com vistas a melhor organizar sua atividade empresarial. Diante disso, visando alcançar melhor produtividade, pode o empregador, por exemplo, dividir as férias do empregado em até 3 períodos iguais de 10 dias.

(B) configura-se alteração unilateral lesiva, pelo empregador, a determinação para que o empregado volte ao cargo efetivo, anteriormente ocupado, deixando o exercício de função de confiança.

(C) a reversão ao cargo anterior garante ao empregado a incorporação da gratificação para aquele empregado que exerça por mais de 10 anos o cargo gratificado, em razão dos princípios da intangibilidade salarial e da estabilidade financeira.

(D) o empregador não poderá, pelo prazo de 18 meses, contado da data da demissão respectiva, alterar para a modalidade de contrato intermitente o contrato de trabalho do empregado detentor de contrato de trabalho por prazo indeterminado que for demitido até 31 de dezembro de 2020.

(E) ao empregador é vedado, em qualquer hipótese, sem a anuência do empregado, transferi-lo para localidade diversa da que foi originalmente contratado.

COMENTÁRIOS

Nota do autor: Com fundamento no poder diretivo, art. 2º da CLT, cabe ao empregador efetuar algumas alterações para mais bem organizar a atividade empresarial. Aliás, como é o empregador que assume os riscos da atividade econômica, nada mais justo que exerça algumas modificações no contrato de trabalho. Essas alterações promovidas pelo empregador são chamadas *jus variandi*. Lembre-se de que, na prova em questão, foram exigidas as alterações realizadas pela MP nº 808/2017, a qual perdeu a vigência em 23/04/2018.

Alternativa correta: "d". "Até 31 de dezembro de 2020, o empregado registrado por meio de contrato de trabalho por prazo indeterminado demitido não poderá prestar serviços para o mesmo empregador por meio de contrato de trabalho intermitente pelo prazo de dezoito meses, contado da data da demissão do empregado" (Art. 452-G da CLT, com vigência encerrada em razão da queda da MP nº 808/2017). Portanto, atualmente, não há nenhum prazo a ser observado para que o mesmo empregado seja recontratado pelo mesmo empregador mediante contrato de trabalho intermitente.

Alternativa "a". A definição de *jus variandi* dada pela alternativa está correta. Todavia, as férias do empregado serão divididas em até 3 períodos, desde que haja concordância do empregado, sendo que **um deles não poderá ser inferior a quatorze dias corridos e os demais não poderão ser inferiores a cinco dias corridos, cada um** (art. 134, §1º da CLT).

Alternativa "b". O empregado que ocupa cargo de confiança poderá ser revertido ao cargo anterior, com a retirada da gratificação de função, sem que essa reversão acarrete nulidade. Nesse caso, quando o trabalhador não corresponde às expectativas do empregador e como envolve função de confiança, há previsão na própria lei que autoriza o retorno à função anterior, sem que esse ato seja nulo (Art. 468, §1º da CLT).

Alternativa "c". Com o advento da Reforma Trabalhista, não há mais que se falar na incorporação da gratificação de função do empregado que ocupa cargo de confiança, independentemente do tempo de exercício da função:

> **Art. 468 da CLT** (...) § 1º Não se considera alteração unilateral a determinação do empregador para que o respectivo empregado reverta ao cargo efetivo, anteriormente ocupado, deixando o exercício de função de confiança.
>
> § 2º A alteração de que trata o § 1o deste artigo, com ou sem justo motivo, não assegura ao empregado o direito à manutenção do pagamento da gratificação correspondente, que não será incorporada, independentemente do tempo de exercício da respectiva função.

Alternativa "e". Em regra, para que haja alteração da localidade do contrato de trabalho, deverá haver anuência do empregado. Há casos, todavia, que a anuência é dispensada, podendo o empregador alterar o local de trabalho de forma unilateral:

> **a) Empregados que exerçam cargos de confiança.** Inclusive para esses empregados, é necessário que o empregador demonstre a necessidade do serviço.
>
> **b) Empregados cujo contrato tenham como condição implícita ou explícita a necessidade de transferência.** Também nessa hipótese será necessária comprovação de real necessidade de serviço, no mesmo sentido da hipótese anterior. Exemplo de condição implícita: empregados do circo. Condição explícita: no ato da contratação fica expresso que é condição, na prestação de serviços, a possibilidade de transferência do empregado, como ocorre em alguns bancos e em empresas com diversas filiais.
>
> **c) Extinção do estabelecimento.** Nesse caso, a transferência unilateral é permitida para evitar o término do contrato de trabalho.
>
> **d) Transferência provisória por necessidade de serviço.** Nesse caso, com fundamento no princípio da lealdade contratual, caberá ao empregado colaborar com a empresa. Há necessidade, entretanto, de que essa necessidade seja fundamentada na real necessidade de serviço.

31. (FCC - Analista Judiciário - Área Judiciária - TRT 2/2018) Acerca da suspensão e interrupção do contrato de trabalho, de acordo com a legislação vigente e entendimento sumulado do TST:

(A) o empregado poderá deixar de comparecer ao serviço sem prejuízo do salário por 1 dia por ano para acompanhar filho de até 5 anos em consulta médica ou exames complementares.

(B) para a proteção do emprego, o contrato de trabalho poderá ser suspenso, por um período improrrogável de 2 a 5 meses, para participação do empregado em curso ou programa de qualificação profissional oferecido pelo empregador, desde que haja concordância formal do empregado e independentemente de previsão em convenção ou acordo coletivo de trabalho.

(C) o afastamento do empregado em virtude das exigências do serviço militar, ou de outro encargo público, constituirá motivo para alteração ou rescisão do contrato de trabalho por parte do empregador, não se configurando hipótese de suspensão ou interrupção do contrato de trabalho.

(D) durante o período de suspensão contratual para participação em curso ou programa de qualificação profissional, o empregado não fará jus aos benefícios voluntariamente concedidos pelo empregador.

(E) assegura-se o direito à manutenção de plano de saúde ou de assistência médica oferecido pela empresa ao empregado, não obstante suspenso o contrato de trabalho em virtude de auxílio-doença acidentário ou de aposentadoria por invalidez.

COMENTÁRIOS

Nota do autor: A questão aborda diversos casos de suspensão e interrupção do contrato de trabalho, devendo o candidato conhecer os dispositivos legais e as súmulas do TST sobre o assunto. Importante mencionar que o tema sofreu alterações pela Lei nº 14.457/2022. Portanto, atente-se à atual redação do art. 473 da CLT!

Alternativa correta: "e". "Assegura-se o direito à manutenção de plano de saúde ou de assistência médica oferecido pela empresa ao empregado, não obstante suspenso o contrato de trabalho em virtude de auxílio-doença acidentário ou de aposentadoria por invalidez" (Súmula nº 440 do TST)[757].

O empregador continua obrigado a manter o plano de saúde, com fundamento no princípio da função social da empresa e princípio da dignidade da pessoa humana, conforme art. 1 da CF/88. Ademais, o contrato não pode ser alterado para prejudicar o trabalhador, com base no art. 468 da CLT.

Alternativa "a". O empregado poderá deixar de comparecer ao serviço sem prejuízo do salário por 1 (um) dia por ano para acompanhar filho de **até 6 (seis) anos** em consulta médica" (art. 473, XI da CLT - grifos acrescidos).

Alternativa "b". "O contrato de trabalho poderá ser suspenso, por um período de dois a cinco meses, para participação do empregado em curso ou programa de qualificação profissional oferecido pelo empregador, com duração equivalente à suspensão contratual, **mediante previsão em convenção ou acordo coletivo de trabalho** e aquiescência formal do empregado, observado o disposto no art. 471 desta Consolidação" (Art. 476-A da CLT - grifos acrescidos).

Alternativa "c". "O afastamento do empregado em virtude das exigências do serviço militar, ou de outro encargo público, **não constituirá motivo** para alteração ou rescisão do contrato de trabalho por parte do empregador" (Art. 472 da CLT). Ademais, em ambos os casos estaremos diante de suspensão do contrato de trabalho.

Alternativa "d". "Durante o período de suspensão contratual para participação em curso ou programa de qualificação profissional, o empregado **fará jus** aos benefícios voluntariamente concedidos pelo empregador" (Art. 476-A, §4º da CLT - grifos acrescidos).

32. (FCC - Técnico Judiciário - Área Administrativa - TRT 2/2018) Vânia, empregada regularmente contratada da empresa Embalagens "D" Ltda., quando estava grávida de 22 semanas, infelizmente sofreu um aborto espontâneo, comprovado por atestado médico oficial. Neste caso, seu contrato de trabalho será

(A) suspenso, e Vânia terá direito a um repouso remunerado de 10 dias.

(B) interrompido, e Vânia terá direito a um repouso remunerado de 10 dias.

(C) suspenso, e Vânia terá direito a um repouso remunerado de 15 dias.

(D) interrompido, e Vânia terá direito a um repouso remunerado de 2 semanas.

(E) interrompido, e Vânia terá direito a um repouso remunerado de 15 dias.

COMENTÁRIOS

Nota do autor: A questão aborda o aborto espontâneo como causa de interrupção do contrato de trabalho. Para respondê-la era necessário o conhecimento do art. 395 da CLT e do posicionamento doutrinário acerca da interrupção e suspensão do contrato de trabalho nesse caso.

Alternativa correta: "d". *Comentário serve para as demais alternativas, uma vez que versam sobre o mesmo assunto.* No caso de aborto espontâneo, devidamente comprovado por exame médico oficial, a mulher terá direito a um repouso remunerado de duas semanas, ficando-lhe assegurado o direito de retornar à função que ocupava antes de seu afastamento (art. 395 da CLT).

O afastamento em razão do aborto espontâneo consiste em um benefício previdenciário pago durante o período de duas semanas. Nesse período há pagamento de salário à empregada, efetuado pelo empregador e posteriormente reembolsado pela Previdência Social. O tempo de serviço é contado para todos os fins, como se a empregada estivesse trabalhando.

Cabe ao empregador efetuar os depósitos do FGTS. Em razão dessa obrigatoriedade, há discussão se o afastamento em razão do aborto não criminoso é hipótese de suspensão ou

757. Entendo que essa súmula poderá ser modificada em razão do exposto no art. 8º, §2º da CLT.

interrupção. Prevalece o entendimento de que é hipótese de **interrupção**, pois a empregada continua recebendo salário (pago pela Previdência Social) e o tempo de serviço é contado para todos os fins.

33. (INSTITUTO AOCP – Analista Judiciário – Área Judiciária – TRT 1/2018) Plínio foi intimado, por carta com aviso de recebimento, para ser testemunha em uma audiência de instrução ação de despejo, designada para a data de 04 de jul. de 2018 às 13h30. Diante da questão fática, assinale a alternativa correta.

(A) Plínio poderá se ausentar do trabalho pelo tempo que se fizer necessário para estar em juízo, sem prejuízo do salário, pois o comparecimento perante a justiça, para depor como testemunha, caracteriza encargo público. Trata-se de hipótese de interrupção do contrato de trabalho.

(B) Ao empregador é facultado computar o período em que Plínio estará em juízo como 01 falta injustificada.

(C) Plínio poderá se ausentar do trabalho pelo tempo que se fizer necessário para estar em juízo sem prejuízo do salário, pois o comparecimento perante a justiça, para depor como testemunha, caracteriza encargo público. Trata-se de hipótese de suspensão do contrato de trabalho.

(D) Embora a audiência tenha sido designada em data e horário certos e determinados, Plínio poderá se ausentar do trabalho por 02 dias consecutivos, a iniciar-se no dia imediatamente anterior à audiência, a fim de consultar os autos e reunir-se com a parte que o intimou e seu procurador, sem prejuízo do salário, pois o comparecimento perante a Justiça, para depor como testemunha, caracteriza encargo público. Trata-se de hipótese de interrupção do contrato de trabalho.

(E) Plínio não poderá se ausentar do trabalho para comparecer à audiência, devendo requerer a dispensa do encargo, tendo em vista que o regulamento interno da empresa veda o comparecimento de seus empregados em juízo a fim de prestar depoimento como testemunha.

COMENTÁRIOS

Nota do autor: De acordo com o princípio da continuidade do contrato de trabalho, há situações em que, mesmo não havendo prestação de serviços pelo trabalhador, o vínculo empregatício fica mantido. São as hipóteses de interrupção e suspensão do contrato de trabalho.

A **interrupção** do contrato de trabalho consiste na ausência provisória da prestação de serviços, em que são devidos o pagamento de salário e a contagem do tempo. Cessa a obrigação do empregado, mas persiste a obrigação da empresa.

Por outro lado, a **suspensão** do contrato de trabalho é a ausência provisória da prestação de serviços, sem que haja o pagamento de salário nem a contagem do tempo. Nesse caso, cessa a obrigação tanto da empresa como do empregado.

Alternativa correta: "a". *Comentário serve para as demais alternativas, uma vez que versam sobre o mesmo assunto.* "As testemunhas não poderão sofrer qualquer desconto pelas faltas ao serviço, ocasionadas pelo seu comparecimento para depor, quando devidamente arroladas ou convocadas" (art. 822 da CLT). "O empregado poderá deixar de comparecer ao serviço sem prejuízo do salário: pelo tempo que se fizer necessário, quando tiver que comparecer a juízo." (art. 473, VIII, CLT). Trata-se, portanto, de causa de interrupção do contrato de trabalho pois, apesar de não comparecer em serviço, o empregado não terá descontos em seu salário, haja vista se tratar de encargo público.

34. (INSTITUTO AOCP – Técnico Judiciário – Área Administrativa – TRT 1/2018) Mário e José são funcionários da Empresa Eletrônicos Ltda. Em uma conversa, Mário contou que irá precisar ser afastado de seu cargo, pois assumirá um mandato como dirigente sindical, e José informou ao colega de trabalho que irá se casar no mês seguinte. Considerando os casos ora apresentados, em qual situação devem permanecer os contratos de trabalho de Mário e José, respectivamente?

(A) Mário tem direito à suspensão contratual e José tem direito à interrupção contratual

(B) Ambos têm direito à suspensão contratual.

(C) Mário tem direito à interrupção contratual e José tem direito à suspensão contratual.

(D) Ambos têm direito à interrupção contratual.

(E) Mário terá seu contrato rescindido por parte do empregador, pois não é sabido o período em que o mesmo permanecerá como dirigente sindical, e José tem direito à suspensão contratual.

COMENTÁRIOS

Nota do autor: A questão trata de casos de interrupção e suspensão do contrato de trabalho. A **interrupção** do contrato de trabalho consiste na ausência provisória da prestação de serviços, em que são devidos o pagamento de salário e a contagem do tempo. Cessa a obrigação do empregado, mas persiste a obrigação da empresa. Por outro lado, a **suspensão** do contrato de trabalho é a ausência provisória da prestação de serviços, sem que haja o pagamento de salário nem a contagem do tempo. Nesse caso, cessa a obrigação tanto da empresa como do empregado.

Alternativa correta: "a". *Comentário serve para as demais alternativas, uma vez que versam sobre o mesmo assunto.* Em regra, o contrato de trabalho fica suspenso para exercício do mandato sindical. Excepcionalmente, é possível que ocorra a interrupção desde que prevista em convenção ou acordo coletivo. Assim, Mário terá seu contrato de trabalho suspenso, recebendo os valores pelo exercício do encargo diretamente pelo sindicato representante da categoria.

José, por sua vez, terá seu contrato de trabalho interrompido pelo período de 3 dias em decorrência do casamento (art. 473, II da CLT).

35. (FCC – Técnico Judiciário – Área Administrativa – TRT 6/2018) Interrupção e suspensão do contrato empregatício são institutos que tratam da sustação, restrita ou ampliada, dos efeitos contratuais durante certo lapso temporal. Assim, enquadram-se como modalidades de interrupção e suspensão, respectivamente:

(A) afastamento por doença até o 15° dia - aposentadoria por invalidez.

(B) descanso semanal remunerado - depoimento como testemunha judicial ao tempo que for necessário.

(C) qualificação profissional para participação do empregado promovido pelo empregador - férias anuais.

(D) dias em que estiver realizando exame vestibular para ingresso no ensino superior - licença paternidade.

(E) encargo público não obrigatório - doação de sangue voluntária por um dia a cada 12 meses.

COMENTÁRIOS

Nota do autor: Mais uma questão envolvendo casos de interrupção e suspensão do contrato de trabalho. Segue dica enviada por alunos que pode facilitar a memorização das diferenças entre suspensão e interrupção do contrato de trabalho:

▶ INTERRUPÇÃO	
▶ IN	clui salário
▶ IN	clui contagem de tempo de serviço

Na palavra **SuSpenSão**, existem 3 letras S de "Sem":

▶ S	em trabalho
▶ S	em salário
▶ S	em contagem de tempo

Alternativa correta: "a". O afastamento do empregado por doença pelo período de até 15 dias é caso de interrupção do contrato de trabalho:

> **Art. 60, § 3º, da Lei nº 8.213/1991:** Durante os primeiros quinze dias consecutivos ao do afastamento da atividade por motivo de doença, incumbirá à empresa pagar ao segurado empregado o seu salário integral.

Já o afastamento em razão da aposentadoria por invalidez é caso de suspensão do contrato de trabalho, pois o empregador não pagará salários e a pessoa receberá benefício previdenciário pago pelo INSS.

Alternativa "b". Tanto o DSR como o depoimento como testemunha judicial ao tempo que for necessário (art. 473, VIII, da CLT) são casos de interrupção do contrato de trabalho, pois, apesar de ausente a prestação dos serviços, o empregado receberá sua remuneração normalmente.

Alternativa "c". "O contrato de trabalho poderá ser suspenso, por um período de dois a cinco meses, para participação do empregado em curso ou programa de qualificação profissional oferecido pelo empregador, com duração equivalente à suspensão contratual, mediante previsão em convenção ou acordo coletivo de trabalho e aquiescência formal do empregado, observado o disposto no art. 471 desta Consolidação." (art. 476-A da CLT). A qualificação profissional é caso de suspensão do contrato de trabalho. Por sua vez, as férias anuais remuneradas se tratam de hipótese de interrupção do contrato de trabalho:

> **Art. 129 da CLT:** Todo empregado terá direito anualmente ao gozo de um período de férias, sem prejuízo da remuneração.

Alternativa "d". Tanto o período em que estiver realizando exame vestibular para ingresso no ensino superior como a licença paternidade se tratam de casos de interrupção do contrato de trabalho:

> **Art. 473 da CLT:** O empregado poderá deixar de comparecer ao serviço sem prejuízo do salário:
>
> (...)
>
> III - por 5 (cinco) dias consecutivos, em caso de nascimento de filho, de adoção ou de

▶ QUESTÕES DE CONCURSOS

guarda compartilhada; (Redação dada pela Lei nº 14.457, de 2022)

(...)

VII - nos dias em que estiver comprovadamente realizando provas de exame vestibular para ingresso em estabelecimento de ensino superior;

Art. 10, § 1º, do ADCT. Até que a lei venha a disciplinar o disposto no art. 7º, XIX, da Constituição, o prazo da licença-paternidade a que se refere o inciso é de cinco dias.

Alternativa "e". O exercício de encargo público não obrigatório (ex: mandato eletivo de Prefeito) é caso de suspensão do contrato de trabalho e doação de sangue voluntária por um dia a cada 12 meses é caso de interrupção do contrato de trabalho.

36. (INSTITUTO AOCP – Analista Judiciário – Oficial de Just. Avaliador Federal – TRT 1/2018) Considerando as disposições da CLT quanto ao comparecimento ao serviço, analise as situações hipotéticas a seguir e assinale a alternativa que aponta as corretas.

I. Gilson Carlos é empregado da empresa Padaria Oliveiras, sendo que se ausentou do trabalho por 2 (dois) dias consecutivos em razão do falecimento do seu irmão José Lucas, não obtendo prejuízo em seu salário.

II. André se ausentou do trabalho por 2 (dois) dias em razão de comparecimento ao Tribunal do Júri na cidade de Cabo Frio, obtendo prejuízo em seu salário.

III. Considerando as eleições de 2018, Vergílio deixou de comparecer ao serviço para o fim de se alistar eleitor por 2 (dois) dias consecutivos, obtendo prejuízo em seu salário.

IV. Ariane trabalha na empresa Bird Cosméticos e, em virtude de seu matrimônio, deixou de comparecer ao trabalho por 2 (dois) dias consecutivos, não obtendo prejuízo em seu salário.

(A) Apenas I, III e IV.
(B) Apenas II, III e IV.
(C) Apenas I e III.
(D) Apenas I e IV.
(E) Apenas II e IV.

COMENTÁRIOS

Nota do autor: A questão envolve casos de interrupção do contrato de trabalho. Lembre-se de que, na interrupção do contrato de trabalho, o empregado não trabalho, mas há recebimento do salário e o tempo de serviço é contado para todos os fins.

Alternativa correta: "d". Está correto o que se afirma nos itens I e IV.

Assertiva I. Correta. "O empregado poderá deixar de comparecer ao serviço sem prejuízo do salário: até 2 (dois) dias consecutivos, em caso de falecimento do cônjuge, ascendente, descendente, irmão ou pessoa que, declarada em sua carteira de trabalho e previdência social, viva sob sua dependência econômica;" (Art. 473, I da CLT).

Assertiva II. Incorreta. "O empregado poderá deixar de comparecer ao serviço sem prejuízo do salário: (...) pelo tempo que se fizer necessário, quando tiver que comparecer a juízo" (Art. 473, VIII da CLT).

Assertiva III. Incorreta. "O empregado poderá deixar de comparecer ao serviço sem prejuízo do salário: (...) até 2 (dois) dias consecutivos ou não, para o fim de se alistar eleitor, nos têrmos da lei respectiva" (Art. 473, V da CLT).

Assertiva IV. Correta. "O empregado poderá deixar de comparecer ao serviço sem prejuízo do salário: (...) até 3 (três) dias consecutivos, em virtude de casamento;" (Art. 473, II da CLT).

37. (FCC – Analista Judiciário – Área Administrativa – TRT 2/2018) Considere as seguintes hipóteses:

I. Camila, irmã de Vânia, faleceu hoje em razão de complicações decorrentes de uma cirurgia estética.

II. Fernanda se casou hoje às 19:00 horas. A cerimônia está marcada na casa da família na cidade de Itapetininga.

III. Norberto pretende se alistar eleitor, nos termos da legislação pertinente.

IV. Sônia está grávida. Gilberto, seu marido, pretende acompanhar suas consultas médicas para possibilitar um contato próximo com seu filho.

Nesses casos, de acordo com a Consolidação das Leis do Trabalho, Vânia, Fernanda, Norberto e Gilberto poderão deixar de comparecer ao serviço, sem prejuízo do salário, respectivamente, por até

(A) três dias consecutivos, três dias consecutivos, dois dias consecutivos ou não, cinco dias.
(B) dois dias consecutivos, dois dias consecutivos, três dias consecutivos ou não, dois dias.
(C) dois dias consecutivos, três dias consecutivos, três dias consecutivos, três dias.
(D) três dias consecutivos, dois dias consecutivos, três dias consecutivos, três dias.
(E) dois dias consecutivos, três dias consecutivos, dois dias consecutivos ou não, dois dias.

COMENTÁRIOS

Nota do autor: Mais uma questão sobre casos de interrupção do contrato de trabalho. Nesses casos, não haverá trabalho, mas o empregado receberá o salário correspondente e o tempo de serviço será computado para todos os fins. Importante mencionar que o tema sofreu alterações pela Lei nº 14.457/2022. Portanto, atente-se à atual redação do art. 473 da CLT!

Alternativa correta: "e". *Comentário serve para as demais alternativas, uma vez que versam sobre o mesmo assunto.*

I – Vânia poderá deixar de comparecer ao serviço sem prejuízo do salário por até **dois dias** consecutivos, tendo em vista a morte de sua irmã (Art. 473, I da CLT).

II – Fernanda poderá deixar de comparecer ao serviço sem prejuízo do salário por até **três dias** consecutivos, em virtude de seu casamento (Art. 473, II da CLT).

III – Norberto poderá deixar de comparecer ao serviço sem prejuízo do salário por até **dois dias consecutivos ou não**, para o fim de se alistar eleitor (Art. 473, V da CLT).

IV – Ao tempo de aplicação da prova, conforme redação antiga do art. 473, X da CLT, Gilberto poderia deixar de comparecer ao serviço sem prejuízo do salário por até **dois dias** para acompanhar consultas médicas e exames complementares durante o período de gravidez de sua esposa ou companheira. Contudo, em setembro de 2022, com a promulgação da Lei nº 14.457, o inciso X do art. 473 da CLT foi alterado para prever que:

> **Art. 473, X, CLT (Redação dada pela Lei nº 14.457, de 2022):** O empregado poderá deixar de comparecer ao serviço sem prejuízo do salário: (...) pelo tempo necessário para acompanhar sua esposa ou companheira em até 6 (seis) consultas médicas, ou em exames complementares, durante o período de gravidez;

38. (FCC – Analista Judiciário – Área Administrativa – TRT 15/2018) O empregado poderá deixar de comparecer ao serviço, sem prejuízo do salário,

(A) até 3 dias consecutivos, em virtude de casamento.

(B) até 2 dias consecutivos ou não, em caso de falecimento do cônjuge, ascendente, descendente, irmão ou pessoa que, declarada em sua carteira de trabalho e previdência social, viva sob sua dependência econômica.

(C) até 3 dias para acompanhar consultas médicas e exames complementares durante o período de gravidez de sua esposa ou companheira.

(D) até 2 dias por ano para acompanhar filho de até 6 anos em consulta médica.

(E) pelo tempo que se fizer necessário, para estudar e realizar provas de exame vestibular para ingresso em estabelecimento de ensino superior.

COMENTÁRIOS

Nota do autor: A questão aborda casos de interrupção do contrato de trabalho, em que o empregado não trabalha, mas recebe salário, sendo o tempo contado para todos os fins. Trata-se, no caso, das hipóteses do art. 473 da CLT. Importante mencionar que o tema sofreu alterações pela Lei nº 14.457/2022. Portanto, atente-se à atual redação do art. 473 da CLT!

Alternativa correta: "a". "O empregado poderá deixar de comparecer ao serviço sem prejuízo do salário: até 3 (três) dias consecutivos, em virtude de casamento" (Art. 473, II da CLT).

Alternativa "b". "O empregado poderá deixar de comparecer ao serviço sem prejuízo do salário: até **2 (dois) dias consecutivos**, em caso de falecimento do cônjuge, ascendente, descendente, irmão ou pessoa que, declarada em sua carteira de trabalho e previdência social, viva sob sua dependência econômica" (Art. 473, I da CLT).

Alternativa "c". Ao tempo de aplicação da prova, conforme redação antiga do art. 473, X da CLT, o empregado poderia deixar de comparecer ao serviço sem prejuízo do salário por até dois dias para acompanhar consultas médicas e exames complementares durante o período de gravidez de sua esposa ou companheira. Contudo, em setembro de 2022, com a promulgação da Lei nº 14.457, o inciso X do art. 473 da CLT foi alterado para prever que:

> **Art. 473, X, CLT (Redação dada pela Lei nº 14.457, de 2022):** O empregado poderá deixar de comparecer ao serviço sem prejuízo do salário: (...) pelo tempo necessário para acompanhar sua esposa ou companheira em até 6 (seis) consultas médicas, ou em exames complementares, durante o período de gravidez;

Alternativa "d". "O empregado poderá deixar de comparecer ao serviço sem prejuízo do salário: por 1 (um) dia por ano para acompanhar filho de até 6 (seis) anos em consulta médica" (Art. 473, XI da CLT).

Alternativa "e". "O empregado poderá deixar de comparecer ao serviço sem prejuízo do salário: nos dias em que estiver comprovadamente realizando provas de exame vestibular para ingresso em estabelecimento de ensino superior" (Art. 473, VII da CF/88).

39. (FUMARC – Técnico Judiciário – TRT 3/2022) Sobre a jornada de trabalho, é CORRETO afirmar:

(A) A jornada de trabalho é de livre pactuação entre o empregador e o empregado.

(B) A jornada de trabalho é de livre pactuação entre organizações sindicais.

(C) É direito do trabalhador a jornada de trabalho normal não superior a oito horas diárias, e quarenta e quatro semanais.

(D) É permitida a compensação de horários e a redução da jornada, independente de acordo ou convenção coletiva de trabalho.

(E) É vedada a compensação de horários e a redução da jornada, mediante acordo ou convenção coletiva de trabalho.

COMENTÁRIOS

Nota do autor: A questão é considerada de nível fácil, bastando o conhecimento do exposto no art. 7º, XIII, da CF/88.

Comentário serve para todas as alternativas, uma vez que versam sobre o mesmo assunto. A limitação da jornada de trabalho é uma das maiores conquistas da classe trabalhadora. Atualmente, a duração máxima restringe-se a 8 horas diárias e 44 horas semanais, tanto aos homens quanto às mulheres. Esse limite, chamado "jornada normal", é previsto no art. 7º, XIII, da Constituição Federal:

> **Art. 7º, XIII, CF/88:** São direitos dos trabalhadores urbanos e rurais, além de outros que visem à melhoria de sua condição social: duração do trabalho normal não superior a oito horas diárias e quarenta e quatro semanais, facultada a compensação de horários e a redução da jornada, mediante acordo ou convenção coletiva de trabalho.

Alternativa correta: "c"

40. (FCC – Técnico Judiciário – Área Administrativa – TRT 17/2022) Teobaldo é empregado do Frigorífico Boi no Prato, localizado em região de difícil acesso, desprovida de transporte público regular e, por esse motivo o seu empregador fornece condução de ida e volta aos empregados. Teobaldo gasta 30 minutos para ir e 30 minutos para voltar caminhando até o ponto de encontro do ônibus fornecido pela empresa no trajeto casa-ponto de encontro-casa. O percurso de ônibus até a empresa é feito em uma hora e meia na ida e uma hora e meia na volta. Com base no que prevê a Consolidação das Leis do Trabalho, Teobaldo

(A) não faz jus a horas in itinere.

(B) é credor de 3 horas in itinere.

(C) deve receber 4 horas in itinere.

(D) faz jus a 2 horas in itinere, limite máximo previsto na CLT.

(E) é credor de 1 hora in itinere limite máximo previsto na CLT quando o empregador fornece a condução.

COMENTÁRIOS

Nota do autor: A questão exigia do candidato o conhecimento da alteração trazida pela Reforma Trabalhista no tocante às horas *in itinere*. Antes da alteração legal, o art. 58, § 2º da CLT, juntamente com a Súmula nº 90 do TST, traziam as principais balizas acerca das horas *in itinere*. Nos termos da redação anterior do art. 58 da CLT, o tempo despendido entre o local de trabalho e seu retorno, por qualquer meio de transporte, não era, em regra, computado na jornada de trabalho. Essas horas de percurso, chamadas *in itinere*, não estavam, em regra, inseridas no tempo "à disposição do empregador". Excepcionalmente, o dispositivo previa a possibilidade das horas in itinere estarem inseridas na jornada, se preenchidos dois requisitos: a) local de difícil acesso; b) condução fornecida pelo empregador.

Comentário serve para todas as alternativas, uma vez que versam sobre o mesmo assunto. A Reforma Trabalhista alterou significativamente a disciplina jurídica das horas in itinere. De acordo com a atual redação do § 2º do artigo em comento, o tempo despendido pelo empregado desde sua residência até a efetiva ocupação do posto de trabalho e para o seu retorno não será computado na jornada de trabalho, ainda que o empregador forneça o transporte, por não ser tempo à disposição do empregador:

> **Art. 58, § 2º, da CLT (redação dada pela Lei nº 13.467/2017):** O tempo despendido pelo empregado desde a sua residência até a efetiva ocupação do posto de trabalho e para o seu retorno, caminhando ou por qualquer meio de transporte, inclusive o fornecido pelo empregador, não será computado na jornada de trabalho, por não ser tempo à disposição do empregador.

Alternativa correta: "a".

41. (Cespe – Técnico Judiciário – Área Administrativa – TRT 8/2022) Thiago reside na capital e gasta, diariamente, em média, uma hora e trinta minutos para se deslocar do seu domicílio até a empresa onde trabalha, que está localizada em uma região metropolitana.

Nessa situação hipotética, de acordo as regras da Consolidação das Leis do Trabalho (CLT), o tempo de deslocamento despendido por Thiago desde seu domicílio até a empresa

A) será computado na jornada de trabalho, se a empresa oferecer serviço de transporte a Thiago.

B) será computado na jornada de trabalho, porque a empresa se localiza em região metropolitana e Thiago reside na capital.

C) não será computado na jornada de trabalho, mas será remunerado se a empresa se situar em local de difícil acesso.

D) será computado na jornada de trabalho, já que é superior a sessenta minutos.

E) não será computado na jornada de trabalho, por não ser tempo à disposição do empregador.

COMENTÁRIOS

Nota do autor: A questão exigia do candidato o conhecimento da alteração trazida pela Reforma Trabalhista no tocante às horas in itinere. Antes da alteração legal, O art. 58, § 2º da CLT, juntamente com a Súmula nº 90 do TST, traziam as principais balizas acerca das horas in itinere. Nos termos da redação anterior do art. 58 da CLT, o tempo despendido entre o local de trabalho e seu retorno, por qualquer meio de transporte, não era, em regra, computado na jornada de trabalho. Essas horas de percurso, chamadas in itinere, não estavam, em regra, inseridas no tempo "à disposição do empregador". Excepcionalmente, o dispositivo previa a possibilidade das horas in itinere estarem inseridas na jornada, se preenchidos dois requisitos: a) local de difícil acesso; b) condução fornecida pelo empregador.

Comentário serve para todas as alternativas, uma vez que versam sobre o mesmo assunto. A Reforma Trabalhista alterou significativamente a disciplina jurídica das horas in itinere. De acordo com a atual redação do § 2º do artigo em comento, o tempo despendido pelo empregado desde sua residência até a efetiva ocupação do posto de trabalho e para o seu retorno não será computado na jornada de trabalho, ainda que o empregador forneça o transporte, por não ser tempo à disposição do empregador:

> **Art. 58, § 2º, da CLT (redação dada pela Lei nº 13.467/2017):** O tempo despendido pelo empregado desde a sua residência até a efetiva ocupação do posto de trabalho e para o seu retorno, caminhando ou por qualquer meio de transporte, inclusive o fornecido pelo empregador, não será computado na jornada de trabalho, por não ser tempo à disposição do empregador.

Alternativa correta: "e".

42. (FCC – Analista Judiciário – Área Judiciária – TRT 23/2022) Lírio é pescador profissional registrado em CTPS pela empresa Peixe Bom Pescados em Geral Ltda., prestando serviços de segunda a sexta-feira, das 8h00min às 17h00min, com intervalo de 1 hora para refeição, e aos sábados das 8h00min às 12h00min. Lírio utiliza barco fornecido pelo seu empregador para chegar ao local de trabalho e para o retorno, por se tratar de local de difícil acesso, não arcando com nenhum custo pelo transporte. Sabendo-se que, no trajeto até o local de trabalho e no seu retorno, o empregado fica 3 horas no transporte (1 hora e meia na ida e 1 hora e meia na volta), segundo o que prevê a legislação trabalhista, Lírio

(A) é credor de duas horas extras diárias pela jornada in itinere, sendo este o limite máximo admitido para essa remuneração, quando se trata de condução fornecida pelo empregador.

(B) faz jus a uma hora e trinta minutos extras diários pela jornada in itinere, que corresponde a 50% do total despendido com o deslocamento, quando se trata de condução fornecida pelo empregador.

(C) deve receber pelas três horas extras diárias pela jornada in itinere, mesmo quando se trata de condução fornecida pelo empregador, pelo fato de ser local de difícil acesso.

(D) é credor de uma hora extra diária pela jornada in itinere, sendo este o limite máximo admitido para essa remuneração, quando se trata de condução fornecida pelo empregador.

(E) não deve receber nenhuma remuneração pela jornada in itinere por não se configurar tempo à disposição do empregador o tempo gasto no deslocamento, ainda que em condução fornecida pelo empregador.

COMENTÁRIOS

Nota do autor: A questão exigia do candidato o conhecimento da alteração trazida pela Reforma Trabalhista no tocante às horas *in itinere*. Antes da alteração legal, o art. 58, § 2º da CLT, juntamente com a Súmula nº 90 do TST, traziam as principais balizas acerca das horas *in itinere*. Nos termos da redação anterior do art. 58 da CLT, o tempo despendido entre o local de trabalho e seu retorno, por qualquer meio de transporte, não era, em regra, computado na jornada de trabalho. Essas horas de percurso, chamadas *in itinere*, não estavam, em regra, inseridas no tempo "à disposição do empregador". Excepcionalmente, o dispositivo previa a possibilidade das horas in itinere estarem inseridas na jornada, se preenchidos dois requisitos: a) local de difícil acesso; b) condução fornecida pelo empregador.

Comentário serve para todas as alternativas, uma vez que versam sobre o mesmo assunto. A Reforma Trabalhista alterou significativamente a disciplina jurídica das horas in itinere. De acordo com a atual redação do § 2º do artigo em comento, o tempo despendido pelo empregado desde sua residência até a efetiva ocupação do posto de trabalho e para o seu retorno não será computado na jornada de trabalho, ainda que o empregador forneça o transporte, por não ser tempo à disposição do empregador:

> **Art. 58, § 2º, da CLT (redação dada pela Lei nº 13.467/2017):** O tempo despendido pelo empregado desde a sua residência até a efetiva ocupação do posto de trabalho e para o seu retorno, caminhando ou por qualquer meio de transporte, inclusive o fornecido pelo empregador, não será computado na jornada de trabalho, por não ser tempo à disposição do empregador.

Alternativa correta: "e".

43. (FCC – Analista Judiciário – Oficial de Justiça Avaliador Federal – TRT 17/2022) Ísis é garçonete no Restaurante Partenon, o qual se situa em local de difícil acesso, dirigindo-se ao local de trabalho com barco fornecido pelo empregador. O tempo despendido até o restaurante é de uma hora e trinta minutos na ida e uma hora e trinta minutos na volta. Conforme o previsto na CLT, nessa hipótese, Ísis

(A) faz jus a três horas como jornada in itinere, eis que, no caso de local de trabalho de difícil acesso e condução fornecida pelo empregador, as horas de deslocamento são consideradas como tempo à disposição.

(B) faz jus a jornada in itinere, eis que, no caso de local de trabalho de difícil acesso e condução fornecida pelo empregador, as horas de deslocamento são consideradas como tempo à disposição, limitadas a duas horas.

(C) não faz jus a jornada in itinere pelo fato de que a condução ser fornecida pelo empregador descaracteriza o tempo dispendido como à disposição do empregador.

(D) não faz jus a jornada in itinere pelo fato de que o tempo despendido pelo empregado desde a sua residência até a efetiva ocupação do posto de trabalho e para o seu retorno, inclusive a condução fornecida pelo empregador, não será computado na jornada de trabalho, por não ser tempo à disposição do empregador.

(E) faz jus a jornada in itinere, eis que, no caso de local de trabalho de difícil acesso e condução fornecida pelo empregador, as horas de deslocamento são consideradas como tempo à disposição, limitada a uma hora.

COMENTÁRIOS

Nota do autor: A questão exigia do candidato o conhecimento da alteração trazida pela Reforma Trabalhista no tocante às horas *in itinere*. Antes da alteração legal, o art. 58, § 2º da CLT, juntamente com a Súmula nº 90 do TST, traziam as principais balizas acerca das horas *in itinere*. Nos termos da redação anterior do art. 58 da CLT, o tempo despendido entre o local de trabalho e seu retorno, por qualquer meio de transporte, não era, em regra, computado na jornada de trabalho. Essas horas de percurso, chamadas *in itinere*, não estavam, em regra, inseridas no tempo "à disposição do empregador". Excepcionalmente, o dispositivo previa a possibilidade das horas in itinere estarem inseridas na jornada, se preenchidos dois requisitos: a) local de difícil acesso; b) condução fornecida pelo empregador.

Comentário serve para todas as alternativas, uma vez que versam sobre o mesmo assunto. A Reforma Trabalhista alterou significativamente a disciplina jurídica das horas in itinere. De acordo com a atual redação do § 2º do artigo em comento, o tempo despendido pelo empregado desde sua residência até a efetiva ocupação do posto de trabalho e para o seu retorno não será computado na jornada de trabalho, ainda que o empregador forneça o transporte, por não ser tempo à disposição do empregador:

> **Art. 58, § 2º, da CLT (redação dada pela Lei nº 13.467/2017):** O tempo despendido pelo empregado desde a sua residência até a efetiva ocupação do posto de trabalho e para o seu retorno, caminhando ou por qualquer meio de transporte, inclusive o fornecido pelo empregador, não será computado na jornada de trabalho, por não ser tempo à disposição do empregador.

Alternativa correta: "d".

44. (FCC – Técnico Judiciário – Área Administrativa – TRT 4/2022) Aristóteles é empregado na empresa Sol Nascente Comércio de Placas Solares, desde 2019, que fica situada em local de difícil acesso e utiliza ônibus fornecido pelo seu empregador para ir e voltar do trabalho, dispendendo 2 horas para ir e 2 horas para voltar, por dia. Conforme previsão da Consolidação das Leis do Trabalho, Aristóteles

(A) faz jus a 4 horas extras diárias com adicional de 50%.

(B) deve receber 2 horas extras diárias, com adicional de 100% por se tratar de jornada in itinere.

(C) é credor de 2 horas extras diárias, com adicional de 50%.

(D) faz jus a 4 horas extras diárias com adicional de 100%, por se tratar de jornada in itinere.

(E) não deve receber horas extras nessa situação, por não se configurar tempo à disposição do empregador.

COMENTÁRIOS

Nota do autor: A questão exigia do candidato o conhecimento da alteração trazida pela Reforma Trabalhista no tocante às horas *in itinere*. Antes da alteração legal, o art. 58, § 2º da CLT, juntamente com a Súmula nº 90 do TST, traziam as principais balizas acerca das horas *in itinere*. Nos termos da redação anterior do art. 58 da CLT, o tempo despendido entre o local de trabalho e seu retorno, por qualquer meio de transporte, não era, em regra, computado na jornada de trabalho. Essas horas de percurso, chamadas *in itinere*, não estavam, em regra, inseridas no tempo "à disposição do empregador". Excepcionalmente, o dispositivo previa a possibilidade das horas in itinere estarem inseridas na jornada, se preenchidos dois requisitos: a) local de difícil acesso; b) condução fornecida pelo empregador.

Comentário serve para todas as alternativas, uma vez que versam sobre o mesmo assunto. A Reforma Trabalhista alterou significativamente a disciplina jurídica das horas in itinere. De acordo com a atual redação do § 2º do artigo em comento, o tempo despendido pelo empregado desde sua residência até a efetiva ocupação do posto de trabalho e para o seu retorno não será computado na jornada de trabalho, ainda que o empregador forneça o transporte, por não ser tempo à disposição do empregador:

> **Art. 58, § 2º, da CLT (redação dada pela Lei nº 13.467/2017):** O tempo despendido pelo empregado desde a sua residência até a efetiva ocupação do posto de trabalho e para o seu retorno, caminhando ou por qualquer meio de transporte, inclusive o fornecido pelo empregador, não será computado na jornada de trabalho, por não ser tempo à disposição do empregador.

Alternativa correta: "e".

45. (FUMARC – Técnico Judiciário – TRT 3/2022) Acerca do tempo à disposição, é CORRETO afirmar:

(A) O tempo gasto esperando o chamamento para o trabalho em casa é considerado tempo à disposição do empregador, remunerado com horas extras, caso extrapole a 8ª diária e a 44ª semanal.

(B) O tempo gasto pelo trabalhador com a sua higiene pessoal na empresa é tempo à disposição do empregador, remunerado com horas extras, caso extrapole a 8ª diária e a 44ª semanal.

(C) O tempo gasto pelo trabalhador com práticas religiosas habituais na empresa é tempo à disposição do empregador, remunerado com horas extras, caso extrapole a 8ª diária e a 44ª semanal.

(D) O tempo gasto pelo trabalhador estudando para provas não relativas ao trabalho é tempo à disposição do empregador, remunerado com horas extras, caso extrapole a 8ª diária e a 44ª semanal.

(E) O tempo gasto pelo trabalhador trocando de roupa na empresa por determinação do regimento interno da empresa é tempo à disposição do empregador, remunerado com horas extras, caso extrapole a 8ª diária e a 44ª semanal.

COMENTÁRIOS

Nota do autor: A jornada de trabalho do empregado abrange o tempo em que está à disposição do empregador, executando serviços ou aguardando ordens, de acordo com o art. 4º da CLT. A questão exigia do candidato o conhecimento das alterações trazidas pela Lei nº 13.467/2017, em especial o disposto no art. 4º, §2º da CLT.

Comentário serve para todas as alternativas, uma vez que versam sobre o mesmo assunto. A jornada de trabalho do empregado abrange o tempo em que está à disposição do empregador, executando serviços ou aguardando ordens, de acordo com art. 4º da CLT. Segundo o § 2º do artigo em questão, inserido pela Lei nº 13.467/2017, não serão considerados tempo à disposição os minutos que excedem à hora normal de trabalho quando o empregado buscar proteção pessoal, por escolha própria ou quando permanecer na empresa para exercer atividades pessoais:

> **Art. 4º, § 2º da CLT (inserido pela Lei nº 13.467/2017):** Por não se considerar tempo à disposição do empregador, não será computado como período extraordinário o que exceder a jornada normal, ainda que ultrapasse o limite de cinco minutos previsto no § 1º do art. 58 desta Consolidação, quando o empregado, por escolha própria, buscar proteção pessoal, em caso de insegurança nas vias públicas ou más condições climáticas, bem como adentrar ou permanecer nas dependências da empresa para exercer atividades particulares, entre outras:
>
> **I – práticas religiosas;**
>
> II – descanso;
>
> III – lazer;

QUESTÕES DE CONCURSOS

IV – estudo;

V – alimentação;

VI – atividades de relacionamento social;

VII – higiene pessoal;

VIII – troca de roupa ou uniforme, quando não houver obrigatoriedade de realizar a troca na empresa.

A questão, ainda, em sua alternativa "a", questiona o empregado sobre o período de sobreaviso. Abaixo, segue breve explicação sobre as horas de prontidão e de sobreaviso, as quais **não são consideradas tempo à disposição doa empregados**, mas, por limitar a vida privado do trabalho, são, de certa forma, remuneradas:

Prontidão: o empregado permanece nas dependências da empresa aguardando ordens. Nesse caso, o trabalhador não prestará serviços, mas receberá 2/3 do horário normal em razão do tempo à disposição. Poderá permanecer em prontidão por, no máximo, 12 horas.

Sobreaviso: consiste na possibilidade de o empregado permanecer em sua residência ou outro local combinado aguardando ordens da empresa. Nesse caso, receberá apenas 1/2 da hora normal e poderá ficar nesse regime por, no máximo, 24 horas.

Alternativa correta: "e"

46. (FCC – Analista Judiciário – Área Judiciária – TRT 4/2022) Por força da natureza da sua prestação de serviços de vigilante, Ganimedes trabalha uniformizado. Nessa hipótese, de acordo com o que prevê a Consolidação das Leis do Trabalho, o tempo despendido pelo empregado para a troca de uniforme

(A) sempre será computado na jornada de trabalho, desde que excedente de 10 minutos diários.

(B) apenas será computado na jornada de trabalho se houver a determinação da empresa que a troca se realize em suas dependências, sendo jornada extraordinária o que ultrapassar 5 minutos.

(C) nunca será computado na jornada de trabalho.

(D) apenas será computado na jornada de trabalho se houver a determinação da empresa que a troca se realize em suas dependências, sendo jornada extraordinária o que ultrapassar 15 minutos.

(E) sempre será computado na jornada de trabalho, desde que excedente de 15 minutos diários.

COMENTÁRIOS

Nota do autor: Com a Reforma Trabalhista, há a inserção do § 2º ao art. 4º da CLT. O dispositivo apresenta duas hipóteses em que o limite de tolerância de 10 minutos diários previsto no art. 58, § 1º, da CLT (5 minutos antes do início da jornada e 5 minutos após o término da jornada) pode ser ultrapassado sem que o período seja considerado como tempo à disposição do empregador: proteção pessoal e atividades particulares. A questão aborda esse segundo caso.

Comentário serve para todas as alternativas, uma vez que versam sobre o mesmo assunto. Nos termos do art. 4º da CLT, com redação dada pela Reforma Trabalhista, "Considera-se como de serviço efetivo o período em que o empregado esteja à disposição do empregador, aguardando ou executando ordens, salvo disposição especial expressamente consignada.". Contudo, a própria legislação traz algumas exceções à essa regra. É justamente sobre uma dessas exceções que vamos tratar.

Se o trabalhador adentrar ou permanecer na empresa para o desenvolvimento de atividades particulares, o período também não será considerado como tempo à disposição do empregador. Vale destacar que o legislador trouxe um rol exemplificativo das hipóteses consideradas como atividades particulares do empregado. Portanto, é fundamental para a caracterização da atividade como particular a análise concreta da natureza dessa atividade. Pela aplicação do princípio da primazia da realidade, independentemente se o empregador considerar a atividade como particular ou não, será analisado se o empregado permanece aguardando ou executando ordens. As atividades elencadas exemplificativamente são as seguintes:

I – práticas religiosas;

II – descanso;

III – lazer;

IV – estudo;

V – alimentação;

VI – atividades de relacionamento social;

VII – higiene pessoal;

VIII – troca de roupa ou uniforme, quando não houver obrigatoriedade de realizar a troca na empresa.

Alternativa correta: "b".

47. (FCC – Analista Judiciário – Área Judiciária – TRT 5/2022) Magnólia é empregada na Construtora Pé Direito Duplo, registrando seus horários em cartão de ponto mecânico. Com base no que prevê a Consolidação das Leis do Trabalho, no tocante ao tempo para marcação do ponto, Magnólia só fará jus a horas extras se houver variações diárias no horário de entrada, a menor em relação ao horário contratual, e a maior em relação ao horário de saída, superiores a

(A) 8 minutos somados entrada e saída.
(B) 5 minutos somados entrada e saída.
(C) 11 minutos somados entrada e saída.
(D) 10 minutos somados entrada e saída.
(E) 15 minutos somados entrada e saída.

COMENTÁRIOS

Nota do autor: A limitação da jornada de trabalho é uma das maiores vitórias sociais da classe trabalhadora. A duração máxima é limitada a 8 horas diárias e 44 horas semanais, tanto aos homens quanto às mulheres. Esse limite, chamado de "jornada normal", é previsto no art. 7º, XIII, da Constituição Federal. É importante ressaltar que a jornada de trabalho do empregado abrange o tempo em que está à disposição do empregador, executando serviços ou aguardando ordens, de acordo com o caput do artigo 4º da CLT.

Comentário serve para todas as alternativas, uma vez que versam sobre o mesmo assunto. O trabalho que ultrapassar a jornada normal será remunerado com adicional de, no mínimo, 50% sobre a hora normal. Cabe frisar que as variações no registro de ponto não excedentes a 5 minutos, observado o limite máximo de 10 minutos, não serão descontadas nem consideradas jornada extraordinária (art. 58, § 1º, da CLT). Assim sendo, em razão do grande número de empregados para marcar o cartão de ponto, poderão ocorrer variações no horário de entrada e saída. Desde que respeitados os limites anteriores, o empregador não estará obrigado a remunerar esses minutos excedentes como extras. Se ultrapassados os 10 minutos, serão remunerados como hora suplementar em sua totalidade.

Alternativa correta: "d".

48. (FCC – Analista Judiciário – Área Judiciária – TRT 9/2022) Maria é enfermeira e labora no centro cirúrgico do Hospital Vida Melhor, em escala de revezamento 12 x 36, das 19h00 às 07h00. Em razão do uso obrigatório de vestimenta privativa, Maria deve realizar a troca de roupa nas dependências do hospital e, apenas então, registrar o início da jornada de trabalho, no relógio de ponto localizado dentro do centro cirúrgico. A enfermeira leva cerca de 22 minutos diários para a troca de uniforme, no início e no final da jornada de trabalho. Diante dos fatos apresentados, o tempo gasto pela empregada

(A) é considerado tempo à disposição do empregador pela obrigatoriedade da troca de roupa nas dependências da empresa e por extrapolar o limite de 10 minutos diários.
(B) é considerado tempo à disposição do empregador porque extrapolou o limite de 20 minutos diários.
(C) é considerado tempo à disposição do empregador, mas o período não será computado na jornada de trabalho em razão do direito a 36 horas de descanso.
(D) não é considerado tempo à disposição porque a jornada 12 x 36 engloba o tempo gasto para eventual troca de roupa.
(E) não é considerado tempo à disposição, já que não houve efetivo trabalho durante o período.

COMENTÁRIOS

Nota do autor: A limitação da jornada de trabalho é uma das maiores vitórias sociais da classe trabalhadora. A duração máxima é limitada a 8 horas diárias e 44 horas semanais, tanto aos homens quanto às mulheres. Esse limite, chamado de "jornada normal", é previsto no art. 7º, XIII, da Constituição Federal.

Comentário serve para todas as alternativas, uma vez que versam sobre o mesmo assunto. Em relação à duração do trabalho, é importante ressaltar que a jornada de trabalho do empregado abrange o tempo em que está à disposição do empregador, executando serviços ou aguardando ordens, de acordo com o caput do artigo 4º da CLT.

O trabalho que ultrapassar a jornada normal será remunerado com adicional de, no mínimo, 50% sobre a hora normal. Cabe frisar que as variações no registro de ponto não excedentes a 5 minutos, observado o limite máximo de 10 minutos, não serão descontadas nem consideradas jornada extraordinária (art. 58, § 1º, da CLT). Assim sendo, em razão do grande número de empregados para marcar o cartão de ponto, poderão ocorrer variações no horário de entrada e saída. Desde que respeitados os limites anteriores, o empregador não estará obrigado a remunerar esses minutos excedentes como extras. Se ultrapassados os 10 minutos, serão remunerados como hora suplementar em sua totalidade.

Por fim, conforme o § 2º do art. 4º da CLT, inserido pela Lei nº 13.467/2017, não serão considerados tempo à disposição os minutos que excedem à hora normal de trabalho quando o empregado buscar proteção pessoal, por escolha própria ou quando permanecer na empresa para exercer atividades pessoais:

> **Art. 4º, § 2º da CLT (inserido pela Lei nº 13.467/2017):** Por não se considerar tempo à disposição do empregador, não será computado como período extraordinário o que exceder a jornada normal, ainda que ultrapasse o limite de cinco minutos previsto no § 1o do art. 58 desta Consolidação, quando o empregado, por escolha própria, buscar proteção pessoal, em caso de insegurança nas vias públicas ou más condições climáticas, bem como adentrar ou permanecer nas dependências da empresa para exercer atividades particulares, entre outras:
>
> I – práticas religiosas;
>
> II – descanso;
>
> III – lazer;
>
> IV – estudo;
>
> V – alimentação;
>
> VI – atividades de relacionamento social;
>
> VII – higiene pessoal;
>
> **VIII – troca de roupa ou uniforme, quando não houver obrigatoriedade de realizar a troca na empresa.** (grifos acrescidos)

Assim, como havia a obrigatoriedade da troca de uniforme dentro do estabelecimento do empregador (Hospital), esse período será computado na jornada de trabalho de Maria e, se ultrapassado o limite de tolerância diário de 10 minutos, a integralidade do período que extrapolar a jornada normal será remunerado como horas extras.

Alternativa correta: "a".

49. (FCC – Analista Judiciário – Área Judiciária – TRT 4/2022) Sinfrônio é empregado da Panificadora Pão Nosso de Cada Dia e presta horas extras com habitualidade. A sua empregadora pretende criar instrumento de Banco de Horas para ter possibilidade de compensação de horas dos empregados para concessão de descanso em períodos de menor movimento na Panificadora. Nessa hipótese, conforme previsão da Consolidação das Leis do Trabalho, a empresa

(A) deverá obrigatoriamente celebrar acordo coletivo com o sindicato para estabelecer banco de horas, desde que a compensação ocorra no período máximo de 18 meses.

(B) deverá necessariamente celebrar acordo com todos os empregados em conjunto, com assistência do sindicato, para estabelecer banco de horas, desde que a compensação ocorra no período máximo de 6 meses.

(C) deverá obrigatoriamente celebrar acordo coletivo com o sindicato para estabelecer banco de horas, desde que a compensação ocorra no período máximo de 12 meses.

(D) poderá pactuar individualmente com Sinfrônio o banco de horas, desde que a compensação ocorra no período máximo de 6 meses.

(E) poderá pactuar individualmente com Sinfrônio o banco de horas, desde que a compensação ocorra no período máximo de 12 meses.

COMENTÁRIOS

Nota do autor: Com a Reforma Trabalhista, há a inserção do § 2º ao art. 4º da CLT. O dispositivo apresenta duas hipóteses em que o limite de tolerância de 10 minutos diários previsto no art. 58, § 1º, da CLT (5 minutos antes do início da jornada e 5 minutos após o término da jornada) pode ser ultrapassado sem que o período seja considerado como tempo à disposição do empregador: proteção pessoal e atividades particulares. A questão aborda esse segundo caso.

Comentário serve para todas as alternativas, uma vez que versam sobre o mesmo assunto. Os §§ 2º, 3º e 5º do art. 59 da CLT estabelecem a disciplina jurídica direcionada especificamente ao banco de horas, que foi dividido em duas modalidades: banco de horas anual e semestral:

> **a) Banco de horas anual:** Para o estabelecimento dessa modalidade de banco de horas, o § 2º do art. 59 da CLT prevê a necessidade de previsão em acordo ou convenção coletiva de trabalho, desde que o excesso de horas em um dia seja compensado em outro, de modo que a soma das jornadas semanais de trabalho seja respeitada no período máximo de 1 ano. Além disso, é necessário o respeito ao limite de 10 horas diárias de trabalho. Por ser mais gravosa, exigia-se (e ainda se exige) a formalização por instrumento coletivo de trabalho.
>
> **b) Banco de horas semestral:** A novidade trazida pela Reforma Trabalhista consistiu na possibilidade de se estabelecer banco de horas por meio de acordo individual escrito entre empregado e empregador. Nesse caso, o prazo máximo para a compensação é de 6 meses. Portanto, além de permitir a compensação individual tácita mensal, a legislação passou a admitir a previsão de banco de horas individual desde que conste em acordo escrito e realizado no prazo máximo de 6 meses.

Assim, apenas o banco de horas semestral que poderá ser feito de forma individual, devendo ser compensado dentro do período de 6 meses.

Alternativa correta: "d".

50. (FCC – Analista Judiciário – Área Judiciária – TRT 17/2022) Virgílio celebrou acordo individual com seu empregador para o estabelecimento de banco de horas. Consta em referido acordo que as horas extras não pagas serão compensadas em até 9 meses.

De acordo com o que prevê a legislação trabalhista, este acordo é

(A) inválido, apenas por não ter sido acordado em nível coletivo.

(B) válido, eis que a lei permite negociação individual, e o prazo de compensação está inferior aos 12 meses previstos na CLT.

(C) inválido, apenas pela extrapolação do prazo máximo de 6 meses para compensação previsto na CLT.

(D) válido, eis que a lei permite negociação individual, cabendo às partes estabelecer livremente o prazo para compensação, não havendo limitador legal.

(E) inválido, apenas quanto ao prazo que pela lei não deve superar 3 meses para compensação, quando acordada individualmente.

COMENTÁRIOS

Nota do autor: Com a Reforma Trabalhista, há a inserção do § 2º ao art. 4º da CLT. O dispositivo apresenta duas hipóteses em que o limite de tolerância de 10 minutos diários previsto no art. 58, § 1º, da CLT (5 minutos antes do início da jornada e 5 minutos após o término da jornada) pode ser ultrapassado sem que o período seja considerado como tempo à disposição do empregador: proteção pessoal e atividades particulares. A questão aborda esse segundo caso.

Comentário serve para todas as alternativas, uma vez que versam sobre o mesmo assunto. Os §§ 2º, 3º e 5º do art. 59 da CLT estabelecem a disciplina jurídica direcionada especificamente ao banco de horas, que foi dividido em duas modalidades: banco de horas anual e semestral:

a) Banco de horas anual: Para o estabelecimento dessa modalidade de banco de horas, o § 2º do art. 59 da CLT prevê a necessidade de previsão em acordo ou convenção coletiva de trabalho, desde que o excesso de horas em um dia seja compensado em outro, de modo que a soma das jornadas semanais de trabalho seja respeitada no período máximo de 1 ano. Além disso, é necessário o respeito ao limite de 10 horas diárias de trabalho. Por ser mais gravosa, exigia-se (e ainda se exige) a formalização por instrumento coletivo de trabalho.

b) Banco de horas semestral: A novidade trazida pela Reforma Trabalhista consistiu na possibilidade de se estabelecer banco de horas por meio de acordo individual escrito entre empregado e empregador. Nesse caso, o prazo máximo para a compensação é de 6 meses. Portanto, além de permitir a compensação individual tácita mensal, a legislação passou a admitir a previsão de banco de horas individual desde que conste em acordo escrito e realizado no prazo máximo de 6 meses.

Assim, para a celebração de banco de horas cuja compensação se dê em período superior à 6 meses, é necessário que o faça por acordo ou convenção coletiva de trabalho.

Alternativa correta: "c".

51. (FCC – Analista Judiciário – Oficial de Justiça Avaliador Federal – TRT 22/2022) O sistema de compensação de horas, de acordo com o que prevê a Consolidação das Leis do Trabalho,

(A) que não atenda às exigências legais, inclusive quando estabelecido mediante acordo tácito, implica a repetição do pagamento das horas excedentes à jornada normal diária, acrescidas do respectivo adicional.

(B) é lícito quando estabelecido por acordo individual, tácito ou escrito, para a compensação ocorrida no período máximo de seis meses.

(C) obriga o pagamento de adicional de horas extras, quando estabelecido por acordo individual, tácito ou escrito, para a compensação no mesmo mês.

(D) dispensa o acréscimo de salário se, por força de acordo ou convenção coletiva de trabalho, o excesso de horas em um dia for compensado pela correspondente diminuição em outro dia, de maneira que não exceda, no período máximo de seis meses, à soma das jornadas semanais de trabalho previstas, nem seja ultrapassado o limite máximo de 8 horas diárias.

(E) permite, mediante acordo individual escrito, convenção coletiva ou acordo coletivo de trabalho, estabelecer horário de trabalho de doze horas seguidas por trinta e seis horas ininterruptas de descanso, observados ou indenizados os intervalos para repouso e alimentação.

COMENTÁRIOS

Nota do autor: A questão aborda o tema da compensação de jornada. Perceba que houve profunda alteração no art. 59 da CLT, que poderá trazer modificações à Súmula nº 85 do TST. Não deixe de conferir o texto atual da CLT!

Comentário serve para todas as alternativas, uma vez que versam sobre o mesmo assunto. A limitação da jornada de trabalho é uma das maiores vitórias conquistadas pelos empregados. Atualmente, a duração máxima restringe-se a 8 horas diárias e 44 horas semanais, tanto aos homens quanto às mulheres. A duração diária do trabalho poderá ser acrescida de horas extras, sendo necessário o cumprimento de dois requisitos:

▸ QUESTÕES DE CONCURSOS

a) Acordo de prorrogação. Após a Reforma Trabalhista, o acordo de prorrogação de jornada pode ser realizado de forma individual ou por meio de acordo ou convenção coletiva de trabalho.

b) Prorrogação máxima de duas horas diárias. Essa previsão não sofreu alterações com a Reforma Trabalhista. O empregado pode prestar horas extras desde que não ultrapasse o valor de 2 horas diárias.

Note-se que, com a Reforma Trabalhista, houve uma alteração profunda no art. 59 da CLT, que superou algumas posições consolidades do TST na Súmula nº 85. Dentre as alterações trazidas, podemos citar a possibilidade de regime de compensação de jornada por acordo individual, tácito ou escrito, para compensação no mesmo mês (art. 59, §6º da CLT).

Ainda, os §§ 2º, 3º e 5º do art. 59 da CLT estabelecem a disciplina jurídica direcionada especificamente ao banco de horas, que foi dividido em duas modalidades: banco de horas anual e semestral:

a) Banco de horas anual: Para o estabelecimento dessa modalidade de banco de horas, o § 2º do art. 59 da CLT prevê a necessidade de previsão em acordo ou convenção coletiva de trabalho, desde que o excesso de horas em um dia seja compensado em outro, de modo que a soma das jornadas semanais de trabalho seja respeitada no período máximo de 1 ano. Além disso, é necessário o respeito ao limite de 10 horas diárias de trabalho. Por ser mais gravosa, exige-se (e ainda se exige) a formalização por instrumento coletivo de trabalho.

b) Banco de horas semestral: A novidade trazida pela Reforma Trabalhista consistiu na possibilidade de se estabelecer banco de horas por meio de acordo individual escrito entre empregado e empregador. Nesse caso, o prazo máximo para a compensação é de 6 meses. Portanto, além de permitir a compensação individual tácita mensal, a legislação passou a admitir a previsão de banco de horas individual desde que conste em acordo escrito e realizado no prazo máximo de 6 meses.

Importante mencionar que "O mero não atendimento das exigências legais para a compensação de jornada, inclusive quando encetada mediante acordo tácito, não implica a repetição do pagamento das horas excedentes à jornada normal diária, se não dilatada a jornada máxima semanal, sendo devido apenas o respectivo adicional." (Súmula nº 85, III, do TST). Esse posicionamento do TST não foi impactado pela Reforma Trabalhista.

Por fim, outra novidade trazida pela Lei nº 13.467/2017 foi a possibilidade de empregado e empregador estabelecerem a jornada 12 x 36 por meio de **acordo individual escrito**. Portanto, a Reforma Trabalhista ampliou significativamente a possibilidade de ajuste individual entre empregado e empregador, podendo-se negociar livremente diversos pontos, entre eles essa jornada especial de 12 horas.

Aliás, nesse ponto, importante mencionar que no julgamento da ADI 5994/DF, finalizado em 03/07/2023, o STF considerou constitucional o art. 59-A da CLT, introduzido pela Reforma Trabalhista, que permite a pactuação da jornada 12 x 36 por acordo individual escrito entre empregado e empregador.

Alternativa correta: "e".

52. (FCC – Técnico Judiciário – Área Administrativa – TRT 9/2022) A empresa Metalúrgica Metall S/A está sofrendo os efeitos da crise econômica, com oscilação no volume de produção e, em razão disso, pretende instituir regime de compensação de jornada na modalidade de banco de horas. O regime de compensação que a empresa pretende adotar será válido

(A) se pactuado por acordo individual escrito, para a compensação no período máximo de seis meses.

(B) se no acordo de banco de horas houver previsão de que, na hipótese de rescisão do contrato de trabalho sem que tenha havido a compensação integral da jornada de trabalho, as horas extras serão pagas com adicional de 100% sobre o valor da hora normal.

(C) somente se for estabelecido por meio de negociação coletiva.

(D) se estabelecido por acordo individual, tácito ou escrito, para a compensação no prazo de três meses.

(E) se pactuado por acordo individual escrito, por acordo coletivo ou por convenção coletiva de trabalho, para a compensação no período máximo de um ano.

COMENTÁRIOS

Nota do autor: A questão aborda o tema da compensação de jornada. Perceba que houve profunda alteração no art. 59 da CLT, que poderá trazer modificações à Súmula nº 85 do TST. Não deixe de conferir o texto atual da CLT!

Comentário serve para todas as alternativas, uma vez que versam sobre o mesmo assunto. A limitação da jornada de trabalho é uma das maiores vitórias conquistadas pelos empregados. Atualmente, a duração máxima restringe-se a 8 horas diárias e 44 horas semanais, tanto aos homens quanto às mulheres. A duração diária do trabalho poderá ser acrescida de

▸ QUESTÕES DE CONCURSOS

horas extras, sendo necessário o cumprimento de dois requisitos:

a) Acordo de prorrogação. Após a Reforma Trabalhista, o acordo de prorrogação de jornada pode ser realizado de forma individual ou por meio de acordo ou convenção coletiva de trabalho.

b) Prorrogação máxima de duas horas diárias. Essa previsão não sofreu alterações com a Reforma Trabalhista. O empregado pode prestar horas extras desde que não ultrapasse o valor de 2 horas diárias.

Note-se que, com a Reforma Trabalhista, houve uma alteração profunda no art. 59 da CLT, que superou algumas posições consolidades do TST na Súmula nº 85. Dentre as alterações trazidas, podemos citar a possibilidade de regime de compensação de jornada por acordo individual, tácito ou escrito, para compensação no mesmo mês (art. 59, §6º da CLT).

Ainda, os §§ 2º, 3º e 5º do art. 59 da CLT estabelecem a disciplina jurídica direcionada especificamente ao banco de horas, que foi dividido em duas modalidades: banco de horas anual e semestral:

a) Banco de horas anual: Para o estabelecimento dessa modalidade de banco de horas, o § 2º do art. 59 da CLT prevê a necessidade de previsão em acordo ou convenção coletiva de trabalho, desde que o excesso de horas em um dia seja compensado em outro, de modo que a soma das jornadas semanais de trabalho seja respeitada no período máximo de 1 ano. Além disso, é necessário o respeito ao limite de 10 horas diárias de trabalho. Por ser mais gravosa, exigia-se (e ainda se exige) a formalização por instrumento coletivo de trabalho.

b) Banco de horas semestral: A novidade trazida pela Reforma Trabalhista consistiu na possibilidade de se estabelecer banco de horas por meio de acordo individual escrito entre empregado e empregador. Nesse caso, o prazo máximo para a compensação é de 6 meses. Portanto, além de permitir a compensação individual tácita mensal, a legislação passou a admitir a previsão de banco de horas individual desde que conste em acordo escrito e realizado no prazo máximo de 6 meses.

Importante mencionar que "O mero não atendimento das exigências legais para a compensação de jornada, inclusive quando encetada mediante acordo tácito, não implica a repetição do pagamento das horas excedentes à jornada normal diária, se não dilatada a jornada máxima semanal, sendo devido apenas o respectivo adicional." (Súmula nº 85, III, do TST). Esse posicionamento do TST não foi impactado pela Reforma Trabalhista.

Alternativa correta: "a".

53. (FCC – Analista Judiciário – Área Judiciária – TRT 4/2022) Perseu, após o início da pandemia de COVID-19, passou a prestar serviços ao seu empregador em regime de teletrabalho. Não querendo o empregador mais arcar com os custos do fornecimento de infraestrutura para Perseu trabalhar remotamente, deseja que o empregado retorne para o trabalho presencial. Nessa hipótese, de acordo com previsão da Consolidação das Leis do Trabalho,

(A) deverá haver mútuo acordo entre as partes, sendo que o período para a transição será de, pelo menos, 45 dias.

(B) deverá haver mútuo acordo entre as partes, sendo que o período para a transição será de, pelo menos, 15 dias.

(C) poderá o empregador unilateralmente determinar o retorno do empregado ao regime presencial, observando a antecedência mínima de 30 dias.

(D) sempre após acordo mútuo entre empregado e empregador, poderá ocorrer a reversão ao trabalho presencial, observada a antecedência mínima de 30 dias.

(E) poderá o empregador unilateralmente determinar o retorno do empregado ao regime presencial, observando a antecedência mínima de 15 dias.

COMENTÁRIOS

Nota do autor: A Lei nº 14.442/2022 (fruto da conversão da MP nº 1.108, de 25 de março de 2022), dispõe sobre o pagamento de auxílio-alimentação e altera estruturalmente as regras relativas ao teletrabalho, alterando, até mesmo, o conceito de teletrabalho: "teletrabalho" ou "trabalho remoto" é a prestação de serviços fora das dependências do empregador, de maneira preponderante ou não, com a utilização de tecnologias de informação e de comunicação, que, por sua natureza, não se configure como trabalho externo (art. 75-B, da CLT). Apesar das alterações, a questão continua atualizada.

Comentário serve para todas as alternativas, uma vez que versam sobre o mesmo assunto. A Reforma Trabalhista permitiu que o empregado passe a trabalhar na condição de teletrabalhador desde que haja:

a) mútuo acordo entre as partes;

b) acordo escrito em aditivo contratual.

Em relação à alteração de teletrabalho para trabalho presencial, há novo caso de *jus variandi*, independendo de prévio acordo entre as partes, já que pode ser realizada por ato unilateral do empregador. Para essa alteração ser válida, é necessário o atendimento dos seguintes requisitos:

a) Prazo de transição mínimo de 15 dias: O empregador pode determinar unilateral a alteração do regime de teletrabalho para o presencial, mas deverá conceder o prazo mínimo de 15 dias para o trabalhador realizar a modificação.

b) Aditivo contratual.

Alternativa correta: "e".

54. (FCC – Analista Judiciário – Área Judiciária – TRT 5/2022) Epicuro é empregado do Banco Rende Mais e acordou com seu empregador a alteração do regime de trabalho presencial para o teletrabalho. Devido às funções exercidas, referido empregado deverá comparecer à empresa para atividades que devam ser realizadas no seu ambiente físico. Nessa situação, conforme previsão na Consolidação das Leis do Trabalho,

(A) se a presença na empresa ultrapassar 60% da jornada semanal, será descaracterizado o teletrabalho, ainda que para atividades especificas que exijam o comparecimento.

(B) será descaracterizado o teletrabalho se o período de labor na sede da empresa ultrapassar a metade da jornada semanal.

(C) desde que a presença na empresa, ainda que de modo habitual, se dê para a realização de atividades específicas que exijam a presença do empregado no estabelecimento, não há descaracterização do regime de teletrabalho.

(D) fica comprometido o regime de teletrabalho se o comparecimento na empresa, para quaisquer atividades, ainda aquelas que exijam a presença física, seja superior a 2 horas diárias.

(E) é incompatível o regime de teletrabalho com a exigência de comparecimento na empresa para algumas atividades específicas, quando o acordo prevê cumprimento de jornada de trabalho.

COMENTÁRIOS

Nota do autor: A Lei nº 14.442/2022 (fruto da conversão da MP nº 1.108, de 25 de março de 2022), dispõe sobre o pagamento de auxílio-alimentação e altera estruturalmente as regras relativas ao teletrabalho. Não deixe de ler os arts. 75-A a 75-F da CLT!

Comentário serve para todas as alternativas, uma vez que versam sobre o mesmo assunto. A Lei nº 14.442/2022 conferiu nova regulamentação ao teletrabalho, alterando, até mesmo, o conceito de teletrabalho: "teletrabalho" ou "trabalho remoto" é a prestação de serviços fora das dependências do empregador, **de maneira preponderante ou não**, com a utilização de tecnologias de informação e de comunicação, que, por sua natureza, não se configure como trabalho externo (art. 75-B, da CLT). Ainda, nos termos § 1º do referido dispositivo, "O comparecimento, ainda que de modo habitual, às dependências do empregador para a realização de atividades específicas que exijam a presença do empregado no estabelecimento não descaracteriza o regime de teletrabalho ou trabalho remoto".

Alternativa correta: "c".

55. (FCC – Analista Judiciário – Área Judiciária – TRT 17/2022) Considere as assertivas abaixo a respeito do regime de teletrabalho previsto na Consolidação das Leis do Trabalho.

I. Os empregadores deverão dar prioridade aos empregados com deficiência e aos empregados com filhos ou criança sob guarda judicial até 4 anos de idade na alocação em vagas para atividades que possam ser efetuadas por meio do tele- trabalho ou trabalho remoto.

II. O empregador não será responsável pelas despesas resultantes do retorno ao trabalho presencial, na hipótese de o empregado optar pela realização do teletrabalho ou trabalho remoto fora da localidade prevista no contrato, salvo disposição em contrário estipulada entre as partes.

III. Aos empregados em regime de teletrabalho aplicam-se as disposições previstas na legislação local e nas convenções e nos acordos coletivos de trabalho relativas à base territorial do local onde o empregado esteja trabalhando de forma remota.

IV. O comparecimento, ainda que de modo habitual, às dependências do empregador para a realização de atividades específicas que exijam a presença do empregado no estabelecimento não descaracteriza o regime de teletrabalho ou trabalho remoto.

V. O regime de teletrabalho não pode abranger estagiários e aprendizes, eis que tais categorias de trabalhadores necessitam, para aprimoramento do seu aprendizado e supervisão eficiente, de presença física nas dependências da empresa.

Está correto o que se afirma APENAS em

(A) I, II e IV.

(B) II, III e IV.

(C) I, III e V.

(D) II e IV.

(E) IV e V.

COMENTÁRIOS

Nota do autor: A Lei nº 14.442/2022 (fruto da conversão da MP nº 1.108, de 25 de março de

2022), dispõe sobre o pagamento de auxílio-alimentação e altera estruturalmente as regras relativas ao teletrabalho. Não deixe de ler os arts. 75-A a 75-F da CLT!

Assertiva I: correta. "Os empregadores deverão dar prioridade aos empregados com deficiência e aos empregados com filhos ou criança sob guarda judicial até 4 (quatro) anos de idade na alocação em vagas para atividades que possam ser efetuadas por meio do teletrabalho ou trabalho remoto." (art. 75-F, CLT).

Assertiva II: correta. "O empregador não será responsável pelas despesas resultantes do retorno ao trabalho presencial, na hipótese de o empregado optar pela realização do teletrabalho ou trabalho remoto fora da localidade prevista no contrato, salvo disposição em contrário estipulada entre as partes." (art. 75-C, § 3º, CLT).

Assertiva III: incorreta. "Aos empregados em regime de teletrabalho aplicam-se as disposições previstas na legislação local e nas convenções e nos acordos coletivos de trabalho relativas à base territorial do estabelecimento de lotação do empregado." (art. 75-B, § 7º, CLT).

Assertiva IV: correta. "O comparecimento, ainda que de modo habitual, às dependências do empregador para a realização de atividades específicas que exijam a presença do empregado no estabelecimento não descaracteriza o regime de teletrabalho ou trabalho remoto." (art. 75-B, § 1º, CLT).

Assertiva V: incorreta. "Fica permitida a adoção do regime de teletrabalho ou trabalho remoto para estagiários e aprendizes." (art. 75-B, § 6º, CLT).

Alternativa correta: "a".

56. (FCC – Analista Judiciário – Área Judiciária – TRT 22/2022) Suzana foi contratada como assistente de informática, prestando seus serviços em regime de teletrabalho. Uma das características desse tipo de regime de trabalho é que o empregado prestará serviços fora das dependências de seu empregador, preponderantemente ou não. Ainda, de acordo com a CLT,

(A) a pedido do empregador, poderá haver a alteração para o regime presencial, garantido o prazo mínimo de 30 dias, com anotação em aditivo contratual.

(B) em algumas ocasiões, o regime de teletrabalho se equipara ao operador de telemarketing ou de teleatendimento.

(C) também chamado de trabalho remoto, no desempenho de suas funções, Suzana, utilizará de tecnologias de informação e de comunicação, que, por sua natureza, não se configurem como trabalho externo.

(D) é vedada a adoção do regime de teletrabalho ou trabalho remoto para estagiários e aprendizes.

(E) como todo contrato de trabalho, poderá tal regime ser contratado de maneira tácita ou expressamente, verbalmente ou por escrito.

COMENTÁRIOS

Nota do autor: A Lei nº 14.442/2022 (fruto da conversão da MP nº 1.108, de 25 de março de 2022), dispõe sobre o pagamento de auxílio-alimentação e altera estruturalmente as regras relativas ao teletrabalho. Não deixe de ler os arts. 75-A a 75-F da CLT!

Alternativa "a". "Poderá ser realizada a alteração do regime de teletrabalho para o presencial por determinação do empregador, garantido prazo de transição mínimo de quinze dias, com correspondente registro em aditivo contratual." (art. 75-C, § 2º, CLT).

Alternativa "b". "O regime de teletrabalho ou trabalho remoto não se confunde nem se equipara à ocupação de operador de telemarketing ou de teleatendimento." (art. 75-B, § 4º, CLT).

Alternativa "c". "Considera-se teletrabalho ou trabalho remoto a prestação de serviços fora das dependências do empregador, de maneira preponderante ou não, com a utilização de tecnologias de informação e de comunicação, que, por sua natureza, não configure trabalho externo." (art. 75-B, *caput*, CLT).

Alternativa "d". "Fica permitida a adoção do regime de teletrabalho ou trabalho remoto para estagiários e aprendizes." (art. 75-B, § 6º, CLT).

Alternativa "e". "Fica A prestação de serviços na modalidade de teletrabalho deverá constar expressamente do instrumento de contrato individual de trabalho." (art. 75-C, *caput*, CLT).

Alternativa correta: "c".

57. (FCC – Analista Judiciário – Área Judiciária – TRT 23/2022) Considere as assertivas abaixo a respeito do teletrabalho.

I. É incompatível o regime de trabalho remoto ou teletrabalho com o controle de jornada, não sendo possível também os trabalhadores nesse regime prestarem serviços por produção.

II. Para a alteração do regime de trabalho presencial para o trabalho remoto é imprescindível a concordância, ainda que tácita, do empregado.

III. O ressarcimento ao empregado em regime de teletrabalho de despesas extraordinárias para a execução dos serviços sempre deverá ser objeto de acordo escrito com o empregador.

IV. Por ser parte do poder diretivo do empregador, este poderá retornar o mesmo do regime de teletrabalho para o regime presencial, registrando a alteração em aditivo contratual, informando o empregado com pelo menos 15 dias de antecedência.

Com base no que prevê a Consolidação das Leis do Trabalho, está correto o que se afirma APENAS em

(A) i e iv.
(B) ii e iii.
(C) iii e iv.
(D) i e ii.
(E) ii e iv.

COMENTÁRIOS

Nota do autor: A Lei nº 14.442/2022 (fruto da conversão da MP nº 1.108, de 25 de março de 2022), dispõe sobre o pagamento de auxílio-alimentação e altera estruturalmente as regras relativas ao teletrabalho. Não deixe de ler os arts. 75-A a 75-F da CLT!

Assertiva I. Em 2 de setembro de 2022, foi publicada a Lei nº 14.442/2022 (fruto da conversão da Medida Provisória nº 1.108, de 2022), que alterou estruturalmente o regime de teletrabalho, modificando, inclusive, seu conceito:

> **Art. 75-B (redação dada pela Lei nº 14.442/2022).** Considera-se teletrabalho ou trabalho remoto a prestação de serviços fora das dependências do empregador, de maneira preponderante ou não, com a utilização de tecnologias de informação e de comunicação, que, por sua natureza, não configure trabalho externo.

Acontece que, no tocante à limitação da jornada, a Lei nº 14.442/2022 criou duas modalidades de teletrabalho:

> **1) Teletrabalho por jornada:** nesse caso, com duração de 8h nos moldes tradicionais (intervalos, horas extras etc.); e
>
> **2) Teletrabalho por produção e tarefa (novidade).**

Agora, somente o teletrabalho por produção ou tarefa está excluído do controle de jornada, não havendo, portanto, limitação da jornada em 8 horas diária ou 44 horas semanais, intervalos intra e interjornada, nem horas extras ou adicional noturno:

> **Art. 62 da CLT:** Não são abrangidos pelo regime previsto neste capítulo
>
> (...)
>
> III – os empregados em regime de teletrabalho que prestam serviço por produção ou tarefa. **(alterado pela lei nº 14.442/2022)**

Assertivas II e IV. A legislação permite que o trabalhador em regime presencial passe a trabalhar em teletrabalho desde que sejam atendidos dois requisitos:

> **a) Mútuo acordo entre as partes:** somente com a concordância entre empregado e empregador, é possível a alteração do trabalho presencial para o teletrabalho.
>
> **b) Acordo escrito em aditivo contratual:** a legislação exige ainda que seja realizado aditivo no contrato de trabalho para constar a nova condição de teletrabalhador. Para a alteração por meio de aditivo contratual, é indispensável que o acordo entre as partes seja formalizado de forma escrita, especificando as atividades.

Quanto à alteração do regime de teletrabalho para o regime presencial, há novo caso de *jus variandi*, independendo de prévio acordo entre as partes, já que pode ser realizada por ato unilateral do empregador.

A Reforma Trabalhista prevê que a alteração para o regime presencial não traz prejuízo ao trabalhador, pois é possível a alteração unilateral do empregador como forma de melhor organizar sua atividade econômica. Para essa alteração ser válida, é necessário o atendimento dos seguintes requisitos:

> **a) Prazo de transição mínimo de 15 dias:** o empregador pode determinar unilateral a alteração do regime de teletrabalho para o presencial, mas deverá conceder o prazo mínimo de 15 dias para o trabalhador realizar a modificação.
>
> **b) Aditivo contratual:** a alteração somente será válida caso conste em aditivo ao contrato de trabalho. Exige-se, portanto, a formalidade escrita para evitar o cometimento de abusos em relação ao trabalhador.

Por fim, importante ressaltar que esse ponto não foi impactado pela Lei nº 14.442/2022.

Assertiva III. "As disposições relativas à responsabilidade pela aquisição, manutenção ou fornecimento dos equipamentos tecnológicos e da infraestrutura necessária e adequada à prestação do trabalho remoto, bem como ao reembolso de despesas arcadas pelo empregado, serão previstas em contrato escrito." (art. 75-D, *caput*, CLT).

Alternativa correta: "c".

58. (FCC – Analista Judiciário – Oficial de Justiça Avaliador Federal – TRT 17/2022) Considere as seguintes assertivas:

I. O empregador em nenhuma hipótese será responsável pelas despesas resultantes do retorno ao trabalho presencial, na hipótese de o empregado optar pela realização do teletrabalho ou trabalho remoto fora da localidade prevista no contrato.

II. Os empregadores deverão dar prioridade aos empregados com deficiência e aos empregados com filhos ou criança sob guarda judicial até 6 anos de idade na alocação em vagas para atividades que possam ser efetuadas por meio do teletrabalho ou trabalho remoto.

III. O comparecimento, ainda que de modo habitual, às dependências do empregador para a realização de atividades específicas que exijam a presença do empregado no estabelecimento não descaracteriza o regime de teletrabalho ou trabalho remoto.

IV. Considera-se teletrabalho ou trabalho remoto a prestação de serviços fora das dependências do empregador, sempre de maneira preponderante, com a utilização de tecnologias de informação e de comunicação, que, por sua natureza, não configure trabalho externo.

Com base no que prevê a Consolidação das Leis do Trabalho, está correto o que se afirma APENAS em

(A) I e III.

(B) II e IV.

(C) I e IV.

(D) II.

(E) III.

COMENTÁRIOS

Nota do autor: A Lei nº 14.442/2022 (fruto da conversão da MP nº 1.108, de 25 de março de 2022), dispõe sobre o pagamento de auxílio-alimentação e altera estruturalmente as regras relativas ao teletrabalho. Não deixe de ler os arts. 75-A a 75-F da CLT!

Assertiva I. "O empregador não será responsável pelas despesas resultantes do retorno ao trabalho presencial, **na hipótese de o empregado optar pela realização do teletrabalho ou trabalho remoto fora da localidade prevista no contrato**, salvo disposição em contrário estipulada entre as partes." (art. 75-C, § 3º, CLT – grifos acrescidos).

Assertiva II. "Os empregadores deverão dar prioridade aos empregados com deficiência e aos empregados com filhos ou criança sob guarda judicial **até 4 (quatro) anos de idade** na alocação em vagas para atividades que possam ser efetuadas por meio do teletrabalho ou trabalho remoto." (art. 75-F, CLT – grifos acrescidos).

Assertiva III. "O comparecimento, ainda que de modo habitual, às dependências do empregador para a realização de atividades específicas que exijam a presença do empregado no estabelecimento não descaracteriza o regime de teletrabalho ou trabalho remoto." (art. 75-B, § 1º, CLT).

Assertiva IV. "Considera-se teletrabalho ou trabalho remoto a prestação de serviços fora das dependências do empregador, **de maneira preponderante ou não**, com a utilização de tecnologias de informação e de comunicação, que, por sua natureza, não configure trabalho externo." (art. 75-B, *caput*, CLT – grifos acrescidos).

Alternativa correta: "e".

59. (FCC – Analista Judiciário – Oficial de Justiça Avaliador Federal – TRT 23/2022) Basílio, empregado da área financeira, por mútuo acordo com a sua empregadora Ra Tim Bum Eventos Ltda., trabalha desde 2020 em regime de teletrabalho. Necessitando de uma presença constante nas dependências da empresa, a empresa pretende retornar Basílio ao trabalho presencial. Nessa hipótese, poderá implementar a retomada

(A) com a concordância do empregado, desde que observe prazo mínimo de 45 dias para a transição, registrado em aditivo contratual.

(B) salvo recusa de Basílio, observando o período mínimo de 30 dias para a transição, registrado em aditivo contratual.

(C) com a concordância do empregado, desde que observe prazo mínimo de 60 dias para a transição, registrado em aditivo contratual.

(D) independente da concordância do empregado, observando o período mínimo de 30 dias para a transição registrado em aditivo contratual.

(E) por sua determinação própria, observando o período mínimo de 15 dias para a transição, registrado em aditivo contratual.

COMENTÁRIOS

Nota do autor: A Lei nº 14.442/2022 (fruto da conversão da MP nº 1.108, de 25 de março de 2022), dispõe sobre o pagamento de auxílio-alimentação e altera estruturalmente as regras relativas ao teletrabalho, alterando, até mesmo, o conceito de teletrabalho: "teletrabalho" ou "trabalho remoto" é a prestação de serviços fora das dependências do empregador, de maneira preponderante ou não, com a utilização de tecnologias de informação e de comunicação, que, por sua natureza, não se configure como

QUESTÕES DE CONCURSOS

trabalho externo (art. 75-B, da CLT). Apesar das alterações, a questão continua atualizada.

Comentário serve para todas as alternativas, uma vez que versam sobre o mesmo assunto. A Reforma Trabalhista permitiu que o empregado passe a trabalhar na condição de teletrabalhador desde que haja:

a) mútuo acordo entre as partes;

b) acordo escrito em aditivo contratual.

Em relação à alteração de teletrabalho para trabalho presencial, há novo caso de *jus variandi*, independendo de prévio acordo entre as partes, já que pode ser realizada por ato unilateral do empregador. Para essa alteração ser válida, é necessário o atendimento dos seguintes requisitos:

a) Prazo de transição mínimo de 15 dias: O empregador pode determinar unilateral a alteração do regime de teletrabalho para o presencial, mas deverá conceder o prazo mínimo de 15 dias para o trabalhador realizar a modificação.

b) Aditivo contratual.

Alternativa correta: "e".

60. (FCC – Técnico Judiciário – Área Administrativa – TRT 4/2022) Conforme previsão da Consolidação das Leis do Trabalho, considere as assertivas abaixo a respeito do teletrabalho:

I. Ficarão sempre a cargo do empregador os custos pela aquisição, manutenção ou fornecimento dos equipamentos tecnológicos e da infraestrutura necessária e adequada à prestação do trabalho remoto, sendo que as utilidades fornecidas por essa modalidade de trabalho compõem a remuneração do empregado.

II. O empregador que desejar retornar o empregado do regime de teletrabalho para o presencial deverá avisar com antecedência mínima de 30 dias, para que o empregado possa ter tempo hábil de reorganizar sua rotina doméstica.

III. A adoção do regime de teletrabalho sempre se dará por meio de aditivo contratual, após acordo mútuo entre empregado e empregador.

IV. O empregador deverá instruir os empregados em regime de teletrabalho quanto às precauções que devem tomar a fim de evitar doenças e acidentes de trabalho, podendo o empregador exigir do trabalhador que firme termo de responsabilidade comprometendo-se a seguir as instruções fornecidas.

Está correto o que se afirma APENAS em

(A) II e IV.

(B) I e IV.

(C) II e III.

(D) I e II.

(E) III e IV.

COMENTÁRIOS

Nota do autor: A Lei nº 14.442/2022 (fruto da conversão da MP nº 1.108, de 25 de março de 2022), dispõe sobre o pagamento de auxílio-alimentação e altera estruturalmente as regras relativas ao teletrabalho, alterando, até mesmo, o conceito de teletrabalho: "teletrabalho" ou "trabalho remoto" é a prestação de serviços fora das dependências do empregador, de maneira preponderante ou não, com a utilização de tecnologias de informação e de comunicação, que, por sua natureza, não se configure como trabalho externo (art. 75-B, da CLT). Apesar das alterações, a questão continua atualizada.

Assertiva I: "As disposições relativas à responsabilidade pela aquisição, manutenção ou fornecimento dos equipamentos tecnológicos e da infraestrutura necessária e adequada à prestação do trabalho remoto, bem como ao reembolso de despesas arcadas pelo empregado, serão previstas em contrato escrito." (art. 75-D, *caput*, CLT).

Assertivas II e III: A Reforma Trabalhista permitiu que o empregado passe a trabalhar na condição de teletrabalhador desde que haja:

a) mútuo acordo entre as partes;

b) acordo escrito em aditivo contratual.

Em relação à alteração de teletrabalho para trabalho presencial, há novo caso de *jus variandi*, independendo de prévio acordo entre as partes, já que pode ser realizada por ato unilateral do empregador. Para essa alteração ser válida, é necessário o atendimento dos seguintes requisitos:

a) Prazo de transição mínimo de 15 dias: O empregador pode determinar unilateral a alteração do regime de teletrabalho para o presencial, mas deverá conceder o prazo mínimo de 15 dias para o trabalhador realizar a modificação.

b) Aditivo contratual.

Assertiva IV: "O empregador deverá instruir os empregados, de maneira expressa e ostensiva, quanto às precauções a tomar a fim de evitar doenças e acidentes de trabalho." (art. 75-E, *caput*, CLT).

Alternativa correta: "e".

61. (FCC – Técnico Judiciário – Área Administrativa – TRT 17/2022) A respeito do regime de teletrabalho previsto na CLT, considere:

I. Acordo individual poderá dispor sobre os horários e os meios de comunicação entre empregado e empregador, desde que assegurados os repousos legais.

II. O empregador não será responsável pelas despesas resultantes do retorno ao trabalho presencial, na hipótese de o empregado optar pela realização do teletrabalho ou trabalho remoto fora da localidade prevista no contrato, salvo disposição em contrário estipulada entre as partes.

III. Não fica permitida a adoção do regime de teletrabalho ou trabalho remoto para estagiários e aprendizes.

IV. O tempo de uso de equipamentos tecnológicos e de infraestrutura necessária, bem como de softwares, de ferramentas digitais ou de aplicações de internet utilizados para o teletrabalho, fora da jornada de trabalho normal do empregado não constitui tempo à disposição ou regime de prontidão ou de sobreaviso, exceto se houver previsão em acordo individual ou em acordo ou convenção coletiva de trabalho.

V. Ao contrato de trabalho do empregado admitido no Brasil que optar pela realização de teletrabalho fora do território nacional aplicar-se-á sempre a legislação brasileira.

Está correto o que se afirma APENAS em

(A) II, IV e V.

(B) I, III e IV.

(C) I, II e V.

(D) I, II e IV.

(E) III e V.

COMENTÁRIOS

Nota do autor: A Lei nº 14.442/2022 (fruto da conversão da MP nº 1.108, de 25 de março de 2022), dispõe sobre o pagamento de auxílio-alimentação e altera estruturalmente as regras relativas ao teletrabalho, alterando, até mesmo, o conceito de teletrabalho: "teletrabalho" ou "trabalho remoto" é a prestação de serviços fora das dependências do empregador, de maneira preponderante ou não, com a utilização de tecnologias de informação e de comunicação, que, por sua natureza, não se configure como trabalho externo (art. 75-B, da CLT). Apesar das alterações, a questão continua atualizada.

Assertiva I: "Acordo individual poderá dispor sobre os horários e os meios de comunicação entre empregado e empregador, desde que assegurados os repousos legais." (art. 75-B, § 9º, CLT).

Assertiva II: "O empregador não será responsável pelas despesas resultantes do retorno ao trabalho presencial, na hipótese de o empregado optar pela realização do teletrabalho ou trabalho remoto fora da localidade prevista no contrato, salvo disposição em contrário estipulada entre as partes." (art. 75-C, § 3º, CLT).

Assertiva III: "Fica permitida a adoção do regime de teletrabalho ou trabalho remoto para estagiários e aprendizes." (art. 75-B, § 6º, CLT).

Assertiva IV: "O tempo de uso de equipamentos tecnológicos e de infraestrutura necessária, bem como de softwares, de ferramentas digitais ou de aplicações de internet utilizados para o teletrabalho, fora da jornada de trabalho normal do empregado não constitui tempo à disposição ou regime de prontidão ou de sobreaviso, exceto se houver previsão em acordo individual ou em acordo ou convenção coletiva de trabalho." (art. 75-B, § 5º, CLT).

Assertiva V: "Ao contrato de trabalho do empregado admitido no Brasil que optar pela realização de teletrabalho fora do território nacional aplica-se a legislação brasileira, excetuadas as disposições constantes da Lei nº 7.064, de 6 de dezembro de 1982, salvo disposição em contrário estipulada entre as partes." (art. 75-B, § 8º, CLT).

Alternativa correta: "d".

62. (FCC – Técnico Judiciário – Área Administrativa – TRT 18/2023) Herculano foi contratado pelo Banco Rende Mais na condição de estagiário, para desenvolver e complementar seu aprendizado no curso de Administração de Empresas. Sobre o que prevê a Consolidação das Leis do Trabalho, Herculano

(A) não poderá prestar serviços em regime de teletrabalho, que é vedado aos estagiários, independente de acordo mútuo.

(B) poderá ser deslocado pelo empregador para o regime de teletrabalho, independente de acordo mútuo.

(C) poderá ser deslocado pelo empregador para o regime de teletrabalho, desde que haja acordo mútuo, não podendo ultrapassar de dois dias na semana nessa modalidade.

(D) não poderá prestar serviços em regime de teletrabalho, o qual é restrito a profissionais com vínculo empregatício.

(E) poderá ser deslocado pelo empregador para o regime de teletrabalho, desde que haja acordo mútuo, sem nenhuma restrição quanto à frequência.

COMENTÁRIOS

Nota do autor: A Lei nº 14.442/2022 (fruto da conversão da MP nº 1.108, de 25 de março de 2022), dispõe sobre o pagamento de auxílio-alimentação e altera estruturalmente as regras relativas ao teletrabalho, alterando, até mesmo, o conceito de teletrabalho: "teletrabalho" ou "trabalho remoto" é a prestação de serviços fora das dependências do empregador, de maneira preponderante ou não, com a utilização de tecnologias de informação e de comunicação, que, por sua natureza, não se configure como trabalho externo (art. 75-B, da CLT). Apesar das alterações, a questão continua atualizada.

Comentário serve para todas as alternativas, uma vez que versam sobre o mesmo assunto. A Reforma Trabalhista permitiu que o empregado passe a trabalhar na condição de teletrabalhador desde que haja:

> **a) mútuo acordo entre as partes;**
>
> **b) acordo escrito em aditivo contratual.**

Em relação à alteração de teletrabalho para trabalho presencial, há novo caso de *jus variandi*, independendo de prévio acordo entre as partes, já que pode ser realizada por ato unilateral do empregador. Para essa alteração ser válida, é necessário o atendimento dos seguintes requisitos:

> **a) Prazo de transição mínimo de 15 dias**: O empregador pode determinar unilateral a alteração do regime de teletrabalho para o presencial, mas deverá conceder o prazo mínimo de 15 dias para o trabalhador realizar a modificação.
>
> **b) Aditivo contratual.**

Por fim, importa assinalar que a Lei nº 14.442/2022 passou a permitir, expressamente, a adoção do teletrabalho por aprendizes e estagiários (art. 75-B, § 6º, CLT).

Alternativa correta: "e".

63. (FCC – Técnico Judiciário – Área Administrativa – TRT 9/2022) Dante foi contratado pela More Bem Incorporações Ltda. como analista financeiro, sem obrigatoriedade de exercer as funções nas dependências da empresa, e com utilização de tecnologias de informação e de comunicação na execução de seu trabalho.

Considerando as condições de trabalho pactuadas pelas partes,

(A) pode haver a alteração do regime de teletrabalho para o presencial por determinação da empregadora, garantido o prazo de transição mínimo de trinta dias, com correspondente registro em aditivo contratual.

(B) a empregadora deverá instruir Dante, de maneira expressa e ostensiva, quanto às precauções a tomar a fim de evitar doenças e acidentes de trabalho, devendo Dante assinar termo de responsabilidade assumindo o compromisso de seguir as instruções fornecidas pela empregadora.

(C) Dante deve suportar os custos pela aquisição, manutenção ou fornecimento dos equipamentos tecnológicos e da infraestrutura necessária e adequada à prestação do trabalho remoto.

(D) a empregadora deve reembolsar todas as despesas arcadas por Dante para a adequada prestação dos serviços.

(E) a empregadora não pode convocar Dante para reuniões ou outras atividades presenciais, sob pena de ser descaracterizado o regime de teletrabalho.

COMENTÁRIOS

Nota do autor: A Lei nº 14.442/2022 (fruto da conversão da MP nº 1.108, de 25 de março de 2022), dispõe sobre o pagamento de auxílio-alimentação e altera estruturalmente as regras relativas ao teletrabalho, alterando, até mesmo, o conceito de teletrabalho: "teletrabalho" ou "trabalho remoto" é a prestação de serviços fora das dependências do empregador, de maneira preponderante ou não, com a utilização de tecnologias de informação e de comunicação, que, por sua natureza, não se configure como trabalho externo (art. 75-B, da CLT). Apesar das alterações, a questão continua atualizada.

Alternativa "a": A Reforma Trabalhista permitiu que o empregado passe a trabalhar na condição de teletrabalhador desde que haja:

> **a) mútuo acordo entre as partes;**
>
> **b) acordo escrito em aditivo contratual.**

Em relação à alteração de teletrabalho para trabalho presencial, há novo caso de *jus variandi*, independendo de prévio acordo entre as partes, já que pode ser realizada por ato unilateral do empregador. Para essa alteração ser válida, é necessário o atendimento dos seguintes requisitos:

> **a) Prazo de transição mínimo de 15 dias**: O empregador pode determinar unilateral a alteração do regime de teletrabalho para o presencial, mas deverá conceder o prazo mínimo de 15 dias para o trabalhador realizar a modificação.
>
> **b) Aditivo contratual.**

Alternativa "b": "O empregador deverá instruir os empregados, de maneira expressa e ostensiva, quanto às precauções a tomar a fim de evitar doenças e acidentes de trabalho." (art. 75-E, *caput*, CLT).

Alternativas "c" e "d": "As disposições relativas à responsabilidade pela aquisição, manutenção ou fornecimento dos equipamentos tecnológicos e da infraestrutura necessária e adequada à prestação do trabalho remoto, bem como ao reembolso de despesas arcadas pelo empregado, serão previstas em contrato escrito." (art. 75-D, *caput*, CLT).

Alternativa "e": "O comparecimento, ainda que de modo habitual, às dependências do empregador para a realização de atividades específicas que exijam a presença do empregado no estabelecimento não descaracteriza o regime de teletrabalho ou trabalho remoto." (art. 75-B, § 1º, CLT).

Alternativa correta: "b".

64. (FCC – Técnico Judiciário – Área Administrativa – TRT 14/2022) Raio de Lua está trabalhando em regime de teletrabalho desde a pandemia de COVID-19. Sua empregadora, a Editora Página Virada, estuda o retorno ao trabalho presencial. Conforme dispõe a Consolidação das Leis do Trabalho, na situação descrita,

(A) deverá haver a concordância da empregada para o retorno presencial, sendo que a empresa deverá observar o prazo mínimo de 30 dias para a transição.

(B) independerá da anuência da empregada para o retorno presencial, sendo que a empresa deverá observar o prazo mínimo de 30 dias para a transição.

(C) deverá haver a concordância da empregada para o retorno presencial, sendo que a empresa deverá observar o prazo mínimo de 15 dias para a transição.

(D) deverá haver a concordância da empregada para o retorno presencial, sendo que a empresa deverá observar o prazo mínimo de 10 dias para a transição.

(E) independerá da anuência da empregada para o retorno presencial, sendo que a empresa deverá observar o prazo mínimo de 15 dias para a transição.

COMENTÁRIOS

Nota do autor: A Lei nº 14.442/2022 (fruto da conversão da MP nº 1.108, de 25 de março de 2022), dispõe sobre o pagamento de auxílio-alimentação e altera estruturalmente as regras relativas ao teletrabalho, alterando, até mesmo, o conceito de teletrabalho: "teletrabalho" ou "trabalho remoto" é a prestação de serviços fora das dependências do empregador, de maneira preponderante ou não, com a utilização de tecnologias de informação e de comunicação, que, por sua natureza, não se configure como trabalho externo (art. 75-B, da CLT). Apesar das alterações, a questão continua atualizada.

Comentário serve para todas as alternativas, uma vez que versam sobre o mesmo assunto. A Reforma Trabalhista permitiu que o empregado passe a trabalhar na condição de teletrabalhador desde que haja:

a) mútuo acordo entre as partes;

b) acordo escrito em aditivo contratual.

Em relação à alteração de teletrabalho para trabalho presencial, há novo caso de *jus variandi*, independendo de prévio acordo entre as partes, já que pode ser realizada por ato unilateral do empregador. Para essa alteração ser válida, é necessário o atendimento dos seguintes requisitos:

a) Prazo de transição mínimo de 15 dias: O empregador pode determinar unilateral a alteração do regime de teletrabalho para o presencial, mas deverá conceder o prazo mínimo de 15 dias para o trabalhador realizar a modificação.

b) Aditivo contratual.

Alternativa correta: "e".

65. (FCC – Analista Judiciário – Área Judiciária – TRT 5/2022) Considere as assertivas abaixo a respeito do regime de trabalho em tempo parcial.

I. por ser uma jornada especial, o regime de trabalho a tempo parcial é incompatível com a prorrogação de jornada.

II. a jornada máxima do empregado em regime de trabalho a tempo parcial será de 30 horas semanais, sem a possibilidade de horas suplementares semanais, ou de 26 horas semanais, com a possibilidade de até seis horas suplementares semanais.

III. na hipótese de o empregado sob regime de trabalho a tempo parcial realizar horas suplementares, estas poderão ser compensadas no prazo máximo de 30 dias.

IV. poderá o empregado sob regime de trabalho a tempo parcial converter até 1/3 das suas férias em abono pecuniário, mediante concordância do empregador.

Com base na Consolidação das Leis do Trabalho, está correto o que se afirma APENAS em

(A) III e IV.

(B) I.

(C) II, III e IV.

(D) I e III.

(E) II.

COMENTÁRIOS

Nota do autor: A questão aborda o tema trabalho por tempo parcial. Para respondê-la era necessário saber das alterações trazidas pela

Reforma Trabalhista. Não deixe de ler o art. 58-A da CLT!

Assertiva I: incorreta. Com a modificação do art. 58-A da CLT pela Reforma Trabalhista, passou-se a admitir a prestação de horas extras pelo empregado em regime de tempo parcial. Com a redação dada ao "caput" de referido artigo, foram previstas duas modalidades distintas de regime de tempo parcial:

> **a) Jornada de trabalho superior a 26 horas e limitada a 30 horas semanais:** Nessa hipótese, não é permitida a exigência de horas extras dos empregados.
>
> **b) Jornada de trabalho até 26 horas semanais:** Se previstas jornadas de até 26 horas semanais, é possível a prestação de até 6 horas extras semanais.

Assertiva II: correta. Conforme comentários acima, a assertiva está correta. Veja o que dispõe o texto legal:

> **Art. 58-A, CLT:** Considera-se trabalho em regime de tempo parcial aquele cuja duração não exceda a trinta horas semanais, sem a possibilidade de horas suplementares semanais, ou, ainda, aquele cuja duração não exceda a vinte e seis horas semanais, com a possibilidade de acréscimo de até seis horas suplementares semanais. (Redação dada pela Lei nº 13.467, de 2017)

Assertiva III: incorreta. Nos termos do § 5º do art. 58 A da CLT, as horas suplementares deverão ser compensadas até a semana imediatamente posterior à da sua execução:

> **Art. 58-A, § 5º, CLT:** As horas suplementares da jornada de trabalho normal poderão ser compensadas diretamente até a semana imediatamente posterior à da sua execução, devendo ser feita a sua quitação na folha de pagamento do mês subsequente, caso não sejam compensadas.

Assertiva IV: incorreta. Conforme § 6º do art. 58-A da CLT, "É facultado ao empregado contratado sob regime de tempo parcial converter um terço do período de férias a que tiver direito em abono pecuniário", não havendo a necessidade de concordância do empregador.

Alternativa correta: "e".

66. (FUMARC – Analista Judiciário – Área Judiciária – TRT 3/2022) Observando os termos da legislação vigente, é INCORRETO afirmar:

(A) Considera-se trabalho em regime de tempo parcial aquele cuja duração não exceda a trinta e duas horas semanais, sem a possibilidade de horas suplementares semanais, ou, ainda, aquele cuja duração não exceda a vinte e seis horas semanais, com a possibilidade de acréscimo de até seis horas suplementares semanais, observado o limite de trinta e duas horas.

(B) É facultado às partes, mediante acordo individual escrito, convenção coletiva ou acordo coletivo de trabalho, estabelecer horário de trabalho de doze horas seguidas por trinta e seis horas ininterruptas de descanso, observados ou indenizados os intervalos para repouso e alimentação.

(C) Nas atividades insalubres, quaisquer prorrogações só poderão ser acordadas mediante licença prévia das autoridades competentes em matéria de higiene do trabalho, as quais, para esse efeito, procederão aos necessários exames locais e à verificação dos métodos e processos de trabalho, quer diretamente, quer por intermédio de autoridades sanitárias federais, estaduais e municipais, com quem entrarão em entendimento para tal fim. Excetuam-se da exigência de licença prévia as jornadas de doze horas de trabalho por trinta e seis horas ininterruptas de descanso.

(D) O tempo despendido pelo empregado desde a sua residência até a efetiva ocupação do posto de trabalho e para o seu retorno, caminhando ou por qualquer meio de transporte, inclusive o fornecido pelo empregador, não será computado na jornada de trabalho, por não ser tempo à disposição do empregador.

(E) Ocorrendo necessidade imperiosa, poderá a duração do trabalho exceder do limite legal ou convencionado, seja para fazer face a motivo de força maior, seja para atender à realização ou conclusão de serviços inadiáveis ou cuja inexecução possa acarretar prejuízo manifesto.

COMENTÁRIOS

Nota do autor: A questão aborda diversos temas relacionados à Duração do Trabalho. Ainda, atente-se ao fato de que foi exigida a **alternativa incorreta**. Apesar disso, não era uma questão difícil, podendo ser respondida com o conhecimento da literalidade da CLT.

Alternativa "a": "Considera-se trabalho em regime de tempo parcial aquele cuja duração não exceda a trinta horas semanais, sem a possibilidade de horas suplementares semanais, ou, ainda, aquele cuja duração não exceda a vinte e seis horas semanais, com a possibilidade de acréscimo de até seis horas suplementares semanais." (art. 58-A, *caput*, CLT).

Alternativa "b": "Em exceção ao disposto no art. 59 desta Consolidação, é facultado às partes, mediante acordo individual escrito, convenção coletiva ou acordo coletivo de trabalho, estabelecer horário de trabalho de doze horas seguidas por trinta e seis horas ininterruptas de descanso, observados ou indenizados os intervalos para repouso e alimentação." (art. 59-A, *caput*, CLT). Nesse ponto, importante

QUESTÕES DE CONCURSOS

mencionar que no julgamento da ADI 5994/DF, finalizado em 03/07/2023, o STF considerou constitucional o art. 59-A da CLT, introduzido pela Reforma Trabalhista, que permite a pactuação da jornada 12 x 36 por acordo individual escrito entre empregado e empregador.

Alternativa "c": "Nas atividades insalubres, assim consideradas as constantes dos quadros mencionados no capítulo 'Da Segurança e da Medicina do Trabalho', ou que neles venham a ser incluídas por ato do Ministro do Trabalho, Industria e Comercio, quaisquer prorrogações só poderão ser acordadas mediante licença prévia das autoridades competentes em matéria de higiene do trabalho, as quais, para esse efeito, procederão aos necessários exames locais e à verificação dos métodos e processos de trabalho, quer diretamente, quer por intermédio de autoridades sanitárias federais, estaduais e municipais, com quem entrarão em entendimento para tal fim." (art. 60, *caput*, CLT). "Excetuam-se da exigência de licença prévia as jornadas de doze horas de trabalho por trinta e seis horas ininterruptas de descanso." (art. 60, parágrafo único, CLT).

Alternativa "d": "O tempo despendido pelo empregado desde a sua residência até a efetiva ocupação do posto de trabalho e para o seu retorno, caminhando ou por qualquer meio de transporte, inclusive o fornecido pelo empregador, não será computado na jornada de trabalho, por não ser tempo à disposição do empregador." (art. 5, § 2º, CLT).

Alternativa "e": "Ocorrendo necessidade imperiosa, poderá a duração do trabalho exceder do limite legal ou convencionado, seja para fazer face a motivo de força maior, seja para atender à realização ou conclusão de serviços inadiáveis ou cuja inexecução possa acarretar prejuízo manifesto." (art. 61, *caput*, CLT).

Alternativa incorreta: "a"

67. (FCC – Analista Judiciário – Oficial de Justiça Avaliador Federal – TRT 9/2022) Deonísio é eletricista e foi contratado por uma empresa de energia elétrica para trabalhar na manutenção das redes de transmissão de energia, cumprindo escala de doze horas de trabalho, seguidas por trinta e seis horas ininterruptas de descanso.

Considerando essas condições de trabalho,

(A) a escala de trabalho prevista somente será válida se constante em convenção coletiva ou acordo coletivo de trabalho.

(B) a remuneração mensal pactuada pelas partes para o cumprimento desta escala de trabalho abrange os pagamentos devidos pelo descanso semanal remunerado e pelo descanso em feriados.

(C) Deonísio tem direito ao adicional de periculosidade, no valor de 10%, 20% ou 40% do salário contratual, dependendo do grau de risco a que estará submetido na manutenção das redes de transmissão de energia.

(D) Deonísio tem direito ao adicional noturno, no valor de 30% sobre a hora diurna de trabalho, incidente em relação ao trabalho realizado entre 22 horas de um dia até às 5 horas do dia seguinte.

(E) a hora noturna será computada como 52 minutos e 30 segundos, sendo considerado noturno o trabalho realizado a partir das 21 horas e até às 5 horas do dia seguinte.

COMENTÁRIOS

Nota do autor: A questão aborda diversos temas do Direito Individual do Trabalho. Decidimos por mantê-la neste tópico, pois a alternativa correta aborda a jornada 12 x 36. A jornada 12 x 36, que é uma modalidade de compensação de jornada. Nesse sistema, o empregado trabalha além das 8 horas permitidas, ficando 12 horas prestando serviços. Por outro lado, goza de um descanso bastante prolongado de 36 horas consecutivas.

Alternativas "a" e "b". Antes da Reforma Trabalhista, não havia regulamentação na CLT sobre o tema. Para suprir essa lacuna do legislador, o TST "regulamentou" o tema. O regime 12 x 36 era admitido apenas excepcionalmente, por exemplo, nas atividades de vigilância e na área hospitalar. Aliás, para que fosse válido, era necessária a previsão em lei ou em instrumento coletivo (Súmula nº 444 do TST).

Com a Reforma Trabalhista, deu-se a regulamentação legal da jornada 12 x 36:

> **Art. 59-A, CLT (acrescentado pela Lei nº 13.467/2017).** Em exceção ao disposto no art. 59 desta Consolidação, é facultado às partes, mediante acordo individual escrito, convenção coletiva ou acordo coletivo de trabalho, estabelecer horário de trabalho de doze horas seguidas por trinta e seis horas ininterruptas de descanso, observados ou indenizados os intervalos para repouso e alimentação.
>
> Parágrafo único. A remuneração mensal pactuada pelo horário previsto no caput deste artigo abrange os pagamentos devidos pelo descanso semanal remunerado e pelo descanso em feriados, e serão considerados compensados os feriados e as prorrogações de trabalho noturno, quando houver, de que tratam o art. 70 e o § 5º do art. 73 desta Consolidação.

Diferentemente do estabelecido pelo TST, esse sistema pode ser estabelecido por:

> **a) acordo individual escrito**; e
>
> **b) instrumentos coletivos de trabalho** (convenção coletiva ou acordo coletivo de trabalho).

A novidade consistiu na possibilidade de empregado e empregador estabelecerem a jornada 12 x 36 por meio de **acordo individual escrito**. Portanto, a Reforma Trabalhista ampliou significativamente a possibilidade de ajuste individual entre empregado e empregador, podendo-se negociar livremente diversos pontos, entre eles essa jornada especial de 12 horas.

Aliás, nesse ponto, importante mencionar que no julgamento da ADI 5994/DF, finalizado em 03/07/2023, o STF considerou constitucional o art. 59-A da CLT, introduzido pela Reforma Trabalhista, que permite a pactuação da jornada 12 x 36 por acordo individual escrito entre empregado e empregador.

Alternativa "c". O pagamento dos adicionais de periculosidade e insalubridade tem previsão constitucional. De acordo com art. 7º, XXIII, da CF/88:

> **Art. 7º, XXIII, CF/88:** São direitos dos trabalhadores urbanos e rurais, além de outros que visem à melhoria de sua condição social: adicional de remuneração para as atividades penosas, insalubres ou perigosas, na forma da lei.

As atividades perigosas ocorrem quando se verifica a presença de risco acentuado na atividade desenvolvida pelo empregado. Assim, de acordo com a CLT, a atividade perigosa é aquela em que há contato permanente com explosivos, inflamáveis ou **energia elétrica** em condições de risco acentuado. A CLT foi alterada três vezes para incluir, como atividades perigosas, aquela desenvolvida por trabalhador em motocicleta ("motoboy"), os trabalhadores que estão sujeitos a roubos, violência física, como ocorre com os vigilantes e os seguranças, e também as atividades desempenhadas pelos agentes das autoridades de trânsito. O adicional de periculosidade é de **30% sobre o salário-base**, ou seja, o cálculo não leva em conta outros acréscimos. De acordo com o art. 193 da CLT:

> **Art. 193, CLT.** São consideradas atividades ou operações perigosas, na forma da regulamentação aprovada pelo Ministério do Trabalho e Emprego, aquelas que, por sua natureza ou métodos de trabalho, impliquem risco acentuado em virtude de exposição permanente do trabalhador a:
>
> I – inflamáveis, explosivos ou energia elétrica;
>
> II – roubos ou outras espécies de violência física nas atividades profissionais de segurança pessoal ou patrimonial.
>
> III – colisões, atropelamentos ou outras espécies de acidentes ou violências nas atividades profissionais dos agentes das autoridades de trânsito. (Incluído pela Lei nº 14.684, de 2023)
>
> § 1º O trabalho em condições de periculosidade assegura ao empregado um adicional de 30% (trinta por cento) sobre o salário sem os acréscimos resultantes de gratificações, prêmios ou participações nos lucros da empresa.
>
> § 2º O empregado poderá optar pelo adicional de insalubridade que porventura lhe seja devido.
>
> § 3º Serão descontados ou compensados do adicional outros da mesma natureza eventualmente já concedidos ao vigilante por meio de acordo coletivo.
>
> § 4º São também consideradas perigosas as atividades de trabalhador em motocicleta.
>
> § 5º O disposto no inciso I do caput deste artigo não se aplica às quantidades de inflamáveis contidas nos tanques de combustíveis originais de fábrica e suplementares, para consumo próprio de veículos de carga e de transporte coletivo de passageiros, de máquinas e de equipamentos, certificados pelo órgão competente, e nos equipamentos de refrigeração de carga

Alternativas "d" e "e". Considera-se noturno o trabalho executado entre as 22 horas de um dia e as 5 horas do dia seguinte[758]. Durante esse período, o empregado receberá adicional de, no mínimo, 20% sobre a hora diurna. Esse adicional possui natureza salarial, portanto reflete nas demais verbas trabalhistas. Por exemplo, o adicional noturno integra a base de cálculo das horas extras prestadas no período noturno[759].

Alternativa correta: "b".

68. (FCC – Analista Judiciário – Oficial de Justiça Avaliador Federal – TRT 22/2022) Quanto ao trabalho noturno, considerando a legislação e a jurisprudência dominante do TST, é INCORRETO:

(A) A hora do trabalho noturno do empregado urbano será computada como de 52 minutos e 30 segundos, quando o trabalho for executado entre as 22 horas de um dia e as 5 horas do dia seguinte.

758. **Orientação Jurisprudencial nº 60 da SDI-I do TST:** "I – A hora noturna no regime de trabalho no porto, compreendida entre dezenove horas e sete horas do dia seguinte, é de sessenta minutos."
759. **Orientação Jurisprudencial nº 97 da SDI-I do TST:** "O adicional noturno integra a base de cálculo das horas extras prestadas no período noturno."

(B) É devido o pagamento de adicional noturno relativo às horas prorrogadas em período diurno de jornada integralmente cumprida no período noturno.

(C) O adicional de periculosidade deve compor a base de cálculo do adicional noturno, já que também nesse horário o trabalhador permanece sob as condições de risco.

(D) O empregado submetido à jornada de 12 horas de trabalho por 36 de descanso, que compreenda a totalidade do período noturno, não tem direito ao adicional noturno relativo às horas trabalhadas após as 5 horas da manhã.

(E) A transferência do empregado para o período diurno de trabalho implica a perda do direito ao adicional noturno.

COMENTÁRIOS

Nota do autor: A questão aborda o tema adicional noturno. Segundo disposto na CF/88, é garantido ao trabalhador rural e urbano a remuneração do trabalho noturno superior à do diurno, o que constituirá objeto ilícito de acordo ou convenção coletiva (Art. 611-B, VI da CLT). Perceba que a questão pede que você assinale a alternativa **incorreta!** Na minha opinião, referida questão deveria ser anulada, pois adotada como alternativa correta posicionamento do TST superado pela Reforma Trabalhista. Contudo, a banca examinadora não anulou a questão e, por sua importância didática, decidi comentá-la.

Alternativa "a": De fato, a hora do trabalho noturno do empregado urbano, aquela relativa ao trabalho for executado entre as 22 horas de um dia e as 5 horas do dia seguinte, é reduzida (hora ficta) e será computada como de 52 minutos e 30 segundos. Veja a legislação sobre o tema:

> **Art. 73, CLT:** Salvo nos casos de revezamento semanal ou quinzenal, o trabalho noturno terá remuneração superior a do diurno e, para esse efeito, sua remuneração terá um acréscimo de 20 % (vinte por cento), pelo menos, sobre a hora diurna.
>
> § 1º A hora do trabalho noturno será computada como de 52 minutos e 30 segundos.
>
> § 2º Considera-se noturno, para os efeitos deste artigo, o trabalho executado entre as 22 horas de um dia e as 5 horas do dia seguinte.

Alternativa "b": A prorrogação do horário noturno ocorre quando houver a continuidade da prestação de serviços além do limite previsto em lei, ou seja, 5 horas da manhã. Nesse caso, o empregado continuará recebendo o adicional noturno e terá direito à hora reduzida:

> **Art. 73, § 5º, CLT:** Salvo Às prorrogações do trabalho noturno aplica-se o disposto neste capítulo.

Alternativa "c": "O adicional de periculosidade deve compor a base de cálculo do adicional noturno, já que também neste horário o trabalhador permanece sob as condições de risco." (Orientação Jurisprudencial nº 259 da SDI-1 do TST).

Alternativa "d": A alternativa trata sobre o horário misto. Ocorrerá o horário misto quando o empregado prestar serviços no período diurno e noturno. Exemplo: inicia o trabalho às 20 horas e vai até às 4 horas. Veja que nesse caso, o período entre 20 h e 22 h será pago como hora diurna. Ao ultrapassar as 22 horas, incide o adicional noturno e a redução da hora para 52 minutos e 30 segundos:

> **Súmula nº 60, II do TST:** Cumprida integralmente a jornada no período noturno e prorrogada esta, devido é também o adicional quanto às horas prorrogadas.

De acordo com o posicionamento do TST anterior à Reforma Trabalhista, persistia o pagamento do adicional noturno ao empregado que trabalhasse no sistema 12 x 36 no período noturno e continuasse prestando serviços após as 5 horas da manhã. Dessa forma, a alternativa em comento, conforme considerou a banca examinadora, estaria incorreta.

Contudo, com a alteração promovida pela Reforma Trabalhista, as prorrogações de horário noturno já são consideradas compensadas. Portanto, o empregado não terá direito ao adicional noturno e à hora reduzida caso preste serviços durante o período noturno e continue prestando após as 5 horas da manhã:

> **Art. 59-A, parágrafo único, CLT:** A remuneração mensal pactuada pelo horário previsto no caput deste artigo abrange os pagamentos devidos pelo descanso semanal remunerado e pelo descanso em feriados, e serão considerados compensados os feriados e as prorrogações de trabalho noturno, quando houver, de que tratam o art. 70 e o § 5º do art. 73 desta Consolidação.

Alternativa "e": "A transferência para o período diurno de trabalho implica a perda do direito ao adicional noturno" (Súmula nº 265 do TST).

Alternativa incorreta: "d".

69. (FCC – Analista Judiciário – Área Judiciária – TRT 7/2024) Vênus é empregada da Panificadora Pão Quentinho a Toda Hora, trabalhando na jornada diária das 7:00 às 12:30, de segunda a sexta-feira. A empresa não tem permitido à trabalhadora usufruir do seu intervalo legalmente previsto na Consolidação das Leis do Trabalho. Nessa situação, Vênus faz jus a

(A) quinze minutos diários de Intervalo como hora extra, acrescido do adicional de 50%, sem reflexos nas demais verbas do contrato de trabalho.

(B) uma hora diária de intervalo como hora extra, sem acréscimo do adicional de 50%, com reflexos nas demais verbas do contrato de trabalho.

(C) meia hora diária de intervalo como hora extra, acrescido do adicional de 50%, sem reflexos nas demais verbas do contrato de trabalho.

(D) quinze minutos diários de intervalo como hora extra, acrescido do adicional de 50%, com reflexos nas demais verbas do contrato de trabalho.

(E) meia hora diária de intervalo como hora extra, sem acréscimo de adicional 50%, com reflexos nas demais verbas do contrato de trabalho.

COMENTÁRIOS

Nota do autor: A questão trata do intervalo intrajornada. O intervalo intrajornada ocorre durante a jornada de trabalho. É o período destinado ao descanso e refeição. Em regra, os períodos destinados aos intervalos não são computados na jornada de trabalho, isto é, não são remunerados pelo empregador.

Alternativa correta: "a". *Comentário serve para todas as alternativas, uma vez que versam sobre o mesmo assunto.* Com a Reforma Trabalhista, o adicional pelo descumprimento do intervalo intrajornada mínimo passa a ter natureza indenizatória, devendo ser pago apenas do período suprimido, com acréscimo de 50% sobre o valor da remuneração da hora normal de trabalho, nos termos do art. 71, § 4º da CLT:

> **Art. 71, § 4º, CLT (com redação dada pela Reforma Trabalhista):** A não concessão ou a concessão parcial do intervalo intrajornada mínimo, para repouso e alimentação, a empregados urbanos e rurais, implica o pagamento, de natureza indenizatória, apenas do período suprimido, com acréscimo de 50% (cinquenta por cento) sobre o valor da remuneração da hora normal de trabalho.

Além disso, Tempo destinado ao intervalo para descanso e refeição:

a) **Jornada de até 4 horas:** não há previsão em lei de intervalo intrajornada.

b) **Jornada que excede 4 horas, com limite de 6 horas:** intervalo de 15 minutos. Se o empregador exigir horas extras habituais, excedendo a jornada de 6 horas diárias, deverá conceder intervalo mínimo de 1 hora.

c) **Jornada que excede 6 horas:** mínimo de 1 hora e máximo de 2 horas. Existe previsão no art. 71 da CLT de intervalo superior a 2 horas, mas haverá necessidade de acordo escrito ou prévia negociação coletiva (acordo ou convenção coletiva).

No caso apresentado, a jornada de Vênus é de 5h30 diárias, ultrapassando o limite de 4 horas previsto no § 1º do art. 71 da CLT, mas sem atingir 6 horas. Assim, ela faz jus ao intervalo mínimo de 15 minutos. Como esse intervalo não foi concedido, ela tem direito ao pagamento apenas dos 15 minutos suprimidos, acrescidos de 50%, conforme determina o § 4º do art. 71 da CLT. Por se tratar de verba indenizatória, não há reflexos em outras parcelas salariais, como férias, 13º ou FGTS.

70. (FCC – Analista Judiciário – Oficial de Justiça Avaliador Federal – TRT 17/2022) Ornela é atendente do Hospital Dores do Mundo, registrada em CTPS, trabalhando de segunda a sexta-feira, das 8:00 às 17:00 horas, usufruindo de 20 minutos de intervalo para refeição, em virtude de laborar sozinha na função. Nessa situação, com base no que prevê a CLT, Ornela faz jus a

(A) 40 minutos diários, pagos como indenização, com acréscimo de 50% sobre o valor da remuneração da hora normal.

(B) 1 hora diária, como indenização, com acréscimo de 50% sobre o valor da remuneração da hora normal.

(C) 40 minutos diários, com acréscimo de 50% sobre o valor da remuneração da hora normal, e reflexos nas demais verbas contratuais.

(D) 1 hora diária, sobre o valor da remuneração da hora normal, paga como indenização.

(E) 40 minutos diários, sobre o valor da remuneração da hora normal, com reflexos nas demais verbas contratuais.

COMENTÁRIOS

Nota do autor: A questão trata do intervalo intrajornada. O intervalo intrajornada ocorre durante a jornada de trabalho. É o período destinado ao descanso e refeição. Em regra, os períodos destinados aos intervalos não são computados na jornada de trabalho, isto é, não são remunerados pelo empregador.

▶ QUESTÕES DE CONCURSOS

Comentário serve para todas as alternativas, uma vez que versam sobre o mesmo assunto. Com a Reforma Trabalhista, o adicional pelo descumprimento do intervalo intrajornada mínimo passa a ter natureza indenizatória, devendo ser pago apenas do período suprimido, com acréscimo de 50% sobre o valor da remuneração da hora normal de trabalho, nos termos do art. 71, §4º da CLT:

> **Art. 71, § 4ª, CLT (com redação dada pela Reforma Trabalhista):** A não concessão ou a concessão parcial do intervalo intrajornada mínimo, para repouso e alimentação, a empregados urbanos e rurais, implica o pagamento, de natureza indenizatória, apenas do período suprimido, com acréscimo de 50% (cinquenta por cento) sobre o valor da remuneração da hora normal de trabalho.

Dessa forma, Ornela só fará jus ao período suprimido de 40 minutos diários, com acréscimo de 50% sobre o valor da hora normal de trabalho, que terá natureza indenizatória.

Alternativa correta: "a".

71. (FCC – Técnico Judiciário – Área Administrativa – TRT 9/2022) Em relação ao regramento legal que cuida do intervalo intrajornada para repouso e alimentação, considere:

I. Os intervalos para repouso e alimentação serão computados na jornada de trabalho.

II. O limite mínimo de 1 hora para repouso e alimentação poderá ser reduzido por negociação entre empregado e empregador, desde que formalizado em acordo escrito.

III. Para as jornadas de até 6 horas, o intervalo para repouso e alimentação será de 15 minutos.

IV. A não concessão ou a concessão parcial do intervalo intrajornada mínimo, para repouso e alimentação, implica o pagamento, de natureza indenizatória, apenas do período suprimido, com acréscimo de 50% sobre o valor da hora normal de trabalho.

Está correto o que se afirma APENAS em

(A) I e III.
(B) II.
(C) IV.
(D) I e II.
(E) III e IV.

COMENTÁRIOS

Nota do autor: A questão trata do intervalo intrajornada. O intervalo intrajornada ocorre durante a jornada de trabalho. É o período destinado ao descanso e refeição.

Assertiva I: Em regra, os períodos destinados aos intervalos não são computados na jornada de trabalho, isto é, não são remunerados pelo empregador (art. 71, § 2º, CLT).

Assertiva II: "A convenção coletiva e o acordo coletivo de trabalho têm prevalência sobre a lei quando, entre outros, dispuserem sobre: (...) intervalo intrajornada, respeitado o limite mínimo de trinta minutos para jornadas superiores a seis horas;" (art. 611-A, III, CLT),

Assertiva III: Essa assertiva gerou muita confusão entre os candidatos, considerando-a errada, assim como o fez a banca. Nos termos da legislação, "Não excedendo de 6 (seis) horas o trabalho, será, entretanto, obrigatório um intervalo de 15 (quinze) minutos quando a duração ultrapassar 4 (quatro) horas.". Assim, **não há obrigatoriedade** de conceção de intervalo de 15 (quinze) minutos em todas as jornadas de até 6 horas, mas tão somente àquelas superiores à 4h e inferiores a 6h. Logo, um empregado que trabalha 4 horas diárias não tem direito ao intervalo intrajornada.

Assertiva IV: Com a Reforma Trabalhista, o adicional pelo descumprimento do intervalo intrajornada mínimo passa a ter natureza indenizatória, devendo ser pago apenas do período suprimido, com acréscimo de 50% sobre o valor da remuneração da hora normal de trabalho, nos termos do art. 71, §4º da CLT:

> **Art. 71, § 4ª, CLT (com redação dada pela Reforma Trabalhista):** A não concessão ou a concessão parcial do intervalo intrajornada mínimo, para repouso e alimentação, a empregados urbanos e rurais, implica o pagamento, de natureza indenizatória, apenas do período suprimido, com acréscimo de 50% (cinquenta por cento) sobre o valor da remuneração da hora normal de trabalho.

Alternativa correta: "c".

72. (FCC – Técnico Judiciário – Área Administrativa – TRT 14/2022) Cícero é enfermeiro, registrado em CTPS, no Hospital e Maternidade Nossa Senhora do Bom Parto, laborando em jornada comum de 8 horas diárias. Por força da escassez de empregados, tem se visto obrigado a usufruir de apenas 20 minutos de intervalo para refeição, para poder retornar rapidamente ao local de trabalho. Conforme o que prevê a Consolidação das Leis do Trabalho, por essa situação peculiar em relação ao período de intervalo, Cícero faz jus ao pagamento de

(A) 40 minutos diários, com acréscimo de 50%, de forma indenizatória, sem quaisquer reflexos nas demais verbas contratuais.

(B) 1 hora diária, com acréscimo de 50%, de forma indenizatória, sem quaisquer reflexos nas demais verbas contratuais.

(C) 40 minutos diários, sem acréscimo de adicional, e com os devidos reflexos nas demais verbas contratuais.

(D) 30 minutos diários, com acréscimo de 50%, de forma indenizatória, sem quaisquer reflexos nas demais verbas contratuais.

(E) 1 hora diária, sem acréscimo de adicional, com os devidos reflexos nas demais verbas contratuais.

COMENTÁRIOS

Nota do autor: A questão trata do intervalo intrajornada. O intervalo intrajornada ocorre durante a jornada de trabalho. É o período destinado ao descanso e refeição. Em regra, os períodos destinados aos intervalos não são computados na jornada de trabalho, isto é, não são remunerados pelo empregador.

Comentário serve para todas as alternativas, uma vez que versam sobre o mesmo assunto. Com a Reforma Trabalhista, o adicional pelo descumprimento do intervalo intrajornada mínimo passa a ter natureza indenizatória, devendo ser pago apenas do período suprimido, com acréscimo de 50% sobre o valor da remuneração da hora normal de trabalho, nos termos do art. 71, §4º da CLT:

> **Art. 71, § 4ª, CLT (com redação dada pela Reforma Trabalhista):** A não concessão ou a concessão parcial do intervalo intrajornada mínimo, para repouso e alimentação, a empregados urbanos e rurais, implica o pagamento, de natureza indenizatória, apenas do período suprimido, com acréscimo de 50% (cinquenta por cento) sobre o valor da remuneração da hora normal de trabalho.

Dessa forma, Cícero só fará jus ao período suprimido de 40 minutos diários, com acréscimo de 50% sobre o valor da hora normal de trabalho, que terá natureza indenizatória.

Alternativa correta: "a".

73. (FGV – Analista Judiciário – Área Judiciária – TRT 13/2022) Cassandra foi contratada pela sociedade empresária Alfa Beta Ltda., localizada no Município de Bayeux/PB. No contrato escrito assinado por Cassandra ficou acertado o cumprimento da jornada de 2ª a 6ª feira, das 10h às 21h, com intervalo de 3 horas para refeição e, aos sábados, das 8h às 12h.

Considerando a pausa alimentar contratada e os termos da CLT, assinale a afirmativa correta.

(A) É inválido o intervalo, pois somente por acordo coletivo de trabalho se poderia fixar uma pausa alimentar superior a 2 horas.

(B) É válido o acordo escrito individual estipulando intervalo para refeição superior a 2 horas.

(C) Somente por convenção coletiva de trabalho se poderia fixar uma pausa alimentar superior a 2 horas, daí porque é inválido o acerto individual feito com Cassandra.

(D) A estipulação de intervalo intrajornada superior a 2 horas depende de autorização da Justiça do Trabalho.

(E) Se houver autorização prévia do Ministério do Trabalho e Previdência é possível fixar intervalo para refeição superior a 2 horas.

COMENTÁRIOS

Nota do autor: A questão trata do intervalo intrajornada e apresentava baixo grau de complexidade.

Comentário serve para todas as alternativas, uma vez que versam sobre o mesmo assunto. O intervalo intrajornada ocorre durante a jornada de trabalho. É o período destinado ao descanso e refeição. Em regra, os períodos destinados aos intervalos não são computados na jornada de trabalho, isto é, não são remunerados pelo empregador.

Tempo destinado ao intervalo para descanso e refeição:

> **a) Jornada de até 4 horas:** não há previsão em lei de intervalo intrajornada.
>
> **b) Jornada que excede 4 horas, com limite de 6 horas:** intervalo de 15 minutos. Se o empregador exigir horas extras habituais, excedendo a jornada de 6 horas diárias, deverá conceder intervalo mínimo de 1 hora.
>
> **c) Jornada que excede 6 horas:** mínimo de 1 hora e máximo de 2 horas. Existe previsão no art. 71 da CLT de intervalo superior a 2 horas, mas haverá necessidade de acordo escrito ou prévia negociação coletiva (acordo ou convenção coletiva).

Antes da Reforma Trabalhista, nem mesmo via negociação coletiva (convenção ou acordo coletivo) era possível reduzir os intervalos intrajornada. Desse modo, seria inválida a cláusula do acordo ou convenção coletiva que suprimisse ou reduzisse o intervalo para descanso e alimentação. É o que prevê a Súmula nº 437, II, do TST.

Ocorre que o art. 611-A, III da CLT, acrescentado pela Reforma Trabalhista prevê a possibilidade de

▶ QUESTÕES DE CONCURSOS

redução do intervalo intrajornada por meio de acordo ou convenção coletiva de trabalho desde que respeitado o limite mínimo de 30 minutos:

> **Art. 611-A da CLT** (acrescentado pela Reforma Trabalhista). A convenção coletiva e o acordo coletivo de trabalho têm prevalência sobre a lei quando, entre outros, dispuserem sobre:
>
> (...) III – intervalo intrajornada, respeitado o limite mínimo de trinta minutos para jornadas superiores a seis horas.

Alternativa correta: "b"

74. (FCC – Analista Judiciário – Área Judiciária – TRT 20/2024) Considerando as regras legais aplicáveis, em relação ao descanso semanal remunerado,

(A) sua concessão e pagamento são obrigatórios para os empregados que cumprem jornada de trabalho de 12 x 36.

(B) considera-se devida, para quem trabalha por dia, semana, quinzena ou mês, uma remuneração igual a um dia de trabalho, computadas as horas extraordinárias prestadas.

(C) sua concessão depende do cumprimento integral da jornada de trabalho durante a semana, ou seja, as faltas injustificadas do empregado ao serviço durante a semana implicam a perda do direito ao descanso.

(D) a redução de sua duração pode decorrer de negociação coletiva, com previsão expressa em convenção coletiva ou em acordo coletivo aplicável.

(E) sua concessão é obrigatória, sendo que se o empregado trabalhar no dia que corresponderia ao descanso semanal, O empregador deverá remunerar as horas trabalhadas nesse dia, acrescidas de 50%.

COMENTÁRIOS

Nota do autor: A questão aborda o descanso semanal remunerado.

Alternativa "a". Incorreta. Nos termos do art. 59-A, parágrafo único, da CLT, no regime de jornada 12x36, a remuneração mensal pactuada já abrange os valores referentes ao descanso semanal remunerado e aos feriados.

Alternativa "b". Correta. O art. 7º, "a", da Lei nº 605/49, estabelece que, para os trabalhadores que recebem por dia, semana, quinzena ou mês, a remuneração do descanso semanal corresponderá a um dia normal de serviço, e deverão ser computadas as horas extraordinárias habitualmente prestadas.

Alternativa "c". Incorreta. Os empregados que não cumprirem os requisitos anteriores perdem o direito apenas à remuneração. Contudo, o gozo do descanso semanal de 24 horas consecutivas fica mantido, ou seja, o repouso/descanso independe dos requisitos pontualidade e frequência.

Alternativa "d". Incorreta. O art. 611-B, IX, da CLT, veda expressamente que convenções ou acordos coletivos suprimam ou reduzam o repouso semanal remunerado, considerando essa cláusula como de objeto ilícito.

Alternativa "e". Incorreta. De acordo com a Súmula nº 146 do TST, o trabalho prestado em domingos e feriados não compensado deve ser remunerado em dobro, sem prejuízo do repouso semanal remunerado.

Alternativa correta: "b".

75. (FCC – Analista Judiciário – Área Judiciária – TRT 5/2022) Vênus é empregada na Clínica Veterinária Bicho Papão e, pela natureza da sua atividade, com frequência costuma trabalhar por diversos dias consecutivos sem repousar. Conforme orienta a jurisprudência dominante do Tribunal Superior do Trabalho, Vênus terá direito a pagamento

(A) com 50% de acréscimo do repouso semanal remunerado desde que este seja concedido após 6 dias consecutivos de trabalho.

(B) em dobro do repouso semanal remunerado desde que este seja concedido após 6 dias consecutivos de trabalho.

(C) em triplo do repouso semanal remunerado desde que este seja concedido após 7 dias consecutivos de trabalho.

(D) simples do repouso semanal remunerado desde que este seja concedido após 7 dias consecutivos de trabalho.

(E) em dobro do repouso semanal remunerado desde que este seja concedido após 7 dias consecutivos de trabalho.

COMENTÁRIOS

Nota do autor: A questão aborda o descanso semanal remunerado e exigia o conhecimento da jurisprudência do TST sobre o assunto.

Comentário serve para todas as alternativas, uma vez que versam sobre o mesmo assunto.

O descanso semanal remunerado (DSR), ou repouso semanal remunerado (RSR), está previsto no art. 7º, XV, da CF, sendo garantido aos empregados urbanos e rurais e aos trabalhadores avulsos.

Ainda, de acordo com o art. 611-B, IX, da CLT, acrescentado pela Reforma Trabalhista, constitui objeto ilícito de convenção e acordo coletivos de trabalho a supressão ou redução do descanso semanal remunerado.

Esse período é de, no mínimo, 24 horas consecutivas, e será concedido pelo menos uma vez por semana, preferencialmente aos domingos. Independentemente da jornada do empregado (mesmo que trabalhe 6 horas por dia), terá direito ao descanso de 24 horas consecutivas. Esse período de descanso corresponde a uma interrupção do contrato de trabalho, pois, embora não tenha prestação de serviços, há pagamento de salário.

"O trabalho não compensado prestado em domingos e feriados deve ser pago em dobro, sem prejuízo da remuneração relativa ao repouso semanal." (art. 2º, § 8º LC nº 150/2015). Nesse mesmo sentido:

Orientação Jurisprudencial nº 410 da SDI1 do TST: Repouso semanal remunerado. Concessão após o sétimo dia consecutivo de trabalho. Art. 7º, XV, da CF. Violação.

Viola o art. 7º, XV, da CF a concessão de repouso semanal remunerado após o sétimo dia consecutivo de trabalho, importando no seu pagamento em dobro.

Alternativa correta: "e".

76. (FGV – Técnico Judiciário – Área Administrativa – TRT 16/2022) Samuel trabalha num comércio estabelecido em Porto Franco/MA e cumpre jornada de 44 horas semanais divididas de 2ª feira a sábado.

Considerando o direito às pausas legais e ao repouso semanal remunerado, marque a opção que, de acordo com o entendimento consolidado pelo TST, traz o espaço de tempo que deve mediar 2 semanas de trabalho, ou seja, quanto tempo de descanso Samuel terá direito entre o término da jornada em uma semana e o início da jornada da semana seguinte.

(A) 11 horas.
(B) 24 horas.
(C) 35 horas.
(D) 12 horas.
(E) 48 horas.

COMENTÁRIOS

Nota do autor: A questão aborda o tema do descanso semanal remunerado. Ressalta-se que a redução ou supressão do descanso semanal remunerado constitui objeto ilícito de convenção e acordo coletivo de trabalho de acordo com o art. 611-B, IX, CLT – acrescentado pela Lei nº 13.467/2017 (Reforma Trabalhista).

Comentário serve para todas as alternativas, uma vez que versam sobre o mesmo assunto. Esse período é de, no mínimo, 24 horas consecutivas, e será concedido pelo menos uma vez por semana, **preferencialmente** aos domingos. Independentemente da jornada do empregado (mesmo que trabalhe 6 horas por dia), terá direito ao descanso de 24 horas consecutivas. Importante mencionar que não há prejuízo do intervalo de repouso diário de 11 horas (intervalo interjornada), totalizando **35 horas**. Esse período de descanso corresponde a uma interrupção do contrato de trabalho, pois, embora não tenha prestação de serviços, há pagamento de salário.

Alternativa correta: "c"

77. (FCC – Técnico Judiciário – Área Administrativa – TRT 17/2022) O restaurante de comida italiana Fa Benne pretende conceder férias ao seu empregado Sócrates, sendo que este solicitou o fracionamento do período, com o que anuiu o empregador. Nessa situação, com base no que prevê a CLT, esse fracionamento poderá se dar em até I períodos, sendo que um deles não poderá ser inferior a II dias, além do que as férias não poderão começar no período de III dias que antecede feriado.

As lacunas I, II e III devem ser preenchidas, correta e respectivamente, por:

(A) 4 12 - 2
(B) 3 - 10 - 3
(C) 2 - 15 - 4
(D) 4 - 12 - 3
(E) 3 14 - 2

COMENTÁRIOS

Nota do autor: Para que o empregado tenha direito às férias, é necessário que preste doze meses de serviços. Após esse período terá adquirido o direito de férias. Esse intervalo de doze meses para aquisição do direito de férias é chamado de período aquisitivo. Já o período concessivo corresponde aos 12 meses seguintes ao término do período aquisitivo, quando o empregador deverá conceder e remunerar as férias do empregado.

Comentário serve para todas as alternativas, uma vez que versam sobre o mesmo assunto. A Reforma Trabalhista trouxe inúmeras novidades no tocante às férias, sendo uma delas a possibilidade de fracionamento em até **3 períodos**, mediante concordância do empregado, sendo que um deles não pode ser inferior a **14 dias** e os demais não podem ser inferiores a 5 dias (art. 134, §1º da CLT – com redação dada pela Reforma Trabalhista). Além disso, nos termos do art. 134, §3º, CLT "É vedado o início das férias no período de **dois** dias que antecede feriado ou dia de repouso semanal remunerado".

Alternativa correta: "e"

78. (Cespe – Técnico Judiciário – Área Administrativa – TRT 8/2022) Manuel iniciou regularmente suas atividades laborais na empresa empregadora em 20/1/2020. Em 18/10/2021, ele foi comunicado de que gozaria férias entre 23/11/2021 e 22/12/2021. A remuneração de férias de Manuel foi creditada em sua conta em 20/11/2021.

Nessa situação hipotética, conforme as regras previstas na CLT,

A) o limite legal do período concessivo das férias não foi respeitado.

B) a concessão das férias foi irregular, pois o período aquisitivo não estava completo.

C) o prazo legal para o pagamento das férias não foi obedecido.

D) as férias foram gozadas dentro do período concessivo.

E) tanto o pagamento quanto a concessão das férias ocorreram em desacordo com os prazos previstos em lei.

COMENTÁRIOS

Nota do autor: O descanso durante o período de férias tem como objetivo evitar o cansaço excessivo e preservar a saúde do trabalhador. Nesse período de descanso prolongado, não há prestação de serviços, mas há pagamento de salário e o período de afastamento é contado para todos os efeitos. Corresponde, portanto, a uma hipótese de interrupção do contrato de trabalho. Esse direito tem previsão constitucional, art. 7º, XVII:

> **Art. 7º, XVII, CF/88:** São direitos dos trabalhadores urbanos e rurais, além de outros que visem à melhoria de sua condição social: gozo de férias anuais remuneradas com, pelo menos, um terço a mais do que o salário normal.

Comentário serve para todas as alternativas, uma vez que versam sobre o mesmo assunto. Para que o empregado tenha direito às férias, é necessário que preste doze meses de serviços. Após esse período terá adquirido o direito de férias. Esse intervalo de doze meses para aquisição do direito de férias é chamado de período aquisitivo. Já o **período concessivo corresponde aos 12 meses seguintes ao término do período aquisitivo, quando o empregador deverá conceder e remunerar as férias do empregado.** O período aquisitivo de Manuel se iniciou no dia 20/01/2020, estendendo-se até o dia 19/01/2021. Já seu período concessivo teve início no dia 20/01/2021, indo até o dia 19/01/2022. Como as férias foram gozadas entre 23/11/2021 e 22/12/2021, percebe-se que o usufruto do descanso anual se deu dentro do período concessivo.

Alternativa correta: "d".

79. (FCC – Analista Judiciário – Área Judiciária – TRT 9/2022) Joana foi contratada pela empresa ABC Ltda., em 03/05/2019, com salário inicial de R$ 2.000,00. Em dezembro de 2021, Joana passou a receber o salário de R$ 3.000,00, que vigorou até ser dispensada sem justa causa, em 24/06/2022. Durante o contrato de trabalho, Joana nunca gozou férias. Diante dos fatos apresentados, Joana tem direito ao recebimento de férias integrais

(A) simples, relativas ao período aquisitivo de 03/05/2020 a 02/05/2021 e de 03/05/2021 a 02/05/2022, calculadas com base no último salário de R$ 3.000,00.

(B) em dobro, dos períodos de 03/05/2019 a 02/05/2020 e de 03/05/2020 a 02/05/2021, e de forma simples, relativa ao período aquisitivo 03/05/2021 a 02/05/2022, calculadas com base no último salário de R$ 3.000,00.

(C) em dobro, apenas do período de 03/05/2019 a 02/05/2020, calculada com base no salário de R$ 2.000,00.

(D) simples, relativas ao período aquisitivo 03/05/2021 a 02/05/2022, calculada com base na média salarial do período aquisitivo.

(E) em dobro de todo o período trabalhado, inclusive as férias proporcionais devidas, calculadas com base no salário do período aquisitivo respectivo.

COMENTÁRIOS

Nota do autor: O descanso durante o período de férias tem como objetivo evitar o cansaço excessivo e preservar a saúde do trabalhador. Nesse período de descanso prolongado, não há prestação de serviços, mas há pagamento de salário e o período de afastamento é contado para todos os efeitos. Corresponde, portanto, a uma hipótese de interrupção do contrato de trabalho. Esse direito tem previsão constitucional, art. 7º, XVII:

> **Art. 7º, XVII, CF/88:** São direitos dos trabalhadores urbanos e rurais, além de outros que visem à melhoria de sua condição social: gozo de férias anuais remuneradas com, pelo menos, um terço a mais do que o salário normal.

QUESTÕES DE CONCURSOS

Comentário serve para todas as alternativas, uma vez que versam sobre o mesmo assunto. Para que o empregado tenha direito às férias, é necessário que preste doze meses de serviços. Após esse período terá adquirido o direito de férias. Esse intervalo de doze meses para aquisição do direito de férias é chamado de **período aquisitivo**.

Já o **período concessivo**, que é o ato exclusivo de o empregador, representa o período de 12 meses subsequentes ao aquisitivo, no qual o empregador deverá determinar quando o trabalhador terá direito a gozar de suas férias, conforme art. 134 da CLT:

> **Art. 134, CLT:** As férias serão concedidas por ato do empregador, em um só período, nos 12 (doze) meses subsequentes à data em que o empregado tiver adquirido o direito.

Se as férias não forem concedidas dentro desse prazo, o empregador é obrigado a pagar as **férias em dobro**.

Mesmo que ultrapassados apenas alguns dias[760] do término do período concessivo, haverá dobra salarial nesses dias que extrapolaram o prazo de doze meses.

Dessa forma, no caso de Joana, as férias dos períodos de 03/05/2019 a 02/05/2020 e de 03/05/2020 a 02/05/2021 serão remuneradas em dobro, pois não concedidas dentro de seus respectivos períodos concessivos. Já as férias relativas ao período aquisitivo 03/05/2021 a 02/05/2022 serão remuneradas de forma simples, calculadas com base no último salário de R$ 3.000,00, pois, ao tempo do desligamento da trabalhadora, ainda não havia findado o referido período concessivo.

Alternativa correta: "b".

80. (FCC – Analista Judiciário – Área Judiciária – TRT 22/2022) Marcelo está estudando para um concurso e, sobre o tema Férias, ele aprendeu que no curso do período aquisitivo o empregado não adquire o direito ao gozo de férias, nos termos da CLT, quando

(A) tiver sido afastado somente por motivo de acidente de trabalho, recebendo benefícios previdenciários por mais de 6 meses, em período contínuo.

(B) optar por converter suas férias em abono pecuniário.

(C) tiver sido afastado por motivo de auxílio-doença ou de acidente de trabalho, recebendo benefícios previdenciários por mais de 6 meses, embora descontínuos.

(D) tiver 30 faltas injustificadas.

(E) gozar de licença remunerada por mais de 90 dias.

COMENTÁRIOS

Nota do autor: A questão aborda o tema férias, bastando, para respondê-la, o conhecimento dos dispositivos da CLT, que tratam do assunto. Este tema é muito recorrente em provas, não deixe de memorizar o prazo das férias em razão das faltas do empregado, nos termos da tabela abaixo.

Alternativas "a" e "e". "Art. 133 - Não terá direito a férias o empregado que, no curso do período aquisitivo: (...) IV - tiver percebido da Previdência Social prestações de acidente de trabalho **ou de auxílio-doença** por mais de 6 (seis) meses, embora descontínuos." (art. 133, IV, CLT – grifos acrescidos).

Alternativa "b". "É facultado ao empregado **converter 1/3 (um terço) do período de férias a que tiver direito em abono pecuniário**, no valor da remuneração que lhe seria devida nos dias correspondentes." (Art. 143, *caput*, CLT – grifos acrescidos).

Alternativa "d". A duração das férias está intimamente ligada às faltas injustificadas cometidas pelo empregado ao longo do período aquisitivo. A proporção de faltas e do período de descanso está prevista no art. 130 da CLT, conforme demonstrado a seguir:

Duração das férias do empregado (art. 130)	
Número de faltas	**Dias de Férias**
Até 5 faltas	30 dias
6 a 14 faltas	24 dias
15 a 23 faltas	18 dias
24 a 32 faltas	12 dias
Acima de 32 faltas	Não há férias a usufruir

Alternativa "e". "Art. 133 - Não terá direito a férias o empregado que, no curso do período aquisitivo: (...) II - permanecer em gozo de licença, com percepção de salários, **por mais de 30 (trinta) dias**;" (art. 133, II, CLT – grifos acrescidos).

Alternativa correta: "c"

760. **Súmula nº 81 do TST:** "Os dias de férias gozados após o período legal de concessão deverão ser remunerados em dobro".

QUESTÕES DE CONCURSOS

81. (FCC – Técnico Judiciário – Área Administrativa – TRT 9/2022) Em 15/06/2022 (4a feira), o empregador comunicou Felícia que suas férias seriam fracionadas em três períodos de dez dias cada, sendo que o primeiro período iniciaria em 01/07/2022 (6a feira). De acordo com as regras legais sobre férias,

(A) em caso de fracionamento das férias em três períodos, a concessão de cada período não pode ultrapassar o prazo de 90 dias após a concessão do período anterior.

(B) no caso de Felícia o gozo não pode iniciar em 01/07/2022, pois é vedado o início das férias no período de dois dias que antecede dia de repouso semanal remunerado.

(C) estas somente podem ser fracionadas em três períodos desde que haja concordância do empregado, sendo que a este cabe definir a duração de cada um dos períodos.

(D) as mesmas são concedidas por ato do empregador, devendo sua concessão ser participada ao empregado, ainda que verbalmente, com antecedência de 30 dias.

(E) mesmo havendo concordância do empregado com o fracionamento das férias em três períodos, um deles não pode ser inferior a 20 dias.

COMENTÁRIOS

Nota do autor: Para que o empregado tenha direito às férias, é necessário que preste doze meses de serviços. Após esse período terá adquirido o direito de férias. Esse intervalo de doze meses para aquisição do direito de férias é chamado de período aquisitivo. Já o período concessivo corresponde aos 12 meses seguintes ao término do período aquisitivo, quando o empregador deverá conceder e remunerar as férias do empregado.

Alternativas "a", "c" e "e": A Reforma Trabalhista alterou a redação do § 1º do art. 134 da CLT, e passou a permitir o fracionamento das férias do empregado sem o caráter excepcional previsto na redação anterior do dispositivo. Para isso, foram estabelecidos alguns requisitos necessários ao parcelamento:

a) Concordância do empregado: Para o fracionamento das férias individuais, é exigido que o empregado concorde com a medida.

b) Fracionamento em até três períodos: Diferentemente do modelo anterior, as férias podem ser fracionadas em até três períodos, sem necessidade de justificativa. Basta a concordância de empregado e empregador. Note-se, portanto, que a lei não exige obrigatoriamente a concessão em 3 vezes das férias, podendo ser concedida em um ou dois períodos.

c) Um dos períodos não pode ser inferior a 14 dias corridos e os demais não podem ser inferiores a 5 dias corridos.

Alternativa "b": "É **vedado** o início das férias no período de dois dias que antecede feriado ou dia de repouso semanal remunerado." (Art. 134, §3º da CLT).

Alternativa "d": "A concessão das férias será participada, **por escrito**, ao empregado, com antecedência de, no mínimo, 30 (trinta) dias. Dessa participação o interessado dará recibo." (Art. 135 da CLT).

Alternativa correta: "b".

82. **(FCC – Técnico Judiciário – Área Administrativa – TRT 9/2022)** Em 15/06/2022 (4a feira), o empregador comunicou Felícia que suas férias seriam fracionadas em três períodos de dez dias cada, sendo que o primeiro período iniciaria em 01/07/2022 (6a feira). De acordo com as regras legais sobre férias,

(A) em caso de fracionamento das férias em três períodos, a concessão de cada período não pode ultrapassar o prazo de 90 dias após a concessão do período anterior.

(B) no caso de Felícia o gozo não pode iniciar em 01/07/2022, pois é vedado o início das férias no período de dois dias que antecede dia de repouso semanal remunerado.

(C) estas somente podem ser fracionadas em três períodos desde que haja concordância do empregado, sendo que a este cabe definir a duração de cada um dos períodos.

(D) as mesmas são concedidas por ato do empregador, devendo sua concessão ser participada ao empregado, ainda que verbalmente, com antecedência de 30 dias.

(E) mesmo havendo concordância do empregado com o fracionamento das férias em três períodos, um deles não pode ser inferior a 20 dias.

COMENTÁRIOS

Nota do autor: Para que o empregado tenha direito às férias, é necessário que preste doze meses de serviços. Após esse período terá adquirido o direito de férias. Esse intervalo de doze meses para aquisição do direito de férias é chamado de período aquisitivo. Já o período concessivo corresponde aos 12 meses seguintes ao término do período aquisitivo, quando o empregador deverá conceder e remunerar as férias do empregado.

Alternativas "a", "c" e "e": A Reforma Trabalhista alterou a redação do § 1º do art. 134 da CLT, e passou a permitir o fracionamento das férias do empregado sem o caráter excepcional previsto na redação anterior do dispositivo. Para isso, foram estabelecidos alguns requisitos necessários ao parcelamento:

a) Concordância do empregado: Para o fracionamento das férias individuais, é exigido que o empregado concorde com a medida.

b) Fracionamento em até três períodos: Diferentemente do modelo anterior, as férias podem ser fracionadas em até três períodos, sem necessidade de justificativa. Basta a concordância de empregado e empregador. Note-se, portanto, que a lei não exige obrigatoriamente a concessão em 3 vezes das férias, podendo ser concedida em um ou dois períodos.

c) Um dos períodos não pode ser inferior a 14 dias corridos e os demais não podem ser inferiores a 5 dias corridos.

Alternativa "b": "É **vedado** o início das férias no período de dois dias que antecede feriado ou dia de repouso semanal remunerado." (Art. 134, §3º da CLT).

Alternativa "d": "A concessão das férias será participada, **por escrito**, ao empregado, com antecedência de, no mínimo, 30 (trinta) dias. Dessa participação o interessado dará recibo." (Art. 135 da CLT).

Alternativa correta: "b".

83. (FCC – Técnico Judiciário – Área Administrativa – TRT 14/2022) O Restaurante Pé de Jaboticaba vai determinar o período de férias de Vênus, relativo ao período aquisitivo 2021/2022. Na observância da marcação, o empregador deverá se atentar, com base na Consolidação das Leis do Trabalho, para que as férias não se inicie no período de I que antecede feriado ou dia de repouso semanal remunerado, devendo participar a empregada com antecedência mínima de II.

As lacunas I e II devem ser preenchidas, correta e respectivamente, com

(A) 2 dias - - 15 dias.
(B) 3 dias - - 30 dias.
(C) 2 dias - - 30 dias.
(D) 5 dias - - 15 dias.
(E) 1 dia - - 60 dias.

COMENTÁRIOS

Nota do autor: Para que o empregado tenha direito às férias, é necessário que preste doze meses de serviços. Após esse período terá adquirido o direito de férias. Esse intervalo de doze meses para aquisição do direito de férias é chamado de período aquisitivo. Já o período concessivo corresponde aos 12 meses seguintes ao término do período aquisitivo, quando o empregador deverá conceder e remunerar as férias do empregado.

Comentário serve para todas as alternativas, uma vez que versam sobre o mesmo assunto. Para responder a questão, bastava o conhecimento de 2 dispositivos da CLT:

> **Art. 134, §3º da CLT:** É vedado o início das férias no período de **dois** dias que antecede feriado ou dia de repouso semanal remunerado.
>
> **Art. 135 da CLT:** A concessão das férias será participada, por escrito, ao empregado, com antecedência de, no mínimo, **30** (trinta) dias. Dessa participação o interessado dará recibo.

Alternativa correta: "b".

84. (FCC – Técnico Judiciário – Área Administrativa – TRT 18/2023) Platão, 55 anos de idade, analista de sistemas na empresa Atlântida Serviços Tecnológicos Ltda., registrado em Carteira de Trabalho e Previdência Social (CTPS), pretende acordar com seu empregador o fracionamento das suas próximas férias. Com base no que prevê a Consolidação das Leis do Trabalho,

(A) o empregador não poderá concordar com a proposta de Platão porque as férias dos empregados com mais de 50 anos deverão ser concedidas de uma única vez.

(B) será permitido o fracionamento apenas em até dois períodos de 15 dias, eis que Platão possui mais de 50 anos.

(C) poderá haver o fracionamento em até três períodos, sendo que um deles não poderá ser inferior a quatorze dias corridos e os demais não poderão ser inferiores a cinco dias corridos, cada um.

(D) será permitido o fracionamento apenas em até dois períodos, sendo um não inferior a 20 dias, eis que Platão possui mais de 50 anos.

(E) poderá haver o fracionamento em até três períodos, sendo que um deles não poderá ser inferior a quinze dias corridos e os demais não poderão ser inferiores a cinco dias corridos, cada um.

COMENTÁRIOS

Nota do autor: A questão exigia que o candidato dominasse o tema férias, inclusive com as alterações trazidas pela Reforma Trabalhista

Comentário serve para todas as alternativas, uma vez que versam sobre o mesmo assunto. De acordo com a redação antiga do § 2º do art. 134 da CLT, era proibido o fracionamento das férias dos empregados menores de 18 anos e maiores de 50 anos. Portanto, para esses trabalhadores, as férias deveriam ser concedidas em uma única vez. Referido dispositivo foi revogado pela

Reforma Trabalhista e o fracionamento das férias em até **3 períodos**, mediante concordância do empregado, sendo que um deles não pode ser inferior a **14 dias** e os demais não podem ser inferiores a 5 dias (art. 134, §1º da CLT) passa a ser permitido a todos os empregados indistintamente.

Alternativa correta: "c"

85. (FUMARC – Analista Judiciário – Área Judiciária – TRT 3/2022) NÃO terá direito às férias o empregado que, no curso do período aquisitivo,

(A) deixar de trabalhar, com percepção do salário, por até de 15 (quinze) dias, em virtude de paralisação parcial ou total dos serviços da empresa.

(B) deixar o emprego e não for readmitido dentro de 60 (sessenta) dias subsequentes à sua saída.

(C) faltar por 10 (dez) dias ou mais, de forma injustificada.

(D) permanecer em gozo de licença, com percepção de salários, por até 30 (trinta) dias.

(E) tiver percebido da Previdência Social prestações de auxílio-doença por mais de 6 (seis) meses, embora descontínuos, salvo se o motivo do afastamento decorrer de acidente de trabalho.

COMENTÁRIOS

Nota do autor: A questão é considerada de nível fácil, bastando o conhecimento do exposto no art. 130 da CLT.

Comentário serve para todas as alternativas, uma vez que versam sobre o mesmo assunto. O descanso durante o período de férias tem como objetivo evitar o cansaço excessivo e preservar a saúde do trabalhador. Nesse período de descanso prolongado, não há prestação de serviços, mas há pagamento de salário e o período de afastamento é contado para todos os efeitos. Corresponde, portanto, a uma hipótese de interrupção do contrato de trabalho. Esse direito tem previsão constitucional, art. 7º, XVII:

> **Art. 7º, XVII, CF/88:** São direitos dos trabalhadores urbanos e rurais, além de outros que visem à melhoria de sua condição social: gozo de férias anuais remuneradas com, pelo menos, um terço a mais do que o salário normal.

A duração das férias está intimamente ligada às faltas injustificadas cometidas pelo empregado ao longo do período aquisitivo. A proporção de faltas e do período de descanso está prevista no art. 130 da CLT, conforme demonstrado a seguir:

Duração das férias do empregado (art. 130)	
Número de faltas	**Dias de Férias**
Até 5 faltas	**30 dias**
6 a 14 faltas	24 dias
15 a 23 faltas	18 dias
24 a 32 faltas	12 dias
Acima de 32 faltas	Não há férias a usufruir

Ainda, o art. 133 da CLT elenca situações em que o empregado perde o direito às férias:

> **Art. 133, CLT:** Não terá direito a férias o empregado que, no curso do período aquisitivo:
>
> **I - deixar o emprego e não for readmitido dentro de 60 (sessenta) dias subseqüentes à sua saída;** (grifos acrescidos)
>
> II - permanecer em gozo de licença, com percepção de salários, por mais de 30 (trinta) dias;
>
> III - deixar de trabalhar, com percepção do salário, por mais de 30 (trinta) dias, em virtude de paralisação parcial ou total dos serviços da empresa; e
>
> IV - tiver percebido da Previdência Social prestações de acidente de trabalho ou de auxílio-doença por mais de 6 (seis) meses, embora descontínuos.

Alternativa correta: "b".

86. (FCC – Analista Judiciário – Área Judiciária – TRT 15/2018) Robson foi contratado pela empresa International Meal do Brasil Ltda. em regime de trabalho de tempo parcial, com duração de 20 horas semanais. Durante os últimos seis meses de trabalho, Robson fez 6 horas extras semanais. Robson requereu a seu empregador, 15 dias antes do término do período aquisitivo, a conversão de um terço do período de férias em abono pecuniário, o que foi recusado pelo empregador, sob a alegação de ser incabível o abono de férias nos contratos de trabalho em regime de tempo parcial. Em relação a essa situação,

(A) Robson não poderia ter feito horas extras, tendo em vista que as mesmas são vedadas nessa modalidade de contratação.

(B) as horas extras somente poderiam ter sido prestadas se a jornada semanal fosse de 26 horas.

(C) as horas extras deverão ser pagas com o acréscimo de 50% sobre o salário-hora normal, não havendo nessa modalidade de contratação a possibilidade de compensação.

(D) o abono de férias somente pode ser concedido, a requerimento do empregado, quando as férias tiverem duração de trinta dias, o que não ocorre no regime de trabalho de tempo parcial.

(E) é facultado ao empregado contratado sob regime de tempo parcial converter um terço do período de férias a que tiver direito em abono pecuniário.

▶ QUESTÕES DE CONCURSOS

COMENTÁRIOS

Nota do autor: a questão aborda o tema trabalho por tempo parcial. Para respondê-la era necessário estar por dentro das novidades trazidas pela Reforma Trabalhista. Não deixe de ler o art. 58-A da CLT!

Alternativa correta: "e". Com o advento da Reforma Trabalhista, o empregado submetido a regime de tempo parcial poderá converter 1/3 de férias em abono pecuniário, nos termos do art. 58-A, §6º da CLT:

> **Art. 58-A da CLT (com redação dada pela Reforma Trabalhista).** (...) § 6º É facultado ao empregado contratado sob regime de tempo parcial converter um terço do período de férias a que tiver direito em abono pecuniário.

Alternativa "a". Com a modificação do art. 58-A da CLT pela Reforma Trabalhista, passou-se a admitir a prestação de horas extras pelo empregado em regime de tempo parcial. Com a nova redação dada ao "caput" de referido artigo, foram previstas duas modalidades distintas de regime de tempo parcial:

> **a) Jornada de trabalho superior a 26 horas e limitada a 30 horas semanais:** Nessa hipótese, não é permitida a exigência de horas extras dos empregados.
>
> **b) Jornada de trabalho até 26 horas semanais:** Se previstas jornadas de até 26 horas semanais, é possível a prestação de até 6 horas extras semanais.

Assim, como Robson está sujeito a jornada de 20 horas semanais, seria possível a prestação de até 6 horas extras semanais.

Alternativa "b". A prestação de horas extras no regime de tempo parcial é possível caso a jornada seja inferior a 26 horas semanais:

> **Art. 58-A, § 4º da CLT:** Na hipótese de o contrato de trabalho em regime de tempo parcial ser estabelecido em número inferior a vinte e seis horas semanais, as horas suplementares a este quantitativo serão consideradas horas extras para fins do pagamento estipulado no § 3o, estando também limitadas a seis horas suplementares semanais.

Alternativa "c". De acordo com o novo § 3º inserido no art. 58-A da CLT, as horas extras prestadas em regime de tempo parcial devem ser remuneradas com adicional de 50% sobre o salário-hora normal.

Ainda, de acordo com o § 5º do art. 58-A da CLT, as horas extras realizadas em regime de tempo parcial **poderão ser compensadas** até a semana imediatamente posterior à sua execução. Portanto, se o empregado prestar horas extras em uma terça-feira, terá até a terça-feira seguinte para compensar essas horas suplementares. O limite para a compensação também deve ser limitado a 6 horas extras semanais.

Alternativa "d". A Reforma Trabalhista revogou o art. 130-A da CLT e estabeleceu que as férias do empregado em regime de tempo parcial sujeitam-se à mesma duração dos demais empregados. A duração das férias estará intimamente ligada às faltas injustificadas cometidas pelo empregado ao longo do período aquisitivo. A proporção de faltas e do período de descanso está prevista no art. 130 da CLT, conforme demonstrado a seguir:

DURAÇÃO DAS FÉRIAS DO EMPREGADO (ART. 130)	
Número de faltas	**Dias de Férias**
Até 5 faltas	30 dias
6 a 14 faltas	24 dias
15 a 23 faltas	18 dias
24 a 32 faltas	12 dias
Acima de 32 faltas	Não há férias a usufruir

87. (FCC – Analista Judiciário – Área Administrativa – TRT 2/2018) Considere as seguintes hipóteses:

I. Trabalho de 28 horas semanais, sem a possibilidade de horas suplementares semanais.

II. Trabalho de 30 horas semanais, com a possibilidade de horas suplementares semanais.

III. Trabalho de 25 horas semanais, com a possibilidade de acréscimo de até seis horas suplementares semanais.

IV. Trabalho de 27 horas semanais, com a possibilidade de acréscimo de até seis horas suplementares semanais.

De acordo com a Consolidação das Leis do Trabalho, consideram-se trabalho em regime de tempo parcial aqueles indicados APENAS em

(A) III e IV.
(B) I e II.
(C) I e III.
(D) I, II e IV.
(E) II, III e IV.

COMENTÁRIOS

Nota do autor: O regime de tempo parcial foi criado como forma de incentivar o aumento dos postos de trabalho. Além disso, a remuneração dos empregados submetidos a essa jornada reduzida será proporcional à remuneração recebida pelos empregados que cumprem, nas mesmas funções, tempo integral. Com a Reforma Trabalhista, será considerado trabalho em regime de tempo parcial o que não exceder a 30 horas semanais, quando não poderão ser prestadas horas extras ou 26 horas semanais, em que se possibilitará o acréscimo de até 6 horas suplementares semanais. Note-se que mesmo que estipulada por tempo inferior a 26 horas, as horas suplementares serão consideradas horas extras.

Alternativa correta: "c". Está correto o que se afirma nos itens I e III.

Assertiva I. Correta. O trabalho acima de 26 horas semanais impede a prestação de horas extras (Art. 58-A, caput da CLT).

Assertiva II. Incorreta. O trabalho de 30 horas semanais impede a prestação de horas extras semanais (Art. 58-A, caput da CLT).

Assertiva III. Correta. O trabalho de até 26 horas semanais permite a realização de horas suplementares semanais de até seis horas suplementares semanais (Art. 58-A da CLT). Assim, como a jornada referida é de 25 horas semanais, é possível que o trabalhador preste até 6 horas horas.

Assertiva IV. Incorreta. O trabalho acima de 26 horas semanais impede a prestação de horas extras (Art. 58-A, caput da CLT).

88. (FCC – Analista Judiciário – Área Judiciária – TRT 2/2018) Acerca do teletrabalho, de acordo com a legislação vigente,

(A) somente dependerão de previsão em contrato escrito as disposições relativas ao reembolso de despesas arcadas pelo empregado, podendo aquelas que dizem respeito à responsabilidade pela aquisição, manutenção ou fornecimento dos equipamentos tecnológicos e da infraestrutura necessária e adequada à prestação do trabalho remoto ser negociadas por qualquer meio, inclusive verbalmente.

(B) considera-se teletrabalho a prestação de serviços realizada integralmente fora das dependências do empregador, com a utilização de tecnologias de informação e de comunicação, ainda que possa, por sua natureza, ser considerada como trabalho externo.

(C) o comparecimento às dependências do empregador para a realização de atividades específicas que exijam a presença do empregado no estabelecimento descaracteriza por completo o regime de teletrabalho.

(D) a prestação de serviços na modalidade de teletrabalho deverá constar expressamente do contrato individual de trabalho, que especificará as atividades que serão realizadas pelo empregado.

(E) o empregador, a seu exclusivo critério, poderá instruir os empregados, de maneira expressa, tácita, por escrito ou verbalmente, quanto às precauções a tomar a fim de evitar doenças e acidentes de trabalho.

COMENTÁRIOS

Nota do autor: A questão, de 2018, aborda o tema do teletrabalho, até então regulamentado conforme a Reforma Trabalhista. Contudo, em 2022, a Lei nº 14.442/2022 (fruto da conversão da MP nº 1.108, de 25 de março de 2022) **alterou estruturalmente as regras relativas ao teletrabalho**, mudando, até mesmo, seu conceito: "teletrabalho" ou "trabalho remoto" é a prestação de serviços fora das dependências do empregador, de maneira preponderante ou não, com a utilização de tecnologias de informação e de comunicação, que, por sua natureza, não se configure como trabalho externo (art. 75-B, da CLT). Atualmente, a questão encontra-se desatualizada.

Alterativa "a". "As disposições relativas à responsabilidade pela aquisição, manutenção ou fornecimento dos equipamentos tecnológicos e da infraestrutura necessária e adequada à prestação do trabalho remoto, bem como ao reembolso de despesas arcadas pelo empregado, serão previstas em **contrato escrito"** (art. 75-D, *caput*, CLT). Referido dispositivo não foi impactado pela Lei nº 14.442/2022.

Dessa forma, todas as disposições relativas à aquisição, manutenção e fornecimento de equipamentos, assim como o reembolso com as despesas arcadas pelo empregado deverão constar de contrato escrito.

Alternativa "b". Ao tempo da aplicação da prova, assim dispunha o art. 75-B da CLT: "Considera-se teletrabalho a prestação de serviços **preponderantemente** fora das dependências do empregador, com a utilização de tecnologias de informação e de comunicação que, **por sua natureza, não se constituam como trabalho externo**" (art. 75-B da CLT – **redação antiga**). Contudo, referido dispositivo foi fortemente impactado pela Lei nº 14.442/2022,

alterando o conceito de "teletrabalho" ou "trabalho remoto":

> **Art. 75-B, CLT (Redação dada pela Lei nº 14.442, de 2022):** Considera-se teletrabalho ou trabalho remoto a prestação de serviços fora das dependências do empregador, **de maneira preponderante ou não**, com a utilização de tecnologias de informação e de comunicação, que, por sua natureza, não configure trabalho externo.

Portanto, atualmente, são três as principais características do teletrabalho:

a) Trabalho prestado fora das dependências do empregador, **de maneira preponderante ou não**;

b) utilização de tecnologias de informação e de comunicação; e

c) Não configuração do trabalho externo.

Alternativa "c". Ao tempo de aplicação da prova, o parágrafo único do art. 75-B da CLT dispunha que "O comparecimento às dependências do empregador para a realização de atividades específicas que exijam a presença do empregado no estabelecimento não descaracteriza o regime de teletrabalho"

Atualmente, a matéria encontra regulamentação semelhante no art. 75-B, § 1º, da CLT, que, mais enfático que seu antecessor, afirma que não restará descaracterizado o regime de "teletrabalho" ou "trabalho remoto" ainda que o comparecimento do empregado às dependências do empregador para a realização de atividades especificas se dê de modo habitual:

> **Art. 75-B, § 1º (Incluído pela Lei nº 14.442, de 2022):** O comparecimento, **ainda que de modo habitual**, às dependências do empregador para a realização de atividades específicas que exijam a presença do empregado no estabelecimento não descaracteriza o regime de teletrabalho ou trabalho remoto.

Alternativa "d". Ao tempo de aplicação da prova, o art. 75-C da CLT exigia a seguinte solenidade para a celebração do teletrabalho: "A prestação de serviços na modalidade de teletrabalho deverá constar expressamente do contrato individual de trabalho, que especificará as atividades que serão realizadas pelo empregado". Atualmente, com as alterações trazidas pela Lei nº 14.442/2022, não mais se exige expressamente a especificação as atividades que serão realizadas pelo empregado em contrato, mas tão somente o instrumento escrito de contrato individual de trabalho (Art. 75-C da CLT).

Alternativa "e". "O empregador deverá instruir os empregados, **de maneira expressa e ostensiva**, quanto às precauções a tomar a fim de evitar doenças e acidentes de trabalho" (Art. 75-E da CLT). As instruções, dessa forma, não podem ser dadas de forma verbal. Referido tema não foi alterado pela Lei nº 14.442/2022.

Alternativa correta ao tempo de aplicação da prova: "d".

89. (FCC – Analista Judiciário – Área Judiciária – TRT 6/2018) Em relação ao teletrabalho,

(A) a responsabilidade pela aquisição, manutenção ou fornecimento dos equipamentos tecnológicos e da infraestrutura necessária e adequada à prestação do trabalho remoto, bem como ao reembolso de despesas arcadas pelo empregado, serão acordadas entre empregado e empregador, através de previsão em contrato escrito.

(B) o comparecimento do empregado às dependências do empregador para a realização de atividades específicas descaracteriza o regime de teletrabalho.

(C) o fato de o empregador instruir os empregados, de maneira expressa e ostensiva, quanto às precauções a tomar a fim de evitar doenças e acidentes do trabalho, impede a responsabilização do mesmo em caso de infortúnio com o teletrabalhador.

(D) a alteração do regime de teletrabalho para o presencial depende da concordância do empregado sob pena de nulidade.

(E) é considerada como teletrabalho a prestação de serviços fora das dependências do empregador, com a utilização de tecnologias de informação e de comunicação de propriedade do empregado, que também tem a responsabilidade em relação à sua conservação e manutenção.

COMENTÁRIOS

Nota do autor: A questão, de 2018, aborda o tema do teletrabalho, até então regulamentado conforme a Reforma Trabalhista. Contudo, em 2022, a Lei nº 14.442/2022 (fruto da conversão da MP nº 1.108, de 25 de março de 2022) **alterou estruturalmente as regras relativas ao teletrabalho**, mudando, até mesmo, seu conceito: "teletrabalho" ou "trabalho remoto" é a prestação de serviços fora das dependências do empregador, de maneira preponderante ou não, com a utilização de tecnologias de informação e de comunicação, que, por sua natureza, não se configure como trabalho externo (art. 75-B, da CLT). Atualmente, a questão encontra-se desatualizada.

Alternativa: "a". "As disposições relativas à responsabilidade pela aquisição, manutenção ou fornecimento dos equipamentos tecnológicos e da infraestrutura necessária e adequada à prestação do trabalho remoto, bem como ao reembolso de despesas arcadas pelo empregado, serão previstas em contrato escrito" (Art. 75-D da CLT). Referido dispositivo não foi impactado pela Lei nº 14.442/2022.

Portanto, o artigo em análise estabelece que o empregado pode ser responsável pela compra dos recursos necessários para o desenvolvimento de seu trabalho, podendo ou não ser reembolsado pelo empregador desde que previsto em acordo escrito. A legislação não estabelece a obrigação do empregador em arcar com esses gastos, nem mesmo de reembolsar o trabalhador pelas despesas efetuadas.

Pela aplicação do princípio da alteridade, todos os riscos do empreendimento devem ser suportados exclusivamente pelo empregador. Assim sendo, em momentos de crise financeira mundial, os prejuízos da empresa serão exclusivos do empregador, não se podendo dividi-los com os trabalhadores. O salário deve ser pago, portanto, tendo a empresa lucros ou prejuízos. O empregado arcar com as despesas vai contra todos os princípios do Direito do Trabalho e, portanto, é incompatível com esse ramo do Direito.

Alternativa "b". Ao tempo de aplicação da prova, o parágrafo único do art. 75-B da CLT dispunha que "O comparecimento às dependências do empregador para a realização de atividades específicas que exijam a presença do empregado no estabelecimento não descaracteriza o regime de teletrabalho"

Atualmente, a matéria encontra regulamentação semelhante no art. 75-B, § 1º, da CLT, que, mais enfático que seu antecessor, afirma que não restará descaracterizado o regime de "teletrabalho" ou "trabalho remoto" ainda que o comparecimento do empregado às dependências do empregador para a realização de atividades específicas se dê de modo habitual:

> **Art. 75-B, § 1º (Incluído pela Lei nº 14.442, de 2022):** O comparecimento, **ainda que de modo habitual**, às dependências do empregador para a realização de atividades específicas que exijam a presença do empregado no estabelecimento não descaracteriza o regime de teletrabalho ou trabalho remoto.

Alternativa "c". De acordo com o art. 75-E da CLT, o empregador deve instruir os empregados, de maneira expressa e ostensiva, quanto às precauções a tomar a fim de evitar doenças e acidentes de trabalho. Caberá, ainda, ao empregado assinar termo de responsabilidade comprometendo-se a seguir as instruções do empregador. Referido dispositivo não foi impactado pela Lei nº 14.442/2022.

Apesar da assinatura do termo de responsabilidade, eventuais doenças ocupacionais e a ocorrência de acidentes de trabalho **não eximem o empregador quanto à responsabilização pelo dano sofrido pelo empregado**, pois, em que pese possa ser privado da fiscalização do local de trabalho, o trabalhador sofreu o acidente ou adquiriu a doença durante o exercício da atividade do empregador, cujos riscos devem ser suportados exclusivamente por este. Problemas ligados ao ambiente de trabalho como a LER, o assédio moral a distância terão as mesmas repercussões, com direito à indenização e estabilidade no emprego por acidente de trabalho.

Alternativa "d". "Poderá ser realizada a alteração do regime de teletrabalho para o presencial **por determinação do empregador**, garantido prazo de transição mínimo de quinze dias, com correspondente registro em aditivo contratual" (Art. 75-C, §2º da CLT). Note-se, dessa forma, que para a alteração do regime de teletrabalho para o presencial, basta que haja determinação do empregador, devendo ser dado o prazo de transição mínimo de 15 dias e constar em aditivo ao contrato de trabalho. Referido dispositivo não foi impactado pela Lei nº 14.442/2022.

Alternativa "e". Ao tempo da aplicação da prova, assim dispunha o art. 75-B da CLT: "Considera-se teletrabalho a prestação de serviços **preponderantemente** fora das dependências do empregador, com a utilização de tecnologias de informação e de comunicação que, **por sua natureza, não se constituam como trabalho externo**" (art. 75-B da CLT – **redação antiga**). Contudo, referido dispositivo foi fortemente impactado pela Lei nº 14.442/2022, **alterando o conceito de "teletrabalho" ou "trabalho remoto"**:

> **Art. 75-B, CLT (Redação dada pela Lei nº 14.442, de 2022):** Considera-se teletrabalho ou trabalho remoto a prestação de serviços fora das dependências do empregador, **de maneira preponderante ou não**, com a utilização

▶ QUESTÕES DE CONCURSOS

de tecnologias de informação e de comunicação, que, por sua natureza, não configure trabalho externo.

Portanto, atualmente, são três as principais características do teletrabalho:

a) Trabalho prestado fora das dependências do empregador, **de maneira preponderante ou não**;

b) utilização de tecnologias de informação e de comunicação; e

c) Não configuração do trabalho externo.

No tocante à responsabilidade pela aquisição, manutenção ou fornecimento dos equipamentos tecnológicos e da infraestrutura necessária e adequada à prestação do trabalho remoto, bem como ao reembolso de despesas arcadas pelo empregado, não houve alteração em relação à regulamentação trazida pela Reforma Trabalhista, sendo objeto de contrato escrito entre empregado e empregador (art. 75-D da CLT).

Alternativa correta: "a".

90. (FCC – Analista Judiciário – Oficial de Just. Avaliador Federal – TRT 6/2018) Considere as afirmativas abaixo a respeito da modalidade de teletrabalho, introduzida no ordenamento jurídico trabalhista pela Lei nº 13.467/2017.

I. Considera-se teletrabalho a prestação de serviços exclusivamente fora das dependências do empregador, com a utilização de tecnologias de informação e de comunicação que, por sua natureza, não se constituam como trabalho externo.

II. Poderá ser realizada a alteração do regime de teletrabalho para o presencial por determinação do empregador, independente da concordância do empregado, desde que garantido prazo de transição mínimo de quinze dias, não sendo necessário aditivo contratual.

III. O comparecimento do empregado às dependências do empregador para a realização de atividades específicas que exijam a presença do empregado no estabelecimento não descaracteriza o regime de teletrabalho.

IV. As disposições relativas à responsabilidade pela aquisição, manutenção ou fornecimento dos equipamentos tecnológicos e da infraestrutura necessária e adequada à prestação do trabalho remoto, bem como ao reembolso de despesas arcadas pelo empregado, serão previstas em contrato escrito.

Está correto o que se afirma APENAS em

(A) I, III e IV.

(B) I, II e III.

(C) III e IV.

(D) II, III e IV.

(E) I e II.

COMENTÁRIOS

Nota do autor: A questão, de 2018, aborda o tema do teletrabalho, até então regulamentado conforme a Reforma Trabalhista. Contudo, em 2022, a Lei nº 14.442/2022 (fruto da conversão da MP nº 1.108, de 25 de março de 2022) **alterou estruturalmente as regras relativas ao teletrabalho**, mudando, até mesmo, seu conceito: "teletrabalho" ou "trabalho remoto" é a prestação de serviços fora das dependências do empregador, de maneira preponderante ou não, com a utilização de tecnologias de informação e de comunicação, que, por sua natureza, não se configure como trabalho externo (art. 75-B, da CLT). Atualmente, a questão encontra-se desatualizada.

Assertiva I. Incorreta. Ao tempo da aplicação da prova, assim dispunha o art. 75-B da CLT: "Considera-se teletrabalho a prestação de serviços **preponderantemente** fora das dependências do empregador, com a utilização de tecnologias de informação e de comunicação que, **por sua natureza, não se constituam como trabalho externo**" (art. 75-B da CLT – **redação antiga**). Contudo, referido dispositivo foi fortemente impactado pela Lei nº 14.442/2022, **alterando o conceito de "teletrabalho" ou "trabalho remoto":**

> **Art. 75-B, CLT (Redação dada pela Lei nº 14.442, de 2022):** Considera-se teletrabalho ou trabalho remoto a prestação de serviços fora das dependências do empregador, **de maneira preponderante ou não**, com a utilização de tecnologias de informação e de comunicação, que, por sua natureza, não configure trabalho externo.

Portanto, atualmente, são três as principais características do teletrabalho:

a) Trabalho prestado fora das dependências do empregador, **de maneira preponderante ou não**;

b) utilização de tecnologias de informação e de comunicação; e

c) Não configuração do trabalho externo.

Assertiva II. Incorreta. "Poderá ser realizada a alteração do regime de teletrabalho para o presencial por determinação do empregador, garantido prazo de transição mínimo de quinze dias, **com correspondente registro em aditivo contratual**" (Art. 75-C, §2º da CLT). Referido dispositivo não foi impactado pela Lei nº 14.442/2022.

▶ QUESTÕES DE CONCURSOS

Assertiva III. Correta ao tempo de aplicação da prova. Ao tempo de aplicação da prova, o parágrafo único do art. 75-B da CLT dispunha que "O comparecimento às dependências do empregador para a realização de atividades específicas que exijam a presença do empregado no estabelecimento não descaracteriza o regime de teletrabalho".

Atualmente, a matéria encontra regulamentação semelhante no art. 75-B, § 1º, da CLT, que, mais enfático que seu antecessor, afirma que não restará descaracterizado o regime de "teletrabalho" ou "trabalho remoto" ainda que o comparecimento do empregado às dependências do empregador para a realização de atividades específicas se dê de modo habitual:

> **Art. 75-B, § 1º (Incluído pela Lei nº 14.442, de 2022):** O comparecimento, **ainda que de modo habitual**, às dependências do empregador para a realização de atividades específicas que exijam a presença do empregado no estabelecimento não descaracteriza o regime de teletrabalho ou trabalho remoto.

Assertiva IV. Correta. "As disposições relativas à responsabilidade pela aquisição, manutenção ou fornecimento dos equipamentos tecnológicos e da infraestrutura necessária e adequada à prestação do trabalho remoto, bem como ao reembolso de despesas arcadas pelo empregado, serão previstas em contrato escrito" (Art. 75-D da CLT). Referido dispositivo não foi impactado pela Lei nº 14.442/2022.

Alternativa correta: "c".

91. (FCC – Analista Judiciário – Área Judiciária – TRT 6/2018) Em relação ao trabalho noturno,

(A) o direito ao adicional noturno não é assegurado ao vigia sujeito ao trabalho noturno, tendo em vista a regulamentação própria e a especificidade do serviço realizado que prevê que este é inerente ao horário de trabalho.

(B) não se aplica a hora reduzida de 52 minutos e 30 segundos ao trabalho noturno dos empregados nas atividades de exploração, perfuração, produção e refinação do petróleo, industrialização do xisto, indústria petroquímica e transporte de petróleo e seus derivados, por meio de dutos, que é regulado por lei própria.

(C) o adicional noturno pago com habitualidade incorpora-se ao salário do empregado, não podendo deixar de ser pago ainda que o empregado deixe de trabalhar no horário noturno, tratando-se de direito adquirido.

(D) as gorjetas, cobradas pelo empregador na nota de serviço ou oferecidas espontaneamente pelos clientes, integram a remuneração do empregado, servindo de base de cálculo para o adicional noturno.

(E) o empregado que trabalha em horários mistos, assim entendidos os que abrangem períodos diurnos e noturnos, não faz jus ao adicional noturno.

COMENTÁRIOS

Nota do autor: A questão aborda o tema adicional noturno. Segundo disposto na CF/88, é garantido ao trabalhador rural e urbano a remuneração do trabalho noturno superior à do diurno, o que constituirá objeto ilícito de acordo ou convenção coletiva (Art. 611-B, VI da CLT).

Alternativa correta: "b". "O trabalho noturno dos empregados nas atividades de exploração, perfuração, produção e refinação do petróleo, industrialização do xisto, indústria petroquímica e transporte de petróleo e seus derivados, por meio de dutos, é regulado pela Lei nº 5.811, de 11.10.1972, não se lhe aplicando a hora reduzida de 52 minutos e 30 segundos prevista no art. 73, § 1º, da CLT" (Súmula nº 112 do TST).

Alternativa "a". "É assegurado ao vigia sujeito ao trabalho noturno o direito ao respectivo adicional" (Súmula nº 140 do TST).

Alternativa "c". O adicional noturno, pago com habitualidade, integra o salário do empregado para todos os efeitos. (Súmula nº 60, I do TST). Entretanto, caso haja transferência para o período diurno, haverá a perda do direito ao referido adicional (Súmula nº 265 do TST). Trata-se, portanto, de salário-condição, apenas sendo devido enquanto o trabalho for prestado no período noturno.

Alternativa "d". "As gorjetas, cobradas pelo empregador na nota de serviço ou oferecidas espontaneamente pelos clientes, integram a remuneração do empregado, **não** servindo de base de cálculo para as parcelas de aviso-prévio, adicional noturno, horas extras e repouso semanal remunerado". (Súmula nº 354 do TST).

Alternativa "e". Ocorrerá o horário misto quando o empregado prestar serviços no período diurno e noturno. Exemplo: inicia o trabalho às 20 horas e vai até às 4 horas. Veja que nesse caso, o período entre 20 h e 22 h será pago como hora diurna. Ao ultrapassar as 22 horas, incide o adicional noturno e a redução da hora para 52 minutos e 30 segundos:

> **Súmula nº 60, II do TST:** "Cumprida integralmente a jornada no período noturno e

QUESTÕES DE CONCURSOS

prorrogada esta, devido é também o adicional quanto às horas prorrogadas".

De acordo com o posicionamento do TST anterior à Reforma Trabalhista, persistia o pagamento do adicional noturno ao empregado que trabalhasse no sistema 12 x 36 no período noturno e continuasse prestando serviços após as 5 horas da manhã.

Com a alteração promovida pela Reforma Trabalhista, as prorrogações de horário noturno já são consideradas compensadas. Portanto, o empregado não terá direito ao adicional noturno e à hora reduzida caso preste serviços durante o período noturno e continue prestando após as 5 horas da manhã:

> **Art. 59-A, parágrafo único da CLT:** "A remuneração mensal pactuada pelo horário previsto no *caput* deste artigo abrange os pagamentos devidos pelo descanso semanal remunerado e pelo descanso em feriados, e serão considerados compensados os feriados e as prorrogações de trabalho noturno, quando houver, de que tratam o art. 70 e o § 5º do art. 73 desta Consolidação".

92. (FCC – Analista Judiciário – Área Administrativa – TRT 6/2018) No tocante ao trabalho noturno, considere:

I. Joana é empregada urbana da Empresa SEG Ltda., prestando serviços de faxina em escritórios das 22h às 5h do dia seguinte. Neste caso, tem direito ao adicional noturno de 25% sobre a remuneração normal e hora noturna reduzida, equivalente a 52 minutos e trinta segundos.

II. Ivete é empregada rural das Fazendas Leite Bom Ltda. e ordenha as vacas. Para ter direito ao adicional noturno, deve trabalhar entre 20h de um dia e 4h do dia seguinte, com adicional de 25% sobre a remuneração normal de trabalho, sem direito a hora noturna reduzida.

III. Solange prestou serviços na Fábrica LWA Ltda. durante dez anos no período noturno, recebendo adicional noturno. Por motivo de escalonamento de pessoal, Solange concordou em ser transferida para o período diurno, razão pela qual perdeu o direito ao adicional noturno recebido habitualmente por tantos anos.

Está correto o que se afirma em

(A) I, apenas.

(B) I, II e III.

(C) I e III, apenas.

(D) II, apenas.

(E) II e III, apenas.

COMENTÁRIOS

Nota do autor: O ser humano não possui hábitos noturnos. Assim, o trabalho realizado nesse período requer do trabalhador mais esforço físico e mental para ser executado. Lembre-se de que o empregado menor de idade, mesmo que emancipado, não poderá trabalhar nesse horário. Há previsão de adicional noturno como forma de compensar o trabalho desenvolvido nesse período, de acordo com o art. 7º, IX, da CF. Além disso, segundo a Lei nº 13.467/17, a supressão ou redução da remuneração do trabalho noturno superior à do diurno constitui objeto ilícito da negociação coletiva ou acordo coletivo (Art. 611-B, VI da CLT).

Assertiva I. Incorreta. Considera-se noturno o trabalho executado entre as 22 horas de um dia e as 5 horas do dia seguinte[761]. Durante esse período, o empregado receberá **adicional de, no mínimo, 20%** sobre a hora diurna. Esse adicional possui natureza salarial, portanto reflete nas demais verbas trabalhistas. Por exemplo, o adicional noturno integra a base de cálculo das horas extras prestadas no período noturno[762].

Assertiva II. Correta. No tocante ao rural, a Jornada noturna **inicia-se às 20 h e termina às 4 h na pecuária**. Na lavoura, será das 21 h até as 5 h. Adicional noturno é de, no mínimo, 25% superior à hora diurna, não havendo que se falar em hora reduzida.

Assertiva III. Correta. "A transferência para o período diurno de trabalho implica a perda do direito ao adicional noturno" (Súmula nº 265 do TST).

Alternativa correta: "e".

93. (INSTITUTO AOCP – Analista Judiciário – Área Administrativa – TRT 1/2018) Henrique foi contratado pela Loja de Conveniência Aki Tem Tudo, que funciona 24 horas, para exercer a função de atendente no horário das 21 h de um dia às 6h do outro, com 1 hora

761. Orientação Jurisprudencial nº 60 da SDI-I do TST: "I – A hora noturna no regime de trabalho no porto, compreendida entre dezenove horas e sete horas do dia seguinte, é de sessenta minutos."

762. Orientação Jurisprudencial nº 97 da SDI-I do TST: "O adicional noturno integra a base de cálculo das horas extras prestadas no período noturno."

de intervalo para repouso e alimentação. Diante dessa realidade contratual, é correto afirmar que

(A) Henrique terá direito ao pagamento do adicional noturno de 20% sobre o valor da hora normal, devendo ser considerada a hora reduzida de 52 minutos e 30 segundos, além de horas extras noturnas. É devido o adicional respectivo e a computação da hora reduzida das 22h até as 5h. O adicional noturno integrará a base de cálculo das horas extras prestadas em período noturno, vez que laboradas em condições de maior desgaste físico e mental. O adicional noturno, porque pago com habitualidade, integra o salário do empregado para todos os efeitos.

(B) Será devido a Henrique o pagamento do adicional noturno de 20% sobre o valor da hora normal, devendo ser considerada a horª reduzida de 52 minutos e 30 segundos, além de horas extras noturnas. É devido o adicional respectivo e a computação da hora reduzida das 22h até as 5h. O adicional noturno integrará a base de cálculo das horas extras prestadas em período noturno, vez que laboradas em condições de maior desgaste físico e mental. Adicional noturno e adicional horas extras, porque pagos com habitualidade, integram o salário do empregado para todos os efeitos.

(C) Henrique terá direito ao pagamento do adicional noturno de 20% sobre o valor da hora normal, devendo ser considerada a hora reduzida de 52 minutos e 30 segundos. É devido o adicional respectivo e a computação da hora reduzida das 22h até as 6h. É devida uma hora extra normal, sem considerar, para o cálculo respectivo, o adicional noturno. Adicional noturno e adicional horas extras, porque pagos com habitualidade, integram o salário do empregado para todos os efeitos.

(D) Será devido a Henrique o pagamento do adicional noturno de 20% sobre o valor da hora normal, devendo ser considerada a hora reduzida de 52 minutos e 30 segundos, além de horas extras noturnas. É devido o adicional respectivo e a computação da hora reduzida das 22h até as 6h. O adicional noturno integrará a base de cálculo das horas extras prestadas em período noturno, vez que laboradas em condições de maior desgaste físico e mental. Adicional noturno e adicional horas extras, porque pagos com habitualidade, integram o salário do empregado para todos os efeitos.

(E) Henrique terá direito ao pagamento do adicional noturno, de 20% sobre o valor da hora normal, devendo ser considerada a hora reduzida de 52 minutos e 30 segundos, além de horas extras noturnas. É devido o adicional respectivo e a computação da hora reduzida das 22h até as 6h. O adicional noturno não integrará a base de cálculo das horas extras. Adicional noturno e adicional horas extras, porque pagos com habitualidade, integram o salário do empregado para todos os efeitos.

COMENTÁRIOS

Nota do autor: O caso em tela, apesar de sua extensão, é de fácil resolução. Veja o passo a passo abaixo.

Alternativa "a" e "b". Ao contrário do que afirmam as alternativas, é devido o adicional respectivo e a computação da hora reduzida das 22h até as 6h.

Alternativa "c". É devida uma hora extra normal, **considerando**, para o cálculo respectivo, o adicional noturno, pois pago de forma habitual (Súmula nº 60, I do TST).

Alternativa "d". Tendo em vista a extensão da questão, dividiremos a resposta em tópicos:

i) Será devido a Henrique o pagamento do adicional noturno de 20% sobre o valor da hora normal: tendo em vista a jornada em período noturno, será devido ao empregado urbano o adicional de 20% a título do respectivo adicional (Art. 73 da CLT).

ii) devendo ser considerada a hora reduzida de 52 minutos e 30 segundos: trata-se do exposto no art. 73, §1º da CLT.

iii) além de horas extras noturnas: tendo em vista a hora reduzida noturna e o trabalho prestado das 21 horas de um dia às 6 horas do dia seguinte, com 1 hora de intervalo, Henrique fará jus a uma hora extra.

iv) É devido o adicional respectivo e a computação da hora reduzida das 22h até as 6h: será devido o adicional noturno no período compreendido entre 22 horas de um dia e 6 horas do dia seguinte, tendo em vista se tratar de prorrogação da jornada de trabalho noturno (Art. 73, §5º da CLT e Súmula nº 60, II do TST).

v) O adicional noturno integrará a base de cálculo das horas extras prestadas em período noturno, vez que laboradas em condições de maior desgaste físico e mental: "O adicional noturno integra a base de cálculo das horas extras prestadas no período noturno" (OJ nº 97 da SDI-I do TST).

vi) Adicional noturno e adicional horas extras, porque pagos com habitualidade, integram o salário do empregado para todos os efeitos: "O adicional noturno, pago com habitualidade, integra o salário do empregado para todos os efeitos" (Súmula nº 60, I do TST). Da mesma forma ocorre com o adicional de horas extras que, se pago com habitualidade, integrará o salário de Henrique.

Alternativa "e". O adicional noturno integra a base de cálculo das horas extras, pois pago de forma habitual (Súmula nº 60, I do TST).

Alternativa correta: "d".

94. (FCC – Analista Judiciário – Oficial de Just. Avaliador Federal – TRT 2/2018) Silvério é porteiro num condomínio residencial e durante três anos prestou horas extras habitualmente. Ocorre que o condomínio pretende diminuir seus gastos, suprimindo pela metade as horas extras de seus empregados. Neste caso, Silvério

(A) fará jus a uma indenização pela supressão parcial das horas extras, correspondente ao valor de um mês das horas suprimidas, total ou parcialmente, cujo cálculo observará a média das horas suplementares nos últimos 18 meses anteriores à mudança.

(B) não fará jus a uma indenização pela supressão das horas extras, uma vez que a mesma somente é devida no caso de supressão total e não parcial, como ocorreu no presente caso.

(C) fará jus a uma indenização pela supressão parcial das horas extras, correspondente ao valor de um mês das horas suprimidas, total ou parcialmente, cujo cálculo observará a média das horas suplementares nos últimos 6 meses anteriores à mudança, multiplicada pelo valor da hora extra do dia da supressão.

(D) fará jus a uma indenização pela supressão parcial das horas extras, correspondente ao valor de um mês das horas suprimidas, total ou parcialmente, cujo cálculo observará a média das horas suplementares nos últimos 12 meses anteriores à mudança, multiplicada pelo valor da hora extra do dia da supressão.

(E) não fará jus a uma indenização pela supressão das horas extras, uma vez que a mesma somente é devida quando o empregado as preste habitualmente pelo prazo de cinco anos, o que não ocorreu no presente caso.

COMENTÁRIOS

Nota do autor: Para responder à questão, bastava que o candidato conhecesse a literalidade da Súmula nº 291 do TST, que trata da supressão das horas extras habituais. O valor recebido a título de horas extras é chamado de salário-condição, pois o empregado receberá adicional apenas quando prestar serviços além do horário normal. O valor das horas extras prestadas reflete nas demais verbas trabalhistas, mas não integra, de forma definitiva, a sua remuneração.

Comentário serve para as demais alternativas, uma vez que versam sobre o mesmo assunto. É possível que cesse o pagamento do adicional, de horas extras quando o empregado deixa de trabalhar em regime extraordinário. Ocorre que o TST tem posicionamento no sentido de que a supressão, total ou parcial, do adicional de horas extras, em serviço suplementar prestado com habitualidade durante pelo menos um ano, assegura ao empregado direito à indenização. Essa indenização equivale a 1 mês das horas suprimidas para cada ano ou fração igual ou superior a 6 meses de prestação de serviços em horas extras:

> **Súmula nº 291 do TST**[763]. A supressão total ou parcial, pelo empregador, do serviço suplementar prestado com habitualidade, durante pelo menos 1 ano assegura ao empregado o direito à indenização correspondente ao valor de 1 mês das horas suprimidas, total ou parcialmente, para cada ano ou fração igual ou superior a seis meses de prestação de serviço acima da jornada normal. O cálculo observará a média das horas suplementares efetivamente trabalhadas nos últimos 12 meses, anteriores à mudança, multiplicada pelo valor da hora extra do dia da supressão.

Alternativa correta: "d".

95. (FCC – Analista Judiciário – Oficial de Just. Avaliador Federal – TRT 15/2018) Eunice trabalha em uma indústria alimentícia que fabrica doces e chocolates. Nos meses de janeiro e fevereiro, em razão da produção de chocolates para a Páscoa, trabalhou de 2ª a 6ª feira, das 9h às 18h, gozando diariamente de 15 minutos para repouso e alimentação. Nesse contexto, Eunice faz jus a

(A) uma hora integral, acrescida de 50% sobre a remuneração da hora normal de trabalho, tendo tal pagamento natureza salarial.

(B) uma hora integral, acrescida de 50% sobre a remuneração da hora normal de trabalho, tendo tal pagamento natureza indenizatória.

(C) 45 minutos, acrescidos de 50% sobre a remuneração da hora normal de trabalho, tendo tal pagamento natureza indenizatória.

(D) 45 minutos, acrescidos de 50% sobre a remuneração da hora normal de trabalho, tendo tal pagamento natureza salarial.

(E) 45 minutos, sem acréscimo, pois não se trata de hora extra, mas sim de pagamento de natureza meramente indenizatória.

COMENTÁRIOS

Nota do autor: A questão trata do intervalo intrajornada. O intervalo intrajornada ocorre durante a jornada de trabalho. É o período destinado ao descanso e refeição. Em regra, os períodos destinados aos intervalos não são computados na jornada de trabalho, isto é, não são remunerados pelo empregador.

763. Esta súmula será impactada pelo art. 8º, § 2º da CLT acrescentado pela Reforma Trabalhista – Lei nº 13.467/2017.

Comentário serve para as demais alternativas, uma vez que versam sobre o mesmo assunto. Com a Reforma Trabalhista, o adicional pelo descumprimento do intervalo intrajornada mínimo passa a ter natureza indenizatória, devendo ser pago apenas do período suprimido, com acréscimo de 50% sobre o valor da remuneração da hora normal de trabalho, nos termos do art. 71, §4º da CLT:

> **Art. 71, § 4ºda CLT (com redação dada pela Reforma Trabalhista):** A não concessão ou a concessão parcial do intervalo intrajornada mínimo, para repouso e alimentação, a empregados urbanos e rurais, implica o pagamento, de natureza indenizatória, apenas do período suprimido, com acréscimo de 50% (cinquenta por cento) sobre o valor da remuneração da hora normal de trabalho.

Dessa forma, Eunice só fará jus ao período suprimido de 45 minutos, com acréscimo de 50% sobre o valor da hora normal de trabalho, que terá natureza indenizatória.

Alternativa correta: "c".

96. (FCC – Analista Judiciário – Área Administrativa – TRT 2/2018) Valéria, empregada da empresa "R", está preocupada com as mudanças ocorridas na Consolidação das Leis do Trabalho, notadamente com o seu intervalo para repouso ou alimentação. Considerando que ela possui jornada de trabalho diária de cinco horas, o seu intervalo para repouso ou alimentação

(A) continua sendo obrigatório de, no mínimo, quinze minutos.

(B) continua sendo obrigatório de, no mínimo, trinta minutos.

(C) continua sendo obrigatório de, no mínimo, vinte minutos.

(D) passou a ser obrigatório de, no mínimo, uma hora.

(E) passou a ser obrigatório de, no mínimo, trinta minutos.

COMENTÁRIOS

Nota do autor: A questão aborda o tema intervalo intrajornada. Lembre-se de que a alteração promovida pela Reforma Trabalhista só atinge aqueles empregados que tenham jornada superior a seis horas. Nesse caso, o intervalo intrajornada poderá ser reduzido para 30 minutos caso existente previsão em instrumento coletivo, nos termos do art. 611-A, III da CLT.

Comentário serve para as demais alternativas, uma vez que versam sobre o mesmo assunto. No caso apresentado na questão, a jornada de trabalho de Valéria é de 5 horas, de forma que seu intervalo continua sendo de 15 minutos, sem a possibilidade de redução via negociação coletiva. Nessa hipótese, portanto, não houve alteração efetuada pela Reforma Trabalhista.

Alternativa correta: "a".

97. (FCC – Analista Judiciário – Área Judiciária – TRT 15/2018) Em relação ao descanso semanal remunerado, o TST adota entendimento pacífico no sentido de que

(A) ao empregado pracista não é devida a remuneração do repouso semanal.

(B) é reconhecido o direito ao acréscimo de 1/4 a título de repouso semanal, considerando-se para esse fim o mês de quatro semanas e meia, ao professor que recebe salário à base de hora-aula.

(C) o adicional de insalubridade já remunera os dias de repouso semanal e feriados.

(D) a concessão do intervalo para repouso semanal, descaracteriza o turno de revezamento com jornada de 6 horas.

(E) a majoração do valor do repouso semanal remunerado, em razão da integração das horas extras habitualmente prestadas, repercute no cálculo das férias, da gratificação natalina e do aviso prévio.

COMENTÁRIOS

Nota do autor: A questão aborda o descanso semanal remunerado e exigia o conhecimento da jurisprudência do TST sobre o assunto.

O descanso semanal remunerado (DSR), ou repouso semanal remunerado (RSR), está previsto no art. 7º, XV, da CF, sendo garantido aos empregados urbanos e rurais e aos trabalhadores avulsos. Ainda, de acordo com o art. 611-B, IX, da CLT, acrescentado pela Reforma Trabalhista, constitui objeto ilícito de convenção e acordo coletivos de trabalho a supressão ou redução do descanso semanal remunerado.

Esse período é de, no mínimo, 24 horas consecutivas, e será concedido pelo menos uma vez por semana, **preferencialmente** aos domingos. Independentemente da jornada do empregado (mesmo que trabalhe 6 horas por dia), terá direito ao descanso de 24 horas consecutivas. Esse período de descanso corresponde a uma interrupção do contrato de trabalho, pois, embora não tenha prestação de serviços, há pagamento de salário.

Alternativa "a". "É **devida** a remuneração do repouso semanal e dos dias feriados ao empregado comissionista, ainda que pracista" (Súmula nº 27 do TST).

Alternativa "b". "O professor que recebe salário mensal à base de hora-aula tem direito ao acréscimo de **1/6** a título de repouso semanal remunerado, considerando-se para esse fim o mês de quatro semanas e meia" (Súmula nº 351 do TST).

Alternativa "c". "O adicional de insalubridade já remunera os dias de repouso semanal e feriados" (OJ nº 103 da SDI-I do TST).

Alternativa "d". "A interrupção do trabalho destinada a repouso e alimentação, dentro de cada turno, ou o intervalo para repouso semanal, **não descaracteriza** o turno de revezamento com jornada de 6 (seis) horas previsto no art. 7º, XIV, da CF/1988" (Súmula nº 360 do TST).

Alternativa "e". "A majoração do valor do repouso semanal remunerado, em razão da integração das horas extras habitualmente prestadas, **não repercute** no cálculo das férias, da gratificação natalina, do aviso prévio e do FGTS, sob pena de caracterização de 'bis in idem'" (OJ nº 394 da SDI-I do TST).

Alternativa correta: "c".

98. (FCC – Analista Judiciário – Área Judiciária – TRT 2/2018) Carlos, Alessandra e Augusto trabalham na empresa Flor de Lótus Ltda. Luana, por sua vez, acabou de ser dispensada por justa causa. Carlos, trabalhou durante 7 meses e, em seguida, ausentou-se para a apresentação ao serviço militar obrigatório. Já Alessandra, no seu período aquisitivo, se ausentou injustificadamente por 8 dias. Augusto acabou de receber comunicação de concessão de férias. Nesses casos, de acordo com a legislação vigente e entendimento sumulado do TST, é correto o que se afirma em:

(A) Alessandra terá direito às férias, na proporção de 18 dias corridos.

(B) Não há proibição legal para que as férias de Augusto se iniciem imediatamente antes de feriados ou dia de descanso semanal remunerado.

(C) Augusto poderá entrar no gozo das férias antes de apresentar ao empregador a sua Carteira de Trabalho e Previdência Social, para que nela seja anotada a concessão das férias. Nesse caso, deverá apresentá-la para a devida anotação em até 15 dias após o término do período de férias e seu retorno ao trabalho.

(D) O tempo de trabalho anterior à apresentação de Carlos para o serviço militar obrigatório será computado no período aquisitivo, desde que ele compareça ao estabelecimento dentro de 120 dias da data em que se verificar a respectiva baixa.

(E) Luana não terá direito ao recebimento da remuneração das férias proporcionais.

COMENTÁRIOS

Nota do autor: A questão aborda o tema férias e, para respondê-la era necessário o conhecimento da disposição prevista na CLT e em súmulas do TST. É muito importante que você saiba a proporção entre faltas injustificadas e o número de férias, pois esta relação é, ainda, muito exigida em concursos públicos.

Alternativa "a". Alessandra terá direito a 24 dias corridos de férias:

> **Art. 130 da CLT**: Após cada período de 12 (doze) meses de vigência do contrato de trabalho, o empregado terá direito a férias, na seguinte proporção: (...) 24 (vinte e quatro) dias corridos, quando houver tido de 6 (seis) a 14 (quatorze) faltas.

Alternativa "b". "É **vedado** o início das férias no período de dois dias que antecede feriado ou dia de repouso semanal remunerado" (Art. 134, §3º da CLT).

Alternativa "c". "O empregado **não** poderá entrar no gozo das férias sem que apresente ao empregador sua Carteira de Trabalho e Previdência Social, para que nela seja anotada a respectiva concessão" (Art. 135, §1º da CLT).

Alternativa "d". "O tempo de trabalho anterior à apresentação do empregado para serviço militar obrigatório será computado no período aquisitivo, desde que ele compareça ao estabelecimento dentro de **90 (noventa) dias** da data em que se verificar a respectiva baixa" (Art. 132 da CLT).

Alternativa "e". Luana foi dispensada por justa causa. Por esta razão, não tem direiro a férias proporcionais, segundo entendimento sumulado do TST:

> **Súmula nº 171 do TST:** Salvo na hipótese de dispensa do empregado por justa causa, a extinção do contrato de trabalho sujeita o empregador ao pagamento da remuneração das férias proporcionais, ainda que incompleto o período aquisitivo de 12 (doze) meses (art. 147 da CLT).

Alternativa correta: "e".

99. (FCC – Analista Judiciário – Área Judiciária – TRT 15/2018) A empresa SMG Logística Ltda. concedeu férias à sua empregada Valéria, referentes ao período aquisitivo 2015/2016. Considerando que Valéria faltou ao trabalho 12 dias injustificadamente durante o período aquisitivo, que requereu abono de férias 20 dias antes do término do período aquisitivo e que as férias foram concedidas a partir de 01/03/2018, de acordo com a legislação aplicável, a empregada gozou

(A) 24 dias de férias, recebeu a remuneração das férias em dobro, além do abono de férias.

(B) 24 dias de férias, recebeu a remuneração das férias de forma simples, além do abono de férias.

(C) 30 dias de férias, recebeu a remuneração das férias em dobro, mas não recebeu o abono de férias, que foi requerido fora do prazo legal.

(D) 18 dias de férias, recebeu a remuneração das férias em dobro, além do abono de férias.

(E) 18 dias de férias, recebeu a remuneração das férias em dobro, mas não recebeu o abono de férias, que foi requerido fora do prazo legal.

COMENTÁRIOS

Nota do autor: A questão aborda o tema férias, bastando, para respondê-la, o conhecimento dos dispositivos da CLT, que tratam do assunto. Este tema é muito recorrente em provas, não deixe de memorizar o prazo das férias em razão das faltas do empregado, nos termos da tabela abaixo.

Comentário serve para as demais alternativas, uma vez que versam sobre o mesmo assunto. Valéria fará jus a 24 dias de férias, sendo devida remuneração em dobro em razão do não pagamento no prazo devido. Além disso, será devido o abono de férias, já que seu requerimento foi feito no prazo legal de 15 dias (art. 143, §1º da CLT):

> **Art. 143 da CLT**- "É facultado ao empregado converter 1/3 (um terço) do período de férias a que tiver direito em abono pecuniário, no valor da remuneração que lhe seria devida nos dias correspondentes. § 1º - O abono de férias deverá ser requerido até 15 (quinze) dias antes do término do período aquisitivo".
>
> **Art. 145 da CLT**- "O pagamento da remuneração das férias e, se for o caso, o do abono referido no art. 143 serão efetuados até 2 (dois) dias antes do início do respectivo período".

Nesse sentido, confira tabela que retrata a correlação entre o número de dias de férias e o número de faltas injustificadas do empregado, durante o período aquisitivo:

DURAÇÃO DAS FÉRIAS DO EMPREGADO (ART. 130)	
Número de faltas	**Dias de Férias**
Até 5 faltas	30 dias
6 a 14 faltas	24 dias
15 a 23 faltas	18 dias
24 a 32 faltas	12 dias
Acima de 32 faltas	Não há férias a usufruir

Alternativa correta: "a".

100. (INSTITUTO AOCP – Analista Judiciário – Área Judiciária – TRT 1/2018) Tereza iniciou o contrato de trabalho, na função de secretária, na empresa Boa Viagem Turismo Ltda. em 12 de jan. de 2017, sendo que, no período aquisitivo de férias, faltou sem justificativa 2 vezes e, justificadamente, 4 vezes. Nesse caso, é correto afirmar que

(A) o termo final do período aquisitivo de férias da empregada é 12 de jan. de 2018, e ela terá direito a 30 dias corridos de descanso.

(B) o termo final do período aquisitivo de férias da empregada é 11 de jan. de 2018, e ela terá direito a 24 dias corridos de descanso.

(C) o termo final do período aquisitivo de férias da empregada é 12 de jan. de 2018, e ela terá direito a 24 dias corridos de descanso.

(D) o termo final do período aquisitivo de férias da empregada é 11 de jan. de 2018, e ela terá direito a 30 dias corridos de descanso.

(E) o termo final do período aquisitivo de férias da empregada é 11 de jan. de 2018, e ela terá direito a 18 dias corridos de descanso.

COMENTÁRIOS

Nota do autor: A questão aborda o tema férias e exigia que o candidato compreendesse o seu cálculo. O descanso durante o período de férias tem como objetivo evitar o cansaço excessivo e preservar a saúde do trabalhador. Nesse período de descanso prolongado, não há prestação de serviços, mas há pagamento de salário e o período de afastamento é contado para todos os efeitos. Corresponde, portanto, a uma hipótese de interrupção do contrato de trabalho. Esse direito tem previsão constitucional, art. 7º, XVII.

Comentário serve para as demais alternativas, uma vez que versam sobre o mesmo assunto. O cálculo das férias de Tereza será proporcional ao número de faltas injustificadas ao serviço. No caso apresentado, a empregada faltou apenas 2 vezes ao serviço, fazendo jus a 30 dias de férias:

DURAÇÃO DAS FÉRIAS DO EMPREGADO (ART. 130)	
Número de faltas	**Dias de Férias**
Até 5 faltas	30 dias
6 a 14 faltas	24 dias
15 a 23 faltas	18 dias
24 a 32 faltas	12 dias
Acima de 32 faltas	Não há férias a usufruir

Por sua vez, o termo final do período aquisitivo de férias de Tereza será no dia 11 de janeiro de 2018, iniciando o período concessivo em 12 de janeiro de 2018 (um ano após o início do contrato de trabalho).

Alternativa correta: "d".

101. (FCC – Analista Judiciário – Área Administrativa – TRT 2/2018) Considere a seguinte hipótese: Gabi é empregada da fábrica de velas "V", laborando de segunda a sexta-feira das 9:00 às 18:00 com uma hora para descanso intrajornada. Sua empregadora pretende conceder férias para Gabi no mês de outubro deste ano.

De acordo com a Consolidação das Leis do trabalho, é VEDADO o início das férias no período

(A) de dois dias que antecede feriado, apenas.

(B) que antecede o repouso semanal remunerado, apenas.

(C) de três dias que antecede feriado ou dia de repouso semanal remunerado.

(D) de dois dias que antecede feriado ou dia de repouso semanal remunerado.

(E) de cinco dias que antecede feriado ou dia de repouso semanal remunerado.

COMENTÁRIOS

Nota do autor: A questão aborda o tema férias, que foi impactado pela Reforma Trabalhista. Segundo as alterações promovidas, as férias poderão ser parceladas em até três períodos, desde que haja concordância do empregado, sendo que um deles não poderá ser inferior a 14 dias corridos e os demais não poderão ser inferiores a cinco dias corridos cada um.

Comentário serve para as demais alternativas, uma vez que versam sobre o mesmo assunto. É vedado o início das férias no período de dois dias que antecede feriado ou dia de repouso semanal remunerado" (Art. 134, §3º da CLT). Por exemplo, se o DSR coincidir com o domingo, as férias do trabalhador somente podem se iniciar até quinta-feira.

Alternativa correta: "d". "

102. (FCC – Analista Judiciário – Área Administrativa – TRT 15/2018) Sandra Feitosa, nascida em 01/03/1959, foi contratada, juntamente com seu marido, João Feitosa, nascido em 07/01/1958, para trabalhar na empresa Zigma. Sandra ocupava o cargo de Gerente Comercial e João, o cargo de Vendedor, estando subordinado à sua esposa. Sandra e João programaram uma viagem de férias de 30 dias, prevista para dezembro, e solicitaram ao departamento de recursos humanos a concessão das férias nesse período. O departamento de recursos humanos da empresa negou o pedido de férias, sob o fundamento de que as férias conjuntas prejudicariam a área comercial, em razão da ausência de dois empregados e do aumento das vendas no mês de dezembro. Em função disso, a empresa Zigma determinou que Sandra e João usufruíssem as férias em três períodos, sendo o primeiro de 15 dias, o segundo de 10 dias e o último de 5 dias.

Diante do exposto,

(A) a empresa não pode negar o pedido de concessão de férias, uma vez que os membros de uma família, que trabalharem no mesmo estabelecimento ou empresa, terão direito a gozar férias no mesmo período, se assim o desejarem.

(B) a empresa não pode negar o pedido de concessão de férias, porque compete aos empregados escolher a época que melhor consulte seus interesses para descansar.

(C) o fracionamento da concessão das férias de Sandra e João depende da concordância dos empregados.

(D) aos maiores de 50 anos de idade, como Sandra e João, as férias serão sempre concedidas de uma só vez.

(E) o fracionamento da concessão das férias de Sandra e João poderá ocorrer apenas em casos excepcionais e desde que cada período não seja inferior a 10 dias.

COMENTÁRIOS

Nota do autor: A questão aborda o tema férias, que foi modificado pela Reforma Trabalhista. O descanso durante o período de férias tem como

▸ QUESTÕES DE CONCURSOS

objetivo evitar o cansaço excessivo e preservar a saúde do trabalhador. Nesse período de descanso prolongado, não há prestação de serviços, mas há pagamento de salário e o período de afastamento é contado para todos os efeitos. Corresponde, portanto, a uma hipótese de interrupção do contrato de trabalho. Esse direito tem previsão constitucional, art. 7º, XVII. Ademais, constitui objeto ilícito de acordo ou convenção coletiva a redução ou supressão do número de dias de férias devidas ao empregado.

Alternativa "a". "Os membros de uma família, que trabalharem no mesmo estabelecimento ou empresa, terão direito a gozar férias no mesmo período, **se assim o desejarem e se disto não resultar prejuízo para o serviço**" (Art. 136, §1º da CLT).

Alternativa "b". Como visto nos comentários à alternativa "a", a empresa pode negar as férias conjuntas se houver prejuízo para os serviço.

Alternativa "c". A Reforma Trabalhista alterou a redação do § 1º do art. 134 da CLT, e passou a permitir o fracionamento das férias do empregado sem o caráter excepcional previsto na redação anterior do dispositivo. Para isso, foram estabelecidos alguns requisitos necessários ao parcelamento:

> **a) Concordância do empregado:** Para o fracionamento das férias individuais, é exigido que o empregado concorde com a medida.
>
> **b) Fracionamento em até três períodos:** Diferentemente do modelo anterior, as férias podem ser fracionadas em até três períodos, sem necessidade de justificativa. Basta a concordância de empregado e empregador. Note-se, portanto, que a lei não exige obrigatoriamente a concessão em 3 vezes das férias, podendo ser concedida em um ou dois períodos.
>
> **c) Um dos períodos não pode ser inferior a 14 dias corridos e os demais não podem ser inferiores a 5 dias corridos.**

Alternativa "d". Com o advento da Reforma Trabalhista, a previsão no sentido de que as férias dos maiores de 50 anos e menores de 18 anos deveriam ser concedidas de uma só vez, foi revogada (art. 136, §2º da CLT).

Alternativa "e". "Desde que haja concordância do empregado, as férias poderão ser usufruídas em até três períodos, sendo que um deles não poderá ser inferior a quatorze dias corridos e os demais não poderão ser inferiores a cinco dias corridos, cada um" (Art. 134, §1º da CLT).

Alternativa correta: "c".

103. (FCC – Analista Judiciário – Área Judiciária – TST/2017) A respeito da interrupção e suspensão do contrato de trabalho,

(A) é causa de suspensão do contrato de trabalho o afastamento do empregado para cumprimento das exigências do serviço militar sendo que, implementada a baixa do respectivo encargo, o empregado deverá reassumir imediatamente o seu emprego, sob pena de se caracterizar abandono.

(B) o empregado tem direito de faltar, sem prejuízo do salário, por até dois dias consecutivos em virtude de falecimento de primo de primeiro grau, desde que referido parente residisse com o mesmo, independente de ciência do empregador desta condição.

(C) considera-se justificada a ausência do empregado por 1 dia por ano para acompanhar filho de até 6 anos em consulta médica e de até dois dias para acompanhar cônjuge ou companheira gestante em exames e consultas médicas.

(D) na suspensão do contrato de trabalho para participação do empregado em curso de qualificação profissional oferecido pelo empregador, poderá este conceder ao trabalhador ajuda de custo mensal sem prejuízo da suspensão contratual, desde que inferior a 50% do salário.

(E) nos dias em que estiver comprovadamente realizando provas de exame vestibular para ingresso em estabelecimento de ensino superior, não poderá o empregado deixar de comparecer na empresa.

COMENTÁRIOS

Nota do autor: É muito comum a ocorrência de questões abordando o tema suspensão e interrupção do contrato de trabalho. A interrupção do contrato de trabalho consiste na ausência provisória da prestação de serviços, em que são devidos o pagamento de salário e a contagem do tempo. Cessa a obrigação do empregado, mas persiste a obrigação da empresa. Por outro lado, a suspensão do contrato de trabalho é a ausência provisória da prestação de serviços, sem que haja o pagamento de salário, nem a contagem do tempo. Nesse caso, cessa a obrigação tanto da empresa como do empregado. O tema foi objeto de alteração pela Lei nº 14.457/2022. Não deixe de conferir a atual redação do art. 473 da CLT!

Alternativa "a". O empregado poderá deixar de comparecer ao serviço sem prejuízo do salário: (...) no período de tempo em que tiver de cumprir as exigências do Serviço Militar referidas na letra "c" do art. 65 da Lei nº 4.375, de 17 de agosto de 1964 (Lei do Serviço Militar) (art. 473, VI da CLT). Trata-se de caso de interrupção do contrato de trabalho.

Alternativa "b". "O empregado poderá deixar de comparecer ao serviço sem prejuízo do salário: (...) até 2 (dois) dias consecutivos, em caso de falecimento do cônjuge, ascendente, descendente, irmão ou pessoa que, declarada em sua carteira de trabalho e previdência social, viva sob sua dependência econômica" (art. 473, I da CLT). Note-se que no caso da alternativa, não se fala em dependência econômica, de forma que em caso de falta do empregado, este incorreria em falta injustificada.

Alternativa "c". Ao tempo de aplicação da prova, assim dispunha o inciso X do art. 473 da CLT: "O empregado poderá deixar de comparecer ao serviço sem prejuízo do salário: (...) **até 2 (dois) dias** para acompanhar consultas médicas e exames complementares durante o período de gravidez de sua esposa ou companheira;". Contudo, em setembro de 2022, com a promulgação da Lei nº 14.457, referido inciso foi alterado para prever que o empregado, nessa condição, poderá se ausentar do serviço **"pelo tempo necessário para acompanhar sua esposa ou companheira em até 6 (seis) consultas médicas, ou em exames complementares, durante o período de gravidez;"**. Já em relação ao inciso XI, que justifica "(...) por 1 (um) dia por ano para acompanhar filho de até 6 (seis) anos em consulta médica" (art. 473, X e XI da CLT), não houve alteração. As hipóteses tratadas referem-se à interrupção do contrato de trabalho.

Alternativa "d". "O contrato de trabalho poderá ser suspenso, por um período de dois a cinco meses, para participação do empregado em curso ou programa de qualificação profissional oferecido pelo empregador, com duração equivalente à suspensão contratual, mediante previsão em convenção ou acordo coletivo de trabalho e aquiescência formal do empregado, observado o disposto no art. 471 desta Consolidação. (...) O empregador poderá conceder ao empregado ajuda compensatória mensal, sem natureza salarial, durante o período de suspensão contratual nos termos do caput deste artigo, com valor a ser definido em convenção ou acordo coletivo" (art. 476-A, §3º da CLT).

Alternativa "e". O empregado poderá deixar de comparecer ao serviço sem prejuízo do salário: (...) nos dias em que estiver comprovadamente realizando provas de exame vestibular para ingresso em estabelecimento de ensino superior" (art. 473, VII da CLT). Trata-se de caso de interrupção do contrato de trabalho.

Alternativa correta ao tempo de aplicação da prova: "c".

104. (FCC – Analista Judiciário – Área Administrativa – TST/2017) Catarina ficou afastada do trabalho por 120 dias em razão de licença maternidade. Ao retornar às suas funções, escorregou em uma escada da empresa, sofrendo fraturas que exigiram seu afastamento do trabalho por 45 dias. Recebeu auxílio doença acidentário. Após a alta do INNS retornou às suas atividades, mas um mês depois a empresa lhe concedeu férias, tendo em vista que o término do período concessivo estava próximo. Em relação ao contrato de trabalho, os períodos de afastamento de Catarina caracterizam, respectivamente

(A) interrupção, interrupção durante 15 dias, suspensão durante 30 dias e interrupção.

(B) suspensão, suspensão durante 15 dias, interrupção durante 30 dias e suspensão.

(C) suspensão, suspensão durante 45 dias e suspensão.

(D) interrupção, interrupção durante 45 dias e interrupção.

(E) interrupção, suspensão durante 15 dias, interrupção durante 30 dias e interrupção.

COMENTÁRIOS

Nota do autor: É muito comum a ocorrência de questões abordando o tema suspensão e interrupção do contrato de trabalho. A interrupção do contrato de trabalho consiste na ausência provisória da prestação de serviços, em que são devidos o pagamento de salário e a contagem do tempo. Cessa a obrigação do empregado, mas persiste a obrigação da empresa. Por outro lado, a suspensão do contrato de trabalho é a ausência provisória da prestação de serviços, sem que haja o pagamento de salário, nem a contagem do tempo. Nesse caso, cessa a obrigação tanto da empresa como do empregado. **O tema foi objeto de alteração pela Lei nº 14.457/2022. Não deixe de conferir a atual redação do art. 473 da CLT!**

Comentário serve para as demais alternativas, uma vez que versam sobre o mesmo assunto. A licença-maternidade é um benefício previdenciário pago durante o período de 120 dias. Nesse período, o pagamento de salário é efetuado pelo empregador, mas será reembolsado, posteriormente, pela Previdência Social. O tempo de serviço é contado para todos os fins, como se a empregada estivesse trabalhando.

Cabe ao empregador efetuar os depósitos do FGTS. Em razão dessa obrigatoriedade, há discussão se o afastamento em razão da licença-maternidade é hipótese de suspensão ou interrupção. Prevalece o entendimento de que é causa de interrupção[764], pois a empregada continua recebendo salário (pago pela Previdência Social) e o tempo de serviço é contado para todos os fins.

Ainda, em relação à licença-maternidade, é importante mencionar que, no dia 24/10/2022, o STF, por unanimidade, julgou procedente a ADI 6327/DF para conferir interpretação conforme à Constituição ao art. 392, § 1º, da CLT, assim como ao art. 71 da Lei nº 8.213/91 e, por arrastamento, ao art. 93 do seu Regulamento (Decreto nº 3.048/99), de modo a se considerar como termo inicial da licença-maternidade e do respectivo salário-maternidade a alta hospitalar do recém-nascido e/ou de sua mãe, o que ocorrer por último. Ainda, segundo a Corte, a melhor interpretação é que se prorrogue em todo o período o benefício, quando o a internação exceder as duas semanas previstas no art. 392, § 2º, da CLT, e no art. 93, § 3º, do Decreto nº 3.048/99. Esses marcos temporais são importantes para identificar o término da licença-maternidade e, então, o início da suspensão do contrato de trabalho do pai empregado.

No caso do acidente de trabalho, os quinze primeiros dias consistem em hipótese de interrupção, pois cabe ao empregador o pagamento de salário. A discussão consiste no afastamento após os quinze primeiros dias, em que o empregado ficará em gozo de benefício previdenciário. Nesse período não há pagamento de salário, mas o empregador ficará obrigado ao pagamento do FGTS[765]. Em razão dessa obrigatoriedade, há discussão se esse afastamento configura hipótese de suspensão ou interrupção. O posicionamento doutrinário dominante defende a hipótese de suspensão do contrato de trabalho, porque o empregado não recebe salário, mas benefício previdenciário.

Por fim, as férias configuram típica hipótese de interrupção do contrato de trabalho, pois não haverá prestação de serviços, mas o empregado receberá a remuneração do período, que será, inclusive, acrescida de 1/3.

Alternativa correta: "a".

105. (FCC – Analista Judiciário – Área Judiciária – TST/2017) Vênus é empregada da empresa Raio de Luar Indústria e Comércio de Embalagens Ltda. que fornece condução para os 30 empregados irem e voltarem da fábrica, descontando do salário dos empregados a quantia de R$ 20,00 mensais, para custos operacionais. A rede de transporte público regular é insuficiente para atender à localidade onde está situada a empresa.

Considerando a Lei nº 13.467 de 2017, Vênus

(A) faz jus às horas *in itinere* nos percursos de ida e volta, na medida em que o fornecimento de transporte pela empregadora é sempre causa ensejadora do direito em questão, ainda que haja cobrança parcial por parte do empregador.

(B) não faz jus às horas *in itinere* nos percursos de ida e volta, na medida em que, no percurso de ida e volta, não se considera à disposição do empregador, ainda que este forneça a condução.

(C) não faz jus às horas *in itinere* nos percursos de ida e volta, na medida em que há desconto por parte do empregador da quantia de R$ 20,00 mensais, o que indica não ser o fornecimento gratuito, que é requisito essencial para a hipótese.

(D) faz jus às horas *in itinere* nos percursos de ida e volta, na medida em que a insuficiência de transporte público regular equipara-se, para os efeitos pretendidos pela legislação, ao local de difícil acesso, ensejando a pertinência do direito em questão.

(E) faz jus às horas *in itinere* nos percursos de ida e volta, na medida em que a insuficiência de transporte público regular equipara-se, para os efeitos pretendidos pela legislação, à ausência de transporte público regular, ensejando a pertinência do direito em questão.

COMENTÁRIOS

Nota do autor: A questão aborda o tema horas *in itinere*. A Reforma Trabalhista alterou significativamente a disciplina jurídica das horas *in itinere*. De acordo com a nova redação do § 2º do art. 58 da CLT, o tempo despendido pelo empregado

▸ QUESTÕES DE CONCURSOS

764. À questão que abordar esse tema controvertido, qualquer que seja a resposta, caberá recurso. Caso venha como opção correta a hipótese de **suspensão** (corrente doutrinária minoritária), o candidato deverá entrar com recurso para anular a questão. Lembre-se de citar alguns doutrinadores que defendem a licença-maternidade como hipótese de interrupção, dentre eles: Mauricio Godinho Delgado, *Curso de Direito do Trabalho*. 7. ed. Editora LTr, Gustavo Felipe Barbosa Garcia, Curso de Direito do Trabalho. Editora Método e Sergio Pinto Martins, *Direito do Trabalho*. 24. ed. Editora Atlas.

765. Caso haja aposentadoria por invalidez torna-se indevido o recolhimento do FGTS, conforme informativo n. 10 do TST.

desde sua residência até a efetiva ocupação do posto de trabalho e para o seu retorno não será computado na jornada de trabalho, ainda que o empregador forneça o transporte, por não ser tempo à disposição do empregador.

Comentário serve para as demais alternativas, uma vez que todas versam sobre o mesmo assunto. "O tempo despendido pelo empregado desde a sua residência até a efetiva ocupação do posto de trabalho e para o seu retorno, caminhando ou por qualquer meio de transporte, inclusive o fornecido pelo empregador, não será computado na jornada de trabalho, por não ser tempo à disposição do empregador" (art. 58, §2º da CLT – com redação dada pela Lei nº 13.467/2017).

O novo dispositivo passou a prever que as horas *in itinere* não têm relevância para fins de cômputo da jornada de trabalho e remuneração de horas extras. Mesmo que o empregador, para viabilizar seu próprio empreendimento, forneça o transporte dos trabalhadores até o local de trabalho como uma ferramenta indispensável ao trabalho, beneficiando o próprio empreendimento, não deverá computar o período do deslocamento na jornada de trabalho, que somente se iniciará quando o trabalhador estiver em seu posto de trabalho.

Alternativa correta: "b".

106. (FCC – Analista Judiciário – Área Administrativa – TST/2017) Ulisses foi contratado pela empresa Copo de Leite Laticínios Ltda. como auxiliar de produção, para o cumprimento de jornada de 8 horas diárias de segunda à sexta-feira, com intervalo de 1 hora para repouso e alimentação. Alegando necessidades da produção, duas vezes por semana o empregador passou a fracionar o intervalo intrajornada de Ulisses em três períodos de 20 minutos cada um e, nos outros três dias da semana, passou a conceder apenas 40 minutos de intervalo. Em relação a essa situação, o fracionamento do intervalo intrajornada

(A) não é permitido para as atividades exercidas por Ulisses e a redução do intervalo implica no pagamento pelo empregador dos minutos suprimidos, com um acréscimo de 50% sobre o valor da remuneração da hora normal de trabalho, tendo tal pagamento natureza indenizatória.

(B) não é permitido para as atividades exercidas por Ulisses e a redução do intervalo implica no pagamento pelo empregador do período total do intervalo, com acréscimo de 50% sobre o valor da remuneração da hora normal de trabalho, tendo tal pagamento natureza salarial.

(C) é permitido para as atividades exercidas por Ulisses no caso de necessidade de produção, mas somente em dois períodos de 30 minutos cada um e a redução do intervalo implica no pagamento pelo empregador do período total do intervalo, com acréscimo de 50% sobre o valor da remuneração da hora normal de trabalho, tendo tal pagamento natureza salarial.

(D) é permitido para as atividades exercidas por Ulisses no caso de necessidade de produção e a redução do intervalo implica no pagamento pelo empregador dos minutos suprimidos, com um acréscimo de 50% sobre o valor da remuneração da hora normal de trabalho, tendo tal pagamento natureza indenizatória.

(E) é permitido para as atividades exercidas por Ulisses no caso de necessidade de produção e a redução do intervalo implica no pagamento pelo empregador do período total do intervalo, com acréscimo de 50% sobre o valor da remuneração da hora normal de trabalho, tendo tal pagamento natureza indenizatória.

COMENTÁRIOS

Nota do autor: A questão aborda o tema da redução do período de intervalo intrajornada, o que foi impactado pela Reforma Trabalhista. Assim, há previsão expressa permitindo a redução do intervalo intrajornada para um período de 30 minutos, por acordo ou convenção coletiva.

Comentário serve para as demais alternativas, uma vez que versam sobre o mesmo assunto. Ulisses não poderia ter o intervalo fracionado, mas apenas reduzido, seja por autorização do Ministério do Trabalho, nos termos do art. 71, §3º da CLT:

> **Art. 71, § 3º, da CLT:** "O limite mínimo de uma hora para repouso ou refeição poderá ser reduzido por ato do Ministro do Trabalho, Indústria e Comércio, quando ouvido o Serviço de Alimentação de Previdência Social, se verificar que o estabelecimento atende integralmente às exigências concernentes à organização dos refeitórios, e quando os respectivos empregados não estiverem sob regime de trabalho prorrogado a horas suplementares".

Ainda, referida redução poderá se dar via negociação coletiva:

> **Art. 611-A, III da CLT (com redação dada pela Lei nº 13.467/2017):** "A convenção coletiva e o acordo coletivo de trabalho têm prevalência sobre a lei quando, entre outros, dispuserem sobre: intervalo intrajornada, respeitado o limite mínimo de trinta minutos para jornadas superiores a seis horas".

Lembre-se de que o fracionamento do intervalo é possível no caso dos motoristas, desde que haja previsão no acordo ou convenção coletiva de trabalho, nos termos do art. 71, §5º da CLT:

▶ QUESTÕES DE CONCURSOS

Art. 71, § 5º da CLT: O intervalo expresso no caput poderá ser reduzido e/ou fracionado, e aquele estabelecido no § 1º poderá ser fracionado, quando compreendidos entre o término da primeira hora trabalhada e o início da última hora trabalhada, desde que previsto em convenção ou acordo coletivo de trabalho, ante a natureza do serviço e em virtude das condições especiais de trabalho a que são submetidos estritamente os motoristas, cobradores, fiscalização de campo e afins nos serviços de operação de veículos rodoviários, empregados no setor de transporte coletivo de passageiros, mantida a remuneração e concedidos intervalos para descanso menores ao final de cada viagem.

Nas hipóteses de concessão parcial do referido intervalo, haverá pagamento, de forma indenizatória, apenas do período suprimido, acrescido de 50% sobre o valor da remuneração da hora normal conforme dispõe a nova redação do art. 71, § 4º da CLT.

Alternativa correta "a".

107. (FCC – Analista Judiciário – Área Administrativa – TST/2017) As férias constituem um período de descanso anual remunerado. No entanto, não se trata de um direito incondicional, sendo certo que algumas circunstâncias fazem com que o empregado perca o direito a férias, entre elas

(A) mais de 24 faltas injustificadas ao serviço durante o período aquisitivo.

(B) a suspensão preventiva para responder a inquérito administrativo.

(C) a prisão preventiva, mesmo em caso de impronúncia ou absolvição.

(D) gozo de licença, com percepção de salários, por mais de trinta dias.

(E) percepção de prestações de acidente de trabalho ou de auxílio doença por mais de cento e vinte dias contínuos.

COMENTÁRIOS

Nota do autor: A questão aborda o tema perda do direito às férias pelo empregado. Há hipóteses previstas no art. 133 da CLT em que o empregado perderá o direito de férias. Após a perda do direito de férias em razão de uma das hipóteses a seguir, iniciar-se-á novo período aquisitivo tão logo o empregado retorne ao trabalho. Ademais, nas hipóteses abaixo, o empregador continua obrigado a pagar o adicional de ⅓ de férias[766].

Alternativa "a". O empregado perderá o direito às férias após incorrer em 32 faltas injustificadas ao serviço (art. 130 da CLT).

Alternativa "b". "Não será considerada falta ao serviço, para os efeitos do artigo anterior, a ausência do empregado: durante a suspensão preventiva para responder a inquérito administrativo ou de prisão preventiva, quando for impronunciado ou absolvido" (art. 131, V da CLT).

Alternativa "c". "Não será considerada falta ao serviço, para os efeitos do artigo anterior, a ausência do empregado: durante a suspensão preventiva para responder a inquérito administrativo ou de prisão preventiva, quando for impronunciado ou absolvido" (art. 131, V da CLT).

Alternativa correta: "d". "Não terá direito a férias o empregado que, no curso do período aquisitivo: (...) permanecer em gozo de licença, com percepção de salários, por mais de 30 (trinta) dias" (art. 133, II, da CLT).

Alternativa "e". "Não terá direito a férias o empregado que, no curso do período aquisitivo: tiver percebido da Previdência Social prestações de acidente de trabalho ou de auxílio-doença por mais de 6 (seis) meses, embora descontínuos" (art. 133, IV da CLT).

Alternativa correta "d".

108. (FCC – Analista Judiciário – Área Judiciária – TRT 21/2017) A partir das disposições introduzidas pela Lei no 13.467/2017, sobre prorrogação e compensação de jornada de trabalho, considere:

I. Em se tratando de trabalho em regime de tempo parcial, as horas suplementares da jornada de trabalho normal poderão ser compensadas diretamente até a semana imediatamente posterior à da sua execução, devendo ser feita a sua quitação na folha de pagamento do mês subsequente, caso não sejam compensadas.

II. Caso não seja computado na jornada de trabalho, o tempo despendido pelo empregado desde a sua residência até a efetiva ocupação do posto de trabalho e para o seu retorno, caminhando ou por qualquer meio de transporte fornecido pelo empregador, é considerado como jornada extraordinária.

III. O banco de horas anual pode ser pactuado por acordo individual escrito, acordo coletivo ou convenção coletiva de trabalho.

IV. É lícito o regime de compensação de jornada estabelecido por acordo individual, tácito ou escrito, desde que a compensação se dê no mesmo mês.

766. Informativo n. 10 do TST.

Está correto o que consta APENAS em

(A) I e II.
(B) II e IV.
(C) III e IV.
(D) II e III.
(E) I e IV.

COMENTÁRIOS

Nota do autor: A questão aborda o tema compensação e prorrogação da jornada de trabalho e exigia o conhecimento dos arts. 58, 58-A e 59 da CLT, os quais foram profundamente afetados pela Reforma Trabalhista. Não deixe de ler os artigos citados!

Item I. Correto. "As horas suplementares da jornada de trabalho normal poderão ser compensadas diretamente até a semana imediatamente posterior à da sua execução, devendo ser feita a sua quitação na folha de pagamento do mês subsequente, caso não sejam compensadas" (art. 58-A, § 5º da CLT).

Com a nova redação dada ao art. 58-A da CLT, foram previstas duas modalidades distintas de regime de tempo parcial:

> **a) Jornada de trabalho superior a 26 horas e limitada a 30 horas semanais:** Nessa hipótese, não é permitida a exigência de horas extras dos empregados.
>
> **b) Jornada de trabalho até 26 horas semanais:** Se previstas jornadas de até 26 horas semanais, é possível a prestação de até 6 horas extras semanais.

Item II. Errado. "O tempo despendido pelo empregado desde a sua residência até a efetiva ocupação do posto de trabalho e para o seu retorno, caminhando ou por qualquer meio de transporte, inclusive o fornecido pelo empregador, não será computado na jornada de trabalho, por não ser tempo à disposição do empregador" (art. 58, §2º da CLT). Nesse caso, não integram a jornada de trabalho e não servem para cômputo de horas extras.

A Reforma Trabalhista alterou significativamente a disciplina jurídica das horas *in itinere*. De acordo com a nova redação do art. 58, § 2º da CLT, o tempo despendido pelo empregado desde sua residência até a efetiva ocupação do posto de trabalho e para o seu retorno não será computado na jornada de trabalho, ainda que o empregador forneça o transporte, por não ser tempo à disposição do empregador.

Item III. Errado. "O banco de horas de que trata o § 2º deste artigo poderá ser pactuado por acordo individual escrito, desde que a compensação ocorra no período máximo de seis meses" (art. 59, §5º da CLT).

Os §§ 2º, 3º e 5º do art. 59 da CLT estabelecem a disciplina jurídica direcionada especificamente ao banco de horas, que foi dividido em duas modalidades: banco de horas anual e semestral:

> **a) Banco de horas anual:** Para o estabelecimento dessa modalidade de banco de horas, o § 2º do art. 59 da CLT prevê a necessidade de previsão em acordo ou convenção coletiva de trabalho, desde que o excesso de horas em um dia seja compensado em outro, de modo que a soma das jornadas semanais de trabalho seja respeitada no período máximo de 1 ano. Além disso, é necessário o respeito ao limite de 10 horas diárias de trabalho. Por ser mais gravosa, exigia-se (e ainda se exige) a formalização por instrumento coletivo de trabalho.
>
> **b) Banco de horas semestral:** A novidade trazida pela Reforma Trabalhista consistiu na possibilidade de se estabelecer banco de horas por meio de acordo individual escrito entre empregado e empregador. Nesse caso, o prazo máximo para a compensação é de 6 meses. Portanto, além de permitir a compensação individual tácita mensal, a legislação passou a admitir a previsão de banco de horas individual desde que conste em acordo escrito e realizado no prazo máximo de 6 meses.

Item IV. Correto. "É lícito o regime de compensação de jornada estabelecido por acordo individual, tácito ou escrito, para a compensação no mesmo mês" (art. 59, §6º da CLT).

Com a Reforma Trabalhista e a consequente modificação do artigo 59 da CLT, o legislador deixou clara a diferença existente compensação e banco de horas. A compensação pode ser realizada entre empregado e empregador em acordo de compensação tácito ou escrito, devendo ser realizada dentro do período de um mês. Portanto, a compensação de jornada é mensal.

Alternativa correta "e".

109. (FCC – Analista Judiciário – Área administrativa – TRT 11/2017) No tocante à alteração do contrato de trabalho, considere:

I. Empregado transferido, por ato unilateral do empregador, para local mais distante de sua residência, tem direito a suplemento salarial correspondente ao acréscimo da despesa de transporte.

II. Considera-se alteração unilateral a determinação do empregador para que o respectivo empregado reverta ao cargo efetivo, anteriormente ocupado, deixando o exercício de função de confiança.

III. Ao empregador é vedado transferir o empregado com a mudança de seu domicílio, sem a sua anuência, para localidade diversa da que resultar do contrato. Esta proibição estende-se para os empregados que exerçam cargo de confiança.

IV. Não é licita a transferência quando ocorrer extinção do estabelecimento em que trabalhar o empregado, devendo ocorrer a rescisão contratual ante a previsão expressa da Consolidação das Leis do Trabalho.

Está correto o que se afirma APENAS em

(A) I, III e IV.
(B) II.
(C) I, II e III.
(D) I.
(E) II, III e IV.

COMENTÁRIOS

Nota do autor: A questão aborda os temas da alteração do contrato de trabalho e da transferência de empregados. Quanto aos itens mencionados, não houve impactos pela Reforma Trabalhista, permanecendo atual a questão.

Item I. Correto. No caso de transferência do empregado, este fará jus a um acréscimo salarial correspondente ao aumento de despesas com transporte:

> **Súmula nº 29 do TST:** Empregado transferido, por ato unilateral do empregador, para local mais distante de sua residência, tem direito a suplemento salarial correspondente ao acréscimo da despesa de transporte.

Item II. Errado. O empregado que ocupa cargo de confiança poderá ser revertido ao cargo anterior, com a retirada da gratificação de função, sem que essa **reversão** acarrete nulidade (art. 468, § 1º da CLT). Em razão do exercício de cargo de confiança, o empregado recebe gratificação de função, que se configura salário-condição, ou seja, o empregado somente irá receber a gratificação enquanto estiver exercendo a função de confiança na empresa. Portanto, não se incorpora ao patrimônio jurídico do trabalhador.

O § 2º do art. 468 da CLT, acrescentado pela Reforma Trabalhista, passou a disciplinar a hipótese de supressão da gratificação de função:

> **Art. 468, § 2º, CLT** *(acrescentado pela Lei nº 13.467/2017):* A alteração de que trata o § 1º deste artigo, com ou sem justo motivo, não assegura ao empregado o direito à manutenção do pagamento da gratificação correspondente, que não será incorporada, independentemente do tempo de exercício da respectiva função.

Nesse sentido, a Reforma Trabalhista passou a prever que a reversão do empregado, com ou sem justo motivo, não assegura ao empregado o direito de manter o pagamento da gratificação de função. O valor não será, em hipótese alguma, incorporado ao salário do empregado, **independentemente do tempo de exercício da função.** Portanto, ainda que o empregado trabalhe por períodos superiores a 10 anos em função de confiança, não terá direito à incorporação da gratificação de função recebida caso for revertido ao cargo efetivo anteriormente ocupado.

Item III. Errado. Entre as possibilidades do *jus variandi* está a transferência de empregados. Em regra, a transferência unilateral é vedada. Essa transferência será possível desde que tenha **anuência do empregado.**

Há casos, entretanto, em que a anuência do empregado não é necessária, como é a hipótese do empregado exercente de cargo de confiança. Para estes, é necessária a comprovação da necessidade do serviço, devendo o empregador fundamentar a transferência para evitar abusos e perseguições (art. 469, § 1º da CLT).

Item IV. Errado. No caso de extinção do estabelecimento, a transferência unilateral é permitida para evitar o término do contrato de trabalho. E, se o empregado se negar a essa transferência, ocorrerá o pedido de demissão. Exemplo: empregado trabalhava em Belo Horizonte, mas nessa cidade o estabelecimento foi extinto. Diante desse acontecimento, o trabalhador foi transferido para a unidade da empresa em Juiz de Fora, MG, sendo lícita essa transferência (art. 469, § 2º da CLT).

Alternativa correta: "d".

110. (FGV – Analista Judiciário – Área Judiciária – TRT 12/2017) Maria Helena é empregada de uma grande empresa, exercendo cargo de confiança. Em razão da comprovada necessidade do serviço, foi transferida, sem sua prévia anuência, para filial da empresa situada em outro Estado, o que lhe impôs a mudança de sua residência.

Considerando o caráter definitivo dessa transferência, é correto afirmar, à luz da legislação e da jurisprudência uniforme do TST, que:

(A) essa alteração do local de trabalho não se presume abusiva, sendo indevido o pagamento do adicional de transferência;

(B) a transferência pode ser realizada, mas Maria Helena tem direito ao adicional de transferência de no mínimo 25%;

(C) a transferência é abusiva, e Maria Helena poderá conseguir judicialmente a sua reversão;

(D) a transferência somente será válida se a empregada receber adicional respectivo de 50% do seu salário;

(E) a transferência é abusiva, mas isso não retira o direito da empregada de receber o adicional de transferência.

COMENTÁRIOS

Nota do autor: A questão aborda o tema transferência do empregado. Para responder a essas questões o candidato deve estar atento aos requisitos para a configuração de transferência abusiva.

Comentário serve para as demais alternativas, uma vez que versam sobre o mesmo assunto. Entre as possibilidades do *jus variandi* está a transferência de empregados. Em regra, a transferência unilateral é vedada. Essa transferência será possível desde que tenha **anuência do empregado**. Para configurar transferência, é necessário que acarrete mudança de domicílio do empregado.

Excepcionalmente, poderá ocorrer a transferência unilateral do empregado, se respeitados os limites impostos por lei. A seguir, as hipóteses admitidas:

1) Empregados que exerçam cargos de confiança. Inclusive para esses empregados, é necessário que o empregador demonstre a necessidade do serviço, ou seja, fundamente a transferência para evitar abusos e perseguições. Empregados de confiança são aqueles previstos no art. 62, II, da CLT.

2) Empregados cujo contrato tenham como condição implícita ou explícita a necessidade de transferência. Também nessa hipótese será necessária comprovação de real necessidade de serviço, no mesmo sentido da hipótese anterior. Exemplo de condição **implícita**: empregados do circo. Condição **explícita**: no ato da contratação fica expresso que é condição, na prestação de serviços, a possibilidade de transferência do empregado, como ocorre em alguns bancos e em empresas com diversas filiais.

3) Extinção do estabelecimento. Nesse caso, a transferência unilateral é permitida para evitar o término do contrato de trabalho. E, se o empregado se negar a essa transferência, ocorrerá o pedido de demissão. Exemplo: empregado trabalhava em Belo Horizonte, mas nessa cidade o estabelecimento foi extinto. Diante desse acontecimento, o trabalhador foi transferido para a unidade da empresa em Juiz de Fora, MG, sendo lícita essa transferência.

4) Transferência provisória por necessidade de serviço. Nesse caso, com fundamento no princípio da lealdade contratual, caberá ao empregado colaborar com a empresa. Há necessidade, entretanto, de que essa necessidade seja fundamentada na real necessidade de serviço.

No caso, Maria Helena exerce cargo de confiança, tendo sido comprovada a real necessidade de serviço pelo empregador (art. 469, § 1º da CLT e Súmula nº 43 do TST). Dessa forma, não há que se falar em transferência ilícita da empregada, nem do recebimento do adicional de transferência de 25%, tendo em vista se tratar de transferência definitiva. Somente no caso de transferência provisória por necessidade de serviço, o empregador ficará obrigado a pagar adicional de, no mínimo, 25%, dos salários que o empregado recebia na localidade de origem, enquanto durar a transferência.

Alternativa correta: "a".

111. (FCC – Analista Judiciário – Oficial de Just. Avaliador – TRT 24/2017) Hefesto trabalhou por 3 anos na empresa Netuno Equipamentos Náuticos em sua matriz situada no município do Rio de Janeiro, quando foi transferido para a filial da empresa na cidade de Santos, para exercer as mesmas funções em substituição a empregado que sofreu acidente de trabalho. Permaneceu em Santos por 5 meses, retornando para a matriz, na cidade do Rio de Janeiro. Nesta situação, a transferência será considerada regular

(A) independentemente do consentimento do trabalhador, em razão do poder diretivo do empregador.

(B) caso houvesse necessidade do serviço, ficando o empregador obrigado a um pagamento suplementar, nunca inferior a 25% dos salários do trabalhador, enquanto durar a transferência.

(C) se Hefesto exercesse um cargo de confiança, ainda que a alteração não tenha decorrido de real necessidade de serviço.

(D) para os empregados cujos contratos tenham como condição, implícita ou explícita, a transferência, ainda que esta não tenha decorrido de real necessidade de serviço.

(E) independente da necessidade do serviço, desde que ocorra de forma definitiva e haja o pagamento de adicional de transferência de, no mínimo, 15% do salário do trabalhador.

COMENTÁRIOS

Nota do autor: A questão aborda o tema da transferência do empregado, exigindo o conhecimento do exposto na CLT sobre o assunto.

Comentário serve para as demais alternativas, uma vez que versam sobre o mesmo assunto. Entre as possibilidades do *jus variandi* está a transferência de empregados. Em regra, a transferência unilateral é vedada. Essa transferência será possível desde que tenha **anuência do empregado**. Para configurar transferência, é necessário que acarrete mudança de domicílio do empregado. O empregador, portanto, está obrigado a indicar os motivos da transferência. Essa exigência é um dos raros casos em que o empregador deverá motivar sua decisão. Caso não seja fundamentada, a transferência será considerada abusiva, possibilitando ao empregado pleitear a rescisão indireta com base no art. 483, *d*, da CLT. De acordo com a jurisprudência do TST:

> **Súmula nº 43 do TST:** "Presume-se abusiva a transferência de que trata o § 1º do art. 469 da CLT, sem comprovação da necessidade do serviço."

No caso de transferência provisória por necessidade de serviço, mesmo em se tratando de cargo de confiança e condição implícita ou explícita no contrato, o empregador ficará obrigado a pagar adicional de, no mínimo, 25%, dos salários que o empregado recebia na localidade de origem, enquanto durar a transferência (art. 469, § 3º da CLT).

Alternativa correta: "b".

112. (FCC – Analista Judiciário – Área administrativa – TRT 11/2017) Considere as hipóteses abaixo.

I. Luciana casou-se na última terça-feira deixando de comparecer no seu emprego por três dias consecutivos.

II. Dorivaldo deixou de comparecer no seu emprego por dois dias consecutivos em razão do falecimento de seu irmão.

III. Gildete está de férias.

IV. Simone está em gozo de seu repouso semanal remunerado.

Tratam-se de hipóteses de interrupção do contrato de trabalho as indicadas em

(A) II, III e IV, apenas.
(B) I, II e III, apenas.
(C) I, III e IV, apenas.
(D) I e II, apenas.
(E) I, II, III e IV.

COMENTÁRIOS

Nota do autor: A questão aborda o tema suspensão e interrupção do contrato de trabalho. A **interrupção** do contrato de trabalho consiste na ausência provisória da prestação de serviços, em que são devidos o pagamento de salário e a contagem do tempo. Cessa a obrigação do empregado, mas persiste a obrigação da empresa. Por outro lado, a **suspensão** do contrato de trabalho é a ausência provisória da prestação de serviços, sem que haja o pagamento de salário nem a contagem do tempo. Nesse caso, cessa a obrigação tanto da empresa como do empregado.

O candidato deve estar atento às hipóteses em questão, tendo em vista ser um tema muito cobrado em concursos trabalhistas.

Comentário serve para as demais alternativas, uma vez que versam sobre o mesmo assunto. Os casos apontados nos itens I, II, III e IV são considerados como de interrupção do contrato de trabalho, pois, apesar de não haver prestação de serviços, é devido o pagamento de salário e há contagem do tempo de serviço.

Alternativa correta: "e".

113. (FGV – Analista Judiciário – Área Judiciária – TRT 12/2017) Alberto, empregado da empresa União Ltda., sofreu acidente de trabalho e se encontra em fruição de auxílio-doença acidentário.

É correto afirmar, à luz da legislação trabalhista, que:

(A) o FGTS não deverá ser recolhido porque Alberto não está trabalhando;
(B) o contrato encontra-se interrompido, pelo que é devido o FGTS, mas o período não será considerado para fim algum;
(C) o FGTS deve ser depositado e haverá garantia no emprego para Alberto até cinco meses após o retorno;
(D) está suspenso o contrato de trabalho, sendo devido o recolhimento do FGTS e o cômputo do respectivo lapso temporal no período aquisitivo de férias, salvo se perdurar por mais de seis meses, ainda que descontínuos;
(E) em virtude do afastamento ter ocorrido em razão de acidente do trabalho, a Lei determina o pagamento de metade do FGTS e o cômputo de metade do período de afastamento para fins de férias.

COMENTÁRIOS

Nota do autor: A questão aborda o tema suspensão do contrato de trabalho em caso de percepção do auxílio-doença acidentário, assim como as obrigações devidas ao longo desse período.

Comentário serve para as demais alternativas, uma vez que versam sobre o mesmo assunto. Inobstante se trate de hipótese de suspensão do contrato de trabalho, há expressa previsão legal no sentido da continuidade do recolhimento do FGTS pelo empregador, no período de recebimento de auxílio-doença acidentário. Nesse sentido:

> **Art. 15 da Lei nº 8.036/1990.** Para os fins previstos nesta Lei, todos os empregadores ficam

obrigados a depositar, até o vigésimo dia de cada mês, em conta vinculada, a importância correspondente a 8% (oito por cento) da remuneração paga ou devida, no mês anterior, a cada trabalhador, incluídas na remuneração as parcelas de que tratam os arts. 457 e 458 da Consolidação das Leis do Trabalho (CLT), aprovada pelo Decreto-Lei nº 5.452, de 1º de maio de 1943, e a Gratificação de Natal de que trata a Lei nº 4.090, de 13 de julho de 1962. (Redação dada pela Lei nº 14.438, de 2022)

(...) § 5º: O depósito de que trata o *caput* deste artigo é obrigatório nos casos de afastamento para prestação do serviço militar obrigatório e licença por acidente do trabalho.

O empregado não terá, contudo, direito aos depósitos do FGTS durante o recebimento do benefício da aposentadoria por invalidez[767].

Além disso, não terá direito a férias o empregado que tiver percebido prestação relativa a auxílio-doença acidentário ou auxílio-doença por mais de 6 meses (art. 133, IV da CLT).

Note-se, por fim, que o art. 4º, § 1º da CLT sofreu apenas modificação formal pela Reforma Trabalhista, mas não houve alteração em seu conteúdo, pois apenas houve a supressão da parte vetada da redação anterior:

Art. 4º, § 1º da CLT (com redação dada pela Reforma Trabalhista): Computar-se-ão, na contagem de tempo de serviço, para efeito de indenização e estabilidade, os períodos em que o empregado estiver afastado do trabalho prestando serviço militar e por motivo de acidente do trabalho.

Alternativa correta: "d".

114. (FGV – Analista Judiciário – Oficial de Just. Avaliador – TRT 12/2017) Júlio, professor de matemática numa escola particular, e Beatriz, professora de física na mesma escola, casaram-se, após 2 anos de namoro, em cerimônia civil, no decorrer do ano letivo. Pretendem agora viajar para a lua-de-mel. Sobre a situação apresentada, e de acordo com os termos da CLT, é correto afirmar que:

(A) o casal poderá faltar ao serviço por 1 semana, mas terão o desconto respectivo no salário;

(B) Beatriz e Júlio poderão faltar ao emprego por 9 dias, sem prejuízo do salário;

(C) a CLT é omissa a respeito, assim o casal terá de negociar a quantidade de dias da licença-gala;

(D) ambos poderão faltar justificadamente por até 3 dias consecutivos;

(E) a licença pelo casamento deverá ser aproveitada após o término do semestre letivo, para não causar prejuízo intelectual aos alunos.

COMENTÁRIOS

Nota do autor: Cuidado com o peguinha da questão! Além de exigir que o candidato saiba que o caso se trata de interrupção do contrato de trabalho, deve-se atentar ao fato de que se tratam de professores que se casaram, cuja regulamentação é específica e não segue a regra geral do art. 473 da CLT! Ainda, deixo mais um alerta: o art. 473 da CLT, em setembro de 2022, foi alterado pela Lei nº 14.457. Não deixe de conferir sua regulamentação atual.

Comentário serve para as demais alternativas, uma vez que versam sobre o mesmo assunto. A **interrupção** do contrato de trabalho consiste na ausência provisória da prestação de serviços, em que são devidos o pagamento de salário e a contagem do tempo. Cessa a obrigação do empregado, mas persiste a obrigação da empresa. Trata-se do caso de Júlio e Beatriz, os quais são professores e se casaram, fazendo jus a um período de 9 dias por motivo de gala (casamento). Nesse sentido:

Art. 320, § 3º da CLT: Não serão descontadas, no decurso de 9 (nove) dias, as faltas verificadas por motivo de gala ou de luto em consequência de falecimento do cônjuge, do pai ou mãe, ou de filho.

Alternativa correta: "b".

115. (FCC – Analista Judiciário – Oficial de Just. Avaliador – TRT 24/2017) Urano teve o seu contrato de trabalho suspenso em razão de licença por gozo do benefício previdenciário de auxílio-doença previdenciário comum (código B-31). Neste período de suspensão do contrato, o empregado terá direito

(A) aos depósitos do FGTS durante a paralisação dos serviços.

(B) ao pagamento dos salários pelo empregador do período de afastamento.

(C) a computar o tempo de afastamento para todos os efeitos legais.

(D) às vantagens ocorridas na sua ausência que tenham sido atribuídas à categoria que pertencia.

(E) à prorrogação do final do contrato por prazo determinado, mesmo que não tenha havido prévio acordo com o empregador.

767. Informativo nº 10 do TST (confira texto integral no final do capítulo).

COMENTÁRIOS

Nota do autor: A questão foi inserida no tópico sobre suspensão e interrupção do contrato de trabalho por trazer uma consequência para o contrato de trabalho em caso de afastamento do empregado por motivo de doença.

Alternativa "a". No caso de auxílio-doença comum não há obrigação do empregador de recolhimento do FGTS que só é possível em caso de auxílio-doença acidentário. Inobstante se trate de hipótese de suspensão do contrato de trabalho, há expressa previsão legal no sentido da continuidade do recolhimento do FGTS pelo empregador, no período de recebimento de auxílio-doença acidentário. Nesse sentido:

> **Art. 15 da Lei nº 8.036/1990.** Para os fins previstos nesta Lei, todos os empregadores ficam obrigados a depositar, até o vigésimo dia de cada mês, em conta vinculada, a importância correspondente a 8% (oito por cento) da remuneração paga ou devida, no mês anterior, a cada trabalhador, incluídas na remuneração as parcelas de que tratam os arts. 457 e 458 da Consolidação das Leis do Trabalho (CLT), aprovada pelo Decreto-Lei nº 5.452, de 1º de maio de 1943, e a Gratificação de Natal de que trata a Lei nº 4.090, de 13 de julho de 1962. (Redação dada pela Lei nº 14.438, de 2022)
>
> (...) § 5º: O depósito de que trata o *caput* deste artigo é obrigatório nos casos de afastamento para prestação do serviço militar obrigatório e licença por acidente do trabalho.

Alternativa "b". Conforme afirmado no comentário à alternativa "d", no caso de suspensão do contrato de trabalho não há pagamento de salários, mas apenas o recebimento de benefício previdenciário.

Alternativa "c". No caso de suspensão do contrato de trabalho, não há contagem de tempo de serviço durante o período de afastamento do empregado:

Na palavra SuSpenSão, existem 3 letras S de "Sem":	
S	em trabalho
S	em salário
S	em contagem de tempo

Alternativa "d". A principal diferença existente entre interrupção e suspensão consiste no pagamento dos salários. Na suspensão do contrato de trabalho não há prestação de serviços pelo trabalhador. Nesse caso, não ocorre o pagamento de salário e a contagem do tempo de serviço do empregado.

Em ambos os casos, serão asseguradas, ao empregado afastado, as vantagens que, em sua ausência, tenham sido atribuídas à categoria, conforme previsto no art. 471 da CLT:

> **Art. 4715 da CLT:** Ao empregado afastado do emprego, são asseguradas, por ocasião de sua volta, todas as vantagens que, em sua ausência, tenham sido atribuídas à categoria a que pertencia na empresa.

Alternativa "e". Somente será desconsiderado o tempo de afastamento caso exista acordo entre empregado e empregador, nos contratos por prazo determinado. Dessa forma, as hipóteses de interrupção e suspensão não seriam computadas no período do contrato por prazo certo. É o que se observa no art. 472, § 2º, da CLT:

> **Art. 472, § 2º, da CLT:** Nos contratos por prazo determinado, o tempo de afastamento, se assim acordarem as partes interessadas, não será computado na contagem do prazo para respectiva terminação.

Alternativa correta: "d".

116. (FCC – Analista Judiciário – Oficial de Just. Avaliador – TRT 11/2017) Maciel é empregado da empresa X Ltda e exerce seu labor no horário noturno. Todavia, todas as sextas-feiras e aos sábados Maciel estendeu seu labor até as 07:00 horas. Neste caso, de acordo com o entendimento Sumulado do TST,

(A) não é devido o adicional noturno quanto às horas prorrogadas, uma vez que já efetuadas no horário diurno, ou seja, após 6h.

(B) não é devido o adicional noturno quanto às horas prorrogadas, uma vez que já efetuadas no horário diurno, ou seja, após 5h.

(C) é devido o adicional noturno quanto às horas prorrogadas, sendo que este adicional integrará o salário de Maciel para todos os efeitos legais.

(D) é devido o adicional noturno apenas quanto a primeira hora prorrogada, sendo que este adicional integrará o salário de Maciel para os efeitos legais, exceto férias.

(E) é devido o adicional noturno quanto às horas prorrogadas, sendo que este adicional integrará o salário de Maciel para os efeitos legais, exceto férias e décimo terceiro salário.

COMENTÁRIOS

Nota do autor: A questão aborda o tema prorrogação da jornada exercida em horário noturno. Lembre-se de que a hora noturna dos empregados urbanos compreende o período entre às 22 horas de um dia até às 5 horas do dia seguinte. Nesse caso, os empregados têm direito ao recebimento de adicional de, pelo menos, 20% sobre o valor da hora diurna.

Comentário serve para as demais alternativas, uma vez que versam sobre o mesmo assunto. A prorrogação ocorre quando houver a continuidade da prestação de serviços além do limite previsto em lei, ou seja, 5 horas da manhã. Nesse caso, o empregado continuará recebendo o adicional noturno e terá direito à hora reduzida. De acordo com o entendimento sumulado do TST:

> **Súmula nº 60, II, do TST.** "Cumprida integralmente a jornada no período noturno e prorrogada esta, devido é também o adicional quanto às horas prorrogadas."

Alternativa correta: "c".

117. (FCC – Analista Judiciário – Área Judiciária – TRT 11/2017) Mário presta serviços como entregador de carnes no Frigorífico "ABC" Ltda e, numa sexta-feira no final do dia, teve que estender sua jornada de trabalho para descarregar a mercadoria do caminhão e colocá-la na câmara fria, sob pena de perda irreparável do produto, sendo considerado um serviço inadiável. Neste caso, de acordo com a Consolidação das Leis do Trabalho, a prestação de horas extras

(A) poderá ocorrer independentemente da existência de acordo ou contrato coletivo e deverá ser comunicado, dentro de dez dias, à autoridade competente em matéria de trabalho, ou, antes desse prazo, justificado no momento da fiscalização sem prejuízo dessa comunicação.

(B) não poderá ocorrer sem a existência de acordo ou contrato coletivo, devendo o empregador contratar prestadores de serviços para fazê-lo.

(C) poderá ocorrer independentemente da existência de acordo ou contrato coletivo, entretanto o adicional a ser pago é de no mínimo 100% sobre a hora normal de trabalho.

(D) não poderá ocorrer sem a existência de acordo ou contrato coletivo, podendo o empregador solicitar os serviços de Mário, que poderá ou não aceitar a prestação dos serviços, já que não é obrigada pelo contrato de trabalho a fazê-lo.

(E) poderá ocorrer independentemente da existência de acordo ou contrato coletivo e deverá ser comunicado, dentro de noventa dias, à autoridade competente em matéria de trabalho, ou, antes desse prazo, justificado no momento da fiscalização sem prejuízo dessa comunicação.

COMENTÁRIOS

Nota do autor: A questão aborda o tema da prorrogação por necessidade imperiosa. Conforme se verá no comentário à alternativa correta à época do concurso, com a Reforma Trabalhista trouxe impactos importantes no que toca à prorrogação da jornada.

Alternativa correta: "a". *Comentário serve para as demais alternativas, uma vez que versam sobre o mesmo assunto.* Com a Reforma Trabalhista, a questão se encontra parcialmente desatualizada.

A CLT prevê hipótese de prorrogação da jornada de trabalho por necessidade imperiosa. De acordo com a doutrina[768], necessidade imperiosa é considerada gênero, do qual são espécies prorrogação por motivo de força maior e prorrogação para conclusão de serviços inadiáveis ou cuja inexecução possa acarretar prejuízos ao empregador:

> **Art. 61, CLT:** Ocorrendo necessidade imperiosa, poderá a duração do trabalho exceder do limite legal ou convencionado, seja para fazer face a motivo de força maior, seja para atender à realização ou conclusão de serviços inadiáveis ou cuja inexecução possa acarretar prejuízo manifesto.

Com a alteração da Reforma Trabalhista, removeu-se a exigência de comunicação prévia à autoridade em matéria de trabalho. Além disso, permanece a desnecessidade de acordo ou convenção coletiva de trabalho para a prestação de horas extras nas hipóteses elencadas no art. 61 da CLT.

Em resumo, o empregador poderá exigir a prestação de horas extras na hipótese de força maior e para a conclusão de serviços inadiáveis ou cuja inexecução possa acarretar prejuízos sem que seja necessária a comunicação ao atual Ministério do Trabalho e Emprego (conforme art. 17, XXVIII, da Lei nº 14.600/2023)[769]. Nesse sentido, a nova redação do art. 61, § 1º da CLT:

> **Art. 61, § 1º, da CLT** *(com redação dada pela Reforma Trabalhista)*: O excesso, nos casos deste artigo, pode ser exigido independentemente de convenção coletiva ou acordo coletivo de trabalho.

▸ QUESTÕES DE CONCURSOS

768. Nesse sentido: CASSAR, Vólia Bomfim. *Direito do Trabalho*. 11. ed. São Paulo: Método, 2015. p. 680; GARCIA, Gustavo Filipe Barbosa. *CLT comentada*. São Paulo: Método, 2015. p. 91; e MARTINS, Sergio Pinto. *Comentários à CLT*. 19. ed. São Paulo: Atlas, 2015. p. 103.
769. Nomenclatura atual dada pela Lei nº 14.261/2021.

Portanto, atualmente, não é necessária a comunicação à autoridade competente da prestação de horas extras por necessidade imperiosa.

Alternativa correta: "a".

118. (FGV – Analista Judiciário – Área Administrativa – TRT 12/2017) Madalena é empregada da empresa Fábrica de Sonhos Ltda., localizada em Rio do Sul (SC), na qual exerce a função de vendedora, cumprindo jornada de trabalho de 2ª a 6ª feira das 9:00 às 18:30 horas, com intervalo para refeição de 1:30 horas, e aos sábados das 8:00 às 13:00 horas, com pausa de 1 hora. À luz da legislação e da jurisprudência uniforme do TST, é correto afirmar que:

(A) o acerto deste horário é válido, desde que seja previsto em acordo coletivo ou convenção coletiva de trabalho;

(B) a empregada em questão terá direito a horas extras em razão do intervalo para refeição, que foi concedido em desacordo com a CLT;

(C) a jornada cumprida pela empregada ensejará o pagamento de horas extras pelo intervalo interjornada violado;

(D) a jornada cumprida é válida, o que não dá margem ao pagamento de horas extras;

(E) Madalena receberá horas extras com adicional de 50% porque a sua jornada supera o limite constitucional.

COMENTÁRIOS

Nota do autor: A questão exigia o conhecimento do tema jornada de trabalho e é considerada de nível fácil.

Comentário serve para as demais alternativas, uma vez que versam sobre o mesmo assunto. Madalena exercia a jornada de 44 horas semanais, de forma que não lhe é devido o adicional de hora extraordinária. Isso porque, durante a semana, sua jornada diária era de 8 horas diárias e, aos sábados, de 4 horas diárias, em respeito ao dispositivo constitucional:

> **Art. 7º da CF/88:** São direitos dos trabalhadores urbanos e rurais, além de outros que visem à melhoria de sua condição social: (...)
>
> XIII – duração do trabalho normal não superior a oito horas diárias e quarenta e quatro semanais, facultada a compensação de horários e a redução da jornada, mediante acordo ou convenção coletiva de trabalho;

Alternativa correta: "d".

119. (FGV – Analista Judiciário – Oficial de Just. Avaliador – TRT 12/2017) Antonieta é empregada na empresa Calçados do Sul Ltda., cumprindo jornada de 2ª feira a sábado das 5:30 às 15:30 horas, com pausa alimentar de 2 horas.

Diante da situação apresentada e dos termos da CLT, é correto afirmar que:

(A) Antonieta terá direito a hora extra em razão do intervalo para refeição desrespeitado;

(B) a empregada terá direito a horas extras pelo excesso de jornada, com adicional de no mínimo 50%;

(C) há direito ao pagamento de horas extras e adicional noturno na jornada compreendida entre 5:30 e 6:00 horas;

(D) não se identifica na jornada cumprida qualquer excesso, pelo que não há horas extras a pagar;

(E) houve violação ao intervalo interjornada, gerando assim direito ao pagamento de horas extras.

COMENTÁRIOS

Nota do autor: A questão exigia o conhecimento da duração de jornada de trabalho, sendo considerada de fácil resolução, já que demandava apenas o conhecimento do texto constitucional e da CLT.

Comentário serve para as demais alternativas, uma vez que versam sobre o mesmo assunto. A limitação da jornada de trabalho é uma das maiores vitórias conquistadas pelos empregados. Atualmente, a duração máxima é limitada a 8 horas diárias e 44 horas semanais, tanto aos homens quanto às mulheres. Esse limite, chamado "jornada normal", é previsto no art. 7º, XIII, da Constituição Federal:

> **Art. 7º, XIII, CF/88:** São direitos dos trabalhadores urbanos e rurais, além de outros que visem à melhoria de sua condição social: duração do trabalho normal não superior a oito horas diárias e quarenta e quatro semanais, facultada a compensação de horários e a redução da jornada, mediante acordo ou convenção coletiva de trabalho.

Assim, no caso, temos que Antonieta era submetida a jornada de 8 horas diárias, de segunda a sábado, totalizando 48 horas semanais, excedendo em 4 horas o total permitido pela Constituição Federal, que deverão ser remunerados com adicional de, no mínimo, 50% sobre o valor da hora normal de trabalho (art. 7º, XVI, CF/88).

Note-se que mesmo com a Reforma Trabalhista, em caso de pacto quanto à jornada de trabalho, deve ser respeitado o limite constitucional já citado:

> **Art. 611-A da CLT (inserido pela Reforma Trabalhista):** A convenção coletiva e o acordo

coletivo de trabalho têm prevalência sobre a lei quando, entre outros, dispuserem sobre:

I – pacto quanto à jornada de trabalho, observados os limites constitucionais;

Além disso, a Reforma Trabalhista permitiu que se reduza o período do intervalo intrajornada para 30 minutos para jornadas superiores a seis horas, via acordo ou convenção coletiva, sendo que o intervalo em questão deixa se ser considerado como norma de segurança, higiene e saúde:

Art. 611-A da CLT (inserido pela Reforma Trabalhista): A convenção coletiva e o acordo coletivo de trabalho têm prevalência sobre a lei quando, entre outros, dispuserem sobre: (...)

III – intervalo intrajornada, respeitado o limite mínimo de trinta minutos para jornadas superiores a seis horas;

Art. 611-B (inserido pela Reforma Trabalhista): Constituem objeto ilícito de convenção coletiva ou de acordo coletivo de trabalho, exclusivamente, a supressão ou a redução dos seguintes direitos: (...)

Parágrafo único. Regras sobre duração do trabalho e intervalos não são consideradas como normas de saúde, higiene e segurança do trabalho para os fins do disposto neste artigo.

Alternativa correta: "b".

120. (FCC – Analista Judiciário – Oficial de Just. Avaliador – TRT 11/2017) Considere as seguintes situações hipotéticas: Cleiton labora na farmácia XZC Ltda. possuindo jornada de trabalho de cinco horas diárias. Seu irmão Cledison labora na farmácia VBN Ltda. e possui jornada de trabalho de quatro horas diárias. Já Monique, tia dos irmãos, trabalha no supermercado ZWQ Ltda. e possui jornada de trabalho de 7 horas diárias. Nestes casos, de acordo com a Consolidação das Leis do Trabalho, no tocante ao intervalo intrajornada,

(A) Cleiton e Cledison não terão direito ao intervalo e Monique terá direito a uma hora de intervalo.

(B) Cleiton e Cledison terão direito a quinze minutos de intervalo e Monique terá direito a uma hora de intervalo.

(C) Cleiton e Cledison terão direito a quinze minutos de intervalo e Monique terá direito a trinta minutos de intervalo.

(D) todos terão direito a quinze minutos de intervalo.

(E) Cleiton terá direito a quinze minutos de intervalo, Cledison não terá direito ao intervalo e Monique terá direito a uma hora de intervalo.

COMENTÁRIOS

Nota do autor: A questão aborda o tema intervalo intrajornada e é considerada de nível fácil, já que exigia, apenas, o conhecimento do art. 71 da CLT.

Comentário serve para as demais alternativas, uma vez que versam sobre o mesmo assunto. Analisaremos a jornada de cada um dos trabalhadores apresentados na questão:

Cleiton: como é submetido a uma jornada de 5 horas diárias, terá direito a 15 minutos de intervalo intrajornada (art. 71, § 1º, CLT).

Cledison: como é submetido a uma jornada de 4 horas diárias, não terá direito a intervalo intrajornada.

Monique: como é submetida a uma jornada de 7 horas diárias, terá direito a 1 hora de intervalo intrajornada (art. 71, "caput", CLT).

Nesse sentido, o art. 71 da CLT:

Art. 71 da CLT: Em qualquer trabalho contínuo, cuja duração exceda de 6 (seis) horas, é obrigatória a concessão de um intervalo para repouso ou alimentação, o qual será, no mínimo, de 1 (uma) hora e, salvo acordo escrito ou contrato coletivo em contrário, não poderá exceder de 2 (duas) horas.

§ 1º – Não excedendo de 6 (seis) horas o trabalho, será, entretanto, obrigatório um intervalo de 15 (quinze) minutos quando a duração ultrapassar 4 (quatro) horas.

Com a Reforma Trabalhista, o intervalo intrajornada não é mais considerado como norma de segurança, saúde e higiene do trabalho, podendo ser reduzido para 30 minutos, via acordo ou convenção coletiva:

Art. 611-A da CLT: A convenção coletiva e o acordo coletivo de trabalho têm prevalência sobre a lei quando, entre outros, dispuserem sobre: (...)

III – intervalo intrajornada, respeitado o limite mínimo de trinta minutos para jornadas superiores a seis horas;

Art. 611-B da CLT: Constituem objeto ilícito de convenção coletiva ou de acordo coletivo de trabalho, exclusivamente, a supressão ou a redução dos seguintes direitos: (...)

Parágrafo único. Regras sobre duração do trabalho e intervalos não são consideradas como normas de saúde, higiene e segurança do trabalho para os fins do disposto neste artigo."

Além disso, com a Reforma Trabalhista, a não concessão ou concessão parcial do intervalo intrajornada mínima terá natureza indenizatória, sendo devido o pagamento apenas do período suprimido, com acréscimo de 50% sobre o valor da remuneração da hora de trabalho:

Art. 71, § 4º da CLT: A não concessão ou a concessão parcial do intervalo intrajornada mínimo, para repouso e alimentação, a empregados urbanos e rurais, implica o pagamento, de natureza indenizatória, apenas do período suprimido, com acréscimo de 50% (cinquenta por cento) sobre o valor da remuneração da hora normal de trabalho.

Alternativa correta: "e".

121. (FCC – Analista Judiciário – Área Judiciária – TRT 11/2017) Considere as seguintes situações hipotéticas: Marta é empregada vendedora comissionista da loja X situada no interior do Shopping Y. Sua irmã, Gabriela, é vendedora comissionista pracista da fábrica de remédios Z. Nestes casos, de acordo com o entendimento Sumulado do TST, é devida a remuneração do repouso semanal

(A) e dos dias feriados apenas para Marta.

(B) e dos dias feriados apenas para Gabriela.

(C) para Marta e Gabriela e dos dias feriados apenas para Marta.

(D) para Marta e Gabriela, sendo que os feriados não são remunerados, tendo em vista que já recebem comissões pelas vendas efetuadas nestes dias.

(E) e dos dias feriados para Marta e Gabriela.

COMENTÁRIOS

Nota do autor: A questão aborda o tema do descanso semanal remunerado devido aos empregados comissionistas e pracistas, e exigia o conhecimento do entendimento sumulado do TST. Ressalta-se que a redução ou supressão do descanso semanal remunerado constitui objeto ilícito de convenção e acordo coletivo de trabalho de acordo com o art. 611-B, IX, CLT – acrescentado pela Lei nº 13.467/2017 (Reforma Trabalhista).

Comentário serve para as demais alternativas, uma vez que versam sobre o mesmo assunto. Trata-se da literalidade da Súmula nº 27 do TST:

> **Súmula nº 27 do TST:** É devida a remuneração do repouso semanal e dos dias feriados ao empregado comissionista, ainda que pracista.

Verifica-se, assim, que, independentemente da forma do pagamento, seja por tempo, seja por comissão, é devida a remuneração do DSR[770]. Nesse sentido, ensina Sergio Pinto Martins:

> A Lei nº 605/49 traz exceções ao dispositivo, mas não ocorre em relação ao comissionista. Todos têm o direito à remuneração do repouso semanal remunerado e dos feriados. A lei não faz distinção em relação à forma de remuneração do empregado. Não importa, portanto, se o trabalhador recebe à base de comissões, se trabalha numa certa praça (pracista) ou se não tem controle de presença ou de horário de trabalho[771].

Alternativa correta: "e".

122. (FCC – Analista Judiciário – Oficial de Just. Avaliador – TRT 11/2017) Luciana e Suzana são amigas inseparáveis e, em razão da permissão de seus empregadores, pretendem gozar férias juntas, planejando uma longa viagem. Porém, precisam verificar quantos dias possuem para gozar de férias. Considerando que, durante o período aquisitivo de férias, Luciana teve 7 faltas injustificadas e Suzana teve 4 faltas injustificadas, de acordo com a Consolidação das Leis do Trabalho,

(A) ambas as amigas terão direito a 24 dias corridos de férias.

(B) Luciana terá direito a 24 dias corridos de férias e Suzana a 30 dias.

(C) ambas as amigas terão direito a 30 dias corridos de férias.

(D) Luciana terá direito a 18 dias corridos de férias e Suzana a 24 dias.

(E) ambas as amigas terão direito a 25 dias corridos de férias.

COMENTÁRIOS

Nota do autor: A questão aborda o tema férias e demandava o conhecimento do art. 130 da CLT, sendo considerada de nível fácil. Lembre-se de que as férias compreendem clássica hipótese de interrupção do contrato de trabalho, pois há recebimento de salário e contagem do tempo de serviço sem que haja prestação dos serviços.

Comentário serve para as demais alternativas, uma vez que versam sobre o mesmo assunto. A duração das férias estará intimamente ligada às faltas injustificadas cometidas pelo empregado ao longo do período aquisitivo. A proporção de faltas e do período de descanso está prevista no art. 130 da CLT, nos termos da tabela abaixo:

770. **Súmula nº 27 do TST:** "É devida a remuneração do repouso semanal e dos dias feriados ao empregado comissionista, **ainda que pracista**" (grifo acrescido).

771. MARTINS, Sergio Pinto. *Comentários às Súmulas do TST*. 6. ed. São Paulo: Atlas, 2009. p. 24.

Duração das férias do empregado (art. 130, CLT)	
Número de faltas	**Dias de Férias**
Até 5 faltas	30 dias
6 a 14 faltas	24 dias
15 a 23 faltas	18 dias
24 a 32 faltas	12 dias
Acima de 32 faltas	Não há férias a usufruir

Importante frisar que a duração é proporcional às faltas injustificadas. Faltas previstas em lei, em instrumentos coletivos, ou simplesmente faltas aceitas pelo empregador, portanto, faltas justificadas, não causam nenhum tipo de desconto. No caso apresentado, portanto, Luciana terá direito a 24 dias de férias e Suzana a 30 dias.

Com a Reforma Trabalhista, o art. 130-A da CLT que previa duração e férias diferentes para os empregados submetidos a regime de tempo parcial foi revogado. Dessa forma, de acordo com a redação do art. 58-A, § 7º, da CLT, acrescentado pela Lei nº 13.467/2017, as férias têm a mesma duração dos demais empregados:

> **Art. 58-A, § 7º, CLT (acrescentado pela Reforma Trabalhista):** As férias do regime de tempo parcial são regidas pelo disposto no art. 130 desta Consolidação.

Alternativa correta: "b".

123. (FCC – Analista Judiciário – Área Judiciária – TRT 24/2017) Durante o período aquisitivo das férias 2016/2017, Perseu ausentou-se do serviço por 1 dia para acompanhar filho de cinco anos em consulta médica, por 2 dias consecutivos em razão de falecimento do seu irmão e 2 dias realizando exame vestibular para ingresso em estabelecimento de ensino superior. Nessa situação hipotética, em relação ao referido período Perseu terá direito ao gozo de férias na seguinte proporção:

(A) 18 dias corridos.

(B) 20 dias corridos.

(C) 30 dias corridos.

(D) 24 dias corridos.

(E) 25 dias corridos.

COMENTÁRIOS

Nota do autor: A questão exige que o candidato conheça os casos de faltas justificadas, assim como do total do período de férias em razão das faltas injustificadas do empregado.

Comentário serve para as demais alternativas, uma vez que versam sobre o mesmo assunto. Vejamos as hipóteses de faltas, caso a caso:

- 1 dia para acompanhar filho de cinco anos em consulta médica: trata-se de caso de falta justificada (interrupção do contrato de trabalho), prevista no art. 473, XI da CLT;
- 2 dias consecutivos em razão de falecimento do seu irmão: trata-se de falta justificada (interrupção do contrato de trabalho), prevista no art. 473, I da CLT;
- 2 dias realizando exame vestibular para ingresso em estabelecimento de ensino superior: trata-se, à semelhança dos demais casos, de falta justificada (interrupção do contrato de trabalho), prevista no art. 473, VII da CLT.

Assim, tendo em vista que não há faltas injustificadas, Perseu fará jus a 30 dias de férias, nos termos do art. 130 da CLT.

Por fim, cumpre ressaltar que o art. 473 da CLT foi alterado pela Lei nº 14.457, de setembro de 2022. **É extremamente importante** que o candidato consulte o texto atual da norma.

Alternativa correta: "c".

124. (FCC – Analista Judiciário – Área Judiciária – TRT 11/2017) De acordo com o entendimento Sumulado do TST, as faltas ou ausências decorrentes de acidente do trabalho

(A) são consideradas para os efeitos de duração de férias e cálculo da gratificação natalina.

(B) não são consideradas para os efeitos de duração de férias, mas são consideradas para o cálculo da gratificação natalina.

(C) não são consideradas para os efeitos de duração de férias e cálculo da gratificação natalina.

(D) são consideradas para os efeitos de duração de férias, mas não são consideradas para o cálculo da gratificação natalina.

(E) são consideradas para os efeitos de duração de férias e cálculo da gratificação natalina de forma reduzida, limitando-se a quinze dias.

COMENTÁRIOS

Nota do autor: A questão trata acerca do tema faltas decorrentes de acidente do trabalho e exigia o conhecimento do entendimento sumulado do TST sobre o assunto.

Comentário serve para as demais alternativas, uma vez que versam sobre o mesmo assunto. A duração das férias estará intimamente ligada às faltas injustificadas cometidas pelo empregado ao longo do período aquisitivo. Nesse sentido, estabelece a Súmula nº 63 do TST:

> **Súmula nº 63 do TST:** As faltas ou ausências decorrentes de acidente do trabalho não são consideradas para os efeitos de duração de férias e cálculo da gratificação natalina.

Alternativa correta: "c".

125. (FGV – Analista Judiciário – Área Judiciária – TRT 12/2017) Dalva é empregada da empresa Estrela do Sul S.A. e possui um filho menor de 18 anos, que frequenta regularmente a escola.

Requereu ao seu empregador que pudesse gozar as suas férias em período coincidente com as férias escolares de seu filho.

À luz da CLT, é correto afirmar que:

(A) Dalva tem direito àquilo que reivindica, pois tendo filho estudante menor de 18 anos, pode fazer coincidir as suas férias com as escolares;

(B) para que a empregada possa fruir do direito perseguido, deverá assim requerer ao empregador em até 15 dias antes do término do período aquisitivo;

(C) somente se a empregada também fosse estudante é que poderia tirar férias no mesmo período das férias escolares de seu filho;

(D) caso Dalva seja casada com empregado da Estrela do Sul S.A., a família poderá tirar as férias no recesso escolar de seu filho;

(E) o empregador não está obrigado a conceder as férias em período coincidente com as férias escolares do filho menor de sua empregada.

COMENTÁRIOS

Nota do autor: A questão aborda o tema férias e exigia o conhecimento da CLT para que fosse respondida. Apesar do "peguinha" preparado pelo examinador, a leitura atenta do enunciado permite-nos concluir pela facilidade da questão.

Comentário serve para as demais alternativas, uma vez que versam sobre o mesmo assunto. Para responder à questão, o aluno deve estar atento ao fato de que apenas Dalva é empregada da empresa Estrela do Sul S.A. Seu filho menor de 18 anos, por sua vez, não é empregado da empresa, sendo apenas estudante.

Nesse sentido, não há que se falar da existência de membros da mesma família que trabalhem no mesmo estabelecimento, para que pudesse gozar de férias no mesmo período (art. 136, § 1º da CLT).

Alternativa correta: "e".

126. (FCC – Analista Judiciário – Área administrativa – TRT 11/2017) A empresa Dinda's Ltda. está passando por uma grave crise financeira e, pretendendo uma restruturação interna, planeja conceder férias coletivas para todos os seus empregados em dois períodos durante o ano de 2017. No primeiro período pretende conceder dez dias corridos e no segundo período vinte dias corridos. Neste caso, a referida empresa

(A) está respeitando a Consolidação das Leis do Trabalho, devendo, no entanto, comunicar ao órgão local do Ministério do Trabalho, com a antecedência mínima de quinze dias as datas de início e fim das férias.

(B) está respeitando a Consolidação das Leis do Trabalho, devendo, no entanto, comunicar ao órgão local do Ministério do Trabalho, com a antecedência mínima de dez dias as datas de início e fim das férias.

(C) não está respeitando a Consolidação das Leis do Trabalho, uma vez que esta prevê que nenhum dos períodos de férias coletivas poderá ser inferior a quinze dias corridos.

(D) não está respeitando a Consolidação das Leis do Trabalho, uma vez que esta prevê que as férias coletivas devem ser gozadas em um único período de, no mínimo, quinze dias corridos.

(E) não está respeitando a Consolidação das Leis do Trabalho, uma vez que esta prevê que as férias coletivas devem ser gozadas em um único período de, no mínimo, vinte dias corridos.

COMENTÁRIOS

Nota do autor: A questão aborda as férias coletivas, tema que não foi impactado pela reforma trabalhista, ao contrário do que ocorreu com as férias individuais.

Nesse sentido, as férias individuais podem ser fracionadas em até 3 períodos, sendo que um deles não poderá ser inferior a 14 dias corridos e os demais, a 5 dias corridos, cada um (art. 134, § 1º da CLT – redação dada pela Lei nº 13.467/2017).

Comentário serve para as demais alternativas, uma vez que versam sobre o mesmo assunto. "As férias coletivas poderão ser gozadas em dois períodos anuais, desde que nenhum deles seja inferior a dez dias" (art. 139, § 1º da CLT). O prazo para o pagamento, dois dias antes do início das férias, bem como a obrigatoriedade do adicional de um terço constitucional, segue a mesma sistemática das férias individuais. Para férias coletivas, é necessária comunicação prévia, no prazo de quinze dias, ao Ministério do Trabalho e Emprego. Nessa comunicação, a empresa deverá informar as datas de início e fim das férias e quais estabelecimentos ou setores serão abrangidos pela medida (art. 139, § 2º da

CLT). Nesse mesmo prazo de quinze dias, o empregador deverá comunicar o sindicato representativo da categoria profissional (sindicato dos trabalhadores) e afixar avisos nos locais de trabalho (art. 139, § 3º da CLT).

Alternativa correta: "a".

2. EXERCÍCIOS PARA MEMORIZAÇÃO

▶ CONTRATO DE TRABALHO

1. Contrato individual de trabalho é o acordo tácito ou ____________, correspondente à relação de emprego.

2. Para fins de contratação, o empregador não exigirá do candidato a emprego comprovação de experiência prévia por tempo superior a ____________ no mesmo tipo de atividade.

3. O contrato individual de trabalho poderá ser acordado tácita ou expressamente, verbalmente ou por escrito e por prazo ____________, ____________ ou ____________.

4. O contrato de experiência não poderá exceder a ____________ dias.

5. O contrato de trabalho por prazo determinado que, ____________ ou ____________, for prorrogado mais de uma vez passará a vigorar sem determinação de prazo.

6. Considera-se por prazo indeterminado todo contrato que suceder, dentro de ____________, a outro contrato por prazo determinado, salvo se a expiração deste dependeu da execução de serviços especializados ou da realização de certos acontecimentos.

7. A prova do contrato individual do trabalho será feita pelas anotações constantes da carteira profissional ou por instrumento escrito e suprida por todos os meios permitidos em direito. À falta de prova ou inexistindo cláusula expressa a tal respeito, entender-se-á que o empregado se obrigou a todo e qualquer serviço compatível com a sua ____________ ____________.

▶ DURAÇÃO DO TRABALHO

8. Não serão descontadas nem computadas como jornada extraordinária as variações de horário no registro de ponto não excedentes a ____________, observado o limite máximo de ____________ diários.

9. O tempo despendido pelo empregado desde a sua residência até a efetiva ocupação do posto de trabalho e para o seu retorno, caminhando ou por qualquer meio de transporte, inclusive o fornecido pelo empregador, ____________ na jornada de trabalho, por não ser tempo à disposição do empregador.

10. Considera-se trabalho em regime de tempo parcial aquele cuja duração não exceda a ____________ semanais, sem a possibilidade de horas suplementares semanais, ou, ainda, aquele cuja duração não exceda a vinte e seis horas semanais, com a possibilidade de acréscimo de até seis horas suplementares semanais. O salário a ser pago aos empregados sob o regime de tempo parcial será proporcional à sua jornada, em relação aos empregados que cumprem, nas mesmas funções, tempo integral. Para os atuais empregados, a adoção do regime de tempo parcial será feita mediante opção manifestada perante a empresa, na forma prevista em instrumento decorrente de ____________.

11. A duração normal do trabalho poderá ser acrescida de horas suplementares, em número não excedente a ____________, por acordo individual, convenção coletiva ou acordo coletivo de trabalho.

12. Entre 2 (duas) jornadas de trabalho haverá um período mínimo de ____________ consecutivas para descanso.

13. Em qualquer trabalho contínuo, cuja duração exceda a ____________, é obrigatória a concessão de um intervalo para repouso ou alimentação, o qual será, no mínimo, de 1 (uma) hora e, salvo acordo escrito ou contrato coletivo em contrário, não poderá exceder a 2 (duas) horas. É possível a redução desse intervalo para ____________ por meio de acordo ou convenção coletiva de trabalho.

14. Não excedendo a 6 (seis) horas o trabalho, será, entretanto, obrigatório um intervalo de ____________ quando a duração ultrapassar 4 (quatro) horas. Os intervalos de descanso não serão computados na duração do trabalho.

15. A não concessão ou a concessão parcial do intervalo intrajornada mínimo, para repouso e alimentação, a empregados urbanos e rurais, implica o pagamento, de natureza ____________, apenas do período ____________, com acréscimo de 50% (cinquenta por cento) sobre o valor da remuneração da hora normal de trabalho.

16. Nos serviços permanentes de mecanografia (datilografia, escrituração ou cálculo), a cada período de ____________ de trabalho consecutivo corresponderá um repouso de ____________ não deduzidos da duração normal de trabalho.

17. O trabalho noturno terá remuneração superior à do diurno e, para esse efeito, sua remuneração terá um acréscimo de ____________, pelo menos, sobre a hora diurna.

18. A hora do trabalho noturno será computada como de ____________ segundos.

19. Considera-se noturno, para os efeitos deste artigo, o trabalho executado entre as ______ horas de um dia e as ________ horas do dia seguinte.

▶ QUESTÕES DE CONCURSOS

▶ **FÉRIAS**

20. Todo empregado terá direito anualmente ao gozo de um período de férias, sem prejuízo da remuneração. Após cada período de 12 (doze) meses de vigência do contrato de trabalho, o empregado terá direito a férias, na seguinte proporção:

I. __________ dias corridos, quando não houver faltado ao serviço mais de 5 (cinco) vezes;

II. __________ dias corridos, quando houver tido de 6 (seis) a 14 (quatorze) faltas;

III. __________ dias corridos, quando houver tido de __________ a 23 (vinte e três) faltas;

IV. __________ dias corridos, quando houver tido de 24 (vinte e quatro) a __________ faltas.

21. As férias serão concedidas por ato do empregador, em um só período, nos 12 (doze) meses subsequentes à data em que o empregado tiver adquirido o direito. Desde que haja __________ do empregado, as férias poderão ser usufruídas em até __________ períodos, sendo que um deles não poderá ser inferior a __________ corridos e os demais não poderão ser inferiores a __________ corridos, cada um.

22. É vedado o início das férias no período de __________ que antecede feriado ou dia de repouso semanal remunerado.

23. A concessão das férias será participada, por escrito, ao empregado, com antecedência de, no mínimo, __________. Dessa participação o interessado dará recibo.

24. A época da concessão das férias será a que melhor consulte os interesses do __________.

25. Os membros de uma família, que trabalharem no mesmo estabelecimento ou empresa, terão direito a gozar férias no mesmo período, se assim o desejarem e se disso não resultar prejuízo para o serviço. O empregado estudante, menor de __________ anos, terá direito a fazer coincidir suas férias com as férias escolares.

26. Sempre que as férias forem concedidas após o __________ __________, o empregador pagará em dobro a respectiva remuneração.

27. Poderão ser concedidas férias coletivas a todos os empregados de uma empresa ou de determinados estabelecimentos ou setores da empresa. As férias poderão ser gozadas em 2 (dois) períodos anuais desde que __________ __________ seja inferior a 10 (dez) dias corridos.

28. É facultado ao empregado converter ⅓ (um terço) do período de férias a que tiver direito em abono pecuniário, no valor da remuneração que lhe seria devida nos dias correspondentes. O abono de férias deverá ser requerido até __________ dias antes do término do __________.

29. O pagamento da remuneração das férias e, se for o caso, o do abono pecuniário serão efetuados até __________ antes do início do respectivo período.

3. GABARITOS

3.1. Exercícios para memorização

01. Art. 442 da CLT – expresso

02. Art. 442-A da CLT – 6 meses

03. Art. 443 da CLT (Reforma Trabalhista) – determinado, indeterminado ou por trabalho intermitente

04. Art. 445, § único da CLT – 90 dias

05. Art. 451 da CLT – tácita ou expressamente

06. Art. 452 da CLT – 6 meses

07. Art. 456 da CLT – condição pessoal

08. Art. 58, § 1º, da CLT – 5 e 10 minutos

09. Art. 58, § 2º, da CLT (Reforma Trabalhista) – não será computado

10. Art. 58-A da CLT (Reforma Trabalhista) – 30 horas / 26 horas / negociação coletiva

11. Art. 59 da CLT (Reforma Trabalhista) – 2 horas

12. Art. 66 da CLT – 11 horas

13. Art. 71 da CLT (Reforma Trabalhista) – 6 horas / 30 minutos

14. Art. 71 da CLT – 15 minutos

15. Art. 71 da CLT (Reforma Trabalhista) – indenizatória; suprimido

16. Art. 72 da CLT – 90 minutos / 10 minutos

17. Art. 73 da CLT – 20%

18. Art. 73 da CLT – 52 minutos e 30 segundos

19. Art. 73 da CLT – 22 horas / 5 horas.

20. Art. 130 da CLT – férias de 30; 24; 18; e 12 dias / Faltas 15 e 32

21. Art. 134 da CLT (Reforma Trabalhista) – concordância / três / quatorze dias / cinco dias

22. Art. 134 da CLT (Reforma Trabalhista) – dois dias

23. Art. 135 da CLT – 30 dias

24. Art. 136 da CLT – empregador

25. Art. 136 da CLT – 18 anos

26. Art. 137 da CLT – período concessivo

27. Art. 139 da CLT – nenhum deles

28. Art. 143 da CLT – 15 dias / período aquisitivo

29. Art. 145 da CLT – 2 dias

CAPÍTULO VII
REMUNERAÇÃO

1. SALÁRIO E REMUNERAÇÃO

Ao celebrar o contrato de trabalho, o empregado assume a obrigação de fazer, consubstanciada na prestação de serviços. Por outro lado, o empregador assume a obrigação de dar, ou seja, pagar o salário do trabalhador.

A CLT diferencia os termos salário e remuneração. **Salário** é a contraprestação paga diretamente pelo empregador, independentemente da forma de pagamento e ainda de eventuais adicionais percebidos como horas extras, insalubridade, etc.

Remuneração é a contraprestação paga diretamente pelo empregador e, ainda, por terceiros, por meio de gorjetas. As gorjetas são pagas de forma espontânea ou obrigatória, não integrando o salário, mas a remuneração do empregado.

1.1. Gorjetas

As gorjetas são as parcelas pagas de forma espontânea ou obrigatória, não integrando o salário, mas a remuneração do empregado.

Esse valor, calculado sobre a média, reflete nas demais verbas trabalhistas, calculadas com base na remuneração, como: férias + ⅓, décimo terceiro salário e FGTS. Não integra, contudo, as seguintes verbas calculadas com base no salário: aviso-prévio, adicional noturno, hora extra e descanso semanal remunerado[772]. Assim sendo, nao há reflexo sobre elas do valor das gorjetas.

1.1.1. Modificações legislativas das gorjetas nos últimos anos

Ao longo dos últimos anos, as gorjetas foram regulamentadas por diversos dispositivos diferentes:

- **a) Antes da Lei nº 13.419/2017:** a legislação apenas se referia à natureza jurídica das gorjetas no art. 457, § 3º da CLT;
- **b) Lei nº 13.419/2017:** regulamentou as regras de rateio e distribuição das gorjetas e garantias aos membros da comissão de gorjetas;
- **c) Reforma Trabalhista (Lei nº 13.467/2017):** por má técnica legislativa, houve a revogação dos § 5º ao 11 do art. 457 da CLT que regulamentava o assunto;

772. **Súmula nº 354 do TST.** "As gorjetas, cobradas pelo empregador na nota de serviço ou oferecidas espontaneamente pelos clientes, integram a remuneração do empregado, não servindo de base de cálculo para as parcelas de aviso-prévio, adicional noturno, horas extras e repouso semanal remunerado."

- **d) MP nº 808/2017 (vigência de 13/11/2017 a 23/04/2018):** trouxe de volta a regulamentação da Lei nº 13.419/2017 nos §§ 12 a 23 do art. 457 da CLT. Não foi convertida em lei;
- **e) MP nº 905/2019 (vigência de 11/11/2019 a 18/08/2020):** nova regulamentação às gorjetas. Não foi convertida em lei.

1.1.2. Alterações promovidas pela Lei nº 13.419/2017

Em 13/03/2017, foi promulgada a Lei nº 13.419/2017, também denominada "Lei das Gorjetas". Essa legislação alterou a redação do art. 457 da CLT e trouxe a regulamentação do pagamento das gorjetas, antes omisso na CLT. Nesse sentido, ganhou destaque a obrigação legal de reverter toda a gorjeta aos empregados. O art. 457, § 3º da CLT esclareceu que o valor recebido a título de gorjetas, seja como serviço ou adicional, constitui receita exclusiva dos empregados:

> **Art. 457, da CLT:** (...) § 3º. Considera-se gorjeta não só a importância espontaneamente dada pelo cliente ao empregado, como também o valor cobrado pela empresa, como serviço ou adicional, a qualquer título, e destinado à distribuição aos empregados.

Além dessa previsão, a Lei nº 13.419/2017 havia estabelecido o instrumento coletivo como ferramenta para fixar os critérios de rateio e distribuição das gorjetas, além de prever comissão de representantes dos empregados para discutir o tema com o empregador.

1.1.3. Revogação da regulamentação pela Reforma Trabalhista (Lei nº 13.467/2017)

Ocorre que o legislador da Reforma Trabalhista (Lei nº 13.467/2017) revogou tacitamente os dispositivos dos §§ 5º a 11 do art. 457 da CLT ao regulamentar o conceito de prêmios em seu § 4º. Tratou-se de erro no processo legislativo de aprovação da Lei nº 13.467/2017. Veja como a Reforma Trabalhista acidentalmente revogou a disciplina jurídica das gorjetas:

> "Art. 457. ....
>
> § 1º Integram o salário a importância fixa estipulada, as gratificações legais e as comissões pagas pelo empregador.
>
> § 2º As importâncias, ainda que habituais, pagas a título de ajuda de custo, auxílio-alimentação, vedado seu pagamento em dinheiro, diárias para viagem, prêmios e abonos não integram a remuneração do empregado, não se incorporam ao contrato de trabalho e não constituem base de incidência de qualquer encargo trabalhista e previdenciário.
>
> ....
>
> § 4º Consideram-se prêmios as liberalidades concedidas pelo empregador em forma de bens, serviços ou valor em dinheiro a empregado ou a grupo de empregados, em razão de desempenho superior ao ordinariamente esperado no exercício de suas atividades." (NR)

Na redação dada ao art. 457 da CLT pela Reforma Trabalhista, atualmente em vigor, encerrou-se o dispositivo no § 4º, desconsiderando os demais dispositivos daí decorrentes. Revogou-se, portanto, os §§ 5º a 11 do art. 457 da CLT. Note-se que, sempre que os dispositivos são mantidos, há a inserção de tracejado ou reticências indicando a continuação do dispositivo legal. No caso da redação do art. 457 da CLT pela Reforma Trabalhista, há expressa indicação para que o artigo termine no § 4º.

1.1.4. Tentativa de correção do erro pela MP nº 808/2017 ("Reforma da Reforma")

Tentando regulamentar e corrigir o erro do legislador da Reforma Trabalhista, a MP nº 808/2017, durante sua vigência (14/11/2017 a 23/04/2018), retornou à legislação, na forma dos §§ 12 a 23, os dispositivos revogados tacitamente pela Reforma. Note-se que esses dispositivos traziam a mesma regulamentação, com pouquíssimas alterações naquilo que já havia sido regulamentado na Lei nº 13.419/2017 (Lei de Gorjetas). Portanto, a MP nº 808/2017 não pretendeu regulamentar novamente as gorjetas, mas retornar à CLT os dispositivos da Lei nº 13.419/2017, revogados pelo descuido do legislador da Reforma Trabalhista.

Ocorre que a MP nº 808/2017 não foi votada e perdeu vigência no dia 23/04/2018. Com isso, o tema das gorjetas ficou sem nenhuma regulamentação legal, permanecendo apenas o disposto no art. 457, § 3º, da CLT que obriga o empregador a reverter toda a gorjeta aos empregados.

1.1.5. Portaria MTb nº 349, de 23 de maio de 2018 e Portaria MTP nº 671, de 8 de novembro de 2021

Em abril de 2018, foi editada a Portaria nº 349/2018 do Ministério do Trabalho, que previa a obrigação das empresas de anotarem na CTPS de seus empregados o salário fixo e a média dos valores das gorjetas referentes aos últimos 12 meses (art. 7º). Em novembro de 2021, com o escopo de simplificar e desburocratizar a prática trabalhista, foi editada a Portaria MTP nº 671, que anulou expressamente diversas outras portarias, incluindo a Portaria MTb nº 349/2018. Não houve mudança substancial na regulamentação dada pela portaria antecessora, estabelecendo, a atual portaria, a obrigação do empregador anotar na CTPS do empregado, até o dia quinze do mês subsequente ao de sua admissão, a estimativa de gorjeta, quando for o caso (art. 15, II, b).

1.1.6. Nova tentativa de regulamentação das gorjetas pela MP nº 905/2019 (vigência encerrada)

A MP nº 905/2019 tentou, novamente, corrigir o erro do legislador da Reforma Trabalhista (Lei nº 13.467/2017), que revogou os dispositivos que versavam sobre o assunto. Para evitar sucessivas mudanças no art. 457 da CLT, a Medida Provisória em análise optou por criar o art. 457-A da CLT, mantendo inalterado o art. 457 da CLT no tocante às gorjetas.

O valor pago a título de gorjetas e o salário fixo deveriam ser anotados na CTPS do empregado (art. 457-A, § 2º, III, da CLT).

De acordo com o "caput" do art. 457-A da CLT, a gorjeta não constituía receita própria dos empregadores, destinando-se aos trabalhadores. A distribuição deveria ser realizada por meio de critérios de custeio e de rateio definidos em convenção coletiva ou acordo coletivo de trabalho.

Na hipótese de inexistir previsão em convenção ou acordo coletivo de trabalho, os critérios de rateio e distribuição deveriam ser estabelecidos em assembleia geral dos trabalhadores destinadas a esse fim (art. 457-A, § 1º, da CLT).

A MP nº 905/2019 previu ainda a retenção de percentual das gorjetas para que o empregador utilizasse exclusivamente para o pagamento de encargos sociais, previdenciários e trabalhistas derivados da integração das gorjetas à remuneração dos empregados:

a) **Empresas inscritas em regime de tributação federal diferenciada:** retenção de até 20% da arrecadação;

b) **Empresas não inscritas em regime de tributação federal diferenciada:** retenção de até 33% da arrecadação.

Outro importante ponto nessa disciplina referiu-se à cessação da cobrança das gorjetas pelo empregador. Se cessada a cobrança que já vinha sendo realizada por mais de 12 meses, a gorjeta deveria se incorporar ao salário do trabalhador, tendo como base a média dos últimos 12 meses, salvo previsão em contrário de acordo ou convenção coletiva de trabalho. O legislador havia criado, portanto, hipótese em que uma parcela variável, devida enquanto trabalhasse naquela função determinada.

Se houvesse descumprimento da regulamentação prevista no art. 457-A da CLT, o empregador deveria pagar ao empregado prejudicado, a título de multa, o valor correspondente a 1/30 da média da gorjeta recebida pelo empregador por dia de atraso, limitada ao piso da categoria, assegurados em qualquer hipótese os princípios do contraditório e da ampla defesa.

É importante mencionar, contudo, que a MP nº 905/2019 não foi votada e perdeu vigência no dia 18/08/2020. Com isso, o tema das gorjetas ficou novamente sem nenhuma regulamentação legal, permanecendo apenas o disposto no art. 457, § 3º, da CLT que obriga o empregador a reverter toda a gorjeta aos empregados. Entendemos que os critérios de rateio e distribuição devem ser fixados por norma coletiva. Caso ausente, devem ser seguidos os usos e costumes da região diante da ausência de regulamentação clara da questão ou a previsão expressa no contrato de trabalho.

1.1.7. Gueltas

Nesse tópico relacionado à gorjeta, importante tratar da parcela denominada de guelta. ***Guelta*** é o valor recebido pelo empregado, geralmente vendedor, mas pago diretamente pelas empresas fabricantes ou distribuidoras de certos produtos, de determinadas marcas. Há discussão se o valor das *gueltas* reflete ou não nas demais parcelas. Existe um forte posicionamento doutrinário que defende sua natureza indenizatória. Portanto, com base nesse posicionamento, não tem natureza remuneratória e, consequentemente, não reflete em outras parcelas. Outro posicionamento, entretanto, é no sentido de que as *gueltas* equiparam-se às gorjetas, por serem um valor recebido pelo empregado no âmbito da prestação do serviço, mas pago por terceiro. Nesse caso, reflete em outras parcelas como férias, 13º salário e FGTS[773]. Mas, mesmo sendo equiparada à gorjeta, não há falar-se em reflexo no DSR (conforme Súmula nº 354 do TST).

773. Nesse sentido, veja-se o entendimento manifestado pela 4ª Turma do TST em julgamento do recurso de revista RR 207400-78.2004.5.23.0001, em 05/10/2007.

1.2. Salário mínimo, salário profissional, piso salarial e salário normativo

O salário mínimo tem previsão constitucional[774], de acordo com o art. 7º, IV, da CF/88:

> **Art. 7º, IV, CF/88:** São direitos dos trabalhadores urbanos e rurais, além de outros que visem à melhoria de sua condição social: salário mínimo, fixado em lei, nacionalmente unificado, capaz de atender a suas necessidades vitais básicas e às de sua família com moradia, alimentação, educação, saúde, lazer, vestuário, higiene, transporte e previdência social, com reajustes periódicos que lhe preservem o poder aquisitivo, sendo vedada sua vinculação para qualquer fim.

Ademais, a definição prevista no art. 76 da CLT[775] foi superada pela definição do art. 7º, IV, da CF/88, sendo esta prevista na Constituição e exigida nos concursos.

Cabe frisar que o salário mínimo deverá ser previsto em **lei** e será **nacionalmente unificado**. Nada impede que seja fixado em valor superior ao mínimo fixado em lei, como ocorre em alguns estados da Federação onde existe o piso estadual[776].

Os artigos da CLT que tratavam do salário mínimo regional (arts. 84 e 86) foram revogados pela Lei nº 13.467/2017, o que está de acordo com a Constituição Federal. No entanto, ressalta-se que a alteração não trará efeitos práticos, pois o salário mínimo regional não é aplicado desde 1988.

Ademais, é vedada a utilização do salário mínimo como **indexador**, ou seja, é *"vedada sua vinculação para qualquer fim"*. Exemplo: contrato de aluguel ou mensalidade escolar prevê, como pagamento, o valor de 2 salários mínimos mensais. Nesse caso, ao elevar o valor do salário mínimo, gera-se o aumento de vários itens ligados ao valor do mínimo, como efeito cascata, alimentando o processo inflacionário.

A Lei nº 13.152/2015, assim como havia estabelecido a Lei nº 12.382/11, traçou parâmetros para o aumento do salário mínimo. O reajuste terá critérios rígidos, como o índice da

---

774. Importante memorizar as nove necessidades básicas atendidas pelo salário mínimo, pois esse tópico é pedido, com muita frequência, nos concursos públicos da área trabalhista. Para gravar essas 9 necessidades básicas há alunos que utilizam a técnica de memorização:

SALVEM - PTH	
S	saúde
A	alimentação
L	Lazer
V	Vestuário
E	Educação
M	Moradia
P	Previdência Social
T	Transporte
H	Higiene

775. **Art. 76, CLT**: Salário mínimo é a contraprestação mínima devida e paga diretamente pelo empregador a todo trabalhador, inclusive ao trabalhador rural, sem distinção de sexo, por dia normal de serviço, e capaz de satisfazer, em determinada época e região do País, as suas necessidades normais de alimentação, habitação, vestuário, higiene e transporte.

776. A competência privativa para legislar sobre direito do trabalho é da União, conforme previsto no art. 22 da CF/88. Há, entretanto, previsão na LC nº 103/2000, que autoriza os Estados a fixarem o piso estadual.

inflação do INPC e o crescimento real do PIB. O Poder Executivo promoverá à atualização do salário mínimo por meio do decreto, dando fiel cumprimento à lei.

Salário mínimo[777] é o patamar mais baixo que um empregado pode ganhar. Lembre-se de que esse patamar mínimo é estendido também ao menor de 18 anos, inclusive aprendizes. E ainda, de acordo com o art. 39, § 3º, da CF, os servidores públicos terão direito ao salário mínimo.

Se o trabalhador for contratado para trabalhar em jornada inferior à duração normal de 8 horas diárias e 44 horas semanais, ele receberá o **salário mínimo proporcional** ou o piso salarial proporcional às horas trabalhadas[778]. Nesse sentido, prevê o item I da Orientação Jurisprudencial nº 358 da SDI-I do TST:

> **Orientação Jurisprudencial nº 358 da SDI-I do TST:**
>
> I – Havendo contratação para cumprimento de jornada reduzida, inferior à previsão constitucional de oito horas diárias ou quarenta e quatro semanais, é lícito o pagamento do piso salarial ou do salário mínimo proporcional ao tempo trabalhado.
>
> II – Na Administração Pública Direta, autárquica e fundacional não é válida remuneração de empregado público inferior ao salário mínimo, ainda que cumpra jornada de trabalho reduzida. Precedentes do Supremo Tribunal Federal (grifos acrescidos).

Em fevereiro de 2016, o TST incluiu o item II à OJ nº 358. De acordo com os arts. 7º, IV, e 39, § 3º, CF/88, a remuneração do servidor público não pode ser inferior ao salário mínimo:

> **Art. 39, § 3º, CF/88:** Aplica-se aos servidores ocupantes de cargo público o disposto no **art. 7º, IV**, VII, VIII, IX, XII, XIII, XV, XVI, XVII, XVIII, XIX, XX, XXII e XXX, podendo a lei estabelecer requisitos diferenciados de admissão quando a natureza do cargo o exigir.

É importante destacar que a remuneração do servidor público é composta pelo seu vencimento básico e pelas demais vantagens pecuniárias permanentes[779]. Nesse sentido, não é o vencimento do servidor que não pode ser inferior ao salário mínimo, mas o total de sua remuneração, que compreende tanto o seu vencimento básico como demais vantagens recebidas como adicionais e gratificações. Nesse sentido, dispõe a Súmula Vinculante nº 16 do STF:

---

777. "Da mesma forma, o salário mínimo será devido em 13 vezes por ano. Porque não exclui o direito ao décimo terceiro salário, sofre o acréscimo de um terço do pagamento das férias, produz incidência no fundo de garantia e é acoplado de todos os adicionais condicionais existentes na legislação, como o adicional de insalubridade, o adicional de periculosidade, o adicional noturno e o que mais houver, não se podendo dizer que ele já contenha algum adicional embutido. Somente não terá o pagamento em separado dos descansos semanais remunerados, porque, como estudado no art. 67 da CLT, a parcela mensal já os quita em seu bojo, na forma do art. 7º, § 2º, da Lei nº 605/1949." SILVA, Homero Batista Mateus da. *Curso de Direito do Trabalho aplicado*, vol. 2: Jornadas e Pausas. Rio de Janeiro: Elsevier, 2009. p. 238.

778. Informativo nº 125 do TST.

779. CARVALHO, Matheus. *Manual de Direito Administrativo*. 2. ed. Salvador: Juspodivm, 2015. p. 829.

> **Súmula Vinculante nº 16 do STF:** Os artigos 7º, IV, e 39, § 3º (redação da EC 19/98), da Constituição, referem-se ao total da remuneração percebida pelo servidor público.

Diante do posicionamento do STF sobre o assunto, o TST editou o item II da OJ nº 358 para prever que os empregados públicos da Administração Direta, autárquica e fundacional, ainda que cumpram jornada reduzida, têm direito ao recebimento de remuneração nunca inferior ao salário mínimo.

Agora, esse entendimento também está expresso em tese de repercussão geral do STF. A Corte, em 05/08/2022, por maioria, apreciando o Tema 900 da Repercussão Geral, fixou a seguinte tese:

> **Tema 900 da Repercussão Geral:** É defeso o pagamento de remuneração em valor inferior ao salário mínimo ao servidor público, ainda que labore em jornada reduzida de trabalho.

Por fim, após a promulgação da EC nº 72/2013, que ampliou significativamente o rol dos direitos constitucionais assegurados aos domésticos, verifica-se que o salário proporcional passou a ser também aplicado aos domésticos.

1.2.1. Salário mínimo do professor

A jornada de trabalho dos professores foi alterada pela Lei nº 13.415/2017, também denominada Lei do Ensino Médio. De acordo com a antiga redação do art. 318 da CLT, a jornada de trabalho do professor era de, no máximo, 4 aulas consecutivas ou 6 aulas intercaladas.

Assim, se a jornada excedesse a 4 aulas consecutivas ou 6 aulas intercaladas, num mesmo estabelecimento, deveria ser pago o adicional de hora extra de, no mínimo, 50% da hora normal. Ocorre que, em 17/02/2017, foi promulgada a Lei nº 13.415/2017 que alterou a redação do art. 318 da CLT:

> **Art. 318 da CLT.** O professor poderá lecionar em um mesmo estabelecimento por mais de um turno, desde que não ultrapasse a jornada de trabalho semanal estabelecida legalmente, assegurado e não computado o intervalo para refeição.

De acordo com o atual texto da norma, não persiste a limitação da jornada do professor pelo número de aulas prestadas, contínuas ou intercaladas, mas passa a ser permitido que o professor lecione em um mesmo estabelecimento por mais de um turno, desde que não ultrapasse a jornada de trabalho semanal estabelecida legalmente. A jornada semanal máxima permitida está prevista no art. 7º, XIII, da Constituição Federal de 1988 no total de 44 horas semanais.

Em razão dos baixos salários pagos a essa categoria profissional, havia discussão sobre a possibilidade de pagamento do salário mínimo proporcional ao professor. O TST publicou a OJ nº 393 da SDI-I no sentido de que o professor que trabalhasse a jornada máxima de 4 aulas consecutivas ou 6 aulas intercaladas, deveria ter garantido um salário mínimo integral. Nesse caso, portanto, não poderia ser pago salário proporcional à jornada de 8 horas previstas na CF/88, porque os professores gozavam de jornada especial:

> **OJ nº 393 da SDI-I do TST.** A contraprestação mensal devida ao professor, que trabalha no limite máximo da jornada prevista no art. 318 da CLT, é de um salário

mínimo integral, não se cogitando do pagamento proporcional em relação a jornada prevista no art. 7º, XIII, da Constituição Federal.

Com a mudança no artigo 318 da CLT, prevendo apenas a limitação semanal da jornada de trabalho, é possível que os professores sejam contratados para jornada de trabalho de 8 horas diárias e 44 horas semanais. Assim, deixou de existir a previsão de jornada específica para esses trabalhadores, o que permite o pagamento de salário mínimo proporcional à jornada de trabalho, conforme previsto aos demais empregados na OJ nº 358, I, da SDI-I do TST.

Se o professor for servidor público ou empregado público prevalece a regra do item II da OJ nº 358 da SDI-I, pela qual o trabalhador receberá sempre o salário mínimo integral, ainda que cumpra jornada de trabalho reduzida.

1.2.2. Salários profissionais e normativos

Algumas profissões organizadas possuem patamar mínimo fixado em lei. São os chamados **salários profissionais**. Esses salários independem de negociação coletiva (acordo ou convenção). Exemplo: os médicos possuem salário profissional previsto na Lei nº 3.999/1961[780]. Assim sendo, o salário profissional do médico não leva em conta a categoria em que o profissional trabalha, e sim a sua profissão.

De acordo com Mauricio Godinho Delgado[781], o **salário normativo** é aquele pago aos empregados de determinada categoria profissional. Nesse sentido, pode ser dividido em: **salário normativo em sentido estrito**, que é aquele fixado em sentença normativa, e **salário convencional**, determinado por meio de acordo ou convenção coletiva de trabalho. Cumpre ressaltar que o autor menciona que o piso salarial corresponde a essas fixações de salário para certas categorias profissionais mediante negociação coletiva. Dessa forma, podemos entender como sinônimas as expressões piso salarial e salário convencional.

1.2.3. Piso salarial nacional da enfermagem

No dia 4 de agosto de 2022, foi publicada a Lei nº 14.434/2022, que institui o piso salarial nacional do Enfermeiro, do Técnico de Enfermagem, do Auxiliar de Enfermagem e da Parteira. Segundo a lei, o piso salarial nacional, tanto para aqueles contratados sob o regime da CLT como para aqueles contratados sob o regime dos servidores públicos da Administração Pública Direta, autárquica e fundacional seria:

a) **Para os Enfermeiros:** de R$ 4.750,00 (quatro mil setecentos e cinquenta reais) mensais;

b) **Para os Técnicos de Enfermagem:** de R$ 3.325,00 (três mil trezentos e vinte e cinco reais) mensais; e

c) **Para os Auxiliares de Enfermagem e Parteiras:** de R$ 2.375,00 (dois mil trezentos e setenta e cinco reais) mensais.

780. **Súmula nº 370 do TST.** Tendo em vista que as Leis nº 3.999/1961 e 4.950-A/1966 não estipulam a jornada reduzida, mas apenas estabelecem o salário mínimo da categoria para uma jornada de 4 horas para os médicos e de 6 horas para os engenheiros, não há que se falar em horas extras, salvo as excedentes à oitava, desde que seja respeitado o salário mínimo/horário das categorias.

781. DELGADO, Mauricio Godinho. *Curso de Direito do Trabalho*. 11. ed. São Paulo: LTr, 2012. p. 716.

Para viabilizar a fixação do piso, no dia 14 de julho de 2022, o Congresso Nacional havia promulgado a Emenda Constitucional nº 124, de 2022, que inclui os §§ 12 e 13 ao art. 198 da CF/88, autorizando que lei federal fixasse pisos salariais profissionais nacionais para o enfermeiro, o técnico de enfermagem, o auxiliar de enfermagem e a parteira.

A Confederação Nacional de Saúde, Hospitais e Estabelecimentos e Serviços – CNSAÚDE ingressou no STF contra o referido diploma (Ação Direita de Inconstitucionalidade nº 7222), alegando que a fixação do piso de forma impositiva aos empregadores privados viola, entre outros, o dever constitucional de intervenção apenas subsidiária do Estado na iniciativa privada, além representar dirigismo estatal anômalo em contexto regido pela liberdade de contratação e substituição indevida dos sindicatos pelo Poder Público nas negociações salariais da iniciativa privada. No âmbito do setor público, a norma ofenderia, na ótica da ADI, a autonomia orçamentária dos entes subnacionais ao deixar de apontar as fontes de custeio para a implementação do piso.

O relator, Ministro Roberto Barroso, atendendo ao pedido da CNSAÚDE, em decisão monocrática, posteriormente referendada pelo Plenário da Corte, concedeu medida cautelar para suspender os efeitos da Lei nº 14.434/2022, até que fossem avaliados os seus impactos sobre (i) a situação financeira de Estados e Municípios, (ii) a empregabilidade e (iii) a qualidade dos serviços de saúde, tudo com base em informações prestadas pelos entes estatais, órgãos públicos e entidades representativas das categorias e setores afetados, identificados na decisão.

Diante da liminar acima descrita, setores social e político se movimentaram e o assunto tomou a pauta pública. Assim, em 22/12/2022, o Congresso Nacional promulgou a EC nº 127/2022, que viabiliza o pagamento do piso. Seu texto garante o repasse de recursos do superávit financeiro de fundos públicos e do Fundo Social para financiar o piso salarial nacional da enfermagem no setor público, nas entidades filantrópicas e de prestadores de serviços, com um mínimo de atendimento de 60% de pacientes do Sistema Único de Saúde (SUS). Trata-se de clara manifestação do efeito "backlash". Segundo o professor Flávio Martins, "o "efeito backlash" nada mais é do que uma forte reação, exercida pela sociedade ou por outro Poder a um ato (lei, decisão judicial, ato administrativo etc.) do poder público."[782].

Ainda, a EC 127/2022 prevê que a prestação de assistência financeira pela União Federal aos Estados, ao Distrito Federal, aos Municípios e às entidades filantrópicas, se dará "nos termos da lei". Trata-se de norma constitucional de eficácia limitada, pois a própria Constituição estabelece a necessidade de regulamentação por norma infraconstitucional para que a produção de efeitos.

Foram, então, publicadas as Lei nº 14.581/2023 e da Portaria GM/MS nº 597/2023, em que se tem a previsão concreta de assistência financeira, a ser prestada pela União, para viabilizar que os entes subnacionais e as entidades privadas conveniadas ou contratadas para a prestação de serviços no âmbito do SUS observem o piso.

Com isso, houve a revogação parcial da liminar por decisão do Relator. Tal decisão passou por dois referendos pela Corte, sendo que, no último deles, o STF inovou muito no Direito do Trabalho[783]. Como foram várias as decisões do STF que se sucederam, resumo,

782. MARTINS, Flávio. **Curso de Direito Constitucional**. 6. ed. São Paulo: Saraiva, 2022.

783. Disponível em: https://portal.stf.jus.br/processos/detalhe.asp?incidente=6455667. Acesso em: 18/07/2023.

a seguir, o atual estado do piso nacional da enfermagem, conforme a última decisão da Corte, proferida em dezembro de 2023[784]:

> **(i) Necessidade de negociação coletiva:** para viabilizar o pagamento do piso, o sindicato dos empregados e os empregadores ou seus sindicatos **devem** celebrar acordo ou convenção coletiva de trabalho. Caso as partes não chegam em um consenso, poderão, de comum acordo, ajuizar um **dissídio coletivo na Justiça do Trabalho.** Ainda, se não houver concordância de trabalhadores e empregadores para o ajuizamento do dissídio coletivo no TRT, essa ação somente poderá ser ajuizada caso os trabalhadores exerçam o **direito greve.** Nos dois casos (comum acordo para o ajuizamento de dissídio coletivo ou greve), a Justiça do Trabalho é quem irá fixar o valor do piso a ser pago aos trabalhadores e ela deverá levar em consideração três critérios: (a) manutenção dos empregos; (b) qualidade no atendimento de pacientes; e (c) realidade econômica de cada região;
>
> **(ii) Refere-se à remuneração global,** não ao vencimento básico;
>
> **(iii) Corresponde à carga horária de 44h semanais**; e
>
> **(iv) Setor público:** (a) aos servidores públicos civis da União, autarquias e fundações públicas federais, a implementação do piso salarial nacional deve ocorrer na forma prevista na Lei nº 14.434/2022; e (b) em relação aos servidores públicos dos Estados, Distrito Federal, Municípios e de suas autarquias e fundações, bem como aos profissionais contratados por entidades privadas que atendam, no mínimo, 60% de seus pacientes pelo SUS, a implementação da diferença remuneratória resultante do piso salarial nacional deve ocorrer na extensão do quanto disponibilizado, a título de "assistência financeira complementar", pelo orçamento da União.

Ainda, em seu julgamento, o STF sinalizou uma provável mudança de jurisprudência. A Corte expressou o entendimento de que os pisos salariais nacionais passam por um processo de inconstitucionalização progressiva. Significa dizer que o STF está reconduzindo sua jurisprudência da constitucionalidade para a inconstitucionalidade dos pisos salariais nacionais e essa mudança de entendimento se dá pelo fato de a Suprema Corte passar a vislumbrar que esses pisos violam o princípio federativo e o princípio da liberdade de iniciativa.

SALÁRIO-MÍNIMO

Salário-mínimo – Necessidades básicas:	
• Previsto em lei • Nacionalmente unificado • Reajustes periódicos • Vedada sua vinculação para qualquer fim	1. Moradia 2. Alimentação 3. Educação 4. Saúde 5. Lazer 6. Vestuário 7. Higiene 8. Transporte 9. Previdência Social

784. O amigo, professor e Procurador do Trabalho Ednaldo Brito compilou seus estudos sobre o piso nacional da enfermagem em documento de acesso gratuito, disponível em: https://drive.google.com/file/d/1dVv7Y7v7X-Jz8Lw-Xt7-_PFNgfDFnaOWR/view. Acesso em: 18/07/2023.

1.3. Salário complessivo

O pagamento do salário deve ser realizado de forma clara e transparente. Desse modo, o empregado saberá exatamente o que está recebendo. É vedado o salário complessivo, ou seja, o pagamento sem que haja discriminação, detalhamento de cada uma das verbas recebidas:

> **Súmula nº 91 do TST:** Nula é a cláusula que fixa determinada importância ou percentagem para atender englobadamente vários direitos legais ou contratuais do trabalhador.

Exemplo: o contracheque do empregado deverá estar devidamente detalhado, especificando cada uma das parcelas: R$ 700,00 de salário; R$ 250,00 de horas extras; 150,00 de adicional noturno etc.

Se a empresa não detalhar as parcelas, poderá pagar duas vezes pela mesma quantia (art. 9º da CLT), a menos que demonstre, de forma clara, quais foram as parcelas pagas ao empregado. Nesse mesmo sentido, prevê o art. 320 do Código Civil:

> **Art. 320, CC/02:** A quitação, que sempre poderá ser dada por instrumento particular, designará o valor e a espécie da dívida quitada, o nome do devedor, ou quem por este pagou, o tempo e o lugar do pagamento, com a assinatura do credor, ou do seu representante.
>
> Parágrafo único. Ainda sem os requisitos estabelecidos neste artigo valerá a quitação, se de seus termos ou das circunstâncias resultar haver sido paga a dívida.

Cabe ressaltar, ainda, que a inclusão de verbas como horas extras e diárias de viagens, no valor a ser pago ao trabalhador, ainda que prevista em instrumento coletivo, caracteriza salário complessivo. Nesse caso, a cláusula do instrumento coletivo será nula. Em resumo, devem-se assegurar ao empregado o conhecimento e o controle do que lhe é pago[785].

No entanto, de acordo com o Informativo nº 168 do TST, o pagamento de parcela denominada compensação orgânica no percentual de 20% da remuneração do empregado não configura salário complessivo ainda que não venha discriminada na remuneração. Essa parcela indenizatória foi prevista em convenção coletiva da categoria dos Aeronautas. De acordo com o TST, há previsão expressa na norma coletiva no sentido de que a parcela referente à compensação orgânica está presente na remuneração fixa do aeronauta e corresponde a 20% do valor recebido.

Dessa forma, a SDI-I do TST entendeu que era possível o cálculo individualizado referente à parcela de compensação orgânica, ainda que estivesse prevista na remuneração fixa do empregado. Dessa forma, diante da possibilidade de individualização do valor e da valorização do negociado, o Tribunal entendeu válido o pagamento da compensação orgânica na remuneração do empregado, não configurando salário complessivo.

Por fim, a Reforma Trabalhista, passou a prever a desnecessidade de se conceder o descanso ao empregado caso o dia de sua escala de trabalho coincidisse com dia de feriado. Conforme redação do art. 59-A, parágrafo único da CLT, os feriados, assim como o DSR, já são considerados compensados e, portanto, não implicam a concessão de descanso ao empregado:

785. Informativo nº 18 do TST.

> **Art. 59-A, CLT.** Em exceção ao disposto no art. 59 desta Consolidação, é facultado às partes, mediante acordo individual escrito, convenção coletiva ou acordo coletivo de trabalho, estabelecer horário de trabalho de doze horas seguidas por trinta e seis horas ininterruptas de descanso, observados ou indenizados os intervalos para repouso e alimentação.
>
> Parágrafo único. A remuneração mensal pactuada pelo horário previsto no caput deste artigo abrange os pagamentos devidos pelo descanso semanal remunerado e pelo descanso em feriados, e serão considerados compensados os feriados e as prorrogações de trabalho noturno, quando houver, de que tratam o art. 70 e o § 5º do art. 73 desta Consolidação.

Salário
(Parcela paga diretamente pelo empregador)

- **Salário profissional:** fixado por lei (exemplos: médicos e engenheiros).
- **Piso salarial:** fixado por instrumento coletivo (acordo ou convenção).
- **Salário normativo:** Fixado via sentença normativa (TRT ou TST).
- **Salário proporcional:** Salário mínimo ou piso salarial proporcional ao tempo trabalhado (OJ 358, I). O empregado público deve sempre ter assegurada remuneração nunca inferior ao salário mínimo (OJ 358, II e Tema 900 da Repercussão Geral do STF).
- **Salário complessivo:** pagamento realizado sem detalhar as parcelas. Não é cabível. (Súmula nº 91).

2. PARCELAS SALARIAIS (REFORMA TRABALHISTA)

▶ **Art. 457, § 1º, CLT**

O tópico em questão foi fortemente impactado pela Reforma Trabalhista.

Para o estudo da remuneração torna-se imprescindível a diferenciação das parcelas salariais e as verbas recebidas sem natureza salarial (parcelas indenizatórias). Essa diferença é importante porque as primeiras refletem nas demais verbas trabalhistas.

1) **Parcelas salariais:** refletem nas demais verbas trabalhistas. Nesse caso, os valores pagos farão parte do cálculo de outras verbas, aumentando o valor recebido pelo trabalhador. Exemplo: adicional de insalubridade compõe a base de cálculo das férias do empregado, por exemplo. Assim, se o empregado recebe R$ 1000,00 de salário e R$ 200,00 de adicional de insalubridade, sua remuneração será de R$ 1200,00 e este será o valor a ser levado em conta no cálculo das férias. O valor das férias será, portanto, maior.
2) **Parcelas indenizatórias:** As parcelas indenizatórias não refletem nas demais verbas trabalhistas. Assim, se o empregado receber participação nos lucros e resultados da empresa, o valor não será usado para o cálculo das demais verbas trabalhistas.

A antiga redação do § 1º do dispositivo em análise estabelecia as parcelas que integravam o salário do trabalhador (parcelas salariais):

> **Art. 457, § 1º, CLT** (*redação anterior à Reforma Trabalhista*): Integram o salário não só a importância fixa estipulada, como também as comissões, percentagens, gratificações ajustadas, diárias para viagem e abonos pagos pelo empregador.

Por outro lado, o § 2º do artigo em apreço determinava que não integrava o salário, o recebimento de ajudas de custo e de diárias para viagem que não excedessem em 50% o salário percebido pelo empregado:

> **Art. 457, § 2º, CLT** (*redação anterior à Reforma Trabalhista*): Não se incluem nos salários as ajudas de custo, assim como as diárias para viagem que não excedam de 50% (cinquenta por cento) do salário percebido pelo empregado.

A Reforma Trabalhista alterou a redação dos § 1º e 2º do dispositivo legal em apreço e reduziu consideravelmente as parcelas que são consideradas salariais, pois passou a estabelecer que apenas as **gratificações legais** e as **comissões** pagas pelo empregador integram o salário juntamente com a importância fixa estipulada:

> **Art. 457, CLT** (*redação dada pela Reforma Trabalhista*). Compreendem-se na remuneração do empregado, para todos os efeitos legais, além do salário devido e pago diretamente pelo empregador, como contraprestação do serviço, as gorjetas que receber.
>
> § 1º Integram o salário a importância fixa estipulada, as gratificações legais e as comissões pagas pelo empregador.
>
> § 2º As importâncias, ainda que habituais, pagas a título de ajuda de custo, auxílio-alimentação, vedado seu pagamento em dinheiro, diárias para viagem, prêmios e abonos não integram a remuneração do empregado, não se incorporam ao contrato de trabalho e não constituem base de incidência de qualquer encargo trabalhista e previdenciário.

Segue tabela para memorização das parcelas com natureza salarial e das parcelas indenizatórias, com as alterações promovidas pela Reforma Trabalhista:

Parcelas salariais	Parcelas indenizatórias
(Refletem nas demais verbas, como férias, 13º e aviso) • Comissões e porcentagens • Gratificações legais • Quebra de caixa • Adicionais salariais: – Ad. Hora extra – Ad. Noturno – Ad. Transferência – Ad. Insalubridade – Ad. Periculosidade *Obs.: O empregador ao efetuar o pagamento dessas parcelas deverá efetuar o respectivo depósito do FGTS*	(Não há reflexo nas demais parcelas. Sobre o valor, não incidem depósitos do FGTS) • PLR – Participação nos Lucros e Resultados • Ajuda de custo • Auxílio-alimentação (vedado o pagamento em dinheiro – Reforma Trabalhista) • Diárias para viagem • Abonos (Reforma Trabalhista) • Prêmios (Reforma Trabalhista) • Vale-transporte • Salário-família • Seguro-desemprego • PIS/PASEP • *Stock option* • Parcelas recebidas em razão da exploração de direito intelectual
Caso controvertido	
• *Gueltas* (remuneratória – equiparada à gorjeta)	

2.1. Comissões e percentagens

Cabe frisar que o empregado que recebe comissões ou percentagens possui remuneração variável. Diante disso, mesmo nos meses em que não houver venda, o salário mínimo ou piso da categoria deverá ser pago[786]. Nesse sentido, o art. 7º, VII, da CF/88 garante:

> **Art. 7º, VII, CF/88:** São direitos dos trabalhadores urbanos e rurais, além de outros que visem à melhoria de sua condição social: garantia de salário, nunca inferior ao mínimo, para os que percebem remuneração variável.

As **comissões** são parcelas com valores fixos recebidas em razão da venda de determinado produto. Já **percentagens** constituem um determinado percentual que incide sobre o valor da venda do produto. Esses conceitos são, frequentemente, desvirtuados na prática.

É chamado de comissionista puro o empregado que recebe, exclusivamente, por comissão. Já o comissionista misto recebe parte do salário em comissão e a outra, em salário fixo. Para esses trabalhadores que recebem por produção também é garantido o direito ao descanso semanal remunerado e feriados[787].

O art. 7º, XV, da CF/88, ao prever o direito ao DSR, não fez nenhuma exceção aos empregados que recebem salário variável. Aliás, a Lei nº 605/49, que regulamenta o DSR e feriados, também não faz nenhuma distinção ao comissionista. Portanto, independentemente da forma como o trabalhador é remunerado, seja por salário fixo, seja por variável, ele terá direito ao DSR. Inclusive, mesmo se o empregado não tiver controle de horário, por exercer funções externas ou poderes de gestão, terá direito ao DSR.

Importante mencionar que **pracista** é o empregado que vende seus produtos em uma área geográfica previamente definida – uma praça específica, por exemplo: a praça de Sertãozinho, Jaboticabal e Taquaritinga, todas cidades próximas, situadas no interior de São Paulo. Esse empregado, comissionista, também terá direito ao DSR e feriados.

Por fim, o STF tinha posicionamento, já **superado**, de que o vendedor pracista não tinha direito ao DSR. Como visto, a atual Constituição estendeu a todos os empregados o direito ao DSR, inclusive os empregados que recebem salário variável. De acordo com o antigo posicionamento do Supremo:

> **Súmula nº 201 do STF:** O vendedor pracista remunerado mediante comissão não tem direito ao repouso semanal remunerado.

Se o **comissionista puro** é sujeito ao controle de horários, o pagamento das suas horas extraordinárias é diferente do pagamento dos demais empregados. Como esse empregado continua recebendo as comissões durante as horas que ultrapassarem o horário normal, ele receberá apenas o adicional de, no mínimo, 50%, pois as horas trabalhadas já estão

786. De acordo com o art. 3º da Lei nº 8.716/93, é vedado ao empregador fazer qualquer tipo de desconto em mês subsequente a título de compensação de eventuais complementações feitas em meses anteriores para completar o valor do salário mínimo.

787. **Súmula nº 27 do TST.** "É devida a remuneração do repouso semanal remunerado e dos dias feriados ao empregado comissionista, ainda que pracista."

sendo pagas pelo valor da comissão[788]. Lembre-se de que os demais empregados recebem: valor da hora normal + 50% de adicional. O comissionista, segundo o TST, recebe apenas o adicional de 50% (a hora trabalhada já estaria sendo paga com o valor das comissões).

Para se chegar ao valor da hora normal, deve-se dividir o valor mensal recebido das comissões, pelas horas efetivamente trabalhadas. Uma vez alcançado o valor-hora das comissões recebidas no mês, incidirá o adicional de 50%, nas horas que extrapolaram a jornada normal, em regra 8 horas. Por exemplo: feita a média, alcançou-se R$ 20,00 por hora de comissões. Nesse caso, o empregado que trabalhou por 5 horas extras durante a semana, receberá apenas o adicional de 50%, ou seja, R$ 10,00 sobre essas 5 horas. Total de R$ 50,00 de horas extras (apenas o adicional).

Importante ressaltar que o **cortador de cana-de-açúcar** que é remunerado por produção (comissão), receberá horas extras (hora normal + adicional de 50%), pois seu trabalho é exaustivo. De acordo com a jurisprudência do TST:

> **Orientação Jurisprudencial nº 235 do TST.** O empregado que recebe salário por produção e trabalha em sobrejornada tem direito à percepção apenas do adicional de horas extras, exceto no caso do empregado cortador de cana, a quem é devido o pagamento das horas extras e do adicional respectivo.

Esses trabalhadores recebiam esse tratamento diferenciado, pois o trabalho desenvolvido é exaustivo e a interpretação original gerava a precarização do trabalho. Tendo em vista que o art. 611-A, IX, da CLT, acrescentado pela Reforma Trabalhista, permite que a remuneração por produtividade seja fixada por negociação coletiva, é possível que esses trabalhadores tenham direito apenas ao adicional de horas extras, como os demais trabalhadores por recebem por produção. A atuação dos sindicatos será fundamental na defesa dos direitos e interesses desses trabalhadores para se evitar a diminuição no valor pago aos cortadores de cana de açúcar:

> **Art. 611-A da CLT** *(com redação dada pela Reforma Trabalhista)*: A convenção coletiva e o acordo coletivo de trabalho têm prevalência sobre a lei quando, entre outros, dispuserem sobre:
>
> (...) IX – remuneração por produtividade, incluídas as gorjetas percebidas pelo empregado, e remuneração por desempenho individual;

Na remuneração por produtividade, o empregado receberá de acordo com a quantidade produzida, ou seja, o salário estará intimamente ligado ao seu desempenho pessoal, independentemente do tempo gasto. Exemplos: empregado que costura sapato e recebe por peça costurada ou, ainda, cortador de cana que recebe por tonelada cortada.

Por outro lado, se se tratar de **comissionista misto** (parte do salário fixo e a outra variável), o empregado receberá horas extras[789] da seguinte forma: **a)** hora normal,

---

788. **Súmula nº 340 do TST.** "O empregado, sujeito a controle de horário, remunerado à base de comissões, tem direito ao adicional de, no mínimo, 50% (cinquenta por cento) pelo trabalho em horas extras, calculado sobre o valor-hora das comissões recebidas no mês, considerando-se como divisor o número de horas efetivamente trabalhadas."

789. **Orientação Jurisprudencial nº 397 da SDI-I do TST**: "O empregado que recebe remuneração mista, ou seja, uma parte fixa e outra variável, tem direito a horas extras pelo trabalho em sobrejornada. Em relação à parte fixa, são devidas as horas simples acrescidas do adicional de horas extras. Em relação à parte variável, é devido somente o adicional de horas extras, aplicando-se à hipótese o disposto na Súmula nº 340 do TST".

acrescida de adicional de 50% relativa ao salário fixo; **b)** apenas o adicional, em relação ao salário variável (comissão).

2.1.1. *Precedentes vinculantes do TST sobre comissões (Incidentes de Recurso de Revista Repetitivo nº 56, 57 e 65 do TST)*

Em razão da recorrência de litígios envolvendo o pagamento de comissões, o Tribunal Superior do Trabalho firmou diversos entendimentos vinculantes, que impactam diretamente a remuneração dos comissionistas. Abaixo, destacamos três teses recentemente aprovadas em Incidentes de Recursos de Revista Repetitivos, todas publicadas em 2025, com efeitos vinculantes:

a) Bancário e comercialização de produtos de empresas do mesmo grupo econômico (tese vinculante nº 56 do TST).

O Pleno do TST decidiu que a comercialização de produtos de empresas integrantes do grupo econômico da instituição bancária é compatível com as atribuições do bancário. Assim, **não há direito automático ao pagamento de comissões**, salvo previsão contratual expressa nesse sentido. A tese firmada foi a seguinte:

> A comercialização de produtos de empresas integrantes do grupo econômico de instituição bancária é compatível com o rol de atribuições do empregado, sendo indevido o pagamento de comissões, salvo se houver previsão contratual de acréscimo remuneratório sobre as vendas (TST-RR-0000401-44.2023.5.22.0005, Relator: Ministro Aloysio Corrêa da Veiga, Tribunal Pleno, DJE: 14/03/2025).

Portanto, ainda que o bancário realize vendas de seguros, consórcios ou títulos de capitalização de empresas do grupo, **a comissão só será devida se prevista no contrato de trabalho ou norma coletiva.**

b) Vendas a prazo e base de cálculo das comissões (Tese vinculante nº 57 do TST).

Outro ponto importante pacificado pelo TST refere-se às comissões incidentes sobre vendas parceladas. O Tribunal firmou o entendimento de que, salvo acordo em contrário, **o cálculo da comissão deve considerar o valor total da venda, incluindo juros e encargos financeiros.** Isso porque tais valores integram a receita da empresa e, portanto, devem repercutir na remuneração do vendedor. A tese fixada foi:

> As comissões devidas ao empregado vendedor, em razão de vendas a prazo, devem incidir sobre o valor total da operação, incluídos os juros e demais encargos financeiros, salvo se houver pactuação em sentido contrário (TST-RRAg-0011255-97.2021.5.03.0037, Relator: Ministro Aloysio Corrêa da Veiga, Tribunal Pleno, DJE: 14/03/2025; TST-RRAg-1001661-54.2023.5.02.0084, Relator: Ministro Aloysio Corrêa da Veiga, Tribunal Pleno, DJE: 14/03/2025).

O fundamento principal dessa orientação está no art. 2º da CLT, que veda a transferência dos riscos da atividade econômica ao trabalhador.

c) Comissões sobre vendas canceladas (Tese vinculante nº 65 do TST).

Em linha com o raciocínio anterior, o TST também consolidou o entendimento de que o cancelamento da venda ou a inadimplência do cliente **não autorizam o estorno das comissões já devidas ao empregado**. O direito à comissão surge com a conclusão da venda, e não depende do efetivo pagamento pelo consumidor. A tese fixada foi:

> A inadimplência ou cancelamento da compra pelo cliente não autoriza o empregador a estornar as comissões do empregado (TST-RRAg-0011110-03.2023.5.03.0027, Relator: Ministro Aloysio Corrêa da Veiga, Tribunal Pleno, DJE: 14/03/2025).

Essa orientação decorre diretamente do art. 466 da CLT, segundo o qual o pagamento da comissão é exigível após a conclusão da transação comercial.

2.1.2. *Época do pagamento das comissões e percentagens*

Nas vendas a prazo, o empregado receberá suas comissões e percentagens de forma parcelada. Ademais, o término do contrato de trabalho não prejudica o recebimento dos valores já adquiridos[790]. Nesse sentido, estabelece o art. 466 da CLT:

> **Art. 466.** O pagamento de comissões e percentagens só é exigível depois de ultimada a transação a que se referem.
>
> § 1º Nas transações realizadas por prestações sucessivas, é exigível o pagamento das percentagens e comissões que lhes disserem respeito proporcional à respectiva liquidação.
>
> § 2º A cessação das relações de trabalho não prejudica a percepção das comissões e percentagens devidas na forma estabelecida por este artigo.

2.2. Gratificações (Reforma Trabalhista)

Trata-se de contraprestação paga pelo serviço prestado em certas condições, ou em ocasiões especiais diferenciadas, como a gratificação de função, a gratificação de tempo etc.[791]. Com a Reforma Trabalhista, apenas as gratificações legais integram o salário. Se pagas mensalmente, não refletem no descanso semanal remunerado[792], pois no pagamento dessas gratificações já está incluído o repouso semanal remunerado.

Essas gratificações poderão ocorrer de forma expressa ou tácita. De forma expressa, é o pagamento realizado em razão do ajuste entre empregado e empregador. Exemplo: a empresa paga a todos os empregados o 14º salário em dezembro ou a gratificação do dia do "representante de eletrodomésticos", paga todos os anos no mês de fevereiro aos vendedores desses produtos. Poderá ocorrer, ainda, o pagamento habitual de certa quantia, em razão de metas conquistadas, sem que haja qualquer menção prévia do empregador a respeito. Essa habitualidade no pagamento caracteriza a forma tácita[793].

790. **Orientação Jurisprudencial nº 181 da SDI-I do TST.** "O valor das comissões deve ser corrigido monetariamente para em seguida obter-se a média para efeito de cálculo de férias, 13º salário e verbas rescisórias."

791. GARCIA, Gustavo Felipe Barbosa. *Curso de Direito do Trabalho*. São Paulo: Método, 2007. p. 186.

792. **Súmula nº 225 do TST.** "As gratificações de produtividade e por tempo de serviço, pagas mensalmente, não repercutem no cálculo do repouso semanal remunerado."

793. **Súmula nº 152 do TST.** "O fato de constar do recibo de pagamento de gratificação, o caráter de liberalidade não basta, por si só, para excluir a existência de um ajuste tácito."

Se não houver previsão legal de referida gratificação, não será caracterizada como verba de natureza salarial. Nesse sentido, a redação do art. 457, § 1º, da CLT:

> **Art. 457 da CLT** (*com redação dada pela Reforma Trabalhista*): Compreendem-se na remuneração do empregado, para todos os efeitos legais, além do salário devido e pago diretamente pelo empregador, como contraprestação do serviço, as gorjetas que receber.
>
> § 1º. Integram o salário a importância fixa estipulada, as gratificações legais e as comissões pagas pelo empregador.

Note-se que a redação anterior do art. 457, § 1º, CLT, previa que as "gratificações ajustadas" integravam o salário, enquanto que a nova redação do dispositivo apenas prevê a natureza salarial às gratificações legais. Defendíamos, em outras obras e edições, que deveriam ser ressalvadas da aplicação imediata da lei as hipóteses que importassem em redução salarial. Nesses casos, a alteração importa em violação do princípio da irredutibilidade salarial, pois a parcela cuja natureza foi alterada deixa de ser integrada às verbas trabalhistas, reduzindo o salário do empregado. Não poderiam, a nosso ver, ser aplicadas aos contratos vigentes[794].

Contudo, conforme decidido pelo TST no Incidente de Recursos de Revista Repetitivos nº 23, "A Lei nº 13.467/2017 possui aplicação imediata aos contratos de trabalho em curso, passando a regular os direitos decorrentes de lei cujos fatos geradores tenham se efetivado a partir de sua vigência". Para a Corte, o princípio da irredutibilidade salarial protege apenas o valor nominal das parcelas permanentes, não abrangendo parcelas variáveis dependentes de fatos futuros. Assim, alterações legais que impactem parcelas não permanentes podem ser aplicadas aos contratos em curso. Além disso, afastou-se a aplicação de princípios como a vedação ao retrocesso social, norma mais favorável e condição mais benéfica, pois eles regulam normas vigentes simultaneamente ou cláusulas contratuais, mas não a relação entre leis sucessivas[795].

Assim, a partir da vigência da Reforma Trabalhista, se a gratificação é paga pelo empregador espontaneamente e sem previsão legal, ajustada diretamente com os empregados, não terá natureza salarial.

Para aqueles trabalhadores que já recebiam, por força de contrato, "gratificações ajustadas" antes da entrada em vigor da Reforma Trabalhista, a parcela deverá permanecer com natureza salarial. É que se o direito é concedido por meio de cláusula inserida no contrato de trabalho, não é permitida a supressão de seu pagamento aos empregados que já o recebiam. Pela aplicação do princípio da condição mais benéfica e da inalterabilidade contratual lesiva ao trabalhador, as cláusulas contratuais não podem ser alteradas para prejudicar o trabalhador, pois aderem ao contrato de forma permanente (art. 468 da CLT).

Caso o pagamento da "gratificação ajustada" ocorra de forma contínua, mês a mês, em valores fixos e sem qualquer vinculação a um fato gerador específico, sua verdadeira natureza é salarial. Trata-se, em verdade, de contraprestação pelos serviços prestados

---

794. SILVA, Homero Batista Mateus da. *Comentários à Reforma Trabalhista*. São Paulo: Revista dos Tribunais, 2017. p. 201.
795. Fonte: https://tst.jus.br/-/mudan%C3%A7as-da-reforma-trabalhista-valem-a-partir-de-sua-vig%C3%AAncia-para-contratos-em-curso. Acesso em 03/12/2024.

paga diretamente pelo empregador, ainda que rotulada como "gratificação". Isso nada mais é que uma tentativa de mascarar o caráter salarial da verba e, assim, evitar que esses valores integrem a base de cálculo das demais parcelas trabalhistas. Contudo, pela aplicação do princípio da primazia da realidade, que prevalece no Direito do Trabalho, deve ser reconhecida a natureza salarial dessa parcela e os valores pagos sob essa rubrica devem integrar a remuneração do trabalhador e refletir sobre demais verbas trabalhistas, como férias, 13º salário, FGTS e verbas rescisórias.

Em relação aos precedentes vinculantes do TST, e correlacionando-se à questão da gratificação e sua natureza temos a tese vinculante nº 69 do TST firmada no julgamento do Incidente de Recurso de Revista Repetitivo nº 69:

> A função comissionada técnica (FCT/FCA/GFE), paga a empregados do Serviço Federal de Processamento de Dados (SERPRO) de forma habitual e desvinculada do desempenho de atividade extraordinária ou de confiança, incorpora-se ao salário para todos os efeitos legais, inclusive para cálculo dos adicionais por tempo de serviço e de qualificação (TST-RRAg-0000756-63.2023.5.10.0013, Relator: Ministro Aloysio Corrêa da Veiga, Tribunal Pleno, DJE: 14/03/2025).

A título de contextualização, a Função Comissionada Técnica (FCT) é uma gratificação paga aos empregados do SERPRO, empresa pública responsável pelo processamento de dados e sistemas do governo federal. A FCT é concedida em razão do desempenho de funções técnicas dentro da estrutura da empresa.

O grande ponto de discussão na tese fixada pelo TST é se a FCT deve ou não ser integrada ao salário para todos os efeitos legais. O Pleno do TST esclareceu que, quando a FCT for paga de **maneira habitual e sem estar vinculada ao exercício de uma função de confiança ou a uma atividade extraordinária**, ela terá **natureza salarial**. Isso ocorre porque não se trata de um pagamento esporádico ou excepcional, mas sim de uma verba concedida de forma contínua, sem estar condicionada ao exercício de um cargo de confiança. Como resultado, o valor da FCT se integra ao salário do empregado e deve refletir no cálculo de outros direitos trabalhistas.

2.2.1. *Gratificação de função de confiança (Reforma Trabalhista)*

A reversão, disciplinada no § 1º do art. 468 da CLT determina que o empregado que ocupa cargo de confiança poderá ser revertido ao cargo anterior, com a retirada da gratificação de função, sem que essa reversão acarrete nulidade. Nesse caso, quando o trabalhador não corresponde às expectativas do empregador e como envolve função de confiança, há previsão na própria lei, que autoriza o retorno à função anterior, sem que esse ato seja nulo:

> **Art. 468 da CLT** (*com redação dada pela Reforma Trabalhista*): Nos contratos individuais de trabalho só é lícita a alteração das respectivas condições por mútuo consentimento, e ainda assim desde que não resultem, direta ou indiretamente, prejuízos ao empregado, sob pena de nulidade da cláusula infringente desta garantia.
>
> § 1º. Não se considera alteração unilateral a determinação do empregador para que o respectivo empregado reverta ao cargo efetivo, anteriormente ocupado, deixando o exercício de função de confiança.

Ressalta-se que a reversão não se confunde com outros termos comumente utilizados nas hipóteses de alteração do contrato de trabalho. Nesse sentido, é importante ressaltar as diferenças entre os termos "rebaixamento", "promoção" e "remoção"[796]:

- **Rebaixamento:** É o retorno do empregado ao cargo efetivo anterior com caráter punitivo, sendo que o trabalhador ocupava cargo efetivo mais alto. Essa medida é ilícita, pois viola o princípio da inalterabilidade contratual lesiva do trabalhador previsto no artigo em apreço.
- **Promoção:** É o ato pelo qual o empregado é transferido em caráter permanente para um cargo superior com o recebimento de efetivas vantagens. Caso prevista em regulamento de empresa, é obrigação do empregado aceitar a promoção, salvo hipóteses justificáveis para permanecer em cargo inferior.
- **Remoção:** Configura-se com a alteração do local de trabalho do empregado, sendo exigida sua mudança de domicílio. A transferência será possível desde que tenha, em regra, anuência do empregado.

A reversão, disciplinada nos §§ 1º e 2º do art. 468 da CLT, **pressupõe que o empregado, antes de exercer a função de confiança, ocupava outro cargo na empresa**. Portanto, não há rebaixamento do trabalhador para cargo inferior, mas apenas o retorno do empregado ao seu cargo efetivo anterior, deixando de exercer função de confiança[797].

A reversão decorre da possibilidade de o empregador selecionar os empregados que julgar confiável para o desenvolvimento de atividades específicas, como a gerência de sua empresa.

Durante o exercício de cargo de confiança, o empregado tem direito ao recebimento de gratificação de função. A gratificação é paga em razão de condições especiais, como tempo de serviço ou função de confiança. Essa parcela não é prevista em lei, portanto é paga de forma espontânea pelo empregador. Em razão da habitualidade no pagamento, a gratificação possui natureza salarial, refletindo nas demais parcelas, como férias, 13º, FGTS e aviso-prévio.

A gratificação de função corresponde a uma parcela paga enquanto o trabalhador exerce função de confiança na empresa. Configura-se, portanto, salário-condição, ou seja, o empregado somente irá receber a gratificação enquanto estiver exercendo a função de confiança na empresa. Portanto, não se incorpora ao patrimônio jurídico do trabalhador.

Antes da promulgação da Lei nº 13.467/2017, o tema era tratado pela Súmula nº 372 do TST:

> **Súmula nº 372 do TST.** Gratificação de função. Supressão ou redução. Limites
>
> I – Percebida a gratificação de função por dez ou mais anos pelo empregado, se o empregador, sem justo motivo, revertê-lo a seu cargo efetivo, não poderá retirar-lhe a gratificação tendo em vista o princípio da estabilidade financeira.
>
> II – Mantido o empregado no exercício da função comissionada, não pode o empregador reduzir o valor da gratificação.

796. DELGADO, Maurício Godinho. *Curso de Direito do Trabalho*. 16. ed. São Paulo: LTr, 2017. p. 1.167 e 1.170.
797. Esse aspecto da reversão foi explorado pela FGV na prova objetiva para Juiz do Trabalho em 2023.

O TST tinha o entendimento no sentido de que o empregado que exerce função de confiança há 10 ou mais anos na empresa não poderia ter a gratificação retirada, sem justo motivo. Após o período de 10 anos, a gratificação incorporaria definitivamente o salário do empregado. Embora não houvesse previsão legal específica nesse sentido, o TST entendia que a conduta do empregador em retirar a gratificação afrontava o princípio da estabilidade financeira do trabalhador. Caso o trabalhador cometesse conduta que contrariasse a confiança nele depositada, poderia ser retirada a gratificação, pois o empregador teria, nesse caso, justo motivo.

A Súmula nº 372, I, do TST, previa, portanto, a incorporação do salário-condição, em situação sequer prevista em lei, embora fosse benéfica ao trabalhador. Mesmo antes da alteração promovida pela Reforma Trabalhista, havia o posicionamento que defendia a possibilidade de reversão independentemente do tempo despendido na função de confiança.

O § 2º do art. 468 da CLT, acrescentado pela Reforma Trabalhista, passou a disciplinar a hipótese de supressão da gratificação de função. O texto do novo dispositivo é oposto à Súmula nº 372 do TST que disciplinava o assunto:

> **Art. 468, § 2º, CLT** *(acrescentado pela Lei nº 13.467/2017)*: § 2º. A alteração de que trata o § 1º deste artigo, com ou sem justo motivo, não assegura ao empregado o direito à manutenção do pagamento da gratificação correspondente, que não será incorporada, independentemente do tempo de exercício da respectiva função.

Nesse sentido, a Reforma Trabalhista passou a prever que a reversão do empregado, com ou sem justo motivo, não assegura ao empregado o direito de manter o pagamento da gratificação de função. O valor não será, em hipótese alguma, incorporado ao salário do empregado, **independentemente do tempo de exercício da função**. Portanto, ainda que o empregado trabalhe por períodos superiores a 10 anos em função de confiança, não terá direito à incorporação da gratificação de função recebida caso for revertido ao cargo efetivo anteriormente ocupado.

O mesmo raciocínio é utilizado para outros adicionais, como adicional de insalubridade, periculosidade, horas extras e adicional noturno. Em todos esses casos, uma vez cessada a condição geradora do adicional, a quantia poderá ser retirada, ocasionando a redução salarial. Exemplo: Se o empregado deixa de prestar serviços à noite, perde o direito ao recebimento do adicional noturno.

A legislação não estabelece, contudo, regra referente aos empregados que já recebiam gratificação de função incorporada ao seu salário após a reversão ao cargo efetivo. Outra importante discussão quanto à gratificação é em relação aos empregados em cargo de confiança que completaram o período de 10 anos na função antes da entrada em vigor da Reforma Trabalhista.

Em relação aos primeiros, que já recebiam gratificação de função incorporada ao seu salário após a reversão ao cargo efetivo, defendíamos a necessidade de sua manutenção, vez que a alteração somente poderia atingir os ocupantes de cargo de confiança que não foram revertidos até a entrada em vigor da Reforma Trabalhista.

Para os segundos, que haviam completado o período de 10 anos na função antes da entrada em vigor da Reforma Trabalhista, sustentávamos que teriam direito à integração do adicional de função ao salário. Nesse sentido, aliás, caminhava a jurisprudência do TST. Nos termos dos informativos nº 243 e nº 252 do TST, a novidade trazida no art. 468, § 2º, da CLT, pela Lei 13.467/2017, não poderia ser aplicada de forma retroativa, sob pena de violar ato jurídico perfeito. Dessa forma, se o empregado, em 11/11/2017 (data de entrada em vigor da reforma), já contava com 10 anos no exercício de função de confiança, a gratificação não poderia ser suprimida, ainda que fosse revertido ao cargo efetivo.

Finalmente, para pacificar o assunto, o TST, na apreciação do Tema 23 da tabela de Incidentes de Recursos de Revista Repetitivos, fixou tese acerca da eficácia temporal da Reforma Trabalhista:

> A Lei nº 13.467/2017 possui aplicação imediata aos contratos de trabalho em curso, passando a regular os direitos decorrentes de lei cujos fatos geradores tenham se efetivado a partir de sua vigência.

Portanto, segundo a tese de observância obrigatória em toda a Justiça do Trabalho, a Reforma Trabalhista (Lei 13.467/2017) tem aplicação imediata aos contratos de trabalho em curso, mas apenas em relação aos fatos que forem ocorrendo a partir de sua vigência, em 11/11/2017.

Para os trabalhadores que já recebiam a gratificação de função incorporada ao salário após a reversão ou, então, que já haviam preenchido o requisito para sua incorporação ao tempo de entrada em vigor da Reforma Trabalhista, deve prevalecer a sistemática anterior à Lei 13.467/2017.

Só não terão direito à incorporação da gratificação de função aqueles trabalhadores que não haviam completado 10 anos no exercício da função de confiança até 11/11/2017, ou que foram contratados após essa data.

Por fim, o item II da Súmula nº 372 do TST permanece aplicado e não deve sofrer alteração. A redução no valor da gratificação durante o exercício da função de confiança não pode ocorrer, pois afronta o princípio da irredutibilidade salarial (art. 7º, VI, da CF/88) e o princípio da inalterabilidade contratual lesiva ao trabalhador, previsto no "caput" do presente dispositivo, que veda alterações prejudicais ao empregado. Lembremos que a gratificação tem natureza salarial, logo não poderá ser reduzida.

Situação particular se colocou em relação aos empregados da Companhia Nacional de Abastecimento (CONAB), que, antes da Reforma Trabalhista, tinham regulamentos internos prevendo a incorporação da gratificação de função e da remuneração de função de confiança ao salário, de forma proporcional, a depender do tempo de exercício. Mesmo após a revogação desses regulamentos, e da posterior decisão do Tribunal de Contas da União declarando sua inconstitucionalidade, o Tribunal Superior do Trabalho firmou entendimento vinculante no sentido de que tais alterações não alcançam os empregados que já haviam adquirido o direito à incorporação, nos termos das normas então vigentes.

A tese vinculante nº 123, aprovada em maio de 2025, consolidou esse entendimento, ao dispor que a alteração nos regulamentos internos da CONAB, bem como a decisão do TCU, não têm o condão de suprimir a gratificação de função incorporada ao salário daqueles empregados que já haviam preenchido os requisitos à época da vigência das normas revogadas.

2.2.2. *Gratificação por tempo de serviço*

A **gratificação ou adicional por tempo de serviço** não é prevista na CLT. Ela tem o objetivo de beneficiar o empregado que permanece, por anos, na empresa, retribuindo o tempo de serviço prestado ao empregador.

Diante da ausência de previsão legal, surge novamente a discussão acerca de seus reflexos nas demais verbas trabalhistas, pois a Reforma Trabalhista assegura natureza salarial apenas às gratificações legais. Para pacificar o assunto, o TST, na apreciação do Tema 23 da tabela de Incidentes de Recursos de Revista Repetitivos, fixou tese acerca da eficácia temporal da Reforma Trabalhista:

> A Lei nº 13.467/2017 possui aplicação imediata aos contratos de trabalho em curso, passando a regular os direitos decorrentes de lei cujos fatos geradores tenham se efetivado a partir de sua vigência.

No entanto, tendo em vista que vigora, no Direito do Trabalho, o princípio da primazia da realidade, entendemos que as gratificações dadas, de forma habitual, não previstas em lei, devem integrar o salário, refletindo sobre as férias, 13º salário, depósitos do FGTS e aviso-prévio.

Caso haja, ao mesmo tempo, duas gratificações por tempo de serviço, uma prevista no regulamento interno e outra em instrumento coletivo, caberá ao empregado **optar pela norma mais favorável**. A escolha de uma ocasionará a renúncia da outra gratificação, sob pena de o empregador pagar a mesma parcela duas vezes. Segue, o posicionamento do TST:

> **Súmula nº 202 do TST.** Existindo, ao mesmo tempo, gratificação por tempo de serviço outorgada pelo empregador e outra da mesma natureza prevista em acordo coletivo, convenção coletiva ou sentença normativa, o empregado tem direito a receber, exclusivamente, a que lhe seja mais benéfica.

A própria Súmula nº 202 do TST admite a possibilidade de escolha do empregado entre uma norma permanente (outorgada pelo empregador) e outra transitória (acordo ou convenção coletiva). É possível, portanto, a renúncia da norma impositiva (regulamento de empresa) se o acordo ou convenção for mais favorável, ainda que momentaneamente.

Pensamos, entretanto, que diante da valorização do negociado pela Reforma Trabalhista, as normas coletivas prevalecerão sobre o disposto em regulamento da empresa, nos termos do art. 611-A da CLT, o qual apresenta um rol exemplificativo de direitos que podem ser alterados via negociação coletiva:

> **Art. 611-A da CLT** (*Inserido pela Reforma Trabalhista*): A convenção coletiva e o acordo coletivo de trabalho têm prevalência sobre a lei quando, **entre outros**, dispuserem sobre: (...) (grifo nosso).

2.2.3. *Gratificação semestral*

Quanto à **gratificação semestral**, importante destacar que não há previsão legal na CLT. Assim sendo, ela será paga de acordo com norma do regulamento interno, norma coletiva ou previsão no contrato de trabalho. Para o TST, como a gratificação semestral é paga duas vezes ao ano, haveria também habitualidade, servindo de base de cálculo para o décimo terceiro.

> **Súmula nº 253 do TST[798]:** A gratificação semestral não repercute no cálculo das horas extras, das férias e do aviso-prévio, ainda que indenizados. Repercute, contudo, pelo seu duodécimo na indenização por antiguidade e na gratificação natalina.

Com a Reforma Trabalhista, entretanto, a gratificação semestral deixaria de ter natureza salarial, de forma que não serviria de base de cálculo para o décimo terceiro, caso prevaleça a integração ao salário somente das gratificações legais.

Essa gratificação semestral não repercute no cálculo das horas extras, das férias ou do aviso-prévio. Essas parcelas são calculadas com base no salário do empregado e, como não há pagamento mensal, não haverá reflexos nas férias e no aviso-prévio. O valor das horas extras é que repercutirá na gratificação semestral e não o contrário. Nesse sentido, prevê a jurisprudência do TST:

> **Súmula nº 115 do TST[799]:** O valor das horas extras habituais integra a remuneração do trabalhador para cálculo das gratificações semestrais.

2.3. Décimo terceiro salário

- Art. 7º, inciso VIII, CF/88
- Lei nº 4.090/62
- Lei nº 4.749/65

O décimo terceiro salário é uma gratificação salarial obrigatória prevista na CF/88 e na Lei nº 4.090/1962. São destinatários dessa gratificação empregados urbanos e rurais, os trabalhadores avulsos e os empregados domésticos. De acordo com o art. 7º, VIII, da CF/88:

> **Art. 7º, VIII, CF/88:** São direitos dos trabalhadores urbanos e rurais, além de outros que visem à melhoria de sua condição social: décimo terceiro salário com base na remuneração integral ou no valor da aposentadoria.

O tema era regulamentado pelo Decreto nº 57.155/1965, que foi revogado pelo Decreto nº 10.854, de 10 de novembro de 2021 (Marco Regulatório Trabalhista Infralegal). Contudo, não houve alteração significativa na normativa do 13º salário.

Tal como era antes do Marco Regulatório Trabalhista Infralegal, o pagamento deverá ocorrer até o dia 20 de dezembro, e corresponderá a 1/12 avos da remuneração devida em dezembro, por mês trabalhado ou fração igual ou superior a 15 dias. Exemplo: empregado iniciou a prestação de serviços em agosto de 2008. Receberá, até o dia 20 de dezembro de 2008, 5/12 avos a título de décimo terceiro, referente a 5 meses trabalhados.

Entre os meses de fevereiro e novembro, o empregador pagará, de uma só vez, em razão do **adiantamento** do décimo terceiro, metade do salário recebido pelo empregado no mês anterior. Esse adiantamento é obrigatório e não é necessário que seja pago a todos os empregados da empresa no mesmo mês. É possível, ainda, que o adiantamento

798. Esta súmula poderá ser impactada pela atual redação dada ao art. 457, § 1º da CLT pela Reforma Trabalhista – Lei nº 13.467/2017.
799. Esta súmula poderá ser impactada pela atual redação dada ao art. 457, § 1º da CLT pela Reforma Trabalhista – Lei nº 13.467/2017.

seja pago **juntamente com as férias**, desde que o empregado requeira esse direito no mês de janeiro do correspondente ano.

Se o empregador adiantar a primeira parcela do décimo terceiro salário e posteriormente ocorrer o término do contrato de trabalho, há possibilidade de compensação com o valor da segunda parcela do décimo terceiro ou, ainda, com outro crédito trabalhista que será pago na rescisão. Nesse sentido preveem os arts. 78 e 82, parágrafo único, do Decreto nº 10.854/2021.

O décimo terceiro é calculado com base na remuneração. Logo, há reflexo das verbas trabalhistas sobre o seu valor. Exemplo: se o empregado prestar habitualmente horas extraordinárias, esse valor das horas extras irá influenciar no valor do 13º salário.

Importa destacar que de acordo com a redação dada ao art. 611-B, V da CLT, a supressão ou redução do valor nominal do 13º salário constitui objeto ilícito da convenção ou acordo coletivo de trabalho.

Parcelas que refletem no valor do décimo terceiro:

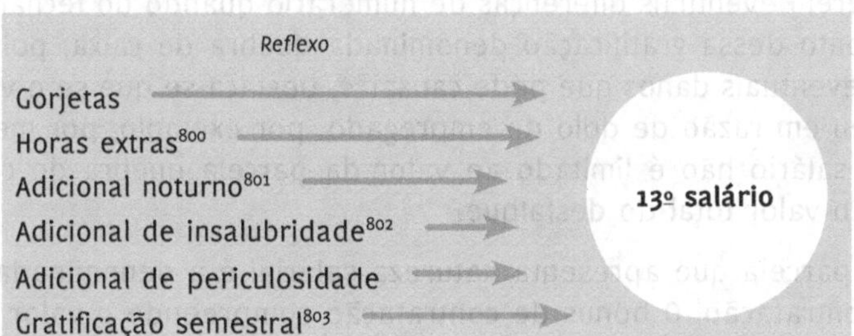

2.3.1. *Décimo terceiro proporcional*

Ocorrerá o pagamento proporcional, mesmo que ocorra a extinção do contrato antes do mês de dezembro. Lembre-se de que o empregado adquire o direito ao décimo terceiro a cada mês ou período igual ou superior a quinze dias trabalhados. O pagamento do décimo terceiro proporcional aos meses trabalhados ocorrerá nas seguintes hipóteses:

a) empregado dispensado sem justa causa;

b) pedido de demissão[804];

---

800. **Súmula nº 45 do TST**. "A remuneração do serviço suplementar, habitualmente prestado, integra o cálculo da gratificação natalina prevista na Lei nº 4.090/62."

801. **Súmula nº 60, item I, do TST.** "O adicional noturno, pago com habitualidade, integra o salário do empregado para todos os efeitos."

802. **Súmula nº 139 do TST**. "Enquanto percebido, o adicional de insalubridade integra a remuneração para todos os efeitos legais."

803. **Súmula nº 253 do TST**. "A gratificação semestral não repercute no cálculo das horas extras, das férias e do aviso-prévio, ainda que indenizados. Repercute, contudo, pelo seu duodécimo na indenização por antiguidade e na gratificação natalina."

804. **Súmula nº 157 do TST**. "A gratificação instituída pela Lei nº 4.090, de 13.7.62, é devida na resilição contratual de iniciativa do empregado."

c) culpa recíproca[805];

d) término dos contratos a prazo.

e) final do período de prestação do serviço no contrato de trabalho intermitente (art. 452-A, § 6º, III da CLT – Reforma Trabalhista);

f) distrato (art. 484-A da CLT – Reforma Trabalhista).

Não terá direito ao décimo terceiro proporcional o empregado que foi dispensado por justa causa (hipóteses do art. 482 da CLT, exemplo: violação de sigilo, desídia, agressão física etc.).

2.4. Outras parcelas salariais

Outra parcela que possui natureza salarial é a chamada **quebra de caixa**[806], paga com habitualidade para compensar o risco exercido pelos trabalhadores que lidam com dinheiro[807]. Essa parcela é paga mensalmente, independentemente de ocorrer o desfalque no caixa. Se ocorrerem eventuais diferenças de numerário quando do fechamento do caixa, é lícito o desconto dessa gratificação denominada quebra de caixa, pois o empregado está ciente de eventuais danos que pode causar[808]. Destaca-se que se o valor desfalcado no caixa ocorreu em razão de dolo do empregado, por exemplo, por meio fraudulento, o desconto no salário não é limitado ao valor da parcela quebra de caixa, mas deve corresponder ao valor total do desfalque.

Uma outra parcela que apresenta natureza salarial é a denominada *"hiring bonus"* ou bônus de contratação. O bônus de contratação compreende o valor oferecido para atrair empregados altamente qualificados. Trata-se de um estímulo para que o empregado peça demissão de seu emprego e venha a trabalhar para a empresa que está oferecendo o bônus.

Essa parcela tem natureza salarial, mas, de acordo com o TST[809], ela somente reflete nos depósitos do FGTS e na multa de 40% correspondentes ao mês de pagamento da parcela. É uma parcela de pagamento único que se esgota no próprio mês do pagamento.

Em sendo verificado o pagamento mensal do bônus de contratação ou a sua utilização para fraudar o pagamento do salário ou de outras verbas salariais, deve ser

805. **Súmula nº 14 do TST**. "Reconhecida a culpa recíproca na rescisão do contrato de trabalho (art. 484 da CLT), o empregado tem direito a 50% (cinquenta por cento) do valor do aviso-prévio, do décimo terceiro salário e das férias proporcionais."

806. **Súmula nº 247 do TST.** "A parcela paga aos bancários sob a denominação de "quebra de caixa" possui natureza salarial, integrando o salário do prestador dos serviços, para todos os efeitos legais."

807. "A verba quebra de caixa não está prevista na CLT, mas, em geral, consta das convenções coletivas ou sentenças normativas alusivas à categoria dos bancários, nada impedindo que qualquer empresa adote. Normalmente recebem essa vantagem aqueles que – como os caixas de banco – lidam com dinheiro e podem sofrer prejuízos por ter de reembolsar diferenças a menos que costumam surgir." PINTO, Raymundo Antônio Carneiro. *Súmulas do TST Comentadas*. 10. ed. São Paulo: LTr, 2008. p. 215.

808. Informativo nº 18 do TST.

809. Informativo nº 188 do TST.

reconhecida seu reflexo nas demais verbas trabalhistas pela aplicação do princípio da primazia da realidade.

Lembre-se de que o mote da Reforma Trabalhista consistiu na valorização do negociado sobre o legislado no art. 611-A da CLT. Surge o questionamento se o valor referente ao "*hiring bonus*" pode ser previsto em instrumento coletivo para pagamento mensal. De acordo com o art. 611-A, XV, da CLT, é possível que o instrumento coletivo de trabalho altere a periodicidade do pagamento da PLR, que poderá ocorrer em período inferior a um semestre, sem que, com isso, seja atribuída natureza salarial à referida parcela. Dessa forma, por aplicação analógica desse dispositivo, seria possível a modificação na periodicidade de pagamento do bônus de contratação.

Outra parcela que sustentamos ter natureza salarial são as **luvas**, parcela prevista em instrumento contratual, típica do Direito Desportivo do Trabalho, que constitui reconhecimento pelo desempenho e resultados alcançados pelo atleta em sua carreira, servindo, ainda, com incentivo para que o esportista assine com o clube contratante. Nesse mesmo sentido, Alice Monteiro de Barros explica que:

> As luvas têm natureza de salário pago por antecipação, não se confundindo com indenização, pois nelas não se encontra presente o caráter ressarcitório advindo de perda[810].

No mesmo sentido, há julgados no TST que reconhecem a natureza salarial da parcela "luvas", pois, nos moldes em que foi prevista, consiste na retribuição material paga pelo clube contratante ao atleta profissional, como incentivo à celebração de contrato de trabalho, seja originalmente, seja por renovação, tendo sua natureza salarial reconhecida pelo Direito Brasileiro, tanto no art. 12 da antiga Lei 6.354/76 (revogada pela Lei nº 12.395/2011), como no art. 31, § 1º, da Lei 9.615/98[811].

Antes da Reforma Trabalhista, os abonos e os prêmios também possuíam natureza salarial. Com as modificações promovidas pela lei, essas parcelas passaram a ter natureza indenizatórias e serão comentadas no tópico 3 desse capítulo.

Além disso, os adicionais são parcelas de natureza salarial e refletem nas demais verbas trabalhistas, enquanto permanecerem as condições que ensejam seu recebimento. São eles:

- Adicional de hora extra;
- Adicional noturno;
- Adicional de transferência;
- Adicional de insalubridade;
- Adicional de periculosidade.

810. BARROS, Alice Monteiro de. **Contratos e regulamentações especiais de trabalho peculiaridades**, aspectos controvertidos e tendências. 5. ed. São Paulo: LTr. 2012.

811. PROCESSO Nº TST-ARR-10149-08.2014.5.01.0068, 3ª Turma, j. 02 de outubro de 2019.

2.5. Adicionais salariais

Os adicionais descritos a seguir são pagos em razão de trabalho prestado em situações prejudiciais à saúde ou, ainda, que prejudiquem o convívio familiar e social. Esses adicionais são chamados de salário-condição, isto é, paga-se o adicional enquanto o empregado estiver em condição prejudicial, por exemplo, prestando horas extras, ou trabalhando no período noturno. Cessada a condição gravosa, cessa o adicional sem que esse fato configure alteração prejudicial.

Serão pagos sobre o salário do empregado e, quando os serviços nessas situações são prestados de forma habitual, irão refletir nas demais verbas trabalhistas, como férias, décimo terceiro salário, depósitos do FGTS etc.

2.5.1. Adicional de hora extraordinário

- **Art. 7º, inciso XVI, CF/88.**
- **Art. 58-A, CLT.**
- **Art. 59, CLT.**
- **Art. 611-B, X, CLT.**
- **Súmula nº 347 do TST.**
- **Súmula nº 376 do TST.**
- **Súmula nº 291 do TST.**

2.5.1.1. *Introdução*

A duração normal do tempo de trabalho do empregado em geral é de 8 horas diárias e 44 horas semanais por força do art. 7º, XIII, da CF/88. Há, no entanto, profissões que apresentam jornada normal diferenciada por lei como é o caso dos bancários, com duração de 6 horas, conforme art. 224 da CLT.

Se ultrapassado esse período, terá incidência de adicional, chamado de hora extraordinária ou suplementar. De acordo com art. 7º, XVI, da CF/88 e art. 59, § 1º da CLT:

> **Art. 7º, XVI, CF/88:** São direitos dos trabalhadores urbanos e rurais, além de outros que visem à melhoria de sua condição social: remuneração do serviço extraordinário superior, no mínimo, em cinquenta por cento à do normal.
>
> **Art. 59 da CLT** *(com redação dada pela Reforma Trabalhista):* A duração diária do trabalho poderá ser acrescida de horas extras, em número não excedente de duas, por acordo individual, convenção coletiva ou acordo coletivo de trabalho.
>
> § 1º A remuneração da hora extra será, pelo menos, 50% (cinquenta por cento) superior à da hora normal.

O pagamento da hora extraordinária será: hora normal acrescida de adicional de, no mínimo, 50%. Paga-se a hora normal, pois esta não foi combinada previamente com o empregado. Exemplo: no ato da contratação, o salário combinado foi de R$ 800,00. Logo, esse salário é referente à duração normal (8 horas diárias). Se houver trabalho além do horário normal, deve-se pagar a hora (não combinada) acrescida do adicional de, no mínimo, 50%. Ressalta-se que o valor da hora normal é o da época do pagamento[812].

No caso de jornada de 8 horas, o cálculo para se chegar à hora normal é feito dividindo o salário do empregado por 220[813]. Para os empregados que trabalham 40 horas semanais, ou seja, aqueles que, em regra, trabalham de segunda a sexta-feira com jornada de 8 horas diárias, deve-se dividir o salário mensal por 200[814] (5 semanas x 40 horas). No caso de o empregado com jornada de 6 horas, o divisor será de 180[815]. Alcançado o valor da hora suplementar, é só multiplicar pelo número de horas efetivamente prestadas além do horário normal.

Ademais, o cálculo desse adicional deve ser realizado sobre a globalidade salarial, ou seja, as horas extras são calculadas com base na hora normal, acrescida de adicional noturno, de insalubridade, de periculosidade etc. Nesse sentido, a Súmula nº 264 do TST afirma:

> **Súmula nº 264 do TST:** A remuneração do serviço suplementar é composta do valor da hora normal, integrado por parcelas de natureza salarial e acrescido do adicional previsto em lei, contrato, acordo, convenção coletiva ou sentença normativa.

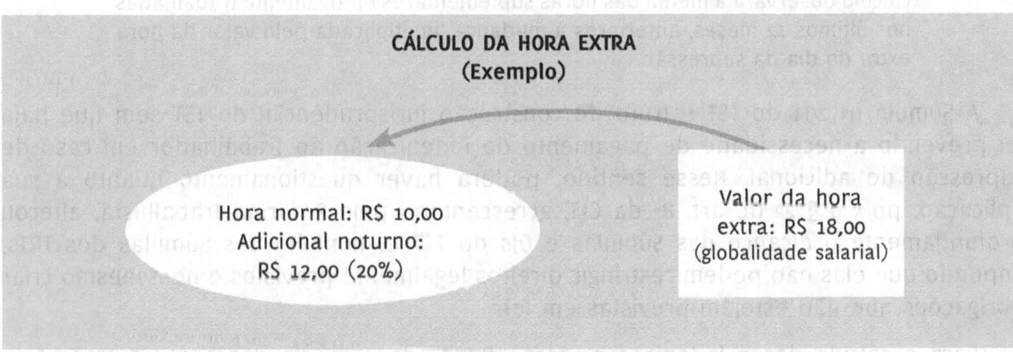

As horas extras, se pagas com habitualidade, refletem nas demais verbas trabalhistas. Assim sendo, o valor das horas extraordinárias irá integrar:

812. **Súmula nº 347 do TST.** "O cálculo do valor das horas extras habituais, para efeito de reflexos em verbas trabalhistas, observará o número de horas efetivamente prestadas e a ele aplica-se o valor do salário-hora da época do pagamento daquelas."
813. O divisor 220 ocorre em razão de duração de 44 horas, multiplicadas por 5 semanas de trabalho.
814. **Súmula nº 431 do TST.** Para os empregados a que alude o art. 58, caput, da CLT, quando sujeitos a 40 horas semanais de trabalho, aplica-se o divisor 200 (duzentos) para o cálculo do valor do salário-hora.
815. O divisor 180 surge da seguinte equação: 6 horas diárias multiplicadas por 30 dias (mês).

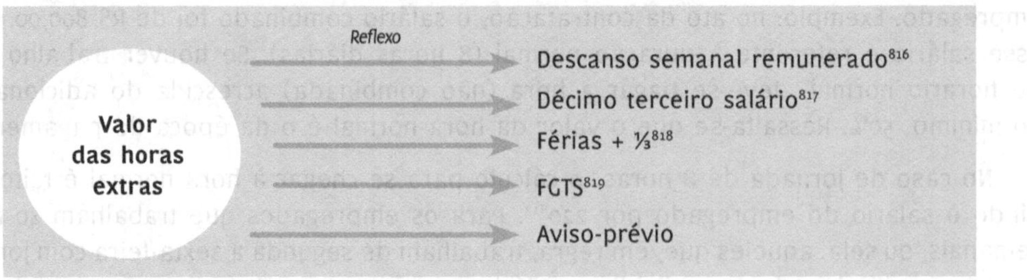

Por fim, é possível que cesse o pagamento do adicional, de horas extras quando o empregado deixa de trabalhar em regime extraordinário. Ocorre que o TST tem posicionamento no sentido de que a supressão, total ou parcial, do adicional de horas extras, em serviço suplementar prestado com habitualidade durante pelo menos um ano, assegura ao empregado direito à indenização. Essa indenização equivale a 1 mês das horas suprimidas para cada ano ou fração igual ou superior a 6 meses de prestação de serviços em horas extras:

> **Súmula nº 291 do TST.** A supressão total ou parcial, pelo empregador, do serviço suplementar prestado com habitualidade, durante pelo menos 1 ano assegura ao empregado o direito à indenização correspondente ao valor de 1 mês das horas suprimidas, total ou parcialmente, para cada ano ou fração igual ou superior a seis meses de prestação de serviço acima da jornada normal. O cálculo observará a média das horas suplementares efetivamente trabalhadas nos últimos 12 meses, anteriores à mudança, multiplicada pelo valor da hora extra do dia da supressão.

A Súmula nº 291 do TST é fruto de construção jurisprudencial do TST sem que haja lei prevendo a necessidade de pagamento de indenização ao trabalhador em caso de supressão do adicional. Nesse sentido, poderá haver questionamento quanto à sua aplicação, pois o § 2º do art. 8º da CLT, acrescentado pela Reforma Trabalhista, alterou profundamente o alcance das Súmulas e OJs do TST e, também das Súmulas dos TRTs, impondo que elas não podem restringir direitos legalmente previstos e nem mesmo criar obrigações que não estejam previstas em lei.

Para o cálculo dessa indenização, será observada a média das horas extras efetivamente trabalhadas nos últimos 12 meses, anteriores à mudança. O resultado apurado será multiplicado pelo valor da hora extra do dia da supressão. Exemplo: empregado trabalhou 240 horas extras durante o ano. A média será de 20 horas extras mensais. O

816. **Súmula nº 45 do TST**: "A remuneração do serviço suplementar, habitualmente prestado, integra o cálculo da gratificação natalina prevista na Lei nº 4.090/62".
817. **Art. 142, § 5º, da CLT**: "Os adicionais por trabalho extraordinário, noturno, insalubre ou perigoso serão computados no salário que servirá de base ao cálculo da remuneração de férias".
818. **Súmula nº 63 do TST**: "A contribuição para o Fundo de Garantia do Tempo de Serviço incide sobre a remuneração mensal devida ao empregado, inclusive horas extras e adicionais eventuais".
819. **Súmula nº 172 do TST**: "Computam-se no cálculo do repouso semanal remunerado as horas extras habitualmente prestadas".

valor da hora extra (hora normal + adicional extraordinário) na data do pagamento é de R$ 20,00. Multiplica-se esse valor por 20 horas, obtendo o total da indenização.

Ainda, importa destacar que a Reforma Trabalhista possibilitou a prestação de horas extras aos trabalhadores em regime de tempo parcial que laborem em jornada de 26 horas semanais, com acréscimo de 50% sobre o salário-hora normal:

> **Art. 58-A da CLT** *(com redação dada pela Reforma Trabalhista)*: Considera-se trabalho em regime de tempo parcial aquele cuja duração não exceda a trinta horas semanais, sem a possibilidade de horas suplementares semanais, ou, ainda, aquele cuja duração não exceda a vinte e seis horas semanais, com a possibilidade de acréscimo de até seis horas suplementares semanais.
>
> (...)
>
> § 3º As horas suplementares à duração do trabalho semanal normal serão pagas com o acréscimo de 50% (cinquenta por cento) sobre o salário-hora normal.

Por fim, ressalta-se que constitui objeto ilícito da negociação coletiva a supressão ou redução da remuneração do serviço extraordinário superior a, no mínimo, 50% à remuneração do serviço normal:

> **Art. 611-B da CLT** *(inserido pela Reforma Trabalhista)*: Constituem objeto ilícito de convenção coletiva ou de acordo coletivo de trabalho, exclusivamente, a supressão ou a redução dos seguintes direitos:
>
> (...) X – remuneração do serviço extraordinário superior, no mínimo, em 50% (cinquenta por cento) à do normal;

2.5.1.2. Rescisão indireta por supressão do intervalo intrajornada e ausência de pagamento das horas extras (Incidente de Recurso de Revista Repetitivo nº 85)

Com o objetivo de uniformizar a jurisprudência no âmbito do Tribunal, o TST vem firmando, ao longo de 2025, diversas teses jurídicas sobre temas já pacificados entre suas Turmas. Dentre elas, destaca-se a tese vinculante nº 85 (Incidente de Recurso de Revista Repetitivo nº 85) que trata da rescisão indireta do contrato de trabalho e fixa o entendimento de que a supressão injustificada do intervalo intrajornada e o não pagamento das horas extras configuram **falta grave do empregador**, nos termos do art. 483, "d", da CLT, tendo a seguinte redação:

> O descumprimento contratual contumaz relativo à ausência do pagamento de horas extraordinárias e a não concessão do intervalo intrajornada autoriza a rescisão indireta do contrato de trabalho, na forma do artigo 483, "d", da CLT (TST- RRAg - 1000642-07.2023.5.02.0086, Relator: Ministro Aloysio Corrêa da Veiga, Tribunal Pleno, DJE: 08/04/2025).

Em outras palavras, o descumprimento reiterado dessas obrigações do contrato de trabalho torna insustentável a continuidade do vínculo e autoriza a sua ruptura por "justa causa do empregador", com o recebimento de todas as verbas rescisórias devidas na dispensa sem justa causa.

A título de contextualização, a rescisão indireta ocorre quando o empregador pratica faltas que violam de forma grave as obrigações do contrato de trabalho. Nesses casos, é o empregado quem busca a extinção contratual, mas com os mesmos direitos que teria se tivesse sido dispensado imotivadamente: saldo de salário, aviso prévio, férias proporcionais acrescidas de 1/3, 13º salário, saque do FGTS com a multa de 40% e acesso ao seguro-desemprego.

Entre as hipóteses de rescisão indireta previstas no art. 483 da CLT, destaca-se a alínea "d", que reconhece a possibilidade de rompimento contratual quando o empregador "não cumprir as obrigações do contrato". A jurisprudência do TST vinha entendendo, de forma reiterada, que a violação habitual da jornada legal, sobretudo pela não concessão do intervalo intrajornada e pelo inadimplemento de horas extras, representa descumprimento grave das obrigações patronais, legitimando o pedido de rescisão indireta por parte do empregado[820].

Com a fixação da tese vinculante nº 85, esse entendimento passou a ser um precedente vinculante. A supressão do intervalo e o não pagamento de horas extras, quando reiterados, tornam inviável a continuidade da relação de emprego. Nesses casos, a conduta do empregador é suficientemente grave para autorizar a rescisão indireta, sem a necessidade de outras faltas adicionais.

2.5.2. Adicional noturno

- **Art. 7º, inciso IX, CF/88.**
- **Art. 59-A, parágrafo único, CLT.**
- **Art. 73, CLT.**
- **Art. 611-B, VI, CLT.**
- **Súmula 60, item I, do TST.**

O trabalho prestado no período noturno será remunerado em valor superior ao trabalho diurno. Esse adicional, se pago com habitualidade, integra o salário do empregado. Deve-se diferenciar, nesse caso, o trabalho rural e o trabalho urbano, em razão das peculiaridades daquele. Assim sendo, embora ambos tenham adicional noturno, os percentuais serão diferentes:

a) **Empregado urbano**: jornada noturna inicia-se às 22h e termina às 5h. Adicional de, no mínimo, **20%** sobre a hora diurna. Ademais, a hora noturna será reduzida, ou seja, terá 52 minutos e 30 segundos.

b) **Empregado rural:** jornada noturna inicia-se às 20h e termina às 4h na pecuária. Na lavoura, será das 21h até as 5h. Adicional noturno é de, no mínimo, **25%** superior à hora diurna. Por fim, a hora noturna não é reduzida, ou seja, possui 60 minutos.

O adicional noturno, seja de 20%, seja de 25%, independentemente da atividade do empregador, será calculado com base na hora diurna. Não prevalece, portanto, a regra do

820. TST- Ag-AIRR-1000416-75.2021.5.02.0052, 3ª Turma, Relator Ministro Jose Roberto Freire Pimenta, DEJT 29/09/2023; TST - RRAg-AIRR-10543-32.2020.5.18.0003, 4ª Turma, Relator Ministro Alexandre Luiz Ramos, DEJT 02/06/2023; TST - Ag-ED-ARR-10759-40.2015.5.03.0179, 5ª Turma, Relator Ministro Douglas Alencar Rodrigues, DEJT 24/02/2025; TST - Ag-RR-1001348-40.2020.5.02.0071, 7ª Turma, Relator Ministro Claudio Mascarenhas Brandao, DEJT 15/12/2023.

§ 3º do art. 73 da CLT, que prevê o cálculo do adicional noturno sobre o salário mínimo. Nesse mesmo sentido, a jurisprudência do STF:

> **Súmula nº 313 do STF**: Provada a identidade entre o trabalho diurno e o noturno, é devido o adicional, quanto a este, sem a limitação do art. 73, § 3º, da CLT, independentemente da natureza da atividade do empregador.

O adicional noturno possui natureza salarial, refletindo nas demais verbas trabalhistas[821]. Assim sendo, o valor recebido em razão desse adicional irá integrar as parcelas demonstradas a seguir.

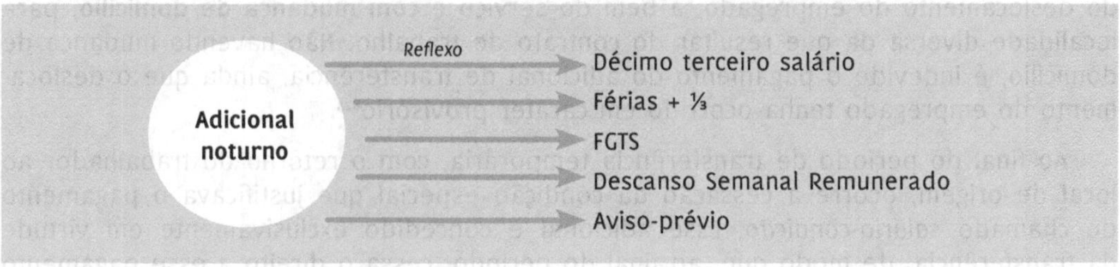

De acordo com o posicionamento do TST anterior à Reforma Trabalhista (Orientação jurisprudencial nº 388 da SDI – I do TST), persistia o pagamento do adicional noturno ao empregado que trabalhasse no sistema 12 x 36 no período noturno e continuasse prestando serviços após as 5 horas da manhã. Essa jurisprudência do TST parece superada pela Reforma Trabalhista.

Com a alteração promovida pela Reforma Trabalhista, as prorrogações de horário noturno já são consideradas compensadas. Portanto, o empregado não terá direito ao adicional noturno e à hora reduzida caso preste serviços durante o período noturno e continue prestando após as 5 horas da manhã.

Por fim, consistirá em objeto ilícito da negociação coletiva a supressão ou redução da remuneração do horário noturno superior à do diurno:

> **Art. 611-B da CLT** *(inserido pela Reforma Trabalhista)*: Constituem objeto ilícito de convenção coletiva ou de acordo coletivo de trabalho, exclusivamente, a supressão ou a redução dos seguintes direitos:
>
> (...) VI – remuneração do trabalho noturno superior à do diurno;

2.5.3. Adicional de transferência

- **Art. 469, § 3º, CLT**
- **OJ nº 113 da SDI-I do TST**

A Reforma Trabalhista não alterou a disciplina jurídica do adicional de transferência. Esse adicional é pago em razão da transferência provisória do empregado, inclusive é pago ao empregado que exerce cargo de confiança na empresa ou, ainda, se houver

821. **Súmula nº 60, item I, do TST:** "O adicional noturno pago com habitualidade integra o salário do empregado para todos os efeitos".

previsão de transferência no contrato de trabalho[822]. O valor é de, no mínimo, **25%** do salário que o empregado recebia no local anterior. Há expressa previsão legal desse adicional no art. 469, § 3º, da CLT:

> **Art. 469, § 3º, CLT:** Em caso de necessidade de serviço o empregador poderá transferir o empregado para localidade diversa da que resultar do contrato, não obstante as restrições do artigo anterior, mas, nesse caso, ficará obrigado a um pagamento suplementar, nunca inferior a 25% (vinte e cinco por cento) dos salários que o empregado percebia naquela localidade, enquanto durar essa situação.

A concessão do adicional de transferência exige a demonstração da interinidade do deslocamento do empregado, a bem do serviço e **com mudança de domicílio**, para localidade diversa da que resultar do contrato de trabalho. Não havendo mudança de domicílio, é indevido o pagamento do adicional de transferência, ainda que o deslocamento do empregado tenha ocorrido em caráter provisório[823].

Ao final do período de transferência temporária, com o retorno do trabalhador ao local de origem, ocorre a cessação da condição especial que justificava o pagamento do chamado *salário-condição*. Esse adicional é concedido exclusivamente em virtude da transferência, de modo que, ao final do período, cessa o direito a esse pagamento adicional sem que isso configure uma violação ao princípio da irredutibilidade salarial.

Cabe ressaltar que o requisito para o pagamento desse adicional é que a transferência seja **provisória**. Se tiver ânimo definitivo, como permanência por 9 anos no local, não possibilita o pagamento do adicional de 25% em questão[824]. Infelizmente, não há definição, na legislação, sobre o período/duração ou qualquer outro critério objetivo para configurar quando se trata de provisório ou definitiva. Há decisões do TST que defendem a transitoriedade quando a transferência, mesmo que reiterada, dura por 2 anos e alguns meses[825]. Entretanto, a questão do concurso para Analista do TRT deve deixar claro que a transferência tinha ânimo definitivo ou se tratava de transferência provisória, diante da ausência de critérios específicos previstos em lei.

O adicional de transferência possui natureza salarial, refletindo nas demais verbas trabalhistas. Assim sendo, o valor recebido em razão desse adicional irá integrar as verbas a seguir.

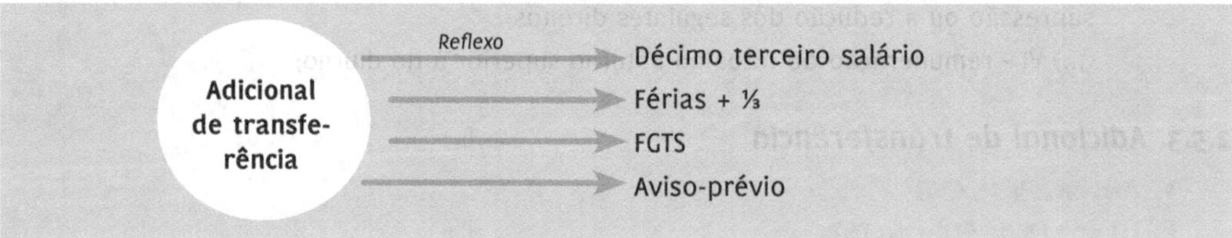

822. **Orientação Jurisprudencial nº 113 da SDI-I do TST:** "O fato de o empregado exercer cargo de confiança ou a existência de previsão de transferência no contrato de trabalho não exclui o direito ao adicional. O pressuposto legal apto a legitimar a percepção do mencionado adicional é a transferência provisória".
823. TST - RR: 11182820165120022, Relator: Alexandre Luiz Ramos, Data de Julgamento: 20/05/2020, 4ª Turma, Data de Publicação: DEJT 22/05/2020.
824. Informativo nº 2 do TST.
825. Informativo nº 5 do TST.

2.5.4. *Adicional de periculosidade*[826]

- **Art. 7º, inciso XXIII, CF/88**
- **Art. 193, CLT**
- **Art. 611-B, XVII e XVIII, CLT**
- **Súmulas nº 39, 364, 453 do TST**
- **Orientação Jurisprudencial nº 385 da SDI-I do TST**

2.5.4.1. *Atividades perigosas*

O pagamento dos adicionais de periculosidade e insalubridade tem previsão constitucional. De acordo com art. 7º, XXIII, da CF/88:

> **Art. 7º, XXIII, CF/88:** São direitos dos trabalhadores urbanos e rurais, além de outros que visem à melhoria de sua condição social: adicional de remuneração para as atividades penosas[827], insalubres ou perigosas, na forma da lei.

Verifica-se a periculosidade quando há a presença de risco acentuado na atividade desenvolvida pelo empregado. De acordo com a CLT, a atividade perigosa é aquela em que há contato permanente com explosivos, inflamáveis ou energia elétrica em condições de risco acentuado. A CLT foi alterada três vezes para incluir, como atividades perigosas, aquelas desenvolvidas por trabalhador em motocicleta ("motoboy"), pelos trabalhadores sujeitos a roubos e violência física, como ocorre com os vigilantes e os seguranças, e pelos agentes das autoridades de trânsito expostos a colisões, atropelamentos ou outras espécies de acidentes ou violências.

No apagar das luzes de 2023, foi publicada a Lei nº 14.766, que incluiu o § 5º ao art. 193 da CLT para estabelecer a não caracterização como perigosas das atividades ou operações que envolvam exposição às quantidades de inflamáveis contidas em tanques de combustíveis originais de fábrica e suplementares. Essa exclusão já constava da redação mais recente da NR 16[828], que regulamenta o trabalho em atividades perigosas, mas ainda assim era alvo de críticas por estudiosos e operadores do Direito do Trabalho. Para colocar fim à discussão (ou ao menos tentar), o Poder Legislativo positivou no texto da CLT a referida exceção:

826. No ano de 2022, a FCC cobrou o assunto em diferentes provas de TRTs. Em várias questões, a banca informava o valor do salário mínimo regional e questionava o candidato o valor, em reais, devido ao trabalhador que trabalhava em atividades perigosas.

827. Embora exista previsão expressa do **adicional de penosidade** na Constituição Federal, não há lei ordinária que o regulamente, inexistindo a base de cálculo e demais previsões necessárias para que seja exigido. Neste momento, prevalece o entendimento de que não há possibilidade do pagamento do adicional de penosidade. O concurso do TRT da 3ª Região / 2009 exigiu uma questão sobre adicional de penosidade. O pagamento desse adicional depende da lei ordinária.

828. **Item 16.6 da NR 16**: As operações de transporte de inflamáveis líquidos ou gasosos liquefeitos, em quaisquer vasilhames e a granel, são consideradas em condições de periculosidade, exclusão para o transporte em pequenas quantidades, até o limite de 200 (duzentos) litros para os inflamáveis líquidos e 135 (cento e trinta e cinco) quilos para os inflamáveis gasosos liquefeitos.
16.6.1 As quantidades de inflamáveis, contidas nos tanques de consumo próprio dos veículos, não serão consideradas para efeito desta Norma.
16.6.1.1 Não se aplica o item 16.6 às quantidades de inflamáveis contidas nos tanques de combustível originais de fábrica e suplementares, certificados pelo órgão competente. (Incluído pela Portaria SEPRT n.º 1.357, de 09 de dezembro de 2019).

> **Art. 193 da CLT.** São consideradas atividades ou operações perigosas, na forma da regulamentação aprovada pelo Ministério do Trabalho e Emprego, aquelas que, por sua natureza ou métodos de trabalho, impliquem risco acentuado em virtude de exposição permanente do trabalhador a:
>
> I – inflamáveis, explosivos ou energia elétrica;
>
> II – roubos ou outras espécies de violência física nas atividades profissionais de segurança pessoal ou patrimonial.
>
> III – colisões, atropelamentos ou outras espécies de acidentes ou violências nas atividades profissionais dos agentes das autoridades de trânsito. (Incluído pela Lei nº 14.684, de 2023)
>
> § 1º O trabalho em condições de periculosidade assegura ao empregado um adicional de 30% (trinta por cento) sobre o salário sem os acréscimos resultantes de gratificações, prêmios ou participações nos lucros da empresa.
>
> § 2º O empregado poderá optar pelo adicional de insalubridade que porventura lhe seja devido.
>
> § 3º Serão descontados ou compensados do adicional outros da mesma natureza eventualmente já concedidos ao vigilante por meio de acordo coletivo.
>
> § 4º São também consideradas perigosas as atividades de trabalhador em motocicleta.
>
> § 5º O disposto no inciso I do caput deste artigo não se aplica às quantidades de inflamáveis contidas nos tanques de combustíveis originais de fábrica e suplementares, para consumo próprio de veículos de carga e de transporte coletivo de passageiros, de máquinas e de equipamentos, certificados pelo órgão competente, e nos equipamentos de refrigeração de carga. **(Incluído pela Lei nº 14.766, de 2023)**

Em 2019, ao julgar incidente de recurso de revista repetitivo nº 10 (tese vinculante nº 10), o TST estabeleceu que não é devido o adicional de periculosidade a trabalhador que, sem operar o equipamento móvel de Raios X, permaneça, habitual, intermitente ou eventualmente, nas áreas de seu uso.

Mais recentemente, no final de 2021, também em sede de recurso de revista repetitivo (tese vinculante nº 16), o Tribunal entendeu que os Agente de Apoio Socioeducativo da Fundação Casa (nomenclatura que abarca os antigos cargos de Agente de Apoio Técnico e de Agente de Segurança) têm direito ao recebimento do adicional de periculosidade, pois exercem atividades com risco acentuado em virtude de exposição permanente à violência física no desempenho das atribuições profissionais de segurança pessoal e patrimonial em fundação pública estatal.

Diante do risco a que estão expostos e sujeitos a violência física, têm direito ao adicional de periculosidade nos termos do art. 193, "caput", e inciso II e item 1 do Anexo 3 da NR 16, mas que só será devido a partir 03/12/2013, data da entrada em vigor da Portaria nº 1.885/2013 do Ministério do Trabalho e Emprego[829], que que aprovou o Anexo 3 da NR 16, regulamentando o art. 193, II, da CLT.

Em 2025, o TST firmou novos precedentes vinculantes no âmbito das atividades perigosas. Mais precisamente, foram três teses vinculantes fixadas pelo Pleno do Tribunal, sendo elas a de nº 79, nº 82 e nº 87.

829. Nomenclatura atual dada pelo art. 17, XXVIII, da Lei nº 14.600/2023.

A tese vinculante nº 79 fixou o entendimento de que é devido o adicional de periculosidade aos empregados que exercem suas atividades na área de abastecimento de aeronaves, mesmo que não atuem diretamente nessa função, desde que estejam na área externa da aeronave:

> É devido o adicional de periculosidade aos empregados que exercem suas atividades na área de abastecimento de aeronaves, ainda que não atuem diretamente nesta função, desde que na que área externa da aeronave, uma vez que esta área se caracteriza como de risco na forma do Anexo 2 da NR 16 do TEM (TST-RRAg-0001038-15.2023.5.12.0056, Relator: Ministro Aloysio Corrêa da Veiga, Tribunal Pleno, DJE: 08/04/2025).

Isso porque, de acordo com o Anexo 2 da NR 16, toda a zona onde ocorre a operação de abastecimento é considerada área de risco. Assim, ainda que o empregado não manipule inflamáveis, o simples fato de permanecer, de forma habitual ou intermitente, nesse ambiente já o expõe a risco acentuado, atraindo a incidência do adicional.

Já a tese vinculante nº 82 estabeleceu que não é devido o adicional de periculosidade ao empregado que apenas acompanha o abastecimento de veículo realizado por terceiro, sem qualquer contato direto com o combustível:

> Os empregados motoristas e outros que utilizem ou exerçam atividades em veículo automotor não têm direito ao adicional de periculosidade quando apenas acompanham o abastecimento realizado por terceiro, sem contato direto com o combustível (TST-RRAg - 0020213-03.2023.5.04.0772, Relator: Ministro Aloysio Corrêa da Veiga, Tribunal Pleno, DJE: 08/04/2025).

Nessas situações, a presença do trabalhador é eventual ou meramente assistencial, o que afasta o risco acentuado exigido pela CLT e pela NR 16 para o reconhecimento da periculosidade.

Por sua vez, a tese vinculante nº 87 consolidou o entendimento de que é devido o adicional de periculosidade ao empregado que abastece empilhadeiras por meio da troca de cilindros de gás liquefeito de petróleo (GLP), ainda que a operação ocorra por tempo reduzido.

> O adicional de periculosidade é devido a trabalhador que abastece empilhadeiras mediante a troca de cilindros de gás liquefeito de petróleo (GLP), ainda que a operação ocorra por tempo extremamente reduzido (TST RRAg - 1000840-29.2018.5.02.0471, Relator: Ministro Aloysio Corrêa da Veiga, Tribunal Pleno, DJE: 08/04/2025).

Para o TST, o tempo curto de exposição não elimina o risco inerente à atividade, pois a manipulação do GLP, mesmo que breve, representa risco real de explosão ou incêndio durante todo o procedimento. Assim, configurada a habitualidade da tarefa, é irrelevante a sua curta duração.

Por fim, resta a discussão sobre o Anexo 5 da NR 16, que regulamentava a percepção do adicional de periculosidade para aqueles trabalhadores em atividades perigosas em motocicleta. Sobre o referido Anexo, o TRF da 1º Região[830], em decisão judicial transita-

830. Processo nº 0031822-02.2015.4.01.3400.

da em julgado, declarou sua nulidade. Segundo o Tribunal, a Portaria n.º 1.127/2003, que regulamenta as normas relacionadas à saúde, segurança e condições gerais para o trabalho, na forma determina na Convenção 144 da OIT, adotou o sistema Tripartite Paritário, com o intuito de obter legitimação democrática de suas decisões, mediante deliberação conjunta e participativa entre o governo, a classe de empregados e a classe dos empregadores. Esse diálogo social não foi adotado na edição da Portaria MTE n.º 1.565/2014, que o aprovou o Anexo 5 da NR 16.

Apesar da anulação do Anexo 5 da NR 16, o adicional de periculosidade aos trabalhadores em motocicleta está expressamente assegurado na CLT (lei federal), não abrangida pelos efeitos da decisão do TRF 1. Assim, esses trabalhadores continuam com o direito à percepção de adicional de 30% sobre o salário base pelo desempenho de atividade perigosa.

Em resumo, de acordo com a jurisprudência consolidada do TST: 1) não é devido o adicional de periculosidade a trabalhador que, sem operar o equipamento móvel de Raios X, permaneça, habitual, intermitente ou eventualmente, nas áreas de seu uso; e 2) é devido o adicional de periculosidade aos Agente de Apoio Socioeducativo da Fundação Casa pelo risco acentuado em virtude de exposição permanente à violência física, a partir de 03/12/2013.

É imprescindível a memorização das atividades perigosas previstas na legislação e na jurisprudência do TST. Nesse sentido, segue quadro de memorização acerca do assunto:

ATIVIDADES PERIGOSAS
Atividades perigosas previstas na CLT (arts. 193 e 200): › Inflamáveis[831]; › Explosivos; › Energia elétrica; › Roubos ou outras espécies de violência física nas atividades profissionais de segurança pessoal ou patrimonial; › Atividades de trabalhador em motocicleta; › Agentes das autoridades de trânsito; **Atividade perigosa segundo a jurisprudência consolidada do TST:** › Radiações ionizantes ou substâncias radioativas (Art. 200, CLT e OJ nº 345 da SDI-I do TST); › Agente de Apoio Socioeducativo da Fundação Casa, a partir de 03/12/2013 (Tese vinculante nº 16); › Abastecimento de empilhadeira com GLP (Tese vinculante nº 87); › Trabalho em área de abastecimento de aeronaves.

2.5.4.2. *Base de cálculo*

Cabe destacar, conforme a atual redação do artigo 193 da CLT, que o adicional de periculosidade de 30% é sobre o salário-base, ou seja, **o cálculo não leva em conta outros acréscimos** (art. 193, § 1º, CLT).

831. Excluídas as quantidades de inflamáveis contidas nos tanques de combustíveis originais de fábrica e suplementares, para consumo próprio de veículos de carga e de transporte coletivo de passageiros, de máquinas e de equipamentos (art. 193, § 5º, CLT).

Os eletricitários, tradicionalmente, tiveram o adicional de periculosidade calculado sobre o salário + adicionais, por expressa previsão na revogada Lei nº 7.369/1985[832]. Tendo em vista que a energia elétrica passou a ser prevista como atividade perigosa no art. 193, I, da CLT, surgiu a discussão se deveria ou não incidir sobre o salário-base ou sobre o complexo salarial. Em 30/11/2016, o TST alterou a redação da Súmula nº 191 e cancelou a OJ nº 279 da SDI-I do TST[833] acerca da base de cálculo do adicional de periculosidade aos eletricitários.

De acordo com a atual redação da Súmula nº 191 do TST, o adicional de periculosidade será calculado de forma distinta em relação aos empregados contratados antes e após a revogação da Lei nº 7.369/1985 da seguinte forma:

1) Empregados contratados na vigência da Lei nº 7.369/1985: o pagamento do adicional de periculosidade deve ser calculado sobre a totalidade das parcelas de natureza salarial (salário + acréscimos). Nesse caso, não é válida norma coletiva que restringe a incidência apenas ao salário básico;

2) Empregados contratados após a inserção da energia elétrica como atividade perigosa no art. 193 da CLT (revogação da Lei nº 7.369/1985): Nesse caso, o cálculo do adicional de periculosidade para os eletricitários é realizado sobre o salário-base, ou seja, o cálculo não leva em conta outros acréscimos. (art. 193, § 1º, CLT).

Além disso, em abril de 2025, o Tribunal Superior do Trabalho firmou a tese vinculante nº 129, direcionada especificamente aos aeronautas, no sentido de que o adicional de periculosidade integra a base de cálculo das chamadas "horas variáveis". A razão desse entendimento está no fato de que o risco à integridade física não desaparece nas horas variáveis. Ou seja, ainda que não estejam em jornada fixa de voo, os aeronautas permanecem expostos a condições perigosas, o que justifica a incorporação do adicional ao cálculo dessas horas. O TST concluiu, portanto, que o adicional de periculosidade deve repercutir também nas horas variáveis, preservando a coerência com a finalidade protetiva da norma.

2.5.4.3. Necessidade de perícia

A atividade perigosa é comprovada **mediante perícia** (art. 195 da CLT). Assim sendo, a prova técnica é, em regra, um dos requisitos para o recebimento do adicional, pois nem o juiz, nem os procuradores do trabalho e advogados têm condições de atestar, com certeza, se o ambiente coloca ou não em risco a integridade física do trabalhador. Entretanto, quando o pagamento do adicional de periculosidade já vem sendo pago, pelo empregador, torna-se incontroverso que o trabalho é realizado em condições perigosas. Dessa forma, dispensa-se a produção de perícia[834].

---

832. **Art. 1º, Lei nº 7.369/1985 (REVOGADO):** O empregado que exerce atividade no setor de energia elétrica, em condições de periculosidade, tem direito a uma remuneração adicional de trinta por cento sobre o salário que perceber.

833. **Orientação Jurisprudencial nº 279 da SDI-I do TST (CANCELADA):** O adicional de periculosidade dos eletricitários deverá ser calculado sobre o conjunto de parcelas de natureza salarial.

834. **Súmula nº 453 do TST.** O pagamento de adicional de periculosidade efetuado por mera liberalidade da empresa, ainda que de forma proporcional ao tempo de exposição ao risco ou em percentual inferior ao máximo legalmente previsto, dispensa a realização da prova técnica exigida pelo art. 195 da CLT, pois torna incontroversa a existência do trabalho em condições perigosas.

Além dessa hipótese, dispensa-se a perícia quando não for possível sua realização diante do fechamento da empresa, hipótese em que o julgador poderá utilizar outros meios de prova. Esse entendimento pode ser utilizado tanto para o recebimento do adicional de periculosidade ou insalubridade:

> **Orientação Jurisprudencial nº 278 da SDI-I do TST.** A realização da perícia é obrigatória para verificação de insalubridade. Quando não for possível sua realização como em caso de fechamento da empresa, poderá o julgador utilizar-se de outros meios de prova.

Adicional DE PERICULOSIDADE	
⊟	• Necessidade de perícia (art. 195, CLT)
⊟	• Exceto: - Pagamento espontâneo pelo empregador (Súmula nº 453 do TST) - Local desativado (OJ nº 278 da SDI-I do TST)

Por fim, a prova pericial é dispensada na concessão do adicional de periculosidade quando há fato notório que ateste a exposição à atividade perigosa e quando a lei expressamente autoriza. É o caso dos "motoboys", dos vigilantes, dos seguranças patrimoniais e pessoais, dos agentes das autoridades de trânsito expostos a colisões, atropelamentos ou outras espécies de acidentes ou violências e dos empregados que operam em bomba de gasolina[835], que terão o direito ao adicional pelo simples exercício da profissão, independentemente da realização de perícia. Esse foi o entendimento da 3ª Turma do TST[836], que estabeleceu a desnecessidade de perícia no reconhecimento do direito ao adicional de periculosidade de vigilante patrimonial.

Esse adicional integra as demais verbas trabalhistas. Assim sendo, o valor recebido em razão desse adicional irá integrar as parcelas demonstradas a seguir. Ressalta-se que o adicional de periculosidade não reflete no DSR.

Adicional de periculosidade — *Reflexo* →
- Décimo terceiro salário
- Férias + ⅓
- FGTS
- Aviso-prévio

2.5.4.4. *Cumulação do adicional de periculosidade*

O empregado que presta serviços no período noturno e em atividades perigosas terá direito de cumular os 2 adicionais, noturno e de periculosidade. Para tanto, calcula-se

835. **Súmula nº 39 do TST.** Os empregados que operam em bomba de gasolina têm direito ao adicional de periculosidade (Lei nº 2.573, de 15.08.1955).

836. Para mais informações, confira o RR nº 2882-54.2014.5.02.0036 de Relatoria do Ministro Agra Belmonte.

primeiro a hora normal acrescida do adicional de periculosidade. Após, soma-se o adicional noturno[837]. O mesmo raciocínio é utilizado para o cálculo de horas extras: soma-se primeiro a hora normal ao adicional de periculosidade, somente depois o adicional de horas extras[838].

Na hipótese de o empregado trabalhar em atividade insalubre e perigosa, o art. 193, § 2º da CLT prevê que ele opte pelo adicional que porventura lhe seja devido. Contudo, o tema da cumulação dos adicionais de periculosidade e insalubridade era controverso na jurisprudência do TST, pois foram proferidas decisões da Seção de Dissídios Individuais I com posicionamentos completamente distintos sobre o tema em curto espaço de tempo (abril de 2015 a outubro de 2016), além de decisões anteriores de algumas turmas do TST que permitiam a cumulação irrestrita.

Diante da controvérsia existente sobre o tema, a matéria foi encaminhada para julgamento na condição de recurso de revista repetitivo. A Lei nº 13.015/14 introduziu o recurso de revista repetitivo (CLT, arts. 896-B e 896-C). Trata-se de um julgamento por amostragem, já que o C. TST escolhe alguns processos e forma uma tese jurídica a ser aplicada aos demais processos idênticos ou semelhantes.

Antigamente, essa aplicação era obrigatória apenas para os processos que estavam em curso. Com o Novo CPC, tal decisão é considerada um precedente obrigatório, de modo a ser observado para os julgamentos futuros (art. 15, I, "a", Instrução Normativa nº 39 do TST).

Excepcionalmente, o precedente poderá deixar de ser aplicado, desde que se demonstre fundamentadamente a existência de superação ou distinção (*distinguishing*), ou seja, que se trata de hipótese fática distinta ou questão jurídica não examinada, a impor solução jurídica diversa (art. 15 da Instrução Normativa nº 38 do TST).

Portanto, passa a ser de extrema relevância o conhecimento dos julgamentos proferidos nos recursos de revista repetitivos. De acordo com o Informativo nº 206 (**Tema nº 17**), o TST firmou a seguinte tese em recurso de revista repetitivo sobre a cumulação de adicionais de periculosidade e de insalubridade:

> CUMULAÇÃO DE ADICIONAIS DE PERICULOSIDADE E DE INSALUBRIDADE AMPARADOS EM FATOS GERADORES DISTINTOS E AUTÔNOMOS: o art. 193, § 2º, da CLT foi recepcionado pela Constituição Federal e veda a cumulação dos adicionais de insalubridade e de periculosidade, ainda que decorrentes de fatos geradores distintos e autônomos.

Com isso, o Tribunal pacificou a discussão ao estabelecer precedente judicial obrigatório, de observância por todos os tribunais trabalhistas, no sentido de vedar a cumulação dos adicionais de insalubridade e de periculosidade, ainda que decorrentes de fatos geradores distintos e autônomos. Nesse sentido, o tribunal reconheceu a recepção do art. 193, § 2º da CLT pela Constituição Federal.

837. **Orientação Jurisprudencial nº 259 da SDI-I do TST.** "O adicional de periculosidade deve compor a base de cálculo do adicional noturno, já que também nesse horário o trabalhador permanece sob as condições de risco."

838. **Súmula nº 132, item I, do TST.** "O adicional de periculosidade, pago em caráter permanente, integra o cálculo de indenização e de horas extras."

Ademais, se o empregado estiver em sobreaviso, ou seja, aguardando em sua casa eventual chamado da empresa, não está em situação de risco, logo não receberá o adicional de periculosidade[839].

2.5.4.5. *Da flexibilização do adicional de periculosidade*

O adicional de periculosidade é **devido** quando a exposição ao risco é permanente ou intermitente (com intervalos). É **indevido** se o contato for meramente eventual ou se, mesmo que habitual, ocorrer por tempo extremamente reduzido:

> **Súmula nº 364 do TST.**
>
> I – Tem direito ao adicional de periculosidade o empregado exposto permanentemente ou que, de forma intermitente, sujeita-se a condições de risco. Indevido, apenas, quando o contato dá-se de forma eventual, assim considerado o fortuito, ou o que, sendo habitual, dá-se por tempo extremamente reduzido.
>
> II – Não é válida a cláusula de acordo ou convenção coletiva de trabalho fixando o adicional de periculosidade em percentual inferior ao estabelecido em lei e proporcional ao tempo de exposição ao risco, pois tal parcela constitui medida de higiene, saúde e segurança do trabalho, garantida por norma de ordem pública (arts. 7º, XXII e XXIII, da CF e art. 193, § 1º, CLT).

De acordo com o Informativo nº 182, o TST decidiu que é devido o adicional de periculosidade ao piloto de helicóptero que acompanha o abastecimento da aeronave até 8 vezes por semana, pois há, na hipótese, contato intermitente com o agente de risco.

Em maio de 2011, a Súmula nº 364 do TST havia sido alterada para a retirada do item II, que admitia a flexibilização do adicional de periculosidade, ou seja, mediante negociação coletiva, era possível que fosse fixado adicional inferior ao percentual mínimo fixado em lei (30%) e, ainda, fixasse o adicional proporcional ao tempo de exposição à atividade perigosa.

Esse posicionamento do TST recebia duras críticas da doutrina, pois possibilitava que a negociação coletiva (convenção ou acordo coletivo), diminuísse o percentual mínimo de 30% ou pagasse proporcionalmente ao tempo de exposição. Com o cancelamento do antigo item II da súmula o tribunal já tinha se posicionado contra a flexibilização, ou seja, a redução do percentual ou ainda sua fixação proporcional ao tempo de exposição.

Em boa hora a Súmula foi modificada e, em 31/05/2016, foi acrescentado, novamente, o item II da Súmula nº 364 que **estabelece expressamente a impossibilidade de redução do percentual de periculosidade em patamar inferior aos 30% do salário básico ou seu pagamento proporcional ao tempo de exposição**. Desse modo, o TST não deixa margem para discussão sobre a flexibilização do adicional de periculosidade.

Importante frisar que as normas que tratam de saúde e segurança dos trabalhadores são normas de ordem pública – à exceção das regras sobre intervalo e duração do trabalho, nos termos do art. 611-B, parágrafo único da CLT – ou, conforme posicionamento do prof.

---

839. **Súmula nº 132, item II, do TST.** "Durante as horas de sobreaviso, o empregado não se encontra em condições de risco, razão pela qual é incabível a integração do adicional de periculosidade sobre as mencionadas horas."

Mauricio Godinho Delgado, são normas de indisponibilidade absoluta, não comportando transação entre as partes. Nesse sentido, o final da atual redação do item II em apreço afirma o caráter indisponível do adicional de periculosidade enquanto norma de ordem pública de higiene, saúde e segurança do trabalho.

Em resumo, no caso dos percentuais mínimos dos adicionais de periculosidade, insalubridade, noturno, fixados na CLT, ou de hora extra, fixado na CF/88, não há margem para redução ou supressão de direitos, pois envolve direito mínimo dos trabalhadores, intimamente ligado à sua dignidade e integridade física. A redução, conforme era prevista anteriormente pela antiga redação do item II da Súmula, representava grave retrocesso social, num País onde há sindicatos fracos e submissos aos interesses dos empregadores. Felizmente, a atual redação do item II da Súmula em apreço contempla o respeito à dignidade da pessoa humana e das conquistas sociais dos trabalhadores.

A atuação dos sindicatos que realmente representam a categoria profissional (sindicato dos trabalhadores) é importantíssima para reivindicar o pagamento do adicional de periculosidade. Aliás, reivindicar o pagamento, tanto na esfera administrativa (negociação coletiva) quanto na esfera judicial, como substituto processual, ou nas ações de cumprimento, é atribuição dos sindicatos.

O Ministério Público do Trabalho também tem legitimidade para atuar no caso, principalmente no tocante ao meio ambiente do trabalho. Nesse caso, o *parquet* atuará para minimizar os riscos aos trabalhadores, na tentativa de adequar a conduta do ofensor, via TAC – Termo de Ajustamento de Conduta ou por meio da ACP – Ação Civil Pública.

As normas de saúde, higiene e segurança do trabalho previstas em Normas Regulamentadoras do Ministério do Trabalho, assim como o adicional de periculosidade não poderão ser suprimidos ou reduzidos por negociação coletiva:

> **Art. 611-B da CLT** *(Inserido pela Reforma Trabalhista)*: Constituem objeto ilícito de convenção coletiva ou de acordo coletivo de trabalho, exclusivamente, a supressão ou a redução dos seguintes direitos:
>
> (...) XVII – normas de saúde, higiene e segurança do trabalho previstas em lei ou em normas regulamentadoras do Ministério do Trabalho;
>
> XVIII – adicional de remuneração para as atividades penosas, insalubres ou perigosas;

Segue quadrinho para facilitar a compreensão das hipóteses em que o adicional de periculosidade é devido em relação ao tempo de contato do empregado com atividades perigosas:

Pagamento do Adicional de Periculosidade (30% sobre o salário básico)	
Tempo de contato com atividades perigosas	**Adicional de periculosidade**
Permanente	Adicional devido
Intermitente, desde que sujeito às condições de risco	Adicional devido
Eventual (fortuito)	Adicional não é devido

Pagamento do Adicional de Periculosidade (30% sobre o salário básico)	
Tempo de contato com atividades perigosas	**Adicional de periculosidade**
Habitual, mas com contato extremamente reduzido	Adicional não é devido
Obs. 1. *A norma coletiva não tem o poder de fixar o pagamento do adicional proporcional ao tempo de exposição.* ***Obs. 2.*** *Impossibilidade de fixação, via instrumento coletivo, de percentual inferior a 30%.* **Obs. 3.** Redução ou supressão do adicional de periculosidade constituirão objeto ilícito da negociação coletiva (art. 611-B, XVIII, CLT – Reforma Trabalhista).	

2.5.5. *Adicional de insalubridade*[840]

- **Art. 7º, inciso XXIII, CF/88**
- **Arts. 189 a 192, 611-A, XII e Art. 611-B, XVI e XVIII, CLT**
- **Súmulas nº 85, VI, 139, 248 e 448 do TST**
- **OJs nº 103, 165, 173 e 278 da SDI-I do TST**

Atividades insalubres são aquelas que expõem o empregado a agentes nocivos à sua saúde e que ultrapassam o seu limite de tolerância. Exemplo: agentes **químicos** (chumbo), **biológicos** (bactérias) e **físicos** (ruídos). Para a obtenção do adicional de insalubridade, há necessidade de preencher 2 requisitos:

a) Atividade nociva deverá ser constatada via perícia[841] por profissional habilitado, médico ou engenheiro do trabalho[842].

b) É necessário que o agente nocivo à saúde esteja incluído na relação oficial do atual Ministério do Trabalho e Emprego. Se a atividade desenvolvida pelo empregado não estiver prevista nessa listagem, há entendimento majoritário de que o empregado não terá direito ao adicional[843]. Aliás, eventual reclassificação ou descaracterização da insalubridade, pelo Ministro do Trabalho (autoridade competente), repercutirá no recebimento do adicional, ou seja, o empregado

840. No ano de 2022, a FCC cobrou o assunto em diferentes provas de TRTs. Em várias questões, a banca informava o valor do salário-base do trabalhador e o grau de insalubridade, questionando o candidato o valor, em reais, devido ao trabalhador que trabalhava em atividades ou condições insalubres.

841. **Orientação Jurisprudencial nº 278 da SDI-I do TST:** "A realização da perícia é obrigatória para verificação de insalubridade. Quando não for possível sua realização como em caso de fechamento da empresa, poderá o julgador utilizar-se de outros meios de prova".

842. **Orientação Jurisprudencial nº 165 da SDI-I do TST.** "O art. 195 da CLT não faz qualquer distinção entre o médico e o engenheiro para efeito de caracterização e classificação da insalubridade e periculosidade, bastando para a elaboração do laudo ser profissional devidamente qualificado."

843. **Súmula nº 448 do TST. I** – Não basta a constatação da insalubridade por meio de laudo pericial para que o empregado tenha direito ao respectivo adicional, sendo necessária a classificação da atividade insalubre na relação oficial elaborada pelo Ministério do Trabalho. **II** – A higienização de instalações sanitárias de uso público ou coletivo de grande circulação, e a respectiva coleta de lixo, por não se equiparar à limpeza em residências e escritórios, enseja o pagamento de adicional de insalubridade em grau máximo, incidindo o disposto no Anexo 14 da NR-15 da Portaria do MTE nº 3.214/78 quanto à coleta e industrialização de lixo urbano.

somente receberá enquanto a atividade desenvolvida estiver enquadrada como insalubre[844]. Exemplo: exposição a raios solares é atividade insalubre, mas não há previsão na listagem do MTE. Diante disso, o empregado que trabalhe exposto ao sol não terá direito ao adicional de insalubridade. O mesmo raciocínio é utilizado para o empregado que retira lixo urbano em residências e escritórios[845].

Conforme acima comentado, em sede de recurso de revista repetitivo (Tese vinculante nº 16), o TST entendeu que os Agente de Apoio Socioeducativo da Fundação Casa têm direito ao recebimento do adicional de periculosidade, pois exercem atividades com risco acentuado em virtude de exposição permanente à violência física no desempenho das atribuições profissionais de segurança pessoal e patrimonial em fundação pública estatal.

Já em relação à insalubridade, havia posicionamentos opostos no âmbito do TST no tocante ao pagamento do respectivo adicional em locais destinados a atendimento socioeducativo de adolescentes em conflito com a lei. Em decisão de maio de 2015, o Tribunal[846] entendeu que o adicional era devido, pois os trabalhadores estavam em contato com doenças infectocontagiosas. Contudo, em outubro de 2016, o TST[847] sustentou os empregados não têm direito ao recebimento do adicional, pois a atividade desenvolvida não consta na relação oficial do Ministério do Trabalho. Diante do conflito de posicionamentos, o tema foi afetado para discussão no TST na condição de recurso de revista repetitivo.

Depois de acolhida a propostas de IRR, na Tese vinculante nº 8, o TST decidiu que os **Agentes de Apoio Socioeducativo da Fundação Casa não têm direito ao adicional de insalubridade** pelo eventual risco de contato com adolescentes que possuem doenças infectocontagiosas. Conforme razões da Corte, no local da prestação de serviços desses trabalhadores ocorrem atividades ligadas à tutela de adolescentes em conflito com a lei, e não de cuidados da saúde humana.

Ainda, a atividade do Agente de Apoio Socioeducativo da Fundação Casa não consta do anexo 14 da NR 15. Não é possível afirmar que há contato permanente com os adolescentes com doenças infectocontagiosas. Dessa forma, inviável a condenação da Fundação Casa ao pagamento do referido adicional.

Em 2025, o TST firmou novos precedentes vinculantes no âmbito das atividades insalubres. Mais precisamente, foram duas teses vinculantes fixadas pelo Pleno do Tribunal, sendo elas a tese vinculante nº 80 e a tese vinculante nº 118.

Na tese vinculante nº 80, o Pleno do TST definiu o seguinte entendimento:

---

844. **Súmula nº 248 do TST**: "A reclassificação ou a descaracterização da insalubridade, por ato da autoridade competente, repercute na satisfação do respectivo adicional, sem ofensa a direito adquirido ou ao princípio da irredutibilidade salarial".

845. **OJ nº 173 da SDI – I do TST. Adicional de insalubridade. Atividade a céu aberto. Exposição ao sol e ao calor. I** – Ausente previsão legal, indevido o adicional de insalubridade ao trabalhador em atividade a céu aberto por sujeição à radiação solar (art. 195 da CLT e Anexo 7 da NR 15 da Portaria nº 3.214/78 do MTE). **II** – Tem direito à percepção ao adicional de insalubridade o empregado que exerce atividade exposto ao calor acima dos limites de tolerância, inclusive em ambiente externo com carga solar, nas condições previstas no Anexo 3 da NR 15 da Portaria No 3.214/78 do MTE.

846. **Informativo nº 108 do TST.**

847. **Informativo nº 147 do TST.**

> O trabalho realizado no interior de câmaras frigoríficas ou ambiente artificialmente frio em condições similares, sem a concessão da pausa para recuperação térmica prevista no art. 253 da CLT, gera direito ao adicional de insalubridade, ainda que fornecidos os equipamentos de proteção individual (TST-RRAg - 0010702-77.2023.5.03.0167, Relator: Ministro Aloysio Corrêa da Veiga, Tribunal Pleno, DJE: 08/04/2025).

Para o Tribunal, a não concessão das pausas previstas no art. 253 da CLT, destinadas à recuperação térmica do empregado, torna a atividade insalubre, ainda que haja fornecimento de Equipamentos de Proteção Individual (EPIs). Isso porque o uso dos EPIs não elimina completamente os riscos decorrentes do frio, já que o trabalhador continua inalando o ar gelado. Assim, se o intervalo previsto no art. 253 não for concedido aos empregados que atuam em ambientes artificialmente frios, o agente insalubre permanece, e o pagamento do adicional de insalubridade é devido.

Quanto à tese vinculante nº 118, o precedente consolidado pelo TST reconhece o direito dos agentes comunitários de saúde ao adicional de insalubridade em grau médio, com base na Lei nº 13.342/2016. Segundo Pleno do TST, a partir da vigência dessa norma, o pagamento do adicional independe da realização de laudo técnico pericial, sendo justificado pelos riscos inerentes ao exercício da atividade. Trata-se de reconhecimento da natureza insalubre da função, que por si só já expõe o trabalhador a condições adversas à saúde.

ATENÇÃO:

NÃO tem direito ao recebimento do adicional de insalubridade:
- Empregado que retira lixo urbano em residências e escritórios;
- Trabalhador a céu aberto submetido à radiação solar.
- Agentes de Apoio Socioeducativo da Fundação Casa.

No entanto, **tem assegurado** o direito ao adicional de insalubridade nas seguintes hipóteses:
- Empregado que realize a limpeza de banheiros públicos ou de uso coletivo de grande circulação;
- Trabalhador que exerce atividade exposto ao calor acima dos limites de tolerância, incluindo em ambiente a céu aberto.

2.5.5.1. *Base de cálculo*

O adicional de insalubridade era calculado com base no salário mínimo, variando de acordo com a agressividade do agente nocivo, 10% (grau mínimo), 20% (grau médio) e 40% (grau máximo). Está previsto no art. 192 da CLT:

> **Art. 192, CLT:** O exercício de trabalho em condições insalubres, acima dos limites de tolerância estabelecidos pelo Ministério do Trabalho, assegura a percepção de adicional respectivamente de 40% (quarenta por cento), 20% (vinte por cento) e 10% (dez por cento) do salário mínimo da região, segundo se classifiquem nos graus máximo, médio e mínimo.

Ocorre, entretanto, que o Supremo Tribunal Federal – STF –, em julgamento na data de 30 de abril de 2008, proibiu que o salário mínimo sirva de base de cálculo (indexador) do adicional de insalubridade. Após essa decisão, o art. 192 da CLT não mais pode ser utilizado. De acordo com a **Súmula Vinculante nº 4 do STF:**

> **Súmula Vinculante nº 4 do STF:** Salvo nos casos previstos na Constituição, o salário mínimo não pode ser usado como indexador de base de cálculo de vantagem de servidor público ou de empregado, nem ser substituído por decisão judicial.

Nesse sentido, há necessidade de lei para fixar o novo patamar, seja no valor do salário contratual ou um valor nominal. É possível que acordos e convenções coletivas fixem essa base de cálculo, deixando claro e expresso que se trata de parâmetro para fins de adicional de insalubridade. Por outro lado, o TST[848] entende, atualmente, que, enquanto não houver lei específica, ou ainda, norma coletiva que fixe expressamente a base de cálculo, o salário mínimo continua sendo utilizado, conforme previsto no art. 192 da CLT.

2.5.5.2. *Enquadramento do grau de insalubridade (Reforma Trabalhista)*

Antes da Reforma Trabalhista, a responsabilidade pela normatização e da fiscalização acerca do enquadramento do grau de insalubridade era do Ministério do Trabalho e Emprego. Nesse sentido:

> Atualmente podemos dizer que cabe ao MTE a responsabilidade pela quase totalidade da normatização de segurança e saúde nos ambientes laborais onde ocorre trabalho subordinado (há um empregador, ou tomador de serviço, responsável pelo empreendimento). O órgão tem também a atribuição legal de verificar o cumprimento destas normas, por intermédio das inspeções realizadas pelos seus AFTs em todos os estados da Federação, nos seus mais diversos municípios[849].

As atividades ou operações insalubres são dispostas na Norma Regulamentadora nº 15 do Ministério do Trabalho, a qual estabelece os graus de insalubridade em máximo (com adicional de 40% sobre o salário), médio (com adicional de 20% sobre o salário) e mínimo (com adicional de 10% sobre o salário).

Com a Reforma Trabalhista, o enquadramento do grau de insalubridade em máximo, médio e mínimo poderá ser objeto de instrumento coletivo de negociação:

> **Art. 611-A, CLT** *(acrescentado pela Lei nº 13.467/2017).* A convenção coletiva e o acordo coletivo de trabalho têm prevalência sobre a lei quando, entre outros, dispuserem sobre:
>
> (...) XII – enquadramento do grau de insalubridade.

Entendemos que, apesar do reconhecimento dos acordos e convenções coletivas em âmbito constitucional (art. 7º, XXVI, Constituição Federal/1988[850]), os instrumentos de negociação coletiva não podem prevalecer sobre normas de ordem pública, de caráter cogente, que, portanto, versam sobre direitos indisponíveis.

---

848. Informativo nº 89 do TST.
849. SANTOS, Adolfo Roberto Moreira. O Ministério do Trabalho e Emprego e a Saúde e Segurança no Trabalho. In: IPEA. Saúde e **Segurança no Trabalho**: Aspectos Institucionais, Sistemas de Informação e Indicadores. Brasília, 2011. Disponível em: <http://www.cpn-nr18.com.br/uploads/documentos-gerais/livro_sst_ipea_e_fundacentro.pdf>. Acesso em: 5 mai. de 2017.
850. Art. 7º São direitos dos trabalhadores urbanos e rurais, além de outros que visem à melhoria de sua condição social:
(...)
XXVI – reconhecimento das convenções e acordos coletivos de trabalho; (...)

Este é o caso das normas de segurança e saúde no trabalho. Elas passaram a ter o status constitucional reconhecido com o advento da Carta Magna de 1988. Sobre o assunto, veja o entendimento de Edwar Abreu Gonçalves:

> Oportuno ressaltar que, com o advento da Constituição Federal brasileira de 1988, as normas preventivas de saúde, higiene e segurança do trabalho, que possuíam embasamento jurídico limitado à legislação ordinária, adquiriram ***status*** constitucional, em razão do disposto no inciso XXII do art. 7º de nossa Lei Maior[851] (...)[852]. (grifo nosso)

O TST já se posicionou acerca da impossibilidade de se conferir supremacia a instrumentos de negociação coletiva, quando eles afrontam normas que tutelam a dignidade do trabalhador[853].

Após a fixação da tese de repercussão geral pelo STF, a 3ª Turma do TST, no Informativo nº 271, decidiu que, muito embora a CLT assegure a prevalência do negociado sobre o legislado, inclusive quanto ao enquadramento do grau de insalubridade (arts. 611-A, XII), normas que visem assegurar um patamar mínimo civilizatório ao trabalhador constituem matéria de ordem pública, nos termos do art. 7º, XXIII, da Constituição da República. Dessa forma, enquadramento das atividades tipificadas como insalubres não pode ser objeto de negociação coletiva.

Em sentido semelhante, a 1ª Turma do TST[854] concluiu que não é permitido à norma coletiva estabelecer limites quantitativos para a caracterização da insalubridade, pois interfere em direito indisponível (art. 611-B, XVIII, CLT). No caso, a limpeza de banheiros de grande circulação por servente justifica o adicional de insalubridade em grau máximo, ainda que utilizados por quantitativo inferior a 99 pessoas por dia (sendo constatado em perícia que os banheiros eram usados diariamente por aproximadamente 70 a 90 pessoas, incluindo servidores, terceirizados e motoristas).

Ainda, tem-se a posição do Ministro Edson Fachin, do Supremo Tribunal Federal, mantendo decisão da Justiça do Trabalho que condenou o empregador ao pagamento do adicional de insalubridade em grau máximo, em razão da limpeza de banheiro público ou coletivo de grande circulação, mesmo havendo norma coletiva pactuando seu pagamento em grau médio. Segundo o Ministro, a Justiça do Trabalho não invalidou a norma coletiva, mas apenas interpretou o caso concreto e, de acordo com o conteúdo fático probatório dos autos, concluiu que o trabalhador estava submetido, de fato, a uma atividade insalubre em grau máximo, conforme prevê a Súmula nº 448, II, do TST. A hipótese, portanto, não seria de invalidade, mas de interpretação da norma coletiva, não havendo similitude com o Tema 1046 da repercussão geral[855].

---

851. Art. 7º São direitos dos trabalhadores urbanos e rurais, além de outros que visem à melhoria de sua condição social:
(...)
XXII – redução dos riscos inerentes ao trabalho, por meio de normas de saúde, higiene e segurança; (...)
852. GONÇALVES, Edwar Abreu. **Manual de Segurança e Saúde no Trabalho.** São Paulo: LTr, 2000. p. 25.
853. RECURSO DE REVISTA Nº TST-RR-12184-33.2014.5.03.0084.
854. Informativo nº 280 do TST.
855. RE com Agravo 1.495.984/SC. Brasília, 11 de junho de 2024. Ministro EDSON FACHIN.

Em outra demanda envolvendo, curiosamente, empresa do mesmo grupo econômico, o Ministro Gilmar Mendes, também do Supremo Tribunal Federal, decidiu que a caracterização da insalubridade em grau máximo por laudo pericial não é direito de indisponibilidade absoluta, podendo, assim, ser alterado por acordo ou convenção coletivos de trabalho. Validou, então, norma coletiva que reduzia referido adicional do grau máximo para médio, com fundamento na tese fixada pela Corte no Tema 1046 de repercussão geral, que autoriza flexibilização de direitos trabalhistas, desde que observados a adequação setorial e os direitos absolutamente indisponíveis dos trabalhadores. A decisão anulou um entendimento da Justiça do Trabalho que desconsiderava a cláusula presente em acordo coletivo, determinando que outro julgamento seja realizado, de maneira a observar as diretrizes fixadas no julgamento do Tema 1046 da repercussão geral[856].

Com todo o respeito à decisão do Ministro Gilmar Mendes, mantemos a posição de que a mudança legislativa é prejudicial aos trabalhadores, pois abre a possibilidade de um tema tão delicado como trabalho em ambientes insalubres ser regulamentado por sindicato e empresa. Entendemos que não é possível o enquadramento do grau de insalubridade em desrespeito ao que exposto na NR 15, tendo em vista se tratar de norma sobre segurança e saúde do trabalhador. Uma atividade considerada de grau máximo não poderá ser "transformada", via instrumento coletivo, em grau médio ou mínimo. Além disso, o art. 611-B, XVII, da CLT prevê que as normas acerca de saúde, higiene e segurança do trabalho, inclusive aquelas previstas em normas regulamentadoras do Ministério do Trabalho, não podem ser objeto de negociação coletiva. Trata-se, portanto, de contradição do legislador a previsão que permite a alteração do grau de insalubridade, pois é uma disposição que está prevista na NR-15 do Ministério do Trabalho.

Caso haja conflito entre os arts. 611-A e 611-B, deve sempre prevalecer o art. 611-B, que traz os limites à negociação coletiva. Dessa forma, assegura-se princípios básicos constitucionais como a dignidade da pessoa humana, a máxima eficácia do texto constitucional e o princípio protetivo.

2.5.5.3. *Reflexo nas demais parcelas*

Esse adicional, pago com habitualidade, integra as demais verbas trabalhistas[857]. Assim sendo, o valor recebido com habitualidade em razão desse adicional irá integrar[858]:

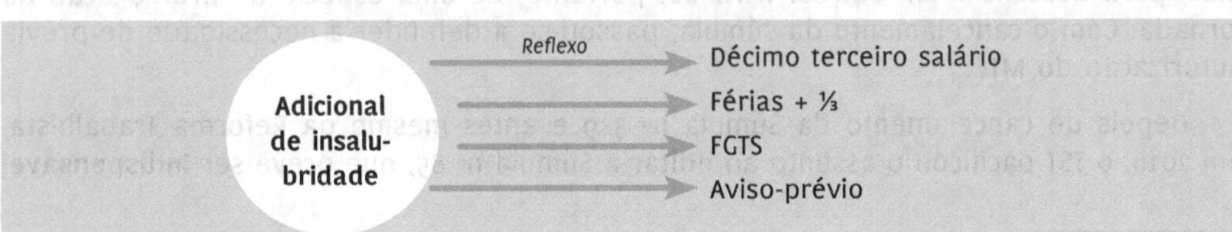

856. RE com Agravo 1.482.761/SC. Brasília, 13 de junho de 2024. Ministro GILMAR MENDES.
857. **Súmula nº 139 do TST.** "Enquanto percebido, o adicional de insalubridade integra a remuneração para todos os efeitos legais."
858. O adicional de insalubridade e periculosidade não integra o descanso semanal remunerado, porque aqueles adicionais têm pagamento mensal, já incluindo o valor do DSR, de acordo com o art. 7º, § 2º, da Lei nº 605/49.

Lembre-se de que o valor do adicional de insalubridade e periculosidade não refletem no Descanso Semanal Remunerado, porque esses 2 adicionais são pagos mensalmente, já incluído, portanto, o valor do DSR. Nesse sentido, prevê a Orientação Jurisprudencial nº 103 da SDI – I do TST.

Vale ressaltar que o trabalho eventual em condições insalubres não dá direito ao adicional, entretanto, se executado em caráter intermitente (descontínuo, mas diário), terá direito à percepção do adicional de insalubridade, conforme previsto na Súmula nº 47 do TST[859]. Lembre-se de que é necessária a perícia de profissional habilitado para comprovar esse caráter intermitente.

Para o cálculo de horas extras, soma-se primeiro a hora normal ao adicional de insalubridade, somente depois o adicional de horas extras[860].

Por fim, há discussão quanto ao pagamento do adicional de insalubridade no caso de faltas dos empregados. De acordo com a jurisprudência trabalhista[861], se a falta for injustificada, o empregado não receberá o adicional de insalubridade proporcionalmente aos dias que tiver faltado. Lembre-se de que esse adicional é modalidade de salário-condição e somente é devido quando o empregado está exposto a agente insalubres.

2.5.5.4. *Ambientes insalubres e horas extras*

De acordo com o art. 60 da CLT, para a prorrogação da jornada de trabalho em atividades insalubres deve-se obter a prévia **autorização da autoridade competente** em matéria de segurança e higiene do trabalho, no caso, o Ministério do Trabalho e Emprego. Aliás, prevê que "quaisquer prorrogações" nessas atividades insalubres somente poderão ser acordadas mediante prévia autorização.

Havia a discussão sobre se o art. 60 da CLT tinha ou não sido recepcionado pela art. 7º, XIV, da CF/88, que exige como requisito para compensação apenas a existência de acordo ou convenção coletiva. O TST, de acordo com a antiga Súmula nº 349, entendia que a simples existência de norma coletiva que autorizasse a compensação em atividade insalubre supria a autorização do, então, Ministério do Trabalho e Emprego.

Ocorre que, em maio de 2011, o TST cancelou a Súmula que admitia a compensação de jornada sem prévia autorização do Ministério. A Súmula nº 349 tratava especificamente da **compensação.** Nesse regime, o empregado trabalha além da jornada normal em alguns dias, para descansar em outros. Trata-se, portanto, de uma espécie de prorrogação da jornada. Com o cancelamento da súmula, passou-se a defender a necessidade de prévia autorização do MTE.

Depois do cancelamento da Súmula nº 349 e antes mesmo da Reforma Trabalhista, em 2016, o TST pacificou o assunto ao editar a Súmula nº 85, que prevê ser **indispensável**

859. **Súmula nº 47 do TST:** "O trabalho executado, em caráter intermitente, em condições insalubres não afasta, só por essa circunstância, o direito à percepção do respectivo adicional". O mesmo raciocínio é utilizado para o adicional de periculosidade, conforme prevê a Súmula nº 361 do TST.

860. **Orientação Jurisprudencial nº 47 da SDI-I do TST.** "A base de cálculo da hora extra é o resultado da soma do salário contratual mais o adicional de insalubridade."

861. RO nº 0021168-27.2016.5.04.0401 – TRT da 4ª Região – Relator: Wilson Carvalho Dias – Data de julgamento: 30/11/2017 e RO nº 0000807-78.2013.5.04.0373 – TRT 4ª Região – Relator: Manuel Cid Jardon – Data de julgamento: 02/04/2014.

a realização da inspeção prévia e da autorização da autoridade competente para que seja válido o acordo de compensação de jornada em atividade insalubre. Assegurou-se, portanto, a constitucionalidade do art. 60 da CLT em relação ao art. 7º, XIII, CF/88:

> **Súmula nº 85, VI, do TST:** Não é válido acordo de compensação de jornada em atividade insalubre, ainda que estipulado em norma coletiva, sem a necessária inspeção prévia e permissão da autoridade competente, na forma do art. 60 da CLT.

Com a Reforma Trabalhista, a prorrogação da jornada e o regime de compensação passam a ser admitidos em atividades insalubres independentemente da autorização dos órgãos fiscalizatórios competentes quando autorizados por instrumento coletivo de trabalho. Tal entendimento choca-se com o conteúdo da Súmula nº 85, VI do TST:

> **Art. 611-A da CLT.** A convenção coletiva e o acordo coletivo de trabalho têm prevalência sobre a lei quando, entre outros, dispuserem sobre:
>
> (...) XIII – prorrogação de jornada em ambientes insalubres, sem licença prévia das autoridades competentes do Ministério do Trabalho;

Diante dessa alteração legislativa, a Súmula nº 85, VI do TST pode ser alterada em breve para prever a possibilidade de supressão da licença prévia da autoridade competente na hipótese de trabalho extraordinário em atividade insalubre quando celebrados convenção ou acordo coletivos de trabalho.

Em resumo, a partir das alterações promovidas pela Reforma Trabalhista, há duas hipóteses em que a prorrogação da jornada em atividades insalubres será considerada lícita:

a) Haja inspeção prévia e permissão da autoridade competente, isto é, do Ministério do Trabalho e Emprego, na forma do art. 60 da CLT; **ou**

b) Haja convenção coletiva e o acordo coletivo de trabalho dispondo sobre prorrogação de jornada em ambientes insalubres, nesse caso, sendo dispensável a licença prévia das autoridades competentes do Ministério do Trabalho.

2.5.5.5. Fornecimento de EPI e Ambiente de trabalho

Ademais, cabe ao empregador adotar todos os meios necessários para neutralizar ou eliminar os agentes nocivos à saúde do trabalhador, por meio de medidas de caráter geral e medidas individuais, por meio do fornecimento de equipamentos de proteção e obrigatoriedade no uso deles.

Ressalta-se que o mero fornecimento de EPIs – equipamentos de proteção individual – não exime o empregador de continuar pagando o adicional[862-863]. Contudo, destaca-se que, se fornecimento do EPI neutralizar a insalubridade, haverá exclusão no recebimento do adicional de insalubridade:

862. **Súmula nº 289 do TST.** "O simples fornecimento do aparelho de proteção pelo empregador não o exime do pagamento do adicional de insalubridade. Cabe-lhe tomar as medidas que conduzam à diminuição ou eliminação da nocividade, entre as quais as relativas ao uso efetivo do equipamento pelo empregado."

863. É nesse sentido, inclusive, a tese vinculante nº 80 do TST, a qual firma o entendimento de que a não concessão das pausas previstas no art. 253 da CLT, destinadas à recuperação térmica do empregado, torna a atividade insalubre, ainda que haja fornecimento de Equipamentos de Proteção Individual (EPIs). Isso porque o uso dos EPIs não elimina completamente os riscos decorrentes do frio, já que o trabalhador continua inalando o ar gelado.

> **Súmula nº 80 do TST.** "A eliminação da insalubridade mediante fornecimento de aparelhos protetores aprovados pelo órgão competente do Poder Executivo exclui a percepção do respectivo adicional."

Lembre-se de que esse adicional somente será devido, enquanto o empregado estiver prestando serviços em atividade insalubre devidamente classificada pela NR 15 do MTE. Se houver a reclassificação ou descaracterização da atividade insalubre na relação oficial do MTE[864], o empregado poderá ter o valor reduzido ou até mesmo perder o direito ao adicional. Assim sendo, não há nenhuma incorporação ou direito adquirido a essa parcela salarial. A redução ou supressão do adicional, nesse caso, não afronta o princípio da irredutibilidade salarial. Por exemplo, a falta de iluminação era considerada atividade insalubre. A Portaria nº 3.751/90 descaracterizou a iluminação como causa de recebimento do adicional, a partir de 26.2.91. Logo, a baixa luminosidade não é mais causa de recebimento do adicional de insalubridade. Atualmente, a matéria é regulamentada pela Portaria nº 423/2021, do Ministério do Trabalho e Emprego.

Em julgamento de Recurso de Revista Repetitivo nº 5, o TST decidiu, no acórdão paradigma nº 356-84.2013.5.04.0007, que aos operadores de telemarketing que trabalham em atividade com utilização constante de fone de ouvido, não é devido o adicional de insalubridade. Segue a tese vinculante nº 5 firmada pelo Tribunal:

> 1. O reconhecimento da insalubridade, para fins do percebimento do adicional previsto no artigo 192 da CLT, não prescinde do enquadramento da atividade ou operação na relação elaborada pelo Ministério do Trabalho ou da constatação de extrapolação de níveis de tolerância fixados para agente nocivo expressamente arrolado no quadro oficial. 2. A atividade com utilização constante de fones de ouvido, tal como a de operador de telemarketing, não gera direito ao adicional de insalubridade, tão somente por equiparação aos serviços de telegrafia e radiotelegrafia, manipulação em aparelhos do tipo Morse e recepção de sinais em fones, para os fins do Anexo 13 da Norma Regulamentadora 15 da Portaria nº 3.214/78 do Ministério do Trabalho. (TST-RR 356-84.2013.5.04.0007, Relator Ministro: Walmir Oliveira da Costa, Data de Julgamento: 25/05/2017, SBDI-1 Plena, Data da Publicação: 02/06/2017)

2.5.5.6. Afastamento de gestante e lactante de atividades insalubres (Reforma Trabalhista)[865]

Em maio de 2016, foi promulgada a Lei nº 13.287/2016, que acrescentou o art. 394-A à CLT para proibir o trabalho da gestante ou lactante em atividades, operações ou locais insalubres. O artigo está inserido na Seção V do Capítulo de Proteção do Trabalho da Mulher referente à proteção da maternidade.

O tema, contudo, foi regulamentado novamente pela Lei nº 13.467/2017 – Reforma Trabalhista. Diferentemente da Lei nº 13.287/2016, a Reforma Trabalhista passou a admitir hipóteses em que a gestante e a lactante não seriam afastadas obrigatoriamente. Quando

864. **Súmula nº 248 do TST.** A reclassificação ou a descaracterização da insalubridade, por ato da autoridade competente, repercute na satisfação do respectivo adicional, sem ofensa a direito adquirido ou ao princípio da irredutibilidade salarial.

865. Para mais informações sobre o afastamento de gestante e lactantes de atividades insalubres, consulte o tópico 3.6.2.1. Afastamento de gestantes e lactantes de atividades insalubres (Reforma Trabalhista) no Capítulo III – Sujeitos da Relação de Trabalho.

a atividade desenvolvida apresentasse grau médio e mínimo de insalubridade para a gestante ou em qualquer grau de insalubridade para a lactante, ocorreria o afastamento apenas se assim fosse recomendado pelo médico de confiança da empregada.

Somente seria obrigatório o afastamento na hipótese da empregada gestante em grau máximo de insalubridade[866]. Note-se que o atestado médico deveria ser emitido por médico de confiança da empregada gestante ou lactante, o que, em tese, evitaria a ocorrência de fraudes caso o atestado fosse emitido por médico da empresa.

No dia 29/05/2019, o plenário do STF, por maioria de 10 votos a 1, decidiu pela inconstitucionalidade de trecho do art. 394-A da CLT, que previa nos incisos II e III: "quando apresentar atestado de saúde, emitido por médico de confiança da mulher, que recomende o afastamento". De acordo com o relator, a proteção à maternidade e à criança não podem ser afastadas pela simples apresentação de atestado médico.

Ao apreciar a ADI 5938[867], o STF considerou inconstitucional a modificação trazida pela Reforma Trabalhista, firmando entendimento de que a permissão do trabalho da gestante e da lactante em ambiente insalubre viola o art. 6º (proteção à maternidade e à infância), 7º, incisos XX (proteção do mercado de trabalho da mulher, mediante incentivos específicos, nos termos da lei) e XXII (redução dos riscos inerentes ao trabalho, por meio de normas de saúde, higiene e segurança), e o art. 227 (dever de proteção da sociedade e do Estado quanto à saúde e à vida da criança), da Constituição Federal, além de afrontar o princípio da vedação ao retrocesso social[868].

Com a decisão na ADI 5.938, as empregadas gestantes e lactantes sempre deverão ser afastadas das atividades insalubres independentemente do grau de insalubridade.

2.5.6. *Adicional de penosidade (ADO nº 74/DF)*

O pagamento do adicional de penosidade também encontra assento constitucional, desde a promulgação do Carta Magna:

> **Art. 7º, XXIII, CF/88:** São direitos dos trabalhadores urbanos e rurais, além de outros que visem à melhoria de sua condição social: adicional de remuneração para as atividades penosas, insalubres ou perigosas, na forma da lei.

Passados mais de 35 anos da previsão desse direito na Constituição Federal, o Poder Legislativo ainda não deliberou conclusivamente sobre a lei regulamentadora do adicional de penosidade, caracteriza a *inertia deliberandi*, tendo em vista a ausência de razoabilidade do prazo decorrido em comparação com a complexidade da matéria.

Sob esse fundamento, o Supremo Tribunal Federal, no julgamento da ADO nº 74, proposta pela Procuradoria-Geral da República, reconheceu, por unanimidade, a mora inconstitucional do Congresso Nacional em regulamentar o adicional de penosidade, previsto no art. 7º, XXIII, da Constituição Federal.

866. A NR 15 do Ministério do Trabalho trata desse assunto ligado aos graus de insalubridade.

867. Para mais informações acerca da ADI nº 5938, confira o tópico acerca do afastamento de gestante e lactante de atividades insalubres ainda neste capítulo.

868. Esse foi o tema da questão discursiva do I Concurso Nacional Unificado – Bloco 4, que selecionou os novos Auditores-Fiscais do Trabalho.

Ao final, a Corte julgou procedente a ação e fixou o prazo de 18 meses, contados da publicação da ata de julgamento, "para adoção das medidas legislativas constitucionalmente exigíveis para suplantar a omissão"[869]. De acordo com o Ministro Relator, Gilmar Mendes, "Não se trata de imposição de prazo para a atuação legislativa do Congresso Nacional, mas apenas da fixação de um parâmetro temporal razoável para que o Congresso Nacional supra a mora legislativa".

O STF não definiu, contudo, o que acontecerá se a omissão do Congresso Nacional persistir. Acreditamos que, nessa hipótese, cabe nova provocação da Corte para que ela delibere sobre a possibilidade de adotar alguma disciplina provisória sobre o adicional de penosidade.

Adicionais
(Pagos sobre o salário do empregado)

- Adicional de **hora extra**
  - Adicional de, no mínimo, **50%** sobre a hora normal.
  - Calculado sobre a globalidade salarial (hora normal acrescida de adicionais).
- Adicional **noturno**
  - Empregado urbano: **20%** sobre a hora diurna.
  - Empregado rural: **25%** sobre a hora diurna.
- Adicional de **transferência**
  - Pago em razão da transferência provisória.
  - Valor de, no mínimo, **25%** dos salários que o empregado recebia no local anterior.
- Adicional de **periculosidade**
  - Condições de risco acentuado.
  - Adicional de, no mínimo, 30% do salário base.
  - Inflamáveis, explosivos, energia elétrica, roubo e violência física na segurança pessoal ou patrimonial, atividade em motocicleta e agentes das autoridades de trânsito (art. 193, CLT).
- Adicional de **insalubridade**
  - Adicional calculado sobre o salário mínimo, variando de acordo com a agressividade do agente nocivo: **10%** (grau mínimo), **20%** (grau médio) e **40%** (grau máximo)
  - Agentes nocivos à saúde do empregado.
  - Requisitos para obtenção:
    a) perícia por profissional habilitado.
    b) agente nocivo deve constar da relação oficial do M.T.E.
  - Súmula vinculante nº 4 do STF proíbe que esse adicional seja calculado sobre o salário mínimo.
  - Atualmente, prevalece a aplicação do salário mínimo como base de cálculo do adicional até que nova base seja estabelecida pelo STF.
- Adicional **penosidade**
  - Previsão Constitucional: art. 7º, XXIII, CF.
  - ADO 74/DF: Inconstitucionalidade por omissão. Prazo de 18 meses para que o Congresso Nacional delibere conclusivamente sobre o tema.

869. A ata de julgamento foi divulgada no Dje s/nº de 10/6/2024, considerando-se publicada em 11/6/2024. Portanto, o prazo de 18 meses conferido pelo STF ao Poder Legislativo termina no dia 11/12/2025.

3. PARCELAS SEM NATUREZA SALARIAL[870]

▸ **Art. 457, § 2º e 4º, CLT**

▸ **Súmulas nº 101, 318, 344 e 451 do TST**

Com o advento da Reforma Trabalhista, houve alterações no art. 457 da CLT, para prever um maior número de parcelas sem natureza salarial:

> **Art. 457, § 2º, CLT:** As importâncias, ainda que habituais, pagas a título de ajuda de custo, auxílio-alimentação, vedado seu pagamento em dinheiro, diárias para viagem, prêmios e abonos não integram a remuneração do empregado, não se incorporam ao contrato de trabalho e não constituem base de incidência de qualquer encargo trabalhista e previdenciário.

Nota-se, assim, que a atual redação do § 2º do art. 457 da CLT aumentou significativamente o rol de parcelas de natureza indenizatória, que não integram o salário do empregado ainda que recebidas de forma habitual, e que não constituem base de incidência de qualquer encargo trabalhista e previdenciário. Essas modificações são prejudiciais aos trabalhadores, pois as parcelas pagas pelo empregador que deixaram de ter natureza salarial, serão pagas sem que haja reflexos nas demais verbas trabalhistas, como 13º salário, FGTS, férias, etc.

Ressalta-se que, por aplicação do **princípio da primazia da realidade**, caso comprovada que a parcela foi paga como contraprestação pelo serviço prestado, substituindo o salário recebido, deverá ser reconhecida sua natureza salarial e devida a integração no cálculo das demais verbas.

3.1. Participação nos lucros e resultados – PLR

Há expressa previsão da participação nos lucros e resultados na Constituição Federal, inclusive prevendo a natureza indenizatória dessa parcela. De acordo com o art. 7º, XI, da CF/88:

> **Art. 7º, XI, CF/88:** São direitos dos trabalhadores urbanos e rurais, além de outros que visem à melhoria de sua condição social: participação nos lucros, ou resultados, **desvinculada da remuneração**, e, excepcionalmente, participação na gestão da empresa, conforme definido em lei (grifos acrescidos).

Verifica-se que a PLR não substitui nem complementa a remuneração do empregado. Assim sendo, não integra ou reflete para qualquer efeito trabalhista. O pagamento da PLR deve ocorrer no máximo duas vezes por ano. De acordo com a Lei nº 10.101/2000:

> Art. 3º. A participação nos lucros ou resultados não substitui ou complementa a remuneração devida a qualquer empregado, nem constitui base de incidência de qualquer encargo trabalhista, não se lhe aplicando o princípio da habitualidade.
>
> § 2º. É **vedado** o pagamento de qualquer antecipação ou distribuição de valores a título de participação nos lucros ou resultados da empresa **em mais**

870. É comum, em provas de TRT, que os candidatos sejam questionados sobre a natureza de verbas trabalhista. Para responder esse tipo de questão, o candidato tem que dominar os arts. 457 e 458 da CLT.

de 2 (duas) vezes no mesmo ano civil e em periodicidade inferior a 1 (um) trimestre civil. (grifos acrescidos).

Se o empregador efetuar o pagamento parcelado, mensalmente, contrário ao previsto na lei, configurará uma parcela com natureza salarial, com reflexo em outras verbas.

O TST, entretanto, já[871], defendeu a tese de que a PLR pago de forma habitual, desde que o parcelamento tenha expressa previsão em norma coletiva, possui natureza indenizatória. Além da previsão em instrumento coletivo, o fundamento utilizado pelo TST[872] é de que o parcelamento não traz prejuízo aos trabalhadores e que, se o texto constitucional autoriza a flexibilização de salário, autorizaria a flexibilização de uma parcela secundária ao salário, como é o caso da participação dos lucros. Assim sendo, por força de norma coletiva e do princípio da auto-regulamentação (art. 7º, XXVI, da CF/88), é possível o pagamento da PLR feito de forma mensal. Na ausência do acordo ou convenção coletiva, o parcelamento da PLR levará à integração às demais verbas trabalhistas. Nesse sentido prevê a jurisprudência do TST:

> **Orientação Jurisprudencial Transitória nº 73 da SBDI – I do TST.** A despeito da vedação de pagamento em periodicidade inferior a um semestre civil ou mais de duas vezes no ano cível, disposta no art. 3º, § 2º, da Lei nº 10.101, de 19.12.2000, o parcelamento em prestações mensais da participação nos lucros e resultados de janeiro de 1999 a abril de 2000, fixado no acordo coletivo celebrado entre o Sindicato dos Metalúrgicos do ABC e a Volkswagen do Brasil Ltda., não retira a natureza indenizatória da referida verba (art. 7º, XI, da CF), devendo prevalecer a diretriz constitucional que prestigia a autonomia privada coletiva (art. 7º, XXVI, da CF).

Com o advento da Lei nº 13.467/2017, a convenção e o acordo coletivo que tratarem sobre participação nos lucros e resultados terão prevalência sobre a lei:

> **Art. 611-A da CLT** (*Inserido pela Reforma Trabalhista*): A convenção coletiva e o acordo coletivo de trabalho têm prevalência sobre a lei quando, entre outros, dispuserem sobre: (...)
>
> XV – participação nos lucros ou resultados da empresa.

Nem todos os empregados possuem direito ao pagamento da PLR[873]. De acordo com a Lei nº 10.101/2000, que regulamentou essa matéria, há necessidade de negociação entre a empresa e seus empregados, mediante negociação coletiva (acordo ou convenção coletiva), ou comissão escolhida pelas partes, para que seja fixado a PLR.

Há, portanto, discussão sobre a obrigatoriedade de se pagar a PLR. Prevalece o fato de que a instituição desse pagamento é meramente facultativa, pois não há sanção imposta ao empregador, prevista na Lei nº 10.101/2000, para a falta de plano de participação nos lucros da empresa.

---

871. RR-48000-89.2005.15.0009.
872. E-ED-RR-213900-51.2003.5.02.0464.
873. Não há sanção para o empregador prevista na Lei nº 10.101/2000, para a falta de plano de participação nos lucros da empresa. Diante disso, prevalece o entendimento de que a PLR é facultativa.

Em relação ao setor bancário, a jurisprudência vinha enfrentando a discussão sobre a composição da base de cálculo da PLR. Nesse ponto, o TST firmou a tese vinculante nº 78 no julgamento do Incidente de Recurso de Revista Repetitivo nº 78, estabelecendo que:

> Nos casos em que a norma coletiva restringe a base de cálculo da Participação nos Lucros ou Resultados dos bancários às verbas fixas de natureza salarial, as horas extras, ainda que habituais, não devem ser consideradas na apuração da PLR, na medida em que se caracterizam como parcela variável (TST-RRAg – 0000577-96.2021.5.05.0027, Relator: Ministro Aloysio Corrêa da Veiga, Tribunal Pleno, DJE: 08/04/2025).

Com isso, consolidou-se o entendimento de que, mesmo que as horas extras sejam pagas com habitualidade, mantêm sua natureza variável e não devem integrar a base de cálculo da PLR quando a norma coletiva limitar tal base às verbas fixas. Trata-se de interpretação que respeita os limites da negociação coletiva e preserva a autonomia das partes para fixar critérios específicos para o pagamento dessa verba indenizatória.

Cabe, por fim, uma observação relevante sobre o outro aspecto do inciso XI do art. 7º da Constituição: a participação excepcional dos trabalhadores na gestão da empresa. Apesar da previsão constitucional, até hoje não foi regulamentado esse direito. Por conta dessa omissão, o Supremo Tribunal Federal, no julgamento da ADO 85/DF, reconheceu, em fevereiro de 2025, a omissão inconstitucional do Congresso Nacional quanto à regulamentação da participação dos trabalhadores urbanos e rurais na gestão empresarial.

O STF fixou o prazo de 24 meses, contados da publicação da ata do julgamento (20/02/2025), para que o Congresso Nacional edite a norma regulamentadora. O prazo se encerra, portanto, em 20/02/2027.

3.1.1. E se a empresa não tiver lucro?

Se a empresa não tiver lucro no ano/semestre base, por lógica, não haverá distribuição de lucros entre os trabalhadores, salvo disposição em contrário em acordo ou convenção coletiva de trabalho. Contudo, a alegação de que a empresa não obteve resultados positivos durante o ano/semestre (lucros) é ônus probatório do empregador, por ser fato impeditivo do direito do empregado. Pelo princípio da maior aptidão da prova, o trabalhador não tem condições para demonstrar o percentual ou valor de lucro obtido pela empresa.

3.1.2. Se o trabalhador não bater a meta / atingir os objetivos dispostos em ACT ou CCT?

O TST[874] estabelece que é indevido o pagamento de PLR aos empregados que não cumpriram a meta prevista em acordo coletivo de trabalho. Nesse caso, o pagamento apenas a alguns funcionários e não a outros sem nenhuma comprovação de cumprimento da meta é discriminatório. Se as regras para a concessão do benefício não se relacionarem com índices individuais de produtividade, qualidade ou lucratividade da empresa,

874. Informativo nº 94 do TST.

o benefício pago terá natureza salarial, uma vez que se trata de um benefício que se aproxima de um prêmio pago pela empresa aos empregados[875].

Com a atual regulamentação, as partes podem adotar múltiplos programas de participação nos lucros e resultados. Há previsão no § 6º do art. 2º da Lei nº 10.101/2000 da necessidade de respeito à autonomia da vontade das partes contratantes na fixação dos valores e metas individuais de desempenho que prevalecerão inclusive sobre o interesse de terceiros.

3.1.3. PLR proporcional

De acordo com Súmula nº 451 do TST, publicada em decorrência da conversão literal da OJ nº 390 da SDI-I, o empregado que contribuiu com a empresa para a obtenção do resultado positivo terá direito à participação nos lucros, mesmo se extinto o contrato antes da data prevista para o pagamento da parcela. A negociação coletiva, segundo o TST, não poderá retirar do empregado o direito à PLR.

> **Súmula nº 451 do TST.** Fere o princípio da isonomia instituir vantagem mediante acordo coletivo ou norma regulamentar que condiciona a percepção da parcela participação nos lucros e resultados ao fato de estar o contrato de trabalho em vigor na data prevista para a distribuição dos lucros. Assim, inclusive na rescisão contratual antecipada, é devido o pagamento da parcela de forma proporcional aos meses trabalhados, pois o ex-empregado concorreu para os resultados positivos da empresa.

A cláusula do instrumento coletivo que retira esse direito do trabalhador afronta o princípio da igualdade[876]. Exemplo: empregado trabalhou 4 meses durante o ano cujo resultado foi positivo para empresa. Se dispensado sem justa causa ou pedir demissão receberá, a título de PLR, 4/12 avos, ou seja, proporcionalmente aos meses trabalhados.

Em resumo, de acordo com o TST[877], o simples fato de o trabalhador ter sido dispensado antes da data estipulada para a distribuição dos lucros não afasta o direito à percepção da parcela relativa à participação nos lucros e resultados, em face da aplicação do princípio constitucional da isonomia. Interpretação em sentido contrário significaria tratar de forma discriminatória empregados que contribuíram de forma idêntica para o desempenho da empresa.

3.1.4. Flexibilização da PLR: a Súmula nº 451 do TST está superada?

De maneira simples: sim, é possível, em certa medida, a flexibilização da PLR, o que não implica, necessariamente, na superação da Súmula nº 451 do TST. Há uma decisão, por ora, isolada da 1ª Turma do TST, que entendeu nesse sentido. Contudo, não se trata de uma decisão vinculante e não reflete o entendimento majoritário da Corte.

Nesse ponto, importante relembrarmos que, com o advento da Lei nº 13.467/2017, a convenção e o acordo coletivo que tratarem sobre participação nos lucros e resultados terão prevalência sobre a lei (art. 611-B, XV, CLT). Aliás, no dia 02/06/2022, o STF, no

875. Informativo nº 106 do TST.
876. TST-AIRR-988/2002-005-04-40.1 6ª Turma – ministro relator Mauricio Godinho Delgado – Pub. DEJT 7/11/2008.
877. RR – 779/1999-006-09-00.

julgamento do ARE 1121633 com repercussão geral reconhecida, apreciando o Tema 1.046, validou a prevalência do negociado sobre o legislado, sem a necessidade de contrapartida, ressalvados os direitos absolutamente indisponíveis.

De lá para cá, a jurisprudência do TST vem definindo alguns contornos à expressão "indisponibilidade absoluta". Somente em decisão veiculadas em informativos, já são mais de 50 julgados que tratam diretamente do tema. No Informativo 280, a 1ª Turma do TST se debruçou sobre a PLR, mais especificamente sobre a Súmula 451 do TST, que consagrou o entendimento de que seria inválido o acordo ou convenção coletivos de trabalho que afastam o direito à participação nos lucros nos casos de rescisão antecipada do contrato de trabalho.

Segundo o Órgão fracionário do TST, com fundamento justamente no Tema 1046 da repercussão geral do STF, é possível a flexibilização da PLR, inclusive a supressão, por acordo ou convenção coletiva de trabalho, do direito ao percebimento de tal parcela indenizatória àqueles trabalhadores dispensados antes de sua data de pagamento.

Conforme consta da decisão, a PLR é direito constitucional de acaráter programático, ou seja, que necessita de regulamentação para sua eficácia plena (art. 7º, XI, da CF/88). Dessa forma, não se trata de direito de indisponibilidade absoluta, tanto que o art. 611-A, XV, da CLT o inclui entre as hipóteses em que a negociação coletiva prevalece sobre o legislado. Além disso, a própria Lei 10.101/2000, que dispõe a PLR, previu a regulamentação do benefício mediante negociação com a entidade sindical.

Finalmente, a Turma reconhece a superação do entendimento consubstanciado na Súmula 451 do TST e, então, reforma acórdão proferido pelo TRT que estendeu o benefício à hipótese não abrangida pelo instrumento convencional, violando o art. 7º, XXVI, da Constituição Federal e em desacordo com a tese fixada no Tema 1046.

3.2. Ajuda de custo

A ajuda de custo é outra parcela com natureza nitidamente indenizatória[878]. Sua finalidade é reembolsar despesas efetuadas pelo empregado. A atual redação do art. 457, § 2º da CLT, dada pela Reforma Trabalhista, manteve a ajuda de custo como parcela sem natureza salarial. Exemplo: despesas realizadas em razão da transferência, conforme previsto no art. 470 da CLT:

> **Art. 470 da CLT:** As despesas resultantes da transferência correrão por conta do empregador.

3.3. Diárias para viagem (Reforma Trabalhista)

▶ **Art. 457, § 2º, CLT**

As diárias para viagem compreendem a parcela recebida em razão das despesas gastas pelo empregado em viagens. Antes da Reforma Trabalhista, se as diárias excediam a 50% do

878. "Tal como as diárias de viagem, também as ajudas de custo constituem indenização e não salário. Realmente, elas se destinam a indenizar as despesas do empregado, oriundas de sua transferência para local diverso daquele em que tem domicílio." SUSSEKIND, Arnaldo. et al. *Instituições de Direito do Trabalho*. 21. ed. São Paulo: LTr. 2004. vol. I. p. 382.

salário do empregado, havia a presunção de fraude, e neste caso teria natureza salarial. Por outro lado, se o valor era inferior a 50%, diante de seu caráter de ressarcimento de despesas, eram consideradas parcelas sem natureza salarial. Com as modificações trazidas pela Reforma Trabalhista, as diárias são sempre consideradas parcelas sem natureza salarial, inexistindo percentual máximo para a alteração de sua natureza jurídica.

> **Art. 457, § 2º da CLT** *(com redação dada pela Reforma Trabalhista)*: As importâncias, ainda que habituais, pagas a título de ajuda de custo, auxílio-alimentação, vedado seu pagamento em dinheiro, diárias para viagem, prêmios e abonos não integram a remuneração do empregado, não se incorporam ao contrato de trabalho e não constituem base de incidência de qualquer encargo trabalhista e previdenciário.

Diante da alteração promovida pela Reforma Trabalhista, a Súmula nº 101 do TST parece superada, devendo ser alterada ou cancelada em breve pelo TST:

> **Súmula nº 101 do TST:** Integram o salário, pelo seu valor total e para efeitos indenizatórios, as diárias de viagem que excedam a 50% (cinquenta por cento) do salário do empregado, enquanto perdurarem as viagens.

As diárias distinguem-se da ajuda de custo, uma vez que esta última corresponde a um pagamento único efetuado ao empregado por ocasião de transferência.

3.4. Vale-transporte[879]

- ▸ **Lei nº 7.418/1985**
- ▸ **Art. 19, LC nº 150/2015**

O vale-transporte está previsto na Lei nº 7.418/85. Era regulamentado pelo Decreto 95.247/1987, que, no dia 10/11/2021, foi revogado pelo Decreto 10.854/2021, o principal diploma normativo do Marco Regulatório Trabalhista Infralegal. Portanto, atualmente, continua previsto na Lei nº 7.418/85, mas recebe regulamentação pelo Decreto nº 10.854/2021. Apesar de alterações de redação, houve pouca alteração de conteúdo em relação à normativa antiga.

O vale-transporte é pago pelo empregador de forma antecipada e tem como objetivo cobrir as despesas de deslocamento da residência para o trabalho, por meio do sistema de transporte coletivo público[880]. Os trabalhadores que fazem uso do seu transporte próprio (moto, carro, bicicleta etc.) não têm direito ao vale-transporte.

3.4.1. Desconto no salário do empregado

O empregador participará dos gastos de deslocamento do trabalhador com a ajuda de custo equivalente à parcela que exceder a 6% do salário básico do empregado, assim

879. O vale-transporte está previsto na Lei nº 7.418/85 e regulamentado pelo Decreto nº 95.247/87. Em questão de Analista Judiciário especializado em execução de mandados do TRT da 17ª Região (ES) – 2009, havia o questionamento sobre a natureza jurídica do vale-transporte. A resposta era que essa verba, paga pelo empregador, não possui natureza salarial.

880. O vale-transporte é destinado, exclusivamente, ao uso de transporte coletivo público urbano, intermunicipal e interestadual, operado diretamente pelo poder público ou mediante delegação, conforme previsto no art. 1º, Lei nº 7.418/1985.

sendo, o empregado recebe o vale-transporte e tem, ao final do mês, 6% de seu salário descontado, conforme previsto na legislação:

> **Art. 4º, parágrafo único, Lei nº 7.418/1985:** O empregador participará dos gastos de deslocamento do trabalhador com a ajuda de custo equivalente à parcela que exceder a 6% (seis por cento) de seu salário básico.

Portanto, se o custo do vale-transporte do empregado for superior a 6% de sua remuneração, o empregador somente poderá realizar o desconto de 6% na remuneração, devendo arcar com o valor excedente. Por exemplo, se o salário do empregado é de R$ 1.000,00, e o custo do transporte é de R$ 100,00, ou seja, 10% do valor do salário, o empregador poderá somente descontar 6% da remuneração do empregado, equivalente a R$ 60,00, devendo arcar com o restante do valor para pagamento dos vales.

Por outro lado, se o gasto com o vale-transporte for inferior a 6% da remuneração do trabalhador, o empregador não poderá descontar os 6% da remuneração, mas o valor exato gasto com o pagamento dos vales. No mesmo exemplo, o empregado que recebe R$ 1.000,00 e tem o valor do vale-transporte de R$ 50,00, ou seja, 5% da remuneração, não poderá ter descontado o montante de 6% (R$ 60,00). Nesse caso, deve ser descontado exatamente o valor gasto na aquisição dos vales (R$ 50,00).

3.4.2. Natureza jurídica da parcela

A parcela recebida em razão da aquisição de vale-transporte, por expressa previsão em lei, não possui natureza salarial, nem se incorpora à remuneração para quaisquer efeitos. Consequentemente, não é base de incidência de contribuição previdenciária ou de FGTS. O TST[881] entendeu que é possível o pagamento em dinheiro do vale-transporte, desde que haja negociação coletiva (acordo ou convenção) nesse sentido.

3.4.3. Vale-transporte nas férias e faltas do empregado

O vale-transporte somente é devido quando se verifica a efetiva utilização pelo empregado de transporte coletivo público para deslocamento da residência-trabalho e trabalho-residência:

> **Art. 1º, Lei nº 7.418/1985:** Fica instituído o vale-transporte, (Vetado) que o empregador, pessoa física ou jurídica, antecipará ao empregado para utilização efetiva em despesas de deslocamento residência-trabalho e vice-versa, através do sistema de transporte coletivo público, urbano ou intermunicipal e/ou interestadual com características semelhantes aos urbanos, geridos diretamente ou mediante concessão ou permissão de linhas regulares e com tarifas fixadas pela autoridade competente, excluídos os serviços seletivos e os especiais.

Portanto, não é devido o vale-transporte durante o período em que o empregado não comparecer ao trabalho, seja em razão de faltas justificadas ou injustificadas. Além disso, nas férias não é devido o pagamento de vale-transporte.

881. Informativo nº 25 do TST.

O vale-transporte é concedido de forma adiantada no início de cada mês. Assim, caso o empregado falte ao trabalho em algum dia ou goze férias, é possível a compensação no mês seguinte com o fornecimento em menor número de vales para o trabalhador.

3.4.4. Vale-transporte do empregado doméstico e do avulso

Todos os empregados urbanos e rurais têm direito de receber essa quantia, inclusive os empregados domésticos.

O empregado doméstico terá direito ao recebimento do vale-transporte previsto na Lei nº 7.418/1985 conforme estabelece o art. 19 da LC nº 150/2015. Contudo, é permitido ao empregador substituir a aquisição dos vales-transportes, obrigação prevista no art. 4º da Lei nº 7.418/1985, pelo **pagamento em dinheiro**, mediante recibo, dos valores necessários para a aquisição das passagens utilizadas para o deslocamento da residência ao trabalho e para seu retorno:

> **Art. 19, Parágrafo único, LC nº 150/2015.** A obrigação prevista no art. 4º da Lei nº 7.418, de 16 de dezembro de 1985, poderá ser substituída, a critério do empregador, pela concessão, mediante recibo, dos valores para a aquisição das passagens necessárias ao custeio das despesas decorrentes do deslocamento residência-trabalho e vice-versa.

Destaca-se que o trabalhador avulso tem direito ao recebimento do vale-transporte pelo simples comparecimento para concorrer à escala de trabalho, uma vez que houve necessidade de deslocamento de sua residência ao trabalho. Assim, não importa para o recebimento da parcela se houve trabalho efetivo.[882]

3.4.5. Declaração falsa e mau uso do vale-transporte

Cabe ao empregado informar, por escrito, seu endereço residencial e os meios de transporte mais adequados para o deslocamento. Se o trabalhador prestar informações falsas, poderá ser dispensado por justa causa.

Além disso, o vale-transporte deve ser utilizado com a finalidade exclusiva de transporte do trabalhador da residência para o trabalho e do trabalho para a residência. A utilização indevida dos vales pode dar ensejo à dispensa por justa causa.

3.4.6. Ônus da prova

Por fim, o TST, antigamente, na Orientação Jurisprudencial nº 215 da SDI-I do TST estabelecia que era do empregado o ônus de comprovar que satisfazia os requisitos indispensáveis à obtenção do vale-transporte.

Contudo, com o cancelamento da OJ em maio de 2011, o TST alterou seu posicionamento e passou a entender que o ônus da prova na comprovação do não preenchimento dos requisitos indispensáveis à concessão do vale-transporte ou que o empregado não pretenda fazer uso do benefício é do empregador. Nesse sentido, foi editada a Súmula nº 460 do TST:

882. Informativo nº 61 do TST.

Súmula nº 460 do TST. Vale-transporte. Ônus da prova.

É do empregador o ônus de comprovar que o empregado não satisfaz os requisitos indispensáveis para a concessão do vale-transporte ou não pretenda fazer uso do benefício.

3.5. Salário-família

▶ **Arts. 65 a 70, Lei nº 8.213/91**

De acordo com art. 7º, XII, da CF/88:

Art. 7º, XII, CF/88: São direitos dos trabalhadores urbanos e rurais, além de outros que visem à melhoria de sua condição social: salário-família pago em razão do dependente do trabalhador de **baixa renda** nos termos da lei. (grifos acrescidos)

Salário-família é um benefício previdenciário concedido aos segurados de baixa renda (artigos 65 a 70 da Lei nº 8213/91), em razão dos filhos menores de 14 anos ou inválidos de qualquer idade. A sua finalidade é ajudar os pais a custear a educação dos filhos. Esse benefício **não** possui natureza salarial e para a sua obtenção há necessidade de preencher 2 requisitos:

a) Trabalhador de **baixa renda**. O trabalhador de baixa renda é aquele que, em 2025, possui remuneração mensal de até R$ 1.906,04 (mil novecentos e seis reais e quatro centavos). Diante disso, o empregado ou trabalhador avulso que possuir remuneração superior a essa não terá direito ao benefício.

b) Filhos menores de 14 anos, ou inválidos[883] de qualquer idade.

O benefício tem previsão constitucional em seu art. 7º, XII e não comporta flexibilização por meio de negociação coletiva. Ressalta-se que, por ser benefício previdenciário, pago pelo Estado, a regulamentação deve ser realizada exclusivamente por lei.

Os empregados urbanos e rurais[884] e trabalhadores avulsos têm direito a esse benefício previdenciário. Os empregados domésticos, com a EC/72-2013 que alterou o art. 7, parágrafo único, passaram a ter esse direito. A LC nº 150/2015 alterou a Lei nº 8.213/1991 para assegurar o benefício também aos domésticos.

O pagamento do salário-família é feito pelo empregador ao empregado. Posteriormente, o valor é compensado pelo INSS. Para o trabalhador avulso, o pagamento é realizado diretamente pelo INSS.

3.5.1. Carência

Carência é o número mínimo de contribuições mensais necessárias para recebimento de um benefício pago pela Previdência Social. O salário-família **não** possui carência, basta

883. Cabe ressaltar que, após a promulgação do Estatuto da Pessoa com Deficiência (Lei nº 13.146/2015), a nomenclatura correta que deveria ser empregada é "pessoa com deficiência" ao invés do uso do termo "inválido", o que requer alteração legislativa. Nesse sentido, confirma a previsão legal: **Art. 66, Lei nº 8.213/1991:** "O valor da cota do salário-família por filho ou equiparado de qualquer condição, até 14 (quatorze) anos de idade ou inválido de qualquer idade é de: (...)".

884. **Súmula nº 344 do TST.** "O salário-família é devido aos trabalhadores rurais somente após a vigência da Lei nº 8.213/91."

apresentar a documentação dos filhos menores de 14 anos ou inválidos de qualquer idade. É exigida a apresentação anual de atestado de vacinação obrigatória para os filhos de até 7 anos de idade e comprovação semestral de frequência à escola para os filhos a partir dos 6 anos. Não apresentada a documentação obrigatória, comprovante de vacinação ou frequência escolar, o benefício do salário-família será suspenso até que a documentação seja apresentada.

O empregado doméstico deverá apresentar apenas a certidão de nascimento. Ademais, há equiparação ao filho, para fins desse benefício, dos enteados e tutelados.

3.5.2. Valor do benefício

Em 2020, houve a extinção das faixas salariais no pagamento do salário família que passou a ser devido tão somente em um único valor a todos os trabalhadores que têm direito. A partir de 1º de janeiro de 2025, o valor da cota do salário-família por filho ou equiparado de qualquer condição, até 14 (quatorze) anos de idade, ou inválido de qualquer idade, é de R$ 65,00[885].

Deve-se ressaltar que esse benefício é pago em razão de cada um dos filhos do trabalhador. Assim sendo, é cabível a cumulação de benefícios para o pai e para a mãe, desde que ambos sejam de baixa renda, e o filho seja menor de 14 anos. Verifica-se, portanto, individualmente a situação do pai e da mãe, podendo estes receber cotas distintas do benefício, inclusive se possuírem mais de um contrato de trabalho. O mesmo filho, portanto, poderá gerar várias cotas desse benefício.

3.5.3. Cessação do benefício

O direito ao salário-família cessa automaticamente (art. 88, do Decreto nº 3.048/99, com redação dada pelo Decreto nº 10.410, de 2020):

a) por morte do filho, do enteado ou adolescente tutelado;

b) quando o filho, o enteado ou o adolescente tutelado completar 14 anos de idade, exceto se inválido;

c) com a recuperação da capacidade do filho, do enteado ou do adolescente tutelado inválido;

d) com o desemprego ou morte do segurado.

Tendo havido divórcio, separação judicial ou de fato dos pais, ou em caso de abandono legalmente caracterizado ou perda do poder familiar, o salário-família passará a ser pago diretamente àquele a cujo cargo ficar o sustento da criança e do adolescente, ou a outra pessoa, se houver determinação judicial nesse sentido[886].

---

885. **Art. 4º da Portaria Interministerial MPS/MF nº 6, de 10 de janeiro de 2025:** O valor da cota do salário-família por filho ou equiparado de qualquer condição, até quatorze anos de idade, ou inválido de qualquer idade, a partir de 1º de janeiro de 2025, é de R$ 65,00 (sessenta e cinco reais) para o segurado com remuneração mensal não superior a R$ 1.906,04 (mil novecentos e seis reais e quatro centavos).

886. IBRAHIM, Fábio Zambritte. *Resumo de Direito Previdenciário*. 9. ed. Rio de Janeiro: Impetus, 2008. p. 215.

SALÁRIO-FAMÍLIA (Benefício previdenciário)	
Requisitos para obtenção do benefício	a) Trabalhador de baixa renda. b) Filhos com menos de de 14 anos, ou inválidos de qualquer idade.
• **Carência** – não é exigido. Há necessidade de apresentação da documentação	a) Vacinação até 6 anos. b) Frequência escolar a partir dos 7 anos.
Valor do benefício	Em 2023, o trabalhador que receber até R$ 1.754,18, terá direito ao benefício no valor de R$ 59,82.
Benefício cessa	a) por morte do filho, do enteado ou adolescente tutelado. b) quando o filho, o enteado ou o adolescente tutelado completar 14 anos de idade, exceto se inválido. c) com a recuperação da capacidade. d) com o desemprego ou morte do segurado.

3.6. PIS/PASEP

Essa parcela tem expressa previsão nos últimos editais de concurso para Analista do TRT. As perguntas envolvendo PIS/PASEP podem vir tanto em Direito do Trabalho (valor e requisitos para obtenção do abono), como em Processo do Trabalho (competência para o julgamento das ações envolvendo indenização do PIS).

- **PASEP** – Programa de Formação do Patrimônio do Servidor Público. Os participantes do PASEP são os funcionários públicos ou empregados públicos (celetistas).
- **PIS** quer dizer Programa de Integração Social. Há expressa previsão desse programa no art. 239 da CF[887]. Esse programa é calculado sobre o faturamento da empresa e não sobre o lucro, o que o diferencia da PLR – Participação nos Lucros e Resultados.

Após a CF/88, o abono do PIS, no valor de 1 salário mínimo por ano, é devido aos trabalhadores, urbanos, rurais e trabalhadores avulsos, cadastrados há 5 anos no Fundo de Participação PIS/PASEP ou no Cadastro Nacional de Trabalho e tenham ganhado de até 2 salários mínimos mensais. Portanto, somente terão direito ao recebimento do abono após

887. **Art. 239 da CF/88, § 3º** – Aos empregados que percebam de empregadores que contribuem para o Programa de Integração Social ou para o Programa de Formação do Patrimônio do Servidor Público, até dois salários mínimos de remuneração mensal, é assegurado o pagamento de um salário mínimo anual, computado neste valor o rendimento das contas individuais, no caso daqueles que já participavam dos referidos programas, até a data da promulgação desta Constituição.

5 anos de cadastro. Ademais, o valor do abono salarial será calculado proporcionalmente ao número de meses trabalhados ao longo do ano anterior (ano-base).

Atualmente, o abono do PASEP (funcionários públicos) é pago no Banco do Brasil, enquanto que o abono do PIS é feito na Caixa Econômica Federal.

Caso o empregado já estivesse cadastrado antes da promulgação da CF/88, até 4 de outubro de 1988, terá direito à participação das cotas do PIS/PASEP, ou seja, aos rendimentos anuais do PIS, correspondentes aos juros de 3% ao ano.

Esse abono sem natureza salarial (ou indenizatório) não é de responsabilidade do empregador, trata-se de verba paga pelo Estado, portanto, com origem em fundo de natureza pública. Assim sendo, as obrigações das empresas são de caráter exclusivamente fiscal, não gerando direitos de natureza trabalhista e nem previdenciária. Cabe destacar, entretanto, que toda empresa está obrigada a proceder à inscrição do empregado.

Caso o empregado preenchesse os requisitos para a obtenção do abono do PIS, e não houve o efetivo cadastramento pelo empregador, ele poderá ser obrigado a indenizar o trabalhador. O empregado, em regra, ajuíza reclamação trabalhista visando à indenização substitutiva pelo não cadastramento no PIS. Nada impede, porém, que postule obrigação de fazer consistente na imposição de seu cadastramento, vez que o não cadastramento impede o recebimento do abono salarial, FGTS e do seguro-desemprego.

De acordo com a Súmula nº 300 do TST:

> **Súmula nº 300 do TST.** Compete à Justiça do Trabalho processar e julgar ações ajuizadas por empregados em face de empregadores relativas ao cadastramento no Programa de Integração Social (PIS).

Cabe destacar, ainda, que no caso de falecimento do trabalhador, os valores referentes ao PIS/PASEP serão pagos aos dependentes habilitados perante a Previdência Social ou, na falta, aos sucessores previstos na lei civil, indicados em alvará judicial, independentemente de inventário ou de arrolamento.

Por fim, registra-se que o Programa de Integração Social (PIS) e o Programa de Formação do Patrimônio do Servidor Público (PASEP) foram unificados pela Lei Complementar nº 26/75, com sua regulamentação, atualmente, no Decreto nº 9.978/2019. Dessa forma, seja para as ações envolvendo empregados públicos celetistas, seja para empregados de empresas privadas, em se tratando de ações derivadas do cadastramento do PIS/PASEP, a competência será da Justiça do Trabalho.

3.7. Abonos (Reforma Trabalhista)

Abonos são parcelas pagas em decorrência de ato de liberalidade do empregado, correspondente a um acréscimo efetuado em parcela única sem a necessidade de um motivo específico para seu recebimento[888]. Essas parcelas, com a Reforma Trabalhista, deixam de ter natureza salarial:

888. CAIRO JÚNIOR, José. *Curso de Direito do Trabalho. Direito Individual e Direito Coletivo de Trabalho*. 4. ed. Salvador: Editora Juspodivm, 2009. p. 342.

> **Art. 457, § 2º, CLT** *(redação dada pela Reforma Trabalhista):* As importâncias, ainda que habituais, pagas a título de ajuda de custo, auxílio-alimentação, **vedado seu pagamento em dinheiro**, diárias para viagem, prêmios e abonos não integram a remuneração do empregado, não se incorporam ao contrato de trabalho e não constituem base de incidência de qualquer encargo trabalhista e previdenciário.

Cumpre ressaltar que mesmo antes da reforma Trabalhista, já se admitia a possibilidade de as partes, via negociação coletiva, retirarem a natureza salarial do abono[889].

3.8. Prêmios (Reforma Trabalhista)

Os prêmios decorrem da produtividade do trabalhador, dizendo respeito a fatores de ordem pessoal dele, como a produção, a assiduidade, a qualidade. Não podem, porém, ser a única forma de pagamento do salário, por serem dependentes de uma condição, devendo o obreiro perceber pelo menos um salário fixo[890].

Com a Reforma Trabalhista, os prêmios passaram a ser considerados parcelas sem natureza salarial por expressa previsão do § 2º do art. 457 da CLT. Além disso, o § 4º do dispositivo estabelece sua definição como as liberalidades concedidas pelo empregador em forma de bens, serviços ou valor em dinheiro a empregado ou grupo de empregados, em razão de desempenho superior ao ordinariamente esperado no exercício das atividades.

Os prêmios podem ser previstos em regime interno (art. 611-A, VI, da CLT), normas coletivas (art. 611-A, XIV, da CLT[891]) ou no próprio contrato de trabalho.

Por aplicação do princípio da primazia da realidade, os prêmios devem guardar relação com o desempenho superior do empregado ou do grupo de empregados beneficiados e não ser pago para mascarar eventual aumento salarial ao trabalhador. Nesse caso, a parcela paga perde a natureza de prêmio e deve ser integrada ao salário do trabalhador.

3.9. Auxílio-alimentação (Reforma Trabalhista)

De acordo com a atual redação do art. 457, § 2º, da CLT, o auxílio-alimentação é parcela de natureza indenizatória. No entanto, o dispositivo veda seu pagamento em dinheiro:

> **Art. 457 da CLT** *(com redação dada pela Reforma Trabalhista):*
>
> (...) § 2º As importâncias, ainda que habituais, pagas a título de ajuda de custo, auxílio-alimentação, vedado seu pagamento em dinheiro, diárias para viagem, prêmios e abonos não integram a remuneração do empregado, não se incorporam ao contrato de trabalho e não constituem base de incidência de qualquer encargo trabalhista e previdenciário. (grifos acrescidos)

---

889. **Orientação Jurisprudencial nº 346 da SDI-I do TST:** "Abono previsto em norma coletiva. Natureza indenizatória. Concessão apenas aos empregados em atividade. Extensão aos inativos. Impossibilidade. A decisão que estende aos inativos a concessão de abono de natureza jurídica indenizatória, previsto em norma coletiva apenas para os empregados em atividade, a ser pago de uma única vez, e confere natureza salarial à parcela, afronta o art. 7º, XXVI, da CF/88."

890. MARTINS, Sergio Pinto. *Direito do Trabalho*. 24. ed. São Paulo: Atlas, 2008. p. 257.

891. Para mais informações, confira os comentários ao art. 611-A da CLT.

Se o empregador conceder auxílio alimentação, não haverá integração ao salário, desde não seja realizado o pagamento em dinheiro. Ressalta-se, portanto, que com a inclusão do auxílio-alimentação como verba de natureza indenizatória, a alimentação deixa, na maioria das hipóteses, de ser considerada salário *in natura*. Quando concedida por meio de auxílio-alimentação, não integrará o salário. Permanece, contudo, como salário quando concedido o valor em dinheiro ou quando o empregador, por exemplo, oferece churrascos ou jantares aos empregados como contraprestação pelos serviços.

De acordo com o posicionamento de Vólia Bomfim[892], não será mais necessária a adesão ao Programa de Alimentação do Trabalhador (PAT) para a concessão do auxílio--alimentação, pois em todas as suas modalidades o auxílio-alimentação não terá natureza salarial. Assim, o empregador pode conceder tíquete-refeição, tíquete-alimentação, alimentação *in natura*, vale-refeição, sem que essa parcela integra o salário e reflita nas demais verbas do contrato de trabalho.

Ressalta-se, no entanto, que o PAT permanece vigente, podendo ser aderido pelos empregadores ou mantido aqueles que já o integram. Contudo, o Marco Regulatório Trabalhista Infralegal revogou os decretos anteriores que versavam sobre o PAT: Decreto nº 5/1991, Decreto nº 349/1991, Decreto 2.101/1996 e art. 644 do Decreto 9.580/2018. O tema passou a ser abordado nos arts. 166 a 182 do Decreto nº 10.854/2021.

Ainda, no dia 02 de setembro de 2022, foi publicada a Lei nº 14.442/2022 (fruto da conversão da Medida Provisória nº 1.108, de 2022), que, entre outras providências, trouxe novidades em relação à regulamentação do auxílio-alimentação.

O destaque das alterações fica com a previsão de que as importâncias pagas sob essa rubrica devem ser usadas para o pagamento de refeições em restaurantes e estabelecimentos similares ou para a aquisição de gêneros alimentícios em estabelecimentos comerciais.

O empregador, ao contratar pessoa jurídica para o fornecimento do auxílio-alimentação não poderá exigir ou receber qualquer tipo de deságio ou imposição de descontos sobre o valor contratado; prazos de repasse ou pagamento que descaracterizem a natureza **pré-paga** dos valores a serem disponibilizados aos empregados; ou outras verbas e benefícios diretos ou indiretos de qualquer natureza não vinculados diretamente à promoção de saúde e segurança alimentar do empregado, no âmbito de contratos firmados com empresas emissoras de instrumentos de pagamento de auxílio-alimentação (art. 3º da Lei nº 14.442/2022).

Além disso, a execução inadequada, o desvio ou o desvirtuamento das finalidades do auxílio-alimentação podem acarretar multa de R$ 5.000,00 (cinco mil reais) a R$ 50.000,00 (cinquenta mil reais) às empresas contratantes e fornecedores dos tickets, que serão aplicadas em dobro em caso de reincidência ou embaraço à fiscalização.

Os critérios de cálculo e os parâmetros de gradação dessa multa serão regulamentados pelo Ministério do Trabalho e Emprego.

892. CASSAR, Vólia Bomfim; BORGES, Leonardo Dias. *Comentários à Reforma Trabalhista*. São Paulo: Método, 2017. p. 50.

Em abril de 2025, o Tribunal Superior do Trabalho firmou importante precedente sobre o auxílio-alimentação. Trata-se da tese vinculante nº 121, que consolidou o entendimento de que essa parcela não possui natureza salarial quando há contribuição do empregado para seu custeio, independentemente do valor de sua coparticipação.

Assim, nos casos em que há contraprestação pelo auxílio-alimentação, a verba assume natureza indenizatória. Esse entendimento é especialmente relevante para situações anteriores à Reforma Trabalhista, nos seguintes termos, por exemplo:

a) Quando se pleiteia o reconhecimento da natureza salarial do auxílio-alimentação: se houver contribuição do empregado para o benefício, ainda que o contrato seja anterior à Reforma, a parcela terá natureza indenizatória.

b) Quando há adesão ao Programa de Alimentação do Trabalhador (PAT) em contratos já em curso: se, nesses casos, o empregado já contribuía para o custeio do benefício, não há que se falar em alteração da natureza da verba, pois ela sempre teve caráter indenizatório.

Por fim, cabe lembrar que, conforme a tese vinculante nº 23 do TST, firmada em sede de Incidente de Recurso de Revista Repetitivo, a Lei nº 13.467/2017 (Reforma Trabalhista) tem aplicação imediata aos contratos de trabalho em vigor, passando a regular os direitos decorrentes de leis cujos fatos geradores tenham ocorrido após sua entrada em vigor.

parcelas SEM natureza salarial
(Não refletem nas demais verbas trabalhistas)

- Participação nos lucros e resultados
- Ajuda de custo
- Diárias para viagem
- Vale-transporte
- Salário-família
- PIS/PASEP
- Abonos
- Prêmios
- Auxílio-alimentação

3.10. Seguro-desemprego

O seguro-desemprego é um **benefício previdenciário** com expressa previsão constitucional, conforme os dispositivos a seguir:

> **Art. 7º.** São direitos dos trabalhadores urbanos e rurais, além de outros que visem à melhoria de sua condição social:
>
> II– seguro-desemprego em caso de ***desemprego involuntário*** (grifos acrescidos).
>
> **Art. 201.** A previdência social será organizada sob a forma do Regime Geral de Previdência Social, de caráter contributivo e de filiação obrigatória, observados critérios que preservem o equilíbrio financeiro e atuarial, e atenderá, na forma da lei, a:
>
> III – proteção ao trabalhador em situação de ***desemprego involuntário*** (grifos acrescidos).

Tendo em vista que o seguro-desemprego é um benefício previdenciário, previsto na Lei nº 7.998/90, a parcela paga ao empregado **não tem natureza salarial**. Cabe destacar os trabalhadores que têm direito ao recebimento do benefício[893]:

1) empregado dispensado sem justa causa;
2) empregado que tenha requerido a rescisão indireta (art. 483 da CLT);
3) empregado cujo contrato de trabalho foi suspenso em virtude de participação em curso ou programa de qualificação oferecido pelo empregador, conforme o art. 476-A da CLT;
4) pescador profissional durante o período em que a pesca é proibida devido à procriação das espécies (período chamado de **defeso**);
5) trabalhador resgatado da condição análoga à de escravidão;
6) empregado doméstico. A LC nº 150/2015, que regulamentou os direitos assegurados aos empregados domésticos após a promulgação da EC nº 72/2013, assegurou o recebimento do seguro-desemprego aos domésticos obrigatoriamente.

Nos termos do art. 6º da Lei nº 7.998/70, o seguro-desemprego é direito pessoal e intransferível do trabalhador, podendo ser **requerido** a partir do 7º dia após a dispensa (e até o 120º dia).

QUADRO RESUMO DAS HIPÓTESES DE DESEMPREGO INVOLUNTÁRIO QUE PODEM ENSEJAR A INSCRIÇÃO DO TRABALHADOR NO PROGRAMA DO SEGURO-DESEMPREGO, DESDE QUE PREENCHIDOS OS DEMAIS REQUISITOS LEGAIS

Término do contrato de trabalho		**Desemprego involuntário?**
Resilição Sem falta grave	Pedido de demissão (empregado)	Não
	Dispensa sem justa causa (empregador)	Sim
	Distrato	Não
Resolução Com falta grave	Dispensa por justa causa (falta praticada pelo empregado – art. 482, CLT)	Não
	Rescisão indireta (falta praticada pelo empregador – art. 483, CLT)	Sim
	Culpa recíproca (ambos praticam falta grave – art. 484, CLT)	Não
Término do contrato por prazo determinado - Contrato por prazo determinado (art. 443 § 2º, CLT); - Experiência (art. 442-A, CLT); e - Aprendizagem (art. 428, § 3º, CLT)	Pelo decurso do tempo	Não
	Antecipadamente, por iniciativa do empregado (art. 480, CLT)	Não
	Antecipadamente, por iniciativa do empregador (art. 479, CLT)	Sim

893. MENEZES, Adriana. *Direito Previdenciário para os concursos de Técnico, Analista e Perito do INSS e dos Tribunais.* 5. ed. Salvador: Juspodivm, 2015.

QUADRO RESUMO DAS HIPÓTESES DE DESEMPREGO INVOLUNTÁRIO QUE PODEM ENSEJAR A INSCRIÇÃO DO TRABALHADOR NO PROGRAMA DO SEGURO-DESEMPREGO, DESDE QUE PREENCHIDOS OS DEMAIS REQUISITOS LEGAIS		
Término do contrato de trabalho		**Desemprego involuntário?**
Outras modalidades de término do contrato	Programa de Demissão Voluntária (PDV)	Não
	Trabalho proibido (efeito *ex nunc*, responsabilidade do contratante)	Sim
	Trabalho ilícito (efeito *ex tunc*, reponsabilidade de ambos)	Não
	Força maior	Sim
	Fato do príncipe ou *factum principis*	Sim
	Morte do empregador pessoa física e cessação da atividade empresarial (art. 485, CLT)	Sim
	Morte do empregador constituído em empresa individual e continuidade da empresa por terceiro (art. 483, § 2º, CLT)	Não
	Encerramento das atividades empresariais	Sim
	Aposentadoria	Não
	Contrato de trabalho intermitente (443, § 3º, CLT)	Sim

Em resumo, para a habilitação do trabalhador desempregado no programa do seguro-desempregado, não importa a modalidade de contratação, mas sim a forma com que essa relação jurídica contratual chegou ao fim: contra a vontade do trabalhador.

3.10.1. Suspensão e cancelamento do pagamento do seguro-desemprego

O pagamento do seguro-desemprego tem a finalidade de prover assistência financeira por um prazo determinado ao trabalhador dispensado involuntariamente. Contudo, algumas situações ensejam a suspensão ou o cancelamento do pagamento do benefício, seja pelo descumprimento de comando legal, pelo empregado, necessário ao recebimento do seguro-desemprego esse sentido, seja pela alteração em sua situação econômico, de sorte que não mais necessite do benefício.

Na suspensão, há a possibilidade de recebimento de novo benefício ou de retomada do pagamento do saldo das parcelas do benefício suspenso, enquanto no cancelamento, não. Algumas hipóteses de cancelamento, inclusive, ensejam a proibição de requerimento de novo benefício por 2 anos, dobrando esse período em caso de reincidência[894].

Nesse sentido, estabelece o art. 7º da Lei nº 7.998/1990, que o pagamento do seguro-desemprego será suspenso caso:

a) O trabalhador seja admitido em novo emprego;

894. LEITÃO, André Studart; MEIRINHO, Augusto Grieco Sant'Anna. **Manual de direito previdenciário.** 5. ed. São Paulo: Saraiva Educação, 2018, p. 751-752.

b) O trabalhador passe a perceber de benefício de prestação continuada da Previdência Social, exceto o auxílio-acidente, o auxílio suplementar e o abono de permanência em serviço;

c) O trabalhador passe a perceber auxílio-desemprego;

d) O trabalhador se recuse, injustificadamente, em participar de ações de recolocação de emprego, conforme regulamentação do Codefat.

Já os casos de cancelamento do benefício estão listados no art. 8º da Lei nº 7.998/1990, e são os seguintes:

a) Recusa por parte do trabalhador desempregado de outro emprego condizente com sua qualificação registrada ou declarada e com sua remuneração anterior;

b) Comprovação de falsidade na prestação das informações necessárias à habilitação;

c) Comprovação de fraude visando à percepção indevida do benefício do seguro-desemprego; ou

d) Morte do segurado.

4. SALÁRIO-UTILIDADE OU SALÁRIO *IN NATURA*[895]

▸ **Art. 458, CLT**

O salário do empregado poderá ser pago em dinheiro e parte em utilidades. No salário-utilidade ou *in natura* ocorre substituição de parte paga em dinheiro por utilidades que seriam adquiridas pelo empregado. Exemplo: moradia e alimentação.

Ressalta-se que é vedado o pagamento apenas em utilidades. No mínimo, 30% do salário deverá ser pago em dinheiro[896]. Ademais, as parcelas pagas em utilidades são "descontadas" do salário do empregado. Alguns desses descontos possuem limites, percentuais previstos em lei. Os demais descontos deverão respeitar o real valor da utilidade[897]. De acordo com a CLT:

a) em relação empregado urbano, devem ser respeitados os seguintes percentuais: alimentação limitada a 20%, e moradia, a 25% do salário contratual do empregado (art. 458, § 3º, da CLT).

b) em relação ao empregado rural, os percentuais são limitados a 25% para a alimentação e a 20% para a moradia. Esses descontos ocorrem sobre o salário mínimo.

É vedado o pagamento de utilidades[898]: cigarro, bebidas e drogas afins. Destaca-se que é proibido o desconto no salário do empregado doméstico relacionado à alimentação,

---

895. Na onda de provas de TRT de 2022, foram várias questões que abordaram o tema. A FCC, por exemplo, questionou os candidatos sobre salário-utilidade na prova para **Analista Judiciário – Área Judiciária – TRT 9/2022 e a FUMARC, na prova para Analista Judiciário – Área Judiciária – TRT 3/2022**.

896. **Orientação Jurisprudencial nº 18 da SDC**: "Os descontos efetuados com base em cláusula de acordo firmado entre as partes não podem ser superiores a 70% do salário-base percebido pelo empregado, pois deve-se assegurar um mínimo de salário em espécie ao trabalhador".

897. **Súmula nº 258 do TST**. "Os percentuais fixados em lei relativos ao salário *in natura* apenas se referem às hipóteses em que o empregado percebe salário mínimo, apurando-se, nas demais, o real valor da utilidade."

898. **Súmula nº 367, item II, do TST**. "O cigarro não se considera salário-utilidade em face de sua nocividade à saúde."

vestuário, higiene ou moradia. A LC nº 150/2015 trouxe a novidade em relação aos empregados domésticos que são acompanhantes em viagem, cujas despesas com transportes, hospedagem e alimentação também não poderão ser descontadas. Todas essas despesas não têm natureza salarial e não integram a remuneração do empregado para nenhum fim.

De acordo com a atual redação do art. 457, § 2º, da CLT, o auxílio-alimentação é parcela de natureza indenizatória. No entanto, o dispositivo veda seu pagamento em dinheiro.

Se o empregador conceder auxílio alimentação, não haverá integração ao salário, desde não seja realizado o pagamento em dinheiro. Ressalta-se, portanto, que a inclusão do auxílio-alimentação como verba de natureza indenizatória, a alimentação deixa, na maioria das hipóteses, de ser considerada salário *in natura*. Nesse sentido, deve ser cancelada a Súmula nº 241 do TST[899], que parece superada.

Quando concedida por meio de auxílio-alimentação, não integrará o salário. Permanece, contudo, como salário quando concedido o valor em dinheiro ou quando o empregador, por exemplo, oferece churrascos ou jantares aos empregados como contraprestação pelos serviços.

Assim, se o empregado receber salário de R$ 2.000,00 e auxílio-alimentação fornecido, por exemplo, como tíquete-alimentação, no valor de R$ 600,00, seu salário somente será considerado no valor de R$ 2.000,00 para o cálculo das demais verbas trabalhistas. Ressalta-se que nem mesmo a norma coletiva ou a adesão ao PAT pode alterar, durante o contrato, a mudança da natureza jurídica da alimentação aos atuais empregados[900].

Nesse sentido, a jurisprudência do TST afirma:

> **Orientação Jurisprudencial nº 413 da SDI – I do TST:** A pactuação em norma coletiva conferindo caráter indenizatório à verba "auxílio-alimentação" ou a adesão posterior do empregador ao Programa de Alimentação do Trabalhador – PAT **não altera a natureza salarial da parcela, instituída anteriormente**, para aqueles empregados que, habitualmente, já percebiam o benefício, a teor das Súmulas nº 51, I, e 241 do TST.

Em abril de 2025, o Tribunal Superior do Trabalho firmou importante precedente sobre o auxílio-alimentação. Trata-se da tese vinculante nº 121, que consolidou o entendimento de que essa parcela não possui natureza salarial quando há contribuição do empregado para seu custeio, independentemente do valor de sua coparticipação.

899. **Súmula nº 241 do TST:** O vale-refeição, fornecido por força do contrato de trabalho, tem **caráter salarial**, integrando a remuneração do empregado para todos os efeitos legais (grifos acrescidos).

900. Nesse sentido, a jurisprudência do TST afirma:
Orientação Jurisprudencial nº 123 da SDI-I do TST: A ajuda-alimentação prevista em norma coletiva em decorrência de prestação de horas extras tem **natureza indenizatória** e, por isso, não integra o salário do empregado bancário. (grifos acrescidos)
Orientação Jurisprudencial nº 133 da SDI-I do TST: A ajuda-alimentação fornecida por empresa participante do programa de alimentação ao trabalhador, instituído pela Lei nº 6.321/76, **não tem caráter salarial**. Portanto, não integra o salário para nenhum efeito legal.
Orientação Jurisprudencial nº 413 da SDI – I do TST: A pactuação em norma coletiva conferindo caráter indenizatório à verba "auxílio-alimentação" ou a adesão posterior do empregador ao Programa de Alimentação do Trabalhador – PAT – não altera a natureza salarial da parcela, instituída anteriormente, para aqueles empregados que, habitualmente, já percebiam o benefício, a teor das Súmulas nº 51, I, e 241 do TST. (grifos acrescidos).

Assim, nos casos em que há contraprestação pelo auxílio-alimentação, a verba assume natureza indenizatória. Esse entendimento é especialmente relevante para situações anteriores à Reforma Trabalhista, nos seguintes termos, por exemplo:

a) Quando se pleiteia o reconhecimento da natureza salarial do auxílio-alimentação: se houver contribuição do empregado para o benefício, ainda que o contrato seja anterior à Reforma, a parcela terá natureza indenizatória.

b) Quando há adesão ao Programa de Alimentação do Trabalhador (PAT) em contratos já em curso: se, nesses casos, o empregado já contribuía para o custeio do benefício, não há que se falar em alteração da natureza da verba, pois ela sempre teve caráter indenizatório.

Por fim, cabe lembrar que, conforme a tese vinculante nº 23 do TST, firmada em sede de Incidente de Recurso de Revista Repetitivo, a Lei nº 13.467/2017 (Reforma Trabalhista) tem aplicação imediata aos contratos de trabalho em vigor, passando a regular os direitos decorrentes de leis cujos fatos geradores tenham ocorrido após sua entrada em vigor.

4.1. Natureza jurídica da utilidade

Torna-se imprescindível verificar se a utilidade recebida pelo empregado possui natureza salarial, pois uma vez reconhecido esse caráter, integra as demais parcelas. Exemplo: o transporte fornecido pelo empregador é salário-utilidade ou apenas ferramenta de trabalho?

Requisitos para configurar salário-utilidade:

a) Utilidade deverá ser fornecida **habitualmente**. Exemplo: empregado recebe todos os meses presentes dados por seu empregador.

b) Utilidade fornecida terá caráter de **contraprestação**, ou seja, é paga **pelo** trabalho desempenhado pelo empregado. Para tornar o emprego mais atrativo, o empregador paga o aluguel de um apartamento de 300 metros quadrados e disponibiliza veículo em tempo integral ao trabalhador. Essas utilidades possuem natureza de contraprestação, pois são pagas pelo trabalho desempenhado.

Há autores que apontam um terceiro requisito: a gratuidade. De acordo com esse posicionamento, se houver desconto no salário do empregado, perde-se a natureza de salário-utilidade. Nesse sentido, ensina Sergio Pinto Martins[901]:

> Para a configuração da utilidade dois critérios básicos são necessários: a) habitualidade, que inclusive está indicada no art. 458 da CLT. Se a utilidade for fornecida uma vez ou outra, eventualmente, provisoriamente, não será considerada salário *in natura*; b) **gratuidade**. O salário-utilidade é uma prestação fornecida gratuitamente ao empregado. A utilidade não deixa de ter um aspecto de compensação econômica pelo trabalho prestado, ainda que seja fornecida gratuitamente. Havendo cobrança da utilidade pelo empregador, deixará de ter natureza salarial a prestação fornecida ao obreiro. (grifo acrescido)

Lembre-se de que salário-utilidade é salário, logo integra demais parcelas trabalhistas, quando preenchidos cumulativamente os 2 requisitos anteriores. Exemplo: empregado recebe R$ 1.600,00 em dinheiro e R$ 400,00 em alimentação. Tendo em vista que o valor da

901. MARTINS, Sergio Pinto. Direito do Trabalho. 24. ed. São Paulo: Atlas, 2008. p. 213.

alimentação está sendo pago em dinheiro, terá natureza salarial (art. 457, § 2º, CLT – Redação dada pela Lei nº 13.467/2017). O salário desse empregado é de R$ 2.000,00. Sobre esse valor ocorrerá, por exemplo, os depósitos do FGTS e será calculado o décimo terceiro salário.

Se a utilidade fornecida é **para** o trabalho, ou seja, como ferramenta indispensável à realização dos serviços, não terá natureza salarial, mas sim de indenização. Exemplo: energia elétrica[902], EPIs, enxada e facão, carro fornecido para o vendedor da empresa etc. não são considerados salário. Assim sendo, o valor da enxada (R$ 30,00) não integra o cálculo das férias, depósitos do FGTS etc. Ressalta-se que o veículo fornecido com finalidade única e exclusiva de tornar o trabalho mais atrativo, sem qualquer ligação com a atividade desenvolvida na empresa, será considerado salário *in natura*.

SALÁRIO *IN NATURA*

PELO	Salário-utilidade (contraprestação)
PARA	Não é salário-utilidade (ferramenta de trabalho)

Há previsão de algumas utilidades que, em regra, não possuem natureza salarial quando fornecidas pelo empregador. A previsão dessas utilidades que não são consideradas salário *in natura*, são muito importantes ao seu concurso, pois são exigidas com frequência. Aliás, houve uma alteração na lei prevendo o vale cultura como parcela indenizatória (não salarial). De acordo com art. 458, § 2º, da CLT:

> **Art. 458** – Além do pagamento em dinheiro, compreende-se no salário, para todos os efeitos legais, a alimentação, habitação, vestuário ou outras prestações in natura que a empresa, por força do contrato ou do costume, fornecer habitualmente ao empregado. Em caso algum será permitido o pagamento com bebidas alcoólicas ou drogas nocivas.
>
> § 1º Os valores atribuídos às prestações in natura deverão ser justos e razoáveis, não podendo exceder, em cada caso, os dos percentuais das parcelas componentes do salário mínimo (arts. 81 e 82).
>
> § 2º Para os efeitos previstos neste artigo, **não serão consideradas como salário as seguintes utilidades concedidas pelo empregador:**
>
> **I – vestuários, equipamentos e outros acessórios fornecidos aos empregados e utilizados no local de trabalho, para a prestação do serviço;**
>
> **II – educação, em estabelecimento de ensino próprio ou de terceiros, compreendendo os valores relativos a matrícula, mensalidade, anuidade, livros e material didático;**
>
> **III – transporte destinado ao deslocamento para o trabalho e retorno, em percurso servido ou não por transporte público[903];**

902. **Súmula nº 367, item I, do TST.** "A habitação, a energia elétrica e veículo fornecidos pelo empregador ao empregado, quando indispensáveis para a realização do trabalho, não têm natureza salarial, ainda que, no caso de veículo, seja ele utilizado pelo empregado também em atividades particulares."

903. É importante que o candidato fique atento à diferença entre: **1)** o valor do transporte fornecido para o deslocamento do trabalho e seu retorno e **2)** do valor das horas *in itinere*. A primeira hipótese refere-se ao

> **IV – assistência médica, hospitalar e odontológica, prestada diretamente ou mediante seguro-saúde;**
>
> V – seguros de vida e de acidentes pessoais;
>
> VI – previdência privada;
>
> VII – vetado
>
> VIII – o valor correspondente ao vale-cultura.
>
> (grifos acrescidos)
>
> § 3º A habitação e a alimentação fornecidas como salário-utilidade deverão atender aos fins a que se destinam e não poderão exceder, respectivamente, a 25% (vinte e cinco por cento) e 20% (vinte por cento) do salário-contratual.
>
> (...) § 5º O valor relativo à assistência prestada por serviço médico ou odontológico, próprio ou não, inclusive o reembolso de despesas com medicamentos, óculos, aparelhos ortopédicos, próteses, órteses, despesas médico-hospitalares e outras similares, mesmo quando concedido em diferentes modalidades de planos e coberturas, não integram o salário do empregado para qualquer efeito nem o salário de contribuição, para efeitos do previsto na alínea *q* do § 9º do art. 28 da Lei no 8.212, de 24 de julho de 1991.

O inciso IV do § 2º do artigo em análise já estabelecia que as parcelas destinadas ao fornecimento de assistência médica, hospitalar e odontológica não integrava o salário do empregado. Com a inserção do § 5º ao art. 458 da CLT, o legislador da Reforma Trabalhista estabelece que todos os valores referentes à assistência prestada por serviço médico ou odontológico não integram o salário do empregado, inclusive no tocante ao reembolso de despesas com medicamentos, óculos, aparelhos ortopédicos, próteses, órteses, despesas médico-hospitalares e outras similares.

Além disso, a modalidade de plano de saúde e as coberturas previstas não influenciam para a natureza da parcela que não integrará o salário do trabalhador. Com esse dispositivo, é possível a concessão de plano de saúde cuja cobertura é parcial ou ainda que exija complementação do valor. Nesse caso, mesmo se necessário o pagamento em coparticipação, a parcela não será considerada salário *in natura*.

O § 5º do art. 458 da CLT foi além e previu que o valor pago não deve ser considerado nem mesmo para o cálculo do salário de contribuição do trabalhador para fins previdenciários, conforme previsto no art. 28, § 9º, "q", da Lei nº 8.212/1991:

> **Art. 28, § 9º, Lei nº 8.212/1991** *(Redação dada pela Reforma Trabalhista):* Não integram o salário-de-contribuição para os fins desta Lei, exclusivamente:
>
> (...) q) o valor relativo à assistência prestada por serviço médico ou odontológico, próprio da empresa ou por ela conveniado, inclusive o reembolso de despesas com medicamentos, óculos, aparelhos ortopédicos, próteses, órteses, despesas médico hospitalares e outras similares;

---

transporte enquanto utilidade que é fornecida ao empregado. Nesse sentido, se o empregador paga, por exemplo, R$ 5,00 por dia referentes ao transporte do empregado ao trabalho e seu retorno, não haverá nenhum reflexo desse valor, nas demais parcelas salariais por expressa previsão legal (art. 458, § 2º, III, CLT). Trata-se, portanto, de parcela indenizatória. Por outro lado, a Reforma Trabalhista retirou a possibilidade de remuneração das horas de trajeto. Para mais informações quanto às horas *in itinere*, veja o tópico específico no capítulo de Duração do Trabalho.

Ressalta-se que esse artigo da Lei de Custeio da Previdência Social (Lei nº 8.212/1991) também foi alterado pela Reforma Trabalhista para trazer essa nova hipótese de utilidade que não integra o salário de contribuição do trabalhador.

Por fim, Marcelo Moura[904] sustenta que a negociação coletiva é um importante instrumento para retirar a natureza salarial de algumas utilidades fornecidas ao empregado. Contudo, afirma que a previsão da norma deve ser clara e precisa, sob pena de ser mantida a natureza salarial.

5. DA FORMA, DO TEMPO E DO LOCAL DO PAGAMENTO

- **Art. 459, CLT**
- **Arts. 463 a 467, CLT**

O salário poderá ser fixado de 3 formas:

a) **Salário por unidade de tempo.** O empregado receberá pelos minutos e horas que estiver à disposição do empregador, aguardando ou executando ordens. Nesse caso, o salário independe da produtividade do trabalhador.

b) **Salário por unidade de obra ou salário por produção**: empregado receberá de acordo com a quantidade produzida, ou seja, o salário estará intimamente ligado ao seu desempenho pessoal, independentemente do tempo gasto. Exemplos: empregado que costura sapato e recebe por peça costurada ou, ainda, cortador de cana que recebe por tonelada cortada. Como se trata de salário variável[905], é garantido, independentemente da produção do trabalhador, o recebimento do salário mínimo.

Com a Reforma Trabalhista, os acordos e convenções coletivas passam a ter prevalência sobre a lei no estabelecimento da remuneração por produtividade, incluídas as gorjetas percebidas pelo empregado, e remuneração por desempenho individual:

> **Art. 611-A da CLT** (Inserido pela Reforma Trabalhista): A convenção coletiva e o acordo coletivo de trabalho têm prevalência sobre a lei quando, entre outros, dispuserem sobre:
>
> (...) IX – remuneração por produtividade, incluídas as gorjetas percebidas pelo empregado, e remuneração por desempenho individual;

c) **Salário por tarefa.** Forma mista de pagamento. Receberá conforme o serviço prestado (produção) e em período previamente fixado (tempo).

A **periodicidade** do pagamento deverá ocorrer em intervalos não superiores a um mês, exceto o pagamento das gratificações, comissões e percentagens. O salário poderá ser pago por dia, semana, quinzena ou mês. Se fixado por mês, o pagamento deve ser efetuado até

904. MOURA, Marcelo. *Consolidação das Leis do Trabalho para concursos*. 4. ed. Salvador: Juspodivm, 2014. p. 486.
905. "É uma forma de pagamento que resulta sempre num salário *variável*, em virtude da impossibilidade de o empregado produzir em ritmo absolutamente inalterável, já que está submetido, durante a execução do trabalho, à influência de fatores subjetivos e externos que lhe alteram a capacidade de produção." PINTO, José Augusto Rodrigues. *Tratado de Direito Material do Trabalho*. São Paulo: LTr, 2007. p. 344.

o 5º dia útil subsequente ao mês vencido. Ressalta-se que, se o último dia coincidir com o sábado ou o domingo, por não haver expediente bancário, prorroga-se para segunda-feira ou para o próximo dia útil. Não é possível a celebração de acordo, nem mesmo em âmbito coletivo, para prorrogar esse prazo de pagamento do salário[906]. Nesse sentido:

> **Art. 459 da CLT:** O pagamento do salário, qualquer que seja a modalidade do trabalho, não deve ser estipulado por período superior a 1 (um) mês, salvo no que concerne a comissões, percentagens e gratificações.
>
> Parágrafo único: Quando o pagamento houver sido estipulado por mês, deverá ser efetuado, o mais tardar, até o quinto dia útil do mês subsequente ao vencido.
>
> **Orientação Jurisprudencial nº 159 da SDI-I do TST:** Diante da inexistência de previsão expressa em contrato ou em instrumento normativo, a alteração de data de pagamento pelo empregador não viola o art. 468, desde que observado o parágrafo único, do art. 459, ambos da CLT.

O pagamento do salário pago em pecúnia[907] deverá ocorrer em **moeda corrente** do País (real), como afirma o art. 463 da CLT.

Por fim, o local do pagamento deverá ocorrer, em regra, no **local de trabalho**, em dia útil, dentro do horário de trabalho ou imediatamente após seu encerramento[908], exceto se efetuado depósito em conta bancária do empregado (art. 465 da CLT).

Entendemos que, com a popularização do trabalho remoto, principalmente pós-pandemia de COVID-19, bem como a criação e popularização do PIX[909], os locais e forma de pagamento do salário podem ser flexibilizados.

A prova do pagamento será feita mediante **recibo**. Também tem força de recibo o comprovante de depósito, em conta bancária (art. 464 da CLT). Para o analfabeto, diante da impossibilidade de assinatura, deve ser colocada sua impressão digital. Não sendo possível a impressão digital, será feita assinatura a rogo[910].

---

906. Em questão do concurso de Analista Judiciário do TRT 23ª Região (MT) realizado em fevereiro de 2016, foi exigido o conhecimento do prazo máximo para pagamento do salário e a impossibilidade de alteração desse valor para além do 5º dia útil do mês seguinte ao da prestação do serviço.

907. Pecúnia é sinônimo de dinheiro.

908. "O pagamento do salário há de ser feito dentro do horário de serviço ou logo após o término deste. Cuidará a empresa de utilizar, na última hipótese, processo que permita ao empregado receber o salário sem perda de muito tempo. Se, após o encerramento do serviço, tiver o empregado de permanecer na empresa muito tempo, acabará por adquirir direito a horas suplementares." SAAD, Eduardo Gabriel. *Consolidação das Leis do Trabalho: comentada*. Atualizada, revista e ampliada por José Eduardo Duarte Saad, Ana Maria Saad Castello Branco. 42. ed. São Paulo: LTr, 2009. p. 598.

909. Segundo o site do Banco Central, "Pix é o pagamento instantâneo brasileiro. O meio de pagamento criado pelo Banco Central (BC) em que os recursos são transferidos entre contas em poucos segundos, a qualquer hora ou dia. É prático, rápido e seguro. O Pix pode ser realizado a partir de uma conta corrente, conta poupança ou conta de pagamento pré-paga". Disponível em: https://www.bcb.gov.br/estabilidadefinanceira/pix. Acesso em 14/10/2022.

910. Assinatura a **rogo** ocorre quando um terceiro assina pelo empregado analfabeto (ou que esteja impossibilitado de assinar) na presença de duas testemunhas.

Salário

- **Salário poderá ser fixado:**
  - por tempo
  - por produção
  - por tarefa
- **Periodicidade:**
  - prazo não superior a um mês, exceto comissões, percentagens e gratificações
  - pagamento mensal: até 5º dia útil
- **Pagamento em moeda corrente – real**

6. GARANTIAS DE PROTEÇÃO AO SALÁRIO

- **Art. 7º, incisos VI e X, CF/88**
- **Art. 462, CLT**
- **Súmula nº 342 do TST**
- **Orientação Jurisprudencial nº 160 da SDI – I do TST**

Dentre as características do salário, destaca-se sua natureza alimentar, pois ele tem finalidade de garantir o sustento do trabalhador e de sua família. Diante disso, o salário é protegido contra eventuais abusos cometidos pelo empregador e, ainda, protegido em face dos credores do empregador e dos credores do próprio empregado.

Uma das proteções ao salário do empregado é a proibição de sua **retenção dolosa** pelo empregador, conduta que, nos termos da CF/88, configura crime:

> **Art. 7º, X, CF/88:** São direitos dos trabalhadores urbanos e rurais, além de outros que visem à melhoria de sua condição social: proteção do salário na forma da lei, constituindo crime sua retenção dolosa;

Ocorre que, apesar de previsão constitucional, não há lei infraconstitucional tipificando a conduta de retenção dolosa de salário, o que gerou intenso debate doutrinário sobre o assunto. De acordo com o Sergio Pinto Martins[911], o crime previsto no art. 7º, X, CF/88 é regulamentada de maneira indireta pelo Código Penal ao versar sobre a apropriação indébita.

> **Art. 168 do Código Penal:** Apropriar-se de coisa alheia móvel, de que tem a posse ou a detenção:
>
> Pena – reclusão, de um a quatro anos, e multa.

Ao versar sobre o assunto, o STJ[912] estabeleceu que a conduta de retenção dolosa do salário é atípica e não se amolda ao tipo penal de apropriação indébita, uma vez que o valor a que o empregado está sujeito a receber é de propriedade da empresa, não havendo a apropriação de coisa alheia de que tem a posse exigida para a configuração do delito.

---

911. MARTINS, Sergio Pinto. *Direito do Trabalho*. 30 ed. São Paulo: Atlas, 2014. p. 324.

912. HABEAS CORPUS Nº 177.508 – PB, Relatora: Ministra Maria Thereza de Assis Moura, Data de julgamento: 15/08/2013.

Mesmo após quase 3 décadas da promulgação da Constituição Federal, o legislativo mostrou-se inerte e omisso na proteção de um direito do trabalhador de não ter seu salário retido dolosamente. Por outro lado, há previsão expressa de apropriação indébita previdenciária, que configura como delito, a conduta do empregador deixar de repassar à Previdência Social as contribuições sociais recolhidas dos contribuintes no prazo legal:

> **Art. 168-A, Código Penal:** Deixar de repassar à previdência social as contribuições recolhidas dos contribuintes, no prazo e forma legal ou convencional: (Incluído pela Lei nº 9.983, de 2000)
>
> Pena – reclusão, de 2 (dois) a 5 (cinco) anos, e multa.
>
> § 1º Nas mesmas penas incorre quem deixar de:
>
> I – recolher, no prazo legal, contribuição ou outra importância destinada à previdência social que tenha sido descontada de pagamento efetuado a segurados, a terceiros ou arrecadada do público;
>
> II – recolher contribuições devidas à previdência social que tenham integrado despesas contábeis ou custos relativos à venda de produtos ou à prestação de serviços;
>
> III – pagar benefício devido a segurado, quando as respectivas cotas ou valores já tiverem sido reembolsados à empresa pela previdência social.

Assim, surge curiosa e indesejável situação: contanto que o empregador repasse os valores das contribuições sociais sobre o salário de seus empregados ao Estado, é possível a retenção dolosa desses salários sem que haja o cometimento de nenhum delito.

6.1. Irredutibilidade salarial

O empregador não poderá, por ato unilateral, reduzir o salário do empregado. Há possibilidade de redução salarial, excepcionalmente, via negociação coletiva (acordo ou convenção). Com o advento da Lei nº 13.467/2017, o art. 611-A, § 3º da CLT estabeleceu que em caso de redução do salário, o acordo ou convenção deverão prever a proteção dos empregados por dispensa imotivada no período em que vigorar o instrumento coletivo:

> **Art. 611-A, § 3º, CLT** *(acrescentado pela Reforma Trabalhista)*: Se for pactuada cláusula que reduza o salário ou a jornada, a convenção coletiva ou o acordo coletivo de trabalho deverão prever a proteção dos empregados contra dispensa imotivada durante o prazo de vigência do instrumento coletivo.

Importante destacar que o art. 503 da CLT prevê a possibilidade de redução de salário por motivo de força maior. Esse artigo não foi recepcionado pela atual Constituição, ou seja, não está mais em vigor.

Ainda, a garantia de irredutibilidade salarial prevista no art. 7º, VI, CF/88, refere-se tão somente à irredutibilidade nominal do salário do empregado e não abrange as perdas decorrentes da inflação. Assim, por exemplo, se o salário do empregado é estipulado em R$ 2.000,00, não é permitido ao empregador, salvo mediante negociação coletiva, reduzir o salário. Contudo, se o poder de compra do empregado cair em razão do aumento da taxa de inflação, não há obrigação de aumento do salário do trabalhador para corrigir a inflação. Em suma, não há garantia de irredutibilidade salarial real em razão da perda do poder de compra, mas apenas nominal, referente ao valor pago ao trabalhador.

Por fim, o candidato deve se atentar à flexibilização recente dessa garantia, primeiro com a Pandemia de COVID-19 e, então, institucionalizada pela Legislação de Exceção.

No dia 1º de abril de 2020, foi publicada a MP nº 936/2020, que instituiu o Programa Emergencial de Manutenção do Emprego e da Renda e medidas trabalhistas complementares para enfrentamento do estado de calamidade pública reconhecido pelo Decreto Legislativo nº 6, de 20 de março de 2020, e da emergência de saúde pública de importância internacional decorrente do coronavírus (COVID-19). Em 16/06/2020, o texto foi aprovado pelo Senado Federal com algumas modificações e enviado para a sanção presidencial. No dia 06/07/2020, foi sancionada com vetos a Lei nº 14.020/2020, que passou a regulamentar as hipóteses de redução salarial e suspensão temporária do contrato de trabalho. As medidas previstas na Lei nº 14.020/2020 foram suspensas, diante do fim do estado de calamidade pública em 31/12/2020.

No dia 28/04/2021, foi publicada a Medida Provisória nº 1.045/2021, que regulamentou o Novo Programa Emergencial de Manutenção do Emprego e da Renda. Essa medida foi rejeitada pelo Senado Federal e teve vigência limitada de 120 dias.

O art. 3º da Lei nº 14.020/2020 elenca as 3 medidas adotadas com o programa:

> I – o pagamento de Benefício Emergencial de Preservação do Emprego e da Renda;
> II – a redução proporcional de jornada de trabalho e de salários; e
> III – a suspensão temporária do contrato de trabalho

No mesmo sentido das legislações pandêmicas, em 15 de agosto de 2022, foi publicada a Lei nº 14.437, de 2022 (fruto da conversão da Medida Provisória nº 1.109, de 2022), que institucionaliza autorização genérica para a adoção de medidas trabalhistas de enfrentamento a momentos de crise, dentre elas: a redução proporcional da jornada de trabalho e do salário; e a suspensão temporária do contrato de trabalho. Essas medidas poderão ser implementadas por meio de acordo individual escrito ou de negociação coletiva. Para tanto, basta declaração de estado de calamidade pública em âmbito nacional ou em âmbito estadual, distrital ou municipal reconhecido pelo Poder Executivo federal.

Dessa forma, agora, mesmo superado o momento de crise ocasionado pela pandemia de COVID-19, no Direito do Trabalho, é possível a redução de salários e a suspensão do contrato de trabalho por meio de acordo individual entre empregado e empregador. Ainda que reservada essa possibilidade aos períodos de reconhecida calamidade, temos sérias dúvidas quanto à constitucionalidade dessas normas, pois a Constituição Federal autoriza a redução salarial apenas por meio de convenção ou acordo coletivo de trabalho (art. 7º, VI).

Ainda, uma última observação se faz importante: na regulamentação anterior do BEm, referente à pandemia de COVID-19, as fraudes relativas ao recebimento do benefício eram de responsabilidade do empregador, autorizada, inclusive, a inscrição na dívida ativa da União dos créditos constituídos em decorrência de Benefício Emergencial de Preservação do Emprego e da Renda pago indevidamente ou além do devido (art. 5º, § 7º da Lei 14.020/2020). A nova regulamentação trazida pela legislação de exceção inverte essa lógica e passa a prever, de maneira expressa, que a responsabilidade pelo recebimento indevido do BEm é do trabalhador, que estará sujeito à compensação automática com eventuais parcelas devidas do referido Benefício ou com futuras parcelas de abono salarial ou de seguro-desemprego a que tiver direito (art. 38 da Lei nº 14.437/2022).

6.2. Intangibilidade[913] salarial

Essa garantia veda que descontos ilegais e abusivos[914] sejam efetuados pelo empregador no salário. Excepcionalmente, alguns descontos são permitidos:

913. Intangível é sinônimo de intocável, inatacável.

914. **Súmula nº 342 do TST.** "Descontos salariais efetuados pelo empregador, com a autorização prévia e por escrito do empregado, para serem integrados em planos de assistência odontológica, médico-hospitalar, de seguro, de

1) Descontos em razão do **salário-utilidade**. O salário do empregado poderá ser pago em dinheiro e parte em utilidades. No salário-utilidade ou *in natura* ocorre substituição de parte paga em dinheiro por utilidades que seriam adquiridas pelo empregado. Exemplo: moradia e alimentação. Alguns desses descontos possuem limites, percentuais previstos em lei. Os demais descontos deverão respeitar o real valor da utilidade[915].

   Nesse sentido, em relação ao empregado urbano, devem ser respeitados os seguintes percentuais: alimentação limitada a 20%, e moradia, a 25% do salário contratual do empregado (art. 458, § 3º, da CLT). Por sua vez, em relação ao empregado rural, os percentuais são limitados a 25% para a alimentação e a 20% para a moradia. Esses descontos ocorrem sobre o salário mínimo. Lembre-se de que, com a Reforma Trabalhista, o auxílio-alimentação passou a ter natureza indenizatória (art. 457, § 2º, CLT). Portanto, em regra, a alimentação não será considerada salário *in natura*. No entanto, caso o empregador conceda o benefício em dinheiro ao empregado ou forneça a alimentação produzida na própria empresa, a parcela terá natureza salarial e deverá respeitar os limites dispostos no art. 458, § 3º da CLT.

2) Descontos no salário em razão de **dano** causado pelo empregado. Neste caso, se o dano foi cometido por dolo, ou seja, de forma intencional, desconto é sempre possível, em razão da falta de lealdade do trabalhador. Se cometido por culpa (sem intenção), o desconto será possível desde que previsto no contrato de trabalho ou norma coletiva[916] (ajuste feito entre as partes). Nesse sentido, art. 462 da CLT, abaixo destacado.

   Sobre essa modalidade de desconto, é válido ressaltar a importância da parcela salarial "quebra de caixa". Trata-se de um valor pago com habitualidade para compensar o risco exercido pelos trabalhadores que lidam com dinheiro[917]. Essa parcela é paga, mensalmente, independentemente de ocorrer o desfalque no caixa. Se ocorrerem eventuais diferenças de numerário quando do fechamento do caixa, é lícito o desconto dessa gratificação denominada "quebra de caixa", pois o empregado está ciente de eventuais danos que pode causar[918]. Destaca-se que, se o valor desfalcado no caixa ocorreu em razão de dolo do empregado, por exemplo, por meio fraudulento, o desconto no salário não é limitado ao valor da parcela quebra de caixa, mas deve corresponder ao valor total do desfalque.

---

previdência privada, ou de entidade cooperativa, cultural ou recreativo-associativa de seus trabalhadores, em seu benefício e de seus dependentes, não afrontam o disposto no art. 462 da CLT, salvo se ficar demonstrada a existência de coação ou de outro defeito que vicie o ato jurídico."

915. **Súmula nº 258 do TST.** "Os percentuais fixados em lei relativos ao salário *in natura* apenas se referem às hipóteses em que o empregado percebe salário mínimo, apurando-se, nas demais, o real valor da utilidade."

916. **Orientação Jurisprudencial nº 251 da SDI-I do TST.** "É lícito o desconto salarial referente à devolução de cheques sem fundos, quando o frentista não observar as recomendações previstas em instrumento coletivo."

917. "A verba quebra de caixa não está prevista na CLT, mas, em geral, consta das convenções coletivas ou sentenças normativas alusivas à categoria dos bancários, nada impedindo que qualquer empresa adote. Normalmente recebem essa vantagem aqueles que – como os caixas de banco – lidam com dinheiro e podem sofrer prejuízos por ter de reembolsar diferenças a menos que costumam surgir." PINTO, Raymundo Antônio Carneiro. *Súmulas do TST comentadas*. 10. ed. São Paulo: LTr, 2008. p. 215.

918. Informativo nº 18 do TST.

3) **Adiantamentos** salariais feitos em favor do empregado.
4) **Descontos legais**[919] (pensão alimentícia, por exemplo) e convencionais (previsão em acordo coletivo – contribuição assistencial).
5) Descontos no salário para percepção de **planos de assistência odontológica e médico-hospitalar**. Para que o desconto seja válido é necessário que haja prévia autorização por escrito do empregado[920]. Ressalta-se que se houver vício no consentimento do empregado ao conceder autorização do desconto, será considerado ilegal. Além disso, entendemos que o plano de saúde pode ser contratado diretamente pela empresa (plano Pessoa Jurídica) ou o reembolso, total ou parcial, do plano que o empregado já possui.
6) **Multa por descumprimento do acordo no trabalho intermitente:** A Reforma Trabalhista estabelece hipótese de multa ao empregado pelo descumprimento da prestação de serviços em trabalho intermitente após a aceitação da oferta pelo trabalhador (art. 452-A, § 4º da CLT). A legislação salienta, entretanto, que a multa somente será devida caso o descumprimento ocorra sem justo motivo. A *contrario sensu*, se houver justo motivo, não será necessário o pagamento da multa de 50%. Apesar de estabelecer a multa para ambas as partes da relação empregatícia, verifica-se que o dispositivo tem o potencial de trazer mais prejuízos aos trabalhadores do que ao empregador, pois a cobrança da multa pelo empregador pode ser realizada pelo desconto no valor da remuneração devida nos próximos trabalhados realizados, cabendo ao trabalhador ingressar com reclamação para reaver o valor que entenda descontado de forma ilegal.

6.3. Vedação ao *truck system*

Truck system é o pagamento do salário por meio de vales ou bônus para compra de produtos em armazém mantido pelo empregador. Exemplo: ocorre essa forma de pagamento em algumas propriedades rurais, nas quais o empregador exige que seus empregados gastem o salário nas dependências por ele mantidas. Nesse sentido:

---

919. As Leis nº 13.172/2015 e nº 14.431 alteraram a redação da Lei nº 10.820/2003 e, atualmente, estabelecem o limite de 40% sobre o valor recebido nas verbas rescisórias do empregado para efetuar o pagamento de empréstimos, financiamentos, cartões de crédito e operações de arrendamento mercantil. Além disso, a Lei permite o desconto dos empréstimos na folha de pagamento do empregado. Nesse sentido: **Art. 1º, Lei nº 10.820/2003:** Os empregados regidos pela Consolidação das Leis do Trabalho – CLT, aprovada pelo Decreto- Lei nº 5.452, de 1º de maio de 1943, poderão autorizar, de forma irrevogável e irretratável, o desconto em folha de pagamento ou na sua remuneração disponível dos valores referentes ao pagamento de empréstimos, financiamentos, cartões de crédito e operações de arrendamento mercantil concedidos por instituições financeiras e sociedades de arrendamento mercantil, quando previsto nos respectivos contratos. § 1º O desconto mencionado neste artigo também poderá incidir sobre verbas rescisórias devidas pelo empregador, se assim previsto no respectivo contrato de empréstimo, financiamento, cartão de crédito ou arrendamento mercantil, até o limite de 40% (quarenta por cento), sendo 35% (trinta e cinco por cento) destinados exclusivamente a empréstimos, financiamentos e arrendamentos mercantis e 5% (cinco por cento) destinados exclusivamente à amortização de despesas contraídas por meio de cartão de crédito consignado ou à utilização com a finalidade de saque por meio de cartão de crédito consignado.

920. **Súmula nº 342 do TST:** Descontos salariais efetuados pelo empregador, com a autorização prévia e por escrito do empregado, para serem integrados em planos de assistência odontológica, médico-hospitalar, de seguro, de previdência privada, ou de entidade cooperativa, cultural ou recreativo-associativa de seus trabalhadores, em seu benefício e de seus dependentes, não afrontam o disposto no art. 462 da CLT, salvo se ficar demonstrada a existência de coação ou de outro defeito que vicie o ato jurídico.

Art. 462, CLT: – Ao empregador é vedado efetuar qualquer desconto nos salários do empregado, salvo quando este resultar de adiantamentos, de dispositivos de lei ou de contrato coletivo.

§ 1º – Em caso de dano causado pelo empregado, o desconto será lícito, desde de que esta possibilidade tenha sido acordada ou na ocorrência de dolo do empregado.

§ 2º – É vedado à empresa que mantiver armazém para venda de mercadorias aos empregados ou serviços estimados a proporcionar-lhes prestações in natura exercer qualquer coação ou induzimento no sentido de que os empregados se utilizem do armazém ou dos serviços.

§ 3º – Sempre que não for possível o acesso dos empregados a armazéns ou serviços não mantidos pela Empresa, é lícito à autoridade competente determinar a adoção de medidas adequadas, visando a que as mercadorias sejam vendidas e os serviços prestados a preços razoáveis, sem intuito de lucro e sempre em benefício dos empregados.

§ 4º – Observado o disposto neste Capítulo, é vedado às empresas limitar, por qualquer forma, a liberdade dos empregados de dispor do seu salário.

6.4. Pagamento na primeira audiência judicial

No caso de rescisão do contrato de trabalho, o empregador é obrigado a pagar ao empregado, à data do comparecimento na Justiça do Trabalho, a parte incontroversa, sob pena de pagá-la acrescida de 50%. Veja que essa obrigatoriedade consiste apenas na parte incontroversa das verbas rescisórias[921]. É importante destacar que há discussão quanto ao alcance do termo "verbas rescisórias". De acordo com Marcelo Moura[922], o termo deve se referir tão somente às verbas que realmente decorrem do ato que põe fim ao contrato de trabalho, quais sejam: saldo de salários, aviso-prévio, férias vencidas e proporcionais, 13º salário, indenização por tempo de serviço, indenização do art. 479 da CLT (extinção antecipada do contrato por prazo determinado por iniciativa do empregador) e multa de 20% ou 40% do FGTS. Por outro lado, há decisão do TST no sentido de que salários vencidos de meses anteriores à rescisão devem integrar a multa do art. 467 da CLT caso incontroversos[923].

Exemplo: empregado ingressa com reclamação trabalhista, pleiteando o pagamento de horas extras e férias vencidas. O empregador confessa que não pagou as férias ou, ainda, nada menciona sobre pagamento de férias na contestação. A parcela de férias tornou-se incontroversa em razão da confissão ou silêncio do empregador, devendo ser paga na primeira audiência na Justiça do Trabalho, sob pena de acréscimo de 50%.

6.5. Proteção em face dos credores

- **Proteção em face dos credores do empregador.** Deve-se ressaltar, mais uma vez, que os riscos do empreendimento são exclusivos do empregador. Assim sendo, na

921. A penalidade prevista no art. 467 da CLT será aplicada ao revel que não comparece à audiência para apresentar defesa. De acordo com a **Súmula nº 69 do TST**: "A partir da Lei nº 10.272, de 5.9.2001, havendo rescisão do contrato de trabalho e sendo revel e confesso quanto à matéria de fato, deve ser o empregador condenado ao pagamento das verbas rescisórias, não quitadas na primeira audiência, com acréscimo de 50% (cinquenta por cento)". Aliás, a massa falida não se sujeita a essa multa, conforme previsto na **Súmula nº 388 do TST**: "A Massa Falida não se sujeita à penalidade do art. 467 e nem à multa do § 8º do art. 477, ambos da CLT".
922. MOURA, Marcelo. *Curso de Direito do Trabalho*. 1. ed. São Paulo: Saraiva, 2014. p. 362.
923. TST – RR: 34700-24.2004.5.01.0223, Relator: José Roberto Freire Pimenta, Data de Julgamento: 24/04/2013, 2ª Turma.

falência, o salário constitui crédito privilegiado[924]. Em razão do caráter alimentar, o salário é protegido em face dos credores do empregador.

- **Proteção em face dos credores do próprio empregado.** O salário do empregado é, em regra, **impenhorável**, mesmo quando depositado em conta corrente.

Nos termos do art. 833, IV, do CPC/15, são impenhoráveis os vencimentos, os subsídios, os soldos, os **salários**, as **remunerações**, os proventos de aposentadoria, as pensões, os pecúlios e os montepios, bem como as quantias recebidas por liberalidade de terceiro e destinadas ao sustento do devedor e de sua família, os ganhos de trabalhador autônomo e os honorários de profissional liberal.

O próprio dispositivo (art. 833, § 2º, do CPC/15), contudo, excepciona a impenhorabilidade dos salários em duas situações:

1) se o empregado recebe salário superior a 50 salários mínimos, o excedente desse valor pode ser penhorado em qualquer dívida que o trabalhador tiver; e
2) se a dívida do empregado tiver natureza alimentar, é admitida a penhora do salário independentemente do salário recebido.

Além disso, só é possível a penhora do salário do devedor em até 50% do valor que recebe mensalmente, sendo que o percentual efetivo deve ser verificado no caso concreto pelo julgador para se evitar o prejuízo à subsistência do executado.

Ademais, os **depósitos efetuados nas contas vinculadas do FGTS** em nome dos trabalhadores são **absolutamente impenhoráveis** (art. 2º, § 2º, da Lei nº 8.036/90).

Proteção ao salário

- Irredutibilidade, exceto acordo ou convenção coletiva.
- Intangibilidade, salário não poderá sofrer descontos, exceto:
  a) Adiantamentos feitos pelo empregador.
  b) Descontos legais e convencionais.
  c) Dano causado pelo empregado no caso de dolo, e, se previsto no contrato, culpa.
- Vedado o *truck system*, ou seja, limitar a liberdade do empregado em gastar seu salário.
- Pagamento das parcelas incontroversas, na data do comparecimento na Justiça do Trabalho.
- Crédito privilegiado na falência.
- Impenhorabilidade do salário, exceto:
  a) Salário superior a 50 salários mínimos, naquilo que exceder.
  b) Dívida de natureza alimentar.
  c) Penhora do salário do devedor em até 50% para se evitar o prejuízo à subsistência do executado.

7. EQUIPARAÇÃO SALARIAL (REFORMA TRABALHISTA)[925]

- **Art. 7º, inciso XXX, CF/88.**
- **Art. 461, CLT.**
- **Súmula nº 6 do TST.**

924. Os créditos privilegiados são limitados a 150 salários-mínimos por trabalhador, conforme prevê o **art. 83, I, da Lei nº 11.101/2005** – Lei de Falências.

925. Esse tema foi cobrado nas provas para **Analista Judiciário – Área Judiciária – TRT 9/2022, Técnico Judiciário – Área Administrativa – TRT 9/2022, Analista Judiciário – Oficial de Justiça Avaliador Federal – TRT 17/2022** e **Técnico Judiciário – Área Administrativa – TRT 18/2023**, todas pela FCC. Tema muito importante e que merece atenção redobrada dos candidatos.

De acordo com o art. 7º, XXX, da CF/88:

> **Art. 7º, XXX, da CF/88:** São direitos dos trabalhadores urbanos e rurais, além de outros que visem à melhoria de sua condição social: proibição de diferença de salários, de exercício de funções e de critério de admissão por motivo de sexo, idade, cor ou estado civil.

Com base no princípio da igualdade, é vedado o tratamento diferenciado para trabalhadores que exerçam a mesma função. Há previsão do direito à equiparação salarial nas hipóteses de tratamento diferenciado. Para tanto é necessário que o empregado que pretenda adquirir a equiparação (trabalhador equiparando ou paragonado) preencha os requisitos previstos no presente artigo cumulativamente. Ressalta-se que a Reforma Trabalhista alterou alguns desses requisitos conforme será abordado a seguir.

É indispensável a leitura do art. 461 da CLT, com a redação dada pela Reforma Trabalhista, para seu concurso na área trabalhista:

> **Art. 461, CLT.** Sendo idêntica a função, a todo trabalho de igual valor, prestado ao mesmo empregador, no mesmo estabelecimento empresarial, corresponderá igual salário, sem distinção de sexo, etnia, nacionalidade ou idade.
>
> § 1º Trabalho de igual valor, para os fins deste Capítulo, será o que for feito com igual produtividade e com a mesma perfeição técnica, entre pessoas cuja diferença de tempo de serviço para o mesmo empregador não seja superior a quatro anos e a diferença de tempo na função não seja superior a dois anos.
>
> § 2º Os dispositivos deste artigo não prevalecerão quando o empregador tiver pessoal organizado em quadro de carreira ou adotar, por meio de norma interna da empresa ou de negociação coletiva, plano de cargos e salários, dispensada qualquer forma de homologação ou registro em órgão público.
>
> § 3º No caso do § 2º deste artigo, as promoções poderão ser feitas por merecimento e por antiguidade, ou por apenas um destes critérios, dentro de cada categoria profissional.
>
> § 4º O trabalhador readaptado em nova função por motivo de deficiência física ou mental atestada pelo órgão competente da Previdência Social não servirá de paradigma para fins de equiparação salarial.
>
> § 5º A equiparação salarial só será possível entre empregados contemporâneos no cargo ou na função, ficando vedada a indicação de paradigmas remotos, ainda que o paradigma contemporâneo tenha obtido a vantagem em ação judicial própria.
>
> § 6º. Na hipótese de discriminação por motivo de sexo, raça, etnia, origem ou idade, o pagamento das diferenças salariais devidas ao empregado discriminado não afasta seu direito de ação de indenização por danos morais, consideradas as especificidades do caso concreto. (Redação dada pela Lei nº 14.611, de 2023)
>
> § 7º. Sem prejuízo do disposto no § 6º, no caso de infração ao previsto neste artigo, a multa de que trata o art. 510 desta Consolidação corresponderá a 10 (dez) vezes o valor do novo salário devido pelo empregador ao empregado discriminado, elevada ao dobro, no caso de reincidência, sem prejuízo das demais cominações legais. (Incluído pela Lei nº 14.611, de 2023)

7.1. Requisitos da equiparação salarial

Com a Reforma Trabalhista, para que haja equiparação salarial, é necessário que o empregado que pretenda adquirir a equiparação (trabalhador equiparando) preencha os seguintes requisitos cumulativamente[926]:

926. Segue dica enviada por alunos que pode facilitar a memorização dos requisitos para a configuração da equiparação salarial:

REQUISITOS PARA A EQUIPARAÇÃO SALARIAL

1. Identidade de empregadores
2. **Trabalho no mesmo estabelecimento empresarial** (*Alteração pela Reforma Trabalhista*).
3. Empregados devem possuir a mesma função.
4. Trabalhos de igual valor.
5. **Tempo no serviço não poderá ser superior a 4 anos** (*Alteração pela Reforma Trabalhista*).
6. Tempo na função não poderá ser superior a 2 anos.
7. **Inexistência de quadro de carreira ou de plano de cargos e salários** (*Alteração pela Reforma Trabalhista*).

Feitas essas considerações, passaremos a analisar cada um dos requisitos separadamente, como forma de facilitar seu estudo.

7.1.1. Identidade de empregadores

A identidade de empregadores é o primeiro requisito da equiparação e compreende a exigência de que o trabalho exercido pelo empregado requerente (trabalhador equiparando) e o empregado paradigma (pessoa com quem se pretende a equiparação) deve ser prestado para o mesmo empregador. Assim, a equiparação salarial somente será possível entre empregados de um mesmo empregador.

Ademais, prevalece o entendimento de que o trabalho prestado para as mesmas empresas do grupo econômico[927] é considerado prestado ao mesmo empregador, ou seja, há possibilidade de pleitear equiparação salarial.

Há discussão acerca do preenchimento deste requisito na terceirização de serviços. Como regra na terceirização, o empregado terceirizado não terá direito à equiparação salarial se utilizar como paradigma o empregado da tomadora, pois equiparando e paradigma prestam serviços para empregadores diversos.

Com relação à **equiparação salarial na terceirização**, tem-se que os direitos previstos aos empregados terceirizados são aqueles pertencentes à categoria profissional da empresa prestadora de serviços. A corrente doutrinária tradicional, portanto, defende a impossibilidade de um terceirizado requerer equiparação salarial indicando como parâmetro o salário do empregado da tomadora, pois se trata de empregadores diversos.

Por outro lado, havia ganhado forças a corrente doutrinária que defende a equiparação salarial de terceirizados e empregados da tomadora quando exercerem as mesmas funções ligadas à atividade-fim. Nessa situação, como o trabalho desempenhado era

M	esmo empregador
M	esma função
M	esmo estabelecimento
T	trabalho de igual valor
T	empo não superior a 2 anos na função e 4 anos no emprego
I	*nexistência de quadro de carreira planos de cargos e salários*

927. **Súmula nº 129 do TST:** A prestação de serviços a mais de uma empresa do mesmo grupo econômico, durante a mesma jornada de trabalho, não caracteriza a coexistência de mais de um contrato de trabalho, salvo ajuste em contrário.

idêntico, haveria fraude na terceirização dos serviços. O resultado era a possibilidade de o terceirizado requerer o mesmo salário do empregado da tomadora, conforme expressamente previsto na OJ nº 383 do TST.

Entretanto, a disciplina jurídica da terceirização foi realizada pela Lei nº 13.429/2017, que modificou os dispositivos da Lei nº 6.019/1974. Ocorre que essa legislação foi omissa quanto à possibilidade ou não de terceirização das atividades-fim da empresa contratante. Nesse sentido, a Reforma Trabalhista alterou novamente a redação da Lei nº 6.019/1974 para prever expressamente a possibilidade de trabalho terceirizado nas atividades-fim da empresa:

> **Art. 4º-A, Lei nº 6.019/1974** *(Redação dada pela Reforma Trabalhista)*: Considera-se prestação de serviços a terceiros a transferência feita pela contratante da execução de quaisquer de suas atividades, inclusive sua atividade principal, à pessoa jurídica de direito privado prestadora de serviços que possua capacidade econômica compatível com a sua execução.

Além disso, foi estabelecida a possibilidade de os empregados terceirizados receberem salário equivalente aos empregados da contratante apenas se as partes assim estabelecerem no contrato de prestação de serviços a terceiros celebrados entre a empresa contratante e a empresa contratada:

> **Art. 4º-C, § 1º, Lei nº 6.019/1974** *(Incluído pelo Reforma Trabalhista)*: Contratante e contratada poderão estabelecer, se assim entenderem, que os empregados da contratada farão jus a salário equivalente ao pago aos empregados da contratante, além de outros direitos não previstos neste artigo.

Entendemos que esse dispositivo viola o princípio da isonomia salarial, pois os trabalhadores terceirizados deverão receber a mesma remuneração daqueles que trabalhadores da empresa contratante que exerçam a mesma função. Situação diversa criaria a possibilidade de contratação de dois trabalhadores, um terceirizado e outro não, para exercer trabalho de igual valor com remunerações distintas. Por outro lado, se as funções forem diversas, os direitos não serão os mesmos.

Com relação aos trabalhadores temporários, há expressa previsão para o recebimento da mesma remuneração percebida pelos empregados da tomadora dos serviços:

> **Art. 12, Lei nº 6.019/1974**: Ficam assegurados ao trabalhador temporário os seguintes direitos:
>
> a) remuneração equivalente à percebida pelos empregados de mesma categoria da empresa tomadora ou cliente calculados à base horária, garantida, em qualquer hipótese, a percepção do salário mínimo regional;

7.1.2. Trabalho no mesmo estabelecimento do empregador

Antes da Reforma Trabalhista, exigia-se como requisito para a equiparação salarial que o trabalho fosse prestado na mesma localidade entre paradigma e equiparando. Nesse sentido, os empregados que trabalhavam em um mesmo município tinham preenchido esse requisito para a equiparação salarial. Ademais, de acordo com a jurisprudência do TST, o conceito de mesma localidade para fins de equiparação referia-se ao mesmo município, ou a municípios distintos que pertencessem à mesma região metropolitana[928-929]. Diante disso, havia a possibilidade de equiparando e paradigma prestarem serviços em municípios diferentes, desde que pertencessem ao mesmo empregador e estivessem na mesma região metropolitana.

Destaca-se que o simples fato de dois municípios apresentarem condições urbanísticas e socioeconômicas semelhantes não era suficiente para o preenchimento do requisito de mesma localidade. Se esses municípios não estiverem na mesma região metropolitana, não é possível o reconhecimento da equiparação salarial[930].

A Reforma Trabalhista alterou a redação do "caput" do artigo 461 da CLT para exigir como requisito da equiparação salarial o trabalho no mesmo estabelecimento do empregador. É importante destacar a diferença entre empresa e estabelecimento. A empresa é a unidade econômica produtiva, que consiste na atividade exercida pelo empresário. Por sua vez, o estabelecimento corresponde ao complexo de bens que viabilizam o exercício dessa atividade[931].

A justificativa apresentada para a alteração na redação do dispositivo consistiu no fato de que e expressão "mesma localidade" é abrangente e não definiria adequadamente o conceito. Para isso, optou-se pela adoção do termo "mesmo estabelecimento".

Dessa forma, se uma empresa tiver, em uma mesma cidade, dois estabelecimentos diferentes, não seria assegurado o direito à equiparação salarial. O requisito para a equiparação salarial deixa de ser a localidade e passa a ser o estabelecimento onde é prestado os serviços. Essa medida restringiria o direito à equiparação salarial e permitiria a contratação de empregados com salários diferentes, em uma mesma localidade, desde que em estabelecimentos diversos, ainda que exerçam a mesma função em trabalho de igual valor.

A alteração da Reforma Trabalhista quanto a esse requisito permitiria, por exemplo, a um determinado banco estabelecer salários diferentes entre as agências de um mesmo município, o que reforçaria a fragmentação da classe trabalhadora, dificultando a atuação sindical ampla por melhorias salariais[932].

Entendemos que a alteração na redação do dispositivo não deve alterar a possibilidade de pedido de equiparação salarial entre empregados que trabalhem em uma mesma cidade. Exemplo: uma oficina mecânica especializa-se com a criação de diversas filiais, às vezes próximas umas às outras, responsáveis pelo setor elétrico, pneus, suspensão e hidráulica, etc. Nesse caso, pela simples organização da atividade em locais diferentes, tendo muitas vezes, o setor de recursos humanos e de organização da atividade

---

928. De acordo com o art. 25, § 3º, da CF/88: "Os estados poderão, mediante lei complementar, instituir regiões metropolitanas, aglomerações urbanas e microrregiões, constituídas por agrupamentos de municípios limítrofes, para integrar a organização, o planejamento e a execução de funções públicas de interesse comum."
929. **Súmula nº 6, X, do TST:** O conceito de "mesma localidade" de que trata o art. 461 da CLT refere-se, em princípio, ao mesmo município, ou a municípios distintos que, comprovadamente, pertençam à mesma região metropolitana.
930. Informativo nº 69 do TST.
931. CASSAR, Vólia Bomfim. *Direito do Trabalho*. 11. ed. Rio de Janeiro: Forense, 2015. p. 420.
932. SOUTO MAIOR, Jorge Luiz; SEVERO, Valdete Souto. Os 201 ataques da "reforma" aos trabalhadores. Disponível em: http://www.jorgesoutomaior.com/blog/os-201-ataques-da-reforma-aos-trabalhadores.

concentrado em um determinado local, não justifica o impedimento da equiparação salarial, caso preenchidos os demais requisitos legais. O estabelecimento é formado pelo conjunto de bens necessários para o desenvolvimento da atividade econômica, o que engloba todos os locais onde o serviço é prestado naquele município.

Em suma, o segundo requisito alterado pela Reforma Trabalhista demanda para a viabilidade da equiparação salarial, a prestação de serviços em um mesmo estabelecimento, o que trará a discussão acerca daquilo que se considerada como estabelecimento empresarial.

7.1.3. Identidade de funções

O terceiro requisito é a identidade de funções, ou seja, equiparando e paradigma devem exercer funções idênticas. É irrelevante que a terminologia utilizada pela empresa seja diversa. Exemplo: paradigma exerce a função de "encarregado de vendas", já o equiparando atua como "divulgador dos novos produtos", mas se verificado, na prática, que exercem a **mesma função**, há direito à equiparação salarial.

Importante destacar, também, que a simultaneidade na prestação de serviços é imprescindível à equiparação salarial. Dessa forma, é necessário que equiparando e paradigma tenham, numa determinada época, mesmo que em situação pretérita, exercido simultaneamente a mesma função. Nesse sentido ensina professor Sergio Pinto Martins:

> O empregado pode já ter saído da empresa e postular a equiparação salarial em relação a outro colega que exercesse a mesma função. **O importante é que eles tenham trabalhado juntos em algum momento na empresa.** Nesse período, o salário deles deveria ser igual. Se não foi, gera o direito a diferenças[933] (grifos acrescidos).

Em resumo, o requisito da identidade de função exige que paradigma e equiparando exerçam ou tenham exercida a mesma função em determinado período, não importando se a terminologia empregada era diversa.

7.1.4. Trabalho de igual valor

É necessário, ainda, que as mesmas funções sejam desempenhadas com a mesma perfeição técnica (qualidade) e produtividade (quantidade), isto é, o trabalho exercido por equiparando e paradigma tenha **igual valor**. É o que estabelece a parte inicial do § 1º do artigo 461 da CLT.

Dessa forma, o empregado que detém maiores conhecimentos com a realização de cursos técnicos e profissionalizantes não pode servir como paradigma, para fins de equiparação. Exemplo: a atendente de enfermagem que requer equiparação salarial com a auxiliar de enfermagem, sob a alegação de que exercem as mesmas funções na empresa. A auxiliar necessita de curso técnico para exercer a profissão, não podendo servir de modelo para a atendente, que poderá exercer sua atividade sem o curso técnico. Sobre essa exigência de qualidade e quantidade, prevê a jurisprudência do TST:

933. MARTINS, Sergio Pinto. *Comentários às Súmulas do TST*. 6. ed. São Paulo: Atlas, 2009. p. 12.

> **Orientação jurisprudencial nº 296 da SDI - I do TST:** Sendo regulamentada a profissão de auxiliar de enfermagem, cujo exercício pressupõe habilitação técnica, realizada pelo Conselho Regional de Enfermagem, impossível a equiparação salarial do simples atendente com o auxiliar de enfermagem.

7.1.5. Diferença de tempo de serviço de, no máximo, 4 anos e na mesma função de, no máximo, 2 anos

De acordo com a antiga redação do § 1º do artigo 461 da CLT, o tempo era contado na mesma função e não no emprego[934].

Portanto, acerca do requisito temporal, a legislação exigia que o empregado não tivesse mais de 2 anos de diferença no exercício da função para ter direito à equiparação salarial.

Com a Reforma Trabalhista, o tempo de serviço ou o tempo do empregado no emprego deve ser também considerado para fins de equiparação salarial. Assim, novo requisito foi acrescentado, exigindo que o empregado **não tenha tempo de serviço superior a 4 anos** em relação ao paradigma para se viabilizar a equiparação salarial.

Assim, mesmo que o empregado tenha menos de 2 anos de diferença no exercício de determinada função, se houver diferença superior a 4 anos em relação ao tempo de serviço na empresa, não terá direito à equiparação.

Exemplo: O empregado João acaba de ser contratado para trabalhar como balconista e recebe salário de R$ 1.000,00. Por sua vez, a empregada Ana, que exerce a mesma função de balconista há apenas 6 meses, recebe o salário de R$ 1.500,00. Antes de ser balconista, Ana exerceu outras funções e já trabalha há 5 anos para esse mesmo empregador. Na hipótese narrada, apesar de Ana e João exercerem a mesma função com diferença de tempo inferior a 2 anos, Ana já tem tempo de serviço superior a 4 anos em relação a João, não tendo este empregado direito à equiparação salarial.

Novamente, a novidade da legislação foi restringir a possibilidade de êxito no pedido de equiparação salarial, pois o empregado terá que demonstrar esse novo requisito de diferença no tempo de serviço superior a 4 anos.

Duas observações, feitas pelo professor Sergio Pinto Martins[935], são importantes quanto ao requisito de os empregados exercerem a mesma função com diferença de tempo não superior a 2 anos. A primeira observação trata da contagem do tempo na mesma função em empresas diferentes, mas que pertencem ao mesmo grupo econômico. Nesse caso, o tempo é computado porque o empregador é o grupo empresarial, conforme previsto no art. 2º, § 2º, da CLT e Súmula nº 129 do TST. O segundo ponto refere-se ao período em que o contrato está suspenso, por exemplo, em razão de afastamento pelo INSS. Nesse caso, o tempo na função não será computado, pois o trabalhador não estava exercendo suas atividades, portanto não obteve experiência durante a suspensão do contrato. Logo,

---

934. **Súmula nº 202 do STF:** Na equiparação de salário, em caso de trabalho igual, toma-se em conta o tempo de serviço na função, e não no emprego.
Súmula nº 6, II, do TST: Para efeito de equiparação de salários em caso de trabalho igual, conta-se o tempo de serviço na função e não no emprego.

935. MARTINS, Sergio Pinto. *Comentários às Súmulas do TST*. 9. ed. São Paulo: Atlas, 2011.

esse período com ausência de prestação de serviços não poderá ser levado em conta para fins de equiparação salarial, mesmo após a aprovação da Reforma Trabalhista.

7.1.6. Inexistência de quadro de carreira ou de plano de cargos e salários

Este requisito foi alterado pela Reforma Trabalhista. De acordo com a antiga redação do art. 461 da CLT, não seria possível a equiparação salarial quando a empresa possuísse quadro de pessoal organizado em carreira. Nesse caso, as promoções deveriam obedecer aos critérios de antiguidade e merecimento.

Para que tivesse validade, era indispensável que esse quadro de carreira fosse homologado pelo Ministério do Trabalho. Essa exigência tinha duas finalidades: a primeira era dar publicidade ao instrumento; a segunda era evitar que empresas fraudassem o quadro de carreiras, ou seja, documentos sem nenhuma aplicação prática, fabricados apenas para afastar a possibilidade de equiparação. Ademais, o papel do Ministério do Trabalho era vinculado, ou seja, uma vez presente a alternância da promoção entre antiguidade e merecimento, estaria obrigado a homologar, não cabendo nenhum juízo de valor ou interferência no poder diretivo. A existência de quadro de carreira, devidamente homologado, impede que a equiparação salarial seja determinada pela Justiça do Trabalho.

Além disso, em razão da presunção de legitimidade e do princípio da legalidade, e ainda da publicação obrigatória dos atos da Administração Pública, os quadros de carreira das entidades de direito público da Administração Direta, autárquica e fundacional, aprovados por ato administrativo da autoridade competente, não necessitam da homologação do Ministério do Trabalho.

Com a Reforma Trabalhista, foram previstos dois instrumentos diferentes que impedem a equiparação salarial:

a) Existência de pessoal organizado em quadro de carreira; ou

b) Plano de cargos e salários adotado em norma interna da empresa ou mediante negociação coletiva.

Portanto, caso existente documento estabelecendo quadro de carreira ou plano de cargos e salários, fica excluída a possibilidade de equiparação salarial entre empregados que exerçam a mesma função em trabalho de igual valor, para o mesmo empregador, em um determinado estabelecimento. Ressalta-se que a convenção coletiva e o acordo coletivo terão prevalência sobre a lei no tocante à adoção de plano de cargos, salários e funções conforme prevê o art. 611-A, V, da CLT:

> **Art. 611-A, V, CLT:** A convenção coletiva e o acordo coletivo de trabalho têm prevalência sobre a lei quando, entre outros, dispuserem sobre: plano de cargos, salários e funções compatíveis com a condição pessoal do empregado, bem como identificação dos cargos que se enquadram como funções de confiança.

Além do estabelecimento desse novo instrumento que viabiliza a exclusão da equiparação salarial, a atual redação do art. 461, § 2º da CLT prevê a desnecessidade de homologação ou registro em órgão público. Portanto, para a validade do quadro de carreira ou do plano de cargos e salários, não é necessária sua homologação pelo Ministério do Trabalho e Emprego (conforme art. 17, XXVIII, da Lei nº 14.600/2023).

Essa modificação é muito prejudicial aos trabalhadores e dificulta, na prática, os pedidos de equiparação salarial, pois permite o cometimento de fraudes pelo empregador. Conforme salientado, a exigência de homologação tinha a finalidade de dar publicidade ao instrumento e de evitar que as empresas fraudassem o quadro de carreiras, ou seja, documentos sem nenhuma aplicação prática, fabricados apenas para afastar a possibilidade de equiparação. Nesse caso, o trabalhador pode ser surpreendido após o pedido de equiparação salarial com a existência de um plano de cargos e salários que pode não ter sido cumprido pela empresa.

Entendemos que, com a exclusão da exigência de homologação do quadro de carreira e do plano de cargos e salário, cabe ao empregador demonstrar que os trabalhadores tiveram pleno conhecimento desses instrumentos durante o contrato de trabalho, para se evitar a possibilidade de cometimento de fraudes. Assim, somente se fosse de conhecimento dos trabalhadores à época da prestação dos serviços, seria possível impedir a equiparação salarial pleiteada pelo trabalhador.

7.1.6.1. Critérios de promoção por antiguidade e merecimento

Ainda, no caso de promoção em razão do art. 461, § 2º da CLT, as promoções poderão ser feitas por merecimento e por antiguidade, ou por apenas um destes critérios, dentro de cada categoria profissional.

De acordo com a redação anterior do § 2º do artigo 461 da CLT, as promoções dos trabalhadores em uma empresa que tivesse pessoal organizado em quadro de carreira deveriam obedecer aos critérios de antiguidade e merecimento. Ressalta-se que a ausência de alternância nos critérios de promoção entre a antiguidade e o merecimento prevista no quadro de carreira assegurava o direito à equiparação salarial, conforme prevê a OJ nº 418 da SDI-I do TST:

> **Orientação Jurisprudencial nº 418 da SDI-I do TST**[936]. Não constitui óbice à equiparação salarial a existência de plano de cargos e salários que, referendado por norma coletiva, prevê critério de promoção apenas por merecimento ou antiguidade, não atendendo, portanto, o requisito de alternância dos critérios, previsto no art. 461, § 2º, da CLT.

Com as alterações promovidas pela Reforma Trabalhista, as promoções não necessitam observar a alternância entre os critérios de merecimento e antiguidade, podendo o empregador adotar apenas um destes critérios isoladamente. Houve uma flexibilização nos critérios de promoção com a Reforma Trabalhista. Mesmo que adotado somente o critério do merecimento, o empregado não terá direito à equiparação salarial.

7.2. Trabalhador readaptado

O empregado com deficiência física ou mental pode ser readaptado em outra função exercida quando for atestado por órgão previdenciário e participar de programa de reabilitação profissional.

936. Esta súmula poderá ser impactada pela nova redação dada ao § 2º do art. 461 da CLT pela Reforma Trabalhista – Lei nº 13.567/2017.

Surge o questionamento se seria possível a redução do salário em razão da alteração de função. Parte da doutrina entende que é possível a redução proporcional ao valor do benefício previdenciário recebido pelo trabalhador. Por outro lado, o posicionamento majoritário é no sentido de não admitir a redução salarial desse empregado[937].

De acordo com o art. 36 do Estatuto da Pessoa com Deficiência, é dever do poder público implementar serviços e programas de habilitação e de reabilitação profissional para viabilizar o ingresso, continuação ou retorno ao mercado de trabalho da pessoa com deficiência, sempre devendo respeitar a livre escolha, a vocação e o interesse. Cabe ressaltar que equipe multidisciplinar será responsável por indicar programa de habilitação, para que o trabalhador com deficiência adquira novas capacidades e habilidades de trabalho, e reabilitação profissional para restaurar sua capacidade profissional.

Cabe frisar que todo empregado poderá pleitear a equiparação salarial, mas nem todo trabalhador poderá ser paradigma. O empregado **readaptado** não poderá servir como paradigma, em razão das peculiaridades de suas condições pessoais. Exemplo: o professor de inglês que, após doença mental devidamente atestada pelo INSS, foi readaptado em uma nova função, na biblioteca. Ele terá salário superior aos demais empregados do setor. Entretanto, esse fato não legitima os demais bibliotecários a pleitear a equiparação salarial com a do professor readaptado, mesmo que todos estejam exercendo, nesse momento, as mesmas funções. Nesse sentido, prevê expressamente a CLT:

> **Art. 461, § 4º, da CLT:** O trabalhador readaptado em nova função por motivo de deficiência física ou mental atestada pelo órgão competente da Previdência Social não servirá de paradigma para fins de equiparação salarial.

Nesse sentido, o trabalhador com deficiência que participe de programa de reabilitação profissional, poderá ser readaptado em nova função da empresa para que possa ingressar novamente no campo de trabalho. No caso, o § 4º do artigo em análise determina que, caso esse trabalhador seja readaptado em nova função, não poderá ser utilizado como paradigma para fins de equiparação salarial. Assim, por exemplo, o empregado readaptado para nova função e que recebe salário de R$ 1.500,00 e todos os demais recebam R$ 1.200,00 para desempenhar as mesmas funções, não pode ser utilizado como paradigma para outro empregado que exerce essa função.

7.3. Equiparação salarial na Administração Pública

O instituto da equiparação salarial não é aplicado aos servidores da Administração Direta, autárquica e fundacional, por força do art. 37, XIII, da CF/88:

> **Art. 37, VIII, CF/88:** "A Administração Pública Direta e Indireta de qualquer dos Poderes da União, dos estados, do Distrito Federal e dos municípios obedecerá aos princípios de legalidade, impessoalidade, moralidade, publicidade e eficiência e, também, ao seguinte: é vedada a vinculação ou **equiparação** de quaisquer espécies remuneratórias para o efeito de remuneração de pessoal público" (grifos acrescidos).

937. DELGADO, Mauricio Godinho. *Curso de Direito do Trabalho*. 16. ed. São Paulo: LTr, 2017. p. 1.169.

Com a proibição da vinculação, a Constituição proíbe qualquer reajuste automático de remuneração e subsídio. De acordo com a jurisprudência do STF:

> **Súmula nº 681 do STF:** É inconstitucional a vinculação do reajuste de vencimentos de servidores estaduais ou municipais a índices federais de correção monetária.

O aumento salarial do servidor público decorre de parâmetros fixados em lei, portanto não cabe o instituto da equiparação salarial na Administração Pública Direta, autárquica e fundacional. Em resumo, o empregado público que trabalhar nesses órgãos não poderá pleitear a equiparação salarial[938].

As regras da equiparação salarial, entretanto, são aplicáveis aos empregados públicos de sociedades de economia mista e empresas públicas. Essas empresas são organizadas com regras próprias das empresas privadas. Nesse sentido:

> **Súmula nº 455 do TST:** À sociedade de economia mista não se aplica a vedação à equiparação prevista no art. 37, XIII, da CF/1988, pois, ao admitir empregados sob o regime da CLT, equipara-se a empregador privado, conforme disposto no art. 173, § 1º, II, da CF/1988.

Além disso, destaca-se que a cessão de empregados públicos ocorre com frequência na Administração Pública. Exemplo: empregados do município de Ribeirão Preto, SP, que prestam serviços na Justiça do Trabalho dessa cidade. A cessão desses trabalhadores demonstra, muitas vezes, uma ineficiência administrativa dos órgãos da Administração. Aliás, o Ministério Público vem atuando no combate à cessão de servidores, pois o ideal é que cada órgão possua seu quadro próprio de pessoal.

Pensemos no seguinte caso: um empregado do município foi cedido a empresa pública. Se comprovado que os trabalhadores exercem a mesma função, por exemplo, o servidor do município, auxiliar administrativo, cujo salário é de apenas R$ 1.000,00, poderá pleitear a equiparação salarial com outro auxiliar administrativo da empresa pública de tratamento de água e esgoto do mesmo município, cujo salário é de R$ 2.000,00? A resposta dependerá de qual órgão público paga os vencimentos do servidor cedido. Se os vencimentos são pagos por órgãos diversos, no exemplo dado, o município é quem continua remunerando seu servidor, não caberá a equiparação. Entretanto, se os vencimentos do cedido e paradigma são pagos pelo **mesmo órgão**, portanto o mesmo empregador, no caso a empresa pública, caberá a equiparação salarial. Nesse mesmo sentido, prevê a jurisprudência consolidada pelo TST:

> **Súmula nº 6, V, do TST:** A cessão de empregados não exclui a equiparação salarial, embora exercida a função em órgão governamental estranho à cedente, se esta responde pelos salários do paradigma e do reclamante.

Repete-se que a única forma de caber a equiparação é se o cedido estiver prestando serviços numa entidade de direito privado, prevista no art. 173, § 1º, II, CF/88 (empresa

938. **Orientação Jurisprudencial nº 297 da SDI-I do TST:** O art. 37, inciso XIII, da CF/1988 veda a equiparação de qualquer natureza para o efeito de remuneração do pessoal do serviço público, sendo juridicamente impossível a aplicação da norma infraconstitucional prevista no art. 461 da CLT quando se pleiteia equiparação salarial entre servidores públicos, independentemente de terem sido contratados pela CLT.

pública ou sociedade de economia mista), e, ainda, se o reclamante (cedido) e paradigma forem remunerados pela mesma cessionária.

7.4. Equiparação salarial em cadeia

O art. 461, § 5º foi acrescentado pela Reforma Trabalhista e alterou o posicionamento do tribunal acerca da equiparação salarial em cadeia. De acordo com a jurisprudência do TST, o empregado, desde que atendidos os requisitos previstos no artigo em análise, teria direito à equiparação salarial, mesmo que o paradigma tenha obtido aumento salarial via decisão judicial. De acordo com o item VI da súmula nº 6 do TST, é irrelevante se o desnível salarial tenha origem em decisão judicial. Somente não teria direito à equiparação salarial quando fossem verificadas três exceções, colocadas pela jurisprudência do TST:

a) **Vantagem pessoal do paradigma**: nesse caso, o acréscimo salarial decorreu de vantagem pessoal, como prestação de horas extras ou, ainda, alcance de metas colocadas pela empresa. Nos dois exemplos, não caberá a equiparação, pois a decisão judicial apenas reconheceu ao paradigma conquistas pessoais que já estavam em seu patrimônio jurídico.

b) **Tese jurídica já superada no TST**: ocorre quando paradigma conquistou o aumento salarial em razão de tese jurídica já superada na jurisprudência do TST, como os reajustes salariais decorrentes de planos econômicos. Dessa forma, todos os novos pedidos com o mesmo fundamento serão indeferidos pelo TST, em razão da modificação de sua jurisprudência.

c) **Comprovado fato impeditivo, modificativo e extintivo do direito do autor em relação ao paradigma remoto na equiparação salarial em cadeia:** a equiparação salarial em cadeia ocorre quando há sucessivos pedidos de equiparação salarial, não com o paradigma originário, mas com o último beneficiário da equiparação. Exemplo: O empregado Beto (A) requer a equiparação salarial com o empregado Antônio (B) e obtém sentença favorável ao seu pleito. Em seguida, o empregado César (C) ajuíza reclamação trabalhista postulando equiparação salarial com o emprego Antônio (B), sendo julgado procedente seu pedido. Posteriormente, o empregado Pedro (D) postula equiparação salarial com o empregado César (C). Nesse caso, percebe-se que Pedro (D) busca equiparação com o César (C) (paradigma próximo), que foi equiparado com o Antônio (B) que, por sua vez, teve equiparação com o Beto (A). Tem-se aqui uma cadeia de equiparações salariais.

   Na hipótese da equiparação salarial em cadeia, o TST entende que a cadeia é um fato impeditivo e, portanto, deve ser provado pela empresa. Uma vez provada a cadeia, a equiparação passa a ser entre Pedro (reclamante) e Beto (paradigma remoto). Assim, os requisitos do art. 461 da CLT deverão existir entre esses dois empregados, cabendo ao reclamante demonstrar o fato constitutivo e ao empregador os fatos impeditivos, modificativos e extintivos em relação ao empregado Beto (paradigma remoto).

   O fato constitutivo é a identidade de função. No entanto, ao levantar o fato impeditivo, que é um fato novo arguido pela empresa, ela deixa de contrariar os fatos constitutivos, os quais se tornam incontroversos, não dependendo, portanto, de prova. Fica assim, sob incumbência da empresa, a prova dos fatos impeditivos, modificativos e extintivos.

Contudo, um dos fatos impeditivos é a diferença de tempo de serviço superior a 2 anos na mesma função. Na hipótese da equiparação salarial em cadeia, entende o TST que esse requisito deve ser analisado em relação ao paradigma próximo (César), sendo irrelevante em relação ao paradigma remoto (Beto). Isso se justifica porque é princípio elementar do direito que a interpretação das normas não pode provocar soluções absurdas. Desse modo, se a análise do tempo de serviço fosse realizada em relação ao paradigma remoto, estar-se-ia criando uma imunização absoluta para as equiparações futuras. Queremos dizer, no nosso exemplo, depois de dois anos na mesma função entre o empregado Beto (paradigma remoto) e o empregado Antônio (primeiro da cadeia) não existiria nenhuma outra equiparação, pois todas seriam superiores a 2 anos de função.

Essa era a disciplina da equiparação salarial em relação às decisões judiciais. No entanto, a Reforma Trabalhista, ao inserir o § 5º ao art. 461 da CLT, passa a proibir a equiparação salarial em cadeia, pois exige como novo requisito da equiparação salarial a contemporaneidade no cargo ou na função entre paradigma e equiparando, não sendo permitida a indicação de paradigma remoto. Portanto, no exemplo acima, o empregado Pedro não teria direito à equiparação salarial, pois seu pedido de equiparação, ainda que indicado o paradigma contemporâneo, estaria baseado na relação com o paradigma remoto.

Em outras palavras, para a obtenção da equiparação salarial, o empregado deve comprovar os requisitos previstos para a equiparação salarial diretamente com os demais empregados que trabalham ou trabalharam com ele contemporaneamente. Não poderá se valer de um paradigma remoto, ou seja, do salário recebido por determinado trabalhador remotamente que não tenha trabalhado contemporaneamente com ele na função.

Imaginemos o seguinte exemplo. O empregado X foi contratado para o exercício de determinada função, recebendo o salário de R$ 2.000,00. O empregado Y consegue por meio de ação judicial o mesmo salário de X. O empregado X é dispensado sem justa casa da empresa. Meses depois, o empregado Z é contratado para exercer a mesma função de X e Y, mas não pode pedir a equiparação salarial com o empregado Y, tendo como parâmetro o salário recebido pelo empregado X, pois o fundamento da equiparação seria o salário de paradigma remoto, o que passou a ser vedado.

Note-se que a equiparação salarial não será possível mesmo que o paradigma contemporâneo tenha obtido a vantagem em ação judicial própria.

7.5. Multa por conduta discriminatória

A igualdade de tratamento entre homens e mulheres é imposta pelo art. 5º, inciso I, da Constituição Federal. Especificamente à **igualdade salarial**, consta:

> **Art. 7º, CF/88:** São direitos dos trabalhadores urbanos e rurais, além de outros que visem à melhoria de sua condição social:
>
> XXX - proibição de diferença de salários, de exercício de funções e de critério de admissão por motivo de sexo, idade, cor ou estado civil;

Previsão similar também é encontrada na CLT:

> **Art. 461, CLT:** Sendo idêntica a função, a todo trabalho de igual valor, prestado ao mesmo empregador, no mesmo estabelecimento empresarial, corresponderá igual salário, sem distinção de sexo, etnia, nacionalidade ou idade.

Há, portanto, igualdade entre a remuneração percebidas por homens e por mulheres, certo? Não! Historicamente, em uma sociedade estruturada sobre o machismo e patriarcado, o trabalho foi negado às mulheres, restando a elas os cuidados com o lar e com a família. Aquelas que conseguem se inserir no mercado de trabalho, têm de cumprir dupla jornada. Ainda, o trabalho exercido pela mulher, ao longo da história, foi desprestigiado, com pagamento de salários menores e em condições mais precárias, além, ainda, da elevada jornada de trabalho, se comparado ao trabalho realizado pelos homens.

Para conferir igualdade de tratamento, a Constituição Federal de 1988 trouxe diversas medidas tais como a isonomia salarial prevista no art. 7º, inciso XXX, CF/88 e a necessidade de proteção do mercado de trabalho da mulher por meio de incentivos específicos a serem criados por *lei ordinária* (art. 7º, inciso XX, CF/88).

Apesar do esforço do Constituinte, a realidade se impõe ao texto. Conforme dados da Pesquisa Nacional por Amostra de Domicílios Contínua (Pnad) de 2019, o rendimento das mulheres representa, em média, 77,7% do rendimento dos homens (R$ 1.985 frente a R$ 2.555), mesmo sendo elas maioria na população. Quando analisamos os cargos de direção e gerência, constatamos que os salários das mulheres equivalem a 61,9% do que recebem os homens – o salário médio das mulheres é R$ 4.666, e o dos homens é R$ 7.542. Em relação às profissionais das ciências e intelectuais, as mulheres recebem 63,6% do rendimento dos homens[939].

Não basta, portanto, a mera positivação de direitos, sendo necessário mecanismos, no caso, rígidos para operacionalizá-los. Em relação à igualdade salarial entre os sexos, no dia 08/03/2023, o Presidente da República, Luis Inácio Lula da Silva, assinou o Projeto de Lei 1085/23, posteriormente convertido na Lei nº 14.611/2023, tornando obrigatória igualdade salarial e de critérios remuneratórios entre homens e mulheres para a realização de trabalho de igual valor ou no exercício da mesma função. Além disso, referida Lei altera a CLT para prever maior transparência remuneratória e ampliar a fiscalização e o combate à discriminação salarial.

Conforme a redação dos novos §§ 6º e 7º do art. 461 da CLT, na hipótese de discriminação por motivo de sexo, raça, etnia, origem ou idade, o pagamento das diferenças salariais devidas ao empregado discriminado não afasta seu direito de ação de indenização por danos morais, consideradas as especificidades do caso concreto. Ainda, haverá a imposição de multa de 10 vezes o valor do novo salário devido pelo empregador ao empregado discriminado, elevada ao dobro, no caso de reincidência, sem prejuízo das demais cominações legais.

Para tanto, deverão ser tomadas as seguintes medidas (art. 4º, Lei nº 14.611/2023):

939. Dados disponíveis em: TST. Desigualdade salarial entre homens e mulheres evidencia discriminação de gênero no mercado de trabalho. Disponível em: <https://www.tst.jus.br/-/desigualdade-salarial-entre-homens-e-mulheres--evidencia-discrimina%C3%A7%C3%A3o-de-g%C3%AAnero-no-mercado-de-trabalho>. Acesso em: 18 jul. 2023.

I – estabelecimento de mecanismos de transparência salarial e de critérios remuneratórios;

II – incremento da fiscalização contra a discriminação salarial e de critérios remuneratórios entre mulheres e homens;

III – disponibilização de canais específicos para denúncias de discriminação salarial;

IV – promoção e implementação de programas de diversidade e inclusão no ambiente de trabalho que abranjam a capacitação de gestores, de lideranças e de empregados a respeito do tema da equidade entre homens e mulheres no mercado de trabalho, com aferição de resultados; e

V – fomento à capacitação e à formação de mulheres para o ingresso, a permanência e a ascensão no mercado de trabalho em igualdade de condições com os homens.

Ainda, as pessoas jurídicas de direito privado com 100 ou mais empregados ficam obrigadas à **publicação semestral de relatórios de transparência salarial e de critérios remuneratórios**, observada a proteção de dados pessoais de que a LGPD.

Nos referidos relatórios, os dados serão anonimizados[940], contendo informações que permitam a comparação objetiva entre salários, remunerações e a proporção de ocupação de cargos de direção, gerência e chefia preenchidos por mulheres e homens, acompanhados de informações que possam fornecer dados estatísticos sobre outras possíveis desigualdades decorrentes de raça, etnia, nacionalidade e idade.

Identificada a desigualdade salarial ou de critérios remuneratórios, a pessoa jurídica de direito privado apresentará e implementará **plano de ação** para mitigar a desigualdade, com metas e prazos, garantida a participação de representantes das entidades sindicais e de representantes dos empregados nos locais de trabalho.

Caso a empresa obrigada não publique o relatório mensal, será aplicada multa administrativa de até 3% da folha de salários do empregador, limitado a 100 salários mínimos, sem prejuízo das sanções aplicáveis aos casos de discriminação salarial e de critérios remuneratórios entre mulheres e homens.

O Poder Executivo federal disponibilizará de forma unificada, em plataforma digital de acesso público, observada a proteção de dados pessoais de que trata LGPD, além das informações constantes dos relatórios, indicadores atualizados periodicamente sobre mercado de trabalho e renda desagregados por sexo, inclusive indicadores de violência contra a mulher, de vagas em creches públicas, de acesso à formação técnica e superior e de serviços de saúde, bem como demais dados públicos que impactem o acesso ao emprego e à renda pelas mulheres e que possam orientar a elaboração de políticas públicas.

Aqui, cumpre fazer um paralelo com a Lei 14.457/2022, que estabeleceu o Programa Emprega + Mulheres e conferiu uma nova atribuição à CIPA: combater o assédio,

940. **Art. 5º, LGPD:** Para os fins desta Lei, considera-se: (...)
III - dado anonimizado: dado relativo a titular que não possa ser identificado, considerando a utilização de meios técnicos razoáveis e disponíveis na ocasião de seu tratamento; (...)
XI - anonimização: utilização de meios técnicos razoáveis e disponíveis no momento do tratamento, por meio dos quais um dado perde a possibilidade de associação, direta ou indireta, a um indivíduo;

especialmente sexual, nas organizações. A Lei traz previsões muito similares, determinando, entre outras providências: a fixação de procedimentos para recebimento e acompanhamento de denúncias para casos de assédio sexual e a outras formas de violência no âmbito do trabalho; e a possibilidade de suspensão do contrato de trabalho da mulher para estimular a qualificação e o desenvolvimento de habilidades e de competências em áreas estratégicas ou com menor participação feminina.

Para viabilizar a aplicação das disposições acima comentadas, no dia 23 de novembro de 2023, foi publicado o Decreto nº 11.795/2023. Apesar da regulamentação infralegal, as informações que deverão constar do *Relatório de Transparência Salarial e de Critérios Remuneratórios* e o formato e o procedimento para o seu envio serão objeto de detalhamento pelo Ministério do Trabalho e Emprego.

Até o fechamento desta edição, o MTE não havia editado portaria detalhando e viabilizando a publicação do Relatório de Transparência Salarial e de Critérios Remuneratórios e a implementação de eventual Plano de Ação.

Por fim, tramita no STF a ADI 7612, de autoria da Confederação Nacional da Indústria (CNI) e da Confederação Nacional do Comércio, Bens, Serviços e Turismo (CNC), questionando pontos da Lei nº 14.611/2023. Segunda as entidades sindicais, não se discute o princípio constitucional da isonomia, mas a necessidade de adequação da lei para viabilizar desigualdades "legítimas", como aquelas pautadas no tempo na função ou na perfeição técnica do trabalho.[941]

7.6. Equiparação por equivalência e salário-substituição

Finalmente, ao estudar equiparação salarial, é importante analisar dois pontos, cobrados com frequência em concursos para o TRT. O primeiro deles diz respeito ao art. 460 da CLT, que prevê a equiparação por equivalência, ou seja, trata-se de uma forma de arbitrar o valor da remuneração. De acordo com essa norma, diante da ausência de estipulação do salário, ou inexistência de prova sobre a importância ajustada entre as partes, paga-se o mesmo que outro trabalhador receber nas mesmas condições. Conforme previsto na CLT:

> **Art. 460, CLT:** Na falta de estipulação do salário ou não havendo prova sobre a importância ajustada, o empregado terá direito a perceber salário igual ao daquele que, na mesma empresa, fizer **serviço equivalente**, ou do que for habitualmente pago para serviço semelhante (grifos acrescidos).

O segundo ponto importante diz respeito ao salário-substituição. Nesse caso o empregado substituto terá direito ao salário contratual do substituído, como ocorre nas férias e outros afastamentos. Destaca-se que a substituição parcial das atividades, ou seja, o empregado assume apenas parte das atribuições do substituído, garante ao empregado o recebimento do pagamento proporcional às atividades substituídas pelo período que perdurar a substituição[942].

941. Você pode acompanhar a tramitação da ADI 7612 em: <https://portal.stf.jus.br/processos/detalhe.asp?incidente=6872866>. Acesso em: 21 mar. 2024.

942. Informativo nº 107 do TST.

A substituição não poderá, entretanto, ser meramente eventual, como substituição de apenas 2 ou 3 dias. Cabe frisar que, se o cargo estiver vago, e for ocupado de forma definitiva, o trabalhador ocupante não terá direito ao salário-substituição.

De acordo com a jurisprudência do TST:

> **Súmula nº 159 do TST.** Substituição de caráter não eventual e vacância do cargo.
>
> I – Enquanto perdurar a substituição que não tenha caráter meramente eventual, inclusive nas férias, o empregado substituto fará jus ao salário contratual do substituído.
>
> II – Vago o cargo em definitivo, o empregado que passa a ocupá-lo não tem direito a salário igual ao do antecessor.

Equiparação salarial (Resumo)

- **Empregado readaptado:** não poderá servir de paradigma.
- **Trabalho intelectual:** cabe equiparação desde que haja critérios objetivos.
- **Prescrição:** para pleitear equiparação é parcial, renova-se mês a mês.
- **Administração Pública:**
  a) não cabe equiparação de servidores públicos (OJ 297);
  b) cabe equiparação de empregados de economia mista e empresa pública (Súmula 455).
- **Cessão de empregados:** cabe equiparação desde que o órgão cessionário seja o responsável pelos pagamentos.

QUADRO RESUMO – EQUIPARAÇÃO SALARIAL
(Alterações feitas pela Reforma Trabalhista)

1) **Restrição aos pedidos de equiparação salarial:**
   - Mesmo estabelecimento;
   - Tempo de serviço na empresa inferior a 4 anos;
   - Possibilidade de quadro de carreira "de gaveta" – sem homologação
2) **Critérios flexíveis de promoção (merecimento e/ou antiguidade)**
3) **Vedação à indicação de paradigmas remotos:** impossibilidade de equiparação salarial em cadeia
4) **Fixação de multa por conduta discriminatória:** 50% do limite máximo dos benefícios do Regime Geral de Previdência Social

8. ACÚMULO DE FUNÇÃO E DESVIO DE FUNÇÃO

Nos termos do art. 456, parágrafo único, da CLT, como regra, o empregado se compromete a realizar toda e qualquer atividade compatível com sua condição pessoal, salvo se houver prova de acordo em contrário ou cláusula expressa no contrato de trabalho estabelecendo limitações.

Imagine um empregado contratado para a função de assistente administrativo em uma empresa. Em seu dia a dia, suas atividades principais incluem a organização de documentos, atendimento telefônico e recepção de clientes. Entretanto, nos termos do art. 456, parágrafo único, da CLT, ele também pode ser solicitado a realizar tarefas adicionais que sejam compatíveis com sua condição pessoal, como, por exemplo, auxiliar na reposição de materiais no escritório, arquivar documentos em setores próximos ou ajudar em pequenos deslocamentos internos de materiais. Essas atividades, embora não sejam as principais, são consideradas compatíveis com a função de assistente administrativo e não extrapolam os limites razoáveis do cargo.

Embora a regra do art. 456, parágrafo único, da CLT, permita que o empregado realize atividades diversas das especificamente contratadas, desde que compatíveis com sua condição pessoal, é frequente que empregadores exijam dos trabalhadores a execução de tarefas completamente alheias às funções originalmente contratadas. Em muitos casos, essas atividades requerem habilidades e conhecimentos especializados, impõem responsabilidades significativamente maiores e demandam esforços superiores, sem qualquer compensação financeira adicional.

Por exemplo, um funcionário contratado como auxiliar de escritório pode, repentinamente, ser designado para operar equipamentos técnicos ou supervisionar equipes, atividades que demandam treinamento específico e maior responsabilidade, mas que não foram ajustadas ou remuneradas de acordo com o acréscimo de complexidade e risco envolvidos.

Nesses, estaremos diante de dois assuntos corriqueiros em reclamações trabalhistas, mas que não encontram respaldo expresso na legislação: acúmulo e desvio de função. Pela ausência de definição e contornos legais, esses assuntos geram muita confusão, motivo pelo qual optamos por trata-los em conjunto.

8.1. Acúmulo de função

Conforme alertamos acima, não há, no ordenamento jurídico brasileiro, uma definição legal específica para o conceito de acúmulo de função. Dessa forma, sua conceituação e delimitação cabem à doutrina e à jurisprudência. Em razão da ausência de regulamentação expressa, a avaliação de cada caso é geralmente feita com base nas circunstâncias concretas e nos princípios gerais do Direito do Trabalho, como os princípios da proteção, da justiça social e da isonomia.

Apesar de alguns desencontros, podemos caracterizar o acúmulo de função pelo manifesto **desequilíbrio no caráter sinalagmático** do contrato de trabalho, impondo-se ao empregado o exercício de funções adicionais habituais e incompatíveis com as atribuições originárias do cargo exercido[943]. Em outras palavras, o acúmulo de função ocorre quando o trabalhador, além de desempenhar as atividades para as quais foi originalmente contratado, passa a exercer tarefas adicionais que não estavam previstas no contrato de trabalho, ampliando seu rol de responsabilidades.

Em geral, o acúmulo de função restará caraterizado quando essas novas atividades exijam habilidades, conhecimentos ou esforços distintos, que extrapolam as atribuições da função original, sem a correspondente compensação salarial. O mero exercício de tarefas diferentes, executadas na mesma jornada de trabalho, que não exijam maior capacitação

943. TRT-3 – ROT: 00105748520215030148 MG 0010574-85.2021.5.03.0148, Relator: Sebastiao Geraldo de Oliveira, Data de Julgamento: 03/06/2022, Segunda Turma, Data de Publicação: 06/06/2022.

técnica ou pessoal do empregado, e que sejam compatíveis com a sua condição pessoal, não configura acúmulo de função, recaindo na regra do art. 456, parágrafo único, da CLT[944].

Nessa linha, o Tribunal Superior do Trabalho fixou, em março de 2025, a tese vinculante nº 128, no julgamento do Incidente de Recurso de Revista Repetitivo de mesmo número, firmando o entendimento de que o exercício concomitante das funções de motorista e cobrador de ônibus urbano, quando realizado dentro da mesma jornada, não gera direito a acréscimo salarial. Para o TST, trata-se de funções compatíveis entre si e com a condição pessoal do empregado, que não demandam esforço técnico superior ou responsabilidade adicional capaz de justificar um plus salarial.

Podemos, assim, apontar suas principais características:

a) **Ausência de alteração formal no contrato de trabalho:** não há mudança formal no contrato, ou seja, o trabalhador continua contratado para suas atividades originais, mas executa, na prática, tarefas adicionais e incompatíveis com as atribuições originárias do cargo exercido. Essa característica o diferencia da promoção formal, em que há a atualização contratual e salarial correspondente.

b) **Exigência de habilidades distintas:** as novas funções geralmente exigem competências, conhecimentos ou habilidades diferentes daquelas demandadas para a função contratada, o que pode envolver complexidade técnica ou responsabilidade maior.

c) **Aumento de atividades:** no acúmulo de função, o trabalhador permanece executando as atividades originais para as quais foi contratado, porém passa a realizar também tarefas adicionais e incompatíveis com as atribuições originárias. Essas novas tarefas expandem o rol de responsabilidades sem uma redefinição formal do cargo.

d) **Ausência de contraprestação salarial:** o empregado não recebe um aumento de salário proporcional ao acréscimo de funções, o que caracteriza uma sobrecarga de trabalho não remunerada.

Embora não exista uma disposição genérica que trate sobre o acúmulo de função, há previsão específica para a categoria dos Radialistas, disciplinada pela Lei nº 6.615/78. Essa lei estabelece **adicionais salariais** em situações de acúmulo de função, aplicando percentuais conforme o porte da emissora. O art. 13 determina que, ao acumular funções dentro de um mesmo setor, o Radialista terá direito a um adicional mínimo de 40% sobre a função melhor remunerada em emissoras com potência igual ou superior a 10 quilowatts; 20% em emissoras entre 1 e 10 quilowatts; e 10% em emissoras de até 1 quilowatt. Além disso, o art. 15 da mesma lei prevê um adicional de 40% sobre o salário do Radialista que acumula, além de suas funções, a responsabilidade de chefia.

Essa previsão legal demonstra que o legislador reconheceu, para essa categoria específica, a necessidade de compensação financeira em casos de ampliação de responsabilidades e atribuições, servindo como parâmetro para discussões em outras áreas,

944. TRT-6 – ROT: 00013269720195060143, Data de Julgamento: 10/02/2022, Terceira Turma, Data de Publicação: 14/02/2022.

ainda que sem a mesma regulamentação explícita. Dessa forma, doutrina e jurisprudência majoritárias entende que, configurado na Justiça do Trabalho o acúmulo de função, são devidos ao trabalhador um ***plus* salarial** como contraprestação às funções que excedem os limites de suas obrigações iniciais.

Para a categoria dos Radialistas, as diferenças salariais serão regidas pelo estatuto próprio da Lei nº 6.615/78, com percentuais que variam entre 10%, 20% ou 40% sobre a função melhor remunerada, conforme a potência da emissora. Para as demais categorias, a definição do percentual de adicional por acúmulo de função dependerá do que estiver disposto em quadros de carreira, em convenções e acordos coletivos de trabalho, ou, alternativamente, de um valor fixado pelo juiz com base em princípios gerais do Direito, especialmente do Direito do Trabalho. Acreditamos que a aplicação analógica do disposto na Lei dos Radialistas representa a solução mais adequada, pois não apenas recompõe o equilíbrio sinalagmático da relação de emprego, mas também proporciona uma maior segurança jurídica para as partes envolvidas.

Há, contudo, corrente divergente que entende que condenação ao pagamento de adicionais salariais por acúmulo de função só é cabível quando há previsão legal ou normativa específica, como quando da existência quadros de carreira ou, então, quando da existência de norma coletiva nesse sentido. Na ausência dessas condições, presume-se que o trabalhador aceitou realizar qualquer serviço compatível com sua condição pessoal, conforme o art. 456, parágrafo único, da CLT. Assim, o exercício de diversas tarefas inerentes ao cargo contratado não configura acúmulo ou desvio de função, mas reflete o dever de colaboração do empregado com o empregador, dentro dos limites do contrato estabelecido[945].

De nossa parte, entendemos que todo trabalho deve ser devidamente remunerado, especialmente quando o empregado assume atividades que extrapolam o escopo inicial de suas funções, acarretando um aumento nas responsabilidades e exigindo habilidades adicionais.

Por fim, quando da caracterização do acúmulo de função, verifica-se uma alteração ilícita do contrato de trabalho, pela qual do empregado são exigidas atividades para as quais não foi originalmente contratado, sem que haja a devida compensação salarial. Esse tipo de modificação no contrato representa uma violação das condições previamente estabelecidas entre as partes, impondo ao trabalhador obrigações adicionais que não correspondem ao seu cargo ou salário. Diante dessa circunstância, pode-se pleitear judicialmente a rescisão indireta do contrato de trabalho, com fundamento no art. 483, alíneas "a", "b" e "d", da CLT, em razão da exigência de serviços superiores às suas forças ou alheios ao contrato, do tratamento pelo empregador ou por seus superiores hierárquicos com rigor excessivo, ou do descumprimento pelo empregador das obrigações contratuais essenciais.

8.2. Desvio de função

A decisão de instituir um quadro de carreira cabe exclusivamente ao empregador, pois este ato está vinculado ao seu poder diretivo. Contudo, uma vez implementado, o

945. TRT-2 00009834120145020482 SP, Relator: REGINA CELI VIEIRA FERRO, 10ª Turma - Cadeira 3, Data de Publicação: 05/05/2022.

quadro de carreira deve ser respeitado, integrando-se às cláusulas do contrato de trabalho. O descumprimento de suas regras pelo empregador caracteriza o desvio de função. Atualmente, entende-se que, mesmo na ausência de um quadro de carreira estruturado, pode haver desvio de função quando o empregado passa a exercer atividades distintas daquelas para as quais foi originalmente contratado. A exigência de um quadro de carreira formal é necessária apenas em casos de pleito de reenquadramento[946].

O **desvio de função** ocorre quando o empregado realiza, de forma não prevista no contrato de trabalho, tarefas de outra função que, geralmente, exigem qualificação ou atribuições diferentes das suas. No desvio de função, o trabalhador é colocado para executar uma atividade diferente da originalmente contratada, normalmente em uma função com maior complexidade ou responsabilidades diferentes e remuneração superior.

A CLT não possui um artigo específico que trate diretamente do desvio de função, sendo que sua fundamentação, no Direito do Trabalho brasileiro, decorre, em grande parte, dos princípios da **primazia da realidade e da isonomia**. Tais princípios asseguram que as condições de trabalho devem refletir o que efetivamente ocorre no dia a dia da relação empregatícia, mesmo que o contrato formal estipule funções diferentes. Assim, se o trabalhador está exercendo tarefas que não foram originalmente acordadas, especialmente em uma função superior, ele tem o direito de receber a remuneração correspondente.

Como não se tem uma definição legal do fenômeno, seus contornos são traçados pela doutrina e pela jurisprudência. Embora não haja consenso acerca dos elementos que identificam o desvio de função, fato é que podemos apontar suas principais características:

a) **Ausência de alteração formal no contrato de trabalho:** não há mudança formal no contrato, ou seja, o trabalhador continua contratado para sua função original, mas executa, na prática, tarefas de outro cargo. Essa característica o diferencia da promoção formal, em que há a atualização contratual e salarial correspondente.

b) **Exercício de atividades não previstas para o cargo original:** o desvio de função é caracterizado pelo desempenho de atividades que não são compatíveis com a função original para qual o trabalhador foi contratado. Isso pode incluir atribuições de maior responsabilidade, qualificação técnica ou até de um setor diferente da empresa, demonstrando uma discrepância entre as tarefas contratuais e as efetivamente executadas.

c) **Desigualdade salarial:** o desvio de função envolve atividades que, quando realizadas por outro empregado, originalmente contrato para tal, são remuneradas de forma superior. Dessa forma, o empregado acaba desempenhando tarefas mais complexas ou de maior responsabilidade sem receber o salário correspondente, o que caracteriza a necessidade de ajuste para equiparar a remuneração à função efetivamente desempenhada.

d) **Caráter temporário ou provisório:** o desvio de função pode ocorrer de forma esporádica ou contínua, mas não importa, automaticamente, em promoção do

946. TST – RR: 2238720185120025, Relator: Augusto Cesar Leite De Carvalho, Data de Julgamento: 16/03/2022, 6ª Turma, Data de Publicação: 18/03/2022.

empregado. Ao final do período de desvio, o trabalhador pode retornar à sua função original, sem que isso represente alteração ilícita de seu salário.

Apesar de constar expressamente da legislação, alguns dispositivos da CLT são relacionados como base para a análise do tema, entre eles:

> **Art. 444, CLT:** As relações contratuais de trabalho podem ser objeto de livre estipulação das partes interessadas em tudo quanto não contravenha às disposições de proteção ao trabalho, aos contratos coletivos que lhes sejam aplicáveis e às decisões das autoridades competentes.
>
> **Art. 461, CLT:** Sendo idêntica a função, a todo trabalho de igual valor, prestado ao mesmo empregador, no mesmo estabelecimento empresarial, corresponderá igual salário, sem distinção de sexo, etnia, nacionalidade ou idade.
>
> **Art. 468, CLT:** Nos contratos individuais de trabalho só é lícita a alteração das respectivas condições por mútuo consentimento, e ainda assim desde que não resultem, direta ou indiretamente, prejuízos ao empregado, sob pena de nulidade da cláusula infringente desta garantia.

Assim, uma vez comprovado o desvio, o trabalhador terá direito à diferença salarial referente ao período em que desempenhou a função não prevista em contrato. A condenação do empregador ao pagamento da diferença salarial é medida que visa corrigir a discrepância entre as atividades executadas e a remuneração, garantindo ao empregado o mesmo salário dos demais trabalhadores que desempenham a mesma função, em respeito ao princípio da isonomia salarial.

Mesmo que inexistente um quadro de carreira, o empregador terá direito às diferenças por desvio de função, que é demonstrado pelo exercício de função diversa daquela para a qual se foi contratado. O quadro de carreira é exigido apenas para o pleito de reenquadramento[947]. Ao término do desvio e inexistindo quadro de carreira, o empregado será designado, novamente, para a antiga atividade, sem que esse fato acarrete redução salarial ilícita.

Para os empregados públicos da Administração Direta e Indireta, o desvio de função não gera novo enquadramento funcional, em razão da vedação imposta pelo art. 37, II, da CF/88. Na Administração, o empregado somente ocupará outra função ou emprego se for aprovado previamente no concurso público. Se comprovado o desvio, repete-se, o empregado público terá direito às diferenças salariais. De acordo com a jurisprudência do TST:

> **Orientação Jurisprudencial nº 125 da SDI – I do TST.** O simples desvio funcional do empregado não gera direito a novo enquadramento, mas apenas às diferenças salariais respectivas, mesmo que o desvio de função haja iniciado antes da vigência da CF/1988.

Assim como acontece com o acúmulo de função, no desvio de função também se veri uma alteração ilícita do contrato de trabalho, podendo resultar na sua rescisão indireta, com fundamento no art. 483, alíneas "a", "b" e "d" da CLT.

947. TST – RR: 2238720185120025, Relator: Augusto Cesar Leite De Carvalho, Data de Julgamento: 16/03/2022, 6ª Turma, Data de Publicação: 18/03/2022.

8.3. Semelhanças e diferenças entre o acúmulo de função e o desvio de função

O tema do acúmulo e desvio de função é recorrente em reclamações trabalhistas e envolve situações em que o empregado é solicitado a desempenhar atividades além das inicialmente contratadas. Ambos os fenômenos representam um possível desequilíbrio na relação empregatícia, mas apresentam características e implicações distintas.

Acúmulo e desvio de função compartilham a característica de **ausência de alteração formal no contrato de trabalho**, já que, em ambos os casos, o empregado permanece com a mesma designação contratual enquanto assume atividades adicionais. Em geral, as duas situações também implicam o **desempenho de tarefas que podem exigir habilidades ou responsabilidades além das inicialmente acordadas**, sem que o empregador ajuste o salário para compensar esse aumento de obrigações. Esse acréscimo de atividades, comum ao acúmulo e desvio de função, muitas vezes resulta na necessidade de intervenção judicial para a garantia de direitos do trabalhador, com base nos princípios da isonomia e da primazia da realidade.

As diferenças entre o acúmulo e o desvio de função residem, principalmente, nas características das novas atividades. No acúmulo de função, o trabalhador desempenha atividades complementares às suas funções originais, como um auxiliar administrativo que também organiza o estoque, sem que essas atividades extrapolem o setor ou as exigências do cargo principal. Já no desvio de função, o trabalhador realiza atividades de uma função diferente, geralmente com responsabilidades e complexidade superiores, como quando um auxiliar de escritório é designado para atuar como supervisor. Nesses casos, há a expectativa de que o trabalhador receba a remuneração correspondente à nova função, em respeito ao princípio da isonomia salarial.

É importante, ainda, diferenciarmos as consequências jurídico-patrimoniais do desvio de função do acúmulo de função. Nesse primeiro, como visto, o empregado terá direito às **diferenças salariais**. Já no acúmulo de função, normalmente, se pleiteia um ***plus* salarial**, para compensar o trabalho extra do empregado.

Veja o quadro abaixo com as principais semelhanças e diferenças entre os dois institutos:

Critério	Acúmulo de Função	Desvio de Função
Alteração no contrato formal	Não altera formalmente o contrato de trabalho.	Não altera formalmente o contrato de trabalho.
Natureza das novas atividades	Exercício simultâneo de atividades de várias funções.	Desempenho exclusivo de atividades de outra função.
Função original	Permanece sendo exercida	Deixa de ser exercida
Implicações jurídicas	Em geral, pode ser requerido um plus salarial, para compensar as atividades adicionais.	O empregado pode requerer a remuneração correspondente à função exercida, com base na equiparação salarial.
Recisão indireta do contrato de trabalho	Em ambos os casos, pode-se pleitear a rescisão indireta do contrato de trabalho, com fundamento no art. 483, alíneas "a", "b" e "d" da CLT.	Em ambos os casos, pode-se pleitear a rescisão indireta do contrato de trabalho, com fundamento no art. 483, alíneas "a", "b" e "d" da CLT.

9. QUESTÕES DISSERTATIVAS E ESTUDOS DE CASO

▸ **Treino e Padrão de respostas:**

Ao resolver uma questão dissertativa ou estudos de caso em concursos para Analista do TRT, é fundamental tentar escrever com clareza, sem erros e com letra legível, de modo que se torne uma leitura simples e fácil ao examinador. Lembre-se de que o examinador não ficará horas tentando decifrar códigos ininteligíveis e, ainda, descartará questões com erros graves de ortografia, pontuação etc. Ele tem milhares de questões pra corrigir, portanto cause uma boa impressão logo no início do texto.

É muito importante que o candidato redija, com frequência e com antecedência, o máximo de questões sobre temas atuais e importantes do direito e do processo do trabalho. Treine sempre manualmente, evite digitar as respostas, pois não terá o computador ao seu lado no dia do concurso. Esse é o melhor treino e estudo para questões abertas.

Tente responder às questões seguintes **antes** de verificar o gabarito apresentado ou procurar a resposta na teoria. É uma forma de treinar seu cérebro às condições apresentadas na hora da prova. Lembre-se de que algumas questões não têm resposta certa ou errada. Portanto, a boa **fundamentação** é o caminho para a aprovação.

Cabe frisar, ainda, que não dará tempo de elaborar um rascunho detalhado prévio, na maior parte dos concursos. Portanto, antes de iniciar sua redação, coloque ao lado do próprio enunciado alguns pontos principais de que você precisará se lembrar durante a confecção da resposta. Essa técnica evitará que se esqueça de abordar assuntos importantes.

A indicação do número da lei, do artigo, da súmula ou orientação jurisprudencial somente deve ser colocada se você realmente souber, com exatidão, o número da norma ou se assim for exigido pela banca examinadora.

Por fim, como já dito ao longo dos capítulos, a Reforma Trabalhista, aprovada em julho/2017, alterou muitos pontos do Direito e Processo do Trabalho. Dessa forma, é importante que o candidato tenha conhecimento da legislação vigente e disserte, de forma clara, sobre ela. O examinador valorizará as redações que estiverem com base nas inovações legislativas.

Bom treino, bons estudos e boa sorte!

▸ **QUESTÃO DISCURSIVA 01:**

Quais são as atividades, previstas na CLT, que ensejam pagamento do adicional de periculosidade?

RESPOSTA SUGERIDA PELO AUTOR:

O pagamento dos adicionais de periculosidade e insalubridade tem previsão constitucional:

> *Art. 7º, XXIII, da CF/88: São direitos dos trabalhadores urbanos e rurais, além de outros que visem à melhoria de sua condição social: adicional de*

remuneração para as atividades penosas[948], insalubres ou perigosas, na forma da lei.

As atividades perigosas ocorrem quando se verifica a presença de risco acentuado na atividade desenvolvida pelo empregado. Assim, de acordo com a CLT, a atividade perigosa é aquela em que há contato permanente com explosivos, inflamáveis ou energia elétrica em condições de risco acentuado. A CLT foi alterada três vezes para incluir, como atividades perigosas, aquelas desenvolvidas por trabalhador em motocicleta ("motoboy"), pelos trabalhadores sujeitos a roubos e violência física, como ocorre com os vigilantes e os seguranças, e pelos agentes das autoridades de trânsito expostos a colisões, atropelamentos ou outras espécies de acidentes ou violências.

O adicional de periculosidade é de **30% sobre o salário-base**, ou seja, o cálculo não leva em conta outros acréscimos e, segundo o novo art. 611-B, XVIII da CLT, acrescentado pela Reforma Trabalhista, constituirá objeto ilícito de convenção ou acordo coletivo sua redução ou supressão.

Lembre-se de que a atividade perigosa é comprovada **mediante perícia** (art. 195 da CLT). Assim sendo, a prova técnica é, em regra, um dos requisitos para o recebimento do adicional, pois nem o juiz, nem os procuradores do Trabalho e advogados têm condições de atestar, com certeza, se o ambiente coloca ou não em risco a integridade física do trabalhador. Entretanto, quando o pagamento do adicional de periculosidade já vem sendo feito pelo empregador, de forma espontânea, torna-se incontroverso o fato de que o trabalho é realizado em condições perigosas. Dessa forma, dispensa-se a produção de perícia conforme estabelece a Súmula nº 453 do TST.

Além dessa hipótese, dispensa-se a perícia quando há fato notório que ateste a exposição à atividade perigosa e quando a lei expressamente autoriza. É o caso dos "motoboys", dos vigilantes, dos seguranças patrimoniais e pessoais e dos agentes das autoridades de trânsito expostos a colisões, atropelamentos ou outras espécies de acidentes ou violências, que terão o direito ao adicional pelo simples exercício da profissão, independentemente da realização de perícia.

► **QUESTÃO DISCURSIVA 02:**

a) Quais os requisitos para recebimento do adicional de insalubridade?
b) O calor intenso gera direito ao recebimento desse adicional?

RESPOSTA SUGERIDA PELO AUTOR:

Atividades insalubres são aquelas que expõem o empregado a agentes nocivos à sua saúde e que ultrapassam o seu limite de tolerância. Exemplo: agentes **químicos** (chumbo), **biológicos** (bactérias) e **físicos** (ruídos). Para a obtenção do adicional de insalubridade, há necessidade de preencher dois requisitos:

948. Embora exista previsão expressa do **adicional de penosidade** na Constituição Federal, não há lei ordinária que o regulamente, inexistindo a base de cálculo e demais previsões necessárias para que seja exigido. Neste momento, prevalece o entendimento de que não há possibilidade do pagamento do adicional de penosidade. O concurso do TRT da 3ª Região/2009 exigiu uma questão sobre adicional de penosidade. O pagamento desse adicional depende da lei ordinária.

1) Atividade nociva deverá ser constatada via perícia por profissional habilitado, médico ou engenheiro do Trabalho.
2) É necessário que o agente nocivo à saúde esteja incluído na relação oficial do Ministério do Trabalho e Emprego. Se a atividade desenvolvida pelo empregado não estiver prevista nessa listagem, há entendimento majoritário de que o empregado não terá direito ao adicional. Aliás, eventual reclassificação ou descaracterização da insalubridade, pelo ministro do Trabalho (autoridade competente), repercutirá no recebimento do adicional, ou seja, o empregado somente receberá enquanto a atividade desenvolvida estiver enquadrada como insalubre.

O TST incluiu o item II à OJ nº 173 da SDI-I para prever que os empregados terão direito ao adicional de insalubridade no caso exposição ao calor. Nesse sentido:

> **Orientação Jurisprudencial nº 173 da SDI-I do TST:** II – Tem direito à percepção ao adicional de insalubridade o empregado que exerce atividade exposto ao calor acima dos limites de tolerância, inclusive em ambiente externo com carga solar, nas condições previstas no Anexo 3 da NR 15 da Portaria nº 3.214/78 do MTE.

Entretanto, ressalta-se que permanece o entendimento de que a mera exposição à luz solar pelo trabalhador em atividade a céu aberto, sem que se demonstre a exposição ao calor excessivo, não enseja o direito ao adicional:

> **Orientação Jurisprudencial nº 173 da SDI-I do TST:** I – Ausente previsão legal, indevido o adicional de insalubridade ao trabalhador em atividade a céu aberto por sujeição à radiação solar (art. 195 da CLT e Anexo 7 da NR 15 da Portaria nº 3.214/78 do MTE).

O adicional de insalubridade era calculado com base no salário mínimo, variando de acordo com a agressividade do agente nocivo. Ocorre, entretanto, que o Supremo Tribunal Federal – STF –, em julgamento datado de 30 de abril de 2008, proibiu que o salário mínimo sirva de base de cálculo (indexador) do adicional de insalubridade. Após essa decisão, o art. 192 da CLT não mais pode ser utilizado. De acordo com a Súmula Vinculante nº 4 do STF:

> **Súmula Vinculante nº 4 do STF:** Salvo nos casos previstos na Constituição, o salário mínimo não pode ser usado como indexador de base de cálculo de vantagem de servidor público ou de empregado, nem ser substituído por decisão judicial.

Nesse sentido, há necessidade de lei para fixar o novo patamar, seja no valor do salário contratual ou um valor nominal. É possível que acordos e convenções coletivas fixem essa base de cálculo, deixando claro e expresso que se trata de parâmetro para fins de adicional de insalubridade. Por outro lado, o TST entende, atualmente, que, enquanto não houver lei específica ou, ainda, norma coletiva que fixe expressamente a base de cálculo, o salário mínimo continua sendo utilizado, conforme previsto no art. 192 da CLT.

Por fim, deve-se destacar que constituirá objeto ilícito da convenção ou acordo coletivo, a redução ou supressão do adicional de insalubridade (art. 611-B, XVIII da CLT), sendo possível, entretanto, que haja acordo ou convenção coletiva que disponha sobre o enquadramento do grau de insalubridade (art. 611-A, XII da CLT). Além disso, a Reforma Trabalhista possibilitou que a prorrogação de jornada em ambientes *insalubres se dê sem licença prévia das autoridades competentes, quando será feita mediante acordo e convenção coletiva (art. 611-A, XIII da CLT).*

▶ **ESTUDO DE CASO 03:**

Disserte sobre as garantias de proteção ao salário, previstas em lei e na jurisprudência do TST.

RESPOSTA SUGERIDA PELO AUTOR:

Dentre as características do salário, destaca-se sua natureza alimentar, pois ele tem finalidade de garantir o sustento do trabalhador e de sua família. Diante disso, o salário é protegido contra eventuais abusos cometidos pelo empregador e, ainda, protegido em face dos credores do empregador e dos credores do próprio empregado.

No tocante à proteção aos abusos cometidos pelo empregador, a primeira garantia é a ***Irredutibilidade salarial. Nesse caso,*** *o empregador não poderá, por ato unilateral, reduzir o salário do empregado. Há possibilidade de redução salarial, excepcionalmente, via negociação coletiva (acordo ou convenção) conforme prevê o art. 7º, VI, CF/88. Importante destacar que o art. 503 da CLT prevê a possibilidade de redução de salário por motivo de força maior. Esse artigo não foi recepcionado pela atual Constituição, ou seja, não está mais em vigor.*

Importa destacar que, com o advento da Reforma Trabalhista, caso seja pactuada cláusula que reduza o salário ou a jornada, a convenção ou o acordo coletivo deverão prever a proteção dos empregados contra dispensa imotivada durante o prazo de vigência do instrumento coletivo (art. 611-A, § 3º da CLT). Esta é a única exceção legal que obriga a previsão de contrapartida no instrumento coletivo de trabalho.

Outra garantia de proteção ao salário é a ***Intangibilidade salarial****, que veda que descontos ilegais e abusivos sejam efetuados pelo empregador no salário. Excepcionalmente, alguns descontos são permitidos, tais como: descontos em razão do salário--utilidade, adiantamentos salariais em favor do empregado, descontos legais, como o pagamento de pensão alimentícia, descontos convencionais quando há previsão em acordo coletivo e também os descontos em razão de dano causado pelo empregado. Neste caso, se o dano foi cometido por dolo, ou seja, de forma intencional, desconto é sempre possível, em razão da falta de lealdade do trabalhador. Se cometido por culpa (sem intenção), o desconto será possível desde que previsto no contrato de trabalho ou norma coletiva (ajuste feito entre as partes).*

Além das hipóteses acima, o ordenamento jurídico trabalhista veda a aplicação do ***truck system.*** *Truck system é o pagamento do salário por meio de vales ou bônus para compra de produtos em armazém mantido pelo empregador. Por exemplo, ocorre essa forma de pagamento em algumas propriedades rurais, nas quais o empregador exige que seus empregados gastem o salário nas dependências por ele mantidas.*

Por fim, o pagamento judicial na primeira audiência é mais uma hipótese de proteção contra abusos cometidos pelo empregado. No caso de rescisão do contrato de trabalho, o empregador é obrigado a pagar ao empregado, à data do comparecimento na Justiça do Trabalho, a parte incontroversa, sob pena de pagá-la acrescida de 50%. É a denominada "multa do art. 467 da CLT". Veja que essa obrigatoriedade consiste apenas na parte incontroversa das verbas rescisórias. Exemplo: empregado ingressa com reclamação trabalhista, pleiteando o pagamento de horas extras e férias vencidas. O empregador confessa que não pagou as férias ou, ainda, nada menciona sobre pagamento de férias na contestação. A parcela de férias tornou-se incontroversa em razão da confissão ou silêncio do empregador, devendo ser paga na primeira audiência na Justiça do Trabalho, sob pena de acréscimo de 50%.

No tocante à proteção em face dos credores do empregador, deve-se ressaltar que os riscos do empreendimento são exclusivos do empregador. Assim sendo, na falência, o salário constitui crédito privilegiado desde que limitado a 150 salários-mínimos. Em razão do caráter alimentar, o salário é protegido em face dos credores do empregador.

Por fim, o salário também é protegido em face dos credores do próprio empregado. O salário do empregado é impenhorável, mesmo quando depositado em conta-corrente. Há exceção a essa impenhorabilidade, entretanto, em razão de pagamento de prestações alimentícias. Diante disso, os credores do trabalhador não poderão requerer a penhora sobre o salário, em virtude de dívidas contraídas pelo empregado. Ademais, os depósitos efetuados nas contas vinculadas do FGTS em nome dos trabalhadores são absolutamente impenhoráveis (art. 2º, § 2º, da Lei nº 8.036/90).

▸ **QUESTÃO DISCURSIVA 04:**

Disserte sobre os requisitos da Equiparação Salarial com as modificações da Reforma Trabalhista

RESPOSTA SUGERIDA PELO AUTOR:

Um dos objetivos da República Federativa do Brasil, segundo o art. 3º da Constituição Federal/88 é erradicar qualquer tipo de preconceito e desigualdade. Além disso, o art. 7º da Constituição Federal prevê, expressamente, que empregados não podem ser tratados de forma diferente em razão de sexo, orientação sexual, religiosa. Com base no princípio da igualdade, é vedado o tratamento diferenciado para trabalhadores que exerçam a mesma função. Há previsão do direito à equiparação salarial nas hipóteses de tratamento diferenciado. Os requisitos para equiparação salarial estão previstos na CLT e na súmula nº 6 do TST.

Os requisitos clássicos para equiparação salarial eram: trabalhar para o mesmo empregador, na mesma localidade, desenvolvendo a mesma função com diferença não superior a 2 anos, em trabalho de igual valor e produtividade. A empresa também não poderia ter quadro de pessoal organizado em carreira homologado pelo Ministério do Trabalho.

A Reforma Trabalhista reduziu, de forma significativa, as possibilidades de equiparação salarial. A partir dela, exige-se que o trabalho seja prestado para um mesmo empregador, no mesmo estabelecimento. Alterou-se, portanto, o requisito de mesma localidade para mesmo estabelecimento. Dessa forma, se uma empresa tiver, em uma mesma cidade, dois estabelecimentos diferentes, não seria assegurado o direito à equiparação salarial. O requisito para a equiparação salarial deixa de ser a localidade e passa a ser o estabelecimento onde é prestado os serviços.

A simples organização da atividade em locais diferentes, tendo muitas vezes, o setor de recursos humanos e de organização da atividade concentrado em um determinado local, não justifica o impedimento da equiparação salarial, caso preenchidos os demais requisitos legais. O estabelecimento é formado pelo conjunto de bens necessários para o desenvolvimento da atividade econômica, o que engloba todos os locais onde o serviço é prestado no município.

O requisito de identidade de funções com o desenvolvimento de trabalho de igual valor foi mantido. No entanto, além da diferença máxima de 2 anos no exercício da função, o tempo de serviço ou o tempo no emprego deve ser também considerado para fins de equiparação salarial. Assim, novo requisito foi acrescentado pela Reforma Trabalhista, exigindo que o empregado não tenha tempo de serviço superior a 4 anos em relação ao paradigma para se viabilizar a equiparação salarial.

Assim, mesmo que o empregado tenha menos de 2 anos de diferença no exercício de determinada função, se houver diferença superior a 4 anos em relação ao tempo de serviço na empresa, não terá direito à equiparação.

Permanece, ainda, a impossibilidade de equiparação salarial quando existente quadro de carreira ou plano de cargos e salário. A Lei nº 13.467/2017 passou a aceitar, no entanto, que o quadro de carreira possa determinar critérios de promoção alternadamente por antiguidade e merecimento, ou por apenas um desses requisitos. Além disso, dispensa-se a homologação pelo Ministério do Trabalho.

► **QUESTÃO DISCURSIVA 05:**

Quais impactos a Reforma Trabalhista causou no instituto da Remuneração do empregado?

RESPOSTA SUGERIDA PELO AUTOR:

O direito à remuneração configura um dos direitos mais básicos do empregado. Ao celebrar o contrato de trabalho, o empregado assume a obrigação de fazer, consubstanciada na prestação de serviços. Por outro lado, o empregador assume a obrigação de dar, ou seja, pagar o salário do trabalhador. O texto constitucional prevê que a retenção dolosa do trabalho constitui crime. A CLT prevê diversas normas protetivas ao salário, que proíbe descontos ilegais e abusivos, determina o pagamento das parcelas incontroversas na 1ª audiência, permite a rescisão indireta por falta de pagamento, etc.

A CLT diferencia salário de remuneração. Salário é a parcela paga diretamente pelo empregador. Remuneração é paga pelo empregador e por terceiros via gorjeta. Essa distinção entre salário e remuneração causa diversos efeitos para fins de reflexos nas verbas trabalhistas.

A diferença entre salário e remuneração persiste, inclusive, com a Reforma Trabalhista. A Reforma Trabalhista, no art. 457 da CLT, modificou a natureza jurídica de diversas parcelas recebidas pelo empregado, que passaram a ter natureza indenizatória. Dessa forma, de acordo com a nova redação do art. 457, § 1º da CLT, apenas as gratificações legais e as comissões pagas pelo empregador integram o salário juntamente com a importância fixa estipulada.

Por outro lado, parcelas que tinha natureza salarial, como o recebimento de prêmios, abonos e as diárias para viagem acima de 50% do salário do empregado passaram a ter natureza indenizatória e, portanto, não integram o salário. Outra parcela que sofreu modificação foi o auxílio-alimentação. A alimentação paga por força do contrato de trabalho terá, em regra, natureza indenizatória, salvo se o pagamento for realizado em dinheiro. O art. 458, §5º da CLT, inserido pela Reforma Trabalhista, deixa claro que o valor pago a título de despesas médicas, plano de saúde e odontológico, terá natureza indenizatória.

O art. 611-A prevê a ampla possibilidade de negociação coletiva para tratar sobre plano de cargos e salário, prêmios, comissões etc. Abriu-se a possibilidade de ampla flexibilização no tocante à remuneração. Nesse sentido, os sindicatos exercerão importante papel no estabelecimento da remuneração de seus representados.

Além disso, o legislador da Reforma Trabalhista, na tentativa de assegurar maior segurança aos empregadores, traz a presunção relativa de diversas parcelas indenizatórias, que não integrarão o salário e não servirão de base para incidência de encargo trabalhista e previdenciário. Essa modificação trará impactos não apenas na área trabalhista como também na área previdenciária.

10. SÚMULAS E ORIENTAÇÕES JURISPRUDENCIAIS DO TST

▶ CAPÍTULO VII – REMUNERAÇÃO
Salário
Orientação Jurisprudencial nº 358 da SDI-I do TST: I – Havendo contratação para cumprimento de jornada reduzida, inferior à previsão constitucional de oito horas diárias ou quarenta e quatro semanais, é lícito o pagamento do piso salarial ou do salário mínimo proporcional ao tempo trabalhado. II – Na Administração Pública direta, autárquica e fundacional não é válida remuneração de empregado público inferior ao salário mínimo, ainda que cumpra jornada de trabalho reduzida. Precedentes do Supremo Tribunal Federal.
Orientação Jurisprudencial nº 393 da SDI – I do TST. A contraprestação mensal devida ao professor, que trabalha no limite máximo da jornada prevista no art. 318 da CLT, é de um salário mínimo integral, não se cogitando do pagamento proporcional em relação a jornada prevista no art. 7º, XIII, da Constituição Federal.
Súmula nº 354 do TST[949]. As gorjetas, cobradas pelo empregador na nota de serviço ou oferecidas espontaneamente pelos clientes, integram a remuneração do empregado, não servindo de base de cálculo para as parcelas de aviso-prévio, adicional noturno, horas extras e repouso semanal remunerado.
Súmula nº 374 do TST. Empregado integrante de categoria profissional diferenciada não tem o direito de haver de seu empregador vantagens previstas em instrumento coletivo no qual a empresa não foi representada por órgão de classe de sua categoria.
Orientação Jurisprudencial nº 25 da SDC do TST. Não fere o princípio da isonomia salarial (art. 7º, XXX, da CF/88) a previsão de salário normativo tendo em vista o fator tempo de serviço.
Orientação Jurisprudencial nº 26 da SDC do TST. Os empregados menores não podem ser discriminados em cláusula que fixa salário mínimo profissional para a categoria.
Súmula nº 370 do TST: Tendo em vista que as Leis nº 3.999/1961 e 4.950-A/1966 não estipulam a jornada reduzida, mas apenas estabelecem o salário mínimo da categoria para uma jornada de 4 horas para os médicos e de 6 horas para os engenheiros, não há que se falar em horas extras, salvo as excedentes à oitava, desde que seja respeitado o salário mínimo/horário das categorias.

949. Esta súmula poderá ser impactada pelo art. 611-A, IX da CLT acrescentado pela Reforma Trabalhista – Lei nº 13.467/2017.

Parcelas salariais

Súmula nº 91 do TST. Nula é a cláusula que fixa determinada importância ou percentagem para atender englobadamente vários direitos legais ou contratuais do trabalhador.

Súmula nº 27 do TST. É devida a remuneração do repouso semanal remunerado e dos dias feriados ao empregado comissionista, ainda que pracista.

Súmula nº 340 do TST. O empregado, sujeito a controle de horário, remunerado à base de comissões, tem direito ao adicional de, no mínimo, 50% (cinquenta por cento) pelo trabalho em horas extras, calculado sobre o valor-hora das comissões recebidas no mês, considerando-se como divisor o número de horas efetivamente trabalhadas.

Orientação Jurisprudencial nº 181 da SDI - I do TST. O valor das comissões deve ser corrigido monetariamente para em seguida obter-se a média para efeito de cálculo de férias, 13º salário e verbas rescisórias.

Orientação Jurisprudencial nº 397 da SDI-I do TST. O empregado que recebe remuneração mista, ou seja, uma parte fixa e outra variável, tem direito a horas extras pelo trabalho em sobrejornada. Em relação à parte fixa, são devidas as horas simples acrescidas do adicional de horas extras. Em relação à parte variável, é devido somente o adicional de horas extras, aplicando-se à hipótese o disposto na Súmula nº 340 do TST.

Súmula nº 225 do TST. As gratificações por tempo de serviço e produtividade, pagas mensalmente, não repercutem no cálculo do repouso semanal remunerado.

Súmula nº 152 do TST. O fato de constar do recibo de pagamento de gratificação, o caráter de liberalidade não basta, por si só, para excluir a existência de um ajuste tácito.

Orientação Jurisprudencial nº 235 da SDI-I do TST[950]: O empregado que recebe salário por produção e trabalha em sobrejornada tem direito à percepção apenas do adicional de horas extras, exceto no caso do empregado cortador de cana, a quem é devido o pagamento das horas extras e do adicional respectivo.

Súmula nº 115 do TST[951]. O valor das horas extras habituais integra a remuneração do trabalhador para o cálculo das gratificações semestrais.

Súmula nº 202 do TST[952]. Existindo, ao mesmo tempo, gratificação por tempo de serviço outorgada pelo empregador e outra da mesma natureza prevista em acordo coletivo, convenção coletiva ou sentença normativa, o empregado tem direito a receber, exclusivamente, a que lhe seja mais benéfica.

Súmula nº 253 do TST[953]. A gratificação semestral não repercute no cálculo das horas extras, das férias e do aviso prévio, ainda que indenizados. Repercute, contudo, pelo seu duodécimo na indenização por antiguidade e na gratificação natalina.

Súmula nº 372 do TST[954].

I – Percebida a gratificação de função por dez ou mais anos pelo empregado, se o empregador, sem justo motivo, revertê-lo a seu cargo efetivo, não poderá retirar-lhe a gratificação tendo em vista o princípio da estabilidade financeira.

II – Mantido o empregado no exercício da função comissionada, não pode o empregador reduzir o valor da gratificação.

---

950. Esta orientação jurisprudencial poderá ser impactada pelo art. 611-A, IX da CLT acrescentado pela Reforma Trabalhista – Lei nº 13.467/2017.
951. Esta súmula poderá ser impactada pela nova redação dada ao art. 457, § 1º da CLT pela Reforma Trabalhista – Lei nº 13.467/2017.
952. Esta súmula poderá ser impactada pelo art. 611-A, VI da CLT acrescentado pela Reforma Trabalhista – Lei nº 13.467/2017.
953. Esta súmula poderá ser impactada pela nova redação dada ao art. 457, § 1º da CLT pela Reforma Trabalhista – Lei nº 13.467/2017.
954. Esta súmula poderá ser impactada pelo art. 468, § 2º da CLT acrescentado pela Reforma Trabalhista – Lei nº 13.467/2017.

Orientação Jurisprudencial nº 346 da SDI – I do TST[955]. A decisão que estende aos inativos a concessão de abono de natureza jurídica indenizatória, previsto em norma coletiva apenas para os empregados em atividade, a ser pago de uma única vez, e confere natureza salarial à parcela, afronta o art. 7º, XXVI, da CF/88.
Súmula nº 247 do TST. A parcela paga aos bancários sob a denominação "quebra de caixa" possui natureza salarial, integrando o salário do prestador de serviços, para todos os efeitos legais.
Décimo terceiro salário
Súmula nº 45 do TST. A remuneração do serviço suplementar, habitualmente prestado, integra o cálculo da gratificação natalina prevista na Lei nº 4.090/62.
Súmula nº 14 do TST. Reconhecida a culpa recíproca na rescisão do contrato de trabalho (art. 484 da CLT), o empregado tem direito a 50% (cinquenta por cento) do valor do aviso prévio, do décimo terceiro salário e das férias proporcionais.
Súmula nº 60 do TST. I – O adicional noturno pago com habitualidade integra o salário do empregado para todos os efeitos.
II – Cumprida integralmente a jornada no período noturno e prorrogada esta, devido é também o adicional quanto às horas prorrogadas.
Súmula nº 139 do TST. Enquanto percebido, o adicional de insalubridade integra a remuneração para todos os efeitos legais.
Súmula nº 253 do TST[956]. A gratificação semestral não repercute no cálculo das horas extras, das férias e do aviso-prévio, ainda que indenizados. Repercute, contudo, pelo seu duodécimo na indenização por antiguidade e na gratificação natalina.
Súmula nº 157 do TST. A gratificação instituída pela Lei nº 4.090, de 13.7.62, é devida na resilição contratual de iniciativa do empregado.

Adicional de hora extraordinária
Súmula nº 264 do TST. A remuneração do serviço suplementar é composta do valor da hora normal, integrado por parcelas de natureza salarial e acrescido do adicional previsto em lei, contrato, acordo, convenção coletiva ou sentença normativa.
Súmula nº 247 do TST. A parcela paga aos bancários sob a denominação "quebra de caixa" possui natureza salarial, integrando o salário do prestador de serviços, para todos os efeitos legais.
Súmula nº 347 do TST. O cálculo do valor das horas extras habituais, para efeito de reflexos em verbas trabalhistas, observará o número de horas efetivamente prestadas e a ele aplica-se o valor do salário-hora da época do pagamento daquelas.
Súmula nº 172 do TST. Computam-se no cálculo do repouso semanal remunerado as horas extras habitualmente prestadas.
Súmula nº 45 do TST. A remuneração do serviço suplementar, habitualmente prestado, integra o cálculo da gratificação natalina prevista na Lei nº 4.090/62.
Súmula nº 63 do TST. A contribuição para o Fundo de Garantia do Tempo de Serviço incide sobre a remuneração mensal devida ao empregado, inclusive horas extras e adicionais eventuais.
Súmula nº 376 do TST. I – A limitação legal da jornada suplementar a duas horas diárias não exime o empregador de pagar todas as horas trabalhadas. II – O valor das horas extras habitualmente prestadas integra o cálculo dos haveres trabalhistas, independentemente da limitação prevista no "caput" do art. 59 da CLT.

955. Esta orientação jurisprudencial poderá ser impactada pelo art. 457, §2º da CLT acrescentado pela Reforma Trabalhista – Lei nº 13.467/2017.

956. Esta súmula poderá ser impactada pela nova redação dada ao art. 457, § 1º da CLT pela Reforma Trabalhista – Lei nº 13.467/2017.

Súmula nº 291 do TST[957]. A supressão total ou parcial, pelo empregador, de serviço suplementar prestado com habitualidade, durante pelo menos 1 (um) ano, assegura ao empregado o direito à indenização correspondente ao valor de 1 (um) mês das horas suprimidas, total ou parcialmente, para cada ano ou fração igual ou superior a seis meses de prestação de serviço acima da jornada normal. O cálculo observará a média das horas suplementares nos últimos 12 (doze) meses anteriores à mudança, multiplicada pelo valor da hora extra do dia da supressão.
Súmula nº 431 do TST. Para os empregados a que alude o art. 58, caput, da CLT, quando sujeitos a 40 horas semanais de trabalho, aplica-se o divisor 200 (duzentos) para o cálculo do valor do salário-hora.
Adicional noturno
Súmula nº 60 do TST. I – O adicional noturno pago com habitualidade integra o salário do empregado para todos os efeitos. II – Cumprida integralmente a jornada no período noturno e prorrogada esta, devido é também o adicional quanto às horas prorrogadas.
Adicional de transferência
Orientação Jurisprudencial nº 113 da SDI – I do TST. O fato de o empregado exercer cargo de confiança ou a existência de previsão de transferência no contrato de trabalho não exclui o direito ao adicional. O pressuposto legal apto a legitimar a percepção do mencionado adicional é a transferência provisória.
Adicional de periculosidade
Súmula nº 39 do TST. Os empregados que operam em bomba de gasolina têm direito ao adicional de periculosidade (Lei nº 2.573, de 15.8.55).
Orientação Jurisprudencial nº 347 da SDI – I do TST. É devido o adicional de periculosidade aos empregados cabistas, instaladores e reparadores de linhas e aparelhos de empresas de telefonia, desde que, no exercício de suas funções, fiquem expostos a condições de risco equivalente ao do trabalho exercido em contato com sistema elétrico de potência.

Orientação Jurisprudencial nº 345 da SDI – I do TST. A exposição do empregado à radiação ionizante ou à substância radioativa enseja a percepção do adicional de periculosidade, pois a regulamentação ministerial (Portarias do Ministério do Trabalho nºs 3.393, de 17.12.1987, e 518, de 07.04.2003), ao reputar perigosa a atividade, reveste-se de plena eficácia, porquanto expedida por força de delegação legislativa contida no art. 200, "caput", e inciso VI, da CLT. No período de 12.12.2002 a 06.04.2003, enquanto vigeu a Portaria nº 496 do Ministério do Trabalho, o empregado faz jus ao adicional de insalubridade.
Súmula nº 191 do TST. I – O adicional de periculosidade incide apenas sobre o salário básico e não sobre este acrescido de outros adicionais. II – O adicional de periculosidade do empregado eletricitário, contratado sob a égide da Lei nº 7.369/1985, deve ser calculado sobre a totalidade das parcelas de natureza salarial. Não é válida norma coletiva mediante a qual se determina a incidência do referido adicional sobre o salário básico. III – A alteração da base de cálculo do adicional de periculosidade do eletricitário promovida pela Lei nº 12.740/2012 atinge somente contrato de trabalho firmado a partir de sua vigência, de modo que, nesse caso, o cálculo será realizado exclusivamente sobre o salário básico, conforme determina o § 1º do art. 193 da CLT.
Orientação Jurisprudencial nº 259 da SDI – I do TST. O adicional de periculosidade deve compor a base de cálculo do adicional noturno, já que também nesse horário o trabalhador permanece sob as condições de risco.
Súmula nº 132 do TST. I – O adicional de periculosidade, pago em caráter permanente, integra o cálculo de indenização e de horas extras. II – Durante as horas de sobreaviso, o empregado não se encontra em condições de risco, razão pela qual é incabível a integração do adicional de periculosidade sobre as mencionadas horas.

957. Esta súmula poderá ser impactada pelo art. 8º, § 2º da CLT acrescentado pela Reforma Trabalhista – Lei nº 13.467/2017.

Súmula nº 364 do TST.

I – Tem direito ao adicional de periculosidade o empregado exposto permanentemente ou que, de forma intermitente, sujeita-se a condições de risco. Indevido, apenas, quando o contato dá-se de forma eventual, assim considerado o fortuito, ou o que, sendo habitual, dá-se por tempo extremamente reduzido.

II – Não é válida a cláusula de acordo ou convenção coletiva de trabalho fixando o adicional de periculosidade em percentual inferior ao estabelecido em lei e proporcional ao tempo de exposição ao risco, pois tal parcela constitui medida de higiene, saúde e segurança do trabalho, garantida por norma de ordem pública (arts. 7º, XXII e XXIII, da CF e art. 193, § 1º, CLT).

Súmula nº 447 do TST. Os tripulantes e demais empregados em serviços auxiliares de transporte aéreo que, no momento do abastecimento da aeronave, permanecem a bordo não têm direito ao adicional de periculosidade a que aludem o art. 193 da CLT e o Anexo 2, item 1, "c", da NR 16 do MTE.

Súmula nº 453 do TST. O pagamento de adicional de periculosidade efetuado por mera liberalidade da empresa, ainda que de forma proporcional ao tempo de exposição ao risco ou em percentual inferior ao máximo legalmente previsto, dispensa a realização da prova técnica exigida pelo art. 195 da CLT, pois torna incontroversa a existência do trabalho em condições perigosas.

Orientação Jurisprudencial nº 278 da SDI-I do TST. A realização de perícia é obrigatória para a verificação de insalubridade. Quando não for possível sua realização, como em caso de fechamento da empresa, poderá o julgador utilizar-se de outros meios de prova.

Orientação Jurisprudencial nº 385 da SDI-I do TST. É devido o pagamento do adicional de periculosidade ao empregado que desenvolve suas atividades em edifício (construção vertical), seja em pavimento igual ou distinto daquele onde estão instalados tanques para armazenamento de líquido inflamável, em quantidade acima do limite legal, considerando-se como área de risco toda a área interna da construção vertical.

Adicional de insalubridade

Súmula vinculante nº 4 do STF. Salvo nos casos previstos na Constituição, o salário mínimo não pode ser usado como indexador de base de cálculo de vantagem de servidor público ou de empregado, nem ser substituído por decisão judicial.

Súmula nº 47 do TST. O trabalho executado, em caráter intermitente, em condições insalubres não afasta, só por essa circunstância, o direito à percepção do respectivo adicional.

Súmula nº 448 do TST.

I – Não basta a constatação da insalubridade por meio de laudo pericial para que o empregado tenha direito ao respectivo adicional, sendo necessária a classificação da atividade insalubre na relação oficial elaborada pelo Ministério do Trabalho.

II – A higienização de instalações sanitárias de uso público ou coletivo de grande circulação, e a respectiva coleta de lixo, por não se equiparar à limpeza em residências e escritórios, enseja o pagamento de adicional de insalubridade em grau máximo, incidindo o disposto no Anexo 14 da NR-15 da Portaria do MTE nº 3.214/78 quanto à coleta e industrialização de lixo urbano.

Orientação Jurisprudencial nº 165 da SDI – I do TST. O art. 195 da CLT não faz qualquer distinção entre o médico e o engenheiro para efeito de caracterização e classificação da insalubridade e periculosidade, bastando para a elaboração do laudo seja o profissional devidamente qualificado.

Orientação Jurisprudencial nº 173 da SDI – I do TST.

I – Ausente previsão legal, indevido o adicional de insalubridade ao trabalhador em atividade a céu aberto por sujeição à radiação solar (art. 195 da CLT e Anexo 7 da NR 15 da Portaria nº 3.214/78 do MTE).

II – Tem direito à percepção ao adicional de insalubridade o empregado que exerce atividade exposto ao calor acima dos limites de tolerância, inclusive em ambiente externo com carga solar, nas condições previstas no Anexo 3 da NR 15 da Portaria No 3.214/78 do MTE.

Súmula nº 139 do TST. Enquanto percebido, o adicional de insalubridade integra a remuneração para todos os efeitos legais.

Súmula nº 248 do TST. A reclassificação ou a descaracterização da insalubridade, por ato da autoridade competente, repercute na satisfação do respectivo adicional, sem ofensa a direito adquirido ou ao princípio da irredutibilidade salarial.

Súmula nº 80 do TST. A eliminação da insalubridade mediante fornecimento de aparelhos protetores aprovados pelo órgão competente do Poder Executivo exclui a percepção do respectivo adicional.

Súmula nº 47 do TST. O trabalho executado, em caráter intermitente, em condições insalubres não afasta, só por essa circunstância, o direito à percepção do respectivo adicional.
Orientação Jurisprudencial nº 47 da SDI – I do TST. A base de cálculo da hora extra é o resultado da soma do salário contratual mais o adicional de insalubridade.
Súmula nº 289 do TST. O simples fornecimento do aparelho de proteção pelo empregador não o exime do pagamento do adicional de insalubridade. Cabe-lhe tomar as medidas que conduzam à diminuição ou eliminação da nocividade, entre as quais as relativas ao uso efetivo do equipamento pelo empregado.
Orientação Jurisprudencial nº 103 da SDI – I do TST. O adicional de insalubridade já remunera os dias de repouso semanal e feriados.
Orientação Jurisprudencial nº 278 da SDI-I do TST. A realização de perícia é obrigatória para a verificação de insalubridade. Quando não for possível sua realização, como em caso de fechamento da empresa, poderá o julgador utilizar-se de outros meios de prova.
Parcelas sem natureza salarial
Súmula nº 451 do TST. Fere o princípio da isonomia instituir vantagem mediante acordo coletivo ou norma regulamentar que condiciona a percepção da parcela participação nos lucros e resultados ao fato de estar o contrato de trabalho em vigor na data prevista para a distribuição dos lucros. Assim, inclusive na rescisão contratual antecipada, é devido o pagamento da parcela de forma proporcional aos meses trabalhados, pois o ex-empregado concorreu para os resultados positivos da empresa.
Orientação Jurisprudencial Transitória nº 73 da SDI-I do TST. A despeito da vedação de pagamento em periodicidade inferior a um semestre civil ou mais de duas vezes no ano cível, disposta no art. 3º, § 2º, da Lei nº 10.101, de 19.12.2000, o parcelamento em prestações mensais da participação nos lucros e resultados de janeiro de 1999 a abril de 2000, fixado no acordo coletivo celebrado entre o Sindicato dos Metalúrgicos do ABC e a Volkswagen do Brasil Ltda., não retira a natureza indenizatória da referida verba (art. 7º, XI, da CF), devendo prevalecer a diretriz constitucional que prestigia a autonomia privada coletiva (art. 7º, XXVI, da CF).
Súmula nº 101 do TST[958]. Integram o salário, pelo seu valor total e para efeitos indenizatórios, as diárias de viagem que excedam a 50% (cinquenta por cento) do salário do empregado, enquanto perdurarem as viagens.
Súmula nº 318 do TST[959]. Tratando-se de empregado mensalista, a integração das diárias no salário deve ser feita tomando-se por base o salário mensal por ele percebido e não o valor do dia de salário, somente sendo devida a referida integração quando o valor das diárias, no mês, for superior à metade do salário mensal.
Súmula nº 344 do TST. O salário-família é devido aos trabalhadores rurais somente após a vigência da Lei nº 8.213/91.
Súmula nº 300 do TST. Compete à Justiça do Trabalho processar e julgar ações ajuizadas por empregados em face de empregadores relativas ao cadastramento no Programa de Integração Social (PIS).
Salário *in natura*
Súmula nº 241 do TST[960]. O vale refeição, fornecido por força do contrato de trabalho, tem caráter salarial, integrando a remuneração do empregado para todos os efeitos legais.
Orientação Jurisprudencial nº 123 da SDI – I do TST. A ajuda-alimentação prevista em norma coletiva em decorrência de prestação de horas extras tem natureza indenizatória e, por isso, não integra o salário do empregado bancário.
Orientação Jurisprudencial nº 133 da SDI – I do TST. A ajuda-alimentação fornecida por empresa participante do programa de alimentação ao trabalhador, instituído pela Lei nº 6.321/76, não tem caráter salarial. Portanto, não integra o salário para nenhum efeito legal.

958. Esta súmula poderá ser impactada pela nova redação dada ao art. 457, § 1º e 2º da CLT pela Reforma Trabalhista – Lei nº 13.467/2017.

959. Esta súmula poderá ser impactada pela nova redação dada ao art. 457, § 1º e 2º da CLT pela Reforma Trabalhista – Lei nº 13.467/2017.

960. Esta súmula poderá ser impactada pela nova redação dada ao art. 457, § 2º da CLT pela Reforma Trabalhista – Lei nº 13.467/2017.

Orientação Jurisprudencial nº 413 da SDI-I do TST. A pactuação em norma coletiva conferindo caráter indenizatório à verba "auxílio-alimentação" ou a adesão posterior do empregador ao Programa de Alimentação do Trabalhador – PAT – não altera a natureza salarial da parcela, instituída anteriormente, para aqueles empregados que, habitualmente, já percebiam o benefício, a teor das Súmulas nºs **51, I, e 241 do TST.**
Súmula nº 258 do TST. Os percentuais fixados em lei relativos ao salário *in natura* apenas se referem às hipóteses em que o empregado percebe salário mínimo, apurando-se, nas demais, o real valor da utilidade.
Súmula nº 367 do TST. I – A habitação, a energia elétrica e veículo fornecidos pelo empregador ao empregado, quando indispensáveis para a realização do trabalho, não têm natureza salarial, ainda que, no caso de veículo, seja ele utilizado pelo empregado também em atividades particulares. II – O cigarro não se considera salário-utilidade em face de sua nocividade à saúde.
Garantias de proteção ao salário
Súmula nº 342 do TST[961]. Descontos salariais efetuados pelo empregador, com a autorização prévia e por escrito do empregado, para serem integrados em planos de assistência odontológica, médico-hospitalar, de seguro, de previdência privada, ou de entidade cooperativa, cultural ou recreativo-associativa de seus trabalhadores, em seu benefício e de seus dependentes, não afrontam o disposto no art. 462 da CLT, salvo se ficar demonstrada a existência de coação ou de outro defeito que vicie o ato jurídico.
Orientação Jurisprudencial nº 251 da SDI – I do TST. É lícito o desconto salarial referente à devolução de cheques sem fundos, quando o frentista não observar as recomendações previstas em instrumento coletivo.
Orientação Jurisprudencial nº 160 da SDI-I do TST. É inválida a presunção de vício de consentimento resultante do fato de ter o empregado anuído expressamente com descontos salariais na oportunidade da admissão. É de se exigir demonstração concreta do vício de vontade.
Orientação Jurisprudencial nº 18 da SDC do TST. Os descontos efetuados com base em cláusula de acordo firmado entre as partes não podem ser superiores a 70% do salário base percebido pelo empregado, pois deve-se assegurar um mínimo de salário em espécie ao trabalhador.
Súmula nº 258 do TST. Os percentuais fixados em lei relativos ao salário "in natura" apenas se referem às hipóteses em que o empregado percebe salário mínimo, apurando-se, nas demais, o real valor da utilidade.
Súmula nº 69 do TST. A partir da Lei nº 10.272, de 05.09.2001, havendo rescisão do contrato de trabalho e sendo revel e confesso quanto à matéria de fato, deve ser o empregador condenado ao pagamento das verbas rescisórias, não quitadas na primeira audiência, com acréscimo de 50% (cinquenta por cento).
Equiparação salarial
Súmula nº 6 do TST[962]. I – Para os fins previstos no § 2º do art. 461 da CLT, só é válido o quadro de pessoal organizado em carreira quando homologado pelo Ministério do Trabalho, excluindo-se, apenas, dessa exigência o quadro de carreira das entidades de direito público da administração direta, autárquica e fundacional aprovado por ato administrativo da autoridade competente. II – Para efeito de equiparação de salários em caso de trabalho igual, conta-se o tempo de serviço na função e não no emprego. III – A equiparação salarial só é possível se o empregado e o paradigma exercerem a mesma função, desempenhando as mesmas tarefas, não importando se os cargos têm, ou não, a mesma denominação. IV – É desnecessário que, ao tempo da reclamação sobre equiparação salarial, reclamante e paradigma estejam a serviço do estabelecimento, desde que o pedido se relacione com situação pretérita. V – A cessão de empregados não exclui a equiparação salarial, embora exercida a função em órgão governamental estranho à cedente, se esta responde pelos salários do paradigma e do reclamante. VI – Presentes os pressupostos do art. 461 da CLT, é irrelevante a circunstância de que o desnível salarial tenha origem em decisão judicial que beneficiou o paradigma, exceto: a) se decorrente de vantagem pessoal ou de tese jurídica superada pela jurisprudência de Corte Superior; b) na hipótese de equiparação salarial em cadeia, suscitada em defesa, se o empregador produzir prova do alegado fato modificativo, impeditivo ou extintivo do direito à equiparação salarial em relação ao paradigma remoto, considerada irrelevante, para esse efeito, a existência de tempo de serviço na função superior a dois anos entre o reclamante e todos os demais empregados paradigmas componentes da cadeia equiparatória que não seja o paradigma imediato.

961. Esta súmula poderá ser impactada pelo art. 458, §5º da CLT pela Reforma Trabalhista – Lei nº 13.467/2017.
962. Esta súmula poderá ser impactada pela nova redação dada ao art. 461 da CLT pela Reforma Trabalhista – Lei nº 13.467/2017.

VII – Desde que atendidos os requisitos do art. 461 da CLT, é possível a equiparação salarial de trabalho intelectual, que pode ser avaliado por sua perfeição técnica, cuja aferição terá critérios objetivos. VIII – É do empregador o ônus da prova do fato impeditivo, modificativo ou extintivo da equiparação salarial. IX – Na ação de equiparação salarial, a prescrição é parcial e só alcança as diferenças salariais vencidas no período de 5 (cinco) anos que precedeu o ajuizamento. X – O conceito de "mesma localidade" de que trata o art. 461 da CLT refere-se, em princípio, ao mesmo município, ou a municípios distintos que, comprovadamente, pertençam à mesma região metropolitana.
Súmula nº 127 do TST[963]. Quadro de pessoal organizado em carreira, aprovado pelo órgão competente, excluída a hipótese de equiparação salarial, não obsta reclamação fundada em preterição, enquadramento ou reclassificação.
Orientação Jurisprudencial nº 297 da SDI – I do TST. O art. 37, inciso XIII, da CF/1988, veda a equiparação de qualquer natureza para o efeito de remuneração do pessoal do serviço público, sendo juridicamente impossível a aplicação da norma infraconstitucional prevista no art. 461 da CLT quando se pleiteia equiparação salarial entre servidores públicos, independentemente de terem sido contratados pela CLT.
Súmula nº 455 do TST. À sociedade de economia mista não se aplica a vedação à equiparação prevista no art. 37, XIII, da CF/1988, pois, ao admitir empregados sob o regime da CLT, equipara-se a empregador privado, conforme disposto no art. 173, § 1º, II, da CF/1988.
Súmula nº 159 do TST. I – Enquanto perdurar a substituição que não tenha caráter meramente eventual, inclusive nas férias, o empregado substituto fará jus ao salário contratual do substituído. II – Vago o cargo em definitivo, o empregado que passa a ocupá-lo não tem direito a salário igual ao do antecessor.
Súmula nº 129 do TST[964]. A prestação de serviços a mais de uma empresa do mesmo grupo econômico, durante a mesma jornada de trabalho, não caracteriza a coexistência de mais de um contrato de trabalho, salvo ajuste em contrário.
Orientação Jurisprudencial nº 125 da SDI-I do TST. O simples desvio funcional do empregado não gera direito a novo enquadramento, mas apenas às diferenças salariais respectivas, mesmo que o desvio de função haja iniciado antes da vigência da CF/1988.
Orientação Jurisprudencial nº 418 da SDI – I do TST[154]. Não constitui óbice à equiparação salarial a existência de plano de cargos e salários que, referendado por norma coletiva, prevê critério de promoção apenas por merecimento ou antiguidade, não atendendo, portanto, o requisito de alternância dos critérios, previsto no art. 461, § 2º, da CLT.

963. Esta súmula poderá ser impactada pela nova redação dada ao art. 461, § 2º da CLT pela Reforma Trabalhista – Lei nº 13.467/2017.

964. Esta súmula poderá ser impactada pelo art. 8º, § 2º da CLT acrescentado pela Reforma Trabalhista – Lei nº 13.467/2017.

CAPÍTULO VIII

ESTABILIDADE E FGTS

1. INTRODUÇÃO

O ato de terminar o contrato é um direito potestativo do empregador[965]. Esse posicionamento é reforçado pela redação do art. 477-A da CLT, que estabelece a desnecessidade de autorização do sindicato profissional ou da realização de negociação coletiva de trabalho para as dispensas individuais, plúrimas ou coletivas:

> **Art. 477-A, CLT** *(acrescentado pela Reforma Trabalhista)*. As dispensas imotivadas individuais, plúrimas ou coletivas equiparam-se para todos os fins, não havendo necessidade de autorização prévia de entidade sindical ou de celebração de convenção coletiva ou acordo coletivo de trabalho para sua efetivação.

No entanto, no julgamento do ARE 647651 com repercussão geral reconhecida, o STF fixou a tese de que a validada das dispensas em massa depende da participação do sindicato dos empregados nesse processo, mas não de sua autorização ou da celebração de acordo ou convenção coletiva de trabalho (Tema 638 da Repercussão Geral). Conforme explicado pelo Ministro Dias Toffoli em seu voto, a necessidade de negociação com o sindicato da categoria profissional não se trata de um pedido de autorização por parte da empresa, mas da necessidade de envolver a entidade coletiva no processo de dispensa igualmente coletivo e, talvez, encontrar alternativas que preservem empregos, que evitem a aplicação de multa e que contribuam para a recuperação e o crescimento econômico e social do país, valorizando o trabalhado e o trabalhador, fazendo valer a função social da empresa.

Logo, ainda que condicionada a dispensa coletiva ao prévio diálogo social, à decisão de colocar fim ao contrato não pode o trabalhador se opor, exceto se detentor de estabilidade ou uma das garantias provisórias de emprego. Assim, estabilidade é o direito do trabalhador de permanecer no emprego, mesmo contra a vontade do empregador.

Alguns autores diferenciam os termos: estabilidade de garantia provisória de emprego. Estabilidade refere-se ao direito conquistado pelo empregado de não perder o emprego, exceto se a dispensa for por justa causa. Estabilidade provisória ou especial ou, ainda, garantia de emprego, consiste em garantir, provisoriamente, o emprego enquanto presente uma das situações excepcionais previstas em lei (gestante, membro da CIPA etc.). Nas provas de concursos, é comum que o termo estabilidade seja utilizado para abranger também as hipóteses de estabilidade provisória.

965. Direito potestativo: independe do consentimento da outra parte da relação jurídica. O empregado possui, também, o direito de pedir demissão. Nesse caso, o empregador não poderá se opor.

2. PROIBIÇÃO DA DISPENSA ARBITRÁRIA E POSICIONAMENTO DO STF SOBRE A CONVENÇÃO 158 DA OIT

Conforme dispõe o art. 7º, I, da CF/88, é vedada a dispensa arbitrária: "(...) a relação de emprego protegida contra despedida arbitrária ou sem justa causa, **nos termos de lei complementar**, que preverá indenização compensatória, entre outros direitos". Esse inciso, contudo, ainda não foi regulamentado. O entendimento majoritário é de que a garantia contra a despedida arbitrária não pode ser aplicada no Brasil[966].

Essa questão foi recentemente revitalizada com o julgamento, pelo STF, das ADI 1625 e ADC 39, que tratam sobre a validade do procedimento de denúncia da Convenção 158 da OIT pelo, então, Presidente Fernando Henrique Cardoso, que o fez por ato unilateral, sem a participação do Congresso Nacional. Nos próximos tópicos, vamos nos aprofundar no assunto.

2.1. Causa justificada e justa causa

A Convenção 158 da OIT, sobre o término da relação de trabalho, de 1982, em seu art. 4º, dispõe que "não se dará término à relação de trabalho de um trabalhador a menos que exista para isso uma **causa justificada**" (grifei).

Em 2023, com a inclusão da ADI 1625 na pauta de julgamento do STF, muito se propagandeou sobre o possível "término da dispensa sem justa causa no Brasil". Mas, afinal, essa "causa justificada", da Convenção 158 da OIT, é a mesma coisa que a "justa causa" do art. 482 da CLT?

Não! "Causa justificada", como a própria Convenção 158 da OIT dispõe, pode estar relacionada à capacidade ou ao comportamento do empregado, bem como baseada nas necessidades de funcionamento da empresa, estabelecimento ou serviço. Já a "justa causa", do art. 482 da CLT, constitui falta grave praticada pelo empregado, que impossibilita a continuidade da relação de emprego.

Nos termos da Convenção 158 da OIT, um empregado pode ser dispensado, ainda que não tenha praticado falta grave, se o empregador considerar insatisfatório o seu desempenho (capacidade), entender que o empregado não se enquadra no perfil da empresa (comportamento) ou reestruturar o setor produtivo e não mais necessitar dos serviços do empregado (necessidades de funcionamento da empresa, estabelecimento ou serviço).

Penso que podemos, aqui, fazer uma analogia com a fundamentação da dispensa de empregados públicos dos Correios:

> Empresa brasileira de correios e telégrafos – ECT. Demissão imotivada de seus empregados. Impossibilidade. Necessidade de motivação da dispensa. RE parcialmente provido. I – Os empregados públicos não fazem jus à estabilidade prevista no art. 41 da CF, salvo aqueles admitidos em período anterior

966. Há posicionamentos doutrinários minoritários que defendem a aplicação desse inciso I, art. 7º, da CF/88. Entretanto, para as provas objetivas (testes), é importante memorizar os exatos termos da CF e das leis, diante da impossibilidade de dissertação. Dessa forma, o posicionamento majoritário é no sentido de que é cabível a dispensa sem justa causa no Brasil.

> ao advento da EC nº 19/1998. Precedentes. II – Em atenção, no entanto, aos princípios da impessoalidade e isonomia, que regem a admissão por concurso público, a dispensa do empregado de empresas públicas e sociedades de economia mista que prestam serviços públicos deve ser motivada, assegurando-se, assim, que tais princípios, observados no momento daquela admissão, sejam também respeitados por ocasião da dispensa. III – A motivação do ato de dispensa, assim, visa a resguardar o empregado de uma possível quebra do postulado da impessoalidade por parte do agente estatal investido do poder de demitir. IV – Recurso extraordinário parcialmente provido para afastar a aplicação, ao caso, do art. 41 da CF, exigindo-se, entretanto, a motivação para legitimar a rescisão unilateral do contrato de trabalho. (RE 589998/PI, rel. Min. Ricardo Lewandowski, 20.3.2013)

Numa questão ainda precedente, caso o resultado das ADI 1625 e ADC 39 apontassem para a aplicabilidade nacional da Convenção 158 da OIT, suas disposições dependeriam de regulamentação pelo Congresso Nacional para que tivessem efeito, sendo inexequíveis de imediato (art. 1º da Convenção 158 da OIT).

2.2. Procedimento prévio ao término do contrato de trabalho

Ainda que o STF entendesse pela aplicabilidade da Convenção da 158 da OIT e que o Congresso Nacional viesse a regulamentá-la, a dispensa sem justa causa **continuaria sendo** um direito potestativo do empregador, havendo, no máximo, algumas condicionantes:

a) Caso o empregador, por exemplo, quisesse dispensar sem justa causa um empregado por motivo relacionados com seu comportamento ou seu desempenho, deveria, antes, dar-lhe a possibilidade de se defender das acusações feitas;

b) Caso o empregado fosse dispensado sem justa causa por motivos de necessidades de funcionamento da empresa, estabelecimento ou serviço, um órgão neutro, como, por exemplo, um tribunal, estaria habilitado para verificar se o término foi devido realmente a essas razões. Verificado que o término da relação de trabalho foi injustificado, poderia haver a readmissão do empregado (algo muito similar com o que já temos com as ações de reintegração).

Em outro paralelo com a Doutrina Administrativa, a justificativa da dispensa do empregado lembraria muito a motivação dos atos administrativos. Como bem explica Matheus Carvalho, "(...) a motivação é a exteriorização dos motivos e, uma vez realizada, passa a fazer parte do ato administrativo, vinculando, portanto, a validade do ato."[967]. Ainda, tal como leciona a **teoria dos motivos determinantes**, "os motivos apresentados como justificadores da prática do ato administrativo vinculam este ato e, caso os motivos apresentados sejam viciados, o ato será ilegal."[968].

Ou seja, o empregador deveria atuar com boa-fé, fundamentando o motivo do término do contrato de trabalho com o motivo real que o levou a dispensar o colaborador.

---

967. CARVALHO, Matheus. **Manual de Direito Administrativo.** 11. ed. rev., atual. e ampl. São Paulo: Juspodivm, 2023, p. 297.
968. CARVALHO, Matheus. **Manual de Direito Administrativo.** 11. ed. rev., atual. e ampl. São Paulo: Juspodivm, 2023, p. 298.

A justificativa apresentada pelo empregador vincularia, amarraria o ato de dispensa e, assim, caso fosse um motivo falso, inválido, poderia haver a reintegração do empregado (ou pagamento de indenização).

Portanto, todo o alarde criado em torno desse caso específico nunca teve justificativa.

2.3. Julgamento das ADI 1625 e ADC 39

A Convenção 158 da OIT foi ratificada pelo Brasil em 1995, sendo publicada e entrando em vigor em 1996. Poucos meses depois, em 20/12/1996, foi denunciada pelo, então, Presidente da República Fernando Henrique Cardoso.

O processo de ratificação de um tratado internacional[969] (no nosso caso: de uma convenção da OIT) vai além do sentido popular da palavra, de aprovação, ou não, pelo Poder Legislativo, da vontade manifestada pelo Chefe de Estado (no nosso caso: Presidente da República) perante a comunidade internacional (no nosso caso: OIT).

É que a ratificação de uma convenção da OIT é um ato de Governo, regido pelo Direito Internacional, e, ainda que possua disciplina interna, envolve outras etapas antes e depois do processo legislativo propriamente dito. Quem se comunica com os outros Estados soberanos e com organismos internacionais – sujeitos de Direito Internacional – é o Estado, não o Congresso Nacional. Assim, como explica Francisco Rezek[970], "**Ratificação** é o ato unilateral com que a pessoa jurídica de direito internacional, signatária de um tratado, exprime definitivamente, no plano internacional, sua vontade de obrigar-se".

No Brasil, o processo de internalização de um tratado internacional depende da participação do Congresso Nacional. Essa obrigatoriedade de aprovação pelo Poder Legislativo, contudo, é fruto de nossa Constituição (arts. 49, I; 84, VIII, CF/88), e não do Direito Internacional. É que cabe à ordem constitucional interior de cada Estado-membro determinar a competência de seus órgãos para a assunção, em nome do Estado, de compromissos internacionais[971].

É justamente por conta dessa necessidade de participação do Congresso Nacional na manifestação final da vontade do Estado brasileiro pela aderência a um tratado internacional, que Arnaldo Süssekind define a ratificação de uma convenção da OIT como um ato complexo, que se desdobra em várias fases:

> I – *submissão* da convenção, pelo Governo (Poder Executivo), à autoridade competente;
>
> II – deliberação da autoridade competente (no Brasil, o Congresso Nacional) sobre a *aprovação*, ou não, da convenção, para o que a Convenção da OIT não consigna qualquer prazo;
>
> III – na hipótese de aprovação da convenção pela autoridade competente nacional, cumpre ao Governo respectivo promover sua *ratificação*, mediante depósito do instrumento de ratificação no *Bureau* internacional do trabalho;

969. Para mais informações sobre o *Processo de ratificação e aplicação de uma convenção da OIT*, consulte o item 3.2.2 do **Capítulo XXII – Direito Internacional do Trabalho (Convenções da OIT)** desta obra.
970. Rezek, Francisco. *Direito Internacional Público*. 19. ed. São Paulo: SaraivaJur, 2024.
971. Rezek, Francisco. *Direito Internacional Público*. 19. ed. São Paulo: SaraivaJur, 2024.

> IV – embora nada disponha a respeito a Constituição da OIT, constitui praxe recomendável *tornar público*, por meio de ato governamental, a ratificação da convenção, com o esclarecimento sobre a data em que terá início sua vigência no território nacional. Nos países que adotam o monismo jurídico, a eficácia jurídica interna depende da divulgação exigida para as leis. (É o que ocorre no Brasil, através do decreto de promulgação, expedido pelo Poder Executivo.)[972]

Quando o Presidente Fernando Henrique Cardoso denunciou a Convenção 158 da OIT, o fez por ato unilateral, de sorte a não envolver o Congresso Nacional. A grande discussão era se o Presidente da República teria poderes para isso ou se, com fundamento no princípio do paralelismo das formas, o Congresso Nacional também teria que participar do processo de denúncia.

A ADI 1625 estava sob julgamento no STF há mais de **25 anos**. A ADC 39, mais recente – de 2015, teve seu resultado proclamado antes e, enfim, resolveu a questão. No dia 19/06/2023, por maioria de votos, o STF declarou válido o Decreto presidencial 2.100/1996, que comunicou a retirada do Brasil do cumprimento da Convenção 158 da OIT.

Para as próximas denúncias de tratados internacionais pelo Presidente da República, será necessária a anuência do Congresso Nacional, conforme tese fixada pela Corte:

> A denúncia pelo Presidente da República de tratados internacionais aprovados pelo Congresso Nacional, para que produza efeitos no ordenamento jurídico interno, não prescinde da sua aprovação pelo Congresso

A tese acima será aplicada às denúncias de tratados internacionais ocorridas a partir da publicação da ata de julgamento, que se deu em 23/06/2023. Todas as denúncias anteriores sem aprovação do Congresso Nacional, inclusive a relativa à Convenção 158 da OIT (Decreto presidencial 2.100/1996), foram validadas.

A ADI 1625, cujo pedido formulado era o oposto da ADC, defendendo a declaração de inconstitucionalidade do Decreto nº 2.100/1996, foi julgada pelo Plenário do STF no dia 22 de agosto de 2024, posteriormente à ADC 39, e, por razões de coerência, o resultado já era esperado. Na Sessão, o Supremo Tribunal Federal, por unanimidade, julgou a ADI improcedente e decidiu aplicar a mesma tese fixada no julgamento da ADC 39[973].

Chega ao fim, portanto, a desnecessária discussão sobre "o fim da justa causa no Brasil", com a ressalva da mora na definição do tema: 25 anos.

3. ESTABILIDADE POR TEMPO DE SERVIÇO

Inicialmente, a CLT previa estabilidade para os empregados após 10 anos de efetivo serviço, era a chamada estabilidade decenal, prevista nos arts. 492 até 500. O empregado estável não poderia ser dispensado sem justa causa[974]. Se rescindido antes de completar

972. Süssekind. Arnaldo [*et al.*]. *Instituições de Direito do Trabalho*, volume II. 21. ed. atual. por Arnaldo Süssekind e João Lima Teixeira Filho. São Paulo: LTr, 2003, p. 1532.

973. ADI 1625/DF, Rel. Min. Maurício Corrêa, Rel. p/ Acórdão Min. Dias Toffoli, julgada em 22/8/2024, Ata de julgamento divulgada no DJe de 30/8/2024, publicada em 02/09/2024.

974. Lembre-se de que mesmo o empregado estável pode ser dispensado por justa causa. Exemplo: o empregado que viola segredo da empresa, ou ainda ofende fisicamente seu superior hierárquico, perderá o emprego, mesmo se detentor de estabilidade ou garantia provisória de emprego.

10 anos, o empregador era obrigado a pagar indenização equivalente a 1 mês de salário por ano, ou fração igual ou superior a 6 meses trabalhados, art. 478 da CLT.

Com o surgimento do FGTS – Fundo de Garantia por Tempo de Serviço –, em 1966, o empregado poderia optar pela forma de contratação. Contratava-se nos moldes da CLT, com a respectiva estabilidade decenal, ou por meio do FGTS, sem direito à estabilidade.

A Constituição Federal de 5 de outubro de 1988 tornou o FGTS obrigatório para todos os empregados. Diante disso, não mais se aplica aos empregados contratados, após essa data, a estabilidade decenal. Aqueles trabalhadores já detentores de estabilidade na data da promulgação da CF/88 possuem direito adquirido.

A Reforma Trabalhista eliminou do "caput" do art. 477 da CLT a redação acerca da indenização devida ao empregado por tempo de serviço, o que se coaduna com o posicionamento adotado desde a promulgação da Constituição de 1988:

> **Art. 477, CLT** *(redação dada pela Reforma Trabalhista)*. Na extinção do contrato de trabalho, o empregador deverá proceder à anotação na Carteira de Trabalho e Previdência Social, comunicar a dispensa aos órgãos competentes e realizar o pagamento das verbas rescisórias no prazo e na forma estabelecidos neste artigo.

A estabilidade decenal e o sistema do FGTS são, portanto, incompatíveis. Cabe frisar, entretanto, que não há incompatibilidade entre a estabilidade prevista em regulamento de empresa, acordo ou negociação coletiva para os empregados que possuem os depósitos do FGTS. Exemplo: acordo coletivo prevê estabilidade aos delegados sindicais. Esses empregados, além de possuírem estabilidade, terão direito aos depósitos do FGTS, sem que haja nenhuma incompatibilidade entre esses sistemas[975].

4. GARANTIAS PROVISÓRIAS DE EMPREGO OU ESTABILIDADES PROVISÓRIAS[976]

4.1. Dirigente sindical

- **Art. 8º, inciso VIII, CF/88**
- **Súmula nº 369 do TST**
- **Súmula nº 379 do TST**

O art. 8º, VIII[977], da CF/88 prevê a estabilidade para o dirigente sindical. Esse direito dado ao dirigente sindical tem por objetivo proteger não só o empregado, mas também

975. **Súmula nº 98 do TST:** "II – A estabilidade contratual ou a derivada de regulamento de empresa são compatíveis com o regime do FGTS. Diversamente ocorre com a estabilidade legal (decenal, art. 492 da CLT), que é renunciada com a opção pelo FGTS".

976. Esse foi um dos temas mais cobrados nas últimas provas de TRTs. Em 2022, foram mais de 10 questões sobre estabilidades. A FCC, principal banca organizadora de concursos de TRT naquele ano, em diferentes provas, questionou os candidatos sobre estabilidade do dirigente sindical, estabilidade em caso de acidente de trabalho, estabilidade do membro eleito da CIPA, estabilidade da gestante e estabilidade dos representantes dos empregados.

977. **Art. 8º, VIII, da CF/88:** "É vedada a dispensa do empregado sindicalizado a partir do registro da candidatura a cargo de direção ou representação sindical e, se eleito, ainda que suplente, até um ano após o final do mandato, salvo se cometer falta grave nos termos da lei".

toda a categoria que ele representa, pois proporciona tranquilidade e independência na defesa dos interesses dos trabalhadores. A estabilidade terá início com o registro da candidatura para o cargo de dirigente sindical. Se eleito, a estabilidade persistirá até um ano após o fim do mandato. O mandato do dirigente sindical é de 3 anos, conforme art. 515, *b*, da CLT.

Cabe destacar, ainda, que TST tem entendimento no sentido de que a estabilidade do dirigente sindical ocorre mesmo que o seu sindicato ainda não tenha o registro no Ministério do Trabalho e Emprego.

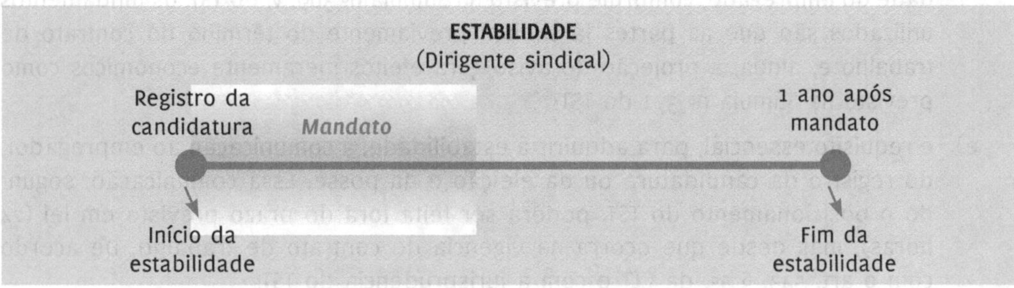

Sobre **estabilidade** do dirigente sindical, lembre-se de que:

a) se o empregado não for eleito, não terá a garantia da estabilidade. Ademais, não persiste a estabilidade se houver extinção do estabelecimento[978]. Contudo, se o empregado for transferido para outro estabelecimento da empresa na mesma base territorial onde exerce suas atividades de dirigente sindical, a estabilidade permanecerá. De acordo com posicionamento do TST[979], o dirigente sindical mantém o seu direito à estabilidade mesmo na hipótese de pendência de registro sindical no Ministério do Trabalho. Somente com o indeferimento definitivo do registro, após julgamento de eventuais recursos, a estabilidade deixa de existir.

b) o suplente do cargo de direção ou representação sindical também terá direito à estabilidade. O número de dirigentes sindicais, com estabilidade, é limitado a 7 membros titulares e 7 membros suplentes[980]. A estabilidade abrange apenas os membros que atuam na defesa da categoria, excluindo, portanto, os membros do conselho fiscal[981] e delegados sindicais[982].

978. **Súmula nº 369, item IV do TST:** "Havendo extinção da atividade empresarial no âmbito da base territorial do sindicato, não há razão para subsistir a estabilidade".

979. Informativo nº 139 do TST.

980. **Súmula nº 369, item II, do TST.** "O art. 522 da CLT, que limita a sete o número de dirigentes sindicais, foi recepcionado pela Constituição Federal."

981. **Orientação Jurisprudencial nº 365 do TST.** "Membro do conselho fiscal de sindicato não tem direito a estabilidade prevista nos arts. 543, § 3º, da CLT e art. 8º, VIII, da CF/88, porquanto não representa ou atua na defesa de direitos da categoria respectiva, tendo sua competência limitada à fiscalização da gestão financeira do sindicato."

982. **Orientação Jurisprudencial nº 369 da SDI-I do TST.** "O delegado sindical não é beneficiário da estabilidade provisória prevista no art. 8º, VIII, da CF/88, a qual é dirigida, exclusivamente, àqueles que exerçam ou ocupem cargos de direção nos sindicatos, submetidos a processo eletivo."

c) para que o empregado que pertencente à categoria profissional diferenciada tenha estabilidade, é necessário que preste serviços na empresa na mesma atividade para a qual foi eleito, ou seja, se eleito para representar a categoria dos motoristas, deverá exercer essa atividade na empresa. Caso contrário, não estará representando a categoria.

d) em regra, não gera direito à estabilidade se a candidatura for realizada durante o contrato por prazo determinado[983]. Ademais, se o registro da candidatura ocorrer durante o período de aviso-prévio, ainda que indenizado, não assegura a estabilidade do empregado, conforme previsto na Súmula nº 369, V, do TST. Os fundamentos utilizados são que as partes já sabiam previamente do término do contrato de trabalho e, ainda, a projeção do aviso gera efeitos meramente econômicos como previsto na Súmula nº 371 do TST[984].

e) é requisito essencial, para adquirir a estabilidade, a comunicação ao empregador, do registro da candidatura ou da eleição e da posse. Essa comunicação, segundo o posicionamento do TST, poderá ser feita fora do prazo previsto em lei (24 horas), mas desde que ocorra na vigência do contrato de trabalho. De acordo com o art. 543, § 5º, da CLT e com a jurisprudência do TST:

> **Art. 543, § 5º, CLT:** Para os fins deste artigo, a entidade sindical comunicará por escrito à empresa, dentro de 24 (vinte e quatro) horas, o dia e a hora do registro da candidatura do seu empregado e, em igual prazo, sua eleição e posse fornecendo, outrossim, a este, comprovante no mesmo sentido. *(grifos acrescidos)*
>
> **Súmula nº 369, I, do TST** – É assegurada a estabilidade provisória ao empregado dirigente sindical, ainda que a comunicação do registro da candidatura ou da eleição e da posse seja realizada fora do prazo previsto no art. 543, § 5º, da CLT, desde que a ciência ao empregador, por qualquer meio, ocorra na vigência do contrato de trabalho.

f) o dirigente sindical somente poderá ser dispensado por falta grave mediante a apuração em inquérito judicial[985]. Esse "inquérito" é uma ação judicial que será proposta na Justiça do Trabalho, conforme prevê o art. 853 da CLT. De acordo com esse artigo, o prazo para ingressar com a ação é de trinta dias, a contar da suspensão do trabalhador. Sem a observância ao inquérito para apuração da falta grave, a dispensa é inválida.

---

983. Exceto se se tratar do contrato por prazo determinado previsto na Lei nº 9.601/98. Nessa lei há expressa previsão de estabilidade para dirigente sindical (art. 1º § 4º), na vigência do contrato.

984. **Súmula nº 371 do TST:** "A projeção do contrato de trabalho para o futuro, pela concessão do aviso prévio indenizado, tem efeitos limitados às vantagens econômicas obtidas no período de pré-aviso, ou seja, salários, reflexos e verbas rescisórias. No caso de concessão de auxílio-doença no curso do aviso prévio, todavia, só se concretizam os efeitos da dispensa depois de expirado o benefício previdenciário."

985. **Súmula nº 379 do TST:** "O dirigente sindical somente poderá ser dispensado por falta grave mediante a apuração em inquérito judicial, inteligência dos arts. 494 e 543, § 3º, da CLT".

De acordo com o TST no informativo nº 190, o afastamento remunerado do dirigente sindical tem a mesma natureza preventiva da suspensão contratual e, portanto, também incidirá o prazo de 30 dias para o ajuizamento do inquérito para apuração de falta grave. Portanto, esse inquérito independe do pagamento de salários no período de afastamento, devendo o prazo ser contado desde o início do afastamento de suas funções e não do momento em que houve suspensão no pagamento de salário.

Vale ressaltar que, se o inquérito for julgado improcedente, o empregado deverá ser reintegrado. Se houver incompatibilidade de retorno ao trabalho, em razão de animosidade entre as partes, é possível converter a reintegração em indenização, conforme prevê o art. 496 da CLT. Nesse caso, o direito aos salários é assegurado até a data da primeira decisão que determinou a conversão em indenização[986].

O inquérito para apuração de falta grave é requisito para a dispensa apenas do dirigente sindical[987]. Para as demais hipóteses de garantia provisória de emprego, prevalece o entendimento de que não há necessidade dessa ação judicial prévia.

As regras ligadas à estabilidade do dirigente sindical também são aplicadas aos dirigentes eleitos para o Conselho de Representantes das **Federações** e **Confederações.**[988] Por outro lado, os dirigentes das Centrais sindicais e os dirigentes de associações profissionais, como CREA, CEM, OAB, não gozam de estabilidade. Em outubro de 2013, o TST[989] estabeleceu a estabilidade provisória do dirigente de **central sindical**, sob a justificativa de que estes órgãos apresentam importante papel no movimento sindical brasileiro, uma vez que se desvincula do modelo corporativista adotado pela pirâmide sindical composta pelos sindicatos, federações e confederações.

986. **Súmula nº 28 do TST:** "No caso de converter a reintegração em indenização dobrada, o direito aos salários é assegurado até a data da primeira decisão que determinou essa conversão".

987. Há autores de defendem a necessidade do prévio inquérito para apuração de falta grave a outras garantias provisórias de emprego (diretores de sociedades de cooperativas, membros do Conselho Nacional da Previdência Social etc.). Entretanto, como o foco desse livro é o concurso de Analista do TRT, recomenda-se a memorização nos exatos termos da CLT, isto é, o prévio inquérito é necessário apenas ao dirigente sindical.

988. Informativo nº 3 do TST **Estabilidade provisória. Representante sindical e suplente eleitos para o Conselho de Representantes de federação ou confederação. Incidência dos arts. 8º, VIII, da CF e 543, § 3º, da CLT.** A diretriz da Orientação Jurisprudencial nº 369 da SBDI-I, que diz respeito a delegado sindical junto a empresas, não se aplica ao representante sindical eleito, e ao seu suplente, junto ao Conselho de Representantes de federação ou confederação (art. 538, "b", da CLT), uma vez que estes últimos gozam da estabilidade provisória disposta no inciso VIII do art. 8º da CF e no § 3º do art. 543 da CLT. Ademais, não há falar na incidência do limite quantitativo previsto no art. 522 da CLT e na Súmula nº 369, II, do TST, visto que aplicável tão somente aos cargos da Diretoria e do Conselho Fiscal da entidade sindical, pois o Conselho de Representantes dispõe de número fixo de membros de cada sindicato ou federação, quais sejam dois titulares e dois suplentes (CLT, art. 538, § 4º). Com esse entendimento, a SBDI-I, por maioria, conheceu e deu provimento aos embargos para restabelecer a decisão do TRT que reconheceu a estabilidade pleiteada e determinou a reintegração do reclamante com pagamento dos salários do período do afastamento. Vencida a Ministra Maria Cristina Irigoyen Peduzzi. TST-E-ED-RR-125600-83.2003.5.10.0014, SBDI-I, rel. Min. Delaíde Miranda Arantes, 22.3.2012.

989. Para mais informações ver TST-RR-50000-91.2008.5.17.0012 – Rel. Min. Mauricio Godinho Delgado – Data de Julgamento: 23/10/2013.

Estabilidade
(Dirigente sindical)

- **Início** da estabilidade ocorre com o registro da candidatura e permanece até **1 ano após o mandato** (art. 8, VIII da CF/88).
  - Estabilidade aos **titulares e suplentes.**
  - Dirigentes com estabilidade: **7 membros titulares e 7 suplentes** (Súm. 369).
  - **Não gera direito à estabilidade** se a candidatura ocorre durante (Súm. 369):
    a) contrato por prazo determinado;
    b) aviso-prévio.
  - Comunicação do registro da candidatura ao empregador: prazo de 24 horas. Mesmo que não haja comunicação nesse prazo, terá direito à estabilidade se comprovar que a comunicação ocorreu durante a **vigência do contrato** (Súm. 369).
  - Se houver extinção do estabelecimento, extingue a estabilidade (Súm. 369).
  - Membros do conselho fiscal e delegados sindicais, não possuem estabilidade (OJ. 365 e OJ 369).
  - Somente poderá ser dispensado se cometer falta grave. Há necessidade de prévio **inquérito para apuração dessa falta grave (Súm. 379).** Sem essa ação judicial, a dispensa é nula.

4.2. Empregada gestante

- ▶ **Art. 10, inciso II, alínea "b", ADCT**
- ▶ **Art. 391-A, CLT**
- ▶ **Lei Complementar nº 146/2014**
- ▶ **Súmula nº 244 do TST**
- ▶ **Orientação Jurisprudencial nº 30 da SDC do TST**

Como forma de proteger o mercado de trabalho da mulher, bem como garantir uma gestação tranquila, a empregada gestante possui estabilidade provisória desde a confirmação da gravidez até 5 meses após o parto (art. 10, II, "b", ADCT). Esse direito foi estendido também às empregadas domésticas (art. 25, parágrafo único, LC nº 150/2015).

É importante lembrar que a estabilidade provisória no emprego é um direito exclusivo da empregada gestante ou adotante, não se estendendo a outras relações de trabalho, como estagiárias e trabalhadoras autônomas.

O desconhecimento da gravidez pelo empregador não afasta o direito à estabilidade. Assim sendo, essa garantia provisória de emprego da gestante independe da notificação ao empregador da gravidez. Aliás, mesmo que a própria empregada desconhecer sua gravidez na data da dispensa sem justa causa, mas, após exames médicos, ficar devidamente comprovado seu estado gravídico, terá direito à reintegração.

No dia 10/10/2018, o STF, negou provimento ao RE 629.053 e fixou a tese com repercussão geral: "A incidência da estabilidade prevista no art. 10, inc. II, do ADCT, somente exige a anterioridade da gravidez à dispensa sem justa causa". Dessa forma, não é necessário que o empregador tenha conhecimento do estado gravídico da mulher, bastando que a gravidez tenha se dado no curso do contrato de trabalho.

Fica, portanto, mantido o entendimento adotado pela Súmula nº 244 do TST, no sentido de que o desconhecimento do empregador do estado gravídico da mulher, não afasta o direito ao pagamento da indenização decorrente da estabilidade.

Além disso, o Tribunal Superior do Trabalho firmou, em abril de 2025, em sede de Incidente Recurso de Revista Repetitivo, a tese vinculante nº 119, reconhecendo que a dúvida razoável e objetiva quanto à data da concepção não afasta o direito à estabilidade. De acordo com o entendimento consolidado, mesmo quando os elementos probatórios – especialmente os exames médicos – não permitem estabelecer com exatidão a data do início da gravidez, deve prevalecer a proteção à maternidade e ao nascituro. A Corte considerou que a medicina não é uma ciência exata, e que a margem de erro natural na estimativa da concepção justifica o reconhecimento da garantia de emprego, sempre que houver compatibilidade entre o início provável da gestação e o período contratual.

A aquisição da estabilidade não pode ser condicionada a requisitos formais, nem mesmo por meio de negociação coletiva. Esse é o entendimento da SDC do TST ao declarar nula cláusula prevista em convenção coletiva que obrigava a empregada gestante dispensada sem justa causa, a comunicar e comprovar seu estado gravídico, com o fim de exercer o direito relativo à garantia de emprego. Conforme explicou o órgão fracionário, os direitos que visam à proteção da gestante e do nascituro são **normas de indisponibilidade absoluta** e, dessa forma, não podem ser objeto de negociação coletiva, nos termos da tese firmada pelo STF no Tema 1046 de Repercussão Geral[990].

A empregada somente perderá o direito à estabilidade se cometer falta grave, prevista no art. 482 da CLT[991]. Conforme jurisprudência majoritária, se constatada hipótese que justifique a dispensa por justa causa, não é exigida a instauração de inquérito para apuração de falta de grave[992].

Cabe destacar que a gestante poderá pedir **demissão** a qualquer momento. A estabilidade não exige que ela permaneça prestando serviços obrigatoriamente, o que contrariaria o direito de liberdade de trabalho. Nesse caso, receberá as verbas trabalhistas decorrentes do pedido de demissão. Lembre-se de que é direito potestativo do(a) empregado(a) pleitear a demissão a qualquer momento. Esse direito, portanto, não depende da vontade do empregador.

Contudo, ainda que o pedido de demissão da gestante ocorra em período inferior a um ano, será necessária a assistência do sindicato na homologação das verbas rescisórias, utilizando-se do entendimento previsto no art. 500 da CLT:

> **Art. 500 da CLT:** O pedido de demissão do empregado estável só será válido quando feito com a assistência do respectivo sindicato e, se não o houver,

990. Informativo nº 270 do TST.

991. **Orientação Jurisprudencial nº 30 da SDC:** "Nos termos do art. 10, II, *a*, do ADCT, a proteção à maternidade foi erigida à hierarquia constitucional, pois retirou do âmbito do direito potestativo do empregador a possibilidade de despedir arbitrariamente a empregada em estado gravídico. Portanto, a teor do artigo 9º da CLT, torna-se nula de pleno direito a cláusula que estabelece a possibilidade de renúncia ou transação, pela gestante, das garantias referentes à manutenção do emprego e salário."

992. TST, AIRR: 157740-06.2005.5.15.0001, Relator: Ives Gandra Martins Filho, Data de Julgamento: 11/06/2008.

perante autoridade local competente do Ministério do Trabalho e Previdência Social ou da Justiça do Trabalho.

Esse entendimento foi consolidado pelo Pleno do TST na tese vinculante nº 55 (IRR nº 55/2025), que possui a seguinte redação:

> A validade do pedido de demissão da empregada gestante, detentora da garantia provisória de emprego prevista no artigo 10, inciso II, alínea "b", do Ato das Disposições Constitucionais Transitórias (ADCT), está **condicionada** à assistência do sindicato profissional ou da autoridade local competente, nos termos do artigo 500 da CLT TST-RR-0000427-27.2024.5.12.0024, Relator: Ministro Aloysio Corrêa da Veiga, Tribunal Pleno, DJE: 14/03/2025).

Para o Pleno do TST, a exigência de assistência sindical ou da autoridade competente no pedido de demissão da gestante garante que a decisão seja livre, consciente e protegida contra pressões externas. Trata-se de uma medida de cautela que assegura o pleno entendimento das consequências do ato. A estabilidade provisória é um direito indisponível, voltado à proteção da gestante, da maternidade e do nascituro. Por isso, a formalização assistida evita renúncias indevidas e reforça a segurança jurídica do pedido de demissão.

Originalmente, o artigo 500 da CLT foi concebido para regular a extinta estabilidade decenal. No entanto, com o passar do tempo, a jurisprudência do TST interpretou o dispositivo de forma extensiva e finalística, garantindo sua aplicação à gestante[993].

A 1ª Turma do TRT da 11ª Região[994] não reconheceu o direito à estabilidade da gestante que aderiu ao Programa de Demissão Voluntária. A empregada aderiu ao PDV sem saber de sua gravidez, que teve início durante o aviso prévio. De acordo com o Tribunal, o pedido de demissão da empregada para aderir ao PDV, importa em renúncia à estabilidade provisória. De acordo com os desembargadores, o pedido de demissão tem como efeito a perda da estabilidade.

É vedado aos instrumentos coletivos (acordo e convenção) impor restrições ou condições ao direito à estabilidade da gestante. De acordo com a Lei nº 13.509/2017, promulgada em 22/11/2017, o empregado adotante também terá direito à estabilidade provisória no emprego. Confira a atual redação do parágrafo único do art. 391-A da CLT:

> **Art. 391-A**, parágrafo único, CLT: O disposto no caput aplica-se ao empregado adotante ao qual tenha sido concedida guarda provisória para fins de adoção.

Ademais, ressalta-se o posicionamento doutrinário que estabelece que as estabilidades subjetivas, que decorrem de condições pessoais do empregado, como é o caso de estabilidade da gestante e do acidentado, não são afetadas pela extinção do estabelecimento. Assim, extinto o estabelecimento, a estabilidade desses empregados subsiste.

993. TST – RR: 8743620195120009, Relator: Augusto Cesar Leite De Carvalho, Data de Julgamento: 24/11/2021, 6ª Turma, Data de Publicação: 26/11/2021, TST - RR: 10003573320215020264, Relator: Alberto Bastos Balazeiro, Data de Julgamento: 08/06/2022, 3ª Turma, Data de Publicação: 10/06/2022.

994. Processo nº 0000115-82.2017.5.11.0005 – 1ª Turma do TRT 11 – Relator: David Alves de Melo Júnior. Data de julgamento: 12/07/2019.

Nesse sentido, o TST[995] decidiu pela manutenção da estabilidade da gestante no caso de transferência da empregada em razão de extinção do estabelecimento.

Cumpre destacar que em junho de 2014, foi promulgada a Lei Complementar nº 146/2014, que estendeu o direito à estabilidade provisória do art. 10, inciso II, alínea *b*, do ADCT, no caso de falecimento da genitora, àquele que detiver a guarda de seu filho (independentemente de ser o pai ou companheiro da empregada).

4.2.1. Estabilidade da gestante em contratos por prazo determinado

A empregada, de acordo com a antiga posição do TST, não adquiria o direito à estabilidade se o contrato fosse por prazo determinado ou contrato de experiência, pois as partes já tinham conhecimento prévio do término do contrato. O mesmo raciocínio era utilizado se a gravidez ocorresse durante o aviso-prévio. Há autores, inclusive, que ainda adotam esse posicionamento.

O contrato por prazo determinado, também chamado de contrato provisório firmado com base na Lei nº 9.601/98, já previa a garantia de emprego para gestante durante a vigência do contrato (dentro do prazo do contrato). Alguns autores, como a Professora Vólia Bomfim Cassar, utilizavam essa lei específica, por analogia, para todos os demais contratos por prazo determinado. Dessa forma, a estabilidade ocorreria apenas durante o prazo fixado entre as partes, não se estendendo após a data previamente fixada.

De acordo com a atual jurisprudência, a empregada gestante terá direito à estabilidade, mesmo se se tratar de contrato por prazo determinado, como o contrato de experiência:

> **Súmula nº 244, III, do TST:** A empregada gestante tem direito à estabilidade provisória prevista no art. 10, inciso II, alínea b, do ADCT, mesmo na hipótese de admissão mediante contrato por tempo determinado.

O TST passou a garantir, portanto, a estabilidade durante todo o período que vai desde a confirmação da gravidez até 5 meses após o parto.

O mesmo raciocínio do contrato por prazo determinado poderá ser utilizado para a gravidez que ocorre durante o prazo do aviso-prévio. Nesse caso, a empregada também terá estabilidade. O TST[996] já vinha decidindo que a constatação da gravidez, por exames laboratoriais, durante o período do aviso-prévio indenizado, gerava direito à garantia provisória de emprego. Os fundamentos utilizados para defender a garantia provisória são: 1. ampla projeção do aviso-prévio no contrato de trabalho; 2. proteção à maternidade; 3. proteção à criança e ao adolescente; 4. função social da empresa e 5. princípio da dignidade da pessoa humana.

Atualmente, se a gravidez ocorrer durante o aviso prévio, inclusive indenizado, também gerará direito à estabilidade[997]. Aliás, há expressa previsão na CLT para essas novas hipóteses de estabilidade:

995. Informativo nº 5 do TST.
996. RR-171/2005-004-12-00.1 / E-ED-RR- 249100-26.2007.5.12.0004.
997. Informativo nº 86 do TST.

> **Art. 391-A da CLT.** A confirmação do estado de gravidez advindo no curso do contrato de trabalho, ainda que durante o prazo do aviso prévio trabalhado ou indenizado, garante à empregada gestante a estabilidade provisória prevista na alínea *b* do inciso II do art. 10 do Ato das Disposições Constitucionais Transitórias.

Ademais, ressalta-se o posicionamento doutrinário que estabelece que as estabilidades subjetivas, que decorrem de condições pessoais do empregado, como é o caso de estabilidade da gestante e do acidentado não são afetadas pela extinção do estabelecimento. Assim, extinto o estabelecimento, a estabilidade desses empregados subsiste. Nesse sentido, o TST[998] decidiu pela manutenção da estabilidade da gestante no caso de transferência da empregada em razão de extinção do estabelecimento.

Destaca-se que, em outubro de 2014, o TST[999] decidiu que a aprendiz gestante também tem assegurado seu direito à estabilidade provisória.

Em 2017[1000], o TST estabeleceu que é válida cláusula de instrumento coletivo de trabalho que amplia o prazo para a estabilidade provisória da gestante admitidas por prazo indeterminado. De acordo com o tribunal, não há violação ao princípio da isonomia, pois a natureza do vínculo de trabalho entre prazo indeterminado e determinado é distinta.

4.2.1.1. Posicionamento da 4ª Turma do TST: fim da estabilidade em contratos por prazo determinado?

No dia 10/10/2018, o STF, negou provimento ao RE 629.053 e fixou a tese com repercussão geral (Tema nº 497): "A incidência da estabilidade prevista no art. 10, inc. II, do ADCT, somente exige a anterioridade da gravidez à dispensa sem justa causa".

Dessa forma, o STF confirma o posicionamento do item I da Súmula nº 244 de que não é necessário que o empregador tenha conhecimento do estado gravídico da mulher, bastando que a gravidez tenha se dado no curso do contrato de trabalho.

Analisando a decisão recente do STF e a estabilidade em contratos por prazo determinado, a 4ª Turma do TST, no dia 04/08/2020, decidiu que o direito à estabilidade da gestante contratada por prazo determinado, na modalidade de contrato de aprendizagem, encontra-se superada em virtude da tese firmada pelo Supremo Tribunal Federal no Tema nº 497 de Repercussão Geral. De acordo com os Ministros da 4ª Turma, a tese do STF estabelece 2 requisitos para a estabilidade da gestante:

1) **Anterioridade da gravidez ao término do contrato de trabalho; e**
2) **dispensa sem justa causa:** afasta-se, portanto, a estabilidade das outras formas de terminação do contrato de trabalho.

Em suma: a 4ª Turma do TST entendeu que o STF excluiu da estabilidade provisória da gestante outras formas de terminação do contrato, como pedido de demissão, a dispensa por justa causa, a terminação do contrato por prazo determinado, entre outras. Vale ressaltar que essa não é a posição do TST, mas somente da 4ª Turma do órgão. No

998. Informativo nº 5 do TST.
999. RR – 911-64.2013.5.23.0107 – Relatora: Ministra Dora Maria da Costa – 8ª Turma – Data de Publicação: 31/10/2014.
1000. Informativo nº 160 do TST.

entanto, essa decisão reabrirá as discussões sobre a estabilidade da gestante contratada por prazo determinado.

4.2.2. *Ausência de estabilidade da trabalhadora temporária*

O trabalho temporário é uma modalidade de terceirização expressamente prevista em lei. A intermediação de mão de obra está presente no trabalho temporário. Nela, a empresa prestadora de serviços possibilita que um trabalhador temporário preste serviços em outra empresa, denominada tomadora. Os direitos desse trabalhador estão previstos em legislação específica (Lei nº 6.019/1974). Somente será admitida essa modalidade de prestação de serviços nas seguintes hipóteses:

1) **Necessidade de substituição transitória de pessoal permanente;**
2) **Demanda complementar de serviços:** somente será considerada como demanda complementar aquela que decorrer de: fatores imprevisíveis ou fatores previsíveis, mas que tenham natureza intermitente, periódica ou sazonal.

Houve questionamento no TST se a trabalhadora temporária teria direito à estabilidade provisória. Conforme Informativo nº 212, o TST firmou a seguinte tese em incidente de assunção de competência, precedente judicial obrigatório: "é inaplicável ao regime de trabalho temporário, disciplinado pela Lei n.º 6.019/74, a garantia de estabilidade provisória à empregada gestante, prevista no art. 10, II, b, do Ato das Disposições Constitucionais Transitórias".

Os principais argumentos que embasaram a tese foram o de que o contrato temporário tem regramento próprio e excepcionalíssimo que não se coaduna com a garantia de emprego da gestante e de que as decisões que embasaram a criação do item III da Súmula nº 244 do TST não guardam relação com essa modalidade de contratação.

A nosso ver, as condições transitórias de contratação de trabalhadoras temporárias guardam relação com as hipóteses de contratação por prazo determinado previstas na CLT. Apesar de a trabalhadora temporária não ser empregada da empresa tomadora, o vínculo é formado diretamente com a empresa de trabalho temporário e esta deveria ser responsável por assegurar o pagamento dos direitos decorrentes da estabilidade provisória.

A questão que, até então, parecia pacificada no âmbito dos tribunais, volta a ocupar a pauta pública quando o STF, no julgamento do Tema 542 da repercussão geral (RE 842844), **especificamente em relação às trabalhadoras do setor público (servidoras públicas *lato sensu*)**, fixou a tese de que "A trabalhadora gestante tem direito ao gozo de licença-maternidade e à estabilidade provisória, independentemente do regime jurídico aplicável, se contratual ou administrativo, ainda que ocupe cargo em comissão ou seja contratada por tempo determinado". Referida tese é comentada no tópico a seguir.

4.2.2.1. Estabilidade da gestante no serviço público (Tema 542 de Repercussão Geral do STF)

Tal como acontece na iniciativa privada, a contratação de pessoal no setor público pode se dar de diferentes maneiras. A principal delas, e que deve ser tomada como regra, nos termos do art. 37, II e § 2º, da Constituição Federal, é o acesso a cargos ou empregos públicos através da aprovação prévia em concurso público de provas ou de provas e títulos, a depender da natureza e a complexidade do cargo ou emprego. Trata-se de mecanismo de garantia e efetivação dos princípios constitucionais da legalidade, moralidade, impessoalidade, publicidade e eficiência.

O próprio texto Constitucional, contudo, traz exceções ao concurso público[1001]:

a) **Funções públicas:** as funções públicas, sem cargo ou emprego, mais conhecidas por funções autônomas, limitam-se às funções temporárias (art. 37, IX, CF/88) e às funções de confiança (art. 37, V, CF/88);

b) **Cargos em comissão:** declarados em lei de livre nomeação e exoneração, desde que destinados às atribuições de direção, chefia e assessoramento (art. 37, II e V, CF/88); e

c) **Agentes comunitários de saúde e agentes de combate às endemias:** para que os gestores locais contratem referidos trabalhadores, exige-se apenas processo seletivo público – procedimento mais simples e rápido que um concurso público para o provimento de cargos ou empregos públicos (art. 198, § 4º, CF/88).

Esses trabalhadores, ingressando ou não aos quadros da Administração Pública (Direta e Indireta) pela via do concurso público, são designados, de maneira geral, como **servidores públicos:**

> São servidores públicos, em sentido amplo, as pessoas físicas que prestam serviços ao Estado e às entidades da Administração Indireta, com vínculo empregatício e mediante remuneração paga pelos cofres públicos.
>
> Compreendem:
>
> 1. os **servidores estatutários**, sujeitos ao regime estatutário e ocupantes de cargos públicos;
>
> 2. os **empregados públicos**, contratados sob o regime da legislação trabalhista e ocupantes de emprego público;
>
> 3. os **servidores temporários**, contratados por tempo determinado para atender à necessidade temporária de excepcional interesse público (art. 37, IX, da Constituição); eles exercem função, sem estarem vinculados a cargo ou emprego público[1002].

A controvérsia que deu origem à tese de repercussão geral ora comentada dizia respeito ao alcance da licença-maternidade, assegurada no art. 7º, XVIII, da Constituição Federal, e da estabilidade da gestante, prevista na alínea "b" do inciso II do art. 10 do ADCT, em relação às servidoras públicas, especificamente às trabalhadoras gestantes contratadas pela Administração Pública por prazo determinado ou ocupantes de cargo em comissão demissíveis *ad nutum*.

Segundo entendimento da Corte, que conheceu do recurso extraordinário e negou-lhe provimento, "A trabalhadora gestante tem direito ao gozo de licença-maternidade e à estabilidade provisória, **independentemente do regime jurídico aplicável**, se contratual

1001. CUNHA JÚNIOR, Dirley da; NOVELINO, Marcelo. Constituição Federal para Concursos (CF). 14. ed., rev., atual., e ampl. São Paulo: Juspodivm, 2023, p. 191.

1002. PIETRO, Maria Sylvia Zanella Di. Direito Administrativo. 36. ed. [2. Reimp.]. Rio de Janeiro: Forense, 2024.

ou administrativo, **ainda que ocupe cargo em comissão ou seja contratada por tempo determinado**". O RE paradigma, aliás, tratava sobre o caso de uma professora contratada temporariamente pelo Estado.

Portanto, ao contrário do entendimento fixado pelo TST na tese nº 2 em Incidente de Assunção de Competência, de que é inaplicável ao regime de trabalho temporário, disciplinado pela Lei nº 6.019/74, a garantia de estabilidade provisória à empregada gestante, no setor público, todas as trabalhadoras, independentemente do regime jurídico aplicável, se celetista ou estatutário, ainda que ocupantes de cargo em comissão ou contratadas por tempo determinado, terão assegurada a garantia provisória no emprego desde a confirmação da gravidez até 5 meses após o parto.

Não confunda o regime de trabalho temporário estabelecido na Lei nº 6.019/74, aplicada ao setor privado, com a contratação temporária de trabalhadores pelo Estado, autorizada no art. 37, IX, da Constituição Federal.

No primeiro caso, o trabalho temporário é uma modalidade de terceirização expressamente prevista em lei. A intermediação de mão de obra está presente no trabalho temporário. Nela, a empresa prestadora de serviços possibilita que um trabalhador temporário preste serviços em outra empresa, denominada tomadora. Os direitos desse trabalhador estão previstos em legislação específica (Lei nº 6.019/1974).

Já no segundo caso, tem-se a contratação temporária de trabalhadores feita diretamente pela Administração Pública – sem a presença de empresa intermediadora de mão de obra –, respeitadas as seguintes condições: **a)** Serviço temporário: definido por meio de lei que deve especificar seus contornos, limites e características; **b)** Interesse público: devidamente justificado pela autoridade responsável pela contratação; e **c)** Caráter de excepcionalidade: a contratação não pode ser a regra de contratação do órgão ou da entidade pública[1003].

Apesar da diferença gritante entre os 2 regimes de trabalho – uma relação é trilateral (espécie de terceirização) e a outra, bilateral (trabalhador-Estado) – há, nos dois casos, regramentos próprios e excepcionalíssimos que expressam as condições transitórias de contratação de trabalhadores. Portanto, nos dois casos, a trabalhadora, no momento de sua contratação, tem por acertado o prazo determinado da relação de trabalho, sem a expectativa de continuidade da prestação de serviços para além desse período.

Esse foi justamente o argumento utilizado pelo TST quando do afastamento da estabilidade no emprego às trabalhadoras gestantes contratadas no regime de trabalho temporário da Lei nº 6.019/1974. Essa ausência de expectativa de continuidade da prestação de serviços também é encontrada na contratação de trabalhadoras temporárias pelo Estado (art. 37, IX, CF/88) e, mesmo assim, o STF assegurou a elas o direito à garantia provisória no emprego (e ao gozo da licença-maternidade), por entender como direitos essenciais à proteção da maternidade e do nascituro.

A tese fixada pelo STF não vincula os tribunais trabalhistas a reconhecerem a garantia provisória no emprego à gestante contrata no regime de trabalho temporário, pois, como visto, não foi sobre isso que versou a Suprema Corte no tema 542 (*distinguishing*). Contudo, entendemos que a posição da Corte Trabalhista resta enfraquecida, pois o principal

1003. CARVALHO, Matheus. Manual de Direito Administrativo. 4. ed. Salvador: Juspodivm. 2017.

argumento utilizado para afastar a estabilidade nas contratações pelo regime de trabalho temporário (**ausência de expectativa de continuidade da relação de trabalho**) não foi adotado pelo STF, que privilegiou, com razão, a proteção à maternidade e ao nascituro.

Ainda, com a tese fixada pelo STF, assegurando a todas trabalhadoras gestantes no serviço público o direito à garantia provisória no emprego (e ao gozo da licença-maternidade), instaura-se uma situação discriminatória, em violação aos arts. 5º, *caput*, e 7º, XX, da CF/88, na qual trabalhadoras contratadas por prazo determinado pelo Estado gozam de direitos e garantias que trabalhadoras temporárias no setor privado, também em regime de contratação com prazo determinado, não.

Esperamos que o TST reveja sua posição e, em consonância com a atual jurisprudência da Suprema Corte, reconheça às trabalhadoras gestantes contratadas sob o regime de trabalho temporário o direito à estabilidade no emprego desde a confirmação da gravidez até 5 meses após o parto.

Por fim, cumpre esclarecer que a servidora de fato, aquela admitida aos quadros da Administração de maneira irregular, sem prévia aprovação em concurso público e fora das exceções constitucionais e legais, não tem direito à estabilidade da gestante. Segundo o TST[1004], a empregada gestante que tem seu contrato declarado nulo não terá direito às verbas relativas à estabilidade gestante, pois a ausência do prévio concurso público contamina todo o contrato de trabalho. Assim sendo, para o TST, mesmo que comprovadamente grávida no ato da rescisão, a empregada não terá direito à estabilidade ou nem mesmo à indenização substitutiva, em razão de ofensa expressa ao art. 37, II da CF/88. Terá apenas os direitos constantes na Súmula nº 363 do TST: salários e depósitos do FGTS.

4.2.3. Exigência de certidão de nascimento do filho

De acordo com o Informativo nº 217 do TST, a 5ª turma do TST decidiu pela desnecessidade de apresentação da certidão de nascimento para a garantia de estabilidade provisória da gestante[1005].

No caso abordado, ficou decidido que a reclamante estava grávida no momento de sua dispensa, o que, por si só, já é suficiente para assegurar a estabilidade provisória. Ressalta-se que o único requisito exigido constitucional é a gravidez da empregada no momento da dispensa imotivada. Com isso, é totalmente inexigível a certidão de nascimento da criança para fins de estabilidade. Além disso, ressalta-se que exigir a certidão de nascimento inviabilizaria o ingresso de reclamações trabalhistas da gestante enquanto ainda estivesse grávida, pois, não houve ainda o parto e a emissão dessa certidão. Por fim, é importante destacar que a estabilidade da gestante é assegurada também na hipótese de parto de natimorto.

4.2.4. Efeitos da dispensa da gestante

Se dispensada durante o período da gestação, a empregada poderá pleitear a reintegração ao trabalho, pois essa dispensa será irregular. Após o período da estabilidade, a

1004. Nesse sentido, confira o Informativo nº 156 do TST.
1005. Informativo nº 217 do TST.

empregada receberá apenas as verbas e demais direitos trabalhistas. Exemplo: se dispensada no quinto mês de gravidez, e a ação não for julgada até o fim do período da estabilidade ou, ainda, se a empregada não ingressar com a ação judicial por algum motivo, terá direito apenas ao salário e demais direitos durante o período em que ficou afastada do trabalho, ou seja, a reintegração converte-se em pagamento relativo ao período da estabilidade; no exemplo, o pagamento seria a partir do quinto mês de gravidez até cinco meses após o parto.

Cabe ressaltar que, se a empregada exige somente a reintegração e seu período de estabilidade já terminou, é permitido ao juiz converter, de ofício, a reintegração em indenização conforme estabelece a Súmula nº 396, II, do TST:

> **Súmula nº 396 do TST:**
>
> I – Exaurido o período de estabilidade, são devidos ao empregado apenas os salários do período compreendido entre a data da despedida e o final do período de estabilidade, não lhe sendo assegurada a reintegração no emprego.
>
> II – Não há nulidade por julgamento ***extra petita*** da decisão que deferir salário quando o pedido for de reintegração, dados os termos do art. 496 da CLT. (grifos acrescidos)

Diante da importância do tema estabilidade da gestante, indico o posicionamento do TST a seguir:

> **Súmula nº 244 do TST.** Gestante. Estabilidade provisória
>
> I – O desconhecimento do estado gravídico pelo empregador não afasta o direito ao pagamento da indenização decorrente da estabilidade (art. 10, II, *b* do ADCT).
>
> II – A garantia de emprego à gestante só autoriza a reintegração se esta se der durante o período de estabilidade. Do contrário, a garantia restringe-se aos salários e demais direitos correspondentes ao período de estabilidade.
>
> III – A empregada gestante tem direito à estabilidade provisória prevista no art. 10, inciso II, alínea *b*, do ADCT, mesmo na hipótese de admissão mediante contrato por tempo determinado.

Há discussão sobre a conduta da mulher que aguarda o término do período da estabilidade para ingressar com a ação judicial. Nesse caso, o objetivo da empregada não seria a reintegração, mas tão somente o direito à indenização. Para alguns autores[1006], essa conduta de deixar escoar o prazo da estabilidade configuraria abuso de direito da empregada, causando a perda da indenização. Ocorre que o TST já se posicionou sobre o assunto, entendendo que não há nenhum abuso de direito da empregada:

> **Orientação Jurisprudencial nº 399 da SDI-I do TST.** O ajuizamento de ação trabalhista após decorrido o período de garantia de emprego não configura abuso do exercício do direito de ação, pois este está submetido apenas ao prazo prescricional inscrito no art. 7º, XXIX, da CF/1988, sendo devida a indenização desde a dispensa até a data do término do período estabilitário.

No dia 24/05/2019, a 8ª Turma do TST (Processo nº ARR-10538-05.2017.5.03.0012) decidiu que a gestante que se recusou, injustificadamente, por três vezes, a aceitar a reintegração proposta pela empresa perdeu o direito à estabilidade provisória.

1006. MARTINS, Sergio Pinto. *Direito do Trabalho*. 30 ed. São Paulo: Atlas, 2014. p. 475.

No caso, uma empregada ajuizou reclamação trabalhista, após o fim do período estabilitário, pleiteando a indenização substitutiva. Como salientado, a OJ nº 399 da SDI-I do TST não prevê que essa conduta, por si só, caracteriza abuso de direito. Ocorre que, no caso avençado, a empresa conseguiu comprovar que havia proposta a reintegração, por três vezes, via *WhatsApp* e a empregada não respondeu. Nesse caso, os Ministros entenderam que houve caracterização de abuso de direito, pois a empregada em nenhum momento buscou a reintegração, mesmo após as diversas tentativas da empresa.

4.2.5. *Afastamento de gestantes e de lactantes de atividades insalubres*[1007]

Em maio de 2016, foi promulgada a Lei nº 13.287/2016, que acrescentou o art. 394-A à CLT para proibir o trabalho da gestante ou lactante em atividades, operações ou locais insalubres. O artigo está inserido na Seção V do Capítulo de Proteção do Trabalho da Mulher referente à proteção da maternidade.

O tema, contudo, foi regulamentado novamente pela Lei nº 13.467/2017 – Reforma Trabalhista. Diferentemente da Lei nº 13.287/2016, a Reforma Trabalhista passou a admitir hipóteses em que a gestante e a lactante não seriam afastadas obrigatoriamente. Quando a atividade desenvolvida apresentasse grau médio e mínimo de insalubridade para a gestante ou em qualquer grau de insalubridade para a lactante, ocorreria o afastamento apenas se assim fosse recomendado pelo médico de confiança da empregada.

Somente seria obrigatório o afastamento na hipótese da empregada gestante em grau máximo de insalubridade[1008]. Note-se que o atestado médico deveria ser emitido por médico de confiança da empregada gestante ou lactante, o que, em tese, evitaria a ocorrência de fraudes caso o atestado fosse emitido por médico da empresa.

No dia 29/05/2019, o plenário do STF, por maioria de 10 votos a 1, decidiu pela inconstitucionalidade de trecho do art. 394-A da CLT, que previa nos incisos II e III: "quando apresentar atestado de saúde, emitido por médico de confiança da mulher, que recomende o afastamento". De acordo com o relator, a proteção à maternidade e à criança não podem ser afastadas pela simples apresentação de atestado médico.

Ao apreciar a ADI 5938[1009], o STF considerou inconstitucional a modificação trazida pela Reforma Trabalhista, firmando entendimento de que a permissão do trabalho da gestante e da lactante em ambiente insalubre viola o art. 6º (proteção à maternidade e à infância), 7º, incisos XX (proteção do mercado de trabalho da mulher, mediante incentivos específicos, nos termos da lei) e XXII (redução dos riscos inerentes ao trabalho, por meio de normas de saúde, higiene e segurança), e o art. 227 (dever de proteção da sociedade e do Estado quanto à saúde e à vida da criança), da Constituição Federal, além de afrontar o princípio da vedação ao retrocesso social[1010].

1007. Para mais informações sobre o afastamento de gestante e lactantes de atividades insalubres, consulte o tópico 3.6.2.1. Afastamento de gestantes e lactantes de atividades insalubres (Reforma Trabalhista) no Capítulo III – Sujeitos da Relação de Trabalho.

1008. A NR 15 do Ministério do Trabalho trata desse assunto ligado aos graus de insalubridade.

1009. Para mais informações acerca da ADI nº 5938, confira o tópico acerca do afastamento de gestante e lactante de atividades insalubres ainda neste capítulo.

1010. Esse foi o tema da questão discursiva do I Concurso Nacional Unificado – Bloco 4, que selecionou os novos Auditores-Fiscais do Trabalho.

Com a decisão na ADI 5.938, as empregadas gestantes e lactantes sempre deverão ser afastadas das atividades insalubres independentemente do grau de insalubridade.

4.2.6. Afastamento de gestantes durante a pandemia de COVID-19 (Lei nº 14.151/2021, alterada pela Lei 14.311/2022)

No dia 12/05/2021, foi sancionada, pelo Presidente da República, a Lei nº 14.151/2021, que previu o afastamento obrigatório das gestantes de atividades presenciais durante a emergência de saúde pública de importância nacional decorrente do novo coronavírus.

Conforme dispunha a redação original do art. 1º, *caput* e parágrafo único, da referida Lei, durante a emergência de saúde pública de importância nacional decorrente do novo coronavírus, todas as a empregadas gestantes do país deveriam permanecer afastadas das atividades de trabalho presencial, sem prejuízo de sua remuneração. Era possibilitada a prestação de serviços em seu domicílio, por meio de teletrabalho, trabalho remoto ou outra forma de trabalho a distância.

Em alguns setores de atividades, como trabalhos manuais, empregadas domésticas, comércio, dentre tantos outros, o trabalho presencial é indispensável. Nesses casos, a gestante entraria em licença remunerada, ou seja, não trabalharia, mas receberia sua remuneração.

Havia divergências sobre quem seria responsável pelo pagamento da remuneração no período de afastamento. Dois eram os posicionamentos sobre o tema:

1) **Estado via Previdência Social:** um primeiro posicionamento sustentava a obrigação do Estado no pagamento de salário-maternidade à gestante durante o afastamento. Fundamentava-se esse posicionamento nas seguintes premissas: 1) interpretação extensiva do art. 394-A da CLT, que prevê o pagamento de licença-maternidade à gestante ou lactante afastada de atividades insalubres; e 2) previsão do art. 4º da Convenção nº 103 da OIT, que impede a responsabilização do empregador pelo custo de prestações relativas às mulheres;

2) **Empregador (posição que tende a ser mais aceita):** por expressa previsão na lei, a empregada gestante foi afastada sem prejuízo de sua remuneração. Portanto, o salário da trabalhadora deveria ser pago normalmente pela empresa durante o afastamento. Como não há previsão legal do pagamento de benefício previdenciário à gestante, a obrigação recai sobre o empregador. Ademais, não há fonte de custeio prevista para pagamento do benefício.

Contudo, no dia 10 /03/2022, foi publicada a Lei nº 14.311/2022, que **determinou o retorno das gestantes às atividades presenciais em 3 hipóteses:**

1) **Encerramento do estado de emergência de saúde pública** de importância nacional decorrente do coronavírus SARS-CoV-2;

2) **após sua vacinação contra o coronavírus SARS-CoV-2**, a partir do dia em que o Ministério da Saúde considerar **completa** a imunização; e

3) **mediante** o exercício de legítima **opção individual pela não vacinação contra o coronavírus SARS-CoV-2** que lhe tiver sido disponibilizada, conforme o calendário divulgado pela autoridade de saúde e **mediante o termo de responsabilidade.**

Ainda, esse termo, nos termos do novo § 6º do art. 1º da Lei, é uma expressão do direito fundamental da liberdade de autodeterminação individual da gestante, não podendo ser imposto pelo empregador.

Em resumo, permaneceram afastadas das atividades presenciais as empregadas gestantes que ainda não tenham sido totalmente imunizadas contra a COVID-19, podendo, contudo, exercer as atividades em seu domicílio, por meio de teletrabalho, trabalho remoto ou outra forma de trabalho a distância, sem prejuízo de sua remuneração.

Por fim, é válido ressaltar que, em 22/04/2022, foi publicada a Portaria GM/MS nº 913/22, assinada pelo, então, Ministro da Saúde, Marcelo Queiroga, declarando o encerramento da Emergência em Saúde Pública de Importância Nacional (ESPIN) em decorrência da Infecção Humana pelo novo Coronavírus (2019-nCov), de que tratava a Portaria GM/MS nº 188, de 3 de fevereiro de 2020 (revogada). Assim, com fim da emergência de saúde pública, todas as empregadas grávidas afastadas puderam ser convocadas para o retorno aos trabalhos presenciais.

4.3. Empregado representante da CIPA

A **Comissão Interna de Prevenção a Acidentes e Assédio**[1011] desempenha importante papel para manter um ambiente de trabalho saudável. Na constituição dessas comissões haverá representantes dos empregados (eleitos pelos demais trabalhadores da empresa) e dos empregadores[1012] (indicados). Esse órgão é presidido por pessoa indicada pelo empregador e o vice-presidente será empregado eleito pelos trabalhadores. A eleição é secreta e podem participar todos os empregados, independentemente de filiação sindical.

O mandato tem duração de 1 ano, sendo permitida uma reeleição[1013]. Ao membro suplente que tiver participado de menos da metade de reuniões, não será permitida reeleição. Os empregados eleitos para cargo de direção da CIPA possuem garantia provisória de emprego, desde o registro da candidatura até um ano após o mandato (art. 10, II, a, do ADCT). O objetivo dessa estabilidade provisória é permitir que o empregado desempenhe seu mandato de forma tranquila e sem perseguições e ingerências do empregador.

O art. 10, II, a, do ADCT não estende o direito à estabilidade ao suplente do diretor eleito, mas o TST[1014] possui entendimento majoritário, ampliando essa garantia de emprego

---

1011. No dia 21 de setembro de 2022, foi publicada a Lei nº 14.457/2022. Dentre as diversas providência adotadas pelo diploma, estão medidas de prevenção e de combate ao assédio sexual e a outras formas de violência no âmbito do trabalho. Com a publicação da Lei, a CIPA, que agora se chama Comissão Interna de Prevenção de Acidentes e de Assédio, tem mais uma atribuição: a promoção de um ambiente laboral sadio, seguro e que favoreça a inserção e a manutenção de mulheres no mercado de trabalho. A CIPA é regulamentada pela Norma Regulamentadora nº 5 do Ministério do Trabalho, devidamente atualizada pela Portaria MTP n.º 4.219, de 20 de dezembro de 2022.

1012. Os representantes dos empregadores não possuem estabilidade provisória, pois são indicados.

1013. Para mais informações, confira o tópico de CIPA no capítulo de Segurança e Medicina do Trabalho.

1014. **Súmula nº 339 do TST:** I – "O suplente da CIPA goza da garantia de emprego prevista no art. 10, II, "a", do ADCT a partir da promulgação da Constituição Federal de 1988. II – A estabilidade provisória do cipeiro não constitui vantagem pessoal, mas garantia para as atividades dos membros da CIPA, que somente tem razão de ser quando em atividade a empresa. Extinto o estabelecimento, não se verifica a despedida arbitrária, sendo impossível a reintegração e indevida a indenização do período estabilitário".

ao suplente do empregado eleito para representar a CIPA[1015]. Aliás, sem essa garantia o suplente poderia sentir-se intimidado pelo empregador, comprometendo a sua atuação durante as substituições no cargo. A jurisprudência do STF também concedeu interpretação extensiva ao dispositivo para assegurar a eficácia protetiva do art. 10 do ADCT, conforme transcrito abaixo:

> **Súmula nº 676 do STF**: A garantia da estabilidade provisória, prevista no art. 10, II, a, do ADCT, também se aplica ao suplente do cargo de direção de comissões internas de prevenção de acidentes (CIPA).

Vale a ressalva, contudo, que o suplente que membro suplente que, durante o seu mandato, não participar de menos da metade do número de reuniões da CIPA, ficará impedido de concorrer à reeleição (art. 164, § 4º, CLT).

Ademais, para a garantia do exercício de sua atividade, o membro eleito da CIPA não poderá ser transferido para outro estabelecimento sem a sua anuência, salvo nos casos dos §§ 1º e 2º do art. 469 da CLT, quando a transferência será permitida:

> **Art. 469 da CLT**: Ao empregador é vedado transferir o empregado, sem a sua anuência, para localidade diversa da que resultar do contrato, não se considerando transferência a que não acarretar necessariamente a mudança do seu domicílio.
>
> § 1º. Não estão compreendidos na proibição deste artigo: os empregados que exerçam cargo de confiança e aqueles cujos contratos tenham como condição, implícita ou explícita, a transferência, quando esta decorra de real necessidade de serviço.
>
> § 2º. É lícita a transferência quando ocorrer extinção do estabelecimento em que trabalhar o empregado.

A estabilidade do empregado representante da CIPA, assim como a do dirigente sindical e do membro da Comissão de Conciliação Prévia, é tida como estabilidade objetiva, ou seja, está ligada ao cargo e funções exercidos pelo trabalhador. A estabilidade subjetiva, por sua vez, está ligada à figura do empregado, como é o caso da gestante e do acidentado.

Diante disso, caso ocorra a extinção do estabelecimento, não persistirá a garantia de emprego ao cipeiro. Consequentemente, o empregado não terá direito nem à reintegração e nem à indenização.

Cabe ressaltar que prevalece, na jurisprudência e na doutrina[1016], na hipótese de dispensa do representante da CIPA, o posicionamento de que não há necessidade do prévio inquérito para apuração de falta grave. Esse procedimento é utilizado apenas ao dirigente sindical.

1015. O candidato deverá ficar atento ao enunciado da questão, pois não há menção expressa no texto da CF, mas sim um posicionamento jurisprudencial do TST. Se a questão nada mencionar sobre a fonte (CF ou Súmula), interessante assinalar a opção que estende a estabilidade ao suplente, pois já está consagrada na doutrina e jurisprudência.

1016. Há posicionamento minoritário no sentido de que há necessidade do prévio inquérito como requisito para dispensa do cipeiro. Nesse sentido: Klippel, Bruno. *Direito Sumular – TST. Esquematizado.* Editora Saraiva. p. 429.

4.4. Empregado acidentado

- **Art. 118 da Lei nº 8.213/91**
- **Súmula nº 378 do TST**

Como forma de incentivar o retorno ao trabalho e garantir prazo para readaptação ao serviço, foi dado ao empregado acidentado o direito à estabilidade provisória de doze meses após a cessação do auxílio-doença. Esse período de 12 meses não poderá ser reduzido via negociação coletiva[1017]. Para adquirir essa garantia provisória, via de regra, há necessidade de preencher, cumulativamente, os seguintes requisitos:

a) afastamento ser superior a quinze dias[1018]. Dessa forma, empregado acidentado que retornou ao trabalho em menos de quinze dias não é detentor dessa garantia provisória de emprego;

b) percepção de auxílio-doença acidentário.

No entanto, vale frisar que algumas doenças ocupacionais[1019] não se manifestam de forma rápida, ou seja, ao longo dos anos vão se alojando no organismo. Exemplo: a LER em determinado empregado, que exerce a atividade de digitador na empresa, diagnosticada após a sua dispensa. Nesse caso, mesmo que o trabalhador não tenha recebido auxílio-doença, pois os afastamentos foram de poucos dias, terá direito à estabilidade. Isso porque a doença do trabalho ou profissional[1020] tem ligação com o trabalho desenvolvido na empresa.

Aliás, o empregado que sofre acidente do trabalho durante o contrato por prazo determinado, por exemplo, contrato de experiência, terá direito à estabilidade. Ressalta-se que, em qualquer hipótese de contratação por prazo determinado, é assegurada a estabilidade do acidentado, inclusive no tocante ao contrato de trabalho temporário rural.

Importante conferir, a Súmula nº 378, II e III do TST:

> II – São pressupostos para a concessão da estabilidade o afastamento superior a **15 dias** e a consequente percepção do auxílio-doença acidentário, salvo se

---

1017. **Orientação jurisprudencial nº 31 da SDC:** "Estabilidade do acidentado. Acordo homologado. Prevalência. Impossibilidade. Violação do art. 118 da lei 8.213/91. Não é possível a prevalência de acordo sobre legislação vigente, quando ele é menos benéfico do que a própria lei, porquanto o caráter imperativo dessa última restringe o campo de atuação da vontade das partes".

1018. Vale ressaltar que o prazo para a interrupção do contrato de trabalho na hipótese de afastamento por doença ou acidente permanece em 15 dias. A MP nº 664/2014, que ampliava para 30 dias esse prazo, foi convertida na Lei nº 13.135/2015. A nova lei revogou a previsão de 30 dias. Em resumo, aplica-se o prazo de 15 dias.

1019. Doenças do trabalho ou doenças profissionais são equiparadas ao acidente de trabalho para fins de estabilidade. A previsão legal está no art. 20 da Lei nº 8213/91.

1020. Foi cancelada, **a Orientação Jurisprudencial nº 154 da SDI-I** que exigia atestado médico, fornecido pelo INSS, como prova de ocorrência de doença profissional, quando houvesse previsão em negociação coletiva. Atualmente, com o cancelamento da OJ nº 154, é possível demonstrar a doença profissional por todos os meios de prova legais. De acordo com a notícia veiculada no *site* do TST no dia 3.12.2009: "A doença profissional não necessita ser atestada por médicos do INSS, como condição para a estabilidade do emprego. Esse posicionamento segue o novo entendimento estabelecido a partir da anulação da Orientação Jurisprudencial nº 154, que determinava a obrigatoriedade de comprovar doença profissional por meio de atestado médico do INSS, quando tal exigência consta de acordo coletivo".

> constatada, após a dispensa, doença profissional que guarde relação de causalidade com a execução do contrato de emprego. (grifos acrescidos)
>
> III – O empregado submetido a contrato de trabalho por tempo determinado goza da garantia provisória de emprego, decorrente de acidente de trabalho, prevista no art. 118 da Lei nº 8.213/1991.

A esse respeito, o TST firmou, em 2025, a tese vinculante nº 125, consolidando o entendimento de que, nos casos em que for reconhecido, após a dispensa, o **nexo causal ou concausal** entre a doença ocupacional e as atividades desempenhadas pelo trabalhador, a estabilidade provisória será devida mesmo que não tenham sido cumpridos, cumulativamente, os requisitos de **afastamento por mais de 15 dias e de percepção do auxílio-doença acidentário**. O foco da Corte foi garantir a efetividade da norma protetiva, considerando que nem sempre o afastamento ou a concessão do benefício previdenciário são imediatamente reconhecidos, especialmente em doenças de manifestação tardia ou decorrentes de múltiplos fatores.

Com a promulgação da LC nº 150/2015, os **empregados domésticos** passaram a ter reconhecido o direito a essa estabilidade, conforme previsto nos artigos 11, II e 18, § 1º da Lei nº 8.213/91[1021].

Além das doenças profissionais e do trabalho, o art. 21 da Lei nº 8.213/1991 traz outras hipóteses que se equiparam ao acidente de trabalho. Nesse sentido, a legislação ampliou as hipóteses que configuram acidente de trabalho. Como exemplo clássico, menciona-se o acidente de trajeto que compreende aquele que ocorre no percurso casa-trabalho e trabalho-casa por qualquer meio de locomoção.

O acidente de trabalho equiparado produz os mesmos reflexos na área trabalhista que o acidente de trabalho típico, tais como a estabilidade do acidentado e a indenização por danos materiais e morais. Note-se, portanto, que o acidente de trajeto tinha como uma de suas consequências assegurar o direito à estabilidade provisória do acidentado.

De acordo com a jurisprudência dominante do TST[1022], é assegurada a estabilidade provisória para o denominado acidente de trajeto, que é aquele que ocorre no trajeto casa-trabalho e trabalho-caso.

Ainda que haja um pequeno desvio de curso no trajeto, como o necessário para fazer uma pequena compra na padaria, não há descaracterização do acidente de trajeto e o empregado permanece com o direito à estabilidade. Somente com o afastamento relevante no percurso por maior período não será considerado como acidente de trajeto[1023].

No dia 12/11/2019, o Presidente da República editou a Medida Provisória nº 905, que criou nova modalidade de contratação de trabalhadores denominada Contrato

---

1021. **Art. 18, § 1º, Lei nº 8.213/1991:** "Somente poderão beneficiar-se do auxílio-acidente os segurados incluídos nos incisos I, II, VI e VII do art. 11 desta Lei." Nesse sentido, estabelece o **art. 11, II, Lei nº 8.213/1991**: "São segurados obrigatórios da Previdência Social as seguintes pessoas físicas: como empregado doméstico: aquele que presta serviço de natureza contínua a pessoa ou família, no âmbito residencial desta, em atividades sem fins lucrativos."

1022. TST – RR: 9938420105040251, Relator: Emmanoel Pereira, Data de Julgamento: 11/02/2015, 5ª Turma, Data de Publicação: DEJT 20/02/2015.

1023. CASSAR, Vólia Bomfim. *Direito do Trabalho*. 8. ed. São Paulo: Método, 2013. p. 1.139.

de Trabalho Verde e Amarelo e modificou diversos dispositivos da CLT e da legislação esparsa trabalhista.

Vale ressaltar, entretanto, que a Medida Provisória não foi convertida em lei pelo Congresso Nacional e deixou de ser aplicada no dia 20/04/2020, quando foi revogada pela MP nº 955/2020. Durante sua vigência, a MP nº 905/2019 havia revogado o art. 21, IV, "d", da Lei nº 8.213/1991, que continha a previsão de acidente de trajeto. Com o fim da vigência da MP nº 905/2019, os acidentes de trajeto voltaram a ser considerados acidentes de trabalho.

4.5. Empregado membro da Comissão de Conciliação Prévia – CCP

A Comissão de Conciliação Prévia tem por objetivo tentar a conciliação entre empregados e empregadores. A composição da CCP é feita de forma paritária, ou seja, representantes dos empregados (por meio de votação secreta) e dos empregadores (indicados). Apenas os representantes dos empregados, titulares e suplentes possuem garantia provisória de emprego.

Nesse sentido, art. 625-B, § 1º, da CLT:

> É vedada a dispensa dos representantes dos empregados membros da Comissão de Conciliação Prévia, titulares e suplentes, até um **ano após o final do mandato**, salvo se cometerem falta grave, nos termos da lei. (grifos acrescidos)

O início da estabilidade, de acordo com a CLT, ocorre com a eleição[1024] do empregado e se estende até um ano após o mandato.

4.6. Representante dos empregados (Reforma Trabalhista)

De acordo com o art. 11 da Constituição Federal, é obrigatória a eleição de um representante dos trabalhadores nas empresas com mais de 200 empregados. De acordo com o texto constitucional:

> **Art. 11 da CF/88.** Nas empresas de mais de duzentos empregados, é assegurada a eleição de um representante destes com a finalidade exclusiva de promover-lhes o entendimento direto com os empregadores.

Apesar de prevista na Constituição Federal, não havia sido elaborada legislação regulamentando as atribuições e as prerrogativas desses representantes no entendimento direto com os empregadores. Não havia, inclusive, previsão em lei de estabilidade para esses empregados eleitos, o que gerava intensa discussão doutrinária, pois impedia a negociação efetiva no âmbito da empresa.

Cabe frisar que parte da doutrina[1025] sustentava que o texto da Constituição Federal não assegurou estabilidade a esse representante dos empregados eleito. Previu-se tão somente a estabilidade do dirigente sindical no art. 8º, VIII, CF/88. No entanto, afirmava-se que era recomendável assegurar a estabilidade por meio de lei ordinária, uma vez que

1024. Há autores que defendem o início da estabilidade após o registro da candidatura, sob pena de desestimular o empregado a concorrer à eleição. Esse é o posicionamento de Gustavo Felipe Barbosa Garcia.

1025. MARTINS, Sergio Pinto. *Direito do Trabalho*. 30. ed. São Paulo: Atlas, 2014. p. 855.

os representantes poderiam sofrer represálias do empregador, o que impediria qualquer negociação efetiva no âmbito da empresa.

Por sua vez, a Convenção nº 135 da OIT – Proteção de Representantes de Trabalhadores foi ratificada pelo Brasil (Decreto nº 131/1991, consolidada com as demais convenções e recomendações no Decreto nº 10.088/2019), sendo aplicada aos representantes sindicais e aos trabalhadores eleitos no âmbito da empresa, para funções que não sejam prerrogativas do sindicato. Estabelece que:

> os representantes dos trabalhadores nas empresas devem gozar de proteção eficaz contra todas as medidas que possam ser tomadas contra eles, inclusive despedida, quando motivadas pela qualidade ou pelas atividades decorrentes da representação, da filiação sindical ou da participação em atividades sindicais, desde que eles atuem de conformidade com as leis, convenções coletivas ou outros instrumentos em vigor[1026].

De nossa parte, entendíamos que seria possível o reconhecimento de estabilidade aos representantes como condição necessária à plena efetivação do dispositivo constitucional, que apresenta eficácia imediata. Negar a proteção do emprego aos representantes dos trabalhadores equivaleria a retirar a eficácia do art. 11 da CF/88, uma vez que nenhum empregado estaria disposto a sofrer punições do empregador ou mesmo ter seu contrato de trabalho extinto. Nesse sentido, o próprio TST já havia decidido que deve ser assegurada garantia provisória do dirigente sindical aos representantes:

> **Precedente Normativo nº 86 do TST**[1027]: "Nas empresas com mais de 200 empregados é assegurada a eleição direta de um representante, com as garantias do art. 543, e seus §§, da CLT."

A Lei nº 13.467/2017 – Reforma Trabalhista acabou com essa discussão, pois passou a prever de forma expressa a estabilidade do membro da comissão de representante dos empregados, que terá garantia contra despedida arbitrária desde o registro de sua candidatura até um ano após o fim do mandato. A despedida arbitrária é aquela, segundo o § 3º do art. 510-D da CLT, aquela que não se fundar em motivo disciplinar, técnico, econômico ou financeiro.

A estabilidade prevista aos membros da comissão de representantes é a mesma aplicada aos cipeiros (art. 165 da CLT).

Ressalta-se que, diante da inexistência de previsão de eleição de suplentes, a estabilidade somente é aplicada aos membros titulares. Defendemos que, aos suplentes, também deve ser assegurada a estabilidade provisória, pois substituem os titulares no exercício das atribuições previstas e, por isso, não podem ter seus empregados ameaçados. Apesar de a legislação ser silente a respeito, a estabilidade não deve prevalecer na hipótese de extinção do estabelecimento, pois compreende hipótese de estabilidade

---

1026. SÜSSEKIND, Arnaldo. Direito Internacional do Trabalho. 3. ed. São Paulo: LTr, 2000. P. 349.

1027. Importante fazer um rápido esclarecimento sobre **precedentes normativos**. Assim como as decisões reiteradas do TST em dissídios individuais dão origem às súmulas e OJs da SDI-I e II do TST, as decisões reiteradas em dissídios coletivos formam as OJs da SDC e os precedentes normativos do TST. No tocante à importância desses precedentes ao direito individual, destaca-se que, apesar de não vinculativas, ou, ainda, não servirem para fins de recurso de revista, as disposições previstas são importantes **fontes de interpretação**.

objetiva, que decorre da função exercida. Não havendo mais a empresa para o desenvolvimento da função, a estabilidade não permanece.

4.7. Outras hipóteses

4.7.1. Membros do Conselho Nacional da Previdência Social

Os representantes dos trabalhadores, titulares e suplentes têm estabilidade desde a nomeação até um ano após o mandato, somente podendo ser dispensados por motivo de falta grave.

4.7.2. Membros do conselho curador do Fundo de Garantia por Tempo de Serviço - FGTS

Os representantes dos trabalhadores, titulares e suplentes têm estabilidade desde a nomeação até um ano após o mandato, somente podendo ser dispensados por motivo de falta grave.

4.7.3. Empregados eleitos diretores de sociedades cooperativas

Os empregados que forem eleitos diretores de sociedades cooperativas não poderão ser dispensados, desde o registro da candidatura até um ano após o término do mandato. Essa garantia provisória de emprego, segundo o entendimento do TST, não abrange os suplentes[1028].

Cabe ressaltar que há vários autores, dentre eles o prof. Sergio Pinto Martins, que defendem o prévio inquérito para apuração de falta grave no caso de dispensa dos diretores de sociedade cooperativa, pois o art. 55 da Lei nº 5.764/71 prevê que esses diretores terão as mesmas garantias asseguradas aos dirigentes sindicais no art. 543 da CLT.

Por fim, é importante destacar que o TST[1029] entende que também terá direito à estabilidade provisória dos diretores de cooperativas, o membro do Conselho de Administração que também exercer alguma atividade diretiva. Assim, ainda que não integre a direção da cooperativa, mas exerça funções diretivas, terá direito à estabilidade.

4.7.4. Empregado público[1030]

O art. 41 da CF/88 foi alterado para garantir a estabilidade apenas ao detentor de cargo público (servidores públicos estatutários). Dessa forma, a estabilidade não se estende aos detentores de emprego público, chamados de celetistas.

O tema foi abordado em detalhes no tópico 3.3.3 do Cap. III • SUJEITOS DA RELAÇÃO DE TRABALHO, para o qual remetemos o leitor.

Na tentativa de facilitar seus estudos, preparamos essa tabelinha com as principais hipóteses de estabilidade:

1028. **Orientação Jurisprudencial nº 253 da SDI-I do TST.** "O art. 55 da Lei nº 5.764/71 assegura a garantia de emprego apenas aos empregados eleitos diretores de Cooperativas, não abrangendo os membros suplentes."

1029. Informativo nº 38 do TST.

1030. Para mais detalhes dessa matéria é importante consultar a matéria, ou livro específico de direito administrativo.

Estabilidade

- **Estabilidade decenal**
- Após 10 de efetivo serviço.
- Não optante pelo FGTS.
- Após CF/88 não está em vigor.
- **Empregada gestante**
- Início com a confirmação da gravidez até 5 meses após o parto.
- Empregadas domésticas também possuem esse direito.
- **Empregado acidentado**
- Estabilidade de 12 meses após o término do auxílio-doença.
- Requisitos:

  a) Afastamento superior a 15 dias.

  b) Percepção do auxílio-doença.
- **Empregado representante da CIPA**
- Apenas o representante dos empregados (eleitos).
- Início com o registro do candidato até 1 ano.
- Titulares e suplentes (Súmula nº 399).
- **Empregado representante da CCP**
- Apenas representantes dos empregados (eleitos).
- Início com a eleição até 1 ano após o mandato.
- Titulares e suplentes.

Membro da comissão de gorjetas
- Empresas com mais de 60 empregados.
- Estabilidade definida via negociação coletiva.

Representante dos empregados
- Empresas com mais de 200 empregados.
- Início com o registro da candidatura até 1 ano após o fim do mandato.

5. FUNDO DE GARANTIA POR TEMPO DE SERVIÇO – FGTS

5.1. Introdução

O FGTS foi instituído em razão da resistência criada em torno da estabilidade decenal. Essa estabilidade onerava sobremaneira as empresas, desestimulando a contratação. Diante desses argumentos, como forma de incentivar uma política habitacional e indenizar o tempo de serviço, surgiu, em 1966[1031], como sistema opcional, o FGTS.

Inicialmente, o empregado poderia optar entre a estabilidade decenal e o FGTS. Com a Constituição Federal de 1988, o FGTS passou a ser obrigatório para todos os empregados, sendo regido pela Lei nº 8.036/90 e pelo Decreto nº 99.684/90.

1031. Lei nº 5.107/1966.

O FGTS[1032] é uma "poupança forçada" suportada exclusivamente pelo empregador. Todos os meses, ao quitar o salário e demais adicionais, o empregador deverá depositar numa **conta vinculada** do trabalhador 8% da sua remuneração. Exemplo: empregado recebe R$ 2.000,00 de salário. Logo, o **empregador** deverá depositar R$ 160,00 na conta vinculada do trabalhador, a título de FGTS. Veja que para fins de FGTS, não há desconto a ser suportado pelo trabalhador. Esses depósitos destinam-se à indenização por tempo de serviço do empregado.

Com o advento da Reforma Trabalhista, constitui objeto ilícito de negociação coletiva a supressão ou redução do valor do depósito mensal e indenização rescisória do FGTS:

> **Art. 611-B da CLT** *(Incluído pela Reforma Trabalhista)*: Constituem objeto ilícito de convenção coletiva ou de acordo coletivo de trabalho, exclusivamente, a supressão ou a redução dos seguintes direitos:
>
> (...)
>
> III – valor dos depósitos mensais e da indenização rescisória do Fundo de Garantia do Tempo de Serviço (FGTS);

5.2. Impossibilidade de pagamento de FGTS direto ao empregado (Incidente de Recurso de Revista Repetitivo nº 68)

Inclusive, nas reclamações trabalhistas, os valores relativos aos recolhimentos de FGTS e da respectiva indenização de 40% não podem ser pagos diretamente ao empregado, devendo ser depositados na conta vinculado do trabalhador. Esse foi o entendimento firmado pelo Pleno do TST no julgamento do Incidente de Recurso de Revista Repetitivo nº 68, no qual foi fixada a tese vinculante nº 68 do TST:

> Nas reclamações trabalhistas, os valores relativos aos recolhimentos do FGTS e da respectiva indenização de 40% devem ser depositados na conta vinculada, e não pagos diretamente ao trabalhador (TST-RRAg-0000003-65.2023.5.05.0201, Relator: Ministro Aloysio Corrêa da Veiga, Tribunal Pleno, DJE: 14/03/2025).

A conta que recebe os depósitos do FGTS é chamada de conta vinculada. Esse nome se justifica porque, embora os valores pertençam ao empregado, ele não pode sacá-los livremente. O saque só é permitido em hipóteses específicas, previstas nos arts. 19-A e 20 da Lei nº 8.036/90, como a demissão sem justa causa, aposentadoria e aquisição da casa própria.

Para o Pleno do TST, ainda que o art. 20, I, da Lei nº 8.036/90, permita a movimentação da conta vinculada após a dispensa sem justa causa, ele não autoriza o pagamento direto dos valores ao empregado quando há condenação judicial referente ao FGTS. Pelo contrário, os arts. 18 e 26, parágrafo único, da mesma lei são claros ao exigirem que, respectivamente, em caso de rescisão, o empregador deposite os valores na conta

1032. "O FGTS é um depósito bancário destinado a formar uma poupança para o trabalhador, que poderá ser sacada nas hipóteses previstas na lei, principalmente quando é dispensado sem justa causa. Outrossim, servem os depósitos como forma de financiamento para aquisição de moradia pelo Sistema Financiamento da Habitação." MARTINS, Sergio Pinto. *Direito do Trabalho*. 24. ed. São Paulo: Atlas, 2008. p. 435.

vinculada do FGTS do empregado e que, nas reclamatórias trabalhistas, o juiz determine o recolhimento imediato das importâncias devidas.

Portanto, para o TST, os depósitos na conta vinculada do FGTS deverão sempre ser observados, independentemente da origem, motivo e destino final do valor devido, garantindo a observância do que está previsto nos arts. 18 e 26, parágrafo único, da Lei nº 8.036/90 e a correta arrecadação pelo órgão administrador do fundo.

5.2.1. O pagamento direto ao empregado e suas consequências para o empregador

Uma das principais questões envolvendo o FGTS e o pagamento direto ao empregado é a consequência para o empregador quando ele não realiza o recolhimento corretamente. Conforme a tese nº 68, os depósitos devem ser feitos diretamente na conta vinculada do trabalhador, administrada pela Caixa Econômica Federal.

Quando esse recolhimento não ocorre de forma adequada, a empresa pode ser executada na Justiça Federal, pois, conforme o art. 26-A da Lei nº 8.036/90, considera-se não quitado o valor pago diretamente ao empregado, sendo vedada sua conversão em indenização compensatória:

> **Art. 26-A.** Para fins de apuração e lançamento, considera-se não quitado o valor relativo ao FGTS pago diretamente ao trabalhador, vedada a sua conversão em indenização compensatória.

Assim, o empregador que realizava o pagamento direto ao empregado poderá ser condenado a pagar novamente essas verbas, agora na conta vinculada do FGTS.

Nos acordos trabalhistas, porém, era comum que empregadores e empregados ajustassem o pagamento das verbas devidas, incluindo o FGTS, diretamente ao empregado, sem o devido recolhimento à Caixa Econômica Federal. Essa prática gerou problemas quando empresas, após quitarem esses valores conforme determinado em juízo, passaram a ser cobradas novamente pela CEF, sob a alegação de que o depósito deveria ter sido feito na conta vinculada.

Com isso, as empresas enfrentavam um impasse: mesmo cumprindo um acordo homologado pela Justiça do Trabalho, eram cobradas novamente na Justiça Federal, sendo obrigadas a pagar o FGTS duas vezes (uma para o empregado e outra para a Caixa Econômica Federal na conta vinculada).

O Superior Tribunal de Justiça (STJ), em decisão proferida em maio de 2024, reconheceu a validade dos pagamentos do FGTS feitos diretamente ao empregado quando decorrentes de acordos homologados pela Justiça do Trabalho. No entanto, determinou que a União e a Caixa Econômica Federal mantivessem o direito de cobrar encargos acessórios ao fundo, como multas, juros moratórios e contribuições sociais, pois esses entes não participam da celebração dos acordos trabalhistas.

A questão foi avaliada sob o rito dos recursos repetitivo como Tema 1.176 do STJ, com a seguinte tese fixada:

> "São eficazes os pagamentos de FGTS realizados diretamente ao empregado, após o advento da Lei 9.491/1997, em decorrência de acordo homologado na

> Justiça do Trabalho, o que não dispensa a oportuna comunicação do ato aos órgãos de fiscalização competentes. Assegura-se, no entanto, a cobrança de todas as parcelas incorporáveis ao fundo, consistente em multas, correção monetária, juros moratórios e contribuição social, visto que a União Federal e a Caixa Econômica Federal não participaram da celebração do ajuste na via laboral, não sendo por ele prejudicadas (art. 506, CPC)".

Por outro lado, o TST, ao fixar a tese vinculante nº 68 agora em comento, consolidou o entendimento de que o pagamento do FGTS deve sempre ocorrer por meio de depósito na conta vinculada, ou seja, mesmo em casos de acordo judicial. Assim, a Justiça do Trabalho não pode mais homologar acordos que prevejam o pagamento do FGTS diretamente ao empregado, eliminando futuros riscos de execuções fiscais contra as empresas.

O conflito entre as decisões do STJ e do TST gera um impasse: afinal, qual entendimento deve prevalecer? O que se conclui é que, enquanto o STJ reconhece a validade de acordos passados que previam o pagamento direto ao empregado, o TST, com sua tese vinculante, impede que novos acordos determinem essa prática daqui para frente.

5.3. Órgãos de administração, gestão e operação do FGTS

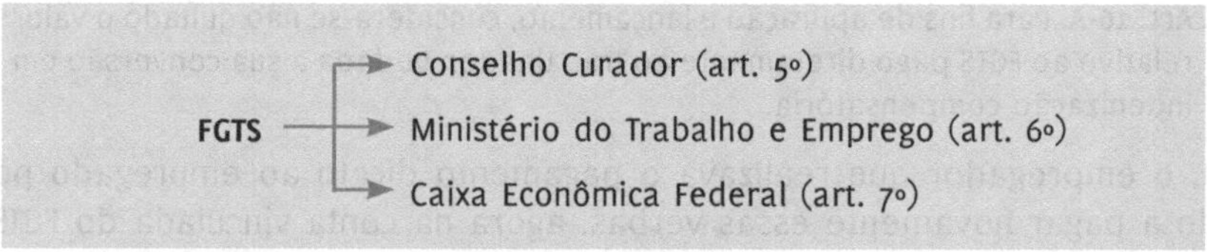

A administração do FGTS é feita por normas e diretrizes elaboradas pelo **Conselho Curador**. Esse Conselho é composto por representantes dos trabalhadores[1033], empregadores e entidades governamentais, conforme previsto no art. 3º. As decisões do conselho serão tomadas com presença da maioria simples de seus membros, tendo o Presidente voto de qualidade. E, ainda, o Conselho Curador se reunirá ordinariamente, a cada **bimestre**, por convocação de seu Presidente.

A presidência do Conselho Curador do FGTS é exercida pelo Ministro de Estado do Trabalho e Emprego[1034] ou por representante por ele indicado da área fazendária (art. 3º, § 1º da Lei nº 8.036/1990 – Redação dada pelo Lei nº 14.261, de 2021).

Nos termos do art. 3º, § 4º-A da Lei nº 8.036/1990, acrescido pela Lei nº 13.932/2019, as reuniões do Conselho Curador são públicas, bem como gravadas e transmitidas ao vivo por meio do sítio do FGTS na internet, o qual também possibilitará acesso a todas as gravações que tiverem sido efetuadas dessas reuniões, resguardada a possibilidade de tratamento sigiloso de matérias assim classificadas na forma da lei.

1033. Os representantes dos trabalhadores e empregadores e seus suplentes serão indicados pelas respectivas centrais sindicais e confederações nacionais e nomeados pelo Ministro do Trabalho, e terão mandato de dois anos, podendo ser reconduzidos uma única vez. Após alteração promovida pela Lei nº 13.932/2019, é vedada a permanência de uma mesma pessoa como membro titular, como suplente ou, de forma alternada, como titular e suplente, por período consecutivo superior a 4 anos no Conselho.

1034. Nomenclatura atual dada pelo art. 17, XXVIII da Lei nº 14.600, de 19 de junho de 2023.

Destaca-se que as ausências do empregado representante dos trabalhadores, durante sua jornada, para participar das atividades desenvolvidas pelo Conselho, serão abonadas pelo empregador e deverão ser computadas para todos os fins. Assegura-se a esses representantes dos trabalhadores estabilidade provisória da **nomeação** até o período de 1 ano após o término do mandato de 2 anos:

> **Art. 3º, § 9º, da Lei nº 8.036/1990:** Aos membros do Conselho Curador, enquanto representantes dos trabalhadores, efetivos e suplentes, é assegurada a estabilidade no emprego, da nomeação até um ano após o término do mandato de representação, somente podendo ser demitidos por motivo de falta grave, regularmente comprovada através de processo sindical.

A competência do Conselho Curador está prevista no art. 5º, Lei nº 8.036/1990:

- Estabelecer as diretrizes e os programas de alocação dos recursos do FGTS, de acordo com os critérios definidos nesta Lei, em conformidade com a política nacional de desenvolvimento urbano e as políticas setoriais de habitação popular, saneamento básico, microcrédito e infraestrutura urbana estabelecidas pelo governo federal;
- Acompanhar e avaliar a gestão econômica e financeira dos recursos, bem como os ganhos sociais e o desempenho dos programas aprovados;
- Apreciar e aprovar os programas anuais e plurianuais do FGTS;
- Aprovar as demonstrações financeiras do FGTS, com base em parecer de auditoria externa independente, antes de sua publicação e encaminhamento aos órgãos de controle, bem como da distribuição de resultados;
- Adotar as providências cabíveis para a correção de atos e fatos do gestor da aplicação e da CEF que prejudiquem o desempenho e o cumprimento das finalidades no que concerne aos recursos do FGTS;
- Dirimir dúvidas quanto à aplicação das normas regulamentares, relativas ao FGTS, nas matérias de sua competência;
- Aprovar seu regimento interno;
- Fixar as normas e valores de remuneração do agente operador e dos agentes financeiros;
- Fixar critérios para parcelamento de recolhimentos em atraso;
- Fixar critério e valor de remuneração para o exercício da fiscalização;
- Divulgar, no *Diário Oficial da União*, todas as decisões proferidas pelo conselho, bem como as contas do FGTS e os respectivos pareceres emitidos;
- Fixar critérios e condições para compensação entre créditos do empregador, decorrentes de depósitos relativos a trabalhadores não optantes, com contratos extintos, e débitos resultantes de competências em atraso, inclusive aqueles que forem objeto de composição de dívida com o FGTS;
- Adotar medida sobre o FI-FGTS;
- Autorizar a aplicação de recursos do FGTS em outros fundos de investimento, no mercado de capitais e em títulos públicos e privados, com base em proposta elaborada pelo agente operador, devendo o Conselho Curador regulamentar as

formas e condições do investimento, vedado o aporte em fundos nos quais o FGTS seja o único cotista;

- Estipular limites às tarifas cobradas pelo agente operador ou pelos agentes financeiros na intermediação da movimentação dos recursos da conta vinculada do FGTS, inclusive nas hipóteses de que tratam os incisos V, VI e VII do *caput* do art. 20 desta Lei.
- Estabelecer, em relação à autorização de aplicação de recursos do FGTS em fundos garantidores de crédito e sua regulamentação quanto às formas e condições:

  a) o valor da aplicação com fundamento em proposta elaborada pelo gestor da aplicação; e

  b) a cada 3 (três) anos, percentual mínimo do valor proposto para aplicação na política setorial do microcrédito, respeitado o piso de 30% (trinta por cento).

CONSELHO CURADOR DO FGTS

- Responsável pela **administração** do FGTS.
- **Composição tripartite.**
  - representantes dos trabalhadores;
  - empregadores;
  - entidades governamentais.
- **Presidência** é exercida por representante do Ministério do Trabalho e Emprego.
- **Decisões** tomadas por maioria simples.
- **Reuniões** ordinárias a cada bimestre.

Ademais, de acordo com a atual redação ao art. 4º da Lei nº 8.036/1990 pela Lei nº 13.932/2019, o gestor da aplicação dos recursos do FGTS será o órgão do Poder Executivo responsável pela política de habitação, e caberá à Caixa Econômica Federal (CEF) o papel de agente operador. Nesse sentido, o art. 6º da Lei nº 8.036/1990 estabelece suas competências:

- Praticar todos os atos necessários à gestão da aplicação do Fundo, de acordo com as diretrizes e programas estabelecidos pelo Conselho Curador;
- Expedir atos normativos relativos à alocação dos recursos para implementação dos programas aprovados pelo Conselho Curador;
- Elaborar orçamentos anuais e planos plurianuais de aplicação dos recursos, discriminados por região geográfica, e submetê-los até 31 de julho ao Conselho Curador do FGTS;
- Acompanhar a execução dos programas de habitação popular, saneamento básico e infraestrutura urbana previstos no orçamento do FGTS e implementados pela CEF, no papel de agente operador;
- Submeter à apreciação do Conselho Curador as contas do FGTS;
- Subsidiar o Conselho Curador com estudos técnicos necessários ao aprimoramento operacional dos programas de habitação popular, saneamento básico e infraestrutura urbana;
- Definir as metas a serem alcançadas nos programas de habitação popular, saneamento básico e infraestrutura urbana.

Por fim, cabe à **Caixa Econômica Federal** o papel de agente operador do Fundo, que manterá as contas vinculadas do Fundo. A competência da CEF está disposta no art. 7º da Lei nº 8.036/1990:

- Centralizar os recursos do FGTS, manter e controlar as contas vinculadas, e emitir regularmente os extratos individuais correspondentes às contas vinculadas e participar da rede arrecadadora dos recursos do FGTS;
- Expedir atos normativos referentes aos procedimentos administrativo-operacionais dos bancos depositários, dos agentes financeiros, dos empregadores e dos trabalhadores, integrantes do sistema do FGTS;
- Definir procedimentos operacionais necessários à execução dos programas estabelecidos pelo Conselho Curador, com base nas normas e diretrizes de aplicação elaboradas pelo gestor da aplicação;
- Elaborar as análises jurídica e econômico-financeira dos projetos de habitação popular, infraestrutura urbana e saneamento básico a serem financiados com recursos do FGTS;
- Emitir Certificado de Regularidade do FGTS;
- Elaborar as demonstrações financeiras do FGTS, incluídos o Balanço Patrimonial, a Demonstração do Resultado do Exercício e a Demonstração de Fluxo de Caixa, em conformidade com as Normas Contábeis Brasileiras, e encaminhá-las, até 30 de junho do exercício subsequente, ao gestor de aplicação;
- Implementar atos emanados do gestor da aplicação relativos à alocação e à aplicação dos recursos do FGTS, de acordo com as diretrizes estabelecidas pelo Conselho Curador;
- Garantir aos recursos alocados ao FI-FGTS, em cotas de titularidade do FGTS, a remuneração aplicável às contas vinculadas, na forma do *caput* do art. 13 desta Lei;
- Realizar todas as aplicações com recursos do FGTS por meio de sistemas informatizados e auditáveis;
- Colocar à disposição do Conselho Curador, em formato digital, as informações gerenciais que estejam sob gestão do agente operador e que sejam necessárias ao desempenho das atribuições daquele colegiado.

Entre as características principais das contas abertas para depósito do fundo, podem-se destacar:

a) são impenhoráveis, de acordo com art. 2º, § 2º, da Lei do FGTS;

b) a conta é individualizada, ou seja, se o empregado possui dois empregos, terá duas contas diferentes para depósitos do FGTS. Nesse sentido, uma das hipóteses de saque dos depósitos do FGTS ocorre quando o empregado permanece 3 anos ininterruptos fora do regime do FGTS[1035]. Tendo em vista que as contas são individualizadas, mesmo que estiver trabalhando em outra empresa (nova conta), terá direito após o prazo de 3 anos de sacar os valores do FGTS da conta que estiver inativa;

1035. **Art. 20, VIII, Lei nº 8.036/1990:** "A conta vinculada do trabalhador no FGTS poderá ser movimentada nas seguintes situações: quando o trabalhador permanecer três anos ininterruptos fora do regime do FGTS."

c) o Poder Executivo deve assegurar a prestação de serviços digitais que possibilitem, aos trabalhadores, o acesso a informações sobre seus créditos no fundo e o acionamento da inspeção do trabalho em caso de inadimplemento do empregador, bem como, aos empregadores, ferramentas que facilitem o cumprimento de suas obrigações, como a geração de guias, parcelamento de débitos, emissão gratuita do certificado de regularidade do FGTS e procedimentos de restituição e compensação.

5.4. Trabalhadores com direito ao FGTS

Como dito, após a CF/88, todos os empregados urbanos e rurais passaram a ter direito ao FGTS. Assim sendo, independentemente da duração do contrato, isto é, seja contrato por prazo indeterminado, seja por prazo determinado (temporário, aprendiz, experiência etc.), o **empregado** terá direito aos depósitos.

O trabalhador avulso, por força do art. 7º, XXXIV, da CF/88, que equiparou os direitos aos empregados, também terá direito ao FGTS.

Destaca-se que, antes da promulgação da EC nº 72/2013, a concessão do FGTS era facultativa aos empregados domésticos. Com o advento da emenda constitucional mencionada, o FGTS passou a ser direito constitucional assegurado aos domésticos, mas que somente poderia ser exigido do empregado com a edição de lei regulamentando o assunto. Nesse sentido, o art. 34, inciso IV, LC nº 150/2015 passou a assegurar o depósito do valor de 8% da remuneração do empregado doméstico para o recolhimento do FGTS:

> **Art. 34.** O Simples Doméstico assegurará o recolhimento mensal, mediante documento único de arrecadação, dos seguintes valores:
> (...)
> IV – 8% (oito por cento) de recolhimento para o FGTS;

A Lei do Doméstico condicionou a obrigação de inscrever e recolher o FGTS dos empregados domésticos à edição de um regulamento pelo Conselho Curador e pelo agente operador do fundo que se destine a disciplinar os aspectos técnicos dos depósitos, saques, devolução de valores e emissão de extratos, dentre outros. Nesse sentido, foi editada a Resolução CC/FGTS nº 780/2015 estabelecendo a obrigatoriedade na contribuição ao FGTS a partir de 1º de outubro de 2015[1036]. Com isso, passou a ser obrigatório que o empregador doméstico realize seu cadastro no portal eletrônico "e-Social"[1037] para que seja possível efetuar as contribuições do Simples Doméstico, inclusive dos depósitos de 8% do FGTS.

Atualmente, o único trabalhador que possui o FGTS facultativo é o **diretor não empregado** (lembre-se de que, no caso do diretor empregado, em que há subordinação, é obrigatório o recolhimento). Nesse caso, a empresa poderá optar ou não em depositar o FGTS[1038].

1036. **Art. 1º, Resolução CC/FGTS nº 780/2015:** "O empregado doméstico, definido nos termos da Lei Complementar nº 150, de 1º de junho de 2015, terá direito ao regime do FGTS, obrigatoriamente, a partir de 1º de outubro de 2015."

1037. Esse portal é responsável pelo cadastramento dos empregadores domésticos no simples doméstico e será por meio dele que as informações necessárias aos depósitos das contribuições do Simples do Doméstico devem acontecer, inclusive o depósito do montante de 8% relativos ao FGTS. Link de acesso: http://www.esocial.gov.br/. Segundo informações do próprio site da Caixa Econômica Federal (http://www.caixa.gov.br/empresa/fgts-empresas/FGTS-para-Empregador-Domestico/Paginas/default.aspx): "A partir de 26/10/2015, será disponibilizado no portal eSocial funcionalidade que permitirá a geração do DAE – Documento de Arrecadação do eSocial, guia única que consolidará todos os recolhimentos devidos pelo empregador doméstico, conforme definido no Art. 34 da Lei Complementar 150/2015."

1038. **Súmula nº 269 do TST:** O empregado eleito para ocupar cargo de diretor tem o respectivo contrato de trabalho suspenso, não se computando o tempo de serviço desse período, salvo se permanecer a subordinação jurídica inerente à relação de emprego.

Destaca-se que inclusive os servidores públicos ocupantes de cargo de livre nomeação e exoneração (cargo de confiança) têm direito aos depósitos do FGTS desde que submetidos ao regime trabalhista[1039].

5.5. Alíquotas e depósitos

O empregador está obrigado a depositar na conta vinculada do empregado **8% da remuneração** paga no mês anterior. É vedado o pagamento direto ao trabalhador. No contrato de aprendizagem, o percentual é reduzido para 2%.

Esse **percentual incide sobre remuneração**[1040] (art. 15, § 6º). O FGTS incidirá em todas as parcelas pagas em virtude de prestação de serviços no exterior[1041]. A título de exemplo, incidirá sobre as seguintes parcelas para fins do depósito do FGTS:

- salário;
- salário *in natura*;
- acréscimo ⅓ constitucional de férias;
- descanso semanal remunerado;
- aviso-prévio (trabalhado ou indenizado)[1042];
- gorjetas;
- adicionais legais (hora extra, noturno, transferência, insalubridade e periculosidade);
- décimo terceiro salário.

Não há incidência da alíquota de 8% nas parcelas de natureza indenizatória. Dentre elas podem-se citar como exemplo:

- abono de férias[1043];
- ajuda de custo;

Art. 16, Lei nº 8.036/1990: Para efeito desta lei, as empresas sujeitas ao regime da legislação trabalhista poderão equiparar seus diretores não empregados aos demais trabalhadores sujeitos ao regime do FGTS. Considera-se diretor aquele que exerça cargo de administração previsto em lei, estatuto ou contrato social, independente da denominação do cargo.

1039. Informativo nº 91 do TST.

1040. **Súmula nº 63 do TST.** A contribuição para o Fundo de Garantia do Tempo de Serviço incide sobre a remuneração mensal devida ao empregado, inclusive horas extras e adicionais eventuais. **Orientação Jurisprudencial nº 232 da SDI-I do TST**: "O FGTS incide sobre todas as parcelas de natureza salarial pagas ao empregado em virtude de prestação de serviços no exterior".

1041. **Orientação Jurisprudencial nº 232 da SDI-I do TST:** "O FGTS incide sobre todas as parcelas de natureza salarial pagas ao empregado em virtude de prestação de serviços no exterior".

1042. O aviso-prévio indenizado incide o FGTS. Nesse sentido a **Súmula nº 305 do TST:** "O pagamento relativo ao período de aviso-prévio, trabalhado ou não, está sujeito à contribuição para o FGTS". Cabe destacar, entretanto, que o aviso-prévio indenizado não integra o montante sobre o qual incidirá a multa de 40%. Nesse sentido, **Orientação Jurisprudencial nº 42 da SDI-I do TST**: II – "O cálculo da multa de 40% do FGTS deverá ser feito com base no saldo da conta vinculada na data do efetivo pagamento das verbas rescisórias, desconsiderada a projeção do aviso-prévio indenizado, por ausência de previsão legal".

1043. Não confundir o acréscimo de ⅓ constitucional, com o abono de férias, em que o empregado converte até um terço das férias em pecúnia.

- diárias para viagem;
- vale-transporte;
- participação nos lucros e resultados;
- parcelas recebidas para a realização do trabalho (EPIs, uniforme etc.);
- férias indenizadas[1044]. As quantias pagas a título de férias, na rescisão contratual, não têm caráter salarial, portanto não incide a contribuição para o FGTS. É irrelevante a forma como se deu o término do contrato, seja sem justa causa, seja pedido de demissão ou até mesmo fim do contrato por prazo determinado. Se houver pagamento de férias indenizadas (não gozadas, portanto), não haverá incidência do FGTS.

Aliás, nesse ponto, em 10/03/2021, foi aprovada súmula pela Primeira Seção do STJ que, aparentemente, conflita com o entendimento adotado pelo TST:

> **Súmula nº 646 do STJ:** É irrelevante a natureza da verba trabalhista para fins de incidência da contribuição ao FGTS, visto que apenas as verbas elencadas em lei (artigo 28, § 9º, da Lei 8.212/1991), em rol taxativo, estão excluídas da sua base de cálculo, por força do disposto no artigo 15, § 6º, da Lei 8.036/1990.

Segundo o entendimento sumulado do STJ, saber se a verba tem natureza remuneratória ou indenizatória é irrelevante para fins de incidência da contribuição fundiário, pois somente estão excluídas da base de cálculo dos depósitos de 8% do FGTS aquelas listadas artigo 28, § 9º, da Lei 8.212/1991.

O tema certamente será objeto de debate nos próximos anos.

A data para efetuar o depósito era até o dia **7 de cada mês**. Ressaltávamos, em outras edições, que se o dia 7 coincidir com dia que não há expediente bancário, o pagamento deveria ser antecipado para o dia útil anterior ao seu vencimento. O pagamento após o dia 7 ensejava a incidência de multas e juros.

Contudo, a **Lei nº 14.438, de 2022** (fruto da conversão da MP 1.107/2022), publicada em 24 de agosto de 2022, alterou diversos dispositivos da Lei do FGTS (Lei nº 8.036/90), inclusive a data limite para o depósito dos valores do FGTS, que passou do sétimo dia de cada mês para o **vigésimo dia de cada mês**.

Nas hipóteses de interrupção do contrato, o empregador deverá, além de pagar salário, recolher o FGTS de seus empregados. Em regra, nas hipóteses de suspensão, não há obrigatoriedade de recolher o FGTS. Excepcionalmente, entretanto, há hipóteses em que o contrato de trabalho fica suspenso, mas o empregador continua obrigado a efetuar o depósito:

- licença-maternidade[1045];
- aborto não criminoso;

1044. **Orientação Jurisprudencial nº 195 da SDI-I do TST:** "Não incide a contribuição para o FGTS sobre as férias indenizadas".

1045. Há discussão se a licença-maternidade tem natureza de suspensão ou interrupção do contrato de trabalho. Para verificar esse tema, ver capítulo III deste livro.

- licença em razão de acidente de trabalho, após os quinze primeiros dias[1046];
- prestação de serviço militar.

5.5.1. *Correção monetária dos depósitos nas contas vinculadas do FGTS (ADI 5090/DF)*

De acordo com o art. 13, *caput*, da Lei nº 8.036/1990, e o art. 17, *caput*, da Lei nº 8.177/1991, os depósitos efetuados nas contas vinculadas do FGTS serão **corrigidos monetariamente** com base nos parâmetros fixados para atualização dos saldos dos depósitos de poupança e capitalização, isto é, pela Taxa Referencial (TR), e **juros de 3% ao ano**.

> **Art. 13, Lei nº 8.036/1990:** Os depósitos efetuados nas contas vinculadas serão corrigidos monetariamente com base nos parâmetros fixados para atualização dos saldos dos depósitos de poupança e capitalização juros de (três) por cento ao ano.
>
> **Art. 17, Lei nº 8.177/1991:** A partir de fevereiro de 1991, os saldos das contas do Fundo de Garantia por Tempo de Serviço (FGTS) passam a ser remunerados pela taxa aplicável à remuneração básica dos depósitos de poupança com data de aniversário no dia 1°, observada a periodicidade mensal para remuneração.

Contra esses dispositivos, o Partido Solidariedade ajuizou a ADI 5090. Em síntese, o Partido argumentava que o STF já havia pacificado o entendimento de que a TR não pode ser utilizada para fins de atualização monetária por não refletir o processo inflacionário brasileiro, conforme decidido nas ADIs 4357, 4372, 4400 e 4425. A ação defendia, ainda, que, ao aplicar índice inferior à inflação, a Caixa Econômica Federal, gestora do Fundo, apropriava-se da diferença.

Os critérios legais para a correção monetária dos depósitos de FGTS, portanto, insuficientes para a manutenção do poder aquisitivo dos valores depositados nas contas vinculadas dos trabalhadores, eram inconstitucionais por violação ao art. 5º, XXII (direito de propriedade), ao art. 7º, III (direito ao FGTS) e ao art. 37, *caput* (moralidade administrativa), todos da Constituição Federal.

Na Sessão Plenária de 12 de junho de 2024, por maioria, o STF acolheu os argumentos da ADI. De acordo com a decisão, a remuneração das contas vinculadas deve ocorrer na forma já estabelecida na lei, porém, desde que o valor final atinja o Índice Nacional de Preços ao Consumidor Amplo (IPCA), considerado índice oficial da inflação. Caso a aplicação dos critérios legais resulte em percentual inferior ao IPCA em determinado exercício financeiro, o Conselho Curador do FGTS, no âmbito da Caixa Econômica Federal, deverá estabelecer uma complementação para que tal índice seja respeitado. A tese fixada no julgamento foi a seguinte:

a) Remuneração das contas vinculadas na forma legal (TR + 3% a.a. + distribuição dos resultados auferidos) em valor que garanta, no mínimo, o índice oficial de inflação (IPCA) em todos os exercícios; e

b) Nos anos em que a remuneração das contas vinculadas ao FGTS não alcançar o IPCA, caberá ao Conselho Curador do Fundo (art. 3º da Lei nº 8.036/1990) determinar a forma de compensação.

1046. Caso haja aposentadoria por invalidez torna-se indevido o recolhimento do FGTS, conforme informativo nº 10 do TST.

Ao final, a Corte atribuiu efeitos *ex nunc* (não retroativos) à sua decisão, estabelecendo que ela somente passaria a produzir efeitos a partir da publicação da ata de julgamento. A ata de julgamento foi divulgada no DJe de 14/6/2024, considerando-se publicada em 17/6/2024. Para mais informações, consulte o livro **PRECEDENTES VINCULANTES DO STF NA ÁREA TRABALHISTA:** Comentários às decisões do STF em controle de constitucionalidade em matéria trabalhista, que escrevi junto ao brilhante Procurador do Trabalho, **Ednaldo Brito**.

5.6. Hipóteses de saque dos depósitos

A conta corrente do trabalhador, fruto dos depósitos do FGTS, é chamada de conta vinculada. Vinculada porque o empregado não tem a liberdade de sacar o dinheiro quando bem entender, mas somente nas hipóteses expressamente previstas em lei. Assim, não lhe é dada ampla disponibilidade sobre o dinheiro lá depositado, porém pode movimentar a conta, no caso das seguintes hipóteses:

Art. 19-A: contrato nulo – na hipótese de o servidor ser contratado sem o prévio concurso público, conforme previsto na Súmula nº 363 do TST[1047].

Art. 20[1048]:

- Aposentadoria Previdência Social;
- Compra da casa própria;
- Doenças graves do trabalhador e de seus dependentes (terminal, Aids e câncer);
- Compra de ações (disponíveis para esse fim – exemplo, ações da Vale e Eletrobras);
- 70 anos ou mais;
- Calamidades públicas – recuperar os bens perdidos;
- Término do contrato de trabalho[1049], exceto se ocorrer por justa causa ou pedido de demissão;
- Extinção total da empresa, fechamento de quaisquer de seus estabelecimentos, filiais ou agências, supressão de parte de suas atividades ou ainda falecimento do empregador individual sempre que qualquer dessas ocorrências implique rescisão de contrato de trabalho;
- Término do contrato a termo, inclusive o dos trabalhadores temporários;
- Término do contrato de trabalho por distrato (art. 20, I-A – acrescentado pela Reforma Trabalhista)
- Conta inativa, após 3 anos ininterruptos fora do FGTS;

1047. **Súmula nº 363 do TST:** "A contratação de servidor público, após a CF/1988, sem prévia aprovação em concurso público, encontra óbice no respectivo art. 37, II e § 2º, somente lhe conferindo direito ao pagamento da contraprestação pactuada, em relação ao número de horas trabalhadas, respeitado o valor da hora do salário mínimo e dos valores referentes aos depósitos do FGTS."

1048. Recomenda-se a leitura atenta ao art. 20 da Lei. Interessante memorizar todas as hipóteses de saque da conta vinculada do trabalhador, pois há grande possibilidade de questões envolvendo esse tópico.

1049. Na rescisão do contrato de trabalho na despedida sem justa causa, rescisão indireta, culpa recíproca, força maior e extinção do estabelecimento é assegurado ao trabalhador o saque do FGTS correspondente aos depósitos efetuados na conta vinculada durante o período de vigência do último contrato de trabalho, acrescida de juros e atualização monetária, deduzidos os saques, conforme prevê o art. 20, I e § 1º, da Lei nº 8.036/1990.

- Falecimento do trabalhador[1050].
- Suspensão total do trabalho **avulso** por período igual ou superior a 90 dias, comprovada por declaração do sindicato;
- Aquisição de órtese ou prótese por trabalhador com deficiência para promoção de acessibilidade e de inclusão social;
- Pagamento total ou parcial do preço de aquisição de imóveis da União inscritos em regime de ocupação ou aforamento, a que se referem o art. 4º da Lei nº 13.240, de 30 de dezembro de 2015, e o art. 16-A da Lei nº 9.636, de 15 de maio de 1998, respectivamente, observadas as seguintes condições:

a) o mutuário deverá contar com o mínimo de três anos de trabalho sob o regime do FGTS, na mesma empresa ou em empresas diferentes;

b) seja a operação financiável nas condições vigentes para o Sistema Financeiro da Habitação (SFH) ou ainda por intermédio de parcelamento efetuado pela Secretaria do Patrimônio da União (SPU), mediante a contratação da Caixa Econômica Federal como agente financeiro dos contratos de parcelamento;

c) sejam observadas as demais regras e condições estabelecidas para uso do FGTS.

- Anualmente, no mês de aniversário do trabalhador (modalidade saque aniversário);
- A qualquer tempo, quando seu saldo for inferior a R$ 80,00 (oitenta reais) e não houver ocorrido depósitos ou saques por, no mínimo, 1 (um) ano;
- Integralização de cotas do FI-FGTS;
- Quando o trabalhador ou qualquer de seus dependentes for, nos termos do regulamento, pessoa com doença rara, consideradas doenças raras aquelas assim reconhecidas pelo Ministério da Saúde, que apresentará, em seu sítio na internet, a relação atualizada dessas doenças.

Em março de 2018, o plenário do STF[1051] declarou constitucional o art. 20, § 18 da Lei nº 8.036/1990, que exige o comparecimento pessoal do titular da conta do FGTS para o saque do FGTS nas hipóteses de dispensa sem justa causa, culpa recíproca, força maior, rescisão indireta, fechamento da empresa, aposentadoria, conta inativa por mais de 3 anos, extinção do contrato a termo ou suspensão do trabalho avulso. Somente é possível o saque por meio de procurador constituído para esse fim na hipótese de grave moléstia comprovada por perícia médica.

5.6.1. Saque do FGTS e desastres naturais

Em janeiro de 2019, ocorreu o rompimento de barragem da Empresa Vale em Brumadinho (MG) com quase 13 milhões de metros cúbicos de rejeitos de mineração, que

1050. A conta vinculada do trabalhador no FGTS poderá ser movimentada, entre outras hipóteses, no caso de falecimento do trabalhador, sendo o saldo pago a seus dependentes, para esse fim habilitados perante a Previdência Social, segundo o critério adotado para a concessão de pensões por morte. Na falta de dependentes, farão jus ao recebimento do saldo da conta vinculada os seus sucessores previstos na lei civil, indicados em alvará judicial, expedido a requerimento do interessado, independente de inventário ou arrolamento, conforme prevê o art. 20, IV, da Lei nº 8.036/1990.

1051. Nesse sentido, confira a ADI nº 2.382/DF – Relator: Min. Ricardo Lewandowski. Data de julgamento: 14/03/2018.

ocasionou impactos ambientais e humanos, com a morte e desaparecimento de centenas de pessoas, muitos deles funcionários da própria Vale.

Há 2 hipóteses de saque dos depósitos de FGTS para os trabalhadores atingidos por desastres naturais:

1) **Saque do FGTS na hipótese de morte do trabalhador:** De acordo com o art. 20, IV, da Lei nº 8.036/1990, o FGTS pode ser movimentado com o falecimento do trabalhador. Nesse caso, o valor será pago aos seus dependentes habilitados perante a Previdência Social, segundo os critérios para a concessão de pensões por morte. Se não houver dependentes, terão direito ao saldo os sucessores do empregado previstos na lei civil, indicados em alvará judicial, expedido a requerimento do interessado, independente de inventário ou arrolamento.

2) **Saque do FGTS decorrente de desastre natural:** O art. 20, XVI, da Lei nº 8.036/1990 também autoriza o saque do FGTS na hipótese de **necessidade pessoal do trabalhador, cuja urgência e gravidade decorra de desastre natural** observadas as seguintes condições:

   a) o trabalhador deve ser **residente em áreas comprovadamente atingidas** de Município ou do Distrito Federal em situação de emergência ou em estado de calamidade pública, formalmente reconhecidos pelo Governo Federal;

   b) **a solicitação de movimentação da conta vinculada deve ser admitida até 90 dias após a publicação do ato de reconhecimento**, pelo Governo Federal, da situação de emergência ou de estado de calamidade pública.

O Decreto nº 5.113/2004 regulamenta a hipótese de saque do FGTS decorrente de desastre natural. Em 2015, a então Presidente Dilma Rousseff acrescentou o parágrafo único ao art. 2º do Decreto nº 5.113/2004 para prever como hipótese que permite o saque do FGTS o **desastre decorrente do rompimento ou colapso de barragens** que ocasione movimento de massa, com danos a unidades residenciais. O empregado poderá sacar o saldo existente na conta vinculada, na data da solicitação, limitado à quantia de R$ 6.220,00, por evento caracterizado como desastre natural, desde que o intervalo entre uma movimentação e outra não seja inferior a 12 meses.

A MP nº 946/2020 (vigência encerrada) permitiu expressamente a possibilidade de saque no valor de R$ 1.045,00 (1 salário mínimo). O valor foi sacado com fundamento no art. 20, XVI, da Lei nº 8.036/1990, que dispõe sobre o saque por necessidade pessoal, cuja urgência e gravidade decorra de desastre natural. Os valores estarão disponíveis a partir de 15/06/2020 até 31/12/2020. No entanto, com o fim da vigência de referida Medida Provisória por ausência de votação do projeto de conversão em lei no Congresso Nacional, entendo que o saque deixou de ser possível a partir de 04/08/2020.

No ano de 2022, o saque calamidade está disponível em mais de 10 cidades do Brasil, em 5 estados da Federação, limitado a à quantia correspondente a R$ 6.220,00 (seis mil, duzentos e vinte reais) para cada evento caracterizado como desastre natural, desde que o intervalo entre um saque e outro não seja inferior a doze meses[1052].

1052. Informações disponíveis no site do FGTS: https://www.fgts.gov.br/Pages/sou-trabalhador/saque-calamidade.aspx. Acesso em 17/05/2022.

Em 2024, o Rio Grande do Sul passou pelo maior desastre climático de sua história, no qual dezenas de cidades foram atingidas por fortes chuvas e permaneceram semanas debaixo d'água. O saque calamidade, autorizado para 28 cidades do Estado, permitiu ao cidadão sacar até R$ 6.220,00 de cada conta de sua titularidade no FGTS, limitado ao saldo disponível, por motivo de necessidade pessoal, urgente e grave em caso de desastre natural (alagamentos, deslizamentos de terra, fortes chuvas) que tenha atingido sua residência, após declaração oficial da Defesa Civil de seu município[1053].

5.7. *A Lei nº 13.932/2019 e o saque-aniversário*

No dia 24/07/2019, o Presidente da República editou a MP nº 889 que alterou as hipóteses de saque do FGTS, além de possibilitar a movimentação do PIS/PASEP. Referida medida foi convertida na Lei nº 13.932/2019, promulgada no dia 11/12/2019. As principais novidades trazidas foram as seguintes:

a) **Saque de R$ 500,00 de contas ativas e inativas:** Independentemente das hipóteses legais de saque do FGTS, a lei passou a permitir o saque de até R$ 500,00 das contas ativas e inativas do FGTS que poderão ocorrer até o dia 31 de março de 2020;

b) **Distribuição de 100% do resultado positivo do FGTS para os trabalhadores:** A lei passou a determinar a necessidade de repasse de 100% dos lucros resultantes das aplicações do FGTS aos trabalhadores;

c) **Criação do saque-aniversário:** A Lei nº 13.932/2019 criou nova modalidade para os saques do FGTS denominada saque-aniversário. Por ser facultativa, caberá ao trabalhador optar pelo saque nas hipóteses do art. 20 da Lei nº 8.036/1990, denominado saque-rescisão, ou pela nova modalidade de saque anual no mês de seu aniversário. Se optar pelo saque anual, o trabalhador terá o direito de sacar todos os anos uma determinada porcentagem dos depósitos do FGTS, que varia de acordo com o valor total dos depósitos na conta vinculada. Quanto mais dinheiro tiver depositado, menor é a porcentagem que poderá sacar.

Se o trabalhador optar pelo saque anual, somente poderá retornar para o modelo de saque-rescisão após 24 meses. Além disso, permanece o direito ao recebimento da multa de 40% na hipótese de dispensa sem justa causa. Assim, um trabalhador que optou pelo saque-aniversário e foi dispensado sem justa causa, receberá somente o valor da multa de 40% do FGTS no momento da rescisão, pois o saque dos depósitos somente pode ocorrer anualmente no mês do aniversário e nos percentuais previstos em lei.

5.8. Indenização sobre o FGTS

Lembre-se de que, se houver **dispensa sem justa causa**, o empregado terá direito à indenização de 40% sobre os depósitos efetuados, independentemente de o empregado ter sacado os depósitos[1054] nesse período. Se houver culpa recíproca, força maior ou

1053. Informações disponíveis no site do Governo Federal (Secretaria de Comunicação Social): https://www.gov.br/secom/pt-br/assuntos/noticias/2024/05/caixa-libera-saque-calamidade-a-cidades-no-rs-saiba-como-solicitar. Acesso em 19/11/2024.

1054. **Orientação Jurisprudencial nº 42 da SDI – I do TST**. "FGTS. Multa de 40% I – É devida a multa do FGTS sobre os saques corrigidos monetariamente ocorridos na vigência do contrato de trabalho. II – O cálculo da multa de

distrato (art. 484-A da CLT), a indenização será de 20% sobre o total de depósitos[1055]. No caso de rescisão antecipada do contrato de trabalho por prazo determinado[1056], além da indenização prevista no art. 479 da CLT, o empregado terá direito à indenização de 40% sobre os depósitos do FGTS. Por fim, é importante destacar que o trabalhador não terá direito ao saque dos depósitos do FGTS e à multa de 40% sobre o total dos depósitos nas hipóteses de **dispensa por justa causa** e **pedido de demissão** do empregado.

A LC nº 150/2015 trouxe uma inovação no tocante à indenização pela perda do emprego doméstico. O art. 22 da lei complementar estabeleceu que a multa de 40% (ou 20% no caso de culpa recíproca) sobre os depósitos do FGTS **não é devida para o empregado doméstico**. Em vez disso, estabeleceu-se a necessidade de o empregador doméstico depositar mensalmente a quantia de 3,2% da remuneração devida ao empregado na conta vinculada do empregado doméstico em variação distinta dos depósitos do FGTS. Essa quantia terá a função de indenizar o empregado pela perda de seu emprego em caso de dispensa sem justa causa ou por culpa do empregador (rescisão indireta). Assim, caso ocorra o término do contrato de trabalho, é permitido ao empregado doméstico movimentar a conta e sacar os valores depositados.

Por outro lado, se ocorrer dispensa por justa causa ou pedido de demissão do doméstico, a indenização não será devida e os valores depositados poderão ser levantados pelo próprio empregador. Se verificada culpa recíproca no término do contrato de trabalho, a metade dos valores será movimentada pelo empregado e a outra metade pelo empregador.

5.9. Prescrição

A Súmula nº 362 do TST, que versa sobre a prescrição do FGTS, foi alterada há pouco tempo diante de julgamento do STF, que alterou a disciplina do assunto. O prazo prescricional para ingressar na Justiça do Trabalho é de **2 anos** a contar da extinção do contrato. Após esse período, estará prescrito o direito de ação do empregado para reclamar os depósitos do FGTS.

A antiga redação da Súmula nº 362 do TST dispunha que, se observado o prazo de 2 anos para ingresso com a reclamação trabalhista, o trabalhador poderá pleitear os últimos trinta anos. Era a chamada prescrição trintenária. Importante destacar que esse prazo de trinta anos estendia-se apenas aos depósitos do FGTS, enquanto os valores das verbas trabalhistas abrangem apenas os últimos 5 anos.

Cabe ressaltar, entretanto, que, em novembro/2014, o STF[1057] julgou, por maioria de votos, pertinente a **redução do prazo** de prescrição dos depósitos do FGTS para **5 anos**. Abandonou-se, portanto, a tese da prescrição trintenária. Foi utilizado como argumento para defender a redução a discussão em torno da natureza jurídica do fundo. Para os ministros, os valores devidos ao FGTS apresentam natureza jurídica trabalhista. Dessa forma,

---

40% do FGTS deverá ser feito com base no saldo da conta vinculada na data do efetivo pagamento das verbas rescisórias, desconsiderada a projeção do aviso-prévio indenizado, por ausência de previsão legal."

1055. Art. 18, § 2º, da Lei nº 8.036/90.

1056. **Súmula nº 125 do TST.** O art. 479 da CLT aplica-se ao trabalhador optante pelo FGTS admitido mediante contrato por prazo determinado, nos termos do art. 30, § 3º, do Decreto nº 59.820, de 20.12.1966.

1057. Ver ARE 709.212/DF. Relator: Ministro Gilmar Mendes. Data de Julgamento: 13/11/2014.

o FGTS está sujeito ao prazo prescricional de 5 anos do art. 7º, inciso XXIX, CF/88[1058], e as disposições em lei ordinária que determinam prazo superior violam referido artigo. Por fim, sustentou-se que o prazo de trinta anos fere a certeza e estabilidade nas relações jurídicas e que existe uma rede de proteção ao trabalhador que permite a exigência do valor no prazo de 5 anos como, por exemplo, a obrigatoriedade da comunicação dos depósitos aos trabalhadores e a possibilidade de cobrança dos valores pelos trabalhadores, sindicatos ou pela Procuradoria-Geral da Fazenda Nacional.

Diante da nova posição assumida pelo STF, o TST alterou, em junho de 2015, o teor da Súmula nº 362 do TST para também prever a prescrição quinquenal (5 anos) para o direito de reclamar o não recolhimento dos depósitos do FGTS:

> **Súmula nº 362 do TST:** FGTS. Prescrição.
>
> I – Para os casos em que a ciência da lesão ocorreu a partir de 13.11.2014, é quinquenal a prescrição do direito de reclamar contra o não recolhimento de contribuição para o FGTS, observado o prazo de dois anos após o término do contrato;
>
> II – Para os casos em que o prazo prescricional já estava em curso em 13.11.2014, aplica-se o prazo prescricional que se consumar primeiro: trinta anos, contados do termo inicial, ou cinco anos, a partir de 13.11.2014 (STF-ARE-709212/DF).

Foi estabelecida, ainda, regra de transição intertemporal para os casos em que o prazo prescricional já estava em curso. No caso, o prazo prescricional considerado será aquele que ocorrer primeiro, 30 anos contados do termo inicial ou 5 anos a partir dessa decisão do STF.

Por fim, importante destacar que o empregado somente poderá exigir os depósitos do FGTS se a parcela principal foi paga, por exemplo, se o valor das horas extras (parcela principal) não foi quitado e se encontra prescrito, o empregado não poderá exigir os depósitos do FGTS referentes às horas extras. Portanto, o acessório (FGTS) segue a mesma sorte do principal (horas extras, por exemplo).

FGTS (Resumo)

- **Conceito:** poupança forçada. Suportada exclusivamente pelo empregador.
- **Direito ao FGTS:** empregados urbanos e rurais, domésticos e trabalhadores avulsos.
- **FGTS facultativo:** diretor não empregado.
  - **Empregado doméstico:** foi garantido pela Lei dos Domésticos que regulamentou os direitos prescritos aos domésticos após a EC nº 72/2013.
- **Alíquota:** 8% sobre a remuneração. Aprendiz: a alíquota é de 2% sobre a remuneração.
- **Prazo para o depósito:** até o vigésimo dia de cada mês.
- **Indenização de 40% sobre o FGTS:** dispensa sem justa causa e rescisão indireta.
- **Indenização de 20%:** culpa recíproca, força maior e distrato.
- **Parcelas indenizatórias:** não há incidência do FGTS, exceto aviso-prévio indenizado.
- **Prescrição:** 2 anos a contar da extinção do contrato para ingressar na justiça. Poderá pleitear os últimos 5 anos (Súm. 362 – nova redação). STF (novembro/2014): reduziu o prazo de 30 anos para 5 anos (art. 7º, inciso XXIX,CF/88). Se a parcela principal estiver prescrita, o FGTS também estará prescrito (Súm. 206).

1058. **Art. 7º, CF/88:** São direitos dos trabalhadores urbanos e rurais, além de outros que visem à melhoria de sua condição social: XXIX – ação, quanto aos créditos resultantes das relações de trabalho, com prazo prescricional de cinco anos para os trabalhadores urbanos e rurais, até o limite de dois anos após a extinção do contrato de trabalho.

5.10. Rescisão indireta por atraso no FGTS (Incidente de Recurso de Revista Repetitivo nº 70)

Em 24 de fevereiro de 2025, em sede de Recurso de Revista Repetitivo, o Tribunal Superior do Trabalho fixou a tese vinculante nº 70 com a seguinte redação:

> A ausência ou irregularidade no recolhimento dos depósitos de FGTS caracteriza descumprimento de obrigação contratual, nos termos do art. 483, "d", da CLT, suficiente para configurar a rescisão indireta do contrato de trabalho, sendo desnecessário o requisito da imediatidade (TST-RRAg-1000063-90.2024.5.02.0032, Relator: Ministro Aloysio Corrêa da Veiga, Tribunal Pleno, DJE: 14/03/2025).

Conforme esse precedente vinculante do TST, a falta de regularidade no recolhimento do FGTS por um período significativo constitui justa causa do empregador. Essa conduta é grave o suficiente para dar motivo à rescisão indireta do contrato de trabalho, nos termos do art. 483, "d", da CLT. Além disso, não há necessidade de reação imediata do empregado ao descumprimento contratual.

A rescisão indireta ocorre quando o empregador comete falta grave, tornando inviável a continuidade da relação de trabalho. Trata-se de uma "justa causa do empregador", que garante ao empregado os mesmos direitos de uma dispensa sem justa causa, incluindo saldo de salário, aviso prévio, férias proporcionais, 13º salário e saque do FGTS com a multa de 40%.

Para o Pleno do Tribunal, a falta de recolhimento dos valores destinados ao FGTS causa prejuízo direto ao trabalhador, que deixa de contar com essa reserva financeira mensal e pode ter dificuldades para utilizá-lo em situações específicas previstas em lei, como aquisição da casa própria, doenças graves ou aposentadoria. O impacto também se estende ao Estado e à sociedade, pois os recursos do Fundo de Garantia financiam programas sociais, como habitação popular, saneamento básico e infraestrutura urbana, conforme previsto no art. 6º e art. 9º, § 2º, da Lei nº 8.036/90[1059].

Embora a rescisão indireta decorra de faltas que causem prejuízos relevantes, para a tese vinculante nº 70 do TST, o empregado não precisa tomar uma decisão imediata. Diante da hipossuficiência do trabalhador na relação de emprego, muitos evitam ajuizar reclamações trabalhistas por medo de represálias ou dificuldades na recolocação profissional. Assim, o inadimplemento reiterado do FGTS não necessita de reação imediata do empregado para a caracterização da rescisão indireta.

6. QUESTÕES DISSERTATIVAS E ESTUDOS DE CASO

▸ **Treino e Padrão de respostas:**

Ao resolver uma questão dissertativa ou estudos de caso em concursos para Analista do TRT, é fundamental tentar escrever com clareza, sem erros e com letra legível, de modo que se torne uma leitura simples e fácil ao examinador. Lembre-se de que o examinador não ficará horas tentando decifrar códigos ininteligíveis e, ainda, descartará questões com erros graves de ortografia, pontuação etc. Ele tem milhares de questões pra corrigir, portanto, cause uma boa impressão logo no início do texto.

1059. RR-968-31.2014.5.06.0007, Relator Ministro Mauricio Godinho Delgado, 3ª Turma, DEJT 02/12/2016.

É muito importante que o candidato redija, com frequência e com antecedência, o máximo de questões sobre temas atuais e importantes do direito e do processo do trabalho. Treine sempre manualmente, evite digitar as respostas, pois não terá o computador ao seu lado no dia do concurso. Esse é o melhor treino e estudo para questões abertas.

Tente responder às questões seguintes **antes** de verificar o gabarito apresentado ou procurar a resposta na teoria. É uma forma de treinar seu cérebro às condições apresentadas na hora da prova. Lembre-se de que algumas questões não têm resposta certa ou errada. Portanto, a boa **fundamentação** é o caminho para a aprovação.

Cabe frisar, ainda, que não dará tempo de elaborar um rascunho detalhado prévio, na maior parte dos concursos. Portanto, antes de iniciar sua redação, coloque ao lado do próprio enunciado, alguns pontos principais de que você precisará se lembrar durante a confecção da resposta. Essa técnica evitará que se esqueça de abordar assuntos importantes.

A indicação do número da lei, do artigo, da súmula ou orientação jurisprudencial somente deve ser colocada se você realmente souber, com exatidão, o número da norma ou se assim for exigido pela banca examinadora.

Por fim, como já dito ao longo dos capítulos, a Reforma Trabalhista, aprovada em julho/2017, alterou muitos pontos do Direito e Processo do Trabalho. Dessa forma, é importante que o candidato tenha conhecimento da legislação vigente e disserte, de forma clara, sobre ela. O examinador valorizará as redações que estiverem com base nas inovações legislativas.

Bom treino, bons estudos e boa sorte!

▶ **ESTUDO DE CASO 01:**

A empresa JMCarvalho firmou acordo coletivo prevendo a necessidade de que as empregadas comuniquem a gravidez até o 4º mês de gestação, sob pena de perderem o direito à estabilidade. Diante desse caso, disserte.

1) A norma coletiva é válida?
2) Qual a consequência da dispensa da gestante, no caso de desconhecimento do empregador?
3) Qual o papel dos órgãos de proteção ao trabalhador, nesse caso?
4) Indique o posicionamento atual do TST, sobre o tema proposto.

RESPOSTA SUGERIDA PELO AUTOR:

A resposta à questão não foi alterada pela Reforma Trabalhista.

Como forma de proteger o mercado de trabalho da mulher e garantir uma gestação tranquila, a empregada gestante possui estabilidade provisória desde a confirmação da gravidez até cinco meses após o parto. Esse direito foi estendido também às empregadas domésticas (art. 25, parágrafo único, LC nº 150/2015).

As normas ligadas à estabilidade da gestante são de indisponibilidade absoluta, não comportam transação para reduzir direitos. Dessa forma, é vedado aos instrumentos coletivos (acordo e convenção) impor restrições ou condições ao direito à estabilidade da gestante, conforme previsto na OJ 30 da SDC.

Ademais, o desconhecimento da gravidez, pelo empregador, não afasta o direito à estabilidade. Assim sendo, essa garantia provisória de emprego da gestante independe da notificação da gravidez ao empregador. Aliás, mesmo que a própria empregada desconheça sua gravidez na data da dispensa sem justa causa, mas, após exames médicos, ficar devidamente comprovado seu estado gravídico, terá direito à reintegração. Esse é o posicionamento atual do TST que assegura a estabilidade mesmo na hipótese de desconhecimento do estado gravídico (Súmula nº 244, I, TST). Nesse sentido, o acordo coletivo firmado pela empresa JMCarvalho não é válido por ferir a garantia da estabilidade da gestante que, conforme vimos, não comporta transação.

A empregada somente perderá o direito à estabilidade se cometer falta grave, prevista no art. 482 da CLT. Cabe destacar que a gestante poderá pedir demissão a qualquer momento. A estabilidade não exige que ela permaneça prestando serviços obrigatoriamente. Nesse caso, receberá as verbas trabalhistas decorrentes do pedido de demissão. Lembre-se de que é direito potestativo do(a) empregado(a) pleitear a demissão a qualquer momento. Esse direito, portanto, não depende da vontade do empregador. Contudo, ainda que o pedido de demissão da gestante ocorra em período inferior a 1 ano, será necessária a assistência do sindicato na homologação das verbas rescisórias, conforme firmado pela tese vinculante nº 55 do TST.

Diante da modificação da jurisprudência sumulada do TST, (Súmula nº 244), aplica-se a estabilidade provisória da gestante nos casos de contrato por prazo determinado e no curso do aviso-prévio trabalhado ou indenizado.

Ademais, os órgãos de proteção ao trabalhador apresentam importante papel na garantia de efetivação dos direitos trabalhistas. Podemos citar o sindicato profissional, o Ministério do Trabalho e Emprego, o MPT e, ainda, a Justiça do Trabalho.

Diante da maior proximidade com as demandas e o dia a dia dos trabalhadores, cabe ao **sindicato** zelar pelo estabelecimento de normas coletivas que assegurem melhores condições de trabalho aos seus representados. Poderá ingressar com ações individuais e coletivas na proteção das empregadas gestantes, podendo também fazer denúncia ao MPT e à fiscalização do trabalho, solicitando a atuação desses órgãos estatais.

Além disso, cabe ao auditor-fiscal do trabalho, o papel de atuar na fiscalização in loco para apurar eventuais fraudes à legislação trabalhista. O MPT também exerce importante no controle de medidas que visam prejudicar o gozo de direitos trabalhistas. O órgão atua com foco na tutela coletiva, ou seja, para defender diversos trabalhadores o mesmo tempo. Além disso, tem como algumas de suas metas institucionais, o combate às fraudes trabalhistas e a busca pela pacificação dos conflitos coletivos de trabalho. Diante da verificação de cláusula de instrumento coletivo que prevê norma que viole a garantia à estabilidade da gestante, cabe ao MPT, por meio de seus Procuradores Regionais do Trabalho, ajuizar ação anulatória de cláusulas convencionais, para que seja declarado nulo o acordo ou convenção coletiva nos termos do art. 83, IV, LC nº 75/93.

Por fim, a Justiça do Trabalho é fundamental para o controle e imposição de sanções às práticas abusivas ao Direito do Trabalho e, consequentemente à pacificação do conflito, seja por provocação em ação individual ou em âmbito coletivo pelo sindicato ou MPT.

► **QUESTÃO DISSERTATIVA 02:**
Qual o atual prazo prescricional para requerer os depósitos do FGTS? E quantos anos de contrato podem ser pleiteados?

RESPOSTA SUGERIDA PELO AUTOR[1060]:

O FGTS foi instituído em razão da resistência criada em torno da estabilidade decenal. Essa estabilidade onerava sobremaneira as empresas, desestimulando a contratação. Diante desses argumentos, como forma de incentivar uma política habitacional e indenizar o tempo de serviço, surgiu, em 1966, como sistema opcional, o FGTS.

Inicialmente, o empregado poderia optar entre a estabilidade decenal e o FGTS. Com a Constituição Federal de 1988, o FGTS passou a ser obrigatório para todos os empregados, sendo regido pela Lei nº 8.036/90 e pelo Decreto nº 99.684/90.

O FGTS[1061] é uma "poupança forçada" suportada exclusivamente pelo empregador. Todos os meses, ao quitar o salário e demais adicionais, o empregador deverá depositar numa conta vinculada do trabalhador 8% da sua remuneração. No caso do aprendiz, o valor do depósito é de 2% da remuneração.

Cumpre destacar que constitui objeto ilícito de convenção ou acordo coletivo a supressão ou redução do valor dos depósitos mensais do FGTS, nos termos do art. 611-B, III da CLT.

A Súmula nº 362 do TST que versa sobre a prescrição do FGTS foi há pouco tempo alterada diante de julgamento do STF. O prazo prescricional para ingressar na Justiça do Trabalho é de dois anos a contar da extinção do contrato. Após esse período, estará prescrito o direito de ação do empregado para reclamar os depósitos do FGTS.

A antiga redação da Súmula nº 362 do TST dispunha que, se observado o prazo de 2 anos para ingresso com a reclamação trabalhista, o trabalhador poderá pleitear os últimos trinta anos. Era a chamada prescrição trintenária. Importante destacar que esse prazo de trinta anos se estendia apenas aos depósitos do FGTS, enquanto os valores das verbas trabalhistas abrangem apenas os últimos cinco anos.

Cabe ressaltar, entretanto, que em novembro/2014, o STF (ARE-709212/DF) julgou, por maioria de votos, pertinente à redução do prazo de prescrição dos depósitos do FGTS para 5 anos. Abandonou-se, portanto, a tese da prescrição trintenária. Foi utilizado como argumento para defender a redução a discussão em torno da natureza jurídica do fundo. Para os ministros, os valores devidos ao FGTS apresentam natureza jurídica trabalhista. Dessa forma, o FGTS está sujeito ao prazo prescricional de 5 anos do art. 7º, inciso XXIX, CF/88[1062], e as disposições em lei ordinária que

1060. Nas respostas aqui no livro, serão indicadas e/ou transcritas súmulas, orientações jurisprudências do TST e artigos de lei, mas na prova não há essa necessidade salvo quando expressamente previsto no edital do concurso.

1061. "O FGTS é um depósito bancário destinado a formar uma poupança para o trabalhador, que poderá ser sacada nas hipóteses previstas na lei, principalmente quando é dispensado sem justa causa. Outrossim, servem os depósitos como forma de financiamento para aquisição de moradia pelo Sistema Financiamento da Habitação." MARTINS, Sergio Pinto. *Direito do Trabalho*. 24. ed. São Paulo: Atlas, 2008. p. 435.

1062. **Art. 7º, CF/88**: São direitos dos trabalhadores urbanos e rurais, além de outros que visem à melhoria de sua condição social: XXIX – ação, quanto aos créditos resultantes das relações de trabalho, com prazo prescricional de cinco anos para os trabalhadores urbanos e rurais, até o limite de dois anos após a extinção do contrato de trabalho.

determinam prazo superior violam referido artigo. Por fim, sustentou-se que o prazo de trinta anos fere a certeza e estabilidade nas relações jurídicas.

Diante da nova posição assumida pelo STF, o TST alterou, em junho de 2015, o teor da Súmula nº 362 do TST para também prever a prescrição quinquenal (5 anos) para o direito de reclamar o não recolhimento dos depósitos do FGTS:

> *Súmula nº 362 do TST: FGTS. Prescrição.*
>
> *I – Para os casos em que a ciência da lesão ocorreu a partir de 13.11.2014, é quinquenal a prescrição do direito de reclamar contra o não recolhimento de contribuição para o FGTS, observado o prazo de dois anos após o término do contrato;*
>
> *II – Para os casos em que o prazo prescricional já estava em curso em 13.11.2014, aplica-se o prazo prescricional que se consumar primeiro: trinta anos, contados do termo inicial, ou cinco anos, a partir de 13.11.2014 (STF-ARE-709212/DF).*

Foi estabelecida, ainda, regra de transição intertemporal para os casos em que o prazo prescricional já estava em curso. No caso, o prazo prescricional considerado será aquele que ocorrer primeiro, 30 anos contados do termo inicial ou 5 anos a partir dessa decisão do STF.

7. SÚMULAS E ORIENTAÇÕES JURISPRUDENCIAIS DO TST

▶ CAPÍTULO VIII – ESTABILIDADE E FGTS
Estabilidade
Súmula nº 396 do TST. I – Exaurido o período de estabilidade, são devidos ao empregado apenas os salários do período compreendido entre a data da despedida e o final do período de estabilidade, não lhe sendo assegurada a reintegração no emprego. II – Não há nulidade por julgamento "extra petita" da decisão que deferir salário quando o pedido for de reintegração, dados os termos do art. 496 da CLT.
Dirigente sindical
Súmula nº 369 do TST. I – É assegurada a estabilidade provisória ao empregado dirigente sindical, ainda que a comunicação do registro da candidatura ou da eleição e da posse seja realizada fora do prazo previsto no art. 543, § 5º, da CLT, desde que a ciência ao empregador, por qualquer meio, ocorra na vigência do contrato de trabalho. II – O art. 522 da CLT foi recepcionado pela Constituição Federal de 1988. Fica limitada, assim, a estabilidade a que alude o art. 543, § 3º, da CLT a sete dirigentes sindicais e igual número de suplentes. III – O empregado de categoria diferenciada eleito dirigente sindical só goza de estabilidade se exercer na empresa atividade pertinente à categoria profissional do sindicato para o qual foi eleito dirigente. IV – Havendo extinção da atividade empresarial no âmbito da base territorial do sindicato, não há razão para subsistir a estabilidade. V – O registro da candidatura do empregado a cargo de dirigente sindical durante o período de aviso prévio, ainda que indenizado, não lhe assegura a estabilidade, visto que inaplicável a regra do § 3º do art. 543 da Consolidação das Leis do Trabalho.
Orientação Jurisprudencial nº 365 da SDI – I do TST. Membro do conselho fiscal de sindicato não tem direito a estabilidade prevista nos arts. 543, § 3º, da CLT e art. 8º, VIII, da CF/88, porquanto não representa ou atua na defesa de direitos da categoria respectiva, tendo sua competência limitada à fiscalização da gestão financeira do sindicato.
Orientação Jurisprudencial nº 369 da SDI – I do TST. O delegado sindical não é beneficiário da estabilidade provisória prevista no art. 8º, VIII, da CF/88, a qual é dirigida, exclusivamente, àqueles que exerçam ou ocupem cargos de direção nos sindicatos, submetidos a processo eletivo.

Súmula nº 379 do TST. O dirigente sindical somente poderá ser dispensado por falta grave mediante a apuração em inquérito judicial, inteligência dos arts. 494 e 543, § 3º, da CLT.
Súmula nº 28 do TST. No caso de converter a reintegração em indenização dobrada, o direito aos salários é assegurado até a data da primeira decisão que determinou essa conversão.
Empregado representante da CIPA
Súmula nº 339 do TST. I – O suplente da CIPA goza da garantia de emprego prevista no art. 10, II, "a", do ADCT a partir da promulgação da Constituição Federal de 1988. II – A estabilidade provisória do cipeiro não constitui vantagem pessoal, mas garantia para as atividades dos membros da CIPA, que somente tem razão de ser quando em atividade a empresa. Extinto o estabelecimento, não se verifica a despedida arbitrária, sendo impossível a reintegração e indevida a indenização do período estabilitário.
Gestante
Orientação Jurisprudencial nº 30 da SDC do TST: Nos termos do art. 10, II, "a", do ADCT, a proteção à maternidade foi erigida à hierarquia constitucional, pois retirou do âmbito do direito potestativo do empregador a possibilidade de despedir arbitrariamente a empregada em estado gravídico. Portanto, a teor do artigo 9º da CLT, torna-se nula de pleno direito a cláusula que estabelece a possibilidade de renúncia ou transação, pela gestante, das garantias referentes à manutenção do emprego e salário.
Súmula nº 244 do TST. I – O desconhecimento do estado gravídico pelo empregador não afasta o direito ao pagamento da indenização decorrente da estabilidade (art. 10, II, "b" do ADCT). II – A garantia de emprego à gestante só autoriza a reintegração se esta se der durante o período de estabilidade. Do contrário, a garantia restringe-se aos salários e demais direitos correspondentes ao período de estabilidade. III – A empregada gestante tem direito à estabilidade provisória prevista no art.10, inciso II, alínea b, do ADCT, mesmo na hipótese de admissão mediante contrato por tempo determinado.
Empregado acidentado
Súmula nº 378 do TST. I – É constitucional o artigo 118 da Lei nº 8.213/91 que assegura o direito à estabilidade provisória por período de 12 meses após a cessação do auxílio-doença ao empregado acidentado. II – São pressupostos para a concessão da estabilidade o afastamento superior a 15 dias e a consequente percepção do auxílio-doença acidentário, salvo se constatada, após a dispensa, doença profissional que guarde relação de causalidade com a execução do contrato de emprego. III – O empregado submetido a contrato de trabalho por tempo determinado goza da garantia provisória de emprego, decorrente de acidente de trabalho, prevista no art. 118 da Lei nº 8.213/1991.
Orientação Jurisprudencial nº 31 da SDC do TST. Não é possível a prevalência de acordo sobre legislação vigente, quando ele é menos benéfico do que a própria lei, porquanto o caráter imperativo dessa última restringe o campo de atuação da vontade das partes.
Empregados eleitos diretores de sociedades cooperativas
Orientação Jurisprudencial nº 253 da SDI - I do TST. O art. 55 da Lei nº 5.764/71 assegura a garantia de emprego apenas aos empregados eleitos diretores de Cooperativas, não abrangendo os membros suplentes.
Empregado Público
Orientação Jurisprudencial nº 247 da SDI - I do TST. I – A despedida de empregados de empresa pública e de sociedade de economia mista, mesmo admitidos por concurso público, independe de ato motivado para sua validade; II – A validade do ato de despedida do empregado da Empresa Brasileira de Correios e Telégrafos (ECT) está condicionada à motivação, por gozar a empresa do mesmo tratamento destinado à Fazenda Pública em relação à imunidade tributária e à execução por precatório, além das prerrogativas de foro, prazos e custas processuais.

Súmula nº 390 do TST.

I – O servidor público celetista da administração direta, autárquica ou fundacional é beneficiário da estabilidade prevista no art. 41 da CF/88.

II – Ao empregado de empresa pública ou de sociedade de economia mista, ainda que admitido mediante aprovação em concurso público, não é garantida a estabilidade prevista no art. 41 da CF/88.

▶ FGTS

Súmula nº 63 do TST. A contribuição para o Fundo de Garantia do Tempo de Serviço incide sobre a remuneração mensal devida ao empregado, inclusive horas extras e adicionais eventuais.

Súmula nº 363 do TST.

A contratação de servidor público, após a CF/1988, sem prévia aprovação em concurso público, encontra óbice no respectivo art. 37, II e § 2º, somente lhe conferindo direito ao pagamento da contraprestação pactuada, em relação ao número de horas trabalhadas, respeitado o valor da hora do salário mínimo, e dos valores referentes aos depósitos do FGTS.

Súmula nº 125 do TST. O art. 479 da CLT aplica-se ao trabalhador optante pelo FGTS admitido mediante contrato por prazo determinado, nos termos do art. 30, § 3º, do Decreto nº 59.820, de 20.12.1966.

Orientação Jurisprudencial nº 42 da SDI – I do TST. FGTS. Multa de 40%

I – É devida a multa do FGTS sobre os saques corrigidos monetariamente ocorridos na vigência do contrato de trabalho.

II – O cálculo da multa de 40% do FGTS deverá ser feito com base no saldo da conta vinculada na data do efetivo pagamento das verbas rescisórias, desconsiderada a projeção do aviso-prévio indenizado, por ausência de previsão legal.

Súmula nº 362 do TST: FGTS. Prescrição.

I – Para os casos em que a ciência da lesão ocorreu a partir de 13.11.2014, é quinquenal a prescrição do direito de reclamar contra o não recolhimento de contribuição para o FGTS, observado o prazo de dois anos após o término do contrato;

II – Para os casos em que o prazo prescricional já estava em curso em 13.11.2014, aplica-se o prazo prescricional que se consumar primeiro: trinta anos, contados do termo inicial, ou cinco anos, a partir de 13.11.2014 (STF-ARE-709212/DF).

Súmula nº 206 do TST. A prescrição da pretensão relativa às parcelas remuneratórias alcança o respectivo recolhimento da contribuição para o FGTS.

Orientação Jurisprudencial nº 232 da SDI – I do TST. O FGTS incide sobre todas as parcelas de natureza salarial pagas ao empregado em virtude de prestação de serviços no exterior.

Súmula nº 305 do TST. O pagamento relativo ao período de aviso-prévio, trabalhado ou não, está sujeito à contribuição para o FGTS.

Orientação Jurisprudencial nº 195 da SDI – I do TST. Não incide a contribuição para o FGTS sobre as férias indenizadas.

Súmula nº 269 do TST: O empregado eleito para ocupar cargo de diretor tem o respectivo contrato de trabalho suspenso, não se computando o tempo de serviço desse período, salvo se permanecer a subordinação jurídica inerente à relação de emprego.

Orientação Jurisprudencial nº 417 da SDI – I do TST: Não há prescrição total ou parcial da pretensão do trabalhador rural que reclama direitos relativos a contrato de trabalho que se encontrava em curso à época da promulgação da Emenda Constitucional nº 28, de 26.05.2000, desde que ajuizada a demanda no prazo de cinco anos de sua publicação, observada a prescrição bienal.

QUESTÕES
CAPÍTULOS VII E VIII

1. QUESTÕES COM GABARITO COMENTADO

01. (FCC – Analista Judiciário – Oficial de Justiça Avaliador Federal – TRT 9/2022) Constitui regra aplicável aos salários a

(A) penhorabilidade, mas apenas em caso de dívida contraída pelo empregado.

(B) alterabilidade por ato unilateral do empregador, desde que não prejudicial ao empregado.

(C) irredutibilidade, salvo negociação coletiva.

(D) submissão a quaisquer descontos, desde que previamente autorizados pelo empregado.

(E) admissibilidade do salário complessivo.

COMENTÁRIOS

Nota do autor: Dentre as características do salário, destaca-se sua natureza alimentar, pois ele tem finalidade de garantir o sustento do trabalhador e de sua família. Diante disso, o salário é protegido contra eventuais abusos cometidos pelo empregador e, ainda, protegido em face dos credores do empregador e dos credores do próprio empregado.

Alternativa "a". Incorreta. O salário do empregado é, em regra, impenhorável, mesmo quando depositado em conta corrente.

Nos termos do art. 833, IV, do CPC/15, são impenhoráveis os vencimentos, os subsídios, os soldos, os salários, as remunerações, os proventos de aposentadoria, as pensões, os pecúlios e os montepios, bem como as quantias recebidas por liberalidade de terceiro e destinadas ao sustento do devedor e de sua família, os ganhos de trabalhador autônomo e os honorários de profissional liberal.

O próprio dispositivo (art. 833, § 2º, do CPC/15), contudo, excepciona a impenhorabilidade dos salários em duas situações:

> 1) se o empregado recebe salário superior a 50 salários mínimos, o excedente desse valor pode ser penhorado em qualquer dívida que o trabalhador tiver; e
>
> 2) se a dívida do empregado tiver natureza alimentar, é admitida a penhora do salário independentemente do salário recebido.

Além disso, só é possível a penhora do salário do devedor em até 50% do valor que recebe mensalmente, sendo que o percentual efetivo deve ser verificado no caso concreto pelo julgador para se evitar o prejuízo à subsistência do executado.

Ademais, os depósitos efetuados nas contas vinculadas do FGTS em nome dos trabalhadores são absolutamente impenhoráveis (art. 2º, § 2º, da Lei nº 8.036/90).

Alternativas "b" e "c". Incorreta e correta, respectivamente. O empregador não poderá, por ato unilateral, reduzir o salário do empregado. Há possibilidade de redução salarial, excepcionalmente, via negociação coletiva (acordo ou convenção). Com o advento da Lei nº 13.467/2017, o art. 611-A, § 3º da CLT estabeleceu que em caso de redução do salário, o acordo ou convenção deverão prever a proteção dos empregados por dispensa imotivada no período em que vigorar o instrumento coletivo:

> **Art. 611-A, § 3º, CLT (acrescentado pela Reforma Trabalhista):** Se for pactuada cláusula que reduza o salário ou a jornada, a convenção coletiva ou o acordo coletivo de trabalho deverão prever a proteção dos empregados contra dispensa imotivada durante o prazo de vigência do instrumento coletivo.

Importante destacar que o art. 503 da CLT prevê a possibilidade de redução de salário por motivo de força maior. Esse artigo não foi recepcionado pela atual Constituição, ou seja, não está mais em vigor.

Ainda, a garantia de irredutibilidade salarial prevista no art. 7º, VI, CF/88, refere-se tão somente à irredutibilidade nominal do salário do empregado e não abrange as perdas decorrentes da inflação. Assim, por exemplo, se o salário do empregado é estipulado em R$ 2.000,00, não é permitido ao empregador, salvo mediante negociação coletiva, reduzir o salário. Contudo, se o poder de compra do empregado cair em razão do aumento da taxa de inflação, não há obrigação de aumento do salário do trabalhador para corrigir a inflação. Em suma, não há garantia de irredutibilidade salarial real em razão da perda do poder de compra, mas apenas nominal, referente ao valor pago ao trabalhador.

Alternativa "d". Incorreta. Segundo a garantia da intangibilidade[1063] salarial, são vedados descontos ilegais e abusivos[1064], pelo empregador, ao salário do empregado. Excepcionalmente, alguns descontos são permitidos:

1) Descontos em razão do salário-utilidade. O salário do empregado poderá ser pago em dinheiro e parte em utilidades. No salário-utilidade ou *in natura* ocorre substituição de parte paga em dinheiro por utilidades que seriam adquiridas pelo empregado. Exemplo: moradia e alimentação. Alguns desses descontos possuem limites, percentuais previstos em lei. Os demais descontos deverão respeitar o real valor da utilidade[1065].

2) Descontos no salário em razão de dano causado pelo empregado. Neste caso, se o dano foi cometido por dolo, ou seja, de forma intencional, desconto é sempre possível, em razão da falta de lealdade do trabalhador. Se cometido por culpa (sem intenção), o desconto será possível desde que previsto no contrato de trabalho ou norma coletiva[1066] (ajuste feito entre as partes). Nesse sentido, art. 462 da CLT.

3) Adiantamentos salariais feitos em favor do empregado.

4) Descontos legais[1067] (pensão alimentícia, por exemplo) e convencionais (previsão em acordo coletivo – contribuição assistencial).

5) Descontos no salário para percepção de planos de assistência odontológica e médico-hospitalar. Para que o desconto seja válido é necessário que haja prévia autorização por escrito do empregado[1068]. Ressalta-se que se houver vício no consentimento do empregado ao conceder autorização do desconto, será considerado ilegal. Além disso, entendemos que o plano de saúde pode ser contratado diretamente pela empresa (plano Pessoa Jurídica)

1063. Intangível é sinônimo de intocável, inatacável.

1064. **Súmula nº 342 do TST.** "Descontos salariais efetuados pelo empregador, com a autorização prévia e por escrito do empregado, para serem integrados em planos de assistência odontológica, médico-hospitalar, de seguro, de previdência privada, ou de entidade cooperativa, cultural ou recreativo-associativa de seus trabalhadores, em seu benefício e de seus dependentes, não afrontam o disposto no art. 462 da CLT, salvo se ficar demonstrada a existência de coação ou de outro defeito que vicie o ato jurídico."

1065. **Súmula nº 258 do TST.** "Os percentuais fixados em lei relativos ao salário *in natura* apenas se referem às hipóteses em que o empregado percebe salário mínimo, apurando-se, nas demais, o real valor da utilidade."

1066. **Orientação Jurisprudencial nº 251 da SDI-I do TST.** "É lícito o desconto salarial referente à devolução de cheques sem fundos, quando o frentista não observar as recomendações previstas em instrumento coletivo."

1067. As Leis nº 13.172/2015 e nº 14.431 alteraram a redação da Lei nº 10.820/2003 e, atualmente, estabelecem o limite de 40% sobre o valor recebido nas verbas rescisórias do empregado para efetuar o pagamento de empréstimos, financiamentos, cartões de crédito e operações de arrendamento mercantil. Além disso, a Lei permite o desconto dos empréstimos na folha de pagamento do empregado. Nesse sentido: **Art. 1º, Lei nº 10.820/2003:** Os empregados regidos pela Consolidação das Leis do Trabalho – CLT, aprovada pelo Decreto- Lei nº 5.452, de 1º de maio de 1943, poderão autorizar, de forma irrevogável e irretratável, o desconto em folha de pagamento ou na sua remuneração disponível dos valores referentes ao pagamento de empréstimos, financiamentos, cartões de crédito e operações de arrendamento mercantil concedidos por instituições financeiras e sociedades de arrendamento mercantil, quando previsto nos respectivos contratos. § 1º O desconto mencionado neste artigo também poderá incidir sobre verbas rescisórias devidas pelo empregador, se assim previsto no respectivo contrato de empréstimo, financiamento, cartão de crédito ou arrendamento mercantil, até o limite de 40% (quarenta por cento), sendo 35% (trinta e cinco por cento) destinados exclusivamente a empréstimos, financiamentos e arrendamentos mercantis e 5% (cinco por cento) destinados exclusivamente à amortização de despesas contraídas por meio de cartão de crédito consignado ou à utilização com a finalidade de saque por meio de cartão de crédito consignado.

1068. **Súmula nº 342 do TST:** Descontos salariais efetuados pelo empregador, com a autorização prévia e por escrito do empregado, para serem integrados em planos de assistência odontológica, médico-hospitalar, de seguro, de previdência privada, ou de entidade cooperativa, cultural ou recreativo-associativa de seus trabalhadores, em seu benefício e de seus dependentes, não afrontam o disposto no art. 462 da CLT, salvo se ficar demonstrada a existência de coação ou de outro defeito que vicie o ato jurídico.

ou o reembolso, total ou parcial, do plano que o empregado já possui.

6) Multa por descumprimento do acordo no trabalho intermitente. A Reforma Trabalhista estabelece hipótese de multa ao empregado pelo descumprimento da prestação de serviços em trabalho intermitente após a aceitação da oferta pelo trabalhador (art. 452-A, § 4º da CLT). A legislação salienta, entretanto, que a multa somente será devida caso o descumprimento ocorra sem justo motivo. A *contrario sensu*, se houver justo motivo, não será necessário o pagamento da multa de 50%. Apesar de estabelecer a multa para ambas as partes da relação empregatícia, verifica-se que o dispositivo tem o potencial de trazer mais prejuízos aos trabalhadores do que ao empregador, pois a cobrança da multa pelo empregador pode ser realizada pelo desconto no valor da remuneração devida nos próximos trabalhados realizados, cabendo ao trabalhador ingressar com reclamação para reaver o valor que entenda descontado de forma ilegal.

Alternativa "e". Incorreto. O pagamento do salário deve ser realizado de forma clara e transparente. Desse modo, o empregado saberá exatamente o que está recebendo. É vedado o salário complessivo, ou seja, o pagamento sem que haja discriminação, detalhamento de cada uma das verbas recebidas.

Salário complessivo não se confunde com *truck system*, sendo que este é o pagamento do salário por meio de vales ou bônus para compra de produtos em armazém mantido pelo empregador.

Alternativa correta: "c".

02. (FCC – Analista Judiciário – Área Judiciária – TRT 16/2022) O sindicato dos trabalhadores em escritórios e afins de São José do Ribamar/MA acertou, em convenção coletiva entabulada com o sindicato dos empregadores, a redução da jornada de trabalho e, proporcionalmente, do salário, por 5 meses no ano de 2022, como modo de enfrentar os reflexos da pandemia.

Sobre a convenção coletiva em referência, assinale a afirmativa correta.

(A) Não há necessidade de contrapartida específica em favor dos trabalhadores, pois feita após a reforma trabalhista.

(B) Precisa ser estipulada a contrapartida de proteção dos empregados contra dispensa imotivada pelo prazo de 5 meses.

(C) A cláusula será nulificada pelo Poder Judiciário porque a redução salarial tal qual feita viola norma constitucional.

(D) É necessário, conforme a CLT, haver como contrapartida a concessão de ticket refeição em valor não inferior a 30% do salário-base por mês.

(E) A cláusula pode ser estipulada desde que haja autorização prévia da Justiça do Trabalho, feita perante a Vara da localidade.

COMENTÁRIOS

Nota do autor: Dentre as características do salário, destaca-se sua natureza alimentar, pois ele tem finalidade de garantir o sustento do trabalhador e de sua família. Diante disso, o salário é protegido contra eventuais abusos cometidos pelo empregador e, ainda, protegido em face dos credores do empregador e dos credores do próprio empregado.

Comentário serve para todas as alternativas, uma vez que versam sobre o mesmo assunto. O empregador não poderá, por ato unilateral, reduzir o salário do empregado. Há possibilidade de redução salarial, excepcionalmente, via negociação coletiva (acordo ou convenção). Com o advento da Lei nº 13.467/2017, o art. 611-A, § 3º da CLT estabeleceu que em caso de redução do salário, o acordo ou convenção deverão prever a proteção dos empregados por dispensa imotivada no período em que vigorar o instrumento coletivo:

> **Art. 611-A, § 3º, CLT (acrescentado pela Reforma Trabalhista):** Se for pactuada cláusula que reduza o salário ou a jornada, a convenção coletiva ou o acordo coletivo de trabalho deverão prever a proteção dos empregados contra dispensa imotivada durante o prazo de vigência do instrumento coletivo.

Importante destacar que o art. 503 da CLT prevê a possibilidade de redução de salário por motivo de força maior. Esse artigo não foi recepcionado pela atual Constituição, ou seja, não está mais em vigor.

Ainda, a garantia de irredutibilidade salarial prevista no art. 7º, VI, CF/88, refere-se tão somente à irredutibilidade nominal do salário do empregado e não abrange as perdas decorrentes da inflação. Assim, por exemplo, se o salário do empregado é estipulado em R$ 2.000,00, não é permitido ao empregador, salvo mediante negociação coletiva, reduzir o salário. Contudo, se o poder de compra do empregado cair em razão do aumento da taxa de inflação, não há obrigação de aumento do salário do trabalhador para corrigir a inflação. Em suma, não há garantia de irredutibilidade salarial real em razão da perda do poder de compra, mas apenas nominal, referente ao valor pago ao trabalhador.

Alternativa correta: "b".

▸ QUESTÕES DE CONCURSOS

03. (FUMARC – Técnico Judiciário – TRT 3/2022) São todas verbas com natureza salarial, EXCETO:

(A) adicional de insalubridade

(B) comissões.

(C) férias.

(D) gratificação natalina.

(E) prêmio.

COMENTÁRIOS

Nota do autor: Trata-se de uma questão simples como, aliás, foram as questões de Direito do Trabalho nesse concurso realizado pela FUMARC. Exigia-se do candidato tão somente o conhecimento acerca do texto da CLT:

Comentário serve para todas as alternativas, uma vez que versam sobre o mesmo assunto. Conforme dispõe a CLT:

> **Art. 457, CLT:** Compreendem-se na remuneração do empregado, para todos os efeitos legais, além do salário devido e pago diretamente pelo empregador, como contraprestação do serviço, as gorjetas que receber.
>
> § 1º Integram o salário a importância fixa estipulada, as gratificações legais e as comissões pagas pelo empregador.
>
> § 2º As importâncias, ainda que habituais, pagas a título de ajuda de custo, auxílio-alimentação, vedado seu pagamento em dinheiro, diárias para viagem, **prêmios** e abonos não integram a remuneração do empregado, não se incorporam ao contrato de trabalho e não constituem base de incidência de qualquer encargo trabalhista e previdenciário.
>
> § 3º Considera-se gorjeta não só a importância espontaneamente dada pelo cliente ao empregado, como também o valor cobrado pela empresa, como serviço ou adicional, a qualquer título, e destinado à distribuição aos empregados.
>
> § 4º Consideram-se prêmios as liberalidades concedidas pelo empregador em forma de bens, serviços ou valor em dinheiro a empregado ou a grupo de empregados, em razão de desempenho superior ao ordinariamente esperado no exercício de suas atividades.

Alternativa correta: "e".

04. (FCC – Analista Judiciário – Área Judiciária – TRT 9/2022) Amanda foi contratada como empregada por uma empresa multinacional para trabalhar como Diretora Financeira. O trabalho poderia ser desenvolvido de forma remota, não sendo necessário seu comparecimento diário à empresa. A proposta financeira oferecida garantia: o pagamento de salário mensal, o aluguel de uma residência em condomínio fechado próximo à sede da empresa, a concessão de um veículo de luxo sem custos de manutenção, seguro e combustível, o pagamento de escola particular para seus filhos, a assistência médica e a previdência privada. Diante do caso concreto, o

(A) custeio da locação não tem natureza salarial porque é necessário para o exercício das atividades.

(B) pagamento de escola, de assistência médica e de previdência privada têm natureza salarial, salvo previsão contratual em sentido contrário.

(C) veículo concedido à empregada não se caracteriza como salário in natura, ainda que seja utilizado em atividades particulares.

(D) valor do aluguel e a concessão de veículo têm natureza salarial.

(E) pagamento de escola tem natureza salarial, mas não incide no cálculo das férias, 13o salário e FGTS.

COMENTÁRIOS

Nota do autor: A questão aborda o tema do salário in natura. O inciso IV do § 2º do art. 458 da CLT já estabelecia que as parcelas destinadas ao fornecimento de assistência médica, hospitalar e odontológica não integrava o salário do empregado. Com a inserção do §5º ao art. 458 da CLT, o legislador da Reforma Trabalhista estabelece que todos os valores referentes à assistência prestada por serviço médico ou odontológico não integram o salário do empregado, inclusive no tocante ao reembolso de despesas com medicamentos, óculos, aparelhos ortopédicos, próteses, órteses, despesas médico-hospitalares e outras similares.

Além disso, a modalidade de plano de saúde e as coberturas previstas não influenciam para a natureza da parcela que não integrará o salário do trabalhador. Com esse dispositivo, é possível a concessão de plano de saúde cuja cobertura é parcial ou ainda que exija complementação do valor. Nesse caso, mesmo se necessário o pagamento em coparticipação, a parcela não será considerada salário in natura.

Comentário serve para todas as alternativas, uma vez que versam sobre o mesmo assunto. O salário do empregado poderá ser pago em dinheiro e parte em utilidades. No salário-utilidade ou in natura ocorre substituição de parte paga em dinheiro por utilidades que seriam adquiridas pelo empregado. Exemplo: moradia.

Ressalta-se que é vedado o pagamento apenas em utilidades. No mínimo, 30% do salário deverá ser pago em dinheiro[1069]. Ademais, as parcelas pagas em utilidades são "descontadas" do salário do empregado. Alguns desses descontos possuem limites, percentuais previstos em lei. Os demais descontos deverão respeitar o real valor da utilidade[1070].

Para configurar salário-utilidade, é preciso que a utilidade preencha os seguintes requisitos:

> a) Utilidade deverá ser fornecida **habitualmente**. Exemplo: empregado recebe todos os meses presentes dados por seu empregador.
>
> b) Utilidade fornecida terá caráter de **contraprestação**, ou seja, é paga pelo trabalho desempenhado pelo empregado.

Vejamos, agora, a natureza de cada utilidade concedida à Amanda pela empresa:

Custeio com a locação: como não é necessário o comparecimento diário de Amanda à empresa, a casa locada pela empregadora não é indispensável à prestação dos serviços, mas tão somente um atrativo, uma contraprestação. Tem, portanto, natureza salarial.

Veículo concedido à empregada: por se tratar de um veículo de luxo, o qual será utilizado a atividades particulares – visto que a casa locada fica ao lado da empresa – também é contraprestação, sendo, pois, salário.

Pagamento de escola particular para os filhos. Novamente, trata-se de um atrativo, de um benefício, de gratificação à Amanda pelos serviços prestados, ou seja, salário. Cuidado para não confundir com a **educação custeada pelo empregador para o empregado**, que, sim, terá natureza indenizatório:

> **Art. 458, § 2º, CLT:** Para os efeitos previstos neste artigo, não serão consideradas salário as seguintes utilidades concedidas pelo empregador: (...)
>
> II – educação, em estabelecimento de ensino próprio ou de terceiros, compreendendo os valores relativos a matrícula, mensalidade, anuidade, livros e material didático;

Assistência médica e previdência privada. Conforme dispõe o art. 458, § 2º, CLT:

> **Art. 458, § 2º, CLT:** Para os efeitos previstos neste artigo, não serão consideradas salário as seguintes utilidades concedidas pelo empregador: (...)
>
> IV – assistência médica, hospitalar e odontológica, prestada diretamente ou mediante seguro-saúde; (...)
>
> VI – previdência privada;

Alternativa correta: "d".

05. (FCC – Técnico Judiciário – Área Administrativa – TRT 9/2022) A empresa Matte Indústria de Bebidas Ltda. passou a adotar uma política de remuneração diferente, com pagamento de **gratificação por tempo de serviço (biénios)** e de prémios por produtividade, e a concessão dos seguintes benefícios: **auxílio-alimentação pago em dinheiro**, **seguro de vida e de acidentes pessoais**, **assistência médica e pagamento de mensalidade de academia de ginástica**. São considerados salário, constituindo base de incidência de encargos trabalhistas e previdenciários:

(A) auxílio-alimentação pago em dinheiro e mensalidade de academia de ginástica.

(B) gratificação por tempo de serviço (biênios) e auxílio-alimentação pago em dinheiro.

(C) somente a mensalidade de academia de ginástica.

(D) gratificação por tempo de serviço (biênios) e prêmios de produtividade.

(E) prêmios de produtividade, auxílio-alimentação pago em dinheiro e mensalidade de academia de ginástica.

COMENTÁRIOS

Nota do autor: A questão, como é comum em provas de TRT, questionava sobre a natureza de verbas trabalhista. Para responder esse tipo de questão, o candidato tem que dominar os art. 457 e 458 da CLT.

Comentário serve para todas as alternativas, uma vez que versam sobre o mesmo assunto. Conforme dispõe a CLT (grifos acrescidos):

> **Art. 457, CLT:** Compreendem-se na remuneração do empregado, para todos os efeitos legais, além do salário devido e pago diretamente pelo empregador, como contraprestação do serviço, as gorjetas que receber.
>
> § 1º Integram o salário a importância fixa estipulada, as **gratificações legais** e as comissões pagas pelo empregador.

1069. **Orientação Jurisprudencial nº 18 da SDC:** "Os descontos efetuados com base em cláusula de acordo firmado entre as partes não podem ser superiores a 70% do salário-base percebido pelo empregado, pois deve-se assegurar um mínimo de salário em espécie ao trabalhador."

1070. **Súmula nº 258 do TST.** "Os percentuais fixados em lei relativos ao salário *in natura* apenas se referem às hipóteses em que o empregado percebe salário mínimo, apurando-se, nas demais, o real valor da utilidade."

§ 2º As importâncias, ainda que habituais, pagas a título de ajuda de custo, **auxílio-alimentação, vedado seu pagamento em dinheiro**, diárias para viagem, **prêmios** e abonos não integram a remuneração do empregado, não se incorporam ao contrato de trabalho e não constituem base de incidência de qualquer encargo trabalhista e previdenciário.

Art. 458, § 2º, CLT: Para os efeitos previstos neste artigo, não serão consideradas salário as seguintes utilidades concedidas pelo empregador: (...)

IV – assistência médica, hospitalar e odontológica, prestada diretamente ou mediante seguro-saúde;

V – **seguros de vida e de acidentes pessoais**;

Ainda, em relação à mensalidade de academia de ginástica tem-se que referida parcela, paga com habitualidade, não é indispensável à prestação dos serviços e tem caráter de contraprestação pelos serviços prestados e, dessa forma, é considerada salário utilidade.

Alternativa correta: "a".

06. (FUMARC – Analista Judiciário – Área Judiciária – TRT 3/2022) Em relação ao salário utilidade, NAO é correto afirmar:

(A) Em relação aos trabalhadores urbanos, a habitação e a alimentação fornecidas como salário-utilidade deverão atender aos fins a que se destinam e não poderão exceder, respectivamente, a 25% (vinte e cinco por cento) e 20% (vinte por cento) do salário-contratual.

(B) O cigarro não se considera salário utilidade em face de sua nocividade à saúde.

(C) O valor relativo à assistência prestada por serviço médico ou odontológico, próprio ou não, inclusive o reembolso de despesas com medicamentos, óculos, aparelhos ortopédicos, próteses, órteses, despesas médico-hospitalares e outras similares, mesmo quando concedido em diferentes modalidades de planos e coberturas, não integram o salário do empregado para qualquer efeito.

(D) O veículo fornecido pelo empregador ao empregado, quando indispensável para a realização do trabalho, não tem natureza salarial, salvo no caso de veículo que seja utilizado pelo empregado também em atividades particulares.

(E) Os vestuários, equipamentos e outros acessórios fornecidos aos empregados e utilizados no local de trabalho para a prestação do serviço, são exemplos de utilidades que não são consideradas como salário.

COMENTÁRIOS

Nota do autor: A questão aborda o tema do salário in natura. O inciso IV do § 2º do art. 458 da CLT já estabelecia que as parcelas destinadas ao fornecimento de assistência médica, hospitalar e odontológica não integrava o salário do empregado. Com a inserção do §5º ao art. 458 da CLT, o legislador da Reforma Trabalhista estabelece que todos os valores referentes à assistência prestada por serviço médico ou odontológico não integram o salário do empregado, inclusive no tocante ao reembolso de despesas com medicamentos, óculos, aparelhos ortopédicos, próteses, órteses, despesas médico-hospitalares e outras similares.

Além disso, a modalidade de plano de saúde e as coberturas previstas não influenciam para a natureza da parcela que não integrará o salário do trabalhador. Com esse dispositivo, é possível a concessão de plano de saúde cuja cobertura é parcial ou ainda que exija complementação do valor. Nesse caso, mesmo se necessário o pagamento em coparticipação, a parcela não será considerada salário in natura.

Alternativa "a". Correta. "A habitação e a alimentação fornecidas como salário-utilidade deverão atender aos fins a que se destinam e não poderão exceder, respectivamente, a 25% (vinte e cinco por cento) e 20% (vinte por cento) do salário-contratual." (Art. 458, §3º, CLT).

Alternativa "b". Correta. "Além do pagamento em dinheiro, compreende-se no salário, para todos os efeitos legais, a alimentação, habitação, vestuário ou outras prestações "in natura" que a empresa, por fôrça do contrato ou do costume, fornecer habitualmente ao empregado. **Em caso algum será permitido o pagamento com bebidas alcoólicas ou drogas nocivas.**" (Art. 458, *caput*, da CLT); "O cigarro não se considera salário utilidade em face de sua nocividade à saúde." (Súmula 367, II, TST).

Alternativa "c". Correta. "O valor relativo à assistência prestada por serviço médico ou odontológico, próprio ou não, inclusive o reembolso de despesas com medicamentos, óculos, aparelhos ortopédicos, próteses, órteses, despesas médico-hospitalares e outras similares, mesmo quando concedido em diferentes modalidades de planos e coberturas, não integram o salário do empregado para qualquer efeito nem o salário de contribuição, para efeitos do previsto na alínea q do § 9º do art. 28 da Lei nº 8.212, de 24 de julho de 1991." (Art. 458, §5º, CLT).

Art. 458, § 2º, CLT: Para os efeitos previstos neste artigo, não serão consideradas salário as seguintes utilidades concedidas pelo empregador: (...)

IV – assistência médica, hospitalar e odontológica, prestada diretamente ou mediante seguro-saúde;

Alternativa "d". Incorreta. "A habitação, a energia elétrica e veículo fornecidos pelo empregador ao empregado, quando indispensáveis para a realização do trabalho, não têm natureza salarial, ainda que, no caso de veículo, seja ele utilizado pelo empregado também em atividades particulares." (Súmula 367, I, TST).

Alternativa "e". Correta. Conforme legislação:

> **Art. 458, § 2º, CLT:** Para os efeitos previstos neste artigo, não serão consideradas salário as seguintes utilidades concedidas pelo empregador:
> I – vestuários, equipamentos e outros acessórios fornecidos aos empregados e utilizados no local de trabalho, para a prestação do serviço;

Alternativa incorreta: "d".

07. (FCC – Técnico Judiciário – Área Administrativa – TRT 20/2024) De acordo com o legislador, a remuneração é composta por diversas parcelas que visam remunerar o trabalhador de forma justa e adequada. Nesse sentido, integram a remuneração, além do valor fixo estipulado em contrato.

(A) as gratificações ajustadas, as diárias para viagem, independentemente do valor pago, os prêmios e os abonos.

(B) as gorjetas, sendo vedada a inclusão de qualquer gratificação ou comissão.

(C) as gorjetas pagas diretamente pelos clientes ao empregado e as diárias para viagem.

(D) as comissões e as gratificações legais.

(E) a ajuda de custo, o auxílio-alimentação pago em dinheiro e os prêmios.

COMENTÁRIOS

Nota do autor: A questão aborda o tema remuneração do empregado e exigia do candidato o conhecimento de quais verbas integram a remuneração. A Reforma Trabalhista provocou diversas alterações sobre o tema. Não deixe de ler o art. 457 da CLT! Lembre-se de que salário e remuneração não se confundem: enquanto salário é a contraprestação paga diretamente pelo empregador, independentemente da forma de pagamento e ainda de eventuais adicionais percebidos como horas extras, insalubridade, etc.; remuneração é a contraprestação paga diretamente pelo empregador e, ainda, por terceiros, por meio de gorjetas. As gorjetas são pagas de forma espontânea ou obrigatória, não integrando o salário, mas a remuneração do empregado.

Alternativa correta: "d". *Comentário serve para as demais alternativas, uma vez que versam sobre o mesmo assunto.* Nos termos do art. 457 da CLT, a remuneração do empregado é composta pelo salário contratual pago pelo empregador e pelas gorjetas recebidas, ainda que pagas diretamente pelos clientes. O §1º do artigo esclarece que integram o salário a importância fixa ajustada, bem como as gratificações legais e as comissões pagas pelo empregador. Já o §2º exclui expressamente da remuneração parcelas como ajuda de custo, auxílio-alimentação pago em dinheiro, diárias para viagem, prêmios e abonos, ainda que pagos com habitualidade.

08. (FCC – Analista Judiciário – Área Judiciária – TRT 6/2018) José Henrique, vendedor de uma fábrica de geladeiras e outros eletrodomésticos do Paraná, foi transferido em 01 de fevereiro de 2018 para trabalhar na mais nova filial da fábrica em Cabo de Santo Agostinho, mudando-se com a família e passando a viver naquele Município. Além de seu salário fixo, recebeu ao final do mês de fevereiro comissão pelas vendas realizadas, ajuda de custo no valor correspondente a 40% da sua remuneração mensal e prêmio do dia do "representante de eletrodomésticos" (paga todo ano no mês de fevereiro). Possui plano de saúde médico e odontológico e um curso de inglês totalmente pagos pela empresa. O empregado foi reclamar com seu gerente o não pagamento do adicional de transferência. Nesse caso, têm natureza salarial as comissões,

(A) a ajuda de custo e o prêmio do dia do "representante de eletrodomésticos"; o plano de saúde e o curso de inglês caracterizam salário utilidade; o empregado tem direito ao adicional de transferência

(B) a ajuda de custo e o prêmio do dia do "representante de eletrodomésticos"; o plano de saúde e o curso de inglês não caracterizam salário utilidade; o empregado tem direito ao adicional de transferência.

(C) o que não ocorre com a ajuda de custo e com o prêmio; o plano de saúde e o curso de inglês não caracterizam salário utilidade; o empregado não tem direito ao adicional de transferência.

(D) e a ajuda de custo, o que não ocorre com o prêmio; o plano de saúde e o curso de inglês caracterizam salário utilidade; o empregado não tem direito ao adicional de transferência.

(E) e o prêmio, o que não ocorre com a ajuda de custo; o plano de saúde e o curso de inglês não caracterizam salário utilidade; o empregado tem direito ao adicional de transferência.

▶ QUESTÕES DE CONCURSOS

COMENTÁRIOS

Nota do autor: A questão aborda o tema remuneração do empregado e exigia do candidato o conhecimento das verbas de natureza salarial, indenizatória e do salário-utilidade. A Reforma Trabalhista provocou diversas alterações sobre o tema. Não deixe de ler o art. 457 da CLT!

Alternativa correta: "c". *Comentário serve para as demais alternativas, uma vez que versam sobre o mesmo assunto. Segundo o disposto no* art. 457, §1º da CLT, são consideradas verbas de natureza salarial:

> **Art. 457, §1º da CLT (alterado pela Reforma Trabalhista):** "Integram o salário a importância fixa estipulada, as gratificações legais e as comissões pagas pelo empregador".

Dessa forma, no caso narrado, apenas as comissões terão natureza de verba salarial.

As demais verbas, quais sejam, ajuda de custo e prêmio, são dotados de natureza indenizatória:

> **Art. 457, § 2º da CLT (alterado pela Reforma Trabalhista):** As importâncias, ainda que habituais, pagas a título de **ajuda de custo**, auxílio-alimentação, vedado seu pagamento em dinheiro, diárias para viagem, **prêmios** e abonos não integram a remuneração do empregado, não se incorporam ao contrato de trabalho e não constituem base de incidência de qualquer encargo trabalhista e previdenciário.

O salário do empregado poderá ser pago em dinheiro e parte em utilidades. No salário-utilidade ou *in natura* ocorre substituição de parte paga em dinheiro por utilidades que seriam adquiridas pelo empregado. Exemplo: moradia. Na forma do art. 458, §2º da CLT, **não serão considerados salário utilidade o plano de saúde e o curso de inglês fornecidos pelo empregador**:

> **Art. 458, §2º da CLT:** Para os efeitos previstos neste artigo, não serão consideradas como salário as seguintes utilidades concedidas pelo empregador: (...)
>
> II – educação, em estabelecimento de ensino próprio ou de terceiros, compreendendo os valores relativos a matrícula, mensalidade, anuidade, livros e material didático; (...)
>
> IV – assistência médica, hospitalar e odontológica, prestada diretamente ou mediante seguro-saúde; (...)
>
> § 5º O valor relativo à assistência prestada por serviço médico ou odontológico, próprio ou não, inclusive o reembolso de despesas com medicamentos, óculos, aparelhos ortopédicos, próteses, órteses, despesas médico-hospitalares e outras similares, mesmo quando concedido em diferentes modalidades de planos e coberturas, não integram o salário do empregado para qualquer efeito nem o salário de contribuição, para efeitos do previsto na alínea *q* do § 9º do art. 28 da Lei nº 8.212, de 24 de julho de 1991.

Por fim, não há que se falar no recebimento do adicional de transferência, verba de natureza salarial, que só será devido no caso de transferência provisória:

> **Art. 469, §3º da CLT:** Em caso de necessidade de serviço o empregador poderá transferir o empregado para localidade diversa da que resultar do contrato, não obstante as restrições do artigo anterior, mas, nesse caso, ficará obrigado a um pagamento suplementar, nunca inferior a 25% (vinte e cinco por cento) dos salários que o empregado percebia naquela localidade, **enquanto durar essa situação.**

09. (FCC – Analista Judiciário – Oficial de Just. Avaliador Federal – TRT 2/2018) Acerca do salário e remuneração, de acordo com a legislação vigente e o entendimento sumulado do Tribunal Superior do Trabalho (TST),

(A) terá força de recibo o comprovante de depósito em conta bancária, aberta para esse fim em nome de cada empregado, com o consentimento deste, em estabelecimento de crédito próximo ao local de trabalho.

(B) para os trabalhadores urbanos, a habitação e a alimentação fornecidas como salário-utilidade deverão atender aos fins a que se destinam e não poderão exceder, respectivamente, a 20% e 25% do salário-mínimo.

(C) as gorjetas, cobradas pelo empregador na nota de serviço ou oferecidas espontaneamente pelos clientes, integram a remuneração do empregado, não servindo de base de cálculo apenas para as parcelas de 13º salário, adicional noturno e horas extras.

(D) consideram-se prêmios as liberalidades concedidas pelo empregador em forma de bens ou serviços, a empregado ou a grupo de empregados, em razão de desempenho superior ao ordinariamente esperado no exercício de suas atividades, sendo vedada a sua concessão em dinheiro.

(E) o pagamento do salário, dependendo de qual seja a modalidade do trabalho, não deve ser estipulado por período superior a um mês, inclusive no que concerne a comissões, percentagens e gratificações.

COMENTÁRIOS

Nota do autor: A questão aborda o tema salário e remuneração do empregado e exigia o conhecimento no disposto na CLT e nas Súmulas do TST. Lembre-se de que salário e remuneração não se confundem: enquanto **salário** é a contraprestação paga diretamente pelo empregador, independentemente da forma de pagamento e ainda de eventuais adicionais percebidos como horas extras, insalubridade, etc; **remuneração** é a contraprestação paga diretamente pelo empregador e, ainda, por terceiros, por meio de gorjetas. As gorjetas são pagas de forma espontânea ou obrigatória, **não integrando o salário**, mas a remuneração do empregado.

Alternativa correta: "a". A prova do pagamento será feita mediante **recibo**. Também tem força de recibo o comprovante de depósito, em conta bancária, aberta para esta finalidade em nome do empregado e com seu consentimento, nos termos do art. 464 da CLT:

> **Art. 464 da CLT** (...) **Parágrafo único.** Terá força de recibo o comprovante de depósito em conta bancária, aberta para esse fim em nome de cada empregado, com o consentimento deste, em estabelecimento de crédito próximo ao local de trabalho.

Alternativa "b". A alternativa tenta confundir o candidato ao inverter as porcentagens máximas que podem ser pagas em razão de habitação (25%) e alimentação (20%) do empregado urbano. "A habitação e a alimentação fornecidas como salário utilidade deverão atender aos fins a que se destinam e não poderão exceder, respectivamente, a 25% (vinte e cinco por cento) e 20% (vinte por cento) do salário-contratual (Art. 458, §3º da CLT).

Alternativa "c". As gorjetas, cobradas pelo empregador na nota de serviço ou oferecidas espontaneamente pelos clientes, integram a remuneração do empregado, não servindo de base de cálculo para as parcelas de **aviso-prévio, adicional noturno, horas extras e repouso semanal remunerado** (Súmula nº 354 do TST).

Alternativa "d". Ao contrário do afirmado na alternativa, não há vedação para que os prêmios sejam concedidos em dinheiro. "Consideram-se prêmios as liberalidades concedidas pelo empregador em forma de bens, serviços ou valor em dinheiro a empregado ou a grupo de empregados, em razão de desempenho superior ao ordinariamente esperado no exercício de suas atividades" (art. 457, §4º da CLT).

Alternativa "e". A **periodicidade** do pagamento deverá ocorrer em intervalos não superiores a um mês, exceto o pagamento das gratificações, comissões e percentagens. O salário poderá ser pago por dia, semana, quinzena ou mês. Se fixado por mês, o pagamento deve ser efetuado até o 5º dia útil subsequente ao mês vencido. Não é possível a celebração de acordo, nem mesmo em âmbito coletivo, para prorrogar esse prazo de pagamento do salário. "O pagamento do salário, **qualquer** que seja a modalidade do trabalho, não deve ser estipulado por período superior a 1 (um) mês, **salvo** no que concerne a comissões, percentagens e gratificações" (art. 459 da CLT).

10. (FCC – Analista Judiciário – Área Administrativa – TRT 15/2018) Sobre salário e remuneração,

(A) consideram-se prêmios as liberalidades concedidas pelo empregador em forma de bens, serviços ou valor em dinheiro a empregado ou a grupo de empregados, em razão de desempenho superior ao ordinariamente esperado no exercício de suas atividades.

(B) as importâncias, ainda que habituais, pagas a título de ajuda de custo e diárias para viagem, limitadas a cinquenta por cento da remuneração mensal, não integram a remuneração do empregado, não se incorporam ao contrato de trabalho e não constituem base de incidência de encargo trabalhista e previdenciário.

(C) prêmios são as liberalidades concedidas em forma de bens, serviços ou valor em dinheiro, pelo empregador, em razão de seu poder potestativo, ao empregado ou a grupo de empregados, independentemente do exercício de suas atividades.

(D) as importâncias pagas a título de auxílio-alimentação, vedado o seu pagamento em dinheiro, não se incorporam ao contrato de trabalho e não constituem base de incidência de encargo trabalhista e previdenciário, salvo se habituais.

(E) o pagamento do salário e comissões, qualquer que seja a modalidade do trabalho, não deve ser estipulado por período superior a 1 mês.

COMENTÁRIOS

Nota do autor: A CLT diferencia os termos salário e remuneração. **Salário** é a contraprestação paga diretamente pelo empregador, independentemente da forma de pagamento e ainda de eventuais adicionais percebidos como horas extras, insalubridade, etc. **Remuneração** é a contraprestação paga diretamente pelo empregador e, ainda, por terceiros, por meio de gorjetas. As gorjetas são pagas de forma espontânea ou obrigatória, **não integrando o salário**, mas a remuneração do empregado. A Reforma Trabalhista promoveu diversas modificações no tocante ao tema. Não deixe de conferir a nova redação do art. 457 da CLT! Importa destacar que em tal concurso foi cobrada a MP nº 808/2017. Apesar disso, a alternativa dada como correta não levou referida Medida Provisória em conta, que, aliás, não foi votada e perdeu vigência

Alternativa correta: "a". "Consideram-se prêmios as liberalidades concedidas pelo empregador em forma de bens, serviços ou valor em dinheiro a empregado ou a grupo de empregados, em razão de desempenho superior ao ordinariamente esperado no exercício de suas atividades" (Art. 457, §4º da CLT).

Os prêmios decorrem da produtividade do trabalhador, dizendo respeito a fatores de ordem pessoal dele, como a produção, a assiduidade, a qualidade. Não podem, porém, ser a única forma de pagamento do salário, por serem dependentes de uma condição, devendo o obreiro perceber pelo menos um salário fixo[1071].

Com a Reforma Trabalhista, os prêmios passaram a ser considerados parcelas sem natureza salarial por expressa previsão do § 2º do art. 457 da CLT. Além disso, o § 4º do dispositivo estabelece sua definição como as liberalidades concedidas pelo empregador em forma de bens, serviços ou valor em dinheiro a empregado ou grupo de empregados, em razão de desempenho superior ao ordinariamente esperado no exercício das atividades.

Alternativa "b". "As importâncias, ainda que habituais, pagas a título de ajuda de custo, auxílio-alimentação, vedado seu pagamento em dinheiro, diárias para viagem, prêmios e abonos não integram a remuneração do empregado, não se incorporam ao contrato de trabalho e não constituem base de incidência de qualquer encargo trabalhista e previdenciário" (Art. 457, §2º da CLT). Note, dessa forma, que a Reforma Trabalhista ampliou as parcelas de natureza indenizatória. Note-se que as diárias para viagem, independentemente do percentual recebido sempre terão natureza indenizatória.

Alternativa "c". "Consideram-se prêmios as liberalidades concedidas pelo empregador em forma de bens, serviços ou valor em dinheiro a empregado ou a grupo de empregados, em razão de desempenho superior ao ordinariamente esperado no **exercício de suas atividades**" (Art. 457, §4º da CLT).

Alternativa "d". "As importâncias, **ainda que habituais**, pagas a título de ajuda de custo, **auxílio-alimentação**, vedado seu pagamento em dinheiro, diárias para viagem, prêmios e abonos não integram a remuneração do empregado, não se incorporam ao contrato de trabalho e não constituem base de incidência de qualquer encargo trabalhista e previdenciário" (Art. 457, §2º da CLT).

Alternativa "e". "O pagamento do salário, qualquer que seja a modalidade do trabalho, não deve ser estipulado por período superior a 1 (um) mês, salvo no que concerne a comissões, percentagens e gratificações" (Art. 459 da CLT).

11. (FCC – Analista Judiciário – Oficial de Just. Avaliador Federal – TRT 2/2018) Jonas é auxiliar de produção na Metalúrgica Sincera S/A, e suas férias foram agendadas para serem gozadas em março. Ocorre que dois dias antes de sair de férias, requereu ao seu empregador o adiantamento de seu 13º salário. Tendo em vista que, além do salário em dinheiro, Jonas também recebe sua remuneração em utilidades, no tocante ao seu 13º salário é correto o que se afirma em:

(A) Jonas terá direito ao adiantamento de seu 13º salário juntamente com suas férias, por ter requerido no período de dois dias que antecedeu seu gozo, bem como para seu cálculo serão computados tanto o salário em dinheiro, quanto as utilidades recebidas.

(B) Jonas terá direito ao adiantamento de seu 13º salário juntamente com suas férias, por ter requerido no período de dois dias que antecedeu seu gozo, mas, para cálculo da sua remuneração, somente será computado o valor em dinheiro, não fazendo jus às utilidades recebidas.

(C) Quando parte da remuneração for paga em utilidades, o valor da quantia efetivamente descontada e correspondente a essas será computado para fixação da respectiva gratificação natalina, não tendo direito Jonas ao adiantamento em suas férias, pois é do empregador a prerrogativa de antecipar tal pagamento.

(D) Quando parte da remuneração for paga em utilidades, o valor da quantia efetivamente descontada e correspondente a essas será computado para fixação da respectiva gratificação natalina, não tendo direito Jonas ao adiantamento em suas férias, pois o mesmo deveria ter sido requerido até janeiro do ano correspondente.

(E) Quando parte da remuneração for paga em utilidades, o valor da quantia efetivamente descontada e correspondente a essas será computado para fixação da respectiva gratificação natalina, tendo direito Jonas ao adiantamento da mesma em suas férias, pois sempre que o empregado o requerer, sem limite temporal, o empregador deverá adiantá-la.

1071. MARTINS, Sergio Pinto. Direito do Trabalho. 24. ed. São Paulo: Atlas, 2008. p. 257.

COMENTÁRIOS

Nota do autor: A questão aborda o tema gratificação natalina (13º salário) e exigia do candidato o conhecimento de disposições específicas sobre o tema, em especial do contido no Decreto nº 57.155/1965, que regulamentava o tema. Atualmente, a matéria encontra-se consolidada no Decreto nº 10.854, de 2021.

Alternativa correta: "d". *Comentário serve para as demais alternativas, uma vez que versam sobre o mesmo assunto.* O décimo terceiro salário é uma gratificação salarial obrigatória prevista na CF/88 e na Lei nº 4.090/1962. São destinatários dessa gratificação empregados urbanos e rurais, os trabalhadores avulsos e os empregados domésticos. De acordo com o art. 7º, VIII, da CF/88:

> **Art. 7º, VIII, CF/88:** São direitos dos trabalhadores urbanos e rurais, além de outros que visem à melhoria de sua condição social: décimo terceiro salário com base na remuneração integral ou no valor da aposentadoria.

O pagamento deverá ocorrer até o dia 20 de dezembro, e corresponderá a 1/12 avos da remuneração devida em dezembro, por mês trabalhado ou fração igual ou superior a 15 dias. Exemplo: empregado iniciou a prestação de serviços em agosto de 2008. Receberá, até o dia 20 de dezembro de 2008, 5/12 avos a título de décimo terceiro, referente a 5 meses trabalhados

Entre os meses de fevereiro e novembro, o empregador pagará, de uma só vez, em razão do **adiantamento** do décimo terceiro, metade do salário recebido pelo empregado no mês anterior. Esse adiantamento é obrigatório e não é necessário que seja pago a todos os empregados da empresa no mesmo mês. É possível, ainda, que o adiantamento seja pago **juntamente com as férias**, desde que o **empregado requeira esse direito no mês de janeiro do correspondente ano**:

> **Art. 78 do Decreto nº 10.854/2021:** O empregador pagará, entre os meses de fevereiro e novembro de cada ano, como adiantamento da gratificação de Natal, em parcela única, metade do salário recebido pelo empregado no mês anterior ao do pagamento.
>
> **Art. 79 do Decreto nº 10.854/2021:** O **adiantamento da gratificação de Natal** será pago por ocasião das férias do empregado, sempre que esse o requerer no **mês de janeiro** do ano correspondente.

Além disso, "Quando parte da remuneração for paga em utilidades, o valor da quantia efetivamente descontada e correspondente a essas, será computado para fixação da respectiva gratificação." (art. 80, Decreto nº 10.854/2021).

12. (INSTITUTO AOCP – Analista Judiciário – Área Administrativa – TRT 1/2018) José é funcionário do Bar e Petiscaria Hora Feliz Ltda. na função de garçom, com registro em CTPS. Recebe o salário previsto em convenção coletiva da categoria. Além disso, recebe gorjetas pagas espontaneamente pelos clientes. O estabelecimento ainda cobra dos clientes taxa de serviço, à razão de 10% dos itens consumidos, cujo valor é destinado à distribuição aos empregados. A empresa fornece, também, uniforme a todos os empregados, a ser utilizado no local de trabalho para a prestação do serviço. Diante do exposto, no que se refere à remuneração do empregado, é correto afirmar que

(A) tanto a importância dada pelos clientes espontaneamente a José quanto o valor cobrado pela empregadora a título de taxa de serviço são considerados gorjeta.

(B) o uniforme fornecido pela empresa a José integra sua remuneração.

(C) as gorjetas recebidas por José dos clientes não integram sua remuneração.

(D) somente é considerada gorjeta a importância dada pelos clientes espontaneamente a José.

(E) a taxa de serviço cobrada pelo estabelecimento, nos termos do enunciado, não integra a remuneração do empregado.

COMENTÁRIOS

Nota do autor: Ao celebrar o contrato de trabalho, o empregado assume a obrigação de fazer, consubstanciada na prestação de serviços. Por outro lado, o empregador assume a obrigação de dar, ou seja, pagar o salário do trabalhador. Você deve se lembrar que salário e remuneração não se confundem. **Salário** é a contraprestação paga diretamente pelo empregador, independentemente da forma de pagamento e ainda de eventuais adicionais percebidos como horas extras, insalubridade, etc. **Remuneração** é a contraprestação paga diretamente pelo empregador e, ainda, por terceiros, por meio de gorjetas.

Alternativa correta: "a". "Considera-se gorjeta não só a importância espontaneamente dada pelo cliente ao empregado, como também o valor cobrado pela empresa, como serviço ou adicional, a qualquer título, e destinado à

▶ QUESTÕES DE CONCURSOS

distribuição aos empregados" (Art. 457, §3º da CLT). Esse valor, calculado sobre a média, reflete nas demais verbas trabalhistas, calculadas com base na remuneração, como: férias + ⅓, décimo terceiro salário e FGTS. Não integra, contudo, as seguintes verbas calculadas com base no salário: aviso-prévio, adicional noturno, hora extra e descanso semanal remunerado.

Alternativa "b". De acordo com o art. 458. §2º, I da CLT não será considerado como salário-utilidade o vestuário, equipamentos e outros acessórios fornecidos aos empregados e utilizados no local de trabalho, para a prestação do serviço.

Alternativa "c". Conforme comentários à alternativa "a", as gorjetas dadas espontaneamente pelos clientes integram a remuneração de José (Art. 457, §3º da CLT).

Alternativa "d" e "e". "Considera-se gorjeta **não só** a importância espontaneamente dada pelo cliente ao empregado, **como também** o valor cobrado pela empresa, como serviço ou adicional, a qualquer título, e destinado à distribuição aos empregados" (Art. 457, §3º da CLT).

13. (FCC – Analista Judiciário – Área Judiciária – TRT 11/2024) De acordo com o que estabelece a Consolidação das Leis do Trabalho,

A) o adicional de periculosidade varia entre os graus mínimo, médio e máximo, sendo, respectivamente, de 10%, 20% e 30% do salário dos empregados.

B) é considerada atividade insalubre aquela que implique risco acentuado em virtude de exposição permanente do trabalhador a inflamáveis e explosivos.

C) o adicional de insalubridade tem porcentual fixo: 30% do salário básico do empregado.

D) o adicional de periculosidade varia entre os graus mínimo, médio e máximo sobre o salário mínimo.

E) são consideradas perigosas as atividades de trabalhador em motocicleta.

COMENTÁRIOS

Nota do autor: A questão aborda a temática da insalubridade e da periculosidade, exigindo, do candidato, o conhecimento acerca dos arts. 192 e 193 da CLT.

Alternativa "a". Incorreta. A alternativa confunde os adicionais previstos na CLT. O adicional de insalubridade, sim, possui gradação em três níveis: mínimo (10%), médio (20%) e máximo (40%), conforme art. 192 da CLT. Já o adicional de periculosidade, ao contrário do que afirma a assertiva, tem valor fixo de 30% sobre o salário-base, nos termos do art. 193, §1º, da CLT, sem gradação.

Alternativa "b". Incorreta. A exposição permanente a inflamáveis e explosivos caracteriza, de fato, atividade perigosa, e não insalubre, como afirma erroneamente a alternativa. O art. 193, I, da CLT, dispõe expressamente que são consideradas perigosas as atividades que exponham o trabalhador permanentemente a inflamáveis, explosivos ou energia elétrica, dentre outras.

Alternativa "c". Incorreta. A assertiva incorre em erro ao afirmar que o adicional de insalubridade possui porcentual fixo de 30%. Na verdade, esse adicional é variável, conforme o grau de exposição ao agente nocivo (mínimo, médio ou máximo), sendo os percentuais de 10%, 20% e 40% do salário mínimo, conforme art. 192 da CLT. O adicional fixo de 30% se refere, na verdade, ao adicional de periculosidade.

Alternativa "d". Incorreta. A gradação por níveis (mínimo, médio e máximo) não se aplica ao adicional de periculosidade, que tem valor único de 30% sobre o salário-base, nos termos do art. 193, §1º, da CLT. A gradação é característica do adicional de insalubridade, previsto no art. 192 da CLT.

Alternativa "e". Correta. Nos termos do art. 193, §4º, da CLT, são consideradas perigosas as atividades exercidas por trabalhadores em motocicleta, incluídas expressamente pela Lei nº 12.997/2014. A norma reconhece o risco potencial dessa atividade, especialmente em deslocamentos constantes no trânsito urbano ou rodoviário.

Alternativa correta: "e".

14. (Cespe – Analista Judiciário – Área Judiciária – TRT 8/2022) No que se refere às atividades insalubres ou perigosas, assinale a opção correta.

A) A atividade é considerada perigosa quando o empregado permanece exposto permanentemente a uma atividade de risco, sendo excluídos os casos de exposições intermitentes.

B) Constitui atividade perigosa para os tripulantes de uma aeronave o fato de permanecerem a bordo durante o abastecimento da aeronave.

C) A constatação de que a atividade é insalubre, por laudo pericial, é suficiente para que o empregado receba o adicional correspondente.

D) Não constitui atividade insalubre o fato de o empregado trabalhar a céu aberto, sujeito à radiação solar, exceto nas situações em que estiver exposto a calor acima dos limites de tolerância.

E) A exposição do empregado a radiação ionizante ou a substância radioativa enseja a percepção do adicional de insalubridade.

COMENTÁRIOS

Nota do autor: A questão aborda a temática da insalubridade e da periculosidade, exigindo, do candidato, conhecimento acerca da jurisprudência sumulada do TST. É cada vez mais frequente em concurso da área trabalhista a cobrança do texto de Súmulas e OJs do TST. Inclua nos seus estudos um tempinho para a leitura da jurisprudência consolidada do TST, assim como deve se reservar um tempo para a leitura da legislação "seca".

Alternativa "a". Incorreta. "Tem direito ao adicional de periculosidade o empregado exposto permanentemente ou que, de forma intermitente, sujeita-se a condições de risco. Indevido, apenas, quando o contato dá-se de forma eventual, assim considerado o fortuito, ou o que, sendo habitual, dá-se por tempo extremamente reduzido." (Súmula nº 364, I, do TST – grifamos).

Alternativa "b". Incorreta. "Os tripulantes e demais empregados em serviços auxiliares de transporte aéreo que, no momento do abastecimento da aeronave, permanecem a bordo não têm direito ao adicional de periculosidade a que aludem o art. 193 da CLT e o Anexo 2, item 1, "c", da NR 16 do MTE" (Súmula nº 447 do TST).

Alternativa "c". Incorreta. "Não basta a constatação da insalubridade por meio de laudo pericial para que o empregado tenha direito ao respectivo adicional, sendo necessária a classificação da atividade insalubre na relação oficial elaborada pelo Ministério do Trabalho." (Súmula nº 448, I, do TST).

Alternativa "d". Correta. Nos termos da jurisprudência consolidada do TST:

> **OJ nº 173 da SDI-I do TST** - Adicional de insalubridade. Atividade a céu aberto. Exposição ao sol e ao calor
>
> I – Ausente previsão legal, indevido o adicional de insalubridade ao trabalhador em atividade a céu aberto, por sujeição à radiação solar (art. 195 da CLT e Anexo 7 da NR 15 da Portaria Nº 3214/78 do MTE).
>
> II – Tem direito ao adicional de insalubridade o trabalhador que exerce atividade exposto ao calor acima dos limites de tolerância, inclusive em ambiente externo com carga solar, nas condições previstas no Anexo 3 da NR 15 da Portaria nº 3214/78 do MTE.

Alternativa "e". Incorreta. "A exposição do empregado à radiação ionizante ou à substância radioativa enseja a percepção do adicional de periculosidade, pois a regulamentação ministerial (Portarias do Ministério do Trabalho nºs 3.393, de 17.12.1987, e 518, de 07.04.2003), ao reputar perigosa a atividade, reveste-se de plena eficácia, porquanto expedida por força de delegação legislativa contida no art. 200, "caput", e inciso VI, da CLT. No período de 12.12.2002 a 06.04.2003, enquanto vigeu a Portaria nº 496 do Ministério do Trabalho, o empregado faz jus ao adicional de insalubridade." (OJ nº 345 da SDI-I do TST – grifamos).

Alternativa correta: "d".

15. **(Cespe – Técnico Judiciário – Área Administrativa – TRT 8/2022)** Paulo e Edivânia são empregados da sociedade empresária Gama Ltda. Paulo, segundo laudo regularmente elaborado, está exposto ao grau médio de risco em razão de ruído. Edivânia recebe adicional por trabalhar em contato permanente com agentes explosivos.

Em relação aos adicionais a serem pagos pela empresa na situação hipotética anterior, assinale a opção correta.

A) Paulo deve receber adicional de periculosidade de 40% sobre o seu salário-base, e Edivânia, adicional de insalubridade de 30% do salário mínimo.

B) Paulo deve receber adicional de insalubridade de 20% sobre o salário mínimo, e Edivânia, adicional de periculosidade de 30% do seu salário-base.

C) Paulo deve receber adicional de periculosidade de 20% do salário mínimo, e Edivânia, adicional de insalubridade de 30% sobre o seu salário-base.

D) Paulo deve receber adicional de insalubridade de 10% sobre o seu salário-base, e Edivânia, adicional de periculosidade de 40% sobre o salário mínimo.

E) Paulo e Edivânia devem receber adicional de 30% sobre o valor dos respectivos salários-base.

COMENTÁRIOS

Nota do autor: A questão aborda inúmeros aspectos relacionados com o adicional de insalubridade e de periculosidade. O tema vem sendo cada vez mais cobrado em provas, devendo ser objeto de maior atenção dos candidatos.

Comentário serve para todas as alternativas, uma vez que versam sobre o mesmo assunto.

Vamos analisar a situação de cada empregado separadamente.

Paulo: Para a obtenção do adicional de insalubridade, há necessidade de preencher 2 requisitos: a) Atividade nociva deverá ser constatada via perícia por profissional habilitado, médico ou engenheiro do trabalho; e b) É necessário que o agente nocivo à saúde esteja incluído na relação oficial do Ministério do Trabalho e Emprego. A exposição de Paulo ao agente físico "ruído" foi constatada em laudo regularmente elaborado e o "ruído" consta no Anexo 1 da NR-15 do TEM. Portanto, Paulo tem direito ao adicional de insalubridade em grua médio. O adicional de insalubridade era calculado com base no salário mínimo, variando de acordo com a agressividade do agente nocivo. Está previsto no art. 192 da CLT:

> **Art. 192 da CLT:** O exercício de trabalho em condições insalubres, acima dos limites de tolerância estabelecidos pelo Ministério do Trabalho, assegura a percepção de adicional respectivamente de 40% (quarenta por cento), 20% (vinte por cento) e 10% (dez por cento) do salário mínimo da região, segundo se classifiquem nos graus máximo, médio e mínimo.

Assim, Paulo deve receber adicional de insalubridade de 20% sobre o salário mínimo.

Edivânia: Nos termos do art. 193, I e § 1º, da CLT:

> **Art. 193 da CLT:** São consideradas atividades ou operações perigosas, na forma da regulamentação aprovada pelo Ministério do Trabalho e Emprego, aquelas que, por sua natureza ou métodos de trabalho, impliquem risco acentuado em virtude de exposição permanente do trabalhador a:
>
> I - inflamáveis, explosivos ou energia elétrica; (...)
>
> § 1º - O trabalho em condições de periculosidade assegura ao empregado um adicional de 30% (trinta por cento) sobre o salário sem os acréscimos resultantes de gratificações, prêmios ou participações nos lucros da empresa.

Portanto, Edvânia, que trabalha em contato permanente com agentes explosivos, recebe adicional de periculosidade de 30% do seu salário-base.

Alternativa correta: "b".

16. (FCC – Analista Judiciário – Área Judiciária – TRT 9/2022) Sobre segurança e medicina do trabalho, Equipamento de Proteção Individual (EPI) e atividades perigosas, considere:

I. A empresa é obrigada a fornecer aos empregados, gratuitamente, EPI adequado ao risco e em perfeito estado de conservação e funcionamento, sempre que as medidas de ordem geral não ofereçam completa proteção contra acidentes e danos à saúde dos empregados.

II. Após a constatação do trabalho em condições insalubres, o direito do empregado ao adicional de insalubridade não cessará, nem mesmo com a eliminação do risco à sua saúde, por se tratar de direito adquirido que integra o contrato de trabalho.

III. Serão exigidos exames toxicológicos, previamente à admissão e por ocasião do desligamento, para as profissões de motorista profissional, engenheiro civil e médico, assegurados o direito à contraprova em caso de resultado positivo e a confidencialidade dos resultados dos respectivos exames.

IV. São consideradas atividades ou operações perigosas aquelas que, por sua natureza ou métodos de trabalho, impliquem risco acentuado em virtude de exposição permanente do trabalhador a **inflamáveis, explosivos ou energia elétrica**; **roubos ou outras espécies de violência física nas atividades profissionais de segurança pessoal ou patrimonial**; o trabalho em altura superior a 2 metros; e as atividades laborais com utilização de motocicleta ou motoneta no deslocamento de trabalhador em vias públicas.

V. O trabalho em condições de periculosidade assegura ao empregado um adicional de 30% sobre o salário sem os acréscimos resultantes de gratificações, prêmios ou participações nos lucros da empresa.

Está correto o que se afirma APENAS em

(A) II, IV e V.

(B) I, III e V.

(C) I e V.

(D) II, III e IV.

(E) I.

COMENTÁRIOS

Nota do autor: A questão aborda vários temas relacionados à saúde e segurança no trabalho. Lembre o art. 611-B, XVII, da CLT, acrescentado pela Reforma Trabalhista, determina que a ilicitude de convenção e acordo coletivos de trabalho que prevejam a supressão ou redução de normas de saúde, higiene e segurança do trabalho previstas em lei ou em normas regulamentadoras do Ministério do Trabalho.

Assertiva I. Correta. "A empresa é obrigada a fornecer aos empregados, gratuitamente, equipamento de proteção individual adequado ao risco e em perfeito estado de conservação e funcionamento, sempre que as medidas de ordem geral não ofereçam completa proteção

QUESTÕES DE CONCURSOS

contra os riscos de acidentes e danos à saúde dos empregados." (art. 166, CLT).

Assertiva II. Incorreta. "O direito do empregado ao adicional de insalubridade ou de periculosidade cessará com a eliminação do risco à sua saúde ou integridade física, nos termos desta Seção e das normas expedidas pelo Ministério do Trabalho." (art. 194, CLT).

Assertiva III. Incorreta. "Serão exigidos exames toxicológicos, previamente à admissão e por ocasião do desligamento, quando se tratar de motorista profissional, assegurados o direito à contraprova em caso de resultado positivo e a confidencialidade dos resultados dos respectivos exames." (art. 168, § 6º, CLT).

Assertiva IV. Incorreta. Em relação às atividades ou operações perigosas, tivemos uma importante atualização no ano de 2023. A questão, contudo, continua atualizada. Segue, abaixo, a atual redação do art. 193 da CLT:

> **Art. 193, CLT:** São consideradas atividades ou operações perigosas, na forma da regulamentação aprovada pelo Ministério do Trabalho e Emprego, aquelas que, por sua natureza ou métodos de trabalho, impliquem risco acentuado em virtude de exposição permanente do trabalhador a:
>
> I - inflamáveis, explosivos ou energia elétrica;
>
> II - roubos ou outras espécies de violência física nas atividades profissionais de segurança pessoal ou patrimonial.
>
> **III – colisões, atropelamentos ou outras espécies de acidentes ou violências nas atividades profissionais dos agentes das autoridades de trânsito. (Incluído pela Lei nº 14.684, de 2023)**
>
> § 1º O trabalho em condições de periculosidade assegura ao empregado um adicional de 30% (trinta por cento) sobre o salário sem os acréscimos resultantes de gratificações, prêmios ou participações nos lucros da empresa.
>
> § 2º O empregado poderá optar pelo adicional de insalubridade que porventura lhe seja devido.
>
> § 3º Serão descontados ou compensados do adicional outros da mesma natureza eventualmente já concedidos ao vigilante por meio de acordo coletivo.
>
> § 4º São também consideradas perigosas as atividades de trabalhador em motocicleta.

O trabalho em altura superior a 2 metros não enseja o pagamento do adicional de periculosidade, mas recebe regulamentação própria na NR 35 do Ministério do Trabalho e Emprego:

> **Item 35.2.1, NR 35:** Aplica-se o disposto nessa Norma a toda atividade com diferença de nível acima de 2,0m (dois metros) do nível inferior, onde haja risco de queda.

Assertiva V. Correta. Conforme acima transcrito, nos termos do § 1º do art. 193 da CLT, "O trabalho em condições de periculosidade assegura ao empregado um adicional de 30% (trinta por cento) sobre o salário sem os acréscimos resultantes de gratificações, prêmios ou participações nos lucros da empresa".

Alternativa correta: "c".

17. (FCC – Analista Judiciário – Área Judiciária – TRT 14/2022) Entendendo exercer atividades com exposição a agentes que causam prejuízo à sua saúde, Laurindo pleiteia junto ao empregador o recebimento de adicional de insalubridade. Considerando as previsões legais e o entendimento sumulado do TST, Laurindo terá direito ao referido adicional

(A) mesmo se o trabalho em condições insalubres for executado em caráter intermitente, pois isso, por si só, não afasta o direito à percepção do adicional.

(B) se os agentes nocivos à saúde estiverem acima dos limites de tolerância fixados em razão da sua natureza e da sua intensidade, não importando o tempo de exposição aos seus efeitos.

(C) se o empregador não fornecer aparelhos de proteção individual que a CIPA entenda serem aptos a eliminar a insalubridade do ambiente de trabalho.

(D) desde que haja constatação da insalubridade por meio de laudo pericial, não importando se o agente está previamente inserido na relação de atividades insalubres do Ministério do Trabalho, que é meramente exemplificativa.

(E) desde que não tenha havido a eliminação ou a neutralização da insalubridade em razão da adoção de medidas de proteção coletiva que estejam indicadas no Programa de Gerenciamento de Riscos da empresa e que sejam fiscalizadas pela CIPA.

COMENTÁRIOS

Nota do autor: A questão aborda inúmeros aspectos relacionados com o adicional de insalubridade. O tema vem sendo cada vez mais cobrado em provas, devendo ser objeto de maior atenção dos candidatos.

Alternativa "a". Correta. "O trabalho executado em condições insalubres, em caráter intermitente, não afasta, só por essa circunstância, o direito à percepção do respectivo adicional." (Súmula nº 47 do TST).

Alternativa "b". Incorreta. "Serão consideradas atividades ou operações insalubres aquelas que, por sua natureza, condições ou métodos

▶ QUESTÕES DE CONCURSOS

de trabalho, exponham os empregados a agentes nocivos à saúde, acima dos limites de tolerância fixados em razão da natureza e da intensidade do agente e do tempo de exposição aos seus efeitos." (art. 189, CLT).

Alternativa "c". Incorreta. A CIPA, enquanto órgão de diálogo socia e que compartilha da responsabilidade de manutenção de um meio ambiente do trabalho ecologicamente equilibrado, pode e deve opinar acerca dos EPIs úteis e necessários à eliminação dos riscos. Contudo, aquele apto à eliminar a atividade insalubre e, então, fazer cessar o pagamento do respectivo adicional é aquele com a indicação do Certificado de Aprovação do Ministério do Trabalho (art. 167 da CLT).

Alternativa "d". Incorreta. "Não basta a constatação da insalubridade por meio de laudo pericial para que o empregado tenha direito ao respectivo adicional, sendo necessária a classificação da atividade insalubre na relação oficial elaborada pelo Ministério do Trabalho." (Súmula nº 448 do TST).

Alternativa "e". Incorreta. Conforme dispõe a CLT:

> **Art. 191, CLT:** A eliminação ou a neutralização da insalubridade ocorrerá:
>
> I - com a adoção de medidas que conservem o ambiente de trabalho dentro dos limites de tolerância;
>
> II - com a utilização de equipamentos de proteção individual ao trabalhador, que diminuam a intensidade do agente agressivo a limites de tolerância.
>
> Parágrafo único - Caberá às Delegacias Regionais do Trabalho, comprovada a insalubridade, notificar as empresas, estipulando prazos para sua eliminação ou neutralização, na forma deste artigo.

Alternativa correta: "a".

18. (FCC – Analista Judiciário – Área Judiciária – TRT 14/2022) Previsto entre os direitos constitucionais dos trabalhadores, o salário mínimo caracteriza-se como o menor valor de salário que pode ser pago pelo empregador como contraprestação pelos serviços prestados. Tratando-se de forma de proteção, a fixação de um patamar mínimo de valor a ser pago aos trabalhadores visa assegurar uma condição digna para os mesmos e suas respectivas famílias. Nesse contexto, extrai-se do texto constitucional e das normas infraconstitucionais sobre o tema que o salário mínimo

(A) deve ser previsto em lei, havendo variação de valor entre as diversas regiões do País para permitir o atendimento de necessidades básicas do trabalhador e de sua família de acordo com o custo de vida regional.

(B) deve ser capaz de atender as necessidades vitais básicas do trabalhador e as de sua família com moradia, alimentação, vestuário, higiene e lazer, considerando-se os respectivos percentuais para cada uma dessas utilidades: 40%, 25%, 20%, 5% e 10%.

(C) não pode ser usado como indexador de qualquer prestação instituída por lei ou estipulada em contrato, já que é vedada sua vinculação para qualquer fim.

(D) é garantido aos aprendizes em valor hora equivalente a 2/3 do valor hora pago aos empregados urbanos, rurais e domésticos.

(E) será reajustado anualmente, salvo se prevista periodicidade diferente em convenção ou acordo coletivo de trabalho.

COMENTÁRIOS

Nota do autor: Trata-se de uma questão simples, que aborda o tema salário e remuneração. Bastava, ao candidato, o conhecimento acerca da Súmula Vinculante nº 4 (STF). Optamos por aloca-la aqui pela explicação sobre a base de cálculo do adicional de insalubridade.

Comentário serve para todas as alternativas, uma vez que versam sobre o mesmo assunto. O adicional de insalubridade era calculado com base no salário mínimo, variando de acordo com a agressividade do agente nocivo. Ocorre, entretanto, que o Supremo Tribunal Federal – STF –, em julgamento datado de 30 de abril de 2008, proibiu que o salário mínimo sirva de base de cálculo (indexador) do adicional de insalubridade. Após essa decisão, o art. 192 da CLT não mais pode ser utilizado. De acordo com a Súmula Vinculante nº 4 do STF:

> **Súmula Vinculante nº 4 do STF:** Salvo nos casos previstos na Constituição, o salário mínimo não pode ser usado como indexador de base de cálculo de vantagem de servidor público ou de empregado, nem ser substituído por decisão judicial.

Nesse sentido, há necessidade de lei para fixar o novo patamar, seja no valor do salário contratual ou um valor nominal. É possível que acordos e convenções coletivas fixem essa base de cálculo, deixando claro e expresso que se trata de parâmetro para fins de adicional de insalubridade. Por outro lado, o TST entende, atualmente, que, enquanto não houver lei específica ou, ainda, norma coletiva que fixe expressamente a base de cálculo, o salário mínimo continua sendo utilizado, conforme previsto no art. 192 da CLT.

Alternativa correta: "a".

19. (FCC – Analista Judiciário – Área Judiciária – TRT 17/2022) Magno é gerente de uma fábrica, prestando serviços próximo a um tanque de óleo diesel que alimenta o gerador da fábrica, e recebe mensalmente adicional de periculosidade. No Estado de Magno o salário mínimo regional é de R$ 1.300,00, e Magno recebe R$ 3.000,00 de salário fixo, R$ 400,00 de prêmio produção e R$ 1.200,00 de gratificação de função. Desta forma, conforme previsão legal, seu adicional de periculosidade é de

(A) R$ 390,00

(B) R$ 900,00

(C) R$ 1.200,00

(D) R$ 850,00

(E) R$ 1.260,00

COMENTÁRIOS

Nota do autor: A questão aborda o tema do adicional de periculosidade. Ademais, exigia o conhecimento do percentual e da base de cálculo da respectiva verba.

Comentário serve para todas as alternativas, uma vez que versam sobre o mesmo assunto. Conforme redação atualizada do art. 193 da CLT:

> **Art. 193, CLT:** São consideradas atividades ou operações perigosas, na forma da regulamentação aprovada pelo Ministério do Trabalho e Emprego, aquelas que, por sua natureza ou métodos de trabalho, impliquem risco acentuado em virtude de exposição permanente do trabalhador a:
>
> (...)
>
> § 1º O trabalho em condições de periculosidade assegura ao empregado um adicional de **30% (trinta por cento) sobre o salário sem os acréscimos resultantes de gratificações, prêmios ou participações nos lucros da empresa**.

Dessa forma, no caso descrito no enunciado, o adicional de periculosidade incidirá sobre o salário base de Magno, ou seja, sobre R$ 3.000,00.

R$ 3.000,00	X	30%	=	R$ 900,00

Alternativa correta: "b".

20. (FCC – Analista Judiciário – Área Judiciária – TRT 22/2022) Nas funções exercidas por Eliezer, no setor de energia elétrica, ele recebe, além de seu salário, também adicional de periculosidade, pago em caráter permanente. Nas ocasiões em que Eliezer está de sobreaviso, de acordo com o entendimento sumulado do TST, o adicional de periculosidade

(A) não integra o cálculo das horas de sobreaviso, uma vez que tal adicional também não integra as horas extras prestadas por Eliezer.

(B) integra o cálculo das horas de sobreaviso, tendo em vista que o referido adicional é pago em caráter permanente.

(C) integra o cálculo das horas de sobreaviso, mas pela metade, tendo em vista que Eliezer está em sua residência, sem contato ou em condições de risco.

(D) não integra o cálculo das horas de sobreaviso, tendo em vista que Eliezer não se encontra em condições de risco.

(E) não integra o cálculo das horas de sobreaviso, pois não existe a possibilidade de sobreaviso nas atividades expostas a condições de risco, ainda que remuneradas com adicional de periculosidade.

COMENTÁRIOS

Nota do autor: A questão aborda o tema segurança e saúde no trabalho e exigia o conhecimento da jurisprudência do TST. Note-se que, com a Reforma Trabalhista, as normas sobre duração do trabalho e intervalos não são consideradas como normas de saúde, higiene e segurança do trabalho, nos termos do art. 611-B da CLT.

Comentário serve para todas as alternativas, uma vez que versam sobre o mesmo assunto. "Durante as horas de sobreaviso, o empregado não se encontra em condições de risco, razão pela qual é incabível a integração do adicional de periculosidade sobre as mencionadas horas." (Súmula nº 132, II, TST).

Alternativa correta: "d".

21. (FCC – Analista Judiciário – Área Judiciária – TRT 23/2022) Margarida é empregada da metalúrgica Ferro e Fogo Ltda., e partir do próximo mês começará a prestar serviços no setor de usinagem, próxima ao local onde funciona o gerador de energia, alimentado a óleo diesel. De acordo com laudo técnico contratado pela empresa, o setor apresenta risco de explosão e os empregados do setor devem receber adicional de periculosidade. Sabendo que a remuneração de Margarida é composta pelo salário de R$ 2.000,00, acrescido de gratificação de desempenho de R$ 500,00, e prêmio produção de R$ 300,00, e o salário mínimo regional é de R$ 1.250,00, seu adicional de periculosidade deverá ser de

(A) R$ 375,00

(B) R$ 600,00

(C) R$ 840,00

▸ QUESTÕES DE CONCURSOS

(D) R$ 500,00
(E) R$ 750,00

COMENTÁRIOS

Nota do autor: A questão aborda o tema do adicional de periculosidade. Ademais, exigia o conhecimento do percentual e da base de cálculo da respectiva verba.

Comentário serve para todas as alternativas, uma vez que versam sobre o mesmo assunto. Conforme redação atualizada do art. 193 da CLT:

> **Art. 193, CLT:** São consideradas atividades ou operações perigosas, na forma da regulamentação aprovada pelo Ministério do Trabalho e Emprego, aquelas que, por sua natureza ou métodos de trabalho, impliquem risco acentuado em virtude de exposição permanente do trabalhador a:
> (...)
> § 1º O trabalho em condições de periculosidade assegura ao empregado um adicional de **30% (trinta por cento) sobre o salário sem os acréscimos resultantes de gratificações, prêmios ou participações nos lucros da empresa.**

Dessa forma, no caso descrito no enunciado, o adicional de periculosidade incidirá sobre o salário base de Margarida, ou seja, sobre R$ 2.000,00.

R$ 2.000,00	X	30%	=	R$ 600,00

Alternativa correta: "b".

22. **(FCC – Analista Judiciário – Oficial de Justiça Avaliador Federal – TRT 17/2022)** Poseidon é empregado do Condomínio Palas Atena, exercendo as funções de auxiliar de limpeza. O condomínio contratou um perito para avaliar as condições de trabalho e o mesmo constatou que o trabalhador faz jus a perceber adicional de insalubridade em grau médio. Sabendo-se que Poseidon percebe salário de R$ 2.000,00 e que o salário mínimo regional é de R$ 1.300,00, referido empregado deverá receber, a título de adicional de insalubridade, o valor de

(A) R$ 260,00
(B) R$ 400,00
(C) R$ 390,00
(D) R$ 600,00
(E) R$ 420,00

COMENTÁRIOS

Nota do autor: A questão aborda o tema do adicional de insalubridade. Ademais, exigia o conhecimento do percentual e da base de cálculo da respectiva verba.

Comentário serve para todas as alternativas, uma vez que versam sobre o mesmo assunto. O adicional de insalubridade é fixado pelo art. 192 da CLT e pela Norma Regulamentadora nº 15 do Ministério do Trabalho, sendo de:

- 40% para insalubridade de grau máximo;
- 20% para insalubridade de grau médio;
- 10% para insalubridade de grau mínimo.

O adicional de insalubridade era calculado com base no salário mínimo, variando de acordo com a agressividade do agente nocivo. Ocorre, entretanto, que o Supremo Tribunal Federal – STF –, em julgamento datado de 30 de abril de 2008, proibiu que o salário mínimo sirva de base de cálculo (indexador) do adicional de insalubridade. Após essa decisão, o art. 192 da CLT não mais pode ser utilizado. De acordo com a Súmula Vinculante nº 4 do STF:

> **Súmula Vinculante nº 4 do STF:** Salvo nos casos previstos na Constituição, o salário mínimo não pode ser usado como indexador de base de cálculo de vantagem de servidor público ou de empregado, nem ser substituído por decisão judicial.

Nesse sentido, há necessidade de lei para fixar o novo patamar, seja no valor do salário contratual ou um valor nominal. É possível que acordos e convenções coletivas fixem essa base de cálculo, deixando claro e expresso que se trata de parâmetro para fins de adicional de insalubridade. Por outro lado, o TST entende, atualmente, que, enquanto não houver lei específica ou, ainda, norma coletiva que fixe expressamente a base de cálculo, o salário mínimo continua sendo utilizado, conforme previsto no art. 192 da CLT.

Portanto, o que se tem objetivamente é que o adicional de insalubridade tem como base de cálculo o salário-mínimo vigente (até que a legislação o regulamente) e incidirá na proporção de 10%, 20% ou 40%, a depender do grau de insalubridade.

No caso apresentado, Poseidon faz jus ao adicional de insalubridade em grau médio (20%), que será calculado sobre o salário mínimo regional (R$ 1.300,00). Assim:

R$ 1.300,00	X	20%	=	R$ 260,00

Alternativa correta: "a".

23. (FCC – Analista Judiciário – Oficial de Justiça Avaliador Federal – TRT 23/2022) Abdias presta serviços de coleta de lixo hospitalar para o Hospital Cura Tudo, percebendo adicional de insalubridade em grau médio. Após novo laudo ambiental, atestou-se a necessidade de pagamento de adicional de insalubridade em grau máximo. Nessa situação, Abdias deverá receber um acréscimo nessa verba de

(A) 100%
(B) 40%
(C) 80%
(D) 20%
(E) 50%

COMENTÁRIOS

Nota do autor: A questão aborda o tema do adicional de insalubridade. Ademais, exigia o conhecimento do percentual e da base de cálculo da respectiva verba. Atenção!! Essa questão é uma pegadinha e aborda diferentes percentagens para tentar te confundir. Sempre tenha uma leitura cuidadosa do enunciado e das alternativas antes de sair respondendo.

Comentário serve para todas as alternativas, uma vez que versam sobre o mesmo assunto. O adicional de insalubridade é fixado pelo art. 192 da CLT e pela Norma Regulamentadora nº 15 do Ministério do Trabalho, sendo de:

- 40% para insalubridade de grau máximo;
- 20% para insalubridade de grau médio;
- 10% para insalubridade de grau mínimo.

A questão te induz a assinalar a alternativa "b", já que o adicional de insalubridade de grau máximo é 40%. Contudo, não é questionado o valor do adicional de insalubridade, mas a porcentagem de acréscimo nessa verba, comparando os adicionais de graus médio e máximo. De 20% para 40%, temos um acréscimo de 100% (20% + 20% = 40%).

Alternativa correta: "a".

24. (FCC – Técnico Judiciário – Área Administrativa – TRT 4/2022) Sócrates é empregado do restaurante Cavalo de Troia Ltda. e recebe salário de R$ 1.800,00, ou seja, R$ 600,00 a mais do que o salário mínimo nacional. Por ter passado a trabalhar em ambiente insalubre em grau médio a partir de 01/04/2022, receberá o respectivo adicional de insalubridade a partir de maio de 2022 no valor, em R$, de

(A) 360,00
(B) 180,00
(C) 540,00
(D) 480,00
(E) 240,00

COMENTÁRIOS

Nota do autor: A questão aborda o tema do adicional de insalubridade. Ademais, exigia o conhecimento do percentual e da base de cálculo da respectiva verba.

Comentário serve para todas as alternativas, uma vez que versam sobre o mesmo assunto. O adicional de insalubridade é fixado pelo art. 192 da CLT e pela Norma Regulamentadora nº 15 do Ministério do Trabalho, sendo de:

- 40% para insalubridade de grau máximo;
- 20% para insalubridade de grau médio;
- 10% para insalubridade de grau mínimo.

O adicional de insalubridade era calculado com base no salário mínimo, variando de acordo com a agressividade do agente nocivo. Ocorre, entretanto, que o Supremo Tribunal Federal – STF –, em julgamento datado de 30 de abril de 2008, proibiu que o salário mínimo sirva de base de cálculo (indexador) do adicional de insalubridade. Após essa decisão, o art. 192 da CLT não mais pode ser utilizado. De acordo com a Súmula Vinculante nº 4 do STF:

> **Súmula Vinculante nº 4 do STF:** Salvo nos casos previstos na Constituição, o salário mínimo não pode ser usado como indexador de base de cálculo de vantagem de servidor público ou de empregado, nem ser substituído por decisão judicial.

Nesse sentido, há necessidade de lei para fixar o novo patamar, seja no valor do salário contratual ou um valor nominal. É possível que acordos e convenções coletivas fixem essa base de cálculo, deixando claro e expresso que se trata de parâmetro para fins de adicional de insalubridade. Por outro lado, o TST entende, atualmente, que, enquanto não houver lei específica ou, ainda, norma coletiva que fixe expressamente a base de cálculo, o salário mínimo continua sendo utilizado, conforme previsto no art. 192 da CLT.

Portanto, o que se tem objetivamente é que o adicional de insalubridade tem como base de cálculo o salário-mínimo vigente (até que a legislação o regulamente) e incidirá na proporção de 10%, 20% ou 40%, a depender do grau de insalubridade.

No caso apresentado, Sócrates faz jus ao adicional de insalubridade em grau médio (20%), que será calculado sobre o salário mínimo regional (R$ 1.800,00 – R$ 600,00 = R$ 1.200,00). Assim:

R$ 1.200,00	X	20%	=	R$ 240,00

Alternativa correta: "e".

25. (FCC – Técnico Judiciário – Área Administrativa – TRT 17/2022) Vênus é auxiliar de limpeza de um condomínio empresarial, trabalhando com produtos químicos que, de acordo com laudo técnico, ensejam a caracterização de ambiente insalubre em grau médio. Sabendo-se que Vênus recebe salário mensal de R$ 2.000,00, e que o salário mínimo vigente na sua região é de R$ 1.300,00, ela fará jus ao adicional de insalubridade de

(A) R$ 400,00
(B) R$ 260,00
(C) R$ 200,00
(D) R$ 390,00
(E) R$ 520,00

COMENTÁRIOS

Nota do autor: A questão aborda o tema do adicional de insalubridade. Ademais, exigia o conhecimento do percentual e da base de cálculo da respectiva verba.

Comentário serve para todas as alternativas, uma vez que versam sobre o mesmo assunto. O adicional de insalubridade é fixado pelo art. 192 da CLT e pela Norma Regulamentadora nº 15 do Ministério do Trabalho, sendo de:

- 40% para insalubridade de grau máximo;
- 20% para insalubridade de grau médio;
- 10% para insalubridade de grau mínimo.

O adicional de insalubridade era calculado com base no salário mínimo, variando de acordo com a agressividade do agente nocivo. Ocorre, entretanto, que o Supremo Tribunal Federal – STF –, em julgamento datado de 30 de abril de 2008, proibiu que o salário mínimo sirva de base de cálculo (indexador) do adicional de insalubridade. Após essa decisão, o art. 192 da CLT não mais pode ser utilizado. De acordo com a Súmula Vinculante nº 4 do STF:

> **Súmula Vinculante nº 4 do STF:** Salvo nos casos previstos na Constituição, o salário mínimo não pode ser usado como indexador de base de cálculo de vantagem de servidor público ou de empregado, nem ser substituído por decisão judicial.

Nesse sentido, há necessidade de lei para fixar o novo patamar, seja no valor do salário contratual ou um valor nominal. É possível que acordos e convenções coletivas fixem essa base de cálculo, deixando claro e expresso que se trata de parâmetro para fins de adicional de insalubridade. Por outro lado, o TST entende, atualmente, que, enquanto não houver lei específica ou, ainda, norma coletiva que fixe expressamente a base de cálculo, o salário mínimo continua sendo utilizado, conforme previsto no art. 192 da CLT.

Portanto, o que se tem objetivamente é que o adicional de insalubridade tem como base de cálculo o salário-mínimo vigente (até que a legislação o regulamente) e incidirá na proporção de 10%, 20% ou 40%, a depender do grau de insalubridade.

No caso apresentado, Vênus faz jus ao adicional de insalubridade em grau médio (20%), que será calculado sobre o salário mínimo regional (R$ 1.300,00). Assim:

R$ 1.300,00	X	20%	=	R$ 260,00

Alternativa correta: "b".

26. (FCC – Técnico Judiciário – Área Administrativa – TRT 17/2022) Zeus é comissário de bordo da empresa de transporte aéreo Céu de Brigadeiro. Durante o abastecimento da aeronave, por determinação da empresa, Zeus e os demais membros da tripulação permanecem a bordo. O salário de Zeus é de R$ 4.000,00. Nessa situação, à luz do que orienta a jurisprudência sumulada do TST, o referido empregado

(A) faz jus a R$ 1.200,00 de adicional de periculosidade, independente de prova técnica.
(B) deve perceber R$ 600,00 de adicional de periculosidade, independente de prova técnica.
(C) é credor de R$ 1.200,00 de adicional de periculosidade, desde que caracterizado em perícia técnica.
(D) não faz jus ao adicional de periculosidade.
(E) deve perceber R$ 1.000,00 de adicional de periculosidade, desde que caracterizado em perícia técnica.

COMENTÁRIOS

Nota do autor: A questão aborda o tema do adicional de periculosidade. Ademais, exigia o

QUESTÕES DE CONCURSOS

conhecimento do percentual e da base de cálculo da respectiva verba.

Comentário serve para todas as alternativas, uma vez que versam sobre o mesmo assunto. A questão exigia do candidato o conhecimento acerca da jurisprudência consolidade do TST:

> **Súmula nº 447 do TST:** Os tripulantes e demais empregados em serviços auxiliares de transporte aéreo que, no momento do abastecimento da aeronave, permanecem a bordo não têm direito ao adicional de periculosidade a que aludem o art. 193 da CLT e o Anexo 2, item 1, "c", da NR 16 do MTE.

Portanto, Zeus não faz jus ao adicional de periculosidade

Alternativa correta: "d".

27. (FCC – Técnico Judiciário – Área Administrativa – TRT 18/2023) Afrodite é enfermeira na clínica de saúde de idosos Aconchego e, por força da sua profissão receberá da empresa adicional de insalubridade em grau médio, após constatação em parecer de técnico contratado pelo seu empregador. Sabendo-se que o salário mínimo vigente na região é de R$ 1.300,00 e que o salário fixo de Afrodite é de R$ 2.500,00, o seu adicional de insalubridade será de

(A) R$ 260,00

(B) R$ 500,00

(C) R$ 390,00

(D) R$ 520,00

(E) R$ 250,00

COMENTÁRIOS

Nota do autor: A questão aborda o tema do adicional de insalubridade. Ademais, exigia o conhecimento do percentual e da base de cálculo da respectiva verba.

Comentário serve para todas as alternativas, uma vez que versam sobre o mesmo assunto. O adicional de insalubridade é fixado pelo art. 192 da CLT e pela Norma Regulamentadora nº 15 do Ministério do Trabalho, sendo de:

- 40% para insalubridade de grau máximo;
- 20% para insalubridade de grau médio;
- 10% para insalubridade de grau mínimo.

O adicional de insalubridade era calculado com base no salário mínimo, variando de acordo com a agressividade do agente nocivo. Ocorre, entretanto, que o Supremo Tribunal Federal – STF –, em julgamento datado de 30 de abril de 2008, proibiu que o salário mínimo sirva de base de cálculo (indexador) do adicional de insalubridade. Após essa decisão, o art. 192 da CLT não mais pode ser utilizado. De acordo com a Súmula Vinculante nº 4 do STF:

> **Súmula Vinculante nº 4 do STF:** Salvo nos casos previstos na Constituição, o salário mínimo não pode ser usado como indexador de base de cálculo de vantagem de servidor público ou de empregado, nem ser substituído por decisão judicial.

Nesse sentido, há necessidade de lei para fixar o novo patamar, seja no valor do salário contratual ou um valor nominal. É possível que acordos e convenções coletivas fixem essa base de cálculo, deixando claro e expresso que se trata de parâmetro para fins de adicional de insalubridade. Por outro lado, o TST entende, atualmente, que, enquanto não houver lei específica ou, ainda, norma coletiva que fixe expressamente a base de cálculo, o salário mínimo continua sendo utilizado, conforme previsto no art. 192 da CLT.

Portanto, o que se tem objetivamente é que o adicional de insalubridade tem como base de cálculo o salário-mínimo vigente (até que a legislação o regulamente) e incidirá na proporção de 10%, 20% ou 40%, a depender do grau de insalubridade.

No caso apresentado, Afrodite faz jus ao adicional de insalubridade em grau médio (20%), que será calculado sobre o salário mínimo regional (R$ 1.300,00). Assim:

R$ 1.300,00	X	20%	=	R$ 260,00

Alternativa correta: "a".

28. (FCC – Técnico Judiciário – Área Administrativa – TRT 22/2022) Rodnei é auxiliar de contabilidade na Grax Indústria de Óleos e Lubrificantes Industriais Ltda. e trabalha em um dos edifícios administrativos da empresa, que fica bastante distante da área industrial. No entanto, uma vez por semana, tem que ir até outro edifício administrativo onde fica a diretoria da empresa, para reunião, sendo que nesse trajeto passa por um depósito de produtos químicos utilizados na produção industrial. Considerando que esse percurso demora no máximo 3 minutos, Rodnei, com base na CLT e na jurisprudência sumulada do TST,

(A) tem direito ao adicional de periculosidade, no valor de 30% sobre o salário, tendo em vista que está exposto a risco de vida, em razão dos produtos inflamáveis.

(B) tem direito ao adicional de periculosidade, no valor de 10% sobre o salário, tendo em vista a exposição

QUESTÕES DE CONCURSOS

ao risco de vida, em grau mínimo, considerando que apenas passa pelo depósito de produtos inflamáveis.

(C) tem direito ao adicional de periculosidade, em valor proporcional ao tempo de exposição ao risco de vida, em razão dos produtos inflamáveis.

(D) não tem direito ao adicional de periculosidade, porque não exerce atividades que tenham contato permanente com produtos inflamáveis.

(E) não tem direito ao adicional de periculosidade, porque o contato com os produtos inflamáveis, embora seja habitual, dá-se por tempo extremamente reduzido.

COMENTÁRIOS

Nota do autor: A questão aborda o tema adicional de periculosidade. Atividade perigosa é aquela em que há contato permanente com explosivos ou inflamáveis em condições de risco acentuado. A atividade perigosa é comprovada mediante perícia (art. 195 da CLT).

Comentário serve para todas as alternativas, uma vez que versam sobre o mesmo assunto. O adicional de periculosidade é devido quando a exposição ao risco é permanente ou intermitente (com intervalos). É indevido se o contato for meramente eventual ou se, mesmo que habitual, ocorrer por tempo extremamente reduzido:

> **Súmula nº 364 do TST.**
>
> I – Tem direito ao adicional de periculosidade o empregado exposto permanentemente ou que, de forma intermitente, sujeita-se a condições de risco. Indevido, apenas, quando o contato dá-se de forma eventual, assim considerado o fortuito, ou o que, sendo habitual, dá-se por tempo extremamente reduzido.
>
> II – Não é válida a cláusula de acordo ou convenção coletiva de trabalho fixando o adicional de periculosidade em percentual inferior ao estabelecido em lei e proporcional ao tempo de exposição ao risco, pois tal parcela constitui medida de higiene, saúde e segurança do trabalho, garantida por norma de ordem pública (arts. 7º, XXII e XXIII, da CF e art. 193, § 1º, CLT).

Note-se que com a Reforma Trabalhista, constituem objeto ilícito de convenção ou acordo coletivo, a supressão ou redução do adicional de periculosidade, assim como normas de segurança, higiene e saúde do trabalho, previstas em lei ou normas regulamentadoras do Ministério do Trabalho:

> **Art. 611-B da CLT (inserido pela Reforma Trabalhista):** Constituem objeto ilícito de convenção coletiva ou de acordo coletivo de trabalho, exclusivamente, a supressão ou a redução dos seguintes direitos: (...)
>
> XVII – normas de saúde, higiene e segurança do trabalho previstas em lei ou em normas regulamentadoras do Ministério do Trabalho;
>
> XVIII – adicional de remuneração para as atividades penosas, insalubres ou perigosas;

Dessa forma, não será devido o pagamento do adicional de periculosidade a Rodnei, tendo em vista o contato extremamente reduzido com material inflamável.

Alternativa correta: "e".

29. (FUMARC – Analista Judiciário – Área Judiciária – TRT 3/2022) De acordo com o entendimento sumulado do TST e do TRT da 3ª Região, sobre o adicional de insalubridade, é INCORRETO afirmar:

(A) A eliminação da insalubridade mediante fornecimento de aparelhos protetores aprovados pelo órgão competente do Poder Executivo exclui a percepção do respectivo adicional.

(B) A verificação mediante perícia de prestação de serviços em condições nocivas, considerado agente insalubre diverso do apontado na inicial, prejudica o pedido de adicional de insalubridade.

(C) A reclassificação ou a descaracterização da insalubridade, por ato da autoridade competente, repercute na satisfação do respectivo adicional, sem ofensa a direito adquirido ou ao princípio da irredutibilidade salarial.

(D) Não basta a constatação da insalubridade por meio de laudo pericial para que o empregado tenha direito ao respectivo adicional, sendo necessária a classificação da atividade insalubre na relação oficial elaborada pelo Ministério do Trabalho.

(E) O trabalho executado em condições insalubres, em caráter intermitente, não afasta, só por essa circunstância, o direito à percepção do respectivo adicional.

COMENTÁRIOS

Nota do autor: A questão aborda o tema insalubridade. Apesar do enunciado questionar acerca da jurisprudência consolidade do TRT 3, era possível a resolução da questão com o conhecimento sobre a CLT e a jurisprudência do TST. Ainda, atente-se ao fato de que foi questionado sobre a alternativa **incorreta**.

Alternativa "a". Correta. Nos termos do art. 191 da CLT, "A eliminação ou a neutralização da insalubridade ocorrerá: (...) II - com a utilização de equipamentos de proteção individual ao trabalhador, que diminuam a intensidade do agente agressivo a limites de tolerância.".

QUESTÕES DE CONCURSOS

Alternativa "b". Incorreta. "A verificação mediante perícia de prestação de serviços em condições nocivas, considerado agente insalubre diverso do apontado na inicial, não prejudica o pedido de adicional de insalubridade." (Súmula nº 293 do TST).

Alternativa "c". Correta. "A reclassificação ou a descaracterização da insalubridade, por ato da autoridade competente, repercute na satisfação do respectivo adicional, sem ofensa a direito adquirido ou ao princípio da irredutibilidade salarial." (Súmula nº 248 do TST).

Alternativa "d". Correta. "Não basta a constatação da insalubridade por meio de laudo pericial para que o empregado tenha direito ao respectivo adicional, sendo necessária a classificação da atividade insalubre na relação oficial elaborada pelo Ministério do Trabalho." (Súmula nº 448, I, do TST).

Alternativa "e". Correta. "O trabalho executado em condições insalubres, em caráter intermitente, não afasta, só por essa circunstância, o direito à percepção do respectivo adicional." (Súmula nº 47 do TST).

Alternativa incorreta: "b".

30. (FCC – Analista Judiciário – Oficial de Just. Avaliador Federal – TRT 15/2018) A caracterização e a classificação da insalubridade dependem de perícia, sendo que as atividades ou operações insalubres são aquelas que, por sua natureza, condições ou métodos de trabalho, exponham os empregados a agentes nocivos à saúde, acima dos limites de tolerância. O adicional de insalubridade, ainda que recebido por longo período, não se incorpora à remuneração do empregado, podendo deixar de ser pago. Segundo a previsão legal, a perícia de insalubridade

(A) deve ser feita por engenheiro de segurança do trabalho; os limites de tolerância são fixados em razão da natureza e da intensidade do agente, sendo indiferente o tempo de exposição a seus efeitos; há possibilidade de o adicional deixar de ser pago com a eliminação do risco à integridade física.

(B) deve ser feita por engenheiro de segurança do trabalho; os limites de tolerância são fixados em razão da natureza e da intensidade do agente, e do tempo de exposição a seus efeitos; a possibilidade de o adicional deixar de ser pago depende da eliminação do risco à saúde.

(C) pode ser feita por médico do trabalho ou engenheiro do trabalho, registrados no Ministério do Trabalho; os limites de tolerância são fixados em razão da natureza e da intensidade do agente, e do tempo de exposição a seus efeitos; há possibilidade de o adicional deixar de ser pago com a eliminação do risco à saúde nos termos previstos pela lei e nas normas expedidas pelo Ministério do Trabalho.

(D) pode ser feita por médico do trabalho, desde que registrado no Ministério do Trabalho; os limites de tolerância são fixados em razão da intensidade do agente e do tempo de exposição a seus efeitos; há possibilidade de o adicional deixar de ser pago com a eliminação do risco à saúde nos termos previstos pela lei e nas normas expedidas pelo Ministério do Trabalho.

(E) pode ser feita por médico do trabalho ou engenheiro do trabalho, registrados no Ministério do Trabalho; os limites de tolerância são fixados em razão da natureza e do tempo de exposição a seus efeitos; há possibilidade de o adicional deixar de ser pago com a eliminação do risco à saúde e à integridade física, comprovada por meio de perícia judicial.

COMENTÁRIOS

Nota do autor: A questão aborda inúmeros aspectos relacionados com o adicional de insalubridade. O tema vem sendo cada vez mais cobrado em provas, devendo ser objeto de maior atenção dos candidatos.

Alternativa correta: "c". *Comentário serve para as demais alternativas, uma vez que versam sobre o mesmo assunto.* Segundo o art. 195 da CLT, "a caracterização e a classificação da insalubridade e da periculosidade, segundo as normas do Ministério do Trabalho, far-se-ão através de perícia a cargo de **Médico do Trabalho ou Engenheiro do Trabalho**, registrados no Ministério do Trabalho".

Os limites de tolerância, por sua vez, serão fixados em razão da **natureza e da intensidade do agente e do tempo de exposição**, nos termos do art. 189 da CLT.

O adicional de insalubridade se trata de salário-condição. Dessa forma, eliminado o agente insalubre, cessa a obrigação de pagamento do referido adicional:

> **Art.194 da CLT** – O direito do empregado ao adicional de insalubridade ou de periculosidade cessará com a eliminação do risco à sua saúde ou integridade física, nos termos desta Seção e das normas expedidas pelo Ministério do Trabalho.

31. (FCC – Analista Judiciário – Área Administrativa – TRT 2/2018) Segundo entendimento Sumulado do Tribunal Superior do Trabalho, o trabalho executado em condições insalubres, em caráter intermitente, só por essa circunstância,

(A) aumenta o respectivo adicional para 40%.

(B) afasta o direito à percepção do respectivo adicional.

(C) reduz o respectivo adicional para 10%.

(D) reduz o respectivo adicional para 20%.

(E) não afasta o direito à percepção do respectivo adicional.

COMENTÁRIOS

Nota do autor: A questão exigia do candidato tão somente a memorização do exposto na Súmula nº 47 do TST. Atividades insalubres são aquelas que expõem o empregado a agentes nocivos à sua saúde e que ultrapassam o seu limite de tolerância. Exemplo: agentes **químicos** (chumbo), **biológicos** (bactérias) e **físicos** (ruídos). Para a obtenção do adicional de insalubridade, há necessidade de preencher dois requisitos:

1) Atividade nociva deverá ser constatada via perícia por profissional habilitado, médico ou engenheiro do trabalho.

2) É necessário que o agente nocivo à saúde esteja incluído na relação oficial do Ministério do Trabalho. Se a atividade desenvolvida pelo empregado não estiver prevista nessa listagem, há entendimento majoritário de que o empregado não terá direito ao adicional. Aliás, eventual reclassificação ou descaracterização da insalubridade, pelo Ministro do Trabalho (autoridade competente), repercutirá no recebimento do adicional, ou seja, o empregado somente receberá enquanto a atividade desenvolvida estiver enquadrada como insalubre.

Alternativa correta: "e". *Comentário serve para as demais alternativas, uma vez que versam sobre o mesmo assunto.* "O trabalho executado em condições insalubres, em caráter intermitente, não afasta, só por essa circunstância, o direito à percepção do respectivo adicional" (Súmula nº 47 do TST). Lembre-se de que é necessária a perícia de profissional habilitado para comprovar esse caráter intermitente.

32. (INSTITUTO AOCP – Analista Judiciário – Área Administrativa – TRT 1/2018) Em relação às atividades consideradas perigosas e o direito ao adicional de periculosidade, assinale a alternativa INCORRETA.

(A) O empregado exposto permanentemente ou que, de forma intermitente, sujeita-se a condições de risco, faz jus ao recebimento do adicional de periculosidade. O adicional de periculosidade é indevido tão somente quando o contato ou exposição a atividades ou operações perigosas ocorre eventualmente, ou seja, de forma fortuita, ou mesmo que seja habitual, ocorra por período de tempo muito reduzido.

(B) O empregado exposto permanentemente ou que, de forma intermitente ou eventual, assim considerada a fortuita, sujeita-se a condições de risco faz jus ao recebimento do adicional de periculosidade.

(C) O adicional de periculosidade legalmente estabelecido é de 30% sobre o salário do trabalhador, sem os acréscimos resultantes de gratificações, prêmios ou participações nos lucros da empresa e, quando pago com habitualidade, integra o salário do empregado para todos os efeitos.

(D) O trabalhador que desempenha suas funções em motocicleta, como os motoboys, tem direito ao recebimento do adicional de periculosidade.

(E) É inválida a cláusula de acordo ou convenção coletiva de trabalho fixando o adicional de periculosidade em percentual inferior ao estabelecido em lei, ainda que proporcional ao tempo de exposição ao risco.

COMENTÁRIOS

Nota do autor: O pagamento dos adicionais de periculosidade e insalubridade tem previsão constitucional, de acordo com art. 7º, XXIII, da CF/88. As atividades perigosas ocorrem quando se verifica a presença de risco acentuado na atividade desenvolvida pelo empregado. Atente-se que, no caso, deveria ser assinalada a alternativa incorreta.

Alternativa incorreta: "b". "Tem direito ao adicional de periculosidade o empregado exposto permanentemente ou que, de forma intermitente, sujeita-se a condições de risco. **Indevido, apenas, quando o contato dá-se de forma eventual**, assim considerado o fortuito, ou o que, sendo habitual, dá-se por tempo extremamente reduzido" (Súmula nº 364, I do TST).

Alternativa "a". "Tem direito ao adicional de periculosidade o empregado exposto permanentemente ou que, de forma intermitente, sujeita-se a condições de risco. Indevido, apenas, quando o contato dá-se de forma eventual, assim considerado o fortuito, ou o que, sendo habitual, dá-se por tempo extremamente reduzido" (Súmula nº 364, I do TST).

Alternativa "c". "O trabalho em condições de periculosidade assegura ao empregado um adicional de 30% (trinta por cento) sobre o salário sem os acréscimos resultantes de gratificações, prêmios ou participações nos lucros da empresa" (Art. 193, §1º da CLT). E, "o adicional de periculosidade, pago em caráter permanente, integra o cálculo de indenização e de horas extras" (Súmula nº 132 do TST).

Alternativa "d". O trabalho em motocicleta é considerado perigoso, nos termos do art. 193, §4º da CLT.

Alternativa "e". "Não é válida a cláusula de acordo ou convenção coletiva de trabalho fixando o adicional de periculosidade em percentual inferior ao estabelecido em lei e proporcional ao tempo de exposição ao risco, pois tal parcela constitui medida de higiene, saúde e segurança do trabalho, garantida por norma de ordem pública (arts. 7º, XXII e XXIII, da CF e 193, §1º, da CLT)" (Súmula nº 364, II do TST).

33. (FCC – Analista Judiciário – Área Judiciária – TRT 15/2018) A contribuição para o PIS/PASEP será apurada mensalmente

(A) pelas pessoas jurídicas de direito privado e as que lhes são equiparadas pela legislação do imposto de renda, inclusive as empresas públicas e as sociedades de economia mista e suas subsidiárias, com base no faturamento anual.

(B) pelas pessoas jurídicas de direito público interno, com base no valor mensal das receitas correntes arrecadadas e das transferências correntes e de capital recebidas.

(C) e as sociedades cooperativas, além da contribuição sobre a folha de pagamento mensal, pagarão, também, a contribuição calculada com base no faturamento anual, em relação às receitas decorrentes de operações praticadas com não associados.

(D) e, para determinação da base de cálculo do PIS/PASEP, são incluídas, entre as receitas das autarquias, os recursos classificados como receitas do Tesouro Nacional nos Orçamentos Fiscal e da Seguridade Social da União.

(E) e, para determinação da base de cálculo do PIS/PASEP, são incluídas, entre as receitas das autarquias, os recursos derivados da distribuição das cotas tributárias do ente instituidor.

COMENTÁRIOS

Nota do autor: a questão exigia do candidato o conhecimento da Lei nº 9.715/1998, que dispõe sobre contribuições para os programas PIS/PASEP. Após a CF/88, o abono do PIS, no valor de um salário mínimo por ano, é devido aos trabalhadores, urbanos, rurais e trabalhadores avulsos, cadastrados há 5 anos no Fundo de Participação PIS/Pasep ou no Cadastro Nacional de Trabalho e tenham ganho de até dois salários mínimos mensais. Ademais, o valor do abono salarial será calculado proporcionalmente ao número de meses trabalhados ao longo do ano anterior (ano-base). Atualmente, o abono do Pasep (funcionários públicos) é pago no Banco do Brasil, e o do PIS é feito na Caixa Econômica Federal.

Alternativa correta: "b". Nos termos da Lei nº 9.715/1998, que "dispõe sobre as contribuições para os Programas de Integração Social e de Formação do Patrimônio do Servidor Público – PIS/PASEP, e dá outras providências":

> **Art. 2º da Lei nº 9.715/1998:** "A contribuição para o PIS/PASEP será apurada mensalmente: (...) III - pelas pessoas jurídicas de direito público interno, com base no valor mensal das receitas correntes arrecadadas e das transferências correntes e de capital recebidas".

Alternativa "a". "A contribuição para o PIS/PASEP será apurada mensalmente: (...) I - pelas pessoas jurídicas de direito privado e as que lhes são equiparadas pela legislação do imposto de renda, inclusive as empresas públicas e as sociedades de economia mista e suas subsidiárias, com base no faturamento **do mês**;" (Art. 2º, I da Lei nº 9.715/1998)

Alternativa "c". "As sociedades cooperativas, além da contribuição sobre a folha de pagamento mensal, pagarão, também, a contribuição calculada na forma do inciso I, em relação às receitas decorrentes de operações praticadas com não associados" (Art. 2º, §1º da Lei nº 9.715/1998). Note que, a contribuição, na forma do inciso I, é calculada com base no **faturamento mensal** e não anual da cooperativa.

Alternativa "d". "Para determinação da base de cálculo, não se incluem, entre as receitas das autarquias, os recursos classificados como receitas do Tesouro Nacional nos Orçamentos Fiscal e da Seguridade Social da União" (Art. 2º, §3º da Lei nº 9.715/1998).

Alternativa "e". "Para determinação da base de cálculo, **não** se incluem, entre as receitas das autarquias, os recursos classificados como receitas do Tesouro Nacional nos Orçamentos Fiscal e da Seguridade Social da União" (Art. 2º, §3º da Lei nº 9.715/1998). Ao que parece a questão entendeu como sinônimas as expressões "receitas do Tesouro Nacional" e "cotas tributárias".

34. (FCC – Analista Judiciário – Área Judiciária – TRT 9/2022) É possível o reconhecimento da equiparação salarial, de acordo com a CLT, quando

(A) o equiparando e o paradigma são empregados de empresas distintas que compõem o mesmo grupo econômico.

(B) o equiparando é promovido para a vaga do paradigma que deixa a empresa em razão de pedido de demissão.

(C) o empregador tem pessoal organizado em quadro de carreira que é homologado e obedece à alternância de promoção por antiguidade e merecimento.

(D) o paradigma indicado é readaptado em nova função, por motivo de deficiência física ou mental atestada pelo órgão competente da Previdência social.

(E) o equiparando e o paradigma têm diferença de tempo de serviço de 1 ano e 8 meses na função; o paradigma foi contratado como empregado há 6 anos; e o equiparando, há 3 anos.

COMENTÁRIOS

Nota do autor: Com base no princípio da igualdade, é vedado o tratamento diferenciado para trabalhadores que exerçam a mesma função. Há previsão do direito à equiparação salarial nas hipóteses de tratamento diferenciado. Para tanto, é necessário que o empregado que pretenda adquirir a equiparação (trabalhador equiparando ou paragonado) preencha os requisitos previstos no art. 461 da CLT, cumulativamente.

Comentário serve para todas as alternativas, uma vez que versam sobre o mesmo assunto. Um dos requisitos para a equiparação salarial, que se mantém com a Reforma Trabalhista, estabelece que as mesmas funções sejam desempenhadas com a mesma perfeição técnica (qualidade) e produtividade (quantidade), isto é, o trabalho exercido por equiparando e paradigma tenha igual valor:

> **Art. 461 da CLT (com redação dada pela Reforma Trabalhista):** Sendo idêntica a função, a todo trabalho de igual valor, prestado ao mesmo empregador, no mesmo estabelecimento empresarial, corresponderá igual salário, sem distinção de sexo, etnia, nacionalidade ou idade.

Ressalta-se que a Reforma Trabalhista alterou alguns desses requisitos conforme será abordado a seguir:

> REQUISITOS PARA A EQUIPARAÇÃO SALARIAL
>
> 1. Identidade de empregadores
> 2. Trabalho no mesmo estabelecimento empresarial (Alteração pela Reforma Trabalhista).
> 3. Empregados devem possuir a mesma função.
> 4. Trabalhos de igual valor.
> 5. Tempo no serviço não poderá ser superior a 4 anos (Alteração pela Reforma Trabalhista).
> 6. Tempo na função não poderá ser superior a 2 anos.
> 7. Inexistência de quadro de carreira ou de plano de cargos e salários (Alteração pela Reforma Trabalhista).

Ainda, importante mencionar que, nos termos da jurisprudência consolidada do TST, "Vago o cargo em definitivo, o empregado que passa a ocupá-lo não tem direito a salário igual ao do antecessor." (Súmula nº 159, II, TST).

Alternativa correta: "e".

35. (FCC – Analista Judiciário – Oficial de Justiça Avaliador Federal – TRT 17/2022) Arquimedes e Platão exercem funções idênticas para a Indústria Alimentícia Mel de Uruçu. Apesar de não laborarem na mesma unidade fabril, os mesmos trabalham em unidades distintas, mas dentro da mesma região metropolitana, localizando-se a menos de 20 km de distância. Arquimedes ingressou na empresa em maio de 2018, e Platão em junho de 2022. Considerando a situação narrada, conforme prevê a CLT, sabendo-se que Arquimedes está exercendo tais funções desde abril de 2021 e Platão desde agosto de 2022, referidos empregados

(A) devem perceber o mesmo salário, eis que exercem funções idênticas a menos de 2 anos.

(B) fazem jus à equiparação salarial, na medida em que deve ser considerada a mesma localidade o labor dentro de uma única região metropolitana, e a diferença de tempo na função inferior a 2 anos.

(C) não devem receber o mesmo salário, eis que faltam, na hipótese, os requisitos de labor dentro de um mesmo estabelecimento empresarial para o mesmo empregador e diferença de tempo na empresa inferior a 4 anos.

(D) são merecedores de idêntico salário, por haver diferença de tempo na função inferior a 2 anos, e diferença de tempo de empresa inferior a 5 anos.

(E) não devem ter os salários equiparados, por ausência do requisito mesma localidade, sendo que se encontram preenchidos os requisitos de diferença de tempo na função inferior a 2 anos e de tempo de empresa inferior a 5 anos.

COMENTÁRIOS

Nota do autor: Com base no princípio da igualdade, é vedado o tratamento diferenciado para trabalhadores que exerçam a mesma função. Há previsão do direito à equiparação salarial nas hipóteses de tratamento diferenciado. Para tanto, é necessário que o empregado que pretenda adquirir a equiparação (trabalhador equiparando ou paragonado) preencha os requisitos previstos no art. 461 da CLT, cumulativamente.

Comentário serve para todas as alternativas, uma vez que versam sobre o mesmo assunto. Um dos requisitos para a equiparação salarial, que se mantém com a Reforma Trabalhista, estabelece que as mesmas funções sejam desempenhadas com a mesma perfeição técnica (qualidade) e produtividade (quantidade), isto é, o trabalho exercido por equiparando e paradigma tenha igual valor:

> **Art. 461 da CLT (com redação dada pela Reforma Trabalhista):** Sendo idêntica a função, a todo trabalho de igual valor, prestado ao mesmo empregador, no mesmo estabelecimento empresarial, corresponderá igual salário, sem distinção de sexo, etnia, nacionalidade ou idade.

Ressalta-se que a Reforma Trabalhista alterou alguns desses requisitos conforme será abordado a seguir:

REQUISITOS PARA A EQUIPARAÇÃO SALARIAL

1. Identidade de empregadores
2. Trabalho no mesmo estabelecimento empresarial (Alteração pela Reforma Trabalhista).
3. Empregados devem possuir a mesma função.
4. Trabalhos de igual valor.
5. Tempo no serviço não poderá ser superior a 4 anos (Alteração pela Reforma Trabalhista).
6. Tempo na função não poderá ser superior a 2 anos.
7. Inexistência de quadro de carreira ou de plano de cargos e salários (Alteração pela Reforma Trabalhista).

Como Arquimedes e Platão não trabalham no mesmo estabelecimento empresarial para o mesmo empregador e diferença de tempo na empresa é superior a 4 anos, não há que se falar em equiparação salarial.

Alternativa correta: "c".

36. (FCC – Técnico Judiciário – Área Administrativa – TRT 9/2022) Augusta trabalhou na empresa BTI Informática Ltda., na sede de Curitiba, como analista de sistemas sênior, de 20/01/2010 a 31/05/2022. Olívia trabalha na mesma empresa desde 15/05/2000, mas na filial de Colombo, que fica na região metropolitana de Curitiba, tendo sido promovida a analista de sistemas sênior em 12/11/2021, com salário superior em 20% do salário recebido por Augusta. A produtividade e a perfeição técnica de ambas as empregadas são as mesmas. Em decorrência desta situação, conforme prevê a Consolidação das Leis do Trabalho, Augusta

(A) não tem direito às diferenças salariais decorrentes da equiparação salarial com Olívia, tendo em vista que, embora exerçam as mesmas funções, não trabalham no mesmo estabelecimento e Olívia foi promovida, enquanto Augusta é analista de sistemas sênior desde que foi contratada.

(B) não deve receber as diferenças salariais decorrentes da equiparação salarial com Olívia, tendo em vista que, embora exerçam as mesmas funções e a diferença de tempo na função não seja superior a dois anos, não trabalham no mesmo estabelecimento e o tempo de serviço de Olívia para o empregador é superior a quatro anos.

(C) tem direito às diferenças salariais decorrentes da equiparação salarial com Olívia, pois exercem as mesmas funções, em estabelecimentos que ficam na mesma região metropolitana.

(D) faz jus às diferenças salariais decorrentes da equiparação salarial com Olívia, pois exercem as mesmas funções, sendo este o único requisito necessário para que se reconheça o direito.

(E) é credora das diferenças salariais decorrentes da equiparação salarial com Olívia, pois preenchidos todos os requisitos legais exigidos para o reconhecimento do direito.

COMENTÁRIOS

Nota do autor: Com base no princípio da igualdade, é vedado o tratamento diferenciado para trabalhadores que exerçam a mesma função. Há previsão do direito à equiparação salarial nas hipóteses de tratamento diferenciado. Para tanto, é necessário que o empregado que pretenda adquirir a equiparação (trabalhador equiparando ou paragonado) preencha os requisitos previstos no art. 461 da CLT, cumulativamente.

Comentário serve para todas as alternativas, uma vez que versam sobre o mesmo assunto. Um dos requisitos para a equiparação salarial, que se mantém com a Reforma Trabalhista, estabelece que as mesmas funções sejam desempenhadas com a mesma perfeição técnica (qualidade) e produtividade (quantidade), isto é, o trabalho exercido por equiparando e paradigma tenha igual valor:

> **Art. 461 da CLT (com redação dada pela Reforma Trabalhista):** Sendo idêntica a função, a todo trabalho de igual valor, prestado ao mesmo empregador, no mesmo estabelecimento empresarial, corresponderá igual salário, sem distinção de sexo, etnia, nacionalidade ou idade.

Ressalta-se que a Reforma Trabalhista alterou alguns desses requisitos conforme será abordado a seguir:

REQUISITOS PARA A EQUIPARAÇÃO SALARIAL

1. Identidade de empregadores
2. Trabalho no mesmo estabelecimento empresarial (Alteração pela Reforma Trabalhista).
3. Empregados devem possuir a mesma função.
4. Trabalhos de igual valor.

QUESTÕES DE CONCURSOS

5. Tempo no serviço não poderá ser superior a 4 anos (Alteração pela Reforma Trabalhista).

6. Tempo na função não poderá ser superior a 2 anos.

7. Inexistência de quadro de carreira ou de plano de cargos e salários (Alteração pela Reforma Trabalhista).

Como Augusta Olívia não trabalham no mesmo estabelecimento empresarial para o mesmo empregador e diferença de tempo na empresa é superior a 4 anos, não há que se falar em equiparação salarial.

Alternativa correta: "b".

37. **(FCC – Técnico Judiciário – Área Administrativa – TRT 18/2023)** Arquimedes entende que faz jus ao mesmo salário de Sócrates, eis que ambos, na sua visão, exercem as mesmas funções na empresa funerária Sono Eterno. Conforme o que prevê a Consolidação das Leis do Trabalho, considerando que de fato ambos exercem as mesmas funções, com igualdade de produtividade e perfeição técnica, para que o pleito de Arquimedes tenha sucesso, a diferença de tempo de ambos na

(A) empresa não pode ser superior a 4 anos, e a diferença de tempo na função não pode superar 2 anos.

(B) empresa não pode ser superior a 2 anos, e a diferença de tempo na função não pode superar 1 ano.

(C) função não pode superar 2 anos, independente do tempo de empresa de cada um.

(D) empresa não pode ser superior a 3 anos, e a diferença de tempo na função não pode superar 2 anos.

(E) função não pode superar 1 ano, independente do tempo de empresa de cada um.

COMENTÁRIOS

Nota do autor: Com base no princípio da igualdade, é vedado o tratamento diferenciado para trabalhadores que exerçam a mesma função. Há previsão do direito à equiparação salarial nas hipóteses de tratamento diferenciado. Para tanto, é necessário que o empregado que pretenda adquirir a equiparação (trabalhador equiparando ou paragonado) preencha os requisitos previstos no art. 461 da CLT, cumulativamente.

Comentário serve para todas as alternativas, uma vez que versam sobre o mesmo assunto. Um dos requisitos para a equiparação salarial, que se mantém com a Reforma Trabalhista, estabelece que as mesmas funções sejam desempenhadas com a mesma perfeição técnica (qualidade) e produtividade (quantidade), isto é, o trabalho exercido por equiparando e paradigma tenha igual valor:

> **Art. 461 da CLT (com redação dada pela Reforma Trabalhista):** Sendo idêntica a função, a todo trabalho de igual valor, prestado ao mesmo empregador, no mesmo estabelecimento empresarial, corresponderá igual salário, sem distinção de sexo, etnia, nacionalidade ou idade.

Ressalta-se que a Reforma Trabalhista alterou alguns desses requisitos conforme será abordado a seguir:

REQUISITOS PARA A EQUIPARAÇÃO SALARIAL

1. Identidade de empregadores
2. Trabalho no mesmo estabelecimento empresarial (Alteração pela Reforma Trabalhista).
3. Empregados devem possuir a mesma função.
4. Trabalhos de igual valor.
5. Tempo no serviço não poderá ser superior a 4 anos (Alteração pela Reforma Trabalhista).
6. Tempo na função não poderá ser superior a 2 anos.
7. Inexistência de quadro de carreira ou de plano de cargos e salários (Alteração pela Reforma Trabalhista).

Alternativa correta: "a".

38. **(Cespe – Analista Judiciário – Área Judiciária – TRT 8/2022)** A respeito da estabilidade e das garantias provisórias de emprego, assinale a opção correta.

A) A extinção da atividade empresarial no âmbito da base territorial do sindicato não extingue a garantia ao emprego do dirigente sindical, devendo a empresa efetuar o pagamento proporcional ao tempo de estabilidade.

B) O registro da candidatura do empregado ao cargo de dirigente sindical realizada no período de cumprimento do aviso prévio, ainda que indenizado, não lhe assegura a estabilidade.

C) Os empregados de categorias diferenciadas, mesmo que sejam eleitos para cargos de dirigentes sindicais, não gozam da estabilidade.

D) Um empregado contratado por tempo determinado não goza da garantia provisória do emprego decorrente de acidente do trabalho, em razão do tempo pré-estabelecido de duração do contrato de trabalho.

E) O empregado eleito dirigente sindical tem sua estabilidade garantida, independentemente de comunicação ao empregador ou à empresa.

COMENTÁRIOS

Nota do autor: A questão aborda a estabilidade do dirigente sindical e a estabilidade em

▶ QUESTÕES DE CONCURSOS

caso de acidente de trabalho, exigindo, do candidato, conhecimento acerca da jurisprudência sumulada do TST. É cada vez mais frequente em concurso da área trabalhista a cobrança do texto de Súmulas e OJs do TST. Inclua nos seus estudos um tempinho para a leitura da jurisprudência consolidada do TST, assim como deve se reservar um tempo para a leitura da legislação "seca".

Alternativa "a". Incorreta. "Havendo extinção da atividade empresarial no âmbito da base territorial do sindicato, não há razão para subsistir a estabilidade." (Súmula nº 369, IV, do TST). Contudo, se o empregado for transferido para outro estabelecimento da empresa na mesma base territorial onde exerce suas atividades de dirigente sindical, a estabilidade permanecerá.

Alternativa "b". Correta. "O registro da candidatura do empregado a cargo de dirigente sindical durante o período de aviso prévio, ainda que indenizado, não lhe assegura a estabilidade, visto que inaplicável a regra do § 3º do art. 543 da Consolidação das Leis do Trabalho." (Súmula nº 369, V, do TST).

Alternativa "c". Incorreta. O empregado de categoria diferenciada eleito dirigente sindical só goza de estabilidade se exercer na empresa atividade pertinente à categoria profissional do sindicato para o qual foi eleito dirigente. (Súmula nº 369, III, do TST).

Alternativa "d". Incorreta. "O empregado submetido a contrato de trabalho por tempo determinado goza da garantia provisória de emprego decorrente de acidente de trabalho prevista no art. 118 da Lei nº 8.213/91." (Súmula nº 378, III, do TST).

Alternativa "e". Incorreta. "É assegurada a estabilidade provisória ao empregado dirigente sindical, ainda que a comunicação do registro da candidatura ou da eleição e da posse seja realizada fora do prazo previsto no art. 543, § 5º, da CLT, desde que a ciência ao empregador, por qualquer meio, ocorra na vigência do contrato de trabalho." (Súmula nº 369, I, do TST).

Alternativa correta: "b".

39. (FCC – Analista Judiciário – Área Judiciária – TRT 14/2022) Durante sua jornada de trabalho, por determinação do seu supervisor, Maurílio deixou as dependências da empresa e se dirigiu a uma agência dos Correios para buscar uma encomenda que chegou e era essencial para o reparo de uma das máquinas da produção. Após pegar a encomenda Maurílio estava retornando para a empresa quando pisou em falso em um buraco que havia na calçada e torceu o tornozelo. Entrou em contato com seu supervisor, que foi buscá-lo, e o levou diretamente para o serviço médico da empresa. O médico do trabalho examinou o tornozelo de Maurílio e, recomendou imobilização, medicamentos anti-inflamatórios, e afastamento do trabalho por 10 dias. De acordo com o previsto em lei e com o entendimento sumulado do TST, ao retornar ao trabalho após o afastamento, com o tornozelo totalmente recuperado, Maurílio

(A) tem garantida, pelo prazo mínimo de 12 meses, a manutenção do seu contrato de trabalho na empresa, pois sofreu acidente do trabalho, não tendo relevância o fato de não ter percebido auxílio-acidente.

(B) terá que pleitear o recebimento de auxílio-doença acidentário para, somente após a concessão do mesmo, ter garantida, pelo prazo mínimo de 12 meses, a manutenção do seu contrato de trabalho na empresa.

(C) não tem direito à estabilidade, tendo em vista que o acidente ocorreu fora das dependências da empresa e o afastamento do trabalho se deu por apenas 10 dias.

(D) não tem direito à estabilidade, tendo em vista que o afastamento se deu por apenas 10 dias e não houve percepção de auxílio-doença acidentário.

(E) não tem direito à estabilidade porque a garantia provisória de emprego, decorrente de acidente do trabalho, pressupõe contratação por prazo determinado, afastamento do trabalho por mais de 15 dias e percepção de auxílio-acidente.

COMENTÁRIOS

Nota do autor: A questão aborda casos de garantias provisórias no emprego. É importante destacar que o ato de terminar o contrato é um direito potestativo do empregador. Logo, a essa decisão de colocar fim ao contrato o trabalhador não pode se opor, exceto se detentor de estabilidade ou uma das garantias provisórias de emprego. Assim sendo, estabilidade é o direito do trabalhador de permanecer no emprego, mesmo contra a vontade do empregador.

Comentário serve para todas as alternativas, uma vez que versam sobre o mesmo assunto. Como forma de incentivar o retorno ao trabalho e garantir prazo para readaptação ao serviço, foi dado ao empregado acidentado o direito à estabilidade provisória de doze meses após a cessação do auxílio-doença. Esse período de 12 meses não poderá ser reduzido via negociação coletiva. Para adquirir essa garantia provisória, há necessidade de preencher cumulativamente os seguintes requisitos:

a) afastamento ser superior a 15 dias.

b) percepção de auxílio-doença acidentário.

QUESTÕES DE CONCURSOS

Dessa forma, como o empregado acidentado retornou ao trabalho em menos de 15 dias, não é detentor dessa garantia provisória de emprego.

Alternativa correta: "d".

40. (FCC – Analista Judiciário – Oficial de Justiça Avaliador Federal – TRT 9/2022) Marlei é analista contábil na Metalúrgica Ferrosa S/A e também dá aulas de gestão de projetos na faculdade de administração de empresas. Sendo filiado ao Sindicato dos Professores, candidatou-se para as eleições do referido Sindicato e foi eleito dirigente, com mandato de cinco anos. Em razão de reestruturação dos departamentos, Marlei é dispensado sem justa causa pela Metalúrgica Ferrosa S/A. A dispensa de Marlei, de acordo com jurisprudência sumulada do TST, é

(A) válida, pois o empregado de categoria diferenciada eleito dirigente sindical só goza de estabilidade se exercer na empresa atividade pertinente à categoria profissional do sindicato para o qual foi eleito dirigente.

(B) válida, pois havendo a reestruturação de departamentos, não há razão para subsistir a estabilidade.

(C) válida, porque todo dirigente sindical é eleito juntamente com um suplente e, com a dispensa do titular, o cargo é assumido pelo suplente.

(D) inválida, porque, mesmo Marlei tendo dois empregos, a estabilidade como dirigente sindical impede a sua dispensa por qualquer de seus empregadores.

(E) inválida, pois a Metalúrgica Ferrosa S/A não foi comunicada formalmente sobre a eleição de Marlei como dirigente do Sindicato dos Professores.

COMENTÁRIOS

Nota do autor: A questão aborda casos de garantias provisórias no emprego. É importante destacar que o ato de terminar o contrato é um direito potestativo do empregador. Logo, a essa decisão de colocar fim ao contrato o trabalhador não pode se opor, exceto se detentor de estabilidade ou uma das garantias provisórias de emprego. Assim sendo, estabilidade é o direito do trabalhador de permanecer no emprego, mesmo contra a vontade do empregador.

Comentário serve para todas as alternativas, uma vez que versam sobre o mesmo assunto. A dispensa sem justa causa de Marlei é válida. Para que o empregado que pertencente à categoria profissional diferenciada, como é o caso dos professores, tenha estabilidade, é necessário que preste serviços na empresa na mesma atividade para a qual foi eleito, ou seja, se eleito para representar a categoria dos professores, deverá exercer essa atividade na empresa. Caso contrário, não estará representando a categoria. Nesse sentido:

> **OJ nº 145 da SDI-I do TST:** O empregado de categoria diferenciada eleito dirigente sindical só goza de estabilidade se exercer na empresa atividade pertinente à categoria profissional do sindicato para o qual foi eleito dirigente.

Assim, Marlei tem estabilidade enquanto professor à faculdade de administração de empresas, mas não a tem como analista contábil na Metalúrgica Ferrosa S/A.

Alternativa correta: "a".

41. (FCC – Analista Judiciário – Oficial de Justiça Avaliador Federal – TRT 9/2022) Como órgão de segurança nas empresas, a Comissão Interna de Prevenção de Acidentes (CIPA)

(A) é composta por representantes dos empregadores e por representantes dos empregados, todos eleitos em escrutínio secreto.

(B) terá como Presidente e como Vice-Presidente representantes indicados pelo empregador.

(C) impõe que todos os seus integrantes, titulares e suplentes, gozarão de estabilidade, em razão da sua importância para a segurança dos trabalhadores.

(D) estabelece que seus integrantes eleitos, titulares e suplentes, gozarão de estabilidade, desde o registro da candidatura, até um ano após o término do mandato, por se tratar de órgão vital dentro da empresa, por cuidar da segurança dos trabalhadores.

(E) tem suas atribuições, sua composição e o seu funcionamento definidos em regulamento da empresa.

COMENTÁRIOS

Nota do autor: A questão aborda a Comissão Interna de Prevenção de Acidentes e Assédio (CIPA) e exigia o conhecimento do texto de lei. Ressalta-se que o art. 611-B, XVII, da CLT, acrescentado pela Reforma Trabalhista, determina que a ilicitude de convenção e acordo coletivos de trabalho que prevejam a supressão ou redução de normas de saúde, higiene e segurança do trabalho previstas em lei ou em normas regulamentadoras do Ministério do Trabalho. Ainda, em setembro de 2022, foi publicada a Lei nº 14.457/2022, que, entre outras providências, atribuiu uma nova atribuição à CIPA: combate ao assédio e outras formas de violência no ambiente de trabalho. Fique atento às novidades sobre a matéria e, se preciso, consulte a parte teórica.

Alternativa "a": Incorreta. Conforme dispõe a CLT:

> **Art. 164, CLT:** Cada CIPA será composta de representantes da empresa e dos empregados, de acordo com os critérios que vierem a ser adotados na regulamentação de que trata o parágrafo único do artigo anterior.
>
> § 1º - Os representantes dos empregadores, titulares e suplentes, serão por eles designados.
>
> § 2º - Os representantes dos empregados, titulares e suplentes, serão eleitos em escrutínio secreto, do qual participem, independentemente de filiação sindical, exclusivamente os empregados interessados.

Alternativa "b": Incorreta. "O empregador designará, anualmente, dentre os seus representantes, o Presidente da CIPA e os empregados elegerão, dentre eles, o Vice-Presidente." (art. 164, § 5º, CLT).

Alternativa "c": Incorreta. "Os **titulares da representação dos empregados nas CIPA** (s) não poderão sofrer despedida arbitrária, entendendo-se como tal a que não se fundar em motivo disciplinar, técnico, econômico ou financeiro." (art. 165, *caput*, CLT – **grifos acrescidos**). Somente tem direito à estabilidade do cipeiro, o representante dos empregados. A norma tem como objetivo permitir que o empregado desempenhe seu mandato de forma tranquila e sem perseguições e ingerências do empregador. O representante do empregador por sua vez, não sofre perseguições e, por isso, não necessita da estabilidade provisória do cipeiro.

Alternativa "d": Correta. "Até que seja promulgada a lei complementar a que se refere o art. 7º, I, da Constituição: fica vedada a dispensa arbitrária ou sem justa causa: do empregado eleito para cargo de direção de comissões internas de prevenção de acidentes, desde o registro de sua candidatura até um ano após o final de seu mandato." (art. 10, II, "a", ADCT).

Alternativa "e": Incorreta. A CIPA tem suas atribuições, sua composição e o seu funcionamento definidos na NR nº 5 do Ministério do Trabalho, que regulamenta o tema, e não em regulamento de empresa.

Alternativa correta: "d".

42. (FCC – Analista Judiciário – Oficial de Justiça Avaliador Federal – TRT 22/2022) Camila foi contratada pela empresa de telecomunicações Liga Mais, em 06/05/2019, para trabalhar como Assistente de Coordenação, de segunda-feira a sexta-feira, das 08h30 às 18h00, com 01h30 minutos de intervalo para refeição e descanso.

Em 14/02/2022, foi dispensada sem justa causa, com o pagamento do aviso prévio indenizado.

Ao realizar exames de rotina, em 20/05/2022, Camila descobriu que estava grávida, desde o dia 05/03/2022.

De acordo com a legislação e o entendimento sumulado do TST, Camila

(A) está amparada pela estabilidade provisória desde a confirmação da gravidez até 6 meses após o parto.

(B) está amparada pela estabilidade provisória, apesar de a gravidez ter ocorrido no curso do aviso prévio indenizado.

(C) não está amparada pela estabilidade provisória porque o aviso prévio foi indenizado e não trabalhado.

(D) somente estaria amparada pela estabilidade provisória, se comunicasse seu estado gravídico ao empregador dentro do prazo do aviso prévio trabalhado ou indenizado.

(E) não está amparada pela estabilidade provisória porque o contrato de trabalho se encerrou em 14/02/2022.

COMENTÁRIOS

Nota do autor: A questão aborda casos de garantias provisórias no emprego. É importante destacar que o ato de terminar o contrato é um direito potestativo do empregador. Logo, a essa decisão de colocar fim ao contrato o trabalhador não pode se opor, exceto se detentor de estabilidade ou uma das garantias provisórias de emprego. Assim sendo, estabilidade é o direito do trabalhador de permanecer no emprego, mesmo contra a vontade do empregador.

Comentário serve para todas as alternativas, uma vez que versam sobre o mesmo assunto. "A confirmação do estado de gravidez advindo no curso do contrato de trabalho, **ainda que durante o prazo do aviso prévio trabalhado ou indenizado**, garante à empregada gestante a estabilidade provisória prevista na alínea b do inciso II do art. 10 do Ato das Disposições Constitucionais Transitórias." (art. 391-A da CLT – **grifos acrescidos**). Aliás, "O desconhecimento do estado gravídico pelo empregador não afasta o direito ao pagamento da indenização decorrente da estabilidade" (Súmula nº 244, I do TST). Logo, Camila fará jus à estabilidade da gestante.

Alternativa correta: "b".

▶ QUESTÕES DE CONCURSOS

43. (FCC – Analista Judiciário – Oficial de Justiça Avaliador Federal – TRT 22/2022) Nos termos da legislação e jurisprudência sumulada do TST, relativamente à Comissão Interna de Prevenção de Acidentes (CIPA),

(A) o cargo de presidente é destinado a membro eleito pelos empregados, sendo o vice-presidente nomeado pelo empregador.

(B) ela será composta por representantes da empresa e dos empregados, sendo estes últimos eleitos em escrutínio secreto, do qual participam apenas os empregados sindicalizados.

(C) os representantes dos empregados gozam de estabilidade provisória que não constitui vantagem pessoal, mas garantia para as atividades na empresa.

(D) todos seus membros têm mandato de 1 ano, sendo permitida apenas duas reeleições.

(E) os membros suplentes gozam de estabilidade provisória, desde que tenham participado de pelo menos metade das reuniões realizadas.

COMENTÁRIOS

Nota do autor: A questão aborda a Comissão Interna de Prevenção de Acidentes e Assédio (CIPA) e exigia o conhecimento do texto de lei. Ressalta-se que o art. 611-B, XVII, da CLT, acrescentado pela Reforma Trabalhista, determina que a ilicitude de convenção e acordo coletivos de trabalho que prevejam a supressão ou redução de normas de saúde, higiene e segurança do trabalho previstas em lei ou em normas regulamentadoras do Ministério do Trabalho. Ainda, em setembro de 2022, foi publicada a Lei nº 14.457/2022, que, entre outras providências, atribuiu uma nova atribuição à CIPA: combate ao assédio e outras formas de violência no ambiente de trabalho. Fique atento às novidades sobre a matéria e, se preciso, consulte a parte teórica.

Alternativa "a": Incorreta. "O empregador designará, anualmente, dentre os seus representantes, o Presidente da CIPA e os empregados elegerão, dentre eles, o Vice-Presidente." (art. 164, § 5º, CLT).

Alternativa "b": Incorreta. Conforme dispõe a CLT:

> **Art. 164, CLT:** Cada CIPA será composta de representantes da empresa e dos empregados, de acordo com os critérios que vierem a ser adotados na regulamentação de que trata o parágrafo único do artigo anterior.
>
> § 1º - Os representantes dos empregadores, titulares e suplentes, serão por eles designados.
>
> § 2º - Os representantes dos empregados, titulares e suplentes, serão eleitos em escrutínio secreto, do qual participem, **independentemente de filiação sindical, exclusivamente os empregados interessados.** (**grifos acrescidos**)

Alternativa "c": Correta. "Os **titulares da representação dos empregados nas CIPA** (s) não poderão sofrer despedida arbitrária, entendendo-se como tal a que não se fundar em motivo disciplinar, técnico, econômico ou financeiro." (art. 165, *caput*, CLT – **grifos acrescidos**). Somente tem direito à estabilidade do cipeiro, o representante dos empregados. A norma tem como objetivo permitir que o empregado desempenhe seu mandato de forma tranquila e sem perseguições e ingerências do empregador. O representante do empregador por sua vez, não sofre perseguições e, por isso, não necessita da estabilidade provisória do cipeiro.

Alternativa "d": Incorreta. "O mandato dos membros eleitos da CIPA terá a duração de 1 (um) ano, permitida uma reeleição." (art. 164, § 3º, CLT).

Alternativa "e": Incorreta. O art. 10, II, a, do ADCT não estende o direito à estabilidade ao suplente do diretor eleito, mas o TST[1072] possui entendimento majoritário ampliando essa garantia de emprego ao suplente do empregado eleito para representar a CIPA[1073].

Aliás, sem essa garantia o suplente poderia se sentir intimidado pelo empregador, comprometendo a sua atuação durante as substituições no cargo. A jurisprudência do STF também concedeu interpretação extensiva ao

1072. **Súmula nº 339 do TST:** I – "O suplente da CIPA goza da garantia de emprego prevista no art. 10, II, "a", do ADCT a partir da promulgação da Constituição Federal de 1988. II – A estabilidade provisória do cipeiro não constitui vantagem pessoal, mas garantia para as atividades dos membros da CIPA, que somente tem razão de ser quando em atividade a empresa. Extinto o estabelecimento, não se verifica a despedida arbitrária, sendo impossível a reintegração e indevida a indenização do período estabilitário".

1073. O candidato deverá ficar atento ao enunciado da questão, pois não há menção expressa no texto da CF, mas sim um posicionamento jurisprudencial do TST. Se a questão nada mencionar sobre a fonte (CF ou Súmula), interessante assinalar a opção que estende a estabilidade ao suplente, pois já está consagrada na doutrina e jurisprudência.

dispositivo para assegurar a eficácia protetiva do art. 10 do ADCT, conforme transcrito abaixo:

> **Súmula nº 676 do STF:** A garantia da estabilidade provisória, prevista no art. 10, II, a, do ADCT, também se aplica ao suplente do cargo de direção de comissões internas de prevenção de acidentes (CIPA).

Vale a ressalva, contudo, que o suplente que membro suplente que, durante o seu mandato, não participar de menos da metade do número de reuniões da CIPA, ficará impedido de concorrer à reeleição (art. 164, § 4º, CLT).

Alternativa correta: "c".

44. (FCC – Analista Judiciário – Oficial de Justiça Avaliador Federal – TRT 23/2022) Considere as assertivas abaixo a respeito das Comissões Internas de Prevenção de Acidentes.

I. O presidente da CIPA será sempre um membro indicado pelo empregador, com mandato de 2 anos.

II. Aos suplentes de membros representantes dos empregados será vedada a reeleição.

III. Os membros da CIPA indicados pelos empregados e empregadores não poderão sofrer despedida pelo empregador, salvo se por motivo técnico, econômico ou financeiro.

IV. É do Ministério do Trabalho a competência para regulamentação das atribuições, composição e funcionamento das CIPAs.

Conforme previsão da Consolidação das Leis do Trabalho, está correto o que se afirma APENAS em

(A) I e IV.

(B) II e III.

(C) IV.

(D) I e III.

(E) II.

COMENTÁRIOS

Nota do autor: A questão aborda a Comissão Interna de Prevenção de Acidentes e Assédio (CIPA) e exigia o conhecimento do texto de lei. Ressalta-se que o art. 611-B, XVII, da CLT, acrescentado pela Reforma Trabalhista, determina que a ilicitude de convenção e acordo coletivos de trabalho que prevejam a supressão ou redução de normas de saúde, higiene e segurança do trabalho previstas em lei ou em normas regulamentadoras do Ministério do Trabalho. Ainda, em setembro de 2022, foi publicada a Lei nº 14.457/2022, que, entre outras providências, atribuiu uma nova atribuição à CIPA: combate ao assédio e outras formas de violência no ambiente de trabalho. Fique atento às novidades sobre a matéria e, se preciso, consulte a parte teórica.

Assertiva I: Incorreta. De fato, "O empregador designará, anualmente, dentre os seus representantes, o Presidente da CIPA e os empregados elegerão, dentre eles, o Vice-Presidente." (art. 164, § 5º, CLT). Contudo, tem mandato apenas o representante eleito dos empregados, sendo esse de 1 ano – permitida uma reeleição (art. 164, § 3º, CLT).

Assertiva II: Incorreta. Ao suplente membro representante dos empregados somente será vedada a reeleição caso não participe de menos da metade do número de reuniões da CIPA durante seu mandato (art. 164, § 4º, CLT).

Assertiva III: Incorreta. "Os **titulares da representação dos empregados nas CIPA**(s) não poderão sofrer despedida arbitrária, entendendo-se como tal a que não se fundar em motivo disciplinar, técnico, econômico ou financeiro." (art. 165, *caput*, CLT – **grifos acrescidos**). Somente tem direito à estabilidade do cipeiro, o representante dos empregados. A norma tem como objetivo permitir que o empregado desempenhe seu mandato de forma tranquila e sem perseguições e ingerências do empregador. O representante do empregador por sua vez, não sofre perseguições e, por isso, não necessita da estabilidade provisória do cipeiro.

Assertiva IV: Correta. A CIPA tem suas atribuições, sua composição e o seu funcionamento definidos na NR nº 5 do Ministério do Trabalho, que regulamenta o tema.

Alternativa correta: "c".

45. (FCC – Técnico Judiciário – Área Administrativa – TRT 9/2022) Mirtes, em contrato de experiência firmado com a Confecção Elegance Ltda., acidentou-se nas dependências da empresa, escorregando no piso que estava molhado e sofrendo uma luxação no tornozelo direito. Ao término do contrato de experiência a empresa informou a Mirtes que a relação entre as partes estava encerrada, pagando-lhe as verbas rescisórias correspondentes.

Com base em jurisprudência sumulada que cuida do tema,

(A) a estabilidade por acidente do trabalho não pode ser reconhecida nos contratos de experiência, tendo em vista que o seu prazo máximo de 90 dias é incompatível com o prazo da estabilidade assegurada ao empregado acidentado, que é de 12 meses.

(B) a estabilidade por acidente do trabalho não pode ser reconhecida nos contratos de experiência, tendo em vista que para esta modalidade contratual inexiste o requisito da continuidade da relação de emprego.

(C) o contrato, ainda que por experiência, não poderia ser encerrado porque Mirtes sofreu acidente do trabalho, o que lhe garante, pela simples ocorrência do acidente, o direito à estabilidade no emprego.

(D) ainda que o empregado submetido a contrato por prazo determinado goze de garantia de emprego decorrente de acidente do trabalho, o direito à estabilidade somente seria reconhecido se Mirtes tivesse ficado afastada por mais de 15 dias, com a consequente percepção do auxílio-doença acidentário.

(E) ainda que o empregado submetido a contrato por prazo determinado goze de garantia de emprego decorrente de acidente do trabalho, o direito de Mirtes à estabilidade somente seria reconhecido se, do acidente sofrido, tivesse decorrido doença profissional.

COMENTÁRIOS

Nota do autor: A questão aborda casos de garantias provisórias no emprego. É importante destacar que o ato de terminar o contrato é um direito potestativo do empregador. Logo, a essa decisão de colocar fim ao contrato o trabalhador não pode se opor, exceto se detentor de estabilidade ou uma das garantias provisórias de emprego. Assim sendo, estabilidade é o direito do trabalhador de permanecer no emprego, mesmo contra a vontade do empregador.

Comentário serve para todas as alternativas, uma vez que versam sobre o mesmo assunto. Como forma de incentivar o retorno ao trabalho e garantir prazo para readaptação ao serviço, foi dado ao empregado acidentado o direito à estabilidade provisória de doze meses após a cessação do auxílio-doença. Esse período de 12 meses não poderá ser reduzido via negociação coletiva. Para adquirir essa garantia provisória, há necessidade de preencher cumulativamente os seguintes requisitos:

> a) afastamento ser superior a 15 dias.
> b) percepção de auxílio-doença acidentário.

Mesmo se tratando de contrato por prazo determinado, haverá garantia provisória de emprego ao empregado acidentado **que cumprir com os dois requisitos acima**:

> **Súmula nº 378, III do TST:** O empregado submetido a contrato de trabalho por tempo determinado goza da garantia provisória de emprego, decorrente de acidente de trabalho, prevista no art. 118 da Lei nº 8.213/1991.

Alternativa correta: "d".

46. (FCC – Técnico Judiciário – Área Administrativa – TRT 14/2022) Perpétua comunicou sua empregadora, a Rádio Ondas Leves, que se encontra em estado gestacional. Nesses termos, com base no que prevê o ordenamento jurídico vigente, a empregada goza de estabilidade, sendo protegida contra despedida arbitrária, desde a confirmação de sua gravidez até

(A) 5 meses após o parto.

(B) 120 dias após parto.

(C) o término da licença-maternidade.

(D) 5 meses após o término da licença-maternidade.

(E) 120 dias após o término da licença-maternidade.

COMENTÁRIOS

Nota do autor: A questão aborda casos de garantias provisórias no emprego. É importante destacar que o ato de terminar o contrato é um direito potestativo do empregador. Logo, a essa decisão de colocar fim ao contrato o trabalhador não pode se opor, exceto se detentor de estabilidade ou uma das garantias provisórias de emprego. Assim sendo, estabilidade é o direito do trabalhador de permanecer no emprego, mesmo contra a vontade do empregador.

Comentário serve para todas as alternativas, uma vez que versam sobre o mesmo assunto. Tratava-se de uma questão simples, que exigia do candidato apenas o conhecimento sobre art. 10, inciso II, alínea b, do ADCT:

> **Art. 10, inciso II, alínea b, do ADCT:** Até que seja promulgada a lei complementar a que se refere o art. 7º, I, da Constituição:
> II - fica vedada a dispensa arbitrária ou sem justa causa:
> b) da empregada gestante, desde a confirmação da gravidez até cinco meses após o parto.

Alternativa correta: "a".

47. (FCC – Técnico Judiciário – Área Administrativa – TRT 18/2023) Os empregados da empresa de vigilância Farol Aceso, que possui 2.500 empregados, pretendem eleger comissão de seus representantes para entendimento direto com o empregador. De acordo com a Consolidação das Leis do Trabalho, esta comissão deverá ser composta por I membros, cujo mandato dos representantes dos empregados será de II , sendo que os representantes dos empregados na comissão III garantia contra dispensa arbitrária ou sem justa causa.

As lacunas I, II e III devem ser preenchidas, correta e respectivamente, por:

(A) 3 - 2 anos - - não possuem

(B) 5 - 1 ano - - não possuem

(C) 3 - 1 ano - - possuem

(D) 7 - 2 anos - possuem

(E) 7 - 1 ano - não possuem

COMENTÁRIOS

Nota do autor: A questão aborda o tema comissão de representantes dos empregados no âmbito empresarial, que foi inserido pela Reforma Trabalhista. Lembre-se de que referida comissão não substitui as funções do sindicato, cabendo a este a realização de negociações coletivas.

Comentário serve para todas as alternativas, uma vez que versam sobre o mesmo assunto. De acordo com o art. 11 da Constituição Federal, é obrigatória a eleição de um representante dos trabalhadores nas empresas com mais de 200 empregados. De acordo com o texto constitucional:

> **Art. 11 da CF/88:** Nas empresas de mais de duzentos empregados, é assegurada a eleição de um representante destes com a finalidade exclusiva de promover-lhes o entendimento direto com os empregadores.

Apesar de prevista na Constituição Federal, não havia sido elaborada legislação regulamentando as atribuições e as prerrogativas desses representantes no entendimento direto com os empregadores. No entanto, a Reforma Trabalhista passou a regulamentar nos art. 510-A a 510-D da CLT a representação dos empregados nas empresas. De acordo com o art. 510-A da CLT, em consonância com o art. 11 da CF/88, em empresas com mais de 200 empregados, é assegurada a eleição de comissão para representar os trabalhadores, que tem a finalidade de promover o entendimento direto com os empregadores:

> **Art. 510-A da CLT (Inserido pela Reforma Trabalhista):** Nas empresas com mais de duzentos empregados, é assegurada a eleição de uma comissão para representá-los, com a finalidade de promover-lhes o entendimento direto com os empregadores.

De acordo com o § 1º do art. 510-A da CLT, a composição da comissão varia de acordo com o total de empregados das empresas:

COMISSÃO DE REPRESENTANTES	
Número de empregados na empresa	**Número de representantes**
Mais de 200 até 3.000	3 membros
Mais de 3.000 até 5.000	5 membros
Mais de 5.000	7 membros

Note-se que esses membros são todos representantes dos trabalhadores e não representarão interesses dos empregadores. Além disso, o número total de membros é determinado por cada empresa e não pela quantidade de estabelecimentos existentes.

De acordo com o "*caput*" e 1º do art. 510-D da CLT, o mandato do membro da comissão tem duração de 1 ano, sendo vedada sua reeleição:

> **Art. 510-D, "caput", da CLT (Inserido pela Reforma Trabalhista):** O mandato dos membros da comissão de representantes dos empregados será de um ano. (...)

Por fim, "Desde o registro da candidatura até um ano após o fim do mandato, o membro da comissão de representantes dos empregados não poderá sofrer despedida arbitrária, entendendo-se como tal a que não se fundar em motivo disciplinar, técnico, econômico ou financeiro." (art. 510-D, § 3º, CLT).

Alternativa correta: "c".

48. (FUMARC – Analista Judiciário – Área Judiciária – TRT 3/2022) Sobre as garantias provisórias e estabilidade ao emprego, de acordo com entendimento sumulado do TST, NÃO é correto afirmar:

(A) A garantia de emprego à gestante só autoriza a reintegração se esta se der durante o período de estabilidade. Do contrário, a garantia restringe-se aos salários e demais direitos correspondentes ao período de estabilidade.

(B) Exaurido o período de estabilidade, são devidos ao empregado apenas os salários do período compreendido entre a data da despedida e a data em que for proferida a sentença, não lhe sendo assegurada a reintegração no emprego

(C) O desconhecimento do estado gravídico pelo empregador não afasta o direito ao pagamento da indenização decorrente da estabilidade

(D) Presume-se discriminatória a despedida de empregado portador do vírus HIV ou de outra doença grave que suscite estigma ou preconceito. Inválido o ato, o empregado tem direito à reintegração no emprego.

(E) São pressupostos para a concessão da estabilidade pelo acidente de trabalho, o afastamento superior a 15 dias e a consequente percepção do auxílio-doença acidentário, salvo se constatada, após a despedida, doença profissional que guarde relação de causalidade com a execução do contrato de emprego.

COMENTÁRIOS

Nota do autor: A questão aborda casos de garantias provisórias no emprego. É importante destacar que o ato de terminar o contrato é um direito potestativo do empregador. Logo, a essa decisão de colocar fim ao contrato o trabalhador não pode se opor, exceto se detentor de estabilidade ou uma das garantias provisórias de emprego. Assim sendo, estabilidade é o direito do trabalhador de permanecer no emprego, mesmo contra a vontade do empregador. Perceba que a questão questiona pela alternativa **incorreta.**

Alternativa "a": correta. "A garantia de emprego à gestante só autoriza a reintegração se esta se der durante o período de estabilidade. Do contrário, a garantia restringe-se aos salários e demais direitos correspondentes ao período de estabilidade." (Súmula nº 244, II, TST).

Alternativa "b": incorreta. "Exaurido o período de estabilidade, são devidos ao empregado apenas os salários do período compreendido entre a data da despedida e o final do período de estabilidade, não lhe sendo assegurada a reintegração no emprego." (Súmula nº 396, I, TST).

Alternativa "c": correta. "O desconhecimento do estado gravídico pelo empregador não afasta o direito ao pagamento da indenização decorrente da estabilidade (art. 10, II, "b" do ADCT)." (Súmula nº 244, I, TST).

Alternativa "d": correta. "Presume-se discriminatória a despedida de empregado portador do vírus HIV ou de outra doença grave que suscite estigma ou preconceito. Inválido o ato, o empregado tem direito à reintegração no emprego." (Súmula nº 443, TST).

Alternativa "e": correta. "São pressupostos para a concessão da estabilidade o afastamento superior a 15 dias e a conseqüente percepção do auxílio-doença acidentário, salvo se constatada, após a despedida, doença profissional que guarde relação de causalidade com a execução do contrato de emprego." (Súmula nº 378, II, TST).

Alternativa incorreta: "b".

49. (FCC – Analista Judiciário – Área Judiciária – TRT 22/2022) Ana Maria foi dispensada injustamente em fevereiro, cumprindo aviso prévio indenizado de 30 dias. Ocorre que, nesse período, ficou grávida, razão pela qual possui dúvidas se tem direito à reintegração ao emprego face à estabilidade provisória. Consultando-se com um advogado, de acordo com a CLT e o entendimento pacificado do TST, foi lhe dito que

(A) não terá direito à estabilidade provisória no emprego uma vez que na data da dispensa seu empregador não tinha conhecimento de sua gravidez, agindo corretamente, sendo que fato superveniente não altera a rescisão do contrato de trabalho.

(B) não terá direito à estabilidade provisória no emprego, por ser considerado o período do aviso prévio indenizado como espécie de contrato por prazo determinado.

(C) somente teria direito à estabilidade provisória no emprego se tivesse cumprido o aviso prévio trabalhado e, no curso desse período, confirmado sua gestação.

(D) somente às empregadas domésticas a lei garante a estabilidade provisória no emprego quando a confirmação da gravidez ocorrer durante o período do aviso prévio trabalhado ou indenizado.

(E) terá direito à estabilidade provisória no emprego, uma vez que não é óbice a confirmação da gravidez no curso do aviso prévio indenizado.

COMENTÁRIOS

Nota do autor: A questão aborda casos de garantias provisórias no emprego. É importante destacar que o ato de terminar o contrato é um direito potestativo do empregador. Logo, a essa decisão de colocar fim ao contrato o trabalhador não pode se opor, exceto se detentor de estabilidade ou uma das garantias provisórias de emprego. Assim sendo, estabilidade é o direito do trabalhador de permanecer no emprego, mesmo contra a vontade do empregador.

Comentário serve para todas as alternativas, uma vez que versam sobre o mesmo assunto. "A confirmação do estado de gravidez advindo no curso do contrato de trabalho, **ainda que durante o prazo do aviso prévio trabalhado ou indenizado**, garante à empregada gestante a estabilidade provisória prevista na alínea b do inciso II do art. 10 do Ato das Disposições Constitucionais Transitórias." (art. 391-A da CLT – **grifos acrescidos**). Aliás, "O desconhecimento do estado gravídico pelo empregador não afasta o direito ao pagamento da indenização decorrente da estabilidade" (Súmula nº 244, I do TST). Logo, Camila fará jus à estabilidade da gestante.

Alternativa correta: "e".

50. (FCC – Analista Judiciário – Área Judiciária – TRT 2/2018) Carolina, Mariana e Antônio são empregados da empresa Viação Mar Azul Ltda. Carolina foi contratada por prazo determinado e descobriu que está grávida. Mariana, contratada por prazo determinado, recentemente sofreu um acidente de trabalho e encontra-se afastada de suas atividades profissionais. Antônio, por sua vez, contratado por prazo indeterminado, acaba de registrar sua candidatura a cargo de direção de entidade sindical. Neste caso, nos termos da lei trabalhista vigente e do entendimento sumulado do TST, é correto afirmar:

(A) O desconhecimento da empresa Viação Mar Azul Ltda. do estado gravídico de Carolina afasta o direito ao pagamento de indenização decorrente da estabilidade gestante, existente desde a comunicação da gravidez até cinco meses após o parto.

(B) Mariana goza da garantia provisória de emprego decorrente de acidente de trabalho.

(C) Carolina não tem direito à estabilidade provisória, existente desde a confirmação da gravidez até 5 meses após o parto, pois foi admitida mediante contrato por tempo determinado.

(D) Fica vedada a dispensa de Antônio, a partir do momento da data da eleição a cargo de direção de entidade sindical, até 1 ano após o final do seu mandato, exceto se fosse como suplente.

(E) Antônio teria direito à estabilidade, mesmo que o registro da candidatura a cargo de dirigente sindical tivesse sido realizado durante o período de aviso prévio, ainda que indenizado.

COMENTÁRIOS

Nota do autor: A questão aborda casos de garantias provisórias no emprego. É importante destacar que o ato de terminar o contrato é um direito potestativo do empregador. Logo, a essa decisão de colocar fim ao contrato o trabalhador não pode se opor, exceto se detentor de estabilidade ou uma das garantias provisórias de emprego. Assim sendo, estabilidade é o direito do trabalhador de permanecer no emprego, mesmo contra a vontade do empregador.

Alternativa correta: "b". Como forma de incentivar o retorno ao trabalho e garantir prazo para readaptação ao serviço, foi dado ao empregado acidentado o direito à estabilidade provisória de doze meses após a cessação do auxílio-doença. Esse período de 12 meses não poderá ser reduzido via negociação coletiva. Para adquirir essa garantia provisória, há necessidade de preencher cumulativamente os seguintes requisitos:

> **a) afastamento ser superior a 15 dias.** Dessa forma, empregado acidentado que retornou ao trabalho em menos de 15 dias não é detentor dessa garantia provisória de emprego;
>
> **b) percepção de auxílio-doença acidentário.**

Assim, mesmo se tratando de contrato por prazo determinado, haverá garantia provisória de emprego a Mariana:

> **Súmula nº 378, III do TST:** O empregado submetido a contrato de trabalho por tempo determinado goza da garantia provisória de emprego, decorrente de acidente de trabalho, prevista no art. 118 da Lei nº 8.213/1991.

Alternativa "a". "O desconhecimento do estado gravídico pelo empregador **não** afasta o direito ao pagamento da indenização decorrente da estabilidade" (Súmula nº 244, I do TST). Logo, Carolina fará jus à estabilidade mesmo no caso de desconhecimento do estado gravídico pelo empregador.

Alternativa "c". "A empregada gestante tem direito à estabilidade provisória prevista no art. 10, inciso II, alínea "b", do Ato das Disposições Constitucionais Transitórias, **mesmo** na hipótese de admissão mediante contrato por tempo determinado" (Súmula nº 244, III do TST). Carolina fará jus, portanto, à estabilidade.

Alternativa "d". É assegurada estabilidade ao dirigente sindical e ao **suplente**, limitado ao máximo de 7 membros cada (Súmula nº 369, II do TST). Nesse sentido, o dispositivo constitucional e celetista:

> **Art. 8º, VIII da CF/88:** "É vedada a dispensa do empregado sindicalizado a partir do registro da candidatura a cargo de direção ou representação sindical e, se eleito, **ainda que suplente**, até um ano após o final do mandato, salvo se cometer falta grave nos termos da lei".
>
> **Art. 543, §3º da CLT:** "Fica vedada a dispensa do empregado sindicalizado ou associado, a partir do momento do registro de sua candidatura a cargo de direção ou representação de entidade sindical ou de associação profissional, até 1 (um) ano após o final do seu mandato, caso seja eleito inclusive como suplente, salvo se cometer falta grave devidamente apurada nos termos desta Consolidação".

Alternativa "e". "O registro da candidatura do empregado a cargo de dirigente sindical durante o período de aviso prévio, ainda que indenizado, **não** lhe assegura a estabilidade, visto que inaplicável a regra do § 3º do art. 543 da Consolidação das Leis do Trabalho" (Súmula nº 369, V do TST). Assim, caso a candidatura de Antônio se desse no período do aviso prévio, não haveria que se falar em estabilidade.

51. (FCC – Analista Judiciário – Oficial de Just. Avaliador Federal – TRT 15/2018) Considerando as disposições legais e o entendimento pacífico do Tribunal Superior do Trabalho (TST) a respeito das hipóteses de estabilidade provisória no emprego, considere:

I. Mariano, membro do conselho fiscal do Sindicato dos Comerciários de Presidente Prudente e Região, por atuar na defesa de direitos da categoria respectiva, tem estabilidade no emprego desde o registro da candidatura até um ano após o término do mandato.

II. Antonia, eleita como suplente de diretor da Cooperativa criada e gerida pelos empregados das Indústrias Reunidas Laterman Ltda, tem estabilidade no emprego desde o registro da candidatura até um ano após o término do mandato.

III. Embora, em razão do acidente de trabalho sofrido, tenha ficado afastado do trabalho por mais de 15 dias e tenha percebido auxílio-doença acidentário, Zelindo não tem direito à garantia de emprego decorrente de acidente de trabalho, pois foi contratado por prazo determinado.

IV. Bernardo, empregado de categoria diferenciada eleito dirigente sindical, goza de estabilidade provisória, pois exerce na empresa atividade pertinente à categoria profissional do sindicato para o qual foi eleito dirigente.

V. Cleide, empregada doméstica que ficou grávida no curso do contrato de experiência, tem direito a estabilidade provisória do emprego desde o registro da candidatura até 120 dias após o parto, por disposição expressa da Lei Complementar nº 150/2015.

Está correto o que consta APENAS de

(A) I e IV.

(B) II e III.

(C) II e V.

(D) III.

(E) IV.

COMENTÁRIOS

Nota do autor: A questão aborda a estabilidade dos empregados em diversos aspectos, sendo necessário o conhecimento do entendimento jurisprudencial do TST sobre o assunto.

Alternativa correta: "e". Está correto o que se afirma no item IV.

Assertiva I. Incorreta. Mariano não faz jus à estabilidade, tendo em vista se tratar de membro do conselho fiscal do sindicato. O Conselho Fiscal tem a atribuição de fiscalizar as contas e gastos do sindicato. Esse órgão é formado por 3 membros eleitos pela assembleia geral. De acordo com o posicionamento do TST, esses membros do conselho fiscal não gozam de estabilidade, pois não representam a categoria:

> **Orientação Jurisprudencial nº 365 do TST:** "Membro de conselho fiscal de sindicato não tem direito à estabilidade prevista nos arts. 543, § 3º, da CLT e 8º, VIII, da CF/1988, porquanto não representa ou atua na defesa de direitos da categoria respectiva, tendo sua competência limitada à fiscalização da gestão financeira do sindicato (art. 522, § 2º, da CLT)."

Assertiva II. Incorreta. Antonia não tem direito à estabilidade, tendo em vista se tratar de membro suplente de diretor da cooperativa. "O art. 55 da Lei nº 5.764/71 assegura a garantia de emprego apenas aos empregados eleitos diretores de Cooperativas, não abrangendo os membros suplentes" (OJ nº 253 da SDI-I do TST).

Assertiva III. Incorreta. Zelindo terá direito à estabilidade. O empregado que sofre acidente do trabalho durante o contrato por prazo determinado, por exemplo, contrato de experiência, terá direito à estabilidade. Ressalta-se que, em qualquer hipótese de contratação por prazo determinado, é assegurada a estabilidade do acidentado, inclusive no tocante ao contrato de trabalho temporário rural:

> **Súmula nº 378, III do TST:** O empregado submetido a contrato de trabalho por tempo determinado goza da garantia provisória de emprego decorrente de acidente de trabalho prevista no art. 118 da Lei nº 8.213/91.

Assertiva IV. Correta. Bernardo tem direito à estabilidade. Para que o empregado que pertencente à categoria profissional diferenciada tenha estabilidade, é necessário que preste serviços na empresa na mesma atividade para a qual foi eleito, ou seja, se eleito para representar a categoria dos motoristas, deverá exercer essa atividade na empresa. Caso contrário, não estará representando a categoria. Nesse sentido:

> **OJ nº 145 da SDI-I do TST:** O empregado de categoria diferenciada eleito dirigente sindical só goza de estabilidade se exercer na empresa atividade pertinente à categoria profissional do sindicato para o qual foi eleito dirigente.

Assertiva V. Incorreta. Cleide fará jus à estabilidade. Apesar da previsão legal, o prazo designado na questão diz respeito à licença-maternidade e não à estabilidade da gestante, que será da confirmação da gravidez até 5 meses após o parto:

> **Art. 25, Parágrafo único da LC nº 150/2015:** A confirmação do estado de gravidez durante o curso do contrato de trabalho, ainda que durante o prazo do aviso prévio trabalhado ou indenizado, garante à empregada gestante a estabilidade provisória prevista na alínea "b" do inciso II do art. 10 do Ato das Disposições Constitucionais Transitórias.

52. (FCC – Analista Judiciário – Área Administrativa – TST/2017) Entre as diversas verbas que podem ser pagas pelo empregador ao empregado, integram o salário do empregado:

a) as gratificações legais.
b) as diárias para viagem.
c) os prêmios.
d) os abonos.
e) a ajuda de custo.

COMENTÁRIOS

Nota do autor: A questão exigia o conhecimento das verbas de natureza salarial e verbas destituídas de caráter salarial, tema que foi profundamente impactado com a Reforma Trabalhista. Note-se que deveria ser assinalada a alternativa que contivesse verba de natureza salarial. Não deixe de ler os arts. 457 e 458 da CLT.

Alternativa correta: "a". *Comentário serve para as demais alternativas, uma vez que versam sobre o mesmo assunto.* "Integram o salário a importância fixa estipulada, as **gratificações legais** e as comissões pagas pelo empregador" (art. 457 da CLT – com redação dada pela Lei nº 13.467/2017). A Reforma Trabalhista alterou a redação dos §§ 1º e 2º do art. 457 da CLT e reduziu consideravelmente as parcelas consideradas salariais, pois passou a estabelecer que apenas as **gratificações legais** e as **comissões** pagas pelo empregador integram o salário juntamente com a importância fixa estipulada. Assim, as demais verbas citadas são consideradas parcelas sem natureza salarial, nos termos do art. 457, §2º da CLT:

> **Art. 457. §2º da CLT (com redação dada pela Lei nº 13.467/2017):** As importâncias, ainda que habituais, pagas a título de ajuda de custo, auxílio-alimentação, vedado seu pagamento em dinheiro, diárias para viagem, prêmios e abonos não integram a remuneração do empregado, não se incorporam ao contrato de trabalho e não constituem base de incidência de qualquer encargo trabalhista e previdenciário.

53. (FCC – Analista Judiciário – Área Judiciária – TST/2017) Considere as situações abaixo descritas.

I. Sócrates é comissário de bordo de empresa aérea Céu de Brigadeiro S/A e permanece dentro da aeronave nos períodos de abastecimento.

II. Mercúrio é motorista da empresa Astro Rei Ltda. e realiza entregas utilizando habitualmente carro. Esporadicamente, na ausência do carro, realiza as entregas de motocicleta.

III. Netuno é vigilante bancário, trabalhando em escala 12 x 36, portando arma de fogo.

IV. Zeus é empregado da empresa Atenas Geradora de Energia Elétrica S/A, trabalhando na função de eletricitário, adentrando em área considerada de risco uma vez ao dia, lá permanecendo por cinco minutos.

Levando em consideração a legislação trabalhista em vigor e a jurisprudência sumulada do Tribunal Superior do Trabalho,

a) apenas Netuno e Zeus devem receber adicional de periculosidade, ambos de forma integral.
b) apenas Sócrates não é credor de adicional de periculosidade, sendo que Mercúrio, Netuno e Zeus devem recebê-lo de forma proporcional ao tempo de exposição.
c) todos fazem jus ao adicional de periculosidade, sendo o pagamento proporcional ao tempo de exposição ao risco apenas para Zeus.
d) apenas Mercúrio não faz jus ao adicional de periculosidade e os demais devem recebê-lo de forma proporcional ao tempo de exposição.
e) nenhum dos empregados faz jus ao adicional de periculosidade, considerando que, em todas as situações, está ausente o requisito essencial da habitualidade de exposição ao risco.

COMENTÁRIOS

Nota do autor: A questão aborda o tema adicional de periculosidade. Não se esqueça de que pagamento dos adicionais de periculosidade e insalubridade tem previsão constitucional. De acordo com art. 7º, XXIII, da CF/88: "São direitos dos trabalhadores urbanos e rurais, além de outros que visem à melhoria de sua condição social: adicional de remuneração para as atividades penosas[1074], insalubres ou perigosas, na forma da lei". O adicional de periculosidade é de **30% sobre o salário-base**, ou seja, o cálculo não leva em conta outros acréscimos.

É imprescindível a memorização das atividades perigosas previstas na legislação e na jurisprudência do TST. Nesse sentido, segue quadro de memorização acerca do assunto:

1074. Embora exista previsão expressa do **adicional de penosidade** na Constituição Federal, não há lei ordinária que o regulamente, inexistindo a base de cálculo e demais previsões necessárias para que seja exigido. Neste momento, prevalece o entendimento de que não há possibilidade do pagamento do adicional de penosidade. O concurso do TRT da 3ª Região / 2009 exigiu uma questão sobre adicional de penosidade. O pagamento desse adicional depende da lei ordinária.

ATIVIDADES PERIGOSAS
Atividades perigosas previstas na CLT (arts. 193 e 200):
• Inflamáveis; • Explosivos; • Energia elétrica; • Roubos ou outras espécies de violência física nas atividades profissionais de segurança pessoal ou patrimonial;
• Atividades de trabalhador em motocicleta; • Agentes das autoridades de trânsito.
Atividade perigosa segundo a jurisprudência consolidada do TST:
• Radiações ionizantes ou substâncias radioativas (Art. 200, CLT e OJ nº 345 da SDI-I do TST); e • Agente de Apoio Socioeducativo da Fundação Casa, a partir de 03/12/2013 (Tema nº 16).

Alternativa correta: "a". Apenas Netuno e Zeus devem receber o adicional de periculosidade.

Item I. "Os tripulantes e demais empregados em serviços auxiliares de transporte aéreo que, no momento do abastecimento da aeronave, permanecem a bordo não têm direito ao adicional de periculosidade a que aludem o art. 193 da CLT e o Anexo 2, item 1, "c", da NR 16 do MTE" (Súmula nº 447 do TST). Logo, Sócrates não tem direito ao adicional de periculosidade.

Item II. "Tem direito ao adicional de periculosidade o empregado exposto permanentemente ou que, de forma intermitente, sujeita-se a condições de risco. Indevido, apenas, quando o contato dá-se de forma eventual, assim considerado o fortuito, ou o que, sendo habitual, dá-se por tempo extremamente reduzido" (Súmula nº 364, I do TST). Assim, tendo em vista a realização de entregas com motocicleta se dar de forma esporádica, Mercúrio não fará jus ao adicional de periculosidade.

Item III. "São consideradas atividades ou operações perigosas, na forma da regulamentação aprovada pelo Ministério do Trabalho e Emprego, aquelas que, por sua natureza ou métodos de trabalho, impliquem risco acentuado em virtude de exposição permanente do trabalhador a: (...)roubos ou outras espécies de violência física nas atividades profissionais de segurança pessoal ou patrimonial" (art. 193, II da CLT). Por realizar atividade profissional de segurança patrimonial, Netuno faz jus ao adicional de periculosidade.

Item IV. "São consideradas atividades ou operações perigosas, na forma da regulamentação aprovada pelo Ministério do Trabalho e Emprego, aquelas que, por sua natureza ou métodos de trabalho, impliquem risco acentuado em virtude de exposição permanente do trabalhador a: (...) inflamáveis, explosivos ou energia elétrica" (art. 193, I da CLT). Assim, por trabalhar exposto à energia elétrica, Zeus fará jus ao adicional de periculosidade. Aqui, importante que o candidato se atente ao novo § 5º do art. 193 da CLT, incluído pela Lei nº 14.766/2023:

> **Art. 193, § 5º, CLT:** O disposto no inciso I do caput deste artigo **não se aplica** às quantidades de inflamáveis contidas nos tanques de combustíveis originais de fábrica e suplementares, para consumo próprio de veículos de carga e de transporte coletivo de passageiros, de máquinas e de equipamentos, certificados pelo órgão competente, e nos equipamentos de refrigeração de carga.

Apesar da inclusão de referido dispositivo na CLT, não é novidade que as quantidades de inflamáveis contidas nos tanques de combustíveis originais de fábrica e suplementares, para consumo próprio de veículos de carga e de transporte coletivo de passageiros, de máquinas e de equipamentos não ensejam, por si só, o pagamento do adicional de periculosidade. Previsão muito semelhante já constava da NR 16, que regulamenta o tema:

> **Item 16.6.1, NR 16:** As quantidades de inflamáveis, contidas nos tanques de consumo próprio dos veículos, não serão consideradas para efeito desta Norma.
>
> **Item 16.6.1.1, NR 16:** Não se aplica o item 16.6 às quantidades de inflamáveis contidas nos tanques de combustível originais de fábrica e suplementares, certificados pelo órgão competente.

54. (FCC – Analista Judiciário – Área Judiciária – TRT 14/2022) O FGTS é um direito dos empregados urbanos, rurais e domésticos, assegurado constitucionalmente. A regulamentação infra-constitucional do FGTS é bastante detalhada, abrangendo, inclusive, regras sobre consequências em caso de extinção do contrato de trabalho, entre as quais a previsão de que,

(A) em caso de falecimento do trabalhador, o saldo existente na conta vinculada do mesmo será pago aos seus sucessores previstos na lei civil, conforme definido pelo juízo do inventário ou do arrolamento.

(B) na hipótese de culpa recíproca na extinção do contrato ou de força maior, reconhecidas pela Justiça do Trabalho, o empregador deverá depositar na conta

▸ QUESTÕES DE CONCURSOS

vinculada do trabalhador no FGTS, respectivamente, importâncias de 20% e de 25% sobre o montante de todos os depósitos realizados na conta vinculada durante a vigência do contrato de trabalho.

(C) em caso de extinção do contrato de trabalho por acordo entre empregador e empregado, este somente poderá movimentar o valor equivalente a 50% de todos os depósitos realizados na conta vinculada durante a vigência do contrato de trabalho.

(D) na hipótese de dispensa sem justa causa pelo empregador, este deverá depositar na conta vinculada do trabalhador no FGTS, a importância igual a 40% do saldo da conta vinculada, atualizado monetariamente e acrescido dos respectivos juros.

(E) em caso de rescisão do contrato de trabalho por parte do empregador, este deve depositar na conta vinculada do trabalhador no FGTS os valores relativos aos depósitos referentes ao mês da rescisão e ao imediatamente anterior, que ainda não houver sido recolhido, sem prejuízo das cominações legais.

COMENTÁRIOS

Nota do autor: A questão aborda o tema FGTS, exigindo do candidato o conhecimento da Lei nº 8.036/1990 e da CLT sobre o assunto.

Alternativa "a". Incorreta. "A conta vinculada do trabalhador no FGTS poderá ser movimentada nas seguintes situações: (...) IV - falecimento do trabalhador, sendo o saldo pago a seus dependentes, para esse fim habilitados perante a Previdência Social, segundo o critério adotado para a concessão de pensões por morte. Na falta de dependentes, farão jus ao recebimento do saldo da conta vinculada os seus sucessores previstos na lei civil, indicados em alvará judicial, expedido a requerimento do interessado, independente de inventário ou arrolamento;" (art. 20, IV, Lei nº 8.036/90).

Alternativa "b". Incorreta. "Quando ocorrer despedida por culpa recíproca ou força maior, reconhecida pela Justiça do Trabalho, o percentual de que trata o § 1º será de 20 (vinte) por cento." (art. 18, § 2º, Lei nº 8.036/90).

Alternativa "c". Incorreta. "O contrato de trabalho poderá ser extinto por acordo entre empregado e empregador, caso em que serão devidas as seguintes verbas trabalhistas: (...) A extinção do contrato prevista no caput deste artigo permite a movimentação da conta vinculada do trabalhador no Fundo de Garantia do Tempo de Serviço na forma do inciso I-A do art. 20 da Lei no 8.036, de 11 de maio de 1990, limitada até 80% (oitenta por cento) do valor dos depósitos." (art. 848-A, § 1º, CLT).

Alternativa "d". Incorreta. "Na hipótese de despedida pelo empregador sem justa causa, depositará este, na conta vinculada do trabalhador no FGTS, importância igual a quarenta por cento **do montante de todos os depósitos realizados na conta vinculada durante a vigência do contrato de trabalho**, atualizados monetariamente e acrescidos dos respectivos juros." (art. 18, § 1º, Lei nº 8.036/90 – grifos acrescidos).

Alternativa "e". Correta. "Ocorrendo rescisão do contrato de trabalho, por parte do empregador, ficará este obrigado a depositar na conta vinculada do trabalhador no FGTS os valores relativos aos depósitos referentes ao mês da rescisão e ao imediatamente anterior, que ainda não houver sido recolhido, sem prejuízo das cominações legais." (art. 18, *caput*, Lei nº 8.036/90).

Alternativa correta: "e".

55. (FCC – Analista Judiciário – Área Judiciária – TRT 22/2022) Cíntia se emocionou com a festa surpresa feita por seus colegas de trabalho da Joalheria D & D Ltda. quando se aposentou.

Nessa oportunidade, ela sacou seus depósitos referentes ao FGTS, implementando uma hipótese para levantamento.

Entretanto, a convite de seu empregador e contando com o carinho de seus colegas, continuou normalmente a prestar seus serviços por mais 4 anos, quando foi dispensada sem justa causa. Nos termos da legislação vigente e do entendimento pacificado do TST, em relação à multa de 40% sobre o FGTS,

(A) somente se Cíntia não tivesse sacado seu FGTS por ocasião de sua aposentadoria e continuasse no emprego é que teria direito à multa integral sobre a totalidade dos depósitos de todo o contrato de trabalho.

(B) Cíntia terá direito à multa apenas no período dos 4 anos trabalhados após sua aposentadoria, uma vez que o saque efetuado quando de sua aposentadoria não acarreta a incidência da multa fundiária, não podendo, portanto, ser computada para a totalidade de seu contrato de trabalho.

(C) tendo em vista a manutenção do vínculo de emprego, Cíntia tem direito à metade da multa sobre a totalidade dos depósitos efetuados durante todo o contrato de trabalho.

(D) tendo em vista a manutenção do vínculo de emprego, Cíntia faz jus à multa integral sobre a totalidade dos depósitos efetuados durante todo o contrato de trabalho, uma vez que a aposentadoria espontânea não é causa de rescisão do contrato de trabalho.

(E) Cíntia não receberá a referida multa, pois quando se aposentou não era hipótese de seu pagamento e, agora, aposentada, sendo dispensada imotivadamente, não tem direito nem à multa e nem ao recebimento do seguro-desemprego.

QUESTÕES DE CONCURSOS

COMENTÁRIOS

Nota do autor: A questão aborda o tema FGTS, exigindo do candidato o conhecimento da jurisprudência sumulada do TST sobre o tema.

Comentário serve para todas as alternativas, uma vez que versam sobre o mesmo assunto. "A aposentadoria espontânea não é causa de extinção do contrato de trabalho se o empregado permanece prestando serviços ao empregador após a jubilação. Assim, por ocasião da sua dispensa imotivada, o empregado tem direito à multa de 40% do FGTS sobre a totalidade dos depósitos efetuados no curso do pacto laboral." (Orientação Jurisprudencial nº 361 da SDI-1 do TST).

Dessa forma, Cíntia tem direito à multa integral sobre a totalidade dos depósitos efetuados durante todo o contrato de trabalho, uma vez que a aposentadoria espontânea não é causa de rescisão do contrato de trabalho.

Alternativa correta: "d".

56. (FCC – Analista Judiciário – Oficial de Justiça Avaliador Federal – TRT 22/2022) Quanto ao FGTS, nos termos da legislação aplicável:

(A) Na hipótese de rescisão do contrato de trabalho por falecimento do empregado, a conta vinculada no FGTS só poderá ser movimentada por seus dependentes após o prazo de 1 ano de sua morte.

(B) Os depósitos efetuados nas contas vinculadas serão corrigidos monetariamente com base nos parâmetros fixados para atualização dos saldos dos depósitos de poupança e capitalização juros de 5% ao ano.

(C) Os empregadores são obrigados a realizar os depósitos relativos ao FGTS dos empregados afastados para a prestação do serviço militar obrigatório e licença por acidente do trabalho, com exceção dos empregados contratados por prazo determinado.

(D) O empregado dispensado sem justa causa poderá movimentar as contas vinculadas do FGTS, quando sujeito à sistemática do saque-rescisão ou do saque-aniversário, porque não deu causa à rescisão contratual.

(E) Quando o trabalhador permanecer 5 anos ininterruptos fora do regime do FGTS, os saldos das contas vinculadas serão incorporadas ao patrimônio do fundo, resguardado o direito de o beneficiário reclamar, a qualquer tempo, a reposição do valor transferido.

COMENTÁRIOS

Nota do autor: A questão aborda o tema FGTS, exigindo do candidato o conhecimento da Lei nº 8.036/1990 e da CLT sobre o assunto.

Alternativa "a". Incorreta. "A conta vinculada do trabalhador no FGTS poderá ser movimentada nas seguintes situações: (...) IV - falecimento do trabalhador, sendo o saldo pago a seus dependentes, para esse fim habilitados perante a Previdência Social, segundo o critério adotado para a concessão de pensões por morte. Na falta de dependentes, farão jus ao recebimento do saldo da conta vinculada os seus sucessores previstos na lei civil, indicados em alvará judicial, expedido a requerimento do interessado, independente de inventário ou arrolamento;" (art. 20, IV, Lei nº 8.036/90).

Alternativa "b". Incorreta. "Os depósitos efetuados nas contas vinculadas serão corrigidos monetariamente com base nos parâmetros fixados para atualização dos saldos dos depósitos de poupança e capitalização juros de (três) por cento ao ano. (art. 13, Lei nº 8.036/90).

Alternativa "c". Incorreta. "O depósito de que trata o caput deste artigo é obrigatório nos casos de afastamento para prestação do serviço militar obrigatório e licença por acidente do trabalho." (art. 15, § 5º, Lei nº 8.036/90); "Computar-se-ão, na contagem de tempo de serviço, para efeito de indenização e estabilidade, os períodos em que o empregado estiver afastado do trabalho prestando serviço militar e por motivo de acidente do trabalho." (art. 4º, § 1º, CLT).

Alternativa "d". Incorreta. Se o trabalhador optar pelo saque anual, somente poderá retornar para o modelo de saque-rescisão após 24 meses. Além disso, permanece o direito ao recebimento da multa de 40% na hipótese de dispensa sem justa causa. Assim, um trabalhador que optou pelo saque-aniversário e foi dispensado sem justa causa, receberá somente o valor da multa de 40% do FGTS no momento da rescisão, pois o saque dos depósitos somente pode ocorrer anualmente no mês do aniversário e nos percentuais previstos em lei.

Alternativa "e". Correta. "Os saldos das contas não individualizadas e das contas vinculadas que se conservem ininterruptamente sem créditos de depósitos por mais de cinco anos, a partir de 1º de junho de 1990, em razão de o seu titular ter estado fora do regime do FGTS, serão incorporados ao patrimônio do fundo, resguardado o direito do beneficiário reclamar, a qualquer tempo, a reposição do valor transferido." (art. 21, *caput*, Lei nº 8.036/90).

Alternativa correta: "e".

57. (FCC – Técnico Judiciário – Área Administrativa – TRT 22/2022) Considerando real necessidade de serviço, Ariela, que exerce funções de extrema confiança, foi transferida pelo empregador para trabalhar na unidade da empresa que fica na cidade de Lisboa, em Portugal. A partir da transferência, além do salário, Ariela passou a receber mensalmente uma ajuda de custo. Considerando tal situação, a empresa, conforme a legislação federal e jurisprudência pacificada do TST,

(A) continua obrigada a recolher, no Brasil, FGTS sobre o salário pago, mas não sobre o valor da ajuda de custo, já que tal verba não tem natureza salarial.

(B) continua obrigada a recolher, no Brasil, FGTS sobre o salário pago e sobre o valor da ajuda de custo, já que tal verba tem natureza salarial.

(C) não continua obrigada a recolher, no Brasil, FGTS, tendo em vista que este não incide sobre pagamentos referentes a trabalho prestado no exterior.

(D) não continua obrigada a recolher, no Brasil, FGTS, tendo em vista o exercício no exterior de cargo de confiança.

(E) não continua obrigada a recolher, no Brasil, FGTS sobre o salário pago, já que o trabalho está sendo executado no exterior, mas tem que recolher sobre a ajuda de custo, já que esta tem origem na própria transferência.

COMENTÁRIOS

Nota do autor: A questão aborda o tema FGTS, exigindo do candidato o conhecimento da Lei nº 8.036/1990, da CLT e da jurisprudência sumulada do TST sobre o assunto.

Comentário serve para todas as alternativas, uma vez que versam sobre o mesmo assunto. Nos termos da jurisprudência consolidada do TST, "O FGTS incide sobre todas as parcelas de natureza salarial pagas ao empregado em virtude de prestação de serviços no exterior." (Orientação Jurisprudencial nº 232 da SDI-1 do TST). Como a ajuda de custo possui natureza indenizatória (art. 457, § 2º, CLT), não integra a base de cálculo dos recolhimentos fundiários (da contribuição do FGTS).

Alternativa correta: "a".

58. (FCC – Analista Judiciário – Área Administrativa – TST/2017) Entre as finalidades do FGTS está a de permitir ao trabalhador a formação de um patrimônio que poderá ser sacado em momentos especiais e em situações de dificuldade. Nesse contexto, constitui hipótese autorizada por lei para o saque do FGTS:

(A) quando o trabalhador com deficiência, por prescrição médica, necessite fazer implante.

(B) necessidade pessoal, cuja urgência e gravidade decorram de prescrição médica.

(C) suspensão total do trabalho avulso por período igual ou superior a 120 dias, comprovada por declaração do sindicato representativo da categoria profissional.

(D) quando o trabalhador tiver idade igual ou superior a 60 anos, se mulher, e 65 anos, se homem.

(E) despedida sem justa causa, inclusive a indireta, de culpa recíproca, de força maior e extinção do contrato de trabalho em decorrência de acordo entre empregado e empregador.

COMENTÁRIOS

Nota do autor: Para responder à questão o candidato deveria conhecer o art. 20 da Lei nº 8.036/1990. Além disso, era necessário o conhecimento do art. 484-A da CLT, que disciplinou nova hipótese de rescisão do contrato de trabalho: o denominado "distrato".

Alternativa correta: "e". *Comentário serve para as demais alternativas, uma vez que versam sobre o mesmo assunto.* "A conta vinculada do trabalhador no FGTS poderá ser movimentada nas seguintes situações: I despedida sem justa causa, inclusive a indireta, de culpa recíproca e de força maior; I-A – extinção do contrato de trabalho prevista no art. 484-A da Consolidação das Leis do Trabalho (CLT), aprovada pelo Decreto-Lei nº 5.452, de 1º de maio de 1943" (art. 20, I e I-A da Lei nº 8.036/1990).

O FGTS[1075] é uma "poupança forçada" suportada exclusivamente pelo empregador. Todos os meses, ao quitar o salário e demais adicionais, o empregador deverá depositar numa conta vinculada do trabalhador 8% da sua remuneração.

59. (FCC – Analista Judiciário – Área Judiciária – TRT 21/2017) Dorival trabalha para empresa Excellence Tecnologia, exercendo as funções de desenvolvedor de sistemas. Como contraprestação pelos serviços recebe salário fixo mensal. O empregador concede

1075. "O FGTS é um depósito bancário destinado a formar uma poupança para o trabalhador, que poderá ser sacada nas hipóteses previstas na lei, principalmente quando é dispensado sem justa causa. Outrossim, servem os depósitos como forma de financiamento para aquisição de moradia pelo Sistema Financiamento da Habitação." MARTINS, Sergio Pinto. *Direito do Trabalho*. 24. ed. São Paulo: Atlas, 2008. p. 435.

a Dorival assistência médica, reembolso de despesas com medicamentos e seguro de vida e acidentes pessoais. Visando melhorar a produtividade da empresa, o empregador instituiu um programa de premiação por desempenho, o que vem sendo recebido mensalmente por Dorival há mais de seis meses.

Considerando a Lei no 13.467/2017,

(A) os benefícios não têm natureza salarial e o prêmio por desempenho, em razão da habitualidade, integra o salário de Dorival, para todos os efeitos legais.

(B) a assistência médica e o seguro de vida e acidentes pessoais não têm natureza salarial, mas o reembolso de medicamentos, por ausência de previsão legal, é considerado salário. O prêmio por desempenho, em razão da habitualidade no pagamento, integra o salário de Dorival para todos os efeitos legais.

(C) a assistência médica e o seguro de vida e acidentes pessoais não têm natureza salarial, mas o reembolso de medicamentos, por ausência de previsão legal, é considerado salário. O prêmio por desempenho, mesmo pago com habitualidade, não integra o salário de Dorival para qualquer efeito.

(D) os benefícios não têm natureza salarial e o prêmio por desempenho, mesmo pago com habitualidade, não integra o salário de Dorival para efeitos trabalhistas, mas é base de cálculo para a contribuição previdenciária incidente.

(E) os benefícios não têm natureza salarial e o prêmio por desempenho, mesmo pago com habitualidade, não integra a remuneração de Dorival, não se incorpora ao contrato de trabalho e não constitui base de incidência de qualquer encargo trabalhista e previdenciário.

COMENTÁRIOS

Nota do autor: Para o estudo da remuneração torna-se imprescindível a diferenciação das parcelas salariais e as verbas recebidas sem natureza salarial (parcelas indenizatórias). Essa diferença é importante porque as primeiras refletem nas demais verbas trabalhistas. O tema sobre parcelas de natureza salarial e indenizatória sofreu intenso impacto com o advento da Reforma Trabalhista. A nova redação do § 2º do art. 457 da CLT aumentou significativamente o rol de parcelas de natureza indenizatória, que não integram o salário do empregado ainda que recebidas de forma habitual, e que não constituem base de incidência de qualquer encargo trabalhista e previdenciário.

Alternativa correta: "e". *Comentário serve para as demais alternativas, uma vez que todas versam sobre o mesmo assunto.* "O valor relativo à assistência prestada por serviço médico ou odontológico, próprio ou não, inclusive o reembolso de despesas com medicamentos, óculos, aparelhos ortopédicos, próteses, órteses, despesas médico-hospitalares e outras similares, mesmo quando concedido em diferentes modalidades de planos e coberturas, não integram o salário do empregado para qualquer efeito nem o salário de contribuição, para efeitos do previsto na alínea q do § 9º do art. 28 da Lei nº 8.212, de 24 de julho de 1991" (art. 458, § 5º, da CLT – redação dada pela Reforma Trabalhista).

O inciso IV do § 2º do art. 458 da CLT já estabelecia que as parcelas destinadas ao fornecimento de assistência médica, hospitalar e odontológica não integrava o salário do empregado.

Com esse novo dispositivo, o legislador da Reforma Trabalhista estabelece que todos os valores referentes à assistência prestada por serviço médico ou odontológico não integram o salário do empregado, inclusive no tocante ao reembolso de despesas com medicamentos, óculos, aparelhos ortopédicos, próteses, órteses, despesas médico-hospitalares e outras similares.

Além disso, com a Reforma Trabalhista, os prêmios passaram a ser considerados parcelas sem natureza salarial por expressa previsão do § 2º do art. 457 da CLT:

> **Art. 457, § 2º da CLT (com redação dada pela Lei nº 13.467/2017):** As importâncias, ainda que habituais, pagas a título de ajuda de custo, auxílio-alimentação, vedado seu pagamento em dinheiro, diárias para viagem, prêmios e abonos não integram a remuneração do empregado, não se incorporam ao contrato de trabalho e não constituem base de incidência de qualquer encargo trabalhista e previdenciário.

O art. 457, § 4º da CLT estabelece sua definição como as liberalidades concedidas pelo empregador em forma de bens, serviços ou valor em dinheiro a empregado ou grupo de empregados, em razão de desempenho superior ao ordinariamente esperado no exercício das atividades. Os prêmios podem ser previstos em regime interno (art. 611-A, VI, da CLT), normas coletivas (art. 611-A, XIV, da CLT) ou no próprio contrato de trabalho.

Por fim, o seguro de vida e acidentes pessoais não integra o salário por expressa determinação legal (art. 458, § 2º, V, CLT).

60. (FGV – Analista Judiciário – Oficial de Just. Avaliador – TRT 12/2017) Rosa era engenheira em uma empresa, ganhava R$18.000,00 mensais e foi dispensada por justa causa. Um mês após a ruptura contratual, a empresa contratou Regina para o seu lugar, com salário de R$8.500,00. Após saber do salário de sua antecessora, Regina queixou-se ao setor de

Recursos Humanos, afirmando que deveria receber o mesmo salário.

De acordo com o entendimento consolidado pelo TST, é correto afirmar que:

(A) Regina não tem razão, pois se tratava de cargo vago;

(B) a forma de reparar a injusta lesão é a equiparação por equivalência;

(C) a empregada tem razão, pois vigora o princípio da isonomia;

(D) a substituta teria de receber, no mínimo, 60% do salário da antecessora;

(E) não existe direito ao mesmo salário porque Rosa foi dispensada por justa causa, situação de caráter personalíssimo.

COMENTÁRIOS

Nota do autor: A questão aborda o tema salário-substituição, demandando o conhecimento do entendimento sumulado do TST sobre o assunto.

Alternativa correta: "a". *Comentário serve para as demais alternativas, uma vez que versam sobre o mesmo assunto.* Caso haja substituição de empregados, como nas férias e afastamentos, o empregado substituto terá direito ao salário contratual do substituído.

A substituição não poderá, entretanto, ser meramente eventual, como substituição de apenas 2 ou 3 dias. Cabe frisar que, se o cargo estiver vago, e for ocupado de forma definitiva, como é o caso da questão, o trabalhador ocupante não terá direito ao salário-substituição. Nesse sentido:

> **Súmula nº 159, II do TST.** Vago o cargo em definitivo, o empregado que passa a ocupá-lo não tem direito a salário igual ao do antecessor.

61. (FCC – Analista Judiciário – Área Judiciária – TRT 23/2016) Associação de Ensino assina acordo coletivo de trabalho com o Sindicato dos Trabalhadores em estabelecimentos de ensino do qual consta autorização expressa para pagamento dos salários de seus empregados administrativos até o décimo dia do mês subsequente ao vencido. A negociação da referida cláusula fundamentou-se na ausência de liquidez para a efetivação da folha de pagamento, tendo em vista que as mensalidades dos alunos vencem no quinto dia útil de cada mês. A cláusula coletiva é

(A) inválida, pois trata-se de alteração do contrato de trabalho, razão pela qual a modificação somente poderia ser aceita mediante a concordância individual de cada um dos trabalhadores abrangidos.

(B) válida, tendo em vista que a Constituição Federal autoriza a flexibilização dos direitos trabalhistas, e reconhece expressamente a validade da pactuação coletiva, até mesmo para efeito de redução salarial, razão pela qual a simples alteração da data do pagamento dos salários pode ser estabelecida por regular negociação coletiva.

(C) válida, porque a mudança da data de pagamento dos salários não constitui direito indisponível dos trabalhadores, visando apenas uma adequação, e não a supressão do pagamento.

(D) inválida, pois, se a lei já amplia o prazo para pagamento dos salários, garantindo ao empregador um intervalo entre a prestação dos serviços e a contraprestação pecuniária correspondente, a regra não pode ser alterada em prejuízo do trabalhador, ainda que por negociação coletiva.

(E) inválida, pois restringe a alteração da data de pagamento aos empregados administrativos, sendo necessário, para sua validade, que abrangesse todos os empregados indistintamente.

COMENTÁRIOS

Nota do autor: A questão aborda o tema do tempo do pagamento do salário. Ressalta-se que a periodicidade do pagamento deverá ocorrer em intervalos não superiores a um mês, exceto o pagamento das gratificações, comissões e percentagens. O salário poderá ser pago por dia, semana, quinzena ou mês.

Alternativa correta: "d". *Comentário serve para as demais alternativas, uma vez que versam sobre o mesmo assunto.* "Quando o pagamento houver sido estipulado por mês, deverá ser efetuado, o mais tardar, até o quinto dia útil do mês subsequente ao vencido." (art. 459, parágrafo único, CLT) "Diante da inexistência de previsão expressa em contrato ou em instrumento normativo, a alteração de data de pagamento pelo empregador não viola o art. 468, desde que observado o parágrafo único, do art. 459, ambos da CLT." (Orientação Jurisprudencial nº 159 da SDI-I do TST).

Entendemos que, mesmo diante da valorização do negociado pela Reforma Trabalhista (art. 611-A, da CLT), a data de pagamento do salário do trabalhador não comporta flexibilização por meio de negociação coletiva, não sendo possível o estabelecimento de datas posteriores ao 5º dia útil para pagamento.

62. (FGV – Analista Judiciário – Oficial de Just. Avaliador – TRT 12/2017) Rogério é empregado da empresa BETA Ltda. e, no mês de maio de 2017, realizou horas extras e trabalhou, excepcionalmente, em horário noturno. Ao receber o contracheque do mês em questão, Rogério viu que havia as rubricas "salário" e "outros", com valores respectivos. Na dúvida sobre seus direitos, procurou seu chefe, que lhe explicou que no título "outros" estavam somados os direitos de horas extras e adicional noturno. Diante do entendimento consolidado pelo TST, é correto afirmar que:

(A) trata-se a hipótese de *truck system*, vedada pelo ordenamento jurídico;

(B) neste caso pode se cogitar de salário in natura, que é admitido pela Lei;

(C) a hipótese é válida, pois o contrato de trabalho deve ter por base a fidúcia;

(D) o procedimento é válido desde que a empresa se disponha a fornecer planilha pormenorizada se o empregado solicitar;

(E) o procedimento é inválido, tratando-se de salário complessivo.

COMENTÁRIOS

Nota do autor: A questão aborda o tema salário complessivo, exigindo do candidato a sua identificação no caso concreto. Mesmo após a Reforma Trabalhista, por aplicação do princípio da transparência, da lealdade e da boa-fé objetiva, o salário complessivo não pode ser admitido.

Alternativa correta: "e". *Comentário serve para as demais alternativas, uma vez que versam sobre o mesmo assunto.* O pagamento do salário deve ser realizado de forma clara e transparente. Desse modo, o empregado saberá exatamente o que está recebendo. É vedado o salário complessivo, ou seja, o pagamento sem que haja discriminação, detalhamento de cada uma das verbas recebidas.

Salário complessivo não se confunde com *truck system*, sendo que este é o pagamento do salário por meio de vales ou bônus para compra de produtos em armazém mantido pelo empregador.

63. (FGV – Analista Judiciário – Oficial de Just. Avaliador – TRT 12/2017) Anderson é comissionista puro num estabelecimento em Joinville (SC), com contrato de trabalho ativo. No último mês suas vendas foram de pequena monta. Ao incidir o percentual contratado de comissões, o empregador verificou que o valor alcançou menos que 1 salário mínimo.

De acordo com a legislação em vigor, é correto afirmar que:

(A) a empresa deverá complementar o valor até 1 salário mínimo e descontar essa quantia das comissões vincendas;

(B) ficará a critério do empregador, se quiser ajudar Anderson, complementar as comissões para que alcancem, pelo menos, a média por ele recebida nos últimos 12 meses;

(C) o empregador deverá complementar o valor do salário para que alcance 1 mínimo, mas não poderá no futuro descontar esse complemento;

(D) a lei de regência obriga que o empregador pague metade do valor necessário para alcançar 1 salário mínimo;

(E) Anderson deverá receber o que foi contratado, pois aufere salário por unidade de obra, razão pela qual pode ser inferior ao mínimo.

COMENTÁRIOS

Nota do autor: A questão aborda o tema "remuneração" e exigia do candidato o conhecimento do texto constitucional.

Alternativa correta: "c". *Comentário serve para as demais alternativas, uma vez que versam sobre o mesmo assunto.* As **comissões** são parcelas com valores fixos recebidas em razão da venda de determinado produto. Já **percentagens** constituem determinado percentual que incide sobre o valor da venda do produto. Esses conceitos são frequentemente desvirtuados na prática. É chamado de comissionista puro o empregado que recebe exclusivamente por comissão. Já o comissionista misto recebe parte do salário em comissão e a outra em salário fixo.

Entendemos que a resposta para o caso em questão encontra fundamento no art. 7º, VII da CF/88, que prevê a garantia de um salário mínimo aos que percebam remuneração variável:

> **Art. 7º da CF/88:** São direitos dos trabalhadores urbanos e rurais, além de outros que visem à melhoria de sua condição social: (...) VII – garantia de salário, nunca inferior ao mínimo, para os que percebem remuneração variável;

64. (FCC – Analista Judiciário – Área Judiciária – TRT 23/2016) Sobre a gratificação de Natal,

(A) o empregador pode definir a época da primeira parcela, desde que entre os meses de fevereiro e novembro, devendo o pagamento ser feito a todos os empregados na mesma data.

(B) deve ser paga em duas parcelas, a primeira juntamente com as férias do empregado e a segunda até o dia 20 de dezembro.

(C) pode ser paga em uma única parcela, desde que o trabalhador assim o requeira e o pagamento seja realizado até o dia 20 de dezembro.

(D) a primeira parcela deve ser paga entre os meses de fevereiro e novembro, a critério do empregador, salvo se o empregado, até o mês de janeiro, solicitar que esta parcela coincida com suas férias.

(E) sendo solicitada pelo trabalhador até o mês de janeiro, a segunda parcela deve ser paga juntamente com a remuneração das férias, desde que estas já tenham sido programadas.

COMENTÁRIOS

Nota do autor: A questão aborda o tema do décimo terceiro salário. Lembre-se de que o décimo terceiro salário é uma gratificação salarial obrigatória prevista na CF/88 e na Lei nº 4.090/1962. São destinatários dessa gratificação empregados urbanos e rurais, os trabalhadores avulsos e os empregados domésticos.

Note que a Reforma Trabalhista expressa que constitui objeto ilícito de convenção ou acordo coletivo, a supressão ou redução do valor nominal do décimo terceiro salário, nos termos do art. 611-B, V da CLT:

> **Art. 611-B da CLT (com redação dada pela Reforma Trabalhista):** Constituem objeto ilícito de convenção coletiva ou de acordo coletivo de trabalho, exclusivamente, a supressão ou a redução dos seguintes direitos: (...) V – valor nominal do décimo terceiro salário;

Alternativa correta: "d". *Comentário serve para as demais alternativas, uma vez que versam sobre o mesmo assunto.* "Entre os meses de fevereiro e novembro de cada ano, o empregador pagará, como adiantamento da gratificação referida no artigo precedente, de uma só vez, metade do salário recebido pelo respectivo empregado no mês anterior." (art. 2º, "caput", Lei nº 4.749/1965). "O adiantamento será pago ao ensejo das férias do empregado, sempre que este o requerer no mês de janeiro do correspondente ano." (Art. 2º, § 2º, Lei nº 4.749/1965).

65. (FGV – Analista Judiciário – Área Judiciária – TRT 12/2017) Marco Antônio exerce a função de garçom no Restaurante Beira Mar, recebendo, mensalmente, a título de remuneração, o valor equivalente ao piso salarial da categoria, além da quantia relativa ao rateio das gorjetas espontaneamente dadas pelos clientes. Considerando a realização habitual de trabalho extraordinário pelo empregado em questão, é correto afirmar, à luz da legislação e da jurisprudência uniforme do TST, que:

(A) somente se a gorjeta for fiscalizada pelo empregador ela será considerada para fins de horas extras;

(B) o valor das gorjetas não serve de base de cálculo para pagamento das horas extraordinárias;

(C) não haverá qualquer integração porque ela só ocorre no caso de gorjeta compulsória, cobrada na nota, e não com a gorjeta espontânea, como é o caso;

(D) as horas extraordinárias deverão ser quitadas considerando – se as gorjetas pagas;

(E) garante-se que metade do valor das gorjetas integre a base de cálculo da sobrejornada.

COMENTÁRIOS

Nota do autor: A questão é considerada de simples resolução, já que exigia do candidato apenas o conhecimento do entendimento sumulado do TST.

Alternativa correta: "b". *Comentário serve para as demais alternativas, uma vez que versam sobre o mesmo assunto.* As gorjetas têm natureza remuneratória (não salarial), por isso não há repercussão no cálculo do DSR, ou seja, trabalhador que é pago por meio de gorjetas não terá reflexo dessa parcela sobre o DSR. Além disso, as gorjetas não servem de base de cálculo para as parcelas de avio-prévio, adicional noturno e horas extras:

> **Súmula nº 354 do TST:** As gorjetas, cobradas pelo empregador na nota de serviço ou oferecidas espontaneamente pelos clientes, integram a remuneração do empregado, não servindo de base de cálculo para as parcelas de aviso-prévio, adicional noturno, horas extras e repouso semanal remunerado.

Destaca-se que a Súmula nº 354 do TST não sofreu nenhuma alteração em decorrência da promulgação da Lei nº 13.419/2017, que regulamentou o rateio e a distribuição das gorjetas.

66. (FCC – Analista Judiciário – Oficial de Just. Avaliador – TRT 11/2017) A Cláusula X da Convenção Coletiva de Trabalho H fixa adicional de insalubridade em 10% sobre o salário mínimo regional quando a insalubridade for graduada em grau médio. A Cláusula Y da Convenção Coletiva de Trabalho G fixa adicional de insalubridade proporcional ao tempo de exposição, limitando em 5%, 10% e 15% sobre o salário mínimo regional, respectivamente, de acordo com o grau constatado, se mínimo, médio ou máximo. Nestes casos,

(A) ambas as cláusulas são válidas, mas carentes de eficácia.

(B) somente a cláusula X é inválida.

(C) somente a cláusula Y é inválida.

(D) ambas as cláusulas são inválidas.

(E) ambas as cláusulas são válidas e eficazes.

COMENTÁRIOS

Nota do autor: A questão aborda o tema adicional de insalubridade, relacionando-o com a possibilidade de negociação coletiva acerca dos percentuais fixados pela autoridade competente. Exigia, assim, o conhecimento dos percentuais adotados e do entendimento sumulado do TST.

Alternativa correta: "d". *Comentário serve para as demais alternativas, uma vez que versam sobre o mesmo assunto.* O adicional de insalubridade é fixado pelo art. 192 da CLT e pela Norma Regulamentadora nº 15 do Ministério do Trabalho, sendo de:

- 40% para insalubridade de grau máximo;

- 20% para insalubridade de grau médio;

- 10% para insalubridade de grau mínimo.

Nesse sentido, por se tratar de normas de segurança e saúde, não caberia pactuação no sentido de sua redução, ou fixação de forma proporcional ao tempo de exposição:

> **Súmula nº 364, II do TST:** *Não é válida a cláusula de acordo ou convenção coletiva de trabalho fixando o adicional de periculosidade em percentual inferior ao estabelecido em lei e proporcional ao tempo de exposição ao risco, pois tal parcela constitui medida de higiene, saúde e segurança do trabalho, garantida por norma de ordem pública (arts. 7º, XXII e XXIII, da CF e 193, § 1º, da CLT).*

A Reforma Trabalhista passou a prever a possibilidade de convenção e acordo coletivo de trabalho prevalecerem sobre a lei quando versarem sobre o enquadramento do grau de insalubridade (art. 611-A, XII, CLT – acrescentado pela Lei nº 13.467/2017).

Entretanto, esse dispositivo choca-se com o previsto no art. 611-B, XVII, da CLT, também inserido pela Reforma Trabalhista:

> **Art. 611-B da CLT:** Constituem objeto ilícito de convenção coletiva ou de acordo coletivo de trabalho, exclusivamente, a supressão ou a redução dos seguintes direitos: (...) XVII – normas de saúde, higiene e segurança do trabalho previstas em lei ou em normas regulamentadoras do Ministério do Trabalho;

Nesse sentido, é clara a contradição entre o art. 611-B, XVIII e o art. 611-A, XII e XIII da CLT. Isso porque, tendo em vista a incumbência do Ministério do Trabalho para a regulamentação das normas sobre segurança e saúde no trabalho, não caberia às partes a livre disposição sobre elas.

Em razão disso, entende-se que a disposição sobre referidas normas só poderia ocorrer caso houvesse melhoria das condições de saúde, higiene e segurança dos trabalhadores, sob pena de se esvaziar o sentido da norma expressa no art. 7º, XXII, da CF/88 corroborado com o art. 611-B, XVIII da CLT.

67. (FGV – Analista Judiciário – Área Administrativa – TRT 12/2017) Carlos Augusto ajuizou ação trabalhista em face da empresa Boa Sorte S.A., postulando o pagamento de adicional de insalubridade. Muito embora a atividade por ele exercida não conste como insalubre na relação oficial elaborada pelo Ministério do Trabalho, restou constatada a insalubridade em grau máximo por meio de laudo pericial.

À luz da legislação e da jurisprudência uniforme do TST, é correto afirmar que:

(A) sendo detectado em perícia o agente agressor mas não constando do rol oficial, o trabalhador terá direito à metade do valor do adicional de insalubridade;

(B) o reclamante não tem direito ao pagamento do adicional de insalubridade;

(C) o empregado terá direito ao adicional de insalubridade, na razão de 30% sobre o seu salário-base;

(D) Carlos Augusto receberá o adicional de insalubridade integralmente, porque o agente agressor à saúde foi detectado em perícia;

(E) diante dessa discrepância, o juiz terá de determinar a realização de nova perícia para ter uma conclusão técnica.

COMENTÁRIOS

Nota do autor: A questão aborda o tema adicional de insalubridade e exigia do candidato o conhecimento da Súmula nº 448 do TST.

Alternativa correta: "b". *Comentário serve para as demais alternativas, uma vez que versam sobre o mesmo assunto.* Atividades insalubres são aquelas que expõem o empregado a agentes nocivos à sua saúde e que ultrapassam o seu limite de tolerância. Exemplo: agentes químicos (chumbo), biológicos (bactérias) e físicos (ruídos). Para a obtenção do adicional de insalubridade, há necessidade de preencher dois requisitos:

a) Atividade nociva deverá ser constatada via perícia por profissional habilitado, médico ou engenheiro do trabalho;

b) É necessário que o agente nocivo à saúde esteja incluído na relação oficial do Ministério do Trabalho e Emprego.

Nesse sentido, a Súmula nº 448 do TST:

> **Súmula nº 448, I do TST:** Não basta a constatação da insalubridade por meio de laudo pericial para que o empregado tenha direito ao respectivo adicional, sendo necessária a classificação da atividade insalubre na relação oficial elaborada pelo Ministério da Economia.

68. (FCC – Analista Judiciária – Área Judiciária – TRT 23/2016) Marcelina trabalha como ascensorista nos elevadores de uma unidade hospitalar de pronto atendimento médico em Cuiabá, cumprindo jornada de seis horas diárias. Alegando que no desempenho da função se relaciona com pacientes portadores de doenças infectocontagiosas, estando sujeita à transmissão por contato (direto ou indireto) e pelo ar, pretende o recebimento de adicional de insalubridade. A empresa alega que Marcelina não tem direito, tendo em vista não ser profissional de saúde, exercer profissão que tem regulamentação própria e pelo fato de que o contato com os pacientes é meramente intermitente. O direito

(A) não pode ser reconhecido, pois o trabalho dos ascensoristas é regulado por legislação própria, na qual, pelas peculiaridades do trabalho, não há previsão do direito a adicional de insalubridade.

(B) não pode ser reconhecido, pois o contato com os pacientes não se dá de forma direta e não implica em manipulação dos mesmos, o que é feito por médicos e enfermeiros.

(C) pode ser reconhecido, pois o caráter intermitente do trabalho executado em condições insalubres não afasta o direto à percepção do adicional.

(D) não pode ser reconhecido, pois somente médicos e enfermeiros têm direito a adicional de insalubridade por contato com pacientes.

(E) pode ser reconhecido, pois trata-se de direito assegurado a todos os empregados de hospitais, independentemente das atividades executadas.

COMENTÁRIOS

Nota do autor: A questão aborda o tema do adicional de insalubridade. Lembre-se de que atividade insalubre deverá ser constatada via perícia por profissional habilitado, médico ou engenheiro do trabalho.

Alternativa correta: "c". *Comentário serve para as demais alternativas, uma vez que versam sobre o mesmo assunto.* "O trabalho executado em condições insalubres, em caráter intermitente, não afasta, só por essa circunstância, o direito à percepção do respectivo adicional" (Súmula nº 47 do TST). Assim, Marcelina tem direito ao recebimento do adicional de insalubridade diante do contato intermitente com o adicional de insalubridade.

69. (FCC – Analista Judiciário – Área Judiciária – TRT 11/2017) Carlos é empregado da empresa DCD Ltda. Ele recebe adicional de periculosidade em razão da atividade desenvolvida na empresa. Exatamente em razão desta atividade Carlos também é remunerado pelas horas que permanece de sobreaviso em sua residência, porém, na remuneração destas horas de sobreaviso a empresa paga sem a integração do adicional de periculosidade. Neste caso, de acordo com o entendimento Sumulado do TST, a empresa empregadora efetua o pagamento de forma

(A) incorreta se as horas de sobreaviso ultrapassam dez horas durante um mês, uma vez que, somente neste caso, haverá integração do adicional de periculosidade sobre as horas de sobreaviso.

(B) incorreta uma vez que a integração do adicional de periculosidade sobre as horas de sobreaviso é sempre devido, em razão da atividade desenvolvida pelo empregado.

(C) incorreta se as horas de sobreaviso ultrapassam quinze horas durante um mês, uma vez que, somente neste caso, haverá integração do adicional de periculosidade sobre as horas de sobreaviso.

(D) correta uma vez que Carlos não se encontra em condições de risco, razão pela qual é incabível a integração do adicional de periculosidade sobre as horas de sobreaviso.

(E) incorreta se as horas de sobreaviso ultrapassam vinte horas durante um mês, uma vez que, somente neste caso, haverá integração do adicional de periculosidade sobre as horas de sobreaviso.

COMENTÁRIOS

Nota do autor: A questão aborda o tema adicional de periculosidade. Atividade perigosa é aquela em que há contato permanente com explosivos ou inflamáveis em condições de risco acentuado. A atividade perigosa é comprovada mediante perícia (art. 195 da CLT). Exemplos: empregados em contato com energia elétrica, operadores de bomba de gasolina, instaladores de linhas e aparelhos de telefonia e exposição a substância radioativa e armazenamento de líquido inflamável no prédio.

Alternativa correta: "d". *Comentário serve para as demais alternativas, uma vez que versam sobre o mesmo assunto.* A atitude do empregador é correta pois, quando Carlos se encontra em regime de sobreaviso, não está exercendo atividade perigosa. O adicional em questão é uma das formas de salário-condição, ou seja, o empregado apenas receberá o adicional enquanto estiver prestando serviços em atividades perigosas. Nesse sentido:

> **Súmula nº 132, II do TST:** Durante as horas de sobreaviso, o empregado não se encontra em condições de risco, razão pela qual é incabível a integração do adicional de periculosidade sobre as mencionadas horas.

70. (FGV – Analista Judiciário – Área Judiciária – TRT 12/2017) Waldir é empregado da empresa Ômega. Recebe R$3.000,00 mensais e exerce suas funções em contato habitual, embora por tempo extremamente reduzido, com substância inflamável.

À luz da legislação e da jurisprudência uniforme do TST, é correto afirmar que:

(A) Waldir terá direito ao adicional de periculosidade, porque fatalidade não tem momento certo para acontecer;

(B) considerando o contato por tempo reduzido, o empregado fará jus ao pagamento de metade do adicional de periculosidade;

(C) não lhe é assegurado o pagamento de adicional de periculosidade, pois nesse caso considera-se que o contato se deu de forma eventual;

(D) diante da esporadicidade do risco de morte, o TST determina que o adicional de periculosidade seja substituído pelo pagamento do adicional de insalubridade;

(E) o empregado receberá adicional de periculosidade na razão de 30% sobre o salário mínimo.

COMENTÁRIOS

Nota do autor: A questão aborda o tema adicional de periculosidade. Atividade perigosa é aquela em que há contato permanente com explosivos ou inflamáveis em condições de risco acentuado. A atividade perigosa é comprovada mediante perícia (art. 195 da CLT).

Alternativa correta: "c". *Comentário serve para as demais alternativas, uma vez que versam sobre o mesmo assunto.* O adicional de periculosidade é **devido** quando a exposição ao risco é permanente ou intermitente (com intervalos). É **indevido** se o contato for meramente eventual ou se, mesmo que habitual, ocorrer por tempo extremamente reduzido:

> **Súmula nº 364 do TST.**
> I – Tem direito ao adicional de periculosidade o empregado exposto permanentemente ou que, de forma intermitente, sujeita-se a condições de risco. Indevido, apenas, quando o contato dá-se de forma eventual, assim considerado o fortuito, ou o que, sendo habitual, dá-se por tempo extremamente reduzido.
> II – Não é válida a cláusula de acordo ou convenção coletiva de trabalho fixando o adicional de periculosidade em percentual inferior ao estabelecido em lei e proporcional ao tempo de exposição ao risco, pois tal parcela constitui medida de higiene, saúde e segurança do trabalho, garantida por norma de ordem pública (arts. 7º, XXII e XXIII, da CF e art. 193, § 1º, CLT).

Note-se que com a Reforma Trabalhista, constituem objeto ilícito de convenção ou acordo coletivo, a supressão ou redução do adicional de periculosidade, assim como normas de segurança, higiene e saúde do trabalho, previstas em lei ou normas regulamentadoras do Ministério do Trabalho:

> **Art. 611-B da CLT (inserido pela Reforma Trabalhista):** Constituem objeto ilícito de convenção coletiva ou de acordo coletivo de trabalho, exclusivamente, a supressão ou a redução dos seguintes direitos: (...)
> XVII – normas de saúde, higiene e segurança do trabalho previstas em lei ou em normas regulamentadoras do Ministério do Trabalho;
> XVIII – adicional de remuneração para as atividades penosas, insalubres ou perigosas;

71. (FGV – Analista Judiciário – Oficial de Just. Avaliador – TRT 12/2017) Por disposição expressa na CLT, não é possível o recebimento acumulado dos seguintes direitos:

(A) indenização por dano moral e estético quanto ao mesmo fato;

(B) adicional de transferência e adicional noturno;

(C) horas extras pelo desrespeito aos intervalos inter e intrajornada;

(D) prontidão e periculosidade;

(E) adicionais de insalubridade e periculosidade.

COMENTÁRIOS

Nota do autor: A questão trata da impossibilidade de cumulação de verbas trabalhistas. Note-se que se exige o conhecimento do texto expresso da CLT, de forma a excluir qualquer tipo de dúvida quanto à resposta correta a ser assinalada.

Alternativa correta: "e". Na hipótese de o empregado trabalhar em atividade insalubre e perigosa, o art. 193, § 2º da CLT prevê que ele opte pelo adicional que porventura lhe seja devido. Assim, se a questão de seu concurso exigir exatamente o que prevê o texto da CLT, recomenda-se que o candidato selecione a alternativa que determina a opção do empregado por um dos adicionais.

Alternativa "a". É possível a cumulação da indenização por dano moral e estético diante da previsão da Súmula nº 387 do STJ:

> **Súmula nº 387 do STJ:** É lícita a cumulação das indenizações de dano estético e dano moral.

Alternativa "b". Não há dispositivo legal ou sumulado que disponha sobre a impossibilidade de cumulação dos adicionais de transferência e noturno.

QUESTÕES DE CONCURSOS

Alternativa "c". Não há dispositivo legal ou sumulado que disponha sobre a impossibilidade de cumulação dos adicionais de horas extras pelo desrespeito aos intervalos inter e intrajornada.

Note-se que com a Reforma Trabalhista, o adicional pelo descumprimento do intervalo intrajornada mínimo passa a ter natureza indenizatória, apenas do período suprimido, com acréscimo de 50% sobre o valor da remuneração da hora normal de trabalho, nos termos do art. 71, § 4º da CLT:

> **Art. 71, § 4º da CLT (com redação dada pela Reforma Trabalhista):** A não concessão ou a concessão parcial do intervalo intrajornada mínimo, para repouso e alimentação, a empregados urbanos e rurais, implica o pagamento, de natureza indenizatória, apenas do período suprimido, com acréscimo de 50% (cinquenta por cento) sobre o valor da remuneração da hora normal de trabalho.

Alternativa "d". O óbice para o pagamento do adicional de periculosidade se dá durante o período de sobreaviso e não de prontidão, nos termos da Súmula nº 132 do TST.

72. **(FGV – Analista Judiciário – Área Administrativa – TRT 12/2017)** Maria Lúcia é empregada da empresa Maravilha S.A. e recebe, mensalmente, além de ajuda de custo, diárias para viagem de 20% do seu salário quando precisa se deslocar pela empresa para local distante, tendo de prestar contas dos gastos.

À luz da legislação e da jurisprudência do TST, é correto afirmar que:

(A) nenhuma das parcelas citadas integrará o salário da empregada, dada a natureza indenizatória delas;

(B) somente integrará o salário de Maria Lúcia o valor recebido a título de ajuda de custo, por ter natureza salarial;

(C) uma vez que as diárias excedem 10% do salário da empregada, o que extrapola esse limite terá natureza salarial, ou seja, os outros 10%;

(D) Maria Lúcia terá direito à integração de ambas as parcelas ao seu salário para todos os efeitos legais, já que elas têm natureza contraprestativa;

(E) a ajuda de custo não se inclui no salário da empregada, mas o valor das diárias deve integrá-lo para todos os efeitos legais, enquanto perdurarem as viagens.

COMENTÁRIOS

Nota do autor: A questão exigia o conhecimento das parcelas não salariais, tema que foi alterado com a Reforma Trabalhista. Nesse sentido, o candidato deve ficar atento às novas hipóteses de parcelas de natureza indenizatória constantes da CLT.

Alternativa correta: "a". *Comentário serve para as demais alternativas, uma vez que versam sobre o mesmo assunto.* A alternativa continua correta, mesmo após a Reforma Trabalhista.

Antes da Reforma Trabalhista, eram consideradas de natureza salarial as diárias para viagem que excedessem a 50% do salário percebido pelo empregado, nos termos da antiga redação do art. 457, § 2º da CLT:

> **Art. 457 da CLT (redação anterior à Reforma Trabalhista):** Compreendem-se na remuneração do empregado, para todos os efeitos legais, além do salário devido e pago diretamente pelo empregador, como contraprestação do serviço, as gorjetas que receber. (...)
>
> § 2º – Não se incluem nos salários as ajudas de custo, assim como as diárias para viagem que não excedam de 50% (cinquenta por cento) do salário percebido pelo empregado.

Com a Reforma Trabalhista, as diárias para viagem nunca serão consideradas verbas de natureza salarial, independente de qual seja o seu valor:

> **Art. 457 da CLT (com redação dada pela Reforma Trabalhista):** Compreendem-se na remuneração do empregado, para todos os efeitos legais, além do salário devido e pago diretamente pelo empregador, como contraprestação do serviço, as gorjetas que receber. (...)
>
> § 2º As importâncias, ainda que habituais, pagas a título de ajuda de custo, auxílio alimentação, vedado seu pagamento em dinheiro, diárias para viagem, prêmios e abonos não integram a remuneração do empregado, não se incorporam ao contrato de trabalho e não constituem base de incidência de qualquer encargo trabalhista e previdenciário.

73. **(FCC – Analista Judiciário – Oficial de Just. Avaliador – TRT 11/2017)** Ruth, Ajudante Geral da fábrica de parafusos CDE Ltda., foi dispensada injustamente em 1 agosto de 2016, sendo que em suas verbas rescisórias não foi pago nenhum valor a título de Participação nos Lucros ou Resultados – PLR, estipulado no Acordo Coletivo de Trabalho celebrado no início do ano, em um salário contratual de cada trabalhador, a ser pago em dezembro do mesmo ano. Neste caso, Ruth

(A) tem direito ao recebimento da parcela da PLR de forma proporcional aos meses trabalhados, pois a ex-empregada concorreu para os resultados positivos da empresa.

(B) não tem direito ao recebimento da parcela da PLR, uma vez que foi dispensada antes da data estipulada de seu pagamento.

▶ QUESTÕES DE CONCURSOS

(C) tem direito ao recebimento da parcela da PLR de forma integral, uma vez que foi iniciativa do empregador a rescisão do contrato de trabalho.

(D) não tem direito ao recebimento da parcela da PLR, uma vez que foi dispensada injustamente, só fazendo jus a tal valor se tivesse se aposentado antes da data estipulada de seu pagamento.

(E) tem direito ao recebimento da parcela da PLR, podendo o empregador decidir se pagará de forma proporcional aos meses do ano trabalhados ou de forma integral, de acordo com o desempenho de sua ex-empregada.

COMENTÁRIOS

Nota do autor: A questão aborda o tema Participação nos Lucros e Resultados. Verifica-se que a PLR não substitui nem complementa a remuneração do empregado. Assim sendo, não integra ou reflete para qualquer efeito trabalhista. Trata-se, portanto, de verba de caráter indenizatório.

Alternativa correta: "a". *Comentário serve para as demais alternativas, uma vez que versam sobre o mesmo assunto.* O empregado que contribuiu com a empresa para a obtenção do resultado positivo terá direito a participação nos lucros, mesmo se extinto o contrato antes da data prevista para o pagamento da parcela. A negociação coletiva, segundo o TST, não poderá retirar do empregado o direito à PLR. Nesse sentido:

> **Súmula nº 451 do TST.** Fere o princípio da isonomia instituir vantagem mediante acordo coletivo ou norma regulamentar que condiciona a percepção da parcela participação nos lucros e resultados ao fato de estar o contrato de trabalho em vigor na data prevista para a distribuição dos lucros. Assim, inclusive na rescisão contratual antecipada, é devido o pagamento da parcela de forma proporcional aos meses trabalhados, pois o ex-empregado concorreu para os resultados positivos da empresa.

Com o advento da Lei nº 13.467/2017, a convenção e o acordo coletivo que tratarem sobre participação nos lucros e resultados terão prevalência sobre a lei:

> **Art. 611-A da CLT (Inserido pela Reforma Trabalhista):** A convenção coletiva e o acordo coletivo de trabalho têm prevalência sobre a lei quando, entre outros, dispuserem sobre: (...)
>
> XV – participação nos lucros ou resultados da empresa.

Entendemos que mesmo com a prevalência do instrumento coletivo de trabalho sobre a lei, o entendimento do TST expresso na Súmula nº 451 do TST deve permanecer vigente, pois tratamento diferenciado em relação ao empregado que deixou a empresa violaria o princípio da isonomia.

74. (FCC – Analista Judiciário – Oficial de Just. Avaliador – TRT 11/2017) De acordo com o entendimento Sumulado do TST, a habitação, a energia elétrica e o veículo fornecidos pelo empregador ao empregado, quando indispensáveis para a realização do trabalho,

(A) não têm natureza salarial, exceto se, no caso de veículo, ele for utilizado pelo empregado também em atividades particulares.

(B) têm natureza salarial, ainda que, no caso de veículo, seja ele utilizado pelo empregado também em atividades particulares.

(C) não têm natureza salarial, ainda que, no caso de veículo, seja ele utilizado pelo empregado também em atividades particulares.

(D) têm natureza salarial, exceto se, no caso de veículo, ele for utilizado pelo empregado também em atividades particulares.

(E) têm natureza salarial, exceto se, no caso de veículo, ele for utilizado pelo empregado também em atividades particulares e, exceto se, no caso da habitação, ela for utilizada para hospedar familiares residentes em outro estado.

COMENTÁRIOS

Nota do autor: A questão trata do tema salário *in natura* ou salário-utilidade. O salário do empregado poderá ser pago em dinheiro e parte em utilidades. No salário-utilidade ou *in natura* ocorre substituição de parte paga em dinheiro por utilidades que seriam adquiridas pelo empregado. Exemplo: moradia e alimentação.

A Reforma Trabalhista inseriu um § 5º ao art. 458 da CLT, para reiterar que o valor relativo à assistência médica ou odontológica não são considerados salário-utilidade:

> **Art. 458, § 5º da CLT (Inserido pela Reforma Trabalhista):** O valor relativo à assistência prestada por serviço médico ou odontológico, próprio ou não, inclusive o reembolso de despesas com medicamentos, óculos, aparelhos ortopédicos, próteses, órteses, despesas médico-hospitalares e outras similares, mesmo quando concedido em diferentes modalidades de planos e coberturas, não integram o salário do empregado para qualquer efeito nem o salário de contribuição, para efeitos do previsto na alínea *q* do § 9º do art. 28 da Lei no 8.212, de 24 de julho de 1991.

Alternativa correta: "c". *Comentário serve para as demais alternativas, uma vez que versam sobre o mesmo assunto.* Se a utilidade fornecida é **para** o trabalho, ou seja, como ferramenta

QUESTÕES DE CONCURSOS

indispensável à realização dos serviços, não terá natureza salarial, mas sim de indenização. Exemplo: energia elétrica, EPIs, enxada e facão, carro fornecido para o vendedor da empresa etc. não são considerados salário. Nesse sentido a Súmula nº 367 do TST:

> **Súmula nº 367, I do TST:** A habitação, a energia elétrica e veículo fornecidos pelo empregador ao empregado, quando indispensáveis para a realização do trabalho, não têm natureza salarial, ainda que, no caso de veículo, seja ele utilizado pelo empregado também em atividades particulares.

75. (FCC – Analista Judiciário – Oficial de Just. Avaliador – TRT 24/2017) A empresa Asas Indomáveis S/A contratou o Benício como instrutor regional de aviação. Ajustou um valor a ser pago em dinheiro, além de prestações mensais in natura. Nesse sentido, serão compreendidas no salário para todos os efeitos legais, aquelas fornecidas a título de

(A) uniformes utilizados no local de trabalho, para a prestação dos serviços.

(B) aluguel de apartamento de moradia do trabalhador, cujo valor corresponde a 20% do salário contratual.

(C) seguros de vida e de acidentes pessoais.

(D) automóvel destinado ao deslocamento do trabalhador para o trabalho e retorno.

(E) assistência odontológica, prestada mediante seguro-saúde.

COMENTÁRIOS

Nota do autor: A questão aborda o tema do salário in natura. O inciso IV do § 2º do art. 458 da CLT já estabelecia que as parcelas destinadas ao fornecimento de assistência médica, hospitalar e odontológica não integrava o salário do empregado. Com a inserção do § 5 ao art. 458 da CLT, o legislador da Reforma Trabalhista estabelece que todos os valores referentes à assistência prestada por serviço médico ou odontológico não integram o salário do empregado, inclusive no tocante ao reembolso de despesas com medicamentos, óculos, aparelhos ortopédicos, próteses, órteses, despesas médico-hospitalares e outras similares.

Além disso, a modalidade de plano de saúde e as coberturas previstas não influenciam para a natureza da parcela que não integrará o salário do trabalhador. Com esse novo dispositivo, é possível a concessão de plano de saúde cuja cobertura é parcial ou ainda que exija complementação do valor. Nesse caso, mesmo se necessário o pagamento em coparticipação, a parcela não será considerada salário *in natura*.

Alternativa correta: "b". *Comentário serve para as demais alternativas, uma vez que versam sobre o mesmo assunto.* O salário do empregado poderá ser pago em dinheiro e parte em utilidades. No salário-utilidade ou *in natura* ocorre substituição de parte paga em dinheiro por utilidades que seriam adquiridas pelo empregado. Exemplo: moradia.

Ressalta-se que é vedado o pagamento apenas em utilidades. No mínimo, 30% do salário deverá ser pago em dinheiro[1076]. Ademais, as parcelas pagas em utilidades são "descontadas" do salário do empregado. Alguns desses descontos possuem limites, percentuais previstos em lei. Os demais descontos deverão respeitar o real valor da utilidade[1077]. De acordo com a CLT:

> **1)** em relação empregado urbano, devem ser respeitados os seguintes percentuais: alimentação limitada a 20%, e moradia, a 25% do salário contratual do empregado (art. 458, § 3º, da CLT).
>
> **2)** em relação ao empregado rural, os percentuais são limitados a 25% para a alimentação e a 20% para a moradia. Esses descontos ocorrem sobre o salário mínimo.

De acordo com a nova redação do art. 457, § 2º, da CLT, alterada pela Reforma Trabalhista, o auxílio-alimentação passou a ser considerada verba de natureza indenizatória. Se o empregador conceder auxílio alimentação, não haverá integração ao salário, desde não seja realizado o pagamento em dinheiro. Ressalta-se, portanto, que a inclusão do auxílio-alimentação como verba de natureza indenizatória, a alimentação deixa, na maioria das hipóteses, de ser considerada salário *in natura*.

As demais hipóteses elencadas nas alternativas da questão não são consideradas salário utilidade por expressa determinação legal:

1076. **Orientação Jurisprudencial nº 18 da SDC:** "Os descontos efetuados com base em cláusula de acordo firmado entre as partes não podem ser superiores a 70% do salário-base percebido pelo empregado, pois deve-se assegurar um mínimo de salário em espécie ao trabalhador."

1077. **Súmula nº 258 do TST.** "Os percentuais fixados em lei relativos ao salário *in natura* apenas se referem às hipóteses em que o empregado percebe salário mínimo, apurando-se, nas demais, o real valor da utilidade."

> **Art. 458, § 2º, CLT:** Para os efeitos previstos neste artigo, não serão consideradas salário as seguintes utilidades concedidas pelo empregador:
>
> I – **vestuários, equipamentos e outros acessórios fornecidos aos empregados e utilizados no local de trabalho, para a prestação do serviço;**
>
> II – educação, em estabelecimento de ensino próprio ou de terceiros, compreendendo os valores relativos a matrícula, mensalidade, anuidade, livros e material didático;
>
> III – transporte destinado ao deslocamento para o trabalho e retorno, em percurso servido ou não por transporte público;
>
> IV – **assistência médica, hospitalar e odontológica, prestada diretamente ou mediante seguro-saúde;**
>
> V – **seguros de vida e de acidentes pessoais;**
>
> VI – previdência privada;
>
> VII – (Vetado)
>
> VIII – o valor correspondente ao vale-cultura.

Por fim, o veículo indispensável para a realização do trabalho não tem natureza salarial:

> **Súmula nº 367, I do TST:** A habitação, a energia elétrica e veículo fornecidos pelo empregador ao empregado, quando indispensáveis para a realização do trabalho, não têm natureza salarial, ainda que, no caso de veículo, seja ele utilizado pelo empregado também em atividades particulares.

76. (FGV – Analista Judiciário – Oficial de Just. Avaliador – TRT 12/2017) Wesley e Maria trabalham na empresa Alfa Ltda. como contadores. Ocorre que Maria recebe salário superior ao colega, que então pretende ajuizar reclamação trabalhista para ver reparada a lesão de que se intitula vítima.

Dos requisitos abaixo listados, de acordo com a CLT, é necessário para o deferimento de equiparação salarial:

(A) diferença inferior a 2 anos de idade entre os cotejados;

(B) mesma perfeição técnica;

(C) identidade de sexo;

(D) mesma nacionalidade;

(E) espaço físico comum de trabalho.

COMENTÁRIOS

Nota do autor: O tema sobre equiparação salarial sofreu profundo impacto com a Reforma Trabalhista. Optamos por incluir esta questão pois a alternativa continua correta, mesmo com as alterações trazidas pela nova lei.

Alternativa correta: "b". *Comentário serve para as demais alternativas, uma vez que versam sobre o mesmo assunto.*

Um dos requisitos para a equiparação salarial, que se mantém com a Reforma Trabalhista, estabelece que as mesmas funções sejam desempenhadas com a mesma perfeição técnica (qualidade) e produtividade (quantidade), isto é, o trabalho exercido por equiparando e paradigma tenha **igual valor**:

> **Art. 461 da CLT (com redação dada pela Reforma Trabalhista):** Sendo idêntica a função, a todo trabalho de igual valor, prestado ao mesmo empregador, no mesmo estabelecimento empresarial, corresponderá igual salário, sem distinção de sexo, etnia, nacionalidade ou idade.

Com base no princípio da igualdade, é vedado o tratamento diferenciado para trabalhadores que exerçam a mesma função. Há previsão do direito à equiparação salarial nas hipóteses de tratamento diferenciado. Para tanto é necessário que o empregado que pretenda adquirir a equiparação (trabalhador equiparando ou paragonado) preencha os requisitos previstos no presente artigo cumulativamente.

77. (FCC – Analista Judiciário – Oficial de Just. Avaliador – TRT 11/2017) De acordo com o entendimento Sumulado do TST, no tocante à estabilidade do dirigente sindical, considere:

I. Não é assegurada a estabilidade provisória ao empregado dirigente sindical, se a comunicação do registro da candidatura ou da eleição e da posse tenha sido realizada fora do prazo legal previsto na CLT, mesmo que a ciência do empregador ocorra na vigência do contrato de trabalho.

II. Havendo extinção da atividade empresarial no âmbito da base territorial do sindicato, não subsistirá a estabilidade.

III. O registro da candidatura do empregado a cargo de dirigente sindical durante o período de aviso prévio, ainda que indenizado, não lhe assegura a estabilidade.

Está correto o que se afirma APENAS em

(A) I e II.

(B) II e III.

(C) I e III.

(D) II.

(E) III.

COMENTÁRIOS

Nota do autor: A questão aborda o tema estabilidade do dirigente sindical e exigia o conhecimento do entendimento sumulado do TST sobre o assunto.

Alternativa correta: "b". Apenas os itens II e III estão corretos.

Item I. Errado. É requisito essencial, para adquirir a estabilidade, a comunicação ao empregador do registro da candidatura ou da eleição e da posse. Essa comunicação, segundo o posicionamento do TST, poderá ser feita fora do prazo previsto em lei (24 horas), mas desde que ocorra na vigência do contrato de trabalho (Art. 543, § 5º da CLT e Súmula nº 369, I do TST).

Item II. Correto. Não persiste a estabilidade se houver extinção do estabelecimento, nos termos da Súmula nº 369, IV do TST.

Item III. Correto. Em regra, não gera direito à estabilidade se a candidatura for realizada durante o contrato por prazo determinado[1078]. Ademais, se o registro da candidatura ocorrer durante o período de aviso-prévio, ainda que indenizado, não assegura a estabilidade do empregado, conforme previsto na Súmula nº 369, V, do TST.

78. (FGV – Analista Judiciário – Área Administrativa – TRT 12/2017) José Carlos é empregado da empresa Boa Vista Ltda. e foi eleito para exercer a função de membro do Conselho Fiscal do sindicato representante de sua categoria profissional.

Diante dessa situação hipotética, é correto afirmar, à luz da legislação e da jurisprudência uniforme do TST, que:

(A) não assiste ao respectivo empregado a garantia provisória de emprego assegurado ao dirigente sindical;

(B) o membro do conselho fiscal, por ter tarefa afeta à fiscalização da gestão financeira do sindicato, tem a garantia no emprego preservada, porém pela metade do tempo legal;

(C) dependerá do juiz do Trabalho, analisando cada caso concreto, declarar se o membro do Conselho Fiscal do sindicato dos empregados tem garantia no emprego;

(D) por ser dirigente sindical, José Carlos tem estabilidade provisória até 1 ano após o término do seu mandato;

(E) a garantia no emprego existe e opera efeitos no caos concreto, salvo se o empregado cometer falta grave, que deve ser apurada em inquérito judicial.

COMENTÁRIOS

Nota do autor: A questão exige do candidato o conhecimento acerca da estabilidade, que não deve ser concedida no caso do membro do Conselho Fiscal do sindicato.

Alternativa correta: "a". *Comentário serve para as demais alternativas, uma vez que versam sobre o mesmo assunto.* O Conselho Fiscal tem a atribuição de fiscalizar as contas e gastos do sindicato. Esse órgão é formado por 3 membros eleitos pela assembleia geral. De acordo com o posicionamento do TST, esses membros do conselho fiscal não gozam de estabilidade, pois não representam a categoria:

> **Orientação Jurisprudencial nº 365 do TST:** "Membro de conselho fiscal de sindicato não tem direito à estabilidade prevista nos arts. 543, § 3º, da CLT e 8º, VIII, da CF/1988, porquanto não representa ou atua na defesa de direitos da categoria respectiva, tendo sua competência limitada à fiscalização da gestão financeira do sindicato (art. 522, § 2º, da CLT)."

79. (FCC – Analista Judiciário – Oficial de Just. Avaliador – TRT 24/2017) Ícaro trabalha no Hotel Sossego como analista do setor de recursos humanos, filiado ao sindicato de sua categoria profissional.

Registrou-se como candidato a dirigente sindical para o biênio 2016/2017 e foi vitorioso. Com fundamento na legislação e no entendimento sumulado do Tribunal Superior do Trabalho, em relação à estabilidade provisória e ao exercício na função de dirigente sindical,

(A) a estabilidade de Ícaro fica assegurada a partir do momento do registro de sua candidatura a cargo de direção de entidade sindical, até dois anos após o final do seu mandato.

(B) caso houvesse a extinção da atividade empresarial no âmbito da base territorial do sindicato, não haveria razão para subsistir a estabilidade.

(C) a estabilidade estaria assegurada a Ícaro ainda que ele estivesse cumprindo aviso prévio por ocasião do registro de sua candidatura.

(D) o empregado eleito para cargo de representação profissional, não poderá ser impedido do exercício de suas funções, mas poderá ser transferido para qualquer filial da empresa ainda que lhe dificulte o desempenho das suas atribuições sindicais.

(E) se Ícaro pertencesse à categoria diferenciada e fosse eleito dirigente sindical gozaria de estabilidade ainda que não exercesse na empresa atividade pertinente à categoria profissional do sindicato para o qual foi eleito dirigente.

COMENTÁRIOS

Nota do autor: A questão exige o conhecimento dos principais aspectos sobre a estabilidade

▸ QUESTÕES DE CONCURSOS

1078. Exceto se se tratar do contrato por prazo determinado previsto na Lei nº 9.601/98. Nessa lei há expressa previsão de estabilidade para dirigente sindical (art. 1º § 4º), na vigência do contrato.

do dirigente sindical. Note-se que a Reforma Trabalhista criou uma nova hipótese de estabilidade do representante dos empregadores nas empresas, desde o registro da candidatura até um ano após o mandato, conforme expresso no art. 510-D, § 3º da CLT:

> **Art. 510-D, § 3º da CLT:** Desde o registro da candidatura até um ano após o fim do mandato, o membro da comissão de representantes dos empregados não poderá sofrer despedida arbitrária, entendendo-se como tal a que não se fundar em motivo disciplinar, técnico, econômico ou financeiro.

Esses representantes constituem nova modalidade de representação dos trabalhadores e não se vincula à representação sindical.

Alternativa correta: "b". Não persiste a estabilidade se houver extinção do estabelecimento, nos termos da Súmula nº 369, IV do TST.

Alternativa "a". O início da estabilidade ocorre com o registro da candidatura e permanece até 1 ano após o mandato (art. 8º, VIII da CF/88).

Alternativa "c". "O registro da candidatura do empregado a cargo de dirigente sindical durante o período de aviso prévio, ainda que indenizado, não lhe assegura a estabilidade, visto que inaplicável a regra do § 3º do art. 543 da Consolidação das Leis do Trabalho" (Súmula nº 369, V, do TST).

Alternativa "d". É vedada a transferência do empregado eleito para dirigente sindical, conforme previsto no art. 543 da CLT.

Alternativa "e". "O empregado de categoria diferenciada eleito dirigente sindical só goza de estabilidade se exercer na empresa atividade pertinente à categoria profissional do sindicato para o qual foi eleito dirigente" (Súmula nº 369, III do TST).

80. (FGV – Analista Judiciário – Oficial de Just. Avaliador – TRT 12/2017) Pedro é Presidente da CIPA existente na empresa Gralha Turismo Ltda.; Jorge é o Vice-Presidente da mesma CIPA; Vicente é membro do Conselho Fiscal do seu sindicato de classe e Cristóvão é Delegado do mesmo sindicato. Todos foram dispensados sem justa causa.

De acordo com a CLT e o entendimento consolidado pelo TST, deverá(ão) ser reintegrado(s) judicialmente:

(A) Jorge;

(B) Vicente e Cristóvão;

(C) Jorge, Vicente, Cristóvão e Pedro;

(D) Vicente;

(E) Pedro e Jorge.

COMENTÁRIOS

Nota do autor: A questão aborda o tema estabilidade do membro da CIPA. Note-se que com as alterações legislativas promovidas no ano de 2017, os representantes dos empregados em empresas com mais de 200 empregados passaram a ter assegurada estabilidade provisória no emprego (art. 510-D, § 3º da CLT – inserido pela Reforma Trabalhista).

Alternativa correta: "a". *Comentário serve para as demais alternativas, uma vez que versam sobre o mesmo assunto.* **Jorge** é o único detentor de estabilidade, tendo em vista se tratar de Vice-Presidente da CIPA, que não poderá sofrer despedida arbitrária, já que se trata de representante dos empregados (arts. 165, 194, § 4º da CLT e art. 10, II, "a" do ADCT).

Pedro, presidente da CIPA, não é detentor da estabilidade, haja vista se tratar de representante do empregador (art. 194, § 4º da CLT).

Vicente é membro do Conselho Fiscal do sindicato, não sendo detentor da estabilidade, pois não representa nem atua na defesa de direitos da categoria (OJ nº 365 da SDI-I do TST).

Cristóvão, por fim, também não é considerado detentor de estabilidade, tendo em vista se tratar de delegado do sindicato (OJ nº 369 da SDI-I do TST).

Veja quadrinho sobre os principais aspectos da estabilidade, conforme a Reforma Trabalhista:

ESTABILIDADE

- **Estabilidade decenal**
  - Após 10 de efetivo serviço.
  - Não optante pelo FGTS.
  - Após CF/88 não está em vigor.
- **Empregada gestante**
  - Início com a confirmação da gravidez até 5 meses após o parto.
  - Empregadas domésticas também possuem esse direito.
- **Empregado acidentado**
  - Estabilidade de 12 meses após o término do auxílio-doença.
  - Requisitos:

    a) afastamento superior a 15 dias;

    b) percepção do auxílio-doença.

- **Empregado representante da Cipa**
- Apenas o representante dos empregados (eleitos).
- Início com o registro do candidato até 1 ano.
- Titulares e suplentes (Súmula nº 399).
- **Empregado representante da CCP**
- Apenas representantes dos empregados (eleitos).
- Início com a eleição até 1 ano após o mandato.
- Titulares e suplentes.

Membro da comissão de gorjetas
- Empresas com mais de 60 empregados.
- Estabilidade definida via negociação coletiva.

Representante dos empregados
- Empresas com mais de 200 empregados.
- Início com o registro da candidatura até 1 ano após o fim do mandato.

81. (FCC – Analista Judiciário – Área administrativa – TRT 11/2017) De acordo com o entendimento Sumulado do TST, a contribuição para o Fundo de Garantia do Tempo de Serviço incide sobre a remuneração mensal devida ao empregado,

(A) com exceção das horas extras.
(B) inclusive horas extras e adicionais eventuais.
(C) na proporção de 7%, inclusive horas extras, não incidindo sobre adicionais eventuais.
(D) na proporção de 12%, inclusive horas extras, com exceção de adicionais eventuais.
(E) na proporção de 11%, inclusive horas extras, com exceção de adicionais eventuais.

COMENTÁRIOS

Nota do autor: A questão aborda o tema FGTS e exigia do candidato o conhecimento da Súmula nº 63 do TST. Note-se que a Reforma Trabalhista não alterou a exigibilidade do depósito forçado do FGTS, considerando objeto ilícito de convenção ou acordo coletivo a supressão ou redução do valor dos depósitos mensais e da indenização rescisória do FGTS (art. 611-B, III da CLT).

Alternativa correta: "b". *Comentário serve para as demais alternativas, uma vez que versam sobre o mesmo assunto.* Nos termos da Súmula nº 63 do TST:

> **Súmula nº 63 do TST:** A contribuição para o Fundo de Garantia do Tempo de Serviço incide sobre a remuneração mensal devida ao empregado, inclusive horas extras e adicionais eventuais.

Lembre-se de que o FGTS é uma "poupança forçada" suportada exclusivamente pelo empregador. Todos os meses, ao quitar o salário e demais adicionais, o empregador deverá depositar numa conta vinculada do trabalhador 8% da sua remuneração. Exemplo: empregado recebe R$ 1.000,00 de salário. Logo, o empregador deverá depositar R$ 80,00 na conta vinculada do trabalhador, a título de FGTS. Veja que para fins de FGTS, não há desconto a ser suportado pelo trabalhador. Esses depósitos destinam-se à indenização por tempo de serviço do empregado.

82. (FCC – Analista Judiciário – Área Judiciária – TRT 11/2017) Com relação ao FGTS, considere:

I. A equivalência entre os regimes do Fundo de Garantia do Tempo de Serviço e da estabilidade prevista na CLT é meramente jurídica e não econômica, sendo indevidos valores a título de reposição de diferenças.
II. O pagamento relativo ao período de aviso prévio, trabalhado ou não, está sujeito à contribuição para o FGTS.
III. Caberá ao Conselho Curador do FGTS, na qualidade de agente operador, emitir Certificado de Regularidade do FGTS.
IV. Quando ocorrer rescisão do contrato de trabalho por culpa recíproca ou força maior reconhecida pela Justiça do Trabalho, o percentual devido relativo à multa pela rescisão será de 20%.

Está correto o que se afirma APENAS em

(A) I e II.
(B) I, II e III.
(C) II, III e IV.
(D) I, II e IV.
(E) III e IV.

COMENTÁRIOS

Nota do autor: A questão aborda o tema FGTS e exigia o conhecimento da Lei nº 8.036/1990 e do entendimento sumulado do TST sobre o assunto.

▶ QUESTÕES DE CONCURSOS

Alternativa correta: "d". Estão corretos os itens I, II e IV.

Item I. Correto. A equivalência entre os regimes do FGTS e da estabilidade decenal prevista na CLT é jurídica e não econômica. Por esta razão os valores a título de reposição de diferenças não são devidos (Súmula nº 98, I do TST).

Item II. Correto. Para o TST o aviso-prévio indenizado tem natureza salarial, integrando o contrato para todos os fins, inclusive a incidência nos depósitos do FGTS (Súmula nº 305 do TST). Contudo, é necessária atenção para o fato de que o aviso-prévio indenizado não será computado para fins de cálculo da multa de 40% do FGTS, por ausência de previsão legal.

Item III. Errado. Caberá à Caixa Econômica Federal, na qualidade de agente operador, a emissão de certificado de regularidade do FGTS (art. 7º, V da Lei nº 8.036/1990).

Item IV. Correto. No caso de culpa recíproca ou força maior, o valor da multa rescisória do FGTS será reduzido à metade, sendo de 20% portanto (art. 18, § 2º da Lei nº 8.036/1990, art. 484 da CLT e art. 502, II da CLT). Com a Reforma Trabalhista, criou-se nova hipótese em que a multa rescisória do FGTS será de 20% para o término do contrato de trabalho por distrato, nos termos do art. 484-A da CLT:

> **Art. 484-A da CLT:** O contrato de trabalho poderá ser extinto por acordo entre empregado e empregador, caso em que serão devidas as seguintes verbas trabalhistas:
>
> I – por metade:
>
> a) o aviso prévio, se indenizado; e
>
> b) a indenização sobre o saldo do Fundo de Garantia do Tempo de Serviço, prevista no § 1º do art. 18 da Lei nº 8.036, de 11 de maio de 1990;
>
> II – na integralidade, as demais verbas trabalhistas.

83. (FCC – Analista Judiciário – Área Judiciária – TRT 24/2017) Quanto ao Fundo de Garantia por Tempo de Serviço – FGTS, segundo ordenamento jurídico e jurisprudência sumulada do Tribunal Superior do Trabalho:

(A) A contribuição para o Fundo de Garantia do Tempo de Serviço incide sobre a remuneração mensal devida ao empregado, inclusive horas extras e adicionais, desde que habituais.

(B) É trintenária a prescrição do direito de reclamar contra a falta de recolhimento de contribuição para o FGTS, observado o prazo de cinco anos após o término do contrato.

(C) Quando ocorrer despedida por culpa recíproca ou força maior, reconhecida pela Justiça do Trabalho, o percentual da multa rescisória será reduzido para dez por cento.

(D) A prescrição da pretensão relativa às parcelas remuneratórias alcança o respectivo recolhimento da contribuição para o FGTS.

(E) A conta vinculada do trabalhador no FGTS poderá ser movimentada quando houver suspensão total do trabalho avulso por período igual ou superior a sessenta dias, comprovada por declaração do sindicato representativo da categoria profissional.

COMENTÁRIOS

Nota do autor: A questão exigia o conhecimento do entendimento sumulado do TST, assim como da Lei nº 8.036/90. Note-se que com a Reforma Trabalhista, criou-se nova hipótese de movimentação da conta vinculada do FGTS, no caso de distrato, limitada a 80% do valor dos depósitos (art. 484-A da CLT).

Alternativa correta: "d". As Súmulas nº 206 e 362 do TST devem ser aplicadas de forma conjunta, uma vez que a prescrição das parcelas trabalhistas não pagas ocorrerá ao mesmo tempo da prescrição para que os depósitos do FGTS fossem realizados (5 anos). Assim, desde que o empregado ingresse dentro de 2 anos a contar da extinção do contrato, terá o prazo de 5 anos para exigir a parcela não paga e o depósito do FGTS em relação a essa parcela. Portanto, o prazo prescricional passou a ser de 5 anos para exigir a parcela principal e a acessória (FGTS). Nesse sentido, "a prescrição da pretensão relativa às parcelas remuneratórias alcança o respectivo recolhimento da contribuição para o FGTS" (Súmula nº 206 do TST).

Alternativa "a". "A contribuição para o Fundo de Garantia do Tempo de Serviço incide sobre a remuneração mensal devida ao empregado, inclusive horas extras e adicionais eventuais" (Súmula nº 63 do TST).

Alternativa "b". Conforme já dito, a prescrição do direito de reclamar o recolhimento do FGTS é quinquenal, observado o prazo de 2 anos após o término do contrato (Súmula nº 362 do TST).

Alternativa "c". No caso de despedida por culpa recíproca ou força maior, o valor da multa do FGTS é reduzido pela metade, sendo de 20%, portanto (art. 18, § 2º da Lei nº 8.036/1990).

Alternativa "e". A conta vinculada do FGTS poderá ser movimentada no caso de "suspensão total do trabalho avulso por período igual ou superior a 90 (noventa) dias, comprovada por declaração do sindicato representativo da categoria profissional" (art. 20, X da Lei nº 8.036/90).

▶ QUESTÕES DE CONCURSOS

CAPÍTULO IX

SEGURANÇA E MEDICINA DO TRABALHO (MEIO AMBIENTE DE TRABALHO), DANO NAS RELAÇÕES DE TRABALHO E INDENIZAÇÕES

1. SEGURANÇA E MEDICINA DO TRABALHO (MEIO AMBIENTE DE TRABALHO)

1.1. Introdução

A matéria denominada no Capítulo V da CLT de Segurança e Medicina do Trabalho (arts. 154 a 200 da CLT) também é chamada de direito tutelar do trabalho ou meio ambiente do trabalho. O ambiente de trabalho é local onde o trabalhador presta serviços. Em razão disso, é dever do empregador manter esse ambiente o mais seguro possível, evitando que ocorram acidentes de trabalho.

As normas que tratam da proteção à saúde e à segurança do trabalho são de ordem pública, portanto, são normas de indisponibilidade absoluta, portanto não cabe flexibilização para redução de direitos dos empregados, nesse aspecto de segurança. Essas normas representam cláusulas implícitas ao contrato de trabalho, não havendo a necessidade de previsão expressa no contrato. Nesse sentido, prevê o art. 611-B, XVII, da CLT:

> **Art. 611-B, CLT** *(acrescentado pela Reforma Trabalhista).* Constituem objeto ilícito de convenção coletiva ou de acordo coletivo de trabalho, exclusivamente, a supressão ou a redução dos seguintes direitos:
>
> (...) XVII – normas de saúde, higiene e segurança do trabalho previstas em lei ou em normas regulamentadoras do Ministério do Trabalho;

Entretanto, com a Reforma Trabalhista, as regras sobre intervalos e duração do trabalho não são consideradas normas de segurança, saúde e higiene do trabalho. Nesse sentido:

> **Art. 611-B** *(inserido pela Reforma Trabalhista):* Constituem objeto ilícito de convenção coletiva ou de acordo coletivo de trabalho, exclusivamente, a supressão ou a redução dos seguintes direitos:
>
> (...) Parágrafo único. Regras sobre **duração do trabalho e intervalos não são consideradas como normas de saúde, higiene e segurança do trabalho** para os fins do disposto neste artigo. (grifo nosso)

Antes da Reforma Trabalhista, essas regras eram consideradas tanto pela doutrina como pela jurisprudência, como normas de segurança e saúde no trabalho, de ordem cogente e de natureza absoluta, podendo-se afirmar que a alteração produzida pela Reforma é prejudicial aos trabalhadores, implicando em ofensa ao princípio da progressividade.

A limitação de jornada a 8 horas diárias e 44 horas semanais, assim como os períodos de intervalo – sejam eles intrajornada ou interjornada – são importantes garantias de que o trabalhador não ficará à disposição do empregador por tempo indeterminado, haja vista a necessidade de convívio social e familiar, descanso, lazer, entre outros fatores.

Por se tratar de norma de caráter de ordem pública e, cuja inobservância pode acarretar sérios prejuízos à saúde do trabalhador, não seria possível admitir a supressão ou redução de direitos relacionados à duração do trabalho ou aos intervalos.

Referida previsão da Lei nº 13.467/2017 contraria o dispositivo constitucional sobre o princípio de prevenção do local de trabalho. Além disso, a Constituição Federal/1988 prevê que o ambiente de trabalho se insere no meio ambiente como um todo:

> **Art. 7º da CF**: É direto dos empregados urbanos e rurais, além de outros:
>
> **XXII** – a redução dos riscos inerentes ao trabalho, por meio de normas de saúde, higiene e segurança.

Quando for exigida a matéria de saúde, segurança e medicina do trabalho nos editais de Analista TRT, o candidato deverá estudar os temas:

Normas de segurança e saúde do trabalhador
(Deveres do empregador, do empregado, órgãos de fiscalização, CIPA e EPI)

- Proteção do trabalho da criança e do adolescente e da mulher
- Atividades insalubres e perigosas
- Jornada de trabalho
- Períodos de descanso

Nesse capítulo IX será tratado apenas o tema específico de medicina e saúde, pois os demais assuntos (criança e adolescente, mulher, insalubridade, periculosidade, jornada e períodos de descanso) já foram abordados em outros capítulos do livro (para mais informações, veja sumário e o edital sistematizado). Aliás, tentar-se-á colocar a matéria de forma separada e didática, com a finalidade que o candidato consiga acertar todas as questões do concurso para Analista do TRT.

As partes da relação empregatícia, tanto empregado quanto empregador, estão obrigadas a deixar o ambiente de trabalho de forma segura e hígida. A seguir serão descritos os deveres do empregador e do empregado. E, na sequência, o papel do Ministério do Trabalho e Emprego e os órgãos de prevenção ao ambiente seguro.

Recomenda-se para as provas de Analista do TRT que o candidato fique atento à letra da lei. Em razão disso, nesse capítulo serão citados e transcritos os artigos da CLT.

1.2. Deveres do empregador

Compete ao **empregador** manter o ambiente de trabalho seguro e saudável. Deve, portanto, adotar todas as normas preventivas como forma de proteger a integridade física e psíquica dos trabalhadores. De acordo com a CLT:

> **Art. 157 da CLT.** Cabe às empresas:
>
> I – cumprir e fazer cumprir as normas de segurança e medicina do trabalho;
>
> II – instruir os empregados, através de ordens de serviço, quanto às precauções a tomar no sentido de evitar acidentes do trabalho ou doenças ocupacionais;
>
> III – adotar as medidas que lhes sejam determinadas pelo órgão regional competente;
>
> IV – facilitar o exercício da fiscalização pela autoridade competente.
>
> **Item 1.4.1, NR 1:** Cabe ao empregador:
>
> a) cumprir e fazer cumprir as disposições legais e regulamentares sobre segurança e saúde no trabalho;
>
> b) informar aos trabalhadores:
>
> I. os riscos ocupacionais existentes nos locais de trabalho;
>
> II. as medidas de prevenção adotadas pela empresa para eliminar ou reduzir tais riscos;
>
> III. os resultados dos exames médicos e de exames complementares de diagnóstico aos quais os próprios trabalhadores forem submetidos; e
>
> IV. os resultados das avaliações ambientais realizadas nos locais de trabalho.
>
> c) elaborar ordens de serviço sobre segurança e saúde no trabalho, dando ciência aos trabalhadores;
>
> d) permitir que representantes dos trabalhadores acompanhem a fiscalização dos preceitos legais e regulamentares sobre segurança e saúde no trabalho;
>
> e) determinar procedimentos que devem ser adotados em caso de acidente ou doença relacionada ao trabalho, incluindo a análise de suas causas;
>
> f) disponibilizar à Inspeção do Trabalho todas as informações relativas à segurança e saúde no trabalho; e
>
> g) implementar medidas de prevenção, ouvidos os trabalhadores, de acordo com a seguinte ordem de prioridade:
>
> I. eliminação dos fatores de risco;
>
> II. minimização e controle dos fatores de risco, com a adoção de medidas de proteção coletiva;
>
> III. minimização e controle dos fatores de risco, com a adoção de medidas administrativas ou de organização do trabalho; e
>
> IV. adoção de medidas de proteção individual.

Conforme o inciso I do art. 157 da CLT, o empregador deverá cumprir as normas de saúde e medicina do trabalho. Uma dessas normas é entregar, gratuitamente, equipamentos de proteção. Cabe ressaltar que o simples fornecimento de EPI não afasta a obrigatoriedade do pagamento do adicional de periculosidade ou insalubridade. Para cessar o pagamento desses adicionais, o empregador deverá eliminar, por completo, o agente nocivo e perigoso. Nesse sentido prevê a jurisprudência do TST:

> **Súmula nº 289 do TST.** O simples fornecimento do aparelho de proteção pelo empregador não o exime do pagamento do adicional de insalubridade. Cabe-lhe tomar as medidas que conduzam à diminuição ou eliminação da nocividade, entre as quais as relativas ao uso efetivo do equipamento pelo empregado.

Caso o empregador não cumpra com suas responsabilidades no tocante ao ambiente de trabalho, ocasionará duas consequências: a) será autuado pela fiscalização do trabalho, por descumprimento da legislação trabalhista e b) caberá rescisão indireta, com fundamento no art. 483, alínea *c* ou *d*, da CLT.

Por fim, é importante destacar que o dever do empregador de assegurar condições mínimas de higiene e conforto também se estende aos empregados que desempenham suas atividades fora do estabelecimento, como ocorre com os empregados de limpeza urbana ou conservação de áreas públicas. No julgamento em sede Incidente de Recurso de Revista Repetitivo, o TST firmou a tese vinculante nº 54, consolidando o entendimento de que a ausência de instalações sanitárias adequadas e de local apropriado para alimentação nessas hipóteses configura violação às normas de segurança e higiene do trabalho, autorizando a condenação por danos morais:

> A ausência de instalações sanitárias adequadas e de local apropriado para alimentação a empregados que exercem atividades externas de limpeza e conservação de áreas públicas autoriza a condenação do empregador ao pagamento de indenização por danos morais, pois desrespeitados os padrões mínimos de higiene e segurança do trabalho, necessários e exigíveis ao ambiente de trabalho (NR-24 do MTE, CLT, art. 157, Lei nº 8.213/91, art. 19, e CRFB, art. 7º, XXII) (TST-RRAg-0011023-69.2023.5.18.0014, Relator: Ministro Aloysio Corrêa da Veiga, Tribunal Pleno, DJE: 14/03/2025).

Segundo o Tribunal, o fato de o serviço de limpeza e conservação de áreas públicas ser externo não exime o empregador de garantir um ambiente de trabalho minimamente digno, sendo legítimo o uso de soluções alternativas, como convênios com estabelecimentos próximos para uso de banheiros e refeitórios, conforme previsto na NR-24. A omissão quanto a esse dever viola os arts. 157 da CLT, 7º, XXII da Constituição Federal e a NR-24 do Ministério do Trabalho e Emprego, configurando afronta direta à dignidade do empregado e autorizando a condenação por danos morais.

1.3. Deveres do empregado

Compete aos **trabalhadores** obedecer às normas de medicina e segurança e colaborar com a empresa para a aplicação dessas normas. Aliás, deverá utilizar os equipamentos de proteção fornecidos pelo empregador.

> **Item 1.4.2, NR 1:** Cabe ao trabalhador:
> a) cumprir as disposições legais e regulamentares sobre segurança e saúde no trabalho, inclusive as ordens de serviço expedidas pelo empregador;
> b) submeter-se aos exames médicos previstos nas NR;
> c) colaborar com a organização na aplicação das NR; e
> d) usar o equipamento de proteção individual fornecido pelo empregador.

Se o empregado se recusa, injustificadamente, ao cumprimento das normas de segurança e à utilização dos equipamentos de proteção, caberá dispensa por justa causa, como determina o art. 158 da CLT.

> **Art. 158 da CLT.** Cabe aos **empregados:**
> I – observar as normas de segurança e medicina do trabalho, inclusive as instruções de que trata o item II do artigo anterior;
> II – colaborar com a empresa na aplicação dos dispositivos deste Capítulo.

> Parágrafo único. Constitui **ato faltoso do empregado a recusa injustificada:**
> a) à observância das instruções expedidas pelo empregador na forma do item II do artigo anterior;
> b) ao uso dos equipamentos de proteção individual fornecidos pela empresa.

No mesmo sentido, o item 1.4.2.1. da NR 1:

> **Item 1.4.2.1, NR 1:** Constitui ato faltoso a recusa injustificada do empregado ao cumprimento do disposto nas alíneas do subitem anterior.

O sindicato da categoria profissional (trabalhadores) tem um importante papel para o esclarecimento da importância de se adotar as normas de saúde e segurança. Aliás, além dessa atribuição, os sindicatos poderão prever em cláusulas de acordos ou convenções coletivas normas de proteção, exigindo que empregadores e empregados respeitem o ambiente de trabalho.

1.4. Do papel do Ministério do Trabalho e Emprego[1079]

Inicialmente, cabe ressaltar que a competência para legislar sobre direito do trabalho é privativa da União, conforme o art. 22, I, da CF/88. Já a competência legislativa acerca de norma de saúde e segurança é **concorrente**, competindo à União, estados e DF, nos termos do art. 24, XII, CF/88.

A CLT delegou à autoridade administrativa a regulamentação detalhada das normas de saúde e segurança. Dessa forma, compete ao Ministério do Trabalho e Emprego a expedição as Normas Regulamentadoras (NR), que regulamentam matérias específicas sobre normas de saúde e segurança, como a NR nº 18, que trata da construção civil; a NR nº 15, que trata das atividades insalubres etc.

Referidas normas não são passíveis de redução ou supressão por meio de acordo ou convenção coletiva de trabalho, pois constituem em objeto ilícito desses instrumentos coletivos, nos termos do art. 611-B da CLT. Da mesma forma, os adicionais de insalubridade, periculosidade e penosidade não poderão sofrer referidas alterações. Nesse sentido:

> **Art. 611-B da CLT** (*Inserido pela Reforma Trabalhista*): Constituem objeto ilícito de convenção coletiva ou de acordo coletivo de trabalho, exclusivamente, a supressão ou a redução dos seguintes direitos:
> (...) XVII – normas de saúde, higiene e segurança do trabalho previstas em lei ou em normas regulamentadoras do Ministério do Trabalho;
> XVIII – adicional de remuneração para as atividades penosas, insalubres ou perigosas;

1079. O Ministério do Trabalho foi criado pelo decreto nº 19.433, de 26 de novembro de 1930, por Getúlio Vargas. De lá para cá, colecionou diversos nomes e atribuições, mas permaneceu constante nos quadros da organização da Presidência da República, sendo, até sua extinção, em 2019, o Ministério mais antigo do Brasil. Com a promulgação da Lei nº 13.844/2019, em decorrência da conversão em lei da MP nº 870, o Ministério do Trabalho foi extinto e suas atribuições foram transferidas aos Ministérios da Economia, da Justiça e Segurança Pública e da Cidadania. Contudo, em 16/12/2021, a Lei nº 14.261/2021, fruto da conversão da MP nº 1.058/2021, recriou o Ministério do Trabalho e Previdência, que reassumiu diversas competências e atribuições. Atualmente, o Órgão Executivo federal é chamado de Ministério do Trabalho e Emprego, conforme art. 17, XXVIII da Lei nº 14.600, de 19 de junho de 2023.

Inobstante referida previsão, o art. 611-A, XII e XIII da CLT, permite a prevalência do negociado sobre o legislado quando houver previsão, entre outras, de enquadramento do grau de insalubridade:

> **Art. 611-A da CLT** *(Inserido pela Reforma Trabalhista)*: A convenção coletiva e o acordo coletivo de trabalho têm prevalência sobre a lei quando, entre outros, dispuserem sobre: (...)
>
> XII – enquadramento do grau de insalubridade;
>
> XIII – prorrogação de jornada em ambientes insalubres, sem licença prévia das autoridades competentes do Ministério do Trabalho

Nesse sentido, é clara a contradição entre o art. 611-B, XVIII e o art. 611-A, XII e XIII da CLT. Isso porque, tendo em vista a incumbência do atual Ministério do Trabalho e Emprego para a regulamentação das normas sobre segurança e saúde no trabalho, não caberia às partes a livre disposição sobre elas.

Em razão disso, entende-se que a disposição sobre referidas normas só poderia ocorrer caso houvesse melhoria das condições de saúde, higiene e segurança dos trabalhadores, sob pena de se esvaziar o sentido da norma expressa no art. 7º, XXII, da CF/88 corroborado com o art. 611-B, XVIII da CLT.

A fiscalização tem a atribuição de verificar se as normas trabalhistas estão sendo respeitadas. Caso haja descumprimento, caberá a aplicação de multa. As microempresas também estão sujeitas à fiscalização quanto ao meio ambiente de trabalho. De acordo com a legislação:

> **Art. 156 da CLT.** Compete especialmente às Delegacias Regionais do Trabalho, nos limites de sua jurisdição:
>
> I – promover a fiscalização do cumprimento das normas de segurança e medicina do trabalho;
>
> II – adotar as medidas que se tornem exigíveis, em virtude das disposições deste Capítulo, determinando as obras e reparos que, em qualquer local de trabalho, se façam necessárias;
>
> III – impor as penalidades cabíveis por descumprimento das normas constantes deste Capítulo, nos termos do art. 201.

1.4.1. *Interdição ou embargo e inspeção prévia*

A inspeção prévia ocorre antes do início das atividades de qualquer estabelecimento, e é realizada pelo Ministério do Trabalho e Emprego, nos termos do art. 160 da CLT. Todos os novos empreendimentos devem ser vistoriados pela autoridade competente. Novas inspeções devem ser realizadas quando ocorrer modificação substancial em sua estrutura. De acordo com a legislação:

> **Art. 160 da CLT.** Nenhum estabelecimento poderá iniciar suas atividades sem prévia inspeção e aprovação das respectivas instalações pela autoridade regional competente em matéria de segurança e medicina do trabalho.
>
> § 1º. Nova inspeção deverá ser feita quando ocorrer modificação substancial nas instalações, inclusive equipamentos, que a empresa fica obrigada a comunicar, prontamente, à Delegacia Regional do Trabalho.
>
> § 2º. É facultado às empresas solicitar prévia aprovação, pela Delegacia Regional do Trabalho, dos projetos de construção e respectivas instalações.

Ocorre que o art. 2º da Portaria nº 915, de 30 de julho de 2019, da Secretaria Especial de Previdência e Trabalho do Ministério da Economia (atualmente atribuição do Ministério do Trabalho e Emprego) revogou a Norma Regulamentadora nº 2 – Inspeção Prévia:

> **Art. 2º da Portaria nº 915/2019:** Revogar as Portarias SSMT nº 06, de 09 de março de 1983, nº 35, de 28 de dezembro de 1983, que deu redação à NR2 - Inspeção Prévia, nº 03, de 07 de fevereiro de 1988, o art. 1º da Portaria SSST nº 13, de 17 de setembro de 1993 e a Portaria SIT nº 84, de 04 de março de 2009.

Note-se que, desde 30/07/2019, não há norma do Ministério do Trabalho e Emprego que regulamente a inspeção prévia prevista no art. 160 da CLT. A justificativa do Governo para a revogação consistiu na necessidade de atualização e modernização da legislação infralegal trabalhista, que estimulassem a economia e a criação de empregos[1080].

Portanto, os Auditores Fiscais do Trabalho não contam mais com as determinações para a realização da inspeção prévia em todo estabelecimento novo. A já revogada MP nº 905/2019 revogava expressamente o art. 160 da CLT e dava seguimento à medida iniciada pela Portaria nº 915/2019. Em que pese a perda de vigência da MP, entendemos que a inspeção prévia restou prejudicada com a revogação da NR 2.

Interdição e embargo estão previstos na NR 3. A **interdição** ocorre em atividades, máquinas ou equipamentos, setores de serviço ou estabelecimento, ao passo que os **embargos** são utilizados quando há obra em construção.

Nesse sentido, dispõe a NR 3:

> **3.2.2.1, NR 3:** O embargo implica a paralisação parcial ou total da obra.
>
> **3.2.2.2, NR 3:** A interdição implica a paralisação parcial ou total da atividade, da máquina ou equipamento, do setor de serviço ou do estabelecimento

Importante mencionar que o embargo e a interdição não são **medidas punitivas** ao empregador, mas procedimentos administrativos de urgência, de cunho cautelar, que prezam pela segurança dos trabalhadores[1081]. Assim, quando da paralisação, o Auditor Fiscal do Trabalho deve adotar o embargo ou a interdição na menor unidade onde for constatada situação de grave e iminente risco (item 3.2.2.3.1 da NR 3).

O delegado do trabalho, hoje Superintendente Regional do Trabalho, nos termos da CLT, seria o único legitimado à oposição de embargo ou de interdição, sendo requisito indispensável a apresentação do laudo técnico que comprove o risco iminente.

Contra a decisão de embargo ou interdição caberá recurso administrativo, no prazo de 10 dias, ao órgão de âmbito nacional competente em matéria de segurança e medicina do trabalho (Coordenação Geral de Recursos do Ministério do Trabalho)[1082], ao qual será facultado dar efeito suspensivo ao recurso (art. 161, § 3º, CLT). O levantamento do embargo

1080. https://www.migalhas.com.br/Quentes/17,MI307762,91041-Bolsonaro+altera+normas+de+seguranca+e+saude+no+trabalho

1081. CAMISASSA, Mara Queiroga. *Segurança e saúde no trabalho:* NRS 1 a 38 comentadas e descomplicadas. 9 ed., rev., atual., ampl. Rio de Janeiro: MÉTODO, 2023, p. 60.

1082. CAMISASSA, Mara Queiroga. **Segurança e saúde no trabalho:** NRS 1 a 38 comentadas e descomplicadas. 9 ed., rev., atual., ampl. Rio de Janeiro: MÉTODO, 2023, p. 72.

ou interdição é feito pelo próprio Superintendente Regional do Trabalho, mediante laudo que comprove que o risco iminente foi cessado.

Na prática, o que se tem atualmente, é que nenhuma interdição passa pelo Superintendente Regional do Trabalho, que apenas recebe um *e-mail*, informando que foi lavrado um termo de embargo/interdição no "Sistema Auditor"[1083]. Isso devido aos efeitos da decisão proferida no curso da Ação Civil Pública nº 0010450-12.2013.5.14.0008, em que a Justiça do Trabalho da 14ª Região reestabeleceu os poderes dos Auditores-Fiscais do Trabalho para opor embargo e interdição nos casos de perigo à vida, saúde e segurança no trabalho.

Caso seja oposta interdição pelo Auditor e o estabelecimento continue a funcionar, conforme art. 161, § 4º, da CLT, o empregador responderá por desobediência, além das medidas penais cabíveis, se, em consequência, resultarem danos a terceiros.

Por fim, sendo hipóteses de paralisação da prestação de serviço por motivos alheios à vontade do empregado, os períodos de inatividade por motivos de embargo ou interdição são hipóteses de interrupção do contrato de trabalho, isso porque os riscos do empreendimento correm por conta do empregador, conforme o princípio da alteridade.

1.4.2. Programa de Controle Médico de Saúde Ocupacional (PCMSO), Programa de Prevenção de Riscos Ambientais (PPRA) e Programa de Gerenciamento de Riscos (PGR)[1084]

A Norma Regulamentadora nº 9 do Ministério do Trabalho previa a obrigatoriedade na elaboração e implementação do Programa de Prevenção de Riscos Ambientais (PPRA) que tinha como função antecipar, reconhecer e avaliar os riscos ambientais existentes ou que possam surgir no ambiente de trabalho.

Contudo, em 2020, foi publicada a Portaria 6.730/2020 (com início de vigência em 03/01/2022), aprovando nova redação à NR-01 e instituindo o **Programa de Gerenciamento de Riscos (PGR)**, que substitui o PPRA (tratado na NR-09).

Como explica Mara Camisassa[1085], "O Gerenciamento de Riscos Ocupacionais (GRO) é um **processo contínuo** que abrange as coordenadas de **prevenção** com o objetivo de garantir aos trabalhadores **condições** e **ambientes** de trabalho seguros e saudáveis.". Com um viés prevencionista[1086], o GRO objetiva antecipar possíveis riscos ocupacionais e eliminá-los no nascedouro, e não somente "amenizá-los". Para tanto, as organizações[1087] deverão implantar o Gerenciamento de Riscos Ocupacionais (GRO), por estabelecimento[1088], por meio de um Programa de Gerenciamento de Riscos (PGR) (itens 1.5.3.1 e 1.5.3.1.1 da NR 1).

1083. Sistema interno de gestão do trabalho na Auditoria Fiscal do Trabalho.

1084. Estes temas foram exigidos no concurso para Analista do TRT da 21ª Região realizado em 2017.

1085. CAMISASSA, Mara Queiroga. *Segurança e saúde no trabalho:* NRS 1 a 38 comentadas e descomplicadas. 9 ed., rev., atual., ampl. Rio de Janeiro: MÉTODO, 2023, p. 22.

1086. Prevenção: o conjunto das disposições ou medidas tomadas ou previstas em todas as fases da atividade da organização, visando evitar, eliminar, minimizar ou controlar os riscos ocupacionais (Anexo I da NR 1).

1087. Organização: pessoa ou grupo de pessoas com suas próprias funções com responsabilidades, autoridades e relações para alcançar seus objetivos. Inclui, mas não é limitado a empregador, a tomador de serviços, a empresa, a empreendedor individual, produtor rural, companhia, corporação, firma, autoridade, parceria, organização de caridade ou instituição, ou parte ou combinação desses, seja incorporada ou não, pública ou privada (Anexo I da NR 1).

1088. Estabelecimento: local privado ou público, edificado ou não, móvel ou imóvel, próprio ou de terceiros, onde a empresa ou a organização exerce suas atividades em caráter temporário ou permanente (Anexo I da NR 1).

O PGR, a critério da organização, pode ser implementado por unidade operacional, setor ou atividade, com o intuito de:

a) evitar os riscos ocupacionais que possam ser originados no trabalho;

b) identificar os perigos e possíveis lesões ou agravos à saúde;

c) avaliar os riscos ocupacionais indicando o nível de risco;

d) classificar os riscos ocupacionais para determinar a necessidade de adoção de medidas de prevenção;

e) implementar medidas de prevenção, de acordo com a classificação de risco e na ordem de prioridade; e

f) acompanhar o controle dos riscos ocupacionais.

Uma grande diferença em relação ao seu antecessor (PPRA) é que o PGR não precisa ser renovado todos os anos. A renovação será necessária em 03 hipóteses: 1) Quando houver mudança no ambiente de trabalho; 2) A cada dois anos, quando não se verificar mudanças no meio ambiente do trabalho; ou 3) A cada ou três anos para empresas que tenham certificação em sistema de gestão de Segurança e Saúde no Trabalho, quando não se verificar mudanças no meio ambiente do trabalho.

Com base no PGR, nos termos da NR 7, os empregadores deverão elaborar e implementar o **Programa de Controle Médico de Saúde Ocupacional (PCMSO)**, que tem o objetivo de promover e preservar a saúde do conjunto de seus trabalhadores. Esse programa deve ter caráter de prevenção, rastreamento e diagnóstico precoce dos agravos à saúde relacionados ao trabalho, inclusive pela constatação de doenças profissionais ou danos irreversíveis à saúde do trabalhador.

1.5. CIPA – Comissão Interna de Prevenção de Acidentes e Assédio[1089]

A CIPA é órgão de caráter preventivo e está previsto no art. 163 da CLT e na NR 5. Em regra, todos os empregadores, seja de natureza pública ou privada, estão obrigados a constituir a CIPA. Essa obrigatoriedade dependerá, entretanto, do número de empregados e o grau de risco da atividade desenvolvida, conforme previsão na NR 5 (empresas com menos de 20 empregados, em regra, não estão obrigadas a constituir esse órgão protetivo). Aliás, a CIPA também é obrigatória para as atividades rurais, conforme NR 31. De acordo com a legislação:

> **Art. 163 da CLT.** Será obrigatória a constituição de Comissão Interna de Prevenção de Acidentes (CIPA), de conformidade com instruções expedidas pelo Ministério do Trabalho, nos estabelecimentos ou locais de obra nelas especificadas.
>
> Parágrafo único. O Ministério do Trabalho regulamentará as atribuições, a composição e o funcionamento das CIPA (s).

Em 21 de setembro de 2022, foi publicada a Lei nº 14.457/2022 (fruto da conversão da Medida Provisória nº 1.116/2022), que, dentre outras providências, disciplinou medidas de prevenção e de combate ao assédio sexual e a outras formas de violência no âmbito do trabalho. Com

1089. A CIPA é regulamentada pela Norma Regulamentadora nº 5 do Ministério do Trabalho.

a publicação da Lei, a CIPA, que agora se chama **Comissão Interna de Prevenção de Acidentes e de Assédio**, tem mais uma atribuição: a promoção de um ambiente laboral sadio, seguro e que favoreça a inserção e a manutenção de mulheres no mercado de trabalho.

1.5.1. *Objetivos e atribuições da CIPA*

A Comissão Interna de Prevenção a Acidentes e Assédio desempenha importante papel para manter um ambiente de trabalho saudável. A CIPA é regulamentada pela NR nº 5 do Ministério do Trabalho, e deverá ser constituída por estabelecimento, em qualquer instituição que admita trabalhador como empregado, seja iniciativa pública ou privada, sendo também aplicada aos trabalhadores avulsos e entidades tomadoras, no que couber.

Nesse sentido, a CIPA exerce importante papel na fiscalização do cumprimento das normas de segurança e saúde no trabalho, sendo algumas de suas atribuições a de:

> a) identificar os riscos do processo de trabalho, e elaborar o mapa de riscos;
> b) elaborar plano de trabalho que possibilite a ação preventiva na solução de problemas de segurança e saúde no trabalho;
> c) participar da implementação e do controle da qualidade das medidas de prevenção necessárias, bem como da avaliação das prioridades de ação nos locais de trabalho;
> d) realizar, periodicamente, verificações nos ambientes e condições de trabalho visando a identificação de situações que venham a trazer riscos para a segurança e saúde dos trabalhadores;
> e) realizar, a cada reunião, avaliação do cumprimento das metas fixadas em seu plano de trabalho e discutir as situações de risco que foram identificadas;
> f) divulgar aos trabalhadores informações relativas à segurança e saúde no trabalho;

Ainda, com a publicação da Lei, a **Comissão Interna de Prevenção de Acidentes e de Assédio**, tem mais uma atribuição: a promoção de um ambiente laboral sadio, seguro e que favoreça a inserção e a manutenção de mulheres no mercado de trabalho. Para tanto, deverão ser adotas as seguintes medidas:

> a) inclusão de regras de conduta a respeito do assédio sexual e de outras formas de violência nas normas internas da empresa, com ampla divulgação do seu conteúdo aos empregados e às empregadas;
> b) fixação de procedimentos para recebimento e acompanhamento de denúncias, para apuração dos fatos e, quando for o caso, para aplicação de sanções administrativas aos responsáveis diretos e indiretos pelos atos de assédio sexual e de violência, garantido o anonimato da pessoa denunciante, sem prejuízo dos procedimentos jurídicos cabíveis;
> c) inclusão de temas referentes à prevenção e ao combate ao assédio sexual e a outras formas de violência nas atividades e nas práticas da CIPA; e
> d) realização, no mínimo a cada 12 (doze) meses, de ações de capacitação, de orientação e de sensibilização dos empregados e das empregadas de todos os níveis hierárquicos da empresa sobre temas relacionados à violência, ao assédio, à igualdade e à diversidade no âmbito do trabalho, em formatos acessíveis, apropriados e que apresentem máxima efetividade de tais ações.

Essas medidas passaram a ser obrigatórias em 180 dias da publicação da Lei, ou seja, em 20/03/2023.

Trata-se de uma medida importante para prevenir, nas empresas, as diversas formas de assédio, especialmente o assédio sexual, e outras formas de violências.

Ainda, cumpre fazer um paralelo com a Lei 14.611/2023, que torna obrigatória igualdade salarial e de critérios remuneratórios entre homens e mulheres para a realização de trabalho de igual valor ou no exercício da mesma função. Além disso, altera a CLT para prever maior transparência remuneratória e ampliar a fiscalização e o combate à discriminação salarial. A Lei traz previsões muito similares, determinando, entre outras providências: a disponibilização de canais específicos para denúncias de discriminação salarial; a promoção e implementação de programas de diversidade e inclusão no ambiente de trabalho que abranjam a capacitação de gestores, de lideranças e de empregados a respeito do tema da equidade entre homens e mulheres no mercado de trabalho, com aferição de resultados; e o fomento à capacitação e à formação de mulheres para o ingresso, a permanência e a ascensão no mercado de trabalho em igualdade de condições com os homens.

1.5.2. Constituição e organização da CIPA

A obrigatoriedade de constituição da CIPA e o seu dimensionamento é proporcional ao número de empregados por estabelecimento e ao grau de risco[1090] da atividade principal[1091] e preponderante[1092], conforme Quadro I da NR 5.

A título exemplificativo, no caso de empresa extração de carvão mineral, cujo grau de risco segundo a Relação da Classificação Nacional de Atividades Econômicas - CNAE (quadro 1 da NR-4) é 4, que possua 1500 empregados, haverá 9 membros efetivos e 7 suplentes:

ANEXO I DA NR-04

RELAÇÃO DA CLASSIFICAÇÃO NACIONAL DE ATIVIDADES ECONÔMICAS – CNAE (VERSÃO 2.0), COM CORRESPONDENTE GRAU DE RISCO – GR

B	INDÚSTRIAS EXTRATIVAS	
05	EXTRAÇÃO DE CARVÃO MINERAL	
05.0	Extração de carvão mineral	
05.00-3	Extração de carvão mineral	4
06	EXTRAÇÃO DE PETRÓLEO E GÁS NATURAL	
06.0	Extração de petróleo e gás natural	
06.00-0	Extração de petróleo e gás natural	4
07	EXTRAÇÃO DE MINERAIS METÁLICOS	
07.1	Extração de minério de ferro	
07.10-3	Extração de minério de ferro	4
07.2	Extração de minerais metálicos não-ferrosos	

1090. "O grau de risco corresponde a um valor numérico entre 1 e 4 em ordem crescente de risco, e está associado ao risco à saúde e à integridade física dos empregados em função da atividade executada pela empresa." (CAMISASSA, Mara Queiroga. **Segurança e saúde no trabalho:** NRS 1 a 38 comentadas e descomplicadas. 9 ed., rev., atual., ampl. Rio de Janeiro: MÉTODO, 2023, p. 79).

1091. **Item 4.5.1.1, NR 4:** A atividade econômica principal é a constante no Cadastro Nacional de Pessoa Jurídica - CNPJ.

1092. **Item 4.5.1.2, NR 4:** A atividade econômica preponderante é aquela que ocupa o maior número de trabalhadores.

QUADRO I DA NR-05 – DIMENSIONAMENTO DA CIPA

GRAU de RISCO*	Nº de INTEGRANTES da CIPA	NÚMERO DE EMPREGADOS NO ESTABELECIMENTO										
		0 a 19	20 a 29	30 a 50	51 a 80	81 a 100	101 a 120	121 a 140	141 a 300	301 a 500	501 a 1000	1001 a 2500
1	Efetivos					1	1	1	1	2	4	5
	Suplentes					1	1	1	1	2	3	4
2	Efetivos				1	1	2	2	3	4	5	6
	Suplentes				1	1	1	1	2	3	4	5
3	Efetivos		1	1	2	2	2	3	4	5	6	8
	Suplentes		1	1	1	1	1	2	2	4	4	6
4	Efetivos		1	2	3	3	4	4	4	5	6	9
	Suplentes		1	1	2	2	2	2	3	4	5	7

O número de membros da CIPA não poderá ser reduzido e a CIPA não poderá ser desativada pelo empregador antes do término do mandato de seus membros, ainda que haja redução do número de empregados da empresa, salvo no caso de encerramento das atividades do estabelecimento (item 5.4.10, NR 5). Mesmo na hipótese de alteração do grau de risco, o redimensionamento da CIPA deve aguardar o próximo processo eleitoral[1093].

A CIPA será composta por representantes dos empregados e dos empregadores. Os representantes das organizações, titulares e suplentes, serão designados pelo próprio empregador (item 5.4.3, NR 5). Já os representantes dos empregados[1094], titulares e suplentes, serão eleitos, para mandato de um ano, permitida uma reeleição, em escrutínio secreto, do qual participem, independentemente de filiação sindical, exclusivamente os empregados interessados (item 5.4.4, NR 5). O empregador designará, anualmente, dentre os seus representantes, o Presidente da CIPA e os empregados elegerão, dentre eles, o Vice-Presidente (art. 164, § 5º, CTL).

Os representantes dos empregadores, sejam eles titulares ou suplentes serão designados pelos próprios empregadores, enquanto que os representantes dos empregados, titulares ou suplentes, serão eleitos em escrutínio secreto, do qual participem os empregados interessados, independentemente de filiação sindical. Lembre-se de que o órgão é presidido por empregado indicado pelo empregador e o vice-presidente será empregado eleito pelos trabalhadores.

1093. CAMISASSA, Mara Queiroga. **Segurança e saúde no trabalho:** NRS 1 a 38 comentadas e descomplicadas. 9 ed., rev., atual., ampl. Rio de Janeiro: MÉTODO, 2023, p. 95.

1094. Apenas os representantes dos empregados gozarão de garantia provisória no emprego: "**Art. 165, CLT:** Os titulares da representação dos empregados nas CIPA (s) não poderão sofrer despedida arbitrária, entendendo-se como tal a que não se fundar em motivo disciplinar, técnico, econômico ou financeiro."; "**Item 5.4.12, NR 5:** É vedada a dispensa arbitrária ou sem justa causa do empregado eleito para cargo de direção da CIPA desde o registro de sua candidatura até um ano após o final de seu mandato.".

Ressaltamos, aqui, um ponto já abordado em provas de concurso: ao representante dos empregados, não se exige a condição de sindicalizado diante da aplicação do princípio da liberdade de filiação sindical prevista no art. 8º, V, CF/88[1095].

Por fim, quando o estabelecimento não se enquadrar no Quadro I e não for atendido por SESMT, a organização nomeará um representante da organização dentre seus empregados (**"nomeado da CIPA"**) para auxiliar na execução das ações de prevenção em segurança e saúde no trabalho, podendo ser adotados mecanismos de participação dos empregados, por meio de negociação coletiva (item 5.4.13, NR 5). O microempreendedor individual - MEI está dispensado de nomear o representante da NR-05.

As eleições serão convocadas pelo empregador, no prazo mínimo de 60 dias antes do término do mandato em curso (item 5.5.1, NR 5), devendo haver comunicação do sindicato quanto ao início do processo eleitoral. Ainda, deverão ser realizadas no prazo mínimo de 30 (trinta) dias antes do término do mandato da CIPA (item 5.5.3, f, NR 5).

Serão eleitos os candidatos mais votados, e, em caso de empate, assumirá aquele com mais tempo de serviço no estabelecimento. Por fim, a documentação relativa às eleições ficará no estabelecimento à disposição da fiscalização do Ministério do Trabalho e Emprego, devendo ser encaminhada ao sindicato da categoria profissional quando solicitada.

1.5.3. *Mandato e estabilidade*

O mandato dos membros da CIPA será de 1 ano, sendo permitida uma reeleição. Ao membro suplente que tiver participado de menos da metade de reuniões não será permitida a reeleição. Importante conferir a legislação sobre o tema:

> **Art. 164 da CLT.** Cada CIPA será composta de representantes da empresa e dos empregados, de acordo com os critérios que vierem a ser adotados na regulamentação de que trata o parágrafo único do artigo anterior.
>
> § 1º. Os representantes dos empregadores, titulares e suplentes serão por eles designados.
>
> § 2º. Os representantes dos empregados, titulares e suplentes, serão eleitos em escrutínio secreto, do qual participem, independentemente de filiação sindical, exclusivamente os empregados interessados.
>
> § 3º. O mandato dos membros eleitos da CIPA terá a duração de 1 (um) ano, permitida uma reeleição.
>
> § 4º. O disposto no parágrafo anterior não se aplicará ao membro suplente que, durante o seu mandato, tenha participado de menos da metade do número de reuniões da CIPA.
>
> § 5º. O empregador designará, anualmente, dentre os seus representantes, o Presidente da CIPA e os empregados elegerão, dentre eles, o Vice-Presidente.

Ressalta-se que é vedada a dispensa arbitrária ou sem justa causa do empregado eleito para o cargo de direção desde o registro da candidatura até 1 ano após o mandato. Nesse sentido é a disposição do art. 165 da CLT:

> **Art. 165 da CLT** - Os titulares da representação dos empregados nas CIPA (s) não poderão sofrer despedida arbitrária, entendendo-se como tal a que não se fundar em motivo disciplinar, técnico, econômico ou financeiro.

1095. MARTINS, Sergio Pinto. *Comentários à CLT*. 18. ed. São Paulo: Atlas, 2014. p. 195.

> Parágrafo único – Ocorrendo a despedida, caberá ao empregador, em caso de reclamação à Justiça do Trabalho, comprovar a existência de qualquer dos motivos mencionados neste artigo, sob pena de ser condenado a reintegrar o empregado.

Note-se, via de regra, a dispensa do empregado poderá se dar de forma imotivada pelo empregador. Isso não ocorre nos casos de detentores de estabilidade, aqui enquadrado o membro da CIPA, que só poderá ser dispensado por justa causa e por razões de motivo técnico, econômico ou financeiro, motivos que deverão ser comprovados pelo empregador, sob pena de ser condenado a reintegrar o empregado detentor de estabilidade.

Os empregados eleitos para cargo de direção da CIPA possuem garantia provisória de emprego, desde o registro da candidatura até um ano após o mandato (art. 10, II, a, do ADCT e NR5). O objetivo dessa estabilidade provisória é permitir que o empregado desempenhe seu mandato de forma tranquila e sem perseguições e ingerências do empregador.

O art. 10, II, *a*, do ADCT não estende o direito à estabilidade ao suplente do diretor eleito, mas o TST possui entendimento majoritário, ampliando essa garantia de emprego ao suplente do empregado eleito para representar a CIPA:

> **Súmula nº 339 do TST.**
>
> I – O suplente da CIPA goza da garantia de emprego prevista no art. 10, II, *a*, do ADCT a partir da promulgação da Constituição Federal de 1988.
>
> II – A estabilidade provisória do cipeiro não constitui vantagem pessoal, mas garantia para as atividades dos membros da CIPA, que somente tem razão de ser quando em atividade a empresa. Extinto o estabelecimento, não se verifica a despedida arbitrária, sendo impossível a reintegração e indevida a indenização do período estabilitário.

Aliás, sem essa garantia o suplente poderia sentir-se intimidado pelo empregador, comprometendo a sua atuação durante as substituições no cargo. A jurisprudência do STF também concedeu interpretação extensiva ao dispositivo para assegurar a eficácia protetiva do art. 10 do ADCT, conforme transcrito a seguir:

> **Súmula nº 676 do STF:** A garantia da estabilidade provisória, prevista no art. 10, II, *a*, do ADCT, também se aplica ao suplente do cargo de direção de comissões internas de prevenção de acidentes (CIPA).

Ademais, para a garantia do exercício de sua atividade, o membro da CIPA não poderá ser transferido para outro estabelecimento sem a sua anuência, salvo nos casos dos §§ 1º e 2º do art. 469 da CLT, quando a transferência será permitida:

> **Art. 469 da CLT** – Ao empregador é vedado transferir o empregado, sem a sua anuência, para localidade diversa da que resultar do contrato, não se considerando transferência a que não acarretar necessariamente a mudança do seu domicílio.
>
> § 1º. Não estão compreendidos na proibição deste artigo: os empregados que exerçam cargo de confiança e aqueles cujos contratos tenham como condição, implícita ou explícita, a transferência, quando esta decorra de real necessidade de serviço.
>
> § 2º. É licita a transferência quando ocorrer extinção do estabelecimento em que trabalhar o empregado.

A estabilidade do empregado representante da CIPA, assim como a do dirigente sindical e do membro da Comissão de Conciliação Prévia, é tida como estabilidade objetiva, ou seja, está ligada ao cargo e funções exercidos pelo trabalhador. A estabilidade subjetiva, por sua vez, está ligada à figura do empregado, como é o caso da gestante e do acidentado.

Diante disso, caso ocorra a extinção do estabelecimento, não persistirá a garantia de emprego. Consequentemente, o empregado não terá direito à reintegração nem à indenização pelo restante do período do mandato.

Cabe ressaltar que prevalece, na jurisprudência e na doutrina, na hipótese de dispensa do representante da CIPA, a ideia de que não há necessidade do prévio inquérito para apuração de falta grave. Esse procedimento, segundo entendemos, é utilizado apenas ao dirigente sindical.

Por fim, o tempo gasto pelos empregados durante as atividades da CIPA (reuniões, diligências, atividades de prevenção de acidentes etc.) será considerado tempo à disposição do empregador, devendo ser remunerado normalmente.

1.6. Da competência para apreciar e julgar questões ligadas ao ambiente de trabalho

O objetivo desse livro é abordar temas ligados ao direito material do trabalho. Portanto, para matérias relacionadas às competências material, funcional e hierárquica, sugiro que consultem um livro de processo do trabalho[1096]. De qualquer forma, como esse assunto de competência para julgar poderá ser cobrado nas questões de direito material, será citado, resumidamente, a seguir.

Os conflitos ligados ao ambiente de trabalho serão apreciados pela Justiça do Trabalho, conforme art. 114, I, da CF/88. Aliás, será também da competência dessa justiça especializada a apreciação de ações anulatórias de autos de infração que multaram o empregador por descumprimento de normas ligadas à saúde e medicina do trabalho. O TST[1097] decidiu que, mesmo inexistindo relação de emprego, se a controvérsia envolver questões de saúde, segurança e higiene do trabalho, mantém-se a competência da Justiça do Trabalho.

E, por fim, compete à Justiça do Trabalho processar e julgar causas envolvendo o ambiente de trabalho dos empregados públicos, como a falta de EPI ou CIPA nas mais diversas repartições públicas da união, estados-membros e dos municípios. Nesse sentido:

> **Súmula nº 736 do STF:** Compete à Justiça do Trabalho julgar as ações que tenham como causa de pedir o descumprimento de normas trabalhistas relativas à segurança, higiene e saúde dos trabalhadores.

2. DANO NAS RELAÇÕES DE TRABALHO E INDENIZAÇÕES

2.1. Introdução

Esse tópico tem sido exigido nos últimos concursos da área trabalhista. Aliás, essa matéria poderá ser exigida em direito do trabalho e em direito civil.

1096. No caso, indico o livro do meu amigo e brilhante processualista: MIESSA, Élisson. **Curso de Direito Processual do Trabalho.** 9. ed., rev., ampl. e atual. São Paulo: Editora Juspodivm, 2024.
1097. Informativo nº 141 do TST.

Importa destacar que, com a Reforma Trabalhista, houve a regulamentação do tema "dano extrapatrimonial", que sofreu importantes alterações. É imprescindível a prévia leitura e memorização dos arts. 223-A a 223-G da CLT antes de sua prova.

Ainda, o tema passou por novas modificações com o julgamento das ADIs 6050 (processo principal), 6069 e 6082 (apensos), que questionavam, justamente, a constitucionalidade do art. 223-G, §1º, I, II, III e IV da CLT, inserido pela Reforma Trabalhista.

Nos próximos tópicos, comentaremos os principais pontos sobre a reparação dos danos nas relações de trabalho.

Dano é o prejuízo causado à pessoa, ou seja, a lesão que pode ser de ordem material, moral ou estética.

2.2. Dano material ou patrimonial

O dano material atinge diretamente o patrimônio do ofendido, por exemplo, as lesões decorrentes de um acidente de trabalho em que o empregado perde um braço. Nesse caso, o dano gera gastos com tratamento médico, remédios e atingirá a capacidade de ganhos futuros com a limitação deixada pelo acidente.

A reparação deve abranger os **danos emergentes** ou prejuízos efetivos e imediatos, isto é, o montante que o empregado efetivamente perdeu. Exemplo: gastos com remédio, internação em hospital, psicólogo etc. E ainda, os **lucros cessantes** que refletem no futuro, ou seja, com a diminuição potencial do patrimônio do trabalhador. Exemplo: com a perda de um braço, terá menos chances de obter um outro emprego com a mesma remuneração do anterior.

Em ambos os casos, de danos emergentes ou de lucros cessantes, torna-se necessário fazer prova, por exemplo, por documentos e recibos, do que efetivamente perdeu e deixou de ganhar, para que o empregado possa ter direito à reparação.

De acordo com a legislação referente ao assunto:

> **Art. 402 do Código Civil.** Salvo as exceções expressamente previstas em lei, as perdas e danos devidos ao credor abrangem, além do que ele efetivamente perdeu, o que razoavelmente deixou de lucrar.
>
> **Art. 403 do Código Civil.** Ainda que a inexecução resulte de dolo do devedor, as perdas e danos só incluem os prejuízos efetivos e os lucros cessantes por efeito dela direto e imediato, sem prejuízo do disposto na lei processual.
>
> **Art. 944 do Código Civil.** A indenização mede-se pela extensão do dano.
>
> **Parágrafo único.** Se houver excessiva desproporção entre a gravidade da culpa e o dano, poderá o juiz reduzir, equitativamente, a indenização.

2.3. Dano moral ou extrapatrimonial (Reforma Trabalhista)

2.3.1. Regulamentação do dano extrapatrimonial

Dano extrapatrimonial ou dano imaterial é conceituado como toda lesão que atinge os bens imateriais da pessoa[1098], por exemplo, sua honra, seu nome e dignidade. Podem

---

1098. MEIRELES, Edilton. **Responsabilidade civil no acidente de trabalho:** questões processuais e materiais. Salvador: Juspodivm, 2016. P. 71.

ser sujeitos passivos do dano moral a pessoa física ou jurídica, cujos bens juridicamente tutelados são elencados de forma exemplificativa nos arts. 223-C e 223-D da CLT.

> **Art. 223-C da CLT** *(Inserido pela Reforma Trabalhista)*: A honra, a imagem, a intimidade, a liberdade de ação, a autoestima, a sexualidade, a saúde, o lazer e a integridade física são os bens juridicamente tutelados inerentes à pessoa física.
>
> **Art. 223-D da CLT** *(Inserido pela Reforma Trabalhista)*: A imagem, a marca, o nome, o segredo empresarial e o sigilo da correspondência são bens juridicamente tutelados inerentes à pessoa jurídica.

De acordo com Homero Batista Mateus da Silva[1099], o dano extrapatrimonial estaria limitado tão somente ao dano moral e, portanto, o dano estético estaria fora da regulamentação da Reforma Trabalhista. Esse, contudo, não é o posicionamento que adotamos. Filiamo-nos à corrente que considera o dano moral propriamente dito como uma das espécies do dano extrapatrimonial, que também abrange o dano estético e o existencial.

Nesse sentido, cometido o ato ilícito apto a ocasionar dano à dignidade da parte, e desde que comprovado o nexo causal, nasce o dever de indenizar, nos termos do art. 186 do Código Civil:

> **Art. 186 do CC:** Aquele que, por ação ou omissão voluntária, negligência ou imprudência, violar direito e causar dano a outrem, ainda que exclusivamente moral, comete ato ilícito.

Ressalta-se que o dano moral na relação de trabalho pode decorrer tanto de acidente de trabalho quanto de situações de violação aos direitos da personalidade do mesmo que não importem redução da capacidade de trabalho, como ofensas verbais, humilhações, redução à condição análoga à escravo, assédio moral, etc.

A indenização por dano extrapatrimonial se insere no âmbito da responsabilidade civil, encontrando previsão na Constituição Federal/1988 e no Código Civil/2002. Nesse sentido:

> **Art. 5º da CF/88:** Todos são iguais perante a lei, sem distinção de qualquer natureza, garantindo-se aos brasileiros e aos estrangeiros residentes no País a inviolabilidade do direito à vida, à liberdade, à igualdade, à segurança e à propriedade, nos termos seguintes:
>
> (...) V – é assegurado o direito de resposta, proporcional ao agravo, além da indenização por dano material, moral ou à imagem;
>
> (...) X – são invioláveis a intimidade, a vida privada, a honra e a imagem das pessoas, assegurado o direito a indenização pelo dano material ou moral decorrente de sua violação;

Assim, a disciplina sobre a matéria, no Brasil, encontra respaldo constitucional, sendo assegurada a indenização respectiva em caso de ofensa à vida privada, intimidade e honra, por exemplo. Em razão disso, norma infralegal, em especial quando seja prejudicial ao trabalhador, não pode contrariar o exposto na Constituição Federal.

A partir da Reforma Trabalhista, há previsão de que, aos casos de dano extrapatrimonial decorrente da relação de trabalho, será aplicado **apenas** o Título II-A da CLT:

1099. SILVA, Homero Batista Mateus da. *Comentários à Reforma Trabalhista*. São Paulo: Revista dos Tribunais, 2017. p. 59.

> **Art. 223-A, CLT** *(acrescentado pela Reforma Trabalhista).* Aplicam-se à reparação de danos de natureza extrapatrimonial decorrentes da relação de trabalho apenas os dispositivos deste Título.

Pela interpretação literal e gramatical do dispositivo, poderíamos concluir que a Constituição Federal, o Código Civil[1100], assim como a jurisprudência consolidada sobre o assunto, não seriam aplicados ao âmbito trabalhista.

Entendemos, contudo, que essa não é interpretação adequada, pois, diante da ausência de previsão legal em âmbito celetista, seria plenamente aplicável ao Direito do Trabalho as normas previstas em outras leis, especialmente no Código Civil. Na hipótese de lacunas na regulamentação do tema, não estando previstas no Título II-A da CLT o direito comum deve ser aplicado de forma subsidiária conforme preceitua a nova redação do § 1º do art. 8º da CLT, também acrescentada pela Reforma Trabalhista:

> **Art. 8º, § 1º, da CLT:** O direito comum será fonte subsidiária do direito do trabalho.

Apesar de o Direito do Trabalho conter agora regramento próprio, não pode ser visto de forma isolada do ordenamento jurídico como um todo, o que requer um constante diálogo com as demais áreas de conhecimento. Para aplicação de um dispositivo, é necessária a interpretação sistemática dessa norma com o ordenamento jurídico em que se encontra. Assim, tendo em vista a principiologia aplicada a esse ramo jurídico, temos que, em caso de eventual conflito de normas, deverá prevalecer aquela que seja mais favorável ao trabalhador (princípio da norma mais favorável), atentando-se, portanto, aos demais dispositivos em vigor no ordenamento brasileiro, sejam eles nacionais ou internacionais.

O Conselho Federal da OAB (ADI 6069/DF) e a Confederação Nacional dos Trabalhadores da Indústria – CNTI (ADI 6082/DF) ajuizaram Ações Diretas de Inconstitucionalidade, perante o Supremo Tribunal Federal, pedindo a declaração de inconstitucionalidade do referido art. 223-A acrescentado pela Reforma Trabalhista.

Segundo as ADIs, ao restringir a disciplina do dano moral na esfera trabalhista aos dispositivos celetistas previstos no Título II-A, a Reforma Trabalhista teria afastado a aplicação dos dispositivos previstos na legislação civil a respeito da matéria, o que implicaria tratamento desigual entre vítimas de danos morais, a depender da existência da relação de emprego. Por isso, a regulamentação diferenciada entre empregados e não empregados violaria o princípio da isonomia (art. 5º, *caput*, da CF), já que a Constituição Federal contempla a reparação do dano extrapatrimonial de forma ampla, sem restrições quanto às pessoas lesadas (art. 5º, V e X).

Por medida de economia e instrumentalidade processuais, essas duas ações diretas de inconstitucionalidade foram reunidas com a ADI 6050/DF, de autoria da Associação Nacional dos Magistrados da Justiça do Trabalho – ANAMATRA, e julgadas conjuntamente pelo Plenário do STF em Sessão Virtual de 16 a 23 de junho de 2023.

O STF julgou improcedentes as ações, nesse aspecto, considerando constitucional o art. 223-A da CLT. A decisão da Suprema Corte, no entanto, não legitimou o tratamento

1100. Note-se que antes da Reforma Trabalhista, o Código Civil era aplicado como fonte subsidiária, para as obrigações contratuais e extracontratuais. MEIRELES, Edilton. Responsabilidade civil no acidente de trabalho: questões processuais e materiais. Salvador: Juspodivm, 2016. P. 16.

diferenciado conferido pela literalidade do art. 223-A da CLT, tendo afastado a interpretação restritiva desse dispositivo, o que traz repercussões práticas ao julgado.

O Supremo Tribunal Federal entendeu que, ao apreciar o caso concreto envolvendo danos extrapatrimoniais nas relações de trabalho, o magistrado não está atrelado exclusivamente ao Título II-A da CLT, devendo realizar uma interpretação sistemática do ordenamento jurídico. A decisão da Suprema Corte consignou, exemplificativamente, serem aplicáveis às relações de trabalho os parâmetros estabelecidos no Título IX do Código Civil, sendo ainda facultado ao juiz suprir eventuais lacunas por meio da analogia, dos costumes e dos princípios gerais do direito, nos termos do Decreto-Lei 4.657/1942.

Diante do exposto, concluímos que a restrição da responsabilidade por dano extrapatrimonial apenas às normas contidas no título II-A da CLT não deve prevalecer quando a própria CLT não possuir norma regulamentando determinado tema sobre a indenização por danos extrapatrimoniais.

Em resumo, aquilo que foi regulamentado nos novos arts. 223-A a 223-G da CLT deve ser aplicado na hipótese de indenização por dano extrapatrimonial, quando não houver normas mais favoráveis ao trabalhador. Por outro lado, havendo lacunas ou incompletudes dessa regulamentação, é plenamente possível a utilização dos demais dispositivos presentes no ordenamento jurídico, especialmente no Código Civil, que permitem viabilizar a completude da interpretação do instituto e evitar prejuízos aos trabalhadores.

2.3.2. Requisitos para a configuração do dano extrapatrimonial

Segundo conceito dado por José Aguiar Dias, dano extrapatrimonial não se confunde com dano material, tendo em vista não acarretar em ofensa ao patrimônio do lesado. Nesse sentido:

> A distinção, ao contrário do que parece, não decorre da natureza do direito, bem ou interesse lesado, mas do **efeito da lesão**, do caráter da sua repercussão sobre o lesado[1101].

O dano extrapatrimonial é gênero, dos quais são espécies o dano moral, o estético e o existencial. Enquanto o dano estético é uma alteração corporal interna ou externa que causa desagrado ou repulsa à vítima, como também à pessoa que a observa[1102], o dano moral é de ordem psíquica, pertencente ao foro íntimo da pessoa[1103]. Por sua vez, o dano existencial é o prejuízo causado a uma atividade não remunerada da pessoa com a violação de um direito inviolável tutelado constitucionalmente[1104].

O dano extrapatrimonial decorre da tutela da dignidade da pessoa humana, nos termos do art. 1º, III da Constituição Federal/1988. Não se restringe unicamente à dor, vexame e tristeza, sendo caracterizado pela violação de direitos da personalidade como

1101. DIAS, José Aguiar. **Da Responsabilidade Civil**, vol. II, Forense, RJ, 1994, 9a ed., p. 729.

1102. MELO, Raimundo Simão. *Ações acidentárias na Justiça do Trabalho: Teoria e Prática*. São Paulo, LTr, 2011. p. 192.

1103. CAVALIERI FILHO, Sérgio. Programa de Responsabilidade Civil. São Paulo: Atlas, 2010. P. 106.

1104. FARIAS, Cristiano Chaves de; ROSENVALD, Nelson; BRAGA NETTO, Felipe Peixoto. *Curso de Direito Civil: Responsabilidade Civil* 4. ed. Salvador: Juspodivm, 2017. p. 308.

imagem, nome, entre outros. Por essa razão, Cavalieri Filho o denomina dano imaterial ou não patrimonial, como é feito no Direito Português[1105].

De acordo com o art. 223-B da CLT, o dano de natureza extrapatrimonial decorre de ação ou omissão que ofenda a esfera moral ou existencial da pessoa física ou jurídica:

> **Art. 223-B, CLT** *(acrescentado pela Reforma Trabalhista)*. Causa dano de natureza extrapatrimonial a ação ou omissão que ofenda a esfera moral ou existencial da pessoa física ou jurídica, as quais são as titulares exclusivas do direito à reparação.

2.3.2.1. *Dano imaterial*

Em concursos na área trabalhista, podem cair como exemplos de condutas que levam ao dano moral: 1. Trabalho degradante; 2. Ausência de pagamento de salário; 3. Assédio moral ou sexual; 4. Acidente do trabalho que acarrete lesão ou diminuição da capacidade laborativa; 5. Revista íntima ou revista pessoal em que não há respeito da intimidade do trabalhador etc.

Ao contrário da indenização por danos materiais, facilmente comprovados com documentos, a prova para comprovar o dano moral torna-se praticamente impossível, pois não se comprovam a tristeza, a raiva, a angústia, o sofrimento etc. Assim sendo, o que se comprova, para que possa haver a reparação, são os fatos que originaram o ato lesivo/ilícito, por exemplo: 1. A ausência de pagamento de salário que acarretou a inscrição do nome do trabalhador no Serasa e SPC; 2. O rigor excessivo do empregador na aplicação de penalidades e na exigência do cumprimento de metas inatingíveis; 3. A ocorrência de negligência do empregador em não fornecer equipamentos básicos de proteção; 4. A revista dos empregados sem qualquer razoabilidade e que submete empregados a meios vexatórios; 5. Imputação de que o empregado praticou ato de improbidade (desvio de dinheiro da empresa), mas o ato não foi comprovado[1106].

Já em caso de doenças ocupacionais, acidente de trabalho e doenças profissionais, o dano é considerado presumido, tendo em vista traduzirem, por si só, uma lesão ao patrimônio moral do indivíduo lesado[1107]. Note-se que a Justiça do Trabalho é competente para o julgamento das ações indenizatórias decorrentes de acidente de trabalho.

2.3.2.2. *Ação ou omissão e nexo causal*

Para que haja direito à indenização, deve haver relação entre a ação ou omissão do empregador ou empregado e o resultado danoso causado ao empregado ou empregador, respectivamente.

Há casos, entretanto, em que o nexo causal pode ser afastado, como a culpa exclusiva da vítima, fato de terceiro, caso fortuito e força maior. Ocorrendo uma das hipóteses de exclusão do nexo causal, não há o dever de indenizar pelo causador do dano.

Vale ressaltar que é possível que diversas causas concorram para a lesão no trabalhador, sendo algumas, inclusive, fora de qualquer conduta do empregador. É o que se denomina **multicausalidade ou concausalidade**. A existência de diversas causas que

1105. CAVALIERI FILHO, Sérgio. Programa de Responsabilidade Civil. São Paulo: Atlas, 2010. P. 84.

1106. Informativo nº 7 do TST.

1107. DELGADO, Mauricio Godinho. **Curso de Direito do Trabalho.** 14. ed. São Paulo: LTr, 2015. P. 672.

concorrem para o acontecimento da lesão não elimina a presença do nexo de causalidade desde que haja fator próprio do ambiente de trabalho que tenha concorrido para a ocorrência do dano.

De acordo com Cavalieri Filho, a concausa corresponde a outra causa que, juntamente com a causa principal, concorre para o resultado danoso. A concausa não é a responsável por iniciar ou interromper o processo causal, tendo a função de reforçar o processo[1108].

Assim, a concausa não elimina a responsabilidade do empregador, caso também tenha havido conduta do empregador para a ocorrência do dano. Ressalta-se, contudo, que a concausa pode exercer a função de **atenuar o valor da indenização**. Esse entendimento foi uniformizado na tese vinculante nº 76 do TST, segundo a qual o valor da pensão mensal, em casos de concausa, poderá ser reduzido em até 50% após a fixação da incapacidade laboral, salvo se o laudo pericial indicar expressamente o grau de contribuição do trabalho para o dano, hipótese em que o percentual apontado deverá ser observado no cálculo.

Desse modo, a concausa pode afetar diretamente o montante da reparação, sem excluir, no entanto, a responsabilidade do empregador quando o trabalho tiver concorrido para a ocorrência ou agravamento do dano.

2.3.2.3. *Culpa em sentido lato*

Em regra, exige-se a culpa em sentido lato, que pode decorrer de: **1) culpa em sentido estrito**, que se consubstancia na negligência, imprudência ou imperícia, ou de **2) conduta dolosa**, que causa dano a outrem. Nos casos de acidente do trabalho, essa culpa pode ser, inclusive, presumida, tendo em vista o poder de direção do empregador, já que este atua diretamente sobre a forma de prestação de serviços, estando responsável pela ordem do ambiente de trabalho[1109].

Há casos em que o empregador é obrigado a indenizar pelo dano moral causado independentemente de culpa, configurando hipótese de responsabilidade objetiva. Trata-se do caso elencado no parágrafo único do art. 927 do CC, o qual é plenamente aplicável às relações de âmbito trabalhista, não podendo ser afastada sua aplicação em razão das modificações trazidas pela Reforma Trabalhista.

Tendo em vista que a Reforma Trabalhista não abordou a responsabilidade civil objetiva, aplica-se subsidiariamente a regulamentação prevista no Código Civil diante da previsão contida no art. 8º, § 1º, da CLT, cuja redação também foi dada pela Lei nº 13.467/2017:

> **Art. 8º, § 1º, da CLT:** O direito comum será fonte subsidiária do direito do trabalho.

Nesse sentido, aliás, a tese fixada pelo STF na apreciação do Tema 932 da repercussão geral:

> O artigo 927, parágrafo único, do Código Civil é compatível com o artigo 7º, XXVIII, da Constituição Federal, sendo constitucional a responsabilização objetiva do empregador por danos decorrentes de acidentes de trabalho, nos casos

1108. CAVALIERI FILHO, Sérgio. *Programa de responsabilidade civil.* 11. ed. São Paulo: Atlas, 2014. p. 62.
1109. DELGADO, Mauricio Godinho. **Curso de Direito do Trabalho.** 14. ed. São Paulo: LTr, 2015. P. 673.

> especificados em lei, ou quando a atividade normalmente desenvolvida, por sua natureza, apresentar exposição habitual a risco especial, com potencialidade lesiva e implicar ao trabalhador ônus maior do que aos demais membros da coletividade.

Mesmo no caso do parágrafo único do art. 927 do Código Civil, entretanto, não se afasta a necessidade de configuração de dano e do nexo causal, assim como a possibilidade de se comprovar a culpa **exclusiva** do empregado e a ocorrência de caso fortuito e força maior. Nestes dois últimos casos, caso se comprove a culpa do empregador – que, por exemplo, não fazia as manutenções necessárias em uma máquina que trava, em razão da falta de energia, lesionando o empregado – não haverá que se falar em ausência de indenização, tendo em vista sua conduta negligente, imprudente ou imperita.

2.3.3. Titularidade do direito à reparação do dano

Quanto à titularidade para a propositura da ação de reparação de dano, o art. 223-B da CLT descreve que é exclusiva daquele que sofreu o dano, o que não merece prosperar:

> **Art. 223-B, CLT** (*acrescentado pela Reforma Trabalhista*). Causa dano de natureza extrapatrimonial a ação ou omissão que ofenda a esfera moral ou existencial da pessoa física ou jurídica, **as quais são as titulares exclusivas do direito à reparação.**

A previsão de exclusividade da vítima na titularidade do direito à reparação do dano impediria que seus **herdeiros** pudessem postular a indenização na hipótese de morte da vítima.

Em regra, a indenização por dano moral realmente só pode ser postulada pela própria vítima, porque os direitos da personalidade são personalíssimos e, portanto, intransmissíveis. Contudo, esta regra comporta exceção no caso de falecimento da vítima. Nesta hipótese, a pretensão reparatória transmite-se aos sucessores, conforme prevê o art. 943 do Código Civil:

> **Art. 943 do Código Civil.** O direito de exigir reparação e a obrigação de prestá-la transmitem-se com a herança.

Imaginemos uma situação em que o empregado, vítima de acidente de trabalho, venha a falecer. Seus herdeiros, nesse caso, teriam direito ao recebimento da indenização respectiva, não havendo que se falar em titularidade exclusiva nesse caso, sob pena de enriquecimento ilícito do empregador. Esse é o entendimento do Tribunal Superior do Trabalho[1110].

Nos termos acima expostos, podemos verificar que, em caso de morte, cabe ao sucessor a titularidade ou continuidade da ação, conforme estabelece o art. 110 do CPC[1111]. Não é outro o entendimento de Cavalieri Filho[1112], que entende que no caso de morte da vítima, o direito à indenização deve ser buscado pelos agentes elencados no rol sucessório do Código Civil, aplicando-se por analogia, o art. 948, II do CC.

1110. RR 5851920105090069. Julgamento em 5 de agosto de 2015.

1111. **Art. 110 do CPC:** Ocorrendo a morte de qualquer das partes, dar-se-á a sucessão pelo seu espólio ou pelos seus sucessores, observado o disposto no art. 313, §§ 1º e 2º.

1112. CAVALIERI FILHO, Sérgio. **Programa de Responsabilidade Civil.** São Paulo: Atlas, 2010. p. 91.

> **Art. 948 do CC:** No caso de homicídio, a indenização consiste, sem excluir outras reparações:
>
> (...) II – na prestação de alimentos às pessoas a quem o morto os devia, levando-se em conta a duração provável da vida da vítima.

Reforça o entendimento acima exposto, o elencado no art. 12, parágrafo único e art. 20, parágrafo único do Código Civil:

> **Art. 12 do CC:** Pode-se exigir que cesse a ameaça, ou a lesão, a direito da personalidade, e reclamar perdas e danos, sem prejuízo de outras sanções previstas em lei.
>
> Parágrafo único: Em se tratando de morto, terá legitimação para requerer a medida prevista neste artigo o cônjuge sobrevivente, ou qualquer parente em linha reta, ou colateral até o quarto grau.
>
> **Art. 20 do CC:** Salvo se autorizadas, ou se necessárias à administração da justiça ou à manutenção da ordem pública, a divulgação de escritos, a transmissão da palavra, ou a publicação, a exposição ou a utilização da imagem de uma pessoa poderão ser proibidas, a seu requerimento e sem prejuízo da indenização que couber, se lhe atingirem a honra, a boa fama ou a respeitabilidade, ou se se destinarem a fins comerciais.
>
> Parágrafo único: em se tratando de morto ou de ausente, são partes legítimas para requerer essa proteção o cônjuge, os ascendentes ou os descendentes.

Configurado o dano, nasce o dever de indenizar, que é transmitido no caso da morte de seu titular. Note-se que mesmo nesse caso, a competência para julgamento é da Justiça do Trabalho, conforme decidido no Conflito Negativo de Competência nº 7545, proferido pelo STF.

Além disso, de acordo com o posicionamento de Vólia Bomfim[1113], com o qual concordamos, a Reforma Trabalhista não alterou a possibilidade de se exigir a reparação na Justiça do Trabalho do **dano moral reflexo ou em ricochete**. O dano em ricochete ocorre quando a lesão é dirigida a uma pessoa, mas os efeitos da ofensa são recebidos por outra. É o que ocorre com o falecimento da pessoa em razão de uma lesão sofrida.

Apesar de a morte extinguir a personalidade daquele que faleceu, há um conjunto de bens da personalidade que transcendem a pessoa do falecido e que se vincula à subjetividade de seus herdeiros. É o caso da honra, do nome, da identidade do morto. Nesse caso, os herdeiros, lesados indiretos pelo falecimento, podem exigir, na defesa de um direito próprio, a reparação do dano sofrido[1114].

No julgamento conjunto das ADIs 6050/DF, 6069/DF e 6082/DF pelo Plenário do STF em Sessão Virtual de 16 a 23 de junho de 2023, a Corte entendeu que o dispositivo veicula, em sua literalidade, uma restrição incompatível com a Constituição ao estipular que o ofendido, pessoa física ou jurídica, é o titular exclusivo do direito à reparação do dano moral. Tal limitação geraria uma situação de irreparabilidade do dano moral sofrido por outras pessoas ligadas à vítima, atingidas pelo dano a ela ocasionado. Esses danos,

1113. CASSAR, Vólia Bomfim. *Comentários à Reforma Trabalhista*. São Paulo: Método, 2017. p. 40.

1114. FARIAS, Cristiano Chaves de; ROSENVALD, Nelson; BRAGA NETTO, Felipe Peixoto. *Responsabilidade* civil. 4. ed. Salvador: Juspodivm, 2017. p. 334.

sofridos por terceiros ligados àquele que sofreu diretamente os prejuízos, são conhecidos na doutrina como dano indireto, reflexo ou em ricochete.

Em conclusão, a Corte conferiu interpretação conforme à Constituição ao art. 223-B da CLT para afastar "*qualquer interpretação que impeça o exercício de pretensão, em juízo, de reparação de dano extrapatrimonial na Justiça do Trabalho pela hipótese do dano em ricochete ou dano reflexo*". Portanto, de acordo com a interpretação conferida pelo STF ao referido dispositivo legal, terceiros atingidos pela violação extrapatrimonial causada ao empregado também podem buscar a reparação por danos morais, valendo-se, inclusive, da disciplina constante da legislação civil.

Assim, na hipótese de falecimento do trabalhador por acidente de trabalho, os herdeiros tem direito de exigir, em nome próprio, a reparação do dano moral reflexo ou em ricochete, em razão da violação de bens tutelados do falecido que transcendem seu falecimento, como o respeito ao nome, à sua honra, identidade, etc.

Persiste o posicionamento do TST[1115] que já admitia a indenização por dano moral em ricochete. Nesse caso, os autores não agem como sucessores da vítima a necessitarem de espólio para demandarem em juízo, mas simplesmente como pessoas que foram diretamente atingidas pela morte da vítima, porque viviam sob sua dependência econômica, ou porque estão vinculados a ela afetivamente[1116].

Por fim, é importante destacar que o prazo prescricional da ação de indenização por dano moral ajuizada pelos sucessores em nome próprio sujeita-se à prescrição do Código Civil, pois se trata de direito personalíssimo e autônomo dos sucessores que apresenta natureza cível. Dessa forma, nos termos do art. 206, § 3º, do Código Civil, referida pretensão prescreve em 3 anos[1117].

Esse entendimento foi reafirmado pelo Tribunal Superior do Trabalho ao firmar, em 2025, a tese vinculante nº 126, segundo a qual se aplica o prazo prescricional trienal previsto no art. 206, § 3º, do Código Civil à ação de indenização por dano moral reflexo (também denominado dano em ricochete), proposta por sucessores em nome próprio.

Assim, quando o falecimento do trabalhador decorre de acidente de trabalho ou doença ocupacional, os familiares afetados podem postular, em nome próprio, reparação pelo abalo sofrido, observando-se, para tanto, o prazo civil de três anos contados da data do falecimento da vítima.

2.3.4. Bens jurídicos tutelados

A Reforma Trabalhista acrescentou ainda os arts. 223-C e 223-D da CLT para apresentar rol de bens jurídicos tutelados, respectivamente, das pessoas físicas e jurídicas:

> **Art. 223-C da CLT** *(Inserido pela Reforma Trabalhista)*: A honra, a imagem, a intimidade, a liberdade de ação, a autoestima, a sexualidade, a saúde, o lazer e a integridade física são os bens juridicamente tutelados inerentes à pessoa física.

1115. Processo nº RR 7600832010521001 1, 5ª turma, Relator Guilherme Augusto Caputo Bastos, data de publicação: 02/10/2015.

1116. Processo nº RR 7600832010521001 1, 5ª turma, Relator Guilherme Augusto Caputo Bastos, data de publicação: 02/10/2015.

1117. Informativo nº 180 do TST.

> **Art. 223-D da CLT** *(Inserido pela Reforma Trabalhista)*: A imagem, a marca, o nome, o segredo empresarial e o sigilo da correspondência são bens juridicamente tutelados inerentes à pessoa jurídica.

Abordaremos os principais impactos da definição desses bens jurídicos de forma separada para as pessoas físicas e jurídicas:

2.3.4.1. Bens juridicamente tutelados da pessoa física

De acordo com o art. 223-C da CLT, são bens jurídicos tutelados da pessoa física:

- Honra
- Imagem
- Intimidade
- Liberdade de ação
- Autoestima
- Sexualidade
- Saúde
- Lazer
- Integridade física

O dispositivo não trouxe, todavia, a proteção da vida contra o evento morte, cuja ocorrência pode gerar o direito à indenização por danos morais, inclusive em valores mais altos. Dessa forma, surge o questionamento se o rol apresentado seria exaustivo ou meramente exemplificativo, podendo abranger outras violações aos direitos da personalidade.

No entanto, entendemos que os bens apontados no artigo se tratam de rol meramente exemplificativo, da mesma forma como ocorre com o art. 5º, X da Constituição Federal de 1988, já que o dano moral nada mais é do que uma ofensa à dignidade humana e aos direitos da personalidade:

> **Art. 5º da CF/88:** Todos são iguais perante a lei, sem distinção de qualquer natureza, garantindo-se aos brasileiros e aos estrangeiros residentes no País a inviolabilidade do direito à vida, à liberdade, à igualdade, à segurança e à propriedade, nos termos seguintes:
>
> (...) X – são invioláveis a intimidade, a vida privada, a honra e a imagem das pessoas, assegurado o direito a indenização pelo dano material ou moral decorrente de sua violação;

Para tanto, para que se configure o dano moral, é necessária a efetiva violação a direito da personalidade, sendo que o mero aborrecimento não é apto para configurá-lo[1118].

Nota-se, por fim, que o art. 223-C da CLT pode ser aplicado, também, no caso de ofensa ao empregador pessoa física. Em resumo, entendemos que a violação de qualquer direito da personalidade de pessoa física, inclusive aqueles não citados no artigo, assegura a configuração de dano extrapatrimonial.

1118. STJ – REsp 1.296.944-RJ, Rel. Min. Luis Felipe Salomão, julgado em 7/5/2013.

2.3.4.2. Bens juridicamente tutelados da pessoa jurídica

Inicialmente, destaca-se que art. 223-D da CLT não tem utilidade. Primeiro, porque demonstra que a Lei nº 13.467/2017 – Reforma Trabalhista foi criada para beneficiar a atividade produtiva. Segundo, porque esse tema já está totalmente pacificado na jurisprudência e na doutrina.

Havia discussão doutrinária no que toca à possibilidade de reparação dos danos morais sofridos pela pessoa jurídica, o que, segundo Cavalieri Filho, não pode prosperar, haja vista sua existência jurídica e ser dotada de autonomia[1119]. De acordo com a jurisprudência sumulada do Superior Tribunal de Justiça, a pessoa jurídica pode sofrer dano moral:

> **Súmula nº 227 do STJ:** A pessoa jurídica pode sofrer dano moral.

Nesse sentido, atualmente, não há dúvidas de que, em caso de lesão à moral da empresa, deve haver a respectiva indenização.

Entretanto, ao contrário do que ocorre com a pessoa física, a pessoa jurídica não é dotada de honra subjetiva, que se caracteriza pela dignidade e decoro, mas apenas de honra objetiva, representada pela reputação, bom nome e imagem[1120]. Assim, caso haja a prática de alguma conduta ofensiva à honra objetiva da pessoa jurídica, será cabível indenização correspondente. Nesse sentido:

> Induvidoso, portanto, que a pessoa jurídica, embora não seja passível de sofrer dano moral em sentido estrito – ofensa à dignidade, por ser esta exclusiva da pessoa humana –, pode sofrer dano moral em sentido amplo – violação de algum direito da personalidade –, porque é titular de honra objetiva, fazendo jus a indenização sempre que seu bom nome, credibilidade ou imagem forem atingidos por algum ato ilícito. Modernamente fala-se em honra profissional como uma variante da honra objetiva, entendida como valor social da pessoa perante o meio onde exerce sua atividade[1121].

Entendemos que, mesmo antes da Reforma Trabalhista, as empresas poderiam sofrer dano moral relacionado às relações de trabalho, caso violado um direito da personalidade inerente às pessoas jurídicas.

Ressalta-se que o legislador da Reforma não inseriu os entes despersonalizados na proteção contra o dano extrapatrimonial. São exemplos de entes despersonalizados os condomínios edilícios, que podem contratar empregados. Surgirá, portanto, o questionamento se esses entes também estariam tutelados contra os danos extrapatrimoniais e qual seria a legislação aplicada, por exemplo, caso houvesse a violação a sua imagem.

O art. 223-D da CLT elenca os bens juridicamente tutelados, que são inerentes à pessoa jurídica. No mesmo sentido do comentário art. 223-C da CLT, entendemos que os bens elencados no artigo se tratam de rol exemplificativo, da mesma forma que ocorre com o art. 5º, X da Constituição Federal de 1988.

1119. CAVALIERI FILHO, Sérgio. **Programa de Responsabilidade Civil.** São Paulo: Atlas, 2010. p. 101.

1120. CAVALIERI FILHO, Sérgio. **Programa de Responsabilidade Civil.** São Paulo: Atlas, 2010. p. 102.

1121. CAVALIERI FILHO, Sérgio. **Programa de Responsabilidade Civil.** São Paulo: Atlas, 2010. p. 102.

Tem-se como exemplo de dano moral causado ao empregador pessoa jurídica a violação ao art. 195, XI e XII da Lei nº 9.279/1996 e art. 5º, XII, CF/88, que regulamenta os direitos relativos à propriedade industrial:

> **Art. 5º, CF/88:** Todos são iguais perante a lei, sem distinção de qualquer natureza, garantindo-se aos brasileiros e aos estrangeiros residentes no País a inviolabilidade do direito à vida, à liberdade, à igualdade, à segurança e à propriedade, nos termos seguintes:
>
> (...) XII – é inviolável o sigilo da correspondência e das comunicações telegráficas, de dados e das comunicações telefônicas, salvo, no último caso, por ordem judicial, nas hipóteses e na forma que a lei estabelecer para fins de investigação criminal ou instrução processual penal;
>
> **Art. 195, Lei nº 9.279/1996.** Comete crime de concorrência desleal quem:
>
> (...) XI – divulga, explora ou utiliza-se, sem autorização, de conhecimentos, informações ou dados confidenciais, utilizáveis na indústria, comércio ou prestação de serviços, excluídos aqueles que sejam de conhecimento público ou que sejam evidentes para um técnico no assunto, a que teve acesso mediante relação contratual ou empregatícia, mesmo após o término do contrato;
>
> XII – divulga, explora ou utiliza-se, sem autorização, de conhecimentos ou informações a que se refere o inciso anterior, obtidos por meios ilícitos ou a que teve acesso mediante fraude; ou

Dessa forma, o empregado está impedido de divulgar informações de natureza sigilosa que tenha obtido em decorrência de sua relação empregatícia, mesmo após o término do contrato de trabalho. Se for violada essa obrigação, surge a possibilidade de responsabilização do empregado por dano moral à empresa.

Por fim, a prescrição aplicada na hipótese de indenização por danos extrapatrimoniais é a mesma das demais verbas trabalhistas, com o ajuizamento da ação no prazo de 2 anos após a extinção do contrato, podendo exigir os últimos 5 anos.

2.3.5. *Responsabilidade na proporção da ação ou da omissão*

A Reforma Trabalhista acrescentou o art. 223-E à CLT para prever que todos aqueles que tenham colaborado para a ofensa ao bem jurídico tutelado devem responder na proporção de ação ou da omissão causada:

> **Art. 223-E, CLT** *(acrescentado pela Reforma Trabalhista).* São responsáveis pelo dano extrapatrimonial todos os que tenham colaborado para a ofensa ao bem jurídico tutelado, na proporção da ação ou da omissão.

Note-se, portanto, que caso tenha havido mais de um agente causador do dano, será possível a responsabilização de todos os envolvidos na proporção da ação ou da omissão causada. O artigo sugere a possibilidade de se estabelecer valores diversos para cada agente causador do dano moral de acordo com a proporção da ação ou omissão empreendida.

A presença de grupo econômico é um exemplo que permite a responsabilização de mais de um agente pela prática do dano, cuja responsabilidade será aferida de acordo com a proporção da ação ou da omissão de cada uma das empresas integrantes. O mesmo raciocínio pode ser utilizado para um grupo de empregados que viola a imagem da empresa, devendo ser aferida a proporção da ação ou omissão de cada um.

O dispositivo refere-se também à teoria da responsabilidade civil subjetiva, tendo em vista explicitar que a responsabilidade será estabelecida na proporção da ação ou omissão do agente que praticou o ato ilícito. Esta ação ou omissão diz respeito a um dos requisitos para a configuração da responsabilidade subjetiva, além do nexo causal e do dano.

Nesse sentido, havendo a conduta culposa do agente – ação ou omissão –, nexo causal e o dano e não estando presentes causas de exclusão de ilicitude, quais sejam, a prática de ato ilícito decorrente do exercício regular de direito, legítima defesa ou estado de necessidade[1122] (art. 188 do CC), nasce o correspondente dever de indenizar.

Há hipóteses, todavia, em que se configura a responsabilidade objetiva, como ocorre com o acidente de trabalho decorrente de atividade de risco, sendo prescindível a presença do requisito culpa, caso este que foi excluído de dimensionamento no âmbito da Reforma Trabalhista, em certo prejuízo aos trabalhadores.

2.3.6. Cumulação de danos materiais e danos extrapatrimoniais

A evolução do instituto do dano moral passou pela fase de sua irreparabilidade, pela impossibilidade de cumulação de danos morais e materiais e, por fim, pela cumulação destes[1123].

Atualmente, a jurisprudência consolidada do STJ permite expressamente a possibilidade de cumulação das indenizações por dano material e moral, desde que oriundos do mesmo fato:

> **Súmula 37 do STJ** – São cumuláveis as indenizações por dano material e dano moral oriundos do mesmo fato.

No mesmo sentido, o art. 223-F da CLT estabelece a possibilidade de cumulação de pedidos atinentes ao dano extrapatrimonial e material sofrido, por meio da propositura de uma única ação, o que é reforçado, inclusive, pelos princípios da celeridade e efetividade processual:

> **Art. 223-F, CLT** *(acrescentado pela Reforma Trabalhista)*. A reparação por danos extrapatrimoniais pode ser pedida cumulativamente com a indenização por danos materiais decorrentes do mesmo ato lesivo.
>
> § 1º Se houver cumulação de pedidos, o juízo, ao proferir a decisão, discriminará os valores das indenizações a título de danos patrimoniais e das reparações por danos de natureza extrapatrimonial.
>
> § 2º A composição das perdas e danos, assim compreendidos os lucros cessantes e os danos emergentes, não interfere na avaliação dos danos extrapatrimoniais.

A Reforma Trabalhista estabeleceu também que, ao proferir a decisão condenando uma das partes ao pagamento de danos morais e materiais, o juiz deve discriminar os seus valores separadamente, já que visam objetivos distintos. Enquanto a indenização por dano material visa a recomposição do patrimônio da vítima, a indenização por dano

1122. CAVALIERI FILHO, Sérgio. **Programa de Responsabilidade Civil.** São Paulo: Atlas, 2010. p. 19.
1123. CAVALIERI FILHO, Sérgio. **Programa de Responsabilidade Civil.** São Paulo: Atlas, 2010. p. 85-86.

extrapatrimonial concerne a uma compensação pelo sofrimento causado, assim como a punição do ofensor[1124].

Por exemplo, ao condenar o empregador ao pagamento de indenização por danos morais e materiais decorrentes de acidente de trabalho, o juiz deve estabelecer em sua sentença, o valor exato a que se refere ao dano material e ao dano moral, pois se referem a institutos diversos.

Além disso, de acordo com o art. 292, V do CPC, que tem aplicação subsidiária ao Processo do Trabalho[1125], o valor pretendido na ação indenizatória, inclusive a fundada em dano moral deve constar na petição inicial:

> **Art. 292 do CPC:** O valor da causa constará da petição inicial ou da reconvenção e será:
>
> V – na ação indenizatória, inclusive a fundada em dano moral, o valor pretendido;

Portanto, a petição inicial do reclamante já deve conter o valor pretendido a título de danos morais. Caso não haja a indicação exata pelas partes, o juiz deve determinar a emenda da petição. Se não cumprido, haverá inépcia da inicial.

2.3.6.1. Perdas e danos

O dano material atinge diretamente o patrimônio do ofendido, por exemplo, as lesões decorrentes de um acidente de trabalho em que o empregado perde um braço. Nesse caso, o dano gera gastos com tratamento médico, remédios e atingirá a capacidade de ganhos futuros com a limitação deixada pelo acidente. A reparação deve abranger:

> **a) Dano emergente:** O dano emergente é o dano direito e imediato no patrimônio da vítima. Sua mensuração se dá pelo desfalque sofrido pela vítima, ou seja, pela diferença de patrimônio que tinha antes e depois da prática do ato ilícito[1126].
>
> **b) Lucro cessante:** O Lucro cessante, por sua vez, é dano futuro e mediato, ou seja, é o que a vítima deixou de ganhar com a prática do ilícito. Consiste, nos ensinamentos de Cavalieri Filho, "na perda do ganho esperável, na frustração da expectativa de lucro, na diminuição do potencial do patrimônio da vítima"[1127].

Em ambos os casos, de danos emergentes ou de lucros cessantes, torna-se necessário fazer prova, por exemplo, por documentos e recibos, do que efetivamente perdeu e deixou de ganhar, para que o empregado possa ter direito à reparação.

De acordo com a legislação referente ao assunto:

> **Art. 402 do Código Civil.** Salvo as exceções expressamente previstas em lei, as perdas e danos devidos ao credor abrangem, além do que ele efetivamente perdeu, o que razoavelmente deixou de lucrar.

1124. CAVALIERI FILHO, Sérgio. **Programa de Responsabilidade Civil.** São Paulo: Atlas, 2010. p. 85-98-99.

1125. **Art. 3º, da Instrução Normativa nº 39/2016:** Sem prejuízo de outros, aplicam-se ao Processo do Trabalho, em face de omissão e compatibilidade, os preceitos do Código de Processo Civil que regulam os seguintes temas: (...) IV – art. 292, V (valor pretendido na ação indenizatória, inclusive a fundada em dano moral).

1126. CAVALIERI FILHO, Sérgio. **Programa de Responsabilidade Civil.** São Paulo: Atlas, 2010. p. 74.

1127. CAVALIERI FILHO, Sérgio. **Programa de Responsabilidade Civil.** São Paulo: Atlas, 2010. p. 74-75.

> **Art. 403 do Código Civil.** Ainda que a inexecução resulte de dolo do devedor, as perdas e danos só incluem os prejuízos efetivos e os lucros cessantes por efeito dela direto e imediato, sem prejuízo do disposto na lei processual.
> **Art. 944 do Código Civil.** A indenização mede-se pela extensão do dano.
> **Parágrafo único.** Se houver excessiva desproporção entre a gravidade da culpa e o dano, poderá o juiz reduzir, equitativamente, a indenização.

Assim, a fixação dos valores correspondentes ao dano emergente e lucros cessantes não se vincula à fixação dos valores arbitrados a título de dano moral, devendo o juiz discriminar a quantia referente a cada um deles, nos termos do § 1º do artigo em comento.

2.3.7. Arbitramento do dano moral

O "caput" do art. 223-G da CLT estabelece um rol que deveria ser levado em conta pelo juiz para o arbitramento do valor (*quantum debeatur*) devido a título de danos extrapatrimoniais. Assim, ao julgar pedido de indenização por danos extrapatrimoniais, o juiz deveria se pautar:

- a natureza do bem jurídico tutelado;
- a intensidade do sofrimento ou da humilhação;
- a possibilidade de superação física ou psicológica;
- os reflexos pessoais e sociais da ação ou da omissão;
- a extensão e a duração dos efeitos da ofensa;
- as condições em que ocorreu a ofensa ou o prejuízo moral;
- o grau de dolo ou culpa;
- **a ocorrência de retratação espontânea;**
- **o esforço efetivo para minimizar a ofensa;**
- **o perdão, tácito ou expresso;**
- a situação social e econômica das partes envolvidas;
- o grau de publicidade da ofensa.

Nesse sentido, podemos citar três casos que consideramos polêmicos e difíceis de serem levados em consideração, quais sejam, a ocorrência de retratação espontânea, o esforço para minimizar a ofensa e o perdão tácito ou expresso.

Tomemos como exemplo o perdão tácito. Suponhamos que, no curso do contrato de trabalho, o empregado, com frequência, sofria com humilhações impingidas pelo seu superior hierárquico, porém, precisando do trabalhado para sua sobrevivência, não tomou atitude imediata, para coibir o dano moral a ele acometido. Seria plausível, nesse caso, falar-se em perdão tácito? Entendemos que não.

A fixação de dano moral sempre foi considerada uma dificuldade pelo Judiciário, pois não havia um padrão estabelecido. Assim, pelo mesmo evento danoso havia estipulação de valores muito diferentes. Com o intuito de estabelecer parâmetros para a fixação de dano moral, o STJ passou a adotar o sistema de dupla fase.

Na primeira fase, arbitra-se o valor básico ou inicial da indenização, considerando-se a natureza do bem jurídico lesado, em conformidade com os precedentes jurisprudenciais acerca da matéria. Na segunda fase, é fixado o valor definitivo da indenização, ajustando o valor às peculiaridades do caso em concreto (gravidade da conduta, culpa concorrente da vítima, etc.).

Exemplo: indenização por dano moral por causa de morte do filho: o STJ fixou o valor de 500 salários mínimos como parâmetro nos precedentes jurisprudenciais. O juiz deve partir desse valor e, de acordo com as condições específicas do caso, fixar o valor do dano.

Tendo em vista a análise casuística, existe o posicionamento que defende a criação de critérios objetivos para a fixação do valor da indenização como forma de assegurar maior previsibilidade na indenização devida. É o denominado sistema de tarifação do dano moral.

Nesse sentido, de acordo com o § 1º do art. 223-G da CLT, foi elaborado um sistema de tarifação do dano extrapatrimonial decorrente das relações de trabalho, com a imposição de limites aos valores de indenização de acordo com a gravidade da ofensa sofrida:

SISTEMA DE TARIFAÇÃO DO DANO EXTRAPATRIMONIAL	
Gravidade da ofensa	**Limitação da indenização**
Natureza leve	Até 3x o último salário contratual
Natureza média	Até 5x o último salário contratual
Natureza grave	Até 20x o último salário contratual
Natureza gravíssima	Até 50x o último salário contratual

Portanto, nos termos da Legislação, ao julgar procedente o pedido de indenização por danos extrapatrimoniais, o juiz deveria avaliar a gravidade da ofensa e fixar a indenização até o limite previsto nos incisos do § 1º do art. 223-G, sendo vedada sua cumulação.

Acerca do sistema de tarifação do dano moral no Brasil, o Código Brasileiro de Telecomunicações de 1962 e a Lei de Imprensa de 1967 fixavam um valor de danos morais a ser arbitrado pelo juiz. Com o advento da Constituição Federal de 1988, entretanto, passou-se a adotar o entendimento no sentido de que o valor da indenização não é sujeito ao estabelecido em lei especial, sendo rejeitado o sistema de indenização tarifada pelo atual ordenamento vigente[1128]. Adotou-se o princípio de que a indenização decorrente de dano moral ou imaterial seria "ampla, integral e na exata proporção da ofensa[1129]".

Nos termos decididos pelo STF, no RE nº 396.386-4, e pelo STJ, na Súmula nº 281, a indenização por dano moral não está sujeito a tarifação, já que a Constituição Federal de 1988 assegura a reparação integral do dano:

> **Súmula nº 281 do STJ:** A indenização por dano moral não está sujeita à tarifação prevista na Lei de Imprensa.

Portanto, o próprio STJ já reconhecia que a indenização por dano moral não estaria sujeito à tarifação prevista na Lei de Imprensa. Ressalta-se que a Lei nº 5.250/1967 – Lei

1128. DELGADO, Mauricio Godinho. **Curso de Direito do Trabalho.** 14. ed. São Paulo: LTr, 2015. P. 667.

1129. COSTA, Joao Marcelo Sant Anna da; ALMEIDA, José Gabriel Lopes Pires Assis de. A jurisprudência dos tribunais superiores brasileiros sobre o sistema de Varsóvia e a Convenção de Montreal. In: CONPEDI, 24., 2015, Aracaju. **Artigo.** Florianópolis, 2015. p. 149 – 180. Disponível em: <http://www.conpedi.org.br/publicacoes/c178h0tg/p2qwwuu8/n0Zm4Bmqn2xxcwpu.pdf>. Acesso em: 22 jun. 2017. P. 154.

de Imprensa não foi recepcionada pela Constituição Federal conforme julgamento da ADPF nº 130/DF.

De acordo com nosso entendimento, que é reforçado pelo posicionamento adotado pelo Ministério Público do Trabalho, o sistema de tarifação do dano moral nas relações de trabalho é inconstitucional, pois impõe limite injustificado ao valor a ser indenizado àquele que sofreu o dano, o que pode impedir a sua reparação integral. Forte corrente doutrinária, nesse sentido, já defendia a inconstitucionalidade do sistema de tarifação do dano moral. Pelo menos, dois são os motivos:

a) O legislador conferiu tratamento jurídico diferenciado ao dano oriundo de acidente de trabalho que atinja empregado e consumidor. No caso do empregado, há sujeição à tarifação do dano moral prevista no art. 223-G, § 1º, da CLT. Por sua vez, o consumidor terá sua indenização calculada a critério do julgador nos parâmetros da razoabilidade e proporcionalidade, visando a reparação integral do dano; e

b) Além disso, ao vincular a indenização por danos morais ao salário recebido pela vítima, pode se gerar injustiças graves. Exemplo: em um mesmo acidente de trabalho falecem um pedreiro, cujo salário é de R$ 1.000,00 e um engenheiro, com salário de R$ 5.000,00. O dano moral para o pedreiro seria limitado a R$ 50.000,00, caso considerada ofensa de natureza gravíssima, enquanto que, para o engenheiro seria de R$ 250.000,00 nas mesmas condições.

Nesse sentido, o juiz deve balizar sua decisão em critérios razoáveis para fixar a quantia devida a título de danos morais, sempre pautado pelo "princípio de que o dano não pode ser fonte de lucro". Segundo Cavalieri Filho, não seria plausível supor uma indenização por dano moral superior à indenização a que faria jus o sujeito durante sua sobrevida, caso lhe resultasse morte ou incapacidade[1130].

Além disso, ao vincular a indenização por danos morais ao salário recebido pela vítima, pode se gerar injustiças graves. Suponha-se que, em um mesmo evento, venham a falecer por acidente de trabalho em uma obra, o pedreiro, cujo salário é de R$ 1.000,00 e o engenheiro, com salário de R$ 5.000,00.

Pelo tabelamento trazido com a Reforma Trabalhista, o dano moral para o pedreiro seria limitado a R$ 50.000,00, caso considerada ofensa de natureza gravíssima, enquanto que, para o engenheiro seria de R$ 250.000,00 nas mesmas condições. A vida do engenheiro teria valor superior à do pedreiro? A violação do direito de personalidade de um empregado em relação ao outro merece tratamento diferenciado?

Surgiu posicionamento minoritário após a Reforma Trabalhista, que sustenta que o princípio da igualdade foi respeitado, pois no final, ambos receberam indenização referente a 50x o seu salário contratual. No entanto, mantivemos o entendimento de que a fixação da indenização confere à violação de um direito da personalidade tratamento diferenciado de acordo com o salário do trabalhador. Essa medida se mostra injusta, pois a violação da intimidade, da honra, da integridade física deve receber o mesmo tratamento, devendo o dano ser reparado em sua integralidade.

1130. CAVALIERI FILHO, Sérgio. **Programa de Responsabilidade Civil.** São Paulo: Atlas, 2010. p. 98.

Ademais, o sistema de tarifação do dano moral criava um novo inconveniente, pois permitia ao empregador, por exemplo, avaliar se compensa a prática dos atos ilícitos em razão do valor final a ser custeado. Eventual valor insignificante da condenação pode levar à reiteração do empregador na prática de condutas ilícitas, justamente o contrário daquilo que se almeja com a condenação. Nesse sentido, sustenta Carlos Roberto Gonçalves[1131]:

> O inconveniente desse critério é que, conhecendo antecipadamente o valor a ser pago, as pessoas podem avaliar as consequências da prática do ato ilícito e as confrontar com as vantagens que, em contrapartida, poderão obter, como no caso do dano à imagem, e concluir que vale a pena, no caso, infringir a lei.

A indenização por dano moral não se restringe à compensação pelo dano sofrido, devendo-se ressaltar seu caráter pedagógico e punitivo, no sentido de se reprimir a ocorrência do ato lesivo. É o que ocorre com empresas que se deparam, frequentemente, com casos de acidente de trabalho. Tendo em vista a reiteração da conduta, é aplicada uma medida punitiva a título de danos morais, visando, com isso, a cessação da ação ou omissão no tocante aos acidentes ocorridos.

Os critérios de tarifação são válidos para a fixação do valor da indenização que receberá a pessoa jurídica conforme prevê o § 2º do art. 223-G da CLT. A diferença reside no fato de, nesse caso, o dano moral é direcionado à pessoa jurídica:

> **Art. 223-G, § 2º, CLT** *(acrescentado pela Reforma Trabalhista).* Se o ofendido for pessoa jurídica, a indenização será fixada com observância dos mesmos parâmetros estabelecidos no § 1º deste artigo, mas em relação ao salário contratual do ofensor.

Nessa hipótese, é o salário do empregado ofensor que será levado em conta para o cálculo da indenização por danos extrapatrimoniais. Pensamos que a expressão pessoa jurídica, nesse caso, deveria ser interpretada como empregador, tendo em vista a possibilidade de não só a pessoa jurídica, mas também a pessoa física ser caracterizada como tal.

O art. 223-G, § 3º, da CLT passou a prever a possibilidade de condenação daquele que reincidir no ato ilícito que der origem a dano extrapatrimonial. Ocorre que o dispositivo prevê que a reincidência somente é possível entre partes idênticas. Por exemplo, a empresa X comete ato ilícito que fere a intimidade do empregado João. Somente estará caracterizada a reincidência, caso seja efetuada nova conduta pela empresa que cause dano extrapatrimonial a João. Se o novo dano for causado a novo empregado, a reincidência não estaria configurada.

> **Art. 223-G, § 3º da CLT (Inserido pela Reforma Trabalhista):** Na reincidência entre partes idênticas, o juízo poderá elevar ao dobro o valor da indenização.

Portanto, o dispositivo impede a majoração da indenização na hipótese de o empregador cometer o ato ilícito contra diversos empregados, pois a reincidência somente estará caracterizada se ocorrer entre as mesmas partes.

1131. GONÇALVES, Carlos Roberto. *Responsabilidade civil.* 14. ed. São Paulo: Saraiva, 2012. p. 506.

Nesse caso, com a reincidência na prática do ato ilícito causador do dano extrapatrimonial, a indenização arbitrada a título de dano moral poderá ser elevada em dobro pelo juiz. Note-se que a legislação se utiliza do termo "poderá", o que sugere a faculdade assegurada ao juiz de dobrar o valor da indenização após as análises das circunstâncias que deram origem ao dano, previstas nos incisos do "caput" do art. 223-G da CLT.

2.3.7.1. Da inconstitucionalidade do dispositivo (ADI 6050 – interpretação conforme à Constituição)

Em edições anteriores, sustentávamos que o art. 223-G da CLT era inconstitucional. A tarifação do dano moral viola os princípios da igualdade e da dignidade da pessoa humana previstos no art. 1º, III e 5º da Constituição Federal, ao estabelecer o limite para a violação de um direito da personalidade da pessoa. Além disso, o próprio STF e STJ não admitiram o sistema de tarifação que era previsto na Lei de Imprensa.

Interessante notar, ainda, que a aproximação do Direito do Trabalho com o Direito Civil, que pode ser constatada nas alterações efetuadas ao art. 8º da CLT, deixava de ser observada em pontos que não interessem à efetivação de direitos, como o que ocorreu com a alteração aos arts. 223-A e seguintes da CLT, que tratam do dano extrapatrimonial[1132].

Finalmente, a discussão chegou ao STF no julgamento das ADIs 6050 (processo principal), 6069 e 6082 (apensos), que questionavam, justamente, a constitucionalidade do art. 223-G, §1º, I, II, III e IV da CLT, inserido pela Reforma Trabalhista[1133]. No Julgamento Virtual finalizado em 26/06/2023, o Tribunal, por maioria, conheceu das ADIs 6050, 6069 e 6082 e, no mérito, as julgou parcialmente procedentes para conferir **interpretação conforme à Constituição**, de modo a estabelecer que:

1) As redações conferidas aos arts. 223-A e 223-B, da CLT, não excluem o direito à reparação por dano moral indireto ou dano em ricochete no âmbito das relações de trabalho, a ser apreciado nos termos da legislação civil; e
2) Os critérios de quantificação de reparação por dano extrapatrimonial previstos no art. 223-G, *caput* e § 1º, da CLT deverão ser observados pelo julgador como critérios orientativos de fundamentação da decisão judicial.

Restou decido, porém, que é **constitucional** o arbitramento judicial do dano **em valores superiores aos limites máximos dispostos nos incisos I a IV do § 1º do art. 223-G**, quando consideradas as circunstâncias do caso concreto e os princípios da razoabilidade, da proporcionalidade e da igualdade. Tudo nos termos do voto do Relator, Ministro Gilmar Mendes.

1132. ROCHA, Afonso de Paula Pinheiro. Rumo ao Direito Civil! (Mas nem tanto...): a sistemática dos danos extrapatrimoniais na Reforma Trabalhista. In: CORREIA, Henrique; MIESSA, Élisson. A Reforma Trabalhista e seus impactos. Salvador: Juspodivm, 2017. p. 479-492. p. 480-481.

1133. Disponível em: <https://portal.stf.jus.br/processos/detalhe.asp?incidente=5612680>; <https://portal.stf.jus.br/processos/detalhe.asp?incidente=5640983>; <https://portal.stf.jus.br/processos/detalhe.asp?incidente=5626228>.

2.4. Dano estético

O dano estético é uma alteração corporal interna ou externa que causa desagrado ou repulsa à vítima, como também à pessoa que a observa[1134]. Esse dano repercute, portanto, não só na esfera individual como também na vida social da vítima.

A indenização pode ocorrer mesmo que o acidente não tenha reduzido a capacidade laborativa do empregado, por exemplo, cicatriz no rosto ou queimadura no braço. Aliás, é possível cumular as indenizações por danos morais e estéticos com origem no mesmo fato. Nesse sentido prevê a jurisprudência do STJ:

> **Súmula nº 387 do STJ.** É lícita a cumulação das indenizações de dano estético e dano moral.

2.5. Dano moral coletivo

A temática do dano moral coletivo insere-se na necessidade de reparação das transgressões à ordem jurídica trabalhista que não trazem apenas danos à comunidade dos trabalhadores afetados diretamente, mas produzem também inegáveis danos aos interesses coletivos e difusos de toda a sociedade. Aliás, toda afronta à ordem jurídica causa danos diretos aos interesses difusos da sociedade, já que, sendo uma afronta à legalidade, representa uma negação do direito estabelecido, ou seja, um verdadeiro atentado ao bem comum.

A condenação em danos morais coletivos segue a tendência mais recente da coletivização ou socialização do direito, observada pela ampliação de instrumentos como mandado de segurança coletivo, ação popular, ação civil pública, o surgimento do Código de Defesa do Consumidor etc.

Até então, todas as considerações sobre o dano moral referiam-se ao indivíduo. Contudo, é de indagar-se: Se o indivíduo pode padecer um dano moral, porque a coletividade não o pode?

Sobre o dano moral coletivo, segue definição de Carlos Alberto Bittar Filho[1135]:

> "O dano moral coletivo é a injusta lesão da esfera moral de uma dada comunidade, ou seja, é a violação antijurídica de um determinado círculo de valores coletivos. Quando se fala em dano moral coletivo, está se fazendo menção ao fato de que o patrimônio valorativo de uma certa comunidade (maior ou menor), idealmente considerada, foi agredido de uma maneira absolutamente injustificável do ponto de vista jurídico... Como se dá na seara do dano moral individual, aqui também não há que se cogitar de prova de culpa, devendo-se responsabilizar o agente pelo simples fato da violação."

O dano moral coletivo é a violação em dimensão transindividual dos direitos da personalidade. Se o particular sofre uma dor psíquica ou passa por uma situação vexatória,

1134. MELO, Raimundo Simão. Ações acidentárias na Justiça do Trabalho: Teoria e Prática. São Paulo, LTr, 2011. Pag. 192. *Os livros do Raimundo Simão de Melo são excelentes! Foram decisivos para minha aprovação no concurso do MPT. Indico todos os livros do autor.*

1135. BITTAR FILHO, Carlos Alberto, Do Dano Moral Coletivo no Atual Contexto Jurídico Brasileiro", *in* Revista Direito do Consumidor, nº 12, out/dez/ 1994.

a coletividade, vítima de dano moral, sofre de desapreço, descrença em relação ao poder público e à ordem jurídica. Padece a coletividade de intranquilidade, insegurança. Ex.: Excesso de jornada, trabalho escravo, discriminação, reiterados acidentes de trabalho etc.

De acordo com o Informativo nº 195 do TST, se o empregador cometer sistemática inobservância de normas trabalhistas que transgridem valores da própria coletiva, é possível a sua condenação na reparação de dano moral coletivo, independentemente da demonstração efetiva de dano.

No caso versado pelo tribunal, as empresas reclamadas cometeram diversas irregularidades trabalhistas como não recolhimento do FGTS, ausência de assinatura da CTPS, contratos de experiência com duração superior ao prazo legal (90 dias) e pagamento de salários complessivos (sem discriminação das parcelas).

De acordo com o TST, essas condutas prejudicaram a dignidade da pessoa humana e o valor social do trabalho, fundamentos da República Federativa do Brasil, além de criar modelo de competitividade desleal com as demais empresas que efetuam corretamente o pagamento dos direitos trabalhistas, induzindo o mercado a depreciar as relações de trabalho. Com isso, as empresas foram condenadas a pagar indenização por danos morais coletivos no importe de R$ 200.000,00 revertidos ao FAT.

Nesse mesmo sentido, no Informativo nº 276 do TST, a 3ª Turma entendeu pela ocorrência de dano moral coletivo e, consequentemente, pela necessidade de reparação (dever de indenizar) pela conduta da empresa que deixou de cumprir as normas trabalhistas relativas às anotações da jornada de trabalho, de forma reiterada e por um período de mais de 5 (cinco) anos. Da mesma forma em que decidido no Informativo nº 195, o dano moral decorrente da conduta ilícita da empresa foi considerado *in re ipsa*, independentemente da demonstração efetiva de dano.

O Ministério Público do Trabalho desempenha papel de destaque na proteção dos direitos e interesses da sociedade, sendo a ação civil público o meio adequado para se buscar a reparação do dano moral coletivo.

2.6. Existe dano moral automático? O que é dano moral *in re ipsa*?

Conforme vimos acima, para ter direito à indenização, o ofendido deve, em regra, demonstrar os pressupostos para a responsabilidade subjetiva: a) ação ou omissão do agente; b) o elemento subjetivo (culpa ou dolo); c) o nexo de causalidade entre a conduta e o resultado e; d) ocorrência de um dano efetivo.

Contudo, existem algumas situações em que se tem uma **presunção relativa** (*juris tantum*) de que o ato praticado pelo empregador causou dano à honra do empregado. É o que chamamos de dano moral *in re ipsa*.

A expressão *in re ipsa* tem origem no latim e significa "da própria coisa". Quando qualificamos o dano moral com esse "adjetivo", estamos dizendo que o prejuízo é presumido, não havendo a necessidade de comprovar o abalo à honra. Nesses casos, o dano moral não requer a demonstração do sofrimento experimentado pela vítima através de provas, uma vez que se caracteriza em decorrência dos próprios fatos provados que lhe dão origem[1136].

1136. TRT-24 00257823820165240007, Relator: LEONARDO ELY, Data de Julgamento: 24/03/2020, 2ª Turma.

A jurisprudência trabalhista tem arquitetado, ao longo dos anos, hipóteses de violações que geram dano moral *in re ipsa*. Para facilitar os estudos, segue uma lista com algumas dessas situações:

1) Exigência de Certidão de Antecedentes Criminais, quando ausente justificativa, conforme a tese vinculante nº 1 do TST firmada em incidente de Recurso de Revista Repetitivo[1137];
2) Produção da carta de recomendação com referências negativas pela empresa[1138];
3) A retenção ilícita da CTPS (art. 53 da CLT)[1139] – esse ilícito trabalhista tende a ser cada vez menos comum, dada a criação da Carteira de Trabalho Digital;
4) A tese vinculante nº 62 do TST, firmada em fevereiro de 2025, reconhece que, nos casos em que a justa causa por improbidade (art. 482, "a", CLT) é revertida judicialmente por ausência de provas, configura-se dano moral *in re ipsa*. A acusação de desonestidade atinge diretamente a honra do empregado, e sua imputação infundada gera presunção de dano à sua dignidade:

> A reversão da dispensa por justa causa baseada em alegação de ato de improbidade (CLT, art. 482, 'a') que se revela judicialmente infundada ou não comprovada enseja reparação civil, in re ipsa, por dano moral (TST- RRAg-0000761-75.2023.5.05.0611, Relator: Ministro Aloysio Corrêa da Veiga, Tribunal Pleno, DJE: 14/03/2025).

5) A tese vinculante nº 88 do TST uniformizou o entendimento de que o empregador não pode impedir o retorno do empregado após a alta do INSS sem pagar salários ou realocá-lo, sob pena de configurar ato ilícito e dano moral *in re ipsa*. O trabalhador, nesse caso, fica desamparado, sem remuneração nem benefício previdenciário:

> A conduta do empregador, ao impedir o retorno do empregado ao trabalho e inviabilizar o percebimento da sua remuneração após a alta previdenciária, mostra-se ilícita e configura dano moral in re ipsa, sendo devida a indenização respectiva (TST-RRAg-1000840-29.2018.5.02.0471, Relator: Ministro Aloysio Corrêa da Veiga, Tribunal Pleno, DJE: 08/04/2025).

6) De acordo com a tese vinculante nº 61 do TST, o empregador não pode exigir que empregados comuns realizem transporte de valores sem o devido preparo técnico exigido pela Lei nº 14.967/2024. Trata-se de atividade de risco elevado, que exige formação específica e treinamento. A exposição indevida ao risco configura, por si só, dano moral *in re ipsa*:

> O transporte de valores por trabalhador não especializado configura situação de risco a ensejar reparação civil por dano moral in re ipsa, independentemente da atividade econômica do empregador (TST-RR-0011574-55.2023.5.18.0012, Relator: Ministro Aloysio Corrêa da Veiga, Tribunal Pleno, DJE: 14/03/2025).

1137. Incidente de Recursos de Revista Repetitivos. "Tema nº 0001 – Dano moral. Exigência de Certidão Negativa de Antecedentes Criminais" – (Informativo nº 157).

1138. Processo nº TST-RR-26600-25.2007.5.02.0263, Redator Designado: Hugo Carlos Scheuermann, Data de julgamento: 26/02/2014.

1139. Informativo nº 166 do TST.

7) A preterição de candidato aprovado em regular concurso público, ainda que fora das vagas previstas no edital ou para preenchimento de cadastro de reserva, por força da contratação precária de pessoal, no prazo de validade do certame – seja mediante provimento de cargo em comissão, terceirização ou contratação temporária –, para o desempenho das mesmas atribuições do cargo para o qual se habilitara o reclamante[1140];
8) Vazamento dos dados pessoais sensíveis[1141];
9) Impedir que o empregado saia das dependências do empregador durante o intervalo intrajornada[1142];
10) Acidente de trabalho ou doença ocupacional[1143];
11) Morte do trabalhador[1144];
12) Atraso reiterado no pagamento dos salários[1145];
13) Descontos indevidos de maneira reiterada[1146];
14) Jornadas exaustivas, que ultrapassam habitualmente o limite legal em mais de duas horas[1147].

2.7. Assédio nas relações de trabalho

A palavra assédio, do ponto de vista jurídico, significa uma conduta ilícita e reiterada (em regra) do agressor em relação à vítima. O assédio pode assumir diversas formas, a depender do bem jurídico tutelável que atinge. Se as atitudes censuráveis do agressor atingirem a esfera da honra objetiva e subjetiva, da personalidade, da vítima, estaremos diante do assédio moral; se atentarem contra a autodeterminação sexual, assédio sexual; se violarem a santidade do voto, por exemplo, assédio eleitoral; e se cercearem a liberdade religiosa, assédio religioso.

A prática de assédio tem repercussões devastadoras na vida da vítima, atingindo, ainda, toda a coletiva. Além disso, impacta em diversas áreas do Direito, inclusive na esfera penal – como é o caso do assédio sexual (art. 216-A do Código Penal) e eleitoral (arts. 299 e 301 do Código Eleitoral). Na presente obra, restringiremos à análise do assédio nas relações de trabalho e suas consequências jurídicas-trabalhistas.

1140. TST - E: 5972820155100005, Relator: Lelio Bentes Correa, Data de Julgamento: 04/11/2021, Subseção I Especializada em Dissídios Individuais, Data de Publicação: 12/11/2021.

1141. Na *obiter dictum* do acórdão proferido no AREsp 2.130.619-SP, Rel. Ministro Francisco Falcão, Segunda Turma, por unanimidade, julgado em 7/3/2023, a Segunda Turma do STJ expressou o entendimento de que o vazamento de dados sensíveis, que dizem respeito à intimidade da pessoa natural, geraria direito à reparação por dano moral *in re ipsa* (informativo nº 766 do STJ).

1142. Informativo nº 268 do TST.

1143. TST – RR: 964000220085020039, Relator: João Oreste Dalazen, Data de Julgamento: 08/02/2017, 4ª Turma, Data de Publicação: DEJT 17/02/2017.

1144. TST – RR: 245896120175240036, Relator: Augusto Cesar Leite De Carvalho, Data de Julgamento: 22/09/2021, 6ª Turma, Data de Publicação: 24/09/2021.

1145. TST – Ag: 203629020195040205, Relator: Jose Roberto Freire Pimenta, Data de Julgamento: 23/02/2022, 2ª Turma, Data de Publicação: 25/02/2022.

1146. TST – RR: 2049020115090678, Data de Julgamento: 26/09/2018, Data de Publicação: DEJT 28/09/2018.

1147. TST – AIRR: 6966920175050036, Relator: Delaide Alves Miranda Arantes, Data de Julgamento: 27/06/2022, 8ª Turma, Data de Publicação: 09/08/2022.

2.7.1. *Assédio moral*

O assédio moral é a conduta reiterada no sentido de desgastar o equilíbrio emocional do sujeito passivo, seja por meio de atos, palavras, gestos, que vise ao enfraquecimento da vítima ou ao seu desequilíbrio emocional[1148].

O assédio moral pode ser dividido em:

> 1) **Assédio moral vertical:** é aquele que ocorre em relação de hierarquia. Pode ser descendente, da chefia em direção ao chefiado, ou ascendente, do chefiado em direção à chefia[1149].
>
> 2) **Assédio moral horizontal:** verifica-se quando há tentativa de desequilíbrio emocional oriundo de colegas em relação a outros colegas[1150].
>
> 3) **Assédio moral organizacional ou Straining:** ocorre quando todos os trabalhadores da empresa são vítimas de terror psicológico com ameaças de sofrer castigos caso metas ou produção não sejam atingidas.

Na prática das relações de emprego, é mais comum a prática de assédio moral vertical descendente, realizada pelo empregador ou por seus representantes em relação aos empregados, com condutas como deterioração das relações de trabalho, isolamento do trabalhador do ambiente de trabalho, violação da dignidade e do respeito ao trabalhador e por violência verbal ou física[1151].

O empregado que sofre assédio moral nas relações de trabalho poderá requerer a rescisão indireta do contrato de trabalho com o pagamento de todas as verbas trabalhistas devidas, além de indenização por danos morais em razão da violação constante de sua dignidade e de seus direitos da personalidade.

Ademais, não há dúvidas de que o empregado que pratica o assédio em relação a outro colega de trabalho (assédio moral horizontal) poderá ser dispensado por justa causa por mau procedimento (art. 482, "b", da CLT) ou pela prática de ato lesivo da honra ou da boa fama e ofensas físicas praticados no serviço contra qualquer pessoa (art. 482, "j", CLT).

No entanto, há discussão quanto à possibilidade de responsabilização do empregador pelo assédio moral horizontal. Maurício Godinho Delgado[1152] defende a responsabilização do empregador, pois tem o dever de manutenção de meio ambiente de trabalho sadio. Entendemos que o empregador poderá ser responsabilizado caso demonstrada sua omissão em reprimir as condutas de assédio dos demais empregados, com a ausência de medidas efetivas de fiscalização, orientação e punição dos trabalhadores que assediarem seus colegas.

2.7.2. *Assédio eleitoral*

O conceito de assédio eleitoral corresponde à conduta reiterada e intencional de prometer a uma pessoa um emprego ou uma promoção no emprego desde que o

---

1148. DELGADO, Maurício Godinho. Curso de Direito do Trabalho. 15ª ed. São Paulo: LTr, 2016. p. 1346.
1149. DELGADO, Maurício Godinho. Curso de Direito do Trabalho. 15ª ed. São Paulo: LTr, 2016. p. 1346.
1150. DELGADO, Maurício Godinho. Curso de Direito do Trabalho. 15ª ed. São Paulo: LTr, 2016. p. 1346.
1151. DELGADO, Maurício Godinho. *Curso de Direito do Trabalho*. 17. Ed. São Paulo; LTr, 2018. p. 1.457.
1152. DELGADO, Maurício Godinho. *Curso de Direito do Trabalho*. 17. Ed. São Paulo; LTr, 2018. p. 1.457.

trabalhador vote em determinado candidato ou trabalhe em sua eleição. Caso não vote ou não venha a trabalhar para o candidato, está sujeito a retaliações como redução de parcelas salariais ou até mesmo a perda no emprego[1153].

A revista *Labor*[1154] do Ministério Público do Trabalho possui uma ilustração que sintetiza muito bem o que é assédio ou coação eleitoral no trabalho:

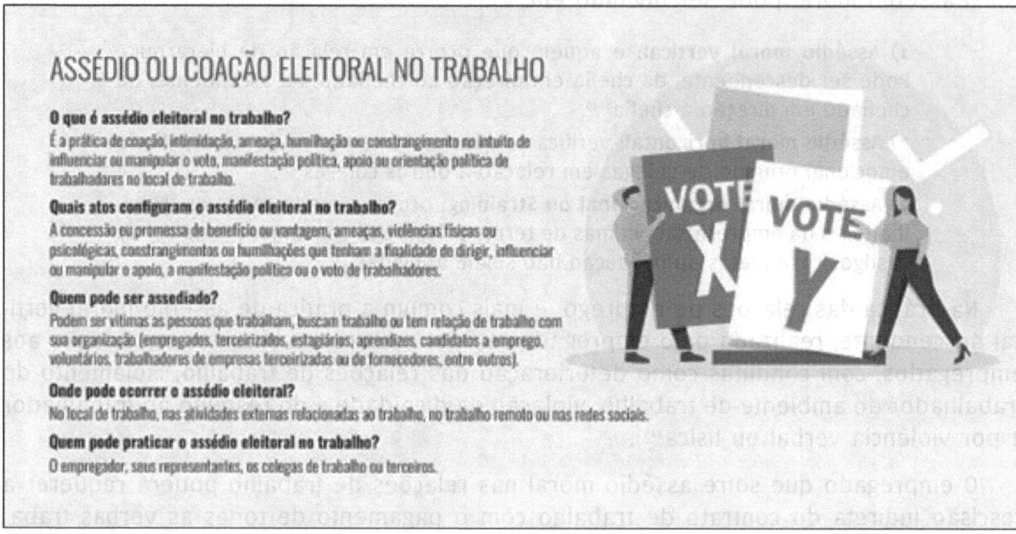

O empregador não pode induzir ou exigir de seus empregados que adotem determinada posição política, religiosa ou sexual, pois esta medida viola frontalmente os direitos fundamentais do trabalhador, como a liberdade de pensamento, religiosa e de opinião previstas no art. 5º da Constituição Federal.

Além disso, a conduta do empregador de induzir o voto de seus empregados a determinado candidato fere o respeito à cidadania, fundamento da República Federativa do Brasil conforme art. 1º, II, da CF/88 e o direito ao voto secreto, universal e gratuito previsto como cláusula pétrea no art. 60, § 4º, II, da Constituição.

Vale ressaltar também que a Convenção nº 111 da OIT, ratificada pelo Brasil, estabelece a necessidade de combate à discriminação em matéria de emprego e profissão e determina que a distinção, exclusão ou preferência baseadas na opinião política do empregado constitui discriminação em matéria de emprego, devendo ser combatida pelo Estado:

> **Artigo 1º:**
>
> 1. Para fins da presente convenção, o têrmo "discriminação" compreende:
>
> a) Tôda distinção, exclusão ou preferência fundada na raça, côr, sexo, religião, opinião política, ascendência nacional ou origem social, que tenha por efeito

1153. SHIRADO, Nayana. Assédio eleitoral no ambiente de trabalho: a ingerência do empregador na escolha política do empregado. Disponível em: http://www.justicaeleitoral.jus.br/arquivos/tre-am-artigo-da-revista-de-jurisprudencia-no-15-de-2015-escrito-por-nayana-shirado.

1154. (Fonte: Labor. Revista do Ministério Público do Trabalho – ano VIII – nº 12 – 2022, p. 15. Disponível em: https://mpt.mp.br/pgt/publicacoes/revista-labor/revista-labor-ano-viii-no-12-2022/@@display file/arquivo_pdf).

> destruir ou alterar a igualdade de oportunidades ou de tratamento em matéria de emprêgo ou profissão;
>
> (...)
>
> **Artigo 2º:** Qualquer Membro para o qual a presente convenção se encontre em vigor compromete-se a formular e aplicar uma política nacional que tenha por fim promover, por métodos adequados às circunstâncias e aos usos nacionais, a igualdade de oportunidade e de tratamento em matéria de emprêgo e profissão, com objetivo de eliminar tôda discriminação nessa matéria.

Assim, devem ser respeitados os direitos básicos de cada trabalhador, não podendo haver nenhuma forma de coerção ou de direcionamento de sua opinião, seja ela política, religiosa ou sexual.

Comprovada a prática de assédio eleitoral, o trabalhador poderá ser indenizado pelo dano moral sofrido (arts. 186, 187 e 927 do CC), bem como pleitear a rescisão indireta do contrato de trabalho (art. 483, "e", CLT).

Por fim, o MPT tem papel de destaque na atuação contra o assédio eleitoral aos direitos fundamentais dos trabalhadores, exigindo de forma extrajudicial (TAC) ou judicialmente (via ACP) que essa conduta abusiva cesse imediatamente, podendo inclusive exigir reparação pelos danos causados à coletividade.

2.7.3. *Assédio sexual*

O assédio sexual é a conduta reiterada com conotação libidinosa de uma pessoa em relação à outra. É uma ofensa de natureza essencialmente emocional, podendo em alguns casos atingir inclusive a dimensão física[1155]. De acordo com Rodolfo Pamplona Filho[1156], o assédio sexual é a "conduta de natureza sexual não desejada que, embora repelida pelo destinatário, é continuamente reiterada, cercerando-lhe a liberdade sexual". Diferentemente de outras modalidades de assédio, entendemos que, aqui, não se tem a necessidade de reiteração de condutas lesivas para a configuração do assédio sexual. Uma única e grave ação dessa natureza pode caracteriza o assédio sexual.

O próprio Código Penal prevê a prática de crime de assédio sexual no art. 216-A: "Constranger alguém com o intuito de obter vantagem ou favorecimento sexual, prevalecendo-se o agente da sua condição de superior hierárquico ou ascendência inerentes ao exercício de emprego, cargo ou função. Pena – detenção, de 1 (um) a 2 (dois) anos.".

Assim, é crime aquele que constrange outra pessoa para obter vantagem ou favorecimento sexual prevalecendo da sua condição de superior hierárquico no exercício de emprego. As mulheres são as principais figuras que sofrem de assédio sexual nas relações de trabalho, especialmente em decorrência da discriminação de gênero que estruturou a sociedade brasileira.

Nesse sentido, a repressão ao assédio sexual funciona tanto para a manutenção de um ambiente de trabalho sadio quanto para assegurar o respeito e à isonomia de tratamento entre homens e mulheres nas relações trabalhistas.

1155. DELGADO. Maurício Godinho. Curso de Direito do Trabalho. 16ª ed. São Paulo: LTr, 2017. p.731.

1156. PAMPLONA FILHO, Rodolfo. Assédio sexual. Disponível em: https://jus.com.br/artigos/6826/assedio-sexual. Acesso em: 26. Set. 2020.

Em decisão da 3ª Turma, veiculada no Informativo 272 e de relatoria de Mauricio Godinho Delgado, temos uma verdadeira aula sobre assédio sexual (e moral). Segundo consta do acórdão regional, o agressor, Gerente Geral da loja, habitualmente se utilizava de sua posição hierárquica para manter contato físico indesejado com a vítima, com abraços não consentidos, bem como conversas inconvenientes, a exemplo de diversos convites para saírem juntos. Além disso, exercia sobre a trabalhadora vigilância absolutamente inapropriada e anormal, isolando-a de outros colegas homens.

A 3ª Turma do TST expressou o entendimento de que **a empregadora deve ser responsabilizada pelo assédio sexual no ambiente de trabalho, ainda que as condutas assediosas tenham sido praticadas por outro empregado.**

Conforme expressaram os Ministros, o assédio sexual no trabalho é resultado de ações reiteradas de índole sexual ou por grave ação dessa natureza, praticadas por pessoa que integra a organização ou quadros da empresa contra subordinado ou colega. Essa reiteração ou o ato grave demonstram a gestão empresarial desrespeitosa e descuidada em aspecto de alta relevância. Assim, a omissão da empregadora em garantir um meio ambiente do trabalho equilibrado necessariamente atrai a sua responsabilização pela reparação do dano sofrido.

Ainda, outro ponto relevante no caso concreto é a menção e utilização, pela Cúpula do Judiciário Trabalhista, da **Recomendação 128 do Conselho Nacional de Justiça** editou, que aconselha a magistratura brasileira a adotar o Protocolo para Julgamento com Perspectiva de Gênero, nos casos que envolvem, entre outros, situações de assédio sexual.

Comprovada a prática de assédio por parte do empregador, o trabalhador poderá ser indenizado pelo dano moral sofrido (arts. 186, 187 e 927 do CC), bem como pleitear a rescisão indireta do contrato de trabalho (art. 483, "e", CLT). Caso o assediador seja outro empregado, haverá a possibilidade de dispensa por justa causa (art. 482, "j", CLT).

Assim como já sustentado nos tópicos anteriores, o MPT tem papel de destaque na atuação contra essa prática, exigindo a cessação da conduta lesiva pelo estabelecimento de Termos de Ajustamento de Condutas (TACs) ou pelo ajuizamento de ações civis públicas, podendo inclusive exigir reparação pelos danos causados à coletividade.

2.7.3.1. Do papel da CIPA no combate ao assédio sexual e outras formas de violência

Em 21 de setembro de 2022, foi publicada a Lei nº 14.457/2022 (fruto da conversão da Medida Provisória nº 1.116/2022), que, dentre outras providências, disciplinou medidas de prevenção e de combate ao assédio sexual e a outras formas de violência no âmbito do trabalho.

Para a adequação da NR 5 com a nova disciplina legal da CIPA, foi publicada, em 20 de dezembro de 2022, a Portaria MTP nº 4.219. Ambas, Lei e Portaria, entram em vigor no dia 20 de março de 2023.

Com a publicação da Lei, a CIPA, que agora se chama **Comissão Interna de Prevenção de Acidentes e de Assédio**, tem mais uma atribuição: a promoção de um ambiente laboral sadio, seguro e que favoreça a inserção e a manutenção de mulheres no mercado de trabalho. Para tanto, deverão ser adotas as seguintes medidas:

a) inclusão de regras de conduta a respeito do assédio sexual e de outras formas de violência nas normas internas da empresa, com ampla divulgação do seu conteúdo aos empregados e às empregadas;

b) fixação de procedimentos para recebimento e acompanhamento de denúncias, para apuração dos fatos e, quando for o caso, para aplicação de sanções administrativas aos responsáveis diretos e indiretos pelos atos de assédio sexual e de violência, garantido o anonimato da pessoa denunciante, sem prejuízo dos procedimentos jurídicos cabíveis;

c) inclusão de temas referentes à prevenção e ao combate ao assédio sexual e a outras formas de violência nas atividades e nas práticas da CIPA; e

d) realização, no mínimo a cada 12 (doze) meses, de ações de capacitação, de orientação e de sensibilização dos empregados e das empregadas de todos os níveis hierárquicos da empresa sobre temas relacionados à violência, ao assédio, à igualdade e à diversidade no âmbito do trabalho, em formatos acessíveis, apropriados e que apresentem máxima efetividade de tais ações.

Essas medidas passaram a ser obrigatórias em 180 dias da publicação da Lei, ou seja, em 20/03/2023.

Trata-se de uma medida importante para prevenir, nas empresas, as diversas formas de assédio, especialmente o assédio sexual, e outras formas de violências.

Ainda que não tenha usado expressamente o termo *compliance*[1157] e que as determinações legais se refiram especificamente ao combate ao assédio sexual e a outras formas de violência no âmbito do trabalho, entendemos que a Lei 14.457/2022 cria a obrigação de estruturação de um programa *compliance* às empresas, a ser executado pela CIPA. Veja, por exemplo, a necessidade de inclusão de normas de conduta nas normas internas; de criação de canais de denúncia; e de realização de treinamentos.

Portanto, para se evitar a responsabilização trabalhista, os departamentos de *compliance* em atuação conjunta com a CIPA podem conscientizar os empregados no cumprimento das normas de saúde e segurança do trabalho, garantir o fornecimento de equipamento de proteção individual, estabelecer sanções aos empregados e dirigentes que não seguirem essas normas de proteção ao meio ambiente de trabalho, e combater o assédio sexual e a outras formas de violência no âmbito do trabalho.

Aqui, cumpre fazer um paralelo com a Lei 14.611/2023, que torna obrigatória igualdade salarial e de critérios remuneratórios entre homens e mulheres para a realização de trabalho de igual valor ou no exercício da mesma função. Além disso, altera a CLT para prever maior transparência remuneratória e ampliar a fiscalização e o combate à discriminação salarial. A Lei traz previsões muito similares, determinando, entre outras providências: a disponibilização de canais específicos para denúncias de discriminação salarial; a promoção e implementação de programas de diversidade e inclusão no ambiente de trabalho que abranjam a capacitação de gestores, de lideranças e de empregados a respeito do tema da equidade entre homens e mulheres no mercado de trabalho, com aferição de resultados; e o fomento à capacitação e à formação de mulheres para o

1157. *Compliance* é um termo originário de língua inglesa derivada do verbo to comply que significa "agir conforme uma regra, uma instrução". Compreende uma prática empresarial que consiste na criação de um sistema de controle e fiscalização interno na empresa para reduzir os riscos à imagem do negócio por meio do correto cumprimento das normas aplicáveis à instituição. Assegura-se, portanto, a **transparência da empresa** em relação à sociedade.

ingresso, a permanência e a ascensão no mercado de trabalho em igualdade de condições com os homens.

2.7.4. *Assédio processual*

O assédio processual é "todo ato processual praticado de forma reiterada, insidiosa, por um dos sujeitos que atuam no processo (juiz, partes, servidores, etc.), que tem por objetivo minar a autoestima de uma das partes litigantes, degradando o processo[1158].

Ainda, nesse sentido, faz-se relevante citar fundamentação do voto da Ministra do STJ Nancy Andrighi em recente decisão da 3ª Turma do STJ no REsp 1.817.845 no qual houve condenou em assédio processual tendo e vista que a parte se utilizou de ferramenta processual para tentar alcanças objetivos maliciosos:

> O ardil, não raro, é **camuflado e obscuro, de modo a embaralhar as vistas de quem precisa encontrá-lo**. O chicaneiro nunca se apresenta como tal, mas, ao revés, age alegadamente sob o manto dos princípios mais caros, como o acesso à justiça, o devido processo legal e a ampla defesa, para cometer e ocultar as suas vilezas. **O abuso se configura não pelo que se revela, mas pelo que se esconde"**, afirma. "É por isso que é preciso repensar o processo à luz dos mais basilares cânones do próprio direito." (ANDRIGHI, Nanci. Voto REsp. 1.817.845. 3ª Turma do STJ. Decisão Publicada em 17/10/2019) – grifo nosso.

Comprovada a prática de assédio processual, a parte assediadora responderá por eventuais perdas e danos (art. 793-A, CLT), bem como será condenada às penalidades da litigância de má-fé (art. 793-B, IV, CLT).

Em suma, o assédio processual ocorre quando, utilizando-se das ferramentas processuais, a parte busca "brechas" para atrasar o processo, tentando alcançar fins escusos e ilícitos. Assim, para se detectar o assédio processual deve-se ter em mente os princípios processuais e constitucionais que estão sendo violados com a atitude ilícita da parte, como é o caso da celeridade, cooperação e boa-fé processual (arts. 5º e 6º do CPC) e a razoável duração do processo (art. 5º, LXXVIII, CF).

A parte assediadora responderá por eventuais perdas e danos (art. 793-A, CLT), poderá ser condenada a indenizar a vítima pelo dano marginal[1159], bem como poderá ser condenada às penalidades da litigância de má-fé (art. 793-B, IV, CLT).

2.8. Competência para julgar ações envolvendo dano moral

O tema competência está ligado a processo do trabalho. Portanto, para matérias relacionadas às competências material, funcional e hierárquica, sugiro que consultem um livro de processo do trabalho[1160]. Apenas para deixar esse capítulo mais completo, mencionarei a competência de forma bem resumida.

1158. SCHIAVI, Mauro. Manual de direito processual do trabalho. 8º edição. São Paulo: LTr, 2015, p. 356.

1159. Dano marginal é aquele decorrente da demora na entrega da prestação jurisdicional (GAJARDONI, Fernando da Fonseca; DELLORE, Luiz; ROQUE, Andre Vasconcelos; OLIVEIRA JR. Zulmar Duarte de. **Comentários ao código de processo civil**. 5. ed. Rio de Janeiro: Forense, 2022).

1160. No caso, indico o livro do meu amigo e brilhante processualista: MIESSA, Élisson. **Curso de Direito Processual do Trabalho.** 10. ed., rev., ampl. e atual. São Paulo: Editora Juspodivm, 2024.

De acordo com o art. 114, VI, da CF/88 é competência da Justiça do Trabalho para processar e julgar "as ações de indenização por dano moral ou patrimonial". Nesse mesmo sentido, prevê a jurisprudência do TST:

> **Súmula nº 392 do TST**. Nos termos do art. 114, inc. VI, da Constituição da República, a Justiça do Trabalho é competente para processar e julgar ações de indenização por dano moral e material decorrentes da relação de trabalho, inclusive as oriundas de acidente de trabalho e doenças a ele equiparadas, ainda que propostas pelos dependentes ou sucessores do trabalhador falecido.

A Justiça do Trabalho é competente também para julgar as ações de indenização por danos morais e patrimoniais decorrentes do acidente de trabalho. Nesse sentido, prevê a Súmula vinculante nº 22 do STF:

> **Súmula Vinculante nº 22 do STF**: A Justiça do Trabalho é competente para processar e julgar as ações de indenização por danos morais e patrimoniais decorrentes de acidente de trabalho propostas por empregado contra empregador, inclusive aquelas que ainda não possuíam sentença de mérito em primeiro grau quando da promulgação da Emenda Constitucional nº 45/04.

3. TRABALHO ESCRAVO E DEGRADANTE

3.1. Introdução

Historicamente, o regime de escravidão representou a base de sustentação de diversas sociedades, tais como Grécia, Roma e o Brasil, durante a exploração colonial. Em nosso país, a escravidão somente foi abolida com a Lei Áurea, em 1888. Nesses casos, o trabalhador escravo era destituído de qualquer liberdade, sendo possível sua transação como mercadoria, uma vez que recebia o tratamento jurídico de objeto de direito, sem direitos e obrigações.

Salienta-se, contudo, que, atualmente, o trabalho escravo, também conhecido como trabalho análogo à condição de escravo ou trabalho forçado, ganhou novas feições. Tal como a escravidão pretérita, a nova forma de exploração da pessoa do trabalhador viola a dignidade da pessoa humana e o princípio da valorização social do trabalho[1161]. Tendo em vista a proibição do trabalho escravo no ordenamento jurídico brasileiro, diferentemente da forma como ocorria antigamente, as violações aos direitos do trabalhador ocorrem de forma velada e oculta, sendo necessário intenso trabalho de fiscalização que, em grande parte, está ligado à função do Auditor-Fiscal do Trabalho. Outros órgãos e agentes de proteção ao trabalhador também são muito importantes, como o sindicato da categoria profissional e o Ministério Público do Trabalho.

Nesse sentido, no **Posicionamento da ONU no Brasil sobre trabalho escravo**, de 2016, a Agência Internacional sustentou que esse o fenômeno se adaptou à realidade capitalista atual e, hoje, o trabalho escravo contemporâneo pode ocorrer fora das tradicionais relações de trabalho, compreendendo violações diversas, como o trabalho forçado, a exploração do trabalho infantil, a utilização de crianças em conflitos armados,

1161. GARCIA, Gustavo Filipe. *Curso de Direito do Trabalho*. 7. ed. Rio de Janeiro: Forense, 2013. p. 178.

a servidão por dívidas, a servidão doméstica, casamentos servis, a escravidão sexual e o tráfico de pessoas[1162].

Tradicionalmente, o trabalho escravo era entendido na legislação internacional como sinônimo de trabalho forçado em sentido estrito. Assim, o trabalho era exigido sob ameaça de sanção, com violação da liberdade de trabalho. A coação exercida sobre o empregado pode ocorrer de três formas[1163]:

a) ***coação moral:*** aproveita-se da pouca instrução dos trabalhadores para envolvê-los em dívidas, o que impossibilita o desligamento do trabalhador. O ordenamento jurídico veda essa conduta denominada *truck system*;

b) ***coação psicológica:*** são realizadas constantes ameaças de violências aos trabalhadores para que permaneçam no trabalho e não realizem fuga, inclusive com emprego de armas de fogo;

c) ***coação física:*** trabalhadores recebem punições físicas, inclusive com assassinatos deles como exemplo aos demais para evitar as fugas. Pode ocorrer inclusive pela apreensão dos documentos do trabalhador.

Atualmente, o trabalho que afronta a dignidade do empregado é denominado trabalho degradante.

De acordo com José Cairo Júnior[1164], o trabalho degradante diferencia-se do trabalho escravo na medida em que o primeiro ocorre quando as atividades de trabalho são sub-humanas, em um ambiente de trabalho altamente insalubre. Por outro lado, verifica-se a presença de trabalho escravo quando, além das condições do trabalho degradante, o trabalhador não tem liberdade para pôr fim ao contrato de trabalho enquanto não pagar suas dívidas. Para o autor, nem todo trabalho degradante pode ser considerado trabalho escravo.

Aliás, o tráfico de pessoas, dentro ou fora do país, é considerado trabalho análogo à condição de escravo ou trabalho degradante.

Com isso, é possível estabelecer as principais características para o reconhecimento do trabalho escravo[1165]:

a) recrutamento de trabalhadores para trabalharem em local diverso de seu domicílio;
b) compromisso de pagar despesas com transporte, habitação e moradia; e
c) proibição de o empregado pedir demissão.

Em 13 de outubro de 2017, foi editada a Portaria nº 1.129/2017 do Ministério do Trabalho, que passou a dispor sobre os conceitos de trabalho forçado, jornada exaustiva e condições análogas à de escravo para fins de concessão de seguro-desemprego ao trabalhador que vier a ser resgatado em fiscalização do Ministério do Trabalho e

1162. ONU. *Posicionamento da ONU no Brasil sobre trabalho escravo*. Brasília, DF, 2016. Disponível em: https://brasil.un.org/sites/default/files/2020-07/position-paper-trabalho-escravo.pdf. Acesso em: 25 jan. 2022, p. 3.
1163. GARCIA, Gustavo Filipe. *Curso de Direito do Trabalho*. 7. ed. Rio de Janeiro: Forense, 2013. p. 179.
1164. CAIRO JUNIOR, José. *Curso de Direito do Trabalho*. 9. ed. Salvador: Juspodivm, 2014. p. 177.
1165. CAIRO JUNIOR, José. *Curso de Direito do Trabalho*. 9. ed. Salvador: Juspodivm, 2014. p. 178.

Emprego. Referida norma trouxe conceitos restritivos acerca do trabalho escravo, todos condicionados à privação do direito de ir e vir do trabalhador. Naquele mesmo ano, a matéria recebeu disciplina diferente pela Portaria 1.293/2017. Atualmente, a matéria esta disciplinada na Portaria MTP nº 671/2021.

A nova regulamentação trouxe definições diferentes daquelas expostas na primeira portaria. Para tornar o estudo mais didático e mais fácil a memorização, elaboramos o quadro abaixo, no qual colocamos lado a lado os textos antigo e novo:

QUADRO COMPARATIVO ENTRE OS CONCEITOS DE TRABALHO FORÇADO, JORNADA EXAUSTIVA E CONDIÇÕES ANÁLOGAS À DE ESCRAVO	
Portaria nº 1.129/2017 do Ministério do Trabalho	**Portaria nº 671/2021 do Ministério do Trabalho e Emprego**
Art. 1º, I – trabalho forçado: aquele exercido sem o consentimento por parte do trabalhador e que lhe retire a possibilidade de expressar sua vontade;	**Art. 208, I** – trabalho forçado – é o exigido sob ameaça de sanção física ou psicológica e para o qual o trabalhador não tenha se oferecido ou no qual não deseje permanecer espontaneamente;
Art. 1º, II – jornada exaustiva: a submissão do trabalhador, contra a sua vontade e com privação do direito de ir e vir, a trabalho fora dos ditames legais aplicáveis a sua categoria;	**Art. 208, II** – jornada exaustiva – toda forma de trabalho, de natureza física ou mental, que, por sua extensão ou intensidade, acarrete violação de direito fundamental do trabalhador, notadamente os relacionados à segurança, à saúde, ao descanso e ao convívio familiar e social;
Art. 1º, III – condição degradante: caracterizada por atos comissivos de violação dos direitos fundamentais da pessoa do trabalhador, consubstanciados no cerceamento da liberdade de ir e vir, seja por meios morais ou físicos, e que impliquem na privação da sua dignidade;	**Art. 208, III** – condição degradante de trabalho – qualquer forma de negação da dignidade humana pela violação de direito fundamental do trabalhador, notadamente os dispostos nas normas de proteção do trabalho e de segurança, higiene e saúde no trabalho;
Art. 1º, IV – condição análoga à de escravo: a) a submissão do trabalhador a trabalho exigido sob ameaça de punição, com uso de coação, realizado de maneira involuntária; b) o cerceamento do uso de qualquer meio de transporte por parte do trabalhador, com o fim de retê-lo no local de trabalho em razão de dívida contraída com o empregador ou preposto, caracterizando isolamento geográfico; c) a manutenção de segurança armada com o fim de reter o trabalhador no local de trabalho em razão de dívida contraída com o empregador ou preposto; d) a retenção de documentação pessoal do trabalhador, com o fim de reter o trabalhador no local de trabalho;	**Art. 207.** Considera-se em condição análoga à de escravo o trabalhador submetido, de forma isolada ou conjuntamente, a: (...) V – retenção no local de trabalho em razão de: a) cerceamento do uso de qualquer meio de transporte; b) manutenção de vigilância ostensiva; ou c) apoderamento de documentos ou objetos pessoais.

	Art. 208, IV – restrição, por qualquer meio, da locomoção do trabalhador em razão de dívida – limitação ao direito fundamental de ir e vir ou de encerrar a prestação do trabalho, em razão de débito imputado pelo empregador ou preposto ou da indução ao endividamento com terceiros; V – cerceamento do uso de qualquer meio de transporte – toda forma de limitação ao uso de meio de transporte existente, particular ou público, possível de ser utilizado pelo trabalhador para deixar local de trabalho ou de alojamento; VI – vigilância ostensiva no local de trabalho é qualquer forma de controle ou fiscalização, direta ou indireta, por parte do empregador ou preposto, sobre a pessoa do trabalhador que o impeça de deixar local de trabalho ou alojamento; e VII – apoderamento de documentos ou objetos pessoais é qualquer forma de posse ilícita do empregador ou preposto sobre documentos ou objetos pessoais do trabalhador.
Art. 1º, *caput*, Para fins de concessão de benefício de seguro-desemprego ao trabalhador que vier a ser identificado como submetido a regime de trabalho forçado ou reduzido a condição análoga à de escravo, nos termos da Portaria MTE nº 1.153, de 13 de outubro de2003, em decorrência de fiscalização do Ministério do Trabalho, bem como para inclusão do nome de empregadores no Cadastro de Empregadores que tenham submetido trabalhadores à condição análoga à de escravo, estabelecido pela PI MTPS/MMIRDH nº 4, de11.05.2016, considerar-se-á:	**Art. 208, § 1º** Os conceitos estabelecidos neste artigo serão observados para fins de concessão de seguro-desemprego, conforme o disposto na Lei nº 10.608, de 20 de dezembro de 2002 e nas Resoluções do Conselho Deliberativo do Fundo de Amparo ao Trabalhador – CODEFAT, bem como para inclusão de pessoas físicas ou jurídicas no cadastro de empregadores que tenham submetido trabalhadores à condição análoga à de escravo.

Note-se que o conceito de jornada exaustiva e trabalho degradante assentados pelos órgãos internacionais, pelos órgãos de fiscalização, pelo MPT e inclusive pelo Código Penal (redução a condição análoga à de escravo) era mais amplo do que o trazido pela Portaria nº 1.129/2017 do Ministério do Trabalho, que limitava o reconhecimento do trabalho escravo à privação no direito de locomoção dos trabalhadores.

Questionando a constitucionalidade da Portaria nº 1.129/2017 do Ministério do Trabalho, o Partido Rede Sustentabilidade ingressou, em 20 de outubro de 2017, com a ADPF 489/DF, com pedido liminar para a suspensão da eficácia de referida Portaria até o julgamento final do mérito da ação.

Em 23 de outubro de 2017, a Ministra Rosa Weber deferiu o pedido de liminar para suspender os efeitos da Portaria nº 1.129 do Ministério do Trabalho sob o argumento de que o art. 1º da norma restringia indevidamente o conceito de redução à condição análoga a escravo e prejudica os princípios basilares da Constituição, além de violar os compromissos internacionais assumidos pelo Brasil no combate ao trabalho escravo.

A atualização dos conceitos de jornada exaustiva e trabalho degradante trazida pela Portaria MTP nº 671/2021 é mais alinhada com o atual desenvolvimento do tema na doutrina e na jurisprudência. Veja que a nova regulamentação não mais limita a caracterização da jornada exaustiva ou da condição degradante de trabalho à violação do direito de ir e vir, mas amplia o foco para a negação da dignidade humana e para a violação de direitos fundamentais do trabalhador, notadamente os relacionados à segurança, à saúde, ao descanso e ao convívio familiar e social.

Além disso, em relação ao conceito de trabalho degradante, a Portaria de 2017 exigia, para sua caracterização, **"atos comissivos** de violação dos direitos fundamentais da pessoa do trabalhador", expressão que não está presente na regulamentação atual (de 2021), a qual consigna **"qualquer forma** de negação da dignidade humana".

Outra novidade presente na Portaria MTP nº 671/2021 é o conceito de tráfico de pessoas para fins de exploração de trabalho em condição análoga à de escravo:

> **Art. 210 da Portaria MTP nº 671/2021:** Considera-se tráfico de pessoas para fins de exploração de trabalho em condição análoga à de escravo o recrutamento, o transporte, a transferência, o alojamento ou o acolhimento de pessoas, mediante ameaça ou uso da força ou outras formas de coação, rapto, fraude, engano, abuso de autoridade ou situação de vulnerabilidade ou entrega ou aceitação de pagamentos ou benefícios para obter o consentimento de uma pessoa que tenha autoridade sobre outra.

Com a publicação da Portaria MTP nº 671/2021, a ADPF 489/DF foi julgada prejudicada, por perda superveniente do seu objeto, extinguindo-se o processo sem resolução do mérito.

Feitas essas considerações, é necessário demonstrar os mecanismos de combate ao trabalho escravo na esfera internacional e na legislação brasileira.

3.2. Medidas de combate ao trabalho escravo e degradante na esfera internacional e na legislação brasileira

No plano internacional, a Convenção nº 29 da OIT de 1930, ratificada pelo Brasil e promulgada pelo Decreto nº 41.721/1957 e consolidada com as demais convenções e recomendações no Decreto nº 10.088/2019, já previa a necessidade de combate ao trabalho forçado em seu art. 1º.

Além disso, o art. 23, I, da Declaração Universal dos Direitos Humanos dispõe: "Todo homem tem direito ao trabalho, à livre escolha de emprego, a condições justas e favoráveis de trabalho e à proteção contra o desemprego." Nesse sentido, verifica-se movimento no plano internacional para intensificar o combate ao trabalho escravo.

Cumpre destacar que a Convenção nº 105 da OIT estabelece, em seu art. 1º, a necessidade de erradicação do trabalho forçado ou obrigatório pelos Estados-membros da Organização.

Na legislação brasileira, verifica-se que foram tomadas medidas efetivas no combate ao trabalho escravo e degradante a partir de 1995, com a criação do Grupo Executivo de Repressão ao Trabalho Forçado – Gertraf, criado pelo Decreto nº 1.538/1995. Em seguida, desenvolveram-se os Grupos Especiais de Fiscalização Móvel – GEFM, compostos por

Auditores-Fiscais do Trabalho. O Gertraf foi extinto em 2003 para dar lugar ao surgimento da Comissão Nacional para Erradicação do Trabalho Escravo (Conatre).

Ressalta-se que uma das medidas tomadas por essa comissão foi a criação da denominada "lista suja do trabalho escravo", que continha as indicações dos empregadores que haviam mantido trabalho escravo. A lista é atualizada a cada 6 meses e o nome somente é excluído após 2 anos de sua inscrição na lista e se for sanada a irregularidade apontada pela fiscalização[1166].

No dia 15/09/2020, o STF julgou constitucional a "lista suja do trabalho escravo" ao analisar a ADPF 509 propostas pela Associação Brasileira de Incorporadoras Imobiliárias (Abrainc). O Relator Ministro Marco Aurélio Mello sustentou que a lista se baseia na Lei de Acesso à Informação e, portanto, pode ser divulgada. Além disso, a Portaria Interministerial 4/2016, que regulamenta o assunto, atende ao devido processo legal, pois garanta ao empregador apresentar defesa.

Nos termos da Portaria nº 671/2021 do MPT, considera-se em condição análoga à de escravo o trabalhador submetido, de forma isolada ou conjuntamente a:

> **Art. 207 da Portaria MTP 671/2021.** Considera-se em condição análoga à de escravo o trabalhador submetido, de forma isolada ou conjuntamente, a:
>
> I – trabalho forçado;
>
> II – jornada exaustiva;
>
> III – condição degradante de trabalho;
>
> IV – restrição, por qualquer meio, de locomoção em razão de dívida contraída com empregador ou preposto, no momento da contratação ou no curso do contrato de trabalho; ou
>
> V – retenção no local de trabalho em razão de:
>
> a) cerceamento do uso de qualquer meio de transporte;
>
> b) manutenção de vigilância ostensiva; ou
>
> c) apoderamento de documentos ou objetos pessoais.

Parágrafo único. O trabalho realizado em condição análoga à de escravo, sob todas as formas, constitui atentado aos direitos humanos fundamentais e à dignidade do trabalhador e é dever do Auditor-Fiscal do Trabalho combater a sua prática.

Constatada a ocorrência de uma ou mais das hipóteses para a configuração do trabalho escravo, o Auditor-Fiscal do Trabalho deverá lavrar auto de infração conclusivo a respeito da constatação de trabalho em condição análoga à de escravo, descrevendo de forma circunstanciada e pormenorizada os fatos que fundamentaram a caracterização (art. 218, Portaria MTP 671/2021).

Além disso, o Cadastro de Empregadores será divulgado no site institucional do Ministério do Trabalho e Emprego, com a relação de pessoas físicas e jurídicas autuadas em ação fiscal que tenha sido identificado trabalhadores submetidos a condições análogas à de escravo. Essa inclusão só será possível após sentença administrativa irrecorrível de procedência do auto de infração lavrado na ação fiscal (art. 225, Portaria MTP 671/2021).

1166. CAIRO JUNIOR, José. *Curso de Direito do Trabalho*. 9. ed. Salvador: Juspodivm, 2014. p. 180.

3.3. Responsabilidade jurídica na constatação do trabalho escravo ou degradante

Nesse ponto, é válido destacar que a contratação de mão de obra em condição análoga à escravidão não tem efeitos apenas na esfera trabalhista, mas poderá gerar responsabilização do infrator pela prática de ilícito civil, penal e administrativo. Referida conduta fere a dignidade humana do trabalhador e, por isso, deve ser combatida de todas as formas. Nesse sentido, corrobora o grande número de convenções e declarações internacionais sobre o tema.

Como tentativa de tornar a matéria mais didática e fácil para memorização, vamos separar em tópicos os efeitos gerados pela utilização do trabalho degradante, ou seja, efeitos na esfera **penal; trabalhista; administrativa** e, por fim, como **ilícito civil**.

3.3.1. Responsabilidade penal

Ao manter trabalho escravo e degradante, o empregador e demais responsáveis poderão ter suas ações tipificadas pelo **art. 149 do Código Penal**, que versa sobre o crime de redução a condição análoga à de escravo:

> **Art. 149 do Código Penal:** Reduzir alguém a condição análoga à de escravo, quer submetendo-o a trabalhos forçados ou a jornada exaustiva, quer sujeitando-o a condições degradantes de trabalho, quer restringindo, por qualquer meio, sua locomoção em razão de dívida contraída com o empregador ou preposto:
>
> Pena – reclusão, de dois a oito anos, e multa, além da pena correspondente à violência.
>
> § 1º. Nas mesmas penas incorre quem:
>
> I – cerceia o uso de qualquer meio de transporte por parte do trabalhador, com o fim de retê-lo no local de trabalho;
>
> II – mantém vigilância ostensiva no local de trabalho ou se apodera de documentos ou objetos pessoais do trabalhador, com o fim de retê-lo no local de trabalho.
>
> § 2º. A pena é aumentada de metade, se o crime é cometido:
>
> I – contra criança ou adolescente;
>
> II – por motivo de preconceito de raça, cor, etnia, religião ou origem.

Inicialmente, cumpre ressaltar que o tipo penal foi alterado em 2003, quando foram indicadas diversas hipóteses para a configuração do crime. A redação original apenas previa a conduta de "reduzir alguém à condição análoga à de escravidão". Atualmente, de acordo com Rogério Sanches Cunha[1167], a conduta refere-se à sujeição de uma pessoa ao domínio da outra, mas comporta **cinco condutas tipificadas**, quais sejam:

1) submeter a vítima a trabalhos forçados ou a jornada exaustiva (*caput*);
2) sujeitá-la a condições degradantes de trabalho (*caput*);
3) restringir, por qualquer meio, sua locomoção em razão de dívida contraída com o empregador ou preposto (*caput*);
4) cercear o uso de qualquer meio de transporte por parte do trabalhador, com o fim de retê-lo no local de trabalho (§ 1º, I);

1167. CUNHA, Rogério Sanches. *Código Penal para concursos*. 7. ed. Salvador: Juspodivm, 2014. p. 380.

5) manter vigilância ostensiva no local de trabalho ou se apoderar de documentos ou objetos pessoais do trabalhador, com o fim de retê-lo no local de trabalho (§ 1º, II).

Pela análise das hipóteses elencadas no tipo penal, é possível afirmar que o trabalho em condições análogas à escravidão compreende gênero, do qual são espécies o trabalho forçado e o trabalho degradante[1168]. Ressalta-se que o crime pode ser majorado no caso de cometimento contra criança ou adolescente, e em razão de preconceito de raça, cor, etnia, religião ou origem.

Existia discussão doutrinária acerca da **competência** para processar e julgar o crime previsto no art. 149 do Código Penal, se da Justiça Estadual ou da Justiça Federal. Ocorre que o STF[1169] pacificou o entendimento de que a competência sempre será da Justiça Federal, porque, ainda que apenas um indivíduo seja atingido, ofende-se não só a organização do trabalho como a pessoa em sua dignidade.

3.3.2. Impactos nas responsabilidades trabalhista e previdenciária

No âmbito trabalhista, será necessário o adimplemento das parcelas salariais e indenizatórias comuns a todo contrato de trabalho durante o período laborado. Verifica-se que se trata de uma hipótese de **trabalho proibido**, ou seja, aquele prestado em condições que agridem a saúde e a segurança do trabalhador, ou seja, desrespeitam normas de proteção trabalhista. A lei proíbe que esse tipo de trabalho se desenvolva de forma válida.

Como forma de evitar o enriquecimento ilícito do empregador e, ainda, diante da impossibilidade de devolver ao trabalhador a mão de obra já despendida, há necessidade, no caso de trabalho proibido, de pagamento dos salários e demais verbas trabalhistas. Isso possibilita que todos os direitos trabalhistas sejam pagos ao empregado que esteja laborando em situação contrária à legislação. Interpretação contrária a essa causaria dupla punição ao trabalhador.

Desse modo, o vínculo empregatício é declarado e será paga a totalidade das verbas rescisórias do contrato. Trata-se de uma hipótese de rescisão indireta do contrato de trabalho por justa causa do empregador. Ressalta-se que o trabalhador não poderá continuar prestando serviços nesses locais, nas mesmas condições, pois encontra-se contrário às normas mínimas de proteção. Além disso, é válido destacar que o empregado sujeito ao trabalho em condição análoga à escravidão terá direito ao recebimento de seguro-desemprego de acordo com o art. 2º, I, segunda parte, da Lei nº 7.998/1990. Ressalta-se que essa hipótese foi criada pela Lei nº 10.608/2002, e, portanto, somente passaram a ter o benefício após esse período. De acordo com o art. 2º-C, Lei nº 7.998/1990, o empregado terá direito a três parcelas de seguro-desemprego no valor de 1 salário mínimo cada uma delas.

São requisitos para o recebimento do benefício para os empregados resgatados do regime de **trabalho escravo**:

1) comprovar o resgate do regime de trabalho escravo ou da condição análoga à escravidão;

1168. GARCIA, Gustavo Filipe. *Curso de Direito do Trabalho*. 7. ed. Rio de Janeiro: Forense, 2013. p. 181.

1169. RE nº 398.041/PA, Rel. Min. Joaquim Barbosa.

2) não receber nenhum benefício da Previdência Social, exceto auxílio-acidente e pensão por morte;

3) não possuir renda própria para seu sustento e de sua família;

4) pedido realizado até 90 dias após o resgate[1170].

3.3.3. Responsabilidade administrativa

No âmbito administrativo, o empregador poderá sofrer as seguintes penalizações[1171]:

a) seu nome incluído no cadastro nacional de empregadores que tenham mantido trabalhadores em condições análogas à de escravo – é válido destacar que a inclusão do nome somente ocorrerá após a decisão administrativa final relativa ao auto de infração;

b) imposição de restrição para obter crédito agrícola; e

c) pagamento das multas de natureza administrativa.

As demandas judiciais que envolvam a atuação dos órgãos de fiscalização do trabalho serão da competência da Justiça do Trabalho nos termos do art. 114 da CF/88: "Compete à Justiça do Trabalho processar e julgar: as ações relativas às penalidades administrativas impostas aos empregadores pelos órgãos de fiscalização das relações de trabalho."

Por fim, destaca-se que a PEC do Trabalho Escravo (PEC nº 438-A/2008) foi aprovada e resultou na alteração da redação do art. 243 da CF/88 (Emenda Constitucional nº 81/2014) para abranger o confisco de terras quando verificada a hipótese de exploração de trabalho escravo. Ressalta-se que as terras expropriadas devem ser destinadas à reforma agrária e aos programas de habitação popular, conforme dispõe o próprio art. 243 da CF/88.

Essa alteração do art. 243 da CF, promovida pela EC nº 81/2014, trata de norma constitucional não autoaplicável. Assim sendo, essa hipótese de expropriação-sanção depende de regulamentação legal, que ainda não ocorreu[1172].

3.3.4. Responsabilidade civil

É válido destacar que será possível a indenização do trabalhador em razão de eventuais danos sofridos pelo trabalho em condições análogas às de escravidão ou trabalho degradante. Destaca-se que poderá haver reparação de eventual dano material ocorrido.

Sendo verificada a morte do trabalhador, a família da vítima poderá receber indenização, prevista no art. 948 do CC/02, por morte da vítima:

> **Art. 948.** No caso de homicídio, a indenização consiste, sem excluir outras reparações:

1170. Sobre o tema, veja o site do Ministério do Trabalho: http://portal.mte.gov.br/seg_desemp/modalidades-seguro-desemprego-empregado-resgatado.htm.

1171. CAIRO JUNIOR, José. *Curso de Direito do Trabalho*. 9. ed. Salvador: Juspodivm, 2014. p. 183.

1172. Tendo em vista a necessidade de lei regulamentadora, tramita no Congresso Nacional, o PL do Senado 432/13, para dispor sobre a expropriação das propriedades rurais e urbanas onde se localizem a exploração de trabalho escravo.

> I - no pagamento das despesas com o tratamento da vítima, seu funeral e o luto da família;
>
> II - na prestação de alimentos às pessoas a quem o morto os devia, levando-se em conta a duração provável da vida da vítima.

Não há dúvidas de que, além da indenização apresentada nos incisos do artigo mencionado, serão devidas outras indenizações, qualquer que seja sua natureza. Assim, é plenamente possível conciliar essa indenização com danos morais e estéticos.[1173]

A lesão causada à vítima em decorrência do trabalho forçado ou degradante poderá deixar sequelas e, dessa forma, permanecerá com a incapacidade mesmo após cessados os principais efeitos danosos do ato. A indenização para essa modalidade de lesão está disciplinada no art. 950 do CC/02.

O empregador terá o dever de pagar as despesas com o tratamento e lucros cessantes até que o empregado esteja com a saúde recuperada. Entretanto, lembre-se de que, nesse caso, diferentemente da incapacidade transitória, será devida pensão ainda que parcial ao empregado em razão das sequelas deixadas pelo ato danoso. Em que pese a recuperação do empregado, poderá haver sequelas que impeçam ou dificultem a realização de trabalhos pelo empregado.

O trabalho em condições análogas à escravidão também pode ensejar a responsabilização do empregador por dano moral causado ao empregado.

Aliás, é possível eventual reparação por dano estético se, após alguma lesão ocorrida em razão do exercício do trabalho nessas condições, verifique-se a alteração corporal externa do empregado que venha a trazer desagrado e repulsa não apenas àquele que sofreu o dano como também a quem o observa. Assim, se uma lesão prejudicar a vida social e pessoal da vítima pelo sentimento de desprezo à sua imagem, será possível a indenização por dano estético.

3.3.4.1. Danos morais coletivos

O empregador poderá ser condenado a pagar **indenização por danos morais coletivos**. O Ministério Público do Trabalho, ao ingressar com a ação civil pública, requer o pagamento de uma reparação à coletividade, em razão do sentimento negativo (raiva, angústia, vergonha) que as pessoas da sociedade sentem ao ver que ainda há essa exploração do ser humano em pleno século XXI. A melhor definição de dano moral coletivo é dada pelo autor Xisto Tiago de Medeiros Neto[1174]:

> O dano moral coletivo corresponde à lesão injusta e intolerável a interesses ou direitos titularizados pela coletividade (considerada em seu todo ou em qualquer de suas expressões - grupos, classes ou categorias de pessoas), os quais possuem natureza extrapatrimonial, refletindo valores e bens fundamentais para a sociedade.

O valor dessa condenação é revertido ao FAT - Fundo de Amparo ao Trabalhador, pois ainda não há, na área trabalhista, um fundo específico criado para receber esses valores, conforme previsto na Lei nº 7.347 de 1985 (Ação Civil Pública).

1173. MELO, Raimundo Simão. *Direito ambiental do trabalho e a saúde do trabalhador*. 4. ed. São Paulo: LTr, 2010. p. 446.
1174. MEDEIROS NETO, Xisto Tiago. *Dano Moral Coletivo*. 2. ed. São Paulo: LTr, 2007. p. 136.

Nesse sentido, a indenização por danos morais coletivos é aceita pela jurisprudência do TST no caso de constatação de trabalho em condição análoga à de escravidão, pois além de afrontar diretamente a dignidade da pessoa humana e a honra objetiva e subjetiva dos empregados sujeitos a tais condições degradantes de trabalho, essa reprovável conduta atinge, também, de maneira reflexa, todo o sistema protetivo trabalhista e os valores sociais e morais do trabalho, protegidos pelo art. 1º da Constituição Federal[1175].

3.3.4.2. Dumping *social*

Por fim, destaca-se a figura do *Dumping* social. O termo *dumping* passou a ser utilizado no Direito Comercial para toda prática destinada a promover o sufocamento da concorrência comercial. No âmbito do Direito do Trabalho, a figura do *dumping social* compreende a conduta de retirar deliberadamente direitos trabalhistas com o objetivo de conseguir vantagens comerciais e financeiras. Trata-se de uma modalidade de ganho de competitividade desleal, em razão da redução dos custos trabalhistas. Nesse sentido:

> A extensão conceitual rotulada de dumping social trabalhista, na verdade, corresponde à deterioração do contrato individual de emprego em benefício do lucro do empregador com sacrifício das obrigações e encargos sociais tutelares do empregado[1176].

O *dumping* social ocorre quando se verificam agressões reincidentes e inescusáveis que ferem diretamente os direitos sociais dos trabalhadores e a dignidade da pessoa humana e desconsideram, propositalmente, a estrutura do Estado social e do próprio modelo capitalista com a obtenção de vantagem indevida perante a concorrência[1177]. A prática do *dumping social* permite a formulação de pedido de indenização pelos danos sociais sofridos. Diante do dano à coletividade, assume papel relevante a atuação do Ministério Público do Trabalho na tutela coletiva dos direitos violados por essa prática.

4. RESPONSABILIDADE CIVIL DECORRENTE DE ACIDENTES DO TRABALHO[1178]

4.1. Introdução

Os temas da responsabilidade civil e do acidente do trabalho são, frequentemente, cobrados nos concursos públicos. Por isso, optou-se em inserir mais esse tópico no livro. Além dos impactos no Direito do Trabalho, o assunto também é importante para fins previdenciários em razão de benefícios vinculados à ocorrência de acidente do trabalho. Em razão disso, além dos efeitos trabalhistas, os comentários a seguir apontam os principais reflexos do acidente de trabalho na área previdenciária.

1175. RR 178000-13.2003.5.08.0117. Data de Julgamento: 18/08/2010, Relator Ministro: Luiz Philippe Vieira de Mello Filho, 1ª Turma, Data de Publicação: DEJT 27/08/2010.

1176. PINTO, José Augusto Rodrigues. *Dumping* ou delinquência patronal na relação de emprego? *Rev. TST*, Brasília, vol. 77, nº 3, jul/set 2011. Disponível em: http://www.tst.jus.br/documents/1295387/2684887/Dumping+Social+ou+delinqu%C3%AAncia+patronal+na+rela%C3%A7%C3%A3º+de+emprego.

1177. 1 – RO: 00001458820135010053 RJ, Relator: Edith Maria Correa Tourinho, Data de Julgamento: 17/12/2013, Oitava Turma, Data de Publicação: 13/01/2014.

1178. Este tema foi exigido no concurso para Analista do TRT da 21ª Região realizado em 2017.

4.2. Responsabilidade civil no ordenamento jurídico brasileiro

A responsabilidade civil brasileira sempre esteve fundamentada no delito ou quase-delito, ou seja, aquele que pratica um ato ilícito deverá indenizar a parte contrária quando esse ato for praticado por culpa ou dolo do agente. Entretanto, conforme salienta Raimundo Simão de Melo[1179], após a promulgação do Código Civil de 2002, é possível afirmar que o legislador adotou tanto a teoria da responsabilidade civil subjetiva como a teoria da responsabilidade objetiva baseada no risco da atividade desenvolvida.

Os arts. 186 e 927, "caput", do Código Civil de 2002 representam nitidamente o sistema de responsabilização subjetiva:

> **Art. 186, CC/02:** Aquele que, por ação ou omissão voluntária, negligência ou imprudência, violar direito e causar dano a outrem, ainda que exclusivamente moral, comete ato ilícito.
>
> **Art. 927, CC/02:** Aquele que, por ato ilícito (arts. 186 e 187), causar dano a outrem, fica obrigado a repará-lo.

Os pressupostos para a responsabilidade subjetiva são: a) ação ou omissão do agente; b) o elemento subjetivo (culpa ou dolo); c) o nexo de causalidade entre a conduta e o resultado; e d) ocorrência de um dano efetivo.

Por outro lado, a responsabilidade civil objetiva está expressa no art. 927, parágrafo único, do Código Civil de 2002 de modo a abarcar um número indefinido de hipóteses em que será possível dispensar a análise da culpa ou dolo:

> **Art. 927, parágrafo único, CC/02:** Haverá obrigação de reparar o dano, independentemente de culpa, nos casos especificados em lei, ou quando a atividade normalmente desenvolvida pelo autor do dano implicar, por sua natureza, risco para os direitos de outrem.

Assim, conforme leciona Raimundo Simão de Melo[1180], a responsabilidade civil objetiva não é presumida, uma vez que decorre de lei ou de atividade de risco. Além disso, vale ressaltar que os pressupostos para sua caracterização são idênticos ao da responsabilidade subjetiva, com exclusão da culpa ou dolo.

O autor ressalta, ainda, que os fundamentos para a aplicação do sistema de responsabilidade objetiva decorrem dos perigos da vida contemporânea, a revolução tecnológica, a facilitação para o recebimento de indenização pela vítima, a hipossuficiência desta, em especial nos acidentes de trabalho, além dos princípios da equidade, justiça social e socialização do Direito.

4.3. Responsabilidade civil nos acidentes de trabalho

Caso preenchidos os requisitos da responsabilidade civil, é possível condenar o empregador a indenizar o trabalhador por eventuais danos sofridos em razão de acidentes de trabalho. Para isso, além da caracterização do acidente de trabalho, é necessária

---

1179. MELO, Raimundo Simão. *Ações acidentárias na Justiça do Trabalho*. São Paulo: LTr, 2011. p. 28.
1180. MELO, Raimundo Simão. *Ações acidentárias na Justiça do Trabalho*. São Paulo: LTr, 2011. p. 44.

a presença do nexo de causalidade e a análise quanto à necessidade de se verificar a culpa ou dolo do empregador.

4.3.1. Acidente de trabalho

De acordo com Raimundo Simão de Melo[1181], o acidente é entendido, na linguagem corrente, como todo acontecimento imprevisto ou fortuito que cause dano à coisa ou à pessoa. Ademais, aponta que a definição de acidente de trabalho como um acontecimento súbito, decorrente de obra do acaso está de acordo com o entendimento do século XIX.

Para o autor, essa posição não mais se sustenta no mundo contemporâneo, uma vez que grande parte dos acidentes de trabalho é causada pela falta de prevenção dos ambientes de trabalho. Há a possibilidade em muitos casos de prever e prevenir esses infortúnios.

Assim, é possível afirmar que acidente de trabalho não está ligado mais à ideia de imprevisibilidade, mas que basta para sua configuração a ocorrência de evento danoso ao trabalhador durante a prestação de serviços ou em sua decorrência.

Ressalta-se que a ocorrência de acidente de trabalho assegura ao segurado empregado, inclusive o doméstico, ao trabalhador avulso e ao segurado especial a possibilidade de recebimento de quatro benefícios previdenciários:

- Auxílio-doença acidentário;
- Aposentadoria por invalidez decorrente de acidente de trabalho;
- Auxílio-acidente por acidente de trabalho; e
- Pensão por morte por acidente de trabalho.

4.3.1.1. Acidente de trabalho típico

A Lei nº 8.213/1991, que dispõe sobre os Planos de Benefícios da Previdência Social, estabelece o conceito de acidente de trabalho para fins previdenciários. Nesse sentido, art. 19 da referida lei:

> **Art. 19, Lei nº 8.213/1991:** Acidente do trabalho é o que ocorre pelo exercício do trabalho a serviço de empresa ou de empregador doméstico ou pelo exercício do trabalho dos segurados referidos no inciso VII do art. 11 desta Lei, provocando lesão corporal ou perturbação funcional que cause a morte ou a perda ou redução, permanente ou temporária, da capacidade para o trabalho. (Redação dada pela Lei Complementar nº 150, de 2015)

O acidente de trabalho típico é, portanto, aquele que ocorre pelo exercício do trabalho a serviço de determinada empresa que venha a provocar lesão corporal ou perturbação funcional que cause a morte ou a perda ou redução da capacidade laboral. Lesão corporal ocorre quando o dano atinge a integridade física do indivíduo, causando-lhe um dano físico-anatômico, enquanto perturbação funcional corresponde a um dano fisiológico ou psíquico, relacionado a órgãos ou funções específicas do organismo humano, sem aparentar lesão física[1182].

1181. MELO, Raimundo Simão. *Ações acidentárias na Justiça do Trabalho*. São Paulo: LTr, 2011. p. 51-52.
1182. MENEZES, Adriana. *Direito Previdenciário*. Coleção Tribunais. 6ª Edição. Salvador: Juspodivm, 2016. p. 260.

Ocorre acidente de trabalho típico, por exemplo, quando um empregado na linha de produção de uma indústria sofre lesão corporal ao operar uma máquina.

Antes da promulgação da LC nº 150/2015, o acidente de trabalho somente era reconhecido aos empregados, trabalhadores avulsos e segurados especiais. Com a atual redação do art. 19 da Lei nº 8.213/1991, o conceito de acidente de trabalho passou a abranger também o empregado doméstico. Nesse sentido, o doméstico também tem direito aos benefícios previdenciários decorrentes do acidente de trabalho. Além disso, os empregadores domésticos têm o dever de recolhimento do valor de 0,8% da remuneração devida ou paga no mês anterior ao empregado doméstico a título contribuição social para financiamento do seguro contra acidentes do trabalho (SAT):

> **Art. 34, LC nº 150/2015:** O Simples Doméstico assegurará o recolhimento mensal, mediante documento único de arrecadação, dos seguintes valores:
>
> (...) III - 0,8% (oito décimos por cento) de contribuição social para financiamento do seguro contra acidentes do trabalho;

4.3.1.2. Acidente de trabalho equiparado

Além disso, a lei de benefícios previdenciários estabelece um rol de hipóteses equiparadas ao acidente de trabalho, seja por doenças ocupacionais (art. 20) ou eventos acidentários que não são incluídos no conceito típico (art. 21). Alguns autores[1183] realizam a divisão terminológica entre acidentes de trabalho atípicos, que compreendem as doenças ocupacionais, e acidentes de trabalho por equiparação ao se referir às demais hipóteses de acidente de trabalho previstas no art. 21 da Lei nº 8.213/1991.

Cumpre ressaltar que a equiparação com o acidente de trabalho ocorre para que os efeitos jurídicos aplicados ao acidente de trabalho sejam estendidos para essas outras modalidades. Entretanto, apresentam conceitos totalmente diversos do acidente de trabalho típico. São consideradas doenças profissionais ou ocupacionais:

> **Art. 20, Lei nº 8.213/1991:** Consideram-se acidente do trabalho, nos termos do artigo anterior, as seguintes entidades mórbidas:
>
> I - doença profissional, assim entendida a produzida ou desencadeada pelo exercício do trabalho peculiar a determinada atividade e constante da respectiva relação elaborada pelo Ministério do Trabalho e da Previdência Social;
>
> II - doença do trabalho, assim entendida a adquirida ou desencadeada em função de condições especiais em que o trabalho é realizado e com ele se relacione diretamente, constante da relação mencionada no inciso I.
>
> (...) § 2º Em caso excepcional, constatando-se que a doença não incluída na relação prevista nos incisos I e II deste artigo resultou das condições especiais em que o trabalho é executado e com ele se relaciona diretamente, a Previdência Social deve considerá-la acidente do trabalho.

As doenças ocupacionais - doença profissional e do trabalho - não se configuram como fatos repentinos, violentos, abruptos que causam a morte ou incapacidade do indivíduo, mas compreendem situações que, progredindo no tempo, mantem nexo de causalidade com a redução ou fim da capacidade laborativa[1184].

1183. MENEZES, Adriana. *Direito Previdenciário*. Coleção Tribunais. 6ª Edição. Salvador: Juspodivm, 2016. p. 260-262.

1184. MENEZES, Adriana. *Direito Previdenciário*. Coleção Tribunais. 6ª Edição. Salvador: Juspodivm, 2016. p. 260.

Segundo Sebastião Geraldo de Oliveira[1185], a **doença profissional** é aquela peculiar a determinada atividade ou profissão, cujo exercício pode produzir ou desencadear certar patologias no trabalhador. Nesse caso, o nexo causal da doença com a atividade é presumido. Como exemplo de doença profissional, é possível mencionar a pneumoconiose que ocorre na inalação de poeiras por trabalhadores na mineração.

Por outro lado, a **doença do trabalho** ocorre em razão de determinadas condições em que o trabalho é realizado e não é vinculada a determinada atividade ou profissão. Seu aparecimento decorre da forma em que o trabalho é realizado ou das condições do meio ambiente do trabalho.

A LER (Lesão por esforço repetitivo) é um exemplo clássico de doença do trabalho, pois pode ser adquirida em qualquer atividade, sem vinculação direta a determinada profissão. Não há, nessa hipótese, nexo causal presumido, exigindo-se a comprovação de que a patologia se desenvolveu em razão das condições especiais do trabalho realizado.

Conclui-se, portanto, conforme ensinamentos de Mauricio Godinho Delgado[1186], que as distintas lesões acidentárias podem ocorrer pela deterioração físico-mental do indivíduo em razão do ambiente de trabalho ou da postura durante a prestação de serviços (doenças ocupacionais) ou pela prática de ofícios em local que contenha agentes agressores ao organismo humano (doenças profissionais). Por fim, é possível que a lesão tenha origem no acidente de trabalho, ato que produz intensa agressão à saúde do trabalhador.

Além das hipóteses de doenças profissionais e do trabalho, o art. 21 da Lei nº 8.213/1991 traz outras hipóteses que se equiparam ao acidente de trabalho:

> **Art. 21, Lei nº 8.213/1991:** Equiparam-se também ao acidente do trabalho, para efeitos desta Lei:
>
> I – o acidente ligado ao trabalho que, embora não tenha sido a causa única, haja contribuído diretamente para a morte do segurado, para redução ou perda da sua capacidade para o trabalho, ou produzido lesão que exija atenção médica para a sua recuperação;
>
> II – o acidente sofrido pelo segurado no local e no horário do trabalho, em consequência de:
>
> a) ato de agressão, sabotagem ou terrorismo praticado por terceiro ou companheiro de trabalho;
>
> b) ofensa física intencional, inclusive de terceiro, por motivo de disputa relacionada ao trabalho;
>
> c) ato de imprudência, de negligência ou de imperícia de terceiro ou de companheiro de trabalho;
>
> d) ato de pessoa privada do uso da razão;
>
> e) desabamento, inundação, incêndio e outros casos fortuitos ou decorrentes de força maior;
>
> III – a doença proveniente de contaminação acidental do empregado no exercício de sua atividade;
>
> IV – o acidente sofrido pelo segurado ainda que fora do local e horário de trabalho:

1185. OLIVEIRA, Sebastião Geraldo. *Indenizações por acidente do trabalho ou doença ocupacional*. 7. ed. São Paulo: LTr, 2013. p. 51.

1186. DELGADO, Mauricio Godinho. *Curso de Direito do Trabalho*. 11. ed. São Paulo: LTr, 2012. p. 621.

a) na execução de ordem ou na realização de serviço sob a autoridade da empresa;

b) na prestação espontânea de qualquer serviço à empresa para lhe evitar prejuízo ou proporcionar proveito;

c) em viagem a serviço da empresa, inclusive para estudo quando financiada por esta dentro de seus planos para melhor capacitação da mão-de-obra, independentemente do meio de locomoção utilizado, inclusive veículo de propriedade do segurado;

d) no percurso da residência para o local de trabalho ou deste para aquela, qualquer que seja o meio de locomoção, inclusive veículo de propriedade do segurado.

Nesse sentido, a legislação ampliou as hipóteses que configuram acidente de trabalho, como exemplo, o acidente de trajeto que compreende aquele que ocorre no percurso casa-trabalho e trabalho-casa por qualquer meio de locomoção. Note-se que mesmo com a Reforma Trabalhista e a consequente supressão da hora *in itinere* pelo legislador, esta hipótese continua sendo caracterizada como acidente de trabalho.

No dia 12/11/2019, o Presidente da República editou a Medida Provisória nº 905, que criou nova modalidade de contratação de trabalhadores denominada Contrato de Trabalho Verde e Amarelo e modificou diversos dispositivos da CLT e da legislação esparsa trabalhista.

Vale ressaltar, entretanto, que a Medida Provisória não foi convertida em lei pelo Congresso Nacional e deixou de ser aplicada no dia 20/04/2020, quando foi revogada pela MP nº 955/2020. Durante sua vigência, a MP nº 905/2019 havia revogado o art. 21, IV, "d", da Lei nº 8.213/1991, que continha a previsão de acidente de trajeto:

Art. 21, IV, "d", da Lei nº 8.213/1991 (dispositivo revogado pela MP nº 905/2019).

Equiparam-se também ao acidente do trabalho, para efeitos desta Lei:

IV – o acidente sofrido pelo segurado ainda que fora do local e horário de trabalho:

d) no percurso da residência para o local de trabalho ou deste para aquela, qualquer que seja o meio de locomoção, inclusive veículo de propriedade do segurado.

Dessa forma, o acidente de trajeto não era mais considerado acidente de trabalho para a legislação previdenciária. Se o trabalhador sofresse acidente durante o trajeto de sua residência ao trabalho e do trabalho para a sua residência não teria direito aos benefícios previdenciários relacionados ao acidente de trabalho e não teria direito à estabilidade do acidentado.

Com o fim da vigência da MP nº 905/2019, os acidentes de trajeto voltaram a ser considerados acidentes de trabalho. Contudo, entendemos que esses acidentes ocorridos durante a vigência da MP não asseguram ao empregado o direito à estabilidade provisória no emprego.

Em resumo, apesar das diversas nomenclaturas, o acidente de trabalho equiparado produz os mesmos reflexos na área trabalhista que o acidente de trabalho típico, tais como a estabilidade do acidentado e a indenização por danos materiais e morais.

Destaca-se, ainda, que o art. 20, § 1º, Lei nº 8.213/1991 apresenta quatro hipóteses que não podem ser consideradas doenças do trabalho. São elas[1187]:

> **a) Doença degenerativa:** tem como causa uma deficiência do próprio indivíduo que, com o passar do tempo, se torna uma doença. Não há nexo com o trabalho desenvolvido, mas com a própria constituição da pessoa;
>
> **b) Doença inerente a grupo etário:** pessoas de certas idades estão propensas ao desenvolvimento de algumas doenças que não são frutos do trabalho, por exemplo, a osteoporose;
>
> **c) Doença que não produza incapacidade laborativa;** e
>
> **d) Doença endêmica** adquirida por segurado habitante de região em que ela se desenvolva, salvo comprovação de que é resultante de exposição ou contato direto determinado pela natureza do trabalho. Nesse sentido, é possível mencionar doenças como malária, febre amarela, cólera, etc.

4.3.2. *Comunicação de acidente do trabalho – CAT*

É obrigação da empresa ou do empregador doméstico a comunicação à Previdência Social da ocorrência de acidente de trabalho, que será feita em formulário próprio, constituindo uma obrigação acessória, e seu descumprimento está sujeito à cobrança de multa pecuniária[1188]. Sua finalidade consiste em auxiliar no controle estatístico e epidemiológico pelos órgãos de estatística[1189].

Conforme site do Governo Federal[1190], se o empregador não cumprir com essa obrigação, podem registrar a CAT:

- O(A) próprio(a) trabalhador(a);
- Dependentes do(a) empregado(a);
- Entidades sindicais;
- Médicos(a),
- Autoridades Públicas.

Esta comunicação deve ser realizada nos seguintes prazos:

- Até o 1º dia útil seguinte ao do acidente;
- Imediatamente à autoridade competente na hipótese de ocorrência de morte.

Na hipótese de doença ocupacional, o dia do acidente é considerado a partir do início da incapacidade laborativas, do dia da segregação compulsória ou do dia que for realizado o diagnóstico, valendo para este efeito o que ocorrer primeiro (art. 23, Lei

1187. MENEZES, Adriana. *Direito Previdenciário*. Coleção Tribunais. 6ª Edição. Salvador: Juspodivm, 2016. p. 261.

1188. MENEZES, Adriana. Direito Previdenciário. Coleção Tribunais. 6ª Edição. Salvador: Juspodivm, 2016. p. 264.

1189. MOURA, Bernardo Leôncio; BRENNA, Pedro Augusto Ferraz. A emissão de CAT nos casos de depressão decorrentes do ambiente de trabalho doente. **Boletim Científico**: Escola Superior do Ministério Público da União, Brasília, v. 48, n. 15, p.13-34, jul./dez. 2016.

1190. Disponível em: https://www.gov.br/pt-br/servicos/registrar-comunicacao-de-acidente-de-trabalho-cat. Acesso em 18/10/2022.

nº 8.213/1991). O empregador que descumprir os prazos mencionados está sujeito ao pagamento de multa:

> **Art. 22, "caput", Lei nº 8.213/1991:** A empresa ou o empregador doméstico deverão comunicar o acidente do trabalho à Previdência Social até o primeiro dia útil seguinte ao da ocorrência e, em caso de morte, de imediato, à autoridade competente, sob pena de multa variável entre o limite mínimo e o limite máximo do salário de contribuição, sucessivamente aumentada nas reincidências, aplicada e cobrada pela Previdência Social.

Na falta de comunicação pela empresa ou empregador doméstico, a CAT pode ser formalizada pelo próprio acidentado, seus dependentes, a entidade sindical competente, o médico que o assistiu ou qualquer autoridade pública. Essas pessoas não têm, contudo, a obrigação, de cumprir o prazo mencionado acima.

Por fim, ressalta-se que a emissão da CAT não configura, por si só, o acidente de trabalho para fins de recebimento dos benefícios previdenciários, pois é necessária a perícia médica do INSS para caracterizar o acidente ou a doença ocupacional[1191]. Assim, mesmo em caso de dúvida sobre a existência ou não do acidente de trabalho, a CAT deve ser emitida, não representando sua emissão em confissão da empresa, nos termos do art. 169 da CLT:

> **Art. 169 da CLT** – Será obrigatória a notificação das doenças profissionais e das produzidas em virtude de condições especiais de trabalho, comprovadas ou objeto de suspeita, de conformidade com as instruções expedidas pelo Ministério do Trabalho.

4.3.3. Nexo de causalidade

Para a configuração da responsabilidade do empregador por acidente de trabalho, é indispensável a causalidade entre a conduta do empregador e o dano sofrido pelo empregado. Essa conduta deve ser a causa do dano do empregado.

Assim, há nexo de causalidade, por exemplo, quando o empregado sofre acidente de trabalho com amputação de um membro caso o empregador tenha deixado de efetuar reparos de segurança em seu maquinário.

Vale ressaltar que é possível ocorrer diversas causas que concorram para a lesão no trabalhador, sendo algumas, inclusive, fora de qualquer conduta do empregador. É o que se denomina **multicausalidade ou concausalidade**. A existência de diversas causas que concorrem para o acontecimento da lesão não elimina a presença do nexo de causalidade desde que haja fator próprio do ambiente de trabalho que tenha concorrido para a ocorrência do dano.

De acordo com Cavalieri Filho, a concausa corresponde a outra causa que, juntamente com a causa principal, concorre para o resultado danoso. A concausa não é a responsável por iniciar ou interromper o processo causal, tendo a função de reforçar o processo[1192].

1191. MENEZES, Adriana. Direito Previdenciário. Coleção Tribunais. 6ª Edição. Salvador: Juspodivm, 2016. p. 264.
1192. CAVALIERI FILHO, Sérgio. *Programa de responsabilidade civil.* 11. ed. São Paulo: Atlas, 2014. p. 62.

Assim, a concausa não elimina a responsabilidade do empregador pelo acidente de trabalho, caso também tenha havido conduta do empregador para a ocorrência do dano. Ressalta-se, contudo, que a concausa pode exercer a função de atenuar o valor da indenização. Esse entendimento foi uniformizado na tese vinculante nº 76 do TST, segundo a qual o valor da pensão mensal, em casos de concausa, poderá ser reduzido em até 50% após a fixação da incapacidade laboral, salvo se o laudo pericial indicar expressamente o grau de contribuição do trabalho para o dano, hipótese em que o percentual apontado deverá ser observado no cálculo.

Desse modo, a concausa pode afetar diretamente o montante da reparação, sem excluir, no entanto, a responsabilidade do empregador quando o trabalho tiver concorrido para a ocorrência ou agravamento do dano.

Vale ressaltar, por fim, que a culpa exclusiva da vítima pelo acidente exclui o nexo causal e, portanto, não se verifica a ocorrência de acidente de trabalho. Não haverá, nesse caso, dever de indenização pelo empregador.

4.3.4. Estabilidade do acidentado

Como forma de incentivar o retorno ao trabalho e garantir prazo para readaptação ao serviço, foi dado ao empregado acidentado o direito à estabilidade provisória de doze meses após a cessação do auxílio-doença. Esse período de 12 meses não poderá ser reduzido via negociação coletiva[1193]. Ainda, mesmo em caso de fechamento da empresa, a indenização referente ao período de estabilidade deve ser garantida[1194]. Para adquirir essa garantia provisória, há necessidade de preencher cumulativamente os seguintes requisitos:

a) afastamento ser superior a 15 dias. Dessa forma, empregado acidentado que retornou ao trabalho em menos de 15 dias não é detentor dessa garantia provisória de emprego;

b) percepção de auxílio-doença acidentário.

Vale frisar que algumas doenças ocupacionais não se manifestam de forma rápida, ou seja, ao longo dos anos vão se alojando no organismo. Exemplo: a LER em determinado empregado, que exerce a atividade de digitador na empresa, diagnosticada após a sua dispensa. Nesse caso, mesmo que o trabalhador não tenha recebido auxílio-doença, pois os afastamentos foram de poucos dias, terá direito à estabilidade. Isso porque a doença do trabalho ou profissional[1195] tem ligação com o trabalho desenvolvido na empresa.

1193. **Orientação Jurisprudencial nº 31 da SDC:** "Estabilidade do acidentado. Acordo homologado. Prevalência. Impossibilidade. Violação do art. 118 da Lei 8.213/91. Não é possível a prevalência de acordo sobre legislação vigente quando ele é menos benéfico do que a própria lei, porquanto o caráter imperativo dessa última restringe o campo de atuação da vontade das partes."

1194. RR-675-85.2015.5.08.0002. Publicado em 16.09.2016.

1195. Foi cancelada, a Orientação Jurisprudencial nº 154 da SDI-I que exigia atestado médico, fornecido pelo INSS, como prova de ocorrência de doença profissional, quando houvesse previsão em negociação coletiva. Atualmente, com o cancelamento da OJ nº 154, é possível demonstrar a doença profissional por todos os meios de prova legais. De acordo com a notícia veiculada no *site* do TST no dia 3.12.2009: "A doença profissional não necessita ser atestada por médicos do INSS, como condição para a estabilidade

Cabe destacar ainda que, de acordo com a jurisprudência dominante do TST[1196], é assegurada a estabilidade provisória para o denominado acidente de trajeto, que é aquele que ocorre no trajeto casa-trabalho e trabalho-casa.

Ainda que haja um pequeno desvio de curso no trajeto, como o necessário para fazer uma pequena compra na padaria, não há descaracterização do acidente de trajeto e o empregado permanece com o direito à estabilidade. Somente o afastamento relevante no percurso por maior período não será considerado acidente de trajeto[1197].

Por fim, cabe destacar que o empregador está obrigado a manter o recolhimento do FGTS no caso de recebimento de auxílio-doença acidentário. Nesse sentido:

> **Art. 15 da Lei nº 8.036/1990.** Para os fins previstos nesta Lei, todos os empregadores ficam obrigados a depositar, até o vigésimo dia de cada mês, em conta vinculada, a importância correspondente a 8% (oito por cento) da remuneração paga ou devida, no mês anterior, a cada trabalhador, incluídas na remuneração as parcelas de que tratam os arts. 457 e 458 da Consolidação das Leis do Trabalho (CLT), aprovada pelo Decreto-Lei nº 5.452, de 1º de maio de 1943, e a Gratificação de Natal de que trata a Lei nº 4.090, de 13 de julho de 1962.
> (...) § 5º: O depósito de que trata o **caput** deste artigo é obrigatório nos casos de afastamento para prestação do serviço militar obrigatório e licença por acidente do trabalho.

4.3.5. Responsabilidade civil subjetiva e objetiva do empregador

O art. 7º, inciso XXVIII, CF/88 estabelece que o empregador é responsável pelos danos causados ao empregado em razão de acidentes de trabalho. Entretanto, afirma que é necessário a demonstração de dolo ou culpa do empregador:

> **Art. 7º, XXVIII, CF/88:** São direitos dos trabalhadores urbanos e rurais, além de outros que visem à melhoria de sua condição social: seguro contra acidentes de trabalho, a cargo do empregador, sem excluir a indenização a que este está obrigado, **quando incorrer em dolo ou culpa**; (grifos acrescidos)

Por outro lado, é importante ressaltar que o art. 225, § 3º, CF/88 estabelece a responsabilidade objetiva por dano ao meio ambiente, o qual se insere o meio ambiente do trabalho:

> **Art. 225, § 3º, CF/88:** As condutas e atividades consideradas lesivas ao meio ambiente sujeitarão os infratores, pessoas físicas ou jurídicas, a sanções penais e administrativas, independentemente da obrigação de reparar os danos causados.

De acordo com o TST, para que haja indenização decorrente de acidente de trabalho, devem estar comprovados a culpa, o dano e o nexo causal, configurando, dessa forma, hipótese de responsabilidade subjetiva do empregador, nos termos do art. 7º, XXVIII da CF/88.

---

do emprego. Esse posicionamento segue o novo entendimento estabelecido a partir da anulação da Orientação Jurisprudencial nº 154, que determinava a obrigatoriedade de comprovar doença profissional por meio de atestado médico do INSS, quando tal exigência consta de acordo coletivo."

1196. TST – RR 9938420105040251, Relator: Emmanoel Pereira, Data de Julgamento: 11/02/2015, 5ª Turma, Data de Publicação: *DEJT* 20/02/2015.

1197. CASSAR, Vólia Bomfim. *Direito do Trabalho*. 8. ed. São Paulo: Método, 2013. p. 1.139.

No entanto, nas hipóteses em que há exercício de atividade de risco, a responsabilidade seria objetiva, fundada no risco da atividade do empregador[1198].

Ainda segundo o acórdão citado, a teoria do risco da atividade não se confunde com a teoria do risco integral[1199], já que nesta a responsabilidade está configurada mesmo nos casos de exclusão do nexo causal: culpa exclusiva da vítima, caso fortuito e força maior.

De acordo com o TST, para que haja a responsabilidade objetiva, no âmbito trabalhista, a atividade desenvolvida pelo empregador deve ser compreendida como perigosa. Como exemplo de atividade perigosa podemos citar o motorista de caminhão, o cortador de cana, o motoboy, o manejo de gado, entre outros.

Vólia Bomfim[1200] afirma que as atividades de risco são aquelas que causam ônus superior a determinados trabalhadores em razão de suas atividades desenvolvidas na empresa. Dessa forma, cita que as atividades perigosas e insalubres, bem como o manuseio de ferramentas que possam causar sérios riscos à saúde do trabalhador, possibilitam a responsabilização do empregador de forma objetiva. Contudo, a autora ressalva que a culpa exclusiva do empregado exclui a responsabilidade do empregador mesmo no desenvolvimento de atividades de risco.

Cavalieri Filho[1201], em sentido oposto, sustenta que a responsabilidade do empregador pelo acidente de trabalho está disciplinada no art. 7º, XXVIII da Constituição Federal, devendo haver ao menos culpa leve do empregador para que se configure:

> **Art. 7º da CF/88:** São direitos dos trabalhadores urbanos e rurais, além de outros que visem à melhoria de sua condição social:
>
> (...) XXVIII – seguro contra acidentes de trabalho, a cargo do empregador, sem excluir a indenização a que este está obrigado, quando incorrer em dolo ou culpa;

Dessa forma, enquanto que o seguro contra acidente de trabalho é devido pelo INSS independente da verificação de dolo ou culpa do empregador, no caso da indenização devida por este, o dolo e a culpa deverão ser verificados, tendo em vista a supremacia da Constituição Federal sobre a norma civilista[1202].

Raimundo Simão de Melo[1203], por sua vez, aponta que a Justiça Comum, enquanto era competente para julgar ações acidentárias, entendia que a responsabilidade do empregador era subjetiva, sendo necessária a prova da culpa do empregador. Contudo, essa posição vem perdendo força a partir da promulgação da EC nº 45/2004 que transferiu a competência para processar e julgar essas ações para o âmbito da Justiça do Trabalho.

O autor afirma que, pela aplicação do princípio da unidade e harmonização das normas constitucionais, não deve haver empecilhos para a busca da reparação de prejuízos

1198. RR nº 245-98.2011.5.12.0023. Julgamento em 21 de outubro de 2015.

1199. A teoria do risco integral, segundo Cavalieri Filho, justifica a indenização nos casos em que ausente o nexo causal, bastando, para tanto, a ocorrência do dano. CAVALIERI FILHO, Sérgio. **Programa de Responsabilidade Civil.** São Paulo: Atlas, 2010. p. 145.

1200. CASSAR, Vólia Bomfim. *Direito do* Trabalho. 8. ed. Rio de Janeiro: Forense; São Paulo: MÉTODO, 2013. p. 886-887.

1201. CAVALIERI FILHO, Sérgio. **Programa de Responsabilidade Civil.** São Paulo: Atlas, 2010. p. 148.

1202. CAVALIERI FILHO, Sérgio. **Programa de Responsabilidade Civil.** São Paulo: Atlas, 2010. p. 148.

1203. MELO, Raimundo Simão. *Ações acidentárias na Justiça do Trabalho*. São Paulo: LTr, 2011. p. 59-61.

causados por acidentes de trabalho em respeito ao direito à vida do ser humano. Além disso, entende que o art. 7º, inciso XXVIII, CF/88 é um conceito aberto que permite a conciliação com o art. 225, § 3º, CF/88 e, portanto, para a aplicação da responsabilização objetiva.

No mesmo sentido, o entendimento de Vólia Bomfim Cassar[1204], que afirma a constitucionalidade do art. 927, parágrafo único, do CC/02, uma vez que seria compatível com o "caput" do art. 7º da CF/88, o qual estabelece a aplicação da norma mais favorável ao trabalhador e que, portanto, não estaria afrontando o disposto no inciso XXVIII deste mesmo artigo.

De acordo com Maurício Godinho Delgado[1205], verifica-se uma tendência à objetivação da responsabilidade do empregador nos acidentes de trabalho, uma vez que as atividades laborais e o próprio ambiente de trabalho produzem, em regra, riscos mais elevados de lesões do que o percebido na generalidade de situações.

Inobstante os entendimentos acima expostos, filiamo-nos ao posicionamento adotado pelo TST, da aplicação da responsabilidade objetiva quando existente risco acentuado na atividade desenvolvida, tendo em vista ser mais benéfico ao empregado, respeitando o princípio da aplicação da norma mais favorável.

Tendo em vista que a Lei nº 13.467/2017 não abordou a responsabilidade civil objetiva, aplica-se subsidiariamente a regulamentação prevista no Código Civil diante da previsão contida no art. 8º, § 1º, da CLT.

Assim, entendemos que o art. 927, parágrafo único, do Código Civil de 2002 que estabelece a responsabilidade civil objetiva deve ser estendida à relação de trabalho nas hipóteses de desenvolvimento de atividades de risco pelo empregador.

Na hipótese de responsabilidade objetiva, basta ao trabalhador a prova do dano e do nexo causal para o recebimento da indenização em razão do acidente sofrido. O TST estabeleceu a responsabilidade objetiva do empregador por acidente de trabalho quando presente o desenvolvimento de atividade de risco, como a condução de motocicletas[1206], ou o deslocamento em vias públicas em atividade de coleta de lixo ou enquanto cobradora ao recolher dinheiro[1207].

Nesse mesmo sentido, o Pleno do TST, em março de 2025, em sede de Incidente de Recurso de Revista Repetitivo, fixou tese vinculante nº 84 reconhecendo a responsabilidade objetiva do empregador por danos morais decorrentes de roubo sofrido por carteiros (agentes postais) durante o exercício de suas funções. Considerou-se que a entrega de correspondências e mercadorias em vias públicas, especialmente com transporte de objetos de valor, caracteriza atividade de risco acentuado, nos termos do art. 927, parágrafo único, do Código Civil. Assim, não é exigida a comprovação de culpa do empregador, bastando o nexo entre a atividade exercida e o dano sofrido.

Entretanto, cumpre destacar que essa posição adotada pelo tribunal ainda não está consolidada para todas as atividades, uma vez que há decisão[1208] na qual o tribunal

1204. CASSAR, Vólia Bomfim. *Direito do* Trabalho. 8. ed. Rio de Janeiro: Forense; São Paulo: MÉTODO, 2013. p. 889.
1205. DELGADO, Mauricio Godinho. *Curso de Direito do Trabalho*. 11. ed. São Paulo: LTr, 2012. p. 626.
1206. Informativos nº 32, 42 e 50 do TST.
1207. Informativos nº 104 e 119 do TST.
1208. Informativo nº 46 do TST.

afastou a responsabilização objetiva do operador portuário em razão de acidente de trabalho sofrido por trabalhador avulso.

Portanto, conclui-se que, a tendência da jurisprudência trabalhista é a adoção da responsabilidade objetiva do empregador decorrente de acidente de trabalho para as atividades de risco pela aplicação do art. 927, parágrafo único, do CC/02:

> **Art. 927, parágrafo único, CC/02:** Haverá obrigação de reparar o dano, independentemente de culpa, nos casos especificados em lei, ou quando a atividade normalmente desenvolvida pelo autor do dano implicar, por sua natureza, risco para os direitos de outrem.

A discussão relativa à compatibilidade do art. 927 do CC com o art. 7º, XXVIII da Constituição foi pacificada pelo STF, quando, apreciando o **Tema de 932 da Repercussão Geral**, fixou a seguinte tese:

> O artigo 927, parágrafo único, do Código Civil é compatível com o artigo 7º, XXVIII, da Constituição Federal, sendo constitucional a responsabilização objetiva do empregador por danos decorrentes de acidentes de trabalho, nos casos especificados em lei, ou quando a atividade normalmente desenvolvida, por sua natureza, apresentar exposição habitual a risco especial, com potencialidade lesiva e implicar ao trabalhador ônus maior do que aos demais membros da coletividade.

De acordo com o Supremo, o art. 927, parágrafo único, do Código Civil é compatível com o art. 7º, XXVIII, CF/88, sendo, portanto, constitucional a responsabilidade objetiva do empregador por danos decorrentes de acidentes de trabalho. Contudo, o STF fixou somente duas hipóteses que permitem a responsabilização objetiva:

a) **Previsão expressa em lei:** se a legislação trouxer expressamente a possibilidade de responsabilidade objetiva;

b) **Atividade de risco:** também haverá responsabilidade objetiva quando a atividade normalmente desenvolvida, por sua natureza, apresentar exposição habitual arisco especial, com potencialidade lesiva e implicar ao trabalhador ônus maior do que aos demais membros da coletividade.

Dessa forma, o STF fixou o entendimento de que a previsão constitucional do art. 7º, XXXVIII, CF/88 é uma garantia mínima de proteção aos trabalhadores, nada impedindo que haja regulamentação mais protetiva para casos específicos. Em suma, a regra permanece a responsabilização subjetiva, mas, nas hipóteses legais e nas atividades de risco, haverá responsabilização objetiva.

Para as demais atividades, permanece a necessidade de se comprovar a culpa ou dolo do empregador em caso de acidente de trabalho (responsabilidade subjetiva).

4.4. Reparação do dano decorrente de acidentes de trabalho

4.4.1. Dano material e moral

O empregado tem direito ao recebimento de indenização em razão de dano material ou moral decorrente de acidentes de trabalho. As definições e consequências jurídicas do dano moral e material já foram abordadas no tópico 2 deste capítulo e são plenamente aplicáveis ao acidente de trabalho. Recomenda-se que o leitor realize a prévia leitura desse tópico, pois é indispensável para seu concurso público.

Além disso, a reparação do dano decorrente de acidente de trabalho tem algumas peculiaridades que serão abordadas nos tópicos a seguir.

4.4.2. *Perda de uma chance*

Além das indenizações por danos materiais e morais, discute-se a possibilidade de reparação do prejuízo baseada na perda de uma chance. Esta teoria afirma que, em razão do dano causado, é possível que a vítima fique privada de obter determinada vantagem ou se evitar um prejuízo.[1209] Note-se que essa teoria é baseada na probabilidade que a vítima teria de um determinado evento ocorrer, ou seja, a chance perdida deve ser séria ou real. Com isso, sempre houve resistência da doutrina e jurisprudência na aplicação desta indenização, uma vez que não haveria certeza do dano a ser reparado.

Ademais, quanto à natureza jurídica dessa modalidade de indenização, não há uniformidade doutrinária, sendo que alguns classificam como dano emergente e outros como lucro cessante. Entretanto, Raimundo Simão de Melo[1210] afirma que a natureza jurídica do dano por perda de uma chance não pode ser relacionada nem ao lucro cessante, nem ao dano emergente tendo em vista seu caráter de incerteza (probabilidade) que não pode estar presente nessas modalidades indenizatórias. Assim, formaria uma terceira espécie intermediária de dano, localizada entre o dano emergente e o lucro cessante.

No Direito do Trabalho, a aplicação da reparação por perda de uma chance seria plenamente viável, uma vez que a carreira profissional do trabalhador é, por diversas vezes, afetada em razão de fatos danosos praticados pelo empregador. No entanto, foram poucos os casos apreciados pela Justiça do Trabalho envolvendo indenizações por perda de uma chance[1211-1212].

4.4.3. *Indenização por morte da vítima*

Será devida indenização no caso de morte da vítima, inclusive nos acidentes de trabalho. Nesse sentido, estabelece o art. 948 do CC/02:

> **Art. 948, CC/02:** No caso de homicídio, a indenização consiste, sem excluir outras reparações:
> I - no pagamento das despesas com o tratamento da vítima, seu funeral e o luto da família;
> II - na prestação de alimentos às pessoas a quem o morto os devia, levando-se em conta a duração provável da vida da vítima.

1209. MELO, Raimundo Simão. *Direito ambiental do trabalho e a saúde do trabalhador*. 4. ed. São Paulo: LTr, 2010. p. 425.

1210. MELO, Raimundo Simão. *Direito ambiental do trabalho e a saúde do trabalhador*. 4. ed. São Paulo: LTr, 2010. p. 428.

1211. MELO, Raimundo Simão. *Direito ambiental do trabalho e a saúde do trabalhador*. 4. ed. São Paulo: LTr, 2010. p. 435-436.

1212. Um exemplo é o julgamento TRT da 3ª Região; RO 1042/2009-079-03-00.6; Quarta Turma; Rel. Juíza Conv. Maristela Iris da Silva Malheiros; DJEMG 06/12/2010, em que a teoria foi aplicada pois o empregador reteve a CTPS do empregado, que perdeu uma oportunidade de trabalho.

Não há dúvidas de que, além da indenização apresentada nos incisos do art. mencionado, serão devidas outras indenizações qualquer que seja sua natureza. Assim, é plenamente possível conciliar essa indenização com danos morais e estéticos[1213].

Quanto às indenizações materiais expostas no art. 948 do CC/02, verifica-se que o legislador estabeleceu uma pensão a ser paga às pessoas que dependiam da vítima. Não houve, contudo, a fixação de prazo ou valores para esse pagamento, tendo somente se referido à duração provável da vida da vítima. Assim, caberá ao juiz analisar caso a caso para definir o período em que será paga a pensão e o seu valor.

Em relação aos termos inicial e final da pensão, a corrente majoritária recomenda a aplicação do índice de sobrevida da vítima baseado em estatísticas realizadas pelo IBGE[1214]. Dessa forma, conforme entendimento da 4ª Turma do TST, o inicio do pensionamento se daria com a morte da vítima e o final, com a data em que o trabalhador falecido completaria a idade correspondente à expectativa de vida média de um brasileiro[1215] (atualmente 75,5 anos[1216]), o que é condizente com o dano material relativo aos valores que o familiar dependente deixou de auferir pela morte da vítima. Corrente minoritária adota outro parâmetro temporal: a idade do dependente do trabalhador vitimado. Nesse sentido, há precedente da 1ª Turma do TST em que a Corte estipulou que pensão por morte deveria ser paga aos filhos da vítima desde a data da morte até que o filho mais novo complete 25 anos[1217].

O debate sobre o valor da pensão a ser concedida aos dependentes de trabalhadores falecidos é complexo. Existem argumentos que defendem a concessão da pensão com base no salário integral do trabalhador ou uma pensão individual para cada dependente. Contudo, a jurisprudência majoritária tem se inclinado para a fixação do valor da pensão em uma fração da remuneração do falecido, levando em consideração os gastos pessoais que o trabalhador teria, caso estivesse vivo.

Por exemplo, a 4ª Turma do TST estabeleceu que a pensão deveria ser de um terço do salário do falecido, acrescido do 13º salário, para a viúva. Já a 1ª Turma decidiu por dois terços da remuneração do empregado. Essas decisões refletem uma tentativa de equilibrar a necessidade dos dependentes com a realidade econômica do trabalhador falecido.

O valor a ser pago como pensão alimentar deve ser realizado com base na renda obtida pela vítima antes de seu falecimento, uma vez que essa pensão tem natureza indenizatória, ou seja, reparar o prejuízo causado pela morte do empregado no caso de acidente de trabalho[1218]. Deve, ainda, ser reajustada periódica e regularmente, para que acompanhe as perdas inflacionárias de valor.

1213. MELO, Raimundo Simão. *Direito ambiental do trabalho e a saúde do trabalhador*. 4. ed. São Paulo: LTr, 2010. p. 446.

1214. MELO, Raimundo Simão. *Direito ambiental do trabalho e a saúde do trabalhador*. 4. ed. São Paulo: LTr, 2010. p. 446.

1215. PROCESSO No TST-RRAg-959-43.2020.5.12.0023.

1216. Fonte: https://agenciadenoticias.ibge.gov.br/agencia-sala-de-imprensa/2013-agencia-de-noticias/releases/38455-em-2022-expectativa-de-vida-era-de-75-5-anos#:~:text=Uma%20pessoa%20nascida%20no%20Brasil,%2C%20de%2079%2C0%20anos. Acesso em 30/10/2024.

1217. ARR-31600-87.2004.5.05.0631.

1218. MELO, Raimundo Simão. *Direito ambiental do trabalho e a saúde do trabalhador*. 4. ed. São Paulo: LTr, 2010. p. 452.

4.4.4. Indenização por incapacidade transitória

No mesmo sentido da indenização por morte da vítima, será devida indenização quando ocorrer incapacidade decorrente de acidente de trabalho. Quando a incapacidade for transitória, será aplicado o art. 949 do CC/02:

> **Art. 949, CC/02:** No caso de lesão ou outra ofensa à saúde, o ofensor indenizará o ofendido das despesas do tratamento e dos lucros cessantes até ao fim da convalescença, além de algum outro prejuízo que o ofendido prove haver sofrido.

Nesse caso, será devido pagamento de uma quantia, a título de lucros cessantes, ao acidentado no caso de ficar afastado de seu trabalho por determinado período. O valor deverá incluir toda a verba a que teria direito o empregado até o momento em que é possível o retorno ao trabalho.

Segundo Vólia Bomfim[1219], o valor a ser pago pelo empregador não pode ser atenuado por aquele pago pela Previdência Social (auxílio doença acidentário), uma vez que têm naturezas distintas. O pagamento da indenização pelo empregador decorre de ato ilícito cometido contra o empregado. Por sua vez, o valor pago pela Previdência tem natureza social, uma vez que visa garantir o mínimo de sobrevivência ao segurado.

Entretanto, afirma que há corrente doutrinária minoritária que defende que o valor da indenização paga pelo empregador deve ser a diferença entre aquilo que é pago pela previdência e aquele que o empregado teria direito se estivesse trabalhando, uma que o valor da reparação não poderia ser superior ao limite do dano causado.

4.4.5. Indenização por incapacidade permanente (invalidez)

A lesão causada à vítima em decorrência do acidente de trabalho poderá deixar sequelas e, dessa forma, permanecerá com a incapacidade mesmo após cessados os principais efeitos danosos do ato. A indenização para essa modalidade de lesão está disciplinada no Código Civil:

> **Art. 950, CC/02.** Se da ofensa resultar defeito pelo qual o ofendido não possa exercer o seu ofício ou profissão, ou se lhe diminua a capacidade de trabalho, a indenização, além das despesas do tratamento e lucros cessantes até ao fim da convalescença, incluirá pensão correspondente à importância do trabalho para que se inabilitou, ou da depreciação que ele sofreu.
>
> Parágrafo único. O prejudicado, se preferir, poderá exigir que a indenização seja arbitrada e paga de uma só vez.

O empregador terá o dever de pagar as despesas com o tratamento e lucros cessantes até que o empregado esteja com a saúde recuperada. Entretanto, lembre-se de que, nesse caso, diferentemente da incapacidade transitória, será devida pensão ainda que parcial ao empregado em razão das sequelas deixadas pelo ato danoso. Em que pese a recuperação do empregado, poderá haver sequelas que impedem ou dificultam a realização de trabalhos pelo empregado.

1219. CASSAR, Vólia Bomfim. *Direito do* Trabalho. 8. ed. Rio de Janeiro: Forense; São Paulo: MÉTODO, 2013. p. 891-892.

De acordo com a jurisprudência do TST, a pensão mensal vitalícia pode ser paga em uma única parcela[1220]. Entretanto, essa forma de pagamento não constitui direito potestativo da parte.

Esse entendimento foi uniformizado pelo TST na tese vinculante nº 77, firmada no julgamento do Incidente de Recurso de Revista Repetitivo nº 77. A seguir, o conteúdo da tese jurídica:

> A definição da forma de pagamento da indenização por danos materiais prevista no art. 950 do Código Civil, em parcela única ou pensão mensal vitalícia, não configura direito subjetivo da parte, cabendo ao magistrado definir a questão de forma fundamentada, considerando as circunstâncias de cada caso concreto (TST-RRAg – 0000348-65.2022.5.09.0068, Relator: Ministro Aloysio Corrêa da Veiga, Tribunal Pleno, DJE: 08/04/2025).

Portanto, ainda que o trabalhador requeira o recebimento da indenização de forma integral, o juiz poderá optar pela pensão vitalícia, com base no princípio do livre convencimento motivado. A análise deve considerar fatores como a gravidade da lesão, idade e condições socioeconômicas do empregado, viabilidade de reinserção no mercado de trabalho, impacto sobre a renda familiar e capacidade econômica do empregador.

Por fim, cabe à prova pericial ou àquela apresentada no processo demonstras o grau de incapacidade do trabalhador e a respectiva indenização sempre levando em conta a profissão que a vítima exercia, o mercado de trabalho em que está inserida e as características do ofendido. Assim, caberá ao juiz a decisão do montante a ser pago pelo empregador. Ademais, sustenta-se como na incapacidade transitória a desvinculação do pagamento realizado pela Previdência Social e o montante pago como indenização por acidente de trabalho[1221].

4.4.6. Dano estético

O dano estético deve ser entendido como a alteração corporal externa que venha a trazer desagrado e repulsa não apenas àquele que sofreu o dano como também a quem o observa. Assim, se uma lesão prejudicar a vida social e pessoal da vítima pelo sentimento de desprezo à sua imagem, será possível a indenização por dano estético. Não é necessário, entretanto, que haja grande deformidade, bastando que haja modificação corporal permanente e aparente[1222].

Cumpre ressaltar que existem diferenças entre o dano moral e o estético, uma vez que este não causa apenas dor puramente psíquica ao lesionado como também se manifesta pela deformidade corporal do ser humano[1223].

A Súmula nº 387 do STJ reconheceu a possibilidade de cumulação de pedido de indenização por dano moral e material:

1220. Informativo nº 134 do TST.

1221. CASSAR, Vólia Bomfim. *Direito do* Trabalho. 8. ed. Rio de Janeiro: Forense; São Paulo: MÉTODO, 2013. p. 895-896.

1222. MELO, Raimundo Simão. *Direito ambiental do trabalho e a saúde do trabalhador*. 4. ed. São Paulo: LTr, 2010. p. 489-490.

1223. MELO, Raimundo Simão. *Direito ambiental do trabalho e a saúde do trabalhador*. 4. ed. São Paulo: LTr, 2010. p. 490.

> **Súmula nº 387 do STJ:** É lícita a cumulação das indenizações de dano estético e dano moral.

Quanto à indenização a ser paga em razão de dano estético, será necessário o pagamento das despesas do tratamento e os lucros cessantes até o fim da convalescença, conforme estabelece o art. 949 do CC/02:

> **Art. 949 do CC/02:** No caso de lesão ou outra ofensa à saúde, o ofensor indenizará o ofendido das despesas do tratamento e dos lucros cessantes até ao fim da convalescença, além de algum outro prejuízo que o ofendido prove haver sofrido.

4.5. Competência para julgar ações envolvendo acidente do trabalho

O tema competência está ligado a processo do trabalho. Portanto, para matérias relacionadas às competências material, funcional e hierárquica, sugiro que consultem um livro de processo do trabalho[1224]. Apenas para deixar esse capítulo mais completo, mencionarei a competência de forma bem resumida.

De acordo com o art. 114, VI, da CF/88 é competência da Justiça do Trabalho para processar e julgar "as ações de indenização por dano moral ou patrimonial". Nesse mesmo sentido, a Súmula nº 392 do TST estabelece que a Justiça do Trabalho é competente para processar e julgar ações de indenização por dano moral e material decorrentes da relação de trabalho, inclusive as oriundas de acidente de trabalho e doenças a ele equiparadas:

> **Súmula nº 392 do TST.** Nos termos do art. 114, inc. VI, da Constituição da República, a Justiça do Trabalho é competente para processar e julgar ações de indenização por dano moral e material decorrentes da relação de trabalho, inclusive as oriundas de acidente de trabalho e doenças a ele equiparadas, ainda que propostas pelos dependentes ou sucessores do trabalhador falecido.

A competência da Justiça do Trabalho para julgar as ações de indenização por danos morais e patrimoniais decorrentes do acidente de trabalho também é reconhecida por súmula vinculante do STF:

> **Súmula Vinculante nº 22 do STF:** A Justiça do Trabalho é competente para processar e julgar as ações de indenização por danos morais e patrimoniais decorrentes de acidente de trabalho propostas por empregado contra empregador, inclusive aquelas que ainda não possuíam sentença de mérito em primeiro grau quando da promulgação da Emenda Constitucional nº 45/04.

É válido destacar que as ações acidentárias decorrentes de acidente do trabalho podem dar origem a, pelo menos, duas ações distintas[1225]:

a) **Ação promovida pelo trabalhador em face do INSS para recebimento de benefício previdenciário,** como auxílio doença acidentário, auxílio-acidente, etc. Embora a autarquia federal seja integrante do polo passivo, é competência da Justiça Comum Estadual processar e

1224. No caso, indico o livro do meu amigo e brilhante processualista: MIESSA, Élisson. **Curso de Direito Processual do Trabalho.** 10. ed., rev., ampl. e atual. São Paulo: Editora Juspodivm, 2024.

1225. MIESSA, Élisson. *Processo do Trabalho para concursos públicos*. 3. ed. Salvador: *Juspodivm*, 2016. p. 134.

julgar a ação, pois o art. 109, I, da Constituição Federal expressamente exclui essa ação do âmbito de competência da Justiça Federal;

b) **Ação ajuizada pelo trabalhador em face do empregador, postulando indenização por danos morais e materiais.** A competência será da Justiça do Trabalho conforme posicionamento do TST e do STF mencionados anteriormente.

5. QUESTÕES DISSERTATIVAS E ESTUDOS DE CASO

▸ **Treino e Padrão de respostas:**

Ao resolver uma questão dissertativa ou estudos de caso em concursos para Analista do TRT, é fundamental tentar escrever com clareza, sem erros e com letra legível, de modo que se torne uma leitura simples e fácil ao examinador. Lembre-se de que o examinador não ficará horas tentando decifrar códigos ininteligíveis e, ainda, descartará questões com erros graves de ortografia, pontuação etc. Ele tem milhares de questões para corrigir, portanto cause uma boa impressão logo no início do texto.

É muito importante que o candidato redija, com frequência e com antecedência, o máximo de questões sobre temas atuais e importantes do direito e do processo do trabalho. Treine sempre manualmente, evite digitar as respostas, pois não terá o computador ao seu lado no dia do concurso. Esse é o melhor treino e estudo para questões abertas.

Tente responder as questões seguintes **antes** de verificar o gabarito apresentado ou procurar a resposta na teoria. É uma forma de treinar seu cérebro às condições apresentadas na hora da prova. Lembre-se de que algumas questões não têm resposta certa ou errada. Portanto, **a boa fundamentação é o caminho para a aprovação.**

Cabe frisar, ainda, que não dará tempo de elaborar um rascunho detalhado prévio, na maior parte dos concursos. Portanto, antes de iniciar sua redação, coloque ao lado do próprio enunciado, alguns pontos principais de que você precisará se lembrar durante a confecção da resposta. Essa técnica evitará que se esqueça de abordar assuntos importantes.

A indicação do número da lei, do artigo, da súmula ou orientação jurisprudencial somente deve ser colocada se você realmente souber, com exatidão, o número da norma ou se assim for exigido pela banca examinadora.

Por fim, como já dito ao longo dos capítulos, a **Reforma Trabalhista**, aprovada em julho/2017, alterou muitos pontos do Direito e Processo do Trabalho. Dessa forma, é importante que o candidato tenha conhecimento da legislação vigente e disserte, de forma clara, sobre ela. O examinador valorizará as redações que estiverem com base nas inovações legislativas.

Bom treino, bons estudos e boa sorte!

▸ **QUESTÃO DISCURSIVA 01:**
Disserte sobre dano extrapatrimonial nas relações de trabalho.

RESPOSTA SUGERIDA PELO AUTOR

O legislador constituinte previu o princípio da dignidade da pessoa humana como fundamento da República Federativa do Brasil no art. 1º, III, da Constituição Federal de 1988. A dignidade humana está intimamente relacionada à proteção dos direitos da personalidade. O art. 5º, X, CF/88 traz a previsão de que o indivíduo que for ofendido será ressarcido, na proporção do dano sofrido. Dano extrapatrimonial ou dano imaterial corresponde à lesão que atinge os bens imateriais da pessoa, por exemplo, sua honra, seu nome e dignidade.

A CLT não previa expressamente dispositivos ligados ao dano material ou imaterial. Dessa forma, por aplicação do art. 8º da CLT, o direito comum era utilizado como fonte subsidiária para o assunto. O intérprete valia-se do Código Civil, que traz regras gerais sobre a responsabilização civil. O dano moral não tem como ser demonstrado por documentos, pois a raiva, a angústia e o sofrimento não se comprovam por meio de provas documentais.

A Reforma Trabalhista tratou, de forma detalhada e minuciosa, sobre o dano extrapatrimonial no novo Título II-A da CLT (arts. 223-A a 223-G). Além disso, salientou que apenas os dispositivos da CLT seriam aplicados na reparação de dano extrapatrimonial decorrente da relação de trabalho.

Vale ressaltar, entretanto, que essa não foi a posição adotada pelo STF no julgamento das 6050 (processo principal), 6069 e 6082 (apensos), que, entre outros pontos, questionavam, justamente, a constitucionalidade do art. 223-A da CLT.

Apesar de ter julgado constitucional referido dispositivo, a Corte entendeu que, ao apreciar o caso concreto envolvendo danos extrapatrimoniais nas relações de trabalho, o magistrado não está atrelado exclusivamente ao Título II-A da CLT, devendo realizar uma interpretação sistemática do ordenamento jurídico. A decisão da Suprema Corte consignou, exemplificativamente, serem aplicáveis às relações de trabalho os parâmetros estabelecidos no Título IX do Código Civil, sendo ainda facultado ao juiz suprir eventuais lacunas por meio da analogia, dos costumes e dos princípios gerais do direito, nos termos do Decreto-Lei 4.657/1942.

Os arts. 223-C e 223-D da CLT traçaram rol exemplificativo de bens jurídicos tutelados para a pessoa física e para a pessoa jurídica, respectivamente. Dessa forma, torna-se expresso o reconhecimento da possibilidade de pessoa jurídica sofrer dano moral.

Ressalta-se, também, que a Reforma Trabalhista passou determinar critérios objetivos para a fixação do dano extrapatrimonial. Trata-se da criação do sistema de tarifação do dano extrapatrimonial previsto no art. 223-G da CLT. A depender do dano causado, será fixada a indenização com base no último salário contratual do trabalhador. Por exemplo, no caso de dano leve, o dano moral será de até 3 vezes o salário contratual.

Além disso, quanto à titularidade para a propositura da ação de reparação de dano, o art. 223-B da CLT descreve que é exclusiva daquele que sofreu o dano, o que não merece prosperar. A previsão de exclusividade da vítima na titularidade do direito à reparação do dano impediria que seus herdeiros pudessem postular a indenização na hipótese de morte da vítima.

Esses dois pontos também foram objetos de questionamento das ADIs 6050 (processo principal), 6069 e 6082 (apensos). O STF, no julgamento Virtual finalizado em 26/06/2023, por maioria, conheceu das ações e, no mérito, as julgou parcialmente procedentes para conferir interpretação conforme à Constituição, de modo a estabelecer que:

1) As redações conferidas aos arts. 223-A e 223-B, da CLT, não excluem o direito à reparação por dano moral indireto ou dano em ricochete no âmbito das relações de trabalho, a ser apreciado nos termos da legislação civil; e

2) Os critérios de quantificação de reparação por dano extrapatrimonial previstos no art. 223-G, caput e § 1º, da CLT deverão ser observados pelo julgador como critérios orientativos de fundamentação da decisão judicial.

Restou decido, porém, que é constitucional o arbitramento judicial do dano em valores superiores aos limites máximos dispostos nos incisos I a IV do § 1º do art. 223-G, quando consideradas as circunstâncias do caso concreto e os princípios da razoabilidade, da proporcionalidade e da igualdade. Tudo nos termos do voto do Relator, Ministro Gilmar Mendes.

6. SÚMULAS E ORIENTAÇÕES JURISPRUDENCIAIS DO TST

▶ CAPÍTULO IX – SEGURANÇA E MEDICINA DO TRABALHO (MEIO AMBIENTE DE TRABALHO) E DANO MORAL NA RELAÇÃO DE TRABALHO E INDENIZAÇÕES ▶ SAÚDE E SEGURANÇA
Equipamento de proteção individual – EPI
Súmula nº 289 do TST. O simples fornecimento do aparelho de proteção pelo empregador não o exime do pagamento do adicional de insalubridade. Cabe-lhe tomar as medidas que conduzam à diminuição ou eliminação da nocividade, entre as quais as relativas ao uso efetivo do equipamento pelo empregado.
Competência
Súmula nº 736 do STF: Compete à Justiça do Trabalho julgar as ações que tenham como causa de pedir o descumprimento de normas trabalhistas relativas à segurança, higiene e saúde dos trabalhadores.
▶ **INDENIZAÇÃO POR DANOS MORAIS**
Cumulação de pedidos
Súmula nº 37 do STJ. São cumuláveis as indenizações por dano material e dano moral oriundos do mesmo fato.
Súmula nº 387 do STJ. É lícita a cumulação das indenizações de dano estético e dano moral.
Competência
Súmula nº 392 do TST. Nos termos do art. 114, inc. VI, da Constituição da República, a Justiça do Trabalho é competente para processar e julgar ações de indenização por dano moral e material decorrentes da relação de trabalho, inclusive as oriundas de acidente de trabalho e doenças a ele equiparadas, ainda que propostas pelos dependentes ou sucessores do trabalhador falecido.
Súmula Vinculante nº 22 do STF: A Justiça do Trabalho é competente para processar e julgar as ações de indenização por danos morais e patrimoniais decorrentes de acidente de trabalho propostas por empregado contra empregador, inclusive aquelas que ainda não possuíam sentença de mérito em primeiro grau quando da promulgação da Emenda Constitucional no 45/04.

CAPÍTULO X

AVISO-PRÉVIO, TÉRMINO DO CONTRATO DE TRABALHO, PRESCRIÇÃO E DECADÊNCIA

1. AVISO-PRÉVIO

O aviso-prévio tem como finalidade indicar a data do término do contrato de trabalho. O período do aviso possibilita ao trabalhador procurar outro emprego, e, ainda, ao empregador buscar um substituto para o cargo vago. Dessa forma, torna-se possível que uma parte não seja surpreendida com a ruptura do contrato por ato unilateral da outra. Afasta-se, portanto, o evento surpresa.

A CLT não exige formalidade específica para concessão do aviso-prévio. Dessa forma, pelo menos em tese, caberia a notificação do aviso verbalmente. A concessão verbal, embora admitida, dificulta a comprovação de que ele tenha sido efetivamente dado.

A parte que decidir colocar fim ao contrato deverá avisar a outra com **antecedência mínima de 30 dias.** Nesse sentido estabelece o art. 7º, XXI, da CF/88:

> **Art. 7º, XXI, da CF/88:** São direitos dos trabalhadores urbanos e rurais além de outros que visem à melhoria de sua condição social: aviso-prévio proporcional ao tempo de serviço, **sendo no mínimo de 30 dias**, nos termos da lei. (grifos acrescidos)

No mesmo sentido, é a disposição do art. 611-B, XVI da CLT, que proíbe a redução ou supressão do direito ao aviso prévio por meio de negociação coletiva:

> **Art. 611-B da CLT** *(inserido pela Reforma Trabalhista)*: Constituem objeto ilícito de convenção coletiva ou de acordo coletivo de trabalho, exclusivamente, a supressão ou a redução dos seguintes direitos: (...)XVI – aviso prévio proporcional ao tempo de serviço, sendo no mínimo de trinta dias, nos termos da lei;

Em razão dessa previsão constitucional o aviso-prévio é proporcional ao tempo de serviço. Para empregados com até um ano de contrato o aviso-prévio será de 30 dias. A cada ano de contrato, serão acrescidos 3 dias na duração do aviso, até o limite de 60 dias. Assim sendo, a duração do aviso-prévio poderá ter até 90 dias (prazo mínimo de 30 dias + 60 dias do aviso proporcional). Esse dispositivo foi regulamentado pela Lei nº 12.506, de 11 de outubro de 2011. De acordo com a lei:

> **Art. 1º.** O aviso-prévio, de que trata o Capítulo VI do Título IV da Consolidação das Leis do Trabalho – CLT, aprovada pelo Decreto-Lei no 5.452, de 1º de maio de 1943, será concedido na proporção de 30 (trinta) dias aos empregados que contem até 1 (um) ano de serviço na mesma empresa.
>
> **Parágrafo único.** Ao aviso-prévio previsto neste artigo serão acrescidos **3 (três) dias por ano de serviço** prestado na mesma empresa, **até o máximo de 60 (sessenta) dias, perfazendo um total de até 90 (noventa)** dias. (grifos acrescidos)
>
> **Art. 2º** Esta Lei entra em vigor na data de sua publicação.

A lei, de acordo com o art. 2º, entrou em vigor na data da sua publicação (13/10/2011). Assim sendo, com base no princípio da eficácia imediata das normas trabalhistas, atingirá os contratos em curso. Por exemplo, os empregados com contratos de trabalho há vinte anos, se dispensados sem justa causa após o dia 13 de outubro, terão aviso-prévio de até 90 dias. Cabe frisar que os avisos já iniciados não serão alcançados pela nova lei. Nesse sentido, prevê a jurisprudência do TST:

> **Súmula nº 441 do TST:** O direito ao aviso-prévio proporcional ao tempo de serviço somente é assegurado nas rescisões de contrato de trabalho ocorridas a partir da publicação da Lei nº 12.506, em 13 de outubro de 2011.

Prevalece hoje o posicionamento de que proporcionalidade é voltada estritamente em benefício aos empregados urbanos, rurais, domésticos e trabalhadores avulsos, ou seja, o empregador não tem o direito de exigir que o empregado permaneça trabalhando mais de 30 dias, quando houver pedido de demissão[1079].

Em relação aos empregados domésticos, o aviso-prévio é direito constitucional assegurado desde a promulgação da Constituição Federal de 1988. Contudo, a Nova Lei dos Domésticos regulamentou o tema com maior precisão, trazendo inclusive a regra do aviso-prévio proporcional prevista na Lei nº 12.506/2011. De acordo com o art. 23, §§ 1º e 2º, LC nº 150/2015, para empregados com até um ano de contrato o aviso-prévio será de 30 dias. A cada ano de contrato, serão acrescidos 3 dias na duração do aviso, até o limite de 60 dias. Assim sendo, a duração do aviso-prévio poderá ter até 90 dias (prazo mínimo de 30 dias + 60 dias do aviso proporcional).

Aviso-prévio proporcional ao tempo de serviço
(Lei nº 12.506/2011)

- Duração mínima: 30 dias.
- Proporcionalidade:
  - A cada ano de contrato: acresce 3 dias
  - Acréscimo máximo de 60 dias
- Total do período: 90 dias (30 dias iniciais + 60 dias da proporcionalidade)

Obs.: Posicionamento majoritário de que a ampliação do prazo é apenas direito do empregado (não é direito do empregador)

1079. Informativo nº 165 do TST.

Cabe ressaltar que nos casos de garantia provisória de emprego (gestante, membro da CIPA, empregado acidentado etc.) é incabível a concessão de aviso-prévio. Somente após o término da garantia provisória de emprego é possível a sua concessão.

Finalmente, caso o trabalhador fique doente ou sofra acidente não relacionado ao trabalho e, em razão disso, seja concedido auxílio-doença no curso do aviso-prévio, os efeitos da dispensa somente irão se concretizar após o término do benefício previdenciário. Não há extinção do contrato durante o recebimento do benefício previdenciário, porque o contrato estará suspenso. Desse modo, a concessão do benefício previdenciário no curso do aviso não torna nula a dispensa e nem dará direito à estabilidade, mas apenas prorrogará a extinção do contrato quando terminar o auxílio-doença[1080]. Nem mesmo a previsão em norma coletiva que garanta estabilidade por período realizado após a alta médica garante a manutenção do emprego. Ademais, a projeção do aviso para o futuro tem efeitos limitados às vantagens econômicas, ou seja, durante o período de aviso, o empregado terá direito aos reajustes salarias, de acordo com a Súmula nº 371 do TST:

> **Súmula nº 371 do TST:** A projeção do contrato de trabalho para o futuro, pela concessão do aviso-prévio indenizado, tem efeitos limitados às vantagens econômicas obtidas no período de pré-aviso, ou seja, salários, reflexos e verbas rescisórias. No caso de concessão de auxílio-doença no curso do aviso-prévio, todavia, só se concretizam os efeitos da dispensa depois de expirado o benefício previdenciário.

1.1. Estabilidade adquirida durante o período do aviso-prévio

Por fim, cabe destacar que durante o aviso-prévio o empregado, em regra, não adquire estabilidade. Assim sendo, caso ele se candidate a membro da CIPA ou a dirigente sindical e seja eleito não gozará de estabilidade[1081].

Importante ressaltar, entretanto, que a constatação da gravidez, por exames laboratoriais, durante o período do aviso-prévio trabalhado ou indenizado, gera direito à garantia provisória de emprego. Aliás, a própria CLT foi alterada em 2013 para prever esse novo direito à gestante.

Com a promulgação da Lei nº 13.509/2017, o empregado adotante passou a ter assegurado o direito à estabilidade provisória no emprego da gestante.

> **Art. 391-A da CLT.** A confirmação do estado de gravidez advindo no curso do contrato de trabalho, ainda que durante o prazo do aviso prévio trabalhado ou indenizado, garante à empregada gestante a estabilidade provisória prevista na alínea *b* do inciso II do art. 10 do Ato das Disposições Constitucionais Transitórias. (Incluído pela Lei nº 12.812, de 2013)
>
> **Parágrafo único.** O disposto no caput deste artigo aplica-se ao empregado adotante ao qual tenha sido concedida guarda provisória para fins de adoção

1080. Informativo nº 101 do TST.

1081. **Súmula nº 369, V, do TST.** O registro da candidatura do empregado a cargo de dirigente sindical durante o período de aviso-prévio, ainda que indenizado, não lhe assegura a estabilidade, visto que inaplicável a regra do § 3º do art. 543 da Consolidação das Leis do Trabalho.

Importante destacar que o acidente de trabalho também gera estabilidade durante o aviso-prévio[1082].

Na hipótese de pedido de demissão do empregado com garantia provisória de emprego, é necessária a concessão do aviso-prévio ao empregador. Se houver rescisão indireta, ou seja, se configurada a falta grave do empregador, o empregado receberá a totalidade das verbas rescisórias, incluindo o período da estabilidade e o aviso-prévio indenizado. Por fim, se ocorrer a dispensa de empregado portador de estabilidade, em razão de falta grave por ele cometida, não será cabível a concessão de aviso-prévio.

1.2. Aviso-prévio concedido pelo empregador

Cabe frisar que o aviso-prévio é um dever recíproco das partes. Quando for dado pelo empregador, na dispensa sem justa causa, há necessidade de redução na duração do trabalho, possibilitando que o trabalhador procure outro emprego. Note-se que esta redução é devida, também, ao empregado sujeito à jornada 12 x 36. O empregado poderá optar por:

a) redução de 2 horas diárias;

b) redução de 7 dias consecutivos[1083].

O empregador não poderá substituir esse período reduzido por pagamento de horas correspondentes[1084]. Se não for concedida a redução no horário de trabalho, considera-se que o aviso não foi dado, pois não se possibilitou ao empregado a busca de outro emprego. A empresa deverá pagá-lo novamente, portanto.

Vale ressaltar que os empregados que não estão submetidos à limitação de jornada de trabalho do art. 62 da CLT não terão direito à redução de 2 horas diárias na jornada, pois não há controle de jornada nessa hipótese.

O aviso será trabalhado ou indenizado. A primeira hipótese ocorre quando o empregado cumprir o aviso prestando serviços ao empregador. Por outro lado, no **aviso-prévio indenizado**, o término do contrato será imediato, ou seja, serão pagos os trinta dias sem que o empregado preste serviços. O período do aviso é substituído por indenização pecuniária.

Vale ressaltar que o aumento salarial concedido para a categoria profissional do empregado durante o curso do aviso-prévio, indenizado ou trabalhado, beneficia o empregado que receberá os valores das verbas rescisórias com esse aumento ainda que tenha recebido os salários do aviso-prévio antecipadamente. Nesse sentido:

> **Art. 487, § 6º, CLT**: O reajustamento salarial coletivo, determinado no curso do aviso prévio, beneficia o empregado pré-avisado da despedida, mesmo que tenha recebido antecipadamente os salários correspondentes ao período do aviso, que integra seu tempo de serviço para todos os efeitos legais.

1082. TST – RR: 1750-04.2010.5.02.0035 – Relator: Valdir Florindo – Data de Julgamento: 22/05/2013.

1083. O empregado rural terá direito a redução de um dia por semana, quando o aviso for dado pelo empregador.

1084. **Súmula nº 230 do TST**: "É ilegal substituir o período que se reduz da jornada de trabalho, no aviso-prévio, pelo pagamento das horas correspondentes".

Importante destacar que, tanto no caso do aviso trabalhado quanto no aviso-prévio indenizado, **o tempo de serviço será projetado para todos os fins**, na contagem de férias, no décimo terceiro e nos depósitos do FGTS. Inclusive, embora o término seja imediato, a anotação na CTPS será realizada computando a data do período do aviso, e a prescrição somente inicia-se com o término do aviso[1085]. Interessante decisão do TST[1086], estabelece que a adesão ao Plano de Demissão Voluntária – PDV pode ocorrer inclusive no curso de aviso-prévio trabalhado ou indenizado, uma vez que ainda vigente o contrato de trabalho. De acordo com a jurisprudência do TST:

> **Orientação jurisprudencial nº 82 da SDI-I do TST.** A data de saída a ser anotada na CTPS deve corresponder à do término do prazo do aviso-prévio, ainda que indenizado.
>
> **Orientação jurisprudencial nº 83 da SDI-I do TST.** A prescrição começa a fluir no fim da data do término do aviso-prévio. Art. 487, § 1º, CLT.

AVISO-PRÉVIO

(Projeção)

A duração do aviso-prévio indenizado ou trabalhado projeta para todos os fins no contrato

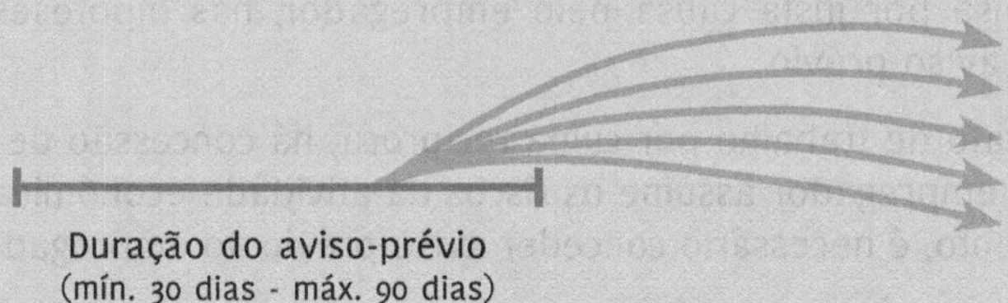

Obs. 1: Empregada gestante adquire estabilidade durante o aviso-prévio (art. 391-A da CLT).

Obs. 2: Aumento salarial coletivo beneficia empregado durante o curso do aviso prévio (art. 487, § 1º, CLT).

Obs.3: Indenização de 1 salário do Empregado se a dispensa ocorrer 30 dias antes da data base da categoria.

Seja o aviso-prévio trabalhado ou indenizado, o pagamento das verbas rescisórias ocorrerá até o décimo dia da comunicação da dispensa, nos termos do art. 477, § 6º da CLT. Não há aviso-prévio "cumprido em casa"[1087], pois se trata de fraude para postergar o pagamento das verbas rescisórias.

> **Art. 477 da CLT** *(com redação dada pela Reforma Trabalhista)*: Na extinção do contrato de trabalho, o empregador deverá proceder à anotação na Carteira de Trabalho e Previdência Social, comunicar a dispensa aos órgãos competentes

1085. Informativo nº 144 do TST.

1086. Informativo nº 137 do TST.

1087. **Orientação Jurisprudencial nº 14 da SDI-I do TST:** "Em caso de aviso-prévio cumprido em casa, o prazo para o pagamento das verbas rescisórias é até o décimo dia da notificação da despedida."

e realizar o pagamento das verbas rescisórias no prazo e na forma estabelecidos neste artigo.

(...) § 6º A entrega ao empregado de documentos que comprovem a comunicação da extinção contratual aos órgãos competentes bem como o pagamento dos valores constantes do instrumento de rescisão ou recibo de quitação deverão ser efetuados até dez dias contados a partir do término do contrato.

O direito ao **aviso-prévio é irrenunciável** pelo empregado, logo, mesmo o aviso-prévio indenizado, não exime o empregador do respectivo pagamento. Excepcionalmente, é admitido ao empregado renunciar ao aviso para assumir novo emprego[1088]. Para que essa renúncia ao aviso-prévio seja válida, é necessário que a comprovação de que o empregado já possui um novo emprego seja feita **por escrito**. Aliás, essa renúncia poderá ser de todo o período do aviso, inclusive nos casos em que supere os 30 dias, em razão do contrato de trabalho com mais de um ano de duração (Lei nº 12.506/2011).

Se durante o período do aviso ocorrer reajustamento salarial coletivo, o empregado pré-avisado da despedida será beneficiado pelo reajuste, inclusive se recebeu aviso-prévio indenizado, conforme previsto no art. 487, § 6º, da CLT.

Na hipótese da **rescisão indireta**, ou seja, quando o empregador der causa ao fim do contrato (agressão física ao trabalhador, por exemplo), é devido o aviso-prévio. Por outro lado, se ocorrer a dispensa por justa causa pelo empregador, nas hipóteses do art. 482 da CLT, **não** é devido o aviso-prévio.

No caso de término do contrato de trabalho por culpa recíproca, há concessão de 50% do aviso-prévio[1089]. Aliás, como o empregador assume os riscos da atividade econômica, no caso de extinção do estabelecimento, é necessário conceder aviso-prévio ao empregado[1090].

A Reforma Trabalhista passou a admitir o término do contrato de trabalho por meio de acordo entre empregado e empregador e que se denomina distrato. desse for concedido aviso prévio indenizado ao trabalhador, o valor será devido pela metade, nos termos do art. 484-A, I, a da CLT:

Art. 484-A, CLT *(acrescentado pela Reforma Trabalhista)*. O contrato de trabalho poderá ser extinto por acordo entre empregado e empregador, caso em que serão devidas as seguintes verbas trabalhistas:

I – por metade:

a) o aviso prévio, se indenizado; e

Para o aviso prévio trabalhado, permanece a obrigatoriedade de pagamento do valor integral. De nossa opinião, a redução do aviso prévio indenizado na hipótese de

1088. Súmula nº 276 do TST: "O direito ao aviso-prévio é irrenunciável pelo empregado. O pedido de dispensa de cumprimento não exime o empregador de pagar o respectivo valor, salvo comprovação de haver o prestador dos serviços obtido novo emprego".

1089. **Súmula nº 14 do TST:** "Reconhecida a culpa recíproca na rescisão do contrato de trabalho (art. 484 da CLT), o empregado tem direito a 50% (cinquenta por cento) do valor do aviso-prévio, do décimo terceiro salário e das férias proporcionais".

1090. **Súmula nº 44 do TST:** "A cessação da atividade da empresa, com o pagamento da indenização, simples ou em dobro, não exclui, por si só, o direito do empregado ao aviso-prévio".

celebração de distrato é inconstitucional, pois a Constituição Federal assegura, em seu art. 7º, XXI, o direito ao recebimento de aviso prévio de, no mínimo, 30 dias. A redução do valor pela metade equivaleria, portanto, à concessão de menos dias que o mínimo previsto no texto constitucional. Além disso, de acordo com o art. 611-B, XVI, da CLT, o aviso-prévio não pode ser discutido por negociação coletiva, por ser objeto ilícito de convenção e acordo coletivo de trabalho. Portanto, por simples acordo individual entre as partes, não seria possível admitir a redução da duração do aviso-prévio pela metade.

Além disso, a celebração de distrato por empregados e empregadores gera uma controvérsia relevante sobre a aplicação do aviso prévio indenizado e sua projeção no tempo de serviço para fins de cálculo de férias proporcionais, décimo terceiro proporcional e FGTS. Nos termos do art. 484-A, inciso I, alínea "a", da CLT, nesses casos, o aviso prévio indenizado deve ser pago pela metade. Assim, surge a dúvida: essa redução do aviso prévio impacta, também, sua projeção no contrato de trabalho? Ou deve-se aplicar a projeção integral, inclusive com a regra da proporcionalidade prevista na Lei nº 12.506/2011?

De um lado, há quem defenda a aplicação da projeção integral do aviso prévio ao argumento de que o art. 484-A da CLT limita-se à redução das **verbas rescisórias** devidas, não regulando os efeitos extrapatrimoniais da resilição bilateral do contrato. Nessa visão, a projeção do aviso prévio no tempo de serviço afeta diretamente o cálculo de verbas rescisórias devidas ao empregado, incluindo **férias** proporcionais, **décimo terceiro** proporcional e **FGTS** (saldo e multa de 20%), direitos assegurados constitucionalmente e, assim, de indisponibilidade absoluta. A aplicação de uma projeção reduzida comprometeria o valor desses direitos, ocasionando perdas financeiras ao trabalhador e ferindo o princípio da proteção. Não se pode, portanto, em interpretação extensiva ao disposto no art. 484-A, inciso I, alínea "a", da CLT, restringir direitos trabalhistas fundamentais, ainda que indiretamente. Em resumo, qualquer interpretação que imponha restrição a esses direitos através da redução da projeção contraria os objetivos constitucionais de proteção do trabalho.

A corrente contrária sustenta que a projeção do aviso prévio é um elemento acessório ao principal, devendo, assim, acompanhar a redução do valor indenizatório pela metade, de acordo com o princípio da gravitação jurídica. Nesse sentido, se o aviso prévio indenizado é pago em 50%, a projeção também deveria ser reduzida proporcionalmente. Essa interpretação estaria em harmonia com a finalidade da norma introduzida pela Reforma Trabalhista, que visa flexibilizar o rompimento consensual do contrato de trabalho e incentivar o acordo entre as partes, conferindo maior previsibilidade e equilíbrio às rescisões contratuais.

Acompanhamos a primeira corrente, entendendo que a redução do aviso prévio indenizado não deve afetar a projeção dos direitos trabalhistas fundamentais do trabalhador, como férias e décimo terceiro proporcionais. A interpretação que limita a aplicação da projeção integral coloca em risco a integridade dos direitos sociais, uma vez que subtrai, ainda que indiretamente, direitos constitucionalmente assegurados. A preservação integral da projeção, portanto, parece ser a melhor forma de proteger o trabalhador e garantir segurança jurídica nas rescisões contratuais ajustadas por mútuo acordo.

Como já dito anteriormente, o aviso-prévio integra o tempo de serviço do empregado para todos os fins[1091]. Se a dispensa ocorrer nos **30 dias que antecedem o**

1091. **Art. 487, § 1º, da CLT:** "A falta do aviso-prévio do empregador dá ao empregado o direito aos salários correspondentes ao prazo do aviso, garantida a integração desse período no seu tempo de serviço". Cabe ressaltar

reajuste salarial, o empregado terá direito à indenização prevista na Lei nº 7.238/84, ou seja, no valor de um salário do empregado. Essa indenização será devida mesmo que o empregador pague as verbas rescisórias já com o valor do salário corrigido. O objetivo dessa lei foi o de dificultar a dispensa do empregado quando estiver próximo do reajuste salarial.

> **Sumula nº 182 do TST:** O tempo do aviso-prévio, mesmo indenizado, conta-se para efeito da indenização adicional prevista no art. 9º da Lei nº 6.708/1979. (Essa lei foi alterada pela Lei nº 7238/84)
>
> **Art. 9º da Lei nº 7238/84:** O empregado dispensado, sem justa causa, no período de 30 dias que antecede a data de sua correção salarial, terá direito à indenização adicional equivalente a um salário mensal, seja ele optante ou não pelo FGTS.
>
> **Súmula nº 314 do TST:** Se ocorrer a rescisão contratual no período de 30 dias que antecede à data-base, o pagamento das verbas rescisórias com o salário já corrigido **não afasta** o direito à indenização adicional. (grifos acrescidos)

1.3. Aviso-prévio concedido pelo empregado

O empregado, ao efetuar seu pedido de demissão, também está obrigado a conceder aviso-prévio, possibilitando que o empregador procure um novo substituto. Se o empregado não conceder o aviso, possibilita o desconto no salário correspondente.

De acordo com o art. 487, § 2º, da CLT:

> **Art. 487, § 2º, CLT:** A falta de aviso-prévio por parte do empregado dá ao empregador o direito de descontar os salários correspondentes ao prazo respectivo.

Cabe destacar, novamente, que o aviso-prévio é direito irrenunciável ao empregado. Por outro lado, o empregador poderá renunciar ao aviso-prévio de 30 dias. Portanto, o trabalhador ao pedir demissão, a empresa tem condições de liberá-lo da prestação de serviços imediatamente.

1.4. Aviso-prévio no contrato por prazo determinado

O instituto do aviso-prévio é voltado para os contratos por prazo indeterminado.

Em regra, o contrato por prazo determinado possui término previamente fixado entre as partes, logo não há necessidade do aviso. Excepcionalmente, se o contrato por prazo determinado contiver **cláusula assecuratória de direito recíproco**, e ocorrer a rescisão antecipada, haverá necessidade da parte (empregado ou empregador) conceder o aviso-prévio, conforme previsto no art. 481 da CLT.

A possibilidade de cláusula assecuratória de direito recíproco estende-se ao contrato de experiência[1092].

---

que o registro da candidatura a dirigente sindical, feito durante o período de aviso-prévio, não assegura a estabilidade ao empregado, de acordo com o item V da Súmula nº 369 do TST: "O registro da candidatura do empregado a cargo de dirigente sindical durante o período de aviso-prévio, ainda que indenizado, não lhe assegura a estabilidade, visto que inaplicável a regra do § 3º do art. 543 da CLT".

1092. **Súmula nº 163 do TST:** "Cabe aviso-prévio nas rescisões antecipadas nos contratos de experiência, na forma do art. 481 da CLT".

Caso a rescisão ocorra antes do prazo previamente fixado entre as partes, e o contrato **não** contenha a cláusula acima, o aviso-prévio não será devido, aplicando-se nesses casos os artigos 479 e 480 da CLT[1093] (pagamento de indenização).

1.5. Reconsideração do aviso-prévio

O aviso-prévio é direito das partes envolvidas na relação empregatícia. Esse direito é exercido de forma unilateral (pedido de demissão ou dispensa sem justa causa). Há possibilidade, entretanto, de reconsideração do aviso-prévio que pode ser realizada a **qualquer tempo,** desde que seja feita antes da extinção do contrato de trabalho.

Reconsiderar o aviso é ato bilateral, isto é, depende do consentimento da outra parte.

Poderá ocorrer a reconsideração tácita ou expressa. No primeiro caso, o empregado continuará trabalhando após os trinta dias concedidos para aviso, sem recusa do empregador. Reconsideração expressa ocorre quando as partes, em comum acordo, afastam a hipótese do término do contrato.

De acordo com o art. 489 da CLT:

> **Art. 489 da CLT:** Dado o aviso-prévio, a rescisão torna-se efetiva depois de expirado o respectivo prazo, mas, se a parte notificante reconsiderar o ato, antes de seu termo, à outra parte é **facultado aceitar ou não a reconsideração**. (grifos acrescidos)
>
> **Parágrafo único:** Caso seja aceita a reconsideração ou continuando a prestação depois de expirado o prazo, o contrato continuará a vigorar, como se o aviso-prévio não tivesse sido dado.

1.6. Falta grave no curso do aviso-prévio

O caso de falta grave cometida pelo empregado (art. 482 da CLT), durante o curso do aviso-prévio, ocasionará a perda do restante do aviso e reflexo desse período nas verbas rescisórias. Receberá apenas as parcelas devidas na dispensa por justa causa. Não se considera justa causa o abandono de emprego no curso do aviso-prévio[1094].

No caso de rescisão indireta (art. 483 da CLT) – falta grave cometida pelo empregador –, o trabalhador poderá afastar-se imediatamente do serviço, recebendo salário correspondente ao restante do período, além das verbas rescisórias da dispensa sem justa causa.

HIPÓTESES EM QUE É DEVIDO O AVISO-PRÉVIO

1) **Aviso-prévio concedido pelo empregador:**
   - Dispensa sem justa causa;
   - Rescisão indireta (art. 483 da CLT)
   - Extinção do estabelecimento (Súmula nº 44 do TST)

1093. Para mais informações sobre término antecipado do contrato por prazo determinado, consulte Capítulo III dessa obra.

1094. **Súmula nº 73 do TST:** "A ocorrência de justa causa, salvo a de abandono de emprego, no decurso do prazo de aviso-prévio dado pelo empregador, retira do empregado qualquer direito às verbas rescisórias de natureza indenizatória".

- Contrato por prazo determinado com cláusula assecuratória de direito recíproco (art. 481 da CLT)
- Culpa recíproca: empregado tem direito a 50% do valor do aviso (Súmula nº 14 do TST)

2) **Aviso-prévio concedido pelo trabalhador:**
- Pedido de demissão feito pelo empregado
- Contrato por prazo determinado com cláusula assecuratória de direito recíproco (art. 481 da CLT)

3) **Distrato**
- Se indenizado, o aviso-prévio será devido pela metade (art. 484-A da CLT).

4) **Não será devido o aviso-prévio:**

a) contratos por prazo determinado.

b) dispensa por justa causa (art. 482 da CLT).

c) morte do trabalhador

AVISO-PRÉVIO (RESUMO)

- **Conceito:** evitar que uma parte seja surpreendida com a ruptura do contrato por ato unilateral da outra.
- **Prazo:** no mínimo, 30 dias.
- Concedido pelo **empregador:**

  a) empregado urbano terá redução de 2 horas diárias ou 7 dias consecutivos.

  b) empregado rural terá direito a redução de 1 dia por semana.
- Concedido pelo **empregado:**

  a) obrigado a conceder o aviso na hipótese de pedido de demissão.

  b) se não for concedido, possibilita desconto no salário do empregado.
- Aviso-prévio **indenizado:** ocorre a substituição do período trabalhado por indenização pecuniária. Esse período é projetado no contrato para todos os fins.
- **Reconsideração:** ato bilateral, depende do consentimento da parte contrária.

1.7. Súmulas e orientações jurisprudenciais do TST

▶ CAPÍTULO X – AVISO-PRÉVIO, TÉRMINO DO CONTRATO DE TRABALHO E DECADÊNCIA
Aviso-prévio
Súmula nº 441 do TST. Aviso-prévio. Proporcionalidade O direito ao aviso-prévio proporcional ao tempo de serviço somente é assegurado nas rescisões de contrato de trabalho ocorridas a partir da publicação da Lei no 12.506, em 13 de outubro de 2011.
Súmula nº 380 do TST. Aplica-se a regra prevista no *caput* do art. 132 do Código Civil de 2002 à contagem do prazo do aviso-prévio, excluindo-se o dia do começo e incluindo o do seu vencimento.
Súmula nº 276 do TST. O direito ao aviso-prévio é irrenunciável pelo empregado. O pedido de dispensa de cumprimento não exime o empregador de pagar o respectivo valor, salvo comprovação de haver o prestador dos serviços obtido novo emprego.

Súmula nº 348 do TST. É inválida a concessão do aviso prévio na fluência da garantia provisória de emprego, ante a incompatibilidade dos dois institutos.

Orientação jurisprudencial nº 268 da SDI – I do TST. Somente após o término do período estabilitário é que se inicia a contagem do prazo do aviso prévio para efeito das indenizações previstas nos artigos 9º da Lei nº 6.708/79 e 9º da Lei nº 7.238/84.

Súmula nº 230 do TST. É ilegal substituir o período que se reduz da jornada de trabalho, no aviso-prévio, pelo pagamento das horas correspondentes.

Súmula nº 163 do TST. Cabe aviso prévio nas rescisões antecipadas nos contratos de experiência, na forma do art. 481 da CLT.

Súmula nº 44 do TST. A cessação da atividade da empresa, com o pagamento da indenização, simples ou em dobro, não exclui, por si só, o direito do empregado ao aviso-prévio.

Orientação jurisprudencial nº 82 da SDI – I do TST. A data de saída a ser anotada na CTPS deve corresponder à do término do prazo do aviso-prévio, ainda que indenizado.

Orientação Jurisprudencial nº 367 da SDI – I do TST. O prazo de aviso-prévio de 60 dias, concedido por meio de norma coletiva que silencia sobre alcance de seus efeitos jurídicos, computa-se integralmente como tempo de serviço, nos termos do § 1º do art. 487 da CLT, repercutindo nas verbas rescisórias.

Súmula nº 305 do TST. O pagamento relativo ao período de aviso-prévio, trabalhado ou não, está sujeito a contribuição para o FGTS.

Orientação jurisprudencial nº 83 da SDI – I do TST. A prescrição começa a fluir no final da data do término do aviso prévio. Art. 487, § 1º, CLT.

Súmula nº 371 do TST. A projeção do contrato de trabalho para o futuro, pela concessão do aviso-prévio indenizado, tem efeitos limitados às vantagens econômicas obtidas no período de pré-aviso, ou seja, salários, reflexos e verbas rescisórias. No caso de concessão de auxílio-doença no curso do aviso-prévio, todavia, só se concretizam os efeitos da dispensa depois de expirado o benefício previdenciário.

Súmula nº 14 do TST. Reconhecida a culpa recíproca na rescisão do contrato de trabalho (art. 484 da CLT), o empregado tem direito a 50% (cinquenta por cento) do valor do aviso-prévio, do décimo terceiro salário e das férias proporcionais.

Orientação Jurisprudencial nº 14 da SDI – I do TST[1095]. Em caso de aviso-prévio cumprido em casa, o prazo para o pagamento das verbas rescisórias é até o décimo dia da notificação da despedida.

Súmula nº 73 do TST. A ocorrência de justa causa, salvo a de abandono de emprego, no decurso do prazo de aviso-prévio dado pelo empregador, retira do empregado qualquer direito às verbas rescisórias de natureza indenizatória.

Súmula nº 182 do TST. O tempo do aviso prévio, mesmo indenizado, conta-se para efeito da indenização adicional prevista no art. 9º da Lei nº 6.708/1979.

Sumula nº 242 do TST. A indenização adicional, prevista no art. 9º da Lei nº 6.708, de 30.10.1979 e no art. 9º da Lei nº 7.238 de 28.10.1984, corresponde ao salário mensal, no valor devido na data da comunicação do despedimento, integrado pelos adicionais legais ou convencionados, ligados à unidade de tempo mês, não sendo computável a gratificação natalina.

Súmula nº 314 do TST. Se ocorrer a rescisão contratual no período de 30 dias que antecede à data-base, o pagamento das verbas rescisórias com o salário já corrigido não afasta o direito à indenização adicional.

1095. Esta orientação jurisprudencial será impactada pela nova redação dada ao art. 477, § 6º da CLT pela Reforma Trabalhista – Lei nº 13.467/2017.

2. TÉRMINO DO CONTRATO DE TRABALHO

TÉRMINO DO CONTRATO DE TRABALHO	
Resilição (manifestação unilateral ou bilateral)	- Pedido de demissão (empregado). - Dispensa **sem** justa causa (empregador). - Distrato.
Resolução (ato faltoso)	- Dispensa por justa causa (falta praticada pelo empregado - art. 482 da CLT). - Rescisão indireta (falta praticada pelo empregador - art. 483 da CLT). - Culpa recíproca (ambos praticam a falta grave - art. 484 e Súmula nº 14 do TST).
Rescisão	- Nulidade do contrato de trabalho.

2.1. Resilição[1096]

A resilição do contrato de trabalho corresponde ao término do contrato de trabalho sem que tenha ocorrido o cometimento de falta grave que determine o fim do contrato. A resilição pode ser unilateral ou bilateral.

Unilateral é a manifestação imotivada de uma das partes da relação de emprego que coloca fim ao contrato de trabalho. Admite-se a livre resilição, pois ninguém é obrigado a manter-se vinculado permanentemente. Trata-se de direito potestativo de empregados e empregadores.

Nesse sentido, é assegurado ao trabalhador a possibilidade de apresentar pedido de demissão, pondo fim à relação de emprego por vontade própria. Da mesma forma, caso queira encerrar o contrato de trabalho, o empregador pode dispensar o empregado sem justa causa.

Também é possível pôr fim ao contrato de trabalho através de acordo entre as partes. Essa modalidade de término da relação de emprego é denominada distrato[1097]. Antes da Reforma Trabalhista, a legislação não admitia o distrato, cabendo aos empregados apresentar pedido de demissão ou aos empregadores de realizar a dispensa sem justa causa.

Passaremos agora à análise das hipóteses admitidas no ordenamento jurídico brasileiro de resilição do contrato de trabalho.

2.1.1. Proibição da dispensa arbitrária e posicionamento do STF sobre a Convenção 158 da OIT

O tema foi desenvolvido no Capítulo 8, item 2, desta obra, para o qual direcionamos o leitor.

1096. Nas provas do TRT, as questões, por vezes, não abordam o termo técnico: resilição. Portanto, o candidato deverá estar atento às hipóteses de dispensa imotivada: dispensa SEM justa causa (empregador) e pedido de demissão (empregado).

1097. CASSAR, Vólia Bomfim. *Direito do Trabalho*. 11ª Edição. Rio de Janeiro: Forense, 2015. p. 1.019.

2.1.2. *Hipóteses de resilição unilateral*

2.1.2.1. *Pedido de demissão*

O pedido de demissão é o ato pelo qual o empregado, por **iniciativa própria**, decide encerrar o contrato de trabalho. Trata-se de um **direito potestativo**, ou seja, um direito que depende exclusivamente da vontade do trabalhador[1098]. Dessa forma, não se trata propriamente de um "pedido" que possa ser negado, mas sim de uma comunicação formal de que o empregado não deseja mais continuar prestando serviços à empresa[1099].

Por ser um direito potestativo, **o empregado sempre poderá pedir demissão**, sem depender de qualquer consentimento do empregador. Qualquer restrição a esse direito resultaria em uma situação de trabalho compulsório, o que é uma afronta ao art. 5º, inciso XIII, da Constituição Federal, que assegura a todos o livre exercício de qualquer trabalho, ofício ou profissão, desde que atendidas as qualificações profissionais que a lei estabelecer. Esse caráter unilateral reflete a liberdade individual garantida ao trabalhador, que, ao expressar sua vontade de não mais exercer suas funções, não está sujeito à aceitação do empregador, mas apenas às formalidades legais que devem ser cumpridas para a rescisão do contrato.

Não existe uma forma especial para realizar o pedido de demissão, bastando que seja expresso, seja de maneira oral ou por escrito. O essencial é que a **vontade do empregado seja manifestada claramente**. Portanto, inexistindo vício ou defeito na manifestação da vontade, o pedido de demissão é válido, independentemente da forma utilizada.

Por exemplo, alguns Tribunais Regionais do Trabalho[1100] têm reconhecido como válido o pedido de demissão realizado por meio de aplicativos de mensagens, como o *WhatsApp*, desde que comprovado por evidências probatórias, como *prints* ou outras provas que demonstrem a vontade inequívoca do empregado de encerrar o contrato. No entanto, o ideal é que o pedido seja feito de forma escrita para assegurar uma prova clara e robusta da intenção de formalizar a demissão, e não de abandonar o emprego[1101].

O empregado ao efetuar seu pedido de demissão, deve conceder aviso-prévio de 30 dias ao empregador, possibilitando que este tenha tempo para contratar um substituto. Caso o empregado não conceda o aviso-prévio, o empregador tem o direito de descontar do salário o valor correspondente ao período de aviso não concedido, conforme prevê o art. 487, § 2º, da CLT.

O empregador, por outro lado, pode renunciar ao cumprimento do aviso prévio e liberar o empregado imediatamente. Lembre-se que as normas protetivas e irrenunciáveis são voltadas ao empregado, já o empregador é um ser coletivo por natureza, podendo renunciar aos seus direitos livremente.

1098. Cassar, Vólia Bomfim. **Direito do Trabalho**. 19. ed. Rio de Janeiro: Forense, 2022, p. 1052-1053.

1099. Martins, Sérgio Pinto. **Direito do Trabalho**. 39 ed. São Paulo: SaraivaJur, 2023, p. 575.

1100. TRT-1 – RO: 00107276320155010026 RJ, Relator: MARIA HELENA MOTTA, Data de Julgamento: 15/03/2016, Primeira Turma, Data de Publicação: 05/04/2016; TRT-23 - ROT: 00010250820195230005 MT, Relator: ROBERTO BENATAR, Gab. Des. Roberto Benatar, Data de Publicação: 11/12/2020; TRT-20 00006993320225200003, Relator: MARIA DAS GRACAS MONTEIRO MELO, Data de Publicação: 12/09/2023.

1101. Cassar, Vólia Bomfim. **Direito do Trabalho**. 19. ed. Rio de Janeiro: Forense, 2022, p. 1053. Resende, Ricardo. Direito do Trabalho. 9. ed. Rio de Janeiro: Forense, 2023, p. 660.

Quanto às verbas rescisórias, o empregado que pede demissão tem direito ao saldo de salário pelos dias trabalhados até a data da demissão, férias vencidas e proporcionais[1102] acrescidas do adicional de 1/3, e ao 13º salário proporcional[1103]. Contudo, não tem direito à multa de 40% sobre o saldo do FGTS, ao saque integral do FGTS, ou ao seguro-desemprego, que são direitos restritos à dispensa sem justa causa.

Em contratos por prazo determinado, as obrigações variam conforme as condições estabelecidas. Se o empregado desejar encerrar um contrato de experiência antes do prazo, deverá indenizar o empregador pelos prejuízos, sendo que essa indenização não pode ultrapassar o valor ao qual o empregado teria direito, conforme o §1º do art. 480 da CLT[1104]. Nesse caso, o empregado terá direito apenas ao saldo de salário, ao 13º salário proporcional e às férias proporcionais acrescidas de 1/3.

Caso o contrato tenha cláusula assecuratória de rescisão antecipada, como prevê o art. 481 da CLT, a parte que decidir rescindir antes do prazo deve conceder aviso prévio.

Portanto, no pedido de demissão em contratos com cláusula assecuratória, o empregado deverá cumprir o aviso de 30 dias ou arcar com o desconto salarial correspondente, tendo direito às mesmas verbas rescisórias mencionadas anteriormente: saldo de salário, 13º salário proporcional e férias proporcionais acrescidas de 1/3.

2.1.2.1.1. Pedido de demissão do empregado adolescente

O pedido de demissão feito por um empregado adolescente, ou seja, aquele entre 16 e 18 anos, possui regras específicas de proteção adicionais às previstas para trabalhadores adultos, visando garantir que o jovem esteja consciente da decisão e não sofra prejuízos em seus direitos. De início, a CLT exige que, tratando-se de rescisão do contrato de trabalho, o menor de 18 (dezoito) anos precisa estar assistido de seu representante legal para dar quitação ao empregador pelo recebimento das verbas devidas. Assim, o art. 439:

> **Art. 439, CLT:** É lícito ao menor firmar recibo pelo pagamento dos salários. Tratando-se, porém, de rescisão do contrato de trabalho, é vedado ao menor de 18 (dezoito) anos dar, sem assistência dos seus responsáveis legais, quitação ao empregador pelo recebimento da indenização que lhe for devida.

Embora o texto do art. 439 da CLT permita a conclusão de que a necessidade de assistência dos representantes legais, no que diz respeito a relação de emprego, restringe-se a quitação das verbas rescisórias, a 7ª Turma do TST[1105] tem entendimento no sentido de que, **"por se tratar de norma protetiva, não pode ser interpretada de forma restritiva"**.

1102. **Súmula nº 171 do TST:** Salvo na hipótese de dispensa do empregado por justa causa, a extinção do contrato de trabalho sujeita o empregador ao pagamento da remuneração das férias proporcionais, ainda que incompleto o período aquisitivo de 12 (doze) meses (art. 147 da CLT); **Súmula nº 261 do TST:** O empregado que se demite antes de complementar 12 (doze) meses de serviço tem direito a férias proporcionais.

1103. **Súmula nº 157 do TST.** "A gratificação instituída pela Lei nº 4.090, de 13.7.62, é devida na resilição contratual de iniciativa do empregado."

1104. **Art. 480** – Havendo termo estipulado, o empregado não se poderá desligar do contrato, sem justa causa, sob pena de ser obrigado a indenizar o empregador dos prejuízos que desse fato lhe resultarem. **§ 1º** – A indenização, porém, não poderá exceder àquela a que teria direito o empregado em idênticas condições.

1105. TST – RR: 10024724320145020241, Relator: Alexandre De Souza Agra Belmonte, Data de Julgamento: 09/08/2023, 7ª Turma, Data de Publicação: 18/08/2023.

Sendo assim, ainda que o menor tenha liberdade para iniciar a relação de emprego, **"para o término da relação contratual carece da assistência de seus representantes legais"**.

Assim, sob pena de esvaziamento do ordenamento jurídico que protege os interesses dos vulneráveis, a 7ª Turma decidiu que a interpretação do art. 439 da CLT também abrange o pedido de demissão, sendo **a assistência dos representantes legais necessária para a validade do pedido de demissão do menor**. A não observação, portanto, gera a nulidade do pedido.

É facultado, ainda, ao responsável legal do trabalhador adolescente, pleitear a extinção do contrato de trabalho, desde que o serviço possa acarretar prejuízos de ordem física ou moral. Nessas situações, quando o pedido de demissão é feito pelo responsável legal devido ao não cumprimento das condições básicas para o exercício adequado do trabalho pelo adolescente, o rompimento pode ser enquadrado como rescisão indireta[1106].

Assim como para empregados adultos, o adolescente deve cumprir o aviso prévio de 30 dias ao pedir demissão, salvo se o empregador dispensar o cumprimento. Caso não cumpra, o valor proporcional pode ser descontado do salário, conforme estabelecido pelo art. 487, §2º da CLT. Quanto às verbas rescisórias, o adolescente tem direito ao saldo de salário, férias vencidas e proporcionais com adicional de 1/3 e 13º salário proporcional, mas não ao FGTS, multa de 40% ou seguro-desemprego.

É importante ressaltar que menores de 16 anos não podem ser empregados, salvo na condição de aprendizes a partir dos 14 anos. Nesse caso, a rescisão contratual também requer a autorização e a presença do responsável legal. Outro ponto relevante é que, no contrato de aprendizagem, não se aplicam as hipóteses de indenização previstas nos arts. 479 e 480 da CLT.

2.1.2.1.2. Pedido de demissão da empregada gestante

A empregada gestante possui estabilidade no emprego desde a confirmação da gravidez até cinco meses após o parto, conforme previsto no art. 10, II, 'b', do ADCT[1107]. Isso significa que, em regra, a empregada não pode ser demitida sem justa causa durante esse período. No entanto, a estabilidade não impede que a gestante peça demissão voluntariamente, desde que seja uma decisão informada e sem coação.

Por ser um direito potestativo, a gestante pode pedir demissão a qualquer momento, pois a estabilidade não obriga a permanência no emprego. Nesse caso, ela receberá as verbas trabalhistas decorrentes do pedido de demissão, como saldo de salário, férias vencidas e proporcionais acrescidas do adicional de 1/3, e 13º salário proporcional. Assim como em outros pedidos de demissão, não há direito à multa de 40% sobre o FGTS, ao saque integral do FGTS ou ao seguro-desemprego.

Contudo, ainda que o pedido de demissão da gestante ocorra em período inferior a um ano, será necessária a **assistência do sindicato na homologação das verbas rescisórias**, utilizando-se do entendimento previsto no art. 500 da CLT:

1106. Delgado, Maurício Godinho. Curso de Direito do Trabalho. 18. ed. São Paulo: LTr, 2019, p. 1368.

1107. Art. 10, II, 'b', do ADCT: "II - fica vedada a dispensa arbitrária ou sem justa causa: (...) b) - da empregada gestante, desde a confirmação da gravidez até cinco meses após o parto".

> **Art. 500, CLT:** O pedido de demissão do empregado estável só será válido quando feito com a assistência do respectivo Sindicato e, se não o houver, perante autoridade local competente do Ministério do Trabalho e Previdência Social ou da Justiça do Trabalho.

Importante mencionar que a aplicação do referido dispositivo à gestante é fruto da jurisprudência do TST, pois, originalmente, o art. 500 da CLT referia-se à extinta estabilidade decenal. Por muitos anos, tratou-se de uma orientação pacificada, mas ainda sem caráter vinculante.

Esse foi o entendimento consolidado pelo Tribunal Superior do Trabalho, em fevereiro de 2025, no julgamento do Incidente de Recurso de Revista Repetitivo nº 55, que resultou na seguinte tese vinculante nº 55:

> A validade do pedido de demissão da empregada gestante, detentora da garantia provisória de emprego prevista no artigo 10, inciso II, alínea "b", do Ato das Disposições Constitucionais Transitórias (ADCT), está **condicionada** à assistência do sindicato profissional ou da autoridade local competente, nos termos do artigo 500 da CLT TST-RR-0000427-27.2024.5.12.0024, Relator: Ministro Aloysio Corrêa da Veiga, Tribunal Pleno, DJE: 14/03/2025).

A exigência de assistência sindical ou da autoridade competente tem por finalidade garantir que o pedido de demissão seja realizado de forma plenamente informada, evitando dúvidas sobre a real intenção da empregada e prevenindo eventuais pressões indevidas ou decisões precipitadas. Busca-se assegurar que a gestante não renuncie, inadvertidamente, a direitos fundamentais.

A estabilidade provisória é um direito indisponível, voltado à proteção não apenas da empregada, mas também da maternidade e do nascituro. Por essa razão, a exigência de homologação com a assistência de órgão competente reforça a segurança jurídica do ato e protege a integridade da decisão da trabalhadora.

Caso o sindicato da categoria se recuse a prestar a assistência ou não esteja presente, essa poderá ser exercida por entidades sindicais de grau superior, como federações e confederações, nos termos do art. 617, caput e § 1º, da CLT:

> **Art. 617, CLT:** Os empregados de uma ou mais emprêsas que decidirem celebrar Acôrdo Coletivo de Trabalho com as respectivas emprêsas darão ciência de sua resolução, por escrito, ao Sindicato representativo da categoria profissional, que terá o prazo de 8 (oito) dias para assumir a direção dos entendimentos entre os interessados, devendo igual procedimento ser observado pelas emprêsas interessadas com relação ao Sindicato da respectiva categoria econômica.
>
> § 1º Expirado o prazo de 8 (oito) dias sem que o Sindicato tenha se desincumbido do encargo recebido, poderão os interessados dar conhecimento do fato à Federação a que estiver vinculado o Sindicato e, em falta dessa, à correspondente Confederação, para que, no mesmo prazo, assuma a direção dos entendimentos. Esgotado êsse prazo, poderão os interessados prosseguir diretamente na negociação coletiva até final.

Na ausência de sindicato, também podem atuar o Ministério do Trabalho e Emprego e a Justiça do Trabalho, essa última provocada pela empregada e empregador para homologação de acordo extrajudicial (procedimento de jurisdição voluntária)[1108].

1108. TST – RR: 1012331520165010038, Relator: Joao Pedro Silvestrin, Data de Julgamento: 19/05/2021, 5ª Turma, Data de Publicação: 28/05/2021.

De forma residual, podem atuar no acompanhamento do pedido de demissão da gestante, o Ministério Público do Trabalho e a Defensoria Pública.

2.1.2.2. *Dispensa ou despedida sem justa causa*

Ocorre quando o empregador é quem decide colocar fim ao contrato sem motivação. Salvo nos casos de garantia provisória de emprego (gestante, membro da CIPA etc.), o empregado não poderá se opor a essa decisão. Nesse caso, receberá a totalidade das verbas rescisórias[1109]:

- Saldo de salário (dias efetivamente trabalhados);
- Décimo terceiro salário proporcional;
- Férias + ⅓ vencidas, se houver;
- Férias + ⅓ proporcionais;
- Aviso-prévio;
- Saque dos depósitos do FGTS;
- Indenização de 40% sobre os depósitos do FGTS;
- Direito ao benefício do seguro-desemprego, desde que atenda aos requisitos próprios estabelecidos na legislação previdenciária.

A mudança do regime jurídico de celetista para estatutário gera a extinção do contrato de trabalho. Para que o município implemente a mudança de regime jurídico, é necessária lei municipal. Os empregados que tinham contrato de trabalho com o ente estatal eram regidos pela CLT e, com a mudança de regime, passaram a ser estatutários disciplinados por lei específica do município. Essa alteração de regime jurídico acarreta o **término do contrato de trabalho.** Consequentemente, inicia-se a contagem do prazo prescricional de 2 anos para que o antigo empregado, hoje estatutário, reivindique seus direitos trabalhistas (FGTS, horas extras, aviso-prévio etc.). O ex-empregado poderá pleitear os últimos 5 anos a contar da propositura da ação judicial. De acordo com a jurisprudência do TST:

> **Súmula nº 382 do TST.** A transferência do regime jurídico de celetista para estatutário implica extinção do contrato de trabalho, fluindo o prazo da prescrição bienal a partir da mudança de regime.

2.1.2.3. *Programa de Demissão Voluntária (Reforma Trabalhista) – PDV*

O Plano de Demissão Voluntária – PDV – ou programa de incentivo à demissão voluntária é tratado, por alguns autores, como hipótese de transação individual de direitos trabalhistas. O PDV tem por objetivo conceder uma vantagem pecuniária ao empregado que se desligar do trabalho voluntariamente. É utilizado para reduzir os quadros da empresa e também para colocar fim ao contrato de trabalho. Em resumo, o empregado pede demissão e recebe uma indenização, além das verbas rescisórias clássicas.

1109. "Os valores correspondentes ao aviso-prévio indenizado (acaso devido), indenização de 40% sobre o FGTS, saldo salarial, férias vencidas e proporcionais e 13º salário proporcional constituem o que ficou conhecido como "verbas rescisórias", ou seja, os valores que são devidos ao empregado por ocasião da "rescisão do seu contrato de trabalho", verbas estas discriminadas no "Termo de Rescisão do Contrato de Trabalho" (TRCT). MAIOR, Jorge Luiz Souto. *Curso de Direito do Trabalho:* a relação de emprego. São Paulo: LTr, 2008. v. II. p. 491.

Com a possibilidade de término do contrato de trabalho por distrato, conforme dispõe o novo art. 484-A da CLT, também introduzido pela Reforma Trabalhista, terá redução dos casos de PDV, pois o acordo entre empregado e empregador para o fim do contrato já reduz as verbas trabalhistas devidas[1110]. Há duas importantes discussões quanto ao assunto: uma é a natureza jurídica da vantagem pecuniária e a segunda discussão é a eficácia liberatória do PDV.

2.1.2.3.1. Natureza jurídica do PDV

No tocante à natureza jurídica do PDV, estabelecem a doutrina e a jurisprudência do TST que o valor pago a título de incentivo à demissão voluntária tem **natureza jurídica de indenização**. Assim sendo, não reflete nas demais parcelas salariais e, ainda, o valor pago no incentivo ao desligamento não poderá ser utilizado para compensar outras verbas trabalhistas decorrentes do contrato de trabalho:

> **Orientação Jurisprudencial nº 356 da SDI – I do TST.** Programa de incentivo à demissão voluntária (PDV). Créditos trabalhistas reconhecidos em juízo. Compensação. Impossibilidade
>
> Os créditos tipicamente trabalhistas reconhecidos em juízo não são suscetíveis de compensação com a indenização paga em decorrência de adesão do trabalhador a Plano de Incentivo à Demissão Voluntária (PDV).

O fundamento jurídico que veda a compensação consiste em parcelas de natureza jurídica diversas, isto é, o valor pago no PDV possui natureza indenizatória; já as decorrentes do contrato de trabalho, natureza jurídica salarial, ou de remuneração.

Entendemos que não é possível a compensação dos valores recebidos a título de indenização decorrente da adesão ao PDV com créditos indenizatórios de origem totalmente alheia ao término do contrato de trabalho. Nesse sentido, não seria possível, por exemplo, a compensação de eventual **indenização por danos morais** com as verbas do PDV, uma vez que a primeira apresenta origem na reparação de dano causado pelo cometimento de ilícito civil, enquanto a segunda tem relação direta com a resilição do contrato de trabalho.

Em resumo, a OJ nº 356 da SDI-I do TST prevê a impossibilidade de compensação entre a indenização do PDV e as verbas rescisórias devidas. Entretanto, há posicionamento do TST, dando ênfase ao negociado sobre o legislado, que permite referida compensação de verbas trabalhistas com a vantagem financeira concedida pela empresa em razão de PDV, **desde que haja expressa previsão em instrumento coletivo**. No caso analisado pelo TST, a compensação estava prevista em acordo coletivo, cuja verba paga na indenização do PDV (6 salários) seria descontada de eventual condenação à empresa em caso de proposição de ação trabalhista por parte dos demitidos.

A outra discussão envolvendo a eficácia liberatória do PDV é alvo do presente artigo inserido pela Reforma Trabalhista e será abordada nos próximos tópicos.

1110. Para mais informações, confira o Capítulo IX.

2.1.2.3.2. Eficácia liberatória – regulamentação anterior à Reforma Trabalhista

Os efeitos da adesão ao programa não eram determinados pela legislação. Suas consequências eram previstas pela jurisprudência do TST. De acordo com a regulamentação anterior, o empregado que aderisse ao PDV não concedia quitação geral do contrato. Poderia, no futuro, discutir parcelas que não haviam sido devidamente quitadas. A seguir será transcrita a jurisprudência do TST:

> **Orientação Jurisprudencial nº 270 da SDI-I do TST.** A transação extrajudicial que importa rescisão do contrato de trabalho ante a adesão do empregado a plano de demissão voluntária implica quitação exclusivamente das parcelas e valores constantes do recibo.

A OJ nº 270 da SDI-I do TST deixa clara a regra de que a empresa dará quitação pelo que efetivamente recebeu (parcelas e valores).

Até então, a única possibilidade, prevista em lei, de transação extrajudicial ocorria em sede de Comissão de Conciliação Prévia. Portanto a transação, via PDV, mesmo que formalmente válida, sem vícios na manifestação da vontade do trabalhador, não extinguia direitos decorrentes do contrato de trabalho. Nesse sentido, era o posicionamento do TST na orientação jurisdicional mencionada, ao prever que a quitação abrangeria somente as parcelas recebidas e expressamente consignadas no recibo. Assim sendo, a adesão ao PDV não conferia quitação geral às parcelas do contrato de trabalho, mesmo que prevista, no recibo, a declaração de que o trabalhador não teria mais nenhum direito a reivindicar.

Diante dessa interpretação restritiva do TST, o empregado poderia ingressar na Justiça do Trabalho para requerer, por exemplo, o pagamento de horas extras e adicional de periculosidade, que não constavam especificamente no recibo.

2.1.2.3.3. Posicionamento do STF e a força dos instrumentos coletivos

Em abril de 2015, o Plenário do STF[1111] adotou posição contrária à OJ nº 270 da SDI-I do TST ao decidir pela validade da cláusula de quitação geral, ampla e irrestrita das verbas trabalhistas decorrentes do contrato de trabalho **desde que previstas em acordo coletivo** e nos demais instrumentos assinados pelo empregado. Sustentou-se que a igualdade existente entre os entes coletivos (sindicato da categoria profissional e a empresa) possibilitaria a quitação geral das verbas trabalhistas.

Trata-se de uma importante decisão do STF, pois o tema se insere na discussão acerca da prevalência do negociado sobre o legislado. A atual jurisprudência do STF tem a tendência de valorizar os acordos e convenções coletivas de trabalho sobre a legislação trabalhista. Importante ressaltar que o STF, no julgamento ARE 1121633, fixou a tese de que acordos e convenções coletivas de trabalho podem restringir direitos trabalhistas não constitucionalmente assegurados (Tema 1046 da Repercussão Geral). Na prática, o STF validou a prevalência do negociado sobre o legislado, sem a necessidade de contrapartida, ressalvados os direitos absolutamente indisponíveis.

1111. RE nº 590415/SC – Relator Min. Roberto Barroso – Data de julgamento: 30/04/2015.

No mesmo raciocínio de valorização da força dos instrumentos coletivos de trabalho, a Reforma Trabalhista passou a prever, no art. 611-A[1112], diversas hipóteses que permitem a prevalência dos acordos e convenções coletivas sobre a lei.

2.1.2.3.4. Eficácia liberatória do PDV – Reforma Trabalhista

De acordo com a redação do art. 477-B da CLT, o plano de demissão voluntária ou incentivada, para dispensa individual, plúrima ou coletiva, enseja a quitação plena e irrevogável dos direitos da relação de emprego **desde que previsto em convenção coletiva ou acordo coletivo de trabalho:**

> **Art. 477-B, CLT** *(acrescentado pela Reforma Trabalhista).* Plano de Demissão Voluntária ou Incentivada, para dispensa individual, plúrima ou coletiva, previsto em convenção coletiva ou acordo coletivo de trabalho, enseja quitação plena e irrevogável dos direitos decorrentes da relação empregatícia, salvo disposição em contrário estipulada entre as partes.

Trata-se de mais um artigo que enfatiza a força dos instrumentos coletivos de trabalho. Essa previsão em acordo ou convenção coletiva de trabalho poderá levar à renúncia de direitos trabalhistas pelo empregado caso aceitem a adesão ao PDV.

Ressalta-se que ainda prevalece, como regra, o previsto na OJ nº 270 da SDI-I do TST, pois ausente norma coletiva, somente haverá eficácia liberatória quanto às parcelas expressamente discriminadas:

> **Orientação Jurisprudencial nº 270 da SDI-I do TST.** A transação extrajudicial que importa rescisão do contrato de trabalho ante a adesão do empregado a plano de demissão voluntária implica quitação exclusivamente das parcelas e valores constantes do recibo.

Como já sustentado no tópico anterior, a eficácia liberatória geral já era aceita pelo STF desde abril de 2015 **quando presente a negociação coletiva**. Nesse sentido, a legislação veio para regulamentar de forma definitiva o assunto evitando o conflito entre a jurisprudência do TST, contrária à quitação geral e a jurisprudência do STF, que admitia a quitação ampla e irrestrita desde que prevista em instrumento coletivo de trabalho.

Ressalta-se que o TST[1113] decidiu que a adesão ao PDV implica o reconhecimento de ampla e irrestrita quitação de todas as parcelas objeto do contrato de emprego, o que abrange inclusive o pedido de indenização por danos morais. Nesse caso, o tribunal entendeu que o pedido de danos morais está vinculado ao extinto contrato de trabalho e, portanto, sujeita-se à ampla quitação decorrente da adesão ao PDV.

Por fim, o artigo traz a ressalva de que o PDV não terá efeitos de quitação irrestrita caso haja "acordo entre empregado e empregador". Essa disposição não terá efeitos práticos, pois os empregados vão se submeter à imposição do empregador para que venham a aderir ao plano com a quitação irrestrita. O artigo pressupõe a existência de igualdade de negociação entre empregado e empregador, o que não ocorre na realidade. A relação jurídica é marcada pela presença da hipossuficiência do empregado em relação a seu empregador.

1112. Para mais informações, confira os comentários ao art. 611-A da CLT.
1113. Informativo nº 189 do TST.

A Reforma Trabalhista ampliou significativamente a possibilidade de ajuste individual entre empregado e empregador. Nesse sentido, segue quadro com essas hipóteses trazidas pela atual legislação:

Hipóteses de acordo individual entre empregado e empregador previstas na reforma trabalhista
A Reforma Trabalhista ampliou significativamente as possibilidades de ajuste entre empregados e empregadores em 13 hipóteses: 1) Compensação de jornada (art. 59, § 6º, CLT) 2) Banco de horas semestral (art. 59, § 5º, CLT) 3) Jornada 12 x 36 (art. 59-A, CLT) 4) Alteração do regime presencial para o teletrabalho (art. 75-C, § 1º, CLT) 5) Compra e manutenção de equipamentos necessários ao teletrabalho (art. 75-D, CLT) 6) Fracionamento das férias (art. 134, § 1º, CLT) 7) Intervalo para amamentação (art. 396, CLT) 8) Empregado "hipersuficiente" (art. 444, parágrafo único e 611-A da CLT) 9) Forma de pagamento das verbas rescisórias (art. 477, § 4º, I, da CLT) 10) Eficácia liberatória no Plano de Demissão Voluntária (art. 477-B, parte final, CLT) 11) Distrato (art. 484-A, CLT) 12) Celebração da cláusula compromissória de arbitragem (art. 507-A, CLT) 13) Quitação anual de obrigações trabalhistas (art. 507-B, CLT)

2.1.2.3.5. Quitação plena e irrevogável

O objetivo da Lei nº 13.467/2017 foi trazer "segurança" ao empregador. Com a quitação plena e irrevogável dos direitos decorrentes da relação de emprego, o legislador pretendeu evitar ações judiciais questionando verbas inadimplidas (horas extras, por exemplo). Da forma como consta no dispositivo, não será possível discutir judicialmente a menos que seja demonstrada a presença de vício no consentimento ou fraude na elaboração do PDV.

Na tentativa de conferir segurança jurídica ao PDV, a Reforma Trabalhista criou uma das ferramentas mais cruéis de renúncia trabalhista. Foi dado poder ao Sindicato dos Trabalhadores para conferir (ou não) essa quitação geral. Veremos, no futuro, quais são os verdadeiros sindicatos que defendem a sua categoria.

Segue quadrinho com as principais informações a respeito da eficácia liberatória do empregador em relação à homologação das verbas trabalhistas:

EFICÁCIA LIBERATÓRIA DO CONTRATO
– **Comissão de Conciliação Prévia**: eficácia liberatória geral, com exceção das parcelas expressamente ressalvadas (art. 625-E, parágrafo único, CLT e Informativo 29 TST). – **Programa de Demissão Voluntária (PDV)**: eficácia liberatória somente em relação às parcelas expressamente consignadas (OJ nº 270 da SDI-I do TST). Na existência de acordo ou convenção coletiva, terá eficácia liberatória geral (art. 477-B da CLT – acrescentado pela Lei nº 13.467/2017).

- **Quitação anual das verbas trabalhistas:** A celebração de termo de quitação anual das obrigações trabalhistas perante o sindicato profissional tem eficácia liberatória em relação às parcelas expressamente especificadas (art. 507-B da CLT).
- **Homologação em juízo:** De acordo com a OJ nº 132 da SDI-II do TST, é possível que, mediante acordo judicial, seja conferida eficácia liberatória geral das verbas trabalhistas. Nesse sentido, o acordo judicial em que o empregado daria plena e ampla quitação, sem nenhuma ressalva, alcançaria todos os direitos decorrentes do contrato de trabalho. Com a vigência da Lei nº 13.467/17, há necessidade de alteração dessa orientação jurisprudencial, uma vez que o art. 855-E prevê que apenas há a suspensão do prazo prescricional com relação aos **direitos nela especificados.** Assim, os direitos decorrentes do contrato de trabalho que não forem expressamente objeto do acordo extrajudicial não terão a prescrição suspensa, podendo, consequentemente, ser objeto de nova reclamação trabalhista. Possibilita-se, portanto, que a parte ingresse com reclamação trabalhista para a discussão dos direitos que não estiverem expressamente integrados ao acordo extrajudicial, sem que isso viole a coisa julgada.
- ***Obs.: Recibo de quitação ou instrumento de rescisão:*** *O recibo de quitação deve especificar as parcelas paga ao empregado, sendo válida a quitação apenas quanto às parcelas especificadas (art. 477, § 2º, da CLT). Ressalta-se que, com a Reforma Trabalhista, não há mais homologação das verbas trabalhistas no final do contrato de trabalho. O recibo de quitação não assegura eficácia liberatória, podendo o empregado discutir em juízo os valores e as parcelas pagos.*

Desde que prevista em instrumento coletivo de trabalho, o PDV dará quitação plena e irrevogável a todas as parcelas de natureza trabalhista. Em resumo:

PDV e Reforma Trabalhista
1) **Regra geral:** Quitação apenas das parcelas e valores expressamente constantes (OJ nº 270 da SDI-I do TST – continua válida);
2) **Previsão em norma coletiva:** Quitação geral, plena e irrevogável dos direitos trabalhistas (novo art. 477-B da CLT);
3) **Acordo entre empregado e empregador:** Mesmo com a previsão em norma coletiva, é possível a modificação dos efeitos na hipótese de acordo entre empregado e empregador (parte final do novo art. 477-B da CLT). Hipótese raríssima de ocorrer, dada a subordinação do empregado.

2.1.3. Resilição Bilateral: distrato (Reforma Trabalhista)[1114]

Como visto, é possível o término do contrato de trabalho por resilição bilateral, também denominado distrato. Por esta, há o fim do contrato de trabalho por mútuo acordo entre as partes. Antes da Reforma Trabalhista, a legislação não admitia o distrato, cabendo aos empregados apresentar pedido de demissão ou aos empregadores de realizar a dispensa sem justa causa.

A impossibilidade de realização de acordo entre empregado e empregador para pôr fim ao contrato de trabalho levava, em alguns casos, ao cometimento de atos pelos

1114. No ano de 2022, esse foi um dos temas preferidos das bancas examinadoras. A FCC, por exemplo, em 3 questões distintas, informou o último salário do trabalhador e seu saldo no FGTS, questionando o valor do aviso-prévio indenizado, da multa do FGTS e do montante passível de movimentação da conta vinculada. Não deixe de conferir as questões comentadas ao final do Capítulo de Direito Coletivo do Trabalho.

empregados ou pelos empregadores para "forçar" a outra parte a resilir unilateralmente o contrato de trabalho.

Além disso, era comum a ocorrência de acordo entre empregado e empregador para simular a dispensa sem justa causa. Nesse caso, o trabalhador podia levantar os depósitos do FGTS mesmo quando ele desejasse pôr fim ao contrato de trabalho. Se o trabalhador efetuasse o pedido de demissão não teria direito ao levantamento dos depósitos. Muitos empregados e empregadores efetuavam uma espécie de "distrato" do contrato de trabalho, pela qual o empregado era "dispensado sem justa causa", viabilizando o recebimento do FGTS e o trabalhador se comprometia a devolver a multa de 40% recebida ao empregador.

A LC nº 150/2015 se adiantou nesse sentido, pois ao estabelecer a substituição da multa de 40% do FGTS pelo depósito mensal de 3,2% da remuneração do empregado a título de indenização pela perda do emprego, não permitiu que empregado e empregador combinassem a devolução do valor ao trabalhador, pois a quantia já era depositada mensalmente em conta vinculada ao trabalhador.

A Lei nº 13.467/2017 passou a admitir o distrato como forma de término do contrato de trabalho, o que deve prevenir o cometimento dessas fraudes na relação de trabalho. A regulamentação do distrato com o estabelecimento permite que as partes da relação de emprego tenham conhecimento dos limites para adoção dessa modalidade de extinção contratual:

> **Art. 484-A, CLT** (*inserido pela Reforma Trabalhista*). O contrato de trabalho poderá ser extinto por acordo entre empregado e empregador, caso em que serão devidas as seguintes verbas trabalhistas:
>
> I – por metade:
>
> a) o aviso prévio, se indenizado; e
>
> b) a indenização sobre o saldo do Fundo de Garantia do Tempo de Serviço, prevista no § 1º do art. 18 da Lei no 8.036, de 11 de maio de 1990;
>
> II – na integralidade, as demais verbas trabalhistas.
>
> § 1º A extinção do contrato prevista no caput deste artigo permite a movimentação da conta vinculada do trabalhador no Fundo de Garantia do Tempo de Serviço na forma do inciso I-A do art. 20 da Lei no 8.036, de 11 de maio de 1990, limitada até 80% (oitenta por cento) do valor dos depósitos.
>
> § 2º A extinção do contrato por acordo prevista no caput deste artigo não autoriza o ingresso no Programa de Seguro-Desemprego.

Destaca-se que, nas justificativas dos legisladores para a inclusão dessa medida, apresenta a necessidade de se coibir o acordo informal, pelo qual era feita a dispensa sem justa causa para que o empregado pudesse receber o seguro-desemprego e o saldo do FGTS, seguido da devolução da multa de 40%.

A existência de consenso entre as partes da relação de emprego é o requisito fundamental e indispensável dessa modalidade de término do contrato de trabalho. A ausência de acordo ou o vício na manifestação de vontade dos trabalhadores inviabiliza o distrato e obriga o reconhecimento da dispensa sem justa causa.

Evita-se, portanto, que a previsão de acordo seja utilizada como instrumento de pressão do empregador para evitar a dispensa sem justa causa e reduzir as parcelas rescisórias devidas. Não deve ser admitida a prática de fraude pelo empregador, que não realiza a dispensa sem justa causa, mas os pressiona para a celebração de acordo "forçado".

A Reforma Trabalhista não alterou os princípios que regem as relações de trabalho, sendo plenamente aplicável à hipótese o princípio da primazia da realidade. Em sendo verificado que os documentos que atestam à existência de acordo não condizem com a realidade, o juiz pode determinar a nulidade do distrato e o pagamento de todas as verbas rescisórias decorrentes da dispensa imotivada.

O distrato deve ser um contrato escrito celebrado entre as partes da relação de empregado e deve acompanhar o termo de rescisão do contrato de trabalho. Apesar desse novo artigo da CLT não exigir o acordo escrito para formalização do distrato, entendemos que esse requisito deve ser cumprido pelo empregador, pois, diante da hipossuficiência do empregado, a ausência de acordo escrito dificulta a prova de que o contrato de trabalho realmente terminou em razão de distrato entre as partes, o que pode dar ensejo ao reconhecimento de dispensa sem justa causa.

Para as pessoas com menos de 18 anos, a formalização de distrato exige a assistência dos representantes legais, persistindo a obrigação prevista no art. 439 da CLT:

> **Art. 439, CLT** – É lícito ao menor firmar recibo pelo pagamento dos salários. Tratando-se, porém, de rescisão do contrato de trabalho, é vedado ao menor de 18 (dezoito) anos dar, sem assistência dos seus responsáveis legais, quitação ao empregador pelo recebimento da indenização que lhe for devida.

2.1.3.1. *Verbas rescisórias devidas no distrato*

Na hipótese de celebração de distrato, os trabalhadores terão direito ao recebimento das seguintes verbas rescisórias:

- 50% do aviso prévio, se for indenizado. Na hipótese de aviso prévio trabalhado, terá direito ao recebimento de seu valor integral;
- 20% de multa sobre os depósitos do FGTS;
- Saldo de salário (dias efetivamente trabalhadores);
- Décimo terceiro salário proporcional;
- Férias + ⅓ vencidas, se houver;
- Férias + ⅓ proporcionais.

Note-se, portanto, que o distrato não gera os mesmos efeitos econômicos do reconhecimento judicial da culpa recíproca, hipótese de término do contrato de trabalho em razão da prática de faltas graves concomitantes (ao mesmo tempo) entre empregado e empregador. Enquanto na culpa recíproca o empregado tem direito aos 50% do aviso, do décimo terceiro e das férias proporcionais e 20% de indenização sobre o FGTS, no distrato a redução pela **metade** somente abrange o aviso prévio **indenizado** e a indenização sobre o FGTS.

Lembre-se de que a multa de 20% sobre os depósitos do FGTS é devida agora em 3 hipóteses:

1) Distrato (art. 484-A, CLT);

2) Força maior (art. 18, § 2º, Lei nº 8.036/1990);

3) Culpa recíproca (art. 18, § 2º, Lei nº 8.036/1990).

Cumpre destacar que a Lei Complementar nº 110/2001 estabeleceu contribuição social temporária que deveria ser paga pelos empregadores à União na hipótese de **dispensa sem justa causa de seus trabalhadores.** A contribuição correspondia a 10% do saldo da conta vinculada do empregado, referente a todo o período do pacto laboral. A referida contribuição, contudo, foi extinta em 1º de janeiro de 2020, conforme art. 12 da Lei nº 13.932/2019.

2.1.3.2. Projeção do aviso prévio indenizado no distrato

A celebração de distrato por empregados e empregadores gera uma controvérsia relevante sobre a aplicação do aviso prévio indenizado e sua projeção no tempo de serviço para fins de cálculo de férias proporcionais, décimo terceiro proporcional e FGTS. Nos termos do art. 484-A, inciso I, alínea "a", da CLT, nesses casos, o aviso prévio indenizado deve ser pago pela metade. Assim, surge a dúvida: essa redução do aviso prévio impacta, também, sua projeção no contrato de trabalho? Ou deve-se aplicar a projeção integral, inclusive com a regra da proporcionalidade prevista na Lei nº 12.506/2011?

De um lado, há quem defenda a aplicação da projeção integral do aviso prévio ao argumento de que o art. 484-A da CLT limita-se à redução das **verbas rescisórias** devidas, não regulando os efeitos extrapatrimoniais da resilição bilateral do contrato. Nessa visão, a projeção do aviso prévio no tempo de serviço afeta diretamente o cálculo de verbas rescisórias devidas ao empregado, incluindo **férias** proporcionais, **décimo terceiro** proporcional e **FGTS** (saldo e multa de 20%), direitos assegurados constitucionalmente e, assim, de indisponibilidade absoluta. A aplicação de uma projeção reduzida comprometeria o valor desses direitos, ocasionando perdas financeiras ao trabalhador e ferindo o princípio da proteção. Não se pode, portanto, em interpretação extensiva ao disposto no art. 484-A, inciso I, alínea "a", da CLT, restringir direitos trabalhistas fundamentais, ainda que indiretamente. Em resumo, qualquer interpretação que imponha restrição a esses direitos através da redução da projeção contraria os objetivos constitucionais de proteção do trabalho.

A corrente contrária sustenta que a projeção do aviso prévio é um elemento acessório ao principal, devendo, assim, acompanhar a redução do valor indenizatório pela metade, de acordo com o princípio da gravitação jurídica. Nesse sentido, se o aviso prévio indenizado é pago em 50%, a projeção também deveria ser reduzida proporcionalmente. Essa interpretação estaria em harmonia com a finalidade da norma introduzida pela Reforma Trabalhista, que visa flexibilizar o rompimento consensual do contrato de trabalho e incentivar o acordo entre as partes, conferindo maior previsibilidade e equilíbrio às rescisões contratuais.

Acompanhamos a primeira corrente, entendendo que a redução do aviso prévio indenizado não deve afetar a projeção dos direitos trabalhistas fundamentais do trabalhador, como férias e décimo terceiro proporcionais. A interpretação que limita a aplicação da projeção integral coloca em risco a integridade dos direitos sociais, uma vez que subtrai, ainda que indiretamente, direitos constitucionalmente assegurados. A preservação integral da projeção, portanto, parece ser a melhor forma de proteger o trabalhador e garantir segurança jurídica nas rescisões contratuais ajustadas por mútuo acordo.

2.1.3.3. *Saque dos depósitos do FGTS*

Antes da Reforma Trabalhista, não havia possibilidade de saque dos depósitos do FGTS baseado no distrato realizado entre empregado e empregador, pois essa modalidade de extinção contratual não era prevista no ordenamento jurídico. De acordo com o § 1º do art. 484-A da CLT, acrescentado pela Reforma Trabalhista, o trabalhador poderá movimentar sua conta vinculada do FGTS até o limite de 80% do valor dos depósitos.

Os 20% restantes pertencem ao empregado. Ele poderá movimentar em uma outra hipótese prevista no art. 20 da Lei nº 8.036/1990.

Cumpre ressaltar que o art. 20 da Lei nº 8.036/1990, que estabelece as hipóteses de saque dos depósitos do FGTS, foi alterado para prever o distrato como nova modalidade:

> **Art. 20, I-A, Lei nº 8.036/1990.** A conta vinculada do trabalhador no FGTS poderá ser movimentada nas seguintes situações: extinção do contrato de trabalho prevista no art. 484-A da Consolidação das Leis do Trabalho (CLT), aprovada pelo Decreto-Lei nº 5.452, de 1º de maio de 1943.

Em resumo, o trabalhador poderá sacar até 80% do valor dos depósitos do FGTS em sua conta vinculada.

2.1.3.4. *Seguro-desemprego*

O seguro-desemprego é um benefício previdenciário que tem a finalidade de prover a assistência financeira por um prazo determinado ao trabalhador dispensado involuntariamente. Após a promulgação da Constituição Federal de 1988, passou a integrar o Programa do Seguro-Desemprego, que, por meio de ações de orientação, recolocação e qualificação profissional, tem a função de auxiliar o trabalhador na manutenção e na busca do emprego[1115]. Atualmente, é regulamentado pela Lei nº 7.998/1990.

De acordo com o § 2º do art. 484-A da CLT, o empregado que celebra distrato para extinguir seu contrato de trabalho não tem direito ao recebimento de seguro-desemprego. Tendo em vista que esse benefício é voltado para o desemprego involuntário e que o empregado concordou com o término do contrato de trabalho, não tem direito ao recebimento de seguro-desemprego.

Cabe destacar os trabalhadores que têm direito ao recebimento do benefício[1116]:

TRABALHADORES COM DIREITO AO SEGURO-DESEMPREGO
1) empregado dispensado sem justa causa;
2) empregado que tenha requerido a rescisão indireta (art. 483 da CLT);
3) empregado cujo contrato de trabalho foi suspenso em virtude de participação em curso ou programa de qualificação oferecido pelo empregador, conforme o art. 476-A da CLT;

1115. Para mais informações, acesse o histórico do benefício no *site* do Ministério do Trabalho e Emprego.

1116. MENEZES, Adriana. *Direito Previdenciário para os concursos de Técnico, Analista e Perito do INSS e dos Tribunais.* 5. ed. Salvador: Juspodivm, 2015.

4) pescador profissional durante o período em que a pesca é proibida devido à procriação das espécies (período chamado de defeso);

5) trabalhador resgatado da condição análoga à de escravidão;

6) empregado doméstico. A LC nº 150/2015, que regulamentou os direitos assegurados aos empregados domésticos após a promulgação da EC nº 72/2013, assegurou o recebimento do seguro-desemprego aos domésticos obrigatoriamente.

2.2. Resolução[1117]

Na resolução, o contrato é extinto em razão do ato faltoso de uma das partes. Assim sendo, por motivo de falta praticada pelo empregado (dispensa por justa causa), ou pelo empregador (rescisão indireta) ou por ambas (culpa recíproca), ocorrerá o fim do contrato de trabalho.

Para que ocorra o término do contrato de trabalho, em razão de falta grave, é necessário que o ato praticado esteja previsto em lei como justa causa, isto é, **tipificado** como hipótese de justa causa (arts. 482, 483 e 484 da CLT). Ademais, a punição deverá ser **imediata**, sob pena de configurar perdão tácito. E, por fim, há necessidade de **proporcionalidade**[1118] entre a falta cometida e a punição a ser aplicada. Para aplicação da justa causa é necessário, portanto, que a falta cometida seja grave, sob pena de configurar abuso de poder do empregador.

2.2.1. Dispensa por justa causa – art. 482 da CLT

Nessas hipóteses taxativas, a falta grave foi cometida pelo empregado.

Constituem justa causa para o término do contrato de trabalho pelo empregador[1119]:

1) **Ato de improbidade**. Atenta contra o patrimônio do empregador ou de terceiro[1120]. Exemplos: falsificação de documentos para receber horas extras, falsificação de certidão de nascimento para percepção de salário-família, não executar a tarefa e dar baixa na ordem de serviço[1121], fazer a entrega de mercadoria da empresa a terceiro, sem que tenha havido a respectiva venda ou qualquer autorização[1122],

1117. Lembre-se de que poderão ser exigidos do candidato apenas os termos: dispensa por justa causa, quando o empregado é quem comete a falta; rescisão indireta, quando o empregador comete ato faltoso; e, por fim, culpa recíproca, falta cometida por ambos.

1118. Se a falta praticada for leve, o empregador deverá aplicar outras penalidades: advertência verbal ou escrita ou, ainda, a suspensão disciplinar de até trinta dias.

1119. Importante que o candidato saiba as hipóteses que ensejam a justa causa, pois tem sido cobrada essa matéria nos últimos concursos públicos, inclusive com casos práticos.

1120. Em questão de Analista Judiciário do TRT da 17a Região/2009, o examinador afirmava que constitui ato de improbidade o ato lesivo contra o patrimônio da empresa, ou de terceiro, relacionado ou não com o trabalho. A questão foi dada como correta. Nesse mesmo sentido: "Esclareça-se que pode ocorrer ato de improbidade, vinculado ao contrato de emprego, mas que importe em prejuízo a patrimônio de terceiro, e não exatamente, pelo menos de modo imediato, do empregador. Isso não descaracteriza a infração, mormente por se saber que o empregador será responsável perante tal terceiro pelos atos cometidos por seus empregados, no contexto do cumprimento do contrato". DELGADO, Maurício Godinho. *Curso do Direito do Trabalho*. 7. ed. São Paulo: LTr, 2008. p. 1194.

1121. TRT 24ª R.; ROT 0024654-64.2018.5.24.0022; Primeira Turma; Rel. Des. Nicanor de Araújo Lima; Julg. 16/03/2021; DEJTMS 16/03/2021; Pág. 271.

1122. TRT 13ª R.; ROT0131802-11.2015.5.13.0002; Segunda Turma; Rel. Des. Ubiratan Moreira Delgado; DEJTPB 05/03/2021; Pág. 266.

apresentação de atestado médico falso[1123] ou rasurado[1124], adulteração de dados dos clientes[1125], ação desonesta para obtenção de vantagem[1126], uso de CNH falsa[1127], apropriação indébita[1128] e furto[1129]. Ainda, é importante pontuar um interessante e recente precedente vinculante do TST sobre o assunto. Firmada pelo Pleno do Tribunal em sede de Incidente de Recurso de Revista Repetitivo, a tese vinculante nº 62 estabelece que a reversão judicial da dispensa por justa causa baseada em alegação de ato de improbidade não comprovada enseja o dever de indenizar por dano moral *in re ipsa*, dispensando-se a demonstração do abalo sofrido pelo empregado, já que a imputação, por si só, ofende sua honra e dignidade.

2) **Incontinência de conduta.** Ato que leva à perturbação do ambiente de trabalho em razão da conotação sexual, ou seja, condutas ligadas à sexualidade. Exemplos: troca de fotos pornográficas via *e-mail* corporativo[1130], empregado que liga do telefone da empresa para "disque-sexo", ofender colegas de trabalho com palavras e gestos libidinosos[1131] (o que pode, inclusive, caracterizar assédio sexual) ou, ainda, empregado que instala câmera no banheiro feminino.

3) **Mau procedimento.** Conduta incorreta e desagradável que afronta a convivência em comum[1132]. Exemplos: falta de educação e linguagem inapropriada no trato com colegas, abordagem de cliente do empregador incorreta, com a prática de atos de excessiva violência e de desrespeito à dignidade de outrem[1133].

4) **Negociação habitual por conta própria ou alheia sem permissão do empregador e quando constituir ato de concorrência à empresa para a qual trabalha o empregado, ou for prejudicial ao serviço.** Nesse caso, há duas faltas que ensejam a justa causa: **a) negociação habitual**: embora não prejudique a empresa, perturba o ambiente de trabalho. Exemplo: empregada que comercializa produtos de beleza durante o expediente sem permissão do empregador. **b) concorrência desleal**: nessa hipótese, a concorrência afronta a lealdade contratual. Exemplo:

1123. TRT 19ª R.; RORSum 0000902-24.2019.5.19.0004; Primeira Turma; Rel. Des. Pedro Inácio da Silva; DEJTAL 19/02/2021; Pág. 776.

1124. TRT 2ª R.; ROPS 1001326-26.2016.5.02.0037; Terceira Turma; Rel. Des. Paulo Eduardo Vieira de Oliveira; DEJTSP 31/10/2017; Pág. 13427.

1125. TRT 18ª R.; ROT 0011884- 18.2019.5.18.0007; Segunda Turma; Rel. Des. Eugênio José Cesário Rosa; Julg. 29/01/2021; DJEGO 01/02/2021; Pág. 635.

1126. TRT 3ª R.; ROT 0010115-78.2020.5.03.0064; Nona Turma; Relª Desª Maria Stela Alvares da Silva Campos; Julg. 16/12/2020; DEJTMG 18/12/2020; Pág. 1853.

1127. TRT 1ª R.; ROT 0100960-64.2019.5.01.0221; Quarta Turma; Rel. Des. Marcos Pinto da Cruz; Julg. 25/08/2020; DEJT 25/09/2020.

1128. TRT 4ª R.; ROT 0021503-76.2016.5.04.0003; Terceira Turma; Rel. Des. Luis Carlos Pinto Gastal; Julg. 02/09/2020; DEJTRS 04/09/2020.

1129. TRT 23ª R.; ROT 0000723-82.2019.5.23.0003; Primeira Turma; Rel. Des. Aguimar Peixoto; DEJTMT 09/06/2020; Pág. 1236.

1130. AIRR-157200-16.2005.5.01.0043 – Data da notícia: 21/03/13.

1131. RO nº 0001569-83.2014.5.08.0103, 2ª Turma do TRT da 8ª Região/PA-AP, Rel. Eliziário Bentes. unânime, DEJT 03.12.2015.

1132. "Está presente quando for infringido o dever social do empregado de boa conduta, regras que devem ser observadas pelo homem comum no trato com o outro: polidez, paciência e educação. CASSAR, Vólia Bomfim. *Direito do Trabalho*. 2. ed. Niterói: Impetus, 2008. p. 1086.

1133. Processo: 01593-2008-024-03-00-0 RO – Relator: Jorge Berg de Mendonça.

empregado que presta assistência técnica de determinada empresa ao oferecer seus serviços particulares, a preço mais acessível, para executar o conserto da mesma máquina, da qual deveria fazê-lo em nome da empregadora.

5) **Condenação criminal do empregado, passada em julgado**[1134]**, caso não tenha havido suspensão da execução da pena.** O fundamento dessa hipótese de justa causa não é condenação em si, mas a impossibilidade de o empregado prestar serviços durante o cumprimento da pena.

6) **Desídia**[1135] **no desempenho das respectivas funções.** Nesse caso, o desempenho das atividades é realizado com má vontade, preguiça, com desleixo e negligência. Para configurar desídia, em regra, é necessário que o empregado seja reincidente na conduta negligente, ou seja, exige-se um comportamento habitual improdutivo e relapso. Exemplos: a) enfermeiro que deixa de ministrar, por várias vezes, os remédios prescritos ao paciente; b) faltas ou atrasos injustificados no serviço; c) médico que se ausenta do plantão colocando em risco a vida dos pacientes e d) vigilante flagrado dormindo em serviço[1136]. Em 2016, o TST[1137] decidiu que a paralisação coletiva de trabalhadores com adoção de meios de coação contra empregados que intentavam trabalhar não constitui hipótese de desídia, pois a simples adesão à greve não constitui falta grave. Além disso, não houve punições mais brandas anteriores que justificavam a aplicação da desídia.

7) **Embriaguez habitual ou em serviço.** Há duas faltas que ensejam a justa causa. Ressalta-se que o consumo de drogas e substâncias afins se insere nessa hipótese. **a) embriaguez habitual**: embriaguez fora do local de serviço, mas que repercute no desempenho das atividades laborais[1138]. É importante ressaltar que o TST[1139] vem decidindo que essa hipótese não configuraria justa causa (punição), mas indicaria a necessidade de tratamento do empregado. **b) embriaguez em serviço**: ocorre nessa hipótese o consumo de álcool ou drogas no próprio local da prestação de serviços, colocando em risco todo o ambiente de trabalho. Não precisa ser habitual, bastando uma única oportunidade.

8) **Violação de segredo da empresa.** O empregado que viola segredo da empresa quebra a confiança existente entre as partes. O trabalhador teve acesso à informação confidencial em razão do contrato de trabalho. Exemplos: empregado que divulga, pela internet, nova invenção, frustrando a divulgação pela empresa ou,

1134. Lembre-se de que a prisão preventiva não possibilita a dispensa por justa causa, pois nesse caso o contrato ficará suspenso. Há necessidade, portanto, do trânsito em julgado para possibilitar a fundamentação da justa causa.

1135. Desídia é sinônimo de indolência, ociosidade e preguiça.

1136. "Comprovada a conduta desidiosa do empregado, que mais de uma vez dormiu em serviço durante o exercício da função de vigilante, está configurada a justa causa ensejadora da ruptura motivada do contrato de trabalho." (TRT 12ª., RO 02303-2005-003-12-00-3, 2ª T., Desª Teresa Regina Cotosky, DOESC7.5.08).

1137. Para mais informações, confira o Informativo nº 140 do TST.

1138. "Esta situação hipotética trazida pela CLT (embriaguez habitual) somente é apta a propiciar justa causa se produzir influência maléfica ao cumprimento do contrato de trabalho; não havendo esta contaminação contratual, descabe falar-se resolução culposa desse contrato." DELGADO, Maurício Godinho. *Curso do Direito do Trabalho*. 7. ed. São Paulo: LTr, 2008. p. 1197.

1139. Nesse sentido, conferir julgado do TST: RR-132900-69.2005.5.15.0020 – Juiz Convocado Relator Flávio Portinho Sirangelo – Data de julgamento: 18/08/2010.

ainda, o bancário que informa a terceiros senhas de cartões do banco onde trabalha. Note que o segredo empresarial foi elencado pela Lei nº 13.467/2017 como bem juridicamente tutelado inerente à pessoa jurídica para fins de indenização por dano extrapatrimonial caso haja violação (art. 223-D da CLT[1140]).

9) **Ato de indisciplina ou de insubordinação. a) indisciplina**: configura-se quando o empregado descumpre ordens de caráter geral. Exemplo: há previsão no regulamento interno de que não é permitido fumar nas dependências da empresa. O empregado que descumpre essa ordem geral comete indisciplina. **b) insubordinação**: descumprimento de ordens pessoais e diretas a determinado empregado. Exemplo: empregado que se esquece de elaborar balanço mensal até a data solicitada pelo empregador.

Indisciplina	ordens gerais, abrangendo todos, ou grande parte dos empregados
Insubordinação	ordens específicas e diretas a determinado empregado.

10) **Abandono de emprego.** Configura abandono a ausência continuada ao serviço. Embora a CLT seja silente a respeito do prazo, prevalece o entendimento de que, **após trinta dias**[1141] de ausência injustificada, é possível a aplicação da dispensa por justa causa com base nessa hipótese. Por outro lado, a Lei dos Domésticos (LC nº 150/2015) estabeleceu de forma clara o prazo de, pelo menos, 30 dias para que o abandono seja configurado, mesmo prazo que já é aplicado pelo TST para os demais empregados. Por fim, a jurisprudência do TST exclui a possibilidade de aplicação da justa causa por abandono de emprego durante o aviso-prévio trabalhado. Assim, caso o empregado deixe de comparecer ao serviço durante o aviso prévio, terá apenas os dias de faltas injustificadas descontados, conforme a Súmula nº 73 do TST.

11) **Ato lesivo à honra e à boa fama.** Nessa hipótese, o ato do trabalhador configura ofensa à honra do empregador, superior hierárquico ou contra terceiros, como calúnia, injúria e difamação.

12) **Ofensa física, salvo legítima defesa.** A ofensa poderá ser tentada ou consumada, contra o empregador, superior hierárquico ou terceiros. Não há necessidade, para aplicação da dispensa por justa causa, que o empregado seja condenado criminalmente e, ainda, que tenha causado ferimentos à vítima. A conduta agressiva, por si só, já enseja a dispensa, exceto se praticada em legítima defesa. De acordo com a CLT, as duas hipóteses anteriores estão assim descritas:

Constituem justa causa para rescisão do contrato de trabalho pelo empregador ato lesivo da **honra** ou da **boa fama** praticado no serviço contra qualquer pessoa,

1140. Para mais informações acerca do dano extrapatrimonial, consulte o capítulo sobre Saúde e Medicina do Trabalho deste livro.

1141. **Súmula nº 32 do TST**: "Presume-se o abandono de emprego se o trabalhador não retornar ao serviço no prazo de 30 dias após a cessação do benefício previdenciário nem justificar o motivo de não o fazer".

ou **ofensas físicas**, nas mesmas condições, salvo em caso de legítima defesa, própria ou de outrem; e ato lesivo da honra ou da boa fama ou ofensas físicas praticadas **contra o empregador e superiores hierárquicos**, salvo em caso de legítima defesa, própria ou de outrem. (grifos acrescidos).

13) **Prática constante de jogos de azar.** Para configurar a falta, é necessário que a prática de jogos de azar seja permanente e essa conduta repercuta no ambiente de trabalho, isto é, no cumprimento das obrigações contratuais. A prática eventual de jogos de azar não dá ensejo à justa causa.

14) **Prática de atos atentatórios à segurança nacional**[1142]. Essa conduta não tem nenhuma ligação com o contrato de trabalho. Foi utilizada durante o regime militar para perseguir e silenciar lideranças sindicais. O posicionamento majoritário da doutrina é de que essa hipótese não foi recepcionada pela CF/88. Exemplos: terrorismo, subversão etc.

15) **Perda da habilitação (Reforma Trabalhista) ou dos requisitos estabelecidos em lei para o exercício da profissão, em decorrência de conduta dolosa do empregado.** A alínea "m" do art. 482 da CLT traz a hipótese do empregado cuja profissão exige o preenchimento de determinados requisitos legais ou habilitação para seu exercício. Caso esse empregado venha a perder a habilitação ou o requisito legal exigido, por conduta dolosa, haverá hipótese de justa causa para a dispensa do trabalhador. Exemplo: Quando há contratação de motorista profissional para o transporte de passageiros, exige-se que o trabalhador possua habilitação para dirigir na categoria "D", que se refere à condução de veículo cuja lotação exceda a 8 passageiros, excluindo o motorista. Se o trabalhador cometer infração de trânsito, por conduta dolosa, que ocasione a perda da habilitação, com a suspensão do direito de dirigir, poderá ser dispensado por justa causa pela aplicação da alínea "m" do art. 482 da CLT.

Destaca-se que as hipóteses que dizem respeito ao resguardo da atividade econômica do empregador previstas na CLT não são reproduzidas na lei dos domésticos em razão da ausência de finalidade lucrativa inerente a essa relação de emprego. Nesse sentido, não se configura como justa causa a negociação habitual e negociação quando constituir ato de concorrência desleal à empresa e violação de segredo da empresa.

Por fim, dentre outras faltas praticadas pelo empregado, que ensejam dispensa por justa causa, não previstas no art. 482 da CLT[1143], podem-se destacar:

- **Empregados domésticos:** O art. 27, inciso I, LC nº 150/2015 estabeleceu, além das hipóteses previstas no art. 482 da CLT, uma nova conduta que justifica o término do contrato de trabalho doméstico por culpa do empregado (justa causa):

> **Art. 27, I:** submissão a maus-tratos de idoso, de enfermo, de pessoa com deficiência ou de criança sob cuidado direto ou indireto do empregado.

1142. Essa figura está em desuso, pois foi inserida durante o regime militar visando punir líderes sindicais. Entretanto, fica a ressalva ao candidato de que, em questões objetivas (teste), poderá ser cobrada essa hipótese também.

1143. Cabe ressaltar, ainda, duas hipóteses que ensejam justa causa, mas que aparecem com menos frequência nos concursos do TRT: a) declaração falsa ou uso indevido do vale-transporte; b) ferroviário que se recusa a prorrogar o horário de trabalho em certos casos (art. 240 da CLT).

A relação de trabalho doméstico pressupõe um vínculo estreito de confiança entre o empregado e a família a que presta os serviços. Muitas vezes, são os empregados domésticos os responsáveis pelo cuidado e auxílio prestado a enfermos, pessoas idosas ou crianças (babá). Nesse sentido, a hipótese criada pela lei dos domésticos pretende reforçar o repúdio às condutas de maus-tratos a essas pessoas e justificar o término do contrato de trabalho por culpa do empregado.

- **Abuso do direito de greve.** Atos contrários à lei praticados durante o exercício do direito de greve. De acordo com o art. 14 da Lei nº 7783/89: "constitui abuso do direito de greve a inobservância das normas contidas na presente lei, bem como a manutenção da paralisação após a celebração de acordo, convenção ou decisão da Justiça do Trabalho".
- **Empregado que se recusa a usar EPI ou a cumprir demais normas de segurança e medicina do trabalho** (art. 158 da CLT e item 1.4.2.1. da NR 1). O empregador é obrigado a fornecer os equipamentos de proteção e o empregado é obrigado a utilizá-los. Se houver recusa injustificada do trabalhador, configurará a dispensa por justa causa.
- **Motorista profissional.** O art. 235-B, VII e parágrafo único, CLT estabelece que será possível a punição do empregado, quando o motorista não se submeter a teste e programa de controle de drogas e de bebida alcoólica:

> **Art. 235-B.** São deveres do motorista profissional empregado:
> (...)
> VII – submeter-se a exames toxicológicos com janela de detecção mínima de 90 (noventa) dias e a programa de controle de uso de droga e de bebida alcoólica, instituído pelo empregador, com sua ampla ciência, pelo menos uma vez a cada 2 (dois) anos e 6 (seis) meses, podendo ser utilizado para esse fim o exame obrigatório previsto na Lei mº 9.503, de 23 de setembro de 1997 – Código de Trânsito Brasileiro, desde que realizado nos últimos 60 (sessenta) dias.
> Parágrafo único. A recusa do empregado em submeter-se ao teste ou ao programa de controle de uso de droga e de bebida alcoólica previstos no inciso VII será considerada infração disciplinar, passível de penalização nos termos da lei.

- **Recusa do ferroviário à realização de horas extras em situações de urgência e acidente:** O art. 240, *caput*, CLT estabelece que a jornada de trabalho do ferroviário pode ser prorrogada indefinidamente nos casos de urgência e acidente de trabalho. Assim, o parágrafo único de referido artigo estabelece que a recusa do empregado, sem causa justificada, em executar esses serviços extraordinários será considerada hipótese de justa causa. Vale ressaltar que há entendimento de que essa hipótese pode ser inserida no conceito de insubordinação previsto no art. 482, alínea "h", CLT[1144].

***Obs. Empregado bancário.** O art. 508 da CLT previa a dispensa do bancário que não pagasse dívidas legalmente exigíveis. A Lei nº 12.347 de 10 de dezembro de 2010 revogou o art. 508 da CLT. Logo, a mora contumaz do bancário não é mais motivo para dispensa por justa causa.*

1144. GARCIA, Gustavo Filipe Barbosa. *Curso de Direito do Trabalho*. 7. ed. Rio de Janeiro: Forense, 2013. p. 650.

- **Declaração falsa para recebimento do vale-transporte ou o uso indevido:** O art. 112, § 3º, do Decreto nº 10.854/2021, que regulamenta a Lei nº 7.418/85, dispõe que a declaração falsa e o uso indevido do vale-transporte constituem **falta grave**, podendo ensejar a extinção do contrato de trabalho nos termos do art. 482, alínea "a" da CLT, ou seja, ato de improbidade[1145]. Assim, a declaração falsa para recebimento do vale-transporte ou o uso indevido não é uma nova hipótese de justa causa, mas um exemplo de ato de improbidade que pode levar à justa causa do trabalhador.

Na dispensa por justa causa, o empregado receberá as **verbas a que tenha adquirido o direito**, ou seja, apenas saldo de salário e férias adquiridas e não gozadas, décimo terceiro integral não recebido. Não terá direito às demais parcelas: férias proporcionais e décimo terceiro proporcional, aviso-prévio e saque do FGTS. Também não terá direito ao recebimento do seguro-desemprego.

Importante: caso a dispensa por justa causa venha a ser revertida em juízo, será devida a multa prevista no art. 477, § 8º, da CLT, conforme entendimento consolidado pelo TST na tese vinculante nº 71. A controvérsia sobre a modalidade da rescisão não afasta, por si só, a penalidade legal, salvo se demonstrado que o atraso no pagamento decorreu de culpa do próprio empregado.

Por fim, cabe frisar novamente, que a conduta praticada pelo empregado, prevista em um dos incisos do art. 482 da CLT, acima destacados, não poderá constar da Carteira de Trabalho do empregado. Como a sua CPTS é um documento oficial e permanecerá com o trabalhador por toda a sua vida profissional, não pode conter anotações desabonadoras[1146], que inviabilizem ou dificultem a obtenção de outro emprego.

2.2.2. Rescisão indireta (ou dispensa indireta) – art. 483 da CLT

Em todos os casos a seguir, o empregador foi o responsável pelo término do contrato. Em razão da conduta do empregador, é permitido ao trabalhador colocar fim ao contrato de trabalho como se houvesse dispensa sem justa causa. A rescisão indireta é chamada, também, de justa causa patronal. O empregado poderá considerar rescindido o contrato e pleitear a devida indenização quando:

1) **forem exigidos serviços superiores às suas forças, defesos por lei, contrários aos bons costumes, ou alheios ao contrato.** Para fins didáticos, interessante dividir essa hipótese:

a) **Serviços superiores às forças do trabalhador.** O trabalhador com menos de 18 anos e a mulher não podem trabalhar em atividades que demandem o emprego de força muscular superior a 20 quilos em trabalho contínuo, ou 25 quilos em trabalho ocasional. O homem não pode ser obrigado a remover peso superior a 60 quilos. Aliás, tem sido dada interpretação ampliativa a essa hipótese, não restringindo apenas à força física, como também à exigência de trabalhos intelectuais superiores às forças do empregado ou, ainda, com prazos extremamente curtos.

1145. Recurso Ordinário 0011379-18.2014.5.01.0058, 3ª Turma do TRT da 1ª Região/RJ, Rel. Raquel de Oliveira Maciel. DOERJ 05.12.2016.

1146. Nesse sentido, o TST tem o posicionamento de que não é possível anotação na CTPS do empregado constando a informação de que se trata de decisão judicial. Para mais informações, confira o Informativo nº 111 do TST.

b) **Serviços defesos em lei:** exigir do trabalhador com menos de 18 anos trabalho insalubre e perigoso.

c) **Serviços contrários aos bons costumes:** obrigar a secretária a manter relações sexuais com os clientes da empresa.

d) **Serviços alheios ao contrato:** empregado contratado como telefonista é obrigado a ministrar aulas de matemática para os alunos do cursinho.

2) **for tratado pelo empregador ou por seus superiores hierárquicos com rigor excessivo.** Ocorre quando o empregado é perseguido ou, ainda tratado com intolerância pelo seu empregador. Exemplo: atos de discriminação, punições desproporcionais e assédio moral. Nesses casos, ao empregado, cumulativamente ao pedido de rescisão indireta do contrato de trabalho, é cabível pedido de indenização por danos morais[1147].

3) **correr perigo manifesto de mal considerável**[1148]. Nesse caso, o trabalhador presta serviços com provável risco à sua integridade física. Exemplo: empregado que trabalha em locais insalubres e perigosos sem os devidos equipamentos de proteção, empregado que desenvolve alergia a certos produtos com os quais tem contato durante a execução dos serviços e não é transferido de função pelo empregador, mesmo ciente[1149].

4) **não cumprir o empregador as obrigações do contrato.** O descumprimento das obrigações do contrato deve ser interpretado de forma ampla, pois o empregador, quando descumpre a legislação trabalhista, acordos e convenções coletivas, possibilita que o empregado peça rescisão indireta. Caso mais frequente dessa falta, cometida pelo empregador, é atraso do salário[1150]. Cabe ressaltar que o pagamento dos salários atrasados, em audiência judicial, não afasta a rescisão indireta[1151]. Outros exemplos: falta de anotação da CTPS e ausência dos depósitos do FGTS[1152]. Sobre este último ponto, o Tribunal Superior do Trabalho firmou a tese vinculante nº 70, reconhecendo que a ausência ou irregularidade no recolhimento dos depósitos do FGTS, ainda que por longo período e sem reação imediata do empregado, configura falta grave suficiente para justificar a rescisão indireta do contrato de trabalho, nos termos do art. 483, "d", da CLT. Além disso, também constitui motivo para rescisão indireta com fundamento na alínea "d" o descumprimento

---

1147. RR nº 407-91.2011.5.09.0665, 2ª Turma do TST, Rel. Maria Helena Mallmann. j. 17.08.2016, Publ. 26.08.2016.

1148. "Exemplo claro de mal considerável é o do médico que trata de doenças contagiosas e que não recebe da direção do hospital os meios indispensáveis de proteção, correndo o risco de adquirir a moléstia que procura combater." ALMEIDA, Amador Paes de. *CLT Comentada: legislação, doutrina, jurisprudência*. 5. ed. rev., atual. e ampl. São Paulo: Saraiva, 2008. p. 237.

1149. PROC. Nº 0123/2001-005-24-00-0-RO.1 – TRT 24.

1150. AIRR - 1000973-44.2015.5.02.0611, Relator Ministro: José Roberto Freire Pimenta, Data de Julgamento: 28/09/2016, 2ª Turma, Data de Publicação: DEJT 30/09/2016.

1151. **Súmula nº 13 do TST:** "O só pagamento dos salários atrasados em audiência não elide a mora capaz de determinar a rescisão do contrato de trabalho".

1152. Nesse sentido, interessante julgado do TST: **Recurso de Revista. – Rescisão indireta do contrato de trabalho. Ausência de comprovação dos depósitos do FGTS.** A jurisprudência deste Tribunal tem se firmado no sentido de que a irregularidade ou ausência de recolhimento do FGTS constitui falta grave suficiente para configurar a hipótese do art. 483, d, da CLT e ensejar a rescisão indireta do contrato de trabalho. Recurso de revista conhecido e provido. (TST – RR: 6346420135040014, Relator: Márcio Eurico Vitral Amaro, Data de Julgamento: 05/08/2015, 8ª Turma, Data de Publicação: DEJT 07/08/2015)

reiterado da jornada legal. A não concessão do intervalo intrajornada e o não pagamento habitual de horas extras representam inadimplementos contratuais graves, que violam diretamente direitos básicos do empregado. Foi nesse sentido que o TST firmou a tese vinculante nº 85, reconhecendo que essas práticas tornam insustentável a continuidade do vínculo e autorizam o término do contrato de trabalho por justa causa do empregador.

5) **praticar o empregador ou seus prepostos, contra ele ou pessoas de sua família, ato lesivo da honra e boa fama.** Atos que configuram, na esfera penal, calúnia, injúria e difamação contra o trabalhador e pessoas de sua família. Não é necessário que haja condenação criminal.

6) **houver ofensa física.** Agressão física ao trabalhador enseja rescisão indireta, exceto se em legítima defesa. Não se exige condenação criminal, nem mesmo que dessa agressão resulte ferimentos ao empregado.

7) **o empregador reduzir o seu trabalho, sendo este por peça ou tarefa, de forma a afetar sensivelmente a importância dos salários.** Trata-se de redução indireta do salário, o que é vedado inclusive pelo art. 7º, VI, da Constituição Federal. Tal situação não é aplicada ao professor que recebe por hora-aula e teve redução da carga horária por redução do número de alunos, uma vez que não implica redução do valor da hora-aula:

> **OJ nº 244 da SDI1 do TST:** A redução da carga horária do professor, em virtude da diminuição do número de alunos, não constitui alteração contratual, uma vez que não implica redução do valor da hora-aula.

Se ocorrer qualquer uma das condutas anteriores, configurando a rescisão indireta, o empregado deixará imediatamente o serviço[1153]. Há duas situações, expressamente previstas na CLT, que possibilitam que o trabalhador permaneça prestando serviços até que seja declarada judicialmente a rescisão indireta:

a) quando o empregador descumprir as obrigações contratuais;

b) quando houver redução do trabalho por peça ou tarefa.

Destaca-se que a Lei dos Domésticos (LC nº 150/2015) criou uma nova hipótese que justifica o término do contrato de trabalho doméstico por culpa do empregador:

> **Art. 27, parágrafo único, VII:** o empregador praticar qualquer das formas de violência doméstica ou familiar contra mulheres de que trata o art. 5º da Lei nº 11.340, de 7 de agosto de 2006.

Também em decorrência do estreito laço de confiança criado e pelo trabalho realizado na residência do empregador, é necessária a proteção das mulheres contra eventuais atos de violência contra a mulher elencados no art. 5º da Lei Maria da Penha:

1153. "O entendimento francamente majoritário é no sentido de que a regra deve ser a extinção imediata do contrato de trabalho, ou seja, a cessação da prestação de serviços, não se podendo aguardar a decisão judicial a respeito, justamente por se tratar de justa causa patronal. Esta, como se sabe, deve ser grave, inviabilizando a continuidade do vínculo de emprego. Haveria uma nítida contradição se o empregado pudesse permanecer no labor e, ao mesmo tempo, requerer a rescisão indireta do contrato de trabalho." GARCIA, Gustavo Felipe Barbosa. *Curso de Direito do Trabalho*. São Paulo: Método, 2007. p. 405.

> **Art. 5º** Para os efeitos desta Lei, configura violência doméstica e familiar contra a mulher qualquer ação ou omissão baseada no gênero que lhe cause morte, lesão, sofrimento físico, sexual ou psicológico e dano moral ou patrimonial:
>
> I – no âmbito da unidade doméstica, compreendida como o espaço de convívio permanente de pessoas, com ou sem vínculo familiar, inclusive as esporadicamente agregadas;
>
> II – no âmbito da família, compreendida como a comunidade formada por indivíduos que são ou se consideram aparentados, unidos por laços naturais, por afinidade ou por vontade expressa;
>
> III – em qualquer relação íntima de afeto, na qual o agressor conviva ou tenha convivido com a ofendida, independentemente de coabitação.

Em regra, a rescisão indireta será declarada pela Justiça do Trabalho, pois em raríssimas hipóteses o empregador irá confessar a conduta lesiva ao trabalhador. Em resumo, uma vez praticada a falta grave, o empregado deixa de trabalhar, comunica à empresa a sua decisão e ajuíza a ação trabalhista, requerendo o reconhecimento da justa causa do empregador (art. 483 da CLT).

Na rescisão indireta, o empregado receberá a totalidade das verbas salariais, como se tivesse sido dispensado sem justa causa, conforme demonstrado a seguir:

- Saldo de salário (dias efetivamente trabalhados).
- Décimo terceiro salário proporcional.
- Férias + ⅓ vencidas, se houver.
- Férias + ⅓ proporcionais.
- Aviso-prévio.
- Saque dos depósitos do FGTS.
- Indenização de 40% sobre os depósitos do FGTS.
- Direito ao benefício do seguro-desemprego, desde que atenda aos requisitos próprios estabelecidos na legislação previdenciária.

Por fim, embora a rescisão indireta dependa de reconhecimento judicial, é plenamente aplicável a multa do art. 477, § 8º, da CLT, caso o empregador não quite as verbas rescisórias no prazo legal. O TST consolidou esse entendimento na tese vinculante nº 52, afirmando que o atraso no pagamento das verbas rescisórias, mesmo quando a ruptura do vínculo depende de decisão judicial, enseja a aplicação da penalidade, salvo se comprovada a culpa do empregado.

2.2.3. Culpa recíproca (art. 484 da CLT e Súmula nº 14 do TST)

Na culpa recíproca empregado e empregador praticaram faltas graves concomitantes (ao mesmo tempo). Essa modalidade de término do contrato de trabalho deverá ser reconhecida em juízo. Nesse caso, de acordo com o posicionamento do TST, haverá divisão das verbas rescisórias, tendo o empregado direito aos 50% do aviso, décimo terceiro e férias proporcionais e 20% de indenização sobre o FGTS. Vale ressaltar que o saldo salarial, bem como as férias o décimo terceiro vencidos, serão pagos integralmente. Tendo em vista que ambas as partes praticaram faltas graves, não há direito ao recebimento de seguro desemprego, que visa prover assistência financeira ao empregado dispensado sem justa causa ou em razão de rescisão indireta do contrato.

Art. 484. Havendo culpa recíproca no ato que determinou a rescisão do contrato de trabalho, o tribunal do trabalho reduzirá a indenização à que seria devida em caso de culpa exclusiva do empregador, por metade.

Súmula nº 14 do TST. Reconhecida a culpa recíproca na rescisão do contrato de trabalho (art. 484 da CLT), o empregado tem direito a 50% (cinquenta por cento) do valor do aviso-prévio, do décimo terceiro salário e das férias proporcionais.

RESOLUÇÃO (ATO FALTOSO)	
Dispensa por justa causa (art. 482 da CLT)	**Rescisão indireta (art. 483 da CLT)**
- Ato de improbidade - Incontinência de conduta - Mau procedimento - Negociação habitual ou concorrência à empresa - Condenação criminal sem suspensão da execução da pena - Desídia - Embriaguez - Violação de segredo da empresa - Indisciplina ou insubordinação - Abandono de emprego	- Serviços: • superiores às forças do trabalhador • defesos em lei • contrários aos bons costumes • alheios ao contrato - Rigor excessivo - Possibilidade de perigo - Descumprimento das obrigações do contrato - Ato lesivo à honra e à boa fama - Ofensa física, exceto legítima defesa - Redução do trabalho pago por peça ou tarefa
- Ato lesivo à honra e à boa fama - Ofensa física, exceto legítima defesa - Prática de jogos de azar - Prática de atos atentatórios à segurança nacional - Perda da habilitação ou dos requisitos estabelecidos em lei para o exercício da profissão, em decorrência de conduta dolosa do empregado (Reforma Trabalhista)	
Hipóteses de faltas graves não previstas no art. 482 da CLT	**Hipótese de falta grave do empregador não previstas no art. 483 da CLT**
- **Empregado doméstico:** maus tratos de idoso, de enfermo, de pessoa com deficiência ou de criança sob cuidado direto ou indireto do empregado (art. 27, I, LC nº 150/2015) - **Greve:** Abuso do direito de greve (art. 14, Lei nº 7.783/1989) - **Recusa em usar EPI:** Empregado que se recusa a usar EPI ou a cumprir demais normas de segurança e medicina do trabalho (art. 158 da CLT) - **Motorista profissional:** recusa em se submeter a testes e programa de controle de drogas e de bebida alcoólica (art. 235-B, VII e parágrafo único, CLT) - **Ferroviário:** Recusa do ferroviário à realização de horas extras em situações de urgência e acidente (art. 240, "caput", CLT - **Declaração falsa para recebimento do vale-transporte ou o uso indevido:** é **falta grave** que corresponde a ato de improbidade (art. 112, § 3º, do Decreto nº 10.854/2021).	- **Empregador doméstico:** empregador praticar qualquer das formas de violência doméstica ou familiar contra mulheres (art. 27, parágrafo único, VII, LC nº 150/2015 e art. 5º, Lei nº 11.340/2006)

RESOLUÇÃO (ATO FALTOSO)
Culpa recíproca (art. 484 da CLT e Súmula nº 14 da TST)
a) Empregado e empregador praticam, simultaneamente, falta grave (*arts. 482 e 483 da CLT ao mesmo tempo*) b) Reconhecida pela Justiça do Trabalho c) Empregado terá direito a 50%: I) Aviso-prévio; II) 13º salário; III) Férias proporcionais; IV) 20% indenização do FGTS. *Obs1. Nesse caso, o empregado saca os depósitos na conta vinculado do FGTS.* *Obs2. Não tem direito ao seguro desemprego.*

VERBAS RESCISÓRIAS DEVIDAS AO TRABALHADOR NAS DIFERENTES FORMAS DE TÉRMINO DO CONTRATO			
Dispensa por justa causa (Falta grave – art. 482 da CLT)	**Dispensa sem justa causa e rescisão indireta**	**Pedido de demissão**	**Distrato (Reforma Trabalhista)**
- Saldo de salário (dias efetivamente trabalhados). - Férias vencidas + 1/3. - **Obs.:** *Não terá direito ao seguro-desemprego, pois não se trata de desemprego involuntário.*	- Saldo de salário (dias efetivamente trabalhados). - 13º salário proporcional. - Férias + ⅓ vencidas. - Férias + ⅓ proporcionais. - Aviso-prévio. - Saque dos depósitos do FGTS.	- Saldo de salário (dias efetivamente trabalhados). - 13º salário proporcional. - Férias + ⅓ vencidas. - Férias + ⅓ proporcionais. - ***Obs.1:*** *Empregado deve conceder o aviso-prévio ao empregador.*	- 50% do aviso prévio, se for indenizado. Na hipótese de aviso prévio trabalhado, terá direito ao recebimento de seu valor integral. - 20% de multa sobre os depósitos do FGTS; - Saldo de salário (dias efetivamente trabalhadores);
	- Indenização de 40% sobre os depósitos do FGTS. - Seguro-desemprego, *desde que atenda aos requisitos próprios estabelecidos na legislação previdenciária.*	- ***Obs.2:*** *Não saca os valores depositados na conta do FGTS.* - ***Obs.3:*** *Não terá direito ao seguro-desemprego, pois não se trata de desemprego involuntário.*	- Décimo terceiro salário proporcional; - Férias + ⅓ vencidas, se houver; - Férias + ⅓ proporcionais. - *Obs. 1: pode movimentar 80% dos valores depositados na conta do FGTS.* - *Obs. 2: Não terá direito ao seguro-desemprego, pois não se trata de desemprego involuntário.*

2.3. Rescisão[1154]

Ocorre a rescisão quando há nulidade contratual, como nos casos de trabalho ilícito e contratos efetivados com a Administração Pública sem o prévio concurso público (Súmula nº 363 do TST).

1154. O termo rescisão, por vezes, é utilizado de forma ampla, para tratar de ruptura contratual (por exemplo: rescisão indireta, rescisão por justa causa etc.). Assim sendo, se a questão não trouxer especificamente a diferença entre resolução, resilição e rescisão, lembre-se de que o direito do trabalho preza pela simplicidade e verifique qual situação fática o examinador está abordando.

2.4. Demais hipóteses de término do contrato de trabalho

2.4.1. *Término do contrato por prazo determinado*

O término do contrato por prazo determinado poderá ocorrer de duas formas. A primeira delas ocorre no momento previamente fixado pelas partes, chamada de **extinção normal**. Nesse caso, não há necessidade de pagamento de indenização, nem mesmo de conceder aviso-prévio. O empregador deverá pagar as verbas rescisórias referentes ao período de trabalho. São elas:

- Saldo de salário dos dias trabalhados.
- 13º salário proporcional ao tempo trabalhado.
- *Férias + ⅓ proporcional ao tempo trabalhado.*

Obs.: Nesse caso, o empregado terá direito de levantar os depósitos do FGTS.

A segunda forma de término do contrato poderá ocorrer de maneira **antecipada**, ou seja, antes do prazo fixado pelas partes. Nesse caso, há pagamento de indenização. Para o pagamento dessa indenização, será necessário verificar quem deu causa ao desligamento.

a) Término antecipado por iniciativa do **empregador**, previsto no art. 479 da CLT:

> **Art. 479 da CLT:** Nos contratos que tenham termo estipulado, o empregador que, sem justa causa, despedir o empregado, será obrigado a pagar-lhe, a título de indenização, e por metade, a remuneração a que teria direito até o termo do contrato.

Nesse caso, estará obrigado a pagar, a título de indenização, a metade da remuneração a que o empregado teria direito até o fim do contrato de trabalho fixado anteriormente. Além dessa indenização prevista na CLT, deverá pagar as verbas rescisórias, acrescidas da multa de 40% sobre os depósitos do FGTS[1155] (art. 14 do Decreto nº 99.684/90[1156]), conforme demonstrado a seguir:

- *Saldo de salário.*
- *13º salário proporcional ao tempo trabalhado.*
- *Férias + ⅓ proporcional ao tempo trabalhado.*
- *Direito de levantar os depósitos do FGTS + **multa de 40%** sobre os depósitos efetuados.*
- ***Indenização** prevista no art. 479 da CLT (metade da remuneração que teria direito até o fim do contrato por prazo determinado).*

b) Término antecipado por iniciativa do **empregado**, ou seja, pedido de demissão antes do prazo previamente fixado, previsto no art. 480 da CLT:

> **Art. 480, CLT:** Havendo termo estipulado, o empregado não se poderá desligar do contrato, sem justa causa, sob pena de ser obrigado a indenizar o empregador dos prejuízos que desse fato lhe resultarem.

1155. **Súmula nº 125 do TST.** O art. 479 da CLT aplica-se ao trabalhador optante pelo FGTS admitido mediante contrato por prazo determinado, nos termos do art. 30, § 3º, do Decreto nº 59.820, de 20.12.1966.

1156. **Art. 14 do Decreto nº 99.684/90.** "No caso de contrato a termo, a rescisão antecipada, sem justa causa ou com culpa recíproca, equipara-se às hipóteses previstas nos §§ 1º e 2º do art. 9º, respectivamente, sem prejuízo do disposto no art. 479 da CLT."

> § 1º. A indenização, porém, não poderá exceder àquela a que teria direito o empregado em idênticas condições.

Se o empregado der causa ao término do contrato, antes do prazo fixado, deverá pagar indenização ao empregador, pelos **prejuízos** que esse desligamento antecipado causar à empresa. O valor do prejuízo não poderá ultrapassar àquela indenização que o empregado teria direito, prevista no art. 479 da CLT. Nesse caso, conforme demonstrado a seguir, o trabalhador **não** terá direito de levantar os depósitos do FGTS:

- *Saldo de salário.*
- *13º salário proporcional ao tempo trabalhado.*
- *Férias + ⅓ proporcional ao tempo trabalhado.*

  Obs.: *Caberá ao empregado o pagamento de indenização pelos* ***prejuízos*** *que o pedido da demissão causar à empresa.*

Destaca-se que não se aplica ao contrato de aprendizagem as hipóteses de indenização previstas nos arts. 479 e 480 da CLT, ou seja, tanto o empregador quanto o aprendiz não estão obrigados a pagar indenização em razão do término antecipado do contrato.

Ainda no tocante ao término do contrato por prazo determinado, há previsão no art. 481 da CLT da **cláusula assecuratória de direito recíproco**:

> **Art. 481 da CLT:** Aos contratos por prazo determinado, que contiverem cláusula assecuratória do direito recíproco de rescisão antes de expirado o termo ajustado, aplicam-se, caso seja exercido tal direito por qualquer das partes, os princípios que regem a rescisão dos contratos por prazo indeterminado.

O contrato que possui essa cláusula obriga a parte (empregado ou empregador) que decidir terminar o contrato antes do prazo fixado a conceder o aviso-prévio. Lembre-se de que não há, no contrato por prazo determinado, a necessidade de conceder o aviso-prévio, exceto se as partes estipularem a cláusula assecuratória de direito recíproco (cláusula de aviso-prévio). Dessa forma, o **empregado** que decidir colocar fim ao contrato antes do prazo (pedido de demissão) deverá prestar serviços por mais 30 dias, sob pena de ver seu salário descontado nesse período. Neste caso, não estará obrigado a pagar a indenização pelos prejuízos causados (art. 480 da CLT), e receberá as verbas a seguir:

- *Saldo de salário.*
- *13º salário proporcional ao tempo trabalhado.*
- *Férias + ⅓ proporcional ao tempo trabalhado.*

  Obs.: *Empregado estará obrigado a conceder o aviso-prévio, ou seja, deverá permanecer trabalhando por 30 dias.*

No mesmo sentido, o **empregador**, ao dispensar o empregado antes do prazo final, deverá conceder-lhe aviso-prévio de 30 dias e, nesse caso, as verbas rescisórias serão iguais ao contrato por prazo indeterminado[1157]. Importante ressaltar que a presença dessa cláusula não transforma o contrato por prazo determinado em prazo indeterminado, mas, se houver

1157. **Súmula nº 163 do TST.** "Cabe o aviso-prévio nos contratos de experiência, na forma do art. 481 da CLT."

rescisão antecipada, será nos moldes do contrato por prazo indeterminado, sem a multa prevista no art. 479 (pagamento de metade da remuneração), conforme a seguir demonstrado:

- ***Pagamento do aviso-prévio*** *(trabalhado ou indenizado).*
- *Saldo de salário.*
- *13º salário proporcional ao tempo trabalhado.*
- *Férias + ⅓ proporcional ao tempo trabalhado.*
- *Direito de levantar os depósitos do FGTS +* ***multa de 40%*** *sobre os depósitos efetuados.*

  Obs.: *Nesse caso, não há pagamento da multa prevista no art. 479 da CLT (metade da remuneração).*

2.4.2. Força maior

Força maior é o acontecimento inevitável, em relação à vontade do empregador, e para cuja realização este não concorreu direta ou indiretamente (art. 501 da CLT). Consideram-se força maior, por exemplo, as enchentes que assolaram o estado de Santa Catarina em fevereiro de 2009. Outros eventos naturais que possam afetar a situação econômica da empresa podem ser considerados, para fins trabalhistas, força maior.

Uma vez configurada a hipótese de força maior, o empregado terá direito à indenização pela metade, isto é, 20% da indenização do FGTS. O pagamento das demais verbas rescisórias, inclusive o pagamento do aviso-prévio, devem ser suportadas pelo empregador. Importante ressaltar que o art. 503 da CLT, que possibilita reduzir o salário de forma unilateral, não foi recepcionado pela Constituição Federal de 1988.

Dessa maneira, o empregado possui o direito às seguintes verbas rescisórias:

- Saldo de salário (dias efetivamente trabalhados);
- Décimo terceiro salário proporcional;
- Férias vencidas e proporcionais, ambas com o terço constitucional (Súmula nº 328, TST);
- Aviso-prévio indenizado, conforme Súmula nº 44 do TST;
- Saque de depósitos do FGTS e multa de 20% sobre os valores do depósito;
- Seguro-desemprego, caso atendidos os requisitos da legislação previdenciária.

Há grande discussão na doutrina acerca do pagamento do aviso prévio na hipótese de configuração de força maior. De um lado, argumenta-se que o aviso é devido, pois a CLT não trouxe previsão de redução do aviso prévio ou de sua ausência de pagamento na hipótese de força maior (Maurício Godinho Delgado). De outro, sustenta-se que o aviso é indevido, pois houve justo motivo para o término do contrato de trabalho (Sergio Pinto Martins). É importante destacar que o instrumento coletivo poderá prever o pagamento de aviso prévio nessas hipóteses.

2.4.2.1. Dispensa por força maior durante a pandemia

A pandemia de COVID-19 suscitou diversos questionamentos acerca da dispensa dos trabalhadores. Nesse sentido, seria possível reconhecer a dispensa por força maior?

Entendemos que, se houver encerramento da atividade empresarial por conta da pandemia de coronavírus, é cabível a aplicação da força maior na dispensa dos empregados. Nesse mesmo sentido, a 5ª Turma do TST, em 23/03/2022, decidiu que a pandemia de COVID-19 somente é justificativa para o término do contrato de trabalho por motivo de força maior quando demonstrado pelo empregador o impacto substancial na saúde econômica e financeira da empresa, caracterizado pela sua extinção ou pelo fechamento do estabelecimento em que o empregado trabalhe[1158].

Uma vez configurada a hipótese de força maior, o empregado terá direito à indenização pela metade, isto é, 20% da indenização do FGTS. O pagamento das demais verbas rescisórias, inclusive o pagamento do aviso-prévio, devem ser suportadas pelo empregador.

Cabe ressaltar, por fim, que o pagamento é feito dentro da própria empresa sem a necessidade de levar essa demanda ao Judiciário. Se não houver litígio, não há necessidade de reconhecimento judicial, diferentemente da culpa recíproca.

2.4.3. Morte do empregador – art. 485, CLT

A morte do empregador pode ou não levar ao término do contrato de trabalho. Em regra não leva à extinção do contrato de trabalho, pois mudanças jurídicas da empresa não afetam os contratos em curso (arts. 10 e 448, ambos da CLT).

Entretanto, a morte do empregador pessoa física (pessoa jurídica não morre) pode gerar duas hipóteses diferentes de término do contrato de trabalho. A primeira delas, prevista no art. 485, CLT, ocorre com o fechamento da empresa e cessação da atividade empresarial. Dessa forma, o empregado será dispensado e o contrato de trabalho será extinto, o que equivale à dispensa sem justa causa e todas as verbas rescisórias devem ser pagas.

> **Art. 485 da CLT:** Quando cessar a atividade da empresa, por morte do empregador, os empregados terão direito, conforme o caso, à indenização a que se referem os arts. 477 e 497.

Dessa maneira, o empregado possui as mesmas verbas rescisórias como se fosse dispensado sem justa causa, pois houve o fim do contrato:

- Saldo de salário (dias efetivamente trabalhados).
- Décimo terceiro salário proporcional.
- Férias vencidas e proporcionais, ambas com o terço constitucional (súmula nº 328, TST).
- Aviso-prévio indenizado, conforme súmula nº 44 do TST.
- Saque de depósitos do FGTS e multa de 40% (art. 18, § 1º, Lei do FGTS).
- Seguro desemprego, caso atendidos os requisitos da legislação previdenciária.

Outra hipótese, entretanto, está prevista no art. 483, § 2º da CLT: "No caso de morte do empregador constituído em empresa individual, é facultado ao empregado rescindir o contrato de trabalho.". Com a morte do empresário individual, se outra pessoa continua o

1158. Informativo nº 252 do TST.

negócio, há a possibilidade de o empregado continuar ou terminar o vínculo empregatício. Trata-se, portanto, de uma mera faculdade do trabalhador. Se decidir terminar o vínculo, será pedido de demissão. Receberá as verbas decorrentes desse pedido. Prevalece, na doutrina, que nesse caso, não há necessidade de conceder o aviso-prévio[1159].

2.4.4. Aposentadoria

O art. 453, § 2º, da CLT previa a extinção do vínculo empregatício em razão da aposentadoria espontânea. Esse parágrafo não mais está em vigor. Veja que o vínculo jurídico existente entre empregado e INSS é diferente do vínculo empregatício (empregado – empregador). Assim sendo, a concessão do benefício de aposentadoria não pode ser equiparada à falta grave ou pedido de demissão, pois o reflexo financeiro recai sobre a Previdência Social. Em resumo, não há nenhuma incompatibilidade entre o pedido de aposentadoria e a permanência no emprego. Se o empregador colocar fim ao contrato, configurará dispensa imotivada (sem justa causa).

Nesse sentido prevê a orientação jurisprudencial nº 361 do TST:

> **Orientação Jurisprudencial nº 361 da SDI-I do TST:** A aposentadoria espontânea não é causa de extinção do contrato de trabalho se o empregado permanece prestando serviços ao empregador após a jubilação. Assim, por ocasião da sua dispensa imotivada, o empregado tem direito à multa de 40% do FGTS sobre a totalidade dos depósitos efetuados no curso do pacto laboral.

Deve-se ressaltar, entretanto, que o pedido de aposentadoria especial, adquirida em razão de condições gravosas à saúde, veda que o empregado permaneça na mesma atividade insalubre ou perigosa, mas não obsta que ele desempenhe outra atividade na empresa.

Por fim, o art. 453, § 1º, também foi declarado inconstitucional porque impossibilitava o pedido de aposentadoria do **empregado público** e a sua permanência nas empresas públicas e sociedades de economia mista:

> **Art. 453, § 1º:** Na aposentadoria espontânea de empregados das empresas públicas e sociedades de economia mista é permitida sua readmissão desde que atendidos aos requisitos constantes do art. 37, inciso XVI, da Constituição, e **condicionada à prestação de concurso**. (grifos acrescidos)

O art. 37, XVI, da CF/88, veda a acumulação de vencimentos e proventos. Portanto, o recebimento de benefício previdenciário decorrente do art. 201 (RGPS) poderia ser cumulado com remuneração ou salário na esfera pública. Em resumo, o empregado de empresa pública ou de sociedade de economia mista poderia requerer a aposentadoria voluntária e continuar prestando serviços normalmente. Nada impedia que o empregado fosse dispensado, mas a empresa pública suportaria o ônus da despedida imotivada, devendo pagar a totalidade das verbas rescisórias. Assim, a OJ nº 361 se aplicava também aos empregados públicos.

Contudo, em 12 de novembro de 2019, foi promulgada a Emenda Constitucional nº 103, conhecida como Reforma da Previdência, que acrescentou o § 14 ao art. 37 da Constituição:

1159. MARTINS, Sergio Pinto. Comentários à CLT. 28. ed. São Paulo: Atlas, 2014. p. 559.

> **Art. 37, § 14, CF:** A aposentadoria concedida com a utilização de tempo de contribuição decorrente de cargo, emprego ou função pública, inclusive do Regime Geral de Previdência Social, acarretará o rompimento do vínculo que gerou o referido tempo de contribuição.

Assim, após a entrada em vigor da EC nº 103, a concessão de aposentadoria por tempo de contribuição ao empregado público importa na extinção do vínculo de emprego que gerou o referido tempo de contribuição, não podendo continuar prestando serviços normalmente. Como bem explicam Marcelo Novelino e Dirley da Cunha[1160],

> Após a entrada em vigor da EC 103, não podem mais os servidores públicos ocupantes exclusivamente de cargo em comissão nem os empregados públicos acumular cargo em comissão e emprego público (salário) com a aposentadoria (proventos) concedida com a utilização de tempo de contribuição decorrente desse vínculo com a Administração (no cargo em comissão e no emprego público). Aposentando-se nestas condições, extingue se o vínculo, com a destituição dos agentes.

2.4.5. *Fato do príncipe ou* factum principis

Ocorre fato do príncipe quando a Administração Pública é a responsável pela paralisação empresarial, art. 486 da CLT. Exemplo: município que desapropria a área onde se situa o estabelecimento comercial. Nesse caso, o ente estatal será o responsável pelo pagamento das verbas trabalhistas provenientes da ruptura do contrato (aviso-prévio e indenização do FGTS). É interessante destacar que somente se configura fato do príncipe quando se verifica a ocorrência de fato inevitável que impeça completamente a continuidade da atividade empresarial desenvolvida[1161].

As demais parcelas, provenientes da prestação de serviços, serão suportadas pelo empregador, pois é ele o responsável pelo pagamento das férias, décimo terceiro e depósitos do FGTS.

2.4.5.1. *Fato do príncipe durante a pandemia*

A configuração de fato do príncipe é assunto polêmico, inclusive diante da confusa redação do art. 486 da CLT. Havia o posicionamento no sentido de que, se o decreto de quarentena ou isolamento impedisse completamente o desenvolvimento da atividade empresarial, como no comércio varejista local, e, em razão disso, a empresa dispensasse seus empregados, o ente estatal poderia ser o responsável pelo pagamento das verbas trabalhistas provenientes da ruptura do contrato (aviso-prévio e indenização do FGTS). As demais parcelas, provenientes da prestação de serviços, serão suportadas pelo empregador, pois é ele o responsável pelo pagamento das férias, décimo terceiro e depósitos do FGTS.

De outro lado, sustentava-se que os entes públicos não tinham outra medida a adotar senão o isolamento social e a quarentena diante da lotação dos leitores hospitalares.

1160. CUNHA JÚNIOR, Dirley; NOVELINO, Marcelo. *Constituição Federal para concursos*. 14. ed., rev., atual., ampl. São Paulo: Juspodivm, 2023, p. 220.

1161. TRT-10 – RO: 864200700310000 DF 00864-2007-003-10-00-0, Relator: Desembargador Douglas Alencar Rodrigues, Data de Julgamento: 26/03/2008, 3ª Turma, Data de Publicação: 04/04/2008.

Nesse sentido, repassar a responsabilidade pelo pagamento de verbas rescisórias ao Estado oneraria demais os cofres públicos e desestimularia a adoção futura de outras medidas para proteção da população por parte dos gestores públicos.

Felizmente, essa discussão foi pacificada pela Lei nº 14.020/2020, que estabeleceu o Programa Emergencial de Manutenção do Emprego e da Renda. De acordo com seu art. 29, a dispensa por fato do príncipe não pode ser aplicada na hipótese de paralisação de atividades empresariais determinada por ato de autoridade pública para o enfrentamento do estado de calamidade pública decorrente da pandemia do novo coronavírus:

> **Art. 29 da Lei nº 14.020/2020:** Não se aplica o disposto no art. 486 da CLT, aprovada pelo Decreto-Lei nº 5.452, de 1º de maio de 1943, na hipótese de paralisação ou suspensão de atividades empresariais determinada por ato de autoridade municipal, estadual ou federal para o enfrentamento do estado de calamidade pública reconhecido pelo Decreto Legislativo nº 6, de 20 de março de 2020, e da emergência de saúde pública de importância internacional decorrente do coronavírus, de que trata a Lei nº 13.979, de 6 de fevereiro de 2020.

2.4.6. Dispensa discriminatória

Há algum tempo, o TST vem decidindo que caracteriza atitude discriminatória o ato da empresa que, já ciente do estado de saúde de trabalhador, dispensa o empregado portador do vírus HIV sem a ocorrência de falta grave. Nesse sentido, foi publicada a Súmula nº 443:

> **Súmula nº 443 do TST.** Dispensa discriminatória. Presunção. Empregado portador de doença grave. Estigma ou preconceito. Direito à reintegração.
>
> Presume-se discriminatória a despedida de empregado portador do vírus HIV ou de outra doença grave que suscite estigma ou preconceito. Inválido o ato o empregado tem direito à reintegração no emprego.

O ato discriminatório do empregador que dispensa em razão da condição peculiar do trabalhador fere diversos preceitos básicos constitucionais, como: **1.** Art. 1º, inciso III, da CF estabelece como base de todo ordenamento jurídico o respeito à dignidade da pessoa humana; **2.** Art. 3º, inciso IV, da CF prevê que um dos objetivos da República é erradicar qualquer tipo de preconceito e discriminação; **3.** Art. 5º, *caput*, e art. 7º da CF que preveem o princípio da igualdade. E ainda, afronta a legislação infraconstitucional específica, prevista na Lei nº 9.029/1995.

Ademais, em junho de 2014 foi aprovada a Lei nº 12.984/2014, definindo como crime diversas condutas discriminatórias dos portadores de HIV ou doença de aids. Nesse sentido, estabelece o art. 1º de referida lei:

> **Art. 1º** Constitui crime punível com reclusão, de 1 (um) a 4 (quatro) anos, e multa, as seguintes condutas discriminatórias contra o portador do HIV e o doente de aids, em razão da sua condição de portador ou de doente:
>
> I – recusar, procrastinar, cancelar ou segregar a inscrição ou impedir que permaneça como aluno em creche ou estabelecimento de ensino de qualquer curso ou grau, público ou privado;
>
> II – negar emprego ou trabalho;
>
> **III – exonerar ou demitir de seu cargo ou emprego;**

IV – segregar no ambiente de trabalho ou escolar;

V – divulgar a condição do portador do HIV ou de doente de aids, com intuito de ofender-lhe a dignidade;

VI – recusar ou retardar atendimento de saúde.

Nada obstante, nos termos dos arts. 2º e 6º da Lei nº 14.289/2022, caso essa dispensa discriminatória exponha a condição de pessoa que vive com infecção pelos vírus da imunodeficiência humana (HIV) em seu local de trabalho, o empregador, responsável por manter sigilo sobre essa condição, estará sujeito às sanções previstas no art. 52 da Lei Geral de Proteção de Dados[1162], bem como às demais sanções administrativas cabíveis, além de ser obrigado indenizar a vítima por danos materiais e morais, nos termos do art. 927 do Código Civil:

> **Art. 2º da Lei nº 14.289/2022**: É vedada a divulgação, pelos agentes públicos ou privados, de informações que permitam a identificação da condição de pessoa que vive com infecção pelos vírus da imunodeficiência humana (HIV) e das hepatites crônicas (HBV e HCV) e de pessoa com hanseníase e com tuberculose, nos seguintes âmbitos: III - **locais de trabalho**; (...) (grifos acrescidos)
>
> **Art. 6º**: O descumprimento das disposições desta Lei sujeita o agente público ou privado infrator às sanções previstas no art. 52 da Lei nº 13.709, de 14 de agosto de 2018, bem como às demais sanções administrativas cabíveis, e obriga-o a indenizar a vítima por danos materiais e morais, nos termos do art. 927 da Lei nº 10.406, de 10 de janeiro de 2002 (Código Civil).

É direito potestativo do empregador, dispensar sem justa causa qualquer empregado, exceto aqueles detentores de estabilidade. O portador de doenças graves não possui estabilidade, pois não há previsão em lei nesse sentido. Somente terão direito à estabilidade, portanto, se houver expressa previsão em acordo ou convenção coletiva, ou ainda, regulamento interno da empresa.

O TST, de acordo com a Súmula nº 443, presume que, uma vez tomada ciência da enfermidade, toda dispensa sem justa causa de empregados que possuam algum tipo de doença grave, como HIV, é discriminatória. Em razão desse posicionamento do TST, o ônus da prova de que a dispensa não foi arbitrária ou discriminatória passa a ser do empregador[1163].

1162. **Art. 52 da LGPD.** Os agentes de tratamento de dados, em razão das infrações cometidas às normas previstas nesta Lei, ficam sujeitos às seguintes sanções administrativas aplicáveis pela autoridade nacional:
I - advertência, com indicação de prazo para adoção de medidas corretivas;
II - multa simples, de até 2% (dois por cento) do faturamento da pessoa jurídica de direito privado, grupo ou conglomerado no Brasil no seu último exercício, excluídos os tributos, limitada, no total, a R$ 50.000.000,00 (cinquenta milhões de reais) por infração;
III - multa diária, observado o limite total a que se refere o inciso II;
IV - publicização da infração após devidamente apurada e confirmada a sua ocorrência;
V - bloqueio dos dados pessoais a que se refere a infração até a sua regularização;
VI - eliminação dos dados pessoais a que se refere a infração;
X - suspensão parcial do funcionamento do banco de dados a que se refere a infração pelo período máximo de 6 (seis) meses, prorrogável por igual período, até a regularização da atividade de tratamento pelo controlador;
XI - suspensão do exercício da atividade de tratamento dos dados pessoais a que se refere a infração pelo período máximo de 6 (seis) meses, prorrogável por igual período;
XII - proibição parcial ou total do exercício de atividades relacionadas a tratamento de dados.

1163. Informativo nº 112 do TST.

Contudo, de acordo com o TST[1164], não será considerada dispensa discriminatória quando o término do contrato de trabalho for motivado em razão de reestruturação organizacional da empresa e que ocorreu muitos anos após o empregador ter conhecimento da doença do trabalhador, o que não configura ato discriminatório.

A Súmula nº 443 do TST é fruto de construção jurisprudencial do TST sem que haja lei prevendo a necessidade de pagamento de indenização ao trabalhador em caso de supressão do adicional. Nesse sentido, poderá haver questionamento quanto à sua aplicação, pois o § 2º do art. 8º da CLT, acrescentado pela Reforma Trabalhista, alterou profundamente o alcance das Súmulas e OJs do TST e, também das Súmulas dos TRTs, impondo que elas não podem restringir direitos legalmente previstos e nem mesmo criar obrigações que não estejam previstas em lei:

> **Art. 8º, § 2º, CLT:** Súmulas e outros enunciados de jurisprudência editados pelo Tribunal Superior do Trabalho e pelos Tribunais Regionais do Trabalho não poderão restringir direitos legalmente previstos nem criar obrigações que não estejam previstas em lei.

Ressalta-se que a Corte já reconheceu como discriminatória, nos termos da Súmula nº 443, a dispensa de trabalhadores com outras enfermidades, como tuberculose[1165], neoplasia maligna (câncer)[1166], hepatite C[1167] e lúpus[1168].

É válido destacar que o TST[1169] também considera como dispensa discriminatória aquela decorrente do ajuizamento de reclamação trabalhista pelo empregado. Nessa hipótese, verifica-se que a dispensa realizada pelo empregador tem a única função de impedir o acesso à justiça pelo empregado. Dessa forma, deve ser garantida a hipótese de reintegração ao emprego.

2.4.7. *Término do contrato de trabalho – Pessoa com deficiência*

A Lei nº 8.213/1991 estabelece ações afirmativas às pessoas com deficiência e reabilitados[1170], como forma de inserção desses profissionais no mercado de trabalho. Nesse sentido, as empresas com 100 empregados ou mais deverão manter de 2% a 5% de seus cargos com pessoas com deficiência ou empregados reabilitados ao trabalho. O art. 93, da Lei nº 8.213/1991 estabelece a proporção desses empregados em relação ao número de empregados da empresa:

1164. Informativo nº 184 do TST.

1165. TST - AIRR: 105963520155030058, Relator: Jose Roberto Freire Pimenta, Data de Julgamento: 07/12/2016, 2ª Turma, Data de Publicação: 19/12/2016.

1166. TST - RR: 17434120175120050, Relator: Jose Roberto Freire Pimenta, Data de Julgamento: 14/10/2020, 2ª Turma, Data de Publicação: 16/10/2020.

1167. TST - RR: 9797120135020083, Relator: Aloysio Corrêa da Veiga, Data de Julgamento: 07/12/2016, 6ª Turma, Data de Publicação: DEJT 19/12/2016.

1168. TST - Ag: 44080920105020000, Relator: Augusto Cesar Leite De Carvalho, Data de Julgamento: 04/09/2014, Subseção I Especializada em Dissídios Individuais, Data de Publicação: 12/09/2014.

1169. Informativos nº 4 e 168 do TST.

1170. **Reabilitados** são os empregados que sofreram algum acidente ou doença e tiveram sua capacidade de trabalho comprometidas. Em razão desse fato, são recolocados em outras funções, como o caso do professor que sofreu depressão não teve condições de voltar à sala de aula e é reabilitado na biblioteca ou em serviços administrativos da escola.

> **Art. 93.** A empresa com 100 (cem) ou mais empregados está obrigada a preencher de 2% (dois por cento) a 5% (cinco por cento) dos seus cargos com beneficiários reabilitados ou pessoas portadoras de deficiência, habilitadas, na seguinte proporção:
>
> I - até 200 empregados 2%;
>
> II - de 201 a 500 .... 3%
>
> III - de 501 a 1.000 .... 4%;
>
> IV - de 1.001 em diante .... 5%.

De acordo com o art. 93, § 3º, Lei nº 8.213/1991[1171], incluído pelo Estatuto da Pessoa com Deficiência (Lei nº 13.146/2015), esse percentual destinado às pessoas com deficiência não pode levar em consideração o percentual de contratação de aprendizes com deficiência.

Ademais, a dispensa de pessoa com deficiência somente pode ser realizada se o empregador contratar outro trabalhador com deficiência ou reabilitado. Ressalta-se que essa exigência não persiste na hipótese de contratação de pessoa com deficiência em contrato de experiência. Assim, até 90 dias do contrato por prazo determinado, é possível a dispensa do trabalhador sem a necessidade de contratação de outra pessoa com deficiência. Nesse sentido:

> **Art. 93, § 1º, Lei nº 8.213/1991:** A dispensa de pessoa com deficiência ou de beneficiário reabilitado da Previdência Social ao final de **contrato por prazo determinado de mais de 90 (noventa) dias** e a dispensa imotivada em contrato por prazo indeterminado somente poderão ocorrer após a contratação de outro trabalhador com deficiência ou beneficiário reabilitado da Previdência Social. (grifos acrescidos)

Parte da doutrina sustenta que a necessidade de contratação de novo empregado com deficiência compreende uma garantia provisória de emprego para a pessoa com deficiência[1172]. Entendemos, por outro lado, que consiste em hipótese que resguarda a aplicação da ação afirmativa na empresa impedindo que o número de pessoas com deficiência contratadas caia. Contudo, não há estabilidade do empregado, uma vez que, se a empresa já contratar novo empregado com deficiência ou reabilitado, é possível a dispensa imediata do trabalhador.

Por fim, interessante posicionamento do TST[1173] sustenta que, se a empresa realizou todas as tentativas possíveis para contratação de pessoa com deficiência, não é possível a aplicação de multa ou de dano moral coletivo caso o percentual mínimo de deficientes não for atingido.

1171. **Art. 93, § 3º, Lei nº 8.213/1991**: "Para a reserva de cargos será considerada somente a contratação direta de pessoa com deficiência, excluído o aprendiz com deficiência de que trata a Consolidação das Leis do Trabalho (CLT), aprovada pelo Decreto-Lei no 5.452, de 1º de maio de 1943."

1172. Nesse sentido, CASSAR, Vólia Bomfim. *Direito do Trabalho*. 11ª ed. São Paulo: Método, 2015. p. 1.177.

1173. Informativo nº 136 do TST.

2.5. Reintegração

A reintegração do empregado é o retorno obrigatório do trabalhador ao seu cargo ou função original após uma dispensa considerada inválida ou ilegal. Essa medida ocorre por determinação judicial, com o objetivo de restaurar o vínculo empregatício e os direitos do empregado, como se a demissão nunca tivesse acontecido.

Com a reintegração, o trabalhador tem direito a receber **todos os salários retroativos ao período em que esteve afastado, abrangendo o salário-base e eventuais adicionais, como insalubridade ou periculosidade, se aplicáveis.** Além disso, o empregador deve pagar as **férias proporcionais e o 13º salário referentes ao período de afastamento**, garantindo que esses direitos não sofram qualquer prejuízo. Os **depósitos do FGTS também devem ser realizados retroativamente**, de modo a atualizar o saldo como se o vínculo nunca tivesse sido interrompido.

Os benefícios e direitos contratuais que o empregado possuía antes da demissão, tais como plano de saúde, vale-alimentação, vale-transporte e previdência privada, devem ser restabelecidos nas mesmas condições anteriores à rescisão. Caso a reintegração seja motivada por estabilidade, como no caso de gestantes, acidentados ou membros da CIPA, o trabalhador reintegrado continua a usufruir dessa proteção até o término do período previsto em lei. A título de exemplo, uma gestante reintegrada permanecerá estável até cinco meses após o parto, mesmo que esse prazo vá além da data de reintegração.

O período de dispensa conta ainda como **tempo de serviço para todos os efeitos legais**, incluindo aposentadoria, progressão na carreira e tempo de contribuição ao INSS para cálculo de benefícios previdenciários. Adicionalmente, o trabalhador reintegrado deve receber quaisquer reajustes salariais ou mudanças de função que teriam ocorrido em seu setor durante o período em que esteve afastado, retornando assim com os mesmos direitos e ajustes que seus colegas de cargo.

Em síntese, a reintegração corrige uma dispensa inválida, restabelecendo o vínculo de trabalho e garantindo os direitos do empregado como se a demissão não tivesse ocorrido.

2.5.1. Estáveis e empregados com garantia provisória de emprego[1174]

A estabilidade no emprego é um mecanismo que protege o trabalhador contra demissões arbitrárias, assegurando-lhe maior segurança em períodos de vulnerabilidade, como durante a gravidez, após um acidente de trabalho ou no exercício de funções sindicais.

Alguns autores diferenciam os termos estabilidade e garantia provisória de emprego. Estabilidade refere-se ao direito conquistado pelo empregado de não perder o emprego, exceto se a dispensa for por justa causa. Estabilidade provisória ou especial ou, ainda, garantia de emprego, consiste em garantir provisoriamente o emprego enquanto presente uma das situações excepcionais previstas em lei (gestante, membro da CIPA etc.).

Cabe reiterar que o empregado portador de estabilidade ou garantia provisória de emprego não poderá ser dispensado sem justa causa. Se ocorrer a dispensa injusta, caberá ação judicial para reintegrá-lo ao emprego, inclusive com pedido liminar:

1174. Para mais informações, consulte o capítulo XIII "Estabilidades".

Súmula nº 396 do TST. Estabilidade provisória. Pedido de reintegração. Concessão do salário relativo ao período de estabilidade já exaurido. Inexistência de julgamento *extra petita*.

I - Exaurido o período de estabilidade, são devidos ao empregado apenas os salários do período compreendido entre a data da despedida e o fim do período de estabilidade, não lhe sendo assegurada a reintegração no emprego.

II - Não há nulidade por julgamento *extra petita* da decisão que deferir salário quando o pedido for de reintegração, dados os termos do art. 496 da CLT.

De acordo com a Súmula nº 396 do Tribunal Superior do Trabalho (TST), a reintegração só é cabível dentro do período de estabilidade, sendo devido, fora desse período, apenas o pagamento dos salários correspondentes.

Os principais exemplos de estabilidade ou garantia provisória de emprego, nos quais, em caso de demissão sem justa causa, o trabalhador pode pleitear reintegração, incluem:

a) **Empregada gestante**[1175]: Se dispensada durante o período da gestação, a empregada tem o direito à reintegração ao trabalho, pois a demissão será considerada irregular. Caso o período de estabilidade já tenha terminado, a empregada tem direito apenas às verbas e demais direitos trabalhistas[1176] correspondentes ao período. O TST, por meio da OJ nº 399 da SDI-I[1177], entende que a busca pela indenização após o término da estabilidade não configura abuso de direito, desde que observados os prazos prescricionais. Por outro lado, em 24/05/2019, a 8ª Turma do TST[1178] decidiu que uma gestante que recusou, injustificadamente, três propostas de reintegração perdeu o direito à estabilidade.

b) **Dirigente sindical**[1179]: Conforme o art. 8º, VIII, da Constituição Federal de 1988, o dirigente sindical não pode ser dispensado sem justa causa desde o registro de sua candidatura até um ano após o término do mandato. O mandato do dirigente sindical é de 3 anos, conforme o art. 515, b, da CLT. O número de dirigentes sindicais com estabilidade é limitado a 7 membros titulares e 7 membros suplentes[1180]. A estabilidade abrange apenas os membros que atuam na defesa da categoria, excluindo, portanto, os membros do conselho fiscal[1181] e delegados sindicais[1182].

1175. Conferir o item 4.2 "Empregada gestante" do capitulo XIII "Estabilidades".

1176. **Súmula nº 244, II, do TST.** Gestante. Estabilidade provisória: II – A garantia de emprego à gestante só autoriza a reintegração se esta se der durante o período de estabilidade. Do contrário, a garantia restringe-se aos salários e demais direitos correspondentes ao período de estabilidade.

1177. **Orientação Jurisprudencial nº 399 da SDI-I do TST.** O ajuizamento de ação trabalhista após decorrido o período de garantia de emprego não configura abuso do exercício do direito de ação, pois este está submetido apenas ao prazo prescricional inscrito no art. 7º, XXIX, da CF/1988, sendo devida a indenização desde a dispensa até a data do término do período estabilitário.

1178. Processo nº ARR-10538-05.2017.5.03.0012.

1179. Conferir o item 4.1 "Dirigente sindical" do capitulo XIII "Estabilidades".

1180. **Súmula nº 369, item II, do TST.** "O art. 522 da CLT, que limita a sete o número de dirigentes sindicais, foi recepcionado pela Constituição Federal."

1181. **Orientação Jurisprudencial nº 365 do TST.** "Membro do conselho fiscal de sindicato não tem direito a estabilidade prevista nos arts. 543, § 3º, da CLT e 8º, VIII, da CF/88, porquanto não representa ou atua na defesa de direitos da categoria respectiva, tendo sua competência limitada à fiscalização da gestão financeira do sindicato."

1182. **Orientação Jurisprudencial nº 369 da SDI-I do TST.** "O delegado sindical não é beneficiário da estabilidade provisória prevista no art. 8º, VIII, da CF/88, a qual é dirigida, exclusivamente, àqueles que exerçam ou ocupem cargos de direção nos sindicatos, submetidos a processo eletivo."

O dirigente sindical somente poderá ser dispensado por falta grave mediante a apuração em inquérito[1183]. Caso não haja essa ação judicial, a dispensa é considerada nula, sendo possível sua reintegração.

c) **Empregado acidentado**[1184]: A estabilidade acidentária é um direito do trabalhador que sofreu um acidente de trabalho típico ou equiparado[1185]. Segundo o artigo 118 da Lei nº 8.213/1991, o empregado que sofreu um acidente de trabalho tem direito à estabilidade de 12 meses após a alta médica concedida pelo INSS. Para que o trabalhador tenha direito à estabilidade o acidente de trabalho deve ter resultado no afastamento por período superior a 15 dias e o empregado deve ter recebido o auxílio-doença acidentário. Durante o período de estabilidade, o trabalhador não pode ser demitido sem justa causa. Caso seja demitido injustamente, ele pode pleitear a reintegração ao trabalho.

d) **Empregado membro da comissão de conciliação prévia (CCP)**[1186]: A Comissão de Conciliação Prévia tem por objetivo tentar a conciliação entre empregados e empregadores. A composição da CCP é feita de forma paritária, ou seja, representantes dos empregados (por meio de votação secreta) e dos empregadores (indicados). Apenas os representantes dos empregados, titulares e suplentes possuem garantia provisória de emprego, conforme o art. 625-B, § 1º, da CLT[1187]. O início da estabilidade, de acordo com a CLT, ocorre com a eleição do empregado e se estende até um ano após o mandato. Caso sejam dispensados sem justa causa, podem ter direito a reintegração.

e) **Representante dos empregados**[1188]: A Lei nº 13.467/2017 passou a prever de forma expressa a estabilidade do membro da comissão de representante dos empregados, que terá garantia contra despedida arbitrária desde o registro de sua candidatura até um ano após o fim do mandato. A despedida arbitrária, segundo o § 3º do art. 510-D da CLT, é aquela que não se baseia em motivo disciplinar, técnico, econômico ou financeiro. Ressalta-se que, diante da inexistência de previsão de eleição de suplentes, a estabilidade somente é aplicada aos membros titulares. Defendemos que, aos suplentes, também deve ser assegurada a estabilidade provisória, pois substituem os titulares no exercício das atribuições previstas e, por isso, não podem ter seus empregados ameaçados. Da mesma forma que os exemplos anteriores, se houver demissão sem justa causa durante o período de estabilidade, pode-se requerer em juízo a reintegração ao trabalho.

1183. **Súmula nº 379 do TST.** "O dirigente sindical somente poderá ser dispensado por falta grave mediante a apuração em inquérito judicial, inteligência dos arts. 494 e 543, § 3º, da CLT."

1184. Conferir o item 4.4 "Empregado acidentado" do capitulo XIII "Estabilidades".

1185. A Lei nº 8.213/1991 estabelece o conceito de acidente de trabalho para fins previdenciários em seu art. 19, bem como um rol de hipóteses equiparadas ao acidente de trabalho, seja por doenças ocupacionais (art. 20) ou eventos acidentários que não são incluídos no conceito típico (art. 21). Para mais informações, conferir os itens 4.4.1.1 e 4.4.1.2, respectivamente, "Acidente de trabalho típico" e "Acidente de trabalho equiparado" do capitulo XIII "Estabilidades".

1186. Conferir o item 4.5 "Empregado membro da Comissão de Conciliação Prévia – CCP" do capitulo XIII "Estabilidades".

1187. Art. 625-B, § 1º, da CLT: É vedada a dispensa dos representantes dos empregados membros da Comissão de Conciliação Prévia, titulares e suplentes, até um ano após o final do mandato, salvo se cometerem falta grave, nos termos da lei.

1188. Conferir o item 4.7 "Representante dos empregados (Reforma Trabalhista)" do capitulo XIII "Estabilidades".

2.5.2. Dispensa discriminatória (súmula 443 do TST)[1189]

A Súmula nº 443 do TST[1190] presume que a dispensa de empregados portadores de HIV ou outras doenças graves é discriminatória, garantindo-lhes o direito à reintegração, salvo se o empregador comprovar que a demissão não foi motivada pela enfermidade. Assim, para a Subseção I Especializada em Dissídios Individuais (SBDI-I) do TST[1191], uma vez que o empregador tome ciência da doença, presume-se que toda dispensa sem justa causa de empregados com doenças graves, como HIV, é discriminatória. Cabe, portanto, ao empregador provar que a dispensa não possui relação com a enfermidade, sendo uma presunção relativa.

Contudo, segundo o entendimento da SBDI-I[1192], não será considerada discriminatória a dispensa motivada por reestruturação organizacional da empresa, especialmente se esta ocorrer anos após o conhecimento da doença, o que não configuraria ato discriminatório. Da mesma forma, conforme decisão da 1ª Turma do TST[1193], não se configura dispensa discriminatória o término do contrato de trabalho de um empregado, ainda que portador de doença grave, quando decorrente da extinção do estabelecimento empresarial.

Ressalta-se que a Corte já reconheceu, nos termos da Súmula nº 443, a dispensa como discriminatória em casos de outras enfermidades, como tuberculose, neoplasia maligna (câncer)[1194], hepatite C[1195] e lúpus[1196]. Além disso, a SBDI-I[1197] também entende que a demissão decorrente do ajuizamento de reclamação trabalhista pelo empregado também é considerada discriminatória, pois tem o objetivo de dificultar o acesso à justiça. Nessas situações, deve ser garantida a reintegração do trabalhador ao emprego.

2.5.3. Dispensa por motivo de saúde (suspensão do contrato de trabalho)

Além da dispensa discriminatória em razão de doença grave e da de empregados com estabilidade decorrente de acidente de trabalho, há outra situação relacionada à saúde que pode justificar a reintegração do trabalhador demitido sem justa causa: a dispensa de um empregado que esteja em licença médica ou recebendo auxílio-doença comum. Nesses casos, o contrato de trabalho permanece suspenso, conforme o art. 476

1189. Para mais informações, conferir o item 5.6. "Dispensa discriminatória" do capítulo XIX "Término do contrato de trabalho".

1190. **Súmula nº 443 do TST.** Dispensa discriminatória. Presunção. Empregado portador de doença grave. Estigma ou preconceito. Direito à reintegração.
Presume-se discriminatória a despedida de empregado portador do vírus HIV ou de outra doença grave que suscite estigma ou preconceito. Inválido o ato, o empregado tem direito à reintegração no emprego.

1191. Informativo nº 112 do TST.

1192. Informativo nº 184 do TST.

1193. TST – RR: 00101701720235150023, Relator: Amaury Rodrigues Pinto Junior, Data de Julgamento: 18/09/2024, 1ª Turma, Data de Publicação: 24/09/2024.

1194. TST – RR: 17434120175120050, Relator: Jose Roberto Freire Pimenta, Data de Julgamento: 14/10/2020, 2ª Turma, Data de Publicação: 16/10/2020.

1195. TST – RR: 9797120135020083, Relator: Aloysio Corrêa da Veiga, Data de Julgamento: 07/12/2016, 6ª Turma, Data de Publicação: DEJT 19/12/2016.

1196. TST – Ag: 44080920105020000, Relator: Augusto Cesar Leite De Carvalho, Data de Julgamento: 04/09/2014, Subseção I Especializada em Dissídios Individuais, Data de Publicação: 12/09/2014.

1197. Informativos nº 4 e 168 do TST.

da CLT, o que implica a suspensão temporária das principais obrigações entre empregador e empregado.

O art. 471 da CLT assegura que o trabalhador afastado do serviço mantém, ao retornar, todas as vantagens atribuídas à sua categoria durante o período de ausência. A interpretação desse dispositivo tem levado ao entendimento de que é vedado ao empregador rescindir o contrato enquanto perdurar a suspensão ou interrupção do vínculo empregatício[1198]. Isso ocorre porque o objetivo do art. 471 é garantir ao empregado o direito de retorno ao posto após o afastamento.

A 2ª Turma do Tribunal Superior do Trabalho[1199] entende que é nula a rescisão de um trabalhador cujo contrato esteja suspenso. Por isso, a dispensa sem justa causa de alguém em licença médica ou recebendo auxílio-doença comum é considerada inválida, sendo possível requerer judicialmente sua reintegração.

2.6. Obrigações decorrentes do término do contrato de trabalho (Reforma Trabalhista)

Após o término do contrato de trabalho, cabe ao empregador cumprir algumas obrigações como o pagamento das verbas rescisórias e a anotação na CTPS do trabalhador. Há, inclusive, obrigações que permanecem aos empregados, como o dever de lealdade e a proibição de revelação de segredo de empresa, ainda que não mantenha vínculo empregatício.

A Reforma Trabalhista alterou a redação do "caput" do artigo 477 da CLT para estabelecer as três principais obrigações aos empregadores após o término do contrato de trabalho:

> **a)** Anotação do término do contrato de trabalho na CTPS do empregado;
>
> **b)** Comunicação da dispensa aos órgãos competentes: essa exigência tem a função de permitir aos empregados o saque do FGTS e o requerimento do benefício do seguro-desemprego; e
>
> **c)** Pagamento das verbas rescisórias no prazo estabelecido.

A anotação da CTPS deve ser realizada no prazo de até 5 dias e devolvida ao trabalhador. A retenção da Carteira de Trabalho do empregado pode assegurar ao empregado o direito à indenização por danos morais, caso comprovado que a atitude de recusa na devolução tenha causado prejuízos ao trabalhador, como a impossibilidade de iniciar novo emprego. Ressalta-se que o prazo para anotação da CTPS e demais normas referentes ao registro profissional não podem ser objeto de convenção e acordo coletivo de trabalho:

> **Art. 611-B, CLT** *(acrescentado pela Reforma Trabalhista)*. Constituem objeto ilícito de convenção coletiva ou de acordo coletivo de trabalho, exclusivamente, a supressão ou a redução dos seguintes direitos:
>
> I – normas de identificação profissional, inclusive as anotações na Carteira de Trabalho e Previdência Social;

1198. TST – RR: 666003220095090092, Relator: Fernando Eizo Ono, Data de Julgamento: 06/02/2013, 4ª Turma, Data de Publicação: 15/03/2013.

1199. TST – Ag-AIRR: 100365092017501052 1, Relator: José Roberto Freire Pimenta, Data de Julgamento: 21/08/2019, 2ª Turma, Data de Publicação: DEJT 30/08/2019.

2.6.1. Extinção da homologação das verbas trabalhistas

Entre as obrigações decorrentes da extinção do contrato de trabalho, destacava-se, antes da Reforma Trabalhista, a exigência de homologação das verbas trabalhistas. O pedido de demissão ou recibo de quitação de rescisão do contrato de trabalho, firmado por empregado com **mais de um ano de serviço**, só era válido quando feito com a assistência do respectivo sindicato ou perante a autoridade do atual Ministério do Trabalho e Emprego. Logo, se o empregado tivesse até 1 um ano de serviço, o recibo era feito pela própria empresa, sem a necessidade de assistência do sindicato ao Ministério do Trabalho.

Se na localidade não houvesse sindicato da categoria ou Ministério do Trabalho, a assistência na homologação era prestada pelo representante do Ministério Público ou, onde houvesse, pelo defensor público e, na falta ou impedimento destes, pelo Juiz de Paz. Quanto ao MP, se na localidade houvesse Ministério Público do Trabalho – MPT, deveria ser ele o legitimado para homologar as verbas rescisórias. Na falta do MPT, caberia ao Ministério Público Estadual.

A Reforma Trabalhista revogou os §§ 1º e 3º do presente artigo, que previam a homologação das verbas rescisórias para os trabalhadores com mais de um ano de serviço e passou a estabelecer apenas a necessidade de comunicação da dispensa aos órgãos competentes.

No entanto, para as empregadas gestantes, permanece a exigência de assistência do sindicato na homologação das verbas rescisórias, utilizando-se do entendimento previsto no art. 500 da CLT, que não foi alterado pela Reforma Trabalhista.

Esse entendimento foi consolidado pelo Tribunal Superior do Trabalho, em fevereiro de 2025, no julgamento do Incidente de Recurso de Revista Repetitivo nº 55, que resultou na seguinte tese vinculante nº 55:

> A validade do pedido de demissão da empregada gestante, detentora da garantia provisória de emprego prevista no artigo 10, inciso II, alínea "b", do Ato das Disposições Constitucionais Transitórias (ADCT), está **condicionada** à assistência do sindicato profissional ou da autoridade local competente, nos termos do artigo 500 da CLT TST-RR-0000427-27.2024.5.12.0024, Relator: Ministro Aloysio Corrêa da Veiga, Tribunal Pleno, DJE: 14/03/2025).

A exigência da assistência tem por objetivo assegurar que a decisão seja livre, consciente e protegida contra eventuais pressões. Trata-se de uma medida protetiva que reforça a segurança jurídica da rescisão contratual e preserva a integridade do direito à estabilidade provisória.

Além da gestante, a pessoa com menos de 18 anos somente poderá dar quitação do término do contrato de trabalho com a assistência de seus pais ou representantes legais:

> **Art. 439 da CLT:** É lícito ao menor firmar recibo pelo pagamento dos salários. Tratando-se, porém, de rescisão do contrato de trabalho, é vedado ao menor de 18 (dezoito) anos dar, sem assistência dos seus responsáveis legais, quitação ao empregador pelo recebimento da indenização que lhe for devida.

Em resumo, com a Lei nº 13.467/2017, houve a extinção da solenidade de homologação das verbas trabalhistas e caberá ao próprio empregado verificar o valor das verbas rescisórias devidas.

2.6.1.1. *Homologação de acordo extrajudicial*

A ausência de homologação das verbas trabalhistas foi a opção adotada pelo legislador da Reforma Trabalhista para desburocratizar o processo do término do contrato de trabalho. Além disso, o fim da homologação das verbas rescisórias no final do contrato de trabalho possibilita celebrar acordo extrajudicial homologado pelo Poder Judiciário em processo de jurisdição voluntária, criado nos arts. 855-B a 855-E da CLT:[1200]

> **Art. 855-B.** O processo de homologação de acordo extrajudicial terá início por petição conjunta, sendo obrigatória a representação das partes por advogado.
>
> § 1º As partes não poderão ser representadas por advogado comum.
>
> § 2º Faculta-se ao trabalhador ser assistido pelo advogado do sindicato de sua categoria.
>
> **Art. 855-C.** O disposto neste Capítulo não prejudica o prazo estabelecido no § 6º do art. 477 desta Consolidação e não afasta a aplicação da multa prevista no § 8º art. 477 desta Consolidação.
>
> **Art. 855-D.** No prazo de quinze dias a contar da distribuição da petição, o juiz analisará o acordo, designará audiência se entender necessário e proferirá sentença.
>
> **Art. 855-E.** A petição de homologação de acordo extrajudicial suspende o prazo prescricional da ação quanto aos direitos nela especificados.
>
> Parágrafo único. O prazo prescricional voltará a fluir no dia útil seguinte ao do trânsito em julgado da decisão que negar a homologação do acordo.

O acordo extrajudicial compreende o ajuste direto entre empregado e empregador, em que pode ser discutido e negociado aquilo que não foi pago durante o período em que o trabalhador prestou seus serviços. Após celebrado o acordo, há necessidade de levá-lo ao Juiz do Trabalho para análise (procedimento de homologação).

Antes da Reforma Trabalhista, nenhuma forma de acordo, diretamente entre patrão e empregado, realizada fora do Judiciário era admitida. O entendimento era de que o empregado aceitaria qualquer condição imposta pelo empregador, pois o trabalhador está sempre sujeito às ordens do empregador.

No entanto, a Reforma Trabalhista passou a admitir esse acerto, desde que atendidas algumas condições:

1) A nova legislação exige que o empregado e o empregador contratem advogados para representá-los nesse acordo. Cada um deve contratar um advogado diferente para que não haja conflito de interesses;
2) O empregado pode se valer do advogado de seu sindicato para cumprir essa exigência de contratação de advogados;
3) Depois de finalizado o acordo, que deverá ser escrito, é necessário que o empregado e o empregador apresentem uma petição assinada pelos dois advogados para que o juiz possa analisar se aceita ou não aquilo que foi negociado entre as partes (processo chamado homologação). Sem a análise do Juiz do Trabalho, o acordo não tem validade.

1200. Para mais informações acerca do processo de jurisdição voluntária para homologação de acordo extrajudicial, consulte os comentários aos dispositivos na parte de Processo do Trabalho.

O acordo firmado entre empregado e empregador, com a presença de seus advogados, deve ser enviado ao Juiz do Trabalho para que ele aprecie o teor da negociação. Trata-se da homologação. A lei prevê que o Juiz tem o prazo de 15 dias para analisar o acordo, mas o descumprimento desse prazo fixado não traz nenhuma consequência prática ao Juiz (prazo impróprio). Recebida a petição com o acordo, o Juiz do Trabalho pode, se entender necessário, marcar audiência para solucionar eventuais dúvidas ou certificar de que o empregado não foi prejudicado pelo acordo realizado.

Após a análise, o Juiz do Trabalho pode:

a) **Homologar o acordo:** Nesse caso, as partes devem cumprir aquilo que foi estabelecido no acordo e o empregado não poderá apresentar reclamação trabalhista em relação às verbas que estiverem presentes no acordo[1201]. As verbas trabalhistas que não constarem no acordo, em regra, poderão ser exigidas posteriormente pelo trabalhador em um processo judicial denominado Reclamação Trabalhista.

b) **Não homologar o acordo:** O acordo pode ser recusado pelo Juiz do Trabalho (não homologado) basicamente por duas razões:

- Quando as partes não atenderem às condições exigidas para a celebração do acordo. Exemplo: Se o acordo for realizado sem a participação dos advogados, caberá ao juiz recusá-lo.
- Quando o acordo apresentar notoriamente condições desfavoráveis a uma das partes, normalmente ao empregado. Exemplo: O acordo apresentar o pagamento de valor irrisório ao trabalhador pelas verbas que não foram pagas corretamente durante a prestação dos serviços. Nesse caso, por causar prejuízos ao trabalhador, o Juiz do Trabalho pode recursar o acordo.

Se o Juiz do Trabalho recusar o acordo apresentado, é permitido que o empregado ajuíze Reclamação Trabalhista para pedir todas as verbas não pagas do contrato de trabalho, inclusive aquelas que constavam no acordo que não foi homologado.

Além disso, ainda que homologado o acordo, as verbas rescisórias devem ser pagas no prazo de 10 dias após o término do contrato de trabalho conforme prevê o art. 477, § 6º da CLT, sob pena de pegar multa ao trabalhador no valor de uma remuneração nos termos do art. 477, § 8º, da CLT.

Por fim, com a apresentação do acordo extrajudicial na Justiça, os prazos de prescrição (2 anos para entrar com a Reclamação Trabalhista ao Juiz do Trabalho e de 5 anos para exigir os direitos não pagos), não serão contados, pois estarão suspensos (congelados). Pode acontecer de o acordo não ser homologado. Nesse caso, após a decisão que não caiba mais recurso (trânsito em julgado), o prazo de prescrição volta a correr.

2.6.2. Recibo de quitação das verbas trabalhistas

Com fundamento na transparência e lealdade contratual, o **recibo de quitação** deverá especificar a natureza de cada parcela paga ao empregado e, ainda, discriminar o seu

1201. A discussão se a assinatura do acordo extrajudicial leva à quitação geral de todo o contrato de trabalho, pois poderia trazer diversos prejuízos ao trabalhador.

valor. No entanto, a quitação passou a ser realizada sem a assistência do sindicato ou do Ministério do Trabalho e Emprego.

Se presente vício de consentimento na manifestação do empregado, como a ocorrência de erro, dolo ou coação, é possível o ajuizamento de ação para rediscutir as parcelas que constaram no recibo.

Além disso, as parcelas não consignadas no recibo ou expressamente ressalvadas poderão ser discutidas futuramente na Justiça do Trabalho[1202]. Por essa razão, o recibo de quitação das verbas trabalhistas não assegura eficácia liberatória geral. Exemplo: as partes não chegaram a um acordo sobre o pagamento das horas extras, o que foi ressalvado expressamente no recibo ou, ainda, nada mencionaram sobre o seu pagamento. Posteriormente, o trabalhador tem a opção de ingressar com a reclamação trabalhista para discutir o pagamento das horas extraordinárias.

2.6.3. Forma de pagamento das verbas rescisórias

O art. 477 da CLT foi alterado para excluir a necessidade do pagamento das verbas rescisórias no ato de homologação da rescisão do contrato de trabalho. Note-se que, mesmo antes da Reforma Trabalhista, o empregador deveria efetuar o pagamento das verbas rescisórias no prazo legal independentemente da homologação das verbas rescisórias. Esse procedimento de homologação, quando realizado após o prazo legal para o pagamento das verbas, exercia a função apenas de conferir se o valor pago pelo empregador condizia com o valor realmente devido ao empregado.

O empregado deve receber o valor em dinheiro, depósito bancário ou cheque visado na forma como for acordado entre as partes. Por sua vez, para os trabalhadores analfabetos, é obrigatório o pagamento em dinheiro ou depósito bancário. A possibilidade de depósito bancário ao analfabeto consistiu em novidade introduzida pela Reforma Trabalhista.

2.6.4. Prazo para cumprimento das obrigações decorrentes da extinção do contrato de trabalho

A antiga redação do § 6º do artigo em comento estabelecia dois prazos distintos para o pagamento das verbas rescisórias, que deveria ser realizado até:

a) o 1º dia útil imediato ao término do contrato nas hipóteses de aviso-prévio trabalhado ou contrato por prazo determinado.

b) o décimo dia, contado da data em que o empregado foi informado da dispensa, nas hipóteses de aviso-prévio indenizado, dispensa por justa causa ou no caso de o empregado que pede demissão ser liberado do cumprimento do aviso-prévio.

Com a Reforma Trabalhista, o prazo foi unificado para 10 dias contados a partir do término do contrato de trabalho, devendo o empregador dentro desse período:

1202. **Súmula nº 330 do TST:** "A quitação passada pelo empregado, com assistência da entidade sindical de sua categoria, ao empregador, com observância dos requisitos exigidos nos §§ do art. 477 da CLT, tem eficácia liberatória em relação às parcelas expressamente consignadas no recibo, salvo se oposta ressalva expressamente e especificada ao valor dado à parcela ou parcelas impugnadas. I – A quitação não abrange parcelas não consignadas no recibo de quitação e, consequentemente, seus reflexos em outras parcelas, ainda que essas constem desse recibo. II – Quanto a direitos que deveriam ter sido satisfeitos durante a vigência do contrato de trabalho, a quitação é válida em relação ao período expressamente consignado no recibo de quitação."

a) realizar a entrega ao empregado de documentos, que comprovem a comunicação da extinção do contrato de trabalho aos órgãos competentes; e

b) efetuar o pagamento dos valores constantes do instrumento de rescisão ou recibo de quitação.

A unificação dos prazos assegura maior segurança jurídica ao empregador, pois não há diferença no tratamento em relação à modalidade de extinção do contrato de trabalho, devendo ser realizado dentro do prazo de 10 dias contados do término do contrato de trabalho.

Há discussão quanto à contagem do prazo de 10 dias na hipótese de concessão de aviso prévio indenizado: se deverá ser iniciado com a notificação da dispensa ou após o fim da projeção do aviso. Entendemos que o prazo deve ser contado a partir da **notificação da dispensa**, pois, caso fosse concedido apenas após a projeção do aviso, haveria uma postergação do pagamento das verbas rescisórias que pode trazer diversos prejuízos ao empregado. Ao invés de receber em 10 dias, o trabalhador receberia em 40 dias ou mais. Imaginemos um aviso-prévio indenizado de 90 dias. O empregado receberia as verbas rescisórias somente após 100 dias do término do contrato.

No tocante à **compensação** no pagamento das verbas rescisórias do empregado, seu valor não poderá ser superior a um mês da remuneração do trabalhador.

O prazo anterior, 10º dia, é contado excluindo-se o dia da notificação da dispensa e incluindo-se o dia do vencimento, conforme previsto na OJ 162. Se o dia do vencimento cair no domingo ou feriado, o prazo é prorrogado até o primeiro dia útil seguinte. Aliás, o mesmo critério foi utilizado na contagem do aviso-prévio, conforme posicionamento a seguir:

> **Orientação Jurisprudencial nº 162 da SDI – I do TST.** Multa. Art. 477 da CLT. Contagem do prazo. Aplicável o art. 132 do Código Civil de 2002.
>
> A contagem do prazo para quitação das verbas decorrentes da rescisão contratual prevista no artigo 477 da CLT exclui necessariamente o dia da notificação da demissão e inclui o dia do vencimento, em obediência ao disposto no artigo 132 do Código Civil de 2002 (artigo 125 do Código Civil de 1916).
>
> **Súmula nº 380 do TST.** Aplica-se a regra prevista no *caput* do art. 132 do Código Civil de 2002 à contagem do prazo do aviso-prévio, excluindo-se o dia do começo e incluindo o do seu vencimento.

Em resumo, o prazo para pagamento das verbas rescisórias e a contagem do aviso-prévio segue a forma prevista no art. 132 do Código Civil, que trata de forma genérica sobre a contagem dos prazos no direito material. De acordo com o Código Civil:

> **Art. 132, *caput*, do CC.** Salvo disposição legal ou convencional em contrário, computam-se os prazos, excluindo o dia do começo e incluindo o do vencimento.

2.6.5. Fim da assistência na rescisão contratual

O revogado § 7º do art. 477 da CLT determinava que o ato da assistência na rescisão contratual seria sem ônus para o trabalhador e empregador. Assim, não era permitida aos sindicatos a cobrança de nenhum valor ao realizar a assistência na homologação das verbas rescisórias dos empregados. Destaca-se que o órgão do Ministério do Trabalho e Emprego também deveria prestar os serviços de forma gratuita, uma vez que oferece um serviço público custeado por impostos[1203].

Com a extinção da homologação das verbas rescisórias, o dispositivo também foi revogado pela Reforma Trabalhista, pois não existe mais ato de assistência na rescisão do contrato de trabalho, seja pelo sindicato ou pelo Ministério do Trabalho e Emprego.

O objetivo da Reforma Trabalhista foi deixar mais simples e rápidos os procedimentos decorrentes do término do contrato de trabalho. Há tempos havia queixas com a demora e a burocracia nas homologações. O Ministério do Trabalho se recusa a fazer a homologação se houver sindicato da categoria profissional na localidade. Por sua vez, o sindicato demora em agendar ou recusa a fazer de trabalhadores não filiados.

Existe, no entanto, uma preocupação com o fim da homologação das parcelas, pois os empregados aceitarão tudo o que for apresentado pelo empregador. Dessa forma, poderá haver um aumento no número de ações individuais questionando os valores pagos.

2.6.6. *Multa do art. 477, § 8º, CLT*

Se o empregador descumprir o prazo para pagamento das verbas rescisórias, será obrigado ao pagamento de **multa** no valor equivalente ao salário do empregado, exceto se, comprovadamente, foi o trabalhador quem deu causa ao atraso do pagamento[1204].

Importante destacar, ainda, que o Tribunal Superior do Trabalho consolidou, em abril de 2025, a tese vinculante nº 127, segundo a qual, nos contratos cujo o término tenha ocorrido já na vigência da Reforma Trabalhista (Lei nº 13.467/2017), é igualmente devida a multa prevista no art. 477, § 8º, da CLT, quando o empregador não entrega, no prazo legal de até 10 dias, os documentos comprobatórios da extinção contratual aos órgãos competentes, ainda que o pagamento das verbas rescisórias tenha sido realizado tempestivamente.

Essa interpretação decorre da nova redação do § 6º do art. 477 da CLT, introduzida pela Reforma Trabalhista, que passou a exigir que o pagamento das verbas rescisórias e a entrega dos documentos da rescisão ocorram simultaneamente dentro do mesmo prazo legal. Nessas hipóteses, a omissão na entrega da documentação, como as guias para saque do FGTS ou habilitação ao seguro-desemprego, configura inadimplemento das obrigações rescisórias, ensejando a penalidade prevista em lei.

A multa prevista no art. 477 da CLT, incide nos contratos por prazo determinado e indeterminado, inclusive nos casos em que a rescisão contratual se tenha operado por justa causa do trabalhador.

Destaca-se que a Reforma Trabalhista manteve intacta a multa do art. 477, § 8º, da CLT, que deverá ser aplicada na hipótese de atraso no pagamento das verbas rescisórias.

1203. MOURA, Marcelo. *Consolidação das Leis do Trabalho para concursos*. 4. ed. Salvador: Juspodivm, 2014. p. 553.

1204. O candidato deve estar atento para não confundir a multa do art. 467 da CLT com a multa do art. 477, § 8º, CLT disposta nesse tópico. No caso de rescisão do contrato de trabalho, o empregador é obrigado a pagar ao empregado, na data do comparecimento à Justiça do Trabalho, a parte incontroversa, sob pena de pagá-la acrescida de 50%. Esse acréscimo de 50% do valor compreende a multa do art. 467 da CLT.

2.6.7. Reconhecimento judicial do vínculo de emprego

Em 31/05/2016, o TST editou a Súmula nº 462 do TST, que estabelece o pagamento da **multa do art. 477, § 8º, CLT mesmo na hipótese de reconhecimento do vínculo de emprego pelo Judiciário Trabalhista.** O fato que enseja o pagamento da multa do art. 477 da CLT não depende da data de reconhecimento do vínculo de emprego, seja ele judicialmente ou não, mas tão somente o desrespeito aos prazos para pagamento das verbas rescisórias, previstos no art. 477, § 6º, CLT:

> **Súmula nº 462 do TST.** Multa do art. 477, § 8º, da CLT. Incidência. Reconhecimento judicial da relação de emprego.
> A circunstância de a relação de emprego ter sido reconhecida apenas em juízo não tem o condão de afastar a incidência da multa prevista no art. 477, § 8º, da CLT. A referida multa não será devida apenas quando, comprovadamente, o empregado der causa à mora no pagamento das verbas rescisórias.

Conforme um dos julgados do TST que serviu como precedente para a edição da Súmula nº 462, o provimento jurisdicional de reconhecimento do vínculo empregatício apenas reconhece a relação jurídica de emprego já existente desde o início da prestação dos serviços. Consequentemente, todas as verbas rescisórias já eram devidas após a extinção do contrato de trabalho, observado o prazo legal para pagamento[1205].

A título de modificação histórica em sua jurisprudência, o TST cancelou em 2009 a OJ nº 351 da SDI-I[1206], que previa o não pagamento da multa do art. 477 da CLT quando houvesse fundada controvérsia sobre a existência da obrigação cujo inadimplemento gerou a multa. Com a redação da presente Súmula nº 462, o TST passou a adotar o posicionamento de que, ainda que constante a controvérsia acerca do vínculo de emprego, se ele for reconhecido em juízo, não exclui, por si só, o pagamento da multa do art. 477 da CLT. É esse, portanto, o posicionamento a ser adotado nas provas objetivas e dissertativas. Além disso, a Súmula nº 462 do TST prevê que a multa do art. 477, § 8º, CLT, não será devida se o empregado tiver dado causa à mora no pagamento das verbas rescisórias. Assim, se a culpa do não cumprimento dos prazos para pagamento das verbas rescisórias for do empregado, não terá direito ao recebimento da multa do art. 477 da CLT quando o vínculo for reconhecido em juízo.

2.6.8. Multa do art. 477, § 8º, CLT e a rescisão indireta (Incidente de Recurso de Revista Repetitivo nº 52)

Com o objetivo de uniformizar sua jurisprudência, o TST firmou, em fevereiro de 2025, a tese vinculante nº 52, reconhecendo que a multa do art. 477, § 8º, da CLT também é devida nas hipóteses de rescisão indireta:

1205. RR 938-23.2011.5.08.0014 Data de Julgamento: 24/06/2015, Relatora Ministra: Kátia Magalhães Arruda, 6ª Turma, Data de Publicação: *DEJT* 26/06/2015.

1206. **OJ nº 351 da SDI-I do TST (CANCELADA):** Incabível a multa prevista no art. 477, § 8º, da CLT, quando houver fundada controvérsia quanto à existência da obrigação cujo inadimplemento gerou a multa.

> Reconhecida em juízo a rescisão indireta do contrato de trabalho é devida a multa prevista no artigo 477, § 8º, da CLT (TST-RRAg-0000367-98.2023.5.17.0008, Relator: Ministro Aloysio Corrêa da Veiga, Tribunal Pleno, DJE: 14/03/2025).

A rescisão indireta é uma forma de extinção do contrato motivada por falta grave do empregador, conforme art. 483 da CLT. Embora o rompimento só seja formalizado por decisão judicial, isso não afasta, por si só, a aplicação da multa por atraso no pagamento das verbas rescisórias. O TST reforça que o prazo previsto no § 6º do art. 477 deve ser observado, e o não pagamento injustificado atrai a incidência da multa.

A única exceção à penalidade permanece sendo aquela prevista na própria CLT e na Súmula 462 do TST: quando o atraso decorrer de conduta atribuível ao empregado, como sua ausência injustificada ou recusa em fornecer dados para quitação. Assim, o reconhecimento judicial da rescisão indireta não exonera o empregador da obrigação de cumprir os prazos legais, salvo prova de culpa do trabalhador.

2.6.9. Multa do art. 477, § 8º, CLT e a reversão da justa causa (Incidente de Recurso de Revista Repetitivo nº 71)

A tese vinculante nº 71 do TST, firmada em março de 2025, também reconhece a aplicação da multa do art. 477, § 8º, da CLT nas hipóteses em que a dispensa por justa causa é revertida em juízo:

> É devida a multa prevista no art. 477, § 8º, da CLT no caso de reversão da dispensa por justa causa em juízo (TST-RRAg - 0000031-72.2024.5.17.0101, Relator: Ministro Aloysio Corrêa da Veiga, Tribunal Pleno, DJE: 08/04/2025).

Embora a rescisão motivada tenha sido inicialmente fundada em justa causa, a reversão posterior dessa modalidade de dispensa por decisão judicial nao afasta, por si só, a incidência da multa prevista na CLT. A jurisprudência do TST é clara ao afirmar que a existência de controvérsia sobre a forma de extinção contratual não exime o empregador de cumprir os prazos legais para pagamento das verbas rescisórias.

Assim, mesmo nos casos em que a justa causa venha a ser afastada judicialmente, a multa do art. 477, § 8º, será devida, exceto se houver prova de que o empregado deu causa ao atraso, nos termos da legislação e da jurisprudência consolidada do TST.

2.6.10. Administração Pública e massa falida

É necessário, também, fazer duas observações. A primeira delas é que a Administração Pública deve respeitar o prazo previsto no art. 477 da CLT, sob pena de pagar a multa de um salário do empregado público. A segunda observação é de que a massa falida não está sujeita à multa do art. 477 da CLT, conforme posicionamento do TST. Já a empresa em recuperação judicial não está isenta dessa multa, conforme posicionamento a seguir:

> **Orientação Jurisprudencial nº 238 da SDI – I do TST.** Multa. Art. 477 da CLT. Pessoa jurídica de direito público. Aplicável.
> Submete-se à multa do artigo 477 da CLT a pessoa jurídica de direito público que não observa o prazo para pagamento das verbas rescisórias, pois nivela-se a qualquer particular, em direitos e obrigações, despojando-se do *jus imperii* ao celebrar um contrato de emprego.

Súmula nº 388 do TST. A massa falida não se sujeita à penalidade do art. 467 e nem à multa do § 8º do art. 477, ambos da CLT.

Súmula nº 33 do TRT – 1ª Região. Empresa em recuperação judicial. Art. 477, § 8º, da CLT.
O deferimento da recuperação judicial não desonera a empresa do pagamento das verbas trabalhistas dentro do prazo legal. O atraso na quitação das parcelas da rescisão sujeita o empregador à cominação estabelecida no art. 477, § 8º, da CLT.

2.6.11. Parcelamento das verbas rescisórias e multa do art. 477, § 8º, da CLT

Diante de crises econômicas, surge o questionamento quanto à viabilidade do parcelamento das verbas rescisórias. Com a valorização do negociado sobre o legislado na Reforma Trabalhista, há quem defenda a possibilidade de parcelamento das verbas rescisórias por meio de instrumento coletivo de trabalho. Ainda, com a Reforma Trabalhista, foi criado procedimento de jurisdição voluntária para homologação de acordo extrajudicial (arts. 855-B a 855-E da CLT). Tendo em vista a possibilidade de as partes transacionarem as obrigações devidas, também há corrente que defende ser possível o parcelamento das verbas trabalhistas por meio de acordo extrajudicial devidamente homologado pela Justiça do Trabalho.

Na prática, esse parcelamento já ocorre perante a Justiça do Trabalho, com a devida homologação pelo juiz. Há, ainda, a possibilidade de realização do parcelamento pelo MPT, por meio da celebração de TAC – Termo de Ajustamento de Conduta, respeitada, sempre, a independência funcional do Membro do MPT.

Nesse sentido, é importante ressaltar que, ao tempo da pandemia, o posicionamento do TST era pela manutenção da multa do art. 477, § 8º, da CLT por atraso no pagamento das verbas rescisórias. Nem mesmo via norma coletiva era possível, portanto, o parcelamento das verbas rescisórias. A única forma reconhecidamente válida de parcelamento, portanto, era perante o Juiz do Trabalho, quando ele defere o acordo que foi entabulado entre as partes.

Esse posicionamento, contudo, parece estar mudando.

No dia 02/06/2022, no julgamento do ARE 1121633, O STF, apreciando o **Tema 1046 da Repercussão Geral**, validou a prevalência do negociado sobre o legislado, sem a necessidade de contrapartida, ressalvados os direitos absolutamente indisponíveis.

Para aqueles que defendem a impossibilidade de parcelamento das verbas rescisórias por meio de negociação coletiva[1207], o argumento é o pagamento das verbas rescisórias não é um direito autônomo, mas sim um conjunto de direitos absolutamente indisponíveis, pois estão previstos nos incisos do art. 7º da Constituição Federal, como o 13º terceiro (art. 7º, VIII, CF) aviso prévio (art. 7º, XXI, CF) e as férias (art. 7º, XVII, CF). Dessa forma, não podem ser objeto de flexibilização, exatamente como dispõe a tese fixada pelo STF no Tema 1046 da Repercussão Geral.

Em outras edições, já entendi pela possibilidade excepcional de parcelamento das verbas rescisórias. Contudo, após me debruçar mais sobre o tema, e com a tese fixada pelo

1207. Para aqueles que quiserem se aprofundar no assunto, vale a pena acompanhar o perfil no Instagram do Professor e colega de MPT Ednaldo Brito. Muito didático e sempre atualizado! @ednaldo_brito_mpt22.

STF no julgamento do Tema 1046 da Repercussão Geral, entendo que não há parcelamento de verbas, nem mesmo após a Reforma Trabalhista, seja por meio de acordo extrajudicial homologado pelo Poder Judiciário, seja por meio de instrumento coletivo de trabalho.

Posteriormente, no informativo 261 (setembro de 2022), a SDC do TST decidiu que é válida cláusula prevista em acordo coletivo de trabalho que estabelece a possibilidade de parcelamento do pagamento de verbas rescisórias. Para o Tribunal, nada impede que o sindicato profissional e as empresas ajustem forma diversa de pagamento das verbas rescisórias, uma vez que o direito não é elencado no rol taxativo do art. 611-B da CLT.

2.6.12. *Saque do FGTS e requerimento do seguro-desemprego*

A Lei nº 13.467/2017 acrescentou uma novidade que consiste na obrigação de o empregador comunicar o término do contrato de trabalho aos órgãos competentes.

Nesse sentido, o § 10 do art. 477 da CLT prevê que a anotação da extinção do contrato de trabalho na CTPS é documento suficiente para que o empregado requeira o seguro-desemprego e a movimentação de sua conta vinculada do FGTS. Ocorre que isto somente será possível caso o empregador tenha efetuado a comunicação da extinção do contrato de trabalho aos órgãos competentes, no caso, o Ministério do Trabalho e Caixa Econômica Federal.

Em resumo, a Reforma Trabalhista pretendeu a desburocratização do término do contrato de trabalho. Para isso, previu procedimento simplificado para o trabalhador sacar os depósitos do FGTS e requerer o seguro-desemprego.

HOMOLOGAÇÃO DAS VERBAS RESCISÓRIAS

- **Reforma Trabalhista:**
  - dispensa de homologação da rescisão do contrato;
  - dispensa de assistência do sindicato e do Ministério do Trabalho.
- Recibo:
  - Discriminar o valor e a natureza da parcela;
  - Pagamento em dinheiro, depósito bancário ou cheque visado;
  - Analfabeto: pagamento em dinheiro ou depósito bancário.
- Prazo:
  - Até dez dias contados a partir do término do contrato.
  - Multa prevista no art. 477 da CLT:
  - Se não cumprido no prazo acima, multa de 1 salário do empregado.
  - Massa falida (Súm. 388): não está sujeito à multa do art. 477 da CLT. Obs.: A empresa em recuperação judicial permanece com a obrigação no pagamento da multa.
  - Administração Pública (OJ 238 SDI-I): deve respeitar os prazos para pagamento das verbas sob pena de pagamento de multa de 1 salário do empregado público.

2.7. Quitação anual de obrigações trabalhistas (Reforma Trabalhista)

De acordo com o art. 507-B da CLT, acrescentado pela Reforma Trabalhista, é permitida, por acordo individual, entre empregado e empregador, a "Quitação Anual de Obrigações

Trabalhistas". A CLT estabelece a faculdade de empregado e empregador celebrarem termo de quitação perante o sindicato dos empregados da categoria:

> **Art. 507-B, CLT** *(acrescentado pela Reforma Trabalhista).* É facultado a empregados e empregadores, na vigência ou não do contrato de emprego, firmar o termo de quitação anual de obrigações trabalhistas, perante o sindicato dos empregados da categoria.
>
> Parágrafo único. O termo discriminará as obrigações de dar e fazer cumpridas mensalmente e dele constará a quitação anual dada pelo empregado, com eficácia liberatória das parcelas nele especificadas.

O termo deverá discriminar as obrigações de dar e fazer cumpridas mensalmente e terá eficácia liberatória das parcelas nele especificadas. A quitação com a devida assistência do órgão sindical possibilita a eficácia liberatória em relação às parcelas expressamente previstas. O objetivo da Reforma Trabalhista é diminuir o número de litígios, assim, no tocante a essas parcelas quitadas, não cabe, em regra, ação judicial. Somente seria possível questionar a validade do termo de quitação caso comprovado em juízo a existência de vício de consentimento do empregado, como a ocorrência de erro, dolo, coação, entre outros.

A Reforma Trabalhista ampliou significativamente a possibilidade de ajuste individual entre empregado e empregador. Nesse sentido, segue quadro com essas hipóteses trazidas pela nova legislação:

HIPÓTESES DE ACORDO INDIVIDUAL ENTRE EMPREGADO E EMPREGADOR PREVISTAS NA REFORMA TRABALHISTA

A Reforma Trabalhista ampliou significativamente as possibilidades de ajuste entre empregados e empregadores em 13 hipóteses:

1) Compensação de jornada (art. 59, § 6º, CLT)
2) Banco de horas semestral (art. 59, § 5º, CLT)
3) Jornada 12 x 36 (art. 59-A, CLT)
4) Alteração do regime presencial para o teletrabalho (art. 75-C, § 1º, CLT)
5) Compra e manutenção de equipamentos necessários ao teletrabalho (art. 75-D, CLT)
6) Fracionamento das férias (art. 134, § 1º, CLT)
7) Intervalo para amamentação (art. 396, CLT)
8) Empregado "hipersuficiente" (art. 444, parágrafo único e 611-A da CLT)
9) Forma de pagamento das verbas rescisórias (art. 477, § 4º, I, da CLT)
10) Eficácia liberatória no Plano de Demissão Voluntária (art. 477-B, parte final, CLT)
11) Distrato (art. 484-A, CLT)
12) Celebração da cláusula compromissória de arbitragem (art. 507-A, CLT)
13) Quitação anual de obrigações trabalhistas (art. 507-B, CLT)

Surge o questionamento se o termo de quitação anual se refere apenas ao último ano ou pode ser realizado dos últimos anos da prestação de serviços. Seria possível a quitação anual dos últimos 5 anos? Entendemos, por aplicação da norma mais favorável, que somente seria possível a quitação do último ano do contrato de trabalho para que essa quitação não seja utilizada como instrumento de renúncia de direitos. No entanto, o dispositivo tende a ser interpretado de forma a permitir a quitação de cada ano do contrato.

Por outro lado, as parcelas não consignadas no termo de quitação poderão ser discutidas futuramente na Justiça do Trabalho. Exemplo: O termo não dispõe sobre o pagamento das horas extras prestadas. Posteriormente, o trabalhador tem a opção de ingressar com a reclamação trabalhista para discutir o pagamento dessas horas extraordinárias.

Note-se que, para que tenha essa eficácia liberatória, o art. 507-B da CLT obriga a homologação do termo de quitação no sindicato da categoria profissional. De acordo com o parecer do relator do Projeto de Lei nº 6.787/2016, que deu origem à Lei de Reforma Trabalhista, a medida seria necessária como mais um instrumento de prova na hipótese de ser ajuizada reclamação trabalhista.

Ressalta-se que a quitação anual das obrigações trabalhistas é medida facultativa que não obriga o sindicato da categoria profissional de realizar a assistência do empregado. Na recusa do sindicato em assistir os trabalhadores, não há previsão de outro órgão que possa realizar a quitação anual, não sendo possível a concessão de eficácia liberatória das parcelas.

Entendemos que o ideal seria assegurar eficácia liberatória apenas aos valores expressamente consignados no termo de quitação anual, pois o trabalhador pode anuir com o pagamento de horas extras, por exemplo, no valor de R$ 500,00, quando, na realidade, seria devido o montante de R$ 5.000,00. Nesse caso, o novo dispositivo sustenta eficácia liberatória para a parcela constante, independentemente do valor, o que pode dificultar ao trabalhador rediscutir o montante pago.

Destaca-se que a quitação anual não pode ser entendida como medida de transação de verbas trabalhistas, mas de efetivo pagamento dos valores devidos aos empregados. Não cabe, portanto, às partes transacionarem parcelamentos, concessões nos valores, entre outras medidas. Além disso, o termo de quitação deve conter expressamente cada parcela que está sendo quitada, pois apenas a indicação do valor pago configura salário complessivo. Exemplo: Ao pagar as horas extras, DSR suprimido, férias, etc. é necessário comprovar o valor de cada parcela. O sindicato da categoria profissional precisa ter a responsabilidade de avaliar toda a documentação antes de validar a eficácia liberatória do termo de quitação anual.

A ideia do legislador, ao prever a quitação anual, foi dar mais segurança jurídica aos períodos já trabalhados e diminuir as discussões individuais posteriores. No entanto, é importante destacar que não cabe a quitação de direitos indisponíveis pelo trabalhador como danos extrapatrimoniais e indenizações decorrentes de estabilidades provisórias no emprego.

Para aqueles que defendem a quitação anual das obrigações trabalhistas sustentam que, se o termo de conciliação firmado em uma Comissão de Conciliação Prévia, composta por empregados, pode conceder eficácia liberatória geral das verbas trabalhistas, ainda mais legitimidade teria a quitação anual firmada pelo sindicato da categoria profissional, que é o guardião dos trabalhadores.

Entendemos que essa nova previsão legal é desnecessária e prejudicial ao trabalhador. O termo de quitação anual das verbas trabalhistas é desnecessário, pois a legislação já exige a emissão de recibo de cada parcela trabalhista paga pelo empregador para que o trabalhador confirme o correto recebimento dos valores:

> **Art. 135, CLT:** A concessão das férias será participada, por escrito, ao empregado, com antecedência de, no mínimo, 30 (trinta) dias. Dessa participação o interessado dará recibo.
>
> **Art. 464 da CLT:** O pagamento do salário deverá ser efetuado contra recibo, assinado pelo empregado; em se tratando de analfabeto, mediante sua impressão digital, ou, não sendo esta possível, a seu rogo.

Além disso, a alteração é prejudicial aos empregados, pois estimula a ocorrência de fraudes nas relações de trabalho. O empregado, na condição de parte hipossuficiente da relação de emprego, pode se ver obrigado a assinar anualmente o termo de quitação das verbas trabalhistas para que possa se manter no emprego. A prova do erro, dolo ou coação do empregador caberá ao trabalhador e poderá ser difícil de ser realizada, o que estimularia essa prática ilícita.

Direitos comumente discutíveis no final do contrato, como horas extras, supressão de intervalo, DSR trabalhado, serão declarados, por muitos empregados como pagos, pois o receio de perder o emprego (ainda mais no atual cenário econômico) deverá ser a maior preocupação do trabalhador.

De nossa opinião, entendemos que o melhor momento para a realização de quitação das parcelas trabalhistas ocorre com a homologação após o término do contrato de trabalho, pois é reduzida a possibilidade de o empregador se valer de fraude para obter a assinatura do termo de rescisão com vício de consentimento do empregado. Ocorre que, em sentido oposto, a Lei de Reforma Trabalhista eliminou a obrigação de homologação das verbas rescisórias com o término do contrato de trabalho, independentemente do tempo de duração do contrato.

É interessante destacar também que o art. 507-B da CLT excluiu a possibilidade de participação do Ministério do Trabalho e Emprego no controle da homologação das verbas trabalhistas. Conforme a antiga redação do art. 477, § 1º, CLT[1208], o Ministério do Trabalho tinha a atribuição juntamente com o sindicato profissional de realizar a homologação das verbas rescisórias. Com a exclusão dessa homologação e com a previsão de participação apenas do sindicato profissional, o Ministério do Trabalho perdeu a atribuição de homologar as verbas trabalhistas[1209].

Por outro lado, assume especial relevância a atuação do sindicato da categoria profissional na homologação do termo de quitação anual das obrigações trabalhistas, pois deverá contar com profissionais capacitados que consigam identificar eventual vício de

---

1208. **Art. 477, § 1º, CLT (REDAÇÃO ANTIGA):** O pedido de demissão ou recibo de quitação de rescisão, do contrato de trabalho, firmado por empregado com mais de 1 (um) ano de serviço, só será válido quando feito com a assistência do respectivo Sindicato ou perante a autoridade do Ministério do Trabalho e Previdência Social.
1209. Na prática, o Ministério do Trabalho já se recusava a fazer as homologações nas localidades onde já houvesse sindicato da categoria profissional. Muitas vezes, esses sindicatos demoravam meses para agendar a homologação, prejudicando trabalhadores de sua própria categoria.

consentimento do empregado ao firmar o termo. Assim como diversos outros artigos acrescentados ou modificados pela Reforma Trabalhista, foi dado especial destaque ao sindicato profissional. Veremos num futuro próximo quais sindicatos realmente defendem os trabalhadores de sua categoria.

Em sendo verificado o vício de consentimento pelos empregados e a prática recorrente de fraudes contra os trabalhadores, é possível a apresentação de denúncia ao Ministério Público do Trabalho para a apuração da conduta do empregador e adoção de eventuais medidas como a celebração de TAC ou o ajuizamento de ação civil pública.

Por fim, o termo de quitação anual das obrigações trabalhistas tem apenas presunção relativa de veracidade, cabendo ao Poder Judiciário a análise de vício de consentimento do empregado na sua celebração, quando ajuizadas as reclamações trabalhistas. Ademais, há possibilidade de anulação do termo caso se comprove, inclusive, por outros documentos, que o valor quitado não corresponde à realidade. O Judiciário terá um papel decisivo nos próximos anos para afastar fraudes nessas quitações anuais.

2.8. Súmulas e orientações jurisprudenciais do TST

▶ CAPÍTULO X – AVISO-PRÉVIO, TÉRMINO DO CONTRATO DE TRABALHO E DECADÊNCIA
Término do contrato de trabalho
Súmula nº 14 do TST. Reconhecida a culpa recíproca na rescisão do contrato de trabalho (art. 484 da CLT), o empregado tem direito a 50% (cinquenta por cento) do valor do aviso prévio, do décimo terceiro salário e das férias proporcionais.
Súmula nº 361 do TST. O trabalho exercido em condições perigosas, embora de forma intermitente, dá direito ao empregado a receber o adicional de periculosidade de forma integral, porque a Lei nº 7.369/85 não estabeleceu nenhuma proporcionalidade em relação ao seu pagamento.
Súmula nº 32 do TST. Presume-se o abandono de emprego se o trabalhador não retornar ao serviço no prazo de 30 dias após a cessação do benefício previdenciário nem justificar o motivo de não o fazer.
Súmula nº 13 do TST. O só pagamento dos salários atrasados em audiência não elide a mora capaz de determinar a rescisão do contrato de trabalho.
Súmula nº 443 do TST. Presume-se discriminatória a despedida de empregado portador do vírus HIV ou de outra doença grave que suscite estigma ou preconceito. Inválido o ato, o empregado tem direito à reintegração no emprego.
Súmula nº 462 do TST. Multa do art. 477, § 8º, da CLT. Incidência. Reconhecimento judicial da relação de emprego. A circunstância de a relação de emprego ter sido reconhecida apenas em juízo não tem o condão de afastar a incidência da multa prevista no art. 477, § 8º, da CLT. A referida multa não será devida apenas quando, comprovadamente, o empregado der causa à mora no pagamento das verbas rescisórias.
Súmula nº 330 do TST[1210]. A quitação passada pelo empregado, com assistência da entidade sindical de sua categoria, ao empregador, com observância dos requisitos exigidos nos parágrafos do art. 477, da CLT, tem eficácia liberatória em relação às parcelas expressamente consignadas no recibo, salvo se oposta ressalva expressamente e especificada ao valor dado à parcela ou parcelas impugnadas. I – A quitação não abrange parcelas não consignadas no recibo de quitação e, consequentemente, seus reflexos em outras parcelas, ainda que essas constem desse recibo. II – Quanto a direitos que deveriam ter sido satisfeitos durante a vigência do contrato de trabalho, a quitação é válida em relação ao período expressamente consignado no recibo de quitação.
Orientação Jurisprudencial nº 14 da SDI - I do TST[1211]. Em caso de aviso-prévio cumprido em casa, o prazo para o pagamento das verbas rescisórias é até o décimo dia da notificação da despedida.

1210. Esta súmula poderá ser impactada pelos art. 477 e 507-B da CLT acrescentado pela Reforma Trabalhista – Lei nº 13.467/2017.

1211. Esta orientação jurisprudencial poderá ser impactada pela nova redação dada ao art. 477, § 6º da CLT pela Reforma Trabalhista – Lei nº 13.467/2017.

Súmula nº 388 do TST. A Massa Falida não se sujeita à penalidade do art. 467 e nem à multa do § 8º do art. 477, ambos da CLT.
Orientação Jurisprudencial nº 238 da SDI-I do TST. Submete-se à multa do artigo 477 da CLT a pessoa jurídica de direito público que não observa o prazo para pagamento das verbas rescisórias, pois nivela-se a qualquer particular, em direitos e obrigações, despojando-se do "jus imperii" ao celebrar um contrato de emprego.

3. PRESCRIÇÃO E DECADÊNCIA

3.1. Prescrição

Violado o direito do trabalhador, nasce a pretensão de exigi-lo judicialmente. Assim sendo, o empregado terá um determinado prazo para exigir, na Justiça do Trabalho, o cumprimento da obrigação não respeitada pelo empregador.

O fundamento para a existência do prazo prescricional encontra-se na paz social. Se não existisse a prescrição, as empresas deveriam guardar documentos eternamente, esperando que um ex-empregado, algum dia, ajuizasse reclamações trabalhistas. Tal fato ocasionaria insegurança nas relações jurídicas. Por essa razão, a matéria relativa à prescrição é adstrita à lei, fonte heterônoma do Direito do Trabalho.

O instituto da prescrição está intimamente ligado ao tempo e à inércia do titular da pretensão. Prescrição retira a possibilidade de **exigir** um determinado direito em razão do decurso do tempo. Note-se que o direito permanece intacto, mas a prescrição impossibilita que ele seja exigido. Exemplo: determinado empregado trabalhou por 4 anos sem nunca receber férias e décimo terceiro. Esse trabalhador tem **direito** a essas verbas. Foi dispensado sem justa causa e ingressou com a reclamação trabalhista após 3 anos da extinção do contrato (lembre-se de que o prazo é de 2 anos para ingressar na Justiça do Trabalho). Embora persista o direito, ele não tem a exigibilidade, ou seja, o empregador não poderá ser forçado a pagar, pois as verbas estão prescritas.

A prescrição não recai sobre o direito, assim sendo não é correta a afirmação de prescrição de direitos. Exemplo: empregado ingressa com reclamação trabalhista, após 3 anos do término do contrato. O empregador efetua o pagamento das verbas pleiteadas. Esse pagamento é válido, não cabendo pedido de restituição, pois o direito do trabalhador persiste, embora já tivesse incidência da prescrição.

Para o estudo da prescrição torna-se necessário, portanto, diferenciar o direito e a pretensão (exigibilidade). A prescrição recai sobre a pretensão.

Portanto, não há prescrição da ação. Esse conceito já foi superado. O direito de ingressar com a ação judicial está previsto constitucionalmente e independe do resultado final, ou seja, é irrelevante se o autor da demanda sairá ou não vencedor. A prescrição, portanto, não interfere nessa possibilidade de se ingressar com a ação judicial.

De acordo com o Professor Homero Batista Mateus da Silva[1212]:

> Define-se, assim, a prescrição como a perda de uma pretensão, decorrente da inércia prolongada do credor, tendo por fundamento a estabilidade das relações jurídicas, também considerada como pacificação das relações sociais, e como consequência a perda da exigibilidade.

1212. SILVA, Homero Batista Mateus da. *Curso de Direito do Trabalho Aplicado*, vol. 1: Parte Geral. Rio de Janeiro: Elsevier, 2009. p. 249.

Há duas formas de prescrição:

a) prescrição aquisitiva, que consiste no usucapião. Há entendimento majoritário, no sentido de que não ocorre na Justiça do Trabalho[1213].

b) prescrição extintiva, que consiste na perda da exigibilidade do direito, em razão do decurso do prazo. A prescrição extintiva será estudada em seguida.

3.1.1. Prazos prescricionais

No tocante aos prazos prescricionais, a antiga redação do art. 11 da CLT, que previa prazo prescricional diferenciado para o empregado urbano e rural estava superado. Atualmente, o prazo para ingressar com a reclamação trabalhista está previsto no art. 7º, XXIX, da CF/88:

> **Art. 7º, XXIX, CF/88:** São direitos dos trabalhadores urbanos e rurais, além de outros que visem à melhoria de sua condição social: ação, quanto aos créditos resultantes das relações de trabalho, com prazo prescricional de **cinco anos** para os trabalhadores urbanos e rurais, até o limite de **dois anos** após a extinção do contrato (grifos acrescidos).

Em adequação à Constituição Federal, a Reforma Trabalhista modificou o "caput" do artigo em apreço e revogou seus incisos para prever a **prescrição de 5 anos para trabalhadores urbanos e rurais, desde que a ação seja ajuizada até o limite de dois anos após a extinção do contrato de trabalho.**

Veja que tanto a CLT como a Constituição Federal preveem o prazo de 2 anos, após o **término do contrato,** para ingressar na Justiça do Trabalho. É chamada prescrição bienal. Após esse período, o empregado perde o direito de **exigir** judicialmente o pagamento das verbas e demais direitos trabalhistas. Em regra, a contagem do prazo inicia-se a partir da lesão ao direito, mas, nesse caso, a contagem do prazo ocorre com a extinção do contrato.

No tocante à prescrição aplicável ao **empregado doméstico**, o art. 43 da LC nº 150/2015 pacificou a questão, uma vez que foram expressamente previstas as prescrições bienal e quinquenal para esse empregado também:

> **Art. 43 da LC nº 150/2015:** O direito de ação quanto a créditos resultantes das relações de trabalho prescreve em 5 (cinco) anos até o limite de 2 (dois) anos após a extinção do contrato de trabalho.

Para o início da contagem do prazo prescricional deve-se levar em conta o período do aviso-prévio[1214]. Lembre-se de que o período do aviso, mesmo que indenizado, é contado para todos os fins.

Ainda, o empregado poderá pleitear os direitos trabalhistas dos **últimos 5 anos a contar do ajuizamento da reclamação**. Ressalta-se que o pedido dos últimos 5 anos não

---

1213. "A prescrição aquisitiva (usucapião) excepcionalmente terá aplicação no Direito do Trabalho. Pode ocorrer sobre ferramentas de trabalho, casa, carro ou outros móveis. Dificilmente o trabalhador conseguirá a propriedade do imóvel ou do objeto móvel alegando usucapião, já que era detentor do objeto que lhe foi fornecido pelo próprio patrão em virtude do trabalho. Logo, só em situações excepcionais o usucapião poderá ocorrer de fato." CASSAR, Vólia Bomfim. *Direito do Trabalho*. 5. ed. rev. e ampl. Niterói: Impetus, 2011. p. 1.266.

1214. **Orientação Jurisprudencial nº 83 da SDI-I do TST:** "A prescrição começa a fluir no final da data do término do aviso-prévio. Art. 487, § 1º, CLT."

conta da extinção do contrato, mas do ingresso da reclamação trabalhista. Assim sendo, se demorar para ingressar com a ação judicial, consequentemente estará deixando escoar o período pleiteado. De acordo com o posicionamento do TST:

> **Súmula nº 308 do TST.** I – Respeitado o biênio subsequente à cessação contratual, a prescrição da ação trabalhista concerne às pretensões imediatamente anteriores a cinco anos, contados da **data do ajuizamento da reclamação** e, não, às anteriores ao quinquênio da data da extinção do contrato (grifos acrescidos).

Note-se que não houve, com a Reforma Trabalhista, nenhuma alteração no tocante à prescrição aplicável aos adolescentes. Contra o trabalhador com menos de 18 anos, não corre prazo prescricional, ou seja, há uma causa impeditiva de contagem do prazo. Exemplo: o término do contrato ocorreu quando o trabalhador completou 17 anos de idade. Não correrá o prazo prescricional até que ele complete 18 anos. Ao completar essa idade, inicia-se o prazo de dois anos para ingressar com a ação na Justiça do Trabalho. Ressalta-se que não é vedado ao trabalhador com menos de 18 anos ingressar com a reclamação trabalhista antes de completar 18 anos. Se preferir a espera da maioridade, não correrá prazo contra esse trabalhador. Por outro lado, se quiser ingressar antes da maioridade, deverá ser assistido por seus representantes legais.

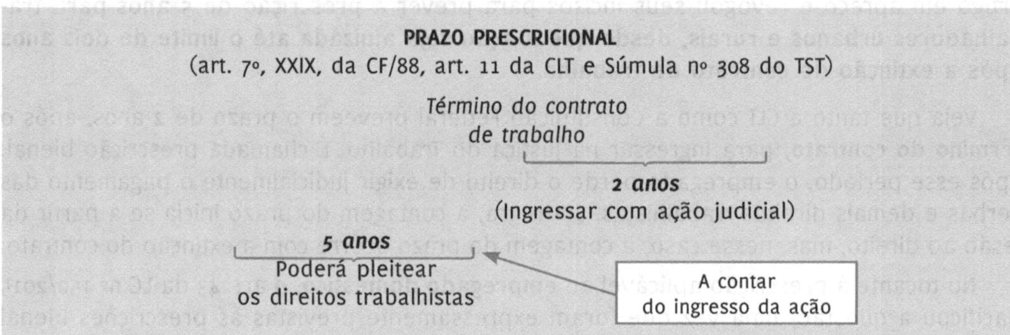

3.1.2. Prescrição total e parcial (Reforma Trabalhista)

A hipótese mais comum, prazo de 2 anos, foi tratada anteriormente. Imaginemos outra hipótese, embora rara, no tocante à lesão do direito e decurso do prazo enquanto o empregado estiver prestando serviços. Se o **contrato estiver em curso**, o empregado terá o prazo de 5 anos para ingressar com a reclamatória, contado a partir da violação do direito. Há necessidade, entretanto, de diferenciar a prescrição total da prescrição parcial.

De acordo com o relatório da Comissão Especial destinada a proferir parecer ao Projeto de Lei nº 6.787/2016, que deu origem à Lei de Reforma Trabalhista, as alterações no art. 11 da CLT foram realizadas para se transformar as ideias contidas nas Súmulas nº 268 e 294 do TST em lei ordinária.

O § 2º do art. 11 da CLT foi acrescentado pela Lei de Reforma Trabalhista e aborda a tese da prescrição total e parcial no Direito do Trabalho, antes omissa na CLT. O atual texto assemelha-se ao que já era previsto pelo TST na Súmula nº 294.

SÚMULA 294/TST	ART. 11, § 2º, CLT
Súmula 294/TST. Tratando-se de demanda que envolva pedido de prestações sucessivas decorrente de **alteração do pactuado**, a prescrição é total, exceto quando o direito à parcela esteja também assegurado por preceito de lei.	§ 2º Tratando-se de pretensão que envolva pedido de **prestações sucessivas decorrente de alteração ou descumprimento do pactuado, a prescrição é total, exceto quando o direito à parcela esteja também assegurado por preceito de lei.**

Verifica-se que a Reforma Trabalhista acaba por ampliar o entendimento consolidado na súmula 294 do TST. Assim, a diferenciação dos atos do empregador de descumprimento (caso em que se aplicava a prescrição parcial) daqueles em que havia a alteração (caso em que se aplicava a prescrição total) ficou superado. Em todos os casos, exceto quando o direito à parcela esteja também assegurado por preceito de lei, aplicar-se-á a prescrição total[1215].

A prescrição total e parcial refere-se à lesão do direito e decurso do prazo enquanto o empregado estiver prestando serviços. Se o contrato estiver em curso, o empregado terá o prazo de 5 anos para ingressar com a reclamatória, contado a partir da violação do direito.

Na **prescrição total**, de acordo com o TST, o trabalhador terá 5 anos para ingressar com a reclamação a contar do **ato único do empregador**. Esse ato do empregador decorre da alteração contratual lesiva de suprimir direito não previsto em lei, como no caso de redução do percentual de comissão. Nesse caso, a partir desse ato ilícito (ato único), inicia-se a contagem do prazo.

Em resumo, o empregador, ao retirar ou reduzir as prestações que vinham sendo pagas de forma periódica, descumpre o que foi pactuado com o empregado, iniciando-se a contagem do prazo. Aliás, poderia ensejar, ainda, o pedido de rescisão indireta.

De forma clara e didática, ensina o professor Francisco Antônio de Oliveira[1216] sobre prescrição total:

> A pedra de toque, pois, para saber se se trata de ato único é perquirir sobre necessidade ou não de discutir a legalidade do ato praticado. Se houver necessidade de discutir a validade do ato impugnado, cuidar-se-á de ato único. A consequência será de que a prescrição tem início no dia seguinte a prática do ato.

Diante disso, na prescrição total, o empregado terá 5 anos para questionar a legalidade ou não do ato praticado pelo empregador. Decorrido esse período, perde-se a exigibilidade do direito. Exemplo: empregador suprime a parcela denominada quebra de caixa. A partir desse ato do empregador (ato único), o empregado terá 5 anos para questionar a legalidade e, consequentemente, pleitear a parcela e os reflexos dela decorrentes.

Há discussão quanto à clareza da aplicação da prescrição total, pois o próprio TST tem decisões conflitantes acerca do tema. O TST[1217] estabeleceu que a participação nos lucros e resultados não é parcela assegurada por lei, pois o art. 7º, XI, da CF/88 e Lei nº

1215. ANDRADE; Gustavo Bezerra Muniz de; MELO, Henriqe Silveira; MEDEIROS, Rodrigo Peixoto. **Reforma Trabalhista – Questões Objetivas e Discursivas.** Coord. Henrique Correia e Élisson Miessa. Salvador: Juspodivm, 2017.
1216. OLIVEIRA, Francisco Antônio. *Curso de Direito do Trabalho*. São Paulo, LTr: 2011. p. 1.116.
1217. Informativo nº 144 do TST.

10.101/2000 apenas criam as condições para que as empresas a constituam em negociação com seus empregados. Assim, há aplicação da prescrição total.

Há posicionamento[1218], entretanto, questionando o entendimento adotado pelo TST na prescrição total e, agora, na CLT. Se o ato do empregador acarretar redução salarial, como a redução do percentual da comissão ou, ainda, a supressão da parcela denominada quebra de caixa, essa lesão afronta o princípio da irredutibilidade salarial, previsto no art. 7º da CF/88, e, ainda, o princípio da inalterabilidade contratual lesiva, disposto no art. 468 da CLT. Logo, o ato do empregador ofende direito previsto em lei, atraindo a prescrição parcial. De acordo com julgado do TST[1219], há prescrição parcial por aplicação da parte final da Súmula nº 294, quando houver redução do salário do empregado ao retornar de afastamento por auxílio-doença pelo argumento de que o empregado não teria mais condições físicas para exercer sua antiga função. Concordamos com a autora Vólia Bomfim Cassar, pois na prática será difícil identificar quais parcelas sofrem prescrição total ou parcial.

O artigo 11 da CLT e a Súmula nº 294 do TST tratam, na parte final, da **prescrição parcial**. Nesse caso, tornam-se exigíveis as parcelas anteriores ao tempo de 5 anos a contar do ajuizamento ação. Nessa segunda hipótese, prescrição parcial, as prestações possuem previsão em lei. Assim sendo, renova-se a contagem mês a mês, sempre que a parcela não for paga.

De forma clara e didática sobre o tema prescrição parcial, ensina o professor Francisco Antônio de Oliveira[1220]:

> Tem-se aqui – diversamente do que sucede com o ato único – que não haverá necessidade de se discutir sobre a legalidade ou não do ato praticado. Vale dizer, o direito é indiscutível. Nesse caso, a parte negligente somente perderá aquelas parcelas corroídas pela prescrição. Exemplo: a empresa X concedeu complementação de aposentadoria aos seus empregados. O empregado aposenta-se e deixa transcorrer cinco anos para pleitear a complementação da aposentadoria já que inadimplente a empresa. Nesse caso, por não se cuidar de ato único.

Exemplo: empregado que possui o direito à equiparação salarial[1221], renova-se o prazo mês a mês até que ingresse com a reclamação trabalhista. Nesse caso, poderá pleitear os últimos 5 anos a contar do ajuizamento da ação. Outros exemplos de prescrição parcial:

a) o pedido de diferença de complementação de aposentadoria[1222]; e

b) diferenças salariais decorrentes da inobservância dos critérios de promoção[1223].

1218. CASSAR, Vólia Bomfim. *Direito do Trabalho*. 5. ed. rev. e ampl. Niterói: Impetus, 2011. p. 1.268.

1219. Informativo nº 152 do TST.

1220. OLIVEIRA, Francisco Antônio. *Curso de Direito do Trabalho*. São Paulo, LTr: 2011. p. 1.116.

1221. **Súmula nº 6 do TST:** "IX – Na ação de equiparação salarial, a prescrição é parcial e só alcança as diferenças salariais vencidas no período de 5 (cinco) anos que precedeu o ajuizamento."

1222. **Súmula nº 327 do TST:** Tratando-se de pedido de diferença de complementação de aposentadoria oriunda de norma regulamentar, a prescrição aplicável é a parcial, não atingindo o direito de ação, mas, tão-somente, as parcelas anteriores ao quinquênio.

1223. **Súmula nº 452 do TST:** Tratando-se de pedido de pagamento de diferenças salariais decorrentes da inobservância dos critérios de promoção estabelecidos em plano de cargos e salários criado pela empresa, a prescrição aplicável é a parcial, pois a lesão é sucessiva e se renova mês a mês (grifos acrescidos).

Em 22/03/2018, o TST[1224] decidiu, em julgamento de recurso de revista repetitivo[1225], que as leis estaduais e municipais referentes às relações de trabalho no âmbito das empresas e a legislação federal de efeitos concretos referentes à organização da administração pública federal indireta **equiparam-se a regulamentos de empresas.**

A competência para legislar sobre Direito do Trabalho é privativa da União conforme previsto no art. 22, I, CF/88:

> **Art. 22 da CF/88:** Compete privativamente à União legislar sobre:
> I – direito civil, comercial, penal, processual, eleitoral, agrário, marítimo, aeronáutico, espacial e do trabalho;

Os estados e municípios não podem, portanto, criar normas gerais e abstratas sobre Direito do Trabalho. Assim, as leis dos estados e municípios sobre as relações de trabalho de seus empregados são normas para mais bem organizar a empresa. De forma semelhante ao regimento empresarial, essa legislação prevê regras ligadas às questões técnicas, disciplinares e direitos dos empregados daquelas entidades.

Com isso, o TST concluiu que a pretensão originada na supressão das parcelas previstas nessas legislações está sujeita à **prescrição total** conforme previsto na Súmula nº 294 do TST. Segue a tese firmada pelo Tribunal:

1. As leis estaduais e municipais referentes às relações trabalhistas no âmbito das empresas são equiparadas a regulamentos de empresas, em face da competência privativa da União para legislar sobre Direito do Trabalho. O mesmo ocorre com leis federais de efeitos concretos referentes à administração pública federal indireta. Por conseguinte, a pretensão originada em alterações nelas promovidas consistentes em supressão de parcelas devidas a empregados são sujeitas à prescrição total, nos termos da Súmula 294 deste Tribunal.
2. A Lei 5.615/1970, em virtude de dispor sobre o Serviço Federal de Processamento de Dados (SERPRO), possui efeitos concretos.
3. Sobre a pretensão ao recebimento do prêmio de produtividade previsto no art. 12 da Lei 5.615/1970 incide a prescrição parcial a que alude a ressalva constante da parte final da Súmula 294 desta Corte até 11/9/1997, dia anterior à vigência da Medida Provisória 1.549-34 (sucessivamente reeditada até a sua conversão na Lei 9.649/1998). Após a vigência dessa Medida Provisória, mediante a qual foi extinta a parcela e, portanto, extinto o direito, tem incidência a prescrição total, tendo em vista que, após essa data, o direito ao benefício deixou de ser previsto em lei de efeitos concretos, sendo irrelevante a circunstância de o empregado já ter recebido a parcela na vigência da norma anterior.

Em resumo, se a alteração for contratual (contrato individual ou instrumento coletivo), a prescrição será total. Se a alteração afrontar texto da lei, a prescrição será parcial,

1224. Nesse sentido, confira o E- RR – 21703- 30.2014.5.04.0011. Relator: Ministro João Batista Brito Pereira. Data de julgamento: 22/03/2018.

1225. Figura inserida pela Lei nº 13.015/14, consiste em julgamento por amostragem, em que o TST, diante de recursos de revista repetidos, escolhe alguns e forma tese jurídica a ser aplicada a processo em trâmite ou que serão ajuizados com o mesmo objeto. (MIESSA, Élisson. **Processo do trabalho para concursos**. 4. ed. Salvador: Juspodivm, 2017. p. 785)

contando-se o início a cada parcela lesionada (mês a mês). Na prescrição parcial, portanto, inicia-se a contagem do prazo do ajuizamento da ação, e não do ato único do empregador. Para facilitar a compreensão acerca da teoria da prescrição total e parcial seguem as hipóteses reconhecidas pela jurisprudência do TST:

PRESCRIÇÃO TOTAL E PARCIAL	
Hipóteses de prescrição total	**Hipótese de prescrição parcial**
1. Alteração ou supressão da comissão (OJ 175 SDI) 2. Incorporação do adicional de HE (OJ 242 SDI) 3. Horas extras pré-contratadas e suprimidas (Súm. 199) 4. Enquadramento (Súm. 275, II) 5. Complementação de aposentadoria NUNCA paga pelo empregador (Súm. 326) 6. Planos econômicos (OJ 243 SDI) 7. Substituição dos avanços trienais por quinquênios (OJ 76 SDI) 8. Redução do número de horas-aula do professor (Informativo 92 do TST) 9. Exclusão do empregado e seus dependentes do quadro de beneficiários do plano de saúde e da entidade de previdência privada (Informativo 114 do TST) 10. Parcela única devida por ocasião da aposentadoria em razão de norma interna (Informativo 75 do TST) 11. Participação nos lucros e resultados (Informativo 144 do TST)	1. Equiparação salarial (Súm. 6, IX) 2. Descumprimento de critérios de promoção em plano de cargos e salários (Súm. 452) 3. Pedido de DIFERENÇAS de complementação de aposentadoria (Súm. 327) 4. Gratificação total (Súm. 373) 5. Desvio de função (Súm. 275, I) 6. Alteração da jornada de trabalho de bancário ocupante de cargo de confiança (Informativo 115 do TST) 7. Horas extras ajustadas em momento posterior à contratação do bancário (Informativo 81 do TST) 8. Pedido de diferenças de parcela variável com previsão em cláusula contratual (Informativo 125 do TST) 9. Diferenças de gratificação de função previstas em normas coletivas (Informativo 128 do TST)

3.1.3. Causas impeditivas, suspensivas e interruptivas da prescrição (Reforma Trabalhista)

A contagem do prazo prescricional poderá ser afetada em razão de causas impeditivas, suspensivas e interruptivas. Exemplo:

a) **Causa impeditiva.** Nessa hipótese, não há início da contagem do prazo. Exemplo: não corre prazo prescricional contra o empregado menor de 18 anos, conforme previsto no art. 440 da CLT.

b) **Causa suspensiva.** O prazo, nesse caso, ficará congelado, ou seja, haverá uma parada temporária até que seja cessado o obstáculo. Após o término do obstáculo, retoma-se a contagem. Exemplos: ingresso do empregado com pedido de conciliação na Comissão de Conciliação Prévia. De acordo com o art. 625-G da CLT:

> **Art. 625-G da CLT:** O prazo prescricional será **suspenso** a partir da provocação da Comissão de Conciliação Prévia, recomeçando a fluir, pelo que lhe resta,

a partir da tentativa frustrada de conciliação ou do esgotamento do prazo previsto no artigo 625-F (grifo acrescido).

De acordo com o TST[1226] o prazo de 10 dias do art. 625-F da CLT direciona-se apenas à Comissão de Conciliação Prévia para que possa realizar sessão de conciliação. Assim, o prazo prescricional permanece suspenso até que a sessão ocorra.

A Reforma Trabalhista criou um processo de jurisdição voluntária para a homologação de acordo extrajudicial. De acordo com o art. 855-E da CLT, a apresentação da petição de homologação do acordo extrajudicial suspende a prescrição quanto aos direitos nela especificados, que somente voltará a fluir no dia útil seguinte ao do trânsito em julgado da decisão de que negar a homologação do acordo:

> **Art. 855-E, da CLT** *(acrescentado pela Reforma Trabalhista)*. A petição de homologação de acordo extrajudicial suspende o prazo prescricional da ação quanto aos direitos nela especificados.
>
> Parágrafo único. O prazo prescricional voltará a fluir no dia útil seguinte ao do trânsito em julgado da decisão que negar a homologação do acordo.

Importante destacar que a suspensão do contrato de trabalho, por exemplo, o afastamento do empregado para recebimento de auxílio-doença, não suspende a contagem do prazo prescricional, exceto se o trabalhador estiver impossibilitado, física ou mentalmente, de comparecer à Justiça do Trabalho. Nesse sentido, estabelece a OJ do TST:

> **Orientação Jurisprudencial nº 375 da SDI-I do TST.** A suspensão do contrato de trabalho, em virtude da percepção do auxílio-doença ou da aposentadoria por invalidez, não impede a fluência da prescrição quinquenal, ressalvada a hipótese de absoluta impossibilidade de acesso ao Judiciário.

c) **Causa interruptiva.** Ocorre quando o prazo reinicia a contagem por inteiro. Exemplo: empregado, ao ingressar com a ação judicial (reclamação trabalhista), interrompe o prazo prescricional. De acordo com o § 3º do art. 10 da CLT, a interrupção da prescrição somente ocorrerá pelo ajuizamento de reclamação trabalhista, mesmo se for realizada em juízo incompetente. Nesse caso, ainda que venha a ser extinta sem resolução do mérito, haverá interrupção da prescrição, produzindo efeitos apenas em relação aos pedidos idênticos:

> **Art. 10, § 3º, CLT** *(acrescentado pela Reforma Trabalhista)*. A interrupção da prescrição somente ocorrerá pelo ajuizamento de reclamação trabalhista, mesmo que em juízo incompetente, ainda que venha a ser extinta sem resolução do mérito, produzindo efeitos apenas em relação aos pedidos idênticos.

O dispositivo em análise guarda relação com a Súmula nº 268 do TST, que traz a hipótese de que o empregado, ao ingressar com a ação judicial (reclamação trabalhista), interrompe o prazo prescricional:

> **Súmula nº 268 do TST:** A ação trabalhista, ainda que arquivada, interrompe a prescrição somente em relação aos pedidos idênticos.

No mesmo sentido é a Orientação Jurisprudencial nº 392 da SDI-I do TST:

1226. Informativo nº 164 do TST.

Orientação Jurisprudencial nº 392 da SDI-I do TST. O protesto judicial é medida aplicável no processo do trabalho, por força do art. 769 da CLT e do art. 15 do CPC de 2015. O ajuizamento da ação, por si só, interrompe o prazo prescricional, em razão da inaplicabilidade do § 2º do art. 240 do CPC de 2015 (§ 2º do art. 219 do CPC de 1973), incompatível com o disposto no art. 841 da CLT.

Com o ajuizamento da reclamação, portanto, interrompe-se o prazo prescricional. Mesmo que a ação trabalhista seja extinta sem resolução do mérito, fará que se reinicie a contagem do prazo. Exemplo: empregado ingressa com a reclamatória e não comparece à primeira audiência ou, ainda, desiste da ação. Nesses dois casos haverá o "arquivamento" da ação, tendo como consequência a interrupção do prazo.

Aliás, ainda que ajuizada em juízo incompetente, haverá interrupção da prescrição conforme a redação do dispositivo legal.

Ocorre que para evitar fraudes, o prazo interrompe apenas em relação aos pedidos idênticos. Portanto, se o empregado ingressou com ação, pleiteando horas extras e adicional de insalubridade e sua ação foi "arquivada" (extinta sem resolução do mérito), somente em relação a esses dois pedidos ocorrerá a interrupção do prazo.

No tocante à contagem do prazo da prescrição bienal e quinquenal, o TST estabeleceu que o ajuizamento anterior de reclamação trabalhista, ainda que venha a ser arquivada, interrompe a prescrição bienal e quinquenal para pedidos idênticos. Nesse caso, o biênio é reiniciado com o trânsito em julgado da decisão anterior e a prescrição quinquenal é contada da data da propositura da primeira reclamação trabalhista[1227].

3.1.4. Prescrição do FGTS

A Súmula nº 362 do TST que versa sobre a prescrição do FGTS foi alterada diante de julgamento do STF que alterou a disciplina do assunto. O prazo prescricional para ingressar na Justiça do Trabalho é de **2 anos** a contar da extinção do contrato. Após esse período, estará prescrito o direito de ação do empregado para reclamar os depósitos do FGTS.

A antiga redação da Súmula nº 362 do TST dispunha que, se observado o prazo de 2 anos para ingresso com a reclamação trabalhista, o trabalhador poderá pleitear os últimos trinta anos. Era a chamada prescrição trintenária. Importante destacar que esse prazo de trinta anos se estendia apenas aos depósitos do FGTS, enquanto os valores das verbas trabalhistas abrangem apenas os últimos 5 anos.

Cabe ressaltar, entretanto, que em novembro/2014 o STF[1228] julgou, por maioria de votos, pela **redução do prazo** de prescrição dos depósitos do FGTS para **5 anos**. Abandonou-se, portanto, a tese da prescrição trintenária. Foi utilizado como argumento para defender a redução a discussão em torno da natureza jurídica do fundo. Para os ministros, os valores devidos ao FGTS apresentam natureza jurídica trabalhista. Dessa forma, o FGTS está sujeito ao prazo prescricional de 5 anos do art. 7º, inciso XXIX, CF/88[1229], e as

1227. Informativo nº 13 do TST.

1228. Ver ARE 709.212/DF. Relator: Ministro Gilmar Mendes. Data de Julgamento: 13/11/2014.

1229. **Art. 7º, CF/88:** São direitos dos trabalhadores urbanos e rurais, além de outros que visem à melhoria de sua condição social: XXIX – ação, quanto aos créditos resultantes das relações de trabalho, com prazo prescricional

disposições em lei ordinária que determinam prazo superior violam referido artigo. Por fim, sustentou-se que o prazo de trinta anos fere a certeza e estabilidade nas relações jurídicas e que existe uma rede de proteção ao trabalhador que permite a exigência do valor no prazo de 5 anos, por exemplo, a obrigatoriedade da comunicação dos depósitos aos trabalhadores e a possibilidade de cobrança dos valores pelos trabalhadores, sindicatos ou pela Procuradoria-Geral da Fazenda Nacional.

Diante da nova posição assumida pelo STF, o TST alterou, em junho de /2015, o teor da Súmula nº 362 do TST para também prever a prescrição quinquenal (5 anos) para o direito de reclamar o não recolhimento dos depósitos do FGTS:

> **Súmula nº 362 do TST:** FGTS. Prescrição.
> I – Para os casos em que a ciência da lesão ocorreu a partir de 13.11.2014, é quinquenal a prescrição do direito de reclamar contra o não recolhimento de contribuição para o FGTS, observado o prazo de dois anos após o término do contrato;
> II – Para os casos em que o prazo prescricional já estava em curso em 13.11.2014, aplica-se o prazo prescricional que se consumar primeiro: trinta anos, contados do termo inicial, ou cinco anos, a partir de 13.11.2014 (STF-ARE-709212/DF).

Assim, foi estabelecida regra de transição intertemporal para os casos em que o prazo prescricional já estava em curso. No caso, o prazo prescricional considerado será aquele que ocorrer primeiro, 30 anos contados do termo inicial ou 5 anos a partir dessa decisão do STF.

Destaca-se, por fim, que não há, em regra, atuação do Ministério Público do Trabalho (MPT) na cobrança judicial dos depósitos do FGTS, uma vez que existe estrutura administrativa própria para apurar e cobrar esses débitos dos empregadores. O Ministério do Trabalho e Emprego é responsável pela fiscalização do pagamento dos valores ao fundo e tem a prerrogativa de aplicar multa administrativa e lavrar notificação fiscal com o valor devido, intimando o empregador para o pagamento. Já a Caixa Econômica Federal (CEF) é o Agente Operador do FGTS que realiza a cobrança administrativa do valor devido, sendo autorizada a efetuar a inscrição em dívida ativa. Por fim, caso não seja efetuado o pagamento, é atribuição da **Procuradoria-Geral da Fazenda Nacional** efetuar a cobrança judicial do débito. Excepcionalmente, caberia a atuação do MPT somente em casos de grande impacto social, ou seja, envolvendo grande número de trabalhadores.

3.1.5. Prescrição do avulso

É válido ressaltar que o prazo prescricional aplicável ao trabalhador avulso é o mesmo previsto aos trabalhadores urbanos e rurais conforme art. 7º, XXIX, CF/88:

> **Art. 7º, XXIX, CF/88:** São direitos dos trabalhadores urbanos e rurais, além de outros que visem à melhoria de sua condição social: ação, quanto aos créditos resultantes das relações de trabalho, com prazo prescricional de cinco anos para os trabalhadores urbanos e rurais, até o limite de dois anos após a extinção do contrato de trabalho.

---

de cinco anos para os trabalhadores urbanos e rurais, até o limite de dois anos após a extinção do contrato de trabalho.

Veja que a Constituição Federal prevê o prazo de 2 anos para ingressar na Justiça do Trabalho. É chamada prescrição bienal. Ainda de acordo com o texto constitucional, o empregado poderá pleitear os direitos trabalhistas dos últimos 5 anos a contar do ajuizamento da reclamação. Contudo, surge o questionamento acerca do início da contagem do prazo de prescrição bienal para o trabalhador avulso portuário. A OJ nº 384 da SDI-I do TST, atualmente cancelada, previa o início do prazo prescricional para ajuizamento da reclamação trabalhista com o término de cada prestação de serviço aos operadores portuários:

> **Orientação Jurisprudencial nº 384 da SDI-I do TST (CANCELADA):** É aplicável a prescrição bienal prevista no art. 7º, XXIX, da Constituição de 1988 ao trabalhador avulso, tendo como marco inicial a cessação do trabalho ultimado para cada tomador de serviço.

Com o cancelamento da OJ e mudança de posicionamento do TST[1230], o início da prescrição bienal ocorre com o cancelamento do registro ou do cadastro do avulso junto ao OGMO. Corrobora esse posicionamento a previsão do art. 37, § 4º, da Lei nº 12.815/2013:

> **Art. 37, § 4º, da Lei nº 12.815/2013:** As ações relativas aos créditos decorrentes da relação de trabalho avulso prescrevem em 5 (cinco) anos até o limite de 2 (dois) anos após o cancelamento do registro ou do cadastro no órgão gestor de mão de obra.

Importante mencionar que a Federação Nacional dos Operadores Portuários (Fenop) ingressou no STF (ADI nº 5.132) questionando a constitucionalidade do referido dispositivo. Segundo argumentava, a Constituição Federal estabelece o limite de dois anos para o exercício do direito de ação, a contar da extinção do contrato de trabalho, ou seja, do término da prestação de serviços. Dessa forma, ao definir o início do prazo prescricional para ajuizamento da reclamação trabalhista com o cancelamento do registro ou do cadastro do avulso junto ao OGMO, o art. 37, § 4º, da Lei nº 12.815/2013 estaria elastecendo o prazo constitucional (art. 7º, inciso XXXIV).

Em sessão virtual finalizada em 26/03/2021, o STF por maioria dos votos, julgou improcedente a ADI nº 5.132, mantendo o início da contagem do prazo de prescrição bienal para o trabalhado avulso portuário com o término com o cancelamento do registro ou do cadastro do avulso junto ao OGMO.

3.1.6. Imprescritibilidade das anotações na CTPS e retificação do PPP

À anotação da CTPS para fins de comprovação perante o INSS não se aplica o prazo previsto da Constituição Federal e da CLT, ou seja, o prazo de 2 anos a partir do término do contrato de trabalho. Esse direito é imprescritível, conforme previsto no § 1º do art. 11 da CLT:

> **Art. 11, CLT.** A pretensão quanto a créditos resultantes das relações de trabalho prescreve em cinco anos para os trabalhadores urbanos e rurais, até o limite de dois anos após a extinção do contrato de trabalho.

1230. Informativo nº 141 do TST.

I – revogado

II – revogado

§ 1º O disposto neste artigo não se aplica às ações que tenham por objeto anotações para fins de prova junto à Previdência Social.

A finalidade é declarar a existência da relação jurídica existente, possibilitando futuro benefício (aposentadoria por idade, tempo de contribuição etc.) perante a Previdência Social. Assim sendo, não há prazo prescricional.

Perceba que estamos diante de ações com pedido de natureza meramente declaratório, cuja finalidade é única e exclusivamente declara a existência de uma relação jurídica. A imprescritibilidade não alcança pedidos de natureza condenatória.

Exemplo: empregada trabalhou durante anos, sem registro em carteira, para empresa de calçados. Ocorreu o término do contrato e, somente depois de 5 anos, ingressou na Justiça do Trabalho para o reconhecimento do vínculo e anotação na sua CTPS, pois todo o período trabalhado será contado, possibilitando futura aposentadoria. Ressalta-se que as verbas rescisórias já estarão prescritas.

É importante ressaltar que a possibilidade de ter reconhecido o vínculo de emprego pelo INSS independe de a empresa estar ou não em atividade. Mesmo na hipótese de extinção do estabelecimento, se o empregado conseguir comprovar os requisitos para a configuração da relação de emprego terá reconhecida a contagem do tempo de serviço para fins previdenciários. A fiscalização da contribuição previdenciária no momento oportuno era de atribuição dos órgãos de fiscalização, hoje a cargo da Receita Federal.

Ainda, conforme jurisprudência sólida do TST, também é imprescritível o pedido de retificação do Perfil Profissiográfico Previdenciário (PPP) para fins de prova junto à Previdência Social, aplicando-se a regra do art. 11, § 1º, da CLT. Segundo a Corte, as ações que tenham por finalidade o fornecimento de documentos que atestem fatos ocorridos durante a relação de emprego, indispensáveis para fazer prova perante a Previdência Social, possuem **natureza declaratória**, ante a ausência de conteúdo patrimonial, não estando sujeitas, portanto, a prazo prescricional[1231].

3.1.7. Prescrição de ofício

Os arts. 332, § 1º, e 487, parágrafo único, do CPC preveem a possibilidade de reconhecimento da **prescrição de ofício**, pelo juiz de direito, desde que garantido o contraditório das partes (arts. 332, § 1º, e 487, parágrafo único, do CPC/2015). Assim sendo, com base na celeridade processual e para evitar gastos de dinheiro público, o juiz, uma vez identificado que o direito não poderia ser exigido, pois se encontra prescrito, poderia declarar a prescrição e extinguir o processo com relação a esse pedido. Em resumo, o juiz, em qualquer grau de jurisdição e a qualquer momento do processo, poderia reconhecer a prescrição. De acordo com a legislação:

1231. Ag-AIRR-100364-42.2018.5.01.0342, 3ª Turma, Relator Ministro Alexandre de Souza Agra Belmonte, DEJT 19/11/2021.

> **CPC/2015**
>
> **Art. 332, § 1º** O juiz também poderá julgar liminarmente improcedente o pedido se verificar, desde logo, a ocorrência de decadência ou de prescrição.
>
> **Art. 487, parágrafo único.** Ressalvada a hipótese do § 1º do art. 332, a prescrição e a decadência não serão reconhecidas sem que antes seja dada às partes oportunidade de manifestar-se.

Na área trabalhista, entretanto, o TST[1232] tem decidido reiteradamente que o juiz do trabalho não pode decretar a prescrição de ofício, pois afrontaria o princípio protetivo trabalhista. Assim sendo, nas provas de concurso, é esse o posicionamento a ser adotado. Aparentemente o TST manteve seu entendimento após o advento do CPC/2015 ao não declinar, no art. 7º, parágrafo único, da INº 39/2016, a possibilidade de o juiz julgar improcedente liminarmente na hipótese de prescrição, admitindo-a apenas quando se tratar de decadência. Prevalece, portanto, o princípio protetivo diante do princípio do interesse público.

Aliás, a prescrição na área trabalhista somente é decretada se alegada na vara do trabalho ou no TRT (instâncias ordinárias), conforme posicionamento da jurisprudência:

> **Súmula nº 153 do TST.** Não se conhece de prescrição não arguida na instância ordinária

Com a Reforma Trabalhista, passou a ser expressa a possibilidade de declaração da prescrição intercorrente de ofício?

> **Art. 11-A, § 2º, da CLT** *(acrescentado pela Reforma Trabalhista)*: A declaração da prescrição intercorrente pode ser requerida ou declarada de ofício em qualquer grau de jurisdição.

3.1.8. Prescrição intercorrente

Com a Reforma Trabalhista, inseriu-se o art. 11-A à CLT que passou a regulamentar a prescrição intercorrente na seara trabalhista.

A prescrição, como regra, ocorre quando não ajuizada a ação de conhecimento no prazo estabelecido no art. 7º, XXIX da CF/88. Proposta a ação, interrompe-se a prescrição.

Interrompida a prescrição e sabendo-se que o processo se desenvolve por impulso oficial, como regra, não há falar em nova prescrição no curso do processo, até porque neste caso não há inércia da parte.

Contudo, pode ocorrer de o ato ser exclusivo da parte. Nesse caso, ganha destaque o parágrafo único do art. 202 do CC o qual declina que "a prescrição interrompida recomeça a correr da data do ato que a interrompeu, ou do último ato do processo para a interromper". Vê-se por tal dispositivo que ele tem como finalidade afastar a perpetuação da ação[1233], admitindo a existência da prescrição após o seu ajuizamento.

Aliás, essa possibilidade de existir prescrição depois do ajuizamento da ação está embasada no princípio da confiança, derivado do princípio da boa-fé (CPC, art. 5º), impedindo comportamentos contraditórios das partes:

1232. Nesse sentido, veja os seguintes julgados do TST: AIRR: 63300-44.2006.5.01.0301 – Relator: Alberto Luiz Bresciani de Fontan Pereira – Data de Julgamento: 13/11/2013; e RR 3231-77.2012.5.18.0102 – Relator Ministro: José Roberto Freire Pimenta, Data de Julgamento: 08/10/2014.

1233. SUSSEKIND, Arnaldo et al. *Instituições de direito do trabalho*. 21. ed. São Paulo: Editora LTr, 2003. Vol 2. p. 1485.

> (...) a inércia deliberada, injustificada e desinteressada do titular do direito (*factum proprium*), por um determinado período de tempo, cria na contraparte uma expectativa de que a posição jurídica de vantagem (*venire*) não mais será exercida, o que suprime do titular a possibilidade de exigência dessa pretensão[1234].

Desse modo, passa-se a admitir a prescrição para o 1) **início da fase executiva** e 2) **durante o curso do processo.**

No primeiro caso (início da fase de execução), denomina-se **prescrição da pretensão executiva**, tendo o mesmo prazo da ação de conhecimento (Súmula nº 150 do STF[1235]). O termo inicial é o dia imediato após o trânsito em julgado da sentença líquida ou, na hipótese de sentença ilíquida, do trânsito em julgado da decisão de liquidação[1236].

No processo do trabalho, não havia espaço para a incidência da prescrição da pretensão executiva, tendo em vista que a execução se iniciava de ofício. Contudo, com o advento da Lei nº 13.467/2017, o art. 878 da CLT foi alterado para permitir a execução de ofício "apenas nos casos em que as partes não estiverem representadas por advogado", o que significa que para os demais casos passa a ter incidência tal modalidade de prescrição. Esse prazo prescricional será de 2 anos para os contratos extintos na data do ajuizamento da ação e de 5 anos para os contratos em vigência na data do ajuizamento da ação.

No segundo caso (prescrição no curso do processo), temos a **prescrição intercorrente,** objeto do art. 11-A, que ocorre no curso do processo, em decorrência da inércia prolongada da parte de realizar ato processual de sua incumbência[1237].

Na **fase de conhecimento,** a inércia da parte provoca a extinção do processo sem resolução do mérito, por abandono (CPC, art. 485, III), não se falando em prescrição intercorrente.

Na fase de execução, como regra, não ocorrerá a prescrição, porque, como dito, iniciado o processo se desenvolve por impulso oficial. Contudo, quando o ato é exclusivo da parte, sua inércia poderá provocar a prescrição intercorrente.

Portanto, percebe-se que a prescrição intercorrente ocorre no curso da fase de execução, como expressamente declinou o legislador no § 1º, do art. 11-A:

> **Art. 11-A da CLT** (*Inserido pela Reforma Trabalhista*): Ocorre a prescrição intercorrente no processo do trabalho no prazo de dois anos.
>
> § 1º A fluência do prazo prescricional intercorrente inicia-se quando o exequente deixa de cumprir determinação judicial no curso da execução.

3.1.8.1. Posicionamento dos tribunais antes da Lei

Antes da Lei nº 13.467/2017, muito se discutia acerca da aplicação da prescrição intercorrente ao processo do trabalho.

1234. MIZIARA, Raphael. *A tutela da confiança e a prescrição intercorrente na execução trabalhista*. In: MIESSA, Élisson (coord.). O Novo Código de Processo Civil e seus reflexos no processo do trabalho. 2. ed. Salvador: Editora Juspodivm, 2016. p. 824.

1235. Súmula 150 do STF. Prescreve a execução no mesmo prazo de prescrição da ação.

1236. STJ, AgRg no RESP 1553826/RS, rel. Min. Herman Benjamin, Segunda turma, j. 16.2.16, *Dje* 30.5.2016.

1237. Parte da doutrina entende que são expressões sinônimas prescrição da pretensão executiva e prescrição intercorrente. SCHIAVI, Mauro. *Execução no processo do trabalho*. 7. ed. São Paulo: LTr, 2015. p. 85.

O Supremo Tribunal Federal, na época em que julgava matéria infraconstitucional trabalhista, declinou por meio da Súmula nº 327 que:

> **Súmula nº 327 do STF.** O direito trabalhista admite a prescrição intercorrente.

No entanto, com o advento da Emenda Constitucional nº 16/65, que alterou o art. 17 da Constituição Federal de 1946, as decisões do TST tornaram-se irrecorríveis, salvo na hipótese de matéria constitucional, o que afastou a aplicação das súmulas do STF no que tange a matéria trabalhista de âmbito infraconstitucional.

Desse modo, o TST sedimentou entendimento no sentido de não admitir a prescrição intercorrente na seara trabalhista, como se verifica pela Súmula nº 114 do TST, *in verbis*:

> **Súmula nº 114 do TST.** Prescrição intercorrente
> É inaplicável na Justiça do Trabalho a prescrição intercorrente.

O TST fundamentou seu entendimento no fato de que, no processo do trabalho, há aplicação do princípio do impulso oficial, cabendo ao juiz do trabalho dar andamento ao processo e, na época, iniciar, de ofício, a fase de execução (antigo art. 878 da CLT). Aliás, o art. 40 da Lei nº 6.830/1980 (Lei de Execuções Fiscais) prevê que o juiz suspenderá a execução enquanto não localizados bens do devedor e que durante esse prazo não correrá a prescrição. O Tribunal reafirmou a não aplicação da prescrição intercorrente no artigo 2º, VIII, da Instrução Normativa nº 39/2016 ao declinar que não se aplicam ao processo do trabalho os arts. 921, §§ 4º e 5º, e 924, V do CPC.

De nossa parte, já defendíamos[1238] que era aplicável a prescrição intercorrente no processo do trabalho como medida de paz social, quando o ato dependesse exclusivamente do exequente. Aliás, o próprio art. 884, § 1º, da CLT já tratava da possibilidade de a prescrição intercorrente ser alegada em matéria de defesa.

A Lei nº 13.467/2017 pôs fim à divergência, ao acrescentar à CLT, o art. 11-A, dispondo que "ocorre a prescrição intercorrente no processo do trabalho no prazo de dois anos".

3.1.8.2. Prazo de 2 anos

Conforme o art. 11-A da CLT, incluído pela Lei nº 13.467/2017, aplica-se o prazo de dois anos à prescrição intercorrente.

Embora o artigo seja expresso sobre o prazo a ser aplicado, pensamos que se faz necessária a análise detida sobre o tema.

É sabido que o prazo prescricional é regulado, em regra, pela norma infraconstitucional. Tanto é assim que a Constituição Federal quando se refere à prescrição para os atos ilícitos dos agentes públicos (art. 37, § 5º) e para os créditos tributários (art. 146, III, b) remeteu o estabelecimento do prazo à lei infraconstitucional.

No entanto, quanto aos créditos trabalhistas a natureza da prescrição é **constitucional**. Isso porque o art. 7º da CF/88 reconheceu diversos direitos sociais aos trabalhadores urbanos e rurais. Conquanto esse dispositivo tenha como foco a concessão de direitos, o constituinte incluiu o inciso XXIX, que versa sobre o direito à ação trabalhista e especialmente acerca da

1238. MIESSA, Élisson. *Processo do trabalho para concursos.* 4. ed. Salvador: Editora Juspodivm, 2017. p. 1001.

sua prescrição, a qual, na realidade, não é um direito, mas sim uma restrição de direito. Queremos dizer, dentro de um rol de direitos sociais o constituinte, paradoxalmente, inseriu uma restrição a esses direitos. Vê-se, pois, a preocupação do constituinte em conferir *status* constitucional à prescrição trabalhista, inserindo-a num rol de direitos sociais dos trabalhadores. Nas palavras do doutrinador e magistrado Mauro Schiavi:

> (...) o fato de a prescrição constar no rol dos direitos sociais do trabalhador significa dizer que esse prazo não pode ser reduzido por lei ordinária e até mesmo por emenda constitucional, pois se trata de uma garantia fundamental do trabalhador[1239].

Com efeito, incumbe ao legislador infraconstitucional, quando tratar de prescrição trabalhista, observar o disposto no art. 7º, XXIX, da CF, *in verbis*:

> **Art. 7º** São direitos dos trabalhadores urbanos e rurais, além de outros que visem à melhoria de sua condição social:
>
> (...) XXIX – ação, quanto aos créditos resultantes das relações de trabalho, com prazo prescricional de **cinco anos** para os trabalhadores urbanos e rurais, **até o limite de dois anos** após a extinção do contrato de trabalho (Grifo nosso).

Nos termos do referido dispositivo constitucional, o prazo prescricional aplicado aos créditos trabalhistas é de 5 anos (prescrição quinquenal), devendo ser observado o limite de 2 anos após a extinção do contrato (prescrição bienal).

Cria-se, pois, uma modalidade *sui generis* de prazo prescricional, de modo que, não estando o contrato de trabalho extinto, observar-se-á apenas o prazo quinquenal. Por outro lado, já estando o contrato extinto, cumula-se o prazo quinquenal com o bienal.

Nesse contexto, para os contratos ainda não extintos na data do ajuizamento da ação a prescrição intercorrente deve ser de 5 anos, sendo inconstitucional, nesse aspecto, a limitação estabelecida no art. 11-A da CLT[1240].

Por sua vez, já estando o contrato extinto, a prescrição será de 2 anos.

É importante destacar que a diferença do prazo (2 ou 5 anos) leva em conta se o contrato de trabalho estava ou não em vigor **na data do ajuizamento da ação**, sendo indiferente a alteração no curso do processo. Isso ocorre porque, na realidade, a prescrição intercorrente não tem um novo prazo prescricional, mas simplesmente reinicia o prazo prescricional existente para o ajuizamento da ação de conhecimento. É que nos termos do art. 202 do CC: "a prescrição interrompida recomeça a correr da data do ato que a interrompeu, **ou do último ato do processo para a interromper**". Assim, interrompida a prescrição com o ajuizamento da ação, no curso do processo como regra não corre a prescrição. No entanto, ficando o processo paralisado por ato exclusivo do exequente, reinicia a contagem da prescrição, observando-se exatamente o prazo prescricional da data do ajuizamento da ação, ou seja, 2 ou 5 anos.

Por fim, cabe mencionar que parte da doutrina entende que a prescrição intercorrente sempre será de 5 anos[1241], vez que observado o prazo de 2 anos do término do contrato

1239. SCHIAVI, Mauro. *Execução no processo do trabalho*. 7. ed. São Paulo: LTr, 2015. p. 93.

1240. Em sentido contrário e defendendo o prazo de 2 anos: GUNTHER, Luiz Eduardo; ZORNIG, Cristina Maria Navarro. *Dicionário elementar de Recursos Trabalhistas*. Curitiba: Juruá, 2015. p. 222.

1241. Nesse sentido: CORDEIRO, Wolney de Macedo. *Execução no processo do trabalho: de acordo com a Lei nº 13.105, de 16 de março de 2015*. 2. ed. Salvador: Editora Juspodivm, 2016. p. 354.

de trabalho, o único prazo prescricional que deve ser observado na seara trabalhista é o de 5 anos, inclusive na fase de execução. Noutras palavras, o prazo de 2 anos tem como termo apenas a extinção do contrato de trabalho, o que não pode ser observado em momentos posteriores como é a fase de execução. Essa interpretação é sedutora e pertinente, mas a nosso juízo retira a natureza de prescrição do prazo bienal, considerando-se um simples termo para o ajuizamento da ação.

Queremos dizer, observado o termo final de entrar com a ação em até 2 anos a contar da extinção do contrato de trabalho, não se verifica mais esse termo e o único prazo prescricional a ser analisado é o de 5 anos. No entanto, a se adotar essa tese, inviabiliza-se qualquer modalidade de interrupção do prazo bienal, vez que ele sempre seria analisado da data da extinção do contrato[1242]. Desse modo, como pensamos que o prazo bienal é prescricional e que a prescrição intercorrente é a restauração do prazo para o ajuizamento da ação, nas hipóteses de contratos já extintos, a nosso ver a prescrição intercorrente será de 2 anos.

PRESCRIÇÃO

- **Causas que interferem na contagem do prazo prescricional**

a) **Impeditiva:** Não se inicia a contagem do prazo. Ex.: Empregado menor de 18 anos (art. 440, CLT).

b) **Suspensiva:** Parada temporária na contagem do prazo. Exemplos:

1) Pedido de conciliação na Comissão de Conciliação Prévia (art. 625-G, CLT).

2) Auxílio-doença não suspende a prescrição, salvo impossibilidade de comparecimento à Justiça do Trabalho.

3) Homologação de acordo extrajudicial

c) **Interruptiva:** Contagem do prazo é reiniciada. Ex.: Ingresso com ação judicial (Súm. 268, TST).

- **Depósitos do FGTS:** 2 anos a contar da extinção do contrato para ingressar na justiça. Poderá pleitear os últimos 5 anos (Súm. 362 – redação atual). STF (novembro/2014): reduziu o prazo de 30 anos para 5 anos (art. 7º, inciso XXIX, CF/88).
- **CTPS:** Imprescritível o reconhecimento do vínculo para fins previdenciários.
- **Prescrição de ofício** (art. 11-A da CLT): prescrição intercorrente pode ser declarada de ofício.

3.2. Decadência

Na decadência extingue-se o próprio direito pelo decurso do prazo[1243]. A decadência é contada a partir do nascimento do direito, já a prescrição começa a fluir a partir da violação do direito[1244].

Na decadência não há causas suspensivas e interruptivas. Podem-se citar como exemplos os prazos de decadência a seguir previstos no direito do trabalho:

1242. Por exemplo: arquivada a reclamação trabalhista e reiniciado o prazo prescricional, para que essa tese seja coerente, apenas poderá permitir o reinício do prazo quinzenal e não o bienal, o que não pode ser admitido, vez que ambos os prazos são prescricionais, viabilizando, portanto, a interrupção dos dois prazos.

1243. "A decadência dirige-se de preferência aos direitos potestativos. Os direitos potestativos são aqueles que a lei confere a determinadas pessoas de influir, com uma declaração de vontade, sobre situações jurídicas de outras, sem o concurso de vontades destas. Isso quer dizer que é dispensada a manifestação de vontade da outra pessoa ou qualquer outra atitude para o exercício do direito potestativo." BARRETO, Glaucia. *Curso do Direito do Trabalho*. Niterói: Impetus, 2008. p. 458.

1244. Decadência e prescrição possuem um traço em comum: decorrem da inércia do titular do direito, após certo período de tempo.

a) **30 dias**, a contar da suspensão do empregado, para o ajuizamento do inquérito judicial para apuração de falta grave – art. 853 da CLT. Nesse sentido: *"Súmula nº 403 do STF: É de decadência o prazo de 30 dias para instauração do inquérito judicial, a contar da suspensão, por falta grave, de empregado estável."*

b) **120 dias** para ajuizar o mandado de segurança.

c) **2 anos** para ajuizar ação rescisória (Art. 975 do CPC).[1245]

4. QUESTÕES DISSERTATIVAS E ESTUDOS DE CASOS

► **Treino e Padrão de respostas:**

Ao resolver uma questão dissertativa ou estudos de caso em concursos para Analista do TRT, é fundamental tentar escrever com clareza, sem erros e com letra legível, de modo que se torne uma leitura simples e fácil ao examinador. Lembre-se de que o examinador não ficará horas tentando decifrar códigos ininteligíveis e, ainda, descartará questões com erros graves de ortografia, pontuação etc. Ele tem milhares de questões pra corrigir, portanto cause uma boa impressão logo no início do texto.

É muito importante que o candidato redija, com frequência e com antecedência, o máximo de questões sobre temas atuais e importantes do direito e do processo do trabalho. Treine sempre manualmente, evite digitar as respostas, pois não terá o computador ao seu lado no dia do concurso. Esse é o melhor treino e estudo para questões abertas.

Tente responder as questões seguintes **antes** de verificar o gabarito apresentado ou procurar a resposta na teoria. É uma forma de treinar seu cérebro às condições apresentadas na hora da prova. Lembre-se de que algumas questões não têm resposta certa ou errada. Portanto, a boa **fundamentação** é o caminho para a aprovação.

Cabe frisar, ainda, que não dará tempo de elaborar um rascunho detalhado prévio, na maior parte dos concursos. Portanto, antes de iniciar sua redação, coloque ao lado do próprio enunciado, alguns pontos principais de que você precisará se lembrar durante a confecção da resposta. Essa técnica evitará que se esqueça de abordar assuntos importantes.

A indicação do número da lei, do artigo, da súmula ou orientação jurisprudencial somente deve ser colocada se você realmente souber, com exatidão, o número da norma ou se assim for exigido pela banca examinadora.

Por fim, como já dito ao longo dos capítulos, a **Reforma Trabalhista**, aprovada em julho/2017, alterou muitos pontos do Direito e Processo do Trabalho. Dessa forma, é importante que o candidato tenha conhecimento da legislação vigente e disserte, de forma clara, sobre ela. O examinador valorizará as redações que estiverem com base nas inovações legislativas.

Bom treino, bons estudos e boa sorte!

1245. Com o CPC de 2015, o prazo de 2 anos foi mantido conforme **art. 975 do CPC:** "O direito à rescisão se extingue em 2 (dois) anos contados do trânsito em julgado da última decisão proferida no processo."

▶ **ESTUDO DE CASO 01:**

João foi contratado como garçom na empresa urbana PBRefeições Ltda. Sua remuneração consistia no recebimento de salário no valor de $900,00 acrescidos das gorjetas mensais. Após 4 anos de trabalho, João foi dispensado sem justa causa e foi informado de que seria concedido aviso-prévio trabalhado com direito à redução de 1 dia por semana durante todo o cumprimento do aviso para que o empregado possa procurar novo emprego. Além disso, o aviso-prévio foi calculado com base apenas no salário do empregado não sendo computados os valores recebidos como gorjetas. Diante do exposto, responda às questões a seguir:

a) Qual a duração do aviso-prévio de João? Explique.
b) A redução da jornada de trabalho de João é válida? Explique.
c) O cálculo do aviso-prévio de João é válido? Explique.

RESPOSTA SUGERIDA PELO AUTOR[1246]:

O aviso-prévio tem como finalidade indicar a data do término do contrato de trabalho. O período do aviso possibilita ao trabalhador procurar outro emprego, e, ainda, ao empregador buscar um substituto para o cargo vago. Dessa forma, torna-se possível que uma parte não seja surpreendida com a ruptura do contrato por ato unilateral da outra. Afasta-se, portanto, o evento surpresa.

Em razão do que estabelece o art. 7º, XXI, da CF/88, o aviso-prévio é proporcional ao tempo de serviço. Para empregados com até 1 ano de contrato o aviso-prévio será de 30 dias. A cada ano de contrato, serão acrescidos 3 dias na duração do aviso, até o limite de 60 dias. É o que estabelece a Lei nº 12.506/2011. Nesse sentido, João terá direito a 42 dias de aviso-prévio, correspondente a 30 dias (período mínimo) acrescidos de 12 dias (proporcionalidade) referentes a 4 anos completos de trabalho.

Deve-se ressaltar que constituem objeto ilícito de convenção e acordo coletivo a redução ou supressão do aviso prévio proporcional de 30 dias, nos termos do art. 611-B, XVI da CLT, inserido pela Reforma Trabalhista.

Cabe frisar que o aviso-prévio é um dever recíproco das partes. Quando for dado pelo empregador, na dispensa sem justa causa, há necessidade de redução na duração do trabalho, possibilitando que o trabalhador procure outro emprego. O empregado poderá optar pela redução de 2 horas diárias ou redução de 7 dias consecutivos de trabalho. Nesse sentido, a concessão pelo empregador de João de 1 dia por semana durante o cumprimento do aviso-prévio não é válida, uma vez que essa previsão é aplicável apenas ao empregado rural.

No tocante ao cálculo do aviso-prévio, importante destacar que será calculado com base no salário. Salário e remuneração não são sinônimos. O valor das gorjetas, calculado sobre a média recebida, reflete nas demais verbas trabalhistas, calculadas com base na remuneração, como: férias + 1/3, décimo terceiro salário e depósitos do FGTS. Diante disso, as gorjetas não integram o valor do aviso-prévio conforme estabelece a Súmula nº 354, TST. O cálculo do aviso-prévio de João está correto ao considerar apenas o salário sem o cômputo das gorjetas recebidas.

1246. Nas respostas aqui no livro, serão indicadas e/ou transcritas súmulas, orientações jurisprudências do TST e artigos de lei, mas na prova não há essa necessidade salvo quando expressamente previsto no edital do concurso.

▶ **QUESTÃO DISSERTATIVA 02:**

Disserte sobre o aviso-prévio concedido no contrato por prazo determinado e a reconsideração do aviso-prévio.

RESPOSTA SUGERIDA PELO AUTOR[1247]:

O instituto do aviso-prévio é voltado para os contratos por prazo indeterminado. Em regra, o contrato por prazo determinado possui término previamente fixado entre as partes, logo não há necessidade do aviso. Excepcionalmente, se o contrato por prazo determinado contiver cláusula assecuratória de direito recíproco, e ocorrer a rescisão antecipada, haverá necessidade da parte (empregado ou empregador) conceder o aviso-prévio, conforme previsto no art. 481 da CLT.

Importante ressaltar que a presença dessa cláusula não transforma o contrato por prazo determinado em prazo indeterminado. A possibilidade de cláusula assecuratória de direito recíproco estende-se ao contrato de experiência. Caso ocorra efetivamente o término antecipado, a parte que deu causa deverá conceder o aviso-prévio e ficará livre de pagar as indenizações previstas nos artigos 479 e 480 da CLT.

Caso a rescisão ocorra antes do prazo previamente fixado entre as partes, e o contrato não contiver a cláusula acima, o aviso-prévio não será devido, aplicando-se nesses casos os artigos 479 e 480 da CLT.

No tocante à reconsideração do aviso-prévio, ressalta-se que o aviso é direito das partes envolvidas na relação empregatícia. Esse direito é exercido de forma unilateral (pedido de demissão ou dispensa sem justa causa). Há possibilidade, entretanto, de reconsideração do aviso-prévio. Essa reconsideração poderá ser realizada a qualquer tempo desde antes da extinção do contrato de trabalho. Nesse caso, o ato é bilateral, isto é, depende do consentimento da outra parte.

Poderá ocorrer a reconsideração tácita ou expressa. No primeiro caso, o empregado continuará trabalhando após os trinta dias concedidos para aviso, sem recusa do empregador. Reconsideração expressa ocorre quando as partes, em comum acordo, afastam a hipótese do término do contrato.

▶ **ESTUDO DE CASO 03:**

João Carlos foi dispensado, sem justa causa, após 8 meses de contrato de trabalho. Ao ser notificado do aviso-prévio trabalhado, candidatou-se a dirigente sindical. Comunicou essa decisão ao seu empregador em 24 horas. E ainda durante a vigência do contrato de trabalho, foi eleito. Comunicou o seu empregador, o resultado da eleição em 24 horas.

Diante do caso acima, responda de forma fundamentada:

1) No Brasil é admitida essa dispensa sem qualquer fundamento legal?
2) João goza de estabilidade?
3) Quais as verbas rescisórias que João Carlos teria direito de receber?
4) Quais as formalidades legais para o termo de rescisão desse contrato de trabalho?
5) Qual o prazo para o pagamento das verbas rescisórias? Caso não seja pago no prazo, qual a consequência para o empregador?

1247. Nas respostas aqui no livro, serão indicadas e/ou transcritas súmulas, orientações jurisprudências do TST e artigos de lei, mas na prova não há essa necessidade salvo quando expressamente previsto no edital do concurso.

RESPOSTA SUGERIDA PELO AUTOR:

Inicialmente, cabe destacar que no Brasil é admitida a dispensa sem justa causa, embora exista previsão constitucional no sentido contrário. O art. 7, I, da CF depende de lei complementar para ter eficácia.

Ainda, cumpre ressaltar que o art. 477-A da CLT, inserido pela Reforma Trabalhista, estabelece que as dispensas individuais, plúrimas e coletivas se equiparam para todos os fins, não havendo necessidade de autorização prévia da entidade sindical ou de celebração de instrumento coletivo para sua efetivação.

Há previsão na Constituição Federal para a estabilidade do dirigente sindical, no art. 8º, VIII: "É vedada a dispensa do empregado sindicalizado a partir do registro da candidatura a cargo de direção ou representação sindical e, se eleito, ainda que suplente, até um ano após o final do mandato, salvo se cometer falta grave nos termos da lei".

Esse direito dado ao dirigente sindical tem por objetivo proteger não só o empregado, mas também toda a categoria que ele representa, pois proporciona tranquilidade e independência na defesa dos interesses dos trabalhadores.

Contudo, se o registro da candidatura ocorrer durante o período de aviso-prévio, ainda que indenizado, não assegura a estabilidade do empregado, conforme previsto na Súmula nº 369, V, do TST. Os fundamentos utilizados são que as partes já sabiam previamente do término do contrato de trabalho e, ainda, a projeção do aviso gera efeitos meramente econômicos como previsto na Súmula nº 371 do TST.

Ressalta-se que é requisito essencial, para adquirir a estabilidade, a comunicação, ao empregador, do registro da candidatura ou da eleição e da posse. Essa comunicação, segundo o posicionamento do TST, poderá ser feita fora do prazo previsto em lei (24 horas), mas desde que ocorra na vigência do contrato de trabalho.

Assim, João não possui estabilidade provisória no emprego em razão de ter se candidatado a dirigente sindical. O empregado terá direito ao recebimento das verbas próprias da dispensa sem justa causa. Essa modalidade de término do contrato de trabalho ocorre quando o empregador é quem decide colocar fim ao contrato sem motivação. Como João não tem estabilidade provisória no emprego, não poderá se opor a essa decisão. Nesse caso, receberá a totalidade das verbas rescisórias:

- Saldo de salário (dias efetivamente trabalhados).
- Décimo terceiro salário proporcional.
- Férias + ⅓ vencidas, se houver.
- Férias + ⅓ proporcionais.
- Aviso-prévio.
- Saque dos depósitos do FGTS.
- Indenização de 40% sobre os depósitos do FGTS.
- Direito ao benefício do seguro-desemprego, desde que atenda aos requisitos próprios estabelecidos na legislação previdenciária.

O pagamento das verbas rescisórias será efetuado no ato da homologação da rescisão do contrato em dinheiro ou cheque visado, conforme acordem as partes. O empregado analfabeto deverá receber em dinheiro ou depósito bancário, conforme previsto no art. 477, § 4º, da CLT.

Com o fim do contrato de trabalho, o empregador está obrigado a: a) promover à anotação do término do contrato de trabalho na CTPS do empregado; b) comunicar a dispensa aos órgãos competentes: essa exigência tem a função de permitir aos empregados o saque do FGTS e o requerimento do benefício do seguro-desemprego; e c) a pagar as verbas rescisórias no prazo estabelecido (art. 477, § 6º da CLT).

Além disso, com o fim da homologação das verbas rescisórias no final do contrato de trabalho possibilita-se que seja celebrado acordo extrajudicial homologado pelo Poder Judiciário em processo de jurisdição voluntária, criado nos art. 855-B a 855-E da CLT.

No entanto, para as empregadas gestantes, entendemos que permanece a exigência de assistência do sindicato na homologação das verbas rescisórias, utilizando-se do entendimento previsto no art. 500 da CLT, que não foi alterado pela Reforma Trabalhista.

*O **prazo para o pagamento** das verbas rescisórias será realizado até 10 dias contados a partir do término do contrato de trabalho, devendo o empregador, nesse período, realizar a entrega ao empregado de documentos que comprovem a comunicação da extinção do contrato aos órgãos competentes e efetuar o pagamento dos valores constantes do instrumento de rescisão ou recibo de quitação.*

Ressalta-se que, se o empregador descumprir o prazo anterior, será obrigado ao pagamento de multa no valor equivalente ao salário do empregado, exceto se, comprovadamente, o trabalhador foi quem deu causa ao atraso do pagamento. Importante ressaltar que essa multa, prevista no art. 477 da CLT, incide nos contratos por prazo determinado e indeterminado, inclusive nos casos em que a rescisão contratual tenha-se operado por prática de justa causa pelo trabalhador.

► **ESTUDO DE CASO 04:**

Fábio é empregado da empresa WX Ltda. há mais de 3 anos e exerce a função de mecânico. Em determinada ocasião, Fábio recebeu advertência de seu empregador por se ausentar no meio da jornada de trabalho e não explicar o motivo a seu superior hierárquico. Em razão da punição recebida, o empregado passou a exercer suas funções com total desleixo, inclusive deixando de efetuar corretamente os reparos nos veículos que eram entregues para conserto. Após a repetição da conduta por 2 semanas seguidas, o empregado foi dispensado por justa causa. Diante do exposto, responda às questões a seguir:

a) A dispensa por justa causa de Fábio é válida? Se positiva a resposta, qual a falta grave configurada no caso? Explique.
b) Quais verbas o empregado tem direito na dispensa por justa causa?

RESPOSTA SUGERIDA PELO AUTOR[1248]:

Na hipótese de dispensa por justa causa, a falta grave foi cometida pelo empregado. Para que ocorra o término do contrato de trabalho, em razão de falta grave, é necessário que o ato praticado esteja previsto em lei, isto é, tipificado como hipótese de justa causa no art. 482 da CLT. Importa destacar que a Reforma Trabalhista inseriu uma nova hipótese de justa causa, qual seja, a perda da habilitação ou dos requisitos estabelecidos em lei para o exercício da profissão, em razão da conduta dolosa do empregado (art. 482, "m" da CLT).

1248. Nas respostas aqui oferecidas, serão indicadas e/ou transcritas súmulas, orientações jurisprudências do TST e artigos de lei, mas na prova não há essa necessidade salvo quando expressamente previsto no edital do concurso.

Ademais, a punição deverá ser imediata, sob pena de configurar perdão tácito. E, por fim, há necessidade de proporcionalidade entre a falta cometida e a punição a ser aplicada.

A conduta de Fábio pode ser tipificada como desídia no desempenho das respectivas funções. Nesse caso, o desempenho das atividades é realizado com má vontade, preguiça, desleixo e negligência. Para configurar desídia, em regra, é necessário que o empregado seja reincidente na conduta negligente, ou seja, exige-se um comportamento habitual improdutivo e relapso. Diante do trabalho com desleixo por 2 semanas, sem realizar corretamente os reparos nos veículos, está configurada hipótese para dispensa por justa causa.

Na dispensa por justa causa, o empregado receberá as verbas a que tenha adquirido o direito, ou seja, apenas saldo de salário e férias adquiridas e não gozadas. Não terá direito às demais parcelas: férias proporcionais e décimo terceiro proporcional, aviso-prévio e saque do FGTS.

▸ **QUESTÃO DISSERTATIVA 05:**

Disserte sobre a extinção antecipada do contrato de trabalho por prazo determinado e o estabelecimento de cláusula assecuratória de direito recíproco.

RESPOSTA SUGERIDA PELO AUTOR[1249]:

O término do contrato por prazo determinado poderá ocorrer de duas formas. A primeira delas ocorre no momento previamente fixado pelas partes, chamada de extinção normal. Nesse caso, não há necessidade de pagamento de indenização, nem mesmo de conceder aviso-prévio. A segunda forma de término do contrato poderá ocorrer de maneira antecipada, ou seja, antes do prazo fixado pelas partes. Nesse caso, há pagamento de indenização. Para o pagamento dessa indenização, será necessário verificar quem deu causa ao desligamento.

Na hipótese de término antecipado por iniciativa do empregador, previsto no art. 479 da CLT, o empregador estará obrigado a pagar, a título de indenização, a metade da remuneração a que o empregado teria direito até o fim do contrato de trabalho fixado anteriormente. Além dessa indenização prevista na CLT, deverá pagar as verbas rescisórias, acrescidas da multa de 40% sobre os depósitos do FGTS. As verbas devidas são as seguintes: saldo de salário, 13º salário proporcional ao tempo trabalhado, férias + ⅓ proporcional ao tempo trabalhado, direito de levantar os depósitos do FGTS + multa de 40% sobre os depósitos efetuados e indenização prevista no art. 479 da CLT.

Por sua vez, se ocorrer o término antecipado por iniciativa do empregado, ou seja, pedido de demissão antes do prazo previamente fixado, previsto no art. 480 da CLT, o empregado deverá pagar indenização ao empregador, pelos prejuízos que esse desligamento antecipado causar à empresa. O valor do prejuízo não poderá ultrapassar aquela indenização que o empregado teria direito, prevista no art. 479 da CLT. Nesse caso, o empregado terá direito ao saldo de salário, 13º salário proporcional ao tempo trabalhado e férias + ⅓ proporcional ao tempo trabalhado.

1249. Nas respostas aqui oferecidas, serão indicadas e/ou transcritas súmulas, orientações jurisprudências do TST e artigos de lei, mas na prova não há essa necessidade salvo quando expressamente previsto no edital do concurso.

Por fim, se for estabelecida cláusula assecuratória de direito recíproco, prevista no art. 481 da CLT, a parte (empregado ou empregador) que decidir terminar o contrato antes do prazo fixado a conceder o aviso-prévio. Lembre-se de que não há, no contrato por prazo determinado, a necessidade de conceder o aviso-prévio, exceto se as partes estipularem a cláusula assecuratória de direito recíproco (cláusula de aviso-prévio). Dessa forma, não persiste o pagamento da multa do art. 479 da CLT na hipótese de extinção antecipada por iniciativa do empregador ou da indenização do art. 480 da CLT na hipótese de extinção antecipada por iniciativa do empregado.

▶ **ESTUDO DE CASO 06:**

João comunicou a seu empregador que é portador do vírus HIV. Após tomar conhecimento, seu empregador rescindiu, sem justa causa, o contrato de trabalho. Nesse caso, de acordo com a atual jurisprudência do TST, configura dispensa discriminatória? Fundamente e discorra sobre as consequências dessa dispensa.

RESPOSTA SUGERIDA PELO AUTOR:

Há algum tempo, o TST vem decidindo que caracteriza atitude discriminatória o ato da empresa que, já ciente do estado de saúde de trabalhador, dispensa o empregado portador do vírus HIV sem a ocorrência de falta grave. Nesse sentido, foi publicada a Súmula nº 443:

> **Súmula nº 443 do TST.** Dispensa discriminatória. Presunção. Empregado portador de doença grave. Estigma ou preconceito. Direito à reintegração.

Presume-se discriminatória a despedida de empregado portador do vírus HIV ou de outra doença grave que suscite estigma ou preconceito. Inválido o ato, o empregado tem direito à reintegração no emprego.

Assim, de acordo com o entendimento sumulado pelo TST, a dispensa de João é discriminatória. O ato discriminatório do empregador que dispensa em razão da condição peculiar do trabalhador fere diversos preceitos básicos constitucionais como: 1. Art. 1º, inciso III, da CF estabelece como base de todo ordenamento jurídico o respeito à dignidade da pessoa humana; 2. Art. 3º, inciso IV, da CF prevê que um dos objetivos da República é erradicar qualquer tipo de preconceito e discriminação; 3. Art. 5º, caput, e art. 7º da CF que preveem o princípio da igualdade. E, ainda, afronta a legislação infraconstitucional específica, prevista na Lei nº 9.029/1995.

É direito potestativo do empregador dispensar sem justa causa qualquer empregado, exceto aqueles detentores de estabilidade. O portador de doenças graves não possui estabilidade, pois não há previsão em lei nesse sentido. Somente terão direito à estabilidade, portanto, se houver previsão em acordo ou convenção coletiva ou, ainda, regulamento interno da empresa.

O TST, de acordo com a nova Súmula nº 443, presume que, uma vez tomada ciência da enfermidade, a dispensa sem justa causa de empregados que possuam algum tipo de doença grave, como HIV, é discriminatória. Em razão desse posicionamento do TST, o ônus da prova de que a dispensa não foi arbitrária ou discriminatória passa a ser do empregador.

Importa destacar que, diante do advento da Reforma Trabalhista, a Súmula em questão poderá ser modificada diante do exposto no art. 8º, § 2º da CLT:

Art. 8º, § 2º da CLT: "Súmulas e outros enunciados de jurisprudência editados pelo Tribunal Superior do Trabalho e pelos Tribunais Regionais do Trabalho não poderão restringir direitos legalmente previstos nem criar obrigações que não estejam previstas em lei".

► **QUESTÃO DISSERTATIVA 07:**

Quais as consequências jurídicas da morte do empregador para o contrato de trabalho?

RESPOSTA SUGERIDA PELO AUTOR[1250]:

A resposta à questão não foi afetada pela Reforma Trabalhista.

A morte do empregador pode ou não levar ao término do contrato de trabalho. Em regra, não leva à extinção do contrato de trabalho, pois mudanças jurídicas da empresa não afetam os contratos em curso (arts. 10, 448 e 448-A da CLT).

Entretanto, a morte do empregador pessoa física (pessoa jurídica não morre) pode gerar duas hipóteses diferentes de término do contrato de trabalho. A primeira delas, prevista no art. 485, CLT, ocorre com o fechamento da empresa e cessação da atividade empresarial. Dessa forma, o empregado será dispensado e o contrato de trabalho será extinto, o que equivale à dispensa sem justa causa e todas as verbas rescisórias devem ser pagas. Nessa hipótese, o empregado possui as mesmas verbas rescisórias como se fosse dispensado sem justa causa, pois houve o fim do contrato, quais sejam: saldo de salário (dias efetivamente trabalhados), décimo terceiro salário proporcional, férias vencidas e proporcionais, ambas com o terço constitucional (súmula nº 328, TST), aviso-prévio indenizado, conforme súmula nº 44 do TST, saque de depósitos do FGTS e multa de 40% (art. 18, § 1º, Lei do FGTS) e seguro desemprego, caso atendidos os requisitos da legislação previdenciária.

Outra hipótese, entretanto, está prevista no art. 483, § 2º da CLT: "No caso de morte do empregador constituído em empresa individual, é facultado ao empregado rescindir o contrato de trabalho.". Com a morte do empresário individual, se outra pessoa continua o negócio, há a possibilidade de o empregado continuar ou terminar o vínculo empregatício. Trata-se, portanto, de uma mera faculdade do trabalhador. Se decidir terminar o vínculo, será pedido de demissão. Receberá as verbas decorrentes desse pedido. Prevalece, na doutrina, que nesse caso, não há necessidade de conceder o aviso-prévio.

► **ESTUDO DE CASO 08:**

Maria foi empregada da empresa SSR Ltda. durante 7 meses, quando foi dispensada sem justa causa em 03/03/2016. Ademais, foi comunicada de que seu aviso-prévio será indenizado. A empresa efetuou o pagamento das verbas rescisórias no último dia de projeção do aviso-prévio, ou seja, 30 dias após a comunicação da dispensa de Maria. Por fim, a homologação das verbas rescisórias foi realizada pelo setor de RH da empresa SSR. Diante do exposto, responda as questões a seguir:

a) A data de pagamento das verbas rescisórias de Maria é correta? Explique.
b) Qual a consequência jurídica para o atraso no pagamento das verbas rescisórias? Explique.
c) A homologação das verbas trabalhistas de Maria é válida? Explique.

1250. Nas respostas aqui no livro, serão indicadas e/ou transcritas súmulas, orientações jurisprudências do TST e artigos de lei, mas na prova não há essa necessidade salvo quando expressamente previsto no edital do concurso.

RESPOSTA SUGERIDA PELO AUTOR[1251]:

O prazo para o pagamento das verbas rescisórias será realizado até o 10º dia contados a partir do término do contrato (art. 477, § 6º da CLT). Assim, tendo em vista o recebimento do aviso-prévio indenizado, o empregador de Maria deveria efetuar o pagamento das verbas rescisórias no prazo de 10 dias contados do recebimento do aviso-prévio.

Se o empregador descumprir o prazo anterior, será obrigado ao pagamento de multa no valor equivalente ao salário do empregado, exceto se, comprovadamente, o trabalhador foi quem deu causa ao atraso do pagamento. Importante ressaltar que essa multa, prevista no art. 477, § 8º da CLT, incide nos contratos por prazo determinado e indeterminado, inclusive nos casos em que a rescisão contratual se tenha operado por prática de falta grave pelo trabalhador.

O prazo anterior é contado excluindo-se o dia da notificação da dispensa e incluindo-se o dia do vencimento, conforme previsto na OJ 162. Se o dia do vencimento cair no domingo ou feriado, o prazo é prorrogado até o primeiro dia útil seguinte.

Por fim, com o advento da Reforma Trabalhista, não há mais exigência de homologação das verbas trabalhistas. A Reforma Trabalhista revogou o § 1º e 3º do art. 477 da CLT, que previam a homologação das verbas rescisórias para os trabalhadores com mais de um ano de serviço e passou a estabelecer apenas a necessidade de comunicação da dispensa aos órgãos competentes.

A ausência de homologação das verbas trabalhistas foi a opção adotada pelo legislador da Reforma Trabalhista para desburocratizar o processo do término do contrato de trabalho. Além disso, o fim da homologação das verbas rescisórias no final do contrato de trabalho possibilita que seja celebrado acordo extrajudicial homologado pelo Poder Judiciário em processo de jurisdição voluntária, criado nos arts. 855-B a 855-E da CLT.

► **QUESTÃO DISCURSIVA 09:**

Quais impactos a Reforma Trabalhista nos aspectos ligados ao Término do Contrato de Trabalho?

RESPOSTA SUGERIDA PELO AUTOR:

O término do contrato de trabalho é direito potestativo das partes. Empregado e empregador podem colocar fim ao contrato em qualquer momento. As hipóteses de estabilidade, entretanto, reduzem a possibilidade de término do contrato para o empregador. O texto constitucional prevê a impossibilidade de dispensa sem justa causa nos termos da lei complementar, que ainda não foi regulamentada. Portanto, no Brasil, a dispensa sem justa causa ainda é plenamente possível.

As hipóteses de extinção contratual na CLT são divididas em: rescisão, quando houver nulidade contratual; resolução, quando o contrato é extinto em razão do ato

1251. Nas respostas aqui no livro, serão indicadas e/ou transcritas súmulas, orientações jurisprudências do TST e artigos de lei, mas na prova não há essa necessidade salvo quando expressamente previsto no edital do concurso.

faltoso de uma das partes e resilição, que é manifestação unilateral imotivada que coloca fim ao contrato de trabalho. Nesse caso, são espécies a dispensa sem justa causa, o pedido de demissão e, com a Lei nº 13.467/2017, o distrato.

A Reforma Trabalhista, que causou impactos estruturantes no Direito e no Processo do Trabalho, de forma inédita, prevê o distrato como hipótese de resilição bilateral do contrato de trabalho. Por meio do distrato, empregado e empregador acordam o fim do contrato. Essa prática era vedada pela jurisprudência anterior à Reforma. A impossibilidade de realização de acordo entre empregado e empregador para pôr fim ao contrato de trabalho levava, em alguns casos, ao cometimento, na prática, de atos pelos empregados ou pelos empregadores para "forçar" a outra parte a resilir unilateralmente o contrato de trabalho.

Além disso, era comum a ocorrência de acordo entre empregado e empregador para simular a dispensa sem justa causa. Nesse caso, o trabalhador podia levantar os depósitos do FGTS mesmo quando ele desejasse pôr fim ao contrato de trabalho. Se o trabalhador efetuasse o pedido de demissão não teria direito ao levantamento dos depósitos. Muitos empregados e empregadores efetuavam uma espécie de "distrato" do contrato de trabalho, pela qual o empregado era "dispensado sem justa causa", viabilizando o recebimento do FGTS e o trabalhador se comprometia a devolver a multa de 40% recebida ao empregador.

Na hipótese de distrato, o empregado terá direito a 50% do valor do aviso prévio caso indenizado e 20% da multa sobre os depósitos do FGTS. Além disso, o saque aos depósitos é limitado a 80% dos valores e o trabalhador não terá direito ao seguro-desemprego.

A Reforma Trabalhista também passou a regulamentar os efeitos da adesão ao Programa de Demissão Voluntária – PDV, que tem por objetivo conceder uma vantagem pecuniária ao empregado que se desligar do trabalho voluntariamente. É utilizado para reduzir os quadros da empresa e também para colocar fim ao contrato de trabalho. Em resumo, o empregado pede demissão e recebe uma indenização, além das verbas rescisórias clássicas. De acordo com a nova redação do art. 477-B da CLT, o plano de demissão voluntária ou incentivada, para dispensa individual, plúrima ou coletiva, enseja a quitação plena e irrevogável dos direitos da relação de emprego desde que previsto em convenção coletiva ou acordo coletivo de trabalho.

A dispensa em massa também passa a contar com expressa previsão na CLT e foi equiparada à dispensa individual. Antes da nova lei trabalhista, o TST tinha o posicionamento que exigia a celebração de acordo ou convenção coletiva de trabalho para a dispensa em massa. Com a equiparação à dispensa individual, não há mais a prévia necessidade de negociação coletiva. Ressalta-se, contudo, que, conforme tese fixada pelo STF no julgamento do Tema 638 da Repercussão Geral, a validada das dispensas em massa depende da participação do sindicato dos empregados nesse processo, mas não de sua autorização ou da celebração de acordo ou convenção coletiva de trabalho.

A Lei nº 13.467/2017 modificou profundamente as obrigações decorrentes do término do contrato de trabalho. O procedimento de homologação das verbas rescisórias, realizado pelo sindicato ou em sua ausência pelo Ministério do Trabalho, foi revogado. A nova redação do art. 477 da CLT passou a exigir a anotação do término do contrato de trabalho na CTPS do empregado, a comunicação da dispensa aos órgãos competentes e o pagamento das verbas rescisórias no prazo legal. Vale destacar, ainda, que o prazo de pagamento foi unificado em 10 dias contado do término do contrato de trabalho.

Por fim, criou-se a figura da quitação anual das obrigações trabalhistas, que estabelece a faculdade de empregado e empregador celebrarem termo de quitação perante o sindicato dos empregados da categoria. O termo deverá discriminar as obrigações de dar e fazer cumpridas mensalmente e terá eficácia liberatória das parcelas nele especificadas. A quitação com a devida assistência do órgão sindical possibilita a eficácia liberatória em relação às parcelas expressamente previstas.

► **QUESTÃO DISCURSIVA 10:**

Disserte, abordando os principais pontos, inclusive discussões sobre a constitucionalidade, do instituto do distrato.

RESPOSTA SUGERIDA PELO AUTOR:

A extinção do contrato de trabalho se trata de direito potestativo das partes. A Reforma Trabalhista, que causou impactos estruturantes no Direito e no Processo do Trabalho, de forma inédita, prevê o distrato como hipótese de resilição bilateral do contrato de trabalho. Por meio do distrato, empregado e empregador acordam o fim do contrato. Essa prática era vedada pela jurisprudência anterior à Reforma. A impossibilidade de realização de acordo entre empregado e empregador para pôr fim ao contrato de trabalho levava, em alguns casos, ao cometimento, na prática, de atos pelos empregados ou pelos empregadores para "forçar" a outra parte a resilir unilateralmente o contrato de trabalho.

Além disso, era comum a ocorrência de acordo entre empregado e empregador para simular a dispensa sem justa causa. Nesse caso, o trabalhador podia levantar os depósitos do FGTS mesmo quando ele desejasse pôr fim ao contrato de trabalho. Se o trabalhador efetuasse o pedido de demissão não teria direito ao levantamento dos depósitos. Muitos empregados e empregadores efetuavam uma espécie de "distrato" do contrato de trabalho, pela qual o empregado era "dispensado sem justa causa", viabilizando o recebimento do FGTS e o trabalhador se comprometia a devolver a multa de 40% recebida ao empregador.

Na hipótese de distrato, o empregado terá direito a 50% do valor do aviso prévio caso indenizado e 20% da multa sobre os depósitos do FGTS. Além disso, o saque aos depósitos é limitado a 80% dos valores e o trabalhador não terá direito ao seguro-desemprego. As demais parcelas são pagas integralmente.

Em que pese as discussões envolvendo a inconstitucionalidade da Reforma Trabalhista, a doutrina e a jurisprudência tendem à não declaração total da norma. Por outro lado, alguns pontos geram muitas discussões como o trabalho autônomo, o dano extrapatrimonial e a redução pela metade do aviso prévio, já que, neste caso, a Constituição Federal prevê o prazo mínimo de 30 dias, enquanto que a lei infraconstitucional prevê sua redução pela metade.

É possível que o distrato seja levado para homologação do judiciário, já que com a Reforma Trabalhista passa a ser possível acordo extrajudicial homologado pelo Juiz do Trabalho, com força de trânsito em julgado.

Em suma, a extinção do contrato de trabalho é direito potestativo das partes, tendo a Reforma Trabalhista previsto um novo tipo de resilição contratual, denominado distrato, o qual suscitará dúvidas sobre sua inconstitucionalidade no tocante ao pagamento em metade do aviso prévio indenizado.

▶ **QUESTÃO DISCURSIVA 11:**

Disserte sobre a quitação anual das verbas rescisórias prevista na Reforma Trabalhista.

RESPOSTA SUGERIDA PELO AUTOR:

O término do contrato de trabalho deve ser um momento de atenção em razão do montante das parcelas a serem pagas ao trabalhador. Antes da Reforma Trabalhista, havia a necessidade de homologação das verbas rescisórias junto ao sindicato da categoria ou pelo Ministério do Trabalho, para os empregados com mais de um ano de contrato. Essa necessidade de homologação foi extinta com a Reforma Trabalhista.

Agora, o sindicato ganha papel relevante com a Reforma Trabalhista. Além da possibilidade de ampla negociação, pode conferir quitação anual das verbas rescisórias, nos termos do art. 507-B da CLT. Trata-se da faculdade de empregado e empregador celebrarem termo de quitação perante o sindicato dos empregados da categoria. O termo deverá discriminar as obrigações de dar e fazer cumpridas mensalmente e terá eficácia liberatória das parcelas nele especificadas.

A quitação com a devida assistência do órgão sindical possibilita a eficácia liberatória em relação às parcelas expressamente previstas. Em tese, as parcelas pagas não poderão ser rediscutidas no Poder Judiciário a não ser que se constate vício no consentimento. Por outro lado, as parcelas não consignadas no termo de quitação poderão ser discutidas futuramente na Justiça do Trabalho.

Note-se que, para que tenha essa eficácia liberatória, o novo art. 507-B da CLT obriga a homologação do termo de quitação no sindicato da categoria profissional. Ocorre que quitação anual é medida facultativa que não obriga o sindicato da categoria profissional de realizar a assistência do empregado. Na recusa do sindicato em assistir os trabalhadores, não há previsão de outro órgão que possa realizar a quitação anual, não sendo possível a concessão de eficácia liberatória das parcelas.

Em resumo, a quitação veio para dar segurança jurídica ao término do contrato, mas muitos trabalhadores, ainda na vigência do contrato de trabalho, darão quitação das parcelas e isso gerará discussões no judiciário.

▶ **ESTUDO DE CASO 12:**

Lucas, com 16 anos de idade, foi contratado para trabalhar como atendente de balcão no supermercado MN Ltda. Foi estabelecida jornada de trabalho de 8 horas diárias 44 horas semanais com uma hora de intervalo intrajornada. Em diversos dias, o intervalo intrajornada não era usufruído diante da ausência de funcionários para assumir sua função. Após a prestação de serviços por 8 meses e antes de completar 17 anos, o empregado foi dispensado sem justa causa. Transcorrido o período de 3 anos da extinção do contrato de trabalho, Lucas ajuizou reclamação trabalhista exigindo o pagamento do intervalo intrajornada suprimido como horas extras. Diante do exposto, responda as questões a seguir:

a) A pretensão apresentada por Lucas está prescrita? Explique.

b) O que são causas suspensivas e interruptivas do prazo prescricional? Dê exemplos.

RESPOSTA SUGERIDA PELO AUTOR[1252]:

Prescrição é o lapso temporal que o trabalhador possui para exigir, na Justiça do Trabalho, um direito que lhe foi violado. O prazo prescricional para o adolescente menor de 18 anos é o mesmo dos demais trabalhadores, ou seja, 2 anos para ingressar com a ação judicial (reclamação trabalhista), após a extinção do contrato de trabalho, podendo pleitear os últimos 5 anos, a contar do ingresso da ação.

O que diferencia, entretanto, é o fato de que, contra o menor de 18 anos, não corre prazo prescricional, ou seja, há uma causa impeditiva de contagem do prazo. Na hipótese do contrato de trabalho de Lucas, não correrá o prazo prescricional até que ele complete 18 anos. Ao completar essa idade, inicia-se o prazo de 2 anos para ingressar com a ação na Justiça do Trabalho. Ressalta-se que não é vedado ao menor ingressar com a reclamação trabalhista antes de completar 18 anos. Se preferir a espera da maioridade, repita-se, não correrão os prazos, de 2 e 5 anos, contra esse trabalhador. Por outro lado, se quiser ingressar antes da maioridade, deverá ser assistido por seus representantes legais.

No caso em análise, em razão da causa impeditiva da contagem do prazo e considerando que na data do término do contrato o empregado não tinha completado 17 anos, não ocorreu a prescrição.

No tocante às causas suspensivas da prescrição, é importante salientar que o prazo prescricional ficará congelado, ou seja, haverá uma parada temporária até que seja cessado o obstáculo. Após o término do obstáculo, retoma-se a contagem. Assim, por exemplo, o ingresso do empregado com pedido de conciliação na Comissão de Conciliação Prévia suspende o prazo prescricional e, caso frustrada a tentativa de conciliação, volta a correr de onde parou.

Por fim, as causas interruptivas tem como consequência o reinício da contagem do prazo prescricional por inteiro. Assim, por exemplo, o empregado, ao ingressar com a ação judicial (reclamação trabalhista), interrompe o prazo prescricional, que volta a correr novamente do início. Note-se que a interrupção da prescrição ocorrerá ainda que a ação seja ajuizada perante juízo incompetente e mesmo que venha a ser extinta sem resolução do mérito, produzindo efeitos apenas em relação aos pedidos idênticos (art. 11, § 3º da CLT).

5. SÚMULAS E ORIENTAÇÕES JURISPRUDENCIAIS DO TST

▶ CAPÍTULO X – AVISO-PRÉVIO, TÉRMINO DO CONTRATO DE TRABALHO, PRESCRIÇÃO E DECADÊNCIA
Prescrição e decadência
Orientação Jurisprudencial nº 83 da SDI – I do TST. A prescrição começa a fluir no final da data do término do aviso prévio. Art. 487, § 1º, CLT.
Súmula nº 308 do TST. I – Respeitado o biênio subsequente à cessação contratual, a prescrição da ação trabalhista concerne às pretensões imediatamente anteriores a cinco anos, contados da data do ajuizamento da reclamação e, não, às anteriores ao quinquênio da data da extinção do contrato.

1252. Nas respostas aqui no livro, serão indicadas e/ou transcritas súmulas, orientações jurisprudências do TST e artigos de lei, mas na prova não há essa necessidade salvo quando expressamente previsto no edital do concurso.

II. A norma constitucional que ampliou o prazo de prescrição da ação trabalhista para 5 (cinco) anos é de aplicação imediata e não atinge pretensões já alcançadas pela prescrição bienal quando da promulgação da CF/1988.
Súmula nº 294 do TST[1253]. Tratando-se de demanda que envolva pedido de prestações sucessivas decorrente de alteração do pactuado, a prescrição é total, exceto quando o direito à parcela esteja também assegurado por preceito de lei.
Orientação Jurisprudencial nº 175 da SDI – I do TST. A supressão das comissões, ou a alteração quanto à forma ou ao percentual, em prejuízo do empregado, é suscetível de operar a prescrição total da ação, nos termos da Súmula nº 294 do TST, em virtude de cuidar-se de parcela não assegurada por preceito de lei.
Orientação Jurisprudencial nº 242 da SDI – I do TST. Embora haja previsão legal para o direito à hora extra, inexiste previsão para a incorporação ao salário do respectivo adicional, razão pela qual deve incidir a prescrição total.
Súmula nº 199 do TST. I – A contratação do serviço suplementar, quando da admissão do trabalhador bancário, é nula. Os valores assim ajustados apenas remuneram a jornada normal, sendo devidas as horas extras com o adicional de, no mínimo, 50% (cinquenta por cento), as quais não configuram pré-contratação, se pactuadas após a admissão do bancário. II – Em se tratando de horas extras pré-contratadas, opera-se a prescrição total se a ação não for ajuizada no prazo de cinco anos, a partir da data em que foram suprimidas.
Súmula nº 275 do TST. I – Na ação que objetive corrigir desvio funcional, a prescrição só alcança as diferenças salariais vencidas no período de 5 (cinco) anos que precedeu o ajuizamento. II – Em se tratando de pedido de reenquadramento, a prescrição é total, contada da data do enquadramento do empregado.
Súmula nº 326 do TST. A pretensão à complementação de aposentadoria jamais recebida prescreve em 2 (dois) anos contados da cessação do contrato de trabalho.
Orientação Jurisprudencial nº 243 da SDI – I do TST. Aplicável a prescrição total sobre o direito de reclamar diferenças salariais resultantes de planos econômicos.
Orientação Jurisprudencial nº 76 da SDI – I do TST. A alteração contratual consubstanciada na substituição dos avanços trienais por quinquênios decorre de ato único do empregador, momento em que começa a fluir o prazo fatal de prescrição.
Súmula nº 6, IX, do TST. Na ação de equiparação salarial, a prescrição é parcial e só alcança as diferenças salariais vencidas no período de 5 (cinco) anos que precedeu o ajuizamento.
Súmula nº 452 do TST. Diferenças salariais. Plano de cargos e salários. Descumprimento. Critérios de promoção não observados. Prescrição parcial. Tratando-se de pedido de pagamento de diferenças salariais decorrentes da inobservância dos critérios de promoção estabelecidos em Plano de Cargos e Salários criado pela empresa, a prescrição aplicável é a parcial, pois a lesão é sucessiva e se renova mês a mês.
Súmula nº 327 do TST. A pretensão a diferenças de complementação de aposentadoria sujeita-se à prescrição parcial e quinquenal, salvo se o pretenso direito decorrer de verbas não recebidas no curso da relação de emprego e já alcançadas pela prescrição, à época da propositura da ação.
Súmula nº 373 do TST. Tratando-se de pedido de diferença de gratificação semestral que teve seu valor congelado, a prescrição aplicável é a parcial.
Súmula nº 409 do TST. Não procede ação rescisória calcada em violação do art. 7º, XXIX, da CF/1988 quando a questão envolve discussão sobre a espécie de prazo prescricional aplicável aos créditos trabalhistas, se total ou parcial, porque a matéria tem índole infraconstitucional, construída, na Justiça do Trabalho, no plano jurisprudencial.
Orientação Jurisprudencial nº 375 da SDI – I do TST. A suspensão do contrato de trabalho, em virtude da percepção do auxílio-doença ou da aposentadoria por invalidez, não impede a fluência da prescrição quinquenal, ressalvada a hipótese de absoluta impossibilidade de acesso ao Judiciário.
Súmula nº 268 do TST[1254]. A ação trabalhista, ainda que arquivada, interrompe a prescrição somente em relação aos pedidos idênticos.

1253. Esta súmula poderá ser impactada pelo art. 11, § 2º da CLT acrescentado pela Reforma Trabalhista – Lei nº 13.467/2017.

1254. Esta súmula poderá ser impactada pelo art. 11, § 3º da CLT acrescentado pela Reforma Trabalhista – Lei nº 13.467/2017.

Orientação Jurisprudencial nº 392 da SDI - I do TST. O protesto judicial é medida aplicável no processo do trabalho, por força do art. 769 da CLT e do art. 15 do CPC de 2015. O ajuizamento da ação, por si só, interrompe o prazo prescricional, em razão da inaplicabilidade do § 2º do art. 240 do CPC de 2015 (§ 2º do art. 219 do CPC de 1973), incompatível com o disposto no art. 841 da CLT.

Orientação jurisprudencial nº 271 da SDI - I do TST. Rurícola. O prazo prescricional da pretensão do rurícola, cujo contrato de emprego já se extinguira ao sobrevir a Emenda Constitucional nº 28, de 26/05/2000, tenha sido ou não ajuizada a ação trabalhista, prossegue regido pela lei vigente ao tempo da extinção do contrato de emprego.

Súmula nº 114 do TST[1255]. É inaplicável na Justiça do Trabalho a prescrição intercorrente.

Súmula nº 153 do TST[1256]. Não se conhece de prescrição não arguida na instância ordinária.

Súmula nº 156 do TST. Da extinção do último contrato começa a fluir o prazo prescricional do direito de ação em que se objetiva a soma de períodos descontínuos de trabalho.

Súmula nº 362 do TST: FGTS. Prescrição.

I - Para os casos em que a ciência da lesão ocorreu a partir de 13.11.2014, é quinquenal a prescrição do direito de reclamar contra o não recolhimento de contribuição para o FGTS, observado o prazo de dois anos após o término do contrato;

II - Para os casos em que o prazo prescricional já estava em curso em 13.11.2014, aplica-se o prazo prescricional que se consumar primeiro: trinta anos, contados do termo inicial, ou cinco anos, a partir de 13.11.2014 (STF-ARE-709212/DF).

Súmula nº 206 do TST. A prescrição da pretensão relativa às parcelas remuneratórias alcança o respectivo recolhimento da contribuição para o FGTS.

Orientação Jurisprudencial nº 344 da SDI - I do TST. O termo inicial do prazo prescricional para o empregado pleitear em juízo diferenças da multa do FGTS, decorrentes dos expurgos inflacionários, deu-se com a vigência da Lei Complementar nº 110, em 30.06.01, salvo comprovado trânsito em julgado de decisão proferida em ação proposta anteriormente na Justiça Federal, que reconheça o direito à atualização do saldo da conta vinculada.

Orientação Jurisprudencial nº 370 da SDI - I do TST. O ajuizamento de protesto judicial dentro do biênio posterior à Lei Complementar nº 110, de 29.06.2001, interrompe a prescrição, sendo irrelevante o transcurso de mais de dois anos da propositura de outra medida acautelatória, com o mesmo objetivo, ocorrida antes da vigência da referida lei, pois ainda não iniciado o prazo prescricional, conforme disposto na Orientação Jurisprudencial nº 344 da SBDI-1.

Súmula nº 350 do TST. Prescrição. O prazo de prescrição com relação à ação de cumprimento de decisão normativa flui apenas da data de seu trânsito em julgado.

Súmula nº 382 do TST. A transferência do regime jurídico de celetista para estatutário implica extinção do contrato de trabalho, fluindo o prazo da prescrição bienal a partir da mudança de regime.

Súmula nº 243 do TST. Exceto na hipótese de previsão contratual ou legal expressa, a opção do funcionário público pelo regime trabalhista implica a renúncia dos direitos inerentes ao regime estatutário.

Orientação Jurisprudencial nº 129 da SDI - I do TST. A prescrição extintiva para pleitear judicialmente o pagamento da complementação de pensão e do auxílio-funeral é de 2 anos, contados a partir do óbito do empregado.

Orientação Jurisprudencial nº 130 da SDI - I do TST. Ao exarar o parecer na remessa de ofício, na qualidade de *custos legis78*, o Ministério Público não tem legitimidade para arguir a prescrição em favor de entidade de direito público, em matéria de direito patrimonial.

Orientação Jurisprudencial nº 417 da SDI - I do TST Não há prescrição total ou parcial da pretensão do trabalhador rural que reclama direitos relativos a contrato de trabalho que se encontrava em curso à época da promulgação da Emenda Constitucional nº 28, de 26.05.2000, desde que ajuizada a demanda no prazo de cinco anos de sua publicação, observada a prescrição bienal.

1255. Esta súmula poderá ser impactada pelo art. 11-A da CLT acrescentado pela Reforma Trabalhista – Lei nº 13.467/2017.

1256. Esta súmula poderá ser impactada pelo art. 11-A, § 2º da CLT acrescentado pela Reforma Trabalhista – Lei nº 13.467/2017.

Decadência
Súmula nº 62 do TST. O prazo de decadência do direito do empregador de ajuizar inquérito em face do empregado que incorre em abandono de emprego é contado a partir do momento em que o empregado pretendeu seu retorno ao serviço.

CAPÍTULO XI

DIREITO COLETIVO DO TRABALHO

1. INTRODUÇÃO

Ao estudar o Direito Individual, a relação jurídica entre empregado e empregador é pautada pela desigualdade entre as partes. De um lado, o empregador: economicamente mais forte, de outro o trabalhador: juridicamente subordinado. Em razão da hipossuficiência do empregado, há princípios protetivos que devem ser aplicados a essa relação jurídica desigual.

No Direito Coletivo do Trabalho, como há a presença das entidades sindicais para a defesa dos trabalhadores, as partes são equivalentes. Diante disso, não se aplica ao sindicato profissional o princípio protetivo, pois ele é um ser coletivo, com ampla possibilidade de defesa dos trabalhadores, sem qualquer tipo de subordinação às empresas. Por isso, algumas concessões e restrições aos direitos dos trabalhadores, por exemplo, a redutibilidade salarial - art. 7º, VI, CF/88 - somente são válidas se feitas via negociação coletiva. O mote da reforma trabalhista, especialmente na redação do art. 611-A da CLT, consistiu na valorização dos instrumentos coletivos de trabalho. Nesse sentido, verifica-se a prevalência do negociado sobre o legislado, o que assegura maior poder de negociação e representação dos trabalhadores pelos sindicatos. As próprias partes da relação jurídica coletiva podem transacionar com maior liberdade, pois, em um dos polos da relação jurídica está o sindicato da categoria profissional.

A Reforma Trabalhista, ainda, inseriu-se à CLT a figura do trabalhador "hipersuficiente". De acordo com o art. 444 da CLT, esse empregado pode negociar com maior liberdade com o seu empregador as cláusulas do contrato de trabalho nas mesmas condições concedidas aos sindicatos no art. 611-A da CLT.

Ao tratar de Direito Coletivo do Trabalho, iremos estudar quatro pontos fundamentais. O primeiro deles é a organização sindical, isto é, sindicatos, federação, confederaçao (e centrais sindicais). O segundo, a negociação coletiva, ou seja, convenções e acordos coletivos. Na sequência, o exercício do direito de greve. Por fim, os meios de solução dos conflitos no âmbito das relações coleitvas de trabalho. A doutrina as divide em: autodefesa, autocomposição e Heterocomposição. Será dado enfoque às alterações trazidas pela Reforma Trabalhista e os novos contornos das relações coletivas de trabalho desenhados pela jurisprudência vinculante do Supremo Tribunal Federal.

O Direito Coletivo do Trabalho tem sido exigido, com frequência, nos últimos concursos para Analista do TRT. Aliás, até mesmo em algumas regiões, nos concursos de Técnico do TRT, a matéria é cobrada. Assim sendo, recomenda-se ao candidato uma leitura atenta da matéria e, principalmente, a memorização do 8º, 9º, 10º e 11º artigos da Constituição Federal, que serão estudados em seguida.

DIREITO COLETIVO
- **Organização sindical**
- **Negociação coletiva**
  - Acordos coletivos
  - Convenções coletivas
- **Greve**

2. PRINCÍPIOS ESPECÍFICOS DE DIREITO COLETIVO DO TRABALHO

Tendo em vista que a sistemática do Direito Coletivo do Trabalho é diversa daquela empregada ao Direito Individual, é possível identificar princípios específicos desse segmento do Direito do Trabalho. A seguir, destacamos alguns dos princípios mais importantes do Direito Coletivo.

2.1. Liberdade sindical

A liberdade sindical é o princípio estruturante do Direito Coletivo do Trabalho em um Estado Democrático de Direito. É pautada na democracia e no pluralismo das relações sindicais. De acordo com esse princípio, **o Estado não poderá intervir ou interferir na entidade sindical**. O sindicato é, portanto, livre quanto a sua fundação, organização e filiação.

A Constituição Federal de 1988 assumiu papel importante na implementação desse princípio, uma vez que assegurou a liberdade plena de associação para fins lícitos no rol de direitos individuais e expressamente a liberdade de associação sindical no capítulo de direitos sociais dos trabalhadores:

> **Art. 5º, CF/88:** Todos são iguais perante a lei, sem distinção de qualquer natureza, garantindo-se aos brasileiros e aos estrangeiros residentes no País a inviolabilidade do direito à vida, à liberdade, à igualdade, à segurança e à propriedade, nos termos seguintes:
>
> **XVII:** é plena a liberdade de associação para fins lícitos, vedada a de caráter paramilitar;
>
> **Art. 8º, CF/88:** É livre a associação profissional ou sindical, observado o seguinte:
>
> I – a lei não poderá exigir autorização do Estado para a fundação de sindicato, ressalvado o registro no órgão competente, vedadas ao Poder Público a interferência e a intervenção na organização sindical;
>
> (...) V – ninguém será obrigado a filiar-se ou a manter-se filiado a sindicato;

Antes disso, a criação de entidades sindicais era condicionada à outorga do Ministério do Trabalho:

> **Art. 520, CLT:** Reconhecida como sindicato a associação profissional, ser-lhe-á expedida carta de reconhecimento, assinada pelo ministro do Trabalho, Indústria e Comércio, na qual será especificada a representação econômica ou profissional conferida e mencionada a base territorial outorgada.
>
> Parágrafo único. O reconhecimento investe a associação nas prerrogativas do art. 513 e a obriga aos deveres do art. 514, cujo inadimplemento a sujeitará às sanções desta lei.

É necessário, contudo, ressaltar que a liberdade sindical não é plena no Brasil, uma vez que ainda é aplicado o **princípio da unicidade sindical, ainda há limitação geográfica para a constituição de sindicatos (base territorial mínima de um município) e ainda se restringe a agregação de interesses pelo critério da categoria.** Esses entulhos corporativistas, de características fascistas, impedem a criação de mais de um sindicato, seja representativo de categoria profissional (trabalhadores), seja da categoria econômica (empregadores), numa mesma base territorial. Limita-se, portanto, o direito de escolha dos trabalhadores e dos empregadores.

Por esta razão, o Brasil, enquanto membro fundador da Organização Internacional do Trabalho e com assento permanente no Conselho de Administração, é criticado internacionalmente, não só por não ter ratificado a Convenção nº 87 da OIT, que prevê a plena liberdade sindical, mas, principalmente, por fundar sua organização sindical em valores diametralmente opostos àqueles estabelecidos pelo referido instrumento.

Outro entulho corporativista que permanecia na legislação nacional e afrontava a liberdade sindical plena proposta pela OIT, a contribuição sindical compulsória, principal de fonte de custeio do sindicato em nossa História recente, foi fortemente atacada pela Reforma Trabalhista. Em suma, com as alterações promovidas pela Lei nº 13.467/2017, a contribuição sindical passa a ser facultativa, dependendo de expressa autorização do trabalhador para seu desconto.

Feitas essas considerações, ressalta-se que há 3 princípios que derivam da liberdade sindical:

a) **Princípio da liberdade de fundação ou criação do sindicato:** De acordo com a CF/88, a lei não poderá exigir autorização especial para criação do sindicato. Há duas etapas para fundação de um sindicato: o primeiro passo é o registro no cartório para aquisição de personalidade jurídica de direito privado (art. 45 do CC/2002) e, posteriormente, é preciso fazer o registro no do Trabalho e Emprego para controle da unicidade sindical.

b) **Princípio da liberdade de administração ou organização (princípio da autodeterminação gerencial das entidades sindicais):** a administração interna será de acordo com o estatuto do sindicato. O Poder Executivo (ou terceiro estranho à categoria representada), repita-se, não pode interferir na sua organização interna. Entretanto, essa liberdade sindical não é absoluta. Há necessidade de observância ao princípio da legalidade. O Legislativo, por meio de leis, poderá traçar alguns parâmetros ao funcionamento do ente sindical. Aliás, o Poder Judiciário, poderá, via decisões judiciais, coibir abusos praticados por membros da diretoria, preservando, portanto, a ordem pública. E por fim, o Ministério Público do Trabalho poderá investigar as condutas praticas pelo sindicato.

c) **Princípio da liberdade da filiação:** A liberdade de filiação é manifestação da liberdade sindical individual, que consiste na participação (ou não) do indivíduo nas atividades dos sindicatos. Pode se manifestar em dois aspectos: positivo e negativo. O positivo é o direito de se filiar nas entidades e de permanecer filiado. Já o aspecto negativo refere-se à liberdade de se retirar do sindicato (desfiliação), ou ainda, o direito de não se filiar. Ademais, os empregados aposentados têm também o direito à filiação e ao voto nas assembleias.

Por ofensa ao princípio da liberdade sindical, a jurisprudência consolidada do TST proíbe a instituição da denominada *preferencial shop*, que favorece a contratação de empregados sindicalizados[1079]:

> **Orientação Jurisprudencial nº 20 da SDC do TST:** Viola o art. 8º, V, da CF/1988 cláusula de instrumento normativo que estabelece a preferência, na contratação de mão de obra, do trabalhador sindicalizado sobre os demais.

O art. 544 da CLT[1080], que versava sobre diversas hipóteses de preferência na contratação dos empregados sindicalizados sobre os demais, foi revogado tacitamente pela garantia constitucional da liberdade de filiação (art. 8º, inciso V, CF/88).

Nesse sentido, as proteções do trabalhador no âmbito sindical estão inseridas dentro do que se denomina "foro sindical", que compreende a proteção dos trabalhadores contra represálias de seu empregador em razão de atividade sindical. O "foro sindical" protege não apenas o dirigente sindical, mas também os demais trabalhadores contra atos dos empregadores tendentes a viola a liberdade sindical.

2.2. Princípio da autorregulamentação

O princípio da autorregulamentação é também conhecido como **princípio da autonomia coletiva dos particulares**[1081] e **princípio da criatividade jurídica nas negociações coletivas**[1082]. É o poder conferido ao sindicato de estabelecer normas coletivas que serão aplicadas no contrato de trabalho, por exemplo, previsão de plano de saúde para os empregados de determinada empresa. Os instrumentos coletivos (acordos e convenções) são fontes formais autônomas[1083], cogentes e imperativas do Direito do Trabalho. Ademais, verifica-se o reconhecimento desse princípio pela Constituição Federal:

> **Art. 7º** São direitos dos trabalhadores urbanos e rurais, além de outros que visem à melhoria de sua condição social:
>
> (...) XXVI – reconhecimento das convenções e acordos coletivos de trabalho;
>
> **Art. 8º** É livre a associação profissional ou sindical, observado o seguinte:
>
> (...) VI – é obrigatória a participação dos sindicatos nas negociações coletivas de trabalho;

1079. DELGADO, Mauricio Godinho. *Direito Coletivo do Trabalho*. 4. ed. São Paulo: LTr, 2011. p. 49.

1080. **Art. 544.** É livre a associação profissional ou sindical, mas ao empregado sindicalizado é assegurada, em igualdade de condições, preferência: I – para a admissão nos trabalhos de emprêsa que explore serviços públicos ou mantenha contrato com os podêres públicos; II – para ingresso em funções públicas ou assemelhadas, em caso de cessação coletiva de trabalho, por motivo de fechamento de estabelecimento: III – nas concorrências para aquisição de casa própria, pelo Plano Nacional de Habitação ou por intermédio de quaisquer instituições públicas; IV – nos loteamentos urbanos ou rurais, promovidos pela União, por seus órgãos de Administração Direta ou Indireta ou sociedades de economia mista; V – na locação ou compra de imóveis, de propriedade de pessoa de direito público ou sociedade de economia mista, quando sob ação de despêjo em tramitação judicial; VI – na concessão de empréstimos simples concedidos pelas agências financeiras do Govêrno ou a êle vinculadas; VII – na aquisição de automóveis, outros veículos e instrumentos relativos ao exercício da profissão, quando financiados pelas autarquias, sociedades de economia mista ou agências financeiras do Govêrno; VIII – (REVOGADO); IX – na concessão de bolsas de estudo para si ou para seus filhos, obedecida a legislação que regule a matéria.

1081. CASSAR, Vólia Bomfim. *Direito do Trabalho*. 8ª ed. São Paulo: Método, 2013. p. 1.213.

1082. DELGADO, Mauricio Godinho. *Curso de Direito do Trabalho*. 14ª ed. São Paulo: LTr, 2015. p. 1.417.

1083. Sobre esse tema, consulte o capítulo I desse livro.

Com a Reforma Trabalhista, referido princípio ganha força no Direito do Trabalho, pois as convenções e acordos coletivos de trabalho passam a prevalecer sobre a lei em diversas hipóteses, nos termos do art. 611-A da CLT:

> **Art. 611-A da CLT** *(inserido pela Reforma Trabalhista)*: A convenção coletiva e o acordo coletivo de trabalho têm prevalência sobre a lei quando, entre outros, dispuserem sobre:
>
> I – pacto quanto à jornada de trabalho, observados os limites constitucionais;
>
> II – banco de horas anual;
>
> III – intervalo intrajornada, respeitado o limite mínimo de trinta minutos para jornadas superiores a seis horas;
>
> IV – adesão ao Programa Seguro-Emprego (PSE), de que trata a Lei no 13.189, de 19 de novembro de 2015;
>
> V – plano de cargos, salários e funções compatíveis com a condição pessoal do empregado, bem como identificação dos cargos que se enquadram como funções de confiança;
>
> VI – regulamento empresarial;
>
> VII – representante dos trabalhadores no local de trabalho;
>
> VIII – teletrabalho, regime de sobreaviso, e trabalho intermitente;
>
> IX – remuneração por produtividade, incluídas as gorjetas percebidas pelo empregado, e remuneração por desempenho individual;
>
> X – modalidade de registro de jornada de trabalho;
>
> XI – troca do dia de feriado;
>
> XII – enquadramento do grau de insalubridade;
>
> XIII – prorrogação de jornada em ambientes insalubres, sem licença prévia das autoridades competentes do Ministério do Trabalho;
>
> XIV – prêmios de incentivo em bens ou serviços, eventualmente concedidos em programas de incentivo;
>
> XV – participação nos lucros ou resultados da empresa.

Referido dispositivo estabelece, em seus incisos, um rol de direitos cuja regulamentação por instrumentos coletivos de trabalho tem prevalência sobre a lei. Um dos pontos mais polêmicos do artigo consistiu na introdução, em seu "caput", da expressão **"entre outros"**. Portanto, o rol de direitos previstos é meramente **exemplificativo**. Além das 15 hipóteses elencadas – incisos I a XV, a Reforma Trabalhista permitiu que outros direitos possam prevalecer sobre a legislação.

É importante destacar a diferença entre as cláusulas contratuais e os instrumentos coletivos. Nos contratos individuais de trabalho, as cláusulas mais benéficas têm aderência permanente e, portanto, não podem ser removidas para prejudicar o trabalhador (art. 468, CLT[1084]). Por outro lado, os benefícios da negociação coletiva são temporários e, na maior parte dos casos, não estão previstos em lei. Assim, não há aderência permanente dessas conquistas ao contrato de trabalho, o que exige constante esforço do sindicato nas negociações para manter os direitos dos trabalhadores em âmbito coletivo.

1084. **Art. 468, CLT** – Nos contratos individuais de trabalho só é lícita a alteração das respectivas condições por mútuo consentimento, e ainda assim desde que não resultem, direta ou indiretamente, prejuízos ao empregado, sob pena de nulidade da cláusula infringente desta garantia.

DIFERENÇAS

- **Instrumento coletivo:** com a Reforma Trabalhista, não é permitida a elaboração de acordo ou convenção trabalhista por prazo superior a dois anos, vedada a ultratividade (teoria da aderência limitada ao prazo – art. 614, § 3º da CLT).
- **Cláusulas contratuais:** benefícios são concedidos de forma permanente e não podem ser retirados para prejudicar o trabalhador (princípio da condição mais benéfica – art. 468 da CLT).

2.3. Limite da negociação coletiva[1085] ou princípio da adequação setorial negociada[1086]

Os instrumentos coletivos devem ter sempre a finalidade de buscar condições mais benéficas para o trabalhador. As normas prejudiciais só podem ser estipuladas de forma excepcional, na busca de interesses mais amplos para a categoria e nos casos previstos pelo legislador. Podemos citar como exemplos: redução salarial, aumento da jornada para quem trabalha em turnos ininterruptos de revezamento, compensação etc.

Com a Reforma Trabalhista, a defesa de diversos direitos dos trabalhadores passa a ser assegurada exclusivamente aos sindicatos, que poderão negociar melhores ou piores condições de trabalho. Se permanecer a ausência de atuação efetiva ou a atuação contrária aos interesses dos trabalhadores por cooptação da entidade sindical pelos empregadores, poderá haver redução de direitos dos trabalhadores nas negociações coletivas, o que contribuiria para o retrocesso social.

Segundo posicionamento do MPT, com o qual concordamos, autorizar o rebaixamento de direitos por negociação coletiva não fortalece as tratativas entre trabalhadores e empregadores. Ao contrário, enfraquece e coloca em descrédito diante da sociedade esse importante instrumento de pacificação dos conflitos coletivos de trabalho.

A negociação coletiva tem o objetivo de harmonizar as relações de trabalho, pois estão em constante atrito diante dos interesses antagônicos entre empregado e empregador. Dessa forma, é possível a criação, modificação ou até mesmo a supressão de direitos para se assegurar a adequação das relações trabalhistas[1087]. A possibilidade de concessão de benefícios é ampla.

A Reforma Trabalhista foi pautada na valorização da negociação coletiva e na ampliação das hipóteses de flexibilização trabalhista. O art. 611-A da CLT ampliou significativamente as hipóteses em que a convenção e o acordo coletivo de trabalho prevalecem sobre a legislação, podendo inclusive prever condições prejudiciais aos trabalhadores.

Ocorre que a negociação coletiva tem limites que devem ser observados, ainda que ampliadas significativamente as hipóteses de valorização do negociado. Os direitos assegurados pela Constituição Federal, excepcionadas as hipóteses que o próprio texto

1085. CASSAR, Vólia Bomfim. *Direito do Trabalho*. 8ª ed. São Paulo: Método, 2013. p. 1.214.
1086. DELGADO, Mauricio Godinho. *Curso de Direito do Trabalho*. 14. ed. São Paulo: LTr, 2015. p. 1.419.
1087. CASSAR, Vólia Bomfim. *Direito do Trabalho*. 8ª ed. São Paulo: Método, 2013. p. 1.214.

constitucional permite, não são passíveis de flexibilização por meio de negociação coletiva, pois a Reforma Trabalhista foi aprovada como lei ordinária, tendo status infraconstitucional.

Ainda na tentativa de traçar limites ao alcance da negociação coletiva, o legislador da Reforma Trabalhista acrescentou o art. 611-B à CLT[1088]. Esse dispositivo é responsável por apresentar os direitos que não podem ser suprimidos ou reduzidos, pois constituem objeto ilícito de norma coletiva:

> **Art. 611-B, CLT** *(acrescentado pela Reforma Trabalhista).* Constituem objeto ilícito de convenção coletiva ou de acordo coletivo de trabalho, exclusivamente, a supressão ou a redução dos seguintes direitos:
>
> I – normas de identificação profissional, inclusive as anotações na Carteira de Trabalho e Previdência Social;
>
> II – seguro-desemprego, em caso de desemprego involuntário;
>
> III – valor dos depósitos mensais e da indenização rescisória do Fundo de Garantia do Tempo de Serviço (FGTS);
>
> IV – salário mínimo;
>
> V – valor nominal do décimo terceiro salário;
>
> VI – remuneração do trabalho noturno superior à do diurno;
>
> VII – proteção do salário na forma da lei, constituindo crime sua retenção dolosa;
>
> VIII – salário-família;
>
> IX – repouso semanal remunerado;
>
> X – remuneração do serviço extraordinário superior, no mínimo, em 50% (cinquenta por cento) à do normal;
>
> XI – número de dias de férias devidas ao empregado;
>
> XII – gozo de férias anuais remuneradas com, pelo menos, um terço a mais do que o salário normal;
>
> XIII – licença-maternidade com a duração mínima de cento e vinte dias;
>
> XIV – licença-paternidade nos termos fixados em lei;
>
> XV – proteção do mercado de trabalho da mulher, mediante incentivos específicos, nos termos da lei;
>
> XVI – aviso prévio proporcional ao tempo de serviço, sendo no mínimo de trinta dias, nos termos da lei;
>
> XVII – normas de saúde, higiene e segurança do trabalho previstas em lei ou em normas regulamentadoras do Ministério do Trabalho;
>
> XVIII – adicional de remuneração para as atividades penosas, insalubres ou perigosas;
>
> XIX – aposentadoria;
>
> XX – seguro contra acidentes de trabalho, a cargo do empregador;
>
> XXI – ação, quanto aos créditos resultantes das relações de trabalho, com prazo prescricional de cinco anos para os trabalhadores urbanos e rurais, até o limite de dois anos após a extinção do contrato de trabalho;
>
> XXII – proibição de qualquer discriminação no tocante a salário e critérios de admissão do trabalhador com deficiência;
>
> XXIII – proibição de trabalho noturno, perigoso ou insalubre a menores de dezoito anos e de qualquer trabalho a menores de dezesseis anos, salvo na condição de aprendiz, a partir de quatorze anos;

1088. Importante que o candidato **memorize** este artigo para as provas de TRT.

XXIV – medidas de proteção legal de crianças e adolescentes;

XXV – igualdade de direitos entre o trabalhador com vínculo empregatício permanente e o trabalhador avulso;

XXVI – liberdade de associação profissional ou sindical do trabalhador, inclusive o direito de não sofrer, sem sua expressa e prévia anuência, qualquer cobrança ou desconto salarial estabelecidos em convenção coletiva ou acordo coletivo de trabalho;

XXVII – direito de greve, competindo aos trabalhadores decidir sobre a oportunidade de exercê-lo e sobre os interesses que devam por meio dele defender;

XXVIII – definição legal sobre os serviços ou atividades essenciais e disposições legais sobre o atendimento das necessidades inadiáveis da comunidade em caso de greve;

XXIX – tributos e outros créditos de terceiros;

XXX – as disposições previstas nos arts. 373-A, 390, 392, 392-A, 394, 394-A, 395, 396 e 400 desta Consolidação.

Parágrafo único. Regras sobre duração do trabalho e intervalos não são consideradas como normas de saúde, higiene e segurança do trabalho para os fins do disposto neste artigo.

A análise atenta a esses dois artigos – 611-A e 611-B – será imprescindível nas futuras negociações. Caso haja conflito entre eles, deve prevalecer o art. 611-B, para garantir princípios básicos constitucionais como da dignidade da pessoa humana e da máxima eficácia do texto constitucional.

Somente as cláusulas de indisponibilidade relativa poderão ter seu escopo reduzido ou suprimido por meio de negociação coletiva. Elas são caracterizadas pela natureza da parcela pactuada (estabelecimento da jornada de trabalho, modalidade de pagamento, concessão de utilidades etc.) ou por expressa previsão em norma heterônoma (ex.: diminuição da jornada de trabalho – art. 7º, XIII, CF/88). Por outro lado, quanto às normas de indisponibilidade absoluta, isto é, normas de saúde e segurança do trabalhador e normas que atentem contra o patamar mínimo civilizatório, não cabe transação em prejuízo do trabalhador. Ressalta-se que nada impede a elevação do padrão social do trabalho por meio da negociação de normas de indisponibilidade absoluta em níveis de proteção acima dos já estabelecidos na lei. Cita-se, como exemplo, o ajuste, em acordo ou convenção coletiva de trabalho, de adicional de horas extras de 70% sobre o valor da hora normal, enquanto o texto constitucional estabelece uma remuneração extra de 50% (art. 7º, XVI, CF/88).

Ademais, antes da Reforma Trabalhista, não era permitida a simples renúncia do direito de terceiros na negociação coletiva, aplicando-se, para tanto, o **princípio da contrapartida**. Desse modo, apesar da redução de algum direito social assegurado ao trabalhador, seria garantido outro benefício em contrapartida. Por exemplo, a redução de direitos já conquistados durante a negociação em uma greve exige que seja dado algo em troca, como a garantia provisória de emprego aos empregados grevistas. Ocorre que esse não vinha sendo o posicionamento adotado pela jurisprudência majoritária do TST, que entendia ser desnecessária a contrapartida na hipótese de flexibilização dos direitos trabalhistas.

A Reforma Trabalhista pôs fim à discussão acerca do princípio da contrapartida ao estabelecer que a inexistência de expressa indicação de contrapartidas recíprocas em convenção coletiva ou acordo coletivo de trabalho, não ensejará sua nulidade por não caracterizar um vício do negócio jurídico. Dessa forma, a Lei nº 13.467/2017 prevê que a inexistência de contrapartidas em instrumento coletivo de trabalho não enseja nulidade do negócio jurídico firmado:

> **Art. 611-A, § 2º, da CLT:** A inexistência de expressa indicação de contrapartidas recíprocas em convenção coletiva ou acordo coletivo de trabalho não ensejará sua nulidade por não caracterizar um vício do negócio jurídico.

Com isso, entende-se que se possibilita a supressão ou redução dos direitos trabalhistas expostos no art. 611-A, sem que haja a comprovação de contrapartida. Exemplo: possibilita-se a redução de intervalo intrajornada para aqueles que trabalham por mais de 6 horas diárias, sem que, para isso, seja necessário conceder outro direito aos empregados. A previsão em comento é prejudicial ao trabalhador, pois pode permitir a redução de direitos sem garantias adicionais aos empregados.

A desnecessidade de previsão de contrapartidas à flexibilização de direitos trabalhistas de indisponibilidade relativa consta, também, expressamente da tese fixada pelo STF no julgamento do Tema da Repercussão Geral[1089]:

> São constitucionais os acordos e as convenções coletivos que, ao considerarem a adequação setorial negociada, pactuam limitações ou afastamentos de direitos trabalhistas, **independentemente da explicitação especificada de vantagens compensatórias**, desde que respeitados os direitos absolutamente indisponíveis. (grifamos)

Acrescentamos que a existência de concessões recíprocas é da essência do processo negocial coletivo, dispondo o art. 613, VII, da CLT, que são requisitos obrigatórios das Convenções e Acordos Coletivos a indicação de "Direitos e deveres dos empregados e empresas".

No entanto, o § 3º do art. 611-A da CLT dispõe que, caso seja pactuada cláusula que reduza o salário ou jornada, a convenção ou acordo coletivo deverão prever a proteção dos empregados contra dispensa imotivada durante o prazo de vigência do instrumento coletivo correspondente. É a única exceção legal que obriga a previsão de contrapartida no instrumento coletivo de trabalho.

> **Art. 611-A, § 3º da CLT** *(acrescentado pela Reforma Trabalhista)*: Se for pactuada cláusula que reduza o salário ou a jornada, a convenção coletiva ou o acordo coletivo de trabalho deverão prever a proteção dos empregados contra dispensa imotivada durante o prazo de vigência do instrumento coletivo.

Ressalvados os casos expressos em lei, o princípio da contrapartida não prevalece no âmbito negocial, não servindo como parâmetro para ensejar a nulidade do acordo ou convenção coletiva.

2.4. Princípio da boa-fé ou da lealdade e boa-fé ou da transparência

A boa-fé nas negociações é fundamental para a colaboração entre os sujeitos coletivos e para o alcance de um acordo que traga os melhores benefícios a elas. Segundo Vólia Bomfim[1090], é necessária uma análise adequada das proposições do adversário de modo

---

1089. Para mais informações sobre o Tema 1046 da Repercussão Geral e a prevalência do negociado sobre o legislado, confira o item 4.1.1. deste Capítulo.

1090. CASSAR, Vólia Bomfim. *Direito do Trabalho*. 8ª ed. São Paulo: Método, 2013. p. 1.214.

a retratar com fidelidade a situação econômica da empresa e a pauta de reivindicações dos trabalhadores.

Em resumo, para um processo negocial eficaz e transparente, os trabalhadores, via sindicato, devem apresentar de forma clara as suas reivindicações. Por sua vez, do lado da empresa, é necessário demonstrar os reais problemas enfrentados.

PRINCÍPIOS GERAIS DO DIREITO COLETIVO

1) **Liberdade sindical: (art. 8º, I, CF/88)**: ausência de interferência ou intervenção estatal (ou de terceiros).

É dividido em 3 princípios:

a) Liberdade de fundação do sindicato (OJ nº 15 da SDC e Súmula nº 677 do STF);

b) Liberdade de Administração ou organização;

c) Liberdade de filiação.

2) **Princípio da autorregulamentação (art. 7º, XXVI e 8º, VI, CF/88)**
- Criação de normas jurídicas pelos sindicatos que serão aplicadas nos contratos de trabalho dos trabalhadores da categoria respectiva.

3) **Limite da negociação coletiva**
- Somente cláusulas de indisponibilidade relativa podem ser flexibilizadas (diminuição do padrão de proteção previsto em lei);
- Cláusulas de indisponibilidade absoluta, ligadas à dignidade do trabalhador, não podem ser flexibilizadas (Tema 1046 da repercussão geral do STF);
- Instrumentos coletivos não podem ser usados para falsear a realidade e prejudicar trabalhadores;
- Restrições à negociação coletiva traçadas no art. 611-B da CLT. Na hipótese de conflito com o art. 611-A, as normas de restrição devem prevalecer;
- Descumprimento do princípio da contrapartida não enseja nulidade do negócio jurídico.

4) **Boa-fé**
- Retrato fiel da situação econômica e da pauta de reivindicações dos trabalhadores.

3. ORGANIZAÇÃO SINDICAL BRASILEIRA

A organização sindical brasileira é dividida entre sindicatos e entidades de grau superior que são: as federações e as confederações. Essa divisão é chamada de sistema confederativo. Em 2008, as centrais sindicais tiveram reconhecimento jurídico, tendo natureza de órgão de cúpula, pois coordenam as demais entidades.

ORGANIZAÇÃO SINDICAL

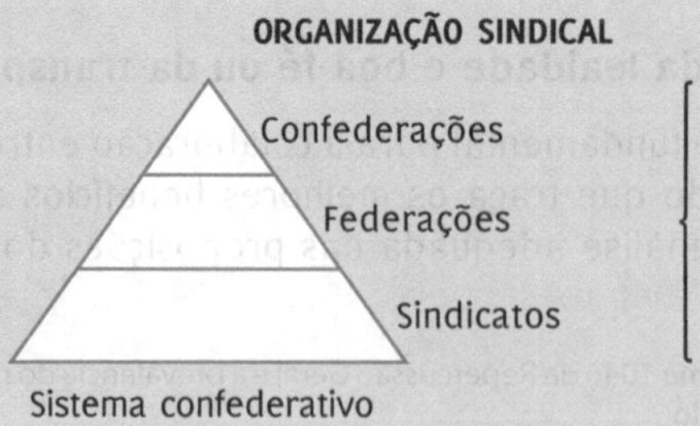

3.1. Sindicatos

3.1.1. Divisão dos sindicatos em categorias

Sindicatos podem ser definidos como entidades associativas e permanentes que representam interesses de trabalhadores e empregadores, visando a defesa dos interesses coletivos de seus representados.

A finalidade do sindicato é representar e defender os interesses da categoria, tanto na esfera judicial (ingressar com ação civil coletiva para exigir o pagamento de adicional de insalubridade, por exemplo) quanto na esfera extrajudicial (negociação coletiva com a empresa para aumento de salário). De acordo com a Constituição Federal:

> **Art. 8º, III , CF/88:** Ao sindicato cabe a defesa dos direitos e interesses coletivos ou individuais da categoria, inclusive em questões **judiciais** ou **administrativas.** (grifos acrescidos)

Associações civis, como OAB, CREA e CRM não se confundem com sindicatos. As associações existem para defender seus associados e fiscalizarem se o desempenho das atividades está sendo exercidos por profissionais devidamente qualificados. Ocorre que não possuem atribuições para firmar negociação coletiva (acordo e convenção) e seus dirigentes não gozam de estabilidade provisória no emprego.

A agregação de interesses para a constituição de uma entidade sindical é feita com base no sistema de categorias. Há sindicatos que defendem interesses da categoria profissional (trabalhadores) e os que representam e defendem interesses da categoria econômica (empregadores). Existem, ainda, sindicatos que representam categorias profissionais diferenciadas. Para identificar a qual categoria pertence o trabalhador, é necessário identificar a **atividade principal ou preponderante da empresa**. Vale ressaltar:

a) **Categoria econômica** (art. 511, § 1º, da CLT): ocorre quando há solidariedade de interesses econômicos dos que empreendem atividades idênticas, similares ou conexas, constituindo vínculo social básico entre essas pessoas. Exemplo de atividade idêntica: empresa que explora apenas a atividade de ensino. Atividades similares são aquelas que se assemelham, como hotéis e restaurantes. E, por fim, atividades conexas que se complementam, como ocorre na construção civil, por exemplo, pintura e parte elétrica[1091].

b) **Categoria profissional** (art. 511, § 2º, da CLT): ocorre quando há similitude de condições de vida oriunda da profissão ou trabalho em comum, em situação de emprego na mesma atividade econômica ou em atividades econômicas similares ou conexas. Para identificar a categoria profissional, é necessário, primeiro, verificar a categoria econômica, ou seja, qual a atividade da empresa. Por exemplo, pedreiro que trabalha numa escola não pertence à categoria da construção civil, mas à dos estabelecimentos de ensino[1092]. Caso a empresa desempenhe mais de uma ativi-

1091. Os exemplos e definições de atividades conexas e similares foram retirados da excelente e indispensável obra do Professor Sergio Pinto Martins: MARTINS, Sergio Pinto. *Comentários à CLT*. 12. ed. São Paulo: Atlas, 2009. p. 568.
1092. MARTINS, Sergio Pinto. *Comentários à CLT*. 12. ed. São Paulo: Atlas, 2009. p. 569.

dade, o que é cada vez mais comum frente a complexidade e fragmentação dos processos produtivos, deverá ser considerada aquela tida como preponderante:

> **Art. 581, § 2º, CLT:** Entende-se por atividade preponderante a que caracterizar a unidade de produto, operação ou objetivo final, para cuja obtenção todas as demais atividades convirjam, exclusivamente em regime de conexão funcional.

c) **Categoria profissional diferenciada** (art. 511, § 3º, da CLT): é a que se forma dos empregados que exerçam profissões ou funções diferenciadas por força do estatuto profissional especial[1093] ou em consequência de condições de vida singulares[1094]. Entendemos que somente é possível identificar uma categoria profissional diferenciada se houver sido criado, mediante aprovação de lei, estatuto profissional próprio. Em que pese a CLT estabelecer as condições de vida singulares como uma das hipóteses para o surgimento dessas categorias, observa-se que sua efetivação na prática se mostra incerta, uma vez que não existem parâmetros para se determinar que profissão apresenta condições de vida singulares. Em resumo, o termo "condições de vida singulares" está superado, e, ainda, para deixar um critério mais objetivo e claro ao operador do Direito do Trabalho, o termo "estatuto profissional próprio" é sinônimo de lei.

De acordo com o entendimento pacificado pelo TST, a fixação dos trabalhadores que pertencem à categoria diferenciada decorre de lei e não pode ser definida por decisão judicial:

> **Orientação Jurisprudencial nº 36 da SDC do TST:** É por lei e não por decisão judicial que as categorias diferenciadas são reconhecidas como tais. De outra parte, no que tange aos profissionais da informática, o trabalho que desempenham sofre alterações, de acordo com a atividade econômica exercida pelo empregador.

Nesse caso, a formação do sindicato será apenas para defesa dos trabalhadores, pois não há categoria diferenciada para empregadores. Aliás, a configuração da categoria diferenciada independe da atividade preponderante do empregador. Exemplos: motoristas, ascensoristas, jornalistas e músicos profissionais e demais profissões previstas no art. 577 da CLT.

Nesse ponto, interessante notar que a agregação de interesses que legitima a constituição de uma entidade sindical não é mais o critério da categoria, mas o **critério da profissão.** Compõem a categoria profissional diferenciada de uma determinada base territorial todos os trabalhadores que desempenham aquela profissão especificada, com estatuto próprio, independentemente da atividade preponderante de seus empregadores. O critério aglutinador dos representados é o ofício exercido, não a atividade do empregador.

1093. **Orientação Jurisprudencial nº 36 da SDC do TST:** "É por lei e não por decisão judicial, que as categorias diferenciadas são reconhecidas como tais. De outra parte, no que tange aos profissionais da informática, o trabalho que desempenham sofre alterações de acordo com a atividade econômica exercida pelo empregador".

1094. **Orientação Jurisprudencial nº 9 da SDC do TST:** "O dissídio coletivo não é meio próprio para o Sindicato vir a obter o reconhecimento de que a categoria que representa é diferenciada, pois esta matéria – enquadramento sindical – envolve a interpretação de norma genérica, notadamente do art. 577 da CLT".

A empresa não está, entretanto, obrigada a cumprir as normas coletivas da categoria diferenciada se não participou da negociação coletiva. Exemplo: o motorista da instituição de ensino não será beneficiado com as cláusulas da categoria diferenciada, se a empresa para a qual ele trabalha não participou dessa negociação. De acordo a jurisprudência do TST:

> **Súmula nº 374 do TST:** Empregado integrante de categoria profissional diferenciada não tem o direito de haver de seu empregador vantagens previstas em instrumento coletivo no qual a empresa não foi representada por órgão de classe de sua categoria.

3.1.1.1. Criação do sindicato com base no porte da empresa (Tema 488 da Repercussão Geral do STF)

O sistema sindical brasileiro adota o **princípio da unicidade** (art. 8º, II, CF/88), por meio do qual não poderá existir mais de um sindicato profissional (trabalhadores) ou sindicato da categoria econômica (empregadores) na mesma base territorial, que não pode ter tamanho inferior a um município. Ainda, a organização dos sindicatos é feita com base no sistema de categorias, de modo que a categoria econômica é aquela que ocorre quando há solidariedade de interesses econômicos dos que empreendem atividades idênticas, similares ou conexas, constituindo vínculo social básico entre essas pessoas (art. 511, § 1º, da CLT).

A partir desses pilares do sindicalismo brasileiro, alguns questionamentos podem surgir como, por exemplo, a possibilidade de definir uma categoria econômica específica a partir do porte e/ou do número de empregados das empresas dela integrantes. Essa discussão foi levada ao STF pelo Sindicato da Micro e Pequena Indústria do Tipo Artesanal do Estado de São Paulo (SIMPI), que interpôs recurso extraordinário contra decisão do TST que negou a sua representatividade para fins de recebimento de contribuições sindicais, referente aos anos de 2005 a 2007, que eram disputadas com o Sindicato das Indústrias de Instalações Elétricas, Gás, Hidráulicas e Sanitárias do Estado do São Paulo.

Segundo a decisão recorrida do TST, o critério escolhido pelo SIMPI para se estruturar como sindicato não encontra amparo no modelo sindical brasileiro, pois a maior ou menor dimensão da empresa não é parâmetro para o surgimento de uma categoria econômica.

Em seu recurso, o SIMPI argumentou junto ao STF que as pequenas e as microempresas possuiriam solidariedade de interesses econômicos, elemento que, entretanto, inexistiria entre elas e as médias e grandes empresas, cujos interesses poderiam ser até mesmo conflitantes, bem como o tratamento diferenciado conferido pela Constituição às pequenas e às microempresas nas esferas administrativa, tributária, previdenciária

O Supremo Tribunal Federal, contudo, não acolheu esses argumentos e, na Sessão de 29 de maio de 2024, julgou o mérito do Recurso Extraordinário nº 646.104, paradigma do Tema 488 da Repercussão Geral, fixando a seguinte tese:

> Em observância ao princípio da unicidade sindical, previsto no art. 8º, inciso II, da Constituição Federal de 1988, a quantidade de empregados, ou qualquer outro critério relativo à dimensão da empresa, não constitui elemento apto a embasar a definição de categoria econômica ou profissional para fins de criação de sindicatos de micros e pequenas empresas.

Para a Suprema Corte, o que define uma categoria econômica é a identidade, a similitude ou a conexão entre as atividades econômicas desenvolvidas, conforme prevê o art. 511, § 1º, da CLT, não o faturamento ou o número de empregados das empresas envolvidas. No sistema brasileiro, concluiu o STF, os critérios que baseiam a definição de categoria patronal vinculam-se às atividades econômicas exercidas pela empresa, extraídas de seu objeto social, sendo irrelevante, para tal fim, o número de empregados ou outro elemento relativo a seu porte.

3.1.2. Fundação do sindicato e a Convenção Internacional nº 87 da OIT

Inicialmente, cabe destacar que o modelo sindical brasileiro é complexo, uma vez que ora adota dispositivos que asseguram a plena liberdade sindical, como a liberdade de fundação e a de livre filiação, ora adota dispositivos que restringem essa liberdade e remontam à formação corporativista, de características fascistas, dos sindicatos no Brasil, como o princípio da unicidade sindical e a divisão dos sindicatos em categorias. A contribuição sindical, que também era resquício do modelo corporativista, deixou de ser obrigatória com a promulgação da Lei nº 13.467/2017 (Reforma Trabalhista).

Na legislação brasileira vigora o **princípio da unicidade sindical**, isto é, não poderá existir mais de um sindicato profissional (trabalhadores) ou sindicato da categoria econômica (empregadores) na mesma base territorial, que não pode ter tamanho inferior a um município. De acordo com a legislação brasileira, não há vedação para o sindicato que represente a categoria em várias cidades, por exemplo, Sindicato dos Trabalhadores Rurais de Catanduva – SP, São José do Rio Preto – SP, Fernandópolis – SP e Votuporanga – SP. Entretanto, não é permitido dois sindicatos representarem a mesma categoria em um mesmo município. Nesse ponto, o art. 517 da CLT, no que permite a constituição de sindicatos por distrito municipal, não foi recepcionado pela ordem constitucional vigente.

Além disso, existindo sindicato de âmbito nacional e outro cuja base territorial é inferior, prevalecerá aquele cuja base for mais restrita, desde que seja representativo da categoria econômica ou profissional. Em outras palavras, o sindicato mais específico para a categoria é o mais representativo que o sindicato mais amplo, mais abrangente, de base mais extensa e de maior número de filiados. Se existe na base territorial, por exemplo, o sindicado dos radiologistas, esses profissionais serão representados por esse sindicato específico (radiologista), e não o genérico da categoria profissional da saúde.

Ainda, a maior ou menor dimensão da empresa não é parâmetro para o surgimento de uma categoria econômica. Assim, a quantidade de empregados, ou qualquer outro critério relativo à dimensão da empresa, não constitui elemento apto a embasar a definição de categoria econômica ou profissional para fins de criação de sindicatos de micros e pequenas empresas (Tema 488 da Repercussão Geral).

Tendo em vista que o princípio da unicidade sindical tem fundamento constitucional (art. 8º, II, CF/88), a Reforma Trabalhista, na condição de legislação ordinária, em nada alterou a previsão de sindicato único em uma mesma base territorial representando determinada categoria profissional ou econômica.

De maneira diversa prescreve a Convenção nº 87 da OIT, uma das convenções fundamentais do trabalho, que adota o **princípio da pluralidade sindical**, ou seja, a possibilidade de mais de um sindicato, representante da mesma categoria, na mesma base territorial. Esse sistema não impõe um modelo sindical a ser seguido pelo Estado, mas determina que não são de competência legal a estruturação e organização dos sindicatos, tarefa exclusiva dessas próprias entidades.

O Brasil não ratificou a Convenção Internacional nº 87 da OIT. Por essa razão, enquanto membro fundador da Organização Internacional do Trabalho e com assento permanente no Conselho de Administração, é criticado internacionalmente, não só por não ter ratificado a Convenção nº 87 da OIT, que prevê a plena liberdade sindical, mas, principalmente, por fundar sua organização sindical em valores diametralmente opostos àqueles estabelecidos pelo referido instrumento.

A lei não poderá exigir formalidade especial para a fundação do sindicato. Não há necessidade de prévia autorização do Estado para que o sindicato possa ser criado. O sindicato constitui uma associação coletiva, de natureza privada, voltada à defesa e incremento de interesses coletivos profissionais e materiais do trabalhador – seja subordinado ou autônomo – e de empregadores.

Como toda a pessoa jurídica, deverá registrar seus atos constitutivos no cartório de registro civil de pessoas jurídicas. Aliás, há duas etapas para fundação de um sindicato: o primeiro passo é, justamente, o registro no cartório para aquisição de **personalidade jurídica de direito privado** (art. 45 do CC/2002) e, posteriormente, é preciso ser feito o registro no Ministério do Trabalho e Emprego para controle da unicidade sindical.

O Ministério do Trabalho foi criado pelo Decreto nº 19.433, de 26 de novembro de 1930, por Getúlio Vargas. De lá para cá, colecionou diversos nomes e atribuições, mas permaneceu constante nos quadros da organização da Presidência da República, sendo, até sua extinção, em 2019, o Ministério mais antigo do Brasil. Com a promulgação da Lei nº 13.844/2019, em decorrência da conversão em lei da MP nº 870, o Ministério do Trabalho foi extinto e suas atribuições foram transferidas aos Ministérios da Economia, da Justiça e Segurança Pública e da Cidadania. Contudo, em 16/12/2021, a Lei nº 14.261/2021, fruto da conversão da MP nº 1.058/2021, recriou o Ministério do Trabalho e Previdência, que reassumiu diversas competências e atribuições. Ao longo desta obra, o leitor irá se deparar com dispositivos legais, decisões judiciais e referências doutrinárias que fazem menção a Ministério do Trabalho, Ministério do Trabalho e Previdência, Ministério do Trabalho e Previdência Social e, até mesmo, Ministério da Economia. Tenha em mente que, hoje, essas atribuições estão concentradas no órgão que se chama **Ministério do Trabalho e Emprego** (conforme art. 17, XXVIII da Lei nº 14.600/2023). Quando, de fato, estivermos falando de competência que é de outro Órgão, deixaremos claro no texto.

O registro no Ministério do Trabalho e Emprego não equivale a uma autorização de fundação, uma vez que é livre a criação dos sindicatos no país. O Órgão Executivo não fará juízo de valor acerca do pedido de registro, não há discricionariedade no ato do administrador, tem-se apenas a verificação dos requisitos formais da postulação, em que eventuais defeitos poderão ser corrigidos, e o respeito às limitações impostas pela Constituição (unicidade, limitação geográfica e agregação por categoria). É com o registro junto ao MTE que a entidade adquire **personalidade jurídica sindical** e, então, as prerrogativas sindicais. No entanto, tem a função de garantir sua legitimidade. De acordo com a Constituição Federal e jurisprudência do STF:

> **Art. 8º, I** – A lei não poderá exigir autorização do Estado para a fundação de sindicato, **ressalvado o registro no órgão competente**, vedadas ao Poder Público a interferência e a intervenção na organização sindical (grifos acrescidos).
>
> **Súmula nº 677 do STF:** Até que a lei venha a dispor a respeito, incumbe ao Ministério do Trabalho proceder ao registro das entidades sindicais e zelar pela observância do **princípio da unicidade** (grifos acrescidos).
>
> **Art. 8º, II** – É vedada a criação de mais de uma organização sindical, em qualquer grau, representativa de categoria profissional ou econômica, **na mesma base territorial**, que será definida pelos trabalhadores ou empregadores interessados, **não podendo ser inferior à área de um município** (grifos acrescidos).

É de se ressalta, assim, que o art. 520 da CLT, ao dispor sobre a outorga de carta de reconhecimento, assinada pelo Ministro do Trabalho, como condição ao desempenho das atividades sindicais não foi recepcionado pela ordem Constitucional, visto que o ato de registro é vinculado, não se tratando mais de autorização.

A legitimidade processual da entidade sindical somente é reconhecida após o registro no órgão competente do Ministério do Trabalho e Emprego nos termos da OJ nº 15 da SDC do TST:

> **OJ nº 15 da SDC do TST:** A comprovação da legitimidade "ad processum" da entidade sindical se faz por seu registro no órgão competente do Ministério do Trabalho, mesmo após a promulgação da Constituição Federal de 1988.

Cabe destacar, ainda, que TST[1095] tem entendimento no sentido de que a estabilidade do dirigente sindical ocorre mesmo que o seu sindicato ainda não tenha o registro no Ministério do Trabalho.

3.1.3. Livre filiação dos trabalhadores

O princípio da liberdade sindical está ligado à fundação do sindicato, visto anteriormente, à organização interna e ao direito da **livre filiação**. A decisão de filiar-se ou não, ou ainda manter-se filiado ao sindicato, cabe exclusivamente ao **empregado**. Ademais, os aposentados também têm o direito à livre filiação, podendo, inclusive, candidatar-se ao cargo de representante sindical.

As cláusulas em convenções e acordos coletivos que determinam a filiação automática ou forçada dos trabalhadores[1096] ou, ainda, cláusulas que proíbam ou dificultem a desfiliação do trabalhador são nulas de pleno direito. Conforme previsto na CF/88:

> **Art. 8º, V, CF/88:** Ninguém será obrigado a filiar-se ou a manter-se filiado a sindicato.
>
> **Art. 8º, VII, CF/88:** O aposentado filiado tem direito a votar e ser votado nas organizações sindicais.

1095. TST – Processo nº TST RR-261600-83.2007.5.12.0050 – Relator: Ministro Eizo Ono – Data de julgamento: 31/10/2012.

1096. **Orientação Jurisprudencial nº 20 da SDC do TST:** "Empregados sindicalizados. Admissão preferencial. Condição violadora do art. 8º, V, da CF/88."

De acordo com o art. 611-B, XXVI, da CLT, não é possível a celebração de instrumento coletivo que reduza ou suprima direitos relacionados à liberdade sindical do trabalhador:

> **Art. 611-B, XXVI, CLT** *(acrescentado pela Lei nº 13.467/2017)*. Constituem objeto ilícito de convenção coletiva ou de acordo coletivo de trabalho, exclusivamente, a supressão ou a redução dos seguintes direitos:
>
> (...)
>
> XXVI – liberdade de associação profissional ou sindical do trabalhador, inclusive o direito de não sofrer, sem sua expressa e prévia anuência, qualquer cobrança ou desconto salarial estabelecidos em convenção coletiva ou acordo coletivo de trabalho;

LIBERDADE SINDICAL

- **Fundação de sindicato**
  a) lei não pode exigir autorização do Estado
  b) personalidade jurídica de direito privado: registro em cartório
  c) personalidade jurídica sindical: registro no Ministério do Trabalho e Emprego
- **Princípio da unicidade:**
  a) não poderá existir mais de um sindicato na mesma base territorial (no mínimo, município)
  b) Brasil não adotou princípio da pluralidade sindical (Convenção nº 87 da OIT)
- **Liberdade de filiação**
  a) decisão que compete ao trabalhador
  b) aposentado tem direito de votar e ser votado
  c) proibição de cláusulas que determinem a filiação automática ou forçada dos trabalhadores
- **Organização interna**
  a) vedada interferência ou intervenção estatal
  b) organização conforme previsão em seu estatuto

3.1.4. Organização do sindicato

3.1.4.1. Dos limites da intervenção estatal na organização interna dos sindicatos

Conforme detalhado nos tópicos anteriores, o inciso I do art. 8º da Constituição estabelece que que são vedadas ao Poder Público a interferência e a intervenção na organização sindical, garantindo, assim, a **autonomia sindical (princípio da autodeterminação gerencial das entidades sindicais)** enquanto direito fundamental dos cidadãos brasileiros. De acordo com esse princípio, o sindicato não sofrerá qualquer interferência estatal ou dos empregadores.

Tem-se, portanto, que a organização e a administração do sindicato são matérias *interna corporis*, de competência doméstica, que devem ser decididas segundo a conveniência da categoria representada, nos termos e limites estabelecidos em estatuto discutido e aprovado em assembleia geral.

Questão, portanto, relativas à composição da entidade, à constituição de sua diretoria, à duração do mandato de seus dirigentes, às atribuições dos respectivos órgãos, que dizem respeito a sua organização interna, não deveriam sofrer limitações por terceiros estranhos à categoria representada.

Naturalmente, como qualquer direito fundamental, a autonomia sindical não é absoluta e pode sofrer restrições. As entidades sindicais, pessoas jurídicas de direito privado, devem se curvar ao império da lei como todos os demais sujeitos privados. É plenamente possível, então, que a lei defina contornos à organização dos sindicatos.

É possível, então, que o Poder Legislativo regulamente determinados aspectos da vida interna dos sindicatos. Assim o faz, por exemplo, no art. 522 da CLT, ao definir a limitar o número de dirigentes sindicais:

> Art. 522, CLT: A administração do sindicato será exercida por uma diretoria constituída no máximo de sete e no mínimo de três membros e de um Conselho Fiscal composto de três membros, eleitos esses órgãos pela Assembleia Geral.

Tal limitação representa aplicação direta do princípio geral da razoabilidade ao Direito Coletivo do Trabalho e busca evitar situações de abuso de direito como a instituição, por alguns sindicatos, de diretoria com muito mais de 10 membros, chegando a 60, 70 ou até 400[1097] - pleiteando a todos eles a estabilidade provisória no emprego devida aos dirigentes das entidades[1098]. Nesse sentido, aliás, é a Jurisprudência consolidada do TST:

> **Súmula nº 369, II, do TST:** O art. 522 da CLT foi recepcionado pela Constituição Federal de 1988. Fica limitada, assim, a estabilidade a que alude o art. 543, § 3.º, da CLT a sete dirigentes sindicais e igual número de suplentes.

O problema é que, explica José Cláudio Monteiro de Brito Filho[1099], ao lado dessas normas inócuas estão cláusulas limitadoras da liberdade sindical. A CLT, em inúmeros dispositivos, trata de maneira desmedida sobre a vida privada das entidades sindicais.

Há um título inteiro na CLT para tratar sobre a organização sindical, no qual são disciplinadas matérias relativas ao reconhecimento e investidura sindical por outorga do Ministério do Trabalho, à administração do sindicato, às eleições sindicais e, até mesmo, à gestão financeira da associação.

Muitos desses dispositivos, no todo ou em partes, já não encontram mais assento na ordem constitucional implementada em 1988. Teríamos, então, que analisar artigo por artigo, linha por linha, palavra por palavra de cada dispositivo celetista e concluir, em cada análise, pela sua recepção ou não. Dessa forma, como afirma José Cláudio Monteiro de Brito Filho[1100], "(...) na maioria das vezes, teríamos que separar, dentro de cada dispositivo, em certos casos no mesmo período, na mesma frase, o que configura restrição do que não configura.".

Trata-se de uma tarefa impossível e que, de certo, inviabilizaria a atuação sindical. Amauri Mascaro Nascimento[1101] explica que:

1097. MARTINS, Sergio Pinto. *Comentários à CLT*. 19. ed. São Paulo: Atlas, 2015. p. 616.

1098. **Art. 543, § 3º da CLT:** Fica vedada a dispensa do empregado sindicalizado ou associado, a partir do momento do registro de sua candidatura a cargo de direção ou representação de entidade sindical ou de associação profissional, até 1 (um) ano após o final do seu mandato, caso seja eleito inclusive como suplente, salvo se cometer falta grave devidamente apurada nos termos desta Consolidação.

1099. BRITO FILHO, José Claudio Monteiro de. *Direito sindical*. 7. ed. São Paulo: LTr, 2018. p. 138.

1100. BRITO FILHO, José Claudio Monteiro de. *Direito sindical*. 7. ed. São Paulo: LTr, 2018. p. 138.

1101. NASCIMENTO, Amauri Mascaro (in memoriam); NASCIMENTO, Sônia Mascaro; NASCIMENTO, Marcelo Mascaro. *Compêndio de direito sindical*. 8. ed. São Paulo: LTr, 2015. p. 125.

> Não se deve começar a entendê-lo pela CLT, porque diversos dos seus dispositivos atritam-se com o princípio constitucional de 1988: a proibição da intervenção ou da interferência do Poder Público na organização sindical de tal amplitude que não avança o difícil trabalho de depuração dos dispositivos não mais válidos da CLT.

Por esse motivo, nos filiamos à corrente de que os dispositivos celetistas que disciplinam a organização interna dos sindicatos, de maneira geral, não foram recepcionados pela Constituição, devendo ser tomados apenas como referência[1102]. Tal posicionamento se justifica não só pela liberdade sindical prevista no art. 8º, I, do texto constitucional, mas também em homenagem ao princípio da máxima efetividade de suas normas e como mecanismo de operacionalização do sistema. Eventuais abusos por parte das entidades sindicais podem ser levados ao crivo do Poder Judiciário pelos interessando ou, então, investigados e processados pelo Ministério Público do Trabalho.

Além da análise casuística, o Poder Judiciário poderá se manifestar abstratamente sobre a recepção ou não de determinado dispositivo celetista, como o fez quando da análise do registro sindical, da proibição de cobrança de contribuição confederativa aos não filiados, da cobrança de contribuição assistencial de toda a categoria, entre outras.

Dito isso, fato é que os dispositivos que tratam sobre a organização interna dos sindicatos não foram revogados expressamente e ainda constam da CLT. Continuam sendo usados por alguns juristas e intérpretes como parâmetros válidos à atuação sindical. Ainda, muitas bancas de concurso público elaboram questões com base na literalidade dos referidos dispositivos, o que justifica seu estudo. Na sequência, portanto, abordaremos os principais aspectos da legislação e da jurisprudência nessa matéria, indicando, quando conveniente, aqueles dispositivos que entendemos incompatíveis com o texto constitucional.

3.1.4.2. *Órgãos do sindicato*

A CLT disciplina, nos arts. 522 e seguintes, os órgãos que compõem a entidade sindical. Conforme alertamos no tópico anterior, não há consenso na doutrina e na jurisprudência acerca da recepção ou não desses dispositivos pela ordem constitucional vigente.

As entidades sindicais poderão, portanto, a nosso entender, dispor livremente sobre sua organização interna e sobre as atribuições e competências de seus órgãos em estatuto, livres de quaisquer interferências ou intervenções do Estado.

A única exceção, que constitui órgão obrigatório, é a assembleia geral enquanto órgão deliberativo máximo da entidade sindical. Esse nosso posicionamento se pauta no caráter associativo dos sindicatos, que devem representar legitimamente os interesses de toda a categoria – profissional ou econômica –, levando em consideração, no processo de tomada de decisão, a opinião do maior número de representados possível. Eis a manifestação do princípio democrático, sob o qual se estrutura o Estado brasileiro e o seu sistema sindical, nas relações privadas – irradiação, eficácia horizontal. Tal órgão encontra, aliás, assento na Constituição, que já foi concebida sob o princípio da autonomia:

1102. BRITO FILHO, José Claudio Monteiro de. *Direito sindical*. 7. ed. São Paulo: LTr, 2018. p. 138.

> **Art. 8º, IV, CF/88:** a assembléia geral fixará a contribuição que, em se tratando de categoria profissional, será descontada em folha, para custeio do sistema confederativo da representação sindical respectiva, independentemente da contribuição prevista em lei; (grifamos)

Feitas as devidas ressalvas, vejamos os principais aspectos da organização do sindicato tratados na legislação trabalhista.

São órgãos do sindicato:

a) **Assembleia geral.** É o órgão deliberativo do sindicato. Há decisões que devem ser tomadas com votação secreta, conforme prevê o art. 524 da CLT[1103], por exemplo: eleição dos representantes sindicais, aprovação das contas da diretoria, aplicação do patrimônio, julgamento dos atos da diretoria relativos a penalidades impostas a associados e pronunciamento sobre dissídio do trabalho. Tendo em vista a importância da assembleia geral para o funcionamento do sindicato, o TST tem o entendimento, expresso na OJ nº 28 da SDC[1104], de que é necessário dar publicidade do edital de convocação em todos os jornais que circulam nos municípios constantes da base territorial. Essa obrigação decorre da necessidade real de participação dos membros nas deliberações do sindicato. Em que pese a proibição de interferência estatal em seu funcionamento, é necessário garantir a ampla divulgação das ações do sindicato a seus integrantes[1105]. A divulgação do edital em canais de comunicação de fácil acesso é imprescindível, não bastando a publicação em meios oficiais.

Ademais, cumpre ressaltar que o TST entende que as formalidades de convocação da Assembleia Geral previstas no Estatuto do sindicato devem sempre ser observadas pela entidade:

> **Orientação Jurisprudencial nº 35 da SDC do TST:** Se os estatutos da entidade sindical contam com norma específica que estabeleça prazo mínimo entre a data de publicação do edital convocatório e a realização da assembleia correspondente, então a validade desta última depende da observância desse interregno.

Assim, em se tratando de norma explícita do próprio estatuto do sindicato, o TST afirma que deverá ser observada a formalidade para a realização do ato. Nesse sentido, há autores[1106] que entendem que referida OJ nº 35 da SDC não está restrita apenas ao

---

1103. **Entendemos que esse dispositivo não foi recepcionado pela Constituição de 1988**. No mesmo sentido: LOPEZ, Abel (org.); FONSECA, João José da (org.); CALCINI, Ricardo (org.) CLT – comentada artigo por artigo. 2ª. ed. Leme: Mizuno, 2023, p. 385; SCHIAVI, Mauro. *Consolidação das Leis do Trabalho comentada*. São Paulo: Juspodivm, 2021. p. 526; MOURA, Marcelo. Consolidação das Leis do Trabalho para concursos. 8. ed. Salvador: Juspodivm, 2018. p. 698.
Em sentido contrário: SILVA, Homero Batista Mateus da. ***CLT Comentada***. 3. ed. São Paulo: Thompson Reuters Brasil, 2021. p. 427; MARTINS, Sergio Pinto. *Comentários à CLT*. 19. ed. São Paulo: Atlas, 2015, p. 621.

1104. **Orientação Jurisprudencial nº 28 da SDC do TST.** Edital de convocação da AGT. Publicação. Base territorial. Validade. O edital de convocação para a AGT deve ser publicado em jornal que circule em cada um dos municípios componentes da base territorial.

1105. PINTO, Raymundo Antonio Carneiro; BRANDÃO, Cláudio. *Orientações Jurisprudenciais do TST comentadas*. 2. ed. São Paulo: LTr, 2010. p. 264.

1106. PINTO, Raymundo Antonio Carneiro; BRANDÃO, Cláudio. *Orientações Jurisprudenciais do TST comentadas*. 2. ed. São Paulo: LTr, 2010. p. 266.

prazo mínimo entre a publicação e a realização da assembleia, mas que abrange qualquer aspecto formal expresso no Estatuto obrigatório para a realização da Assembleia Geral.

b) **Diretoria.** A diretoria tem a função de administrar o sindicato e é composta por, no mínimo, 3 e, no máximo, 7 membros eleitos pela assembleia geral. Conforme já visto, entendemos que os sindicatos poderão constituir diretoria com menos de 3 membros ou mais de 7, estando, essa opção, dentro do espaço livre da interferência estatal consagrado pelo princípio da autonomia sindical[1107] (art. 8º, I, CF/88). A estabilidade provisória no emprego, contudo, somente alcançará 7 membros titulares e mais 7 membros suplentes, conforme preveem o art. 522 da CLT e a Súmula nº 369, II, do TST. A eleição para o presidente do sindicato é indireta, uma vez que será escolhido pela própria diretoria um de seus membros para ocupar o cargo[1108]. Ressalta-se, portanto, que somente poderá ser eleito presidente se integrar a diretoria do sindicato. De acordo com a CLT, o presidente do sindicato necessita ser brasileiro nato (art. 515, c, CLT) e os membros da diretoria terão mandato de 3 anos[1109].

c) **Conselho fiscal.** O conselho fiscal tem a atribuição de fiscalizar as contas e gastos do sindicato. Esse órgão é formado por 3 membros eleitos pela assembleia geral. Aqui, vale o mesmo comentário que fizemos em relação à diretoria: entendemos que os sindicatos poderão constituir conselho fiscal com mais ou menos de 3 membros, estando, essa opção, dentro do espaço livre da interferência estatal consagrado pelo princípio da autonomia sindical[1110] (art. 8º, I, CF/88). Essa posição ganha ainda mais força com o fato de que, de acordo com posicionamento do TST[1111], esses membros do conselho fiscal não gozam de estabilidade, pois não representam a categoria, não havendo motivo justificável para a limitação legal do quantitativo de conselheiros.

Os **delegados sindicais** são indicados pela diretoria, com a função de representar e defender os interesses do sindicato perante os poderes públicos e as empresas. De acordo com a jurisprudência do TST[1112], não possuem estabilidade, pois não possuem poderes de direção sindical e são indicados pela diretoria.

1107. Em sentido contrário: MARTINS, Sergio Pinto. *Comentários à CLT*. 19. ed. São Paulo: Atlas, 2015, p. 618-619.

1108. Tal disposição consta do § 1º do art. 522 da CLT. Entendemos que referido dispositivo foi recepcionado na exata medida em que limita a estabilidade provisória no emprego prevista no § 3º do art. 543 da CLT a, no máximo, 7 membros titulares e 7 suplentes, não podendo dispor sobre a forma de eleição do presidente da entidade. Trata-se, então, apenas de uma referência.

1109. **Entendemos que esses dispositivos não foram recepcionados pela Constituição de 1988**. No mesmo sentido: LOPEZ, Abel (org.); FONSECA, João José da (org.); CALCINI, Ricardo (org.) CLT – comentada artigo por artigo. 2ª. ed. Leme: Mizuno, 2023, p. 379; SCHIAVI, Mauro. *Consolidação das Leis do Trabalho comentada*. São Paulo: Juspodivm, 2021. p. 522; MOURA, Marcelo. Consolidação das Leis do Trabalho para concursos. 8. ed. Salvador: Juspodivm, 2018. p. 690.
Entendendo pela possibilidade de fixação de prazo para o mandato do dirigente sindical: SILVA, Homero Batista Mateus da. ***CLT Comentada***. 3. ed. São Paulo: Thompson Reuters Brasil, 2021. p. 427.

1110. Em sentido contrário: MARTINS, Sergio Pinto. *Comentários à CLT*. 19. ed. São Paulo: Atlas, 2015, p. 618-619.

1111. **Orientação Jurisprudencial nº 365 do TST:** "Membro de conselho fiscal de sindicato não tem direito à estabilidade prevista nos arts. 543, § 3º, da CLT e 8º, VIII, da CF/1988, porquanto não representa ou atua na defesa de direitos da categoria respectiva, tendo sua competência limitada à fiscalização da gestão financeira do sindicato (art. 522, § 2º, da CLT)."

1112. **Orientação Jurisprudencial nº 369 do TST:** "O delegado sindical não é beneficiário da estabilidade provisória prevista no art. 8º, VIII, da CF/1988, a qual é dirigida, exclusivamente, àqueles que exerçam ou ocupem cargos de direção nos sindicatos, submetidos a processo eletivo".

ORGANIZAÇÃO DO SINDICATO

- **Assembleia geral** – órgão deliberativo
  - Eleição dos dirigentes
  - Aprovação das contas
  - Aplicação do patrimônio
  - Julgamento dos atos da diretoria
  - Pronunciamento sobre dissídio do trabalho
  - Publicidade no edital de convocação da Assembleia (OJ nº 28 e 34 da SDC)
- **Diretoria**
  - Função de administrar o sindicato
  - Composta de, no mínimo, 3 e, no máximo, 7 membros
  - Estabilidade limitada a 7 titulares e 7 suplentes
  - Presidente é eleito pela diretoria (eleição indireta)
- **Conselho fiscal**
  - Gestão financeira do sindicato
  - Composto por 3 membros
  - Eleitos pela assembleia geral
  - Não tem estabilidade (OJ nº 365 do TST)

Obs.: Delegados sindicais

- Indicados pela diretoria para representar os interesses do sindicato
- Não gozam de estabilidade (OJ nº 369 do TST)

3.2. Custeio do sindicato

Há quatro espécies de contribuição para o custeio do sistema sindical. As fontes de custeio têm a finalidade de fornecer as condições financeiras possíveis para que o sindicato exerça plenamente suas funções e prerrogativas na defesa dos interesses da categoria. Assim, a arrecadação é responsável pela manutenção da estrutura da entidade, pagamento da remuneração dos empregados dos sindicatos etc. Nesse sentido, a legislação prevê basicamente 4 fontes de custeio das entidades sindicais:

1) Contribuição sindical;
2) Contribuição confederativa;
3) Contribuição assistencial;
4) Mensalidade sindical.

3.2.1. Contribuição sindical

A contribuição sindical sofreu profundas alterações com a Reforma Trabalhista. Para facilitar a compreensão do assunto, apresentaremos a regulamentação anterior à Lei nº 13.467/2017 e a nova sistemática de custeio sindical.

3.2.1.1. Regulamentação anterior à Reforma Trabalhista: tributo

Era chamada, antigamente, de imposto sindical. É prevista em lei e no texto constitucional e, antes da Reforma Trabalhista, era obrigatória para todos os empregados, trabalhadores avulsos, autônomos, profissionais liberais e, ainda, para empregadores. Enquanto contribuição compulsória tinha natureza de tributo. Em resumo, ela era cobrada independentemente da condição de filiado, ou ainda da vontade dos entes sindicais, pois assim estava prevista em lei.

O Brasil era um dos únicos países que ainda exigiam a contribuição compulsória de todos os empregados, associados ou não, via contribuição sindical. Essa contribuição era um dos resquícios do modelo corporativista vigente no país, no qual os sindicatos deveriam ser financiados por tributos, pois exerciam funções de natureza pública e poderiam ser controlados pelo Estado.

Cabe frisar, entretanto que, aos advogados, o art. 47 do Estatuto da OAB (Lei nº 8.906/1994) estabelece isenção[1113] do pagamento da contribuição sindical, uma vez que esses profissionais já têm a obrigação de pagar a contribuição anual à OAB. Sobre essa isenção tributária aos advogados, o STF entendeu que referido dispositivo não fere a Constituição e que, portanto, deveria ser mantida a isenção aos inscritos na OAB. Por outro lado, é válido ressaltar que outros profissionais, como médicos e engenheiros, eram obrigados a efetuar o pagamento tanto para o órgão de classe – CRM e Crea, respectivamente – quanto para o sindicato da categoria.

No tocante às microempresas e empresas de pequeno porte, há previsão de isenção da contribuição sindical patronal (art. 13, § 3º, LC nº 123/2006). Note-se que a contribuição sindical dos empregados permaneceu, devendo este autorizar ou não o desconto respectivo. Somente havia isenção na contribuição do empregador ao sindicato da categoria econômica. Essa isenção, dirigida aos optantes pelo Simples Nacional, foi alvo de discussão na ADI nº 4033/DF e declarada, por maioria de votos, constitucional pelo STF.

Havia divergência quanto à possibilidade de fiscalização da contribuição sindical pelo Tribunal de Contas da União (TCU). Havia decisão no sentido de que a fiscalização pelo TCU era possível, tendo em vista se tratar a contribuição sindical de tributo, consistindo, portanto, em receita pública (tributária)[1114].

Em resumo, antes da Lei nº 13.467/2017, a contribuição sindical era um **tributo** exigido de todos os integrantes das categorias profissionais, econômicas ou de profissionais liberais. O valor devido era destinado ao sistema confederativo (sindicatos, federações e confederações) e também para as centrais sindicais e para as contas do FAT (Fundo de Amparo ao Trabalhador).

1113. A isenção tributária corresponde a uma hipótese legal de exclusão do crédito tributário, constituindo uma exceção legal à regra de tributação (MARTINS, Alan; SCARDOELLI, Dimas Yamada. *Direito tributário*. Coleção Sinopses para Carreiras Fiscais. Salvador: Juspodivm, 2014. p. 70).

1114. MS 28465/DF – Relator: Min. Marco Aurélio – Data de Julgamento: 18/03/2014.

3.2.1.2. Regulamentação da contribuição sindical após a Reforma Trabalhista: como ficou?

A Reforma Trabalhista alterou a redação dos arts. 545, 578, 579, 582, 583, 587 e 602 da CLT, além de revogar os arts. 601 e 604 desse diploma legislativo para prever que as contribuições destinadas aos sindicatos devem ser **prévia e expressamente autorizadas** pelos empregados, empregadores e profissionais liberais em suas respectivas categorias:

> **Art. 545, CLT** *(alterado pela Reforma Trabalhista).* Os empregadores ficam obrigados a descontar da folha de pagamento dos seus empregados, desde que por eles devidamente autorizados, as contribuições devidas ao sindicato, quando por este notificados.
>
> Parágrafo único. O recolhimento à entidade sindical beneficiária do importe descontado deverá ser feito até o décimo dia subsequente ao do desconto, sob pena de juros de mora no valor de 10% (dez por cento) sobre o montante retido, sem prejuízo da multa prevista no art. 553 e das cominações penais relativas à apropriação indébita.
>
> **Art. 578, CLT** *(alterado pela Reforma Trabalhista).* As contribuições devidas aos sindicatos pelos participantes das categorias econômicas ou profissionais ou das profissões liberais representadas pelas referidas entidades serão, sob a denominação de contribuição sindical, pagas, recolhidas e aplicadas na forma estabelecida neste Capítulo, desde que prévia e expressamente autorizadas.
>
> **Art. 579, CLT** *(alterado pela Reforma Trabalhista).* O desconto da contribuição sindical está condicionado à autorização prévia e expressa dos que participarem de uma determinada categoria econômica ou profissional, ou de uma profissão liberal, em favor do sindicato representativo da mesma categoria ou profissão ou, inexistindo este, na conformidade do disposto no art. 591 desta Consolidação.
>
> **Art. 582, CLT** *(alterado pela Reforma Trabalhista).* Os empregadores são obrigados a descontar da folha de pagamento de seus empregados relativa ao mês de março de cada ano a contribuição sindical dos empregados que autorizaram prévia e expressamente o seu recolhimento aos respectivos sindicatos.
>
> § 1º Considera-se um dia de trabalho, para efeito de determinação da importância a que alude o item I do Art. 580, o equivalente:
>
> a) a uma jornada normal de trabalho, se o pagamento ao empregado for feito por unidade de tempo;
>
> b) a 1/30 (um trinta avos) da quantia percebida no mês anterior, se a remuneração for paga por tarefa, empreitada ou comissão.
>
> § 2º Quando o salário for pago em utilidades, ou nos casos em que o empregado receba, habitualmente, gorjetas, a contribuição sindical corresponderá a 1/30 (um trinta avos) da importância que tiver servido de base, no mês de janeiro, para a contribuição do empregado à Previdência Social.
>
> **Art. 583, CLT** *(alterado pela Reforma Trabalhista).* O recolhimento da contribuição sindical referente aos empregados e trabalhadores avulsos será efetuado no mês de abril de cada ano, e o relativo aos agentes ou trabalhadores autônomos e profissionais liberais realizar-se-á no mês de fevereiro, observada a exigência de autorização prévia e expressa prevista no art. 579 desta Consolidação.
>
> § 1º O recolhimento obedecerá ao sistema de guias, de acordo com as instruções expedidas pelo Ministro do Trabalho.

> § 2º O comprovante de depósito da contribuição sindical será remetido ao respectivo Sindicato; na falta deste, à correspondente entidade sindical de grau superior, e, se for o caso, ao Ministério do Trabalho.
>
> **Art. 587, CLT** *(alterado pela Reforma Trabalhista)*. Os empregadores que optarem pelo recolhimento da contribuição sindical deverão fazê-lo no mês de janeiro de cada ano, ou, para os que venham a se estabelecer após o referido mês, na ocasião em que requererem às repartições o registro ou a licença para o exercício da respectiva atividade.
>
> **Art. 602, CLT** *(alterado pela Reforma Trabalhista)*. Os empregados que não estiverem trabalhando no mês destinado ao desconto da contribuição sindical e que venham a autorizar prévia e expressamente o recolhimento serão descontados no primeiro mês subsequente ao do reinício do trabalho.

Importante ressaltar que o art. 8º, IV, da CF/88, prevê a contribuição sindical, mas remete à lei sua regulamentação. Portanto, não há qualquer inconstitucionalidade nas alterações trazidas pela Reforma Trabalhista, ao prever a forma facultativa de recolhimento:

> **Art. 8º, CF/88:** É livre a associação profissional ou sindical, observado o seguinte: (...) IV – a assembleia geral fixará a contribuição que, em se tratando de categoria profissional, será descontada em folha, para custeio do sistema confederativo da representação sindical respectiva, independentemente da contribuição prevista em lei;

Com a alteração na redação dos dispositivos legais, a expressão "imposto sindical" anteriormente prevista é definitivamente substituída por contribuição sindical, expressão que já era utilizada para designar a contraprestação efetuada pelo empregado, empregador ou trabalhador autônomo ao respectivo sindicato.

O principal efeito dessa modificação nos dispositivos mencionados consistiu na extinção da compulsoriedade da contribuição sindical. É importante destacar que a Lei nº 13.467/2017 **não revogou ou extinguiu a contribuição sindical, mas apenas alterou o seu regime de pagamento. Os artigos referentes a sua cobrança e destinação permanecem vigentes**, mas somente serão aplicados caso haja a prévia e expressa autorização dos integrantes das categorias profissionais, econômicas e de profissionais liberais. A Reforma Trabalhista tornou, portanto, facultativa a contribuição sindical.

A menção à "autorização prévia e expressa" ou de expressão equivalente marca a atual redação dos dispositivos em análise. Assim, a contribuição sindical deixa de ter natureza jurídica de tributo, já que destituída do caráter de compulsoriedade, fazendo-se necessária uma releitura dos arts. 149 e 240 da Constituição Federal e do art. 217, I do CTN:

> **Art. 149 da CF/88:** Compete exclusivamente à União instituir contribuições sociais, de intervenção no domínio econômico e de interesse das categorias profissionais ou econômicas, como instrumento de sua atuação nas respectivas áreas, observado o disposto nos arts. 146, III, e 150, I e III, e sem prejuízo do previsto no art. 195, § 6º, relativamente às contribuições a que alude o dispositivo.
>
> **Art. 240 da CF/1988:** Ficam ressalvadas do disposto no art. 195 as atuais contribuições compulsórias dos empregadores sobre a folha de salários, destinadas às entidades privadas de serviço social e de formação profissional vinculadas ao sistema sindical.

> **Art. 217 do CTN:** As disposições desta Lei, notadamente as dos arts. 17, 74, § 2º e 77, parágrafo único, bem como a do art. 54 da Lei 5.025, de 10 de junho de 1966, não excluem a incidência e a exigibilidade:
>
> I – da "contribuição sindical", denominação que passa a ter o imposto sindical de que tratam os arts. 578 e seguintes, da Consolidação das Leis do Trabalho, sem prejuízo do disposto no art. 16 da Lei 4.589, de 11 de dezembro de 1964; (...)

Com isso, o Brasil promove um avanço na legislação trabalhista. A contribuição sindical obrigatória sempre foi vista como um entrave ao princípio da liberdade sindical, ao impor aos integrantes das categorias profissionais, econômicas e profissionais liberais o desconto desconsiderando suas vontades. Esse era um dos impeditivos para que o Brasil ratificasse da Convenção nº 87 da OIT, a qual prevê, justamente, a liberdade sindical plena. Apesar do avanço em matéria de liberdade sindical, ainda não temos perspectivas de aderência do Brasil ao referido diploma internacional.

A doutrina associa a contribuição compulsória à acomodação dos sindicatos e à existência de mais de 16.000 sindicatos no Brasil[1115]. Conforme prevíamos em edições anteriores, a tendência é a de que os sindicatos encolham e passem a "buscar" associados para que, assim, possam ser custeados.

Com o fim da compulsoriedade da contribuição sindical, historicamente a principal fonte de custeio dessas entidades associativas, a quantidade de sindicatos no Brasil está em franco declínio. Segundo dados do IBGE, em 2023, eram 8,4 milhões de entidades, uma redução de quase 50% em relação ao período anterior à Reforma e o menor número desde 2012[1116].

Entende-se que a Orientação Jurisprudencial nº 17 da SDC do TST e o art. 611-B, XXVI, da CLT passam a ser aplicáveis também à contribuição sindical, devendo ser consideradas nulas as cláusulas coletivas que estabeleçam a compulsoriedade dessa contribuição:

> **Orientação Jurisprudencial nº 17 da SDC do TST:** As cláusulas coletivas que estabeleçam contribuição em favor de entidade sindical, a qualquer título, obrigando trabalhadores não sindicalizados, são ofensivas ao direito de livre associação e sindicalização, constitucionalmente assegurado, e, portanto, nulas, sendo passíveis de devolução, por via própria, os respectivos valores eventualmente descontados.
>
> **Art. 611-B, XXVI, da CLT** (*acrescentado pela Reforma Trabalhista*): Constituem objeto ilícito de convenção coletiva ou de acordo coletivo de trabalho, exclusivamente, a supressão ou a redução dos seguintes direitos: liberdade de associação profissional ou sindical do trabalhador, inclusive o direito de não sofrer, sem sua expressa e prévia anuência, qualquer cobrança ou desconto salarial estabelecidos em convenção coletiva ou acordo coletivo de trabalho;

Nesse sentido, se verificada a abusividade da cláusula do instrumento coletivo, é necessária a atuação do MPT junto ao respectivo TRT na propositura de ação anulatória de

1115. Disponível em: <http://www3.mte.gov.br/sistemas/cnes/relatorios/painel/GraficoTipo.asp>. Acesso em 10 mai. 2017.

1116. Disponível em: https://agenciadenoticias.ibge.gov.br/agencia-noticias/2012-agencia-de-noticias/noticias/40445-em-2023-numero-de-sindicalizados-cai-para-8-4-milhoes-o-menor-desde-2012. Acesso em 11 set. 2024.

cláusulas convencionais, conforme a sistemática adotada no dissídio coletivo[1117]. Ademais, é fundamental a atuação dos Procuradores do Trabalho em primeira instância, uma vez que serão responsáveis por ingressar com pedido de obrigação de não fazer, ou seja, para que o sindicato não volte a adotar a mesma conduta no futuro. Trata-se da tutela inibitória adotada pelo Ministério Público do Trabalho. Nos termos do art. 83, inciso IV, Lei Complementar nº 75/1993:

> **Art. 83, IV, LC nº 75/1993:** Compete ao Ministério Público do Trabalho o exercício das seguintes atribuições junto aos órgãos da Justiça do Trabalho: propor as ações cabíveis para declaração de nulidade de cláusula de contrato, acordo coletivo ou convenção coletiva que viole as liberdades individuais ou coletivas ou os direitos individuais indisponíveis dos trabalhadores;

Por sua vez, cabe ao Auditor-Fiscal do Trabalho autuar o sindicato na hipótese de cobrança ilegal de contribuição. Tendo em vista que há previsão em lei exigindo a autorização prévia e expressa do trabalhador para o desconto, pode autuar o sindicato por descumprimento da norma. Além disso, deve enviar a autuação ao MPT para que seja possível o ajuizamento da ação anulatória mencionada.

Tendo em vista a exigência de autorização expressa do empregado, os arts. 601 e 604 da CLT foram revogados pela Reforma Trabalhista. Esses dispositivos previam a obrigação de apresentação da prova de quitação da contribuição sindical pelos empregados e pelos trabalhadores autônomos. A contribuição sindical perdeu sua natureza de tributo, pois passa a ser exigida apenas se o empregado concordar com o desconto, não sendo cabível a exigência de apresentação da quitação da contribuição sindical no momento da admissão ou da fiscalização do serviço prestado.

Em resumo, a contribuição sindical permanece vigente, inclusive quanto às regras acerca da data de desconto no salário e da distribuição dos valores arrecadados. No entanto, para que o desconto seja possível para os empregados, empregadores e profissionais liberais é necessária prévia e expressa autorização. Tornou-se, portanto, facultativa a contribuição sindical. Ressalta-se que a norma coletiva, nesse caso, não pode suprir a vontade individual. Será ilegal a cobrança de todos os empregados via instrumento coletivo, sem a prévia, expressa e individualizada autorização.

3.2.1.3. Procedimento ligado à contribuição sindical que permanece após a Reforma Trabalhista

As regras atinentes à data de desconto no salário dos empregados e do rateio dos valores permanecem vigentes mesmo após as alterações promovidas pela Reforma Trabalhista.

O valor a ser descontado dos empregados é da remuneração de 1 (um) dia de trabalho[1118]. Esse valor será descontado no mês de março e repassado ao sindicato no

1117. Para mais informações sobre essa ação, consulte os comentários ao art. 611-A da CLT.

1118. Se a remuneração for paga por tarefa, empreitada ou comissão, será 1/30 da quantia recebida no mês anterior. Aliás, quando o empregado receber salário-utilidade ou, ainda, gorjetas, a contribuição sindical, corresponderá a 1/30 da importância que tiver recebido no mês de janeiro, para a contribuição do empregado à previdência social, conforme previsto no art. 582 da CLT.

mês de abril. O empregado deveria ter prova da quitação da contribuição sindical, pois deveria ser solicitada na admissão. Se não estivesse trabalhando ou não tivesse prova da quitação, a contribuição deveria ser descontada no primeiro mês subsequente ao reinício do trabalho. Com relação aos sindicatos dos trabalhadores autônomos e profissionais liberais, ressalta-se que o pagamento da contribuição sindical deveria ser realizado no mês de fevereiro, com base em uma lista de contribuintes organizada pelos respectivos sindicatos ou, na falta deles, federações ou confederações.

O rateio da contribuição sindical, cobrada dos trabalhadores e dos empregadores, é feita de acordo com o artigo 589 CLT:

RATEIO DA CONTRIBUIÇÃO SINDICAL	
EMPREGADOS (art. 589, II, CLT)	**EMPREGADOR (art. 589, I, CLT)**
5% para as confederações	5% para as confederações
10% para centrais sindicais[1119]	15% para as federações
15% para as federações[1120]	60% para os sindicatos
60% para os sindicatos	20% para a "Conta Especial Emprego e Salário"
10% restantes para Conta Especial do Emprego e Salário[1121]	

Para os empregadores, o valor cobrado será proporcional ao capital social da empresa, e o recolhimento ocorrerá no mês de janeiro. Vale ressaltar que não há cobrança de contribuição sindical dos empregadores para custeio das centrais sindicais.

3.2.1.4. Decisão do STF sobre a constitucionalidade da atual regulamentação da contribuição sindical

Essa mudança legislativa foi palco de grandes discussões no âmbito doutrinário e jurisprudencial. Diversas decisões judiciais divergiam quanto à sua constitucionalidade, especialmente por se tratar de importante fonte de custeio para os sindicatos. Diante disso, foram ajuizadas 19 Ações Diretas de Inconstitucionalidade (ADIs) e 1 Ação Declaratória de

1119. O sindicato de trabalhadores indicará ao Ministério do Trabalho a central sindical a que estiver filiado como beneficiária da respectiva contribuição sindical. Vale destacar que não existe repasse de contribuição sindical dos empregadores às centrais sindicais, uma vez que inexiste central sindical de empregadores.

1120. Em 17/06/2016, a 7ª Turma do TST (RR-2360-26.2011.5.02.0038) decidiu que o sindicato é obrigado a repassar o percentual destinado à federação mesmo na hipótese de não ser filiado a essa entidade de grau superior. No caso, o repasse é necessário se a federação for representativa da categoria econômica ou profissional, independentemente da filiação dos sindicados.

1121. Os recursos destinados à "Conta Especial Emprego e Salário" integram o recurso do Fundo de Amparo ao Trabalho (FAT) e são administrados pelo Ministério do Trabalho e Previdência Social. Fonte: http://www.mtps.gov.br/sindicato-contribuicao-sindical.

Constitucionalidade (ADC), todas analisadas em conjunto na sessão do STF de 29/06/2018, tendo a ADI 5794 como processo de referência.

A ADI 5794 foi ajuizada contra o art. 1º da Lei nº 13.467/2017, que alterou os arts. 545, 578, 579, 582, 583, 587 e 602 da CLT, e revogou os arts. 601 e 604, exigindo autorização prévia e expressa do trabalhador para o desconto da contribuição sindical.

3.2.1.4.1. As alegações de inconstitucionalidade formal da supressão do caráter obrigatório da contribuição sindical

Do ponto de vista formal, a ADI 5794 trouxe basicamente dois argumentos:

> (i) A retirada do caráter compulsório da contribuição sindical haveria de ser feita por lei complementar, em razão do disposto nos arts. 146, III, e 149, da Constituição Federal; e
>
> (ii) tal modificação deveria ser promovida por lei específica, que tratasse apenas dessa matéria em razão do disposto no art. 150, § 6º, da Constituição.

Em relação ao primeiro, o Supremo Tribunal Federal afastou essa alegação sob o argumento de que o art. 146, III, alínea "a", da Constituição Federal, não exige lei complementar para dispor sobre contribuições, mas tão somente em relação a normas gerais em matéria de legislação tributária, especialmente sobre a definição de tributos e suas espécies, bem como, **em relação aos impostos**, os respectivos **fatos geradores, bases de cálculo** e **contribuintes**

Já em relação ao segundo, o STF entendeu que a mudança da natureza da contribuição sindical, de obrigatória para facultativa, não se enquadra nas situações enumeradas nesse dispositivo como "subsídio ou isenção, redução de base de cálculo, concessão de crédito presumido, anistia ou remissão". Além disso, a Suprema Corte argumentou que, ainda que assim não fosse, não se estaria diante de uma violação à exigência de "lei específica", feita pelo § 6º do art. 150 da Constituição, pois a retirada da compulsoriedade da contribuição sindical guarda pertinência temática com a Reforma Trabalhista.

3.2.1.4.2. As alegações de inconstitucionalidade material da supressão do caráter obrigatório da contribuição sindical

Sob o aspecto material, alegou-se:

> (i) Violação ao princípio da isonomia tributária (art. 150, II, CF), pois apenas trabalhadores sindicalizados seriam automaticamente cobrados.
>
> (ii) Ofensa aos arts. 8º, IV, e 149 da CF, por comprometer a arrecadação sindical;
>
> (iii) Violação à autonomia sindical (art. 8º, I, CF), por comprometer fonte de custeio essencial.

Contudo, o Supremo Tribunal Federal entendeu que o critério adotado pela Reforma Trabalhista é homogêneo e igualitário, uma vez que a exigência de autorização prévia e expressa se aplica a todos os trabalhadores, independentemente de serem ou não filiados ao sindicato.

Quanto à alegada violação ao art. 8º, IV, da Constituição, a Corte destacou que cabe à lei ordinária disciplinar amplamente a contribuição sindical, definindo quando, como e por quem ela será devida. Já em relação ao art. 149, o STF entendeu que a Constituição apenas atribui à União o poder de instituir contribuições sociais, o que abrange também a prerrogativa de modificá-las ou extingui-las.

No que se refere à suposta fragilização do sistema sindical, o Tribunal considerou inconsistentes e não comprovadas as alegações de que a retirada do caráter compulsório da contribuição comprometeria a atuação das entidades. Pelo contrário, para o STF, garantir uma fonte de custeio desvinculada de resultados práticos desestimula a atuação eficiente dos sindicatos, pois sua manutenção não dependeria da real satisfação dos trabalhadores. Assim, entendeu-se que a mudança legislativa visa justamente ao fortalecimento da representatividade e da eficiência sindical, incentivando as entidades a atuarem de forma mais efetiva para ampliar sua base de filiados.

Também foi afastado o argumento de que a nova regra comprometeria a prestação da assistência judiciária gratuita, uma vez que os sindicatos ainda contam com outras fontes legítimas de custeio, como a contribuição confederativa (CF, art. 8º, IV) e a contribuição assistencial (CLT, art. 513, "e").

Em 29/06/2018, considerando-se rejeitados todos os argumentos de inconstitucionalidade, o Supremo Tribunal Federal, por maioria de 6 votos contra 3 contrários, pela constitucionalidade dos dispositivos da Reforma Trabalhista que extinguiram a obrigatoriedade da contribuição sindical. Votaram a favor da mudança promovida pela Reforma os Ministros Luiz Fux, Alexandre de Moraes, Luís Roberto Barroso, Marco Aurélio Mello, Gilmar Mendes e Carmem Lúcia e, de forma contrária, os Ministros Edson Fachin, Rosa Weber e Dias Toffoli. Estiveram ausentes justificadamente os Ministros Ricardo Lewandowski e Celso de Mello. Ressalta-se que todas as ADIs e a ADC tramitaram conjuntamente e, portanto, a decisão do STF é aplicada a todos esses processos. Dessa forma, ao menos no âmbito jurisprudencial, foi pacificada a questão atinente à facultatividade da contribuição sindical.

Importante reflexão trazida pelos Ministros vencidos sustenta que a exclusão apenas da contribuição sindical obrigatória, sem a eliminação da unicidade e da representação de todos os trabalhadores causará ainda mais prejuízos ao modelo sindical brasileiro. Ademais, argumentaram que era necessária a edição de lei complementar para a mudança da natureza jurídica da contribuição sindical, uma vez que esse tributo também tinha destinação estatal ao FAT (Fundo de Amparo ao Trabalhador) e toda modificação que acarrete redução de receita ou aumento de despesas exige lei complementar.

De um lado, a Reforma Trabalhista ampliou significativamente a força dos sindicatos ao assegurar grande poder nas negociações coletivas, de acordo com o art. 611-A da CLT. Por outro lado, foi retirada a obrigatoriedade da contribuição sindical com a manutenção do modelo de unicidade sindical, com a existência de um único sindicato para representar toda a categoria. Com a alteração, prevíamos uma redução considerável de sindicatos não representativos, o que se concretizou. Desde o fim da compulsoriedade da contribuição sindical, a quantidade de sindicatos no Brasil está em franco declínio. Segundo dados do IBGE, em 2023, eram 8,4 milhões de entidades, uma redução de quase 50% em relação ao período anterior à Reforma e o menor número desde 2012[1122]. Observamos, ainda, que os sindicatos legítimos e atuantes também passam a ter dificuldade de se sustentarem financeiramente.

1122. Disponível em: https://agenciadenoticias.ibge.gov.br/agencia-noticias/2012-agencia-de-noticias/noticias/40445-em-2023-numero-de-sindicalizados-cai-para-8-4-milhoes-o-menor-desde-2012. Acesso em 11 set. 2024.

Com o fim da natureza de tributo da contribuição sindical, o sindicato pode passar a cobrar pelos demais serviços prestados como assistência judiciária aos empregados, a homologação das verbas rescisórias e outros serviços prestados. Aliás, com o fim da gratuidade na assistência judiciária pelos sindicatos, passa a ser dever da Defensoria Pública da União assistir os trabalhadores que apresentarem hipossuficiência de recursos nos termos do art. 5º, LXXIV e 134 da CF/88[1123].

3.2.1.5. Empregados sindicalizados – como fica?

Com as mudanças trazidas pela Reforma Trabalhista, não restaram dúvidas de que aquele que não for sindicalizado não poderá ter descontado de seu salário o valor correspondente à contribuição sindical sem que haja sua prévia e expressa anuência. A norma coletiva não supre, portanto, a vontade individual[1124]. Vale destacar que é possível, no entanto, que esse trabalhador opte de forma voluntária em manter o pagamento da contribuição sindical sem se filiar ao sindicato.

Por outro lado, restavam dúvidas quanto à necessidade de autorização previa e expressa ao desconto por parte do trabalhador sindicalizado, principalmente no caso de previsão do desconto em assembleia geral da categoria ou em norma coletiva.

Num primeiro momento, nos pareceu que, com a filiação, passava a ser automática a possibilidade de desconto das contribuições sindical, assistencial e confederativa para custeio do sistema confederativo e da negociação coletiva. Nesse mesmo sentido, no informativo 248, a SDC do TST, por maioria, entendeu pela incompatibilidade, aos trabalhadores filiados ao sindicato, do direito de oposição à contribuição assistencial diante da natureza associativa das entidades sindicais. Para o Tribunal, a filiação permite a imposição de deveres previstos em estatuto, entre os quais está a obrigação de colaborar com o custeio da entidade sindical.

Criticávamos a mudança promovida pela Reforma Trabalhista por ser pouco justa. Essa sistemática impunha somente aos filiados a obrigação de custear o sindicato, enquanto todos os trabalhadores receberiam os benefícios advindos da atuação da entidade. Isso poderia ter efeito devastador no sistema sindical brasileiro, pois desestimularia o trabalhador sindicalizado a continuar financiando os sindicatos. Os sindicalizados arcariam com todo o ônus da manutenção da entidade sindical, enquanto o bônus obtido pelas negociações coletivas seria repartido a todos indistintamente.

Contudo, o entendimento do STF no julgamento da ADI 5794/DF, quando da análise da alegação de que a Reforma Trabalhista, ao instituir a necessidade de autorização prévia e expressa como condição para o pagamento da contribuição sindical, ofenderia o princípio da isonomia tributária, foi no sentido contrário. De acordo com a Corte, o critério adotado pela Reforma Trabalhista **foi homogêneo e igualitário**, tendo em vista que **a autorização**

1123. Nesse sentido, o autor Élisson Miessa: "Pensamos, portanto, que, com o advento da Lei nº 13.467/2017, a assistência judiciária gratuita exercida pelo sindicato deixa de ser obrigatória, podendo ser desempenhada quando prevista no estatuto da entidade, com os requisitos por ele estabelecidos. Por sua vez, a assistência judiciária gratuita obrigatória passa a ser dever da Defensoria Pública da União, por força do art. 14 da LC nº 80/94." (MIESSA, Élisson. *Processo do Trabalho*. 5. ed. Salvador: Juspodivm, 2018. p. 358).

1124. É uma das raras hipóteses que a vontade coletiva não supre a individual.

prévia e expressa se aplica a todos os trabalhadores indistintamente, filiados ou não ao sindicato. De acordo com a decisão, *"(...) a lei impugnada exige prévia e expressa anuência de todo e qualquer trabalhador para o desconto da contribuição sindical".*

Assim, o fim da natureza compulsória da contribuição sindical, nos termos da Reforma Trabalhista, a partir da compreensão firmada pelo Supremo Tribunal Federal no julgamento da ADI 5794/DF, deixa evidente que o sindicato depende da autorização prévia e expressa até mesmo dos trabalhadores filiados ao sindicato para que possa receber a contribuição sindical.

Por fim, conforme tese fixada pelo STF na apreciação do **Tema 935 da Repercussão Geral**, é constitucional a instituição, por acordo ou convenção coletivos, de contribuições assistenciais a serem impostas a todos os empregados da categoria, ainda que não sindicalizados, desde que assegurado o direito de oposição.

3.2.1.6. Aspectos processuais

É válido destacar os efeitos processuais da decisão proferida pelo STF em sede de controle concentrado de constitucionalidade. De acordo com o art. 28, parágrafo único, da Lei nº 9.868/1999, legislação que regulamenta o procedimento da ADI e da ADC, a declaração de constitucionalidade ou de inconstitucionalidade de lei têm eficácia contra todos e efeito vinculante em relação aos órgãos do Poder Judiciário e à Administração Pública[1125]. Em respeito à supremacia da Constituição Federal, os juízes e tribunais devem seguir o entendimento firmado pelo STF na ADI. No caso da ADI 5.794, a declaração de constitucionalidade da norma tem efeito "ex tunc", ou seja, confirma que a norma sempre foi constitucional desde sua origem.

Portanto, todos os processos em curso em 1ª instância ou em grau recursal, que versarem sobre a constitucionalidade da Reforma Trabalhista no tocante à facultatividade da contribuição sindical deverão ser julgados de acordo com o posicionamento firmado pelo STF na ADI 5.794. Com fundamento nos art. 102, I, "l" da CF/88 e art. 988 a 993 do CPC, caso os órgãos da Justiça do Trabalho, juízes e tribunais trabalhistas, não observem a decisão do STF em controle concentrado de constitucionalidade, é possível que a parte interessada ou o Ministério Público apresente reclamação diretamente ao Supremo para que este tribunal casse a decisão exorbitante de seu julgado[1126]. Ressalta-se que a reclamação não é cabível na hipótese de trânsito em julgado da decisão.

Caso a ação tenha transitado em julgado em decisão contrária ao posicionamento do STF, é possível o ajuizamento de ação rescisória no prazo de 2 anos da decisão com o fundamento em violação manifestar de norma jurídica nos termos do art. 966, V, do CPC e, na execução, é possível alegar a inexigibilidade da obrigação na impugnação da sentença nos termos do art. 525, § 1º, III, CPC.

1125. **Art. 28, parágrafo único, Lei nº 9.868/1999:** A declaração de constitucionalidade ou de inconstitucionalidade, inclusive a interpretação conforme a Constituição e a declaração parcial de inconstitucionalidade sem redução de texto, têm eficácia contra todos e efeito vinculante em relação aos órgãos do Poder Judiciário e à Administração Pública federal, estadual e municipal.

1126. **Art. 988, III, do CPC:** Caberá reclamação da parte interessada ou do Ministério Público para: garantir a observância de enunciado de súmula vinculante e de decisão do Supremo Tribunal Federal em controle concentrado de constitucionalidade.

3.2.2. *Contribuição confederativa*

A contribuição confederativa serve para custear o sistema confederativo, isto é, sindicatos, federações e confederações. Há expressa previsão constitucional que possibilita a contribuição confederativa, art. 8º, IV, CF/88. É fixada mediante decisão da assembleia geral e o desconto é feito na folha de pagamento dos empregados. A Reforma em nada mudou a regulamentação da contribuição confederativa, que somente pode ser exigida dos filiados ao sindicato.

Diferentemente da contribuição sindical, a confederativa nunca teve natureza jurídica de tributo, portanto não pode ser cobrada de trabalhadores não associados ao sindicato, sob pena de grave violação à liberdade sindical. Com a publicação da Súmula Vinculante nº 40 do STF, colocou fim a uma antiga discussão sobre a possibilidade ou não de cobrança de não filiados. Atualmente, somente pode ser cobrada contribuição confederativa dos filiados ao sindicato.

De acordo com a Constituição Federal e jurisprudência dominante nos tribunais:

> **Art. 8º, IV, CF/88:** A assembleia geral fixará a contribuição que, em se tratando de categoria profissional, será descontada em folha, para **custeio do sistema confederativo** da representação sindical respectiva, independentemente da contribuição prevista em lei.
>
> **Súmula Vinculante nº 40 do STF (Conversão da Súmula nº 666 do STF).** A contribuição confederativa de que trata o art. 8º, IV, da Constituição é exigível dos filiados ao sindicato respectivo.
>
> **Orientação Jurisprudencial nº 17 da SDC.** As cláusulas coletivas que estabeleçam contribuição em favor de entidade sindical, a qualquer título, obrigando trabalhadores não sindicalizados, são ofensivas ao direito de livre associação e sindicalização, constitucionalmente assegurado, e, portanto, nulas, sendo passíveis de devolução, por via própria, os respectivos valores eventualmente descontados.

Entretanto, é válido ressaltar que a contribuição confederativa, se aprovada em assembleia geral do sindicato, terá plena aplicação a todos os **sindicalizados**, inclusive aqueles que foram contra a sua instituição durante a votação da assembleia geral. Com isso, verifica-se que os trabalhadores são livres para se associar a uma entidade sindical. Todavia, assim que integrarem o quadro de sindicalizados, não será possível recursar o pagamento de uma contribuição decidida de acordo com os parâmetros adotados no estatuto da entidade.

Vale ressaltar que parte da doutrina entende que é necessária a expressa autorização do empregado sindicalizado para o desconto em folha. Dessa forma, não bastaria a simples filiação ao sindicato, mas igualmente seria necessária a autorização do empregado para esse fim. Essa posição, entretanto, é minoritária, uma vez que, em tese, esses trabalhadores tiveram o direito de participação na assembleia geral que fixou a contribuição.

Destaca-se a posição do professor Sergio Pinto Martins[1127] segundo a qual aos empregados não sindicalizados deverá ser garantido o direito de oposição à cobrança da

1127. MARTINS, Sergio Pinto. Direito do Trabalho. São Paulo: Atlas, 2014. p. 843.

contribuição confederativa, com a justificativa de que não puderam participar da votação em assembleia sobre a sua implementação.

Entendemos que a cobrança de contribuição confederativa a todos os trabalhadores é abusiva, ainda que garantido o **direito de oposição**. Os empecilhos criados à oposição do empregado demonstram, na prática, que essa cláusula é muitas vezes fantasiosa. A apresentação da oposição (por escrito de próprio punho, entregue em determinado horário e local, 5 dias de antecedência antes de fechada a negociação etc.) faz que o empregado ora seja vencido pelo cansaço, ora pelo desconhecimento. Enfim, a cláusula de oposição, na maioria das vezes, obriga que todos os empregados, filiados ou não, paguem a contribuição confederativa.

3.2.3. Contribuição assistencial

A contribuição assistencial ou taxa de reversão é prevista no art. 513, e, da CLT. Essa contribuição tem como finalidade compensar os custos decorrentes da participação nas negociações coletivas e, ainda, em razão da conquista de condições mais benéficas aos trabalhadores.

Segundo clássica e majoritária corrente adotada pelo TST até então, a contribuição assistencial não tem natureza de tributo, portanto, seria cobrada apenas dos empregados filiados ao sindicato.

> **Precedente Normativo nº 119 do TST:** Contribuições sindicais – Inobservância de preceitos constitucionais: A Constituição da República, em seus arts. 5º, XX, e 8º, V, assegura o direito de livre associação e sindicalização. É ofensiva a essa modalidade de liberdade cláusula constante de acordo, convenção coletiva ou sentença normativa estabelecendo contribuição em favor de entidade sindical a título de taxa para custeio do sistema confederativo, **assistencial**, revigoramento ou fortalecimento sindical e outras da mesma espécie, obrigando trabalhadores não sindicalizados. Sendo nulas as estipulações que inobservem tal restrição, tornam-se passíveis de devolução os valores irregularmente descontados (grifo acrescido).

Assim, nos termos do entendimento clássico do TST, a contribuição assistencial (e também a confederativa) não poderia ser cobrada ou mesmo descontada dos empregados não associados ao sindicato. Havendo desrespeito a esse posicionamento do TST, o trabalhador poderia pleitear a restituição dos valores descontados a título de compensação dos custos decorrentes da participação do sindicato em negociação coletiva.

A cobrança de contribuição **assistencial** a todos os trabalhadores, indistintamente, era considerada abusiva, ainda que garantido o direito de oposição.

Em complemento, nos termos do art. 611-B, XXVI, da CLT, constitui objeto ilícito de convenção coletiva ou de acordo coletivo de trabalho cláusula dispondo sobre a liberdade de associação profissional ou sindical do trabalhador, inclusive o direito de não sofrer, sem sua expressa e prévia anuência, qualquer cobrança ou desconto salarial estabelecidos em convenção coletiva ou acordo coletivo de trabalho.

Havia posicionamento, então, minoritário dentro da Magistratura do Trabalho, que defendia a cobrança de todos os empregados, filiados ou não. O fundamento dessa corrente baseava-se no fato de que todos os trabalhadores são beneficiados pelas novas conquistas obtidas pelas negociações do sindicato. Logo, nada mais justo que todos os empregados, filiados e não filiados, contribuam para financiamento e custeio do ente sindical.

Diante da Súmula Vinculante nº 40 do STF, a primeira corrente, que entende pela impossibilidade de cobrança da contribuição assistencial de todos os trabalhadores, filiados ou não, parecia prevalecer.

Em maio de 2017, o STF reafirmou entendimento da inconstitucionalidade da imposição, por meio de norma coletiva, de contribuições compulsórias descontadas de empregados não filiados ao sindicato respectivo[1128], levando-nos a entender pela impossibilidade de cobrança de contribuição assistencial por acordo, convenção coletiva de trabalho ou sentença normativa a empregados não sindicalizados.

Contudo, nesse mesmo processo (RG-ARE 1.018.459/PR), na sessão virtual finalizada em 24/04/2023, acolhendo **embargos de declaração com efeitos infringentes**, propôs-se a seguinte tese:

> **Tema 935 da Repercussão Geral:** É constitucional a instituição, por acordo ou convenção coletivos, de contribuições assistenciais a serem impostas a todos os empregados da categoria, ainda que não sindicalizados, desde que assegurado o direito de oposição.

Apreciando o Tema, a Corte, em 11 de setembro de 2023, decidiu pela constitucionalidade da instituição, por acordo ou convenção coletiva de trabalho, de contribuições assistenciais (para o custeio das despesas com a negociação coletiva) a serem impostas a todos os empregados da categoria profissional, ainda que não sindicalizados, desde que assegurado o direito de oposição.

A Ata de Julgamento foi publicada em 19/09/2023, adquirindo a tese, a partir de então, força vinculante e devendo ser observada por todos os tribunais do País. Até o fechamento desta edição, não se tinham notícias de eventual modulação de efeitos pela Corte. Portanto, ações anulatórias que pretendem a invalidação de cláusulas convencionais que instituíram a referida contribuição a todos os trabalhadores da categoria profissional sem decisão de mérito transitada em julgado deverão seguir o novo entendimento da Corte, ainda que ajuizadas antes da publicação da ata de julgamento na imprensa oficial. Ressalta-se, contudo, a necessidade de se assegurar o direito de oposição aos trabalhadores não filiados ao sindicato.

3.2.3.1. Do papel da Justiça do Trabalho diante de cobranças abusivas

Ademais, se houver cobrança indevida de contribuição confederativa ou assistencial aos não sindicalizados, o sindicato fica obrigado a devolver as contribuições descontadas irregularmente pelo menos dos últimos 5 anos, em razão do prazo prescricional. Vale ressaltar que alguns juízes do trabalho determinaram que os **empregadores** devolvam essas contribuições, cobradas indevidamente. No entanto, as empresas apenas estavam cumprindo aquilo que foi determinado no instrumento coletivo, sem ter o conhecimento

1128. Recurso Extraordinário com Agravo 1.018.459/PR – Relator: Min. Gilmar Mendes. Data de julgamento: 23/02/2017.

de quem era ou não sindicalizado. Esse controle deve ser feito pelo próprio sindicato e informado à empresa. Nesse caso, o pedido deveria ser julgado improcedente e a empresa não poderia ser condenada. Aquele que foi condenado a devolver a quantia descontada terá direito à ação de regresso contra o sindicato, pois o ente sindical não poderia ter cobrado o valor de todos os empregados indiscriminadamente[1129].

O **empregador não pode custear o sindicato da categoria profissional** porque dessa forma retira a autonomia do sindicato dos trabalhadores. Nesse sentido, estabelece o Informativo nº 100 do TST[1130] e a Orientação nº 1 da Conalis[1131], coordenadoria temática do MPT de promoção da liberdade sindical.

Por fim, é importante destacar decisão da 2ª Turma do TST[1132] que estabeleceu que a criação de contribuição financeira às empresas para custear atividades do sindicato por meio de norma coletiva não caracteriza dano moral coletivo. Apesar de reconhecer a ilegalidade do estabelecimento dessas contribuições, o TST entendeu que a contribuição tinha respaldo em cláusula firmada por empregados e empregadores em instrumento coletivo, o que afasta a hipótese de abuso de direito por parte do sindicato.

3.2.4. Mensalidade sindical

Mensalidade sindical ou estatutária está prevista no art. 548, *b*, da CLT. É contribuição prevista no estatuto do sindicato e cobrada apenas do trabalhador filiado. É voltada para a manutenção de atividades recreativas e assistenciais do sindicato. Ex.: manutenção de clubes, dentista, colônias de férias etc. Nesse sentido:

> As mensalidades dos associados do sindicato, por sua vez, consistem em parcelas mensais pagas estritamente pelos trabalhadores sindicalizados a seus associados. São modalidades voluntárias de contribuições, comuns a qualquer tipo de associação, de qualquer natureza, e não somente sindicatos[1133].

Na tentativa de resumir a matéria envolvendo as fontes de custeio do sistema sindical, segue quadro explicativo:

CUSTEIO DO SINDICATO

1. **Contribuição sindical (art. 8º, IV, CF/88 e arts. 578 a 591 da CLT):**
   - recolhimento facultativo, mediante prévia e expressa autorização do empregado, empregador e profissional liberal.
   - **Para os empregados:**
     - desconto de 1 dia de trabalho da remuneração do empregado no mês de março. O repasse ao sindicato ocorre no mês de abril,

1129. TRT-2 – RO 00020494420125020444 SP, Relator: Rosana de Almeida Buono, Data de Julgamento: 08/04/2014, 3ª Turma, Data de Publicação: 15/04/2014.
1130. Informativo nº 100 do TST.
1131. **Orientação nº 1. Conalis.** Custeio patronal a sindicato profissional. Afronta a liberdade sindical o financiamento patronal do sindicato profissional.
1132. Nesse sentido, confira o Processo nº RR-884-33.2011.5.09.0013. 2ª Turma do TST. Relatora: Ministra Delaíde Miranda Arantes. 13/02/2019.
1133. DELGADO, Maurício Godinho. Direito Coletivo do Trabalho. 3. ed. São Paulo: LTr, 2008. p. 93.

- **Para os empregadores:**
  a) Valor cobrado é proporcional ao capital social da empresa;
  b) Recolhimento ocorre no mês de janeiro;
  c) Microempresas e empresas de pequeno porte optante pelo simples nacional: isenção da contribuição sindical patronal.
- **Para os profissionais liberais:**
  a) Pagamento dos valores em fevereiro de cada ano;
  b) isenção: advogados (art. 47, Estatuto da OAB).

2. **Contribuição confederativa (art. 8º, IV, CF/88):**
   a) custeio do sistema confederativo (art. 8º, IV, CF/88);
   b) somente aos sindicalizados (não tem natureza tributária) – Súmula Vinculante nº 40 do STF e OJ 17 SDC;
   c) abrange todos os sindicalizados, inclusive aqueles que se manifestaram contrários à sua instituição.
3. **Contribuição assistencial (art. 513, "e", CLT):**
   a) compensar os custos decorrentes da participação nas negociações coletivas;
   b) Tema 935 da Repercussão Geral: É constitucional a instituição, por acordo ou convenção coletivos, de contribuições assistenciais a serem impostas a todos os empregados da categoria, ainda que não sindicalizados, desde que assegurado o direito de oposição.
4. **Mensalidade sindical:**
   a) manutenção das atividades recreativas e assistenciais do sindicato;
   b) somente aos sindicalizados.

3.3. Federação e confederação

As federações e confederações são entidades sindicais de grau superior, conforme previsto no art. 533 da CLT. Para as provas de Analista do TRT é necessário que o candidato memorize as características básicas dessas entidades, em especial como são compostas.

As **federações** são organizadas nos Estados-membros, art. 534 da CLT. São entidades de segundo grau, compostas de, no mínimo, 5 (cinco) sindicatos que representem a maioria absoluta de um grupo de atividades ou profissões idênticas, similares ou conexas. O objetivo da federaçao é coordenar interesses e reunir os sindicatos.

As **confederações** são entidades de âmbito nacional, com sede em Brasília. São formadas por, no mínimo, 3 (três) federações. Têm como objetivo coordenar as federações e sindicatos do seu setor. Exemplo: Confederação Nacional da Indústria. Cabe frisar que a confederação possui legitimidade para propor ação direta de inconstitucionalidade, conforme previsto no art. 103, IX, da CF/88.

Por fim, os órgãos internos das federações e confederações são os que seguem:

a) **Conselho de representantes:** será formado pelas delegações dos sindicatos ou das federações filiadas, constituída cada delegação de 2 membros, com mandato por 3 anos, cabendo 1 voto a cada delegação. Cabe ressaltar que o TST[1134] decidiu

1134. Informativo nº 3º do TST.

que o representante sindical e suplente eleitos para o Conselho de representantes de federação ou confederação gozam da estabilidade provisória do dirigente sindical conforme estabelece o art. 8º, inciso VIII, CF/88.

b) **Diretoria:** será constituída de, no mínimo, 3 membros, não havendo número máximo, eleitos para mandato de 3 anos. A diretoria é o órgão responsável pela eleição do presidente da federação e da confederação.

c) **Conselho fiscal:** será composto por 3 membros, eleitos pelo Conselho de Representantes com mandato por 3 anos.

3.4. Centrais sindicais

As centrais sindicais existem desde a década de 80, mas foram reconhecidas juridicamente com a Lei nº 11.648/2008. São entidades abrangentes, que não representam um grupo ou categoria específica, por exemplo, podem a elas se filiar sindicatos dos trabalhadores rurais e do comércio. Ademais, tanto os sindicatos, como as federações e confederações poderão se filiar às centrais sindicais. Por fim, essas entidades representam apenas os trabalhadores, pois são formadas apenas por categorias profissionais. Não há, portanto, centrais sindicais de empregadores.

Há duas atribuições específicas das centrais sindicais:

a) **coordenar** a representação dos trabalhadores por meio das organizações sindicais a ela filiadas. Exemplo: fornecer consultoria jurídica, ou auxiliar nas pautas de reivindicações;

b) **participar de negociações** em fóruns, colegiados de órgãos públicos e demais espaços, em que estejam em discussão assuntos de interesse geral dos trabalhadores. Exemplo: indicação de representante dos trabalhadores no Conselho Curador do FGTS e participação das comissões que estudam modificação no texto da CLT.

Para o exercício das atribuições e prerrogativas, as centrais sindicais terão de cumprir os seguintes requisitos exigidos pelo art. 2º da Lei nº 11.648/2008:

> I – filiação de, no mínimo, 100 sindicatos distribuídos nas 5 regiões do País;
>
> II – filiação em pelo menos 3 (três) regiões do País de, no mínimo, 20 sindicatos em cada uma;
>
> III – filiação de sindicatos em, no mínimo, 5 setores de atividade econômica; e
>
> IV – filiação de sindicatos que representem, no mínimo, 7% do total de empregados sindicalizados em âmbito nacional[1135].

Vale frisar que, após a sua constituição, a entidade passará a receber 10% do montante da contribuição sindical anual paga pelos trabalhadores. Lembre-se de que, com a Reforma Trabalhista, a contribuição sindical deixa de ser obrigatória, dependendo para seu desconto da prévia e expressa autorização dos empregados.

1135. O percentual será de apenas 5% do total de empregados sindicalizados em âmbito nacional no período de 24 meses a contar da publicação da lei. A publicação ocorreu no dia 31 de março de 2008.

Em outubro de 2013, o TST[1136] estabeleceu a estabilidade provisória do dirigente de central sindical, sob a justificativa de que estes órgãos apresentam importante papel no movimento sindical brasileiro, uma vez que se desvincula do modelo corporativista adotado pela pirâmide sindical composta pelos sindicatos, federações e confederações.

Verifica-se, por fim, que as centrais sindicais não têm legitimidade para celebrar acordos ou convenções coletivas, ingressar com ação de cumprimento ou instaurar dissídio coletivo.

ENTIDADES DE GRAU SUPERIOR
(Federações e Confederações)

- **Federações**
  - Organizadas nos Estados-membros
  - Composta de, no mínimo, 5 sindicatos que representam a categoria
  - Objetivo é coordenar e reunir os sindicatos
- **Confederações**
  - Entidade de âmbito nacional (sede em Brasília)
  - Compostas de, no mínimo, 3 federações que representam a categoria
  - Possuem legitimidade para propor ADI (art. 103, IX da CF/88)
- **Órgãos internos das federações e confederações**
  - Conselho de representantes – formado por delegações dos sindicatos e das federações
  - Diretoria – no mínimo, 3 membros
  - Conselho fiscal – composto por 3 membros

Centrais sindicais
(Características básicas – Lei nº 11.648/2008)

- Entidades abrangentes, formadas por sindicatos, federações e confederações
- Representam apenas os trabalhadores
- Contribuição: repasse de 10% da contribuição sindical anual paga pelos trabalhadores
- Atribuições
  a) coordenar a representação dos trabalhadores
  b) participar de negociação em que haja interesse dos trabalhadores
- Não têm legitimidade para celebrar acordos e convenções coletivas
- Dirigente das centrais sindicais, embora não haja previsão expressa em lei, gozam de estabilidade provisória no emprego segundo jurisprudência do TST

4. NEGOCIAÇÃO COLETIVA – CONVENÇÃO E ACORDO COLETIVO

A Constituição Federal conferiu aos sindicatos o poder de criação de normas jurídicas, ou seja, estabelecer, juntamente com as empresas, normas mais benéficas aos trabalhadores, observando as peculiaridades regionais e econômicas da região. Esse poder dado aos sindicatos é chamado de princípio da autorregulamentação ou, ainda, princípio da

1136. Para mais informações ver TST-RR-50000-91.2008.5.17.0012 – Rel. Min. Mauricio Godinho Delgado – Data de Julgamento: 23/10/2013.

criatividade jurídica da negociação coletiva[1137]. O mote da reforma trabalhista, especialmente na redação do art. 611-A da CLT, consistiu na valorização dos instrumentos coletivos de trabalho. Nesse sentido, verifica-se a prevalência do negociado sobre o legislado, o que assegura maior poder de negociação e representação dos trabalhadores pelos sindicatos.

Sobre esse ponto ligado a autorregulamentação, o STF[1138] entende que a participação do Poder Executivo nas negociações coletivas de trabalho ofende o princípio da liberdade sindical, uma vez que não respeita a capacidade de criação das normas jurídicas pelas próprias partes envolvidas na negociação coletiva.

Para que a negociação coletiva seja válida, é necessária a presença do sindicato dos trabalhadores. De acordo com a CF/88:

> **Art. 7º, XXVI, CF/88:** reconhecimento das convenções e acordos coletivos de trabalho;
>
> **Art. 8º, VI, CF/88:** é obrigatória a participação dos sindicatos nas negociações coletivas de trabalho.

Destaca-se que a Declaração da OIT sobre os Princípios e Direitos Fundamentais no Trabalho estabeleceu a obrigação dos Estados-Membros da Organização Internacional do Trabalho de reconhecer efetivamente o direito de negociação coletiva como um princípio fundamental, ainda que as Convenções nº 87 e 98 da OIT não tenham sido ratificadas.

De acordo com o art. 616 da CLT, caso os sindicatos e as empresas forem provocados, não poderão se recusar à negociação coletiva. Fruto da negociação, poderão surgir dois instrumentos coletivos:

a) **Acordo coletivo (art. 611, § 1º, CLT):** instrumento normativo que decorre da negociação coletiva, sendo firmado pelo sindicato da categoria profissional (trabalhadores) com uma ou mais empresas. Veja que há obrigatoriedade da presença do sindicato dos trabalhadores para que o instrumento coletivo seja válido. O alcance das normas firmadas no acordo será aplicável no âmbito da empresa ou empresas acordantes, ou seja, aplicação a todos os empregados, independentemente de filiação ao sindicato.

b) **Convenção coletiva (art. 611, *caput*, CLT):** instrumento normativo que decorre da negociação coletiva, sendo firmado pelos sindicatos da categoria profissional e sindicato da categoria econômica. O alcance das normas coletivas firmadas na convenção não se limita aos filiados, mas a todo o "âmbito das respectivas representações".

O **ponto em comum** entre acordo e convenção: serão fixadas condições de trabalho que serão aplicadas aos contratos individuais de trabalho, como utilização de EPIs, reajuste salarial, estabilidades etc. Uma vez firmado o acordo ou convenção coletiva, os direitos, vantagens e obrigações serão aplicados a todos os trabalhadores, filiados e não filiados ao sindicato. O instrumento coletivo tem, portanto, efeitos *erga omnes*. Nesse sentido, ensina o professor Ricardo Resende[1139] de forma didática:

1137. DELGADO, Mauricio Godinho. *Direito Coletivo do Trabalho*. 3. ed. São Paulo: LTr, 2008. p. 59.

1138. Sobre o assunto, veja o julgamento da ADI nº 4364/SC – Relator: Min. Dias Toffoli – Data de Julgamento: 02/03/2011.

1139. RESENDE, Ricardo. *Direito do Trabalho esquematizado*. Rio de Janeiro: Forense; São Paulo: Método, 2011.

> É importante ressaltar que este efeito *erga omnes* significa que a norma coletiva alcança todos os trabalhadores daquela categoria, inclusive os não sindicalizados, para o bem e para o mal. Assim, o aumento de salário ou a criação de determinada parcela ou benefício alcança os não sindicalizados, mas de certa forma flexibilizam direitos trabalhistas.

A **diferença** entre acordos e convenções reside no fato de a convenção coletiva ser mais abrangente, pois envolve os sindicatos de ambas as categorias. Já o acordo tem abrangência mais restrita, envolvendo apenas os empregados da empresa ou empresas que o celebraram. No acordo coletivo são discutidas questões do dia a dia da empresa, como locais de amamentação, posicionamento das máquinas na empresa e uso do telefone e *e-mail*.

Ressalta-se, todavia, que existem outras **diferenças pontuais** entre acordos e convenções coletivas de trabalho trazidos pela jurisprudência, doutrina e pela legislação. Sergio Pinto Martins[1140] salienta que, no caso de concessão de férias coletivas, a conversão do abono de férias[1141] somente seria possível mediante acordo coletivo entre o empregador e o sindicato profissional. Justifica a impossibilidade de celebração de convenção coletiva pelo fato de que a negociação do abono acontece entre o sindicato dos empregados e a empresa local. Concordamos inteiramente com o autor, pois o caráter genérico da convenção que não atende às peculiaridades de cada empregador.

Por fim, a Reforma Trabalhista alterou a redação do art. 620 da CLT para prever que o acordo coletivo de trabalho **sempre** prevalecerá sobre a convenção coletiva de trabalho:

> **Art. 620 da CLT** *(Alterado pela Reforma Trabalhista)*. As condições estabelecidas em acordo coletivo de trabalho **sempre** prevalecerão sobre as estipuladas em convenção coletiva de trabalho.

Antes da Reforma Trabalhista, o dispositivo em comento previa a prevalência da convenção coletiva caso fosse mais favorável do que o acordo coletivo:

> **Art. 620 da CLT** (Redação anterior à Reforma Trabalhista). As condições estabelecidas em Convenção quando mais favoráveis, prevalecerão sobre as estipuladas em Acordo.

Removeu-se do texto do artigo a ressalva de que essa prevalência somente seria possível caso fosse mais favorável. Privilegiou, portanto, a negociação que está mais próxima do dia a dia da empresa. O que se pretendeu com as mudanças foi estabelecer uma hierarquia estática, fixa, entre convenção e acordo coletivos de trabalho. Ainda que as normas contidas no acordo coletivo sejam prejudiciais ao trabalhador, deverão prevalecer sobre as disposições contidas em convenção coletiva, caso haja conflito entre as duas.

Esse posicionamento consistiu em uma tentativa do legislador em violar o princípio da norma mais favorável. Assim, de acordo com a atual redação, o acordo coletivo sempre deverá prevalecer, não mais sendo aplicável o princípio da norma mais favorável quando

1140. MARTINS, Sergio Pinto. *Direito do Trabalho*. 30. ed. São Paulo: Atlas, 2014. p. 649.

1141. **Art. 143, § 2º, CLT:** "Tratando-se de férias coletivas, a conversão a que se refere este artigo deverá ser objeto de acordo coletivo entre o empregador e o sindicato representativo da respectiva categoria profissional, independendo de requerimento individual a concessão do abono."

estiverem em conflito acordo coletivo e convenção coletiva. Ainda que o acordo coletivo seja mais específico, a alteração pode ser extremamente prejudicial aos trabalhadores.

4.1. Prevalência do negociado sobre o legislado (Reforma Trabalhista)[1142]

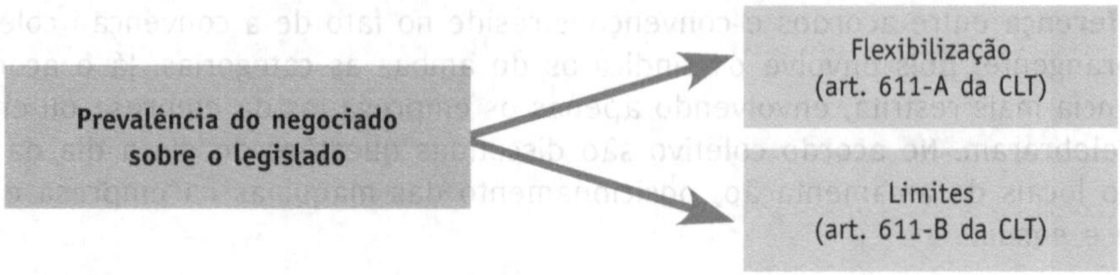

O mote da reforma trabalhista, especialmente na redação do art. 611-A da CLT, consistiu na valorização dos instrumentos coletivos de trabalho. Nesse sentido, verifica-se a prevalência do negociado sobre o legislado, o que assegura maior poder de negociação e representação dos trabalhadores pelos sindicatos. As próprias partes da relação jurídica coletiva podem transacionar com maior liberdade, pois, em um dos polos da relação jurídica está o sindicato da categoria profissional:

> **Art. 611-A, CLT** *(acrescentado pela Reforma Trabalhista)*. A convenção coletiva e o acordo coletivo de trabalho têm prevalência sobre a lei quando, entre outros, dispuserem sobre:
>
> I – pacto quanto à jornada de trabalho, observados os limites constitucionais;
>
> II – banco de horas anual;
>
> III – intervalo intrajornada, respeitado o limite mínimo de trinta minutos para jornadas superiores a seis horas;
>
> IV – adesão ao Programa Seguro-Emprego (PSE), de que trata a Lei no 13.189, de 19 de novembro de 2015;
>
> V – plano de cargos, salários e funções compatíveis com a condição pessoal do empregado, bem como identificação dos cargos que se enquadram como funções de confiança;
>
> VI – regulamento empresarial;
>
> VII – representante dos trabalhadores no local de trabalho;
>
> VIII – teletrabalho, regime de sobreaviso, e trabalho intermitente;
>
> IX – remuneração por produtividade, incluídas as gorjetas percebidas pelo empregado, e remuneração por desempenho individual;
>
> X – modalidade de registro de jornada de trabalho;
>
> XI – troca do dia de feriado;
>
> XII – enquadramento do grau de insalubridade;
>
> XIII – prorrogação de jornada em ambientes insalubres, sem licença prévia das autoridades competentes do Ministério do Trabalho;
>
> XIV – prêmios de incentivo em bens ou serviços, eventualmente concedidos em programas de incentivo;

1142. Esse tema tem sido cada vez mais cobrado nas provas de TRTs. Em 2022, foram inúmeras questões que exigiam dos candidatos conhecimento acerca da literalidade dos arts. 611-A e 611-B da CLT. Apesar de serem questões fáceis, é preciso que os candidatos **memorizem** todos os incisos dos dispositivos acima!

> XV – participação nos lucros ou resultados da empresa.
>
> § 1º No exame da convenção coletiva ou do acordo coletivo de trabalho, a Justiça do Trabalho observará o disposto no § 3º do art. 8º desta Consolidação.
>
> § 2º A inexistência de expressa indicação de contrapartidas recíprocas em convenção coletiva ou acordo coletivo de trabalho não ensejará sua nulidade por não caracterizar um vício do negócio jurídico.
>
> § 3º Se for pactuada cláusula que reduza o salário ou a jornada, a convenção coletiva ou o acordo coletivo de trabalho deverão prever a proteção dos empregados contra dispensa imotivada durante o prazo de vigência do instrumento coletivo.
>
> § 4º Na hipótese de procedência de ação anulatória de cláusula de convenção coletiva ou de acordo coletivo de trabalho, quando houver a cláusula compensatória, esta deverá ser igualmente anulada, sem repetição do indébito.
>
> § 5º Os sindicatos subscritores de convenção coletiva ou de acordo coletivo de trabalho deverão participar, como litisconsortes necessários, em ação individual ou coletiva, que tenha como objeto a anulação de cláusulas desses instrumentos.

O art. 7º, XXVI da Constituição Federal/88 elenca como direito dos trabalhadores urbanos e rurais, o reconhecimento de acordos e convenções coletivas de trabalho. Estes são considerados instrumentos muito importantes para a adequação da legislação trabalhista no dia a dia vivido pela empresa. É a denominada flexibilização trabalhista, que pode ser conceituada como a diminuição da imperatividade das normas trabalhistas ou da amplitude de seus efeitos[1143].

Na flexibilização permanecem as normas básicas de proteção ao trabalhador, mas permite-se maior amplitude dos acordos e convenções para adaptação das cláusulas contratuais às realidades econômicas da empresa e às realidades regionais. De acordo com Arnaldo Sussekind[1144]:

> Com a flexibilização, os sistemas legais preveem fórmulas opcionais ou flexíveis de estipulação de condições de trabalho, seja pelos instrumentos da negociação coletiva ou pelos contratos individuais de trabalho, seja pelos próprios empresários.

As empresas reivindicam a flexibilização para diminuir a forte intervenção do Estado na elaboração das leis trabalhistas. O argumento utilizado pelos empresários é que com a flexibilização haveria maior possibilidade de manter os empregos. Deve-se destacar, entretanto, que no Brasil os sindicatos dos trabalhadores, muitas vezes, estão submissos ao poder econômico dos empregadores. Assim sendo, se a proteção legislativa diminuísse, haveria precarização das condições de trabalho dos empregados.

Hoje, o Ministério Público do Trabalho e a Justiça do Trabalho atuam para coibir eventuais cláusulas abusivas e verificam se a norma está compatível ou não com a legislação pela aplicação do princípio da adequação setorial negociada[1145].

1143. DELGADO, Mauricio Godinho. *Curso de Direito do Trabalho*. 15. ed. São Paulo: LTr, 2016. P. 67.

1144. SUSSEKIND, Arnaldo *et al. Instituições de Direito do Trabalho*. Vol. I. 21. ed. São Paulo: LTr. 2004. p. 202.

1145. "Pelo princípio da adequação setorial negociada as normas autônomas juscoletivas construídas para incidirem sobre certa comunidade econômico-profissional podem prevalecer sobre o padrão geral heterônomo

Diferentemente da flexibilização, a desregulamentação ocorre quando há ausência total da legislação protetiva, isto é, substituição do legislado pelo negociado. Nesse caso, não haveria a intervenção do Estado na elaboração das leis, deixando para as partes a elaboração das condições de trabalho.

No caso em questão, o artigo – que não encontra correspondente na legislação anterior – faz prevalecer o negociado sobre o legislado. De acordo com a redação do "caput" dispositivo, os instrumentos coletivos de trabalho passam a ter "prevalência sobre a lei" em diversas hipóteses elencadas em seus incisos.

Aqueles que defendem a necessidade de valorização do negociado sobre o legislado argumentam que o art. 611-A da CLT permite maior dinamismo e atualidade à legislação trabalhista.

4.1.1. *Tema 1046 da Repercussão Geral: prevalência do negociado sobre o legislado*

O assunto é polêmico e foi alvo de questionamento perante STF. O caso concreto que levou o Supremo Tribunal Federal a fixar a Tese em questão, era de uma empresa mineradora que havia sido condenada ao pagamento de horas *in itinere*.

Sua tese defensiva era a existência de acordo coletivo de trabalho estabelecendo que o tempo despendido através de veículo fornecido pela empresa, de ida ou retorno ao trabalho, não dava ensejo ao pagamento de horas *in itinere*.

O processo foi levado ao TST, onde a 5ª Turma, que manteve a condenação, decidiu que tais horas não poderiam ser suprimidas por acordo coletivo de trabalho, pois o pagamento de horas *in itinere* se tratava de norma cogente (Súmula nº 90 do TST).

A empresa mineradora, inconformada com a decisão do TST, partindo da premissa do "não cabimento de horas *in itinere* quando o transporte fornecido gratuitamente pela empresa decorre de cláusula de Convenção Coletiva", questionou o STF sobre a possibilidade de acordo coletivo de trabalho excluir as horas *in itinere* para fins de computo de jornada, com fundamento na prevalência da norma coletiva e autonomia da vontade coletiva (arts. 7º, XXVI e 8º, III e Vi da CF). Foi reconhecida a repercussão geral da matéria e o processo levado ao Plenário do STF.

No dia 02/06/2022, o Tribunal, por maioria, deu provimento ao recurso extraordinário da empresa mineradora (ARE 1121633). Conforme entendimento do relator, Ministro Gilmar Mendes, a horas *in itinere* não estavam asseguradas constitucionalmente e, portanto, poderiam ser objeto de negociação coletiva.

Os Ministros Alexandre de Moraes, André Mendonça, Cármen Lúcia, Dias Toffoli, Luís Roberto Barroso e Nunes Marques acompanharam o voto do Relato. Edson Fachin e Rosa Weber divergiram por entenderem que a negociação coletiva não pode ser utilizada para restringir direitos básicos do trabalhador.

Em seguida, por unanimidade, fixou-se a seguinte tese:

---

justrabalhista desde que respeitados certos critérios objetivamente fixados. São dois esses critérios autorizativos: a) quando as normas autônomas juscoletivas implementar um padrão setorial de direitos superior ao padrão geral oriundo da legislação heterônoma aplicável; b) quando as normas autônomas juscoletivas transacionam setorial parcelas justrabalhistas de indisponibilidade apenas relativa (e não de indisponibilidade absoluta)". DELGADO, Mauricio Godinho. *Curso de Direito do Trabalho*. 16. ed. São Paulo: LTr, 2017. p. 1.497-1.498.

> "São constitucionais os acordos e as convenções coletivos que, ao considerarem a adequação setorial negociada, pactuam limitações ou afastamentos de direitos trabalhistas, independentemente da explicitação especificada de vantagens compensatórias, desde que respeitados os direitos absolutamente indisponíveis" (Tema 1046 da repercussão geral).

Percebe-se, portanto, que o STF adotou expressamente a tese do Professor e Ministro Mauricio Godinho Delgado no sentido de não se admitir a flexibilização em normas que tratem sobre a saúde e segurança do trabalhador, ou seja, normas que preservam a dignidade da pessoa humana ou ainda que representam renúncia a direitos já conquistados – chamadas de normas de indisponibilidade absoluta.

Na prática, o STF validou a prevalência do negociado sobre o legislado, sem a necessidade de contrapartida, ressalvados os direitos absolutamente indisponíveis.

Importante notar que o Tema 1046 não restringe a possibilidade de o Poder Judiciário exercer o controle da legalidade das normas coletivas, mas indica alguns limites a essa intervenção.

Ainda, conforme o relator, Min. Gilmar Mendes, acompanhado pela maioria, a prevalência do negociado sobre o legislado não abrange políticas públicas de inclusão de pessoa com deficiência e dos jovens e adolescentes no mercado de trabalho. Dessa forma, vedou-se expressamente a flexibilização da cota de aprendizagem e de pessoas com deficiência.

Outro limite à negociação coletiva foi reconhecido pelo STF no dia anterior à fixação do Tema 1046 da Repercussão Geral (01/06/2022) no julgamento da ADPF nº 381. Na ação ajuizada pela Confederação Nacional dos Transportes, questionavam-se decisões da Justiça do Trabalho que invalidaram cláusulas de acordos e convenções coletivas pactuadas entre transportadoras e motoristas. As cláusulas discutidas enquadravam os motoristas ao regime do art. 62, I, da CLT, ou seja, na categoria de empregados não submetidos ao controle de jornada, por exercerem atividade externa incompatível com a fixação de horário. A Justiça do Trabalho passou a reconhecer a impossibilidade de aplicação dessas disposições ao caso concreto, já que havia meios para o efetivo controle de jornada do motorista profissional (depoimentos testemunhais, sistemas de rastreamento do veículo via satélite, aparelho celular, constantes contatos telefônicos, rotas preestabelecidas ou roteiros de viagens, relatórios de viagens com horários de saída da empresa, ficha de tráfego semanal). As empresas transportadoras, então, foram condenadas ao pagamento de horas extras e de horas de trabalho prestado em dias de descanso.

Mesmo não se tratando de direitos trabalhistas expressos na Constituição, o STF, por maioria de votos, manteve as decisões da Justiça do Trabalho. Segundo a Ministra Rosa Weber, as decisões questionadas não afastavam as normas coletivas, apenas concluíam que era possível o controle de jornada e, por isso, houve a condenação em horas extras.

Em síntese, no julgamento da ADPF 381, o STF entendeu possível a não aplicação de uma regra ajustada em norma coletiva (a aplicação do art. 62, I, da CLT aos motoristas profissionais) sem que isso significasse afronta à prevalência das convenções e acordos coletivos, tendo em vista que a realidade fática, provada durante a instrução dos casos concretos, demonstrou a inexistência do pressuposto adotado na norma coletiva (a inviabilidade do controle de jornada pelo empregador).

De nossa parte, entendemos acertado o voto da Ministra. A negociação coletiva, principalmente depois da Reforma Trabalhista, reforçado pelo Tema 1046, pode muito, mas não pode tudo. Pelo princípio da primazia da realidade, se há a possibilidade de controle de jornada dos motoristas por parte das transportadoras, não pode a norma coletiva afirmar que essa atividade é incompatível com a fixação de horários.

Continuamos com o posicionamento de que a norma coletiva não pode restringir direitos trabalhistas constitucionais, direitos absolutamente indisponíveis ou, então, falsear a realidade para prejudicar trabalhadores.

4.2. Rol exemplificativo de valorização do negociado (Reforma Trabalhista)

O art. 611-A da CLT estabelece em seus incisos um rol de direitos cuja regulamentação por instrumentos coletivos de trabalho tem prevalência sobre a legislação. Entretanto, um dos pontos mais polêmicos do artigo consistiu na introdução em seu "caput" da expressão **"entre outros"**. Portanto, o rol de direitos previstos é meramente **exemplificativo**. Além das 15 hipóteses elencadas – incisos I a XV, a Reforma Trabalhista permitiu que outros direitos possam prevalecer sobre a legislação.

Dessa afirmação, surge o questionamento: todos os direitos trabalhistas poderão ser transacionados por meio de negociação coletiva, tendo prevalência sobre a lei? A resposta é não. Os direitos assegurados pela Constituição Federal, excepcionadas as hipóteses que o próprio texto constitucional permite, não são passíveis de flexibilização por meio de negociação coletiva, pois a Reforma Trabalhista foi aprovada como lei ordinária, tendo status infraconstitucional. Além disso, o art. 611-B da CLT[1146], também acrescentado pela Reforma Trabalhista, trouxe um rol de direitos que não podem ser suprimidos ou reduzidos por serem objetivo ilícito de convenção ou acordo coletivo de trabalho:

> **Art. 611-B, CLT.** Constituem objeto ilícito de convenção coletiva ou de acordo coletivo de trabalho, exclusivamente, a supressão ou a redução dos seguintes direitos:
>
> I – normas de identificação profissional, inclusive as anotações na Carteira de Trabalho e Previdência Social;
>
> II – seguro-desemprego, em caso de desemprego involuntário;
>
> III – valor dos depósitos mensais e da indenização rescisória do Fundo de Garantia do Tempo de Serviço (FGTS);
>
> IV – salário mínimo;
>
> V – valor nominal do décimo terceiro salário;
>
> VI – remuneração do trabalho noturno superior à do diurno;
>
> VII – proteção do salário na forma da lei, constituindo crime sua retenção dolosa;
>
> VIII – salário-família;
>
> IX – repouso semanal remunerado;
>
> X – remuneração do serviço extraordinário superior, no mínimo, em 50% (cinquenta por cento) à do normal;
>
> XI – número de dias de férias devidas ao empregado;

1146. Para mais informações, consulte os comentários ao art. 611-B da CLT nessa obra.

> XII – gozo de férias anuais remuneradas com, pelo menos, um terço a mais do que o salário normal;
>
> XIII – licença-maternidade com a duração mínima de cento e vinte dias;
>
> XIV – licença-paternidade nos termos fixados em lei;
>
> XV – proteção do mercado de trabalho da mulher, mediante incentivos específicos, nos termos da lei;
>
> XVI – aviso prévio proporcional ao tempo de serviço, sendo no mínimo de trinta dias, nos termos da lei;
>
> XVII – normas de saúde, higiene e segurança do trabalho previstas em lei ou em normas regulamentadoras do Ministério do Trabalho;
>
> XVIII – adicional de remuneração para as atividades penosas, insalubres ou perigosas;
>
> XIX – aposentadoria;
>
> XX – seguro contra acidentes de trabalho, a cargo do empregador;
>
> XXI – ação, quanto aos créditos resultantes das relações de trabalho, com prazo prescricional de cinco anos para os trabalhadores urbanos e rurais, até o limite de dois anos após a extinção do contrato de trabalho;
>
> XXII – proibição de qualquer discriminação no tocante a salário e critérios de admissão do trabalhador com deficiência;
>
> XXIII – proibição de trabalho noturno, perigoso ou insalubre a menores de dezoito anos e de qualquer trabalho a menores de dezesseis anos, salvo na condição de aprendiz, a partir de quatorze anos;
>
> XXIV – medidas de proteção legal de crianças e adolescentes;
>
> XXV – igualdade de direitos entre o trabalhador com vínculo empregatício permanente e o trabalhador avulso;
>
> XXVI – liberdade de associação profissional ou sindical do trabalhador, inclusive o direito de não sofrer, sem sua expressa e prévia anuência, qualquer cobrança ou desconto salarial estabelecidos em convenção coletiva ou acordo coletivo de trabalho;
>
> XXVII – direito de greve, competindo aos trabalhadores decidir sobre a oportunidade de exercê-lo e sobre os interesses que devam por meio dele defender;
>
> XXVIII – definição legal sobre os serviços ou atividades essenciais e disposições legais sobre o atendimento das necessidades inadiáveis da comunidade em caso de greve;
>
> XXIX – tributos e outros créditos de terceiros;
>
> XXX – as disposições previstas nos arts. 373-A, 390, 392, 392-A, 394, 394-A, 395, 396 e 400 desta Consolidação.
>
> Parágrafo único. Regras sobre duração do trabalho e intervalos não são consideradas como normas de saúde, higiene e segurança do trabalho para os fins do disposto neste artigo.

Note-se que a maioria dos dispositivos do art. 611-B da CLT refere-se aos direitos previstos no texto constitucional, seja no rol do art. 7º da CF/88 ou nos artigos referentes ao direito coletivo do trabalho (arts. 8º e 9º da CF/88).

Em resumo, a negociação coletiva para reduzir ou suprimir direitos seria permitida em todos os direitos dos trabalhadores que não estão previstos na Constituição Federal e no art. 611-B da CLT. Ressalta-se que é possível a celebração de acordos ou convenções coletivas que prevejam melhoria nas condições de trabalho em todas as hipóteses sem exceção.

De nossa opinião, entendemos que a utilização de rol exemplificativo para as hipóteses em que se permite a transação de direitos trabalhistas é extremamente prejudicial aos trabalhadores, pois poderá ter efeitos indesejados com a redução de direitos essenciais não previstos na CF/88 e no art. 611-B da CLT. Tendo em vista que o dispositivo permite a redução e a supressão de direitos por meio de negociação coletiva, com prevalência sobre a lei, as hipóteses deveriam ser expressas para trazer maior segurança jurídica e também para traçar de forma clara os limites da flexibilização trabalhista.

Além disso, verifica-se um conflito entre o art. 611-A da CLT e o "caput" do art. 7º da CF/88, uma vez que este prevê que o rol de direitos dos trabalhadores previstos na Constituição Federal é apenas exemplificativo, devendo ser considerados "outros que visem à melhoria de sua condição social". Portanto, o próprio texto constitucional determina a necessidade de tutela de outros direitos dos trabalhadores que tendem à melhoria da condição social dos trabalhadores. Não seria, portanto, possível admitir que lei ordinária contivesse previsão em sentido contrário admitindo que a regra seja a possibilidade de negociação de todos os direitos trabalhistas, com exceção daqueles previstos no art. 611-B da CLT.

Outro efeito danoso da previsão de rol exemplificativo para a redução ou supressão de direitos trabalhistas é o aumento das ações no Poder Judiciário questionando a viabilidade ou não da redução de determinado direito por meio de instrumento coletivo. A ausência de previsão expressa gera insegurança jurídica e o alcance da flexibilização somente será definido quando, anos depois, os tribunais trabalhistas e o STF se manifestarem sobre o assunto. Ao invés de trazer a pacificação social por meio da negociação coletiva, importante instrumento de autocomposição de conflitos, o estabelecimento de rol exemplificativo tende a aumentar os conflitos trabalhistas e vai de encontro com o próprio objetivo previsto pela Reforma Trabalhista.

Tendo em vista a indefinição do rol exemplificativo criado pelo art. 611-A da CLT, apresentaremos nos próximos tópicos, os principais impactos da valorização do negociado nos direitos previstos nos incisos do presente artigo.

4.2.1. Jornada de Trabalho

O inciso I do art. 611-A da CLT estabelece que o negociado prevalece sobre o legislado quando versar sobre o pacto quanto à jornada de trabalho, observados os limites constitucionais. Essa previsão é apenas uma repetição daquilo que já prevê o art. 7º, XIII da Constituição Federal/1988, que estabelece que a duração do trabalho não deve ser superior a oito horas diárias e quarenta e quatro horas semanais, sendo facultada a compensação de horários e redução de jornadas.

Portanto, é possível que haja redução da jornada de trabalho por meio de negociação coletiva com a correspondente diminuição proporcional dos salários dos empregados sem que haja ilicitude. No entanto, de acordo com o § 3º do presente artigo, se houver pactuação de cláusula que reduza o salário ou a jornada de trabalho, é necessário o estabelecimento de estabilidade provisória no emprego durante o prazo de vigência do instrumento coletivo.

4.2.2. *Banco de horas*

Com a Reforma trabalhista e a consequente modificação do artigo 59 da CLT[1147], o legislador deixou clara a diferença existente entre banco de horas e a compensação de jornada. A compensação pode ser realizada entre empregado e empregador em acordo de compensação tácito ou escrito, devendo ser realizada dentro do período de um mês. Portanto, a compensação de jornada é mensal.

Por sua vez, o banco de horas foi dividido em duas modalidades: banco de horas anual e semestral:

a) **Banco de horas anual:** Para o estabelecimento dessa modalidade de banco de horas, o § 2º do art. 59 da CLT apreço prevê a necessidade de previsão em acordo ou convenção coletiva de trabalho, desde que o excesso de horas em um dia fosse compensado em outro, de modo que a soma das jornadas semanais de trabalho sejam respeitadas no período máximo de um ano. Além disso, é necessário o respeito ao limite de 10 horas diárias de trabalho.

b) **Banco de horas semestral:** A novidade trazida pela Reforma Trabalhista consistiu na possibilidade de se estabelecer banco de horas por meio de acordo individual escrito entre empregado e empregador. Nesse caso, o prazo máximo para a compensação é de 6 meses. Portanto, além de permitir a compensação individual tácita mensal, a legislação passou a admitir a previsão de banco de horas individual desde que conste em acordo escrito e realizado no prazo máximo de 6 meses.

Essa previsão não causa prejuízos diretos aos trabalhadores, pois as regras que já eram aplicáveis ao banco de horas individual, como o respeito ao limite diário de 10 horas. Ocorre que a possibilidade de ser estabelecido individualmente com o trabalhador deve aumentar essa modalidade de contratação[1148] quando não estabelecida a possibilidade por meio da negociação coletiva.

O art. 611-A, II, da CLT apenas reforça aquilo que está previsto no art. 59, § 2º da CLT, pois permite o estabelecimento de banco de horas anual por meio de negociação coletiva. Em razão da previsão da Reforma Trabalhista, a Súmula nº 85, V do TST deverá ser revista, passando a prever a possibilidade de acordo individual para o regime compensatório na modalidade "banco de horas", desde que a compensação se dê em seis meses:

> **Súmula nº 85, item V do TST** – As disposições contidas nesta súmula não se aplicam ao regime compensatório na modalidade "banco de horas", que somente pode ser instituído por negociação coletiva.

O inciso II do art. 611-A da CLT é amplo, podendo levar à interpretação de que seria permitida a prestação de serviço por mais de 10 horas, o que não pode ser admitido, tendo em vista ser prejudicial à saúde do trabalhador. A única possibilidade de jornada superior a 10 horas diárias (8 horas diárias + 2 horas de compensação) é a jornada 12 x

1147. Para mais informações, confira os comentários ao art. 59 da CLT nesse livro.

1148. CASSAR, Vólia Bomfim. *Breves Comentários às Principais Alterações Propostas pela Reforma Trabalhista.* Disponível em: http://genjuridico.com.br/2017/05/09/breves-comentarios-principais-alteracoes-propostas-pela-reforma-trabalhista/.

36 prevista no art. 59-A da CLT ou para o motorista profissional, que pode prestar até 4 horas extras caso previsto em instrumento coletivo nos termos do art. 235-C, "caput", CLT[1149]:

> **Art. 235-C, CLT.** A jornada diária de trabalho do motorista profissional será de 8 (oito) horas, admitindo-se a sua prorrogação por até 2 (duas) horas extraordinárias ou, mediante previsão em convenção ou acordo coletivo, por até 4 (quatro) horas extraordinárias.

4.2.3. Intervalo Intrajornada

De acordo com o inciso III do art. 611-A da CLT, a convenção e o acordo coletivo de trabalho prevalecem sobre a lei quando versarem sobre o intervalo intrajornada. O artigo estabeleceu, no entanto, o limite mínimo de 30 minutos que deverá ser respeitado para jornadas superiores a 6 horas. De acordo com o art. 71 da CLT, segue a duração do intervalo intrajornada dos empregados:

a) **Jornada de até 4 horas:** não há previsão em lei de intervalo intrajornada. Nesse caso, o trabalhador deve prestar os serviços sem gozar do intervalo.

b) **Jornada que excede 4 horas, com limite de 6 horas:** o empregado terá direito a um intervalo de 15 minutos. Se o empregador exigir horas extras habituais, excedendo a jornada de 6 horas diárias, deverá conceder intervalo mínimo de 1 hora.

c) **Jornada que excede 6 horas:** é assegurado intervalo mínimo de 1 hora e máximo de 2 horas. Existe previsão de intervalo superior a 2 horas, mas haverá necessidade de prévio acordo escrito ou "contrato coletivo". Ao ler "contrato coletivo", entenda-se instrumento coletivo (acordo ou convenção coletiva).

Portanto, para as jornadas superiores a 6 horas, permite-se a redução do intervalo intrajornada para 30 minutos por meio de negociação coletiva. Entendemos que o intervalo de 15 minutos destinado aos empregados com jornada superior a 4 horas até o limite de 6 horas deve sempre ser respeitado, não sendo possível sua redução ou fracionamento.

Caso previsto intervalo intrajornada de 30 minutos em instrumento coletivo de trabalho, sua aplicação será imediata e independe da manifestação individual de vontade das próprias partes. Portanto, não se exige a aceitação do trabalhador para que haja a redução de seu intervalo, exceto se essa exigência estiver contida na convenção ou no acordo coletivo de trabalho.

Note-se que a SDC do TST no Informativo nº 208[1150] considerou como válida a redução do intervalo intrajornada por meio de negociação coletiva, inclusive pela previsão do art. 611-B, parágrafo único, da CLT que não considera as normas de duração do trabalho e intervalos como normas de saúde, higiene e segurança do trabalho.

É importante destacar, no entanto, que, para parcela da doutrina, o intervalo intrajornada é norma de segurança e saúde do trabalhador, sendo que sua diminuição para

1149. Importante mencionar que, no julgamento da ADI nº 5322, de autoria da Confederação Nacional dos Trabalhadores em Transportes – CNTT, o STF reconheceu a constitucionalidade do dispositivo, por entender que a possibilidade de prorrogação da jornada da categoria dos motoristas profissionais por até 4 horas extraordinárias, mediante previsão em norma coletiva, é condição excepcional e em consonância com o reconhecimento das convenções e acordos coletivos de trabalho (art. 7º, XXVI, CF).

1150. Informativo nº 208 do TST.

30 minutos, independentemente da verificação do cumprimento dos requisitos do art. 71, § 3º da CLT[1151], pode trazer prejuízos ao trabalhador. No mesmo sentido, o entendimento do, então, Procurador-Geral do Trabalho Ronaldo Curado Fleury, para quem o descanso é fisiológico, tendo em vista o processo digestivo induzir ao sono, aumentando os riscos[1152].

Apesar da permissão para a redução do intervalo intrajornada, defendemos que o seu fracionamento não deve ser permitido, exceto motorista de transporte coletivo de passageiros conforme art. 71, § 5º, da CLT.

Vale destacar, contudo, que há posicionamento que considera a redução do intervalo intrajornada benéfica para os empregados, pois podem deixar o trabalho mais cedo. O tema é muito discutido, com argumentos favoráveis e contrários, mas da forma como constou na Reforma Trabalhista, terá impacto imediato na Súmula nº 437, II, do TST[1153].

O intervalo concedido ao empregado rural para descanso e refeição, na jornada superior a 6 horas, será de acordo com os usos e costumes da região. Cabe frisar, entretanto, que o TST se posicionou no sentido de que o empregado rural que tenha jornada superior a 6 horas diárias possui o direito ao intervalo de, no mínimo, 1 hora, conforme Súmula nº 437 do TST. Como visto, essa Súmula deve passar por alterações, pois é permitida a redução do intervalo intrajornada para o mínimo de 30 minutos, desde que prevista por instrumento coletivo.

Por fim, destaca-se que o TST[1154] permite o fracionamento do intervalo intrajornada do trabalhador rural desde que essa medida atende aos usos e costumes regionais do meio rural.

O ideal seria que esse fracionamento, com as mudanças causadas pela Reforma Trabalhista, fosse feito via instrumento coletivo com o sindicato da categoria profissional. Com isso, afastaria discussões e incertezas sobre o fracionamento e a concessão do intervalo intrajornada.

4.2.4. Programa Seguro-Emprego

O Programa Seguro-Emprego (PSE), chamado de Programa de Proteção ao Emprego (PPE) na antiga redação da Lei nº 13.189/2015, é uma medida do governo brasileiro criada para preservar empregos em empresas que enfrentam dificuldades financeiras temporárias. O objetivo do programa é garantir a continuidade das atividades empresariais e evitar demissões em massa, especialmente em momentos de crise econômica. Trata-se de hipótese legal de flexibilização trabalhista, que prevê nova hipótese de *lay off* como resposta ao aumento no número de desempregos diante de crise econômica.

1151. **Art. 71, § 3º da CLT:** O limite mínimo de uma hora para repouso ou refeição poderá ser reduzido por ato do Ministro do Trabalho, Indústria e Comércio, quando ouvido o Serviço de Alimentação de Previdência Social, se verificar que o estabelecimento atende integralmente às exigências concernentes à organização dos refeitórios, e quando os respectivos empregados não estiverem sob regime de trabalho prorrogado a horas suplementares.

1152. Disponível em: <http://g1.globo.com/politica/noticia/presidente-do-tst-avalia-como-razoavel-intervalo-de--30-minutos-para-almoco.ghtml>. Acesso em 15 mai. 2017.

1153. **Súmula nº 437, II, do TST** – É inválida cláusula de acordo ou convenção coletiva de trabalho contemplando a supressão ou redução do intervalo intrajornada porque este constitui medida de higiene, saúde e segurança do trabalho, garantido por norma de ordem pública (art. 71 da CLT e art. 7º, XXII, da CF/1988), infenso à negociação coletiva.

1154. Informativo nº 158 do TST.

A adesão ao Programa Seguro Emprego, nos termos do art. 2º da Lei nº 13.189/2015, pode ser feita por empresas de todos os setores em situação de dificuldade financeira, desde que se dê por acordo coletivo de trabalho. Nesse sentido, o disposto na Reforma Trabalhista só vem a reforçar o disciplinado em lei, pois permite que a adesão ao Programa seja realizada por norma coletiva. Ressalta-se que o PSE é celebrado mediante acordo coletivo específico para esse fim entre a empresa e o sindicato profissional respectivo, sendo possível a redução da jornada de trabalho e do salário em até 30%.

O programa foi implementado inicialmente por meio da Lei nº 13.189/2015 e passou por prorrogações e ajustes em resposta a crises econômicas e à pandemia de COVID-19. Empresas de diversos setores puderam solicitar adesão, desde que comprovassem dificuldades financeiras. Atualmente, o Programa Seguro-Emprego (PSE) não está mais vigente, sendo que adesão ao programa somente pode ser feita mediante instrumento coletivo de trabalho. Contudo, é de se ressaltar o PL 2214/2024, que busca torná-lo uma política permanente de Estado.

Entendemos que o instrumento coletivo de trabalho pode prever novas condições para a concessão do PSE, diversas daquelas previstas na Lei nº 13.189/2015. Entretanto, há dispositivos que versam sobre verbas públicas e atribuições de órgãos públicas, que não poderá ser objeto de negociação coletiva:

> **Art. 611-B, XXIX, da CLT.** Constituem objeto ilícito de convenção coletiva ou de acordo coletivo de trabalho, exclusivamente, a supressão ou a redução dos seguintes direitos: tributos e outros créditos de terceiros.

Nesse sentido, os empregados de empresas que tiverem aderido ao PSE terão direito ao equivalente a 50% do valor da redução de salários limitado a 65% do valor máximo da parcela do seguro-desemprego:

> **Art. 4º, Lei nº 13.189/2015:** Os empregados de empresas que aderirem ao PSE e que tiverem o seu salário reduzido, nos termos do art. 5º desta Lei, fazem jus à compensação pecuniária equivalente a 50% (cinquenta por cento) do valor da redução salarial e limitada a 65% (sessenta e cinco por cento) do valor máximo da parcela do seguro-desemprego, enquanto perdurar o período de redução temporária da jornada de trabalho.
> § 1º Ato do Poder Executivo federal deve dispor sobre a forma de pagamento da compensação pecuniária de que trata o **caput**, custeada pelo Fundo de Amparo ao Trabalhador – FAT.
> § 2º O valor do salário pago pelo empregador, após a redução de que trata o **caput** do art. 5º, não pode ser inferior ao valor do salário mínimo.

Tendo em vista que esse valor é custeado pelo FAT (Fundo de Amparo ao Trabalhador) não é possível que a negociação coletiva altere as disposições contidas em lei.

4.2.5. Plano de cargos, salários e funções e identificação dos cargos de confiança

O inciso V do art. 611-A da CLT estabelece a possibilidade de se firmar mediante negociação coletiva, com prevalência sobre a lei, planos de cargos, salários e funções compatíveis com a função do empregado, assim como identificação dos cargos de confiança. Esta matéria está ausente na CLT.

Nesse caso, a garantia de salário mínimo deve ser assegurada aos trabalhadores, inclusive em sua proporcionalidade na hipótese de jornada reduzida, sob pena de ofender o art. 7º, IV e VII da CF/88:

> **Art. 7º, CF/88:** São direitos dos trabalhadores urbanos e rurais, além de outros que visem à melhoria de sua condição social:
> (...) IV – salário mínimo, fixado em lei, nacionalmente unificado, capaz de atender a suas necessidades vitais básicas e às de sua família com moradia, alimentação, educação, saúde, lazer, vestuário, higiene, transporte e previdência social, com reajustes periódicos que lhe preservem o poder aquisitivo, sendo vedada sua vinculação para qualquer fim;
> (...) VII – garantia de salário, nunca inferior ao mínimo, para os que percebem remuneração variável;

Entendemos que a identificação dos cargos que se enquadram como funções de confiança deve ser analisada de forma restritiva, pois os gerentes que exercem poderes de gestão estão submetidos à disciplina do art. 62, II da CLT[1155], não tendo direito ao adicional de horas extras, adicional noturno e intervalos, já que não sofrem limitação de jornada.

Note-se que, para que haja o enquadramento no art. 62 da CLT devem ser cumpridos alguns requisitos: exercício de cargo de gestão e recebimento de gratificação de função não inferior a 40% do respectivo salário efetivo. Há necessidade de o gerente exercer poderes de gestão, por exemplo, contratar e dispensar empregados, dar ordens, contratar financiamento em banco, fazer reuniões com fornecedores etc. Em resumo, poder de gestão é representar a figura do próprio empregador.

Cabe ressaltar que é incompatível com o cargo de gerente a fiscalização do horário. Portanto, esses empregados devem ter ampla liberdade nos horários de chegada, saída etc. Para os gerentes que exerçam poderes de gestão não há limite de 8 horas, logo não terão direito às horas extras, adicional noturno e intervalos.

De nossa opinião, a mera identificação das funções de confiança apenas assegura o recebimento da gratificação de função estabelecida para o exercício do cargo. Para que haja exclusão da limitação de jornada, é indispensável o efetivo exercício de poderes de gestão, não importando a nomenclatura utilizada. Nesse sentido, é possível a aplicação analógica da Súmula nº 102, I, do TST:

> **Súmula nº 102, I, do TST:** A configuração, ou não, do exercício da função de confiança a que se refere o art. 224, § 2º, da CLT, dependente da prova das reais atribuições do empregado, é insuscetível de exame mediante recurso de revista ou de embargos.

Para configurar o gerente de agência, é necessário, com base no princípio da primazia da realidade, verificar suas reais atribuições, ou seja, se há presença de subordinados, se possui poderes diversos dos demais empregados etc. A mera nomenclatura do cargo "gerente" ou "cargo de confiança" não é o bastante para enquadrá-lo no art. 224, § 2º,

1155. **Art. 62 da CLT** – Não são abrangidos pelo regime previsto neste capítulo: (...) II – os gerentes, assim considerados os exercentes de cargos de gestão, aos quais se equiparam, para efeito do disposto neste artigo, os diretores e chefes de departamento ou filial.

da CLT, e ampliar sua jornada para 8 horas diárias. No mesmo sentido, a norma coletiva deve ser balizada pelo princípio da primazia da realidade, somente sendo aplicada a limitação de jornada se comprovada as atribuições do empregado como função de confiança.

4.2.6. Regulamento de empresa

De acordo com o inciso VI do art. 611-A da CLT, o instrumento coletivo prevalecerá sobre a lei quando versar sobre regulamento de empresa. O regulamento empresarial é o conjunto de regras elaboradas pelo empregador para mais bem organizar a empresa. Esta matéria não encontra previsão na CLT.

Esse regulamento é na verdade uma "lei interna" da empresa. Ele prevê regras ligadas às questões técnicas (forma de desempenhar as atividades, horário de trabalho, utilização de EPIs), disciplinares (hipóteses de aplicação da advertência e suspensão, instauração de inquérito para apuração da falta cometida) e direitos dos empregados (adicional por produtividade ou tempo de serviços, plano de cargos e salários, forma da participação nos lucros e resultados da empresa). Essas regras estabelecidas pelo empregador não necessitam de prévia aprovação, ou qualquer formalidade especial.

Em resumo, são diversas as matérias que podem ser tratadas no regulamento da empresa. De acordo com o dispositivo, caso previsto em acordo ou convenção coletiva, essas normas terão inclusive prevalência sobre a lei, o que amplia significativamente a importância do regulamento de empresa. Os sindicatos terão papel determinante no estabelecimento de normas que atendam aos interesses de seus representados, devendo conhecer as necessidades dos trabalhadores em cada empresa. O ideal seria a celebração de acordo coletivo para estabelecer as regras acerca do regulamento de empresa, pois as negociações diretas com determinada empresa podem atender melhor às particularidades do dia a dia dos trabalhadores.

É importante frisar que, uma vez firmado o regulamento interno, passa a ser aplicado (obrigatório) ao empregado e empregador.

4.2.7. Representante dos trabalhadores no local de trabalho

De acordo com o art. 11 da CF/88, nas empresas com mais de 200 empregados, deve haver a eleição de um representante dos empregados para promover o entendimento direto com os empregadores. O instrumento coletivo, nesse sentido, poderá versar sobre a representação dos empregados, desde que respeitado o art. 11 da CF/88.

Os arts. 510-A a 510-D da CLT estabelecem normas acerca da representação dos trabalhadores nas empresas, inclusive com previsão de estabilidade para os membros da comissão de representação. Ocorre que todas essas normas podem deixar de ser aplicadas caso haja previsão diversa em instrumento coletivo, que prevalecerá sobre a lei.

De nossa opinião, esse dispositivo é prejudicial aos trabalhadores, pois a representação dos trabalhadores no local de trabalho consiste em importante instrumento para o entendimento direto entre empregados de determinada empresa e o empregador, desvinculada do sindicato profissional. Trata-se de modalidade de representação não sindical dos trabalhadores. Caso necessária a proteção dos interesses dos empregados, a comissão pode inclusive se posicionar contrária ao sindicato profissional.

Permitir que o sindicato, por meio da negociação coletiva, interfira no procedimento de eleição, atribuições e garantias dos membros da comissão de representação, poderá esvaziar sua função e impedir eventual posicionamento contrário ao próprio sindicato dos trabalhadores.

4.2.8. Teletrabalho, regime de sobreaviso e trabalho intermitente

O inciso VIII do art. 611-A estabelece que instrumento coletivo poderá tratar do teletrabalho, regime de sobreaviso e trabalho intermitente.

No tocante ao teletrabalho, a Reforma Trabalhista trouxe regulamentação específica sobre o tema nos arts. 75-A a 75-F da CLT, além de excluir os teletrabalhadores do controle de jornada. Essa regulamentação, contudo, foi alterada pela Lei nº 14.442/2022. No tocante à limitação da jornada, a Lei nº 14.442/2022 **criou duas modalidades de teletrabalho**:

1) **Teletrabalho por jornada:** nesse caso, com duração de 8h nos moldes tradicionais (intervalos, horas extras etc.); e
2) **Teletrabalho por produção e tarefa (novidade).**

Nos termos do art. 62, III, da CLT, somente o teletrabalho por produção ou tarefa está excluído do controle de jornada, não havendo, portanto, limitação da jornada em 8 horas diária ou 44 horas semanais, intervalos intra e interjornada, nem horas extras ou adicional noturno.

É importante destacar que não é possível a ampliação do conceito de teletrabalho por produção ou tarefa, para aumentar o rol de empregados não submetidos à limitação de jornada. Entendemos que o teletrabalho somente ocorre quando houver a presença de trabalho a distância com o empregado de tecnologias de informação e de comunicação.

Por sua vez, o trabalho em regime de sobreaviso consiste na possibilidade de o empregado permanecer em sua residência ou outro local combinado aguardando ordens da empresa. Nesse caso, receberá apenas ⅓ da hora normal e poderá ficar nesse regime por, no máximo, 24 horas. De acordo com o inciso VIII do artigo em análise, o regime de sobreaviso pode ter nova disciplina jurídica, inclusive com prazo de duração e remuneração ampliados ou reduzidos, o que pode trazer prejuízos ao trabalhador.

Entendemos que o limite de 24 horas deve ser respeitado, pois o aumento do período aguardando ordens pode trazer prejuízos ao trabalhador, que sempre estará vinculado à empresa para ser chamado ao serviço. Seria ideal que os instrumentos coletivos previssem os procedimentos e os meios para comunicação do sobreaviso ao trabalhador.

Por fim, o trabalho intermitente compreende nova modalidade de contrato de trabalho que foi inserida pela Reforma Trabalhista nos art. 443, parágrafo único, e 452-A, ambos da CLT. O trabalho intermitente é caracterizado pela presença de períodos de prestação de serviços e períodos de inatividade, cuja forma de convocação do empregado e consequências da aceitação ou recusa da oferta de serviços está disciplina pela CLT. De acordo com presente inciso do art. 611-A da CLT, o trabalho intermitente pode ter sua regulamentação prevista em convenção ou acordo coletivo de trabalho.

Entendemos que devem ser observados requisitos mínimos para a regulamentação dessa modalidade contratual, como forma de se evitar prejuízos aos trabalhadores. O instrumento coletivo poderá trazer estes detalhes.

Destaca-se que tanto os trabalhadores em sobreaviso quanto aqueles em contrato de trabalho intermitente estão sujeitos aos limites constitucionais se presente efetiva fiscalização de jornada e subordinação. Ainda, com a Lei nº 14.442/2022, os teletrabalhadores que não prestam serviços por produção ou tarefa terão direito à jornada de trabalho, nesse caso, com duração de 8h nos moldes tradicionais (intervalos, horas extras etc.).

4.2.9. Remuneração por produtividade e por desempenho individual

O inciso IX do art. 611-A trata da possibilidade de remuneração por produtividade e por desempenho individual ser estabelecida por instrumento coletivo com prevalência sobre a lei.

Na remuneração por produtividade, o empregado receberá de acordo com a quantidade produzida, ou seja, o salário estará intimamente ligado ao seu desempenho pessoal, independentemente do tempo gasto. Exemplos: empregado que costura sapato e recebe por peça costurada ou, ainda, cortador de cana que recebe por tonelada cortada.

É obrigatório que, nesse caso, haja a garantia do recebimento de um salário mínimo, devendo ser consideradas, ademais, como parcelas de natureza salarial[1156].

Nesse caso dos empregados que recebem por comissão, se sujeitos ao controle de horários, o pagamento das suas horas extraordinárias é diferente dos demais empregados. Como esse empregado continua recebendo as comissões durante as horas que ultrapassarem o horário normal, ele receberá apenas o adicional de, no mínimo, 50%, pois as horas trabalhadas já estão sendo pagas pelo valor da comissão.[1157]

A parte final da OJ nº 235 da SDI-I do TST prevê o pagamento, aos cortadores de cana, das horas extras e do adicional respectivo na hipótese de trabalho em sobrejornada. Esses trabalhadores recebiam esse tratamento diferenciado, pois o trabalho desenvolvido é exaustivo e a interpretação original gerava a precarização do trabalho:

> **OJ nº 235 da SDI-I do TST:** O empregado que recebe salário por produção e trabalha em sobrejornada tem direito à percepção apenas do adicional de horas extras, exceto no caso do empregado cortador de cana, a quem é devido o pagamento das horas extras e do adicional respectivo.

Tendo em vista que o art. 611-A, IX, da CLT permite que a remuneração por produtividade seja fixada por negociação coletiva, é possível que esses trabalhadores tenham direito apenas ao adicional de horas extras, como os demais trabalhadores por recebem por produção. A atuação dos sindicatos será fundamental na defesa dos direitos e interesses desses trabalhadores para se evitar a diminuição no valor pago aos cortadores de cana de açúcar.

4.2.10. Registro de Jornada

Esse é um dos pontos sensíveis do artigo, porque o registro de ponto é primordial para o controle de jornada, inclusive para a determinação de intervalos, horas extras e adicional noturno. É um direito intimamente ligado à saúde do trabalhador.

1156. **Art. 7º, VII, CF/88:** São direitos dos trabalhadores urbanos e rurais, além de outros que visem à melhoria de sua condição social: garantia de salário, nunca inferior ao mínimo, para os que percebem remuneração variável.

1157. **OJ nº 235 da SDI-I do TST:** O empregado que recebe salário por produção e trabalha em sobrejornada tem direito à percepção apenas do adicional de horas extras, exceto no caso do empregado cortador de cana, a quem é devido o pagamento das horas extras e do adicional respectivo.

A modalidade de registro de jornada poderá ser objeto de convenção e acordo coletivo de trabalho com prevalência sobre a lei.

A Lei nº 13.874/2019, que instituiu a Declaração de Direitos de Liberdade Econômica, modificou a redação do art. 74 da CLT acerca do registro de ponto dos empregados. De acordo com a atual redação do § 2º do art. 74 da CLT, é obrigatória a anotação de entrada e saída, em registro manual, mecânico ou eletrônico, nas empresas com mais de 20 empregados. Antes da promulgação dessa lei, eram obrigadas a realizar o registro as empresas com mais de 10 empregados.

Além disso, a Lei de Liberdade Econômica prevê a possibilidade de registro de ponto por exceção firmado mediante acordo individual ou instrumento coletivo de trabalho. Nesse caso, somente serão anotadas as exceções na jornada, como faltas, horas extras, intervalos diferentes. É a inversão da lógica do registro de ponto. Cumpre ressaltar que o TST já havia decidido pela validade dessa modalidade de registro desde que prevista em acordo ou convenção coletiva de trabalho[1158]).

4.2.11. Troca de dia dos feriados

A troca do dia de feriados também poderá ser objeto de instrumento coletivo. Essa possibilidade de negociação não trará prejuízos diretos ao trabalhador, já que não se fala em supressão, mas apenas alteração de dia do feriado.

Lembre-se de que o feriado trabalhado, mas não compensado, deve ser pago em dobro, nos termos da Súmula nº 146 do TST, que continua válida:

> **Súmula nº 146 do TST.** O trabalho prestado em domingos e feriados, não compensado, deve ser pago em dobro, sem prejuízo da remuneração relativa ao repouso semanal.

O Brasil é criticado pela quantidade de feriados previstos. O dispositivo foi criado para que os feriados prolongados possam ser suprimidos. Por exemplo, feriado que ocorre em uma terça-feira é transferido para a segunda feira, evitando a redução do serviço prestado caso houvesse o prolongamento na segunda e na terça-feira. Dessa nossa opinião, é saudável que o dia de folga seja acordado pelas próprias partes da relação de emprego.

De acordo com o TST[1159], somente é possível o trabalho em feriados no comércio caso previsto em convenção coletiva. Não se admite a previsão em acordo coletivo para essa prestação de serviços.

4.2.12. Enquadramento do grau de insalubridade

Antes da Reforma Trabalhista, a responsabilidade pela normatização e da fiscalização acerca do cumprimento das normas em questão, era do Ministério do Trabalho e Emprego. Nesse sentido:

> Atualmente podemos dizer que cabe ao MTE a responsabilidade pela quase totalidade da normatização de segurança e saúde nos ambientes laborais onde ocorre

1158. Processo nº TST-ARR-80700-33.2007.5.02.0261. Rel. Min. Caputo Bastos. Data de julgamento: 26/10/2018.
1159. Informativo nº 17 do TST.

> trabalho subordinado (há um empregador, ou tomador de serviço, responsável pelo empreendimento). O órgão tem também a atribuição legal de verificar o cumprimento destas normas, por intermédio das inspeções realizadas pelos seus AFTs em todos os estados da Federação, nos seus mais diversos municípios[1160].

As atividades ou operações insalubres são dispostas na Norma Regulamentadora nº 15 do Ministério do Trabalho, a qual estabelece os graus de estabilidade em máximo (com adicional de 40% sobre o salário), médio (com adicional de 20% sobre o salário) e mínimo (com adicional de 10% sobre o salário).

Com a Reforma Trabalhista, o enquadramento do grau de insalubridade em máximo, médio e mínimo poderá ser objeto de instrumento coletivo de negociação. Entendemos que, apesar do reconhecimento dos acordos e convenções coletivas em âmbito constitucional (art. 7º, XXVI, Constituição Federal/1988[1161]), os instrumentos de negociação coletiva não podem prevalecer sobre normas de ordem pública, de caráter cogente, que, portanto, versam sobre direitos indisponíveis.

Este é o caso das normas de segurança e saúde no trabalho. Elas passaram a ter o status constitucional reconhecido com o advento da Carta Magna de 1988. Sobre o assunto, veja o entendimento de Edwar Abreu Gonçalves:

> Oportuno ressaltar que, com o advento da Constituição Federal brasileira de 1988, as normas preventivas de saúde, higiene e segurança do trabalho, que possuíam embasamento jurídico limitado à legislação ordinária, **adquiriram *status* constitucional, em razão do disposto no inciso XXII do art. 7º de nossa Lei Maior**[1162] (...)[1163]. (grifo nosso)

O TST já se posicionou acerca da impossibilidade de se conferir supremacia a instrumentos de negociação coletiva, quando eles afrontam normas que tutelam a dignidade do trabalhador[1164]. É nesse sentido, aliás, a tese fixada no Tema 1046 da Repercussão Geral, em que o STF validou a prevalência do negociado sobre o legislado, sem a necessidade de contrapartida, ressalvados os direitos absolutamente indisponíveis[1165].

Mais especificamente, em relação ao dispositivo em comento, no Informativo nº 271, a 3ª Turma do TST entendeu que, muito embora a CLT assegure a prevalência do negociado

1160. SANTOS, Adolfo Roberto Moreira. O Ministério do Trabalho e Emprego e a Saúde e Segurança no Trabalho. In: IPEA. **Saúde e Segurança no Trabalho**: Aspectos Institucionais, Sistemas de Informação e Indicadores. Brasília, 2011. Disponível em: <http://www.cpn-nr18.com.br/uploads/documentos-gerais/livro_sst_ipea_e_fundacentro.pdf>. Acesso em: 5 mai. de 2017.

1161. Art. 7º São direitos dos trabalhadores urbanos e rurais, além de outros que visem à melhoria de sua condição social:
(...)
XXVI – reconhecimento das convenções e acordos coletivos de trabalho; (...)

1162. Art. 7º São direitos dos trabalhadores urbanos e rurais, além de outros que visem à melhoria de sua condição social:
(...)
XXII – redução dos riscos inerentes ao trabalho, por meio de normas de saúde, higiene e segurança; (...)

1163. GONÇALVES, Edwar Abreu. **Manual de Segurança e Saúde no Trabalho**. São Paulo: LTr, 2000. p. 25.

1164. Nesse sentido, acórdão proferido em Recurso de Revista: RECURSO DE REVISTA NºTST-RR-12184-33.2014.5.03.0084.

1165. Para mais informações, consulte o tópico 4.1.1. Tema 1046 da Repercussão Geral do STF no Capítulo XXI Direito Coletivo do Trabalho.

sobre o legislado, inclusive quanto ao enquadramento do grau de insalubridade (arts. 611-A, XII), normas que visem assegurar um patamar mínimo civilizatório ao trabalhador constituem matéria de ordem pública, nos termos do art. 7º, XXIII, da Constituição da República. Dessa forma, enquadramento das atividades tipificadas como insalubres não pode ser objeto de negociação coletiva.

Em sentido semelhante, a 1ª Turma do TST[1166] concluiu que não é permitido à norma coletiva estabelecer limites quantitativos para a caracterização da insalubridade, pois interfere em direito indisponível (art. 611-B, XVIII, CLT). No caso, a limpeza de banheiros de grande circulação por servente justifica o adicional de insalubridade em grau máximo, ainda que utilizados por quantitativo inferior a 99 pessoas por dia (sendo constatado em perícia que os banheiros eram usados diariamente por aproximadamente 70 a 90 pessoas, incluindo servidores, terceirizados e motoristas).

Ainda, tem-se a posição do Ministro Edson Fachin, do Supremo Tribunal Federal, mantendo decisão da Justiça do Trabalho que condenou o empregador ao pagamento do adicional de insalubridade em grau máximo, em razão da limpeza de banheiro público ou coletivo de grande circulação, mesmo havendo norma coletiva pactuando seu pagamento em grau médio. Segundo o Ministro, a Justiça do Trabalho não invalidou a norma coletiva, mas apenas interpretou o caso concreto e, de acordo com o conteúdo fático probatório dos autos, concluiu que o trabalhador estava submetido, de fato, a uma atividade insalubre em grau máximo, conforme prevê a Súmula nº 448, II, do TST. A hipótese, portanto, não seria de invalidade, mas de interpretação da norma coletiva, não havendo similitude com o Tema 1046 da repercussão geral[1167].

Em outra demanda envolvendo, curiosamente, empresa do mesmo grupo econômico, o Ministro Gilmar Mendes, também do Supremo Tribunal Federal, decidiu que a caracterização da insalubridade em grau máximo por laudo pericial não é direito de indisponibilidade absoluta, podendo, assim, ser alterado por acordo ou convenção coletivos de trabalho. Validou, então, norma coletiva que reduzia referido adicional do grau máximo para médio, com fundamento na tese fixada pela Corte no Tema 1046 de repercussão geral, que autoriza flexibilização de direitos trabalhistas, desde que observados a adequação setorial e os direitos absolutamente indisponíveis dos trabalhadores. A decisão anulou um entendimento da Justiça do Trabalho que desconsiderava a cláusula presente em acordo coletivo, determinando que outro julgamento seja realizado, de maneira a observar as diretrizes fixadas no julgamento do Tema 1046 da repercussão geral[1168].

Com todo o respeito à decisão do Ministro Gilmar Mendes, mantemos a posição de que a mudança legislativa é prejudicial aos trabalhadores, pois abre a possibilidade de um tema tão delicado como trabalho em ambientes insalubres ser regulamentado por sindicato e empresa. Entendemos que não é possível o enquadramento do grau de insalubridade em desrespeito ao que exposto na NR 15, tendo em vista se tratar de norma sobre segurança e saúde do trabalhador. Uma atividade considerada de grau máximo não poderá ser "transformada", via instrumento coletivo, em grau médio ou mínimo. Além

1166. Informativo nº 280 do TST.

1167. RE com Agravo 1.495.984/SC. Brasília, 11 de junho de 2024. Ministro EDSON FACHIN.

1168. RE com Agravo 1.482.761/SC. Brasília, 13 de junho de 2024. Ministro GILMAR MENDES.

disso, o art. 611-B, XVII, da CLT prevê que as normas acerca de saúde, higiene e segurança do trabalho, inclusive aquelas previstas em normas regulamentadoras do Ministério do Trabalho, não podem ser objeto de negociação coletiva. Trata-se, portanto, de contradição do legislador a previsão que permite a alteração do grau de insalubridade, pois é uma disposição que está prevista na NR-15 do Ministério do Trabalho.

Assim sendo, pode-se afirmar que a mudança legislativa é prejudicial aos trabalhadores, pois abre a possibilidade de um tema tão delicado como trabalho em ambiente insalubre ser regulamentado por sindicato e empresa.

Além disso, o art. 611-B, XVII, da CLT prevê que as normas acerca de saúde, higiene e segurança do trabalho, inclusive aquelas previstas em normas regulamentadoras do Ministério do Trabalho, não podem ser objeto de negociação coletiva. Trata-se, portanto, de contradição do legislador a previsão que permite a alteração do grau de insalubridade, pois é uma disposição que está prevista na NR-15 do Ministério do Trabalho.

Caso haja conflito entre os arts. 611-A e 611-B, deve sempre prevalecer o art. 611-B, que trazer os limites à negociação coletiva. Dessa forma, asseguram-se princípios básicos constitucionais como a dignidade da pessoa humana, a máxima eficácia do texto constitucional e o princípio protetivo.

Por fim, em julgamento do Incidente de Recurso de Revista Repetitivo, o TST[1169], ao firmar a tese vinculante nº 5, decidiu que aos operadores de telemarketing que trabalham em atividade com utilização constante de fone de ouvido, não é devido o adicional de insalubridade.

4.2.13. Prorrogação da jornada em ambientes insalubres

De acordo com o art. 60 da CLT, para a prorrogação da jornada de trabalho em atividades insalubres deve-se obter a prévia **autorização da autoridade competente** em matéria de segurança e higiene do trabalho, no caso, o Ministério do Trabalho e Emprego. Aliás, prevê que "quaisquer prorrogações" nessas atividades insalubres somente poderão ser acordadas mediante prévia autorização.

Havia a discussão sobre se o art. 60 da CLT tinha ou não sido recepcionado pela art. 7º, XIV, da CF/88, que exige como requisito para compensação apenas a existência de acordo ou convenção coletiva. O TST, de acordo com a antiga Súmula nº 349, entendia que a simples existência de norma coletiva que autorizasse a compensação em atividade insalubre supria a autorização do, então, Ministério do Trabalho e Emprego.

Ocorre que, em maio de 2011, o TST cancelou a Súmula que admitia a compensação de jornada sem prévia autorização do Ministério. A Súmula nº 349 tratava especificamente da **compensação**. Nesse regime, o empregado trabalha além da jornada normal em alguns dias, para descansar em outros. Trata-se, portanto, de uma espécie de prorrogação da jornada. Com o cancelamento da súmula, passou-se a defender a necessidade de prévia autorização do MTE.

Depois do cancelamento da Súmula nº 349 e antes mesmo da Reforma Trabalhista, em 2016, o TST pacificou o assunto ao editar a Súmula nº 85, que prevê ser **indispensável**

1169. Acórdão paradigma nº 356-84.2013.5.04.00071, Relator Ministro: Walmir Oliveira da Costa, Data de Julgamento: 25/05/2017, SBDI-1 Plena, Data da Publicação: 02/06/2017.

a realização da inspeção prévia e da autorização da autoridade competente para que seja válido o acordo de compensação de jornada em atividade insalubre. Assegurou-se, portanto, a constitucionalidade do art. 60 da CLT em relação ao art. 7º, XIII, CF/88:

> **Súmula nº 85, VI, do TST:** Não é válido acordo de compensação de jornada em atividade insalubre, ainda que estipulado em norma coletiva, sem a necessária inspeção prévia e permissão da autoridade competente, na forma do art. 60 da CLT.

Com a Reforma Trabalhista, a prorrogação da jornada e o regime de compensação passam a ser admitidos em atividades insalubres independentemente da autorização dos órgãos fiscalizatórios competentes quando autorizados por instrumento coletivo de trabalho. Tal entendimento choca-se com o conteúdo da Súmula nº 85, VI do TST:

> **Art. 611-A da CLT.** A convenção coletiva e o acordo coletivo de trabalho têm prevalência sobre a lei quando, entre outros, dispuserem sobre:
>
> (...) XIII – prorrogação de jornada em ambientes insalubres, sem licença prévia das autoridades competentes do Ministério do Trabalho;

Diante dessa alteração legislativa, a Súmula nº 85, VI do TST pode ser alterada em breve para prever a possibilidade de supressão da licença prévia da autoridade competente na hipótese de trabalho extraordinário em atividade insalubre quando celebrados convenção ou acordo coletivos de trabalho.

Em resumo, a partir das alterações promovidas pela Reforma Trabalhista, há duas hipóteses em que a prorrogação da jornada em atividades insalubres será considerada lícita:

a) Haja inspeção prévia e permissão da autoridade competente, isto é, do Ministério do Trabalho e Emprego, na forma do art. 60 da CLT; **ou**

b) Haja convenção coletiva e o acordo coletivo de trabalho dispondo sobre prorrogação de jornada em ambientes insalubres, nesse caso, sendo dispensável a licença prévia das autoridades competentes do Ministério do Trabalho.

Segue o novo posicionamento da Reforma Trabalhista acerca da exigência de licença prévia para atividades insalubres:

PRORROGAÇÃO DE JORNADA EM ATIVIDADES INSALUBRES
- Para horas extras em atividades insalubres, é necessário: 1) Autorização do Ministério do Trabalho e Emprego (nomenclatura atual dada pelo art. 17, XXVIII, da Lei nº 14.600, de 19 de junho de 2023) (art. 60, "caput", CLT); ou 2) Negociação pelo sindicato da categoria profissional (art. 611-A, XIII) - Jornada 12 x 36 – Sempre podem prestar horas extras. Não se enquadram nas exigências supra (art. 60, parágrafo único, CLT)

4.2.14. Prêmios e incentivos

A concessão e prêmios de incentivo em bens ou serviços, eventualmente concedidos em programas de incentivo pode ser objeto de negociação coletiva. Referida possibilidade já ocorria na prática trabalhista. A CLT era omissa sobre o tema.

Os prêmios decorrem da produtividade do trabalhador, dizendo respeito a fatores de ordem pessoal dele, como a produção, a assiduidade, a qualidade. Não podem, porém, ser a única forma de pagamento do salário, por serem dependentes de uma condição, devendo o obreiro perceber pelo menos um salário fixo[1170].

Com a Reforma Trabalhista, os prêmios passaram a ser considerados parcelas sem natureza salarial por expressa previsão no § 2º do art. 457 da CLT:

> **Art. 457 da CLT.** (...) § 2º As importâncias, ainda que habituais, pagas a título de ajuda de custo, auxílio-alimentação, vedado seu pagamento em dinheiro, diárias para viagem, prêmios e abonos não integram a remuneração do empregado, não se incorporam ao contrato de trabalho e não constituem base de incidência de qualquer encargo trabalhista e previdenciário.
>
> (...) § 4º Consideram-se prêmios as liberalidades concedidas pelo empregador em forma de bens, serviços ou valor em dinheiro a empregado ou a grupo de empregados, em razão de desempenho superior ao ordinariamente esperado no exercício de suas atividades.

Além disso, o § 4º desse dispositivo estabelece sua definição como as liberalidades concedidas pelo empregador em forma de bens, serviços ou valor em dinheiro a empregado ou grupo de empregados, em razão de desempenho superior ao ordinariamente esperado no exercício das atividades.

4.2.15. *Participação nos lucros ou resultados da empresa*

A participação nos lucros ou resultados da empresa (PLR) também pode ser objeto de negociação coletiva. Há expressa previsão da participação nos lucros e resultados na Constituição Federal, que estabelece, inclusive, a sua natureza indenizatória. De acordo com o art. 7º, XI, da CF/88:

> **Art. 7º, XI, CF/88:** São direitos dos trabalhadores urbanos e rurais, além de outros que visem à melhoria de sua condição social: participação nos lucros, ou resultados, desvinculada da remuneração, e, excepcionalmente, participação na gestão da empresa, conforme definido em lei.

Verifica-se que a PLR não substitui nem complementa a remuneração do empregado. Assim sendo, não integra ou reflete para qualquer efeito trabalhista. O pagamento da PLR, segundo a Lei nº 10.101/2000, deve ocorrer no máximo duas vezes por ano. Nesse sentido:

> **Art. 3º da Lei nº 10.101/2000:** A participação nos lucros ou resultados não substitui ou complementa a remuneração devida a qualquer empregado, nem constitui base de incidência de qualquer encargo trabalhista, não se lhe aplicando o princípio da habitualidade.
>
> § 2º É vedado o pagamento de qualquer antecipação ou distribuição de valores a título de participação nos lucros ou resultados da empresa em periodicidade inferior a um semestre civil, ou mais de duas vezes no mesmo ano civil.

Com a Reforma Trabalhista, entretanto, a forma do pagamento do PLR poderá ser pactuado via negociação coletiva, de modo que a periodicidade poderá ocorrer em

1170. MARTINS, Sergio Pinto. *Direito do Trabalho*. 24. ed. São Paulo: Atlas, 2008. p. 257.

período inferior a um semestre, sem que, com isso, seja atribuída natureza salarial à referida parcela.

O TST, já vinha caminhando nesse mesmo sentido da Reforma. Em julgamento recente[1171], defendeu a tese de que a PLR pago de forma habitual, desde que o parcelamento tenha expressa previsão em norma coletiva, possui natureza indenizatória. Além da previsão em instrumento coletivo, o fundamento utilizado pelo TST foi o de que o parcelamento não traz prejuízo aos trabalhadores e que, se o texto constitucional autoriza a redução de salário, seria igualmente possível a flexibilização de uma parcela secundária ao salário, como é o caso da participação dos lucros. Assim sendo, por força de norma coletiva e do princípio da autorregulamentação (art. 7ª, XXVI, da CF/88), é possível o pagamento da PLR feito de forma mensal. Na ausência do acordo ou convenção coletiva, o parcelamento da PLR levará à integração às demais verbas trabalhistas.

Por fim, o empregado que contribuiu com a empresa para a obtenção do resultado positivo terá direito a participação nos lucros, mesmo se extinto o contrato antes da data prevista para o pagamento da parcela. A negociação coletiva, segundo o TST, não poderá retirar do empregado o direito à PLR. Nesse sentido:

> **Súmula nº 451 do TST.** Fere o princípio da isonomia instituir vantagem mediante acordo coletivo ou norma regulamentar que condiciona a percepção da parcela participação nos lucros e resultados ao fato de estar o contrato de trabalho em vigor na data prevista para a distribuição dos lucros. Assim, inclusive na rescisão contratual antecipada, é devido o pagamento da parcela de forma proporcional aos meses trabalhados, pois o ex-empregado concorreu para os resultados positivos da empresa.

Os dispositivos da Lei nº 10.101/200 que regulamentem o assunto continuam em vigor quando não houver norma coletiva. Entende-se que mesmo com a Reforma Trabalhista, a Súmula nº 451 do TST deve prevalecer, tendo em vista tratar de verba devida em razão de direito adquirido do empregado.

Em sentido contrário, a 1ª Turma do TST, no Informativo nº 280, reformou decisão regional, valendo-se do entendimento fixado pelo STF no Tema 1046. Segundo a Cote, a PLR não é um direito indisponível e, portanto, pode ser objeto de negociação coletiva. Dessa forma, a exclusão do pagamento de PLR em caso de pedido de demissão, conforme previsto em instrumento coletivo analisado, foi considerada válida. O Tribunal entendeu que a Súmula 451 do TST foi superada, já que a negociação coletiva deve prevalecer, conforme o art. 7º, XXVI, da Constituição Federal.

Cabe, por fim, uma observação relevante sobre o outro aspecto do inciso XI do art. 7º da Constituição: a participação excepcional dos trabalhadores na gestão da empresa. Apesar da previsão constitucional, até hoje não foi regulamentado esse direito. Por conta dessa omissão, o Supremo Tribunal Federal, no julgamento da ADO 85/DF, reconheceu, em fevereiro de 2025, a omissão inconstitucional do Congresso Nacional quanto à regulamentação da participação dos trabalhadores urbanos e rurais na gestão empresarial.

1171. RR-48000-89.2005.15.0009.

O STF fixou o prazo de 24 meses, contados da publicação da ata do julgamento (20/02/2025), para que o Congresso Nacional edite a norma regulamentadora. O prazo se encerra, portanto, em 20/02/2027.

4.3. Poder Judiciário e controle dos instrumentos coletivos de trabalho (Reforma Trabalhista)

As cláusulas das convenções e dos acordos coletivos de trabalho podem ser discutidas no âmbito do Poder Judiciário, de forma incidental em reclamação trabalhista individual ou por meio de ação anulatória.

Nesse sentido, se verificada a violação de liberdades individuais ou coletivas ou dos direitos individuais indisponíveis, o art. 83, IV, da LC nº 75/93 confere legitimidade ao MPT para a propositura de ação anulatória de cláusulas convencionais perante os tribunais, adotando a mesma sistemática da competência para o ajuizamento do dissídio coletivo.

No entanto, o art. 611-A, § 1º da CLT estabeleceu uma limitação no controle do Poder Judiciário desses instrumentos coletivos de trabalho:

> **Art. 611-A, § 1º, CLT:** No exame da convenção coletiva ou do acordo coletivo de trabalho, a Justiça do Trabalho observará o disposto no § 3º do art. 8º desta Consolidação.
>
> **Art. 8º, § 3º, CLT:** No exame de convenção coletiva ou acordo coletivo de trabalho, a Justiça do Trabalho analisará exclusivamente a conformidade dos elementos essenciais do negócio jurídico, respeitado o disposto no art. 104 da Lei no 10.406, de 10 de janeiro de 2002 (Código Civil), e balizará sua atuação pelo princípio da intervenção mínima na autonomia da vontade coletiva.

A Justiça do Trabalho deve verificar exclusivamente a conformidade dos elementos essenciais do negócio jurídico, balizando sua atuação pelo princípio da intervenção mínima na autonomia da vontade coletiva.

Com a Reforma Trabalhista, o instrumento de negociação coletiva se aproxima do negócio jurídico do Código Civil:

> Negócio jurídico é um ato, ou uma pluralidade de atos, entre si relacionados, quer sejam de uma ou de várias pessoas, que tem por fim produzir efeitos jurídicos, modificações nas relações jurídicas no âmbito do Direito Privado[1172].

O negócio jurídico, no âmbito do Direito Civil, é meio de realização de vontade entre particulares, devendo cumprir requisitos de existência, validade e eficácia. Com o advento da Constituição Federal/1988, a autonomia da vontade passou a ser limitada pelo texto constitucional, principalmente no que diz respeito ao princípio da dignidade da pessoa humana e da função social da propriedade.

Além disso, o próprio Código Civil impõe limitações à autonomia da vontade ao elencar os princípios da boa-fé e da probidade, assim como o princípio da função social do contrato como verdadeiras cláusulas gerais.

Vê-se, portanto, que os arts. 8º, § 3º e 611-A, § 1º, ambos da CLT, se realmente aplicados, restringirão consideravelmente a atuação dos juízes na interpretação das normas coletivas,

1172. LARENZ, KARL apud GONÇALVES, Carlos Roberto. **Direito Civil Brasileiro:** Parte Geral. 8. ed. São Paulo: Saraiva, 2010. Volume 1.

obrigando o Poder Judiciário a analisar tão somente a conformidade da norma coletiva aos requisitos de validade do negócio jurídico, nos termos do art. 104 do Código Civil:

> **Art. 104 do CC/02:** A validade do negócio jurídico requer:
>
> I - agente capaz;
>
> II - objeto lícito, possível, determinado ou determinável;
>
> III - forma prescrita ou não defesa em lei.

Pelo referido dispositivo, observa-se que o negócio jurídico será considerado válido quando o agente for capaz de celebrar a convenção ou acordo coletivo, quando o objeto negociado for lícito, possível, determinado ou determinável e quando a forma realizada estiver prescrita ou não proibida em lei.

De nossa parte, essa alteração viola os princípios constitucionais da inafastabilidade da jurisdição e do acesso à justiça previstos no art. 5º, XXXV, da CF/88:

> **Art. 5º, XXXV, CF/88:** Todos são iguais perante a lei, sem distinção de qualquer natureza, garantindo-se aos brasileiros e aos estrangeiros residentes no País a inviolabilidade do direito à vida, à liberdade, à igualdade, à segurança e à propriedade, nos termos seguintes: a lei não excluirá da apreciação do Poder Judiciário lesão ou ameaça a direito.

Ao restringir o âmbito da análise dos acordos e convenções coletivas a apenas os requisitos do negócio jurídico, a lei está excluindo da apreciação do Judiciário qualquer lesão ou ameaça ao direito que não esteja contida apenas nesses requisitos. É possível mencionar, por exemplo, a necessidade de anulação das cláusulas do instrumento coletivo de trabalho quando houver violação aos preceitos constitucionais, de direitos indisponíveis etc. Afronta-se o próprio texto da CLT que traz limites impostos no art. 611-B.

Nesse ponto, importante ressaltar que o STF, no julgamento ARE 1121633, oportunidade em que fixou a tese de que acordos e convenções coletivas de trabalho podem restringir direitos trabalhistas não constitucionalmente assegurados (Tema 1046 da Repercussão Geral[1173]), não restringiu a possibilidade de o Poder Judiciário exercer o controle da legalidade das normas coletivas, mas indicou alguns limites a essa intervenção. A negociação coletiva não pode atingir direitos constitucionalmente assegurados nem flexibilizar normas de indisponibilidade absoluta. Caso assim proceda, o Poder Judiciário poderá declarar sua invalidade.

Com isso, entendemos que o art. 611-A, § 1º, da CLT é inconstitucional pela violação do princípio do acesso à justiça e da inafastabilidade da jurisdição.

4.4. Litisconsórcio necessário dos sindicatos em ações que tenham como objeto a anulação de cláusulas de instrumento coletivo de trabalho

Em regra, temos a formação mínima do processo com a presença de um autor, um réu e o juiz. Pode acontecer, no entanto, de estarem nos polos da ação mais do que um autor ou um réu. Tem-se aqui o denominado litisconsórcio, que é o fenômeno processual decorrente da existência de dois ou mais sujeitos figurando no polo ativo, passivo, ou em ambos os polos da demanda. Trata-se, pois, de cumulação subjetiva:

1173. Para mais informações sobre o Tema 1.046 da Repercussão Geral e a prevalência do negociado sobre o legislado, confira o item 4.1.1. deste Capítulo.

> **Art. 842 da CLT:** Sendo várias as reclamações e havendo identidade de matéria, poderão ser acumuladas num só processo, se se tratar de empregados da mesma empresa ou estabelecimento.

É o caso, por exemplo, de dois empregados ajuizarem uma reclamação trabalhista em face da mesma empresa, para cobrar o pagamento das horas extras devidas.

Desse modo, haverá litisconsórcio no processo do trabalho quando duas ou mais pessoas litigarem, no mesmo processo, em conjunto, ativa ou passivamente, desde que:

> I – entre elas houver comunhão de direitos ou de obrigações relativamente à lide;
>
> II – entre as causas houver conexão pelo pedido ou pela causa de pedir;
>
> III – ocorrer afinidade de questões por ponto comum de fato ou de direito (NCPC, art. 113).

Diz-se **litisconsórcio facultativo** quando **for opção das partes formá-lo**. Por outro lado, o **litisconsórcio necessário é aquele que deve ser formado obrigatoriamente**, independentemente da vontade das partes, seja por imposição legal ou pela própria natureza da relação jurídica controvertida (CPC, art. 114).

O art. 611-A, § 5º, da CLT, incluído pela Lei nº 13.467/2017, criou uma nova hipótese de litisconsórcio necessário legal, ao exigir que os sindicatos subscritores de convenção coletiva ou do acordo coletivo participem como litisconsortes necessários, em ações individuais ou coletivas, que tenham como objeto a anulação das cláusulas desses instrumentos.

4.5. Princípio da contrapartida e garantia provisória na hipótese de redução salarial (Reforma Trabalhista)

A Lei nº 13.467/2017 prevê que a inexistência de contrapartidas em instrumento coletivo de trabalho não enseja nulidade do negócio jurídico firmado:

> **Art. 611-A, § 2º, da CLT:** A inexistência de expressa indicação de contrapartidas recíprocas em convenção coletiva ou acordo coletivo de trabalho não ensejará sua nulidade por não caracterizar um vício do negócio jurídico.

Os instrumentos coletivos devem ter sempre a finalidade de buscar condições mais benéficas para o trabalhador. As normas prejudiciais só podem ser estipuladas de forma excepcional, na busca de interesses mais amplos para a categoria e nos casos previstos pelo legislador. Podemos citar como exemplos: redução salarial, aumento da jornada para quem trabalha em turnos ininterruptos de revezamento, compensação etc.

A negociação coletiva tem o objetivo de harmonizar as relações de trabalho, uma vez que elas estão em constante atrito diante dos interesses antagônicos entre empregado e empregador. Dessa forma, é possível a criação, modificação ou até mesmo a supressão de direitos para assegurar a adequação das relações trabalhistas. Contudo, há limites à negociação coletiva. A possibilidade de concessão de benefícios é ampla. No entanto, para suprimir ou modificar direitos, é necessário estabelecer limitações que impeçam o retrocesso social.

Somente as cláusulas de indisponibilidade relativa poderão ter seu escopo reduzido ou suprimido por meio de negociação coletiva. Elas são caracterizadas pela natureza da parcela pactuada (estabelecimento da jornada de trabalho, modalidade de pagamento, concessão de utilidades etc.) ou por expressa previsão em norma heterônoma (ex.: diminuição da jornada de trabalho – art. 7º, XIII, CF/88). Por outro lado, quanto às normas de indisponibilidade absoluta, isto é, normas de saúde e segurança do trabalhador e normas que atentem contra o patamar mínimo civilizatório, não cabe transação.

Ademais, não é permitida a simples renúncia do direito de terceiros na negociação coletiva. Nesse sentido, há posicionamento que defende a necessidade de se aplicar o **princípio da contrapartida**. Apesar da redução de algum direito social assegurado ao trabalhador, garante-se outro benefício em contrapartida. Por exemplo, a redução de direitos já conquistados durante a negociação em uma greve exige que seja dado algo em troca, como a garantia provisória de emprego aos empregados grevistas.

A Reforma Trabalhista pôs fim à discussão acerca do princípio da contrapartida ao estabelecer que a inexistência de expressa indicação de contrapartidas recíprocas em convenção coletiva ou acordo coletivo de trabalho, não ensejará sua nulidade por não caracterizar um vício do negócio jurídico.

Nesse mesmo sentido, aliás, a tese fixada no Tema 1046 da Repercussão Geral, em que, o STF validou a prevalência do negociado sobre o legislado, **sem a necessidade de contrapartida**, ressalvados os direitos absolutamente indisponíveis.

Com isso, entende-se que se possibilita a supressão ou redução dos direitos trabalhistas expostos no art. 611-A, sem que haja a comprovação de contrapartida. Exemplo: possibilita-se a redução de intervalo intrajornada para aqueles que trabalham por mais de 6 horas diárias, sem que, para isso, seja necessário conceder outro direito aos empregados. A previsão em comento é prejudicial ao trabalhador, pois pode permitir a redução de direitos sem garantias adicionais aos empregados.

Acrescento que a existência de concessões recíprocas é da essência do processo negocial coletivo, dispondo o art. 613, VII, da CLT, que são requisitos obrigatórios das Convenções e Acordos Coletivos a indicação de "Direitos e deveres dos empregados e empresas".

No entanto, o § 3º do art. 611-A da CLT dispõe que, caso seja pactuada cláusula que reduza o salário ou jornada, a convenção ou acordo coletivo deverão prever a proteção dos empregados contra dispensa imotivada durante o prazo de vigência do instrumento coletivo correspondente. É a única exceção legal que obriga a previsão de contrapartida no instrumento coletivo de trabalho:

> **Art. 611, § 3º , CLT** *(acrescentado pela Reforma Trabalhista):* Se for pactuada cláusula que reduza o salário ou a jornada, a convenção coletiva ou o acordo coletivo de trabalho deverão prever a proteção dos empregados contra dispensa imotivada durante o prazo de vigência do instrumento coletivo.

A possibilidade de redução de salário e de jornada já estava prevista na Constituição Federal, consistindo em espécie de flexibilização trabalhista expressa em lei. Nesse sentido, estabelece a Constituição pátria, em seu art. 7º, incisos VI e XIII:

> **Art. 7º da CF/88:** São direitos dos trabalhadores urbanos e rurais, além de outros que visem à melhoria de sua condição social:
>
> (...) VI – irredutibilidade do salário, salvo o disposto em convenção ou acordo coletivo;

> (...) XIII – duração do trabalho normal não superior a oito horas diárias e quarenta e quatro semanais, facultada a compensação de horários e a redução da jornada, mediante acordo ou convenção coletiva de trabalho;

A alteração ratifica a possibilidade de redução de salários e jornada prevista na Constituição Federal, mas cria a necessidade, para esses casos específicos, a contrapartida de se assegurar a proteção contra dispensa imotivada durante o prazo de vigência do instrumento coletivo de trabalho. Trata-se da hipótese cujo princípio da contrapartida está expresso na CLT.

Esse dispositivo é muito importante na proteção dos trabalhadores durante as crises econômicas e financeiras de determina empresa ou categoria econômica e segue a tendência já iniciada com o estabelecimento do Programa de Proteção ao Emprego, atualmente denominado Programa Seguro-Emprego (PSE), na Lei nº 13.189/2015, que já permitia a redução da jornada e salário com garantia provisória enquanto perdurasse essa condição:

> **Art. 6º, I, Lei nº 13.189/2015:** A empresa que aderir ao PSE fica proibida de: dispensar arbitrariamente ou sem justa causa os empregados que tiverem sua jornada de trabalho temporariamente reduzida enquanto vigorar a adesão ao PSE e, após o seu término, durante o prazo equivalente a um terço do período de adesão.

Enquanto vigente o instrumento coletivo, os trabalhadores não podem ser dispensados imotivadamente.

4.5.1. Anulação de cláusula compensatória em instrumento coletivo

As cláusulas das convenções e dos acordos coletivos de trabalho podem ser discutidas no âmbito do Poder Judiciário, de forma incidental em reclamação trabalhista individual ou por meio de ação anulatória.

Nesse sentido, se verificada a violação de liberdades individuais ou coletivas ou dos direitos individuais indisponíveis, o art. 83, IV, da LC nº 75/93 confere legitimidade ao MPT para a propositura de ação anulatória de cláusulas convencionais perante os tribunais, adotando a mesma sistemática da competência para o ajuizamento do dissídio coletivo.

Embora o referido dispositivo seja direcionado à atribuição do Ministério Público do Trabalho, o TST entende que ela deve ser estendida, de forma excepcional, aos entes sindicais subscreventes da norma coletiva, "quando demonstrado vício de vontade ou alguma das irregularidades descritas no art. 166 do Código Civil, ou aos sindicatos representantes das categorias econômicas e/ou profissionais, que não subscreveram a norma coletiva, mas que se sintam prejudicados em sua esfera jurídica, em decorrência do instrumento pactuado"[1174].

Dessa forma, caso constatada nulidade em determinada cláusula de instrumento coletivo, o MPT e, excepcionalmente, os sindicatos têm legitimidade para ajuizar ação anulatória de cláusula de convenção e acordo coletivo de trabalho.

1174. Informativo nº 103 do TST.

Como salientado, o princípio da contrapartida caracteriza-se pela previsão de benefícios aos trabalhadores na hipótese de redução de direito trabalhista. A Reforma Trabalhista pôs fim à discussão acerca do princípio da contrapartida ao estabelecer que a inexistência de expressa indicação de contrapartidas recíprocas em convenção coletiva ou acordo coletivo de trabalho, não ensejará sua nulidade por não caracterizar um vício do negócio jurídico.

A redução de salários por instrumento coletivo é a única exceção a essa regra, pois o § 3º do art. 611-A da CLT determina a necessidade de se assegurar a proteção contra dispensa imotivada durante a vigência do instrumento coletivo que determinou a redução salarial. Trata-se, portanto, de hipótese legal de contrapartida.

Apesar de, em regra, não serem obrigatórias, os sindicatos convenentes podem estabelecer contrapartidas. Nesse caso, de acordo com o art. 611-A, § 4º, da CLT, se a cláusula que prevê a flexibilização de direitos trabalhistas for anulada pela Justiça do Trabalho, em ação anulatória, a cláusula compensatória – contrapartida prevista no instrumento coletivo – também deve ser anulada.

Exemplo: norma coletiva determina a redução da jornada de trabalho e prevê, em contrapartida, a concessão de aumento no valor do vale-refeição. Caso anulada a cláusula de redução de jornada, também será anulada a cláusula compensatória referente ao valor do vale-refeição.

De acordo com o posicionamento de Homero Batista Mateus da Silva[1175], com o qual concordamos, esse dispositivo terá difícil aplicação prática, pois as convenções e acordos coletivos de trabalho não tendem a indicar expressamente a cláusula de contrapartida quando há redução de direitos. Nesse sentido, somente se alterada a forma de elaboração dos instrumentos coletivos de trabalho, com previsão expressa de cada cláusula compensatória, seria possível sua anulação caso a cláusula de redução de direitos também fosse anulada.

Por sua vez, esse problema não será enfrentado na hipótese de redução salarial. Por ter previsão expressa em lei de contrapartida obrigatória, a procedência de ação anulatória, enseja a anulação da cláusula compensatória. Se anulada a redução salarial, também será anulada a cláusula de estabilidade provisória no emprego.

4.6. Limites ao negociado (Reforma Trabalhista e Tema 1046 do STF)

Cabe destacar que, no tocante ao **conteúdo das cláusulas do instrumento coletivo**, há matérias que não comportam negociação. Há direitos, portanto, que não comportam flexibilização. O professor Mauricio Godinho Delgado chama esse limite de princípio da adequação setorial negociada[1176]. De acordo com esse princípio, as normas de indisponibilidade relativa podem ser transacionadas. Contudo, as normas de indisponibilidade absoluta não podem ser transacionadas. Estas são as normas que atingem o patamar mínimo civilizatório:

1175. SILVA, Homero Batista Mateus da. *Comentários à Reforma Trabalhista*. São Paulo: Revista dos Tribunais, 2017. p. 114.

1176. DELGADO, Mauricio Godinho. *Curso de Direito do Trabalho*. 14. ed. São Paulo: LTr, 2015. p. 1.419.

1) normas constitucionais, exceto quando o próprio legislador constituinte possibilita a transação (aumento da jornada de trabalho e de turnos ininterruptos de revezamento, bem como a redução salarial);
2) tratados e convenções internacionais que vigoram no Brasil;
3) normas infraconstitucionais que garantam patamares de cidadania ao indivíduo (normas ligadas à saúde, segurança, dispositivos antidiscriminatórios etc.).

A Reforma Trabalhista foi pautada na valorização da negociação coletiva e na ampliação das hipóteses de flexibilização trabalhista. Houve ampliação significativa das hipóteses em que a convenção e o acordo coletivo de trabalho prevalecem sobre a legislação, podendo inclusive prever condições prejudiciais aos trabalhadores.

Ocorre que a negociação coletiva tem limites que devem ser observados, ainda que ampliadas significativamente as hipóteses de valorização do negociado. Os direitos assegurados pela Constituição Federal, excepcionadas as hipóteses que o próprio texto constitucional permite, não são passíveis de flexibilização por meio de negociação coletiva, pois a Reforma Trabalhista foi aprovada como lei ordinária, tendo status infraconstitucional.

Por exemplo, o art. 7º, XXI, da Constituição Federal estabelece o direito ao aviso-prévio proporcional ao tempo de serviço, sendo, no mínimo, de 30 dias. Será nula a cláusula de instrumento coletivo de trabalho que prever a duração de aviso-prévio em período inferior a 30 dias.

Ainda na tentativa de traçar limites ao alcance da negociação coletiva, o legislador da Reforma Trabalhista acrescentou o art. 611-B à CLT. Esse dispositivo é responsável por apresentar os direitos que não podem ser suprimidos ou reduzidos, pois constituem objeto ilícito de norma coletiva. Sua leitura é imprescindível para aqueles que forem prestar concursos para o TRT:

> **Art. 611-B, CLT.** Constituem objeto ilícito de convenção coletiva ou de acordo coletivo de trabalho, exclusivamente, a supressão ou a redução dos seguintes direitos:
>
> I – normas de identificação profissional, inclusive as anotações na Carteira de Trabalho e Previdência Social;
>
> II – seguro-desemprego, em caso de desemprego involuntário;
>
> III – valor dos depósitos mensais e da indenização rescisória do Fundo de Garantia do Tempo de Serviço (FGTS);
>
> IV – salário mínimo;
>
> V – valor nominal do décimo terceiro salário;
>
> VI – remuneração do trabalho noturno superior à do diurno;
>
> VII – proteção do salário na forma da lei, constituindo crime sua retenção dolosa;
>
> VIII – salário-família;
>
> IX – repouso semanal remunerado;
>
> X – remuneração do serviço extraordinário superior, no mínimo, em 50% (cinquenta por cento) à do normal;
>
> XI – número de dias de férias devidas ao empregado;
>
> XII – gozo de férias anuais remuneradas com, pelo menos, um terço a mais do que o salário normal;

XIII – licença-maternidade com a duração mínima de cento e vinte dias;

XIV – licença-paternidade nos termos fixados em lei;

XV – proteção do mercado de trabalho da mulher, mediante incentivos específicos, nos termos da lei;

XVI – aviso prévio proporcional ao tempo de serviço, sendo no mínimo de trinta dias, nos termos da lei;

XVII – normas de saúde, higiene e segurança do trabalho previstas em lei ou em normas regulamentadoras do Ministério do Trabalho;

XVIII – adicional de remuneração para as atividades penosas, insalubres ou perigosas;

XIX – aposentadoria;

XX – seguro contra acidentes de trabalho, a cargo do empregador;

XXI – ação, quanto aos créditos resultantes das relações de trabalho, com prazo prescricional de cinco anos para os trabalhadores urbanos e rurais, até o limite de dois anos após a extinção do contrato de trabalho;

XXII – proibição de qualquer discriminação no tocante a salário e critérios de admissão do trabalhador com deficiência;

XXIII – proibição de trabalho noturno, perigoso ou insalubre a menores de dezoito anos e de qualquer trabalho a menores de dezesseis anos, salvo na condição de aprendiz, a partir de quatorze anos;

XXIV – medidas de proteção legal de crianças e adolescentes;

XXV – igualdade de direitos entre o trabalhador com vínculo empregatício permanente e o trabalhador avulso;

XXVI – liberdade de associação profissional ou sindical do trabalhador, inclusive o direito de não sofrer, sem sua expressa e prévia anuência, qualquer cobrança ou desconto salarial estabelecidos em convenção coletiva ou acordo coletivo de trabalho;

XXVII – direito de greve, competindo aos trabalhadores decidir sobre a oportunidade de exercê-lo e sobre os interesses que devam por meio dele defender;

XXVIII – definição legal sobre os serviços ou atividades essenciais e disposições legais sobre o atendimento das necessidades inadiáveis da comunidade em caso de greve;

XXIX – tributos e outros créditos de terceiros;

XXX – as disposições previstas nos arts. 373-A, 390, 392, 392-A, 394, 394-A, 395, 396 e 400 desta Consolidação.

Parágrafo único. Regras sobre duração do trabalho e intervalos não são consideradas como normas de saúde, higiene e segurança do trabalho para os fins do disposto neste artigo. Conforme preveem os art. 8º, § 3º e 611-A, § 1º, ambos da CLT, no exame da convenção ou acordo coletivo, a Justiça do Trabalho deverá pautar sua análise apenas no cumprimento dos requisitos de validade do negócio jurídico do art. 104 do Código Civil[1177]. Entre esses requisitos está elencado o objeto lícito, possível, determinado ou determinável.

1177. **Art. 104 do CC:** A validade do negócio jurídico requer: I – agente capaz; II – objeto lícito, possível, determinado ou determinável; III – forma prescrita ou não defesa em lei.

Caso o objeto do instrumento coletivo seja ilícito, a convenção ou acordo coletivo serão declarados nulos, nos termos do art. 166 do Código Civil:

> **Art. 166, CC/02:** É nulo o negócio jurídico quando:
>
> I - celebrado por pessoa absolutamente incapaz;
>
> II - for ilícito, impossível ou indeterminável o seu objeto;
>
> III - o motivo determinante, comum a ambas as partes, for ilícito;
>
> IV - não revestir a forma prescrita em lei;
>
> V - for preterida alguma solenidade que a lei considere essencial para a sua validade;
>
> VI - tiver por objetivo fraudar lei imperativa;
>
> VII - a lei taxativamente o declarar nulo, ou proibir-lhe a prática, sem cominar sanção.

Em seus incisos, o art. 611-B estabelece um rol de direitos que não podem ser suprimidos ou reduzidos via negociação ou acordo coletivo, os quais, em sua maioria, são mera repetição do rol exposto no art. 7º da Constituição Federal. Apesar de importante instrumento de pacificação dos conflitos trabalhistas, entendemos que é indispensável que sejam impostos limites aos direitos passíveis de negociação, pois sua redução ou supressão podem trazer prejuízos ao trabalhador.

A análise atenta a esses dois artigos - 611-A e 611-B - será imprescindível nas futuras negociações. Caso haja conflito entre eles, deve prevalecer o art. 611-B, para garantir princípios básicos constitucionais como da dignidade da pessoa humana e da máxima eficácia do texto constitucional.

Além disso, surge o questionamento quanto à extensão do rol previsto no dispositivo.

Nesse ponto, importante ressaltar que o STF, no julgamento ARE 1121633, fixou a seguinte tese:

> "São constitucionais os acordos e as convenções coletivos que, ao considerarem a adequação setorial negociada, pactuam limitações ou afastamentos de direitos trabalhistas, independentemente da explicitação especificada de vantagens compensatórias, desde que respeitados os direitos absolutamente indisponíveis" (Tema 1.046 da repercussão geral).

Percebe-se, portanto, que o STF adotou expressamente a tese do Professor e Ministro Mauricio Godinho Delgado no sentido de não se admitir a flexibilização em normas que tratem sobre a saúde e segurança do trabalhador, ou seja, normas que preservam a dignidade da pessoa humana ou ainda que representam renúncia a direitos já conquistados - chamadas de normas de indisponibilidade absoluta.

Na mesma oportunidade, foi expresso ao vedar a flexibilização da cota de aprendizagem e de pessoas com deficiência. Segundo o voto do relator, Min. Gilmar Mendes, acompanhado pela maioria, a prevalência do negociado sobre o legislado não abrange políticas públicas de inclusão de pessoa com deficiência e dos jovens e adolescentes no mercado de trabalho.

Além disso, pode-se extrair do acórdão do STF no RE 1.121.633/GO, paradigma do Tema 1046 da Repercussão Geral, os seguintes direitos de indisponibilidade absoluta:

1) os direitos previstos na Constituição Federal;

2) os direitos previstos em tratados e convenções internacionais incorporados ao ordenamento jurídico brasileiro;
3) os direitos previstos em normas infraconstitucionais que assegurem garantias mínimas de cidadania aos trabalhadores;
4) cotas para aprendizes e deficientes;
5) direitos previstos no art. 611-B da CLT;
6) normas de saúde e segurança do trabalho;
7) direito antidiscriminatório;
8) salário-mínimo;
9) repouso semanal remunerado;
10) anotação da CTPS; e
11) liberdade de trabalho.

De acordo com a decisão do STF, a própria jurisprudência do Supremo e do TST devem ser usadas como parâmetro para a identificação de direitos disponíveis e indisponíveis.

Outro limite à negociação coletiva foi reconhecido pelo STF no dia anterior à fixação do Tema 1046 da Repercussão Geral (01/06/2022) no julgamento da ADPF nº 381. Na ação ajuizada pela Confederação Nacional dos Transportes, questionavam-se decisões da Justiça do Trabalho que invalidaram cláusulas de acordos e convenções coletivas pactuadas entre transportadoras e motoristas. As cláusulas discutidas enquadravam os motoristas ao regime do art. 62, I, da CLT, ou seja, na categoria de empregados não submetidos ao controle de jornada, por exercerem atividade externa incompatível com a fixação de horário. A Justiça do Trabalho passou a reconhecer a impossibilidade de aplicação dessas disposições ao caso concreto, já que havia meios para o efetivo controle de jornada do motorista profissional (depoimentos testemunhais, sistemas de rastreamento do veículo via satélite, aparelho celular, constantes contatos telefônicos, rotas preestabelecidas ou roteiros de viagens, relatórios de viagens com horários de saída da empresa, ficha de tráfego semanal). As empresas transportadoras, então, foram condenadas ao pagamento de horas extras e de horas de trabalho prestado em dias de descanso.

Mesmo não se tratando de direitos trabalhistas expressos na Constituição, o STF, por maioria de votos, manteve as decisões da Justiça do Trabalho. Segundo a Ministra Rosa Weber, as decisões questionadas não afastavam as normas coletivas, apenas concluíam que era possível o controle de jornada e, por isso, houve a condenação em horas extras.

Em síntese, no julgamento da ADPF 381, o STF entendeu possível a não aplicação de uma regra ajustada em norma coletiva (a aplicação do art. 62, I, da CLT aos motoristas profissionais) sem que isso significasse afronta à prevalência das convenções e acordos coletivos, tendo em vista que a realidade fática, provada durante a instrução dos casos concretos, demonstrou a inexistência do pressuposto adotado na norma coletiva (a inviabilidade do controle de jornada pelo empregador).

Continuamos com o posicionamento de que a norma coletiva não pode restringir direitos trabalhistas constitucionais, direitos absolutamente indisponíveis ou, então, falsear a realidade para prejudicar trabalhadores.

4.6.1. Rol taxativo de limitação à negociação coletiva

De acordo com o "caput" do art. 611-B da CLT, constituem objeto ilícito de convenção coletiva ou de acordo coletivo, exclusivamente, a redução ou supressão dos direitos elencados em seus incisos. Dessa forma, pretendeu o legislador, com a utilização do termo "exclusivamente" que o rol de limitação ao negociado fosse taxativo.

Portanto, fora dessas hipóteses mencionadas no dispositivo, seria possível a celebração de norma coletiva que prevalecesse sobre a lei sobre qualquer tema. Ressalto que, corrobora esse posicionamento, o fato de que o art. 611-A da CLT trazer um rol exemplificativo das hipóteses de valorização do negociado.

No entanto, entendemos que o dispositivo não pode ser reconhecido como a única barreira existente para a flexibilização trabalhista. O presente dispositivo da CLT praticamente elencou em seus incisos as hipóteses do art. 7º da CF/88. No entanto, para os direitos da Constituição Federal que não constam no art. 611-B, permanece a proibição de sua supressão ou redução. Além disso, normas previstas em tratados internacionais e leis infraconstitucionais que versam sobre saúde e segurança do trabalho não podem ser objeto de flexibilização. Assim, há matérias que não comportam negociação. O professor Mauricio Godinho Delgado chama esse limite de princípio da adequação setorial negociada[1178].

Além disso, há algumas hipóteses cuja regulamentação por meio de negociação coletiva não é compatível com o ordenamento jurídico brasileiro. Tem-se, como exemplo, a regulamentação de situações pretéritas por instrumento coletivo. O art. 611-B da CLT nada menciona a esse respeito, mas a redução ou supressão de direitos em situações pretéritas traz insegurança jurídica às partes da relação de emprego, pois não saberão se, no futuro, as parcelas deixarão de ser devidas por mera disposição em negociação coletiva.

É possível, portanto, a aplicação analógica do entendimento previsto na OJ nº 420 da SDI-I do TST, que estabelece que o acordo ou convenção coletiva não tem o poder de dar quitação retroativa ao empregador que não pagou corretamente horas extras decorrentes da jornada reduzida (6h) do turno ininterrupto de revezamento:

> **Orientação Jurisprudencial nº 420 da SDI-I.** É inválido o instrumento normativo que, regularizando situações pretéritas, estabelece jornada de oito horas para o trabalho em turnos ininterruptos de revezamento.

Nesse sentido, entendemos que o rol trazido pelo art. 611-B não é taxativo, trazendo as principais hipóteses de negociação coletiva cujo objeto seja ilícito. No entanto, caberá ao Poder Judiciário a análise de cada caso concreto para determinar se há violação do texto constitucional ou de princípio do ordenamento jurídico, especialmente do Direito do Trabalho, que impedem a celebração da negociação coletiva.

A seguir, apresentamos a análise dos incisos do art. 611-B da CLT e seus reflexos na limitação da negociação coletiva.

1178. DELGADO, Mauricio Godinho. *Curso de Direito do Trabalho*. 14. ed. São Paulo: LTr, 2015. p. 1.419.

4.6.2. *Normas de identificação do trabalhador e anotações na CTPS*

Não há formalidade específica para contratar o empregado, pois o contrato de trabalho poderá ser celebrado até mesmo de forma verbal. Há, entretanto, exigência de um documento obrigatório do empregado, chamado Carteira de Trabalho e Previdência Social – CTPS. Diferentemente da CTPS, que é documento pessoal do trabalhador, o empregador é obrigado a efetuar o registro de seus empregados em livros, fichas ou sistemas eletrônicos, o que corresponde a documento interno da empresa (próprio do empregador). A falta desse registro possibilitará a aplicação de multa pela fiscalização do trabalho.

Entendemos que o legislador acertou em excluir do âmbito da negociação coletiva as normas acerca da identificação do trabalhador, pois são dispositivos de ordem pública, cujas anotações não trazem impactos apenas no âmbito da relação de emprego. A anotação de acidentes de trabalho, por exemplo, é extremamente relevante para fins previdenciários. Além disso, a previsão em norma coletiva inviabilizaria a atuação da fiscalização do trabalho, pois as normas referentes ao assunto permitem a aplicação de multas na hipótese de descumprimento pelo empregador.

A Reforma Trabalhista alterou o valor das multas aplicadas, demonstrando a importância de se manter correto o registro de empregados.

4.6.3. *Seguro-desemprego*

Trata-se de benefício previdenciário, que tem a função de auxiliar o trabalhador na manutenção e na busca do emprego. Atualmente, é regulamentado pela Lei nº 7.998/1990. O seguro-desemprego tem expressa previsão constitucional no art. 7º, II, enquanto direito dos trabalhadores na hipótese de desemprego involuntário. Além disso, por se tratar de benefício pago pelo Estado, cuja regulamentação causa impactos nas contas públicas, não é possível admitir sua disciplina por meio da negociação coletiva.

Ressalta-se que a Reforma Trabalhista passou a prever o distrato como nova hipótese de término do contrato de trabalho. Caso firmado acordo para o fim do contrato, o trabalhador não terá direito ao seguro-desemprego.

4.6.4. *Fundo de Garantia do Tempo de Serviço (FGTS)*

O FGTS é uma "poupança forçada", suportada exclusivamente pelo empregador, que se destina à indenização do tempo de serviço do empregado. Está previsto no art. 7º, III, da CF/88, enquanto direito constitucional dos trabalhadores, não sendo passível de redução ou supressão por negociação coletiva. Além disso, as hipóteses de depósitos, saque e gestão do fundo são disciplinadas em legislação própria – Lei nº 8.036/1990. O FGTS é regido por normas elaboradas pelo Conselho Curador e gerido pela Caixa Econômica Federal, órgãos de natureza pública. Por fim, os depósitos do FGTS têm destinação social, cujos valores também são utilizados para o financiamento de políticas públicas, como os dos programas habitacionais, o que impede que os sindicatos e as empresas possam dispor sobre seus valores.

A Lei nº 13.467/2017 regulamentou o distrato como nova modalidade de extinção do contrato de trabalho e prevê o direito de saque de 80% dos valores depositados e pagamento de multa de 20% sobre esses valores.

4.6.5. Salário mínimo

O salário mínimo tem previsão no art. 7º, IV, da CF/88 e deverá ser previsto em lei e será nacionalmente unificado. Nada impede que seja fixado em valor superior ao mínimo fixado em lei, como ocorre em alguns estados da Federação onde existe o piso estadual[1179]. Ademais, é vedada a utilização do salário mínimo como indexador, ou seja, é *"vedada sua vinculação para qualquer fim"*. Salário mínimo é o patamar mais baixo que um empregado pode ganhar. Lembre-se de que esse patamar mínimo é estendido também ao trabalhador com menos de 18 anos, inclusive aprendizes. E ainda, de acordo com o art. 39, § 3º, da CF, os servidores públicos terão direito ao salário mínimo.

Se o trabalhador for contratado para trabalhar em jornada inferior à duração normal de 8 horas diárias e 44 horas semanais, ele receberá o salário mínimo proporcional ou o piso salarial proporcional às horas trabalhadas. Nesse sentido, prevê o item I da Orientação Jurisprudencial nº 358 da SDI-I do TST[1180].

Diante da previsão constitucional do salário mínimo, não é permitido que a negociação coletiva reduza seu valor ou estabeleça regulamentação diversa. O salário mínimo é importante ferramenta para se assegurar o patamar mínimo civilizatório aos trabalhadores, enquanto instrumento de promoção da dignidade da pessoa humana. Ressalta-se que o salário mínimo proporcional continua podendo ser aplicado na hipótese de jornadas reduzidas.

4.6.6. Valor nominal do 13º salário

O décimo terceiro salário é uma gratificação salarial obrigatória prevista no art. 7º, VIII, da CF/88 e na Lei nº 4.090/1962. São destinatários dessa gratificação empregados urbanos e rurais, os trabalhadores avulsos e os empregados domésticos. Acertadamente, o 13º salário não comporta flexibilização por meio de negociação coletiva, por se tratar de direito com previsão constitucional. A inserção da expressão "valor nominal" suscitou o questionamento quanto à abrangência do valor que deveria ser pago a título de 13º salário. Tendo em vista que a Constituição Federal é expressa ao assegurar que o 13º deve ser calculado com base na remuneração integral do empregado, não é possível nenhuma forma de redução do seu valor por meio de negociação coletiva.

4.6.7. Remuneração do trabalho noturno superior à do diurno

A previsão de adicional noturno também encontra proteção no art. 7º, IX, da CF/88, não sendo possível sua redução ou supressão por meio de instrumento coletivo de trabalho. O trabalho prestado no período noturno será remunerado em valor superior ao

---

1179. A competência privativa para legislar sobre direito do trabalho é da União, conforme previsto no art. 22 da CF/88. Há, entretanto, previsão na LC nº 103/2000 que autoriza os estados a fixar o piso estadual.

1180. **Orientação Jurisprudencial nº 358 da SDI-I do TST:**
I – Havendo contratação para cumprimento de jornada reduzida, inferior à previsão constitucional de oito horas diárias ou quarenta e quatro semanais, é lícito o pagamento do **piso salarial ou do salário mínimo proporcional ao tempo trabalhado.**
II – Na Administração Pública Direta, autárquica e fundacional não é válida remuneração de empregado público inferior ao salário mínimo, ainda que cumpra jornada de trabalho reduzida. Precedentes do Supremo Tribunal Federal (grifos acrescidos).

trabalho diurno. Esse adicional, se pago com habitualidade, integra o salário do empregado. Deve-se diferenciar, nesse caso, o trabalho rural e o trabalho urbano, em razão das peculiaridades daquele. Assim sendo, embora ambos tenham adicional noturno, os percentuais serão diferentes:

a) **Empregado urbano:** jornada noturna inicia-se às 22 h e termina às 5 h. Adicional de, no mínimo, **20%** sobre a hora diurna. Ademais, a hora noturna será reduzida, ou seja, terá 52 minutos e 30 segundos.

b) **Empregado rural:** jornada noturna inicia-se às 20 h e termina às 4 h na pecuária. Na lavoura, será das 21 h até as 5 h. Adicional noturno é de, no mínimo, **25%** superior à hora diurna. Por fim, a hora noturna não é reduzida, ou seja, possui 60 minutos.

Entendemos que não é permitida a redução do adicional noturno, ainda que seu percentual não esteja expressamente previsto no texto constitucional e no presente artigo, por se tratar de norma de segurança e saúde do trabalhador. No mesmo sentido, é o posicionamento da Súmula nº 364, II do TST acerca do adicional de periculosidade:

> **Súmula nº 364, II, do TST:** Não é válida a cláusula de acordo ou convenção coletiva de trabalho fixando o adicional de periculosidade em percentual inferior ao estabelecido em lei e proporcional ao tempo de exposição ao risco, pois tal parcela constitui medida de higiene, saúde e segurança do trabalho, garantida por norma de ordem pública (arts. 7º, XXII e XXIII, da CF e 193, § 1º, da CLT).

Com a Reforma Trabalhista, a prorrogação do trabalho noturno já está incluído na remuneração dos trabalhadores em jornadas 12 x 36.

4.6.8. Proteção do salário

A proteção do salário, sendo crime sua retenção dolosa, também é direito previsto no art. 7º, X, da CF/88. Não cabe, portanto, norma coletiva prevendo qualquer alteração acerca da proteção do salário, inclusive porque o dispositivo remonta a disciplina do assunto à legislação. Portanto, as regras acerca dos descontos salariais, da intangibilidade do salário, de sua irredutibilidade, não podem ser alteradas em negociação coletiva.

Apesar de previsão constitucional, não há lei infraconstitucional tipificando a conduta de retenção dolosa de salário, o que gerou intenso debate doutrinário sobre o assunto. De acordo com o Sergio Pinto Martins[1181], o crime previsto no art. 7º, X, CF/88, é regulamentado de maneira indireta pelo Código Penal ao versar sobre a apropriação indébita.

> **Art. 168 do Código Penal:** Apropriar-se de coisa alheia móvel, de que tem a posse ou a detenção:
>
> Pena – reclusão, de um a quatro anos, e multa.

Ao versar sobre o assunto, contudo, o STJ[1182] estabeleceu que a conduta de retenção dolosa do salário é atípica e não se amolda ao tipo penal de apropriação indébita, uma vez que o

1181. MARTINS, Sergio Pinto. *Direito do Trabalho*. 30. ed. São Paulo: Atlas, 2014. p. 324.

1182. *Habeas Corpus* nº 177.508-PB, Relatora: Ministra Maria Thereza de Assis Moura, Data de julgamento: 15/08/2013.

valor que o empregado está sujeito a receber é de propriedade da empresa, não havendo a apropriação de coisa alheia de que tem a posse exigida para a configuração do delito.

Mesmo após mais de três décadas da promulgação da Constituição Federal, o legislativo mostrou-se inerte e omisso na proteção do direito do trabalhador de não ter seu salário retido dolosamente. Por outro lado, há previsão expressa de apropriação indébita previdenciária, que configura como delito, a conduta de deixar de repassar à Previdência Social as contribuições sociais recolhidas dos contribuintes no prazo legal:

> **Art. 168-A, Código Penal:** Deixar de repassar à Previdência Social as contribuições recolhidas dos contribuintes, no prazo e forma legal ou convencional: (Incluído pela Lei nº 9.983, de 2000)
> Pena – reclusão, de 2 (dois) a 5 (cinco) anos, e multa.
>
> § 1º Nas mesmas penas incorre quem deixar de:
>
> I – recolher, no prazo legal, contribuição ou outra importância destinada à Previdência Social que tenha sido descontada de pagamento efetuado a segurados, a terceiros ou arrecadada do público;
>
> II – recolher contribuições devidas à Previdência Social que tenham integrado despesas contábeis ou custos relativos à venda de produtos ou à prestação de serviços;
>
> III – pagar benefício devido a segurado, quando as respectivas cotas ou valores já tiverem sido reembolsados à empresa pela Previdência Social.

Diante desse vácuo legislativo, o STF decidiu em 23/05/2025, por unanimidade, que há omissão inconstitucional do Congresso Nacional ao não editar lei que tipifique o crime de retenção dolosa de salários. A decisão foi proferida na ADO 82, de relatoria do ministro Dias Toffoli, que destacou a inércia legislativa de quase 40 anos e seu impacto social significativo. Considerando que o salário integra o mínimo existencial do trabalhador e deve ser amplamente protegido, a Corte fixou o prazo de 180 dias para que o Legislativo cumpra o mandamento constitucional e elabore norma específica sobre o tema.

4.6.9. Salário-família

O salário-família é um benefício previdenciário concedido aos segurados de baixa renda (artigos 65 a 70 da Lei nº 8213/91), em razão dos filhos menores de 14 anos ou inválidos de qualquer idade. A sua finalidade é ajudar os pais a custear a educação dos filhos. O benefício tem previsão constitucional em seu art. 7º, XII e não comporta flexibilização por meio de negociação coletiva. Ressalta-se que, por ser benefício previdenciário, pago pelo Estado, a regulamentação deve ser realizada exclusivamente por lei.

4.6.10. Repouso semanal remunerado

O repouso semanal remunerado é previsto no art. 7º, XV da CF/88, sendo garantido aos trabalhadores urbanos, rurais, avulsos e domésticos. Esse período é de, no mínimo, 24 horas consecutivas, e será concedido pelo menos uma vez por semana, preferencialmente aos domingos. Independentemente da jornada do empregado (mesmo que trabalhe 6 horas por dia), terá direito ao descanso de 24 horas consecutivas. Esse período de descanso corresponde a uma interrupção do contrato de trabalho, pois, embora não tenha prestação de serviços, há pagamento de salário. Igualmente, o dispositivo não comporta flexibilização por meio de negociação coletiva por ser direito previsto no âmbito constitucional.

No entanto, antes mesma da Reforma Trabalhista, houve flexibilização do descanso semanal remunerado com a disciplina jurídica da jornada do motorista profissional. No caso de viagens de longa distância, é assegurado o repouso semanal remunerado de 24 horas, bem como o fracionamento do DSR em dois períodos, sendo um deles de, no mínimo, 30 horas ininterruptas, a serem cumpridos na mesma semana e em continuidade a um período de intervalo interjornada de 11 horas:

> **Art. 235-D, da CLT.** Nas viagens de longa distância com duração superior a 7 (sete) dias, o repouso semanal será de 24 (vinte e quatro) horas por semana ou fração trabalhada, sem prejuízo do intervalo de repouso diário de 11 (onze) horas, totalizando 35 (trinta e cinco) horas, usufruído no retorno do motorista à base (matriz ou filial) ou ao seu domicílio, salvo se a empresa oferecer condições adequadas para o efetivo gozo do referido repouso.
>
> § 1º É permitido o fracionamento do repouso semanal em 2 (dois) períodos, sendo um destes de, no mínimo, 30 (trinta) horas ininterruptas, a serem cumpridos na mesma semana e em continuidade a um período de repouso diário, que deverão ser usufruídos no retorno da viagem.

Contudo, no julgamento da ADI nº 5322, de autoria da Confederação Nacional dos Trabalhadores em Transportes – CNTT, o STF declarou a inconstitucionalidade desses dispositivos. Segundo a Corte, o descanso semanal remunerado é direito social indisponível, pois ligado diretamente à dignidade e saúde do trabalhador, não admitindo flexibilização tendente a diminui-lo ou impedi-lo.

Na Sessão Virtual de 04 a 11/10/2024, a Corte decidiu modular os efeitos da decisão de mérito na ADI 5322, julgada na Sessão Virtual de 23 a 30/6/2023, atribuindo-lhe efeitos *ex nunc* (não retroativos), a contar da data de publicação da ata de julgamento de mérito, que ocorreu em 12/7/2023. Portanto, referido dispositivo é considerado constitucional até o dia 11/7/2023. A partir do dia 12/7/2023, é inválido.

Por fim, a Reforma Trabalhista, consolidou-se que, no caso do sistema 12 x 36, como o descanso é bastante prolongado de 36 horas, o DSR já está incluído nessas 36 horas:

> **Art. 59-A, CLT.** Em exceção ao disposto no art. 59 desta Consolidação, é facultado às partes, mediante acordo individual escrito, convenção coletiva ou acordo coletivo de trabalho, estabelecer horário de trabalho de doze horas seguidas por trinta e seis horas ininterruptas de descanso, observados ou indenizados os intervalos para repouso e alimentação.
>
> Parágrafo único. A remuneração mensal pactuada pelo horário previsto no **caput** deste artigo abrange os pagamentos devidos pelo descanso semanal remunerado e pelo descanso em feriados, e serão considerados compensados os feriados e as prorrogações de trabalho noturno, quando houver, de que tratam o art. 70 e o § 5º do art. 73 desta Consolidação.

4.6.11. Remuneração dos serviços extraordinário superior, no mínimo, em 50% à do normal

A duração normal do tempo de trabalho do empregado é de 8 horas diárias e 44 horas semanais. Se ultrapassado esse período, terá incidência de adicional, chamado de hora extraordinária ou suplementar. O pagamento da hora extraordinária será a hora normal acrescida de adicional de, no mínimo, 50%. Paga-se a hora normal, pois esta não estava inserida na jornada normal de 8 horas. O adicional de horas extras tem previsão no art. 7º, XVI, da CF/88 e não comporta flexibilização por meio de negociação coletiva. No caso de compensação de jornada, não há pagamento do adicional.

4.6.12. Direito de férias e duração

De acordo com os incisos XI e XII do art. 611-B da CLT, não é permitida a celebração de convenção e acordo coletivo de trabalho que versarem sobre a duração das férias ou sobre o gozo de férias, que deverá ser anual com, pelo menos, 1/3 a mais do que o salário normal. O descanso durante o período de férias tem como objetivo evitar o cansaço excessivo e preservar a saúde do trabalhador. Nesse período de descanso prolongado, não há prestação de serviços, mas há pagamento de salário e o período de afastamento é contado para todos os efeitos. A duração das férias estará intimamente ligada às faltas injustificadas cometidas pelo empregado ao longo do período aquisitivo. A proporção de faltas e do período de descanso está prevista no art. 130 da CLT e não pode ser alterado por negociação coletiva:

DURAÇÃO DAS FÉRIAS	
Jornada normal e Regime por tempo parcial	
Duração das férias	**Faltas injustificadas**
30 dias	5 faltas
24 dias	6 a 14 faltas
18 dias	15 a 23 faltas
12 dias	24 a 32 faltas

A Lei nº 13.467/2017 revogou o art. 130-A da CLT, sendo que a duração das férias é igual inclusive para os trabalhadores em regime de tempo parcial.

4.6.13. Licença-maternidade, com duração mínima de 120 dias

A licença-maternidade compreende o afastamento remunerado da gestante, com duração de 120 dias. Esse direito é previsto no art. 7º, XVIII da CF/88 e não comporta flexibilização por negociação coletiva. Ressalta-se que os arts. 392 e 392-A da CLT que versam sobre a licença-maternidade também não podem ser objeto de convenção e acordo coletivo por expressa previsão no inciso XXX do art. 611-B da CLT.

A Reforma Trabalhista previu o pagamento de salário maternidade para as gestantes e lactantes que não podem trabalhar em atividade insalubre (art. 394-A da CLT).

Por fim, importante mencionar que, no dia 24/10/2022, o STF, por unanimidade, julgou procedente a ADI 6327/DF para conferir interpretação conforme à Constituição ao art. 392, § 1º, da CLT, assim como ao art. 71 da Lei nº 8.213/91 e, por arrastamento, ao art. 93 do seu Regulamento (Decreto nº 3.048/99), de modo a se considerar como **termo inicial da licença-maternidade e do respectivo salário-maternidade a alta hospitalar do recém-nascido e/ou de sua mãe, o que ocorrer por último**. Ainda, segundo a Corte, a melhor interpretação é que se prorrogue em todo o período o benefício, quando o a internação exceder as duas semanas previstas no art. 392, § 2º, da CLT, e no art. 93, § 3º, do Decreto nº 3.048/99. Esses marcos temporais são importantes para identificar o término da licença-maternidade e, então, o início da suspensão do contrato de trabalho do pai empregado.

4.6.14. Licença-paternidade

A licença-paternidade é prevista no art. 7º, XIX da CF/88 e será de 5 dias, nos termos do art. 10, § 1º do ADCT, pois ausente regulamentação em lei do dispositivo constitucional. Essa licença é válida tanto para o pai casado como para o solteiro, e deve ser gozada no decorrer da primeira semana após o parto[1183] (art. 473 da CLT e art. 10, § 1º, ADCT). Com a promulgação da Lei de políticas públicas para a primeira infância (Lei nº 13.257/2016), foi introduzida a possibilidade de prorrogação da licença-paternidade em 15 dias na Lei nº 11.770/2008 (Programa Empresa Cidadã), totalizando o período de 20 dias. Por ter assento constitucional, a licença-paternidade não comporta flexibilização.

4.6.15. Proteção do mercado de trabalho da mulher

O disposto no art. 611-B, XV da Reforma Trabalhista, encontra correspondente no art. 7º, XX da Constituição Federal de 1988. Historicamente, o trabalho exercido pela mulher foi desprestigiado, com pagamento de salários menores e em condições mais precárias, além, ainda, da elevada jornada de trabalho, se comparado ao trabalho realizado pelos homens. Para conferir igualdade de tratamento, a Constituição Federal de 1988 trouxe diversas medidas tais como a isonomia salarial prevista no art. 7º, inciso XXX, CF/88 e a necessidade de proteção do mercado de trabalho da mulher por meio de incentivos específicos a serem criados por *lei ordinária* (art. 7º, inciso XX, CF/88). Contudo, este último dispositivo constitucional ainda não foi regulamentado.

Destaca-se que a Reforma Trabalhista previu nova regulamentação ao afastamento das gestantes e lactantes de atividades insalubres no art. 394-A da CLT. A partir das alterações promovidas, somente seria obrigatório o afastamento na hipótese da empregada gestante em grau máximo de insalubridade. Note-se que o atestado médico deveria ser emitido por médico de confiança da empregada gestante ou lactante, o que, em tese, evitaria a ocorrência de fraudes caso o atestado fosse emitido por médico da empresa.

No dia 29/05/2019, o plenário do STF, por maioria de 10 votos a 1, decidiu pela inconstitucionalidade de trecho do art. 394-A da CLT, que previa nos incisos II e III: "quando apresentar atestado de saúde, emitido por médico de confiança da mulher, que recomende o afastamento". De acordo com o relator, a proteção à maternidade e à criança não podem ser afastadas pela simples apresentação de atestado médico.

Ao apreciar a ADI 5938, o STF considerou inconstitucional a modificação trazida pela Reforma Trabalhista, firmando entendimento de que a permissão do trabalho da gestante e da lactante em ambiente insalubre viola o art. 6º (proteção à maternidade e à infância), 7º, incisos XX (proteção do mercado de trabalho da mulher, mediante incentivos específicos, nos termos da lei) e XXII (redução dos riscos inerentes ao trabalho, por meio de normas de saúde, higiene e segurança), e o art. 227 (dever de proteção da sociedade e

1183. JORGE NETO, Francisco Ferreira; CAVALCANTE, Jouberto de Quadros Pessoa. *Curso de Direito do Trabalho*. São Paulo: Atlas, 2009. p. 251.

do Estado quanto à saúde e à vida da criança), da Constituição Federal, além de afrontar o princípio da vedação ao retrocesso social[1184].

Com a decisão na ADI 5.938, as empregadas gestantes e lactantes sempre deverão ser afastadas das atividades insalubres independentemente do grau de insalubridade[1185].

Nesse ponto, importante mencionar a Lei nº 14.457, de 2022 (fruto da conversão da Medida Provisória nº 1.116, de 2022), que institui o Programa Emprega + Mulheres, cujo objetivo é a inserção e a manutenção de mulheres no mercado de trabalho por meio da implementação de uma série de medidas, como: pagamento de reembolso-creche, flexibilização do regime de trabalho para pais e mães empregados, suspensão do contrato de trabalho da mulher para fins de qualificação profissional e estímulo à ocupação das vagas em cursos de qualificação dos serviços nacionais de aprendizagem por mulheres e priorização de mulheres hipossuficientes vítimas de violência doméstica e familiar.

Além disso, em 08/03/2023, o Presidente da República em exercício, Luiz Inácio Lula da Silva, assinou uma série de normas que visam garantir o acesso e a manutenção da mulher no mercado de trabalho, dentre elas, podemos citar:

i) **Decreto nº 11.430/2023**, que dispõe sobre a exigência, em contratações públicas, de percentual mínimo de mão de obra constituída por mulheres vítimas de violência doméstica e sobre a utilização do desenvolvimento, pelo licitante, de ações de equidade entre mulheres e homens no ambiente de trabalho como critério de desempate em licitações, no âmbito da administração pública federal direta, autárquica e fundacional;

ii) **Mensagem ao Congresso Nacional** para iniciar o processo de ratificação das Convenções da OIT nº 190, sobre Assédio e Violência no trabalho, e nº 156, sobre Igualdade de Oportunidades e de Tratamento para Homens e Mulheres Trabalhadores: Trabalhadores com Encargos de Família; e

iii) **Lei nº 14.611/2023**, que torna obrigatória igualdade salarial e de critérios remuneratórios entre homens e mulheres para a realização de trabalho de igual valor ou no exercício da mesma função. Além disso, altera a CLT para prever maior transparência remuneratória e ampliar a fiscalização e o combate à discriminação salarial.

4.6.16. Aviso prévio proporcional ao tempo de serviço de, no mínimo, 30 dias

O aviso prévio é direito constitucional dos trabalhadores no art. 7º, XXI, CF/88 e tem como finalidade indicar a data do término do contrato de trabalho. O período do aviso possibilita ao trabalhador procurar outro emprego, e, ainda, ao empregador buscar um substituto para o cargo vago. Dessa forma, torna-se possível que uma parte não seja surpreendida com a ruptura do contrato por ato unilateral da outra. Afasta-se, portanto, o evento surpresa. Em razão da previsão constitucional, o aviso prévio é proporcional ao tempo de serviço. Para empregados com até um ano de contrato o aviso prévio será

1184. Esse foi o tema da questão discursiva do I Concurso Nacional Unificado – Bloco 4, que selecionou os novos Auditores-Fiscais do Trabalho.

1185. Para mais informações, confira os comentários ao dispositivo.

de 30 dias. A cada ano de contrato, serão acrescidos 3 dias na duração do aviso, até o limite de 60 dias. Assim sendo, a duração do aviso prévio poderá ter até 90 dias (prazo mínimo de 30 dias + 60 dias do aviso proporcional).

A Lei nº 13.467/2017 regulamentou o distrato como nova modalidade de extinção do contrato de trabalho. Entre as verbas rescisórias, o art. 484-A da CLT prevê o direito a apenas metade do valor do aviso prévio, caso indenizado. Diante da previsão mínima de 30 dias prevista na Constituição Federal, entendemos que essa modificação e inconstitucional.

4.6.17. Normas de saúde, higiene e segurança do trabalho previstas em lei ou em normas regulamentadoras do Ministério do Trabalho e Emprego[1186]

Esse dispositivo será um importante freio para o negociado, pois todas as normas referentes a saúde, higiene e segurança do trabalho não poderão ser objeto de instrumentos coletivos de trabalho. Assim como as normas de registro profissional, as disposições referentes à saúde e segurança do trabalho são objeto da fiscalização do trabalho e são indispensáveis para o combate aos acidentes de trabalho em respeito ao art. 7º, XXII, da CF/88:

> **Art. 7º, XXII, CF/88:** São direitos dos trabalhadores urbanos e rurais, além de outros que visem à melhoria de sua condição social: redução dos riscos inerentes ao trabalho, por meio de normas de saúde, higiene e segurança

Inobstante referida previsão, o art. 611-A, XII e XIII da CLT, permite a prevalência do negociado sobre o legislado quando houver previsão, entre outras, de enquadramento do grau de insalubridade:

> **Art. 611-A da CLT.** A convenção coletiva e o acordo coletivo de trabalho têm prevalência sobre a lei quando, entre outros, dispuserem sobre:
>
> XII – enquadramento do grau de insalubridade;
>
> XIII – prorrogação de jornada em ambientes insalubres, sem licença prévia das autoridades competentes do Ministério do Trabalho

Nesse sentido, é clara a contradição entre o art. 611-B, XVIII e o art. 611-A, XII e XIII da CLT. Isso porque, tendo em vista a incumbência do Ministério do Trabalho para a regulamentação das normas sobre segurança e saúde no trabalho, não caberia às partes a livre disposição sobre elas. Prevalece a vedação dada por esse art. 611-B.

1186. O Ministério do Trabalho foi criado pelo Decreto nº 19.433, de 26 de novembro de 1930, por Getúlio Vargas. De lá para cá, colecionou diversos nomes e atribuições, mas permaneceu constante nos quadros da organização da Presidência da República, sendo, até sua extinção, em 2019, o Ministério mais antigo do Brasil. Com a promulgação da Lei nº 13.844/2019, em decorrência da conversão em lei da MP nº 870, o Ministério do Trabalho foi extinto e suas atribuições foram transferidas aos Ministérios da Economia, da Justiça e Segurança Pública e da Cidadania. Contudo, em 16/12/2021, a Lei nº 14.261/2021, fruto da conversão da MP nº 1.058/2021, recriou o Ministério do Trabalho e Previdência, que reassumiu diversas competências e atribuições. Ao longo desta obra, o leitor irá se deparar com dispositivos legais, decisões judiciais e referências doutrinárias que fazem menção a Ministério do Trabalho, Ministério do Trabalho e Previdência, Ministério do Trabalho e Previdência Social e, até mesmo, Ministério da Economia. Tenha em mente que, hoje, essas atribuições estão concentradas no órgão que se chama **Ministério do Trabalho e Emprego**. Quando, de fato, estivermos falando de competência que é de outro Órgão, deixaremos claro no texto.

4.6.18. Adicional de remuneração para as atividades penosas, insalubres ou perigosas

O direito aos adicionais de insalubridade, penosidade e periculosidade são previstos no art. 7º, XXIII da Constituição Federal/1988:

> **Art. 7º da CF/88:** São direitos dos trabalhadores urbanos e rurais, além de outros que visem à melhoria de sua condição social:
>
> (...) XXIII – adicional de remuneração para as atividades penosas, insalubres ou perigosas, na forma da lei;

Embora exista previsão expressa do adicional de penosidade, não há lei que o regulamente, inexistindo a base de cálculo e demais previsões necessárias para que seja exigido. As atividades perigosas ocorrem quando se verifica a presença de risco acentuado na atividade desenvolvida pelo empregado. Assim, de acordo com a CLT, a atividade perigosa é aquela em que há contato permanente com explosivos, inflamáveis ou energia elétrica em condições de risco acentuado. A CLT foi alterada três vezes para incluir, como atividades perigosas, aquelas desenvolvidas por trabalhador em motocicleta ("motoboy"), pelos trabalhadores sujeitos a roubos e violência física, como ocorre com os vigilantes e os seguranças, e pelos agentes das autoridades de trânsito expostos a colisões, atropelamentos ou outras espécies de acidentes ou violências. Por fim, as atividades insalubres são aquelas que expõem o empregado a agentes nocivos à sua saúde e que ultrapassam o seu limite de tolerância. Exemplo: agentes **químicos** (chumbo), **biológicos** (bactérias) e **físicos** (ruídos).

Os adicionais referidos pela Constituição Federal e pela Reforma Trabalhista tratam-se de normas de saúde e segurança no trabalho, consistindo em normas cogentes, e, por esta razão, não podem ser objeto de convenção entre as partes.

4.6.19. Aposentadoria

O expresso no art. 611-B, XIX da CLT encontra correspondente no art. 7º, XXIV da CF/88:

> **Art. 7º da CF/88:** São direitos dos trabalhadores urbanos e rurais, além de outros que visem à melhoria de sua condição social:
>
> (...) XXIV – aposentadoria;

A aposentadoria é decorrência do Regime de Previdência Social, sendo regida pelas Leis 8.212/1991 e 8.213/1991. Além disso, a previdência social é prevista no art. 201 da Constituição Federal/1988. Dessa forma, por se tratar de benefício previdenciário com impactos nas contas públicas, não cabe aos sindicatos e empresas estabelecerem negociação coletiva que versa sobre aposentadoria.

4.6.20. Seguro contra acidentes de trabalho

O seguro contra acidentes de trabalho, a cargo do empregador, é previsto no art. 7º, XXVIII da Constituição Federal/1988, também encontrando respaldo em seu art. 201, § 10:

> **Art. 7º da CF/88:** São direitos dos trabalhadores urbanos e rurais, além de outros que visem à melhoria de sua condição social:
>
> (...) XXVIII – seguro contra acidentes de trabalho, a cargo do empregador, sem excluir a indenização a que este está obrigado, quando incorrer em dolo ou culpa;

> **Art. 201 da CF/88:** A previdência social será organizada sob a forma do Regime Geral de Previdência Social, de caráter contributivo e de filiação obrigatória, observados critérios que preservem o equilíbrio financeiro e atuarial, e atenderá, na forma da lei, a:
>
> (...) § 10. Lei complementar poderá disciplinar a cobertura de benefícios não programados, inclusive os decorrentes de acidente do trabalho, a ser atendida concorrentemente pelo Regime Geral de Previdência Social e pelo setor privado.

O seguro de acidente do trabalho (SAT) ou Grau de incidência de incapacidade laborativa decorrente dos riscos ambientais do trabalho (GILRAT), trata-se de tributo que incide de forma proporcional em relação ao risco da atividade exercida[1187]. É utilizado para financiar os benefícios previdenciários decorrentes dos riscos ambientais do trabalho[1188]. Por se tratar de parcela destinada a custear benefícios previdenciários, não cabe negociação coletiva sobre seguro de acidente de trabalho.

4.6.21. Prescrição

O previsto no art. 611-B da CLT encontra correspondente no art. 7º, XXIX da Constituição Federal/1988:

> **Art. 7º da CF/88:** São direitos dos trabalhadores urbanos e rurais, além de outros que visem à melhoria de sua condição social:
>
> (...) XXIX – ação, quanto aos créditos resultantes das relações de trabalho, com prazo prescricional de cinco anos para os trabalhadores urbanos e rurais, até o limite de dois anos após a extinção do contrato de trabalho;

A Constituição Federal e o art. 11 da CLT, alterado pela Reforma Trabalhista, preveem o prazo de 2 anos, após o término do contrato, para ingressar na Justiça do Trabalho. É chamada prescrição bienal. Após esse período, o empregado perde o direito de exigir judicialmente o pagamento das verbas e demais direitos trabalhistas. Em regra, a contagem do prazo inicia-se a partir da lesão ao direito, mas, nesse caso, a contagem do prazo ocorre com a extinção do contrato.

Ainda de acordo com o texto constitucional, o empregado poderá pleitear os direitos trabalhistas dos últimos 5 anos a contar do ajuizamento da reclamação. Ressalta-se que o pedido dos últimos 5 anos não conta da extinção do contrato, mas do ingresso da reclamação trabalhista. A prescrição é nítida matéria de ordem pública, não podendo ser objeto de negociação coletiva, inclusive por estar disciplina no texto constitucional.

A Reforma Trabalhista alterou alguns pontos relacionados à prescrição ao prever a teoria da prescrição total e parcial, já desenvolvida pelo TST, e a hipótese de interrupção da prescrição. Além disso, houve unificação dos prazos de prescrição entre o empregado urbano e rural, adequando a CLT ao que já previa CF/88. Por fim, o art. 11-A da CLT passou a admitir a prescrição intercorrente.

1187. http://sachacalmon.com.br/wp-content/uploads/2010/12/Artigo-FAPSATRAT-Valter-Lobato.pdf

1188. MENEZES, Adriana. **Direito previdenciário:** para os concursos de Técnico, Analista e Perito do INSS e Analista dos Tribunais, Defensorias, Procuradorias, Delegado Federal e outros. Salvador: Juspodivm, 2016. P. 598.

4.6.22. Proibição de qualquer discriminação no tocante a salário e critérios de admissão do trabalhador com deficiência

O previsto no inciso XXII do art. 611-B da CLT, incluído pela Reforma Trabalhista corresponde ao art. 7º, XXXI da Constituição Federal/1988:

> **Art. 7º da CF/88:** São direitos dos trabalhadores urbanos e rurais, além de outros que visem à melhoria de sua condição social:
>
> (...) XXXI - proibição de qualquer discriminação no tocante a salário e critérios de admissão do trabalhador portador de deficiência;

A discriminação e a isonomia, segundo Mauricio Godinho Delgado, não se confundem. Dessa forma, enquanto o princípio da não discriminação é princípio de proteção, denegatória de conduta que se considera censurável, o princípio da isonomia é mais amplo e impreciso, buscando equalizar o tratamento jurídico de pessoas ou situações em que haja certo ponto de contato[1189].

Assim, como exemplo de aplicação do princípio da não discriminação, podemos citar a diferenciação salarial em razão do gênero: paga-se menor salário à empregada do que ao empregado, em idênticas situações, pelo fato daquela ser mulher, o que não deve ser admitido pelo ordenamento jurídico brasileiro. Nesse sentido, além do estabelecido no art. 7º, XXXI da Constituição Federal/1988, podemos citar a vedação de distinção de salários em função do sexo, idade, cor ou estado civil, prevista no art. 7º, XXX da CF/88:

> **Art. 7º da CF/88:** São direitos dos trabalhadores urbanos e rurais, além de outros que visem à melhoria de sua condição social:
>
> (...) XXX - proibição de diferença de salários, de exercício de funções e de critério de admissão por motivo de sexo, idade, cor ou estado civil.

O mesmo ocorre com o trabalhador com deficiência. A Lei nº 13.146/2015 constitui-se em importante instrumento normativo no tocante ao reconhecimento de direitos da pessoa com deficiência. Por se tratarem de normas de combate à discriminação, por expressa previsão constitucional, não é possível admitir sua redução ou supressão por meio de convenção ou acordo coletivo de trabalho.

4.6.23. Trabalho da criança e adolescente e medidas de proteção legal às crianças e adolescentes

A proibição de trabalho noturno, perigoso ou insalubre a menores de 18 anos, assim como de qualquer trabalho a menores de 16 anos, salvo na condição de aprendiz, é prevista no art. 7º, XXXIII da Constituição Federal/1988:

> **Art. 7º da CF/88:** São direitos dos trabalhadores urbanos e rurais, além de outros que visem à melhoria de sua condição social:
>
> (...) XXXIII - proibição de trabalho noturno, perigoso ou insalubre a menores de dezoito e de qualquer trabalho a menores de dezesseis anos, salvo na condição de aprendiz, a partir de quatorze anos;

1189. DELGADO, Mauricio Godinho. Curso de Direito do Trabalho. 15. ed. São Paulo: LTr, 2015. P. 861.

Essa proteção, no tocante às atividades prejudiciais à saúde, ocorre em razão do estágio de desenvolvimento em que se encontra o adolescente. Assim sendo, mesmo que ele seja emancipado pelo casamento, por exemplo, persiste a proibição de prestar serviços em atividades insalubres, perigosas e em horário noturno.

Destaca-se que, durante a tramitação do Projeto de Lei nº 6.787/2016, que deu origem à Reforma Trabalhista, na Câmara dos Deputados, houve a discussão quanto à alteração da base de cálculo da cota de aprendizagem, que poderia ser determinada por meio de negociação coletiva. Na votação final desse projeto de lei na Câmara, referido dispositivo foi removido e a Lei nº 13.467/2017 não alterou a disciplina da aprendizagem.

A discussão persistiu até ser pacificada pelo STF, que, no julgamento ARE 1121633, oportunidade em que fixou a tese de que acordos e convenções coletivas de trabalho podem restringir direitos trabalhistas não constitucionalmente assegurados (Tema 1046 da Repercussão Geral), foi expresso ao vedar a flexibilização da cota de aprendizagem e de pessoas com deficiência. Segundo o voto do relator, Min. Gilmar Mendes, acompanhado pela maioria, a prevalência do negociado sobre o legislado não abrange políticas públicas de inclusão de pessoa com deficiência e dos jovens e adolescentes no mercado de trabalho.

Esse, também, é o entendimento adotado pela SDC do TST, concluindo que as cotas legais de aprendizagem ou de deficiente não podem sequer ser objeto de negociação coletiva, porquanto versam sobre interesses difusos – de titularidade de pessoas indeterminadas e ligadas por uma circunstância de fato, que, no caso, é a condição de aprendiz ou de deficiente. Assim, o sindicato não detém legitimidade para dispor sobre esses direitos[1190].

A 3ª Turma do TST, no Informativo nº 283, reforçou a impossibilidade de flexibilização das normas que garantam a efetividade do contrato de aprendizagem, ao decidir que as funções de coletor de lixo e varredor devem ser incluídas na base de cálculo para a cota de aprendizagem, conforme o artigo 429 da CLT. A decisão destacou a conexão com a proteção do jovem aprendiz e os direitos constitucionais, especialmente em relação à menoridade. A 7ª Turma do TST, no Informativo nº 284, decidiu que a norma coletiva não pode excluir vigilantes da base de cálculo para a contratação de aprendizes, pois essa cláusula carece de legitimidade. A corte considerou que **a jurisprudência está uniformizada** e não é necessário reanalisar a questão, enfatizando que o sindicato não tem poder para restringir a norma de ordem pública.

Por fim, a Reforma Trabalhista alterou a redação do art. 134, § 2º da CLT para permitir o fracionamento das férias individuais dos empregados menores de 18 anos e para os maiores de 50 anos.

4.6.24. Igualdade de direitos entre o trabalhador com vínculo empregatício permanente e o trabalhador avulso

O caso em questão se trata de aplicação do princípio da isonomia[1191], em que se igualam situações juridicamente distintas, por meio da previsão constitucional contida no art. 7º, XXXIV da Constituição Federal/1988:

1190. Ação Anulatória de Cláusulas Convencionais nº 1000585-78.2021.5.00.0000, ajuizada pelo MPT, com acórdão de relatoria Lelio Bentes Corrêa, Publicado(a) o(a) acórdão em 22/08/2022.

1191. DELGADO, Mauricio Godinho. **Curso de Direito do Trabalho**. 15. ed. São Paulo: LTr, 2015. P. 861.

> **Art. 7º da CF/88:** São direitos dos trabalhadores urbanos e rurais, além de outros que visem à melhoria de sua condição social:
> (...) XXXIV – igualdade de direitos entre o trabalhador com vínculo empregatício permanente e o trabalhador avulso

A característica principal do trabalho avulso, que o diferencia do trabalhador eventual, é a presença da intermediação de mão de obra, ou seja, o trabalhador avulso é colocado no local de trabalho com a intermediação do sindicato da categoria (avulsos não portuários) ou por meio do Órgão Gestor de Mão de Obra – OGMO (avulso portuário). Diante de previsão constitucional, não é possível a flexibilização da igualdade de direitos entre avulsos e empregados.

4.6.25. Liberdade de associação profissional ou sindical

A liberdade sindical é assegurada pelo art. 8º da Constituição Federal de 1988 como direito fundamental dos trabalhadores. Portanto, não é permitida sua restrição ou supressão por meio de negociação coletiva de trabalho. Ressalta-se que as restrições atinentes à unicidade sindical estão previstas no próprio texto constitucional e permanecem aplicáveis.

4.6.26. Direito de não sofrer desconto ou cobrança salarial previsto em convenção ou acordo trabalhista

Os descontos no salário dos empregados previstos em convenção ou acordo coletivo de trabalho deve ter a prévia anuência expressa do trabalhador para serem efetivados. Assim, no caso de ser estabelecida contribuição destinada a custear os sindicatos, como contribuição confederativa ou assistência, somente será possível o desconto no salário caso o trabalhador manifeste prévia e expressamente pelo desconto.

Esse dispositivo assenta a vedação ao exercício do direito de oposição, que consistia em cláusula de instrumento coletivo que permitia que o trabalhador se manifestasse contrário ao desconto da contribuição. Pelo direito de oposição, a regra era o desconto salarial, exceto se o trabalhador se manifestasse em sentido contrário. No entanto, os empecilhos criados à oposição do empregado demonstravam, na prática, que essa cláusula é muitas vezes fantasiosa. A apresentação da oposição (por escrito de próprio punho, entrega em determinado horário e local, 5 dias de antecedência antes de fechada a negociação etc.) fazia que o empregado ora fosse vencido pelo cansaço, ora pelo desconhecimento. Enfim, a cláusula de oposição, na maioria das vezes, obrigava que todos os empregados, filiados ou não, paguem a contribuição confederativa.

Com esse dispositivo, a regra é a ausência de desconto, exceto se o trabalhador expressa e previamente autorizar o desconto da contribuição. Destaca-se que essa vedação ao desconto sem autorização não é aplicada exclusivamente às contribuições destinadas a custear o sindicato, mas a qualquer desconto no salário instituído por meio da negociação coletiva. Assim, por exemplo, se prevista cláusula de desconto para custear serviço de assistência médica e odontológica, é necessária a prévia e expressa autorização do trabalhador.

O tema, contudo, foi revisitado pelo STF, que instituiu nova sistemática à **contribuição assistencial**. Na sessão virtual finalizada em 24/04/2023, nos mesmos autos do processo em que o STF entendeu pela inconstitucionalidade da imposição, por meio de norma coletiva, de contribuições compulsórias descontadas de empregados não filiados ao sindicato respectivo (RG-ARE 1.018.459/PR), acolhendo embargos de declaração com efeitos infringentes, propôs-se a seguinte tese:

> **Tema 935 da Repercussão Geral:** É constitucional a instituição, por acordo ou convenção coletivos, de contribuições assistenciais a serem impostas a todos os empregados da categoria, ainda que não sindicalizados, desde que assegurado o direito de oposição

Apreciando o Tema, a Corte, em 11 de setembro de 2023, decidiu pela constitucionalidade da instituição, por acordo ou convenção coletiva de trabalho, de contribuições assistenciais (para o custeio das despesas com a negociação coletiva) a serem impostas a todos os empregados da categoria profissional, ainda que não sindicalizados, desde que assegurado o direito de oposição.

A Ata de Julgamento foi publicada em 19/09/2023, adquirindo a tese, a partir de então, força vinculante e devendo ser observada por todos os tribunais do País. Até o fechamento desta edição, não se tinham notícias de eventual modulação de efeitos pela Corte. Portanto, ações anulatórias que pretendem a invalidação de cláusulas convencionais que instituíram a referida contribuição a todos os trabalhadores da categoria profissional sem decisão de mérito transitada em julgado deverão seguir o novo entendimento da Corte, ainda que ajuizadas antes da publicação da ata de julgamento na imprensa oficial. Ressalta-se, contudo, a necessidade de se assegurar o direito de oposição aos trabalhadores não filiados ao sindicato.

4.6.27. Direito de greve e serviços essenciais

A greve consiste na paralisação coletiva, pacífica e temporária do trabalho com o objetivo de defender interesses profissionais. É uma arma poderosa de reivindicação dos direitos trabalhistas, sendo classificada também como forma de solução de conflitos, pois é um meio da pressão exercida sobre o empregador para atender aos pedidos dos trabalhadores e, consequentemente, colocar fim à discussão. O previsto no art. 611-B, XXVII e XXVIII da CLT já está disciplinado no art. 9º da Constituição Federal/1988:

> **Art. 9º da CF/88:** É assegurado o direito de greve, competindo aos trabalhadores decidir sobre a oportunidade de exercê-lo e sobre os interesses que devam por meio dele defender.

Não se admite, portanto, que negociação coletiva estabeleça nenhuma restrição ou vedação ao exercício do direito de greve pelos trabalhadores. Além disso, os serviços essenciais e as disposições legais referentes ao atendimento das necessidades inadiáveis da comunidade também não podem ser modificadas por meio de negociação coletiva. Nesse sentido, as normas para deflagração da greve previstas na Lei nº 7.783/1989 devem ser observadas e o rol de serviços e atividades essenciais disposto em seu art. 10[1192] não poderá ser alterado pela negociação coletiva.

1192. **Art. 10 da Lei nº 7.783/1989:** São considerados serviços ou atividades essenciais: I – tratamento e abastecimento de água; produção e distribuição de energia elétrica, gás e combustíveis; II – assistência médica e hospitalar; III

4.6.28. *Tributos e outros créditos de terceiros*

A negociação coletiva não poderá versar sobre isenção ou renúncia de tributos e a créditos de terceiros, ou seja, de pessoas não envolvidas na negociação. De acordo com o art. 3º do CTN, os tributos são prestações pecuniárias compulsórias, instituída em lei e cobrada mediante atividade administrativa plenamente vinculada. Portanto, cumprir a obrigação tributária é um dever do contribuinte ou responsável tributário, e não uma faculdade, de modo que, o artigo 611-B da CLT vem apenas reforçar a compulsoriedade dos tributos, cuja obrigatoriedade está prevista em lei, bem como a impossibilidade de terem sua incidência afastada por convenções entre particulares, como são os casos das convenções ou acordos coletivos de trabalho. Além disso, deve-se ressaltar que os tributos são créditos da Fazenda Pública, cuja cobrança constitui atividade administrativa plenamente vinculada e, portanto, não pode ser suprimida ou reduzida nem mesmo pela titular desse crédito, que é a Fazenda Pública.

4.6.29. *Proteção do trabalho da mulher*

Diversos dispositivos da CLT que versam sobre a proteção do trabalho da mulher não podem ser objeto de negociação coletiva para supressão ou redução de direitos. O art. 373-A da CLT traz as vedações aos empregadores para corrigir distorções na contratação de mulheres no mercado de trabalho. Trata-se de dispositivo com nítido caráter antidiscriminatório e que, por essa razão, seria objeto ilícito de negociação coletiva.

Por sua vez, o art. 390 da CLT traça o limite de peso que uma mulher pode exercer em trabalho contínuo ou ocasional. Os art. 392 e 392-A da CLT versam sobre o direito à licença-maternidade, inclusive por adoção, e não podem ser suprimidos ou reduzidos. O art. 394 da CLT versa sobre a possibilidade de a gestante por fim ao contrato de trabalho, caso seja prejudicial à gestação.

O art. 394-A apresenta as hipóteses de afastamento da gestante e da lactante de atividades insalubres, que também foi modificado pela Reforma Trabalhista. Já, o art. 395 da CLT assegura um repouso remunerado de 2 semanas à mulher que sofrer aborto não criminoso. O art. 396 da CLT, cuja redação também foi alterada pela Reforma, prevê dois intervalos de meia hora cada para amamentação. A Lei nº 13.509/2017 alterou a redação do "caput" do art. 396 da CLT para prever o direito à licença-maternidade à adotante. Por fim, o art. 400 da CLT determina os materiais e equipamentos mínimos que devem estar presentes nos locais destinados à guarda dos filhos das empregadas durante a amamentação.

– distribuição e comercialização de medicamentos e alimentos; IV – funerários; V – transporte coletivo; VI – captação e tratamento de esgoto e lixo; VII – telecomunicações; VIII – guarda, uso e controle de substâncias radioativas, equipamentos e materiais nucleares; IX – processamento de dados ligados a serviços essenciais; X – controle de tráfego aéreo e navegação aérea; (Redação dada pela Lei nº 13.903, de 2019) XI – compensação bancária. XII – atividades médico-periciais relacionadas com o regime geral de previdência social e a assistência social; (Incluído pela Lei nº 13.846, de 2019) XIII – atividades médico-periciais relacionadas com a caracterização do impedimento físico, mental, intelectual ou sensorial da pessoa com deficiência, por meio da integração de equipes multiprofissionais e interdisciplinares, para fins de reconhecimento de direitos previstos em lei, em especial na Lei nº 13.146, de 6 de julho de 2015 (Estatuto da Pessoa com Deficiência); e (Incluído pela Lei nº 13.846, de 2019) XIV – outras prestações médico-periciais da carreira de Perito Médico Federal indispensáveis ao atendimento das necessidades inadiáveis da comunidade; (Incluído pela Lei nº 13.846, de 2019) XV – atividades portuárias. (Incluído pela Lei nº 14.047, de 2020).

4.6.30. *Regras sobre duração do trabalho e intervalos*

Antes de adentrarmos no tema em específico, importante tecer algumas considerações acerca dos direitos sociais, econômicos e culturais. Esses direitos são considerados como direitos humanos, ao lado dos direitos civis, tendo como algumas de suas características a indivisibilidade, indisponibilidade e exigibilidade[1193]. Além disso, os direitos sociais possuem como característica a sua progressividade, que nada mais é do que sua evolução no tempo, de forma que os retrocessos sejam evitados ou minimizados.

De acordo com o parágrafo único do art. 611-B as regras sobre duração do trabalho e intervalos não são consideradas normas de saúde, higiene e segurança do trabalho. Antes da Reforma Trabalhista, essas regras eram consideradas tanto pela doutrina como pela jurisprudência, como normas de segurança e saúde no trabalho, de ordem cogente e de natureza absoluta, podendo-se afirmar que a alteração produzida pela Reforma é prejudicial aos trabalhadores, implicando em ofensa ao princípio da progressividade.

A limitação de jornada a 8 horas diárias e 44 horas semanais, assim como os períodos de intervalo – sejam eles intrajornada ou interjornada – são importantes garantias de que o trabalhador não ficará à disposição do empregador por tempo indeterminado, haja vista a necessidade de convívio social e familiar, descanso, lazer, entre outros fatores.

Nesse sentido, de acordo com Mauricio Godinho Delgado, as regras sobre intervalos e jornada são assuntos correlatos, por dizerem respeito à duração do trabalho, de forma que a reflexão sobre a limitação de jornada, assim como a concessão de períodos adequados de intervalos consistem em medidas profiláticas, de grande relevância para a medicina do trabalho[1194].

Corroborando com este entendimento, temos que as regras sobre duração do trabalho encontram-se limitadas pela Constituição Federal, em seu art. 7º incisos XIII, XIV, XV, XVII, XXXIII, tratando-se de importantes conquistas históricas dos trabalhadores.

No mesmo sentido, Mauricio Godinho Delgado estabelece que as normas sobre intervalos têm caráter de ordem pública e, por tal motivo, não podem ser superadas pela iniciativa das partes ou por vontade coletiva dos agentes. Isto é:

> É que, afora os princípios gerais trabalhistas da imperatividade das normas desses ramos jurídico especializado e da vedação a transações lesivas, tais regras de saúde pública estão imantadas de especial obrigatoriedade, por determinação expressa oriunda da Constituição da República. De fato, todos os preceitos constitucionais acima citados colocam como valor instransponível o constante aperfeiçoamento das condições de saúde e segurança laborais, assegurando até mesmo um direito subjetivo à redução dos riscos inerentes ao trabalho, por meio de normas de saúde, higiene e segurança. Por essa razão, regras jurídicas que, em vez de reduzirem esse risco, alargam-no ou o aprofundam, mostram-se francamente inválidas, ainda que subscritas pela vontade coletiva dos agentes econômicos e profissionais envolventes à relação de emprego[1195].

1193. RAMOS, André de Carvalho. **Teoria geral dos direitos humanos na ordem internacional.** Rio de Janeiro: Renovar, 2005.

1194. DELGADO, Mauricio Godinho**. Curso de Direito do Trabalho**. 15. ed. São Paulo: LTr, 2015. P. 1017.

1195. DELGADO, Mauricio Godinho**. Curso de Direito do Trabalho**. 15. ed. São Paulo: LTr, 2015. P. 1018.

Por se tratar de norma de caráter de ordem pública e, cuja inobservância pode acarretar sérios prejuízos à saúde do trabalhador, não seria possível admitir a supressão ou redução de direitos relacionados à duração do trabalho ou aos intervalos.

4.7. Negociação coletiva na pandemia (arts. 11 e 17 da Lei nº 14.020/2020)

As medidas de redução de jornada de trabalho e de salário e a de suspensão temporária do contrato de trabalho previstas na Lei nº 14.020/2020 e na MP nº 1.045/2021 (vigência encerrada) como medida de preservação do emprego e da renda durante a pandemia puderam ser celebradas por meio de negociação coletiva. Para mais informações sobre o assunto, remetemos o leitor aos capítulos de Contrato de Trabalho e Remuneração que trazem a análise completa dessas medidas.

Os percentuais de redução de jornada e de salários podiam ser diversos do previstos na Lei nº 14.020/2020. No entanto, é importante destacar que o valor do benefício emergencial não era alterado se houvesse previsão diversa de redução de salários. Na prática, o sindicato não efetuava uma redução superior aos limites previstos em lei. Confira na tabela abaixo:

BENEFÍCIO EMERGENCIAL E REDUÇÃO SALARIAL POR NEGOCIAÇÃO COLETIVA	
Percentual de Redução Salarial	**Valor do Benefício Emergencial**
Inferior a 25%	Não será devido benefício emergencial
Igual ou superior a 25% e inferior a 50%	Valor fixo de 25% do seguro-desemprego
Superior a 50% e inferior a 70%	Valor fixo de 50% do seguro-desemprego
Redução igual ou superior a 70%	Valor fixo de 70% do seguro-desemprego

Os instrumentos coletivos firmados antes da Lei nº 14.020/2020 e MP nº 1.045/2021 (vigência encerrada) previram hipóteses de solução de conflitos entre acordo individual e negociação coletiva:

a) **Período anterior à negociação coletiva:** aplicam-se as condições estabelecidas em acordo individual;

b) **A partir da vigência da convenção coletiva ou do acordo coletivo:** aplica-se a norma mais favorável ao trabalhador.

Nesse mesmo sentido, em agosto de 2022, o Congresso Nacional aprovou a Lei nº 14.437/2022, que institucionaliza autorização genérica para a adoção de medidas trabalhistas de enfrentamento a momentos de crise, dentre elas: a redução proporcional da jornada de trabalho e do salário; e a suspensão temporária do contrato de trabalho. Essas medidas poderão ser implementadas por meio de acordo individual escrito ou de negociação coletiva.

Os percentuais e a operacionalização do Benefício Emergencial de Manutenção do Emprego e da Renda seguem praticamente a mesma regulamentação dada ao Programa pela legislação pandêmica, inclusive a normativa sobre o critério de solução de conflitos entre acordo individual e negociação coletiva.

4.8. Dispensa em massa (Reforma Trabalhista)

- **Art. 477-A da CLT.**
- **Informativos 17 e 34 do TST.**
- **Tem 638 da Repercussão Geral (STF).**

Esse tema foi profundamente alterado pela Reforma Trabalhista e apresenta atualmente extrema relevância ao Direito Coletivo do Trabalho.

A resilição é a manifestação unilateral ou bilateral imotivada que coloca fim ao contrato de trabalho. A resilição unilateral sempre foi admitida pelo ordenamento jurídico brasileiro e compreende as hipóteses de demissão e da dispensa sem justa causa. Com a Reforma Trabalhista, passou-se a admitir o término por vontade das partes, que ocorre por meio de **distrato**, acordo entre empregado e empregador que põe fim ao contrato[1196].

Admite-se a livre resilição, pois ninguém é obrigado a manter-se vinculado permanentemente. Trata-se de direito potestativo de empregados e empregadores. O empregador tem o direito de terminar o contrato de trabalho unilateral, independentemente da manifestação de vontade do trabalhador, hipótese que configura a dispensa sem justa causa. Salvo nos casos de garantia provisória de emprego (gestante, membro da CIPA etc.), o empregado não poderá se opor a essa decisão.

Ocorre que o exercício do direito potestativo do empregador na dispensa em massa não era pacífico na doutrina e na jurisprudência do TST. Antes da Reforma Trabalhista, não havia na CLT previsão acerca da dispensa em massa. O TST reafirmou o entendimento de que havia necessidade de **prévia negociação coletiva para a dispensa em massa**. Esse posicionamento jurisprudencial surgiu em razão das repercussões econômicas e sociais causadas por essa dispensa coletiva que, aliás, extrapolava o vínculo empregatício, alcançando a coletividade dos trabalhadores, bem como a comunidade e a economia locais[1197].

O TST, portanto, fruto do ativismo judicial, impôs o requisito da prévia negociação coletiva, quando houvesse dispensa em massa (Informativos nº 17 e 34).

Cumpre ressaltar que a ausência de negociação coletiva prévia, nesse caso, garantia a reintegração dos empregados dispensados. Tanto o sindicato da categoria profissional (trabalhadores) como o Ministério Público do Trabalho tinham legitimidade para ingressar com a ação civil pública.

Assim, é importante destacar que o objetivo da negociação coletiva consistia na regulamentação dos términos dos contratos de trabalho com o intuito de diminuir os impactos sociais e econômicos causados pela dispensa em massa de trabalhadores, por exemplo, discutir a manutenção do plano de saúde ou auxílio-creche por mais 6 meses, a recolocação no mercado de trabalho, a disponibilidade de curso de aperfeiçoamento etc.

Por outro lado, havia posicionamento contrário à exigência da norma coletiva, pois, ao estabelecê-la como condição para a dispensa em massa de empregados, o TST estaria atribuindo Poder normativo à Justiça do Trabalho sem previsão legal. A Constituição

1196. Para mais informações acerca do distrato, confira os comentários ao art. 484-A da CLT.
1197. Informativo nº 34 do TST.

Federal de 1988 reservou essa tarefa à lei complementar e o posicionamento do TST estaria invadindo a esfera de competência do Poder Legislativo.

Com a Reforma Trabalhista, reconheceu-se que o empregador tem o direito potestativo de dispensar seus empregados independentemente da modalidade de término, seja ela individual, plúrima, ou coletiva:

> **Art. 477-A, CLT** *(acrescentado pela Reforma Trabalhista)*. As dispensas imotivadas individuais, plúrimas ou coletivas equiparam-se para todos os fins, não havendo necessidade de autorização prévia de entidade sindical ou de celebração de convenção coletiva ou acordo coletivo de trabalho para sua efetivação.

Portanto, todas as dispensas seriam iguais. Dessa forma, a reforma tentou excluir expressamente a necessidade de negociação coletiva prévia e do estabelecimento de acordo ou convenção coletiva de trabalho para a dispensa em massa.

O tema, contudo, é polêmico e já estava em discussão no STF, com repercussão geral (Tema nº 638 – ARE 647651). O caso concreto levado à apreciação da Corte diz respeito à demissão de 4.270 (quatro mil, duzentos e setenta) empregados da Empresa Brasileira de Aeronáutica (Embraer) em 2009. Por conta disso, entidades sindicais representantes dos trabalhadores ingressaram na Justiça do Trabalho, pedindo a nulidade da dispensa em massa, pois não houve negociação coletiva prévia.

O Tribunal Superior do Trabalho entendeu que não houve abusividade no caso concreto, mas fixou entendimento no sentido de que, para futuras dispensas coletivas, haveria a necessidade de negociação coletiva prévia.

A Embraer e a Eleb Equipamentos recorreram ao STF, argumentando pela inexistência previsão legal que condicione a validade das dispensas coletivas à negociação prévia com o sindicato dos trabalhadores.

No julgamento finalizado em 08/06/2022, o STF, por maioria, fixou a seguinte tese:

> "A intervenção sindical prévia é exigência procedimental imprescindível para a dispensa em massa de trabalhadores, que não se confunde com autorização prévia por parte da entidade sindical ou celebração de convenção ou acordo coletivo" (Tem 638 da repercussão geral)

Dessa forma, a participação do sindicato da categoria profissional é requisito de validade nos processos de dispensa coletiva, especialmente, nas dispensas em massa.

Conforme explicado pelo Ministro Dias Toffoli em seu voto, a necessidade de negociação com o sindicato da categoria profissional não se trata de um pedido de autorização por parte da empresa, mas da necessidade de envolver a entidade coletiva no processo de dispensa igualmente coletivo e, talvez, encontrar alternativas que preservem empregos, que evitem a aplicação de multa e que contribuam para a recuperação e o crescimento econômico e social do país, valorizando o trabalhado e o trabalhador, fazendo valer a função social da empresa.

Importante assinalar que o STF, com a tese acima, fixa entendimento diferente ao do texto celetista. Apesar de não mencionar o art. 477-A da CLT, que equipara dispensas imotivadas individuais, plúrimas ou coletivas, esse entendimento trazido pela Reforma

Trabalhista não poderá mais ser aplicado diante do novo precedente vinculante da Suprema Corte.

Em resumo, conforme tese fixada pelo STF, a validada das dispensas em massa depende da participação do sindicato dos empregados nesse processo, mas não de sua autorização ou da celebração de acordo ou convenção coletiva de trabalho.

Por fim, importante mencionar que houve modulação de efeitos em relação à tese fixada pelo STF na apreciação do Tema 638 da repercussão geral, que somente deverá ser aplicada após a publicação da ata de julgamento na qual foi fixada (o que ocorreu em 14 de junho de 2022).

DISPENSA EM MASSA PRECISA DA PARTICIPAÇÃO DO SINDICATO DOS TRABALHADORES?

- **Antes da Reforma Trabalhista:** Não havia dispositivo legal que regulamentasse o assunto. O TST tinha o entendimento de que havia a necessidade de prévia negociação coletiva para a dispensa em massa (Informativos nº 17 e 34 do TST).
- **Reforma Trabalhista:** A Lei nº 13.467/2017 estabeleceu que o empregador tem o direito potestativo de dispensar seus empregados independentemente da hipótese de dispensa, seja ela individual, plúrima ou coletiva. Dessa forma, excluiu-se expressamente a necessidade de negociação coletiva e do estabelecimento de acordo ou convenção coletiva de trabalho para a dispensa em massa.
- **Tema 638 da Repercussão Geral (STF):** Conforme tese fixada pelo STF, a validada das dispensas em massa depende da participação do sindicato dos empregados nesse processo, mas não de sua autorização ou da celebração de acordo ou convenção coletiva de trabalho.

4.9. Requisitos formais da negociação coletiva

Para a celebração do acordo ou convenção é necessário convocar a Assembleia Geral, pois um acordo coletivo não poderá ser decidido individualmente pelo presidente do sindicato. A forma da convocação é prevista no estatuto do sindicato, entretanto o *quorum* para aprovação do instrumento coletivo é previsto em lei, conforme a seguir exposto.

O *quorum* de aprovação será:

a) Primeira convocação:

- 2/3 dos associados[1198] da entidade, para convenção coletiva;
- 2/3 dos interessados da entidade, para o acordo coletivo.

b) Segunda convocação:

- 1/3 dos associados da entidade, para convenção coletiva;
- 1/3 dos interessados da entidade, no caso de acordo coletivo;

1198. Importante verificar que apenas o filiado ao sindicato poderá votar em assembleia, os demais empregados da empresa não poderão participar da votação.

- Se a entidade possuir mais de 5.000 associados, o *quorum*, na segunda convocação, será de 1/8 associados.

Importante destacar que a celebração do instrumento coletivo é um ato formal, solene, ou seja, deverá ser **necessariamente escrito**, sem emendas ou rasuras, em tantas vias quantos forem os sindicatos convenentes ou as empresas acordantes, além de uma via destinada ao registro no atual Ministério do Trabalho e Emprego.

O candidato ao cargo de Analista do TRT deverá estar atento ao próximo item, pois é cobrado com muita frequência nos concursos. Diz respeito ao **conteúdo obrigatório** de cláusulas de acordo e convenção. São oito requisitos básicos que deverão ser memorizados pelo candidato:

1) **Designação dos sindicatos convenentes ou dos sindicatos e empresas acordantes.** Como forma de verificar quais sindicatos firmaram a convenção ou, ainda, quais empresas firmaram o acordo é necessário que sejam nominadas expressamente, sob pena de não serem alcançadas pelo instrumento coletivo.

2) **Categorias ou classes de trabalhadores abrangidas pelos respectivos dispositivos.** Essa cláusula está muito próxima da anterior. Importante constar do acordo e negociação quais as categorias que são abrangidas pela norma. Lembre-se de que a empresa não está obrigada a cumprir as normas coletivas da categoria diferenciada se não participou da negociação coletiva. De acordo com a Súmula nº 374 do TST:

   > **Súmula nº 374 do TST:** Empregado integrante de categoria profissional diferenciada não tem o direito de haver de seu empregador vantagens previstas em instrumento coletivo no qual a empresa não foi representada por órgão de classe de sua categoria.

3) **Prazo de vigência.** De acordo com o art. 614, § 3º da CLT, alterado pela Reforma Trabalhista, o prazo de vigência dos acordos e convenções não poderá ser superior a 2 anos, sendo vedada a ultratividade. Esse entendimento foi reforçado pelo STF, com a declaração de inconstitucionalidade da Súmula nº 277 do TST no julgamento virtual da ADPF 323, finalizado no dia 27/05/2022[1199]. O objetivo desse prazo é fomentar negociações periódicas, adequando os instrumentos à realidade econômica e regional. Assim, com a Reforma Trabalhista, fica vedada a integração das cláusulas normativas nos contratos de trabalho findo o prazo de vigência da norma coletiva. Portanto, após o prazo máximo de 2 anos, a convenção ou acordo coletivo estipulado passam a não ter mais efeito. Nesse sentido:

   > **Art. 614, § 3º da CLT** *(Alterado pela Reforma Trabalhista)*: Não será permitido estipular duração de convenção coletiva ou acordo coletivo de trabalho superior a dois anos, sendo vedada a ultratividade.

4) **Condições ajustadas para reger as relações individuais de trabalho durante sua vigência.** Como visto acima, o instrumento coletivo irá reger os contratos individuais pelo prazo máximo de 2 anos. Assim sendo, após esse período as partes deverão

1199. Para mais informações acerca da ultratividade das normas coletivas, consulte o tópico sobre a vigência dos instrumentos coletivos de trabalho ainda nesse capítulo.

sentar a mesa de negociação, novamente, para a fixação de novos acordos e convenções coletivas.

5) **Normas para a conciliação das divergências sugeridas entre os convenentes por motivos da aplicação de seus dispositivos.** Há possibilidade de cláusulas que prevejam a forma de solução de conflitos via mediação e arbitragem. Lembre-se de que, na mediação, as próprias partes resolvem o conflito, pois o papel do mediador é apenas dar sugestões de como colocar fim ao conflito e aproximar as partes. Já na arbitragem é eleito um terceiro (árbitro), que decidirá o conflito. Aliás, a arbitragem, antes da Reforma Trabalhista, era permitida somente no direito coletivo (art. 114 da CF/88), pois as partes são iguais. Com a Reforma Trabalhista, a arbitragem passa a ser possível aos empregados "hipersuficientes" (art. 444, parágrafo único da CLT). Ao contrário dos demais trabalhadores que necessitam de seus sindicatos para negociar as hipóteses de prevalência do negociado sobre o legislado, esses empregados podem negociar individualmente com seus empregadores. As cláusulas negociadas terão a mesma eficácia e a mesma preponderância dos instrumentos coletivos. Para a caracterização do empregado "hipersuficiente", é necessário o preenchimento de dois requisitos:

   a) **Nível de escolaridade:** empregado deve ser portador de diploma de nível superior. Portanto, os empregados com menor grau de escolaridade não têm direito a negociar as cláusulas contratuais com seu empregador, que serão realizadas pelo sindicato de sua categoria;

   b) **Valor do salário:** empregado deve receber salário superior a duas vezes o limite máximo dos benefícios do Regime Geral de Previdência Social. Em 2025[1200] o teto previdenciário passou a ser de R$ 8.157,41. Portanto, a arbitragem será possível para o empregado que receba mais de R$ 16.314,82 (art. 507-A da CLT).

Além disso, há a possibilidade de conciliação dos conflitos individuais nas Comissões de Conciliação Prévia (art. 625-A da CLT[1201]).

6) **Disposições sobre o processo de sua prorrogação e de revisão total ou parcial de seus dispositivos.** A prorrogação é a manutenção das cláusulas e condições firmadas anteriormente. No Brasil não é permitida a prorrogação automática do instrumento coletivo. Já a revisão é a adaptação das cláusulas às novas realidades da economia ou da região. No caso da prorrogação e da revisão, há necessidade de convocação da assembleia geral, respeitado o *quorum* anteriormente citado (art. 612 da CLT). Ademais, o novo instrumento revisado ou prorrogado deverá ser depositado na mesma repartição onde a norma coletiva originária foi arquivada. As modificações somente passarão a vigorar após 3 dias do depósito.

7) **Direitos e deveres dos empregados e empresas.** Há necessidade de previsão, no instrumento coletivo, de direitos dos empregados (reajuste salarial, por exemplo) e deveres (utilização de EPIs, por exemplo). Essas cláusulas também irão abranger o empregador.

1200. Disponível em: https://www.gov.br/secom/pt-br/assuntos/noticias/2025/janeiro/inss-divulga-os-novos-valores-dos-beneficios-para-2025.

1201. Para mais informações, veja o tópico específico sobre as Comissões de Conciliação Prévia no final deste capítulo.

8) **Penalidades para os sindicatos convenentes, os empregados e as empresas em caso de violação de seus dispositivos.** É possível a aplicação de multa via negociação coletiva. Ressalta-se que essas multas pactuadas, chamadas cláusula penal, serão aplicadas tanto para descumprimento por parte dos sindicatos (não utilização de EPI, por exemplo) quanto para os empregadores (atraso no pagamento de adicional por tempo de serviço, por exemplo). A cláusula penal tem como finalidade exigir o cumprimento da cláusula principal pactuada, por exemplo, a utilização do EPI ou pagamento do adicional. Logo, o valor da multa não poderá ultrapassar ao valor da obrigação principal. Assim, tanto os empregadores como os sindicatos estão sujeitos a multa por descumprimento das obrigações pactuadas. Não é possível, no entanto, o estabelecimento de multa por instrumento coletivo que seja direcionada aos empregados. A única hipótese de multa aos trabalhadores no ordenamento jurídico foi inserida pela Reforma Trabalhista e se refere ao descumprimento do acordado em trabalho intermitente (art. 443, § 3º e 452-A, da CLT). Na hipótese de aceitar a oferta de trabalho intermitente e não prestar os serviços, o empregado está sujeito a multa de 50% do valor avençado para o trabalho que seria realizado. Nesse sentido:

> **Orientação Jurisprudencial nº 54 da SDI-I do TST**: O valor da multa estipulada em cláusula penal, ainda que diária, não poderá ser superior à obrigação principal corrigida, em virtude da aplicação do artigo 412 do Código Civil de 2002.

Importante memorizar também que, uma vez firmado o acordo ou convenção, é necessário que uma via seja depositada no órgão do Ministério do Trabalho e Emprego, para fins de publicidade. Após a celebração, as partes terão **8 dias** para promover esse depósito. A entrada em vigor do instrumento coletivo ocorrerá em **3 dias** após o efetivo depósito. Ademais, caberá aos sindicatos afixar cópias dos acordos e convenções em locais visíveis nas suas respectivas sedes e nos estabelecimentos das empresas, dentro de **5 dias** da data do depósito no órgão do MTE.

4.10. Vigência dos instrumentos coletivos de trabalho (Reforma Trabalhista)

Inicialmente, destaca-se que as condições estabelecidas nos acordos e convenções coletivas e também nas sentenças normativas serão aplicadas aos contratos individuais de trabalho da categoria, a todos os empregados, independentemente de filiação no sindicato. A questão que gera discussões é saber se as novas condições de trabalho fixadas em norma coletiva ou sentença normativa integram, de forma definitiva, os contratos dos empregados ou se possuem prazo fixo de validade. Há 3 teorias a respeito do tema, com destaque ao brilhante professor e autor Mauricio Godinho Delgado[1202]:

1) **Aderência Irrestrita ou Ultratividade Plena.** De acordo com essa corrente, as conquistas obtidas aderem, para sempre, os contratos de trabalho em vigor. Não poderão ser retiradas. Nesse caso, as vantagens dadas no instrumento coletivo, seriam equiparadas às leis trabalhistas e às cláusulas contratuais, conforme o art. 468 da CLT (veda alterações contratuais prejudiciais ao trabalhador). Em resumo, a

1202. DELGADO, Mauricio Godinho. *Direito Coletivo do Trabalho*. 4. ed. São Paulo: LTr, 2011. p. 172.

norma coletiva geraria direito adquirido. Exemplo: plano odontológico conquistado em determinado acordo coletivo não poderia ser retirado, nem mesmo após o fim do seu prazo máximo de vigência (2 anos).

2) **Aderência Limitada ao Prazo (sem Ultratividade).** Nesse caso, as conquistas obtidas vigorariam pelo prazo fixado no próprio instrumento coletivo. Após esse período, se não houvesse nova negociação, os trabalhadores perderiam automaticamente os direitos conquistados, como plano de saúde, vale-compras etc.

3) **Aderência limitada por Revogação (Ultratividade Relativa).** Essa era a posição intermediária. De acordo com essa teoria, as conquistas obtidas vigorariam até que novo instrumento coletivo os revogasse ou alterasse. Assim sendo, diante da inércia de algum sindicato ou empresa em voltar à mesa de negociação, após o término do acordo ou convenção, os trabalhadores não seriam prejudicados, pois as cláusulas continuariam tendo vigência normalmente.

O TST adotava o posicionamento contido na teoria da aderência limitada por revogação, já que defendia a permanência do instrumento coletivo até que outro o revogasse ou alterasse. Nesse sentido:

> **Súmula nº 277 do TST. Convenção coletiva de trabalho ou acordo coletivo de trabalho. Eficácia. Ultratividade.**
>
> As cláusulas normativas dos acordos coletivos ou convenções coletivas integram os contratos individuais de trabalho e somente poderão ser modificadas ou suprimidas mediante negociação coletiva de trabalho.

Com a Reforma Trabalhista, entretanto, este posicionamento precisará passar por modificações, haja vista a previsão expressa no art. 614 § 3º da CLT que estabelece a vedação da ultratividade. Com isso, passa a se aplicar aos instrumentos coletivos de trabalho a teoria da aderência limitada ao prazo (sem ultratividade):

> **Art. 614, § 3º da CLT (Alterado pela Reforma Trabalhista):** Não será permitido estipular duração de convenção coletiva ou acordo coletivo de trabalho superior a dois anos, sendo vedada a ultratividade.

Para facilitar a compreensão do assunto, vamos dividi-lo de acordo com as alterações promovidas pelo TST, pelo STF e pela Reforma Trabalhista em 5 períodos: 1) antes da alteração da Súmula nº 277 do TST; 2) após a alteração da Súmula nº 277 do TST; 3) Liminar na ADPF 323/DF pelo STF; 4) Alteração promovida pela Reforma Trabalhista; e 5) Julgamento final na ADPF 323/DF pelo STF.

4.10.1. Antes da alteração da Súmula nº 277 do TST

Antes da alteração promovida pelo TST (setembro/2012), o prazo de vigência dos acordos e convenções não poderia ser superior a 2 anos, de acordo com o art. 614, § 3º, da CLT. Aliás, um dos requisitos para a validade dos acordos e convenções é exatamente estipular o prazo de sua vigência, conforme o art. 613, II, da CLT. O prazo de vigência da sentença normativa é de, no máximo, 4 anos (art. 868, parágrafo único, da CLT). Esses prazos eram seguidos de forma rígida, utilizando-se, portanto, de uma interpretação literal da CLT. Adotava-se a teoria da Aderência Limitada ao Prazo (sem ultratividade). De acordo com o texto anterior:

Súmula nº 277 do TST. Sentença normativa. Convenção ou acordo coletivos. Vigência. Repercussão nos contratos de trabalho.

I - **As condições de trabalho alcançadas por força de sentença normativa, convenção ou acordos coletivos vigoram no prazo assinado, não integrando, de forma definitiva, os contratos individuais de trabalho** (grifos acrescidos).

II - Ressalva-se da regra enunciada no item I o período compreendido entre 23.12.1992 e 28.07.1995, em que vigorou a Lei nº 8.542, revogada pela Medida Provisória nº 1.709, convertida na Lei nº 10.192, de 14.02.2001.

O objetivo do prazo previamente fixado era fomentar negociações periódicas, adequando os instrumentos à realidade econômica e regional. Se os acordos e convenções aderissem de forma permanente, prejudicariam futuras negociações, pois as empresas não teriam nenhum interesse em conceder benefícios aos trabalhadores sabendo que a situação não poderia ser modificada no futuro. Dessa forma, se fixada cláusula de acordo ou convenção com validade superior a 2 anos, ela seria inválida, conforme entendimento do TST:

Orientação Jurisprudencial nº 322 da SDI-I do TST: Nos termos do art. 614, § 3º, da CLT, é de 2 anos o prazo máximo de vigência dos acordos e das convenções coletivas. Assim sendo, é inválida, naquilo que ultrapassa o prazo total de 2 anos, a cláusula de termo aditivo que prorroga a vigência do instrumento coletivo originário por prazo indeterminado.

Aliás, é exatamente essa a diferença existente entre as cláusulas de acordos e de convenções (possibilidade de modificação de tempos em tempos, via negociação) e cláusulas contratuais (no contrato individual não há possibilidade de modificação das cláusulas para prejudicar o trabalhador, conforme prevê o art. 468 da CLT e o princípio da condição mais benéfica).

Por fim, mesmo antes da alteração promovida pelo TST, havia duas cláusulas do instrumento coletivo que não perdiam a validade após expirado o prazo fixado. A primeira delas era a cláusula que fixava o percentual do aumento do salário. Ao que foi conquistado, em termos salariais, não cabia, e ainda não cabe, a alteração prejudicial, com base no princípio da irredutibilidade do salário, diante do art. 7º, VI, da CF/88. A segunda cláusula que persistia, mesmo após terminado o prazo de vigência, era aquela que tratava de vantagens pessoais adquiridas. Por exemplo, o empregado que preencheu os requisitos para aquisição de determinada estabilidade prevista em norma coletiva. Nesse sentido, prevê a jurisprudência do TST:

Orientação Jurisprudencial nº 41 da SDI - I do TST. Estabilidade. Instrumento normativo. Vigência. Eficácia.

Preenchidos todos os pressupostos para a aquisição de estabilidade decorrente de acidente ou doença profissional, ainda durante a vigência do instrumento normativo, goza o empregado de estabilidade mesmo após o término da vigência deste.

Outras cláusulas eram mantidas na prática, mesmo após o término da validade do acordo ou convenção, como: estabilidade de alguns dirigentes sindicais, cobrança de contribuições assistenciais e confederativas etc.

O TST, repete-se, adotava a **teoria da aderência limitada ao prazo.** Após o prazo fixado no instrumento ou sentença normativa, ou se decorridos 2 anos do acordo ou convenção, os direitos conquistados cessavam imediatamente. Por exemplo: vale-compras previsto no acordo coletivo no valor de R$ 200,00 terminava automaticamente após os 2 anos, caso não houvesse nova negociação.

4.10.2. *Após a alteração da Súmula nº 277 do TST*

Mesmo antes da alteração promovida pelo TST, havia uma corrente doutrinária que defendia a teoria da **aderência limitada por revogação**[1203], ou seja, enquanto não houvesse um novo acordo ou convenção que modificasse a situação do instrumento ajustado, ele continuava em vigor, mesmo após terminado o seu prazo de vigência. De acordo com o professor Mauricio Godinho Delgado: "os dispositivos dos diplomas negociados vigoram até que novo diploma negocial os revogue"[1204].

Havia, até, a Lei nº 8.542/92 nesse sentido. Essa lei não está mais em vigor. O TST já havia sinalizado a mudança do posicionamento quando modificou a Súmula nº 277, para prever essa exceção, conforme constava no item II da antiga redação: "Ressalva-se na regra enunciada no item I o período compreendido entre 23.12.1992 e 28.7.1995, em que vigorou a Lei nº 8.542, revogada pela MP nº 1.709, convertida em Lei nº 10.192/2001."

Com a redação dada à Súmula nº 277 do TST em 2012, as conquistas obtidas deveriam vigorar até que um novo instrumento coletivo as revogasse ou alterasse:

> **Súmula nº 277 do TST:** As cláusulas normativas dos acordos coletivos ou convenções coletivas integram os contratos individuais de trabalho e somente poderão ser modificadas ou suprimidas mediante negociação coletiva de trabalho.

Assim sendo, diante da inércia ou recusa de algum sindicato ou empresa em voltar à mesa de negociação, após o término do prazo fixado no acordo ou convenção ou no fim de 2 anos (prazo legal), os trabalhadores não seriam prejudicados, pois as cláusulas continuariam tendo vigência normalmente. De acordo com a corrente doutrinária que defendeu a tese estampada na **Súmula nº 277**:

> A ultratividade condicional, ou seja, aquela que faz a norma coletiva prevalecer até que a cláusula de interesse seja eventualmente derrogada por norma coletiva posterior, promove a harmonia entre os atores coletivos da relação laboral, impondo a negociação coletiva de trabalho como um modo necessário de rever conquistas obreiras, sem o artifício de tê-las suprimidas pela mera passagem do tempo[1205].

1203. "A ultratividade segue ao menos dois modelos, que se distinguem pelo seu caráter condicionado ou incondicionado: a ultratividade incondicionada dá-se em alguns países nos quais uma conquista obreira obtida mediante negociação coletiva não pode ser jamais suprimida, incorporando-se definitivamente ao patrimônio dos trabalhadores; noutros países, a ultratividade da cláusula resultante de negociação coletiva está condicionada à inexistência de norma coletiva posterior que a revogue, ou seja, a cláusula normativa pode ser suprimida ou quiçá ter o seu alcance reduzido mediante norma coletiva superveniente, imunizando-se seu conteúdo somente quanto à incidência das alterações individuais do contrato de trabalho." GODINHO, Maurício Delgado; CARVALHO, Augusto César Leite; ARRUDA, Kátia Magalhães. *A Súmula nº 277 e a Defesa da Constituição*. Artigo retirado do site do TST: www.tst.jus.br.

1204. DELGADO, Mauricio Godinho. *Direito Coletivo do Trabalho*. 4. ed. São Paulo: LTr, 2011. p. 173.

1205. GODINHO, Maurício Delgado; CARVALHO, Augusto César Leite; ARRUDA, Kátia Magalhães. *A Súmula nº 277 e a Defesa da Constituição*. Artigo retirado do site do TST: www.tst.jus.br.

Inegável que essa alteração jurisprudencial foi, num primeiro momento, muito favorável aos trabalhadores, pois permitiu que os direitos conquistados fossem mantidos mesmo após o término de vigência dos instrumentos normativos.

Ocorre que, na prática, o efeito poderia ser prejudicial aos empregados. Primeiro, porque se criou o direito adquirido das cláusulas negociais benéficas. Uma vez conquistada determinada vantagem, esta não mais seria retirada, porque o sindicato dos trabalhadores, em regra, não iria negociar para piorar a condição dos trabalhadores e, provavelmente, num dissídio coletivo, o Tribunal Regional do Trabalho ou o próprio TST dificilmente julgariam no sentido de retirar uma conquista obtida pela categoria.

Vólia Bomfim[1206] afirma que deve ser respeitada a vigência temporária das normas coletivas, uma vez que estas têm a função de complementar a lei e garantir melhores condições sociais ao trabalhador. As normas coletivas apresentam natureza jurídica distinta da lei que se incorpora de forma definitiva ao contrato de trabalho. Dessa forma, após a extinção do acordo ou convenção coletiva de trabalho, não deverão permanecer as condições de trabalho pactuadas por esses instrumentos coletivos. Excetua-se dessa regra apenas o aumento salarial, uma vez que haverá incidência do princípio da irredutibilidade salarial.

O segundo ponto a ocorrer era a resistência, por parte das empresas, em dar novos direitos aos trabalhadores. Dessa forma, limitaria bastante futuros acordos e convenções. Nesse sentido, Gustavo Filipe Barbosa Garcia[1207] sustenta que a incorporação das normas coletivas ao contrato de trabalho apresenta o aspecto negativo de desestimular a negociação coletiva. Os empregadores podem evitar negociar com a categoria profissional pelo risco de o direito concedido permanecer indefinidamente.

Aliás, nos últimos tempos, já estávamos sentindo esses efeitos na prática, principalmente durante as mediações realizadas no MPT em Ribeirão Preto, SP. As empresas, mesmo aquelas que estavam passando por ótimas condições financeiras, ficaram muito cautelosas em conceder novas vantagens aos empregados, com receio de que se tornem direitos adquiridos.

Em terceiro lugar, aqueles empregados mais antigos, com vários direitos já incorporados, fruto de normas coletivas passadas, estariam mais expostos a perder o emprego.

Assim sendo, a inovação jurisprudencial teve o objetivo de garantir direitos básicos aos empregados, durante o período das negociações ou diante da inércia de uma das partes, mas o resultado desse novo posicionamento poderia ser prejudicial aos próprios empregados.

De nossa parte, entendíamos que a incorporação de direitos aos contratos de trabalho, até que surgisse novo instrumento (ultratividade relativa ou condicionada), poderia causar efeitos contrários aos pretendidos com a Súmula nº 277 do TST.

4.10.3. Liminar do STF (APDF 323/DF)

Em 14/10/2016, em sede liminar, o Ministro Gilmar Mendes suspendeu todos os processos que versam sobre a Súmula nº 277 do TST até a análise da constitucionalidade

1206. CASSAR, Vólia Bomfim. *Direito do Trabalho*. 8. ed. São Paulo: Método, 2013. p. 1.254.
1207. Garcia, Gustavo Filipe Barbosa. *Curso de Direito do Trabalho*. 7. ed. Rio de Janeiro: Forense, 2013. p. 1.338.

dessa súmula pelo plenário do STF (ADPF 323/DF). A Arguição de Descumprimento de Preceitos Fundamentais nº 323/DF foi ajuizada pela Confederação Nacional dos Estabelecimentos de Ensino (CONFENEN) para discutir a constitucionalidade da interpretação dada pelo TST ao termo "convencionadas anteriormente" previsto no art. 114, § 2º, CF/88, consubstanciada na Súmula nº 277 do TST. Explico. De acordo com a redação atual desse dispositivo constitucional:

> **Art. 114, § 2º, CF/88:** Recusando-se qualquer das partes à negociação coletiva ou à arbitragem, é facultado às mesmas, de comum acordo, ajuizar dissídio coletivo de natureza econômica, podendo a Justiça do Trabalho decidir o conflito, respeitadas as disposições mínimas legais de proteção ao trabalho, bem como as convencionadas anteriormente.

Esse dispositivo foi alterado pela Emenda Constitucional nº 45/2004, que introduziu o termo "convencionadas anteriormente" à redação do art. 114, § 2º, CF/88. De acordo com o Ministro Gilmar Mendes, o TST, valendo-se dessa alteração no texto constitucional, passou a entender que a Constituição obriga que os acordos e convenções coletivas de trabalho devam permanecer vigentes até que outra norma coletiva o substitua em respeito "às disposições convencionadas anteriormente". Nesse sentido, conforme salientado, foi alterada a redação da Súmula nº 277 do TST para prever a aplicação da teoria da aderência limitada por revogação.

Em decisão monocrática e liminar, o Ministro Relator decidiu que a ADPF é cabível ao caso concreto, diante da possibilidade de lesão a preceito fundamental fundada em simples interpretação judicial do texto constitucional. A decisão judicial é passível de controle quando contraria diretamente a Constituição Federal. No tocante ao mérito, entende que a Súmula nº 277 do TST viola a legalidade e a separação dos poderes, pois a atual redação do art. 114, § 2º, CF/88 tem a finalidade de apenas limitar o Poder Normativo da Justiça do Trabalho para se evitar que seja estabelecida condição menos favorável ao trabalhador no julgamento de dissídio coletivo do que aquilo que foi previsto no acordo ou convenção coletiva anterior. Assim, a nova redação não seria hipótese de revitalização do princípio da ultratividade da norma coletiva, já rechaçado pelo Poder Legislativo quando da revogação do art. 1º, § 1º, da Lei nº 8.542/1992[1208].

Além disso, o Ministro ressaltou a ofensa à segurança jurídica diante da alteração do posicionamento do TST acerca da ultratividade após reunião ocorrida em 2012 para modernizar sua jurisprudência. Por fim, sustentou que é incabível a aplicação casuística da Súmula nº 277 do TST apenas para beneficiar os trabalhadores, pois não há dispositivo legal ou constitucional que autorize esse posicionamento.

Diante desses argumentos, foi deferida a liminar, para suspender o andamento de processos em curso e dos efeitos de decisões judiciais proferidas pela Justiça do Trabalho que versem sobre a ultratividade das normas coletivas.

1208. **Art. 1º, § 1º, Lei nº 8.542/1992 (REVOGADO):** As cláusulas dos acordos, convenções ou contratos coletivos de trabalho integram os contratos individuais de trabalho e somente poderão ser reduzidas ou suprimidas por posterior acordo, convenção ou contrato coletivo de trabalho.

4.10.4. Alteração promovida pela Reforma Trabalhista

A Lei nº 13.467/2017 – Reforma Trabalhista – alterou a redação do art. 614, § 3º da CLT para prever expressamente a vedação à ultratividade da convenção e do acordo coletivo de trabalho. Portanto, findo o prazo de duração do instrumento coletivo de trabalho, fixado pelas partes, ou no silêncio, no máximo de 2 anos, a norma coletiva perde, automaticamente, sua vigência e os benefícios e demais alterações promovidas deixam de ser aplicadas ao contrato de trabalho.

Cumpre destacar que essa modificação retorna a vigência do instrumento coletivo de trabalho à **teoria da aderência limitada ao prazo**, mencionada no tópico 1 dos comentários ao presente artigo, pois as conquistas somente vigoram pelo prazo fixado na norma coletiva.

Conforme já salientado, essa modificação estimula as negociações periódicas e permite que as partes da relação de emprego busquem celebrar novos instrumentos coletivos para trazer outros benefícios aos trabalhadores. Com a valorização do negociado sobre o legislado na Reforma Trabalhista[1209], a negociação coletiva assume posição de destaque, pois grande parte dos direitos trabalhista passará a ser regulamentado em norma coletiva. Com o estímulo à negociação periódica, poderá ocorrer maiores conquistas e lutas por melhores condições de trabalho.

Entendemos, contudo, que a vedação à ultratividade não deverá ser aplicada em todas as hipóteses, excepcionando-se as seguintes situações:

a) **Aumento salarial:** o aumento salarial concedido à categoria profissional não pode deixar de ser aplicado após o término de vigência do instrumento coletivo, pois o princípio da irredutibilidade salarial impede que o salário dos trabalhadores seja reduzido.

b) **Ultratividade negociada:** O art. 611-A da CLT aumentou significativamente as hipóteses de valorização do negociado sobre o legislado. Nesse sentido, entendemos que é plenamente possível a concessão de benefícios aos trabalhadores, cujo prazo de duração seja superior à vigência da convenção ou do acordo coletivo de trabalho. Por exemplo, caso pactuada estabilidade provisória no emprego com duração superior ao prazo da norma coletiva, ela persistirá em respeito à autonomia privada coletiva e ao princípio da norma mais favorável. Outro exemplo comum é a concessão de plano de saúde aos trabalhadores que poderá permanecer aplicável aos contratos de trabalho. Em resumo, a ultratividade é, em regra, vedada. Entretanto, as partes têm o poder de fixa-lo, para determinados casos no instrumento coletivo.

4.10.5. Decisão final do STF (APDF 323/DF)

Nas edições anteriores, defendíamos que a alteração promovida no art. 614, § 3º da CLT não deveria resultar na extinção sem resolução de mérito da ADPF nº 323/DF, pois referida ação constitucional visava determinar se a ultratividade decorreria da nova redação dada ao art. 114, § 2º, da CF/88. Foi exatamente isso que aconteceu, prosseguindo a Corte com o julgamento virtual da ADPF 323, finalizado no dia 27/05/2022.

1209. Para mais informações, consulte os comentários ao art. 611-A, da CLT.

Nessa oportunidade, o STF, por maioria, decidiu pela inconstitucionalidade da Súmula nº 277 do TST e das decisões judiciais que interpretam o art. 114, § 2º, CF/88, como autorização à aplicação do princípio da ultratividade das normas coletivas. Segundo o voto do Relator, Ministro Gilmar Mendes, a Súmula nº 277 do TST não é compatível com os princípios da legalidade, da separação dos Poderes e da segurança jurídica. Reforçou-se, assim, o posicionamento trazido pela Reforma Trabalhista, no sentido de vedar a ultratividade das normas coletivas, concretizando nas relações de trabalho a **teoria da aderência limitada ao prazo**.

Ainda, segundo a Corte, a interpretação a ser conferida ao § 2º do art. 114 da Constituição Federal deve ser a de que a sentença normativa não pode estabelecer condição menos favorável àquela que era disposta em norma coletiva, caracterizando um limite ao poder normativo da Justiça do Trabalho, não se aplicando, todavia, à seara extrajudicial das convenções e acordos coletivos de trabalho.

Portanto, findo o prazo de duração do instrumento coletivo de trabalho, fixado pelas partes, ou no silêncio, de no máximo de 2 anos, a norma coletiva perde automaticamente sua vigência, e os benefícios e demais alterações promovidas deixam de ser aplicados ao contrato de trabalho (ressalvados o aumento salarial e a ultratividade negociada, conforme tópico anterior).

A única exceção, em nossa opinião, é em relação ao piso normativo fixado na norma coletiva expirada. O piso normativo fixado na convenção ou no acordo coletivo, cujo prazo de vigência terminou, não pode ser reduzido, sob pena de afronta ao princípio da irredutibilidade salarial, previsto no art. 7º, VI, da Constituição Federal.

Considerando a ausência de modulação da decisão do STF, seus efeitos são *ex tunc* e, portanto, retroagem para alcançar as normas coletivas celebradas anteriormente à data de entrada em vigor da Lei nº 13.467/2017, a Reforma Trabalhista, que vedou a aplicação da ultratividade das convenções e dos acordos coletivos de trabalho (art. 614, § 3º, da CLT).

Caso o empregador tivesse sido condenado ao pagamento de verbas previstas em norma coletiva expirada, com amparo na Súmula 277 do TST, ele teria a oportunidade de reverter essa condenação pela via da ação rescisória, caso a decisão da Justiça do Trabalho tivesse transitado em julgado antes do julgamento da ADPF 323, pelo STF, em 30/5/2022. Essa possibilidade está prevista no § 15 do art. 525 do CPC.

Para tanto, a ação rescisória precisaria ter sido ajuizada dentro do prazo decadencial de dois anos, contados do trânsito em julgado da decisão do STF. Considerando que a ADPF 323 transitou em julgado em 23/9/2022, o prazo para o ajuizamento dessa ação findou em 23/9/2024.

4.10.6. Sentença normativa[1210]

Inicialmente, é válido ressaltar que a sentença proferida no dissídio coletivo é denominada sentença normativa, podendo criar as seguintes cláusulas:

1210. Tema relacionado ao Direito Processual do Trabalho.

a) **Econômicas:** são aquelas destinadas à instituição de normas com conteúdo econômico-financeiro. Exemplo: reajustes salariais;

b) **Sociais:** fixam e regulam as novas condições para as relações de trabalho sem que tenham conteúdo econômico. Exemplo: aquelas que tratam de intervalos para descanso e refeição, substituições de empregados etc.;

c) **Sindicais:** preveem relação entre os sindicatos e entre empresas e o sindicato, por exemplo, a instituição de desconto de contribuição confederativa;

d) **Obrigacionais:** impõem obrigações entre os sindicatos envolvidos, como as que estabelecem multas pelo descumprimento da sentença normativa.

O prazo máximo de vigência da sentença normativa é de **4 anos** (CLT, art. 868, parágrafo único). Nada impede, porém, de o tribunal estabelecer prazos menores, o que tem ocorrido na prática, com o objetivo de estimular, nos próximos anos, os sindicatos a iniciar novas tratativas de negociação.

Segundo o próprio TST, a sentença normativa vigora até que surja outra sentença normativa ou, ainda, outro instrumento coletivo, mas sempre respeitando o prazo legal de 4 anos de vigência. Nesse sentido, segue o entendimento do tribunal:

> **Precedente Normativo nº 120 do TST.** Sentença normativa. Duração. Possibilidade e limites. (positivo)
>
> A sentença normativa vigora desde seu termo inicial até que sentença normativa, convenção coletiva de trabalho ou acordo coletivo de trabalho superveniente produza sua revogação, expressa ou tácita, respeitado, porém, o prazo máximo legal de quatro anos de vigência.

Nesse sentido, entendemos que o Precedente Normativo nº 120 do TST estabeleceu o prazo final para a incorporação das condições estabelecidas em sentença normativa nos contratos de trabalho. Antes de findo o prazo de 4 anos, é possível revogar a sentença normativa por meio de outro instrumento coletivo. Entretanto, findo o prazo máximo de 4 anos estabelecido em lei (art. 868, parágrafo único, CLT), **não haverá ultratividade dos efeitos da sentença normativa.**

O fim da ultratividade dos instrumentos coletivos de trabalho pela Reforma Trabalhista deve reforçar o fim dos efeitos da sentença normativa após o prazo máximo de 4 anos.

NEGOCIAÇÃO COLETIVA

- **Instrumento coletivo:** normas jurídicas que serão aplicadas aos contratos de trabalho
- **Legitimidade** para celebrar acordo e convenção é dos sindicatos
  a) se houver recusa em participar das negociações (8 dias), caberá à federação, e na sua falta (8 dias), caberá à confederação
  b) esgotado o prazo de 8 dias, a negociação caberá ao grupo de trabalhadores (art. 617, § 1º, CLT)
- **Requisitos formais:**
  a) convocação de assembleia geral
  b) *quorum* para aprovação:

1ª votação

- 2/3 dos associados – convenção
- 2/3 dos interessados – acordo

2ª votação

- 1/3 dos associados – convenção
- 1/3 dos interessados – acordo

c) acordo e convenção deverão ser escritos, sem rasuras

d) cláusulas obrigatórias – resumo

- indicar sindicatos e empresas acordantes
- prazo de vigência – máximo 2 anos (Ver Súm. 277 TST)
- normas para conciliação
- processo de revisão e prorrogação
- penalidades para empregados, sindicatos e empresas

e) prazos

- 8 dias, após a celebração, para depósito no Ministério do Trabalho e Emprego
- 3 dias, após o depósito no Ministério do Trabalho e Emprego, entrada em vigor
- 5 dias, após o depósito no Ministério do Trabalho e Emprego, publicidade ao acordo ou convenção

PRAZOS (memorização)

- Prazo para que sindicatos, federações e confederações assumam a negociação: 8 dias
- Vigência dos acordos e convenções: 2 anos, vedada a ultratividade (art. 614, § 3º, CLT)
- Depósito do instrumento coletivo no Ministério do Trabalho e Emprego: 8 dias
- Entrada em vigor: 3 dias, após depósito no Ministério do Trabalho e Emprego
- Publicidade: 5 dias, após depósito no Ministério do Trabalho e Emprego

5. CONFLITOS COLETIVOS DE TRABALHO

5.1. Introdução

Os conflitos nas relações de trabalho podem ocorrer de forma individual ou coletiva. Os individuais têm como objeto a disputa de interesses envolvendo pessoas determinadas[1211]. Nesse caso, verifica-se o conflito de interesses diretamente entre empregado e empregador. Por exemplo, é possível citar a propositura de reclamação trabalhista de um empregado contra seu empregador pelo não pagamento das verbas rescisórias. Por outro lado, o conflito coletivo de trabalho caracteriza-se pela divergência existente entre um grupo de trabalhadores e seus respectivos empregadores. Via de regra, busca-se a defesa do interesse do grupo considerado como um todo ou ainda de membros que o compõe[1212].

1211. CASSAR, Vólia Bomfim. *Direito do Trabalho*. 10. ed. São Paulo: Método, 2013. p. 1.226.

1212. CASSAR, Vólia Bomfim. *Direito do Trabalho*. 10. ed. São Paulo: Método, 2013. p. 1.226.

No tocante aos conflitos coletivos, o ordenamento jurídico brasileiro pretende que os entes sindicais possam manter constantes diálogos entre si capazes de produzir normas autônomas decorrentes da negociação coletiva. Note-se, portanto, que a ênfase na solução dos conflitos será a decorrente da autocomposição das partes, ou seja, quando as próprias partes põem fim ao conflito criado e estabelecem novas condições que garantam melhores condições de trabalho[1213].

Além da divisão entre individuais e coletivos, a doutrina divide os conflitos coletivos de trabalho de acordo com sua natureza jurídica: conflitos econômicos ou de interesses e conflitos jurídicos. Os **conflitos econômicos** têm como objetivo a reivindicação de melhores condições de trabalho. Por sua vez, os **conflitos jurídicos** apresentam a finalidade de interpretação de normas jurídicas criadas pelas partes de modo a viabilizar a declaração de existência ou não de determinada relação jurídica[1214].

Ressalta-se, contudo, que o art. 241 do Regimento Interno do TST[1215] adota classificação diversa ao tratar dos dissídios coletivos do trabalho, uma das formas de solução de conflitos coletivos. De acordo com essa classificação, os dissídios coletivos podem ser classificados em:

a) **dissídio econômico:** institui normas e condições de trabalho.
b) **dissídio jurídico:** busca a interpretação de cláusulas de sentenças normativas, de instrumentos de negociação coletiva, acordos e convenções coletivas, de disposições legais particulares de categoria profissional ou econômica e de atos normativos.
c) **dissídio originário:** quando não existentes ou em vigor normas e condições especiais de trabalho, decretadas em sentença normativa.
d) **dissídio revisional:** quando destinado a reavaliar normas e condições coletivas de trabalho preexistentes, que se hajam tornado injustas ou ineficazes pela modificação das circunstâncias que as ditaram.
e) **dissídio de greve:** visa à declaração da abusividade ou não de determinada paralisação do trabalho decorrente de greve.

5.2. Meios de solução de conflitos coletivos de trabalho

Os conflitos coletivos de trabalho, uma vez identificados, devem ser solucionados pelo ordenamento jurídico brasileiro tendo em vista a busca da paz social e a necessidade de segurança jurídica nas relações sociais. Para isso, existem inúmeros meios de solução permitidos pelo direito. Lembre-se que é imprescindível a intermediação dos sindicatos na solução desses conflitos[1216], em especial os da categoria profissional, tendo em vista que são o órgão representativo dos trabalhadores ao atuar diretamente na reivindicação de direitos trabalhistas. Além disso, nos termos do art. 8º, VI, da CF/88, são indispensáveis na negociação coletiva, principal instrumento de pacificação dos conflitos coletivos de trabalho.

1213. BARROSO, Fábio Túlio. *Manual de Direito Coletivo do Trabalho*. São Paulo: LTr, 2010. p. 187.
1214. MARTINS, Sergio Pinto. *Direito do Trabalho*. 30. ed. São Paulo: Atlas, 2014. p. 864.
1215. Disponível em: https://juslaboris.tst.jus.br/bitstream/handle/20.500.12178/116169/2017_ra1937_ri_tst_rep01_livro_vigente.pdf?sequence=19&isAllowed=y. Acesso em: 08/10/2024.
1216. CASSAR, Vólia Bomfim. *Direito do Trabalho*. 10. ed. São Paulo: Método, 2013. p. 1.227.

Caso, porém, a entidade sindical seja inerte diante de sua representação, possibilita-se exceção à regra da presença do sindicato para a atuação direta do trabalhador. Além disso, o MPT tem importante papel na solução de conflitos coletivos de trabalho diante da propositura de ação civil pública que visa a proteger um grupo de trabalhadores no todo considerado.

5.2.1. Autotutela

Também conhecida como autodefesa, a autotutela compreende a forma mais primitiva de solução de conflitos, pela qual uma das partes envolvidas resolve a disputa pelo uso da própria força. Nesse sentido, é possível descrever algumas características da autotutela[1217]: **a)** ausência de intervenção de terceiro; e **b)** decisão imposta por uma das partes à outra. Ressalta-se que, via de regra, a autotutela é proibida pelo ordenamento jurídico, uma vez que o uso da força (coerção) deve, preferencialmente, ser utilizado pelo Estado, isto é, cabe ao Estado determinar a modificação patrimonial de um sujeito ou sua privação de liberdade, por exemplo.

Existem exceções à proibição do emprego da autotutela no ordenamento jurídico brasileiro. No Direito Coletivo do Trabalho, a greve é o exemplo mais utilizado pela doutrina de hipótese de autotutela permitida legalmente. A greve consiste na paralisação coletiva, pacífica e temporária do trabalho, com o objetivo de defender interesses profissionais[1218]. É uma atitude extrema tomada pelos empregados, uma vez que paralisa toda a cadeia produtiva e os contratos de trabalho em razão de injustificada recusa do empregador no prosseguimento das negociações coletivas de trabalho.

Por fim, é válido destacar que a doutrina cita ainda outras hipóteses de autotutela, tais como sabotagem (destruição de produtos e equipamentos da empresa), *lock out* (paralisação das atividades pelo empregador), boicotagem (difamação de uma pessoa para impedir a celebração de negócios com ela) e *picketing* (impedimento de que outros empregados assumam seus postos de trabalho durante a greve)[1219]. Ressalta-se que essas ações não possuem respaldo no ordenamento jurídico brasileiro, sendo vedada sua realização.

5.2.2. Autocomposição

A autocomposição consiste na atuação das próprias partes conflitantes para pôr fim ao conflito sem que haja intervenção de um terceiro na decisão, sendo possível classificá-la em unilateral ou bilateral. A primeira ocorre quando uma das partes renuncia à sua pretensão ou quando reconhece a pretensão da outra parte. Por sua vez, será considerada bilateral quando houver concessão recíproca entre elas para finalizar a controvérsia[1220].

A principal característica que difere a autocomposição da autotutela é a ausência de coerção ao solucionar o conflito. Dessa forma, é possível afirmar que a **autocomposição compreende a melhor forma de solução dos conflitos,** inclusive os coletivos de trabalho, uma vez que não se verifica a imposição de vontades de uma das partes sobre a outra por

1217. CASSAR, Vólia Bomfim. *Direito do Trabalho*. 10. ed. São Paulo: Método, 2013. p. 1.230.
1218. Para mais informações, recomenda-se a leitura do tópico de greve, neste capítulo.
1219. CASSAR, Vólia Bomfim. *Direito do Trabalho*. 10. ed. São Paulo: Método, 2013. p. 1.231.
1220. DELGADO, Mauricio Godinho. *Direito Coletivo do Trabalho*. 4. ed. São Paulo: LTr, 2011. p. 224.

meio da força. Além disso, são as próprias partes que terminam o embate, o que reforça sua capacidade de perdurar no tempo com menor índice de reincidências. Lembre-se de que, excetuados casos raros no ordenamento jurídico, a autotutela é vedada. Por outro lado, a autocomposição será sempre permitida e desejada pela sociedade e pelo direito.

No âmbito do Direito Coletivo do Trabalho, a principal forma de manifestação da autocomposição ocorre por meio da negociação coletiva[1221]. É um importante instrumento de pacificação das relações coletivas de trabalho. Contudo, existe grande discussão doutrinária acerca da possibilidade de considerar a mediação e a conciliação técnicas de autocomposição. De acordo com Vólia Bomfim[1222], existem autores que entendem que somente a negociação coletiva pode ser considerada hipótese de autocomposição, uma vez que não seria viável nenhuma intervenção de terceiros no processo de solução do conflito para essa modalidade. Contudo, salienta que outra corrente defende a inclusão da mediação e da conciliação como hipóteses de autocomposição. Nesse caso, a autocomposição ocorre quando a decisão de pôr fim ao conflito parte exclusivamente das partes, o que não impede a presença de um terceiro durante o processo.

De nossa parte, entendemos que a autocomposição ocorre quando as partes chegam a um acordo e solucionam o conflito por decisão própria, ou seja, é plenamente possível a intervenção de um terceiro durante o processo desde que a decisão em pôr fim ao conflito parta das partes envolvidas[1223]. Destaca-se que os termos conciliação e mediação são utilizados muitas vezes como sinônimos pela doutrina. A mediação compreende uma técnica caracterizada pela presença de um terceiro imparcial que exerce a função de estimular as partes a celebrar um acordo que venha a resolver o conflito.

A conciliação pode ocorrer dentro ou fora do desenvolvimento de um processo judicial. Com relação ao Direito do Trabalho, verifica-se que a Comissão de Conciliação Prévia[1224] é uma das hipóteses que emprega a conciliação extrajudicial, evitando o ajuizamento de inúmeras demandas individuais.

5.2.3. Heterocomposição

A heterocomposição ocorre quando o conflito é solucionado por um terceiro. Nesse caso, verifica-se que, diferentemente da mediação e conciliação, a própria solução do conflito é realizada pelo terceiro. Nessa hipótese também não há coerção exercida pelas próprias partes conflitantes, mas é possível que o uso da força por agente exterior quando for acionada a jurisdição[1225].

Como já visto, a classificação das técnicas para solução dos conflitos em autocompositivas ou heterocompositivas geram controvérsias na doutrina. Há autores[1226] que consideram as

1221. Para mais informações a respeito da negociação coletiva, consultar capítulo próprio nesta obra.

1222. CASSAR, Vólia Bomfim. *Direito do Trabalho*. 10. ed. São Paulo: Método, 2013. p. 1.232.

1223. Nesse sentido, GARCIA, Gustavo Filipe Barbosa. *Curso de Direito do Trabalho*. 7. ed. Rio de Janeiro: Forense, 2013. 1.316.

1224. Para mais informações a respeito da Comissão de Conciliação Prévia, veja o tópico próprio ao final deste capítulo.

1225. DELGADO, Mauricio Godinho. *Direito Coletivo do Trabalho*. 4. ed. São Paulo: LTr, 2011. p. 225.

1226. Nesse sentido: DELGADO, Mauricio Godinho. *Direito Coletivo do Trabalho*. 4. ed. São Paulo: LTr, 2011. p. 225; e MARTINS, Sergio Pinto. *Direito do Trabalho*. 30. ed. São Paulo: Atlas, 2014. p. 865.

técnicas de conciliação, mediação, arbitragem e jurisdição modalidades heterocompositivas. No entanto, tendo em vista que adotamos o posicionamento de que a classificação será determinada pela parte responsável em pôr fim à controvérsia, entendemos que somente podem ser considerados meios heterocompositivos a arbitragem e a jurisdição.

5.2.3.1. Arbitragem (Reforma Trabalhista)

A arbitragem ocorre quando um terceiro escolhido ou indicado pelas partes é responsável por decidir o conflito. Note-se, portanto, que a arbitragem é facultativa, ou seja, em que pese um terceiro seja o prolator da decisão, as partes é que deverão, antes ou após o início do conflito, submetê-lo à arbitragem. Difere-se da conciliação e da mediação pelo fato de que o árbitro não terá a função de orientar as partes para que cheguem a uma decisão, mas, após a instrução do processo arbitral, irá proferir uma decisão que colocará fim ao conflito.

A arbitragem é incentivada no âmbito coletivo diante da aplicação do princípio da equivalência dos entes coletivos. É possível mencionar o art. 114, §§ 1º e 2º, da CF/88 e os arts. 3º e 7º da Lei de Greve (Lei nº 7.783/1989), que permitem a utilização da arbitragem na solução de conflitos coletivos:

> **Constituição Federal**
> **Art. 114, CF/88. (...)**
>
> § 1º. Frustrada a negociação coletiva, as partes poderão eleger árbitros.
>
> § 2º. Recusando-se qualquer das partes à negociação coletiva ou à arbitragem, é facultado às mesmas, de comum acordo, ajuizar dissídio coletivo de natureza econômica, podendo a Justiça do Trabalho decidir o conflito, respeitadas as disposições mínimas legais de proteção ao trabalho, bem como as convencionadas anteriormente.
>
> **Lei de Greve**
> **Art. 3º, *caput*, Lei nº 7.783/1989:** Frustrada a negociação ou verificada a impossibilidade de recursos via arbitral, é facultada a cessação coletiva do trabalho.
>
> **Art. 7º, *caput*, Lei nº 7.783/1989:** Observadas as condições previstas nesta Lei, a participação em greve suspende o contrato de trabalho, devendo as relações obrigacionais, durante o período, ser regidas pelo acordo, convenção, laudo arbitral ou decisão da Justiça do Trabalho.

Nas relações coletivas de trabalho, o laudo arbitral, que corresponde à decisão do árbitro sobre o conflito das partes, dará origem a normas de conteúdo geral e abstrato que terá efeito no âmbito das respectivas bases coletivas representadas[1227]. É válido destacar, contudo, que não foi concedida ao árbitro a possibilidade de executar compulsoriamente a decisão, caso descumprida. Permanece como monopólio da jurisdição estatal o uso da força. Contudo, o laudo arbitral tem eficácia de título executivo judicial e poderá ser executado independentemente de homologação da decisão arbitral pelo Poder Judiciário[1228].

1227. DELGADO, Mauricio Godinho. *Direito Coletivo do Trabalho*. 4. ed. São Paulo: LTr, 2011. p. 236.
1228. MARTINS, Sergio Pinto. *Direito do Trabalho*. 30. ed. São Paulo: Atlas, 2014. p. 872.

5.2.3.2. *Jurisdição*

A jurisdição corresponde à solução de conflitos pela interferência estatal em um processo judicial. O órgão do Estado responsável por decidir a demandas e impor seu cumprimento é o Poder Judiciário. A Justiça do Trabalho é o órgão competente para solucionar os conflitos coletivos de Trabalho de acordo com o art. 114, § 2º, da CF/88. Nesse caso, o meio utilizado para solucionar o litígio é o dissídio coletivo. É válido destacar que a Constituição Federal previu o poder normativo da Justiça do Trabalho, uma vez que possibilitou o estabelecimento de normas e condições de trabalho. Verifica-se a solução do conflito social formado e a possibilidade de fixação de norma jurídica com a prolação da sentença normativa[1229].

6. GREVE

6.1. Introdução

Greve consiste na paralisação coletiva[1230], pacífica e temporária do trabalho com o objetivo de defender interesses profissionais. É uma arma poderosa de reivindicação dos direitos trabalhistas, sendo classificada também como forma de solução de conflitos, pois é um meio da pressão exercida sobre o empregador, para atender aos pedidos dos trabalhadores e, consequentemente, colocar fim à discussão. A Lei nº 7.783/89 regulamenta o exercício de direito de greve, aliás, o art. 2º dessa lei prevê o conceito de greve.

> **Art. 2º** Para os fins desta Lei, considera-se legítimo exercício do direito de greve a suspensão coletiva, temporária e pacífica, total ou parcial, de prestação pessoal de serviços a empregador.

A greve, mesmo causando prejuízos econômicos ao empregador, é um direito fundamental, previsto na CF/88.

A Reforma Trabalhista, ademais, no art. 611-B, XXVII da CLT estabelece que constitui objeto ilícito da negociação coletiva o direito de greve a supressão ou redução:

> **Art. 611-B da CLT** *(Inserido pela Reforma Trabalhista)*: Constituem objeto ilícito de convenção coletiva ou de acordo coletivo de trabalho, exclusivamente, a supressão ou a redução dos seguintes direitos:
>
> (...) XXVII – direito de greve, competindo aos trabalhadores decidir sobre a oportunidade de exercê-lo e sobre os interesses que devam por meio dele defender;

Sob a ótica do contrato individual de trabalho, a greve tem natureza jurídica de **suspensão do contrato de trabalho,** pois não há nem prestação de serviço, nem pagamento de salários. Se após o movimento grevista houver acordo ou convenção coletiva para pagamento dos dias de paralisação, estaremos diante de interrupção do contrato de trabalho.

1229. GARCIA, Gustavo Filipe Barbosa. *Curso de Direito do Trabalho*. 7. ed. Rio de Janeiro: Forense, 2013. P. 1.318.

1230. A greve é um típico direito coletivo, sendo necessária a paralisação total ou, pelo menos, de setores da empresa. Portanto, não configura greve a suspensão individual da prestação de serviços. Caso ocorra essa paralisação individual o empregado poderá ser dispensado por justa causa, em razão de insubordinação.

O TST entende que a greve tem o efeito de suspensão do contrato de trabalho e o não pagamento dos salários durante o período da greve, sob o argumento de que os trabalhadores se sujeitam ao risco de realizar o movimento paredista. Ressalta-se que os servidores públicos também terão seus contratos suspensos e os dias de paralisação descontados. De acordo com o tribunal, as únicas exceções que admitem o pagamento do salário são: a) incentivo da greve pelo empregador; ou b) atraso no pagamento de salários.

No mesmo sentido, o STF, no RE nº 693.456 decidiu, no ano de 2016, que os dias parados pelo servidor devem ser descontados, salvo compensação. Ainda, o tribunal entendeu que, no caso de conduta ilícita do Poder Público, o desconto não poderá ser efetuado.

Importante frisar que ao empregador é vedado, durante a greve, rescindir contratos de trabalho dos empregados grevistas, exceto se houver ocorrido abuso ou falta grave. Aliás, o empregador não poderá contratar substitutos, se organizadas equipes de empregados para as atividades essenciais ou para evitar prejuízos irreparáveis à empresa. Note-se que a Lei nº 13.429/2017 inseriu à Lei nº 6.019/74 a proibição de contratação de trabalho temporário para substituição de trabalhadores em greve, nos termos do art. 2º, § 1º da Lei.

A greve poderá ser classificada como abusiva, contrária à legislação, ou não abusiva, exercida com razoabilidade e de acordo com a legislação. A greve **abusiva** não atende às necessidades básicas da população. Exemplo é a paralisação de 100% dos atendimentos do hospital ou, ainda, a falta de prévia comunicação à sociedade e ao empregador sobre o início da greve. Aliás, se a greve for declarada abusiva pela Justiça do Trabalho[1231], não serão reconhecidos os direitos e vantagens pleiteados pelo movimento grevista. Também será considerada abusiva se iniciado o movimento grevista sem tentativa prévia de negociação. De acordo com o posicionamento do TST:

> **Orientação Jurisprudencial nº 38 da SDC.** É abusiva a greve que se realiza em setores que a lei define como sendo essenciais à comunidade, se não é assegurado o atendimento básico das necessidades inadiáveis dos usuários do serviço, na forma prevista na Lei nº 7.783/89.
>
> **Orientação Jurisprudencial nº 10 da SDC.** É incompatível com a declaração de abusividade de movimento grevista o estabelecimento de quaisquer vantagens ou garantias a seus partícipes, que assumiram os riscos inerentes à utilização do instrumento de pressão máximo.
>
> **Orientação Jurisprudencial nº 11 da SDC/TST.** É abusiva a greve levada a efeito sem que as partes hajam tentado, direta e pacificamente, solucionar o conflito que lhe constitui o objeto.

Ressalta-se que também será **abusiva** a manutenção da greve após a celebração de acordo, convenção coletiva ou decisão normativa. Com a assinatura do instrumento coletivo ou da decisão da Justiça do Trabalho é necessário que os grevistas coloquem fim à paralisação, conforme previsto no art. 14 da Lei de Greve. Há, entretanto, duas exceções

1231. A competência para apreciar a abusividade do movimento grevista é da Justiça do Trabalho. Inclusive em ações possessórias, como a determinação para que os empregados desocupem as dependências da empresa. Nesse sentido, a Súmula Vinculante nº 25 do STF: "A Justiça do Trabalho é competente para processar e julgar as ações possessórias ajuizadas em decorrência do exercício do direito de greve pelos trabalhadores da iniciativa privada".

que admitem a greve mesmo após a vigência do acordo ou convenção, ou da decisão normativa. A primeira delas diz respeito a exigir o cumprimento das cláusulas firmadas no instrumento coletivo. Exemplo: foi pactuado entre as partes reajuste salarial, mas a empresa se recusa a cumprir o acordo. E a segunda exceção refere-se a quando houver fato novo, um acontecimento superveniente que modifique a situação do contrato. Exemplo: empregados remunerados por produção, valor da cana-de-açúcar cortada. Ocorre que a queda do valor desse produto acarretou a redução drástica do valor do salário.

No ano de 2017, foi julgado o RE nº 846.854 pelo STF[1232], em que se determinou que a competência para julgar a abusividade de greve de servidores públicos celetistas é da Justiça Comum, federal ou estadual. Foi firmada a seguinte tese de repercussão geral:

> A justiça comum, federal ou estadual, é competente para julgar a abusividade de greve de servidores públicos celetistas da Administração pública direta, autarquias e fundações públicas.

Ademais, é importante abordar os efeitos trabalhistas das greves sem representação sindical. Verificou-se que parte dos trabalhadores de determinadas categorias profissionais, que não concordou com a posição assumida pelo sindicato, paralisou suas atividades. Foi o que aconteceu com a greve dos metroviários em São Paulo e dos garis no Rio de Janeiro ainda neste ano de 2014.

Ressalta-se que o direito de greve deve sempre ser respeitado como direito fundamental aos trabalhadores. No entanto, existem limites para o seu exercício. A necessidade de participação do sindicato dos trabalhadores é exigência para o exercício do direito de greve. Excepcionalmente, se o sindicato for inerte ou inexistente, ou seja, não participar de negociações, há necessidade de eleição de um grupo de trabalhadores que represente a categoria, de forma efetiva e clara. Nesse caso, excepcional, somente será legítima a greve se houver adesão de grande parte da categoria.

A greve dos empregados que não concordam com a posição assumida pelo sindicato, real representante da categoria, é abusiva, uma vez que não se enquadra em nenhuma das exceções previstas no art. 14, parágrafo único, Lei de Greve. Ademais, a ausência de representação sindical, quando o sindicato não se queda inerte nas negociações, por si só já configura a abusividade do movimento.

Por fim, a paralisação das atividades empresariais por iniciativa do empregador, a fim de frustrar uma negociação coletiva, não é considerada greve. Essa conduta, chamada de *lockout*, é vedada pela Lei de Greve. A consequência para o contrato de trabalho é o pagamento dos dias em que houve paralisação da empresa, ou seja, será hipótese de interrupção do contrato.

6.2. Interesses defendidos na greve

O legislador constituinte não indicou quais os interesses que serão defendidos na greve e deixou essa atribuição aos trabalhadores. Esses interesses serão definidos caso a caso, atendendo às peculiaridades da atividade desenvolvida, do momento e da atual

1232. Relator: Min. Luiz Fux, Data de julgamento: 01/08/2017.

conjuntura econômica vivida pela empresa. Além disso, cabe também aos trabalhadores decidir o momento de iniciar o movimento grevista.

O candidato deverá estar atento ao art. 9º da CF/88, pois é cobrado com muita frequência nos concursos de Analista para TRT:

> **Art. 9º** É assegurado o direito de greve, competindo aos trabalhadores decidir sobre a **oportunidade** de exercê-lo e sobre os **interesses** que devam por meio dele defender.
>
> § 1º – A **lei** definirá os serviços ou atividades essenciais e disporá sobre o atendimento das necessidades inadiáveis da comunidade.
>
> § 2º – Os abusos cometidos sujeitam os responsáveis às penas da lei. (grifos acrescidos)

A Reforma Trabalhista, ademais, no art. 611-B, XXVII, da CLT estabelece que constitui objeto ilícito da negociação coletiva a supressão ou redução do direito de greve:

> **Art. 611-B da CLT** *(Inserido pela Reforma Trabalhista)*: Constituem objeto ilícito de convenção coletiva ou de acordo coletivo de trabalho, exclusivamente, a supressão ou a redução dos seguintes direitos:
>
> (...) XXVII – direito de greve, competindo aos trabalhadores decidir sobre a oportunidade de exercê-lo e sobre os interesses que devam por meio dele defender;

GREVE
(Características previstas na Lei nº 7.783/1989)

- **Conceito:** suspensão coletiva, temporária e pacífica, total ou parcial da prestação de serviço
- **Natureza jurídica:** em regra, suspensão do contrato de trabalho
- **Empregador:** em regra, fica proibido:
  a) dispensar os trabalhadores grevistas
  b) contratar substitutos
- **Greve abusiva:**
  a) não atende à necessidade básica da população
  b) É mantida após celebração de acordo, convenção ou decisão da justiça
  c) não serão reconhecidas vantagens ou garantias aos trabalhadores
- **Hipóteses de greve abusiva:**
  1. quando não atendida às necessidades básicas da população (OJ 38 SDC)
  2. quando mantido movimento grevista após celebração de acordo, convenção ou decisão da justiça (art. 14 da Lei de Greve)
  3. quando iniciada a greve (paralisação) sem prévia tentativa de negociação (OJ 11 SDC)

  Obs. Uma vez declarada abusiva, não serão reconhecidas vantagens ou garantias aos trabalhadores
- ***Lockout***: paralisação da empresa por iniciativa do empregador é proibida

6.3. Direitos e deveres dos grevistas

Em um Estado Democrático de Direito não há direito absoluto, isto é, embora a greve tenha previsão constitucional, deverá ser exercida em harmonia com os demais direitos fundamentais da Constituição. De acordo com o art. 6º da Lei de Greve serão assegurados aos grevistas:

a) meios pacíficos de persuasão e a busca da adesão de outros trabalhadores.

b) arrecadação de fundos e a livre divulgação do movimento.

Cabe destacar que, durante o movimento grevista, deve-se respeitar os direitos e garantias fundamentais. Exemplo: não se pode impedir o acesso dos trabalhadores que não aderiram ao movimento, ofensas físicas ou verbais, danificar equipamentos da empresa etc.

6.4. Greve em serviços essenciais

De acordo com a Constituição Federal, a lei definirá os serviços essenciais. Verifica-se, assim, que o próprio texto constitucional possibilitou a greve em serviços ou atividades essenciais. A Lei de Greve, no art. 10, elenca 15 atividades essenciais.

No mesmo sentido, a Reforma Trabalhista estabelece que constituirão objeto ilícito de convenção ou acordo coletivo, cláusula que suprima ou reduza definição legal sobre atividades essenciais a título de greve:

> **Art. 611-B da CLT** (*Inserido pela Reforma Trabalhista*): Constituem objeto ilícito de convenção coletiva ou de acordo coletivo de trabalho, exclusivamente, a supressão ou a redução dos seguintes direitos: (...) XXVIII – definição legal sobre os serviços ou atividades essenciais e disposições legais sobre o atendimento das necessidades inadiáveis da comunidade em caso de greve.

O art. 10 da Lei nº 7.783/1989 estabelece o rol das atividades ou serviços essenciais, como abastecimento de água, serviços funerários, transporte coletivo, dentre outros. De acordo com a lei, são atividades essenciais:

> I – tratamento e abastecimento de água; produção e distribuição de energia elétrica, gás e combustíveis;
>
> II – assistência médica e hospitalar;
>
> III – distribuição e comercialização de medicamentos e alimentos;
>
> IV – funerários;
>
> V – transporte coletivo;
>
> VI – captação e tratamento de esgoto e lixo;
>
> VII – telecomunicações;
>
> VIII – guarda, uso e controle de substâncias radioativas, equipamentos e materiais nucleares;
>
> IX – processamento de dados ligados a serviços essenciais;
>
> X – controle de tráfego aéreo e navegação aérea;
>
> XI – compensação bancária.
>
> XII – atividades médico-periciais relacionadas com o regime geral de previdência social e a assistência social; (Incluído pela Lei nº 13.846, de 2019)

> XIII – atividades médico-periciais relacionadas com a caracterização do impedimento físico, mental, intelectual ou sensorial da pessoa com deficiência, por meio da integração de equipes multiprofissionais e interdisciplinares, para fins de reconhecimento de direitos previstos em lei, em especial na Lei nº 13.146, de 6 de julho de 2015 (Estatuto da Pessoa com Deficiência); e (Incluído pela Lei nº 13.846, de 2019)
>
> XIV – outras prestações médico-periciais da carreira de Perito Médico Federal indispensáveis ao atendimento das necessidades inadiáveis da comunidade. (Incluído pela Lei nº 13.846, de 2019)
>
> XV – atividades portuárias. (Incluído pela Lei nº 14.047, de 2020)

É obrigatório que sejam atendidos os serviços inadiáveis à população. Os serviços inadiáveis estão ligados à saúde, segurança e sobrevivência. Esse limite mínimo de atendimento não é fixado por lei, mas estipulado por **comum acordo** entre empregadores, empregados e sindicatos.

Caso não seja garantido o mínimo de atendimento à população, a greve será considerada abusiva, conforme posicionamento do TST na OJ nº 38 da SDC. Não há previsão legal de manter ou permanecer 30% dos atendimentos, tão falada na imprensa. As partes deverão verificar o caso concreto. Exemplo: em caso de greve no hospital, há necessidade de permanência de 100% dos atendimentos na UTI e cirurgias de emergência, mas não há necessidade de garantir esse percentual em outras repartições da mesma instituição. De acordo com o art. 11 da lei:

> **Art. 11.** Nos serviços ou atividades essenciais, os sindicatos, os empregadores e os trabalhadores ficam obrigados, de **comum acordo**, a garantir, durante a greve, a prestação dos serviços indispensáveis ao atendimento das necessidades inadiáveis da comunidade.
>
> **Parágrafo único.** São necessidades inadiáveis da comunidade aquelas que, não atendidas, coloquem em perigo iminente a sobrevivência, a saúde ou a segurança da população.

Além disso, a comunicação, ao empregador e aos usuários, deverá ocorrer com 72 horas de antecedência à paralisação, conforme previsto no art. 13 da Lei de Greve. Nas atividades que não consideradas essenciais, esse aviso deve ser realizado com antecedência mínima de 48 horas.

Por fim, destaca-se que, no caso de lesão a interesse público, o art. 114, § 3º, CF/88 legitima o ajuizamento de dissídio coletivo de greve pelo Ministério Público do Trabalho. Ressalta-se que a legitimidade do MPT está restrita somente às greves em serviços essenciais[1233].

6.5. Requisitos para o exercício do direito de greve

Há alguns requisitos para que o exercício do direito de greve seja considerado legítimo, conforme a seguir elencados:

a) **Convocação e realização de Assembleia Geral.** Há necessidade de reunir a categoria para definir a pauta de reivindicações. Aliás, há jurisprudência do TST[1234] flexibilizando esse

1233. Informativo nº 34 do TST.

1234. Informativos nº 1 e 50 do TST.

requisito. No caso dessa jurisprudência, como houve ampla adesão dos trabalhadores ao movimento grevista, a greve não foi declarada abusiva. É necessário, ainda, que se tente a solução amigável, pois a greve deve ser a última alternativa. O *quorum* para deliberação da Assembleia Geral será previsto no estatuto do sindicato. Tendo em vista que o objetivo desse livro é responder questões objetivas, recomenta-se que o candidato adote o posicionamento tradicional a seguir:

> **Orientação Jurisprudencial nº 11 da SDC/TST.** É abusiva a greve levada a efeito sem que as partes hajam tentado, direta e pacificamente, solucionar o conflito que lhe constitui o objeto.

b) **Comunicação prévia.** Deve haver comunicação ao empregador com antecedência de, no mínimo, 48 horas. Para as atividades essenciais, a comunicação, ao empregador e aos usuários, deverá ocorrer com 72 horas de antecedência à paralisação, conforme previsto no art. 13 da Lei de Greve. Vale destacar que o TST[1235] entendeu que a mera comunicação de que a Assembleia Geral deliberou pelo início do movimento paredista ("estado de greve") não serve para preencher o requisito da comunicação prévia e, por isso, a greve seria abusiva. Nesse sentido, não basta o sindicato comunicar que os empregados estão em "estado de greve", mas deverão indicar com precisão quando o movimento paredista realmente será iniciado.

c) **Manutenção do maquinário.** Além de um comportamento pacífico durante a greve, há necessidade de os trabalhadores manterem funcionando os maquinários da empresa, cuja paralisação resulte em prejuízos ao empregador. Exemplo: algumas caldeiras e fornos não podem ser desligados. Nesse caso, mesmo durante a greve, há necessidade de manutenção desse maquinário. Essa manutenção será decidida em acordo do sindicato com a empresa para evitar graves prejuízos ao empregador. Caso não haja acordo para a continuidade desses serviços, o empregador poderá contratar novos empregados. Nesse sentido:

> **Art. 9º.** Durante a greve, o sindicato ou a comissão de negociação, mediante acordo com a entidade patronal ou diretamente com o empregador, manterá em atividade equipes de empregados com o propósito de assegurar os serviços cuja paralisação resultem em prejuízo irreparável, pela deterioração irreversível de bens, máquinas e equipamentos, bem como a manutenção daqueles essenciais à retomada das atividades da empresa quando da cessação do movimento.
>
> Parágrafo único. Não havendo acordo, é assegurado ao empregador, enquanto perdurar a greve, o direito de contratar diretamente os serviços necessários a que se refere este artigo.

GREVE

- **Serviços das atividades essenciais previstas em lei**
  1. abastecimento de água, energia e gás
  2. assistência médica
  3. distribuição de alimentos e medicamentos
  4. funerários
  5. transporte coletivo

1235. Informativo nº 4 do TST.

6. esgoto e lixo
7. telecomunicações
8. substâncias radioativas
9. tráfego aéreo
10. compensação bancária
11. processamentos de dados ligados a serviços essenciais

- **Atendimento básico** será fixado em comum acordo entre sindicato, empresa e trabalhador
- **Requisitos para a greve:**

a) convocação de assembleia geral
b) tentativa de solução amigável
c) comunicação prévia

6.6. Greve no serviço público

A primeira Constituição Federal brasileira a permitir o direito de greve dos servidores públicos foi a atual, de 1988. Conforme previsto no art. 37, VII, da CF/88, a greve é autorizada nos limites de **lei específica.** Contudo, não há legislação específica que regulamente os limites do direito de greve para os servidores públicos. Verifica-se, assim, uma omissão legislativa.

Após vários mandados de injunção[1236], o Supremo Tribunal Federal[1237] decidiu aplicar, por analogia, a Lei de Greve (nº 7.783/89) para os servidores estatutários, atendendo às peculiaridades do serviço público. É importante ressaltar que as decisões do STF são uma forma paliativa de se assegurar o direito de greve ao servidor público diante da inércia do Poder Legislativo há mais de 28 anos em regulamentar o assunto. O ideal, portanto, seria a edição de lei conforme previsto no art. 37, VII, CF/88, pois seria possível estabelecer o alcance e os limites para o exercício das greves dos servidores, garantindo segurança jurídica nessas relações.

Pela aplicação analógica da Lei de Greve, os grevistas deverão respeitar o princípio da continuidade dos serviços públicos e a notificação prévia da Administração com antecedência de 72 horas sobre o início da greve. Além disso, surge a discussão acerca da possibilidade de desconto dos dias parados pelos servidores públicos diante da previsão de suspensão do contrato de trabalho no art. 7º da Lei nº 7.783/1989.

A primeira corrente, atualmente minoritária, defende a necessidade de manutenção da remuneração do servidor público durante o movimento paredista. O argumento utilizado para a proibição do desconto da remuneração consiste no caráter alimentar da remuneração recebida pelo servidor público: se o servidor não receber as verbas necessárias para sua subsistência, não irá exercer o direito de greve. Dessa forma, sustenta-se que apesar de previsto o direito de greve aos servidores, seu exercício estaria impedido

1236. **Mandado de Injunção:** está previsto no art. 5º, LXXI, da CF/88. É uma ação constitucional garantidora de liberdades, prerrogativas e direitos criados pela Constituição de 1988. Em resumo, tem o objetivo de dar eficácia aos direitos constitucionais fundamentais, por meio de uma normatização provisória do Judiciário, até que surja normatização definitiva do Poder Legislativo.

1237. Nesse sentido, veja os seguintes julgados decisivos sobre o tema: MI nº 670/ES. Relator: Maurício Corrêa. Data de Julgamento: 25/10/2007; e MI nº 712/PA. Relator: Eros Grau. Data de julgamento: 25/10/2007.

diante da impossibilidade de sua subsistência e de suas famílias, em razão da ausência da remuneração necessária.

Por outro lado, a segunda corrente, majoritária, sustenta a necessidade do desconto no salário dos servidores públicos durante a greve. Isso porque, no âmbito da Administração Pública, vigoram os princípios da supremacia do interesse público e da continuidade do serviço público. Nesse sentido, argumenta-se que a população não deve arcar com o pagamento do salário dos servidores que não estão prestando os serviços públicos, pois seria hipótese de enriquecimento ilícito desses trabalhadores. Em outubro de 2016, o STF julgou, em repercussão geral reconhecida, o RE nº 693.456-RJ de relatoria do Ministro Dias Toffoli, que discutia a constitucionalidade do desconto dos dias parados em razão de greve de servidor público. Pela maioria de 6 votos a 4 dos ministros do Tribunal, foi firmada a seguinte tese: "A administração pública deve proceder ao desconto dos dias de paralisação decorrentes do exercício do direito de greve pelos servidores públicos, em virtude da suspensão do vínculo funcional que dela decorre, permitida a compensação em caso de acordo. O desconto será, contudo, incabível se ficar demonstrado que a greve foi provocada por conduta ilícita do Poder Público".

Portanto, o STF estabeleceu a obrigação da Administração Pública em descontar o salário do servidor público durante a greve, exceto nas hipóteses de conduta ilícita praticada pelo Poder Público. Um exemplo de conduta ilícita que não autoriza os descontos seria o não pagamento da remuneração do servidor pela Administração Pública. Nesse caso, portanto, seria autorizada a greve sem os descontos no salário.

O ministro Dias Toffoli traz em seu voto que o desconto dos dias não trabalhados é um ônus inerente à greve e que sua ausência gera o enriquecimento sem causa do servidor. Argumenta, ainda, que os servidores públicos são aqueles que mais têm condições de exercer o direito de greve devido à sua estabilidade, pois isso evita posterior retaliação com a dispensa sem justa dos trabalhadores como ocorre no setor privado. Além disso, o ministro deixa claro que o desconto é vinculante, não cabendo ao administrador escolher se o fará ou não para cada servidor. Contudo, como já apontado na tese de repercussão geral firmada, é possível que seja estabelecido acordo entre as partes para a compensação dos dias parados ou ainda o parcelamento dos descontos na remuneração do servidor.

É importante destacar que ao setor privado a suspensão do contrato de trabalho é aplicada no caso de deflagração da greve, conforme prevê o art. 7º da Lei nº 7.783/1989. Dessa forma, durante o movimento paredista, os empregados não recebem salário, sendo possível a previsão de compensação das horas paradas por meio de negociação coletiva de trabalho. Os servidores públicos não têm contrato de trabalho, mas é possível a aplicação analógica do art. 7º da Lei de Greve, ao se estabelecer a suspensão do vínculo com a Administração Pública no período em que não há prestação dos serviços devido à realização da greve. Nesse sentido, o servidor também não recebe a remuneração devida. Além disso, conforme já mencionado, os servidores têm o benefício da estabilidade, que não se estende ao setor privado, o que assegura a permanência no cargo público mesmo após o fim do movimento.

Outra diferença entre o setor privado e os servidores públicos consiste na impossibilidade de se firmarem acordos ou convenções coletivas pelo setor público naquilo que gerar encargos financeiros e orçamentários ao Estado. Por sua vez, no setor privado, a negociação coletiva é plenamente possível.

Contudo, vale destacar que, mesmo com a impossibilidade da negociação coletiva no setor público, é possível a celebração de acordo para compensação dos dias não trabalhados. O acordo firmado não se confunde com a negociação coletiva, pois se insere na discricionariedade administrativa do gestor público na organização da atividade administrativa conforme voto do Ministro Dias Toffoli[1238]:

> Entretanto, reitero que a compensação dos dias e horas paradas ou mesmo o parcelamento dos descontos poderão ser objeto de negociação, uma vez que se encontram dentro das opções discricionárias do administrador. (...)

Portanto, apesar de permitidas a sindicalização e a greve dos servidores e empregados públicos, com as ressalvas já apresentadas, os efeitos decorrentes dessa paralisação são mitigados diante da impossibilidade de celebrar acordo ou convenção coletiva com pessoas jurídicas de direito público que acarretem encargos financeiros e orçamentários ao Estado. Além disso, o dissídio coletivo de natureza econômica não é aplicado aos servidores públicos. Somente por lei é possível alterar os vencimentos dos funcionários públicos:

> **Orientação Jurisprudencial nº 5 da SDC do TST:** Em face de pessoa jurídica de direito público que mantenha empregados, cabe dissídio coletivo exclusivamente para apreciação de cláusulas de natureza social. Inteligência da Convenção nº 151 da Organização Internacional do Trabalho, ratificada pelo Decreto Legislativo nº 206/2010.

Nesse sentido, o TST[1239] já decidiu que o dissídio coletivo não pode ser utilizado para obter a condenação do Estado ao pagamento de salários, cestas básicas e vale-transporte.

Por outro lado, ressalta-se que, diante de abusividade no movimento grevista, é possível o ajuizamento de dissídio coletivo de greve. Nesse caso, cabe ao Poder Judiciário decidir acerca da abusividade ou não da greve. Além disso, também entendemos que é possível que o Judiciário determine a compensação de horas trabalhadas quando a solução for razoável para solucionar o conflito entre a Administração e os servidores. Lembre-se de que, de acordo com a decisão em repercussão do STF, a greve deflagrada por conduta ilícita da Administração não autoriza o desconto no pagamento da remuneração, podendo ser o judiciário acionado para assegurar esse pagamento. Acerca da competência para julgamento do dissídio de greve de servidor público estatutário, confira interessante dica de Processo do Trabalho:[1240]

1238. RE nº 693.456-RJ, relator Ministro Dias Toffoli. Data de julgamento: 27/10/2016.

1239. Informativo nº 63 do TST.

1240. STF – MI 708/DF, Rel. Min. Gilmar Mendes, DJe 25.10.07.

DICA DE PROCESSO DO TRABALHO

Competência no dissídio coletivo de greve de servidor público estatutário:

- No caso de dissídio de greve de servidores públicos estatutários, o STF decidiu que "até a devida disciplina legislativa, devem-se definir as situações provisórias de competência constitucional para a apreciação desses dissídios no contexto nacional, regional, estadual e municipal"[178], aplicando-se analogicamente a Lei nº 7.701/88.

- Desse modo, o STJ tem competência nos seguintes casos:

1) Movimento de âmbito nacional;

2) Movimento que atinja mais de uma região da Justiça Federal;

3) Movimento que compreenda mais de uma unidade da federação (art. 2º, I, "a", da Lei nº 7.701/1988).

- Por outro lado, o Tribunal Regional Federal será competente se a controvérsia estiver ligada a servidor público federal e adstrita:

1) a uma única região da Justiça Federal (aplicação analógica do art. 6º da Lei nº 7.701/1988);

2) ao âmbito local.

- Já o Tribunal de Justiça será competente para os servidores públicos estaduais e municipais quando a controvérsia estiver restrita:

1) a uma unidade de federação (aplicação analógica do art. 6º da Lei nº 7.701/1988);

2) ao âmbito local.

Com o posicionamento adotado pela STF, verifica-se maior responsabilidade aos servidores no momento de deflagração do movimento, uma vez que terão de assumir o ônus de não receber salários e o bônus fruto das reivindicações e melhoria nas condições de vida[1241].

Além disso, caso não seja respeitado o princípio da continuidade do serviço público, é plenamente possível a contratação direta dos serviços públicos ou, ainda, contratar trabalhadores por prazo determinado diante da necessidade temporária de excepcional interesse público (art. 37, IX, CF/88).[1242]

Segue quadro comparativo entre as diferenças da greve dos servidores públicos e do setor privado quanto aos descontos dos dias parados:

SETOR PRIVADO	SERVIDORES PÚBLICOS
- **Suspensão do contrato de trabalho** (art. 7º, Lei nº 7.783/1989): ausência de prestação dos serviços sem o pagamento dos salários. - Possibilidade de celebração de acordo ou convenção coletiva de trabalho prevendo compensação dos dias paralisados. - Possibilidade de ajuizamento de dissídio coletivo para se determinar as cláusulas econômicas em razão da deflagração do	- 2 correntes quanto ao desconto dos dias: 1) **Desconto não é permitido** (minoritária): ausência de verba alimentar ao trabalhador impede o exercício do direito de greve; 2) **Desconto é obrigatório** (majoritária): aplicação do princípio da supremacia do interesse público e da continuidade do serviço público. Evita-se o enriquecimento ilícito do servidor ao continuar recebendo dinheiro público sem

1241. MELO, Raimundo Simão. *A greve no Direito brasileiro*. 3. ed. São Paulo: LTr, 2011. p. 63.
1242. MELO, Raimundo Simão. *A greve no Direito brasileiro*. 3. ed. São Paulo: LTr, 2011. p. 69.

SETOR PRIVADO	SERVIDORES PÚBLICOS
movimento (ex.: reajuste salarial), o que inclui possibilidade de compensação dos dias paralisados. - Possibilidade de ajuizamento de dissídio coletivo de greve para declaração da abusividade ou não do movimento.	a prestação dos serviços. É a posição que foi adotada pelo STF. - **Julgamento do RE nº 693.456-RJ (27/10/2016):** foi firmada tese em repercussão geral com as seguintes características: 1) Desconto dos dias parados é obrigatório; 2) Diante de conduta ilícita da Administração Pública, não é permitido o desconto; 3) É possível acordo para se assegurar a compensação dos dias paralisados. - Não é possível a celebração de acordo, convenção coletiva e do ajuizamento de dissídio coletivo de natureza econômica, pois os impactos financeiros e orçamentários ao Estado somente podem ser ampliados mediante a edição de lei. - É possível o ajuizamento de dissídio coletivo de greve para a declaração da abusividade do movimento.

Ademais, ressalta-se que o STF[1243], em julgamento de dissídio coletivo de greve de policiais civis, estabeleceu que estão proibidos de fazer greve os servidores públicos que exerçam as seguintes funções:

a) manutenção da ordem pública;

b) segurança pública e;

c) administração da justiça (carreiras de Estado como juízes e promotores e responsáveis pela exação tributária).

A titularidade do direito de greve a esses servidores não foi negada. Contudo, sob o fundamento da proteção de outros direitos previstos na CF/88 pela análise de sua totalidade, o exercício do direito de greve por esses servidores não deve ser permitido, para que se possa manter a coesão social. A decisão estabelece, ainda, que as atividades desenvolvidas por policiais civis são equiparadas às exercidas por policiais militares e, por isso, também estariam proibidos de manifestar o direito de greve.

No ano de 2017 o STF, no ARE nº 654.432, reafirmou seu entendimento acerca da inconstitucionalidade do exercício de greve pelos policiais civis e servidores que atuem na área de segurança pública. Nesse sentido, a tese aprovada pelo tribunal:

> (1) o exercício do direito de greve, sob qualquer forma ou modalidade, é vedado aos policiais civis e a todos os servidores públicos que atuem diretamente na área de segurança pública. (2) É obrigatória a participação do Poder Público em mediação instaurada pelos órgãos classistas das carreiras de segurança

1243. Informativo nº 560 do STF.

pública, nos termos do artigo 165 do Código de Processo Civil, para vocalização dos interesses da categoria.

Ainda sobre esse assunto, a legislação brasileira proíbe expressamente o direito de greve e a sindicalização dos servidores **militares**, conforme previsto na Constituição Federal de 1988:

> **Art. 142, § 3º, IV, CF/88:** Os membros das Forças Armadas são denominados militares, aplicando-se-lhes, além das que vierem a ser fixadas em lei, as seguintes disposições: ao militar são proibidas a sindicalização e a greve.

Ressalta-se que apesar da proibição imposta pela CF/88, existem críticas diante da impossibilidade de solucionar os conflitos envolvendo esses trabalhadores, o que pode ocasionar o exercício irregular do direito de greve e, consequentemente, prejudicar a população envolvida[1244]. Concordamos integralmente com essas críticas, pois todos os servidores devem ter meios de pressão para tentar a melhoria das suas condições de trabalho.

No tocante às empresas públicas e às sociedades de economia mista, essas entidades estão sujeitas ao regime jurídico próprio das pessoas jurídicas de direito privado, conforme estabelece o art. 173, § 1º, II, CF/88.

Assim, os seus **empregados públicos**, por exemplo, empregados do Banco do Brasil, Petrobras e Infraero, serão regidos pela CLT e estarão submetidos à Lei nº 7.783/1989. Ressalta-se, portanto, que a eles serão aplicados todos os dispositivos da Lei de Greve, diante da natureza jurídica de seus empregadores, e não por analogia, tal como ocorre com os servidores públicos.

Por fim, no ano de 2017, foi julgado o RE nº 846.854 pelo STF[1245], em que se determinou que a competência para julgar a abusividade de greve de servidores públicos celetistas é da Justiça Comum, federal ou estadual. Foi firmada a seguinte tese de repercussão geral:

> A justiça comum, federal ou estadual, é competente para julgar a abusividade de greve de servidores públicos celetistas da Administração pública direta, autarquias e fundações públicas.

7. REPRESENTAÇÃO DOS EMPREGADOS NAS EMPRESAS (REFORMA TRABALHISTA)[1246]

▸ **Arts. 510-A a 510-D da CLT**

De acordo com o art. 11 da Constituição Federal, é obrigatória a eleição de um representante dos trabalhadores nas empresas com mais de 200 empregados. De acordo com o texto constitucional:

> **Art. 11 da CF/88.** Nas empresas de mais de duzentos empregados, é assegurada a eleição de um representante destes com a finalidade exclusiva de promover-lhes o entendimento direto com os empregadores.

1244. MELO, Raimundo Simão. *A greve no Direito brasileiro*. 3. ed. São Paulo: LTr, 2011. p. 70.

1245. Relator: Min. Luiz Fux, Data de julgamento: 01/08/2017.

1246. Este tema foi exigido no concurso para Analista do TRT da 21ª Região realizado em 2017.

Apesar de prevista na Constituição Federal, não havia sido elaborada legislação regulamentando as atribuições e as prerrogativas desses representantes no entendimento direto com os empregadores. Não havia, inclusive, previsão em lei de estabilidade para esses empregados eleitos, o que gerava intensa discussão doutrinária, pois impedia a negociação efetiva no âmbito da empresa.

No entanto, a Reforma Trabalhista passou a regulamentar nos novos arts. 510-A a 510-D da CLT a representação dos empregados nas empresas. De acordo com o art. 510-A da CLT, em consonância com o art. 11 da CF/88, em empresas com mais de 200 empregados, é assegurada a eleição de comissão para representar os trabalhadores, que tem a finalidade de promover o entendimento direto com os empregadores:

> **Art. 510-A da CLT** *(Inserido pela Reforma Trabalhista):* Nas empresas com mais de duzentos empregados, é assegurada a eleição de uma comissão para representá-los, com a finalidade de promover-lhes o entendimento direto com os empregadores.

Não será, portanto, eleito apenas 1 empregado representante, mas a comissão eleita será a representante dos trabalhadores. Note-se que essa comissão de representantes não pode ser confundida com as entidades sindicais, pois aquelas compreendem os sindicatos, federações e confederações e são os legitimados pelo ordenamento jurídico a celebrar convenções e acordos coletivos de trabalho. A comissão de representantes, por sua vez, será responsável em assegurar o entendimento direto com o empregador em questões que não são exclusivamente sindicais, sendo vedada a celebração de instrumentos coletivos de trabalho.

7.1. Composição da comissão de representantes

De acordo com o § 1º do art. 510-A da CLT, a composição da comissão varia de acordo com o total de empregados das empresas:

COMISSÃO DE REPRESENTANTES	
Número de empregados na empresa	**Número de representantes**
Mais de 200 até 3.000	3 membros
Mais de 3.000 até 5.000	5 membros
Mais de 5.000	7 membros

Note-se que esses membros são todos representantes dos trabalhadores e não representarão interesses dos empregadores. Além disso, o número total de membros é determinado por cada empresa e não pela quantidade de estabelecimentos existentes. Assim, se uma empresa no Estado de Minas Gerais, tiver 4 estabelecimentos e 2.000 empregados, haverá a formação de uma única comissão com 3 membros.

Uma exceção é descrita no § 2º do art. 510-A da CLT, que determina a eleição de uma comissão por Estado ou Distrito Federal, no caso de a empresa possuir empregados em mais de um Estado da Federação e no Distrito Federal. Essas comissões serão compostas da mesma forma que determina o § 1º do dispositivo, de acordo com o total de empregados da empresa. Exemplo: Uma empresa tem 1.000 empregados, sendo que 500 deles presta seus serviços em São Paulo e outros 500 em Mato Grosso do Sul, nos diversos estabelecimentos existentes da empresa. Nesse caso, serão formadas 2 comissões, uma em São Paulo e a outra em Mato Grosso do Sul, ambas elegendo 3 membros cada.

A representação dos trabalhadores nas empresas pode ser um importante instrumento de pressão dos trabalhadores, especialmente, nas questões do dia a dia, como acompanhamento das punições aplicadas, casos de assédio, pedidos de aumento salarial, uniformes, posicionamento das máquinas e, juntamente com a CIPA, na observância das normas de medicina e segurança do trabalho, permitindo maior articulação e organização dos trabalhadores na busca por seus direitos trabalhistas.

7.2. Atribuições da Comissão de Representantes de Empregados

O art. 510-B da CLT elenca as atribuições que devem ser observadas pela comissão de representantes no desempenho de suas funções. São elas:

> **I - representar os empregados perante a administração da empresa:** A comissão eleita exerce a função de representação dos empregados perante a administração da empresa. Dessa forma, permite-se ao órgão a apresentação de demandas, questionamentos ou pedidos aos administradores da empresa em benefício de todos os seus representados. Podem e devem ser recebidos pelo empregador para exercerem suas funções na busca pelo entendimento direto com este;
>
> **II - aprimorar o relacionamento entre a empresa e seus empregados com base nos princípios da boa-fé e do respeito mútuo:** Em empresas com mais de 200 empregados, é possível que haja falta de comunicação entre os anseios da empresa e as necessidades dos empregados. Portanto, a comissão de representantes dos empregados deve buscar aprimorar o relacionamento da empresa com seus funcionários, apontando as queixas e necessidades dos trabalhadores e explicando a estes as medidas que estão sendo tomadas pela empresa na solução dos problemas;
>
> **III - promover o diálogo e o entendimento no ambiente de trabalho com o fim de prevenir conflitos:** Em consonância com a atribuição anterior, a comissão de representantes é um órgão intermediador entre o empregado e empregador e pode, por meio do diálogo, evitar a ocorrência de conflitos, seja pela correta apresentação dos problemas identificados pelos trabalhadores no ambiente de trabalho, jornada e remuneração, seja pela explicação das medidas tomadas pelo empregador;
>
> **IV - buscar soluções para os conflitos decorrentes da relação de trabalho, de forma rápida e eficaz, visando à efetiva aplicação das normas legais e contratuais:** Além de intervir para a prevenção de conflitos, a comissão também tem a atribuição de tentar apresentar soluções para os conflitos existentes nas relações de trabalho, prezando pela rapidez e eficácia sempre em atendimento das normas legais e contratuais. Evita-se, assim, futuras ações judiciais;
>
> **V - assegurar tratamento justo e imparcial aos empregados, impedindo qualquer forma de discriminação por motivo de sexo, idade, religião, opinião política ou atuação sindical:** A comissão deve sempre atuar com imparcialidade em relação aos empregados, não podendo buscar soluções voltadas a apenas alguns trabalhadores em detrimentos de outros, quando pautada por conduta discriminatória, seja ela motivada por sexo, idade, religião, opinião política ou atuação sindical. O dispositivo não contemplou todas as formas de discriminação,

inclusive as motivada por questões relacionadas à identidade sexual, mas ela também deve ser combatida, pois é objetivo fundamental da República Federativa do Brasil, o combate a todas as formas de discriminação (art. 3º, IV, da CF/88). De nossa opinião, esse dispositivo visou assegurar que os trabalhadores não sindicalizados ou integrantes de chapa de oposição à diretoria do sindicato não sejam discriminados no tratamento com o empregador.

VI – encaminhar reivindicações específicas dos empregados de seu âmbito de representação: Não se exige que a comissão apresente apenas as reivindicações gerais dos trabalhadores ou de um grupo de trabalhadores à empresa, podendo encaminhar também reivindicações específicas dos empregados, ainda que de apenas um deles, desde que não haja tratamento discriminatório na atuação como preceitua a atribuição anterior;

VII – acompanhar o cumprimento das leis trabalhistas, previdenciárias e das convenções coletivas e acordos coletivos de trabalho: A comissão de representantes tem a importante atribuição de acompanhar o cumprimento das leis trabalhistas, previdenciária e das convenções e acordos coletivos de trabalho. Essas comissões permitem que o órgão seja mais um instrumento na defesa de seus direitos, podendo apresentar ao empregador eventuais irregularidades identificadas, bem como denunciar práticas ilícitas à fiscalização do trabalho ao Ministério Público do Trabalho. Tendo em vista que a Reforma Trabalhista valoriza o negociado sobre o legislado, é um importante órgão para se verificar o cumprimento correto e eventual abuso presente nos instrumentos coletivos de trabalho.

Pela análise das atribuições da comissão de representantes dos empregados na empresa, verifica-se que o órgão é criado como um importante meio para se tentar o diálogo com o empregador para a solução de conflitos, além de permitir maior controle no cumprimento da legislação trabalhista.

A comissão de representantes deve sempre tomar suas decisões em colegiado, desde que observada a maioria simples (art. 510-B, § 1º, CLT). Portanto, não é assegurada a prerrogativa de apenas um dos membros da comissão de representantes decidir determinado assunto dentro das atribuições, pois a legislação exige a manifestação do órgão como um todo.

Em uma comissão de 3 membros, é necessária a maioria simples para que a decisão seja tomada, ou seja, o voto de 2 membros. A atuação da comissão ocorre de forma independente conforme preceitua o § 2º do art. 510-B da CLT. Dessa forma, a comissão não necessita de votação pelos empregados da empresa para tomar atuar, sendo suficiente a decisão da maioria simples de seus membros.

Esse dispositivo assegura maior independência e liberdade de atuação da comissão de representantes que não necessitam de autorização dos trabalhadores para agirem, o que facilita o exercício de suas atribuições.

7.3. Eleição dos representantes dos empregados

O art. 510-C da CLT estabelece o procedimento para eleição dos representantes dos empregados.

Nesse sentido, a eleição deve ser convocada com antecedência mínima de 30 dias, contados do término do mandato anterior, por meio de edital que seja fixado na empresa para ampla publicidade, permitindo a inscrição de candidaturas dos empregados:

> **Art. 510-C, "caput", da CLT (Inserido pela Reforma Trabalhista):** A eleição será convocada, com antecedência mínima de trinta dias, contados do término do mandato anterior, por meio de edital que deverá ser fixado na empresa, com ampla publicidade, para inscrição de candidatura.

Para a primeira eleição da comissão, não existindo comissão anterior, entendemos que o prazo de 30 dias também deve ser cumprido para permitir a publicidade da eleição e a candidatura dos trabalhadores.

A Lei nº 13.467/2017 não estabeleceu o prazo máximo para que os empregados possam se candidatar, o que leva ao entendimento de que o empregado tem todo o período, desde a convocação da eleição até a sua realização para realizar sua candidatura, exceto se houver instrumento coletivo prevendo outras regras. Caso a empresa tenha vários estabelecimentos, é necessária a publicidade da convocação da eleição em todos eles, para se assegurar a todos os empregados o direito de se candidatar.

A comissão eleitoral deve ser composta por 5 empregados, que será responsável por organizar e acompanhar o processo eleitoral da comissão de representantes. Entendemos que a convocação da eleição também deve ser realizada pela comissão eleitoral. Os empregados integrantes da comissão eleitoral não podem ser candidatos a membros da comissão de representantes:

> **Art. 510-C da CLT (Inserido pela Reforma Trabalhista):** (...) § 1º Será formada comissão eleitoral, integrada por cinco empregados, não candidatos, para a organização e o acompanhamento do processo eleitoral, vedada a interferência da empresa e do sindicato da categoria.

De nossa opinião, a legislação é incompleta, pois não traça a forma e procedimentos para a eleição da comissão eleitoral de 5 empregados. Dessa forma, é possível que surjam conflitos acerca do procedimento que deve ser utilizado diante dessa lacuna legislativa.

Durante todo o processo eleitoral, fica vedada qualquer interferência da empresa e do sindicato da categoria. Lembre-se de que a comissão representa os trabalhadores e, portanto, devem ser independentes dos empregadores, para a atuação imparcial e que busque a efetiva solução dos conflitos advindos das relações de trabalho. Além disso, a comissão de representantes não é sindical e tem atribuições diversas das entidades sindicais, inclusive na defesa dos empregados contra discriminação decorrente de atuação sindical, não devendo se confundir com a figura do sindicato. Dessa forma, é vedada a interferência das entidades sindicais no processo eleitoral.

Por fim, acrescentamos a vedação de interferência do Poder Público na eleição dessa comissão de representantes, pois, assim como as entidades sindicais, essas comissões devem ter assegurada a independência de atuação, que não podem ser vinculadas às políticas de governo. Nesse sentido, deve prevalecer, por analogia, o disposto no art. 5º, XVIII, da Constituição Federal:

> **Art. 5º, XVIII, CF/88:** Todos são iguais perante a lei, sem distinção de qualquer natureza, garantindo-se aos brasileiros e aos estrangeiros residentes no País a inviolabilidade do direito à vida, à liberdade, à igualdade, à segurança e à propriedade, nos termos seguintes: a criação de associações e, na forma da lei, a de cooperativas independem de autorização, sendo vedada a interferência estatal em seu funcionamento;

São elegíveis como candidatos para integrarem a comissão de representantes os empregados da empresa. O § 2º do art. 510-C da CLT prevê algumas exceções que impedem a candidatura. Não podem se candidatar:

a) os empregados com contrato de trabalho por prazo determinado;

b) os empregados com contrato suspenso;

c) empregados em período de aviso prévio, ainda que indenizado.

Estes trabalhadores não podem ser eleitos para integrar a comissão de representantes. Cumpre destacar que os trabalhadores terceirizados e temporários, por não serem empregados da tomadora de serviços não podem ser eleitos como membros da comissão da empresa contratante, devendo se candidatar para eventual comissão existente na empresa prestadora de serviços, sua empregadora.

Formada a comissão eleitoral, convocadas as eleições e apresentadas a candidaturas dos empregados, será realizada votação, sendo eleitos os candidatos mais votados, em votação secreta, vedado o voto por representação nos termos do § 3º do art. 510-C da CLT:

> **Art. 510-C da CLT** *(Inserido pela Reforma Trabalhista)*: § 3º Serão eleitos membros da comissão de representantes dos empregados os candidatos mais votados, em votação secreta, vedado o voto por representação.

A legislação não estabelece a forma de coleta dos votos, que ficará a cargo da comissão eleitoral, mas exige que a votação seja realizada de forma secreta, o que assegura aos empregados o direito de votarem sem eventuais pressões externas e que possa prejudicar suas relações no ambiente de trabalho. Além disso, é vedado o voto por representação que se dá por meio da escolha de um terceiro com procuração para votar em seu nome. Dessa forma, o voto deve ser pessoal, realizado pelo próprio trabalhador.

O procedimento para a votação pessoal e secreta assegura maior legitimidade ao processo eleitoral e permite maior independência da comissão de representantes. Cabe à comissão eleitoral zelar pelo respeito a esses procedimentos. Destaca-se que a Lei nº 13.467/2017 não estabeleceu penalidades à comissão eleitoral ou aos candidatos pelo descumprimento das normas previstas no art. 510-A e seguintes da CLT. Nada impede, contudo, que elas sejam previstas em norma coletiva.

A comissão eleita deve tomar posse no primeiro dia útil seguinte à eleição ou ao término do mandato anterior nos termos do art. 510-C, § 4º da CLT. Inexistindo comissão de representantes anterior, a posse ocorrerá no dia útil seguinte à eleição. No entanto, se o mandato da comissão anterior ainda estiver vigente, a posse ocorrerá após o seu término:

Não havendo candidatos suficientes para o preenchimento do total de vagas de membros da comissão de representantes, o § 5º do art. 510-C da CLT permite que a comissão seja formada com número de membros inferiores ao previsto no art. 510-A da CLT:

- Em empresas com mais de 200 e até 3.000 empregados: 3 membros;
- Em empresas com mais de 3.000 e até 5.000 empregados: 5 membros;
- Em empresas com mais de 5.000 empregados: 7 membros.

Por exemplo, em uma empresa com 4.000 empregados, seria necessária a eleição de 5 membros para a comissão. No entanto, se esse número não for atingido, é possível a formação da comissão de representantes em número inferior.

O único problema identificado no caso ocorreria na hipótese de formação de comissão em número par, pois o critério da maioria simples pode ser mais difícil de ser atingido. Em uma comissão de 2 membros, seria necessário o voto dos dois em unanimidade para a aprovação de alguma atuação do órgão.

Por sua vez, não havendo nenhum registro de candidatura, o art. 510-C, § 6º da CLT exige que seja lavrada ata e convocada nova eleição no prazo de um ano. Portanto, se nenhum trabalhador se candidatar, cabe à comissão eleitoral registrar essa informação em ata e convocar nova eleição apenas um ano depois.

7.4. Mandato do membro da comissão de representantes do empregado

O art. 510-D da CLT estabelece as disposições acerca do mandato de membro da comissão de representantes após a sua eleição. De acordo com o "caput" e 1º do dispositivo, o mandato do membro da comissão tem duração de 1 ano, sendo vedada sua reeleição. Há um impedimento ao membro eleito da comissão que não poderá ser candidato nos 2 períodos subsequentes. Portanto, após 2 novas eleições, o mesmo empregado pode voltar a ser candidato da Comissão de representantes:

> **Art. 510-D, "caput", da CLT** *(Inserido pela Reforma Trabalhista)*: O mandato dos membros da comissão de representantes dos empregados será de um ano. (...) § 1º O membro que houver exercido a função de representante dos empregados na comissão não poderá ser candidato nos dois períodos subsequentes.

Durante o exercício do mandato de membro da comissão de representantes não há suspensão ou interrupção do contrato de trabalho, devendo o trabalhador permanecer no exercício de suas funções. Esse dispositivo é prejudicial ao exercício das atribuições da comissão, pois os trabalhadores membros da comissão deverão permanecer em seus postos de trabalho prestando os serviços e não poderão ter livre acesso às dependências da empresa para averiguar o cumprimento da legislação trabalhista ou para tentar solucionar possíveis conflitos trabalhistas.

Entendemos que o ideal seria a aplicação do disposto aos membros da Comissão de Conciliação Prévia – CCP, no art. 625-B, § 2º da CLT, que determina o desenvolvimento da atividade normal dos empregados, exceto quando convocados para atuarem na CCP:

> **Art. 625-B, § 2º, CLT:** O representante dos empregados desenvolverá seu trabalho normal na empresa afastando-se de suas atividades apenas quando convocado para atuar como conciliador, sendo computado como tempo de trabalho efetivo o despendido nessa atividade.

7.4.1. Estabilidade do membro da comissão de representantes

Quanto à estabilidade dos membros da comissão de representantes de empregados, cabe frisar que parte da doutrina[1247] sustentava que o texto da Constituição Federal não assegurou estabilidade a esse representante dos empregados eleito. Previu-se tão somente a estabilidade do dirigente sindical no art. 8º, VIII, CF/88. No entanto, afirmava-se

1247. MARTINS, Sergio Pinto. *Direito do Trabalho*. 30. ed. São Paulo: Atlas, 2014. p. 855.

que era recomendável assegurar a estabilidade por meio de lei ordinária, uma vez que os representantes poderiam sofrer represálias do empregador, o que impediria qualquer negociação efetiva no âmbito da empresa.

Por sua vez, a Convenção nº 135 da OIT – Proteção de Representantes de Trabalhadores foi ratificada pelo Brasil (Decreto nº 131/1991, consolidada com as demais convenções e recomendações no Decreto nº 10.088/2019), sendo aplicada aos representantes sindicais e aos trabalhadores eleitos no âmbito da empresa, para funções que não sejam prerrogativas do sindicato. Estabelece que:

> os representantes dos trabalhadores nas empresas devem gozar de proteção eficaz contra todas as medidas que possam ser tomadas contra eles, inclusive despedida, quando motivadas pela qualidade ou pelas atividades decorrentes da representação, da filiação sindical ou da participação em atividades sindicais, desde que eles atuem de conformidade com as leis, convenções coletivas ou outros instrumentos em vigor[1248].

De nossa parte, entendíamos que seria possível o reconhecimento de estabilidade aos representantes como condição necessária à plena efetivação do dispositivo constitucional, que apresenta eficácia imediata. Negar a proteção do emprego aos representantes dos trabalhadores equivaleria a retirar a eficácia do art. 11 da CF/88, uma vez que nenhum empregado estaria disposto a sofrer punições do empregador ou mesmo ter seu contrato de trabalho extinto. Nesse sentido, o próprio TST já havia decidido que deve ser assegurada garantia provisória do dirigente sindical aos representantes:

> **Precedente Normativo nº 86 do TST**[1249]: "Nas empresas com mais de 200 empregados é assegurada a eleição direta de um representante, com as garantias do art. 543, e seus §§, da CLT."

A Lei nº 13.467/2017 – Reforma Trabalhista – acabou com essa discussão, pois passou a prever de forma expressa a estabilidade do membro da comissão de representante dos empregados, que terá garantia contra despedida arbitrária desde o registro de sua candidatura até um ano após o fim do mandato. A despedida arbitrária é aquela, segundo o § 3º do art. 510-D da CLT que não se fundar em motivo disciplinar, técnico, econômico ou financeiro.

A estabilidade prevista aos membros da comissão de representantes é a mesma aplicada aos cipeiros (art. 165, CLT).

Ressalta-se que, diante da inexistência de previsão de eleição de suplentes, a estabilidade somente é aplicada aos membros titulares. Defendemos que, aos suplentes, também deve ser assegurada a estabilidade provisória, pois substituem os titulares no exercício das atribuições previstas e, por isso, não podem ter seus empregados ameaçados. Apesar de a legislação ser silente a respeito, a estabilidade não deve prevalecer

1248. SÜSSEKIND, Arnaldo. Direito Internacional do Trabalho. 3. ed. São Paulo: LTr, 2000. P. 349.

1249. Importante fazer um rápido esclarecimento sobre **precedentes normativos**. Assim como as decisões reiteradas do TST em dissídios individuais dão origem às súmulas e OJs da SDI-I e II do TST, as decisões reiteradas em dissídios coletivos formam as OJs da SDC e os precedentes normativos do TST. No tocante à importância desses precedentes ao direito individual, destaca-se que, apesar de não vinculativas, ou, ainda, não servirem para fins de recurso de revista, as disposições previstas são importantes **fontes de interpretação**.

na hipótese de extinção do estabelecimento, pois compreende hipótese de estabilidade objetiva, que decorre da função exercida. Não havendo mais a empresa para o desenvolvimento da função, a estabilidade não permanece.

7.4.2. Guarda de documentos

Por fim, o § 4º do art. 510-D da CLT prevê a necessidade de emissão dos documentos referentes ao processo eleitoral em duas vias, que devem permanecer sob a guarda dos empregados e da empresa pelo prazo de 5 anos. Durante esse período, devem estar à disposição para consulta de qualquer trabalhador interessado, do MPT e também dos órgãos de fiscalização do trabalho do Ministério do Trabalho e Emprego.

A guarda dos documentos da eleição é fundamental para a comprovação da lisura durante o processo eleitoral, que poderá ser averiguado caso haja alguma denúncia de vício quanto a sua legalidade. Ressalta-se que o dispositivo deveria ter sido inserido no art. 510-C da CLT, que versa justamente sobre o processo eleitoral.

8. DIREITOS E INTERESSES DIFUSOS, COLETIVOS E INDIVIDUAIS HOMOGÊNEOS NA ESFERA TRABALHISTA[1250]

Os direitos difusos e coletivos são tutelados por ação civil pública, por meio da aplicação da Lei nº 7.347/85 e do Código de Defesa do Consumidor. No âmbito da Justiça do Trabalho[1251], o art. 83, III da LC nº 75/93 prevê que compete ao Ministério Público Federal "promover a ação civil pública no âmbito da Justiça do Trabalho, para defesa de interesses coletivos, quando desrespeitados os direitos sociais constitucionalmente garantidos".

Apesar da vedação contida no art. 1º da Lei nº 7.347/85, no sentido de que a ação civil pública não seria cabível para veicular pretensões que envolvam FGTS, a doutrina majoritária entende pela inconstitucionalidade do dispositivo, levando-se em conta o princípio da inafastabilidade da jurisdição[1252].

A definição do que sejam direitos difusos, direitos coletivos e individuais homogêneos está prevista no art. 81 do CDC:

a) **Interesses ou direitos difusos**: são direitos transindividuais, de natureza indivisível, com titulares indeterminados e ligados por circunstância de fato. Ex: MPT ajuíza ação para que empresa pública contrate trabalhadores por meio de concurso público[1253].

b) **interesses ou direitos coletivos:** são direitos transindividuais, de natureza indivisível, cujos titulares são grupos, categoria ou classe de pessoas ligadas entre si ou com a parte contrária, por uma relação jurídica base. Ex: MPT ajuíza ação civil pública para impor obrigação de fazer à determinada empresa para que instale equipamento de proteção coletivo na empresa[1254].

1250. Este tema foi exigido no concurso para Analista do TRT da 21ª Região em 2017.

1251. MIESSA, Élisson. **Processo do Trabalho:** para concursos. 4. ed. Salvador: Juspodivm, 2017. P. 1177.

1252. MIESSA, Élisson. **Processo do Trabalho:** para concursos. 4. ed. Salvador: Juspodivm, 2017. P. 1177.

1253. MIESSA, Élisson. **Processo do Trabalho:** para concursos. 4. ed. Salvador: Juspodivm, 2017. P. 1178.

1254. MIESSA, Élisson. **Processo do Trabalho:** para concursos. 4. ed. Salvador: Juspodivm, 2017. P. 1178.

c) **Interesses ou direitos individuais homogêneos:** são direitos individuais e divisíveis, de origem comum, não sendo necessária a ligação entre as partes. Ex: Sindicato ajuíza ação coletiva requerendo a condenação da empresa ao pagamento do adicional de insalubridade a todos os trabalhadores do setor X[1255].

	Difusos	**coletivos**	**individuais homogêneos**
Direitos	Transindividuais	Transindividuais	Individuais
Natureza	Indivisível	Indivisível	Divisível
Titularidade	Pessoas indeterminadas, ligadas por circunstância de fato	Grupo, categoria ou classe de pessoas, ligadas entre si ou com a parte contrária por uma relação jurídica base	Sujeitos plúrimos e determinados.

9. QUESTÕES DISSERTATIVAS E ESTUDOS DE CASO

▶ ***Treino e Padrão de respostas:***

Ao resolver uma questão dissertativa ou estudos de caso em concursos para Analista do TRT, é fundamental tentar escrever com clareza, sem erros e com letra legível, de modo que se torne uma leitura simples e fácil ao examinador. Lembre-se de que o examinador não ficará horas tentando decifrar códigos ininteligíveis e, ainda, descartará questões com erros graves de ortografia, pontuação etc. Ele tem milhares de questões pra corrigir, portanto cause uma boa impressão logo no início do texto.

É muito importante que o candidato redija, com frequência e com antecedência, o máximo de questões sobre temas atuais e importantes do direito e do processo do trabalho. Treine sempre manualmente, evite digitar as respostas, pois não terá o computador ao seu lado no dia do concurso. Esse é o melhor treino e estudo para questões abertas.

Tente responder às questões seguintes **antes** de verificar o gabarito apresentado ou procurar a resposta na teoria. É uma forma de treinar seu cérebro às condições apresentadas na hora da prova. Lembre-se de que algumas questões não têm resposta certa ou errada. Portanto, a boa **fundamentação** é o caminho para a aprovação.

Cabe frisar, ainda, que não dará tempo de elaborar um rascunho detalhado prévio, na maior dos concursos. Portanto, antes de iniciar sua redação, coloque ao lado do próprio enunciado, alguns pontos principais de que você precisará se lembrar durante a confecção da resposta. Essa técnica evitará que se esqueça de abordar assuntos importantes.

A indicação do número da lei, do artigo, da súmula ou orientação jurisprudencial somente deve ser colocada se você realmente souber, com exatidão, o número da norma ou se assim for exigido pela banca examinadora.

Por fim, como já dito ao longo dos capítulos, a **Reforma Trabalhista**, aprovada em julho/2017, alterou muitos pontos do Direito e Processo do Trabalho. Dessa forma, é importante que o candidato tenha conhecimento da Legislação vigente e disserte, de

1255. MIESSA, Élisson. **Processo do Trabalho:** para concursos. 4. ed. Salvador: Juspodivm, 2017. P. 1178.

forma clara, sobre ela. O examinador valorizará as redações que estiverem com base nas inovações legislativas.

Bom treino, bons estudos e boa sorte!

▸ **QUESTÃO DISCURSIVA 01:**

Quais são os passos para a fundação de um sindicato no Brasil?

RESPOSTA SUGERIDA PELO AUTOR:

O sindicato é uma pessoa jurídica de direito privado, portanto é necessário, para que adquira personalidade jurídica, o registro no cartório de registro civil de pessoas jurídicas. A lei não poderá exigir formalidade especial para a fundação do sindicato. Assim sendo, não há necessidade de prévia autorização do Estado para que o sindicato possa ser criado.

Na legislação brasileira vigora, entretanto, o princípio da unicidade sindical, isto é, não poderá existir mais de um sindicato profissional (trabalhadores) ou sindicato da categoria econômica (empregadores) na mesma base territorial. O Brasil não ratificou a Convenção Internacional nº 87 da OIT. Essa convenção adota o princípio da pluralidade sindical o que possibilitaria mais de um sindicato, representante da mesma categoria, na mesma base territorial.

Note-se que não há vedação para o sindicato que represente a categoria em várias cidades, por exemplo, sindicato dos trabalhadores rurais de Catanduva (SP), São José do Rio Preto (SP), Fernandópolis (SP) e Votuporanga (SP), entretanto não é permitido dois sindicatos representarem a mesma categoria em um mesmo município.

Em razão dessa obrigatoriedade de sindicato único, há necessidade de registro do sindicato no Ministério do Trabalho e Emprego (art. 8º, I da CF/88), para que esse órgão fiscalize se a unicidade sindical está sendo cumprida. Apenas após o registro no Ministério do Trabalho é que o sindicato adquire natureza sindical, isto é, terá legitimidade para defender a categoria[1256]*. Em resumo, a lei não pode exigir formalidade para a criação de sindicato, exceto o registro no órgão competente (MTE).*

▸ **ESTUDO DE CASO 02:**

Mario é empregado da Empresa XX Ltda. e preferiu não se filiar ao sindicato representativo de sua categoria profissional. Todo ano no mês de março é realizado o desconto no salário do empregado, sem sua expressa e prévia autorização, no valor de 1 dia de remuneração que é passado ao sindicato profissional como contribuição sindical. Além disso, o sindicato exige o desconto na folha de pagamento de Mario referente à contribuição confederativa, que foi regularmente fixada mediante decisão da assembleia geral. Diante do exposto, responda a questão a seguir:

São válidos os descontos referentes às contribuições confederativa e sindical? Explique.

1256. **Orientação Jurisprudencial nº 15 da SDC:** "A comprovação da legitimidade *ad processum* da entidade sindical se faz por seu registro no órgão competente do Ministério do Trabalho, mesmo após a promulgação da Constituição Federal de 1988".

RESPOSTA SUGERIDA PELO AUTOR[1257]:

As fontes de custeio têm a finalidade de fornecer as condições financeiras possíveis para que o sindicato exerça plenamente suas funções e prerrogativas na defesa dos interesses da categoria. Assim, a arrecadação é responsável pela manutenção da estrutura da entidade, pagamento da remuneração dos empregados dos sindicatos etc.

A Reforma Trabalhista alterou a redação dos art. 545, 578, 579, 582, 583, 587 e 602 da CLT, além de revogar os art. 601 e 604 desse diploma legislativo para prever que as contribuições destinadas aos sindicatos devem ser prévia e expressamente autorizadas pelos empregados, empregadores e profissionais liberais em suas respectivas categorias. A norma coletiva não pode suprir a vontade individual. Portanto, a partir da nova lei, a previsão via acordo ou convenção coletiva, para cobrar de todos os empregados, filiados ou não, é ilegal.

O principal efeito dessa modificação nos dispositivos mencionados consistiu na extinção da compulsoriedade da contribuição sindical obrigatória. É importante destacar que a Lei nº 13.467/2017 não revogou a contribuição sindical, pois os artigos referentes à sua cobrança e destinação permanecem vigentes, mas somente serão aplicados caso haja a prévia e expressa autorização dos integrantes das categorias profissionais, econômicas e de profissionais liberais. A Reforma Trabalhista tornou, portanto, facultativa a contribuição sindical.

O valor a ser descontado dos empregados permanece o mesmo com a Reforma Trabalhista, sendo o equivalente à remuneração de 1 (um) dia de trabalho. Esse valor será descontado no mês de março e repassado ao sindicato no mês de abril. Assim, não é válida a cobrança da contribuição sindical de Mario.

Por sua vez, a contribuição confederativa serve para custear o sistema confederativo, isto é, sindicatos, federações e confederações. Há expressa previsão constitucional que possibilita a contribuição confederativa. É fixada mediante decisão da assembleia geral e o desconto é feito na folha de pagamento dos empregados.

Assim como a contribuição sindical, a contribuição confederativa não tem natureza jurídica de tributo, portanto não pode ser cobrada de trabalhadores não associados ao sindicato, sob pena de grave violação à liberdade sindical. Com a publicação da Súmula Vinculante nº 40 do STF, colocou fim a uma antiga discussão sobre a possibilidade ou não de cobrança de não filiados. Atualmente, somente pode ser cobrada contribuição confederativa dos filiados ao sindicato. Diante da não filiação de Mario ao sindicato da categoria profissional, o desconto da contribuição confederativa não é lícito.

Por fim, apenas a título de informação, a contribuição assistencial ou taxa de reversão, prevista no art. 513, e, da CLT, cuja finalidade é compensar os custos decorrentes da participação nas negociações coletivas, pode ser instituída por acordo ou convenção coletivos a todos os empregados da categoria, ainda que não sindicalizados, desde que assegurado o direito de oposição, conforme tese fixada pelo Supremo Tribunal Federal na apreciação do Tema 935 da Repercussão Geral.

1257. Nas respostas aqui no livro, serão indicadas e/ou transcritas súmulas, orientações jurisprudências do TST e artigos de lei, mas na prova não há essa necessidade salvo quando expressamente previsto no edital do concurso.

▶ **QUESTÃO DISSERTATIVA 03:**

As centrais sindicais existem desde a década de 80, mas somente foram reconhecidas juridicamente com a Lei nº 11.648/2008. A respeito dessas entidades, responda as seguintes questões:

a) Quais são as atribuições das centrais sindicais no âmbito do Direito Coletivo do Trabalho?

b) Quais são os requisitos necessários para a fundação de uma central sindical?

RESPOSTA SUGERIDA PELO AUTOR[1258]:

As centrais sindicais são entidades abrangentes, que não representam um grupo ou categoria específica, por exemplo, podem a elas se filiar sindicatos dos trabalhadores rurais e do comércio. Ademais, tanto os sindicatos, como as federações e confederações poderão se filiar às centrais sindicais. Por fim, essas entidades representam somente os trabalhadores, pois são formadas apenas por categorias profissionais.

Acerca de suas prerrogativas, cabe destacar que possui duas atribuições específicas. A primeira delas é a de coordenar a representação dos trabalhadores por meio das organizações sindicais a ela filiadas. Por exemplo, pode fornecer consultoria jurídica aos sindicatos ou mesmo auxiliar na pauta de reivindicações. A segunda atribuição é a de participar de negociações em fóruns, colegiados de órgãos públicos e demais espaços, em que estejam em discussão assuntos de interesse geral dos trabalhadores. Por exemplo, são responsáveis por indicar representantes dos trabalhadores no Conselho Curador do FGTS.

Para a fundação de uma central sindical que permita o pleno exercício de suas atribuições e prerrogativas, é necessário que sejam cumpridos os seguintes requisitos conforme estabelece o art. 2º da Lei nº 11.648/2008:

> *I – filiação de, no mínimo, 100 sindicatos distribuídos nas 5 regiões do País;*
>
> *II – filiação em pelo menos 3 (três) regiões do País de, no mínimo, 20 sindicatos em cada uma;*
>
> *III – filiação de sindicatos em, no mínimo, 5 setores de atividade econômica; e*
>
> *IV – filiação de sindicatos que representem, no mínimo, 7% do total de empregados sindicalizados em âmbito nacional.*

Por fim, cabe destacar que embora as centrais não tenham atribuição para firmar instrumentos coletivos (acordos e convenções), elas possuem forte influência e poder político nos assuntos ligados à área trabalhista e previdenciária.

▶ **QUESTÃO DISSERTATIVA 04:**

Discorra sobre as recentes alterações legislativas e jurisprudenciais a respeito da dispensa em massa.

1258. Nas respostas aqui no livro, serão indicadas e/ou transcritas súmulas, orientações jurisprudências do TST e artigos de lei, mas na prova não há essa necessidade salvo quando expressamente previsto no edital do concurso.

RESPOSTA SUGERIDA PELO AUTOR:

Antes da Reforma Trabalhista, não havia na CLT previsão acerca da dispensa em massa. O TST reafirmou o entendimento de que havia necessidade de prévia negociação coletiva para a dispensa em massa. Esse posicionamento jurisprudencial surgiu em razão das repercussões econômicas e sociais causadas por essa dispensa coletiva que, aliás, extrapolava o vínculo empregatício, alcançando a coletividade dos trabalhadores, bem como a comunidade e a economia locais[1259]*.*

Por outro lado, havia posicionamento contrário à exigência da norma coletiva, pois, ao estabelecê-la como condição para a dispensa em massa de empregados, o TST estaria atribuindo Poder normativo à Justiça do Trabalho sem previsão legal. A Constituição Federal de 1988 reservou essa tarefa à lei complementar e o posicionamento do TST estaria invadindo a esfera de competência do Poder Legislativo.

Ademais, essa postura da jurisprudência do TST deixaria as empresas em crise ameaçadas, ante a interferência indevida no poder de gestão do empregador e violaria o princípio da livre iniciativa.

Com a Reforma Trabalhista, reconheceu-se que o empregador tem o direito potestativo de dispensar seus empregados independentemente da modalidade de término, seja ela individual, plúrima ou coletiva. Portanto, todas as dispensas seriam iguais. Dessa forma, a reforma tentou excluir expressamente a necessidade de negociação coletiva prévia e do estabelecimento de acordo ou convenção coletiva de trabalho para a dispensa em massa.

O tema, contudo, é polêmico e já estava em discussão no STF, com repercussão geral (Tema nº 638 – ARE 647651). Conforme tese fixada pelo STF, a validada das dispensas em massa depende da participação do sindicato dos empregados nesse processo, mas não de sua autorização ou da celebração de acordo ou convenção coletiva de trabalho.

Dessa forma, a participação do sindicato da categoria profissional é requisito de validade nos processos de dispensa coletiva, especialmente, nas dispensas em massa.

Por fim, importante mencionar que houve modulação de efeitos em relação à tese fixada pelo STF na apreciação do Tema 638 da repercussão geral, que somente deverá ser aplicada após a publicação da ata de julgamento na qual foi fixada (o que ocorreu em 14 de junho de 2022).

► **ESTUDO DE CASO 05:**

Diante da ausência de questões dissertativas para Analista do TRT sobre o tema abaixo, utilizei a seguinte questão adaptada da 2ª fase do XIII Exame de Ordem da OAB.

Paulo, soldador, trabalha na empresa Tubo Forte Ltda. Em abril de 2013, o sindicato representativo da categoria de Paulo firmou acordo coletivo com a empresa Tubo Forte Ltda., no qual estabelecia a concessão de vale refeição. Tal acordo teve validade de um ano e, até 2017, não houve outra norma coletiva negociada. Em razão disso, desde que houve o decurso do prazo de vigência do acordo, a empresa cessou o pagamento do benefício.

Na qualidade de advogado da empresa Tubo Forte Ltda., responda, fundamentadamente, aos itens a seguir.

a) O que você deverá alegar em eventual defesa trabalhista?

b) Qual o princípio de direito do trabalho está envolvido na questão?

1259. Informativo nº 34 do TST.

RESPOSTA SUGERIDA PELO AUTOR:

A Reforma Trabalhista alterou a redação do § 3º do art. 614 da CLT para vedar a ultratividade do acordo e convenção coletiva de trabalho. De acordo com a antiga redação do dispositivo, o prazo de vigência dos acordos e convenções não poderia ser superior a 2 anos. O objetivo desse prazo é fomentar negociações periódicas, adequando os instrumentos à realidade econômica e regional. Não havia, no entanto, menção expressa à ultratividade.

Portanto, findo o prazo de duração do instrumento coletivo de trabalho, fixado pelas partes, ou no silêncio, no máximo de 2 anos, a norma coletiva perde, automaticamente, sua vigência e os benefícios e demais alterações promovidas deixam de ser aplicadas ao contrato de trabalho.

Nesse mesmo sentido, o STF, no julgamento da ADPF nº 323, por maioria, decidiu pela inconstitucionalidade da Súmula nº 277 do TST e das decisões judiciais que interpretam o art. 114, § 2º, CF/88, como autorização à aplicação do princípio da ultratividade das normas coletivas. Segundo o voto do Relator, Ministro Gilmar Mendes, a Súmula nº 277 do TST não é compatível com os princípios da legalidade, da separação dos Poderes e da segurança jurídica.

*Reforçou-se, assim, o posicionamento trazido pela Reforma Trabalhista, no sentido de vedar a ultratividade das normas coletivas, concretizando nas relações de trabalho a **teoria da aderência limitada ao prazo.***

► **ESTUDO DE CASO 06:**

O sindicato dos trabalhadores em telecomunicações do município X, após diversas tentativas de firmar negociação coletiva com o sindicato patronal para se estabelecer reajuste salarial da categoria, convocou assembleia geral para deliberação sobre início de greve. O movimento paredista foi aprovado pela Assembleia Geral do sindicato e houve comunicação prévia de 48 horas aos empregadores, sendo assegurada a preservação de todo o maquinário das empresas.

Diante do exposto, o sindicato atendeu aos requisitos para o exercício do direito de greve? Fundamente.

RESPOSTA SUGERIDA PELO AUTOR[1260]:

Greve consiste na paralisação coletiva, total ou parcial, pacífica e temporária do trabalho com o objetivo de defender interesses profissionais. É uma arma poderosa de reivindicação dos direitos trabalhistas, sendo classificada também como forma de solução de conflitos, pois é um meio de pressão exercida sobre o empregador, para atender aos pedidos dos trabalhadores e, consequentemente, colocar fim à discussão.

Em razão disso, a Reforma Trabalhista estabelece, no art. 611-B da CLT, que constituem objeto ilícito de convenção coletiva ou acordo coletivo, redução ou supressão do direito de greve e da definição legal sobre serviços e atividades essenciais

1260. Nas respostas aqui no livro, serão indicadas e/ou transcritas súmulas, orientações jurisprudências do TST e artigos de lei, mas na prova não há essa necessidade salvo quando expressamente previsto no edital do concurso.

e disposições legais sobre o atendimento das necessidades inadiáveis da comunidade (art. 611-B, XXVII e XXVIII da CLT).

A Lei de Greve exige o cumprimento de alguns requisitos para que o seu exercício seja considerado legítimo. O primeiro requisito é a convocação e realização de Assembleia Geral. Há necessidade de reunir a categoria para definir a pauta de reivindicações. É necessário, ainda, que se tente a solução amigável, pois a greve deve ser a última alternativa. O quórum para deliberação da Assembleia Geral será previsto no estatuto do sindicato.

Além disso, é necessário que haja comunicação prévia ao empregador antes do início da greve. Tendo em vista que a atividade de telecomunicação é considerada como serviço essencial pelo art. 10 da Lei de Greve, a comunicação, ao empregador e aos usuários, deverá ocorrer com 72 horas de antecedência à paralisação. Assim, não houve respeito pelo sindicato dos trabalhadores em telecomunicações do município X do requisito da comunicação prévia, já que esta foi realizada no prazo de 48 horas. Destaca-se que, para as demais atividades e serviços, o prazo de comunicação é de 48 horas, o que não ocorre somente nos serviços essenciais que a lei exige prazo maior.

É necessária, ainda, a manutenção do maquinário. Além de um comportamento pacífico durante a greve, há necessidade de os trabalhadores manterem funcionando os maquinários da empresa, cuja paralisação resulte em prejuízos ao empregador. Por exemplo, algumas caldeiras e fornos não podem ser desligados. Nesses casos específicos, mesmo durante a greve, há necessidade de manutenção desses equipamentos. Essa manutenção será decidida em acordo do sindicato com a empresa para evitar graves prejuízos ao empregador. Caso não haja acordo para a continuidade desses serviços, o empregador poderá contratar novos empregados.

Em resumo, na questão em análise, o sindicato atendeu aos requisitos da manutenção do maquinário e na convocação de assembleia prévia. Entretanto, a comunicação prévia de 72 horas antes do início da greve não foi atendida.

► **ESTUDO DE CASO 07:**

João é metalúrgico e não é filiado ao Sindicato dos Metalúrgicos da sua base territorial, que fica em Campinas, SP. Em março de 2018, foi surpreendido com desconto mensal de R$ 50,00 no seu salário a título de contribuição sindical. Esse desconto foi aprovado em assembleia geral do sindicato convocada especialmente para esse fim. Diante disso, pergunta-se:

1) Com a Reforma Trabalhista, o desconto no salário de João a título de contribuição sindical, é válido?
2) Qual posicionamento jurisprudencial e doutrinário a respeito do tema?
3) Qual o papel do MPT nesse caso?
4) Aborde, ainda, a sua visão do futuro dos sindicatos no Brasil, em razão das mudanças provocadas pela Reforma Trabalhista.

RESPOSTA SUGERIDA PELO AUTOR

A previsão da contribuição sindical está no art. 8º, IV, do texto constitucional, que remete sua regulamentação à lei infraconstitucional. Por isso, a Reforma

Trabalhista pôde legislar sobre este ponto. A finalidade da cobrança da contribuição sindical é a de que todos são beneficiados pelas conquistas do sindicato.

A Reforma Trabalhista, atendendo à reivindicação de empregados e empregadores, colocou fim à obrigatoriedade da contribuição sindical. Para a cobrança, há necessidade de prévia e expressa autorização, de forma individual de empregados e empregadores. Em resumo, a contribuição sindical permanece vigente, inclusive quanto às regras acerca da data de desconto no salário e da distribuição dos valores arrecadados. No entanto, para que o desconto seja possível para os empregados, empregadores e profissionais liberais é necessária prévia e expressa autorização. Para parte majoritária da doutrina, a contribuição sindical tornou-se facultativa. Ressalta-se que a norma coletiva, nesse caso, não pode suprir a vontade individual. Será ilegal a cobrança de todos os empregados via instrumento coletivo, sem a prévia, expressa e individualizada autorização.

Há posicionamento contrário, entendendo pela possibilidade do desconto da contribuição sindical de todos os empregados da categoria desde que assim seja previsto em assembleia sindical. A exigência de anuência prévia e expressa dos trabalhadores poderia ocorrer por meio da vontade da categoria manifestada em assembleia geral. Nessa linha, destaca-se a Nota Técnica nº 02/2018 da Secretaria de Relações de Trabalho do Ministério do Trabalho. Contudo, a regulamentação dada pela Reforma Trabalhista não deixa margem de dúvidas: **o desconto no salário de João é ilegal.** O desconto somente pode ocorrer com expressa e prévia autorização do empregado.

Nesse sentido, a Súmula Vinculante nº 40 do STF:

> **Súmula Vinculante nº 40 do STF:** A contribuição confederativa de que trata o art. 8º, IV, da Constituição Federal, só é exigível dos filiados ao sindicato respectivo.

No tocante ao MPT, parte de seus integrantes sustentam a necessidade de atuação do órgão para evitar a cobrança de contribuição sindical de todos os trabalhadores. Nesse sentido, se verificada a abusividade da cláusula do instrumento coletivo, é necessária a atuação do MPT junto ao respectivo TRT na propositura de ação anulatória de cláusulas convencionais, conforme a sistemática adotada no dissídio coletivo. Ademais, é fundamental a atuação dos Procuradores do Trabalho em primeira instância, uma vez que serão responsáveis por ingressar com pedido de obrigação de não fazer, ou seja, para que o sindicato não volte a adotar a mesma conduta no futuro. Por outro lado, há posicionamento dentro da instituição que defende a não atuação do MPT em respeito à decisão soberana tomada em assembleia geral. Nesse caso, deveria ser respeitado o princípio de não interferência na administração do sindicato.

Adverte-se que em relação à contribuição assistencial ou taxa de reversão, prevista no art. 513, e, da CLT, cuja finalidade é compensar os custos decorrentes da participação nas negociações coletivas, é **possível sua instituição, por acordo ou convenção coletivos, a todos os empregados da categoria, ainda que não sindicalizados, desde que assegurado o direito de oposição**, conforme tese fixada pelo Supremo Tribunal Federal na apreciação do Tema 935 da Repercussão Geral.

► **QUESTÃO DISCURSIVA 08:**

Quais foram os principais impactos causados pela Reforma Trabalhista no Direito Coletivo do Trabalho?

RESPOSTA SUGERIDA PELO AUTOR

A Reforma Trabalhista surgiu, na realidade, como uma minirreforma, já que alterava apenas nove artigos da CLT. O objetivo principal era possibilitar a ampliação das causas de negociação coletiva, conferindo a ela valor superior ao da lei. O argumento até então utilizado era para dar eficácia ao texto constitucional, devido à previsão da força normativa de acordos e convenções (art. 7º, XXVI da CF/88).

O impacto principal da Reforma Trabalhista no direito coletivo é a ampliação das possibilidades de negociação coletiva, que, nos termos do art. 611-A da CLT, elenca, de forma exemplificativa, casos que prevalecem sobre a lei, abrindo espaço a outras hipóteses de negociação. Ocorre que a negociação coletiva tem limites que devem ser observados, ainda que ampliadas significativamente as hipóteses de valorização do negociado. Os direitos assegurados pela Constituição Federal, excepcionadas as hipóteses que o próprio texto constitucional permite, não são passíveis de flexibilização por meio de negociação coletiva, pois a Reforma Trabalhista foi aprovada como lei ordinária, tendo status infraconstitucional.

Ainda na tentativa de traçar limites ao alcance da negociação coletiva, o legislador da Reforma Trabalhista acrescentou o art. 611-B à CLT. Esse dispositivo é responsável por apresentar os direitos que não podem ser suprimidos ou reduzidos, pois constituem objeto ilícito de norma coletiva. A análise atenta a esses dois artigos – 611-A e 611-B – será imprescindível nas futuras negociações. Caso haja conflito entre eles, deve prevalecer o art. 611-B, para garantir princípios básicos constitucionais como da dignidade da pessoa humana e da máxima eficácia do texto constitucional.

Nesse sentido, aliás, foi a tese fixada pelo STF na apreciação do Tema 1046 da Repercussão Geral:

> São constitucionais os acordos e as convenções coletivos que, ao considerarem a adequação setorial negociada, pactuam limitações ou afastamentos de direitos trabalhistas, independentemente da explicitação especificada de vantagens compensatórias, desde que respeitados os direitos absolutamente indisponíveis.

No tocante à vigência das normas coletivas, o art. 614, § 3º, da CLT estabelece que os acordos e convenções têm prazo limitado de dois anos, não sendo admitida a ultratividade. Portanto, findo o prazo de 2 anos, os efeitos da norma coletiva cessam.

Nesse mesmo sentido, o STF, no julgamento da ADPF nº 323, por maioria, decidiu pela inconstitucionalidade da Súmula nº 277 do TST e das decisões judiciais que interpretam o art. 114, § 2º, CF/88, como autorização à aplicação do princípio da ultratividade das normas coletivas. Segundo o voto do Relator, Ministro Gilmar Mendes, a Súmula nº 277 do TST não é compatível com os princípios da legalidade, da separação dos Poderes e da segurança jurídica.

Reforçou-se, assim, o posicionamento trazido pela Reforma Trabalhista, no sentido de vedar a ultratividade das normas coletivas, concretizando nas relações de trabalho a **teoria da aderência limitada ao prazo**.

Outra novidade consiste na possibilidade de concessão de eficácia liberatória das parcelas firmadas em PDV caso prevista em norma coletiva.

Ainda, para que haja dispensa em massa não há necessidade de negociação prévia, mas tão somente a necessidade de um diálogo social prévio com o sindicato da categoria profissional. O STF, na apreciação do Tema nº 638 – ARE 647651, fixou tese de repercussão geral que condiciona a validada das dispensas em massa à participação do sindicato dos empregados nesse processo, mas não de sua autorização ou da celebração de acordo ou convenção coletiva de trabalho. Dessa forma, a participação do sindicato da categoria profissional é requisito de validade nos processos de dispensa coletiva, especialmente, nas dispensas em massa.

Importante mencionar que houve modulação de efeitos em relação à tese fixada pelo STF na apreciação do Tema 638 da repercussão geral, que somente deverá ser aplicada após a publicação da ata de julgamento na qual foi fixada (o que ocorreu em 14 de junho de 2022).

Além disso, observa-se a ampliação e regulamentação da representação de empregados nas empresas com mais de 200 empregados. Esse aspecto não se liga especificamente ao sindicato, mas está intimamente ligado ao direito coletivo, pois há representação da coletividade de trabalhadores no âmbito de cada empresa. A comissão de representantes é importante instrumento de controle das condições de trabalho e auxiliam na resolução dos conflitos trabalhistas.

O Brasil dá um passo importante no fortalecimento dos sindicatos, que ganham papel de destaque na negociação coletiva. Entretanto, isso causará discussões e preocupações pois os sindicatos do país são fracos e estão em processo de formação.

Destaca-se, finalmente, o fim da compulsoriedade da contribuição sindical, que somente poderá ser exigida dos trabalhadores por meio de expressa e prévia autorização. Adverte-se, contudo, que em relação à contribuição assistencial ou taxa de reversão, prevista no art. 513, e, da CLT, cuja finalidade é compensar os custos decorrentes da participação nas negociações coletivas, é **possível sua instituição, por acordo ou convenção coletivos, a todos os empregados da categoria, ainda que não sindicalizados, desde que assegurado o direito de oposição**, conforme tese fixada pelo Supremo Tribunal Federal na apreciação do Tema 935 da Repercussão Geral.

10. SÚMULAS E ORIENTAÇÕES JURISPRUDENCIAIS DO TST

▶ CAPÍTULO XI – DIREITO COLETIVO DO TRABALHO
Súmula nº 374 do TST. Empregado integrante de categoria profissional diferenciada não tem o direito de haver de seu empregador vantagens previstas em instrumento coletivo no qual a empresa não foi representada por órgão de classe de sua categoria.
Súmula nº 677 do STF. Até que a lei venha a dispor a respeito, incumbe ao Ministério do Trabalho proceder ao registro das entidades sindicais e zelar pela observância do princípio da unicidade.
Orientação Jurisprudencial nº 28 da SDC do TST. O edital de convocação para a AGT deve ser publicado em jornal que circule em cada um dos municípios componentes da base territorial.
Orientação Jurisprudencial nº 35 da SDC do TST. Se os estatutos da entidade sindical contam com norma específica que estabeleça prazo mínimo entre a data de publicação do edital convocatório e a realização da assembleia correspondente, então a validade desta última depende da observância desse interregno.
Súmula Vinculante nº 40 do STF (Conversão literal da Súmula nº 666 do STF). A contribuição confederativa de que trata o art. 8, IV, da Constituição é exigível dos filiados ao sindicato respectivo.
Orientação Jurisprudencial nº 17 da SDC. As cláusulas coletivas que estabeleçam contribuição em favor de entidade sindical, a qualquer título, obrigando trabalhadores não sindicalizados, são ofensivas ao direito de livre associação e sindicalização, constitucionalmente assegurado, e, portanto, nulas, sendo passíveis de devolução, por via própria, os respectivos valores eventualmente descontados.

Súmula nº 277 do TST[1261]. Convenção coletiva de trabalho ou acordo coletivo de trabalho. Eficácia. Ultratividade

As cláusulas normativas dos acordos coletivos ou convenções coletivas integram os contratos individuais de trabalho e somente poderão ser modificadas ou suprimidas mediante negociação coletiva de trabalho.

OJ nº 322 da SDI – I do TST[1262]. Nos termos do art. 614, § 3º, da CLT, é de 2 anos o prazo máximo de vigência dos acordos e das convenções coletivas. Assim sendo, é inválida, naquilo que ultrapassa o prazo total de 2 anos, a cláusula de termo aditivo que prorroga a vigência do instrumento coletivo originário por prazo indeterminado.

Orientação Jurisprudencial nº 54 da SDI – I do TST. O valor da multa estipulada em cláusula penal, ainda que diária, não poderá ser superior à obrigação principal corrigida, em virtude da aplicação do artigo 412 do Código Civil de 2002 (art. 920 do Código Civil de 1916).

Súmula nº 437 do TST[1263]. Intervalo intrajornada para repouso e alimentação. Aplicação do art. 71 da CLT.

II – É inválida cláusula de acordo ou convenção coletiva de trabalho contemplando a supressão ou redução do intervalo intrajornada porque este constitui medida de higiene, saúde e segurança do trabalho, garantida por norma de ordem pública (art. 71 da CLT e art. 7º, XXII, da CF/1988), infenso à negociação coletiva.

Orientação jurisprudencial nº 30 da SDC do TST. Estabilidade da gestante. Renúncia ou transação de direitos constitucionais. Impossibilidade.

Nos termos do art. 10, II, "a", do ADCT, a proteção à maternidade foi erigida à hierarquia constitucional, pois retirou do âmbito do direito potestativo do empregador a possibilidade de despedir arbitrariamente a empregada em estado gravídico. Portanto, a teor do artigo 9º da CLT, torna-se nula de pleno direito a cláusula que estabelece a possibilidade de renúncia ou transação, pela gestante, das garantias referentes à manutenção do emprego e salário.

Orientação jurisprudencial nº 31 da SDC do TST. Estabilidade do acidentado. Acordo homologado. Prevalência. Impossibilidade. Violação do art. 118 da Lei nº 8.213/91.

Não é possível a prevalência de acordo sobre legislação vigente, quando ele é menos benéfico do que a própria lei, porquanto o caráter imperativo dessa última restringe o campo de atuação da vontade das partes.

Súmula nº 449 do TST. A partir da vigência da Lei nº 10.243, de 27.06.2001, que acrescentou o § 1º ao art. 58 da CLT, não mais prevalece cláusula prevista em convenção ou acordo coletivo que elastece o limite de 5 minutos que antecedem e sucedem a jornada de trabalho para fins de apuração das horas extras.

Orientação jurisprudencial nº 16 da SDC do TST. É contrária ao espírito da lei (art. 477, § 7º, da CLT) e da função precípua do Sindicato a cláusula coletiva que estabelece taxa para homologação de rescisão contratual, a ser paga pela empresa a favor do sindicato profissional.

Orientação jurisprudencial nº 26 da SDC do TST. Os empregados menores não podem ser discriminados em cláusula que fixa salário mínimo profissional para a categoria.

Orientação Jurisprudencial nº 38 da SDC do TST. É abusiva a greve que se realiza em setores que a lei define como sendo essenciais à comunidade, se não é assegurado o atendimento básico das necessidades inadiáveis dos usuários do serviço, na forma prevista na Lei nº 7.783/89.

Orientação Jurisprudencial nº 10 da SDC do TST. É incompatível com a declaração de abusividade de movimento grevista o estabelecimento de quaisquer vantagens ou garantias a seus partícipes, que assumiram os riscos inerentes à utilização do instrumento de pressão máximo.

Orientação Jurisprudencial nº 11 da SDC do TST. É abusiva a greve levada a efeito sem que as partes hajam tentado, direta e pacificamente, solucionar o conflito que lhe constitui o objeto.

Orientação Jurisprudencial nº 5 da SDC do TST. Em face de pessoa jurídica de direito público que mantenha empregados, cabe dissídio coletivo exclusivamente para apreciação de cláusulas de natureza social. Inteligência da Convenção no 151 da Organização Internacional do Trabalho, ratificada pelo Decreto Legislativo nº 206/2010.

1261. No julgamento final da ADPF 323, o STF declarou a inconstitucionalidade da Súmula nº 277 do TST.

1262. Esta súmula poderá ser impactada pela nova redação dada ao art. 614, § 3º da CLT acrescentado pela Reforma Trabalhista – Lei nº 13.467/2017.

1263. Esta súmula poderá ser impactada pela nova redação do art. 71, § 4º da CLT e pelo art. 611-A, III da CLT acrescentado pela Reforma Trabalhista – Lei nº 13.467/2017.

CAPÍTULO XII

DIREITO INTERNACIONAL DO TRABALHO (CONVENÇÕES DA OIT)

1. INTRODUÇÃO

Caro leitor, o Direito Internacional do Trabalho está cada vez mais presente nos editais para os concursos de Analista. A título de exemplo, o recente edital do concurso de Analista e Técnico do MPU previu expressamente o conteúdo "principais convenções e tratados internacionais em matéria trabalhista".

O Direito Internacional do Trabalho, contudo, não é disciplina jurídica autônoma, mas recorte do Direito Internacional Público. Assim, a teoria geral que o conduz é a mesma que estrutura o ramo do qual se origina. Como explica Arnaldo Süssekind:

> É certo que a Organização Internacional do Trabalho (OIT), como veremos adiante, possui algumas peculiaridades e uma vasta obra; mas não basta, a nosso ver, para configurar a autonomia científica do Direito Internacional do Trabalho, uma vez que os objetivos gerais da instituição, os princípios doutrinários, os métodos de investigação e os instrumentos de que se utiliza são os mesmos do Direito Internacional Público, sendo certo que outros organismos internacionais, inclusive as Nações Unidas (ONU), procuram, igualmente, dentro da respectiva esfera de competência, alcançar objetivos comuns.[1264-1265]

Conforme se verá nos próximos tópicos, algumas Convenções da OIT são fontes formais heterônomas de Direito do Trabalho, possuem força normativa e devem ser observadas pela sociedade (trabalhadores, empregadores, Governo e demais intérpretes). É que os tratados internacionais devidamente aprovados pelo Congresso Nacional, conforme art. 49, I e art. 84, VIII, ambos da CF/88, ingressam no ordenamento jurídico interno com força de lei ordinária federal. Caso tratem de Direito Humanos, o que nos parece ser o caso de todas as Convenções da OIT, assumem status de supralegalidade, posicionados acima da legislação ordinária, mas hierarquicamente inferiores à Norma Constitucional. Ainda, se forem incorporados ao ordenamento jurídico brasileiro segundo o rito do art. 5º, § 3º, da CF/88, terão *status* de emenda constitucional[1266].

Toma-se, por exemplo, a famosa Lista das Piores Formas de Trabalho Infantil (Lista TIP) veiculada pelo Decreto nº 6.481/2008, que regulamenta os artigos 3º, alínea "d", e 4º

1264. Süssekind. Arnaldo [*et al.*]. *Instituições de Direito do Trabalho*, volume II. 21. ed. atual. por Arnaldo Süssekind e João Lima Teixeira Filho. São Paulo: LTr, 2003, p. 1497.

1265. No mesmo sentido: Husek, Carlos Roberto. *Curso básico de direito internacional público e privado do trabalho*. 4. ed. São Paulo: LTr, 2017, p. 72; e Reis, Jair Teixeira dos. *Resumos de direito internacional & comunitário*. 4. ed. São Paulo: LTr, 2015, p. 66.

1266. Conforme jurisprudência do STF - RE n.º 466.343-1/ SP.

da Convenção nº 182 da OIT. Essa Convenção, incorporada pelo Direito brasileiro[1267], trata da proibição das piores formas de trabalho infantil e ação imediata para sua eliminação. Foi com fundamenta na referida Convenção, aliás, que se proibiu o trabalho doméstico para pessoas com menos de 18 anos de idade, conforme o parágrafo único do art. 1º da LC nº 150/2015.

Outro exemplo prático do Direito Internacional do Trabalho no cotidiano brasileiro é a **Política Nacional de Saúde do Trabalhador e da Trabalhadora** (Portaria GM/MS nº 1.823/2012), que define princípios diretrizes e as estratégias nas três esferas de gestão do SUS – federal, estadual e municipal, para o desenvolvimento das ações de atenção integral à Saúde do Trabalhador, com ênfase na vigilância, visando a promoção e a proteção da saúde dos trabalhadores e a redução da morbimortalidade decorrente dos modelos de desenvolvimento e dos processos produtivos[1268]. A obrigação de formular, pôr em prática e reexaminar periodicamente uma política nacional coerente em matéria de segurança e saúde dos trabalhadores e o meio ambiente de trabalho consta do artigo 4º da Convenção nº 155 da OIT, ratificada pelo Brasil[1269].

Além do impacto prático e perceptível decorrente da força normativa de tratado internacional de Direitos Humanos internalizado, como acima exemplificado, as Convenções da OIT também atuam de maneira silenciosa, impedindo a produção de efeitos da legislação infraconstitucional contrária ao seu conteúdo. É que, uma vez ratificadas e publicadas, as Convenções da OIT passam a integrar o **bloco de convencionalidade**, de sorte que todas as normas infraconstitucionais que vierem a ser produzidas no Brasil devem passar pelo filtro da Constituição e os tratados de Direitos Humanos (material ou formalmente constitucionais) ratificados e em vigor[1270].

A essa paralisação da eficácia do ordenamento infraconstitucional contrário e / ou de impedimento da produção de novas legislações igualmente contrárias, damos o nome de efeito esterilizante.

Mas não só as Convenções ratificadas impactam o direito interno. Algumas normas, ainda que não internalizadas, atuam como importantes fontes materiais no Direito do Trabalho. Fonte material é todo fator ou acontecimento social, político, econômico e filosófico que inspira o legislador na elaboração das leis. Nesse ponto, apesar de não possuírem força normativa e, portanto, de não serem de observância obrigatória, as

1267. Ratificada pelo Brasil e publicada pelo Decreto nº 3.597, de 12/09/2000, atualmente consolidade com as demais convenções e recomendações da OIT ratificadas pelo Brasil no Decreto nº 10.088, de 05/11/2019.

1268. Disponível em: https://www.gov.br/saude/pt-br/composicao/svsa/saude-do-trabalhador/pnst. Acesso em: 24/06/2024.

1269. Ratificada pelo Brasil e publicada pelo Decreto nº 1.254, de 29/09/94, atualmente consolidade com as demais convenções e recomendações da OIT ratificadas pelo Brasil no Decreto nº 10.088, de 05/11/2019.

1270. Conceito de bloco de convencionalidade extraído de: Mazzuoli, Valério de Oliveira. *Controle jurisdicional da convencionalidade das leis*. 5. ed. Rio de Janeiro: Forense, 2018. Importante mencionar que, para o Autor, a despeito do que restou decidido pelo STF no julgamento do RE n.º 466.343-1/ SP em relação à hierarquia dos tratados internacionais, os tratados de Direitos Humanos possuiriam *status* de norma constitucional (nos termos do art. 5º, § 2º, da CF/88) e aqueles internalizados pelo rito do art. 5º, § 3º, da CF/88, seriam equivalentes às emendas constitucionais. Os demais, que não tratam de Direitos Humanos, teriam *status* supralegal. Assim, a legislação nacional infraconstitucional teria que passar por um segundo filtro: os tratados internacionais comuns também ratificados e em vigor interno – que ostentariam, repete-se, *status* supralegal.

Convenções da OIT não ratificadas pelo Brasil servem como elemento de pressão, que influencia diretamente o surgimento ou a modificação de leis.

Exemplo clássico é a Convenção nº 87 da OIT, que não foi ratificada pelo Brasil. Essa Convenção adota o **princípio da pluralidade sindical**, o que possibilitaria mais de um sindicato, representante da mesma categoria, na mesma base territorial. Esse sistema não impõe um modelo sindical a ser seguido pelo Estado, mas determina que não são de competência legal a estruturação e organização dos sindicatos, tarefa exclusiva dessas próprias entidades. Apesar de não surtir efeito em relação à proibição da concorrência de dois ou mais sindicatos numa mesma base territorial, a Convenção nº 87 foi um importante fator de ponderação quando da extinção da contribuição sindical compulsória.

Além das Convenções, ora com força normativa (fonte formal), ora como fonte material, a OIT também emite Recomendações aos seus Estados-membros. As Recomendações, ao contrário das Convenções, não estão abertas a ratificação e não se prestam a enunciar normas vinculativas. São diretrizes que atuam somente como sugestão aos Estados, de modo a orientar o Direito interno. Desempenham o papel que a doutrina internacional moderna chama de *softlaw*, ou seja, que mais recomendam a adoção de certa conduta do que propriamente a impõem, são leis-modelos, são *guidelines* etc.[1271]

2. ORGANIZAÇÃO INTERNACIONAL DO TRABALHO

2.1. Definição, natureza jurídica e finalidades

Para que possamos entender, de fato, o que vem a ser a OIT e quais são as suas finalidades, é imprescindível a leitura do preâmbulo de sua Constituição (1919), o qual enuncia os valores e as aspirações sobre os quais o organismo foi criado:

> Preâmbulo
>
> Considerando que só se pode fundar uma paz universal e duradoura com base na justiça social;
>
> Considerando que existem condições de trabalho que implicam, para grande parte das pessoas, a injustiça, a miséria e as privações, o que gera um descontentamento tal que a paz e a harmonia universais são postas em risco, e considerando que é urgente melhorar essas condições: por exemplo, relativamente à regulamentação das horas de trabalho, à fixação de uma duração máxima do dia e da semana de trabalho, ao recrutamento da mão-de-obra, à luta contra o desemprego, à garantia de um salário que assegure condições de subsistência adequadas, à proteção dos trabalhadores contra doenças gerais ou profissionais e contra acidentes de trabalho, à proteção das crianças, dos jovens e das mulheres, às pensões de velhice e de invalidez, à defesa dos interesses dos trabalhadores no estrangeiro, à afirmação do princípio "salário igual para trabalho de igual valor", à afirmação do princípio da liberdade sindical, à organização do ensino profissional e técnico e outras medidas análogas;
>
> Considerando que a não adoção, por parte de qualquer nação, de um regime de trabalho realmente humano se torna um obstáculo aos esforços de outras

1271. Reis, Jair Teixeira dos. *Resumos de direito internacional & comunitário*. 4. ed. São Paulo: LTr, 2015, p. 28.

nações empenhadas em melhorar o futuro dos trabalhadores nos seus próprios países;

As Altas Partes Contratantes, movidas por sentimentos de justiça e de humanidade, assim como pelo desejo de assegurar uma paz mundial duradoura, e tendo em vista alcançar os objetivos enunciados neste preâmbulo, aprovam a presente Constituição da Organização Internacional do Trabalho:

O artigo 1º da Constituição[1272] enuncia que a OIT é uma organização permanente encarregada de trabalhar para a realização do programa exposto no preâmbulo e na Declaração relativa aos fins e objetivos da Organização Internacional do Trabalho, adotada em Filadélfia, de 1944. A Declaração de Filadélfia, hoje anexada à Constituição da OIT, apresenta os fins e objetivos da organização, bem como os princípios nos quais se deveria inspirar a política dos seus Membros.

O artigo 39º atesta que a OIT possui personalidade jurídica, com capacidade para contratar, adquirir bens, móveis e imóveis e dispor desses bens e agir judicialmente. Nesse sentido, Arnaldo Süssekind[1273] explica que a OIT é uma pessoa jurídica de direito internacional, aplicando-se as suas representações os privilégios e as imunidades assegurados às pessoas de direito público externo[1274].

Em 1946, por meio do Acordo de Nova York, a OIT se tornou uma **agência especializada da ONU**[1275]. Apesar de formalmente vinculadas às Nações Unidas, as agências especializadas são autônomas e possuem responsabilidades em nível internacional[1276].

Como pessoa jurídica de direito público internacional, constituída na forma de associação, o *organismo* é composto por Estados membros.

Qualquer membro originário da ONU e qualquer Estado admitido como um de seus membros por decisão da Assembleia-Geral pode se tornar membro da OIT, comunicando ao Diretor-Geral do *Bureau* Internacional do Trabalho a sua aceitação formal das obrigações decorrentes da Constituição da OIT[1277]. Dessa forma, o ingresso do Estado membro da ONU à OIT não passa pelo crivo da Conferência Geral da Organização Internacional do Trabalho[1278], dependendo da simples manifestação de vontade do pretendente.

Já no caso de Estados que não são membros da ONU, o ingresso dependerá da aprovação, por maioria de dois terços dos delegados presentes na sessão, incluindo os dois terços dos delegados governamentais presentes e votantes, da Conferência Geral da Organização Internacional do Trabalho. Esta admissão tornar-se-á efetiva quando o Governo

1272. A atual redação do referido dispositivo é fruto de uma revisão constitucional realizada em 1946, durante a 27ª Conferência Internacional do Trabalho.

1273. Süssekind. Arnaldo [*et al.*]. *Instituições de Direito do Trabalho*, volume II. 21. ed. atual. por Arnaldo Süssekind e João Lima Teixeira Filho. São Paulo: LTr, 2003, p. 1509.

1274. Artigo 40º, 1, Constituição da OIT: A Organização Internacional do Trabalho gozará, no território de cada um dos seus Membros, dos privilégios e das imunidades necessárias para atingir os seus fins.

1275. Lembre-se que a OIT foi criada em 1919, mais de vinte anos antes da criação da ONU, em 1945. Nasceu, então, como organismo internacional autônomo, vindo a se vincular à ONU apenas em 1946.

1276. Reis, Jair Teixeira dos. *Resumos de direito internacional & comunitário*. 4. ed. São Paulo: LTr, 2015, p. 67.

1277. Conforme artigo 1º, 3, da Constituição da OIT.

1278. Para saber mais sobre a Conferência Geral da Organização Internacional do Trabalho, consulte o próximo tópico.

do novo membro tiver comunicado ao Diretor-Geral do *Bureau* Internacional do Trabalho a sua aceitação formal das obrigações decorrentes da Constituição da Organização[1279].

De qualquer forma, o ingresso de um Estado ao quadro de membros da OIT depende de sua **aceitação formal das obrigações decorrentes da Constituição da Organização**, ou seja, acarreta em uma série de responsabilidades à atividade estatal, no campo de sua competência. Essas responsabilidades não implicam em renúncia à soberania do Estado membro, princípio norteador do Direito Internacional Público, pois derivam da manifestação da vontade do Ente soberano e se limitam àquilo que está expresso na Constituição[1280].

Por fim, importante assinalar que a OIT é a única das agências da ONU que tem estrutura tripartite, na qual representantes de governos, de organizações de empregadores e de trabalhadores de 187 Estados membros participam em situação de igualdade das diversas instâncias da Organização[1281].

2.2. Estrutura tripartite

A OIT se diferencia de qualquer outra organização internacional, pois conta com a participação do ser humano. Conforme explica Carlos Roberto Husek[1282], seja em seu órgão diretivo (Conferência Internacional do Trabalho), seja em seu órgão executivo (Conselho de Administração), a OIT é composta por representantes governamentais e não governamentais. Dos três principais órgãos da Organização, apenas o *Bureau* Internacional do Trabalho não tem estrutura tripartite, por desempenhar competências técnico-administrativas. Os representantes não governamentais são os delegados de empregadores e de trabalhadores, que atuam em condições de igualdade com os delegados dos governos.

O tripartismo tem como finalidade o diálogo social. Nas esferas de tomada de decisão, trabalhadores e empregadores têm voz igual junto aos governos. Essa estrutura garante que as opiniões dos parceiros sociais sejam cuidadosamente refletidas nas normas, políticas e programas de trabalho da OIT[1283]. Busca, assim, pelo entendimento e a cooperação entre trabalhadores, empregadores e governos para a promoção da justiça social e dos direitos humanos e trabalhistas reconhecidos internacionalmente.

Em verdade, não se trata de uma mera forma de organização para a tomada de decisão. O tripartismo é um princípio sempre incentivado pela OIT[1284]. Exemplo desse incentivo

1279. Conforme artigo 1º, 4, da Constituição da OIT.

1280. Süssekind. Arnaldo [*et al.*]. *Instituições de Direito do Trabalho*, volume II. 21. ed. atual. por Arnaldo Süssekind e João Lima Teixeira Filho. São Paulo: LTr, 2003, p. 1509.

1281. Organização Internacional do Trabalho (OIT). História da OIT. *Organização Internacional do Trabalho, [S.d.]*. Disponível em: https://www.ilo.org/regions-and-countries/americas/brazil/conheca-oit/historia-da-oit. Acesso em: 26 jun. 2024.

1282. Husek, Carlos Roberto. *Curso básico de direito internacional público e privado do trabalho*. 4. ed. São Paulo: LTr, 2017, p. 122.

1283. Organização Internacional do Trabalho (OIT). Conheça a OIT no Brasil. *Organização Internacional do Trabalho, [S.d.]*. Disponível em: https://www.ilo.org/pt-pt/regions-and-countries/americas/brasil/conheca-oit#:~=Tripartismo%20e%20Di%C3%A1logo%20Social,desenvolver%20pol%C3%ADticas%20e%20elaborar%20programas. Acesso em: 27 jun. 2024.

1284. Husek, Carlos Roberto. *Curso básico de direito internacional público e privado do trabalho*. 4. ed. São Paulo: LTr, 2017, p. 122-123.

é a expressão "consulta às organizações representativas de empregadores e empregados, onde tais organizações existam" (ou similar) presente em inúmeras Convenções da OIT[1285].

A Convenção nº 144[1286], por sua vez, estabelece que todo membro que a ratifique compromete-se a pôr em prática procedimentos que assegurem consultas efetivas, entre os representantes do Governo, dos empregadores e dos trabalhadores, sobre os assuntos relacionados com as seguintes atividades da OIT[1287]:

> a) as respostas dos Governos aos questionários relativos aos pontos incluídos na ordem do dia da Conferência Internacional do Trabalho e os comentários dos Governos sobre os projetos de texto a serem discutidos na Conferência.
>
> b) a propostas que devam ser apresentadas à autoridades competentes relativas à obediência às convenções e recomendações, em conformidade com o artigo 19 da Constituição da Organização Internacional do Trabalho.
>
> c) o reexame, dentro de intervalos apropriados, de convenções não ratificadas e de recomendações que ainda não tenha efeito, para estudar que medidas poderiam tomar-se para colocá-las em prática e promover sua ratificação eventual;
>
> d) as questões que possam levantar as memórias que forem comunicadas à Secretaria Internacional do Trabalho em virtude do artigo 22 da Constituição da Organização Internacional do Trabalho.
>
> e) as propostas de denúncia de convenções ratificadas.

A Convenção nº 155[1288-1289], por sua vez, determina que todo membro deverá, em consulta às organizações mais representativas de empregadores e de trabalhadores, e levando em conta as condições e a prática nacionais, formular, pôr em prática e reexaminar periodicamente uma política nacional coerente em matéria de segurança e saúde dos trabalhadores e o meio ambiente de trabalho[1290].

Nos Brasil, o processo de diálogo social tripartite previsto nas **Convenções nº 144, Consultas Tripartites sobre Normas Internacionais do Trabalho, e nº 155, Segurança e Saúde dos Trabalhadores,** se materializou na a Comissão Tripartite Paritária Permanente[1291].

1285. Exemplo: artigo 4º, item 3, Convenção nº 88; artigo 5º, item 1, Convenção nº 89; artigo 2º, item 2, Convenção nº 95; artigo 1º, item 5, Convenção nº 103; artigo 4º, item 2, Convenção nº 106; artigo 1º, item 2, Convenção nº 113; artigo 5º, item 3, Convenção nº 125; artigo 4º, item 3, alínea *b*, Convenção nº 131; artigo 2º, item 2, Convenção nº 152; artigo 3º, item 3, Convenção nº 162; etc.

1286. Ratificada pelo Brasil e publicada pelo Decreto nº 2.518, de 12/03/98, atualmente consolidade com as demais convenções e recomendações da OIT ratificadas pelo Brasil no Decreto nº 10.088, de 05/11/2019.

1287. Conforme artigo 1º, 1, da Convenção nº 144 da OIT.

1288. Ratificada pelo Brasil e publicada pelo Decreto nº 1.254, de 29/09/94, atualmente consolidade com as demais convenções e recomendações da OIT ratificadas pelo Brasil no Decreto nº 10.088, de 05/11/2019.

1289. Na 110ª Conferência Internacional do Trabalho, ocorrida em 2022, a OIT acrescentou segurança e saúde aos Princípios e Direitos Fundamentais no Trabalho. Assim, a Convenção sobre Segurança e Saúde dos Trabalhadores, 1981 (nº 155), é uma convenção fundamental da OIT e suas disposições devem ser cumpridas por todos os Estado membros, ainda que não sejam parte da norma; independentemente de ratificação – *jus cogen*.

1290. Conforme artigo 4º, 1, da Convenção nº 155 da OIT.

1291. Brasil. Ministério do Trabalho e Emprego. Histórico da Comissão Tripartite Paritária Permanente. *Governo do Brasil*, 2023. Disponível em: https://www.gov.br/trabalho-e-emprego/pt-br/acesso-a-informacao/participacao-social/conselhos-e-orgaos-colegiados/comissao-tripartite-partitaria-permanente/institucional/historico/historico. Acesso em: 27 jun. 2024.

A CTPP é o fórum oficial do governo federal responsável por discutir temas referentes à segurança e à saúde no trabalho, em especial as NRs, tendo como competência principal estimular o diálogo social com vistas a melhorar as condições e o meio ambiente do trabalho. A CTPP atualmente é regida pelo Decreto nº 11.496, de 19 de abril de 2023[1292].

A força normativa do mandamento de diálogo social é tão grande internamente, que eventual norma de saúde e segurança no trabalho que não respeite o procedimento estabelecido pelas referidas Convenções poderá ser declarada nula.

3. CONVENÇÕES E RECOMENDAÇÕES INTERNACIONAIS DO TRABALHO

Ao longo dos seus mais de 100 anos de existência, a OIT já aprovou quase 200 Convenções Internacionais e dezenas de Recomendações. Por óbvio, não conseguiríamos comentar todas neste capítulo. Por isso, optamos por tratar sobre aspectos gerais do Código Internacional do Trabalho para que o leitor consiga entender e interpretar corretamente a norma quando de sua leitura. Ainda, aos concurseiros e concurseiras, sugerimos a leitura integral das principais Convenções e Recomendações ratificadas pelo Brasil, principalmente aquelas tidas como fundamentais[1293-1294-1295].

3.1. Natureza jurídica

De acordo com a Convenção de Viena sobre o Direito dos Tratados[1296], "tratado" significa um acordo internacional concluído por escrito entre Estados e regido pelo Direito Internacional, quer conste de um instrumento único, quer de dois ou mais instrumentos conexos, qualquer que seja sua denominação específica[1297]. Dessa forma, não importa a terminologia dada a esse acordo escrito[1298], se firmado entre sujeitos de Direito Internacional, será um tratado internacional. Em outras palavras, são acordos formais feitos entre sujeitos de Direito Internacional, como Estados e organismos internacionais[1299] – a exemplo da OIT, e regidos pelo Direito Internacional.

1292. Brasil. Ministério do Trabalho e Emprego. Comissão Tripartite Paritária Permanente. *Governo do Brasil*, 2023. Disponível em: https://www.gov.br/trabalho-e-emprego/pt-br/acesso-a-informacao/participacao-social/conselhos-e-orgaos-colegiados/comissao-tripartite-partitaria-permanente. Acesso em: 27 jun. 2024.

1293. As Convenções fundamentais da OIT são: Convenção nº 29, sobre trabalho forçado (1930); Convenção nº 87 (não ratificada pelo Brasil), sobre liberdade sindical e proteção do direito de sindicalização (1948); Convenção nº 98, sobre Direito de sindicalização e de negociação coletiva (1949); Convenção nº 100, sobre igualdade de remuneração (1951); Convenção nº 105, sobre abolição do trabalho forçado (1957); Convenção nº 111, sobre discriminação (emprego e ocupação) (1958); Convenção nº 138, sobre idade mínima para o emprego (1973); Convenção nº 155, sobre Segurança e Saúde dos Trabalhadores (1981); Convenção nº 182, sobre as Piores Formas de Trabalho Infantil (1999); Convenção nº 187 (não ratificada pelo Brasil), sobre o Quadro Promocional para a Segurança e Saúde Ocupacional (2006).

1294. Para facilitar os estudos, sugiro o compilado de **Legislação de Direito Internacional do Trabalho e da Proteção Internacional dos Direitos Humanos** (2024), dos colegas de MPT Élisson Miessa e Gustavo Luís Teixeira Das Chagas, pela Editora Juspodvim.

1295. Ainda, a **Escola Trabalhista** oferece um curso **gratuito** com as principais Convenções da OIT. Acesse: https://www.escolatrabalhista.com.br/.

1296. Ratificada pelo Brasil e publicada pelo Decreto nº 7.030, de 14/12/2009.

1297. Conforme artigo 2, 1, *a*, da Convenção de Viena.

1298. "Assim, temos as seguintes palavras: tratado, convenção, acordo, convênio, carta, protocolo, regulamento, *modus vivend*, concordata, estatuto, ato, declaração etc.". (Husek, Carlos Roberto. *Curso básico de direito internacional público e privado do trabalho*. 4. ed. São Paulo: LTr, 2017, p. 133).

1299. Husek, Carlos Roberto. *Curso básico de direito internacional público e privado do trabalho*. 4. ed. São Paulo: LTr, 2017, p. 131.

As Convenções Internacionais do Trabalho nada mais são **tratados internacionais**. Representam, nos mesmos termos elencados na Convenção de Viena:

a) **Acordo internacional:** a manifestação livre da vontade de Estados soberanos em matéria de direitos trabalhistas;

b) **Concluído por escrito:** cujo instrumento resulta, justamente, no texto da convenção;

c) **Concluído entre sujeitos de Direito Internacional:** no caso, entre Estados e a Organização Internacional do Trabalho; e

d) **Regidos pelo Direito Internacional:** opera efeitos, também, no âmbito internacional, sendo regido pelos princípios e costumes do Direito Internacional Público.

Dada sua natureza contratual (acordo internacional), as convenções da OIT necessitam da manifestação formal da vontade das partes acordantes para que as obriguem no plano internacional. É justamente por esse motivo que as convenções são abertas à **ratificação**:

> **Artigo 2, 1, b), Convenção de Viena:** "ratificação", "aceitação", "aprovação" e "adesão" significam, conforme o caso, o ato internacional assim denominado pelo qual um Estado estabelece no plano internacional o seu consentimento em obrigar-se por um tratado.

A partir do momento em que um Estado-membro, livremente, decida se torna parte de uma convenção e comunique tal decisão ao Diretor-Geral da Repartição Internacional do Trabalho, passa a estar obrigado, perante o Direito Internacional, à adoção das medidas que forem necessárias para tornar efetivas as disposições da referida convenção[1300].

Uma das principais diferenças das convenções da OIT para outros tratados internacionais é que essas são firmadas exclusivamente no âmbito da OIT. Isso não significa que a OIT possua uma espécie de *competência normativa internacional exclusiva* para tratar sobre direitos trabalhistas. Nada impede que dois ou mais Estados firmem acordos internacionais que disciplinem matérias trabalhistas sem a participação da Organização. A única observação é que esse tratado não será uma convenção da OIT, mas um acordo internacional ordinário entre sujeitos de Direito Internacional.

Além das convenções, o "Código Internacional do Trabalho" também é composto pelas recomendações, que são adotadas, em geral, quando o ponto tratado na Conferência Internacional do Trabalho, ou um de seus aspectos, ainda não permite a adoção imediata de uma convenção[1301].

Do ponto de vista material, de conteúdo, não há diferença entre convenções e recomendações da OIT. Ambas são formas de exteriorização de normas internacionais de Direito do Trabalho. Até o quórum de aprovação das convenções e das recomendações é o mesmo: maioria de dois terços dos votos dos delegados presentes[1302].

A diferença entre os dois instrumentos reside em suas naturezas e seus consequentes efeitos jurídicos. Convenções, como acima destacado, são tratados internacionais. As

1300. Conforme artigo 19º, 5, *d*, da Constituição da OIT.

1301. Conforme artigo 19º, 1, da Constituição da OIT.

1302. Conforme artigo 19º, 2, da Constituição da OIT.

recomendações não são tratados internacionais. Tanto assim o é, que as recomendações não estão abertas à ratificação pelos Estados-membros. Diferentemente das convenções, as recomendações não possuem força normativa e não geram obrigações aos Estados-membros no âmbito internacional. As recomendações são **fontes materiais do direito interno.**

Por fim, existe também as **resoluções da OIT. As resoluções** também não possuem caráter vinculante e destinam-se a convidar os organismos internacionais ou Estados a adotarem medidas nela preconizadas, a comentar, apoiar ou combater determinada orientação que exerça influência na solução de problemas sociais, por exemplo[1303].

3.2. Ciclo de vida das convenções e recomendações da OIT

3.2.1. Processo de elaboração e aprovação de uma convenção da OIT

A elaboração de convenções e recomendações ocorre no âmbito da Conferência Internacional do Trabalho (CIT), órgão máximo da OIT. O procedimento segue a chamada dupla discussão, ou seja, o tema é debatido em duas sessões sucessivas da Conferência.

O processo começa com a inclusão do tema na ordem de trabalhos da CIT, definida pelo Conselho de Administração com pelo menos 18 meses de antecedência. A Repartição Internacional do Trabalho (secretariado da OIT) elabora um relatório preliminar sobre o tema e envia, junto a um questionário, aos Estados-membros.

Os governos devem responder ao questionário e consultar previamente as organizações de trabalhadores e empregadores mais representativas. Com base nas respostas, o Bureau prepara novo relatório que servirá de base para a primeira discussão na CIT. Se aprovada, a matéria é incluída na pauta da sessão seguinte para continuidade do processo.

Após a primeira discussão, o Bureau elabora o texto preliminar da convenção ou recomendação e o envia aos governos, que têm três meses para apresentar sugestões. Um texto final é, então, elaborado e enviado aos membros com pelo menos três meses de antecedência da nova sessão da Conferência.

Na segunda discussão, o plenário analisa item por item. Aprovado por maioria de dois terços dos votos dos delegados presentes, o texto final é assinado pelo Presidente da Conferência e pelo Diretor-Geral da OIT.

Um exemplar é arquivado no Bureau Internacional do Trabalho e outro é enviado ao Secretário-Geral da ONU. Cópias autenticadas são entregues a todos os Estados-membros.

As resoluções, por sua vez, seguem procedimento mais simples e são aprovadas por maioria simples, geralmente tratando de temas fora da pauta principal da sessão.

3.2.2. Processo de ratificação e aplicação de uma convenção da OIT

O processo de ratificação de um tratado internacional vai além do sentido popular da palavra, de aprovação, ou não, pelo Poder Legislativo, da vontade manifestada pelo Chefe de Estado (no nosso caso: Presidente da República) perante a comunidade internacional.

1303. Süssekind. Arnaldo. *Direito Internacional do Trabalho*. 3. ed. São Paulo: LTr, 2000. P. 182.

É que a ratificação de uma convenção da OIT é um ato de Governo, regido pelo Direito Internacional, e, ainda que possua disciplina interna, envolve outras etapas antes e depois do processo legislativo propriamente dito. Quem se comunica com os outros Estados soberanos e com organismos internacionais – sujeitos de Direito Internacional – é o Estado, não o Congresso Nacional. Assim, como explica Francisco Rezek[1304], **"Ratificação** é o ato unilateral com que a pessoa jurídica de direito internacional, signatária de um tratado, exprime definitivamente, no plano internacional, sua vontade de obrigar-se".

No Brasil, o processo de internalização de um tratado internacional depende da participação do Congresso Nacional. Essa obrigatoriedade de aprovação pelo Poder Legislativo, contudo, é fruto de nossa Constituição (arts. 49, I; 84, VIII, CF/88), e não do Direito Internacional. cabe à ordem constitucional interior de cada Estado-membro determinar a competência de seus órgãos para a assunção, em nome do Estado, de compromissos internacionais[1305].

É justamente por conta dessa necessidade de participação do Congresso Nacional na manifestação final da vontade do Estado brasileiro pela aderência a um tratado internacional, que Arnaldo Süssekind define a ratificação de uma convenção da OIT como um ato complexo, que se desdobra em várias fases:

> I – *submissão* da convenção, pelo Governo (Poder Executivo), à autoridade competente;
>
> II – deliberação da autoridade competente (no Brasil, o Congresso Nacional) sobre a *aprovação*, ou não, da convenção, para o que a Convenção da OIT não consigna qualquer prazo;
>
> III – na hipótese de aprovação da convenção pela autoridade competente nacional, cumpre ao Governo respectivo promover sua *ratificação*, mediante depósito do instrumento de ratificação no *Bureau* internacional do trabalho;
>
> IV – embora nada disponha a respeito a Constituição da OIT, constitui praxe recomendável *tornar público*, por meio de ato governamental, a ratificação da convenção, com o esclarecimento sobre a data em que terá início sua vigência no território nacional. Nos países que adotam o monismo jurídico, a eficácia jurídica interna depende da divulgação exigida para as leis. (É o que ocorre no Brasil, através do decreto de promulgação, expedido pelo Poder Executivo.)[1306]

A ratificação de uma convenção da OIT é regulada pelo artigo 19 da sua Carta Fundamental. Internamente, o processo que aperfeiçoamento do ato de Governo que manifesta à vontade em aderir ao tratado internacional é previsto nos arts. 49, I, e 84, VII e VIII, ambos da Constituição Federal de 1988.

Para facilitar os estudos, elaboramos o esquema abaixo[1307] com as 4 fases de incorporação dos tratados internacionais no ordenamento interno brasileiro. Já fizemos as adaptações necessárias às peculiaridades do processo de internalização das convenções da OTI:

1304. Rezek, Francisco. *Direito Internacional Público*. 19. ed. São Paulo: SaraivaJur, 2024.

1305. Rezek, Francisco. *Direito Internacional Público*. 19. ed. São Paulo: SaraivaJur, 2024.

1306. Süssekind. Arnaldo [*et al.*]. *Instituições de Direito do Trabalho*, volume II. 21. ed. atual. por Arnaldo Süssekind e João Lima Teixeira Filho. São Paulo: LTr, 2003, p. 1532.

1307. Quadro elaborado com base na obra *Direitos Humanos - coleção Resumos para concursos*. 5ª ed. Salvador: JusPdivm, 2019, p. 165-166, de Diego Pereira Machado.

Negociações preliminares e assinatura	• Nessa etapa preliminar, os tratados são discutidos e aprovados internacionalmente, tronando-se autênticos por meio da assinatura. • Ainda não possuem força normativa.
Referendo do Congresso Nacional	• De maneira geral, os tratados internacionais, depois de assinados, devem ser enviados à apreciação do Congresso Nacional, mas não se têm prazo para que se dê esse envio. • No caso das Convenções da OIT, é **obrigatório** o envio para análise entre **1 ANO (18 meses em casos excepcionais) do encerramento da CIT (conforme artigo 19, item 5, alínea b da Constituição da OIT c/c arts. 49, I; 84, VIII, CF/88).** • Não há prazo, contudo, para a análise da aprovação pelo Congresso Nacional. • O *quorum* para aprovação é de maioria simples, salvo se versar a convenção sobre matéria de direitos humanos, quando poderá (faculdade) ser aprovada com os requisitos das emendas constitucionais, conforme § 3º do art. 5º da CF/88.
Ratificação do Presidente da República	• Referendado o tratado pelo Legislativo (por meio de um decreto legislativo), o instrumento deverá ser enviado ao Presidente da República que, se assim entender, irá ratificá-lo. • A partir da ratificação, o Estado Brasileiro se vincula em âmbito nacional (artigo 20 da Constituição da OIT). • Ainda, o Estado brasileiro deverá depositar o decreto legislativo de ratificação na OIT (art. 19, item 5, alínea d, Constituição da OIT).
Promulgação e publicação	• Momento complementar que visa atender aos princípios da legalidade e publicidade. O ato de adesão ao tratado é perfectibilizado por meio de Decreto do Presidente, que da executoriedade ao ato internacional; é o nascedouro da vigência interna.

Especificamente ao caso brasileiro, a etapa de **referendo pelo Congresso Nacional** ganha especial relevo. A depender do procedimento adotado pelas Casas do Legislativo, a convenção da OIT pode ingressar no ordenamento nacional com força supralegal ou de emenda constitucional.

É que os tratados internacionais devidamente aprovados pelo Congresso Nacional, conforme art. 49, I e art. 84, VIII, ambos da CF/88, ingressam no ordenamento jurídico interno com força de lei ordinária federal. Caso tratem de Direito Humanos, o que nos parece ser o caso de todas as Convenções da OIT, assumem *status* de supralegalidade, posicionados acima da legislação ordinária, mas hierarquicamente inferiores à Norma ConstitucionaL.

Ainda, se forem incorporados ao ordenamento jurídico brasileiro segundo o rito do art. 5º, § 3º, da CF/88, terão *status* de emenda constitucional:

> **Art. 5º, § 3º, CF/88:** Os tratados e convenções internacionais sobre direitos humanos que forem aprovados, em cada Casa do Congresso Nacional, em dois turnos, por três quintos dos votos dos respectivos membros, serão equivalentes às emendas constitucionais.

Ressaltamos que, no momento de fechamento desta edição, nenhuma convenção da OIT havia sido aprovada pelo rito do § 3º do art. 5º da Constituição, possuindo, todas as ratificadas, *status* de norma supralegal[1308].

3.2.3. Revisão de uma convenção da OIT

Uma vez internacionalmente em vigor, a norma terá vigência indeterminada, podendo, contudo, passar por revisões. O **processo de revisão** é, em verdade, a possibilidade de adoção pela Conferência de uma nova convenção sobre a mesma matéria, mantendo ou não as disposições da convenção revista, bem como alterando suas disposições ou incluindo dispositivos novos.

A nova convecção substituirá a revista, a qual não permanecerá aberta à ratificação. Assim, caso um Estado-membro da OIT queira adotar uma convenção sobre determinado assunto, somente poderá optar pela aderência à convenção substituta, já que a revisada não aceita mais assinaturas. A convenção revisada somente continua em vigor para os Estados-partes que a ratificaram antes da revisão e não aderiram à convenção revisora.

Em outras palavras, o processo de revisão de uma convenção da OIT está diretamente relacionado a sua vigência objetiva, ou seja, internacional. A revisão de uma convenção da OIT não causa impacto na vigência subjetiva, interna, em relação aos Estados-membros que a tenham ratificado, salvo se internalizarem a convenção revisora.

Como o processo de revisão é, em verdade, a aprovação de uma nova convenção sobre um mesmo tema, seguirá a mesma processualística de uma aprovação qualquer, dependendo da dupla discussão na CIT e de um quórum mínimo de aprovação de dois terços dos delegados presentes[1309].

3.2.4. Denúncia de uma convenção da OIT

Diferentemente do processo de revisão de uma convenção, que é gestado no interior da própria Organização e cujos efeitos estão diretamente relacionados à vigência objetiva do instrumento, a denúncia de uma convenção é processo íntimo de cada Estado-parte, referindo-se à vigência subjetiva, ou seja, nacional do instrumento. Por meio da denúncia, o Estado-membro da OIT deixa de ser Estado-parte da convenção.

Dessa forma, a denúncia de uma convenção da OIT por um Estado-parte não impacta na vigência objetiva do instrumento. Ainda que a denúncia de uma convenção por um Estado-membro importe em redução do número de ratificações para nível inferior ao

1308. Atualmente, há quatro os tratados internacionais de Direitos Humanos com *status* de emenda constitucional: 1) Convenção Internacional Sobre os Direitos das Pessoas com Deficiência (Convenção de Nova York); e 2) seu Protocolo Facultativo; 3) Tratado de Marraqueche, para Facilitar o Acesso a Obras Publicadas às Pessoas Cegas, com Deficiência Visual ou com Outras Dificuldades para Ter Acesso ao Texto Impresso; e 4) Convenção Interamericana contra o Racismo, a Discriminação Racial e Formas Correlatas de Intolerância.

1309. Conforme artigo 19º, 2, da Constituição da OIT.

mínimo que ela própria exige para sua vigência internacional, ela continuará internacionalmente aplicável.

A denúncia pode ser tácita ou expressa. A denúncia tácita ocorre quando um Estado-membro adota uma convenção revisora de outra anteriormente ratificada, conforme tratamos no tópico anterior. A renúncia expressa resulta de ato explícito do Estado-membro nesse sentido.

Assim como ocorre com a ratificação de uma convenção, sua denúncia também é um ato complexo no contexto brasileiro. Além do procedimento junto à OIT definido na própria convenção denunciada, o aperfeiçoamento da manifestação da vontade do Estado brasileiro se dá a partir da aprovação do ato pelo Congresso Nacional.

Não há dispositivo expresso, na Constituição Federal, que discipline essa atribuição do Poder Legislativo, tratando-se de uma decorrência lógica do princípio da simetria. Se a internalização de uma convenção passa, necessariamente, pelo crivo do Congresso Nacional, sua retirada do ordenamento jurídico interno deve seguir o mesmo caminho.

Do contrário, o Presidente da República, enquanto chefe de Estado, poderia denunciar um tratado internacional de Direito Humanos aprovado pelo rito do § 3º do art. 5º da Constituição – portanto, com status de emenda à constituição – sem a manifestação do Legislativo. Seria possível, então, a retirada do ordenamento jurídico doméstico de norma constitucional pelo Executivo – Poder da República que não exerce tipicamente a função legiferante.

Esse, aliás, foi o mote da Ação Direito de Constitucionalidade nº 39/DF, pela qual o STF validou o Decreto nº 2.100, de 20 de dezembro de 1996, em que o, então, Presidente da República, Fernando Henrique Cardoso, denunciou a Convenção nº 158 da OIT sem a manifestação prévia do Congresso Nacional.

Na ADC, discutia-se a necessidade de manifestação de vontade do Congresso Nacional para que a denúncia de um tratado internacional produza efeitos no direito doméstico. Conforme restou decido pela Corte, a teor do art. 49, inciso I, e do art. 84, inciso VIII, da Constituição Federal, é imprescindível a conjugação de vontades para a adesão do Estado brasileiro aos termos de um tratado internacional, ou seja, requer uma convergência das competências do Presidente da República, a quem cabe celebrar o acordo, e do Congresso Nacional, que exerce função de controle e fiscalização, autorizando sua ratificação pelo chefe do Poder Executivo[1310]. Da mesma forma, como decorrência do próprio Estado Democrático de Direito e de seu corolário: o princípio da legalidade, a denúncia de um tratado internacional, embora produza efeitos no âmbito externo diante da manifestação de vontade do Presidente da República, requer a anuência do Congresso Nacional para que suas normas sejam excluídas do direito positivo interno.

O aperfeiçoamento da vontade do Estado brasileiro quando da ratificação e da denúncia de um tratado internacional pela necessária participação do Poder Legislativo federal é manifestação do sistema de freios e contrapesos que caracteriza o exercício compartilhado do Poder nas democracias contemporâneas, enquanto antítese da autocracia

1310. ADI nº 1.480/DF-MC, Tribunal Pleno, Rel. Min. Celso de Mello, DJ de 18/5/01.

e do totalitarismo, estabelecendo-se procedimentos que conferem legitimidade aos compromissos internacionais assumidos pelo Poder Executivo, para que, com força de lei, eles possam vincular os cidadãos e as autoridades constituídas[1311].

Na oportunidade, a Corte fixou a seguinte tese:

> A denúncia pelo Presidente da República de tratados internacionais aprovados pelo Congresso Nacional, para que produza efeitos no ordenamento jurídico interno, não prescinde da sua aprovação pelo Congresso.

Embora o STF tenha reconhecido a necessidade de participação do Poder Legislativo no processo de denúncia de um tratado internacional para que o ato produza o efeito de eliminar a norma do direito interno, o Decreto nº 2.100/1996 não foi declarado inconstitucional e a ADC 39 foi julgada procedente. O STF considerou que, além do referido decreto, diversos outros, ao longo de décadas, procederam da mesma forma, negligenciando a participação do Congresso Nacional. Por isso, a aplicação do entendimento firmado no julgamento, sem temperamentos, poderia conduzir à invalidação de muitos outros atos de denúncia, tendo como consequência o retorno de diversos tratados internacionais para o ordenamento jurídico interno.

A ata de julgamento da ADC nº 39/DF foi publicada em 22/06/2023. A partir de então, a denúncia de tratados internacionais necessita de aprovação do Congresso Nacional para produzir efeitos no ordenamento jurídico interno. Todas as denúncias praticadas de forma unilateral pelo Presidente da República até o dia 22/06/2023 surtiram efeitos no ordenamento jurídico interno, eliminando do direito brasileiro as regras estabelecidas nas respectivas normas internacionais.

4. *CORE OBLIGATIONS* E AS CONVENÇÕES FUNDAMENTAIS DA OIT

A princípio, dada sua natureza contratual, os tratados internacionais se aplicam tão somente às partes interessadas, ou seja, não criam obrigações nem direitos para um terceiro Estado sem o seu consentimento[1312]. Dessa forma, para que um Estado-membro da OIT esteja obrigado às disposições de determinada convenção, deve se tornar um Estado-parte, por meio do procedimento de ratificação do instrumento.

Houve, portanto, durante grande parte de sua história, um esforço da OIT para a aprovação de convenções e recomendações pela CIT, bem como pelas suas respectivas ratificações pelos Estados-membros. Tão somente assim seus membros estariam obrigados as suas convenções.

Após a Segunda Guerra Mundial – e durante a Guerra Fria –, entre 1948 e 1970, a OIT se consolida enquanto uma das organizações internacionais mais importantes do mundo. Durante esse período, pôde-se observar uma intensa produção normativa de regulação internacional do trabalho. Inúmeras convenções e recomendações foram aprovadas e, no geral, havia uma boa receptividade dos instrumentos pelos Estados. Atualmente, são 190

1311. ADC 39/DF, Relator Min. Dias Toffoli, Tribunal Pleno, julgado em 19/6/2023, Dje s/nº de 17/8/2023, publicado em 18/8/2023.

1312. Conforme artigo 34 da Convenção de Viena.

convenções aprovadas pela CIT. Essa intensa regulação internacional do trabalho, bem como a efetividade das ações da OIT perante os Estados-membros caiu em descrédito no quarto final do século XX.

Diante desse quadro de descrédito, a OIT, a partir da década de 1990, desloca seu foco institucional, antes calcado na aprovação de convenções e recomendações, para a articulação de políticas econômicas nacionais e internacionais voltadas à agenda de **Promoção do Trabalho Decente**[1313]. O Trabalho Decente é o ponto de convergência dos quatro objetivos estratégicos da OIT[1314]:

a) o respeito aos direitos no trabalho, especialmente aqueles definidos como fundamentais;
b) a promoção do emprego produtivo e de qualidade;
c) a ampliação da proteção social; e
d) e o fortalecimento do diálogo social.

Assim, sem abandonar o espírito de aprovação de novos instrumentos que regulam internacionalmente o trabalho, a OIT passou a defender princípios e direitos fundamentais oponíveis a todos os seus membros, independentemente da ratificação de qualquer convenção. Em 1998, publicou a **Declaração da OIT sobre os Princípios e Direitos Fundamentais no Trabalho**, pela qual reafirma esses valores fundamentais que permeiam todas as normas criadas pela OIT:

> 2. Declara que todos os Membros, ainda que não tenham ratificado as convenções aludidas, têm um compromisso derivado do fato de pertencer à Organização de respeitar, promover e tornar realidade, de boa fé e de conformidade com a Constituição, os princípios relativos aos direitos fundamentais que são objeto dessas convenções, isto é:
>
> a) a liberdade sindical e o reconhecimento efetivo do direito de negociação coletiva,
>
> b) a eliminação de todas as formas de trabalho forçado ou obrigatório;
>
> c) a abolição efetiva do trabalho infantil; e
>
> d) a eliminação da discriminação em matéria de emprego e ocupação.
>
> e) a segurança e saúde no trabalho[1315].

A Declaração da OIT sobre os Princípios e Direitos Fundamentais no Trabalho enuncia, então, *core obligations*, isto é, certos princípios relativos a direitos fundamentais que possuem caráter de norma *jus cogens*, de observância obrigatória por todos os Estados-membros, os quais devem promovê-los e torná-los realidade, ainda que não tenham ratificado convenções que tratam sobre o tema. Aliás, o Conselho de Administração da OIT associou à cada princípio fundamental um conjunto de convenções, as quais chamou de Convenções Fundamentais:

1313. Beltramelli Neto, Silvio. *Direitos humanos*. 6. ed. rev. ampl. atual. São Paulo: Atlas, 2021, p. 439.

1314. DIEESE. *Dicionário da atividade sindical:* 100 termos técnicos úteis ao trabalho de sindicalistas, militantes e assessores/as sindicais. Departamento Intersindical de Estatística e Estudos Socioeconômicos. São Paulo: DIEESE, 2023, p. 37.

1315. Acrescentado em 2022, na 110ª Conferência Internacional do Trabalho.

Princípio Fundamental do Trabalho	Convenção	Ratificação pelo Brasil (promulgação[1316])
Liberdade sindical e o reconhecimento efetivo do direito de negociação coletiva	Convenção nº 87, relativa à Liberdade Sindical e à Proteção do Direito de Sindicalização, de 1948	**Não foi ratificada**
	Convenção nº 98, relativa à Aplicação dos Princípios do Direito de Organização e de Negociação Coletiva, 1949	Decreto nº 33.196, de 19/06/1953
Eliminação de todas as formas de trabalho forçado ou obrigatório	Convenção nº 29, concernente a Trabalho Forçado ou Obrigatório, 1930	Decreto nº 41.721, de 25/06/1957
	Convenção nº 105, concernente à abolição do Trabalho Forçado, 1957	Decreto nº 58.822, de 14/07/1966
Abolição efetiva do trabalho infantil	Convenção nº 138, sobre Idade Mínima de Admissão ao Emprego, 1973	Decreto nº 4.134, de 15/02/2002
	Convenção nº 182, sobre a proibição das piores Formas de Trabalho Infantil e Ação Imediata para sua Eliminação, 1999	Decreto nº 3.597, de 12/09/2000
Eliminação da discriminação em matéria de emprego e ocupação	Convenção nº 100, concernente à Igualdade de Remuneração para a mão-de-obra Masculina e a mão-de--obra Feminina por um Trabalho de Igual Valor, 1951	Decreto nº 41.721, de 25/06/1957
	Convenção nº 111, concernente à Discriminação em Matéria de Emprêgo e Profissão, 1958	Decreto nº 62.150, de 19/01/1968
Segurança e saúde no trabalho	Convenção nº 155, sobre a Segurança e Saúde dos Trabalhadores e o Meio Ambiente de Trabalho, 1981	Decreto nº 1.254, de 29/09/1994
	Convenção nº 187, sobre o Quadro Promocional para a Segurança e a Saúde no Trabalho, 2006	**Não foi ratificada**

Conforme se constata do quadro acima, das **10 convenções fundamentais da OIT**, o Brasil não ratificou 2: a Convenção nº 87, relativa à Liberdade Sindical e à Proteção do Direito de Sindicalização, de 1948; e a Convenção nº 187, sobre o Quadro Promocional para a Segurança e a Saúde no Trabalho, de 2006.

A primeira delas é motivo de grande constrangimento para o Estado brasileiro perante a comunidade internacional. Mesmo depois de quase 80 anos de sua aprovação pela CIT, o Brasil não ratificou a **Convenção nº 87**. Não bastasse a não adesão ao tratado, nossa legislação doméstica é diametralmente oposta as suas disposições, conflitando com Princípio Fundamental do Trabalho de liberdade sindical e o reconhecimento efetivo do direito de negociação coletiva, com o qual o Brasil se obrigou quando da decisão de ser um Estado-membro da OIT.

A Convenção adota o **princípio da pluralidade sindical**, o que possibilitaria mais de um sindicato, representante da mesma categoria, na mesma base territorial. Esse sistema

1316. Atualmente, todos os atos normativos editados pelo Poder Executivo Federal que dispõem sobre a promulgação de convenções e recomendações da Organização Internacional do Trabalho - OIT ratificadas pela República Federativa do Brasil estão consolidados no Decreto nº 10.088, de 5 de novembro de 2019.

não impõe um modelo sindical a ser seguido pelo Estado, mas determina que não são de competência legal a estruturação e organização dos sindicatos, tarefa exclusiva dessas próprias entidades.

Na legislação brasileira vigora, contudo, o **princípio da unicidade sindical**, isto é, não poderá existir mais de um sindicato profissional (trabalhadores) ou sindicato da categoria econômica (empregadores) na mesma base territorial, que não pode ter tamanho inferior a um município (art. 8º, II, CF/88). Além disso, de acordo com o TST, existindo sindicato de âmbito nacional e outro cuja base territorial é inferior, prevalecerá aquele cuja base for mais restrita, desde que seja representativo da categoria econômica ou profissional.

Em relação à **Convenção nº 187**, que ganhou *status* de convenção fundamental em 2022, com a inclusão da Segurança e Saúde no Trabalho no rol de princípios fundamentais do trabalho na 110ª Conferência Internacional do Trabalho, a situação é diferente.

Isso porque, em 1º de maio de 2023, Dia do Trabalhador, o Presidente em exercício, Luís Inácio Lula da Silva, enviou ao Congresso Nacional seu texto para ratificação.

Segundo, porque, apesar do não cumprimento à risca de todos os seus 14 dispositivos, a legislação doméstica está em consonância com as medidas estabelecidas pela Convenção. Em linhas gerais, o instrumento trata sobre o Marco Promocional para a Segurança e a Saúde no Trabalho, determinando que os Estados adotem uma política pública participativa, com organizações representativas de empregadores e trabalhadores para promover práticas de saúde e de segurança no ambiente de trabalho.

Veja, por exemplo, que o processo de aprovação das Normas Regulamentadoras do Ministério do Trabalho e Emprego, em grande parte, cumpre com os objetivos da Convenção. A aprovação das NRs se dá através de um processo de diálogo social tripartite, previsto nas Convenções nº 144, Consultas Tripartites sobre Normas Internacionais do Trabalho, e nº 155, Segurança e Saúde dos Trabalhadores, por meio da Comissão Tripartite Paritária Permanente[1317]. A CTPP é o fórum oficial do governo federal responsável por discutir temas referentes à segurança e à saúde no trabalho, em especial as NRs, tendo como competência principal estimular o diálogo social com vistas a melhorar as condições e o meio ambiente do trabalho. A CTPP atualmente é regida pelo Decreto nº 11.496, de 19 de abril de 2023[1318].

Outra diretriz nacional em consonância com a Convenção é a Política Nacional de Saúde do Trabalhador e da Trabalhadora (Portaria GM/MS nº 1.823/ 2012). Nos termos do art. 2º da Portaria, referida política tem como finalidade definir os princípios, as diretrizes e as estratégias a serem observados pelas três esferas de gestão do Sistema Único de Saúde (SUS), para o desenvolvimento da atenção integral à saúde do trabalhador, com ênfase na vigilância, visando a promoção e a proteção da saúde dos trabalhadores

1317. Brasil. Ministério do Trabalho e Emprego. Histórico da Comissão Tripartite Paritária Permanente. *Governo do Brasil*, 2023. Disponível em: https://www.gov.br/trabalho-e-emprego/pt-br/acesso-a-informacao/participacao-social/conselhos-e-orgaos-colegiados/comissao-tripartite-partitaria-permanente/institucional/historico/historico. Acesso em: 27 jun. 2024.

1318. Brasil. Ministério do Trabalho e Emprego. Comissão Tripartite Paritária Permanente. *Governo do Brasil*, 2023. Disponível em: https://www.gov.br/trabalho-e-emprego/pt-br/acesso-a-informacao/participacao-social/conselhos-e-orgaos-colegiados/comissao-tripartite-partitaria-permanente. Acesso em: 27 jun. 2024.

e a redução da morbimortalidade decorrente dos modelos de desenvolvimento e dos processos produtivos.

Trata-se de uma política abrangente, englobando homens e mulheres, independentemente de sua localização, urbana ou rural, de sua forma de inserção no mercado de trabalho, formal ou informal, de seu vínculo empregatício, público ou privado, assalariado, autônomo, avulso, temporário, cooperativados, aprendiz, estagiário, doméstico, aposentado ou desempregado (art. 3º).

5. QUESTÕES DISSERTATIVAS E ESTUDOS DE CASO

▶ **Treino e Padrão de respostas:**

Ao resolver uma questão dissertativa ou estudos de caso em concursos para Analista do TRT, é fundamental tentar escrever com clareza, sem erros e com letra legível, de modo que se torne uma leitura simples e fácil ao examinador. Lembre-se de que o examinador não ficará horas tentando decifrar códigos ininteligíveis e, ainda, descartará questões com erros graves de ortografia, pontuação etc. Ele tem milhares de questões pra corrigir, portanto cause uma boa impressão logo no início do texto.

É muito importante que o candidato redija, com frequência e com antecedência, o máximo de questões sobre temas atuais e importantes do direito e do processo do trabalho. Treine sempre manualmente, evite digitar as respostas, pois não terá o computador ao seu lado no dia do concurso. Esse é o melhor treino e estudo para questões abertas.

Tente responder às questões seguintes **antes** de verificar o gabarito apresentado ou procurar a resposta na teoria. É uma forma de treinar seu cérebro às condições apresentadas na hora da prova. Lembre-se de que algumas questões não têm resposta certa ou errada. Portanto, a boa **fundamentação** é o caminho para a aprovação.

Cabe frisar, ainda, que não dará tempo de elaborar um rascunho detalhado prévio, na maior dos concursos. Portanto, antes de iniciar sua redação, coloque ao lado do próprio enunciado, alguns pontos principais de que você precisará se lembrar durante a confecção da resposta. Essa técnica evitará que se esqueça de abordar assuntos importantes.

A indicação do número da lei, do artigo, da súmula ou orientação jurisprudencial somente deve ser colocada se você realmente souber, com exatidão, o número da norma ou se assim for exigido pela banca examinadora.

Bom treino, bons estudos e boa sorte!

▶ **QUESTÃO DISCURSIVA 01:**

Analise o processo de elaboração, aprovação e ratificação das convenções da OIT, destacando o papel da Conferência Internacional do Trabalho e os trâmites exigidos pelo ordenamento jurídico brasileiro.

RESPOSTA SUGERIDA PELO AUTOR:

A elaboração das convenções da OIT ocorre no âmbito da Conferência Internacional do Trabalho (CIT), mediante o procedimento da dupla discussão. O tema é incluído na ordem de trabalhos com antecedência mínima de 18 meses, seguido da elaboração de relatórios e questionários pela Repartição Internacional do Trabalho. Os Estados-membros respondem ao questionário e consultam suas organizações representativas, subsidiando o debate da primeira sessão.

Após essa etapa, o Bureau prepara o texto preliminar da convenção, que é enviado aos governos para sugestões. Na segunda sessão da CIT, o texto é discutido e aprovado por dois terços dos delegados. O instrumento é então assinado pelas autoridades da OIT e distribuído aos Estados-membros para possível ratificação.

Após a aprovação internacional, segue-se o processo de ratificação pelos Estados. No Brasil, a ratificação de uma convenção da OIT é um ato de governo que depende de procedimento interno complexo. Conforme os artigos 49, I, e 84, VIII, da Constituição Federal de 1988, a convenção deve ser submetida pelo Poder Executivo ao Congresso Nacional, que decide sobre sua aprovação. Aprovada, o Executivo realiza o depósito do instrumento de ratificação no Bureau Internacional do Trabalho. Em seguida, é prática no Brasil que o tratado seja promulgado por decreto presidencial, garantindo sua vigência no plano interno.

A depender do rito de aprovação pelo Congresso Nacional, a convenção poderá ingressar no ordenamento jurídico brasileiro com diferentes status normativos. Regra geral, os tratados internacionais possuem força de lei ordinária federal. Contudo, quando versam sobre direitos humanos – como é o caso das convenções da OIT –, passam a ter status supralegal, conforme reconhecido pelo STF. E, se forem aprovadas pelo rito do art. 5º, § 3º, da CF/88 (dois turnos, três quintos dos votos em cada Casa), terão status de emenda constitucional.

► **QUESTÃO DISCURSIVA 02:**

Diferencie convenções, recomendações e resoluções da OIT quanto à sua natureza jurídica e seus efeitos no ordenamento jurídico dos Estados membros.

RESPOSTA SUGERIDA PELO AUTOR:

As convenções da OIT são tratados internacionais, conforme definido na Convenção de Viena sobre o Direito dos Tratados. Trata-se de acordos escritos firmados entre sujeitos de Direito Internacional – como Estados e a OIT – com efeitos jurídicos vinculantes, desde que ratificados. Têm natureza contratual e, uma vez aceitas, obrigam os Estados a adotar medidas internas para sua implementação.

As recomendações, embora também aprovadas pela Conferência Internacional do Trabalho, não possuem natureza jurídica de tratado e não estão abertas à ratificação. Não geram obrigações jurídicas, tendo caráter não vinculante. Funcionam como diretrizes e fontes materiais que inspiram políticas públicas e legislações nacionais.

Já as resoluções são instrumentos ainda mais flexíveis. Servem para expressar posicionamentos da OIT ou incentivar determinadas condutas, mas não produzem efeitos obrigatórios. Também não são passíveis de ratificação e não criam compromissos jurídicos internacionais.

A principal diferença entre esses instrumentos está, portanto, na sua força normativa: apenas as convenções geram obrigações formais no plano internacional, enquanto recomendações e resoluções atuam como orientações ou sugestões.

▸ **QUESTÃO DISCURSIVA 03:**

Com base no julgamento da ADC nº 39 pelo STF, discorra sobre a necessidade de aprovação do Congresso Nacional para que a denúncia de tratados internacionais produza efeitos no ordenamento jurídico interno. Aponte as razões adotadas pela Corte para a modulação dos efeitos da decisão.

RESPOSTA SUGERIDA PELO AUTOR:

A denúncia de uma convenção da OIT é um ato unilateral do Estado-parte que deixa de se obrigar perante o tratado. No Brasil, embora não haja previsão expressa na Constituição sobre a competência do Congresso Nacional para aprovar a denúncia, o STF, no julgamento da ADC nº 39/DF, reconheceu a necessidade dessa aprovação, com base no princípio da simetria e no sistema de freios e contrapesos.

A Corte entendeu que, se a adesão a tratados internacionais exige a manifestação conjunta dos Poderes Executivo e Legislativo, o mesmo deve ocorrer para sua retirada do ordenamento jurídico interno. Do contrário, o Presidente da República poderia, sozinho, excluir normas com status legal ou até constitucional, o que afrontaria o Estado Democrático de Direito.

Apesar disso, o STF modulou os efeitos da decisão. Embora tenha fixado a tese de que a denúncia de tratados internacionais aprovados pelo Congresso exige também sua aprovação para ter efeitos internos, validou as denúncias unilaterais feitas até 22/06/2023, data da publicação da ata do julgamento.

Com isso, garantiu-se segurança jurídica e evitou-se o retorno automático de normas internacionais já denunciadas, preservando os efeitos jurídicos de atos praticados segundo entendimento anterior.

▸ **QUESTÃO DISCURSIVA 04:**

Explique o conceito de *core obligations* (obrigações centrais) no âmbito da OIT e relacione-os às convenções fundamentais da organização. Comente o compromisso dos Estados-membros em relação a esses princípios, mesmo que não tenham ratificado as respectivas convenções.

RESPOSTA SUGERIDA PELO AUTOR:

As core obligations são obrigações fundamentais que todos os Estados-membros da OIT assumem pelo simples fato de integrarem a Organização, ainda que não tenham ratificado formalmente as convenções correspondentes. Essas obrigações derivam da Declaração da OIT sobre os Princípios e Direitos Fundamentais no Trabalho (1998), que estabelece compromissos mínimos de respeito e promoção de direitos trabalhistas essenciais.

Entre os princípios protegidos estão: (a) a liberdade sindical e a negociação coletiva; (b) a eliminação do trabalho forçado; (c) a abolição do trabalho infantil; (d) a eliminação da discriminação no emprego; e (e) a segurança e saúde no trabalho. A esses princípios, o Conselho de Administração da OIT vinculou dez convenções fundamentais.

O Brasil ratificou oito dessas convenções, mas ainda não ratificou duas: a Convenção nº 87, sobre liberdade sindical, e a Convenção nº 187, sobre segurança e saúde no trabalho. A ausência de ratificação da Convenção nº 87 é motivo de crítica internacional, pois o Brasil mantém em seu ordenamento o princípio da unicidade sindical, em desacordo com a pluralidade sindical prevista na convenção.

Apesar de não ratificada, a Convenção nº 187 está em processo de tramitação no Congresso Nacional desde maio de 2023 e, em grande parte, seus objetivos já são implementados por meio de políticas públicas como a CTPP e a Política Nacional de Saúde do Trabalhador.

Portanto, mesmo sem ratificação, os Estados-membros da OIT estão vinculados ao cumprimento desses princípios fundamentais, que representam normas jus cogens no campo do Direito Internacional do Trabalho.

QUESTÕES

CAPÍTULOS IX, X E XI

1. QUESTÕES COM GABARITO COMENTADO

01. (FCC – Técnico judiciário – Área Administrativa – TRT 6/2025) De acordo com as previsões legais e o entendimento sumulado do Tribunal Superior do Trabalho em relação às diversas hipóteses de rescisão dos contratos de trabalho por prazo indeterminado,

(A) presume-se o abandono de emprego se o trabalhador não retornar ao serviço no prazo de 15 dias após a cessão do benefício previdenciário, nem apresentar qualquer justificativa nesse prazo.

(B) a indenização pela dispensa arbitraria ou sem justa causa corresponde à importância igual a 40% do montante do saldo existente na conta vinculada do Fundo de Garantia do Tempo de Serviço (FGTS) do empregado.

(C) a condenação criminal do empregado, ainda que pendente recurso no âmbito penal, autoriza, por sua gravidade, a rescisão do contrato de trabalho por justa causa.

(D) para que se efetive a despedida indireta, a prática de Justa causa por parte do empregador precisa ser reconhecida pela Justiça do Trabalho, devendo o empregado permanecer trabalhando até a decisão final do processo.

(E) reconhecida a culpa recíproca na rescisão do contrato de trabalho, o empregado tem direito a receber 50% do aviso prévio, se indenizado, do 13º salário, das férias proporcionais e da indenização que seria devida em caso de dispensa sem justa causa.

COMENTÁRIOS

Nota do autor: A questão trata sobre diversas temáticas do assunto término do contrato de trabalho.

Alternativa "a". Incorreta. O art. 482, "i" da CLT afirma que o abandono de emprego justifica a justa causa. Nesse mesmo sentido, a Súmula nº 32 do TST prevê que se presume abandono de emprego se o empregado não retornar ao serviço no prazo de 30 dias após a cessação do benefício previdenciário nem justificar o motivo de não o fazer.

> **Súmula nº 32 do TST.** Abandono de emprego. Presume-se o abandono de emprego se o trabalhador não retornar ao serviço no prazo de 30 dias após a cessação do benefício previdenciário nem justificar o motivo de não o fazer.

Alternativa "b". Incorreta. Conforme o art. 18, § 1º da Lei nº 8.036/90, no caso de dispensa sem justa causa, o empregador deve depositar, na conta vinculada do FGTS do trabalhador, o valor correspondente a 40% de todos os depósitos realizados durante a vigência do contrato, já corrigidos monetariamente e com juros. O ponto central da alternativa está na base de cálculo da indenização de 40%: ela incide sobre todos os depósitos efetuados na conta vinculada do FGTS ao longo do contrato, e não sobre o saldo existente na conta no momento da dispensa.

Alternativa "c". Incorreta. A condenação criminal do empregado pode configurar justa causa para a rescisão do contrato de trabalho, nos termos do art. 482, alínea "d", da CLT. No entanto, é indispensável que a sentença esteja transitada em julgado e que não tenha havido suspensão da execução da pena. Importa destacar que o fundamento da justa causa não é simplesmente a condenação penal, mas sim a impossibilidade de continuidade da prestação dos serviços, diante do início do cumprimento da pena. Enquanto houver possibilidade de recurso, não há trânsito em julgado, e, portanto, não se configura a justa causa.

Alternativa "d". Incorreta. De acordo com o art. 483, § 3º, da CLT, somente nas hipóteses das alíneas "d" e "g" o empregado poderá continuar prestando serviços ao empregador até o julgamento final da ação em que pleiteia a rescisão indireta. Fora dessas situações, o trabalhador deve se afastar das atividades enquanto aguarda a decisão judicial.

Alternativa "e". Correta. Nos termos do art. 484, caput, da CLT, se reconhecida a rescisão contratual por culpa recíproca, a indenização será reduzida pela metade em relação ao valor que seria devido na dispensa sem justa causa. O

▶ QUESTÕES DE CONCURSOS

art. 18, § 2º, da Lei nº 8.036/90 estabelece que, nessa situação, o empregador deverá depositar 20% sobre os depósitos do FGTS, em vez dos 40% previstos no § 1º do mesmo artigo. Por fim, conforme a Súmula nº 14 do TST, o empregado, nesses casos, tem direito a 50% do aviso prévio, do 13º salário proporcional e das férias proporcionais acrescidas de 1/3.

02. (FCC – Analista Judiciário – Área Judiciária – TRT 4/2022) Platão trabalhou na empresa de alimentos processados Churrasco no Pote Ltda. de 10/01/2014 a 10/12/2021, percebendo como último salário o valor de R$ 3.000,00. Na rescisão do seu contrato de trabalho por iniciativa da empresa, a mesma optou por indenizar o aviso prévio de Platão. Nessa hipótese, com base na legislação federal que disciplina a matéria, a indenização do aviso prévio de Platão será de

(A) R$ 6.000,00
(B) R$ 3.000,00
(C) R$ 5.400,00
(D) R$ 5.100.00
(E) R$ 4.800,00

COMENTÁRIOS

Nota do autor: O aviso-prévio tem como finalidade indicar a data do término do contrato de trabalho. O período do aviso possibilita ao trabalhador procurar outro emprego, e, ainda, ao empregador buscar um substituto para o cargo vago. Dessa forma, torna-se possível que uma parte não seja surpreendida com a ruptura do contrato por ato unilateral da outra. Afasta-se, portanto, o evento-surpresa.

Comentário serve para todas as alternativas, uma vez que versam sobre o mesmo assunto. A parte que decidir colocar fim ao contrato deverá avisar a outra com **antecedência mínima de 30 dias.** Nesse sentido, estabelece o art. 7º, XXI, da CF/88:

> **Art. 7º, XXI, da CF/88:** São direitos dos trabalhadores urbanos e rurais, além de outros que visem à melhoria de sua condição social: aviso-prévio proporcional ao tempo de serviço, **sendo no mínimo de 30 dias**, nos termos da lei (grifos acrescidos).

Em razão dessa previsão constitucional, o aviso-prévio é proporcional ao tempo de serviço. Para empregados com até um ano de contrato, o aviso-prévio será de 30 dias. A cada ano de contrato, serão acrescidos 3 dias na duração do aviso, até o limite de 60 dias. Assim sendo, a duração do aviso-prévio poderá ter até 90 dias (prazo mínimo de 30 dias + 60 dias do aviso proporcional). Esse dispositivo foi regulamentado pela Lei nº 12.506, de 11 de outubro de 2011.

Como Platão trabalhou na empresa de alimentos processados Churrasco no Pote Ltda. por mais de 7 anos e menos de 8, terá direito aos **30 dias de aviso-prévio + 7 vezes 3 dias, totalizando 51 dias de aviso prévio indenizado.** Se seu último salário foi de R$ 3.000,00, o valor/dia de remuneração é R$ 100,00.

Assim, basta multiplicar o número de dias devido (51 dias) pela remuneração correspondente a um dia devido (R$ 100,00), chegando ao valor de R$ 5.100,00.

Alternativa correta: "d".

03. (FCC – Analista Judiciário – Área Judiciária – TRT 9/2022) Quanto à rescisão do contrato de trabalho, com base na jurisprudência sumulada do TST,

(A) havendo a culpa recíproca na rescisão do contrato de trabalho, o empregado tem direito ao recebimento de 50% do valor do aviso prévio; pagamento integral do décimo terceiro salário e das férias vencidas e proporcionais; e a movimentação da conta vinculada do FGTS limitada a 80% do valor dos depósitos.
(B) o abandono de emprego durante o aviso prévio concedido pelo empregador, retira do empregado o direito às verbas rescisórias de natureza indenizatória.
(C) presume-se discriminatória a despedida de empregado portador do vírus HIV ou de outra doença grave que suscite estigma ou preconceito, garantindo ao empregado o direito à indenização de 12 meses de salário.
(D) o pedido de dispensa de cumprimento do aviso prévio não exime o empregador de pagar o respectivo valor, salvo comprovação de haver o prestador dos serviços obtido novo emprego.
(E) ocorrendo a concessão de auxílio-doença no curso do aviso prévio, o contrato de trabalho terá seu termo, independentemente da expiração ou não do benefício previdenciário.

COMENTÁRIOS

Nota do autor: A questão aborda diversos assuntos envolvendo o término do contrato de trabalho, demandando do candidato o conhecimento da legislação e do posicionamento do TST.

Alternativa "a". Incorreta. "Reconhecida a culpa recíproca na rescisão do contrato de trabalho (art. 484 da CLT), o empregado tem direito a 50% (cinqüenta por cento) do valor do aviso prévio, do décimo terceiro salário e das férias proporcionais." (Súmula nº 14 do TST).

Alternativa "b". Incorreta. "A ocorrência de justa causa, salvo a de abandono de emprego, no decurso do prazo do aviso prévio dado pelo empregador, retira do empregado qualquer direito às verbas rescisórias de natureza indenizatória." (Súmula nº 73 do TST).

Alternativa "c". Incorreta. "Presume-se discriminatória a despedida de empregado portador do vírus HIV ou de outra doença grave que suscite estigma ou preconceito. Inválido o ato, o empregado tem direito à reintegração no emprego." (Súmula nº 443 do TST).

Alternativa "d". Correta. "O direito ao aviso prévio é irrenunciável pelo empregado. O pedido de dispensa de cumprimento não exime o empregador de pagar o respectivo valor, salvo comprovação de haver o prestador dos serviços obtido novo emprego." (Súmula nº 276 do TST).

Alternativa "e". Incorreta. "A projeção do contrato de trabalho para o futuro, pela concessão do aviso prévio indenizado, tem efeitos limitados às vantagens econômicas obtidas no período de pré-aviso, ou seja, salários, reflexos e verbas rescisórias. No caso de concessão de auxílio-doença no curso do aviso prévio, todavia, só se concretizam os efeitos da dispensa depois de expirado o benefício previdenciário." (Súmula nº 371 do TST).

Alternativa correta: "d".

04. (FCC – Analista Judiciário – Área Judiciária – TRT 17/2022) Ganimedes e a sua empregadora, o Hospital Dentário Tiradentes, pretendem extinguir o contrato de trabalho que mantiveram nos últimos 9 meses, mediante acordo. O último salário de Ganimedes é de R$ 2.000,00 e seu saldo de FGTS R$ 1.500,00, sendo que o empregador pretenderá indenizar o aviso prévio. Nessa hipótese, com base no que prevê a CLT, o empregado deverá receber de aviso prévio indenizado o valor de I, de indenização do FGTS o montante de II, podendo levantar a título de FGTS o valor de III.

As lacunas I, II e III devem ser preenchidas, correta e respectivamente, por:

(A) R$ 2.000,00 - R$ 300,00 - R$ 750,00
(B) R$ 1.000,00 - R$ 600,00 - R$ 1.500,00
(C) R$ 2.000,00 - R$ 480,00 - R$ 1.200,00
(D) R$ 1.000,00 - R$ 300,00 - R$ 1.200,00
(E) R$ 1.200,00 - R$ 600,00 - R$ 900,00

COMENTÁRIOS

Nota do autor: A impossibilidade de realização de acordo entre empregado e empregador para pôr fim ao contrato de trabalho, antes da Reforma Trabalhista, levava, em alguns casos, ao cometimento, na prática, de atos pelos empregados ou pelos empregadores para "forçar" a outra parte a resilir unilateralmente o contrato de trabalho. Com a regulamentação legal trazida pela Reforma, deve-se prevenir o cometimento dessas fraudes na relação de trabalho.

Comentário serve para as demais alternativas, uma vez que versam sobre o mesmo assunto. É possível o término do contrato de trabalho por resilição bilateral, também denominado distrato. No distrato, há o fim do contrato de trabalho por mútuo acordo entre as partes. Antes da Reforma Trabalhista, a legislação não admitia essa modalidade de resilição contratual, cabendo aos empregados apresentar pedido de demissão ou aos empregadores de realizar a dispensa sem justa causa.

Na hipótese de celebração de distrato, os trabalhadores terão direito ao recebimento das seguintes verbas rescisórias:

- 50% do aviso prévio, se for indenizado. Na hipótese de aviso prévio trabalhado, terá direito ao recebimento de seu valor integral.
- 20% de multa sobre os depósitos do FGTS;
- Saldo de salário (dias efetivamente trabalhadores);
- Décimo terceiro salário proporcional;
- Férias + 1/3 vencidas, se houver;
- Férias + 1/3 proporcionais;

Ainda, de acordo com o § 1º do art. 484-A da CLT, acrescentado pela Reforma Trabalhista, o trabalhador poderá movimentar sua conta vinculada do FGTS até o limite de 80% do valor dos depósitos. Cumpre ressaltar que o art. 20 da Lei nº 8.036/1990, que estabelece as hipóteses de saque dos depósitos do FGTS, foi alterado para prever o distrato como nova modalidade:

> **Art. 20, I-A, Lei nº 8.036/1990.** A conta vinculada do trabalhador no FGTS poderá ser movimentada nas seguintes situações: extinção do contrato de trabalho prevista no art. 484-A da Consolidação das Leis do Trabalho (CLT), aprovada pelo Decreto-Lei nº 5.452, de 1º de maio de 1943.

Dessa forma, Ganimedes receberá as seguintes verbas:

QUESTÕES DE CONCURSOS

Verba	Base de cálculo	Operação	Valor devido
Aviso prévio indenizado	30 dias de salário[1319] (R$ 2.000,00)	50% do aviso pré-vio, se for indenizado	R$ 1.000,00
Indeniza-ção do FGTS	Saldo de FGTS (R$ 1.500,00)	20% de multa sobre os depósitos do FGTS	R$ 300,00
Movi-mentação da conta vinculada do FGTS	Saldo de FGTS (R$ 1.500,00)	80% do valor dos depósitos	R$ 1.200,00

Alternativa correta: "d".

05. (FCC – Analista Judiciário – Área Judiciária – TRT 22/2022) Celina e Sérgio foram empregados da Loja de Calçados Passo Certo Ltda., por 6 e 8 meses, respectivamente. Entretanto, em razão da crise econômica, foram dispensados em julho deste ano, quando a Celina foi concedido aviso prévio indenizado de 30 dias, sendo que Sérgio cumprirá 30 dias de aviso prévio trabalhado. Em relação ao prazo máximo previsto pela CLT para pagamento das verbas rescisórias,

(A) Celina deve receber suas verbas até o 10º dia do término do aviso prévio e Sérgio até o 1o dia útil seguinte ao término do aviso prévio.

(B) ambos os empregados receberão em até 10 dias contados do término do contrato de trabalho.

(C) ambos os empregados receberão seus haveres em até 10 dias contados da concessão do aviso prévio.

(D) Celina deve receber suas verbas até o 1o dia útil seguinte ao término do aviso prévio e Sérgio até o 10º dia do término do aviso prévio.

(E) ambos os empregados receberão suas verbas 10 dias após a homologação sindical da rescisão do contrato de trabalho.

COMENTÁRIOS

Nota do autor: O art. 477 da CLT foi alterado para excluir a necessidade do pagamento das verbas rescisórias no ato de homologação da rescisão do contrato de trabalho. Note-se que, mesmo antes da Reforma Trabalhista, o empregador deveria efetuar o pagamento das verbas rescisórias no prazo legal independentemente da homologação das verbas rescisórias. Esse procedimento de homologação, quando realizado após o prazo legal para o pagamento das verbas, exercia a função apenas de conferir se o valor pago pelo empregador condizia com o valor realmente devido ao empregado.

Comentário serve para as demais alternativas, uma vez que versam sobre o mesmo assunto. A antiga redação do § 6º do art. 477 da CLT estabelecia dois prazos distintos para o pagamento das verbas rescisórias, que deveria ser realizado até:

a) o 1º dia útil imediato ao término do contrato nas hipóteses de aviso-prévio trabalhado ou contrato por prazo determinado.

b) o décimo dia, contado da data em que o empregado foi informado da dispensa, nas hipóteses de aviso-prévio indenizado, dispensa por justa causa ou no caso de o empregado que pede demissão ser liberado do cumprimento do aviso-prévio.

Com a Reforma Trabalhista, **o prazo foi unificado para 10 dias contados a partir do término do contrato de trabalho**, devendo o empregador dentro desse período:

a) realizar a entrega ao empregado de documentos, que comprovem a comunicação da extinção do contrato de trabalho aos órgãos competentes; e

b) efetuar o pagamento dos valores constantes do instrumento de rescisão ou recibo de quitação.

A unificação dos prazos assegura maior segurança jurídica ao empregador, pois não há diferença no tratamento em relação à modalidade de extinção do contrato de trabalho, devendo ser realizado dentro do prazo de 10 dias contados do término do contrato de trabalho.

Há discussão quanto à contagem do prazo de 10 dias na hipótese de concessão de aviso prévio indenizado: se deverá ser iniciado com a notificação da dispensa ou após o fim da projeção do aviso. Entendemos que o prazo deve ser contado a partir da notificação da dispensa, pois, caso fosse concedido apenas após a projeção do aviso, haveria uma postergação do pagamento das verbas rescisórias que pode trazer diversos prejuízos ao empregado. Ao invés de receber em 10 dias,

1319. Para empregados com até um ano de contrato, o aviso-prévio será de 30 dias. A cada ano de contrato, serão acrescidos 3 dias na duração do aviso, até o limite de 60 dias. Assim sendo, a duração do aviso-prévio poderá ter até 90 dias (prazo mínimo de 30 dias + 60 dias do aviso proporcional).

o trabalhador receberia em 40 dias ou mais. Imaginemos um aviso-prévio indenizado de 90 dias. O empregado receberia as verbas rescisórias somente após 100 dias do término do contrato.

Alternativa correta: "b".

06. (FCC – Analista Judiciário – Área Judiciária – TRT 23/2022) Crisântemo e a sua empregadora, o restaurante Peixe na Telha, pretendem, reciprocamente, por acordo, colocar fim ao contrato de trabalho que não chegou a completar 1 ano. Nessa situação, levando-se em consideração que o saldo na conta vinculada do FGTS do empregado conta com R$ 2.000,00 e que seu último salário é de R$ 1.800,00, com base no que prevê a Consolidação das Leis do Trabalho, Crisântemo receberá

(A) R$ 900,00 de aviso prévio, R$ 400,00 de multa do FGTS, podendo sacar até R$ 1.600,00 do FGTS depositado.

(B) R$ 900,00 de aviso prévio, R$ 400,00 de multa do FGTS, podendo sacar até R$ 1.000,00 do FGTS depositado.

(C) R$ 1.440,00 de aviso prévio, R$ 640,00 de multa do FGTS, podendo sacar até R$ 1.600,00 do FGTS depositado.

(D) R$ 1.800,00 de aviso prévio, R$ 600,00 de multa do FGTS, podendo sacar até R$ 1.000,00 do FGTS depositado.

(E) R$ 1.440,00 de aviso prévio, R$ 640,00 de multa do FGTS, podendo sacar até R$ 1.000,00 do FGTS depositado.

COMENTÁRIOS

Nota do autor: A impossibilidade de realização de acordo entre empregado e empregador para pôr fim ao contrato de trabalho, antes da Reforma Trabalhista, levava, em alguns casos, ao cometimento, na prática, de atos pelos empregados ou pelos empregadores para "forçar" a outra parte a resilir unilateralmente o contrato de trabalho. Com a regulamentação legal trazida pela Reforma, deve-se prevenir o cometimento dessas fraudes na relação de trabalho.

Comentário serve para as demais alternativas, uma vez que versam sobre o mesmo assunto. É possível o término do contrato de trabalho por resilição bilateral, também denominado distrato. No distrato, há o fim do contrato de trabalho por mútuo acordo entre as partes. Antes da Reforma Trabalhista, a legislação não admitia essa modalidade de resilição contratual, cabendo aos empregados apresentar pedido de demissão ou aos empregadores de realizar a dispensa sem justa causa.

Na hipótese de celebração de distrato, os trabalhadores terão direito ao recebimento das seguintes verbas rescisórias:

- 50% do aviso prévio, se for indenizado. Na hipótese de aviso prévio trabalhado, terá direito ao recebimento de seu valor integral.
- 20% de multa sobre os depósitos do FGTS;
- Saldo de salário (dias efetivamente trabalhadores);
- Décimo terceiro salário proporcional;
- Férias + 1/3 vencidas, se houver;
- Férias + ⅓ proporcionais;

Ainda, de acordo com o § 1º do art. 484-A da CLT, acrescentado pela Reforma Trabalhista, o trabalhador poderá movimentar sua conta vinculada do FGTS até o limite de 80% do valor dos depósitos. Cumpre ressaltar que o art. 20 da Lei nº 8.036/1990, que estabelece as hipóteses de saque dos depósitos do FGTS, foi alterado para prever o distrato como nova modalidade:

> **Art. 20, I-A, Lei nº 8.036/1990.** A conta vinculada do trabalhador no FGTS poderá ser movimentada nas seguintes situações: extinção do contrato de trabalho prevista no art. 484-A da Consolidação das Leis do Trabalho (CLT), aprovada pelo Decreto-Lei nº 5.452, de 1º de maio de 1943.

Dessa forma, Crisântemo receberá as seguintes verbas:

Verba	Base de cálculo	Operação	Valor devido
Aviso prévio indenizado	30 dias de salário[1320] (R$ 1.800,00)	50% do aviso prévio, se for indenizado	R$ 900,00
Indenização do FGTS	Saldo de FGTS (R$ 2.000,00)	20% de multa sobre os depósitos do FGTS	R$ 400,00
Movimentação da conta vinculada do FGTS	Saldo de FGTS (R$ 2.000,00)	80% do valor dos depósitos	R$ 1.600,00

Alternativa correta: "a".

1320. Para empregados com até um ano de contrato, o aviso-prévio será de 30 dias. A cada ano de contrato, serão acrescidos 3 dias na duração do aviso, até o limite de 60 dias. Assim sendo, a duração do aviso-prévio poderá ter até 90 dias (prazo mínimo de 30 dias + 60 dias do aviso proporcional).

07. (FCC – Analista Judiciário – Oficial de Justiça Avaliador Federal – TRT 9/2022) Alegando dificuldades financeiras em razão da crise econômica, a empresa na qual Teobaldo trabalha não lhe paga salários há 4 meses. Inexistindo qualquer tipo de negociação coletiva tratando da questão, Teobaldo deverá

(A) aceitar a situação, uma vez que o empregado também assume os riscos do negócio.

(B) pedir demissão, uma vez que não deseja mais se submeter a tal situação.

(C) requerer para ser dispensado sem justa causa.

(D) solicitar a rescisão indireta do contrato, eis que caracterizada justa causa do empregador, que deixou de cumprir suas obrigações, sendo essencial que a prestação de serviços seja cessada imediatamente.

(E) ingressar com ação para a rescisão indireta do contrato e o pagamento das respectivas indenizações, eis que caracterizada justa causa do empregador, que deixou de cumprir suas obrigações, podendo permanecer ou não no serviço até final decisão do processo.

COMENTÁRIOS

Nota do autor: Na resolução, o contrato é extinto em razão do ato faltoso de uma das partes. Assim sendo, por motivo de falta praticada pelo empregado (dispensa por justa causa), ou pelo empregador (rescisão indireta) ou por ambas (culpa recíproca), ocorrerá o fim do contrato de trabalho.

Para que ocorra o término do contrato de trabalho, em razão de falta grave, é necessário que o ato praticado esteja previsto em lei como justa causa, isto é, **tipificado** como hipótese de justa causa (arts. 482, 483 e 484 da CLT). Ademais, a punição deverá ser **imediata**, sob pena de configurar perdão tácito. E, por fim, há necessidade de **proporcionalidade**[1321] entre a falta cometida e a punição a ser aplicada. Para aplicação da justa causa é necessário, portanto, que a falta cometida seja grave, sob pena de configurar abuso de poder do empregador.

Comentário serve para as demais alternativas, uma vez que versam sobre o mesmo assunto. Em razão da conduta do empregador, é permitido ao trabalhador colocar fim ao contrato de trabalho como se houvesse dispensa sem justa causa. A rescisão indireta é chamada, também, de justa causa patronal. O empregado poderá considerar rescindido o contrato e pleitear a devida indenização quando o empregador **não cumprir o empregador as obrigações do contrato.** O descumprimento das obrigações do contrato deve ser interpretado de forma ampla, pois o empregador, quando descumpre a legislação trabalhista, acordos e convenções coletivas, possibilita que o empregado peça rescisão indireta. Caso mais frequente dessa falta, cometida pelo empregador, é atraso do salário[1322]. Cabe ressaltar que o pagamento dos salários atrasados, em audiência judicial, não afasta a rescisão indireta[1323]. Outros exemplos: falta de anotação da CTPS e ausência dos depósitos do FGTS[1324].

Alternativa correta: "e".

08. (FCC – Analista Judiciário – Oficial de Justiça Avaliador Federal – TRT 17/2022) A Fábrica de Colchões Cochilo dos Sonhos aplicou uma suspensão no seu Gerente de Vendas Zeus, por 60 dias, em virtude de fatos graves ocorridos no ambiente da empresa. Nessa hipótese, com base no que prevê a Consolidação das Leis do Trabalho,

(A) considera-se rescindido sem justa causa o contrato de trabalho de Zeus, após o 60º dia consecutivo de suspensão.

(B) tem-se a rescisão sem justa causa do contrato de trabalho de Zeus, após o 30º dia consecutivo de suspensão.

(C) opera-se a injusta dispensa de Zeus desde a aplicação da suspensão, por superar o prazo legal de 30 dias.

(D) a partir do 16º dia consecutivo de suspensão, considera-se a rescisão sem justa causa do contrato de trabalho de Zeus.

1321. Se a falta praticada for leve, o empregador deverá aplicar outras penalidades: advertência verbal ou escrita ou, ainda, a suspensão disciplinar de até trinta dias.

1322. AIRR - 1000973-44.2015.5.02.0611, Relator Ministro: José Roberto Freire Pimenta, Data de Julgamento: 28/09/2016, 2ª Turma, Data de Publicação: DEJT 30/09/2016.

1323. **Súmula nº 13 do TST:** "O só pagamento dos salários atrasados em audiência não elide a mora capaz de determinar a rescisão do contrato de trabalho".

1324. Nesse sentido, interessante julgado do TST: **Recurso de Revista. – Rescisão indireta do contrato de trabalho. Ausência de comprovação dos depósitos do FGTS.** A jurisprudência deste Tribunal tem se firmado no sentido de que a irregularidade ou ausência de recolhimento do FGTS constitui falta grave suficiente para configurar a hipótese do art. 483, d, da CLT e ensejar a rescisão indireta do contrato de trabalho. Recurso de revista conhecido e provido. (TST – RR: 6346420135040014, Relator: Márcio Eurico Vitral Amaro, Data de Julgamento: 05/08/2015, 8ª Turma, Data de Publicação: DEJT 07/08/2015)

(E) a suspensão do empregado pelo prazo mínimo de 45 dias consecutivos importa na rescisão injusta do contrato de trabalho.

COMENTÁRIOS

Nota do autor: Na resolução, o contrato é extinto em razão do ato faltoso de uma das partes. Assim sendo, por motivo de falta praticada pelo empregado (dispensa por justa causa), ou pelo empregador (rescisão indireta) ou por ambas (culpa recíproca), ocorrerá o fim do contrato de trabalho.

Para que ocorra o término do contrato de trabalho, em razão de falta grave, é necessário que o ato praticado esteja previsto em lei como justa causa, isto é, **tipificado** como hipótese de justa causa (arts. 482, 483 e 484 da CLT). Ademais, a punição deverá ser **imediata**, sob pena de configurar perdão tácito. E, por fim, há necessidade de **proporcionalidade**[1325] entre a falta cometida e a punição a ser aplicada. Para aplicação da justa causa é necessário, portanto, que a falta cometida seja grave, sob pena de configurar abuso de poder do empregador.

Comentário serve para as demais alternativas, uma vez que versam sobre o mesmo assunto. Em razão da conduta do empregador, é permitido ao trabalhador colocar fim ao contrato de trabalho como se houvesse dispensa sem justa causa. A rescisão indireta é chamada, também, de justa causa patronal. O empregado poderá considerar rescindido o contrato e pleitear a devida indenização quando a suspensão aplicada pela empregador ultrapassar o período de 30 dias:

> **Art. 474, CLT:** A suspensão do empregado por mais de 30 (trinta) dias consecutivos importa na rescisão injusta do contrato de trabalho.

Alternativa correta: "b".

09. (FCC – Analista Judiciário – Oficial de Justiça Avaliador Federal – TRT 22/2022) Na rescisão do contrato de trabalho por mútuo acordo são devidos, conforme previsão na Consolidação das Leis do Trabalho,

(A) o aviso prévio e a indenização do saldo do FGTS, pela metade; e, na integralidade, as demais verbas; permitida a movimentação da conta vinculada do trabalhador no FGTS, limitada até 80% do valor dos depósitos.

(B) o aviso prévio, as férias acrescidas do terço constitucional, o décimo terceiro salário, pela metade, e, na integralidade, a indenização do saldo do Fundo de Garantia do Tempo de Serviço; o ingresso no Programa de Seguro-Desemprego; e a movimentação da conta vinculada do trabalhador no FGTS, limitada até 80% do valor dos depósitos.

(C) as verbas rescisórias, na integralidade, a movimentação da conta vinculada do trabalhador no Fundo de Garantia do Tempo de Serviço, limitada até 80% do valor dos depósitos; mas, não é permitido o ingresso no Programa de Seguro- Desemprego.

(D) o aviso prévio; a indenização do saldo do FGTS, na integralidade; e a movimentação da conta vinculada do trabalhador no FGTS; as demais verbas trabalhistas, pela metade.

(E) as verbas trabalhistas; o ingresso no Programa de Seguro-Desemprego, pela metade; e a movimentação da conta vinculada do trabalhador no FGTS, limitada até 80% do valor dos depósitos.

COMENTÁRIOS

Nota do autor: A impossibilidade de realização de acordo entre empregado e empregador para pôr fim ao contrato de trabalho, antes da Reforma Trabalhista, levava, em alguns casos, ao cometimento, na prática, de atos pelos empregados ou pelos empregadores para "forçar" a outra parte a resilir unilateralmente o contrato de trabalho. Com a regulamentação legal trazida pela Reforma, deve-se prevenir o cometimento dessas fraudes na relação de trabalho.

Comentário serve para as demais alternativas, uma vez que versam sobre o mesmo assunto. É possível o término do contrato de trabalho por resilição bilateral, também denominado distrato. No distrato, há o fim do contrato de trabalho por mútuo acordo entre as partes. Antes da Reforma Trabalhista, a legislação não admitia essa modalidade de resilição contratual, cabendo aos empregados apresentar pedido de demissão ou aos empregadores de realizar a dispensa sem justa causa.

Na hipótese de celebração de distrato, os trabalhadores terão direito ao recebimento das seguintes verbas rescisórias:

- 50% do aviso prévio, se for indenizado. Na hipótese de aviso prévio trabalhado, terá direito ao recebimento de seu valor integral.
- 20% de multa sobre os depósitos do FGTS;

1325. Se a falta praticada for leve, o empregador deverá aplicar outras penalidades: advertência verbal ou escrita ou, ainda, a suspensão disciplinar de até trinta dias.

– Saldo de salário (dias efetivamente trabalhadores);
– Décimo terceiro salário proporcional;
– Férias + 1/3 vencidas, se houver;
– Férias + 1/3 proporcionais;

Ainda, de acordo com o § 1º do art. 484-A da CLT, acrescentado pela Reforma Trabalhista, o trabalhador poderá movimentar sua conta vinculada do FGTS até o limite de 80% do valor dos depósitos. Cumpre ressaltar que o art. 20 da Lei nº 8.036/1990, que estabelece as hipóteses de saque dos depósitos do FGTS, foi alterado para prever o distrato como nova modalidade:

> **Art. 20, I-A, Lei nº 8.036/1990.** A conta vinculada do trabalhador no FGTS poderá ser movimentada nas seguintes situações: extinção do contrato de trabalho prevista no art. 484-A da Consolidação das Leis do Trabalho (CLT), aprovada pelo Decreto-Lei nº 5.452, de 1º de maio de 1943.

Alternativa correta: "a".

10. (FCC – Técnico Judiciário – Área Administrativa – TRT 9/2022) Em razão de desentendimentos decorrentes de ordens com as quais não concordou, Ticiano ficou bastante alterado e passou a proferir diversas agressões verbais ao dono da empresa, que é seu chefe, agredindo a honra e a boa fama do mesmo. Este revidou, proferindo um soco em Ticiano, que lhe causou ferimentos. Em razão da situação, o empregador decide dispensar Ticiano. Com a rescisão do contrato de trabalho o empregador deve pagar a Ticiano

(A) saldo de salários, férias vencidas, férias proporcionais, 13º salário proporcional, aviso prévio e indenização pela dispensa.
(B) saldo de salários, férias vencidas, 50% das férias proporcionais, 50% do 13º salário proporcional e 50% do aviso prévio, não sendo devida indenização pela dispensa em razão da justa causa praticada.
(C) saldo de salários e férias vencidas, tendo em vista a justa causa praticada.
(D) saldo de salários, férias vencidas, 50% das férias proporcionais, 50% do 13º salário proporcional, 50% do aviso prévio e 50% da indenização que seria devida em caso de culpa exclusiva do empregador.
(E) saldo de salários, férias vencidas, 50% das férias proporcionais, 50% do 13º salário proporcional e 50% da indenização que seria devida em caso de culpa exclusiva do empregador, não havendo que se falar em aviso prévio.

COMENTÁRIOS

Nota do autor: Na resolução, o contrato é extinto em razão do ato faltoso de uma das partes. Assim sendo, por motivo de falta praticada pelo empregado (dispensa por justa causa), ou pelo empregador (rescisão indireta) ou por ambas (culpa recíproca), ocorrerá o fim do contrato de trabalho.

Comentário serve para as demais alternativas, uma vez que versam sobre o mesmo assunto. Na culpa recíproca empregado e empregador praticaram faltas graves concomitantes (ao mesmo tempo). Essa modalidade de término do contrato de trabalho deverá ser reconhecida em juízo. Nesse caso, de acordo com o posicionamento do TST, haverá divisão das verbas rescisórias, tendo o empregado direito aos 50% do aviso, décimo terceiro e férias proporcionais e 20% de indenização sobre o FGTS. Vale ressaltar que o saldo salarial, bem como as férias o 13º vencidos, serão pagos integralmente. Tendo em vista que ambas as partes praticaram faltas graves, não há direito ao recebimento de seguro desemprego, que visa prover assistência financeira ao empregado dispensado sem justa causa ou em razão de rescisão indireta do contrato.

> **Art. 484, CLT:** Havendo culpa recíproca no ato que determinou a rescisão do contrato de trabalho, o tribunal do trabalho reduzirá a indenização à que seria devida em caso de culpa exclusiva do empregador, por metade.
>
> **Súmula nº 14 do TST:** Reconhecida a culpa recíproca na rescisão do contrato de trabalho (art. 484 da CLT), o empregado tem direito a 50% (cinquenta por cento) do valor do aviso-prévio, do décimo terceiro salário e das férias proporcionais.

Alternativa correta: "d".

11. (FCC – Técnico Judiciário – Área Administrativa – TRT 14/2022) Sócrates e a sua empregadora, a empresa de transportes Carga Pesada, pretendem colocar fim ao contrato de trabalho por acordo mútuo. O contrato vigora há 8 meses, sendo o último salário de Sócrates no valor de R$ 1.800,00, e o saldo da conta do FGTS de R$ 1.000,00. Conforme a Consolidação das Leis do Trabalho, sabendo-se que pelo acordo o aviso prévio será indenizado, o referido empregado fará jus, nessa modalidade de rescisão, a

(A) R$ 1.800,00 de aviso prévio, R$ 200,00 de indenização sobre o saldo do FGTS e pode levantar o saldo total do FGTS.
(B) R$ 900,00 de aviso prévio, R$ 200,00 de indenização sobre o saldo do FGTS e pode levantar o saldo de até R$ 800,00 do FGTS.
(C) R$ 1.800,00 de aviso prévio, R$ 400,00 de indenização sobre o saldo do FGTS e pode levantar o saldo de até R$ 500,00 do FGTS.
(D) R$ 900,00 de aviso prévio, R$ 240,00 de indenização sobre o saldo do FGTS e pode levantar o saldo de até R$ 800,00 do FGTS.
(E) R$ 1.080,00 de aviso prévio, R$ 240,00 de indenização sobre o saldo do FGTS e pode levantar o saldo total do FGTS.

▶ QUESTÕES DE CONCURSOS

COMENTÁRIOS

Nota do autor: A impossibilidade de realização de acordo entre empregado e empregador para pôr fim ao contrato de trabalho, antes da Reforma Trabalhista, levava, em alguns casos, ao cometimento, na prática, de atos pelos empregados ou pelos empregadores para "forçar" a outra parte a resilir unilateralmente o contrato de trabalho. Com a regulamentação legal trazida pela Reforma, deve-se prevenir o cometimento dessas fraudes na relação de trabalho.

Comentário serve para as demais alternativas, uma vez que versam sobre o mesmo assunto. É possível o término do contrato de trabalho por resilição bilateral, também denominado distrato. No distrato, há o fim do contrato de trabalho por mútuo acordo entre as partes. Antes da Reforma Trabalhista, a legislação não admitia essa modalidade de resilição contratual, cabendo aos empregados apresentar pedido de demissão ou aos empregadores de realizar a dispensa sem justa causa.

Na hipótese de celebração de distrato, os trabalhadores terão direito ao recebimento das seguintes verbas rescisórias:

- 50% do aviso prévio, se for indenizado. Na hipótese de aviso prévio trabalhado, terá direito ao recebimento de seu valor integral.
- 20% de multa sobre os depósitos do FGTS;
- Saldo de salário (dias efetivamente trabalhadores);
- Décimo terceiro salário proporcional;
- Férias + 1/3 vencidas, se houver;
- Férias + 1/3 proporcionais;

Ainda, de acordo com o § 1º do art. 484-A da CLT, acrescentado pela Reforma Trabalhista, o trabalhador poderá movimentar sua conta vinculada do FGTS até o limite de 80% do valor dos depósitos. Cumpre ressaltar que o art. 20 da Lei nº 8.036/1990, que estabelece as hipóteses de saque dos depósitos do FGTS, foi alterado para prever o distrato como nova modalidade:

> **Art. 20, I-A, Lei nº 8.036/1990.** A conta vinculada do trabalhador no FGTS poderá ser movimentada nas seguintes situações: extinção do contrato de trabalho prevista no art. 484-A da Consolidação das Leis do Trabalho (CLT), aprovada pelo Decreto-Lei nº 5.452, de 1º de maio de 1943.

Dessa forma, Sócrates receberá as seguintes verbas:

Verba	Base de cálculo	Operação	Valor devido
Aviso prévio indenizado	30 dias de salário[1326] (R$ 1.800,00)	50% do aviso prévio, se for indenizado	R$ 900,00
Indenização do FGTS	Saldo de FGTS (R$ 1.000,00)	20% de multa sobre os depósitos do FGTS	R$ 200,00
Movimentação da conta vinculada do FGTS	Saldo de FGTS (R$ 1.000,00)	80% do valor dos depósitos	R$ 800,00

Alternativa correta: "b".

12. (FCC – Técnico Judiciário – Área Administrativa – TRT 17/2022) Cícero e a sua empregadora, a locadora de veículos Alugue Já pretendem colocar fim ao contrato de trabalho por mútuo acordo.

O último salário de Cícero é de R$ 3.000,00, o contrato de trabalho vigorou de 01/01/2022 a 30/09/2022, e o saldo da conta do FGTS é de R$ 2.500,00. Nessa situação, sabendo que o aviso prévio será indenizado, Cícero receberá, de acordo com a Consolidação das Leis do Trabalho,

(A) R$ 1.500,00 de aviso prévio, R$ 1.000,00 de multa do FGTS, 13º salário proporcional pela metade, podendo levantar até 70% do saldo da conta vinculada do FGTS.

(B) R$ 3.000,00 de aviso prévio, R$ 500,00 de multa do FGTS, 13º salário proporcional pela metade, podendo levantar até 80% do saldo da conta vinculada do FGTS.

(C) R$ 1.500,00 de aviso prévio, R$ 500,00 de multa do FGTS, 13º salário proporcional integral, podendo levantar todo o saldo da conta vinculada do FGTS.

(D) R$ 2.400,00 de aviso prévio, R$ 1.000,00 de multa do FGTS, 13º salário proporcional pela metade, podendo levantar até 85% do saldo da conta vinculada do FGTS.

(E) R$ 1.500,00 de aviso prévio, R$ 500,00 de multa do FGTS, 13º salário proporcional integral, podendo levantar até 80% do saldo da conta vinculada do FGTS.

▶ QUESTÕES DE CONCURSOS

1326. Para empregados com até um ano de contrato, o aviso-prévio será de 30 dias. A cada ano de contrato, serão acrescidos 3 dias na duração do aviso, até o limite de 60 dias. Assim sendo, a duração do aviso-prévio poderá ter até 90 dias (prazo mínimo de 30 dias + 60 dias do aviso proporcional).

COMENTÁRIOS

Nota do autor: A impossibilidade de realização de acordo entre empregado e empregador para pôr fim ao contrato de trabalho, antes da Reforma Trabalhista, levava, em alguns casos, ao cometimento, na prática, de atos pelos empregados ou pelos empregadores para "forçar" a outra parte a resilir unilateralmente o contrato de trabalho. Com a regulamentação legal trazida pela Reforma, deve-se prevenir o cometimento dessas fraudes na relação de trabalho.

Comentário serve para as demais alternativas, uma vez que versam sobre o mesmo assunto. É possível o término do contrato de trabalho por resilição bilateral, também denominado distrato. No distrato, há o fim do contrato de trabalho por mútuo acordo entre as partes. Antes da Reforma Trabalhista, a legislação não admitia essa modalidade de resilição contratual, cabendo aos empregados apresentar pedido de demissão ou aos empregadores de realizar a dispensa sem justa causa.

Na hipótese de celebração de distrato, os trabalhadores terão direito ao recebimento das seguintes verbas rescisórias:

- 50% do aviso prévio, se for indenizado. Na hipótese de aviso prévio trabalhado, terá direito ao recebimento de seu valor integral.
- 20% de multa sobre os depósitos do FGTS;
- Saldo de salário (dias efetivamente trabalhadores);
- Décimo terceiro salário proporcional;
- Férias + 1/3 vencidas, se houver;
- Férias + 1/3 proporcionais;

Ainda, de acordo com o § 1º do art. 484-A da CLT, acrescentado pela Reforma Trabalhista, o trabalhador poderá movimentar sua conta vinculada do FGTS até o limite de 80% do valor dos depósitos. Cumpre ressaltar que o art. 20 da Lei nº 8.036/1990, que estabelece as hipóteses de saque dos depósitos do FGTS, foi alterado para prever o distrato como nova modalidade:

> **Art. 20, I-A, Lei nº 8.036/1990.** A conta vinculada do trabalhador no FGTS poderá ser movimentada nas seguintes situações: extinção do contrato de trabalho prevista no art. 484-A da Consolidação das Leis do Trabalho (CLT), aprovada pelo Decreto-Lei nº 5.452, de 1º de maio de 1943.

Dessa forma, Cícero receberá as seguintes verbas:

Verba	Base de cálculo	Operação	Valor devido
Aviso prévio indenizado	30 dias de salário[1327] (R$ 3.000,00)	50% do aviso prévio, se for indenizado	R$ 1.500,00
Indenização do FGTS	Saldo de FGTS (R$ 2.500,00)	20% de multa sobre os depósitos do FGTS	R$ 500,00

Alternativa correta: "e".

13. **(FCC – Técnico Judiciário – Área Administrativa – TRT 17/2022)** Vitória Régia foi empregada da Panificadora Pão na Chapa Ltda. de 01/01/2016 a 31/12/2021, data em que terminou o aviso prévio trabalhado da referida empregada. Entendendo que o aviso prévio concedido pela empresa não foi correto, Vitória Régia pretende ajuizar ação trabalhista em face da sua ex-empregadora. Na situação narrada, conforme legislação vigente, o aviso prévio concedido à empregada deveria ter sido de

(A) 30 dias.
(B) 48 dias.
(C) 42 dias.
(D) 33 dias.
(E) 45 dias.

COMENTÁRIOS

Nota do autor: O aviso-prévio tem como finalidade indicar a data do término do contrato de trabalho. O período do aviso possibilita ao trabalhador procurar outro emprego, e, ainda, ao empregador buscar um substituto para o cargo vago. Dessa forma, torna-se possível que uma parte não seja surpreendida com a ruptura do contrato por ato unilateral da outra. Afasta-se, portanto, o evento-surpresa.

Comentário serve para todas as alternativas, uma vez que versam sobre o mesmo assunto. A parte que decidir colocar fim ao contrato

1327. Para empregados com até um ano de contrato, o aviso-prévio será de 30 dias. A cada ano de contrato, serão acrescidos 3 dias na duração do aviso, até o limite de 60 dias. Assim sendo, a duração do aviso-prévio poderá ter até 90 dias (prazo mínimo de 30 dias + 60 dias do aviso proporcional).

deverá avisar a outra com **antecedência mínima de 30 dias.** Nesse sentido, estabelece o art. 7º, XXI, da CF/88:

> **Art. 7º, XXI, da CF/88:** São direitos dos trabalhadores urbanos e rurais, além de outros que visem à melhoria de sua condição social: aviso-prévio proporcional ao tempo de serviço, **sendo no mínimo de 30 dias**, nos termos da lei (grifos acrescidos).

Em razão dessa previsão constitucional, o aviso-prévio é proporcional ao tempo de serviço. Para empregados com até um ano de contrato, o aviso-prévio será de 30 dias. A cada ano de contrato, serão acrescidos 3 dias na duração do aviso, até o limite de 60 dias. Assim sendo, a duração do aviso-prévio poderá ter até 90 dias (prazo mínimo de 30 dias + 60 dias do aviso proporcional). Esse dispositivo foi regulamentado pela Lei nº 12.506, de 11 de outubro de 2011.

Como Vitória Régia trabalhou na empresa Panificadora Pão na Chapa Ltda. por mais de 5 anos e menos de 6, terá direito aos **30 dias de aviso-prévio + 5 vezes 3 dias, totalizando 45 dias de aviso prévio indenizado.**

Alternativa correta: "e".

14. **(FCC – Técnico Judiciário – Área Administrativa – TRT 22/2022)** Melchíades foi contratado em 10/01/2022, por prazo indeterminado, pela empresa Guloseima Comércio de Alimentos Ltda. No dia 18/07/2022 Melchíades se desentendeu com seu superior hierárquico e a discussão se agravou, com ofensas morais graves de cada uma das partes em relação à outra. Reconhecida a culpa recíproca na rescisão do contrato de trabalho, além do saldo de salário, são devidas ao empregado, a título de verbas rescisórias, nos termos da CLT e jurisprudência sumulada do TST, apenas

(A) aviso prévio, 13º salário proporcional, férias proporcionais e indenização que seria devida em caso de culpa exclusiva do empregador, pela metade.

(B) 13º salário proporcional e férias proporcionais.

(C) 13º salário proporcional, férias proporcionais e indenização que seria devida em caso de culpa exclusiva do empregador, pela metade.

(D) 50% do aviso prévio, 50% do 13º salário, 50% das férias proporcionais e indenização que seria devida em caso de culpa exclusiva do empregador, pela metade.

(E) 50% do aviso prévio, 50% do 13º salário, 50% das férias proporcionais.

COMENTÁRIOS

Nota do autor: Na resolução, o contrato é extinto em razão do ato faltoso de uma das partes. Assim sendo, por motivo de falta praticada pelo empregado (dispensa por justa causa), ou pelo empregador (rescisão indireta) ou por ambas (culpa recíproca), ocorrerá o fim do contrato de trabalho.

Comentário serve para as demais alternativas, uma vez que versam sobre o mesmo assunto. Na culpa recíproca empregado e empregador praticaram faltas graves concomitantes (ao mesmo tempo). Essa modalidade de término do contrato de trabalho deverá ser reconhecida em juízo. Nesse caso, de acordo com o posicionamento do TST, haverá divisão das verbas rescisórias, tendo o empregado direito aos 50% do aviso, décimo terceiro e férias proporcionais e 20% de indenização sobre o FGTS. Vale ressaltar que o saldo salarial, bem como as férias o 13º vencidos, serão pagos integralmente. Tendo em vista que ambas as partes praticaram faltas graves, não há direito ao recebimento de seguro desemprego, que visa prover assistência financeira ao empregado dispensado sem justa causa ou em razão de rescisão indireta do contrato.

> **Art. 484, CLT:** Havendo culpa recíproca no ato que determinou a rescisão do contrato de trabalho, o tribunal do trabalho reduzirá a indenização à que seria devida em caso de culpa exclusiva do empregador, por metade.
>
> **Súmula nº 14 do TST:** Reconhecida a culpa recíproca na rescisão do contrato de trabalho (art. 484 da CLT), o empregado tem direito a 50% (cinquenta por cento) do valor do aviso-prévio, do décimo terceiro salário e das férias proporcionais.

Alternativa correta: "d".

15. **(FCC – Técnico Judiciário – Área Administrativa – TRT 22/2022)** Aquiles foi contratado em 04/10/2021 pela empresa Destinos Operadora de Turismo Ltda., para exercer a função de diretor financeiro. Em 04/07/2022, em razão de proposta de emprego que recebeu de outra empresa, pediu demissão da Destinos. Considerando essa situação, Aquiles, à luz da CLT e jurisprudência sumulada do TST,

(A) não tem direito ao recebimento de férias proporcionais, tendo em vista que pediu demissão.

(B) não tem direito ao recebimento de férias proporcionais, porque exercente de cargo de confiança.

(C) não tem direito ao recebimento de férias proporcionais, porque não completou um ano de serviço na empresa.

(D) tem direito ao recebimento da remuneração relativa ao período incompleto de férias na proporção de 1/12 avos por mês de serviço, ou fração superior a 14 dias.

(E) tem direito ao recebimento da remuneração relativa ao período incompleto de férias na proporção de 1/9 avos por mês de serviço.

COMENTÁRIOS

Nota do autor: A resilição do contrato de trabalho corresponde ao término do contrato de trabalho sem que tenha ocorrido o cometimento de falta grave que determine o fim do contrato. A resilição pode ser unilateral ou bilateral. A resilição unilateral é a manifestação imotivada de uma das partes da relação de emprego que coloca fim ao contrato de trabalho. Admite-se a livre resilição, pois ninguém é obrigado a manter-se vinculado permanentemente. Trata-se de direito potestativo de empregados e empregadores.

Comentário serve para as demais alternativas, uma vez que versam sobre o mesmo assunto. Ocorre a **Demissão** quando o empregado decide colocar fim ao contrato. Independe de qualquer motivação. O empregador não poderá se opor a essa decisão do trabalhador. Nessa hipótese de pedido de demissão, o empregado terá direito às seguintes verbas rescisórias:

- Saldo de salário (dias efetivamente trabalhados);
- Décimo terceiro salário proporcional;
- Férias + $^1/_3$ vencidas, se houver;
- Férias + $^1/_3$ proporcionais:

Súmula nº 171 do TST: Salvo na hipótese de dispensa do empregado por justa causa, a extinção do contrato de trabalho sujeita o empregador ao pagamento da remuneração das férias proporcionais, ainda que incompleto o período aquisitivo de 12 (doze) meses.

Súmula nº 261 do TST: O empregado que se demite antes de completar 12 (doze) meses de serviço tem direito a férias proporcionais.

Obs.: No pedido de demissão, o empregado não saca os depósitos do FGTS e deverá conceder aviso-prévio de 30 dias ao empregador. Por fim, ressalta-se que perderá a estabilidade provisória de emprego que eventualmente possuía no caso de formulação de pedido de demissão.

Portanto, Aquiles tem direito ao recebimento da remuneração relativa ao período incompleto de férias na proporção de 1/12 avos por mês de serviço, ou fração superior a 14 dias.

Alternativa correta: "d".

16. **(FGV – Analista Judiciário – Área Judiciária – TRT 13/2022)** Nelson é empregado numa pousada para turistas no litoral sul da Paraíba, local conhecido por suas belas praias. Nelson sofreu um acidente do trabalho típico em março de 2022, afastou-se do trabalho por 90 dias em benefício previdenciário acidentário, e retornou ao emprego em julho de 2022. Contudo, o empregador de Nelson começou a desconfiar de algumas de suas condutas, ao mesmo tempo em que notou o desaparecimento de vários produtos da pousada. Então, o titular da empresa acessou as câmeras de segurança e, para sua surpresa, viu as gravações de Nelson furtando toalhas, lençóis, pratos e talheres, além de acessar indevidamente a caixa registradora da pousada e retirar R$ 150,00 para si. Indignado, o proprietário decidiu terminar o contrato com Nelson. Diante dos fatos narrados e da CLT, assinale a afirmativa correta.

(A) Uma vez que Nelson está em período estabilitário, a dispensa somente poderá ocorrer sem justa causa.

(B) É possível a dispensa por justa causa, mas a empresa deverá instaurar previamente inquérito judicial para apurar a falta grave.

(C) Estando o empregado no período de garantia no emprego, a empresa não poderá romper o contrato de Nelson por 12 meses a partir do retorno.

(D) Apesar da atitude de Nelson ser reprovável, o valor dos produtos furtados não é expressivo, daí não há tipificação para a justa causa.

(E) A falta grave está caracterizada e Nelson poderá ser dispensado imediatamente por justa causa.

COMENTÁRIOS

Nota do autor: A questão exige o conhecimento dos conceitos relacionados aos casos de dispensa por justa causa contidos no art. 482 da CLT. Note-se a Reforma Trabalhista inseriu a alínea "m" ao art. 482, que traz a hipótese do empregado, cuja profissão exige o preenchimento de determinados requisitos legais ou habilitação para seu exercício. Caso esse empregado venha a perder a habilitação ou o requisito legal exigido, por conduta dolosa, haverá hipótese de justa causa para a dispensa do trabalhador.

Comentário serve para as demais alternativas, uma vez que versam sobre o mesmo assunto. Nos termos do art. 482, "a", CLT, incorre falta grave apta a ensejar a aplicação da dispensa por justa causa o empregador que praticar ato de improbidade, ou seja, que atenta contra o patrimônio do empregador ou de terceiro[1328]. Exemplos:

QUESTÕES DE CONCURSOS

1328. Em questão de Analista Judiciário do TRT da 17ª Região/2009, o examinador afirmava que constitui ato de improbidade o ato lesivo ao patrimônio da empresa, ou de terceiro, relacionado ou não com o trabalho. A questão foi dada como correta. Nesse mesmo sentido: "Esclareça-se que pode ocorrer ato de improbidade, vinculado falsificação de documentos para receber horas extras, falsificação de certidão de nascimento para percepção de salário-família ou ainda **apropriação indébita e furto**, como no caso do enunciado. O que leva à dispensa por justa causa é a quebra de confiança, e não o valor furtado ou desviado da empresa.

Dessa forma, ainda que eventualmente gozasse de estabilidade provisório no emprego por conta do acidente de trabalho[1329], Nelson praticou falta grave e poderá ser dispensado por justa causa pelo empregador.

Alternativa correta: "e".

17. (FUMARC – Analista Judiciário – Área Judiciária – TRT 3/2022) Em relação ao aviso prévio, considerando o entendimento sumulado do TST e a legislação vigente, NÃO é correto afirmar:

(A) A falta de aviso prévio por parte do empregado dá ao empregador o direito de descontar os salários correspondentes ao prazo respectivo.

(B) A projeção do contrato de trabalho para o futuro, pela concessão do aviso prévio indenizado, tem efeitos limitados às vantagens econômicas obtidas no período de pré-aviso, ou seja, salários, reflexos e verbas rescisórias. No caso de concessão de auxílio-doença no curso do aviso prévio, todavia, só se concretizam os efeitos da dispensa depois de expirado o benefício previdenciário.

(C) É inválida a concessão do aviso prévio na fluência da garantia de emprego, ante a incompatibilidade dos dois institutos.

(D) Na contagem do prazo do aviso prévio, inclui-se o dia da comunicação e o dia final do vencimento, uma vez que não se trata de prazo processual, mas sim de direito material.

(E) O direito ao aviso prévio é irrenunciável pelo empregado. O pedido de dispensa de cumprimento não exime o empregador de pagar o respectivo valor, salvo comprovação de haver o prestador dos serviços obtido novo emprego.

COMENTÁRIOS

Nota do autor: O aviso-prévio tem como finalidade indicar a data do término do contrato de trabalho. O período do aviso possibilita ao trabalhador procurar outro emprego, e, ainda, ao empregador buscar um substituto para o cargo vago. Dessa forma, torna-se possível que uma parte não seja surpreendida com a ruptura do contrato por ato unilateral da outra. Afasta-se, portanto, o evento-surpresa.

Alternativa "a". Correta. "A falta de aviso prévio por parte do empregado dá ao empregador o direito de descontar os salários correspondentes ao prazo respectivo." (art. 487, § 2º, CLT).

Alternativa "b". Correta. "A projeção do contrato de trabalho para o futuro, pela concessão do aviso prévio indenizado, tem efeitos limitados às vantagens econômicas obtidas no período de pré-aviso, ou seja, salários, reflexos e verbas rescisórias. No caso de concessão de auxílio-doença no curso do aviso prévio, todavia, só se concretizam os efeitos da dispensa depois de expirado o benefício previdenciário." (Súmula nº 371 do TST).

Alternativa "c". Correta. "É inválida a concessão do aviso prévio na fluência da garantia de emprego, ante a incompatibilidade dos dois institutos." (Súmula nº 348 do TST).

Alternativa "d". Incorreta. "Aplica-se a regra prevista no "caput" do art. 132 do Código Civil de 2002 à contagem do prazo do aviso prévio, excluindo-se o dia do começo e incluindo o do vencimento." (Súmula nº 380 do TST).

Alternativa "e". Correta. "O direito ao aviso prévio é irrenunciável pelo empregado. O pedido de dispensa de cumprimento não exime o empregador de pagar o respectivo valor, salvo comprovação de haver o prestador dos serviços obtido novo emprego." (Súmula nº 276 do TST).

Alternativa incorreta: "d".

18. (FUMARC – Técnico Judiciário – TRT 3/2022) São hipóteses de justa causa do contrato de trabalho pelo empregador, EXCETO:

(A) ato de improbidade.

(B) condenação criminal do empregado, passada em julgado, caso não tenha havido suspensão da execução da pena.

(C) incontinência de conduta ou mau procedimento.

ao contrato de emprego, mas que importe em prejuízo a patrimônio de terceiro, e não exatamente, pelo menos de modo imediato, do empregador. Isso não descaracteriza a infração, mormente por se saber que o empregador será responsável perante tal terceiro pelos atos cometidos por seus empregados, no contexto do cumprimento do contrato". DELGADO, Maurício Godinho. *Curso do Direito do Trabalho*. 7. ed. São Paulo: LTr, 2008. p. 1.194.

1329. Para adquirir essa garantia provisória, há necessidade de preencher cumulativamente os seguintes requisitos: a) afastamento ser superior a 15 dias; e b) percepção de auxílio-doença acidentário.

(D) manifestação política do trabalhador.

(E) negociação habitual por conta própria, sem permissão do empregador, e quando constituir ato de concorrência à empresa para a qual trabalha o empregado, ou for prejudicial ao serviço.

COMENTÁRIOS

Nota do autor: A questão exige o conhecimento dos conceitos relacionados aos casos de dispensa por justa causa contidos no art. 482 da CLT. Note-se a Reforma Trabalhista inseriu a alínea "m" ao art. 482, que traz a hipótese do empregado, cuja profissão exige o preenchimento de determinados requisitos legais ou habilitação para seu exercício. Caso esse empregado venha a perder a habilitação ou o requisito legal exigido, por conduta dolosa, haverá hipótese de justa causa para a dispensa do trabalhador.

Comentário serve para as demais alternativas, uma vez que versam sobre o mesmo assunto. Nos termos do art. 482 da CLT, são hipóteses de justa causa:

> Art. 482, CLT: Constituem justa causa para rescisão do contrato de trabalho pelo empregador:
>
> **a) ato de improbidade;** (grifos acrescidos)
>
> **b) incontinência de conduta ou mau procedimento;** (grifos acrescidos)
>
> **c) negociação habitual por conta própria ou alheia sem permissão do empregador, e quando constituir ato de concorrência à empresa para a qual trabalha o empregado, ou for prejudicial ao serviço;** (grifos acrescidos)
>
> **d) condenação criminal do empregado, passada em julgado, caso não tenha havido suspensão da execução da pena;** (grifos acrescidos)
>
> e) desídia no desempenho das respectivas funções;
>
> f) embriaguez habitual ou em serviço;
>
> g) violação de segredo da empresa;
>
> h) ato de indisciplina ou de insubordinação;
>
> i) abandono de emprego;
>
> j) ato lesivo da honra ou da boa fama praticado no serviço contra qualquer pessoa, ou ofensas físicas, nas mesmas condições, salvo em caso de legítima defesa, própria ou de outrem;
>
> k) ato lesivo da honra ou da boa fama ou ofensas físicas praticadas contra o empregador e superiores hierárquicos, salvo em caso de legítima defesa, própria ou de outrem;
>
> l) prática constante de jogos de azar.
>
> m) perda da habilitação ou dos requisitos estabelecidos em lei para o exercício da profissão, em decorrência de conduta dolosa do empregado.
>
> Parágrafo único - Constitui igualmente justa causa para dispensa de empregado a prática, devidamente comprovada em inquérito administrativo, de atos atentatórios à segurança nacional[1330].

Alternativa correta: "d".

19. (FUMARC - Técnico Judiciário - TRT 3/2022) São verbas devidas na rescisão indireta do contrato de trabalho, EXCETO:

(A) Aviso prévio, trabalhado ou indenizado, na forma da lei.

(B) Indenização por danos morais presumida.

(C) Multa de 40% sobre o saldo disponível da conta vinculada do Fundo de Garantia por Tempo de Serviço.

(D) O saldo de salário correspondente ao último mês trabalhado.

(E) Seguro desemprego, nos termos da Lei.

COMENTÁRIOS

Nota do autor: Na resolução, o contrato é extinto em razão do ato faltoso de uma das partes. Assim sendo, por motivo de falta praticada pelo empregado (dispensa por justa causa), ou pelo empregador (rescisão indireta) ou por ambas (culpa recíproca), ocorrerá o fim do contrato de trabalho.

Para que ocorra o término do contrato de trabalho, em razão de falta grave, é necessário que o ato praticado esteja previsto em lei como justa causa, isto é, **tipificado** como hipótese de justa causa (arts. 482, 483 e 484 da CLT). Ademais, a punição deverá ser **imediata**, sob pena de configurar perdão tácito. E, por fim, há necessidade de **proporcionalidade**[1331] entre a falta cometida e a punição a ser aplicada. Para aplicação da justa causa é necessário, portanto, que a falta

1330. Essa hipótese de justa causa foi incluída na CLT durante a ditadura militar e era utilizada para perseguir opositores do regime instalado, principalmente, lideranças sindicais. Atualmente, a doutrina majoritária entende que tal hipótese não foi recepcionada pela Constituição de 1988.

1331. Se a falta praticada for leve, o empregador deverá aplicar outras penalidades: advertência verbal ou escrita ou, ainda, a suspensão disciplinar de até trinta dias.

cometida seja grave, sob pena de configurar abuso de poder do empregador.

Comentário serve para as demais alternativas, uma vez que versam sobre o mesmo assunto. Em razão da conduta do empregador, é permitido ao trabalhador colocar fim ao contrato de trabalho como se houvesse dispensa sem justa causa. A rescisão indireta é chamada, também, de justa causa patronal. O empregado poderá considerar rescindido o contrato e pleitear a devida indenização.

Nessa hipótese de término do contrato de trabalho, o empregado terá direito a todas as verbas devidas na hipótese de dispensa sem justa causa, quais sejam:

- Saldo de salário (dias efetivamente trabalhados);
- Décimo terceiro salário proporcional;
- Férias + $^1/_3$ vencidas, se houver;
- Férias + $^1/_3$ proporcionais;
- Aviso-prévio;
- Saque dos depósitos do FGTS;
- Indenização de 40% sobre os depósitos do FGTS;
- Direito ao benefício do seguro-desemprego, desde que atenda aos requisitos próprios estabelecidos na legislação previdenciária.

Alternativa correta: "d".

20. (FCC – Analista Judiciário – Oficial de Just. Avaliador Federal – TRT 15/2018) Sobre o aviso prévio, considerando as disposições legais e o entendimento pacífico do TST, considere:

I. Sendo dispensada por justa causa fundada em insubordinação no curso do aviso prévio, Agnes deixará de receber o restante do aviso prévio, mas receberá as demais verbas rescisórias, pois a dispensa inicialmente tinha sido sem justa causa.

II. Faltando 40 dias para o término do contrato de experiência, Joana é dispensada sem justa causa pelo empregador, hipótese que lhe dá direito ao recebimento do aviso prévio.

III. Após ser dispensada sem justa causa, Cilene pede ao empregador dispensa do cumprimento do aviso prévio, informando que precisa descansar e está pensando em fazer uma viagem. Aceito o pedido pelo empregador, este ficará isento do pagamento do aviso prévio, pois Cilene renunciou ao respectivo direito.

IV. Nancy teve concedido auxílio-doença no curso do aviso prévio, o que implica em que os efeitos da sua dispensa somente se concretizem depois de expirado o benefício previdenciário.

V. Por receber salário na base de tarefa, o cálculo do aviso prévio de Arnaldo será feito de acordo com a média dos salários recebidos durante a vigência do contrato de trabalho.

Está correto o que consta APENAS de

(A) II e IV.
(B) I e III.
(C) IV e V.
(D) II, III e V.
(E) I, II e IV.

COMENTÁRIOS

Alternativa correta: "a". Está correto o que se afirma nos itens II e IV.

Assertiva I. Incorreta. O caso de falta grave cometida pelo empregado (art. 482 da CLT), durante o curso do aviso-prévio, ocasionará a perda do restante do aviso e reflexo desse período nas verbas rescisórias. Receberá apenas as parcelas devidas na dispensa por justa causa. Apenas não se considera justa causa o abandono de emprego no curso do aviso-prévio[1332].

Assertiva II. Correta. A proposição II foi dada como correta pela banca. Ocorre que, via de regra, não há que se falar em aviso-prévio nos casos de contrato por prazo determinado, salvo se houver estipulação de cláusula assecuratória de direito recíproco. A possibilidade de cláusula assecuratória de direito recíproco estende-se ao contrato de experiência[1333].

Caso a rescisão ocorra antes do prazo previamente fixado entre as partes, e o contrato **não** contenha a cláusula acima, o aviso-prévio não será devido, aplicando-se nesses casos os artigos 479 e 480 da CLT (pagamento de indenização).

Assertiva III. Incorreta. O direito ao **aviso-prévio é irrenunciável** pelo empregado, logo, mesmo o aviso-prévio indenizado, não exime o empregador do respectivo pagamento. Excepcionalmente, é admitido ao empregado

1332. **Súmula nº 73 do TST:** "A ocorrência de justa causa, salvo a de abandono de emprego, no decurso do prazo de aviso-prévio dado pelo empregador, retira do empregado qualquer direito às verbas rescisórias de natureza indenizatória".

1333. **Súmula nº 163 do TST:** "Cabe aviso-prévio nas rescisões antecipadas nos contratos de experiência, na forma do art. 481 da CLT".

renunciar ao aviso para assumir novo emprego[1334]. Para que essa renúncia ao aviso-prévio seja válida, é necessário que a comprovação de que o empregado já possui um novo emprego seja feita **por escrito**. Aliás, essa renúncia poderá ser de todo o período do aviso, inclusive nos casos em que supere os 30 dias, em razão do contrato de trabalho com mais de um ano de duração (Lei nº 12.506/2011):

> **Súmula nº 276 do TST:** "O direito ao aviso-prévio é irrenunciável pelo empregado. O pedido de dispensa de cumprimento não exime o empregador de pagar o respectivo valor, salvo comprovação de haver o prestador dos serviços obtido novo emprego".

Assertiva IV. Correta. "A projeção do contrato de trabalho para o futuro, pela concessão do aviso prévio indenizado, tem efeitos limitados às vantagens econômicas obtidas no período de pré-aviso, ou seja, salários, reflexos e verbas rescisórias. No caso de concessão de auxílio-doença no curso do aviso prévio, todavia, só se concretizam os efeitos da dispensa depois de expirado o benefício previdenciário." (Súmula nº 371 do TST) Assim, a dispensa de Nancy só se concretizará depois de expirado o benefício previdenciário.

Assertiva V. Incorreta. No tocante ao cálculo do aviso-prévio, importante destacar que será calculado com base no salário. Diante disso, as horas extras prestadas habitualmente, por exemplo, integram o valor do aviso (art. 487, § 5º, da CLT). As gorjetas não integram o valor do aviso-prévio (Súmula nº 354, TST).

Ademais, sendo o salário variável (comissões, percentagens etc.), será feita uma média **dos últimos doze meses** de serviço (art. 487, § 3º, da CLT) e não dos salários recebidos durante a vigência do contrato de trabalho.

21. (FCC – Técnico Judiciário – Área Administrativa – TRT 2/2018) Com relação ao aviso prévio, considere:

I. Conta-se o prazo do aviso prévio excluindo-se o dia do começo e incluindo o do vencimento.

II. Ao aviso prévio serão acrescidos 3 dias por ano de serviço prestado na mesma empresa, até o máximo de 30 perfazendo um total de até 60 dias.

III. É possível e legal substituir o período que se reduz da jornada de trabalho no aviso prévio trabalhado, pelo pagamento das horas correspondentes.

IV. O direito ao aviso prévio é irrenunciável pelo empregado. O pedido de dispensa de cumprimento não exime o empregador de pagar o respectivo valor, salvo comprovação de haver o prestador dos serviços obtido novo emprego.

De acordo com a legislação competente, bem como com entendimento sumulado do TST, está correto o que se afirma APENAS em

(A) II e III.
(B) I, II e IV.
(C) II, III e IV.
(D) I e III.
(E) I e IV.

COMENTÁRIOS

Nota do autor: a questão aborda o tema aviso-prévio e, para respondê-la era necessário o conhecimento da lei e das Súmulas do TST sobre o assunto. Lembre-se de que, com o advento da Reforma Trabalhista, constitui objeto ilícito de convenção ou acordo coletivo a supressão ou redução do "aviso prévio proporcional ao tempo de serviço, sendo no mínimo de trinta dias, nos termos da lei" (art. 611-B, XVI da CLT).

Alternativa correta: "e". Está correto o que se afirma nos itens I e IV.

Assertiva I. Correta. "Aplica-se a regra prevista no "caput" do art. 132 do Código Civil de 2002 à contagem do prazo do aviso prévio, **excluindo-se o dia do começo e incluindo o do vencimento**" (Súmula nº 380 do TST).

Assertiva II. Incorreta. O aviso prévio proporcional ao tempo de serviço foi regulamentado pela Lei nº 12.506/2011. Para empregados com até um ano de contrato o aviso-prévio será de 30 dias. A cada ano de contrato, serão acrescidos 3 dias na duração do aviso, até o limite de 60 dias. Assim sendo, a duração do aviso-prévio poderá ter até 90 dias (prazo mínimo de 30 dias + 60 dias do aviso proporcional). Além disso, o aviso-prévio encontra regulamentação de concessão e efeitos nos art. 487 a 491 da CLT.

Assertiva III. Incorreta. O empregador não poderá substituir esse período reduzido de 2 horas diárias ou 7 dias consecutivos pelo pagamento de horas correspondentes. Nesse sentido:

> **Súmula nº 230 do TST:** "É ilegal substituir o período que se reduz da jornada de trabalho, no

▶ QUESTÕES DE CONCURSOS

1334. **Súmula nº 276 do TST:** "O direito ao aviso-prévio é irrenunciável pelo empregado. O pedido de dispensa de cumprimento não exime o empregador de pagar o respectivo valor, salvo comprovação de haver o prestador dos serviços obtido novo emprego".

aviso prévio, pelo pagamento das horas correspondentes".

Assertiva IV. Correta. O direito ao **aviso-prévio é irrenunciável** pelo empregado, logo, mesmo o aviso-prévio indenizado, não exime o empregador do respectivo pagamento. Excepcionalmente, é admitido ao empregado renunciar ao aviso para assumir novo emprego. Nesse sentido:

> **Súmula nº 276 do TST:** O direito ao aviso prévio é irrenunciável pelo empregado. O pedido de dispensa de cumprimento não exime o empregador de pagar o respectivo valor, salvo comprovação de haver o prestador dos serviços obtido novo emprego.

22. (FCC – Analista Judiciário – Área Administrativa – TRT 6/2018) No tocante ao aviso prévio, considere:

I. O aviso prévio proporcional ao tempo de serviço é aquele de trinta dias para os empregados com até um ano de serviço na mesma empresa, acrescidos de três dias por ano de serviço até o máximo de sessenta dias, perfazendo um total de noventa dias.

II. O pagamento relativo ao período do aviso prévio indenizado não está sujeito à contribuição do FGTS.

III. Em caso de aviso prévio cumprido em casa, o prazo para pagamento das verbas rescisórias é até o décimo dia da notificação da demissão.

Está correto o que se afirma em

(A) II e III, apenas.
(B) I, II e III.
(C) I e III, apenas.
(D) I e II, apenas.
(E) I, apenas.

COMENTÁRIOS

Nota do autor: O aviso-prévio tem como finalidade indicar a data do término do contrato de trabalho. O período do aviso possibilita ao trabalhador procurar outro emprego, e, ainda, ao empregador buscar um substituto para o cargo vago. Dessa forma, torna-se possível que uma parte não seja surpreendida com a ruptura do contrato por ato unilateral da outra. Afasta-se, portanto, o evento surpresa. A parte que decidir colocar fim ao contrato deverá avisar a outra com **antecedência mínima de 30 dias,** nos termos do art. 7º, XXI da CF/88**.** No mesmo sentido, é a disposição do art. 611-B, XVI da CLT, que proíbe a redução ou supressão do direito ao aviso prévio por meio de negociação coletiva.

Alternativa correta: "c". Está correto o que se afirma nos itens I e III.

Assertiva I. Correta. Em razão da previsão constitucional o aviso-prévio é proporcional ao tempo de serviço, sendo de, no mínimo 30 dias. Para empregados com até um ano de contrato o aviso-prévio será de 30 dias. A cada ano de contrato, serão acrescidos 3 dias na duração do aviso, até o limite de 60 dias. Assim sendo, a duração do aviso-prévio poderá ter até 90 dias (prazo mínimo de 30 dias + 60 dias do aviso proporcional). Esse dispositivo foi regulamentado pela Lei nº 12.506, de 11 de outubro de 2011.

Assertiva II. Incorreta. "O pagamento relativo ao período de aviso prévio, trabalhado ou não, está sujeito a contribuição para o FGTS" (Súmula nº 305 do TST).

Assertiva III. "Em caso de aviso prévio cumprido em casa, o prazo para pagamento das verbas rescisórias é até o décimo dia da notificação de despedida" (OJ nº 14 da SDI-I do TST). Entendo que, inobstante a previsão contida no art. 477, §6º da CLT, que determina o pagamento das verbas rescisórias até 10 dias após o término do contrato de trabalho, a posição adotada pela OJ não deva ser alterada.

23. (FCC – Analista Judiciário – Área Judiciária – TRT 9/2022) Quanto ao dano moral,

(A) a sua reparação não pode ser cumulada com a indenização por danos materiais decorrentes do mesmo ato lesivo.
(B) a composição das perdas e danos, assim compreendidos os lucros cessantes e os danos emergentes, interfere diretamente na sua avaliação.
(C) a honra, a imagem, a intimidade, a liberdade de ação, a autoestima, a sexualidade, a saúde, o lazer e a integridade física são os bens juridicamente tutelados inerentes à pessoa física, enquanto a imagem, a marca, o nome, o segredo empresarial e o sigilo da correspondência são bens juridicamente tutelados inerentes à pessoa jurídica.
(D) se o ofendido for pessoa jurídica, a sua ofensa poderá ser classificada como leve, média, grave ou gravíssima e a indenização será fixada de acordo com o capital social da empresa.
(E) nas condenações a este título, a atualização monetária e os juros incidem desde a prática do ato ou omissão que gerou o dano.

COMENTÁRIOS

Nota do autor: O legislador constituinte previu o princípio da dignidade da pessoa humana como fundamento da República Federativa do

▸ QUESTÕES DE CONCURSOS

Brasil no art. 1º, III, da Constituição Federal de 1988. A dignidade humana está intimamente relacionada à proteção dos direitos da personalidade. O art. 5º, X, CF/88 traz a previsão de que o indivíduo que for ofendido será ressarcido, na proporção do dano sofrido. Dano extrapatrimonial ou dano imaterial corresponde à lesão que atinge os bens imateriais da pessoa, por exemplo, sua honra, seu nome e dignidade. A CLT não previa expressamente dispositivos ligados ao dano material ou imaterial. Dessa forma, por aplicação do art. 8º da CLT, o direito comum era utilizado como fonte subsidiária para o assunto. O intérprete valia-se do Código Civil, que traz regras gerais sobre a responsabilização civil. O dano moral não tem como ser demonstrado por documentos, pois a raiva, a angústia e o sofrimento não se comprovam por meio de provas documentais.

A Reforma Trabalhista tratou, de forma detalhada e minuciosa, sobre o dano extrapatrimonial no novo Título II-A da CLT (arts. 223-A a 223-G). Além disso, salientou que apenas os dispositivos da CLT seriam aplicados na reparação de dano extrapatrimonial decorrente da relação de trabalho.

Vale ressaltar, entretanto, que essa não foi a posição adotada pelo STF no julgamento das 6050 (processo principal), 6069 e 6082 (apensos), que, entre outros pontos, questionavam, justamente, a constitucionalidade do art. 223-A da CLT.

Alternativas "a" e "b". Incorretas. "São cumuláveis as indenizações por dano material e dano moral oriundos do mesmo fato." (Súmula 37 do STJ).

No mesmo sentido, o art. 223-F da CLT estabelece a possibilidade de cumulação de pedidos atinentes ao dano extrapatrimonial e material sofrido, por meio da propositura de uma única ação, o que é reforçado, inclusive, pelos princípios da celeridade e efetividade processual:

> **Art. 223-F, CLT** (acrescentado pela Reforma Trabalhista). A reparação por danos extrapatrimoniais pode ser pedida cumulativamente com a indenização por danos materiais decorrentes do mesmo ato lesivo.
>
> § 1º Se houver cumulação de pedidos, o juízo, ao proferir a decisão, discriminará os valores das indenizações a título de danos patrimoniais e das reparações por danos de natureza extrapatrimonial.
>
> § 2º A composição das perdas e danos, assim compreendidos os lucros cessantes e os danos emergentes, não interfere na avaliação dos danos extrapatrimoniais.

Alternativa "c". Correta. "A honra, a imagem, a intimidade, a liberdade de ação, a autoestima, a sexualidade, a saúde, o lazer e a integridade física são os bens juridicamente tutelados inerentes à pessoa física." (art. 223-C, CLT) e "A imagem, a marca, o nome, o segredo empresarial e o sigilo da correspondência são bens juridicamente tutelados inerentes à pessoa jurídica." (art. 223-D, CLT).

Alternativa "d". Incorreta. A Reforma Trabalhista passou determinar critérios objetivos para a fixação do dano extrapatrimonial. Trata-se da criação do **sistema de tarifação do dano extrapatrimonial** previsto no art. 223-G da CLT. A depender do dano causado, será fixada a indenização com base no último salário contratual do trabalhador. Por exemplo, no caso de dano leve, o dano moral será de até 3 vezes o salário contratual.

Além disso, quanto à titularidade para a propositura da ação de reparação de dano, o art. 223-B da CLT descreve que é exclusiva daquele que sofreu o dano, o que não merece prosperar. A previsão de exclusividade da vítima na titularidade do direito à reparação do dano impediria que seus herdeiros pudessem postular a indenização na hipótese de morte da vítima.

Esses dois pontos também foram objetos de questionamento das ADIs 6050 (processo principal), 6069 e 6082 (apensos). O STF, no julgamento Virtual finalizado em 26/06/2023, por maioria, conheceu das ações e, no mérito, as julgou parcialmente procedentes para conferir interpretação conforme à Constituição, de modo a estabelecer que:

> 1) As redações conferidas aos arts. 223-A e 223-B, da CLT, não excluem o direito à reparação por dano moral indireto ou dano em ricochete no âmbito das relações de trabalho, a ser apreciado nos termos da legislação civil; e
>
> 2) Os critérios de quantificação de reparação por dano extrapatrimonial previstos no art. 223-G, caput e § 1º, da CLT deverão ser observados pelo julgador como critérios orientativos de fundamentação da decisão judicial.

Restou decidido, porém, que é constitucional o arbitramento judicial do dano em valores superiores aos limites máximos dispostos nos incisos I a IV do § 1º do art. 223-G, quando consideradas as circunstâncias do caso concreto e os princípios da razoabilidade, da proporcionalidade e da igualdade. Tudo nos termos do voto do Relator, Ministro Gilmar Mendes.

Alternativa "e". Incorreta. "Nas condenações por dano moral, a atualização monetária é devida a partir da data da decisão de arbitramento ou de alteração do valor. Os juros incidem desde o ajuizamento da ação, nos termos do art. 883 da CLT." (Súmula nº 439 do TST).

Alternativa correta: "c".

24. (FCC – Analista Judiciário – Oficial de Justiça Avaliador Federal – TRT 9/2022) Juvenal e a empresa Cerealista Moinho firmam contrato de trabalho por prazo determinado, do qual consta, por estipulação das partes, previsão sobre a possibilidade de eventual afastamento do empregado. Poucos dias antes do termo final da avença, o empregado sofre grave acidente de trabalho, perdurando o tratamento por quase três meses. No entanto, o empregador rescinde o contrato no término do prazo contratado. A atitude do empregador é

(A) correta, pois o contrato a prazo não é compatível com qualquer forma de suspensão ou interrupção, encerrando-se rigorosamente no prazo convencionado.

(B) incorreta, pois o contrato a prazo não é compatível com qualquer forma de suspensão ou interrupção, encerrando-se rigorosamente no prazo convencionado, salvo nas hipóteses de acidente de trabalho.

(C) incorreta, eis que o contrato deveria ser rompido no décimo sexto dia após o acidente de trabalho, já que o trabalhador estava sob a responsabilidade do INSS.

(D) incorreta, por tratar-se de acidente de trabalho, bem como diante da previsão contratual de afastamento, que encontra fundamento na lei.

(E) correta, pois o afastamento se deu por quase três meses, o que implica em recebimento pelo empregado de benefício previdenciário específico, não se justificando a manutenção do contrato até o retorno do empregado.

COMENTÁRIOS

Nota do autor: A questão aborda a estabilidade em caso de acidente de trabalho, exigindo, do candidato, conhecimento acerca da jurisprudência sumulada do TST. É cada vez mais frequente em concurso da área trabalhista a cobrança do texto de Súmulas e OJs do TST. Inclua nos seus estudos um tempinho para a leitura da jurisprudência consolidada do TST, assim como deve se reservar um tempo para a leitura da legislação "seca".

Comentário serve para as demais alternativas, uma vez que versam sobre o mesmo assunto.

Como forma de incentivar o retorno ao trabalho e garantir prazo para readaptação ao serviço, foi dado ao empregado acidentado o direito à estabilidade provisória de doze meses após a cessação do auxílio-doença. Esse período de 12 meses não poderá ser reduzido via negociação coletiva. Para adquirir essa garantia provisória, há necessidade de preencher cumulativamente os seguintes requisitos:

a) afastamento ser superior a 15 dias.
b) percepção de auxílio-doença acidentário.

Nos termos da jurisprudência consolidada do TST, "O empregado submetido a contrato de trabalho por tempo determinado goza da garantia provisória de emprego decorrente de acidente de trabalho prevista no art. 118 da Lei nº 8.213/91".

Assim, incorreta a atitude do empregador. Mesmo que haja avença entre as partes sobre eventual afastamento do trabalhador, incorreta, a estabilidade provisória no emprego em caso de acidente de trabalho encontra fundamento na lei e deve ser respeitada. Cumprindo com os requisitos legais, o trabalhador não poderá ser dispensado imotivadamente até 12 meses após a cessação do auxílio-doença.

Alternativa correta: "d".

25. (FCC – Analista Judiciário – Área Judiciária – TRT 16/2022) Regina é uma teletrabalhadora, sendo empregada em uma empresa situada em Timon/MA. Regina recebeu do empregador todo o equipamento de informática, devidamente instalado num quarto de sua residência que é utilizado como escritório. Em determinado dia de 2022, durante a realização de suas atividades normais, Regina recebeu um violento choque no computador que manuseava. Uma vez que a empregada em questão possui um marca-passo, além do enorme susto sofrido, precisou se afastar do serviço por alguns dias para se recuperar, pois o marca-passo sofreu uma pequena avaria.

Diante da situação retratada, assinale a afirmativa correta.

(A) O evento não é um acidente do trabalho porque se trata de uma teletrabalhadora, que não cumpre suas atividades na sede da empresa.

(B) O sinistro será considerado acidente do trabalho se a recuperação da empregada exceder 15 dias.

(C) Ocorreu um acidente do trabalho e a empresa deverá emitir a Comunicação de Acidente do Trabalho (CAT).

(D) O evento será acidente do trabalho se essa situação estiver prevista, por escrito, no contrato da empregada.

(E) O fato não caracteriza acidente do trabalho porque o empregador não teve culpa, sendo responsabilizada a empresa que fornece a energia elétrica.

▸ QUESTÕES DE CONCURSOS

COMENTÁRIOS

Nota do autor: É obrigação da empresa ou do empregador doméstico a comunicação à Previdência Social da ocorrência de acidente de trabalho, que será feita em formulário próprio, constituindo uma obrigação acessória, e seu descumprimento está sujeito à cobrança de multa pecuniária[1335]. Sua finalidade consiste em auxiliar no controle estatístico e epidemiológico pelos órgãos de estatística[1336].

Comentário serve para as demais alternativas, uma vez que versam sobre o mesmo assunto. A Lei nº 8.213/1991, que dispõe sobre os Planos de Benefícios da Previdência Social, estabelece o conceito de acidente de trabalho para fins previdenciários. Nesse sentido, art. 19 da referida lei:

> **Art. 19, Lei nº 8.213/1991:** Acidente do trabalho é o que ocorre pelo exercício do trabalho a serviço de empresa ou de empregador doméstico ou pelo exercício do trabalho dos segurados referidos no inciso VII do art. 11 desta Lei, provocando lesão corporal ou perturbação funcional que cause a morte ou a perda ou redução, permanente ou temporária, da capacidade para o trabalho. (Redação dada pela Lei Complementar nº 150, de 2015)

O acidente de trabalho típico é, portanto, aquele que ocorre pelo exercício do trabalho a serviço de determinada empresa que venha a provocar lesão corporal ou perturbação funcional que cause a morte ou a perda ou redução da capacidade laboral. Lesão corporal ocorre quando o dano atinge a integridade física do indivíduo, causando-lhe um dano físico-anatômico, enquanto perturbação funcional corresponde a um dano fisiológico ou psíquico, relacionado a órgãos ou funções específicas do organismo humano, sem aparentar lesão física[1337].

No caso de Regina, ainda que trabalhando em regime de teletrabalho, a perturbação funcional causada ao marcapasso em virtude de violento choque no computador que manuseava **durante a realização de suas atividades laborais** é, sim, acidente de trabalho típico, devendo a empregadora emitir a Comunicação de Acidente do Trabalho (CAT):

> **Art. 22, "caput", Lei nº 8.213/1991:** A empresa ou o empregador doméstico deverão comunicar o acidente do trabalho à Previdência Social até o primeiro dia útil seguinte ao da ocorrência e, em caso de morte, de imediato, à autoridade competente, sob pena de multa variável entre o limite mínimo e o limite máximo do salário de contribuição, sucessivamente aumentada nas reincidências, aplicada e cobrada pela Previdência Social.

Alternativa correta: "c".

26. (FCC – Analista Judiciário – Área Judiciária – TRT 6/2018) Considere as afirmações abaixo.

I. Matheus trabalha na filial da empresa X, na cidade de Caruaru. Em 25 de abril de 2017 foi eleito membro da CIPA. Entretanto, no dia 28 de outubro de 2017, o estabelecimento em que trabalhava foi extinto e ele foi dispensado sem justa causa. A dispensa é válida, em razão da extinção do estabelecimento.

II. Uma empregada gestante foi despedida sem justa causa no primeiro mês de gravidez. O empregador desconhecia a gravidez da empregada. A dispensa é válida, em razão do desconhecimento do estado gravídico pelo empregador.

III. Uma empresa constituiu em 15 de setembro de 2017 Comissão de Conciliação Prévia com atribuição de tentar conciliar os conflitos individuais de trabalho havidos em seu âmbito. Um dos representantes que a compõe, eleito pelos empregados, foi dispensado sem justa causa em 23 de janeiro de 2018. A dispensa é válida porque somente são detentores de estabilidade no emprego, até o término do mandato, os integrantes de Comissão de Conciliação Prévia instituída no âmbito do sindicato.

IV. Uma empresa que possui 500 empregados promoveu, em 23 de janeiro de 2018, eleição para a composição e instituição de comissão de representação dos trabalhadores. Um dos três membros que compõem a comissão foi dispensado arbitrariamente dois dias após a eleição e um dia antes de tomar posse. A dispensa é inválida, tendo em vista que os integrantes da comissão têm estabilidade no emprego desde o registro da candidatura até um ano após o término do mandato.

Está correto o que se afirma APENAS em

(A) I e III.
(B) I e IV.
(C) III e IV.
(D) II e III.
(E) II e IV.

1335. MENEZES, Adriana. Direito Previdenciário. Coleção Tribunais. 6ª Edição. Salvador: Juspodivm, 2016. p. 264.

1336. MOURA, Bernardo Leôncio; BRENNA, Pedro Augusto Ferraz. A emissão de CAT nos casos de depressão decorrentes do ambiente de trabalho doente. **Boletim Científico**: Escola Superior do Ministério Público da União, Brasília, v. 48, n. 15, p.13-34, jul./dez. 2016.

1337. MENEZES, Adriana. *Direito Previdenciário*. Coleção Tribunais. 6ª Edição. Salvador: Juspodivm, 2016. p. 260.

COMENTÁRIOS

Nota do autor: A questão aborda hipóteses de dispensas válidas, demandando do candidato o conhecimento da legislação e do posicionamento do TST sobre o assunto.

Alternativa correta: "b". Está correto o que se afirma nos itens I e IV.

Assertiva I. Correta. "É licita a transferência quando ocorrer extinção do estabelecimento em que trabalhar o empregado". (Art. 469, §2º da CLT). As alterações unilaterais do contrato de trabalho são exceção no Direito do Trabalho. Entretanto, caso se trate de extinção do estabelecimento, o empregado poderá ser transferido para localidade diversa, sem a sua anuência. Caso não concorde com a transferência, haverá pedido de demissão.

Assertiva II. Incorreta. "O desconhecimento do estado gravídico pelo empregador **não** afasta o direito ao pagamento da indenização decorrente da estabilidade (art. 10, II, "b" do ADCT)" (Súmula nº 244, I do TST).

Assertiva III. Incorreta. "É vedada a dispensa dos representantes dos empregados membros da Comissão de Conciliação Prévia, titulares e suplentes, até um ano após o final do mandato, salvo se cometerem falta grave, nos termos da lei" (Art. 625-B, §1º da CLT). Essa estabilidade alcança os membros da CCP no âmbito das empresas.

Assertiva IV. Correta. A assertiva trata da estabilidade dos membros da comissão de representantes de empregados, figura regulamentada pela Reforma Trabalhista (art. 510-A a 510-D da CLT). Segundo disposição do art. 510-D, §3º da CLT, o membro da comissão não poderá ser dispensado desde o registro da candidatura até um ano após o fim do mandato:

> **Art. 510-D, § 3º da CLT:** Desde o registro da candidatura até um ano após o fim do mandato, o membro da comissão de representantes dos empregados não poderá sofrer despedida arbitrária, entendendo-se como tal a que não se fundar em motivo disciplinar, técnico, econômico ou financeiro.

Por fim, lembre-se de que o número de representantes é proporcional ao número de empregados da empresa, na seguinte proporção:

COMISSÃO DE REPRESENTANTES	
Número de empregados na empresa	**Número de representantes**
Mais de 200 até 3.000	3 membros
Mais de 3.000 até 5.000	5 membros
Mais de 5.000	7 membros

27. (FCC – Analista Judiciário – Área Administrativa – TRT 6/2018) Considere:

I. O trabalho em regime de tempo parcial é considerado aquele cuja duração não exceda a trinta horas semanais, sem a possibilidade de horas suplementares semanais, ou aquele cuja duração não exceda a vinte e seis horas semanais, com a possibilidade de acréscimo de até seis horas suplementares.

II. Quando o intervalo para repouso e alimentação não for concedido ou for concedido de forma parcial, implicará o pagamento, de natureza indenizatória, apenas do período suprimido, com acréscimo de 50% sobre o valor da remuneração da hora normal de trabalho.

III. As dispensas imotivadas individuais, plúrimas ou coletivas, equiparam-se para todos os fins, não havendo necessidade de autorização prévia de entidade sindical ou de celebração de convenção coletiva ou acordo coletivo de trabalho para sua efetivação.

Tendo em vista a Lei nº 13.467/2017, que trouxe alterações à Consolidação das Leis do Trabalho, em relação às afirmativas acima é correto afirmar que a reforma trabalhista introduziu o que consta de:

(A) I, apenas.
(B) I e II, apenas.
(C) I e III, apenas.
(D) II e III, apenas
(E) I, II e III.

COMENTÁRIOS

Nota do autor: A questão aborda diversos temas alterados pela Reforma Trabalhista: jornada em regime de tempo parcial, intervalo intrajornada e equiparação da dispensa coletiva. Para respondê-la o candidato deveria ter domínio sobre as mudanças efetuadas na CLT.

Alternativa correta: "e". Está correto o que se afirma nos itens I, II e III.

Assertiva I. Correta. "Considera-se trabalho em regime de tempo parcial aquele cuja duração não exceda a trinta horas semanais, sem a possibilidade de horas suplementares semanais, ou, ainda, aquele cuja duração não exceda a vinte e seis horas semanais, com a possibilidade de acréscimo de até seis horas suplementares semanais" (Art. 58-A da CLT). Lembre-se de que, antes da Reforma Trabalhista, o trabalho em tempo parcial não poderia exceder a 25 horas, sem a possibilidade de prestação de horas extras.

▶ QUESTÕES DE CONCURSOS

Assertiva II. Correta. "A não concessão ou a concessão parcial do intervalo intrajornada mínimo, para repouso e alimentação, a empregados urbanos e rurais, implica o pagamento, de natureza indenizatória, apenas do período suprimido, com acréscimo de 50% (cinquenta por cento) sobre o valor da remuneração da hora normal de trabalho" (Art. 71, §4º da CLT).

A Reforma Trabalhista promoveu duas grandes alterações no § 4º do art. 71 da CLT, uma no tocante à natureza da parcela devida na hipótese de supressão ou redução do intervalo e a outra no que se refere ao período devido em razão dessa supressão:

a) **Natureza indenizatória**: Com a nova redação do dispositivo, retirou-se a natureza salarial do valor pago em razão da supressão ou redução indevida do intervalo intrajornada.

b) **Pagamento apenas do período suprimido:** De acordo com a redação anterior, se o empregador apenas concedesse parcialmente o intervalo intrajornada, seria devido como horas extras todo o período do intervalo e não apenas aquilo que foi suprimido. Pela nova redação do artigo, somente o período suprimido deve ser pago com adicional de 50% sobre o valor da hora normal de trabalho.

Assertiva III. Correta. "As dispensas imotivadas individuais, plúrimas ou coletivas equiparam-se para todos os fins, não havendo necessidade de autorização prévia de entidade sindical ou de celebração de convenção coletiva ou acordo coletivo de trabalho para sua efetivação" (Art. 477-A da CLT). Ressalta, contudo, conforme tese fixada pelo STF no julgamento do Tema nº 638 da Repercussão Geral, que a validada das dispensas em massa depende da participação do sindicato dos empregados nesse processo, mas não de sua autorização ou da celebração de acordo ou convenção coletiva de trabalho.

28. (FCC – Analista Judiciário – Área Administrativa – TRT 15/2018) Na extinção do contrato de trabalho,

(A) o pagamento a que fizer jus o empregado será efetuado em dinheiro, depósito bancário ou cheque visado, conforme acordem as partes; ou somente em dinheiro quando o empregado for analfabeto.

(B) qualquer compensação no pagamento não poderá exceder o equivalente ao período do aviso prévio devido ao empregado.

(C) a entrega ao empregado de documentos que comprovem a comunicação da extinção contratual aos órgãos competentes, bem como o pagamento dos valores constantes do instrumento de rescisão ou recibo de quitação, deverão ser efetuados até dez dias contados a partir do término do contrato.

(D) o pagamento das parcelas constantes do instrumento de rescisão ou recibo de quitação deverá ser efetuado até o primeiro dia útil imediato ao término do contrato; ou até o décimo dia, contado da data da notificação da demissão, quando da ausência do aviso prévio, indenização do mesmo ou dispensa de seu cumprimento.

(E) as dispensas imotivadas individuais, plúrimas ou coletivas dependem de autorização prévia de entidade sindical ou de celebração de convenção coletiva ou acordo coletivo de trabalho para sua efetivação.

COMENTÁRIOS

Nota do autor: A questão aborda o tema extinção do contrato de trabalho, que foi profundamente impactado pela Reforma Trabalhista. Não deixe de ler a nova redação do art. 477 da CLT!

Alternativa correta: "c". "A entrega ao empregado de documentos que comprovem a comunicação da extinção contratual aos órgãos competentes bem como o pagamento dos valores constantes do instrumento de rescisão ou recibo de quitação deverão ser efetuados até dez dias contados a partir do término do contrato" (Art. 477, §6º da CLT). Assim, seja o aviso-prévio trabalhado ou indenizado, o pagamento das verbas rescisórias ocorrerá até o décimo dia da comunicação da dispensa, nos termos do art. 477, § 6º da CLT.

Alternativa "a". O pagamento a que fizer jus o empregado será efetuado: em dinheiro, depósito bancário ou cheque visado, conforme acordem as partes; ou em dinheiro ou **depósito bancário** quando o empregado for analfabeto (Art. 477, §4º da CLT).

Alternativa "b". Qualquer compensação no pagamento não poderá exceder o equivalente a **um mês de remuneração do empregado** (Art. 477, §5º da CLT).

Alternativa "d". "A entrega ao empregado de documentos que comprovem a comunicação da extinção contratual aos órgãos competentes bem como o pagamento dos valores constantes do instrumento de rescisão ou recibo de quitação deverão ser efetuados até dez dias contados a partir do término do contrato" (Art. 477, §6º da CLT). O prazo para pagamento das verbas rescisórias foi unificado com o advento da Reforma Trabalhista.

Alternativa "e". "As dispensas imotivadas individuais, plúrimas ou coletivas equiparam-se para todos os fins, **não** havendo necessidade de autorização prévia de entidade sindical ou de celebração de convenção coletiva ou acordo coletivo de trabalho para sua efetivação" (Art. 477-A da CLT).

29. (INSTITUTO AOCP – Analista Judiciário – Área Judiciária – TRT 1/2018) Felipe, vendedor há 03 anos na empresa Águia Dourada Automóveis Ltda., descumpriu, em data de 24 de abr. de 2018, a determinação da empresa de não fumar no interior do local de trabalho, dirigida a todos os empregados, os quais detinham pleno conhecimento da regra. Ainda, quando abordado pelo gerente geral, em particular e adequadamente, para que não mais repetisse a conduta, agrediu-o fisicamente, desferindo- lhe um soco no rosto e dirigindo-lhe palavras de baixo calão. Tais fatos foram presenciados por 6 funcionários da empresa. Assinale, diante da situação posta, a alternativa correta.

(A) À empresa é permitida a rescisão do contrato de trabalho por justo motivo em face de Felipe, devendo fazê-lo imediatamente, sendo que este não terá direito ao recebimento de qualquer valor.

(B) À empresa é permitida a rescisão do contrato do trabalho por justa causa, podendo fazê- lo no prazo de 60 dias a partir da data dos fatos.

(C) Felipe poderá ser demitido por justa causa, mas somente após a instalação de inquérito para apuração de falta grave, no prazo de 30 dias.

(D) É vedado à empresa demitir Felipe por justa causa, devendo aplicar-lhe tão somente suspensão disciplinar de 03 dias, quando então ele perderá a remuneração correspondente aos dias de suspensão e a do descanso semanal remunerado correspondente, pois se trata de falta injustificada.

(E) À empresa é permitida a rescisão do contrato de trabalho por justa causa. Nesse caso, Felipe não terá direito ao recebimento de férias proporcionais acrescidas de um terço e do décimo terceiro salário proporcional, tampouco à indenização sobre o saldo da conta vinculada do FGTS.

COMENTÁRIOS

Nota do autor: a questão aborda o tema resolução do contrato de trabalho por ato faltoso do empregado, devendo o candidato conhecer quais as verbas devidas nessa hipótese de término do contrato.

Alternativa correta: "e". A empresa poderá dispensar Felipe por justa causa, tendo em vista o descumprimento de ordem geral da empresa (ato de indisciplina previsto no art. 482, "h" da CLT) e prática de ofensas físicas e ato lesivo à honra do gerente geral (ato lesivo da honra ou da boa fama ou ofensas físicas praticadas contra o empregador e superiores hierárquicos, salvo em caso de legítima defesa, própria ou de outrem previsto no art. 482, "k" da CLT).

Nesse caso, somente serão devidas as verbas já adquiridas pelo empregado, ou seja, apenas saldo de salário e férias adquiridas e não gozadas, décimo terceiro integral não recebido. Não terá direito às demais parcelas: férias proporcionais e décimo terceiro proporcional, aviso-prévio e saque do FGTS. Também não terá direito ao recebimento do seguro-desemprego.

Alternativa "a". Apesar da possibilidade de dispensa por justa causa, Felipe fará jus às verbas já adquiridas, ou seja, apenas saldo de salário e férias adquiridas e não gozadas, décimo terceiro integral não recebido.

Alternativa "b". A empresa poderá dispensar Felipe por justa causa, não havendo previsão legal no tocante ao seu prazo. Entretanto, a doutrina elenca como um dos requisitos para a dispensa por justa causa a imediatidade, sob pena de configuração de perdão tácito.

Alternativa "c". Não há que se falar em inquérito para apuração de falta grave, haja vista não se tratar o empregado Felipe de dirigente sindical, detentor de estabilidade no trabalho.

Alternativa "d". Conforme já dito nos comentários às alternativas anteriores, Felipe poderá ser dispensado por justa causa, tendo em vista o cometimento de falta grave.

30. (INSTITUTO AOCP – Analista Judiciário – Oficial de Just. Avaliador Federal – TRT 1/2018) A respeito da rescisão do contrato de trabalho, assinale a alternativa INCORRETA.

(A) No caso de empregado que falta reiterada e injustificadamente ao trabalho, é motivo o bastante para ser causa à rescisão contratual por desídia.

(B) Dentre as hipóteses previstas na CLT para a justa causa da rescisão do contrato de trabalho, estão a incontinência de conduta ou mau procedimento, bem como o ato de indisciplina e de insubordinação.

(C) Constitui faculdade do empregado rescindir o contrato de trabalho em caso de morte do empregador constituído em empresa individual.

(D) Constitui justa causa para a rescisão do contrato de trabalho pelo empregador a incontinência de conduta ou mau procedimento, a exemplo de faltas reiteradas e injustificadas pelo empregado.

(E) Havendo culpa recíproca no ato que determinou a rescisão do contrato de trabalho, o tribunal de trabalho reduzirá a indenização à que seria devida em caso de culpa exclusiva do empregador, por metade.

COMENTÁRIOS

Nota do autor: A questão aborda hipóteses de extinção do contrato de trabalho por ato faltoso do empregado, tratando-se de caso de resolução do contrato de trabalho, previsto no art. 482 da CLT. Note que deveria ser assinalada a alternativa incorreta!

Alternativa incorreta: "d". A incontinência de conduta e o mau procedimento são hipóteses de dispensa por justa causa do empregado, elencadas no art. 482, "b" da CLT. Entretanto, faltas reiteradas e injustificadas não se enquadram nesse conceito, já que consistem ato desidioso do empregado (Art. 482, "e" da CLT).

Incontinência de conduta, nesse sentido, é ato que leva à perturbação do ambiente de trabalho em razão da conotação sexual, ou seja, condutas ligadas à sexualidade.

Mau procedimento, por sua vez, é Conduta incorreta e desagradável que afronta a convivência em comum.

Alternativa "a". Na desídia, o desempenho das atividades é realizado com má vontade, preguiça, com desleixo e negligência. Para configurar desídia, em regra, é necessário que o empregado seja reincidente na conduta negligente, ou seja, tenha habitualmente um comportamento improdutivo e relapso. É o caso do empregado que falta por diversas vezes do trabalho, de forma injustificada.

Alternativa "b". O ato de incontinência de conduta ou mau procedimento está elencado no art. 482, "b" da CLT e o ato de indisciplina e de insubordinação vem disposto no art. 482, "h" da CLT. Trata-se, portanto, de casos de justa causa em razão de ato faltoso do empregado.

Alternativa "c". "No caso de morte do empregador constituído em empresa individual, é facultado ao empregado rescindir o contrato de trabalho" (Art. 483, §2º da CLT).

Alternativa "e". "Havendo culpa recíproca no ato que determinou a rescisão do contrato de trabalho, o tribunal de trabalho reduzirá a indenização à que seria devida em caso de culpa exclusiva do empregador, por metade" (Art. 484 da CLT).

31. (INSTITUTO AOCP – Analista Judiciário – Área Administrativa – TRT 1/2018) Em relação à rescisão do contrato de trabalho, assinale a alternativa correta.

(A) A alteração do quadro societário da empregadora constituída por sociedade limitada constitui justa causa para empregado rescindir o contrato de trabalho.

(B) Em se tratando o empregador de empresa constituída por sociedade limitada, a morte de qualquer dos sócios quotistas constitui justa causa para o empregado rescindir o contrato de trabalho.

(C) A instauração de inquérito policial em face do empregado constitui justa causa para rescisão do contrato de trabalho pelo empregador.

(D) Em caso de culpa recíproca no ato que determinou a rescisão do contrato de trabalho, o tribunal de trabalho reduzirá em um terço a indenização que seria devida em caso de culpa exclusiva do empregador.

(E) A perda da habilitação ou dos requisitos estabelecidos em lei para o exercício da profissão em decorrência de conduta dolosa do empregado constitui justa causa para o empregador rescindir o contrato de trabalho.

COMENTÁRIOS

Nota do autor: A questão abrange vários aspectos do término do contrato de trabalho, sendo necessário o conhecimento da alteração trazida pela Reforma Trabalhista sobre o tema (Art. 482, "m" da CLT).

Alternativa correta: "e". O inciso "m" do art. 484 da CLT traz a hipótese do empregado cuja profissão exige o preenchimento de determinados requisitos legais ou habilitação para seu exercício:

> **Art. 482 da CLT:** Constituem justa causa para rescisão do contrato de trabalho pelo empregador: (...) m) perda da habilitação ou dos requisitos estabelecidos em lei para o exercício da profissão, em decorrência de conduta dolosa do empregado.

Caso esse empregado venha a perder a habilitação ou o requisito legal exigido, por conduta dolosa, haverá hipótese de justa causa para a dispensa do trabalhador. Exemplo: Quando há contratação de motorista profissional para o transporte de passageiros, exige-se que o trabalhador possua habilitação para dirigir na categoria "D", que se refere à condução de veículo cuja lotação exceda a 8 passageiros, excluindo o motorista. Se o trabalhador cometer infração de trânsito, por conduta dolosa, que ocasione a perda da habilitação, com a suspensão do direito de dirigir, poderá ser dispensado por justa causa pela aplicação da nova alínea "m" do art. 482 da CLT.

Alternativa "a". Ao contrário do que ocorre com o empregado, que tem como um de seus requisitos característicos a presença da pessoalidade, o empregador é marcado pela impessoalidade, de forma que a alteração do quadro societário da empresa não é mudança apta para levar à alteração do contrato de trabalho. Cumpre destacar, todavia, que o empregado poderá ser dispensado sem justa causa a qualquer tempo.

Alternativa "b". Conforme dito nos comentários da alternativa "a", o empregador é marcado pela impessoalidade. Dessa forma, a morte de um dos sócios do quadro societário não acarreta consequências ao contrato de trabalho. Outro caso, distinto do afirmado na questão, diz respeito à morte do empregador constituído em empresa individual (art. 483, §2º da CLT). Nesse caso, se outra pessoa continua o negócio, há a possibilidade de o empregado continuar ou terminar o vínculo empregatício. Trata-se, portanto, de uma mera faculdade do trabalhador. Se decidir terminar o vínculo, será pedido de demissão.

Alternativa "c". Haverá dispensa por justa causa no caso de condenação criminal do empregado, passada em julgado, caso não tenha havido suspensão da execução da pena. O fundamento dessa hipótese de justa causa não é condenação em si, mas a impossibilidade de o empregado prestar serviços durante o cumprimento da pena. Dessa forma, a mera instauração de inquérito policial não é apta para configurar a dispensa sem justa causa do empregado.

Alternativa "d". "Havendo culpa recíproca no ato que determinou a rescisão do contrato de trabalho, o tribunal de trabalho reduzirá a indenização à que seria devida em caso de culpa exclusiva do empregador, **por metade**" (Art. 484 da CLT).

32. (FCC – Analista Judiciário – Oficial de Just. Avaliador Federal – TRT 2/2018) Juliana, secretária, e sua empregadora Móveis Luxo Só Ltda. resolveram, de comum acordo, extinguir o contrato de trabalho que durou por 10 anos. A empregadora informou à Juliana que a mesma terá direito às verbas rescisórias, inclusive à indenização sobre o saldo do FGTS, pela metade. Entretanto, receberá pela metade o aviso prévio que será indenizado e poderá sacar metade dos seus depósitos fundiários, não tendo direito ao ingresso no Programa de Seguro-Desemprego. Com base em tais informações e, de acordo com a legislação vigente, a informação prestada pela empresa está

(A) incorreta, uma vez que Juliana terá direito ao saque de 80% dos seus depósitos fundiários.

(B) totalmente correta.

(C) incorreta, uma vez que Juliana terá direito ao saque dos depósitos fundiários na sua integralidade.

(D) incorreta, pois além de sacar metade dos seus depósitos fundiários, Juliana terá direito ao ingresso no Programa do Seguro-Desemprego.

(E) incorreta no tocante ao aviso prévio indenizado, que será devido integralmente.

COMENTÁRIOS

Nota do autor: A questão aborda o tema distrato, que foi inserido à CLT pela Lei nº 13.467/2017. A impossibilidade de realização de acordo entre empregado e empregador para pôr fim ao contrato de trabalho, antes da Reforma Trabalhista, levava, em alguns casos, ao cometimento, na prática, de atos pelos empregados ou pelos empregadores para "forçar" a outra parte a resilir unilateralmente o contrato de trabalho. Com a regulamentação legal, deve-se prevenir o cometimento dessas fraudes na relação de trabalho.

Alternativa correta: "a". *Comentário serve para as demais alternativas, uma vez que versam sobre o mesmo assunto.* É possível o término do contrato de trabalho por resilição bilateral, também denominado distrato. No distrato, há o fim do contrato de trabalho por mútuo acordo entre as partes. Antes da Reforma Trabalhista, a legislação não admitia essa modalidade de resilição contratual, cabendo aos empregados apresentar pedido de demissão ou aos empregadores de realizar a dispensa sem justa causa.

Na hipótese de celebração de distrato, os trabalhadores terão direito ao recebimento das seguintes verbas rescisórias:

- 50% do aviso prévio, se for indenizado. Na hipótese de aviso prévio trabalhado, terá direito ao recebimento de seu valor integral.
- 20% de multa sobre os depósitos do FGTS;
- Saldo de salário (dias efetivamente trabalhadores);
- Décimo terceiro salário proporcional;
- Férias + $^1/_3$ vencidas, se houver;
- Férias + $^1/_3$ proporcionais;

No caso, não há que se falar em recebimento do seguro-desemprego, pois este apenas será devido no caso de desemprego involuntário (art. 7º, II da CF/88).

Ainda, de acordo com o § 1º do art. 484-A da CLT, acrescentado pela Reforma Trabalhista, o trabalhador poderá movimentar sua conta vinculada do FGTS até o limite de 80% do valor dos depósitos. Cumpre ressaltar que o art. 20 da Lei nº 8.036/1990, que estabelece as hipóteses de saque dos depósitos do FGTS, foi alterado para prever o distrato como nova modalidade:

> **Art. 20, I-A, Lei nº 8.036/1990.** A conta vinculada do trabalhador no FGTS poderá ser movimentada nas seguintes situações: extinção do contrato de trabalho prevista no art. 484-A da Consolidação das Leis do Trabalho (CLT), aprovada pelo Decreto-Lei nº 5.452, de 1º de maio de 1943.

Nesse sentido, a informação prestada pela empresa no sentido de que Juliana poderá sacar apenas 50% do saldo do FGTS está incorreta.

33. (FCC – Analista Judiciário – Oficial de Just. Avaliador Federal – TRT 6/2018) Aristóteles é empregado da empresa Grécia Iluminada Ltda., recebendo como salário a importância de R$ 2.800,00 mensais. Possui na sua conta vinculada do FGTS o montante de R$ 4.000,00. Aristóteles e sua empregadora pretendem celebrar acordo para a rescisão contratual. Nesse caso, o empregado terá direito de receber aviso prévio indenizado, indenização sobre o saldo do FGTS e saque do FGTS, respectivamente, nos valores de

(A) R$ 1.400,00; R$ 1.600,00; R$ 2.000,00.

(B) R$ 2.240,00; R$ 800,00; R$ 3.200,00.

(C) R$ 2.800,00; R$ 800,00; R$ 4.000,00.

(D) R$ 1.400,00; R$ 1.280,00; R$ 3.200,00.

(E) R$ 1.400,00; R$ 800,00; R$ 3.200,00.

COMENTÁRIOS

Nota do autor: A questão aborda o tema distrato e exigia que o candidato efetuasse o cálculo das verbas devidas nessa espécie de resilição do contrato de trabalho.

Alternativa correta: "e". *Comentário serve para as demais alternativas, uma vez que versam sobre o mesmo assunto.* Na hipótese de celebração de distrato, os trabalhadores terão direito ao recebimento das seguintes verbas rescisórias:

- 50% do aviso prévio, se for indenizado. Na hipótese de aviso prévio trabalhado, terá direito ao recebimento de seu valor integral.
- 20% de multa sobre os depósitos do FGTS;
- Saldo de salário (dias efetivamente trabalhadores);
- Décimo terceiro salário proporcional;
- Férias + 1/3 vencidas, se houver;
- Férias + 1/3 proporcionais;

Antes da Reforma Trabalhista, não se admitia o saque dos depósitos do FGTS baseado no distrato realizado entre empregado e empregador, pois essa modalidade de extinção contratual não era prevista no ordenamento jurídico. Com a regulamentação da nova lei trabalhista, o trabalhador poderá movimentar sua conta vinculada do FGTS até o limite de 80% do valor dos depósitos (art. 484-A, § 1º, CLT).

Dessa forma, serão devidos:

i) o valor de R$ 1.400 a título de aviso-prévio indenizado (pois corresponde a 50% de 2.800,00).

ii) R$ 800,00 a título de indenização de FGTS (20% de R$ 4.000,00).

Por fim, Aristóteles poderá sacar R$ 3.200,00 do FGTS (80% de R$ 4.000,00).

34. (FCC – Analista Judiciário – Área Administrativa – TRT 6/2018) Maurício e a empresa LXG Tratores Ltda. chegaram a um acordo para rescindirem o contrato de trabalho, em vigor há cinco anos. A empresa pagou a Maurício, a título de verbas rescisórias, metade do aviso prévio indenizado e das férias proporcionais + 1/3; já o saldo de salário, as férias vencidas + 1/3 e o 13o salário proporcional foram pagos integralmente, com o saque de 50% dos depósitos do FGTS acrescidos da multa de 20%. Sobre as verbas rescisórias,

(A) foram pagas de forma errada, uma vez que o 13o salário proporcional também é devido pela metade e não integralmente.

(B) foram pagas corretamente, não tendo direito o obreiro a gozar do Programa do Seguro-Desemprego.

(C) foram pagas corretamente, mas tendo direito o obreiro a gozar do Programa do Seguro-Desemprego, devendo o empregador lhe entregar as respectivas guias.

(D) foram pagas de forma errada, uma vez que são devidas as férias proporcionais + 1/3 de forma integral e o saque de 80% dos depósitos do FGTS.

(E) não existe esta modalidade de rescisão do contrato de trabalho na legislação vigente, tendo em vista a impossibilidade de saque de apenas 50% dos depósitos.

COMENTÁRIOS

Nota do autor: A resilição bilateral compreende o acordo entre as partes contratantes que colocam fim ao contrato de trabalho e que se denomina distrato. Antes da Reforma Trabalhista não se admitia o distrato, cabendo aos empregados apresentar pedido de demissão ou aos empregadores realizar a dispensa sem justa causa.

Alternativa correta: "d". *Comentário serve para as demais alternativas, uma vez que versam sobre o mesmo assunto.* A Reforma Trabalhista passa a admitir o distrato como nova hipótese de término do contrato de trabalho no art. 484-A da CLT. Na hipótese de celebração de distrato, os trabalhadores terão direito ao recebimento das seguintes verbas rescisórias:

- 50% do aviso prévio, se for indenizado. Na hipótese de aviso prévio trabalhado, terá direito ao recebimento de seu valor integral.
- 20% de multa sobre os depósitos do FGTS;
- Saldo de salário (dias efetivamente trabalhadores);
- Décimo terceiro salário proporcional;
- Férias + $^1/_3$ vencidas, se houver;
- **Férias + 1/3 proporcionais**;

Antes da Reforma Trabalhista, não se admitia o saque dos depósitos do FGTS baseado no distrato realizado entre empregado e empregador, pois essa modalidade de extinção contratual não era prevista no ordenamento jurídico. Com a regulamentação da nova lei trabalhista, o trabalhador poderá movimentar sua conta vinculada do FGTS até o limite de **80% do valor dos depósitos** (art. 484-A, § 1º, CLT).

Assim, está correto o pagamento, apenas:

i) metade do aviso prévio indenizado;

ii) saldo de salário, as férias vencidas + $^1/_3$ e o 13º salário proporcional que foram pagos Integralmente e

iii) multa de 20% sobre os depósitos do FGTS.

35. (FCC – Técnico Judiciário – Área Administrativa – TRT 22/2022) Considerando os entendimentos pacificados pelo Tribunal Superior do Trabalho através de Súmulas e Orientações de sua Jurisprudência uniformizada, em relação à prescrição de direitos trabalhistas,

(A) da extinção do primeiro contrato começa a fluir o prazo prescricional do direito de ação em que se objetiva a soma de períodos descontínuos de trabalho.

(B) tratando-se de pedido de pagamento de diferenças salariais decorrentes da inobservância dos critérios de promoção estabelecidos em Plano de Cargos e Salários criado pela empresa, a prescrição aplicável é a total.

(C) a prescrição começa a fluir no final da data do término do aviso prévio, desde que o mesmo tenha sido trabalhado.

(D) a pretensão a diferenças de complementação de aposentadoria sujeita-se à prescrição parcial e quinquenal, salvo se o pretenso direito decorrer de verbas não recebidas no curso da relação de emprego e já alcançadas pela prescrição, à época da propositura da ação.

(E) a suspensão do contrato de trabalho, em virtude da percepção do auxílio-doença ou da aposentadoria por invalidez, impede, em qualquer hipótese, a fluência da prescrição quinquenal.

COMENTÁRIOS

Nota do autor: O instituto da prescrição está intimamente ligado ao tempo e à inércia do titular da pretensão. Prescrição retira a possibilidade de **exigir** um determinado direito em razão do decurso do tempo. Note-se que o direito permanece intacto, mas a prescrição impossibilita que ele seja exigido. Exemplo: determinado empregado trabalhou por 4 anos sem nunca receber férias e décimo terceiro. Esse trabalhador tem **direito** a essas verbas. Foi dispensado sem justa causa e ingressou com a reclamação trabalhista após 3 anos da extinção do contrato (lembre-se de que o prazo é de 2 anos para ingressar na Justiça do Trabalho). Embora persista o direito, ele não tem a exigibilidade, ou seja, o empregador não poderá ser forçado a pagar, pois as verbas estão prescritas.

Alternativa "a". Incorreta. "Da extinção do último contrato começa a fluir o prazo prescricional do direito de ação em que se objetiva a soma de períodos descontínuos de trabalho." (Súmula nº 156 do TST).

Alternativa "b". Incorreta. "Tratando-se de pedido de pagamento de diferenças salariais decorrentes da inobservância dos critérios de promoção estabelecidos em Plano de Cargos e Salários criado pela empresa, a prescrição aplicável é a parcial, pois a lesão é sucessiva e se renova mês a mês." (Súmula nº 452 do TST).

Alternativa "c". Incorreta. "A prescrição começa a fluir no final da data do término do aviso prévio. Art. 487, § 1º, CLT." (Orientação Jurisprudencial nº 83 da SDI1 do TST).

Alternativa "d". Correta. "A pretensão a diferenças de complementação de aposentadoria sujeita-se à prescrição parcial e quinquenal, salvo se o pretenso direito decorrer de verbas não recebidas no curso da relação de emprego e já alcançadas pela prescrição, à época da propositura da ação." (Súmula nº 327 do TST).

Alternativa "e". Incorreta. "A suspensão do contrato de trabalho, em virtude da percepção do auxílio-doença ou da aposentadoria por invalidez, não impede a fluência da prescrição quinquenal, ressalvada a hipótese de absoluta impossibilidade de acesso ao Judiciário." (Orientação Jurisprudencial nº 375 da SDI1 do TST).

Alternativa correta: "d".

36. (FCC – Analista Judiciário – Oficial de Justiça Avaliador Federal – TRT 6/2025) A greve é considerada um direito constitucionalmente assegurado, competindo aos trabalhadores decidir sobre a oportunidade de exercê-la e sobre os interesses que devam por meio dela defender. Ao regulamentar o direito de greve, o legislador infraconstitucional definiu que:

(A) a greve em serviços ou atividades essenciais deve ser comunicada pelas entidades sindicais ou pelos trabalhadores, aos empregadores e aos usuários, com antecedência mínima de 48 horas da paralisação

(B) O lockout deve ser comunicado pelo empregador aos empregadores & aos usuários, com antecedência minima de 72 horas da paralisação.

(C) o Ministério do Trabalho e Emprego deverá prever as formalidades de convocação e O quorum para a deliberação, tanto da deflagração quanto da cessação da greve.

(D) as atividades médico-periciais relacionadas com a caracterização do impedimento físico, mental, intelectual ou sensorial da pessoa com deficiência, por meio da integração de equipes multiprofissionais e interdisciplinares, para fins de reconhecimento de direitos previstos em lei, são consideradas essenciais para fins da greve.

(E) constitui abuso do direito de greve a paralisação que, na vigência de acordo, convenção ou sentença normativa, tenha por único objetivo exigir o cumprimento de cláusula ou condição, já que incumbe à Justiça do Trabalho, em ações especificas, determinar que as previsões das normas coletivas sejam cumpridas.

COMENTÁRIOS

Nota do autor: A questão aborda o tema greve, sendo necessário o conhecimento da Lei nº 7.783/1989 para sua resposta.

Alternativa "a". Incorreta. Conforme o art. 13 da Lei nº 7.783/1789, na greve em serviços essenciais, ficam as entidades sindicais ou os trabalhadores, conforme o caso, obrigados a comunicar a decisão aos empregadores e aos usuários com antecedência mínima de 72 (setenta e duas) horas da paralisação.

Alternativa "b". Incorreta. O lockout é a paralisação por iniciativa do empregador. Segundo o art. 17 da Lei nº 7.783/1989, é vedada a prática de lockout, ou seja, inexiste prazo comunicação, pois se trata de uma prática ilícita.

Alternativa "c". Incorreta. As formalidades de convocação da assembleia e do quórum para a deliberação, tanto da deflagração quanto da cessação da greve, devem ser definidas pelos próprios estatutos das entidades sindicais, não pelo Ministério do Trabalho e Emprego (art. 4º da Lei nº 7.783/1789).

Alternativa "d". Correta. Conforme o inciso XIII, art. 10 da Lei nº 7.783/1789, as atividades médico-periciais relacionadas com a caracterização do impedimento físico, mental, intelectual ou sensorial da pessoa com deficiência, por meio da integração de equipes multiprofissionais e interdisciplinares, são consideradas serviços essenciais:

> Art. 10 São **considerados** serviços ou atividades essenciais:
>
> XIII – atividades médico-periciais relacionadas com a caracterização do impedimento físico, mental, intelectual ou sensorial da **pessoa** com deficiência, por meio da integração de equipes multiprofissionais e interdisciplinares, para fins de reconhecimento de direitos previstos em lei

Alternativa "e". Incorreta. Conforme o parágrafo único do art. 14 da Lei nº 7.783/1989, não constitui abuso o exercício do direito de greve com o objetivo de exigir cumprimento de cláusulas de convenções, acordos ou sentenças normativas.

37. (Cespe – Analista Judiciário – Área Judiciária – TRT 8/2022) A respeito do direito coletivo do trabalho, assinale a opção correta.

A) É ilegal cláusula de convenção coletiva de trabalho que estabeleça taxa para homologação de rescisão contratual a ser paga pela empresa ao sindicato correspondente à categoria profissional dos empregados.

B) Se uma convenção coletiva de trabalho contiver cláusula que faça previsão expressa de contribuição sindical, o empregado deverá pagar a contribuição, ainda que não seja sindicalizado.

C) É possível a previsão, em cláusula de acordo coletivo de trabalho, de renúncia ou transação, pela empregada gestante, das garantias referentes à manutenção do emprego.

D) Para que o acordo coletivo de trabalho celebrado extrajudicialmente tenha eficácia, é necessária a sua homologação judicial.

E) Uma convenção coletiva de trabalho pode fazer previsão e estabelecer regras para o reconhecimento de categorias diferenciadas.

QUESTÕES DE CONCURSOS

COMENTÁRIOS

Nota do autor: A questão aborda diversos tópicos sobre Direito Coletivo do Trabalho. Perceba que, além do texto da CLT, foram exigidos conhecimentos sobre a jurisprudência consolidada da SDC do TST e, ainda, posições doutrinárias. Questão de altíssimo nível.

Alternativa "a". Correta. "É contrária ao espírito da lei (art. 477, § 7º, da CLT) e da função precípua do Sindicato a cláusula coletiva que estabelece taxa para homologação de rescisão contratual, a ser paga pela empresa a favor do sindicato profissional." (OJ nº 16 da SDC do TST).

Alternativa "b". Incorreta. A contribuição sindical, que era chamada, de imposto sindical, está prevista em lei e no texto constitucional e, antes da Reforma Trabalhista era obrigatória para todos os empregados, profissionais liberais e, ainda, aos empregadores, conforme previsto nos artigos 578 a 610 da CLT. Essa contribuição compulsória tinha natureza de tributo. Com a Reforma Trabalhista, a contribuição sindical passa a ser facultativa, pois dependerá de prévia e expressa autorização dos empregados, empregadores e trabalhadores autônomos para que seu desconto possa ser realizado.

Alternativa "c". Incorreta. "Nos termos do art. 10, II, "b", do ADCT, a proteção à maternidade foi erigida à hierarquia constitucional, pois retirou do âmbito do direito potestativo do empregador a possibilidade de despedir arbitrariamente a empregada em estado gravídico. Portanto, a teor do artigo 9º da CLT, torna-se nula de pleno direito a cláusula que estabelece a possibilidade de renúncia ou transação, pela gestante, das garantias referentes à manutenção do emprego e salário." (OJ nº 30 da SDC do TST).

Alternativa "d". Incorreta. "É desnecessária a homologação, por Tribunal Trabalhista, do acordo extrajudicialmente celebrado, sendo suficiente, para que surta efeitos, sua formalização perante o Ministério do Trabalho (art. 614 da CLT e art. 7º, inciso XXVI , da Constituição Federal)." (OJ nº 34 da SDC do TST).

Alternativa "e". Incorreta. Conforme parte inicial da OJ nº 36 da SDC do TST, as categorias diferenciadas são reconhecidas como tais por lei. Ainda, nos termos do art. 511, § 3º, CLT:

> **Art. 511, § 3º, CLT:** Categoria profissional diferenciada é a que se forma dos empregados que exerçam profissões ou funções diferenciadas por força de estatuto profissional especial ou em consequência de condições de vida singulares. (grifamos)

Entendemos que somente é possível identificar uma categoria profissional diferenciada se houver sido criado, mediante aprovação de lei, estatuto profissional próprio. Em que pese a CLT estabelecer as condições de vida singulares como uma das hipóteses para o surgimento dessas categorias, observa-se que sua efetivação na prática se mostra incerta, uma vez que não existem parâmetros para se determinar que profissão apresenta condições de vida singulares.

Alternativa correta: "a".

38. (FCC – Analista Judiciário – Área Judiciária – TRT 9/2022) Considere:

I. Troca do dia de feriado.
II. Remuneração por produtividade.
III. Repouso semanal remunerado.
IV. Enquadramento do grau de insalubridade.
V. Seguro-desemprego, em caso de desemprego involuntário.

Constitui objeto ilícito de convenção coletiva ou de acordo coletivo de trabalho, exclusivamente, a supressão ou a redução dos direitos previstos no que se afirma APENAS em

(A) II e III.
(B) I, IV e V.
(C) I, III e IV.
(D) I e II.
(E) III e V.

COMENTÁRIOS

Nota do autor: A questão exigia do candidato o conhecimento dos arts. 611-A e 611-B da CLT, que estabelecem as possibilidades e os limites da negociação coletiva, respectivamente. Nesse ponto, lembre-se que o STF, na apreciação do Tema 1046 da tabela de repercussão geral, fixou a seguinte tese:

> "São constitucionais os acordos e as convenções coletivos que, ao considerarem a adequação setorial negociada, pactuam limitações ou afastamentos de direitos trabalhistas, independentemente da explicitação especificada de vantagens compensatórias, desde que respeitados os direitos absolutamente indisponíveis" (Tema 1.046 da repercussão geral).

Comentário serve para todas as alternativas, uma vez que versam sobre o mesmo assunto. Conforme dispõe a CLT:

▶ QUESTÕES DE CONCURSOS

Art. 611-A, CLT: A convenção coletiva e o acordo coletivo de trabalho têm prevalência sobre a lei quando, entre outros, dispuserem sobre: (...)

IX - remuneração por produtividade, incluídas as gorjetas percebidas pelo empregado, e remuneração por desempenho individual; (...)

XI - troca do dia de feriado;

XII - enquadramento do grau de insalubridade;

Art. 611-B, CLT: Constituem objeto ilícito de convenção coletiva ou de acordo coletivo de trabalho, exclusivamente, a supressão ou a redução dos seguintes direitos: (...)

II - seguro-desemprego, em caso de desemprego involuntário; (...)

IX - repouso semanal remunerado;

Alternativa correta: "e".

39. (FCC – Analista Judiciário – Área Judiciária – TRT 14/2022) Uma determinada categoria profissional é representada há muitos anos por um sindicato que tem base territorial estadual. Descontentes com a atuação desse sindicato, um grupo de trabalhadores se reúne e delibera a criação de um outro sindicato para representação da mesma categoria e requer o registro do mesmo no Ministério do Trabalho e Previdência. Considerando as previsões normativas sobre a estrutura sindical brasileira,

(A) o registro do novo sindicato poderá ser realizado pelo Ministério do Trabalho e Previdência, tendo em vista que a unicidade sindical se restringe às hipóteses de representação na base territorial de um município.

(B) o registro do novo sindicato não poderá ser realizado pelo Ministério do Trabalho e Previdência, pois no Brasil vigora a unicidade sindical, sendo vedada a criação de mais de uma organização sindical, na mesma base territorial.

(C) o novo sindicato poderá ser criado, não sendo, porém, necessário registro do mesmo no Ministério do Trabalho e Previdência, tendo em vista que são vedadas a interferência e a intervenção do Poder Público na organização sindical.

(D) o novo sindicato criado poderá ser registrado pelo Ministério do Trabalho e Previdência, tendo em vista que a Convenção no 87 da OIT garante a liberdade sindical, que abrange a possibilidade de criação de entidades sindicais sem qualquer intervenção ou interferência do Poder Público.

(E) o novo sindicato pode ser criado e é vedada qualquer exigência de registro do mesmo, tendo em vista que, nos termos previstos na Convenção no 87 da OIT, a liberdade sindical tem que ser ampla e assegurar aos trabalhadores o direito de constituir organizações de sua escolha, sob a única condição de se conformar com os estatutos das mesmas.

COMENTÁRIOS

Nota do autor: A liberdade sindical é assegurada pelo art. 8º da Constituição Federal de 1988 como direito fundamental dos trabalhadores. Portanto, não é permitida sua restrição ou supressão por meio de negociação coletiva de trabalho. Ressalta-se que as restrições atinentes à unicidade sindical estão previstas no próprio texto constitucional e permanecem aplicáveis.

Comentário serve para todas as alternativas, uma vez que versam sobre o mesmo assunto. Na legislação brasileira vigora o **princípio da unicidade sindical**, isto é, não poderá existir mais de um sindicato profissional (trabalhadores) ou sindicato da categoria econômica (empregadores) na mesma base territorial, que não pode ter tamanho inferior a um município:

Art. 8ª, II, CF/88: é vedada a criação de mais de uma organização sindical, em qualquer grau, representativa de categoria profissional ou econômica, na mesma base territorial, que será definida pelos trabalhadores ou empregadores interessados, não podendo ser inferior à área de um Município;

Dessa forma, não é possível o registro do novo sindicato junto ao Ministério do Trabalho e Emprego.

Alternativa correta: "b".

40. (FCC – Analista Judiciário – Oficial de Justiça Avaliador Federal – TRT 9/2022) Após deliberação em assembleia, um Sindicato dos Trabalhadores do Transporte Coletivo de Passageiros deflagra greve. Na greve em serviço essencial, conforme previsão legal que trata da matéria,

(A) os empregados que ocupam cargo de confiança, assim considerados os de direção e gerência, não podem aderir ao movimento grevista.

(B) deve ser mantido percentual mínimo de empregados em atividade, para atendimento das necessidades inadiáveis da população.

(C) é obrigação do Poder Público dar continuidade ao serviço paralisado, em percentual de pelo menos 50%, durante o período que permanecer o movimento grevista.

(D) em qualquer hipótese fica autorizada a empresa a descontar os dias de paralisação dos salários dos empregados grevistas.

(E) visando assegurar o atendimento às necessidades básicas da população durante a greve, é dever da empresa requerer ao Poder Público pessoal em substituição para garantir o funcionamento da atividade.

COMENTÁRIOS

Nota do autor: A questão aborda o tema da greve em serviços essenciais. Destaca-se que, no caso de lesão a interesse público, o art. 114, § 3º,

CF/88 legitima o ajuizamento de dissídio coletivo de greve pelo Ministério Público do Trabalho. Ressalta-se que a legitimidade do MPT está restrita somente às greves em serviços essenciais.

Importa destacar que, de acordo com a Reforma Trabalhista, constituirá objeto ilícito de convenção ou acordo coletivo que tratarem sobre definição legal sobre serviços essenciais ou atividades essenciais e disposições legais sobre o atendimento de necessidades inadiáveis da comunidade:

> **Art. 611-B da CLT**: Constituem objeto ilícito de convenção coletiva ou de acordo coletivo de trabalho, exclusivamente, a supressão ou a redução dos seguintes direitos: (...) XXVIII – definição legal sobre os serviços ou atividades essenciais e disposições legais sobre o atendimento das necessidades inadiáveis da comunidade em caso de greve;

Comentário serve para todas as alternativas, uma vez que versam sobre o mesmo assunto. O art. 10 da Lei nº 7.783/1989 estabelece o rol das atividades ou serviços essenciais, como abastecimento de água, serviços funerários, transporte coletivo, dentre outros. De acordo com a lei, são atividades essenciais:

> I – tratamento e abastecimento de água; produção e distribuição de energia elétrica, gás e combustíveis;
>
> II – assistência médica e hospitalar;
>
> III – distribuição e comercialização de medicamentos e alimentos;
>
> IV – funerários;
>
> V – transporte coletivo;
>
> VI – captação e tratamento de esgoto e lixo;
>
> VII – telecomunicações;
>
> VIII – guarda, uso e controle de substâncias radioativas, equipamentos e materiais nucleares;
>
> IX – processamento de dados ligados a serviços essenciais;
>
> X – controle de tráfego aéreo e navegação aérea;
>
> XI – compensação bancária.
>
> XII – atividades médico-periciais relacionadas com o regime geral de previdência social e a assistência social; (Incluído pela Lei nº 13.846, de 2019)
>
> XIII – atividades médico-periciais relacionadas com a caracterização do impedimento físico, mental, intelectual ou sensorial da pessoa com deficiência, por meio da integração de equipes multiprofissionais e interdisciplinares, para fins de reconhecimento de direitos previstos em lei, em especial na Lei nº 13.146, de 6 de julho de 2015 (Estatuto da Pessoa com Deficiência); e (Incluído pela Lei nº 13.846, de 2019)
>
> XIV – outras prestações médico-periciais da carreira de Perito Médico Federal indispensáveis ao atendimento das necessidades inadiáveis da comunidade. (Incluído pela Lei nº 13.846, de 2019)
>
> XV – atividades portuárias. (Incluído pela Lei nº 14.047, de 2020)

É obrigatório que sejam atendidos os serviços inadiáveis à população. Os serviços inadiáveis estão ligados à saúde, segurança e sobrevivência. Esse limite mínimo de atendimento **não é fixado por lei**, mas estipulado por comum acordo entre empregadores, empregados e sindicatos.

Caso não seja garantido o mínimo de atendimento à população, a greve será considerada abusiva, conforme posicionamento do TST na OJ nº 38 da SDC. Não há previsão legal de manter ou permanecer 30% dos atendimentos, tão falada na imprensa. As partes deverão verificar o caso concreto.

Exemplo: em caso de greve no hospital, há necessidade de permanência de 100% dos atendimentos na UTI e cirurgias de emergência, mas não há necessidade de garantir esse percentual em outras repartições da mesma instituição. De acordo com o art. 11 da lei:

> **Art. 11, Lei de Greve:** Nos serviços ou atividades essenciais, os sindicatos, os empregadores e os trabalhadores ficam obrigados, de comum acordo, a garantir, durante a greve, a prestação dos serviços indispensáveis ao atendimento das necessidades inadiáveis da comunidade.
>
> Parágrafo único. São necessidades inadiáveis da comunidade aquelas que, não atendidas, coloquem em perigo iminente a sobrevivência, a saúde ou a segurança da população.

Além disso, a comunicação, ao empregador e aos usuários, deverá ocorrer com 72 horas de antecedência à paralisação, conforme previsto no art. 13 da Lei de Greve. Nas atividades que não consideradas essenciais, esse aviso deve ser realizado com antecedência mínima de 48 horas.

Por fim, destaca-se que, no caso de lesão a interesse público, o art. 114, § 3º, CF/88 legitima o ajuizamento de dissídio coletivo de greve pelo Ministério Público do Trabalho. Ressalta-se que a legitimidade do MPT está restrita somente às greves em serviços essenciais[1338].

Alternativa correta: "b".

1338. Informativo nº 34 do TST.

▶ QUESTÕES DE CONCURSOS

41. (FCC – Analista Judiciário – Oficial de Justiça Avaliador Federal – TRT 9/2022) Considerando o regramento constitucional da organização sindical brasileira, a unicidade sindical significa que

(A) a filiação a um determinado sindicato não é obrigatória.

(B) a estrutura sindical deve ser composta por um único tipo de entidade, tendo sido afastada a organização piramidal que era formada por sindicatos, federações e confederações, denominada de sistema confederativo.

(C) as organizações sindicais não são passíveis de interferência ou intervenção do poder público, estando adstritas unicamente às deliberações da categoria.

(D) somente as centrais sindicais podem congregar diferentes sindicatos, sendo essa prerrogativa vedada às federações e confederações.

(E) não pode haver mais de uma organização sindical, representativa de uma categoria profissional ou econômica, na mesma base territorial.

COMENTÁRIOS

Nota do autor: A liberdade sindical é assegurada pelo art. 8º da Constituição Federal de 1988 como direito fundamental dos trabalhadores. Portanto, não é permitida sua restrição ou supressão por meio de negociação coletiva de trabalho. Ressalta-se que as restrições atinentes à unicidade sindical estão previstas no próprio texto constitucional e permanecem aplicáveis.

Comentário serve para todas as alternativas, uma vez que versam sobre o mesmo assunto. Na legislação brasileira vigora o **princípio da unicidade sindical**, isto é, não poderá existir mais de um sindicato profissional (trabalhadores) ou sindicato da categoria econômica (empregadores) na mesma base territorial, que não pode ter tamanho inferior a um município:

> **Art. 8ª, II, CF/88:** é vedada a criação de mais de uma organização sindical, em qualquer grau, representativa de categoria profissional ou econômica, na mesma base territorial, que será definida pelos trabalhadores ou empregadores interessados, não podendo ser inferior à área de um Município;

Alternativa correta: "e".

42. (FCC – Analista Judiciário – Oficial de Justiça Avaliador Federal – TRT 23/2022) Considere hipoteticamente que, após diversas reuniões, o sindicato de trabalhadores da indústria de móveis de Cuiabá pretende celebrar novo Acordo Coletivo com a Fábrica Madeira da Boa S/C Ltda., tendo em vista a queda de faturamento da empresa e com o objetivo de preservação dos empregos. Dentre as diversas cláusulas pactuadas estariam:

I. Redução para 6% dos depósitos de FGTS pelo período de 18 meses.

II. Banco de Horas anual.

III. Intervalo intrajornada de 30 minutos para todos os trabalhadores.

IV. Aviso prévio de 30 dias para todos os empregados porventura dispensados, excluída a proporcionalidade por tempo de serviço pelo prazo de 12 meses.

V. Prorrogação de jornada em ambientes insalubres, sem licença prévia do Ministério do Trabalho.

Com base no que prevê a Consolidação das Leis do Trabalho, as cláusulas supra lícitas são as contidas APENAS em

(A) II, III e V.

(B) I, II e III.

(C) III, IV e V.

(D) I e IV.

(E) IV e V.

COMENTÁRIOS

Nota do autor: A questão exigia do candidato o conhecimento dos arts. 611-A e 611-B da CLT, que estabelecem as possibilidades e os limites da negociação coletiva, respectivamente. Nesse ponto, lembre-se que o STF, na apreciação do Tema 1046 da tabela de repercussão geral, fixou a seguinte tese:

> "São constitucionais os acordos e as convenções coletivos que, ao considerarem a adequação setorial negociada, pactuam limitações ou afastamentos de direitos trabalhistas, independentemente da explicitação especificada de vantagens compensatórias, desde que respeitados os direitos absolutamente indisponíveis" (Tema 1.046 da repercussão geral).

Comentário serve para todas as alternativas, uma vez que versam sobre o mesmo assunto. Conforme dispõe a CLT:

> **Art. 611-A, CLT:** A convenção coletiva e o acordo coletivo de trabalho têm prevalência sobre a lei quando, entre outros, dispuserem sobre: (...)
>
> II - banco de horas anual;
>
> III - intervalo intrajornada, respeitado o limite mínimo de trinta minutos para jornadas superiores a seis horas; (...)
>
> XIII - prorrogação de jornada em ambientes insalubres, sem licença prévia das autoridades competentes do Ministério do Trabalho;
>
> **Art. 611-B, CLT:** Constituem objeto ilícito de convenção coletiva ou de acordo coletivo de trabalho, exclusivamente, a supressão ou a redução dos seguintes direitos: (...)

III - valor dos depósitos mensais e da indenização rescisória do Fundo de Garantia do Tempo de Serviço (FGTS); (...)

XVI - aviso prévio proporcional ao tempo de serviço, sendo no mínimo de trinta dias, nos termos da lei;

Alternativa correta: "a".

43. (FCC – Técnico Judiciário – Área Administrativa – TRT 14/2022) A empresa Arco e Flecha pretende negociar com o sindicato dos empregados um novo acordo coletivo, para se adequar à conjuntura econômica pós-pandemia. Dentre outras cláusulas, pretende negociar:

I. Remuneração do trabalho extraordinário superior em 40% do trabalho normal.
II. Licença-maternidade de 90 dias.
III. Troca de feriados para segundas-feiras.
IV. Banco de horas anual.
V. FGTS no percentual de 6% durante 180 dias.

Conforme a Consolidação das Leis do Trabalho, são lícitas APENAS as cláusulas

(A) I, III e IV.
(B) II, IV e V.
(C) III e IV.
(D) I, II e V.
(E) I e III.

COMENTÁRIOS

Nota do autor: A questão exigia do candidato o conhecimento dos arts. 611-A e 611-B da CLT, que estabelecem as possibilidades e os limites da negociação coletiva, respectivamente. Nesse ponto, lembre-se que o STF, na apreciação do Tema 1046 da tabela de repercussão geral, fixou a seguinte tese:

"São constitucionais os acordos e as convenções coletivos que, ao considerarem a adequação setorial negociada, pactuam limitações ou afastamentos de direitos trabalhistas, independentemente da explicitação especificada de vantagens compensatórias, desde que respeitados os direitos absolutamente indisponíveis" (Tema 1.046 da repercussão geral).

Comentário serve para todas as alternativas, uma vez que versam sobre o mesmo assunto. Conforme dispõe a CLT:

Art. 611-A, CLT: A convenção coletiva e o acordo coletivo de trabalho têm prevalência sobre a lei quando, entre outros, dispuserem sobre: (...)

II - banco de horas anual; (...)

XI - troca do dia de feriado;

Art. 611-B, CLT: Constituem objeto ilícito de convenção coletiva ou de acordo coletivo de trabalho, exclusivamente, a supressão ou a redução dos seguintes direitos: (...)

III - valor dos depósitos mensais e da indenização rescisória do Fundo de Garantia do Tempo de Serviço (FGTS); (...)

X - remuneração do serviço extraordinário superior, no mínimo, em 50% (cinquenta por cento) à do normal; (...)

XIII - licença-maternidade com a duração mínima de cento e vinte dias;

Alternativa correta: "c".

44. (FCC – Técnico Judiciário – Área Administrativa – TRT 17/2022) A fábrica de colchões Sono dos Justos Ltda. pretende celebrar Acordo Coletivo com o sindicato dos empregados, visando a preservação de empregos. Dentre algumas cláusulas em negociação estão:

I. Equivalência entre remuneração do trabalho noturno e diurno por 12 meses.
II. Estabelecimento de banco de horas anual.
III. Redução do intervalo para repouso e alimentação para 30 minutos para todos os empregados, incluindo os de jornada de 8 horas.
IV. Indenização rescisória sobre o saldo do FGTS para 30% durante 12 meses.
V. Exclusão do regime de participação nos lucros por 24 meses.

De acordo com a CLT, são ilícitas APENAS as cláusulas constantes em

(A) I e IV.
(B) II, III e V.
(C) II e IV.
(D) I, IV e V.
(E) I, II e III.

COMENTÁRIOS

Nota do autor: A questão exigia do candidato o conhecimento dos arts. 611-A e 611-B da CLT, que estabelecem as possibilidades e os limites da negociação coletiva, respectivamente. Nesse ponto, lembre-se que o STF, na apreciação do Tema 1046 da tabela de repercussão geral, fixou a seguinte tese:

"São constitucionais os acordos e as convenções coletivos que, ao considerarem a adequação setorial negociada, pactuam limitações ou afastamentos de direitos trabalhistas, independentemente da explicitação especificada de vantagens compensatórias, desde que respeitados os direitos absolutamente indisponíveis" (Tema 1.046 da repercussão geral).

QUESTÕES DE CONCURSOS

Comentário serve para todas as alternativas, uma vez que versam sobre o mesmo assunto. Conforme dispõe a CLT:

> **Art. 611-A, CLT:** A convenção coletiva e o acordo coletivo de trabalho têm prevalência sobre a lei quando, entre outros, dispuserem sobre: (...)
> II - banco de horas anual;
> III - intervalo intrajornada, respeitado o limite mínimo de trinta minutos para jornadas superiores a seis horas; (...)
> XV - participação nos lucros ou resultados da empresa.
> **Art. 611-B, CLT:** Constituem objeto ilícito de convenção coletiva ou de acordo coletivo de trabalho, exclusivamente, a supressão ou a redução dos seguintes direitos: (...)
> III - valor dos depósitos mensais e da indenização rescisória do Fundo de Garantia do Tempo de Serviço (FGTS); (...)
> VI - remuneração do trabalho noturno superior à do diurno;

Alternativa correta: "a".

45. (FCC – Técnico Judiciário – Área Administrativa – TRT 18/2023) Com o fim de evitar demissões de empregados, a indústria de panificação Bisnaga Macia está negociando com o Sindicato dos Empregados um Acordo Coletivo de modo a possibilitar ter um alívio na folha de pagamento mensal e conseguir manter os empregos. Dentre algumas das cláusulas colocadas a exame encontram-se:

I. Estabelecimento de banco de horas para compensação de jornada dentro do prazo de 1 ano.
II. Alteração do grau de insalubridade por um período de 6 meses.
III. Redução por 1 ano do percentual de depósito de FGTS de 8% para 6%.
IV. Igualdade por 90 dias da remuneração do trabalho noturno e diurno.
V. Remanejamento dos feriados para que a folga recaia na primeira sexta-feira após o dia efetivo.

Com base no que prevê a Consolidação das Leis do Trabalho, considera-se como cláusula lícita o que consta APENAS em

(A) I, II e III.
(B) II, III e IV.
(C) III, IV e V.
(D) I, II e V.
(E) I, IV e V.

COMENTÁRIOS

Nota do autor: A questão exigia do candidato o conhecimento dos arts. 611-A e 611-B da CLT, que estabelecem as possibilidades e os limites da negociação coletiva, respectivamente. Nesse ponto, lembre-se que o STF, na apreciação do Tema 1046 da tabela de repercussão geral, fixou a seguinte tese:

> "São constitucionais os acordos e as convenções coletivos que, ao considerarem a adequação setorial negociada, pactuam limitações ou afastamentos de direitos trabalhistas, independentemente da explicitação especificada de vantagens compensatórias, desde que respeitados os direitos absolutamente indisponíveis" (Tema 1.046 da repercussão geral).

Comentário serve para todas as alternativas, uma vez que versam sobre o mesmo assunto. Conforme dispõe a CLT:

> **Art. 611-A, CLT:** A convenção coletiva e o acordo coletivo de trabalho têm prevalência sobre a lei quando, entre outros, dispuserem sobre: (...)
> II - banco de horas anual; (...)
> XI - troca do dia de feriado;
> XII - enquadramento do grau de insalubridade;
> **Art. 611-B, CLT:** Constituem objeto ilícito de convenção coletiva ou de acordo coletivo de trabalho, exclusivamente, a supressão ou a redução dos seguintes direitos: (...)
> III - valor dos depósitos mensais e da indenização rescisória do Fundo de Garantia do Tempo de Serviço (FGTS); (...)
> VI - remuneração do trabalho noturno superior à do diurno;

Alternativa correta: "d".

46. (FCC – Técnico Judiciário – Área Administrativa – TRT 22/2022) A empresa Aluminium Indústria e Comércio Ltda. pretende fazer uma reestruturação em relação à jornada de trabalho, aos períodos de descanso e à composição salarial de seus empregados e, para tanto, propõe ao Sindicato representante dos trabalhadores a celebração de acordo coletivo de trabalho prevendo a adoção de intervalo intrajornada de 30 minutos para os empregados que cumprem jornada de oito horas diárias, estabelecimento de repouso remunerado a cada duas semanas de trabalho, supressão do pagamento de comissões para os empregados da área de vendas, férias anuais de 20 dias e modalidade diferenciada de registro de jornada de trabalho. Considerando a amplitude dada pela Reforma Trabalhista (Lei no 13.467/2017) às normas coletivas de trabalho, poderão ser objeto do acordo coletivo firmado pela Aluminium com o Sindicato dos trabalhadores

(A) adoção de intervalo intrajornada de 30 minutos para os empregados que cumprem jornada de oito horas diárias, estabelecimento de repouso remunerado a cada duas semanas de trabalho e modalidade diferenciada de registro de jornada de trabalho.

(B) adoção de intervalo intrajornada de 30 minutos para os empregados que cumprem jornada de oito horas diárias e modalidade diferenciada de registro de jornada de trabalho.

(C) estabelecimento de repouso remunerado a cada duas semanas de trabalho, supressão do pagamento de comissões para os empregados da área de vendas, férias anuais de 20 dias.

(D) estabelecimento de repouso remunerado a cada duas semanas de trabalho e férias anuais de 20 dias.

(E) adoção de intervalo intrajornada de 30 minutos para os empregados que cumprem jornada de oito horas diárias, estabelecimento de repouso remunerado a cada duas semanas de trabalho, férias anuais de 20 dias e modalidade diferenciada de registro de jornada de trabalho.

COMENTÁRIOS

Nota do autor: A questão exigia do candidato o conhecimento dos arts. 611-A e 611-B da CLT, que estabelecem as possibilidades e os limites da negociação coletiva, respectivamente. Nesse ponto, lembre-se que o STF, na apreciação do Tema 1046 da tabela de repercussão geral, fixou a seguinte tese:

> "São constitucionais os acordos e as convenções coletivos que, ao considerarem a adequação setorial negociada, pactuam limitações ou afastamentos de direitos trabalhistas, independentemente da explicitação especificada de vantagens compensatórias, desde que respeitados os direitos absolutamente indisponíveis" (Tema 1.046 da repercussão geral).

Comentário serve para todas as alternativas, uma vez que versam sobre o mesmo assunto. Conforme dispõe a CLT:

> **Art. 611-A, CLT:** A convenção coletiva e o acordo coletivo de trabalho têm prevalência sobre a lei quando, entre outros, dispuserem sobre: (...)
>
> III - intervalo intrajornada, respeitado o limite mínimo de trinta minutos para jornadas superiores a seis horas; (...)
>
> X - modalidade de registro de jornada de trabalho;
>
> **Art. 611-B, CLT:** Constituem objeto ilícito de convenção coletiva ou de acordo coletivo de trabalho, exclusivamente, a supressão ou a redução dos seguintes direitos: (...)
>
> IX - repouso semanal remunerado; (...)
>
> XI - número de dias de férias devidas ao empregado;
>
> XII - gozo de férias anuais remuneradas com, pelo menos, um terço a mais do que o salário normal;

Ponto polêmico da questão foi a cláusula de ***supressão do pagamento de comissões para os empregados da área de vendas***, considerada inválida pela banca.

Nesse ponto, relembra-se que as comissões são parcelas com valores fixos recebidas em razão da venda de determinado produto e integram a remuneração do trabalhador para todos os fins (art. 457, § 1º, CLT).

Dessa forma, entendeu o examinador que, em se tratando de verba salarial, aplica-se ao caso o **Princípio da irredutibilidade salarial**. Assim, é vedada a redução (diminuição) dos salários dos trabalhadores, incluindo as comissões do vendedor, exceto convenção ou acordo coletivo (artigo 7º, inciso VI, da Constituição Federal).

Para que essa redução salarial seja válida, deverá haver garantia de que ele não será dispensado sem justa causa no prazo de vigência do instrumento coletivo, nos termos do art. 611-A, § 3º, CLT, incluído pela Reforma Trabalhista. Como essa garantia não consta do instrumento coletivo, a cláusula deve ser considerada inválida.

Alternativa correta: "b".

47. (FUMARC – Analista Judiciário – Área Judiciária – TRT 3/2022) Em relação a greve, de acordo com a legislação correspondente, NÃO são considerados serviços ou atividades essenciais:

(A) atividades médico-periciais relacionadas com o regime geral de previdência social e a assistência social.

(B) atividades portuárias.

(C) atividades siderúrgicas e metalúrgicas,

(D) controle de tráfego aéreo e navegação aérea.

(E) telecomunicações.

COMENTÁRIOS

Nota do autor: A questão aborda o tema da greve em serviços essenciais. Destaca-se que, no caso de lesão a interesse público, o art. 114, § 3º, CF/88 legitima o ajuizamento de dissídio coletivo de greve pelo Ministério Público do Trabalho. Ressalta-se que a legitimidade do MPT está restrita somente às greves em serviços essenciais.

Importa destacar que, de acordo com a Reforma Trabalhista, constituirá objeto ilícito de convenção ou acordo coletivo que tratarem sobre definição legal sobre serviços essenciais ou atividades essenciais e disposições legais sobre o atendimento de necessidades inadiáveis da comunidade:

Art. 611-B da CLT: Constituem objeto ilícito de convenção coletiva ou de acordo coletivo de trabalho, exclusivamente, a supressão ou a redução dos seguintes direitos: (...) XXVIII – definição legal sobre os serviços ou atividades essenciais e disposições legais sobre o atendimento das necessidades inadiáveis da comunidade em caso de greve;

Comentário serve para todas as alternativas, uma vez que versam sobre o mesmo assunto. O art. 10 da Lei nº 7.783/1989 estabelece o rol das atividades ou serviços essenciais, como abastecimento de água, serviços funerários, transporte coletivo, dentre outros. De acordo com a lei, são atividades essenciais:

I – tratamento e abastecimento de água; produção e distribuição de energia elétrica, gás e combustíveis;

II – assistência médica e hospitalar;

III – distribuição e comercialização de medicamentos e alimentos;

IV – funerários;

V – transporte coletivo;

VI – captação e tratamento de esgoto e lixo;

VII – telecomunicações;

VIII – guarda, uso e controle de substâncias radioativas, equipamentos e materiais nucleares;

IX – processamento de dados ligados a serviços essenciais;

X – controle de tráfego aéreo e navegação aérea;

XI – compensação bancária.

XII – atividades médico-periciais relacionadas com o regime geral de previdência social e a assistência social; (Incluído pela Lei nº 13.846, de 2019)

XIII – atividades médico-periciais relacionadas com a caracterização do impedimento físico, mental, intelectual ou sensorial da pessoa com deficiência, por meio da integração de equipes multiprofissionais e interdisciplinares, para fins de reconhecimento de direitos previstos em lei, em especial na Lei nº 13.146, de 6 de julho de 2015 (Estatuto da Pessoa com Deficiência); e (Incluído pela Lei nº 13.846, de 2019)

XIV – outras prestações médico-periciais da carreira de Perito Médico Federal indispensáveis ao atendimento das necessidades inadiáveis da comunidade. (Incluído pela Lei nº 13.846, de 2019)

XV – atividades portuárias. (Incluído pela Lei nº 14.047, de 2020)

Alternativa correta: "c".

48. (FUMARC – Técnico Judiciário – TRT 3/2022) Sobre a associação sindical, é CORRETO afirmar:

(A) É garantida apenas à categoria profissional.

(B) É livre a criação de múltiplas organizações sindicais em qualquer grau, representativas de categoria profissional ou económica, na mesma base territorial.

(C) É obrigatória para categoria profissional.

(D) É sujeita à autorização estatal da respectiva base territorial.

(E) É vedada a criação de mais de uma organização sindical em qualquer grau, representativa de categoria profissional ou económica, na mesma base territorial.

COMENTÁRIOS

Nota do autor: A questão aborda diversos tópicos sobre Direito Coletivo do Trabalho. Apesar de ser facilmente respondida com o conhecimento da literalidade do art. 8º da CF/88, traz conceitos importantes que relembraremos nos comentários.

Alternativa "a". Incorreta. A organização dos sindicatos é feita com base no sistema de categorias. Há sindicatos que defendem interesses da categoria profissional (trabalhadores) e os que representam e defendem interesses da categoria econômica (empregadores). Existem, ainda, sindicatos que representam categorias profissionais diferenciadas. Para identificar a qual categoria pertence o trabalhador, é necessário identificar a atividade principal ou preponderante da empresa. Vale ressaltar:

a) Categoria econômica (art. 511, § 1º, da CLT): ocorre quando há solidariedade de interesses econômicos dos que empreendem atividades idênticas, similares ou conexas, constituindo vínculo social básico entre essas pessoas. Exemplo de atividade idêntica: empresa que explora apenas a atividade de ensino. Atividades similares são aquelas que se assemelham, como hotéis e restaurantes. E, por fim, atividades conexas que se complementam, como ocorre na construção civil, por exemplo, pintura e parte elétrica[1339].

b) Categoria profissional (art. 511, § 2º, da CLT): ocorre quando há similitude de condições

1339. Os exemplos e definições de atividades conexas e similares foram retirados da excelente e indispensável obra do Professor Sergio Pinto Martins: MARTINS, Sergio Pinto. *Comentários à CLT*. 12. ed. São Paulo: Atlas, 2009. p. 568.

de vida oriunda da profissão ou trabalho em comum, em situação de emprego na mesma atividade econômica ou em atividades econômicas similares ou conexas. Para identificar a categoria profissional, é necessário, primeiro, verificar a categoria econômica, ou seja, qual a atividade da empresa. Por exemplo, pedreiro que trabalha numa escola não pertence à categoria da construção civil, mas à dos estabelecimentos de ensino[1340].

c) **Categoria profissional diferenciada (art. 511, § 3º, da CLT):** é a que se forma dos empregados que exerçam profissões ou funções diferenciadas por força do estatuto profissional especial[1341] ou em consequência de condições de vida singulares[1342]. Entendemos que somente é possível identificar uma categoria profissional diferenciada se houver sido criado, mediante aprovação de lei, estatuto profissional próprio. Em que pese a CLT estabelecer as condições de vida singulares como uma das hipóteses para o surgimento dessas categorias, observa-se que sua efetivação na prática se mostra incerta, uma vez que não existem parâmetros para se determinar que profissão apresenta condições de vida singulares. Em resumo, o termo "condições de vida singulares" está superado, e, ainda, para deixar um critério mais objetivo e claro ao operador do Direito do Trabalho, o termo "estatuto profissional próprio" é sinônimo de lei.

Alternativas "b" e "e". Incorreta e correta, respectivamente. Na legislação brasileira vigora o **princípio da unicidade sindical**, isto é, não poderá existir mais de um sindicato profissional (trabalhadores) ou sindicato da categoria econômica (empregadores) na mesma base territorial, que não pode ter tamanho inferior a um município:

> **Art. 8ª, II, CF/88:** é vedada a criação de mais de uma organização sindical, em qualquer grau, representativa de categoria profissional ou econômica, na mesma base territorial, que será definida pelos trabalhadores ou empregadores interessados, não podendo ser inferior à área de um Município;

Alternativa "c". Incorreta. Nos termos do art. 5º, XX, CF/88: "ninguém poderá ser compelido a associar-se ou a permanecer associado". O princípio da liberdade sindical está ligado à fundação do sindicato, visto anteriormente, à organização interna e ao direito da livre filiação. Nesse aspecto, a decisão de filiar ou não ou, ainda, manter-se filiado ao sindicato cabe exclusivamente ao trabalhador. Ademais, os aposentados também possuem o mesmo direito da livre filiação, podendo inclusive candidatar-se a representantes do sindicato.

As cláusulas em convenções e acordos coletivos que determinam a filiação automática ou forçada dos trabalhadores[1343] ou, ainda, cláusulas que proíbam ou dificultem a desfiliação do trabalhador são nulas de pleno direito. Conforme previsto na CF/88:

> **Art. 8º, V, CF/88:** Ninguém será obrigado a filiar-se ou a manter-se filiado a sindicato.
>
> **Art. 8º, VII, CF/88:** O aposentado filiado tem direito a votar e ser votado nas organizações sindicais.

Alternativa "d". Incorreta. O sindicato é uma pessoa jurídica de direito privado, portanto é necessário, para que adquira personalidade jurídica, o registro no cartório de registro civil de pessoas jurídicas. A lei não poderá exigir formalidade especial para a fundação do sindicato Assim sendo, não há necessidade de prévia autorização do Estado para que o sindicato possa ser criado.

Na legislação brasileira vigora, entretanto, o princípio da unicidade sindical, isto é, não poderá existir mais de um sindicato profissional (trabalhadores) ou sindicato da categoria econômica (empregadores) na mesma base territorial. O Brasil não ratificou a Convenção Internacional nº 87 da OIT. Essa convenção adota o princípio da pluralidade sindical o que possibilitaria mais de um sindicato, representante da mesma categoria, na mesma base territorial.

1340. MARTINS, Sergio Pinto. *Comentários à CLT*. 12. ed. São Paulo: Atlas, 2009. p. 569.

1341. **Orientação Jurisprudencial nº 36 da SDC do TST:** "É por lei e não por decisão judicial, que as categorias diferenciadas são reconhecidas como tais. De outra parte, no que tange aos profissionais da informática, o trabalho que desempenham sofre alterações de acordo com a atividade econômica exercida pelo empregador".

1342. **Orientação Jurisprudencial nº 9 da SDC do TST:** "O dissídio coletivo não é meio próprio para o Sindicato vir a obter o reconhecimento de que a categoria que representa é diferenciada, pois esta matéria – enquadramento sindical – envolve a interpretação de norma genérica, notadamente do art. 577 da CLT".

1343. **Orientação Jurisprudencial nº 20 da SDC do TST:** "Empregados sindicalizados. Admissão preferencial. Condição violadora do art. 8º, V, da CF/88."

Note-se que não há vedação para o sindicato que represente a categoria em várias cidades, por exemplo, sindicato dos trabalhadores rurais de Catanduva (SP), São José do Rio Preto (SP), Fernandópolis (SP) e Votuporanga (SP), entretanto não é permitido dois sindicatos representarem a mesma categoria em um mesmo município.

Em razão dessa obrigatoriedade de sindicato único, há necessidade de registro do sindicato no Ministério do Trabalho e Emprego (art. 8º, I da CF/88), para que esse órgão fiscalize se a unicidade sindical está sendo cumprida. Apenas após o registro no Ministério a Trabalho é que o sindicato adquire natureza sindical, isto é, terá legitimidade para defender a categoria[1344]. Em resumo, a lei não pode exigir formalidade para a criação de sindicato, exceto o registro no órgão competente (MTE).

Alternativa correta: "e".

49. (FUMARC – Técnico Judiciário – TRT 3/2022) Sobre os Direitos Coletivos do Trabalho e as negociações na relação de emprego, é CORRETO afirmar:

(A) A convenção coletiva é aquela realizada entre o sindicato dos trabalhadores e o sindicato dos empregadores.

(B) A negociação coletiva é vedada no Brasil.

(C) A negociação individual entre empregado e empregador é um direito constitucional, valendo para todos os trabalhadores, independentemente do grau de instrução e remuneração do empregado.

(D) O acordo coletivo é aquele realizado entre o sindicato dos trabalhadores e o sindicato dos empregadores

(E) Todos os trabalhadores podem realizar acordo individual para dispor de direitos em prol do empregador.

COMENTÁRIOS

Nota do autor: A questão aborda diversos tópicos sobre Direito Coletivo do Trabalho. Apesar de ser facilmente respondida com o conhecimento da literalidade de dispositivos da CF/88 e da CLT, traz conceitos importantes que relembraremos nos comentários.

Alternativas "a" e "d". Correta e incorreta, respectivamente. "Convenção Coletiva de Trabalho é o acôrdo de caráter normativo, pelo qual dois ou mais Sindicatos representativos de categorias econômicas e profissionais estipulam condições de trabalho aplicáveis, no âmbito das respectivas representações, às relações individuais de trabalho." (art. 611, *caput,* CLT).

"É facultado aos Sindicatos representativos de categorias profissionais celebrar Acordos Coletivos com uma ou mais emprêsas da correspondente categoria econômica, que estipulem condições de trabalho, aplicáveis no âmbito da emprêsa ou das acordantes respectivas relações de trabalho." (art. 611, § 1º, CLT).

Alternativa "b". Incorreta. "São direitos dos trabalhadores urbanos e rurais, além de outros que visem à melhoria de sua condição social: reconhecimento das convenções e acordos coletivos de trabalho;" (art. 7º, XXVI, CF/88).

Alternativas "c" e "e". Incorretas. "A livre estipulação a que se refere o caput deste artigo aplica-se às hipóteses previstas no art. 611-A desta Consolidação, com a mesma eficácia legal e preponderância sobre os instrumentos coletivos, no caso de empregado portador de diploma de nível superior e que perceba salário mensal igual ou superior a duas vezes o limite máximo dos benefícios do Regime Geral de Previdência Social." (art. 444, parágrafo único, CLT).

Alternativa correta: "a".

50. (FUMARC – Técnico Judiciário – TRT 3/2022) Sobre o sindicalismo e a reforma trabalhista de 2017, é CORRETO afirmar:

(A) As contribuições sindicais deixaram de ser obrigatórias.

(B) As convenções coletivas sempre se sobrepõem aos acordos coletivos.

(C) Os sindicatos de trabalhadores foram extintos com a reforma de 2017.

(D) Os sindicatos foram substituídos pelas comissões de empregados.

(E) Pela reforma de 2017, todos os trabalhadores podem realizar acordos individuais de trabalho, negociando individualmente seus direitos.

COMENTÁRIOS

Nota do autor: A questão aborda diversos tópicos sobre Direito Coletivo do Trabalho.

1344. **Orientação Jurisprudencial nº 15 da SDC:** "A comprovação da legitimidade *ad processum* da entidade sindical se faz por seu registro no órgão competente do Ministério do Trabalho, mesmo após a promulgação da Constituição Federal de 1988".

Apesar de ser facilmente respondida com o conhecimento da literalidade de dispositivos da CF/88 e da CLT, traz conceitos importantes que relembraremos nos comentários.

Alternativas "a" e "c". Correta e incorreta, respectivamente. As fontes de custeio têm a finalidade de fornecer as condições financeiras possíveis para que o sindicato exerça plenamente suas funções e prerrogativas na defesa dos interesses da categoria. Assim, a arrecadação é responsável pela manutenção da estrutura da entidade, pagamento da remuneração dos empregados dos sindicatos etc.

A Reforma Trabalhista alterou a redação dos arts. 545, 578, 579, 582, 583, 587 e 602 da CLT, além de revogar os arts. 601 e 604 desse diploma legislativo para prever que as contribuições destinadas aos sindicatos devem ser prévia e expressamente autorizadas pelos empregados, empregadores e profissionais liberais em suas respectivas categorias. A norma coletiva não pode suprir a vontade individual. Portanto, a partir da nova lei, a previsão via acordo ou convenção coletiva, para cobrar de todos os empregados, filiados ou não, é ilegal.

O principal efeito dessa modificação nos dispositivos mencionados consistiu na extinção da compulsoriedade da contribuição sindical obrigatória. É importante destacar que a Lei nº 13.467/2017 não revogou a contribuição sindical, pois os artigos referentes à sua cobrança e destinação permanecem vigentes, mas somente serão aplicados caso haja a prévia e expressa autorização dos integrantes das categorias profissionais, econômicas e de profissionais liberais. A Reforma Trabalhista tornou, portanto, facultativa a contribuição sindical.

O valor a ser descontado dos empregados permanece o mesmo com a Reforma Trabalhista, sendo o equivalente à remuneração de 1 (um) dia de trabalho. Esse valor será descontado no mês de março e repassado ao sindicato no mês de abril. Assim, não é válida a cobrança da contribuição sindical de Mario.

Por sua vez, a contribuição confederativa serve para custear o sistema confederativo, isto é, sindicatos, federações e confederações. Há expressa previsão constitucional que possibilita a contribuição confederativa. É fixada mediante decisão da assembleia geral e o desconto é feito na folha de pagamento dos empregados.

Assim como a contribuição sindical, a contribuição confederativa não tem natureza jurídica de tributo, portanto não pode ser cobrada de trabalhadores não associados ao sindicato, sob pena de grave violação à liberdade sindical. Com a publicação da Súmula Vinculante nº 40 do STF, colocou fim a uma antiga discussão sobre a possibilidade ou não de cobrança de não filiados. Atualmente, somente pode ser cobrada contribuição confederativa dos filiados ao sindicato. Diante da não filiação de Mario ao sindicato da categoria profissional, o desconto da contribuição confederativa não é lícito.

Por fim, apenas a título de informação, a contribuição assistencial ou taxa de reversão, prevista no art. 513, e, da CLT, cuja finalidade é compensar os custos decorrentes da participação nas negociações coletivas, pode ser instituída por acordo ou convenção coletivos a todos os empregados da categoria, ainda que não sindicalizados, desde que assegurado o direito de oposição, conforme tese fixada pelo Supremo Tribunal Federal na apreciação do Tema 935 da Repercussão Geral.

Alternativa "b". Incorreta. "As condições estabelecidas em acordo coletivo de trabalho sempre prevalecerão sobre as estipuladas em convenção coletiva de trabalho." (art. 620, CLT).

Alternativa "d". Com a Reforma Trabalhista, foi inserido o Título IV-A à CLT que disciplina a representação dos empregados em empresas com mais de 200 empregados. De acordo com o art. 510-A da CLT, em consonância com o art. 11 da CF/88, em empresas com mais de 200 empregados, é assegurada a eleição de comissão para representar os trabalhadores, que tem a finalidade de promover o entendimento direto com os empregadores. Esses representantes terão estabilidade provisória no emprego, que não poderão ser dispensados arbitrariamente, conforme estabelece o art. 510 D, § 3º, CLT.

Conforme dispõe a Convenção nº 135 da OIT – Proteção de Representantes de Trabalhadores – que foi ratificada pelo Brasil (Decreto nº 131/1991, consolidada com as demais convenções e recomendações no Decreto nº 10.088/2019):

> **ARTIGO 5º:** Quando uma empresa contar ao mesmo tempo com representes sindicais e representantes eleitos, medidas adequadas deverão ser tomadas, cada vez que for necessário, para garantir que a presença de representantes eleitos não venha a ser utilizada para o enfraquecimento da situação dos sindicatos interessados ou de seus representantes e para incentivar a cooperação, relativa a todas as questões pertinentes, entre os representantes eleitos, por

▸ QUESTÕES DE CONCURSOS

uma Parte, e os sindicatos interessados e seus representantes, por outra Parte.

Assim, representantes dos trabalhadores e sindicatos devem conviver harmonicamente, não havendo que se falar em substituição de uma representação pela outra.

Alternativa "e". Incorreta. "A livre estipulação a que se refere o caput deste artigo aplica-se às hipóteses previstas no art. 611-A desta Consolidação, com a mesma eficácia legal e preponderância sobre os instrumentos coletivos, no caso de empregado portador de diploma de nível superior e que perceba salário mensal igual ou superior a duas vezes o limite máximo dos benefícios do Regime Geral de Previdência Social." (art. 444, parágrafo único, CLT).

Alternativa correta: "a".

51. (FCC – Analista Judiciário – Área Administrativa – TRT 15/2018) Acerca do direito coletivo do trabalho e da organização sindical,

(A) dentre outros requisitos, as associações profissionais, para serem reconhecidas como sindicatos, deverão reunir um terço, no mínimo, de empresas legalmente constituídas, sob a forma individual ou de sociedade, se se tratar de associação de empregadores; ou um terço dos que integrem a mesma categoria ou exerçam a mesma profissão liberal se se tratar de associação de empregados ou de trabalhadores ou agentes autônomos ou de profissão liberal.

(B) excepcionalmente, o Ministro do Trabalho poderá autorizar o reconhecimento de mais de um sindicato representativo da mesma categoria econômica ou profissional em uma dada base territorial.

(C) o ocupante de cargo eletivo no sindicato poderá, mediante autorização do Presidente, cumular seu exercício com o emprego remunerado pelo sindicato ou por entidade sindical de grau superior.

(D) é exigida a qualidade de sindicalizado para o exercício de qualquer função representativa de categoria econômica ou profissional, em órgão oficial de deliberação coletiva, bem como para o gozo de favores ou isenções tributárias, inclusive em se tratando de atividades não econômicas.

(E) os bens imóveis das entidades sindicais não serão alienados sem a prévia autorização das respectivas assembleias gerais, reunidas com a presença da maioria absoluta dos associados com direito a voto ou dos Conselhos de Representantes com a maioria absoluta dos seus membros, salvo se houver autorização expressa e avaliação prévia realizada pela Caixa Econômica Federal.

COMENTÁRIOS

Nota do autor: A questão aborda aspectos do Direito Coletivo do Trabalho. Todavia, a alternativa correta não foi recepcionada pela CF/88 e deveria ter sido anulada pela banca examinadora.

Alternativa correta: "a". "As associações profissionais deverão satisfazer os seguintes requisitos para serem reconhecidas como sindicatos: a) reunião de um terço, no mínimo, de empresas legalmente constituídas, sob a forma individual ou de sociedade, se se tratar de associação de empregadores; ou de um terço dos que integrem a mesma categoria ou exerçam a mesma profissão liberal se se tratar de associação de empregados ou de trabalhadores ou agentes autônomos ou de profissão liberal;" (Art. 515, "a" da CLT).

Em meu entendimento, a questão deveria ter sido anulada pela banca examinadora, por se tratar de artigo não recepcionado pela CF/88. As associações profissionais consistiam em uma fase preliminar ao reconhecimento dos sindicatos, o que não mais persiste com o advento da Constituição Federal/1988. Ou seja, os sindicatos podem ser registrados no Ministério do Trabalho sem que antes precisem ser constituídas associações profissionais.

Alternativa "b". "É livre a associação profissional ou sindical, observado o seguinte: é vedada a criação de mais de uma organização sindical, em qualquer grau, representativa de categoria profissional ou econômica, na mesma base territorial, que será definida pelos trabalhadores ou empregadores interessados, não podendo ser inferior à área de um Município;" (Art. 8º, II da CF/88). Ademais, não há que se falar na autorização do Estado para a fundação de sindicato, cabendo apenas seu registro no Ministério do Trabalho, a fim de verificar o cumprimento do princípio da unicidade sindical:

> **Súmula nº 677 do STF:** Até que lei venha a dispor a respeito, incumbe ao Ministério do Trabalho proceder ao registro das entidades sindicais e zelar pela observância do princípio da unicidade.

Alternativa "c". "São condições para o funcionamento do Sindicato: proibição de exercício de cargo eletivo cumulativamente com o de emprego remunerado pelo sindicato ou por entidade sindical de grau superior;" (Art. 521, "b" da CLT).

Alternativa "d". "É exigida a qualidade de sindicalizado para o exercício de qualquer função representativa de categoria econômica ou profissional, em órgão oficial de deliberação coletiva, bem como para o gozo de favores ou isenções

▶ QUESTÕES DE CONCURSOS

tributárias, **salvo** em se tratando de atividades não econômicas" (Art. 547 da CLT). A exigência de que o trabalhador fosse sindicalizado, à época da edição da CLT, implicava maior controle do governo sobre as entidades sindicais[1345]. Entretanto, com o advento da Constituição Federal/1988, o dispositivo não foi recepcionado, tendo em vista ofender seus arts. 5º, *caput* e art. 8º, V, que estabelecem a igualdade e a liberdade de associação.

Alternativa "e". "Os bens imóveis das entidades sindicais não serão alienados sem a prévia autorização das respectivas assembleias gerais, reunidas com a presença da maioria absoluta dos associados com direito a voto ou dos Conselhos de Representantes com a maioria absoluta dos seus membros" (Art. 549, §2º da CLT). Não há previsão, dessa forma, que exclua a necessidade de autorização das assembleias gerais ou do Conselho de Representantes em caso autorização expressa e avaliação prévia realizada pela Caixa Econômica Federal.

52. (FCC – Analista Judiciário – Área Judiciária – TRT 15/2018) Considerando as disposições da Lei no 13.467/2017, são válidas as cláusulas de acordo coletivo de trabalho que estipulem

(A) possibilidade de redução em 4 horas da jornada semanal em atividades insalubres, caso em que não haverá o pagamento do adicional respectivo; pagamento do 13o salário no seu valor nominal integral, mas em 4 parcelas distribuídas ao longo do ano; ultratividade das cláusulas que estipulem vantagens individualmente adquiridas.

(B) taxa negocial a ser descontada dos salários dos integrantes da categoria, independentemente de autorização; aviso prévio de 30 dias para todos os trabalhadores da categoria, independentemente do tempo de serviço; intervalo intrajornada com duração de 30 minutos para jornadas superiores a 6 horas.

(C) intervalo intrajornada com duração de 30 minutos para jornadas superiores a 6 horas; pagamento do 13o salário no seu valor nominal integral, mas em 4 parcelas distribuídas ao longo do ano; remuneração por desempenho individual.

(D) prêmio de incentivo em bens ou serviços; taxa negocial a ser descontada dos salários dos integrantes da categoria, independentemente de autorização; pacto quanto à jornada de trabalho, observados os limites constitucionais.

(E) regime de sobreaviso; modalidade de registro da jornada de trabalho; ultratividade das cláusulas que estipulem vantagens individualmente adquiridas.

COMENTÁRIOS

Nota do autor: Inicialmente, entendo que essa questão não deveria ser direcionada a questões objetivas, pois o tema não é pacífico e pode gerar diversas discussões no tocante à possibilidade de parcelamento em número superior do 13º salário. Caso prevista em questões dissertativas e estudos de caso, seria uma questão que exigiria o conhecimento de pontos específicos das alterações da Reforma Trabalhista.

Alternativa correta: "c". *Comentário serve para as demais alternativas, pois versam sobre o mesmo assunto.* Cumpre ressaltar que não existe previsão legal expressa ou entendimento jurisprudencial que permita o fracionamento do pagamento do 13º salário em número superior de parcelas.

Há entendimento doutrinário que entende que a nova redação do art. 611-A da CLT ao prever hipóteses exemplificativas de prevalência do negociado sobre o legislado, permite o fracionamento do 13º salário. Contudo, esse posicionamento não é pacífico e não deveria ser exigido em questões objetivas.

Além disso, entendo que a legislação é clara ao definir o pagamento do 13º salário em 2 parcelas, não comportando flexibilização por meio de norma coletiva, por se tratar de disposição imperativa.

O art. 611-B, V, da CLT prevê que constituirá objeto ilícito da negociação coletiva, todavia, a supressão ou redução do valor nominal do 13º salário, não havendo impedimento para seu parcelamento em diferentes períodos:

> **Art. 611-B da CLT (com redação dada pela Lei no 13.467/2017).** "Constituem objeto ilícito de convenção coletiva ou de acordo coletivo de trabalho, exclusivamente, a supressão ou a redução dos seguintes direitos: (...) V – valor nominal do décimo terceiro salário";

Por fim, quanto às demais hipóteses da alternativa, há previsão expressa no art. 611-A da CLT:

> **Art. 611-A da CLT** "A convenção coletiva e o acordo coletivo de trabalho têm prevalência sobre a lei quando, entre outros, dispuserem sobre: (...) III – intervalo intrajornada, respeitado o limite mínimo de trinta minutos para jornadas superiores a seis horas; (...) IX- remuneração por produtividade, incluídas as gorjetas percebidas

1345. MARTINS, Sergio Pinto. **Comentários à CLT.** 19. ed. São Paulo: Atlas, 2015. P. 645.

pelo empregado, e remuneração por desempenho individual;".

53. **(FCC – Técnico Judiciário – Área Administrativa – TRT 6/2018)** Em consonância com o regramento contido na Consolidação das Leis do Trabalho,

(A) categoria econômica é aquela constituída da similitude de condições de vida oriunda da profissão ou trabalho em comum, em situação de emprego na mesma atividade econômica ou em atividades econômicas similares ou conexas.

(B) constitui objeto ilícito de convenção coletiva ou de acordo coletivo de trabalho, exclusivamente, a supressão ou a redução ao direito de igualdade jurídica entre o trabalhador com vínculo empregatício permanente e o trabalhador avulso.

(C) categoria profissional diferenciada é aquela que se forma da solidariedade de interesses econômicos dos que empreendem atividades idênticas, similares ou conexas.

(D) a contribuição sindical é devida por todos aqueles que participarem de uma determinada categoria econômica ou profissional, ou de uma profissão liberal, em favor do Sindicato representativo da mesma categoria ou profissão.

(E) as condições estabelecidas em convenção coletiva de trabalho, quando mais favoráveis, prevalecerão sobre as estipuladas em acordo coletivo de trabalho.

COMENTÁRIOS

Nota do autor: A questão aborda temas de Direito Coletivo do trabalho, abordando aspectos alterados pela Reforma Trabalhista.

Alternativa correta: "b". Com o advento da Reforma Trabalhista, houve a inserção de vários casos de prevalência do negociado sobre o legislado, segundo previsão contida no art. 611-A da CLT. Todavia, este preceito encontra limitações na CF, em tratados internacionais e no art. 611-B da CLT. Assim segundo o inciso XXV do art. 611-B da CLT, constituem objeto ilícito de convenção ou acordo coletivo a supressão ou redução da "igualdade de direitos entre o trabalhador com vínculo empregatício permanente e o trabalhador avulso".

Alternativa "a". "A solidariedade de **interesses econômicos** dos que empreendem atividades idênticas, similares ou conexas, constitue o vínculo social básico que se denomina categoria econômica" (Art. 511, §1º da CLT).

A alternativa, por sua vez, traz o conceito de categoria profissional e não econômica.

Alternativa "c". "Categoria profissional diferenciada é a que se forma dos **empregados que exerçam profissões ou funções diferenciadas** por força de estatuto profissional especial ou em consequência de condições de vida singulares".

A alternativa, por sua vez, traz o conceito de categoria econômica.

Alternativa "d". A contribuição sindical obrigatória foi a fonte de custeio do sindicato que mais sofreu alterações com a Reforma Trabalhista. Antes obrigatória, agora é devida apenas por aqueles que a autorizarem de forma prévia e expressa, nos termos do art. 578 da CLT.

Alternativa "e". "As condições estabelecidas em acordo coletivo de trabalho **sempre prevalecerão** sobre as estipuladas em convenção coletiva de trabalho" (Art. 620 da CLT). Assim, com o advento da Reforma Trabalhista, ocorre uma mitigação no princípio da primazia da norma mais favorável, devendo o acordo coletivo prevalecer sobre a convenção coletiva em qualquer hipótese.

54. **(FCC – Analista Judiciário – Oficial de Just. Avaliador Federal – TRT 6/2018)** A convenção coletiva e o acordo coletivo de trabalho têm prevalência sobre o disposto em lei, de acordo com a recente alteração da CLT promovida pela Lei no 13.467/2017 e Medida Provisória no 808/2017. Constitui objeto lícito da convenção coletiva ou do acordo coletivo a

(A) redução do intervalo intrajornada, desde que observe o intervalo mínimo de 15 minutos para jornada superior a 6 horas.

(B) definição da modalidade de registro da jornada de trabalho.

(C) redução temporária, limitada a 6 meses, do percentual de depósito do FGTS.

(D) redução do prazo do aviso prévio, podendo ser inferior a 30 dias, com no mínimo 23 dias.

(E) diminuição do número de dias de férias, podendo ser inferior a 30 dias, com no mínimo 15 dias.

COMENTÁRIOS

Nota do autor: A Reforma Trabalhista trouxe a prevalência do negociado sobre o legislado. Dessa forma, incluiu o art. 611-A à CLT, que traz um rol exemplificativo de casos em que a convenção e o acordo coletivo prevalecerão sobre a lei. Este rol, entretanto, não deve ser lido de forma isolada, havendo limitações constitucionais e legais à negociação coletiva, como é o caso do art. 611-B da CLT.

Alternativa correta: "b". "A convenção coletiva e o acordo coletivo de trabalho têm prevalência sobre a lei quando, entre outros, dispuserem sobre: (...) modalidade de registro de jornada de trabalho;" (Art. 611-A, X da CLT).

Alternativa "a". "A convenção coletiva e o acordo coletivo de trabalho têm prevalência sobre a lei quando, entre outros, dispuserem sobre: (...) intervalo intrajornada, respeitado o limite mínimo de **trinta minut**os para jornadas superiores a seis horas;" (Art. 611-A, III da CLT).

Alternativa "c". "Constituem **objeto ilícito** de convenção coletiva ou de acordo coletivo de trabalho, exclusivamente, a supressão ou a redução dos seguintes direitos: (...) valor dos depósitos mensais e da indenização rescisória do Fundo de Garantia do Tempo de Serviço (FGTS);" (Art. 611-B, III da CLT).

Alternativa "d". "Constituem **objeto ilícito** de convenção coletiva ou de acordo coletivo de trabalho, exclusivamente, a supressão ou a redução dos seguintes direitos: (...) aviso prévio proporcional ao tempo de serviço, sendo no mínimo de trinta dias, nos termos da lei;" (Art. 611-B, XVI da CLT)

Alternativa "e". "Constituem **objeto ilícito** de convenção coletiva ou de acordo coletivo de trabalho, exclusivamente, a supressão ou a redução dos seguintes direitos: (...) número de dias de férias devidas ao empregado;" (Art. 611-B, XI da CLT).

55. (INSTITUTO AOCP – Analista Judiciário – Oficial de Just. Avaliador Federal – TRT 1/2018) Um sindicato patronal e um sindicato obreiro do Rio de Janeiro resolveram discutir as disposições de convenção coletiva para uma determinada categoria, estipulando que a vigência se daria no ano seguinte à discussão. As cláusulas convencionais foram pactuadas nos seguintes termos: haverá supressão do valor nominal do décimo terceiro salário; o prazo máximo para o gozo de licença- maternidade será de cem dias; as férias anuais remuneradas serão acrescidas de metade do salário normal; haverá o aumento de cem reais ao adicional para atividades perigosas.

Quanto à Convenção e licitude/ilicitude das cláusulas, assinale a alternativa correta.

(A) A convenção é nula de pleno direito, já que as cláusulas ora apresentadas constituem objeto ilícito.

(B) A convenção é parcialmente válida, pois, dentre as cláusulas, constitui objeto lícito aquelas quanto às férias serem acrescidas de metade do salário normal e quanto ao aumento referente ao adicional para atividades perigosas.

(C) A convenção é parcialmente válida, pois, dentre as cláusulas, constituem objetos ilícitos a vigência do prazo para o gozo de licença maternidade e as férias serem acrescidas de metade do salário normal.

(D) A convenção deverá subsistir por ser válida e por se tratar de condição benéfica ao empregado, bem como por estar em observância ao princípio do Pacta Sunt Servanda.

(E) A convenção é válida, pois apresenta concessões mútuas de ambas as partes, não constituindo objeto ilícito as cláusulas que tratam acerca do valor nominal do décimo terceiro salário e do prazo para o gozo de licença-maternidade.

COMENTÁRIOS

Nota do autor: A questão aborda o tema negociação coletiva. É fato que a Reforma Trabalhista inseriu o art. 611-A à CLT, que permite a flexibilização de inúmeros institutos do Direito do Trabalho, inclusive intervalos intrajornadas. Ocorre, todavia, que a flexibilização não é irrestrita, encontrando limitação, por exemplo, no art. 611-B da CLT. Não deixe de conferir a redação desses dois artigos, pois eles já estão sendo muito cobrados nas provas nas áreas trabalhista.

Alternativa correta: "b". *Comentário serve para as demais alternativas, uma vez que versam sobre o mesmo assunto.* Dentre as cláusulas que foram negociadas entre o sindicato patronal e o sindicato obreiro do Rio de Janeiro, são **lícitas**:

i) **férias anuais remuneradas serão acrescidas de metade do salário normal.** Isso porque, o adicional de férias é de 1/3. Ou seja, a cláusula é mais benéfica ao trabalhador. Lembre-se de que a supressão ou redução do gozo de férias anuais remuneradas com, pelo menos, um terço a mais do que o salário normal constituirá objeto ilícito de acordo ou convenção coletiva (Art. 611-B, XII da CLT).

ii) **aumento de cem reais ao adicional para atividades perigosas.** O adicional para atividades perigosas é de 30% e, cláusula de negociação coletiva que o reduza ou suprima, será considerada objeto ilícito (Art. 611-B, XVIII da CLT). Assim, o aumento em relação ao adicional é plenamente possível, pois mais benéfico ao empregado.

Por sua vez, consistirá em objeto ilícito cláusula de instrumento coletivo que reduza ou suprima:

i) **supressão do valor nominal do décimo terceiro salário.** A supressão do valor do 13º salário constitui objeto ilícito de instrumento coletivo (Art. 611-B, V da CLT).

ii) **o prazo máximo para o gozo de licença-maternidade de cem dias.** O prazo de 120 dias de licença-maternidade, caso reduzido, será considerado objeto ilícito de negociação coletiva (Art. 611-B, XXX da CLT).

▸ QUESTÕES DE CONCURSOS

56. (INSTITUTO AOCP – Analista Judiciário – Área Administrativa – TRT 1/2018) No que se refere à licença paternidade, assinale a alternativa correta.

(A) Ao empregado é garantido o direito de ausentar-se do trabalho por 3 dias consecutivos quando do nascimento do filho, no decorrer da primeira semana, sendo o período de licença irredutível. Tal direito é indisponível, não podendo ser alterado por legislação infraconstitucional, tampouco negociado pelas partes, individualmente ou através de acordos ou convenções coletivas de trabalho.

(B) O empregado tem direito de ausentar-se do trabalho por 5 dias úteis, alternados ou corridos, à sua escolha, no decorrer do primeiro mês de nascimento do filho. Tal direito é indisponível e a quantidade de dias de licença é irredutível.

(C) O empregado poderá deixar de comparecer ao serviço por 5 dias consecutivos em caso de nascimento do filho, no decorrer da primeira semana. Contudo, tal direito pode ser reduzido ou até suprimido totalmente por acordos ou convenções coletivas de trabalho.

(D) É garantido ao empregado o direito de ausentar-se do trabalho por 5 dias consecutivos quando do nascimento do filho, no decorrer da primeira semana, sendo o período de licença irredutível. Tal direito é indisponível, não podendo ser alterado por legislação infraconstitucional, tampouco negociado pelas partes, individualmente ou através de acordos ou convenções coletivas de trabalho.

(E) Ao empregado é garantido o direito de ausentar-se do trabalho por 5 dias quando do nascimento do filho, no decorrer da primeira semana, sendo o período de licença irredutível. Todavia, o empregador poderá descontar do salário do trabalhador os dias correspondentes à licença, que serão equiparados a faltas injustificadas.

COMENTÁRIOS

Nota do autor: A questão aborda a licença-paternidade, prevista na Constituição Federal, art. 7º, XIX. Para respondê-la era necessário o conhecimento das modificações trazidas pela Reforma Trabalhista, que inseriu o art. 611-B, XIV à CLT.

Alternativa correta: "d". *Comentário serve para as demais alternativas, uma vez que versam sobre o mesmo assunto.* A licença-paternidade é prevista no art. 7º, XIX da CF/88 e será de 5 dias, nos termos do art. 10, § 1º do ADCT, pois ausente regulamentação em lei do dispositivo constitucional. Essa licença é válida tanto para o pai casado como para o solteiro, e deve ser gozada no decorrer da primeira semana após o parto[1346] (art. 473 da CLT e art. 10, § 1º, ADCT).

Com a promulgação da Lei de políticas públicas para a primeira infância (Lei nº 13.257/2016), foi introduzida a possibilidade de prorrogação da licença-paternidade em 15 dias na Lei nº 11.770/2008 (Programa Empresa Cidadã), totalizando o período de 20 dias.

Por ter assento constitucional, a licença-paternidade não comporta flexibilização, o que é reforçado pela previsão contida no art. 611-B, XIV da CF:

> **Art. 611-B da CLT.** Constituem objeto ilícito de convenção coletiva ou de acordo coletivo de trabalho, exclusivamente, a supressão ou a redução dos seguintes direitos: (...)
>
> XIV – licença-paternidade nos termos fixados em lei.

57. (INSTITUTO AOCP – Analista Judiciário – Área Administrativa – TRT 1/2018) A data-base da categoria dos empregados das empresas do setor de confecção na cidade de Cerro Azul é 1 de junho e, assim, iniciaram-se as negociações entre as entidades patronal e obreira para que seja firmada a convenção coletiva da categoria, a viger a partir de 1 de jun. de 2018. Poderão ser firmados, ainda, eventuais acordos coletivos de trabalho entre a entidade sindical dos trabalhadores e determinadas empresas. As partes envolvidas em tais negociações deverão ter ciência de que a convenção coletiva e o acordo coletivo de trabalho têm prevalência sobre a lei em caso de

(A) regime de sobreaviso; adicional por remuneração para as atividades penosas, insalubres ou perigosas; repouso semanal remunerado.

(B) troca do dia de feriado; remuneração por produtividade; prorrogação de jornada em ambientes insalubres, sem licença prévia das autoridades competentes do Ministério do Trabalho.

(C) número de dias de férias devidos ao empregado; participação nos lucros ou resultados da empresa; banco de horas anual.

(D) remuneração do serviço extraordinário superior, no mínimo, em 50% (cinquenta por cento) à do normal; pacto quanto à jornada de trabalho, observados os limites constitucionais; plano de cargos, salários e funções compatíveis com a condição pessoal do empregado.

(E) teletrabalho; trabalho intermitente; seguro contra acidente de trabalho, a cargo do empregador.

COMENTÁRIOS

Nota do autor: A questão exigia do candidato o conhecimento do disposto no art. 611-A da

1346. JORGE NETO, Francisco Ferreira; CAVALCANTE, Jouberto de Quadros Pessoa. Curso de Direito do Trabalho. São Paulo: Atlas, 2009. p. 251.

▶ QUESTÕES DE CONCURSOS

CLT, que estabelece casos em que o negociado prevalecerá sobre o legislado.

Alternativa correta "b". A convenção coletiva e o acordo coletivo de trabalho têm prevalência sobre a lei quando, entre outros, dispuserem sobre: (...) IX – remuneração por produtividade, incluídas as gorjetas percebidas pelo empregado, e remuneração por desempenho individual; XI – troca do dia de feriado; XIII – prorrogação de jornada em ambientes insalubres, sem licença prévia das autoridades competentes do Ministério do Trabalho;".

Alternativa "a". Apenas a previsão em instrumento coletivo no tocante ao regime de sobreaviso prevalecerá sobre a lei (art. 611-A, VIII da CLT). Por sua vez, serão considerados objeto ilícito da convenção ou acordo coletivo de trabalho, cláusula que reduza ou suprima: o adicional por remuneração para as atividades penosas, insalubres ou perigosas e repouso semanal remunerado serão considerados (Art. 611-B, XVIII e IX da CLT, respectivamente).

Alternativa "c". Consistirá objeto ilícito cláusula de instrumento coletivo que reduza ou suprima número de dias de férias devidas ao empregado (Art. 611-B, XI da CLT).

A participação nos lucros ou resultados da empresa e banco de horas anual, caso previstos em instrumentos coletivos, prevalecerão sobre a lei (art. 611-A, XV e II da CLT, respectivamente).

Alternativa "d". Pacto quanto à jornada de trabalho, observados os limites constitucionais e plano de cargos, salários e funções compatíveis com a condição pessoal do empregado, caso previstos em instrumento coletivo, prevalecerão sobre a lei (art. 611-A, I e V da CLT, respectivamente).

Por sua vez, consistirá objeto ilícito de convenção ou acordo coletivo a supressão ou redução da remuneração do serviço extraordinário superior, no mínimo, em 50% (cinquenta por cento) à do normal (Art. 611-B, X da CLT).

Alternativa "e". Caso haja previsão em instrumento coletivo sobre teletrabalho e trabalho intermitente, haverá prevalência sobre a lei (Art. 611-A, VIII da CLT). Consistirá objeto ilícito de convenção ou acordo coletivo a supressão ou redução do seguro contra acidente de trabalho, a cargo do empregador (art. 611-B, XX da CLT).

58. (FCC – Analista Judiciário – Oficial de Just. Avaliador Federal – TRT 15/2018) O direito de greve, assegurado constitucionalmente, não é absoluto. Os serviços e atividades essenciais são definidos por lei, que também disporá sobre o atendimento das necessidades inadiáveis da comunidade. Nesse sentido, nos serviços e atividades essenciais,

(A) caso empregadores e trabalhadores não cumpram a exigência de prestação, durante a greve, dos serviços indispensáveis ao atendimento das necessidades inadiáveis da comunidade, o Poder Público deverá assegurar tal prestação.

(B) os sindicatos, os empregadores e os trabalhadores ficam obrigados, de comum acordo, a garantir, durante a greve, a prestação de pelo menos 70% dos serviços indispensáveis ao atendimento das necessidades inadiáveis da comunidade.

(C) são necessidades inadiáveis da comunidade aquelas que, se não atendidas, trazem prejuízos financeiros às empresas e à população.

(D) as entidades sindicais ou os trabalhadores, conforme o caso, ficam obrigados a comunicar a decisão de deflagração da greve aos empregadores e aos usuários com antecedência mínima de 48 horas da paralisação.

(E) as entidades sindicais são responsáveis por comunicar a decisão de deflagração da greve aos empregadores, aos usuários e ao Ministério do Trabalho com antecedência mínima de 72 horas da paralisação.

COMENTÁRIOS

Nota do autor: A questão aborda o tema greve, sendo necessário o conhecimento da Lei nº 7.783/1989 para sua resposta. Lembre-se de que, com o advento da Reforma Trabalhista, estabeleceu-se, no art. 611-B da CLT que constituirão objeto ilícito de convenção ou cláusula coletiva: "XXVII – direito de greve, competindo aos trabalhadores decidir sobre a oportunidade de exercê-lo e sobre os interesses que devam por meio dele defender; e XXVIII – definição legal sobre os serviços ou atividades essenciais e disposições legais sobre o atendimento das necessidades inadiáveis da comunidade em caso de greve;".

Alternativa correta: "a". É obrigatório que sejam atendidos os serviços inadiáveis à população. Os serviços inadiáveis estão ligados à saúde, segurança e sobrevivência. Esse limite mínimo de atendimento não é fixado por lei, mas estipulado por **comum acordo** entre empregadores, empregados e sindicatos. Caso os serviços não sejam garantidos, caberá ao Poder Público assegurar a prestação de serviços inadiáveis à população (art. 12, Lei nº 7.783/1989).

Alternativa "b". "Nos serviços ou atividades essenciais, os sindicatos, os empregadores e os trabalhadores ficam obrigados, de comum acordo, a garantir, durante a greve, a prestação dos serviços indispensáveis ao atendimento das necessidades inadiáveis da comunidade" (art. 11 da Lei nº 7.783/1989). Assim, ao contrário do expresso na alternativa não há um mínimo legal de atividades que devem ser mantidas durante o exercício da greve, o que será definido por comum acordo entre sindicatos, empregadores e trabalhadores.

Alternativa "c". "São necessidades inadiáveis, da comunidade aquelas que, não atendidas, coloquem em perigo iminente a **sobrevivência, a saúde ou a segurança da população**" (art. 11, parágrafo único da Lei nº 7.783/1989).

Alternativa "d". "A entidade patronal correspondente ou os empregadores diretamente interessados serão notificados, com antecedência mínima de 48 (quarenta e oito) horas, da paralisação" (art. 3º, parágrafo único da Lei nº 7.783/1989). Em caso de greve em atividade essencial, a comunicação a decisão aos empregadores e aos usuários deverá ser feita com antecedência mínima de 72 horas (art. 13 da Lei nº 7.783/1989).

Alternativa "e". Apenas em caso de greve em atividade essencial, a comunicação a decisão aos empregadores e aos usuários deverá ser feita com antecedência mínima de 72 horas (art. 13 da Lei nº 7.783/1989).

59. (FCC – Analista Judiciário – Área Administrativa – TST/2017) Após ter dispensado o empregado Glauber, que trabalhou na empresa por 8 anos, Flecha de Ouro Transportes Ltda. resolve reconsiderar o aviso prévio, informando ao empregado que, em razão disso, o contrato de trabalho permanecerá vigorando normalmente. Glauber não concorda com o empregador e, considerando o contrato de trabalho rescindido, requer que o mesmo lhe pague as verbas rescisórias devidas. Em relação à situação de Glauber

a) considerando que o contrato de trabalho dele é por prazo indeterminado, não há que se falar em reconsideração do aviso prévio, eis que tal possibilidade refere-se aos contratos por prazo determinado, em relação aos quais o legislador privilegia seu cumprimento até o prazo fixado pelas partes quando da contratação.

b) dado o aviso prévio, não há que se falar em reconsideração do mesmo, pois o contrato de trabalho é considerado extinto quando da concessão do aviso, sendo que a projeção do seu prazo se refere apenas a pagamentos de verbas trabalhistas e rescisórias.

c) a reconsideração do aviso prévio é possível e caracteriza ato unilateral da parte que teve a iniciativa na rescisão do contrato de trabalho, não havendo que se falar em aceitação da outra parte.

d) a reconsideração do aviso prévio pelo empregador é possível e independe da concordância do empregado, tendo em vista que revela situação mais benéfica ao trabalhador e privilegia o princípio da continuidade da relação de emprego.

e) a aceitação da reconsideração do aviso prévio dado por uma das partes é faculdade da outra parte e, portanto, com a recusa de Glauber o contrato de trabalho será extinto ao término do período do aviso prévio, sendo devidas as verbas rescisórias.

COMENTÁRIOS

Nota do autor: A questão aborda o tema reconsideração do aviso-prévio. O aviso-prévio é direito das partes envolvidas na relação empregatícia. Esse direito é exercido de forma unilateral (pedido de demissão ou dispensa sem justa causa).

Alternativa correta: "e". *Comentário serve para as demais alternativas, uma vez que versam sobre o mesmo assunto.* "Dado o aviso-prévio, a rescisão torna-se efetiva depois de expirado o respectivo prazo, mas, se a parte notificante reconsiderar o ato, antes de seu termo, à outra parte é **facultado aceitar ou não a reconsideração**".

Há possibilidade de reconsideração do aviso--prévio que pode ser realizada a qualquer tempo, desde que seja feita antes da extinção do contrato de trabalho. Reconsiderar o aviso é ato bilateral, isto é, depende do consentimento da outra parte. Poderá ocorrer a reconsideração tácita ou expressa. No primeiro caso, o empregado continuará trabalhando após os trinta dias concedidos para aviso, sem recusa do empregador. Reconsideração expressa ocorre quando as partes, em comum acordo, afastam a hipótese do término do contrato.

60. (FCC – Analista Judiciário – Área Administrativa – TST/2017) A Lei nº 13.467/2017 ampliou a abrangência da negociação coletiva de trabalho, fixando novas regras acerca da convenção coletiva e do acordo coletivo de trabalho, entre as quais:

(A) A inexistência de expressa indicação de contrapartidas recíprocas em convenção coletiva ou acordo coletivo de trabalho ensejará sua nulidade por caracterizar um vício do negócio jurídico.

(B) Constitui objeto ilícito de convenção coletiva ou de acordo coletivo de trabalho o enquadramento do grau de insalubridade.

(C) Se for pactuada cláusula que reduza o salário ou a jornada, a convenção coletiva ou o acordo coletivo de trabalho deverão prever a proteção dos empregados contra dispensa imotivada durante o prazo de vigência do instrumento coletivo.

(D) Não será permitido estipular duração de convenção coletiva ou acordo coletivo de trabalho superior a dois anos, salvo quando se tratar de direitos individualmente adquiridos.

(E) Os empregados contratados sob o regime de tempo parcial não poderão prestar horas extras, salvo previsão em sentido contrário em convenção coletiva ou acordo coletivo de trabalho.

COMENTÁRIOS

Nota do autor: Para responder à questão era necessário conhecer as principais modificações trazidas pela Reforma Trabalhista no âmbito do Direito Coletivo do Trabalho. O mote da Reforma Trabalhista consistiu na valorização dos instrumentos coletivos de trabalho. Em diversas hipóteses por ela previstas, verifica-se a prevalência do negociado sobre o legislado, o que assegura maior poder de negociação e representação dos trabalhadores pelos sindicatos. Além disso, houve também ampliação significativa da flexibilização trabalhista no âmbito individual, através de novas hipóteses de acordos entre empregado e empregador, podendo-se negociar livremente.

Alternativa correta: "c". "Se for pactuada cláusula que reduza o salário ou a jornada, a convenção coletiva ou o acordo coletivo de trabalho deverão prever a proteção dos empregados contra dispensa imotivada durante o prazo de vigência do instrumento coletivo" (art. 611-A, §3º da CLT). Referida disposição é a única exceção legal que obriga a previsão de contrapartida no instrumento coletivo de trabalho. A alteração ratifica a possibilidade de redução de salários e jornada prevista na Constituição Federal, mas cria a necessidade, para esses casos específicos, da contrapartida de se assegurar proteção contra dispensa imotivada durante o prazo de vigência do instrumento coletivo de trabalho.

Alternativa "a". "A inexistência de expressa indicação de contrapartidas recíprocas em convenção coletiva ou acordo coletivo de trabalho não ensejará sua nulidade por não caracterizar um vício do negócio jurídico" (art. 611-A, §1º da CLT).

Alternativa "b". A convenção coletiva e o acordo coletivo de trabalho têm prevalência sobre a lei quando, entre outros, dispuserem sobre: (...) enquadramento do grau de insalubridade (art. 611-A, XII da CLT).

Alternativa "d". "Não será permitido estipular duração de convenção coletiva ou acordo coletivo de trabalho superior a dois anos, sendo vedada a ultratividade" (art. 614, §3º da CLT).

Alternativa "e". "Considera-se trabalho em regime de tempo parcial aquele cuja duração não exceda a trinta horas semanais, sem a possibilidade de horas suplementares semanais, ou, ainda, aquele cuja duração não exceda a vinte e seis horas semanais, com a possibilidade de acréscimo de até seis horas suplementares semanais" (art. 58-A, *caput*, da CLT).

61. (FCC – Analista Judiciário – Área Judiciária – TRT 21/2017) Em relação à representação dos empregados na empresa, prevista no art. 11 da Constituição Federal e regulamentada pela Lei nº 13.467/2017,

(A) a composição da comissão de representação depende do número total de empregados da empresa, sendo no máximo de dez membros para as empresas com mais de cinco mil empregados.

(B) entre as atribuições da comissão está a de promover o diálogo e o entendimento no ambiente de trabalho, visando uma facilitação na solução de conflitos e a assinatura de acordo coletivo de trabalho.

(C) a eleição da comissão será convocada com antecedência mínima de trinta dias, contados do término do mandato anterior, por meio de assembleia, durante a qual os candidatos deverão fazer sua inscrição para o pleito.

(D) a comissão eleitoral será integrada por cinco empregados, não candidatos, para a organização e o acompanhamento do processo eleitoral, vedada a interferência da empresa e do sindicato da categoria.

(E) a votação será secreta, permitido o voto por representação, e serão considerados eleitos os mais votados, a partir de critério de maioria absoluta.

COMENTÁRIOS

Nota do autor: a questão trata da representação dos empregados na empresa, que vem expressa nos arts. 510-A a 510-D da CLT. Note que, antes da Reforma Trabalhista, havia, apenas, a previsão constitucional de referida comissão a empresas com mais de 200 empregados (art. 11 da CF/88), o que foi regulamentado pela Lei nº 13.567/2017. Não deixe de ler os artigos citados!

Alternativa correta: "d". "Será formada comissão eleitoral, integrada por cinco empregados, não candidatos, para a organização e o acompanhamento do processo eleitoral, vedada a interferência da empresa e do sindicato da categoria" (art. 510-C da CLT).

De nossa opinião, a legislação é incompleta, pois não traça a forma e procedimentos para a eleição da comissão eleitoral de 5 empregados.

Dessa forma, é possível que surjam conflitos acerca do procedimento que deve ser utilizado diante dessa lacuna legislativa.

Alternativa "a". Nas empresas com mais de 5 mil empregados, a comissão de representantes será composta por sete membros (art. 510-A, §1º, III da CLT). Nesse sentido, veja tabela abaixo para fixação:

COMISSÃO DE REPRESENTANTES	
Número de empregados na empresa	**Número de representantes**
Mais de 200 até 3.000	**3 membros**
Mais de 3.000 até 5.000	**5 membros**
Mais de 5.000	**7 membros**

Alternativa "b". A atribuição citada na alternativa não consta no rol do art. 510-B da CLT:

> **Art. 510-B da CLT (inserido pela Lei nº 13.467/2017):** A comissão de representantes dos empregados terá as seguintes atribuições:
> I – representar os empregados perante a administração da empresa;
> II – aprimorar o relacionamento entre a empresa e seus empregados com base nos princípios da boa-fé e do respeito mútuo;
> III – promover o diálogo e o entendimento no ambiente de trabalho com o fim de prevenir conflitos;
> IV – buscar soluções para os conflitos decorrentes da relação de trabalho, de forma rápida e eficaz, visando à efetiva aplicação das normas legais e contratuais;
> V – assegurar tratamento justo e imparcial aos empregados, impedindo qualquer forma de discriminação por motivo de sexo, idade, religião, opinião política ou atuação sindical;
> VI – encaminhar reivindicações específicas dos empregados de seu âmbito de representação;
> VII – acompanhar o cumprimento das leis trabalhistas, previdenciárias e das convenções coletivas e acordos coletivos de trabalho.

Alternativa "c". "A eleição será convocada, com antecedência mínima de trinta dias, contados do término do mandato anterior, por meio de edital que deverá ser fixado na empresa, com ampla publicidade, para inscrição de candidatura" (art. 510-C, caput, da CLT).

Alternativa "e". "Serão eleitos membros da comissão de representantes dos empregados os candidatos mais votados, em votação secreta, vedado o voto por representação" (art. 510-C, § 3º da CLT).

62. (FCC – Analista Judiciário – Área Judiciária – TRT 21/2017) Depois de trabalhar por oito anos na empresa Dukilo Atacadista Ltda., Romeu está se sentindo desmotivado e pretende procurar um novo trabalho. No entanto, não quer pedir demissão e, explicando a situação para o empregador, pede para ser dispensado.

O empregador afirma que não tem intenção de dispensá-lo. Diante desse impasse, e considerando as hipóteses de rescisão do contrato de trabalho previstas em lei, com as inovações da Lei nº 13.467/2017,

(A) a única solução é Romeu pedir demissão, perdendo o direito à multa de 40% do FGTS, ao aviso prévio e não podendo levantar os depósitos do FGTS.

(B) Romeu pode pleitear a rescisão indireta do contrato de trabalho, tendo em vista que o ato do empregador caracteriza justa causa, com o recebimento de todas as verbas rescisórias e levantamento integral dos depósitos do FGTS.

(C) Romeu e Dukilo Atacadista Ltda. podem fazer um acordo para a rescisão do contrato de trabalho, sendo que o empregado receberá multa de 20% do FGTS, metade do aviso prévio indenizado e a integralidade das demais verbas trabalhistas, e poderá movimentar 80% do valor dos depósitos do FGTS.

(D) o desinteresse de Romeu pelo trabalho caracteriza insubordinação, podendo o empregador dispensá-lo por justa causa, com a perda dos direitos rescisórios.

(E) Romeu e Dukilo Atacadista Ltda. podem fazer um acordo para rescisão do contrato de trabalho, o que precisa ser homologado perante o sindicato, com o pagamento de metade das verbas trabalhistas, metade do aviso prévio e da multa do FGTS, e com a possibilidade de levantamento integral dos depósitos do FGTS.

COMENTÁRIOS

Nota do autor: A questão aborda o tema distrato, que foi inserido pela Reforma Trabalhista como uma forma de resilição do contrato de trabalho, na qual há acordo entre empregado e empregador para pôr fim ao contrato de trabalho.

Alternativa correta: *Comentário serve para as demais alternativas, uma vez que todas versam sobre o mesmo assunto.* A Lei nº 13.467/2017 passou a admitir o distrato como forma de término do contrato de trabalho. A existência de consenso entre as partes da relação de emprego é o requisito fundamental e indispensável dessa modalidade de término do contrato de trabalho. Na hipótese de celebração de distrato, os trabalhadores terão direito ao recebimento das seguintes verbas rescisórias:

> – 50% do aviso prévio, se for indenizado. Na hipótese de aviso prévio trabalhado, terá direito ao recebimento de seu valor integral.

- 20% de multa sobre os depósitos do FGTS;
- Saldo de salário (dias efetivamente trabalhadores);
- Décimo terceiro salário proporcional;
- Férias + 1/3 vencidas, se houver;
- Férias + 1/3 proporcionais;

Cumpre ressaltar que o art. 20 da Lei nº 8.036/1990, que estabelece as hipóteses de saque dos depósitos do FGTS, foi alterado para prever o distrato como nova modalidade:

> **Art. 20, I-A, Lei nº 8.036/1990.** A conta vinculada do trabalhador no FGTS poderá ser movimentada nas seguintes situações: extinção do contrato de trabalho prevista no art. 484-A da Consolidação das Leis do Trabalho (CLT), aprovada pelo Decreto-Lei nº 5.452, de 1º de maio de 1943.

Em resumo, o trabalhador poderá sacar até 80% do valor dos depósitos do FGTS em sua conta vinculada.

63. (FCC – Analista Judiciário – Área Judiciária – TRT 21/2017) Considerando as alterações da Lei nº 13.467/2017,

(A) a convenção e o acordo coletivo de trabalho têm prevalência sobre a lei quando, entre outros, dispuserem sobre os locais destinados à guarda dos filhos das empregadas durante o período de amamentação.

(B) a convenção e o acordo coletivo de trabalho têm prevalência sobre a lei quando, entre outros, dispuserem sobre duração do trabalho e intervalos, tendo em vista que não são consideradas como normas de saúde, higiene e segurança do trabalho.

(C) não será permitido estipular duração de convenção coletiva ou acordo coletivo de trabalho superior a dois anos, sendo permitida sua ultratividade em relação às cláusulas que assegurem vantagens pessoais.

(D) as condições estabelecidas em convenção quando mais favoráveis, prevalecerão sobre as estipuladas em acordo, com exceção das cláusulas econômicas que, em razão das peculiaridades de cada empresa, se estipuladas em acordo coletivo, sempre prevalecerão.

(E) a celebração de convenção coletiva e de acordo coletivo de trabalho é prerrogativa das entidades sindicais de base, não se incluindo nas atribuições das federações e das confederações, que são entidades sindicais de cúpula responsáveis pela coordenação do movimento sindical e não podem participar diretamente das negociações coletivas.

COMENTÁRIOS

Nota do autor: A questão aborda o tema Direito Coletivo do Trabalho, em especial no tocante às convenções e acordos coletivos. O mote da reforma trabalhista, especialmente na redação do presente art. 611-A da CLT, consistiu na valorização dos instrumentos coletivos de trabalho. Nesse sentido, verifica-se a prevalência do negociado sobre o legislado, o que assegura maior poder de negociação e representação dos trabalhadores pelos sindicatos.

Alternativa correta: "b". De acordo com o parágrafo único do art. 611-B da CLT, as regras sobre duração do trabalho e intervalos não são consideradas normas de saúde, higiene e segurança do trabalho. Antes da Reforma Trabalhista, essas regras eram consideradas, tanto pela doutrina como pela jurisprudência, normas de segurança e saúde no trabalho, de ordem cogente e de natureza absoluta, podendo-se afirmar que a alteração produzida pela Reforma é prejudicial aos trabalhadores, implicando ofensa ao princípio da progressividade.

Nesse sentido, os dispositivos que flexibilizaram o tema em questão:

> **Art. 611-B da CLT (com redação dada pela Lei nº 13.467/2017):** "Regras sobre duração do trabalho e intervalos não são consideradas como normas de saúde, higiene e segurança do trabalho para os fins do disposto neste artigo".

E ainda:

> **Art. 611-A da CLT (com redação dada pela Lei nº 13.467/2017):** A convenção coletiva e o acordo coletivo de trabalho têm prevalência sobre a lei quando, entre outros, dispuserem sobre:
>
> I – pacto quanto à jornada de trabalho, observados os limites constitucionais,
>
> II – banco de horas anual;
>
> III – intervalo intrajornada, respeitado o limite mínimo de trinta minutos para jornadas superiores a seis horas;

Alternativa "a". O art. 611-A da CLT não elenca, em seu rol, o disposto na alternativa. Por sua vez, o art. 611-B explicita que constituirá objeto ilícito de convenção ou acordo coletivo, a supressão ou redução, dentre outros sobre: "as disposições previstas nos arts. 373-A, 390, 392, 392-A, 394, 394-A, 395, 396 e 400 desta Consolidação", que inclui o direito de guarda dos filhos durante o período de amamentação.

Alternativa "c". "Não será permitido estipular duração de convenção coletiva ou acordo coletivo de trabalho superior a dois anos, sendo vedada a ultratividade" (art. 614, §3º da CLT).

Cumpre destacar que essa previsão sobre a vigência do instrumento coletivo de trabalho refere-se à teoria da aderência limitada ao prazo, pois as conquistas somente vigoram pelo prazo fixado na norma coletiva.

Alternativa "d". "As condições estabelecidas em acordo coletivo de trabalho sempre prevalecerão sobre as estipuladas em convenção coletiva de trabalho" (art. 620 da CLT).

A Reforma Trabalhista alterou a redação do art. 620 da CLT para prever que o acordo coletivo de trabalho sempre prevalecerá sobre a convenção coletiva de trabalho. Removeu-se do texto do artigo a ressalva de que essa prevalência somente seria possível caso fosse mais favorável. Privilegiou, portanto, a negociação que está mais próxima do dia a dia da empresa.

Alternativa "e". "As Federações e, na falta desta, as Confederações representativas de categorias econômicas ou profissionais poderão celebrar convenções coletivas de trabalho para reger as relações das categorias a elas vinculadas, inorganizadas em Sindicatos, no âmbito de suas representações" (art. 611, §2º da CLT).

64. (FCC – Técnico Judiciário – Área Administrativa – TRT 21/2017) Determinada categoria econômica e profissional está em fase de negociação coletiva, e, nesta hipótese, estão sendo debatidas as cláusulas da convenção coletiva a ser celebrada. Considerando o que dispõe a Lei nº 13.467/2017, constitui(em) objeto ilícito de convenção coletiva e de acordo coletivo de trabalho, a supressão ou a redução do(s) seguinte(s) direito(s):

(A) banco de horas anual.

(B) teletrabalho, regime de sobreaviso e trabalho intermitente.

(C) remuneração do trabalho noturno superior à do diurno.

(D) enquadramento do grau de insalubridade.

(E) participação nos lucros ou resultados da empresa.

COMENTÁRIOS

Nota do autor: A questão exigia o conhecimento do art. 611-B da CLT. Em seus incisos, o art. 611-B estabelece um rol de direitos que não podem ser suprimidos ou reduzidos via negociação ou acordo coletivo, os quais, em sua maioria, são mera repetição do rol exposto no art. 7º da Constituição Federal.

Alternativa correta: "c". *Comentário serve para as demais alternativas, uma vez que versam sobre o mesmo assunto.* "Constituem objeto ilícito de convenção coletiva ou de acordo coletivo de trabalho, exclusivamente, a supressão ou a redução dos seguintes direitos: (...) remuneração do trabalho noturno superior à do diurno" (art. 611-B, VI da CLT).

65. (FCC – Analista Judiciário – Área administrativa – TRT 11/2017) Lindoval, sessenta e um anos de idade, é empregado da tecelagem irmãos Fabricios Ltda., pretendendo, neste ano, fazer parte da composição da CIPA como representante dos empregados. Neste caso, considerando que Lindoval não é filiado ao sindicato da categoria, ele

(A) não poderá participar da eleição uma vez que é exclusiva para empregados com até sessenta anos de idade.

(B) poderá participar da eleição, que se realiza através de escrutínio secreto, podendo, inclusive, obedecida as formalidades legais, ocupar o cargo de Presidente.

(C) não poderá participar da eleição uma vez que é exclusiva para empregados sindicalizados.

(D) poderá participar da eleição, que se realiza através de escrutínio secreto, podendo, inclusive, obedecida as formalidades legais, ocupar o cargo de Vice-Presidente.

(E) poderá participar da eleição, que se realiza através de escrutínio secreto, mas não poderá ocupar o cargo de Presidente em razão da ausência de filiação.

COMENTÁRIOS

Nota do autor: A questão aborda a Comissão Interna de Prevenção de Acidentes e Assédio (CIPA) e exigia o conhecimento do texto de lei inscrito no art. 164 da CLT. Atente-se ao fato de que, em setembro de 2022, foi publicada a Lei nº 14.457/2022, que, ente outras providências, acrescentou mais uma atribuição à CIPA: o combate ao assédio e outras formas de violência no ambiente de trabalho.

Alternativa correta: "d". *Comentário serve para as demais alternativas, uma vez que versam sobre o mesmo assunto.* A Comissão Interna de Prevenção a Acidentes e Assédio[1347] desempenha importante papel para manter um ambiente de trabalho saudável. Na constituição dessas comissões haverá representantes dos empregados (eleitos pelos demais trabalhadores da empresa) e dos empregadores[1348] (indicados). Esse órgão é presidido por empregado

1347. A CIPA é regulamentada pela Norma Regulamentadora nº 5 do Ministério do Trabalho.

1348. Os representantes dos empregadores não possuem estabilidade provisória, pois são indicados.

indicado pelo empregador, e o vice-presidente será empregado eleito pelos trabalhadores (art. 164, § 5º da CLT). A eleição é secreta e podem participar todos os empregados, independentemente de filiação sindical (art. 164, § 2º da CLT).

66. (FCC – Técnico Judiciário – Área Administrativa – TRT 11/2017) Segundo a Consolidação das Leis do Trabalho, o mandato dos membros eleitos da Comissão Interna de Prevenção de Acidentes – CIPA terá a duração de

(A) um ano, permitida uma reeleição, exceto ao membro suplente que, durante o seu mandato, tenha participado de menos da metade do número de reuniões da CIPA.

(B) um ano, vedado a reeleição, em qualquer hipótese, havendo dispositivo legal expresso neste sentido.

(C) dois anos, vedada a reeleição, em qualquer hipótese, havendo dispositivo legal expresso neste sentido.

(D) um ano, permitida uma reeleição, exceto ao membro suplente que, durante o seu mandato, tenha participado de menos de 1/3 do número de reuniões da CIPA.

(E) dois anos, permitida uma reeleição, exceto ao membro suplente que, durante o seu mandato, tenha participado de menos de 1/3 do número de reuniões da CIPA.

COMENTÁRIOS

Nota do autor: A questão aborda a Comissão Interna de Prevenção de Acidentes e Assédio (CIPA) e exigia o conhecimento do texto de lei inscrito no art. 164 da CLT. Ressalta-se que o art. 611-B, XVII, da CLT, acrescentado pela Reforma Trabalhista, determina que a ilicitude de convenção e acordo coletivos de trabalho que prevejam a supressão ou redução de normas de saúde, higiene e segurança do trabalho previstas em lei ou em normas regulamentadoras do Ministério do Trabalho. Atente-se ao fato de que, em setembro de 2022, foi publicada a Lei nº 14.457/2022, que, ente outras providências, acrescentou mais uma atribuição à CIPA: o combate ao assédio e outras formas de violência no ambiente de trabalho.

Alternativa correta: "d". *Comentário serve para as demais alternativas, uma vez que versam sobre o mesmo assunto.* A Comissão Interna de Prevenção a Acidentes e Assédio[1349] desempenha importante papel para manter um ambiente de trabalho saudável. Nesse sentido, o mandato dos membros eleitos da CIPA terá duração de 1 ano, permitida uma reeleição (art. 164, § 3º da CLT). No caso do membro suplente que, em seu mandato, tenha participado de menos da metade do número de reuniões da CIPA, não será possível a reeleição (art. 164, § 4º da CLT).

67. (FGV – Analista Judiciário – Área Administrativa – TRT 12/2017) Marta era empregada da empresa Surpresa Ltda., exercendo a função de secretária. Após dois anos de serviços prestados, recebeu aviso prévio trabalhado. Durante o período de cumprimento do aviso prévio, a respectiva empregada praticou ato de improbidade.

À luz da legislação e da jurisprudência uniforme do TST, é correto afirmar que:

(A) o caso deverá ser levado ao conhecimento da Justiça do Trabalho, que determinará qual será a forma de rompimento contratual final;

(B) a empregada não tem direito ao restante do prazo do aviso prévio e ao pagamento das verbas rescisórias de natureza indenizatória;

(C) considerando que o fato aconteceu durante o aviso prévio, o empregador será obrigado a perdoar a falta;

(D) altera-se a natureza jurídica da ruptura contratual para culpa recíproca, de modo que Marta receberá 50% das verbas devidas;

(E) a ocorrência de falta grave não é mais juridicamente relevante, porque seu contrato já havia sido rompido.

COMENTÁRIOS

Nota do autor: A questão exigia do candidato o conhecimento das hipóteses de justa causa, assim como suas consequências quando cometidas no curso do aviso-prévio, conforme disposição sumulada do TST.

Alternativa correta: "b". *Comentário serve para as demais alternativas, uma vez que versam sobre o mesmo assunto.* O caso de falta grave cometida pelo empregado (art. 482 da CLT), durante o curso do aviso-prévio, ocasionará a perda do restante do aviso e reflexo desse período nas verbas rescisórias. Receberá apenas as parcelas devidas na dispensa por justa causa. Não se considera justa causa o abandono de emprego no curso do aviso-prévio:

> **Súmula nº 73 do TST:** A ocorrência de justa causa, salvo a de abandono de emprego, no decurso do prazo do aviso prévio dado pelo empregador, retira do empregado qualquer direito às verbas rescisórias de natureza indenizatória.

1349. A CIPA é regulamentada pela Norma Regulamentadora nº 5 do Ministério do Trabalho.

68. (FCC – Analista Judiciário – Área Judiciária – TRT 24/2017) Em relação ao instituto jurídico do aviso prévio, nos termos das normas contidas na Consolidação das Leis do Trabalho e da jurisprudência sumulada do Tribunal Superior do Trabalho.

(A) havendo aplicação da dispensa do empregado por justa causa em razão de desídia no desempenho de suas funções deverá ser concedido aviso prévio.

(B) em caso de despedida indireta e rescisão por culpa recíproca não é devido o aviso prévio.

(C) o pagamento relativo ao período de aviso prévio trabalhado está sujeito à contribuição para o FGTS, o que não ocorre quando o mesmo for indenizado.

(D) o horário normal de trabalho do empregado, durante o prazo do aviso, será reduzido em duas horas diárias, sem prejuízo do salário integral, independentemente de quem tenha promovido a rescisão.

(E) é incorreto substituir o período que se reduz da jornada de trabalho, no aviso prévio, pelo pagamento das horas correspondentes.

COMENTÁRIOS

Nota do autor: A questão aborda o tema aviso-prévio, exigindo do candidato o conhecimento do entendimento sumulado do TST, assim como as disposições legais sobre o tema.

Importa destacar que, diante do advento da Reforma Trabalhista, constituirá objeto ilícito de convenção ou acordo coletivo, a supressão ou redução do aviso prévio proporcional ao tempo de serviço (art. 611-B, XVI da CLT).

Alternativa correta: "e". O aviso-prévio é um dever recíproco das partes. Quando for dado pelo empregador, na dispensa sem justa causa, há necessidade de redução na duração do trabalho, possibilitando que o trabalhador procure outro emprego. Note-se que esta redução é devida, também, ao empregado sujeito à jornada 12x36.

O empregado poderá optar por: **a)** redução de 2 horas diárias; **b)** redução de 7 dias consecutivos[1350].

O empregador não poderá substituir esse período reduzido por pagamento de horas correspondentes, nos termos da Súmula nº 230 do TST.

Alternativa "a". Na dispensa por justa causa, o empregado receberá as **verbas a que tenha adquirido o direito**, ou seja, apenas saldo de salário e férias adquiridas e não gozadas, décimo terceiro integral não recebido. Não terá direito às demais parcelas: férias proporcionais e décimo terceiro proporcional, aviso-prévio e saque do FGTS. Também não terá direito ao saque do seguro-desemprego.

Alternativa "b". No caso de rescisão indireta é devido o aviso-prévio e na culpa recíproca, o aviso é devido pela metade (Súmula nº 14 do TST).

Alternativa "c". O período do aviso-prévio, seja ele indenizado ou trabalhado, está sujeito a contribuição para o FGTS (Súmula nº 305 do TST).

Alternativa "d". Caso a rescisão tenha sido promovida pelo empregador, o horário de trabalho do empregado urbano será reduzido de 2 horas, durante o prazo do aviso-prévio, sem prejuízo do recebimento do salário integral. No caso do rural, o prazo é de 1 dia por semana, quando o aviso é dado pelo empregador.

69. (FCC – Analista Judiciário – Área Judiciária – TRT 24/2017) Diana frequentemente chegava atrasada no início de sua jornada de trabalho, atingia produção bem inferior àquela realizada pelos colegas de sua equipe, além de apresentar um número elevado de faltas injustificadas. Por tais razões, a empregada foi advertida, verbalmente e por escrito, além de receber suspensão disciplinar por 2 dias. Na situação apresentada, Diana cometeu falta grave que ensejaria a dispensa por justa causa na modalidade de

(A) incontinência de conduta.

(B) ato de insubordinação.

(C) atitude de indisciplina.

(D) ato de improbidade.

(E) desídia no desempenho das funções.

COMENTÁRIOS

Nota do autor: A questão exige o conhecimento dos conceitos relacionados aos casos de dispensa por justa causa contidos no art. 482 da CLT. Note-se a Reforma Trabalhista inseriu a alínea "m" ao art. 482, que traz a hipótese do empregado, cuja profissão exige o preenchimento de determinados requisitos legais ou habilitação para seu exercício. Caso esse empregado venha a perder a habilitação ou o requisito legal exigido, por conduta dolosa, haverá hipótese de justa causa para a dispensa do trabalhador.

1350. O empregado rural terá direito a redução de um dia por semana, quando o aviso for dado pelo empregador.

Alternativa correta: "e". Na desídia, o desempenho das atividades é realizado com má vontade, preguiça, com desleixo e negligência. Para configurar desídia[1351], em regra, é necessário que o empregado seja reincidente na conduta negligente, ou seja, tenha habitualmente um comportamento improdutivo e relapso, como é o caso de Diana.

Alternativa "a". Incontinência de conduta consiste no ato que leva à perturbação do ambiente de trabalho em razão da conotação sexual, ou seja, condutas ligadas à sexualidade.

Alternativa "b". Insubordinação consiste no descumprimento de ordens pessoais e diretas a determinado empregado.

Alternativa "c". A indisciplina configura-se quando o empregado descumpre ordens de caráter geral.

Alternativa "d". O ato de improbidade atenta contra o patrimônio do empregador ou de terceiro.

70. (FCC – Analista Judiciário – Área Judiciária – TRT 11/2017) A empresa de calçados Chão Azul Ltda. rescindiu o contrato de trabalho com justa causa da empregada Lívia que estava afastada do emprego gozando de auxílio doença previdenciário. Na última perícia médica Lívia teve alta do INSS, mas transcorridos cinquenta e cinco dias, ela não retornou ao trabalho e não justificou o motivo de não retornar. Neste caso, de acordo com entendimento sumulado do TST, a empresa

(A) agiu corretamente, uma vez que Lívia possuía o prazo de quinze dias após a cessação do benefício previdenciário para retornar ao trabalho ou justificar o motivo de não o fazer.

(B) agiu corretamente, uma vez que Lívia possuía o prazo de trinta dias após a cessação do benefício previdenciário para retornar ao trabalho ou justificar o motivo de não o fazer.

(C) não agiu corretamente, uma vez que Lívia possui o prazo de sessenta dias após a cessação do benefício previdenciário para retornar ao trabalho ou justificar o motivo de não o fazer, não havendo transcorrido, ainda este lapso temporal.

(D) não agiu corretamente, uma vez que Lívia possui o prazo de noventa dias após a cessação do benefício previdenciário para retornar ao trabalho ou justificar o motivo de não o fazer, não havendo transcorrido, ainda este lapso temporal.

(E) não agiu corretamente, neste caso, em razão do gozo do benefício previdenciário, independentemente do lapso temporal, não se configura a hipótese de abandono de emprego, sendo vedada a dispensa com justa causa.

COMENTÁRIOS

Nota do autor: A questão trata do tema abandono de emprego e exigia o conhecimento do entendimento sumulado do TST sobre o assunto.

Alternativa correta: "b". *Comentário serve para as demais alternativas, uma vez que versam sobre o mesmo assunto.* Configura abandono a ausência continuada ao serviço. Nesse sentido, caso o empregado não retorne ao serviço após 30 dias da cessação do benefício previdenciário, sem motivo justificado, presume-se o abandono de emprego:

> **Súmula nº 32 do TST:** Presume-se o abandono de emprego se o trabalhador não retornar ao serviço no prazo de 30 (trinta) dias após a cessação do benefício previdenciário nem justificar o motivo de não o fazer.

71. (FCC – Analista Judiciário – Oficial de Just. Avaliador – TRT 24/2017) Hera está trabalhando como secretária na Clínica Odontológica Sorriso desde 10/04/2009. Ocorre que a empresa não pagou as horas extraordinárias devidas em relação ao período de um mês do contrato. Nessa situação, para não haver incidência da prescrição, Hera deve ajuizar ação trabalhista para reclamar seus créditos devidos até

(A) 2 anos após a rescisão contratual, atingindo lesão ao direito anterior ao quinquênio da data da extinção do contrato.

(B) 5 anos da lesão ao direito, independentemente da data da rescisão contratual.

(C) 5 anos após a rescisão contratual, independentemente de quando ocorreu a lesão ao direito.

(D) 2 anos após a rescisão contratual, independentemente de quando ocorreu a lesão ao direito.

(E) 2 anos após a rescisão contratual, atingindo lesão ao direito anterior a cinco anos, contados da data do ajuizamento da reclamação.

COMENTÁRIOS

Nota do autor: A questão aborda o tema prescrição e é considerada de nível fácil, vez que exigia apenas o conhecimento do teor exposto na CF/88.

1351. Desídia é sinônimo de indolência, ociosidade e preguiça.

Alternativa correta: "e". *Comentário serve para as demais alternativas, uma vez que versam sobre o mesmo assunto.* O instituto da prescrição está intimamente ligado ao tempo e à inércia do titular da pretensão. Prescrição retira a possibilidade de exigir determinado direito em razão do decurso do tempo. Note-se que o direito permanece intacto, mas a prescrição impossibilita que ele seja exigido.

Atualmente, o prazo para ingressar com a reclamação trabalhista está previsto no art. 7º, XXIX, da CF/88:

> **Art. 7º, XXIX, CF/88:** São direitos dos trabalhadores urbanos e rurais, além de outros que visem à melhoria de sua condição social: ação, quanto aos créditos resultantes das relações de trabalho, com prazo prescricional de **cinco anos** para os trabalhadores urbanos e rurais, até o limite de **dois anos** após a extinção do contrato (grifos acrescidos).

Em adequação à Constituição Federal, a Reforma Trabalhista modificou o art. 11 da CLT para prever:

> **Art. 11 da CLT (com redação dada pela Reforma Trabalhista):** A pretensão quanto a créditos resultantes das relações de trabalho prescreve em cinco anos para os trabalhadores urbanos e rurais, até o limite de dois anos após a extinção do contrato de trabalho.

2. EXERCÍCIOS PARA MEMORIZAÇÃO

▶ REMUNERAÇÃO

1. Compreendem-se, na remuneração do empregado, para todos os efeitos legais, além do salário devido e pago diretamente pelo empregador, como contraprestação do serviço, as ______________ que receber.

2. Integram o salário não só a importância fixa estipulada, como também as ______________ e as ______________ pagas pelo empregador.

3. As importâncias, ainda que habituais, pagas a título de ______________, ______________, vedado seu pagamento em dinheiro, diárias para viagem, ______________ e abonos não integram a remuneração do empregado, não se incorporam ao contrato de trabalho e não constituem base de incidência de qualquer encargo trabalhista e previdenciário.

4. Considera-se ______________não só a importância espontaneamente dada pelo cliente ao empregado, como também o valor cobrado pela empresa, como serviço ou adicional, a qualquer título, e destinado à distribuição aos empregados.

5. Além do pagamento em dinheiro, compreendem-se, no salário, para todos os efeitos legais, a alimentação, a habitação, o vestuário ou outras prestações *in natura* que a empresa, por força do ______________ ou do ______________, fornecer habitualmente ao empregado. Em caso algum será permitido o pagamento com bebidas alcoólicas ou drogas nocivas.

6. O pagamento do salário, qualquer que seja a modalidade do trabalho, não deve ser estipulado por período superior a 1 (um) mês, salvo no que concerne a ______________, ______________ e ______________.

7. Sendo idêntica a função, a todo trabalho de igual valor, prestado ao mesmo empregador, na ______________, corresponderá igual salário, sem distinção de sexo, nacionalidade ou idade.

8. O trabalhador readaptado em nova função por motivo de deficiência física ou mental atestada pelo órgão competente da Previdência Social não servirá de ______________ para fins de equiparação salarial.

9. Ao empregador é vedado efetuar qualquer desconto nos salários do empregado, salvo quando este resultar de ______________, de ______________ ou de acordo coletivo.

10. Em caso de dano causado pelo empregado, o desconto será lícito, desde de que essa possibilidade tenha sido ______________ ou na ocorrência de ______________ do empregado.

11. É ______________ à empresa que mantiver armazém para venda de mercadorias aos empregados ou serviços estimados a proporcionar-lhes prestações *in natura* exercer qualquer coação ou induzimento no sentido de que os empregados se utilizem do armazém ou dos serviços. Sempre que não for possível o acesso dos empregados a armazéns ou serviços não mantidos pela Empresa, é lícito à autoridade competente determinar a adoção de medidas adequadas, visando a que as mercadorias sejam vendidas e os serviços prestados a preços ______________, sem intuito de lucro e sempre em benefício dos empregados.

12. O pagamento de comissões e percentagens só é exigível depois de ultimada a ____________ a que se referem.

13. Nas transações realizadas por prestações sucessivas, é exigível o pagamento das percentagens e comissões que lhes disserem respeito ____________ à respectiva liquidação. A cessação das relações de trabalho não prejudica a percepção das comissões e percentagens devidas na forma estabelecida por este artigo.

14. Em caso de rescisão de contrato de trabalho, havendo controvérsia sobre o montante das verbas rescisórias, o empregador é obrigado a pagar ao trabalhador, à data do comparecimento à Justiça do Trabalho, a parte ____________ dessas verbas, sob pena de pagá-las acrescidas de cinquenta por cento. Essa obrigatoriedade não se aplica à União, aos Estados, ao Distrito Federal, aos Municípios e às suas autarquias e fundações públicas.

▶ TÉRMINO DO CONTRATO DE TRABALHO

15. As dispensas imotivadas ____________, ____________ ou ____________ equiparam-se para todos os fins, não havendo necessidade de autorização prévia de entidade sindical ou de celebração de convenção coletiva ou acordo coletivo de trabalho para sua efetivação.

16. Na extinção do contrato de trabalho, o empregador deverá proceder à anotação na Carteira de Trabalho e Previdência Social, ____________ aos órgãos competentes e realizar o pagamento das verbas rescisórias no prazo e na forma estabelecidos neste artigo.

17. No instrumento de rescisão ou recibo de quitação, qualquer que seja a causa ou forma de dissolução do contrato, deve ter especificada a natureza de cada parcela paga ao empregado e discriminado o seu valor, sendo válida a quitação, apenas, relativamente às ____________.

18. O pagamento a que fizer jus o empregado será efetuado:

I – em dinheiro, ____________ ou cheque visado, conforme acordem as partes; ou

II – em dinheiro ou depósito bancário quando o empregado for ____________.

19. Qualquer ____________ no pagamento da rescisão contratual não poderá exceder o equivalente a um mês de remuneração do empregado.

20. A entrega ao empregado de documentos que comprovem a comunicação da extinção contratual aos órgãos competentes bem como o pagamento dos valores constantes do instrumento de rescisão ou recibo de quitação deverão ser efetuados até ____________ contados a partir do término do contrato.

21. Nos contratos que tenham termo estipulado, o **empregador** que, sem justa causa, despedir o empregado será obrigado a pagar-lhe, a título de indenização, e por ____________, a remuneração a que teria direito até o termo do contrato.

22. Havendo termo estipulado, o **empregado** não se poderá desligar do contrato, sem justa causa, sob pena de ser obrigado a indenizar o empregador dos ____________ que desse fato lhe resultarem. A indenização, porém, não poderá exceder àquela a que teria direito o empregado em idênticas condições.

23. Aos contratos por prazo determinado, que contiverem cláusula ____________ de rescisão antes de expirado o termo ajustado, aplicam-se, caso seja exercido tal direito por qualquer das partes, os princípios que regem a rescisão dos contratos por prazo indeterminado.

▶ AVISO-PRÉVIO

24. A falta do aviso-prévio por parte do empregador dá ao empregado o direito aos salários correspondentes ao prazo do aviso, garantida sempre a ____________ desse período no seu tempo de serviço.

25. A falta de aviso-prévio por parte do empregado dá ao empregador o direito de ____________ os salários correspondentes ao prazo respectivo.

26. É ____________ o aviso-prévio na despedida indireta.

27. O valor das horas extraordinárias habituais integra o aviso-prévio indenizado. O reajustamento salarial coletivo, determinado no curso do aviso-prévio, beneficia o empregado pré-avisado da despedida, mesmo que tenha recebido ____________ os salários correspondentes ao período do aviso, que integra seu tempo de serviço para todos os efeitos legais.

28. O horário normal de trabalho do empregado, durante o prazo do aviso, e se a rescisão tiver sido **promovida pelo empregador**, será reduzido de ____________ diárias, sem prejuízo do salário integral.

29. Dado o aviso-prévio, a rescisão torna-se efetiva depois de expirado o respectivo prazo, mas, se a parte notificante **reconsiderar** o ato, antes de seu termo, à outra parte é ____________ aceitar ou não a reconsideração. Caso seja aceita a reconsideração ou continuando a prestação depois de expirado o prazo, o contrato continuará a vigorar, como se o aviso-prévio não tivesse sido dado.

3. GABARITOS

3.1. Exercícios para memorização

01. Art. 457 da CLT – Gorjetas

02. Art. 457, § 1º da CLT (Reforma Trabalhista) – gratificações legais / comissões

03. Art. 457, § 2º da CLT (Reforma Trabalhista) – ajuda de custo / auxílio-alimentação / prêmios

04. Art. 457, § 3º da CLT – Gorjetas

05. Art. 458 da CLT – Contrato / costume

06. Art. 459 da CLT – Comissões / percentagens / gratificações

07. Art. 461 da CLT (Reforma Trabalhista) – mesma localidade

08. Art. 461, § 4º da CLT – Paradigma

09. Art. 462 da CLT – Adiamento / dispositivo de lei

10. Art. 462, § 1º da CLT – acordada / dolo

11. Art. 462, § 3º da CLT – vedado / razoáveis

12. Art. 466 da CLT – Transação

13. Art. 466, § 1º da CLT – Proporcionalmente

14. Art. 467 da CLT – Incontroversa

15. Art. 477-A da CLT (Reforma Trabalhista) – individuais / plúrimas / coletivas

16. Art. 477 da CLT – comunicar a dispensa

17. Art. 477, § 2º da CLT – mesmas parcelas

18. Art. 477, § 4º da CLT (Reforma Trabalhista) – depósito bancário / analfabeto

19. Art. 477, § 5º da CLT – compensação

20. Art. 477, § 6º da CLT (Reforma Trabalhista) – 10 dias

21. Art. 479 da CLT – metade

22. Art. 480 da CLT – prejuízos

23. Art. 481 da CLT – assecuratória de direito recíproco

24. Art. 487, § 1º da CLT – integração

25. Art. 487, § 2º da CLT – descontar

26. Art. 487, § 4º da CLT – devido

27. Art. 487, § 6º da CLT – antecipadamente

28. Art. 488 da CLT – 2 horas

29. Art. 489 da CLT – facultado

▶ QUESTÕES DE CONCURSOS

ANEXO

Acompanhamento das Teses Vinculantes Firmadas pelo TST

Futuro Analista do TRT,

O ano de 2025 tem sido marcado por um movimento relevante no Tribunal Superior do Trabalho: a consolidação de diversos precedentes vinculantes.

Somente entre os meses de fevereiro, março e abril, foram mais de 40 teses firmadas em sede de Incidente de Recurso de Revista Repetitivo em matéria de Direito do Trabalho, número que chama atenção, principalmente se considerarmos que, até o fim de 2024, o total de teses firmadas era de apenas 16. Em poucos meses, portanto, o TST quase triplicou esse número, reforçando a importância de o candidato manter-se atualizado.

Os temas tratados nesses precedentes são os mais variados, todos com alta relevância para concursos de Analista do TRT e do MPU. Por isso, ao longo de toda a obra, procurei comentar essas teses de 2025, além das principais firmadas anteriormente, sempre que pertinentes ao assunto abordado no capítulo. A ideia foi proporcionar uma preparação completa, alinhada com as diretrizes jurisprudenciais mais recentes.

Agora, neste anexo, reúno para você todas as teses vinculantes firmadas até o momento: incluí o número do incidente de recurso repetitivo, o processo paradigma e, claro, a redação da tese aprovada pelo Tribunal.

Lembre-se de que essas Novas Teses serão objeto de questões objetivas e discursivas.

Bons estudos e boas atualizações!!

1. TESES FIRMADAS ATÉ 2024

Incidente de Recurso de Revista Repetitivo nº 1 (tese vinculante nº 1 do TST)

Processo paradigma: IRR-243000-58.2013.5.13.0023

Tese firmada: 1ª) Não é legítima e caracteriza lesão moral a exigência de Certidão de Antecedentes Criminais de candidato a emprego quando traduzir tratamento discriminatório ou não se justificar em razão de previsão em lei, da natureza do ofício ou do grau especial de fidúcia exigido;

2ª) A exigência de Certidão de Antecedentes Criminais de candidato a emprego é legítima e não caracteriza lesão moral quando amparada em expressa previsão legal ou justificar-se em razão da natureza do ofício ou do grau especial de fidúcia exigido, a exemplo de empregados domésticos, cuidadores de menores, idosos ou deficientes (em creches, asilos ou instituições afins), motoristas rodoviários de carga, empregados que laboram no setor da agroindústria no manejo de ferramentas de trabalho perfurocortantes, bancários e afins, trabalhadores que atuam com substâncias tóxicas, entorpecentes e armas, trabalhadores que atuam com informações sigilosas;

3ª) A exigência de Certidão de Antecedentes Criminais, quando ausente alguma das justificativas supra, caracteriza dano moral *in re ipsa*, passível de indenização, independentemente de o candidato ao emprego ter ou não sido admitido.

Incidente de Recurso de Revista Repetitivo nº 2 (tese vinculante nº 2 do TST)

Processo paradigma: IRR-849-83.2013.5.03.0138

Tese firmada: 1. O número de dias de repouso semanal remunerado pode ser ampliado por convenção ou acordo coletivo de trabalho, como decorrência do exercício da autonomia sindical;

2. O divisor corresponde ao número de horas remuneradas pelo salário mensal, independentemente de serem trabalhadas ou não;

3. O divisor aplicável para cálculo das horas extras do bancário, inclusive para os submetidos à jornada de oito horas, é definido com base na regra geral prevista no artigo 64 da CLT (resultado da multiplicação por 30 da jornada normal de trabalho), sendo 180 e 220, para as jornadas normais de seis e oito horas, respectivamente;

4. A inclusão do sábado como dia de repouso semanal remunerado, no caso do bancário, não altera o divisor, em virtude de não haver redução do número de horas semanais, trabalhadas e de repouso;

5. O número de semanas do mês é 4,2857, resultante da divisão de 30 (dias do mês) por 7 (dias da semana), não sendo válida, para efeito de definição do divisor, a multiplicação da duração semanal por 5;

6. Em caso de redução da duração semanal do trabalho, o divisor é obtido na forma prevista na Súmula n. 431 (multiplicação por 30 do resultado da divisão do número de horas trabalhadas por semana pelos dias úteis);

7. As normas coletivas dos bancários não atribuíram aos sábados a natureza jurídica de repouso semanal remunerado.

Incidente de Recurso de Revista Repetitivo nº 5 (tese vinculante nº 5 do TST)

Processo paradigma: IRR-356-84.2013.5.04.0007

Tese firmada: 1. O reconhecimento da insalubridade, para fins do percebimento do adicional previsto no artigo 192 da CLT, não prescinde do enquadramento da atividade ou operação na relação elaborada pelo Ministério do Trabalho ou da constatação de extrapolação de níveis de tolerância fixados para agente nocivo expressamente arrolado no quadro oficial.

2. A atividade com utilização constante de fones de ouvido, tal como a de operador de teleatendimento, não gera direito a adicional de insalubridade tão somente por equiparação aos serviços de telegrafia e radiotelegrafia, manipulação em aparelhos do tipo Morse e recepção de sinais em fones, descritos no Anexo 13 da NR-15 da Portaria nº 3.214/78 do Ministério do Trabalho.

Incidente de Recurso de Revista Repetitivo nº 6 (tese vinculante nº 6 do TST)

Processo paradigma: IRR-190-53.2015.5.03.0090

Tese firmada: 1ª) A exclusão de responsabilidade solidária ou subsidiária por obrigação trabalhista, a que se refere a Orientação Jurisprudencial nº 191 da SbDI-1 do TST, não se restringe a pessoa física ou micro e pequenas empresas. Compreende igualmente empresas de médio e grande porte e entes públicos (decidido por unanimidade);

2ª) A excepcional responsabilidade por obrigações trabalhistas, prevista na parte final da Orientação Jurisprudencial nº 191 da SbDI-1 do TST, por aplicação analógica do artigo 455 da CLT, alcança os casos em que o dono da obra de construção civil é construtor ou incorporador e, portanto, desenvolve a mesma atividade econômica do empreiteiro (decidido por unanimidade);

3ª) Não é compatível com a diretriz sufragada na Orientação Jurisprudencial nº 191 da SbDI-1 do TST jurisprudência de Tribunal Regional do Trabalho que amplia a responsabilidade trabalhista do dono da obra, excepcionando apenas "a pessoa física ou micro e pequenas empresas, na forma da lei, que não exerçam atividade econômica vinculada ao objeto contratado;

4ª) Exceto ente público da Administração direta e indireta, se houver inadimplemento das obrigações trabalhistas contraídas por empreiteiro que contratar, sem idoneidade econômico-financeira, o dono da obra responderá subsidiariamente por tais obrigações, em face de aplicação analógica do art. 455 da CLT e de culpa in eligendo (decidido por maioria, vencido o Exmo. Ministro Márcio Eurico Vitral Amaro);

5º) O entendimento contido na tese jurídica nº 4 aplica-se exclusivamente aos contratos de empreitada celebrados após 11 de maio de 2017, data do presente julgamento – ED-IRR – 190-53.2015.5.03.0090 – 9/8/2018.

Incidente de Recurso de Revista Repetitivo nº 7 (tese vinculante nº 7 do TST)

Processo paradigma: IRR-69700-28.2008.5.04.0008

Tese firmada: Nos termos dos artigos 60, parágrafo único, e 141, II, da Lei nº 11.101/2005, a TAP MANUTENÇÃO E ENGENHARIA BRASIL S.A. não poderá ser responsabilizada por obrigações de natureza trabalhista da VARIG S.A. pelo fato de haver adquirido a VEM S.A., empresa que compunha grupo econômico com a segunda.

Incidente de Recurso de Revista Repetitivo nº 8 (tese vinculante nº 8 do TST)

Processo paradigma: IncJulgRREmbRep-1086-51.2012.5.15.0031

Tese firmada: O Agente de Apoio Socioeducativo da Fundação Casa não tem direito ao adicional de insalubridade, em razão do local da prestação de serviços, na medida em que o eventual risco de contato com adolescentes que possuem doenças infectocontagiosas ocorre no estabelecimento cuja atividade é a tutela de adolescentes em conflito com a lei e não se trata de estabelecimento destinado aos cuidados da saúde humana.

Incidente de Recurso de Revista Repetitivo nº 9 (tese vinculante nº 9 do TST)

Processo paradigma: IncJulgRREmbRep-10169-57.2013.5.05.0024

Tese firmada: I – A majoração do valor do repouso semanal remunerado, decorrente da integração das horas extras habituais, deve repercutir no cálculo, efetuado pelo empregador, das demais parcelas que têm como base de cálculo o salário, não se cogitando de 'bis in idem' por sua incidência no cálculo das férias, da gratificação natalina, do aviso prévio e do FGTS;

II – O item I será aplicado às horas extras trabalhadas a partir de 20/3/2023.

Incidente de Recurso de Revista Repetitivo nº 10 (tese vinculante nº 10 do TST)

Processo paradigma: IRR-1325-18.2012.5.04.0013

Tese firmada: I – A Portaria MTE nº 595/2015 e sua nota explicativa não padecem de inconstitucionalidade ou ilegalidade.

II – Não é devido o adicional de periculosidade a trabalhador que, sem operar o equipamento móvel de Raios X, permaneça, habitual, intermitente ou eventualmente, nas áreas de seu uso.

III – Os efeitos da Portaria nº 595/2015 do Ministério do Trabalho alcançam as situações anteriores à data de sua publicação.

Incidente de Recurso de Revista Repetitivo nº 11 (tese vinculante nº 11 do TST)

Processo paradigma: IRR-872-26.2012.5.04.0012

Tese firmada: 1) A Política de Orientação para Melhoria, com vigência de 16/08/2006 a 28/06/2012, instituída pela empresa por regulamento interno, é aplicável a toda e qualquer dispensa, com ou sem justa causa, e a todos os empregados, independente do nível hierárquico, inclusive os que laboram em período de experiência, e os procedimentos prévios para a sua dispensa variam a depender da causa justificadora da deflagração do respectivo Processo, tal como previsto em suas cláusulas, sendo que a prova da ocorrência do motivo determinante ensejador da ruptura contratual e do integral cumprimento dessa norma interna, em caso de controvérsia, constituem ônus da empregadora, nos termos dos artigos 818, inciso II, da CLT e 373, inciso II, do CPC;

2) Os procedimentos previstos na norma regulamentar com vigência de 16/08/2006 a 28/06/2012 devem ser cumpridos em todas as hipóteses de dispensa com ou sem justa causa e apenas em casos excepcionais (de prática de conduta não abrangida por aquelas arroladas no item IV do programa, que implique quebra de fidúcia nele não descritas que gerem a impossibilidade total de manutenção do vínculo, ou de dispensa por motivos diversos, que não relacionados à conduta do empregado – fatores técnicos, econômicos ou financeiros) é que poderá ser superada. Nessas situações excepcionais, caberá à empresa o ônus de provar a existência da real justificativa para o desligamento do empregado sem a observância das diferentes fases do Processo de Orientação para Melhoria e a submissão da questão ao exame dos setores e órgãos competentes e indicados pela

norma, inclusive sua Diretoria, para decisão final e específica a respeito, nos termos do item IV.10 do programa;

3) Esse programa, unilateralmente instituído pela empregadora, constitui regulamento empresarial com natureza jurídica de cláusula contratual, que adere em definitivo ao contrato de trabalho dos empregados admitidos antes ou durante o seu período de vigência, por se tratar de condição mais benéfica que se incorpora ao seu patrimônio jurídico, nos termos e para os efeitos do artigo 7º, caput, da CF, dos artigos 444 e 468 da CLT e da Súmula nº 51, item I, do Tribunal Superior do Trabalho e, portanto, não pode ser alterada in pejus, suprimida ou descumprida;

4) A inobservância dos procedimentos previstos no referido regulamento interno da empresa viola o direito fundamental do empregado ao direito adquirido (artigo 5º, inciso XXXVI, da CF), o dever de boa-fé objetiva (artigos 113 e 422 do Código Civil e 3º, inciso I, da Constituição Federal), o princípio da proteção da confiança ou da confiança legítima (artigo 5º, inciso XXXVI, da Constituição Federal) e os princípios da isonomia e da não discriminação (artigos 3º, incisos I e IV, e 5º, caput, da Lei Maior e 3º, parágrafo único, da CLT e Convenção nº 111 da Organização Internacional do Trabalho);

5) O descumprimento da Política de Orientação para Melhoria pela empregadora que a instituiu, ao dispensar qualquer de seus empregados sem a completa observância dos procedimentos e requisitos nela previstos, tem como efeitos a declaração de nulidade da sua dispensa e, por conseguinte, seu direito à reintegração ao serviço, na mesma função e com o pagamento dos salários e demais vantagens correspondentes (inclusive com aplicação do disposto no artigo 471 da CLT) como se na ativa estivesse, desde a data da sua dispensa até sua efetiva reintegração (artigos 7º, inciso I, da Constituição Federal e 468 da CLT e Súmula nº 77 do TST);

6) A Política Corporativa, com vigência de 29/06/2012 a 13/11/2014, instituída pela empresa por novo regulamento interno, não alcança os pactos laborais daqueles trabalhadores admitidos na empresa anteriormente à sua entrada em vigor, ou seja, até 28/06/2012, cujos contratos continuam regidos pela Política de Orientação para Melhoria precedente, que vigorou de 16/08/2006 a 28/06/2012 e que se incorporou ao seu patrimônio jurídico;

7) Esse novo programa, unilateralmente instituído pela empregadora em 29/06/2012, também constitui regulamento empresarial com natureza jurídica de cláusula contratual, que adere em definitivo ao contrato de trabalho dos empregados admitidos durante o seu período de vigência, de 29/06/2012 a 13/11/2014, por se tratar de condição mais benéfica que se incorpora ao seu patrimônio jurídico, nos termos e para os efeitos do artigo 7º, caput, da CF, dos artigos 444 e 468 da CLT e da Súmula nº 51, item I, do Tribunal Superior do Trabalho e, portanto, não pode ser alterada in pejus, suprimida ou descumprida;

8) A facultatividade da aplicação do Programa prevista de forma expressa na referida Política Corporativa que vigorou de 29/06/2012 a 13/11/2014 para a parte dos empregados por ela alcançados por livre deliberação da empresa, sem nenhum critério prévio, claro, objetivo, fundamentado e legítimo que justifique o discrimen, constitui ilícita e coibida condição puramente potestativa, nos termos do artigo 122 do Código Civil, e viola os princípios da isonomia e da não discriminação (artigos 3º, incisos I e IV, e 5º, caput, da Lei Maior e 3º, parágrafo único, da CLT e Convenção nº 111 da Organização Internacional do Trabalho);

9) O descumprimento da Política Corporativa que vigorou de 29/06/2012 a 13/11/2014 pela empregadora que a instituiu, ao dispensar qualquer de seus empregados por ela alcançados sem a completa observância dos procedimentos e requisitos nela previstos, tem como efeitos a declaração de nulidade da sua dispensa e, por conseguinte, seu direito à reintegração ao serviço, na mesma função e com o pagamento dos salários e demais vantagens correspondentes (inclusive com aplicação do disposto no artigo 471 da CLT) como se na ativa estivesse, desde a data da sua dispensa até sua efetiva reintegração (artigos 7º, inciso I, da Constituição Federal e 468 da CLT e Súmula nº 77 do TST);

10) Os acordos coletivos de trabalho firmados por alguns entes sindicais com a empregadora no âmbito de sua representação em decorrência da mediação promovida pela Vice-Presidência do Tribunal Superior do Trabalho em 05/02/2020 não resolvem e nem tornam prejudicado o objeto deste incidente, sobretudo em virtude da limitação temporal, territorial e subjetiva inerente às referidas normas coletivas, cuja aplicabilidade, portanto, deve ser aferida pelo juízo da causa para cada caso concreto submetido à sua jurisdição, inclusive para a aferição dos requisitos de validade e da amplitude dos efeitos da respectiva norma coletiva.

Incidente de Recurso de Revista Repetitivo nº 12 (tese vinculante nº 12 do TST)

Processo paradigma: IRR-21703-30.2014.5.04.0011

Tese firmada: 1. As leis estaduais e municipais referentes às relações trabalhistas no âmbito das empresas são equiparadas a regulamentos de empresas, em face da competência privativa da União para legislar sobre Direito do Trabalho. O mesmo ocorre com leis federais de efeitos concretos referentes à administração pública federal indireta. Por conseguinte, a pretensão originada em alterações nelas promovidas consistentes em supressão de parcelas devidas a empregados são sujeitas à prescrição total, nos termos da Súmula 294 deste Tribunal.

2. A Lei 5.615/1970, em virtude de dispor sobre o Serviço Federal de Processamento de Dados (SERPRO), possui efeitos concretos.

3. Sobre a pretensão ao recebimento do prêmio de produtividade previsto no art. 12 da Lei 5.615/1970 incide a prescrição parcial a que alude a ressalva constante da parte final da Súmula 294 desta Corte até 11/9/1997, dia anterior à vigência da Medida Provisória 1.549-34 (sucessivamente reeditada até a sua conversão na Lei 9.649/1998). Após a vigência dessa Medida Provisória, mediante a qual foi extinta a parcela e, portanto, extinto o direito, tem incidência a prescrição total, tendo em vista que, após essa data, o direito ao benefício deixou de ser previsto em lei de efeitos concretos, sendo irrelevante a circunstância de o empregado já ter recebido a parcela na vigência da norma anterior.

Incidente de Recurso de Revista Repetitivo nº 14 (tese vinculante nº 14 do TST)

Processo paradigma: IRR-1384-61.2012.5.04.0512

Tese firmada: A redução eventual e ínfima do intervalo intrajornada, assim considerada aquela de até 5 (cinco) minutos no total, somados os do início e término do intervalo, decorrentes de pequenas variações de sua marcação nos controles de ponto, não atrai a incidência do artigo 71, § 4º, da CLT. A extrapolação desse limite acarreta as consequências jurídicas previstas na lei e na jurisprudência.

Incidente de Recurso de Revista Repetitivo nº 15 (tese vinculante nº 15 do TST)

Processo paradigma: IRR-1757-68.2015.5.06.0371

Tese firmada: Diante das naturezas jurídicas diversas do Adicional de Atividade de Distribuição e/ou Coleta Externa – AADC previsto no PCCS/2008 da ECT e do Adicional de Periculosidade estatuído pelo § 4º do art. 193 da CLT, define-se que, para os empregados da ECT que se enquadram nas hipóteses de pagamento dos referidos adicionais, o AADC e o adicional de periculosidade, percebido por carteiro motorizado que faz uso de motocicleta, podem ser recebidos cumulativamente.

Incidente de Recurso de Revista Repetitivo nº 16 (tese vinculante nº 16 do TST)

Processo paradigma: IRR-1001796-60.2014.5.02.0382

Tese firmada: I. O Agente de Apoio Socioeducativo (nomenclatura que, a partir do Decreto nº 54.873 do Governo do Estado de São Paulo, de 06.10.2009, abarca os antigos cargos de Agente de Apoio Técnico e de Agente de Segurança) faz jus à percepção de adicional de periculosidade, considerado o exercício de atividades e operações perigosas, que implicam risco acentuado em virtude de exposição permanente a violência física no desempenho das atribuições profissionais de segurança pessoal e patrimonial em fundação pública estadual;

II. Os efeitos pecuniários decorrentes do reconhecimento do direito do Agente de Apoio Socioeducativo ao adicional de periculosidade operam-se a partir da regulamentação do art. 193, II, da CLT em 03.12.2013 – data da entrada em vigor da Portaria nº 1.885/2013 do Ministério do Trabalho, que aprovou o Anexo 3 da NR-16.

Incidente de Recurso de Revista Repetitivo nº 17 (tese vinculante nº 17 do TST)

Processo paradigma: IRR-239-55.2011.5.02.0319

Tese firmada: O art. 193, § 2º, da CLT foi recepcionado pela Constituição Federal e veda a cumulação dos adicionais de insalubridade e de periculosidade, ainda que decorrentes de fatos geradores distintos e autônomos.

Incidente de Recurso de Revista Repetitivo nº 19 (tese vinculante nº 19 do TST)

Processo paradigma: IncJulgRREmbRep-897- 16.2013.5.09.0028; IncJulgRREmbRep-523-89.2014.5.09.0666; IncJulgRREmbRep-11555-54.2016.5.09.0009

Tese firmada: I – A descaracterização do acordo de compensação de jornadas, independentemente da irregularidade constatada, resulta no pagamento apenas do adicional de horas extraordinárias, em relação às horas que ultrapassem a jornada normal até o limite de 44 horas semanais, pois o módulo semanal de 44 horas já foi quitado mediante pagamento de salário pelo empregador. Quanto às horas excedentes à duração semanal de 44 horas, é devido o valor da hora normal acrescido do adicional correspondente.

II – Carece de amparo jurídico a declaração de invalidade parcial do acordo de compensação de jornadas. A descaracterização do regime de compensação resulta na invalidade de todo o acordo e não apenas nas semanas em que descumprido.

Incidente de Recurso de Revista Repetitivo nº 23 (tese vinculante nº 23 do TST)

Processo paradigma: IncJulgRREmbRep-528- 80.2018.5.14.0004

Tese firmada: A Lei nº 13.467/2017 possui aplicação imediata aos contratos de trabalho em curso, passando a regular os direitos decorrentes de lei cujos fatos geradores tenham se efetivado a partir de sua vigência.

2. TESES FIRMADAS NO ANO DE 2025 (ATÉ MAIO)

Incidente de Recurso de Revista Repetitivo nº 50 (tese vinculante nº 50 do TST)

Processo paradigma: RRAg-0001101-51.2015.5.05.0012

Tese firmada: Não são devidas horas in itinere aos empregados enquadrados no regime do art. 1º da Lei nº 5.811/1972, uma vez que o art. 3º, inciso IV, do referido diploma legal determina o fornecimento de transporte gratuito.

Incidente de Recurso de Revista Repetitivo nº 51 (tese vinculante nº 51 do TST)

Processo paradigma: RRAg-0016607-89.2023.5.16.0009

Tese firmada: O caixa bancário que exerce a atividade de digitação, independentemente se praticada de forma preponderante ou exclusiva, ainda que intercalada ou paralela a outra função, tem direito ao intervalo de 10 minutos a cada 50 minutos trabalhados previsto em norma coletiva ou em norma interna da Caixa Econômica Federal, salvo se, nessas normas, houver exigência de que as atividades de digitação sejam feitas de forma preponderante e exclusiva.

Incidente de Recurso de Revista Repetitivo nº 52 (tese vinculante nº 52 do TST)

Processo paradigma: RRAg-0000367-98.2023.5.17.0008

Tese firmada: Reconhecida em juízo a rescisão indireta do contrato de trabalho é devida a multa prevista no artigo 477, § 8º, da CLT.

Incidente de Recurso de Revista Repetitivo nº 53 (tese vinculante nº 53 do TST)

Processo paradigma: RRAg-0000375-02.2020.5.09.0009

Tese firmada: O gerente-geral de agência da Caixa Econômica Federal – CEF não tem direito à jornada de seis horas prevista no PCS de 1989, sendo indevidas horas extraordinárias, nos termos da exceção do art. 62, II, da CLT e da parte final da Súmula nº 287 do TST.

Incidente de Recurso de Revista Repetitivo nº 54 (tese vinculante nº 54 do TST)

Processo paradigma: RRAg-0011023-69.2023.5.18.0014

Tese firmada: A ausência de instalações sanitárias adequadas e de local apropriado para alimentação a empregados que exercem atividades externas de limpeza e conservação de áreas públicas autoriza a condenação do empregador ao pagamento de indenização por danos morais, pois desrespeitados os padrões mínimos de higiene e segurança do trabalho, necessários e exigíveis ao ambiente de trabalho (NR-24 do MTE, CLT, art. 157, Lei nº 8.213/91, art. 19, e CRFB, art. 7º, XXII).

Incidente de Recurso de Revista Repetitivo nº 55 (tese vinculante nº 55 do TST)

Processo paradigma: RR-0000427-27.2024.5.12.0024

Tese firmada: A validade do pedido de demissão da empregada gestante, detentora da garantia provisória de emprego prevista no artigo 10, inciso II, alínea 'b', do ADCT, está condicionada à assistência do sindicato profissional ou da autoridade local competente, nos termos do artigo 500 da CLT.

Incidente de Recurso de Revista Repetitivo nº 56 (tese vinculante nº 56 do TST)

Processo paradigma: RR-0000401-44.2023.5.22.0005

Tese firmada: A comercialização de produtos de empresas integrantes do grupo econômico de instituição bancária é compatível com o rol de atribuições do empregado, sendo indevido o pagamento de comissões, salvo se houver previsão contratual de acréscimo remuneratório sobre as vendas.

Incidente de Recurso de Revista Repetitivo nº 57 (tese vinculante nº 57 do TST)

Processo paradigma: RRAg-0011255-97.2021.5.03.0037; RRAg-1001661-54.2023.5.02.0084

Tese firmada: As comissões devidas ao empregado vendedor, em razão de vendas a prazo, devem incidir sobre o valor total da operação, incluídos os juros e demais encargos financeiros, salvo se houver pactuação em sentido contrário.

Incidente de Recurso de Revista Repetitivo nº 58 (tese vinculante nº 58 do TST)

Processo paradigma: RRAg-0020444-44.2022.5.04.0811

Tese firmada: A realização de revista meramente visual nos pertences dos empregados, desde que procedida de forma impessoal, geral, sem contato físico e exposição dos trabalhadores a situação humilhante ou vexatória, não configura ato ilícito apto a gerar indenização por dano moral.

Incidente de Recurso de Revista Repetitivo nº 59 (tese vinculante nº 59 do TST)

Processo paradigma: RRAg-0025331-72.2023.5.24.0005

Tese firmada: A contratação dos serviços de transporte de mercadorias, por ostentar natureza comercial, não se enquadra na configuração jurídica de terceirização prevista na Súmula nº 331, IV, do TST e, por conseguinte, não enseja a responsabilização subsidiária das empresas tomadoras de serviços.

Incidente de Recurso de Revista Repetitivo nº 60 (tese vinculante nº 60 do TST)

Processo paradigma: RRAg-0020084-82.2022.5.04.0141

Tese firmada: A ausência de anotação do vínculo de emprego na Carteira de Trabalho não caracteriza dano moral in re ipsa, sendo necessária a comprovação de constrangimento ou prejuízo sofrido pelo trabalhador em seu patrimônio imaterial para ensejar a reparação civil, nos termos dos arts. 186 e 927 do Código Civil.

Incidente de Recurso de Revista Repetitivo nº 61 (tese vinculante nº 61 do TST)

Processo paradigma: RR-0011574-55.2023.5.18.0012

Tese firmada: O transporte de valores por trabalhador não especializado configura situação de risco a ensejar reparação civil por dano moral in re ipsa, independentemente da atividade econômica do empregador.

Incidente de Recurso de Revista Repetitivo nº 62 (tese vinculante nº 62 do TST)

Processo paradigma: RRAg-0000761-75.2023.5.05.0611

Tese firmada: A reversão da dispensa por justa causa baseada em alegação de ato de improbidade (CLT, art. 482, 'a') que se revela judicialmente infundada ou não comprovada enseja reparação civil, in re ipsa, por dano moral.

Incidente de Recurso de Revista Repetitivo nº 63 (tese vinculante nº 63 do TST)

Processo paradigma: RRAg-0000038-03.2022.5.09.0022

Tese firmada: O descumprimento do intervalo previsto no art. 384 da CLT, no período anterior à vigência da Lei nº 13.467/17, enseja o pagamento de 15 minutos como labor extraordinário, não se exigindo tempo mínimo de sobrejornada como condição para concessão do intervalo à mulher.

Incidente de Recurso de Revista Repetitivo nº 65 (tese vinculante nº 65 do TST)

Processo paradigma: RRAg-0011110-03.2023.5.03.0027

Tese firmada: A inadimplência ou o cancelamento da compra pelo cliente não autoriza o empregador a estornar comissões do empregado.

Incidente de Recurso de Revista Repetitivo nº 66 (tese vinculante nº 66 do TST)

Processo paradigma: RRAg-1001634-27.2019.5.02.0435

Tese firmada: O número de trabalhadores que exercem as atividades de motorista e de cobrador de empresa de transporte coletivo deve integrar a base de cálculo a ser utilizada na apuração do cumprimento da cota de aprendizagem prevista no artigo 429 da CLT.

Incidente de Recurso de Revista Repetitivo nº 68 (tese vinculante nº 68 do TST)

Processo paradigma: RRAg-0000003-65.2023.5.05.0201

Tese firmada: Nas reclamações trabalhistas, os valores relativos aos recolhimentos do FGTS e da respectiva indenização de 40% devem ser depositados na conta vinculada, e não pagos diretamente ao trabalhador.

Incidente de Recurso de Revista Repetitivo nº 69 (tese vinculante nº 69 do TST)

Processo paradigma: RRAg-0000756-63.2023.5.10.0013

Tese firmada: A função comissionada técnica (FCT/FCA/GFE), paga a empregados do Serviço Federal de Processamento de Dados (SERPRO) de forma habitual e desvinculada do desempenho de atividade extraordinária ou de confiança, incorpora-se ao salário para todos os efeitos legais, inclusive para cálculo dos adicionais por tempo de serviço e de qualificação.

Incidente de Recurso de Revista Repetitivo nº 70 (tese vinculante nº 70 do TST)

Processo paradigma: RRAg 1000063-90.2024.5.02.0032

Tese firmada: A ausência ou irregularidade no recolhimento dos depósitos de FGTS caracteriza descumprimento de obrigação contratual, nos termos do art. 483, "d", da CLT, suficiente para configurar a rescisão indireta do contrato de trabalho, sendo desnecessário o requisito da imediatidade.

Incidente de Recurso de Revista Repetitivo nº 71 (tese vinculante nº 71 do TST)

Processo paradigma: RRAg-0000031-72.2024.5.17.0101

Tese firmada: É devida a multa prevista no art. 477, § 8º, da CLT no caso de reversão da dispensa por justa causa em juízo.

Incidente de Recurso de Revista Repetitivo nº 76 (tese vinculante nº 76 do TST)

Processo paradigma: RRAg-0000340-46.2023.5.20.0004

Tese firmada: O cálculo da pensão mensal incidente sobre a remuneração do trabalhador será reduzido em até 50% depois de fixado o percentual de incapacidade laboral quando houver ocorrência de concausalidade entre o trabalho e a doença ocupacional, salvo se o laudo pericial indicar expressamente o grau de contribuição da atividade laboral para o dano sofrido.

Incidente de Recurso de Revista Repetitivo nº 77 (tese vinculante nº 77 do TST)

Processo paradigma: RRAg-0000348-65.2022.5.09.0068

Tese firmada: A definição da forma de pagamento da indenização por danos materiais prevista no art. 950 do Código Civil, em parcela única ou pensão mensal vitalícia, não configura direito subjetivo da parte, cabendo ao magistrado definir a questão de forma fundamentada, considerando as circunstâncias de cada caso concreto.

Incidente de Recurso de Revista Repetitivo nº 78 (tese vinculante nº 78 do TST)

Processo paradigma: RRAg-0000577-96.2021.5.05.0027

Tese firmada: Nos casos em que a norma coletiva restringe a base de cálculo da Participação nos Lucros ou Resultados dos bancários às verbas fixas de natureza salarial, as horas extras, ainda que habituais, não devem ser consideradas na apuração da PLR, na medida em que se caracterizam como parcela variável.

Incidente de Recurso de Revista Repetitivo nº 79 (tese vinculante nº 79 do TST)

Processo paradigma: RR-0001038-15.2023.5.12.0056

Tese firmada: É devido o adicional de periculosidade aos empregados que exercem suas atividades na área de abastecimento de aeronaves, ainda que não atuem diretamente nesta função, desde que na que área externa da aeronave, uma vez que esta área se caracteriza como de risco na forma do Anexo 2 da NR 16 do MTE.

Incidente de Recurso de Revista Repetitivo nº 80 (tese vinculante nº 80 do TST)

Processo paradigma: RRAg-0010702-77.2023.5.03.0167

Tese firmada: O trabalho realizado no interior de câmaras frigoríficas ou ambiente artificialmente frio em condições similares, sem a concessão da pausa para recuperação térmica prevista no art. 253 da CLT, gera direito ao adicional de insalubridade, ainda que fornecidos os equipamentos de proteção individual.

Incidente de Recurso de Revista Repetitivo nº 81 (tese vinculante nº 81 do TST)

Processo paradigma: RR-0010902-17.2022.5.03.0136

Tese firmada: A prestação de serviços terceirizados a uma pluralidade de tomadores não afasta a responsabilidade subsidiária, bastando a constatação de que se beneficiaram dos serviços prestados.

Incidente de Recurso de Revista Repetitivo nº 82 (tese vinculante nº 82 do TST)

Processo paradigma: RRAg-0020213-03.2023.5.04.0772

Tese firmada: Os empregados motoristas e outros que utilizem ou exerçam atividades em veículo automotor não têm direito ao adicional de periculosidade quando apenas acompanham o abastecimento realizado por terceiro, sem contato direto com o combustível.

Incidente de Recurso de Revista Repetitivo nº 83 (tese vinculante nº 83 do TST)

Processo paradigma: RRAg-0100797-89.2021.5.01.0035

Tese firmada: A cobrança de mensalidades ou de coparticipação dos empregados ativos e aposentados da ECT, para fins de manutenção e custeio do plano de saúde "Correios Saúde", não configura alteração contratual lesiva, tampouco viola direito adquirido, nos termos do decidido no Dissídio Coletivo Revisional n.º 1000295-05.2017.5.00.0000.

Incidente de Recurso de Revista Repetitivo nº 84 (tese vinculante nº 84 do TST)

Processo paradigma: RR-1000403-39.2023.5.02.0462

Tese firmada: Em caso de roubo sofrido por carteiro (agente postal) durante o trabalho, é objetiva a responsabilidade civil do empregador pela reparação do dano moral, uma vez que a atividade de entrega de correspondências e mercadorias envolve risco diferenciado em relação aos trabalhadores em geral.

Incidente de Recurso de Revista Repetitivo nº 85 (tese vinculante nº 85 do TST)

Processo paradigma: RRAg-1000642-07.2023.5.02.0086

Tese firmada: O descumprimento contratual contumaz relativo à ausência do pagamento de horas extraordinárias e a não concessão do intervalo intrajornada autoriza a rescisão indireta do contrato de trabalho, na forma do artigo 483, "d", da CLT.

Incidente de Recurso de Revista Repetitivo nº 86 (tese vinculante nº 86 do TST)

Processo paradigma: RRAg-1000803-77.2022.5.02.0433

Tese firmada: Os empregados da Caixa Econômica Federal que exercem função de tesoureiro de retaguarda ou tesoureiro executivo desempenham atribuições técnicas que não configuram fidúcia especial apta a enquadrá-los como ocupantes de cargo de confiança bancária a que alude o art. 224, § 2º, da CLT.

Incidente de Recurso de Revista Repetitivo nº 87 (tese vinculante nº 87 do TST)

Processo paradigma: RRAg-1000840-29.2018.5.02.0471

Tese firmada: O adicional de periculosidade é devido a trabalhador que abastece empilhadeiras mediante a troca de cilindros de gás liquefeito de petróleo (GLP), ainda que a operação ocorra por tempo extremamente reduzido.

Incidente de Recurso de Revista Repetitivo nº 88 (tese vinculante nº 88 do TST)

Processo paradigma: RR-1000988-62.2023.5.02.0601

Tese firmada: A conduta do empregador, ao impedir o retorno do empregado ao trabalho e inviabilizar o percebimento da sua remuneração após a alta previdenciária, mostra-se ilícita e configura dano moral in re ipsa, sendo devida a indenização respectiva.

Incidente de Recurso de Revista Repetitivo nº 118 (tese vinculante nº 118 do TST)

Processo paradigma: RR-0000202-32.2023.5.12.0027

Tese firmada: A partir da vigência da Lei nº 13.342/2016, os agentes comunitários de saúde têm direito ao adicional de insalubridade, em grau médio, independentemente de laudo técnico pericial, em razão dos riscos inerentes a essa atividade.

Incidente de Recurso de Revista Repetitivo nº 119 (tese vinculante nº 119 do TST)

Processo paradigma: RR-0000321-55.2024.5.08.0128

Tese firmada: A dúvida razoável e objetiva sobre a data de início da gravidez e sua contemporaneidade ao contrato de trabalho não afasta a garantia de emprego à gestante.

Incidente de Recurso de Revista Repetitivo nº 121 (tese vinculante nº 121 do TST)

Processo paradigma: RR-0000473-37.2024.5.05.0371

Tese firmada: O auxílio-alimentação não tem natureza salarial quando o empregado contribui para o custeio, independentemente do valor da sua coparticipação.

Incidente de Recurso de Revista Repetitivo nº 123 (tese vinculante nº 123 do TST)

Processo paradigma: RRAg-0000769-40.2022.5.17.0001

Tese firmada: A alteração nos regulamentos internos da CONAB, que garantiam aos seus empregados a incorporação de gratificação de função ao salário, não afeta os empregados que já tinham esse direito adquirido, independentemente de decisão do Tribunal de Contas da União pela supressão das referidas rubricas.

Incidente de Recurso de Revista Repetitivo nº 125 (tese vinculante nº 125 do TST)

Processo paradigma: RR-0020465-17.2022.5.04.0521

Tese firmada: Para fins de garantia provisória de emprego prevista no artigo 118 da Lei nº 8.213/1991, não é necessário o afastamento por período superior a 15 (quinze) dias ou a percepção de auxílio-doença acidentário, desde que reconhecido, após a cessação do contrato de trabalho, o nexo causal ou concausal entre a doença ocupacional e as atividades desempenhadas no curso da relação de emprego.

Incidente de Recurso de Revista Repetitivo nº 126 (tese vinculante nº 126 do TST)

Processo paradigma: RR-0020617-54.2023.5.04.0384

Tese firmada: Aplica-se a prescrição trienal prevista no artigo 206, §3º, do Código Civil à pretensão contida na ação de indenização por dano em ricochete (indireto ou reflexo).

Incidente de Recurso de Revista Repetitivo nº 127 (tese vinculante nº 127 do TST)

Processo paradigma: RR-0020923-28.2021.5.04.0017

Tese firmada: Extinto o contrato de trabalho na vigência da Lei nº 13.467/2017, é devida a aplicação da multa do artigo 477, § 8º, da CLT quando o empregador deixar de entregar os documentos que comprovem a comunicação da extinção contratual aos órgãos competentes em até dez dias do término do contrato, ainda que as verbas rescisórias sejam pagas no referido prazo.

Incidente de Recurso de Revista Repetitivo nº 128 (tese vinculante nº 128 do TST)

Processo paradigma: RR-0100221-76.2021.5.01.0074

Tese firmada: O exercício concomitante da função de cobrador pelo motorista de ônibus urbano não gera direito à percepção de acréscimo salarial.

Incidente de Recurso de Revista Repetitivo nº 129 (tese vinculante nº 129 do TST)

Processo paradigma: RRAg-1000790-36.2016.5.02.0709

Tese firmada: O adicional de periculosidade integra a base de cálculo das horas variáveis dos aeronautas.

BIBLIOGRAFIA

ADAD, Cristiane. *Empregado Doméstico*. Salvador: Editora Juspodivm, 2014.

ALMEIDA, Amador Paes de. *CLT Comentada: legislação, doutrina, jurisprudência*. 5ª ed. rev., atual. e ampl. São Paulo: Saraiva, 2008.

BARRETO, Glaucia. *Curso do Direito do Trabalho*. Niterói: Impetus, 2008.

BARROS, Alice Monteiro de. *Contratos e regulamentações especiais de trabalho peculiaridades*, aspectos controvertidos e tendências. 5. ed. São Paulo: LTr. 2012

_________. *Curso de Direito do Trabalho*. 2ª ed. São Paulo: LTr, 2006.

_________. *Curso de Direito do Trabalho*. 5ª ed. rev. e ampl. São Paulo: LTr, 2009.

BARROS, Flávio Augusto Monteiro de. *Manual de Direito Civil. Lei de Introdução e Parte Geral*. v. 1. São Paulo: Método, 2005.

BARROSO, Fábio Túlio. *Manual de Direito Coletivo do Trabalho*. São Paulo: LTR, 2010.

BELTRAMELLI, Neto, Silvio. *Direitos humanos*. 6. ed. rev. ampl. atual. São Paulo: Atlas, 2021.

CAIRO JÚNIOR, José. *Curso de Direito do Trabalho. Direito Individual e Direito Coletivo de Trabalho*. 4ª ed. Salvador: Editora Juspodivm, 2009.

_________. *Curso de Direito do Trabalho. Direito Individual e Direito Coletivo de Trabalho*. 10ª ed. Salvador: Juspodivm, 2015.

CAMISASSA, Mara Queiroga. *Segurança e saúde no trabalho*: NRS 1 a 38 comentadas e descomplicadas. 9 ed., rev., atual., ampl. Rio de Janeiro: MÉTODO, 2023.

CAPELOTTO, Lademir José; BRANCO, Cristiane Maria Adad Amorim Castelo. *Cálculos trabalhistas*. Salvador: Juspodivm, 2016.

CARVALHO, Matheus. *Manual de Direito Administrativo*. 4. ed. Salvador: Juspodivm. 2017.

_________. *Manual de Direito Administrativo*. 11. ed. rev., atual. e ampl. São Paulo: Juspodivm, 2023.

CASSAR, Vólia Bomfim. *Direito do Trabalho*. 2ª ed. Niterói: Impetus, 2008.

_________. *Direito do Trabalho*. 3ª ed. Niterói: Impetus, 2009.

_________. *Direito do Trabalho*. 4ª ed. Niterói: Impetus, 2010.

_________. *Direito do Trabalho*. 6ª ed. Niterói: Impetus, 2012.

_________. *Direito do Trabalho*. 8ª ed. Rio de Janeiro: Forense; São Paulo: MÉTODO, 2013.

_________. *Direito do Trabalho*. 11ª ed. Rio de Janeiro: Forense; São Paulo: MÉTODO, 2015.

CORREIA, Henrique. *Revista do Ministério Público do Trabalho. A Nova Lei de Estágio. Estágio na Administração Pública. Atuação do Ministério Público do Trabalho*. nº 37, março, 2009. p. 120.

_________. *Direito do Trabalho. Específico para os Concursos de Técnico Judiciário do TRT e de Técnico do MPU*. Salvador: Juspodivm, 2009.

_________. *Direito do Trabalho para os concursos de Analista do TRT e MPU*. 5ª ed. Salvador: Juspodivm, 2014.

_________. *Direito do Trabalho para os concursos de Analista do TRT e MPU.* 7ª ed. Salvador: Juspodivm, 2015.

_________. *Direito do Trabalho para os concursos de Analista do TRT e MPU.* 8ª ed. Salvador: Juspodivm, 2016.

_________. *Revisaço Direito do Trabalho.* Salvador: Juspodivm, 2014.

_________. *Revisaço Direito do Trabalho.* 2ª edição. Salvador: Juspodivm, 2015.

_________. *Revisaço Direito do Trabalho.* 3ª edição. Salvador: Juspodivm, 2016.

_________. *Informativos do TST anotados e organizados por assunto.* Salvador: Juspodivm, 2014.

_________. *Informativos do TST anotados e organizados por assunto.* 2ª edição. Salvador: Juspodivm, 2015.

CORREIRA, Henrique (org.). *REVISAÇO Ministério Público do Trabalho.* 3ª ed. Salvador: Juspodivm, 2015.

_________. *Revisaço Ministério Público do Trabalho.* 4ª ed. Salvador: Juspodivm, 2016.

_________. *Revisaço Magistratura do Trabalho.* 3ª ed. Salvador: Juspodivm, 2015.

_________. *Revisaço Magistratura do Trabalho.* 4ª ed. Salvador: Juspodivm, 2016.

CORREIA, Henrique; SANTOS, Élisson Miessa (org.). *Estudos aprofundados MPT – Ministério Público do Trabalho.* 1ª ed. Salvador: Juspodivm, 2012.

_________. *Estudos aprofundados MPT – Ministério Público do Trabalho.* 2ª ed. Salvador: Juspodivm, 2013.

_________. *Estudos aprofundados Magistratura do Trabalho.* Salvador: Juspodivm, 2013.

_________. *Estudos aprofundados Magistratura do Trabalho.* v. 2. Salvador: Juspodivm, 2014.

_________. *Temas atuais de Direito e Processo do Trabalho.* Salvador: Juspodivm, 2014.

CORREIA, Henrique; MIESSA, Élisson; ROCHA, Roberval. *Súmulas dos Tribunais Superiores organizadas por assunto.* 2ª ed. Salvador: Juspodivm, 2014.

CUNHA JÚNIOR, Dirley da; NOVELINO, Marcelo. *Constituição Federal para Concursos (CF).* 14. ed., rev., atual., e ampl. São Paulo: Juspodivm, 2023.

DINIZ, Maria Helena. *Lei de Introdução ao Código Civil Brasileiro Interpretada.* 9ª ed., adaptada à Lei 10.406/2002 – São Paulo: Saraiva, 2002.

DELGADO, Mauricio Godinho. *Curso do Direito do Trabalho.* 7ª ed. São Paulo: LTr, 2008.

_________. *Curso do Direito do Trabalho.* 9ª ed. São Paulo: LTr, 2010.

_________. *Curso do Direito do Trabalho.* 14ª ed. São Paulo: LTr, 2015.

_________. *Curso do Direito do Trabalho.* 15ª ed. São Paulo: LTr, 2016.

_________. *Direito Coletivo do Trabalho.* 3ª ed. São Paulo: LTr, 2008.

GARCIA, Gustavo Felipe Barbosa. *Curso de Direito do Trabalho.* São Paulo: Método, 2007.

_________. *Curso de Direito do Trabalho.* 3ª ed. São Paulo: Método, 2009.

_________. *Curso de Direito do Trabalho.* 4ª ed. Rio de Janeiro: Forense, 2010.

_________. *Curso de Direito do Trabalho.* 9ª ed. Rio de Janeiro: Forense, 2015.

_________. *Meio Ambiente do Trabalho. Direito, Segurança e Medicina do Trabalho.* São Paulo: Método, 2006.

HUSEK, Carlos Roberto. *Curso básico de direito internacional público e privado do trabalho.* 4. ed. São Paulo: LTr, 2017.

IBRAHIM, Fábio Zambritte. *Resumo de Direito Previdenciário.* 9ª ed. Rio de Janeiro: Impetus, 2008.

JORGE NETO, Francisco Ferreira e CAVALCANTE, Jouberto de Quadros Pessoa. *Curso de direito do trabalho.* São Paulo: Atlas, 2009.

MAIOR, Jorge Luiz Souto. *Curso de Direito do Trabalho.* A Relação de Emprego. v. 2. São Paulo: LTr, 2008.

MARTINEZ, Luciano. *Curso de Direito do Trabalho*: relações individuais, sindicais e coletivas do trabalho. São Paulo: Saraiva, 2010.

MARTINS, Sergio Pinto. *Direito do Trabalho.* 24ª ed. São Paulo: Atlas, 2008.

_________. *Direito do Trabalho.* 25ª ed. São Paulo: Atlas, 2009.

_________. *Direito do Trabalho.* 30ª ed. São Paulo: Atlas, 2014.

_________. *Comentários às Súmulas do TST.* 6ª ed. São Paulo: Atlas, 2009.

_________. *Comentários à CLT.* 12ª ed. São Paulo: Atlas, 2009.

_________. *Comentários à CLT.* 19ª ed. São Paulo: Atlas, 2015.

MELO, Raimundo Simão. *A Greve no Direito Brasileiro.* 2ª ed. São Paulo: LTr, 2009.

_________. *A greve no Direito brasileiro.* 3. ed. São Paulo: LTr, 2011.

_________. *Ações acidentárias na Justiça do Trabalho*: Teoria e Prática. São Paulo, LTr, 2011.

MIESSA, Élisson. *Processo do Trabalho para os concursos de Analista do TRT e MPU.* 5ª ed. Salvador: Juspodivm, 2016.

MIZIARA, Raphael; BRAGA, Roberto Wanderley. *Informativos do TST comentados e organizados por assunto.* Salvador: Juspodivm, 2016.

_________. *Percepção cumulativa dos adicionais insalubridade e periculosidade de acordo com a atual e mais recente jurisprudência do TST: um esclarecimento necessário.* Disponível em: <http://ostrabalhistas.com.br/percepcao-cumulativa-dos-adicionais-insalubridade-e-periculosidade-de-acordo com-atual-e-mais-recente-jurisprudencia-do-tst-um-esclarecimento-necessario/>.

MOURA, Marcelo. *Curso de Direito do Trabalho.* 1ª ed. São Paulo: Saraiva, 2014.

NASCIMENTO, Amauri Mascaro. *Iniciação ao Direito do Trabalho.* 34ª ed. São Paulo: LTr, 2009.

PIETRO, Maria Sylvia Zanella Di. *Direito Administrativo.* 36. ed. [2. Reimp.]. Rio de Janeiro: Forense, 2024.

PINTO, Raymundo Antônio Carneiro. *Súmulas do TST Comentadas.* 10ª ed. São Paulo: LTr, 2008.

PINTO, Raymundo Antônio Carneiro, BRANDÃO, Cláudio Mascarenhas. *Orientações Jurisprudenciais do TST Comentadas.* São Paulo: LTr, 2009.

PINTO, José Augusto Rodrigues. *Tratado de Direito Material do Trabalho.* São Paulo: LTr, 2007.

REZEK, Francisco. *Direito Internacional Público.* 19. ed. São Paulo: SaraivaJur, 2024.

REIS, Jair Teixeira dos. *Resumos de direito internacional & comunitário.* 4. ed. São Paulo: LTr, 2015.

ROSSATO, Luciano, LÉPORE, Paulo e SANCHES, Rogério. *Estatuto da Criança e do Adolescente Comentado.* 4ª ed. Editora RT, 2012.

SAAD, Eduardo Gabriel. *Consolidação das Leis do Trabalho*: Comentada. Atualizada, revista e ampliada por José Eduardo Duarte Saad, Ana Maria Saad Castello Branco. 42ª ed. São Paulo: LTr, 2009.

SARAIVA, Renato. *Direito do Trabalho.* Série Concurso Público. 7ª ed. São Paulo: Método, 2008.

SILVA, Homero Batista Mateus da. *Curso de Direito do Trabalho Aplicado,* v. 1: Parte Geral. Rio de Janeiro: Elsevier, 2009.

_________. *Curso de Direito do Trabalho Aplicado*, v. 2: Jornadas e Pausas. Rio de Janeiro: Elsevier, 2009.

_________. *Curso de Direito do Trabalho Aplicado*, v. 3: Segurança e Medicina do Trabalho. Trabalho da mulher e do menor. Rio de Janeiro: Elsevier, 2009.

_________. *Direito do Trabalho aplicado:* saúde do trabalho e profissões regulamentadas. São Paulo: Thomson Reuters Brasil, 2021.

_________. *Curso de Direito do Trabalho Aplicado*, v. 7: Direito Coletivo de Trabalho. Rio de Janeiro: Elsevier, 2009.

SILVA, José Antônio Ribeiro de Oliveira. *A Saúde do Trabalhador como um Direito Humano*: conteúdo essencial da dignidade humana. São Paulo: LTr, 2008.

_________. *Acidente do Trabalho*: responsabilidade objetiva do empregador. São Paulo: LTr, 2008.

SÜSSEKIND, Arnaldo. et al. *Instituições de Direito do Trabalho*. v. 1. 21ª ed. São Paulo: LTr. 2004.

TARTUCE, Flávio. *Direito Civil*. Série Concursos Públicos. Lei de Introdução e Parte Geral. São Paulo: Método, 2005.

ZANGRANDO, Carlos. *Curso de Direito do Trabalho*. São Paulo: LTr, 2008, v. 2.

EDITORA JusPODIVM
www.editorajuspodivm.com.br

COLOR system

JUS4562